部首	面
六畫	
白	五三六
皮	五四一
皿	五四二
目 (罒)	五四四
矛	五五二
矢	五五三
石	五五四
[illegible]	五六一
[illegible]	五六七
[illegible]	五六八
[illegible]	[illegible]
[illegible]	[illegible]
[illegible]	[illegible]
[illegible]	[illegible]
竹	五八一
米	五九〇
糸	五九四
缶	六二五
网 (罓 罒 冈)	六二六
羊	六二八
羽	六三二
老 (耂)	六三四
而	六三五
耒	六三六
耳	六三六
聿	六四二
肉 (月)	六四二
臣	六四三
自	六四四
至	六四七
臼	六四九
舌	六五一
舛	六五三
舟	六五三
艮	六五四
色	六五五
艸 (艹)	六五五
虍	六八三
虫	六八五
血	六九五
行	六九七
衣 (衤)	七〇二
襾	七〇八
七畫	
見	七一〇
角	七一五
言	七一七
谷	七四三
豆	七四四
豕	七四五
豸	七四七
貝	七四八
赤	七六〇
走	七六三
足 (⻊)	七六五
身	七七三
車	七七三
辛	七八一
辰	七八三
辵 (⻌)	七八五
邑 (右阝)	八一〇
酉	八一六
釆	八二三
里	八二三
八畫	
金	八二六
長	八四一
門	八四四
阜 (左阝)	八五三
隶	八六三
隹	八六四
雨	八六九
靑	八七六
非	八七九
九畫	
面	八八〇
革	八八一
韋	八八三
韭	八八四
音	八八四
頁	八八六
飛	八九三
風	八九三
食	八九六
首	九〇三
香	九〇三
十畫	
馬	九〇四
骨	九一三
高	九一四
髟	九一六
鬥	九一七
鬯	九一八
鬲	九一八
鬼	九一八
十一畫	
魚	九二〇
鳥	九二四
鹵	九三〇
鹿	九三一
麥	九三三
麻	九三四
十二畫	
黃	九三五
黍	九三六
黑	九三六
黹	九四〇
十三畫	
黽	九四一
鼎	九四一
鼓	九四二
鼠	九四二
十四畫	
鼻	九四三
齊	九四三
十五畫	
齒	九四四
十六畫	
龍	九四五
龜	九四六
十七畫	
龠	九四六

序文

우리 文化는 數千年 前부터 漢字文化圈에 屬해 왔다。 그러한 까닭에 一朝一夕에 漢字文化에서 脫皮할 수 없는 것이 어김없는 우리의 現實情인 것이다。

그간 「한글專用」을 여러번 試圖하였으나 結局은 다시 漢字混用으로 되돌아서지 않을수 없었던 까닭은 우리 文化의 모든 分野에 걸쳐서 漢字文化가 깊이 스며있기 때문인 것이다。

現在 우리가 使用하고 있는 大部分의 語彙가 漢字에 基礎를 둔 것임을 是認할 때 우리의 理想은 「한글 專用化」로 爲先 語彙의 우리말化 作業이 長久한 時日과 더불어 先行되어야만 할 것이다。

이제 本字典을 刊行하는 目的은 勉學하는 學徒들에게 우리 文化의 源泉인 漢字文化의 올바른 理解에 寄與하고자 하는 것이며、 漢字文化의 올바른 理解가 곧 새 文化創造의 밑거름이 된다고 確信하기 때문인 것이다。

本字典은 康熙字典을 基礎로 하여 五年餘의 刻苦끝에 이제 햇빛을 보게 되었으며、 漢學의 權威이신 延世大學校 文科大學教授 李家源 博士의 細密한 監修와 文教部 教育科程(日本語) 審議委員이신 金字烈先生의 日本語監修를 거쳐 字典으로서의 萬全을 期하도록 努力하였음을 아울러 明記하는 바이다。

編者識

凡 例

一、本字典은 우리나라에서 通用되고 있는 漢字、總一萬餘字를 收録하고 각 漢字마다 正確한 韻과 字義를 붙였음。

一、同字多音인 漢字는 각 韻을 別途로 모두 收録하고 當該 字義를 붙였음。

一、각 漢字別로 日本語의 音·訓을 달고 字義에 該當되는 英語를 收録하여 日語·英語 修學에 便利하도록 하였음。

一、本字典은 日漢辭典으로도 利用할 수 있도록 單語 總 二〇萬餘 語彙를 收録하고、特히 故事·熟語·成句·人名·書名·地名·各種 學術語等을 簡明正確하게 解說하였음。

一、本字典은 日韓辭典으로도 利用할 수 있도록 各語彙마다 最新 日本語 發音法에 의한 日語發音을 달았음。

一、本字典은 國內既刊 各種 字典中 그 類例를 볼 수 없는 多様한 附録을 收録하여 利用者의 便利를 圖謀하였음。한글 字彙를 비롯하여 漢字俗字一覽·部首名稱·類似漢字·同音異字·同字異音·生活書式用語·잘못읽기 쉬운 한자·실용 약자 등은 他書가 追縱할 수 없는 本字典의 一大特色임。

一 部

【一】일 イツ、イチ、ひとつ one 貫 一 亠

①한 하나 數之始、凡物單箇 ②순전할 純也 ③같을 同也 ④오로지 專也 ⑤첫째 第리 ⑥낱낱-- ⑦정성 誠也 ⑧온、온통 ⑨만약 萬一。臺通

【一家】(일가-イッカ) ①한개의 집 ②한 집안 ③동성 동본·(同性同本)의 친척。 혈족(血族) ④학문·예술의 한 유파(流派)

【一家言】(일가언-イッカゲン)한 부문의권위자로서의 독특한 학설 또는 주장

【一家親戚】(일가친척-イッカシンセキ) 동성(同姓)·이성(異姓)의 겨레 붙이

【一角】(일각-イッカク) 한 모퉁이

【一刻】(일각-イッコク)①한 시간의 첫째 시각、 곧 十五분 ②짧은시간

【一刻如三秋】(일각여삼추-イッコクサンシュウのごとし) 기다리는 마음이 간절한 것

【一刻千金】(일각천금-イッコクセンキン) 일각의 사이라도 천금의 값어치가 있다는 말

【一喝】(일갈-イッカツ)한 번 큰 소리로 꾸짖음

【一箇】(일개-イッコ) 하나。한낱

【一擧】(일거-イッキョ)①단지 한번 한번의 동작

【一去無消息】(일거무소식) 한번간 뒤에 아주 소식이 없는 것

【一擧手一投足】(일거수일투족-イッキョシュイットウソク) 손 한 번 들고 발 한 번 옮기는 일。곧 사소한 동작

【一擧兩得】(일거양득-イッキョリョウトク) 한 가지 일을 하고 두 가지 이익을 얻음。일석이조(一石二鳥)

【一擧一動】(일거일동-イッキョイチドウ) 사소한 모든 동작

【一去一來】(일거일래-イッキョイチライ) 갔다 왔다 함

【一件】(일건-イッケン)①한 사건 ②한벌

【一擊】(일격-イチゲキ) 한 번 치는것

【一見】(일견-イッケン)①한번 보다 ②잠간 보다

【一見識】(일견식-イチケンシキ·ひとケンシキ) ①한 가지 주의 주장。한가지 견해 ②하잘것 없는 생각

【一更】(일경-イッコウ) 오후 7시~9시

【一計】(일계-イッケイ) 한가지 꾀

【一考】(일고-イッコウ)한 번 생각하는것

【一顧】(일고-イッコ) 잠간 돌아봄。조금 생각하여 봄

【一曲】(일곡-イッキョク)①음악의 한 곡조 ②사물의 한쪽 밖에 모르는 것

【一空】(일공-イックウ) 아주 빈 것。아무것도 없는 것

【一過】(일과-イッカ)① 한번 눈을 거침 ②한번 지남

【一貫】(일관-イッカン) 한 가지 도리로 모든일을 관철하다

【一括】(일괄-イッカツ) 한데 묶음

【一口難說】(일구난설)한 말로는 다 설명하기 어려움

【一口二言】(일구이언) 한 입으로 두 가지 말을 함

【一國】(일국-イッコク) ①한 나라 ②나라 안 ③나라 전체의 사람

【一掬】(일국-イッキク) 두 손으로 옮킨 분량。한 움큼

【一掬淚】(일국루) 두 손에 가득하게 흘린 눈물。많은 눈물의 뜻

【一群】(일군-イチグン) 한 무리

【一軍】(일군-イチグン) ①주(周)의 제도에서 一二、五〇〇명의 군사 ②한 군대 ③그 군대의 전부

【一揆】(일규-イッキ) ①같은 경우。같은 경로 ②마음을 같이 가지는 것

【一己】(일기-イッコ) 자기 혼자。자기만

【一技】(일기-イチギ) 한 가지 재주

【一期】(일기-イチゴ·イッキ) ①한 평생 일생 ②어떠한 기간을 몇으로 나눈 그 하나

【一朞】(일기-イッキ) 한돐。일주년

【一騎】(일기-イッキ) 말탄 군사 한사람

【一氣】(일기-イッキ) ①만물의 나눌수

없는 한 기운 ②한 생각。한 숨

【一氣呵成】(일기가성-イッキカセイ) ①한 숨에 일을 해냄 ②단숨에 문장(文章)을 만들어 내는 일

【一念】(일념-イチネン) ①한가지 일을 깊이 생각하는 마음 ②잠간 나는생각

【一能】(일능-イチノウ) 한가지 재능

【一旦】(일단-イッタン) ①한번 ②잠간 ③어느 아침。어느 날。어느 때

【一端】(일단-イッタン) ①물건의 한 끝 ②일의 한 부분

【一團】(일단-イチダン) 한 뭉치

【一黨】(일당-イットウ) 목적과 행동을 같이 하는 무리

【一當百】(일당백) 한 사람이 백 사람을 당할 수 있다는 뜻이니, 강하고 용기가 있는것

【一代】(일대-イッタイ) ①사람의 한 평생 ②그시대 ③삼십년의 동안

【一隊】(일대-イッタイ) 한 때

【一對】(일대-イッタイ) 한 쌍

【一帶】(일대-イッタイ) ①산맥의 한줄기 ②어느 지역의 전부。일원(一圓)

【一大事】(일대사-イチダイジ) 중대한 일

【一刀兩斷】(일도양단-イットウリョウダン) 한 칼에 두 동강이를 내듯이 사물을 선뜻 결정함

【一同】(일동-イチドウ) 전부。모두

【一得一失】(일득일실-イットクイッシツ) 한번은 얻으면 한번은 잃는 것을 이름

【一等】(일등-イットウ) 첫째의 등급

【一覽】(일람-イチラン) 한번 보는 것

【一力】(일력-イチリキ) 한 사람의 하인

【一列】(일렬-イチレツ) 한줄。같은 동아리

【一路】(일로-イチロ) 곧장 가는 길

【一龍一蛇】(일룡일사) 어떤때는 용이 되어 승천하고, 어떤 때는 뱀이되어 못속에 숨음。곧 태평시대(太平時代)에는 세상에 나와일을 하고 난세(亂世)에는 숨어 살면서 그 재능을 나타내지 않고 그 시대에 잘 순응(順應)함을 일컫는 말

【一龍一豬】(일룡일저) 하나는 용이 되고 하나는 돼지가 됨。곧 학문의 유무(有無)로 현우(賢愚)의 차가 생김을 이름

【一縷】(일루-イチル) ①한 오리의 실 ②약간의 걸림

【一流】(일류-イチリュウ) ①첫째의 지위 ②같은 유파(流派)

【一輪】(일륜-イチリン) ①한 둘레 ②한 바퀴 ③꽃 한 송이 ④밝은 달을 가리키는 말

【一律】(일률-イチリツ) ①한결 같음 ②죽음에 해당한 죄

【一理】(일리-イチリ) 한 가지 이치

【一利一害】(일리 일해-イチリイチガイ) 이로움이 있는 반면에 해로움도 있음

【一抹】(일말-イチマツ) ①붓으로 한번칠함 ② 약간。다소

【一望無際】(일망무제) 멀고 넓어서 바라보기에 끝이 없음

【一網打盡】(일망 타진-イチモウダジン) 여러 죄인을 한꺼번에 모조리 잡음

【一脈】(일맥-イチミャク) 한 줄。하나로 이어진 것

【一面】(일면-イチメン) ①한 쪽 편 ②처음으로 한 번 만나 봄 ③행정 구역의 하나

【一面識】(일면식-イチメンシキ) 한번만났을 정도의 옅은 사귐

【一名】(일명-イチメイ) ①본 이름 밖에 따로 부르는 이름 ②한 사람 ③이름 하나

【一命】(일명-イチメイ) ①처음으로 벼슬에 임명됨。또 그 최하급의 벼슬 ②한 목숨

【一目瞭然】(일목요연-イチモクリョウゼン) 선뜻 보고도 환하게 알 수있음

【一門】(일문-イチモン) ①혈족(血族)속의 일맥(一派) ②한 종류

【一味】(일미-イチミ) ①하나의 맛。하나의 풍치 ②같은 동아리 한패。일당

【一泊】(일박-イッパク) 하룻밤 묶음

【一半】(일반-イッパン) 절반

【一般】(일반-イッパン) ①마찬가지。한모양 ②전체

【一飯之德】(일반지덕-イッパンのトク) 작은 은덕

【一髮】(일발-イッパツ) ①머리카락하나

아주 얼마안됨 ②머리카락 하나가 놓인 것처럼 산이 멀리 보이는 모양

【一髮引千鈞】(일발인천균-イッパッセンキンをひく) 머리카락 하나로 천균(千鈞)의 무게를 끈다는 뜻이니 곧 위험하다는 비유(千균은 三만근)

【一方】(일방-イッポウ) ①한쪽。②저편。저쪽

【一杯】(일배-イッパイ) 한 잔

【一杯土】(일배토-イッポウのド) ①한줌의 흙 ②임금의 능

【一碧萬頃】(일벽만경-イッペキバンケイ)푸른 물이 한없이 넓게 펼쳐있음

【一瞥】(일별-イチベツ) 한번 흘깃 봄

【一夫多妻】(일부다처-イップタサイ) 한남편이 동시에 여러아내를 거느림

【一部分】(일부분-イチブブン)한부분。일부

【一夫兩妻】(일부양처-イップリョウサイ) 한남편에 아내가 둘 있음

【一夫一婦】(일부일부-イップイップ)한 남편에게 아내가 하나 있는 것。일부일처(一夫一妻)

【一夫從事】(일부종사) 한남편을 섬김

【一絲不亂】(일사불란-イッシみだれず) 질서가 정연하여 조금도 어지러움이 없음

【一瀉千里】(일사천리-イッシャセンリ) ①물이 거침 없이 내려감 ②문세(文勢)가 장하고 거침이 없음 ③사물을 처리함에 매우 빠름

【一朔】(일삭) 한 달

【一色】(일색) ①한 빛 ②뛰어난 미인 절색(絕色)

【一生】(일생-イッショウ) 살아 있는 동안。한 평생

【一夕】(일석-イッセキ) ①하루저녁 ②어떤날 밤

【一石二鳥】(일석이조-イッセキニチョウ) 돌 한개를 던져 새 두마리를 잡는다는 뜻이니、한가지 일을 하여 두 가지 이익을 얻은 비유。일거양득(一擧兩得)

【一線】(일선-イッセン) ①한줄 ②앞장

【一說】(일설-イッセツ) ①어떠한 말

【一閃】(일섬-イッセン) 한번 번쩍임

【一世】(일세-イッセイ) ①한임금의 자리에 있는 동안 ②그 사람의 일생 ③그 시대

【一世紀】(일세기-イッセイキ) 백년 동안

【一世之雄】(일세지웅-イッセイのユウ) 그 시대에 대적할 자가 없을만큼 뛰어난 사람

【一笑】(일소-イッショウ) ①한번 웃음 ②업신여기어 웃음 ③웃음거리 「림

【一掃】(일소-イッソウ) 깨끗하게 쓸어버

【一宿】(일숙-イッシュク) 하룻밤 잠

【一瞬間】(일순간-イッシュンカン) 눈을 한번 깜짝할 사이。곧 매우 짧은 시간。삽시간

【一時】(일시-イチジ) ①한때 ②한 시간 ③같은 때 ④그때。어느 때 ⑤한시대

【一視同仁】(일시동인-イッシドウジン) 여럿을 고르게 사랑함。평등하게 자애(慈愛)를 이름

【一身】(일신-イッシン) ①자기 한 몸 ②온 몸

【一新】(일신-イッシン) 아주 새로와짐

【一神敎】(일신교-イッシンキョウ) 다만 한 신(神)을 믿고 그밖의 다른 신(神)은 없다고 하는 종교。그리스도교・마호메트교・유태교 따위

【一身兩役】(일신양역-イッシンリョウヤク) 한 몸에 맡은 두 가지 일

【一室】(일실-イッシツ) ①한 방 ②한 집에 사는 가족

【一審】(일심-イッシン) 소송(訴訟)의 제일 첫 재판

【一心】(일심-イッシン) ①딴 생각이 없는 마음 ②한 쪽으로만 쓰는 마음 ③여러 사람이 일치하는 마음

【一心不亂】(일심불난-イッシンフラン) 마음을 한쪽에만 쓰고 어지럽지 않게 함

【一心定而萬物服】(일심정이만물복)마음만작정되면 만물도 그에게작정됨

【一惡】(일악)몹시 악한 사람

【一安】(일안) 한결같이 편안함

【一眼】(일안-イチガン) 한 눈

【一夜】(일야-イチヤ・ひとよ) 하룻밤

【一躍】(일약-イチヤク) 한 걸음에 뛰어 오른다는 뜻이니, 벼슬의 등급 등이 순서를 밟지 않고 상급(上級)을 넘어 오름

【一樣】(일양-イチヨウ) 한결같음

【一陽來復】(일양내복-イチヨウライフク) ①음(陰)이 극도에 달하여 양(陽)이 생기는 것。또 그 때가 동지(冬至)라는 설에 의하여 동지(冬至)를 이름 ②사물이 회복할 때를 얻는 것 ③겨울이 가고 봄이 옴을 이름。또 신년(新年)을 이름

【一魚濁水】(일어탁수)한 마리 물고기가 물을 흐려 놓는다는 뜻이니, 한 사람의 잘못으로 여러 사람이 그 해를 입게 된다는 비유

【一言】(일언-イチゲン・イチゴン) ①일구(一句) ②말 한마디

【一言可破】(일언가파-イチゲンやぶるべし) 여러말을 하지 않고 잘라서 말함

【一言居士】(일언거사-イチゲンコジ) 무슨 일이든지 한마디씩 참견 하지 않으면 마음이 놓이지 않는 사람。곧 말참견을 써 좋아하는 사람

【一言半句】)일언반구-イチゲンハンク・イチゴンハンク) 간단한 말

【一言以蔽之】 (일언이폐지-イチゲンモッテこれをおおう)한 말로 능히 그 뜻을 다함

【一言之下】 (일언지하-イチゴンのもと) 말한마디로 끊음。두말 할 나위 없이 한마디로 딱 잘라 말함

【一言千金】(일언천금-イチゴンセンキン)한마디의 말이 천금의 가치가 있음

【一葉知秋】(일엽지추) 한 조각 오동잎이 떨어지는 것을 보고 가을이 온 것을 안다는 뜻이니, 한 가지 일을 보고 장차 오게될 사물을 미리 짐작한다는 말

【一榮一落】(일영일락-イチエイイチラク)한번은 영화롭고 한번은 영락함。일성일쇠(一盛一衰)

【一牛鳴地】(일우명지) 소의 우는 소리가 들릴 만한 가까운 거리의 땅

【一圓】(일원-イチエン) 일대(一帶)

【一員】(일원-イチイン) 한 단체를 이루는 한 사람

【一元論】(일원론-イチゲンロン) 우주만유(宇宙萬有)의 본체는 유일(唯一)하다고 하는 학설

【一位】(일위-イチイ) ①한분 ②첫째 ③하나의 자리의 수

【一游一豫】 (일유일예-イチユウイチヨ) 한번의 여행。한 번의 즐거움

【一陰一陽】(일음일양-イチインイチヨウ) 음양(陰陽)의 두 원리

【一衣帶水】(일의대수-イチイタイスイ)한줄기의 좁은 냇물이나 바닷 물

【一日】(일일-イチニチ・イチジツ)①하루 ②종일 ③어느날 ④얼마 안 되는 시일

【一日難再晨】 (일일난재신-イチニチふたたびあしたなりがたし) 하룻 동안에 아침은 다시 안 온다는 뜻이니, 지나간 시간은 두번 오지 아니함을 이름

【一日之長】(일일지장-イチジツのチヨウ) ①하루 먼저 낳았다는 뜻이니, 나이가 좀 위되는 것 ②좀 나은 것

【一任】(일임-イチニン) 죄다 맡김

【一字無識】(일자무식) 글자를 한자도 모름

【一將功成萬骨枯】(일장공성만골고)전쟁에 이긴 공은 대장 한 사람에게 돌아가고 대장으로 하여금 공을 이루게한 많은 사람은 마른 뼈가 되어 들판에 구르고 있는 것을 개탄하는 말

【一長一短】 (일장일단-イッチヨウイッタン) 장점도 있고 단점도 있음

【一場】(일장-イチジヨウ) 한 바탕。한번

【一場春夢】(일장춘몽-イチジヨウのシユンム) 인생의 영화는 한바탕 봄꿈과 같이 헛됨을 가리키는 말

【一滴】(일적-イッテキ) 한 방울

【一戰】(일전-イッセン) 한 바탕의 싸움

【一箭雙鵰】(일전쌍조)화살 하나로 수리 두 마리를 쏘아 떨어 뜨린다는 뜻이니 일거양득(一擧兩得)과 같이 쓰는 말

【一切】(일절-イッサイ) ①아주。도무지 ②「일체」에 볼것

【一點紅】(일점홍-イッテンコウ) ①여럿속에서 특별히 나옴 ②여러남자들 중에 하나만 끼어있는 여자

【一定】(일정-イッテイ) 한번 작정함

【一齊】(일제-イッセイ) ①한결 같음 ②같은 때 ③함께

【一朝】(일조-イッチョウ) ①하루 아침。어느 아침 ②한때。일시 ③만일의경우 ④한 조정(朝廷) ⑤한 조정의 사람

【一朝一夕】(일조일석-イッチョウイッセキ) 잠간 동안

【一朝之忿】(일조지분-イッチョウのいかり) 한때의 분기

【一族】(일족-イチゾク) 한 족속。조상이 같은 친척 「류

【一種】(일종-イッシュ) 한 가지。한 종

【一座】(일좌-イチザ) ①첫째 자리。상좌(上座) ②같은 좌석에 앉음 ③한좌석의 전체

【一罪】(일제-イッサイ) ①한가지죄 ②일률(一律)

【一週】(일주-イッシュウ) ①한 바퀴도는 것 ②일주일

【一週年】(일주년-イッシュウネン) 한 해。

一년

【一週日】(イッシュウジツ) 이렛 동안

【一直線】(일직선-イッチョクセン) 아주 곧은 줄

【一陣】(일진-イチジン) 한 떼의 군사의 진(陣)

【一次】(일차-イチジ) 한 번

【一妻多夫】(일처다부-イッサイタフ)한 아내에 둘 이상의 남편이 있음

【一轍】(일철-イッテツ) 같은 길。한줄。일규(一揆)

【一切】(일체-イッサイ) 모든。온갖

【一體】(일체-イッタイ) ①한몸 ②전부 ③한결 같은 것

【一寸光陰不可輕】(일촌광음불가경-イッスンのコウインかろんずべらず) 짧은 시간이라도 허송하면 안됨

【一蹴】(일축-イッシュウ) 한번 참。물리침

【一炊之夢】(일취지몽-イッスイのゆめ) 인생은 믿기 어렵고 세상은 덧없다는 말。당(唐)의 노생(盧生)이 한단(邯鄲) 땅 어느 주막에서 도사(道士) 여옹(呂翁)의 벼개에 누웠을 때。장가들고 연국공(燕國公)이 되어 자녀 五남매를 낳고 나이가 八十이 되도록 갖은 영화를 누리는 꿈을 꾸었다。이 동안에 겨우 주막집 계집이 조밥을 짓는 잠간 동안이 었다는 옛 일에서 나온말。한단지몽(邯鄲之夢)

【一層】(일층-イッソウ) ①포개진 물건의 그 하나。한층 ②한결。한층

【一致】(일치-イッチ) ①한결 같음 ②서로 맞음

【一致團結】(일치단결-イッチダンケツ)한덩어리가 됨

【一朶】(일타) 꽃 한송이。한 떨기

【一彈指】(일탄지-イチダンシ) 썩 짧은 시간(손가락을 한번 튀길 동안의 뜻)

【一敗塗地】(일패도지) 여지없이 패하여 다시 일어날 수가 없음

【一片】(일편-イッペン)①한 조각 ②반조각

【一片丹心】(일편단심) 진정에서 우러나오는 충성된 마음。참된 정성

【一偏之言】(일편지언) 두쪽 중의 한쪽의 말

【一幅】(일폭-イップク) ①한 폭 ②한 장

【一品】(일품-イッピン) ①하나의 물건 ②훌륭한 물건 ③제일높은 물건

【一筆難記】(일필난기) 간단하게 기록할 수 없음

【一筆揮之】(일필휘지) 한숨에 글씨를 씀

【一行】(일행-イッコウ) ①동행(同行)하는 사람。한 동아리 ②한 행실 ③한번 감

【一向】(일향-イッコウ) 아주。꾸준히 한결같이

【一餉】(일향) 얼마 안 되는 시간

【一毫】(일호-イチゴウ) ①썩 작은 것

【一攫千金】(일확천금-イッカクセンキン) 단번에 많은 재물을 얻음

【一喜一悲】(일희일비-イッキイチユウ)기쁜일과 슬픈일이 번갈아 일어남

【一 畫】

【丁】 정 テイ、チョウ adult 青 ㄉㄧㄥ ting

①장정 强壯民夫 ②천간 天干第四位 ③부림군 僕役 ④당할 當也 ⑤백정 庖ㅡ。⑥성할 盛也 ⑦외로울 零ㅡ ⑧나무 찍는 소리 伐木聲 ⑨누수 소리 漏聲ㅡ東。⑩姓也

【丁年】(정년-テイネン) 남자의 二〇세

【丁寧】(정녕-テイネイ) ①전장에서 쓰는 종같은 악기。정(鉦)을 쳐서 병사를 경계함。②재삼 알려 줌。거듭 이름 ③틀림없이。꼭 「한자

【丁庸】(정용) 장정으로 농사에 감당

【丁憂】(정우-テイユウ) 부모의 상사(喪事)를 만남

【丁壯】(정장-テイソウ) 혈기왕성한 청년。장정(壯丁)

【丁丁】(정정-トウトウ) ①나무를 찍는 소리 ②바둑판에 바둑을 놓는 소리

【七】 칠 シチ、なな つ seven 質 ㄑㄧ ch'i

① 일곱 數名 ②글체 이름 楚辭의 枚乘의 따위

【七去】(칠거-シチキョ) 아내를 쫓을 이유로 하는 일곱 가지의 사실。곧 불순구고(不順舅姑)·무자(無子)·음행(淫行)·질투(嫉妬)·악질(惡疾)·구설(口舌)·도절(盜竊)

【七竅】(칠규) 사람의 얼굴에 있는 귀(둘)·눈(둘)·코(둘)·입(하나)·의 일곱 구멍 사람의 가슴에 있다고 하는 일곱 구멍

【七氣】(칠기)기쁨·성남·슬픔·은혜·사랑·놀람·두려움의 일곱가지의 심기(心氣)

【七面鳥】(칠면조-シチメンチョウ) ① 꿩과(科)에 속하는 새의 이름 ② 언행에 줏대가 없이 이랬다 저랬다 하는 사람의 비유

【七寶】(칠보-シチホウ) 금(金)·은(銀)·유리(瑠璃)·마노(瑪瑙)·파유(玻瑠)·진주(眞珠) 혹은 금(金)·은(銀)·유리(瑠璃)·거거(硨磲)·마노(瑪瑙)·호백(琥珀)·산호(珊瑚)의 일곱가지 보배

【七步才】(칠보재) 일곱 걸음 걸을 동안에 시를 지을만한 재주라는 뜻이니、시재·문재에 뛰어남을 이룸

【七色】(칠색-シチショク) 태양광(太陽光)을 스팩트럼으로 나눌때 나타나는 일곱가지의 빛깔。곧 빨강·주황·노랑·초록·파랑·남·자주빛

【七書】(칠서-シチショ) ①주역(周易)·서전(書傳)·시전(詩傳)·논어(論語)·맹자(孟子)·중용(中庸)·대학(大學)

【七夕】(칠석-シチセキ·たなばた)명일의 하나。음력 七월七일。견우성(牽牛星)과 직녀성(織女星)이 은하수에서 만나본다는 날

【七十二候】(칠십이후-シチジュウニコウ) 一년의 기후를 七十二로 나눈 이름。五일을 일후(一候)로 함

【七言古詩】(칠언고시-シチゴンコシ) 칠언으로 된 고시로서 초사(楚辭)및 항우(項羽)의 해하가(垓下歌)、한고조(漢高祖)의 대풍가(大風歌) 따위

【七言絶句】(칠언절구-シチゴンゼック) 칠자(七字)로 된 글귀 넷。곧 二十八자로 조직한 한시(漢詩)의 한 체

【七曜】(칠요-シチヨウ) 옛적 성학(星學)에서 일(日)·월(月)에 화(火)·수(水)·목(木)·금(金)·토(土)의 오성(五星)을 합한 이름。이것을 일주일에 배당하여 일요·월요·화요·수요·목요·금요·토요라고 함

【七音】(칠음-シチオン·シチイン)①음악의 궁(宮)·상(商)·반상(半商)·각(角)·징(徵)·반징(半徵)·우(羽)의 일곱가지 소리。②순음(脣音)·설음(舌音)·반설음(半舌音)·아음(牙音)·치음(齒音)·반치음(半齒音)·후음(喉音)

【七顚八起】(칠전팔기-シチテンハッキ) 일곱 번 구르고 여덟번 일어난다는 뜻이니 몇번 실패하여도 굽히지 않고 분투하는 것

【七顚八倒】(칠전팔도-シチテンバットウ) 일

곱번 구르고 여덟번 거꾸러 진다는 뜻이니, 고생이 대단한 것

【七情】(칠정-シチジョウ) 희(喜)·노(怒)·애(哀)·락(樂)·애(愛)·악(惡)·욕(欲)(불교에서는 樂, 유교에서는 懼)

【七縱七擒】(칠종칠금-シチショウシチキン) 적을 일곱번 놓았다가 일곱번 잡는 것。 제갈양(諸葛亮)이 맹획(孟獲)을 잡던 옛 일。(擒는 禽으로도 씀)

【七楪盤床】(칠첩반상) 밥그릇·국 그릇·대접·쟁반·보시기·각각 하나씩, 조치 둘, 종지 셋, 접시 일곱을 한벌로 하는 반상

【七七齋】(칠칠재) 四十九日 재(齋)

【七賢】(칠현-シチケン) ①춘추시대의 일곱 현인(賢人) 곧 백이(白夷)·숙제(叔齊)·우중(虞仲)·이일(夷逸)·주장(朱張)·소련(少連)·유하혜(柳下惠) ②진(晉)의 죽림(竹林)의 일곱현인(賢人) 곧 완적(阮籍)·혜강(嵇康)·산도(山濤)·향수(向秀) 유영(劉伶)·왕융(王戎)·완함(阮咸)

【七絃琴】(칠현금)오현금(五絃琴)에문무현(文武絃)을 더한 일곱 줄로된 거문고

【二 畫】

【三】삼 サン、みつ three 團 ㄙㄢ san'
①석 셋 數也 ②세번 —之③세째 —男

【三角】(삼각-サンカク) ①세모 ②대립하는 세 사람 또는 세나라 ③ 삼각형(三角形) ④삼각법(三角法)

【三刻】(삼각-サンコク) 한 시(時)의세째 시각 곧 四十五분(一각은 十五분)

【三角法】(삼각법-サンカクホウ) 삼각함수(三角函數)의 성질 관계를 논하는 기하학(幾何學)

【三角洲】(삼각주-サンカクす) 강이 바다로 들어가는 어귀에 강물이 운반하여 온 사토(砂土)가 쌓이고 쌓여서 된 사주(砂洲)

【三角形】(삼각형-サンカクケイ) 세모진 형상

【三綱】(삼강-サンコウ) 군신(君臣)·부자(父子)·부부(夫婦)의 길

【三傑】(삼걸-サンケツ) ①뛰어난 세사람 ② 한 고조(漢高祖)의 신하인 소하(蕭河)·장양(張良)·한신(韓臣)의 세사람 ③촉(蜀)의 제갈양(諸葛亮)·관우(關羽)·장비(張飛)의 세 사람

【三更】(삼경-サンコウ) 하룻 밤을 五경(更)으로 나눈 세째의 경(更) 곧오 23시부터 새벽1시까지

【三卿】(삼경-サンキョウ) 주대(周代)의 세사람의 집정(執政)대신(大臣) 사도(司徒)·사마(司馬)·사공(司空)

【三顧】(삼고-サンコ) 세번 돌아다봄。세번 찾음。촉(蜀)의 유비(劉備)가 세번 제갈양(諸葛亮)의 집을 찾은 옛일에서 고귀한 이에게 특별히 신임우대를 받는 것을 이름

【三骨】(삼골-サンコツ) 신라(新羅) 시대의 혈통을 이름。성골(聖骨)·진골(眞骨)·제이골(第二骨)

【三光】(삼광-サンコウ) 해와 달과 별 삼정(三精)

【三國】(삼국-サンコク) ①후한(後漢)·송(宋)의 촉(蜀)·위(魏)·오(吳)의 세 나라 ②고구려(高句麗)·신라(新羅)·백제(百濟)

【三國鼎立】(삼국정립-サンコクテイリツ) 세나라가 솥발처럼 벌려 섬

【三軍】(삼군-サングン) ①주대(周代)의 제도에서 一만二천五백명을 一군(一軍)으로 하고 대제후(大諸侯)는 一을 가졌었음。곧 三만七천五백명의 군대 ②상군(上軍)·중군(中軍)·하군(下軍)으로 된 군대 ③많은 군대 대군(大軍) 또는 전군(全軍)

【三權】(삼권-サンケン) 국가의 세 가지 통치권 곧 입법·사법·행정

【三權分立】(삼권분립-サンケングンリツ) 삼권(三權)은 각각 독립한 기관으로 나누고 서로 침범하지 않고 인민의 자유를 보전하려고 하는 것

【三極】(삼극-サンキョク) 삼재(三材)

【三南】(삼남-サンナン) 충청남북도(忠淸南北道)・전라남북도(全羅南北道)・경상남북도(慶尙南北道)

【三年不蜚不鳴】(삼년불비불명-サンネンとばずなかず) 三년을 날지 않는다는 말이니 후일에 웅비할 기회를 기다리고 있다는 뜻

【三年喪】(삼년상-サンネンソウ) 기한이三년 걸리는 거상(居喪)。삼년초토(三年草土)

【三端】(삼단-サンタン) 붓끝・칼끝・혀끝

【三段論法】(삼단논법-サンダンロンポウ) 대전제(大前提)・소전제(小前提)・단안(斷案)의 三단으로 배열하여 추리하는 논리학(論理學)의 방식 이를테면「사람은 죽는다」「너는 사람이다」「고로 너는 죽는다」따위

【三代】(삼대-サンダイ) ① 중국 상고(上古)의 하(夏)・은(殷)・주(周)의 세 왕조 ②부(父)・자(子)・손(孫)의 혈통。곧 자기를 중심으로 하여 위 또는 아래로三대

【三代目】(삼대목-サンダイモク) 신라(新羅) 진성여왕 때에 위홍(魏弘)・대구(大矩)와 함께 수집한 향가집(鄕歌集) 후세에 전하지 아니함

【三德】(삼덕-サントク) ①지(智)・인(仁)・용(勇) ②정직(正直)・강(剛)・유(柔) ② 지덕(至德)・민덕(敏德)・효덕(孝德) ④천덕(天德)・지덕(地德)・인덕(人德)

【三冬】(삼동-サントウ) 겨울의 석달동안

【三略】(삼략-サンリャク) 한(漢)의 장량(張良)이 황석공(黃石公)에게 받았다고 하는 병서(兵書)

【三令五申】(삼령오신-サンレイゴシン) 군중(軍中)에서 호령을 세번하고 다섯 번을 거듭함

【三六判】(삼륙판) 넓이 세치 길이 여섯치되는 양지(洋紙)로 제본한 책의 크기의 이름

【三稜鏡】(삼릉경-サンリョウキョウ) 유리의 삼각주 Prism

【三面記事】(삼면기사-サンメンキジ) 신문의 사회면 기사

【三命】(삼명-サンメイ) 세번 군명(君命)을 받아 경(卿)이 됨。주체(周體)에 의하면 한번 명을 받아 사(士)가되고 두번 명을 받아 대부(大夫)가되고 세번 명을 받아 경(卿)이됨

【三門】(삼문-サンモン) 궁궐(宮闕)・공해(公廨)등의 앞에 있는문 정문(正門)・동협문(東夾門)・서협문(西夾門)의 셋이 있음

【三民主義】(삼민주의-サンミンシュギ) 민족(民族)・민권(民權)・민생(民生)의 세주의 서력 一九〇〇년에 손문(孫文)이 창도한 중국(中國) 혁명의 표방어

【三拜九拜】(삼배구배-サンパイキュウハイ) ①삼배(三拜)의 예(禮)와 구배(九拜)의 예。최경례(最敬禮)를 이름 ② 여러번 예배함

【三帆船】(삼범선) 돛대 세 개를 세우고 다니는 배

【三甫】(삼보) 절에서 심부름 하는 중

【三寶】(삼보サンポウ)①자(慈)와 검(儉)과 천하에 앞서지 않는 것 ②도가(道家)에서 이르는 귀・입・눈 ③토지(土地)・인민(人民)・정치(政治)・제후(諸侯)의 보배라는 뜻 ④불상(佛像)・경전(經典)・승려(僧侶) (불가에서 이름)

【三伏】(삼복-サンプク) 초복(初伏)・중복(中伏)・말복(末伏)

【三府】(삼부-サンフ) 삼공(三公)의 마을

【三分五裂】(삼분오열) 여러 갈래로갈라짐

【三不去】(삼불거) 칠부(七夫)의 이유가 있는 아내라도 쫓지 못하는 세가지 경우 곧 부모의 거상(居喪)을 마친 경우와 장가갈곳이 없는 경우

【三史】(삼사-サンシ) 중국의 세가지 역사책 사기(史記)・한서(漢書)・후한서(後漢書)의 총칭

【三司】(삼사-サンシ) ①고려(高麗)때중외(中外)의 전곡(錢穀)의 출납회계에 관한 사무를 맡아보던 마을②홍문관(弘文館)・ 사간원(司諫院)・사

헌부(司憲府)

【三思】(삼사-サンシ) 여러 번 생각함

【三赦】(삼사-サンシャ) 죄를 용서할 세 사람 곧 어린이(七세 이하)·늙은이·(八十세 이상)·못난이

【三三五五】(삼삼오오-サンサンゴゴ) 二三인 또는 四 五인이 각각 떼를 지어감

【三殤】(삼상) 미성년(未成年)으로 죽은 세 구별。곧·상상(上殤)·중상(中殤)·하상(下殤)

【三色桃】(삼색도-サンシキもも) 한 나무에서 세가지 빛의 꽃이 피는 복숭아나무

【三色實果】(삼색실과) 제사에 쓰는 세가지 과실

【三生】(삼생-サンショウ)과거·현재·미래의 세계。곧 전세(前世)·현세(現世)·후세(後世)

【三省】(삼성-サンショウ) 날마다 몇번이고 자신을 돌아보아 몸을 닦음

【三聖】(삼성-サンセイ) ①우리 나라 상고시절의 세 성인。곧 환인(桓因)과 환웅(桓雄)과 환검(桓儉) ②세계의 세 성인 곧 석가와 공자와 예수 ③고대 희랍의 세 성인 곧 소크라테스와 플라톤과 아리스토텔레스 ④중국의 세성인 곧 노자(老子)와 공자(孔子)와 안회(顏回) 또는 요(堯)·순(舜)·우(禹) 또는 문왕(文王)·무왕(武王)·주공(周公)의일컬음

【三損友】(삼손우-サンソンユウ) 사귀어 자기의 손실이 되는 세가지의 벗 곧 착하기만 하고 줏대가 없는 벗 말만 잘 하고 성실하지 못한 벗 성질이 편벽(便辟)한 벗

【三旬】(삼순-サンジュン) ①한달 안의 상순(上旬)·중순(中旬)·하순(下旬) ②三十일 동안 ③三十세

【三旬九食】(삼순구식) 집안이 가난하여 먹을 것이 없음

【三尸】(삼시) 사람의 뱃속에 있다고 하는 세마리의 벌레 이 벌레가 경신(庚申)날 밤에 사람이 잘 때에 뱃속에서 나와 하늘로 올라가서 비밀한 일을 고한다고 함

【三時】(삼시) 아침·점심·저녁의 세 때

【三神】(삼신-サンシン) ①상고시대에 우리나라 국토를 여신 환인(桓因)·환웅(桓雄)·환검(桓儉) ②해산(解產)을 말았다고 하는 신령

【三神山】(삼신산-サンシンザン) 신선이 살았다고 하는 산。진시황(秦始皇)·한무제(漢武帝)가 불사약(不死藥)을 구하던 곳으로 봉래(蓬萊)·방장(方丈)·영주(瀛州)니、곧 우리나라의 금강산(金剛山)·지리산(智異山)·한라산(漢拏山)

【三十六計走爲上策】(삼십육계주위상책) 싸움에 나아가서 어름어름하다가 기회를 잃는 것보다 차라리 도망가서 몸을 보전하는 것이 상책이라는 뜻 비겁한 사람을 조롱하는 말

【三十三天】(삼십삼천-サンジュウサンテン) 수미산(須彌山)꼭대기 사방에 각각 일봉(一峰)이 있고、그각봉에 여덟개씩의 하늘과 그 중앙에 있어서 이를 통솔하는 제석천(帝釋天)

【三惡聲】(삼악성) 초상집에서 초혼(招魂)하는 소리와 불난 집에서 불이야 하는 소리와 도둑을 알리는 소리

【三五夜】(삼오야) 음력 보름날 밤

【三五夜中新月色】(삼오야중신월색)동쪽 하늘에서 돋기 시작하는 음력 八월 십오야(十五夜)의 선명한 달빛

【三元】(삼원-サンゲン) ①상원(上元)(정월十五일)·중원(中元)(七월十五일 ②년(年)·월(月)·일(日) 셋의 처음이라는 뜻으로 정월 초하루를 이름

【三位一體】(삼위일체) 예수교에서 성부(聲父)·성자(聲子)·성신(聲神)의 삼위를 한몸이라고 하는 것

【三儀】(삼의) 삼재(三才)

【三益友】(삼익우-サンエキユウ) 사귀어자기에게 이익이 있는 세가지 벗。곧은 사람 믿음직한 사람 다문(多聞)한 사람

【三人稱】(삼인칭-サンニンショウ) 대명사(代名詞)로서 대화자(對話者) 이외의 사람이나 사물을 가리키는 말

【三才】(삼재-サンサイ) 하늘·땅·사람。 삼극(三極)。 삼의(三儀)

【三災】(삼재-サンサイ) ①수재(水災)·풍재(風災)·화재(火災) ②한 운성(運星)의 하나

【三政丞】(삼정승) 영의정 (領議政)·좌의정(左議政)·우의정(右議政)

【三族】(삼족-サンゾク) 부(父)·모(母)·처(妻)의 족속

【三從】 (삼종) 고조(高祖)가 같고 증조(曾祖)가 다른 형제。 팔촌(八寸)

【三從之義】(삼종지의) 여자로서 지킬 세가지 도리。 곧 집에 있을 때는 아버지를 좇고 시집을 가서는 남편을 좇고 남편이 죽은 뒤에는 아들을 좇음

【三知】(삼지-サンチ) 도(道)를 하는데 천성(天性)의 고하(高下)의 세가지 구별。 곧 나면서 아는 것과 배워서 아는 것과 애써 아는 것

【三枝禮】(삼지례) 비둘기는 예의가 발라서 어미가 앉은 가지에서 세째 가지 아래에 앉는다고 함

【三枝槍】(삼지창) 끝이 세 갈래로 된 창

【三尺】(삼척-サンジアク) 법률을 이름。 석자되는 대(竹)패에 법률을 기록하였던 옛일에서 나옴

【三尺童子】(삼척동자-サンジャクドウジ)어린애。 소동(小童)

【三尺長劍】(삼척장검-サンジャクケョウケン) 길고 긴 칼

【三遷】(삼천-サンセン) 세 번 옮김

【三千里江山】(삼천리강산) 우리 나라의 온 땅

【三遷之敎】(삼천지교-サンセンのおしえ)맹자(孟子)를 가르치기 위하여 묘반(墓畔)에서 시방(市傍)으로 옮기고 또다시 학궁(學宮)으로 옮겼던 일

【三焦】(삼초-サンショウ) 한방의(漢方醫가일컫는 상초(上焦)·중초(中焦)·하초(下焦) 상초(上焦)는 심장아래 중초(中焦)는 위경(胃經) 속 하초(下焦)는 방광(膀胱) 위

【三寸】(삼촌-サンズン) ①一척(尺)의 十분의三 ②아버지의 형제

【三寸舌】(삼촌설-サンズンのした) ①혀 길이가 세치라 하여 이름 ②언어(言語)·변설(辯舌)을 이름

【三秋】(삼추-サンシュウ) 가을의 석달동안 ②세해의 가을

【三春】(삼춘-サンシュン) 봄의 석달동안 세해의 봄

【三春暉】(삼춘휘) 봄의 햇빛。 부모의 은혜에 비유함

【三蟲】(삼충-サンチュウ)삼시충(三尸蟲)

【三娶】(삼취) 세번 장가감。 또 그아내

【三七日】(삼칠 일-サンシチニチ・みなのか)①해산(解產)후 스무하루 동안 ②사후(死後)二十一일째 또 스무하루되는 날

【三胎】(삼태) 한 배에 아이 셋을낳음

【三夏】(삼하) ①여름 석달 동안 ②세해의 여름

【三韓】(삼한-サンカン) 상고(上古) 시대 우리 나라 한강 이남에 있던 마한(馬韓)·진한(辰韓)·변한(弁韓)

【三澣】(삼한) 한 달을 셋에 나눈상한(上澣)·중한(中澣)·하한(下澣)삼순(三旬)

【三韓甲族】(삼한갑족) 옛적부터 문벌이 높은 집안

【三寒四溫】 (삼한사온-サンカンシオン) 겨울의 사흘은 춥고 나흘은 따뜻함을 이름

【三獻】(삼헌) 제사 때에 술잔을 세번 올리는 일。 초헌(初獻)·아헌(亞獻)·종헌(終獻)

【三皇】(삼황-サンコウ) 중국 고대(古代)전설(傳說)에 나타난 세 임금·천황씨(天皇氏)·지황씨(地皇氏)·인황씨(人皇氏)、 또는 수인씨(燧人氏)복희씨(伏羲氏)·신농씨(神農氏)또는 복희씨·신농씨·황제의 제설(諸說)이 있음

【上】상 ジョウ、うえ upper part 漾 ㄕㄤˋ shang⁴

①위 꼭대기 下之對 ②임금 君也、③올릴 進也 ④높을 尊也 ⑤오를 登也 ⑥이를 到也 「말

【上監】(상감) 임금을 높이어 이르는 손。상빈(上賓)

【上客】(상객-ジョウキャク) 지위가 높은

【上件】(상건-ジョウケン) 품질이 썩 좋은 물건

【上京】(상경-ジョウキョウ) 시골서 서울로 올라옴。상락(上洛)

【上界】(상계-ジョウカイ) 하늘 위의 세계

【上計】(상계-ジョウケイ) 좋은 꾀。상책

【上古】(상고-ジョウコ) ①먼 옛날②상세(上世) 태고(太古)

【上告】(상고-ジョウコク) ①웃 사람에게 고함 ②제二심의 판결 파기(破棄) 또는 변경을 상급 재판소에 신청함

【上空】(상공-ジョウクウ) 높은 공중

【上官】(상관-ジョウカン) 자기 보다 등급의 높은 관원

【上國】(상국-ジョウコク) ①춘추시대(春秋時代)에 중원(中原)。곧 황하(黃河)유역의 북오성(北五省)의 땅을 이름②속국이 그 주국(主國)을 가리킴

【上級】(상급-ジョウキュウ) 자기 보다 높은 지위 ②높은 계급

【上氣】(상기-ジョウキ) 피가 머리로 몰리어 현기(眩氣) 두통(頭痛)이 일어남

【上納】(상납-ジョウノウ) 조세를 바침

【上年】(상년) 지난 해。작년

【上丹田】(상단전) 뇌(腦)。(道家의 말)

【上達】(상달-ジョウタツ) ①학술(學術)·기예(技藝)가 진보하여 정교하게함 ②아래의 사정이 위에 이름 ③웃사람에게 말로나 편지로 여쭘

【上道】(상도) 길을 떠남

【上洛】(상락-ジョウラク) 상경(上京)

【上覽】(상람-ジョウラン) 임금이 보심

【上略】(상략-ジョウリャク) 글의 위 토막을 덜어버림。전략(前略)

【上流】(상류-ジョウリュウ) ①강이나 내의 근원이 되는 곳 ②신분이 높은 지위。또는 그 사람들

【上陸】(상륙-ジョウリク) 배에서 육지로 오름

【上米】(상미-ジョウマイ) 품질이 좋은 쌀

【上味】(상미) 음식의 좋은 맛

【上賓】(상빈-ジョウヒン) ① 상등(上等)의 손님。상객(上客)

【上巳】(상사-ジョウシ) ① 음력 三월의 사일(巳日)。삼질

【上司】(상사-ジョウシ) ①한대(漢代)에서 삼공(三公)을 이름 ②상급관리

【上殤】(상상) 열 다섯살 부터 스무살 사이에 미혼(未婚)으로 죽음。또 그 사람

【上書】(상서-ジョウショ) ①글을 올린다는 뜻이니 윗사람에게 편지한다는 말

【上仙】(상선) ①하늘에 올라신선이됨 ②귀인(貴人)의 죽음。등선(登仙)

【上訴】(상소-ジョウソ) 하급 재판소리의 판결에 불복하고 상급 재판소에 고소함

【上疏】(상소-ジョウソ) 임금께 글을 올림 또 그 글

【上旬】(상순-ジョウジュン) 그 달 하룻날부터 열흘까지 열흘동안。상완(上浣)상한(上澣)

【上述】(상술-ジョウジュツ) 위에 말함。위에 기술함。전술(前述)

【上昇】(상승-ジョウショウ) 위로 오름

【上演】(상연-ジョウエン) 연극을 함

【上映】(상영-ジョウエイ)영화를 영사(映寫)하여 공개함

【上午】(상오-ジョウゴ) 오전

【上浣】(상완-ジョウカン) 상순(上旬)

【上王】(상왕) 임금이 양위(讓位)한뒤의 칭호

【上元】(상원-ジョウゲン) 음력 정(正)월 十五일

【上願】(상원-ジョウガン) 첫째의 소원

【上位】(상위-ジョウイ) 높은 지위。윗 자리

【上梓】(상재-ジョウシ) 인쇄함。출판함

【上典】(상전) 종에 대하여 그 주인을 일컬음

【上帝】(상제-ジョウテイ) ①하느님 ②천

자(天子) ③상고(上古)의 제왕(帝王)
【上第】(상제-ジョウダイ) ①시험에 급제함 ②상등(上等)
【上奏】(상주-ジョウソウ) 임금께 말씀을 올림
【上肢】(상지-ジョウシ) 손
【上知·上智】(상지-ジョウチ) 가장 뛰어난 지혜。 또 그사람
【上策】(상책-ジョウサク) 좋은 꾀。 상계(上計)
【上焦】(상초) 삼초(三焦)의 하나。 가슴 위
【上篇】(상편-ジョウヘン) 두 편 이상으로 된 책의 첫편
【上表】(상표) 임금께 글을 올림。 상소(上疏)
【上品】(상품-ジョウヒン) ①품격의 좋음 ②좋은 물건
【上下】(상하-ジョウゲ) ①위와 아래 ②높은 것과 낮은 것 ③귀한것과 천한것 ④오르고 내림 ⑤가고 옴
【上澣】(상한-ジョウカン) 상순(上旬)
【上弦】(상현-ジョウゲン) 음력 매월七、八일에 뜨는 달
【上皇】(상황-ジョウコウ) 양위하신 황제。 태상황(太上皇)의 약칭

【丈】 장 ジョウ、たけ adult [養] ㄓㄤ chang⁴
①길 열자 十尺 ①어른 長老尊稱

【丈六】(장륙-ジョウロク) 一장(丈) 六척의 준말
【丈夫】(장부-ジョウフ·ジョウブ)①장성한 남자。 맹자(孟子) ②남자의 미칭(美稱) ③남편
【丈人】(장인-ジョウジン) ①아내의 친정아버지。 악부(岳父) ②장노(長老) ③노인(老人)

【下】 하 カ、ゲ、した under-side [馬][禡] ㄒㄧㄚ hsia⁴
① 아래 上之對 ②밑 底也 ③낮을 賤也 ④낮은체할 卑也 ⑤ 떨어질落也 ⑥내릴 自上而— ⑦항복할 降也

【下瞰】(하감-カカン) 내려다 봄
【下降】(하강-カコウ) ① 내림 ②어른이 오심
【下去】(하거) ①위에서 아래로 내려감 ②서울서 시골로 감
【下界】(하계-ゲカイ) 이세상。사파(娑婆)
【下棺】(하관) 관을 광중(壙中)에 내림
【下剋上】(하극상-ゲコクジョウ)아래가 위를 이긴다는 뜻이니、 신하가 군주를 업신여겨서 위의 위신이 떨어짐
【下級】(하급-カキュウ) 자기보다 지위가 낮은 계급
【下奴】(하노-カド) ①부림군。 하인 ②자기를 낮추는 말 ③남을 욕하는 말
【下達】(하달-カタツ) 위의 뜻이 아래에 이름
【下道】(하도) 예전에 충청(忠淸)·전라(全羅)·경상(慶尙) 三도(道)의 남쪽 지방
【下略】(하략-カリャク·ゲリャク) 아래를 줄임。 이하 생략(省略)의 뜻
【下僚】(하료-カリョウ) 지위가 낮은 관원。 또 부하의 관원。 하관(下官)
【下流】(하류-ガリュウ) ①강이나 내가 흘러내려가는 곳 ②신분이 낮은 사람들
【下吏】(하리-カリ) 지위가 낮은 벼슬아치。 아전(衙前)
【下馬】(하마-ゲバ) 말에서 내림
【下命】(하명-カメイ)명령을 내림。 또 분부
【下文】(하문-カブン) 아래에 쓴 글
【下僕】(하복-ゲボク) 사내종
【下婢】(하비-カヒ) 계집종
【下山】(하산-ゲサン) 산에서 내려옴
【下殤】(하상) 八세부터 十三세까지의 사이에 요사(夭死)함。 또는 그 사람
【下手】(하수-ゲシュ·へだ) ①손을 댐。 착수 ②재주가 부족함。 또 그사람
【下水】(하수-ゲスイ) 빗물이나 집에서 쓰다 버리는 더러운 물
【下手人】(하수인-ゲシュニン) 손을 대어 사람을 죽인 당자
【下旬】(하순-ゲジュン) 그달 스무하룻날부터 그믐날까지 열흘동안。 하완(下浣)。 하한(下澣)

【下野】(하야-ゲヤ) 관직을 버리고 민간으로 내려옴。또 정계(政界)에서 은퇴함

【下午】(하오-カゴ) 오후

【下浣】(하완-ゲカン) 하순(下旬)

【下愚】(하우-カグ) 아주 어리석은 사람

【下位】(하위-カイ) ①낮은지위。낮은 벼슬 ②아랫자리。아래쪽

【下人】(하인-カジン) 사내종과 계집 종의 총칭

【下情】(하정-カジョウ) ①아랫사람의 형편。백성의 마음 ②자기의 심사(心事)의 겸칭(謙稱)

【下情上通】(하정상통-カジョウジョウツウ) 아랫사람의 형편이 웃사람에게 통함。백성의 마음이 임금께 통함

【下車】(하차-ゲシャ) ①차에서 내림 ②하거(下車)에 보라

【下策】(하책-ゲサク・カサク) 가장 못나게 꾸민 꾀

【下焦】(하초) 삼초(三焦)의 하나。배꼽의 아래

【下篇】(하편-ゲヘン) 두 편 이상으로된 책의 맨 아래편

【下品】(하품-ゲヒン) ①품격이 낮음 ②낮은 물건。하치

【下風】(하풍) 사람의 하위(下位)

【下學】(하학-カガク) 학교에서 그날의 과정을 마침

【下學上達】(하학상달-カガクジョウタツ) 자기 보다 아랫 사람이라도 이에 나아가 배워 차차 학문이 진보함。일설에 인사(人事)를 배워 위로 천리(天理)에 달함。비근한 곳에서 차차 심오한 학리(學理)에 나아가는 뜻

【下澣】(하한-カカン) 하순(下旬)

【下鄕】(하향) 서울서 시골로 내려감

【下弦】(하현) 음력 매월 二十二、三일에 뜨는 달

【三 畫】

【丐】개 カツ、カイ、こう、こじき beg; beggar 泰 ㄍㄞ kai' ①빌 乞也 ②거지乞食人

【不】불 フ、ヒ、あらず not 月 ㄅㄨ pu' 아닐 아니 못할 非也 未也 弗通 (부) 아닌가 未定辭 (다・더・도・두・드・자・저・조・주・즈・지字 위에서는 「부」로 발음하고 그밖에는 「불」로 발음함)

【不可】(불가-フカ・カならず) ①옳지아니함 ②그렇지 아니함)

【不可無】(불가무-なくべからず) 한시도없으면 아니됨

【不可思議】(불가사의-フカシギ) ①상식적으로 추측할수 없음 ②이상야릇함

【不可抗力】(불가항력-フカコウリョク) 사람의 힘으로 저항할수 없는 자연또는 사람의 힘

【不可解】(불가해-フカカイ) 이해할 수가 없음

【不敬】(불경-フケイ) 공경하지 아니함。존엄을 모독함

【不顧】(불고-かえりみず) 돌아보지 아니함

【不恭】(불공-フキョウ) 공손하지 아니함

【不公平】(불공평-フコウヘイ) 공평하지 아니함

【不具者】(불구자-フグシャ) 병신

【不屈】(불굴-フクツ) 굽히지 아니함

【不歸客】(불귀객-フキのキャク) 한번가고 다시 돌아 오지 않는 나그네。곧 죽은 사람

【不肯】(불긍-がえんぜず) 즐겨듣지 않음

【不吉】(불길-フキツ) 재수나 운수가 좋지 않음

【不佞】(불녕) 자기를 겸손해부르는말

【不能】(불능-フノウ) 능하지 못함。능히 할 수 없음

【不斷】(부단-フダン) 끊임이 없음

【不達時變】(부달시변) 완고하여 변통이 없음

【不當】(부당-フトウ) 이치에 맞지 않음

【不同】(부동-フドウ) 같지 않음。다름

【不動】(부동-フドウ) 움직이지 아니함

【不動產】(부동산-フドウサン) 이동할 수 없는 재산。곧 토지・가옥・수목

【不得要領】(부득요령-ヨウリョウをえず) 요령을 알 수 없음

【不良】(불량-フリョウ) 어질지 못함。착하지 아니함
【不逞之徒】(불령지도-フテイのト) 나라에 대하여 불평 원한을 품은 사람
【不老長生】(불로장생-フロウジョウセイ) 늙지않고 오래 살음
【不老草】(불로초-フロウソウ) 사람이 먹으면 늙지 아니한다는 선경(仙境)에있는 풀
【不利】(불리-フリ) ①이롭지 못함 ②재앙(災殃)
【不滿】(불만-フマン) 만족하지 않음。불 만족(不滿足)
【不忘】(불망-わすれず) 잊어버리지 아니함
【不眠不休】(불면불휴-フミンフキュウ) 자지도않고 쉬지도 아니함
【不滅】(불멸-フメツ) 사라져 없어지지 아니함
【不毛之地】(불모지지-フモウのチ) 초목이 나지 아니한 거친땅
【不法】(불법-フホウ) 법이 아님。법에 어그러짐
【不變】(불변-フヘン) 변하지 아니함
【不服】(불복-フフク) 복종하지 않음
【不卜日】(불복일) 택일을 하지않고 혼인·장사(葬事)를 급히 지냄
【不分上下】(불분상하-ジョウゲをわかたず) 상하·귀천을 분별하지 못함
【不分晝夜】(불분주야-チュウヤをわかたず) 밤낮을 가리지 않고 힘씀
【不貧】(불빈-まずしからず) 가난하지 않음、조금 넉넉함
【不死】(불사-フシ) 죽지 않음
【不死藥】(불사약-フシヤク) 사람이 먹으면 죽지 않고 오래 산다고 하는 선경(仙境)에 있는 약
【不祥】(불상-フショウ) 상서롭지 않음。불길함
【不相見】(불상견-あいみず) 마음이 맞지 아니하여 서로 보지 아니함
【不惜千金】(불석천금-センキンをおしまず) 많은 돈을 아끼지 아니함
【不先不後】(불선불후) 공교롭게도 마침 좋지 못한 때를 당함
【不世之功】(불세지공-フセイのコウ) 세상에 드문 공로
【不世之才】(불세지재-フセイのサイ) 세상에 드문 뛰어난 인물
【不少】(불소-すくなからず) 적지 아니함
【不召之臣】(불소지신-フショウのシン) 일이 있을때라도 감히 부르지 못하고 임금이 몸소 가서 일을 꾀하는 중신(重臣)。특별히 존경하는 중신
【不遜】(불손-フソン) 공손하지 아니함
【不數年】(불수년) 두세해가 다 걸리지 아니함
【不須多言】(불수다언-タゲンすべからず)여러말을 할 필요가 없음
【不受理】(불수리) 수리하지 아니함
【不隨意】(불수의-フズイ) 마음대로 되지 아니함
【不純】(불순-フジュン) 순수하지 못함
【不順】(불순-フジュン) ①순조롭지 못함 ②유순하고 온순하지 못함
【不勝忿怒】(불승분노-フンドにかてず)분노를 참지 못함
【不勝永慕】(불승영모-エイボにかてず)길이 사모하는 마음이 북바쳐 참지못함。(제사때의 축문같은 데에 씀)
【不承認】(불승인-フショウニン) 승인하지 아니함
【不時】(불시-フジ) ①제 철이 아님 ②뜻하지 아니한 때
【不是異事】(불시이사) 이상할 것이 없는 일
【不時着陸】(불시착륙-フジチャクリク) 비행기가 사고로 말미암아 불시에 착륙하는 일
【不息】(불식-やまず) 쉬지 아니함
【不食】(불식-たべず) 먹지 아니함
【不信】(불신-フシン) 믿지 아니함
【不信心】(불신심) 신불(神佛)을 믿지 아니하는 마음
【不信用】(불신용-フシンヨウ) 신용하지 아니함
【不實】(불실-フジツ) 착실하지 못함
【不審】(불심-フシン) 자세히 알지 못함。의심스러움。미심(未審)
【不甚相關】(불심상관) 크게 상관될것

이 아님
【不安】(불안-フアン) ①마음이 편안하지 아니함 ②세상이 떠들썩하여 편안하지 아니함
【不安定】(불안정-フアンテイ) 안정 하지 못함
【不夜城】(불야성-フヤジョウ) 등불이 휘황하게 켜있어 밤에도 대낮같이 번화한 곳의 일컬음
【不言可想】(불언가상) 아무말을 하지 않아도 가히 생각할 수가 있음
【不言不語】(불언불어) 말을 아니함
【不如歸】(불여귀-はとぎす) 두견새
【不如意】(불여의-フニョイ) 일이 뜻과같이 되지 아니함
【不易之典】(불여지전-フエキのテン) ①변경할 수 없는 규정 ②하지 않을수 없는 일
【不燃】(불연-フネン) 타지 아니함
【不豫】(불예-フヨ) 임금의 병환
【不穩】(불온-フオン) ①온당하지 않고 험악함 ②치안(治安)을 문란케 할 우려가 있음
【不完全】(불완전-フカンゼン) 완전하지 못함
【不要】(불요-フヨウ) 필요하지 않음
【不撓不屈】(불요불굴-フトウフクツ) 흔들리지도 않고 굽히지도 아니함
【不用】(불용-フヨウ) ①쓰지 않음 ②소용이 없음
【不遇】(불우-フョウ) ①좋은 때를 만나지 못함 ②운이 나빠서 재능을 갖고도 세상에 쓰여지지 않음
【不虞】(불우-フグ) 미처 생각하지 못함。 또는 그때 일어나는 일
【不虞之患】(불우지환-フグのわずらい) 뜻밖에 생기는 근심걱정
【不運】(불운-フウン) 운수가 언짢음。 또 그러한 운수
【不願】(불원-フグワン) 원하지 아니함
【不遠】(불원-とおからず) ①거리가 멀지 않음 ②오래지 않음
【不遠千里】(불원천리-チンリをとおしとせず) 천리길을 멀다 여기지 아니함
【不遺餘力】(불유여력-ヨリョクをのこさず) 있는 힘을 다함
【不應】(불응-こたえず) 응하지 아니함
【不意】(불의-フイ) 뜻하지 않던 판。 돌연(突然)
【不義】(불의-フギ) ①의리에 어긋남 ②남녀간의 의리에 어긋한 관계
【不人】(불인-フジン) 사람답지 못함。
【不仁】(불인) 어질고 착하지 아니함 또는 그런 사람 ①몸에 마비(痲痹)가 생기어 굴신(屈伸)하기에 거북함
【不忍】(불인-しのびず) 차마 하기가 어려움
【不忍見】(불인견-みるにしのびず) 참혹하거나 비참하여 차마 볼 수가 없음。
불인정관(不忍正觀)
【不忍言】(불인언-いうにしのびず) 비참하여 차마 말도 하기가 어려움
【不一】(불일) 한결 같지 아니함。 불일치(不一致)
【不日】(불일-フジツ) 며칠 안됨。 멀지 않아
【不日內】(불일내) 불인간(不日間)
【不姙】(불임-フニン) 임신 되지 아니함
【不姙症】(불임증-フニンショウ) 임신하지 못하는 병증
【不周風】(불주풍) 서북풍(西北風)
【不贊成】(불찬성-フサンセイ) 찬성하지 아니함
【不察】(불찰) 똑똑히 살피지 않은 탓으로 생긴 잘못
【不參】(불참-フサン) 어떠한 자리에 참석하지 아니함
【不徹底】(불철저-フテッテイ) 철저 하지 못함
【不撤晝夜】(불철주야) 밤낮을 가리지 아니함。 조금도 쉴사이 없이 일에 힘쓰는 모양
【不請客】(불청객) 청하지 아니하였는데도 스스로 온 손
【不肖】(불초-フショウ) ①자기를 겸사하여 일컫는말 ②아버지만 못한자식
【不出】(불출-フシュツ) ①어리석고 못난 사람을 조롱하는 말 ②밖에 나가지 아니함

【不忠】(불충ーフチュウ) 충성을 다하지아니함

【不充分】(불충분ーフジュウブン) 충분하지 못함

【不就】(불취ーつかず) 어떠한 일에 대하여 나서지 아니함

【不娶同姓】(불취동성ードウセイめとらず)같은 성(姓)끼리는 혼인을 아니함

【不測】(불측ーフソク) 미루어 생각하기 어려움 ②성질이 음흉함

【不測之變】(불측지변ーフソクのヘン) 뜻밖의 변

【不治】(불치ーフジ・フチ) ①정치가 문란함 ②병이 낫지 아니함

【不侈不儉】(불치불검) 의식주(衣養住)에 있어서 사치하지도 검소 하지도 아니함。곧 모든 면에 수수함

【不齒】(불치ーよわいせず) 사람축에 들지 못함

【不親切】(불친절ーフシンセツ) 친절하지 않음

【不寢番】(불침번ーフシンバン) 밤에 잠을 자지 아니하고 당번을 서는 일。또는 그사람

【不快】(불쾌ーフカイ) ① 마음이 상쾌하지 못함 ②병에 걸림

【不通】(불통ーフツウ) ①통하지 못함 ②익숙하지 아니함

【不透明】(불투명ーフトウメイ) 물체가 툭티어밝지 못함

【不怕天不畏地】(불파천불외지) 행동이 난폭한 악인이 아무것도 무서워하거나 두려워 하지 아니함

【不敗】(불패ーフハイ) 지지 아니함。결딴나지 아니함

【不便】(불편ーフベン) ①편하지 못하고 거북스러움 ②병으로 몸이 편하지 못함

【不偏】(불편ーフヘン) 어느 한쪽에만 치우치지 아니함

【不偏不黨】(불편부당ーフヘンフトウ) 어느 편으로나 치우치지 아니함

【不平】(불평ーフヘイ) 마음에 들지아니하여 불만스럽게 생각함。원망을 품음

【不平客】(불평객ーフヘイキャク) 어느 일에나 불평을 잘 품는 사람。늘 두덜거리는 사람。불평가(不平家)

【不平等】(불평등ーフビョウドウ) 평등 하지 않음

【不蔽風雨】(불폐풍우ーフウウをおおわず) 집이 허술하여 바람과 비를 가리지 못함

【不避風雨】(불피풍우ーフウウをさけず) 바람과 비를 무릅쓰고 일을 함

【不必要】(불필요ーフヒツヨウ) 필요하지 않음

【不必再言】(불필재언) 두번 다시 말할 필요가 없음

【不必他求】(불필타구) 남에게 더 구할 필요가 없음。곧 자기것으로 넉넉함

【不下】(불하) ①무엇보다 못하지 아니함。②어떤 수효에 내리지 아니함。③항복하지 아니함

【不下一杖】(불하일장) 죄인이 채매 한대를 맞기 전에 미리 자백함

【不學無識】(불학무식ーフガクムシキ) 배우지 못하여 아는 것이 없음

【不汗黨】(불한당) ①떼를지어 돌아다니는 강도 ②떼를 지어 다니며 행패를 부리는 사람

【不寒不熱】(불한불열) 기후가 지나치게 덥지도 춥지도 아니하여 견디기에 알맞음

【不合】(불합) ①뜻에 맞지 아니함 ②정의(情誼)가 서로 맞지 않음

【不合格】(불합격ーフゴウカク) ①식에 맞지 않음 ②시험에 들지 못함

【不合理】(불합리ーフゴウリ) 도리에 맞지 않음

【不幸】(불행ーフコウ) ① 행복하지 못함。운수가 언짢음 ②사람이 죽음

【不幸中多幸】(불행중다행) 불행한 가운데도 요행이 잘 됨

【不許】(불허ーゆるさず) 허가하지 않음

【不愜】(불협) 뜻이 맞지 아니함。불합(不合)

【不好】(불호ーこのまず) ①좋아하지 않음 ②미워함

【不惑】(불혹-フワクまとわず) ①마흔살 ②세상 일에 미혹하지 않음

【不和】(불화-フワ) 화목하지 못함

【不孝】(불효-フコウ) 부모를 잘 섬기지-아니함

【不朽】(불후-フキュウ) 썩지 아니함

【不朽之功】(불후지공-フキュウのコウ)영원히 썩지 아니한 공로

【丑】축 チュウ、うし cattle 有 ㄔㄡˇ ch'ou³

①소 둘째지지 地支第二位 赤奮若 ②축시 四更(오전一시~三시)③수갑 手械

【丑末】(축말) 축시(丑時)의 마지막 시각。곧 오전 三시 경

【丑方】(축방) 二十四방위의 하나。정북(正北)으로부터 三○도 째의 방위를 중심으로 한 좌우 一五도의 방위

【丑寶】(축보) 우황(牛黃)의 별칭

【丑時】(축시) 오전 一시부터 오전 三시까지

【丑月】(축월) 음력 十二월의 별칭

【丑正】(축정) 꼭 오전 二시

【四 畫】

【丘】구 キュウ、ク、をか hill 尤 ㄑㄧㄡ ch'iu¹

①언덕 阜也 ②모둘 聚也 ③클 大也 중 僧也比- ④뫼 先墓日-墓 ⑤단 祭天 壇日圜- ⑥마을 邑也 ⑦孔子名 ⑧姓也

【丘陵】(구릉-キュウリョウ) 언덕

【丘墓】(구묘-キュウボ) 무덤

【丘民】(구민-キュウミン) 시골에 사는 평민(平民)

【丘首】(구수-キュウシュ) ①근본을 잊지 아니함。여우는 평생 구릉(丘陵)에 사는 고로 죽을 임시에 머리를 바르게 하여 언덕으로 향하는 것은 그 근본을 잊지 아니하는 까닭이요。근본에 위반하고 처음을 잊는 것은 인자(仁者)의 마음이 아님을 비유함。②고향을 생각함

【丘嫂】(구수-キュウソウ) 맏형의 아내。큰 형수

【丘言】(구언-キュウゲン) 마을의 말。속간(俗間)의 말

【丘垤】 구질-キュウテツ) 낮은 언덕

【丘壑】(구학-キュウガク) 언덕과 구렁。산골짜기。속세(俗世)를 떠난 곳

【丘墟】(구허-キュウキョ) ①큰 언덕 ②예전에는 번화 하였으나 지금은 쓸쓸하게 된 곳

【丙】병 ヘイ、ひのえ third 梗 ㄅㄧㄥˇ ping³

① 세째천간 天干第三位 柔兆 ②남녘 南方也 ③불 火焚日村-

【丙科】(병과) 과거의 성적을 따라 나눈 등급의 하나

【丙部】(병부-ヘイブ) 중국(中國) 궁중(宮中)에서 경(經)·사(史)·자(子)·집(集)을 갑(甲)·을(乙)·병(丙)·정(丁)으로 나눈 하나

【丙舍】(병사) 산소 앞에 지은 집。묘막(墓幕)

【丙夜】(병야-ヘイヤ) 하룻 밤을 다섯 밤으로 나눈 제三시로 밤 十二시에 해당함

【丙枕】(병침) 임금께서 주무시던 시각

【丕】비 ヒ、はじめ first 支 ㄆㄧ p'i

① 으뜸 元也 ②클 大也 ③받들 奉也

【丕基】(비기-ヒキ) 임금이 이룬 큰 바탕

【丕業】(비업-ヒギョウ) 큰 사업

【丕績】(비적-ヒセキ) 큰 공적。대공

【丕顯】(비현-ヒケン) 크게 나타남

【世】세 セ、セイ、よ world 霽 ㄕˋ shih⁴

①인간 人間-界 ②대수 代也 ③세상 大千-界 ④역대 一王朝 ⑤날 生也。

【世家】(세가-セイカ) 대대로 국록(國祿)을 받는 가문

【世間】(세간-セケン) 세상

【世卿】(세경-セイケイ) 춘추시대(春秋時

代)의 제도에서 대대로 이어 오는 경대부(卿大夫)

【世系】(세계-セイケイ) 대대의 계통

【世界】(세계-セカイ) ①세상 ②우주 ③범위·구역·천지간의 만물

【世界觀】(세계관-セカイカン) 세계(우주·자연·사회)라고 하는 것은 어떠한 것이냐에 대한 견해。곧 세계에 대한 통일적 견해

【世界主義】(세계주의-セカイシュギ) 단지 자기 나라의 안녕 행복만 생각하고 타국의 그것을 돌보지 아니하는 군국주의(軍國主義)·제국주의(帝國主義)에 반대하여 널리 인류 전체의 행복과 안녕을 이상으로 하고 세계의 평화·발전을 표준으로 하는 주의

【世敎】(세교-セイキョウ) 새상의 가리킴。세상의 풍교(風敎)

【世紀】(세기-セイキ) ①시대。연대 ②백년을 일기(一期)로 하는 서양 연대의 구획

【世紀末】(세기말-セイキマツ) 사상상·생활상 불안정으로 인하여 사람들이 신경쇠약에 빠지어 번민·염세·자포자기의 경향에 이르는 상태

【世代】(세대-セダイ·セイダイ) ①여러대 ②한대 (약三〇년)

【世德】(세덕-セイトク) 대대로 전해오는 미덕(美德)

【世道】(세도-セドウ) ①세상을 올바르게 다스리는 도리 ②세상의 도의(道義)。처세의 길

【世路】(세로-セイロ·セロ) 세상에서 살아가는 과정

【世祿】(세록-セイロク·セロク) 자자 손손이 이어 전하는 세습의 국록

【世論】(세론-セロン) 세상의 평론。여론(與論)

【世累】(세루-セイルイ) 세상의 괴로움

【世味】(세미-セイミ) 세상에 살아가는 재미

【世變】(세변-セイヘン) 세상의 변고

【世譜】(세보-セイフ) 계보를 모아 놓은 것

【世紛】(세분-セイフン) 세상의 분란(紛亂)

【世祠】(세사) 대대로 지내는 제사

【世事】(세사-セイジ) 세상 일

【世嗣】(세사-よつぎ) 자손。후손

【世上】(세상-セジョウ) ①사회。세간(世間) ②모든 사람이 사는 곳 ③나라를 다스리는 동안 ④한 계통이 이어가는 동안 ⑤세계。천하(天下)

【世相】(세상-セソウ) 세태(世態)

【世說】(세설-セイセツ) 세상의 평판。세평(世評)

【世世】(세세-セイセイ) 대대

【世俗】(세속-セゾク) ①세상의 풍속

【世守】(세수-セイシュ) 대대로 지켜 전함

【世讎】(세수) 선대(先代)로 부터의 원수

【世襲】(세습-セシュウ) 재산·직무·품계를 대대로 이어 받음

【世臣】(세신-セイシン) 대대로 한 왕가(王家)를 섬긴 공로가 있는 신하

【世業】(세업-セイギョウ) 대대로 내려오는 그 집의 직업。가업(家業)

【世誼】(세의-セイギ) 대대로 사귀는 정의(情誼)

【世人】(세인-セジン) 세상 사람

【世子】(세자-セイシ) 천자의 아드님。후세에는 오로지 제후(諸侯)의 아들에만 쓰고 천자(天子)의 아들 태자(太子)와 구별함

【世才】(세재-セサイ) 사회 사정에 통한 재주 처세상의 재능

【世傳】(세전-セイデン) 대대로 전해옴

【世情】(세정-セジョウ) 세상의 물정

【世尊】(세존-セソン) 부처。석가모니(釋迦牟尼)의 존칭

【世態】(세태-セイタイ·セタイ) 세상의 형편

【世波】(세파) 세상이 움직이는 형편

【世評】(세평-セヒョウ) 세상의 평판

【世標】(세표-セイヒョウ) 세상의 모범

【且】 차 ソ、かつ and 馬 ㄐㄩˇ chü

①또 又也 ②허두낼 發語辭 ③구차할 苟也 ④이 此也 (저) ①많을、

수두룩할 多也 ②파초 芭蕉 ③공순할 恭順 ④어조사 語助辭

【五 畫】

【丞】 승 ジョウ、たすく aid 蒸 ㄔㄥˊ ch'êng^2
①이을 繼也 ②도울 佐也 ③벼슬이름 官名 ④정승—相
【承相】(승상—ジョウシヨウ) 국정(國政)을 맡은 대신(大臣)。정승(政丞)。재상(帝相)

【丟】 주 loss 尤 ㄉㄧㄡ tiu^1
① 아주갈 去不還 ②잃을 遺失

【両】 兩 (入部六畫) 俗字

【吏】 口部 三畫에 볼것

【有】 月部 二畫에 볼것

【死】 歹部 二畫에 볼것

【百】 白部 一畫에 볼것

【夷】 大部 三畫에 볼것

【再】 冂部 四畫에 볼것

【而】 而部 部首에 볼것

【七 畫】

【亟】 二部 六畫에 볼것

【並】 竝 (六部五畫) 俗字

【來】 人部 六畫에 볼것

【亞】 二部 六畫에 볼것

丨 部

【丨】 신 コン、シ、すすむ be opened; stand
①위아래로 통할 뚫을 上下通 ②셈대 세울 象數之縱

【三 畫】

【个】 개 コ、カイ、つつむ piece 箇 ㄍㄜˋ kê^4
①낱 物數枚也 箇通 ②명당곁방 明堂傍室左

【丫】 아 ア、また strand 麻 ㄧㄚ ya^1
① 두 가장이질、위 찌어질 物之歧頭 ②가닥날 分形也
【丫鬟】(아환—アカン) ①머리를 두 가닥으로 땋은 소녀 ②계집종
【丫頭】(아두—アトウ) 두 가닥으로 땋은 머리

【三 畫】

【丰】 봉 ボウ、みあよし pretty 冬 ㄈㄥ feng
①풀 많이 날 草盛貌 ②어여쁠 容色 美好
【丰姿】(봉자) 사람의 아름다운 자태

【中】 중 チユウ、なか midst; in 東 ㄓㄨㄥ chung^1
①가운데 四方之央。②안 內也。③바를 正也 ④마음 心也 ⑤반 半也 ⑥맞을 著其— ⑦맞힐 失至的 ⑧이를 成也 ⑨찰 滿也 ⑩응할 應也 ⑪뚫을 穿也 ⑫당할 當也 ⑬셈대그릇 盛算器 ⑭姓也
【中間】(중간—チユウカン) ①두 물건의 사이 ②중도 ③가운데
【中堅】(중견—チユウケン) ①단체나 회사의 중심이 되는 중요한 사람 ②줏대가 될 만한 사람
【中繼】(중계—チユウケイ) 중간에서 받아 이음
【中古】(중고—チユウコ・チユウぶる) ①상고(上古)와 근고(近古)와의 사이 ②새것이 아니고 조금 낡은 것

【中軍】(중군ーチュウグン) 삼군(三軍)중의 가장 정예(精銳)로서 중심이 되는 군

【中宮】(중궁ーチュウグウ) 황후(皇后)

【中年】(중년ーチュウネン) 四十세 전후의 나이

【中農】(중농ーチュノウ) 소작(小作)과 자작(自作)을 겸해 하는 농민 층

【中斷】(중단ーチュウダン) 중간이 끊어짐。 중간을 끊음

【中途】(중도ーチュウト) 이 끝과 저 끝의 가운데。 중간

【中道】(중도ーチュチウ) ① 중용(中庸)의 길。 ②일의 중간

【中毒】(중독ーチュウドク) 음식물 또는 약물(藥物)의 독에 상함

【中略】(중략ーチュリャク) 중간을 생략함

【中路】(중로ーチュウロ) 길 가운데。 길의 중간

【中流】(중류ーチュウリュウ) ①강이나 내의 중간 ②중등(中等)의 계급

【中立】(중립ーチュウリツ) ①양쪽의 중간에 서서 어느 쪽에든지 기울지아니함 ②대적(對敵) 두 쪽에 어느쪽에든지 찬성 또는 반대하지 아니함 ③곧고 편파(偏頗)가 없음

【中立國】(중립국ーチュウリツコク) 전쟁에 참가하지 않는 국가

【中媒】(중매ーチュバイ) 혼인을 매개함

【中門】(중문ーチュウモン) 대문 안에 있는 문。 중대문(中大門)

【中伏】(중복ーチュウフク) 삼복 (三伏)의 하나。 하지(夏至) 뒤 둘째 경일(庚日)

【中腹】(중복ーチュウフク) 산의 중턱

【中分】(중분ーチュウブン) ①하나를 똑같이 둘로 나눔 ②중년(中年)의 운수

【中不中】(중불중) 맞고 안 맞음

【中使】(중사ーチュウシ) 궁중에서 왕명을 전하던 내시(內侍)

【中産階級】(중산계급ーチュウサンカイキュウ) 자본가와 노동자의 중간에 있는 계급。 수공업자、 소매상인、 자작농、 공무원 따위

【中山帽子】(중산모자) 꼭대기가 둥글고 삐죽하게 내민 모자

【中傷】 (중상ーチュウショウ) 남을 이간하여 명예를 손상함

【中殤】(중상ーチュウショウ)十二세부터 十五세까지 사이에 죽음。 또 그 사람

【中性】(중성ーチュウセイ) ①중간의 성질 ②산성(酸性) 또는 알칼리성(性)도 아닌 것 ③남성도 아니요 여성도 아닌 것

【中聲】(중성ーチュウセイ) 홑소리

【中世】(중세ーチュウセイ) 상대(上代)에서 근세(近世)에 이르는 중간의 시대

【中旬】(중순ーチュウジュン) ①그 달 十一日부터 二十日까지 열흘간。 중완(中浣)。 중한(中澣) ②무과(武科)의 하나

【中濕】(중습) 습기(濕氣)로 인하여 나는 병

【中心】(중심ーチュウシン) ①한 가운데。 마음속 ② 중요한 지위 ③심곡(心曲) ④굿대 ⑤원주(圓周) 또는 구면(球面)의 각 점에서 같은 거리에 있는 점

【中央】(중앙ーチュウオウ) ①한 가운데 중심 ②수도(首都)

【中央銀行】(중앙은행ーチュウオウギンコウ) ①전국의 모든 은행의 중심이 되어 국가의 경제를 보호하는 은행

【中央政府】(중앙정부ーチュウオウセイフ) 전국의 행정(行政)을 통괄하는 곳。 곧 내각(內閣)의 모든 마을

【中夜】(중야ーチュウヤ) 정 밤중

【中葉】(중엽ーチュウヨウ) 중간의 시대

【中浣】(중완ーチュウカン) 중순

【中外】(중외ーチュウガイ) ①속과 바깥 ②국내와 국외 ③조정(朝廷)과 민간(民間)。 조야(朝野)。 서울과 시골。 경향(京鄕)

【中庸】(중용ーチュウヨウ) 편벽되지 않고 과불급(過不及)이 없음。 사서(四書)의 하나 공자(孔子)의 손자 사자(思子)의 저서

【中元】(중원ーチュウゲン) 음력 七월十五일。 백중(百中)

【中音】(중음ーチュウオン) 부녀 또는 아이

들의 목소리
【中意】(중의) 마음에 맞음
【中人】(중인-チュウニン) ①지식과 재능이 있는 사람 ②빈부(貧富) 중간의 생활을 하는 사람 ③양반과 상인(常人)의 중간의 계급
【中日】(중일-チュウニチ) ①무과(武科)의 하나 ②중국과 일본
【中殿】(중전) 중궁(中宮)의 존칭。중궁전(中宮殿)
【中丁】(중정) 한 달 동안의 가운데의 정일(丁日)
【中正】(중정-チュウセイ) ①똑바름。과부족이 없음
【中情】(중정-チュウジョウ) 마음 속의 정상(情狀)
【中主】(중주-チュウシュ) 현우(賢愚)의 중간에 있는 임금。보통 임금
【中止】(중지-チュウシ) 중도에 그침。하다가 그만 둠
【中智】(중지) 상지(上智)와 하지(下智)의 중간인 보통
【中天】(중천-チュウテン) 반공중。하늘 한 가운데
【中焦】(중초) 삼초(三焦)의 하나 염통과 배꼽의 중간
【中秋】(중추-チュウシュ) 음력 八월 十五일。추석
【中樞】(중추-チュウスウ) ①한가운데 ②바퀴의 굴대 ③중요한 사물
【中秤】(중칭) 일곱 근 부터 서른 근까지 달수 있는 저울
【中湯】(중탕) 온천에 있어서 온도가 중질이 되는 곳。중간탕
【中篇】(중편-チュウヘン) ①단편과 장편의 중간 되는 글 ②상·중·하 세편으로 된 책의 중간 되는 편
【中風】(중풍-チュウフウ) 뇌일혈(腦溢血)로 인하여 전신 반신 또는 일부분의 마비가 일어나는병
【中學】(중학-チュウガク) ①사학(四學)의 하나。서울 중부에 있었음 ②중학교
【中澣】(중한) 중순
【中行】(중행-チュウコウ) 한쪽으로 치우치지 아니하는 바른 행동。또는 그 사람
「中火」(중화) 길을 가다가 먹는 점심
【中和】(중화-チュウワ) ①과부족이없는 바른성정(性情) ②마음이 화평하고 중정(中正)을 잃지 아니함 ③산성물(酸性物)과 알칼리성물이 서로 합하여 반응을 일으키지 아니함 ④음전과 양전이 서로 합하여 전기성(電氣性)을 나타내지 아니함 ⑤이성(異性)의 물질이 서로 합하여 각기 작용을 잃어 버림
【中華】(중화-チュウカ) 한인(漢人)이 제 나라를 일컫는 말
【中興】(중흥-チュウコウ) 쇠퇴하던 것이 다시 일어남。중간에 일어남

【四畫—七畫】

【丱】관 カン、ケン、あげまき two topknot 諫 ㄍㄨㄢˋ kuan⁴
쌍상투 取髮兩角貌
【串】천 カン、セン、ならう let pass 霰 ㄔㄨㄢˋ ch'uan⁴
꿰미 物相連穿 (관) 익을 狎習(곶) 땅이름 地名甲—、長山 (곶) 꼬챙이 貫物竹
【丳】찬 サン、くし spit
꼬챙이 燔肉具

丶 部

【丶】주 チュ、しるし mark; punetnation 麌
①귀절찍을 有所絕止—以識之 ②불똥 燈中火

【二 畫】

【丸】환 クワン、たま grain; ball 寒 ㄨㄢˊ wan²
①탄자 彈子 ②알 圜轉物 ③둥글 圜也 ④살롱 箭箙曰櫝— ⑤배 日本人謂船曰
【丸藥】(환약-ガンヤク) 약재 가루로 만

들어 꿀 혹은 풀로 반죽하여 둥글
게 비빈 약

【三畫—四畫】

【丹】단 タン、あか red 寒 ㄉㄢ tan¹

① 붉을 赤也 ②주사 朱砂 ③ 마음 衷心 ④채색할 以朱塗物 花名牡丹、地名(牡丹峰은 「모란봉」으로 읽음)

【丹毒】(단독―タンドク) 상처로 배균이 들어가서 피부에 붉은 점이 생기고 종창·동통(疼痛)을 일으키고 점점 넓게 퍼지는 급한 병。풍단(風丹)

【丹砂】(단사―タンシャ) 주사(朱砂)

【丹誠】(단성―タンセイ) 거짓이 없는 참된 정성 속에서 우러나오는 충성된 마음

【丹脣】(단순―タンシン) ① 붉은 입술 ② 소년의 입술

【丹心】(단심―タンシン) 참마음

【丹田】(단전―タンデン) 배꼽 아래로 한 치쯤 되는 곳

【丹青】(단청―タンセイ) 붉은 빛과 푸른 빛

【丹忠】(단충) 참된 마음 에서부터 우러나는 충성

【丹漆】(단칠―タンシツ) 붉은 옻

【丹楓】(단풍―タンプウ) ①단풍나무의 준말 ②늦가을에 붉게 물든 나무잎

【主】주 シュ、ぬし host 麌 ㄓㄨˇ chu²·³

①임금 君也 ②주인 賓之對 ③어른 一家之長、曰主 ④임자 有其物權曰主 ⑤주장할 掌也 ⑥ 말을 宰也 ⑦지킬 守也 ⑧ 거느릴 領也 ⑨ 주의할 意所注

【主家】(주가―シュカ) 주인의 집

【主幹】(주간―シュカン) 어떤 일을 주장하여 처리함。또는 그 사람

【主客】(주객―シュキャク) ①주인과 손 ②중대한 것과 경미(輕微)한 것 ③주격(主格)과 빈격(賓格) ④ 사방의 빈객(賓客)을 맡은 벼슬이름

【主格】(주격―シャカク) 문법상으로 주어(主語)가 되는 위치。곧 서술의 제목으로 삼는 자리。주격 조사가 원칙으로 뒤 붙음。임자자리

【主見】(주견―シュケン) 주장이 되는의견

【主計】(주계―シュケイ) 군대의 회계관(會計官)

【主公】(주공―シュコウ) 주인의 존대

【主觀】(주관―シュカン) ①자기입장을 바탕한 생각 ②그 물건의 자체

【主權】(주권―ショケン) ①국가 권력이 가장 강하고 높고 또 독립하여 유일 절대적인 것 ② 중요한 권리

【主腦】(주뇌―シュノウ) 중심이 되는인물

【主動】(주동) 주가 되어 행동함

【主命】(주명―シュメイ) ①임금의 명령 ②주인의 명령

【主謀】(주모―シュボウ) 주장이 되어 일을 꾸밈

【主務】(주무―シュム) 사무를 주장(主掌)하여 맡음

【主文】(주문―シュブン) ①글 속에 주가 되는 부분② 판결주문(判決主文)

【主犯】(주범―シュハン) 범죄의 기본적 요건에 걸리는 행위를 한 사람。정범(正犯)

【主部】(주부―シュブ) 주가 되는부분。중요한 곳

【主婦】(주부―シュフ) ①안주인 ②한 집의 살림을 맡은 안내。정실(正室)

【主賓】(주빈―シュヒン) ①주객(主客) ②중요한 손

【主使】(주사―シュシ) ①주장 (主掌) 하여 사람을 부림②주장되는 사신(使臣)

【主査】(주사―シュサ) 주가 되어 조사함

【主事】(주사―シュジ) ①옛날 관청의 이속(史屬) ②일을 주장하는 사람

【主上】(주상―シュジョウ) 나랏님。군상(君上)

【主席】(주석―シュセキ) ①웃자리 등급의 위 되는것 ②주인의 자리

【主我】(주아) ①무엇이든지 자기의 이해만을 따져서 제욕심만 채우려는 마음

【主要】(주요―シュヨウ) 가장 소중 하고

긴요함
【主位】(주위-シュイ) 중요한 지위
【主意】(주의-シュイ) 가지고 지키는 일정한 주장。주지(主旨)
【主義】(주의-シュギ) ①중요한 뜻 ②뜻을 실행하는 바탕。목적을 이루는 목표。이상(理想)으로 나아가는 경로
【主人】(주인-シュジン) ①일가(一家)를 주장하는 사람 ②남편 ③물건 임자 ④호주(戶主) ⑤손을 대하는 사람
【主人公】(주인공-シュジンコウ) ①한 집안의 어른 ②사건의 중심 인물
【主人翁】(주인옹-シュジンオウ) 주인의 높임말
【主因】(주인-シュイン) 중요한 원인
【主日】(주일) 주의 날。곧 일요일
【主任】(주임-シュニン) 어떠한 임무를 담당함。또 그 사람
【主將】(주장-シュショウ) ①일군(一軍)의 장수 ②운동경기 따위의 한 팀의 주가 되는 사람
【主張】(주장-シュチョウ) ①자기의 의견을 고집함 ②주의(主義)를 선전함
【主掌】(주장) 오로지 맡아 행함。주간(主幹)
【主宰】(주재-シュサイ) 주장하여 처리함
【主戰】(주전-シュセン) 전쟁을 주장함
【主情說】(주정설) 우리의 정신작용 중 감정을 중요시 하는 학설
【主題】(주제-シュダイ) 중요한 제목
【主從】(주종-シュジュウ) 주인과 부림군。주장하는 이와 따르는 이
【主旨】(주지-シュシ) 문장이나 담화의 주된생각
【主知說】(주지설) 우리의 정신작용중 특히 지력(知力)을 중요시하는 학설
【主唱】(주창-シュショウ) 주가 되어 창도(唱導)함
【主體】(주체-シュタイ) ①제왕(帝王)의 몸 ②주가 되는 사물。주격(主格) ③행위의 근본이 되는것
【主催】(주최-シュサイ) 어떠한 행사나 회합을 주장하여 열음
【主治醫】(주치의-シュジイ) 주임이 되어 어떠한 환자를 맡아 치료하는 의사
【主婚】(주혼-シュコン) 혼인을 주관함

ノ部

【ノ】별 ヘツ、ヘチ languid
외로삐침 左引之形

【一 畫】

【乃】내 タイ、ナイ、すなわち hereupon 賄 ㄋㄞ nai3
①이에 承上起下辭 ②어조사 語助辭 ③너 汝也
【乃公】(내공-ダイコウ) ①임금이 신하에게 대하는 자칭 ②아비가 자식에게 대하는 자칭
【乃女】(내녀) 그 이의 딸
【乃武乃文】(내무내문) 천자(天子)의 덕을 칭송하는 말
【乃父】(내부-ダイフ) ①임금이 신하의 아비를 일컫는 말 ②아비가 자식에게 대하는 자칭。그 이의 아버지
【乃翁】(내옹-ダイオウ) 아비가 자식에게 대하는 자칭
【乃子】(내자) 그 이의 아들
【乃者】(내자-さきに) 전에。이전에
【乃祖】(내조-ダイソ) 선조를 이름
【乃至】(내지-ナイシ) ①위 아래를 들고 중간을 줄이는 데 쓰는 말 ②혹은。또는
【乃後】(내후ダイゴ・ナイゴ) 자손을 이름

【乂】예 ガイ、ゲ、おさめる rule 隊 泰 ㄧˋ i4
①어질 어진 이 質才俊乂 ②다스릴 治也 ③풀벨 芟草 艾通
【乂安】(예안-ガイアン) 다스려져 편안함

【二 畫】

【九】乙部 一劃에 볼것

【久】 구 キウ、ク、ひさしい long 有 ㄐㄧㄡˇ chiu³
① 오랠 暫之反 ②기다릴 待也②마개할 塞也
【久故】(구고-キュウコ) 오랫동안 사귄 친구
【久留】(구류-キュウリュウ) 오랫동안 머무는 것
【久視】(구시) 오래 살음
【久淹】(구엄-キュウエン) 오래 묵음
【久要】(구요-キュウヨウ) 오래 전의 약속
【久遠】(구원-クオン) 오래고 멀음
【久阻】(구조) 소식이 오래 막힘
【久之】(구지) 약간 오랜 동안
【久濶】(구활-キュウカツ) 오래 만나지 못함。구별(久別)

【三 畫】

【之】 지 シ、これ this 支 ㄓ chih¹
①갈 往也 ②이를 至也 ③ 이 此也 ④끼칠 遺也 ⑤의 連續辭 ⑥어조사 語助辭
【之東之西】(지동지서) 어떤 일에 주견(主見)이 없이 갈팡 질팡함
【之字路】(지자로-シジロ) 지(之)자 모양으로 꼬불 꼬불한 치받잇 길
【之次】(지차) ①다음 ②버금

【乇】 屮部 三劃에 볼것

【四 畫】

【乍】 사 サ、たちまち Suddenly 禡 ㄓㄚˋ cha⁴
①잠간 暫也②언뜻 忽也 ③처음初也 ④겨우 甫然
【乍見】(사견) 언뜻 봄

【乏】 핍 ボウ、とぼし be exhausted 洽 ㄈㄚˊ fa²
①다할 匱也 ②없을 無也 ③폐할 廢也 ⑤살가릴 射者所蔽矢
【乏困】(핍곤-ボウコン) 가난하여 고생함
【乏月】(핍월-ボウゲツ) 음력 四월의 딴 이름
【乏人】(핍인-ボウジン) 인재(人材)가 결핍함

【乎】 호 コ、か、や exclamatory style
①온、아 語之餘 ②그런가 疑辭 ③오홉다 於—歎辭 ④에 於也
【乎而】(호이) 친한 사이의 칭호

【七 畫】

【乖】 괴 カイ、そむく deviate 佳 ㄍㄨㄞˋ kuai⁴
①어그러질 戾也 ②배반할 背也 ③괴이할 異也
【乖隔】(괴격-カイカク) 배반하여 떠남
【乖背】(괴배-カイハイ)어그러지고 반대됨
【乖張】(괴장-カイチョウ) 어긋남。어그러짐

【八 畫】

【拜】 手部 五劃에 볼것

【看】 目部 四劃에 볼것

【乗】 乘(ノ部 九劃)에 볼것

【禹】 内部 四劃에 볼것

【臿】 臼部 三劃에 볼것

【重】 里部 二劃에 볼것

【九畫—十二畫】

【乘】 승 ジョウ、のる ride 蒸 ㄕㄥˋ shêng⁴
①탈 跨也 ②멍에할 駕也 ③오를登也 ④인연할 因也 ⑤다스릴 治也 ⑥이길 勝也 ⑦사기 史也 ⑧족보家 ⑨한쌍 物雙 ⑩수레 車也 ⑪곱할 算也
【乘客】(승객-ジョウキャク) 배나 차를 타는 손님
【乘矢】(승시-ジョウシ) 한 벌의 화살
【乘輿】(승여-ジョウヨ) ①임금이 타는물건 ②행행(行幸)중의 천자(天子)를

이름

【乘田】(승전ージョウデン) 춘추시대(春秋時代) 노(魯)에서 가축(家畜)을 기르던 소리(小吏)

【喬】口部 九劃에 볼것

【奧】大部 十劃에 볼것

【番】田部 七劃에 볼것

【粵】米部 六劃에 볼것

乙 部

【乙】을 オツ、イツ、イチ、きのと second 質 ㄧˇ i³
①둘째 천간 天干第二斿家 ② 굽힐 屈也 ③물고기 밸 魚腸

【乙夜】(을야ーオツヤ、イツヤ) 하룻밤을 다섯으로 나눈 그 둘째。 지금의 오후 열시

【乙夜之覽】(을야지람ーイツヤのラン) 천자(天子)가 독서함을 이름。 을람(乙覽) 천자(天子)가 정무(政務)를 마치고 취침하기 전에 독서한다는 뜻

【乙鳥】(을조ーイッチョウ) 제비의 이명(異名)

【一 畫】

【九】구 キウ、ク、ここのつ uiue 尤 ㄐㄧㄡˇ chiu³
①아홉 數名 (규) ②모을 聚也

【九曲肝臟】(구곡간장) 깊은 마음속

【九九】(구구ークク) ①계산에 편하게 하기 위하여 늘 기억하여 두는 수 ② 구구법(九九法)

【九冬】(구동ーキュウトウ) 겨울 九十일동안

【九流】(구류ーキュウリュウ) 한대(漢代)의 아홉가지 학파。 곧 유가(儒家)·도가(道家)·음양가(陰陽家)·법가(法家)·명가(名家)·묵가(墨家)·종횡가(縱橫家)·잡가(雜家)·농가(農家)

【九牧】(구목ーキュウボク) ①중국 고대 구주(九州)의 장관(長官)

【九思】(구사ーキュウシ) 군자가 늘 주의하여 자기를 반성하고 그 실행에 유의할 아홉가지의 경계

【九死一生】(구사일생ーキュウシイッショウ) 죽을 경우를 당하였다가 겨우 목숨을 건짐。 위험한 고비가 지남

【九霄】(구소) 높은 하늘。 구천(九天)

【九十春光】(구십춘광ークジュのシュンコウ) ①봄의 석달 동안 ②노인의 마음이 청년 같이 젊음

【九牛一毛】(구우일모ーキュウギュウのイチモウ) 여럿 속에서 그중 작은 것을 일컫는 말

【九原】(구원ーキュウゲン) ①전국시대(戰國時代) 진(晋)의 경대부(卿大夫)의 묘지(墓地)。 구경(九京) ②무덤 ③저승。 구천(九泉)

【九夷】(구이ーキュウイ) ①중국 고대、동방의 아홉가지 오랑캐 ②모든 오랑캐 ③타국을 낮추어 일컫는 말。 야만국의 뜻

【九仞功虧一簣】(구인공휴일궤ーキュウジンのコウをイッキにかく) 인(仞)은 八척 궤(簣)는 흙을 담는 삼태기。 높이가 九인되는 산(山)을 쌓는데 최후의 한 삼태기의 흙을 얻지 못하여 완성 시키지 못함과 같이、 한 번 실수로 말미암아 대사를 그르치는 비유

【九鼎】구정ーキュウテイ) 하(夏)의 우왕(禹王)이 전국에서 금을 바치게 하여 만든 솥、 하(夏)·은(殷)·주(周) 三대에 걸쳐 천자의 보물로서 보전함。 정(鼎)은 두개의 손잡이와 세개의 발이 달렸음

【九族】(구족ーキュウゾク) ①보통 고조부(高祖父)부터 현손(玄孫)까지를 이름。 곧 고조부(高祖父)·증조부(曾祖父)·조부(祖父)·부(父)·자기(自己)·자(子)·손(孫)·증손(曾孫)·현손(玄孫) ②태고시대(太古時代)에 흑수(黑水)에서 한강(漢江) 이남까지 이르는 사이에 분포되어 있던 족속

【九州】(구주ーキュウシュウ) 중국 전토(全土)를 아홉에 구분한 이름。 전하여

중국의 뜻으로 씀

【九重】(구중－キュウチョウ・ここのえ) ①물건이 아홉겹으로 놓인 것 ②대궐안 ③공중。구천(九天)

【九重天】(구중천) ① 하늘의 제일 높은곳

【九地】(구지) ①땅의 제일 낮은 곳 ②전쟁상의 아홉 가지 땅 ③적에게발견되기 어려운 곳

【九秩】(구질) 아흔 살 九十세

【九泉】(구천－キュウセン) 죽은 뒤에 혼백이 돌아 간다고 하는곳

【九秋】(구추－キュウシュウ) 가을 九十일 동안

【九春】(구춘－キュウシュン) 봄 九十일 동안

【九合】(구합－キュウゴウ) ①모아 합함(九는 糾) 규합(糾合) ②아홉 번 만남

【二 畫】

【乞】걸 キツ、こう begging 物 ㄑㄧˇ ch'i³

빌、구걸할 求也 (기) 줄、빌릴 與也

【乞丐】(걸개－キッカイ、コツガイ) 거지。비렁뱅이

【乞食】(걸식－キッショク) 음식을 남에게 구걸함。얻어먹음

【乞人】(걸인－コツジン) 거지。비렁뱅이

【乞骸】(걸해－キツガイ) 늙은 재신(宰臣)임금에게 사직을 청원함

【也】야 ヤ、なり 馬 ㄧㄝˇ yeh³

①이끼 라 語助辭 ②응할 應也 發語辭 ③이를 云也

【也帶】(야대) 문무과(文武科)의 방(榜)이 났을 때 급제 자가 띠던 띠。한끝을 늘어뜨리어 야(也)자 형으로 만듬

【也哉】(야재－なるかな) 강한 단정의 어조사

【三畫—六畫】

【孔】子部 一劃에 볼것

【乩】계 ケイ、うらなう fortune-telling

무꾸리할 卜以問疑

【乱】亂(乙部 十二劃)俗字

【七畫—畫】

【乳】유 ジュ、ニュウ、ちち milk

① 젖 湩也 ②젖먹일 기를 育也

【乳母】(유모－ニュウボ・ウバ) 젖 어머니。어린이를 낳은 어머니를 대신하여 젖을 먹여 기르는 부인

【乳房】(유방－ちぶさ) 젖퉁이

【乳雀】(유작－ニュウジャク) 새끼를 기르는 참새

【乳臭】(유취－ニュウシュウ) 젖 냄새。아직 나이가 젊고 경험이 적음

【十 畫】

【乾】건 ケン、カン かわく dry

①하늘 天也 ②굳셀 健也 ③사내男也 ④ 조심할 兢惕貌 ⑤ 卦名 (간) 마를 燥也

【乾綱】(건강－ケンコウ) ①하늘의 법칙②임금이 국가를 통치하는 근본。군주(君主)의 대권(大權)

【乾乾】(건건－ケンケン) 나아가고 쉬지 아니함。부지런히 힘씀

【乾坤】(건곤－ケンコン) ①하늘과 땅。천지(天地) ②음양(陰陽)

【乾坤一擲】(건곤일척－ケンコンイッテキ) 운명과 흥망을 걸고 단판 씨름으로

【乾德】(건덕－ケントク) ②끊임 없는 하늘의 큰 덕 ②임금의 덕

【乾象】(건상－ケンショウ) 천체(天體)의 형편。천문(天文)。천상(天象)

【乾燥】(건조－カンソウ) ①마름。또 말림 ②재미가 없음。취미가 없음

【十二畫】

【亂】란 ラン、みだる confuse 翰 ㄖㄨˋ jü³

①어지러울 不治 ②난리 兵寇 ③다

스릴 治也 ④얽힐 紊也 ⑤빗겨건늘 橫流而濟 ⑥풍류끝가락 樂卒章

【亂黨】(난당-ラントウ) 사태를 요란하게 하는 무리

【亂讀】(난독-ランドク) 순서도 방침도 없이 함부로 읽음

【亂離】(난리-ランリ) ①전쟁이나 분쟁 ②전쟁이나 분쟁으로 세상이 문란하고 사람들이 흩어짐

【亂立】(난립-ランリツ) 어지럽게 늘어섬

【亂麻】(난마-ランマ) 함부로 얽힌 삼실

【亂發】(난발-ランパツ) ①함부로 발행함

【亂髮】(난발-ランパツ) ①흩어져 헝클어진 머리털

【亂峯】(난봉-ランポウ) 고저(高低)가 고르지 못한 산 봉우리들

【亂射】(난사-ランシャ) 화살 탄환을 함부로 쏨

【亂逆】(난역-ランギャク) 반역을 꾀함

【亂雜】(난잡-ランザツ) ①뒤죽 박죽 되어 있음②질서가 바르지 않음

【亂賊】(난적-ランゾク) 세상을 어지럽게 하는 도둑

【亂政】(난정-ランセイ) 어지러운 정치

【亂帙】(난질-ランテツ) 흩어져 있는 책

【亂抽】(난추-ランチュウ) 책을 닥치는대로 뽑아 냄

【亂暴】(난폭-ランボウ) 매우 포학함。몹시 사나움。무법한 행동

【亂筆】(난필-ランピツ) 함부로 쓴 글씨

丿 部

【丿】궐 ケツ、かぎ hook 月 ㄐㄩㄝˋ chüeh⁴

【一畫—二畫】

갈고리 鉤之逆者

【了】료 リョウ おわる finish 篠 ㄌㄧㄠˇ liao³ ㄌㄜ lê

①마칠 訖也、畢也 ②똑똑할--曉解 ③쾌할 快也 ④어조사 語助詞

【了得】(요득-リョウトク) 잘 깨달음 「낙

【了承】(요승-リョウショウ) 알아차림。승

【了解】(요해-リョウカイ) 똑똑히 깨달음。짐작함

【于】二部 一劃에 볼것

【小】小部 部首에 볼것

【三畫—七畫】

【予】여 ヨ、あたう myself; give 語 ㄩˊ yü²

①나 我也 ②줄 賜也

【事】사 シ、しごと work; affair 寘 ㄕˋ shih⁴

①일 일삼을 일할 動作之爲 ②섬길 奉也 ③벼슬아치 職也④ 다스릴 治也 ⑤경영할 營也

【事件】(사건-ジケン) ①일거리 ②일의 형편 ③의외에 일어난 일

【事故】(사고-ジコ) 의외의 일。탈

【事功】(사공-ジコウ)일의 공로

【事端】(사단-ジタン) 일의 실머리。사건의 단서

【事大主義】(사대주의-ジダイシュギ) 세력이 강대한 자에게 아첨하여 관심을 사려고 하는 주의

【事例】(사례-ジレイ) 일의 전례(前例)

【事理】(사리-ジリ) 일의 도리

【事脈】(사맥) 일의 갈피。일의 내력

【事務】(사무-ジム) 주로 문서를 맡아보는 일

【事物】(사물-ジブツ) 일과 물건

【事變】(사변-ジヘン) 비상한 사건

【事事】(사사-ジジ) 일마다 모든 일

【事勢】(사세-ジセイ) 일의 형세 「일

【事實】(사실-ジジツ) 실제의 일。참된

【事業】(사업-ジギョウ) ①일 ②일정한 계획과 목적에 기인하여 경영하는 업무

【事緣】(사연-ジエン) 사정과 연유

【事由】(사유-ジユ) 까닭。이유。연유

【事宜】(사의-ジギ) 일의 적당함

【事蹟】(사적-ジセキ) 사건의 형적

【事前】(사전-ジゼン) 일을 실행하기 전

【事情】(사정-ジジョウ) 일의 정상(情狀)。일의 형편

【事態】(사태-ジタイ) 일의 형태。사정
【事項】(사항) 일의 조목
【事後】(사후-ジゴ) 일을 실행한 뒤
【事後承諾】(사후승락-ジゴショウダク) 독단으로 처리한 것을 뒤에 관계자가 시인함

二 部

【二】이 ニ、ジ、ふたつ two 寘 儿 erh⁴ 두、둘 數名 貳通
【二刻】(이각-ニコク) 한 시의 둘째시각 곧 三十분(一각은 十五분)
【二更】(이경-ニコウ) 하룻밤을 五경으로 나눈 둘째 경(更)。곧 오후 八시
【二極】(이극-ニキョク) 남극과 북극
【二氣】(이기-ニキ) ①음(陰)과 양(陽) ② 음양의 기운
【二南】(이남-ニナン・ジナン) 시경(詩經)의 주남(周南)과 소남(召南)
【二毛】(이모-ニモウ) 검은 털과 흰털。백발이 섞인 노인
【二毛作】(이모작-ニモウサク) 같은 논이나 밭에 일년에 두 번 농사를 지음
【二毛之年】(이모지년) 백발이 나기 시작하는 나이。곧 三十二세
【二柄】(이병-ニヘイ) ①임금이 집정하는 두개의 권력。곧 형벌과 상
【二三子】(이삼자-ニサンシ) 두 세사람。그대들
【二豎】(이수-ニジュ) 병(病)。병마(病魔) 진(晋)의 경공(景公)이 병이 났을 때 꿈에 병마가 두아이(二豎)가 되어 왔다고 하는고사(故事)
【二心】(이심-ニシン・ふたごころ) ①두가지 마음 ②배반하는 마음 ③변하기 쉬운 마음 ④의심하는 마음
【二十四氣】(이십사기-ニジュウシキ) 태양이 황도(黃道) 위치에 의하여 정한 음력의 절기。곧 一년을 스물 넷에 나눈 것。입춘(立春)・우수(雨水)・경칩(驚蟄)・춘분(春分)・청명(淸明)・곡우(穀雨) (이상 봄)입하(立夏)・소만(小滿)・망종(芒種)・하지(夏至)・소서(小暑)・대서(大暑)(이상 여름) 입추(立秋)・처서(處暑)・백로・(白露)・추분(秋分)・한로(寒露)・상강(霜降)・(이상 가을) 입동(立冬)・소설(小雪)・대설(大雪)・동지(冬至)・소한(小寒)・대한(大寒)(이상 겨울)
【二十四方位】(이십사방위-ニジュウシホウイ) 스물 넷에 나눈 방위 곧 오방(午方)・자방(子方)・미방(未方)・곤방(坤方)・신방(申方)・경방(庚方)・유방(酉方)・신방(辛方)・술방(戌方)・건방(乾方)・해방(亥方)・임방(壬方)・자방(子方)・계방(癸方)・축방(丑方)・간방(艮方)・인방(寅方)・갑방(甲方)・묘방(卯方)・을방(乙方)・진방(辰方)・선방(巽方)・사방(巳方)・병방(丙方)
【二十二史】(이십이사-ニジュウニシ) 이십일사(二十一史)에 명사(明史)를 넣은 이름
【二十一史】(ニジュウイッシ) 이십사사(二十四史)에서 구당서(舊唐書)・구오대사(舊五代史)・명사(明史)를 뺀 중국 역사
【二元論】(이원론-ニゲンロン) 우주의 근본 실재(實在)를 단지 하나라고만 하지 않고 반대 되는 두가지의 원리로 되었다고 하는 학설
【二月花】(이월화-ニガツのはな) 봄꽃
【二重】(이중-ニジュウ) ①두겹 ②거듭함
【二重人格】(이중인격-ニジュウジンカク) 인격을 통일하는 힘이 없어져서 앞 뒤가 모순되는 행동을 하는 병적인격
【二八靑春】(이팔청춘-ニハチセイシュン) 十六세 전후의 젊은이

【一 畫】

【于】우 ウ、ここに particle 虞 ㄩ yü² ①어조사 語助辭 ②차흡다 歎辭 ③있을 在也 ④갈 往也 ⑤활환걸을 行貌 ⑥든든할 自足貌 於・迂・吁逾
【于歸】(우귀-ウキ) 신부가 처음으로 시가에 들어감

【于役】(우역-ウエキ) 군명(君命)을 받들고 외국으로 사신(使臣)감

【于于】(우우-ウウ) ① 든든함。 만족한 모양 ②보행(步行)하는 모양

【于喁】(우우-ウグ) 전후의 목소리가 서로 조화함

【于嗟】(우차-アア) 아。 탄식하는 말

【二 畫】

【五】오 ゴ、いつつ five 廣 ×ˇ wŭ

다섯 댓 數名 伍通

【五感】(오감-ゴカン) 눈·코·귀·입·피부의 다섯 가지 감각

【五更】(오경-ゴコウ) 오전 四시경(하룻밤을 다섯 경에 나눈 마지막의 시각)

【五經】(오경-ゴキョウ) 유학(儒學)에서 성인의 술작(述作)으로 존중되는 다섯가지 경서。 즉 시경·서경·주역·예기·춘추

【五戒】(오계-ゴカイ) 불교의 다섯 가지 계율(戒律)。 곧 살생(殺生)·투도(偷盜)·사음(邪淫)·음주(飮酒)·망어(妄語)

【五季】(오계-ゴキ) 중국의 후오대(後五代)를 다섯 왕조가 자주 갈린 계세(季世)라는 뜻을 간단히 이르는 말

【五官】(오관-ゴカン) 귀·눈·코·입·및 마음의 다섯가지 관능

【五大洲】(오대주-ゴタイシュウ)육대주(六大洲)에서 대양주(大洋洲)를 뺀 나머지。 다섯주·곧 아시아주·유럽주·아프리카주·북아메리카주·남아메리카주

【五德】(오덕-ゴトク) 유교에서 말하는 사람의 다섯가지 덕。 온화·양순·공손·검소·겸양

【五等】(오등-ゴトウ) ①오등작(五等爵) ②남편이 있는 여자의 다섯가지 등급。 즉 후(后)·부인(夫人)·유인(孺人)·부인(婦人)·처(妻) ③죽음의 다섯 가지 이름。 즉 붕(崩)·훙(薨)·졸(卒)·불록(不祿)·사(死)

【五禮】(오례-ゴレイ) ①나라에서 지내는 다섯가지 의례(儀禮)。 곧 모든대사(大祀)·중사(中祀)·소사(小祀) 등이 제사에 관한 길례(吉禮)。 본국 및 인국(隣國)의 국상(國喪)이나 국장(國葬)에 관한 흉례(凶禮)、출정(出征) 및 반사(班師)에 관한 군례(軍禮) 국빈의 영송(迎送)에 관한 빈례(賓禮)·책봉(冊封)·국혼(國婚)·사연(賜宴)등에 관한 가례(嘉禮)를 말함 ②공(公)·후(侯)·백(伯)·자(子)·남(男)의 五등。 제후(諸侯)의 의례(儀禮)

【五倫】(오륜-ゴリン) 사람이 밟을 다섯가지 중요한 도덕

【五輪】(오륜-ゴリン) 올림픽 경기대회의 기호

【五里霧中】(오리무중-ゴリムチュウ) 안개속에 방향을 분별하지 못한다는 뜻이니 마음이 현란하여 생각이 안남

【五方】(오방-ゴホウ) 동·서·남·북·중앙 곧 사방(四方)과 그 가운데

【五百羅漢】(오백나한-ゴヒャクラカン) 석가(釋迦)가 입멸(入滅)한 후 유교결집(遺教結集)때 모였던 오백인(五百人)의 아라한(阿羅漢)

【五服】(오복-ゴフク) 참최(斬衰)·재최(齊衰)·대공(大功)·소공(小功)·시마(緦麻)의 다섯가지 상복(喪服)

【五福】(오복-ゴフク) 수(壽)·부(富)·강(康)·영(寧)·호덕(好德)。 고종명(考終命)〔書經〕

【五事】(오사-ゴジ) 모(貌)·언(言)·시(視)·청(聽)·사(思)의 예절상(禮節上) 다섯가지 중요한 일

【五常】(오상-ゴジョウ) 인(仁)·의(義)·예(禮)·지(智)·신(信) ② 아버지는 의리로 어머니는 자애로 형은 우애로 아우는 공경으로 자식은 효도로 대하여야 할 마땅한 길

【五色】(오색-ゴショク) 청(靑)·황(黃)·적(赤)·백(白)·흑(黑)의 다섯 가지 빛

【五十步百步】(오십보백보-ゴジッポヒャッポ) 피차의 차가 그다지 심하지 않음

고 대체로 비슷함

【五眼】(오안-ゴガン) 다섯 가지 눈。곧 육안(肉眼)・천안(天眼)・법안(法眼)・혜안(慧眼)・불안(佛眼)

【五言】(오언-ゴゴン・ゴゲン) 한 귀마다 다섯자로 된 한시(漢詩)

【五欲】(오욕-ゴヨク) ①견(見)・성(聲)・향(香)・미(味)・촉(觸)의 다섯 가지의 정욕 ②재(財)・색(色)・음(飮)・명(名)・수면(睡眠)의 다섯 가지 욕심

【五雲】(오운-ゴウン) 오색의 구름

【五音】(오음-ゴオン) 음율(音律)의 궁(宮)・상(商)・각(角)・미(微)・우(羽)

【五臟】(오장-ゴゾウ) 폐장(肺臟)・심장(心臟)・비장(脾臟)・간장(肝臟)・신장(腎臟)

【五臟六腑】오장육부-ゴゾウロップ) 오장과 육부

【五典】(오전-ゴテン) 오교(五敎)・오상(五常)

【五帝】(오제-ゴライ) ①소호(少昊)・전욱(顓頊)・제곡(帝嚳)・요(堯)・순(舜) ②황제(黃帝)・전욱(顓頊)・제곡(帝嚳)・요(堯)・순(舜)

【五足】(오족) 씨를 다섯 올씩 간걸러서 짠 천

【五族】(오족-ゴゾク) 중국에 있는 다섯 민족。곧 한족(漢族)・만주족・몽고족・티베트족・회교족

【五鑿】(오착) 귀・눈・입・코・심(心)의 다섯 구멍

【五彩】(오채-ゴサイ) 다섯 가지 채색。오색(五色)

【五體】(오체) ①사람의 몸・손・발・②전신(全身) ③전(篆)・예(隸) 진(眞)・행(行)・초(草)의 다섯 가지 서체(書體)

【五覇】(오패-ゴハ) 춘추시대(春秋時代)에 제후(諸侯)의 맹주(盟主)이던 다섯 사람。곧 제환공(齊桓公)・진문공(晋文公)・진목공(秦穆公)・송양왕(宋襄王)・초장왕(楚莊王)。또 일설에 제환공(齊桓公)・진문공(晋文公)초장왕(楚莊王) 오합려(吳闔閭)・월구천(越句踐)

【五學】(오학-ゴガク) 동학(東學)・서학(西學)・남학(南學)・북학(北學)・태학(太學)

【五行】(오행-ゴギョウ・ゴコウ) ①천지간의 만물을 조성한 다섯가지원기(元氣)。곧 목(木)・화(火)・토(土)・금(金)・수(水)의 이름 ② 지형(地形)을 따라 치는 방(方)・원(圓)・곡(曲)・(직・(直)・열(銳)의 진형(陣形)

【五刑】(오형-ゴケイ) ①주대(周代)의 다섯가지 형벌。곧 피부에 먹물로 자자(刺字)、하는 묵(墨)。코를 베는 의(劓) 발 뒤꿈치를 베는 비(剕) 불알을 까는 궁(宮) 목을 베어 죽이는 대벽(大辟) ② 태형(笞刑)・(장형(杖刑)・도형(徒刑)・유형(流刑)・사형(死刑)의 다섯가지 형벌

【五胡】(오호-ゴコ) 한(漢)・진(晋)때 북방에서 이주(移住)하여 차차 번영하던 五종(種)의 이민족。곧 흉노(匈奴)・갈(羯)・투르크족・선비(鮮卑)・퉁구스족・저(氐)・강(羌)・티베르족

【云】운 ウン、いう fell 文 ㄩㄣ yün²

①이를 言也 ②움직일 運也 ③어조사 語助辭 雲同・芸通

【云云】(운운-ウンウン・ウンタン) ①이러저러함 ②말이 많음。여러 가지 말

【云爾】(운이-しかいう) 문장 끝에 써서 상술(上述)한 대로 라는 뜻을 표함

【云何】(운하-いかん) 여하(如何)

【井】정 セイ、いど well 梗 ㄐㄧㄥˇ ching³

①우물 地穴出水 ②정간반듯이 그을 經畫端整貌 ③밭이랑 정자로 그을 古授田區劃 ④별이름 宿名 一十八宿의 하나

【井間紙】(정간지) 글씨를 쓸 때에 글자의 간격이 고르게 하기 위해 종이 밑에 바치는 정자(井字) 모양으로 줄친 반침

【井臼】(정구-セイキュウ) 물 긷고 쌀 찧는 일。집안 일을 맡는다는 뜻
【井然】(정연-セイゼン) 한결같이 가지런한 모양
【井底蛙】(정저와-セイテイのア)견문이 좁은 사람을 비유함。우물 안 개구리
【井井】(정정-セイセイ) ①조리가 정연함 ②왕래(往來)가 이음

【互】호 コ、ゴ、たがい each other 遇 ㄏㄨ huˋ
①서로 交也 ②어근버근할 差也 ③고기시렁 縣肉格 ④맞대볼 較也
【互市】(호시-ゴシ) 외국과의 교역 무역
【互惠】(호혜-ゴケイ) 서로 서로 이익 또는 은전(恩典)을 동일하게 받음

【四 畫】

【亙】긍 コウ、わたる extend
①뻗힐、번을 延袤 ②통할 通也 ③마침 竟也 ④극진할極也 亘은 別字

【亘】선 セン、カン、もとむ hold 先 ㄒㄩㄢ hsüan'
베풀 揚布 (환)桓同字 亙은 俗字

【五 畫】

【况】황 キョウ、いわくや much more
하물며 發語辭 况은 別字
【况且】(황차) 하물며

【亜】亞 (二部 六畫) 俗字

【些】사 サ、シャ、いささか little
①적을 少也 ②어조사 語助辭
【些少】(사소-サショウ) 작음。적음。얼마안됨

【亞】아 ア、つぐ next
①버금 次也 ②동서 兩壻相謂曰 ③나아갈 就也 ④가장귀질 岐也
【亞流】(아류-アリュウ) ①동아리 같은 종류 ②제一위의 사람
【亞父】(아부-アフ・アホ) 존경하기를 아비 다음 간다는 뜻이니、군주가 공신을 높이어 부르는 말
【亞相】(아상-アショウ) 재상(宰相)의 다음이라는 뜻
【亞聖】(아성-アセイ) 성인(聖人)에 다음가는 현인(賢人)。안자(顏子)를 이름
【亞歲】(아세) 동지(冬至)
【亞將】(아장-アショウ) 부장 (副將)。차장(次將)

【亟】극 キョク、すみやか quick
①빠를 疾也 ②급할 急也 棘・極・革通 (기) ①자주 頻數 ②창졸 遽也

亠 部

【亠】두 トウ、なべふた

【一畫—二畫】

【亡】망 ボウ、モウ、ねろぶ be ruined 陽 ㄨㄤ wang²
①잃을 失也 ②망할 滅也 ③도망할 逃也 ④죽을 稱死者曰・⑤없을 無也 ⑥내쫓길 放逐 無同 忘通
【亡國之音】(망국지음-ボウコクのオン)망한 나라의 음악이라는 뜻이니、음탕한 음악을 이름
【亡年之交】(망년지교-ボウネンのまじわり) 노인과 서로 가까이 교제 하는 젊은 벗
【亡匿】(망닉-ボウトク) 도망하여 숨음
【亡命】(망명-ボウメイ) 국적(國籍)을 벗어나 도망함
【亡羊補牢】(망양보뢰-ボウヨウホロウ) 일을 실패한 후에 겨우 정신이 나서 그만 못한 일이라도 지키고 있음을 비유함。소잃고 외양간 고치기라는 말과 같음
【亡人】(망인-ボウジン) ①도망한 사람。망명객 ②죽은 사람

【亡者】(망자-モウジャ) ①죽은 사람 ②망한 사람

【亡地】(망지-ボウチ) 망할 만한 지위 (위험한 곳에 있으면 도리어 결사의 마음이 나는고로 살 수 있음)

【亡魂】(망혼-ボウコン) 죽은 사람의 혼령

【亢】 항 コウ、のどぶえ neck 陽 ㄨㄤ wang²

①목 人頸 ②새목구멍 鳥嚨 吭同 ③한껏 높을 高極 ④가릴 蔽也 ⑤지나칠 太過 ⑥겨룰 敵也 ⑦굳셀 强也 ⑧별 이름 宿名、二十八宿의 하나

【亢龍有悔】(항룡유회-コウリュウくいあり) 지나치게 높이 올라간 용(龍)은 뉘우치게 된다는 뜻이니、제 분수에 넘치게 존귀(尊貴)를 구하게 되면 실패한다는 비유

【亢顔】(항안-コウガン) 얼굴을 쳐든다는 뜻이니、거만한 태도를 이름。방약무인(傍若無人)의 행동

【亢旱】(항한-コウカン) 극심한 가물음。대한(大旱)

【文】 文部 部首를 볼것

【六】 八部 二畫을 볼것

【三 畫】

【主】、部 四畫을 볼것

【玄】 玄部 部首를 볼것

【立】 立部 部首를 볼것

【市】 巾部 二畫을 볼것

【四 畫】

【交】 교 コウ、まじわる exchangege 肴 ㄐㄧㄠ chiao¹

①사귈 相合 ②벗 友也 ③서로 也互也 ④흘레할 牝牡媾合 ⑤섞일 錯 ⑥어름 前後相替之際 ⑦옷깃 領也 ⑧펄펄날 飛貌--

【交加】(교가-コウカ) ①서로 뒤섞임 ②서로간에 왕래함

【交結】(교결-コウケツ) 사귐

【交界】(교계-コウカイ) 땅의 경계。접경(接境)

【交契】(교계-コウケイ) 사귄 정분

【交戟】(교극-コウゲキ) ①창을 엇갈리게 맞댐 ②파수병

【交代】(교대-コウタイ) 서로 번갈아 돌려가며 함。교체(交替)

【交尾】(교미-コウビ) 흘레

【交拜】(교배-コウハイ) 혼인 때 신랑과 신부가 서로 절함

【交兵】(교병-コウヘイ) 교전(交戰)

【交鋒】(교봉-ホウをまじう) 교전(交戰)

【交分】(교분-コウブン) 친구 사이의 정의。교의(交誼)

【交涉】(교섭-コウショウ) ①서로 의논하여 일을 처리함

【交讓】(교양-コウジョウ) 서로 양보함

【交易】(교역-コウエキ) ①물건을 바꿈。무역(貿易) ②거래함

【交遊】(교유-コウユウ) 사귀어 놀음

【交椅】(교의-コウイ) ①의자 ②신위(神位)를 모시는 곳

【交誼】(교의-コウギ) 교분(交分)

【交戰】(교전-コウセン) 서로 싸움。교봉(交鋒)

【交接】(교접-コウセツ) ①서로 마주 닿아 접촉함 ②성교(性交)。교미(交尾)

【交情】(교정-コウジョウ) ①서로 사귀는 정분

【交際】(교제-コウサイ) 서로 사귐。정의로써 사귐

【交叉】(교차-コウサ) 종횡으로 엇갈림

【交錯】(교착-コウサク) 서로 엇갈림

【交態】(교태-コウタイ) ①교제하는 모양 ②교정(交情)

【交通】(교통-コウツウ) ①왔다갔다함。왕래 ②사람의 왕복、물건의 운반 또는 사람과 사람 사이에 서로 의사를 통함

【交換】(교환-コウカン) ①서로 바꿈 ②

서로 주고 받음

【交驩】(교환-コウカン) 서로 사이 좋게 즐김

【亦】역 エキ、また too 陌 ㄧˋ i⁴ ①또 又也 ②또한 承上之辭 ③다 總也 ④클 大也

【亦是】(역시-これまた) ①또한 ②전에 생각했던 대로

【亥】해 ガイ、い 賄 ㄏㄞˋ hai⁴ ①끝째 지지 地支末位 ②해시 午後 九時至十一時

【五 畫】

【亨】형 キョウ、コウ、とおる go well 庚 ㄏㄥ hêng¹·² 형통할 通也 (팽) 烹同 享通

【亨通】(형통) ①모든 일이 뜻과 같이 잘 됨 ②운(運)이 좋아서 출세함

【辛】辛部 部首를 볼것

【六 畫】

【京】경 ケイ、キョウ、みやこ、おか capital 庚 ㄐㄧㄥ ching¹ ①서울 王居 ②클 大也 ③가지런할 齊也 ④근심할 憂也 ⑤높은 언덕 高丘 ⑥십조 十兆

【京郊】(경교-ケイコウ) 서울의 교외

【京畿】(경기-ケイキ) ①서울 근처의 땅 ②서울。 경사(京師)

【京師】(경사-ケイシ) 서울

【京城】(경성-ケイジョウ) 서울

【京人】(경인) 서울 사람

【京調】(경조) ①서울의 풍속 ②서울에서 부르는 시조의 창법(唱法)

【京兆尹】(경조윤) ①중국 한(漢)나라 때 서울을 지키며 다스리든 으뜸 벼슬 ②한성 판윤(漢城判尹)

【京鄉出沒】(경향출몰) 서울과 시골로 오르 내리며 출몰함

【京華】(경화-ケイカ) 번화한 서울

【享】향 キョウ、うける、もてなす enjoy 養 ㄒㄧㄤˇ hsiang³ ①누릴、흠향할 祭—歆也 ②드릴 獻也 ③잔치 宴— 亨通

【享年】(향년-キョウネン) 평생에 누린 나이

【享樂】(향락-キョウラク) 즐거움을 누림

【享福】(향복-キョウフク) 복을 누림

【享受】(향수-キョウジュ) 받음

【享有】(향유-キョウユウ) 누리고 가짐

【夜】夕部 五畫을 볼것

【七 畫】

【卒】十部 六畫을 볼것

【亮】량 リョウ、あきらか bright 漾 ㄌㄧㄤˋ liang⁴ ①밝을 明也 ②알 諒也 ③미쁠 信也 ④여막 —陰居喪

【亮直】(양직-リョウチョク) 마음이 밝고 곧음

【亭】정 テイ、あずまや arbour 青 ㄊㄧㄥˊ t'ing² ①정자 登臨觀覽處 ②여관 旅館 ③우뚝 할 聳立貌—— ④화할 化也 ⑤고를 調也 ⑥평할 平也、均也 ⑦이를 至也 ⑧곧을 直也 ⑨산 이름 山命云—

【亭榭】(정사-テイシャ) 정원에 놀이터로 만든 자그마한 정자

【亭然】(정연-テイゼン) 높이 솟은 모양

【亭午】(정오-テイゴ) 한낮。 정낮。 정오(正午)

【亭長】(정장-テイチョウ) 역(驛)의 장(長) (도둑을 잡는 벼슬)

【亭亭】(정정-テイテイ) ①높이 솟은 모양。 정연(亭然)

【亭次】(정차-テイジ) 주막。 역(驛)

【哀】衣部 三畫을 볼것

【八 畫】

【亳】박 ハク 藥 ㄅㄛˊ po² 은나라 서울 殷湯王所都 지금 河南

省 歸德府 商邱縣

【旁】方部 六畫을 볼것

【衰】衣部 四畫을 볼것

【高】高部 部首를 볼것

【衮】衣部 四畫을 볼것

【兹】玄部 五畫을 볼것

【畝】田部 五畫을 볼것

【九 畫】

【商】口部 八畫을 볼것

【袞】衣部 五畫을 볼것

【毫】毛部 七畫을 볼것

【孰】子部 八畫을 볼것

【率】玄部 四畫을 볼것

【十一畫】

【亶】단 タン、まこと、ただ belive; sincerity
①미쁠 信也 ②진실할 誠也 ③클 大也 ④두터울 篤也 ⑤많은 多也

【裏】衣部 七畫을 볼것

【雍】隹部 五畫을 볼것

【稟】禾部 五畫을 볼것

【十二畫】

【齊】齊部 部首를 볼것

【裏】衣部 八畫을 볼것

【豪】豕部 七畫을 볼것

【十三畫—十四畫】

【壅】土部 十畫을 볼것

【褒】衣部 九畫을 볼것

【十五畫—二十一畫】

【襄】衣部 十一畫을 볼것

【嬴】女部 十三畫을 볼것

【齋】齊部 三畫을 볼것

【羸】羊部 十三畫을 볼것

【褻】衣部 十一畫을 볼것

【贏】貝部 十三畫을 볼것

【齏】齊部 九畫을 볼것

【齎】齊部 七畫을 볼것

人部

【人】인 ジン、ニン、ひと man 眞 ㄖㄣˊ jen²
①사람 動物之最靈者 ②남 己之對

【人家】(인가-ジンカ) 사람이 사는 집。주택

【人間】(인간-ジンカン・ニンゲン) ①세상 ②사람

【人傑】(인걸-ジンケツ) 걸출한 인재

【人格】(인격-ジンカク) ①사람의 품격 ②개인으로 독립할 수 있는 자격

【人工】(인공-ジンコウ) 사람이 하는 일。인조(人造)

【人口】(인구-ジンコウ) 어떠한 지역 안에 사는 ①사람의 수효 ②사람의 입。세상의 소문

【人權】(인권-ジンケン) 사람의 권리

【人德】(인덕-ジントク) 그 사람이 갖추고 있는 덕

【人道】(인도-ジンドウ) ①사람의 밟을 도(道) ②인류생존(人類生存) ③부부(夫婦)의 교접(交接) ④사람이 다니는 길

【人力】(인력-ジンリョク) ①사람의 힘 ②타인의 힘

【人類】(인류-ジンルイ) 사람을 다른 동물과 구별하여 일컫는 이름

【人倫】(인륜-ジンリン) ①사람이 지켜야 할 도리 ②인류(人類) ③인물을 평판함

【人馬】(인마-ジンマ) 사람과 말

【人面獸心】(인면수심-ジンメンジュウシン) 얼굴은 사람이나 마음은 짐승 같음

【人名】(인명-ジンメイ) 사람의 이름

【人命】(인명-ジンメイ) 사람의 목숨

【人文】(인문-ジンブン) 인류의 문화

【人物】(인물-ジンブツ) ①사람。인류 ②인격(人格)。인품(人品) ③뛰어난 사람。인재(人才) ④사람과 물건 ⑤사람。사람의 모양

【人民】(인민-ジンミン) 백성。국민

【人夫】(인부-ニンプ) ①공역(公役)에 부리는 사람 ②막벌이꾼

【人士】(인사-ジンシ) 지위·교육이 있는 사람

【人事】(인사-ジンジ) ①사람의 말 ②세상의 사실 ③남에게 받은 은혜를 갚음。선사 ④신분에 관한 일 ⑤예절(禮節)

【人事不省】(인사불성-ジンジフセイ) ①정신을 잃고 인사를 모름 ②사람이 지킬 예절을 분별하지 못함

【人相】(인상-ニンソウ) 사람의 얼굴의 생김새

【人生】(인생-ジンセイ) ①사람이 이 세상에서 사는 동안 사람의 목숨 ②사람

【人生觀】(인생관-ジンセイカン) 자기와 이 세상과의 관계에 대하여 품은 의견。인생의 목적에 대한 생각

【人選】(인선-ジンセン) 사람을 가리어 뽑음

【人性】(인성-ジンセイ) 사람의 성품

【人數】(인수-ニンズウ) 사람의 수효

【人身】(인신-ジンシン) ①사람의 몸。육체。인체 ②개인의 신분

【人心】(인심-ジンシン) ①사람의 마음。마음의 본체 ②사람의 욕정에서 나오는 마음 ③여러 사람의 마음

【人員】(인원-ジンイン) ①사람의 수효。인구 ②단체를 지은 사람

【人爲】(인위-ジンイ) ①사람이 함 ②사람의 소행

【人肉】(인육) ①사사의 고기 ②매음(賣淫)에 종사하는 여자의 몸뚱이

【人日】(인일-ジンジツ) 인날。음력 정월 초이렛날。이 날의 날씨로 그 해의 모든 일을 점친다고 함

【人才】(인재-ジンサイ) 뛰어난 재주。또 그 사람

【人材】(인재-ジンザイ) 재주가 뛰어난 사람

【人迹】(인적-ジンセキ) 인기척。인적(人跡)

【人丁】(인정-ジンテイ) ①인부(人夫) ②장정(壯丁)

【人情】(인정-ニンジョウ) ①사람의 고유한 애정。사람의 정욕 ②인심의 자연한 정상(情狀) ③남을 동정하는 마음 ④선사 ⑤세상 사람의 마음

【人造】(인조-ジンゾウ) 사람의 힘으로 마듦。또 그 물건

【人種】(인종-ジンシュ) 어떠한 특성을 공통적으로 가지고 있는 인류의 종족

【人中】(인중-ニンチュウ·ジンチュウ) ①코와 윗입술 사이의 오목하게 들어간 곳 ②사람 가운데

【人智】(인지-ジンチ) 사람의 슬기

【人天】(인천-ジンテン) ①음식。음식은 사람에게 없어서는 안될 하늘과 같은 물건이란 뜻 ②임금 ③사람과 하늘 ④인도(人道)와 천도(天道)

【人畜】(인축-ジンチク) 사람과 가축

【人稱】(인칭-ニンショウ) 사람의 대명사 제一-、제二-、제三-으로 나눔

【人形】(인형-ニンギョウ) ①사람의 형상 ②사람의 형상을 한 장난감

【人戶】(인호-ジンコ) 백성의 집。인가(人家)

【人和】(인화-ひとのわ) 인심이 화합함

【二 畫】

【介】개 カイ、ケ、たすける help 卦 ㄐㄧㄝ chieh⁴

①도울 助也 ②클 大也 ③갑옷 甲也 ④매일 繫也 ⑤길 際也 ⑥인할 因也 ⑦중매할 仲媒 ⑧딱지 鱗ㅣ ⑨가 側畔 ⑩개결할 耿耿 ⑪임금 아들 王子貴ㅣ ⑫사신 擯ㅣ問厠 芥同

(갈) 홀짐승 無偶獸特也

【介潔】(개결) 성품이 높고 깨끗함

【介立】(개립-カイリツ) ①혼자 섬。고립。독립

【介馬】(개마-カイバ) 갑옷을 입힌 말

【介福】(개복-アイフク) 큰 행복(幸福)

【介紹】(개소-カイショウ) 일을 주선함。새듦。거간함

【介然】(개연-カイゼン) ①얼마동안。잠시 ②고립한 모양。고수(固守)하고 변하지 않는 모양。③물건이 끼어 마음에 걸리는 모양 견고한 모양

【介意】(개의-カイイ) 마음에 둠。마음을 먹음

【介在】(개재-カイザイ) 끼이어 있음

【介冑】(개주-カイチュウ) 갑옷과 투구。군복(軍服)

【仇】구 キウ、あだ、かたき enemy 尤 ㄔㄡ ch'ou²

①원수 讎也 ②짝 匹也 ③잔질할 以手挹酒 ④거만할 傲也

【仇家】(구가-キュウカ) 원수의 집。또 원수

【仇仇】(구구-キュウキュウ) 거만한 모양

【仇讎】(구수-キュウシュウ) 원수。구적(仇敵)

【仇敵】(구적-キュウテキ) 원수。구수(仇讎)

【仇匹】(구필-キュウヒツ) 같은 친구。동배(同輩)

【今】금 キン、コン、いま now 侵 ㄐㄧㄣ chin¹

①이제 是時 ②곧 即也

【今年】(금년-コンネン) 올해

【今代】(금대-キンダイ) ①지금 시대 ②현대의 군주

【今上】(금상-キンジョウ) 지금 임금。당대의 천자(天子)

【今夕】(금석-コンセキ) 오늘 밤

【今昔】(금석-コンセキ・コンジャク) ①지금과 예。현재와 과거 ②엊저녁

【今時初聞】(금시초문) 처음으로 들음

【今夜】(금야-コンヤ) 오늘밤。금석(今夕)

【今月】(금월-コンゲツ) ①이달 ②지금 비치는 달

【今日】(금일-コンニチ) ①오늘 ②요새。현재

【今朝】(금조-コンチョウ) 오늘 아침

【今曉】(금효-コンギョウ) 오늘 새벽

【仆】부 フ、たおれる fall down 遇 宥 ㄆㄨ p'u¹

①엎드러질 偃也 ②자빠질 僵也 ③누울 頓也

【仆伏】(부복-フフク) 넘어져 엎드림

【仆臥】(부와-フガ) 쓰러져 잠

【什】십 ジュウ、とお ten 緝 ㄕ shih²

①열사람 十人 ②책권 篇ㅣㅣ(집) 간ㅣ物器類

【什器】(집기-ジュウキ) 일상 생활에 쓰는 도구

【什物】(집물-ジュウブツ) 살림에 쓰는 기구。가구(家具)

【什百】(십백-ジュウヒャク・ジュウハク) ①十배(倍) 百배(倍)를 이름 ②十명 또는 百명으로 편성한 병사(兵士)

【什伍】(십오-ジュウゴ) 十명 혹은 五명의 병졸(兵卒) 조합(組合)

【什一】(십일-ジュウイツ) ①정법(井法)에서 十분의 一의 세금를 받음 ②十분의 一의 이자(利子)를 받음

【什長】(십장-ジュウチョウ) ①병졸 十인의 두목 ②인부 十명의 두목

【仁】인 ジン、いつくしみ humane 眞 ㅁㄣ jen

①어질、착할 慈也 善也 ②씨 果核中實

【仁君】(인군-ジンクン) 어진 덕이 있는 임금

【仁德】(인덕-ジントク) 어진 덕

【仁聖】(인성-ジンセイ) 인덕이 있는 성인

【仁壽】(인수-ジンジュ) 인덕이 있고 장수함

【仁壽節】(인수절) 임금의 탄신일

【仁術】(인술-ジンジュツ) ①인덕을 베푸는 도리 ②의술(醫術)。사람을 살리는 어진 기술

【仁愛】(인애-ジンアイ) 어진 마음이 있는 자애(慈愛)

【仁弱】(인약-ジンジャク) 성질이 어질고 마음이 약함

【仁人】(인인-ジンジン) 인자(仁者)

【仁者】(인자-ジンジャ) 어진 사람

【仁慈】(인자-ジンジ) 인후하고 자애가 많음

【仁政】(인정-ジンセイ) 어진 덕이 있는 정치

【仁風】(인풍-ジンプウ) ①인덕의 교화 ②부채의 딴이름

【仁賢】(인현-ジンケン) 인자(仁者)와 현자(賢者)

【仁兄】(인형-ジンケイ) 친구를 부르는 존칭。대형(大兄)

【仁厚】(인후-ジンコウ) 어질고 순수함

【仍】잉 ジョウ、ニョウ、よる bedue to 蒸 ㅁㄥ jêng^2

①인할 因也 ②거듭 重也 ③거푸 頻也 ④오히려 尙也 ⑤멍할 失志貌—— ⑥후손 七代孫雲—

【仍世】(잉세-ジョウセイ) 대대(代代)。여대(歷代)。누대(累代)

【仍用】(잉용-ジョウヨウ) 이전 물건을 그대로 씀

【仄】측 ソク、ショク、ほのか incline 職 ㄗㄜ tsê^4

①기울 不正 ②이삭 빼들어설 禾密貌稱— ③물 콸콸 흐를 水流豹滆— ④돈 이름 錢各赤—

【仄陋】(측루-ソクロウ) 낮은 신분

【仄聞】(측문-ソクブン) 남이 전하는 말을 들음

【仄行】(측행-ソッコウ) 옆으로 비켜서 길을 사양하여 걸음

【从】從(彳部 八畫)古字

【化】匕部 二畫를 볼것

【三 畫】

【仏】佛(人部 五畫)俗字

【代】대 タイ、ダイ、よ substitute generation

①대신 갈아들 更也、替也 ②세상 世也 ③역대 周— 殷—

【代價】(대가-ダイカ) 물건 값。대금(代金)

【代金】(대금-ダイキン) 물건 값의 돈

【代代】(대대-ダイダイ・よよ) 여러 대。대를 거듭함

【代理】(대리-ダイリ) 남을 대신하여 일을 처리함

【代命】(대명-ダイメイ) 남을 대신하여 죽음

【代捧】(대봉) 꿔어준 대전·물품을 다른 것으로 받음

【代舍】(대사-ダイシャ) 손을 접대하는 집의 이름 (접대하는 자가 갈아들며 객을 접대 한다는 뜻)

【代償】(대상-ダイショウ) ①다른 물건으로 물어 줌 ②남을 대신하여 갚아 줌

【代書】(대서-ダイショ) 남을 대신하여 글을 씀

【代用】(대용-ダイヨウ) 대신으로 씀

【代印】(대인-ダイイン) 남을 대신하여 도장을 찍음

【代作】(대작-ダイサク) ①남을 대신하여 지음 ②번갈아 가며 나옴

【代診】(대진-ダイシン) 의사의 제자가 의사를 대신하여 병자를 진찰함

【代替】(대체-ダイタイ) 번갈아 바꿈
【代充】(대충-ダイジュウ) 대신 채움
【代表】(대표-ダイヒョウ) 여러 사람을 대신하여 책임을 지고 의사를 표시함。 또 그 사람
【代筆】(대필-ダイヒツ) 대서(代書)
【代行】(대행-ダイコウ) 남을 대신하여 일을 처리함

【令】령 レイ、ふれ、おきて ordination 庚 ㄌㄧㄥˊ ling²

①하여금 시킬 使也 ②심부름꾼 부릴 使— ②고리소리 鐶聲— ④영 律也 法也 ⑤착할 善也 ⑥명령 命也 ⑦—른 長也 ⑧철 時也 ⑨원 官名 ⑩벽돌 甓也 ⑪성 姓也 —狐

【令閨】(영규-レイケイ) 남의 안해의 경칭
【令堂】(영당-レイドウ) 남의모친에 대한 존대말
【令德】(영덕-レイトク) 착한 덕행。 미덕(美德)
【令妹】(영매-レイマイ) 남의 누이의 존대말
【令名】(영명-レイブン) ①좋은 명예。 영문(令聞) (영예(令譽)。 ②좋은이름
【令聞】(영문-レイブン) 좋은 평판。 영예(令譽)
【令嗣】(영사-ンレイ) 남의 맏아들의 존대말
【令色】(영색-レイショク) 남에게 아첨하려고 좋게 가지는 얼굴 빛
【令婿】(영서-レイセイ) 남의 사위의 존대말
【令孫】(영손-レイソン) 남의 손자에 대한 존대말
【令息】(영식-レイソク) 남의 아들의 높인 말
【令室】(영실-レイシツ) 남의 아내의 존대말
【令愛】(영애-レイアイ) 남의 딸의 존대말
【令孃】(영양-レイジョウ) 남의 딸에 대한 경칭
【令嚴】(영엄-レイゲン) 남의 부친의 존대 말
【令譽】(영예-レイヨ) 좋은 명예。 영명(令名)
【令姉】(영자-レイシ) 남의 누님의 존대말
【令慈】(영자-レイジ) 남의 모친의 존대말。 영당(令堂)
【令節】(영절-レイセツ) 경사 스러운 날。 영진(令辰)
【令正】(영정-レイセイ) ①본처(本妻) ②남의 아내의 높임말。 영실(令室)
【令弟】(영제-レイテイ) ①자기의 아우 ②남의 아우의 존대말
【令旨】(영지-レイシ) 황태후의 명령
【令兄】(영형-レイケイ) 자기의 형。 후세에는 남의 형의 존대말

【付】부 フ、つける stick to 遇 ㄈㄨˋ fu⁴

①붙일 畀也 ②줄 與也 附通

【付任】(부임-フニン) 남에게 부탁하여 맡김
【付託】(부탁-フタク) 남에게 맡김。 당부함。 의뢰함。 위탁(委託)

【仙】선 セン fairy beings 先 ㄒㄧㄢ hsien¹

①신선 長生不老 ②신선될 稱頌死者曰— ③신선스러울 凡庸對稱 ④날듯할 輕擧

【仙家】(선가-センカ) 신선。 또 그가 사는 집
【仙駕】(선가-センガ) 천자(天子)。 또는 신선의 수레
【仙客】(선객-センキャク) ①신선。 우객(羽客)
【仙境】(선경-センキョウ) 신선이 사는곳
【仙禽】(선금-センキン) 학의 딴 이름。 태선(胎仙)
【仙洞】(선동-センドウ) 신선이 사는 곳
【仙童】(선동-センドウ) 선동에서 신선을 모시고 있는 아이
【仙山】(선산-センザン) 신선이 사는 산
【仙樂】(선악-センガク) ①신선의 풍악。 아름다와 듣기 좋은 음악을 칭찬하는 말
【仙藥】(선약-センヤク) ①먹으면 된다는 약。 불로불사(不老不死)의 약 ②효

험이 현저한 약이름

【仙人】(선인-センニン) ①불로불사(不老不死)의 술(術)을 얻었다고 하는 사람。선객(仙客) ②고구려 때 벼슬이름

【以】 이 イ、もって with 紙 ㄧˇ i³

①써、쓸 用也 ②할 爲也 ③로 與也 ④까닭 因也 已同 似通

【以降】(이강-イコウ) 이후。이래

【以內】(이내-イナイ) 그 범위 안

【以來】(이래-イライ) 그러한 뒤。그 후

【以聞】(이문-イブン) 천자(天子)께 여쭘

【以上】(이상-イジョウ) 이 위。그 위

【以心傳心】(이심전심-イシンデンシン) 마음에서 마음으로 오묘한 이치를 전하여 줌

【以往】(이왕-イオウ) 그전。장래(將來)。이후(以後)

【以外】(이외-イガイ) 이 밖。그 밖

【以前】(이전-イゼン) 앞서。얼마 전。그 전。예전

【以下】(이하-イカ) 이 아래。이 다음。

【以後】(이후-イゴ) 이 뒤。이 다음

【仞】 인 ジン、はかる measure 震 ㄖㄣˋ jen⁴

①여덟자 八尺 ②잴 度也 ③가득할 滿也

【仔】 자 シ、ジ、こまかに minute 紙 ㄗˇ tzŭ¹·³

①이길 克也 ②맡길 任也 ③새끼 子也

【仔詳】(자상-シショウ) 자세

【仔細】(자세-シサイ) 똑똑함。상세함。자상(仔詳)

【仔蟲】(자충-シチュウ) 갓 깐 곤충

【仗】 장 ジョウ、つわもの guard 漾 ㄓㄤˋ chang⁴

①병장기 兵器總名 ②의장 兵衛儀 ③기댈 倚也 杖通

【仗隊】(장대-ジョウタイ) 의장(儀仗)의 대열

【仗馬】(장마-ジョウバ) 의장(儀仗)에서는 말。두려워서 감히 말을 못함을 비유함

【仗衛】(장위-ジョウエイ) 몸을 지키는 병사의 일대(一隊)

【他】 타 タ、ほか other

①다를 此別 ②저、남 彼也 ③딴 마음 異心 ④간사할 邪也

【他見】(타견-イケン) 남의 의견。남의 눈에 띔

【他界】(타계-タカイ) ①다른 곳의 세계 ②귀인(貴人)의 죽음

【他國】(타국-タコク) 다른 나라

【他年】(타년-タネン) ①다른 해 ②후년

【他邦】(타방-タホウ) 타국。외국

【他事】(타사-タジ) 다른 일

【他山之石】(타산지석-タサンのつしし) 다른 산에서 나는 돌도 가히 써 내 옥을 갈기에 넉넉하다는 뜻이니、착하지 아니한 사람도 선인(善人)의 덕기(德器)를 더하는 연장이 됨을 비유

【他姓】(타성-タセイ) 자기와 다른성

【他所】(타소-タショ) 다른 곳

【他人】(타인-タニン) 다른 사람。남

【他日】(타일-タジツ) ①전일 ②후일 ③다른 날。딴 날

【他鄕】(타향-タキョウ) 고향이 아닌 곳。타곳

【央】 大部 二畫을 볼것

【失】 大部 二畫을 볼것

【仝】 同 (口部 三畫) 古字

【囚】 口部 二畫을 볼것

【四 畫】

【价】 개 カイ、よい good 卦 ㄐㄧㄝˋ chieh

①클 大也 ②착할 善也 ③사신 使

ㅡ介通

【件】건 ケン、わける、くだん classification 銑 ㄐㄧㄢˋ chien⁴
①조건 分次 ②가지 物數
【件件】(건건-ケンケン) 이 조건 저 조건。여러가지 사물
【件數】(건수-ケンスウ) 사물의 수효。사건의 수효

【伋】급 キュウ いつわり reflecion 緝 ㄐㄧˊ chi²
①생각할 思也 ②이름 孔子 孫子 思名孔ㅡ ③거짓 虛詐

【企】기 キ、くはだてる plan 寘 ㄑㄧˋ ch'i⁴
바랄 望也
【企及】(기급-キキュウ) 희망을 이룸
【企圖】(기도-キト) 사업의 경영을 꾀함
【企望】(기망-キボウ) 발돋움을 하면서 바란다는 뜻이니, 기다리고 있음
【企業】(기업-キギョウ) 사업을 계획함
【企畫】(기획-キカク) 계획을 세움。기도(企圖)

【伎】기 ギ、わざ skill 紙 支 ㄐㄧˋ chi⁴
①재주 才也 技同 ②천천할 舒貌ㅡ
【伎倆】(기량-ギリョウ) 솜씨。수완
【伎癢】(기양) 재주를 품고 펼 곳이 없어서 마음이 간질간질함。일을하고 싶어서 못 견디는 모양

【仿】방 ホウ、ボウ、さまよう loitering 養 陽 ㄈㄤˇ fang³
①비슷할 相似ㅡ佛 ②어슷거릴 徘徊ㅡ偟 彷·髣·倣同
【仿佛】(방불-ホウフツ) 엇비슷하게 보이는 모양
【仿佯】(방양-ホウヨウ) 어슬렁 어슬렁거리는 모양
【仿偟】(방황-ホウコウ) 헤매임

【伐】벌 バツ、きる cut 月 ㄈㄚˊ fa¹·²
①칠 征也 ②벨 斫木 ③공 功也 ④공치사할 自矜其功 ⑤방패 干也
【伐木】(벌목-バツボク) 산의 나무를 베어냄
【伐氷】(벌빙-バツヒョウ) 강의 얼음을 떠냄
【伐性之斧】(벌성지부-バツヨウのおの) 생명을 끊는 도끼。여색(女色)에 빠지면 사람의 성명(性命)에 해롭다는 말

【伏】복 フク、ふす lie flat 屋 ㄈㄨˊ fu²
①엎드릴 𨈛也 ②감출 匿藏 ③복時令之名 三ㅡ ④자복할 自服 부새알 안을 鳥抱卵
【伏流】(복류-フクリュウ) 땅 속에 스미어 흐르는 물
【伏利】(복리) 숨어서 보이지 않는 보배(금·은이 산중에있는 것 따위)
【伏魔殿】(복마전-フクマデン) 악마가 숨어있는 전당(殿堂)。전하여 난을 꾸미는 자들이 모여 있는 집
【伏兵】(복병-フクヘイ) 적군을 불시에 치기 위하여 요지에 은복(隱伏)시킨 병졸
【伏炎】(복염-フクジツ) 복중의 더위
【伏日】(복일-フクジツ) 초복·중복·말복의날。복날
【伏節】(복절-フクセツ) ①삼복(三伏)이든 철 ②절개를 굽히지 않고 그대로 지킴
【伏罪】(복죄-フクザイ) 죽을 죄에 대하여 목을 바침
【伏奏】(복주-フクソウ) 엎드려서 임금께 상주(上奏)함

【仰】앙 ギョウ、コウ、あおぐ respect 養 ㄧㄤˇ yang³
①우러러 볼 擧首望 ②사모할 慕也 ③믿을 恃也 ④자뢰 資也 ⑤의뢰할 賴也 卬·昂通
【仰見】(앙견) 쳐다봄。앙망(仰望)
【仰望】(앙망-ギョウボウ) ①앙견(仰見) ②높이고 사모함。숭배함
【仰慕】(앙모-ギョウボ) 우러러 보고 사

모함
【仰視】(앙시-ギョウシ) 우러러 봄
【仰天】(앙천-ギョウテン) 하늘을 쳐다봄
【仰歎】(앙탄-ギョウタン) 하늘을 쳐다보고 탄식함
【仰婚】(앙혼) 자기보다 신분이 높은 자와 혼인 함

【伍】오 ゴ、くみ、いつつ five 麌 ㄨˇ wu³
①항오 軍列行一 ②다섯사람 五人 ③다섯집 통 짝을 五家相保
【伍伴】(오반-ゴハン) 같은 또래。친구
【伍列】(오열-ゴレツ) 대(隊)를 지음。또 그 대(隊)
【伍伯】(오백-ゴハク) ①다섯 사람의 우두머리。선도자(先導者) ②형(刑)을 집행하는 사람

【仵】오 ゴ、おなじ similar 麌 ㄨˇ wu³
①같을 同也 ②짝 偶也

【伊】이 イ、これ this 支 一 i
①저 彼也 ②이 是也 ③오직 維也 ④누구 發語辭誰也 ⑤姓也
【伊吾】(이오-イゴ) 독서하는 소리
【伊鬱】(이울-イウツ) ①무더운 모양 ②답답한 모양
【伊尹太公之謀】(이윤태공지모) 천하를 다스리는 계책。이윤(伊尹)은 은(殷)의 재상(宰相) 태공(太公)은 주(周)의 명신(名臣)
【伊伊】(이이-イイ) 벌레 소리

【任】임 ニン、まかす entrust 沁 侵 ㄖㄣˋ jen⁴
①맡길 맡을 相信 ②멜 擔也 ③견딜 堪也 ④쓸 用也 ⑤일 事也 ⑥짐 所負 ⑦도타울 篤也 ⑧당할 當也 ⑨보따리 衣裝 ⑩이길 克也 ⑪姓也 壬·妊通
【任官】(임관-ニンカン) 관직에 임함
【任期】(임기-ニンキ) 임무에 있는 기간
【任命】(임명-ニンメイ) 벼슬을 맡김。직무를 맡김
【任務】(임무-ニンム) 맡은 사무。직무
【任所】(임소-ニンショ) 임지(任地)
【任用】(임용-ニンヨウ) ①직무를 주어 부림 ②관원에 등용 함
【任意】(임의-ニンイ) 마음대로 함
【任重而道遠】(임중이도원-ニンおもくしてみちとおし) 책임은 중하고 길은멀음
【任地】(임지-ニンチ) 관원이 부임할 곳。임소(任所)
【任俠】(임협-ニンキョ·ジンキョウ) ①약자를돕고 강자를 물리치는 것 ②체면을 소중히 여기고 신의를 지킴

【仲】중 チュウ、なか medium 送 ㄓㄨㄥˋ chung⁴
①버금 次也 ②가운데 中也
【仲介】(중개-チュウカイ) 제 삼자로서 두 당사자 사이에 서서 일을 주선하는 노릇
【仲冬】(중동-チュウトウ) 음력 동짓달
【仲媒】(중매) 혼인을 매개 함
【仲父】(중부-チョウフ) 아버지의 둘째 형이나 아우
【仲裁】(중재-チュウサイ) 양쪽의 싸움을 화해 시킴
【仲秋】(중추-チュウシュウ) 음력 八월
【仲春】(중춘-チュウシュン) 음력 二월
【仲夏】(중하-チュウカ) 음력 五월
【仲兄】(중형-チュウケイ) 자기의 둘째형

【伉】항 コウ、たぐい straight 漾 ㄎㄤˋ k'ang⁴
①정직할 正直 ②우뚝할 高貌 ③굳셀 建也 ④곧을直也 ⑤감출 藏物 ⑥짝 匹也 ⑦교마할 驕也 ⑧겨를 敵也
【伉健】(항건-コウケン) 굳세고 용맹 스러움
【伉儷】(항려-コウレイ) 짝。부부
【伉禮】(항례-コウレイ) 대등의 예(禮)를 행하고 낮추지 아니함
【伉行】(항행-コウコウ) 교만한 행동
【伉俠】(항협-コウキョウ) 강한 사나이 마음

【伙】화 カ、うつわ householdeffects
①세간 什物 ②불목하니 火伴 火同

【休】휴 キウ、やすむ rest 尤 遇 ㄒㄧㄡ hsiu¹
①쉴 息也 ②겨를 暇也 ③물러갈 致仕—退 ④아름다울 善美也 ⑤넉넉할 有容—— ⑥검소할 儉也
【休暇】(휴가-キュウカ) ①일을쉬고 놀음 ②쉬는때
【休刊】(휴간-キュウカン) 신문·잡지 등의 발행을 일시 쉼
【休講】(휴강-キュウコウ) 강의를 쉼
【休憩】(휴게-キュウケイ) 휴식
【休校】(휴교-キュウコウ) 부득이한 사정에 의하여 과업을 한때 쉼
【休書】(휴서-キュウショ) 이혼하는 증서。이혼장
【休息】(휴식-キュウソク) 쉼。휴계
【休養】(휴양-キュウヨウ) 심신을 쉬며 보양함
【休業】(휴업-キュウギョウ) 업을 쉼
【休日】(휴일-キュウジツ) 쉬는 날
【休戰】(휴전-ギュウセン) 전쟁을 일시쉼
【休止】(휴지-キュウシ) 쉼。그침。마침
【休職】(휴직-キュウショク) 어떠한 기간 현직에 복무하지 아니함
【休徵】(휴징-キュウチョウ) 좋은 징조。휴조(休兆)
【休戚】(휴척) 기쁜일과 슬픈일
【休學】(휴학-キュウガク) 학업을 쉼
【休勳】(휴훈-キュウクン) 아름답고 큰 공

【全】入部 四畫을 볼것
【会】會 (日部 九畫) 俗字

【五 劃】

【伽】가 カ、てら temple 歌 ㄑㄧㄝ ch'ieh²
절 僧居—藍
【伽藍】(가람-ガラン) 불도(佛道)를 수업하는 곳
【估】고 コ、あたい price 麌 ㄍㄨ ku¹·⁴
①저잣세 市稅 ②값놓을 論物價
【佞】녕 ネイ、へつらう flattery
①구변좋을 口才 ②아첨할 諂也
【佞媚】(영미-ネイビ) 아양떨며 아첨함
【佞臣】(영신-ネイシン) 아첨하는 신하
【佞人】(영인-ネイジン) 간사한 사람
【但】단 タン、ただし but 旱 ㄉㄢ tan⁴
①다만 徒也 ②무릇 凡也 ③특별히 特也 ④부질없을 空也
【但書】(단서-ただしがき) 본문밖에 단(但)자를 붙여서 조건(條件)이나 예외(例外)를 나타내는 글
【伶】령 レイ、さかしい clever 靑 ㄌㄧㄥ ling²
①악공 樂工-人 ②영리할 黠慧—俐 ③외로울 獨也
【伶官】(영관-レイカン) 음악을 하는 벼슬。영인(伶人)
【伶俐】(영리-レイリ) 똑똑함。영리
【伶優】(영우-レイユウ) 광대。배우
【伶人】(영인-レイジン) ①음악을 맡은 벼슬이름 ②어릿광대
【伶仃】(영정-レイテイ) 외톨。영정(零丁)
【伴】반 ハン、ともなう companion 旱 ㄅㄢ pan⁴
①짝、동무 侶也 ②의지할 依也 ③모실 陪也 ④늘어질 縱弛—奐 ⑤한가할 閒暇
【伴侶】(반려-ハンリョ) 짝。동무
【伴送】(반송) 다른 물건과 함께 보냄
【伴食】(반식-バンショク) 정객(正客)을 모시고 잔치에 참여함 ②무능한 대관(大官)을 비웃는 말
【伴奏】(반주-バンソウ) 기악·성악에 따라서 하는 주악(奏樂)
【伴寢】(반침) 한방에서 같이 잠
【伴行】(반행) 짝하여 감。같이 감
【伯】백 ハク、ハ、をしら elder 陌 ㄅㄞ pai³
①맏 長也 ②남편 夫也 ③벼슬이름 五等爵의 第三位 ④말 맡은 별 馬祖天駟房是之神 (파)으뜸 五—

【伯舅】(백구-ハッキュウ) 임금이 이성(異性)의 재후(諸侯)를 존대하여 부르던 말
【伯樂】(백락-ハクラク) 천마(天馬)를 맡은 별 이름 ②옛적에 손양(孫陽)이라는 사람이 능히 말을 잘 알아보았다 하여 널리 마사(馬事)에 밝은 사람을 이름
【伯母】(백모-おば) 큰어머니
【伯父】(백부-おじ) 큰아버지
【伯叔】(백숙-ハクシュク) 언니와 아우의 넷 가운데에서 맏과 세째
【伯氏】(백씨-ハクシ) 남의 맏형
【伯爵】(백작-ハクシュク) 다섯 가지 작(爵)중의 세째번 작위(爵位)
【伯仲】(백중-ハクチュウ) ①맏형과 그 다음
【伯仲之間】(백중지간-ハクチュウのカン) 두 사람의 재주가 서로 비슷하고 대차가 없음

【体】 분 ホン、わとる mediocirity 阮 ㄅㄣˋ pen⁴
①상여꾼 輀丁 ②용렬할 劣也 ③추솔할 麤貌 俗作 體略字
【体夫】(분부) 상여꾼
【体漢】(분한) 용렬한 사람

【佛】 불 フツ、ブツ、ほとけ Buddha 物 ㄈㄛˊ fo²
①부처 釋迦牟尼 ②깨달을 〔康熙字典〕―※覺也 以悟群生也 ②어그러질 戾也 ③비슷할 彷― 拂・弗通 (필) ①도울 輔也 ②클 大也 「려
【佛家】(불가-ブッカ・ブッケ) ①절。중。승
【佛閣】(불각-ブッカク) 불전(佛殿)
【佛經】(불경-ブッキョウ) 불교의 경전
【佛供】(불공-ブツグ) 부처앞에 공양함
【佛教】(불교-ブッキョウ) 기원전 五세기초、인도의 석가모니(釋迦牟尼)가 베푼 종교。전미 개오(轉迷開悟)・성불득탈(成佛得脫)을 종지(宗旨)로 함。불법(佛法)
【佛具】(불구-ブツグ) 불전에 쓰는 기구
【佛壇】(불단-ブツダン) 불상을 안치 한 자리
【佛堂】(불당-ブツドウ) 불단을 설치한 집。불각(佛閣)
【佛道】(불도-ブツドウ) 불교
【佛門】(불문-ブツモン) 부처의 길。석문(釋門)。상문(桑門)
【佛文學】(불문학-ブツブンガク) 프랑스의 말로된 모든 문예 작품
【佛法】(불법-ブッポウ) 불교
【佛事】(불사-ブツジ) 불교에서 행하는 모든 일。법사(法事)
【佛祠】(불사-ブツシ) 절
【佛像】(불상-ブツゾウ) 부처의 형상
【佛書】(불서-ブッショ) 불경(佛經)
【佛說】(불설-ブッセツ) 부처가 가르친 말
【佛式】(불식-ブッシキ) 불교의 방식。불가의 의식
【佛心】(불심-ブッシン) 부처의 마음。부처의 마음같이 착한 마음
【佛宇】(불우-ブツウ) 절(佛寺)
【佛者】(불자-ブッシャ) 불문(佛門)에 들어온 자。중
【佛前】(불전-ブツゼン) 부처 앞。불단(佛壇)앞
【佛殿】(불전-ブツデン) 불당(佛堂)
【佛祖】(불조-ブッソ) 불교의 개조(開祖)。곧 석가모니(釋迦牟尼)
【佛號】(불호-ブッコウ) ①부처의 이름 ②중의 당호

【似】 사 ジ、にる similar 紙 寘 ㄕˋ shih⁴
①같을 肖也 ②이을 嗣也 ③받들 奉也
【似而非】(사이비-にてひなる) 거죽은 같으나 그 실상은 같지 아니함

【伺】 사 シ、うかがう watch 寘 支 ㄘˋ tz'ŭ⁴
①살필 엿볼 偵察 ②문안할 問安 司通
【伺望】(사망-シボウ) 엿봄
【伺察】(사찰-シサツ) 엿보고 살핌
【伺候】(사후-シコウ) 웃 어른에게 안부를 여쭘

【伸】 신 シン、のびる straighten 眞 ㄕㄣ shen¹

①펼 舒也 ②기지개켤 欠— ③다스릴 理也

【伸長】(신장-シンチョウ) 잡아 늘임。연장함

【伸張】(신장-シンチョウ) 늘이어 폄。확장함

【伸縮】(신축-シンシュク) 펴지는 것과 오그라지는 것

【佑】우 イウ、ウ、たすける help 宥 ㄧㄡˋ yu4 도울 助也 右·祐通

【佑啓】(우계-ユウケイ) 가르쳐 도움。교도함

【佑助】(우조-ユウジョ) 도움。보필(輔弼)

【位】위 イ、くらい position 寘 ㄨㄟˋ wei4 ①벼슬—階 ②자리 坐也 ③지위 所也 ④벌일 列也 ⑤정할 安其所 ⑥임할 莅也 ⑦방위 方— ⑧분 他人敬稱語各— 諸位

【位階】(위계-イカイ) 벼슬의 등급

【位望】(위망-イボウ) 지위와 명망。지위와 인망(人望)

【位次】(위차-イジ) 자리의 차례

【位置】(위치-イチ) ①놓여 있는 곳 ②벌여 있는 처소 ③자리。지위

【位牌】(위패-イヘイ) 단(壇)·묘(廟)·원(院)절등에 모시는 위목(位目)에 쓴 나무 패

【作】작 サク、つくる make 藥 箇 ㄗㄨㄛˋ tsuo1·2·4 ①지을 造也 ②역사할—役 ③비롯할 始也 ④일어날 興也 ⑤행할 行也 (자) ①지을 做也 ②할 爲也 (주) 지을 만들 造也

【作歌】(작가-サッカ) ①노래를 지음

【作家】(작가-サッカ) 문예품의 저술자。작가

【作歐】(작가) 노래를 지음

【作曲】(작곡-サッキョク) 시가(詩歌)를 음악에 올려 노래 할 수 있도록 곡조를 만듬

【作黨】(작당) 떼를 지음

【作文】(작문-サクブン) 글을 지음。또그 글

【作伴】(작반) 동행(同行)

【作配】(작배) 남자와 여자의 짝을 지음

【作別】(작별) 서로 떠남

【作心三日】(작심삼일) 결심이 견고하지 못함

【作業】(작업-サギョウ) 일함。하는 일

【作用】(작용-サヨウ) 동작함。하는 일。어떠한 물건이 다른 물건에 미치는 영향

【作人】(작인-サクジン·サクニン) ①인재를 양성함 ②소작인(小作人)

【作者】(작자-サクシャ) ①작가 ②됨됨이 ③물건을

【作品】(작품-サクヒン) 지은 물건

【作興】(작흥-サッコウ·サコウ) ①일어남 ②일으킴。진흥(振興) ③교만하여 마음대로 함

【低】저 テイ、ひくい low 齊 ㄉㄧ ti1 ①낮을 高之反 ②숙일 垂也 ③구부릴 俛也 ④머뭇거릴 留連—回

【低級】(저급-テイキュウ) 낮은 등급

【低氣壓】(저기압-テイキアツ) 대기(大氣)의 압력이 낮아지는 현상

【低能】(저능-テイノウ) 지능이 범인만 못함

【低頭】(저두-テイトウ) 고개를 숙임。두려워함 ②머리를 드리우고 경례함

【低落】(저락-テイラク) 떨어짐

【低廉】(저렴-テイレン) 물가가 쌈

【低利】(저리-テイリ) 싼 변리

【低迷】(저미-テイメイ) 안개가 경치를 가린 모양

【低温】(저온-テイオン) 낮은 온도

【低下】(저하-テイカ) 낮아짐。저락(低落)

【低回】(저회-テイカイ) 머리를 숙이고 왔다 갔다 함 — 빙빙 돌음

【佇】저 チョ、たたずむ stay 語 ㄓㄨˋ chu4 ①우두커니 설 久立 ②잠깐 머무를 延—

【佇見】(저견) 머물러 서서 바라봄
【佇立】(저립-チョリツ) 우두커니 섰음。 오래 섰음

【佐】좌 サ、たすける help 箇 ㄗㄨㄛˇ tsuo³
①도울 輔也 ②버금 貳也 左通
【佐僚】(좌료-サリョウ) 상관(上官)을 보좌하는 속관(屬官)
【佐飯】(자반) 생선 (고등어·비웃·준치·조기 따위)을 소금에 저린것 (「좌반」으로 읽지 말 것)
【佐命】(좌명-サメイ) 천명(天命)을 받아 천자(天子)가 된 임금을 도움
【佐貳】(좌이-サジ) 보좌관
【佐平】(좌평) 백제(百濟)때 벼슬이름

【住】주 ジュウ、すむ dwell 遇 ㄓㄨˋ chu⁴
①살 居也 ②머물 留也 ③그칠 止也 ④설 立也
【住民】(주민-ジュウミン) 그 땅에 사는 백성
【住所】(주소-ジュウショ) 사는 곳
【住人】(주인-ジュウニン) 주민
【住接】(주접) 한때 머물러 살음
【住址】(주지) 주소
【住持】(주지-ジュウジ) 한 절을 주관하는 중。 주직(住職)
【住着】(주착-ジュチャク) 일정한 곳에 머물러 있음
【住宅】(주택-ジュウタク) 사람이 사는집

【伷】주 チウ、よつぎ eldest son
맏아들 胤也

【佚】질 イツ、テツ やすんじる indolence 屑 ㄧˋ i⁴
①방탕할 緩也 ─蕩 ②갈마들일 更遞興─興 通 (일) ①편안 不勞安逸 ②허물 過失 ③숨을 隱遁遺─ ④아름다울 美也 ⑤달아날 出圈熊─
【佚女】(일녀-イツジョ) 드물게 보는 미인。 미녀
【佚樂】(일락-イツラク) 편안히 즐김
【佚民】(일민-イツミン) 도망한 백성
【佚遊】(일유-イツユウ) 방탕하여 마음대로 놀음
【佚蕩】(질탕-テットウ) 만판 놀음

【佔】점 テン、チョウ、うかがう gldnce furtively
①엿볼 覘覘 ②뜻모르고 읽을 昧義─畢 ③까불 輕薄─佞 ④드리울 垂也 覘同

【佗】타 ク、ほか other 歌 ㄊㄨㄛ t'uo¹
①다를 此別 ②마음에 든든할 自得貌 ③질 背負 他·它同 ④더할 加也
【佗負】(타부) 등에 짊어짐

【伻】팽 ホウ、ヒョウ、つかい make one 庚 ㄅㄥ pêng
①부릴 시킬 使人 ②좇을 從也

【何】하 カ、なに what 歌 ㄏㄜˊ he²
①어찌 무슨 무엇 曷也·奚也 ②어찌 하지못할 莫敢誰─ ③누구 孰也 ④꾸짖을 譴責 ⑤멜 擔也 조금있다가 未多時無─ ⑦뇨 詰辭
【何物】(하물) 무슨 물건。어떠한 것
【何事】(하사-なにごと) 무슨 일。 어떠한 일
【何時】(하시-いつ) 어느 때。 언제
【何人】(하인-なんびと) 어떠한 사람
【何處】(하처-いずこ) 어디
【何許人】(하허인) 어떠한 사람

【佝】후 コウ、ク、せむし crookback 宥 ㄎㄡˋ k'ou⁴
①몬존할 短醜貌 ②곱사등이 痀瘻 拘同
【佝僂】(후루-クル) 곱사등이

【坐】土部 四畫을 볼것

【你】爾 (爻部十畫) 俗字

【巫】工部 四畫을 볼것

【六 畫】

【佳】가 カ、よし good 佳 ㄐㄧㄚ chia¹
①아름다울 美也 ②기릴 褒也 嘉同 (개) ①좋을 好也 ②착할 善也

【佳境】(가경-カキョウ) ①재미있게 여기는곳 ②경치가 좋은곳

【佳句】(가구-カク) ①잘 지은 글귀。좋은 글귀

【佳期】(가기-カキ) 좋은 시기。가절(佳節) ②시집갈 때。혼기(婚期)

【佳良】(가량-カリョウ) 좋음

【佳麗】(가려-カレイ) 아름다움

【佳名】(가명-カメイ) ①아름다운 이름 ②좋은 평

【佳朋】(가붕-カホウ) 좋은 벗。양우(良友)

【佳言】(가언-カゲン) 좋은 말。선언(善言)

【佳人】(가인-カジン) ①얌전하고 고운 사람 ②사람의 정취를 끄는 이성의 사람

【佳作】(가작-カサク) 잘된 시문(詩文)

【佳絶】(가절-カゼツ) 매우 아름다움。절가(絶佳)

【佳酒】(가주-カシュ) 좋은 술

【佳趣】(가취-カシュ) 재미있음。좋은경치

【佳篇】(가편-カヘン) 뛰어난 시문(詩文)。걸작(傑作)

【佳會】(가회-カカイ) 기쁜 모임

【侃】간 カン、つよし integrity 旱 ㄎㄢˇ k'an³
①강직할 剛直― ②웃는 모양 和悅貌

【侃侃】(간간-カンカン) 강직한 모양

【侃諤】(간악-カンガク) 바르다고 믿는 것을 용감하게 직언(直言)함

【供】공 キョウ、ク、そなえる provide 冬 ㄍㄨㄥ kung¹
①베풀 設也 ②이바지할 給也 ③받들 奉也 ④갖출 具也 ⑤공초받을 審問取招

【供給】(공급-キョウキュウ) 수요에 응함。이바지함。바라지함

【供頓】(공돈-キョウトン) ①술안주를 갖추어 손을 대접함 ②잔치 때 여러 가지 설비(設備)를 하고 장막(帳幕)을 침

【供物】(공물) 신불 앞에 바치는 물건

【供辭】(공사) 죄인의 범죄를 진술하는 말

【供養】(공양-クヨウ) ①맛있는 음식을 차리어 부모를 받듦。봉양(奉養) ②부처님 앞에 물건을 바침

【供億】(공억-キョウオク) 가난한 자에게 금품을 주어 안심시킴

【供招】(공초) 죄인이 범죄사실을 자백한 말

【佼】교 コウ、キョウ、みめよい pretty 巧 ㄐㄧㄠˇ chiao³·¹
①좋을 好也 ②굳셀 健也 (효) 어여쁠 好貌―

【佼童】(교동-コウドウ) 아름답게 생긴 소년

【佼佼】(효효-コウコウ) 어여쁜 모양

【佶】길 キツ、キチ、すこやか healthy 質 ㄐㄧˊ chi²
①헌걸찰 壯健貌 ②바를 正也

【侗】동 トウ、おろか foolish 東 ㄊㄨㄥˊ t'ung²
①분별없는이 未成器人 ②키 멀쑥할 張大 ③성실할 誠也

【來】래 ライ、きたる come 灰 ㄌㄞˊ lai²
①올 至也 ②돌아올 還也 ③오너라할 呼也 ④위로할 撫其至者 ⑤오대손 ―孫 ⑥보리 ―牟 倈同 (리) ①이를 至也 ②부를 招也

【來貢】(내공-ライコウ) 예물을 가지고 와서 뵘

【來寇】(내구-ライコウ) 적이 와서 침

【來年】(내년) 올 다음에 오는해

【來談】(내담-ライダン) 와서 이야기 함
【來歷】(내력-ライレキ) 지내 온 일 유래 (由來)
【來臨】(내림-ライリン) 내방(來訪)의 존대말
【來訪】(내방-ライホウ) 와서 찾음
【來賓】(내빈-ライヒン) 찾아온 손님
【來書】(내서-ライショ) 남에게서 온 편지。내신(來信)。내한(來翰)
【來世】(내세-ライセイ) 앞에 올 세상。후세
【來孫】(내손-ライソン) 현손(玄孫)의 아들。곧 오대손(五代孫)
【來襲】(내습-ラシュウ) 와서 엄습함
【來信】(내신-ライシン) 내서(來書)
【來迎】(내영-ライゲイ) 불교를 믿는 자가 죽을 때 아미타불(阿彌陀佛)이 와서 사람을 극락세계로 맞음
【來往】(내왕-ラカオウ) 왔다갔다 함。왕래(往來)
【來月】(내월-ライゲツ) 이달 다음에 오는 달
【來由】(내유-ライユウ) 유래
【來意】(내의-ライイ) 찾아온 뜻
【來儀】(내의-ライギ) 옴
【來日】(내일-ライニチ) 오늘 다음에 오는 날。내일
【來玆】(내자-ライジ) 내년 (玆는 年)
【來者】(내자-ライシャ) ①나보다 뒤에 출생한 사람。후진(後進) ②내게로 따라오는 사람 ③장래의 일
【來狀】(내장-ライジョウ) 내서(來書)。내신(來信)
【來庭】(내정-ライテイ) 조정에 와서 임금께 뵘
【來朝】(내조-ライチョウ) 외국 사신이 우리 나라에 옴
【來着】(내착-ライチャク) 와서 도착함
【來哲】(내철-ライテツ) 후세의 현자(賢者)
【來學】(내학-ライガク) ①스승의 집에 와서 배움 ②후세의 학자
【來翰】(내한-ライカン) 내서(來書)
【來航】(내항-ライコウ) 외국에서 배로 옴
【來會】(내회-ライカイ) 와서 모임

【例】 례 レイ、ためし maxeple 霽 ㄌㄧˋ li⁴
①전례 凡例式也 ②견줄 比也 ③같을 본보기 類也 ④대강 槩也
【例年】(예년-レイネン) 해마다。매년
【例文】(예문-レイブン) 예로서 든 글
【例言】(예언-レイゲン) 책의 처음에 그 책의 내용의 대체와 편집의 방침을 써서 보이 것。범례(凡例)
【例外】(예외-レイガイ) 규칙이나 정례에 틀리는 것
【例典】(예전) 전례로 된 의식
【例祭】(예제-レイサイ) ①기일을 정하여 놓고 항례(恒例)로 지내는 제사
【例題】(예제-レイダイ) ①정례의 지령 ②연습하는 문제
【例證】(예증-レイショウ) 증거가 될 전례
【例出】(예출-レイシュツ) 범죄 때문에 남과 동례로 중앙정부에서 내쫓겨 지방관이 됨

【侔】 모 ボウ、ひとしい sgmmetrlze 尤 ㄇㄡˊ mou²
①같을 비등할 齊等 ②고를 均也

【佰】 백 ハク、ビヤク、もも a hundred 陌 ㄅㄛˊ po²
백사람의 어른 百人長

【使】 사 シ、つかう employment 紙 ㄕˇ shih³
①하여금 令也 ②부릴 役也 (시) ①사신 將命者 ②가령 假設之辭
【使令】(사령-シレイ) ①분부하여 부림。명령함 ②각 관청에서 심부름 하는 사람
【使命】(사명-シメイ) ①남에게 받은 직무 ②심부름
【使聘】(사빙-シヘイ) 사자(使者)를 보내어 안부를 물음
【使臣】(사신-シシン) 군명(君命)으로 외국에 심부름 가는 사람。사절
【使役】(사역-シエキ) 시킴。명령함
【使用】(사용-ショウ) ①물건을 씀 ②사

람을 부림

【使者】(사자シシャ) 사명을 띤 사람

【使節】(사절シセツ) 임금 또는 정부의 대표가 되어 외국에 가는 사람。사신(使臣)

【使嗾】(사주シソウ) 남을 부추기어 나쁜 일을 시킴

【使喚】(사환) 심부름꾼

【徇】순 シュン、しにかう obey 震 ㄒㄩㄣˋ hsün⁴

①빠를 疾也 ②좇을 從也 ③조리돌릴 罪人行示 徇·殉通

【侍】시 シ、ジ、はべる attenol 寘 ㄕˋ shih⁴

①모실 陪側 ②좇을 從也 ③가까울 近也

【侍講】(시강ジコウ) ①임금 또는 동궁(東宮) 앞에서 경서(經書)를 강의함。또 그 벼슬 이름

【侍女】(시녀ジジョ) ①궁녀 ②시비(侍婢)

【侍讀】(시독ジドク) 임금 또는 동궁(東宮)의 어전에서 글을 강의함

【侍立】(시립ジリツ) 웃어른 을 모시고 섬

【侍奉】(시봉) 어버이를 모시어 받듦

【侍婢】(시비ジヒ) 가까이 모시고 시중 드는 계집종

【侍食】(시식ジショク) 웃어른을 모시고 음식을 먹음

【侍臣】(시신ジシン) 임금을 가까이 모시는 신하

【侍御】(시어ジキョ) ①임금을 모시는 일

【侍宴】(시연ジエン) 대궐 안에서 열린 잔치에 모든 신하가 배석하는 일 ②청대(淸代)어사의 통칭

【侍衛】(시위ジエイ) 임금 옆에 있어서 호위함。또 그 무관(武官)

【侍醫】(시의ジイ) 궁중에 섬기는 의사

【侍從】(시종ジジュウ) 임금 옆에서 여러가지 일을 받들음。또는 그 벼슬

【侍坐】(시좌ジザ) 귀인 옆에 모시고 앉음

【侍中】(시중ジチュウ) 임금 곁에 있어 여러가지 일을 받들고 고문에 응하던 사람

【侍妾】(시첩ジショウ) 귀인을모시는첩

【佯】양 ヨウ、いつわる falsehood 陽 ㄧㄤˊ yang²

거짓 詐也

【佯狂】(양광) 일부러 미친 체 함

【佯病】(양병ヨウビョウ) 꾀병

【佯言】(양언ヨウゲン) 거짓말

【佯走】(양주ヨウソウ) 거짓 패한 체하고 달아남

【侑】유 イウ、ウ、たすける oppiot 宥 ㄧㄡˋ yu⁴

①도울 佐也 助也 ②짝 耦也 ③너그러울 寬也 ④권하여 먹일 勸食

【依】의 イ、エ、よる dedending obon

①의지할 倚也 ②좇을 循也 ③붙일 附也 ④비슷할 彷彿—稀 ⑤비유할 譬喩 ⑥병풍 屛類

【依據】(의거イキョ) 증거대로 함

【依賴】(의뢰イライ) 남에게 의지함。남에게 부탁함

【依約】(의약イヤク) ①약속대로 함

【依然】(의연イゼン) 전같이 되는 모양

【依違】(의위イイ) 가부를 결정할 수 없음

【依依】(의의イイ) ①나무 가지가 가냘픈 모양 ②차마 떠나지 못하는 모양。 사모하는 모양 ③어렴풋한 모양

【依準】(의준イジュン) 청하는 일을 들어 줌

【依支】(의지) ①몸을 기대고 있음 ②남을 의뢰함

【依託】(의탁イタク) 몸을 남에게 의뢰함

【依怙】(의호イコ) 의지함。의뢰함。부모를 일컬음

【依稀】(의희イキ) 어렴풋함。방불(彷佛)

【佾】일 イツ、つらなる on line 質 ㄧˋ i⁴

춤추는 줄 수효 八一舞行列

【佻】조 テフ、エフ、かるい frivolous 篠 ㄊㄧㄠ t'iao¹·² ①경박할 輕薄 ②도둑질할 竊取 佻通 ③고달픈 行不耐貌

【侏】주 シュ、こびと dwarf ①난장이 短人一儒 ②악생 樂之伶一 ③동자기둥 梁上短柱

【佽】차 シ、とし、たすける help 寘 ㄘ tz'ŭ⁴ ①이할 利也 ②날랠 輕疾 募一飛射士 ③견줄 比也 ④도울 助也

【侈】치 シ、イ、おごる luxury 紙 ㄔ ch'ih³ ①사치할 奢泰 ②떠벌릴 張大貌 奓同

【侈口】(치구-シコウ) 큰입。거구(巨口)

【侈麗】(치려-シレイ) 넓고 아름다움

【侈論】(치론) 관대한 의논

【侈靡】(치미-シビ) 너무 지나치게 하는 치례

【侈奢】(치사) 사치

【侈心】(치심) 사치하는 마음

【侈泰】(치태-シタイ) 사치

【佩】패 ハイ、おぶ wear 隊 ㄆㄟ p'ei⁴ ①찰 帶之 ②노리개 佩玉 ③마음먹을 心服

【佩劍】(패검-ハイケン) 차는 칼。또는 칼을 참

【佩刀】(패도-ハイトウ) 허리에 차는 칼

【佩服】(패복-ハイフク) ①몸에 지님 ②마음에 두고 잊지 아니함。깊이 감복 함

【佩玉】(패옥-ハイギョク) 노리개。몸에 차는 옥

【佩用】(패용-ハイヨウ) 몸에 참

【佩韋】(패위-ハイイ) 마음이 조급함을 너그럽게 먹음。전국시대 위(魏)의 서문표(西門豹)가 자기의 성급함을 고치기 위하여 부드러운 가죽(韋)을 몸에 띠고 있었다는 고사에서 나옴

【併】併(人部 八畫) 俗字

【七 畫】

【係】계 ケイ、かかる unite 霽 ㄒㄧ hsi⁴ ①이을 繼也 ②맬 縛也 繫同 (혜) 맞이을 連屬 系通

【侶】려 リョ、ロ、とも companion 語 ㄌㄩ lü³ ①짝 伴也 ②동무 朋也

【俚】리 リ、ひなびる vulgar 紙 ㄌㄧ li³ ①속될 鄙俗 ②상말 俗言 ③상노래 野歌 ④힘입을 賴也 ⑤하염없을 無聊 里同

【俚言】(이언-リゲン) 민간의 말。상말

【俚諺】(이언-リゲン) 항간에 퍼져있는 속담

【俛】면 フ、ベン、ふす bend 銑 ㄇㄧㄢ mien³ 구부릴 頫首 勉通

【俛仰】(면앙-フギョウ) 굽어 보는 것과 쳐다봄

【俛焉】(면언-ベンエン) 부지런히 힘쓰는 모양

【侮】모 ブ、あなどる despise 麌 ㄨ wu³ 업신여길 慢易

【侮弄】(모롱-ブロウ) 업신여겨 놀림

【侮慢】(모만-ブマン) 남을 업신 여기고 저를 높임

【侮罵】(모매) 업신여기어 꾸짖음

【侮蔑】(모멸-ブベツ) 업신여김。경멸(輕蔑)

【侮辱】(모욕-ブジョク) 업신여기어 욕함

【保】보 ホ、たもつ keep ①보전할 全也 ②지킬 守也 ③보둘 任也 ④기를 養也 ⑤고용살이 傭也 ⑥안을 抱也 ⑦편안할 安也 ⑧도울 佑也 ⑨믿을 恃也 ⑩성 城也

【保管】(보관-ホカン) 보호하고 관리함

【保留】(보류-ホリュウ) 잃지 않도록 보관하여 둠

【保姆】(보모-ホボ) ①유치원의 여자 스승 ②왕세자를 보육하고 교육하는 여자

【保傅】(보부-ホフ) 곁에서 부축하는 사람

【保守】(보수-ホシュ) 잘 지니고 있음

【保養】(보양-ホヨウ) 몸을 보전하여 기름。양생(養生)

【保有】(보유-ホユウ) 지니고 있음

【保人】(보인-ホジン) 보증인

【保障】(보장-ホショウ) ①장애가 되지 않게 보호함 ②조세(組稅)를 가볍게 하여 백성을 편하게 하는 정치

【保全】(보전-ホゼン) 완전히 지킴

【保定】(보정-ホテイ) 편안히 정함

【保存】(보존-ホゾン) 없어지지 않도록 보전함

【保證】(보증-ホショウ) 맡음。담당함

【保持】(보지-ホジ) 지니고 있음。오래 가짐

【保聚】(보취-ホシュウ) 모든 사람을 모아 지킴

【保惠】(보혜-ホケイ) 편안히 은혜를 끼침

【保護】(보호-ホゴ) 도와서 지킴。돌보아 줌

【俘】부 フ、とりこ catch alive 虞 ㄈㄨˊ fu²

①사로잡을 軍所獲 ②가둘 囚也 ③가져올 取也

【俘虜】(부로-フリョ) 사로잡힌 적국의 사람

【俘囚】(부수-フシュウ) 부로(俘虜)

【俘獲】(부획-フカイ) 부로(俘虜)

【俟】사 シ、まつ wait for 紙 ㄑㄧˊ ch'i²

①기다릴 待也 ②짐승 천천히 갈 獸衆多徐行貌——(기) 성 姓也

【俟命】(사명-メイをまつ) 천명(天命)을 기다림。또는 명령을 기다림

【俏】소 ショウ、にる resemble 嘯 ㄑㄧㄠˋ ch'iao⁴

①닮을 似也 ②어여쁠 好貌 ③거문고 뒤치는 소리 反琴聲—然

【俗】속 ゾク、ならい manners 沃 ㄙㄨˊ su²

①풍속 習也 ②속될 不雅 ③하고자할 欲也

【俗歌】(속가-ゾッカ) 세속에 유행하는 노래

【俗客】(속객-ゾッカク・ゾッキャク) ①범속한 사람。풍치가 없는 사람

【俗談】(속담-ゾクダン) ①세속의 이야기。속설(俗說) ②상말

【俗流】(속류-ゾクリュウ) 평범한 동아리。보통 사람들

【俗務】(속무-ゾクム) 세속의 사무

【俗物】(속물-ゾクブツ) ①배움이 없거나、식견이 좁거나、풍류를 모르는 사람 ②속된 물건

【俗士】(속사-ゾクシ) 견식이 낮은 사람。범용한 사람

【俗事】(속사-ゾクジ) 세속의 사무

【俗習】(속습-ゾクシュウ) 속된 습관

【俗樂】(속악-ゾクガク) 민간에 유행하는 음악

【俗語】(속어-ゾクゴ) 민간에서 통속적으로 쓰이는 말

【俗儒】(속유-ゾクジュ) 견식이 낮은 학자。마음이 비열한 학자

【俗人】(속인-ゾクジン) ①평범한 사람。 ②중이 아닌 사람

【俗字】(속자-ゾクジ) 세상에 널리 돌아다니는 바르지 아니한 글자

【俗稱】(속칭-ゾクショウ) 세속에 흔히 부르는 이름

【俗態】(속태-ゾクタイ) 세속의 형편

【俗化】(속화-ゾッカ) ①속되게 변함 ②풍속의 교화(敎化)

【信】신 シン、まこと believe 震 ㄒㄧㄣˋ hsin⁴

①믿을 不疑 ②도장 보람 符契 ③맞을 不差爽 ④정성 愨也 ⑤징험할 驗也 ⑥이틀밤잘 再宿——

【信敎】(신교-シンキョウ) 종교의 교리를 믿음
【信念】(신념-シンネン) ①신앙의 마음 ②믿는 힘
【信賴】(신뢰-シンライ) 믿고 힘 입음
【信服】(신복-シンプク) 믿고 복종함
【信賞必罰】(신상필벌-シンショウヒッバツ) 공이 있는 자는 반드시 상주고 허물이 있는 자는 반드시 벌을 줌
【信仰】(신앙-シンコウ) 신불(神佛)을 믿고 의뢰함
【信用】(신용-シンヨウ) ①약속한 일에 대하여 앞으로도 지키리라 믿음 ②믿어 의심하지 않음。확실하다고 믿음 ③평판이 좋음
【信義】(신의-シンギ) ①참되고 바름 ②진실하고 올바름
【信人】(신인-シンジン) 참된 사람。신의(信義)가 두터운 사람
【信任】(신임-シンニン) 믿고 일을 맡김
【信者】(신자-シンジャ) 어떤 종교를 믿는 사람
【信節】(신절-シンセツ) 신의 있는 절조
【信託】(신탁-シンタク) 신용하여 일을 맡기고 의뢰함
【信厚】(신후-シンコウ) 신의가 있고 덕이 두터움

【俄】아 ガ、にわか sudden 歌 ㄜˊ é
①잠깐 須臾 ②아까 時之短速 ③헌걸찰 大貌傀— ④기울어질 傾也
【俄國】(아국) 나라 이름。러시아
【俄然】(아연-ガゼン) 갑작스레

【俑】용 ヨウ、ひとがた a clay image
허수아비 木偶

【俎】조 ソ、まないた chopping board 語 ㄗㄨˇ tsu³
①도마 刀— ②제기 祭器
【俎上肉】(조상육-ソジョウのにく) 도마에 오른 고기라는 뜻이니 운명이 다함을 이름。부중지어(釜中之魚)

【俊】준 シュン、とし outstanding 震 ㄐㄩㄣˋ chün⁴
①준걸 智過千人—傑 ②준수할 —秀 ③높을 峻也 ④姓也 儁同
【俊傑】(준걸-シュンケツ) 재주가 뛰어난 사람
【俊德】(준덕-シュントク) 높은 덕
【俊邁】(준매-シュンマイ) 재주가 뛰어남
【俊士】(준사-シュンシ) 주(周)나라 학제(學制)에서 서인(庶人)의 자제 중 도덕이 뛰어난 자로(大學)에 입학을 허가받은 자。준수(俊秀)
【俊秀】(준수-シュンシュウ) ①재주가 뛰어남 ②준사(俊士)
【俊乂】(주예-シュンガイ) 어질고 뛰어난 사람
【俊偉】(준위-シュンイ) 준수하고 위대함
【俊異】(준이-シュンイ) 뭇 사람보다 뛰어남。또 그사람
【俊才】(준재-シュンサイ) 뛰어난 재주가 있는 사람。영재(英才)

【促】촉 ソク、うながす pressing 沃 ㄘㄨˋ ts'u⁴
①재촉할 催也 ②핍박할 迫也 ③좁을 狹也 짧을 短也
【促急】(촉급-ソッキュウ) 촉박하여 급함
【促迫】(촉박-ソクハク) 기한이 바싹 가깝게 박두함
【促成】(촉성-ソクセイ) 재촉하여 이루게 함
【促進】(촉진-ソクシン) 재촉하여 나아가게 함

【侵】침 シン、おかす conquer 侵 ㄑㄧㄣ ch'in¹
①침노할 朘削 ②범할 犯也 ③점점 漸進 ④큰흉년 凶歲大— ⑤모침할 貌不揚
【侵略】(침략-シンリャク) 남의 나라를 침범하여 그 영토를 빼앗음
【侵伐】(침벌-シンバツ) 침범하여 침
【侵犯】(침범-シンパン) ①침노함 ②범함
【侵魚】(침어-シンギョ) 닥치는대로 이것저것 구별없이 침노하여 빼앗음
【侵擾】(침요-シンジョウ) 침노하여 소요를 일으킴

【侵奪】(침탈-シンダツ) 침범하여 빼앗음

【侵害】(침해-シンガイ) 침범하여 손해를 끼침

【便】편 ベン、ビン、たやすい convenience [illegible] ㄅㄧㄢˋ pien⁴
①마땅할 宜也 ②편할 安也 ③비위 맞출 足恭—辟 ④썩썩 말할 辯也— (변) ①똥오줌 糞尿 ②가까울 近也 ③뚱뚱할 肥滿 ④곧 即也 ⑤문득 輒也

【便計】(편계-ベンケイ) 편리한 꾀

【便利】(편리-ベンリ) 편하고 이로움

【便法】(편법-ベンポウ) 편리한 방법

【便辟】(편벽-ベンヘキ) 남의 뜻을 맞추어 아첨함。또 그 사람

【便服】(편복-ベンプク) 평상시에 입는 옷。편의(便衣)

【便船】(편선-ベンセン) ①경편한 배

【便安】(편안) ①거북하지 아니함 ②편하고 좋음

【便衣】(편의-ベンイ) ①평상시에 입는 옷。사복(私服)。평복(平服)을 입고 일하는 군병(軍兵)

【便宜】(편의-ベンギ) ①편리 ②형편상 ③값이 쌈。염가(廉價)

【便易】(편이-ベンイ) 편하고 쉬움

【便體】(편체-ベンタイ) 침착하고 정숙한 몸

【便便】(편편-ベンベン) ①배가 뚱뚱한 모양 ②아담함

【便嬖】(편폐-ベンペイ) 임금의 마음에 드는 계집

【俔】현 ケン、たとえる simile [銑] ㄒㄧㄢˋ hsien⁴
①비유할 譬喩 ②염탐할 間諜 ③바람씨 보는 것 船上候風羽

【俠】협 キョウ、をとこだて chivalry [葉] ㄒㄧㄚˊ hsia²
협기 權力輔人任— (겹) ①아우를 竝也 ②곁 傍也

【俠客】(협객-キョウキャク) 협기(俠氣)가 있는 남자

【俠氣】(협기-キョウキ) 남자다운 기상

【侯】후 コウ、きみ marquis [尤] ㄏㄡˊ hou²
①임금 諸侯君也 ②벼슬 이름 五等爵第二位 ③과녁 射布 ④아름다울 美也 ⑤어찌 何也 ⑥오직 發語辭維也

【候畿】(후기-コウキ) 후복(候服)에 속하는 사방(四方)五○○리의 땅

【侯伯】(후백-コウハク) ①후작(侯爵)과 백작(伯爵) ②제후(諸侯)。열후(列侯)

【侯服】(후복-コウフク) 왕성(王城) 밖 五○○리에서 一、○○○리에 이르는 지방

【俙】희 キ、にる close resemblance

【俞】入部 七畫을 볼것
①비슷할 仿佛依— ②어슴푸레할 訟面相是依— ③어스레할 不明僾—

【八 畫】

【個】개 カ、コ、ひとつ piece [箇] ㄍㄜˋ kê⁴
낱 枚也 箇同

【個性】(개성-コセイ) 개인의 특유의 성질

【個人】(개인-コジン) ①자기 혼자 ②국가나 사회에 대한 하나하나의 사람

【倨】거 キョ、コ、おごる arrogance [御] ㄐㄩˋ chü⁴
①거마할 不遜—傲 ②걸터앉을 箕坐 ③고부장할 微曲

【倨倨】(거거-キョキョ) 누워서 생각이 없는 모양

【倨慢】(거만-キョマン) 겸손하지 못하고 뽐냄。잘 난 체하고 남을 업신여김

【倨侮】(거모-キョブ) 거만하여 남을 업신여김。잘 난 체하여 남을 깔봄

【倨色】(거색-キョショク) 거마한 빛

【倨視】(거시-キョシ) 거만하여 남을 깔봄

【倨傲】(거오-キョゴウ) 잘난 체하고 뽐냄。교만불손(驕慢不遜)

【倥】공 コウ、おろか unwise 東 ㄎㄨㄥ k'ung³
①바쁠 不暇—傯 ②지각 없을 無知—侗

【俱】구 ク、ともに together 虞 ㄐㄩˋ chü⁴
①다 皆也 ②함께 偕也

【倔】굴 クツ、つよい firm 物 ㄐㄩㄝˊ chüeh²
딱딱할 굳셀 梗戾
【倔强】(굴강-クッキョウ) 고집이 세어 남에게 굴하지 아니함

【倦】권 ケン、うむ lazy 霰 ㄐㄩㄢˋ chüan⁴
①게으를 懈也 ②수고로울 勞也 券同
【倦厭】(권염-ケンエン) 게울러지고 염증이 남
【倦怠】(권태-ケンタイ) 물리어 게을러짐

【倘】당 ショウ、もし perhaps 養 ㄊㄤˇ t'ang³
아마 혹시 或然之辭 (상)
【倘然】(당연) 홀연히 멈추는 모양
【倘佯】(상양-ショウヨウ) 어정거림。어슷거려 노닐음

【倒】도 トウ、たおれ upset 皓 號 ㄉㄠˋ tao⁴
엎드러질 仆也 ②뒤칠 顚倒 ③헛늙을 老也源— ④간간대소할 極笑貌 絕— ⑤기울일 傾—
【倒壞】(도괴-トウカイ) 무너뜨림
【倒產】(도산-トウサン) ①아이를 거꾸로 낳음 ②가산을 탕진함。파산(破產) ③아이를 꺼꾸로 낳음
【倒生】(도생-トウセイ) ①거꾸로 남 ②초목(草木)(뿌리를 머리로 가지를 발로 보는 까닭)
【倒錯】(도착-トウサク) 아래 위가 전도(顚倒)되어 서로 어긋남
【倒置】(도치-トウチ) 거꾸로 놓아 둠
【倒懸】(도현-トウケン) 거꾸로 매달림。비상한 고난(苦難)

【倆】량 リョウ、わざ talent 養 ㄌㄧㄤˇ liang³
재주 巧也伎—

【倫】륜 リン、たぐい、たぐい、みち truth; morals
①인륜 五— ②차례 次序 ③무리 等也
【倫紀】(윤기-リンキ) 사람이 밟을 길
【倫理】(윤리-リンリ) ①윤기(倫紀) ②인륜도덕(人倫道德)의 원리
【倫比】(윤비-リンピ) 동아리。동류(同類)
【倫常】(윤상-リンジョウ) 윤기(倫紀)
【倫序】(윤서-リンジョ) 차례。순서
【倫次】(윤차-リンジ) 신분의 차례

【們】문 モン、ともがら group 願 ㄇㄣˊ men²
무리 等輩

【倣】방 ホウ、ならう imitation 養 ㄈㄤˇ fang³
①본받을 倣也 ②의방할 依也
【倣傚】(방효-ホウコウ) 본뜸。흉내 냄

【倍】배 ベイ、ます double 隊 ㄅㄟˋ pei⁴
①곱절 加等 ②겸할 兼也 (패) ①어길、배반할 反也 ②비패할 鄙俗
【倍加】(배가-バイカ) 갑절이나 더함
【倍舊】(배구-バイキュウ) 그전보다 갑절이나 더함
【倍蓰】(배사-バイシ) 배(倍)는 두배、사(蓰)는 다섯배。수가 몇 몇배로 늘어남

【俳】배 ハイ、わざおき player 佳 ㄆㄞˊ p'ai²
①광대—優 ②어슷거릴—佪
【俳優】(배우-ハイユウ) ①광대 ②연극을 하는사람
【俳諧】(배회-ハイカイ) 희롱

【倂】병 ヘイ、ならぶ side by side

①아우를 竝也 ②겸할 兼也 ③나란할 相竝 ④물러설 물리칠 屛棄 ⑤겨룰 競也

【俸】봉 ホウ、ふち salary 宋 ㄈㄥˋ fèng⁴
녹봉 秩祿 奉通
【俸給】(봉급-ホウキュウ) 직무에 대한 급료。봉록(俸祿)
【俸祿】(봉록-ホウロク) 봉급
【俸餘】(봉여-ホウヨク) 봉급의 나머지

【俯】부 フ、ふす curved 慶 ㄈㄨˇ fu³
①구부릴 俛也 ②굽을 曲也
【俯瞰】(부감-フカン) 높다란 곳에서 내려다봄
【俯伏】(부복-フフク) 고개를 숙이고 엎드림
【俯仰】(부앙-フギョウ) 굽어봄과 쳐다봄

【俾】비 ヒ、ヘイ、したがう obey 紙 霽 ㄅㄧˇ pi
①좇을 從也 ②더할 益也 ③하여금 使也 ④오로지 職也

【修】수 シュウ、おさむ cultivate 尤 ㄒㄧㄡ hsiu¹
①닦을 飭也 ②다스릴 理也 ③꾸밀 飾也
【修交】(수교-シュウコウ) 나라와 나라가 교제를 맺음
【修女】(수녀-シュウジョ) 독신으로 수도하는 여자。청빈과 동정(童貞)과 복종을 서약함
【修短】(수단-シュウタン) 긴 것과 짧은것。장단(長短)
【修鍊】(수련-シュウレン) 배운 것을 잘 연습함 ②도가(道家)에서 선술(仙術)을 닦음
【修了】(수료-シュウリョウ) 일정한 학과를 다 배워 마침
【修理】(수리-シュウリ) 고침。중수(重修
【修補】(수보-シュウホ) 고치고 보탬。수리하고 보충함
【修復】(수복-シュウフク) 중수하여 본디와 같이 되게함
【修史】(수사-ジュウシ) 역사를 편수함
【修士】(수사-シュウシ) 독신으로 수도하는 남자
【修繕】(수선-シュウゼン) 고침。수리
【修省】(수성-シュウセイ) 몸을 닦고 자기를 반성함
【修飾】(수식-シュウショク) 외양 치레함。꾸밈
【修身】(수신-シュウシン) 몸을 닦고 행실을 바르게 함
【修養】(수양-シュウヨウ) ①품성을 단련함 ②지덕(知德)을 계발함
【修業】(수업-シュウギョウ) 학업을 닦음。수학(修學)
【修偉】(수위-シュウイ) 키가 큼
【修正】(수정-シュウセイ) 올바르게 고침
【修整】(수정-シュウセイ) 고치어 정돈함
【修葺】(수즙-シュチク) 집을 손질하고 지붕을 새로이는 일
【修築】(수축-シュウチク) 집·방축 등을 고치어 쌓음
【修治】(수치-シュウチ) 다스려 고침
【修學】(수학-シュウガク) 학업을 닦음
【修行】(수행-シュギョウ) ①학문을 배워 행실을 닦음。불도(佛道)를 행함

【倏】숙 シュク、たちまち suddenly
①문득 홀연 忽也 ②빠를 急速 ③닫는개 犬走疾
【倏忽】(숙홀·홀홀-シュッコツ) 재빨라서 붙잡을 수가 없음。홀연(忽然)

【俶】숙 シュク、テキ、はじめる 屋 ㄔㄨˋ ch'u⁴
①비로소 始也 ②지을 作也 ③심할 甚也 ④정돈할 整也 ⑤착할 善也 倜同 (척) 고상할 不羈—儻
【俶儻】(척당-テキトウ) 높이 뛰어남

【倅】쉬 サイ、ソツ、そえ next 隊 ㄘㄨㄟˋ ts'uei⁴
①원 郡— ②버금 副也

【俺】암 エン、われ myself

나 我也 北人方言 (엄) 義同 (암)
클 大也

【倪】예 ゲイ、ガイ、おさない very young 齊 ㄋㄧˊ ni²
①어릴 弱小之稱 ②오울 俾益 ③가 際也 ④끝 端也

【倭】왜 イ、ワ、ゆまと Japen 歌 ㄨㄟ wei¹
왜 나라 國名 日本 (위) ①빙돌 回遠ㅡ遲 ②수더분할 順貌
【倭館】(왜관-ワカン) 옛날에 일본 사람이 우리나라에와서 통상하던 곳
【倭寇】(왜구-ワコク) 옛적에 우리나라·중국을 침범하던 왜국의 군사
【倭國】(왜국-ワコク) 일본
【倭櫃】(왜궤) 남자 세간의 네모진 궤。앞쪽에 두 짝의 문이 있고 안에 서랍 여럿이 있음
【倭奴】(왜노-ワドワヌ) 왜놈
【倭人】(왜인-ワジン) 일본인

【倚】의 イ、キ、よる depend 紙 ㄧˇ i³
①의지할 依也 ②인할 因也 ③더할 加也 ④믿을 恃也
【倚廬】(의려-イロ) 부모의 상중에 상주가사는 곳。중문 밖 한 구석에만듦
【倚賴】(의뢰-イライ) 의뢰(依賴)。의탁(依託)
【倚門而望】(의문이망) 어머니가 밖에 나간 자녀의 돌아옴을 마음을 졸이어 가며 기다림
【倚附】(의부) 의지하고 가까이 함

【倧】종 ソウ、かみびと a gods image
옛적 신인 上古神人

【借】차 シャク、セキ、かりる borrow 禡 ㄐㄧㄝˋ chieh⁴
①빌 貸之反 ②꾸일 貸也 ③포장 褒獎 ④도울 助也 ⑤가령 設辭 籍通 (적) 義同
【借家】(차가-シャッカ) 집을 빌어 들음
【借款】(차관-シャッカン) 국제간 계약에 의한 대채。곧 정부에서 쓰는 빚
【借金】(차금-シャッキン) 돈을 꾸어 옴
【借待】(차득) 남의 것을 빌어가짐
【借問】(차문-シャクモン) ①시험조로 물음 ②찾아 물음
【借用】(차용-シャクヨウ) 빌어 씀
【借賃】(차임) 물건을 빌어쓴 값

【倡】창 シヤウ、わざおぎ actross 陽 漾 ㄔㄤ ch'ang¹
①여광대 女樂ㅡ優 ②미치광이 ㅡ狂 娼同 ③노래마디 發歌句 ④부를 ㅡ和 ⑤인도할 導也
【倡優】(창우-ショウユウ) ①여광대 ②광대
【倡而不和】(창이불화-となえてワせず) 위에서 권하여도 아래에서 불응함

【倀】창 チヤウ、トウ、くるう confusedly
①창귀 虎鬼曰ㅡ鬼 ②갈팡질팡할 狂行不知所

【倉】창 ソウ、くら warehouse 陽 ㄘㄤ ts'ang¹
①곳집 穀藏 ②초상난 喪也 ③姓也
【倉庫】(창고-ソウコ) 곳집 (倉은 쌀을 두는 곳 庫는 재물을 두는 곳)
【倉廩】(창름-ソウリン) 곳집
【倉卒】(창졸-ソウソツ) 썩 급함。창황
【倉皇】(창황-ソウコウ) 어찌할 겨를이 없이 매우급함。창졸(倉卒)

【倜】척 テキ、チヤク、すぐれる nobility
①고상할 不羈ㅡ儻 ②높이들 高擧貌
【倜儻】(척당-テキトウ) 남에게 구속되지 않은 모양
【倜然】(척연) 높이 드는 모양
【倜倜】(척척) 얽매이지 않는 독립된 모양

【倩】천 セン、セイ、うるわしい modest 霰 ㄑㄧㄢˋ ch'ien⁴
①엄전할 男子美稱 ②입모습 예쁠 好口輔 (청) ①대신 假代使人 ②사위 壻也

【値】치 チ、あたい value 寘 ㄓˋ chih²·⁴

①값 物價 ②만날 遇也 ③가질 持也
④당할 當也 直通

【値遇】(치우-チグウ) 우연히 만남。뜻밖에 서로 만남 ②남에게 알려져서 중하게 쓰임

【俵】표 ヒョウ、わかちあたう distribution 嘯 ㄅㄧㄠˇ piao³
나누어줄 分界—散

【倖】행 コウ、さいわい good luck 梗 ㄒㄧㄥˋ hsing⁴
①요행 覬非望徼— ②아첨할 佞也
③괼 寵也 幸通

【候】후 コウ、うかがう inquire; peep 宥 ㄏㄡˋ hou⁴
①기후 氣— ②물을 訪也 ③기다릴 望也 ④망꾼 斥—

【候騎】(후기-コウキ) 적을 염탐 하는 기병

【候吏】(후리-コウリ) 척후(斥候)

【候補】(후보-コウホ) 어떠한 벼슬·직무·지위 등에 결원이 있을 때 그 자리에 나아갈 만한 자격이 있는 사람

【候鳥】(후조-コウチョウ) 철을 따라 오고 가는 새。곧봄에 왔다가 가을에 가는 제비 가을에 왔다가 봄에 가는 기러기 따위

【候風】(후풍-かぜをまつ) 배가 떠날 때 순풍을 기다림

【九 畫】

【假】가 カ、ケ、かり provisional 馬 ㄐㄧㄚˇ chia³
①거짓 非眞 ②가령 設辭—令 ③빌 借也 ④빌릴 借之 ⑤꾸일 貸也 ⑥아름다울 美也 ⑦클 大也 暇通
격 이를 至也

【假橋】(가교-カキョウ) 임시로 놓은 다리

【假令】(가령-もしたとえ) 이를테면。가사(假使)。설사(設使)

【假寐】(가매-カビ) 거짓 자는 체함

【假面】(가면-カメン) ①탈 ②마음이 언행과 다름〔——을 쓰다〕「각

【假想】(가상-カソウ) 어림치고 하는 생

【假設】(가설-カセツ) 임시로 베픎

【假說】(가설-カセツ) ①어림치고 하는 말 ②실험한 결과 확정된 사실을 설명하기 위하여 설정한 학설

【假定】(가정-カテイ) 임시로 정함。한때 정함

【假借】(가차-カシャク) ①빌음。남의 물건을 빌음 ②가까이 함。친근히 함 ③육서(六書)의 하나

【假綴】(가철) 책 서류 따위를 임시로 대강 맴

【假稱】(가칭-カショウ) 거짓 일컬음

【健】건 ケン、すこやか good health 願 ㄐㄧㄢˋ chien⁴
건강할 굳셀 꿋꿋할 强有力

【健脚】(건각-ケンキャク) 튼튼한 다리。잘 걷는 다리

【健康】(건강-ケンコウ) 몸이 튼튼하고 편안함

【健啖】(건담-ケンタン) 식량이 큼。대식(大食)

【健羨】(건선-ケンセン) 식욕이 심함

【健訟】(건송-ケンショウ) 자기의 세력을 믿고 남과 송사하기를 좋아함

【健兒】(건아-ケンジ) 혈기가 왕성한 청년

【健壯】(건장) 몸이 크고 힘이 굳셈

【健在】(건재-ケンザイ) 아무 일이 없이 잘 있음

【健全】(건전-ケンゼン) ①몸이 튼튼함。건강 ②마음이 착실함

【健鬪】(건투-ケントウ) 힘있게 싸움

【偈】게 ケツ、ゲ、ゲイ、いこう rest 霽 ㄐㄧˋ chi⁴
①불교의 글귀 釋氏詩詞—句 ②쉴 息也 憩通 (걸) ①빠를 疾也 ②헌걸찰 武貌 ③힘쓸 用力貌—

【偈頌】(게송-ゲショウ) 부처의 공덕을 찬송한 노래

【偈偈】(걸걸-ゲツケツ) 빨리 달리는 모양

【偲】시 シ、サイ、しのぶ yearn for 支 灰 ㄙ ssu¹
①간절히 채망할 相切責一一 ②살피고 힘쓸 詳勉一一 ③재주 많을 多才 ④채수염날 壽鬚 貌

【偃】언 エン、ふせる lei down 阮 ㄧㄢˇ yen³
①쓰러질 僵也 ②누울 臥也 ③그칠 쉴休止 ④거만할 驕傲貌 ⑤느른할一蹇困頓失志貌

【偃甲】(언갑-エンコウ) 전쟁을 그침

【偃蹇】(언건-エンケン) 거만함。교만함 ②기피한 암석(巖石)의 형용 ③드는 모양 ④높은 모양 ⑤물건이 많은 모양

【偃鼠飮河不過滿腹】(언서음하불과만복-エンソかわにのむもマンプクにすぎず) 두더지가 밋물을 먹어도 배가 부르면 먹지 못함。사람은 각기 본분에 만족할것이라는 비유

【偃然】(언연-エンゼン) 거만 스러운 꼴

【偃臥】(언와-エンカ) 거만하게 누워있음

【偃草】(언초-エンソウ) 인민이 교화에 복종함。풀이 바람에 휩쓸리어 쓰러진다는 뜻

【偶】우 グウ、たまたま accidental 有 ㄡˇ ou³
①짝 匹也 ②우연、마침 適然 ③합할 合也 ④제웅 俑也 ⑤무리 儕也

【偶感】(우감-グウカン) 문뜩 느낌。또 그 감상

【偶力】(우력-グウリョク) 한 물체의 두점에 서로 반대되는 방향으로 작용하는 똑같은 힘

【偶發】(우발-グウハツ) 우연히 발생함

【偶成】(우성-グウセイ) 뜻 밖에 됨。우연히 이룸

【偶數】(우수-グウスウ) 二로 제하여 나머지가 나지 아니하는 수。곧 二・四・六・八・十 따위

【偶然】(우연-グウゼン) 뜻밖에、저절로。마침

【偶人】(우인-グウジン) 제옹。인형

【偶中】(우중)우연히 맞음。우합(偶合)

【偶處】(우처-グウショ) 마주 대하고 있음。부부가 되어 살음

【偶合】(우합-グウゴウ) 우연히 만남

【偉】위 イ、くし、えらい great 尾 ㄨㄟˇ wei³
①클 거룩할 大也 ②기특할 奇也

【偉擧】(위거-イキョ) 뛰어난 거동

【偉功】(위공-イコウ) 뛰어난 공。큰공

【偉觀】(위관-イカン) 훌륭한 구경거리。장관(壯觀)

【偉大】(위대-イダイ) 매우 큼。거룩함

【偉業】(위업-イギョウ) 위대 한 사업

【偉人】(위인-イジン) 뛰어난 대인물

【偉丈夫】(위장부-イジョウフ) ①대장부。대인물 ②신체가 훌륭한 인물

【偉才】(위재-イサイ) 뛰어난 재지(才智)。또 그 인물

【偉績】(위적-イセキ) 위대한 공적

【偉蹟】(위적-イセキ) 위대할 사업의 자취

【偉勳】(위훈-イクン) 위대한 훈공

【停】정 テイ、とどめる stop 靑 ㄊㄧㄥˊ t'ing²
①머무를 中止 ②정할 定也

【停車】(정거-テイシャ) 수레를 정지시킴

【停年】(정년-テイネン) 년령제한(年令制限)에 따라 공직(公職)에서 당연히 물러나게 되는 나이

【停頓】(정돈-テイトン) 한때 그침

【停留】(정류-テイリュウ) 머무름。머무르게 함

【停雲】(정운-テイウン) 가까운 벗을 생각하는 마음을 이름 ②가는 구름을 머무르게 한다는 뜻이니 노래하는 소리가 아름다움을 이름

【停停】(정정-テイテイ) ①초목이 다보록한 모양 ②아직 발동하지 않고 정지하고 있는 모양

【停止】(정지-テイシ) ①중간에 쉼 ②못하게 함

【停學】(정학-テイガク) 어떠한 학생의 등교를 정지시킴

【偵】정 テイ、うかがう spying 庚 ㄓㄣ chen¹
①물을 問也 ②정탐할 探伺 ③염탐꾼 斥候
【偵邏】(정라-テイラ) 돌아다니며 형편을 엿봄。그 사람。순찰(巡察)
【偵察】(정찰-テイサツ) 적의 정세를 더듬어 엿봄
【偵探】(정탐-テイタン) 비밀 사항과 범죄 증거를 몰래 조사하는 일

【做】주 サ、なす、つくる make 箇 ㄗㄨㄛ tsuo⁴
지을 造也 作俗字
【做作】(주작) 지음。만듦

【傯】총 ソウ、せわしい busy
바쁠 急遽倥

【側】측 ソク、かわ side 職 ㄓㄞ chai¹
①곁 傍也 ②기울 傾也 ③배반할 叛黨反 ④미천할 微賤—陋
【側徑】(측경-ソッケイ) 옆길
【側近】(측근-ソッキン) 가까이 곁에있음
【側陋】(측루-ソクロウ) 신분이 미천함
【側面】(측면-ソクメン) 옆쪽。곁
【側聞】(측문-ソクブン) 어렴풋이 들음
【側視】(측시-ソクシ) 옆으로 봄
【側室】(측실-ソクシツ) ①곁방 ②첩(妾)
【側耳】(측이-みみをそばだつ) 귀를 기울여서 상세히 들음
【側聽】(측청-ソクチョウ) 엿들음

【偸】투 トウ、チュウ、ぬすむ steal 尤 ㄊㄡ t'ou¹
도둑질할 盜也 ②구차할 苟且 ③엷을
【偸盜】(투도-トウトウ・チュウトウ) 도둑질함。또 그사람
【偸樂】(투락-トウラク) 안락을 탐함
【偸生】(투생) 죽어 마땅할 때에 죽지 못하고 욕되게 살기를 탐함
【偸安】(투안-トウアン) 한때의 안락을 탐함
【偸長】(투장-トウチョウ) 좀 도둑의 괴수

【偏】편 ヘン、かたよる lean 先 ㄆㄧㄢ p'ien¹
①치우칠 側也 ②편벽될—僻 ③간사할 邪也 ④무리 屬也 ⑤한 쪽 中之兩旁
【偏見】(편견-ヘンケン) 공정하지 못하고 한 쪽으로 치우친 의견
【偏黨】(편당-ヘントウ) 한 쪽의 당파
【偏僻】(편벽-ヘンペキ) 한 쪽으로 치우침。한편으로 기울어짐
【偏私】(편사-ヘンシ) 불공평함。편파(偏頗)
【偏小】(편소-ヘンショウ) 한쪽으로 치우치고 작음
【偏性】(편성-ヘンセイ) 한 쪽으로 치우치는 성질
【偏心】(편심-ヘンシン) 한쪽으로 쏠린마음。편벽된 마음
【偏安】(편안-ヘンアン) 한 쪽에 죽치고 있음。임금을 한 쪽에서 일컬을 따름이요、전국을 다스릴 힘이 없음
【偏愛】(편애-ヘンアイ) 편벽된 사랑
【偏倚】(편의-ヘンイ) 치우침。기울어짐
【偏重】(편중-ヘンチョウ) ①한쪽이 무거움 ②치우치게 소중히 여김
【偏頗】(편파-ヘンパ) 불공평함。편사(偏私)
【偏狹】(편협-ヘンキョウ) 도량이 좁음

【偪】핍 フク、せまる urgency 職 ㄅㄧ pi
①핍박할 迫也 ②행전、각반
【偪側】(핍측-フクソク) 서로 다가옴
【偪狹】(핍협-フッキョウ) 한 쪽으로 치우치고 좁음

【偕】해 カイ、ともに together 佳 ㄐㄧㄝ chieh¹
①함께 俱也 ②굳센 強壯貌——
【偕樂】(해락-カイラク) 많은 사람이 함께 즐김
【偕老】(해로-カイロウ) 부부가 같이 늙음
【偕老同穴】(해로동혈-カイロウドウケツ) 부부의 맹세。살아서는 같이 늙고、죽어서는 구멍을 함께한다는 뜻

【借偶】(해우-カイグウ) 짝。 짝 지음
【借行】(해행-カイコウ) 함께 전장에 나
아감

【脩】 肉部 七畫을 볼것

【條】 木部 七畫을 볼것

【十 畫】

【傑】 걸 ケツ、すぐれる outstanding 屑 ㄐㄧㄝ chieh²
①준걸 特立英俊 ②장잎 苗之先長
者 ③거만할 傲也
【傑口】(걸구) 뛰어나게 잘 지은 글귀
【傑氣】(걸기) 호걸스러운 기상
【傑物】(걸물-ケツブツ) 뛰어난。 인물 또
는 물건
【傑士】(걸사-ケッシ) 뛰어난 사람。 걸
물(傑物)
【傑然】(걸연-ケッゼン) 걸출(傑出)한 모
양
【傑作】(걸작-ケッサク) ①뛰어난 작품 ②
우스꽝 스러운 짓을 잘하는 사람의
일컬음
【傑出】(걸출-ケッシュツ) 뛰어남

【傀】 괴 カイ、でく puppet 賄 灰 ㄎㄨㄟ k'uei²
① 클 大也 ②우뚝할 大貌 ③괴이
할 怪異 ④망석중이 木偶—儡
【傀儡】(괴뢰-カイライ) ①허수아비。 꼭두
각시。 망석중이 ②마음에 일정한 주
견(主見)이 없이 남의 앞잡이가 되
어 이용당하는 사람
【傀然】(괴연-カイゼン) 큰 모양
【傀儡子】(괴뢰자-カイライシ) 꼭두각시를
놀리는 사람

【傍】 방 ボウ、かたわら side 漾 ㄆㄤ pang¹·⁴
①곁 側也 ② 가까울 近也 ③의지
할 倚也 (팽) 마지못할 不得已
【傍系】(방계-ボウケイ) 직계에서 갈려나
온 계통
【傍觀】(방관-ボウカン) 옆에서 보고 있
음。 손을 안댐
【傍近】(방근-ボウキン) 그 곁。 근처
【傍若無人】(방약무인-ボウジャクブジン)언
행을 기탄없이 함
【傍人】(방인-ボウジン) 옆엣 사람
【傍證】(방증-ボウショウ) 간접적으로 증
명함
【傍妻】(방처-ボウサイ) 첩
【傍聽】(방청-ボウチョウ) 옆에서 들음

【傅】 부 フ、つきそう assist 遇 ㄈㄨˋ
①스승 師也 ②붙을 麗著 ③가까울
近也 ④이를 至也 ⑤편들 曲意黨同
一會 ⑥ 도울 輔佐 ⑦수표 手書—別
⑧베풀 敷陳 付·附·敷通
【傅別】(부별-フベツ) 옛날 중국에서 대
차(貸借) 관계를 무서로 기록한 증
서(證書)
【傅育】(부육-フイク) 도와 기름
【傅說】(부열-フエツ) ①별의 이름。 후궁
(後宮)에서 아들을 낳으려고 할 때
이에 제사함 ②은(殷)의 고종(高宗)
때의 현상(賢相)
【傅佐】(부좌-フサ) 도움이 됨
【傅會】(부회-フカイ) ①억지로 갖다 붙
임 ②문장이 완성 됨을 일컬음

【備】 비 ビ、そなえる provide 寘 ㄅㄟˋ pei⁴
①갖출 具也 ②예비할 預辨 ③족할
足也 ④다할 盡也 ⑤ 이룰 成也 ⑥
긴 병 장기 長兵 ⑦ 방비할 防也
【備考】(비고-ビコウ) 참고에 갖춤
【備具】(비구-ビグ) 갖춤。 구비
【備員】(비원-ビイン) 인원을 갖춤。 정돈
된 인원
【備品】(비품-ビヒン) 준비하여 두는물건
【備荒】(비황-ビコウ) 흉년을 겪을 것을
준비함

【傘】 산 サン、からかさ parasol; umbrella
①일산 蔽日 ②우산 雨盖
【傘下】(산하-サンカ) 어떤 인물이나 단
체를 중심으로하여 결합된 세력의

그늘。 보호를 받는 어떤 세력의 그늘

【傜】요 エウ、つかう set to work
역사 役也 徭同

【傚】효 コウ、ならう imitite 效 ㄒㄧㄠ hsiao⁴
①본받을 效則 ②닮을 倣也 效通

【十一畫】

【傾】경 ケイ、かたむく incline 庚 ㄑㄧㄥ ch'ing¹·²
①기울 側也 ②기울어질 攲也 ③엎드러질 伏也 ④무너질 圮也 ⑤곁눈질할 流眄 ⑥아까 少選俄頃通

【傾國】(경국-ケイコク) ①나라를 위태하게 함。 나라를 약하게 함 ②성(城)을 기울임

【傾倒】(경도-ケイトウ) ①깊이 마음을기울임 ②기울어져 무너짐。 넘어짐 ③술을 많이 따름 ④속의 것을 죄다 쏟음

【傾覆】(경복-ケイフク) 기울어져 뒤집힘

【傾城】(경성-ケイセイ・ケイジョウ) 성(城)을 기울임。 곧 나라를 위태하게 하는 뜻으로 미인(美人)을 이름

【傾注】(경주-ケイチュウ) ①기울여 쏟음。 비가 쏟아짐 ②어떠한 일에 마음을 기울임 ③ 하수(河水)가 힘차게 흘러 들어감

【傾聽】(경청-ケイチョウ) 귀를 기울여 들음。 열심히 들음

【傾奪】(경탈-ケイダツ) 다투어 가며 서로 빼앗음

【傾頹】(경퇴-ケイタイ) 기울어져 무너짐

【傾向】(경향-ケイコウ) 마음이 한 쪽으로 쏠림 ②세력이 한쪽으로 감

【傴】구 ウ、せむし rickets 麌 ㄩ yü³
①구부릴 俯也 ②곱추 傴背

【傴僂】(구루-ウル) ①몸을 굽힘。 공경하는 모양 ②몸을 앞으로 구부림 ③곱사등이

【傴背】(구배-ウハイ) 곱사등이。 구루(僂傴)

【僅】근 キン、すこし barely 震 ㄐㄧㄣ chin³
①겨우 纔也 ② 적을 少也 ③ 남을 餘也

【僅僅】(근근-キンキン) 겨우

【僅少】(근소-キンショウ) 아주 적음

【僂】루 ル、ロウ、かがむ bend 宥 ㄌㄡ lou²
①구부릴 俯也 ②구부릴 屈也 ③곱사등이 背曲 ④난장이 短醜—傴佝

【僂背】(루배-ルハイ) 곱사등이。 구루。(傴僂)

【僇】륙 リク、ロク、はずかしめる abusive 屋 ㄌㄨ lu⁴
욕될, 욕할 辱也

【僇人】(육인-リクジン) 욕을 당한 사람。 죄인(罪人)

【傷】상 ショウ、いたむ be injured 陽 ㄕㄤ shang¹
①다칠, 상할 創損 ②해할 戕害 ③앓을 痛也 ④근심할 憂思

【傷弓之鳥】(상궁지조-ショウキュウのとり) 한번 화살에 맞은 새가 의심과 두려움이 많음과 같이 한번 혼남을 당한 일로 인하여 항상 의심과 두려움을 품음을 비유하여 이르는 말

【傷悼】(상도-ショウトウ) 속 아프게 슬퍼함

【傷心】(상심-ショウシン) 마음이 상함

【傷痍】(상이-ショウイ) 다친 상처

【傷情】(상정) 정분(情分)을 손상함

【傷創】(상창-ショウソウ) 상처를 입음

【傷處】(상처) 다친 곳

【傷害】(상해-ショウガイ) 남의 몸에 상처를 냄

【傷魂】(상혼-ショウコン) 상심

【僊】선 セン、まう dance 先 ㄒㄧㄢ hsien¹
훨훨 춤출 舞軒擧貌—— 仙同

【傲】오 ゴウ、おごる arrogance 號 ㄠ ao⁴
①거만할 倨也 ②업신여길 慢也

【傲慢】(오만-ゴウマン) 거만。 교만

【傲岸】(오안-ゴウガン) 거만하게 뽐냄
【傲然】(오연-ゴウゼン) 거만한 모양

【傭】용 ヨウ、ゆとうふ labour 冬 ㄩㄥ yung¹

①품팔이 雇役人 ②지을 作也 ③고를 均也 ④가지런할 齊也
【傭耕】(용경-ヨウコウ) 머슴이 되어 농사지음
【傭工】(용공-ヨウコウ) 고용된 직공
【傭兵】(용병-ヨウヘイ) 봉급을 주고 병역(兵役)에 복무시킴。또 그 병졸
【傭人】(용인-ヨウニン) 머슴。품팔이꾼

【傳】전 テン、デン、つたえる hand over 霰 ㄔㄨㄢ ch'uan²

①전할 轉也 ②줄 授也 ③옮길 移也 ④이을 續也 ⑤펼 布也 ⑥통부 符信關一 ⑦책 賢人之書 ⑧역체 驛遞 ⑨주막 旅館一舍
【傳家】(전가-デンカ) 아버지가 아들에게 살림을 물려 줌
【傳國璽】(전국새-デンコクのじ) 중국의 진시황(秦始皇) 이후로 후한(後漢)의 순제(順帝)때까지 전하여 오던 옥새。가로 세로 네치에 「受命於天旣壽永昌」의 여덟 글자를 새겼음、순제이후의 것은 모조품(模造品)임
【傳奇】(전기-デンキ) 소설 문체의 하나。공상몽환의 소설
【傳記】(전기-デンキ) 개인의 일생의 사적(事績)을 적은 기록
【傳達】(전달-デンタツ) 전하여 닿게 함
【傳道】(전도-デントウ) 도를 전하여 가르침
【傳導】(전도-デンドウ) 열기나 전기가 물체의 한 끝에서 다른 끝으로 옮아감
【傳來】(전래-デンライ) 대대로 전하여 옴
【傳令】(전령-デンレイ) ① 명령을 전함。또 그 명령。기독교를 널리 전파시킴
【傳聞】(전문-デンブン) 전하는 말을 들음
【傳舍】(전사-デンシャ) 주막。여관
【傳寫】(전사-デンシャ) 전하여 베낌。각각 베껴 씀
【傳說】(전설-デンセツ) 전하여 내려 오는 말
【傳貰】(전세) 집을 빌리고 비는 계약의 한가지
【傳送】(전송-デンソウ) 전하여 보냄
【傳誦】(전송-デンショウ) 사람의 입으로 전하여 욈
【傳受】(전수-デンジュ) 전하여 받음
【傳授】(전수-デンジュ) 전하여 줌
【傳述】(전술-デンジュツ) 전하여 베풀음
【傳習】(전습-デンシュウ) 스승에게 배워 익힘
【傳承】(전승-デンショウ) 전하여 이음。계통을 받음
【傳食】(전식-デンショク) 각처로 다니며 생활함
【傳言】(전언-デンゲン) 전하는 말。전설
【傳染】(전염-デンセン) ②병균이 남에게 옮음 ②감기가 옮음 ③옮아서 물들음
【傳唱】(전창-デンショウ) 전하여 창도(唱道)함
【傳統】(전통-デントウ) ①계통을 전함。또 물려 받은 혈통 ②재래의 풍속·습관·도덕 등을 전하여 받음
【傳播】(전파-デンパン) 전하여 널리 펌
【傳票】(전표-デンピョウ) 수지(收支) 또 는 진체(振替)등의 통지로 내는 표
【傳呼】(전호-デンコ) 전하여 부름

【傺】제 テイ、とどまる dispirited 霽 ㄔ ch'ih⁴

실심할 失意貌侘一

【債】채 サイ、かり bept 卦 ㄓㄞ chai⁴

빚 빚질 負財
【債券】(채권-サイケン) 국가·공공단체 또는 은행·회사 등이 자기의 채무를 증명하는 증권
【債權】(채권-サイケン) 남에게 빚을 준 금전상의 권리
【債務】(채무-サイム) 남에게 빚을 쓴 의무
【債主】(채주-サイム) 빚을 준 사람

【催】최 サイ、うながす pressing 灰 ㄘㄨㄟ ts'uei¹

①재촉할 促也 ②핍박할 迫也
【催告】(최고-サイコク) 독촉하는 뜻으로 내는 통지
【催促】(최촉-サイソク) 재촉함

【僄】표 ヒョウ、すばやい quick 嘯 ㄆㄧㄠ p'iao⁴
①날쌜 身輕便 ②신중하지못할 輕也
【僄悍】(표한-ヒョウカン) 날쌔고 사나움

【絛】 糸部 七畫을 볼것

【傯】 偬(人部 九畫)同字

【翛】 羽部 七畫을 볼것

【十二畫】

【僑】교 キョウ、かりずまい temporary abode
①우거할 旅寓 ②높을 高也
【僑居】(교거-キョウキョ) 임시로 묵고 있음
【僑士】(교사-キョウシ) 나그네
【僑胞】(교포-キョウホウ) 외국에 나가 사는 동포

【僮】동 ドウ、トウ、わらわ page 東 ㄊㄨㄥ t'ung²
①아이 종 未冠奴 ②곱실거릴 竦敬貌
【僮僕】(동복-ドウボク) 아이 종

【僚】료 リョウ、とも comrade 篠 ㄌㄧㄠ liao²
①동관 同官 ②벗 朋也 寮通 ③희롱할 戲也 ④어여쁠 好貌
【僚官】(요관-リョウカン) 하급 관원
【僚友】(요우-リョウユウ) 같은 일자리에 있는 벗
【僚佐】(요좌-リョウサ) 요관(僚官)

【僕】복 ボク、しもべ messenger 沃 ㄆㄨ p'u²
①심부름꾼 給仕者 ②마부 御者 ③붙일 附也 ④벼슬 이름 官名 太·司 ⑤황송한 체할 煩猥貌 ⑦종 隷
【僕隷】(복례-ボクレイ) 사내 종。하인(下人)
【僕妾】(복첩-ボクショウ) 사내종과 계집종

【僨】분 フン、たおれる fall down 問 ㄈㄣ fen⁴
①엎드러질 僵也 ②엎드러뜨릴 覆敗 ②움직일 動也

【像】상 ゾウ、ショウ、かたち image 養 ㄒㄧㄤ hsiang⁴
①형상 形象 ②본뜰 摹倣 ③같을 肖似 象通

【僧】승 ソウ monk 蒸 ㄙㄥ sêng¹
①중 沙門 ②姓也
【僧伽】(승가-ソウギャ·ソウカ) 중。범어 samgha의 준말
【僧尼】(승니-ソウニ) 중과 승。비구(比丘)와 비구니(比丘尼)
【僧堂】(승당-ソウドウ) 절 안의 오른 쪽에 있는 집
【僧徒】(승도-ソウト) 중의 무리
【僧侶】(승려-ソウリョ) 중。승가(僧伽)
【僧夕】(승석-) 이른 저녁 때。중 이 저녁밥을 먹을 때
【僧俗】(승속-ソウゾク) 중과 속인
【僧籍】(승적-ソウセキ) 승니(僧尼)의 호적

【僥】요 ギョウ、さいわい good luck 篠 ㄐㄧㄠ chiao³
①요행 覬非望—倖 儌通 ②거짓 僞也 ③난장이 短人僬—
【僥倖】(요행-ギョウコウ) 뜻밖에 얻는 행복

【僞】위 ギ、いつわる falsehood 寘 ㄨㄟ wei⁴
①거짓 詐也 ②속일 詭也
【僞計】(위계-ギケイ) 거짓 계략
【僞券】(위권-ギケン) 위조한 증권
【僞塗】(위도) 거짓이 일어나는 곳。부정한 길

【僞妄】(위망-ギモウ・ギボウ) 허위。엉터리

【僞名】(위명-ギメイ) 거짓으로 일컫는 이름

【僞物】(위물-ギブツ) 가짜 물건

【僞善】(위선-ギゼン) 겉으로만 착한 체 함

【僞贋】(위안-ギガン) 거짓 것

【僞裝】(위장-ギソウ) 거짓 꾸밈。카무플라즈

【僞造】(위조-ギゾウ) 거짓으로 만듦

【僞朝】(위조-ギチョウ) 정통(正統)이 아닌 조정(朝廷)

【僞撰】(위찬) 문장을 거짓 지음

【僭】참 セン、なぞらえる presumptuous 豔 ㄐㄧㄢ chien⁴

①거짓 假也 ②어기어질 差也 참 참람할 險—

【僭禮】(참례-センレイ) 분수에 지난 예(禮)

【僭越】(참월-センエツ) 분수에 넘치게 함부로 함

【僭擬】(참의-センギ) 신분을 넘어 위인 인 체함。(천자)天子 행세를 함

【僭竊】(참절-センセツ) 분수에 지나게 작위(爵位)를 도둑질함。부정당한 고위(高位)・고관(高官)에 있음

【僭稱】(참칭-センショウ) 참람하게 마음대로 일컬음。자기의 신분에 넘친 칭호를 자칭함。또는 그 칭호。곧 천자가 봉하여 주지 아니한 것을 왕(王) 또는 후(侯)라고 함

【僦】추 シュウ、シュ、やとう hire 宥 ㄐㄧㄡ chiu⁴

세낼 賃也

【僩】한 カン、たけしい bravely 潸 ㄒㄧㄢ hsien⁴

①굳셀 武貌 ②너그러울 寬大 ③성낼 怒也

【僖】희 キ、よろこぶ pleasant 支 ㄒㄧ hsi¹

①즐거울 樂也 ②기뻐할 喜也

【十三畫】

【價】가 カ、あたい、ねうち value 禡 ㄐㄧㄚ chia⁴

값 售直

【價格】(가격-カカク) 값。댓가

【價額】(가액-カガク) 팔고 사는 데 드는 돈。값

【價直・價値】(가치-カチ) ①값어치。값。가격 ②신분・언행에 대한 정도。자격。품위

【僵】강 キョウ、たおれる fall 陽 ㄐㄧㄤ chiang¹

①엎드러질 偃也 ②쓰러질 僵也

【僵勁】(강경-キョウケイ) 굳셈。빳빳함

【僵木】(강목-キョウボク) 쓰러진 나무

【僵仆】(강부-キョウフ) 엎드러져 넘어짐

【儉】검 ケン、つつましい frugality 琰 ㄐㄧㄢ chien³

①검소할 去奢 ②흉년들 歲歉—險通

【儉德】(검덕-ケントク) 검소한 덕

【儉吝】(검린-ケンリン) ①검소하고 인색함。다라움

【儉薄】(검박-ケンパク) 검약하고 넉넉지 못함

【儉素】(검소-ケンソ) 사치하지 않고 검소함

【儉約】(검약-ケンヤク) 절약하고 낭비하지 아니함

【儆】경 ケイ、いましめる warning 梗 ㄐㄧㄥ ching³

경계할 戒也 警通

【儂】농 ノウ、われ myself 冬 ㄋㄨㄥ nung²

①나 我也 ②저 他也

【儋】담 タン、になう burden 覃 ㄉㄢ tan¹

①짐 負荷 ②항아리 甔也 ③擔同 瞻通 郡名—耳 今廣東省内

【儋石】(담석-タンセキ) 적은 저축

【僶】민 ビン、つとめる deforced to do

억지로 할 强爲—勉

【僻】벽 ヘキ、かたよる eccentricity 陌 ㄆㄧ p'i⁴ ㄅㄟ pei⁴

①편벽될 偏— ②간사할 邪也 ③괴벽할 乖也 ④궁벽할 陋也 ⑤깊숙할 幽— ⑥방탕할 放—

【僻論】(벽론-ヘキロン) ①한쪽으로 치우친 의논 ②이씨조선 정조(正祖) 때에 일어난 시론(時論)과 맞서던 당파의 하나

【僻說】(벽설-ヘキセツ) 괴벽한 말

【僻性】(벽성-ヘキセイ) 한 쪽으로 치우친 성질。 버릇

【僻幽】(벽유-ヘキユウ) 궁벽하고 먼 곳

【僻邑】(벽읍-ヘキユウ) 멀리 떨어져 있어 궁벽하고 으슥한 고을

【僻在】(벽재-ヘキザイ) 치우쳐 있음

【僻地】(벽지-ヘキチ) 두메。 궁벽한 땅

【僻處】(벽처-ヘキショ) 궁벽한 곳에 있음

【僻陬】(벽추-ヘキスウ) 벽지(僻地)

【僻巷】(벽항-ヘキコウ) 궁벽한 시골 길거리

【僾】 애 アイ、ほのか、かすか close resemblance

①비슷할 彷彿貌 ②돋보기 眼鏡 逮 ③흑흑 느낄 嗚唈短氣

【僾然】(애연) 어렴풋이 보이는 모양

【億】 억 オク hundred million

①억 十萬又萬萬 ②헤아릴 料度 ③이바지할 供也 ④편안할 安也 臆通

【億劫】(억겁-オクゴウ、オッコウ) 불교에서 무한하게 오랜 세상을 이름

【億萬】(억만-オクマン) 가장 많은 수

【億載】(억재-オクサイ) 억년(億年)

【億兆】(억조-オクチョウ) ①수가 많음 뜻。 조(兆)는 十억(億) ②백성

【億千】(억천-ウオクセン) 수가 많음

【億測】(억측-オクソク) 어림치고 생각함

【儀】 의 ギ、のり、てほん model; law and system

①거동 容也 ②법도 法也 ③형상 象也 ④쪽 天地兩—

【儀禮】(의례-ギレイ) 의식을 차리는 예법

【儀式】(의식-ギシキ) 예의의 법칙

【儀容】(의용-ギヨウ) 예의에 맞는 모양。 몸 가지는 태도

【儀衛】(의위-ギエイ) 의식에 참여시키는 호위병

【儀仗】(의장-ギジョウ) 의식용의 무기。 또는 물건

【儀表】(의표-ギヒョウ) ①본보기。 법칙 모범 ②의용

【儁】 준 シュン、すぐれる excellence

①영특할 絶異卓特 ②준걸 俊也 俊同

【儁邁】(준매-シュンマイ) 뛰어남

【儁才】(준재-シュンサイ) 뛰어난 재주。 또 그 사람。 준재(俊才)

【儈】 괴 カイ、さいとり brokerage 泰 ㄎㄨㄞˋ k'uai⁴

거간、 중도위 家—牙—

【十四畫】

【儐】 빈 ヒン、みちびく reception 震 ㄅㄧㄣˋ pin⁴

①인도할 導也 ②베풀 陳也 ③손 대접할 接賓以禮 ④나아갈 進也 ⑤물리칠 擯也 賓·擯通

【儒】 유 シュ、がくしゃ scholar 虞 ㄖㄨˊ ju²

①선비 學者 ②난장이 短人侏—

【儒家】(유가-ジュカ) ①유생(儒生) ②유생의 가문

【儒敎】(유교-ジュキョウ) 중국 고대에 공자(孔子)가 주장한 유학(儒學)을 받드는 교。 중국 사서(四書) 삼경(三經)을。 경전(經典)으로 함

【儒道】(유도-ジュドウ) 유생의 도

【儒林】(유림-ジュリン) 유도(儒道)를 닦는 학자들。 사림(士林)

【儒門】(유문-ジュモン) 유생의 가문。 유가(儒家)

【儒服】(유복-ジュフク) 유생(儒生)의 의복

【儒士】(유사-ジュシ) 유행

【儒生】(유생-ジュセイ) 유도(儒道)를 닦는 학자
【儒術】(유술-ジュジュツ) 유도(儒道)
【儒臣】(유신-ジュシン) 유학으로 입금을 섬기는 신하
【儒雅】(유아-ジュガ) 유도(儒道)를 종지(宗旨)로 하는 바른 글
【儒者】(유자-ジュシャ) 유생
【儒哲】(유철)학덕이 높은 현인
【儒學】(유학-ジュガク) 유교를 연구하는 학문。또 그 학파

【儔】주 チュウ、ともがら companion 尤 ㄔㄡˊ ch'ou²
①짝 侶也 ②무리 等類 ③누구 誰也 ④가릴 翳也
【儔侶】(주려-チュウリョ) 동아리。무리。주륜(儔倫)。주필(儔匹)
【儔倫】(주륜-チュウリン) 주려(儔侶)
【儔匹】(주필-チュウヒツ) 주려(儔侶)

【儕】제 サイ、セイ、ともがら companion 佳 ㄔㄞˊ ch'ai²
①무리 等輩 ②짝 匹也
【儕輩】(제배-サイハイ・セイハイ) 동무。동아리

【儘】皿部 九畫 同字

【十五畫】

【儡】뢰 ライ、でく puppet 灰 賄 ㄌㄟˇ lei³
①망석중이 木偶戲傀― ②깨뜨릴 망칠 敗壞
【儡身】(뇌신) 세상에 소용 없는 몸

【償】상 ショウ、つぐなう compensate 陽 ㄔㄤˊ ch'ang²
①갚을 還所修 ②수답할 酬報
【償金】(상금-ショウキン) 갚아주는 돈。배상금
【償命】(상명) 살인한 사람을 죽임
【償還】(상환-ショウカン) 물어 줌。돌려 보냄

【優】우 ユウ、やさしい tender 尤 ㄧㄡ yu¹
①넉넉할 寬饒 ②나을 勝也 ③부드러울 和柔―游 ④화할 和也― ⑤아양부릴 佞媚貌伊― ⑥광대 戲名俳―・倡―
【優待】(우대-ユウタイ) 잘 대접함。우우(優遇)
【優等】(우등-ユウトウ) 뛰어난 등급。높은 등급
【優良】(우량-ユウリョウ) 가장 좋음。우수(優秀)
【優伶】(우령-ユウレイ) 광대
【優禮】(우례) 예를 두텁게 함
【優美】(우미-ユウビ) 뛰어나게 아름다움
【優生學】(우생학-ユウセイガク) 결혼 관계의 개선에 의하여 인종을 우량하게 마들고자 하는 학문
【優先權】(우선권-ユウセンケン) 남보다 먼저 행사할 수 있는 권리
【優勢】(우세-ユウセイ) 남보다 나은 형세
【優秀】(우수-ユウシュウ) 남보다 뛰어남。우량
【優勝】(우승-ユウショウ) ①제일 나음 ②첫째로 이김
【優勝劣敗】(우승열패-ユウショウレッパイ) 나은 자는 이기고 못한 자는 짐。생존경쟁、자연도태의 법칙을 이름
【優渥】(우악-ユウアク) 은혜가 두터움
【優劣】(우열-ユウレツ) 나은 것과 못한 것。좋은 것과 나쁜 것
【優遇】(우우-ユウグウ) 우대
【優越】(우월-ユウエツ) 뛰어남。나음
【優柔】(우유-ユウジュウ) ①마음이 부드러움 ②어름거림 ③마음이 침착함。종용(從容)
【優游】(우유-ユウユウ) 편안하고 한가롭게 지냄。우유(優遊) ②어름거림
【優遊】(우유-ユウユウ) 잘 놀음。만유(漫遊)
【優長】(우장-ユウチョウ) 우등
【優毅】(우의) 마음이 싹싹하고 굳셈
【優寵】(우총-ユウチョウ) 특별히 굄。두터이 사랑함
【優恤】(우휼-ユウジュツ) 두텁게 은혜를 베풀어 구휼함
【優戲】(우희-ユウギ) 연극

【十六畫】

【儲】저 チョ、たくわえる saving 魚 ㄔㄨˇ ch'u2·3
①저축할 貯蓄 ②용납할 容與—與 ③버금 副也

【儲君】(저군-チョクン) 다음 대를 이을 임금。동궁(東宮)。저궁(儲宮)。저이(儲貳)

【儲貳】(저이-チョジ) 저군(儲君)

【儲積】(저적-チョシ) 쌓아 둠

【儲蓄】(저축-チョチク) 여투어 둠

【鯈】魚部 七畫을 볼것

【十七畫—二十畫】

【儵】숙 シュク、たちまち suddenly 屋 ㄕㄨˋ shu4
①잿빛 青黑繒發白色 ②재빠를—忽心 ③남해 임금 南海帝

【儷】려 レイ、ライ、つれあい counterpart 霽 ㄌㄧˋ li4
①짝 偶也 ②아우를 竝也 ③채단 納幣—皮 麗通

【儺】나 ダ、ナ、おにやらい exorcism 歌 箇 ㄋㄨㄛˊ nuo2
①푸닥거리 驅疫 ②휘청거릴 柔順貌 倚— ③지어걸을 行有度 ④성할 盛貌

【儻】당 トウ、すぐれる nobility 養 ㄊㄤˇ t'ang3
①고상할 卓異倜— ②구차할 苟也 ③어찌 或然辭 ④만일 萬一 ⑤홀연 忽也 倘通

【儼】엄 ゲン、おごそか majesty solemn 琰 ㄧㄢˇ yen3
①공경할 敬也 ②엄연할 矜莊貌

【儼恪】(엄각-ゲンカク) 공경하고 삼감

【儼然】(엄연-ゲンゼン) 엄숙한 모양

儿 部

【儿】인 ジン、ニン、ひと benevolent person
어진 사람 仁人

【一 畫】

【兀】올 ゴツ、たかし aloft 月 ㄨˋ wu4
①우뚝할 高貌 ②不動貌—— ③발뒤꿈치벨 刖足

【兀兀】(올올-ゴツゴツ) ①꼼짝 아니하는 모양 ②일심으로 힘쓰는 모양

【兀坐】(올좌-ゴツザ) 꼼짝 아니하고 앉음。어깨를 으쓱하게 앉아 있음

【兀刑】(올형-ゴツケイ) 발을 자르는 형벌

【二 畫】

【元】원 ゲン、ガン、もと foundation 元 ㄩㄢˊ yüan2
①으뜸 始也 ②기운 氣也 ③하늘 天也 ④임금 君也 ⑤백성 民也 ⑥클 大也 ⑦姓也

【元氣】(원기-ゲンキ) ①만물이 이루어진 근본적인 힘 ②천지(天地)의 기운(氣運) ③활동의 근원이 되는 기력

【元來】(원래-ガンライ) 본디。전부터

【元良】(원량-ゲンリョウ) ①매우 좋음 ②황태자(皇太子)

【元老】(원로-ゲンロウ) ①국가에 큰 공이 있는 노신(老臣) ②오래 그 일에 종사하여 공로가 있는 연로자(年老者)

【元味】(원미) 쌀을 굵게 동강나게 갈아 쑨죽。여름에 꿀과 소주를 타서 차게 먹음

【元服】(원복-ゲンプク) 남자가 성년이 되어 어른의 옷을 입고 관을 쓰는 의식

【元首】(원수-ゲンシュ) ①처음。근본 ②천자(天子) ③머리

【元帥】(원수-ゲンスイ) 장수의 으뜸

【元惡】(원악-ゲンアク) 악인의 두목。원흉(元兇)。경로(經路)가 밝은 모양

【元元】(원원-ゲンゲン) ①근본
【元日】(원일-ガンジツ) 설날。원단(元旦)
【元子】(원자-ゲンシ) 천자의 적자(嫡子)。태자(太子)
【元祖】(원조-ガンソ) ①그 집안의 초대의 조상 ②사물을 처음 시작한 사람
【元勳】(원훈-ゲンクン) 국가에 큰 공이 있는 사람
【元兇】(원흉-ゲンキョウ) 악인의 우두머리

【允】윤 イン、まこと reliable 軫 ㄩㄣˇ yün³
①마땅할 當也 ②옳게 여길 肯也 ③미쁠 信也
【允可】(윤가-インカ) 임금의 재가(裁可)。윤허(允許)
【允恭】(윤공-インキョウ) 성심으로 공경함
【允當】(윤당-イントウ) 참으로 맞음。이치에 당연함
【允友】(윤우-インユウ) 가까운 친구나 어른에게 편지 할 때 그의 장성한 아들을 일컫는 말
【允許】(윤허-インキョ) 임금의 허가。윤가(允可)

【三 畫】

【充】충 ジュウ、みたす be full 東 ㄔㄨㄥ ch'ung¹
①찰 滿也 ②채울 實之 ③막을 塞也 ④번거로울 煩也 ⑤아름다울 美也 ⑥길 長也
【充當】(충당-ジュウトウ) 모자라는 것을 채워서 메움。충전(充塡)
【充棟】(충동-ジュウトウ) ①쌓아서 들보에 참 ②장서(藏書)가 많음을 이름
【充滿】(충만-ジュウマン) 참。가득 참。충실
【充分】(충분-ジュウブン) 넉넉함。부족이 없음
【充塞】(충색-ジュウソク) 마음。막힘
【充實】(충실-ジュウジツ) 충만 ②몸이 튼튼함 ③사상이 건전함
【充用】(충용-ジュウヨウ) 충당하여 씀
【充位】(충위) 자리를 채움
【充積】(충적-ジュウセキ) 차서 쌓임。모임
【充塡】(충전-ジュウテン) 충당
【充足】(충족-ジュウソク) 넉넉히 참
【充血】(충혈-ジュウケツ) 피가 몸 어느 부분에 모이게 됨

【兄】형 ケイ、キョウ、あに elder brother
①맏、형 合胞先生 ②어른 長也
(황) ①불을 滋也 ②민망할 怳也 ③하물며 況也 怳・況・况通
【兄事】(형사-ケイジ) 남을 자기의 형처럼 공경함。형으로 섬김
【兄弟】(형제-ケイテイ) ①형과 아우 ②선배와 후배 ③동포
【兄嫂】(형수-ケイソウ) 형의 아내

【四 畫】

【光】광 コウ、ひかり light 陽 ㄍㄨㄤ kuang¹
①빛 明意 ②빛날 華采
【光景】(광경-コウケイ) ①빛。빛나는 모양 ②모양。상태。경치 ③불성 사나운 모양
【光年】(광년-コウネン) 일초간에 三十만킬로씩 가는 광선이 일년간 걸려 가는 거리
【光度】(광도-コウド) 발광체가 내는 빛의 돗수
【光烈】(광렬-コウレツ) 빛나는 훈공(勳功)
【光臨】(광림-コウリン) 남이 찾아옴을 존대하는 말
【光芒】(광망-コウボウ) 광선의 끝
【光明】(광명-コウメイ・コウミョウ) ①빛。빛남 ②밝힘 ③밝고 환함
【光名】(광명-コウメイ) 좋은 이름。아름다운 이름
【光明正大】(광명정대-コウメイセイダイ) 마음이 결백하고 도리가 바름
【光復】(광복-コウフク) 잃었던 국권(國權)을 다시 찾음
【光線】(광선-コウセン) 빛。비치는 줄기
【光心】(광심) 렌즈의 어떠한 점을 통과하는 광선은 들어갈 때의 방향과 나올 때의 방향이 서로 평행됨。이

한 점을 이름

【光燄】(광염-コウエン) 불꽃。 굉장한 형세

【光榮】(광영-コウエイ) 좋은 소문。 영예

【光耀】(광요-コウヨウ) 빛。 빛남

【光陰】(광음-コウイン) 세월。 때

【光彩】(광채-コウサイ) ①아름다운 빛。 광휘(光輝) ②찬란한 빛。 광선의 무늬

【光宅】(광택-コウタイ) 비치고 있음。 덕이 밝아 다스림

【光澤】(광택) 아름답게 빛나는 빛

【光波】(광파-コウハ) 빛의 파동

【光風】(광풍-コウフウ) 비가 그치고 해가 난 뒤에 부는 바람

【光被】(광피-コウヒ) 크게 미침。 널리 퍼짐

【光學】(광학-コウガク) 광선의 현상에 대하여 연구

【光訓】(광훈-コウクン) 훌륭한 교훈

【光輝】(광휘-コウキ) 빛남。 빛。 명예

【先】 선 セン、さき formerly 先 T一ㄢ hsien¹

①먼저 始也 ②이를 早也 ③앞 앞서 前也 ④먼저 할 —之 ⑤예 故也 ⑥동서 娣姒 ⑦姓也 洗通

【先覺】(선각-センカク) 남보다 먼저 깨달음。 선지(先知)

【先見】(선견-センケン) 먼저 알고 있음。 예지(豫知)

【先決】(선결-センケツ) 먼저 결정함

【先考】(선고-センコウ) 죽은 아버지。 선인(先人)

【先驅】(선구-センク) 행렬 맨 앞에 서서 가는 사람

【先君】(선군-センクン) ①선대(先代)의 임금 ②선조(先祖) ③죽은 아버지 ④남의 망부(亡父)

【先達】(선달-センダツ) ①선진(先進) ②문무과(文武科)에 급제하고 아직 벼슬하지 않은 사람

【先代】(선대-センダイ) 조상의 대

【先導】(선도-センドウ) 앞에 서서 인도함

【先頭】(선두-セントウ) 첫머리。 맨 먼저

【先登】(선등-セントウ) ①앞서서 적성(敵城)에 들어감 ②맨 먼저 도착함

【先例】(선례-センレイ) 앞서부터 있던 예。 전례(前例)

【先務】(선무-センム) 먼저 할 일

【先發】(선발·センパツ) 길을 먼저 떠나감

【先輩】(선배-センパイ) ①연령·학문·지위 등이 자기보다 많거나 나은 사람 ②자기의 출신학교를 먼저 졸업한 사람

【先鋒】(선봉-センポウ) 맨 앞에 서는 군대。 또는 호위

【先妣】(선비-センピ) ①죽은 어머니 ②조상의 할머니

【先山】(선산) 조상의 무덤이 있는 곳

【先生】(선생-センセイ) ①나보다 먼저 나서 도를 아는 사람 ②스승。 교사(敎師) ③년장자(年長者) ④부형(父兄) ⑤향인(鄕人)이 관(官)에서 물러나집에 있는 자 ⑥상대방에 대하여부르는 경칭(敬稱)

【先世】(선세-センセイ) 죽은 아버지。 선인(先人)

【先業】(선업-センギョウ) 선대의 사업

【先塋】(선영-センエイ) 조상의 산소

【先王】(선왕-センノウ) ①선대(先代)의 임금 ②선대(先代)의 성왕(聖王)

【先儒】(선유-センジュ) ①옛 선비。 선대(先代)의 유학자

【先人】(선인-センジン) ①죽은 아버지 망부(亡父) ②조상。 선세(先世)

【先入感】(선입감-センニュウカン) 일에 앞서 미리 가지고 있는 느낌

【先入爲主】(선입위주-センニュウシュとなる) 전사(前事)가 머리 속에 남아서 후사(後事)가 머리에 들어가기 어려움

【先帝】(선제-センテイ) 전대(前代)의 임금。 선황(先皇)

【先祖】(선조-センソ) 한 가계(家系)의 웃 조상

【先志】(선지) 조상의 뜻

【先知】(선지-センチ) 남보다 일찍 도를 깨달음。선각(先覺)

【先進】(선진-センシン) 학문·관위(官位)가 자기보다 먼저 진보한 사람。선배(先覺)

【先天】(선천-センテン) ①사람이 태어나기 전 ②이 세상에 나오기 전부터 가지고 있음

【先哲】(선철-センテツ) 옛날의 뛰어난 사상가(思想家)나 현인(賢人)

【先親】(선친) 죽은 아버지。선고(先考)。선인(先人)

【先鞭】(선편-センペン) 남보다 먼저 시작함

【先賢】(선현-センケン) 옛날의 현철(賢哲)

【先皇】(선황-センコウ) 선제(先帝)

【先後】(선후-センゴ) ①앞서거니 뒤서거니 함 ②앞뒤。전후(前後) ③앞서거니 뒤서거니 서로 도움 ④형제(兄弟)의 아내끼리 서로 부르는 칭호

【兆】조 チョウ、きざす billion 篠 ㄓㄠˋ chao⁴

①조 十億 ②조짐 未作意—眹 ③뫼 塋域宅—

【兆民】(조민-チョウミン) 많은 백성

【兆眹】(조짐-チョウチン) 길흉이 일어날 징조。비밀

【兆候】(조후-チョウコウ) 징후

【兇】흉 キョウ、わるい ominous 冬 腫 ㄒㄩㄥ hsiung¹

①흉할 악할 惡也 ②공동할 擾恐 ③소동할 懼騷 凶同

【兇懼】(흉구-キョウク) 두려워함

【兇器】(흉기-キョウキ) 사람을 살해 하는데 쓰는 기구

【兇徒】(흉도-キョウト) 흉폭한 무리。흉한(兇漢)

【兇變】(흉변-キョウヘン) 살인(殺人) 등의 불길한 변사(變事)

【兇手】(흉수-キョウシュ) 흉한의 손

【兇刃】(흉인-キョウトウ) 살인한 칼날

【兇彈】(흉탄-キョウタン) 흉한(兇漢)이 불법적인 총탄

【兇暴】(흉포-キョウボウ) 흉악하고 포악함

【兇悍】(흉한-キョウカン) 흉악하고 사나움

【兇漢】(흉한-キョウカン) 성질이 흉악하고 포악한 사람。악한(惡漢)

【兇害】(흉해-キョウガイ) 몹쓸 마음으로 사람을 죽임

【兇行】(흉행-キョウコウ) 사람을 해하는 나쁜 행동

【兇險】(흉험-キョウケン) 마음이 흉악하고 음험함

【兇兇】(흉흉-キョウキョウ) ①인심이 떠들썩한 모양 ②두려워하는 소리의 형용

【五 畫】

【克】극 コク、かつ overcome 職 ㄎㄜˋ k'ê⁴

①이길 勝也 ②능할 能也 ③멜 肩任 剋通

【克己】(극기-コッキ) 자기의 사욕을 이지(理智)로써 눌러 이김。자제함

【克明】(극명-コクメイ) 주의를 기울여 속속들이 잘 밝힘

【克服】(극복-コクフク) ①곤란을 이겨냄 ②싸움에 이겨 적을 복종시킴

【克復】(극복-コクフク) 전쟁에 이기어 전대로 회복함

【克讓】(극양-コクジョウ) 자기를 낮추어 양보함

【克從】(극종-コクジュウ) 이겨 복종시킴

【克治】(극치-コクチ) 사욕을 이기고 잡념을 물리침

【免】면 メン、まぬかれる escape 銑 ㄇㄧㄢˇ mien³

①면할 脫也 ②내칠 黜也 ③놓을 縱也 (문) 해산할 娩也 絻同

【免官】(면관-メンカン) 벼슬을 파면함

【免赦】(면사-メンシャ) 죄를 용서함。사면(赦免)

【免稅】(면세-メンゼイ) 조세를 면제함

【免身】(면신-メンシン) 자식을 낳음。분만(分娩)

【免疫】(면역-メンエキ) 전염병을 면하게 함

【免除】(면제-メンジョ) ①허락하여 그 속에 넣지 아니함 ②의무를 풀어줌 ③그만두게 함

【免租】(면조-メンソ) 조세를 면제함。면세(免稅)

【免許】(면허-メンキョ) 특정한 행위나 영업을 특정인(特定人)에게 허락하는 행정처분

【免凶】(면흉-メンシュウ) 흉년을 면함

【兌】태 ダ、エツ、とりかえる conversion 泰 ㄉㄨㄟˋ tuei⁴

①바꿀 貤易 ②기꺼울 悅也 ③통할 通也 ④곧을 直也 ⑤지름길 蹊也

【兌換】(태환-ダカン) 바꿈。지폐(紙弊) 또는 은행권(銀行券)을 정화(正貨)와 바꾸는 일

【兎】兔 (儿部 六畫) 俗字

【児】兒 (儿部 六畫) 俗字

【六 畫】

【兕】시 ジ、けもの rhiaoceros 紙 ㄙ ssŭ⁴

①외뿔소 野牛角 ②뿔 잔 —觥

【兕甲】(시갑-ジコウ) 옛날 외뿔소 가죽으로 만든 갑옷

【兒】아 ジ、ニ、こども child 支 ㄦ êrh²·¹

아이 孩子 (예) 어릴 幼弱 倪通

【兒女】(아녀-ジジョ) 사내 아이와 계집애 아이들。또 단지 계집애의 뜻으로도 씀

【兒童】(아동-ジドウ) 아이 어린애

【兒孫】(아손-ジソン) 자식과 손자。자손

【兒子】(아자-ジシ) 아이。아이들

【兒曹】(아조-ジソウ) 아이들

【兒塚】(아총) 어린애의 무덤

【兒戲】(아희-ジキ) 아이의 장난。젖내 나는 수작

【兔】토 ト、うさぎ rabbit 遇 ㄊㄨ t'u⁴

토끼 八竅獸

【兔角龜毛】(토각귀모-トカクキモウ) 토끼에 뿔이나고 거북에 털이 난다는 뜻이니、세상에 없는 것을 비유하는 말

【兔缺】(토결) 언청이

【兔影】(토영-トエイ) 달

【兔罝】(토저-トシャ) 토끼를 잡는 그물

【兔毫】(토호-トゴウ) 토끼의 가느다란 털

【七 畫】

【党】당 トウ、えびす savage 養 ㄉㄤ tang³

오랑캐 이름 羌種—項

【兖】연 エン、まこと reliable 銑 ㄧㄢ yen³

①믿을 信也 ②땅이름 地名—州 今山・東・直隷 二省

【甚】甘部 四畫을 볼것

【九畫—十二畫】

【兜】두 トウ、かぶと helmet 尤 ㄉㄡ tou

①투구 首鎧 ②혹할 惑也 ③악인 이름 四凶名驩—

【兜侵】(두침) 관리가 공금을 횡령(横領)함

【兢】긍 キョウ、つつしむ cauticn 蒸 ㄐㄧㄥ ching¹

①조심할 戒懼—— ②공경할 敬也

【兢恪】(긍각-キョウカク) 두려워서 삼감

【兢戒】(긍계) 삼가 경계함

【兢兢】(긍긍-キョウキョウ) ①조심하는 모양 ②굳센 모양

【兢惕】(긍척-キョウテキ) 경계하고 두렵게 여김

入 部

【入】입 ニュウ、はいる enter 緝 ㄖㄨ ju⁴

①들 出之對 ②드릴 納也 ③빠질

【入閣】(입각-ニュウカク) 내각 조직에 일원으로서 참가함
【入京】(입경-ニュウキョウ) 서울에 들어감
【入庫】(입고-ニュウコ) 물건을 곳집 속에 넣음
【入棺】(입관-ニュウカン) 시체를 관속에 넣음
【入闕】(입궐) 대궐에 들어감
【入覲】(입근-ニュウキン) 입궐(入闕)하여 천자께 알현(謁見)함
【入黨】(입당-ニュウトウ) 정당에 가입함。그 당원이 됨
【入洛】(입락-ニュウラク) 입경(入京)
【入滅】(입멸-ニュウメツジュメツ) 입적(入寂)
【入山】(입산-ニュウザン) 출가하여 중이 됨
【入賞】(입상-ニュウショウ) 상을 타게 됨
【入選】(입선-ニュウセン) 뽑는 데 들음。당선(當選)
【入城】(입성-ニュウジョウ) 성중(城中)에 들어감
【入手】(입수-ニュウシュ) 수중에 들어옴
【入御】(입어-ニュウギョ) 임금이 편전(便殿)에 드심
【入營】(입영-ニュウエイ) 병정이 되기 위하여 군문에 들어감
【入獄】(입옥-ニュウゴク) 감옥에 갇힘
【入浴】(입욕-ニュウヨク) 목욕탕에 들어감。목욕함
【入用】(입용-ニュウヨウ) 가지고 씀。소용됨
【入院】(입원-ニュウイン) 병원에 들어감
【入場】(입장-ニュウジョウ) 장내에 들어감
【入寂】(입적-ニュウジャク) 중이 죽음。입멸(入滅)
【入籍】(입적-ニュウセキ) 호적에 기입함
【入廷】(입정-ニュウテイ) 재판을 위하여 법정에 들어감
【入朝】(입조-ニュウチョウ) 외국에서 와서 조정에 참렬(參列)함
【入札】(입찰-ニュウサツ) 물건의 매매 또는 청부 등에 관하여 여러 사람의 희망자가 각자의 예정 가격을 기록하여 냄
【入學】(입학-ニュウガク) 학교에 들어감
【入港】(입항-ニュウコウ) 배가 항구에 들어감
【入會】(입회-ニュウカイ) 모임에 들어감 회원이 됨

【一 畫】

【亾】亡(亠部 一畫)俗字

【二 畫】

【內】 내 ナイ、ダイ、うち inside 隊 ㄋㄟ nei'
①안 外之對 ②속 裏也 ③가운데 中也 ④대궐안 禁中大― (납) ①들일 入也 ②받을 受也
【內界】(내계-ナイカイ) 마음。마음 속
【內敎】(내교-ナイキョウ) ①부녀의 교훈。내훈(內訓) ②궁중(宮中)의 교훈 ③불교를 이름。내전(內典)
【內規】(내규-ナイキ) 그 안에서만 시행하는 규정
【內勤】(내근-ナイキン) 외근에 대하여 안에서 하는 근무
【內諾】(내락-ナイダク) 마음 속으로 승낙함
【內亂】(내란-ナイラン) 국내에서 일어난 난리。국내의 문란
【內幕】(내막-ナイマク) 일의 속판
【內命】(내명-ナイメイ) 비밀한 명령。밀지(密旨)
【內務】(내무-ナイム) 국내의 정무(政務)
【內部】(내부-ナイブ) 안。속
【內査】(내사-ナイサ) 비밀히 조사함
【內書】(내서-ナイショ) 부녀자의 편지
【內省】(내성-ナイセイ) 자기 마음의 현상을 살핌
【內示】(내시-ナイシ・ナイジ) 비밀히 표시함
【內侍】(내시-ナイジ・ナイシ) 궁중에서 섬기는 것。또는 그 관직 ②불알이 없는 사람
【內臣】(내신-ナイシン) ①국내의 신하

【內室】(내실-ナイシツ) ①아내 ②남의 아내의 존대말 ③부녀가 거처하는 안채
【內心】(내심-ナイシン) ①마음 속。심중 ②마음을 안에 씀
【內宴】(내연-ナイエン) 왕후가 차리는 잔치
【內外】(내외-ナイガイ) ①안과 밖 ②내국과 외국 ③부부(夫婦)
【內外艱】(내외간-ナイガイのカン) 부모의 상(喪) 곧 내간(內艱)과 외간(外艱)
【內容】(내용-ナイヨウ) ①속의 일
【內應】(내응-ナイオウ) 몰래 서로 통함。내통(內通)
【內人】(내인·나인-ナイジン) ①자기의 아내 ②궁인(宮人)。궁녀(宮女)
【內子】(내자-ナイシ) ①경대부(卿大夫)의 정실(正室)。자기의 아내
【內粧】(내장) 집안을 모양있게 꾸미는 일
【內藏】(내장-ナイゾウ) ①심중에 모아 둠 ②궁중(宮中)에 물건을 넣어두는집
【內臟】(내장-ナイゾウ) 고등 척추 동물의 흉강(胸腔)과 복강(腹腔)속에있는 여러가지 기관(器官)의 총칭
【內在】(내재-ナイザイ) 사물의 외부에 초월해 있지 않고 그 안에 있음
【內爭】(내쟁-ナイソウ) 나라 안의 다툼
【內殿】(내전-ナイデン) 왕비(王妃)의 높임말
【內典】(내전-ナイテン) 불경(佛經)
【內政】(내정-ナイセイ) ①궁중안의 정사(政事) ②국내의 정치 ③남의 아내의 높인말。내치(內治) ④집안의 살림살이
【內定】(내정-ナイテイ) 몰래 결정함
【內庭】(내정-ナイテイ) 집의 안뜰
【內助】(내조-ナイジョ) ①아내가 남편을 도움 ②아내의 도움
【內治】(내치-ナイチ) ①국내의 정치。집안의 살림살이。부인의 직무 ③약을 먹어 병을 고침
【內則】(내칙-ナイソク) 집안에서 정한 규범(規法)
【內親】(내친-ナイシン) 아내의 친척。내척(內戚)
【內探】(내탐-ナイタン) 몰래 찾음
【內帑】(내탕-ナイド) 임금의 재물을 넣어 두는곳집。또 그 돈
【內通】(내통-ナイツウ) 남녀가 남모르게 정을 통함
【內評】(내평-ナイヒョウ) 몰래 하는 비평 또는 평판
【內包】(내포-ナイホウ) ①식용하는 짐승의 내장 ②어떤 뜻을 그 속에 포함함 ③개념이 포함하고 있는성질
【內港】(내항-ナイコウ) 항만(港灣)의 안쪽에 있어서 배가 정박하고 짐을 싣고 부리고 하기에 편리한 항구
【內行】(내행-ナイコウ) 집에 있을때의 행동
【內虛】(내허-ナイキョ) 속이 빔
【內訌】(내홍-ナイコウ) 한 집안이나 한 단체에서 저희들끼리 다툼。내분(內紛)
【內訓】(내훈-ナイクン) 부도(婦道)의 교훈

【四 畫】

【全】전 ゼン、まつたく perfection 〔先〕 ㄑㄩㄢˊ ch'üan²
①온전 完也 ②갖출 具也 ③순전할 純也 ④姓也
【全家】(전가-ゼンカ) 온 집안
【全景】(전경-ゼンケイ) 전체의 경치
【全功】(전공-ゼンコウ) 충분한 공。모든 공
【全科】(전과-ゼンカ) 모든 학과목
【全局】(전국-ゼンキョク) 전체의 국면。판국의 전체
【全軍】(전군-ゼングン) ①모든 군대 ②전쟁에서 병사 한 사람도 잃지 아니함
【全權】(전권-ゼンケン) 위임된 어떤 일을 처리하는 일체의 권리
【全力】(전력-ゼンリョク) 모든 힘
【全面】(전면-ゼンメン) 전체의 면。모든 방면
【全滅】(전멸-ゼンメツ) 죄다 없어짐。죄

다 망함
【全貌】(전모-ゼンボウ) 전체의 모양이나 형편
【全無】(전무-ゼンム) 아주 없음
【全文】(전문-ゼンブン) 글의 전체。기록의 전부
【全部】(전부-ゼンブ) 온통。죄다。전체
【全備】(전비-ゼンビ) 완전히 갖춤
【全盛】(전성-ゼンセイ) ①한창 성함 ②혈기가 왕성함
【全損】(전손-ゼンソン) 전부의 손실이 되는 일
【全身】(전신-ゼンシン) 온몸。몸전체
【全然】(전연-ゼンゼン) 도무지。아주。전혀
【全員】(전원-ゼンイン) 모든 인원
【全人】(전인-ゼンジン) ①지덕(智德)이 완비한 사람 ②성인(聖人)。신체가 완전한 사람
【全紙】(전지-ゼンシ) 종이의 온장
【全知全能】(전지전능-ゼンチゼンノウ) 완전 무결한 지능 (예수교에서 하나님을 이름)
【全治】(전치-ゼンチ) 병을 완전히 고침
【全快】(전쾌-ゼンカイ) 병이 완전히 나음
【全篇】(전편-ゼンペン) 시문(詩文) 한편의 전부
【全幅】(전폭-ゼンプク) 한 폭의 전부。온 폭
【全活】(전활-ゼンカツ) 몸이 온전하여 살아 감。살리어 목숨을 온전히 함

【六畫—七畫】

【兩】 량 リョウ、ふたつ both 養 漾 カ一尢 liang³

①둘 두 再也 ②짝 쌍 雙耦 ③무게 이름 二十四銖 十六斤 ④돈 수효 錢數百分 ⑤수레 수효 車數
【兩可】(양가-リョウカ) ①쌍방 다 좋음 ②아무렇게나 해도좋음
【兩家】(양가-リョウカ) 두 집
【兩間】(양간-リョウカン) ①하늘과 땅사이 ②두 쪽 사이
【兩肩】(양견-リョウケン) 두 어깨
【兩觀】(양관-リョウカン) 궁문(宮門)。좌우에 있는 망루
【兩極】(양극-リョウキョク) 지구의 북극과 남극
【兩端】(양단-リョウタン) ①두 끝。두 극단 ②처음과 나중 ③두 마음 ④두 가지 일
【兩斷】(양단-リョウダン) ①둘로 벰
【兩得】(양득-リョウトク) ①한가지 일을 하고 두가지 이익을 얻음 ②두쪽의 이익
【兩立】(양립-リョウリツ) 둘이 함께 섬
【兩棲】(양서-リョウセイ) 물 속과 땅의 양쪽에서 살음。또는 그 동물。개구리 영원(蠑蚖) 따위가 이에 속함
【兩舌】(양설-リョウゼツ) 예 가서는 이 말하고 제 가서는 저 말함。약속을 어김。식언(食言)
【兩性】(양성-リョウセイ) 남성과 여성。웅성(雄性)과 자성(雌性)
【兩屬】(양속-リョウゾク) 이 쪽에든지 저 쪽에든지 붙음。두 쪽에 붙음
【兩手】(양수-リョウシュ) 두 손。좌우 쪽 손。쌍수(雙手)
【兩心】(양심-リョウシン) 두 마음。이심(異心) ②두 사람의 마음
【兩握】(양악-リョウアク) 좌우쪽 주먹
【兩岸】(양안-リョウガン) 두 쪽 언덕
【兩眼】(양안-リョウカン) 좌우 쪽 눈。쌍안(雙眼)
【兩樣】(양양-リョウヨウ) 두 가지
(兩雄】(양웅-リョウユウ) 두 사람의 영웅
【兩原】(양원-リョウゲン) 두 가지 원인
【兩儀】(양의-リョウギ) 천지(天地)。음양(陰陽)
【翼兩】(양익-リョウヨク) ①좌우쪽의 날개。둘이 서로 의지하여 일을 하게 됨을 비유함 ②군대의 좌익과 우익
【兩日】(양일-リョウジツ) 두 날。이틀
【兩全】(양전-リョウゼン) 두 가지가 다 온전함
【兩造】(양조-リョウゾウ) 원고와 피고
【兩親】(양친-リョウシン) 부모
【兩虎相鬪】(양호상투-リョウコあいたたかう)

두 영웅 또는 두강국이 서로 다툼

【兪】 유 ユ、しかり such 虞 寠 ㄩ yü
①그렇다 할 然也 ②공손할 和恭貌 ——③姓也

【兪兪】(유유-ユユ) 공손한 모양

【兪允】(유윤) 허가함

【俞】 前條의 俗字

八部

【八】 팔 ハチ、やや つ eight 黠 ㄅㄚ pa
여덟 數名 捌同

【八卦】(팔괘-ハッケ) 중국 상고시대(上古時代)의 복희씨(伏羲氏)가 지었다는 여덟가지의 괘(卦)로서 주역(周易)에서 자연계(自然界) 및 인사계(人事界)의 모든 현상을 음양陰陽)을 겹치어서 여덟가지의 상(象)으로 나타냄。곧 건(乾) 태(兌)이(离) 진(震) 손(巽) 감(坎) 간(艮) 곤(坤)의 이름

【八紘】(팔굉-ハッコウ) 팔방(八方)의 멀고 너른 범위

【八難】(팔난-ハチナン) 여덟가지 재난。곧 기(飢) 갈(渴) 한(寒) 서(暑)수(水) 화(火) 도(刀) 병(兵)

【八道】(팔도) 전국을 여덟으로 나누었던 구획의 총칭。곧 경기(京畿)·충청(忠淸)·전라(全羅)·경상(慶尙)·강원(江原)·황해(黃海)·평안(平安)·함경(咸鏡)의 여덟도

【八方】(팔방-ハッポウ) 사방(四方)과 사우(四隅) 곧 동(東)·서(西)·남(南)·북(北)·건(乾)·곤(坤)·간(艮)·손(巽)의 방위 팔굉(八紘)

【八方美人】(팔방미인-ハッポウビジン) ①어느모로 보아도 미인인 것 ②누구든지 알맞게 다루는 사람

【八元八愷】(팔원팔개-ハチゲンハチガイ) 여덟 사람의 유화한 사람과 여덟사람의 선량한 사람

【八字】(팔자) 출생한 년(年)·월(月)·일(日)·시(時)에 해당되는 간지(干支)이것으로 일평생의 운명을 판단함

【八字眉】(팔자미) 八의 글자 모양으로 된눈썹 ②얼굴을 찡그렸을 때의 눈썹

【八字靑山】(팔자청산) 미인의 눈썹

【八將神】(팔장신) 길흉(吉凶)의 방위를 맡았다고 하는 어덟 신(神)。곧 태세(太歲) 대장군(大將軍)·태음(太陰)·세형(歲刑)·세파(歲破)·세살(歲殺)·황번(黃幡)·표미(豹尾)

【八駿馬】(팔준마-ハッシュンバ) 역사상 유명한 여덟 필의 준마。곧 도리(盜驪) 백토(白兎) 산자(山子) 유기(騮騏) 적기(赤驥) 화(驊) 황준(黃駿) 요거(驍渠)

【八陣圖】(팔진도-ハチジンのズ) 여덟가지 모양으로 진(陣)치는법。보통은 천(天)·지(地)·풍(風)·운(雲)·용(龍)·호(虎)·조(鳥)·사(蛇)로 형상하나 병가(兵家)에 따라 그 형칭(形稱)이 같지 않으니 제갈량(諸葛亮)은 동당(洞當) 중황(中黃) 용등(龍騰) 조상(鳥翔) 연형(連衡)악기(握奇) 호익(虎翼) 절충(折衝)이라 하였다

【八珍味】(팔진미-ハッチンミ) 중국에서 성대한 식상(食床)에 갖춘다고 하는 여덟가지 진미(珍味)。곧 순모(淳母)순오(淳熬) 포장(炮牂) 포돈(炮豚) 도진(擣珍) 오지(熬漬) 간료(肝膋)혹은 용간(龍肝) 봉수(鳳髓) 토태(兎胎) 이미(鯉尾) 악적(鶚炙) 웅장(熊掌) 성순(猩脣) 표재(豹蹄)

【八尺長身】(팔척장신-ハッシャクチョウシン) 장대(長大)한 몸

【八八】(팔팔-ハチハチ) 八과 八을 곱한 수 六十四

【二畫~三畫】

【公】 공 コウ、おおやけ impartiality; public
①구이 관청 官名三ㅣ ②마을官所

③공작 五爵之首 ④어른 尊稱 ⑤아비 父也 ⑥시아비 婦謂舅 ⑦그대 相呼稱 ⑧공변될 無私 ⑨ 바를 正也 ⑩한가지 共也 ⑪姓也

【公開】(공개—コウカイ) 널리 개방함

【公卿】(공경—コウケイ) 삼공(三公)과 구경(九卿)

【公共】(공공—コウキョウ) ①일반 사회 공중 ②사회일반의 공용(共用)

【公權】(공권—コウケン) 공법상의 권리

【公金】(공금—コウキン) 정부 또는 공공 단체의 돈

【公器】(공기—コウキ) 공공의 물건

【公德】(공덕—コウトク) ①여러 사람들에게 대하는 도덕 ②적선(積善)하는 힘

【公道】(공도—コウドウ) 공평하고 바른 도리 ②당연한 이치 ③여러 사람이 통행하는 길 「함

【公同】(공동—コウドウ) 여럿이 같이

【公論】(공론—コウロン) ①여론 ②공평한 의론

【公吏】(공리—コウリ) ①공공 단체의 사무를 맡아보는 사람 ②관리가 아니면서 나라 일을 맡아보는 사람。 공증인(公證人)·집달리(執達吏)

【公利】(공리—コウリ) 공공의 이익

【公利】(공리—コウリ) 일반에 공통되는 도리 ②인식의 근거가 되는 이론

【公立】(공립—コウリツ) 공공 단체의 설립

【公賣】(공매—コウバイ) 여러 사람에게 입찰。 또는 경매를 시키어 파는 것

【公明正大】(공명정대—コウメイセイダイ) 마음이 결백하고 정당함

【公務】(공무—コウム) ①여러 사람에 관한 사무 ②관청·회사의 사무

【公文】(공문—コウブン) 정부가 직무 권한으로 발표하는 서류

【公民】(공민—コウミン) 국가 공무 참여 자격이 있는 국민

【公方】(공방—コウミンケン) 공변되게 바름

【公法】(공법—コウホウ) ①나라와 나라 안의 공공 단체。 또는 개인과의 권력관계를 규정한 법률

【公報】(공보—コウホウ) 일반국민에게 알리는 관청의 보고 ②관원이 마을에 하는 보고 ③마을과 마을 사이 또는 마을과 개인 사이의 공무상 전보

【公僕】(공복—コウボク) 국가나 사회의 심부름군으로서의 공무원

【公服】(공복—コウフク) 관복(官服)

【公府】(공부—コウフ) 삼공(三公) 의 마을

【公司】(공사—コウシ·コンス) 중국의 회사

【公使】(공사—コウジ) 본국 정부를 대표하여 원수의 명을 받고 약속을 맺은 나라에 주재하는 제二등의 외교관의 칭호

【公私】(공사—コウシ) ①공사(公事)와 사사(私事) ②정부와 국민 ③사회와 개인

【公孫】(공손—コウソン) 왕후(王侯)의 손자

【公式】(공식—コウシキ) ①관청에서 규정한 방식 ②관아의 의식 ③계산의 방법을 표하는 식

【公約】(공약—コウヤク) 공변된 약속

【公約數】(공약수—コウヤクスウ) 두수 이상에 공통되는 약수(約數)

【公言】(공언—コウゲン) 공개하여 하는 말。 성명(聲明) ②일반에 통하는 말

【公然】(공연—コウゼン) 뚜렷한 모양

【公議】(공의—コウギ) ①공평한 의론 ②공론。 여론

【公醫】(공의—コウイ) 관청의 지정을 받아 그 관내(管內)의 시료(施療)를 맡은 의사

【公益】(공익—コウエキ) 사회 공중의 이익

【公子】(공자—コウシ) 귀한 가문의 나이 어린 자제

【公爵】(공작—コウシャク) 오등작 (五等爵)의 맨위

【公敵】(공적—コウテキ) 국가·사회의 적

【公田】(공전—コウデン) 정전(井田)의

중앙의 논밭 ②국유(國有)의 논밭

【公戰】(공전—コウショク) 나라를 위하는 싸움

【公轉】(공전—コウテン) 유성(遊星)이 태양을 중심으로 하고 도는 것

【公電】(공전—コウデン) 관청에서 주고받는 전보

【公正】(공정—コウセイ) 사사(私事)가 없고 밝음

【公主】(공주—コウシュ) 임금의 따님

【公衆】(공중—コウシュウ) 세상의 여러사람。민중(民衆)

【公職】(공직—コウショク) 관청 또는 공공단체의 직무

【公娼】(공창—コウショウ) 국가가 공허(公許)한 창기(娼妓)

【公債】(공채—コウサイ) 국가·지방자치단체 또는 공공 단체가 부담하는 금전 채무

【公判】(공판—コウハン) ①공변된 재판 ②형사 피고인을 법정으로 호출하여 구두로 심리하며 공개하는 재판

【公評】(공평—コウヒョウ) 공평한 비평。공중의 비평

【公平】(공평—コウヘイ) 치우침이 없음

【公平無私】(공평무사—コウヘイムシ) 공평하고 사사(私事)가 없음

【公海】(공해—コウカイ) 영해(領海)

【公廨】(공해—コウカイ) 관청의 건물

【公行】(공행—コウコウ) 공무로 행하는 여행 ②일반 공중이 널리 행함 ③거리낌없이 공공연 하게 행함

【公會】(공회—コウカイ) ①공중의 회합 ②공사(公事)의 회의

【公侯】(공후—コウコウ) 공작(公爵)과 후작(侯爵)

【公休日】(공휴일—コウキュウビ) 일제히 업을 쉬는 날

【六】 륙 ロク、リク、むつつ six

여섯 數名 陸通

【六甲】(육갑) ①육십 갑자(六十甲子)의 약칭 ②둔갑술

【六經】(육경—リッケイ) 역경(易經)·서경(書經)·시경(詩經)·춘추(春秋)·예기(禮記)·악기(樂記) 대신에 주례(周禮)를 넣기도 함

【六國】(육국—リッコク) 중국 전국시대(戰國時代)의 제(齊)·초(楚)·연(燕)·한(韓)·위(魏)·조(趙)의 여섯나라

【六禮】(육례—リクレイ) ①여섯 가지 중요한 예의。곧 관례(冠禮)·혼례(婚禮)·상례(喪禮)·제례(祭禮)·향음주례(鄕飲酒禮)·상견례(相見禮) ②혼인의 여섯 가지 예식 곧 납채(納采)·청기(請期)·친영(親迎)·문명(問名)·납길(納吉)·납폐

【六馬】(육마—リクバ) 천자(天子)의 마차를 끄는 여섯마리의 말。곧 천자(天子)를 이름

【六書】(육서—リクショ) ①한자 구성의 여섯가지 종류。곧 상형(象形)·가차(假借)·해성(諧聲)·전주(轉注)·회의(會意)·지사(指事) ②한자의 여섯가지 서체(書體) 곧 해서(楷書)·전서(篆書)·예서(隸書)·팔분(八分)·초서(草書)·행서(行書)

【六旬】(육순) ①예순 날 ②예순 살

【六十甲子】(육십갑자) 甲子·乙丑·丙寅·丁卯·戊辰·己巳·庚午·辛未·壬申·癸酉·甲戌·乙亥·丙子·丁丑·戊寅·己卯·庚辰·辛巳·壬午·丁亥·戊子·己丑·庚寅· 癸未 辛卯·壬辰·癸巳·甲午·乙未·丙申·丁酉·戊戌·己亥·庚子·辛丑·壬寅·癸卯·甲辰·乙巳·丙午·丁未·戊申·己酉·庚戌·辛亥·壬子·癸丑·甲寅·乙卯·丙辰·丁巳·戊午·己未·庚申·辛酉·壬戌·癸亥·甲申·乙酉·丙戌·

【六藝】(육예—リクゲイ) ①여섯 가지 재주。곧 예(禮)·악(樂)·사(射)·어(御)·서(書)·수(數)

【六典】(육전— 예전(禮典)·병전(兵典)·형전(刑典)·공전(工典)

【六情】(육정—リクジョウ·ロクジウ) 희(喜)·노(怒)·애(哀)·락(樂)·애(愛)·악(惡)의 여섯가지 정

【六朝】(육조ーリクチョウ) 오(呉)·동진(東晋)·송(宋)·제(齊)·양(梁)·진(陳)의 여섯 나라

【六畜】(육축) 소·말·돼지·양·닭·개의 여섯가지 가축을 이름

【六親】(육친ーリクシン·ロクシン) 부·모·형·제·처·자

【六合】(육합ーリクゴウ) ①상하 사방(上下四方) ②천하 우주를 이름

【六花】(육화ーリッカ·むつのはな) 눈의딴 이름

【兮】혜 テイ、や、か、

어조사 語助辭

【父】父部 部首에 볼것

【分】刀部 二畫에 볼것

【半】十部 三畫에 볼것

【四畫—五畫】

【共】공 キョウ、ともに together 困 图 ㄍㄨㄥˋ kung

①한가지 同也 ②다 皆也 ③모을 合也 ④향할 向也 ⑤무리 衆也 ⑥공경 恭也

【共工】(공공ーキョウコウ) ①상고 시대에 치수(治水)하던 벼슬 ②백공(百工)의 사무를 맡아보던 벼슬

【共給】(공급ーキョウキュウ) 수요에 응하여 물품을 제공함。공급(供給)

【共同】(공동ーキョウドウ) 두 사람 이상이 일을 같이함

【共鳴】(공명ーキョウメイ) ①진동수가 같은 발음체 두개를 가지고 갑(甲)을 진동시키어 을(乙) 옆에 놓아두면 乙도 따라서 소리를 내는 현상 ②다른 행동을 감수(感受)하여 그 영향이 생김 ③남이 하는 일에 찬성함

【共謀】(공모ーキュウボウ) 두 사람 이상이 공동하여 어떠한 일을 꾀함

【共犯】(공범ーキョウハン) 두 사람 이상이 공모하고 죄를 범함

【共産主義】(공산주의ーキョウサンシュギ) 소비와 노동자를 평등하게 하기 위하여 사유 재산을 반대하고 사회를 조직하는 각인이 사회의 재산을 공동으로 소유하는 동시에 세습 특권을 부인하고 개인의 평등을 주장하는 주의

【共益】(공익ーキョウエキ) 공동의 이익

【共濟】(공제ーキョウサイ) ①공동으로 서로 도와줌 ②합력하여 일을 함

【共存】(공존ーキョウソン) 함께 존재함

【共進會】(공진회) 기예(技藝) 지식의 진보를 촉진하기 위하여 널리 생산품·제작품을 모아서 일정한 처소에 진열하고 여러 사람에게 구경시키며 그 출품의 우열(優劣)을 사정하여 공표하는 모임

【共和】(공화ーキョウメイ) 국가의 주권이 국민에게 있으며 군주를 세우지 않고 대통령을 선거하여 정치를 행하는 정체

【共和國】(공화국(ーキョウワコク)공화 정치를 행하는 나라

【共用】(공용ーキョウヨウ) 공동사용

【兵】병 ヘイ、ヒョウ、つわもの soldier 庚 ㄅㄧㄥ ping

①군사 從戎者 ②병장기 戎器

【兵家】(병가ーヘイカ) 병학(兵學)을 닦은 사람。또 그 학파(學派)

【兵甲】(병갑ーヘイコウ) ①병기(兵器)와 갑옷 ②무장한 병정

【兵庫】(병고ーヘイコ) 병기(兵器)를 넣어두는 곳

【兵權】(병권ーヘイケン) 전쟁하는 권력。병마(兵馬)의 권리

【兵器】(병기ーヘイキ) 무기(武器)

【兵機】(병기ーヘイキ) 전쟁의 기회。전기(戰機)

【兵團】(병단ーヘイダン) 군대의 조직

【兵隊】(병대ーヘイタイ) ①병사의 대오 ②병정

【兵亂】(병란ーヘイラン) 전쟁으로 나라가 어지러워 짐

【兵略】(병략—ヘイリャク)병법(兵法)을 운용하는 꾀。군략(軍略)

【兵糧】(병량—ヘイリョウ) 병사가 먹을 양식。군량(軍糧)

【兵力】(병력—ヘイリョク) 군대의 힘。무력

【兵馬】(병마—ヘイバ)①병정과 마필(馬匹)②군대에 관한 일③전쟁에 관한일

【兵法】(병법—ヘイホウ)전쟁하는 방법。전술。또는 병술

【兵備】(병비—ヘイビ) 군사에 관한 설비。무비(武備)

【兵士】(병사—ヘイシ) 군사。군졸(軍卒)

【兵舍】(병사—ヘイシャ) 병정이 들어있는 집

【兵書】(병서—ヘイショ) 병법(兵法)에 관한책

【兵船】(병선—ヘイセン) 싸움배。군함

【兵燹】(병선—ヘイセン) 전쟁때문에 일어나는 화재

【兵食】(병식—ヘイショク) 군대의 양식

【兵役】(병역—ヘイエキ)국민의 의무로 병사가 되어 군사에 복무함

【兵刃】(병인—ヘイジン) 칼날 무기

【兵仗】(병장—ヘイジョウ) 전쟁에 쓰는칼 창 총따위

【兵爭】(병쟁—ヘイソウ) 병력(兵力) ㄱ다툼

【兵卒】(병졸—ヘイソツ) 군사·병사

【兵塵】(병진—ヘイガク) 전쟁의 티끌。거친 전장(戰場)

【兵學】(병학—ヘイカク) 병법에 관한 학문

【兵革】(병혁—ヘイカク) ①무기②전쟁(戰爭)

【兌】儿部 五畫에 볼것

【六畫—七畫】

【具】 구 グ、そなえる possess [遇] ㄐㄩˋ chü⁴

①갖출 備也②이바지할 供也③그릇 器也④판비할 辨也⑤姓也

【具慶】(구경—グケイ) 부모(父母)가 생존한 행복

【具官】(구관—グカン) 여러가지 관직(官職)을 갖춤②문장의 초고(草稿) 등에 관직을 쓸 것을 생략함

【具文】(구문—グブン) 형식만 갖춘 글

【具像】(구상—グショウ) 구체(具體)

【具眼】(구안—グガン) 견식이 있음

【具體】(구체—グタイ)①전체를 갖춤②물건 그대로를 마음속에 나타내는 심리 현상

【其】 기 キ、その its the [支] ㄑㄧˊ ch'i²

①그 指物辭 어조사(語助辭)

【其間】(기간—そのかン) 그 사이 그 동안

【其實】(기실—そジシ) 실제의 형편

【其他】(기타—そのタ) 그것 외에 또 다른것

【典】 전 テン、のり regulations [銑] ㄉㄧㄢˇ tien³

①법 法也②전당잡힐 質貸③맡을 主也④경서 五帝書

【典經】(전경—テンケイ) 성인(聖人)의 책。경전

【典當】(전당—テントウ) 토지·가옥·물품등을 담보하여 돈을 유통함

【典禮】(전례—テンレイ) 나라의 길흉(吉凶)의 의식。작정된 의식

【典範】(전범—テンパン) 법칙。본보기

【典法】(전법—テンポウ) 법칙。법식。본보기

【典式】(전식—テンシキ) 법식。의식

【典獄】(전옥—テンコク)①재판을 주장(主掌)함②죄인을 가두던 옥③교도소(矯導所)의 우두머리

【典掌】(전장—テンショウ) 맡아 주장함

【典章】(전장—テンショウ) 법칙。규칙。제도。문물

【典籍】(전적—テンセキ) 책。도서

【典型】(전형—テンケイ) 법칙。규칙。틀

【典刑】(전형-テンケイ) ①일정한 규칙 ②고래의 규정。구법(舊法) ③작정한 법칙

【酋】西部 二畫을 볼것

【八畫—十一畫】

【兼】겸 ケン、かね combine 鹽 ㄐㄧㄢ chien¹
①겸할 幷也 ②벼 두묶음 禾二秉

【兼官】(겸관-ケンカン) 본관(本官)외에 겸하여 봄。또 그사람。겸무(兼務)

【兼勤】(겸근-ケンキン) 두가지 이상의 일을 겸하여 봄

【兼務】(겸무-ケンム) 두가지 이상의 일을 겸하여 맡음

【兼倂】(겸병-ケンペイ) 겸하여 합함。하나로 만들음

【兼備】(겸비-ケンビ) 겸하여 갖춤

【兼床】(겸상) 두 사람이 한상(床)에 마주앉아서 먹게 차린 상

【兼攝】(겸섭-ケンセツ) 혼자서 두가지 이상의 일을 겸하여 행함

【兼愛】(겸애-ケンアイ) 친 불친을 가리지 않고 모든 사람을 한결같이 사랑함

【兼業】(겸업-ケンギョウ) 두가지 이상의 업무를 겸함。또 그업

【兼用】(겸용-ケンヨウ) 겸용 하여 씀

【兼任】(겸임-ケンニン) 혼자서 두가지 이상의 임무를 겸함

【兼職】(겸직-ケンショク) 본직 이외의 직무를 겸함。또 그 직무

【兼聽】(겸청-ケンチョウ) 여러 사람의 말을 모두 들음

【兼該】(겸해-ケンガイ) 겸하여 갖춤。겸비(兼備)

【兼行】(겸행-ケンコウ) 밤낮으로 행함。이틀 길을 하루에 감

【奠】大部 九畫에 볼것

【益】皿部 五畫에 볼것

【曾】日部 八畫에 볼것

【與】臼部 七畫에 볼것

【十四畫】

【冀】기 キ、こいわがう expect 寘 ㄐㄧ chi
①바랄 望也 ②하고자할 欲也

【冀望】(기망-キボウ) 바람。희망

【冀願】(기원-キガン) 기망(冀望)

【興】臼部 九畫에 볼것

冂 部

【冂】경 ケイ、キョウ さかい boundary 靑 ㄐㄩㄥ chiung¹
①멀 遠也 ②빌 空也

【二 畫】

【內】入部 二畫에 볼것

【丹】丶部 三畫에 볼것

【円】圓(口部十畫) 俗字

【三 畫】

【冉】염 ゼン、すすむ go 琰 ㄖㄢ jan³
①가는 털 늘어질 毛細垂下 ②타달거릴 行貌—— ③남생이 등언저리 龜甲緣 ④나아갈 進也 ⑤침노할 侵也

【册】책 サツ、ふみ book 陌 ㄘㄜ ts'ê⁴
①책 簡編 ②병부 符命竹—金 ③꾀 謀也 ④세울 立也—封 策同 柵通

【册庫】(책고) 책을 쌓아두는 곳집

【册袱】(책보) 책을 싸는 보자기

【册肆】(책사) 책을 파는 가게。서점

【册床】(책상) 책을 올려놓고 또 글씨를 쓰는 기구

【册書】(책서-サクショ) ①기록。문서 ②

사령서(辭令書)
【册子】(책자-サッシ) 책

【回】 回 (口部 三畫)에 볼것

【四 畫】

【冎】 과 カ、わかつ gaunt
뼈 앙상히 남을 剮人肉直其骨

【再】 재 サイ、ふたたび again 隊 ㄗㄞˋ tsai⁴
①두 兩也 ②거듭 重也
【再嫁】(재가-サイカ) 두 번째 시집감
【再刊】(재간-サイカン) 재판
【再擧】(재거-サイキョ) 두 번째 거사함
【再建】(재건-サイケン) 두 번째 세움
【再考】(재고-サイコウ) 다시 생각함
【再起】(재기-サイキ) 두 번째 일어남
【再來】(재래-サイライ) ①두 번째 옴 ②두 번째 이 세상에 남
【再拜】(재배-サイハイ) ①두 번 절함 ② 편지 끝에 쓰는 말
【再犯】(재범-サイハン) 두번째 죄를 범함
【再思】(재사-サイシ) 두 번 생각함
【再三】(재삼-サイサン) 두번 세번 여러 번
【再生】(재생-サイセイ) ①죽게 되었다가 다시 살아남
【再娶】(재취) 아내와 이별하고 두 번째 장가감
【再版】(재판-サイハン) 같은 책을 두번째 출판
【再現】(재현-サイゲン) ①다시 나타남② 한번 경험한 사물의 형상이 뒤에다시 의식 안에 나타남
【再興】(재흥-サイコウ) 다시 일어남。다시 일으킴

【用】 用部 部首에 볼것

【同】 口部 三畫에 볼것

【六 畫】

【冐】 冒(冂部 七畫)俗字

【周】 口部 五畫에 볼것

【岡】 山部 五畫에 볼것

【罔】 网部 三畫에 볼것

【七畫—九畫】

【冒】 모 ボウ、ボク、おかす dare 號 ㄇㄠˋ mao⁴
①무릅쓸 犯也 ②가릴 蔽也 ③탐할 貪也 ⑤간섭할 涉也 (묵) 선우 이름 單于頓—頓
【冒瀆】(모독-ボウトク) 침범하여 더럽힘
【冒頭】(모두-ボウトウ) 글·말등의 첫머리
【冒名】(모명-ボウメイ) 이름을 거짓꾸밈
【冒襲】(모습-ボウシュウ) 나의 집의 뒤를 받아 이음
【冒稱】(모칭-ボウショウ) 거짓 일컬음
【冒險】(모험-ボウケン) 위험을 무릅씀

【冑】 주 チュウ、かぶと helmet 宥 ㄓㄡˋ chou⁴
투구 兜也

【冕】 면 ベン、かんむり crown
면류관 大夫以上冠
【冕服】(면복-ベンプク) 제왕(帝王)의 정복(正服)

冖 部

【冖】 멱 ベキ、おおう cover 錫 ㄇㄧˋ mi⁴
덮을 以巾覆物 幕同

【二 畫】

【冘】 유 ユウ、ぐずぐずする hesitate
머뭇거릴 망설거릴 狐疑—豫 猶通

【七 畫】

【冠】관 カン、かんむり crown 寒 翰 ㄍㄨㄢˋ kuan⁴
①갓, 관 冕弁總名 ②갓쓸 관례할 冠之 ③으뜸 首也
【冠帶】(관대-カンタイ) ①관(冠)과 띠。관을 쓰고 띠를띰 ②예전의 관복(官服)
【冠禮】(관례-カンレイ) 아이가 어른이 되는 의식。남자는 갓을 쓰고 여자는 머리를 쪽짐
【冠履】(관리-カンリ) 관과 신발
【冠服】(관복-カンプク) 예복을 입음
【冠首】(관수-カンシュ) 관과 머리라는 뜻으로 남위에 섬
【冠玉】(관옥-カンギョク) 관에 꾸미는 옥(玉)으로 외모는 아름다우나 실질이 없음을 비유
【冠絶】(관절-カンゼツ) 가장 뛰어남

【八 畫】

【冥】명 メイ、ミョウ、くらい dark 青 ㄇㄧㄥˊ ming²
①어두울 昏晦—— ②밤 夜也 ③어릴 幼也 ④바다 海也 溟通
【冥感】(명감-メイカン) 신명(神明)이 마음을 감동시킴。성심이 귀신에게 통함
【冥冥】(명명-メイメイ) ①어두운 모양 ②표면에 나타나지 않음 ③먼하늘 ④자연히 마음에 느낌
【冥冥之志】(명명지지-メイメイのこころざし) 남이 보지 않는 곳이라도 마음을 독실하게 힘씀
【冥福】(명복-メイフク) 죽은 후의 행복
【冥府】(명부-メイフ) 저승
【冥想】(명상-メイソウ) 깊이 생각함。현실을 떠나 상상에 달림
【冥搜】(명수-メイソウ) ①어둠 속에서 물건을 찾음 ②눈을 감고 깊이 마음에 생각함
【冥闇】(명암-メイアン) 어두운 곳。어둠
【冥頑】(명완-メイガン) 도리에 어둡고 완고함
【冥徵】(명징-メイチョウ) 숨은 징조
【冥婚】(명혼-メイコン) 생전 부부가 되지 못하고 죽은후에 남녀를 합장(合葬)함

【冤】원 エン、ぬれぎぬ vesentment 元 ㄩㄢ yüan¹
억울할 원통할—屈枉也 寃同
【冤鬼】(원귀-エンキ) 원통하게 죽은 귀신
【冤抑】(원억-エンヨク) 죄가 없으면서 벌을 받음
【冤枉】(원왕-エンオウ) 원통하게 누명을 씀
【冤痛】(원통-エンツウ) ①죄 없이 죄를 입음 ②아까움 ③매우 원망스러움
【冤恨】(원한-エンコン) ①원통한 생각 ②뉘우치는 생각
【冤魂】(원혼-エンコン) 원통하게 죽은 사람의 망혼(亡魂)

【冢】총 チョウ、つか mound; peak 腫 ㄓㄨㄥˇ chung³
①클 大也 ②산 꼭대기 山頂 ③산뭉칠 山高起者腫也 ④무덤 墓之墳 ⑤사직—土 ⑥벼슬이름 天官—宰 塚通
【冢君】(총군-チョウクン) 임군
【冢婦】(총부-チョウフ) ①적장자(嫡長子)의 아내 ②맏며느리
【冢中枯骨】(총중고골-チョウチュウのココツ) 무덤속의 백골로서 무능한 자를 비유함
【冢土】(총토-チョウド) 토지의 신(神)

【九畫—十四畫】

【冨】富 (宀 部 九畫) 俗字
【寫】寫 (宀 部十二畫) 俗字
【鼏】鼎部 二畫에 볼것
【冪】멱 ベキ、おおう cover 錫 ㄇㄧˋ mi⁴
덮을 以巾覆物

【冪冪】(멱멱-ベキベキ) 덮이어 늘어진 모양

冫部

【冫】빙 ヒョウ、こおり ice

얼 凍也

【三畫—四畫】

【冬】동 トウ、ふゆ winter 图 ㄉㄨㄥ tung¹

겨울 四時終

【冬季】(동계-トウキ) 겨울 계절。동기(冬期)

【冬氷可折】(동빙가절) 물은 부드러우나 얼음이 되면 쉽게 꺾임。사람의 강유(剛柔)의 성질도 때를 따라 변함을 비유

【冬扇夏爐】(동선하로-トウセンカロ) 겨울 부채와 여름 화로。시기에 맞지 않는 무익 무용의 사물을 비유

【冬至】(동지-トウジ) 二十四 절기의 하나。밤이 가장 길고 낮이 가장 짧은 날。양력 十二월 二十二·二十三일경

【冬天】(동천-トウテン) 겨울 하늘

【冬學】(동학-トウガク) 겨울에 농가에서 한가할 때 여는 글방

【冰】빙 ヒョウ、こおり ice 蒸 ㄅㄧㄥ ping¹

①얼음 水凍 ②전동 뚜껑 箭筩蓋 ③姓也

【冰山】(빙산-ヒョウザン) ①남극이나 북극지방에 있는 빙하(冰河)의 끝이 바닷속으로 쑥 들어가서 끊어져 해상에 떠있는 큰 얼음덩어리 ②불을 때지 아니한 방

【冰釋】(빙석-ヒョウシャク) ①얼음같이 풀림

【冰雪】(빙설-ヒョウセツ) 얼음과 눈

【冰心】(빙심-ヒョウシン) 결백한 마음

【冰炭】(빙탄-ヒョウタン) 얼음과 숯 ②둘이 아주 서로 반대되는 것

【冰解】(빙해-ヒョウカイ) 의심이 풀어짐

【冲】충 チュウ、やわらぐ mix

①화할 和也 ②얼음 끄는 소리 ③鑿飾聲—— ④드릴 늘일 垂飾貌 ④까맣게 뜰 上飛貌 ⑤어릴 稚也 ⑥깊을 深也

【冲想】(충상-チュウソウ) 공연히 깊이 생각함

【冲靜】(충정-チュウセイ) 마음이 편안함

【冲天】(충천-チュウテン) 하늘에 오름

【冱】호 ゴ、こおる freeze 遇 ㄏㄨˋ hu⁴

얼 얼어붙을 寒凝

【冱寒】(호한-ゴカン) 대단한 추위

【决】決(水部四畫) 俗字

【次】欠部 二畫에 볼것

【五畫—六畫】

【冷】랭 レイ、リョウ、ひややか cold 梗 迥 ㄌㄥˇ lêng³

①찰 寒也 ②맑을 清甚 ③쌀쌀할 冷貌

【冷却】(냉각-レイキャク) 아주 식음

【冷氣】(냉기-レイキ) 찬 기운

【冷淡】(냉담-レイタン) ①묽어서 맛이 없음。산뜻함 ②동정(同情)이 없음。쌀쌀함

【冷待】(냉대-レイタイ) 푸대접

【冷笑】(냉소-レイショウ) 조롱하여 웃음。코웃음을 침

【冷水】(냉수-レイスイ) 찬 물。끓이지않은 물

【冷然】(냉연-レイゼン) ①경묘한모양。일설(一說)쌀쌀한 모양 ②동정(同情)이 없음。쌀쌀함

【冷遇】(냉우-レイグウ) 푸대접

【冷靜】냉정-レイセイ) ①사물에 열성이 없어서 쉽게 감동하지 아니함 ②마음이 쌀쌀함

【冷評】(냉평-レイヒョウ) 조롱하는 비평

【冷風】(냉풍-レイフウ) 찬 바람
【冷汗】(냉한-レイカン) 식은 땀
【冷酷】(냉혹-レイゴク) 조금도 동정심이 「없음

【泮】반 ハン、とく melt 翰 ㄆㄢˋ p'an⁴
얼음 녹을 얼음 풀릴 冰釋

【冶】야 ヤ、いる liquefy 馬 ㄧㄝˇ yeh³
①녹일 銷也 ②불릴 鎔也 ③풀무 爐鑄 ④대장장이 鑄匠 ⑤단장할 女態粧飾妖

【况】况(水部 五畫)同字

【冽】렬 レツ、さむい severe cold 屑 ㄌㄧㄝˋ lieh⁴
①매섭게 추울 강추위 寒氣嚴 ②찬 샘 寒泉

【八 畫】

【凍】동 トウ、こおる freeze 送東 ㄉㄨㄥˋ tung⁴
얼 氷壯
【凍結】(동결-トウケツ) ①얼어 붙음 ②자금 따위의 사용·이동을 금지하는 일
【凍飢】(동기-トウキ) 얼고 굶주림
【凍死】(동사-トウシ) 얼어 죽음
【凍餓】(동아-トウガ) 동기(凍飢)

【凌】릉 リョウ、しのぐ おののく tremble 蒸徑 ㄌㄧㄥˊ ling²
①얼음 冰也 ②얼음 곳간 積冰室—陰 ③떨 戰慄—遽 ④지낼 歷也 陵通
【凌遽】(능거--リョウキョ) 무서워 떨음。전율함
【凌亂】(능란-リョウラン) 순서가 어지러움。뒤죽박죽
【凌轢】(능력-リョウレキ) 수레가 삐걱거림。서로 다툼
【凌侮】(능모-リョウブ)- 깔봄。업신여김
【凌室】(능실-リョウシツ) 빙고。어름곳간
【凌辱】)능욕-リョウジョク) ①넘보고 욕함 ②폭력으로 여자를 욕보임
【凌陰】(능음-リョウイン) 능실(凌室)
【凌波】(능파-リョウハ) 미인의 걸음걸이를 형용함

【凋】조 チョウ、しぼむ weary 蕭 ㄉㄧㄠ tiao¹
①시들 半傷 ②느른할 力盡貌
【凋落】(조락-チョウラク) 이울어 떨어짐。쇠약하게 됨
【凋零】(조령-チョウレイ) 조락(凋落)
【凋謝】(조사-チョウシャ) 조락(凋落)
【凋傷】(조상-チョウショウ) 이울어짐。약해짐

【准】준 ジュン、ゆるす、なぞらえる conform to
①비준할 견줄 有比照之意 ②평할 平也 準俗字

【凄】처 セイ、さびしい gloomy and chilly
쓸쓸할 風寒 淒通
【凄凉】(처량-セイリョウ) 거칠고 쓸쓸함。구슬픔
【凄然】(처연-セイゼン) 쓸쓸한 모양。마음에 슬픈 모양
【凄切】(처절) 더할나위 없이 슬픔
【凄凄】(처처-セイセイ) ①쌀쌀한 모양 ②비구름이 이는 모양 ③눈물 흐르는 모양
【凄寒】(처한-セイカン) 쓸쓸 하고 추움

【凊】청 セイ、さむし cool 敬 ㄑㄧㄥˋ ching⁴
서늘할 輕寒

【凉】凉(水部八畫)俗字

【九畫—十一畫】

【减】减(水部 九畫)俗字

【飡】食部 二畫에 볼것

【凴】馬部 二畫에 볼것

【十二畫—十四畫】

【澌】시 シ、セイ、こおり floating ice 支寘 ㄙ ssŭ¹
석얼음 성에 流氷

【凜】름 リン、さむし chilly 寢 ㄌㄧㄣˇ lin³
으슬으슬할 寒也――
【凜冽】(늠렬-リンレツ) 추위가 대단함
【凜凜】(늠름-リンリン) ①추위가 대단한 모양 ②위풍이 있는 모양
【凜然】(늠연-リンゼン) ①몹시 추운모양 ②위풍이 있는 모양

【凝】응 ギョウ、こる congeal 蒸徑 ㄋㄧㄥˊ ning²
①엉길 結也 ②정할 定也 ③이룰 成也 ④엄할 嚴也 ⑤물얼 冰堅止水
【凝結】(응결-ギョウケツ) ①엉김 ②기체 ②가액체로 변함
【凝凍】(응동-ギョウトウ) 얼음。두꺼운 얼음
【凝立】(응립-ギョウリツ) 꼼짝 아니하고 딱 섰음
【凝思】(응사-ギョウシ) 정신을 집중하여 생각함
【凝澌】(응시) 엉긴 얼음
【凝視】(응시-ギョウシ) 자세히 봄。뚫어지게 봄
【凝滯】(응체-ギョウタイ) ①걸리어 막힘 ②얽매임

几部

【几】궤 キ、おしまづき cushion for the back
①안석 人所任凭坐 ②진중할 安重貌
【几席】(궤석-キセキ) 안석과 자리
【几案】(궤안-キアン) ①책상 ②걸상。안석

【一畫—三畫】

【凡】범 ハン、ボン およそ generally 咸 ㄈㄢˊ fan²
①무릇 大概 ②범상할 常也 ③대강 大指 ④姓也凡
【凡骨】(범골-ボンコツ) 보통 몸
【凡例】(범례-ボンレイ) 책머리에 그 책을 읽어나가는 예에 필요한 사항을 본보기로 따서 적은 글
【凡夫】(범부-ボンプ) 범인 아직 불도(佛道)를 깨닫지 못한 자
【凡俗】(범속-ボンゾク) 대수롭지 않음。평범함
【凡眼】(범안-ボンガン) 견식(見識)이 부족한 눈
【凡庸】(범용-ボンヨウ) 범상(凡常)
【凡人】(범인-ボンジン) 평범한 사람。범부(凡夫)

【処】處(虍部五畫)古字
【凢】几의 俗字

【四畫—七畫】

【凭】빙 ヒョウ、ヘイ、よる lean 蒸徑 ㄆㄧㄥˊ p'ing²
기댈 依也
【凮】風部 部首에 볼것
【夙】夕部 部首에 볼것

【九畫—十二畫】

【凰】황 コウ、おおとり phoenix (female)
암봉황 雌鳳
【凱】개 ガイ、かち victory 賄 ㄎㄞˇ k'ai³
①길이 戰勝 ②화할 和也 ③착할 善也 ④마파람 南風
【凱歌】(개가-ガイカ) 싸움에 이기고 돌아올 때 부르는 노래
【凱旋】(개선-ガイセン) 싸움에 이기고 개가를 부르며 돌아옴
【凱樂】(개악-ガイラク) 개선하는 음악
【凳】등 トウ、こしかけ couch 徑 ㄉㄥˋ têng⁴

걸상、평상 牀屬

【鳳】鳥部 三畫에 볼것

凵 部

【凵】감 カン、はる open

①입벌릴 張口 ②위 터진 그릇 受物之器

【二 畫】

【凶】흉 キョウ、わるい bad 图 ㄒㄩㄥ hsiung^1

①흉할 吉之反 ②재앙 禍也 ③요사할 短折 ④두려워할 憂懼――

【凶年】(흉년-キョウネン) 곡식이 잘 익지 아니한 해

【凶黨】(흉당-キョウトウ) 매우 흉악한 무리

【凶聞】(흉문-キョウブン) ①부고(訃告) ②흉한 소문

【凶報】(흉보-キョウホウ) 불길한 통지

【凶事】(흉사-キョウジ) ①불길한 일 ②사망하는 일 ③싸움。전쟁(戰爭)

【凶惡】(흉악-キョウアク) 아주 악함。극악(極惡)

【凶燄】(흉염-キョウエン) 못된 세력。악인의 세력

【凶日】(흉일-キョウジツ) 불길한 날。언짢은 날

【凶兆】(흉조-キョウチョウ) 불길한 징조

【三 畫】

【凹】요 オウ、へこむ hollow 看 ㄧㄠ yao^2

오목할 凸之對

【凹面鏡】(요면경-オウメンキョウ) 반사면이 오목하게 들어간 거울

【凹處】(요처-オウショ) 오목하게 들어간 곳

【凹凸】(요철-オウトツ) 오목하게 들어간 것과 도도록하게 나온것

【凸】철 トツ、なかだか bulky 屑 ㄉㄧㄝ tieh^2

도도록하게 내밀 高起

【凸起】(철기-トッキ) 도도록하게 내밈

【凸面鏡】(철면경-トツメンキョウ) 거죽이 도도록한 거울

【凸凹】(철요-トツオウでこぼこ) 도도록 하게 나온 것과 오목하게 들어간 것。울퉁불퉁

【出】출 シュツ、でる come out exite 質 ㄔㄨ ch'u

①날 나갈 入之對 ②날 生也 ③도망할 逃也 ④보일 見也 ⑤내칠 斥也 ⑥토할 吐也 (추) 내 보낼 自內面外之

【出家】(출가-シュッケ) 집을 나가 중이 됨

【出嫁】(출가) 시집감

【出京】(출경-シュッキョウ)①서울에서 시골로 내려감

【出庫】(출고-ショッコ) 곳집에서 물건을 꺼냄

【出軍】(출군-シュツグン) 군사를 냄

【出勤】(출근-シュッキン) 직장으로 근무하러 감

【出納】(출납-スイトウ) 내는 것과 받아들이는 것

【出動】(출동-シュツドウ) 나가서 어떠한 행동을 함

【出頭】(출두-シュットウ) ①일정한 곳에 자신이 나감

【出頭天】(출두천) 남편의 은어(隱語)。천(天)자가 머리를 내밀면 부(夫)자가 되는 까닭

【出藍】(출람-シュツラン) 제자가 스승보다 낫거나、자식이 부모보다 잘난 것。남색(色藍)은 본디 청색(靑色)에서 나와서 도리어 청색보다 푸르다는뜻

【出來】(출래-シュツライ) 나옴

【出路】(출로-シュツロ) 나갈 만한 길

【出馬】(출마-シュツバ) ①말을 타고 나감 ②자신이 그 곳에 나아감

【出亡】(출망-シュツボウ) 도망감。망명(亡命)

【出沒】(출몰-シュツボツ) 나타났다 숨었다 함

【出發】(출발-シュッパツ) 길을 떠남

【出帆】(출범-シュッパン) 배가 항구를 떠남

【出兵】(출병-シュッペイ) 군사를 냄。출사(出師)

【出府】(출부-シュップ) 지방에서 서울에 옴

【出奔】(출분-シュッポン) 달아남。도망함

【出仕】(출사-シュッシ) 관원이 출근함

【出師】(출사-スイシ) 군사를 냄。군대를 냄。출병(出兵)

【出席】(출석-シュッセキ) 어떠한 자리에 나아감。학교나 모임 등에 나아감

【出世】(출세-シュッセ) ①입신(立身)함。성공함 ②속계(俗界)를 떠남

【出身】(출신-シュッシン) ①처음으로 벼슬함 ②무과(武科)에 급제하고 아직 벼슬하지 아니한 것 ③입신출세(立身出世)함 ④일정한 학교를 졸업한 사람

【出御】(출어-シュツギョ) 임금이 대궐에 납심

【出漁】(출어-シュツギョ) 물고기를 잡으러 나감

【出捐】(출연-シュツエン) 연보를 냄。기부함

【出演】(출연-シュツエン) 나가서 연설(演說)·강의(講義)기타 음악·연극을 함

【出迎】(출영-シュツゲイ) 마중

【出獄】(출옥-シュツゴク) 형기(刑期)를 마치고 옥에서 나옴

【出願】(출원-シュツガン) 원서를 내놓음

【出入】(출입-シュツニュウ) ①드나들음 ②나들이함 ③문 밖으로 나감

【出資】(출자-シュッシ) 자본금을 냄

【出張】(출장-シュッチョウ) 직무를 띠고 나감

【出場】(출장-シュツジョウ) 어떤 장소에 나아감

【出將入相】(출장입상) 나가서는 장수(將帥)가 되고、들어와서는 재상(宰相)이 됨

【出戰】(출전-シュッセン) 싸우러 나아감 싸움터에 나감

【出廷】(출정-シュッテイ) 법정에 나감

【出征】(출정-シュッセイ) ①출전 ②정벌하러 나감。군사를 보내어 침

【出走】(출주-シュッソウ) 달아남。벗어남。출분(出奔)

【出陣】(출진-シュツジン) 싸움터에 나감。전지에 나아가 진을 침

【出塵】(출진-シュツジン) 세속을 벗어남.

【出妻】(출처-シュッサイ) ①아내를 쫓아냄 ②이별한 아내

【出處】(출처-シュッショ) ①나아가 벼슬하고、물러나 집에 있음。조정에 있는 것과 민간에 처하는 것 ②유래(由來)하는 곳。나온 곳

【出他】(출타) 밖에 나감。집에 없음

【出版】(출판-シュッパン) 서적·도화·사진 등을 인쇄하여 세상에 내보냄

【出品】(출품-シュッピン) 진열장이나 전람회에 필요한 물건을 내놓아 이바지함。그 물품

【出港】(출항-シュッコウ) 배가 항구를 나감

【出現】(출현-シュツゲン) 나타남

【出血】(출혈-シュッケツ) 피가 남。피를 냄

【出火】(출화-シュッカ) 불이 남。화재

【六 畫】

【函】함 カン、はこ shelter 覃 感 ㄏㄢˊ han²

①휩쌀 包容 ②갑옷 鎧也 ②편지 書也 ④갑 匣也

【函封】(함봉-カンプウ) 갑에 넣고 봉함

【函人】(함인-カンジン) 갑옷을 만드는 사람

【函丈】(함장-カンジョウ) 스승。스승의 자리와 자기의 자리 사이에 일장(一丈—약 三미터)의 여지를 두는 뜻。웃 사람 에게 드리는 편지의 성명 아래에 써서 존경 하는 뜻을 나타냄

【函胡】(함호-カンコ) 큰 음성을 형용함

刀部

【刀】도 トウ、かたな sabre 豪 ㄉㄠ tao¹
①칼 兵刃 ②돈 이름 古錢名 ③거루 小船

【刀鋸】(도거-トウキョ) 칼과 톱。옛적의 형구(刑具)

【刀劍】(도검-トウケン) 작은 칼과 큰 칼

【刀工】(도공-トウコウ) 칼을 만드는 사람

【刀圭】(도규-トウケイ) ①약의 분량을 헤아리는 숟가락 ②의술(醫術)의 뜻

【刀銘】(도명-トウメイ) 도검(刀劍)의 명(銘)

【刀兵】(도병-トウヘイ) 칼

【刀山劍水】(도산검수-トウザンケンスイ) 지세(地勢)가 험난함

【刀山劍樹】(도산검수-トウザンケンジュ) 지독한 형벌。혹형(酷刑)

【刀室】(도실-トウシツ) 칼집

【刀自】(도자-トジ) ①노모(老母)의 높임말 ②늙은 부녀(婦女)의 높임말

【刀匠】(도장-トウショウ) 도공(刀工)

【刀折矢盡】(도절시진) 칼은 부러지고 화살은 다한 뜻이니、힘이 다하여 싸울 수 없게 됨

【刀俎】(도조-トウソ) 식칼과 도마。따라서 위험한 처지의 뜻

【刀鞘】(도초-トウショウ) 칼집

【刀錐】(도추-トウスイ) ①칼과 송곳 ②조그마한 이익

【刀把】(도파) 칼자루

【刀弊】(도폐) 칼의 모양을 한 돈

【刀痕】(도흔-トウコン) 칼로 상처를 입은 흔적

【刁】조 チョウ、なべ、どら gong 蕭 ㄉㄧㄠ tiao¹
①조두 古軍用器—斗 ②간들간들할 나무 끝 까딱거릴 微動貌—

【刁斗】(조두) 쟁개비와 징을 겸한 군용(軍用) 도구。놋쇠로 만든 한 말 들이 그릇으로 낮에는 밥을 짓고、밤에는 진(陣)의 경계를 위해 두드림

【一畫—三畫】

【刃】인 ジン、やいば edge 震 ㄖㄣ jen⁴
①칼날 刀鋒 ②병장기 兵也

【刃鋩】(인망-ジンボウ) 칼날 끝

【刄】刃 俗字

【分】분 フン、ブン、わける divide 文 ㄈㄣ fen¹ 問 ㄈㄣ fen⁴
①나눌 裂也 ②나누어 줄 施也 ③찢을 裂也 ④반쪽 半也 ⑤분별할 辨別 ⑥절기 春—秋— 六十—爲一時 ⑦직분 服事職— ⑧분수 定也 ⑨몫 깃均也 ⑩헤칠 散也 ② 막힐 隔也 (푼) 푼十黍 十—爲一錢 十—爲一寸

【分遣】(분견-ブンケン) 어떠한 방향으로 일부를 갈라서 보냄

【分界】(분계-ブンカイ) 서로 나누인 두 땅의 경계

【分給】(분급-ブンキュウ) 나누어 줌

【分岐】(분기-ブンキ) 갈려 나감。갈림

【分內】(분내-ブンナイ) 영분(領分)안。자기의 본분 안

【分擔】(분담-ブンタン) 갈라서 맡음

【分等】(분등-ブントウ) 등급을 나눔

【分量】(분량-ブンリョウ) ①정도 ②무게 ③부피 ④갯수

【分路】(분로-ブンロ) 길을 같이 가다가 도중에서 갈림

【分類】(분류-ブンルイ) 종류를 따라 구별함

【分離】(분리-ブンリ) ①따로 떨어짐。갈림 ②이별(離別)

【分立】(분립-ブンリツ) 나뉘어서 따로 섬

【分娩】(분만-ブンベン) 여자가 아이를 낳음。해산

【分明】(분명-ブンミョウ) 똑똑함。밝음。환함

【分袂】(분몌-ブンベイ) 작별함

【分配】(분배-ブンパイ) 나누어 놓음。벼

름
【分辨】(분변) 가리어 앎음。가려 냄。분별
【分別】(분별-ブンベツ) ①종류에 따라 각각 나누어 가름 ②차별·구별 ③사리(事理)에 따라서 가려냄
【分泌】(분비-ブンピツ·ブンピ) 체내(體內)에서 특유한 성분을 포함한 물을 만들어 내보냄
【分散】(분산-ブンサン) 따로 따로 흩어짐
【分析】(분석-ブンセキ) ①가름。분리(分離) ②세밀(細密)하게 나눔 ③물질을 그 원소로 분해함
【分屬】(분속-ブンゾク) 따로 따로 나누어 붙임
【分碎】(분쇄-ブンズイ) 가루처럼 잘게 부스러뜨림
【分手】(분수-ブンシュ) 작별함。이별함。분메(分袂)
【分數】(분수-ブンスウ) ①분별 ②하나 또는 어떠한 분량을 몇으로 등분한 것의 하나、또는 몇 배를 표시하는 수
【分水界】(분수계-ブンスイカイ) 두 물갈래가 반대 방향으로 흘러 내려가는 높은 곳
【分水嶺】(분수령-ブンスイレイ)분수계(分水界)로 된 산맥
【分食】(분식-ブンショク) 나누어 먹음。나누어 가짐
【分野】(분야-ブンヤ) ①전국 시대 천문가가 중국 전토(全土)를 하늘의 이십팔(二十八) 숙(宿)에 배당 하여 구별한 이름。그 분야에 있는 별에 무슨 변화가 있으면 그 나라에 재앙이 있다고 하였음 ②방위(方位) ③어디에 딸린 범위나 환경。형편(形便)
【分業】(분업-ブンギョウ) 의무를 나누어 분담함。서로 다른 일에 종사함
【分與】(분여-ブンヨ) 여러 사람에게 나누어 줌
【分列】(분열-ブンレツ) 갈리어 벌여 섬
【分裂】(분열-ブンレツ) 찢어 나눔
【分外】(분외-ブンガイ) 신분에 지남。분에 넘침
【分陰】(분음-ブンイン) 매우 짧은 시간
【分子】(분자-ブンシ) ①갈려나간 자손 ②단체를 이루는 각 개인 ③물질에 화학적 변화를 시키지 않고 그 성질과 형상을 같게 세분할 수 있는 아주 작은 알갱이 ④분수(分數) 또는 분수식(分數式) 위에 있는 수 또는 정식(整式)
【分作】(분작-ブンサク) 논밭을 나누어 농사지음
【分掌】(분장-ブンショウ) 나누어 맡아가지고 처리함
【分際】(분제-ブンサイ·ブンザイ) 분한(分限)
【分秒】(분초-ブンビョウ) 분과 초。매우 짧은 시간
【分布】(분포-ブンプ) ①갈리어 여러 곳으로 퍼짐 ②나누어 폄
【分限】(분한-ブンゲン) 상하(上下) 존비(尊卑)의 일정한 한도
【分割】(분할-ブンカツ) 나눔。나누어 가짐
【分轄】(분할-ブンカツ) 나누어 관찰함
【分合】(분합-ブンゴウ) 나누었다 모았다 함。나뉘었다 모였다 함
【分解】(분해-ブンカイ) ①갈라 놓음。해부함 ②모였던 사물이 각각 풀어짐 ③한 가지 물질이 분리하여 두 가지 이상의 물질로 됨 ④한 개념을 분석하여 그 속성을 설명함
【分化】(분화-ブンカ) 나뉘어 진화(進化)함

【刈】 예 カイ、かる cut grass 隊 ㄧˋ i

풀벨 芟草
【刈除】(예제-カイジョ) 풀을 베어 버림。악인을 무찔러 버림

【切】 절 セツ、サイ、きる cut 屑 ㄑㄧㄝ ch'ieh

①끊을 벨 割也 ②반절 字之反 ③새길 刻也 ④문지방 門限 ⑤중요로울 要也 정성스러울 懇也 ⑦간절

⑧진맥할 按也 ⑨급할 急也

【切禁】(절금-セッキン) 아주 엄중하게 금함

【切急】(절급-セッキュウ) 썩 급함

【切斷】(절단-セツダン) 끊어냄。끊어짐。잘라냄

【切問】(절문-セツモン) ①적절한 질문。간절히 물음

【切實】(절실-セツジツ) 사실에 가까움。실제에 맞음

【切愛之】(절애지) 깊이 사랑함

【切言】(절언-セツゲン) 정성껏 말함。잘라서 말함

【切要】(절요-セツヨウ) 절실하고 긴요함。실지로 중요함

【切點】(절점-セッテン) ①요점 ②접점(接點)

【切磋琢磨】(절차탁마-セッサタクマ) 학문·기술 등을 닦음

【切齒】(절치-セッシ) 분해서 이를 갈음

【切痛】(절통-セッツウ) 매우 고통을 느낌。썩 분함

【刊】간 カン、けずる shave 寒 ㄎㄢ k'an¹

①새길 刻也 ②깎을 削也 ③쪼갤 斫也 ④책박을 인쇄할 上梓

【刊刻】(간각-カンコク) 출판함

【刊行】(간행-カンコウ) 서적 기타 출판물을 인쇄하여 발행함

【召】口部 二畫에 볼것

【幼】幼 (幺部 二畫)에 볼것

【四 畫】

【列】렬 レツ、ならぶ line 屑 ㄌㄧㄝ lieh⁴

①벌일 陳也 ②펼 布也 ③반열 位序 ④항렬 行次 ⑤항오 軍伍

【列強】(열강-レッキョウ) 여러 강한 나라

【列擧】(열거-レッキョ) 죽 들어 말함

【列國】(열국-レッコク) ①모든 나라。각국 ②땅을 이웃한 나라

【列記】(열기-レッキ) 죽 적음。벌여 씀

【列島】(열도-レットウ) 죽 늘어놓인 섬

【列席】(열석-レッセキ) 자리를 이어 앉음

【列聖】(열성-レッセイ) 대대의 임금

【列傳】(열전-レッデン) 전기(傳記)를 죽 기록하여 놓은 것

【列坐】(열좌-レッザ) 여러 사람이 벌여 앉음。열석(列席)

【列次】(열차-レツジ) 벌여 놓은 차례。벌이는 자리

【列車】(열차-レッシャ) 기관차에 객차·화차를 연락한 기차

【列侯】(열후-レッコウ) 많은 제후(諸侯)

【刎】문 フン、はねる behead 吻 ㄨㄣ wen³

①목찌를 剄也 ②벨 割也

【刎頸之交】(문경지교-フンケイのまじわり) 목을 찔러도 마음을 변하지 아니하는 친분 생사(生死)를 같이하는 교제

【刓】완 ガン、けずる slice off 寒 ㄨㄢ wan²

깎을 剸也

【刖】월 ゲツ、あしきる cut heel 月 ㄩㄝ yueh⁴

발꿈치 벨 斷足刑 (왈) 義同

【刑】형 ケイ、しおき crime 青 ㄒㄧㄥ hsing²

①형벌 罰總名 ②예법 舊法典— ③본받을 效則儀— ④국그릇 盛羹器

【刑具】(형구-ケイグ) 형벌 또는 고문에 쓰는 기구

【刑期】(형기-ケイキ) 형벌의 기간

【刑徒】(형도-ケイト) 옥에 갇힌 죄수

【刑律】(형률-ケイリツ) 형벌의 법률

【刑名】(형명-ケイメイ) ①형벌의 명칭 ②전국시대(全國時代) 한비자(韓非者)가 창도(唱道)한 학설

【刑罰】(형벌-ケイバツ) 죄를 줌。국가가 죄인에게 주는 제재

【刑法】(형법-ケイホウ) 죄인을 처벌하는 법

【刑辟】(형벽-ケイヘキ) 목숨을 끊는 형벌

【刑事】(형사-ケイジ) ①형법(刻法)의 적용에 관한 사건 ②죄인을 정찰·체포하는 평복(平服)의 순경

【刑獄】(형옥-ケイゴク) ①형벌과 감옥 ②감옥

【刑典】(형전-ケイテン) 육전(六典)의 하나. 형벌에 관한 모든 법칙

【刑政】(형정-ケイセイ) 형벌의 정치

【刑罪】(형죄-ケイザイ) 처형을 할 만한 죄. 형벌

【刑憲】(형헌-ケイケン) 형벌에 관한 법률. 형법. 형전(刑典)

【五 畫】

【刦】 겁 キョウ、コウ、おびやかす cowardice [葉] ㄐㄧㄝˊ chieh²
①겁탈할 强取 ②구속할 禁持貌

【刧】 刦俗字

【利】 리 リ、とし beuefit [寘] ㄌㄧˋ
①이할, 이로울 吉也 ②편리할 便好 ③날카로울 銛也 ④변리 子金 ⑤탐할 貪也

【利口】(이구-リコウ) 말솜씨가 좋음

【利權】(이권-リケン) 이익을 얻을 권리

【利器】(이기-リキ) ①예리한 무기 ②이용할 만한 그릇. 소용있는 인물 ③편리한 기계

【利鈍】(이둔-リドン) ①날카로운 것과 무딘 것 ②날랜 것과 굼뜬 것 ③성공과 실패

【利得】(이득-リトク) 이익. 이윤

【利水】(이수-リスイ) 물의 유통을 잘함

【利息】(이식-リソク) 이자

【利慾】(이욕-リヨク) 자기 자신의 이익만을 탐하는 욕심

【利用】(이용-リヨウ) ①마땅하게 씀 ②이롭도록 잘 씀 ③써서 편리하게함

【利用厚生】(이용후생-リヨウコウセイ) 이용을 잘 하여 살림이 부족이 없게 함

【利源】(이원-リゲン) 이익이 생기는 근원

【利潤】(이윤-リジュン) 이익

【利益】(이익-リエキ) ①장사하여 돈을 남김. 이득. 이윤 ②이가 됨. 유익함

【利子】(이자-リシ) 길미. 이식(利息)

【利他】(이타-リタ) 자기는 둘째로 하고 남에게 이익·행복을 줌

【利害】(이해-リガイ) 이익과 손해. 득실(得失)

【別】 별 ベツ、わける classify [屑] ㄅㄧㄝˊ pieh²
①다를 異也 ②분별할 辨也 ③나눌 分解 ④구별 區― ⑤이별 分乎 ⑥영결할 訣也 ⑦문서 劵書傳―

【別居】(별거-ベッキョ) 따로 살음

【別格】(별격-ベッカク) 보통과 다른 격식. 특별히 다른 물건

【別記】(별기-ベッキ) 본문(本文)에 붙이어 따로 적음

【別途】(별도-ベット) 다른 길. 다른 방면

【別動隊】(별동대-ベツドウタイ) 따로 파견하는 부대

【別淚】(별루-ベツルイ) 이별하는 눈물

【別房】(별방-ベツボウ) 첩. 별실(別室)

【別法】(별법-ベツポウ) 다른 방법

【別報】(별보-ベッポウ) 특별한 기별

【別封】(별봉-ベップウ) ①따로따로 봉(封)함 ②따로 봉한 편지

【別席】(별석-ベッセキ) 딴 자리

【別設】(별설-ベッセツ) 특별히 설치함. 특설(特設)

【別世】(별세-ベッセイ) 이 세상을 떠남. 죽음

【別世界】(별세계-ベッセカイ) ①지구 밖의 세계 ②별천지

【別所】(별소-ベッショ) 다른 곳

【別送】(별송-ベッソウ) 특별히 보냄

【別室】(별실-ベッシツ) 딴 방. 다른 방. 첩. 별방(別房)

【別業】(별업-ベツギョウ) ①별장

【別宴】(별연-ベツエン) 이별하는 잔치. 송별연

【別人】(별인-ベツジン) 딴 사람. 타인(他人)

【別莊】(별장-ベッソウ) 본집 밖에 따로

문집

【別才】(별재-ベッサイ) 특별한 재능

【別楮】(별저) 딴 종이。별지(別紙)

【別殿】(별전-ベツデン) 떼어 지은 전각(殿閣)

【別製】(별제-ベッセイ) 별다르게 만듦

【別除】(별제-ベツジョ) 특별히 제거함

【別種】(별종-ベッシュ) 다른 씨。다른 종류

【別酒】(별주-ベッシュ) 이별하는 술

【別紙】(별지-ベッシ) 딴 종이

【別集】(별집-ベッシュウ) 한 개인의 작품집

【別饌】(별찬) 특별한 반찬

【別冊】(별책-ベッサツ) 딴 책。다른 책

【別天地】(별천지-ベッテンチ) 이 세상밖에 있는 천지, 곧 세속을 떠난 땅

【別體】(별체-ベッタイ) 특별한 문체(文體)。또는 자체(字體)

【別趣】(별취-ベッシュ) 특별한 취미

【別稱】(별칭-ベッショウ) 다른 이름。딴 이름

【別表】(별표-ベッピョウ) 따로 붙인 표

【別品】(별품-ベッピン) 특별한 물품

【別項】(별항-ベッコウ) 다른 사항。딴 조목

【別行】(별행-ベツギョウ) 딴 줄。다른 줄

【別號】(별호-ベツゴウ) ①이름 자(字) 밖에 따로 부르는 명칭 ②명목을 달리함

【删】 산 サン、けずる shave ㄕㄢ shan^{1}

깎을 削除 없앨 除去

【删削】(산삭-サンサク) 깎아 버림

【删修】(산수-サンシュウ) 책의 번잡한 곳을 깎고 고치어 만듦

【初】 초 ショ、はじめ beginning

①처음 始也 ②근본 本原 ③예 故也

【初更】(초경-ショコウ) 하룻밤을 오경(五更)으로 나눈 첫째의 경(更)。곧 오후 八시경

【初校】(초교-ショコウ) 인쇄물의 첫번의 교정(校正)

【初級】(초급-ショキュウ) 처음 등급

【初期】(초기-ショキ) 생긴 지 얼마 안 되는 때。초년

【初年】(초년-ショネン) ①중년 이전의 시대 ②초기(初期)

【初代】(초대-ショダイ) 한 계통의 맨 처음

【初冬】(초동-ショトウ) 초겨울 음력 十월

【初頭】(초두-ショトウ) ①애초 ②일의 첫머리

【初等】(초등-ショトウ) 맨 처음의 등급

【初面】(초면) 처음 만남

【初犯】(초범-ショハン) 첫번의 범죄

【初步】(초보-ショホ) 처음으로 착수함。첫번에 함。첫걸음

【初產】(초산-ショサン) 처음으로 아이를 낳음

【初旬】(초순-ショジュン) 그 달 一일부터 十일까지

【初志】(초지-ショシ) 처음 뜻。처음의 희망

【初秋】(초추-ショシュウ) 첫가을。음력 七월

【初春】(초춘-ショシュン) 첫봄。음력 정월

【初版】(초판-ショハン) 서적의 제一판。처음 판

【初夏】(초하-ショカ) 첫여름 음력 四월

【初學】(초학-ショガク) 처음으로 배움。또 그 사람

【初寒】(초한-ショカン) 첫추위

【初行】(초행) 처음 가는 길。최초의 여행

【初婚】(초혼-ショコン) 처음 하는 혼인

【判】 판 ハン、さばく judge ㄆㄢ p'an^{4}

①쪼갤 剖也 ②한 쪽 半也 ③나눌 分也 ④판단할 斷也 ⑤맡을 典也 ⑥姓也

【判決】(판결-ハンケツ) 시비·선악을 갈라서 정함

【判官】(판관-ハンカン) ①당대(唐代)의 관명(官名)。절도사(節度使)·관찰사(觀察使)의 속관(屬官)으로 행정을 맡음 ②고려 때 삼사(三司)의

정오품(正五品) 벼슬 ③각 관아의 종오품(從五品)의 낭관(郎官) ④관찰부(官察府)·유수영(留守營)의 소재지의 군수(郡守)

【判斷】(판단-ハンダン) 가부(可否)、진위(眞僞)、시비(是非)、선악(善惡)을 분별하여 정함

【判例】(판례-ハンレイ) 소송사건(詞訟事件)을 판결한 실례

【判明】(판명-ハンメイ) 환히 알게 됨

【判別】(판별-ハンベツ) 똑똑히 가름

【判事】(판사-ハンジ) 소송을 판정하고 범죄를 규명하는 벼슬

【判書】(판서-ハンオウ) 육조(六曹)의 우두머리

判押】(판압-ハンオウ) 수결

【判正】(판정-ハンセイ) 선악을 갈라서 바로잡음

【判定】(판정-ハンテイ) 판별하여 확정함

【六 畫】

【刻】각 コク、きざむ carve 職 ㄎㄜˋ k'ê⁴

①새길 鏤也 ②시각 晷— 十五分爲一— ③각박할 —薄 ④긁을 割剝 ⑤해할 割也 ⑥몹시 痛也

【刻苦】(각고-コック) 몹시 애를 씀。무한히 애를 씀

【刻骨】(각골-ほねにきざむ) 마음속 깊이 새겨 잊지 않음

【刻勵】(각려-コクレイ) 애써서 힘씀。정성껏 함

【刻露淸秀】(각로청수-コクロセイシュウ) 가을 경치의 말쑥함을 이름

【刻鏤】(각루-コクル·コクロウ) 새기는 일

【刻薄】(각박-コクハク) 잔인하고 인정이 없음。매우 인색함

【刻字】(각자-コクジ) 문자를 새김。또 그 글자

【刻舟】(각주-コクシュウ) 배에서 물속으로 칼을 떨어뜨리고는 뱃전에다 표를 해 놓고 칼이 떨어진 장소의 표증으로 생각하여 칼을 찾고자함。배가 움직여가고 있는 사실을 알지 못 하였다는 뜻이니、너무나 몽매하여 세상물정에 어두운 것

【刻責】(각채-コクセキ) 몹시 책망함

【刳】고 コ、さく split 虞 ㄎㄨ k'u¹

①쪼갤 剖破 ②속팔 空物腹也

【刮】괄 カツ、けずる scratch 黠 ㄍㄨㄚ kua¹

①긁을 削也 ②쪼갤 剟也

【刮目】(괄목-カツモク) 눈을 비비고 자세히 봄

【到】도 トウ、いたる reach

①이를 至也 ②주밀할 周密

【到達】(도달-トウタツ) 가고자하는 곳에 이름

【到來】(도래-トウライ) 그 곳에 이름。다가옴

【到底】(도저-トウテイ) ①마침내 필경

【到處】(도처) 이르는 곳마다

【刲】규 ケイ、さく pierce 齊 霽 ㄎㄨㄟ k'uei¹

①찌를 刺也 ②벨 割也

【刷】쇄 サツ、する scratch 黠 ㄕㄨㄚ shua¹

①긁을 刮也 ②쓸 掃— ③솔질할 理馬毛 ④파볼 劈究根— (솰) 俗音

【刷新】(쇄신-サッシン) 모두 새롭게 함。혁신

【刺】자 シ、セキ、さす pierce 寘 ㄘ tz'ŭ⁴

①찌를 直傷 ②벨 剟除 ③추릴 采取 ④문초할 訊也 ⑤가시 芒也 ⑥바느질할 針之—繡 ⑦기롱할 譏弄諷— (척) ①찌를 刃之 ②정탐할 偵伺 ③잡아당길 拏也 ④소곤거릴 私語貌—— ⑤수다스러울 多言貌—— ⑥자자할 黥也

【刺客】(자객-シキャク) 사람을 몰래 칼로 찔러 죽이는 사람

【刺史】(자사-シシ) 중국의 옛 지방 관리。태수(太守)

【刺繡】(자수-シシュウ) 바느질。수놓음

【刺字】(자자-シジ) 한대(漢代) 형벌의 하나。얼굴에 흠을내고 먹물로 죄명을 기록함

【刺青】(자청-シセイ) 살갗에 바늘로 찔러서 먹물 따위를 들인 글씨・그림 무늬 또는 그렇게 만든몸

【刺刺】(자자-セキセキ) ①소곤거리는 모양 ②수다 스러운 모양

【刺殺】(척살-シサツ・セキサツ) 찔러 죽임

【制】제 セイ、つくる、さだめる enactment 霽 ㄓ chih4

①지을 造也 ②마련할 裁也 ③법도 成法—度 ④제서 王言—書 ⑤금제할 禁也 ⑥어거할 御也 ⑦단속할檢也 ⑧ 절제할 節也

【制度】(제도-セイド) 제정한 법도。마련한 법도

【制帽】(제모-セイボウ) 규정한 모자

【制服】(제복-セイフク) 규정한 복장

【制御】(제어-セイギョ) 누름。말림。못하게 함

【制作】(제작-セイサク) 생각하여 만듬

【制裁】(제재-セイサイ) 범행이 있은 자에게 주는 갚음

【制定】(제정-セイテイ) 만들어 정함。결정함

【制詔】(제조-セイショ) 임금의 명령

【制限】(제한-セイゲン) 일정한 한도

【制海權】(제해권-セイカイケン) 일정한 바다를 자기 나라의 힘으로 지배할수 있는 권력。해상권(海上權)

【刹】찰 セツ、サツ、てら temple 黠 ㄔㄚ ch'a4

①절 僧寺 ②탑 佛塔

【刹那】(찰나-セツナ) 썩 짧은 시간

【刱】창 ショウ、サウ、はじめる begin 漾 陽 ㄔㄨㄤ ch'uang4

①처음 初也 ②비롯 始也 ③다칠傷也

【七 畫】

【剄】경 ケイ、くびきる behead

목찌를 刎也

【剋】극 コク、かつ overcome

①이길 勝也 ②가릴 涓選 ③깍일損削 ④급할 急也 ⑤반드시 必也

【剌】랄 ラツ、ひがむ、もとる deviate 曷 ㄌㄚˋ la4

①어그러질 乖—戾也 ②활 당기는소리 張弓聲撥— ③고기뛰는 소리 魚躍聲跋— (라) 수라 御供曰水—

【削】삭 サク、ソウ、けずる shave 覺 ㄒㄧㄠ hsiao1

①깍을 刮也 ②빼앗을 奪除 ③새김칼 書刀 ④지근거릴 小侵 ⑤약할弱也

【削減】(삭감-サクゲン) 깍이어 줄음。깍아서 줄임

【削立】(삭립-サクリツ) 깍아 세운 듯이 험함

【削髮】(삭발-サクハツ) ①머리털을 깍음 ②중이 됨。출가함

【削弱】(삭약-サクジャク) ①깍이어 약해짐 ②줄어서 약해짐

【削除】(삭제-サクジョ) ①깍아버림 ②지워버림

【削黜】(삭출-サクチュツ) 관위(官位)를 내리 깍음

【削平】(삭평-サクヘイ) 깍아서 평평하게 함

【前】전 ゼン、まえ front 先 ㄑㄧㄢ ch'ien2

①앞 後之對 ②앞설 先之 ③먼저先也 ④예 故也

【前古】(전고-ゼンコ) 예전。왕거(往居)

【前科】(전과-ゼンカ) 이전에 형벌을 받았음

【前矩】(전구-ゼンク) 예전 사람이 끼친 모범

【前年】(전년-ゼンネン) 작년。지난 해

【前代】(전대-ゼンダイ) 이전 세상。옛적

【前例】(전례-ゼンレイ) 그전부터 내려오는 사건

【前路】(전로-ゼンロ) 앞길。앞에 있는

도로(道路)
【前面】(전면-ゼンメン) 앞쪽
【前半】(전반-ゼンパン) 앞의 반
【前夫】(전부-ゼンプ) 먼젓 번의 남편
【前事】(전사-ゼンジ) 지난 일。이전의일
【前史】(전사-ゼンシ) 이전의 역사「세상
【前生】(전생) 이 세상에 나오기 전의
【前世】(전세-ゼンセイ・ゼンセ) 예전
【前身】(전신-ゼンシン) ①전세 (前世)때의 몸 ②환경이 변하지 아니한 전의 사물
【前室】(전실-ゼンシツ) 전취(前娶)의 높임말
【前夜】(전야-ゼンヤ) 지난 밤。어젯밤
【前約】(전약-ゼンヤク) 이전의 약속
【前言】(전언-ゼンゲン) ①이왕에 한 말 ②고인(古人)이 한 말
【前列】(전열-ゼンレツ) 앞 줄
【前月】(전월-ゼンゲツ) 지난 달。전달
【前因】(전인-ゼンイン) 전세(前世)의 인연
【前日】(전일-ゼンジツ) 지난날。전날
【前績】(전적-ゼンセキ) 이전의 치적(治績)
【前程】(전정-ゼンテイ) 앞 길
【前定】(전정-ゼンテイ) 미리 작정함
【前提】(전제-ゼンテイ) ①어떠한 사물(事物)을 논의할 때 맨 먼저 내세우는 기본되는 것 ②추리(推理)를 할 때의 결론의 바탕이 되는 것
【前兆】(전조-ゼンチョウ) 일이 일어남
【前朝】(전조-ゼンチョウ) 전대의 조정。전대의 나라
【前知】(전지-ゼンチ) 미리 알음
【前職】(전직-ゼンショク) 이전의 벼슬
【前進】(전진-ゼンシン) 앞으로 나아감
【前妻】(전처-ゼンサイ) 전취(前娶)
【前轍】(전철-ゼンテツ) 예전 사람이 실패한 일
【前娶】(전취) 죽은 이전 아내。전실(前室)。전처(前妻)
【前篇】(전편-ゼンペン) 두 편으로 나눈 책의 앞 편
【前弊】(전폐-ゼンペイ) 이전부터 내려오는 폐단

【剉】좌 ザ、ぎる break 箇 ㄘㄨㄛˋ ts'uo⁴
①꺾어질 折傷 ②토막칠 斬截 挫同
【剉折】(좌절-ザセツ) 마음이 꺾임。싸움에 짐

【剃】체 テイ、そる tonsure 霽 ㄊㄧˋ t'i⁴
머리털을 깎을 剪髮
【剃刀】(체도-テイトウかみそり) 머리털을 깎는칼
【剃髮】(체발-テイハツ) 머리털을 말쑥하게 깎음

【則】칙 ソク、のり system 職 ㄗㄜˊ tsê²
①법칙 常法 ②본받을 法可當效
(즉) 곧 면 助辭

【八 畫】

【剛】강 ゴウ、かたい firm 陽 ㄍㄤ kang¹
①굳셀 勁也 ②굳을 堅也 ③꼬장꼬장할 强斷—健 ④姓也
【剛强】(강강-ゴウキョウ) 굳세고 강함
【剛健】(강건-ゴウケン) 굳세고 튼튼함
【剛決】(강결-ゴウケツ) 힘이 세고 결단성이 많음
【剛梗】(강경-ゴウキョウ) 굳셈。억셈。강직함
【剛果】(강과-ゴウカ) 강결(剛決)
【剛克】(강극-ゴウコク) 억센 적수를 대할때는 이쪽에서도 강경한 수단으로 이를 극복함
【剛斷】(강단-ゴウタン) 참고 버티어 가는힘
【剛柔】(강유-ゴウジュウ) 굳센 것과 부드러운 것
【剛毅】(강의-ゴウキ) 굳고 억셈
【剛正】(강정-ゴウセイ) 굳세고 바름
【剛直】(강직-ゴウチョク) 굳세고 곧음。강경하고 정직함
【剛愎】(강퍅-ゴウフク) 성미가 깔깔하여 변통성이 없음。성정이 완고하여

고집을 굽히지 않음
【剛暴】(강포-ゴウボウ) 사납고 우악스러움
【剛風】(강풍-ゴウフウ) ①도가(道家)에서 높은 곳의 바람 ②강한 바람
【剛悍】(강한-ゴウカン) 힘이 세고 마음이 사나움

【剞】기 キ、きざむ carve 支 ㄐㄧ chi¹
새김칼 曲刀—劂

【剝】박 ハク、はぐ peel 覺 ㄅㄛ po¹ ㄅㄠ pao¹
①벗길 벗어질 脫也 ②찢을 裂也 ③드릴 力擊 ④떨어질 落也
【剝啄】(박탁-ハクタク) 손이 와서 문을 두드리는 소리
【剝脫】(박탈-ハクダツ) 벗어져 떨어짐
【剝奪】(박탈-ハクダツ) 빼앗음

【剖】부 ボウ、ホウ、フ、さく split 有 ㄆㄡˇ p'ou³·¹
①쪼갤 中分判也 ②깨뜨릴 破也
【剖決】(부결-ホウケツ) 선악을 갈라서 정함。부단(剖斷)
【剖斷】(부단-ホウダン) 판결(判決)
【剖析】(부석-ホウセキ) 갈라 찢음。해결함

【剕】비 ヒ、あしきり cutting heel 未 ㄈㄟˋ fei
발꿈치벨 刖也

【剚】사 シ、さす thrust a knife into
칼꽂을 插刀

【剗】잔 サン、セン、けずる shave 潸 ㄔㄢˇ ch'an³
①깎을 削也 ②평할 平也

【剔】척 テキ、とく crack 錫 ㄊㄧ t'i¹

【九 畫】

【副】부 フク、フ、そえる next; support 宥 ㄈㄨˋ fu⁴
①버금 貳也 ②맞갖을 適合 ④일컬을 稱也 ④도울 佐也 ⑤첩지 首飾 ⑥찢을 裂也 (복) 쪼갤 析也
【副車】(부거-フクシャ) 별도로 따라 가는 수레
【副官】(부관-フッカン) 군대에서 장관(長官)에 부속하여 비서(秘書)의 사무를 맡아보는 사람
【副本】(부본-フクホン) 원본과 맞춘 같은 서류
【副業】(부업-フクギョウ) 본업 밖에 하는 벌이
【副作用】(부작용-フクサヨウ) 어떠한 약재의 주(主)되는 약효 이외에 일어나는 딴 작용
【副將】(부장-フクショウ) 주장(主將)의 버금가는 사람

【剩】잉 ジョウ、あまる remain 徑 ㄕㄥˋ shêng⁴
①남을 餘也 ②더할 益也 ③멀쑥할 冗長 ④뿐 아닐 不啻
【剩餘】(잉여-ジョウヨ) 나머지
【剩員】(잉원-ジョウイン) 남은 인원

【十 畫】

【剴】개 ガイ、かま、せまる sickle 灰 隊 ㄎㄞˇ k'ai³
①낫 鎌也 ②간절한 切也 ③가까울 近也
【剴到】(개도-ガイトウ) 사리에 가깝게 잘 맞음
【剴備】(개비-ガイビ) 적절하게 갖춤
【剴切】(개절-ガイセツ) 꼭 맞음。적절(適切)

【創】창 ソウ、はじめる、きず begin; wound
①다칠 刃所傷 ②비롯할 始也 ③징계할 懲也 ④姓也
【創見】(창견-ソウケン) 처음으로 발견함。새로운 의견
【創立】(창립-ソウリツ) 처음 세움。창건(創建)。창설(創設)
【創設】(창설-ソウセツ) 창립。신설
【創始】(창시-ソウシ) 처음으로 시작함
【創案】(창안-ソウアン) 종전에 없던것을 생각하여 냄

【創業】(창업-ソウギョウ) 사업을 일으킴。나라를 처음으로 세움

【創作】(창작-ソウサク) ①처음으로 지음 ②자기의 생각으로 문예물(文藝物)을 지음

【創定】(창정-ソウテイ) 처음 작정함。처음으로 결정

【創造】(창조-ソウゾウ) 처음으로 만듬

【割】할 カツ、さく わける divide; part 曷 ㄍㄜ kê¹
①벨 截也 ②나눌 分也 ③찢을 裂也 ④긁을 剝也 ⑤해로울 害也

【割據】(할거-カッキョ) 토지를 여러 사람이 분할하여 웅거(雄據)함

【割腹】(할복-カップク) 배를 가름

【割愛】(할애-カツアイ) 아깝다고 생각하는마음을 억지로 버림。참고단념함

【割讓】(할양-カツジョウ) 토지를 갈라 양도함

【割引】(할인-わりびき) 정가에서 얼마를 감함

【割烹】(할팽-カッポウ) 썰어 삶아서 요리를 만듬。또 그 요리

【十一畫】

【剷】산 サン、けずる slice off 產 ㄔㄢˇ ch'an³
깎을 損削

【剿】초 ソウ、きる cut 篠 ㄐㄧㄠˇ chiao³
①끊을 絶也 ②노략질할 掠取 ④죽일 殺也

【剽】표 ヒョウ、おびやかす threat
①표독할 輕急 ②쇠북 鐘之中者 ③끊을 截也 ④긁을 剝也 ⑤찌를 砭刺 ⑥겁박할 刦也 ⑦빠를 輕疾 ⑧끝 末也

【剽掠】(표략-ヒョウリャク) 겁박하여 빼앗음

【剽竊】(표절-ヒョウセツ) 남의 시가(詩歌) 문장을 훔쳐다가 자기가 지은 것으로 만듬

【剽悍】(표한-ヒョウカン) 성질이 민첩하고 사나움

【劂】궐 ケツ、ほる scoop out
우비칼 曲刀 (궐) 새김칼 刻刀 剞劂

【劃】획 カク、かぎる draw
①가를 以刀破物 ②쪼갤 割也 ③구별할 區限也 ④새길 刻也 ⑤송곳칼 錐刀

【劃期的】(획기적-カッキテキ) 새로운 시대를 열음

【劃然】(획연-カクゼン) ①물건을 쪼개는 소리 ②환하게 구별하는 모양

【劃一】(획일-カクイチ) 쪽 골라서 모두가 한결 같음

【十三畫】

【劍】검 ケン、つるぎ sword 豔 ㄐㄧㄢˋ chien⁴
칼 人所帶兵─戟

【劍客】(검객-ケンキャク) 검술을 잘 하는 사람

【劍戟】(검극-ケンゲキ) 칼과 창

【劍道】(검도-ケンドウ) 무도의 한 가지로 검술을 닦는 방도

【劍舞】(검무-ケンム) 칼을 들고 추는춤。칼춤

【劍術】(검술-ケンジュツ) 칼을 쓰는 재주

【劇】극 ゲキ、はげしい drama; extreme 陌 ㄐㄧˊ chi²
①심할 甚也 ②더할 增也 ③어려울 艱也 ④연극 戲也

【劇團】(극단-ゲキダン) 연극하는 동아리

【劇談】(극담-ゲキダン) ①심하게 말함 ②쾌활한 말 ③격렬한 담판 ③연극에 대한 담화

【劇務】(극무-ゲキム) 매우 바쁜 일

【劇暑】(극서-ゲキショ) 몹시 더움

【劇藥】(극약-ゲキヤク) 성질이 극렬한 약재(藥材)

【劇場】(극장-ゲキジョウ) 연극장

【劇賊】(극적-ゲキゾク) 큰 도둑。강도

【劇評】(극평-ゲキヒョウ) 연극의 비평

【劉】류 リュウ、まさかり overcome 尤 ㄌㄧㄡˊ liu²
①묘금도(도끼) 斧屬 ②이길 剋也 ③죽일 殺也 ④베풀 敷陳 ⑤성길枝葉稀疎 ⑥쇠잔할 稀疎眦— ⑦姓也
【劉覽】(유람-リュウラン) 돌아다니며 봄。 널리 봄

【十四畫】

【劓】의 ギ、さく、はなきり cut nose
코벨 割鼻

【劑】제 ザイ、セイ、くすり medicine 霽 ㄐㄧˋ chi⁴
①약재료 藥— ②나눌 分也
(자) ①엄쪽 券書質— ②가즈런히 끊을 翦齊

【劒】劍(刀部十二畫) 同字

力 部

【力】력 リョク、リキ、ちから strength
①힘 氣所任筋— ②힘쓸 使— ③부지런할 勤也 ④심할 甚也
【力量】(역량-リキリョウ) ①재력과 도량 ②힘의 분량

【力士】(역사-リキシ) 힘이 센 남자。 장사(壯士)
【力說】(역설-リキセツ) 힘써 설명함
【力作】(역작-リキサク) 힘써 함。 힘들여 지음
【力爭】(역쟁-リキソウ) 힘껏 다툼
【力戰】(역전-リキセン) 힘껏 싸움
【力征】(역정-リョクセイ) 힘을 다하여 적군을 침
【力政】(역정-リョクセイ) ①정부에서 과하는 부역 ②무력으로 정치를 행함。 무단정치
【力制】(역제-リョクセイ) 위력으로 누름。 힘써 제어함
【力學】(역학-リキガク) ①학문에 힘씀 ②물체의 운동 및 정지의 현상에 대하여 연구하는 물리학
【力行】(역행-リッコウ・リョッコウ) 힘써 행「함

【三 畫】

【加】가 カ、くわえる add 麻 ㄐㄧㄚ chia¹
①더할 增也 益也 ②덮칠 重疊 ③업신여길 陵也
【加工】(가공-カコウ) 인공을 더함。 천연물 또는 남이만든 물건에 수공(手工)을 더함
【加擔】(가담-カタン) 한 편에 낌。 편 들음
【加盟】(가맹-カメイ) 동맹이나 연맹에 가입함
【加味】(가미-カミ) ①일정한 방문이 다른 약재를 한데 섞음 ②음식에 다른 물건을 타서 맛을 맞춤
【加法】(가법-カホウ) 두 수 이상의 수를 하합여 한수로 만드는 법。 가산(加算)
【加俸】(가봉-カホウ) 정액 밖에 더 수봉함
【加算】(가산-カサン) ①얹어서 계산함。 계산에 넣음 ②가법(加法)
【加速度】(가속도-カソクド) 물·가 계속해서 움직일 때에 단위 시간에 대한 속도의 변화도
【加速運動】(가속운동-カソクウンドウ) 시간의 경과를 따라 속도를 더하는운동
【加入】(가입-カニュウ) ①더 넣음 ②소정한 단체에 참가함
【加罪】(가죄-カザイ) 죄를 더함
【加筆】(가필-カヒツ) 붓을 더함。 시문(詩文)을 고침
【加害】(가해-カガイ) 남에게 손해 또는 위험을 더함。 사람을 죽임
【加刑】(가형-カケイ) 형벌을 더함
【加護】(가호-カゴ) 보호함。 두둔함

【功】공 コウ、ク、てがら merits 東 ㄍㄨㄥ kung¹
①공 績也 ②공치사할 自以爲—之 ③복입을 喪服大—小—

【功過】(공과-コウカ) 공로와 과실
【功能】(공능-コウノウ) ①공적과 재능 ②공효(功效)와 효능
【功德】(공덕-クドク) ①착한 행실
【功烈】(공렬-コウレツ) 큰 공업
【功勞】(공로-コウロウ) 일을 잘한 성적
【功利】(공리-コウリ) 공로와 이익
【功利說】(공리설-コウリツ) 사회의 최대 다수자의 최대행복을 행위의 도덕적 평가의 표준으로 하는 윤리설
【功名】(공명-コウミョウ) ①공을 세워 이름을 들날림 ②높은 벼슬을 함
【功伐】(공벌-コウバツ) 공로。 공훈
【功夫】(공부-コウフ・クフウ) 생각함。 생각。 연구 「부
【功簿】(공부-コウフ) 공로를 기록한 장
【功成名遂】(공성명수-コウなりなとぐ) 공을 이루고 명예가 오름
【功臣】(공신-コウシン) 나라에 공로가 있는 신하
【功業】(공업-コウギョウ) ①공로가 있는 사업 ②임금 또는 나라를 위하여 힘을 다한 공로。 공적
【功役】(공역-コウエキ) 토목공사의 부역
【功用】(공용-コウヨウ) 공로。 성적
【功績】(공적-コウセキ) 공로。 공업
【功效】(공효-コウコウ) ①공로。 공적 ②사물이 유리하게 되는 힘 ③보람
【功勳】(공훈-コウクン) 공로。 공훈

【四 畫】

【劣】렬 レツ、おとる inferior 屑 ㄌ|ㄝ lieh4
①용렬할 優之反庸— ②어릴 弱也
【劣等】(열등-レットウ) ①품질이 떨어짐 ②낮은 등급(等級)
【劣情】(열정-レツジョウ) 열등의 정욕
【劣敗】(열패-レッパイ) 못난 자가 패함

【五 畫】

【劫】겁 キョウ、ゴウ、おびやかす threat 葉 ㄐ|ㄝ chieh2
①겁탈할 强取 ②위협할 威脅 ③부지런 ④대궐 층계 宮殿階級浩— ⑤겁 佛世永劫
【劫姦】(겁간-ゴウカン) 강간(强姦)
【劫掠】(겁략-ゴウリャク) 위력・폭력으로 빼앗음。 겁탈
【劫聲】(겁성-ゴウセイ) 겁결에 지르는 소리
【劫奪】(겁탈-ゴウタツ) 위협하여 빼앗음
【劫風】(겁풍-ゴウフウ) 세계가 파멸할때에 일어난 다는 큰바람
【劫火】(겁화-ゴウカ) 세계가 파멸할 때에 일어난 다는 대화재

【劬】구 ク、くるしむ trouble 虞 ㄑㄩ ch'ü2
①수고할 勤勞 ②애먹을 病苦—勞
【劬勤】(구근-クキン) 바쁘게 힘씀
【劬勞】(구로-クロウ) 수고하고 애씀

【努】노 ド、つとめる make efforts
힘쓸 勉也
【努力】(노력-ドリョク) 힘써 함

【助】조 ジョ、たすける help 御 ㄓㄨ chu4
①도울 輔佐 ②유익할 益也
【助力】(조력-ジョリョク) 일을 도와 줌。 힘을 같이 씀。 원조
【助成】(조성-ジョセイ) 도와서 이루게함
【助長】(조장-ジョチョウ) ①속성(速成)을 바라고 도리어 일을 잡친다는 뜻。 송인(宋人)이 싹을 잘 자라게 하기 위하여 줄기를 잡아 늘인 까닭으로 드디어 싹이 말라 죽었다는 고사(故事)에서 나옴 ②도와서 기름。 자라게 하여 힘을 내게 함

【励】 勵(力部十五畫)略字

【労】 勞(力部十畫)略字

【六 畫】

【劻】광 キョウ、にわかに suddenly 陽 ㄎㄨㄤ k'uang1
바쁠 急遽貌—勷

【劾】핵 ガイ、コク、きはめる verification 職 ㄏㄜ he2

①핵실할 彈治考— ②파묻을 推窮罪人(해) ①힘써 할 力作勉也 ②공효 功也 「박합

【劾論】(핵론-ガイロン) 허물을 들어 논여 따짐

【劾情】(핵정-ガイジョウ) 정상을 조사하여 따짐

【劾奏】(핵주-ガイソウ) 관리의 죄과를 탄핵하여 임금이나 상관에게 아뢸

【協】 十部 六畫에 볼것

【効】 效(攴部 六畫)俗字

【七 畫】

【勁】 경 ケイ、キョウ、つよい firm 敬 ㄐㄧㄥˋ ching^4 ㄐㄧㄣˋ chin^4
군셀 强健

【勁弓】(경궁-ケイキョウ) 센 활

【勁騎】(경기-ケイキ) 강한 기병(騎兵)

【勁風】(경풍-ケイフウ) 강한 바람。강풍(强風)

【勁悍】(경한-ケイカン) 군세고 사나움

【勉】 면 ベン、つとめる make efforts 銑 ㄇㄧㄢˇ mien^3
①힘쓸 勖也 ②부지런할 勤也 ③강인할 强也

【勉强】(면강-ベンキョウ) ①억지로 힘씀 ②꼭 하게 함

【勉勵】(면려-ベンレイ) 힘씀。힘써 가다듬게 함

【勉力】(면력-ベンリョク) 힘씀。수고함

【勉學】(면학-ベンガク) 학문을 힘씀

【勃】 발 ボツ、にわか erection 月 ㄅㄛˊ po^2
①우쩍 일어날 興起—然 ②밀칠 排也 ③변색할 色變—如

【勃起】(발기-ボッキ) 일어남。고개를 듦

【勃怒】(발노-ボッド) 별안간 성냄。분노별안간 성이남(憤怒)

【勃發】(발발-ボッパツ) 별안간 일어남

【勃然】(발연-ボツゼン) ①별안간 움직이는 모양 ②별안간 안색을 변하고 성내는 모양

【勇】 용 ユウ、いさましい bravery 腫 ㄩㄥˇ yung^3
①날랠 氣健銳也 ② 용맹 果敢

【勇敢】(용감-ユウカン) 마음이 사납고 일을 단행하는 용기가 있음

【勇決】(용결-ユウケツ) 용기가 있고 결단성이 좋음。용단(勇斷)

【勇氣】(용기-ユウキ) 용맹스러운 기운

【勇斷】(용단-ユウダン) 용기 있게 결단함。과단

【勇力】(용력-ユウリョク) 용맹 스러운힘

【勇猛】(용맹-ユウモウ) 날래고 사나움

【勇士】(용사-ユウシ) 용맹한 남자。용자(勇者)

【勇者】(용자-ユウジャ) 용사(勇士)

【勇將】(용장-ユウショウ) 용맹한 장수

【勇進】(용진-ユウシン) 용기 있게 나아감

【勇退】(용퇴-ユウタイ) 쾌쾌히 물러감

【勇悍】(용한-ユウカン) 용맹스럽고 사나움

【勅】 칙 チョク、みことのり imperial command
①칙령 天子制書 ②신칙할 誡也

【勅令】(칙령-チョクレイ) 임금의 명령

【勅命】(칙명-チョクメイ) 임금의 명령。칙령(勅令)

【勅使】(칙사-チョクシ) 임금의 사신

【勅裁】(칙재-チョクサイ) 임금의 재결

【勅旨】(칙지-チョクシ) 임금의 말씀

【勅許】(칙허-チョッキョ) 임금의 허가

【八 畫】

【勍】 경 ケイ、つよい strong 庚 ㄑㄧㄥˊ ch'ing^2
강할 굳셀 彊也

【勍敵】(경적-ケイテキ) 강한 적

【勌】 倦(人部 八畫)同字

【勑】 래 テイ、チョク、ねぎらう comfort 隊 ㄔˋ ch'ih^4
위로할 慰也 徠同 (칙) 바룰 正也

【勢】勢(力部 十一畫) 俗字

【脅】肉部 六畫에 볼것

【九 畫】

【勘】감 カン、しらべる closing
①조사할、생각할 校也 ②정할 定也 ③죄정할

【動】동 トウ、うごく move 董送 ㄉㄨㄥˋ tung⁴
①움직일 靜之對 ②흔들 搖也 ③지을 作也 ④날 出也 ⑤움직이게 할 一之

【動悸】(동계-ドウキ) 가슴이 울렁거림

【動機】(동기-ドウキ) ①의지 활동을 결정하는 의식적 요소 또는 목적 ②어떠한 행동을 일으키는 가장 근본되는 원인 ③마음을 다른 방향으로 바꾸게 하는 기회

【動亂】(동란-ドウラン) 세상이 소란하여짐。난리가 남

【動脈】(동맥-ドウミャク) 심장에서 나오는 피를 체내의 모든 장기로 보내는 맥관(脈管) 계통

【動物】(동물-ドウブツ) 체내에 생리 기관이 있고 지각(知覺)이 있으며 또 자유로 운동하는 생물의 총칭

【動產】(동산-ドウサン) 부동산 이외의 형체가 있는 물건。형상·성질을 변하지 않고 이동할 수 있는 재산

【動搖】(동요-ドウヨウ) ①흔들림。움직거림。떠들썩함 ②마음이 움직이어 어지러워짐

【動員】(동원-ドウイン) 전쟁의 준비로 지방에 흩어져 있는 군사를 소집함

【動議】(동의-ドウギ) 어떠한 문제를 토의할 때에 의견을 제출함

【動作】(동작-ドウサ) 신체·수족을 놀림。활동함。거동(擧動)

【動靜】(동정-ドウセイ) ①움직이는 것과 가만이 있는 것 ②형편。모양 ③병의 차도 ④동물과 식물

【動蕩】(동탕) 마음이 움직임

【勒】륵 ロク、くつわ bridle 職 ㄌㄜˋ lê⁴ ㄌㄟˋ lei⁴
①굴레 馬頭絡銜 ②새길 刻也 ③억지로 할 抑也

【勒買】(늑매-ロクバイ) 억지로 물건을 삼

【勒捧】(늑봉) 빚진 이에게 금전·물품을 억지로 받아 들임

【勒停】(늑정-ロクテイ) 벼슬을 파면시킴

【勒奪】(늑탈-ロクダツ) 위력·폭력으로 금품·증서등을 강제로 빼앗음

【務】무 ム、つとめ efforts 遇虞 ㄨˋ wu⁴
①힘쓸 實力 ②일 事也

【勖】욱 キョク、つとめる make efforts 沃 ㄒㄩˋ hsü⁴
힘쓸 勉也

【勗】勖俗字

【十 畫】

【勞】로 ロウ、つかれる trouble 豪 ㄌㄠˊ lao²
①수고로울 勤也 ②가쁠 倦也 ③노곤할 疲也 ④공로 功也 ⑤위로할 慰也

【勞苦】(노고-ロウク) ①괴롭게 애씀 ②위로함

【勞困】(노곤-ロウコン) 수고하여 고단함。지쳐서 괴로와 함

【勞動】(노동-ロウドウ) ①괴롭게 일함 ②노력하여 활동함

【勞力】(노력-ロウリョク) ①수고로운 힘。애씀 ②경제적 생산을 목적으로 하는 심신의 활동

【勞費】(노비-ロウヒ) 힘을 수고롭게 하고 재물을 씀。노력과 비용

【勞而無功】(노이무공-ロウしてコウなし) 애만 쓰고 보람이 없음。헛 애만 씀

【勞瘁】(노췌-ロウスイ) 몹시 파리함

【勝】승 ショウ、かつ win; overcome 蒸 ㄕㄥˋ shêng⁴
①이길 負之對 ②나을 優過 ③화관 婦人道飾 ④견딜 堪也 ⑤맡길 任也

【勝景】(승경-ショウケイ) 뛰어난 경치。좋은 경치
【勝國】(승국-ショウコク) 내가 이긴 나라。곧 내게 망한 나라
【勝氣】(승기-ショウキ) 남에게 지지 않으려는 기개。뛰어난 성질
【勝流】(승류-ショウリュウ) 상류의 신분。양가(良家)
【勝利】(승리-ショウリ) ①이김 ②성공함
【勝負】(승부-ショウブ) 이기는 것과 지는 것。승패(勝敗)
【勝算】(승산-ショウサン) 꼭 되거나 이길 만한 꾀나 셈
【勝戰】(승전-ショウセン) 싸움에 이김
【勝朝】(승조-ショウセン) 승리한 나라
【勝地】(승지-ショウチ) 유명한 땅。경치가 좋은 곳
【勝敗】(승패-ショウハイ) 이기는 것과 패하는 것。승부(勝負)
【勝會】(승회-ショウカイ) 성대한 회합。굉장한 잔치

【勛】훈 クン、いさお meritorious deed
공적 功績 勳의 古字
【勛業】(훈업-クンギョウ) 커다란 공

【十一畫】

【勤】근 キン、つとめる diligent 囡 ㄑㄧㄣˊ ch'in²
①부지런할 勞力 ②도타울 篤厚
【勤恪】(근각-キンカク) 부지런함。정성껏 삼감
【勤儉】(근검-キンケン) 부지런하고 아끼어 씀。근면하고 검약함
【勤苦】(근고-キンク) 부지런하고 애씀。근로와 신고
【勤勞】(근로-キンロウ) 부지런히 힘씀。심신을 수고롭게 함
【勤勉】(근면-キンベン) 부지런하고 힘씀。
【勤務】(근무-キンム) 사무에 힘씀。일을 봄
【勤敏】(근민-キンビン) 부지런하고 약삭빠름。근면하고 민첩함
【勤愼】(근신-キンシン) 부지런하고 삼감
【勤王】(근왕-キンノウ) 왕사에 힘씀。임금을 위하여 힘씀
【勤惰】(근타-キンダ) 근면과 타태
【勤學】(근학-キンガク) 정성껏 배움。학문에 힘씀

【勠】륙 リク、あはせる concentration of forces
같이 힘쓸 拜力 (륙) 義同

【勢】세 セイ、セ、いきおい authority 㘙 ㄕˋ shih⁴
①형세 形— ②권세 權— ③위엄 氣燄 ④불알 外腎
【勢力】(세력-セイリョク) ①권세의 힘。위력 ②에네르기
【勢不可兩立】(세불가양립-いきおいリョウリッせず) 동시에 존재할 수 없는 모양
【勢焰】(세염-セイエン) 기세
【勢要】(세요-セイヨウ) 권세 있는 요로에 있는 사람 세력이 좋고 책임이 중한 벼슬
【勢威】(세위-セイイ) 권세와 위력。위세

【勦】초 ソウ、かすめる steal 囿 㑹 ㄔㄠˇ ch'ao³
①끊을 絕也 ②수고로울 勞也 ③말전주할 取人說爲—說 ④날렵할 輕捷 ⑤수고할 勞也 ⑥훔칠
【勦滅】(초멸-ソウメツ) 도둑을 쳐서 없앰
【勦討】(초토-ソウトウ) 도둑을 토벌함

【十四畫—十七畫】

【勳】훈 クン、いさお merit 囡 ㄒㄩㄣ hsün¹
공 功也
【勳功】(훈공-クンコウ) 왕사(王事) 또는 국가에 대한 공로
【勳舊】(훈구-クンキュウ) 오래 섬기어 공로가 있는 자。훈공이 있는 구신(舊臣)
【勳德】(훈덕-クントク) 훈공과 덕행
【勳等】(훈등-クントウ) 훈장의 등급
【勳閥】(훈벌-クンバツ) 훈공이 있는 문벌

【勳臣】(훈신-クンシン) 훈공이 있는 신하。공신(功臣)
【勳業】(훈업-クンギョウ) 훈공이 있는 사업
【勳章】(훈장-クンショウ) 훈공을 표창하여 내리는 휘장
【勳戚】(훈척-クンセキ) 국가에 훈공이 있는 임금의 친척

【勵】려 レイ、はげむ endeavour 勵 ㄌㄧˋ
①가다듬을 修飾—精 ②힘쓸 勉也 ③권할 勸也
【勵精】(여정-レイセイ) 정성껏 힘씀
【勵志】(여지-レイシ) 뜻을 격려함
【勵行】(여행-レイコウ) 힘써 행함。또 언행을 가다듬음

【勸】권 カン、ケン、すすめる advise
①권할 勉也 ②권장할 奬勉誘掖 ③도울 助也
【勸戒】(권계-カンカイ) 선(善)을 권하고 악(惡)을 경계함
【勸告】(권고-カンコク) 하도록 타이름。권하여 말함
【勸工】(권공-カンコウ) 공업을 권장함
【勸農】(권농-カンノウ) 농업을 장려함
【勸勉】(권면-カンベン) 권하여 힘쓰게 함
【勸業】(권업-カンギョウ) 산업을 권장함
【勸誘】(권유-カンユウ) 하도록 달램。권하여 꾐
【勸奬】(권장-カンショウ) 권하여 힘쓰게 함
【勸進】(권진-カンジン) 권함
【勸學】(권학-カンガク) 학문을 권장함

【辦】辛部 八畫에 볼것

勹部

【勹】포 ホウ、つつむ wrap
쌀 裹也

【一畫—二畫】

【勺】작 シャク、ひしゃく ladle 勺 ㄕㄠˊ shao²
①구기 飮器 ②잔질할 挹取 ③작 一合爲十—

【勾】句(口部 二畫) 同字

【匀】윤 イン、キン、ひとしい even 匀 ㄩㄣˊ yün²
①적을 少也 ②가지런할 齊也 (균) 고를 均也

【勿】물 フツ、モチ、なかれ dont 勿 ㄨˋ wu⁴
①말 禁止辭莫也 ②없을 毋也 ③성심으로 사랑할 懇愛貌—— ④동뒷기 里旗 (몰) 먼지떨이 掃塵皿—
【勿論】(물론-モチロン) 말할 것도 없음
【勿入】(물입-はいるなかれ) 들어오지 말 일
【勿侵】(물침-しのぶなかれ) 침범하지 못하게 말림

【三畫】

【匃】개 カイ、カツ、こふ reguest
①달라고 할 請求 ②빌 行請 ③줄 與也 丏同

【匄】上 同字

【包】포 ホウ、つつむ pack 包 ㄅㄠ pao¹
꾸릴 쌀 裹也 ②용납할 容也 ③머부룩하게 날 叢生
【包裹】(포과-ホウカ) 싸서 묶음
【包括】(포괄-ホウカツ) 싸서묶음。합하여 묶음
【包容】(포용-ホウヨウ) 쌈。용서함
【包圍】(포위-ホウイ) 언저리를 둘러쌈
【包裝】(포장-ホウソウ) 싸서 묶음。짐을 쌈
【包含】(포함-ホウガン) 속에 쌈。속에 싸여 있음

【包荒】(포황-ホウコウ) 사람을 용납할 도량이 있음。 도량이 넓음

【句】 口部 二畫에 볼것

【匆】 忽(心部 五畫) 同字

【四畫—九畫】

【匈】 흉 キョウ、むね、さわぐ breast; noisy

①가슴 膺也 ②떠들썩할 喧擾 胸通

【匈詈腹詛】(흉리복저) 가슴으로 욕하고 배로 비방함。 심중으로 비난함

【匈奴】(흉노-キョウト) 기원전 三세기무렵 장성(長城)지대와 몽고 지방에서 활약한 북적(北狄)의 일파인 유목민족

【匈匈】(흉흉-キョウキョウ) 인심이 떠들썩함

【旬】 日部 二畫에 볼것

【甸】 田部 二畫에 볼것

【匍】 포 ホ、フ、はらばう crawl 虞 ㄆㄨˊ p'u²

①길 手行而伏—匐 ②엎드러질顚蹶——救之

【匍匐】(포복-ホフク) 김。 기어감

【匏】 포 ホウ、ふくべ dipper made of grourd

바가지 박 瓠也

【匐】 복 ホク、はらばう crawl 職 ㄈㄨˊ fu²

①길 手行 ②달음박질할 盡力奔趨·伏·服通 (북) 蔔同

【芻】 艸部 四畫에 보라

匕 部

【匕】 비 ヒ、さじ spoon 紙 ㄅㄧˇ pi³

①비수 利劍一首 ②숟가락 匙也

【匕首】(비수-ヒシュ・あいくち) 잘드는 짧은 칼

【二畫—四畫】

【化】 화 カ、ゲ、ばける turn 禡 ㄏㄨㄚˋ hua⁴

①될 陰陽運行造— ②변화할 變也 ③죽을 死也 ④본받을 上行下效教—⑤姓名

【化力】(화력-カリョク) 조화의 힘

【化生】(화생-カセイ) ①형체를 변하여 남 ②중국 서역(西域) 풍속에 칠석날 인형을 물에 띄워 노는 부녀의 장난。 아이를 낳기를 바라는 기도

【化石】(화석-カセキ) 이전 세상의 지층(地層)속에 보존된 동식물의 유해

【化身】(화신-ケシン) 형체를 변하여 세상에 나타난 몸

【化外】(화외-カガイ) 왕화(王化)가 미치지 못한 땅。 미개의 토지

【化粧】(화장-ケショウ) 단장함

【化學】(화학-カガク) 모든 물질의 성질 및 그 화합물의 변화 법칙을 연구하는 학문

【化合】(화합-カゴウ) 두 가지 이상의원소가 결합하여 각기 특유한 성질을 잃고 새로 특유한 성질을 가진 물건이 됨

【北】 북 ホク、きた、そむく north; run away

북녘 朔方 (배) ① 패하여 달아날 敗走 ②각각 둘 分異

【北國】(북국-ホッコク) ① 북쪽 나라 ② 북쪽의 땅

【北闕】(북궐-ホッケツ) ①궁성의 북문。 ②경복궁(景福宮)

【北極】(북극-ホッキョク) ①지구의 북쪽 끝 ②지축의 북쪽 끝 ③지남철이북쪽으로 향하는 끝 ④북극성의 준말

【北極星】(북극성-ホッキョクセイ) 하늘북극에서 一도 三十분 떨어진 곳에 있는 별。 북진(北辰)

【北斗】(북두-ホクト) 하늘 북쪽에서 약 三十도 떨어진 곳에 있는 일곱의별

【北面】(북면-ホクメン) ①신하의 앉는 자리。임금은 남쪽을 신하는 북쪽을 향하고 앉은 까닭 ②신하가 됨。③제자(弟子)가 됨 (스승은 남면(南面)하고 제자는 북면(北面)하는 까닭) ④각군(郡)의 북쪽에 있는 면

【北溟】(북명-ホクメイ) 북쪽의 큰 바다

【北方】(북방-ホッポウ) 북쪽

【北辰】(북신-ホクシン) 북극성

【北洋】(북양-ホクヨウ) 북쪽의 바다。북해(北海)

【北庭】(북정-ホクテイ) ①한대(漢代) 북방 흉노(匈奴)의 땅 ② 서역(西域)의 딴 이름 ③집안 북쪽에 있는 뜰

【北風】(북풍-ホクフウ) ①북쪽에서 불어오는 바람。삭풍 ②추운 바람

【北海】(북해-ホッカイ) ①북쪽에 있는 바다。북명(北冥) ② 시베리아의 바이칼호(湖)

【死】歹部 二畫에 볼것

【旨】日部 二畫에 볼것

【比】比部 部首에 볼것

【此】止部 二畫에 볼것

【八 畫】

【眞】目部 五畫에 볼것

【能】肉部 六畫에 볼것

【九畫—十二畫】

【匙】시 シ、ジ、さじ spoon 支 彳 ch'ih² ㄕ shih
①숟가락 匕也 ②열쇠 鑰—

【匙著】(시저) 숫가락과 젓가락

【匙著】(시접) 수저를 담는 그릇

【疑】疋部 九畫에 볼것

匚 部

【匚】방 ホウ、はこ angular vessel 陽 ㄈㄤ fang
모진 그릇 器之方者

【二 畫】

【巨】工部 二畫에 보라

【三 畫】

【匜】이 イ basin 支 ㄧ i²
①대야 盥器 ②술그릇 酒器

【匝】잡 ソウ、めぐる be enclosed

두루 周也

【四 畫】

【匡】광 キョウ、ただす straight 陽 ㄎㄨㄤ k'uang¹
①바를 正也 ②모날 方也 ③도울 輔助 ④비뚤 斜枉

【匡諫】(광간-キョウカン) 간하여 바른길로 나가게 함

【匡矯】(광교-キョウキョウ) 바로 잡음。바르게 고침

【匡輔】(광보-キョウホ) 바르게 도움

【匡益】(광익-キョウエキ) 도와서 이롭게 함。도움

【匡正】(광정-キョウセイ) 바로 잡음。바로 고침

【匡定】(광정-キョウテイ) 도와서 정함

【匡濟】(광제-キョウサイ) 악을 바로잡아 선에 인도함

【匡弼】(광필-キョウヒツ) 광보(匡輔)

【匡護】(광호-キョウゴ) 도와서 지킴

【匠】장 ショウ、たくみ、だいく artisian 漾 ㄐㄧㄤ chiang⁴
장인 工也

【匠人】(장인-ショウジン) ①목수 ②수공으로 기구를 만드는 사람

【五畫—八畫】

【匣】갑 コウ、はこ case 洽 ㄒㄧㄚ hsia²

갑궤 匱也

【匪】비 ヒ、あらず、たけかご not ; bamboo case
①아닐 非也 ②빛날 采貌 ③대상자 竹器方曰ㅡ

【匪徒】(비도-ヒト) 폭동을 일으키는 무리

【匪匪】(비비-ヒヒ) 빛나는 모양

【匪賊】(비적-ヒゾク) 세상을 해치는 악인

【十一畫—十二畫】

【滙】회 カイ、めぐる turn round 賄 ㄏㄨㄟˋ huei⁴
① 물돌아나갈 水廻 ②그릇 器也

【匱】궤 キ、ひつ chest 寘 ㄎㄨㄟˋ k'uei⁴
①궤 盛器金ㅡ ②갑 匣也 ③다할 竭也 ④탕진할 乏也

匸 部

【匸】혜 ケイ、ガイ、かくす hide 霽 ㄒㄧˋ hsi³
감출 藏也

【二 畫】

【匹】필 ヒツ、ひき head
①짝 偶也 ②둘 兩也 ③짝 지을 配合 ④필 帛長 ⑤마리 牛馬ㅡㅡ

【匹馬】(필마-ヒツバ) 한 마리의 말

【匹夫】(필부-ヒップ) 한 사람의 남자 또 신분이 낮은 남자

【匹夫之勇】(필부지용-ヒップのユウ) 소인(小人)의 혈기에서 나오는 용기

【匹夫匹婦】(필부필부-ヒップヒップ) 보통의 남녀

【匹敵】(필적-ヒッテキ) ①어깨를 겨룸。서로 대함

【五畫—九畫】

【医】예 エイ、うつぼ quiver
동개 盛弓矢器 醫俗字

【區】구 ク、オウ、わかる、かくす distinguish ; hide
①감출 藏也 ②나눌 ㅡ別 ③조그마할 小貌ㅡㅡ ④작은 방 小室 ⑤지경 域也 ⑥동류 類也 (우) 숨길 匿也

【區區】(구구-クク) 사소함。변변치 못함。각각 다름

【區別】(구별-クベツ) 갈라 놓음。몫몫이 구별함。구획하여 차별함。분류

【區分】(구분-クブン) 갈라 나눔。구역으로 분할함

【區域】(구역-クイキ) 갈라 놓은 경계

【區處】(구처-クショ) 구별하여 처리함

【區夏】(구하-クカ) 국내。천하

【區劃】(구획-クカク) 경계를 갈라서 정함。구분하여 획정함

【匿】닉 トク、かくれる hide 職 ㄋㄧˋ ni⁴
①숨을 隱也 ②숨길 藏匸 ③덮어둘 淹覆 ④몰래 붙을 陰姦

【匿名】(익명-トクメイ) 이름을 숨기고 쓰지 아니 함

十 部

【十】십 ジュウ、とお ten 緝 ㄕˊ shih²
열 數名 什・拾通

【十干】(십간-ジッカン) 갑(甲)・을(乙)・병(丙)・정(丁)・무(戊)・기(己)・경(庚)・신(辛)・임(壬)・계(癸)

【十目所視】(십목소시-ジュウモクみるところ) 여러 사람이 다 같이 보고 있음。세인을 속일 수 없음

【十常八九】(십상팔구) 열가운데 여덟이나 아홉은 됨

【十生九死】(십생구사) 위태로운 지경을 겨우 벗어남

【十室九空】(십실구공) 큰 변란으로 인하여 헤어지거나 또는 죽은 사람이 많은 일

【十五夜】(십오야-ジュウゴヤ) 음력 八월 十五일밤

【十二支】(십이지-ジュウニシ) 자(子)・축(丑)・인(寅)・묘(卯)・진(辰)・사

(巳)・오(午)・미(未)・신(申)・유(酉)・술(戌)・해(亥)

【十日一水】(십일일수) 十일간에 겨우 일수(一水)를 그림。화공(畫工)의 고심을 이름

【十字架】(십자가-ジュウジカ) ①서양의 형구(刑具)의 하나 죄인을 못 박아 죽이는 십자형 (十字形)의 기둥 ②예수 또는 예수교의 기호

【十字街】(십자가) 네거리

【十寒一曝】(십한일폭)열흘 춥고 하루 햇볕이 쬔다는 뜻으로 일을 할 때 끊임이 많음

【一 畫】

【廾】입 ジュ、ニュウ、はたち twenty
스물 數名 二十

【千】천 セン、ち thousand 先 ㄑㄧㄢ ch'ien'
①일천 數名 十百 ②姓也

【千古】(천고-センコ) ①오래된 옛적。태고 ②영원(永遠)。만고(萬古)

【千鈞】(천균-センキン) ①三千근 ②무게가 써 무거움

【千金】(천금-センキン) ①천량(千兩)의 돈 ②큰 돈。또는 고가(高價)・귀중(貴重)의 뜻 ③부자

【千金子】(천금자-センキンのシ) 부자의 자식 (부자의 자식은 이익(利益)때문에 죽지 않음)

【千里馬】(천리마-センリのうま) 하루에 천리를 갈 수 있는 명마(名馬)

【千萬年】(천만년-センマンネン) 영원한 세월

【千變萬化】(천변만화-センペンバンカ)변화가 무궁함

【千思萬量】(천사만량-センシバンコウ)여러가지로 생각함

【千言】(천언-センゲン)긴 시문(詩文)・많은 말

【千言萬語】(천언만어-センゲンバンゴ) 여러말

【千載】(천재-センザイ) 먼 장래

【千載一遇】(천재일우-センザイイチグウ) 일생에 한번 밖에 볼 수 없는 좋은 때

【千枝萬葉】(천지만엽) ①무성한 식물의 가지와 잎 ②복잡한 일을 가리키는 말

【千差萬別】(천차만별-センサンバンベツ) 여러가지의 차별이 있음

【千秋】(천추-センシュウ) 긴 세월

【千秋萬歲】(천추만세-センシュウバンザイ) 천년 만년의 뜻。장수를 축원하는 말

【千朶】(천타) 많은 꽃가지

【千篇一律】(천편일률-センペンイチリツ) ①시문의 글귀가 어느 것이든지 비슷비슷 하고 변화가 없음 ②사물이 일정한 형식에 있음

【二 畫】

【卅】삽 ソウ、みそ thirty 合 ㄙㄚ sa'
서른 三十

【升】승 ショウ、ます measure 蒸 ㄕㄥ shêng'
①되 量名十合 ②이룰 成也 ③오를 登也 ④태평할 ―平

【升降】(승강-ショウコウ) ①오르는 것과 내리는 것。오르내림 ②성하는 것과 쇠하는 것

【升騰】(승등-ショウトウ) 뛰어 오름。올라감

【升進】(승진-ショウシン) 직위 (職位)가 차례로 오름

【升遷】(승천-ショウセン) 벼슬이 오름

【升沈】(승침-ショウチン) 오르는 것과 가라 앉는 것

【升遐】(승하-ショウカ) 멀리 오른다는뜻이니 임금이 세상을 떠남

【午】오 ゴ、うま、ひる noon 麌 ㄨˇ wu³
①낮 日中 ②지지 地支 第七 ③어긋날 違背牪― ④어수선할 交横旁

【午飯】(오반) 점심밥

【午睡】(오수-ゴスイ) 낮잠

【午食】(오식-ゴショク) 점심

【午夜】(오야-ゴヤ) 한 밤중

【午熱】(오열-ゴネツ) 낮 더위

【午前】(오전-ゴゼン) 밤 十二시부터 오정까지
【午正】(오정) 낮 十二시
【午寢】(오침-ひるね) 낮 잠
【午後】(오후-ゴゴ) 정오부터 밤 十二시까지。하오(下午)

【廿】卄 (十部 一畫) 同字

【支】支部 部首에 볼것

【三 畫】

【半】반 ハン、なかば half 翰 ㄅㄢˋ pan4
①절반 物中分 ②가운데 中也 ③조각 大片
【半價】(반가-ハンカ) 반 값。절반 가격
【半減】(반감-ハンゲン) 반을 감함
【半開】(반개-ハンカイ) ①반쯤 열음 ②꽃이 반쯤 핌。반쯤 개명함
【半空】(반공-ハンクウ) 하늘과 땅 중간의 공중
【半旗】(반기-ハンキ) 깃대 끝에서 내리켜 달아 조의(弔意)를 표하는 국기
【半島】(반도-ハントウ) 한쪽만 육지에 닿고 세쪽은 바다에 싸인 땅
【半輪】(반륜-ハンリン) 한 바퀴의 반
【半面】(반면-ハンメン) ①얼굴의 왼쪽 또는 오른쪽。물건의 한쪽 거죽 ③한쪽 면의 반
【半白】(반백-ハンパク) ①현미와 백미가 반씩 섞인 것 ②머리 털의 흑백(黑白)이 서로 반씩 섞인 것
【半腹】(반복-ハンプク) 산의 중턱
【半死】(반사-ハンシ) 거진 죽게 함
【半生】(반생-ハンセイ・ハンショウ) 일생의 절반
【半睡半醒】(반수반성-ハンスイ・ハンセイ) 잠이 깊이 들지 아니함
【半身】(반신-ハンシン) 온 몸의 반。상반신 하반신으로 갈라 씀
【半夜】(반야-ハンヤ) ①반밤。하룻 밤의 반 ②한 밤중
【半圓】(반원-ハンエン) ①옛날 돈 一원의 반。곧 五十전 ②원의 절반
【半月】(반월-ハンゲツ) 반달
【半日】(반일-ハンジツ) 반날。하루의 반。한나절
【半子】(반자-ハンシ) 반자식이란 뜻이니 사위
【半折】(반절-ハンセツ) 반에 끊음。반에 꺾음
【半紙】(반지-ハンシ) 일본에서 나는 종이의 한 가지
【半醉】(반취-ハンスイ) 술이 반쯤 취함
【半寢】(반침) 큰방에 달린 작은 방

【卉】훼 キ、くさ grass 尾 未
①풀 百草總名 ②많을 衆也
【卉木】(훼목) 풀과나무

【四畫—五畫】

【卍】만 マン、バン、まんじ swastika 願 ㄨㄢˋ wan4
梵書의 萬字

【卋】世(一部 四書) 同字

【克】儿部 五書에 볼것

【六 畫】

【卑】비 ヒ、いやしい mean 支 ㄅㄟ pei1
①낮을 下也 ②천할 賤也
【卑怯】(비겁-ヒキョウ) 겁을 잘 냄
【卑謙】(비겸) 자기를 낮추고 겸손함
【卑官】(비관-ヒカン) 낮은 벼슬
【卑屈】(비굴-ヒクツ) 용기가 없고 마음이 비겁함
【卑近】(비근-ヒキン) 고상하지 아니함。웅숭깊지 아니함
【卑陋】(비루-ヒロウ) ①마음이 더러움 ②신분이 낮음 ③낮고 좁음
【卑末】(비말-ヒマツ) 천함。낮고 작음
【卑卑】(비비-ヒヒ) ①부지런히 힘씀②매우 낮은 모양
【卑鄙】(비비-ヒヒ) 낮고 천함
【卑俗】(비속-ヒゾク) 천하고 속됨
【卑濕】(비습) 낮고 습기가 많음
【卑讓】(비양) 자기를 낮추고 남에게

양보함

【卑劣】(비열-ヒレツ) 고상하지 아니함。 더럽고 낮음

【卑人】(비인-ヒジン) 신분·마음들이 낮은 사람

【卑職】(비직-ヒショク) 낮은 벼슬

【卑淺】(비천-ヒセン) 낮고 천박함

【卑下】(비하-ヒゲ) ①땅이 낮음 ②지위가 낮음

【卓】 탁 タク、つくえ table 覺 ㄓㄨㄛ chuo$^{1\cdot 2}$

①높을 高也 ②우뚝할 特立—然 ③姓也

【卓見】(탁견-タッケン) 탁월한 견식

【卓犖】(탁락-タクラク) 뛰어남。 탁월

【卓立】(탁립-タクリツ) 우뚝하게 섭

【卓拔】(탁발-タクバツ) 뛰어남

【卓然】(탁연-タクゼン) 뛰어난 모양。 탁월한 모양

【卓越】(탁월-タクエツ) 여러 사람 보다 뛰어남

【卓爾】(탁이-タクジ) 뛰어난 모양

【卓絕】(탁절-タクゼツ) 탁월(卓越)

【卓卓】(탁탁-タクタク) 우뚝한 모양。 뛰어난 모양

【卒】 졸 ソツ、しもべ servant 質 ㄗㄨ tsu^{2}

①항오 軍伍 ②나졸 隷也 ③별안간 倉— ④바쁠 忽遽—— ⑤죽을 死也 (졸) ①이미 旣也 ②마칠 終盡

【卒遽】(졸거-ソッキョ) 별안간。 허둥지둥함

【卒倒】(졸도-ソットウ) 갑자기。정신을잃고 쓰러짐。 죽어 넘어짐

【卒乘】(졸승-ソツジョウ) 걷는 군사와 말탄 군사

【卒業】(졸업-ソツギョウ) 규정한 공부를 마침

【卒然】(졸연-ソツゼン) 갑자기。 별안간

【卒卒】(졸졸-ソツソツ) 갑작스러운 모양。 서두르는 모양

【協】 협 キョウ、やわらぐ harmony 葉 ㄒㄧㄝ hsieh^{2}

①화할 和也 ②맞을 合也 ③복종할 服也

【協同】(협동-キョウドウ) 마음을 같이 하고 힘을 합함

【協力】(협력-キョウリョク) 힘을 합함 ②서로 도와줌 ③한 가지 일을 완성하기 위하여 여러 사람이 공동 하여 함

【協商】(협상-キョウショウ) 협의(協議)

【協約】(협약-キョウヤク) 협의하여 약정함

【協議】(협의-キョウギ) 여러 사람이 모이어 의논함

【協定】(협정-キョウテイ) 협의하여 결정함

【協調】(협조-キョウチョウ) 협동하여 조화함

【協贊】(협찬-キョウサン) 협력 하여 찬동함

【七 畫】

【南】 남 ナン、みなみ south 覃 ㄋㄢ nan^{2}

①남녘 午方 ②姓也

【南極】(남극-ナンキョク) ①하늘의 남쪽 끝 ①땅의 남쪽 끝 ③지남철이 남쪽으로 향하는 끝

【南蠻】(남만-ナンバン) 남쪽 오랑캐

【南面】(남면-ナンメン) ①임금의 자리 ②앞면을 남쪽에 둠

【南冥】(남명-ナンメイ) 남쪽에 있다고 하는 큰 바다

【南無阿彌陀佛】(나무아미타불-ナムアミダブツ) 부처의 이름。 중생을 도와 달라고 염불에 쓰는 말

【南北】(남북-ナンボク) ① 남쪽과 북쪽 ② 앞과 뒤

【南山之壽】(남산지수-ナンザンのジュ) 장수(長壽)를 비는 말

【南人】(남인-ナンジン) ①남쪽 나라의 사람 ②몽고(蒙古)가 송인(宋人)을 일컬음

【南中】(남중-ナンチュウ) 천체가 하늘의 자오선 남쪽을 경과하는 것

【南風】(남풍-ナンプウ) 남쪽에서 불어오는 바람。 마파람 ② 군주의 혜택

【南下】(남하-ナンカ) 남쪽 나라의 땅을 먹어 감

【南海】(남해-ナンカイ) ①남쪽에 있는바다 ②남쪽 나라

【南向】(남향-みなみむき) 남쪽으로 향하고 있음

【南薰】(남훈-ナンクン) 남풍(南風)

【乾】乙部 十畫에 볼것

【十畫—十一畫】

【博】박 ハク、ひろい wide; comprehensive

①넓을 廣也 ②통할 通也 ③살 무역할 貿易 ④장기 局戱六—

【博徒】(박도-ハクト) 노름꾼

【博覽】(박람-ハクラン) 널리 봄. 널리 책을 보아 사물(事物)을 이해(理解)함

【博覽會】(박람회-ハクランカイ) 농·공·상업과 학예 등에 관한 물품을 널리 모아 진열하고 여러 사람에게 관람 또는 구매에 이바지 하며, 또 물품·성적의 우열을 심사하여 그 진보 발달을 촉진하기 위하여 일정한 기간 베푸는 모임

【博文約禮】(박문약례-ハクブンヤクレイ) 널리 학문을 닦고 예절 대로 실제에 실행함

【博物】(박물-ハクブツ) ①동물·식물·광물의 총칭 ②널리 사물을 이해함 박식(博識)

【博士】(박사-ハクシ·ハカセ) ①교학(敎學)을 맡은 벼슬 ②전문 학술에 숙달한 사람으로 학위를 받은 학자

【博搜】(박수-ハクソウ) 널리 찾음

【博施濟衆】(박시제중-ハクシサイシュウ)여러사람을 구제함

【博識】(박식-ハクシキ) 학식이 많음. 또 그 사람. 학자

【博愛】(박애-ハクアイ) 모든 사람을 똑같이 사랑함

【博友】(박우-ハクユウ) 노름하는 벗

【博恩】(박은-ハクオン) 넓은 은혜

【博奕·博弈】(박혁-バクチ) 바둑과 장기

【博厚】(박후-ハッコウ) 넓고 두터움

【博洽】(박흡-ハッコウ) 사물에 대하여 막힘 모가 없음

【幹】干部 十畫에 볼것

卜 部

【卜】복 ボク、うらない fortunetelling 屋 ㄅㄨˇ pu^3

①점 問龜 ②점칠 占之 ③줄 賜與 ④姓也

【卜居】(복거-ボッキョ) 점쳐서 거처를 정함. 거처를 고름

【卜揆】(복규) 궁전을 건축할 때 점을 침

【卜吉】(복길) 길한 날을 가려서 받음

【卜筮】(복서-ボクゼイ) 길흉을 점함

【卜術】(복술-ボクジュツ) 점을 치는술법

【卜人】(복인-ボクジン) 점장이

【卜者】(복자-ボクシャ) 점장이

【卜占】(복점-ボクセン) 점침. 점

【卜築】(복축-ボクチク) 토지를 점쳐서 집을 지음

【二畫—三畫】

【卞】변 ベン、ヘン、せっかち hasty temper 霰 ㄅㄧㄢˋ pien^4

①법 法也 ②조급할 躁疾—急 ③손뼉칠 手搏 ④姓也

【卞急】(변급-ベンキュウ) 조급함. 바쁨

【占】점 セン、うらない forunetelling 豔 ㄓㄢ chan^1

①점칠 問卜視兆 ②살펴볼 候也 ③차지할 擅據—額 ④입으로 부를 口授 ⑤姓也

【占據】(점거-センキョ) 차지하여 자리를 잡음

【占領】(점령-センリョウ) 차지함. 일정한 땅을 병력으로 지배함

【占卜】(점복-センボク) 점침

【占書】(점서-センショ) 점에 관한 책

【占術】(점술-センジュツ) 점치는 기술

【占有】(점유-センユウ) 차지함. 자기의

소유로함
【占奪】(점탈-センダツ) 차지하여 빼앗음

【六 畫】

【卦】괘 カ、ケ、うらかた divination sign 圕 ㄍㄨㄚˋ kua⁴
점괘 筮兆八一

【卓】十部 六畫에 볼것

卩 部

【卩】절 セツ、ふし score 圕 ㄐㄧㄝˊ chieh²
병부 示信符一 節의 古字

【二畫—三畫】

【卬】앙 ゴウ、ギョウ、われ myself 陽 ㄤˊ ang²
①나 我也 ②격동할 激厲 ③오를昂也 ④우러러볼 仰也 昂·仰通

【卯】묘 ボウ、う rabbit 巧 ㄇㄠˇ mao³
①토끼兎也 ②지지地支 第四位
【卯飯】(묘반)아침 밥
【卯睡】(묘수-ボウスイ) 아침잠
【卯時】(묘시-うのとき) 네째 시간。곧 오전 五시로 부터 七시까지의 동안
【卯飮】(묘음-ボウイン) 아침 술을 마심
【卯酒】(묘주-ボウシュ) 아침 술

【四 畫】

【危】위 キ、あやうい danger 支 ㄨㄟˊ wei²
①위태할 不安 ②기울 不正 ③대마루 屋棟上 ④병더칠 疾劇 ⑤별 이름 星名 ⑥높을 高也 ⑦바를 正也
【危境】(위경-キキョウ) 위태한 경우
【危計】(위계-キケイ) 위험한 계책
【危苦】(위고-キク) 위태하고 괴로움
【危空】(위공-キクウ) 높은 하늘
【危懼】(위구-キグ) 두려움
【危急】(위급-キキュウ) 위태하고 급함。마음을 놓을 수 없이 급함
【危機】(위기-キキ) 위급한 기회 위험한 때
【危機一髮】(위기일발-キキイッパツ) 조금도 방심할 수 없는 위급한 순간。위급한 경우
【危難】(위란-キナン) 위급한 곤란
【危亂】(위란-キラン) 나라가 위태하고 어지러움
【危疑】(위의-キギ) 의심이 나서 마음이 불안함
【危症】(위증-キショウ)위험한 증세
【危地】(위지-キチ) ①위험한 곳 ②위험한 지위
【危殆】(위태-キタイ) 형세가 어려움。위험함
【危害】(위해-キガイ) 위험한 재해
【危險】(위험-キケン) ①안전하지 못함 ②위태함
【危險思想】(위험사상-キケンシソウ) 국가·사회의 안녕·질서에 위해를 끼칠 만한 사상
【危險人物】(위험인물-キケンジンブツ)①위험 사상을 품은 사람 ②마음을 믿을 수 없는 사람

【印】인 イン、はん seal 震 ㄧㄣˋ yin⁴
①인 刻文合信 ②인칠 印之 ①박을 一刷 ④姓也
【印刻】(인각-インコク) ①문자·물상(物象)을 새김 ②도장에 새긴 글자
【印譜】(인보-インプ) 여러 가지 인발을 모은 책
【印本】(인본-インポン) 인쇄한 물건
【印封】(인봉-インプウ)봉한 물건에 도장을 찍음
【印象】(인상-インショウ) ①자극을 받아 의식 안에 생기는 지각 ②물건의 거죽에 표한 형상
【印刷】(인쇄-インサツ) 판에 잉크를 발라 글씨·그림을 박음
【印影】(인영-インエイ) 찍어 놓은 도장의 형적。인발
【印肉】(인육-インニク) 인주

【印章】(인장-インショウ) 도장
【印材】(인재-インザイ) 도장을 새기는데 쓰는 재료
【印朱】(인주) 도장에 묻히어 찍는 주홍색의 물건
【印行】(인행-インコウ) 인쇄하여 발행함
【印畫紙】(인화지-インガシ) 사진을 박는 종이

【五 畫】

【却】 각 キャク、しりぞける concede; repulse
①물리칠 退也 ②사양할 不受 卻俗字
【却說】(각설-キャクセツ) 말하는 동안에 국면을 변하여 앞에 말할 것을 받아 아래로 옮기는데 쓰는 말
【却下】(각하-キャッカ) 원서・소송 등을 수리하지 않고 도로 내줌
【却行】(각행・キャッコウ) 뒷걸음 침

【卵】 란 ラン、たまご egg [上] ㄌㄨㄢˇ luan³ ㄌㄢˇ lan³
알 凡物無乳生者
【卵殼】(난각-ランカク) 알의 껍질
【卵白】(난백-ランパク) 흰자위
【卵生】(난생-ランセイ) 알에서 태어남
【卵巢】(난소-ランソウ) 골반 옆에 있어서 자궁과 이어지고 난자를 만들어 내는 여자의 생식기
【卵育】(난육-ランイク) 보호하여 기름
【卵翼】(난익-ランヨク) 보호하여 기름。부모가 자녀를 기름
【卵子】(난자-ランシ) 난소(卵巢)안에서 생기어 정자(精子)와 합하여 생식작용을 하는 세포
【卵形】(난형-ランケイ) 닭의 알의 형상
【卵黃】(난황) 노른자위

【即】 卽(卩部 七畫) 俗字

【六 畫】

【卷】 권 ケン、カン、まき volume [去] ㄐㄩㄢˋ chüan⁴
①책 書秩 ②굽을曲也 ③아리따울 好也 ④풍류 이름 樂名大— ⑤작을 區也 ⑥정성 誠也 ⑦오금 膝曲 ⑧말不舒
【卷曲】(권곡-ケンキョク) 이리 저리 굽음
【卷頭】(권두-カントウ) 책머리
【卷舒】(권서-ケンジョ) 굽히는 것과 펴는 것。진퇴
【卷舌】(권설-ケンゼツ) ①혀를 말음。경탄하는 모양
【卷首】(권수-カンシュ) ①책 머리 ②책의 첫째 권
【卷帙】(권질-カンチツ) 책의 편수와 붓수
【卷軸】(권축-カンジク)주련 아래에 가로지른 둥근 나무。주련
【卷懷】(권회-ケンカイ) 접어 품에 품을 자기의 재주를 감추어 둠

【巹】 근 キン、さかずき wine cup (gourd)
합환주한 婚禮瓢杯

【卸】 사 シャ、おろす unload [去] ㄒㄧㄝˋ hsieh⁴
①부릴 舍車解馬 ②풀 丹人出載 ③벗을 脫衣解甲

【卹】 술 ジュツ、あわれみ anxiety [入] ㄒㄩˋ hsü⁴
먼지채 掃塵 (술) 걱정할憂愍恤同

【七 畫】

【卻】 却 (卩部 五畫)本字

【卽】 즉 ソク、すなわち namely
①곧 今也 ②가까울 近也 ③나아갈 就也 ④불똥 燭炬燼 ⑤가득할 充實 ⑥다만 只也
【卽刻】(즉각-ソッコク) 그 즉시。그 시각
【卽決】(즉결-ソッケツ) 그 자리에서 곧 결정함
【卽景】(즉경-ソッケイ) 그 당장의 풍경
【卽答】(즉답-ソクトウ) 당장에 대답함
【卽賣】(즉매-ソクバイ) 상품이 놓인 그 자리에서 곧 팔음
【卽死】(즉사-ソクシ) 그 자리에서 죽음
【卽席】(즉석-ソクセキ) ① 그자리 ②자리에 나아감

【即時】(즉시-ソクジ) 곧。그 때

【即位】(즉위-ソクイ) 임금의 자리에 나아감

【即日】(즉일-ソクジツ) 그날。그 당일

【即製】(즉제-ソクセイ) 그 자리에서 지음

【即座】)즉좌-ソクザ) 그 자리

【即效】(즉효-ソッコウ) 당장에 효력이 나타남

【即興】(즉흥-ソッキョウ) 그 자리에서 일어나는 흥취

【即興詩】(즉흥시-ソッキョウシ) 당장 머리에 떠오른 시흥(詩興)을 그 자리에서 읊은 시(詩)

【九 畫】

【卿】경 ケイ、キョウ、きみ lord; sir 庚 ㄑㄧㄥ ch'ing¹

①벼슬 公— ②귀할 貴也 ③밝힐 章也 ③향할 嚮也

【卿輩】(경배-ケイハイ) 그대들。경들

【卿輔】(경보-ケイホ) 경상(卿相)

【卿士】(경사-ケイシ) ①경대부(卿大夫)를 이름 ②집정자(執政者)를 이름

【卿相】(경상-ケイショウ) 임금을 도와 정치를 행하는 대신

【卿子】(경자-ケイシ) 남을 존칭하는 말

【卿曹】(경조-ケイソウ) 경배(卿輩)

厂 部

【厂】엄 굴바위 出之厓巖人可居 鹽 ㄏㄢˇ han³

【二 畫】

【厄】액 ヤク、ガ、わざはい misftune

①재앙 災也 ②옹이 木節科

【厄年】(액년-ヤクどし) 액회(厄會)가 돌아오는해。남자는 二十五·四十二·六十세 여자는 十九·三十三·三十七

【厄運】(액운-ヤクウン) 불행한 운수

【厄月】(액월-ヤクづき) 불행이 돌아오는 달。액달

【厄日】(액일-ヤクニチ) 불행이 돌아오는 날

【反】又部 二畫에 볼것

【仄】人部 二畫에 볼것

【五畫—七畫】

【厎】지 シ、といし whetstone 紙 ㄓˇ chih³

①숫돌 礪也 ② 이룰 致也 ③정할 定也

【厎厲】(지려-シレイ) 칼날을 숫돌에 갈아서 날카롭게 함

【厎石】(지석-シセキ) 숫돌

【厓】애 ガイ、がけ cliff 佳 ㄧㄞˊ yai²

언덕 山邊水畔 崖同 涯·睚通

【厓略】(애략-ガイリャク) 대강。대략

【厓眥】(애자)흘기어 보다

【厖】방 ボウ、あつい enormous 江 ㄇㄤˊ mang²

①클 大也 ②두터울 厚也 ③넉넉할 豊也 尨通

【厖大】(방대-ボウタイ) 매우 큼

【厚】후 コウ、あつい thick 有 ㄏㄡˋ hou⁴

①두꺼울、두터울 不薄 ②무거울 重也 ③클 大也 ④걸쩍할 醲也

【厚德】(후덕-コウトク) ①두터운 덕행 ②두터운 은덕

【厚祿】(후록-コウロク) 후한 봉급

【厚薄】(후박-コウハク) 두꺼운것과 얇은 것。후한 것과 박한 것

【厚報】(후보-コウホウ) 후한 보수

【厚謝】(후사-コウシャ) 후한 사례

【厚生】(후생-コウセイ) 국민의 생활을 넉넉하게 함

【厚顔】(후안-コウガン) 낯 가죽이 두꺼움。염치가 없음

【厚恩】(후은-コウオン)두터운 은혜

【厚意】(후의-コウイ) 두터운 마음

【厚誼】(후의-コウギ) 두터운 정의

【厚情】(후정-コウジョウ) 두터운 정의

【厘】里部 二畫에 볼것 先 ㄌㄧˊ li²

【八畫—九畫】

【原】원 ゲン、ガン、はら、もと field foundation 㘝[ㄩㄢˊ yüan²]
①둔덕 地高平 ②근본 本也 ③살필 察也 ⑤거듭 再也 ⑤ 밀 推也 ⑥놓을 宥罪 源通

【原價】(원가-ゲンカ) ①본디 사 들인 때의값 ②생산비

【原告】(원고-ゲンコウ) 소송을 일으키어 재판을 청구한 당자

【原稿】(원고-ゲンコウ) ①문장의 초본。초고 ②인쇄의 본보기를 삼기 위하여 애벌로 쓴 글

【原動】(원동-ゲンドウ) 운동의 근본

【原動力】(원동력-ゲンドウリョク) ① 일을 시키는 세력 ②기계의 운동을 일으키는 힘

【原來】(원래-ゲンライ・ガンライ) 본디

【原料】(원료-ゲンリョウ) 물건을 만들재료。감。거리

【原理】(원리-ゲンリ) ①사물의 근본 되는 도리 ②설명 또는 판단의 근거가 되는 진리 ③ 행위의 근본이 되는 규범

【原文】(원문-ゲンブン) ①근본이 되는글 ②책속의 주해(註解)에 대하여 근본 되는 글 본문.

【原犯】(원범) 범죄의 주동자

【原本】(원본-ゲンポン) ①근본 ②본보기 ③근본 되는 서류

【原產】(원산-ゲンサン) 본디 남。근본의 산출

【原狀】(원상-ゲンジョウ) 근본의 형편。근본되는 상태

【原色】(원색-ゲンショク) 여러가지 빛의 근본 되는 빛。곧 적(赤)・청(靑)・황(黃)의 세가지 색

【原生動物】(원생동물-ゲンセイドウブツ)동물중 구조가 아주 간단한 것 아메바따위

【原書】(원서-ゲンショ) 번역서에 대하여 근본이 되는 책

【原始】(원시-ゲンシ) 처음을 찾음

【原始林】(원시림-ゲンシリン) 아직 사람손이 안 미친 자연 그대로의 산림。처녀림(處女林)

【原始時代】(원시시대-ゲンシジダイ) 사람이 처음 지구 위에 나타나던 시대。문화가 아직 열리지 않는 야만시대

【原案】(원안-ゲンアン) 근본되는 안건(案件)

【原語】(원어-ゲンゴ) 근본되는 말

【原由】(원유-ゲンユウ) 원인

【原人】(원인-ゲンジン) 원시 시대의 인류。태고의 몽매한 사람

【原因】(원인-ゲンイン) 사실의 근본。까닭。원유(原由)

【原子】(원자-ゲンシ) 원소와 분자로 구성하는 것

【原籍】(원적-ゲンセキ) 본적(本籍)

【原紙】(원지-ゲンシ) 바탕이 되는 종이

【原版】(원판-ゲンパン) 근본되는 인쇄판

【原形】(원형-ゲンケイ) 본원의 형상

【原型】(원형-ゲンケイ) 제작물의 근본되는 거푸집

【厠】
厠(广部 九畫) 同字

【十畫—十一畫】

【厥】궐 ケツ、その the 㘝 ㄐㄩㄝˊ chüeh²
①그 其也 ②어조사 語助辭 ③짧을 短也 ④조울 頓也 (굴) 나라이름 國名突—

【厥女】(궐녀) 그 계집

【厥者】(궐자) 그 사람

【雁】
隹部 四畫에 볼것

【十二畫】

【厭】염 エン、ヨウ、きたる、いとう unwilling; disike
①싫을 斁也 ②넉넉할 足也 ③찰滿也 ④아름다울 美也 饜同 ⑤미워할 惡也 魘通 ⑥편안할 安也 ⑦배부를 飽也 (엽) ①진압할 鎮也 ②모을 合也 ③젖을 濕貌—浥 ④덜損也 (암) ①감출 閉藏貌—然 ②빠질 沈溺意

【厭世】(염세-エンセイ) 세상은 덧없는 것

이라고 비관함
【厭世主義】(염세주의-エンセイシュギ)이세
상은 고생이 많고 가장 악한 곳이
라고 하는 주의
【厭惡】(염오-エンオ) 꺼리고 미워함。
싫어함
【厭足】(염족-エンソク) 넉넉함。충분함
【厭當】(엽당-エントウ) 액막이 함
【厭勝】(엽승-ヨウショウ) 액막이
【厭然】(염연-エンゼン) ①순종하는 모양
②숨기는 모양

【十三畫—二十一畫】

【厲】려 レイ、ライ、みがく wbet 霽 ㄌㄧˋ lì
①엄할 嚴也 ②악할 惡也 ③갈 磨也
④위태할 危也 ⑤지을 作也 ⑥옷걷
지않고 건널 以衣涉水 ⑦띳술 帶垂
⑧권할 勸也 ⑨사나울 虐也 ⑩휘
날 疾飛 ⑪병들 病也 ·礪·勵·癘通
【厲揭】(여게-レイケイ) ①물을 건넘 ②
임기응변(臨機應變) 적당하게 처세
(處世)함
【厲階】(여계-レイカイ) 재앙이 생겨 일
어나는 경로 「금
【厲禁】(여금-レイキン) 엄하게 금함。엄
【厲氣】(여기-レイキ) 돌림병을 일으킬
기운
【厲色】(여색-レイショク) 노기를 띰
【厲聲】(여성-レイセイ) 노하여 목소리를
높임
【厲精】(여정-レイセイ) 정신을 가다듬어
힘씀
【厲疾】(여질-レイシツ) 몹시 빠름
【厲行】(여행-レイコウ) ①엄하게 행함。
강제로 행하게 함 ②행실을 닦음
【鴈】鳥部 四畫에 볼것
【歷】止部 十二畫에 볼것
【曆】日部 十二畫에 볼것
【魘】鬼部 十四畫에 볼것
【靨】面部 十四畫에 볼것
【饜】食部 十四畫에 볼것

ㄙ部

【ㄙ】사 ボウ、シ、わたくし myself 支 ㄙ ssŭ
사사 自營

【二 畫】

【云】二部 二畫에 볼것
【勾】勹部 二畫에 볼것

【三 畫】

【去】거 キョ、さる go 御 ㄑㄩˋ chü
①갈 離也 ②버릴 棄也 ③제할 除
也 ④감출 藏也 厺俗字
【去年】(거년-キョネン) 지난 해
【去留】(거류-キョリュウ) ①가는 것과 묵
는것 ②일의 패하는 것과 이루는것
【去聲】(거성-キョセイ) 한자(漢字) 사성
(四聲)의 하나。곧 送·宋·絳·寘·
未·御·遇·霽·泰·卦·隊·震·
問·願·翰·諫·霰·嘯·效·號·
箇·禡·漾·敬·徑·宥·沁·勘·
醶·陷의 三十韻
【去勢】(거세-キョセイ) 불알을 깜
【去月】(거월-キョゲツ) 지난 달。간 달
【去者日疎】(거자일소-さるものはひにうとし)
①죽은 이를 아까와 함은 잠시 동
안이요、날이 갈수록 잊어버림 ②
서로 떠난 자는 점점 버성기게 됨
【去秋】(거추-キョシュウ) 작년 가을
【去春】(거춘-キョシュン) 작년 봄
【去取】(거취-キョシュ) 버리는 것과 가
지는 것
【台】口部 二畫에 볼것
【厺】去의 本字

【弁】廾部 二畫에 볼것

【四畫—六畫】

【矣】矢部 二畫에 볼것

【牟】牛部 二畫에 볼것

【参】參(厶部 九畫)俗字

【八畫—十畫】

【畚】田部 五畫에 볼것

【能】肉部 六畫에 볼것

【參】삼 サン、シン、み(まいる three ;participation
석 數名 三同 (참) ① 참여할 間厠 干與 ②보일 謁也 (삼) ① 별이름 宿名 ②빽 들어설 叢立ㅣ (참) ① 지을 造也 ②참작할 度也 ③어긋날 不齊ㅣ差 ④북장단 鼓曲 三·驂通

【參加】(참가-サンカ) ①한 동아리에 듦 ②정원 이외에 더넣음

【參見】(참견 참여하여 관계함

【參考】(참고-サンコウ) 참조(參照)하여 고증(考證)함

【參觀】(참관-サンカン) 가서 봄。 참례하여 봄

【參軍】(참군-サングン) 군사(軍事)의 모의에 참여함。 또 그 벼슬

【參內】(참내-サンダイ) 궁중에 들어감

【參列】(참렬-サンレツ) 행열에 참여함

【參謀】(참모-サンボウ) ①모의에 참여함 또 그 벼슬 ②의논에 참여함 ③육해군(陸海軍) 무관(武官)으로 작전계획 기타 군사상의 기밀(機密)에 참여함

【參拜】(참배-サンパイ) 신불(神佛)에 배례함

【參祀】(참사) 제사에 참례함

【參事】(참사-サンジ) 어떠한 일에 참례함

【參席】(참석-サンセキ) 자리에 참여함

【參禪】(참선-サンゼン) 선도(禪道)에 듦 선학(禪學)을 배움 (禪은 정좌하여 불법의 묘리를 맛보는 수업)

【參涉】(참섭-サンショウ) 남의 일에 간섭함

【參與】(참여-サンヨ) 참가하여 관계함

【參詣】(참예-サンケイ) 참례함

【參議】(참의-サンギ)① 육조(六曹)의 정삼품(正三品)벼슬

【參酌】(참작-サンシャク) 참고하여 작량(酌量)함

【參戰】(참전-サンセン) 전쟁에 참가함

【參政】(참정-サンセイ) 정사에 참여함

【參照】(참조-サンショウ) 맞추어 봄。 참고하여 봄

【參集】(참집-サンシュウ) 참례하러 모임

【參差】(참치-シンシ) 어긋남。 똑같지 않음

【參會】(참회-サンカイ) 여러 사람이 와서 모임。 모임에 참례함

【叅】參 (前條) 俗字

又部

【又】우 ユウ、ウ、また and
또 更也、亦也 宥通 (역) 다시 復也

【一 畫】

【叉】차 サ、ふたまた crotched 麻 ㄔㄚ ch'a¹
①가장귀 兩枝 ②가닥진 비녀 岐笄 ①깍지 낄 손길 잡을 手指交執 釵同 ②야차 鬼名

【叉手】(차수-サシュ) 두 손을 어긋매낌

【二 畫】

【及】급 キュウ、およぶ reach 緝 ㄐㄧˊ chi²
①미칠 逮也 ②이를 至也 ③및 兼辭

【及落】(급락-キュウラク) 급제와 낙제

【及門】(급문-キュウモン) 문인(門人)이 됨。 제자가 됨

【及第】(급제-キュウダイ)시험에 합격함

【反】

반 ヘン、ハン、かえる opposition 阮 ㄈㄢˇ fan³
①돌이킬 逆也 ②돌아올 還也 ③엎칠 覆也 ④배반할 叛也 ⑤신중할愼重-- (번) 뒤칠 一平理枉

【反間】(반간-ハンカン) ①거짓 적국 사람이 되어 적정(敵情)을 탐지하여 돌아와서 보고 함 ②적국의 간첩을 이용하여 반대의 책략을 베풂

【反感】(반감-ハンカン) ①노여운감정 ②반대의 의견을 가짐

【反擊】(반격-ハンゲキ) 추격하여 오는적군을 도로 침

【反旗】(반기-ハンキ) 반란을 일으켜 드는기 ②반대파가 일어남 「무리

【反黨】(반당-ハンタン) 반역을 꾀하는

【反對】(반대-ハンタイ) ①안에 대한 밖 ②속에 대한 거죽 ③위에 대한 아래 ④뒤집어 함 ⑤찬성하지 않고 서로 버티고 거스름

【反動】(반동-ハンドウ) ①한 동작에 대하여 일어나는 반대의 동작 ②반사작용을 일으킴。 되받아 옴

【反亂】(반란-ハンラン)반역을 꾀하고 난리를 일으킴

【反論】(반론-ハンロン) 갑론(甲論)을 배반하고 을론(乙論)을 좇음

【反面】(반면-ハンメン) ①고향에 돌아와서 부모께 뵘 ②반대되는 방면。 다른 방면

【反目】(반목-ハンモク) 서로 미워함。 사이가 좋지 못함

【反問】)반문-ハンモン) 도리어 물음

【反駁】(반박-ハンパク) 남의 의견을 반대하여 논박

【反撥】(반발-ハンパツ) ①퉁겨짐 ②되받아 옴

【反復】(반복-ハンプク) 한것을 거듭 함

【反覆】(반복-ハンプク) ①본고장으로 돌려보냄 ②언행(言行)을 고침 ③한것을 거듭함。 반복(反復)

【反比】(반비-ハンピ) 갑(甲)수의 을(乙수에 대한 비를 을수의 갑수에 대한 비에 대하는 이름。 곧 두 양이 반대의 비로써 증감하는 것

【反射】(반사-ハンシャ) ①광선이 되짚어 비침 ②파동이 한 물질을 통하여 다른 물질에 이르자 도로 전의 물질로 돌아 옴 ③의식의 영향이 없이 신경의 자율적인 작용으로 장기(藏器)에 흥분이 일어나는 상태

【反噬】(반서-ハンゼイ) ①동물이 은혜를 잊고 사람을 물음 ②은혜를 준 사람을 도리어 해함。 은혜를 원수로 갚음

【反省】(반성-ハンセイ) 자기의 행위에 주의하고 허물을 살핌

【反訴】(반소-ハンソ) 본소 (本訴)의 방어 방법으로 피고가 원고에 대하여 독립의 청구를 주장하는 소송

【反逆】(반역-ハンギャク) 모반과 모역(謀逆)

【反映】(반영-ハンエイ) 반사하여 비침

【反影】(반영-ハンエイ) ①해가 서쪽으로 질 때 그 광선이 반사하여 비침 ②한가지 일에 대하여 나타나는 다른 형상

【反切】(반절-ハンセツ) ①한자(漢子) 두자의 음을 합하여 한 음으로 만드는 법。 곧 「文」字의 음은 「無分切」곧 「無」의 「ㅁ」과 「分」의 「ㅗ」을합하면 「문」이됨 ②종래에 쓰던 한글

가갸거겨고교구규그기ᄀᆞ
나냐너녀노뇨누뉴느니ᄂᆞ
다댜더뎌도됴두듀드디ᄃᆞ
라랴러려로료루류르리ᄅᆞ
마먀머며모묘무뮤므미ᄆᆞ
바뱌버벼보뵤부뷰브비ᄇᆞ
사샤서셔소쇼수슈스시ᄉᆞ
아야어여오요우유으이ᄋᆞ
자쟈저져조죠주쥬즈지ᄌᆞ
차챠처쳐초쵸추츄츠치ᄎᆞ
카캬커켜코쿄쿠큐크키ᄏᆞ
타탸터텨토툐투튜트티ᄐᆞ
파퍄퍼펴포표푸퓨프피ᄑᆞ
하햐허혀호효후휴흐히ᄒᆞ
과궈놔눠파둬롸뤄뫄뭐
봐붜솨숴와워좌줘촤춰
콰쿼톼퉈퐈풔화훠

각간갇갈감갑갓강개

【反正】(반정-ハンセイ) 난리를 바로잡아 태평한 세상이 되게함

【反證】(반증-ハンショウ) 반대의 증거

【反芻】(반추-ハンスウ) 새김질

【反抗】(반항-ハンコウ) 반대하여 저항함

【反響】(반향-ハンキョウ) ①소리가 물건에 부딪치어 그 소리가 도로와서들림 ②어떠한 일의 영향을 받아서 다른 일에도 같은 결과가 생김

【友】우 ユウ、とも friend 有 ㄧㄡˇ yu

①벗 同志相交 ②우애 善於兄弟 ③합할 合也

【友軍】(우군-ユウグン) 본국의 군대。또 동일한 적을 가진 군대

【友邦】(우방-ユウホウ) 가까이 사귀는 나라

【友生】(우생-ユウモイ) 친구 편지에서의 자칭(自稱)

【友善】(우선-ユウゼン) 벗의 사이가 좋음

【友愛】(우애-ユウアイ) 형제 사이에 애정이 친밀함

【友誼】(우의-ユウギ) 친구의 정의。우정(友情)

【友人】(우인-ユウジン) 벗

【友情】(우정-ユウジョウ) 우의

【友執】(우집-ユウシツ) 벗

【双】雙(隹部 十畫) 俗字

【六 畫】

【受】수 ジュ、うける receive 有 ㄕㄡˋ shou

①받을 承也 ②얻을 得也 ③용납할 容納 ④담을 盛也

【受呵】(수가) 꾸지람을 당함

【受戒】(수계-ジュケイ) 불법(佛法)을 닦아 가르침을 받음

【受諾】(수낙-ジュダク) 승낙을 받음

【受難】(수난-ジュナン) 어려운 처지를 당함

【受納】(수납-ジュノウ) 받아 둠。승낙 함

【受動】(수동-ジュドウ) 남에게 동작을 받음

【受賂】(수뢰) 뇌물을 받음

【受理】(수리-ジュリ) 소송(訴訟) 또는 원서(願書) 등을 받아 처리함

【受命】(수명-ジュメイ) ①명령을 받음 ②천명(天命)을 받아 임금이 됨

【受罰】(수벌-ジュバツ) 벌을 받음

【受粉】(수분-ジュフン) 암 꽃술이 수 꽃술의 화분을 받음

【受賞】(수상-ジュショウ) 상을 받음

【受信】(수신-ジュシン) 통신을 받음。우편 또는 전보를 받음

【受用】(수용-ジュヨウ) ①받아씀 ②받아들임

【受精】(수정-ジュセイ) 암의 난자(卵子)가 수의 정자(精子)를 받아들이어 합체(合體)함

【受取】(수취-うけとり) 받음

【受託】(수탁-ジュタク) 촉탁 또는 기탁을 받음

【受胎】(수태-ジュタイ) 아기를 밴

【受驗】(수험-ジュケン) 시험을 봄

【受刑】(수형-ジュケイ) 죄인이 형벌을 받음

【叔】숙 シュク、おじ uncle 屋 ㄕㄨˊ shu

①아저씨 季父 ②어릴 幼稱 ③주울 收拾

【叔母】(숙모-シュクボ・おば) 숙부의아내

【叔父】(숙부-シュクフ・おじ) 아버지의 아우

【取】취 シュ、とる take 麌 ㄑㄩˇ ch'ü

①가질 手持 ②거둘 收也 ③받을受也 ④찾을 索也 娶同 ⑤얻을 獲也

【取扱】(취급-とりあつかい) 일을 처리함。다룸

【取得】(취득-シュトク) 자기의 소유로 만듦

【取利】(취리) 돈 놀이

【取舍・取捨】(취사-シュシャ) 가지는 것과 버리는 것。골라 가짐

【取予】(취여) 가지는 것과 주는 것。주고 받음

【取與】(취여) 가지는 것과 주는것

【取才】(취재) 재주를 시험 하여 뽑아 쓺
【取材】(취재-シュザイ) 재료로 취함
【取次】(취차-とりつぎ) 차례로
【取締役】(취체역-とりしまりやく) 주식회사의 중역。곧 업무를 집행하는 기관
【取擇】(취택-シュタク)가려서 골라냄
【取品】(취품) 좋은 물건을 골라 냄
【取筆】(취필) 글씨를 잘 쓰는 사람을 고름
【取汗】(취한) 땀을 냄

【七畫—八畫】

【叛】반 ハン、ホン、そむく betrayal 翰 ㄆㄢˋ p'an⁴
①배반할 背也 ②달아날 離—
【叛徒】(반도-ハント) 반역을 꾀하는 무리
【叛亂】(반란-ハンラン) 배반하고 싸움을 일으킴
【叛服】(반복-ハンプク) 배반하는 것과 복종하는 것
【叛臣】(반신-ハンシン) 자기 나라를 배반하고 다른 나라를 좇는 신하
【叛心】(반심-ハンシン) 배반하려고 하는 마음
【叛逆】(반역-ハンギャク) 모반과 대역(大逆)。반역(反逆)
【叛將】(반장-ハンショウ) 반란을 일으키는 대장
【叛賊】(반적-ハンゾク) 제나라를 배반하는 역적

【叜】수 ソウ、としより old man 有 ㄙㄡˇ sou³
①늙은이 老也 ②어른 尊稱 ③쌀씻는 소리 淅米聲——

【叟】叜 同字

【隻】隹部 二畫에 볼것

【十四畫—十六畫】

【叡】예 エイ、あきらか bright 霽 ㄖㄨㄟˋ jui⁴
①밝을 深明通達 ②성인 聖也
【叡感】(예감) 천자의 감심(感心)
【叡覽】(예람-エイラン) 임금 께서 보심
【叡略】(예략エイリャク) 뛰어난 꾀
【叡聖】(예성-エイセイ) 임금의 덕이 성대함
【叡智】(예지-エイチ) 뛰어난 지혜
【叡哲】(예철-エイテツ) 뛰어나게 명철함

【叢】총 ソウ、くさむら cluster 東 ㄗㄨㄥˊ tsung²
①떨기 衆芳 ②모을 聚也
【叢論】(총론) 문장·의논을 모은것
【叢林】(총림-ソウリン) ①잡목이 우거진 수풀 ②중이 모여 있는 곳
【叢生】(총생-ソウセイ) ①잡목이 무더기로 남 ②초목의 그루에서 나는 싹
【叢書】(총서-ソウショ) 같은 종류의 서적을 모아 一질의 책으로 만든 것
【叢說】(총설-ソウセツ) 모든 학설을 모아 놓은 것
【叢挫·叢脞】(총좌-ソウザ) 번잡하고 세쇄함
【叢中】(총중-ソウチュウ) 뭇사람이 떼를 지은 그 속

【雙】隹部 十畫에 볼것

口部

【口】구 コウ、ク、くち mouth 有 ㄎㄡˇ k'ou³
①입 人所以言食 ②인구 人— 戶— ③어귀 洞—·港—
【口角】(구각-コウカク) 입아귀
【口蓋】(구개-コウガイ) 입천장
【口訣】(구결-コウケツ) ①입으로 전하는 비술(秘術) ②한문 사이에다는 토
【口供】(구공-コウキョウ) 죄를 자백함
【口過】(구과-コウカ) ①잘못하는 말。실수 되는 말 ②과도한 말 ③입에서 나는악취
【口氣】(구기-コウキ) ①말씨 ②입으로 쉬는 숨
【口德】(구덕) 말에 덕이 있음

【口頭】(구두-コウトウ) 직접 입으로 말함
【口癖】(구벽-くちぐせ) 입버릇
【口辯】(구변-コウベン) 언변
【口尚乳臭】(구상유취-くちなおちちくさし) 언어·행동이 유치함
【口舌】(구설-コウゼツ) ①남에게 시비를 들음 ②입과 혀
【口誦】(구송-コウショウ) 입으로 욈。소리를 높이어 읽음
【口授】(구수-コウジュ) 말로 가르쳐 줌
【口述】(구술-コウジュツ) 구두로 진술함
【口實】(구실-コウジツ) ①변명할 재료 ②입 속의 음식 ③먹어 감 ④비방(誹謗)함
【口約】(구약-コウヤク)입으로써 이뤄진 약속
【口語】(구어-コウゴ) 문어체(文語體)가 아닌 말 ②말
【口才】(구재-コウサイ) ①말솜씨가 좋음 ②노래를 잘함
【口笛】(구적-くちぶえ) 휘파람
【口傳】(구전-コウデン) 입으로 전함
【口錢】(구전-コウデン) 남의 흥정을 주선하여 주고 그 보수로 얻는 돈
【口占】(구점-コウセン) 즉석에서 시를 지음
【口臭】(구취-コウシュウ) 입에서 나는 악취

【二 畫】

【可】가 カ、よし right; may 職 ㄎㄜ kʻê

①옳을 否之對 ②허락할 許也 ③가히 肯也 ④바 所也 (극) ①오랑캐 突厥酋長—汗 ②아내 妻曰可敦
【可決】(가결-カケツ) 옳다고 결정함
【可觀】(가관-カカン) 볼 만함
【可敎】(가교) 가르칠 만함
【可能】(가능-カノウ) 할 수 있음。될수 있음
【可憐】(가련-カレン) ①사랑 스러움 ②불쌍함
【可否】(가부-カヒ) ①옳고 그름。좋고 언짢음。시비。선악
【可信】(가신-シンずべし) 믿을 만함
【可愛】(가애-かわい) 사랑할 만함。사랑스러움
【可然物】(가연물-カネンブツ) 불에 잘 타는 물체
【可人】(가인-カジン) 잡을 모가 있는사람。좋은 사람
【可歎】(가탄-なげくべし) 탄식할 만함

【古】고 コ、いにしえ antiquity 麌 ㄍㄨˇ ku³

①예 昔也 ②비롯할 始也 故通
【古歌】(고가-コカ) 옛날 노래
【古格】(고격-コカク) 옛날 격식
【古宮】(고궁-コキュウ) 예전 궁전
【古今】(고금-ココン) 옛적과 지금
【古談】(고담-コダン) 옛날 이야기
【古代】(고대-コダイ) ①옛날 시대 ②그 전 세상
【古來】(고래-コライ) 옛부터 지금까지
【古例】(고례-コレイ) 고대(古代)의 관례
【古禮】(고례-コレイ) 옛날의 예절
【古木】(고목-コボク) 많은 해묵은 나무
【古文】(고문-コブン) ①옛사람의 글 ②고대의 문자
【古物】(고물-ふるもの) ①옛날 물건 ②오래된 물건 이나 사람
【古法】(고법-コホウ) 옛날 법칙
【古本】(고본-ふるホン) ①헌 책 ②고서(古書)
【古墳】(고분-コフン) 옛날 무덤
【古史】(고사-コシ) 옛날 사적을 기록한 역사
【古寺】(고사-コジ) 옛날절。고찰(古刹)
【古事】(고사-コジ) 옛 일
【古色】(고색-コショク) 낡은 빛
【古生物】(고생물-コセイブツ) 현대의 지층이 형성되기 전에 살던 생물
【古書】(고서-コショ) 옛날의 서책。고본(古本)
【古昔】(고석-コセキ) 옛날 옛적
【古詩】(고시-コシ) ①고대의 시(詩) ②시체(詩體)의 하나。평측(平仄)에 관계하지 않음。오언(五言)·칠언(七言)·장단구(長短句)가 있음
【古式】(고식-コシキ) ①옛날의 제도 ②

예전에 유행하던 형식
【古雅】(고아-コカ) 옛 빛을 띠고 아담함
【古語】(고어-コゴ) 옛날 말
【古諺】(고언) 옛날 속담
【古屋】(고옥-コオク) 오래된 집
【古人】(고인-コジン) 옛 사람
【古字】(고자-コジ) 지금은 쓰지 아니하는 옛 날의 글자
【古典】(고전-コテン) ①고대(古代)의 경전(經典) ②고대의 의식
【古制】(고제-コセイ) 옛날의 제도
【古調】(고조-コチョウ) 옛날의 곡조
【古刹】(고찰-コサツ) 옛절
【古稱】(고칭-コショウ) 옛 날에 일컫던 이름
【古態】(고태-コタイ) 옛스럽고 수수한 모습
【古風】(고풍-コフウ) ①옛날 풍속 ②고시(古詩)의 한 형식(是式)
【古訓】(고훈-コクン) 옛 사람의 교훈

【叫】규 キョウ さけぶ cry 宥 ㄐㄧㄠ chiao⁴
①부르짖을 嘷也 ②이치에 맞지 않을 事理不當 ③헌칠할 高擧貌
【叫號】(규호-キョウゴウ) 부르짖음
【叫喚】(규환-キョウカン) 부르짖고 외침

【句】구 ク、コウ、くぎり paragraph 宥 ㄐㄩ chü⁴
①귀절 文詞止處章― ②글귀 詩―(귀) 義同 ③거리낄 拘也 ④맡아볼 辦理―當 ⑤굽을 曲也 ⑥귀신 이름 神名―芒 勾同 ⑦地名 須―
【句管】(구관) 맡아 다스림
【句當】(구당-コウトウ) 맡아 봄
【句讀】(구두-クトク) 글의 귀절 사이를 뗌
【句廉】(구렴) 굽은 모퉁이
【句嬰】(구영) 등이 굽고 키가 작은사람
【句絕】(귀절-クゼツ) 글속에 말이 끊어지는 곳
【句點】(귀점-クテン) 글귀에 찍는 점

【叩】고 コウ、たたく knook 有 ㄎㄡˇ ku³
① 두드릴 擊也 ② 꾸벅거릴 稽顙 ③발할 發也 ④물을 問也
【叩頭】(고두-コウトウ) 머리를 땅에 조아림。절함
【叩問】(고문-コウモン) 두드리어 물음。찾아 물음

【叨】도 トウ、むさぼる impudence 豪 ㄊㄠ t'ao¹
①탐할 貪也 ②외람할 濫也 ③욕될 忝也
【叨沓】(도답-トウトウ) 탐함
【叨冒】(도모) 욕심이 많음。탐욕

【另】령 レイ、わかれる part
①나눌 割開 ②다를 別異
【另別】(영별) 특별함

【司】사 シ、つかさどる take charge of 支 ㄙ ssu¹
①맡을 主也 ②벼슬 職事有―
【司空】(사공-シクウ) ①옛날에 토지·민사(民事)를 맡아 보던 관명
【司寇】(사구-シコウ) 주대(周代)에 형벌·도난등의 사무를 맡아보던 관명(官名)
【司徒】(사도-シト) 주대(周代)에 민사(民事) 교육을 맡아 보던 관명(官名)
【司馬】(사마-シバ) ①주대(周代)에 군사(軍事)를 맡아 보던 관명(官名)
【司法】(사법-シホウ) 인민의 죄과를 법률에 적용하여 심판함
【司直】(사직-シチョク) 법관。재판관
【司天臺】(사천대-シテンダイ) 천문대(天文臺)

【史】사 シ、ふびと history 紙 ㄕ shih³
①사기 歷事 ②사관 掌書官太― ③姓也
【史家】(사가-シカ) 역사를 연구하는 전문가

【史記】(사기-シキ)책 이름。역사책
【史官】(사관-シカン) 역사를 편수하는
벼슬
【史略】(사략-シリャク) 역사의 대략을
쓴 책
【史論】(사론-シロン) 역사상의 평론
【史書】(사서-シショ) 역사 책
【史乘】(사승) 역사 책
【史詩】(사시-シシ) 역사상의 사적으로
만든 시가(詩歌)
【史臣】(사신-シシン) 기록을 맡은 벼슬。
사관(史官)
【史實】(사실-シジツ) 역사상의 사실
【史蹟】(사적-シセキ) 역사상의 사적(事
蹟)
【史籍】(사적) 사서(史書)
【史傳】(사전-シデン) 사적(史蹟)과 전
기(傳記)
【史學】(사학-シガク) 역사를 연구하는
학문

【召】소 ショウ、めす call 嘯 ㄓㄠ chao⁴
부를 呼也
【召見】(소견-ショウケン) 불러 만나봄
【召命】(소명-ショウメイ) 신하를 부르는
임금의 명령
【召募】(소모-ショウボ) ①불러 모음 ②
의병(義兵)의 모집함。또 그 병사
【召按】(소안-ショウアン) 불러서 취조함
【召集】(소집-ショウシュウ) 불러서 모음
【召置】(소치-ショウチ) 불러서 옆에 둠
【召喚】(소환-ショウカン) 관청에서 오라
고 부름

【右】우 ユウ、ウ、みぎ right side 有 ㄧㄡ yu⁴
①오른 오른쪽 在之對 ②위 上也 ③
높일 尊也 ④도운 助也
【右軍】(우군-ユウグン) 우익(右翼)의 군
대
【右袒】(우단) 한쪽 편을 듦
【右文】(우문-ユウベン) 글을 숭상함
【右翼】(우익-ウヨク) ①오른편 날개。중
군(中軍)의 오른편의 군대。우군
(右軍) ③ 보수파의 정당
【右族】(우족-ユウゾウ) ①적자(嫡子)의
계통 ②고귀한 족인(族人)
【右職】(우직-ユウショ) 현직보다 높은벼
슬。고관(高官)

【叮】정 テイ、ねんごろ request
①부탁할 囑也—嚀 ②물 咬也

【叱】질 シツ、しかる scold 質 ㄔ chih⁴
꾸짖을 大呵發怒—叱
【叱責】(질책-シッセキ) 꾸짖고 책망함
【叱咤】(질타-シッタ) 노하여 질책함

【只】지 シ、ただ only 紙 ㄓ chih³
①다만 但也 ②말 그칠 語已辭
【只管】(지관-ひたすら) 한갓。오직

【叭】팔 ハツ あく trumpet
①나발 軍中吹器喇— ②입 벌릴 口開

【叶】협 キョウ、かなう be achieved
①화할 和也 ②맞을 適合

【加】力部 三畫에 볼것

【号】號(虍部 七畫) 同字

【兄】儿部 三畫에 볼것

【占】卜部 三畫에 볼것

【三 畫】

【各】각 カク、おのおの each 藥 ㄍㄜ ke²·³
각각 異也
【各各】(각각-おのおの) 따로따로 제각
기。각자
【各個】(각개-カッコ) ①한 사람 한 사
람 ②하나씩 하나씩。낱낱 「나라
【各國】(각국-カッコク) 여러 나라。각
【各論】(각론-カクロン) 각항목에 대하여
논설함
【各樣】(각양-カクヨウ) 온갖 모양

【各位】(각위-カクイ) ①여러 분 ②각각의 자리
【各人】(각인-カクジン) 여러사람。모든 「사람
【各自】(각자-カクジ) 제각기
【各種】(각종-カクシュ) 온갖 물건。여러 가지 종류
【各地方】(각지방-カクチホウ) 서울 이외의 모든 시골
【各處】(각처-カクショ) ①여러곳 ②사면 ③도처
【各項】(각항-カッコウ) 각 항목

【吉】길 キツ、キチ、よし good 質 ㄐㄧˊ chi²
①길할 嘉祥 ②착할 善也 ③이할 利也 ④초하룻날 朔日 ⑤姓也
【吉慶】(길경-キッケイ) 경사스러운 일。축하할 만한 일
【吉例】(길례-キツレイ・キチレイ) 좋은 전례
【吉夢】(길몽-キツム) 좋은 조짐이 있을 꿈
【吉報】(길보-キッポウ) 좋은 소식。길한 기별
【吉事】(길사-キツジ) 좋은 일。경사스러운 일
【吉祥】(길상-キッショウ) 운수가 좋은 일
【吉運】(길운-キツウン) 좋은 운수
【吉月】(길월-キツゲツ) ①그달의 처음 ②좋은 달
【吉人】(길인-キジジン) 팔자가 좋은사람
【吉日】(길일-キツジツ) ①좋은 날。길진(吉辰) ②초하룻날
【吉兆】(길조-キッチョウ) 좋은 일이 있을 징조
【吉徵】(길징-キッチョウ) ①길조 ②좋은 징조
【吉凶】(길흉-キッキョウ) 좋은 일과 언짢은 일。행복과 재앙

【同】동 ドウ、おなじ same 東 ㄊㄨㄥˊ t'ung²
①한가지 같을 共也 ②가지런히 할 齊也 ③화할 和也 ④무리 輩也
【同價紅裳】(동가홍상) 같은 값에 다홍치마
【同感】(동감-ドウカン) 같이 느낌。생각이 같음
【同甲】(동갑-ドウコウ) 나이가 같음。또 그 사람
【同居】(동거-ドウキョ) 한 집에서 같이 살음
【同格】(동격-ドウカク) 같은 자격
【同慶】(동경-ドウケイ) 같이 즐거워함
【同苦】(동고-ドウク) 고생을 같이함
【同官】(동관-ドウカン) 같은 관청 다니는 같은 지위에 있는 사람
【同年】(동년-ドウネン) ①같은 나이。동갑。같은 해 ②한 때의 과거에 급제함。또 그 사람
【同等】(동등-ドウトウ) 같은 등급
【同列】(동렬-ドウレツ) 같은 줄。같은 동아리
【同僚】(동료-ドウリョウ) 임무가같은 사람。동관(同官)
【同流】(동류-ドウリュウ) ①같은 무리 ②같은 유풍(流風) ③두 물줄기가 합류(合流)하는 것
【同類】(동류-ドウルイ) 한 갈래。같은 종류。같은 무리
【同盟】(동맹-ドウメイ) 같은 목적을 위하여 서로 동일한 행동을 취하기로 맹세함
【同文】(동문-ドウブン) 같은 글자 또는 글
【同門】(동문-ドウモン) 같은 스승의 제자。동창
【同伴】(동반-ドウハン) 길을 같이 감
【同榜】(동방) 한때에 과거에 급제함。또 그 사람。동년(同年)
【同輩】(동배-ドウハイ) 나이 신분이 서로 비슷한 사람
【同腹】(동복-ドウフク) 배가 같은 동기。생모(生母)가 같은 형제。자매
【同封】(동봉-ドウフウ) 두가지 이상을 한데 봉함
【同上】(동상-ドウジョウ) 위와 같음
【同棲】(동서-ドウセイ) 같은 집에 입주함。부부의 관계를 맺음
【同性】(동성-ドウセイ) ①성질이 같음。②남녀・자웅의 성(性)이 같음

【同聲相應】(동성상응-ドウセイあいオウず) 동류끼리 서로 감응함。동아리가 서로 모임
【同時】(동시-ドウジ) 같은때。같은 시대
【同視】(동시-トウジ) 같은 것을 봄。같게 봄
【同室】(동실-トウシツ) ①같은 방。방을 같이함。또 그 사람 ②부부
【同額】(동액-ドウカク) 같은 액수
【同業】(동업-ドウギョウ) 같은 직업。같은 영업。또 그 사람
【同友】(동우-ドウユウ) 벗。동무
【同月】(동월-ドウゲツ) 같은달。한달
【同人】(동인-ドウジン) ①같은 사람。그 사람 ②뜻이 같은 사람
【同一】(동일-ドクイツ) 같음。차별이 없음
【同日】(동일-ドウジツ) 같은 날。한 날
【同點】(동점-ドウテン) 점 수가 같음
【同情】(동정-ドウジョウ) ①가엾게 여김 ②남의 경우를 이해하여 그 사람과 같은 느낌을 가짐
【同族】(동족-ドウゾク) ①같은 족속 ②같은 종류
【同種】(동종-ドウシュ) 같은 씨。같은 종류
【同坐】(동좌-ドウザ) 같은 자리에 앉음
【同罪】(동죄-ドウサイ) 동일한 범죄。같은 죄
【同志】(동지-ドウシ) 서로 뜻이 같음。또 그 사람
【同窓】(동창-ドウソウ) 한 학교에서 공부한 사람
【同胞】(동포-ドウホウ) ① 형제 자매 ②한 나라의 백성
【同學】(동학-ドウガク) 동문(同門)。동창(同窓)
【同行】(동행-ドウコウ) 길을 같이감。또 그 사람
【同鄕】(동향) 같은 고향。한고향
【同穴】(동혈-ドウケツ) 부부를 합장(合葬)함
【同化】(동화-ドウカ) ①생물이 섭취한 식물을 자체의 성분으로 변화시킴 ②묵은 관념이 새 관념으로 유화(類化)함 ③성질이 다른 물건을 자기와 같은 성질로 만듦 ④뜻을 잘 깨달아 자기의 지식으로 만듦
【同和】(동화-ドウワ) 서로 화합함。일치함

【吏】리 リ、つかさ subordinate 寘 ㄌㄧˋ li^4
아전 治人者
【吏幹】(이간-リカン) 관리로서의 재간。이재(吏才)
【吏屬】(이속-リゾク) 아전의 무리
【吏習】(이습-リシュウ) 아전의 풍습
【吏員】(이원-リイン) 관리。관리의 수
【吏才】(이재-リサイ) 관리로서의 재능
【吏典】(이전-リテン) 군무(軍務)에 관한 것을 제한 모든 관제·관규를 편집한 것。육전(六典)의 하나

【名】명 メイ、ミョウ、な name 庚 ㄇㄧㄥˊ ming^2
①이름 號也 ②이름지을 ―之 ③공 功也
【名歌】(명가-メイカ) 유명한 노래
【名家】(명가-メイカ) ①명문 ②입론(立論)의 법식을 연구하는 학파(學波)。논리학자(論理學者)
【名劍】(명검-メイケン) 유명한 칼。명도(名刀)
【名工】(명공-メイコウ) 이름이 높은 직공
【名官】(명관-メイカン) 명성이 높은 수령(守令)
【名敎】(명교-メイキョク) 명분을 유지하는 교훈
【名器】(명기-メイキ) 유명한 그릇。벼슬
【名談】(명담) 사리·인정에 맞는말。유명한말
【名刀】(명도-メイトウ) 명검(名劍)
【名論】(명론-メイロン) 유명한 언론。뛰어난 의론
【名論卓說】(명론탁설-メイロンタクゼツ)이름난 논문과 탁월한 학설
【名流】(명류-メイリュウ) 유명한 사람들。명사의 무리
【名利】(명리-メイリ) 명예와 이익。공명

과 부귀
【名馬】(명마-メイバ) 이름난 좋은 말
【名望】(명망-メイボウ) 명성과 인망。좋은 평판
【名木】(명목-メイボク) 이름난 나무。유서가 있는 나무
【名目】(명목-メイモク) 이름。칭호。명칭
【名文】(명문-メイブン) 유명한 글。잘 지은 글
【名門】(명문-メイモン) 명망이 있는 문벌。유명한 가문
【名聞】(명문-メイブン) 세간(世間)의 평판。또는 소문
【名物】(명물-メイブツ) 유명한 물건。그 지방에 특수한 것。평판이 높은물건
【名簿】(명부-メイボ) 성명을 기록한 장부
【名分】(명분-メイブン) 도덕상으로 구별된 본분。곧 임금은 임금답고 신하는 신하다운 것
【名士】(명사-メイシ) 명성이 높은 사람
【名詞】(명사-メイシ) 사물의 이름을 나타내는 말。집·사람·나라 따위
【名山】(명산-メイザン) 이름난 메。유명한 산
【名産】(명산-メイサン) 유명한 산물。이름난 산물
【名聲】(명성-メイセイ) 세상에 소문난 이름
【名所】(명소-メイショ) 이름난 땅。유명한곳。명승(名勝)
【名手】(명수-メイシュ) 명인(名人)
【名數】(명수-メイスウ) ①사람의 수 ②수로써 부르는 이름 ③단위의 명칭을 붙인 수
【名勝】(명승-メイショウ) ①경치 또는 고적으로 유명한 곳。명소(名所) ②명망이 높은 사람
【名僧】(명승-メイソウ) 지식 덕행이 높은 중
【名臣】(명신-メイシン) 이름난 신하。유명한 신하
【名實】(명실-メイジツ) ①그 이름과 실제 ②소문과 실제
【名案】(명안-メイアン) 뛰어난 고안。좋은 생각
【名藥】(명약-メイヤク) 좋은 약。양약(良藥)
【名言】(명언-メイゲン) 뛰어난 말。유명한 말
【名譯】(명역-メイヤク) 훌륭하게 잘된 번역
【名譽】(명예-メイヨ) 세상에 좋은 이름이 남。좋은 소문이 있음
【名優】(명우-メイユウ) 유명한 배우
【名儒】(명유-メイジュ) 유명한 유생
【名義】(명의-メイギ) ①직분(職分) ②이름 ③명목(名目)
【名醫】(명의-メイイ) 유명한 의원。의술이 고명한 의사
【名人】(명인-メイジン) 유명한 사람。재주가 뛰어난 사람。장래 일을 잘 맞히어 내는 사람。명수(名手)
【名作】(명작-メイサク) 썩 잘 지은 시문(詩文)。뛰어난 제작
【名匠】(명장-メイショウ) 이름난 장인(匠人)
【名將】(명장-メイショウ) 명성이 높은장군
【名著】(명저-メイチョ) 뛰어난 저서
【名節】(명절-メイセツ) ①인도상 마땅히 지킬 절개 ②명일(名日)
【名族】(명족-メイゾク) 명성이 높은 족속。명문
【名唱】(명창) ①뛰어나게 잘부르는 노래 ②노래를 잘하는 사람
【名稱】(명칭-メイショウ) ①부르는 이름。일컫는 이름 ②명예。명성
【名筆】(명필-メイヒツ) ①교묘한 필적 ②글 씨를 잘쓰는 사람
【名賢】(명현-メイケン) 명성이 높은 현인(賢人)
【名號】(명호-ミョウゴウ) ①이름 칭호 ②좋은이름。명성
【名花】(명화-メイカ) ①이름난 꽃。유명한 꽃 ②아름다운 여자
【名畫】(명화-メイガ) ①교묘한 그림 ②그림을 잘 그리는 사람

【吒】타 タ、しかる scold 國 ㄓㄚˋ cha'

①꾸짖을 叱怒貌 ②뿜을 噴也

【吐】토 ト、はく vomit 虞 ㄊㄨˇ tu^3
①게울 배알을 토할 嘔也 ②펼 舒也

【吐露】(토로-トロ) 마음 먹은 말을 죄다 발표함

【吐瀉】(토사-トシャ) 게우는 것과 설사하는 것

【吐劑】(토제-トザイ) 토악질을 일으키는 약제

【吐哺捉髮】(토포착발-トホソクハツ) 식사때나 머리를 감을 때 손이 오면 입속의 식물을 배앝고 머리를 잡고 곧 맞음。 주공단(周公旦)이 현사(賢士)를 우대함에 힘쓰던 고사(故事)

【吐下】(토하-トカ) 토사(吐瀉)

【吐血】(토혈-トケツ) 피를 토함

【合】합 ゴウ、ガツ、あう sum 合 ㄏㄜˊ he^2
①모을 聚也 ②모일 會也 ③같을 同也 ④짝 配也 ⑤대답할 答也 (갑) ①화할 和也 ②부를 呼也 (홉) 容量之單位 十一爲一升

【合格】(합격-ゴウカク) ①격식 또는 조건에 맞음 ②채용 시험에 급제함

【合計】(합계-ゴウケイ) 합하여 계산함 또 그 수

【合當】(합당) 맞음。 적당함

【合同】(합동-ゴウドウ) 두 사람 이상이 모이어 한 단체를 이룸。 한데 합함

【合力】(합력-ゴウリョク) ①힘을 합함 ②서로 도와줌

【合路】(합로) 두 길이 합함

【合流】(합류-ゴウリュウ) ①하류(河流)가 합하여 흐름 ②자기의 의견을 버리고 일시적이나마 대동 단결함

【合理】(합리-ゴウリ) 도리에 맞음。 이론에 적합함

【合名會社】(합명회사-ゴウメイカイシャ) 두 사람 이상이 각각 출자하여 경영하는 무한책임(無限責任)의 간단한 회사

【合邦】(합방) 나라를 합침

【合倂】(합병-ガッペイ) 합방(合邦)

【合幷】(합병-ガッペイ) 합하여 하나로 만듦。 합일(合一)。 합동

【合本】(합본-ガッポン) ①여러권을 함께 맨 책 ②합자(合資) 「함

【合祀】(합사) 두 혼령을 한곳에 제사

【合席】(합석-ガッセキ) 한자리에 같이 앉음

【合成】(합성-ゴウセイ) 둘 이상의 사물이 합하여 한 상태를 이룸。 서로 어울림 ②화합물을 만들어 냄

【合宿】(합숙-ガッシュク) 한 곳에 묵음

【合意】(합의-ゴウイ) 서로 의사가 일치함

【合議】(합의-ゴウギ) 두 사람 이상이 모여 의논함

【合一】(합일-ゴウイツ) 여럿이 하나가 됨 하나로 합침

【合資】(합자-ゴウシ) 여러 사람의 자본을 합함

【合作】(합작-ガッサク) ①두 사람 이상이 합력하여 만듦 ②합저(合著)

【合葬】(합장-ガッソウ) 부부의 시체를 한 무덤에 장사함

【合掌】(합장-ガッショウ) 손을 마주 댐。 손을 마주 대고 절함

【合著】(합저-ガッチョ・ゴウチョ) 두 사람 이상이 합력하여 책을 지음

【合戰】(합전-ガッセン) 서로 만나 마주 싸움。 접전(接戰)

【合奏】(합주-ガッソウ) 여러가지 악기로 곡조를 맞추어 연주함

【合唱】(합창-ガッショウ) 두 사람 이상이 소리를 맞추어 노래함

【合體】(합체-ガッタイ) 일치 단결하여 한 몸이 됨

【合致】(합치-ガッチ) 둘이 서로 일치함

【向】향 コウ、キョウ、むかう towards 漾 ㄒㄧㄤˋ hsiang^4
①향할 對也 ②북쪽창 北窓 ③나아갈, 달아날 趨也 ④접때 昔也 (상) 姓·地名發音

【向國之誠】(향국지성-ゴウコクのまこと) 나라를 생각하는 정성

【向慕】(향모-ゴウボ) 자꾸 사모함

【向方】(향방-ゴウホウ) 향하는 곳。 방위

(方位)

【向上】(향상-コウジョウ) 위로 향하여 점점 올라감。진보함

【向陽】(향양-ゴウヨウ) 햇볕을 받음

【向意】(향의-ゴウイ) 마음을 기울임。생각을 둠

【向者】(향자-さきに) ①지난 번 ②접때

【向學】(향학-コウガク) 학문에 마음을 향함

【向後】(향후-コウゴ) 이 다음

【后】후 コウ、きさき empress 有 ㄏㄡˋ hou⁴

①임금 君也 ②황후 妃也 ③사직祀神—土 ④姓也

【后妃】(후비-コウヒ) 임금의 아내。황후(皇后)

【后王】(후왕-コウオウ) 임금。천자(天子)。군주(君主)

【后稷】(후직-コウショク) 옛적 농사를 맡은 벼슬

【后土】(후토-コウド) 토지를 맡은 신(神)

【吁】우 ク、ウ、あ、ああ ahi 虞 ㄒㄩ hsü¹

①탄식할 歎也 ②불 嘘也

【吃】흘 キツ、どもる stammer 物 ㄔ ch'ih¹

①어눌할 言難 ②먹을 喫也

【吃水】(흘수-キッスイ) 선박의 아랫도리가 물에 잠기는 정도

【吃音】(흘음-サツオン) 말더듬이

【吊】조 チョウ、つる hang

매달 垂下 弔의 俗字

【四 畫】

【告】고 コク、コウ、つげる tell 號 ㄍㄠˋ kao⁴

①고할 報也 ②여쭐 啓也 ③물을 問也 ④칙지 授官之符—車 (곡) ①보일 示也 ②청할 請也

【告歸】(고귀-コッキ) 작별하고 돌아감。돌아갈 때 작별함

【告命】(고명-コクメイ) 사령서(辭令書)

【告目】(고목-コクモク) 비천한 자가 고귀한 이에게 보내는 편지

【告發】(고발-コクハツ) 남의 범죄 사실을 마을에 이름

【告白】(고백-コクハク) ①어른에게 고함 ②분명히 말함

【告別】(고별-コクベツ) 작별을 고함

【告訃】(고부-コクフ) 사람이 죽은 것을 통지함

【告辭】(고사-コクジ) 들리어 깨우쳐 주는 말

【告訴】(고소-コクソ) ①사정을 호소함 ②범죄의 피해 자가 관아에 범죄 사실을 신고함

【告示】(고시-コクジ) 마을 에서 모든 백성에게 공포함

【告身】(고신-コクシン) 관원의 임명서

【告喩·告諭】(고유-コクユ) 말로 깨우침

【告罪】(고죄-コクザイ) 죄를 고백함

【告知】(고지-コクチ) 알려 줌。통지함

【君】군 クン、きみ king; you 文 ㄐㄩㄣ chün¹

①임금 至尊 ②그대 자네 彼此通稱 ③아버지 嚴父 ④아내 細—

【君公】군공-クンコウ) 제후(諸侯) ②임금

【君民】(군민-クンミン) 임금과 백성

【君父】(군부-クンプ) 임금과 아버지

【君上】(군상-クンジョウ) 임금。군주(君主)

【君臣】(군신-クンシン) 임금과 신하

【君王】(군왕-クンノウ) ①나라님。군주(君主) ②제후(諸侯)와 천자(天子)

【君子】(군자-クンシ) ①심성이 어질고 품행이 단정한 사람。덕을 갖춘사람。②아내가 자기의 남편을 일컫는 말 ③대나무의 딴 이름

【君子國】(군자국-クンシコク) 예절이 있고 풍속이 아름다운 나라

【君主】(군주-クンシュ) 나라님。한 나라의 통치자。원수

【吶】눌 トツ、どもる stammering

말 더듬거릴 言難——訥同 (설)

말 늘어지게 할 言緩
【吶然】(눌연-トツゼン)말을 더듬거리는 모양
【吶喊】(눌함-トッカン) 큰 목소리로 일제히 떠들어 냄。 아우성 침
【呂】 려 リョ、ロ、せぼね verebra 語 ㄌㄩˇ lü³
①법칙 풍류 陰律 ②등골 뼈 脊骨 ③姓也
【吝】 린 リン、おしむ stinginess 震 ㄌㄧㄣˊ lin²
①인색할 鄙嗇 ②아낄 惜也 ③한할 恨也
【吝嗇】(인색-リンショク) 체면을 불고하고 재물을 아낌。 너무 압뜰함
【吝惜】(석인-リンセキ) 인색하게 아낌
【吻】 문 フン、ブン、くちさき lip
입시울 口脣邊 脣·脗同
【吻合】(문합-フンコウ) 두 입술이 꼭 맞음。 사물이 잘 맞는 것
【否】 부 ヒ、フ、いな on 有 ㄈㄡˇ fou³
아닐 口不許 不通 (비) ①막힐 塞也 ②악할 惡也 ③더러울 穢也
【否決】(부결-ヒケツ) 의안(議案)을 인정하지 아니함
【否認】(부인-ヒニン) 인정하지 아니함
【否定】(부정-ヒテイ) 시인하지 아니함 그렇지 않다고 함
【否塞】(비색-ヒソク) 막힘。 불행
【否運】(비운-ヒウン) 운수가 막힘。 또그 운수。 불운
【否泰】(비태-ヒタイ) 막히는 것과 열리는 것。 불운과 행운
【呃】 애 ヤク、アク、しゃっくり hiccough
딸국질 할 氣逆作聲
【呃逆】(애역-しゃっくり) 딸꾹질
【吳】 오 ゴ、くれ family name 虞 ㄨˊ wu²
①오 나라 國名 ②큰소리할 大言 ③姓也 화 지꺼릴 譁也
【吳越同舟】(오월동주-ゴエツドウシュウ)서로 적의를 품은 자가 같은 경우에 처함。 서로 불화한 오인(吳人)과 월인(越人)이 같은 배를 탔다는 뜻
【吾】 오 ゴ、われ myself 虞 ㄨˊ wu²
①나 我也 ②웅얼거릴 書聲伊— ③벼슬이름 官名 執金—
【吾黨】(오당-わがトウ) 우리 동아리
【吾人】(오인-ゴジン) ①우리 인류 ②우리들。 우리。 나
【吾子】(오자-ゴシ) 자네。 너(내 아들이라는 뜻이니 정답게 남을 일컫는말)
【吾儕】(오제-わがともがら) 우리들
【吾兄】(오형-ゴケイ) 친구를 정답게 부르는 말
【吟】 음 ギン、うたう recite 侵 ㄧㄣˊ yin²
①읊을 咏也 ②탄식할 歎也 ③끙끙거릴 呻也 唫同 ④길게 읊을 長咏 ⑤턱 끄덕거릴 頷頤㗷—
【吟力】(음력) 시(詩)를 짓는 힘
【吟弄】(음롱) 웅얼거림。 노래함
【吟味】(음미-ギンミ) ①시가(詩歌)를 읊어 맛봄。 ②음영(吟咏)의 취미 ③사물의 뜻을 새겨 궁구함 ④ 죄상을 조사함
【吟殺】(음살) 시(詩)를 읊음
【吟聲】(음성-ギンセイ) 시가(詩歌)를 읊는 소리
【吟嘯】(음소-ギンショウ) ①소리를 높이어 시를 읊음 ②세상을 비관하여 탄식하는 소리
【吟咏·吟詠】(음영-ギンエイ) 시가(詩歌)를 읊음
【吟嘲】(음조-ギンチョウ) 詩를 지어 세상을 조롱함
【吟唱】(음창-ギンショウ) 음영(吟咏)
【吟風弄月】(음풍농월-ギンプウロウゲツ)바람을 따라 읊고 달을 쳐다보며 시를 지음。 탈속(脫俗)의 태도
【吮】 전 セン、シュン、すする lick 銑 ㄕㄨㄣˇ shuen³
숨 들이쉴 噏也 (연) ①기침할 嗽

也 ②핥을 舐也

【吮疽之仁】(전저지인-センソのジン) 오기(吳起)가 부하 병졸의 종기(腫氣)의 고름을 빨았다는 고사(故事)。따라서 대장이 부하를 후대함을 이름

【呈】정 テイ、あらおす show 庚 ㄔㄥˊ ch'êng²
①보일 示也 ②드러낼 露也 ③평할 平也 程通

【呈納】(정납-テイノウ) 물건을 바침。정상(呈上)
【呈單】(정단-テイタン) 서면을 관부에 제출함
【呈露】(정로-テイロ) 드러남。드러냄。일러바침
【呈上】(정상-テイジョウ) 받들어 바침
【呈訴】(정소-テイソ) 솟장을 제출함
【呈示】(정시-テイジ) 드러내 보임

【吹】취 スイ、ふく blow 支 ㄔㄨㄟ ch'uei¹
①불 出氣噓也 취타-打鼓-

【吹管】(취관-スイカン) 뢰(笛)를 불음
【吹雪】(취설-ふぶき) 눈보라
【吹奏】(취주-スイソウ) 입으로 불어 연주함

【呑】탄 ドン、のむ gulp down 元 ㄊㄨㄣ t'uen¹
①삼킬 咽也 ②에워쌀 휩쌀 幷包

【呑噬】(탄서-ドンゼイ) ①씹어 삼킴 ②타국을 병합함
【呑牛之氣】(탄우지기-ドンギュウのキ) 소를 삼킬만 한 기상。기상이 큼을 비유함
【呑停】(탄정) 민간의 정체된 환곡(還穀)을 관원이 먹어 버림
【呑舟之魚】(탄주지어-ドンシュウのうお) ①배를 삼킬 만한 큰 고기 ②큰 인물。또는 대악인(大惡人)
【呑吐】(탄토-ドント) 삼키는 것과 토하는 것。삼켰다 배앝았다 함

【吠】폐 ハイ、ベイ、ほえる bark 隊 ㄈㄟˋ fei⁴
짖을 犬聲

【呀】하 ガ、カ、むあける open 麻 ㄧㄚ ya¹
①골속 휑할 -谽谷空貌 ②입 벌일 張口貌

【含】함 ガン、ゴン、ふくむ hold in mouth
①머금을 銜也 ②먹을 哺也 ③용납할 包容 ④품을 懷也 ⑤참을 忍也 唅同 ⑥반함 飯-

【含垢】(함구-ガンコウ) 부끄러움을 참음
【含毒】(함독) 독기·독한 마음을 품음
【含味】(함미-ガンミ) 먹어 맛봄。입 속에 넣어 맛봄
【含笑】(함소-ガンショウ) ①웃음을 머금음。②웃음을 띰 ③꽃이 피기시작함
【含羞】(함수-ガンシュウ) 부끄러움을 띰
【含嗽】(함수-ガンソウ) 양치질 함
【含有】(함유-ガンユウ) 머금고 있음
【含忍】(함인) 참고 견딤
【含孕】(함잉) 새끼를 뱀
【含蓄】(함축-ガンチク) ①마음 속에 깊이 쌓아 둠 ②의미가 천박하지 아니함

【吭】항 コ、のど throat 陽 ㄏㄤˊ hang²
① 목구멍 咽也 ②새 목구멍 鳥嚨

【吼】후 コウ、ク、ほえる roar 有 ㄏㄡˇ hou³
①사자 우는 소리 獅鳴 ②소 우는 소리 牛鳴 ③성낼 怒也

【吼怒】(후노-コウド) 성이 나서 부르짖음
【吼號】(후오-コウゴウ) 높은 소리로 부르짖음

【吸】흡 キュウ、すう sip 緝 ㄒㄧ hsi¹
①숨들이마실 內息 ②마실 飮也 噏通

【吸力】(흡력-キュウリョク) 빨아 들이는 힘。흡인하는 힘
【吸盤】(흡반-キュウバン) 어떠한 동물이 다른 물건에 달라붙는 작용을 가진 기관。낙지 발에 붙은 사마귀 같

은 것 따위

【吸收】(흡수-キュウシュウ) ① 빨아 들임 ②물건을 모아들임 ③고체·액체가 빨아 들이어 녹는 현상 ④여러가지 물질을 혈관 속 또는 임파선(淋巴腺)으로 나르는 작용

【吸引】(흡인-キュウイン) ①빨아서 이끌음 ②내 편으로 끌어 들임

【吸入】(흡입-キュウニフ) 빨아 들임

【吸醋】(흡초) 잘 참음

【呆】木部 三畫에 볼것

【局】尸部 四畫에 볼것

【五 畫】

【呵】가 カ、しかる scold 箇 ㄏㄜ hē

①꾸짖을 怒責 ②기운 불어 낼氣出 ③웃는 소리 笑聲ㅡㅡ 訶同 ④꾸지람할 責譲

【呵呵】(가가-カカ) 소리를 크게 내어 웃음。 깔깔 웃음

【呵凍】(가동-カトウ) 언 것에 입김을내 불어 녹임

【呵責】(가책-カシャク) 꾸짖음 책망함

【呵筆】(가필-カヒツ) 언 붓에 입김을 쐬어 녹임

【呿】거 カ、キョ、くちあく open mouth 魚 ㄑㄩ ch'ü

입벌릴 張口貌 (가) 義同

【呱】고 コ、なく weep 虞 ㄍㄨ ku

젖아이 우는 소리 小兒啼聲ㅡㅡ

【呱呱之聲】(고고지성-ココのこえ) ①젖먹이의 우는 소리 ②처음 부르짖는 소리

【咎】구 キウ、とが fault 有 ㄐㄧㄡ chiu

①허물 愆也 ②재앙 災也 (고) 순임금 신하 舜臣ㅡ繇

【咎戒】(구계-キュウカイ) 책망하여 경계함

【咎殃】(구앙-キュウオウ) 재앙 재난

【咎悔】(구회-キュウカイ) 남에게 책망을 듣고 스스로 후회함

【呶】노 ド、ドウ、ニョウ、やかまし chatter 肴 ㄋㄠ nao²

①지껄일 諠也 ②들렐 讙聲

【呶呶】(노노-ドド) 말을 길게 하는 모양

【呢】니 ニ、ジ whisper 支 ㄋㄧ ni²

①제비 지저귈 燕語 소곤거릴 小聲多言ㅡ喃

【咄】돌 トツ、しかる scold 曷 ㄉㄨㄛ tuo

①꾸짖을 訶也 ②괴이쩍다할 驚怪聲ㅡㅡ ③슬플 嗟也 (탈) 혀찰 咨語

【咄咄】(돌돌-トツトツ) 일이 괴이쩍어 놀램

【咄嗟】(돌차-トッサ) ①혀를 차며 탄식함。꾸짖음 ②눈 깜짝 한 사이。잠깐동안。순간

【命】명 メイ、ミョウ、いのち、 life; command 敬 ㄇㄧㄥ ming

①목숨 天之所賦人所稟 ②명령할 使也 ③도 道也 ④이름 名也

【命令】(명령-メイレイ) 시키어 하게함。분부함

【命脈】(명맥-メイミャク) ① 살아 가는 원동력 ②목숨 ③유일한 생명

【命名】(명명-メイメイ) 이름을 지음

【命分】(명분-メイブン) 천운(天運)

【命數】(명수-メイスウ) ①빈부(貧富)·귀천(貴賤)·장수(長壽)·요절(大折) 등에 관한 운명 ②목숨。수명

【命題】(명제-メイダイ) ①글의 제목을 정함 ②논리학상 판단의 결과를 말로 표시한 것

【命中】(명중-メイチュウ) 겨냥이 바로 맞음

【味】미 ミ、ビ、あじ taste 未 ㄨㄟ wei

맛 맛볼 맛들일 物之精液滋ㅡ

【味覺】(미각-ミカク) 미감(味感)

【味感】(미감-ミカン) 입으로 음식의 자극을 받는 감각。 입맛。 구미(口味)

【味官】(미관-ミカン) 미감(味感)을 맡은 기관

【咋】 사 サク、シャク、かむ chew 禡 ㄓㄚ cha⁴

잠깐 暫也 (색) 씹을 嚙也 (책) 큰 소리 大聲

【呻】 신 シン、うめく moan 眞 ㄕㄣ shen¹

①끙끙거릴 신음할 殿屎ㅡ吟 ②읊을 웅얼거릴 吟咏

【呻吟】(신음-シンギン) ①근심으로 웅얼거림 ②병으로 앓는 소리를 함。 또 탄식하는 소리를 냄。 또 시(詩)를 읊음

【咏】 영 エイ、うたう chant 敬 ㄩㄥ yung³

①읊을 吟也 ②노래할 歌也

【呦】 유 ユウ、なきごえ chirp 有 ㄧㄡ yu¹

사슴 우는 소리 鹿鳴聲

【呦呦】(유유) 사슴우는 소리

【咀】 저 ソ、ショ、かむ chew 語 ㄐㄩ chü³

씹을 含味ㅡ嚼

【咀嚼】(저작-ソシャク) ①물건을 씹음。 글 뜻을 잘 연구하여 맛봄

【周】 주 シウ、めぐる round 尤 ㄓㄡ chou¹

①두루 둘레 匝也 ②두루할 徧也 ③주밀할 密也 ④미쁠 忠信 ⑤주나라 國名 ⑥姓也

【周給】(주급-シュウキュウ) 두루줌。 남기지 않고 죄다 줌

【周到】(주도-シュウトウ) 두루 이름。 주의가 주밀함

【周覽】(주람-シュウラン)두루 두루 자세히 봄

【周密】(주밀-シュウミツ) 써 자세함。 생각이 찬찬함

【周圍】(주위-シュウイ) ①둘레 ②근처

【周遊】(주유(シュウユウ) 두루 놀러다님

【周衣】(주의) 두루마기

【周章】(주장-シュウショウ) 허둥 지둥함

【周全】(주전-シュウゼン) 두루 완전함

【周知】(주지-シュウチ) 두루 알음。 널리 누구에게든지 알려짐

【周察】(주찰-シュウサツ) 두루 살핌

【周航】(주항-シュウコウ) 이곳 저곳을 거쳐 항해함

【周行】(주행-シュウコウ) ①큰 길 ②무루 돌아다님。 순행(巡行)

【呪】 주 ジュ、シュ、のろう まじない curse; spll

방자할 精神加殃咀ㅡ

【呪文】(주문-ジュモン) ①술가(術家)가 술법을 행할 때 부르는 글귀

【呪咀】(주저-シュソ) 남이 못되게 되기를 빌고 바람

【咆】 포 ホウ、ほえる roar 看 ㄆㄠ p'ao²

①고함지를 嗥也 ②성낼 怒貌ㅡ勃 ③으르렁거릴 燕虎聲ㅡ哮

【咆哮】(포효-ホウコウ) ①짐승이 소리를 지름 ②성이 나서 부르짖음

【呼】 호 コ、よぶ call 虞 ㄏㄨ hu¹

①부를 喚也 ②숨내쉴 外息 ③슬프다할 歎辭嗚ㅡ ④부르짖을 號

【呼名】(호명-コメイ) 이름을 부름

【呼應】(호응-コオウ) ①부르는데 대답함 ②배가 맞음。 기맥을 통함 ③문장(文章)의 의미가 서로 앞뒤가 잘 맞음

【呼唱】(호창-コショウ) 소리를 높이어 부름

【呼出】(호출-よびだし) 불러 냄

【呼號】(호호-コゴウ) 부르 짖음

【呼吸】(호흡-コキュウ) ①숨을 쉼 ②매우 짧은 시간。 찰나(刹那) ③두사람 이상이 일을 할 때의 장단

【呼吸器】(호흡기-コキュウキ) 호흡의 작용을 맡은 기관。 고등 동물은 허파、

하등 동물은 피부、어류(魚類)는 아가미 따위

【和】화 ワ、やわらぐ peacefull 簡 ㄏㄨㄛˋ huo⁴
①고를 調也 ②화할 諧也 순화 順也 ③화답할 聲相應 ④탈 調味 ⑥세피리 小笙
【和光同塵】(화광동진-ワコウドウジン)자기의 재덕(才德)을 감추고 세속(世俗)을 좇음
【和氣】(화기-ワキ) ①화창한 일기 ②온화한 기분。화목한 마음
【和暖】(화난-ワダン) 날씨가 화창하고 따뜻함
【和同】(화동-ワドウ) ①서로 짝을 지음 ②화합(和合)
【和睦】(화목-ワボク) 서로 뜻이 맞고 정다음
【和尙】(화상-オショウ) 중의 존칭
【和順】(화순-ワジュン) ①온화하고 순양함 ②날씨가 철에 맞음
【和悅】(화열-ワエツ) 온화하고 기뻐함
【和議】(화의-ワギ) 화해(和解)하는 의논
【和平】(화평-ワヘイ) 마음이 기쁘고 편안함
【和風】(화풍-ワフウ) 화창한 바람
【和合】(화합-ワゴウ) 협동하여 합함
【和解】)화해-ワカイ) 평화스럽게 풀림。분쟁을 해결 함

【咊】前條 (和) 古字

【呴】구 ク、コ、あたためる warm; breath
①입김들일 以氣溫之 ②고기 물방울 토할 魚吐沫 ②숨 내쉴 開口出氣—噓 ④말 공손히 할 言順

【知】矢部 三畫에 볼것

【六 畫】

【咬】교 オウ、コウ、かむ bite 肴 巧 ㄧㄠˇ yao³
①물 齧也 ②새 지저귈 鳥聲
【咬傷】(교상-オウショウ)짐승 독사따위에 물린 상처
【咬哇】(교와-オウアイ) 음란한 음곡(音曲)

【哂】신 シン、わらい beamingly 軫 ㄕㄣˇ shen³
빙그레 웃을 微笑 矧通

【哀】애 アイ、あわれむ pitiful 灰 ㄞ ai¹
①슬플 悲也 ②설워할 傷也 ③불쌍할 憐也 ④민망할 悶也
【哀歌】(애가-アイカ) 슬픈 노래
【哀乞】(애걸) 꼭 주도록 간청함。슬프게 빌음
【哀曲】(애곡-アイキョク)슬픈 곡조
【哀哭】(애곡-アイコク) 슬프게 울음
【哀矜】(애긍-アイキョウ) 불쌍히 여김
【哀悼】(애도-アイトウ) 사람의 죽음을 설워함。슬퍼함
【哀樂】(애락-アイラク)슬픔과 즐거움
【哀憐】(애련-アレン)불쌍히 여김
【哀慕】(애모-アイボ) 돌아간 부모를 사모함
【哀傷】(애상-アイショウ) 매우 슬퍼함
【哀惜】(애석-アイセキ) 슬프고 아깝게 여김
【哀訴】)애소-アイソ) 슬프게 호소함
【哀愁】(애수) 슬픈 근심
【哀怨】(애원) 슬프게 원망함
【哀願】(애원-アイガン) 슬프게 원함。간절히 바람
【哀音】(애음-アイオン) 슬픈 소리
【哀子】(애자-アイシ) 어머니가 돌아가고 아버지만 남은 사람의 자칭
【哀情】(애정-アイジョウ) 불쌍히 여기는 마음
【哀戚】(애척-アイセキ) 애도(哀悼)
【哀痛】(애통-アイツウ) 매우 슬퍼함

【咽】인 イン、エン、のど throat 先 ㄧㄢ yen¹
목구멍 嗌也 (연) 삼킬 呑也 (열) 목멜 聲塞硬—
【咽喉】(인후) ①목구멍

【哇】왜 アイ、ア、はく vomit 佳 ㄨㄚ wa¹

①게울 吐也 ②음란한 소리 淫聲아이울음 兒啼

【咿】 이 イ、つくりわらう forced laugh 支 ㄧ i¹

선웃음칠 强笑喔—

【咨】 자 シ、はかる、なげく plan; resentment 支 ㄗ tzŭ¹

①꾀할 謀也 ②탄식할 嗟歎聲 ③원망할 怨也 諮通

【咨文】(자문-シブン)중국과 왕복하던 글

【咨嗟】(자차-シサ) 아까와 탄식함

【咨歎】(자탄-シタン) 자차(咨嗟)

【哉】 재 サイ、はじめ、かな for the first time

① 비로소 始也 ②그런가 疑辭③답다 間隔辭 ④어조사 語助辭〔灰〕

【哉生明】(재생명)비로소 광명을 낸다는 뜻이니, 달이 보이기 시작할 때, 곧 음력 그달 三일

【哉生魄】(재생혼) 달의 검은 부분이 생기기 시작한다는 뜻으로 음력 十六일

【咠】 즙 ジ、そしる slander

①참소할 讒言—弄②귓속말할 聶語

【咫】 지 シ、わずか little 紙 ㄓ chih³

①여덟치 八寸 ②적을 少也

【咫尺】(지척-シセキ) 거리가 매우 가까움

【咱】 찰 サ、シャ、わたくし myself 感 ㄗㄢ tsan²

나 自己之稱

【咤】 吒(口部 三畫)同字

【品】 품 ヒン、ホン、しな article; character

①품성—性 ②품수—③格벼슬 차례 官級 ④법 式也 ⑤무리 온갖 類也 ⑥가지 物件

【品格】(품격-ヒンカク) 품성과 인격

【品劣】(품렬-ヒンレツ) 품성이 낮음。품질이 낮음

【品類】(품류-ヒンルイ) 물건의 종류

【品目】(품목-ヒンモク) 물건의 목록

【品物】(품물-しなもの) 형체를 갖춘 물건의 총칭

【品詞】(품사-ヒンシ) 단어를 그 성질·직능·형식등을 따라 갈라놓은 갈래

【品性】(품성-ヒンセイ) 개인이 가지고 있는 성질

【品位】(품위-ヒンイ) 자리。지위

【品字】(품자) 삼각으로 벌여놓은 형상

【品質】(품질-ヒンシツ) 물건의 성질。바탕

【品評】(품평-ヒンピョウ) 품질을 평정함

【品行】(품행-ヒンコウ) 행실 조행

【咸】 함 カン、みな all 咸 ㄒㄧㄢ hsien²

①다 悉也 ②같을 同也 ③姓也

【咸池】(함지-カンチ) ①서쪽의 바다。해가 목욕하는 곳。천상(天上)의 못。천지(天池) ②요(堯) 때의 쓰던 음악의 이름

【哈】 합 コウ、ソウ trickling 合 ㄏㄚ ha¹·³

①모금 以口歃飲 ②물고기 우물거릴 魚多貌

【咳】 해 ガイ、せき cough 灰 隊 ㄎㄜ k'ê²

①기침 痰病—嗽 ②침 뱉을— 唾 ③신기한 방문 非常術奇— 欬通 ④방글방글 웃을 小兒笑貌

【咳嗽】(해수-ガイソウ) 기침 나는 병

【咳唾】(해타-ガイダ) ①침 뱉음 ②기침과 침은 말할 때에 따라 나오는 것이므로 타인의 말을 존대함

【哄】 홍 コウ、グ、どよめ clamour 送 ㄏㄨㄥ hung⁴

①왁자지껄할 衆唱聲 ②공갈하는 소리 嗔聲 ③속일 騙也

【哄笑】(홍소) 왁자지껄하게 웃음

【哄唱】(홍창) 왁자지껄하게 노래함

【咻】휴 キウ、ク、なげく grieve 㝅 ㄒㄩ hsü³
①지껄일 嚾也 ②입 앓는 소리 口病聲喚ー

【咲】笑 (竹部 四畫) 古字

【虽】雖 (竹部四畫) 略字

【七 畫】

【哥】가 カ、うた、あに elder brother 歌 ㄍㄜ kê¹
①언니 呼兄 ー

【哿】가 カ、よい good 哿 ㄍㄜ kê³ ㄎㄜ k'ê³
①아름다울 嘉也 ②옳을 可也

【哭】곡 コク、なく weep 屋 ㄎㄨ k'u¹
울 哀之發聲

【哭臨】(곡림-コクリン) ①뭇 사람이 슬퍼하여울음 ②임금이 친히 죽은 이를 조상함

【哭婢】(곡비-コクヒ) 옛날 장례 때에 곡하며 따라가던 여자 종

【哭聲】(곡성-コクセイ) 슬피 우는 소리

【哭泣】(곡읍-コッキュウ) 소리를 내어섧게 울음

【哭歎】(곡탄-コクタン) 대성통곡 하며 탄식함

【唐】당 トウ、ほう humbug 陽 ㄊㄤ t'ang²
①당나라 國名 ①복도 堂途 ③황당할 大言荒ー ④姓也

【唐家】(당가-トウジョ) 왕좌 위에 만든 방형(方形)의 장식 있는옥개(屋蓋)

【唐女】(당녀-トツジョ) 중국 여자

【唐突】(당돌-トウトツ) ①갑자기。 뜻밖에 ②부딪치다

【唐木】(당목-トウボク) ①생목 ②명주로 짠 피륙의 일종

【唐人】(당인-トウジン) 중국인

【唐紙】(당지-トウジ) 중국에서 만든 종이의 한가지

【唐册】(당책-トウサツ) 중국에서 간행한 책

【唐畫】(당화-トウガ) 중국인이 그린 그림

【哴】량 リョウ、ロウ sobbing
울어기진할 泣極無聲嗟ー

【哢】롱 ロウ、さへずる chirp 送 ㄌㄨㄥ lung⁴
새지저귈 鳥吟哢ー

【唆】사 サ、そそのかす stir up 歌 ㄙㄨㄛ suo¹
①아이들 서로 군호할 小兒相應嗢嘱ー ②부추길 使ー

【唆嗾】(사주) 남을 격동함。 부추김

【哨】소 ショウ、みはり picket 嘯 ㄕㄠ shao
입비뚤어질 (초) ①도둑방비할 防盜巡ー ②잔말할 多言ーー

【哨兵】(초병-ショウヘイ) 파수병

【哨船】(초선-ショウセン) 초병(哨兵)이 다니고 순찰하는 배

【哦】아 ガ、うたう、うた chant 歌 ㄜ ê² 哿 ㄛ o²
읊을 吟也

【唉】애 アイ、おお、ああ deplore 灰 ㄞ ai¹
①놀라 물을 驚問 ②범연히 대답할 慢應聲 ③허허할 恨歎辭 欸同

【員】원 イン、かず government officials
①관원 官數 ②둥글 周也幅ー (운) ①더할 益也 鄖通 ②人名伍ー

【員石】(원석-インセキ) 둥근 돌

【員數】(원수-インスウ) 사람 또는 물건의 수효

【員品】(원품) 사람의 수효。 인수(人數)

【哲】철 テツ、さとい sagacious 屑 ㄓㄜ chê²
①밝을 明也 ②슬기로울 智也 喆同

【哲理】(철리-テツリ) 철학의 이치

【哲夫】(철부-テップ) 재덕이 뛰어난 남자

【哲婦】(철부-テップ) 영리한 부인

【哲聖】(철성-テッセイ) ①재덕이 겸비한 성인(聖人) ②뛰어난 천자(天子)

【哲學】(철학-テツガク) 자연·인생 및 지식의 현실과 이상에 관한 근본 원리를 연구하는 학문

【唄】패 バイ、うた song 卦 ㄅㄞˋ pai˙ ①인도 소리 梵音聲 ②四域謂頌曰

【唄讚】(패찬-バイサン) 부처의 공덕을 찬미한 노래

【哺】포 ホ、はぐくむ bring wp 遇 ㄅㄨˇ pu˙ ①먹을 食口中 ②먹일—之 餔通

【哺乳】(포유-ホニュウ) 제 몸의 젖을 새끼에게 먹이어 기름

【哺乳類】(포유류-ホニュウルイ) 조직이 복잡하고 온혈(溫血) 태생。몸에 털이 나고 폐로 공기를 호흡하며 새끼에게 젖을 먹이어 기르는 척추동물

【哮】효 コウ、ほえる roar 豪 ㄒㄧㄠ hsiao˙ ①성낼 闞怒也 ②돼지 놀란 소리 豕驚聲 唬通

【哮噬】(효서) 성이 나서 물어 뜯음。군대의 맹렬한 기세

【八 畫】

【啓】계 ケイ、ひらく、みちびく cultivate 薺 ㄑㄧˇ ch'i ①열 開發 ②아뢸 여쭐 奏事 ③꿇을 跪也

【啓導】(계도-ケイドウ) 계발하고 지도함

【啓明】(계명-ケイメイ) 샛별

【啓蒙】(계몽 ケイモウ) 어린애를 가르침。몽매한 사람을 가르치어 인도함

【啓發】(계발-ケイハツ) 사람을 인도하여 그 뜻을 이루게 함。지식을 열어 줌

【啓奏】(계주-ケイソウ) 임금께 상주함

【啓行】(계행-ケイコウ) 길을 열음。길을 떠남

【啖】담 タン、くらう eat 勘 ㄉㄢˋ tan˙ ①먹을 食也 ②씹을 嚼也

【啗】前條(啖) 同字

【唳】려 レイ、なく weep 霽 ㄌㄧˋ li ①기러기소리 雁聲唳— ②두루미울 鶴鳴

【問】문 ブン、モン、とう ask 問 ㄨㄣˋ wen˙ ①물을 訊也 ②문초할 訊罪 ③선사할 物遺人

【問答】(문답-モンドウ) 묻는 것과 대답하는 것

【問目】(문목) 죄인을 신문하는 조목

【問卜】(문복) 점장이에게 길흉(吉凶)을 물음

【問訊】(문신) ①물음 ②찾음。방문함

【問安】(문안) 안부를 여쭘

【問題】(문제-モンダイ) ①대답을 구하기 위하여 내는 제목 ②미해결중에 있는 사건 ③의논의 제목

【問罪】(문죄-モンザイ) 죄를 물음

【問招】(문초) 죄인을 신문하여 공초(拱招)를 받음

【問學】(문학-モンガク) 모르는 것을 물어 배움

【商】상 ショウ、あきない trade 陽 ㄕㄤ shang˙ ①장사 行貨賈 ②요량할 裁度—量 ③쇳소리 金音 ④상나라 國名

【商界】(상계-ショウカイ) 상업의 사회。장사판。상업계

【商賈】(상고-ショウコ) 장수

【商工】(상공-ショウコウ) 장수와 장색 또 상업과 공업

【商館】(상관-ショウカン) 외국인의 상점

【商權】(상권-ショウケン) 상업상의 권리

【商略】(상략-ショウリャク) ①꾀함。계략。모략 ②상업상의 책략

【商旅】(상려-ショウリョ) 타향으로 다니며 장사함

【商路】(상로-ショウロ) 장사의 길。장사판

【商務】(상무-ショウム) 상업상의 용무

【商法】(상법-ショウホウ) ①상사(商事)에 관계되는 것을 규정한 법률 ②장사의 이치

【商社】(상사-ショウシャ) 상업상의 회사。상인의 조합

【商船】(상선-ショウセン) 장사를 목적으로 바다로 다니는 배

【商業】(상업-ショウギョウ) 상품을 매매하는 영업。장사

【商用】(상용-ショウヨウ) 상업상에 쓰임

【商人】(상인-ショウニン) 장사

【商店】(상점-ショウテン) 가게

【商標】(상표-ショウヒョウ) 상인이 자기의 상품인 것을 표시하기 위한 일정한 표

【商品】(상품-ショウヒン) 상업의 목적물인 재물。곧 팔고 사는 물건

【商港】(상항-ショウコウ) 선박이 폭주하고 물화(物貨)가 집산하는 항구

【商戶】(상호) 장사 하는집

【商號】(상호-ショウゴウ)상인이 상업상 자기를 표시하는 이름

【商況】(상황-ショウキョウ) 상업계의형편

【售】순 シュウ、うる sell

①팔 賣也 ②갚을 償也

【啞】아 ア、アク、おし mute 馬 禡 ㄧㄚˇ ya³

① 벙어리 病瘖不言 ②까마귀 소리 烏聲 ③啞啞를 보라 (액) 웃음 소리 笑聲ㅡㅡ

【啞鈴】(아령) 양끝이 방울 형상을 이루고 중간에 손잡이가 있는 체조에 쓰이는 기구 (소리를 안 내는 방울이라는 뜻)

【啞啞】(아아-アクアク) ①까마귀 우는소리 ②어린애가 하는말。어린애가 말을 배울 때 불분명하게 하는 말(액액) ③웃는 소리。웃으며 말하는 소리

【啞然】(아연-アゼン) 어이없이 입도 벌릴 수없는 모양。벌어진 입이 닫아지지 아니함

【啞子】(아자-アシ) 벙어리

【唵】암 アン ふくむ cram into onei mouth

움키어먹을 手進食 (옴) 진언 釋呪

【唯】유 ユイ、イ、ただ only 紙 ㄨㄟˇ wei³

①오직 專辭獨也 ②어조사 語助辭 惟通 ③옳다할 諾也

【唯諾】(유낙-イダク) 예예하고 대답하는 소리。(유(唯)는 빨리 대답하는 것 약(諾)은 느리게 대답하는 것)

【唯理論】(유리론-ユイリロン) 우리는 선천적으로 이성을 가지고 있다는 철학설

【唯物論】(유물론-ユイブツロン) 자연의본질은 물질이요, 정신적 현상도 물질적 작용에 불과하다고 하는 철학설

【唯物史觀】(유물사관-ユイブツシカン) 역사를 경제 방향으로 보아 계급투쟁을 역사의 근거로 하는 역사관

【唯心論】(유심론-ユイシンロン) 정신적 실재를 만유의 근본 원리로 하는 철학설。곧 자연의 본질은 정신이요 물질의 현상도 정신적 작용에 불과하다고 하는 학설

【唯我獨尊】(유아독존-ユイガドクソン) 이 세상에는 자기보다 높은 것은 없다는 뜻

【唯唯】(유유-イイ) ①예예。대답하는소리 ②남에게 아부하여 복종하는 모양 ③물고기가 따라가는 모양

【唯一】(유일-ユイイツ) 단지 하나

【唯一無二】(유일무이-ユイイツムニ) 단지 하나만 있고 둘은 없음

【啇】적 テキ、チャク、ねもと root

①밑둥 本也 ②꼭지 果帶

【啁】조 トウ、チユウ、とりがなく gabble 肴 ㄓㄡ chou¹

① 지절일 聲也ㅡ嘐 ②새재재거릴 鳥鳴ㅡ (주) 새 재재거릴 鳥聲ㅡ噍

【啁唧】(조즉-チュウショウ) 벌레가 우는 소리

【啁噍】(주초-チュウショウ) 새가 재재거리는 소리

【唶】 차 サク、シャ、さけぶ sigh voice 탄식할 歎聲 (책) ① 새 소리 鳥聲 ㅡㅡ ②우렁찰 大聲ㅡ嚄

【唶唶】(책책-サクサク) 새가 지저귀는 소리

【唱】 창 ショウ、となえる sing 漾 ㄔㄤˋ ch'ang⁴ ①노래부를 發歌 ②인도할 導也

【唱歌】(창가-ショウカ) ①음성에 곡조를 맞추어 노래함。또 그 노래 ②학교에서 가르치는 노래

【唱道】(창도-ショウドウ) 처음으로 말함

【唱導】(창도-ショウドウ) 말로 주창하여 사람을 인도함

【唱和】(창화-ショウワ) 한쪽에서 부르고 한 쪽에서 화답함

【啜】 철 テツ、セツ、すすりなく sob 屑 ㄔㄨㄛˋ ch'uo⁴ ①훌쩍거릴 泣貌 ②수다스러울 多言 ③부리 喙也 ④맛볼 嘗也

【唾】 타 ダ、つば spittle 箇 ㄊㄨㄛˋ t'uo⁴ ㄊㄨㄛˋ t'u⁴ 침 口液

【唾棄】(타기-ダキ) 미워서 돌아보지 아니함。버리고 다시 보지 아니함

【唾罵】(타매-ダバ) 업신여기고 욕함

【唾面】(타면-メンにつばす) 남의 얼굴에 침을 배앝는다는 뜻이니 남을 욕뵘

【唾腺】(타선-ダセン) 구강(口腔) 안에 침을 분비하는 선

【唾液】(타액-ダエキ) 침

【唾壺】(타호-ダコ) 가래침을 배앝는 기구

【啄】 탁 タク、チウ、ついばむ pick 覺 ㄓㄨㄛˊ chuo² ①쪼을 鳥食 ②문두드릴 扣門剝ㅡ ③사람의 발자국 소리

【啄啄】(탁탁-タクタク) ①새가 물건을 쪼는 소리 ②문을 두드리는 소리

【啍】 톤 トン、シュン、いき breath 元 ㄊㄨㄣ t'uen¹ ①기운 口氣 ②느럭느럭 갈 重遲貌 ㅡㅡ

【啣】 銜(金部 六畫) 同字

【喪】 喪(口部 九畫) 俗字

【九 畫】

【喝】 갈 カツ、アイ、しかる chide 曷 ㄏㄜˋ he⁴ ①부를 呼也 ②꾸짖을 訶也 ③불멘소리할 怒聲 (애) ①목멜 噎塞 陰ㅡ ②목쉰소리 嘶聲

【喝道】(갈도-カツドウ) ①꾸짖음 ②귀인이 외출할 때、앞길의 행인을 쫓음

【喝采】(갈채-カッサイ) 칭찬함。또 그 소리

【喝破】(갈파-カッパ) 소리를 높이어 꾸짖음。부정을 물리치고 진리를 말하여 밝힘

【喀】 객 カク、キャク、はく spew 陌 ㄎㄚˋ k'a⁴ 기침 칵칵할 欬聲ㅡㅡ

【喬】 교 キョウ、たかい tall 蕭 ㄑㄧㄠˊ ch'iao² ①큰키 나무 木上竦 ②창칼고리 矛之上句

【喬木】(교목-キョウボク) 키큰 나무。높은 나무

【喬遷】(교천-キョウセン) ①벼슬이 올라감 ②남이 이사함을 축하하는 말

【喟】 위 キ、なげく sigh 寘 ㄎㄨㄟˋ k'uei⁴ 한숨쉴 太息

【喟然】(위연-キゼン) 한숨을 쉬고 탄식함。또 그 모양

【喟喟】(위위-キキ) 자주 한숨을 쉬는 모양。연해 감탄하는 모양

【喫】 끽 キツ、ケキ、くう、のむ eat; drink 錫 ㄔ ch'ih ①먹을 食也 ②마실 飮也

【喫緊】(끽긴-キッキン) 매우 긴요함

【喫茶】(끽다-キッサ・キッチャ) ①차를 마심 ②여자가 시집감(차나무는 두번 이식(移植) 할 수 없는 고로 여자가 재가 하지 아니함을 견줌)

【喫飯】(끽반-キッパン) 밥을 먹음

【喫煙】(끽연-キッエン) 담배를 피움

【喫着不盡】(끽착부진-キッチャクしてつきず) 먹어도 다하지 아니함。의식(衣食)이 넉넉함

【喃】남 チン、ダン chatter 國 ㄋㄢˊ nan²
①말 분명하지 못할 語不了呢— ②제비지저귈 燕語呢—

【單】단 タン、ゼン、ひとえ single 寒 ㄉㄢ tan¹
①홑 複之對 ②홀로 獨也 ③다할 盡也 ④클 大也 ⑤엷을 薄也 (선) ①넓고 클 廣大—于 ②되임금 匈奴酋長 ③고을 縣名—父

【單價】(단가-タンカ) 낱 단위의 값。낱값

【單騎】(단기-タンキ) ①혼자 말을 타고 감 ②한 사람의 기병(騎兵)

【單刀直入】(단도직입-タントウチョクニュウ) ①한 칼로 거침없이 쳐들어감 ②문장·언론을 본론으로 바로 설명하여 들어감

【單獨】(단독-タンドク) ①혼자。독신자。고독 ②단 한 사람。단지 한 개

【單老】(단로-タンロウ) 나이 늙고 처자가 없는 사람

【單利】(단리-タンリ) 밑천에만 대하여 치르는 변리

【單兵】(단병-タンヴイ) 한 사람의 병사(兵士)

【單本位制】(단본위제-タンホンイセイ) 한 가지 화폐를 단위 화폐로 하고 다른 화폐는 모두 보조 화폐로 하는 제도

【單線】(단선-タンセン) 복선에 대하여 한 줄로 놓은 선로

【單性】(단성-タンセイ) 생물의 기관의 자성(雌性) 또는 웅성(雄性)이 한 쪽으로 된 것

【單純】(단순) ①복잡하지 아니함 ②한결 같음。섞임이 없음 ③조건이 적음

【單式】(단식-タンシキ) 조직이 단순한 방식 ②단지 한 항으로 된 식(式)

【單身】(단신-タンシン) 홀몸。홑몸

【單心】(단심-タンシン) ①도움이 없는 마음 ②마음을 다함

【單語】(단어-タンゴ) 단일한 관념을 나타내는 낱낱의 말

【單位】(단위-タンイ) ①일위의 신주 ②사물의 비교 계산의 기본이 되는것

【單一】(단일-タンイチ) ①단지 하나 ②그것만 있음 ③단순함

【單子】(단자-タンシ) 우주 만물을 조직하는 단일 불가분의 정신적 실재

【單行】(단행-タンコウ) ① 혼자 감。독행 ②단지 한 번만 한 행위 ③ 서적의 일부 만을 따로 출판함

【喇】랄 ラッ、はやくち chatter 曷 ㄌㄚˋ la¹·³·⁴
말 재게할 言急喝—(라) ①나팔 軍中吹器—叭 ②나마 僧也達賴—嘛

【喇嘛敎】(나마교-ラマキョウ) 티베트를 중심으로 몽고·만주 등지에서 성행하는 불교의 일파。우두머리를 다라이 라마라고 함

【喇叭】(나팔-ラッパ) 군대에서 쓰는 관악기(管樂器)의 하나

【喨】량 リョウ、ほがらか pleasant 漾 ㄌㄧㄤˋ liang⁴
喨(口部 七畫) 同字

【喪】상 ソウ、うしなう lose 陽 ㄙㄤ sang¹
①죽을 亡也 ②복입을 持服曰— ③관 柩也 ④잃을 失也 ⑤없을 亡也

【喪家】(상가-ソウカ) 사람이 죽은 집。초상집

【喪家之狗】(상가지구-ソウカのいぬ) 수척한 사람을 비유함(초상집은 슬퍼하는 바람에 개에게 먹을 것을 주지 아니하는 까닭으로 개가 파리해진다는 뜻)

【喪具】(상구-ソウグ) 장례에 쓰는 모든 기구

【喪亂】(상란-ソウラン) 전쟁·악역·천재 등으로 인하여 사람이 죽음
【喪服】(상복-ソウフク) 상중에 입는 옷
【喪失】(상실-ソウシツ) 잃어버림
【喪心】(상심-ソウシン) 본심을 잃음。 실심(失心)함
【喪章】(상장-ソウショウ) 조의(弔意)를 표시하는 휘장
【喪主】(상주-ソウシュ) 주장이 되는 상제
【喪志】(상지-ソウシ) 상심(喪心)

【丧】 喪(前條)同字

【善】선 ゼン、よい good 銑 霰 ㄕㄢˋ shan⁴
①착할 良也 ②길할 吉也 ③좋을 좋아할 好也 ④많을 多也 ⑤옳게 여길 ㅡ之
【善果】(선과-ゼンカ) ①좋은 결과 ②좋은 행복
【善待】(선대) 잘 대접함
【善德】(선덕-ゼントク) 바르고 착한덕행
【善道】(신도-ゼンドウ) ①좋은 길。 바른 길 ②잘 가르침
【善導】(신도-ゼンドウ) 잘 인도함
【善良】(선량-ゼンリョウ) 착하고 어질음
【善鄰】(선린-ゼンリン) 이웃과 친밀히 지냄
【善忘】(선망-ゼンボウ) 잘 잊음
【善士】(선사-ゼンシ) 선량한 사람
【善心】(선심-ゼンシ) 착한 마음。 도덕에 맞는 마음
【善惡】(선악-ゼンアク) 착한 것과 악한 것。 선인과 악한
【善藥】(선약-ゼンヤク) 병이 잘 낫는 약。 양약(良藥)
【善言】(선언-ゼンゲン) 착한 말。 훈계가 될 만한 말
【善用】(선용-ゼンヨウ) 적당하게 잘 씀
【善喩】(선유-ゼンユ) 잘 타 이름
【善意】(선의-ゼンイ) 좋은 마음。 친절한 마음。 호의。 착한 뜻
【善政】(선정-ゼンセイ) 좋은 정치。 백성을 잘 다스림 ②좋은 방법。 적당한 처치
【善處】(선처-ゼンショ) 잘 처리함
【善行】(선행-ゼンコウ) 착한 행실。 선량한 행위

【啻】시 シ、ただ only 寘 ㄔˋ ch'ih⁴
①다만 但也 ②뿐 不止是

【喔】악 アク、にわとりのこえ crow at dawn 覺 ㄨㄛˋ wo⁴
닭울 鷄聲ㅡㅡ

【喁】옹 ギョウ、ク、あきとう unison 冬 ㄩㄥˊ yung²
①고기입 위로 둘 魚口向上ㅡㅡ ②고기입 우물거릴 魚口聚貌噞ㅡ
(우) ①회답할 聲相和 ②서로 부를 相呼
【喁喁】(옹옹-ギョウギョウ) ①고기가 입을 위로 두고 뜬 모양。 곧 뭇 사람이 앙모하는 모양 ②하는 것이 없이 평범함

【喩】유 ユ、さとす、たとえる enlighten; simile 遇 ㄩˋ yü⁴
①비유할 譬也 ②이를 告也 ③깨우쳐 줄 曉也 좋아할 和悅貌嘔ㅡ
【喩喩】(유유-ユユ) 기뻐하는 모양。 좋아하는 모양

【喑】음 イン、オン、なく weep 沁 侵 ㄧㄣ yin¹
①목잠길、목멜 失聲不能言 ②안간힘쓸 聚氣 ③소리지를 大呼ㅡ啞 훌쩍훌쩍 泣無聲
【喑噁叱咤】(음오질타-インオシッタ) 분기가 일시에 터져 으르렁거림

【啼】제 テイ、なく weep 齊 ㄊㄧˊ t'i²
울 泣也
【啼血】(제혈-テイケツ) 피를 토하고 울음。 소쩍새의 우는 소리

【啾】추 シュウ、なく speak in undertones
①두런거릴 小聲ㅡㅡ ②죽죽 울ㅡ 唧

【喞】즉 ショク、ソク、そそぐ exchange murmurs
즉즉거릴 多聲ㅡㅡ (즐) 두런거릴
衆聲 啾ㅡ

【喘】천 ゼン、あえぐ pant 銑 ㄔㄨㄢˇ ch'uan³
헐떡거릴 疾息

【喘息】(천식-ゼンソク) ①헐떡거림 ②숨이 차고 기침과 가래가 몹시 나는 병

【喆】철 テツ、あきらか clear
①밝을 明也 ②착할 哲也

【喋】첩 チョウ、しゃべる chatter 葉 ㄉㄧㄝˊ tieh²
말 잘할 납신거랄 利口ㅡㅡ
(잡) 텁석거리며 먹을 鳧雁聚食聲 唼ㅡ

【喋喋】(첩첩-チョウチョウ) 말을 민첩하게 함。거침 없이 말함

【喊】함 カン、さけぶ shout 豏 ㄏㄢˇ han³
①고함지를 譁聲 ②볼멘 소리할 怒聲 ③꾸짖을 呵也 ④입다물 持意閉口

【喊聲】(함성-カンセイ) 여러 사람이 가즈런히 부르짖는 소리

【喚】환 カン、よぶ call 翰 ㄏㄨㄢˋ huan⁴
①부를 呼也 ②새 이름 禽名ㅡ起

【喚起】(환기-カンキ) ①불러 일으킴 「주의를 함」②금명(禽名)

【喚醒】(환성-カンセイ) 잠자는 사람。또는 어리석은 자를 깨움

【喉】후 コウ、のど throat 尤 ㄏㄡˊ hou²
목구멍 咽也

【喉衿】(후금-コウキン) ①목구멍과 옷깃이라는 뜻이니、급소(急所)를 말함

【喉頭】(후두-コウトウ) 호흡기의 일부분기관의 앞끝에 있어서 공기를 통하고 목소리를 내는 기관

【喉舌】(후설-コウゼツ) ①목구멍과 혀 ②군주의 말을 아래에 전하는 벼슬。곧 재상(宰相)

【喧】훤 ケン、かまびすしい chatter 元 ㄒㄩㄢ hsüan¹
①지껄일 大語 ②싸움할 嘩也 嚾同 讙·諠通

【喧鬧】(훤뇨-ケントウ) 여러 사람이 떠들석 함

【喧騷】(훤소-ケンソウ) 소란하게 떠들음

【喧爭】(훤쟁-ケンソウ) 떠들고 다툼

【喧傳】(훤전-ケンデン) 여러 사람 입에 자자하게 전파함

【喧噪】(훤조) 귀아프게 떠들음

【喧譁】(훤화-ケンカ) 귀아프게 떠들음

【喙】훼 カイ、くちばし bill 隊 ㄏㄨㄟˋ hui⁴
①부리 鳥獸口 ②숨쉴 息也

【喜】희 キ、よろこぶ glad 紙 ㄒㄧˇ hsi³
기쁠 樂也

【喜劇】(희극-キゲキ) 구경꾼을 웃기는 익살 맞은 연극

【喜樂】(희락-キラク) ①기뻐하고 즐거워함

【喜怒】(희로-キド) ①기쁨과 노여움 ②노염(怒에 중점이 있음)

【喜報】(희보-キホウ) 기쁜 기별。기쁜소식

【喜悲】(희비-キヒ) 기쁜 것과 슬픈 것

【喜捨】(희사-キシャ) 남에게 재물을 기부함

【喜色】(희색-キショク) 기쁜 안색

【喜悅】(희열-キエツ) 기뻐함。기쁨

【喜雨】(희우-キウ) 기쁜 비。감우(甘雨)

【喜鵲】(희작-キジャク) 까치。(까치가 울면 기쁜 일이 있는 까닭)

【喜喜樂樂】(희희낙락-キキラクラク) 썩 기뻐함 매우 좋아함

【十 畫】

【嗛】겸 カン、ケン、キョウ、あきたる satisfy 鹽 ㄑㄧㄢ ch'ien¹
①謙(言部 十畫)同字 ②초름할 不足貌 ③볼 頰裏貯食處

(할) 한할 恨也 ②머금을 口有銜—

【嗜】기 シ、たしなむ amuse oneself 寘 ㄕˋ shih'
①즐길 好也 ②욕심낼 慾也
【嗜好】(기호-シコウ) 즐겨하고 좋아함

【嗣】사 シ、つぐ succeed 寘 ㄙˋ ssŭ'
①이을 繼也・續也 ②익힐 習也
【嗣續】(사속-シゾク) 계통을。이음。아비의 뒤를 이음
【嗣子】(사자-シシ) 제사를 받드는 아들。맏아들

【嗇】색 ショク、おしむ stinginess 職 ㄙㄜˋ sê'
①인색할 受也 ②아낄 愛也 ③게염낼 貪也 ④농부 田畯—夫
【嗇夫】(색부-ショクフ) ①농부 ②낮은 벼슬 ③지방(地方)의 소송(訴訟)・세금 따위를 맡아 봄

【嗄】애 サ、しわかれる get hoarse
목쉴 氣逆聲敗 사 목소리 변할 聲變

【嗚】오 オ、ああ oh 虞 ㄨ wu'
①오홉다할 歎辭—呼 ②노래 이름 歌名——
【嗚咽】(오인-オエツ) 목이 메어 울음。
【嗚呼】(오호-ああ) 탄식하는。말 슬프다。애닯다

【嗢】올 オツ、むせぶ sob 月 ㄨㄚˋ wa'
목멜 咽也

【嗌】익 エキ、アク、のど throa 陌 ㄧˋ i'
목구멍 咽喉 (액) 義同
【嗌嘔】(액구-エキオウ) 구역이 나서 토함

【嗔】진 シン、いかる scold 眞 ㄔㄣ ch'ên'
①꾸짖을 盛氣怒 ②성낼 怒也
【嗔喝】(진갈-シンカツ) 노하여 꾸짖음
【嗔色】(진색-シンショク) 노하는 안색

【嗟】차 サ、なげく sigh 禡 ㄐㄧㄝ chieh'
①탄식할 歎也 ②슬플 咨也 ③가엾을 惜也
【嗟惜】(차석-サセキ) 탄식하여 아낌
【嗟稱】(차칭-サショウ) 마음에 감동하여 칭찬함
【嗟嘆】(차탄-サタン) ①탄식함。한탄함 ②차칭(嗟稱)
【嗟呼】(차호-ああ) 탄식할 때 나오는 말

【嗅】후 キュウ、かぐ smell 宥 ㄒㄧㄡˋ hsiu'
①맡을 以鼻取氣 ②냄새날 就臭
【嗅感】(후감-キュウカン) 코로 냄새를 맡아서 좋고 나쁨을 가리는 감각。후각(嗅覺)
【嗅官】(후관-キュウカン) 냄새를 맡아서 가르는 기관。곧 코 오관의 하나

【號】虍部 七畫에 볼것

【十一畫】

【嘉】가 カ、よい lovely good 麻 ㄐㄧㄚ chia'
①아름다울 美也 ②착할 善也 ③즐거울 樂也 ④기릴 褒也
【嘉納】(가납-カノウ) 충고하는 말을 잘 들음。기껍게 들어 줌
【嘉禮】(가례-カレイ) ①혼례를 이름 ②경사스러운 예식
【嘉謨】(가모-カボ) 임금께 권하는 좋은 말씀
【嘉賓】(가빈-カヒン) 반가운 손。좋은손님
【嘉悅】(가열-カエツ) 아랫 사람의 경사를 축하함
【嘉靖】(가정-カセイ) 잘 다스려 평정함
【嘉歎】(가탄-カタン) 매우 칭찬함
【嘉平】(가평-カヘイ) 음력 十二월의 딴 이름
【嘉話】(가화-カワ) 좋은 말
【嘉肴】(가효) 좋은 술안주

【嘐】교 カウ なきごえ crow 囿 ㄒㄧㄠ hsiao¹
닭자쳐올 鷄鳴ㅡㅡ 咬同 (효) 큰체
할 誇大語ㅡㅡ

【嘔】구 オウ、ク、はく vomit 尤 ㄡ ou¹
①게울 吐也 ②기꺼워할 和悅貌ㅡ
噞 謳同 (후) 기꺼이 말할 悅言ㅡ
ㅡ
【嘔氣】(구기-オウキ) 게우려고 하는 마
음
【嘔逆】(구역-オウギャク) 욕지기
【嘔喩】(구유) 기꺼워 하는 모양
【嘔吐】(구토-オウト) 게움。 토함
【嘔血】(구혈-オウケツ) 피를 토함

【嘛】마 マ lama
나마 喇ㅡ

【嘗】상 ショウ、なめる taste 陽 ㄔㄤ ch'ang²
① 맛볼 探味 ②시험할 試也 ③일
찍 曾也 ④가을 제사 秋祭名
【嘗膽】(상담-ショウタン) 쓸개를 맛봄。 원
수를 갚으려고 고생을 참음
【嘗試】(상시) 시험하여 봄
【嘗新】(상신-ショウシン)임금에게 신곡(新
穀)을 처음으로 맛보시게 하는 일

【嗾】수 ソウ、ス、けしかける set a dog 囿 ㄙㄡ sou³·⁴
개부릴 使犬聲 (주) 義同
【嗾囑】(주촉-リウショク) 남을 교사하여
시킴

【嗽】수 ソウ、くちすすぐ cough 宥 ㄙㄡ sou⁴
기침할 咳ㅡ 欶同 (삭) ①마실 口噏
②빨 吮也

【嗷】오 ゴウ、かまびすしい noisy 豪 ㄠ ao²
①여럿이 걱정할 衆口愁ㅡㅡ ②새
소리 鳥聲
【嗷嗷】(오오-ゴウゴウ)귀아프게 부르는
소리 ②뭇 사람이 걱정하는 모양 ③
기러기 우는 소리

【嘈】조 ソウ、さわがしい chiater 豪 號 ㄘㄠ ts'ao²
지껄일 喧也
【嘈嘈】(조조-ソウソウ) 소리가 왁자지껄
한 모양

【嘖】책 サク、さけぶ cry 陌 ㄗㄜ tsê²
①말다툼할 爭言貌 ②크게 부르는
소리 大呼聲 ③꾹꾹 울 鳩鳴ㅡㅡ

【噓】허 キョ、うそ lie 御 魚 ㄒㄩ hsü¹
불 虛口吐氣
【噓噓】(허허-キョキョ) ①숨이 나오는 소
리 전하여 구름이 피어 오르는모양
②코고는 소리
【噓吸】(허흡-ソキョウ) 숨쉼。 호흡

【嘑】호 コ、さけぶ shout 虞 遇 ㄏㄨ hu¹
①고함지를 大聲 ②으르렁거릴 哮
也 ③부를 呼也 呼

【嘆】歎 (欠部 十一畫) 同字

【嗚】鳥部 三畫을 볼것

【十二畫】

【嘹】료 リョウ sing(bird)
①울 鳴也 ②신음할 病呼 ③새소리
멀리 들릴 鳥鳴遠聞聲ㅡ喨

【嘸】무 フ あいまい be disconcerted
말 우물거릴 語不明ㅡ然

【噴】분 フン、ふく spout
①숨 내불 吐氣 ②꾸짖을 叱也
③재채기할 鼓鼻 ④뿜을 噀也
【噴飯】(분반-フンパン) 입 속의 밥을 내
뿜는다는 뜻이니 웃음을 참을 수가
없음
【噴水】(분수-フンスイ) 물을 뿜어 냄。 또
그 물
【噴出】(분출-フンシュツ) 내뿜음
【噴火】(분화-フンカ) 불을 내뿜음。화산

이 터지어 활동하는 현상

【嘯】소 ショウ、うそぶく whistle 嘯 ㄒㄧㄠ hsiao
휘파람 蹙口吹聲
【嘯詠】(소영-ショウエイ) 휘파람 불며 노래함
【嘯聚】(소취-ショウシュウ) 불러 모음
【嘯咤】(수타) 꾸짖음

【嘶】시 セイ、いななく whinny (horse) 齊 ㄙ ssŭ¹
①말울 馬鳴 ②목쉴 聲破
【嘶喝】(시갈-セイカツ) 목쉰 소리

【噎】열 エツ、イツ、むせぶ in the throat 屑 ㄧㄝ yeh¹
목멜 喉閉
【噎嘔】(연구) ①목이 메어 토함 ②웃으며 이야기하는 소리

【噌】쟁 サウ、かまびすしい clamorously 庚 ㄘㄥ ts'êng¹
장거리 왁자할 市聲ㅡ吰 (증) 왁자지껄할 空泓噌ㅡ

【嘲】조 チョウ、トウ、あざける mockery 肴 ㄔㄠ ch'ao²
①조롱할 비웃음 言相調 ②농지거리할 譴也
【嘲弄】(조롱-チョウロウ) 비웃고 놀림。깔보고 희롱함
【嘲罵】(조매-チョウバ) 비웃고 욕함
【嘲笑】(조소-チョウショウ) 비웃음

【噂】준 ソン、うわさ rumour 阮 ㄗㄨㄣˇ tsuen³
수군거릴 聚語ㅡ沓

【嘴】취 シ、くちばし dill 紙 ㄗㄨㄟˇ tsuei³
부리 喙也

【嘬】최 サイ、セ、かむ bite 卦 ㄔㄨㄞ ch'uai⁴
①씹을 齧也 ②산적 한 입에 먹을 一擧臠

【嘽】탄 タン、セン、あえぐ pant
①기꺼워 할 喜也 ②헐떡거릴 喘息ㅡㅡ ③성할 盛貌 (천) ①분 복받칠 怒而噎噫 ②시름 없을 紓緩聲ㅡ嘽

【嘻】희 キ、たのしむ harmony 支 ㄒㄧ hsi¹
①한숨 휘 쉴 悲恨聲 ②화락한 소리 和樂聲ㅡㅡ ③에구할 驚懼聲
【嘻笑】(희소-キショウ) 억지로 웃음。짐짓 웃음
【嘻嘻】(희희-キキ) ①스스로 만족하게 여기는 모양 ②희롱하며 즐거워 웃음

【囑】嘱 (口部 二十一畫)略字

【噐】器 (口部 十三畫) 同字

【十三畫】

【噱】갹 キャク、わらう laugh aloud 藥 ㄐㄩㄝ chüeh¹
껄껄 웃을 笑不止嘔ㅡ

【噭】교 キョウ、さけぶ shout 嘯 ㄐㄧㄠ chiao⁴
①부르짖을 號聲 ②부를 呼也 ③고함지를 吼也 叫同
【噭然】(교연-キョウゼン) 큰 목소리로 우는 모양

【噤】금 キン、つぐむ become silent 沁 ㄐㄧㄣ chin⁴
입다물 口閉 唫同

【器】기 キ、うつわ vessel 寘 ㄑㄧ ch'i⁴
①그릇 成形皿 ②그릇다울 才量
【器械】(기계-キカイ) ①그릇。연장 ②무기
【器官】(기관-キカン) 생물체의 생활 작용을 맡은 곳
【器具】(기구-キグ) 그릇。세간。연장
【器局】(기국-キキョク) 사람의 재능과 도량
【器機】(기기-キキ) 기구・기계의 총칭
【器量】(기량-キリョウ) 기국(器局)
【器皿】(기명-キベイ) 살림에 쓰는 그릇。기물(器物)

【噬】서 ゼイ、セイ、かむ chew 霽 ㄕ shih⁴

①섭을 啗也 ②미칠 逮也
【噬臍】(서제-ゼイセイ) 배꼽을 물려고 하나 입이 미치지 못한다는 뜻 곧 후회하여도 소용 없음

【噩】악 ガク、おどろく、おごそか be surprised; solemnity
①엄숙할 嚴肅貌—— ②놀랄 驚也
【噩夢】(악몽-ガクム) 놀라서 꾸는 꿈

【噯】애 アイ、ためいき sigh ㄞ ai¹·³
①더운 기운 暖氣 ②물건 외는 소리 叫賣聲—噯

【噪】조 ソウ、さわぐ chirp ㄗㄠˋ tsao⁴
새지저귈 鳥群鳴
【噪嘽】(조선-ソウセン) 귀아프게 우는 매미
【噪音】(조음-ソウオン) 진동이 불규칙한 소리

【噲】쾌 カイ、のど throat ㄎㄨㄞˋ k'uai⁴
①목구멍 咽也 ②훤할 寬明貌——
【噲伍】(쾌오-カイゴ) 평범한 동아리。범용한 인물들

【噸】돈 トン tor 噸。ㄉㄨㄣˋ tuen⁴
톤 英國衡名 約 千六百八十斤

【噫】희 イ、アイ、ああ oh! ㄧ i¹
①한숨쉴 歎息 ②느낄 痛傷聲 嘻·譆通 (애) ①게트림 할—氣 ②배불러 씨근거릴 飽食息
【噫氣】(애기-アイキ) 내쉬는 숨
【噫乎】(희호-ああ) 탄식 또는 애통하는 소리
【噫噫】(희희) 희호(噫乎)

【十四畫】

【嚀】녕 ネイ、ねんごろ surely ㄋㄧㄥˊ ning²
정녕할 囑辭叮—

【嚅】유 ジュ、つぐむ hesitate to say
말 머뭇거릴 欲言而復縮囁—

【嚇】하 カク、いかる menace ㄒㄧㄚˋ hsia⁴
①으를 恐喝 ②밥 샘낼 怒其聲而恐奪己 ③웃을 笑也 (혁) 성낼 怒也 赫通
【嚇嚇】(하하-カクカク) 깔깔 웃는 모양
【嚇怒】(혁노-カクド) 몹시 성냄

【嚄】획 カク、よぶ、ああ be surprised ㄏㄨㄛˋ huo⁴
①깜짝 놀랄 驚貌 ②우렁찰 大聲—唶
【嚄唶】(획책) 크게 부르짖는 소리

【嚆】효 カウ、キョウ、さけぶ roar; cry ㄏㄠ hao¹
①우는 살 鳴鏑—矢 ②부르짖을 叫呼
【嚆矢】(효시-コウシ) ①살촉의 한 가지。속이 비고 구멍 셋이 있어서 쏘면 소리가 남 ② 옛적에 전쟁이 시작되기전에——를 쏘는 것이 상례이므로 사물의 맨 처음을 이름

【十五畫】

【嚠】류 リュウ clear voice
소리명랑할—喨也

【嚚】은 ギン、ゴン かまびすしい quarrel; unwise
①말다툼할 言爭 ②어리석을 愚也

【嚔】체 テイ、タイ、くさめ sneeze ㄊㄧˋ t'i⁴
재채기 噴鼻

【十六畫】

【嚭】비 ヒ、おほいなり big ㄆㄧˇ p'i³
클 大也

【嚬】빈 ヒン、ひそめる frown ㄆㄧㄣˊ p'in²
찡그릴 眉蹙貌 顰·矉同
【嚬神】(빈신-ヒンシン) 얼굴을 찡그리고

신음함。고통이 외모에 나타나는 모
양

【嚥】연 エン、のむ gulp down 國 ㄧㄢ yen^{4}
삼킬 呑也

【嚮】향 キョウ、コウ、むかう face towards; enjoy
①집대 鄕也 ②향할 面對 ③누릴享
也 向鄕通

【嚮導】(향도-キョウドウ) 길을 인도하는
사람

【嚮者】(향자-キョウシャ) 접때

【十七畫】

【嚳】곡 コク、つげる report
①급히 고할 急告 ②古代帝王名「帝
高辛氏」

【嚶】앵 オウ、なく sing(Koreannightingale)
꾀꼬리소리 鳥鳴——

【嚴】엄 ケン、ゴン、おごそか solemnity 國 ㄧㄢ yen^{2}
①엄할 威也 ②높을 尊也 ③공경할
敬也 ④계엄할 防備戒— ⑤혹독할
寒氣凜冽 ⑥굳셀 毅也 ⑦씩씩할 莊
也 ⑧姓也

【嚴刻】(엄각-ゲンコク) 엄격하고 잔혹함

【嚴格】(엄격-ゲンカク) 엄숙하고 정당함
언행이 딱딱함

【嚴戒】(엄계-ゲンカイ) 엄중하게 경계함

【嚴君】(엄군-ゲンクン) 아버님。(남의
아버지는 이르지 않음)

【嚴禁】(엄금-ゲンキン) 엄중하게 금함

【嚴達】(엄달-ゲンタツ) 엄중한 훈령을
내림

【嚴談】(엄담-ゲンダン) 엄격하게 담판함

【嚴督】(엄독) 엄중하게 독촉함

【嚴冬】(엄동-ゲントウ) 몹시 추운 겨울。
깊은 겨울

【嚴冷】(엄랭-ゲンレイ) 몹시 참

【嚴令】(엄령-ゲンレイ) 엄중한 명령。엄
명

【嚴命】(엄명-ゲンメイ) 엄중한 명령

【嚴密】(엄밀-ゲンミツ) 엄중하여 실책이
없음

【嚴罰】(엄벌-ゲンバツ) 엄중하게 처벌함

【嚴法】(엄법-ゲンポウ) 엄중한 법

【嚴父】(엄부-ゲンプ) ①엄격한 아버지。
엄친(嚴親) ②자기의 아버지의 존
대말 ③아버지를 높임

【嚴査】(엄사-ゲンサ) 엄중하게 조사함

【嚴色】(엄색-ゲンショク) 낯빛을 엄숙하
게함。위엄을 지음

【嚴囚】(엄수) 엄중하게 가두어둠

【嚴守】(엄수-ゲンシュ) 엄하게 지킴

【嚴肅】(엄숙-ゲンシュク) 위엄 있게 보
임。장엄하고 정숙함

【嚴威】(엄위-ゲンイ) 엄격한 위풍。매우
두려움

【嚴毅】(엄의-ゲンキ) 엄숙하고 굳셈。매
우 엄숙함

【嚴正】(엄정-ゲンセイ) 엄중하고 바름

【嚴正中立】(엄정중립-ゲンセイチュウリツ)
엄중하게 국외중립(局外中立)의 지
위를 지키어 교전국(交戰國) 어느
편이 든지 원조하지 아니함

【嚴朝】(엄조-ゲンチョウ) 위엄있는 조정
(朝廷)。엄엄한 궁중(宮中) 「함

【嚴調】(엄조-ゲンチョウ) 엄중하게 취조

【嚴徵】(엄징-ゲンチョウ) 엄중하게 징벌
함

【嚴責】(엄책-ゲンセキ) 엄중하게 꾸짖음

【嚴親】(엄친-ゲンシン) 엄부(嚴父)

【嚴探】(엄탐-ゲンタン) 엄중하게 찾음

【嚴寒】(엄한-ゲンカン) 엄동의 추위

【嚴刑】(엄형-ゲンケイ) 엄중한 형벌

【嚴酷】(엄혹-ゲンコク) 지독하게 엄함。
매우 엄함

【嚴訓】(엄훈-ゲンクン) 엄격한 교훈。또
아버지의 명령

【十八畫】

【囁】섭 ショウ、ささやく whisper
①말머뭇거릴 將言未言—嚅 ②중얼
거릴 私罵 (녑) 소곤거릴 細言

【嚼】작 シャク、かむ chew 國 ㄐㄩㄝ chüeh^{2}

섭을 籀也

【囀】전 テン、さえずる chirp 霰 ㄓㄨㄢ chuan³
①새지저귈 吟鳥 ②소리 굴릴 聲轉
③후렴 韻也

【囂】효 ゴウ、キョウ、やかましい noisy 蕭 ㄒㄧㄠ hsiao¹
①들렐 聲也 ②지껄일 喧也 ③속셈 든든할 自得無慾貌――

【囂囂】(효효-ゴウゴウ) ①떠들썩하게 들리는 모양 ②스스로 만족하여 욕심이 없는 모양 ③속이 빈 모양

【十九畫】

【囊】낭 ノウ、ドウ、ふくろ purse 陽 ㄋㄤ nang²
①주머니 자루 有底橐 ②바람 구멍 大穴土― ③떠들썩할 亂貌倉―

【囊刀】(낭도-ノウトウ) 주머니칼

【囊中之錐】(낭중지추-ノウチュウのきり) 주머니 속의 송곳은 끝이 나와서 곧 알려짐。현재(賢才)는 송곳이 주머니 속에 있는 것처럼 중인 속에 있어도 곧 그 재능을 나타 낸다는 비유

【囊中取物】(낭중취물) 손쉽게 얻을수가 있음

【囈】예 ゲイ、たわごと talking in sleep 霽 ㄧˋ i⁴
①잠꼬대할 睡語 ②자며 싱글거릴 笑―

【轡】車部 十五畫을 볼것

【二十畫―二十一畫】

【囐】잘 ザツ、サツ、たいこのこえ sound of a drum
북소리 鼓聲嘈―

【囑】촉 ショク、ゾク、たのむ request 沃 ㄓㄨˇ chu³
부탁할 託也

【囑付】(촉부-ショクフ) 분부함。분부(吩付)

【囑託】(촉탁-ショクタク) ①일을 부탁함 ②부탁을 받은 사람

口 部

【口】圍 (口部 九畫)古字

【二 畫】

【四】사 シ、よつ four 寘 ㄙ ssŭ⁴
넉、넷 數名

【四角】(사각-シカク) 네 모

【四更】(사경-シコウ) 오전 二시경

【四境】(사경-シキョウ) 사방의 경계

【四季】(사계-シキ) 춘・하・추・동・사시

【四苦】(사고-シク) 인생의 네가지 고통 곧 생(生)・노(老)・병(病)・사(死)

【四顧】(사고-シコ) 사방을 돌아봄 ②주위 사방

【四骨】(사골) 짐승의 네 다리 뼈。약에 씀

【四關】(사관) 급하게 관격이 되었을 때 통기(通氣)를 시키기 위하여 사지(四肢)의 관절에 침을 놓는 것

【四敎】(사교) ① 시(詩)・서(書)・예(禮)・악(樂)의 네가지의 교훈 ②문(文)・행(行)・충(忠)・신(信)의 네가지 교훈 ③여자의 네가지 교훈。부덕(婦德)・부언(婦言)・부용(婦容)・부공(婦功)

【四君子】(사군자-シクンシ) 고결함이 군자와 같다는 식물。곧 매(梅)・난(蘭)・국(菊)・죽(竹)

【四極】(사극-シキョク) 사방의 끝。사표(四表)。사지(四至)

【四氣】(사기-シキ) 사시(四詩)의 기운。춘온(春溫)・하열(夏熱)・추령(秋令)・동한(冬寒)

【四大】(사대-シダイ) 도(道)・천(天)・지(地)・왕(王)

【四大奇書】(사대기서-シダイキショ) 삼국지(三國誌)・수호전(水滸傳)・서유기(西遊記)・김병매(金甁梅) 네가지의 명대(明代) 기서(奇書)

【四大門】(사대문-シダイモン) 서울의 흥인문(興仁門)・(東)・돈의문(敦義門)

(西)·숭례문(崇禮門)·(南)·수정문(肅靖門)·(北)

【四德】(사덕-シトク) ①천지 자연의 네가지 덕。원(元)·형(亨)·이(利)·정(貞) ②부녀의 네가지덕 부언(婦言)·부덕(婦德)·부공(婦功)·부용(婦容)

【四都】(사도) 강화(江華)·개성(開城)·수원(水原)·광주(廣州)

【四瀆】(사독-シトク) 동쪽의 낙동강(洛東江)·남쪽의 한강(漢江) 서쪽의 대동강(大同江) 북쪽의 용흥강(龍興江)

【四禮】(사례-シレイ) ①네가지의 큰 예(禮)관(冠)·혼(婚)·상(喪)·제(祭)· ②군신(君臣)·부자(父子)·형제(兄弟)·붕우(朋友)간의 예(禮)

【四六】(사륙-シロク) 사자(四字) 문자(文字)의 구로 된 문장。四六 병려(騈儷)의 문체(文體)

【四鄰】(사린-シリン) 사방의 이웃

【四孟朔】(사맹삭) 춘·하·추·동의 처음 달。곧 정월 四월·七월·十월

【四面】(사면-シメン) ①사방 모든 주위 ②사방의 면。 네면

【四面楚歌】(사면초가-シメンソカ) 사방이 다 적에게 싸인 형용

【四面春風】(사면춘풍-シメンシュンプウ) 늘 화평한 얼굴로 남을 대함

【四名山】(사명산-シメイザン) 동쪽의 금강산(金剛山) 서쪽의 구월산(九月山) 남쪽의 지리산(智異山) 북쪽의 묘향산(妙香山)

【四民】(사민-シミン) ①백성의 네가지 계급이나 신분。곧 사(士)·농(農)·공(工)·상(商) ②온 백성

【四百四病】(사백사병-シヒャクシビョウ)① 四百四 가지의 병。오장(五臟)에 각 八十一종의 병이 있다고 하여 四〇五에서 사(死)를 뺀 수 ②많은 질병。여러가지 병

【四寶】(사보-シホウ) ①네가지 보배 ②붓·먹·종이·벼루의 네가지를 소중히 이르는 말

【四分五裂】(사분오열-シブンゴレツ) ①여러 갈래로 찢어짐。이리 저리 찢어짐。천하가 심히 어지러움

【四捨五入】(사사오입-シシャゴニュウ) 생략하여 셈할 때 넷 이하는 버리고 다섯 이상은 올리어 함

【四山】(사산-シザン) 사면에 둘러서 있는 산

【四散】(사산-シサン) 사방에 흩어짐

【四色】(사색-ショク) ①네가지 빛깔② 이조(李朝)때 색목(色目)의 네갈래。곧 노론(老論)·소론(少論)·남인(南人)·북인(北人)

【四塞】(사색-シソク) 사방의 지세가 험한 곳。사방으로 견고 한 요새지

【四序】(사서-シジョ) 춘·하·추·동의 순서 사시(四時)

【四書】(사서-シショ) 중국 고전(古典)중의 네가지 책。곧 대학(大學)·중용(中庸)·논어(論語)·맹자(孟子)

【四聖】(사성-シセイ) 석가(釋迦)·공자(孔子)·크리스트·소크라테스·혹은 소크라테스 대신 마호메트를 넣기도 함

【四聲】(사성-シセイ·シショウ) 글자의 네가지음(音)。평성(平聲)·상성(上聲)·거성(去聲)·입성(入聲) 「침

【四始】(사시-シシ) 정월 초하룻날의 아

【四時】(사시-シジ) 춘·하·추·동

【四時佳節】(사시가절-シジカセツ) 사시의 명절

【四時長青】(사시장청-シジコシキ) 소나무 대나무 들과 같이 四철 푸름

【四時長春】(사시장춘-シジチョウシュン) 늘 봄과 같음 ②늘 잘지냄

【四神】(사신-シシン) 사방의 별의 모양 곧 동쪽은 청룡(青龍) 서쪽은 백호(白虎) 남쪽은 주작(朱雀) 북쪽은 현무(玄武)

【四十初襪】(사십초말) 늙바탕에 일을 시작하는 것을 가리키는 말(사십에 첫버선)

【四隅】(사우-シグウ) 네 구석 사방의사이。곧 건(乾)·곤(坤)·간(艮)·손(巽)의 방위

【四圍】(사위-シイ) 사방의 둘레

【四維】(사유-シイシュイ) ①건(乾)·곤(坤)·간(艮)·손(巽)·곧 서북서남 동북 동남의 방위 ②나라를 유지함에 있어 최소한도 필요한 네 가지 수칙(守則)곧。 예(禮)·의(義)·염(廉)·치(恥)
【四律】(사율-シリツ) 두 귀(句)를 한귀로 하여 네 귀로 된 율시(律詩)
【四夷】(사이-シイ) ①사방에 있는 오랑캐 ②동이(東夷)·북적(北狄)·서융(西戎)·남만(南蠻)곧 야만인의 총칭
【四人轎】(사인교) 앞뒤에 각각 두 사람씩 네 사람이 메는 가마
【四節】(사절-シセツ) 사철。사시(四時)
【四足】(사족-シソク) 짐승의 네 발。또는 그 짐승
【四柱】(사주) 사람의 출생한 년·월·일·시의 네 간지(干支)
【四柱單子】(사주단자) 혼인을 언약하고 난 뒤에 신랑 집에서 색시집으로 보내는 사주를 적은 것
【四柱八字】(사주팔자) ①사주(四柱) 간지(干支)가 되는 여덟 글자 ②타고난 신수
【四重奏】(사중주-シジュウソウ) 각각 독립한 네개의 악기로 하는 합주(合奏)
【四肢】(사지-シシ) 팔과 다리
【四天】(사천-シテン) 창천(蒼天)(봄)·호천(昊天)(여름)·민천(旻天)(가을)·상천(上天)(겨울)
【四天王】(사천왕-シテンノウ) 동방의 지국천왕(持國天王)·남방의 증장천왕(增長天王)·서방의 광일천왕(廣日天王)·북방의 다문천왕(多聞天王)을 일컬음
【四體】(사체-シタイ) ①팔과 다리와 머리와 몸뚱이 사지(四肢) ②형제
【四寸】(사촌) ①네 치 ②아버지의 친형제의 아들딸
【四則】(사칙-シソク) 가(加)·감(減)·승(乘)·제(除)하는 셈법
【四通五達】(사통오달-シツウゴタツ) 길이 나 교통망·통신망 등이 사방으로 막 힘 없이 통함。사달오통(四達五通)
【四表】(사표-シヒョウ) 나라 밖의 사방 계 만국
【四海】(사해-シカイ) ①모든 바다 ②세계
【四海兄弟】(사해형제-シカイキョウダイ) 온 세계 사람은 다형제라는 말

【囚】수 シュウ、とらえる be confined 㕲 ㄑㄧㄡˊ ch'iu²

①가둘 갇힐 獄-拘禁 ②갇힌 이 전중이 罪人
【囚繫】(수계-シュウケイ) ①죄인을 가두어서 맴 ②죄수
【囚禁】(수금-シュウキン) 죄인을가두어둠
【囚徒】(수도-シュウト) 수인(囚人)
【囚縛】(수박-シュウバク) 붙잡아 묶음。수박(收縛)
【囚役】(수역-シュウエキ) 죄수에게 일을 시킴。또는 그 일
【囚人】(수인-シュウジン) 옥에 갇힌 사람

【三 畫】

【回】회 カイ、エ、まわす turn round 囘 ㄏㄨㄟˊ huei

回(口部 二畫)의 新字
①돌 돌이킬 旋也 ②돌아올 返也 ③간사할 邪曲 ④어길 違也 ⑤머뭇거릴 低 紆衍貌 ⑥회복할 復也 ⑦둘레 周圍 ⑧번、횟수 度數 ⑨구름 轉也 ⑩돌 迂-遶也 ⑪피할 畏避
【回甲】(회갑) 六一세의 일컬음。환갑
【回顧】(회고-カイコ) ①돌아다 봄 ②지난 일을 돌이켜 봄
【回顧談】(회고담-カイコダン) 지나간 옛일을 돌이켜 생각하면서 하는 이야기
【回敎】(회교-カイキョウ)회회교(回回敎)
【回國】(회국-カイコク) ①여러나라를두루 돌아 다님 ②제나라로 돌아옴。귀국(歸國)
【回軍】(회군-カイグン) 군사를 돌려옴。환군(還軍)
【回歸】(회귀-カイキ) ①도로 돌아옴 ②한 바퀴 돌고 제자리로 돌아옴

【回歸線】(회귀선-カイキセン) 천구상(天球上) 적도(赤道)에서 남북 각 약二十三도 二十八분을 통과하는 작은 권(圈)。북쪽 것을 북(北)회귀선、남쪽것을 남(南) 회귀선이라 하는데 태양이 맨 북쪽으로 올 때는 북(北) 회귀선에 이르는 까닭에 북(北) 회귀선을 하지선(夏至線)이라 하고 태양이 맨 남쪽으로 올 때는 남(南)회귀선에 이르는 까닭에 남(南)회귀선을 동지선(冬至線)이라함。두선의 중간을 열대(熱帶)라함

【回忌】(회기-カイキ) 사람이 죽은 뒤 해마다 돌아오는 그달그날의 기일(忌日)

【回期】(회기-カイキ) 돌아올 시기

【回答】(회답-カイトウ) 물음을 받고 대답함。또는 그일

【回棹】(회도) 배가 노를 돌리는 것과 같다는 뜻에서 병이 차차 나음의 비유

【回讀】(회독-カイドク) 책 같은 것을 여러 사람이 돌리어 읽음

【回頭】(회두-カイトウ) ①머리를 돌이킴 회수(回首)。②천주교에서 교를 배반하였다가 다시 돌아옴을 일컬음

【回覽】(회람-カイラン)여러 사람이 차례로 돌려가며 봄

【回糧】(회량-カイリョウ) 돌아오는 노자

【回禮】(회례-カイレイ) ①회합 또는 회의의 예의。②서로 만나는 인사

【回路】(회로-カイロ) 돌아오는 길

【回祿】(회록-カイロク) ①화재(火災) ②중국에서 화재를 맡은 신(神)

【回馬】(회마) 돌아가는 편의말。 말을 돌리어 보냄

【回文】(회문-カイブン) ①위에서 내리 읽거나、끝에서 치읽거나 다 말이 되고 음(音)이 같은 한시체(漢詩體)의 한가지 ②회장(回章)

【回步】(회보) 돌아오는 걸음

【回報】(회보-カイホウ) ① 대답으로 하는 보고 ②돌아와서 여쭙는 일

【回復】(회복-カイフク) 이전의 상태와같이 됨

【回附】(회부-カイフ) 돌리어 보냄

【回謝】(회사-カイシャ) 사례하는 뜻을 표함

【回想】(회상-カイソウ) 지나간 일을 돌이켜 생각함

【回生】(회생-カイセイ) 다시 살아남。소생(蘇生)

【回書】(회서-カイショ) 대답하여 보내는 편지。답장(答狀)

【回船】(회선-カイセン) ①돌아가는 배편 ②배를 돌리어서 돌아옴

【回送】(회송-カイソウ) 도로 돌리어보냄 환송(還送)

【回收】(회수-カイシュウ) 도로 거두어들임

【回首】(회수-カイシュ) 머리를 돌림。회두(回頭)

【回數】(회수-カイスウ) 돌아오는 차례의 수

【回數券】(회수권-カイスウケン) 승차·입장권 따위에 여러번 쓸 것을 한데 합하여 파는 표

【回示】(회시-カイジ) 남에게서 오는 회답 ②죄인을 끌고 다니며 남에게 보임

【回申】(회신-カイシン) 웃 어른께 대답을 말씀 드림

【回心】(회심-カイシン) 마음을 고침

【回陽】(회양-カイヨウ) 양기(陽氣)를 회복 시킴

【回裝】(회장) ①병풍·족자 등의 가에 돌아가며 가늘게 꾸미는 변자(邊子) ②여자의 저고리의 깃·끝동·겨드랑이·고름을 자주 헝겊 또는 남빛 헝겊으로 꾸밈

【回電】(회전-カイデン) 회답의 전보。답전

【回傳】(회전-カイデン) 빌어온 물건을 돌려 보냄

【回轉】(회전-カイテン) 빙빙 돌아서 구르는 일。또는 굴림。회전(廻轉)

【回程】(회정-カイテイ) 돌아가는 길에 오름

【回漕】(회조-カイソウ) 배로 물건을 실어 나름

【回診】(회진-カイシン) 병원에서 의사가 병자가 있는 곳으로 돌아다니며 진찰함

【回嗔作喜】(회진작희) 성을 내었다가 슬쩍 돌리어 기뻐함

【回天】(회천-カイテン) ①임금의 뜻을 돌이키게 함 ②시세를 일변시킴

【回帖】(회첩-カイチョウ) 회답의 글。 회첩(回牒)

【回春】(회춘-カイシュン) ①봄이 다시 돌아옴 ②중병을 아주 돌리어 건강을 회복함

【回便】(회편-カイビン) 돌아가거나 돌아오는 인편

【回風】(회풍-カイフウ) 회오리 바람

【回避】(회피-カイヒ) ①몸을 피하여 만나지 아니함 ②일 하기를 꺼림 ③책임을 지지 아니하고 피함

【回合】(회합-カイゴウ) 우연히 만남

【回航】(회항-カイコウ) ①배가 항구마다 돌아다니는 항해 ②배를 타고 곳곳을 돌아옴

【回向】(회향-エコウ) ①얼굴을 돌이키어 다른 쪽으로 향함 ②선행(善行)을 돌리어 중생(衆生)의 극락(極樂) 왕생(往生)에 이바지함(불가의 말)

【回護】(회호-カイゴ) 과실을 덮어 주거나 변호하는 일

【回婚】(회혼-カイコン) 혼인한 지 예순돌의 일컬음

【回回】(회회-カイカイ) ①연해 돌아가는 모양 ②실 노끈이 여러 겹으로 감기는 모양

【回訓】(회훈-カイクン) 외국에 가 있는 전권(全權)의 청훈(請訓)으로 본국에서 회답하는 훈령

【因】 인 イン、よる be due to 眞 ㄧㄣ yin¹

①인할 託也 ②이을 襲也 ③헤질 折也 ④말미암을 託也 ⑤의지할 依也 ⑥부탁할 托也 ⑦인연—緣 ⑧말미암을 까닭 理由

【因果】(인과-インガ) ①원인과 결과 ②먼저 한 일의 갚음

【因果律】(인과율-インガリツ) 원인과 결과의 관계에 대한 자연의 규율。 인과 법칙(因果法則)

【因果應報】(인과응보-インガオウホウ)좋은 원인에는 좋은 결과가 오고 악한 원인에는 악한 결과가 옴

【因舊遵行】(인구준행) 옛 적예대로 좇아 행함

【因山】(인산) 상태황(上太皇)및 그 비(妣)。 임금과 그 비(妣)

【因循】(인순-インジュン) ①머뭇 거리고 내키지 않음 ②구습을 지키고 버리지 아니함

【因習】(인습-インシュウ) 이전부터 전해 내려 오는 습관

【因襲】(인습-インシュウ) 예전(例前)대로 습속을 좇아 고치지 아니함

【因時】(인시) 때를 좇아 시세에맞춤

【因緣】(인연-インネン) ①서로 알게되는 기회 ②의지하고 지낼 관계 ③사물의 유래

【因人成事】(인인성사-ひとによってことをなす) 남의 힘으로 일을 이룸

【因忽不見】(인홀불견) 언듯 보이다가 바로 없어짐

【四 畫】

【囱】 창 ソウ、まど window 江 ㄔㄨㄤ ch'uan

창 屋戶 牕·窓同 (총) 굴뚝

【囬】 회 回·回의 俗字

【囧】 경 キョウ、あきらか bright 梗 ㄐㄩㄥˇ chiung³

창 밝을 窗牖明貌

【囮】 와 カ、おとり bird-cage 歌 ㄜˊ e²

①새후릴 誘禽鳥郞今媒 ②화할 育化也

【困】 곤 コン、こまる distress; difficult

①곤할 가난할 괴로울 窮苦 ②노곤할 지칠 倦極 力乏悴也 ③근심할 憂也 ④어지러울 亂也 ⑤괘 이름卦名

【困却】(곤각-コンキャク) 아주 곤란함。 고생

【困竭】(곤갈-コンカツ) 곤궁하여 다 없어짐

【困境】(곤경-コンキョウ) 곤란한 경우・어려운 고비
【困苦】(곤고-コンク) 곤란하고 고통스러움
【困困】(곤곤-コンコン) ①몹시 곤란함 ②몹시 빈곤함
【困窘】(곤군-コンクン) 가난하고 군색함
【困窮】(곤궁-コンキュウ) 가난하여 살림이 구차함
【困倦】(곤권-コンタイ) 고단하여 기운이 없음
【困頓】(곤돈-コントン) 괴롭고 궁핍함
【困難】(곤란-コンナン) ①처치하기 어려움 ②생활이 궁핍함 ③괴로움
【困迫】(곤박-コンパク) 일이 어렵고 절박함
【困憊】(곤비-コンパイ) 괴롭고 가쁨。곤궁하고 고달픔
【困厄】(곤액-コンヤク)곤란과 재액
【困辱】(곤욕-コンジョク) 몹시 모욕함
【困絕】(곤절-コンゼツ) 물자가 없어서 고생함
【困斃】(곤폐-コンペイ) 괴롭고 피로함
【困乏】(곤핍-コンボウ) 고달파서 기운이 없음

【囫】홀 コツ、かたまり lump 圓 ㄏㄨˊ hu² 덩어리—物完

【园】완 ガン、けずる Cut ①깎을 刓也 ②모젤 削廉

【国】국 國(口部 八畫) 俗字

【図】도 圖(口部 十一畫) 俗字

【囲】위 圍(口部 九畫) 略字

【五 畫】

【[口+全]】국 國(口部 八畫) 俗字

【囷】균 キン、こめぐら storehouse 圓 ㄐㄩㄣ chün¹ ①둥근곳집 圓廩 ②서릴 輪—屈曲 盤戾貌

【囹】령 レイ、リョウ、ひとや prison 圊 ㄌㄧㄥˊ ling² 옥、남두—圄獄也
【囹圄】(영어-レイゴ) 죄수를 가두는 곳。감옥 형무소

【固】고 コ、かたい solid 圓 ㄍㄨˋ ku⁴ ①굳을 단단할 堅也 ②막힐 險塞 ③굳이 再辭 ④고집할 우길 執一不通 ⑤고루할 鄙陋 ⑥진실로 本然之辭 ⑦이미 已然之辭 ⑧떳떳할當然之辭
【固結】(고결-コケツ) 뭉치어 굳어짐
【固陋】(고루-コロウ) 보고 들은 것이좁고 고집이 셈
【固辭】(고사-コジ) 굳이 사양함
【固守】(고수-コシュ) 굳게 지킴
【固然】(고연-コゼン) 본디부터 그러함
【固有】(고유-コユウ) ①본디부터 있음 ②어느 물건에만 특유함
【固有文化】(고유문화-コユウブンカ) 어떤 국가나 민족만이 본디부터 지니고 내려오는 독특한 문화。민족문화(民族文化)
【固有法】(고유법-コユウホウ) 자기 나라의 풍속・습관을 기초로 하여 성립한 특유한 법률
【固有性】(고유성-コユウセイ) 어느 사람이나 또는 사물이 가지고있는 특성
【固定】(고정-コテイ) ①작정된 대로 변하지 아니함 ②꼭 박혀 있음
【固精】(고정-コセイ) 병자와 허약자의 정력을 강하게 함
【固持】(고지-コジ) 굳게 지녀서 놓지 않음
【固執】(고집-コシツ・コシュウ) 자기의 의견을 굳게 내세움
【固執不通】(고집불통) 고집이 세어 조금도 변통성이 없음。자기의 의견을 굳게 지킴
【固滯】(고체-コタイ) 성질이 편협하고 너그럽지 못함
【固體】(고체-コタイ) 나무・쇠붙이・돌따위와 같이 일정한 형상과 체적을 가진 물체

【固形】(고형-コケイ) 질이 단단하고 일정한 형체를 가진 것

【六 畫】

【囿】유 イウ、その garden 宥 ㄧㄡˋ yu⁴
①엔담 나라동산 苑有垣 ②고루할 識不通廣 (육) 나라동산 苑也〔康熙字典〕古謂之 —漢謂之藏 有藩曰園 無牆曰—

【圀】國 (口部 八畫) 同字

【七 畫】

【圂】혼 コン、かわや water-closet 願 ㄏㄨㄣˋ hu
뒷간 서각 厠也 便所

【圃】포 ホ、はた vegetables gavden
①나무밭 채마 種菜場 ②산이름 崑崙山名縣—

【圄】어 ゴ、ギョ、とらえる prison
옥 남두 囹—獄 가둘 囚也

【圄囹】(어령) 감옥

【八 畫】

【圈】권 ケン、おり cage 先 ㄑㄩㄢ ch'üan¹
①채그릇 屈木爲器 ②우리 深蓄閑獸欄 ③비척거릴 曳轉循地而行 ④우리

【圈內】(권내-ケンナイ) 금을 그은 테두리。안 범위안

【圈外】(권외-ケンガイ) 둘레 밖

【圈點】(권점-ケンテン) 글월을 맺는 끝에 찍는 점。동 그랑이

【圈檻】(권함-ケンカン) 어리

【圉】어 ギョ、ゴ、うまや stable 語 ㄩˇ yü³
①마부—人養馬者 ②변장 外垂 ③외양간 마구간 厩也 ④어릿 어릿할 圉—因而未舒皃 ⑤막을 禦也

【圊】청 セイ、かわや water-closet
뒷간 서각 厠也 便所

【圇】륜 リン、かたまり lump 眞 ㄌㄨㄣˊ luen²
덩어리 物完—

【國】국 コク、くに nation 職 ㄍㄨㄛˊ kuo²
①나라 邦也 ②고향 故鄕 ③제일—手

【國家】(국가-コッカ) ①나라 ②확정한 영토안에서 공익을 위하여 정치 기관을 조직한 인민의 집합체

【國歌】(국가-コッカ) 나라의 이상(理想)과 국민의 기개를 내어 의식(儀式) 때에 부르게 지어서 작정한 노래

【國家學】(국가학-コッカガク) 국가의 기원·연혁·성질·조직을 연구하는 학문

【國境】(국경-コッキョウ) 국가와 국가와의 판도를 구획한 경계선

【國慶日】(국경일) 국가적인 경사를 축하하기 위하여 온 국민이 기념하는 날。우리나라의 삼일절(三一節)·제헌절(制憲節)·광복절(光復節)·개천절(開天節)등

【國庫】(국고-コッコ) 나라의 재물을 관리하는 기관

【國庫金】(국고금-コッコキン) 국가가 가지고 있는 돈

【國光】(국광-コッコウ) ①나라의 영광 ②나라의 정치나 풍속 따위의 상태

【國交】(국교-コッコウ) 나라와 나라의 사귐

【國敎】(국교-コッキョウ) 온 국민이 믿는 나라에서 공인하는 종교

【國君】(국군-コックン) 한나라의 임금

【國權】(국권-コッケン) 나라의 권력

【國禁】(국금-コッキン) 나라의 법으로 금함

【國基】(국기-コッキ) 나라의 기초

【國旗】(국기-コッキ) 나라를 상징하여 규정한 기 ②우리 나라의 태극기

【國難】(국난-コクナン) 나라의 재난

【國內】(국내-コクナイ)나라 안

【國亂】(국란-コクラン) 나라안에서 일어

나는 변란

【國力】(국력-コクリョク) 나라의힘。 병력(兵力)·재력(財力) 따위

【國老】(국로-コクロウ) 나라의 원로(元老)

【國祿】(국록-コクロク) 나라에서 주는 봉급

【國論】(국론-コクロン) ①나라안의 공론 ②여론(輿論)

【國利】(국리-コクリ) 나라를 위한 이익

【國立】(국립-コクリツ) 나라에서 세움

【國命】(국명-コクメイ) ①나라의 사명 ②나라의 명령

【國母】(국모-コクボ) 임금의 후비后妃)

【國務】(국무-コクム) 나라의 정무(政務)

【國務院】(국무원-コクムイン) 대통령과 국무위원으로 조직되는 합의체로서 대통령의 권한에 속하는 중요 국책을 의결하는 기관

【國務委員】(국무위원-コクムイイン) 국무원을 구성하는 별정직(別定職) 공무원

【國文】(국문-コクブン) 나라의 고유한글

【國民】(국민-コクミン) 한 나라의 통치권 아래에 그 나라의 국적을 가지고 있는 인민

【國民性】(국민성-コクミンセイ) 그 나라 국민이 공통으로 가지고 있는 성질

【國防】(국방-コクボウ) 외적에 대한 국가의 방비

【國變】(국변-コクヘン) 나라의 큰 변고

【國法】(국법-コクホウ) 나라의 법률

【國寶】(국보-コクホウ) 나라의 보배

【國父】(국부-コクフ) 건국(建國)에 큰공로를 세워 국민으로 부터 아버지 처럼 존경을 받는 사람

【國費】)국비-コクヒ) 나라의 경비

【國賓】(국빈-コクヒン) 나라의 손님으로 우대를 받는 외국사람

【國史】(국사-コクシ) ①한 나라의 역사 ②우리 나라의 역사

【國事】(국사-コクジ) 나라의 여러가지일

【國士】(국사-コクシ) 재주 있는 나라의 선비

【國師】(국사-コクシ) ①한 나라의 스승 ②불교에서 가장 높은 지위

【國產】(국산-コッサン) 자기 나라에서 생산 된 물품

【國書】(국서-コクショ) 그 나라의 원수(元首)가 다른 나라에 보내는 편지

【國仙】(국선) 신라 때에 얼굴이 잘생기고 남자다운 사람을 골라서 노래·춤·무예를 가르치고 그 중에 품행이 단정한 사람을 골라서 벼슬을 시키던 사람。 화랑(花郞)

【國稅】(국세-コクゼイ) 나라에서 경비를 쓰기 위하여 받는 세금

【國勢】(국세-コクセイ) 나라의 형편과힘

【國勢調査】(국세조사-コクセイチョウサ)전국의 인구 및 이에 관한 형편을 같은 시기에 하는 조사 census

【國手】(국수-コクシュ) 일정한 기술 또는 바둑 따위가 그나라에서 으뜸가는 사람

【國粹】(국수-コクズイ) 정신상 또는 물질상으로 그 나라의 고유한 장점

【國讎】(국수-コクシュウ) 나라의 원수

【國粹主義】(국수주의-コクズイショギ) 자기 나라의 국민적 특수성만을 가장 우수한 것으로 믿고 행동하여 남의 나라 것을 배척하는 보수적 주의

【國乘】(국승-コクジョウ) 그 나라의역사

【國是】(국시-コクゼ) 국정(國政)의 근본이 되는 방침

【國樂】(국악-コクガク) 자기 나라의 고유한 음악

【國語】(국어-コクゴ) 국민 전체가 쓰는 그 나라 말

【國譯】(국역-コクヤク) 외국어로 된 것을 자기나라 말로 옮김

【國營】(국영-コクエイ) 나라에서 경영함

【國王】(국왕-コクオウ) 임금。 곧 왕국의 주권자

【國威】(국위-コクイ) 나라의 위엄

【國恩】(국은-コクオン) 국민이 입는 나라의 은혜

【國葬】(국장-コクソウ) 큰 공을 세운 사람이 죽은 때에 나라에서 지내어주는 장사

【國賊】(국적-コクゾク) 나라를 망치는

역적

【國籍】(국적-コクセキ) 국민으로서의 자격과 신분

【國典】(국전-コクテン) 나라의 법전

【國展】(국전-コクテン) 정부가 주최하는 전람회

【國際】(국제-コクサイ) 나라와 나라사이의 교제。또는 관계

【國際公法】(국제공법-コクサイコウホウ) 국제간의 합의에 따라서 주로 국가끼리의 관계를 규정 짓는 법。국제법(國際法)

【國族】(국족-コクゾク) 임금과 같은 본의 성을 가진 사람들

【國債】(국책-コクサイ) 국가의 세입부족을 보충하기 위하여 차입한 채무

【國策】(국책-コクサク) 나라의 정책

【國體】(국체-コクタイ) ① 나라의 체면 ②나라가 이루어진 상태

【國恥】(국치-コクチ) 나라의 부끄러움

【國太公】(국태공) 흥선대원군(興宣大院君)의 딴 이름

【國土】(국토-コクド) 나라의 영토

【國破山河在】(국파산하재-くにやぶれてサンガあり) 나라는 망하여도 자연의 산하(山河)만은 의연히 남아있다

【國弊】(국폐-コクヘイ) 나라의 폐해

【國風】(국풍-コクフウ) 나라의 풍속

【國學】(국학-コクガク) 나라의 고유한 학문

【國憲】(국헌-コッケン) 나라의 헌법

【國號】(국호-コクゴウ) 나라의 칭호。왕조의 명칭

【國魂】(국혼) 나라의 정신

(國婚)(국혼) 임금·왕세자·공주의 혼인。또는 왕실과의 혼인

【國花】(국화-コッカ) 한 나라의 상징으로 가장 중하게 여기는 꽃(우리 나라는 무궁화)

【國會】(국회-コッカイ) 온 나라 국민으로부터 선출된 인원으로써 조직된 헌법상의 합의체인 입법기관

【國恤】(국휼-コクジュツ) ①나라의 근심 ②국상(國喪)

【九 畫】

【圍】위 イ、かこむ surround 微 ㄨㄟˊ wei²

①에울 에워쌀 遮取禽獸 ②둘레 繞也 ③에두를 環也 ④아람 一抱曰— ⑤둘레 周回 ⑥지킬 守也

【圍碁】(위기-イゴ) 바둑을 둠

【圍立】(위립-イリツ) 죽 둘러싸고 서있음

【圍繞】(위요-イニョウ·イジョウ) ①혼인때 가족으로서 신랑이나 신부를 데리고 가는 사람。상객 ②싸고 돌음

【十 畫】

【園】원 エン、その garden 元 ㄩㄢˊ yüan²

①동산 圃之樊樹果所 ②능 寢—隙也 ③절 祇—侵界 ④울 樊也

【園頭】(원두) 밭에 심은 참외·수박·따위

【園頭幕】(원두막) 참외·수박들에 밭을 지키기 위하여 만든 막

【園頭干】(원두한) 원두를 부치거나 가꾸는 사람

【園林】(원림-エンリン) 집터에 딸린 수풀

【園藝】(원예-エンゲイ) 채소·과목·화초 따위를 심어 가꾸는 일

【園囿】(원유-エンユウ) 식물원과 동물원

【園遊會】(원유회-エンユウカイ) 여러사람이 들에 나가서 노는 놀음

【園丁】(원정-エンテイ) 정원을 맡아 치우는 인부。정원사(庭園師)

【園圃】(원포-エンポ) 과목·채소를 심는 밭

【圓】원 エン、まる round 元 ㄩㄢˊ yüan²

①둥글 方之對 ②온전할 뚜렷할 全也 ③둘레 周也 ④가득할 滿也 ⑤만족할 平穩—滿 ⑥돌 回也 ⑦쪽面也 ⑧원 貨幣單位百錢曰—

【圓滿】(원만-エンマン) ①모난 데가 없이 둥글 둥글 하고 북스러움 ②서로 의좋게 지냄 ③조금도 부족하지 않고 완전함

【圓衫】(원삼) 연두 길에 자지 깃을 달

고 색동을 달아 지은 부녀에 예복(禮服)의 일종。흘것·겹것이 두 가지가 있음

【圓熟】(원숙-エンジュク) 충분히 손에 익어 숙련하게 됨

【圓心】(원심-エンシン) 원의 중심

【圓融】(원융-エンユウ·エンユ) 원만히 융통함。구별없이 한데 통함

【圓轉】(원전-エンテン) 빙빙 돌음。둥글게 굴음

【圓周】(원주-エンシュウ) 원의 둘레

【圓柱】(원주-エンチュウ) 둥근 기둥

【圓卓會議】(원탁회의-エンタクカイギ) 여러 사람이 둥근 테이블을 중심하여 죽 둘러앉아서 하는 회의

【圓塔】(원탑-エントウ) 둥글게 쌓아 올린 탑

【圓形】(원형-エンケイ) 둥근 모양

【圓滑】(원활-エンカツ) ①규격이 없고 원만함 ②일이 아무 거침이 없음

【十一畫】

【圖】 도 ト、ズ、はかる picture 虞 ㄊㄨˊ t'u²

①그림 畵也 ②꾀할 謀也 ③헤아릴 度也 ④다스릴 除治 ⑤지도 版—薄籍 ⑥탑 浮—寺塔 ⑦취할 取也 ⑧생각할 考也

【圖南】(도남-トナン) 대업을 이루려고 꾀함。또 그 일

【圖面】(도면-ズメン) 토목·건축 따위에 쓰이는 그림。도본(圖本)

【圖謀】(도모-トボウ) 앞으로 할 일에 대여 수단과 방법을 꾀함

【圖生】(도생-トセイ) 살아감을 꾀함

【圖書】(도서-トショ) ①서적 ②그림과 책

【圖書館】(도서관-トショカン) 많은 도서를 모아 보관하여 관중에게 열람시키는 시설

【圖示】(도시-ズジ) 그림으로 그려 보임

【圖式】(도식-ズシキ) 그림으로 그린 양식

【圖案】(도안-ズアン) 의장(意匠)·설계(設計)·고안(考案)의 그림

【圖讖】(도참-トシン) 장차의 길흉(吉凶)을 기록한 책

【圖形】(도형-ズケイ) 그림의 형상

【圖畵】(도화-ズガ) 그림

【團】 단 ダン、あつまり group 寒 ㄊㄨㄢˊ t'uan²

①둥글 圓也 ②모을 뭉이질 聚也

【團結】(단결-ダンケツ) 여러 사람이 마음을 같이하여 결합함。단체로 뭉치는 일

【團團】(단단-ダンダン) ①둥근 모양 ②이슬이 많은 모양

【團欒】(단란-ダンラン) ①친밀하게 한곳에서 즐김 ②매우 원만함

【團束】(단속-ダンソク) 경계를 단단히 하여 다잡음

【團員】(단원-ダンイン) 어떤 단체의 구성원의 한 사람

【團子】(단자-ダンど) 찹쌀가루를 반죽한 뒤에 속을 넣고 둥글게 빚어서 꿀을 바르고 고물을 무친 떡

【團體】(단체-ダンタイ) 같은 목적을 이루기 위하여 결합 된 집단

【團合】(단합-ダンゴウ) 단결

【團會】(단회-ダンカイ) 원만스러운 모임

【十三畫】

【圜】 환 エン、カン、めぐる be surrounded 删 ㄏㄨㄢˊ huan²

①둘릴 繞也 ②에울 圍也(원) ①옥담 獄城 ②제단 祭天壇曰—丘

【圜丘】(원구-エンキュウ) 임금이 동지(冬至)에 천제(天祭)를 지내던 곳

【十九畫】

【欒】 란 ラン、まるい round 寒 ㄌㄨㄢˊ luan²

둥글 團—圓也

土 部

【土】 토 ド、ト、つち earth 麌 ㄊㄨˇ t'u³

①흙 生物繁殖之適所 ②땅 地也 ③

묻 陵也 ④나라 邦土 ⑤곳 居所 ⑥사직 地神后ㅡ ⑦五行의 하나 만물의 근원을 金·木·水·火·土의 다섯으로 나눈 것으로 土는 位置에서는 中央, 人倫에서는 君, 五臭에서는 香(고수한내) 五穀에서 稷, 五臟에서는 脾, 色에서는 黃, 味에서는 甘, 五官에서는 口에 해당함 ⑧흙풍류소리 八音之一, 燒土作樂器 (두) 뿌리 根也

【土建】(토건-ドケン) 토목과 건축

【土管】(토관-ドカン) 흙으로 구워 만든 통。 배수로(排水路)

【土塊】(토괴-ドカイ) 흙덩이

【土寇】(토구-ドコウ) 시골에 일어나는 도둑의 떼

【土窟】(토굴-ドクツ) ①흙을 파낸 큰 구덩이 ②땅 속으로 뚫린 큰 굴

【土器】(토기-ドキ) 질그릇。와기(瓦器)

【土器匠】(토기장-ドキショウ) 질그릇을 만드는 일로 업을 삼는 사람

【土農】(토농-ドノウ) 한 자리에 꽉 박혀서 농사짓는 사람

【土臺】(농대-ドダイ) ①흙만 가지고 높게 쌓아 올린 대 ②사업 따위의 기초

【土屯】(토둔) 그리 높지않고 크지 않은 언덕

【土壟】(토롱) 임시로 또는 급하게 흙을 모아 간단히 만든 무덤

【土龍】(토룡-ドリュウ) 지렁이

【土幕】(토막) 움집

【土木工事】(토목공사-ドボクコンジ) 산업 교통 그 밖의 여러가지 사회생활의 이익을 도모하기 위하여 땅의 겉을 변하여 만드는 공사의 총칭

【土木工學】(토목공학-ドボクコウガク) 토목(土木)에 관한 사항을 연구하는 학문

【土民】(토민-ドミン) 여러대를 그 땅에서 붙박이로 사는 인민。토박이。토착민(土着民)

【土蕃】(토번-ドハン) 토박이로 사는 미개한 족속

【土壁】(토벽-ドヘキ) 흙벽

【土兵】(통병-ドヘイ) 그 땅에 붙박이로 사는 사람

【土崩】(토붕-ドホウ) 흙이 무너지는 것 같이 사물이 점점 무너짐

【土產】(토산-ドサン·みやげ) 그 땅에서 나는산물

【土色】(토색-つちいる) ①흙빛 ②황토(黃土)와 같은 빛깔

【土星】(토성-ドセイ) 태양계(太陽系)에서 여섯 번 째에 있는 유성(遊星) 지름 약 三만리 二九년 一六七일에 태양을 한바퀴 돌음

【土城】(토성-ドジョウ) ①흙으로 쌓아 올린 성 ②무겁 뒤에 흙을 쌓아 화살을 막는 곳

【土俗】(토속-ドゾク) 그 땅의 풍속

【土俗學】(토속학-ドゾクガク) 여러 곳의 풍속·습관 따위를 대상으로 하고 연구하는 학문

【土神】(토신-ドシン) 산에 있는 흙을 맡은 귀신

【土語】(토어-ドゴ) 그 고장에 오랫동안 붙박혀 사는 사람들이 쓰는 말

【土旺之節】(토왕지절) 토기(土氣)가 성한 절기로 춘·하·추·동에 한 절기 씩 일년에 네번 있음

【土俑】(토용) 흙으로 온갖 형상을 만들어 구운 물건

【土垣】(토원-つちかき) 흙으로 쌓아서 만든 담。토담

【土宜】(토의) 흙의 성질이 사람 살기에나 농사 짓기에 알맞음

【土人】(토인-ドジン) 대대로 그 땅에서 붙박이로 사는 사람

【土葬】(토장-ドソウ) 시체를 땅속에 매장하는 일

【土醬】(토장) 간장을 떠내고 남은 찌꺼 된장

【土地】(토지-ドチ) ①땅。흙 ②고을 그 지방

【土疾】(토질-ドシツ) 수토(水土)가 좋지 않아서 생기는 병

【土質】(토질-ドシツ) 논밭 따위의 흙의 성질。흙바탕

【土着】(토착-ドチャク) 대대로 그 땅에

서 살고 있음

【土虫】(토충) 지네의 딴 이름

【土灰】(토탄-ドタン) 햇수가 오래지않아서 완전히 석탄(石灰)이 되지 못한 종류

【土豹】(토표) 스라소니

【土風】(토풍-ドフウ) 지방 풍속

【土豪】(토호-ドゴウ) 그 지방에서 재산 세력이 많아 양반부럽지 않은 사람

【土話】(토화) 사투리

【土花】(토화) ①축축한 기운으로 생기는 곰팡이 ②가리맛。조개

【土梟】(토효) 올빼미

【一 畫】

【圠】알 アツ、かすか vast 黠 ㄧㄚˋ ia

①편할 坱—無涯 ②산굽이 山曲

【二 畫】

【圦】입 イリ sluice

수문 水門

【三 畫】

【在】재 ザイ、ある be ; stay 隊 ㄗㄞˋ tsai⁴

①있을 存也 ②살 居也 ③ 살필 察也 ④곳 所也

【在家】(재가-ザイカ) 집에 있음

【在監】(재감-サイカン) 감옥에 갇히어 있음

【在京】(재경-ザイキョウ) 서울에 머물러 있음

【在庫品】(재고품-ザイコヒン) 곳간에 쌓여 있는 상품

【在來】(재래-ザイライ) 그 전부터 있던 것

【在來種】(재래종-ザイライシュ) 전부터 있던 종류

【在留】(재류-ザイリュウ) ①한동안 머물러있음 ②딴곳에 가서 머물러 있음

【在席】(재석-ザイセキ) 자리에 앉음

【在世】(재세-ザイセイ) 살아 있을 동안 살아 있음

【在囚】(재수-ザイシュウ) 감옥 안에 갇혀 있음

【在野】(재야-ザイヤ) 벼슬을 하지 않고 민간에 있음

【在位】(재위 ザイイ) 임금의 자리에 있음。또 그 동안

【在任】(재임-ザイニン) 그 직무나 임지에 있음

【在在】(재재-ザイザイ) 여러 곳

【在籍】(재적-ザイセキ) ① 호적에 있음 ②학적에 있음 ③단체 따위에 적이 있음

【在中】(재중-ザイチュウ) 속에 들어있는 뜻을 편지 겉봉에 쓰는 말

【在學】(재학-ザイガク) 학교에 있어서 공부함

【在鄕軍人】(재향군인-ザイゴウグンジン)현역에서 물러나와 고향에 돌아와 있는 군인

【圩】우 ウ、つつみ bank 虞 ㄩˊ yü²

언덕 岸也

【圬】杇 (木部 三畫) 同字

【圭】규 ケイ、たま gem 齊 ㄍㄨㄟ kuei¹

①홀 上圓下方瑞玉 ② 일영표 土—測日景 ③달 刀—制樂 ④저울눈 이름 量名六十四黍爲

【圭角】(규각-ケイカク) ①말이나 뜻이 서로 맞지 않음 ② 사물이 서로 맞지 않음

【圭璋】(규장-ケイショウ) ①예식때에 쓰는 장식용 구슬 ②인품(人品)의 고귀함에 비유

【圭田】(규전-ケイデン) 이등변 삼각형(二等邊 三角形)처럼 생긴 논밭

【圮】비 ヒ、やぶれる collapse 紙 ㄆㄧˇ p'i³

①무너질 毁也 ②엎을 覆也

【圯】이 イ、つちばし earthen bridge 支 ㄧˊ i²

흙다리 土橋〔漢書〕嘗閒從容遊下邳—上

【圯上老人】(이상노인-イジョウロウジン)황석공(黃石公)을 일컬음

【地】 지 チ、ジ、つち earth 眞 ㄉㄧˋ ti
①땅 載萬物坤也 ②뭍 陸也 ③나라 邦國 ④곳 場所 ⑤아래 下也 ⑥마단 但也〔博物志—以名山爲輔佐 石爲骨 川爲脈 草木爲毛 土爲肉〕

【地角】(지각-チカク) 땅의 끝。육지의 끝

【地殼】(지각-チカク) 바위로 복잡하게 이루어진 지구의 거죽

【地境】(지경-チキョウ) ①땅과 땅의 경계 ②어떠한 처지

【地界】(지계-チカイ) 토지의 경계。불가(佛家)에서 말하는 삼계(三界)의 하나

【地階】(지계-チカイ) 여러 층으로 된건물에 있어서의 지하실 또는 첫째층

【地官】(지관-チカン) 집터 묏자리의 좋고 언짢은 것을 점치는 사람

【地球】(지구-チキュウ) 우리가 살고 있는 땅덩이

【地球儀】(지구의-チキュウギ) 지구를 본떠서 조그마 하게 만든 모형「한금

【地金】(지금-ジがね) 제품을 하지 아니

【地氣】(지기-チキ) ①대지의 증기나 전기 ②지중의 공기

【地段】(지단-チダン) 땅을 나누어서 가룬 조각

【地大】(지대-チダイ) 불가에서 말하는 사대(四大)의 한 가지。만물을 이루고 있는 요소인 물·불·바람·땅 가운데서 땅을 이르는 말

【地代】(지대-チダイ) 땅을 이용한 값으로 그 소유자에게 내는 돈 또는 현물(現物)

【地帶】(지대-チタイ) 한정된 땅의 지역

【地臺】(지대-チダイ) 집채 뜰의 아랫도리에 터전을 잡고 돌로 쌓은 부분

【地德】(지덕-チトク) 집터의 왕성한 기운

【地圖】(지도-チズ) 지구의 표면을 평명으로 그린 그림

【地動】(지동-チドウ) ①땅이 흔들림。지진(地震) ②지구의 운동。곧 공전(公轉)과 자전(自轉)의 존칭

【地雷】(지뢰-チライ) 땅속에 화약을 묻어 그 폭발로 인하여 적군의 활동을 막는 장치

【地利】(지리-チリ) ①지세의 편리 ②토지의 생산으로 얻는 이익 ③토지의 사용료

【地理】(지리-チリ) ①땅의 생긴 모양과 형편 ②지구상의 물·육지·기후·생물·인구·도시·산업·교통·정치 따위의 상태

【地理學】(지리학-チリカク) 우리가 사는 지구 위의 지리(地理)에 대하여 연구하는 학문

【地面】(지면-ジメン) 땅의 표면

【地名】(지명-チメイ) 땅의 이름

【地目】(지목-チモク) 토지의 현황 사용목적에 따른 그 모양새 따위를 표시하는 명칭

【地文】(지문-チモン・チブン) ①지상(地上)의 온갖 상태 ②지문학(地文學)의 준말

【地味】(지미-チミ・ジミ) 흙의 메마르고 기름진 토질(土質)

【地盤】(지반-チバン) 근거가 되는 바닥 또는 근거를 삼는 자리

【地方】(지방-チホウ) ①어떠한 방면의 땅 ②수도 이외의 시골

【地方色】(지방색-チホウショク) 그 지방에 있는 특별한 정취

【地方熱】(지방열-チホウネツ) 제지방 사람들끼리 좋아하는 반면에 다른 지방 사람들을 싫어하는 일

【地番】(지번-チバン) 마을에 딸린 구역내의 토지를 구분하여 붙인 번호

【地閥】(지벌-チバツ) 지위와 문벌

【地變】(지변-チヘン) 땅의 변동

【地上】(지상-チジョウ) 땅의 위

【地上權】(지상권-チジョウケン) 건축물 또는 죽목(竹木)을 사용하기 위하여 남의토지를 사용하는 물권(物權)

【地上仙】(지상선) ①신선이 이 세상에 살고 있다는 말 ②오복(五福)이 갖추어 있어서 팔자가 좋은 사람을 부러워 하는 말 ③천도교에서 천도(天道)를 믿어 누릴 수 있는 이 세상의 낙원을 말함

【地上天國】(지상천국-チジョウテンゴク) ①천도교에서 이 세상에 건설할 수 있다는 영육쌍전(靈肉雙全)의 이상세계 ②이상적인 낙원의 나라

【地勢】(지세-チセイ) 땅의 생긴 형세。지형(地形)

【地稅】(지세-チゼイ) 토지에 대한 조세

【地術】(지술-チジュツ) 풍수설에 근거를 두고 지리를 보아 뫼자리나 집 터 따위의 좋고 나쁨을 알아내는 술법

【地神】(지신-チシン) 땅을 맡아 다스리는 신령

【地域】(지역-チイキ) 땅의 구역。땅의 경계。또는 그 안의 땅

【地熱】(지열-チネツ) 땅덩이가 가지고 있는 고유의 열

【地獄】(지옥-ジゴク) ①현세의 업(業)으로 죽어서 그 보(報)를 받는다는 곳。즉 죄를 지은 사람이 죽은 후에 가서 끝 없는 고통을 받는다는 종교적 상상의 세계 ②참담한 고통을 받는 환경을 형용한 말

【地位】(지위-チイ) ①있는 곳。입장。위치 ②신분

【地蠶】(지잠) 굼벵이

【地藏菩薩】(지장보살-ジゾウボサツ) 석가(釋迦)가 입멸한 뒤에 미륵보살(彌勒菩薩)이 출세할 때까지 육도(六道)의 부탁을 받아 나타 났다고 하는 보살

【地積】(지적-チセキ) 땅의 면적。땅의 평수

【地籍】(지적-チセキ) 토지에 대하여 적은 기록

【地點】(지점-チテン) 어디라고 지정한 그 곳

【地精】(지정) 인삼(人蔘)

【地租】(지조-チソ) 토지에 부과하는 조세

【地主】(지주-ジぬし) 토지의 소유자

【地中】(지중-チチュウ) 땅 속

【地誌】(지지-チシ) ①각 지방을 개별로 기재 설명함을 고유의 목적으로 하는 지리학 부문 ②지리학(地理學)의 준말

【地震】(지진-ジシン) 지각(地殼)의 겉이 움직이어 흔들리는 현상

【地質】(지질-チシツ) ①땅의 성질 ②지층(地層)의 상태

【地質學】(지질학) 지층(地層)의 상태 지각(地殼)의 성립등 토지에 관한 모든 사항을 과학적으로 연구하는 학문

【地軸】(지축-チジク) 지구의 중심을 꿰뚫어 남북 양극(兩極)에 이르는 직선

【地平】(지평-チヘイ) ①대지의 평편 ②지구면의 어떠한 곳에서 지구의 직경에 직각을 나타내는면

【地平面】(지평면-チヘイメン) 지평선 안에 포함된 크고 둥근 면

【地平線】(지평선-チヘイセン) 하늘과 해면 또는 평지면이 서로 접한 경계선으로 보이는 선

【地表】(지표-チヒョウ) 지구의 표면。땅의 겉면

【地表水】(지표수-チヒョウズイ) 지표에 있는 물。곧 하천·못·늪 따위의 물

【地下】(지하-チカ) 땅 속

【地下道】(지하도-チカドウ) 땅 밑으로 만든 도로

【地下線】(지하선) ①땅 속으로 묻은 전선(電線)。지중선(地中線) ②기차나 전차 따위의 지하철도

【地下水】(지하수-チカズイ) 땅 속에 고이는 물

【地下室】(지하실-チカシツ) 어떤 건물 아래에 땅을 파고 만들어 놓은 방

【地下運動】(지하운동-チカウンドウ) 어떠한 목적을 위하여 법망을 피하여 잠행적(潛行的)으로 비밀히 하는 운동

【地下鐵道】(지하철도-チカテツドウ) 땅밑에 터넬을 파고 깔아 놓은 철도

【地陷】(지함-チエン) 땅이 움푹하게 주저 앉음

【地峽】(지협-チキョウ) 두 육지를 잇는 좁은 다리 모양의 육지

【地形】(지형-チケイ) 땅의 생긴 모양이나 형세。지표(地表)의 형태

【四 畫】

【圾】岌(山部 四畫) 同字
【圻】畿 同字
【址】지 シ、もとい site; foundation 紙 ㄓˇ chih³
터 基也
【坆】墳(土部 十三畫) 俗字
【坂】阪(阜部 四畫)에 볼것
【均】균 キン、ひとしい even 眞 ㄐㄩㄣ chün¹
①평할 반듯할 平也 ② 고를 調也 ③두루할 徧也 ④기와만드는 틀 造瓦具 ⑤장단 節樂器 ⑥싸움 옷 ㅡ服 戎 ⑦대학 學名成ㅡ
【均等】(균등-キントウ)차별이 없이 고름
【均分】(균분-キンブン) 여럿에 똑 같도록 나눔
【均一】(균일-キンイツ) 똑같음。 한결같이 고름
【均霑】(균점-キンテン) ①고르게 비와 이슬에 젖음 ②이익이나 은혜를 고르게 입음
【均平】(균평-キンペイ) 고루 공평함
【均衡】(균형-キンコウ) 어느 한 편에 치우치지않고 고름
【坊】방 ボウ、ちまた in the village 陽 ㄈㄤˊ fang²
①동네 면이름 방 邑里之名 ②막을 障也 ③절 僧寺
【坊坊曲曲】(방방곡곡) 나라안의 모든 곳。 곳곳마다
【坌】분 フン、あつまる crowd
①아우를 竝也 ②모일 聚也
【坌集】(분집-フンシュウ) 여러사람이 일시에 모여서 만남
【坎】감 カン、あな hollow 感 ㄎㄢˇ k'an³
①구덩이 穴也 ②험할 險也 ③작은잔 小罍 ④힘쓰는 소리 坎ㅡ用力聲 ⑤북쪽 正北方位 ⑥묻을 埋也 ⑦괘이름 易卦名 ⑧때 못만날 不過ㅡ坷
【坎坷】(감가-カンカ) ①때를 만나지 못함 ②가는 길이 험하여 고통이 많음
【坎方】(감방-カンポウ) 팔방(八方)의 하나。 북쪽
【坎侯】(감후-カンコウ) 악기 이름。한(漢)의 무제(武帝)가 만들었다고 함
【坏】배 ハイ、したじ raw tile 灰 ㄆㄟ p'ei¹
① 날기와 未燒陶瓦 ②집뒤담 屋後墻 ③터진담 막을 土封隙 ④겹산 二重山
【坐】좌 ザ、すわる sit
① 앉을 行之對 ②꿇을 跪也 ③죄입을 被罪人 ④대심할 罪人對理 ⑤자리 行所止 ⑥지킬 守也
【坐客】(좌객-ザキャク) 앉은뱅이
【坐賈】(좌고-ザコ) 앉은 장사
【坐骨】(좌골-ザコツ) 엉덩이의 골반(骨盤)을 이루는 좌우 한 쌍의 뼈
【坐法】(좌법-ザホウ) 부처 또는 불교신도들의 앉는 법식
【坐産】(좌산-ザサン) 줄 같은 것을 붙잡고 엉거주춤 하게 앉아서 해산함
【坐商】(좌상-ザショウ) 일정한 곳에 가게를 내고 하는 장사
【坐像】(좌상-ザゾウ) ①앉은 모양의 그림이나 조각 ②앉아 있는 형상
【坐席】(좌석-ザセキ) 앉은 자리 깔고앉는 물건의 총칭
【坐禪】(좌선-ザゼン) 정좌(靜座)하여 잡념을 버리고 오직 마음을 한 대상에만 집중하여 무념무상(無念無想)의 상태에 들어가는 수행(修行)(불가의 말)
【坐收】(좌수-ザシュウ) 활동하지 않고 집에 앉은 채 수입을 얻음
【坐睡】(좌수-ザスイ) 앉아서 졸음
【坐視】(좌시-ザシ) 참견 하지 않고 가만히 두고 보기만 함
【坐食】(좌식-ザショク)일을 하지 않고놀고 먹음
【坐食山空】(좌식산공) 아무리 있는사람이라도 벌지를 않고 놀고만 먹으

면 끝내는 없어지고 만다는 말
【坐藥】(좌약-ザヤク) 보통 직장(直腸)에 때로는 뇨도(尿道)·항문(肛門)에 꽂아 넣는 약
【坐業】(좌업-ザギョウ) 한 자리에 앉아서 손만 놀려서 만드는 공업
【坐臥】(좌와-ザガ) 앉아 있음과 누음
【坐定】(좌정-ザテイ) 앉음 (높임 말)
【坐鐘】(좌종-ザショウ) 책상 따위에 놓는 자명종(自明鐘)
【坐罪】(좌죄-ザザイ) 죄를 받음
【坐礁】(좌초-ザショウ) 배가 암초 위에 얹혀 가지 못함
【坐向】(좌향-ザコウ) 묏자리나 집 터같은 것의 위치의 등진 바위의 정면으로 바라 보이는 방향

【坑】갱 コウ、あな pit 庚 ㄎㄥ k'êng1
①빠질 陷也 ②묻을 埋也 ③구덩이 陂塹
【坑口】(갱구-コウコウ) 굴의 어귀。갱도(坑道)의 돌머리。굿문
【坑殺】(갱살-コウサツ) 구덩이에 빠뜨려서 죽임
【坑陷】(갱함-コウカン) 땅이 꺼져서 생긴 구멍

【五 畫】

【坡】파 ハ、ヒ、さか hill 歌 ㄆㄛ p'o1
①언덕 阪也 ②사람의 호 蘇軾號東—

【坤】곤 コン、つち earth 元 ㄎㄨㄣ k'uen1
①땅 地也 ②순할 順也 ③괘이름卦名 純陰의 괘로 地·女·從順 ④西南 등의 象 또는 坤下坤上 ⑤계집 女稱—命
【坤德】(곤덕-コントク) 황후 또는 왕후의 덕
【坤道】(곤도-コンドウ) ①땅의 도(道)②여자의 길
【坤方】(곤방) 二十四 방위의 하나。서남(西南)
【坤時】(곤시) 지금의 오후 三시부터 四시까지의 동안
【坤位】(곤위-コンイ) 부인의 무덤이나 신주(神主)
【坤坐艮向】(곤좌간향) 서남쪽에서 동북쪽으로 향함
【坤軸】(곤축-コンジク) 지구가 자전하는 중심의 직선

【坦】탄 タン、たいらか even; level 旱 ㄊㄢ t'an3
①너그러울 寬也 ②편평할 平也
【坦路】(탄로-タンロ) 탄탄대로(坦坦大路)의 준말
【坦白】(탄백-タンパク) 있는 그대로 솔직히 말함
【坦然】(탄연-タンゼン) 마음이 아무 걱정 없이 평정(平定)한 모양
【坦夷】(탄이-タンイ) 마음이 진정되어 평탄함
【坦坦】(탄탄-タンタン) 넓은 모양。편평한 모양
【坦坦大路】(탄탄대로-タンタンダイロ) ①평평하고 넓은 길 ②장래가 막힘없이 수월함을 이르는 말
【但蕩】(탄탕-タントウ) 마음이 넓고 편평함
【但平】(탄평-タンペイ) ①넓고 편평함②근심이 없이 마음이 편함
【坦懷】(탄회-タンカイ) 꺼리낌이 없는 마음

【坩】감 カン、るつぼ melting-pot 覃 ㄍㄢ kan1
도가니 所以鎔鍊鐵—堝

【坪】평 ヘイ、たいらか field 庚 ㄆㄧㄥ p'ing2
①벌 들 大野 ②평평할 판판할 平也 ③평수 地面六尺四方曰—

【坫】점 テン、しきり wall 豔 ㄉㄧㄢ tien4
①잔 돌려놓는 자리 土—反爵之具 ②담 屏障 ③대청모퉁이 堂隅

【坰】경 ケイ、キョウ、まちはずれ field 青 ㄐㄩㄥ chiun
들 郊也 元戎小隊出郊——

【坱】 앙 オウ、ほこり dust
①티끌 塵也 ②편할 ―圠無涯 ③어두울 昧也

【坳】 요 ヨウ、くぼみ hollow 看 效 ㄠˋ ao⁴
오목할 窊下

【坷】 가 カ、けわしい steep 哿 箇 ㄎㄜˇ k'e³
길험할 坎―行不利

【坻】 지 テイ、チ、しま、さか bar ; hill 紙 ㄔˊ ch'ih²
①모래섬 水中高地 ②마당 場也 ③그칠 止也 (저) 언덕 隴阪

【坼】 탁 タク、さける tear 陌 ㄔㄜˋ ch'e⁴
①터질 裂也 ②싹틀 植物分開 拆同

【坼甲】(탁갑) 씨의 껍질이 터져서 싹이 틈

【坼裂】(탁렬-タクレツ) 터져 갈라짐

【坼榜】(탁방) ①과거에 급제한 사람의 이름을 게시함 ②일의 결말남을 비유

【坼封】(탁봉) 편지의 봉한 데를 뜯음

【坿】 附 (阜部 五畫)古字

【垂】 수 スイ、たれる hang down 支 ㄔㄨㄟˊ ch'uei²
①드릴 自上縋下 ②변방 邊方 ③거의 將及幾也 ④끼칠 遺也

【垂拱】(수공-スイキョウ) 옷소매를 늘어뜨리고 팔짱을 낀다는 뜻으로 아무 일도 하지 아니하고 남 하는대로 내버려 두는 일

【垂敎】(수교-スイキョウ) 가르침을 내림

【垂簾】(수렴-スイレン) 발을 늘임。 또는 늘인 발

【垂簾聽政】(수렴청정) 황태후(皇太后가 어린 임금을 보좌하여 정치를 들음

【垂老】(수로-スイロウ) 七○ 노인

【垂露】(수로) 드리워 떨어지는 이슬

【垂淚】(수루-スイルイ) 눈물을 흘림

【垂範】(수범-スイハン) 몸소 착한 일을 하여 모든 사람의 모범이 되게함

【垂線】(수선-スイセン) 직선 또는 평면과 직각을 이루는 직선。 수직선(垂直線)

【垂示】(수시-スイジ) 수교(垂敎)

【垂揚】(수양-スイヨウ) 수양 버드나무의 일종 가지가 아래로 드리워짐。 수양버들

【垂涎】(수연-スイエン) ①좋은 음식을 보고 먹음직하여 침을 흘림 ②무엇을 탐내어 가지고 싶어함

【垂直】(수직-スイチョク) 직선과 직선이 당아 직각을 이룬 상태 「훈

【垂訓】(수훈-スイクン)후세에 전하는 교

【六畫】

【型】 형 ケイ、かた type 靑 ㄒㄧㄥˊ hsing²
①꼴 본 鑄式 以木爲之曰模以土爲之曰― ②본뜰 模範

【垓】 해 ガイ、はて frontier
땅가장자리 八極界也 변방 國境 지경界也 햇수 數名 億之千倍 十億曰兆 十兆曰京 十京曰―

【垓心】(핵심-ガイシン) 경계의 한가운데

【垓下】(해하-ガイカ) 땅 이름。중국 안휘성(安徽省) 영벽현(靈壁縣) 동남쪽에 있음。 항우(項羽)가 전사한 곳

【垜】 타 タ、ダ、あずち target
①글방 堂塾 ②살받이 射堋

【垝】 궤 キ、やぶれる callapse
무너진 담 壞垣

【垠】 은 ギン、かぎり edge 眞 ㄧㄣˊ yin²
①언덕 岸也 ②하늘 가장자리 九天之際 ③지경 界限

【垠界】(은계-ギンカイ) 경계

【垠際】(은제-ギンサイ) 가장자리。 끝

【垢】 구 コウ、ク、あか dirt 宥 ㄍㄡˋ kou⁴

①매 塵滓 ②더러울 汚也 ③먼지 塵
埃 ④부끄러울 恥也

【垣】원 エン、オン、かき wall 圓元 ㄩㄢ yüan²
얕은담 卑垣 〔康熙字典〕 卑曰垣 —
高曰垣、 호위할 庇護 별이름 星名

【垤】질 俗 (질) テツ、ありづか ant-ill 圓屑 ㄉㄧㄝ tieh²
①개미둑 封 ②언덕 蟻丘也

【七 畫】

【垺】부 フ、ホウ、かこい castle-wall
①성바퀴 郭也 ②클 大也

【埃】애 アイ、ほこり aust 圓灰 ㄞ ai
①티끌 먼지 塵也 ②나라이름 —及
(이집트)

【埃及】(애급-エジプト) 아프리카 동북부
에 있는 군주국(君主國) 수도는 카
이로

【埃滅】(애멸-アイメツ) 티끌과 같이 없
어짐

【埃霧】(애무-アイム) 먼지가 안개처럼
일어남

【埆】각 カク、やせる rough 圓覺 ㄑㄩㄝ ch'ueh⁴
자갈땅 墝—瘠薄 바위엉서리 山多
大石

【埋】매 マイ、うずめる bury 圓佳 ㄇㄞ mai² ㄇㄢ man²
감출 藏也 묻을

【埋骨】(매골-マイコツ) 뼈를 묻음

【埋沒】(매몰-マイボツ) 파묻음。 파묻힘

【埋伏】(매복-マイフク) ①몰래숨음 ②복
병(伏兵)을 둠

【埋秘】(매비) 묻어 감춤

【埋玉】(매옥-マイギョク) 잘난 사람이 아
깝게도 죽어 땅에 묻힘을 이름

【埋葬】(매장-マイソウ) ①시체를 땅속에
묻어 장사를 지냄 ②못된 사람을
사회에서 몰아 냄

【埋藏】(매장-マイゾウ) ①묻어서 버림
②광물 따위가 묻혀 있음

【埌】랑 ロウ、つか grave
①아득할 壙—原野廻貌 ②무덤 塚也

【城】성 ジヤウ、セイ、しろ castle 庚 ㄔㄥ ch'êng²
①재성 —郭築土盛民 (康熙字典)內
曰— 外曰郭 ②도읍 都邑

【城郭】(성곽-ジョウカク) ①도시·성채
의 주위를 둘러막은 돌과 흙으로 쌓
은 성(城)의 둘레

【城旦】(성단-ジョウタン) 매일 아침 일어
나서 성을 구축하는 일에 복역하는
형도(刑徒)

【城壘】(성루-ジョウルイ) ①성 바깥둘레
의 흙담

【城門】(성문-ジョウモン) 성곽의 문

【城壁】(성벽-ジョウヘキ) 성곽의 벽

【城堡】(성보) 적을 방비하기 위하여
성밖에 임시로 만든 소규모 요새

【城府】(성부-ジョウフ) ①성시(城市) ②
마음 속에 쌓은 담。 곧 남과 대할때
마음을 터놓지 않은 비유

【城市】(성시-ジョウシ) 한 성 안에 있는
지가

【城邑】(성읍-ジョウユウ) 고을。 도읍

【城主】(성주-ジョウシュ) ①성의 우두머
리 ②조상의 무덤이 있는 지방의
수령(守令)

【城池】(성지-ジョウチ) 성과 그바깥 둘
레에 파놓은 못

【城址】(성지-ジョウシ) 성이 있던 빈터
성터

【城柵】(성책-ジョウサク) 성과 나무로 만
든 우리

【城狐】(성호-ジョウコ) 임금 곁에 있는
소인(小人)의 비유

【城隍】(성황·서낭-ジョウコウ) 성을 지키
는 귀신

【埏】연 エン、セン、はて edge of the earth
①땅가장자리 八—地際 ②광중 墓
道 ③오를 登也 (선) 흙이길 —埴
水和土

【埒】날 レツ、ラツ、かき fence; wall 圓屑 ㄌㄜ le⁴

①같을 等也 ②낮은 담 痺垣 ③갈피 畫界分程 ④길돋을 封道

【八 畫】

【域】 역 イキ、さかい boundary 職 ㄩ yü⁴
①갈피 지경 界局 ②끝 極也 ③나라 異― ④곳 處也

【埠】 부 フ、ホ、はとば wharf 遇 ㄅㄨ pu⁴ ㄈㄨ fu⁴
부두 선창 艙也 船舶出入發着處

【埠頭】(부두-フトウ) 배를 대기 위하여 육지에서 바다로 달아내어 쌓은 선창

【埤】 비 ヒ、ヘイ、ます enlarge
①붙좇을 附也 ②더할 增也 ③두터울 厚也 ④성위의담 ―堄城上女墻 ⑤습한 땅 低濕地

【埤益】(비익-ヒエキ) 많이 보태어 짐

【埭】 태 タイ、せき dike
보뚝 以土堰水

【埳】 감 カン、あな hole 感 ㄎㄢ k'an³
구멍 穴也 坎(土部 四畫) 同〔莊子〕―井之蛙

【埳軻】(감가-カンカ) 불행。 불우(不遇)

【埳中之蛙】(감중지와) 우물 안의 개구리라는 뜻에서 식견이 좁은 사람의 비유

【埴】 치 ショク、ねばつち clay 職 ㄓ chih²
①찰흙 黏土 ②흙이길 埏―以爲器 ③더듬어거를 擿―瞽者冥行而差 (식)義同

【埵】 타 タ、かたきつち hard soil
①굳은흙 堅土

【埶】 藝(艸部 十五畫) 同字

【執】 집 シツ、シュウ、とる catch 緝 ㄓ chih²
①잡을 操持 ②지킬 守也 ③잡을 捕也 ④막을 塞也 ⑤아비벗 父友 ⑥잡아가둘 拘也 ⑦가질 持也

【執權】(집권-シッケン) 정권을 잡음 ②권력을 쥠

【執達吏】(집달리-シッタツリ) 지방 법원에 배치되어 송달 및 강제 집행에 관한 처분을 행하는 공무원

【執刀】(집도-シットウ) ①칼을 잡음 ②외과(外科)수술을 하기 위하여 메스를 손에 듦

【執務】(집무-シツム) 사무를 맡아 봄

【執事】(집사-シツジ) ①어른에 대한 존대 ②예수교에서 장로 교회의 교직의 하나

【執喪】(집상) 부모의 거상(居喪)중에 예절을 지킴

【執束】(집속) 타작하기 전에 곡식의 묶음수를 세어서 적음

【執心】(집심-シュウシン) 단단하게 한곳으로 먹은 마음

【執念】(집염-シュウネン) ①한 사물에만 정신을 쏟음 ②달라붙어 뗄수 없는 생각

【執拗】(집요-シツヨウ) 꽉 잡은 마음이 깊음

【執政】(집정-シッセイ) 나라의 정권을잡음

【執中】(집중-シッチュウ) 어느 쪽에도 치우치지 않은 바르고 온당한 도리

【執着】(집착-シュウチャク) 마음이 쏠리어 잊혀지지 아니함

【執筆】(집필-シッピツ) ①붓을 잡고 글씨를 씀。원고를 씀 ②토지 가옥들에 관한 증서를 쓴 사람

【執行】(집행-シッコウ) 실제로 일을잡아서 행함

【執行猶豫】(집행유예-シッコウユウヨ) 유죄 판결을 받은 사람에게 정상에 따라 어떠한 조건에 의하여 형의 집행을 유예함

【埸】 역 エキ、あぜ ridge berween fields
①밭두둑 疆―田畔 ②변방 邊境

【培】 배 バイ、ホウ、つちかう cultivate 灰 ㄆㄟ p'ei²

①북 敦土 ②북돋울 助養栽ㅡ ③더할 益也 ④도울 助也 (부) 두둑 할ㅡ塿小阜

【培植】(배식-バイショク) 식물을 재배함。북돋아 심음

【培養】(배양-バイヨウ) ①초목을 북돋아 길음 ②인재를 길러냄

【基】기 キ、もとい basis 囡 ㄐㄧ chi¹

①터 址也 ②호미 鎡ㅡ田器 ③근본 本也 ④업 밑절미 業也 ⑤우거할 자리 잡을 據也 ⑥풍류이름 樂名立ㅡ

【基幹】(기간-キカン) 본바탕이 되는 줄기

【基督教】(기독교-キリストキョウ) 전지 전능(全智全能)의 신(神) 곧 하느님 아들로서 유대에서 난 예수 그리스도를 비조(鼻祖)로 하는 종교

【基盤】(기반-キバン) 기초가 될만한 지반。 터전

【基本】(기본-キホン) 사물의 기초와 근본

【基數】(기수-キスウ) 하나에서 아홉까지의 정수(整數)

【基業】(기업-キギョウ) ①대대로 전하여 오는 재산과 사업 ②기초가 되는업

【基因】(기인-キイン)기본이 되는 원인

【基底】(기저-キテイ) 기초가 되는 밑바닥

【基點】(기점-キテン) 본바탕이 되는 점。밑점

【基調】(기조-キチョウ) 사상의 근저

【基準】(기준-キジュン) 사물의 기본이 되는 표준

【基地】(기지-キチ) ①터전 ②군사상 작전 행동의 주요 지점

【基址】(기지-キシ) 터전

【基礎】(기초-キソ) ①집의 밑바닥。토대 ②근본

【埼】기 キ、さき top of a hill 囡 ㄑㄧˊ ch'i²

언덕머리 曲岸頭

【埽】소 ソウ、はく sweep 晧 號 ㄙㄠˇ sao³

①쓸 멸 帚穢 ②언덕 隄岸埽埽 (手部 八畫)同

【堀】굴 クツ、コツ、いわや cave

①굴뚝 突也 ②팔 穿也 ③굴 孔穴

【堀穴】(굴혈) 구덩이나 구멍을 팜

【堂】당 ドウ、トウ、おもてざしき hall 陽 ㄊㄤˊ t'ang²

①집 마루 대청 正寢 ②정당할 번듯할 堂ㅡ也 ③조정 朝廷廓ㅡ ④당 社寺佛閣殿ㅡ

【堂內】(당내-ドウナイ) 팔촌 이내의 가까운 일가

【堂堂】(당당-ドウドウ) 매우 정대(正大)함。의젓함

【堂上】(당상-ドウジョウ) ①마루 위。대청위。궁전(宮殿)위 ②부모를 일컬음。마루위에 계시므로 이와 같이 말함 ③공경(公卿) 곧 장관(長官)의 일컬음

【堂叔】(당숙) 종숙(從叔)

【堂宇】(당우-ドウウ) 큰집과 작은 집

【堂主】(당주) 옛날 나라의 기도를 맡아 보던 소경

【堂板】(당판) 마루청의 널빤지

【堂下】(당하) ①당(堂)의 아래 ②옛날 정삼품(正三品) 이하의 벼슬아치를 일컬음

【堂會】(당회) 장로교회에 있어서 목사와 장로들이 모이는 회합

【堄】예 ゲイ、ひめがき battlement

성위옛담 埤ㅡ城上女墻

【堅】견 ケン、かたい solid

①굳을 固也 ②굳셀 勁也 ③갑옷甲冑 ④강할 剛也

【堅甲利兵】(견갑리병-ケンコウリヘイ) 튼튼한 무장과 날카로운 병기를 갖춘 군사

【堅剛】(견강-ケンゴウ) 성질이 굳세고 단단함

【堅硬】(견경-ケンコウ) 물질이 굳고 단단함

【堅固】(견고-ケンゴ)굳세고 단단함

【堆】퇴 タイ、うずたかい heap of earth
①흙무더기 聚土 ②놓을 措也 ③언덕 阜也 ④積也
【堆肥】(퇴비-タイヒ) 북더기를 쌓아 썩힌 거름。두엄
【堆積】(퇴적-タイセキ) 많이 덮쳐 쌓음

【九 畫】

【堙】인 イン、ふさぐ stop up 眞 ㄧㄣ yin1
①막을 塞也 흙메 土山
【堙滅】(인멸-インメツ) 죄다없어져 버림
【堙鬱】(인울-インウツ) 가슴이 답답하게 막힘

【堝】과 カ、るつぼ melting-pot 歌 ㄍㄨㄛ kuo1
도가니 甘ㅡ所以烹煉金銀

【堞】첩 チョウ、ひめがき battlement 葉 ㄉㄧㄝ tieh2
성위엣담 雉ㅡ城上女墻

【堠】후 コウ、つか high-ground
①돈대 封土爲壇以記里 ②흙성 土堡 ③봉화직이 斥ㅡ望烽火

【堡】보 ホ、ホウ、とりで dike
①방죽둑 隄也 ②작은성 ㅡ障小城
【堡砦】(보채-ホサイ) ① 적군을 막거나 치기 위하여 흙·돌들로 튼튼하게 쌓은 진지 ②가장 튼튼한 발판

【堤】제 テイ、つつみ dike 齊 ㄊㄧ t'i2 ㄉㄧ ti1
①막을 防也 ②방축 策土遏水 ③이랑ㅡ 封頃畝
【堤防】(제방-テイボウ) 홍수를 막기 위하여 흙으로 쌓은 둑

【堥】무 ボウ、おか hill
①질그릇 瓦器

【堦】階(阜部 九畫)同字

【堧】壖(土部 十四畫) 古字

【堪】감 カン、たえる endure 覃 ㄎㄢ k'an1
①견딜 이길 勝也 ②맡을 任也 ③하늘 ㅡ輿天地
【堪能】(감능-カンノウ) 감당할 수 있는 능력。또는 그러한 사람
【堪當】(감당) ①일을 능히 하여 냄 ②참고 견디어 냄
【堪輿】(감여-カンヨ) 만물을 풍성하게 싣고 있는 물건의 뜻이로 하늘 땅을 일컫는 말

【堯】요 キョウ、たかくとほい high and far 蕭 ㄧㄠ yao2
①높을 高嶢貌 ②멀 遠也 ③요임금 古代帝王之 名帝ㅡ陶唐氏
【堯舜】(요순-ギョウシュン) 중국 고대의 성천자(聖天子)인 요와 순

【堰】언 エン、せき bank 霰 願 ㄧㄢ yen4
둑 방죽 둑 壅水爲埭

【報】보 ホウ、むくい return 號 ㄅㄠ pao4
①갚을 復也 ②대답할 酬答 ③여쭐 고할 告也 ④합할 合也 ⑤공초 반아돌릴 論囚 ⑥치붙을 下婬上 (부) 빠를 急疾
【報告】(보고-ホウコク) ① 알리어 바침 ②보고서의 준말
【報國】(보국-ホウコク) 나라의 은혜를 갚음。나라를 위하여 충성을 바침
【報答】(보답-ホウトウ) 남의 은혜를 갚음
【報道】(보도-ホウドウ) 일어난 일을 전하여 알림
【報復】(보복-ホウフク) 앙갚음
【報償】(보상-ホウショウ) 남에게 빚진 것을 갚음
【報酬】(보수-ホウシュウ) ①보답함。갚음 ③근로에 대한 소득
【報怨】(보원-ホウエン) 앙갚음
【報恩】(보은-ホウオン) 은혜를 갚음
【報應】(보응-ホウオウ) 선악(善惡)이 그 인과에 따라 도로 됨

【報知】(보지-ホウチ) 알려줌
【報債】(보채-ホウシヨウ) 꾸어 쓴 돈을 갚음

【堲】즐 ショク、シク、にくむ hate
①미워할 疾也 (즉) ②뜻같음 벽돌 甎也 ③불똥 火之餘燼

【場】장 ジョウ、ば、にわ garden 陽 ㄔㄤ ch'ang[2,3]
①마당 除也 ②타작마당 收禾圃 ③때 時也 ④곳 處也 ⑤밭 田也 ⑥싸움터 戰―
【場內】(장내-ジョウナイ) 여러 사람이 모여 있는 곳의 안。장소의 안
【場面】(장면-ばメン) 어떠한 장소의 겉으로 드러난 면이나 광경
【場所】(장소-バショ) ①곳。처소 ②자리
【場屋】(장옥-ジョウオク) 관리를 등용할 때의 시험장
【場圃】(장포) 곡물을 거두는 뜰

【堵】도 ト、かき wall 麌 ㄉㄨˇ tu[3]
①담 垣也 ②저것 若箇這箇元的曰阿― ③편안 살이安―相安
【堵牆】(도장-トショウ) 담
【堵列】(도열-トレツ) 많은 사람이 죽 늘어섬

【塚】총 (冖部 八畫)의 俗字

【堺】界 (田部 四畫)同字

【十 畫】

【塊】괴 カイ、つちくれ clod
①흙덩이 墣也 ②땅덩이 大―造物名 ③가슴뭉클할 壘―胸中不平 ④흙덩이물 銜請罪 ⑤덩이질 凝結形容詞 ⑥나 我也
【塊根】(괴근-カイコン) 덩이로 된 뿌리。「양고구마·달리아 따위
【塊狀】(괴상-カイジョウ) 덩어리로 된모
【塊石】(괴석-カイセキ) 돌멩이
【塊然】(괴연-カイゼン) 혼자 있는 모양
【塊灰】(괴탄-カイタン) 덩이진 석탄

【塋】영 エイ、はか grave
①무덤 ―域墓也 ②산소 葬地

【塌】탑 トウ、ひくい low ground
①낮은 땅 地底下 ②애벌갈 初耕 ③떨어질 墮也

【塍】塍(田部 九畫) 同字

【塏】개 ガイ、たかだい cool place
시원한 땅 爽―地高明處

【塑】소 ソ、でく scarecrow
허수아비 흙으로 만든 사람 埏土象物

【塒】시 シ、ジ、わぐら nest
①높은 무덤 高墳 ②홰 鑿棲而棲鷄

【塔】탑 トウ、てら Pagoda 合 ㄊㄚˇ t'a[3]
①탑 실암 西域浮圖卒堵婆 ②물건 떨어지는 소리 物墮聲
【塔客】(탑객-トウキャク) 승객(乘客)의 딴 이름
【塔乘】(탑승-トウジョウ) 항공기나 선박 따위에 올라탐
【塔影】(탑영-トウエイ) 탑의 그림자
【塔印】(탑인-トウイン) 본떠서 박음
【塔載】(탑재-トウサイ) 항공기나 선박 따위에 짐을 실음
【塔尖】(탑첨-トウセン) 탑의 맨 위의 뾰족한 부분

【塕】옹 オウ、ごみたつ duoty
①티끌 자욱하게 일 塵起貌 ②바람소리 風聲

【塗】도 ト、ぬる coat 虞 ㄊㄨˊ t'u[2] ㄉㄨ tu
①진흙 泥也 ②바를 매질할 ―望泥飾 ③더럽힐 汚也 ④이슬흠치르르할 塗―露厚貌 ⑤길 路也 흐리멍멍할 糊―不分曉 ⑦글자 고칠 ―乙改

竄 ⑧방법 法也 ⑨수렁 泥路

【塗料】(도료-トリョウ) 썩지 않도록 물건의 거죽에 바르고 또는 채색에 쓰는 재료

【塗抹】(도말-トマツ) ①발라서 드러나지 않게 가림

【塗褙】(도배)벽·천장·창·장지·장판을 종이로 바름

【塗擦】(도찰-トサツ) 바르고 문지름

【塗炭】(도탄-トタン) 몹시 고생함。 말할 수 없이 비참한 경우

【塘】 당 トウ、 pond
①못、 연못 築土渴水 ②언덕 隄岸

【塙】 고 コウ、かたいつち hard 看 ㄑㄩㄝ ch'üeh⁴
돌 많은 땅 石地 (각) 단단할 堅土

【塚】 冢(冖部 八畫) 俗字

【塜】 봉 チョウ、ちり dust
먼지날 塵起 (塜은 別字)

【塞】 새 ソク、サイ、ふさぐ wall up 隊 ㄙㄞ sai⁴·⁴
①변방、 邊界 ②주사위 博—戲具 (색) ①막을 塡也 ②찰 充滿 ③막힐 阸險

【塞翁馬】(새옹마-サイオウのうま) 인생의 화북(禍福)은 변화가 많음을 비유한 말

【塞責】(새책-せめをふせぐ) 겉으로 책임을 얼버무림

【塟】 葬(艸部 九畫)俗字

【塡】 전 テン、うずめる fill up 先 銑 ㄊㄧㄢ t'ien²
①메울 塞也 ②북소리 鼓聲 ③좇을 順也 ④병들 病也 塡同 (진) ①오랠 久也 ②편안할 安也 ③어루만질 撫也 ④누를 壓也 ⑤정할定也

【塢】 오 オ、ウ、むら village 麌 ㄨ wu⁴
①산언덕 山阿 ②말 마을 村落

【塢壁】(오벽-オヘキ) ①둑을 쌓아 만든 집터 ②마을

【塤】 壎(土部 十四畫)同字

【塉】 척 セキ、やせち barren soil
메마른 땅 薄土

【塩】 鹽(鹵部 十三畫) 俗字

【十一畫】

【塲】 場(土部 九畫) 俗字

【塵】 진 ジン、ほこり dust 眞 ㄔㄣ ch'en²
①티끌 먼지 埃也 ②때낄—垢 ③오랠 前—久也

【塵芥】(진개-ジンカイ) 티끌과 쓰레기

【塵境】(진경-ジンキョウ) 속세(俗世)

【塵垢】(진구-ジンコウ) 먼지와 때

【塵襟】(진금-ジンキン) 속된 생각

【塵累】(진루-ジンルイ) 세상살이에 얽매인 너저분한 일

【塵事】(진사-ジンジ) 이 세상의 더럽고 속된 일

【塵俗】(진속-ジンゾク) 티끌 많은 속된 세상。 이 세상

【塵煙】(진연-ジンエン) 연기처럼 일어나는 티끌

【塵緣】(진연-ジンエン) 이 세상의 인연。 속세의 인연

【塹】 참 俗 (참) ザン、ほり trench 豔 ㄑㄧㄢ ch'ien⁴
①구덩이 坑也 ②해자 遶城水 ③팔 堀也

【塹壕】(참호-ザン) ①성 둘레의 구덩이 ②야전(野戰)에서 적의 공격에 대비하는 방어 시설

【塼】 甎(瓦部 十一畫) 同

【塾】 숙 ジュク、まなびどころ privgte school 屋 ㄕㄨ shu²
①사랑방 家—門側堂 ②글방 敎舍

【塿】 루 ロウ、ル、つか mound 有 ㄌㄡ lou³

두둑할 培ー小阜

【墀】지 チ、にわ ygrd 支 ㄔˊ ch'ih² ①지대뜰 階上地 ②대궐지대 丹ー殿陛

【墁】만 マン、バン、ぬる paint 寒 翰 ㄇㄢˋ man⁴ ①흙손 塗具墻壁之飾

【境】경 キョウ、ケイ、さかい boundary 梗 ㄐㄧㄥˋ ching⁴ ①지경 한정 界也 ②마침 竟也 ③처지 處地

【境界】(경계-キョウカイ) ①일이나 물건의 구별되는 데가 맞닿은 자리 ②땅이 서로 이어진 곳

【境內】(경내-ケイダイ) 일정한 지경의 안 구역 안

【境域】(경역-キョウイキ) 일정한 경계안의 지역

【境遇】(경우-キョウグウ) ①닥쳐온 형편이나 사정 ②조건이 붙는 때

【境地】(경지-キョウチ) ①한 곳의 풍치 ②환경과 처지

【墅】서 ショ、なや farmer's hut 語 ㄕㄨˋ shu⁴ 농막 田廬 들 郊外

【墆】절 タイ、ラツ、たかい high ①쌓을 貯也 ②그칠 止也 (체) 으스름할 ー翳翳陰貌 ③높을 高貌

【墉】용 ヨウ、かき wall 冬 ㄩㄥˊ yung² 담 卑曰垣高曰ー 작은성 小城 바람벽 차면담 築土壘壁

【墊】점 テン、くだる fall into 豔 ㄉㄧㄢˋ tien⁴ ①빠질 溺也 ②젖은 濕也 ③눌림ー傷

【墍】기 キ、ぬる coatloam 寘 ㄐㄧˋ chi⁴ ①맥질할 흙바를 塗ー泥飾屋 ②담을 取也 ③쉴 息也 (희) 議同

【墐】근 キン、ぬる coat 묻을 瘞埋 바를 塗也 돌둑길 溝上道 막을 塞也

【墓】묘 ボ、はか grave 遇 ㄇㄨˋ mu⁴ 무덤、산소 冢也

【墓碣】(묘갈-ボケツ) 산소앞에 세우는 작은 비

【墓幕】(묘막-ボバク) 산소 근처에 지은 집

【墓門】(묘문-ボモン) 산소 앞으로 들어가는 문

【墓碑】(묘비-ホヒ) 산소에 세우는 빗돌

【墓地】(묘지-ボチ) 무덤이 있는 근처의 땅

【墓下】(묘하-ホカ) 조상의 산소에 딸린 땅

【墓穴】(묘혈-ボケツ) 시체를 묻는 구멍

【十二畫】

【墜】추 ツイ、おちる fall 寘 ㄓㄨㄟˋ chuei⁴ ①떨어질 落也 ②없어질 亡失

【墜落】(추락-ツイラク) ①항공기가 비행 능력을 잃고서 공중에서 떨어짐 ②높은 곳에서 떨어짐

【墜緖】(추서-ツイショ) 쇠퇴(衰退)하여 바야흐로 단절되려는 사업

【墝】교 俗(요)ギョウ、コウ、やせち poor soil ①메마른밭 ー埆瘠土 ②자갈땅 土不平

【增】증 ゾウ、ます increase 蒸 ㄗㄥ tsêng¹ ①더할 益也 ②거듭 重也 ③많을 衆也

【增加】(증가-ゾウカ) 더하여 많아짐

【增減】(증감-ゾウゲン) 늘임과 줄임。많아지는 것과 적어짐

【增強】(증강-ゾウキョウ) 더 늘여 굳세게 함

【增給】(증급-ゾウキュウ) 봉급을 더 올려 줌

【增大】(증대-ゾウダイ) 더하여 늘임

【增募】(증모-ソウボ) 정한 수보다 더 모집함

【增發】(증발) 열차 따위을 정한 수효
보다 더 내 보냄
【增配】(증배-ゾウハイ) 배당 또는 배급
량을 늘임
【增補】(증보-ゾウホ) 모자람을 보태기
위하여 더 채움
【增設】(증설-ゾウセツ) 더 늘여 설치함
【增收】(증수-ゾウシュウ) 수입이나 수확
을 늘임
【增殖】(증식-ゾウショク) ①더하여 늘임
②더욱 늘어감
【增訂】(증정-ゾウテイ) 저서 따위에서
모자라는 것을 더하고 잘못된 것을
고치고 보탬
【增進】(증진-ゾウシン) 더하여 나아감
【增徵】(증징-ゾウチョウ) 더 징수함
【增築】(증축-ゾウチク) 집을 더 늘이어
지음

【墟】허 キョ、あと ruins of a castle
①큰언덕 大丘 ②터 古城 ③시장市
場

【墠】선 セン、ゼン まつりのにわ alter 霰 ㄕㄢˋ shan⁴
제터 壇—除地祭處

【墦】번 ハン、つか mound 元 ㄈㄢˊ fan²
①무덤 冢·墓地 卒之東郭— 閒之
祭者

【墨】묵 ボク、すみ carbon 職 ㄇㄛˋ mo⁴
①먹 검을 墨色 ②절매 煤也 ③어
둘 暗昧 ④잠잠할 默也 ⑤서화 書
畫—客 ⑥자자할 五刑 之一黥也 ⑦
탐할 貪也
【墨客】(묵객-ボクキャク) 글씨와 그림에
능한
【墨吏】(묵리-ボクリ) 탐욕이 있는 관원
【墨守】(묵수-ボクシュ) 자기의 의견을
굳게 지킴
【墨汁】(묵즙-ボクジュウ) 먹물
【墨紙】(묵지) 복사지(複寫紙)
【墨刑】(묵형-ボッケイ) 옛날 중국에서
이마에 자자하여 주던 벌 「화
【墨畫】(묵화-ボクガ) 먹으로 그린 동양
【墨痕】(묵흔-ボッコン)먹물이 묻은 흔적

【墩】돈 トン、どて banh 元 ㄉㄨㄣ tuen¹
돈대 平地有堆

【墪】墩 (前條) 同字

【墮】타 ダ、キ、おちる fall 哿 ㄉㄨㄛˋ tuo⁴
①떨어질 落也 ②빠질 拔也 ③상할
傷也 ④게으를 惰也 (휴) 무너뜨릴
壞也
【墮落】(타락-ダラク) ①마음이 약한 사
람이 못된 구덩이에 빠짐②수도(修
道)하다가 속심(俗心)으로 떨어짐
【墮淚】(타루-ダルイ) 눈물을 떨어뜨림
【墮胎】(타태-ダタイ) 약 또는 어떠한 방
법으로 뱃속에 든 아이를 떨어뜨
림。낙태(落胎)

【墯】墮 (前條) 同字

【墱】등 トウ、さか hill
①자드락질 小坂②비게 飛陛③물갈
래질 水分派 ④북도 閣道

【墳】분 フン、つか mound 文 元 ㄈㄣˊ fen²
①봉분 무덤 土地高者墓也 ②클 大
也 ③북둑 水涯曰—火防 ④책이름
三—書名 ⑤걸찬 土肥膏 ⑥흙부풀
어오를 土沸起
【墳墓】(분묘-フンボ) 무덤
【墳山】(분산) 무덤이 있는 산
【墳上】(분상) 무덤의 봉긋한 부분

【十三畫】

【墺】오 オウ、おか hill
①구들 四方土可居 ②물가언덕水厓
③물 陸也

【墻】牆 (爿部 十三畫) 略字

【墾】간 コン、ひらく cultivation
①갈 耕也 ②맬 治也 ③따비이룰
개간할 개척할 開田反土 ④상할 傷
也

【壁】벽 ヘキ、かべ wall 錫 ㄅㄧˋ pi4
①바람벽 屋垣 ②진 軍壘 ③돌비탈
石厓 ④별이름 星名 二十八宿의 一

【壁報】(벽보-ヘキホウ) 벽에 쓰거나 붙
여 여럿에게 알리는 글

【壁書】(벽서-ヘキショ) 벽에 써 붙이는 「글

【壁紙】(벽지) 벽을 도배하는 종이

【壁土】(벽토) 바람벽에 바른 흙

【壁虎】(벽호-ヘキコ) 도마뱀

【壁畫】(벽화-ヘキガ) 바람벽에 그린 그「림

【壅】옹 ヨウ、ふさぐ be closed 困 ㄩㄥ yung1.3
①막을 塞也 ②막힐 障也 ③북돋을
培也

【壅塞】(옹색-ヨウソク) ①생활이 군색함
②막히어서 통하지 못함 ③아주 비
좁음

【壅鬱】(옹울-ヨウウツ) 가슴이 막혀 몹시
답답함

【壅滯】(옹체-ヨウタイ) 막히어 걸림

【壅】(壅) 前條 同字

【壇】단 ダン、タン、 platform
①제터 祀場 ②단 핫 封土

【壈】람 ラン、しつい misfortune
건둔할 뜻과 같지 못할 坎 ―屯蹇失志

【十四畫】

【壎】훈 ケン、つちぶえ earthen trumpet
질나팔 燒土樂器

【壎篪】(훈지-ケンチ) 훈지(壎篪)는 악
기, 형이 훈을 불어 창(唱)하고 동
생이 지(篪)를 불어 화(和)한다는
뜻으로 형제가 화목함을 말함

【壑】학 がく、たに velley 藥 ㄏㄜˋ he4
골 俗也 ②구렁。 抗也 ③바다 大―
海也

【壑谷】(학곡-ガクコク) 구렁。 지하실의
비유

【壒】애 アイ、ちり dust
①티끌더미 塵埃

【壓】압 アシ、エン、おす press 洽 ㄧㄚ ya1.4
①누를 抑也 ②잘 笮也 ③엎더질覆
壞 ④진정할 鎭也

【壓覺】(압각) 밖의 물건에 눌리어 느
끼는 피부의 감각

【壓卷】(압권-アッカン) ①여러 책 가운
데에서 가장 가치있는 책 ②그 책가
운데에서 가장 잘 지은 부분 ③여
러 사람의 시문(詩文) 중에서 가장
뛰어난것

【壓倒】(압도-アットウ) ①상대방을 눌러
서 거꾸러 뜨림 ②힘과 재주가 다
른 사람보다 뛰어남

【壓頭】(압두) 첫째를 차지함

【壓力】(압력-アツリョク) 어떠한 물체가
다른 물체를 누르는 힘

【壓迫】(압박-アッパク) 세력으로 누르
고 구박함 「음

【壓死】(압사-アッシ) 무엇에 눌려서 죽

【壓殺】(압살-アッサツ) 눌러서 죽임

【壓政】(압정-アッセイ) 힘으로 국민을
억눌러 행하는 정치

【壓制】(압제-アッセイ) 권력으로 압박하
고 억제함

【壓搾】(압착-アッサク) 눌러서 짜냄

【壓縮】(압축-アッシュク) 눌러서 오그라
뜨림

【壔】도 トウ、とりで small castle
망대 城堡

【壕】호 ゴウ、ほり trench 豪 ㄏㄠˊ hao2
①해자 城下池 ②땅이름 地名

【壖】연 ゼン、きし hill
①빈땅 城下池邊 墻外間地 ②언덕岸
也 ③낮은담 墻外短垣

【壍】 塹(土部 十一畫) 同字

【𡒊】 궤 キ、もつこ straw basket 삼태기 簣也

【十五畫】

【壥】 전 廛(广部 十二畫)俗字

【壘】 루 ルイ、ライ、とりで camp 紙 カㄟˇ lei³ ①진 軍壁 ②늘비할 相連貌 (뢰) 끌밋할 씩씩할 ㅡ魁ㅡ壯貌

【壙】 광 コウ、つかあな hollow ①구덩이 墓穴 ②들휑할 ㅡ埌野空貌

【十六畫】

【壚】 로 ロ、くろつち black earth 虞 カㄨˊ lu² ①검은 석비레 墳ㅡ黑剛土 ②술청 목로 酒區〔史記〕使文君當ㅡ ③저승 黃泉

【壜】 담 タン、ドン、びん wine bottle 술병 甒屬酒瓶

【壝】 유 イ、かきね wall ①곡장 壇邊低低 ②토담 土埒

【壞】 괴 カイ、やぶれる destroy 卦 ㄏㄨㄞˋ huai⁴ 무너뜨릴 毁之 (회) ①무너질 自敗 ②앓을 病也

【壟】 롱 ロウ、はか grave 腫 カㄨㄥˇ lung³ ①무덤 冢也 ②두둑 田中高處
【壟斷】(농단-ロウダン) ①혼자 차지함。독점(獨占) ②높은 언덕의 깎아지른곳

【壠】 壟(前條)同字

【十七畫】

【壤】 양 ジョウ、つち earth 養 ㄖㄤˇ jang³ ①고운 흙 명개 흙 柔土無塊 ②분답할 壤ㅡ紛錯貌 ③뭍 陸地 ④나라 國土 ⑤곳 場所

【二十一畫】

【壩】 파 ハ、いせき dike 禡 ㄅㄚˋ pa⁴ 방축 堰也

士 部

【士】 사 シ、ジ、さむらい scholar, soldier ①선비 四民之首儒也 ②벼슬官總名 ③일 事也 ④군사 ㅡ卒 ⑤사내 男子 尊稱

【士官】(사관-シカン) 병정을 지휘하는 무관

【士氣】(사기-シキ) ①선비의 기품 ②군사의 용기를 내는 기운

【士農工商】(사농공상-シノウコウショウ) 인민의 네 계급。선비·농부·장인바치·장사아치。곧 모든 계급의 백성을 말함

【士大夫】(사대부-シタイフ) 문벌이 높은 사람

【士類】(사류-シルイ) 학문을 연구하고 덕을 닦는 사람들

【士民】(사민-シミン) 선비와 백성。곧 모든 사람

【士人】(사인-シジン) 벼슬을 하지 않은 선비

【士族】(사족-シゾク) ①문벌이 높은 집안의 자손 ②선비 집안의 자손

【一　畫】

【壬】 임 ジン、ニン、みずのえ north 侵 ㄖㄣˊ jen² ①아홉째천간 十干第九位 ②북녘 북쪽 북방 노족 北方位 ③간사할 諂佞 ④클 空丁女藏

【壬公】(임공) 물의 딴 이름

【壬方】(임방) 二十四방위의 하나。서쪽에서 조금 북쪽에 가까운 방위

【壬人】(임인-ジンジン) 간악한 소인

【四 畫】

【壯】장 ソウ、さかんなり prosperous 漾 ㄓㄨㄤˋ chuang⁴
①장할 大也 ②굳셀 彊也 ③성할盛也 ④한방뜸 醫用艾灸 一灼 ⑤패이름 卦名大― ⑥장정 ―丁

【壯擧】(장거-ソウキョ) 굉장한 계획。장한 일
【壯骨】(장골) 기운좋고 큼직하게 생긴 골격
【壯觀】(장관-ソウカン) 굉장하고 볼만한 광경
【壯年】(장년-ソウネン) 기운이 썩썩한 三○세 내외의 나이。또 그사람
【壯大】(장대-ソウダイ) 규모가 웅장하고 큼
【壯途】(장도-ソウト) 중대한 사명을 띠고 떠나는 길
【壯圖】(장도-ソウト) 큰 계획이나 포부
【壯麗】(장려-ソウレイ) 규모가 장대하고 화려함
【壯力】(장력) 씩씩하고 센 힘
【壯烈】(장렬-ソウレツ) 씩씩하고도 맹렬함
【壯士】(장사-ソウシ) 기개와 골격이 굳센 사람
【壯元】(장원) ①갑과(甲科)의 과거에 첫째로 급제한 사람 ②성적이 우등(優等)한 사람
【壯月】(장월-ソウゲツ) 음력 八월의 딴이름
【壯丁】(장정-ソウテイ) 기운이 좋은 젊은 남자。곧 二○세부터 三○세내외의 남자
【壯重】(장중-ソウジュウ) 장엄하고 정중함
【壯志】(장지-ソウシ) 굉장한 포부
【壯快】(장쾌-ソウカイ) 용맹스럽고 통쾌함
【壯版】(장판) 기름먹인 종이로 바른 방바닥
【壯漢】(장한-ソウカン) 힘이 세찬 남자
【壯行】(장행-ソウコウ) 성대한 출발
【壯懷】(장회-ソウカイ) 굉장한 생각

【声】聲 (耳部 十一畫)의 略字

【壱】壹의 略字 九畫을 볼것

【八 畫】

【壺】호 コ、つぼ bottle 虞 ㄏㄨˊ hu²
①병 酒器 ②박 匏也 ③산이름 三神山謂三―

【壺觴】(호상) 술병과 술잔
【壺中物】(호중물) 술

【九 畫】

【壹】일 イツ、イチ、ひとつ one 質 ㄧ i¹
①전일할 오롯할 한결 專也 ②통일할 統一合也 ③순박할 醇也 ④막힐 閉塞 ⑤정성 誠也 ⑥하나 數之名 一과 같음

【壻】서 セイ、むこ son-in-law 霽 ㄒㄩˋ hsü⁴
①사위 女之夫 ②사내 男子

【十 畫】

【壼】곤 コン、おくみち Court corridor
궐내의 복도 宮中道

【壼訓】(곤훈-コンクン) 부녀자의 옳은 가르침

【十一畫】

【壽】수 ジュ、ことぶき congratulations
①목숨 命也 ②나이 年齡 ③오랠 久也 ④명길 長―

【壽考】(수고-ジュコウ) 오래 삶
【壽命】(수명-ジュミョウ) 목숨
【壽眉】(수미) 노인의 눈썹 가운데서 가장 긴 눈썹
【壽福】(수복-ジュフク) 오래 잘 사는 행복
【壽宴】(수연-ジュエン) 장수(長壽)를 축하하는 잔치
【壽夭】(수요-ジュヨウ) 오래 살음과 일찍 죽음
【壽衣】(수의) 염습할때 시체에 입히는 옷

夊部

【夊】치 チ、おくれる come after 紙 ㄓˇ chih³

뒤져올 後至 終의 古字

【二 畫】

【処】處(虍部 五畫) 俗字

【四 畫】

【麦】麥(麥部) 俗字

夊 部

【夊】쇠 スイ、おそい go slow
천천히갈 安行

【七 畫】

【夏】하 カ、ゲ、なつ summer 禡 馬 ㄒㄧㄚˋ hsia⁴
①여름 四時春之次 ②클 大也 ③나라이름 國名·禹王이 건국하여 安邑(山西省)에 도읍한 후 殷나라 湯王에게 망함。東晋시대 匈奴 종족이 內蒙古 鄂爾多斯지방 및 陝西省에 건국함。北宋시대 趙元昊가 建國한 것

【夏期】(하기-カキ) 여름의 시기。하계(夏季)

【夏爐冬扇】(하로동선-カロトウセン) 여름의 화로와 겨울의 부채。곧 쓸데없는 사물을 비유한 말

【夏半】(하반-カハン) 음력 七월의 딴 이름

【夏服】(하복-なつふく) 여름에 입는 옷

【夏石】(하석) 종유석의 딴 이름

【夏雲】(하운-カウン) 여름의 구름

【夏至】(하지-ゲシ) 二十四절기의 하나。양력 六월 二十一、二일 경 해가 가장 김

【夏臭】(하취) 고린내

【夏海】(하해) 큰 바다

【十一畫】

【夐】형 ケイ、はるか remote 敬 ㄒㄩㄥˋ hsiung⁴
멀 遙遠

【十二畫】

【夔】기 キ、もののけ monster 支 ㄎㄨㄟˊ k'uei²
①긴짐승 如龍一足獸 ②괴물 木石之怪 ③조심할 ——敬懼貌 ④나라이름 國名

【夔鼓】(기고) ①동해(東海)의 파산(波山)에 사는 짐승의 이름。또는 그 가죽으로 만든 북 ②소리가 우뢰와 같음

夕 部

【夕】석 セキ、ゆう evening 陌 ㄒㄧ hsi⁴
①저녁 晨之對 ②저물 暮也 ③쏠릴 斜也

【夕刻】(석각-ゆうこく) 저녁무렵

【夕刊】(석간-ゆうかん) 저녁 때에 발행되는 신문

【夕暮】(석모-ゆうぐれ) 저녁 때

【夕陽】(석양-セキヨウ) ①저녁 나절 ②노경(老境)에 비유한 말

【夕陰】(석음-セキイン) 해가 져서 어슴푸레한 때

【夕日】(석일-セキジツ) 석양

【夕照】(석조-セキショウ) 저녁때에 비치는 햇빛

【二 畫】

【外】외 ガイ、ゲ、ほか、そと outside 泰 ㄨㄞˋ wai⁴
①밖 바깥 內之對 ②멀리할 외딴 疏斥遠之 ③겉 表也 ④다를 딴 他也 ⑤제할 뺄 除也 ⑥잊을 忘也 ⑦버릴 棄也

【外家】(외가-ガイカ) 어머니의 친정

【外殼】(외각-ガイカク) 겉 껍질

【外艱】(외간-ガイカン) ①아버지의 상사(喪事) ②밖에서 오는 근심

【外間男子】(외간남자) 여자가 친척밖의 남자를 일컫는 말

【外客】(외객-ガイキャク) 남자 손님

【外見】(외견-ガイケン) 외관(外觀)

【外見】(외계-ガイカイ) ①자기 몸 밖의

세계 ②오관(五官)에 촉감되는 모
든 현상
【外姑】(외고-ガイコ) 장모를 편지에서
쓰는 말
【外科】(외과-ゲカ) 오로지 수술로써 치
료하는 의술
【外廓】(외곽-ガイカク) 바깥 테두리
【外觀】(외관-ガイカン) ①겉모양 ②불품
【外交】(외교-ガイコウ) ①외국과의 교제
②개인과 외국인과의 교제
【外交家】(외교가-ガイコウカ) 외교에 재
주가 있는 사람
【外舅】(외구-ガイキュウ) 아내의 친아
버지。 장인(丈人)
【外寇】(외구-ガイコウ) 외국으로부터 쳐
들어 오는 적
【外國】(외국-ガイコク) 딴 나라 「일
【外勤】(외근-ガイキン) 밖에서 근무하는
【外氣】(외기-ガイキ) 밖의 공기
【外難】(외난-ガイナン) 밖에서 오는 어
려운 일
【外道】(외도-ゲドウ) ①정도(正道)를어
김 ②노는 계집과 상종함。 오입(誤
入) ③불교 이외의 도(道)
【外來】(외래-ガイライ) ①밖에서 옴 ②
외국에서 옴
【外面】(외면-ガイメン) ①거죽。 외양(外
樣) ②대면하기를 꺼려 얼굴을 돌
려 버림
【外侮】(외모-ガイブ) 외국으로 부터 받
는 모욕
【外貌】(외모-ガイボウ) 거죽 모양
【外務】(외무-ガイム) ①외교에 관한 사
무 ②밖에서 나다니며 보는 일
【外聞】(외문-ガイブン) 세상의 소문
【外米】(외미-ガイマイ) 외국에서 들어
온 쌀
【外泊】(외박-ガイハク) 자기 집이 아닌
곳에 나가서 자는 일。 외숙(外宿)
【外部】(외부-ガイブ) 바깥。 거죽
【外賓】(외빈-ガイヒン) 바깥에서 온 귀
한 손
【外使】(외사-ガイシ) 외국의 사절
【外史】(외사-ガイシ) ①외국의 역사 ②
정사(正史) 이외의 역사
【外事】(외사-ガイジ) ①밖의 일 ②외국
과 관계되는 일
【外傷】(외상-ガイショウ) 살거죽의 상처
【外勢】(외세 ガイセイ) ①밖의 형세 ②
외부의 세력
【外孫】(외손-ガイソン) ①딸이 낳은 자
식 ②딸의 자손
【外飾】(외식-ガイショク) 외면 치레함
【外臣】(외신-ガイシン) 외국 사신이 주
재하는 나라의 임금에 대한 자칭
(自稱)
【外信】(외신-ガイシン) 외국에서 들어
온 통신
【外室】(외실-ガイシツ) 남자가 거처하는
곳。 사랑
【外心】(외심-ガイシン) 딴 마음。 두 마음
【外洋】(외양-ガイヨウ) 육지에서 멀리
떨어진 바다
【外燃機關】(외연기관-ガイエンキカン) 연
료의 연소 작용을 기관의 외부에서
행하는 기관
【外容】(외용-ガイヨウ) 겉모양
【外用藥】(외용약-ガイヨウヤク) 피부에 쓰
이는 약。 고약 따위
【外憂】(외우-ガイユウ) ①아버지의 상사
(喪事) ②외적이 침입하는 근심。 외
환(外患)
【外援】(외원-ガイエン) 바깥으로 부터의
도움。 외국의 원조
【外遊】(외유-ガイユウ) ①외국에 여행함
②해외로 유학함
【外人】(외인-ガイジン) ①한동아리 밖에
있는 사람 ②어느 일에 무관계한 사
람 ③외국인(外國人)의 준말
【外資】(외자-ガイシ) ①외국 사람의 자
본 ②동아리 밖의 자본 「책
【外典】(외전-ゲテン) 불서(佛書) 이외의
【外電】(외전-ガイデン) 외국으로 부터의
전신
【外征】(외정-ガイセイ) 외국으로 출정하
는 일 「가
【外族】(외족-ガイゾク) 어머니 편의 일
【外地】(외지-ガイチ) 자기가 있는 밖의
땅
【外誌】(외지-ガイシ) 외국의 잡지

【外債】(외채-ガイサイ) 외국의 빚

【外處】(외처) 제 고장이 아닌 딴 곳

【外戚】(외척-ガイセキ) 같은 본을 가진 사람 이외의 친척

【外出】(외출-ガイシュツ) 집밖으로 잠시 나감

【外側】(외측-そとがわ) 바깥 쪽

【外治】(외치-ガイチ) ① 고약이나 수술 따위로 병을 치료함 ②나라 밖의 정치

【外宅】(외택-ガイタク) 남의 외가의 높임 말

【外套】(외투-ガイトウ) 겨울에 양복 위에 입는 겉옷

【外風】(외풍-ガイフウ) ①밖에서 들어오는 바람 ②외국의 풍속

【外皮】(외피-ガイヒ) 바깥쪽을 싸는 가죽。겉 가죽

【外海】(외해-ガイカイ) 국토 주위에 있는 바다

【外現】(외현) 밖으로 나타남 「형상

【外形】(외형-ガイケイ) 거죽에 나타난

【外貨】(외화-ガイカ) ①외국의 화폐 ②외국으로 부터 들어오는 화물

【外患】(외환-ガイカン) 외적이 침입하는 근심

【三 畫】

【夙】숙 シュク、つと、あした early 屋 ㄙㄨˋ su⁴

① 이를 早也 ②일찌기 이미 旣也 ③일찍 일어날 早起 ④공경할 敬也

【夙昔】(숙석-シュクセキ) 좀 오래된 옛날

【夙成】(숙성-シュクセイ) 나이에비해 올되거나 또는 키가 큼。조숙(早熟)

【夙夜】(숙야-シュクヤ) 이른아침과 늦은 밤

【夙怨】(숙원-シュクエン) 오래 묵은 원한

【夙興夜寐】(숙흥야매-つとにおきよわにいぬ) 아침에 일찍 일어나고 밤에는 늦게 자며 부지런히 일함

【多】다 タ、おおい abundant 歌 ㄉㄨㄛ duo¹

①많을 衆也 ②나을 勝也 ③과할過也 ④아름답다할 칭찬할 稱美

【多角】(다각-タカク) 많은 모。여러모

【多角經營】(다각경영-タカクケイエイ) 다수의 사업부문을 합쳐서 경영하는 일

【多感】(다감-タカン) 느낌이 많음。감동하기 쉬움

【多寡】(다과-タカ) 수효의 많음과 적음

【多岐】(다기-タキ) 많은 갈래

【多岐亡羊】(다기망양-タキボウヨウ) 도망한 양을 쫓던 자가 길이 여러 갈림길에서 끝내 양을 찾지 못하였다는 옛일에서 학문의 길도 너무 많으면 진리를 찾기 어렵다는 비유

【多難】(다난-タナン) 어려움이 많음

【多年】(다년-タネン) 여러 해

【多能】(다능-タノウ) 재능이 많음

【多多益善】(다다익선-タタますますよし) 많을수록 더욱 좋음

【多端】(다단-タタン) 일이 흐트러져 가닥이 많음

【多大】(다대-タダイ) 많고 큼

【多讀】(다독-タドク) 책을 많이 읽음

【多量】(다량-タリョウ) 많은 분량

【多聞】(다문-タブン) 많이보고 들어 아는 것이 많음

【多聞博識】(다문박식) 보고 들은것이 넓고 아는것이 많음

【多方面】(다방면-タホウメン) 여러 방면

【多辯】(다변-タベン) 말이 많음

【多病】(다병-タビョウ) 병이 많음

【多事】(다사-タジ) ①일이 많음 ②일이 바쁨

【多事多端】(다사다단-タジタナン) 일이 많은데 또한 가닥이 많음

【多產】(다산-タサン) ①아이를 많이 낳음 ②산물이 풍부함

【多少】(다소-タショウ) 많음과 적음

【多數】(다수-タスウ) 수효가 많음

【多數決】(다수결-タスウケツ) 회의에서 다수의 의견에 가부가 결정됨

【多額】(다액-タカク) 많은 액수

【多言】(다언-タゲン) 말이 많음。여러말

【多慾】(다욕-タヨク) 욕심이 많음

【多辱】(다욕-タジョク) 욕됨이 많음

【多才】(다재-タザイ) 재주가 많음

【多錢】(다전-タセン) 밑천이 많음

【多情】(다정-タジョウ) ①따뜻한 사랑이 깊음 ②교분이 두터움
【多情多感】(다정다감-タジョウタカン)생각과 느낌이 많음
【多情多恨】(다정다한-タジョウタコン) 애틋한 정도 많고 한스러운 일도 많음
【多疾】(다질-タシツ) 몸에 병이 많음
【多恨】(다한-タコン) ①원한이 많음 ②섭섭하여 잊지 못하는 마음
【多幸】(다행-タコウ) ①뜻밖에 좋게 됨 ②운수가 좋음
【多血質】(다혈질-タケツシツ) 활발하고 쾌활하나 인내력이 박약한 기질

【五 畫】

【夜】야 ヤ、よる night 禡 ㄧㄝˋ yeh^{4} ①밤 晝之對 ②쉴 舍也 ③캄캄할 暗也 (액) 골이름 東海郡名
【夜客】(야객-ヤカク) 밤 손님。도둑
【夜景】(야경-ヤケイ) 밤의 경치나 정경
【夜警】(야경-ヤケイ) 밤중의 사고를 경계하기 위하여 살핌
【夜攻】(야공-ヤコウ) 밤중을 이용하여 적을 침。야습(夜襲)
【夜光】(야광-ヤコウ) 밤이나 어둠속에서 스스로 내는 빛
【夜光珠】(야광주-ヤコウジュ) ①옛 중국에 있었던 어두운 밤중에 빛이 나는 구슬 ②금광석(金剛石)
【夜氣】(야기-ヤキ) 밤의 눅눅한 기운
【夜讀】(야독-ヤドク) 밤에 글을 읽음
【夜半】(야반-ヤハン) 한 밤중
【夜番】(야번-よベン) 밤에 드는 번。또는 그 사람
【夜不踏白】(야불답백) 밤에 하얗게 보이는 것은 물이기 쉬우므로 조심해서 걸으라는 말
【夜不閉門】(야불폐문) 대문을 닫지않는다는 뜻으로 세상이 태평하고 인심이 좋음을 이르는 말
【夜思】(야사-ヤシ) 고요한 밤에 일어나는 온갖 생각
【夜事】(야사-ヤシ)남녀가 교합함
【夜色】(야색-ヤショク) 야경(夜景)
【夜襲】(야습-ヤシュウ) 밤중에 습격함
【夜市】(야시-ヤシ) 밤중에 벌리는 저자
【夜食】(야식-ヤショク) 밤에 음식을 먹음
【夜深】(야심-ヤシン) 밤이 깊음
【夜業】(야업-ヤギョウ) 밤 일
【夜宴】(야연-ヤエン) 밤에 베푸는 잔치
【夜遊】(야유-ヤユウ) 밤에 놀음
【夜陰】(야음-ヤイン) 밤의 어두움
【夜飮】(야음-ヤイン) 밤에 술을 마심
【夜戰】(야전-ヤセン) 밤에 하는 싸움
【夜叉】(야차-ヤシャ) 두억시니 사람을 해롭게 하는 악귀(惡魂)
【夜餐】(야찬) 밤의 찬 「부
【夜學】(야학-ヤガク) 밤에 가르치는 공
【夜行】(야행-ヤコウ) 밤에 길을 감
【夜會】(야회-ヤカイ) 밤에 모여 만남

【八 畫】

【夠】구 ク、あつめる gather; abundant 모을 聚也 많을 多也

【十一畫】

【夢】몽 ム、ボウ、ゆめ dream 送 ㄇㄥˋ mêng^{4} ①꿈 寐中神遊 ②혼미할 ——不明
【夢裡】(몽리-ムリ) 꿈 속
【夢寐】(몽매-ムビ) 잠을 자며 꿈을 꿈
【夢想】(몽상-ムソウ) ①꿈속에서 생각함 ②헛된 생각
【夢魘】(몽압-ムエン) 꿈에 가위 눌림
【夢外】(몽외-ムガイ) 꿈밖。뜻밖
【夢遊病】(몽유병-ムユウビョウ) 자다가 갑자기 일어나서 깨었을 때와 같은 동작을 하다가 도로 자는 변태적 의식 분열증
【夢兆】(몽조-ムチョウ) 꿈자리
【夢中】(몽중-ムチュウ) 꿈 속
【夢魂】(몽혼-ムコン) 꿈속의 넋
【夢幻】(몽환-ムゲン) ①꿈속과 환상 ②덧없음
【夢幻劇】(몽환극-ムゲンゲキ) 현실적 근거가 아닌 공상에 가까운 것으로 틀을 삼고 다만 사건과 장면의 변화를 주장으로 하는 연극

【夤】인 イン、つなかり connection 眞 ㄧㄣˊ yin^{2}

①조심할 敬愓 ②공손할 恭也 ③반연할 干進—緣 ④멀 遠也 ⑤등골뼈 腰絡

【夤緣】(인연-インネン) 세력 줄에 붙어서 출세함

【夥】해 カ、おびただし abundant 箇 ㄏㄨㄛˇ huo³

많을 多也 (과) 義同

【夥多】(과다-カタ) 많음

大 部

【大】대 タイ、ダイ、おおきい big 泰 ㄉㄚˋ ta⁴ ㄉㄞˋ tai⁴

①클 小之對 ②길 長也 ③지날 過也 ④姓也(태)太同 (다) ①클 巨也 ②심할 甚也 ③극진할 極也

【大家】(대가-タイカ) ①큰집 ②부귀(富貴)한 집 ③학문·기예에 뛰어난 사람

【大駕】(대가-タイガ) 임금의 수레

【大覺】(대각-ダイカク) ①더 크게 깨달음 ②부처의 딴 이름

【大喝】(대갈-ダイカツ) 큰 소리로 꾸짖음

【大監】(대감) 정이품(正二品) 벼슬아치를 높혀 부르는 말

【大綱】(대강-タイコウ) ①일의 중요한 줄거리 ②그저 웬만큼。거진 「큼

【大槪】(대개-タイガイ) 거진。그저 웬만

【大擧】(대거-タイキョ) ①큰 계획 ②여러 사람을 씀。대군으로 일시에 침

【大怯】(대겁) 몹시 무서워 함

【大慶】(대경-タイケイ) 큰 경사

【大驚】(대경) 몹시 놀람。크게 놀람

【大驚失色】(대경실색) 몹시 놀라 얼굴이 질림

【大計】(대계-タイケイ) 큰 계획

【大故】(대고-タイコ) ①대단한 불행 ②부모의 상사(喪事) ②큰 사고 ④크게。매우

【大哭】(대곡) 큰 소리로 슬프게 울음

【大功】(대공-タイコウ) ①큰 공 ②오복(五服)의 하나。굵은 베로 지어 아홉 달 입는 복

【大官】(대관-タイカン) ①높은 벼슬。고관(高官) ②높은 벼슬에 있는 사람

【大觀】(대관-タイカン) ①사물의 전체를 통관함 ②위대한 경치。위관(偉觀)

【大局】(대국-タイキョク) ①대체의 국면 ②큰 판국

【大國】(대국-タイコク) 크고 넓고 강대한 나라

【大君】(대군-タイクン) ①임금。군자(君子) ②중전(中殿) 몸에서 낳은 아드님 ③남의 부친의 존대말

【大軍】(대군-タイグン) 많은 군사

【大闕】(대궐) 궁궐

【大極】(대극-タイキョク) 임금의 지위

【大金】(대금-タイキン) 큰 돈。많은 돈

【大禁】(대금-タイキン) 나라 전체에 대하여 금지함

【大忌】(대기) 매우 꺼림。몹시 싫어함

【大氣】(대기-タイキ) 천지의 기운。지구를 싸고 있는 공기

【大器】(대기-タイキ) ①큰 그릇 ②위대한 인물 ③중대한 것 ④천자(天子)의 지위 ⑤중요한 물건

【大器晩成】(대기만성-タイキバンセイ) 큰 솥이나 큰 종같은 것은 주조(鑄造)하는 데는 시간이 오래 걸리 듯이 사람도 큰 재주는 일찍 성취 되는 것이 아니라는 말

【大吉】(대길-ダイキチ) 매우 좋은 일

【大腦】(대뇌-ダイノウ) 두개골 속의 대부분을 차지하고 있는 뇌수(腦髓)의 일부분、곧 정신 작용을 맡은 중요한 기관

【大多數】(대다수-ダイタスウ) ①많은 수 ②걸 가량의 수

【大膽】(대담-ダイタン) 겁이 없이 결단하는 담력

【大團員】(대단원-ダイダンエン) 맨 끝。종국(終國)。대미(大尾) 「큼

【大大的】(대대적-ダイダイテキ) 규모가 썩

【大度】(대도-タイド・ダイド) 마음이 넓음。큰 도량

【大道】(대도-ダイドウ) 큰길。대로(大路)。사람이 행할 도의(道義)

【大盜】(대도-タイトウ) 큰 도둑

【大都會】(대도회-ダイトカイ) 큰 도회
【大同】(대동-ダイトウ) ①거진 같음 ②태고(太古)의 재산권리·왕위세습(王位世襲) 등이 아직 없었던 시대를 이름
【大同團結】(대동단결-ダイドウダンケツ) 여러 당파가 같은 목적을 이루기 위해 소이(小異)를 버리고 한 덩어리가 됨
【大同小異】(대동소이-ダイドウショウイ) 대부분은 같고 소부분만 다름
【大同之論】(대동지론-ダイドウのロン) 여러 사람의 공론
【大豆】(대두-ダイズ) 콩
【大斗】(대두-ダイト) ①큰 국자 ②큰말
【大得】(대득-ダイトク) 뜻밖의 수가 남
【大亂】(대란-タイラン) ①크게 어지러운 것 ②병란(兵亂)
【大略】(대략-タイリャク) ①대강。대개 ②큰 꾀。위대한 지략(智略)
【大量】(대량-タイリョウ) 많은 분량
【大禮】(대례-タイレイ) ①중대한 예식 ②혼례
【大陸】(대륙-タイリク) 지구상의 광대한 육지
【大利】(대리-タイリ) 큰 이익
【大理石】(대리석-ダイリセキ) 석탄암이 변하여 된 반드럽고 아름다운 돌
【大痲】(대마-タイマ) 삼
【大麥】(대맥-おおむぎ) 보리

【大命】(대명-タイメイ) ①하느님의 분부 ②임금의 명령
【大母】(대모-タイボ) 조부와 항렬이 같은 방계(傍系) 친척의 처。할머니
【大木】(대목-タイボク) 목수
【大門】(대문-ダイモン) 집에 들어가는 「정문
【大文章】(대문장-ダイブンショウ) 글을 썩 잘하는 사람
【大尾】(대미-タイビ) 끝 「지남
【大半】(대반-タイハン) 대개。거의。반이
【大白】(대백-タイハク) 큰 술잔
【大凡】(대범-おおよそ) ①대강。대개。대략 ②무릇
【大泛】(대범) 사물에 대하여 예사로 생각함
【大便】(대변-ダイベン) 사람의 똥。인분(人糞)
【大變】(대변-タイヘン) ①크게 변함 ②큰 변고
【大別】(대별-タイベツ) 크게 구별함。대강대강 가름
【大兵】(대병-タイヒョウ) 많은 군사 「병
【大病】(대병-タイビョウ) 증세가 대단한
【大福】(대복-ダイフク) 큰 행복
【大本】(대본-タイホン) ①중요한 근본 ②같은 물건속에서 그중 큰 물건
【大本山】(대본산-ダイホンザン) 같은 종지(宗旨)의 작은 절을 통할하는 큰 절。총본산의 다음 감
【大本營】(대본영-ダイホンエイ) 전시에 일본 천황(天皇) 밑에 두었던 육해공군을 통솔하는 최고 통수부(統帥部)
【大夫】(대부-タイフ) ①주대(周代)의 벼슬 이름。경(卿)의 아래、사(士)의 위 ②관위(官位)에 있는 자 ③존칭으로 씀
【大富】(대부) 큰 부자 「진。대개
【大部分】(대부분-ダイブブン) 대강。거
【大使】(대사-タイシ) ①임금의 칙명을 봉행(奉行)하는 정사(正使) ②일국을 대표하는 최고급의 사신
【大事】(대사-ダイジ) ①큰 일 ②부모의 상사(喪事)
【大師】(대사-ダイシ) 중의 보통 높임말
【大赦】(대사-タイシャ) 나라의 특별한 일이 있을 때에、은덕을 일반 죄수에 내리어 가벼운 죄는 석방하고 무거운 죄는 감형(減刑)함
【大蛇】(대사-ダイジャ) 큰 뱀
【大殺年】(대살년) 큰 흉년
【大祥】(대상) 사람이 죽은지 두 돐만에 지내는 제사
【大相不同】(대상부동) 조금도 같지 아니함。많이 틀림
【大暑】(대서-タイショ) ①二十四절기의 하나。양력 七월 二十三일 경 ②대단한 더위
【大書特筆】(대서특필-タイショトクヒツ) 큰 글자로 특히 드러나게 씀
【大船】(대선-タイセン) 큰 배

【大雪】(대설-タイセツ) ①二十四절기의 하나。양력 十二월 七일 경 ②많이 오는 눈。큰 눈
【大成】(대성-タイセイ) ①많이 모아서 조직하고 작성함。훌륭하게 작성함 ②큰 성공
【大姓】(대성-タイセイ) 조속히 번성한 성(姓)
【大聖】(대성-タイセイ) 가장 덕행이 높은 성인
【大聲】(대성-タイセイ) 큰 목소리
【大聲叱咤】(대성질타-タイセイシッタ) 큰 목소리로 꾸짖음
【大聲痛哭】(대성통곡-タイセイツウコク)큰 목소리로 슬프게 울음
【大勢】(대세-タイセイ) ①대체의 형세 ②천하·국가의 형세 ③큰 권세 ④위독한 병세
【大小】(대소-ダイショウ) ①큰 것과 작은 것 ②크기 「음
【大笑】(대소-タイショウ) 큰 목소리로 웃
【大小事】(대소사) 큰 일과 작은 일
【大水】(대수-タイスイ) 큰 물。시위
【大數】(대수-タイスウ) ①많은 수 ②대운(大運)
【大乘】(대승-ダイジョウ) 부처의 교법(敎法) 중 모든 지(智)를 구하여 여래(如來)의 지견(智見)을 열고 그 힘으로써 무량무수(無量無數)의 중생을 구제하여 안락을 얻게하는 가장 심오한 불교
【大勝】(대승-タイショウ) ①매우 나음。써 좋음 ②크게 이김
【大食】(대식-タイショク) ①아침 저녁의 식사 ②많이 먹음
【大臣】(대신-タイジン) 일국의 정치에 중임을 맡은 가장 높은 벼슬
【大我】(대아-タイガ) 우주의 유일 절대의 실체
【大惡】(대악-タイアク) 큰 악행
【大洋】(대양-タイヨウ) ①대륙을 싸고 있는 큰바다 ②중국의 은화(銀貨)
【大言】(대언-タイゲン) ①큰 소리 ②희떠운 말
【大言壯談】(대언장담-タイゲンソウゴ) 희떠운 소리를 함
【大業】(대업-タイギョウ) ①큰 사업 ②큰 학업(學業)
【大逆】(대역-ダイギャク) 극심하게 인도(人道)에 어긋나는 행동
【大役】(대역-タイヤク) ①중대한 책임。큰일 ②국가의 큰 공사
【大逆不道】(대역부도-ダイギャクフドウ)임금을 죽이려는 인도(人道)에 벗어난 행위
【大悅】(대열-タイエツ) 대단히 기뻐함
【大熱】(대열-タイネツ) 대단한 열
【大悟】(대오-タイゴ) ①크게 깨달음 ②번뇌가 없어지고 진리를 깨달음
【大王】(대왕-タイオウ) 선왕(先王)의 높임말
【大要】(대요-タイヨウ) ①대강。개요 ②대체로 중요한 곳
【大欲·大慾】(대욕-ダイヨク) 욕심이 많음。큰 욕심
【大用】(대용) 크게 씀。벼슬에 임용함
【大勇】(대용-タイユウ) 큰 용기
【大雨】(대우-タイウ) 많이 오는 큰 비
【大愚】(대우-タイグ) 매우 어리석음。바보
【大圓】(대원-ダイエン) 하늘을 이름 「원
【大願】(대원-タイガン) 크게 바람。큰 소
【大院君】(대원군-タイインクン) 다른 집에서 들어와서 대통을 이은 임금의 친부(親父)。국태공(國太公)
【大元帥】(대원수-ダイゲンスイ) ①전군을 통솔하는 대장 ②나라의 병권을 총람하는 원수
【大儒】(대유-タイジュ) 학식이 높은 선비。뛰어난 유생(儒生)
【大恩】(대은-ダイオン) 큰 은덕。큰 은혜
【大意】(대의-タイイ) ①대강의 의미 ②큰 뜻
【大義】(대의-タイギ)①인륜(人倫)에 중대한 의리 ②대강의 의미。대체의 의리
【大醫】(대의-タイイ) 의술이 높은 사람。명의(名醫)
【大人】(대인-タイジン) ①자식이 아버지를 일컫는 말 ②어머니를 일컫는

말 ③덕이 높은 사람을 이름 ④어
른 ⑤남을 존경하는 말
【大字】(대자-ダイジ) 큰 글씨
【大慈大悲】(대자대비-ダイジタイヒ) 광대
무변한 자비。곧 중생을 사랑하고
불쌍히 여기는 마음。특히 관세음보
살의 덕을 칭송하는 말
【大作】(대작-タイサク) ①뛰어난 제작、
값있는 작품 ②남이 지은 글의 존
대말
【大將】(대장-タイショウ) ①일군(一軍)의
총 지휘자 ②군대를 통솔하는 무관
③무관계급의 제一위 ④어떠한 일
을 주장하는 사람。두목
【大腸】(대장-ダイチョウ) 소장(小腸)에
접속하여 그 주위를 돌아 항문에
이르는 창자의 일부분
【大藏經】(대장경-ダイゾウキョウ) 불교의
모든 경전(經典)의 총칭
【大將軍】(대장군-タイショウグン) ①적병
을 정복하기 위하여 파견한 관군
(官軍)의 총대장(總大將) ②고려
때 상장군(上將軍) 다음의 무관 ③
음양가(陰陽家)의 팔장신(八將神)
의 하나。이 방향에는 모든 일을 꺼
림
【大丈夫】(대장부-ダイジョウブ) 용기 있
는 남자
【大才】(대재-タイサイ) 비범한 재주
【大災】(대재-タイサイ) 큰 재앙

【大抵】(대저-タイテイ) 대체로 보아서
【大賊】(대적-ダイゾク) 큰 도적
【大敵】(대적-タイテキ) 많은 적병。강적
(强敵)
【大全】(대전-タイゼン) ①어떠한 사물에
관한 모든 저술을 종합한 편찬물
②충분히 갖춤。사물이 완비함
【大典】(대전-タイテン) ①중대한 의식
②중대한 법전
【大戰】(대전-タイセン) 큰 싸움。큰 전쟁
【大節】(대절-タイセツ) ①높은 절개 ②
중대한 일。대사(大事) 「세
【大漸】(대점-タイゼン) 임금의 중한 병
【大祭】(대제-タイサイ) 중대한 제향(祭
享)。곧 종묘(宗廟)에서 지내던 묘
시(卯時)와 섣달(臘月)의 제향과、
사직에서 지내던 신곡(新穀) 때와
섣달의 제향
【大造】(대조-タイゾウ) 큰 공로 「罪
【大罪】(대죄-ダイザイ) 큰 죄。중죄(重
【大酒】(대주-タイシュ) 술을 많이 마심
또는 그 사람
【大衆】(대중-タイシュウ) ①세상에 사는
여러 사람 ②절에서 사는 모든 중
【大志】(대지-タイシ) 큰 뜻。원대한 지망
【大智】(대지-タイチ) 투철한 지혜
【大旨】(대지-タイシ) 대강의 의미
【大地】(대지-ダイチ) ①넓은 땅。지구
②국가 소유의 토지 ③좋은 요지
(要地)

【大車】(대차-タイシャ) ①소 두 마리가
끄는 큰 수레 ②장부(大夫)의 수레
【大差】(대차-タイサ) 큰 차이
【大刹】(대찰-タイサツ) 큰 절
【大川】(대천-タイセン) 유명한 강。큰 내
【大捷】(대첩-タイショウ) 큰 승리。대승
(大勝)
【大廳】(대청) 관아 또는 민가의 가운
데에 있는 마루
【大體】(대체-ダイタイ) ①사물의 전체에
서 요점만 딴 줄거리 ②마음
【大醉】(대취-タイスイ) 술이 몹시 취함
【大秤】(대칭) 백근까지 달 수 있는
큰 저울
【大頉】(대탈) 매우 큰 사고
【大通】(대통-ダイツウ) 크게 트임
【大統領】(대통령-タイトウリョウ) 공화국
(共和國)의 원수(元首) 「실패
【大敗】(대패-タイハイ) ①크게 짐 ②큰
【大砲】(대포-タイホウ) 탄환을 발사하여
폭발시키는 큰 무기
【大爆】(대폭-タイバク) 대판으로 폭격함
【大風】(대풍-タイフウ) ①몹시 부는 바
람。큰 바람 ②문둥병을 이름
【大豊】(대풍-タイホウ) 곡식이 썩 잘됨
【大筆】(대필-タイヒツ) 큰 붓
【大廈】(대하-タイカ) 규모가 큰 집
【大學】(대학-ダイガク) ①국도(國都)에
있는 최고의 학교 ②예기(禮記)의
편명(篇名)。송(宋) 이후 사서(四

書)의 하나로 함 ③고등전문교육을 시행하는 학교

【大旱】(대한-タイカン) 대단한 가물

【大寒】(대한-ダイカン) ①二十四 절기(節氣)의 하나。양력 一月 二十일경 ②지독한 추위。대단한 추위

【大韓】(대한-ダイカン) 광무(光武) 六년(1897 A.D) 양력 八월 十六일에 조선(朝鮮)을 개칭하였던 국호

【大害】(대해-ダイガイ) 큰 손해。큰 재해

【大海】(대해-ダイカイ) 큰 바다。해양(海洋)

【大行】(대행-タイコウ) ①제왕(帝王)이 후비(后妃)가 죽은 뒤에 시호(諡號)를 올리지 아니한 동안의 존칭 ②빈객(賓客)을 접대하는 벼슬 ③큰 덕행(德行) ④큰 일。대사업

【大賢】(대현-タイケン) 학문과 덕이 높은 사람

【大兄】(대형-タイケイ) 친구에게 편지할 때에 상대편을 높이는 말

【大戶】(대호-タイコ) 살림이 넉넉하고 족속이 많은 집

【大呼】(대호-タイコ) 큰 목소리로 부름

【大婚】(대혼-タイコン) 천자(天子)의 혼인

【大火】(대화-タイカ) ①큰 화재 ②여름의 심한 더위

【大禍】(대화-タイカ) 큰 화근。큰 재앙

【大患】(대환-タイカン) ①큰 근심 ②큰 적정

【大會】(대회-タイカイ) ①여러 사람이 모임。또 그 모음 ②대규모의 법회(法會)

【大孝】(대효-タイコウ) ①지극한 효행 ②상제에게 대하는 존대말

【大凶】(대흉-タイキョウ) 큰 흉년

【一 畫】

【夫】 부 フ、フウ、おっと man;husband 虞 ㄈㄨ fu

①지아비 男女配匹—婦 ②사내 男子通稱丈— ③선생님 先生曰—子 ④계집벼슬 女職—人 ⑤벼슬이름 官名大— ⑥저 有所指辭 ⑦어조사 語助辭 ⑧진저 語已辭 ⑨姓也

【夫君】(부군-フクン) 아내가 남편을 부르는 말

【夫婦】(부부-フウフ) 남편과 아내

【夫人】(부인-フジン) ①남의 어머니의 존대 ②자기의 어머니를 이름 ③귀인의 정실(正室) ④아내의 존대

【夫子】(부자-フウシ) ①공자(孔子)의 존칭 ②선생(先生)·장자(長者)의 존칭 ③스승의 존칭 ④박사를 부르는 말 ⑤대부(大夫)의 지위에 있는 이를 부르는 경칭(敬稱)。아내가 남편을 부르는 말

【夫倡婦隨】(부창부수-フショウフズイ) 남편이 주장하고 아내가 이에 잘 따른다는 뜻이니, 가정에 있어서의 부부 사이의 도리를 일컬음

【夫妻】(부처-フサイ) 부부

【夭】 요 ヨウ、わかじに dying young 篠 ㄧㄠ yao

①일찍 죽을 短折 ②굴할 屈也 ③어여쁠 小好貌 ④얼굴빛 화평할 色愉貌—— ⑤재앙 災也 (오) ①끊어 죽일 斷殺 ②어릴 物穉

【夭死】(요사-ヨウシ) 나이가 젊어서 죽음。요절(夭折)

【夭夭】(요요-ヨウヨウ) ①나이가 젊고 아름다운 모양 ②얼굴빛이 화평한 모양

【夭折】(요절-ヨウセツ) 요사(夭死)

【天】 천 テン、あめ heaven 先 ㄊㄧㄢ t'ien

①하늘 至高無上乾也 ②姓也

【天界】(천계-テンカイ) 하늘 위에 있는 세계。천상(天上)

【天工】(천공-テンコウ) ①자연의 힘으로 된 세공(細工)。하늘의 일 ②하늘이 백성을 다스리는 활동

【天功】(천공-テンコウ) 하늘의 힘。자연의 활동

【天空】(천공-テンクウ) 공중

【天球】(천구-テンキュウ) 관측자를 중심으로 한 하늘

【天國】(천국-テンゴク) 천당(天堂)

【天氣】(천기-テンキ) ①하늘의 모양 ②

기상 상태
【天機】(천기-テンキ) ①천지조화의 심오한 비밀。 또는 의사(意思) ②임금의 지위 ③국가의 정치
【天女】(천녀-テンジョ) ①미인(美人)의 비유 ②직녀성(織女星)
【天堂】(천당-テンドウ) 예수교에서 사람이 죽은 뒤에 죄가 없는 영혼이 간다고 하는 상상세계。 천국(天國)
【天道】(천도-テンドウ・テントウ) ①천지 자연의 도리。 천리(天理) ②하느님 ③천체(天體)의 운행
【天道無心】(천도무심-テンドウムシン) 하늘이 무정함
【天覽】(천람-テンラン) 임금의 봄
【天理】(천리-テンリ) 천지 자연의 이치
【天魔】(천마-テンマ) 사람을 나쁜 길로 인도하는 요귀(妖鬼)
【天幕】(천막-テンマク) 서양식 장막
【天命】(천명-テンメイ) ①하늘의 명령 ②하늘에게 받은 운명
【天明】(천명-テンメイ) 밝을 녘
【天門】(천문-テンモン) ①하늘로 들어간다는 문 ②콧구멍 ③두 눈썹 사이
【天文】(천문-テンモン) 천체(天體)의 현상
【天文學】(천문학-テンモンガク) 천체(天體)에 관한 사항을 연구하는 학문
【天罰】(천벌-テンバツ) 하늘이 주는 벌
【天變】(천변-テンペン) 하늘 위의 변동。 곧 풍(風)·설(雪)·일식(日蝕) 따위
【天變地異】(천변지이-テンペンチイ) 하늘과 땅의 변동과 괴변
【天步】(천보-テンポ) 한 나라의 운명
【天府】(천부-テンプ) ①토지가 비옥하여 물산이 많이 나는 땅 ②학문을 깊이 쌓은 사람
【天賦】(천부-テンプ) 하늘에게 받은 것。 본래 타고난 것
【天分】(천분-テンブン) 하늘에게 받은 성질。 또는 직분
【天使】(천사-テンシ) ①해와 달 ②하느님의 명령을 받고 인계(人界)에 내려온 사자(使者)
【天產】(천산-テンサン) 자연의 산출
【天上】(천상-テンジョウ) 하늘 위。 하늘 위에 있는 세계 「현상
【天象】(천상-テンショウ) 천체(天體)의
【天上天下唯我獨尊】(천상천하유아독존-テンジョウテンゲユイガドクソン) 우주 사이에 자기보다 더 높은 것이 없다
【天性】(천성-テンセイ) 하늘에서 받은 성질
【天授】(천수-テンジュ) 하늘이 줌
【天神】(천신-テンシン) 천지의 신(神)
【天心】(천심-テンシン) ①하느님의 마음。 천의(天意) ②하늘의 중심。 공중의 가운데
【天顏】(천안-テンガン) 임금의 얼굴。 용안(龍顏)
【天眼】(천안-テンガン) 보통 육안으로 볼수 없는 것을 보는 눈의 힘
【天涯】(천애-テンガイ) ①하늘의 끝 ②썩 멀리 떨어져 있는 곳
【天壤】(천양-テンジョウ) 하늘과 땅。 천지(天地)
【天與】(천여-テンヨ) 하늘이 줌
【天然】(천연-テンネン) ①인력으로 좌우할 수 없는 상태 ②본래의 성질 ③인공(人工)을 더하지 아니한 상태
【天然痘】(천연두-テンネントウ) 마마
【天宇】(천우-テンウ) ①하늘의 전체 ②천하(天下)
【天佑神助】(천우신조-テンユウシンジョ) 하늘과 신령의 도움
【天運】(천운-テンウン) 하늘의 운수
【天威】(천위-テンイ) ①하느님의 위력 ②임금의 위엄 「의 앞
【天威咫尺】(천위지척-テンイシセキ) 임금
【天恩】(천은-テンオン) ①하느님의 은혜 ②임금의 은덕
【天意】(천의-テンイ) ①하느님의 마음 ·임금의 마음
【天人】(천인-テンジン) ①하늘과 사람 ②뛰어난 인물 ③하늘 위에 있는 사람
【天日】(천일-テンジツ) 해。 태양
【天子】(천자-テンシ) 하느님의 아들이라는 뜻이니 천명(天命)을 받아 일국의 임금이 된 사람。 황제(皇帝)

【天長地久】(천장지구-テンチョウチキュウ) 천지는 영구히 변하지 아니함

【天才】(천재-テンサイ) 자연으로 갖춘 재능。또 그 사람

【天災】(천재-テンサイ) 자연의 재앙

【天井】(천정-テンジョウ) 방·마루들의 위가 되는 곳

【天帝】(천제-テンテイ) 하느님

【天祭】(천제-テンサイ) 하느님께 비는 제사

【天助】(천조-テンジョ) 하늘의 도움

【天尊地卑】(천존지비-テンソンチヒ) 하늘은 높고 존귀하며, 땅은 낮고 천함

【天主】(천주-テンシュ) ①신명(神名) ②천주교의 신(神)。곧 하느님

【天地】(천지-テンチ) ①하늘과 땅。천양(天壤) ②우주 ③세상 ④위와 아래

【天地神名】(천지신명-テンチシンメイ) 천지의 여러 신

【天職】(천직-テンショク) ①하늘이 준 임무 ②마땅한 임무

【天眞】(천진-テンシン) 거짓이 없고 자연적으로 참됨。사람의 본성을 말함

【天眞爛漫】(천진난만-テンシンランマン) 거짓과 꾸밈이 없이 타고난 성질 그대로가 말이나 행동에 나타남

【天質】(천질-テンシツ) 천성(天性)

【天聽】(천청-テンチョウ) 하느님께서 들으심。또 임금께서 들으심

【天體】(천체-テンタイ) 하늘 위에 있는 일월성진(日月星辰)의 총칭

【天寵】(천총-テンチョウ) 임금의 총애

【天樞】(천추) 북두칠성의 첫째별

【天竺】(천축-テンジク) 인도(印度)의 옛 이름

【天稟】(천품-テンリン) 천성(天性)

【天下】(천하-テンカ) ①하늘 아래 ②온 나라。전국(全國)

【天河】(천하-テンガ) 은하(銀河)

【天下大勢】(천하대세) 세상의 형편

【天下一色】(천하일색) 세상에 뛰어난 미인

【天旱】(천한) 가뭄

【天漢】(천한-テンカン) 은하수

【天險】(천험-テンケン) 땅의 형세가 천연적으로 험함

【天刑】(천형-テンケイ) ①하늘의 법。자연의 법 ②천벌

【天刑病】(천형병-テンケイビョウ) 문둥이

【天惠】(천혜-テンケイ) 하늘의 은혜

【天火】(천화-テンカ) 저절로 나는 화재

【天禍】(천화-テンカ) 하늘이 내리는 재화(災禍)

【天患】(천환-テンカン) 천연(天然)의 재앙

【天皇】(천황-テンノウ) ①천자(天子)。황제 ②하느님。천제(天帝)

【天候】(천후-テンコウ) 천기(天氣)。일기

【夬】 쾌 カイ、きめる、decide 國 ㄍㄨㄞ kuài

①틀 결단할 分決 ②쾌이름 卦名 乾下兌上

【夬夬】(쾌쾌-カイカイ) 결단 하는 모양

【太】 태 タイ、ふとい、thick; big 國 ㄊㄞ tài

①클 大也 ②심할 甚也 ③콩 菽也 ④姓也。大·泰通

【太古】(태고-タイコ) 옛날。상고(上古)

【太空】(태공-タイクウ) 높은 하늘

【太公望】(태공망-タイコウボウ) 주(周)의 문왕(文王)의 스승。여상(呂尙)

【太過】(태과) 너무 지나침

【太極】(태극-タイキョク) 천지가 아직 열리지 않고 혼돈한 상태로 있는 만물의 근본

【太極旗】(태극기-タイキョクキ) 태극의 형상에 八괘(卦)를 그린 우리 나라의 국기

【太極扇】(태극선-タイキョクセン) 태극(太極)의 형상을 그린 부채

【太半】(태반-タイハン) 반이 더 됨。반수 이상

【太白】(태백-タイハク) 중국 당나라 시인 이백(李白)의 자(字)

【太師】(태사-タイシ) 왕세자의 스승

【太上】(태상-タイジョウ) ①가장 뛰어난 것。최상(最上) ②옛날。태고(太古) ③천자(天子)

【太上皇】(태상황-タイジョウコウ) ①천자(天子)의 아버님 ②양위(讓位)하신 황제

【太守】(태수-タイシュ) 군(郡)의 장관

(長官)。 지방관(地方官)
【太息】(태식-タイソク) 한숨을 쉼。 한숨
【太甚】(태심-タイジン) 매우 심함
【太陽】(태양-タイヨウ) ①해 ②여름의 딴 이름
【太陰】(태음-タイイン) ①달 ②겨울의 딴 이름
【太一】(태일-タイイツ) 제일 처음
【太子】(태자-タイシ) 천자(天子)의 장자(長子)
【太祖】(태조-タイソ) 그 조정의 초대의 임금。 시조(始祖) 「처음
【太初】(태초-タイショ) 천지가 개벽한
【太平】(태평-タイヘイ) ①나라가 무사함。 태평(泰平) ②집안이 평안함 ③몸에 탈이 없음
【太平歌】(태평가-タイヘイカ) 태평함을 부르는 노래
【太平聖代】(태평성대-タイヘイセイダイ) 어질고 착한 임금이 잘 다스리어 태평한 세상
【大學】(태학-タイカク) 성균관의 별칭
【太虛】(태허-タイキョ) ①하늘。 공중 ②우주의 근원 「上皇)
【太皇帝】(태황제-タイコウテイ) 태상황(太
【太后】(태후-タイコウ) 황제의 어머님。 황태후(皇太后)

【二 畫】

【失】 실 シツ、イツ、うしなう miss 質 ㄕ shih¹
①잃을 得之反 ②허물 過也 ③그릇할 錯也
【失脚】(실각-シッキャク) ①발이 미끄러짐 ②그 지위에서 떠남。 실패함
【失格】(실격-シッカク) ①격식에 맞지 아니함 ②자격을 잃어 버림
【失計】(실계-シッケイ) 잘못된 생각
【失權】(실권-シッケン) 권세를 잃음。 권리를 잃음
【失機】(실기-キをシッす) 기회를 잃음
【失念】(실념-シツネン) 생각에서 없어짐。 잃음
【失戀】(실련-シツレン) 연애에 실패함
【失禮】(실례-シツレイ) 예절에 맞지 아니함。 예의를 잃음
【失路】(실로-シツロ) ①길을 잃음 ②출신한 길을 잃음。 뜻을 얻지 못함
【失望】(실망-シツボウ) ①희망이 끊어짐 ②명망이 없어짐
【失名】(실명-シツメイ) 그 사람의 이름을 잃어버림
【失明】(실명-シツメイ) 눈이 어두워짐。 소경이 됨
【失命】(실명-シツメイ) 목숨을 잃어버림
【失物】(실물) 물건을 잃어버림
【失色】(실색-いろをうしなう) 얼굴 빛이 변함
【失勢】(실세-シッセイ) 세력을 잃어버림
【失笑】(실소-シッショウ) ①픽 웃는 웃음 ②알지 못하는 사이에 나오는 웃음
【失時】(실시-ときをうしなう) 때를 놓침
【失身】(실신-シッシン) 여자가 정조를 잃음
【失神】(실신-シッシン) 본정신을 잃음
【失信】(실신-シッシン) 신용을 잃어버림
【失心】(실심-シッシン) 근심 걱정으로 마음이 산란하고 맥이 풀림
【失言】(실언-シツゲン) 실수로 잘못한 말。 지나친 말
【失業】(실업-シツギョウ) 직업을 잃음
【失意】(실의-シツイ) 뜻을 잃음。 실망(失望)
【失節】(실절-シッセツ) 절개를 굽힘
【失政】(실정-シッセイ) 잘못된 정치
【失足】(실족-シッソク) ①발을 잘못 디딤 ②행동을 잘못함
【失蹤】(실종-シッソウ) 종적을 잃어서 간 곳을 모름
【失地】(실지-シッチ) 잃은 영토
【失職】(실직-シッショク) 직업을 잃어버림。 실업(失業) 「失」
【失錯】(실착-シッサク) 잘못함。 과실(過
【失策】(실책-シッサク) 잘못된 계책
【失體】(실체-シッタイ) 체신을 잃음
【失墜】(실추-シッツイ) 실패(失敗)
【失態】(실태-シッタイ) ①본 면목을 잃는 일 ②볼썽 사나운 모양 「됨
【失敗】(실패-シッパイ) 잘못하여 헛일이
【失行】(실행-シッコウ) 좋지 못한 행동
【失血】(실혈-シッケツ) 출혈이 그치지

아니함
【失火】(실화-シッカ) 잘못하여 불을 냄
【失效】(실효-シッコウ) 효력을 잃음

【本】토 ホン、トウ、すすむ advance
나아갈 進也

【三 畫】

【夷】이 イ、えびす savage 因 ㄧˊ i²
①오랑캐 東表嵎ㅡ ②큰활 大弓 ③편편할 平易 ④기쁠 悅也 ⑤상할 傷也 ⑥못하여질 陵ㅡ頹替 ⑦베풀 陳也 ⑧무리 等也 ⑨멸할 誅滅 ⑩물귀신 河伯馮 ⑪괘이름 卦名門ㅡ
【夷蠻戎狄】(이만융적-イバンジュウテキ) 사방의 모든 오랑캐
【夷以攻夷】(이이공이-イをもつてイをせめる) 오랑캐로 오랑캐를 제어함。곧 적을 이용하여 적을 침
【夷則】(이칙-イソク) 음력 七月의 딴 이름
【夷險】(이험-イケン) 땅의 평탄함과 험악함。순경과 역경

【夸】과 カ、ほこる boast 圝 ㄎㄨㄚ k'ua¹
①자랑할 큰체할 ㅡ奓自大 ②사치할 奢也 ③아첨할 ㅡ毗諛言附人

【四 畫】

【夾】협 キョウ、はさむ put between 洽 ㄐㄧㄚ chia¹·²
①곁 傍也 ②잡을 把也 ③칼이름 劍名 ④곁부축할 左右持 ⑤가까울 近也 ⑥잡될 雜也 ⑦겸할 兼也 挾(手部 七畫)과 같음
【夾角】(협각-キョウカク) 두개의 직선에 끼어진 각。낀 각
【夾擊】(협격-キョウゲキ) 양쪽으로 끼고 들이침。협공(夾攻)
【夾路】(협로) 큰길에서 갈라진 좁은 길
【夾門】(협문-キョウモン) 정문옆에 따로 붙은 작은 문
【夾房】(협방) 곁방
【夾書】(협서) 글줄 한 옆에 덧붙여 적음
【夾戶】(협호) 한집에서 딴 살림을 하게된 집채

【五 畫】

【奄】엄 エン、おう cover 琰 ㄧㄢˇ yen³
①얼른 잠간 문득 遽忽 ②덮을 가릴 覆也 ③그칠 止也 ④오랠 久也 ⑤막힐 塞也 ⑥클 大也 淹同
【奄奄】(엄엄-エンエン) 숨이 장차 끊어지려고 하는 모양
【奄忽】(엄홀-エンコツ) 아주 급한 모양。문득

【奇】기 キ、めずらしい strange 因 ㄑㄧˊ chi'²
①기이할 이상할 異也 ②기특할 ㅡ持 ③속일 꾀술 詭也 ④가만할 秘也 ⑤외짝수 짝 안 맞는 수 陽數偶之對 ⑥수 사나울 때못만날 數ㅡ不遇 ⑦짐승이름 獸名窮 ⑧姓也
【奇傑】(기걸-キケツ) 풍채나 성품이 색다른 호걸
【奇計】(기계-キケイ) 기묘한 꾀
【奇功】(기공-キコウ) 남달리 특별하게 이룬 공로
【奇觀】(기관-キカン) 기이한 광경。볼만한 경치
【奇怪】(기괴-キカイ) 기이하고 괴상함
【奇男子】(기남자-キダンシ) 재주나 슬기가 아주 뛰어난 사내
【奇談】(기담-キダン) 이상 야릇하고 재미 있는 이야기
【奇童】(기동-キドウ) 꾀와 재주가 많은 아이
【奇妙】(기묘-キミョウ) 기이하고 묘함
【奇聞】(기문-キブン) 기묘하고 이상한 소문
【奇拔】(기발-キバツ) 신기하게 뛰어남。유달리 뛰어남
【奇癖】(기벽-キヘキ) 괴팍한 버릇
【奇想】(기상-キソウ) 남이 상상도 못할 기발한 생각
【奇聲】(기성-キセイ) 기묘한 소리
【奇術】(기술-キジュツ) 기묘한 요술
【奇襲】(기습-キシュウ) 기묘한 꾀로 불의에 습격함
【奇勝】(기승-キショウ) 기묘한 경치
【奇緣】(기연-キエン) 기이한 인연

【奇遇】(기우-キグウ) 기이하게 만남
【奇異】(기이-キイ) 기이하고 괴상함。
기묘(奇妙) 「사람
【奇人】(기인-キジン) 기묘하고 이상한
【奇才】(기재-キサイ) 세상에 드문 재주。
또 그 사람
【奇蹟】(기적-キセキ) 사람의 생각과 힘
으로 할 수 없는 기이한 사실 「음
【奇峻】(기준-キシュン) 산이 기이하게 높
【奇智】(기지-キチ) 기발한 지혜
【奇策】(기책-キサク) 기특한 계책
【奇禍】(기화-キカ) 뜻밖에 당하는 재앙
【奇貨】(기화-キカ) ①진귀한 물건 ②이
익을 얻을 수 있는 기회

【奈】내 ナ、ダイ、いかん why 國 ㄋㄞˋ nai⁴
①어찌 那也 ②어찌할고 ㅣ何如何
(나) 義同

【奉】봉 ホウ、たてまつる offer 腫 ㄈㄥˋ fêng⁴
①받을 承也 ②드릴 獻也 ③높일
尊也 ④기를 養也 ⑤姓也
【奉見】(봉견-ホウケン) 받들어 봄
【奉公】(봉공-ホウコウ) 나라나 사회를
위하여 힘써 일함 「대답함
【奉答】(봉답-ホウトウ) 웃어른에게 삼가
【奉戴】(봉대-ホウタイ) 공경하여 받들어
모심 「읽음
【奉讀】(봉독-ホウドク) 남의 글을 받들어
【奉仕】(봉사-ホウシ) ①남을 섬겨서 위
함 ②남을 위하여 일함 「함
【奉送】(봉송-ホウソウ) 높은 분을 배웅
【奉受】(봉수-ホウジュ) 삼가 받음
【奉承】(봉승-ホウショウ) 웃 사람의 뜻을
이어 받음
【奉安】(봉안-ホウアン) 신주(神主)나 화
상(畫像)을 받들어 모심
【奉養】(봉양-ホウヨウ) 부모나 조부모를
받들어 모심 「함
【奉迎】(봉영-ホウゲイ) 높은 분을 영접
【奉呈】(봉정-ホウテイ) 받들어 드림 「음
【奉旨】(봉지-ホウシ) 임금의 뜻을 받들
【奉職】(봉직-ホウショク) 공무에 종사함
【奉祝】(봉축-ホウシュク) 삼가 축하함
【奉勅】(봉칙-ホウチョク) 칙명(勅命)을
받들음
【奉行】(봉행-ホウコウ) 웃 어른이 시키
는 대로 받들어 행함
【奉獻】(봉헌-ホウケン) 물건을 받들어 드
림。봉정(奉呈)

【奔】奔(大部 六畫)의 略字

【六 畫】

【奎】규 ケイ、ほし star 齊 ㄎㄨㄟˊ k'uei²
①별 西方宿名 二十八之一 ②공무
니 兩髀間
【奎文】(규문-ケイブン) 글과 문물

【奏】주 ソウ、すすめる inform 宥 ㄗㄡˋ tsou⁴
①아뢸 여쭐 이를 進也 ②천거할
薦也 ③새곡조 樂之更端曲 ④풍류
音樂 ⑤상소 人臣言事疏 ⑥편지 簡
類
【奏功】(주공-ソウコウ) 보람이 드러남
【奏達】(주달-ソウタツ) 임금께 아뢰어
말함
【奏聞】(주문-ソウブン) 주달(奏達)
【奏本】(주본-ソウホン) 임금에게 상주하
던 문서
【奏樂】(주악-ソウガク) 음악을 연주함
【奏請】(주청-ソウセイ) 임금에게 말하여
청원(請願)함
【奏稟】(주품-ソウヒン) 주달(奏達)

【奐】환 カン、あきらか shine 翰 ㄏㄨㄢˋ huan⁴
①클 大也 ②빛날 粲明貌 ③한가한
伴ㅣ閑暇貌 ④성할 盛也

【契】계 ケイ、セツ、ちぎり contract 霽 ㄑㄧㄝˋ ch'ieh⁴
①계약할 문서 약속할 爲文字以
取信約也 ②쪽 맞출 合也 ③계약서
문서 券也 ④거북등지질 灼龜背
⑤근심할 契ㅣ憂苦 (글) 나라이름
蕃國名ㅣ丹 (설) 이름 (舜臣商之祖
名) (결) ①근고한 勤告 ②끊을 絶
也 ③이지러질 缺也
【契活】(결활-ケイカツ) 생활을 위하여
애쓰고 고생함
【契券】(계권-ケイケン) 계약서

【契機】(계기-ケイキ) 무슨 일이 일어나거나 결정되는 근거나 기회

【契約】(계약-キイヤク) 법률상 효과를 목적한 약속

【契約金】(계약금-ケイヤクキン) 계약 이행의 담보로 주고 받는 보증금

【契約書】(계약서-ケイヤクショ) 계약의 조항을 기재한 서면(書面) 「사람

【契員】(계원) 어떠한 계를 구성하는

【契印】(계인-ケイイン) 두장의 지면(紙面)에 걸쳐 찍는 계(契)자를 새긴 도장

【契合】(계합-ケイゴウ) 꼭들어 맞음

【契丹】(글안-ケイタン) 나라 이름。四세기 이래 몽고(蒙古)의 시라무렌강 유역에 유목(遊牧)하고 있었던 부족

【奔】분 ホン、はしる run 元 ㄅㄣ pen¹

①달아날 走也 ②분주할 趨事恐後 ③달음질할 有變急赴 ④패할 追―覆敗 ⑤저희끼리 혼인할 야합할 無禮式結婚 野合

【奔競】(분경-ホンキョウ) 심한 다툼질

【奔騰】(분등-ホントウ) ①물건값이 갑자기 오름 ②달려 오름 「름

【奔流】(분류-ホンリュウ) 세차게 빨리흐

【奔忙】(분망-ホンボウ) 몸시 바쁨

【奔放】(분망-ホンポウ) 절제 없이 제멋대로 함

【奔喪】(분상-ホンソウ) 먼곳에서 부모의 돌아가심을 듣고 급히 집으로 돌아 「옴

【奔走】(분주-ホンソウ) 아주 바쁨

【奔走多事】(분주다사-ホンソウタジ) 일이 많아서 몹시 바쁨 「아가 참여함

【奔趨】(분추-ホンスウ) 바삐 서둘러 좇

【奕】혁 エキ、ヤク、うつくしい beautiful 陌 ㄧˋ i⁴

①클 大也 ②아름다울 美也 ③차례 次席 ④바둑 圍碁 ⑤대바뀔 ―葉累世 ⑥근심할 奕―憂心

【奕代】(혁대-エキダイ) 대대(代代)

【奕世】(혁세-エキセイ) 여러 대(代)

【奕奕】(혁혁-エキエキ) 아름다운 모양

【七 畫】

【套】토 トウ、かさねる pile 號 ㄊㄠˋ t'ao⁴

①키클 長大 ②어리 圈也 ③겹 重沓 ④씌울 봉투 覆也封―外― ⑤버릇(루) 솜씨 前例 ⑥모퉁이 隈也

【套袖】(투수) 토시。겨울에 손목에 끼는 것

【套習】(투습-トウシュウ) 본을 뜸。모방함

【奘】장 ソウ、ザウ、なかんなり big 養 ㄓㄨㄤˋ chuang³

클 大也

【奚】해 ケイ、なんぞ why

어찌 何也

【奚琴】(해금-ケイキン) 속 빈 둥근 나무에 짐승의 가죽을 메우고 긴 나무를 꽂아 줄을 활모양으로 건 악기(樂器)。깡깡이。앵금

【八 畫】

【畚】분 ホン、きつこ straw basket

①가래 鍫也 ②삼태기 盛土器

【奝】조 チョウ、おおい abundant

①클 大也 ②많을 多也

【九 畫】

【奠】전 テン、さだめる decide

①정할 定也 ②전올릴 제지낼 薦也 ③둘 置也 ④베풀 陳也

【奠居】(전거-テンキョ) 있을 곳을 정함

【奠都】(전도-テント) 도읍을 정함

【奠雁】(전안) 혼인날 신랑이 신부집에 기러기를 가지고 가서 상 위에 놓고 절하는 예식

【奡】오 ゴウ、おごる arrogance 號 ㄠˋ ao⁴

①거만할 慢也 ②헌걸찰 矯健 ③사람이름 人名 夏時代强力者

【奢】사 シャ、おごる luxury 麻 ㄕㄜ shê¹

①사치할 侈也 ②조카사위 嫗婿阿― ③기릴 佛譽闌― ④거만할 慢也

【奢靡】(사미-シャビ) 사치 「좋아함
【奢佚】(사일-シャイツ) 사치하고 놀기를
【奢侈】(사치-シャシ) 신분에 넘치게 치레함
【奢侈品】(사치품-シャシヒン) 생활 필수품의 한도를 넘는 사치스러운 물건

【十畫】

【奧】오 オウ、おく profundity 號 ㄠˋ ao⁴
①아랫목 室內 ②깊을 深也 ③쌓을 積聚 ④삶을 烹和、澳·隩同
【奧妙】(오묘-オウミョウ) 심오하고 미묘함
【奧義】(오의-オウギ·オクギ) 매우 깊은 뜻
【奧藏】(오장-オクゾウ) 깊이 감추어진 곳 「의 극소(極所)
【奧旨】(오지-オウシ) 학예(學藝) 따위

【十一畫】

【奩】렴 レン、こうばこ incense case 鹽 ㄌㄧㄢˊ lien²
①향합 盛香器 ②경대 粧—鏡匣
【奪】탈 ダツ、うばう rod 曷 ㄉㄨㄛˊ tuo²
①억지로 빼앗을 攘—强取 ②잃을 失也 ③좁은 길 狹路
【奪去】(탈거-ダッキョ) 빼앗아 감
【奪略】(탈략-ダツリャク) 빼앗아서 노략질 함
【奪掠】(탈략-ダツリャク) 탈략(奪略)
【奪色】(탈색-ダッショク) 같은 종류의 물건 속에서 특별히 어떤 종류의 물건이 뛰어나서 다른 것을 무색하게 함 「로 빼앗음
【奪情】(탈정-ダツジョウ) 남의 정을 억지
【奪取】(탈취-ダッシュ) 빼앗아 가짐
【奪胎】(탈태-ダッタイ) ①얼굴이 이전보다 아름다와서 환하게 티어서 변함 ②형태나 형식을 아주 바꾸어 버림
【奪還】(탈환-ダッカン) 도로 빼앗아 옴
【奫】윤 イン、ふかい profoudity
물충충할 —水深廣貌
【獎】장 ショウ、すすめる advice
①도울 助也 ②권면할 勸勉 ③표창할 칭찬할 褒美 ④인도할 誘導 ⑤이를 成也 「합
【獎勵】(장려-ショウレイ) 권하여 힘쓰게
【獎學】(장학-ショウガク) 학문을 장려하는 일
【獎學金】(장학금-ショウガクキン) ①가난한 학생을 위한 학자 보조금 ②학문의 연구를 돕기 위한 장려금

【十二畫】

【奭】석 セキ、さかん prosperous 陌 ㄕˋ shih⁴
①클 성할 盛也 ②성낼 怒也 ③이름 召公名 (혁) 붉을 赤貌

【十三畫】

【奮】분 フン、ふるう arise 問 ㄈㄣˋ fen⁴
①날개 翬也 ②떨친 震動 ③날릴 揚也 ④뽐낼、뻐길 勇起 ⑤일어날 起也 ⑥힘쓸 勉也 ⑦성낼 怒也
【奮擊】(분격-フンゲキ) 떨치고 일어나 적을 냅다 침
【奮激】(분격-フンゲキ) 급격하게 마음을 떨쳐 일으킴
【奮起】(분기-フンキ) 기운을 내어 힘차게 일어남
【奮怒】(분노-フンド) 분하며 몹시 노함
【奮勵】(분려-フンレイ) 기운을 내어서 힘씀
【奮發】(분발-フンパツ) 마음을 단단히 먹고 기운을 냄
【奮戰】(분전-フンセン) 힘을 다하여 싸움。 분투(奮鬪) 「아감
【奮進】(분진-フンシン) 기운을 떨쳐 나
【奮討】(분토-フントウ) 있는 힘을 다하여 토벌함
【奮鬪】(분투-フントウ) 힘을 다하여 싸움。 분토(奮討)

【十五畫】

【奰】비 ヒ、せまる tight
①장대할 壯大 ②핍박할 迫也 ③결낼 성낼 憤怒

女 部

【女】 녀 ジョ、ニョ、おんな female 語 ㄋㄩˇ nü

①계집 계집애 딸 婦人未嫁稱 ②여자 婦人總稱 一子 ③별이름 宿名 二十八宿之一 ④시집보낼 以一妻人

【女傑】(여걸-ジョケツ)호걸스러운 성격을 띤 여자

【女功】(여공-ジョコウ) 여자들이 하는 길쌈질

【女工】(여공-ジョコウ) 여자 직공

【女官】(여관-ジョカン) 나인。궁녀

【女權】(여권-ジョケン) 여자의 사회상 정치상 법률상의 권리

【女給】(여급-ジョキュウ) 접대부

【女德】(여덕-ジョトク) 여성으로서 지켜야 할 도덕

【女郞】(여랑-ジョロウ) 남자의 기질을 띤 여자의 비유

【女流】(여류-ジョリュウ) 여성의 무리

【女士】(여사-ジョシ) 여자를 높여서 이르는 말

【女史】(여사-ジョシ) 시집간 여자나 사회적으로 이름이 있는 여자

【女色】(여색-ジョショク) ①여자의 고운 태도 ②여자와의 육체적 관계

【女婿】(여서-ジョセイ) 사위

【女性】(여성-ジョセイ・ニョショウ) ①여자 ②여자의 성질

【女僧】(여승-ニョソウ) 여자 중

【女王】(여왕-ジョオウ) ①여자 임금 ②꿀벌·개미의 암놈

【女優】(여우-ジョユウ) 여자 배우

【女醫】(여의-ジョイ) 여자 의사

【女人】(여인-ニョニン) 여자 부인

【女子】(여자-ジョシ) 계집

【女裝】(여장-ジョソウ) 남자가 여자의 복장으로 꾸미는 일

【女丈夫】(여장부-ジョジョウフ) 기개가 있는 부녀。여걸

【女帝】(여제-ジョテイ) 여황(女皇)

【女主】(여주-ジョシュ)여왕

【女必從夫】(여필종부) 아내는 반드시 남편을 따라야 한다는 말

【女紅】(여홍-ジョコウ) 여자들이 하는 길쌈질

【女皇】(여황-ジョコウ) 여자로서 황제의 자리에 나아간 분

【二 畫】

【奴】 노 ド、ヌ、やつこ slave 虞 ㄋㄨˊ nu

①종 남종 僕也 ②놈 男子賤稱

【奴僕】(노복-ドボク) 남종·사내종·노자(奴子)

【奴婢】(노비-ドヒ) 남종。여종의 총칭

【奴屬】(노속-ドゾク) 종의 족속

【奴隷】(노예-ドレイ) ①종。노복(奴僕) ②권력이나 돈 때문에 자유가 없는 사람

【奴主】(노주-ドシュ) 종과 상전

【三 畫】

【奸】 간 カン、よこしま wickedness 寒 ㄐㄧㄢ chien

①간사할 一邪 ②거짓 僞也 ③간음할 一淫 ④어지러울 亂也

【奸計】(간계-カンケイ) 간사한 꾀。못된 재주

【奸巧】(간교-カンコウ) 간사하고 교사함

【奸佞】(간녕-カンネイ) 간사하고 아첨함

【奸徒】(간도-カント) 간사한 무리

【奸吏】(간리-カンリ) 간사한 관리

【奸婦】(간부-カンプ) 간사스러운 여자

【奸詐】(간사-カンサ) 간교하게 남을 속여 해치는 마음씨

【奸邪】(간사-カンジャ) 간재(奸才)가 있고 거짓이 많음。심정이 바르지않음

【奸商】(간상-カンショウ) 간사한 장사군。부정한 수단을 가진 상인

【奸細】(간세-カンサイ) 간사한 소인

【奸臣】(간신-カンシン) 간사한 신하

【奸惡】(간악-カンアク) 간사하고 악독함

【奸雄】(간웅-カンユウ) 간사한 지혜가 있는 영웅

【奸淫】(간음-カンイン) 배우자 이외의 사람과 정을 통함。남자의 부정한 교접。간음(姦淫)

【奸人】(간인-カンジン) 간사한 사람。간물(奸物)

【奸才】(간재-カンサイ) 간사한 재주。또 그 재주가 있는 사람

【奸智】(간지-カンチ) 간사한 지혜(姦智)

【奸策】(간책-カンサク) 간악한 꾀(奸計)

【奸譎】(간휼-カンケツ) 간악하고 음침함

【奸凶】(간흉-カンキョウ) 간악하고 음흉함

【奸黠】(간힐-カンカツ) 간사하고 약음

【妄】 망 モウ、ボウ、みだりに falsely 漾 ㄨㄤˋ wang⁴

①망령될 허망할 誕也 ②속일 罔也 ③범상할 凡也 ④괘이름 卦名無―

【妄擧】(망거-モウギョ) 함부로 행동함。분별이 없는 행동 「망령된 꾀

【妄計】(망계-モウケイ) 부정당한 계책。

【妄念】(망념-モウネン) 망상(妄想)

【妄斷】(망단-モウダン) 망령된 판단。그릇된 판단

【妄動】(망동-モウドウ) 함부로 행동함

【妄靈】(망령) 늙거나 정신이 흐려져 언행이 보통상태를 벗어남

【妄論】(망론-モウロン) 망령된 말。정당치 못한 언론

【妄想】(망상-モウソウ) 진실하지 못한 생각。부정당한 생각。그릇된 공상。망념(妄念)

【妄說】(망설-モウセツ) 망언(妄言)

【妄信】(망신-モウシン) 함부로 믿음。믿지 못할 일을 믿음

【妄語】(망어-モウゴ・ボウゴ) ①불교의 오계(五戒)의 하나。헛된 말을 하여 남을 어지럽게 하는 일 ②거짓말

【妄言】(망언-モウゲン) 함부로 하는 말。망령된 말。망설(妄說)

【妄用】(망용-モウヨウ) 함부로 씀

【妄評】(망평-モウヒョウ) 함부로 비평함。그릇된 비평

【妃】 비 ヒ、ハイ、きさき queen 微 ㄈㄟ fei¹

①임금 아내 后― ②짝 配也 (배) 配同

【妃嬪】(비빈-ヒヒン) 왕비(王妃)와 빈궁(嬪宮)(皇后의 다음이 妃、妃의 다음이 嬪)

【妃耦】(비우-ハイグウ) 배필。배우자

【妃妾】(비첩-ヒショウ) 첩。소실(小室)

【如】 여 ジョ、ニョ、ごとし likewise 魚 ㄖㄨˊ ju²

①같을 若也 ②이를 至也 ③갈 往也 ④그럴 然也 (語助辭)

【如干】(여간) 얼마 되지 아니함

【如來】(여래-ニョライ) 부처의 높임말

【如法】(여법-ニョホウ) 법에 맞음。석가(釋迦)의 교훈에 맞음 「이름

【如月】(여월-きさらぎ) 음력 二월의 딴

【如意】(여의-ニョイ・イのごとし) ①일이 뜻과 같이 됨 ②문방구의 하나。금(金)옥(玉)・단목(檀木)등으로 만들었는데、자루가 길고 끝이 갈고리 같음

【如一】(여일) 처음부터 끝까지 한결같음

【如此】(여차) 이와 같음。이러함

【如何】(여하-いかん・いかんせん) 어떠하나? 어떠한 것이냐?

【如兄若弟】(여형약제-あにのごとくおとうとのごとし) 형제와 같이 친함

【好】 호 コウ、このむ like 皓 ㄏㄠˇ hao³

①좋을 善也 ②좋아할 相善 ③아름다울 美也 ④사랑할 愛也 ④구슬 구멍 璧孔 「정

【好感】(호감-コウカン) 마음에 기쁜 감

【好景】(호경-コウケイ) 좋은 경치

【好果】(호과-コウカ) 좋은 결과 「적수

【好仇】(호구-コウキュウ) 좋은 짝。좋은

【好期】(호기-コウキ) 좋은 시절

【好機】(호기-コウキ) 좋은 기회

【好奇心】(호기심-コウキシン) 이상한 것을 좋아하는 마음

【好男子】(호남자-コウダンシ) 얼굴이 썩 잘 생긴 남자。미남자

【好女】(호녀-コウジョ) 잘 생긴 계집

【好名】(호명-コウメイ) 명예를 좋아함

【好事】(호사-コウジ) ①좋은 일 ②일을 좋아함

【好事多魔】(호사다마-コウジマおおし) 좋은 일에는 마(魔)가 들기 쉬움

【好喪】(호상) 나이가 많고 유복(有福)한 사람의 상사(喪事)

【好色】(호색-コウショク) ①여색을 좋아함 ①아름다운 안색。또 그 여자

【好生之德】(호생지덕-コウセイのトク) 사형에 처한 죄인을 특사한 임금의 덕

【好消息】(호소식-コウショウソク) 좋은 소식
【好手】(호수-コウシュ) 기술이 뛰어난 「사람
【好顏】(호안-コウガン) 기뻐하는 안색
【好言】(호언-コウゲン) 좋은 말
【好惡】(호오-コウアク) 좋아하는 것과 미워하는 것
【好友】(호우-コウユウ) 좋은 벗
【好雨】(호우-コウウ) 좋은 비
【好運】(호운-コウウン) 좋은 운수
【好音】(호음-コウオン・コウイン) ①좋은 목소리。 고운 소리 ②정다운 말。 친절한 말。 좋은 소식
【好意】(호의-コウイ) 좋은 마음。 친절한 「마음
【好誼】(호의-コウギ) 가까운 정의 좋은 사이
【好人】(호인-コウジン) 좋은 사람
【好適】(호적-コウテキ) 꼭 알맞음
【好鳥】(호조) 아름다운 새
【好酒】(호주) 술을 좋아함
【好評】(호평-コウヒョウ) 좋은 평판
【好品】(호품) 품질이 좋은 물건
【好學】(호학-コウガク) 학문을 좋아함
【好漢】(호한-コウカン) 의협심이 있는 남자。 좋은 남자

【四 畫】

【妓】기 ギ、キ、うたいめ singing girl
기생 女樂
【妓女】(기녀-ギジョ) ①기생 ②옛날 재봉(裁縫)·의약·가무 등을 배워 익히든 관비의 총칭
【妓樓】(기루-ギロウ) 창기(娼妓)와 노「는 집
【妓夫】(기부) 기둥서방
【妓生】(기생-キセイ・きさん) ①가무(歌舞)를 팔아 생활하는 계집 ②기녀(妓女)의 딴 이름
【妓生退物】(기생퇴물) 전에 기생노릇을 하던 계집
【妓樂】(기악-ギガク) 기녀(妓女)의 음「악。 기생과 풍류
【妓案】(기안) 기생의 이름을 적은 책

【妙】묘 ミョウ、たえ strange 嘯 ㄇㄧㄠˋ miao⁴
①묘할 福化不測 ②어여쁠 妙也 ③젊을 少年 ④간드러질 纖娟 ⑤정미할 精微
【妙計】(묘계-ミョウケイ) 교묘한 계책
【妙曲】(묘곡-ミョウキョク) 기묘한 곡조
【妙工】(묘공-ミョウコウ) 기묘한 손재주
【妙句】(묘구-ミョウク) 교묘한 문구
【妙技】(묘기-ミョウギ) 기묘한 재주
【妙齡】(묘령-ミョウレイ) 젊은 나이
【妙舞】(묘무-ミョウブ) 기묘한 춤
【妙味】(묘미-ミョウミ) 기묘한 취미
【妙法】(묘법-ミョウホウ) 묘한 방법
【妙思】(묘사-ミョウシ) 기묘한 생각。 묘상(妙想)
【妙想】(묘상-ミョウソウ) 훌륭한 착상「(着想)
【妙選】(묘선-ミョウセン) 자세히 고름
【妙所】(묘소-ミョウショ) 묘하고 좋은곳
【妙術】(묘술-ミョウジュツ) 교묘한 술법
【妙案】(묘안-ミョウアン) 기묘한 고안
【妙藥】(묘약-ミョウヤク) 신효한 약
【妙絕】(묘절-ミョウゼツ) 아주 교묘함
【妙策】(묘책-ミョウサク) 교묘한 계책
【妙趣】(묘취-ミョウシュ) 묘미(妙味)

【妨】방 ボウ、さまたげる disturbance 漾 ㄈㄤˊ fang²
①해로울 害也 ②거리낄 礙也
【妨害】(방해-ボウカイ) 남의 일을 막아 해롭게 함

【妣】비 ヒ、なきはは deceased 紙 ㄅㄧˇ pi³
죽은 어미 母死後稱

【妤】여 ヨ、うるわしい beautiful
계집벼슬이름 女官婕—

【妖】요 ヨウ、なまめかしい wickedness 蕭 ㄧㄠ yao¹
①요괴 異孽 ②고울 艷也 ③아양부릴 媚也 ④상긋웃을 巧笑貌
【妖氣】(요기-ヨウキ) 상서롭지 못한 기운。 요사스러운 기운
【妖女】(요녀-ヨウジョ) 요사스러운 계집
【妖魔】(요마-ヨウマ) 요사한 마귀
【妖變】(요변-ヨウヘン) 남의 눈에 들기 위하여 요사스럽게 행동함
【妖婦】(요부-ヨウフ) 말과 행동이 요사스러운 여자

【妖邪】(요사) 요망스럽고 간사함
【妖書】(요서-ヨウショ) 인심을 혼란시키는 요사스러운 책
【妖術】(요술-ヨウジュツ) 이상한 술법。사람이 눈을 어리게 하는 괴상한 방술。마법(魔法)
【妖僧】(요승-ヨウソウ) 정도(正道)를 어지럽게 하는 요사스러운 중
【妖神】(요신-ヨウシン) 요사한 귀신
【妖惡】(요악-ヨウアク) 요사하고 간악함
【妖言】(요언-ヨウゲン) 인심을 요란스럽게 하는 요사한 말
【妖艶】(요염-ヨウエン) 아리따움
【妖精】(요정-ヨウセイ) 요사한 정기
【妖態】(요태-ヨウタイ) 아리따운 태도

【妊】임 ニン、ジン、はらむ pregnancy 아이밸 懷孕 [沁] ㄖㄣˋ jen⁴
【妊婦】(임부-ニンプ) 임신한 여자

【妝】장 ショウ、ソウ、よそおい toilet 단장할、꾸밀 飾也
【妝匣】(장갑-ショウコウ)화장 도구를 넣은 상자
【妝匳】(장렴-ショウレン) 화장하는 도구
【妝梳】(장소-ショウソ)、단장하고 머리 빗음

【妥】타 ダ、やすらか peaceful ①평안할 安泰 ②타협할 安也 ③떨어질 墮也
【妥結】(타결-ダケツ) 두 편의 의견을 서로 절충하여 서로가 좋도록 이야기를 마무름
【妥當】(타당-ダトウ) ①온당함 ②잘 맞음
【妥帖·妥貼】(타첩-ダチョウ) ①무사히 일이 끝남 ②시문(詩文)의 문구가 온당함
【妥協】(타협-ダキョウ) 양쪽이 협의 하여 조처함

【妒】투 ト、ねたむ jealous [遇] ㄉㄨˋ tu⁴ ①투기할 婦疾夫 ②미워할 娼嫉
【妒忌】(투기-トキ) 남편 또는 시앗을 미워함。샘함
【妒婦】(투부-トフ) 투기(妒忌)하는 마음이 강한 부녀
【妒心】(투심-トシン) 투기하는 마음。미워하고 시기하는 마음
【妒妻】(투처-トサイ) 투기(妒忌)하는 마음이 강한 아내

【五 畫】

【姑】고 コ、しゅうとめ mother-in-law [虞] ㄍㄨ ku¹ ①시어미 夫之母 ②시누이 夫之女弟 ③고모 父之姊妹 ④아직 且也 ⑤잠간 一時
【姑舅】(고구-コキュウ) 시어미와 시아비。구고(舅姑)
【姑母】(고모) 아버지의 자매(姊妹)
【姑母夫】(고모부) 고모의 남편
【姑婦】(고부)시어머니와 며느리
【姑息】(고식-コソク) ①한 때 꾸며냄 ②잠간 편함
【姑息之計】(고식지계) 당장에 편한것만 찾는 태도
【姑從】(고종) 고종사촌 (姑從四寸)의 준말
【姑從四寸】(고종사촌) 고모의 자녀

【妲】달 ダツ、タツ、だつき [曷] ㄉㄚˊ ta² 계집이름 紂妃ー己

【妹】매 マイ、いもうと yonger sister [隊] ㄇㄟˋ mei⁴ 손아래 누이 女弟
【妹家】(매가) 시집간 누이가 사는 집
【妹夫】(매부) 누이의 남편
【妹氏】(매씨) ①남의 누이의 존대말 ②자기손 위 누이를 이름
【妹弟】(매제) 누이 농생
【妹兄】(매형) 누님의 남편

【妺】말 バツ、マチ、おんなのあざな [曷] ㄇㄛˋ mo⁴ 계집이름 ー喜夏桀王之后

【姆】모 ボ、うば nurse [麌][有] ㄇㄨˇ mu³ ①여스승 女師 ②유모 乳母
【姆敎】(모교) 유모의 교훈

【姒】사 ジ、あによめ eldest sister-in-low ①맏며느리 長婦 ②형수 兄之妻曰

—婦 ③동서 妯娌相呼娣—
【姒婦】(사부) 형수

【姓】성 セイ、シャウ、うじ family name 敬 ㄒㄧㄥˋ hsing
성 氏係生也 「통
【姓系】(성계-セイケイ) 씨족(氏族)의 계
【姓名】(성명-セイメイ) 성과 이름
【姓氏】(성씨-セイシ) 성(姓)의 높임말
【姓字】(성자-セイジ) 성(姓)을 나타내
는 글자

【始】시 シ、はじめ beginning 紙 寘 ㄕˇ shih
①비롯할 初也 ②바야흐로 方也 ③
姓也 「의 내력
【始末】(시말-シマツ) ①처음과 끝 ②일
【始業】(시업-シギョウ) 학업을 시작함
【始作】(시작) ①처음으로 함 ②착수
함 ③새로함 ④쉬었다가 다시 함 ⑤
비롯함
【始祖】(시조-シソ) 한 족속(族屬)의 맨
처음되는 조상 「변함이없이꼭같음
【始終如一】(시종여일) 처음과 끝이
【始終】(시종-シジュウ) ①처음과 나중
②처음부터 끝까지의 사이
【始初】(시초) 처음

【委】위 イ、ゆだねる entrust 紙 ㄨㄟˇ wei
①맡길 任也 ②붙일 屬也 ③버릴
棄也 ④쌓을 積也 ⑤마음에 든든할
雍容自得貌—— ⑥이삭고개숙일 禾
垂穗貌—曲 ⑦끝 末也 「細)
【委曲】(위곡-イキョク) 자세함。상세(詳
【委棄】(위기-イキ) 버리고 돌보지 아
니함
【委員】(위원-イイン) 어떠한 사물에 대
하여 그 처리를 위임받은 사람
【委蛇】(위이-イイ) ①득의 만면하여 걸
어 감 ②구불구불 가는 모양 ③조
심하여 걸어가는 모양
【委任】(위임-イニン) 맡김
【委任狀】(위임장-イニンジョウ) 위임하는
뜻을 표시한 증서
【委任統治】(위임통치-イニントウチ) 어떠
한 나라가 다른 나라 또는 연맹의
위임을 받아서 그 땅을 통치함
【委囑】(위촉-イショク) 맡겨 부탁함
【委托】(위탁-イタク) 남에게 맡김
【委會】(위회)물 갈래가 한곳에서 만남

【姐】저 ソ、シャ、あね sister 馬 ㄐㄧㄝˇ chieh
①맏누이 女兄 ②교만할 慢也。姉·
她通

【姉】자 シ、あね elder sister
손위누이 女兄 姐通
【姉妹】(자매-シマイ) 윗누이와 아래누
이

【姊】前條 同字

【妬】적 ト、ねたむ jealous
자식 없는 계집 女無子 妒(女部
四畫 同)

【妻】처 サイ、セイ、つま wife 齊 霽 ㄑㄧ ch'i
①아내 婦也 ②시집보낼 以女嫁人
【妻家】(처가-サイカ) 아내의 친정
【妻娚】(처남) 아내의 오라비 「와 딸
【妻女】(처녀-サイジョ) ①아내 ②아내
【妻德】(처덕-サイトク) 아내의 덕
【妻父母】(처부모) 아내의 부모。곧 장
인과 장모
【妻三寸】(처삼촌) 아내의 삼촌
【妻侍下】(처시하) 아내에게 눌려 지
내는 사람을 조롱하는 말
【妻喪】(처상) 아내의 상사 「자식
【妻子】(처자-サイシ) ①아내 ②아내와
【妻弟】(처제) 아내의 여동생
【妻祖母】(처조모) 아내의 친정할머니
【妻祖父】(처조부) 아내의 친정 할아
버지
【妻族】(처족-サイゾク) 아내의 한 족속
【妻姪】(처질) 처조카
【妻兄】(처형) 아내의 언니
【妻妾】(처첩-サイショウ) 아내와 첩

【妾】첩 ショウ、めかけ concubine 葉 ㄑㄧㄝˋ ch'ieh
첩 厠室不聘
【妾婦】(첩부-ショウフ) 첩

【妾室】(첩실)남의 첩 노릇하는 여편네
【妾子】(첩자) 서자
【妾丈家】(첩장가) 첩을 처로 맞음

【六 畫】

【姦】간 カン、よこしま wicked 刪 ㄐㄧㄢ chien¹
①간음할 婬也 ②간사할 詐也 ③거짓 僞也 ④도적 寇賊
【姦吏】(간리-カンリ) 간사한 관리
【姦夫】(간부-カンプ) 사잇서방
【姦婦】(간부-カンプ) 남편이 있는 몸으로 다른 남자와 사통(私通)한 여자。 서방질한 계집
【姦詐】(간사-カンサ) 거짓이 많음
【姦所】(간소) 간통하던 곳
【姦惡】(간악-カンアク) 간사하고 악독함
【姦淫·姦婬】(간음-カンイン) 남자의 부정한 교접
【姦跡】(간적-カンセキ) 간통한 형적
【姦通】(간통-カンツウ) 간음 함
【姦智】(간지-カンチ) 간사한 지혜

【姜】강 キョウ、うじのな family name 陽 ㄐㄧㄤ chiang¹
성 齊姓神農後

【姤】구 コウ、あう meet 宥 宥 ㄍㄡ kou⁴
① 만날 遇也 ②어여쁠 好也

【姥】모 ボ、モ、ばば old woman 麌 ㄇㄨ mu³
할미 女老

【姸】연 ケン、うつくしい pretty
①고울 麗也 ②어여쁠 美好 ③아담할 媚也 ④안존할 安也 ⑤총명할 慧也
【姸芳】(연방-ケンホウ) 곱고 꽃다움
【姸艶】(연염-ケンエン) 아름답고 고움
【姸華】(연화-ケンカ) 곱고 화려함

【娃】왜 アイ、エ、うつくしい beautiful woman
어여쁜 계집 美女(와) 義同

【姚】요 ヨウ、みめよし besuiful 蕭 嘯 ㄧㄠ yao²
①어여쁜 美好貌—嬈 ②빠를 急疾貌 剽— ③姓也舜後 ④날랠 勁疾貌 嫖—
【姚姒】(요사) 순(舜)과 우(禹)。(姚는 舜姓, 姒는 夏의 禹王의 姓)
【姚姚】(요요) 예쁨。 아름다움

【威】위 イ、たけし dignity 微 ㄨㄟ wei¹
①위엄 尊嚴 ②거동 儀也 ③畏同
【威權】(위권-イケン) 위세와 권세
【威德】(위덕-イトク) ①권위와 덕행 ②위험하며 범하기 어려운 덕
【威力】(위력-イリョク) ①권위와 힘 ②강대한 권세
【威令】(위령-イレイ) 위엄이 있는 명령
【威稜】(위릉) 정의한 위력
【威望】(위망-イボウ) 위세와 명망
【威名】(위명-イメイ) 위력이 있는 명망
【威武】(위무-イブ) ①위세와 무력 ②용맹한 힘
【威服】(위복-イフク) 위력으로 남을 복종시킴
【威勢】(위세-イセイ) 위협이 있는 기세
【威信】(위신-イシン) 위엄과 신용
【威壓】(위압-イアツ) 울러대
【威嚴】(위엄-イゲン) 위세가 엄함
【威儀】(위의-イギ) 엄숙한 의용(儀容)
【威風】(위풍-イフウ) 위엄이 있는 풍채
【威嚇】(위하-イカク) 위협으로 으름
【威脅】(위협-イキョウ) 으르고 협박함

【姨】이 イ、おば maternal aunt 支 ㄧ i²
이모 母之姉妹
【姨母】(이모-イボ) 어머니의 자매
【姨夫】(이부-イフ) 이모의 남편
【姨妹】(이매-イマイ) 아내의 자매

【姻】인 イン、よめいり marry 眞 ㄧㄣ yin¹
시집갈 壻家婚—
【姻家】(인가-インカ) 사돈집
【姻弟】(인제-インテイ) 처남 매부 사이의 자기를 낮추는 말
【姻戚】(인척-インセキ) 외가와 처가의 일족
【姻親】(인친-インシン) 사돈
【姻兄】(인형-インケイ) 처남 매부 사이

에 저쪽을 높이는 말

【姙】임 ジン、ニン、はらむ pregnancy
아이밸 孕也 妊同
【姙婦】(임부-ニンプ) 임신한 여자
【姙娠】(임신-ニンシン) 아이를 뱀

【姿】자 シ、すがた figure 支 ㄗ tzŭ¹
①맵시 바탕 태도 態也 ②성품 性也 資同
【姿色】(자색-シショク) 이쁜 얼굴
【姿勢】(자세-シセイ) 몸을 가지는 모양과 형세
【姿質】(자질-シシツ) 천부의 성질
【姿態】(자태-シタイ) 아름다운 태도

【姝】주 シュ、うつくしい pretty 虞 ㄕㄨ shu¹
①어여쁠 美色 ②기운없을 柔懦— ③분바를 粉飾
【姝好】(주호-シュコウ) 얼굴이 어여쁨

【姪】질 テツ、めい nephew 質 ㄓ chih²
①조카 兄弟之子 ②조카딸 兄弟之女 (절) 義同
【姪女】(질녀) 조카딸
【姪婦】(질부) 조카 며느리

【姮】항 コウ、ゴウ、つき another name of moon
항아 羿—妻娥

【姮娥】(항아-コウガ) 달 속에 있다고 하는 선녀

【姬】희 キ、ひめ young lady
①아씨 婦人美稱 ②周姓
【姬妾】(희첩-キショウ) 첩。 소실(小室)

【要】西部 三畫에 볼것

【七 畫】

【娜】나 ダ、ナ、しなやか charming 哿 ㄋㄨㄛ nuo²
①아리따울 美貌婀— ②한들거릴 柔而長嫋—

【娘】낭 ジョウ、むすめ girl 陽 ㄋㄧㄤ niang²
작은아씨 少女之號
【娘娘】(낭낭-ジョウジョウ) 황후(皇后) 또는 선녀(仙女)
【娘子】(낭자-ジョウシ) ①계집애。 아가씨 ②어머니 ③아내 ④궁녀(宮女)
【娘子軍】(낭자군) 여자로 편성한 군대

【娩】문 ベン、メン、うむ bear
해산할 產子(만) 수더분할 順也嫁—
【娩痛】(문통-ベンツウ) 아이 날 때의 복통

【娓】미 ビ、したがう obey 尾 ㄨㄟ wei³
①아름다울 美也 ②순할 順也

【娉】빙 ヘイ、ハウ、とう、めとる marry 敬 ㄆㄧㄥ p'ing¹
①물을 問也 ②장가들 娶也 ③어여쁠 美貌—婷
【娉命】(빙명-ヘイメイ) 결혼의 결말
【娉婷】(빙정-ヘイテイ) 여자의 어여쁜 모양

【娑】사 サ、シャ、まいめぐる fluttering 歌 ㄙㄨㄛ suo¹
①앉을 安坐貌 ②춤 너풀너풀 출 舞貌婆— ③옷 너풀거릴 衣揚貌
【娑羅雙樹】(사라쌍수-サラソウジュ) 석가여래가 입멸(入滅)할 때、 백색(白色)으로 변하였다고 전하는 나무
【娑婆】(사바-サバ) 이 세상。 하계(下界)

【娠】신 シン、はらむ pregnancy 眞 ㄕㄣ shen¹
①아이밸 懷孕 ②마부 養馬者

【娥】아 ガ、みめよし beautiful 歌 ㄜ e²
①항아 羿妻嫦— ②어여쁠 好也 ③항아 舜妻—皇

【娟】연 ケン、エン、うつくしい pretty 先 ㄐㄩㄢ chüan¹
①어여쁠 美好嬋— ②아담할 娟也 ③진들거릴 幽遠貌—

【娛】오 ゴ、たのしむ amuse oneself 虞 ㄩ yü²

즐거운 樂也
【娛樂】(오락-ゴラク) 기뻐 즐김

【娣】제 テイ、ダイ、いもうと younger sister 霽 ㄉㄧˋ ti⁴
①손아래 누이 女弟 ②제수 弟之妻 ③동서 妯娌—姒
【娣姒】(제사-テイジ) ①손아래 누이와 손위 누이 ②동서

【宴】宀部 七畫에 볼것

【八 畫】

【婪】람 ラン、むさぼる avarice 覃 ㄌㄢˊ lan²
탐할 貪也
【婪沓】(남답-ラントウ) 욕심껏 먹음
【婪尾春】(남미춘) 작약(芍藥)의 딴이「름

【婁】루 ル、ロウ、ひく ㄌㄩˊ 尤 ㄌㄡˊ lou²
①어리석을 愚也 ②끌 曳也 ③고달플 形神交役卷— ④별이름 二十八宿의—

【婦】부 フ、つま、よめ wife; daughter-in-law
①며느리 子之婦 ②지어미 婦人女已嫁稱 ③어여쁠 好貌
【婦女】(부녀-フジョ) 여편네
【婦德】(부덕-フトク) 부녀가 닦을 도(道)。부녀의 덕행
【婦言】(부언-フゲン) 부녀의 말씨
【婦翁】(부옹-フオウ) 사위에게 대하는 장인의 자칭
【婦容】(부용-フヨウ) 여자의 몸맵시
【婦人】(부인-フジン) 아낙네。여편네。부녀

【婢】비 ヒ、はしため slave 紙 ㄅㄟˋ pei⁴ ㄅㄧˋ pi⁴
계집종 女奴
【婢僕】(비복-ヒボク) 계집종과 사내종
【婢子】(비자-ヒシ) ①부인의 자칭 ②계집종
【婢妾】(비첩-ヒショウ) 종으로 첩이 된 「계집

【婭】아 ア、あいむこ wife of one's husband' sbrothe
동서 西壻相謂姻— 亞通

【娿】아 ア、しなやか ramble
①한들거릴 弱態貌—娜 ②머뭇거릴 不決貌—

【婀】上同字
【婀娜】(아나-アダ) 미인의 한들 거리는 모양

【婉】완 エン、しとやか obedient 阮 ㄨㄢˇ wan³
①순할 順也 ②아릿다울 美也
【婉曲】(완곡-エンキョク) 간들거리고 어여쁨。노골적이 아님
【婉順】(완순-エンジュン) 예쁘고 순함
【婉婉】(완완-エンエン) 태도가 예쁨。맵시가 좋음
【婉容】(완용-エンヨウ) 어여쁜 자태
【婉轉】(완전-エンテン) 태도가 어여쁨

【婬】음 イン、みだら adultery 侵 ㄧㄣˊ yin²
①간음할 姦也 ②서방질할 私逸女 ③희학질할 戲也、淫通

【娼】창 ショウ、あそびめ prostitute
노는 계집 女樂 倡同
【娼妓】(창기-ショウギ) 노는 계집 갈보
【娼女】(창녀-ショウジョ) 창부(娼婦)

【婕】첩 ショウ、うつくしい pretty 葉 ㄐㄧㄝˊ chieh²
①계집 벼슬 이름 婦官名—好 ②어여쁠 美貌、倢同

【娵】추 シュ、ス、たおやめ graceful woman
①물고기 魚也—隅 ②젊을 少也

【娶】취 シュ、めとる take a wife
장가들 販婦 取通
【娶嫁】(취가) 장가드는 것과 시집가는 것
【娶妻】(취처) 아내를 얻음。장가 감

【婆】파 バ、ばば old woman 歌 ㄆㄛˊ p'o²
①할미 老嫗 ②춤 너풀너풀 출 舞

貌─娑
【婆羅門】(파라문-バラモン)Brahmana의 음역(音譯)。 인도(印度)에서 가장 높은 지위의 승족(僧族)

【婚】혼 コン、とつぐ marry 元 ㄏㄨㄣ hun¹
장가들 ─姻
【婚具】(혼구-コング) 혼인에 쓰는 기구
【婚期】(혼기-コンキ) 혼인하기에 적당한 나이
【婚禮】(혼례-コンレイ) 혼인의 예식
【婚談】(혼담-コンダン) 혼인을 작정하기 전에 오고가는 말
【婚事】(혼사) 혼인에 관한 모든 일
【婚書】(혼서) 혼인 때에 신랑집에서 신부집에 보내는 편지
【婚書紙】(혼서지) 혼서를 쓴 종이
【婚需】(혼수) 혼인에 드는 비용
【婚約】(혼약-コンヤク) 혼인의 약속
【婚姻】(혼인-コンイン) 장가들고 시집감。 부부가 됨
【婚日】(혼일-コンジツ) 혼례를 행하는 날。 혼인날
【婚處】(혼처) 적당한 배필이 있는 집。 혼인 자리
【婚娶】(혼취-コンシュ) 혼인

【九 畫】

【媧】괘 カ、カイ、めかみ goddess 佳 ㄨㄚ wa¹
계집이름 古女聖名女─(과) 뜻 같음

【媆】嫩(女部 十一畫)同字

【媒】매 バイ、マイ、なかだち intermediation 灰 ㄇㄟ mei²
①중매 媒合兩姓而成婚者 ②빚을 釀也
【媒介】(매개-バイカイ) 두 사이에 서서 소개함
【媒介物】(매개물-バイカイブツ) 매개가 되는 물건 「사람
【媒介者】(매개자-バイカイシャ) 매개하는
【媒約】(매약-バイヤク) 중매
【媒染料】(매염료-バイセンリョウ) 염색할 물건과 물건과의 인력(引力)을 매개하여 물감이 잘 들게 하는 약
【媒妁】(매작-バイシャク) 혼인을 중매함
【媒質】(매질-バイシツ) 파동(波動)을 전파하여 주는 물질
【媒婆】(매파) 혼인을 중매하는 노파
【媒合】(매합) 혼인을 중매함

【媢】모 ボウ、わたむ jealousy 號 ㄇㄠ mao⁴
①투기할 妒也 ②결낼 怒也
【媢怨】(모원-ボウエン) 미워하고 원망함
【媢嫉】(모질-ボウシツ) 미워함。 꺼리고 싫어함

【婺】무 ム、したがわない aisobey
별이름 星名─女

【媚】미 ビ、こびい flatter 寘 ㄇㄟ mei⁴
①아첨할 諂也 ②사랑할 愛也 ③상긋거릴 悅也 ④부닐 親順媚─
【媚笑】(미소-ビショウ) 아첨하여 웃음
【媚態】(미태-ビタイ) 아름나운 태도

【婿】壻(土部 九畫)俗字

【媟】설 セツ、なれる get too familiar with
①친압할 狎也 ②농지거리할 嬻也 ③거만할 慢也

【媛】원 エン、ひめ beautiful woman
①아리따운 계집 美女 ②마음킬 牽引貌 嬋─

【媮】유 トウ、ユ、めすむ steel 尤 ㄊㄡ t'ou²
①즐거울 樂也 ②엷을 簿也(투)①도적질할 偸也 ②간교할 巧黠 偸同

【十 畫】

【嫁】가 カ、とつぐ marry 禡 ㄐㄧㄚ chia⁴
①시집갈 女適人 ②떠넘길 推惡于人─禍 「갈 때
【嫁期】(가기-カキ) 시집갈 나이。 시집
【嫁資】(가자-カシ) 시집갈 때 쓸 준비
【嫁娶】(가취-カシュ) 시집가는 것과 장

가드는 것。혼인

【媿】괴 キ、はじる shame 寘 ㄎㄨㄟˋ k'uei⁴
부끄러울 慚也 愧同
【媿辱】(괴욕-キジョク) 부끄러움

【媾】구 コウ、よしみ friendship 宥 ㄍㄡˋ kou⁴
①화친할 和也 ②거듭 혼인할 重婚 ③고일 寵也
【媾和】(구화-コウワ) 강화。화해

【嫋】뇨 ジョウ、たおやか slender totter 篠 ㄋㄧㄠˇ niao³
①간들거릴 悠揚貌—— ②휘늘어질 柔長貌—娜(약) 가냘플 弱貌

【媽】마 マ、ボ、はは mother 麌 ㄇㄚ ma¹
어머니 母之稱

【媳】식 セキ、よめ daughter-in-law
며느리 子婦之稱

【媼】오 オウ、おうな old woman 皓 ㄠˇ ao³
①할미 女老稱 ②땅귀신 地神

【嫄】원 ゲン 元 ㄩㄢˊ yuan²
계집 이름 后稷母名姜—

【媵】잉 ヨウ、こしもと lady's maid 徑 ㄧㄥˋ ying⁴
①잉첩 從嫁 ②물건 부칠 寄物 ③둘째잔 飮爵
【媵侍】(잉시) 시집가는 여자에게 따라가는 부녀
【媵妾】(잉첩-ヨウショウ) 계집종。몸종

【嫉】질 シツ、ねたむ jealous 質 ㄐㄧˊ chi²
①미워할 妎也 ②투기할 妬也
【嫉視】(질시-シッシ) 밉게 봄
【嫉妬】(질투-シット) ①미워함。시기함 ②투기함。샘함

【媸】치 シ、みにくい ugly 支 ㄔ ch'ih¹
①어리석을 癡也 ②더러울 醜也 ③음란할 淫也

【嫌】혐 ケン、きらう hate 鹽 ㄒㄧㄢˊ hsien²
①항의할 不平於心 ②의심할 疑也
【嫌隙】(혐극-ケンゲキ) 사이가 좋지 못함。틈
【嫌忌】(혐기-ケンキ) 싫어서 꺼림
【嫌棄】(혐기-ケンキ) 싫어서 꺼림
【嫌怒】(혐노-ケンド) 싫어서 노함
【嫌名】(혐명) 군부(君父)의 이름과 비슷한 사물의 이름。꺼리는 이름
【嫌厭】(혐염-ケンエン) 미워서 싫어함
【嫌怨】(혐원-ケンエン) 미워하고 원망함
【嫌疑】(혐의-ケンギ) 꺼리고 싫어함。의심함
【嫌避】(혐피) 혐의하여 피함
【嫌逼】(혐핍) 몹시 싫어함

【十一畫】

【嫗】구 オウ、をうな old woman 遇 ㄩˋ yü⁴
①할미 老婦之稱 ②기를 育也

【嫩】눈 ドン、ノン、わかしい very young 願 ㄋㄣˋ nen⁴
①어릴 연약할 弱也 ②고을 艶也 「떡잎
嫩同
【嫩芽】(눈아-ドンガ) 새로 나오는 싹。
【嫩葉】(눈엽-ドンヨウ) 새로 나오는 연한 잎
【嫩晴】(눈청-ドンセイ) 비가 오다가 개임
【嫩草】(눈초-ドンソウ) 새로 눈 튼 풀
【嫩寒】(눈한-ドンカン) 조금 추움

【嫠】리 リ、ごけ widow 支 ㄌㄧˊ li²
홀어미 寡婦
【嫠節】(이절-リセツ) 과부의 절개

【嫚】만 マン、あなどる despise 諫 ㄇㄢˋ man⁴
①업신여길 侮易 ②더럽힐 渫汚
【嫚罵】(만매-マンバ) 업신여겨 꾸짖음

【嫦】상 コウ、つきのいめい another name of moon
계집 이름 羿妻—娥 姮同

【嫣】언 エン、にこやか smiling 先 ㄧㄢ yen¹
①상긋 웃을 巧笑態 ②어여쁠 好貌

【嫡】적 チャク、テキ、よつぎ eldest son 錫 ㄉㄧˊ ti²
①큰 마누라 正室 ②맏아들 正室所生子
【嫡孫】(적손-チャクソン) 적자(嫡子)의 「손주
【嫡室】(적실-チャクシツ) 정식의 혼례를 행한 아내
【嫡子】(적자-チャクシ) 적실(嫡室)의 몸에서 난 아들
【嫡妻】(적처-チャクサイ) 적실(嫡室)
【嫡妾】(적첩-チャクショウ) 정실(正室)과 첩
【嫡出】(적출-チャクシュツ) 정실(正室)의 몸에서 난 소생

【嫖】표 ヒョウ、かるい swift 蕭 ㄆㄧㄠˊ p'iao²
①날낼 勁疾 ②가벼울 輕也 ③간특할 邪淫
【嫖妓】(표기-ヒョウギ) 노는 계집。갈보
【嫖舍】(표사-ヒョウシャ) 갈보집

【十二畫】

【嬌】교 キョウ、なまめかしい coquet 蕭 ㄐㄧㄠ chiao
①아리따울 妖嬈 ②맵시 태도 態度
【嬌女】(교녀-キョウジョ) 교태가 있는 계「집
【嬌面】(교면-キョウメン) 교태가 있는 얼굴
【嬌媚】(교미) 아리따운 태도로 아양「부림
【嬌聲】(교성-キョウセイ) 아리따운 소리
【嬌恣】(교자) 교태(嬌態)
【嬌態】(교태-キョウタイ) 아리따운 태도。이쁜 모양

【嬀】규 ギ 支 ㄍㄨㄟ kuei
성 陳姓 僞通

【嬋】선 セン、みめよい pretty 先 ㄔㄢˊ ch'an²
고울 物有色態—娟

【嬃】수 シュ、あね eader sister 虞 ㄒㄩ hsu
웃누이 姨也

【嫺】한 カン、みやびやか elegant 刪 ㄒㄧㄢˊ hsien²
①아담할 雅也 ②익힐 習也 閒通
【嫺雅】(한아-カンガ) 아담함

【嬉】희 キ、たのしむ merry 支 ㄒㄧ hsi
①희학질할 戲也 ②놀 遊也 ③아리따울 美也 ④어여쁠 美恣 ⑤계집 이름 桀妃妹—
【嬉樂】(희락-キラク) 즐거워함
【嬉笑】(희소-キショウ) 즐거워 웃음
【嬉嬉】(희희-キキ) 즐거워 웃는 소리

【十三畫】

【嬴】영 エイ、みちる full 庚 ㄧㄥˊ ying²
①가득할 滿也 ②나머지 餘也 ③풀 解也 ④끝 端也 ⑤성 秦姓。盈通
【嬴餘】(영여-エイヨ) 남저지。나머지

【嬙】장 ショウ、とばめ court lady 陽 ㄑㄧㄤˊ ch'iang²
계집 벼슬 이름 婦官名嬪—
【嬙媛】(장원-ショウエン) 궁녀(宮女)。시녀(侍女)

【嬖】폐 ヘイ、かわいがる favour 霽 ㄅㄧˋ pi⁴
①사랑할 愛也 ②고일 便—
【嬖女】(폐녀-ヘイジョ) 귀염을 받는 여「자
【嬖臣】(폐신-ヘイシン) 임금의 귀염을 받는 신하
【嬖艶】(폐염) 임금에게 귀염을 받는 「미인
【嬖人】(폐인-ヘイジン) ①귀염을 받는 남자 ②임금의 귀염을 받는 여자
【嬖妾】(폐첩-ヘイショウ) 마음에 드는 첩
【嬖幸】(폐행-ヘイコウ) 군주(君主)의 귀염을 받음

【十四畫】

【嬭】내 ダイ、ナイ、うば nurse 蟹 ㄋㄞˇ nai³
①젖어미 乳母 ②낮잠 晝睡黃—

【嬲】뇨 ジョウ、たわむれる raillery 篠 ㄋㄧㄠˇ niao³
희학질할 戲擾

【嬪】빈 ヒン、ひめ court lady 眞 ㄆㄧㄣˊ p'in²
①지어미 婦也 ②계집 벼슬 이름

婦官名 ③북종할 服也

【嬪御】(빈어-ヒンギョ) 임금의 첩

【嬰】영 エイ、あかご bady 庚 ㄧㄥ ying¹ ①어릴 孩也 ②구슬드림 女首飾 ③더할 加也 ④둘릴 繞也 ⑤얽힐 絆也 ⑥찌를 觸也 ⑦물요괴 水怪

【嬰兒】(영아-エイジ) 젖먹이

【嬰孩】(영해-エイガイ) 어린아이

【十六畫—十九畫】

【嬾】란 ラン、おこたる lazy 旱 ㄌㄢˇ lan³ 게으를 怠也

【嬾惰】(난타-ランダ) 게으름

【孀】상 ソウ、ごけ widow 陽 ㄕㄨㄤ shuang¹ 홀어미 寡婦

【孀婦】(상부-ソウフ) 홀어미。과부

【孅】섬 セン、かよわい slender ①가늘 銳細 ②약할 弱也。纖通

【孅弱】(섬약-センジャク) ①가날푸고 약함 ②가늘고 약함

【孃】양 ジョウ virgin 陽 ㄋㄧㄤˊ niang² ①어미 母也阿— ②처녀 未嫁女 娘同

【孌】련 レン、うつくしい beautiful 銑 ㄌㄩㄢˇ lüan³ ①어여쁠 美好 ②사모할 慕也 ③좇을 從也 ④순할 順也

【孌童】(연동-レンドウ) 어여쁜 소년

子部

【子】자 シ、ス、こ son 紙 ㄗˇ tzu³ ①아들 嗣世 ②당신 男—美稱(如言孔—孟—老—莊—) ③어르신네 —孫稱其先人曰(—如言先—先君—) ④임자 夫婦互稱 (如言內—外子) ⑤사람 人也 (如言士—舟—) ⑥첫째지지 地支第一位 ⑦자시 夜之十一點鐘至一點鐘 ⑧자벼슬 五等爵之第四等 ⑨기를、칠 人君愛養百姓曰— ⑩알 動物之卵 ⑪열매 草木之實

【子貢】(자공-シコウ) 공자(孔子)의 제자。성은 단목(端木) 이름은 사(賜)

【子宮】(자궁-シキュウ) 여성 생식기의 하나。아기집

【子規】(자규-シキ) 소쩍새

【子女】(자녀-シジョ) 아들과 딸

【子母錢】(자모전) 변리를 늘이는 돈

【子方】(자방) 二十四방위의 하나。정북(正北)의 방위

【子婦】(자부-シフ) 며느리

【子孫】(자손-シソン) ①아들과 손주 ②후손(後孫)

【子時】(자시) 오후 十一시부터 오전 一시 까지의 사이

【子息】(자식-シソク) ①자기의 자녀 ②남자를 욕하는 말

【子夜】(자야-シヤ) 자정 때。정밤중

【子音】(자음-シオン・シイン) 닿소리

【子子孫孫】(자자손손-シシソンソン) 자손의 여러 대

【子爵】(자작-シャク) 오등작(五等爵)의 제四위 벼슬

【子錢】(자전-シセン) 이자。이식

【子正】(자정) 밤 十二시

【子弟】(자제-シテイ) ①아들과 아우 ②젊은이 ③남의 아들의 높임말

【子姪】(자질) 아들과 조카

【子初】(자초) 자시(子時)의 첫 시각 곧 오후 十一시 경

【孑】혈 ゲツ、ケチ、ひとり solitary 屑 ㄐㄧㄝˊ chieh² ①외로울 單也 ②나머지 餘也 ③창간고리 戟也 ④매일매일할 特出貌

【孑孓】(혈궐-ゲッキョウ) 장구벌레

【孑孑】(혈혈-ゲツゲツ) 외롭게 홀로 섰는 모양

【孑孑單身】(혈혈단신) 아무에게도 의지할 곳이 없는 홀몸

【孑孑無依】(혈혈무의) 외로와서 의지할 곳이 없음

【一畫—三畫】

【孔】공 コウ、あな hole 董 ㄎㄨㄥˇ k'ung³

①구멍 穴也 ②통할 通也 ③심할 甚也 ④姓也 「교훈
【孔敎】(공교-コウキョウ) 공자(孔子)의
【孔老】(공로-コウロウ) 공자(孔子)와 노자(老子)
【孔孟】(공맹-コウモウ) 공자(孔子)와 맹자(孟子)
【孔周】(공주-コウシュウ) 공자(孔子)와 주자(周子)

【字】자 ジ、もじ letter 寘 ㄗˋ tzŭ⁴
①글자 文— ②자 副名 ③사랑할 愛也 ④시집보낼 許嫁曰— ⑤암컷 畜牝 ⑥젖먹일 乳也
【字句】(자귀-ジク) 글자와 글귀
【字幕】(자막-ジマク) 영화에서의 표제·배역·설명 등을 글자로 나타내어 관객으로 하여금 읽을 수 있도록 한 것
【字母】(자모-ジボ) ①철음(綴音)의 근본이 되는 글자。곧 한글 ㄱ·ㄴ·ㄷ·ㄹ 따위 ②활자 주조에 쓰는 자형(字型)
【字眼】(자안-ジガン) 시문(詩文)가운데서 안목이 되는 가장 중요한 글자
【字源】(자원-ジゲン)문자가 구성된 근원
【字乳】(자유-ジニュウ) 젖을 먹여 기름
【字音】(자음-ジオン) 문자가 가진 소리。당소리
【字典】(자전-ジテン) 한자를 수집·배열하여 낱낱이 그뜻을 해석한 책
【字體】(자체-ジタイ) 글자의 형체
【字態】(자태) 글자의 모양
【字票】(자표) 화살에 표한 숫자
【字學】(자학-ジガク) 문자의 뜻을 연구하는 학문
【字解】(자해-ジカイ) 한자의 해석
【字型】(자형-ジケイ) 활자를 부어 만드는 원형
【字形】(자형-ジケイ) 글자의 형상
【字號】(자호-ジゴウ) 활자의 대소를 나타내는 번호
【字畫】(자획-ジカク) 글자의 획
【字訓】(자훈-ジクン) 글자의 새김。한자의 우리말 새김
【字彙】(자휘-ジイ) 자전(字典)

【存】존 ソン、ゾン、ある exist 元 ㄘㄨㄣˊ ts'uen²
①있을 在也 ②살필 省也 ③존문할 恤問告—
【存稿】(존고-ソンコウ) 살아 있는 동안에 모아둔 초고(草稿)
【存念】(존념-ゾンネン) 생각에 둠
【存留】(존류-ソンリュウ) 뒤에 남겨 두는 일
【存立】(존립-ソンリツ) ①생존시켜 따로 세움 ②생존하여 자립함
【存亡】(존망-ソンボウ) 살아 있는 것과 죽어 없어 지는 것 「함
【存滅】(존멸-ソンメツ) 존재함과 멸망
【存命】(존명-ゾンメイ) 생존。목숨을 붙여 살아 있음
【存沒】(존몰-ソンボツ) 존망(存亡)과 같음
【存續】(존속-ソンゾク) 오래 있음。존재의 계속
【存否】(존부-ソンピ) 존재함과 존재하지 않음
【存養】(존양-ソンヨウ) 본연의 양심을 잃지 아니하도록 하고 성질을 양성하는 일
【存在】(존재-ソンザイ) 있음。현존함
【存廢】(존폐-ソンパイ) 보존과 폐지。존망(存亡)

【四 畫】

【孚】부 フ、まこと reliable 虞 ㄈㄨˊ fu²
①미쁠 信也 ②기를 育也 ③옥문채 玉采 ④괘이름 卦名
【孚佑】(부우-フユウ) 믿고 도움
【孚育】(부육-フイク) 기름

【孜】자 シ、つとむ diligent 支 ㄗ tzŭ¹
부지런할 ——勤也
【孜孜】(자자-シシ) 부지런히 힘씀

【孛】패 ハイ、ボツ、ほうきぼし comet 隊 ㄅㄟˋ pei⁴
꼬리별 彗星 (발) 義同 요기 妖氣

【孝】효 コウ filial piety 效 T丨ㄠ hsiao

효도 善事父母

【孝敬】(효경-コウケイ) 효성을 다하고 공경함

【孝感】(효감-コウカン) 효행의 덕으로써 신인(神人)을 감동시킴

【孝德】(효덕-コウトク) 부모를 잘 섬기는 마음

【孝女】(효녀-コウジョ) 효행(孝行)이 있는 딸

【孝道】(효도-コウドウ) 부모를 섬기는 도리

【孝廉】(효렴-コウレン) 부모에게 효도하고 또 절조를 지킴

【孝婦】(효부-コウフ) 효행(孝行)이 있는 며느리

【孝誠】(효성-コウセイ) 정성을 다하여 부모를 섬김

【孝順】(효순-コウジュン) 효성이 있어서 잘 순종함

【孝心】(효심-コウシン) 효성의 마음

【孝養】(효양-コウヨウ) 부모를 효도로써 봉양함

【孝友】(효우-コウユウ) 부모에게 효성이 있고 형제에게 우애가 있음

【孝恩】(효은-コウオン) 부모의 은혜에 보답하기 위한 효도

【孝子】(효자-コウシ) ①효행(孝行)이 있는 아들 ②부모의 제사에 자식의 자칭(自稱)

【孝慈】(효자-コウジ) 부모에게 효도하는 자녀를 사랑함

【孝鳥】(효조-コウチョウ) 까마귀

【孝親】(효친-コウシン) 어버이에게 효도합

【孝行】(효행-コウコウ) 부모를 정성으로 섬김。또 그 행위

【五 畫】

【季】계 キ、すえ the last; season 寘 ㄐ丨ˋ chi

①말째 少也 兄弟長幼之次曰伯仲叔季 ②끝 末也

【季刊】(계간-キカン) 一년에 네 철 정도 잡지를 발간함

【季女】(계녀-キジョ) 막내딸

【季冬】(계동-キトウ) 음력 十二월

【季父】(계부-キフ) 아버지의 끝의 동생。끝의 삼촌

【季世】(계세-キセイ) 말세(末世)

【季嫂】(계수) 아우의 아내

【季氏】(계씨) 남의 남자 동생의 존대말

【季子】(계자-キシ) 끝의 아들

【季節】(계절-キセツ) 때。기후

【季主】(계주) 무당이 단골 주부를 일컫는 말

【季指】(계지) 새끼손가락。새끼발가락

【季秋】(계추-キシュ) 음력 九월

【季春】(계춘-キシュン) 음력 三월

【季夏】(계하-キカ) 음력 六월

【孤】고 コ、ひとり solitude 虞 ㄍㄨ ku

①외로울 獨也 ②아비없을 無父 ③저버릴 負也 ④우뚝 할 特也 ⑤나 王侯之謙稱

【孤客】(고객-コカク) 외로운 손

【孤孤】(고고-ココ) ①혼자 세속에 초연하여 고상함 ②남보다 뛰어나게 고상함

【孤軍】(고군-コグン) 후군이 없는 군사

【孤閨】(고규) ①홀로 자는 방 ②외로이 자는 잠자리

【孤島】(고도-コトウ) 바다 가운데 외롭게 있는 작은 섬

【孤獨】(고독-コドク) ①어려서 부모를 잃은 자와(孤) 늙어서 자손이 없는 사람(獨) ②혼자 외롭게 사는 사람

【孤陋】(고루-コロウ) 보고 들은 것이 적어서 성행이 추하고 용렬함

【孤立】(고립-コリツ) 외롭게 섰음。남의 도움이 없음

【孤峰】(고봉-コホウ) 외로운 산봉우리

【孤負】(고부-コフ) 배반함

【孤憤】(고분-コフン) 홀로 분격함

【孤城】(고성-コジョウ) 고립한 성

【孤身】(고신) 외로운 몸

【孤兒】(고아-コジ) 부모가 없는 어린애。고자(孤子)

【孤哀子】(고애자-コアイシ) 부모가 다 돌아갔을 때에 상주(喪主)의 자칭

【孤影】(고영-コエイ) ①고독한 모습 ②혼자 쓸쓸하게 보이는 그림자

【孤子】(고자-コジ) ①고아(孤兒)와 같

음 ②아버지는 돌아가고 어머니만 생존한 상중(喪中)에 있는 사람의 자칭(自稱)
【孤寂】(고적-コジャク) 외롭고 쓸쓸함
【孤亭】(고정-コテイ) 외따로 섰는 정자
【孤族】(고족-コゾク) 족속(族屬)이 번성하지 아니한 겨레。외로운 겨레
【孤舟】(고주-コシュウ) 단 한 척의 배
【孤主】(고주-コシュ) 외롭고 약한 임금
【孤村】(고촌-コソン) 외따로 떨어진 촌락
【孤枕】(고침) 혼자 베는 베개。혼자잠
【孤魂】(고혼-ココン) 외로운 영혼

【孥】노 ド、つまこ wife and children
①아들 子也 ②처자 妻子
【孥戮】(노륙-ドリク) 남편 또는 아비의 죄로 처자를 죽임
【孥稚】(노치-ドチ) 아내와 자식。또 어린 것

【孟】맹 モウ、かしら the eldest 敬 ㄇㄥˋ mêng⁴
①맏 長也(嫡長曰伯庶長曰―) ②첫 初也 ③클 大也 ④힘쓸 勉也 ⑤맹랑할 不精要貌―浪 ⑥姓也
【孟冬】(맹동-モウトウ) 첫겨울。음력 十월
【孟浪】(맹랑) ①허망하고 자세하지 아니함 ②마음대로 돌아다님。거닐음 ③이해할 수 없음
【孟陽】(맹양-モウヨウ) 음력정월
【孟秋】(맹추-モウシュ) 첫가을。음력 七월
【孟春】(맹춘-モウシュン) 첫봄。음력정월
【孟夏】(맹하-モウカ) 첫여름。음력 五월

【六畫—九畫】

【孩】해 ガイ、おさなご child 灰 ㄏㄞˊ hai²
①어린아이 小兒嬰― ②방글방글웃을 小兒笑貌
【孩童】(해동-ガイドウ) 어린애
【孩兒】(해아-ガイジ) 어린애
【孩子】(해자-ガイシ) 어린애。二、三세된 어린애
【孩提】(해제-ガイテイ) 二、三세된 어린애。(孩는 겨우 웃을 줄 알만하다는 뜻・提는 손을 붙잡아 줄만하다는 뜻)

【孫】손 ソン、まご grandson 元 ㄙㄨㄣ suen¹
①손자 子之子 ②겸손할 謙遜 ③姓也
【孫女】(손녀-ソンジョ) 자녀의 딸
【孫文主義】(손문주의-ソンブンシュギ) 삼민주의(三民主義)
【孫婦】(손부-ソンプ) 손자의 아내
【孫壻】(손서-まごむこ) 손녀의 남편
【孫子】(손자-ソンシ) 자녀의 아들

【孱】잔 セン、よわい frail 先 ㄔㄢˊ ch'an²
잔약할 弱也
【孱骨】(잔골-センコツ) 잔약한 체질
【孱夫】(잔부-センプ) 약한 남자。비겁한 남자
【孱顔】(잔안-センガン) 산이 험한 모양
【孱弱】(잔약-センジャク) 몸이 약함
【孱王】(잔왕-センオウ) 잔약한 임금

【十畫—十三畫】

【孶】자 ジ、シ、つとめる diligent 寘 ㄗˋ tzu⁴
①흘레할 乳化交接―尾 ②부지런할 汲汲―
【孶尾】(자미-ジビ) 흘레하여 새끼를 뱀
【孶育】(자육-ジイク) 새끼를 낳아 기름
【孶孶】(자자-シシ) 부지런히 힘씀

【孵】부 フ、かえる hatch 虞 ㄈㄨ fu¹
알깔 ―化
【孵化】(부화-フカ) 알을 깜

【學】학 ガク、まなぶ leavn 覺 ㄒㄧㄠˊ hsiao²
①배울 受敎傳業 ②배움 凡事物因硏究而得其原理者(如理―・科―) ③학교 庠序總名(如大―中―)
【學界】(학계-ガッカイ) 학문의 사회
【學科】(학과-ガッカ) 학문의 조목
【學館】(학관-ガッカン) 공부하는 집。학교
【學校】(학교-ガッコウ) 학술。문예를 가르치는 집
【學究】(학구) 글방의 선생。학문을 깊이 연구함

【學級】(학급-ガッキュウ) 학년 또는 학기의 등급 「에 나눈 하나

【學期】(학기-ガッキ) 학년을 셋 또는 둘

【學年】(학년-ガクネン) 一년 동안의 수업기(授業期)

【學徒】(학도-ガクト) 학생

【學童】(학동-ガクドウ) 글방에 다니며 공부하는 아이。 어린 생도

【學力】(학력-ガクリョク) 학문의 힘

【學歷】(학력-ガクレキ) 공부한 경력

【學齡】(학령-ガクレイ) 초등교육을 받을만한 나이。 곧 만 六세로 七세까지

【學理】(학리-ガクリ) 학문상의 이론

【學名】(학명-ガクメイ) 동·식물에 붙인 학술상 세계에 공통하는 이름 「무

【學務】(학무-ガクム) 교육상에 관한 사

【學問】(학문-ガクモン) ①배우고 물음。 배워 익힘 ②학식

【學閥】(학벌-ガクバツ) 한 학교에서 나온 사람들이 일치 단결하여 서로 의지 하고 서로 도와 주어 세력을 얻고자 하는 단체

【學府】(학부-ガクフ) ①학문상 모이는곳 ②학문의 중심지 「형

【學父兄】(학부형-ガクフケイ) 학생의 부

【學費】(학비-ガクヒ) ①학교의 경비 ②학문하는 비용

【學士】(학사-ガクシ) ①학식이 있는 사람。 학자 ②관위(官位)의 이름 ③대학 졸업생의 칭호

【學生】(학생-ガクセイ) ①학문하는 서생 ②대학에서 공부하는 학도 ③생전에 벼슬하지 아니한 사람의 존대

【學說】(학설-ガクセツ) 학문상의 설명

【學術】(학술-ガクジュツ) 학문과 기술。 학문의 방법

【學習】(학습-ガクシュウ) 배워 익힘

【學識】(학식-ガクシキ) 배워서 얻은 지식。 학문과 지식

【學業】(학업-ガクギョウ) 공부하는 일

【學藝】(학예-ガクゲイ) 학문의 재주。 학문과 기예 「벗。 글동무

【學友】(학우-ガクユウ) 같이 공부하는

【學院】(학원-ガクイン) 학교

【學園】(학원-ガクエン) 학문을 닦는 곳

【學位】(학위-ガクイ) 박사의 칭호

【學者】(학자-ガクシャ) ①학문에 통한 사람 ②배우는 사람。 학생

【學資】(학자-ガクシ) 학문을 닦는 데 드는 비용

【學長】(학장-ガクチョウ) ①학구(學究) ②대학의 각분과(各分科)의 우두머리

【學籍】(학적-ガクセキ) 그 학교의 재적생의 등록부 「도

【學制】(학제-ガクセイ) 학교에 관한 제

【學則】(학칙-ガクソク) 학교의 규칙

【學風】(학풍-ガクフウ) ①학문의 경향 ②학교의 기풍

【學行】(학행-ガツコウ) 학문과 덕행

【學會】(학회-ガッカイ) 학예의 연구 장려를 목적으로 조직된 단체

【十四畫—十七畫】

【孺】유 ジュ、とのみご baby 遇 ㄖㄨˊ ①젖먹이 乳子 ②어린애 幼兒 ③딸린 屬也 ④사모할 慕也

【孺慕】(유모-ジュボ) 깊이 사모함

【孺人】(유인-ジュジン) ①대부(大夫)의 아내 ②널리 아내를 이름

【孺子】(유자-ジュシ) ①나이가 어린 남자 ②소년(少年)을 얕잡아 이름。 요놈

【孽】얼 ゲッ、わきばら child born to a cocubine person 屑 ㄋㄧㄝˋ nieh⁴ ①요물 妖害 ②첩의 자식 庶子 ③치장할 盛飾—

【孽孫】(얼손-ゲッソン) 첩의 몸에서 난 손자

【孽子】(얼자-ケッシ) 첩의 몸에서 난 아들。 서자(庶子)

【孼】前條 俗字

宀 部

【宀】면 ベン、やね roof 先 ㄇㄧㄢˊ mien² 움집 交覆深屋

【二 畫】

【宂】 용 ジョウ、むだ complexity
①번잡할 雜也 ②바쁠 忙也 ③한산할 散也 ④긴급치 않을 剩也 ⑤떠다닐 民無定居

【宂官】(용관—ジョウカン) 중요하지 아니한 벼슬

【宂兵】(용병—ジョウヘイ) 필요하지 아니한 군사

【宂費】(용비—ジョウヒ) 쓸데 없는 비용

【宂長】(용장—ジョウチョウ) 쓸데 없는 말을 수다스럽게함。

【它】 佗(人部 五畫)古字

【三 畫】

【守】 수 シュ、まもる defend
①지킬 護也勿失 ②보살필 主管其事 ③기다릴 待也 ④원 官名 ⑤서리 官之署理

【守令】(수령—シュレイ) 원。태수(太守)와 읍령

【守門】(수문—シュモン) 문을 지킴

【守勢】(수세—シュセイ) 지키는 힘。수비하는 형세

【守禦】(수어—シュギョ) 외환을 막음

【守衛】(수위—シュエイ) 지킴。또 그 사람

【守錢奴】(수전노—シュセンド) 돈을 모을 줄만 알고 쓸줄은 모르는 사람。돈만 알고 염치를 모르는 사람

【守節】(수절—シュセツ) 절개를 지킴

【守株】(수주—シュシュ) 구습(舊習)을 지키고 변통할 도량이 없음。송인(宋人)이 밭 가운데서 우연히 토끼가 나무 그루에 걸리어 죽은 것을 얻었으므로 다시 토끼를 얻으려고 호미를 버리고 열심히 그 그루를 지키고 있었다는 고사(故事)에 나옴

【守志】(수지—シュシ) 뜻을 지킴。수절

【守廳】(수청) ①고관 앞에서 수종하는 일 ②청지기

【守護】(수호—シュゴ) 지킴

【安】 안 アン、やすい peaceful; confortable
①편안할 危之對 ②안존할 静也 ③자리잡을 位置其物 ④무엇, 어느 何也 ⑤姓也

【安康】(안강—アンコウ) 아무 탈이 없음。편안과 건강

【安寧】(안녕—アンネイ) 편안하고 무사함

【安堵】(안도—アンド) ①있는 곳에 편안이 있음 ②걱정이 없음。안심

【安樂】(안락—アンラク) 편안하고 즐거움

【安眠】(안면—アンミン) 편안하게 잘 잠

【安民】(안민—アンミン) 백성의 마음을 위안함

【安貧樂道】(안빈낙도) 빈궁에 있으면서 천도(天道)를 즐김

【安詳】(안상—アンジョウ・アンショウ) 성질이 안정하고 자세함

【安息】(안식—アンソク) ①편안히 쉼 ②지금의 페르샤

【安息日】(안식일—アンソクニチ) 예수교 신자가 업무를 쉬고 종교상 의식을 행하는 거룩한 날(유태인은 토요일을 예수교신자는 일요일을 일컬음)

【安心】(안심—アンシン) ①마음을 놓음 ②마음이 편안함

【安心立命】(안심입명—アンシンリツミョウ) 안심에 의하여 몸을 천명(天命)에 맡기고 생사 이해에 대하여 태연함

【安養】(안양—アンヨウ・アンニョウ) 편안히 기름

【安穩】(안온—アンオン) 고요하고 편안함

【安危】(안위—アンキ) 안전과 위험。태평과 국난

【安慰】(안위—アンイ) 안심이 되도록 위로함

【安逸】(안일—アンイツ) 몸이 편하고 한가함

【安全】(안전—アンゼン) ①온전하여 걱정이 없음 ②위험이 없음

【安定】(안정-アンテイ) ①편하게 작정됨 ②중심(重心)이 물체의 밑의 중심(中心)에 있음

【安靜】(안정-アンセイ) 마음이 화평함。편안하고 고요함

【安存】(안존-アンソン) 성질이 안온(安穩)하고 얌전함

【安住】(안주-アンジュウ) 편안히 살음

【安着】(안착-アンチャク) 무사히 도착함

【安置】(안치-アンチ) ①일정한 곳에 놓아 둠 ②귀양간 죄인을 가두어 둠

【安宅】(안택-アンタク) ①처신에 가장 안전한 곳 ②인도(人道)

【安閑】(안한-アンカン) 평안하고 한가함

【宇】우 ウ、やね、いえ roof 麌 ㄩˇ yü

①집 居處之屋 ②처마기슭 屋邊簷下 ③하늘 上下四方

【宇內】(우내-ウナイ) 세상 안。천하

【宇宙】(우주-ウチュウ) ①천지와 고금(古今)。시간과 공간 ②하늘을 덮은 곳을 우(宇) 땅의 유래한 곳을 주(宙)라 함。곧 천지의 뜻 ③지금은 천지 또는 세계의 뜻으로 쓰임

【宇宙論】(우주론-ウチュウロン) 천지 만물의 근본 원리를 논하는 학설

【宇中】(우중-ウチュウ) 천지。사방

【宅】택 タク、すまい residence 陌 ㄓㄞˊ chê

①집 所托居處 ②정할 定也

【宅兆】(택조-タクチョウ) 무덤

【宅地】(택지-タクチ) 집을 지을 터。집을 지은 터

【字】子部 三畫에 볼것

【写】寫(宀部十二畫)略字

【四 畫】

【宏】굉 コウ、ひろい vast 庚 ㄏㄨㄥˊ hung²

①클 大也 ②넓을 廣也

【宏大】(굉대-コウダイ) 넓고 큼

【宏麗】(굉려-コウレイ) 굉장하고 화려함

【宏業】(굉업-コウギョウ) 굉대한 사업

【宏遠】(굉원-コウエン) 썩 멂음

【宏儒】(굉유-コウジュ) 뛰어난 학자

【宏壯】(굉장-コウソウ) 크고 훌륭함

【宏長】(굉장-コウチョウ) 넓고 큼

【宏才】(굉재-コウサイ) 뛰어난 재주。또 있는 그 사람

【宏敞】(굉창) 넓고 시원함

【宏闊】(굉활-コウカツ) 넓고 넓음

【宋】송 ソウ 宋 ㄙㄨㄥˋ sung⁴

①송나라 國名 ②姓也

【宋襄之仁】(송양지인-ソウジョウのジン) 중국 송(宋)나라의 양공(襄公)의 인(仁)이라는 뜻。쓸데 없이 너무 착하기만 하고 권도(權道)가 없음을 비유하는 말

【宋學】(송학-ソウガク) 중국 송(宋)나라 때의 유학(儒學)·한학(漢學)

【完】완 カン、まったい perfect 寒 ㄨㄢˊ wan²

①완전할 全也 ②튼튼할 堅好 ③보존할 保全 ④꾸밀 繕也

【完決】(완결-カンケツ) 완전하게 결정함

【完結】(완결-カンケツ) 죄다 마침

【完潔】(완결-カンケツ) 행실에 빈틈이 없고 마음이 깨끗함

【完納】(완납-カンノウ) 죄다 바침

【完了】(완료-カンリョウ) 끝냄。마침

【完璧】(완벽-カンペキ) 흠이 없는 구슬이라는 뜻이니 사물의 완전함을 이름

【完備】(완비-カンビ) 완전히 갖춤

【完成】(완성-カンセイ) 완전하게 성취함。죄다 이룸

【完全】(완전-カンゼン) 부족이 없음。흠이 없음

【完全無缺】(완전무결-カンゼンムケツ) 부족이 없고도 결점이 없음

【完聚】(완취-カンシュウ) 성을 고치고 백성을 모음

【完治】(완치-カンチ) 병을 완전히 치료함

【五 畫】

【官】관 カン、つかさ government post

①벼슬 職也 ②마을 朝廷治事處 ③

공변될 公也 ④일 事也 ⑤맡을 司也 ⑥부림 使也

【官家】(관가-カンカ) ①천자(天子) 또는 황실(皇室) ②지방의 행정사무를 처리하던 마을 ③시골 사람이 그 고을 원을 일컫는 말

【官軍】(관군-カングン) 정부의 군사

【官權】(관권-カンケン) 정부의 권력

【官金】(관금-カンキン) 정부의 돈

【官紀】(관기-カンキ) 정부의 규율. 관리의 규율

【官能】(관능-カンナウ) 생활기관의 작용

【官力】(관력-カンリョク) 관청의 힘

【官令】(관령-カンレイ) 관청의 명령

【官祿】(관록-カンロク) 관원에게 주는 녹봉

【官僚】(관료-カンリョウ) ①정부 관원의 총칭 ②관원들. 관리들

【官僚政治】(관료정치-カンリョウセイジ) 관리가 권세를 농단하여 관료사회의 이익만 도모하고 국민전체의 복리를 고려하지 아니하는 정치

【官吏】(관리-カンリ) 벼슬아치. 관원

【官立】(관립-カンリツ) 정부의 비용으로 설립한 것

【官名】(관명-カンメイ) 벼슬 이름

【官沒】(관물-カンボツ) 백성의 재산을 관청에서 몰수함 「의 직

【官務】(관무-カンム) 관청의 사무. 관리

【官門】(관문-カンモン) ①관청의 문 ②마을

【官物】(관물-カンブツ) 관청의 물품

【官民】(관민-カンミン) 관리와 인민

【官房】(관방-カンボウ) 관원이 일을 보고 숙직하는 방

【官邊】(관변-カンペン) ①관부에서 법령으로 설정한 변리 ②관청에 관련함

【官兵】(관병-カンペイ) 관군(官軍)

【官報】(관보-カンポウ) ①법령·예산·조약·서임(敍任)·사령(辭令)·국회사항·기타 정부에서 일반 국민에게 주지(周知)시킬 사항을 편찬하여 간행하는 국가의 공고 기관지(公告機關誌) ②관공서에서 발송하는 공용(公用)전보

【官服】(관복-カンプク) 관리의 제복

【官府】(관부-カンプ) ①조정(朝廷)또는 정부(政部) ②마을 「집종

【官婢】(관비-カンピ) 관아(官衙)의 계

【官費】(관비) 정부에서 내는 비용

【官舍】(관사-カンシャ) 관리의 주택으로 관부에서 지은 집

【官署】(관서-カンショ) 마을 관청

【官選】(관선-カンセン) 정부에서 뽑음

【官設】(관설-カンセツ) 정부의 설치

【官屬】(관속-カンゾク) 아전과 하인

【官守】(관수-カンシュ) 직무상의 책임

【官營】(관영-カンエイ) 정부의 경영

【官用】(관용-カンヨウ) 관청에서 씀

【官員】(관원-カンイン) 벼슬아치. 관리

【官有】(관유-カンユウ) 나라의 소유

【官人】(관인-カンジン) 벼슬아치. 관원(官員)

【官爵】(관작-カンシャク) 관직의 품계

【官長】(관장-カンチョウ) ①관리의 우두머리. 장관(長官) ②시골 백성이 원을 부르던 말

【官邸】(관저-カンテイ) 관사

【官庭】(관정-カンテイ) 관청의 앞뜰

【官制】(관제-カンセイ) 관청의 조직. 권한 또는 관원의 조직·권한 등을 규정한 것 「로 만듦. 또 그 물건

【官製】(관제-カンセイ) 관영(官營)으

【官尊民卑】(관존민비-カンセイ) 벼슬한 사람은 높고 백성은 낮다고 생각함

【官職】(관직-カイショク) 관제상(官制上) 사무를 단임하는 지위

【官廳】(관청-カンチョウ) ①마을 ②그 담당하는 국가 사무에 관하여 국가의 의사를 결정하며 이를 표시하는 권능(權能)을 부여받은 국가기관

【官海】(관해) 관리의 사회

【官許】(관허-カンキョ) 관청의 허가

【官憲】(관헌-カンケン) ①나라 또는 정부의 규율 ②관리. 관원

【官話】(관화-カンワ) 중국의 표준어

【宓】 복 ビツ、フク、やすらか comfortable 屋 ㄈㄨˊ fu^{2}
성 性也 伏 古字 (밀) ①편안할 安也 ②고요할 靜也 ③비밀할 秘也

④잠잠할 默也

【宛】완 エン、あたかも clindistinct 阮 ㄨㄢˇ wan³ ①완연할 ㅡ然 ②작을 小也 ③언덕 위의, 언덕 丘上有丘 (온)쌓일 積也 (원) 西域國名 大ㅡ

【宛丘】(완구-エンキュウ) 중앙이 높은 언덕, 일설(一說)에는 중앙이 얕은 산

【宛然】(완연-エンゼン) ①모양이 비슷함。뚜렷함。똑똑함 ②교묘하여 사람을 피하는 모양

【宛轉】(완전-エンテン) 미끄러져 구름

【宜】의 ギ、よろしい suitable 支 ㄧˊ i² ①마땅 當然 ②맞을 當也 ③옳을 所安 適理 ④구순할 和順 ⑤일할 事也 ⑥제 이름 祭名

【宜男】(의남) 남자를 많이 낳는 부녀

【宜當】(의당) 마땅히 그러할

【宜稱】(의칭) 좋은 이름

【定】정 テイ、ジョウ さだめる tix;decide 徑 ㄉㄧㄥˋ ting⁴ ①정할 決也 ②그칠 止也 ③고요할 靜也 ④이마 額也 ⑤마침 凡約者皆日ㅡ ⑥익은고기 熟肉羹ㅡ ⑤별이름 營室星名

【定價】(정가-テイカ) 값을 정함。또 그「값

【定刻】(정각-テイコク) 작정한 시각

【定見】(정견-テイケン) 일정한 주견

【定款】(정관-テイカン) 사단법인(社團法人)의 조직 및 업무집행에 관한 모든 규칙

【定規】(정규-ジョウギ·テイキ) ①일정한 규칙 ②일정한 규약 ③물건을 자르고 또는 줄을 칠 때에 대고 쓰는 기구

【定期】(정기-テイキ) 일정한 기한

【定量】(정량-テイリョウ) 일정한 분량

【定例】(정례-テイレイ·ジョウレイ) 일정한 사례

【定論】(정론-テイロン) 일정한 언론

【定理】(정리-テイリ) 확정한 원리

【定命】(정명-テイメイ·ジョウミョウ) 날 때부터 정해진 운명

【定配】(정배-テイハイ) 배소를 작정하여 「죄인을 귀양 보냄

【定說】(정설-テイセツ) 정론(定論)

【定數】(정수-テイスウ) ①일정한 수 ②작정된 운수

【定式】(정식-テイシキ) 일정한 방식

【定額】(정액-テイカク) 일정한 액수

【定約】(정약-テイヤク) 약조를 정함

【定言】(정언-テイゲン) 확정하여 말을 내 세움

【定員】(정원-テイイン) 일정한 인원

【定義】(정의-テイギ) 한 개념의 뜻을 명료하게 설명한 것

【定情】(정정-テイジョウ) 부부 또 남녀의 성분을 맺음

【定住】(정주) 일정한 주소

【定處】(정처-テイジョウ) 일정한 곳

【定則】(정측-テイソク) 일정한 법칙

【定評】(정평-テイヒョウ) 사람마다 인정하는 평판

【定限】(정한-テイゲン) 일정한 정도。일「정한 규정

【定婚】(정혼-テイコン) 혼인을 정함

【宗】종 ソウ、シュウ、もと root;family 冬 ㄗㄨㄥ tsung¹ ①마루 尊也 ②겨레 同姓 ③밑 本也 ④조회볼 朝見朝ㅡ ⑤종묘 ㅡ廟 ⑥높일 人其歸往 ⑦공부갈래 學派 ⑧벼슬이름 官名 ⑨姓也

【宗家】(종가-ソウカ) 본종(本宗)의 근본이 되는 집。큰집

【宗敎】(종교-シュウキョウ) 숭고하고 위대한 어떠한 대상。곧 초자연물(神)을 인격화하여 이를 숭배하고 이를 신앙하여 우리의 안심과 행복을 언고자 하는 사실

【宗敎家】(종교가-シュウキョウカ) 종교를 믿고 그것을 전달 포교하는 사람

【宗敎哲學】(종교철학-シュウキョウテツガク) 종교의 본질·가치·규범을 철학적 방법으로 연구하는 학문

【宗廟】(종묘-ソウビョウ) ①역대의 신주를 모시는 왕실의 사당 ②국가의 뜻으로 씀

【宗班】(종반) 왕실의 일족

【宗山】(종산) 한 족속의 조상의 무덤이 있는 산

【宗姓】(종성) 왕실의 성
【宗臣】(종신-ソウシン) ①나라의 원훈。중신(重臣) ②왕족(王族)으로 벼슬하는 사람
【宗族】(종족-ソウゾク) 동본동족(同本同族)의 일가
【宗主】(종주-ソウシュ) 으뜸。근본
【宗中】(종중) 한 족속의 문중
【宗旨】(종지-ソウシ) 중요한 뜻。근본이 되는 뜻
【宗戚】(종척-ソウセキ) 종친과 임금의외 「척
【宗親】(종친-ソウシン) ①동복(同腹)의 형제 ②임금의 족속
【宗派】(종파-シュウハ・ソウハ) ①종족(宗族)의 갈림 ②종교의 갈래

【宙】주 チュウ、あめ、そら heaven 宥 ㄓㄡˋ chou⁴
①집 居也 ②세계 世界字— ③때 往古來今

【宕】탕 トウ、ほらあな cave
①방탕할 放也佚— ②지날 過也 ③골집 洞屋 ④돌구멍이 石鑛

【実】寶(宀部十七畫)略字

【宝】實(宀部十一畫)略字

【六 畫】

【客】객 キャク、カク、まろうど guest 陌 ㄎㄜˋ k'o⁴
①손 賓也 ②부칠 寄也
【客居】(객거-カクキョ・キャクキョ) 타향에 거주함。객지(客地)
【客苦】(객고) 객지(客地)에서 고생함
【客館】(객관-カクカン) 여관
【客觀】(객관-キャクカン) 자기 이외의 물건 또는 의식의 목적물 「용기
【客氣】(객기-カクキ) 혈기에서 나오는
【客年】(객년-カクネン) 지난해。작년
【客談】(객담) 군말。군소리
【客禮】(객례-カクレイ・キャクレイ) ①손을 칭하는 예의 ②손으로서의 대우
【客費】(객비) ①객지의 비용 ②불필요한 비용
【客死】(객사-キャクシ・カクシ) 객지에서 죽음。타향에서 죽음
【客舍】(객사-キャクシャ) 여관
【客使】(객사-カクシ) 외국에서 온 사신
【客思】(객사-カクシ) 객심(客心)
【客床】(객상-カクショウ)손을 대접하는 밥상 「온 상인
【客商】(객상-カクショウ) 다른 곳에서
【客船】(객선-カクセン) 손님을태우는 배
【客說】(객설) 군말。군소리 「는 비
【客水】(객수-カクスイ) 불필요할 때 오
【客愁】(객수-カクショウ) 나그네의 근심。객중의 걱정 「서 온중
【客僧】(객승-カクソウ・キャクソウ) 딴곳에
【客室】(객실-キャクシツ) 손님을 대접하는방
【客心】(객심-カクシン) 객지에 있는마음
【客語】(객어-カクゴ・キャクゴ) ①목적어(目的語) ②어떤 명제(命題)중에 일반 개념을 나타내는 말
【客遊】(객유-カクユウ) 손이 되어서 타향에서 놀음
【客人】(객인-キャクジン・カクジン) 손님
【客店】(객점) 주막。여관 「는 심정
【客情】(객정-カクジョウ) 객지에서 느끼
【客主】(객주) 상인의 물건의 매매를 주선하고 또는 상인을 숙박 시키는 영업。또 그 집
【客地】(객지-カクチ) 제 집을 떠나 임시로 가 있는 곳
【客車】(객차-キャクシャ) 여객을 운송하는 열차 「람의 집
【客戶】(객호-カクコ) 타향에서 떠온 사
【客懷】(객회-カクカイ) 외로운 객지에서 일어나는 쓸쓸한 회포

【宣】선 セン、のべる hold 先 ㄒㄩㄢ hsüan¹
①베풀 布也 ②밝힐 明也 ③헤칠 散也 ④보일 示也 ⑤통할 通也 ⑥일찍셀 早白—髮 ⑦姓也
【宣告】(선고-センコク) ①펴서 이름。널리 알림 ②재판의 명령
【宣敎】(선교-センキョウ) 외국에 보내어 종교를 널리 폄
【宣明】(선명-センメイ) ①펴서 설명함②

분명히 선언함
【宣誓】(선서-センセイ) 성실함을 확실히 보증하기 위하여 맹세함
【宣揚】(선양-センヨウ) 널리 퍼뜨림
【宣言】(선언-センゲン) 의견을 공포함
【宣諭】(선유-センユ) 왕명(王命)을 백성에게 선포함
【宣翼】(선익-センヨク) 임금을 보필함
【宣傳】(선전-センデン) ①백성에게 명령을 전하는 것 ②널리 폄。광고함
【宣戰】(선전-センセン) 상대국에 대하여 교전(交戰)하기를 선언함
【宣旨】(선지-センシ) 왕명을 선포함
【宣托】(선탁-センタク) 신(神)의 명령。신의 분부
【宣布】(선포-センプ) 널리 폄 「를 내림
【宣下】(신하-センゲ・センカ) 조서(詔書)

【室】실 シツ、へや room 質 ㄕˋ shih
①집 방 宮—通名 ②아내 夫謂婦 ③별 이름 宿名 二十八宿 一 「내
【室家】(실가-ツッカ) 집
【室內】(실내-シツナイ) ①방안 ②남의아
【室老】(실로-シツロウ) 가로(家老)。또는 국로(國老)
【室人】(실인-シツジン) 자기의 아내

【宥】유 ユウ、ゆるす pardon 宥 ㄧㄡˋ yu
죄놓을 赦罪
【宥免】(유면-ユウメン) 죄를 용서함
【宥恕】(유서-ユウジョ) 너그럽게 봄。용서함

【宦】환 カン、つかさ government post
①벼슬 仕也 ②부림군 凡事人者皆曰— ③내관 고자 奄人
【宦官】(환관-カンガン) ①내시 ②널리 관리를 이름
【宦德】(환덕-カントク) 벼슬에 있는소득
【宦路】(환로-カンロ) 벼슬 길 「로움
【宦福】(환복-カンプク) 벼슬 길이 순조
【宦厄】(환액-カンヤク) 벼슬 길의 액운
【宦慾】(환욕-カンヨク) 벼슬을 하고자하는 욕심
【宦遊】(환유-カンユウ) 벼슬하여 타향에 「있음
【宦情】(환정-カンジョウ) 벼슬하고 싶은 마음
【宦族】(환족-カンゾク) 대대로 벼슬을하 「는 집

【七 畫】

【家】가 カ、ケ、いえ、や house 麻 ㄐㄧㄚ chia
①집 居也 ②남편 婦謂夫 ③용한이 有專長者
【家慶】(가경-カケイ) ①집안의 경사 ②부모가 다 생존함
【家系】(가계-カケイ) 그 집안의 계통
【家計】(가계-カケイ) 한 집안의 생활 정도。살림 살이 「사람 수
【家口】(가구-カコウ) 집안 식구。집안의
【家具】(가구-カグ) 집안 살림에 쓰이는 가구 「가 ③고향
【家國】(가국-カコク) ①집과 나라 ②국
【家君】(가군-カクン) ①자기의 아버지 ②자기의 남편
【家眷】(가규-カケン) ①자기에게 딸린 가족 ②집안 식구
【家禽】(가금-カキン) 집에서 기르는 새
【家給】(가급-カキュウ) 집마다 넉넉함
【家忌】(가기-カキ) 집안의 제사。조상의 제사
【家內】(가내-カナイ) ①한 집안 ②가까운 일가
【家奴】(가노-カド) 집안에서 부리는 종
【家道】(가도-カドウ) ①한 집안의 규율 ②집안 살림살이
【家督】(가독-カトク) ①맏아들。큰 아들 ③호주(戶主)의 권리와 의무
【家僮】(가동-カドウ) 아이 종
【家禮】(가례-カレイ) 한 집안의 예절
【家名】(가명-カメイ) 집의 이름。집안의 명예
【家母】(가모-カボ) ①남에게 대하여자기의 어머니를 일컫는 말 ②주부
【家廟】(가묘-カビョウ) 그 집안의 사당
【家務】(가무-カム) 집안의 일
【家門】(가문-カモン) ①집의 문 ②대부(大夫)의 집 「지위
【家閥】(가벌-カベツ) 한 집안의 사회적
【家法】(가법-カホウ) 한 집안의 규율

【家變】(가변-カヘン) 집안의 재앙。집안의 변고
【家譜】(가보-カフ) 한 집안의 계보
【家寶】(가보-カホウ) 한 집안의 보물
【家福】(가복-カフク) 집안의 행복
【家父】(가부-カフ) 남에게 대하여 자기의 아버지를 일컫는 말
【家貧】(가빈-カヒン) 집안이 가난함
【家舍】(가사) 집
【家事】(가사-カジ) 집안 일
【家山】(가산-カザン) 고향
【家產】(가산-カサン) 집안의 재산
【家狀】(가상) 조상의 행적에 관한 기록
【家書】(가서-カショ) 제집에서 온 편지
【家聲】(가성-カセイ) 일가(一家)의 명성。가명(家名)
【家勢】(가세-カセイ) 집안의 형세
【家屬】(가속-カゾク) 가족
【家乘】(가승-カジョウ) 한 집안의 기록
【家信】(가신-カシン) 제집에서 온 소식。가서(家書)
【家室】(가실-カシツ) ①집안 ②집안 사람。아내
【家兒】(가아-カジ) 남에게 대하여 자기의 아들을 일컫는 말
【家業】(가업-カギョウ) 그 집의 생업
【家屋】(가옥-カオク) 집
【家用】(가용) 집안의 비용
【家運】(가운-カウン) 집안의 운수
【家人】(가인-カジン) 남에게 대하여 자기의 집안 사람

【家資】(가자-カシ) 집안의 자산
【家慈】(가자-カジ) 자기의 어머니
【家長】(가장-カチョウ) ①한 집안 어른。호주 ②아내가 남편에 대하는 칭호
【家藏】(가장-カゾウ) 자기 집에 보관하는 물건
【家財】(가재-カザイ) 집안의 재산
【家傳】(가전-カデン) 그 집에서 대대로 전하여 옴
【家政】(가정-カセイ) 집안의 규율
【家庭】(가정-カテイ) 집안
【家族】(가족-カゾク) 한 집안 사람
【家尊】(가존-カソン) ①자기의 아버지의 높임말 ②남의 아버지의 높임말
【家主】(가주-カシュ・やぬし) ①한집안의 어른 ②집 임자
【家中】(가중-カチュウ) 집안
【家畜】(가축-カチク) 집에서 기르는 짐승
【家親】(가친) 남에 대하여 자기의 아버지를 이름
【家宅】(가택-カタク) 집 주택
【家品】(가품) 한 집안의 인심
【家風】(가풍-カフウ) 한 집안의 풍속과 습관
【家行】(가행) 한 집안의 행실
【家鄉】(가향-カキュウ) 고향
【家兄】(가형-カケイ) 자기의 형
(家戶)(가호) 호적상의 집
【家患】(가환-カカン) 집안의 우환
【家訓】(가훈-カクン) 가정의 교훈

【宮】궁 キュウ、みや、ぐう palace 東 ㄍㄨㄥ kung'
①궁궐 至尊所居 ②집 室也 ③담 垣也 ④소리이름 律中聲五音一 ⑥불알썩힐 腐刑 ⑥姓也
【宮闕】(궁궐-キュウケツ) 임금님이 사시는곳。대궐
【宮禁】(궁금-キュウキン) 궁성(宮城)
【宮女】(궁녀-キュウジョ) 궁중의 여관(女官)
【宮奴】(궁노-キュウド) 궁가(宮家)의 종
【宮城】(궁성-キュウジョウ) 왕궁(王宮)의 성벽
【宮室】(궁실-キュウシツ) 집。주택。궁전
【宮人】(궁인-みやびと・キュウジン) 궁녀
【宮殿】(궁전-キュウデン) 대궐
【宮廷】(궁정-キュウテイ) 대궐 안
【宮中】(궁중-キュチュウ) ①집안 ②대궐
【宮合】(궁합) 혼인할 때 신랑・신부의 사주(四柱)를 오행(五行)에 맞추어 길흉을 점치는 술
【宮刑】(궁형-キュウケイ) 오형(五刑)의 하나。남자는 거세(去勢)를 행하고 여자는 음부를 유폐(幽閉)하던 형벌

【宵】소 ショウ、よい night 蕭 ㄒㄧㄠ hsiao'
①밤 夜也 ②작을 小也
【宵衣旰食】(소의한식-ショウイカンショク) 임금이 정치에 골몰하여 여가가 없음
【宵旰】(소한-ショウカン) 소의한식의 준말

【宸】신 シン、みや imperial palace
①대궐 帝居 ②집 屋宇
【宸居】(신거-シンキョ) 임금이 사는 곳
【宸極】(신극-シンキョク) 임금의 자리
【宸襟】(신금-シンギン) 임금의 마음
【宸念】(신념-シンネン) 임금의 뜻
【宸慮】(신려-シンリョ) 임금의 마음
【宸憂】(신우-シンユウ) 임금의 근심
【宸衷】(신충-シンチュウ) 임금의 마음
【宸筆】(신필-シンピツ) 임금의 필적

【宴】연 エン、さかもり banquet 霰 ㄧㄢ yen^{4}
①잔치 以酒食相饗 ②편안할 安也
【宴樂】(연락-エンラク) 잔치를 벌리고 즐김
【宴席】(연석-エンセキ) 잔치하는 자리
【宴安】(연안-エンアン) 아무것도 하지않고 놀고만 있음
【宴筵】(연연-エンエン) 「연석(宴席)」 잔치 하는 자리。
【宴飮】(연음-エンイン) 잔치
【宴餞】(연전) 잔치를 열고 떠나는 사람을 잘 보냄
【宴會】(연회-エンカイ) 잔치。 모임잔치

【容】용 ヨウ、ユウ、すがた figure 冬 ㄖㄨㄥ jung^{2}
①얼굴 모양、형용、꼴 貌也 儀也 ②안존할 安也從— ③용납할 受也 ④펄렁거릴 飛揚貌
【容光】(용광-ヨウコウ) ①아름답고 빛나는 얼굴 ②틈으로 들어오는 빛
【容器】(용기-ヨウキ) 물건을 담는 그릇
【容納】(용납-ヨウノウ) 들어 줌。 싸줌
【容量】(용량-ヨウリョウ) 물건이 담기는 분량
【容貌】(용모-ヨウボウ) 얼굴의 모양
【容恕】(용서) 놓아 줌。 죄를 면하여 줌
【容膝】(용슬-ヨウシツ) 겨우 무릎을 넣을만한 작은 방。 집 속에서몸을놀림
【容顔】(용안-ヨウガン) 얼굴의 모양
【容與】(용여-ヨウヨ) 태도나 마음이 태연함
【容悅】(용열-ヨウエツ) 아첨함。 임금의 마음에 들도록 희열의 태도를 지음
【容儀】(용의-ヨウギ) 의식(儀式)에 맞는 태도
【容易】(용이-ヨウイ) 쉬움
【容忍】(용인-ヨウニン) 용서 하고 참음
【容認】(용인-ヨウニン) 용납하고 인정함
【容姿】(용자-ヨウシ) 얼굴의 자세
【容積】(용적-ヨウセキ) 손에 물건을 담을수 있는 부피
【容接】(용접-ヨウセツ) 찾아온 손님을 안내하여 만나봄。 교제함
【容止】(용지-ヨウシ) 거동
【容態】(용태 ヨウタイ) 용모와 자태
【容華】(용화) 얼굴이 예쁘게 생김
【容喙】(용훼-ヨウエン) 입을 놀림。 말참견함

【宰】재 サイ、つかさ minister 賄 ㄗㄞ tsai^{3}
①재상 관원 官稱 ②다스릴 治也 ③주장할 主也 ⑤잡을、죽일 屠也 「력 割肉
【宰柄】(재병-サイヘイ) 재상(宰相)의 권
【宰殺】(재살-サイサツ) 짐승을 죽임
【宰相】(재상-サイショウ) 임금을 도와 정치를 행하는 최고의 관직
【宰臣】(재신-サイシン) 재상(宰相)
【宰割】(재할-サイカツ) 주재하여 일을 처리함

【害】해 ガイ、そこなう harm 泰 ㄏㄞ hai^{4}
①해할 傷也 ②해롭게할 妨也 ③시기할 忌也 (할) ①어느 무엇 何也 ②어찌아니할 盍也
【害毒】(해독-ガイドク) ①선량한것을 언짢게 만드는 물건 ②해롭게 함
【害心】(해심-ガイシン) 남을 해롭게 하는 마음 「가되는 벌레
【害蟲】(해충-ガイチュウ) 동식물체에 해

【案】木部 六畫에 볼것

【八 畫】

【寇】구 コウ、ク、あだ enemy 宥 ㄎㄡ k'ou^{4}
①떼도적 賊也 ②겁탈할 刦取 ③사나울 暴也

【寇盜】(구도-コウトウ) 처들와서 도적질
【寇讐】(구수-コウシュウ) 원수
【寇賊】(구적-コウゾク) 국경을 침범하는 도적
【寇偸】(구투-コウリン) 다른 나라에 침입해서 난폭한 짓을 하거나 도둑질을 함

【寄】기 キ、よる vely 寘 ㄐㄧˋ chi⁴
①붙어살 寓也 ②맏길 付托 ③부탁할 囑托 ④부칠 以物付人由此達彼 ⑤전할 傳也
【寄居】(기거-キキョ) 임시로 머물러 있음
【寄稿】(기고-キコウ) 원고를 부치어 보냄。기증한 원고
【寄留】(기류-キリュウ) 남의 집에 부치어 살음
【寄附】(기부-キフ) 어떠한 일에 보조의 목적으로 재물을 내어 줌
【寄生】(기생-キセイ) 자기가 독립하여 생존할 수 없는 동식물이 다른 동식물속 또는 거죽에 붙어서 그에게서 영양물을 얻어 살아 감
【寄書】(기서-キショ) ①편지를 부침 ②신문・잡지에 기재하기 위하여 보내는 글
【寄宿】(기숙-キシュク) 남의 집에 몸을 부치어 살고 있음
【寄食】(기식-キショク) 남의 집에 몸을 부치어 살고 지냄
【寄語】(기어-キゴ) 말을 부치어 보냄
【寄寓】(기우-キグウ) 한때 임시로 거처함
【寄贈】(기증-キゾウ) 물건을 보내줌
【寄託】(기탁-キタク) 맡기어 둠。위탁
【寄港】(기항-キコウ) 기선이 항구에 들림

【密】밀 ミツ、しげる thick 質 ㄇㄧˋ mi⁴
①빽빽할 疎之對稠也 ②비밀할 秘也 ④썩 가까울 切近 ④깊을 深也
【密計】(밀계-ミッケイ) 비밀한 계획
【密告】(밀고-ミッコク) 몰래 이름。가만이 고발함
【密記】(밀기-ミッキ) 비밀한 기록
【密談】(밀담-ミツダン) 비밀의 회담
【密賣】(밀매-ミツバイ) 몰래 팜
【密謀】(밀모-ミツボウ) 비밀히 꾀함
【密報】(밀보-ミツボウ) 밀고하는 통지
【密封】(밀봉-ミップウ) 꼭 봉함。단단히 봉함
【密夫】(밀부-ミップ) 사잇서방。밀통한 남자
【密婦】(밀부-ミップ) 밀통한 여자
【密使】(밀사-ミッシ) 몰래 보내는 사신
【密事】(밀사-ミツジ) 비밀한 일
【密書】(밀서-ミッショ) 비밀한 편지
【密輸】(밀수-ミツユ) 법을 위반하고 몰래 수출입함
【密室】(밀실-ミッシツ) ①비밀한 방 ②닫아두고 함부로 출입을 못하게 하는 방
【密約】(밀약-ミツヤク) 비밀한 약속
【密語】(밀어-ミツゴ) 남모르게 비밀히 하는 이야기
【密諭】(밀유)남몰래 가만히 타이름
【密議】(밀의-ミツギ) 비밀한 회의
【密意】(밀의-ミツイ) 비밀한 뜻
【密接】(밀접-ミッセツ) ①꼭 달라붙음 ②서로 관계가 깊어 떨어지기 어려움 ③서로 가까이 지냄
【密偵】(밀정-ミッテイ) 비밀히 정탐하는 사람
【密造】(밀조-ミツゾウ) ①비밀히 제조함 ②허가없이 만듦
【密詔】(밀조-ミッショ) 비밀한 왕명
【密集】(밀집-ミッシュウ) 빽빽히 모임
【密着】(밀착-ミッチャク) 단단히 붙음
【密策】(밀책-ミッサク) 비밀한 꾀
【密勅】(밀칙-ミッチョク) 비밀한 칙명
【密探】(밀탐-ミッテイ) 몰래 정탐함
【密通】(밀통-ミッツウ) ①몰래 알려 줌 ②남녀가 몰래 정을 통함
【密閉】(밀폐-ミッペイ) 꼭 닫음
【密航】(밀항-ミッコウ) 몰래 항해함
【密行】(밀행-ミッコウ) 몰래 다님
【密話】(밀화-ミツワ) 남몰래 하는 이야기
【密會】(밀회-ミッカイ) 몰래 모임。몰래 만남

【宿】숙 シュク、やどる lodge 屋 ㄒㄧㄡˇ hsiu³
①잘 夜止 ②지킬 守也 ③본디 素也。夙通 肅同(수)①떼별 列星 ②별자리 列星舍
【宿痾】(숙가) 오래 낫지 아니하는 병

【宿德】(숙덕-シュクトク) 오래된 덕망。
또 덕이 있는 노인(老人)
【宿望】(숙망-シュクボウ) ①오래된 명망
②벌써부터 가진 희망
【宿命】(숙명-シュクメイ) 선천적으로 작
정된 운명
【宿泊】(숙박-シュクハク) 주막에서 묵음。「주막
여관에 드름
【宿舍】(숙사-シュクシャ) 숙박하는 집。
【宿世】(숙세-スクセ・シュクセイ) 이전세
상。전세(前世)
【宿所】(숙소-シュクショ) 숙박하는 곳
【宿食】(숙식-シュクショク) 자는 것과 먹
는 것
【宿痾】(숙아-シュクア) 긴 병。오랜 병
【宿緣】(숙연-シュクエン) 오랜 인연
【宿雨】(숙우-シュクウ) ①연일 오는 비。
장마 ②간밤부터 오는 비
【宿運】(숙운-シュクウン) 숙명
【宿怨】(숙원-シュクエン) 오래 된 원한
【宿願】(숙원-シュクガン) 늘 바라던 소
원。숙망 「비
【宿儒】(숙유-シュクジュ) 학식이 많은 선
【宿因】(숙인-シュクイン) 전생(前生)부
터의 인연
【宿將】(숙장-숙장-シュクショウ) 경험이
많은 장수。노장(老將) 「제
【宿題】(숙제-シュクダイ) 미리 내주는 문
【宿志】(숙지-シュクシ) 벌써부터 먹은
뜻

【宿直】(숙직-シュクチョク) 관청이나 회사
등에서 자고 밤을 지킴。또 그 사람
【宿債】(숙채-シュクサイ) 묵은 빚

【寅】 인 イン、とら tiger 眞 ㄧㄣˊ yin2
①세째지지 十二支之第三位 ②인시
午前三點鍾至五點鍾 ③동관 同一同
官 ④공경할 敬也
【寅月】(인월-インゲツ) 음력 정월

【寂】 적 ジャク、セキ、さびしい desolate 錫 ㄐㄧˊ chi2
고요할 靜也
【寂寥】(적료-セキリョウ) 적적하고 쓸쓸
【寂寞】(적막-セキバク) 적적함。쓸쓸함 「함
【寂滅】(적멸-セキメツ) 사라져 없어짐。
죽음
【寂然】(적연-セキゼン) 쓸쓸한 모양。적
적한 모양
【寂寂】(적적-セキセキ) 쓸쓸한 모양。적
적한 모양

【宁】 寧 (宀部十一畫)略字

【九 畫】

【寐】 매 ビ、ねる sleep 寘 ㄇㄟˋ mei4
①잘 寢也 ②쉴 息也

【富】 부 フ、とむ rich 宥 ㄈㄨˋ fu4
①부자 豊財 ②넉넉할 充裕 ③두터
울 厚也 ④어릴 年幼
【富强】(부강-フキョウ) 가멸하고 강함
【富骨】(부골) 부자답게 보이는 골격
【富驕】(부교-フギョウ) 집안이 넉넉하
여 교만을 부림
【富國】(부국-フコク) 나라를 가멸케 함。
또 부한 나라
【富貴】(부귀-フキ・フウキ) 돈이 많고 지
위가 높음
【富大】(부대) 살이 쪄서 몸이 뚱뚱하
고 큼
【富名】(부명) 부자라는 이름
【富民】(부민) 넉넉하게 사는 백성
【富饒】(부요-フジョウ) 재산이 많음。넉
넉함
【富源】(부원-フゲン) 부자가 될 근원
【富裕】(부유-フユウ) 재물이 넉넉함
【富益富】(부익부) 부자가 더욱 부자
가 됨
【富者】(부자) 돈이 많은 사람。살림
이 넉넉한 사람
【富村】(부촌) 부자가 많이 사는 마을
【富豪】(부호-フゴウ) 돈이 많고 세력이
있는 사람

【寔】 식 ショク、まこと true 職 ㄕˊ shih2
①참 실로 實也 ②이 是也

【寓】 우 グウ、よせる lodge 遇 ㄩˋ yü4
①부칠 寄也 ②살 居也

【寓居】(우거-グウキョ) 남의 집에 부쳐 살음
【寓宿】(우숙-グウシュク) 잠간동안 묵음
【寓食】(우식-グウショク) 남의 집에 밥을 붙여 먹음
【寓言】(우언-グウゲン) 다른 사물에 비대는 말。딴말 「기어

【寒】 한 カン、さむい cold 寒 ㄏㄢˊ han²
①찰 暑之對 ②어려울 窮窘 ②열릴 戰慄 ④그만둘 歇也
【寒苦】(한고-カンク) 추위로 고생함。가난하여 고생이 됨
【寒氣】(한기-カンキ) ①추위 ②추운 기운 「운
【寒暖】(한난-カンダン) 추움과 따뜻함
【寒暖計】(한난계-カンダンケイ) 추위와 더위를 헤아리는 기계
【寒冷】(한냉-カンレイ) 몹시 추움
【寒帶】(한대-カンタイ) 적도(赤道)로부터 남북(南北) 각 六十六도반에서 시작되어 남극에 이르기까지의 사이
【寒露】(한로-カンロ) 二十四절기의 하나。양력 十월 八일 경
【寒門】(한문-カンモン) 구차한 집안
【寒士】(한사) 가난한 선비
【寒暑】(한서-カンショ) 추위와 더위
【寒素】(한소-カンソ) 청빈(淸貧)
【寒濕】(한습-カンシツ) 습기로 허리의 아래가 찬 병
【寒食】(한식-カンショク) 동지(冬至)후 百五일 되는 날。진(晋)나라의 개자추(介子推)가 불에 타죽은 날이므로 이를 슬퍼하여 불을 금하고 찬 음식을 먹었다는 고사(故事)
【寒心】(한심-カンシン) 딱딱하게 여기는 마음。걱정되는 마음。기막힌 마음
【寒鴉】(한아-カンア) 까마귀
【寒煙】(한연-カンエン) 쓸쓸한 연기
【寒熱】(한열-カンネツ) ①병의 한기와 열기 ②추위와 더위
【寒溫】(한온-カンオン) 추운 것과 따스한 것
【寒雨】(한우-カンウ) ①찬 비 ②겨울에 보는 비
【寒燠】(한욱-カンイク) 추위와 더위
【寒雲】(한운-カンウン) 겨울 하늘에 뜬 구름
【寒威】(한위-カンイ) 추위의 위세
【寒戰】(한전) 추위에 떨음
【寒節】(한절) 추운 절기。추울 때。한천(寒天)
【寒窓】(한창-カンソウ) 객지
【寒天】(한천-カンテン) ①추운 하늘。한절(寒節) ②우무
【寒泉】(한천-カンセン) 찬샘
【寒村】(한촌-カンソン) 가난한 마을。쓸쓸한 마을
【寒風】(한풍-カンプウ) 찬 바람 「사
【寒喧】(한훤-カンケン) 기후에 대한 인

【寓】 宇 (宀 部 三畫)古字

【十 畫】

【寘】 치 シ、おく put 寘 ㄓˋ chih⁴
둘 置也

【寖】 침 シン、ひたす get wet 侵 ㄐㄧㄣˋ chin⁴
①젖을 漑也 ②점점 漸也

【十一畫】

【寡】 과 カ、ワ、すくない few 馬 ㄍㄨㄚˇ kua³
①적을 少也 ②드물 罕也 ③홀어미 —婦 ④나 諸侯自稱
【寡居】(과거-カキョ) 홀어미로 지냄。과부로 살음
【寡君】(과군-カクン) 자기 나라의 임금。신하가 자기의 임금을 타국의 임금에게 대하여 일컫는 겸사 말
【寡頭政治】(과두정치-カトウセイジ) 소수의 사람이 한 국가의 주권을 장악하여 자기들 이익을 목적으로 한 정치
【寡默】(과묵-カモク) 말이 적음
【寡婦】(과부-カフ) 홀어미。과수
【寡守】(과수) 홀어미
【寡約】(과약-カヤク) 질소하고 검약함
【寡弱】(과약) 적고 약함
【寡欲·寡慾】(과욕·과욕-カヨク) 욕심이 적음
【寡人】(과인-カジン) ①임금의 자칭。덕

이 적은 사람이라는 뜻 ②제후(諸侯)의 부인의 자칭

【寠】 구 ク、グ、まずしい poverty
가난할 貧陋 (루) 기울어진 땅 便側地甌—

【寧】 녕 ネイ、やすい peaeful 圊 徑 ㄋㄧㄥ ning²
①편안할 安也 ②문안할 省視 ③차라리 願詞 ④어찌 何也
【寧居】(영거-ネイキョ) 안심하고 있음。편안히 있음
【寧息】(영식-ネイソク) 편안히 쉼
【寧日】(영일-ネイジツ) 편안할 날。평화한 날
【寧靜】(영정-ネイセイ) 편안하고 고요함

【寥】 료 リョウ、さびしい desolate 蕭 ㄌㄧㄠ liao²
①빌 空也 ②휑할 廓也 ③고요할 寂也
【寥廓】(요곽-リョウカク) 넓고 넓어서 한이 없음
【寥寥】(요료-リョウリョウ) ①쓸쓸한 모양 ②비고 넓은 모양 ③수가 적은 모양。새벽 별 같이 드물다는 뜻

【寞】 막 バク、さびしい solitarg 藥 ㄇㄛ mo⁴
적막할 無聲寂—
【寞寞】(막막-バクバク) ①적막한 모양 ②활발하지 아니한 모양

【實】 실 ジツ、みのる fruit 質 ㄕ shih²
①열매 草木子 ②성실할 誠也 ③넉넉할 富也 ④찰 充也 ⑤밸 滿也 ⑥사본 事跡
【實價】(실가-ジッカ) 에누리 없는 값
【實感】(실감-ジッカン) 실체에 대하여 생기는 감각
【實景】(실경-ジッケイ) 실상의 경치
【實權】(실권-ジッケン) 실제의 권력
【實記】(실기-ジッキ) 실제의 기록
【實談】(실담-ジツダン) 진실한 말
【實力】(실력-ジツリョク) 실제의 힘
【實歷】(실력-ジツレキ) 실제의 이력
【實例】(실례-ジツレイ) 실제의 전례
【實錄】(실록-ツロク) 사실대로 적은 기록
【實利】(실리-ジツリ) ①실제의 이익。②현신의 효익
【實母】(실모-ジツボ) 친 어머니
【實務】(실무-ジツム) 실제의 업무。실제의 임무
【實物】(실물-ジツブツ) 실제의 물건
【實父】(실부-ジップ) 친아버지
【實事】(실사-ジツジ) 실제의 일。참된일
【實寫】(실사-ジッシャ) 실물·실경을 그리거나 찍은 사진 「상
【實相】(실상-ジッソウ) 실제의 모양。진
【實狀】(실상-ジツジョウ) 실제의 현상。실제의 사정
【實習】(실습-ジッシュウ) 실지로 익힘
【實施】(실시-ジッシ) 실지로 시행함
【實業】(실업-ジツギョウ) ①실지로 행하는 업무 ②농공(農工)。상업(商業) 등 생산 영업에 속한 경제적 사업
【實演】(실연-ジツエン) 실제로 연출함
【實用】(실용-ジツヨウ) 실제에 이용함
【實意】(실의-ジツイ) 본 뜻。진실한 뜻
【實益】(실익-ジツエキ) 옹골진 이익。실리
【實印】(실인-ジツイン) 개인이 자기에게 관한 중요 서류에 찍는 도장
【實在】(실재-ジッサイ) 주관을 떠나서 존재하는 물건
【實跡】(실적-ジッセキ) 실제의 사적
【實戰】(실전-ジッセン) 실지의 싸움
【實情】(실정-ジツジョウ) ①진실한 사정 ②참 마음。진정
【實際】(실제-ジッサイ) ①실지의 경우 ②실지의 형편
【實證】(실증-ジッショウ) 확실한 증거。자연적 현상에 인위를 더하여 관찰함
【實地】(실지-ジッチ) ①실지의 힘 ②진정한 가치 ③사물이 현존하는 곳
【實質】(실질-ジッシツ) ①실상의 본바탕 ②내용 또는 성질
【實踐】(실천-ジッセン) 실제로 이행함。「실행
【實體】(실체-ジッタイ) ①실제의 물건。실물。실질 ②성질 또는 작용의 지

지자인 본체

【實測】(실측-ジッソク) 실지의 측량

【實彈】(실탄-ジツダン) 총·대포에 탄환을 재임

【實吐】(실토) 바른대로 말함 「학문

【實學】(실학-ジツガク) 실지에 소용되는

【實行】(실행-ジッコウ) 실지로 행함

【實驗】(실험-ジッケン) ①실지로 시험함 ②실지로 경험함 ③실증(實證)

【實現】(실현-ジツゲン) 실제로 나타남

【實話】(실화-ジツワ) 사실 이야기

【實況】(실황-ジッキョウ) 실제의 상황

【實效】(실효-ジッコウ) 확실한 효험

【寤】오 ゴ、さめる awake 遇 ㄨˋ wu⁴

①잠깰 寤覺 ②깨칠 覺也

【寤寐】(오매-ゴビ) 깨는 것과 자는 것。자나 깨나

【寤夢】(오몽-ゴム) 낮에 있던 일을 그날 밤에 꾸는 꿈

【察】찰 サツ、しらべる examine 黠 ㄔㄚˊ ch'a²

①살필 鑑也 ②깨끗할 潔也 ③환히 드러날 昭著

【察覽】(찰람-サツラン) 분명히 봄 「힘

【察照】(찰조-サツショウ) 잘 생각하여 밝

【寨】채 サイ、とりで fortress 卦 ㄓㄞˋ chai⁴

①진 營壘 ②나무 우리 潘落木柵

【寢】침 シン、ねる sleep

①잘 臥也 ②쉴 息也 ③침실 居室 ④정자각 陸— ⑤못생길 容貌醜惡

【寢具】(침구-シング) 이부자리

【寢臺】(침대-シンダイ) 서양식의 침상

【寢所】(침소-シンショ) 사람이 자는 곳

【寢息】(침식-ねいき·シンソク) 쉼。자고 있을 때의 숨소리 「것

【寢食】(침식-シンショク) 자는 것과 먹는

【寢室】(침실-シンシツ) 사람이 자는 방

【寢衣】(침의-シンイ) 자리옷

【寢殿】(침전-シンデン) 임금의 침소

【蜜】虫部 八畫에 볼것

【賓】見部 七畫에 볼것

【搴】手部 十畫에 볼것

【十二畫】

【寬】관 カン、ひろい generous

①너그러울 裕也 ②용서할 宥也

【寬大】(관대-カンダイ) 마음이 너그럽고 큼

【寬貸】(관대-カンタイ) 너그럽게 용서함。관서(寬恕)

【寬恕】(관서-カンジョ) 너그럽게 용서함

【寬容】(관용-カンヨウ) 너그럽게 감싸줌。너그럽게 덮어 줌。너그럽게 용납함

【寬宥】(관유-カンユウ) 관서(寬恕)

【寬裕】(관유-カンユウ) 마음이 너그러움

【寬仁】(관인-カンジン) 마음이 너그럽고 자비심이 많음

【寬厚】(관후-カンコウ) 너그럽고 후함

【寮】료 リョウ、つかさ on official 蕭 ㄌㄧㄠˊ liao²

①동관 同官 ②작은 창 小窓 ③중의 집 僧舍

【寮屬】(요속-リョウゾク) 벼슬아치。요좌(寮佐) 「관리

【寮佐】(요좌-リョウサ) 웃 사람을 돕는

【寫】사 シャ、うつす copy 馬 ㄒㄧㄝˇ hsieh³

①글씨 쓸 謄鈔 ②모뜰 摹畫 ③쏟을 傾也 ④부어만들 鑄像

【寫本】(사본-シャホン) 베낀 책

【寫生】(사생-シャセイ) 실물(實物)실경(實景)을 그대로 그림 「책

【寫書】(사서-シャショ) 책을 베낌。또 그

【寫實】(사실-シャジツ) 실제의 형편을 그려냄

【寫字】(사자-シャジ) 글씨를 씀

【寫眞】(사진-シャシン) ①물건의 진상을 그려냄 ②사진기계로 박은 형상

【審】심 シン、つまびらか examine 寢 ㄕㄣˇ shen³

①살필 熟究 ②알 悉也 ③알아낼

鞠事 ④자세할 詳也 ⑤묶음 束也
⑥과연 助詞有決定之意
【審理】(심리-シンリ) 자세히 심사하여 처리함
【審美】(심미-シンビ) 미(美)의 본질(本質)을 살핌
【審問】(신문-シンモン) 자세히 물음
【審査】(심사-シンサ) ①자세히 조사함 ②조사하여 정함
【審議】(심의-シンギ) 심사하여 의논함
【審察】(심찰-シンサツ) 자세히 살핌
【審判】(심판-シンパン) 심리하여 재판함 잘하고 잘 못함을 분명히 가름

【十三畫】

【寰】환 カン、あがた the districts around the capital city
①경기고을 封畿內縣 ②대궐담 宮周垣
【寰區】(환구-カンク) ①세상 ②천지간(天地間)
【寰內】(환내-カンナイ) ①임금이 다스리는 영토。전체 ②천하
【寰域】(환역-カンイキ) 구역의 안
【寰宇】(환우-カンウ) 세상。세계。천하
【寰海】(환해-カンカイ) 지구의 총칭。세계

【憲】 心部 十二畫에 볼것

【十六畫—十七畫】

【寵】총 チョウ、めぐむ favour 腫東 ㄔㄨㄥˇ ch'ung
①고일 사랑할 愛也 ②첩 俗謂妾曰— ③은혜 恩也 ④영화 尊榮
【寵光】(총광-チョウコウ) 임금의 은총을 받는 영광
【寵命】(총명-チョウメイ) 임금이 특별히 사랑하는 생각
【寵靈】(총령) 임금의 귀여움을 받는 「행복
【寵賜】(총사-チョウシャク) 특별히 사랑하여 하사함。또는 그 물건 「하
【寵臣】(총신-チョウシン) 총애를 받는 신
【寵兒】(총아-チョウジ) ①총애를 받는 사람 ②팔자가 좋은 사람 「사랑
【寵愛】(총애-チョウアイ) 고임。특별한
【寵妾】(총첩-チョウショウ) 총애를 받는 첩
【寵招】(총초) 특별한 자애로운 초대
【寵姬】(총희-チョウヒ) 마음에 드는 계집

【寶】보 ホウ、たから treasure 皓 ㄅㄠˇ pao
①보배 珍也 ②돈 錢幣 ③옥새 符璽 ④귀할 貴也 「사물
【寶鑑】(보감-ホウカン) 모범이 될만한
【寶劍】(보검-ホウケン) 귀중한 칼。보도(寶刀)
【寶戒】(보계-ホウカイ) 중대한 훈계
【寶庫】(보고-ホウコ) ①귀중한 재물을 쌓아두는 곳 집 ②많은 재화가 나는 땅
【寶冠】(보관-ホウカン) ①보배가 되는 왕관 ②보석으로 꾸민 관
【寶器】(보기-ホウキ) 귀중한 그릇
【寶刀】(보도-ホウトウ) 보검(寶劍)
【寶齡】(보령-ホウレイ) 임금의 나이。보산(寶算) 「기록
【寶錄】(보록-ホウロク) 보배로 여기는
【寶物】(보물-ホウモツ) 보배
【寶算】(보산-ホウサン) 임금의 나이
【寶石】(보석-ホウセキ) 아름답고 귀한 옥돌
【寶案】(보안-ホウアン) 임금의 보물을 올려놓는 받침
【寶玉】(보옥-ホウギョク) 보석
【寶位】(보위-ホウイ) 임금의 자리
【寶藏】(보장-ホウゾウ) 소중하게 보관함
【寶典】(보전-ホウテン) 귀중한 책
【寶祚】(보조-ホウソ) 임금의 자리
【寶珠】(보주-ホウシュ) 보옥(寶玉)
【寶座】(보좌-ホウザ) 임금의 자리
【寶塔】(보탑-ホウトウ) 귀한 보배로 장식한 탑 「배
【寶貨】(보화-ホウカ) 값나가는 재물。보

寸部

【寸】촌 スン、ながさ Korean inch 願 ㄘㄨㄣˋ ts'uen
①치 마디 度名十分 ②헤아릴 忖也

③조금 少也
【寸暇】(촌가-スンカ) 아주 짧은 겨를
【寸刻】(촌각-スンコク) 눈 깜짝할 사이
【寸隙】(촌극-スンゲキ) 약간한 틈
【寸祿】(촌록-スンロク) 적은 복록
【寸碧】(촌벽) 구름 사이로 보이는 푸른 하늘
【寸步】(촌보-スンポ) 몇 걸음 안되는 걸음。 조금의 걸음
【寸謝】(촌사-スンシャ) 약간한 사례
【寸書】(촌서-スンショ) 짧은 편지
【寸心】(촌심-スンシン) 작은 마음
【寸裂】(촌열-ススレツ) 갈갈이 찢음
【寸恩】(촌은-スンオン) 얼마 안 되는 은혜
【寸陰】(촌음-スンイン) 썩 짧은 시각
【寸意】(촌의-スンイ) 자그마한 뜻
【寸楮】(촌저-スンチョ) 짧은 편지
【寸志】(촌지-スンシ) 자그마한 뜻
【寸紙】(촌지-スンシ) 짧은 편지
【寸札】(촌찰-スンサツ) 짧은 편지
【寸鐵】(촌철-スンテツ) ①썩 짧은 칼 ②참된 정을 나타내는 간단한 말
【寸土】(촌토-スンド) 얼마 안 되는 땅。 척토(尺土)

【三 畫】

【寺】 사 ジ、てら temple 寘 ㄙ ssŭ
①절 僧居 ②마을 官舍 시 내관 宦―

【寺格】(사격-ジカク) 절의 격식
【寺規】(사규) 절의 규칙
【寺門】(사문-ジモン) 절에 들어가는 문。 산문(山門)
【寺院】(사원-ジイン) 절。 불살(佛殺)。 사찰(寺刹)
【寺田】(사전-ジデン) 절에 딸린 밭
【寺刹】(사찰-ジサツ) 절

【四 畫】

【対】 對(寸部 十一畫)略字

【肘】 肉部 三畫에 볼것

【寿】 壽(士部 十一畫)略字

【六 畫】

【封】 봉 フウ、ホウ、とじる seal 冬 ㄈㄥ fēng
①봉할 緘也 ②클 大也 ③북돋을 培也 ③지경 ―疆 ④무덤 聚土 ⑤봉선제 祭名 ―禪 ⑥땅떼어줄 爵土 ⑦부자 素―富厚

【封疆】(봉강-ホウキョウ) 제후(諸侯)를 봉한 땅。 봉토(封土)
【封建】(봉건-ホウケン) 천자(天子)가 토지를 나누어 제후(諸侯)를 따로 세움
【封口】(봉구) 물건을 싸서 봉한 자리
【封蠟】(봉랍-フウロウ) 봉한 자리를 바르는 납
【封物】(봉물) 선사로 봉하여 보내는 물건
【封墳】(봉분) 무덤 위에 흙을 쌓아 높게 만듬
【封事】(봉사-フウジ・ホウジ) 임금께 올리는 밀봉한 글
【封書】(봉서-フウショ) 겉봉을 봉한 편지
【封送】(봉송) 물건을 싸서 보냄
【封鎖】(봉쇄-フウサ) ①닫고 봉함。 폐쇄(閉鎖) ②나라와 나라의 해상교통(海上交通)을 막음
【封守】(봉수) 국경을 지킴
【封域】(봉역-ホウイキ) ①흙을 쌓아서 만든 경계 ②봉토의 경계
【封冊】(봉책-ホウサク) 왕후(王侯)에 봉하는 뜻을 쓴 임금
【封土】(봉토-ホウド) ①흙을 높이 쌓아 올림 ②봉강(封疆)
【封套】(봉투-フウトウ) 편지를 써서 넣고 봉하는 종이 주머니
【封緘】(봉함-フウカン) 편지를 봉함
【封合】(봉합) 봉하여 붙임

【耐】 而部 三畫에 볼것

【射】 사 シャ、セキ、いる shoot 禡 ㄕ shih
쏠 發矢 (야) 벼슬 이름 官名僕― (석) 맞춰 취할 指物而取 (역) 싫을 厭也

【射擊】(사격-シャゲキ) 총・대포 등을

광 놓음

【射光】(사광-シャコウ) 빛을 냄。빛을 쏨

【射獵】(사렵-シャリョウ) 활로 쏘아 하는 사냥

【射利】(사리-シャリ・セキリ) 이익을 얻으려고 하는 일。돈을 모으는 재주

【射殺】(사살-シャサツ) 쏘아 죽임

【射席】(사석-シャセキ) 사수(射手)의 자리

【射線】(사선-シャセン) 발사한 탄알이 지나가는 길

【射手】(사수-シャシュ・いて) 활을 쏘는 병졸

【射御】(사어-シャギョ) 활 쏘는 술(術)과 말 타는 술(術)

【射藝】(사예-シャゲイ) 활 쏘는 기예

【射場】(사장-シャジョウ) 활을 연습하는 곳

【射的】(사적-シャテキ) 과녁을 맞춤。또 과녁

【射亭】(사정) 활 터에 세운 정자

【射情】(사정-シャセイ) 정수(精水)를 내보냄

【射出】(사출-シャシュツ) 화살 또는 탄알을 발사함

【射倖】(사행-シャコウ) 우연한 이익을 얻고자 함

【辱】辰部 三畫에 볼것

【八 畫】

【尉】위 イ、やすんじる comfort 困 ㄨㄟˋ wei'

①편안하게 살 安之 ②위버슬 官名 廷— ③기다릴 候也 (울) 西復姓 —遲

【尉官】(위관-イカン) 육해군의 대・중・소위의 총칭

【將】장 ショウ、ひきいる general 陽 ㄐㄧㄤ chiang'

①장수 —帥 ②거느릴 —之 ③장차 漸也 ④문득 抑送辭 ⑤또 且也 ⑥가질 持也 ⑦기를 養也 ⑧거느릴 領之 ⑨도울 助也 ⑩곁붙을 扶持 ⑪받을 奉也 ⑫이을 承也 ⑬나아갈 進也 ⑭보낼 送也 ⑮행할 行也 ⑯함께할 與借 ⑰곧 即也 ⑱으리으리할 嚴正貌 —— ⑲쟁그렁 쟁그렁할 聲也 —— ⑳클 大也

【將官】(장관-ショウカン) 원수(元帥)・대장(大將)・중장(中將)・소장(少將)・준장(准將)의 총칭

【將校】(장교-ショウコウ) 군대의 지휘자

【將軍】(장군-ショウグン) ①장수(將帥) ②고려(高麗)때 대장군(大將軍) 다음의 무관(武官)

【將近】(장근) 시기가 가까와 짐

【將器】(장기-ショウキ) 장수가 될만한 인물

【將來】(장래-ショライ) 장차 돌아올 때。금후。미래

【將略】(장략-ヨシウリャク) 장수다운 지략

【將令】(장령-ショウレイ) 장수의 명령

【將門】(장문-ショウモン) 장수의 가문

【將兵】(장병-ショウヘイ) 장졸(將卒)

【將士】(장사-ショウシ) 장졸

【將帥】(장수-ショウスイ) 군사를 거느리는 우두머리

【將息】(장식-ショウソク) 몸을 길러 휴식함

【將卒】(장졸-ショウソツ) 장교와 병졸들

【將指】(장지) ①가운데 손가락 ②엄지 발가락

【將次】(장차) 차차。앞으로

【專】전 セン、もっぱら entirely 先 ㄓㄨㄢ chuan'

①오로지 獨也 ②전일할 壹也 ③저대로 할 擅也

【專決】(전결-センケツ) 혼자 생각으로 결정함

【專攻】(전공-センコウ) 전문으로 연구함

【專管】(전관-センカン) 그 일만을 오로지 관리(管理)함

【專權】(전권-センケン) 권력을 마음대로 함。직권을 남용함

【專斷】(전단-センダン) 마음대로 결단함。전결(專決)

【專賣】(전매-センバイ) 혼자 맡아 놓고 팖。정부의 독점사업

【專務】(전무-センム) 오로지 맡아 보는 사무

【專門】(전문-センモン) 한 학과 또는 사업을 오로지 연구。또는 담당함

【專門醫】(전문의-センモンイ) 어떠한 부문을 전문으로 하는 의사

【專屬】(전속-センゾク) 오로지 부속함
【專修】(전수-センシュウ) 오로지 닦음。전공(專攻)
【專心】(전심-センシン) 마음을 한곳에만 오로지 씀
【專用】(전용-センヨウ) 혼자만 씀
【專有】(전유-センユウ) 혼자 차지함
【專一】(전일-センイツ) ①마음을 오로지 하고 다른 것을 돌아보지 아니함 ②한결같고 변하지아니함
【專任】(전임-センニン) 오로지 담당함
【專恣】(전자-センシ) 제마음 대로함
【專制】(전제-センセイ) 남의 사정은 돌아보지 않고 자기의 생각나는 대로 다룸
【專制政治】(전제정치-センセイセイジ) 일국의 통치를 군주의 의사대로 행하는 정치 「음
【專寵】(전총-センチョウ) 사랑을 혼자 받
【專行】(전행-センコウ) 마음대로 행함
【專橫】(전횡-センオウ】 제마음대로 함

【九 畫】

【尋】심 ジン、たずねる look for;visit
①찾을 釋也 求也 搜也 ②인할 仍也 ③이을 繼也 ④여덟자 度名八尺 ⑤얼마 아니 있을 俄也
【尋問】(심문-ジンモン) 찾아 물음
【尋訪】(심방-ジンホウ) 찾음。방문함
【尋常】(심상-ジンジョウ) ①범상함。범연함 ②얼마 안되는 길이
【尋引】(심인-ジンイン) 자。척도(尺度)
【尋討】(심토-ジントウ) 찾아 냄

【尊】존 ソン、たっとい respect 元 ㄗㄨㄣ tsuen¹
①높을 高也·貴也·重也 ②공경할 敬也 ③어른 君父稱 (준) ①술그릇 酒器 ②신불의상 神佛之像
【尊敬】(존경-ソンケイ) 높이어 공경함
【尊貴】(존귀-ソンキ) 높고 귀함 「존대
【尊堂】(존당-ソンドウ) 남의 어머니의
【尊大】(존대-ソンダイ) 자랑함。잘난체함
【尊待】(존대-ソンタイ) 높게 대우함
【尊慕】(존모-ソンボ) 존경하고 사모함
【尊奉】(존봉-ソンポウ) 존경하여 받들음
【尊卑】(존비-ソンピ) 신분·지위들의 높은 것과 낮은 것
【尊崇】(존숭-ソンスウ) 존경하고 숭배함
【尊顏】(존안-ソンガン) 남의 얼굴의 존대 「서 범할수 없음
【尊嚴】(존엄-ソンゲン) 높고 엄숙함。높아
【尊榮】(존영-ソンエイ) 높고 영화로운것
【尊影】(존영-ソンエイ) 높은 사람의 화상이나 사진의 높힘말
【尊王】(존왕-ソンノウ) 왕을 높이 부르는 말 「함
【尊重】(존중-ソンチョウ) 높이고 중하게
【尊體】(존체-ソンタイ) 남의 몸에 존대
【尊稱】(존칭-ソンショウ) 존대하여 일컬음
【尊筆】(존필-ソンピツ) 높은 사람의 필적
【尊兄】(존형-ソンケイ) 동배간 또는 남의 형의 존대
【尊號】(존호-ソンゴウ) 왕·왕비의 덕을 칭송 하는 이름

【十一畫—十三畫】

【對】대 タイ、ツイ、こたえる answer 隊 ㄉㄨㄟ tuei⁴
①대답할 答也 ②대할 竝峙 ③짝 配也 偶也 ④당할 當也
【對局】(대국-タイキョク) 바둑판 또는 장기판을 서로 대하고 앉음
【對答】(대답) 묻는 말에 응함
【對等】(대등-タイトウ) 서로 우열 고저의 차이가 없음
【對立】(대립-タイリツ) 서로 대하고 섬。대치(對峙)
【對面】(대면-タイメン) 서로 얼굴을 대함。서로 맞나 봄
【對辯】(대변-タイベン) 질문에 대답함
【對備】(대비-タイビ) 어떠한 일이 일어날 것을 예상하고 미리 준비함。앞서 갖춤
【對象】(대상-タイショウ) 객관의 사물
【對席】(대석-タイセキ) ①자리를 마주하고 있음
【對岸】(대안-タイガン) 건너편 언덕
【對言】(대언-タイゲン) 면대하여 말함
【對飮】(대음-タイイン) 대작(對酌)
【對應】(대응-タイオウ) ①마주 섬。서로

대합 ②상당한 일을 함 ③서로 비슷함

【對酌】(대작-タイシャク) 서로 대하여 술을 먹음

【對敵】(대적-タイテキ) 적병을 마주 대함 ②적수를 삼음 ③서로 다툼「움

【對戰】(대전-タイセン) 서로 대하여 싸

【對照】(대조-タイショウ) 둘을 서로비추어 봄。마주 대어봄

【對座】(대좌-タイザ) 서로 대하여 마주 보고 앉음

【對質】(대질-タイシツ) 맞대해서 물음

【對策】(대책-タイサク) 어떤 일에 대응하는 방책

【對峙】(대치-タイジ) 서로 마주 보고섰음。대립(對立) 「음。

【對抗】(대항-タイコウ) 서로 버티고 있

맞섬

【奪】 大部 十一畫에 볼것

【壽】 士部 十一畫에 볼것

【導】 도 ドウ、トウ、みちびく lead 號 ㄉㄠˇ、ˋ tao³·⁴

①인도할 引也 ②통할 通也 ③열어 줄 啓廸 ④다스릴 治也

【導達】(도달-ドウタツ) 웃사람이 모르는 사정을 아랫사람이 가끔 몰래 알려주는 말 「물체

【導體】(도체-ドウタイ) 열전·기를 전하는

【導火】(도화-ドウカ) ①화약을 터뜨리게하는 불 ②사건을 일으키는 직접 원인

【導火線】(도화선-ドウカセン) ①화약을 터지게하는 심지 ②사건이 발생하는 인연

【導訓】(도훈-ドウクン) 인도하여 가르침

小部

【小】 소 ショウ、ちいさい、こ、 small 篠 ㄒㄧㄠˇ hsiao³

①작을 大之對 ②잘 細也 ③적게여길 輕之 ④좁을 狹隘

【小家】(소가-ショウカ) 첩。규모가 작은집

【小康】(소강-ショウコウ) 세상이 조금 태평함

【小計】(소계-ショウケイ) 일부분의 합계

【小憩】(소게-ショウケイ) 잠간 쉼

【小曲】(소곡-ショウキョク) 짤막한 노래 곡조

【小國】(소국-ショウコク) 작은 나라

【小技】(소기-ショウギ) 조그만 재주

【小女】(소녀-ショウジョ) 여자가 윗 사람에게 대하는 대명사 「가

【小農】(소농-ショウノウ) 규모가 작은 농

【小膽】(소담-ショウタン) 담력이 적음 용기가 없음 「대 편제의 하나

【小隊】(소대-ショウタイ) ①소수인 ②군

【小刀】(소도-ショウトウ) 창칼

【小道】(소도-ショウドウ) ①작은 길 ②작은 도의(道義)

【小島】(소도-こじま) ①작은 섬

【小童】(소동-ショウドウ) ①十세 내외의 아이 ②심부름 하는 아이

【小路】(소로-こうじ・こみち) 작은 길

【小流】(소류-ショウリュウ) 실 개천

【小利】(소리-ショウリ) 작은 이익

【小賣】(소매-こうり) 물건을 도거리로 사서 조금씩 나누어 팜

【小麥】(소맥-こむぎ) 참밀

【小便】(소변-ショウベン) 오줌

【小史】(소사-ショウシ) ①태사(太史) 아래의 벼슬 ②간단히 기록한 역사

【小使】(소사-こづかい) 심부름군

【小事】(소사-ショウジ) 작은 일

【小生】(소생-ショウセイ) ①자기를 낮추어 일컫는 말 ②남을 멸시하는 말 ③좀 설음

【小序】(소서-ショウジョ) 짧은 서문

【小暑】(소서-ショショウ) 二十四 절기의 하나。양력 七월 七일경

【小雪】(소설-ショウセツ) 二十四 절기의 하나。양력 十一월 二十二일 경

【小說】(소설-ショウセツ) 작자의 사상대로 사실을 구성하여 인정 세태를 묘사한 산문체의 이야기

【小成】(소성-ショウセイ) 작은 성공

【小小】(소소-ショウショウ) ①작은 모양 ②나이가 젊음 ③기생(妓生) 이름에 씀

【小數】(소수-ショウスウ) ①하나 보 다작은 수 ②양이 적은 수
【小乘】(소승-ショウジョウ) 비근하여 범부(凡夫)에게 이해하기 쉬운 불교
【小僧】(소승-こゾウ) ① 중의 자칭대명사 ②나이 젊은 중
【小臣】(소신-ショウシン) ①신분이 낮은 신하 ②임금에게 대하는 신하의 자칭 대명사
【小室】(소실) 첩
【小心】(소심-ショウシン) ①조심함 ②작은 마음。겁이 많음
【小兒】(소아-ショウジ) ①어린애。작은 아이 ②남을 얏잡아하는 말 ③자기 아들을 겸손한 말
【小安】(소안-ショウアン) 조금 편안함。함 잠시 편안 함
【小額】(소액-ショウガク) 적은 액수
【小宴】(소연-ショウエン) 성대하지 못한 보통의 잔치
【小屋】(소옥-こや) 규모가 작은 집
【小雨】(소우-こさめ) 조금 오는 비
【小宇宙】(소우주-ショウウチュウ) 우주의 일부분으로 우주를 나타내는 우리 인생
【小異】(소이-ショウイ) 조금 다름
【小人】(소인-ショウジン・ショウニン) ①신분이 천한 사람。서민 ②덕의심(德義心)이 없는 사람 ③자기를 겸손한 말。저。소자(小子) ④키가 작은 사람 ⑤어린애。소아(小兒)
【小子】(소자-ショウシ) ①어린애 ②제자 문인(門人) ③자기를 낮추어 일컫는 말
【小作】(소작-こさく) 남의 땅을 소작료를 주고 농사지음。부침함
【小傳】(소전-ショウデン) 사람의 일생을 기록한 전기 「(義理)
【小節】(소절-ショウセツ) 조그마한 의리
【小切手】(소절수-こぎって) 일정한 금액을 받을 사람에게 지불할 것을 자기가 거래하는 은행에 의탁하는 증권。수표 「안
【小族】(소족-ショウゾク) 신분이 친한 집
【小指】(소지-こゆび) ①새끼손가락 ②새끼발가락
【小智】(소지-ショウチ) 작은 지혜
【小銃】(소총-ショウジュウ) 작은 총
【小春】(소춘-ショウシュン・こはる) 음력 十월
【小包】(소포-こづつみ) 우편으로 물건을 보냄。또 그 물건
【小學】(소학-ショウガク) 초등교육
【小寒】(소한-ショウカン) 二十四 절기의 하나。양력 一월 五일경 「야기
【小話】(소화-ショウワ・こばなし)짤막한 이

【一 畫】

【少】소 ショウ、すくない little
①적을 不少 ②작게여길 短之 ③젊을 老之對 ④버금 副貳
【少女】(소녀-ショウジョ) 나이가 어린 계집애 「자
【少年】(소년-ショウネン) 나이가 어린 남
【少量】(소량-ショウリョウ) ① 적은 수량 ②좁은 도량
【少數】(소수-ショウスウ) 수가 적음。많지 않은 수
【小焉】(소언-しばらくして) 잠간 동안。잠간 사이 「년(壯年)
【少壯】(소장-ショウソウ)나이가 젊은 장
【少長】(소장-ショウチョウ) 어린애와 어른
【少許】(소허-ショウキョ)조금쯤。조금만

【二畫—三畫】

【尒】爾 (爻部 十畫) 同字
【尖】첨 セン、とがる sharp
뾰죽할 末銳
【尖端】(첨단-センタン) 뾰죽한 끝
【尖纖】(첨섬-センサイ) 뾰죽하고 가늠
【尖銳】(첨예-センエイ) 뾰죽하고 날카로움 「둥금
【尖圓】(첨원-センエン) 끝이 날카롭고
【尖尖】(첨첨-センセン) 날카로운 모양
【光】儿部 四畫에 볼것
【当】當 (田部 八畫) 略字

【肖】肉部 三畫에 볼것

【尙】상 ショウ、なお rather
①오히려 猶也 ②숭상할 崇也 ③가상할 嘉也 ④자상할 矜伐 ⑤높일 尊也 ⑥더할 加也 ⑦꾸밀 飾也 ⑧귀히여길 貴也 ⑨짝지을 配也 ⑩거의 庶幾 ⑪일찍 曾也

【尙古】(상고-ショウコ) 옛적의 문물을 숭상함

【尙宮】(상궁) 옛날 여관(女官)의 정오품(正五品) 이상의 벼슬

【尙今】(상금) 지금까지。오히려

【尙武】(상무-ショウブ) 무용(武勇)을 숭상함

【尙文】(상문-ショウブン) 문필을 숭상함

【尙佯】(상양-ショウヨウ) 거님。서성거림

【尙早】(상조-ショウソウ) 시기가 일름。아직 불충분함

【尙主】(상주-ショウシュ) 공주와 짝을 짓는다는 뜻이니 임금의 딸에게 장가감

【尙志】(상지-シヨウシ) 뜻을 높임

【尙齒】(상치-ショウシ) 나이가 많은 사람을 존경함

【八 畫】

【常】巾部 八畫에 볼것

【堂】土部 八畫에 볼것

【十 畫】

【尟】선 セン、すくない little
적을 少也

【尟少】(선소-センショウ) 적음

【當】田部 八畫에 볼것

【尠】尟字와 同字

【十一畫—十二畫】

【賞】貝部 八畫에 볼것

【嘗】口部 十一畫에 볼것

尢部

【尢】왕 オウ、せむし hunchback
절름발이 一足跛曲

【一 畫】

【尤】우 ユウ、もっとも、とがめ most; blame
①더욱 甚也 ②가장 最也 ③원망할 怨也 ④허물 過失

【尤極】(우극-ユウキョク) 더욱

【尤物】(우물) 가장 뛰어난 사람

【尤異】(우이-ユウイ) 가장 뛰어남

【尤甚】(우심-ユウジン) 더욱 심함。매우 심함

【四 畫】

【尨】방 ボウ、モウ、むくいぬ shaggy dog
①삽살개 犬多毛 ②얼룩질 雜也

【尨大】(방대-ボウダイ) 두툼하고 큼

【尨服】(방복-ボウフク) 빛이 섞인 옷

(尨茸】(방용-ボウジョウ) 털이 흐트러진 모양

【尪】왕 オウ、よわい weak
①파리할 羸弱 ②절름발이 跛曲脛

【九 畫】

【就】취 シユウ、ジユ、つく enter
①이룰 成也 ②나아갈 卽也 ③좇을 從也 ④맞을 迎也 ⑤마칠 終也 ⑥능할 能也 ⑦저자 市也

【就眠】(취면-シュウミン) 잠을 잠

【就業】(취업-シュウギョウ) 업무에 나아감。학문을 시작함

【就任】(취임-シュウニン) 맡은 임무에 나아감

【就職】(취직-シュウショク) ①취무에 나아감 ②직업을 얻음

【就寢】(취침-シュウシン) 잠을 잠

【就學】(취학-シュウガリ) 학교에 들어가서 공부함。스승에게 나아가 학문을 배움

尸部

【尸】시 シ、しかばね dead body 因 ㄕ shih^{1}
①주검 人死未葬 ②시동 神像―童 ③주장할 主也 ④베풀 陳也 ⑤일 보살피지 아니할 廢職

【尸童】(시동-シドウ) 옛날에 제사때 신위(神位) 대신으로 쓰던 어린 아이

【尸利】(시리) 직장에 있으면서 그 책임을 다하지 않고 헛되게 녹을 받음

【尸位】(시위-シイ) 그저 그자리에 있을 뿐이요 책임을 다하지 아니함

【尸位素餐】(시위소찬-シイソサン)직책을 다하지 않고 거저 국록만 먹음

【一 畫】

【尹】윤 イン、おさめる govern 軫 ㄧㄣˇ yin^{3}
①다스릴 治也 ②미쁠 信也 ③포 脯曰 ④벼슬 이름 官名 ⑤姓也

【尹祭】(윤제-インサイ) 종묘(宗廟)에 바치는 포육(脯肉)

【尺】척 シャク、セキ、ものさし ruler 陌 ㄔˇ ch'ih^{3}
①자 度名 十寸 ②법 法也

【尺度】(척도-シャクド) ①자 ②칫수。길이 ③계획의 표준

【尺牘】(척독-セキトク) 편지。짧은 편지

【尺璧】(척벽-セキヘキ) 큰 보석

【尺雪】(척설-セキセツ) 많이 쌓인 눈

【尺水】(척수-セキスイ) 적은물。얕은 물

【尺地】(척지-シャクチ) ①썩 가까운 땅 ②적은 토지。척토(尺土)

【尺寸】(척촌-セキスン) ①한자와 한치 ②조금。얼마 안됨 ③법도 ④조그만한 면적 ⑤짧은 거리

【尺土】(척토-シャクド) 적은 땅

【二 畫】

【尻】고 コウ、しり buttocks 豪 ㄎㄠ k'ao^{1}
꽁무니 미우끝 脊骨盡處 脽也

【尼】니 ニ、ジ、あま nun 質
①승 女僧 ②화할 和也 (닐) ①가까운 近也 ②정할 定也 ③그칠 止也

【尼父】(이부-ジフ・ジホ) 공자(孔子)를 높인 말

【尼僧】(이승-ニソウ) 계집중。승

【尼院】(이원-ニエン) 승방(僧房)

【四 畫】

【局】국 キョク、つぼね part; bureau 沃 ㄐㄩˊ chü^{2}
①판 部分 ②마을 官吏所居 ③굽을 曲也 ④쭈그릴 促也 ⑤세상・시절 世運時會 ⑥국량 人之器宇度量 ⑦곱실실곱실할 曲貌

【局量】(국량-キョクリョウ) 재간과 도량

【局面】(국면-キョクメン) ①시국 ②판국

【局部】(국부-キョクブ) ①신체 중의 일부분

【局勢】(국세-キョクセイ) 파국이 되어가는 형편

【局所】(국소-キョクショ) ①몸에 관절이 꺾이는 곳 ②전체에 대한 일부분

【局識】(국식-キョクシキ) 한정된 좁은식견 「없는 지위。테밖

【局外】(국외-キョクガイ) 그일에 관계가

【局縮】(국축-キョクシュク) 줄어 오글아드는 것

【局限】(국한-キョクゲン) 어떠한 국부에만 한정 됨

【尿】뇨 ニョウ、いばり urine 嘯 ㄋㄧㄠˋ niao^{4}
오줌 小便

【尿道】(요도-ニョウドウ) 오줌통에서 문밖으로 오줌이 나오는 길

【尿精】(요정-ニョウセイ)남자의 정수(精水)가 오줌에 섞여나오는 병증

【尾】미 ビ、お tail 尾 ㄨㄟˇ wei^{3}
①꼬리 末梢 ②끝 末也 ③별이름 宿名 二十八宿一

【尾大不掉】(미대불도-ビダイなればふるわず) 짐승의 꼬리가 너무 길면 스스로

흔들수 없다는 말이니 곧 임금이 약하고 신하가 강하면 제어하기 어려움을 비유

【尾閭】(미려-ビリョ) 바닷물을 빨아들인다는 뜻이니 무엇이든지 자꾸 없어지는 비유

【尾蔘】(미삼) 인삼의 가는 뿌리

【尾生之信】(미생지신-ビセイのシン) 약속을 굳게 지키고 변하지 않음을 이름

【尾骶骨】(미저골-ビテイコツ) 꽁무니 뼈

【尾行】(미행-ビコウ) 몰래 뒤를 쫓아다님

【屁】비 ヒ、へ、おなら wind 寘 ㄆㄧˋ p'i⁴
방귀 氣下泄

【五 畫】

【居】거 キョ、いる dwell 魚 ㄐㄩ chü¹
①살。있을 —之 ②곳 집 處也 ③앉을 坐也 ④쌓을 貯蓄 ⑤그칠 止也 (기) 어조사 語助辭何—猶何以如此

【居間】(거간-キョカン) 물건의 매매를 소개함 또 그 사람

【居敬】(거경-キョケイ) 항상 심신을 수「양함

【居留】(거류-キョリュウ) ①임시로 그 곳에 묵고 있음 ②외국의 거류지에서 살음

【居留地】(거류지-キョリュウチ) 조약에 의하여 어떠한 나라가 그 영토의 일부분을 타국인에게 허락하여 묵어 살게 하는 땅

【居士】(거사-キョシ) ①도예(道藝)가 있고 벼슬하지 않는 은자(隱者) 처사(處士) 불문(佛門)에 귀의 하는 남자 ③법호(法號)·아호(雅號)·밑에 붙이어 쓰는 말

【居常】(거상-キョジョウ) 평상시。보통때

【居所】(거소-キョショ) 거처하는 곳

【居守】(거수-キョシュ) 머물러 있으며 지「킴

【居室】(거실-キョシツ) ①거처하는 방 ②마을 ③부부

【居諸】(거저-キョショ) 세월

【居停】(거정) 귀양간 사람이 묵고 있「는 곳

【居住】(거주-キョジュウ) 살고 있음。사는 집

【居處】(거처-キョショ) ①살고 있음 ②「집에 있음。사는곳

【屆】계 カイ、とどける extend to 卦 ㄐㄧㄝˋ chieh⁴
①이를 至也 ②극할 極也

【屆出】(계출-とどけいで) 어떠한 일을 관청에 고함

【屈】굴 クツ、かがむ bend; bow 物 ㄑㄩ ch'ü¹
①굽을 曲也 ②다할 竭也 ③짧을 短「也

【屈强】(굴강-クッキョ) 고집이 세어 남에게 굴하지 아니함

【屈曲】(굴곡-クッキョク) 굽어짐。구불구불함。곧지 아니함

【屈伏】(굴복-クップク) ①고개를 늘이고 땅에 엎드림 ②힘이 꺾이어 복종함 마지 못하여 좇음

【屈伸】(굴신-クッシン) 굽혔다 폈다함。굽히는 것과 펴는 것

【屈身】(굴신-クッシン) ①몸을 굽힘 ②「사양함

【屈辱】(굴욕-クツジョク) 몸을 굽히고 부끄러움을 참음。억지로 욕을 당함

【屈折】(굴절-クッセツ) ①꺾이어 휘어짐 휘어꺾음 ③광선 또는 음파가 한매체에서 다른 매체로 들어갈 때에그 방향을 변하는 것

【屈節】(굴절-クッセツ) 절개·정조를 굽「힘

【屈從】(굴종-クツジュウ) 제 뜻을굽히어 좇음

【屈指】(굴지) ①손가락을 꼽음。손가락을 꼽아 셈 ②손가락을 꼽아 셀만하게 뛰어남

【六 畫】

【屍】시 シ、しかばね dead body 支 ㄕ shih¹
주검 死人

【屍身】(시신-シシン) 송장

【屍體】(시체-シタイ) 송장。주검

【屍臭】(시취-シシュウ) 시체가 썩는 냄새。송장냄새

【屋】옥 オク、や house

①집 舍也 ②수레뚜껑 車蓋

【屋留水】(옥류수) 낙숫물

【屋上】(옥상-オクジョウ) 지붕위

【屋外】(옥외-オクガイ) 집밖。한데

【屋宇】(옥우-オクウ) 집

【屎】시 シ、くそ dung
아파 끙끙거릴 呻吟 (히) 똥 糞也

【屎尿】(시뇨-オウニョウ) 똥과 오줌

【七 畫】

【屐】극 ゲキ、げた clogs
나막신 木履

【屐聲】(극성-ゲキセイ) 나막신 소리。사람이 찾아오는 발 자취

【屐齒】(극치-ゲキシ) 나막신 굽

【屐痕】(극흔-ゲキコン) 나막신 굽 자죽

【屑】설 セツ、くず pieces
①가루 碎末 ②조촐할 潔也 ③수고로울 勞也 ④가벼이볼 不—輕視 ⑤편하지 아니할 不安——

【屑塵】(설진--セッジン) 먼지。티끌

【展】전 テン、のびる unfold
①펼 舒也 ②늘일 放寬 ③맞갖출 適也 ④진실로 誠也 ⑤적을 錄也 ⑥살필 省視審也 「②활짝 펌

【展開】(전개-テンカイ) ①벌어져 열림

【展覽】(전람-テンラン) 펴서 봄

【展望】(전망-テンボウ) 멀리 바라봄

【展眉】(전미-テンビ) 찌푸렸던 눈살을 폄 곧 근심이 사라짐 「는 성질

【展性】(전성-テンセイ) 금속처럼 펼수있

【展示】(전시-テンジ) 책·편지들을 펴봄

【八 畫】

【屛】병 ヘイ、ビョウ、しりぞける drire back
①병풍 罘罳 ②담 蕭墻 ③울 藩也 ④물리칠 斥也 ⑤제할 除也 ⑥가릴 蔽也

【屛去】(병거) 물리치고 떠남

【屛居】(병거-ヘイキョ) 세상에서 물러나 은거함

【屛氣】(병기-ヘイキ) 두려워서 꼼짝 못함。무서워서 숨을 죽임

【屛息】(병식-ヘイソク) 숨을 죽이고있음

【屛風】(병풍-ヘイフウ・ビョウブ) 바람을 막고、물건을 가리기 위하여 방 안에 치는 물건

【犀】牛部 七畫에 볼것

【九 畫】

【屠】도 ト、ころす butcher
①죽일 殺也 ②백장 宰殺牲畜者之稱 (저)흉노왕의 이름 匈奴王休號—

【屠戮】(도륙-トリク) 모두 무찔러 죽여버림

【屠殺】 도살-トサツ) 옳고 그른 것을 가리지 않고 죄다 죽임。처 죽임

【屠獸】(도수-トジュウ) 소·말·양·돼지를 죽임

【屠牛】(도우-トギュウ) 소를 죽임。소를 잡음 (쇠백정)

【孱】子部 九畫에 볼것

【十一畫】

【属】屬 (尸部十八畫)에 볼것

【屢】루 ル、しばしば frequent
①여러 數也 ②빠를 疾也

(【屢屢】(누누) 여러 번

【屢次】(누차) 여러 번

【屣】사 シ、ぞうり hemp sandals
신 履也 (시) 義同

【十二畫—十三畫】

【履】리 リ、はく、ふむ wear
①신을 以—踏 ②신 足所依 ③밟을 踐也 ④녹 錄也

【履歷】(이력-リレキ) 그 사람이 경험하

여 온일。본인의 내력
【履聲】(이성-リセイ) 신발 소리
【履踐】(이천-リセン) 실행함
【履行】(이행-リコウ) 실제로 밟아 행함

【層】 층、ソウ、かさなり ply
①겹 重也 ②층 級也
【層閣】(층각-ソウカク) 몇층으로 지은 집
【層激】(층격-ソウゲキ) 서로 다투어서 「단
화평하지 아니함
【層階】(층계-ソウカイ) 층층이 높은 계
【層樓】(층루-ソウロウ) 몇 층으로 높게
지은 집
【層雲】(층운-ソウウン) 중첩한 구름
【層層】(층층) 여러 층으로 거듭됨
【層巒】(층만-ソウラン) 중첩한 산
【層塔】(층탑-ソウトウ) 여러 층으로 되
어있는 높은 탑

【屧】 섭 セツ、げた clogs
나막신 屐也

【十四畫—二十一畫】

【屨】 구 ク、あさぐつ hemp sandals
신 履也

【屩】 갹 キヤク、ぞうり straw shoes
짚신 草鞋

【屬】 속 ゾク、ショク、つく belong
①붙을 붙일 附也 ②붙이 類也 ③무리 恤也 ④동관 官僚 ⑤좇을 從也 ⑥엮을 綴輯 ⑦거느릴 部曲 ⑧마침 適也(촉)①부탁할 託也 ②돌볼 恤也 ③연할 連也 ④이을 續也 ⑤모을 會也 ⑥조심스러울 恭貌
【屬國】(속국-ゾッコク) 독립할 능력이 없어서 타국에 붙어 있는 나라
【屬領】(속령-ゾクリョウ) 부속하여 있는 「원
영토
【屬僚】(속료-ゾクリョウ) 아래뚜리의 관
【屬望】(속망-ショクボウ) 희망을 붙임
【屬性】(속성-ゾクセイ) 사물에 본디 갖
추어져 있는 특성
【屬意】(속의-ショクイ) 희망을 검
【屬地】(속지-ゾクチ) 부속된 땅

【屭】 희 キ さかん magnificent
①오리으리할 壯大貌屭 ②힘 우쩍
쓸 作力贔—

屮 部

【屮】 철 テツ、ソウ、めばえ budding
삐죽이 나올 草木初生

【一 畫】

【屯】 둔 トン、たむろ cantonment
①모을 聚也 ②둔칠 勒兵 둔전 兵耗—田(준)①어려울 難也②아낄 吝也 ③두터울 厚也 ④머뭇거릴 難行
【屯畓】(둔답-トントウ) 병정을 주둔하
고 경작시키는 논
【屯兵】(둔병-トンペイ) 주둔한 병졸「곳
【屯營】(둔영-トンエイ) 군사가 모여있는
【屯田】(둔전-トンデン) 병정을 주둔하여
경작시키는 밭
【屯聚】(둔취) 여러사람이 한곳에모임

山 部

【山】 산 サン、やま mountain
메 산 土聚高峙—岳
【山家】(산가-サンカ) 산중에 있는집。산
지기의 집
【山脚】(산각-サンキャク) 산 기슭。산 밑
【山間】(산간-サンカン) 산 속。산 중
【山居】(산거-サンキョ) 산 속에서 살음
또 그 집
【山景】(산경-サンケイ) 산의 경치
【山系】(산계-サンケイ) 산줄기의 계통을
이룬 것
【山谷】(산곡-サンコク) 산골 「쪽
【山廓】(산곽-サンカク) 눈동자의 위 반
【山鳩】(산구-やまばと) 산 비둘기

【山國】(산국-サンコク・やまぐに) 산악이 많은 나라
【山根】(산근) 콧마루와 양미간의 사이
【山禽】(산금-サンキン) 산새
【山氣】(산기-サンキ) 산의 수려한 기세。산 속에 모인 기운
【山茶】(산다-サンチキ) 동백나무
【山麓】(산록-サンロク) 산 기슭 산 밑
【山林】(산림-サンリン) ①산과 수풀 ②산의 수풀 ③벼슬을 하지않고 있는 도덕이 높은 숨은 선비
【山幕】(산막) 산속에 지어 놓은 막사。사냥군 또는 약을 캐는 사람들이 쉬는곳
【山魅】(산매-サンミ) 요사스러운 산귀
【山脈】(산맥-サンミャク) 산 줄기
【山門】(산문-サンモン) ①절。절의 정문(正門) ②산의 어구
【山房】(산방-サンボウ) ①산중에 있는집의 방。산장(山莊) ②서재(書齋)의 이름으로 씀
【山腹】(산복-サンプク) 산의 중턱。산허리
【山峯】(산봉-サンボウ) 산 봉우리
【山寺】(산사-サンジ・やまでら) 산중에 있는 절
【山蔘】(산삼) 깊은 산에 저절로 나는 인삼의 뿌리
【山色】(산색-サンショク) 산의 경치
【山城】(산성-サンジョウ) 산위에 쌓은성
【山水】(산수-サンスイ・サンズイ) ①산과 물의 경치 ②산에서 흐르는 물 ③산수(山水)를 그린 그림
【山叟】(산수-サンソウ) 산중에 사는 노인
【山僧】(산승-サンソウ) ①산사(山寺)에 있는 중 ②중의 스스로 한 말
【山嶽】(산악-サンガク) 크고 작은 모든 산
【山野】(산야-サンヤ) 산과 들
【山容】(산용-サンヨウ) 산의 모양
【山陰】(산음-サンイン) 산의 그늘。산그늘
【山人】(산인-サンジン) ①산 중에서 사는 사람 ②중과 도사(道士) ③아호(雅號)아래에 붙이는 말
【山莊】(산장-サンソウ) 산중의 별장
【山賊】(산적-サンゾク) 산 중에 출몰하는 도적
【山亭】(산정-サンテイ) 산 중에 있는 정자
【山頂】(산정-サンチョウ) 산꼭대기
【山庭】(산정-サンテイ) 콧마루。콧날
【山鳥】(산조-やまどり) 산에서 사는 새
【山足】(산족-サンソク) 산 밑
【山中】(산중-サンチュウ) 산 속
【山菜】(산채) 산 나물
【山川】(산천-サンセン) ①산과 내 ②산천(山川)의 신령
【山椒】(산초-サンショウ) 산디나무의 열매·해독·살충약으로 씀
【山村】(산촌-サンソン) 산중에 있는 마을이나 동리
【山澤】(산택-サンタク) 산천
【山砲】(산포-サンポウ) 산상에서 놓는 대포
【山海】(산해-サンカイ) 산과 바다
【山峽】(산협-サンキョウ) 두메
【山形】(산형-サンケイ) 산의 형상

【二畫—三畫】

【仚】仙(人部 三畫)同字

【屺】기 キ、はげやま bald hill 紙 ㄑㄧˇ chi³
민둥산 山無草木

【屼】올 コツ、はげやま bald hill 月
민둥산 모양 禿山

【屹】흘 キツ、そばだつ aloft 物 ㄧˋ i⁴
산 우뚝할 山獨立貌—崒
【屹立】(흘립-キツリツ) 높게 솟음
【屹水】(흘수-キッスイ) 배의 아랫 부분이 물에 잠기는 정도
【屹屼】(흘올-キツゴツ) 민둥산이 높게 솟은 모양
【屹出】(흘출-キッシュツ) 산이 높고도 날카롭게 솟음

【四 畫】

【岌】급 キュウ、あやうい dangerous 緝 ㄐㄧˊ chi²
산 쭈뼛할 山高

【岐】기 キ、わかれる split 支 ㄑㄧˊ chi²
①높을 峻也 ②산이름 山名
【岐路】(기로-キロ) 갈림길

【岐嶷】(기의-キギョク) 높게 뛰어 났다는 뜻이니 어려서 부터 재주가 뛰어남

【岑】잠 シン、ジン、みね peak 侵 ㄘㄣˊ ts'en²
멧부리 山小而高
【岑峨】(잠아-シンガ) 높은 모양。인심이 험악한 비유
【岑崟】(잠음-シンギン) 산이 높음
【岑岑】(잠잠-シンシン) 머리가 아픈모양

【五 畫】

【岬】갑 コウ、みさき cape 洽 ㄐㄧㄚˇ chia³
①산허리 山脅 ②줄느런할 接連
【岡】강 コウ、おか mountain ridge 陽 ㄍㄤ kang¹·³
산등성이 山脊
【岡陵】(강릉-コウリョウ) 언덕
【岡巒】(강만-コウラン) 언덕과 산
【岱】대 タイ、name of a mountains 隊 ㄉㄞˋ tai⁴
산 이름 山名—宗
【岷】민 ビン、ミン name of a mountains 眞 ㄇㄧㄣˊ min²
민산 蜀山名
【岫】수 シユウ、いわあな orifice 宥 ㄒㄧㄡˋ hsiu⁴
바위 구멍 山巖穴
【岫雲】(수운-シュウウン) 바위 구멍에서 일어나는 구름
【岸】안 ガン、きし cliff; shore 翰 ㄢˋ a..
①언덕 낭떠러지 崖㕈水深 ②섬돌 階也 ③기운찰 雄傑魁— ④갓비스듬히 쓸 露頂 「참
【岸傑】(안걸-ガンケツ) 몸이 크고 기운
【岸壁】(안벽-ガンペキ) 깎아지른듯이 험한 물가
【岸幘】(책안-ガンサク) 머리 수건을 벗고 머리를 드러낸다는 뜻이니 예법(禮法)은 간략하게 하여 가까이 하는 모양
【岨】저 ショ、ソ、いしやま stony monuntain
돌산에 흙덮일, 石山戴土 (조) 산 울퉁불퉁할 山形—峿
【岨峻】(조준-ソシュン) 산이 험하고 높은 모양
【岧】초 チョウ、たかい aloft 蕭 ㄊㄧㄠˊ t'iao²
산 우뚝할 山高 「은 모양
【岧岧】(초초-チョウチョウ) 산이 우뚝 솟
【岳】嶽 (山部 十四畫) 古字
【岩】巖 (山部 二十畫)俗字

【六 畫】

【峒】동 ドウ、トウ、いわあな hole 東 ㄊㄨㄥˊ t'ung²
①산구멍 山穴 洞通 ②산 이름 岷州山名崆— ③오랑캐 西南蠻族—蠻
【峋】순 シユン、おくぶかい inlet 眞
후미진 山厓重深貌嶙
【峙】치 ジ、そばだつ aloft 紙 ㄓˋ chih⁴
① 산 우뚝할 屹立峻— ②쌓을積也 ③갖출 具也
【峙立】(치립-ジリツ) 우뚝하게 솟음
【峙積】(치적-ジセキ) 갖추어 쌓음
【炭】火部 五畫에 볼것

【七 畫】

【島】도 トウ、しま island 皓 ㄉㄠˇ tao³
섬 海中有山可居
【島國】(도국-しまぐに) 섬 나라
【島民】(도민-トウミン) 섬에서사는 백성
【島嶼】(도서-トウショ) 큰 섬과 작은 섬
【峯】봉 ホウ、フ、みね peak 冬 ㄈㄥ fêng¹
산 봉우리 直上而銳
【峯巒】(봉만-ホウラン) 산봉우리
【峯勢】(봉세-ホウセイ) 산봉우리의 모양

【峉崖】(봉애-ホウガイ) 산의 고개

【峨】아 ガ、たかい high 歌 ㄜˊ ê²
①산높은 山高 ②산 이름 山名

【峨眉山】(아미산-ガビサン) 중국 사천성(泗川省)에 있는 명산

【峻】준 シュン、スン、けわしい steep 震 ㄐㄩㄣˋ chün⁴
①높을 高也 ②험할 險也 ③가파른 峭也 ④혹독할 嚴也 ⑤클 大也

【峻拒】(준거-シュンキョ) 분명히 거절함。엄하게 거절함

【峻急】(준급-シュンキュウ) ①높고 험함 ②성질이 엄하여 남을 용납하지 아니함 ③물의 흐름이 매우 빠름

【峻嶺】(준령-シュレイ) 높고 험한 고개

【峻路】(준로-シュンロ) 험한 길

【峻論】(준론-シュンロン) 심각한 의론

【峻法】(준법-シュンポウ) 엄격한 법

【峻峯】(준봉-シュンポウ) 험한 산봉우리

【峻險】(준험-シュンケン) 산세(山勢)가 높고 험함

【峭】초 ショウ、けわしい steep 嘯 ㄑㄧㄠˋ ch'iao⁴
①가파를 山峻ㅣ絕 ②급할 急也 ③엄할 嚴也

【峭刻】(초각-ショウコク) 잔인하고 무자비한 일

【峭急】(초급-ショウキュウ) 급함。맹렬함。준렬함

【峭壁】(초벽-ショウヘキ) 급한 낭떠러지

【峭絕】(초절-ショウゼツ) 산이 매우 강파름

【峭直】(초직-ショウチョク) 마음이 엄하고 바름

【峭寒】(초한-ショウカン) 살을 찌르는듯한 지독한 추위

【峴】현 ケン、みね ridge 銑 ㄒㄧㄢˇ hsien³
①고개 嶺小高 ②산이름 襄陽山名

【峽】협 キョウ、コウ、はざま gorge 洽 ㄒㄧㄚˊ hsia²
①물낀 두메 물낀 산골 山夾峽水 ②산이름 山名

【峽谷】(협곡-キョウコク) 산 골짜기

【峽雨】(협우-キョウウ・コウウ) 산 골짜기의 비

【峽村】(협촌-キョウソン) 두메에 있는 마을

【豈】虫部 三畫에 볼것

【蚩】豆部 三畫에 볼것

【八畫】

【崑】곤 コン 元 ㄎㄨㄣ k'uen¹ name of a mountain
곤륜산 山名

【崐】前條 同字

【崛】굴 クツ、コツ、そばだつ high 物 ㄐㄩㄝˊ chüeh²
①산 높을 山高 ②산 불끈 솟을 勃起

【崛起】(굴기-クッキ) ①산이 높이 솟은 모양 ②급히 일어나는 모양

【崎】기 キ、さき、けわしい risky 支 ㄑㄧˊ ch'i²
산길 언틀먼틀할 山路不平

【崙】륜 ロン 元 ㄌㄨㄣˊ luen² name of a mountain
곤륜산 山名

【崘】前條 同字

【崚】릉 リョウ、たかい high 蒸 ㄌㄥˊ lêng²
산언틀먼틀할 山貌

【崩】붕 ホウ、くずれる collapse 蒸 ㄅㄥ pêng¹
①산무너질 山壞 ②죽을 殂落

【崩壞】(붕괴-ホウカイ) 무너짐

【崩落】(붕락-ホウラク) 무너져 떨어짐

【崩御】(붕어-ホウギョ) 임금이 세상을 떠남

【崇】숭 シュウ、とうとぶ nobilify 東 ㄔㄨㄥˊ ch'ung²
①높을 高貴 ②높일 尊也 ③공경할 敬也 ④챌 充也 ⑤모을 聚也 ⑥마칠 終也 ⑦산이름 山名 五岳之一

【崇敬】(숭경-スウケイ) 존경

【崇高】(숭고-スウコウ) 위엄이 있음。뜻이 높음

【崇拜】(숭배-スウハイ) 높이고 공경함。위

하여 높임
【崇佛】(숭불-スウブツ) 불교를 숭상함
【崇尚】(숭상-スウショウ) 소중히 여김。 공경하고 사모함。 존대함
【崇昔】(숭석-スウセキ) 옛적。 옛날
【崇信】(숭신-スウシン) 숭배하고 믿음
【崇朝】(숭조-シュウチョウ) 이른 아침
【崇峻】(숭준-スウシュン) 높고 험함

【崧】숭 スウ、シュウ たかい high 東 ㄙㄨㄥ sung¹
①산 불끈 솟을 竦也 ②산 웅장할 山高而大 ③산 이름 高麗山名—ㅣ
【崧高】(숭고) 산이 높고 웅장한 모양

【崖】애 ガイ、がけ cliff 佳 ㄧㄞ yai² ㄧㄚ ya²
①낭떠러지 水邊—岸 ②비탈 山邊 ③언덕 岸也

【崟】음 ギン、ゴン steep mountain 侵 ㄧㄣ yin²
멧부리 山岑

【崝】쟁 ソウ、けわしい steep 庚 ㄓㄥ ch'êng¹
가파를 山峻

【崒】줄 シュツ、ソツ、けわしい steep 質
산쭈뼛할 山危峻貌

【崔】최 サイ、たかい aloft 灰 ㄘㄨㄟ ts'uei¹
①산 우뚝할 山高貌 ②姓也
【崔嵬】(최외-サイギ) 산이 높고 험한모양
【崔崔】(최최-サイサイ) 산이 높고 큰 모양

【崋】화 カ 禡 ㄏㄨㄚ hua⁴ name of a mountain
산 이름 西嶽山名

【崤】효 コウ 肴 ㄧㄠ yao² name of a mountain
산이름 弘農山名

【崗】岡 (山部 五畫)俗字

【九 畫】

【嵌】감 カン、サン、あな hollow 咸 ㄑㄧㄢ ch'ien¹
①깊은 골 深谷—巖 ②곁골 坎旁孔
【嵌谷】(감곡-カンコク) 산의 골짜기
【嵌空】(감공) 속이 깊은 굴
【嵌然】(감연-カンゼン) 산이 활짝 열린 모양

【嵁】감 カン、けわしい steep 覃 咸
바위너설 不平貌

【嵐】람 ラン、あらし rainstorm 覃 ㄌㄢ lan²
①아지랑이 山氣蒸潤 ②산 이름 太原山名
【嵐光】(남광-ランコウ) 산기(山氣)가 발하여 빛을 냄
【嵐氣】(남기-ランキ) 산에 아지랑이가 낀 공기

【嵋】미 ビ 支 ㄇㄟ mei² name of a mountain
아미산 蜀山名

【嵎】우 グウ、すみ、くま 虞 ㄩ yü² spur of a mountain
①산굽이 山曲 ②해돋이 日出處—夷
【嵎夷】(우이-グウイ) 해가 돋는 곳

【嵇】혜 ケイ 齊 ㄐㄧ chi¹ name of a mountain
산 이름 山名

【十 畫】

【嵩】숭 スウ、シュウ、かさ、たかい high ;lofty 東 ㄙㄨㄥ sung¹
숭산 山名
【嵩呼】(숭호-スウコ) 백성이 임금의 만세를 부름

【嵬】외 カイ、けわしい aloft 灰 ㄨㄟ wei² 賄
산 쭈뼛할 山高 ②산높고 험할 山高而不平
【嵬壘】(외루-カイルイ) 토지의 고저가 있는 모양
【嵬嵬】(외외-カイカイ) 산이 높이 솟은 모양

【嵯】차 サシ、けわしい lofty 歌 ㄘㄨㄛ ts'uo²
산 쭈뼛쭈뼛할 岩貌—峨 (치) 산 참치할 山不齊貌

【十一畫】

【嶇】구 ク、けはしい steep [虞] ㄑㄩ ch'ü¹
①산길 언틀먼틀할 山路不平 ②산 강파를 山峻

【嶂】장 ショウ、みね lofty mountain
멧부리 높을 山峰如屛

【嶄】참 ザン、けわしい steep [豏] ㄓㄢˇ chan³
①산 가파를 山高峻貌 ②산 봉우리 뾰죽할 山尖銳貌ㅡ巖

【嶄然】(참연-ザンゼン) 우뚝하게 뛰어남

【嶄崒】(참줄-ザンシュツ) 산이 험하고 높은 모양

【十二畫】

【嶠】교 キョウ、もまみち mountain path [嘯] ㄐㄧㄠˋ chiao⁴
①산길 山逕 ②산이름 渤海山名

【嶔】금 キン、コ、そばだつ rise [侵] ㄑㄧㄣ ch'in¹
①산 불끈 솟을 山勢聳立 ②산 어구 山開張其口

【嶔崎】(금기-キンキ) 산세가 험한 모양

【嶔然】(금연-キンゼン) 암석이 험하게 솟은 모양

【嶔崟】(금음-キンギン) 산의 솟은 모양

【嶙】린 リン、さか sloping mountain [軫][眞] ㄌㄧㄣˊ lin²
①산 비탈질 山峻貌嶙ㅡ ②산층대질 山節級貌ㅡ岣

【嶒】증 ソウ、そばだつ lofty [蒸]
산 언틀먼틀할 山貌峻ㅡ

【十三畫】

【嶧】역 エキ、ヤク、みね range of a mountain [陌] ㄧˋ i⁴
산이름 鄒縣山名

【嶰】해 カイ、ケ、たにあい gorge [蟹] ㄒㄧㄝˋ hsieh⁴
①골 이름 崑崙北谷名 ②산가지처 나갈 小山別大山

【嶮】험 ケン、けはしい steep mountain [琰] ㄒㄧㄢˇ hsien³
산 강파를 山高

【嶮岨】(험조-ケンソ) 산이 높고 험함

【十四畫】

【嶺】령 レイ、リョウ、みね ridge [梗] ㄌㄧㄥˇ ling³
고개 山之肩領道路

【嶺上】(영상-レイジョウ) 고개 위 「무

【嶺樹】(영수-レイジュ) 산 꼭대기의 나

【嶺雲】(영운-レイウン) 고개에 낀 구름

【嶼】서 ショ、しま island [語] ㄩˇ yü³
섬 陸島

【嶽】악 ガク、たけ big mountain [覺] ㄩㄝˋ yüeh⁴
큰 메 五ㅡ 山宗

【嶽嶽】(악악-ガクガク) 큰 체하는 모양。 산이 큰 모양

【嶷】의 キ、あやうい dangerous [支] ㄧˊ i²
구의산 山名 (억) 숙성할 小兒有識

【嶷立】(의립-キリツ) 우뚝하게 솟아 있음

【嶸】영 ユウ、エイ steep mountain [庚] ㄖㄨㄥˊ jung²
산 가파를 山峻

【十七畫―十八畫】

【巋】규 キ、たかい aloft [支] ㄎㄨㄟ k'uei¹
①산가파를 高峻 ②오뚝할 獨貌

【巉】참 ザン、けわしい lofty [咸] ㄔㄢˊ ch'an²
①높을 高也 ②산 깎아 자른 듯한 山險絕

【巉巖】(참암-ザンガン) 산이 깎아지른 「듯한 모양

【巍】외 ギ、たかい high
높을 高大貌ㅡㅡ

【巍然】(외연-ギゼン) ①산이 높은 모양 ②인물이 뛰어난 모양

【十九畫―二十畫】

【巒】만 ラン、みね peak [寒] ㄌㄨㄢˊ luan²

멧부리 山小而銳 峯

【巒峯】(만봉-ランポウ) 산 봉우리

【巓】전 テン、いただき summit 先 ㄉㄧㄢ tien¹
산 이마 山頂

【巖】암 ガン、ゲン、いはお rock 咸 ㄧㄢˊ yen²
①바위 石窟 ②험할 險也 ③높을高也 ④산 가파를 高峻貌 ⑤대궐 걸채 殿廡—廊 (엄) 높을 高貌

【巖居】(암거-ガンキョ) 석굴에 살음 또는 속계(俗界)를 떠나서 산야(山野)에 숨어 살음

【巖窟】(암굴-ガンクツ) 석굴

【巖廊】(암랑-ガンロウ) 대궐의 바깥채

【巖石】(암석-ガンセキ) 바윗돌

【巖穴】(암혈-ガンケツ) ①바위 굴 ②세상을 떠나 깊이 숨은 선비

【巘】헌 ケン、みね peak 銑 ㄧㄢˇ yen³
①시루봉 山形如甑 ②산봉우리 峯也

巛部

【巛】川 (次條)古字

【川】천 セン、かわ stream 先 ㄔㄨㄢ ch'uan¹
내 通流水

【川谷】(천곡-センコク) 내와 골짜기

【川獵】(천렵-センリョウ) 냇물에서 고기잡이를 함

【川流】(천류-センリュウ) ①내에서 흐르는 물 ②맥락(脈絡)을 통해서 분명함

【川邊】(천변-センペン) 개천가。 냇가

【川上】(천상-センジョウ) 냇가

〔三畫—四畫〕

【州】주 シウ、ス、くに country 尤 ㄓㄡ chou¹
고을 五黨

【州國】(주국-シュウコク) 나라

【州郡】(주군-シュウグン) ①주(州)와 군(郡) ②지방

【巡】순 ジュン、めぐる patrol 眞 ㄒㄩㄣˊ hsün²
①순돌 —行 ②두루할 徧也 ③굽신거릴 扨退

【巡講】(순강-ジュンコウ) 각처로 순회하여 연설함

【巡檢】(순검-ジュンケン) 순찰하여 검사함

【巡更】(순경-ジュンコウ) 밤에 경계하기 위하여 돌아 다님

【巡警】(순경-ジュンケイ) 순시 경계함

【巡覽】(순람-ジュンラン) 각처로 돌아다니며 봄

【巡歷】(순력-ジュンレキ) 각처로 돌아다니며 구경함

【巡禮】(순례-ジンレイ) 각처의 영험이 있는 곳으로 돌아다님 또 그 사람

【巡撫】(순무-ジュンブ) 각처로 돌아다니며 백성을 안심시킴

【巡狩】(순수-ジュンシュ) 임금이 국내를 순행함

【巡視】(순시-ジュンジ) 돌아다니며 봄 또 그 사람

【巡按】(순안-ジュンアン) 돌아다니며 조사함

【巡閱】(순열-ジュンエツ) 돌아다니며 검열함

【巡遊】(순유-ジュンユウ) 간처로 돌아다니며 놀음

【巡察】(순찰-ジュンサツ) 각처로 돌아다니면서 사정을 살핌

【巡哨】(순초-ジュンショウ) 순회하며 적의 사정을 탐지함

【巡航】(순항-ジュンコウ) 여러 곳을 항해하여 돌아다님

【巡行】(순행-ジュンコウ) 돌아다님

【巡廻】(순회-ジュンカイ) 각처로 돌아다님

【災】火部 三畫에 볼것

〔八 畫〕

【巢】소 ソウ、す nest 肴 ㄔㄠˊ ch'ao²
①새보금자리 鳥棲 ②큰피리 大笙

【巢居】(소거-ソウキョ) 새의 보금자리 같이 나무 위에 집을 지음

【巢窟】(소굴-ソウクツ) 도속·악한등의 근거지
【巢穴】(소혈-ソウケツ) 소굴

工部

【工】공 コウ、ク、たくみ artisan 東 ㄍㄨㄥ kung1 「官也 ①공교할 巧也 ②장인 匠也 ③벼슬
【工巧】(공교-コウコウ) 교묘함。손재주가 있음
【工兵】(공병-コウヘイ) 군사상의 토목 건축 공사에 종사하는 병정
【工夫】(공부-クフウ·コウフ) ①학문·기술을 배움 ②배운것을 연습함
【工事】(공사-コンジ) 역사
【工業】(공업-コウギョウ) 자연물(自然物) 또는 조제품(粗製品)에 인공을 가하여 쓸만한 물건을 만드는 생산업
【工役】(공역-コウエキ) 토목·건축의 일
【工藝】(공예-コウゲイ) 물건을 만드는 재주 제작상
【工作】(공작-コウサク) ①토목(土木)의 사업 ②직공의 일。만듦 ③어떠한일을 계획하여 행함
【工匠】(공장-コウショウ) 모든 물건을 만드는 것을 업으로 삼는 사람
【工場】(공장-コウジョウ) 모든 물건을 만드는 곳 「업의 정도
【工程】(공정-コウテイ)공부하는 정도。작
【工廠】(공창-コウショウ) 공장
【工學】(공학-コウガク) 공업에 관한 사항을 연구하는 학문

【二 畫】

【巨】거 キョ、おおきい very big 語 ㄐㄩ chü4 ①클 大也 ②억 萬萬數也
【巨觀】(거관-キョカン) 볼만한 큰 경치
【巨魁】(거괴-キョカイ) 도적의 두목
【巨大】(거대-キョダイ) 무척 큼
【巨盜】(거도-キョトウ) 큰 도둑
【巨萬】(거만-キョマン) 여러 만
【巨擘】(거벽-キョハク) ①엄지 손가락 ②뛰어난 인물
【巨富】(거부-キョフ) 큰 부자
【巨商】(거상-キョショウ) 큰 장수
【巨石】(거석-キョセキ) 큰 돌
【巨額】(거액-キョカク) 큰 돈
【巨財】(거재-キョサイ) 많은 재물
【巨族】(거족-キョゾク) 대대로 번영한 지안
【巨指】(거지-キョシ) 엄지손가락
【巨刹】(거찰-キョサツ) 큰 절
【巨砲】(거포-キョホウ) 큰 대포
【巨艦】(거함-キョカン) 큰 군함

【巧】교 コウ、わざ talent 巧 ㄑㄧㄠ ch'iao3 ①교할 拙之反 ②잘할 善也 ③재주 技能 ④똑똑할 黠慧 ⑤공교할 機巧 ⑥어여쁠 好也
【巧妙】(교묘-コウミョウ) 썩 잘됨。썩 묘함
【巧婦】(교부-コウフ) 솜씨가 좋은 계집
【巧言令色】(교언영색-コウゲンレイショク) 말을 교묘히 하고 안색을 좋게하여 아첨함 「투른 것
【巧拙】(교졸-コウセツ) 잘하는 것과 서
【巧智】(교지-コウチ) 교묘한 지혜
【巧緻】(교치-コウチ) 정교(精巧)하고 치밀함
【巧猾】(교활-コウカツ) 꾀가 많고 간사함

【左】좌 サ、ひだり left 哿 ㄗㄨㄛ tsuo3 ①왼 右之對 ②도울 助也 ③증거할 証也 ④姓也
【左顧】(좌고-サコ) ①왼쪽을 향함 ②웃 사람이 아랫 사람을 사랑하여 돌봄(옛날에 웃 사람은 오른쪽에 아래 사람은 왼쪽에 있음)
【左袒】(좌단-サタン) 남에게 편을 들어 동의함
【左思右想】(좌사우상-サシウコウ) 여러 가지로 생각함
【左手】(좌수-ひだりて) 왼손
【左右】(좌우-サユウ) ①왼편과 오른편 또 곁 ②도움 ③가까운 신하 ④마음대로 다룸
【左翼】(좌익-サヨク) ①왼편 날개 ②중군(中軍)의 왼편에 있는 군대 ③일

반적으로는 급진주의자·혁명파를의미하고 노동운동에서는 공산주의자를 의미함

【左之右之】(좌지우지) 마음대로 다룸

【左遷】(좌천-サセン) 벼슬이 떨어져서 먼 곳으로 쫓겨감

【左驗】(좌험-サケン) 그 때 그 좌우에 있어서 그 일을 본 사람

【四畫—七畫】

【巫】무 フ、みこ witch 虞 ㄨˊ wu¹·²

무당 事無形舞降神

【巫覡】(무격-フゲキ) 무당과 박수

【巫蠱】(무고-フコ) 남을 방자함

【巫女】(무녀-フジョ·みこ)무당

【差】차 サ、シ、たがう different 麻 ㄔㄚˋ ch'a¹·⁴

①어기어질 舛也 ②다를 異也 (채) ①버금 貳也 ②가릴 擇也 ③부릴 使也 ④지나칠 過也 ⑤병나을 病愈 (치) ①어긋날 不齊參— ②오르락내리락할 燕飛—池

【差遣】(차견-サケン) 사람을 보냄

【差度】(차도) 병이 차차 나아감 「음

【差等】(차등-サトウ) 등급에 차별이 있

【差別】(차별-サベツ) 등급을 구별함

【差備】(차비) ①차림 ②특별한 사무를 분장시키기 위하여 임시로 임명함 ③고관이 타던 가마

【差使】(차사) 고을 원이 죄인을 잡으러 보내던 이속(吏屬)

【差押】(차압-さしおさえ) 어떠한 물건 또는 권리에 대하여 그 권리자의 사용처분을 강제로 금지하는 행위

【差額】(차액-サガク) 서로 틀리는 액수

【差訛】(차와-サカ) 잘못됨。그릇됨

【差異】(차이-サイ) 서로 틀림 「임

【差錯】(차착-ササク) 서로 어긋나서 섞

【差出】(차출) 벼슬아치를 임명함

【差下】(차하) 벼슬을 시킴

【差定】(차정) 사무를 담임시킴

己 部

【己】기 キ、コ、おのれ myself 紙 ㄐㄧˇ chi³

①몸 身也 ②사사 私也 ③마련할 紀也 ④여섯째 첫간 第六位天幹

【己出】(기출) 자기가 낳은 자녀

【已】이 イ、すでに already 紙 ㄧˇ i³

①이미 適事語辭 ②그칠 止也 ③버릴 去也 ④너무 太也 ⑤뿐 따름 啻也

【已上】(이상-イジョウ) 이상(以上)

【已成】(이성-イセイ) 이미 됨

【已往】(이왕-イオウ) ①이미 ②그전 ③기왕 ④벌써

【已知】(이지-イチ) 벌써 알음

【已下】(이하-イカ) 이하

【已後】(이후-イゴ) 이후

【巳】사 シ、み、へび snate 紙 ㄙˋ ssŭ⁴

여섯째 지지 第六位地支

【一畫—二畫】

【巴】파 ハ、どもえ volute 麻 ㄅㄚˊ pa¹

①꼬리 尾也 ②뱀 食像蛇 ③땅 이름 蜀東地名

【巴豆霜】(파두상) 파두 껍질을 벗기고 기름을 빼어버린 가루

【㠯】以 (人部 三畫) 古字

【四畫—六畫】

【巵】치 シ、さかおさ wine cup 支 ㄓ chih¹

①잔 飲酒器 ②기치 染草名

【巷】항 コウ、ちまた street 絳 ㄒㄧㄤˋ hsiang⁴

①거리 里中道街— ②복도 宮中長廡永—

【巷歌】(항가-コウカ) 거리에서 노래함

【巷間】(항간-コウカン) 보통 민중들 사이

【巷說】(항설-コウセツ) 세상의 풍설

【巷議】(항의-コウギ) 세상의 평판

【巷處】(항처-コウショ) 퇴관(退官)하여

거리나 시골에 묻혀 있음
【巹】卩部 六畫에 볼것

【九 畫】

【巽】손 ソン、ゆずる modest 願 ㄙㄨㄣˋ suen⁴
①부드러울 柔也 ②낮은체할 卑也 ③사양할 讓也 ④괘이름 卦名 「거슬리지 않음
【巽與】(손여-ソンヨ) 온화 하고 남을

巾 部

【巾】건 キン、きれ towel 眞 ㄐㄧㄣ chin¹
①수건 帨也 ②머리건 首飾蒙也 ③건男子冠
【巾幗】(건국-キンカク) 부녀의 외관
【巾帨】(건세-キンシツ) 수건
【巾櫛】(건즐) ①수건과 빗 ②머리 빗고 손을 씻음
【巾宕】(건탕) 망건과 탕건
【巾布】(건포) 두건(頭巾)을 만들 베

【一畫—二畫】

【巿】불 フツ、まえたれ apron 物
①슬갑。앞치마 膝布 ②사람의 이름、人名徐— 秦始皇帝때의 사람 또는 徐福

【帀】잡 ソウ、めぐる cirulate 合 ㄗㄚ tsa¹
둘릴 周也 匝는 俗字

【二 畫】

【市】시 シ、いち market
①장 賣買所之 ②홍정할 賣買
【市街】(시가-シガイ) 인가가 많고 번화한 곳
【市價】(시가-シカ) 장의 시세
【市內】(시내-シナイ) 도시의 안
【市立】(시립-シリツ) 자치단체인 시의 경비로 설립
【市民】(시민-シミン) 시내에 사는 백성
【市外】(시외-シガイ) 도시의 밖
【市恩】(시은-おんをうる) 남에게 은혜를 베풀고 자기가 이를 보고자 함
【市場】(시장-シジョウ・いちば) 장사들이 모여 물건을 매매 하는 곳
【市廛】(시전-シテン) 가게
【市井】(시정-シセイ) ①시내 ②시내에서 상업을 경영하는 사람

【布】포 ホ、フ、ぬの cloth 遇 ㄅㄨ pu⁴
①베 麻葉葛織 ②펼 陳也 ③돈 錢也泉— 「②벳조각
【布巾】(포건-フキン) ①베로 만든 건
【布告】(포고-フコク) 일반에게 널리알림
【布敎】(포교-フキョウ) 종교를 널리 펌
【布袋】(포대-フタイ・ホテイ) 베로 만든자루 「놀인 벳조각
【布簾】(포렴) 복덕방이나 술집등에
【布木】(포목) 베와 무명
【布帛】(포백) 베와 비단
【布衣】(포의-フイ) 벼슬이 없는 선비
【布帳】(포장) 베로 만든 휘장
【布置】(포치-フチ) 벌려 둠。펴놓음

【三畫—四畫】

【帆】범 ハン、ほ sail 咸 ㄈㄢ fan¹
돛 舟上幔使風
【帆船】(범선-ハンセン) 돛을 단 배
【帆影】(범영-ハンエイ) 돛 그림자
【帆檣】(범장-ハンショウ) 돛대

【希】희 キ、ケ、まれ rare
①드물 罕也 ②바랄 望也 ③적을 寡也
【希求】(희구-キキュウ) 바람。희망
【希望】(희망-キボウ) 바람。원함 「옴
【希願】(희원-キガン) 희망(希望)과 같
【希指】(희지-キシ) 남의 비위를 맞춤
【希革】(희혁-キカク) 새나 짐승의 털이 빠지고 다시 남

【五 畫】

【帛】백 ハク、きぬ 陌 ㄒㄧ hsi²
silk fabric
①비단 繒縉 ②폐백 幣也
【帛書】(백서-ハクショ) 얇은 깁에 쓴 글

자또그집

【帙】질 チツ、ふまき jacket 質 ㄓˋ chih⁴
①책갑 書衣緗— ②책권차례 書卷編次 ③주머니 小囊

【帖】첩 チョウ、ジョウ、かきもの notes 葉
①문서 卷也 ②시지 題賦 ③타첩할 定也妥—

【帖付】(첩부) 착 드러붙게함

【帖着】(첩착) 발라 붙임

【帚】추 シュウ、ほうき broom 有 ㄓㄡˇ chou³ ㄔㄨ ch'u
비 篲也

【帑】탕 ド、トウ、かねぐら safe 養 ㄊㄤˇ t'ang³
나라곳집 金幣所藏(노)①처자식 妻子 ②새꼬리 鳥尾

【帕】파 ハク、ヒャク、はちまき head band 禡 ㄆㄚˋ p'a⁴
머리 동일 額首飾

【帕首】(파수) 머리동이

【六 畫】

【帥】수 スイ、かしら general
①장수 統領 ②주장할 主也 (솔)③좇을 循也 ④거느릴 領兵

【帥先】(솔선-ソッセン) 앞장 서서 인도함

【帝】제 テイ、みかど King 霽 ㄉㄧˋ ti⁴
①임금 君也王天下之號 ②하느님 天也上—

【帝國】(제국-テイコク) 황제가 통치하는 나라

【帝道】(제도-テイドウ) 제왕이 행하는 인의(仁義)에 기인한 공명 정대한 정도(政道)

【帝都】(제도-テイト) 제왕의 도움

【帝力】(제력-テイリョク) 제왕(帝王)의 은택

【帝命】(제명-テイメイ) 제왕의 명령

【帝室】(제실-テイシツ) 임금의 거처。왕실(王室)

【帝業】(제업-テイギョウ) 제왕의 사업

【帝王】제왕-テイオウ) 제국을 통치하는 나라의 원수

【帝位】(제위-テイイ) 제왕의 자리

【帝統】(제통-テイトウ) 제왕의 계통

【帝號】(제호-テイゴウ) 제왕의 칭호

【七 畫】

【師】사 シ、せんせい teacher 支 ㄕ shih¹
①스승 敎人以道者 範也 ②본받을 效也 ③어른 長也 ④군사 軍旅 ⑤뭇 衆也 ⑥경사 天子所居曰京— ⑦신 이름 神名雨—雲—風—

【師命】(사명-シメイ) 스승의 명령

【師母】(사모) 스승의 아내

【師範】(사범-シハン) 학먹이 남의 모범이 되는 사람

【師父】(사부-シフ) 스승

【師事】(사사-シジ) 스승을 섬김

【師受】(사수-シジュ) 스승에게 학문·기예를 받음

【師友】(사우-シユウ) ①스승으로 우러러 볼만한 벗 ②스승과 벗

【師長】(사장-シチョウ) 스승과 어른

【師弟】(사제-シテイ) 스승과 제자

【師表】(사표-シヒョウ) 남의 모범이 될 만한 학덕이 높은 사람

【席】석 セキ、むしろ seat 陌 ㄒㄧˊ hsi²
①자리 簟也 ②깔 藉也 ③걷을 卷也 ④인할 因也 ⑤자뢰할 資也 ⑥베풀 陳也

【席卷】(석권-セッケン) 자리를 마는것 같이 쉽게 일을 처리함

【席末】(석말-セキマツ) 끝 자리

【席帽】(석모-セキボウ) 자기가 불만족하게 여기는 벼슬

【席不暇煖】(석불가난-セキあたたかなるにいとまあらず) 주소를 자주 옮김

【席上】(석상-セキジョウ) 여러 사람이 모인 자리

【席次】(석차-セキジ) 자리의 차례

【帨】세 ゼイ、セイ、てぬぐい towel 霽 ㄕㄨㄟˋ shuei⁴

수건 女子佩巾

【八 畫】

【帶】 대 タイ、おび belt 泰 ㄉㄞ tai⁴
①띠 紳也 ②찰 佩也 ③데릴 隨行
④뱀 蛇也
【帶刀】(대도-タイトウ) 칼을 참 또 그 칼.
【帶同】(대동-タイドウ) 함께 데리고 감
【帶下】(대하-タイカ) 부인병의 한가지。
대하증 「있음
【帶勳】(대훈-タイクン) 훈장을 가지고

【常】 상 ジャウ、ショウ つね always 陽 ㄔㄤ ch'ang²
①항상 恒久 ②떳떳할 庸也 ③오랠
久也 ④아가위 棣也 ⑤두길 數各倍
尋 ⑥벼슬이름 官名太一
【常客】(상객-ジョウキャク) 늘 오는 손님
【常經】(상경-ジョウケイ) 사람이 지켜야
할 떳떳한 도리
【常例】(상례-ジョウレイ) 두루 많이 있
는 사례
【常綠樹】(상록수-ジョウリョクジュ) 잎이
사시(四時)를 두고 늘 푸른 나무
【常理】(상리-ジョウリ) 떳떳한 이치。당
연한 이치
【常務】(상무-ジョウム) ①일상의 업무
②상무취체역 또는 상무 위원의 약
어 「옷
【常服】(상복-ジョウフク) 평상시에 입는
【常備】(상비-ジョウビ) 늘 준비함
【常事】(상사-ジョウジ) 보통의 일
【常設】(상설-ジョウセツ) 늘 설치함
【常習】(상습-ジョウシュウ) 늘 하는 버릇
【常時】(상시-ジョウジ) 임시가 아니고
관례대로의 보통인 때
【常食】(상식-ジョウショク) 늘 먹음 또
그 음식
【常識】(상식-ジョウシキ) ①보통의 지식
②일반의 지식 또는 의견
【常溫】(상온-ジョウオン) ①늘 일정한 온
도 ②일년을 평균한 온도
【常用】(상용-ジョウヨウ) 늘 씀
【常態】(상태-ジョウタイ) 보통의 모양。
일반의 형편
【常套】(상투-ジョウトウ) 보통의 법식

【帷】 유 イ、とばり tent 支 ㄨㄟ wei²
①장막 幕也 ②휘장 幔也 ③수레휘
장
【帷幕】(유막-イバク) 휘장과 장막
【帷幄】(유악-イアク) ①장막 ②대장이
작전 계획을 하는 곳
【帷帳】(유장-イチョウ) 휘장과 장막

【帳】 장 チョウ、とばり curtain 漾 ㄓㄤ chang⁴
①휘장 帷也 ②앙장 幬也 ③치부책
計簿
【帳簿】(장부-チョウボ) 금품(金品)의 수
입 및 지출을 기록하는 책
【帳中】(장중-チョウチュウ) 장막(帳幕)안

【九 畫】

【幝】 곤 コン、ふんどし short trousers 元
잠방이 褐褌

【冪】 멱 ベキ、おおう cover
①덮을 覆也 ②준덮는 보 尊巾
【冪冪】(멱멱-ベキベキ) 구름이 산을 덮
는 모양

【帽】 모 ボウ、モウ、かぶりもの hat 號 ㄇㄠ mao⁴
①모자 冠也 ②무릅쓸 冒也
【帽子】(모자-ボウシ) ①머리 위에 쓰는
물건 ②갓。모자
【帽章】(모장-ボウショウ) 모자에 붙이는
휘장(徽章)

【幅】 폭 フク、はば width 屋 ㄈㄨ fu²
①폭 布帛廣狹 ②외양치레할 外飾
邊一 ③가득할 滿也匡一 (핍) 행전
行縢
【幅員】(폭원-フクイン・フクエン) 넓이

【幄】 악 アク、とばり curtain 覺 ㄨㄛ wo⁴
①장막 覆帳形如屋 ②군막 軍旅之
帳
【幄幕】(악막-アクバク) 진중에 쓰는 막

【幃】위 イ、キ、とばり curtain 微 ㄨㄟˊ wei²
①휘장 單帳 ②향낭 香囊
【幃帳】(위장-イチョウ) 휘장。장막

【幀】정 テイ、トウ、けりぎぬ jacket 敬 ㄓㄥˋ chêng⁴
그림족자 帳畫

【幇】幫(巾部 十四畫)同字

【十畫—十一畫】

【幎】멱 ベキ、おおい cover 錫 ㄇㄧˋ mi⁴
①덮을 覆也 ②면모 面帽 「겁
【幎冒】(멱모-ベキボウ) 얼굴을 덮을 헝

【幌】황 コウ、どばり curtain 養 ㄏㄨㄤˇ huang³
휘장 帷幔

【幗】괵 カク 陌 ㄍㄨㄛˊ kuo²
bonnet
아낙네갓 婦人冠巾

【幕】막 マク、バク、まく curtain 藥
①장막 帷上在 ②군막 軍旅無常居
【幕僚】(막료-バクリョウ) 장군을 보좌하는 참모
【幕府】(막부-バクフ) ①대장군(大將軍)의 본영(本營) ②절도사(節度使)가 있는 곳
【幕賓】(막빈-バクヒン) 비장(裨將)
【幕下】(막하-バッカ・まくした) 주장(主將)이 거느리는 장교 및 종사관(從事官)

【幔】만 バン、マン、まく curtain 翰 ㄇㄢˋ man⁴
①휘장 帳也 ②장막 幕也
【幔城】(만성-マンジョウ) 장막으로 둘러친 성

【幘】책 サク、シャク、ずきん head cloth 陌 ㄗㄜˊ tsê²
머리수건 頂上複髻

【十二畫】

【幢】당 トウ、はた flag 絳
①기 幡也 ②수레드림 車幰 ③너울거릴 飛貌
【幢旛】(당번-ドウハン) ①기 ②불전에 꾸미는 기

【幡】번 ハン、ホン、のぼり flag 元 ㄈㄢ fan¹
①수건 紛帨 ②먹걸레 書兒拭觚布
③표기 幟也 ④나부낄 飛揚貌—纚 「모양
⑤돌이킬 反也
【幡幡】(번번-ハンハン) 펄펄 나부끼는

【幞】복 ボク、づきん 沃 ㄆㄨˊ p'u²
mourner's hempen cap
①복두 —頭 ②머리동이 帕也 ③두건 頭巾
【幞巾】(복건) ①도복을 입을 대 머리에 쓰는 두건(頭巾) ②사내아이가 사치로 머리에 쓰는 것
【幞頭】(복두) 과거 급제자가 증서를 받을 때 쓰던 갓의 한 가지

【幟】치 シ、のぼり flag 寘 ㄓˋ chih⁴
표기 旌旗屬標

【幣】폐 ヘイ、ぬさ gift 霽 ㄅㄧˋ pi⁴
①폐백 帛也 ②돈 錢也 ③재물 財也
【幣物】(폐물-ヘイモツ・ヘイブツ) 선사하는 물건
【幣帛】(폐백-ヘイハク) 모든 예물

【十三畫—十五畫】

【幨】첨 セン、どばり collar
①수레 휘장 車帷 ②옷깃 披衣

【幬】도 チュウ、どばり curtain 豪 ㄉㄠˋ tao⁴
덮을 覆也 燾通 (주) ①수레휘장 車幃 ②홑휘장 禪帳
【幬帳】(주장-チュウチョウ) 모기장

【幫】방 ホウ、たすける help 陽 ㄅㄤ pang¹
①곁들 事物取者 ②신가장이 꾸미개 禪帖治 履邊
【幫助】(방조-ホウジョ) 도와 줌

【幮】주 チュウ、どばり curtain 虞 ㄔㄨˊ ch'u²

장막 帳也

干 部

【干】 간 カン、たて shield 寒

①방패 盾也 ②천간 自甲至癸天― ③범할 犯也 ④구할 求也 ⑤막을 扞也 ⑥물가 水涯 ⑦기울 橫斜貌 闌―⑧눈물 줄줄 흐를 淚流貌

【干戈】(간과-カンカ) ①방패와 창 ②무기·병기의 총칭

【干連】(간련) 남의 범죄에 관계함

【干滿】(간만-カンマン) 간조와 만조

【干潟】(간사-ひがた) 조수가 지나간 땅

【干涉】(간섭-カンシヨウ) 남의 일에 관계함

【干城】(간성-カンジヨウ) ①나라를 위하여 방패가 되고 성이 되어 막음 ②나라를 지키는 장수

【干預】(간예-カンヨ) 간섭함

【干潮】(간조-カンチヨウ) 바다로 썰물이 빠지어 나감

【干戚】(간척-カンセキ) 간과(干戈)

【二 畫】

【平】 평 ヘイ、ビヨウ、たいらか even flat 庚 ㄆㄧㄥ p'ing²

①편할 坦也 ②바를 正也 ③다스릴 治也 ④화할 和也 ⑤고를 均也 ⑥쉬울 易也 ⑦풍년들 歲稔 ⑧화친할 解恕和成 ⑨중도위 定物價 ⑩벼슬 이름 官各廷尉― ⑪姓也 (편) 편편할 辨治

【平家】(평가-ひらや) 단층 집

【平交】(평교-ヘイコウ) 나이가 비슷한 「벗

【平均】(평균-ヘイキン) ①고르게 다룸 ②똑 같음 ③과부족이 없는 정도 ④같은 종류의 양의 중간의 수치(數値)를 가진 양

【平年】(평년-ヘイネン) ①추수가 보통되는 해 ②윤년이 아닌 해

【平澹】(평담-ヘイタン) 마음이 고요하고 이욕(利慾)의 생각이 없음

【平等】(평등-ビヨウトウ·ヘイトウ) 차별이 없이 같음

【平面】(평면-ヘイメン) ①평평한 거죽 ②표면 위에 두 점을 접합한 직선이 늘 그 표면 위에 있는 면

【平明】(평명-ヘイメイ) ①해가 뜰 때 ②치우침이 없음

【平民】(평민-ヘイミン) ①벼슬이 없는 사람 ②양반(兩班)이 아닌 사람

【平方】(평방-ヘイホウ) ①자승(自乘) ②정방형(正方形)의 면적

【平凡】(평범-ヘイボン) 나은 점이 없음。하고 많음

【平服】(평복-ヘイフク) 평상시에 입는 「사복

【平復】(평복-ヘイフク) 병이 나음

【平分】(평분-ヘイブン) 똑 같이 나눔

【平常】(평상-ヘイジヨウ) 보통 때

【平生】(평생-ヘイセイ) ①평시 ②일찌기。예전 ③일생

【平素】(평소-ヘイソ) ①평상시 ②과거 또는 지난 일

【平時】(평시-ヘイジ) 평상시

【平信】(평신-ヘイシン) ①평상시의 편지 ②무사한 소식

【平心】(평심-ヘイシン) 고요하고 누운 「마음

【平安】(평안-ヘイアン) 잘있음。태평함

【平野】(평야-ヘイヤ) 편편한 들

【平然】(평연-ヘイゼン) 예사로운 모양

【平穩】(평온-ヘイオン) 고요함。편안함

【平原】(평원-ヘイゲン) 평탄한 들

【平癒】(평유-ヘイユ) 병이 나아서 본래의 상태와 같이 됨

【平日】(평일-ヘイジツ) 평상시

【平定】(평정-ヘイテイ) 편안하게 작정함

【平地】(평지-ヘイチ) 판판한 땅

【平仄】(평측-ヒヨウソク) 한자(漢字) 자음(字音)의 고저(高低)

【平坦】(평탄-ヘイタン) ①지면이 편함 ②마음이 고요함

【平行】(평행-ヘイコウ) ①안전하게 통행함 ②직선이 같은 평면 위에 있음 또 **일직선과 일평면과** 또는 두 평면이 얼마든지 연장하여 서로 만나지 아니하는 것

【平衡】(평형-ヘイコウ) ①바른 저울。알맞음 ②절하는 법의 한 가지 곧 몸을 굽히어 머리와 허리가 저울대처

럼 바르게 하는 것

【平和】(평화-ヘイワ) 화합하고 고요함 평온하게 결말이 남

【三畫—四畫】

【年】 년 ネン、とし year 先 ㄋㄧㄢ nien²

①해 歲也 ②나이 齡也 ③나아갈 進也

【年鑑】(연감-ネンカン) 어떠한 사물에 관하여 해마다 그 정상을 적은 기록

【年貢】(연공-ネング) 해마다 바치는 공물

【年光】(연광-ネンコウ) ①변천하는 사시(四時)의 경치。젊은 나이。세월

【年紀】(연기-ネンキ) ①나이 ②연수·연대

【年內】(연내-ネンナイ) 올 안。그 해 안

【年年】(연년-ネンネン) 해마다

【年代】(연대-ネンダイ) ①지내온 시대 ③제왕이 치세(治世)。세상

【年度】(연도-ネンド) 사무의 처리상 편의를 따라 구분한 일년간의 기한

【年頭】(연두-ネントウ) 그 해의 처음

【年齡】(연령-ネンレイ) 나이

【年老】(연로) 나이가 늙음

【年末】(연말-ネンマツ) 해의 끝

【年暮】(연모) 그 해가 다 저물 무렵

【年輩】(연배-ネンパイ) 나이가 어금지금한 사람

【年譜】(연보-ネンプ) 일년의 사적을 그 해의 차례로 적은 기록

【年俸】(연봉-ネンポウ) 일년 간의 봉록

【年產】(연산-ネンサン) 일년의 생산고

【年少】(연소-ネンショウ) 나이가 젊음

【年始】(연시-ネンシ) 그 해의 처음

【年額】(연액-ネンカク) 일년간의 정한 액수

【年長】(연장-ネンチョウ) 자기보다 나이가 많음 또 그 사람

【年終】(연종-ネンシュウ) 연말

【年中】(연중-ネンチュウ) 한 해 동안

【年次】(연차) 햇수의 차례。나이의 차례

【年齒】(연치-ネンシ) 나이

【年表】(연표-ネンピョウ) 해를 좇아서 사건을 적은 기록

【年限】(연한-ネンゲン) ①일정한 해의 기한 ②나이의 정한 한도

【年號】(연호-ネンゴウ) 해의 이름

【五畫】

【罕】 网部 三畫에 볼것

【并】 幷(干部 五畫)俗字

【幷】 병 ヘイ、あわせる merge 庚 ㄅㄧㄥ ping

①합할 合也 ②아우를 竝也 ③겸할 兼也 ④같을 同也 ⑤미칠 及也

【幷呑】(병탄-ヘイドン) 남의 물건을 합치어 먹음

【幸】 행 コウ、さいわい good luck 梗 ㄒㄧㄥ hsing⁴

①다행할 福也 ②고일 寵愛 ③바랄 冀也 ④거동 車駕所至

【幸福】(행복-コウフク) ①다행한 운수 ②경사스러운 일 ③팔자가 좋음

【幸甚】(행심-コウジン) ①매우 다행함 ②편지 끝에 씀 또 포개서도 씀

【幸運】(행운-コウウン) 좋은 운수。행복스러운 운명

【幸姬】(행희-コウキ) 마음에 드는 계집。구염을 받는 첩

【十畫】

【幹】 간 カン、みき trunk 翰 ㄍㄢ kan⁴

①줄기 草木莖 ②몸뚱이 體也 ③등마루 뼈 脊骨 ④일맡을 堪事—蠱

【幹部】(간부-カンブ) 그 국체 속의 중요한 인물

【幹事】(간사-カンジ) ①일을 맡아서 처리함 ②어떠한 사무를 맡아 처리하는 직무

【幹線】(간선-カンセン) 도로·철도·전신(電信)등의 중요한 선

幺 部

【幺】 요 ヨウ、ちいさい small 蕭 ㄧㄠ yao¹

작을 小也

【一 畫】

【幻】환 ゲン、まぼろし witchcraft 諫 ㄏㄨㄢˋ huan⁴
①속일 미혹할 惑也 ②요술 妖術 ③변할 化也 ④헛개비 |形

【幻覺】(환각-ゲンカク) 감각기관을 자극할 외계의 사물이 없는데 마치 그 자극을 받는 것과 같은 감각을 일으킴

【幻燈】(환등-ゲントウ) 등불을 켜서 그림의 확대상을 막에 비치게 하는 기구

【幻滅】(환멸-ゲンメツ) 환상에서 깨어 현실에 접함

【幻想】(환상-ゲンソウ) 실물이 없는데 있는 것같이 보이는 허망한 생각

【幻術】(환술-ゲンジュツ) 요술

【幻影】(환영-ゲンエイ) ①환각에 비치는 그림자 ②착각에서 일어나는 현상 ③덧없는 것을 이름

【幻惑】(환혹-ゲンワク) 속임

【幻化】(환화-ゲンカ) ①헛가비 처럼 변화함 ②사람의 죽음을 이름

【二畫—六畫】

【幼】유 ヨウ、おさない very young 宥 ㄧㄡˋ yu⁴
어릴 穉也

【幼年】(유년-ヨウネン) 어린 나이 또 그 사람

【幼少】(유소-ヨウショウ) 어림 또 그 「사람

【幼兒】(유아-ヨウジ) 어린애

【幼魚】(유어-ヨウギョ) 어린 물고기

【幼蟲】(유충-ヨウチュウ) 알에서 까지고 아직 성충이 되지 아니한 것

【幼稚】(유치-ヨウチ) ①나이가 어림 ②정도가 낮음。아직 미숙함

【幼稚園】(유치원-ヨウチエン)학령(學齡)이 안 된 어린애를 수용하여 초등 지식을 가르치는 곳

【幼學】(유학-ヨウガク) ①어릴 때의 학문 ②벼슬을 하지 아니한 유생(儒生)

【幼孩】(유해-ヨウガイ) 젖먹이

【幽】유 ユウ、かすか hushed and still 尤 ㄧㄡ yu¹
①그윽할 深也 ②어둘 闇也 ③가둘 囚也 ④숨을 隱也 ⑤적을 微也 ⑥고을이름 州名

【幽客】(유객-ユウカク) 유거(幽居)하는 「사람

【幽居】(유거-ユウキョ) 한적하고 궁벽한 곳에 살음

【幽界】(유계-ユウカイ) 저승

【幽明】(유명-ユウメイ) ①어두운 것과 밝은 것 ②무형(無形)과 유형(有形) ③내세와 현세

【幽冥】(유명-ユウメイ) 깊고 어두움。심오하고 미묘함

【幽室】(유실-ユウシツ) 조용하고 그윽한 곳에 있는 방

【幽人】(유인-ユウジン) 세상을 피하여 그윽한 곳에 숨어 사는 사람

【幽宅】(유택-ユウタク) 무덤

【幽閉】(유폐-ユウヘイ) 깊이 가두어 둠

【九畫—十二畫】

【胤】肉部 五畫에 볼것

【幾】기 キ、いくら some; several 尾 ㄐㄧˇ chi³ 微 ㄐㄧ chi¹
①몇 多少—何 ②얼마 못될 無多無— ③거의 尙也庶— ④위태할 危也 ⑤기미 微也 ⑥자못 殆也 ⑦가까울 近也 ⑧살필 察也

【幾度】(기도-いくたび) 몇 번

【幾微】(기미-キビ) 낌새

【幾何】(기하-キカ・いくばく) ①얼마 ②기하학(幾何學)의 준말

【幾何學】(기하학-キカガク) 물건의 형상・대소・위치에 관한 원리를 연구하는 과학

【幾許】(기허-いくばく) 얼마

【畿】田部 十畫에 볼것

广 部

【广】엄 ゲン、むなぎ rock-house 琰 ㄧㄢˇ yen³

바위집 巖屋

【二畫—三畫】

【庄】장 ホウ、ショウ farmer's hut
농막 田舍

【広】廣(广部 十二畫)略字

【四 畫】

【庋】기 キ、たな 紙 ㄐㄧˇ chi³ kitchen capboard
찬장 藏食物

【庇】비 ヒ、ひさし 眞 ㄅㄧˋ pi⁴ screen
①가릴 蔽也 ②덮을 盖也

【庇蔭】(비음-ヒイン) 덮어 줌

【庇護】(비호-ヒゴ) 덮어 주고 호위함

【床】牀(爿部 四畫)俗字

【序】서 ジョ、ついで 語 ㄒㄩˋ hsü⁴ order
①차례 次第 ②서지을 陳經旨 ③학교 學也

【序曲】(서곡-ジョキョク) 가극(歌劇)들의 막을 열기 전에 연주하는 곡

【序列】(서열-ジョレツ) 순서대로 배열함

【序論】(서론-ジョロン) 본론에 들어가기 전에 설명하는 논설

【序幕】(서막-ジョマク) 연극 등에서 처음 여는 막

【序文】(서문-ジョブン) 머리 말。서언(緒言)

【序詞】(서사-ジョシ) 서문

【序陞】(서승) 관직에 있는 햇수를 따라서 품계나 벼슬을 올림

【序說】(서설-ジョセツ) 서문

【序言】(서언-ジョゲン) 머릿말

【序次】(서차) ①차례。순서 ②차례를 정함

【序齒】(서치-ジョシ) 나이 순서로 자리를 정함

【五畫—六畫】

【庚】경 コウ、かわる、かのえ correct
①고칠 更也 ②일곱째천간 第七位天幹 ③나이 年齒同ㅣ ④길 道也 ⑤갚을 償也 ⑥굳셀 堅强ㅣ ⑦곡식 穀水ㅣ癸 ⑧별이름 星名

【府】부 フ、みやこ 麌 government office
①마을 官舍 ②곳집 藏文書財幣所

【府庫】(부고-フコ) 곳집

【府君】(부군-フクン) ①한대(漢代) 태수(太守)의 높임말 ②망부(亡父)의 존칭

【府兵】(부병-フヘイ) 궁정을 지키는 군대

【府中】(부중-フチュウ) 정치를 행하는 재상의 마을

【底】저 テイ、そこ 薺 ㄉㄧˇ ti³ bottom
①밑 下也 ②그칠 止也 ③무슨 設疑辭 (지) ①이를 至也 ②이룰 致也 ③정할 定也

【底極】(저극-テイキョク) 끝 마지막

【底邊】(저변-テイヘン) 평면형이 그 위에 선다고 생각되는 한 변

【底止】(저지-テイシ) 목적지에 닿아 그침

【店】점 テン、みせ 豔 ㄉㄧㄢˋ tien⁴ shop
가게 賣貨粥所

【店頭】(점두-テントウ) 가게 앞

【店幕】(점막) 음식을 팔거나 나그네를 묵게 하는 것으로 업을 삼는 집

【店肆】(점사-テンシ) 가게。점포

【店員】(점원-テンイン) 상점의 사용인

【店主】(점주-テンシュ) 가게의 주인

【店舖】(점포-テンポ) 가겟집

【庖】포 ホウ、くりや 肴 ㄆㄠˊ p'ao² butcher's shop
푸주 宰殺所ㅣ廚

【庖丁】(포정-ホウチョウ) 백정 (白丁)

【庖廚】(포주-ホウチュウ) 푸주 관

【度】도 ト、タク、のり 遇 ㄉㄨˋ tu⁴ laws and instiutions
①법도 法制 ②자 丈尺 ③뼘을 布指知尺 ③국량ㅣ量 ④지날 過也 (탁) ①헤아릴 忖也 ②꾀할 謀也 ③길 程ㅣ ④벼슬이름 官名ㅣ支

【度量】(도량-ドリョウ) ①자와 되 ②사물을 너그럽게 용납하여 처리하는

품성

【度量衡】(도량형-ドリョウコウ)자와 되와「저울

【度數】(도수-ドスウ) ①거듭하는 수 ②일정한 제도 ③각도(角度) 온도(温度) 등을 헤아리는 수

【度厄】(도액) 액막이

【度外視】(도외시-ドガイシ) 버리고 돌아보지 아니함

【度牒】(도첩-ドチョウ) 중의 면허증

【度支】(탁지-タクシ) 회계관

【庠】상 ショウ、まなびや school in a locality

태학 虞學

【庠序】(상서-ショウジョ) 중국 고대의 소학교 널리 학교의 뜻

【七 畫】

【庤】치 チ、ジ、そなえる possess 紙 ㄓ chih

①쌓을 儲置 ②갖출 具也

【庫】고 コ、ク、くら 遇 ㄎㄨ k'u warehouse

곳집 貯物舍兵車藏

【庫間】(고간) 곳간

【庫藏】(고장-コゾウ) 곳집。창고

【庫錢】(고전-コセン) 정부 곳집의 돈

【庬】방 ボウ、かさばる thick 江 董

①두터울 厚也 ②잡될 雜也

【庬洪】(방홍-ボウコウ) 두텁고 풍부함

【庭】정 テイ、にわ 靑 ㄊㄧㄥ t'ing yard 徑 ㄊㄧㄥ t'ing

①뜰 堂階前 ②곧을 直也 ③동안뜰 隔遠貌

【庭球】(정구-テイキュウ) 테니스(tennis)

【庭園】(정원-テイエン) 집안에 있는 뜰

【庭訓】(정훈-テイクン) 가정의 교훈

【座】좌 ザ、しきもの seat 箇 ㄗㄨㄛ tsuo

①자리 坐具 ②지위 位也

【座客】(좌객-ザカク) 좌석에 앉은 손

【座上】(좌상-ザジョウ) ①여러 사람이 모인 자리 ②한 좌석에서 어른되는 사람

【座右】(좌우-ザユウ) ①좌석의 오른 편 ②곁。옆

【座右銘】(좌우명-ザユウメイ) 늘 옆에 두고 반성의 재료를 삼는 격언

【座中】(좌중-ザチュウ) 여러 사람이 모인 자리

【座次】(좌차-ザジ) 자리의 차례

【座下】(좌하-ザカ) 편지를 받을 사람의 성명 아래에 쓰는 존대말

【座輿】(좌흥-ザキョウ) 여러 사람의 모인 자리의 흥미

【席】巾部 七畫에 볼것

【唐】口部 七畫에 볼것

【八 畫】

【康】강 コウ、やすい peaceful 陽 ㄎㄤ k'ang

①편안 安也 ②즐거울 樂也 ③화할 和也 ④풍년들 年有 ⑤다섯거리 五達衢 ⑥姓也

【康衢】(강구-コウク) 번화한 길거리

【康寧】(강녕-コウネイ) 몸이 튼튼함。몸에 병이 없음

【康樂】(강락-コウラク) ①편안하고 즐거움 ②무곡(舞曲)의 이름

【康莊】(강장-コウソウ) 번화한 길거리

【康濟】(강제-コウサイ) 백성을 편안하게 건짐

【庳】비 ヒ、ひくい humble 紙 ㄅㄧ pi 寘

①낮을 下也 ②짧을 短也 ③오막살이집 低小屋

【庶】서 ショ、こいねがわく hope 御 ㄕㄨ shu

①무리 衆也 ②거의 幾ー ③바랄 冀也 ④다음 아들 支子「바람

【庶幾】(서기-ショキ・こいねがう)①거의 ②

【庶女】(서녀-ショジョ) ①평민(平民)의 계집 ②첩의 몸에서 난딸

【庶類】(서류-ショルイ) 여러 가지 종류

【庶母】(서모-ショボ) 아버지의 첩

【庶務】(서무-ショム) 여러 가지 사무

【庶物】(서물-ショブツ) 여러 가지 물건

【庶民】(서민-ショミン) 모든 백성

【庶孽】(서얼-シヨゲツ) 서자와 그 자손
【庶人】(서인-シヨジン・シヨニン) 서민
【庶子】(서자-シヨシ) 첩의 몸에서 난 아들

【庵】암 アン、いおり hermitage 覃 ㄢ an¹
암자 小草舍
【庵子】(암자) 작은 절

【庸】용 ヨウ、つね always
①떳떳 常也 ②쓸 用也 ③공 功也 ④수고로울 勞也 ⑤화할 和也 ⑥어찌 豈也 ⑦어리석을 愚也 ⑧부용나라 附―小國 ⑨도랑 水―溝也
【庸劣】(용렬-ヨウレツ) 못생기어 재주가 남만 못함
【庸夫】(용부-ヨウフ)용렬한 사람
【庸常】(용상) 대수롭지 아니함
【庸俗】(용속-ヨウゾク) 범상하고 속됨
【庸言】(용언-ヨウゲン) 범상한 말
【庸醫】(용의-ヨウイ) 용렬한 의사
【庸人】(용인-ヨウジン) 평범한 사람
【庸才】(용재-ヨウサイ) 용렬한 재주
【庸拙】(용졸-ヨウセツ) 용렬하고 초라함
【庸品】(용품) 품질이 낮은 물건
【庸行】(용행-ヨウコウ) 범상한 행실

【九 畫】

【廂】상 ショウ、ひさし outbuilding 陽 ㄒㄧㄤ hsiang
익랑 곁채 翼廊

【庾】유 ユ、こめぐら stack of grain
①노적가리 倉無屋露積 ②휘 量名 十六斗 ③姓也
【庾廩】(유름-ユリン) 쌀곳집
【庾積】(용적-ユシ) 노적가리

【廁】치 シ、かわや water-closet 寘 ㄘ t'zŭ⁴
①뒷간 溷也 ②섞일 雜也 ③버금 次也 ④평상 가장자리 牀邊側 (측) 기울 側也

【十 畫】

【廊】랑 ロウ、こべや servants' rooms 陽 ㄌㄤ lang²
①익랑 행랑 東西序廡 ②묘당 殿下外屋廡―
【廊廟之器】(낭묘지기-ロウビョウのうつわ) 조정(朝政)을 잡는 제상(帝相)이 될 재능
【廊下】(낭하-ロウカ) 행랑

【廉】렴 レン、いさぎよい integrity 鹽 ㄌㄧㄢ lien²
①맑을 淸也 ②청렴할 不貪 ③검소할 儉也 ④조촐할 潔也 ⑤모 稜也 ⑥살필 察也 ⑦서슬 嚴利 ⑧성 姓也
【廉價】(염가-レンカ) 싼 값
【廉儉】(염검-レンケン) 청렴하고 검소함
【廉潔】(염결-レンケツ) 청렴하고 결백함
【廉吏】(염리-レンリ)청렴한 관리
【廉問】(염문-レンモン) 몰래 사정을 염탐함
【廉白】(염백-レンパク) 청렴하고 결백함
【廉察】(염찰-レンサツ) 염탐하여 살핌
【廉探】(염탐) 몰래 사정을 살펴 봄
【廉平】(염평-レンペイ) 청렴하고 공평함

【廋】수 シュウ、かくれる hide 尤 ㄙㄡ sou¹
숨길 隱匿 「숨겨둔 군사
【廋伏】(수복-シュウフク) 요긴한 목에
【廋辭】(수사-シュウジ) 수수께끼

【廈】하 カ、いえ lofty building 馬 ㄒㄧㄚ hsia⁴
①큰집 大屋 ②허수청 門之廡 (사) 행랑 旁屋

【十一畫】

【廓】곽 カク、くるわ gay quarters 藥
①클 大也 ②열 開也 ③휑할 空也 (확) 義同 「게 만듦。넓힘。늘임
【廓大】(확대-カクダイ) 작은 형체를 크
【廓然】(확연-カクゼン) 넓고 휑하게 빔
【廓淸】(확청-カクセイ) 폐해를 죄다 없애 버림。더러운 것을 떨어 버리고 깨끗하게 만듦

【廐】구 キュウ、うまや stable 宥 ㄐㄧㄡ chiu⁴
마구 馬舍

【廖】료 リョウ ㄌㄧㄠˋ liao⁴ Person's name (Ryo)
사람 이름 周昭伯名

【廕】음 イン、オン、おおう cover ㄧㄣˋ yin⁴
덮을 庇休

【十二畫】

【廣】광 コウ、ひろい wide ㄍㄨㄤˇ kuang³
①넓을 濶也 ②넓이 橫幅
【廣告】(광고-コウコク) 세상에 널리 알림
【廣大】(광대-コウダイ) 넓고 큼
【廣漠】(광막-コウバク) 한없이 넓음
【廣野】(광야-コウヤ) 넓은 벌판
【廣遠】(광원-コウエン) 한없이 멀음
【廣義】(광의-コウギ) 범위가 넓은 뜻
【廣場】(광장-ひろば) 넓은 마당
【廣廈】(광하-コウカ) 넓고 큰 집
【廣狹】(광협-コウキョウ) 넓은 것과 좁은 것

【廟】묘 ビョウ、ミョウ、おたまや shrine
①사당 祠也宗— ②묘당 前殿廊— ③모양 貌也
【廟堂】(묘당-ビョウドウ) ①묘우(廟宇)。 종묘(宗廟) ②조정(朝廷)
【廟社】(묘사-ビョウシャ) 종묘와 사직
【廟算】(묘산-ビョウサン) 묘의(廟議)
【廟謁】(묘알-ビョウエツ) 임금이 종묘에 참배함
【廟宇】(묘우-ビョウウ) 신위(神位)를 모신 집。
【廟議】(묘의-ビョウギ) 정부의 회의
【廟諱】(묘휘-ビョウキ) 임금이 죽은 뒤 지은 휘(諱)

【廡】무 ブ、ひさし entrance-hall
①거느림채 월랑 堂下周屋 ②문간방 門屋 ③더부룩할 草木盛貌

【廝】시 シ、しもべ servant ㄙ ssŭ¹
①마부 養馬者 ②부릴 使也 ③천할 賤也
【廝臺】(시대-シダイ) 천한 사람
【廝徒】(시도-シト) 하인。 밥더기
【廝養】(시양-ショウ) 땔나무를 하고 말을 기르는 하인

【廛】전 テン、みせ shop ㄔㄢˊ ch'an²
①저자방 市邸 ②터전 百晦一家之居
【廛房】(전방-テンボウ) 가게
【廛鋪】(전포-テンポ) 가게

【廚】주 チュウ、くりや kitchen ㄔㄨˊ ch'u²
①푸주 庖屋 ②부엌 庖也 ③버섯 菌也 —
【廚房】(주방-チュウボウ) 음식을 만드는 곳
【廚子】(주자-ずし・チュウシ) 음식을 만드는 사람。 요리인

【廠】창 ショウ、うまや barn ㄔㄤˇ ch'ang³
허수청 露舍屋無壁

【廢】폐 ハイ、すたれる abolish
①폐할 止也 ②내칠 放也 ③집쏠릴 屋傾 ④떨어질 墮也 ⑤클 大也
【廢家】(폐가-ハイカ) ①버려둔 집 ②호주가 죽고 상속인이 없어서 그 집의 이름을 세우지 못함 또 그 집
【廢刊】(폐간-ハイカン) 신문・잡지의 간행을 폐지함
【廢校】(폐교-ハイコウ) 학교를 폐지함
【廢棄】(폐기-ハイキ) 버림。 폐지하고 쓰지 아니함
【廢立】(폐립-ハイリツ) 임금을 폐하고 새로 다른 임금을 세움
【廢物】(폐물-ハイブツ) 못쓰게 된 물건
【廢寺】(폐사-ハイジ) 폐지한 절
【廢食】(폐식-ハイショク) 음식을 폐지함
【廢業】(폐업-ハイギョウ) 직업을 폐지함
【廢位】(폐위-ハイイ) 임금의 자리를 폐지함
【廢人】(폐인-ハイジン) 병으로 몸을 버린 사람
【廢帝】(폐제-ハイテイ)・폐위된 황제
【廢止】(폐지-ハイシ) 행하지 아니함。 그만둠
【廢疾】(폐질-ハイシツ) 고칠 수 없는 병 또 그 병에 걸린 사람
【廢黜】(폐출-ハイチュツ) 벼슬을 떼고 내침

【廢學】(폐학-ハイガク) 학업을 폐지함
【廢墟】(폐허-ハイキョ) 아무것도 없는 버려둔 터。빈터

【麾】 麻部 四畫에 볼것

【慶】 心部 十一畫에 볼것

【十三畫—十四畫】

【廩】 름 リン、こめぐら 寢 ㄌㄧㄣˇ lin³ warshouse of grain
①쌀광 米藏倉— ②줄 給也
【廩粟】(늠속-リンゾク) ①곳집에 쌓인 벼 ②봉록으로 받는 벼
【廩然】(늠연-リンゼン) 위엄이 있고 기개가 높음
【廩人】(늠인-リンジン) 곳집직이
【廩稍】(늠초-リンショウ) 관청에서 주는 식료

【廨】 해 カイ、ゲやくば 卦 ㄒㄧㄝˋ hsieh⁴ government office
공해 官舍

【膺】 肉部 十三畫에 볼것

【十六畫—二十二畫】

【廬】 려 ロ、リョ、かりや 魚 ㄌㄨˊ lu² farmer's hut
①농막 農人事所 ②막집 粗屋總名 ③원집 候舍 ④부칠 寄也
【廬幕】(여막) 상주가 거처하는 무덤 근처에 있는 초가
【廬舍】(여사-ロシャ) 오막살이 집

【龐】 龍部 三畫에 볼것

【靡】 非部 十一畫에 볼것

【廱】 옹 ヨウ、やわらぐ 冬 ㄩㄥ yung¹ mild
①벽옹 天子居宮辟— ②화할 和也

【魔】 鬼部 十一畫에 볼것

【廳】 청 チョウ、テイ、やくしょ gouernment office
대청 治官處—事 「하는 곳
【廳事】(청사-チョウジ) 대청 마루。정치

廴 部

【廴】 인 イン、ひく 軫 ㄧㄣˇ yin³ draw
①당길 引之 ②지어 걸을 長行

【四 畫】

【延】 연 エン、のびる 先 ㄧㄢˊ yen² extend
①뻗칠 遠也 ②서릴 盤屈貌宛— ③미칠 及也 ④드릴 納也 ⑤미적거릴 久淹遷— ⑥姓也
【延期】(연기-エンキ) 기한을 물림
【延年】(연년-エンネン) 목숨을 늘임
【延袤】(연무-エンボウ) 넓이 길이 동서의 길이를 연(延)남북의 길이를 무 袤라함) 「끌어 들임
【延攬】(연람-エンラン) 자기의 편으로
【延命】(연명-エンメイ) ①겨우 목숨을 이어 살아감 ②원이 감사를 처음 가서 보는 의식
【延燔】(연반) 장사 지내러 가는 길에 등을 들고 감
【延燒】(연소-エンショウ) 연이어 탐
【延壽】(연수-エンジュ) 연년(延年)
【延髓】(연수-エンズイ) 목 뒤에 있어서 뇌(腦)와 등골을 잇는 부분
【延音】(연음-エンオン) ①한 음이 번어서 두 음(音)이 된 것 ②한 음을 박자 이상으로 연장시킴
【延引】(연인-エンイン・エンニン) ①끌어 들임 ②길게 늘임
【延長】(연장-エンチョウ) ①널리 퍼짐。길게 뻗힘 ②잡아 늘임 또 그 길이
【延接】(연접-エンセツ)손을 맞아 대접함
【延着】(연착-エンチャク) 일정한 시각에 늦게 도착함
【延請】(연청-エンセイ) 손님을 청(請)함
【延滯】(연체-エンタイ) 기한을 연기하여 밀림

【廷】 정 テイ、つかさ 靑 ㄊㄧㄥˊ ting² imperial court
①조정 朝— ②곧을 直也 ③바를

正也 「논의 하는 일
【廷論】(정론-テイロン) 조정(朝廷)에서
【廷爭】(정쟁-テイソウ) 조정에서 군주에
게 직접 그 잘못을 간하여 다툼
【廷叱】(정즐-テイシツ) 조정에서 사람을
꾸짖음

【六 畫】

【建】건 ケン、たてる build 阮 ㄐㄧㄢ chien⁴
①세울 立也 ②둘 置也 ③심을 樹也
【建功】(건공-ケンコウ) 나라를 위하여
공을 세움 「세움
【建國】(건국-ケンコク) 나라의 기초를
【建瓴】(건령-ケンレイ) 높은 곳에서 병
의 물을 쏟듯이 세력이 매우 강함
【建立】(건립-ケンリツ・コンリュウ) 절을 지
음。 절을 이룩함 「건조물
【建物】(건물-たてもの)땅 위에 세운 집。
【建白】(건백-ケンパク) 임금 또는 마을
에 대하여 자기의 의견을 진술함。
건언(建言)。 건의(建議)
【建設】(건설-ケンセツ) 만듦。 세움
【建言】(건언-ケンチン) 건백(建白)
【建議】(건의-ケンギ) 건백(建白)
【建造】(건조-ケンゾウ) 만들어 세움
【建築】(건축-ケンチク) 토목(土木)・금
석(金石)을 써서 집 성(城)을 세움
【建坪】(건평-たてつぼ) 건축물이 차지한
평 수

【廻】회 カイ、めぐる 灰 ㄏㄨㄟ huei² turn round
①돌아올 還也 ②피할 避也
【廼】迺 (辵部 六畫) 俗字

廾 部

【廾】공 キョウ、こまねく 腫 ㄍㄨㄥ kung³ fold one's arms
팔짱낄 竦手

【一畫—二畫】

【廿】입 ジュウ、はたち 緝 ㄋㄧㄢ nien⁴ twenty
스물 二十
【弁】변 ベン、かんむり 霰 ㄅㄧㄢ pien⁴ crown; tremble
①고깔 周冠 ②손바닥 칠 手搏 ③
떨 戰慄貌 「言)
【弁言】(변언-ベンゲン) 머리말。 서언(序
【弁韓】(변한-ベンカン) 삼한시대(三韓時
代)의 나라 이름。 지금의 경상남도
의 대부분

【四 畫】

【弄】롱 ロウ、もてあそぶ 送 ㄋㄨㄥ nung⁴ mock
①희롱할 戲也 ②구경할 玩也 ③업
신여길 侮也 ④구렁 巷也 ⑤곡조
樂曲

【弄假成眞】(농가성진) 실없이 한 일
이 참으로 한 것과 같이 됨
【弄奸】(농간-ロウカン) 간사한 꾀로 남
을 속임 「대로 씀
【弄權】(농권-ケンをロウす) 권력을 마음
【弄談】(농담) 실없는 말。 농지껄이 하
는 말 「함
【弄辯】(농변-ロウベン) 말이 많고 수다
【弄聲】(농성-ロウセイ) 노래 곡조의 한
가지 「말
【弄言】(농언-ロウゲン) 농담으로 하는
【弄瓦】(농와-ロウガ) 계집애를 낳음
【弄月】(농월-ロウゲツ) 달을 보고 즐김
【弄璋】(농장-ロウショウ) 사내아이를 낳
음(예전 중국에서 남자를 낳으면
홀(璋)의 장난감을 주고 여자를
낳으면 실패(瓦)의 장난감을 주었
다는 고사에서 나옴)
【弄題】(농제-ロウダイ) 우스운 말을 섞
은 제사(題辭)
【弄丸】(농환-ロウガン) 구슬을 공중에
던져 손으로 받는 재주 또 그 구슬
【弃】棄 (木部 八畫) 古字

【五畫—十二畫】

【弆】거 キョ、しまいこむ 語 ㄐㄩ chü³ store
감출 藏也
【弇】엄 カン、エン、おおう 琰 ㄧㄢ yen³ cover

①덮을 覆蓋 ②좁은 길 狹路 ③쇠
북 배부를 鐘中寬 (감) ①뚜껑 蓋也
②사람 이름 人名
【弇中】(엄중) 좁은 길

【弈】혁 エキ、ヤク、いご 陌 一ˋ iˋ
badook pieces
바둑 둘 圍某

【弊】폐 ヘイ、やぶれる
wear out 霽 ㄅㄧˋ pi⁴
①해질 壞敗 ②모질 惡也 ③결단할
斷也 ④곤할 困也 ⑤엎드러질 頓仆
【弊客】(폐객) 남에게 괴로움을 끼치
는 사람
【弊困】(폐곤) 괴롭고 피로함 「국
【弊局】(폐국) 폐해로 결단나게 된 판
【弊端】(폐단) 나쁜 것。폐해
【弊社】(폐사-ヘイシャ) 자기 회사를 겸
손하게 일컫는 말
【弊習】(폐습-ヘイシュウ) 폐해가 있는 풍
습。폐풍(弊風)
【弊屋】(폐옥-ヘイオク) 자기집의 겸칭
【弊邑】(폐읍-ヘイユウ) 폐습이 많은 고
을
【弊政】(폐정-ヘイセイ) 못된 정치 「모양
【弊弊】(폐폐-ヘイヘイ) 힘들게 경영하는
【弊風】(폐풍-ヘイフウ) 폐습(弊習)
【弊害】(폐해-ヘイガイ) 해가 됨

弋 部

【弋】익 ヨク、いぐるみ
perch 職
①주살 繳射 ②홰 橛也 ③검을 黑
色 ④취할 取也
【弋羅】(익라) 주살과 그물 「냥
【弋獵】(익렵-ヨクリョウ) 주살로 하는 사
【弋射】(익사-ヨクシャ) 익렵(弋獵)
【弋者】(익자-ヨクシャ) 주살로 새를 쏘
아 잡는 사람

【一畫—三畫】

【戈】戈部 部首에 볼것
【弌】一 (一部 部首) 古字
【弍】二 (二部 部首) 古字
【代】人部 三畫에 볼것

【式】식 シキ、のり
system 職 ㄕˋ shih⁴
①법 式也 ②제도 制度 ③쓸 用也
④수레앞 가로막대 車前橫木 ⑤구
필 敬而俛 ⑥발어사 發語辭
【式例】(식례-シキレイ) 일정한 사례
【式微】(식미-シキビ) 왕실(王室)이 쇠
퇴함 「대하여 하는 말
【式辭】(식사-シキジ) 식장에서 그 식에
【式順】(식순-シキジュン) 의식을 진행하
는 순서
【式場】(식장-シキジョウ) 예식을 행하는
곳 「엄하게 베푸는 의식
【式典】(식전-シキテン) 법도에 맞게 장

【四畫—九畫】

【武】止部 四畫에 볼것
【忒】心部 三畫에 볼것

【弑】시 シ、ころす 寘 ㄕˋ shih⁴
regicide
웃사람 죽일 下殺上 「임
【弑殺】(시살-シサツ) 부모나 임금을 죽
【弑逆】(시역-シギャク) 임금이나 아비를
죽임

弓 部

【弓】궁 キュウ、ゆみ
bow 東 ㄍㄨㄥ kung¹
①활 射器弧也 ②솔바탕 量地數 ③
姓也 「야 할 여러가지 도의
【弓道】(궁도-キュウドウ) 활 쏘는데 지켜
【弓馬】(궁마-キュウバ) ①활과 말 ②궁
술(弓術)과 마술(馬術)
【弓房】(궁방) 활을 만드는 집
【弓術】(궁술-キュウジュツ) 활 쏘는 기술
【弓矢】(궁시-キュウシ・ゆみや) 활과 살
【弓人】(궁인-キュウジン) 활을 만드는
사람

【弓箭】(궁전-キュウセン) 활과 화살
【弓旌】(궁정-キュウセイ) 활과 깃발。이는 임금이 어진 사람을 부르는데 씀
【弓形】(궁형-キュウケイ) 휘어진 형상。활의 모양

【一 畫】

【引】인 イン、ひく lead 軫 ㄧㄣˇ yin³
①인도할 導也 ②활당길 開弓 ③이끌 相牽 ④기운들여 마실 服氣法道一 ⑤노래 곡조 歌曲 ⑥열길 十丈
【引見】(인견) 임금이 신하를 불러 들여 만나봄
【引繼】(인계-ひきつひ) 뒤를 이어 맡음
【引渡】(인도-ひきわたす) ①넘기어 줌 ②물건을 건늠 「내함
【引導】(인도-インドウ) 가르쳐 줌。안
【引燈】(인등) 부처 앞에 등불을 킴
【引燈施主】(인등시주) 인등할 기름을 기부하는 자 「기는 힘
【引力】(인력-インリョク) 물건이 서로 당
【引例】(인례-インレイ) 끌어 쓰는 예
【引上】(인상-ひきあげる) ①끌어올림 ②물건 값을 올림
【引率】(인솔-インソツ) 거느림。데리고감
【引受】(인수-ひきうける) 물건 또는 권리를 넘기어 받음
【引用】(인용-インヨウ) 끌어 씀
【引證】(인증-インショウ) 증거를 둠
【引責】(인책-インセキ) 책임을 짐
【引退】(인퇴-インタイ) 몸을 빼어 물러남。벼슬을 쉬고 민간으로 물러남
【引避】(인피-インピ) ①길을 피함 ②인퇴하여 후진에게 길을 열어줌
【引下】(인하-ひきさげる) 끌어 내림

【弔】조 チョウ、どむらう condolence 嘯 ㄉㄧㄠˋ tiao⁴
①조상 問終 ②설워할 傷也 ③불상히 여길 愍也 (적) 이를 至也
【弔客】(조객-チョウカク) 조상하는 손
【弔古】(조고-チョウコ) 옛일에 느끼어 조상함 「울음
【弔哭】(조곡-チョウコク) 조상하여 우는
【弔旗】(조기-チョウキ) ①반기 (半旗 조의를 표하여 검은 선을 두른기
【弔禮】(조례-チョウレイ) 조상하는 예절
【弔文】(조문-チョウブン) 조사 (弔詞)
【弔問】(조문-チョウブン) 조상하여 위문함。조위
【弔棒】(조봉) 한쪽 끝만을 천장에 매어드리워 놓고、손으로 더위잡고 오르내리며 운동하는 기구로서의 장대
【弔賻】(조부-チョウモン) 죽을 사람을 위로하기 위해 보내는 금품 「한 글
【弔詞】(조사-チョウシ) 조상하는 뜻을 표
【弔喪】(조상-チョウソウ) 사람의 죽음에 대하여 슬퍼하는 뜻을 나타냄
【弔意】(조의-チョウイ) 슬퍼하는 마음
【弔電】(조전-チョウデン) 조의를 표하는 전보
【弔砲】(조포-チョウホウ) 장의 때에 군대에서 조의를 표하는 예포

【弗】불 フツ、あらず violate 物 ㄈㄨˊ fu²
①아닐 不也 ②어길 違也 ③버릴 去 「也
【弗弗】(불불-フツフツ) ①성하게 일어나는 모양 ②아니 아니의 뜻
【弗乎】(불호) 아니의 뜻

【弘】홍 コウ、ひろい vast 蒸 ㄏㄨㄥˊ hung²
①클 大也 ②크게 할 大之
【弘基】(홍기-コウキ) 큰 사업의 기초
【弘大】(홍대-コウダイ) 넓고 큼
【弘道】(홍도-コウドウ) 도덕을 널리 폄
【弘謀】(홍모) 홍대한 꾀
【弘門館】(홍문관) 경적(經籍)에 관한 일을 보던 관청。삼사(三司)의 하나
【弘法】(홍법-グホウ) 부처의 도를 넓힘
【弘遠】(홍원-コウエン) 넓고 멈
【弘毅】(홍의-コウキ) 뜻이 넓고 굳셈
【弘化】(홍화-コウカ) 널리 덕을 폄

【三畫—四畫】

【弛】이 シ、チ、ゆるめる loosen 紙 ㄔˇ ch'ih²
①활부릴 弓解弦 ②늦출 緩也 ③풀어질 解也 ④놓을 釋也 ⑤방탕할 放也 「춤
【弛禁】(이금-チキン) 금령(禁令)을 늦

【弛緩】(이완-チカン) ①느즈러짐 ②맥이 풀리고 힘을 늦춤
【弛張】(이장-チチョウ) 늦추는 것과 잡아 당기는 것。쇠하는 것과 성하는것
【弛罪】(이죄-チザイティ) 죄에 해당한 벌을 늦춤

【弽】결 ケツ、ゆがけ [屑] archer's thimble
깍지 鉤弦發矢者

【弟】제 テイ、ダイ、おとうと [霽] ㄉㄧˋ ti⁴ younger brother
①아우 男子後生 ②공경할 善事兄 ③순할 順也
【弟弛】(제수) 아우의 아내
【弟氏】(제씨) 남의 아우의 존대말
【弟子】(제자-テイシ・デシ) ①나이가 어린이 ②가르침을 받는 이
【弟兄】(제형-テイケイ) 아우와 언니

【弩】노 ド、いしゆみ [麌] ㄋㄨˇ nu³ big bow
쇠뇌 有臂機射
【弩師】(뇌사-ドシ) 쇠뇌를 쏘는 군대
【弩手】(뇌수-ドシュ) 쇠뇌를 쏘는 사람

【弢】도 トウ、ゆみぶくろ [豪] ㄊㄠ t'ao¹ bow case
활집 弓衣

【弣】부 フ、ゆずか [麌] ㄈㄨˇ fu³ middle of a bow
줌통 弓中央

【弦】현 ゲン、つる [先] ㄒㄧㄢˊ hsien² bow string
①시위 弓絲 ②반달 半月 ③맥잦을 脈數
【弦歌】(현가-ゲンカ) 거문고에 맞추어 「노래함
【弦聲】(현성-ゲンセイ) 활시위 소리
【弦月】(현월-ゲンゲツ) 상현(上弦)및 하연(下弦)의 달
【弦壺】(현호) 활등과 같은 손잡이가 있는 항아리

【弧】호 コ、きゆみ [虞] ㄏㄨˊ hu² wooden bow
나무활 木弓
【弧燈】(호등-コトウ) 고형(弧形)의 흰 빛이 나는 전등의 하나
【弧矢】(호시-コシ) 나무로 만든 화살
【弧冥】(호연-コエン) 생일 잔치
【弧形】(호형-コケイ) 활과 같이 굽은 형

【六畫—七畫】

【弭】미 ビ、ミ、ゆはず [紙] ㄇㄧˇ mi³ ends of a bow
①활고자 弓末 ②어루만질 按也 ③편안할 安也 ④쉴 息也 止也
【弭忘】(미망-ビボウ) 잊어버림
【弭兵】(미병-ビヘイ) 싸움을 쉼。전쟁을 그치고 평화로 돌아감

【弱】약 ジャク、ニャク、よわい [藥] ㄖㄨㄛˋ juo⁴ weak
①약할 強之對 ②못생길 劣也 ③나약할 懦也 ④어릴 未壯 ⑤몸저 누울 委也 ⑥절름발이 跛也 ⑦패할 敗也 ⑧죽을 喪也
【弱冠】(약관-ジャッカン) 二十세된 남자
【弱弓】(약궁-ジャッキュウ) 약한 활
【弱小】(약소-ジャクショウ) 쇠약하고 작음
【弱肉強食】(약육강식-ジャクンクキョウショク) 약한것은 강한 것에 먹힘
【弱者】(약자-ジョクシャ) 약한사람
【弱質】(약질-ジャクシツ) 허약한 몸 또 그 사람

【八 畫】

【強】강 キョウ、ゴウ、つよい [陽] ㄑㄧㄤˊ ch'iang² strong
①강할 過優 ②바구미 米小蟲 ③나머지 數餘 ④姓也 彊同 ⑤힘쓸 勉也 ⑥빠득빠득할 自是屈—
【強諫】(강간-キョウカン) 굳세게 강함
【強健】(강건-キョウケン) 체질이 튼튼하고 건강함 「어 나아감
【強硬】(강경-キョウコウ) 굳세게 버티
【強固】(강고-キョウコ) 굳세고 튼튼함
【強骨】(강골) 단단한 기질
【強國】(강국-キョウコク) 백성이 부유하고 군사가 강한 나라
【強軍】(강군-キョウグン) ①강한 군대 ②강한 경기 단체
【強弓】(강궁-キョウキョウ) 센 활
【強近】(강근-キョウキ) 도와줄 만한 가까운 일가

【强記】(강기-キョウキ) 기억력이 좋음
【强弩】(강노) 센 활。쇠뇌
【强大】(강대-キョウダイ) 강하고 큼
【强度】(강도-キョウド) 강한 정도
【强盜】(강도-ゴウトウ) 폭행 또는 협박으로 남의 물건을 빼앗는 도둑
【强力】(강력-キョウリョク) ①굳센 힘 ②힘씀。마음을 씀 「라
【强隣】(강린-キョウリン) 강성한 이웃나
【强迫】(강박-キョウハク) 울러댐。위협함
【强迫觀念】(강박관념-キョウハクカンネン) 생각을 아니하랴 아니할 수 없는 불합리한 관념
【强兵】(강병-キョウヘイ) 강한 군사
【强心劑】(강심제-キョウシンザイ)심장이 허약했을 때에 필요한 약
【强惡】(강악-キョウアク) 모질음。몹시 포악함 「름
【强壓】(강압-キョウアツ) 무력으로 억누
【强弱】(강약-キョウジャク)강한것과 약한것
【强要】(강요-キョウヨウ) 강제로 요구함
【强忍】(강인-キョウニン) 억지로 참음
【强引】(강인-ゴウイン) 마지못하여 그대로 함
【强靭】(강인-キョウジン) 힘있고 질김
【强者】(강자-キョウジャ) 강한 사람
【强壯】(강장-キョウソウ) 기력이 굳셈
【强將無弱兵】(강장무약병-キョウショウジャク(イなし) 힘센 장군 부하에는 약한 군사가 없고 다 강함

【强敵】(강적-キョウテキ) 강한 적
【强制】(강제-キョウセイ) 위력으로 남을 압제함。남의 자유의사를 누르고 일을 행함 「함
【强調】(강조-キョウチョウ) 강제로 조화
【强直】(강직-キョウチョク) 마음이 굳세고 곧음
【强請】(강청-キョウセイ) 억지로 달람。무리하게 청구함
【强奪】(강탈) 억지로 빼앗음
【强貪】(강탐) 몹시 탐냄 「함
【强暴】(강포-キョウボウ) 완강하고 포약
【强風】(강풍-キョウフウ) 센 바람
【强悍】(강한-キョウカン) 힘이 세고 마음이 사나움
【强行】(강행-キョウコウ) ①억지로 시행함 ②마지못해 행함 꾸짖음
【强號令】(강호령-キョウゴウレイ) 까닭없이
【强化】(강화-キョウカ) 굳세게 됨。굳세게 만듦

【張】장 チョウ、はる 陽 ㄓㄤ chang¹ hold; widen

①베풀 施也 ②벌릴 開也 ③활시위 얹을 施弓弦 ④자랑할 誇也 ⑤속일 誕也請― ⑥어기어질 相戾乖― ⑦고칠 更― 차려놓을 베풀設也供― 큰체할 自大
【張冠李戴】(장관이대) 명실(名實)이 일치하지 못한 것의 비유
【張大】(장대-チョウダイ) 넓적하고 큼。퍼서 크게함
【張燈】(장등) 등불을 켬
【張目】(장목-チョウモク) 눈을 부릅뜸
【張本】(장본-チョウホン・チョウボン) 작은 일이 큰일이 되는 근본
【張本人】(장본인-チョウホンニン) ①악인의 괴수 ②일의 근본이 되는 사람
【張三李四】(장삼이사-チョウサンリシ) 성명이 분명하지 아니한 사람을 이름
【張翅】(장시) 날개를 펌
【張皇】(장황-チョウコウ) ①번거롭고 길음 ②지리함

【九畫―十二畫】

【弼】필 ヒツ、たすける help 質

①도울 輔也 ②도지개 正弓器 「음
【弼匡】(필광-ヒッキョウ) 도와서 바로잡
【弼寧】(필녕-ヒツネイ) 도와서 편안하게 함
【弼導】(필도-ヒツドウ) 도와서 인도함
【弼亮】(필량-ヒツリョウ) 도와서 인도함
【弼成】(필성-ヒッセイ) 도와서 성취시킴

【粥】米部 六畫에 볼것

【彀】구 コウ、ひきしぼる draw a bow 宥 ㄍㄡ kou⁴

활당길 弓矢指滿 「(騎兵)
【彀騎】(구기-コウキ) 활을 가진 기병
【彀率】(구율-コウリツ) 활을 당기는 한

도

【觳中】(구중-コウチュウ) 사람을 농락하는것

【彈】탄 ダン、はじく flip 寒 ㄊㄢ t'an^2

①탄알 丸射 ②탄핵할 劾也 ③틸 鼓爪 ④쏠 射也

【彈糾】(탄규-ダンキュウ) 잘못이나 나쁜 일을 바룸

【彈琴】(탄금-ダンキン) 거문고를 탐

【彈道】(탄도-ダンドウ) 발사한 탄환이 공중에 그리는 포물선(抛物線)

【彈力】(탄력-ダンリョク) ①버티는 힘 ②탄환의 세력

【彈綿】(탄면) 솜을 탐

【彈文】(탄문-ダンブン) 탄핵하는 글

【彈射】(탄사-ダンシャ・ダンセキ) ①튀기어 쏨。탄환을 발사함 ②남의 결점을 지적함

【彈性】(탄성-ダンセイ) 물체가 다른 힘을 받아 형상이나 체적에 변화가 생겼을 때 그 힘이 없어지는 동시에 그전 형태로 돌아가려는 성질

【彈壓】(탄압-ダンアツ) 남을 억지로 억누름

【彈藥】(탄약-ダンヤク) 탄환과 화약

【彈雨】(탄우) 빗발처럼 퍼붓는 총탄

【彈子】(탄자) 탄알

【彈奏】(탄주-ダンソウ) 줄풍류를 치고 현 악기를 탐

【彈指】(탄지-ダンシ) ①손톱·손가락을 튀김 ②아주 짧은시간

【彈劾】(탄핵-ダンガイ) 잘못된 점을 들어서 논죄함

【彈丸】(탄환-ダンガン) 총이나 대포에 재어 쏘는 물건

【十三畫—十九畫】

【彊】강 キョウ、つよい firm 陽 ㄑㄧㄤ ch'iang^2

①굳셀 健也 ②꿋꿋할 壯盛 ③사나울 暴也 ④세찰 有力弓 强同彊通 ⑤강인할 抑之使然 ⑥힘쓸 勉也

【彌】미 ビ、ミ、あまねし all around 支 ㄇㄧ mi^2

①활부릴 弛弓 ②더할 益也 ③마칠 終也 ④오랠 久也 ⑤기울 補闕—縫 ⑥그칠 止息

【彌久】(미구-ビキュウ) 매우 오래 걸림

【彌留】(미류-ビリュウ) 병이 오랫 동안 낫지 아니함

【彌勒】(미륵-ミロク) 미래에 나타나서 석가모니의 설법에 빠진 중생을 제생(濟生)한다고 하는 보살

【彌漫】(미만-ビマン) 널리 퍼짐

【彌縫】(미봉-ビホウ) ①기움。꿰맴 ②겨우 임시변통으로 꾸며댐

【彌月】(미월-ビゲツ) 온 한 달이 걸림。달이 거듭함

【彌陀】(미타-ミダ) 아미타불(阿彌陀佛)의 준말

【彌猴桃】(미후도) 다래

【疆】田部 十四畫에 볼것

【彎】만 ワン、まがる bend 刪 ㄨㄢ wan^1

①활에 살먹일 持弓關矢 ②당길引也

【彎曲】(만곡-ワンキョク) 구부러짐

【彎屈】(만굴-ワンクツ) 만곡(彎曲)

【彎月】(만월-ワンゲツ) 반달(半月)

【彎入】(만입-ワンニュウ) 바닷물이 육지로 활같이 들어감

【鬻】鬲部 十二畫에 볼것

彐 部

【彐】계 ケイ、ぶたあたま pig head 霽 ㄐㄧ chi^4

①고슴도치머리 彙頭 ②돋머리 豕頭

【一畫—八畫】

【帚】巾部 五畫에 볼것

【尹】尸部 一畫에 볼것

【彖】단 タン、はんだん judgenet 翰 ㄊㄨㄢ t'uan^4

①판단할 斷也易— ②돼지 달아날 豕走

【彗】혜 スイ、セイ、ほうき broom 霽 ㄏㄨㄟ huei^4

①비 竹箒 ②꽁지별 欃槍妖星 「리

【彗芒】(혜망-スイボウ) 혜성(彗星)의 꼬

【彗星】(혜성-スイセイ) 꽁지별

【彗掃】(혜소-スイソウ) 비로 깨끗이 소

제함

【彗孛】(혜패-スイハイ) 혜성(彗星)

【九畫—十五畫】

【彘】 체 テイ、いのこ prg 圖 ㄓ chih

돼지 豕也

【尋】 寸部 九畫에 볼것

【彙】 휘 イ、あつめる gather 困 ㄏㄨ huei

①무리 類也 ②고슴도치 蝟也

【彙報】(휘보-イホウ) 종류로 분류해서

한데 모은 보고 또는 그 잡지

【彙進】(휘진-イシン) 같은 무리가 조정

(朝廷)에 나감。 때를 지음

【彙集】(휘집-イシュウ) 같은 종류의 것

을 모음

【彝】 이 イ、つね 支 ㄧ i² normal

①떳떳할 常也 ②법 法也 ③종묘제

기 廟器彝

【彝倫】(이륜-イリン) 사람이 지켜야 할

떳떳한 도리

【彝典】(이전-イテン) 떳떳한 법전

【彝則】(이칙-イソク) 떳떳한 법칙 불변

하는 법칙 「떳떳한 의식

【彝品】(이품-イヒン) 사람이 지켜야 할

彡 部

【彡】 삼 サン、かみかざり hair pattern 咸 ㄕㄢ shan¹

①털그림 毛髮繪飾 ②털자랄 毛長

【四 畫】

【彤】 동 トウ、あかい paint red 冬 ㄊㄨㄥ t'ung²

붉은 칠할 丹飾

【彤管】(동관-トウカン) 붓대가 붉은 붓

【彤弓】(동궁-トウキュウ) 붉은 칠한 활

【彤雲】(동운-トウウン) 붉은 구름

【形】 형 ケイ、キョウ、かたち form 青 ㄒㄧㄥ hsing²

①형상 象也 ②꼴 體也 ③형편地勢 「모양

一勝 ④나타날 現也

【形殼】(형각) 드러나 보이는 형태와

【形格】(형격) 체격

【形軀】(형구-ケイク) 몸。 신체

【形氣】(형기) 형상과 기운

【形貌】(형모) 사람 얼굴의 모양

【形狀】(형상-ケイジョウ) ①물체의 형

체。 모양 ②형편。 모양 「생긴꼴

【形象】(형상-ケイショウ)물건의 됨됨이。

【形色】(형색-ケイショク) 형체와 빛

【形成】(형성-ケイセイ) 어떠한 형상을

이룸

【形勢】(형세-ケイセイ) ①토지의 형편② 사물의 세력 또는 형편。 생활상경제

적의 형편

【形勝】(형승-ケイショウ) 요새(要塞)의

토지 ②지세가 뛰어남

【形勝之國】(형승지국-ケイショウのくに)지

세가 좋아서 이기기 좋은 위치에 있

는 나라

【形式】(형식-ケイシキ) ①의식상의 격식

②꼴。 틀 ③일정한 상태

【形役】(형역-かたちのエキ) 마음을 육체

를 위하여 사역(使役)함。

【形容】(형용-ケイヨウ) ①됨됨이。 용모

②형상 상태 ③사물의 상태가 어떻

다는 것을 나타냄

【形容詞】(형용사-ケイヨウシ) 사물의 형

상·성질·상태 등을 설명하는 품

사。 어떠씨

【形而上】(형이상-ケイジジョウ) 형태를 깨

달을 수 없는 지경

【形而上學】(형이상학-ケイジジョウガク)유

형(有形)을 초월한 경계의 학문。 심

리학(心理學)·논리학(論理學)따위

【形而下】(형이하-ケイジカ) 형태를 갖추

어 가진 현상

【形而下學】(형이하학-ケイジカガク) 형체

가 있는 물건에 관한 학문。 동식물

학(動植物學)·이화학(理化學)따위

【形跡】(형적-ケイセキ) 뒤에 남은 흔적

형상의 자취 「모양。형상
【形體】(형체-ケイタイ) 물건의외형。
【形態】(형태-ケイタイ) 모양 형상
【形便】(형편-ケイベン) ①일이 되어가는 경로 또는 결과 ②모양 ③지내는 형세 ④토지의 형세。지세가 좋고 편리함
【形骸】(형해-ケイガイ) 몸。육체。외형

【六畫—七畫】

【彥】언 ゲン、ひこ meek
착한 선비 美士
【彥聖】(언성-ゲンセイ) 뛰어나고 현철(賢哲)한 인물

【彦】彥(前條)俗字

【彧】욱 イク、オク、あや bright 屋 ㄩ yü⁴
①빛날 文章 ②더부룩할 茂盛貌
【彧彧】(욱욱) 더부룩한 모양

【八 畫】

【彬】빈 ヒン、あきらか bright 眞 ㄅㄧㄣ pin¹
빛날 文質備也
【彬蔚】(빈위) 문채(文采)가 성한모양

【彫】조 チョ、きざむ carve 蕭 ㄉㄧㄠ tiao¹
①새길 鏤也 ②그릴 畫也 ③문채낼 文飾—琢 ④조잔할 瘁也—弊
【彫刻】(조각-チョウコク) 새김
【彫落】(조락-チョウラク) ①초목이 시들어 떨어짐 ②죽음
【彫像】(조상-チョウゾウ) 돌이나 나무를 파서 사람이나 동물을 새긴 형상
【彫殘】(조잔-チョウザン) 쇠약하여 짐
【彫琢】(조탁-チョウタク) 새기고 쪼음
【彫花】(조화) 도자기에 꽃무늬를 새김

【彩】채 サイ、いろどる colour 賄 ㄘㄞ ts'ai³
①채색 文章 ②빛날 光也
【彩器】(채기) 채색을 담는 그릇
【彩旗】(채기-サイキ) 아름다운 기
【彩墨】(채묵-サイボク) 채색을 뭉친조각。먹처럼 갈아서 쓰게됨
【彩文】(채문-サイブン) 무늬。문채
【彩色】(채색-サイショク) 문채 있는 여러가지 빛 또 그 빛의 원료
【彩雲】(채운-サイウン) 채색 구름
【彩筆】(채필-サイヒツ) 채색에 쓰는 붓
【彩畵】(채화-サイガ) 채색으로 그린그림
【彩虹】(채홍-サイコウ) 무지개

【彪】표 ヒョウ、まだらどら striped tiger 尤 ㄅㄧㄠ piao¹
①칡범 虎文 ②문채 文也
【彪炳】(표병-ヒョウヘイ) 칡범의 껍질같이 아름다운 모양

【彭】팽 ホウ、たて、ふくれる shield; swell 庚 ㄆㄥ p'êng²
①방패 盾也—排 ②북소리 鼓聲— ③姓也 (방) ①가까울 近也 ②성할 盛也 ③장할 壯也
【彭湃】(팽배-ホウハイ) 방패
【彭殤】(팽상-ホウショウ) 장수(長壽)와 단명(短命)
【彭祖】(팽조-ホウソ) 선인(仙人)의 이름。사람의 장수하는 것을 말함

【須】頁部 三畫에 볼것

【彰】창 ショウ、あきらか bright 陽 ㄓㄤ chang¹
①밝을 明也 ②나타날 著也 ③드러낼 著明之
【彰明】(창명-ショウメイ) 밝음
【彰示】(창시-ショウジ) 밝히어 보임。명시(明示)
「잘 눈에 띔
【彰著】(창저-ショウチョ)똑똑히 나타남。
【彰顯】(창현-ショウケン) 밝게 드러남

【十二畫—十九畫】

【影】영 エイ、かげ shadow 梗 ㄧㄥ ying³
그림자 物之陰形
【影堂】(영당-エイドウ) 조상의 영상(影像)을 모신 사당
【影寫】(영사-エイシャ) 글씨·그림 등을 받쳐 놓고 덧그리는 것
【影像】(영상-エイゾウ) 초상을그린족자
【影印】(영인-エイイン) 원형 그대로 사진을 찍어서 만듦

【影子】(영자) ①그림자 ②겉모양만 화려하고 실속이 없는 물건 「신곳
【影殿】(영전-エイデン) 불상(佛像)을모
【影職】(영직) 근무하지 않으면서 이름만 비는 벼슬
【影響】(영향-エイキョウ) ①그림자와 울림 ②한일로 다른일에 미침

【彲】이 チ、みずち 囡 彳 ch'ih¹ big serpent
이무기 似龍而無角

彳 部

【彳】척 テキ、チャク、たたずむ limp 陌 彳 ch'ih⁴
자축거릴고 小步—于

【三畫—四畫】

【彴】박 シャク、まるきばし log bridge 藥 ㄓㄨㄛ chuo
불별 奔星—約 (작) 외나무다리 橫木橋

【行】行部 部首에 볼것

【彷】방 ホウ、さまよう 陽 ㄆㄤ p'ang² wander languidly
①비슷할 相似 ② 어슷거릴 徘徊
【彷彿】(방불-ホウフツ) 비슷함
【彷徉】(방양-ホウヨウ) 어슷거림
【彷徨】(방황-ホウコウ) 어슷거림。 거님

【役】역 エキ、ヤク、いくさ work 陌 ㄧ i⁴
①부릴 使也 ②부림군 使人 ③골몰할 有所求而不止—— ④벌어설 初立
【役軍】(역군) 역사 터에서 삯일을 하는 사람
【役夫】(역부-エキフ) ①삯일하는 사람 ②남을 천대하는 말
【役事】(역사) 토목건축의 일。 공사
【役役】(역역-エキエキ) 마음에 급급함
【役員】(역원-ヤクイン) 단체에서 그단체의 일을 맡아 보는 사람
【役人】(역인-ヤクニン・エキジン) ①정부의 관리 ②일꾼
【役割】(역할-やくわり) 각각 할 것을 맡긴 일。 각자
【役刑】(역형) 징역시키는 형벌

【彿】불 フツ、にる 物 ㄈㄨ fu² similar
비슷할 相似

【往】왕 オウ、ゆく go 養 ㄨㄤ wang³·⁴
①갈 去也 ②예 昔也 ③이따금
【往古】(왕고-オウコ) 옛적
【往年】(왕년-オウネン) 지난 해
【往來】(왕래-オウライ) 가는 것과 오는 「것
【往返】(왕반-オウヘン) 갔다가 돌아옴
【往訪】(왕방-オウホウ) 가서 찾음
【往復】(왕복-オウフク) 갔다가 돌아옴
【往事】(왕사-オウジ) 지나간 일
【往生】(왕생-オジョウ) ①죽음 ②죽어서 극락세계에 태어남
【往昔】(왕석-オウセキ) 옛적
【往信】(왕신-オウシン) 보내는 통신
【往往】(왕왕-オウオウ) 가끔。 때때
【往日】(왕일-オウジツ) 지나간 날
【往者】(왕자-オウシャ) 지난 번
【往診】(왕진-オウシン) 의사가 환자의 집에 가서 진찰함
【往還】(왕환-オウカン) 왕래(往來)

【五 畫】

【徃】往 (前條)俗字

【征】정 セイ、ゆく 庚 ㄓㄥ chêng¹ attack
①칠 上伐下 ②갈 行也 ③찾을 索也 ④구실 받을 取稅
【征途】(정도-セイト) 처러가는 길
【征馬】(정마-セイバ) 먼 길을 가는 말
【征伐】(정벌-セイバツ) 쳐서 죄있는 자를 바로 잡음
【征服】(정복-セイフク) 정복하여 「시킴 복종
【征夫】(정부-セイフ) 원정하는 군사
【征稅】(정세) 세금을 징수함
【征戰】(정전-セイセン) 전쟁
【征討】(정토-セイトウ) 정벌(征伐)

【徂】조 ソ、ゆく 虞 ㄘㄨ ts'u² go
갈 往也
【徂年】(조년-ソネン) 지나간해

【徂謝】(조사-ソシャ) 사망(死亡)
【徂暑】(조서-ソショ) 음력 六월의 딴이름
【徂往】(조왕-ソオウ) 가는 것
【徂征】(조정-ソセイ) 가서 정벌함

【彼】피 ヒ、かれ 紙 ㄅㄧˇ pi³ he
①저 此之對 ②저것 外之之辭
【彼邊】(피변) 저쪽 또는 저 언저리
【彼我】(피아-ヒガ) 저와 나
【彼岸】(피안-ヒガン) 사파 세계의 저쪽에 있다는 정토(淨土)
【彼一時此一時】(피일시차일시)접때는 접때 이때는 이때를 그때마다 임기응변(臨機應變)함
【彼此】(피차) 저것과 이것
【彼蒼】(피창-ヒソウ) 저 푸른 하늘에 호소함을 이름
【彼隻】(피척) 소송 당사자가 상대편을 서로 일컫는 말

【六 畫】

【待】대 タイ、まつ 賄 ㄉㄞˋ tai⁴ wait
①기다릴 俟也 ②대접할 遇也 ③막을 備禦
【待客】(대객-タイカク) 손을 대접함
【待機】(대기-タイキ) 기회를 기다림
【待令】(대령-タイレイ) 명령을 기다림
【待命】(대명-タイメイ) ①관원이 과실이 있을 때 처분하는 명령을 기다리고 있음 ②관원이 그 주소·직무가 작정되지 아니함
【待遇】(대우-タイグウ) 신분에 상당한 「대접
【待接】(대접) ①손님을 맞음 ②음식을 차려서 손님을 접대함
【待罪】(대죄-タイザイ) 죄벌을 기다리고 있음

【律】률 リツ、のり 質 ㄌㄩˋ lü⁴ penal laws
①법 法也 ②풍류 六— ③지을 述也 ④저울질할 銓也
【律客】(율객) 음률에 정통한 사람
【律己】(율기) ①안색을 엄정히 함 ②자기가 자기를 단속함
【律動】(율동-リツドウ) 규칙적인 운동
【律呂】(율려-リツリョ) ①육율(六律)과 육려(六呂) ②음악의 곡조
【律令】(율령-リツレイ) 법。법령
【律例】(율례-リツレイ) 법률의 적용에 관한 정례(定例)
【律文】(율문-リツブン) 법율의 조문
【律師】(율사-リッシ) 계율을 잘 지키는 고승(高僧)
【律詩】(율시-リッシ) 한시(漢詩)의 한 율(律)五자 또는 七자의 八구(句)로 된것 「하는 율교(律敎)의 종파
【律宗】(율종-リッシュウ) 계율만을 숭상
【律學】(율하-リツガク) 형벌에 관한 학문

【徇】순 ジュン、となえる expose to pwblic gaze
①부릴 使也 ②소리돌릴 行示 ③빠를 疾也
【徇求】(순구-ジュンキュウ) 멀리 구함
【徇難】(순난-ジュンナン) 국난(國難)을 위하여 목숨을 버림
【徇節】(순절-ジュンセツ) ①충신이 나라를 위하여 자살함 ②열녀가 정절을 위하여 죽음
【徇通】(순통-ジュンツウ) 널리 통함

【徉】양 ヨウ、さまよう ramble 陽 ㄧㄤˊ yang²
노닐 戲蕩 倘—

【徊】회 クワイ 灰 ㄏㄨㄟˊ huei² lotering
어슷거릴 彷徊 徘—

【後】후 コウ、ゴ、うしろ rear; back 宥 ㄏㄡˋ hou⁴
①뒤 前之對 ②아들 嗣也 ③늦을 遲也 ④뒤질 —之后同
【後家】(후가-ゴケ) 뒷집 「달음
【後覺】(후각-コウカク) 남보다 늦게 깨
【後見】(후견-ゴウケン) 법률상 무능력한 자의 재산과 관리를 관리 감독하고 대표하는 것
【後見人】(후견인-ゴウケンニン) 후견을 직무로 가진 특정한 사람
【後繼】(후계-ゴウケイ) 뒤를 이음
【後考】(후고-コウコウ) ①나중에 증거가

됨 ②나중에 자상히 생각함
【後顧】(후고-コウコ) 뒤를 돌아봄
【後光】(후광-ゴコウ) 부처의 등뒤에 있는 둥근 빛
【後軍】(후군-コウグン) 전군(前軍)에 대하여 뒤에 있는 군대。후진(後陣)
【後宮】(후궁-コウキュウ) 제왕의 첩
【後期】(후기-コウキ) 뒷날로 기약한 시기 「내년
【後年】(후년-コウネン) 내년의 내년。내
【後堂】(후당) 대청 뒤에 있는 집
【後代】(후대-コウダイ) 나중의 대
【後來三杯】(후래삼배) 술자리에서 늦게 온 사람에게 권하는 석잔의 술
【後望】(후망) 음력 매월 十六일 뒤
【後面】(후면-コウメン) 뒤쪽。뒤편
【後命】(후명-コウメイ) 먼저 귀양을 보내고 뒤에 죽음을 내리던 것
【後母】(후모-コウボ) 아버지의 후취。계모
【後門】(후문-コウモン) 뒷 문
【後味】(후미-あとあじ) 뒷 맛
【後半】(후반-コウハン) 뒤의 반
【後方】(후방-コホウ) 뒤쪽
【後陪】(후배) 관원이 출입할때 따라다니는 하인
【後輩】(후배-コウハイ) 후진(後進)
【後報】(후보-コウホウ) 나중의 통지
【後部】(후부-コウブ) 뒤에 있는 부분
【後夫】(후부-コウフ) 개가한 남편

【後分】(후분) 늙바탕의 운수
【後事】(후사-コウジ) ①나중의 일。뒷일 ②죽은 뒤의 일
【後嗣】(후사-コウシ) 뒤를 이을 자손
【後產】(후산) 해산한 뒤에 태가 나오는 것
【後生】(후생-コウセイ) 뒤에 낳은 자손
【後生可畏】(후생가이) 청년은 뒤에 큰 사업을 이룰는지 모르는고로 무섭다는 뜻이니 곧 후진이 진보한 뒤가 두려움
【後世】(후세-コウセイ) 나중의 세상。뒷세상
【後孫】(후손-コウソン) 먼 자손
【後身】(후신-コウシン) ①다시 난 몸 ②경우가 일변한 몸
【後室】(후실-コウシツ) 전실과 사별 또는 이혼한 뒤에 장가간 아내
【後裔】(후예-コウエイ) 후손 「동산
【後苑】(후원-コウエン) 대궐 안에 있는
【後援】(후원-コウエン) 뒤에서 도와 줌
【後衛】(후위-コウエイ) ①뒤쪽의 호위 ②북식정구·배구·빙구의 경기때 자기편 뒤 쪽을 지키는 경기자
【後人】(후인-コウジン) 후세의 사람
【後日】(후일-ゴジツ) 뒷날
【後任】(후임-コウニン) 전임자를 대신하여 맡은 임무
【後者】(후자-コウシャ) 두 가지의 사물을 들어 말할때 뒷 것

【後作】(후작-あとサク) 두 그루의 농사에서 뒤에 짓는 농사
【後庭】(후정-コウテイ) ①뒤뜰 ②후궁
【後重】(후중) 뒤가 묵직하고 대변이 잘 나오지 아니함
【後陣】(후진-コウジン) 후군
【後進】(후진-コウシン) ①뒤에서 나아감 ②연소한 후배
【後妻】(후처-コウサイ·ゴサイ) 후실·후처(後室)
【後天】(후천-コウテン) 세상에 난 뒤
【後天的】(후천적-コウテンテキ) 사람이나서 여러 가지 경험에 의하여 파생된 것 또는 경험에 기초가 되는 것
【後頉】(후탈) ①병이 나은 뒤나 해산한 뒤에 생기는 몸의 고장 ②일을 치르고 난 뒤에 생기는 고장
【後退】(후퇴) ①뒤로 물러감 ②집채의 뒷쪽으로 있는 물림
【後便】(후편-コウビン·ゴビン) ①다음의 인편(人便) ②뒷쪽
【後篇】(후편-コウヘン) 두 편으로 나누인 책의 뒤의 편 「자
【後學】(후학-コウガク) 후진(後進)의 학
【後行】(후행) 혼인때 신부나 신랑을 데리고 가는 일 또는 그 사람
【後患】(후환-コウカン) 후일의 근심
【後悔】(후회-コウカイ) 잘못을 뉘우침

【很】흔 コン、もどる 阮 ㄏㄣ hen³ Nio late

①어길 違也 ②말다툼할 諍訟 ③패려할 不聽從

【很戾】(흔려-コンレイ) 성질이 뒤틀어짐

【很忤】(흔오-コンゴ) 어김

【七 畫】

【徑】경 ケイ、こゆち 徑 ㄐㄧㄥ ching⁴ narrow path

①지름길 小路徯— ②지날 行過 ③곧을 直也 ④빠를 疾也 「줄

【徑路】(경로-ケイロ) ①길。지름길 ②연

【徑先】(경선) 경솔하게 앞질러함。

【徑庭】(경정-ケイテイ) 서로 멀리 떨어져 있음

【徒】도 ト、どもがら group

①무리 衆也 ②종 隷也 ③걸어다닐 步行

【徒黨】(도당-トトウ) 떼 동아리。무리

【徒勞】(도로-トロウ) 애만 씀。 헛수고

【徒勞無功】(도로무공) ①애만 쓰고 공은 없음 ②한갔 수고만 하고 성공을 못함

【徒步】(도보-トホ) 정강말탐。 걸음

【徒費】(도비-トヒ) ①헛되게 씀 ②함부로 씀

【徒費心力】(도비심력) 애는 많이 쓰나 효력이 없음。 공연히 애만 씀

【徒死】(도사-トシ) 개죽음

【徒善】(도선-トゼン) 마음은 착하나 재주가 없음

【徒跣】(도선-トセン) 맨발

【徒涉】(도섭-トショウ) 걸어서 물을 건늠

【徒手】(도수-トシュ) 맨손

【徒食】(도식-トショク) 아무 일도 아니하고 한갓 먹기만 함

【徒御】(도어-トギョ) 차마(車馬)에 따르는 종

【徒爲】(도위-トイ) 쓸데없는 일

【徒弟】(도제-トテイ) 제자 「나

【徒刑】(도형-トケイ) 오형(五刑)의 하

【徐】서 ジョ、おもむろ slow ㄒㄩ hsü²

①천천할 安行 ②찬찬할 威儀貌 ③더딜 遲也 ④한가할 安穩貌 ⑤땅이름 ⑥姓也 「나라 이름

【徐羅伐】(서라벌) 신라(新羅)의 처음

【徐步】(서보-ジョホ) 천천히 걷는 걸음

【徐福】(서복-ジョフク) 진(秦)나라 때사람。 시황(始皇)의 명을 받들어 동남·(童男) 동녀(童女) 三천명을 데리고 불사약(不死藥)을 구하러 떠난 뒤에 돌아오지 아니함

【徐徐】(서서-ジョジョ) ①천천히 ②안온하게 낙착함

【徐行】(서행-ジョコウ) 천천히 감

【八 畫】

【得】득 トク、える、うる gain ㄉㄜˊ tê² ㄉㄟˇ tei³

①얻을 獲也 ②탐할 貪也 ③상득할 與人契合 ④쾌할 特地——

【得暇】(득가) 틈을 얻음 「를 얻음

【得計】(득계) ①좋은 계책 ②좋은 꾀

【得功】(득공) 공을 이룸

【得男】(득남) 아들을 낳음

【得達】(득달) 목적을 이룸。 도착함

【得道】득도-トクドウ·みちをう) ①바른도를 얻음 ②도를 깨달음 ③깊은 뜻을 체득함

【得力】(득력) ①힘을 얻는 것 ②성공하는것

【得利】(득리) 이를 남김

【得理】(득리) 사리를 체득함

【得配】(득배) 아내를 얻음

【得斧失斧】(득부실부) 득실이 없는것을 일컫는 말

【得勢】(득세-トクセイ) 세력을 얻음

【得少失多】(득소실다) 소득은 적고 손실은 많음

【得訟】(득소-トクショウ) 송사에 이김

【得勝】(득승-トクショウ) 싸움에 이김

【得失】(득실-トクシツ) 얻는 것과 잃는 것

【得心】(득심-トクシン) 마음의 만족을 얻음

【得意】(득의-トクイ) 뜻을 얻음。 바라던 일이 성취되어 자랑함

【得人】(득인) 적당한 사람을 얻음

【得人心】(득인심) 인심을 얻음

【得點】(득점-トクテン) 얻은 점수

【得策】(득책-トクサク) 좋은 계책。 유리한 꾀

【得脫】(득탈) 환하게 깨달아 번뇌에서 벗어남
【得票】(득표-トクヒョウ) 그 사람이 얻는 투표의 수
【得效】(득효) 약효가 나타남

【徠】래 ライ、ねぎらう comfort 因 ㄌㄞˊ lai²
①위로할 慰勉勞— ②산이름 山名

【徘】배 ハイ、さまよう 因 ㄆㄞˊ p'ai² loiter about-languidly
어슷거릴 彷徨
【排徊】(배회) 정처없이 거님

【徙】사 シ、うつる 紙 ㄒㄧˇ hsi³ remove
①옮길 遷移 ②의지할 倚也 ③귀양갈 謫也
【徙木之信】(사목지신-シボクのシン) 나무를 옮긴다는 뜻으로 위정자가 국민을 속이지 않음을 말함
【徙植】(사식-シショク) 옮기어 심음
【徙倚】(사의-シイ) ①거님。 어슷거림 ②들름。 모여듦

【徜】상 ショウ、さまよう 陽 ramble
노닐 戲蕩

【御】어 ギョ、ゴ、おさめる、はべる 御 ㄩˋ yü⁴ reign over
①모실 侍也 ②거느릴 統也 ③나아갈 進也 ④주장할 主也 ⑤막을 禦也 마부 使馬 (아) 맞을 迎也

【御街】(어가) 대궐로 통한 길
【御駕】(어가-ギョカ) 임금의 수레
【御間大廳】(어간대청) 좌우 양쪽에 방이 있는 대청
【御庫】(어고) 궁중에 있는 임금의 사고(私庫)
【御供】(어공) 임금께 물건을 바침
【御溝】(어구) 대궐 안에서 흘러나오는 개천
【御極】(어극) 천자의 즉위
【御冬】(어동) 겨울 막을 준비
【御覽】(어람) 임금이 봄
【御笠】(어립) 임금의 갓
【御名】(어명-ギョメイ) 임금의 기(諱)
【御命】(어명-ギョメイ) 임금의 명령
【御物】(어물-ギョブツ) 임금이 쓰는 물건
【御房】(어방) 임금의 쓰는 방
【御本】(어본) 임금의 장서(藏書)
【御府】(어부-ギョフ) 임금의 물건을 넣어 두는 곳집
【御史】(어사-ギョシ) ①주대(周代) 기록을 맡은 벼슬 ②주·한(漢) 이후 백관(百官)의 죄를 적발하던 벼슬 ③정치의 치적 또는 백성의 고생을 살피기 위하여 특파하던 비밀의 사자(使者)
【御賜花】(어사화) 문무과(文武科) 급제자에게 내리던 종이로 만든 꽃
【御床】(어상) 임금의 수라상
【御璽】(어새-ギョジ) 임금의 도장
【御膳】(어선-ギョゼン) 임금께 진공하는 음식
【御乘馬】(어승마) 임금이 타는 말
【御食】(어식) 임금께서 내리시는 음식
【御押】(어압) 임금의 수결(手決)을새긴 도장
【御營廳】(어영청) 영문(營門)의 이름
【御苑】(어원) 대궐 안에 있는 동산
【御醫】(어의) 임금의 의원
【御者】(어자) ①마차를 부리는 사람 ②시종
【御前】(어전-ゴゼン) 임금의 앞
【御前會議】(어전회의-ゴゼンカイギ) 임금 앞에서 원로대신(元老大臣)들이 국사를 의논하는 회의
【御製】(어제-キョセイ) 임금이 지은 시문(詩文)
【御座】(어좌) 임금의 자리。 옥좌(玉座)
【御酒】(어주-コシュ・みき) 임금이 주시는 술
【御厨】(어주) 임금에게 드리는 음식을 만드는 곳
【御眞】(어진) 임금의 화상(畫像)
【御札】(어찰) 임금의 편지
【御寢】(어침-ギョシン) 임금의 취침
【御榻】(어탑) 임금의 자리
【御筆】(어필-ギョヒツ) 임금의 필적
【御筆閣】(어필각) 임금의 필적을 보관하던 전각(殿閣)

【從】종 ジュウ、ショウ、したがう 冬 ㄘㄨㄥˊ ts'ung²·² obey

①좇을 따를 隨也 ②들을 相聽 ③
허락할 許也 ④나아갈 就也 ⑤부터
自也 ⑥순할 順也 縱通 (종) ①종용
할 舒緩貌—容 ②상투 우뚝할 髻
高 ③일가 同宗 「모심
【從駕】(종가-ジュウガ) 임금의 수레를
【從輕論】(종경론) 두 가지의 죄가 발
견되었을 때 가벼운 죄를 따라 처
벌함
【從軍】(종군-ジュウグン) ①군대를 따라
출진함 ②군대를 따라 전지(戰地)
로 감 「을 좇음
【從多數】(종다수) 여러 사람의 의견
【從當】(종당) 이 뒤에。 마침내 「부터
【從來】(종래-ジュウライ) ①유래 ②이전
【從妹】(종매) 사촌누이
【從妹夫】(종매부) 사촌누이의 남편
【從犯】(종범-ジュウハン) 수범(首犯)을
사람 「도와준
【從祀】(종사-ジュウシ) 배향(配享)
【從死】(종사-ジュウシ) 따라서 죽음
【從事】(종사-ジュウジ) ①어떠한 일에
마음과 힘을 다함 ②좇아 섬김
【從船】(종선) 큰 배에 딸린 작은 배
【從所願】(종소원) 소원대로 하여 줌
【從屬】(종속-ジュウゾク) 붙음
【從孫】(종손) 형제의 손주
【從孫女】(종손녀) 형제의 손녀
【從孫婦】(종손부) 종손의 아내
【從孫婿】(종손서) 종손녀의 남편
【從嫂】(종수) 종형제의 아내

【從叔】(종숙) 당숙(堂叔)
【從叔母】(종숙모) 종숙의 아내 「합
【從實】(종실) 거짓이 없이 사실대로
【從氏】(종씨) ①남에 대하여 자기 사
촌형의 일컬음 ②남의 사촌형과 아
우의 존칭
【從約】(종약-ショウヤク) 전국시대 한
(韓)·위(魏)·제(齊)·초(楚)·조(趙)
등이 함종(合從)하여 진(秦)나라에
대항하는 공수동맹(攻守同盟) 「함
【從業】(종업-ジュウギョウ) 업무에 종사
【從容】(종용-ショウヨウ) 떠들지 않고 고
요함
【從子】(종자-ジュウシ) 조카
【從姨妹】(종자매-ジュウシ) 아버지의 형
제의 딸
【從前】(종전-ジュウゼン) 이전
【從弟】(종제-ジュウテイ) 사촌 아우
【從祖】(종조-ジュウソ) 할아버지의 형제。
종조부(從祖父)
【從卒】(종졸-ジュウソツ) 딸린 병졸
【從重論】(종중론) 두 가지의 죄에서
무거운 죄를 처벌함
【從姪】(종질-ジュウテツ) 당질(堂姪)
【從次】(종차) 이 다음에
【從兄】(종형-ジュウケイ) 사촌형 「제
【從兄弟】(종형제-ジュウケイテイ) 사촌형
【從横】(종횡-ジュウオウ) ①가로 남북
과) 세로 동서 ②자기 뜻대로 됨

【九 畫】

【徧】 변 ヘン、あまねし
equally 國 ㄅㄧㄢˋ pien⁴
두루 周也
【徧歷】(변력-ヘンレキ) 두루 돌아다님
【復】 복 フク、かえる
come back 國 ㄈㄨˋ fu⁴ 國
①돌아올 返也 ②대답할 答也 ③사
뢸 白也 ④심부름 갔다올 反命 ⑤
회복할 興復 ⑥몸구실 제할 除徭役
⑦갚을 報也·複·覆通 (부) 다시 又
也 再也
【復古】(복고-フッコ) 옛상태로 돌아감
【復校】(복교) 정학 또는 휴학한 학생
이 다시 등교하게 됨 「로 회복함
【復舊】(복구-フッキュウ) 예전 상태 대
【復權】(복권-フッケン) 법률에 의하여
잃었던 공권(公權)을 다시 회복함
【復歸】(복귀-フッキ) 먼저 자리로 돌아
감
【復命】(복명-フクメイ) ①명을 받은 사
람이 그 일을 마치고 돌아와서 아
됨 ②사람의 본성으로 돌아감 「남
【復發】(복발) 근심·걱정이 다시 일어
【復讐】(복수-フクシュウ) 원수를 갚음
【復習】(복습-フクシュウ) 배운 것을 다시
익힘
【復元】(복원-フクゲン) 본디대로 됨
【復位】(복위-フクイ) 폐위되었던 제왕
(帝王)·후비(后妃)의 지위를회복함
【復職】(복직-フクショク) 예전 벼슬로 회

복 함

【復活】(부활-フッカツ) ①죽었다가 다시 살아남。소생 ②쇠퇴 하였던 것이 다시 일어남

【復興】(부흥-フッコウ) 다시 일으킴

【循】 순 ジュン、したがう circulate 圓 ㄒㄩㄣˊ hsün² ①돌 旋繞往來 ②돌아다닐 巡也 ③미적거릴 無所作爲 ④좇을 行順 ⑤의지할 依也 ⑥차례 次序 ⑦위로할 安慰 ⑧지을 述也 ⑨착할 善也

【循例】(순례-ジュンレイ) 관례를 좇음

【循俗】(순속-ジュンゾク) 풍속을 좇음

【循轉】(순전-ジュンテン) 쉬지 않고 돌음

【循次】(순차-ジュンジ) 차례대로 돌음

【循環】(순환-ジュンカン) 쉬지 않고 돌음

【徨】 황 コウ、wander 陽 ㄏㄨㄤˊ huang² 어슷거릴 徘徊彷—

【十 畫】

【微】 미 ビ、ミ、かすか faint; little 微 ㄨㄟˊ wei² ①적을 細也 ②아닐 非也 ③쇠할 衰也 ④은미할 隱也 ⑤희미할 不明 ⑥기찰 伺察

【微官】(미관-ビカン) 지위가 낮은 벼슬

【微動】(미동-ビドウ) 미약하게 움직임

【微涼】(미량-ビリョウ) 조금 서늘함

【微力】(미력-ビリョク) 작은 힘

【微妙】(미묘-ビミョウ) ①자세하고 깊이가 있어 잘 되어 있음 ②이상 야릇하여 알수가 없음

【微物】(미물-ビブツ) 작은 물건

【微微】(미미-ビビ) 보잘것 없이 아주 작음

【微服】(미복-ビフク) 어떤 목적으로 남의 눈에 띄지 않도록 입는 남루한 옷

【微分學】(미분학-ビブンガク) 상상할 수 없을 만한 극 소량에 대하여 연구하는 학문

【微細】(미세-ビサイ) ①가늘고 작음 ②미천(微賤)

【微小】(미소-ビショウ) 작음

【微笑】(미소-ビショウ) 상긋 웃음 소리 없이 웃음

【微弱】(미약-ビジャク) 잔약하여 힘이 없음。작고 약함

【微恙】(미양-ビヨウ) ①대단하지 아니한 병 ②자기 병의 낮춤 말

【微熱】(미열-ビネツ) 대단하지 아니한 열

【微温】(미온-ビオン) 미지근함

【微雨】(미우-ビウ) 이슬비

【微意】(미의-ビイ) 작은 뜻。변변하지 못한 뜻

【微志】(미지-ビシ) 작은 뜻

【微震】(미진-ビシン) 정도가 미약한 지진

【微塵】(미진-ミジン) ①작은 티끌 ②썩 작은 물건

【微塵說】(미진설-ミジンセツ) 빛은 발광체(發光體)가 발사하는·가장 작은 한 티끌이 눈을 자극하는 것이라는 뉴톤의 가정설。지금은 파동설로 인하여 신용이 없어짐

【微衷】(미충-ビチュウ) 미의(微意)

【微風】(미풍-ビフウ) 솔솔 부는 바람。약한 바람

【微賤】(미천-ビセン) 미약하고 비천함

【微寒】(미한-ビカン) 조금 추움

【微行】(미행-ビコウ) 귀인이 일부러 평범한 복색을 하고 몰래 다님

【徬】 방 ボウ、よりつく aadre 漾 ㄆㄤˋ pang⁴ ①어슷거릴 徘徊 ②붙좇아갈 附行

【徭】 요 ヨウ、ぶやく labour ①구실 賦也 ②역사 役也

【徭役】(요역-ヨウエキ) 나라에서 구실로 시키던 노동

【十二畫】

【徯】 혜 ケイ、まつ wait 齊 ㄒㄧ hsi¹ ①기다릴 待也 ②사잇길 細小狹路

【徯徑】(혜경-ケイケイ) 사잇길

【德】 덕 トク、めぐみ virtue 職 ㄉㄜˊ tê² ①큰 덕 行道有得 ②은혜 恩也 ③덕되게 여길 荷恩 ④날 生也 ⑤왕기 四時旺氣

【德教】(덕교-トッキョウ) 착한 길로 인도하는 교훈

【德量】(덕량-トクリョウ) 어진 도량。도

덕과 사려

【德望】(덕망-トクボウ) 덕행이 있는명망

【德門】(덕문-トクモン) 덕행이 있는집안

【德分】(덕분) 좋은 일을 남에게 베풀어 주는 일

【德色】(덕색) 은혜를 베푼 것을 자랑하는 마음이 나타나는 얼굴빛

【德性】(덕성-トクセイ) 덕의가 있는마음

【德業】(덕업-トクギョウ) 인덕과 공업(功業)

【德用】(덕용-トクヨウ) ①유덕하고 응용의 재능이 있음 ②쓰기에 편하고 이익이됨

【德友】(덕우-トクユウ) 착하고 어진마음으로 사귄 벗

【德育】(덕육-トクイク) 덕성(德性)을 기르는 교육

【德義】(덕의-トクギ) 사람이 마땅히 행해야할 의리

【德政】(덕정-トクセイ) 어진 정치

【德操】(덕조-トクソウ)끝까지 지키고 변하지 아니하는 절조

【德澤】(덕택-トクタク) 남에게 미치는 덕의 혜택

【德行】(덕행-トクコウ) 마음이 바르고 착「한 행실

【德化】(덕화-トッカ) 덕행(德行)으로써 남을 감화시킴

【徵】징 チョウ、めす 蒸 ㄓㄥ chêng' call; collect

①부를 召也 ②징험할 類也 ③이룰 成也納ー ④거울 斂也 ⑤구할 求也 (치)치성 五聲之一屬火

【徵據】(징거-チョウキョ) 증거

【徵求】(징구-チョウキュウ) 돈·곡식 따위를 달라고 청구함

【徵納】(징납) 세금을 걷우어 바침

【徵募】(징모-チョウボ) 불러 모음

【徵發】(징발-チョウハツ) 전쟁·사변이 있을때 군수품을 백성에게 부과 징수함

【徵兵】(징병-チョウヘイ) ①병정을 불러 모음 ②불러 모은 병정

【徵稅】(징세-チョウゼイ) 조세를 걷움

【徵收】(징수-チョウシュウ)조세 또는 수수료·과료·벌금 곡식 따위를 거둠

【徵用】(징용-チョウヨウ) 불러 내어씀

【徵集】(징집-チョウシュウ) 물건을 걷우어 모음

【徵出】(징출-チョウシュツ) 조세의 체납 또는 빚을 갚지아니할 때 그 친척 또는 관계자에게 물리는 것 「조짐

【徵候】(징후-チョウコウ) 좋거나 언짢을

【徹】철 テツ、とおる pierce

①사무칠 達也 ②통할 通也 ③다스릴 治也 ④버릴 去也 ⑤벗겨질 剝取 ⑥여러 列也

【徹骨】(철골-テッコツ) 뼈에 사무침

【徹頭徹尾】(철두철미-テットウテツビ) 처음부터 끝까지 철저함

【徹兵】(철병-テッペイ) 주둔하였던 군대를 걷어 들이는 일

【徹夜】(철야-テツヤ) 밤을 새움

【徹底】(철저-テッテイ) ①속깊이 들어감 ②끝까지 관철함

【徹廢】(철폐-テッパイ) 걷어치워서 그만둠。 마련했던 일을 없애고 다시 아니함

【徹候】(첩후-テッコウ) 여러 제후(諸侯

【十三畫―二十畫】

【徼】요 キョウ、ヨウ、もとめる seek

①구할 求也 ②가릴 抄也 ③맞을 邀也 ④변방 塞界 ⑤순라 邏卒 ⑥돌아다닐 循也

【徼道】(요도) 좁은 길

【徼倖】(요행-キョウコウ) 뜻밖에 얻는 행복。 요행(僥倖)

【徽】휘 キ、はたじるし 微 ㄏㄨㄟ hueiˈ banner

①기 幟也 ②거문고휘 琴節 ③삼겹노 三糾纆 ④아름다울 美善

【徽音】(휘음-キイン) ①후비(后妃)의 아름다운 덕행과 말씀 ②착한 말。 아름다운 말

【徽章】(휘장-キショウ) 옷·모자들에 붙이는 표

【黴】黑部十畫에 볼것

心部

【心】 심 シン、こころ mind

①마음 神明之主 ②염통 臟名 ③가운데。속 中也 ④가시끝 木尖刺 ⑤별이름 宿名 二十宿의 하나

【心肝】(심간-シンカン) ①심장과 간장 ②마음・

【心怯】(심겁) 담력이 없어서 사물에 겁을 잘냄

【心境】(심경-シキョウ) 마음의 형편

【心界】(심계-シンカイ) 마음의 세계。마음의 범위

【心曲】(심곡-シンキョク) 간절한 마음。마음속

【心交】(심교-シンコウ) 서로 마음을 터놓고 사귐

【心琴】(심금-シンキン) 마음。미묘한마음

【心機】(심기-シンキ) 마음의기회。마음의 활동

【心德】(심덕-シンキ) 너그럽고 착한 마음

【心動】(심동) 마음이 움직임

【心亂】(심란) 마음이 산란함

【心慮】(심려-シンリョ) 마음 속의 근심

【心力】(심력-シンリョク) ①마음의 힘 ②마음과 근육 ③자신하는 마음

【心靈】(심령-シンレイ) 마음。정신

【心勞】(심로-シンロウ) 마음의 괴로움

【心理】(심리-シンリ) 정신의 상태

【心理學】(심리학-シンリガク) 정신의 작용 및 현상을 연구하는 학문

【心病】(심병) ①마음 속의 근심 ②기쁜 일이나 슬픈일을 당하면 쓰러지는 병

【心服】(심복-シンプク) 즐거운 마음으로 복종함

【心腹】(심복-シンプク) ①가슴과 배 ②가슴 속。마음 ③필요하여 없으면 안될것

【心事】(심사-シンジ) ①마음에 생각하는 일 ②마음씨

【心思】(심사-シンシ) 마음

【心算】(심산-シンサン) 속셈

【心想】(심상-シンソウ) 마음의 생각

【心喪】(심상) 남의 죽음을 슬퍼하여 마음으로 근심하는 것

【心像】(심상) 외계의 물건의 형상이 의식속에 나타나는 것

【心性】(심성-シンセイ・シンショウ) ①마음과 성정。마음 ②천성 (天性)

【心聲】(심성-シンセイ) 마음을 소리로써 나타낸 것

【心受】(심수) 마음으로 받음。깨달음

【心術】(심술-シンジュツ) ①완패한 성질 ②온당하지 아니한 마음 ③고집하는 마음 ④아름답지 못한꾀。마음씨

【心身】(심신-シンシン) 마음과 몸

【心神】(심신-シンシン) 마음과 정신。마음

【心眼】(심안-シンゲン) ①마음과 눈 ②사물을 분별하는 마음

【心弱】(심약) 마음이 약함

【心窩】(심와-シンカ・シンワ) 명치。명문 (命門)

【心願】(심원-シンガン) 마음으로 바람

【心肉】(심육) 소의 허리 또는 등성마루에 붙은 연한 고기。등심

【心意】(심의-シンイ) 마음

【心臟】(심장-シンゾウ) 염통

【心戰】(심전) 두려워하여 마음을 떰

【心情】(심정-シンジョウ) 마음

【心燥症】(심조증) 정신의 지나친 피로로 마음이 변조하는 병증

【心中】(심중-シンチュウ) 마음속。의중 意中

【心志】(심지-シンシ) 마음。마음과 뜻

【心地】(심지-シンチ・ここち) 마음。마음의 본바탕。마음 자리

【心疾】(심질-シンシツ) 근심 때문에 난 병

【心祝】(심축) 마음으로 축하함

【心醉】(심취-シンスイ) 너무 좋다고 하여 마음을 빼앗김

【心許】(심허-シンキョ) ①진실한 마음으로 허락함 ②기뻐서 즐겨함

【心虛】(심허) 신경이 허약한 병

【心血】(심혈-シンケツ) ①염통의 피 ②온 정신

【心魂】(심혼-シンコン) 마음。마음과정신

【心懷】(심회) 마음 속의 회포

【一畫—二畫】

【必】 필 ヒツ、かならず without fail

①반드시 반듯 定辭 ②그럴 然也 ③기약할 期― ④살필 審也

【必讀】(필독-ヒツドク) 꼭 읽음。또 그만

한 가치가 있는 글이나 책 「이됨
【必得】(필득-ヒットク) 꼭 자기의 물건
【必死】(필사-ヒッシ) ①꼭 죽음 ②죽을 결심 ③죽도록 힘씀
【必需】(필수-ヒツジュ) 필요
【必須】(필수-ヒッシュ) 여러 가지 중에서 꼭 필요한 것
【必勝】(필승-ヒッショウ) 반드시 이김
【必是】(필시) 반드시 「(必是)
【必然】(필연-ヒツゼン) 꼭。반드시。필시
【必要】(필요-ヒツヨウ) 꼭 소용이 됨。쓸모 있음
【必欲甘心】(필욕감심) 품은 원한을 기어이 풀고자 애씀
【必有曲折】(필유곡절) 반드시 무슨까닭이 있음
【必至】(필지-ヒッシ) 반드시 이름
【必知】(필지) 반드시 알아야 함

【忉】도 トウ、うれえる anxiety 豪 ㄉㄠ tao¹
근심할 憂也---
【忉怛】(도달-トウダツ) 슬퍼하는 모양
【忉忉】(도도-トウトウ) 근심하는 모양

【三 畫】

【忌】기 キ、いむ shun 寘 ㄐㄧ chi
①꺼릴 憚也 ②길 諱也 ③미워할 憎惡 ④투기할 嫉也 ⑤원망할 怨也 ⑥공경할 敬也 ⑦경계할 戒也
【忌刻】(기각-キコク) 남을 미워하여 몹시 다름
【忌故】(기고) 기제를 지내는 일
【忌辰】(기신-キシン) 기일(忌日)
【忌日】(기일-キジツ・キニチ) 사람이 죽은 날。제사날
【忌中】(기중-キチュウ) 상중(喪中)
【忌憚】(기탄-キタン) 꺼림。어려워함
【忌避】(기피-キヒ) 꺼리어 피함 「함
【忌諱】(기휘-キキ) ①꺼림 ②두려워피

【忘】망 ボウ、わすれる forget 陽 ㄨㄤ wang²
①잊을 不記 ②잃어버릴 失也 ③깜짝할 忽也
【忘却】(망각-ボウキャク) 잊어버림
【忘年】(망년-ボウネン) ①나이가 틀림을 마음에 두지 아니함。나이를 잊고즐겨함 ②그해에 있던 괴로움을 죄다 잊어버림
【忘死生】(망사생) 죽고 사는 것을 돌아 보지 아니함
【忘失】(망실-ボウシツ) 잊어버림
【忘憂】(망우-ボウユウ) 근심을잊음
【忘憂物】(망우물) 술의 딴 이름
【忘憂草】(망우초) 원추리

【忙】망 ボウ、モウ、いそがしい busy 陽 ㄇㄤ mang²
바쁠 心迫悤—
【忙劇】(망극-ボウゲキ) 몹시 바쁨
【忙忙】(망망-ボウボウ) 바쁜 모양
【忙事】(망사-ボウジ) 바쁜 일
【忙殺】(망살-ボウサツ) 몹시 바쁘게여김

【忍】인 ニン、ジン、しのぶ bear
①참을 耐也 ②참아할 安於不仁 ③강인할 强也
【忍耐】(인내-ニンタイ) 참고 견딤 「음
【忍辱】(인욕-ニンジョク) 욕되는 것을참
【忍人】(인인-ニンジン) 잔인한 사람
【忍從】(인종-ニンジュウ) 참고 복종함
【忍之爲德】(인지위덕) 참는 것으로덕을 삼음

【志】지 シ、こころざし intention 寘 ㄓ chih⁴
①뜻 心之所之 ②뜻할 —之 ③맞출 中也 ④기록할 記也
【志格】(지격) 고상한 뜻
【志氣】(지기-シキ) 의지와 기개
【志略】(지략-シリャクシ) 큰 포부
【志望】(지망-シボウ) 지원
【志士】(지사-シシ) 국가 사회를 위해 한 몸을 바치는 사람
【志願】(지원-シガン) 원하고 바람。하고싶어함
【志節】(지절-シセツ) 지키고 변하지 아니하는 절개
【志操】(지조-シソウ) 굳은 마음
【志趣】(지취-シシュ) 의지(意志)와추향
【志學】(지학-シガク) 열다섯살
【志行】(지행-シコウ) 뜻과 행동
【志向】(지향-シコウ) 뜻이 향하는 쪽

【忖】 촌 ソン、はかる consider ㄘㄨㄣ ts'uen³
헤아릴 思也

【忑】 특 トク、たがう deviate ㄊㄜ t'ê⁴
어기어질 差也 ②변할 變也 ③의심할 疑也

【四 畫】

【忼】 강 コウ、なげく indignant ㄎㄤ k'ang³
①탄식할 歎也 ②강개할 意氣

【感慨】(강개-コウガイ) 슬퍼하며 한탄함。분하여 탄식함

【忮】 기 シ、ジ、そこなう wild ㄓ chih⁴
①사나울 狠也 ②용심할 强害

【念】 념 ネン、おもう remind ㄋㄧㄢ nien⁴
생각 常思

【念間】(염간) 二十日 전후

【念念】(염념-ネンネン) 자꾸 생각하여 잊지 못함

【念頭】(염두-ネントウ) 생각。마음 위

【念慮】(염려) 걱정함。마음을 놓지 못함

【念佛】(염불-ネンブツ) 나무아미타불을 부름

【念前】(염전) 二十일 전

【念珠】(염주-ネンジ・ネンジュ) 구슬을 실에 많이 궤어 만들어 염불할 때 손을 돌려 수효를 세는 기구(器具)

【念後】(염후) 二十일 후

【忸】 뉴 ジク、チウ、はじる shame ㄋㄧㄡ niu³
익을 習也 (뉵)부끄러울

【忱】 침 シン、まこと reliable ㄔㄣ ch'en²
①미쁠 信也 ②정성 誠也

【忤】 오 ゴ、さからう oppose ㄨ wu³
①거스릴 逆也 ②미워할 意不喜

【忤色】(오색) 거스리는 안색

【忨】 완 ガン、おさぼる covet ㄨㄢ wan⁴
①사랑할 愛也 ②탐할 貪也

【忝】 첨 テン、けがす abuse ㄊㄧㄢ t'ien³
욕될 辱也

【忠】 충 チユウ、まこと loyalty ㄓㄨㄥ chung¹
①충성 盡心不斯 ②정성껏 할 竭誠 ③공변될 無私 ④곧을 直也

【忠肝】(충간-チュウカン) 충성스러운 마음

【忠諫】(충간-チュウカン) 충성으로 간함

【忠懇】(충간) 충성으로 간청함

【授告】(충고-チュウコク) 착한 길로 권고함。충심으로 남의 허물을 경계함

【忠困】(충곤) 참됨。정성됨

【忠君】(충군-チュウクン) 임금께 충성을 다함

【忠勤】(충근-チュウギン) 성실하게 근무함

【忠良】(충량-チュウリョウ) 충실하고 선량함

【忠烈】(충렬-チュウレツ) 나라를 위하는 마음이 강함

【忠僕】(충복-チュウボク) 성심으로 주인을 섬기는 남자종

【忠賁】(충분-チュウフン) 충의를 위하여 분을 냄

【忠死】(충사-チュウシ) 충의를 위하여 죽음

【忠善】(충선-チュウゼン) 충실하고 선량함

【忠誠】(충성-チュウセイ) 충직하고 성실함

【忠純】(충순-チュウジュン) 충성스럽고 순박함

【忠順】(충순-チュウジュン) 충직하고 순량함

【忠臣】(충신-チュウシン) 나라를 위하여 충절을 다한 신하

【忠信】(충신-チュウシン) 성실하고 믿음

【忠臣不事二君】(충신불사이군) 충신은 두 임금을 섬기지 아니함

【忠實】(충실-チュウジツ) 성실하고 참됨

【忠心】(충심-チュウシン) 충성된 마음

【忠愛】(충애-チュウアイ) 충성과 사랑

【忠言】(충언-チュウゲン) 강직한 말

【忠勇】(충용-チュウユウ) 충성과 용기

【忠義】(충의-チュウギ) 충성과 절의(節義)

【忠節】(충절-チュウセツ) 충성을 따라 절개를 지킴

【忠情】(충정-チュウジョウ) 충의의 마음

【忠志】(충지-チュウシ) 충의가 깊은 뜻

【忠直】(충직-チュウチョク) 성실하고 정직함
【忠魂】(충혼-チュウコン) ①충의를 위하여 죽은 사람의 혼령 ②충의의정신
【忠孝】(충효-チュウコウ) 충성과효행(孝行)
【忠孝烈】(충효열) 충신과 효자와 열녀
【忠厚】(충후-チュウコウ) 충성스러운 마음이 두터움

【忡】충 チュウ、うれえる anxiety 근심할 憂也
【忡怛】(충달) 근심하고 슬퍼함

【快】쾌 カイ、こころよい pleasant feeling ①쾌할 𢡟心 ②가할 可也 ③시원할 爽也
【快感】(쾌감-カイカン) 기쁜 마음。쾌락의 감정
【快擧】(쾌거-カイキョ) 상쾌한 거사
【快男子】(쾌남자-カイダンシ) 기상(氣衆)이 쾌활한 남자
【快談】(쾌담-カイダン) 쾌론(快論)
【快諾】(쾌락-カイダク) 쾌히 승낙함
快樂】(쾌락-カイラク) 즐거움。기쁨
【快論】(쾌론-カイロン) 가탄없이 쾌활하게 하는 말
【快馬】(쾌마-カイバ) 빨리 닫는 말
【快報】(쾌보-カイホウ) 시원한 기별。상쾌한 소식
【快奔】(쾌분-カイホン) 빨리 달아남
【快雪】(쾌설-カイセツ) 욕되고 부끄러운 일을 시원스럽게 씻어 버림
【快然】(쾌연-カイゼン) 마음이 상쾌한 모양
【快雨】(쾌우-カイウ) 가물 때 오는비
【快癒】(쾌유-カイユ) 병이다 낳음。쾌차(快差)
【快意】(쾌의-カイイ) 상쾌한 마음
【快人】(쾌인) 쾌활한 사람
【快人快事】(쾌인쾌사) 쾌활한 사람에 쾌활한 행동
【快戰】(쾌전-カイセン) 마음껏 싸움
【快走】(쾌주-カイソウ) 통쾌하도록 빨리 달림
【快差】(쾌차) 병이 아주 나음
【快擲】(쾌척-カイテキ) 금품을 쓸곳에 시원스럽게 나누어 줌
【快晴】(쾌청-カイセイ) 하늘이 말쑥하게 갠 것
【快快】(쾌쾌-カイカイ) ①아주 상쾌함 ②용감함 ③매우 쾌활함
【快活】(쾌활-カイカツ) ①기상이 활발하고 도량이 넓음。마음이 씩씩함。상쾌하고 기쁨
【快闊】(쾌활-カイカツ) 시원하고 넓음

【忽】홀 コツ、たちまち suddenly 〔月〕 ㄏㄨˋ hu' ①홀연 倏也 ②가벼이여길 輕也 ③잊을 忘也 ④올 蠶吐絲
【忽略】(홀략-コツリャ) 소홀하고 간략함
【忽微】(홀미-コツビ) 털끝만큼씩가늘음
【忽視】(홀시-コツゼン) 소홀하게 봄
【忽然】(홀연) 갑자기。별안간。문득
【忽諸】(홀저-コッショ) 아주 급작스럽게
【忽地】(홀지-コッチ) 홀연히 됨
【忽地風波】(홀지풍파) 갑자기 야단이 납
【忽必烈】(홀필열-クビライ・フビライ) 원(元)나라 세조(世祖)의 이름

【忻】흔 キン、コン、よろこぶ glad 〔文〕 ㄒㄧㄣ hsin' 기쁠 喜也
【忻賴】(흔뢰-キンライ) 기뻐 의뢰함
【忻然】(흔연-キンゼン) 기뻐하는 모양

【五 畫】

【怯】겁 キョウ、おびえる cowardice 〔葉〕 ㄑㄧㄝ ch'ieh' ①겁낼 多畏 ②으를 恐脅
【怯懦】(겁나-キョウダ) 겁이 많고 나약함
【怯夫】(겁부-キョウフ) 겁장이
【怯聲】(겁성-キョウセイ) 무서워서 내는 소리
【怯心】(겁심-キョウシン) 무서워서 하는 마음。겁내는 마음
【怯弱】(겁약-キョウジャク) 겁이 많음。비겁함
【怯運】(겁운-キョウウン) 겁기가 끼운 수

【怪】괴 カイ、ケ、あやしい strange 〔卦〕 ㄍㄨㄞˋ kuai ①기이할 奇也 ②의심할 疑也 ③궤술 詭異 ④괴이할 異也
【怪妄】(괴망-カイモウ) 괴상하고 망령됨
【怪夢】(괴몽-カイム) 괴이한 꿈

【怪聞】(괴문-カイブン) 괴이한 소문
【怪物】(괴물-カイブツ) ①괴이한 물건
②괴상한 사람
【怪變】(괴변-カイヘン) 괴상한 일
【怪病】(괴병-カイビョウ) 괴상한 병
【怪事】(괴사-カイジ) 괴이한 일
【怪狀】(괴상-カイジョウ) 괴이한 꼴
【怪常】(괴상-カイジョウ) 이상야릇함。
괴이하고 이상함
【怪石】(괴석-カイセキ) 기괴하게 생긴돌
【怪獸】(괴수-カイジュウ) 괴이한 길짐승
【怪惡罔測】(괴악망측) 말이나 실행이
괴이하고 흉악함 「(怪鳥)
【怪羽】(괴우-カイウ) 괴상한 새。 괴조
【怪異】(괴이-カイイ) 괴상하고 기이함。
이상 야릇함 「쉬임
【怪錯】(괴착-カイサク) 여러 가지로 뒤
【怪歎】(괴탄-カイタン) ①괴상히 여기고
탄식함 ②의심하고 탄식함
【怪漢】(괴한-カイカン) 행동이 괴상한

【急】급 キュウ、いそぐ
rapid 緝 ㄐㄧˊ chi^2
①급할 迫也 ②빠를 疾也 ③좁을
褊也 ④군색할 窘也
【急遽】(급거-キュウキョ) 갑자기。 별안간
【急激】(급격-キュウゲキ) 급하고 맹열함
【急擊】(급격-キュウゲキ) 급히 침。 뜻밖
에 침
【急境】(급경-キュウキョウ) 위급한 경우
【急救】(급구-キュウキュウ) 급히 구제함
【急劇】(급극-キュウゲキ) 급하고 맹열함
【急急】(급급-キュウキュウ) 몹시 급함
【急流】(급류-キュウリュウ) 물이 급히 흐
름
【急流勇退】(급류용퇴) 용기있게 벼슬
에서 물러남
【急務】(급문-キュウム) 급한 일
【急迫】(급박-キュウハク) 급히 닥침
【急變】(급변-キュウヘン) 급히 일어난변
고(變故) ②벼란간 달라짐
【急病】(급병-キュウビョウ) 급한 병
【急步】(급보-キュウホ) 급히 걸음 또 그
걸음 「그 통지
【急報】(급보-キュウホウ) 급히 알림 또
【急事】(급사-キュウジ) 급한 일
【急煞】(급살) 운기가 가장 흉악한별
(술가의 말) 「할 일
【急先務】(급선무) 급하게 먼저 성해
【急性】(급성-キュウセイ・キュウショウ)급히
일어나는 병의 성질
【急裁】(・장-キュウソウ) 급하게 몸치장
【急錢】(급전) 급하게 쓸 돈
【急轉】(급전-キュウテン) 급하게 방향을
【急進】(급진-キュウシン) 급히 나아감
【急行】(급행-キュウコウ) 급히 감 빨리감

【怒】노 ド、ヌ、いかる
angry 遇 ㄋㄨˋ nu^4
①성낼 憤發 ②뽐낼 奪也
【怒甲移乙】(노갑이을) 이편에서 당한
노염을 저편에서 화풀이 함
【怒氣】(노기-ドキ) 성난 기색。 노색(怒
色 「이 잔뜩 남
【怒氣沖天】(노기충천-ドキチュウテン) 야
【怒濤】(노도-ドトウ) 성난 파도
【怒馬】(노마-ドバ) ①살찌고 센찬 말
②성난 말
【怒罵】(노매-ドバ) 성이 나서 꾸짖음
【怒發大發】(노발대발) 성이 몹시 남
【怒髮衝冠】(노발충관ドハッカンをつく) 몹
시 성내는 모양
【怒色】(노색-ドショクド) 성난 빛
【怒嫌】(노혐) 성내어 품은 원한
【怒號】(노호-ゴウレ) ①성이 나서 부르
짖음 ②바람・물결들의 맹열한소리

【怩】니 ジ、はぢる
feel ashamed 支 ㄋㄧˊ ni^2
겸연쩍을 支 愧也(닐)부끄러울 心慚

【怛】달 タン、タツ、いたむ
pitiful 曷 ㄉㄚˊ ta^2
①놀랄 驚懼 ②슬플 悲慘 ③수고로
울 勞也 「움
【怛傷】(달상-ダッショウ) 슬프고 애처로

【怜】령 レイ、レン、かしこい
clever 靑 ㄌㄧㄥˊ ling^2
영리할 慧也 (련)憐同
【怜悧】(영리-レイリ) 똑똑함。 재주많음

【怫】불 비 ハイ、フツ、ヒ、いかる
angry 未 ㄈㄟˋ fei^4
답답할 鬱也 (비) ①발끈할 忿貌 ②
괴란한 心不安一愲 ー

【怫異】(불이-ハイイ) 어그러짐

【思】사 シ、サイ、おもう think 支 ㄙ ssu¹
①생각할 念也 ②원할 願也 ③어조
사 語助辭 ④생각 慮也 ⑤의사 情緖
意—
【思考】(사고-シコウ) 생각
【思量】(사량-シリョウ) 생각하여 헤아림
【思慮】(사려-シリョ) 근심。걱정。생각
【思料】(사료-シリョウ) 깊이 생각함
【思慕】(사모-シボ) 보고 싶어 생각함。
그리워함。덕(德)을 우러러 봄
【思辨】(사변-シベン) ①생각하여 변별
함 ②경험의 도움을 받지 아니하고
순수한 생각으로만 인식하여 냄
【思婦】(사부) 근심이 있는 여자
【思想】(사상-シソウ) ①생각。의견 ②정
돈된 의식 「사람
【思想家】(사상가-シソウカ) 사상을 가진
【思索】(사색-シサク) 생각하여 찾아냄
【思惟】(사유-シイ・シュイ) 생각함
【思潮】(사조-シチョウ) 시대 일반의 사상
【思親】(사친) 어버이를 생각함

【性】성 セイ、ショウ、うまれつき personality 敬 ㄒㄧㄥ hsing⁴
성품 賦命自然
【性格】(성격-セイカク) 개인이 가지고
있는 성질 「방사(房事)
【性交】(성교-セイコウ) 남녀간의 교합。
【性敎育】(성교육-セイキョウイク) 젊은 남
녀에게 성(性)에 대한 건전한 지식
을 주기 위한 교육 「량 ②마음
【性度】(성도-セイド) ①성질。성질과 도
【性靈】(성령-セイレイ) 얼。마음。영혼
【性命】(성명-セイメイ) ①인성(人性)과
천명(天命) ②신명(身命)。천부(天
賦)의 마음 ③목숨
【性味】(성미) 성정。성질 「관
【性癖】(성벽-セイヘキ) 심신에 굳은 습
【性別】(성별-セイベツ) 남녀의 구별
【性善說】(성선설-セイゼンセツ) 인성은 본
디 착한 것이요 물욕이 가리어 악
하게 된다고 하는 맹자(孟子)의 설
【性惡說】(성악설-セイアクセツ) 인생의 이
기적 정욕을 기초로하여 사람의 본
성은 본디 악한 것이요 선은 거짓
이라고 하는 순자(荀子)의 설
【性慾】(성욕-セイヨク) 남녀간의 육욕적
욕망。색욕(色慾)
【性情】(성정-セイジョウ) 사람이 가지고
있는。성질 성질과。심정
【性質】(성질-セイシツ) 마음。본디 가지
고 있는 특성
【性行】(성행-セイコウ) 성질과 행실

【怏】앙 オウ、ヨウ、うらむ grudge 漾 ㄧㄤ yang⁴
①앙심먹을 情不滿足 ②원망할 對
心也 「음。앙분
【怏心】(앙심-オウシン) 분하게 여기는 마
【怏怏】(앙앙-オウオウ) 마음이 흡족하게
여기지 않는 상태

【怨】원 エン、オン、うらむ grudge 願 ㄩㄢ yüan⁴
①원망할 恨也 ②원수 仇也 ③분낼
憤也 ④원수 讐也 「음
【怨咎】(원구-エンキュウ) 원망하고 꾸짖
【怨女】(원녀-エンジョ) 남편이 출정(出
征)하여 집에 없으므로 원한을 품
고 있는 아내。군주(君主)의 사랑을
잃은 여자
【怨毒】(원독-エンドク) 지독한 원한
【怨靈】(원령-エンレイ) 원한을 품고 죽
은 사람의 혼령
【怨望】(원망) ①남이 나에게 대하여
한 일을 못 마땅하게 알고 탓함 ②
마음에 불평을 품고 미워함
【怨慕】(원모-エンボ) 무정한 것을 원망
하면서도 오히려 그를 사모함
【怨府】(원부-エンプ) 원한이 모이는 곳。
원한의 초점 「원녀(怨女)
【怨婦】(원부-エンプ) 원한을 품은 계집。
【怨聲】(원성-エンセイ) 원망하는 소리
【怨讐】(원수-エンシュウ) ①자기 또는 자
기집。자기 나라에 해를 끼친 사람
②원한이 되는 물건
【怨心】(원심-エンシン) 원망하는 마음
【怨言】(원언-エンゲン) 원망하는 말
【怨惡】(원오-エンオ) 원망하고 미워함
【怨敵】(원적-エンテキ) 원한의 상대자。
【怨嗟】(원차-エンサ) 원통한 탄식
원한의 적
【怨天尤人】(원천우인-テンをうらみひとをと

かむ) 하늘을 원망하고 사람을 탓함
【怨慝】(원특) 원한을 품고 악한 일을
행함 「우치는 생각
【怨恨】(원한-エンコン) 원통한 생각。뉘
【怨嫌】(원혐) 원망하고 미워함

【怡】이 イ、よろこぶ pleased 支 ㄧˊ i²
①즐거울 樂也 ②기쁠 悅也 ③화할
和也 「색
【怡色】(이색-イショク) 즐거워하는 안
【怡然】(이연-イゼン) 기뻐하는 모양
【怡悅】(이열-イエツ) 기뻐함。기쁨
【怡愉】(이유) 기뻐함
【怡怡】(이이-イイ) 서로 기뻐하는 모양

【怍】작 サク、はじる shame 藥 ㄗㄨㄛˋ tsuo⁴
①부끄러울 慚也 ②무안할 顏色變

【怎】즘 シン、いかん why
어찌 무엇 語辭猶何也

【怱】총 ソウ、にわか sudden
바쁠 急遽
【怱遽】(총거-ソウキョ) 바쁨
【怱怱】(총총-ソウソウ) 바쁜 모양

【怵】출 ジュツ、おそれる、いたむ sorrow 質 ㄔㄨˋ ch'u⁴
①슬플 悽愴 ②두려울 恐也 「함
【怵惕】(출척-ジュッテキ) 두려워서 조심

【怠】태 タイ、おこたる lazy 賄 ㄉㄞˋ tai⁴
①게으를 懈也 ②거만할 慢也
【怠慢】(태만-タイマン) 게으르고 거만함
【怠業】(태업-タイギョウ) 노동쟁의 전술
의 하나。여러 가지 방법으로 고용
주에게 적극적 손해를 주어 그의
굴복을 꾀하는 수단
【怠傲】(태오-タイゴウ) 게으르고 무례함
【怠惰】(태타-タイダ) 게으름

【怕】파 ハ、おそれる fear 禡 ㄆㄚˋ p'a⁴
두려울 懼也

【怖】포 フ、おそれる fear 遇 ㄅㄨˋ pu⁴
두려울 惶懼
【怖懼】(포구-フク) 두려워함

【怙】호 コ、たのむ depend 麌 ㄏㄨˋ hu⁴
①믿을 恃也 ②의지할 依也

【怳】황 コウ、オウ、かすか faint 養 ㄏㄨㄤˇ huang³
①당황할 狂貌尙ㅡ ②황홀할 沖漠
難貌 ③실심할 自失貌
【怳忽】(황홀-コウコツ) 정신이 흘림。어
렴풋함。눈이 부심

【六 畫】

【恪】각 カク、つつしむ careful 藥 ㄎㄜˋ k'ê⁴
①정성 敬也 ②삼갈 謹也
【恪固】(각고) 삼가서 굳게 지킴
【恪勤】(각근-カッキン) 삼감。부지런함
【恪守】(각수-カクシュ) 정성껏 지킴
【恪愼】(각신-カクシン) 삼감

【恝】개 カイ、カツ、うれいがない freedom from care
걱정없을 無愁貌 (괄)義同
【恝視】(괄시) 업신여기고 소홀이 대
접함

【恐】공 キョウ、ク、おそれる fear 腫 ㄎㄨㄥˇ k'ung³
①두려울 懼也 ②염려할 慮也 ③의
심할 疑也 ④속대중할 臆度
【恐喝】(공갈-キョウカツ) 무섭게 꾸짖음。
위협함
【恐懼】(공구-キョウク) ①두려워함。무
서워함 ②편지 끝에 씀
【恐動】(공동-キョウドウ) 위험한 말로 남
의 마음을 두렵게 함
【恐水病】(공수병-キョウスイビョウ) 미친개
에 물리어 그 병독이 감염한 병。이
병자는 물을 삼키지 못할 뿐 아니
라 물을 보기만 하여도 목구멍에
경련이 일어남 「함
【恐怖】(공포-キョウフ) 두려워함。무서워
【恐慌】(공황-キョウコウ) 두려워서 어리
둥절함
【恐惶】(공황-キョウコウ) ①두려워함。무
서워함 ②편지 끝에 씀

【恭】공 キョウ、うやうやしい submissive 冬 ㄍㄨㄥ kung¹
①공경할 敬也 ②공순할 從和 ③엄숙할 肅也 ④받들 奉也
【恭儉】(공검-キョウケン) 공순하고 검소함
【恭謙】(공겸-キョウケン) 공경함。겸손함
【恭敬】(공경-キョウケイ) 공순히 삼가서 예를 표함
【恭待】(공대-キョウタイ) 공경하여 대우함
【恭遜】(공손-キョウソン) 공경하고 겸손함
【恭順】(공순-キョウジュン) 공경스럽고 온순함
【恭祝】(공축-キョウシュク) 공손한 마음으로 축하함

【恠】怪 (心部 五畫) 俗字

【恧】뉵 ジク、はじつる shame 屋 ㄋㄩ nü⁴
①부끄러울 慚也 ②겸연쩍을 心愧

【恫】동 トウ、いたむ sorrow 送 ㄉㄨㄥ tung¹ (통) ①슬플 痛也 ②열날 不得忘 끙끙앓을 呻吟
【恫喝】(동갈-ドウカツ) 을러댐。소리질러 위협함

【恕】서 ジョ、ゆるす pardon
①용서할 以己體人 ②어질 仁也 ③헤아릴 忖也
【恕宥】(서유-ジョユウ) 사정을 돌아보아 용서함

【恂】순 ジュン、まこと truth 眞 ㄒㄩㄣ hsün²
①진실할 信實貌 ②미쁠 信也 ③무서울
【恂恂】(순순-ジュンジュン) ①진실한 모양 ②무서워하는 모양
【恂然】(순연-ジュンゼン) 갑자기。별안간

【恃】시 ジ、たのむ request 紙 ㄕ shih⁴
①믿을 賴也 ②의뢰할 依也
【恃賴】(시뢰-ジライ) 의뢰함

【息】식 ソク、いき breath 職 ㄒㄧ hsi²
①쉴 休也 ②그칠 止也 ③숨쉴 呼吸 ④한숨쉴 大歎 ⑤처할 處也 ⑥아직 편할 安也 ⑦아들 子也 ⑧딸 女— ⑨변리 錢生子利—
【息耕】(식경) 밭의 넓이를 헤아리는 말。곧 하룻동안에 경작할 수 있는 넓이를 여섯으로 나눈 넓이
【息男】(식남-ソクナン) 아들 자식
【息女】(식녀-ソクジョ) ①딸。내딸 ②귀인(貴人)의 딸
【息婦】(식부-ソクフ) 며느리
【息訟】(식송-ソクショウ) 화해하고 소송을 그침
【息錢】(식전-ソクセン) 이자의 돈
【息停】(식정-ソクテイ) 쉼。휴식

【恙】양 ヨウ、つつが illness 漾 ㄧㄤ yang⁴
①병 病也 ②근심할 憂也

【恩】은 オン、めぐみ benefit 元 ㄣ en¹
①은혜 惠澤 ②사랑할 愛也 ③姓也
【恩功】(은공-オンコウ) 은혜와 공로
【恩光】(은광-オンコウ) ①봄날 우로(雨露)의 은택 ②임금의 덕택
【恩金】(은금-オンキン) 은급으로 주는 돈
【恩給】(은급-オンキュウ) 정부가 법정조건을 갖추고 퇴직한 자에게 죽을 때까하 주는 연금(年金)
【恩德】(은덕-オントク) 은혜의 덕。은혜의 신세
【恩祿】(은록-オンロク) 임금이 주는 고마운 녹
【恩命】(은명-オンメイ) 임금에게서 내리시는 고마운 명령
【恩門】(은문) 과거에 급제한 사람이 시관을 일컫는 말
【恩師】(은사-オンシ) 은혜가 깊은 스승
【恩赦】(은사-オンシャ) 죄인을 특사(特赦)함
【恩賜】(은사-オンシ) 임금의 하사(下賜)
【恩山德海】(은산덕해) 은덕이 산과 같이 높고 바다와 같이 넓음
【恩賞】(은상-オンショウ) 임금의 상
【恩讎】(은수-オンシュウ) 은혜와 원수
【恩愛】(은애-オンアイ) 은혜와 도타운 애정
【恩榮】(은영-オンエイ) 임금의 은덕을 입은 영광스러운 명예
【恩遇】(은우-オングウ) 은혜로서 우대함

우대(優待)

【恩怨】(은원-オンエン) 은혜와 원망

【恩義】(은의-オンギ) 은혜로운 덕택

【恩人】(은인-オンジン) 은혜가 있는 사람

【恩典】(은전-オンテン) 나라에서 내리는 혜택에 관한 특전

【恩情】(은정-オンジョウ) 은혜로 사랑하는 마음

【恩重泰山】(은중태산) 은혜가 태산과 같이 높음

【恩寵】(은총-オンチョウ) 은애(恩愛)를 입음

【恩澤】(은택-オンタク) 은혜의 덕택

【恩惠】(은혜-オンケイ) 고마운 것。신세가 되는 것

【恩化】(은화-オンカ) 은혜로 국민을 교화함

【恁】 임 ジン、ニン、おもう think 沁 ㄖㄣˋ jen⁴

①미쁠 信也 ②생각 念也 (님) 이러할 如此

【恣】 자 シ、ほしいまま self-indulgent 寘 ㄗˋ tzŭ⁴

방자할 縱也放ㅡ

【恣樂】(자락-シラク) 마음대로 즐김

【恣放】(자방-シホウ) 하고 싶은대로。마음대로

【恣肆】(자사-シシ) 방자함。마음대로 함

【恣行】(자행-シコウ) 방자한 행동

【恬】 념 テン、やすらか confort 鹽 ㄊㄧㄢˊ t'ien²

①편안할 安也 ②고요할 靜也

【恬淡】(염담-テンタン) 이욕의 생각이 없음

【恬不爲愧】(염불위괴) 부정한 행위를 하고도 조금도 부끄러워하지 아니함

【恬雅】(염아-テンガ) 이욕의 생각이 없고 늘 마음이 화평하고 단아함

【恬安】(염안-テンアン) 편안하고 고요함

【恬然】(염연-テンゼン) 이욕을 떠나서 마음이 화평함

【恬而不知怪】(염이부지괴) 평범하고 이상히 여기지 아니함

【恬嬉】(염희) 직무를 게을리 함

【恥】 치 チ、はじる shame 紙 ㄔˇ ch'ih³

①부끄러울 慚也 ②욕될 辱也

【恥慨】(치개-チガイ) 부끄러워 한탄함

【恥骨】(치골-チコツ) 골반의 앞 하부를 구성한 음모가 나는 곳에 있는 뼈。불두덩 뼈

【恥事】(치사) 부끄러운 일

【恥辱】(치욕-チジョク) 수치와 모욕

【恨】 한 コン、うらむ deplore 願 ㄏㄣˋ hen⁴

①한할 怨之極 ②뉘우칠 悔也

【恨死】(한사-コンシ) 한을 품고 죽음

【恨事】(한사-コンジ) ①원통한 일 ②한탄할 만한 일

【恨歎】(한탄-コンタン) 원통하게 여기어 탄식함

【恨恨】(한한-コンコン) 원한을 품음

【恆】 항 コウ、つね always 蒸 ㄏㄥˊ hêng²

①항상 常也 ②예 故也 (긍) ①두루할 徧也 ②시위 弦也

【恆久】(항구-コウキュウ) 바뀌지 않고 오래오래 감

【恆茶飯】(항다반) 늘 있어서 신통한 것이 없는 일의 비유

【恆例】(항례-コウレイ) 상례(常例)

【恆士】(항사-コウシ) 보통 사람。상인(常人)

【恆事】(항사-コンジ) 늘 있는 일

【恆産】(항산-コウサン) 일정한 재산

【恆常】(항상-コウジョウ) 늘

【恆星】(항성-コウセイ) 태양계(太陽系)에 속하지 않고 스스로 빛을 내면서 고정되어 있는 별

【恆習】(항습-コウシュウ) 늘 행하는 습관

【恆心】(항심-コウシン) 일정한 마음。사람이 늘 가지고 있는 착한 마음

【恆言】(항언-コウゲン) 늘 하는 말

【恆業】(항업-コウギョウ) 일정한 업무

【恆用】(항용-コウヨウ) 늘 있거나 써서 예사임

【恒】 前條 同字

【恚】 에 イ、いかる anger 寘 ㄏㄨㄟˋ huei⁴

성낼 恨怒

【恚怒】(에노-イド) 성냄。분냄

【恍】 황 コウ dark 養 ㄏㄨㄤˇ huang³

어두울 昏也

【恍恍】(황황-コウコウ) 얼이 빠진 모양

【恢】회 カイ、ひろい wide 灰 ㄏㄨㄟ huei^{1}
①넓을 志大 ②넓힐 拓也

【恢廓】(회곽-カイカク) ①확장함 ②마음이 넓고 큼

【恢大】(회대-カイダイ) 넓고 큼 「아옴

【恢復】(회복-カイフク) 이전 상태로 돌

【恢然】(회연-カイゼン) 넓음

【恢弘】(회홍-カイコウ) 넓음。넓힘

【恢恢】(회회-カイカイ) ①큰 모양 ②여유가 있는 모양

【恔】효 コウ、こころよい pleasant sensation
쾌할 快也

【恤】휼 ジュツ、あわれむ compassion 質 ㄒㄩ hsü^{4}
①기미먹일 賑也 ②사랑할 相愛 ③근심할 憂也 「민에게 주는 돈

【恤金】(휼금-ジュッキン) 정부에서 이재

【恤問】(휼문-ジュツモン) 불쌍히 여기어 위문함 「민에게 주는 쌀

【恤米】(휼미-ジュツマイ) 정부에서 이재

【恤民】(휼민-ジュツミン) 이재민을 구제

【恤兵】(휼병-ジュッペイ) 금품을 보내어 전장에 나아간 병사를 위로함

【恟】흉 キョウ、おそれる fear
두려울 懼也

【恟恟】(흉흉-キョウキョウ) 인심이 떠들석함。여러 사람이 떠들고 야단함

【恰】흡 ユウ、あたかも similar 洽 ㄑㄧㄚ` ch'ia^{4}
①마침 맞갖을 適當 ②새 우는 소리 鳥鳴

【恰似】(흡사) 비슷함。거의 같음

【恰好】(흡호-コウコウ・カッコウ) 마침 좋음。적당함

【恋】戀 (心部 十九畫) 略字

【七 畫】

【悃】곤 コン、まこと sinceritx 阮 ㄎㄨㄣˇ k'uen^{3}
정성 志純

【悃悃】(곤곤-コンコン) 정성스러운 모양。뜻이 순일(純一)한 모양

【悃幅】(곤폭-コンプク) 참마음。정성

【悃誠】(곤성-コンセイ) 정성

【悢】량 リョウ、ロウ、かなしむ pathetic
①슬플 悲也 ②섭섭할 惆悵

【悧】리 リ、こざとい cleverness
영리할 伶—

【悋】린 リン、やぶさか stinge
①아낄 慳也 ②더러울 鄙也

【悋惜】(인석--リンセキ) 아낌

【悚】송 ショウ、シユ、おそれる fear 腫 ㄙㄨㄥˇ sung^{3}
두려울 懼也 怖也

【悚懼】(송구-ショウク) 마음에 두려움

【悚然】(송연-ショウゼン) 두려워하는 모양 「죽임

【悚息】(송식-ショウソク) 두려워서 숨을

【悉】실 シツ、ことごとく without exception
①다알 詳盡知也 ②궁구할 諳究

【悉皆】(실개-シッカイ) 다。모두。죄다

【悉達】(실달-シッタ) 석가(釋迦)가 출가(出家)하기 전의 이름

【悁】연 エン、ケン、うれえる anxiety
①근심할 憂也 ②분할 忿也 (견)조급할 躁急

【悁忿】(연분-エンプン) 성냄。분냄

【悁想】(연상-エンソウ) 근심하여 생각함

【悁悁】(연연-エンエン) 근심하는 모양

【悟】오 ゴ、さとる comprehend 遇 ㄨ` wu^{4}
①깨달을 覺也 ②깨우쳐줄 啓發人

【悟道】(오도-ゴドウ) ①진리를 깨달음。도통(道通)함 ②깨닫는 길

【悟性】(오성-ゴセイ) ①깨달음이 좋은 성질 ②사물을 그대로 인식하는 능력 「빠함

【悟悅】(오열-ゴエツ) 마음에 깨달아 기

【悟入】(오입-ゴニユウ) 깊이 깨달음。깨

달음을 열음
【悟悔】(오회-ゴカイ) 깨달아 전비(前非)를 뉘우침

【悞】오 ゴ、あやまる mistake 遇 ㄨˋ wu⁴
①거짓말할 謬也 ②속일 欺也 ③의심할 疑也

【悠】유 ユウ、はるか far distant 尤 ㄧㄡ yu¹
①멀 遠也 —— ②아득할 眇邈無期貌 ③한가할 閒暇貌 ④생각할 思也
⑤근심할 憂也 「램
【悠久】(유구-ユウキュウ) 연대가 멀고 오
【悠然】(유연-ユウゼン) 성질이 침착한 모양 「오램
【悠遠】(유원-ユウエン) ①멀고 멀음 ②
【悠悠】(유유-ユウユウ) ①근심하는 모양 ②먼 모양 ③한이 없는 모양 ④가는 모양 ⑤한가한 모양 ⑥많은 모양
【悠悠度日】(유유도일) 아무 하는 일 없이 세월을 보냄
【悠悠蒼天】(유유창천) 끝 없이 멀고 푸른 하늘。원한 있는 사람이 쓰는 말임
【悠長】(유장-ユウチョウ) 길음。오램
【悠忽】(유홀-ユウコツ) 소홀히 함。공연히 세월을 보냄

【悒】읍 ユウ、うれえる anxiety 緝 ㄧˋ i⁴
①근심할 憂也 ②답답할 不安鬱—
【悒鬱】(읍울-ユウウツ) 근심이 있어 울적함
【悒悒】(읍읍-ユウユウ) 근심하는 모양

【悛】전 シュン、あらためる correcte 眞 ㄑㄩㄢ ch'üan¹
①차례 次也 ②그칠 止也 ③고칠 改也 「전(改悛)
【悛改】(전개-シュンカイ) 뉘우쳐 고침。개
【悛心】(전심-シュンシン) 잘못을 뉘우쳐 고침

【悌】제 テイ、すなお polite 霽 ㄊㄧˋ t'i⁴
①공손할 善兄弟 ②개제할 樂易
【悌友】(제우-テイユウ) 형제 또는 친구 사이가 두텁고 화목함

【悄】초 ショウ、うれえろ anxiety 篠 ㄑㄧㄠˇ ch'iao³
근심할 憂也
【悄愴】(초창-ショウソウ) 슬퍼함
【悄悄】(초초-ショウショウ) ①근심하는 모양 ②고요한 모양

【悖】패 ハイ、ボツ、もとる oppose 隊 ㄅㄟˋ pei⁴
①거스릴 어그러질 逆也 ②어지러울 亂也 ③성할 盛貌 (발) 義同
【悖談】(패담-ハイダン) 이치에 어그러진 말
【悖德】(패덕-ハイトク) 덕의(德義)에 어그러짐。정도(正道)에 어그러진 덕행
【悖戾】(패려-ハイレイ) 성질이 뒤틀림
【悖禮】(패례-ハイレイ) 예의에 어그러짐
【悖倫】(패륜-ハイリン) 인륜(人倫)에 어그러짐
【悖理】(패리) 이치에 어그러짐 「말
【悖說】(패설-ハイセツ) 이치에 어그러진
【悖習】(패습-ハイシュウ) 못된 버릇。못된 풍습 「악함
【悖惡】(패악) 의리에 어그러지고 흉
【悖逆】(패역-ハイギャク) 모반함
【悖子】(패자) 천륜(天倫)을 거역한 자식
【悖出悖入】(패출패입) 도리에 어그러지는 일을 하면 또 그와 같은 갚음을 받음
【悖鄕】(패향-ハイキョウ) 못된 사람들이 살아 풍기가 고약한 시골

【悍】한 カン、たけだけしい wild
①사나울 強狠 ②독살스러울 性急 「독함
③날랠 勇也 ④모질 桀也
【悍毒】(한독-カンドク) 성질이 매우 악
【悍馬】(한마-カンバ) 사나운 말 「집
【悍婦】(한부-カンプ) 성정이 사나운 계
【悍藥】(한약-カンヤク) 극약 「움
【悍勇】(한용-カンユウ) 사납고 용맹스러

【患】환 カン、うれえる anxiety 諫 ㄏㄨㄢˋ huan
①근심할 憂也 ②재앙 禍也 ③병들

疾也 ④괴로울 苦也 ⑤어려울 難也
【患難】(환난-カンナン) 재앙으로 일어나는 근심 걱정
【患得患失】(환득환실) 얻기 전에는 얻을 것을 근심하고 얻은 후에는 그것을 잃을까 걱정함
【患部】(환부-カンブ) 병에 걸린 부분
【患者】(환자-カンジャ) 병을 앓는 사람
【患害】(환해-カンガイ) 재난으로 생기는 해

【悔】회 カイ、ゲ、くいる regret 賄 ㄏㄨㄟˇ huei3
①뉘우칠 懊也 —吝 ②고칠 改也 ③한할 恨也
【悔改】(회개-カイカイ) 뉘우쳐 고침
【悔過】(회과-カイカ) 잘못한 것을 뉘우침
【悔謝】(회사-カイシャ) 이전의 잘못을 뉘우치고 사죄함
【悔心】(회심-カイシン) 잘물을 뉘우치는 「마음
【悔悟】(회오-カイゴ) 잘못한 것을 뉘우치어 깨달음
【悔罪】(회죄-カイザイ) 죄를 뉘우침
【悔恥】(회치-カイチ) 뉘우치어 부끄러워함

【八 畫】

【悸】계 キ、おののく fear 寘 ㄐㄧˋ chi4
①두려울 心動 ②띳솔 늘어질 帶下垂貌
【悸病】(계병-キビョウ) 가슴이 두근거리「는 병

【悾】공 コウ、まこと sincerity 東 ㄎㄨㄥ k'ung1
①정성 誠也 ②어리둥절할 無知 ③경황없을 失意貌—懊 (강) 믿을 信也

【惓】권 ケン、つつしむ respect
①정성스러울 懇致 ②삼갈 謹也

【惎】기 キ、そこなう poisonous 寘 ㄐㄧˋ chi4
①가르칠 教也 ②꾀할 謀也 ③독할 毒也

【悼】도 トウ、いたむ mourn 號 ㄉㄠˋ tao4
①설워할 傷也 ②일찍 죽을 早夭
【悼惜】(도석-トウセキ) 죽은 사람을 애석하게 여기어 슬퍼함
【悼痛】(도통-トウツウ) 사람의 죽음을 「슬퍼함

【惇】돈 トン、ジュン、あつい warm hearted 元 ㄉㄨㄣ tuen1
①힘쓸 勉也 ②두터울 厚也
【惇德】(돈덕-ジュントク) 두터운 덕행
【惇信】(돈신-ジュンシン) 두텁게 믿음
【惇惠】(돈혜-ジュンケイ) 두터운 은혜(恩惠)

【惘】망 ボウ、モウ、あわてる be confused
경황 없을 失忘貌—情敞

【悶】민 モン、もだえる agonize 願 ㄇㄣˋ men4
①민망할 懣也 ②속답답할 心煩鬱
【悶默】(민묵-モンモク) 조용히 침묵하고 있음
【悶死】(민사-モンシ) 근심하여 괴로워 「서 죽음
【悶鬱】(민울-モンウツ) 가슴이 답답함

【悲】비 ヒ、かなしむ sorrow 支 ㄅㄟ pei1
슬플 痛也
【悲歌】(비가-ヒカ) 슬픈 노래
【悲感】(비감-ヒカン) ①슬픈 생각 ②슬프게 느낌
【悲境】(비경-ヒキョウ) 슬픈 경우
【悲曲】(비곡-ヒキョク) 슬프게 느껴지는 음곡(音曲)
【悲觀】(비관-ヒカン) ①사물을 슬프게 봄 ②이 세상을 고약한 것이라고 봄
【悲劇】(비극-ヒゲキ) ①비참한 세상(世相)을 표시하는 연극 ②인간 사회에서 일어나는 비참한 사건
【悲悼】(비도-ヒトウ) 슬퍼함
【悲戀】(비련-ヒレン) 불우한 사랑
【悲鳴】(비명-ヒメイ) ①슬프게 울음 ②슬프게 우는 「소식 소리
【悲報】(비보-ヒホウ) ①슬픈 기별。 슬픈
【悲憤】(비분-ヒフン) 슬프고 분함
【悲哀】(비애-ヒアイ) 슬픔
【悲運】(비운-ヒウン) 슬픈 운수
【悲壯】(비장-ヒソウ) 슬프고도 장함

【悲慘】(비참-ヒザン) 슬픔。참혹함
【悲愴】(비창-ヒソウ) 슬픔。슬퍼함
【悲秋】(비추-ヒシュウ) ①구슬픈 가을 ②가을 경치를 슬퍼함
【悲歎】(비탄-ヒタン) 슬퍼서 나오는 탄식
【悲痛】(비통-ヒツウ) 몹시 슬픔
【悲喜】(비희-ヒキ) 슬픔과 기쁨

【悱】 비 ヒ、いきどおる indignation 尾 ㄈㄟˇ fei³

분낼 憤也

【悱悱】(비비-ヒヒ) 말을 하고저 하나 아직 말할수 없는 모양

【惜】 석 セキ、シャク、おしむ regret 陌 ㄒㄧˊ hsi²

①아낄 아까울 惜也 ②가없을 憐也 ③사랑할 愛也

【惜別】(석별-ヒキベツ) 이별을 아낌。곧 서로 작별하기를 어려워함
【惜福】(석복-セキフク) 검소하게 생활하여 복을 오래도록 함
【惜陰】(석음-セキイン) 시간을 아낌

【惡】 악 アク、オ、わるい bad 藥 ㄜˋ è

①모질 不善 ②더러울 醜陋 (오)①미워할 憎也 ②부끄러울 恥也

【惡感】(악감-アッカン) 좋지 아니한 감정。불쾌한 감정。악감정
【惡口】(악구-アッコウ) 욕하는 말
【惡鬼】(악귀-アッキ) 사나운 귀신
【惡氣】(악기) 고약한 냄새의 기운
【惡女】(악녀-アクジョ) ①추악한 계집 ②성질이 모진 계집。악독한 계집
【惡念】(악념-アクネン) 모진 생각
【惡談】(악담-アクダン) 남을 못되도록 하는 모진 말
【惡黨】(악당-アクトウ) 악한 당파。악한 도당。악도(惡徒)
【惡徒】(악도-アクト) 악도
【惡毒】(악독-アクドク) 마음이 흉악하여 남에게 해독을 끼침
【惡辣】(악랄-アクラツ) 매섭고 표독함
【惡魔】(악마-アクマ) 사람을 괴롭게 하는 마귀。악귀
【惡罵】(악매-アクバ) 욕하고 꾸짖음
【惡名】(악명-アクメイ) 추악한 이름
【惡夢】(악몽-アクム) 불길한 꿈。흉악한 꿈
【惡癖】(악벽-アクヘキ) 악한 버릇
【惡報】(악보) 불길한 통지
【惡事】(악사-アクジ) 흉악한 일
【惡相】(악상-アクソウ) 흉악한 인상
【惡說】(악설-アクセツ) 불량한 말。못된 말
【惡性】(악성-アクショウ・アイセイ) 모진 성질。악독한 성질
【惡歲】(악세-アクサイ) 흉년
【惡少年】(악소년-アクショウネン) 소질이 모진 소년
【惡俗】(악속-アクゾク) 악풍(惡風)
【惡獸】(악수-アクジュウ) 흉악한 짐승
【惡習】(악습-アクシュウ) 악한 습관
【惡食】(악식-アクショク) 맛 없는 음식
【惡心】(악심-アクシン) 악한 마음
【惡言】(악언-アクゲン) 불량한 말
【惡用】(악용-アクヨウ) 잘못 씀。못되게 쓺
【惡運】(악운-アクウン) 사나운 운수
【惡月】(악월) 음력 五月의 딴 이름
【惡意】(악의-アクイ) 못된 뜻
【惡衣惡食】(악의악식-アクイアクショク) 거친 옷과 맛 없는 음식
【惡人】(악인-アクニン) 악독한 사람
【惡戰】(악전-アクセン) 몹시 싸움
【惡政】(악정-アクセイ) 모진 정치
【惡種】(악종-アクシュ) 성질이 흉악한 사람
【惡疾】(악질-アクシツ) 고치기 어려운 병
【惡質】(악질) 못된성질。모진 성질
【惡策】(악책-アクサク) 좋지 못한 계책
【惡妻】(악처-アサイ) 성질이 흉악한 아내
【惡臭】(악취-アクシュウ) 흉악한 냄새
【惡評】(악평-アクヒョウ) 언짢은 평판
【惡弊】(악폐-アクヘイ) 악한 폐단
【惡風】(악풍-アクフウ) ①못된 풍속 ②모진 바람
【惡筆】(악필-アクヒツ) 잘 쓰지 못한 필적
【惡漢】(악한-アッカン) 못된 놈。악한 일을 하는 사람
【惡行】(악행-アッコウ) 흉악한 행위
【惡化】(악화-アッカ) 못되게 감화함

【惡刑】(악형-アツケイ) 잔인한 형벌
【惡阻症】(악조증) 아이를 설 때 속이
아니 꼽고 음식을 먹으면 토하려는
병 「고 괴로움
【惡寒】(오한-オカン) 몸이 오슬오슬 춥

【惋】완 ワン、なげく resent 翰 ㄨㄢ wan⁴
①탄식할 驚歎 ②한할 駭恨
【惋傷】(완상-ワンシヨウ) 슬퍼함 「함
【惋惜】(완석-ワンセキ) 슬퍼하며 아까워
【惋愕】(완악-ワンガク) 깜짝 놀람

【惟】유 イ、ユイ、おもう、ただ consider; only 因 ㄨㄟ wei²
①오직 獨也 ②생각 思也 ③꾀할 謀
也 ④어조사 語助辭
【惟獨】(유독) 단지 하나
【惟一】(유일-ユイイツ) 단지 그 물건 하
나만 있음

【情】정 ジヨウ、セイ、なさけ feeling 庚 ㄑㄧㄥ ch'ing²
①뜻 性之動意也 ②실상 實也
【情歌】(정가-ジヨウカ) 남녀의 애정을
술회한 노래
【情景】(정경-ジヨウケイ) ①딱한 정상
②경치。광경 ③감정과 실경(實景)
【情交】(정교-ジウコウ) ①가까이 사귐
②남녀간의 연애。남녀간의 교합
【情談】(정담-ジヨウダン) 정다운 이야
기。인정의 이야기 「리
【情理】(정리-ジヨウリ) 인정에 맞는 도

【情報】(정보-ジヨウホウ) 사정의 통지
【情夫】(정부-ジヨウフ) 정을 통한 남자
【情婦】(정부-ジヨウフ) 정을 통한 여자
【情分】(정분) 서로 사귀는 애정
【情史】(정사) 애정에 관한 기록
【情死】(정사-ジヨウシ) 사랑하는 남녀가
어떤 사정으로 같이 죽음
【情事】(정사-ジヨウジ) ①남녀간의 사랑
②마음의 참됨
【情私】(정사) 겨레붙이 사이의 사정
【情狀】(정상-ジヨウジヨウ) ①정(情)은
마음 안에서 움직이는 것。상(狀)은
마음 밖에서 움직이는 것 ②정형(情
形) ③일이 이에 이른 까닭。정실
【情緖】(정서-ジヨウシヨ) ①생각나는대
로 일어나는 감정의 실마리 ②개념
에 따라 일어나는 복잡한 감정
【情勢】(정세-ジヨウセイ) 사정의 형세。
일의 형편 「아니함
【情疎】(정소-ジヨウソ) 정분이 가깝지
【情熟】(정숙) 정분이 두터워서 친숙함
【情實】(정실-ジウジツ) ①실제의 사실。
진상(眞相) ②참된 마음 ③사정(私
情)에 얽힌 사실
【情熱】(정렬-ジヨウネツ) 힘 있게 일어
나는 감정의 세력
【情慾】(정욕-ジヨウヨク) ①마음 속에서
일어나는 온갖 욕망 ②탐내고 집착
하는 마음 「소원
【情願】(정원-ジヨウガン) 진심에서 나온

【情意】(정의-ジヨウイ) ①정과 뜻。생
각 ②마음
【情誼】(정의-ジヨウギ) ①인정의 의리
②서로 사귀는 애정 ③사이가 가까
움。정분(情分)
【情義】(정의) 따뜻한 마음과 의리
【情人】(정인-ジヨウジン・ジヨウニン) 정식부
부 이외의 남녀의 상대방
【情節】(정절-ジヨウセツ) 굳은 일의 가
엾은 정상
【情操】(정조-ジヨウソウ) 고상한 관념에
일어 나는 복잡한 감정 곧 진리를
귀하게 알고 미(美)를 사랑하는 감
정따위 「취미。정취(情趣)
【情調】(정조-ジヨウチヨウ) 마음。생각。
【情札】(정찰) 정이 어린 편지
【情趣】(정취-ジヨウシユ) 취미。맛。풍치
【情態】(정태-ジヨウタイ) 마음의 태도
【情表】(정표-ジヨウヒヨウ) 물건을 보내
어 충정(衷情)을 표함
【情形】(정형-ジヨウケイ) 마음이 거죽에
나타나는 모양
【情火】(정화-ジヨウカ) 불꽃같이 일어나
는 정욕(情慾)
【情話】(정화-ジヨウワ) ①남녀 사이의
정다운 이야기 ②정담(情談)
【情懷】(정회-ジヨウカイ) 생각하는 마
음。품은 마음

【悰】종 ソウ、たのしむ pleasant 冬 ㄘㄨㄥ ts'ung²

즐거울 樂也

【悵】 창 チョウ、いたむ
dispirited 漾 ㄔㄤˋ ch'ang⁴
①섭섭할 望恨 ②실심할 失意 「봄
【悵望】(창망-チョウボウ) 실심하여 바라
【悵然】(창연-チョウゼン) 실심하는 모양

【悽】 처 セイ、サイ、いたむ
sorrow 齊 ㄑ ch'i¹
슬플 悲也
【悽涼】(처량-セイリョウ) ①거칠고 쓸쓸
함 ②구슬픔
【悽然】(처연-セイゼン) 마음에 슬픔
【悽絶】(처절-セイゼツ) 더할 나위 없이
처량함
【悽慘】(처참-セイサン) 불상함。슬픔
【悽愴】(처창-セイソウ) 처참(悽慘)

【惕】 척 テキ、おそれる
fear 錫 ㄊㄧˋ t'i⁴
①두려워할 憂懼怵— ②공경할 敬
也
【惕念】(척념-テキネン) 두려워하는 마
음。공경하는 마음 「하는 모양
【惕然】(척연-テキゼン) 근심하고 두려워

【惆】 추 チユウ、かなしむ
sorry 尤 ㄔㄡ ch'ou²
①섭섭할 悲愁 ②실심할 失意
【惆然】(추연-チョウゼン) 실심하는 모양
【惆悵】(추창-チョウコン) 슬퍼하며 한탄함

【悴】 췌 スイ、やつれる
emaciate 寘 ㄘㄨㄟˋ ts'uei⁴
①파리할 瘦瘠 ②근심할 憂也
【悴顔】(췌안-スイガン) 수척한 얼굴

【悻】 행 コウ、いかる
angry 迥 ㄒㄧㄥˋ hsing⁴
발끈성낼 狠怒—— 「모양
【悻悻】(행행-コウコウ) 발끈발끈 성내는

【惠】 혜 ケイ、エ、めぐむ
benefit 霽 ㄏㄨㄟˋ huei⁴
①은혜 恩也 ②어질 仁也 ③순할 順
也 ④줄 賜也 ⑤세모창 三隅矛
【惠顧】(혜고-ケイコ) 은혜로 돌아봄。남
의 방문의 존대
【惠撫】(혜무) 동정하여 어루만져 줌
【惠賜】(혜사-チイシ) 임금의 은혜로 죄
를 용서 받음 「지의 존대
【惠書】(혜서-ケイショ) 남에게서 온 편
【惠施】(혜시-ケイシ) 은혜로 베풂
【惠愛】(혜애-ケイアイ) 은혜로 사랑함
【惠與】(혜여-ケイヨ) 은혜를 베풀어 물
건을 줌 「기름
【惠育】(혜육-ケイイク) 은혜를 베풀어
【惠音】(혜음-ケイオン) 혜서(惠書)
【惠澤】(혜택-ケイタク) 은혜와 덕택
【惠投】(혜투-ケイト) 남이 보내 줌
【惠風】(혜풍-ケイフウ) ①봄 바람 ②임
금의 은혜 「람을 교화함
【惠化】(혜화-ケイカ) 은혜를 베풀어 사

【惑】 혹 ワク、コク、まどう
bewitch 職 ㄏㄨㄛˋ huo⁴
①미혹할 迷也 ②현란할 眩亂 ③의
심낼 疑也
【惑溺】(혹닉-ワクデキ) 미혹(迷惑)하여 「움
빠짐
【惑亂】(혹란-ワクラン) 미혹하여 어지러
【惑星】(혹성-ワクセイ) ①유성(遊星) ②
수완·역량등이 세상에 알려지지 않
은 유력한 인물 「키는 요술
【惑術】(혹술-ワクジュツ) 사람을 미혹시
【惑信】(혹신-ワクシン) 미혹하여 믿음
【惑愛】(혹애-ワクアイ) 매우 사랑함

【惛】 혼 コン、くらい、ぼける
bewildering 元 ㄏㄨㄣ huen¹
①혼미할 迷忘 ②흐릴 心不明
【惛然】(혼연-コンゼン) 마음이 어두움

【惚】 홀 コツ、ほれる
ecstasy 月 ㄏㄨ hu¹
①황홀할 微妙不測貌 ②망창할 心
志惘惝貌

【悳】 德 (彳部 十二畫)古字

【九 畫】

【感】 감 カン、うごく
emotion 感 ㄍㄢˇ kan³
①감동할 動也 ②감격할 激也 ③감
응할 應也 ④찌를 觸也
【感覺】(감각-カンカク) ①알고 깨달음
②신경 끝에 닿은 감촉이 뇌의 중
추에 이르러 일어나는 단일한 의식
현상

【感慨】(감개-カンガイ) 느끼어 탄식함
【感激】(감격-カンゲキ) ①마음에 느끼어
분려함 ②은혜를 깊이 느낌
【感官】(감관-カンカン) 밖의 자극을 받
아 뇌에 전하는 기관 「각함
【感舊】(감구-カンキュウ) 지난 것을 생
【感氣】(감기) 고뿔
【感念】(감념-カンネン) 느끼는 생각
【感動】(감동-カンドウ) 마음에 깊이 느낌
【感淚】(감루-カンルイ) 감동하여 나오
는 눈물
【感銘】(감명-カンメイ) 감격하여 명심
함
【感服】(감복-カンプク) 감동하여 충심으
로 복종함。마음에 탄복함
【感謝】(감사-カンシャ) 마음에 고맙게
알고 사례하는 뜻을 표함。고맙게
여김
【感想】(감상-カンソウ) 사물에 느끼어
일어나는 사상。감동한 생각
【感賞】(감상-カンショウ) ①마음에 감동
하여 칭찬함 ②공로를 표하여 주는
상금
【感傷】(감상-カンショウ) 마음에 느끼어
슬퍼함 sentimental.
【感受】(감수-カンジュ) 밖의 자극을 받
아들임 「그 마음
【感心】(감심-カンシン) 마음에 느낌。또
【感染】(감염-カンセン) 전염함
【感恩】(감은-カンオン) 받은 은혜를 감
사히 여김
【感泣】(감읍-カンキュウ) 감격하여 울음
【感應】(감응-カンヲウ) ①마음에 느끼
어 쏠림 ②두가지가 서로 감촉함
③신심(信心)이 신불(神佛)과 교통
하여 융합함 ④도체(導體)가 발전
체(發電體) 또는 자기(磁氣)에 접
촉할 때에 전기 또는 자기를 띰
【感電】(감전-カンテン) 전기에 감응함
【感情】(감정-カンジョウ) 사물에 느끼어
일어나는 정。마음。생각
【感知】(감지-カンチ) 감각하여 알음
【感之德之】(감지덕지) 과분한 듯을 고
맙게 여김 「체함
【感滯】(감체) 감기가 든 후에 다시
【感觸】(감촉-カンショク) 외물(外物)에
닿아 마음에 느낌
【感歎】(감탄-カンタン) ①마음에 느끼
어 탄식함 ②깊이 느끼어 칭찬함
【感佩】(감패-カンパイ) 깊이 마음에 느
끼어 잊지 아니함 「착하게 됨
【感化】(감화-カンカ) 마음에 감동하여
【感悔】(감회-カンカイ) 마음에 느끼어 뉘
우침
【感懷】(감회-カンカイ) 감개한 회포
【感興】(감흥-カンキョウ) 재미 있음。흥
미

【愆】 건 ケン、あやまる fault 先 ch'ien¹
①허물 過也 ②죄 罪也 ③어그러질
差爽
【愆過】(건과-ケンカ) 허물。과실

【惸】 경 ケイ、うれえる anxiety
①근심할 憂也 ②홀몸 獨也無兄弟

【惱】 뇌 ノウ、なやむ anguish 皓 ㄋㄠ nao³
①번뇌할 操心 ②한알 恨也

【愍】 민 ビン、あわれむ pitiful 軫 ㄇㄧㄣ min³
①불쌍할 憐也 ②슬플 悲痛 ③서러
워할 傷也 「망한 모양
【愍然】(민연-ビンゼン) 불쌍한 모양。민

【惺】 성 セイ、さとる comprehend 梗 ㄒㄧㄥ hsing¹
①깨달을 慧 ②고요할 寂靜
【惺惺】(성성-セイセイ) ①스스로 경계
하여 깨닫는 모양 ②꾀꼬리 소리를
형용함

【愁】 수 シュウ、うれい anxiety 尤 ㄔㄡ ch'ou²
①근심 憂也 ②염려할 慮也 ③슬프
게 울 悲鳴
【愁苦】(수고-シュウク) 근심으로 고생함
【愁眉】(수미-シュウビ) 근심스러운 기색
【愁色】(수색-シュウショ) 근심이 있는
기색
【愁心】(수심-シュウシン) 근심하는 마음
【愁歎】(수탄-シュウタン) 근심하고 한탄
함

【愕】악 ガク、あわてる
frighten 藥 ㄜ è
①깜짝 놀랄 倉卒驚遽貌錯― ②악
지쓸 阻礙不依順 「쳐다봄
【愕視】(악시-ガクシ) 깜짝 놀라서 마주
【愕愕】(악악-ガクガク) 기탄 없이 바른
말을 함
【愕然】(악연-ガクゼン) 깜짝놀라는 모양

【愛】애 アイ、いつくしむ
love 隊 ㄞ ài
①사랑 仁之發 ②고일 寵也 ③친
할 親也 ④사모할 慕也 ⑤어여삐여
길 憐也 ⑥측은히여길 隱也 ⑦아
길 吝惜 ⑧은혜 恩也
【愛敬】(애경-アイケイ) 애중하고 존경함
【愛顧】(애고-アイコ) 인정으로 돌보아
줌
【愛嬌】(애교-アイキョウ) 남에게 귀엽게
뵈는 태도
【愛國】(애국-アイコク) 자기의 나라를
사랑함
【愛及屋烏】(애급옥오-アイオクウにおよぶ)
남을 사랑하면 그 집의 지붕에 있
는 까마귀 까지도 사랑스럽다는 뜻
【愛念】(애념-アイネン) 사랑하는 마음
【愛讀】(애독-アイドク) 늘 좋아하여 읽음
【愛憐】(애련-アイリン) 깊이 사랑함
【愛馬】(애마-アイバ) 사랑하는 말
【愛慕】(애모-アイボ) 사랑하고 사모함
【愛撫】(애무-アイブ) 사랑하여 어루만
짐
【愛民】(애민-アイミン) 백성을 사랑함
【愛夫】(애부) 노는 계집에게 정을 주
는 남자
【愛婢】(애비) 사랑하는 계집종
【愛婿】(애서) 사랑하는 사위
【愛惜】(애석-アイセキ) 매우 아까움
【愛誦】(애송-アイショウ) 어떤 글을 좋
아 하여 암송함
【愛兒】(애아-アイジ) 사랑하는 아이
【愛玩】(애완-アイガン) 사랑하여 다룸
【愛慾】(애욕-アイヨク) 애착과 욕망
【愛用】(애용-アイヨウ) 사랑하여 사용함
【愛育】(애육-アイイク) 사랑하여 기름
【愛人】(애인-アイジン) ①사랑하는 사람
②자기의 아내
【愛人如己】(애인여기) 남을 사랑하기
를 자기를 사랑하듯 함
【愛子】(애자-アイジ) 사랑하는 아들
【愛情】(애정-アイジョウ) 사랑하는 마음
【愛酒】(애주-アイシュ) 술을 좋아함
【愛重】(애중-アイチョウ) 사랑하고 소중
히 여김 「미워 하는 것
【愛憎】(애증-アイゾウ) 사랑하는 것과
【愛之重之】(애지중지) 매우 사랑하고
귀중히 여김
【愛執】(애집-アイシュウ) 자기의 소견과
소유를 너무 생각하는 일
【愛着】(애착-アイチャク) 사랑하고 아껴
서 그것과 떨어질 수 없음
【愛妻】(애처-アイサイ) 사랑하는 아내
【愛妾】(애첩-アイショウ) 사랑하는 첩
【愛他心】(애타심) 남을 사랑하는마음
【愛他主義】(애타주의) 다른 사람의
행복을 증진함으로써 도덕상 행위
의 표준을 삼는 주의
【愛鄕】(애향-アイキョウ) 자기의 향토를
사랑함
【愛好】(애호-アイコウ) 매우 좋아함
【愛護】(애호-アイゴ) 사랑하고 보호함

【惹】야 ジャク、ジャ、ひく
cause 馬 ㄖㄜ jě
①끌 끌릴 引著 ②속일 詭也 ③어
지러울 亂也
【惹起】(야기-ジャッキ) 끌어 일으킴

【愚】우 グ、おろか
foolish 虞 ㄩ yú
①어리석을 癡也 ②우둔할 蠢也 ③
흐릴 闇昧
【愚見】(우견-グケン) 어리석은 생각。
자기의 생각의 겸칭
【愚計】(우계-グケイ) 어리석은 꾀。자기
의 계책(計策)을 낮추어 일컫는 말
【愚鈍】(우둔-グドン) 어리석고 둔함
【愚老】(우로-グロウ) 노인 자신의 낮춤
말
【愚昧】(우매-グマイ) 어리석고 몽매함
【愚物】(우물-グブツ) 어리석은 사람
【愚夫】(우부-グフ) 어리석은 남자
【愚婦】(우부-グフ) 어리석은 여자

【愚惡】(우악-グアク) 어리석고 마음이
무시함
【愚劣】(우열-グレツ) 어리석고 용렬함
【愚者】(우자-グシャ) ①어리석은 사람
②자기를 낮추어 일컫는 말
【愚拙】(우졸-グセツ) 이리석고 못남。재
주가 없음
【愚蠢】(우준) 어리석고 민첩하지 못함
【愚直】(우직-グチョク) 어리석고 고지식함
【愚忠】(우충-グチュウ) 자기의 성의를 낮
추어 하는 말

【愈】유 ユ、まさる better 麌 ㄩˋ yü4
①병나을 病差 ②나을 勝也 賢也 ③
더욱 益也 甚也 「한 모양
【愈愈】(유유-ユユ) 근심하는 마음이 심

【愉】유 ユ、トウ、よろこぶ pleasant 虞 ㄩˊ yü2
①즐거울 樂也 ②기뻐할 利悅
【愉樂】(유락-ユラク) 기뻐하여 즐김
【愉色】(유색-ユショク) 기뻐하는 기색
【愉快】(유쾌-ユカイ) 마음이 상쾌함

【意】의 イ、こころ intention 寘 ㄧˋ i4
①뜻 志也 ②뜻할 志之
【意見】(의견-イケン) ①마음에 생각하
는 점 ②자기의 본 바를 말하여 남
에게 알림 「장한 마음
【意氣】(의기-イキ) ①득의한 마음 ②
【意望】(의망-イボウ) 바람
【意味】(의미-イミ) 뜻 「(向意
【意思】(의사-イシ) 생각。마음。의향
【意想】(의상-イソウ) 생각。마음。사상
【意識】(의식-イシキ) 깨었을 사물을 깨
닫는 마음의 작용 「따서 번역함
【意譯】(의역-イヤク) 본문의 대강 뜻만
【意外】(의외-イガイ) 뜻밖。생각 밖
【意慾】(의욕-イヨク) 가지고 싶어하는
마음
【意義】(의의-イギ) 뜻。까닭
【意匠】(의장-イショウ) ①생각함。연구
함 ②실용상 물품에 응용한 고안
(考案)
【意志】(의지-イシ) ①마음。뜻 ②목적
을 정하고 결행하는 마음의 능동적
방면
【意衷】(의충-イチュウ) 마음 속
【意趣】(의취) 생각。뜻
【意合】(의합-イゴウ) ①뜻이 서로 맞음
②의의가 좋음
【意向】(의향-イコウ) 의사(意思)

【愀】초 ショウ、シュウ、あらたまる change one's face
슬플 容色變

【惴】췌 ズイ、おそれる dread 寘 ㄓㄨㄟˋ chuei4
두려워할 憂懼 「워함
【惴恐】(췌공-ズイキョウ) 근심하고 두려

【惻】측 ソク、ショク、いたむ lamenting 職 ㄘㄜˋ ts'ê4
①슬플 痛也 ②감창할 愴也
【惻怛】(측달-ソクダツ) 슬퍼함
【惻然】(측연-ソクゼン) 가엾게 여기는
모양。불쌍히 여기는 모양
【惻隱】(측은-ソクイン) 가엾게 여김。불
쌍히 여김

【惰】타 ダ、タ、おこたる lazy 哿 ㄉㄨㄛˋ tuo4
게으를 懶也
【惰氣】(타기-ダキ) 게으른 마음
【惰農】(타농-ダノウ) 일을 게으르게 하
는 농부
【惰卒】(타졸-ダソツ) 게으른 병졸
【惰怠】(타태-ダタイ) 게으름

【愎】퍅 フク、ヒョク、もとる wild 職 ㄅㄧˋ pi4
①팽패려할 狠戾 ②고집할 自用剛

【愊】픽 フク、ヒョク、まこと sincreity
마음꼭할 誠志 (핍) 답답할 鬱結

【惛】혼 コン、ゴン、ぼける stupidity 元 ㄏㄨㄣ huen1
혼암할 不憭

【惶】황 コウ、あわてる be confused 陽 ㄏㄨㄤˊ huang2
①두려울 恐懼 ②급할 遽也 ③혹할
惑也
【惶感】(황감) 황송하고 감격함
【惶怯】(황겁-コウキョウ) 두렵고 겁이남

【惶恐】(황공-コウキョウ) 황송함
【惶悚】(황송) 두렵고 무서움
【惶汗】(황한-コウカン) 황송하여 땀을
흘림 「둥절함
【惶惑】(황혹-コウワク) 황송하여 어리

【十 畫】

【愷】개 カイ、ゲ、たのしむ pleasant 賄 ㄎㄞ k'ai³
①즐거울 樂也 ②편안할 康也 ③개
제 樂易—悌 ④싸움 이긴 풍류 軍
勝樂
【愷悌】(개제-ガイテイ) 화락함
【愷風】(개풍-ガイフウ) 남쪽 바람

【慊】겸 コウ、ケン、うらむ grudge 琰 ㄑㄧㄢ ch'ien⁴
①싫을 厭也 ②앙심먹을 切齒恨 ③
찐덥지 않을 意不滿 ④마음에 맞을
愜也 嗛·謙通 (협) 족할 足也
【慊然】(겸연-ケンゼン) 면목이 없음。겸
연쩍음
【慊人】(겸인) 청지기

【愧】괴 キ、はじる shame 寘 ㄎㄨㄟ k'uei⁴
부끄러울 慙也
【愧赧】(괴난-キタン) ①부끄러워서 얼
굴이 붉어짐 ②부끄러움
【愧色】(괴색-キショク) 부끄러워하는 얼
굴 빛 「음
【愧心】(괴심-キシン) 부끄러워하는 마
【愧恥】(괴치-キチ) 부끄러워함

【慆】도 トウ、あなどる arrogancs 豪 ㄊㄠ t'ao
①거만할 慢也 ②의심할 疑也 ③감
출 藏也 ④기쁠 喜也 ⑤오래 久也
【慆慆】(도도-トウトウ) 오랜 모양

【慄】률 リツ、おののく shivering 質 ㄌㄧ li⁴
①찌푸릴 竦縮 ②두려울 懼也 ③슬
플 悽愴貌
【慄慄】(율률-リツリツ) 두려워하는 모
양。떠는 모양 ②추운 모양

【愬】색 ソ、サク、うったえる appeal
두려워할 驚懼— (소) 고할 하소연
할 告也

【愼】신 シン、つつしむ be careful 震 ㄕㄣ shen⁴
①삼갈 謹也 ②삼가라 할 禁戒 ③
정성스러울 誠也 ④생각할 思也 ⑤
고요할 靜也 ⑥姓也
【愼獨】(신독-シンドク) 자기 홀로 있을
때에도 도리를 어기지 않고 삼감
【愼密】(신밀-シンミツ) 깊이 삼감
【愼思】(신사-シンシ) 삼가서 생각함
【愼節】(신절-シンセツ) 남의 병을 높이
어 일컫는 말
【愼重】(신중-シンチョウ) 삼가고 신중함。
경솔하지 아니함
【愼擇】(신택-シンタク) 삼가 고름 「안부
【愼候】(신후) 병중에 있는 웃어른의

【慍】온 ウン、オン、いかる anger 問 ㄩㄣ yün⁴
①성낼 怒也 ②한할 恨也 ③병 病
也 ④노염 품을 含怒意 「기색
【慍色】(온색-ウンショク・オンショク) 성난
【慍容】(온용-ウンヨウ・オンヨウ) 성낸 얼
굴

【慂】용 ヨウ、すすめる persuasion 腫 ㄩㄥ yung³
거들어말할 傍勸

【愪】운 ウン、うれえる anxiety
근심할 憂也

【愿】원 ゲン、つつしむ sincerity 願 ㄩㄢ yuan⁴
①정성 愨謹 ②착할 善也
【愿恭】(원공-ゲンキョウ) 정성껏 공경함
【愿朴】(원박-ゲンボク) 선량하고 순박함

【慇】은 イン、ねんごろ politeness 眞 ㄧㄣ yin¹
①은근할 委曲 ②슬플 痛也
【慇懃】(은근-インギン) ①간절함 ②정
이 깊음

【慈】자 ジ、いつくしむ humane; love 支 ㄘ tz'ŭ²
①사랑 愛也 ②어질 仁也 ③착할
善也 ④부드러울 柔也 ⑤姓也
【慈堂】(자당) 남의 어머니의 높임말

【慈母】(자모-ジボ) ①사랑이 깊은 어머니 ②어머니를 여읜 자기를 길러준 서모(庶母) 「김
【慈悲】(자비-ジヒ) 사랑하고 가엾이 여
【慈善】(자선-ジゼン) 불쌍히 여기어 도와줌。사랑이 많고 착함
【慈聖】(자성) 임금의 어머님
【慈膝】(자슬) 자애가 있는 무릎이라는 뜻이니、부모의 슬하를 이름
【慈侍下】(자시하) 아버지는 죽고 어머니만 모시고 있는 처녀
【慈眼】(자안-ジガン) 인자한 눈
【慈愛】(자애-ジアイ) 인자하게 사랑함 또 그마음 「는 비
【慈雨】(자우-ジウ) 초목에게 혜택을 주
【慈主】(자주) 어머니
【慈親】(자친-ジシン) 남에게 대하여 자기의 어머니를 일컫는 말
【慈惠】(자혜-ジケイ) 자애가 있는 혜택
【慈訓】(자훈-ジクン) 어머니의 교훈

【愴】창 ソウ、いたむ grievous 漾 ㄔㄨㄤˋ ch'uang' ①슬플 悲也 ②서러울 傷也

【態】태 タイ、ありさま posture 隊 ㄊㄞˋ t'ai' ①태도 作姿 ②뜻 意也
【態度】(태도-タイド) ①몸을 가지는 모양。나타난 품 ②행동

【慌】황 コウ、あわてる be confused 陽 ㄏㄨㄤ huang' ①흐리멍덩할 不分明 ②어리둥절할 昏也懵— ③잊어버릴 忘也
【慌忙】(황망-コウボウ) 어리둥절하여 어찌할줄 모름
【慌惚】(황홀-コウコツ) 정신이 홀림。어렴풋 함。눈이 부심

【愰】황 bright ①밝을 明也 ②마음달뜰 心不定

【愾】희 カイ、ためいき sigh 未 ㄒㄧˋ hsi' 한숨쉴 太息 (개) 성낼 怒也

【十一畫】

【慳】간 ケン、やぶさか stingy 删 ㄑㄧㄢ ch'ien' 아낄 悋也
【慳貪】(간린-ケンドン) 몹시 인색함

【慷】강 コウ、なげく deplore 陽 ㄎㄤ k'ang' 강개할 激昂—慨
【慷慨】(강개-コウガイ) 슬퍼하며 한탄함。분하여 탄식함

【慨】개 ガイ、なげく pitiful 隊 ㄎㄞ k'ai³ ①개강할 失意壯士不得志慷— ②분할 高亢憤激 ③슬플 悲也
【慨慷】(개강-ガイコウ) 원통하고 슬픔
【慨憤】(개분-ガイフン) 분개
【慨憶】(개억-ガイオク) 슬퍼하여 생각함
【慨然】(개연-ガイゼン) ①슬퍼하는 모양。탄식하는 모양 ②분하여 탄식하는 모양
【慨歎】(개탄-ガイタン) 한탄함。탄식함

【慶】경 ケイ、キョウ、めでたい happy event 敬 ㄑㄧㄥˋ ch'ing' ①경사 福也 ②하례할 賀也 ③착할 善也 ④발어사 發語辭 ⑤姓也 (강) ①복 福也 ②이에 及也
【慶科】(경과) 나라에 경사가 있을 때에 행하던 과거
【慶事】(경사-ケイジ) 경축할만한 일。즐거운 일
【慶瑞】(경서-ケイズイ) 경사스러운 조짐
【慶宴】(경연-ケイエン) ①경사스러운 잔치 ②축하하는 잔치
【慶筵】(경연) 축하하는 잔치의 자리
【慶雲】(경운-ケイウン) 경사가 있을 때 나타나는 구름
【慶日】(경일) 경사가 있는 날
【慶弔】(경조-ケイチョウ) 경사와 흉사
【慶祝】경축-ケイシュク) 기꺼운 일을 축하함
【慶賀】(경하-ケイガ) 경축(慶祝)
【慶幸】(경행-ケイコウ) 요행히 얻은 경사스러운 일
【慶會】(경회-ケイカイ) 즐거운 모임
【慶喜】(경희-ケイキ) 경사로 기뻐함

【慣】관 カン、なれる skilful 諫 ㄍㄨㄢˋ kuan'

익을、익숙할、버릇 習也 「굴
【慣面】(관면) 여러번 보아서 익은 얼
【慣例】(관례-カンレイ) 습관이 된 전례
【慣性】(관성-カンセイ) ①습관으로 된 성
질 ②물체가 외력의 자극을 받지
아니하는 동안은 끝이고 있거나 혹
은 운동의 상태를 변하지 아니하는
물체의 성질
【慣熟】(관숙-カンジュク) ①손에 익음 ②
눈에 익음 ③가장 친밀하여짐
【慣習】(관습-カンシュウ) 익은 습관。개
인의 버릇
【慣用】(관용-カンヨウ) 늘 씀。언제든지
정한대로 함 「함
【慣行】(관행-カンコウ) 버릇이 되어 행

【慮】려 リョ、おもんばかる reflection 御 ㄌㄩ lü`
①생각 謀思 ②염려할 憂也 ③의심
할 疑也 ④취 葛也者ㅣ ⑤기軍前幡
【慮外】(여외-リョガイ) 생각 밖。의외

【慢】만 マン、おこたる laze 諫 ㄇㄢ man`
①거만할 倨也 ②게으를 怠也 ③느
릴 緩也 ④방자할 放肆
【慢驚風】(만경풍) 위장병으로 어린애
가 토하고 설사를 계속하고 경련을
일으키는 병 「여김
【慢侮】(만모-マンブ) 만만히 봄。업신
【慢性】(만성-マンセイ) ①오래 끄는 병
②어떠한 성질이 버릇이 되어 고치
기 어려움
【慢心】(만심-マンシン) 거만한 마음
【慢然】(만연-マンゼン) ①건잡을 수 없
는 모양 ②거만한 모양
【慢遊】(만유-マンユウ) 마음껏 놀음

【慕】모 ボ、したう longing
①사모할 係戀不忘 ②생각할 思也
③모뜰 愛習模範
【慕念】(모념-ボネン) 사모하는 생각。모
심(慕心)
【慕倣】(모방-ボホウ) 사모하여 모방함
【慕心】(모심-ボシン) 사모하는 마음。모
념(慕念)
【慕悅】(모열-ボエツ) 사모하여 기뻐함
【慕化】(모화-ボカ) 사모하여 그 덕에
감화함

【慠】오 ゴウ、おごる arrogance 號 ㄠ ao`
거만할 倨也
【慠慢】(오만-ゴウマン) 거만함
【慠邁】(오매-ゴウマイ) 거드름 부림。거
만하여 큰체함

【慾】욕 ヨク、ほしがる desire
①욕심 情所 ②탐낼 貪也
【慾界】(욕계) 욕심이 많은 세상。즉
현세(現世)를 이름
【慾求】(욕구-ヨッキュウ) 욕심껏 구함。
욕심이 있어서 구함
【慾念】(욕념-ヨクネン) 가지고 싶은마음
【慾望】(욕망-ヨクボウ) 부족을 느끼고
그것을 채우려고 하는 희망。욕망
【慾心】(욕심-ヨクシン) ①희망을 탐하는
마음 ②자기에만 이롭게 하고저 하
는 마음
【慾海】(욕해) 애욕의 넓고 깊음이 바
다와 같다는 것을 비유한 말
【慾火】(욕화-ヨクカ) 불같은 욕심

【慵】용 ヨウ、ショウ、ものうい lazy 冬 ㄩㄥ jung`
게으를 懶也
【慵惰】(용타-ヨウダ) 게으름

【憂】우 ユウ、うれえる wnxious 尤 ㄧㄡ yu`
①근심 慾思 ②병 疾也 ③상제될
居喪 ④욕될 辱也 ⑤그윽할 幽也
【憂懼】(우구-ユウク) 근심하고 두려워
함 「함
【憂國】(우국-ユウコク) 나라 일을 근심
【憂慮】(우려-ユウリョ) 근심 걱정
【憂民】(우민-ユウミン) 백성의 신상을
근심함
【憂悶】(우민-ユウモン) 근심하고 번민함
【憂色】(우색-ユウショク) 근심하는 빛
【憂世】(우세-ユウセイ) 세상 일을 근심
함
【憂愁】(우수-ユウシュウ) 근심
【憂時】(우시-ユウジ) 시세의 언짢음을
근심함

【憂鬱】(우울-ユウウツ) 마음이 답답함
【憂患】(우환-ユウカン) ①근심되는 일。 걱정 ②질병(疾病)
【憂喜】(우희-ユウキ) 근심과 기쁨

【慰】위 イ、なぐさめる comfort 困 ㄨㄟˋ wei⁴
위로할 安之以慨其情
【慰勞】(위로-イロウ) ①마음이 상하지 않도록 말함 ②괴로움을 즐겁게 함
【慰撫】(위무-イブ) 위로하여 어루만짐
【慰問】(위문-イモン) 위로하여 물음
【慰安】(위안-イアン) 위로하여 안심시킴
【慰悅】(위열-イエツ) 위로하여 기쁘게 함
【慰諭】(위유-イユ) 위로하여 타이름
【慰藉】(위자-イシャ) 위로하며 도와줌
【慰曉】(위효-イギョウ) 위로하여 깨우침

【慥】조 ソウ、まこと cincerity
진실할 篤實言行相應—

【慴】접 ショウ、ジョウ、おそれる afraid
①겁낼 怯也 ②두려울 懼也

【慫】종 ショウ、シュ、すすめる persuasion
①곁들어 말할 旁勸—慂 ②놀랄 驚也
【慫慂】(종용-ショウヨウ) 달래어 권함。 꾀어 하게 함

【慘】참 サン、ザン、いたましい severity 㥼 ㄘㄢˇ ts'an³
①혹독할 酷毒 ②슬플 痛感 ③함혐할 慍也 (조) 근심할 憂也
【慘景】(참경-サンケイ) 슬프고 참혹한 광경
【慘劇】(참극-サンゲキ) 비참한 사실을 극본으로 함。 연극
【慘急】(참급-サンキュウ) 매우 엄격함
【慘憺】(참담-サンタン) ①근심을 펴지 못하는 기색 ②비참하게 여김 ③마음이 여지없이 상함
【慘德】(참덕) ①임금의 잘못된 허물 ②덕화가 미치지 못함을 부끄러워서 하는 말
【慘毒】(참독-サントク) 참혹한 해독
【慘落】(참락-サンラク) 물건 값이 참혹하게 무척 떨어짐
【慘烈】(참렬-サンレツ) 썩 참혹함
【慘變】(참변) 참혹한 변고
【慘死】(참사-ザンシ) 몹시 비참하게 죽음
【慘事】(참사-サンジ) 참혹한 일。 비참한 사건
【慘殺】(참살-ザンサツ) 몹시 참혹하게 죽임
【慘狀】(참상-サンジョウ) 참혹한 정상。 참극(慘劇)
【慘喪】(참상) 자손들이 부모·조부모보다 먼저 죽음
【慘愕】(참악-サンガク) 참혹한 정상에 놀람
【慘然】(참연-サンゼン) 참혹한 모양
【慘獄】(참옥-サンゴク) 많은 사람을 참혹하게 죽이는 대옥(大獄)
【慘絶】(참절-サンゼツ) 짝없이 참혹함
【慘敗】(참패-サンパイ) 참혹하게 실패함
【慘害】(참해-サンガイ) ①참혹하게 입은 손해 ②남을 참혹하게 해침
【慘虐】(참학-サンギャク) 참독(慘毒)
【慘刑】(참형-サンケイ) 참혹한 형벌
【慘酷】(참혹-サンコク) ①보기에 끔찍함 매우 비참함 ②썩 불쌍함
【慘禍】(참화-サンカ) 참혹하고 혹독한 재화
【慘凶】(참흉-サンキョウ) 참혹한 흉년

【慙】참 ザン、はじる shame
부끄러울 愧也
【慙慨】(참개-ザンガイ) 부끄러워서 개탄함
【慙愧】(참괴-ザンキ) 부끄러움
【慙死】(참사-ザンシ) 부끄러워 죽으려고 함
【慙謝】(참사-ザンシャ) 부끄러워서 사죄함
【慙色】(참색-ザンショク) 얼굴에 드러나는 부끄러운 빛
【慙悔】(참회) 부끄러워서 뉘우침

【慚】前條同字

【慼】척 セキ、うれい anxiety 錫 ㄑㄧ ch'i¹
①근심할 憂也 ②슬플 哀也

【慽】前條同字

【慟】통 ドウ、トウ、かなしみ grievous 送 ㄊㄨㄥˋ tung⁴

서러울 哀過心動
【慟哭】(통곡-ドウコク) 소리를 내어 슬피 울음
【慟泣】(통읍-ドウキュウ) 슬피 울음

【慝】특 トク、よこしま wicked 職 ㄊㄜˋ t'ê⁴
①간특할 隱慝 ②간악할 惡也 ③간사할 邪也 ④더러울 穢也

【慓】표 ヒョウ、すばやい rapid
급할 急也
【慓毒】(표독) 잔인하고 악독함
【慓悍】(표한-ヒョウカン) 성질이 사나움

【慧】혜 ケイ、エ、かしこい sagacity 霽 ㄏㄨㄟˋ huei⁴
①슬기로울 智也 ②민첩할 敏也 ③똑똑할 姸黠
【慧劍】(혜검-ケイケン) 지혜가 번뇌를 끊어 버리는 것을, 날카로운 칼이 물건을 끊는 데 비유한 말 「음
【慧巧】(혜교-ケイコウ) 약고 재주가 있
【慧命】(혜명-ケイメイ) 불법의 명맥、곧 불법의 명맥을 이어가는 비구(比丘)들
【慧敏】(혜민-ケイビン) 슬기롭고 민첩함
【慧性】(혜성-ケイセイ) 총명한 성질
【慧智】(혜지-ケイチ) 총명한 지혜
【慧眼】(혜안-ケイガン) 이 세상의 진리를 식별하는 심안(心眼)
【慧解】(혜해-ケイカイ) 지혜로 사리를 잘 해득함

【憇】 憩(心部 十二畫)俗字

【十二畫】

【憨】감 カン、おろか stupid 覃 ㄏㄢ han¹
어리석을 愚癡

【慤】각 カク、つつしむ respect
①삼갈 謹也 ②정성 愿也 ③착할 善也

【憬】경 ケイ、さとる comprehend 梗 ㄐㄧㄥˇ ching³
①깨달을 覺悟 ②동경할 憧— ③멀 遠也

【憩】게 ケイ、いこう rest 霽 ㄑㄧˋ ch'i⁴
쉴 息也
【憩泊】(게박-ケイハク) 쉬어 묵음
【憩息】(게식-ケイソク) 쉼

【憩】 前條 同字

【憒】궤 カイ、ケ、こころ、みだれる confused in mind
심란할 心亂
【憒憒】(궤궤-カイカイ) ①어지러움 ②마음이 산란함 ③어리둥절 함。성질이 몽매함
【憒亂】(궤란-カイラン) 마음이 산란함

【憝】대 タイ、うらむ resent 隊 ㄉㄨㄟˋ tuei⁴
①모질 惡也 ②원망할 怨也

【憧】동 ドウ、ショウ、あこがれる aspire for 冬 ㄔㄨㄥ ch'ung¹
①뜻 정하지 못할 意不定 ②동경할 憬也 ③흐리멍텅할 騃昏
【憧憬】(동경-ドウケイ・ショウケイ) ①어떠한 일에 마음이 팔리어 그것을 생각하고 있음 ②마음이 들뜸
【憧憧】(동동-ドウドウ・ショウショウ) 마음이 연해 움직이는 상태

【憐】련 レン、リン、あわれむ pitiful 先 ㄌㄧㄢˊ lien²
①불쌍히 여길 哀也 ②어여삐 여길 愛也
【憐憫】(연민-レンビン) 불쌍히 여김
【憐愍】(연민-レンビン) 불쌍히 여김
【憐惜】(연석-レンセキ) 불쌍히 여기어 아낌
【憐愛】(연애-レンアイ) 불쌍히 여겨 사「랑함
【憐情】(연정-レンジョウ) 불쌍히 여기는 마음

【憮】무 ブ、ム、なでる appease 麌 ㄨˇ wu³
①실심할 失意貌 ②어루만질 撫也

【憫】민 ビン、ミン、あはれむ pitiful 軫 ㄇㄧㄣˇ min³
①민망할 憂恤 ②잠잠할 —默

【憫惘】(민망) ①걱정스러움 ②보기에 딱함
【憫悼】(민도-ビントウ) 불쌍히 여겨 슬퍼함
【憫然】(민연-ビンゼン) 민망한 모양
【憫惻】(민측-ビンソク) 불쌍히 여김
【憫恤】(민휼-ビンジュツ) 불쌍한 사람을 도와줌

【憤】분 フン、いきどおる indignant 吻 ㄈㄣˋ fen⁴ 분할 懣也
【憤懣】(분만-フンマン) 화가 치밀어 번민함
【憤悱】(분비-フンピ) 분하고 원통하게 여김
【憤鬱】(분울-フンウツ) 분한 마음이 속에 가득하여 가슴이 답답함
【憤歎】(분탄-フンタン) 분하여 하탄함
【憤痛】(분통-フンツウ) 몹시 분함

【憊】비 ハイ、つかれる tired out 卦 ㄅㄟˋ pei⁴ 고달플 疲也
【憊色】(비색-ハイショク) 고달픈 기색。가쁜 기색

【憖】은 ギン、なまじいに make efforts 震 ㄧㄣˋ yin⁴ ①힘쓸 勉强 ②원할 願也 ③물을 問也 ④공근할 敬謹 ⑤설어할 傷也 ⑥또 發語辭且也
【憖遺】(은유-ギンイ) 속으로 바라던 바는 아니지만 잠시나마 남겨두고 싶음

【憎】증 ゾウ、ソウ、にくむ hate 蒸 ㄗㄥ tsêng¹ 미워할 惡也
【憎惡】(증오-ゾウオ) 미워함
【憎忌】(증기-ゾウキ) 미워하고 꺼림
【憎愛】(증애-ゾウアイ) 미움과 사랑
【憎怨】(증원-ゾウエン) 미워하고 원망함
【憎唾】(증타-ゾウダ) 미워서 침을 배앝음

【憔】초 ショウ、やつれる emaciated 蕭 ㄑㄧㄠˊ ch'iao² 파리할 瘦也
【憔慮】(초려-ショウリョ) 괴롭게 생각함
【憔瘁】(초췌-ショウスイ) 몸이 파리함

【憚】탄 タン、ダン、はばかる shun ①꺼릴 忌難 ②두려울 畏也 ③수고로울 勞也
【憚服】(탄복-タンプク) 두려워서 복종함
【憚避】(탄피-タンピ) 두려워서 피함

【憲】헌 ケン、のり regulations 願 ㄒㄧㄢˋ hsien⁴ ①법 法也 ②표준될 表也 ③성할 盛也 ④민첩할 敏也 ⑤고시할 懸法示人
【憲法】(헌법-ケンポウ) ①법칙。법전(法典)。국법 ②통치권의 주체·객체·기관·작용의 원칙을 정한 일국의 법율
【憲兵】(헌병-ケンペイ) 군사에 관한 행정·사법 및 경찰사무를 맡은 특수한 병정
【憲章】(헌장-ケンショウ) ①법율 법전(法典) ②표준삼아 밝힘
【憲政】(헌정-ケンセイ) 입헌정치의 약어
【憲憲】(헌헌-ケンケン) 흥성한 모양

【憙】희 キ、よろこぶ be pleased 寘 ㄒㄧˇ hsi³ ①좋아할 好也 ②기뻐할 悅也

【十三畫】

【懇】간 コン、ねんごろに sincerity 阮 ㄎㄣˇ k'ên³ ①정성 悃也 ②간측할 致誠 ③미쁠 信也
【懇懇】(간간-コンコン) 매우 간절한 모양
【懇曲】(간곡) 간절하고 극진함
【懇求】(간구) 간절히 달람
【懇篤】(간독-コントク) 간절하고 정이 돈독함
【懇談】(간담-コンダン) 정답게 이야기함
【懇望】(간망-コンボウ) 간절히 바람
【懇願】(간원-コンガン) 간절히 원함。간절히 바람
【懇切】(간절-コンセツ) 인정이 있음。친절함。주의가 깊음
【懇請】(간청-コンセイ) 간절히 청함。정성껏 달람
【懇惻】(간측) 지극히 간절함
【懇親】(간친-コンシン) 속을 터놓고 간

가까이 함。 사이좋게 교제함

【憾】감 カン、うらむ sorry [感] ㄏㄢ han⁴
섭섭할 한할 함혐할 恨也 「일

【憾事】(감사-カンジ) 섭섭한 일。 한되는

【憾悔】(감회-カンカイ) 잘못된 것을 뉘

우침

【懃】근 キン、つとめる make efforts [文] ㄑㄧㄣ ch'in²
①은근할 委曲貌 ②수고로울 勞也

【懃懇】(근간-キンコン) 은근하고 간절함

【懃懃】(근근-キンキン) 은근한 모양

【憺】담 タン、やすらか peaceful [勘]
①편안할 安也 ②움직일 動也

【憺憺】(담담-タンタン) 움직이는 모양

【憺畏】(담외-タンイ) 두려워함

【懂】동 トウ confused in mind
심란할 心亂懂

【懍】름 リン、ラン、おそれる be afraid [寢] ㄌㄧㄣ lin³
①두려워할 懍也 ②공경할 敬也 ③
마음 으쓱할 寒添貌 ④위태할 危也
⑤눈휘둥그릴 懼貌

【懍畏】(늠름-リンリン) ①두려워하는 모
양 ②위태함。 겨정함

【懍慄】(늠률-ランリツ) 추워서 떨을

【懋】무 ボウ、モ、つとめる makeefforts [職]
①아름다울 美也 ②힘쓸 勉也 ③성
대할 盛大意

【懋戒】(무계-ボウカイ) 힘써 경계함

【懋遷】(무천-ボウセン) 무역에 힘씀

【懋懋】(무무-ボウボウ) 힘쓰는 모양

【憶】억 オク、おもう memory [宥] ㄇㄠ mao⁴
①기억할 記也 ②생각할 念也

【憶念】(억념-オクネン) 깊이 생각함

【憶想】(억상-オクソウ) 생각。 생각함

【懌】역 エキ、よろこぶ be pleased
①기뻐할 悅也 ②기쁘게할 以我悅彼

【懊】오 オウ、なやむ deplore [號] ㄠ ao⁴
①한할 恨也—惱 ②사랑할 悅也

【懊惱】(오뇌-オウノウ) 원망하고 번민
함

【懊歎】(오탄-オウタン) 원망하고 한탄함

【應】응 オウ、こたえる answer [蒸] ㄧㄥ ying¹
①뻑뻑 응당 料度辭當也 ②사랑할
愛也 ③응할 物相感 ④대답할 答也
⑤姓也

【應感】(응감-オウカン) 마음에 응하여 「느낄

【應口輒對】(응구첩대) 물음에 의하여
거침 없이 대답함

【應急】(응급-オウキュウ) 급한대로 우선
처리함

【應諾】(응낙-オウダク) 승낙함

【應答】(응답-オウトウ) 물음에 대답함

【應當】(응당) 꼭。 반드시。 으레。 아마

【應對】(응대-オウタイ) 남의 말을 따라
대답함。 만나서 이야기함

【應募】(응모-オウボ) 모집에 응함

【應變】(응변-オウヘン) 변화에따라 처치
함

【應報】(응보-オウホウ) 선악의 행위에응
「하여 화복의 갚음을 받음

【應分】(응분-オウブン) 신분에 맞음

【應訴】(응소) 원고가 일으킨 소송에
대하여 피고가 됨

【應酬】(응수-オウシュウ) 갚음。 보수

【應數】(응수) 바둑이나 장기 따위에
서 상대편의 수에 대항하여 두는수

【應試】(응시-オウシ) 시험에 응함

【應時】(응시-オウジ) ①대에 응함 ②즉

【應食】(응식) 직무에 응하여받는급료

【應我】(응아-) 남이 자기를 따름

【應用】(응용-オウヨウ) 실지에 운용함。
경우에 따라 활용함

【應援】(응원-オウエン) 도와줌。 후원함

【應戰】(응전-オウセン) 싸움에 응함

【應接】(응접-オウセツ) 접대함。 대면함

【應製】(응제) 임금의 특명에 의하는
과거 「응함

【應詔】(응조-オウショウ) 임금의 명령에

【應從】(응종-オウジュウ) 응하여 좇음

【應鍾】(응종-オウショウ) 음력 十월의 딴
이름

【應診】(응진-オウシン) 환자의 진찰의뢰를 수락함

【應懲】(응징-オウチョウ) 과실을 회개하도록 징계함

【應辦】(응판) 수용에 응하여 판출함

【應和】(응화-オウワ) 서로 대답함

【應化】(응화-オウカ) 동물이나 식물이 그 환경에 적응토록 형태·습성 따위를 변화하는 현상

【懆】조 ソウ、うれえる anxiety 皓 ㄘㄠ ts'ao³ 근심할 憂也——

【懈】해 カイ、ケ、おこたる lazy 卦 ㄒㄧㄝ hsieh⁴ 게으를 懶怠

【懈惰】(해타-カイダ) 게으름

【懈怠】(해태-ケタイ・カイタイ) 태만함

【十四畫】

【懣】만 モン、もだえる worry 旱 ㄇㄣ men⁴ 속답답할 煩悶 (문) 번거로울 煩也 悶同

【懟】대 ツイ、タイ、うらむ grudge 隊 ㄉㄨㄟ tuei⁴ 원망할 怨也

【懜】몽 ボウ、くらい confused 董 ㄇㄥ mêng² ①어리둥절할 無知貌 ②마음뒤숭숭할 心亂 ③부끄러울 慚也 (맹) ①번민할 悶也 ②속캄캄할 不明

【懦】유 ダ、ジュ、よわい weak 만만할 弱也 (연) 잔약할 劣弱 (나) ①부드러울 柔也 ②나약할 弱也

【懦薄】(나박-ダハク) 마음이 약하고 재덕(才德)이 없음

【懦夫】(나부-ダフ) 겁이 많은 사람。겁장이

【懦弱】(나약-ダジャク) 뜻이 굳세지 아니함。약함

【懥】치 チ、いかる be angry 寘 ㄓ chih⁴ 성낼 怒也忿—

【十五畫—十六畫】

【懲】징 チョウ、こらす discipline 蒸 ㄔㄥ ch'êng² 징계할 戒也

【懲戒】(징계-チョウカイ) 죄과를 뉘우치어 다시 못하도록 경계함。버릇을 가르침

【懲罰】(징벌-チョウバツ) 부정당한 행위에 대하여 장래를 경계하여 벌을 줌

【懲習】(징습-チョウシュウ) 못된 버릇을 징계함

【懲惡】(징악-チョウアク) 악한 사람을 징계함

【懲役】(징역-チョウエキ) 일정한 곳에 가두어 두고 정해진 기간에 노역을 치르게 하는 일

【懲丁】(징정) 징역의 형을 받고 그 구실을 치르는 사람

【懲創】(징창-チョウソウ) 징계

【懲治】(징치-チョウチ) 징계하여 다스림

【懶】란 ラン、なまける lazy 旱 ㄌㄢ lan³ ①게으를 懈怠 ②미워할 嫌惡 ③누울 臥也

【懶惰】(난타-ランダ) 게으름

【懵】몽 ボウ、みだれる confused 東 ㄇㄥ mêng² ①어리둥절할 無知貌—— ②흐릴 惛也 ③심란할 心亂—懂

【懸】현 ケン、ケ、かける hang 先 ㄒㄩㄢ hsuan² 달 繫也

【懸軍】(현군-ケングン) 본국에서 멀리 떨어진 곳에 군대를 보냄 또 그 군대

【懸念】(현념-ケンネン) 마음을 둠

【懸燈】(현등-ケントウ) 밤에 행군할 때 깃대에 등을 달음

【懸賞】(현상-ケンショウ) 상품을 걸음

【懸殊】(현수-ケンシュ) 아주 다름。

【懸案】(현안-ケンアン) 이전부터 걸리어 있는 의사의 문제

【懸崖】(현애-ケンガイ) 낭떠러지。절벽

【懸絕】(현절-ケンゼツ) 서로 멀리 떨어져 있음

【懸梯】(현제-ケンテイ) 사닥다리

【懸進】(현진-ケンシン) 깊이 적지로 들

어감

【懸板】(현판-ケンパン) 서화(書畵)를 새기어 문위 또는 벽위에 다는 물건

【懸河】(현하-ケンガ) ①하수(河水)를 쏟음。 급히 흐르는 물。 전하여 ② 거침없이 잘하는 말

【懷】회 カイ、おもい embrace 佳 ㄏㄨㄞˊ huai^2
①품을 藏也 ②쌀 包也 ③가슴 胸臆 抱 ④생각할 念思 ⑤위로할 慰也 ⑥돌아갈 歸也 ⑦편안할 安也

【懷古】(회고-カイコ) 옛 생각을 돌이켜 생각함

【懷舊】(회구-カイキュウ) 지난간 일을 생「각함

【懷柔】(회유-カイジュウ) 달램。 어루만짐

【懷疑】(회의-カイイ) ①의심을 품음 ②인식을 부인하고 진리를 의심함

【懷妊】(회임-カイニン) 애기를 뱀

【懷孕】(회잉-カイヨウ) 잉태

【懷中】(회중-カイチュウ) ①품속 ②마음

【懷春】(회춘-カイシュン) 혼인을 생각함。 청년남녀의 연애

【懷胎】(회태-カイタイ) 잉태

【懷抱】(회포-カイホウ) ①마음 속에 품은 생각 ②부모가 자식을 품에 품고 사랑함。 안음

【懷鄕】(회향-カイキョウ) 고향을 그리워「함

【十七畫—二十四畫】

【懺】참 ザン、セン、くいる regret 陷 ㄔㄢˋ ch'an^4
뉘우칠 悔也

【懺悔】(참회-ザンゲ・サンゲ) 뉘우치어 이전의 죄악을 신불(神佛)이나 사람에게 자백함。 이렇게 함으로써 그 죄나 과실이 소멸된다고 함

【懼】구 ク、おそれる be afraid 遇 ㄐㄩˋ chü^4
두려울 겁낼 恐也

【懼然】(두려-クゼン) 두려워하는 모양

【懼震】(구진-クシン) 두려워서 떨음

【懾】섭 ショウ、おそれる be afraid 葉 ㄓㄜˊ chê^2
①두려울 恐懼 ②무서울 喪氣

【懾服】(섭복-ショウフク)두려워 복종함

【懿】의 イ、うるはしい beautiful 寘 ㄧˋ i$^{2 \cdot 4}$
①아름다울 美也 ②클 大也

【懿文】(의문-イブン) 아름다운 글。 좋은 문장

【懿親】(의친-イシン) 친한 친척의 사이

【懿行】(의행-イコウ) 아름다운 행실

【懽】환 カン、よろこぶ glad 寒 ㄏㄨㄢ huan^1
기꺼울 喜也

【懽心】(환심-カンシン) 기쁜 마음

【懽欣】(환흔) 기꺼워 함 기쁨

【戀】련 レン、こい adore 霰 ㄌㄧㄢˋ lien^4
①생각할 係慕 ②생각 眷念

【戀戀】(연련-レンレン) 연모하는 정이 간절함

【戀慕】(연모-レンボ) ①남녀가 서로 생각함 ②널리 공경하여 사모함

【戀愛】(연애-レンアイ) 남녀 사이의사랑

【戀泣】(연읍-レンキュウ) 사모하여 움

【戀人】(연인-こいびと) 연애의 상대자

【戀情】(연정-レンジョウ) 연애의 정

【戀敵】(연적-レンテキ) 자기의 연인을 빼앗고저 하는 사람

【戄】확 カク、キャク、おどろく startle 藥
①놀랄 驚也 ②눈 휘둥그러니 볼 遽視

【戇】당 トウ、おろか foolish
어리석을 지더릴 愚也

【戇朴】(당박-トウボク) 어리석고 순박함

【戇愚】(당우-トウグ) 어리석음。 바보

【戇直】(당직-トクチョク) 어리석고 고지식함

戈部

【戈】과 カ、ほこ spear
창 短兵平頭戟

【戈矛】(과모-カボウ) 창

【戈兵】(과병-カヘイ) 병기。 무기

【戈鋒】(과봉) 창 끝

【戈殳】(과수) 창

【戈盾】(과순-カジュン) 창과 방패

【一畫—二畫】

【戊】무 ボ、ボウ、モ、つちのえ 宥ㄨˋ wu⁴
①다섯째천간 天幹第五位 ②물건무성할 物茂盛
【戊夜】(무야-ボヤ) 오전 四시

【戉】월 エツ、オチ、まさかり axe
도끼 威斧

【戍】수 ジュ、シュ、まもる 遇 ㄕㄨˋ shu⁴ frontier guards
①수자리 守邊 ②집舍也 ③막을遏也
【戍樓】(수루-ジュロウ) 적군의 동정을 망보기 위하여 성위에 만든 누각
【戍卒】(수졸-ジュソツ) 수자리 사는병졸

【戌】술 ジュツ、いぬ dog 質 ㄒㄩ hsü¹
열한번째 지지 地支第十一位

【戎】융 ジュウ、ニュ、つわもの weapons 東 ㄖㄨㄥˊ jung²
①병장기 兵也 ②싸움수레 兵車元 —小— ③도울 相也 ④너 汝也 「무
【戎寄】(융기-ジュウキ) 군무·병사의 임
【戎器】(융기-ジュウキ) 병기。무기
【戎壇】(융단-ジュウダン) 대장의 자리
【戎毒】(융독-ジュウドク) 큰 폐해
【戎備】(융비-ジュウビ) 전쟁의 준비
【戎蠻】(융만-ジュウバン) 남쪽의 오랑캐
【戎服】(융복-ジュウフク) 군복을 입음
【戎士】(융사-ジュウシ) 병사
【戎事】(융사-ジュウジ) 싸움에 관한 일
【戎夷】(융이) 오랑캐
【戎裝】(융장-ジュウソウ) 싸움의 장비。전쟁 준비
【戎狄】(융적-ジュウテキ) 오랑캐

【三 畫】

【戒】계 カイ、いましめる warn 卦 ㄐㄧㄝˋ chieh⁴
①경계할 警也 ②타이를 諭也 ③고할 告也 ④조심할 肅然警惕 ⑤삼갈 愼也 ⑥지킬 守也 ⑦방비할 備也
【戒告】(계고-カイコク) 경계하여 타이름
【戒律】(계율-カイリツ) 중이 지킬 규칙
【戒名】(계명-カイミョウ) ①중이수계(受戒)한 후 스님에게서 받는 이름 ②중이 죽은 사람에게 붙인 이름。법명(法名)
【戒色】(계색) 여색을 경계함
【戒心】(계심-カイシン) 마음을 경계함
【戒嚴】(계엄-カイゲン) 적이 공격하여 올때 엄하게 경계함 「수
【戒嚴令】(계엄령-カイゲンレイ) 국가 원수가 치안을 유지하기 위하여 계엄한 것을 선포하는 명령 「酒」
【戒飮】(계음) 음주를 경계함。계주(戒
【戒酒】(계주-カイシュ) 계음(戒飮) 「름
【戒飭】(계칙-カイチョク) 경계하여 타이
【戒護】(계호-カイゴ) ①계율을 보호함 ②교도소안의 보안을 유지함

【成】성 セイ、ジョウ、なる achieve; complete
①이룰 就也畢也 ②마칠 終也 ③평할 平也 ④십리 方十里 ⑤姓也
【成家】(성가-セイカ・いえをなす) ①따로 한 집을 이룸 ②학문이나 기술로 한 체계를 이룸 ③부자가 됨
【成格】(성격) 격식을 갖춤
【成功】(성공-セイコウ) 목적을 이룸。사업이 성취됨
【成果】(성과-セイカ) 성공의 결과
【成冠】성관) 관례를 행함 「울림
【成局】(성국) 체격·구조들이 잘 어
【成群】(성군-グンをなす) 떼를 이룸
【成句】(성귀-セイク) 남이 만들어 놓은 글귀。전부터 써 내려오는 글귀
【成規】(성규-セイキ) 글로 된 규칙。작정된 규칙
【成均】(성균) 옛날 대학의 이름
【成均館】(성균관) 유학의 교회(敎誨)를 맡아 보는 마을 「그릇
【成器】(성기-セイキ) 완전한 그릇。좋은
【成年】(성년-セイネン)성인
【成道】(성도-ジョウドウ) 학문의 깊은 뜻을 체득하게 됨 「남자
【成童】(성동-セイドウ) 나이 十五세된
【成文券】(성문권) 문서로 작성한 문권
【成文律】(성문률-セイブンリツ) 입법의

권한이 있는 나라가 문서에 의하여
공포한 법률
【成禮】(성례-セイレイ) 성혼(成婚)
【成立】(성립-セイリツ) ①사물이 이루어
짐 ②성취함。 자람。 성인이 됨 「서
【成文】(성문-セイブン) 기록하여 놓은문
【成服】(성복-セイフク) 초상이 나서 상
복을 입음。 보통 초상난지 四일부터
일음
【成服後藥方文】(성복후약방문) 시기
를 놓친것을 말함 「남
【成病】(성병) 근심을 너무 하여 병이
【成否】(성부-セイヒ) 되는 것과 아니되
는 것
【成分】(성분-セイブン) 물체 속에 들어
있는 분자
【成佛】(성불-ジョウブツ) ①부처가 됨 ②
좋은 일로 죽음
【成不成】(성불성) 됨과 아니됨 「지
【成不成間】(성불성간) 되든지 안되든
【成事】(성사-セイジ) ①이미 성취한 일
일을 이룸
【成算】(성산-セイサン) 대중함。 어림침
【成石】(성석) ①돌이 됨 ②돌처럼 굳
【成俗】(성속) 풍속이 됨 「어짐
【成遂】(성수) 일을 해냄
【成數】(성수) 일정한 수가 됨
【成熟】(성숙-セイジュク) ①초목의 열매
가 익음 ②동물의 발육이 완전함
③학예 따위가 충분히 이루어짐

【成習】(성습) 버릇이 됨
【成實】(성실) 열매를 맺음
【成案】(성안-セイアン) 문안을 만듬 또
그 고안
【成語】(성어-セイゴ) 남이 만들어 놓은
말의 귀절 「성취함
【成業】(성업-セギョウ) 학업이나 삽업을
【成人】(성인-セイジン) ①어른이 됨 ②二
十세 이상의 사람。 성년(成年)
②인격이 완성한 사람
【成長】(성장-セイチョウ) 키가 자람
【成績】(성적-セイセキ) 일을 마친 결과
【成赤】(성적) 혼인날에 신부가 연지
를 찍고 분을 바르는 일
【成丁】(성정-セイテイ) 남자가 十五세이
상이 됨 또 그 사람
【成腫】(성종) 종기가 곪음
【成竹】(성죽-セチク) 일을 하는데 있어
서 먼저 그 계획을 세움
【成瘡】(성창) 부스럼이 됨
【成冊】(성책) 책을 맴
【成蟲】(성충-セイチュウ) 곤충류의 새끼
벌레가 자라서 큰 벌레가 된것
【成就】(성취-ジュセイシュウ) 일을 이룸
【成村】(성촌) 마을을 이룸
【成築】(성축) 축대를 쌓아 올림
【成娶】(성취) 장가를 들음 「음
【成層】(성층-セイソウ) 층으로 거듭 쌓
【成敗】(성패-セイハイ) ①성공과 실패
②이기는 것과 지는 것。 승패(勝敗)
【成敗間】(성패간) 되고 안되고 간에

【成篇】(성편) 시문(詩文)을 모아서 편
을 만듬
【成婚】(성혼-セイコン) 혼인을 지냄

【我】아 ガ、われ I 圖 ㄨㄛˇ wo³ ㄜˇ e³
나 自謂己身
【我歌査唱】(아가사창) 책망을 들을사
람이 도리어 책망한다는뜻。 내가 부
를 노래를 사돈이 부른다는 뜻이니
책망을 들을 사람이 도리어 큰소리
를 침
【我國】(아국-わがくに) 우리 나라
【我等】(아등-われら) 우리들
【我邦】(아방) 우리 나라
【我輩】(아배-わがハイ・わがともがら) 우리 「들
【我田引水】(아전인수-ガデンインスイ)자
기논에만 물을 끌어 넣는다는 뜻이
니 자기 형편에 좋도록만 생각하거
나 행하는 것
【我朝】(아조) 현대 자기나라의 조정

【四畫—五畫】

【戔】잔 ザン、セン、そこなう amass 囲 ㄐㄧㄢ chien¹
①상할 傷也 ②해할 賊也 (전)쌓일
委積貌——
【戕】장 ショウ、ころす kill 陽 ㄑㄧㄤˊ ch'iang
①죽일 殺也 ②상할 傷也 ③찌를
槍

【狀殺】(장살-ショウサツ) 무찔러서 죽임
【狀害】(장해-ショウがイ) 죽임

【或】혹 ワク、コク、あるいは or 職 ㄏㄨㄛˋ huo⁴
①혹 未定辭 ②혹이 誰人 ③의심낼 疑也 ④괴이쩍을 怪也
【或間】(혹간) 때때로。가끔。어쩌다가
【或時】(혹시) 어떠한 때。어쩌다가
【或是】(혹시) 어떠한 때。행여나
【或曰】(혹왈) 혹자가 말하는 바
【或云】(혹운) 혹왈(或曰)
【或者】(혹자) 혹시。또는 어떤사람

【咸】口部 六畫에 볼것

【哉】口部 六畫에 볼것

【威】女部 六畫에 볼것

【七畫—九畫】

【戛】알 カツ、こする rub
①지찌을 轢之 ②창 戟也 ③어근배근할 齟齬貌
【戛擊】(알격-カツゲキ) 소리를 내어서 부딪침 악기를 가벼이 치는 모양
【戛戛】(알알カツカツ) 사물이 서로 어긋나 맞지않는 모양
【戛然】(알연-カツゼン) 쇠붙이가 서로부딪치어 나는 소리。또 학의 소리

【戞】前條 俗字

【戚】척 セキ、みうち relation 錫 ㄑㄧ ch'i¹
①겨레 親也 ②슬플 哀也 ③분낼憤也 ④근심할 憂也 ⑤도끼 斧也
【戚黨】(척당-セキトウ) 다른 성의 겨레붙이
【戚里】(척리-セキリ) 임금의 외가
【戚末】(척말) 이성(異性)의 친척에 대하여 자기를 낮추어 일컫는 말
【戚屬】(척속-セキゾク) 친척이 되는 계례붙이
【戚叔】(척숙) 다른 성의 아저씨
【戚臣】(척신-セキシン) 임금의 외척(外戚)에서 나온 관원
【戚施】(척이-セキシ) ①꼽사등이 ②두꺼비。얼굴 모양이 추한 것에비유함。또는 그런 사람
【戚誼】(척의) 계레의 정의
【戚弟】(척제-セキギ) 아웃벌이 되는 다른 성의 겨레붙이
【戚從】(척종) 다른성의 겨레붙이로서 항열이 낮은 사람에게 대하여 자칭하는 말
【戚姪】(척질) 조카벌이 되는 다른 성「의 겨레붙이
【戚戚】(척척-セキセキ) ①서로 사이가 가까운 모양 ②근심하는 모양 ③마음이 움직이는 모양
【戚促】(척촉-セキソク) 촌급함。도량이「좁음

【戟】극 ゲキ、ほこ spear 陌 ㄐㄧˇ chi³
양지창 有枝兵
【戟手】(극수-ゲキシュ) 소리 지를때 두손을 창가지 처럼 펼침。또는 주먹을 불끈 쥐고 내 저음
【戟盾】(극순-ゲキジュン) 창과 방패

【戡】감 カン、ころす kill 覃 ㄎㄢ k'an¹
①죽일 殺也 ②찌를刺也 ③이길勝也
【戡難】(감난-カンナン) 국난을 평정함
【戡亂】(감란-カンラン) 난리를 평온하게 진정시킴
【戡夷】(감이-カンイ) 평정함
【戡定】(감정-カンテイ) 싸움에 이기어 난을 평정함
【戡殄】(감진-カンテン) 적을 죄다 무찌「름。

【戢】즙 シュウ、やめる cease 緝 ㄐㄧˊ chi²
①그칠 止也 ②병기모을 藏兵 ③거둘 歛也

【盞】皿部 八畫에 볼것

【載】車部 六畫에 볼것

【幾】幺部 九畫에 볼것

【十畫—十一畫】

【戩】전 セン、ほろぼす perish 銑 ㄐㄧㄢ chien³
①다할 盡也 ②멸할 滅也

【截】절 セツ、きる cut off 屑 ㄐㄧㄝ chieh²
①끊을 斷也 ②말잘할 辯給

【截斷】(절단-セツダン) 잘라냄。끊어버림

【截嚴】(절엄-セツゲン) 몹시 엄함

【截然】(절연-セツゼン) ①베어자르는 모양 ②사물의 구별이 칼로 자르듯이 확연한 모양

【截截】(절절-セッセツ) 말 잘하는 모양

【戮】륙 リク、ころす kill 屋 ㄌㄨˋ lu⁴
①죽일 殺也 ②욕시할 刑也 ③욕할 辱也

【戮力】(육력-リクリョク) 서로 힘을합함

【戮死】(육사-リクシ) 형벌을 입어 죽음

【戮辱】(육욕-リクジョク) 부끄럽고 욕되게함

【臧】臣部 八畫에 볼것

【十二畫】

【戰】전 セン、たたかう fight 霰 ㄓㄢˋ chan⁴
①싸움 鬪也 ②떨 懼也

【戰鼓】(전고) 전쟁에 쓰던 큰 북

【戰功】(전공-センコウ) 싸움에 이겨서 이룬 공로

【戰果】(전과-センカ) 전쟁의 결과

【戰局】(전국-センキョク) 싸움의 판국。전쟁의 대세

【戰國】(전국-センゴク) 교전(交戰)중의 나라。난세(亂世)

【戰國七雄】(전국칠웅) 중국 전국시대의 七강국、곧 제(齊)·초(楚)·연(燕)·한(韓)·조(趙)·위(魏)·진(秦)

【戰兢】(전긍-センキョウ) 전전 긍긍의 줄인말

【戰記】(전기-センキ) 전쟁의 기록

【戰機】(전기-センキ) 싸울 기회

【戰端】(전단-センタン) 전쟁의 시초

【戰亂】(전란-センラン) 전쟁때문에 세상이 어지러운 것

【戰略】(전략-センリャク) 전쟁의 작전계획

【戰力】(전력-センリョク) 싸우는 힘。전투의 능력

【戰慄】(전률-センリツ) 무서워서 몸을떨음

【戰利品】(전리품-センリヒン) 전쟁에 이겨서 빼앗은 물건

【戰歿】(전몰-センボツ) 전쟁으로 죽음

【戰法】(전법-センポウ) 싸움을싸우는방법

【戰備】(전비-センビ) 전쟁의 준비

【戰死】(전사-センシ) 싸우다가 죽음

【戰史】(전사-センシ) 전쟁의 역사

【戰傷】(전상-センショウ) 전쟁에서 입은 창상

【戰船】(전선-センセン) 싸움에 쓰는 배。전함。병선

【戰線】(전선-センセン) 전쟁하는 구역

【戰術】(전술-センジュツ) 전략

【戰勝】(전승-センショウ) 전쟁에 이김

【戰時】(전시-センジ) 전쟁하는 때

【戰役】(전역-センエキ) 전쟁이 벌어진큰 일

【戰雲】(전운-センウン) 싸움을 싸우는 풍운

【戰爭】(전쟁-センソウ) 병기를 사용하는 적대행위。싸움。전투

【戰跡】(전적-センセキ) 싸움한 자취

【戰戰兢兢】(전전 긍긍-センセンキョウキョウ) 두려워서 몸을 벌벌떨며 조심하는 모양

【戰場】(전장-センジョウ) 전쟁하는 곳。싸움터

【戰地】(전지-センチ) 전쟁이 벌어지고 있는 땅

【戰陣】(전진-センジン) 진을 치고 싸우는 곳

【戰塵】(전진-センジン) 싸움터의 풍진

【戰車】(전차-センシャ) 전쟁에 쓰는 특별한 장치를한 수레

【戰捷】(전첩-センショウ) 싸움에 이김

【戰鬪】(전투-セントウ) 전쟁

【戰鬪機】(전투기-セントウキ) 기체가 견고하고 소형으로 큰마력을 가지며 속력 상승력의 가장큰 전투용의 비행기

【戰鬪艦】(전투함-セントウカン) 전쟁 때 함대의 중심이 되는 군함

【戰敗】(전패-センパイ) 싸움에 짐

【戰艦】(전함-センカン) 싸움배

【戰火】(전화-センカ) 전쟁으로 말미암

아 일어나는 화재
【戰禍】(전화-センカ) 전쟁의 화
【戰況】(전황-センキョウ) 전쟁의 상황
【戰後】(전후-センゴ) 전쟁이 끝난 뒤

【戲】 戱 (戈部 十三畫)俗字

【十三畫—十四畫】

【戱】 휘 ギ、たわむれる play 因
①희롱할 弄也 ②농탕칠 嬉也 ③희
락질할 謔也
【戱曲】(희곡-ギキョク) 연극의 극본
【戱劇】(희극-キゲキ) 익살부려 웃기는 「은 말
장면이 많은 연극
【戱談】(희담-ギダン) 실없은 말。 익살맞
【戱弄】(희롱-ギロウ) 실없이 함。 놀림
【戱書】(희서-ギショ) 장난이나 익살로
쓴 글。 낙서
【戱言】(희언-ギゲン) 웃음거리로 실없
이 하는 말 「놀음
【戱遊】(희유-ギユウ) 실없는 짓을 하여
【戱作】(희작-ギサク) 소설·극본 따위
【戱稱】(희칭) ①희롱하여 일컫는 말
②풍자하는 말
【戱謔】(희학-ギギャク) 희롱하여 웃으며
희롱지거리함
【戱畫】(희화-キガ) ①장난으로 그린그
림 ②세태를 풍자하기 위하여 그린
그림

【戴】 대 タイ、いただく carry on onl's hiad hd 「ve
①일 以首荷 ②덤받을 介物得增
【戴冠】(대관-タイカン) 제왕이 즉위한
후에 머리에 쓰는관
【戴白】(대백-タイハク) 백발(白髮)을 머
리에 인다는 뜻 즉 늙은이

戶 部

【戶】 호 コ、ゴ、と door 麌 ㄏㄨˋ hu⁴
①지게 室口 ②백성의 집 民居
【戶口】(호구-ココウ・とぐち) 호수와 식
구수
【戶房】(호방) ①호전(戶典)에 관한 사
무를 맡아 보던 승정원의 육방(六
房)의 하나 또는 호전(戶典)에 관
한 사무를 맡아 보던 지방 관위의
육방(六房)의 하나
【戶別】(호별-コベツ) 집집마다
【戶別稅】(호별세-コベツゼイ) 살림을 하
는 각 집마다 받아들이는 지방세의
하나
【戶稅】(호세-コゼイ) 집집이 내는 국세
【戶數】(호수-コスウ) 호적상 집의 수
【戶役】(호역) 집집이 시키는 부역
【戶外】(호외-コガイ) 집 밖 「두목
【戶長】(호장-コチョウ) 군(郡)의 아전의
【戶籍】(호적-コセキ) 호수와 식구를 기
록한 장부
【戶主】(호주-コシュ) ①한집안의 주인
②한집의 장(長)으로서 가족을 통
솔하고 부양하는 의무를 가진 사람
【戶樞不蠹】(호추불고) 여닫는 문지두
리는 좀이 아니 먹는다는 말이니
사람도 늘 운동을 하면 건강하다는
비유

【一畫—四畫】

【戹】 액 やく、せまる narrow 陌
①뙤창 戶小門 ②좁을 隘也 ③간난
할 艱乘也 ④곤할 困也 ⑤재앙 災
也 ⑥나무옹두라지 木節
【戾】 려 렬 レイ、ライ、もとる deviate 霽 ㄌㄧˋ li⁴
①어기어질 乖也 ②이를 至也 ③허
물 罪也 ④그칠 止也定也 ⑤사나울
狠也 ⑥휘어질 斜曲 (렬) 義同
【戾止】(여지-レイシ) 이름
【房】 방 ボウ、へや room 陽 ㄈㄤˊ fang²
①방 室在旁 ②살집 箭室 ③姓也
【房內】(방내-ボウナイ) 방 안
【房堗】(방돌) 구들장
【房舍】(방사-ボウシャ) 집이나 기타 어
떠한 곳에 사람이 거처하기 위하여
만들어진 방 「하는 일
【房事】(방사-ボウジ) 남녀가 성교(性交)

【房外】(방외-ボウガイ) 방 밖
【房外犯色】(방외범색) 자기의 아내 밖의 여자와 상관하는 일
【房子】(방자) 지방관위의 종의 하나
【房中】(방중-ボウチュウ) 방 속

【所】 소 ショ、ソ、ところ place 語 ㄙㄨㄛˇ suo³

①바 語辭 ②곳 處也 「말
【所幹】(소간) 볼 일。소간사의 줄인
【所幹事】(소간사) 볼일
【所感】(소감-ショカン) 사물에 느끼어 일어나는 마음 「의견
【所見】(소견-ショケン) 사물을 보는 점。
【所經事】(소경사) 지내온 일
【所管】(소관-ショカン) 관리하는 범위
【所關】(소관) 관계되는 바
【所期】(소기-ショキ) 기대한 바
【所當】(소당) 마땅히 할 바 「이익
【所得】(소득-ショトク) 얻은 바。수입。
【所得稅】(소득세-ショトクゼイ) 개인의 一년간의 수입을 기준으로 부과하는 세금 「수
【所得額】(소득액-ショトクガク) 생기는 액
【所利】(소리) 이익이 됨
【所望】(소망-ショボウ) 바람
【所犯傷寒】(소범상한) 방사(房事)의 피로로 생기는 상한
【所負】(소부) ①자기가 맡음 ②책임을 짐。빚을 짐。
【所聞】(소문) 여러사람이 전하는 말

【所思】(소사-ショシ) 생각하는 바。생각
【所産】(소산-ショサン) ①남 ②나는 물건
【所産物】(소산물-ショサンブツ) 그 곳에서 나는 물건
【所生】(소생-ショセイ) 자기가 낳은 자녀
【所說】(소설ショセツ) 설명하는 바
【所屬】(소속-ショゾク) 달려 있음 붙어 있음 붙이 「식구
【所率】(소솔-ショリツ) 자기에게 딸린
【所信】(소신-ショシン) 믿는 바
【所失】(소실-ショシツ) ①허물 ②놀음에 실패함
【所業】(소업-ショギョウ) 하는 일
【所要】(소요-ショヨウ) 요구되는 바。필요한 바
【所欲】(소욕-ショヨク) 하고자 하는 바
【所用】(소용-ショヨウ) 씀。쓸 데 있음。이용됨
【所願】(소원-ショガン) 원하고 바람
【所願成就】(소원성취-ショガンジョウジュ) 생각하고 원하던 일을 이룸
【所爲】(소위-ショイ) 하는 일。또 한 일
【所謂】(소위-いわゆる) 이른 바 세상에서 말하는 바
【所有】(소유-ショユウ) 가지고 있음
【所有權】(소유권-ショユウケン) 물건을 가지고 있는 법률상 권리。가질 수 있는 권리
【所有主】(소유주-ショユウぬし) 물건을 가지고 있는 임자。소유권을 가진 사람

【所以】(소이-ゆえん) 까닭。이유
【所以然】(소이연) 그렇게 된 까닭
【所任】(소임-ショニン) 맡은 바 일 一바
【所作】(소작-ショサク) 어떤 사람의 만든
【所掌】(소장-ショショウ) 맡아보는 바
【所藏】(소장-ショゾウ) 간직하여 둔 물건 「는 곳
【所長】(소장-ショチョウ) 그 사람의 잘하
【所在】(소재-ショザイ) 있는 곳
【所載】(소재-ショサイ) 신문·잡지 따위에 기사가 실려 있는 것 「는곳
【所在地】(소재지-ショザイチ) 실제로 있
【所定】(소정-ショテイ) 정하는 바
【所遭】(소조-ショグウ) 치욕 또는 고난을 당함
【所從來】(소종래) 지내온 일 「음
【所持】(소지-ショジ) 가짐。가지고 있
【所持者】(소지자-ショジシャ) 가지고 있는 사람
【所天】(소천-ショテン) ①신하가 임금을 이름 ②아내가 남편을 이름
【所致】(소치) ①까닭 ②연고 ③탓
【所親】(소친-ショシン) 친한 사람
【所避】(소피) 오줌 누는 일 (옛날에 궁녀가 경도가 있을 때는 임금 옆에 모시지 못하였는데 지금은 오줌의 뜻으로 씀)
【所行】(소행) 행하는 일。또 행한 일
【所懷】(소회-ショカイ) 마음에 생각하는 일。생각

【肩】肉部 四畫에 볼것

【五 畫】

【扃】경 ケイ、かんぬき cross-bar 靑 ㄐㄩㄥ chiung
①빗장 關門橫木 ②수레앞 난간 車前兵欄

【扃鎖】(경쇄-ケイサ) 자물쇠

【扂】점 テン、とさし bold 琰
빗장 戶牡

【扁】편 ヘン、ひらたい flat 先 ㄆㄧㄢ p'ien
①작을 小也 ②거루 배 小舟 ③특별할 特也 ④姓也 (변) ①현판 署門額 ②낮은 卑也 ③모진 그릇 器物不圓者

【扁桃】(편도-ヘントウ) 감북숭아。 오얏의 한가지

【扁桃腺】(편도선-ヘントウセン)사람의 입속 구석 양쪽에 하나씩 있는 편편한 타원형의 임파선

【扁額】(편액-ヘンガク) 가로 다는 긴 현「판

【扁然】(편연-ヘンゼン) 수가 많음

【扁題】(편제-ヘンダイ) 문위에 가로 다는 현판

【扁舟】(편주-ヘンシュウ) 작은 배

【扁平】(편평-ヘンペイ) 넓고 편편함

【六畫―七畫】

【扇】선 セン、うちわ fan 霰 ㄕㄢˋ shan
①부채 箑也 ②부채질할 ―凉 ③사리짝 扉也 ④부칠 吹揚動也

【扇面】(선면-センメン) 부채。선자(扇子)

【扇子】(선자-センス) 부채

【扇風機】(선풍기-センプウキ) 전기로 돌리어 바람을 일으키는 기계

【扇惑】(선혹-センワク) 치켜 세워서 현혹하게 함

【扆】의 イ、ついたて folding screen 尾 ㄧˇ i
천자가 치는 병풍 天子見諸侯時所依屛風曰斧

【扆座】(의좌) 천자(天子)의 자리

【扈】호 コ、したがう follow 麌 ㄏㄨˋ hu
①뒤따를 後從 ②통발 뗄 强梁 ③넓을 廣也 ④입을 被也 ⑤성 姓也

【扈駕】(호가-コガ) 임금이 타는 수레에 수행함

【扈衛】(호위-コエイ) 궁성을 경호함

【扈從】(호종-コジュウ) ①신분이 높은 사람을 모시고 다님 ②거가(車駕)를 모시어 좇음

【八畫―十畫】

【扉】비 ヒ、とびら door 微 ㄈㄟ fei
①사리짝 門扉 ②닫을 闔也

【肇】聿部 八畫에 볼것

【雇】隹部 四畫에 볼것

手部

【手】수 シュ、シュウ、て hand 有 ㄕㄡˇ shou
①손 肢也 ②칠 擊也 ③잡을 執也

【手脚慌忙】(수각황망) 놀라서 허둥지둥 함

【手巾】(수건-シュキン) 무명·베 들을 끊어서 만든 손도 씻고 몸도 씻는 데 쓰는 물건

【手格】(수격-シュカク) 주먹을 뭉쳐 쥐「고 침

【手決】(수결) 도장의 대신으로 자필로 자기의 성명 혹은 직함 아래에 쓰는 일정한 자체

【手工】(수공-シュコウ) ①손 끝으로 하는 공예 ②간단한 물건을 만드는 재주를 가르치는 교과

【手巧】(수교) 손재주

【手交】(수교-シュコウ) 손수 줌

【手技】(수기-シュギ) 손으로 만드는 기「술

【手記】(수기-シュキ) ①손수 적음 ②부인의 가락지

【手段】(수단-シュダン) 솜씨。 너스레。「방법

【手當】(수당-てあて) 일정한 급료 이외에 주는 보수

【手鍊】(수련-シュレン) 재주가 익숙함。솜씨가 좋음

【手榴彈】(수류탄-シュリュウダン) 적진에 가까이 가서 팔매질로 던지는 유탄(榴彈)

【手母】(수모) 신부의 단장을 꾸며주고 예절을 거행하게 받들어 주는 여자

【手舞足蹈】(수무족도) 몹시 좋아서 날뜀

【手紋】(수문) 손금

【手配】(수배-てハイ) 갈라 맡아서 지배함

【手法】(수법-シュホウ) 솜씨

【手擘】(수벽) 손바닥

【手寫】(수사-シュシャ) 글을 손수 쓸

【手寫本】(수사본-シュシャホン) 손으로 베낀 책

【手上】(수상) 신분이 높고 나이가 많은 권속 손위

【手書】(수서-シュショ) 손으로 글씨를 씀。손수 씀。자필(自筆)

【자서】(手署-シュショ) 수서 손수 서명함。자서(自書)

【手續】(수속-てつづき) 일을 하는 절차

【手數料】(수수료-てスウリョウ) 어떤한 일에 대한 보수。품삯

【手熟】(수숙) 손에 익음

【手術】(수술-シュジュツ) 의료기계로 탈난 곳을 고침

【手語】(수어-シュゴ) 손짓으로 말을 함

【手藝】(수예-シュゲイ) ①손수 심금 ②손끝을 써서 만드는 기예(技藝)

【手腕】(수완-シュワン) ①손회목 ②일을 꾸미고 운영하는 재간

【手淫】(수음-シュイン) 남녀가 육체적으로 교합하지 않고 자기손이나 무슨 물건으로 부자연하게 성적 쾌감을 얻는 행위

【手掌】(수장-シュショウ) 손바닥

【手才】(수재-シュサイ) 손재주

【手迹】(수적-シュセキ) 손수 쓴 글씨의 형적。필적

【手戰】(수전) 맞손으로 싸움

【手製】(수제-てセイ) 손으로 만든 것

【手足】(수족-シュソク・てあし) ①손과 발。팔과 다리 ②형제의 뜻으로 씀 ③가까이 부리는 사람

【手中】(수중-シュチュウ) ①손 가운데。손안에。그 손 ②권력 안

【手指】(수지-てゆび) 손가락

【手陳】(수진) 집에서 기르는 매

【手札】(수찰-シュサツ・てふだ) 손수 쓴 편지。수한(手翰)

【手帖】(수첩-てチョウ) 간단한 기록을 적어 몸에 지니고 다니는 조고마한 공책

【手澤】(수택-シュタク) 책·그릇들을 자주 손으로 만짐으로써 생기는 유택。손 때

【手澤本】(수택본-ショタクホン) 생전에 애독하던 장서(藏書)

【手筆】(수필-シュヒツ) 자필(自筆)

【手下】(수하-シュカ・てした) 손아래

【手翰】(수한-シュカン) 자필의 편지

【手形】(수형-てがた) ①손바닥에 먹물을 묻히어 찍은 형상 ②어음

【手荒症】(수항증) 병적으로 남의 물건을 훔치는 버릇

【才】 재 サイ、ちえ、たち talent 因 ㄘㄞˊ ts'ai²

①재주 藝也 ②능할 能也 ③바탕 質也

【才幹】(재간-サイカン) 재능과 재주。재주

【才骨】(재골) 재주가 있게 생긴 골상

【才氣】(재기-サイキ) 재주의 힘。재주가 있는 기질

【才器】(재기-サイキ) 재주 있는 바탕

【才女】(재녀-サイジョ) 재주가 있는 여자

【才能】(재능-サイノウ) 재주의 능력

【才談】(재담-サイダン) 재주 있게 하는 재미스러운 말

【才德】(재덕-サイトク) 재주와 덕

【才略】(재략-サイリャク) 재주 있는 꾀

【才量】(재량-サイリョウ) 재주와 도량

【才力】(재력-サイリョク) 재능

【才名】(재명-サイメイ) 재주가 있다는 평편

【才貌】(재모-サイボウ) 재주와 용모

【才辯】(재변-サイバン) 교묘한 말씨

【才分】(재분-サイブン) 천부의 재능

【才士】(재사-サイシ) 재주가 많은 사람

【才思】(재사-サイシ) 재주의 작용

【才色】(재색-サイショク) 뛰어난 재능과 아름다운 얼굴

【才識】(재식-サイシキ) 재주와 식견

【才藝】(재예-サイゲイ) 재능과 기예

【才雄】(재웅-サイコウ) 재주가 뛰어난 「자 사람

【才媛】(재원-サイエン) 재주가 많은 여

【才人】(재인-サイジン) ①후궁의 여관 ②재주를 넘는 사람

【才子佳人】(재자가인-サイシカジン) 재주 있는 젊은 남자와 아름다운 여자

【才情】(재정-サイジョウ) 재주가 뛰어난 심정

【才調】(재조-サイチョウ) 재주

【才俊】(재준-サイシュン) 재주가 뛰어난 사람

【才智】(재지-サイチ) 재주와 슬기。「능과 지혜 재

【才質】(재질-サイシツ) 재주와 성질

【才致】(재치-サイチ) 눈치 빠른 재주

【才學】(재학-サイガク) 재지(才智)와 학문

【才華】(재화-サイカ) 재주가 썩 좋음

【二 畫】

【扒】배 ハイ、ぬく pull out 㓦 ㄅㄚ pa¹ 뺄 拔也

【扑】복 ボク、うつ flap 屋 ㄆㄨ p'u¹ ①칠 打也 ②종아리채 杖也

【扔】인 ジョウ、ひく draw 蒸 ㄖㄥ jêng¹·³ ①당길 引也 ②꺾을 摧也 ③나아갈 就也

【打】타 ダ、テイ、チョウ、うつ beat 馬 ㄆㄚ p'a² 칠 擊也 (정) 義同

【打開】(타개-ダカイ) ①헤쳐서 열음 ②얽히고 막힌 문제에 대하여 해결의 방법을 찾아 냄

【打擊】(타격-ダゲキ) ①때리어 침 ②손「해를 당함

【打壞】(타괴-ダカイ) 쳐서 깨뜨림

【打倒】(타도-ダトウ) 쳐서 거꾸러뜨림

【打令】(타령) 음악의 곡조의 한 가지

【打麥】(타맥) 보리를 타작함

【打撲】(타박-ダボク) 때려 침

【打撲傷】(타박상-ダボリショウ) 맞아서 생긴 상처

【打算】(타산-ダサン) 셈을 침。이해관계「를 따짐

【打算的】(타산적-ダサンテキ) 무슨 일을 하기 전에 먼저 따져 보는 것「임

【打殺】(타살-ダサツ) 대려 죽임。쳐 죽

【打字機】(타자기) 타이프라이터

【打作】(타작) 곡식의 이삭을 떨어서 그 알을 거둠

【打作官】(타작관) 가을의 추수를 감시하기 위하여 보내는 사람

【打電】(타전-ダテン) 전보를 침

【打點】(타점) ①붓으로 점을 찍음 ②마음속으로 지정함

【打診】(타진-ダシン) ①의사가 손가락 끝으로 가슴과 등을 두드려서 증세를 살핌 ②남의 마음 속을 살펴봄

【打擲】(타척-チョウチャク) 때림。훔쳐 때「림

【打破】(타파-ダハ) 규율·관습을 깨뜨림

【払】拂 (手部 五畫) 略字

【三 畫】

【扛】강 コウ、もちあげる lift 江 ㄎㄤ k'ang² 마주들 横關對擧

【扛擧】(강거-コウキョ) 안아올림。들어「올림

【扣】구 コウ、うつ beat 宥 ㄎㄡ k'ou⁴ 두드릴 擊也

【扣問】(구문-コウモン) 의견을 물음。질「문함

【扠】차 サ、はさむ pinch 잡을 挾取

【托】탁 タク、おす push 藥 ㄊㄨㄛ t'uo¹ ①밀 手推 ②실을 摭也 ③떡국 湯餠

【托鉢】(탁발-タクハツ) 중이 수행(修行)을 하기 위하여 바리때를 들고 쌀이나 돈을 구걸하면서 집집마다 돌아다니는 것

【扞】한 カン、ふせぐ wall up 翰 ㄏㄢ han⁴ ①다닥칠 抵也 ②막을 禦難 ③호위할 衛也 ④팔찌 臂衣

【扞拒】(한거-カンキョ) 남의 침노를 막음

【扞禦】(한어-カンギョ) 막아 지킴

【扞制】(한제-カンセイ) 막아 제지함

【四 畫】

【抉】결 ケツ、えぐる scratch 屑 ㄐㄩㄝˊ chüeh²
①당길 搯也 ②긁을 剔也

【技】기 ギ、たくみ talent 寘 ㄐㄧˋ chi⁴
①재주 藝也 ②능할 能也 ③공교할 巧也 ④술법 方術

【技巧】(기교-ギコウ) 기술이 정교함

【技能】(기능-ギノウ) 기술상의 재능

【技師】(기사-ギシ) 관청 또는 회사에서 전문지식을 요하는 특별한 기술을 맡아 보는 사람

【技手】(기수-ギシュ) 기사(技師) 밑에서 기술에 종사하는 사람

【技術】(기술-ギジュツ) 이론을 실제에 응용하는 재주

【技藝】(기예-ギゲイ) 기술에 관한 재주

【扭】뉴 チュウ、こする rub 有 ㄋㄧㄡˇ niu³
①비빌 手轉貌 ②누를 按也

【抃】변 ベン、てをうつ clap hands 霰 ㄅㄧㄢˋ pien⁴
①손뼉칠 拊手 ②손장단칠 歌舞之節

【抃舞】(변무-ベンブ) 손벽을 치며 춤을 춤

【抃手】(변수-バンシュ) 손벽을 치고 좋아함

【抃賀】(변하-ベンガ) 손벽을 치며 축하함

【扶】부 フ、たすける help 虞 ㄈㄨˊ fu²
①도울 佐也 ②붙들 持也 ③호위할 護也 ④어리광부릴 幼貌

【扶桑】(부상-フソウ) ①해가 돋는 동쪽 바다에 있다고 하는 큰 신목(神木)。 신목이 있는 나라

【扶植】(부식-フショク) ①뿌리박아 심음 ②도와서 세움

【扶掖】(부액-フエキ) 곁부축

【扶養】(부양-フヨウ) 도와 기름。 붙잡아 기름

【扶餘】(부여-フヨ) ①삼국(三國)시대 이전에 송화강(松花江)을 중심으로 하여 만주에 있던 나라。 뒤에 동북으로 나누어 졌음

【扶育】(부육-フイク) 도와 기름

【扶助】(부조-フジョ) ①도와줌。 조력함 ②잔칫집·초상집에 돈 또는 물건을 보냄

【扶持】(부지-フジ) ①서로 도와줌。 간호함 ②오래 견딤 ③어려운 일을 버티어감。 고생을 참고 살음 ④지탱함。 지지함

【扶風】(부풍-フフウ) 빠른 바람。 대풍(大風)을 이름

【扶護】(부호-フゴ) 도와서 보호함

【抔】부 ホウ、ハイ、すくう scoop 尤 ㄆㄡˊ p'ou²
움큼 줌 手掬

【扮】분 フン、よそほう disguise 文
①꾸밀 裝飾 ②쥘 握也

【扮裝】(분장-フンソウ) 몸을 치장함

【批】비 ヒ、ヘイ、おす push 紙
①밀 推也 ②찌지붙일 示也 ③깎을 削也 ④손으로 칠 手擊

【批答】(비답-ヒトウ) 임금이 대신의 상주문에 의견을 써서 회답하던 일

【批點】(비점-ヒテン) ①시문(詩文)의 잘된 곳에 찍는 점 ②시문(詩文)의 비평

【批准】(비준-ヒジュン) 국교에 관한 안건의 재가

【批判】(비판-ヒハン) 자세히 조사한 뒤에 판단함

【批判哲學】(비판철학-ヒハンテツガク) 근본적 연구를 주의로 하는 학설

【批評】(비평-ヒヒョウ) 시비·선악을 들어 논란함

【批評家】(비평가-ヒヒョウカ) 어떠한 일에 대한 비평을 잘 하는 사람

【抒】서 ジョ、ショ、くみあげる suck 語 ㄕㄨ shu
①물자아올릴 渫水 ②쏟을 泄也

【抒情】(서정-ジョジョウ) 자기 감정을

퍼서 나타냄

【承】 승 ショウ、うける inheritance 蒸 彳ㄥ ch'êng²
①받을 受也 ②이을 繼也 ③받들奉也 ④도울 佐也 ⑤姓也

【承繼】(승계-ショウケイ) 받아서 이음
【承款】(승관) 죄인의 자백
【承諾】(승낙-ショウダク) 청하는 말을 들어줌。 허락함。 응락함
【承命】(승명-ショウメイ) 임금이나 어버이의 명령을 받들음
【承聞】(승문-ショウブン) 존경하는 이의 소식을 들음
【承文院】(승문원) 교린 문서를 맡아보던 마을
【承服】(승복-ショウフク) 죄를 자백함
【承奉】(승봉-ショウホウ) 웃어른의 명령을 지킴
【承相】(승상) 옛날 의정의 대신。 정승(政承)
【承上接下】(승상접하)웃 사람을 받들어 모시고 아랫 사람을 어거하여 그 사이를 잘 주선함
【承緖】(승서-ショウショ) 제왕(帝王)의 사업을 이음
【承召】(승소-ショウショウ) 임금의 불으시는 명령을 받음
【承順】(승순-ショウジュン) 웃 어른의 명령을 좇음
【承襲】(승습-ショウシュウ)이어 받음
【承顏】(승안-ショウガン) ①웃어른께 뵈임 ②처음으로 만나 뵈옴
【承允】(승윤) 임금의 허락을 받음
【承認】(승인-ショウニン) 인정함
【承前】(승전-ショウゼン) 먼젓것을 이음
【承傳】(승전-ショウデン) ①이어 받아전함 ②임금의 뜻을 전함 「어줌
【承接】(승접-ショウセツ) 위를 받아 이
【承政院】(승정원) 왕명의 출납을 맡아 보던 마을
【承從】(승종-ショウジュウ) 명령을 좇음
【承重】(승중-ショウジュウ) 장손으로 아버지가 돌아간 뒤에 조부모의 상사를 당할 때에 아버지를 대신하여 상제 노릇을 함
【承旨】(승지) 승정원의 도승지
【承塵】(승진-ショウジン) 천장에 돗자리나 무명을 쳐서 보꾹에서 떨어지는 먼지·흙들을 받는 장치
【承統】(승통-ショウトウ) 종가(宗家)의 계통을 이음 「함
【承行】(승행-ショウコウ)뒤를 이어서 행
【承候】(승후-ショウコウ) 웃 어른께 문안함

【扼】 액 ヤク、アク、にぎる grasp 陌 ㄜ è
움킬 握也
【扼腕】(액완-ヤクワン) 성이 나거나 분해서 주먹을 불끈 쥠

【抑】 억 ヨク、おさえる press down 職 ㄧ i⁴
①누를 按也 ②억울할 屈也 ③막을 遏也 ④그칠 止也 ⑤핍박할 逼也 ⑥덜릴 損也 ⑦물러갈 退也 ⑧삼갈愼密貌
【抑强扶弱】(억강부약) 강자를 억누르고 약자를 붙잡아 줌
【抑留】(억류-ヨクリュウ) 억지로 만류함。 무리하게 가두어 둠
【抑勒】(억륵-ヨクロク) 억제(抑制)
【抑買】(억매-ヨクバイ) 남의 물건을 억지로 사들임
【抑賣】(억매-ヨクバイ) 제 물건을 억지로 팔려고 함
【抑損】(억손-ヨクソン) 거만한 마음을 억제하고 겸손함
【抑壓】(억압-ヨクアツ) 억누름
【抑揚】(억양-ヨクヨウ) ①혹은 억누르고 혹은 찬양함 ②혹은 얕게하고 혹은 높게함 ③거문고의 음조(音調)를 누르기도 하고 올리기도함 ④혹은 헐어 말하고 혹은 칭찬함 ⑤시세를 형편을 따라 행동함
【抑鬱】(억울-ヨクウツ) ①원통하여 가슴이 답답함 ②죄가 없이 누명을 씀
【抑冤】(억원) 억울하고 원통함
【抑制】(억제-ヨクセイ) 눌러서 못일어나게 함。 억지로 못하게 함
【抑奪】(억탈-ヨクダツ) 억지로 빼앗음
【抑何心腸】(억하심장) 대체 무슨생각인지 그 마음을 알기 어렵다는 뜻

【折】 절 セツ、おる break 屑

①꺾을 拗也 ②결단할 斷也 ③휠曲也 ④굽힐 屈也 ⑤욱박지를 挫也 ⑥헐 毁也 ⑦알맞을 ⑧일찍 죽을 夭也 (설) 부러질 (제) 천천할

【折價】 (절가) ①물가를 작정함 ②값을 깎음。에누리를 함

【折骨】(절골-セッコツ) 뼈가・부러짐

【折柳】(절류-セツリュウ) ①버들 가지를 꺾음 ②사람을 배웅하여 이별 하는 일

【折半】(절반-セツハン) 하나를 반으로 자른 것

【折本】(절본-セッポン) 본전을 밑짐

【折死】(절사) 일찍 죽음

【折辭】(절사) 남의 말을 꺾음

【折傷】(절상-セッショウ) 중상을 입어 뼈가 부러짐

【折中】(절중-セッチュウ) 절충(折衷)

【折枝】(절지-セッシ) ①가지를 꺾음 ②그림으로 그린 화초

【折跌】(절질) 다리가 부러짐

【折草】(절초) 풀을 벰

【折衷】(절충-セッチュウ) 이것 저것을 취사(取捨)하여 그 적당한 것을 가짐。절중(折中)

【折衝】(절충-セッショウ) ①외교상의 담판 ②적이 쳐들어 오는 것을 막음

【抓】 조 ソウ、つねる scratch 巧

①움킬 搯也 ②긁을 搔也

【抄】 초 ショウ、ソウ、うつす copy 肴 ㄔㄠ ch'ao'

①베낄 謄寫 ②가릴 取也 ③책제목 寫錄之目 ④노략질할 略— ⑤차갈 掠也

【抄啓】(초계-ショウケイ) 인재를 선택하여 상주(上奏)함

【抄略】(초략-ショウリャク) 빼앗음

【抄錄】(초록-ショウロク) 소용될만한 것만 뽑아서 적음

【抄本】(초본-ショウホン) 문서의 일부분을 빼내어 쓴 것

【抄輯】(초즙) 간략하게 줄거리만 가려 모은 기록

【抄出】(초출-ショウシュツ) ①골라 냄 ②대강을 베낌

【抄筆】(초필-ショウヒツ) 잔글씨를 쓰는 작은 붓

【投】 투 トウ、なげる throw 尤 ㄊㄡ t'ou²

①던질 擲也 ②줄 贈也 ③버릴棄也 ④나아갈 進也 ⑤의탁할 託也

【投江】(투강) 물건을 강속에 던짐

【投稿】(투고-トウコウ) 신문・잡지 등에 원고를 보냄

【投棄】(투기-トウキ) 던져 버림

【投機】(투기-トウキ) ①기회를 타서 큰 이익을 보려는 것 ②성패(成敗)의 요량이 없이 요행(僥倖)을 바라는 행위

【投賣】(투매-なげうり) 턱없이 싸게 팔음

【投命】(투명-トウメイ) 목숨을 버림

【投梭】(투사) 여자에게 거절을 당함

【投射】(투사-トウシャ) 소리나 빛 따위가 다른 물질의 경계 면에 부딪침

【投書】(투서-トウショ) ①이름을 감추고 편지를 보냄

【投石】(투석-トウセキ) ①돌을 던짐 ②돌에다 내던짐

【投手】(투수-トウシュ) 야구에서 중앙의 위치에 있어서 공을 던지는 사람

【投宿】(투숙-トウシュク) 여관에서 잠。묵음

【投身】(투신-トウシン) ①몸을 물속에 던져 들어가게 함 ②사물에 관계함

【投影】(투영-トウエイ) ①물체를 비치는 그림자 ②물체를 어떠한 정점에서 본 형상의 평면도

【投影法】(투영법-トウエイホウ)물체를 어떤 점에서 보는 형상을 평면도로 그리는 법

【投獄】(투옥-トウゴク) 옥중에 가둠

【投入】(투입-トウニュウ) 정한 인원 밖의 사람을 더 넣음

【投者】(투자-トウシャ) 투수(投手)

【投刺】(투자-トウシ) ①명함을 통함 ②명함을 던져버림。세상일과 교섭을 끊음

【投資】(투자-トウシ) 밑천을 냄
【投足】(투족-トウソク) 발을 들여놓음
【投槍】(투창-トウソウ) 넓이가 세치 가량 되는 창을 던지는 운동경기
【投擲】(투척-トウテキ) 던짐
【投票】(투표-トウヒョウ) 선거 또는 일의 채택 등에 여러 사람의 생각대로 자기가 선거하고자 하는 사람의 성명, 또는 자기 의사를 글자 혹은 표로 써서 일정한 곳에 제출함
【投筆】(투필-トウヒツ) 붓을 던져 버린다는 뜻이니, 문필에 종사하지 아니함
【投下】(투하-トウカ) 던져 내려보냄
【投翰】(투한-トウカン) 붓을 던짐
【投降】(투항-トウコウ) 적에게 항복함
【投壺】(투호-トウコ) 병을 뜰이나 방에 놓아 두고 두 사람이 상대하여 화살을 던져넣는 놀이
【投揮】(투휘) 물건을 휘두름

【把】파 ハ、にぎる grasp 馬 ㄅㄚˇ pa³·⁴
①잡을 持也執也 ②줄 握也 ③헤칠 播也
【把守】(파수) ①경계하고 지킴 ②번차례로 지킴
【把守軍】(파수군) 지키고 경계하는 「사람
【把守幕】(파수막) 파수를 보고 있는 곳
【把守兵】(파수병) 파수를 보는 병정
【把握】(파악-ハアク) 잡음。또 어떠한 일을 잘 이해함
【把住】(파주) ①마음 속에 간직하여 둠 ②기왕의 경험으로 얻은 감각을 오래 의식 속에 가지고 있어서 때때로 이것을 재현시킬 수 있는 심리작용
【把持】(파지-ハジ) 쥐고 있음

【抗】항 コウ、はむかう resist 漾 ㄎㄤˋ k'ang⁴
①막을 捍也 ②겨룰 敵也 ③막설 拒也
【抗拒】(항거-コウキョ) 대항함
【抗告】(항고-コウコク) 관청의 명령 또는 처분에 대하여 그 상급 관청에 번복을 상소함
【抗禮】(항례-コウレイ) ①대등의 예를 다함 ②평등의 교제
【抗論】(항론-コウロン) 대항하여 의론함
【抗辯】(항변-コウベン) 서로 버티고 변론함
【抗禦】(항어-コウギョ) 대항하여 막음
【抗言】(항언-コウゲン) 대항하는 말
【抗議】(항의-コウギ) 반대하여 의견을 주장함
【抗爭】(항쟁-コウソウ) 대항하여 다툼
【抗敵】(항적-コウテキ) 대적함。반항함
【抗戰】(항전-コウセン) 버티고 싸움
【抗衡】(항형-コウコウ) 서로 대항하고 지지 아니함。서로 버티고 있음

【扱】급 ソウ、キュウ、おさめる gather 緝
①거둘 收也 斂取(삽) 걷어가질 ②가질 取也 ③짚을 拜手至地 ④들 擧也

【択】擇(手部 十三畫)略字

【五 畫】

【拒】거 キョ、ク、こばむ refuse 語 ㄐㄩˋ chü⁴
①막을 막설 捍也 禦也 ②다달을 抵也 ③다닥칠 格也 (구) 진이름 陳名
【拒否】(거부-キョヒ) 아니라고 거절함
【拒逆】(거역-キョキャク) 명령을 어김
【拒戰】(거전-キョセン) 막아 싸움
【拒絕】(거절-キョゼツ) 물리침。받지 아니함。듣지 아니함。끊음

【拑】겸 カン、ケン、つぐむ shut onei mouth 鹽 ㄑㄧㄢˊ ch'ien²
자갈먹일 脅持
【拑口】(겸구-カンコウ) 입을 다물음

【拐】괴 カイ、かどわかす allure 蟹 ㄍㄨㄞˇ kuai³
후릴 誘也
【拐帶】(괴대-カイタイ) ①물건을 몰래 훔쳐 달아남 ②위탁받은 물건을 가지고 도망감
【拐兒】(괴아-カイジ) 남을 속이는 사람

【拘】구 コウ、ク、とらえる hold 虞 ㄐㄩ chü¹
①잡을 執也 ②거리낄 曲礙
【拘檢】(구검-コウケン) 언행을 구속하고 타이름
【拘拘】(구구-コウコウ) 얽맴
【拘禁】(구금-コウキン) 죄인의 자유를 구속함
【拘忌】(구기-コウキ) 사위함。꺼림
【拘杞子】(구기자) 구기자나무의 열매
【拘拿】(구나) 죄인을 잡음
【拘泥】(구니-コウデイ) 얽맴
【拘攣】(구련-コウレン) 수족이 굽어서 자유를 잃어버리는 병
【拘禮】(구례-コウレイ) 예의에 얽매여 변통할 수 없음
【拘留】(구류-コウリュウ) ①잡아 가둠 ②죄인을 가두어 두는 형벌
【拘留狀】(구류장-コウリュウジョウ) 형사 피고인을 구류할 때 내는 영장
【拘俗】(구속-コウゾク) 세속에 얽매임
【拘束】(구속-コウソク) ①자유를 제한함 ②구인(拘引)하여 속박함
【拘囚】(구수-コウシュウ) ①구금 ②잡히어 갇힌 사람
【拘礙】(구애) 거리낌。걸림
【拘引】(구인-コウイン) ①죄인을 잡아 끌고 감 ②법원에서 심문하기 위하여 강제로 출두시킴
【拘引狀】(구인장-コウインジョウ) 예심판사가 사람을 구인하기 위하여 내는 영장
【拘致】(구치) 구속하여 유치함

【拏】나 ダ、ナ、とらえる arrest
①잡을 拘捕 ②연좌할 罪相連引 (녀)맞당길 相牽引
【拏捕】(나포-ダホ) 잡음
【拏獲】(나획-ダカク) 잡음。맞잡음

【拈】점 デン、ネン、つまむひねる pick 琰
집을 말 指取物 (념)
【拈出】(염출) 끄집어냄
【拈華微笑】(점화미소) 석가가 연꽃을 제자에게 보였으나 아무도 그 뜻을 해득하는 자 없고 가엽(迦葉)만이 홀로 미소하였음。석가는 여기서 불교의 진리를 받았다는 옛일에서 이심전심(以心傳心)의 묘처를 말함

【担】단 タン、になう lift 旱 ㄉㄢˇ tan¹·⁴
①칠 擊也 ②떨칠 拂也 (담)擔(걸)번쩍들 軒擧一橋
【担當】(담당-タントウ) 맡음

【拉】랍 ラツ、ロウ、くじく crusk 合 ㄌㄚ la¹·²·³
①꺾을 摧折 ②바람휘불 風聲
【拉致】(납치-ラチ·ラッチ) 강제 수단을 써서 억지로 데리고 감

【抹】말 マツ、バツ、なでる eraes 曷 ㄇㄛˇ mo³·⁴
①바를 塗也 ②지울、뭉갤 搬滅也 塵一
【抹去】(말거) 지워버림。뭉개 버림
【抹殺】(말살-マツサツ) 뭉개어 없어지게 함。아주 지워 버림
【抹消】(말소-マッショウ) 지워 버림。뭉개어 버림

【拇】무 ボ、ボウ、おやゆび thumb 有 ㄇㄨˇ mu³
엄지손가락 手大指
【拇印】(무인-ボイン) 엄지손가락으로 찍는 지장(指掌)
【拇指】(무지-ボシ) 엄지 손가락

【拍】박 ハク、ヒョウ、たたく applaud 陌 ㄆㄞ p'ai¹
①칠 搏也 ②손벽칠一手
【拍手】(박수-ハクシュ) 손벽침。
【拍手喝采】(박수갈채-ハクシュカッサイ) 두 손뼉을 치고 떠들며 칭찬하는 것
【拍子】(박자-ヒョウシ) 음악 곡조 진행의 시간을 헤아리는 단위
【拍掌】(박장) 손뼉을 침。박수(拍手)
【拍張】(박장) 맨손으로 결투하는 유희

【拌】반 ハン、すてる abandon 旱 ㄅㄢˋ pan⁴
버릴 捐棄

【拔】발 バツ、ぬく pull out

①뺄 抽也 ②덜어버릴 除也 ③빠를 疾也 ④돌아올 廻也 ⑤가릴 擢也 茷通 (패) 휘어꺾을 拂取

【拔角脫距】(발각탈거) 짐승의 뿔을 빼고、닭의 볏을 자른다는 말이니 적의 무기를 탈취함의 비유

【拔去】(발거) 빼어 버림

【拔劍】(발검-バッケン) 칼을 뺌

【拔群】(발군-バッグン) 여럿 속에서 뛰어남

【拔根】(발근-バッコン) 사물의 뿌리를 뽑아버림

【拔起】(발기) 졸지에 일어남

【拔錨】(발묘-バツビョウ) 닻줄을 감아 올림。배를 떠나게 함

【拔本】(발본-バッポン) ①장사를 하여 밑천을 뽑음 ②근본을 뽑아 버림

【拔本塞原】(발본색원-バッポンソクゲン) 피해의 근본을 빼서 버림

【拔萃】(발췌-バッスイ) ①여럿 속에서 뛰어남 ②책속의 중요한 것을 뽑아 냄

【拜】 배 ハイ、おがむ bow 卦 ㄅㄞˋ pai⁴

①절 兩手下稽首 ②굴복할 服也 ③벼슬줄 授官

【拜啓】(배계-ハイケイ) 절하고 뵈옴

【拜觀】(배관-ハイカン) 배견(拜見)

【拜見】(배견-ハイケン) 삼가 봄。뵈옴

【拜跪】(배궤-ハイキ) 절하여 무릎을 꿇음

【拜金主義】(배금주의-ハイキンシュギ) 금전을 절대무상의 것으로 숭배하는 주의

【拜讀】(배독-ハイドク) 공경하여 읽음

【拜禮】(배례-ハイレイ) 절함

【拜命】(배령-ハイメイ) ①웃 사람의 명령을 받자옴 ②관직을 삼가받음

【拜聞】(배문-ハイブン) 공경하는 마음으로 삼가 들음

【拜別】(배별-ハイベツ) 작별의 높임말

【拜伏】(배복-ハイフク) 엎드려 절함

【拜辭】(배사-ハイジ) ①삼가 작별을 고함 ②삼가 사절함

【拜謝】(배사-ハイシャ) 삼가 사례함

【拜上】(배상-ハイジョウ) 절하고 올림

【拜席】(배석-ハイセキ) 의식(儀式)때에 절하는 곳에 까는 돗자리

【拜手】(배수-ハイシュ) 공수하고 배례함

【拜受】(배수-ハイジュ) 받잡음

【拜授】(배수-ハイジュ) 벼슬을 내려줌

【拜承】(배승-ハイショウ) 절하는 마음으로 받자옴

【拜顏】(배안-ハイガン) 만나 뵈옴

【拜謁】(배알-ハイエツ) 뵈옴

【拜呈】(배정-ハイテイ) 절하고 드림

【拜趨】(배추-ハイスウ) 귀인 앞으로 달려 이름의 존대

【拜披】(배피) 삼가 편지를 공손히 폄

【拜賀】(배하-ハイガ) 삼가 하례함

【拜火敎】(배화교-ハイカキョウ) 불을 섬기는 교。페르시 아나라에 있음

【拚】 번 ヘン、うつ、ひるがえる fluttering 元 ㄈㄢˊ fan²

날 飛也 飜同 (변) 손춤출 附手舞貌 抃同 (분) 버릴 棄也

【拊】 부 フ、うつ、なでる stroke 麌 ㄈㄨˇ fu³

①어루만질 揗也 ②두드릴 擊也

【拂】 불 フツ、ホツ、はらう shake 物 ㄈㄨˊ fu²

①떨칠 擊而過之 ②씻어버릴 拭除 ③어길 違戾 ④거스릴 逆也 ⑤총채 ―塵具 (필) 도울 輔也

【拂去】(불거) 떨어 버림。소제함

【拂拭】(불식-フッショク) ①떨고 훔침 ②군주의 총애를 입음 (그릇을 쓸때는 반드시 먼저 먼지를 떨어버린다는 뜻)

【拂子】(불자-ホッス) 총채

【拂士】(필사-ヒッシ) 군주를 돕는 현인

【押】 압·(갑) オウ、コウ、おす press 洽 ㄧㄚ yai⁴

①잡도리할 檢束 ②수결둘 署也 ③운달 用韻 누를 按也 ④도울 輔也

【押交】(압교) 죄인을 압송하여 넘김

【押領】(압령-オウリョウ) ①죄인을 데리고 옴 ②물건을 호송함 「송함

【押上】(압상) 죄인을 상급관아로 압

【押署】(압서-オウショ) 도장을 찍고 이름을 씀

【押送】(압송-オウソウ) 죄인을 타처로 보냄
【押收】(압수-オウシュウ) 차압하여 들임
【押韻】(압운-オウイン) 같은 운자(韻字)를 써서 시를 지음
【押釘】(압정) 손가락으로 눌러 박는 대강이가 크고 납작한 쇠못

【扼】액 ヤク、にぎる hold 陌 ㄜˋ è
①잡을 把也 ②쥘 握也 ③꺾을 抑也

【拗】요 ヨウ、オウ、くじく pluck 巧 ㄠˇ ao
①꺾을 手拉折 ②우김성 心戾㨎也
【拗强】(요강-ヨウキョウ) 빼겨 우겨냄
【拗怒】(요노-ヨウド) 노염을 억누름

【抵】저 テイ、いたる reach 紙 ㄉㄧˇ ti
①다달을 致也 ②닥드릴 觸也 ③당할 當也 ④막을 拒也 ⑤던질 擲也 ⑦씨름 技戲角ㅡ ⑧대저 大ㅡ (지) 칠 擊也
【抵達】(저달) 도달함
【抵當】(저당-テイトウ) ①저항함 ②채무의 담보물
【抵死】(저사-テイシ) 죽기를 작정하고 저항함
【抵觸】(저촉-テイショク) ①서로 닿아 범함 ②서로 스쳐감。서로 모순됨
【抵抗】(저항-テイコウ) 대항함。반항함

【拙】졸 セツ、つたない bad 屑 ㄓㄨㄛˊ chuo
①못날 不巧 ②무딜 物屈不用
【拙計】(졸계-セツケイ) 졸렬한 계략
【拙稿】(졸고-セツコウ) 자기가 쓴 원고의 낮춤말
【拙工】(졸공-セッコウ) 기술이 남보다 못한 직공
【拙衲】(졸납) 중의 자칭
【拙訥】(졸눌) 재주가 용열하고 말을 더듬거림
【拙劣】(졸렬-セツレツ) 재주가 없음。용열함
【拙論】(졸론-セツロン) 용렬한 언론
【拙陋】(졸루-セツロウ) 용렬하고 비열함
【拙妄】(졸망) 졸렬하고 잔망함
【拙謀】(졸모-セツボウ) 졸렬한 계략
【拙文】(졸문-セツブン) ①잘 짓지 못한 글 ②자기가 지은 글을 낮추어 하는 말
【拙甫】(졸보) 아무 재주가 없는 사람의 다른 이름。좀팽이
【拙誠】(졸성) 용렬한 정성 「業)
【拙業】(졸업-セツギョウ) 졸렬한 생업(生
【拙愚】(졸우-セツグウ) 용렬하고 어리석음 「말
【拙意】(졸의-セツイ) 자기 의견의 낮춤
【拙者】(졸자-セッシャ) ①재능이 없고 용렬한 사람。지식이 적은 사람 ②자기를 낮추어 일컫는 말
【拙作】(졸작-セツサク) ①보잘 것 없는 작품 ②자기의 작품의 낮춤 말
【拙丈夫】(졸장부) ①쾌활하지 못한 남자 ②용렬한 사내
【拙著】(졸저-セッチョ) 졸작(拙作)
【拙直】(졸직-セッチョク) 성질이 고지식하여 조금도 변통성이 없음
【拙策】(졸책-セッサク) 졸렬한 계책
【拙妻】(졸처-セッサイ) 자기의 아내
【拙筆】(졸필-セッピツ) ①졸렬한 문장 ②자기의 필적의 낮춤말 「춤말
【拙荊】(졸형-セッケイ) 자기 아내의 낮

【拄】주 チュ、シュ、ささえる support 麌 ㄓㄨˇ chu
①버틸 撑持 ②막을 拒也 ③손가락질할 從旁指 「받침
【拄頰】(주협-シュキョウ) 두 손으로 뺨을

【拆】탁 タク、さける crack 陌 ㄔㄞˋ ch'ai
①터질 裂也 ②열릴 開也
【拆裂】(탁렬-タクレツ) 쪼갬。쪼개어 깨뜨림

【招】초 ショウ、まねく invite 蕭 ㄓㄠ chao
①불러올 來之 ②손짓 手呼 ③구할 求也 (교)들 擧也 揭也
【招去】(초거) 불러감 「함
【招待】(초대-ショウタイ) 불러다가 대접
【招待券】(초대권-ショウタイケン) 초대하는 뜻으로 내는 입장권

【招來】(초래-ショウライ) 불러옴。 초치
【招募】(초모-ショウボ) 불러 모음。 의병을 모음
【招撫】(초무-ショウブ) 백성을 불러 모아 안심시킴
【招聘】(초빙-ショウヘイ) 예로써 사람을 맞음
【招辭】(초사-ショウジ) 죄인이 범죄사실을 진술함
【招壻】(초서) ①데릴사위 ②사위를 얻음
【招邀】(초요-ショウヨウ) 불러서 맞음。 연회(宴會)에 부름
【招引】(초인-ショウイン) ①불러옴 ②사람을 끌음。 유인함
【招人】(초인) 남을 꾀여서 끌어냄
【招人種】(초인종) 사람을 부르는 신호로 울리게 하는 종
【招入】(초입) 불러 들임
【招出】(초출) 불러냄
【招提】(초제-ショウダイ) 절。 사찰(寺刹)
【招請】(초청-ショウセイ) 청하여 부름
【招致】(초치-ショウチ) 불러서 이르게 함
【招呼】(초호-ショウコ) 부름
【招魂】(초혼-ショウコン) 죽은 사람의 혼을 불러오는 것

【抽】 추 チュウ、ぬく abstract 尤 ㄔㄡ ch'ou'
①뺄 拔也 ②당길 引也 ③거둘 收也

【抽拔】(추발-チュウバツ) 골라서 추려냄
【抽利】(추리) 이익을 계산함
【抽象】(추상-チュウショウ) 낱낱이 다른 구상적 관념(具象的 觀念) 속에서 공통되는 부분을 빼내어 이를 종합 통일하여 다시 새로운 관념을 만드는 심리작용
【抽象美】(추상미-チュウショウビ) 추상적으로 유별한 미。 곧 그 종류에 공통되는 특유한 미
【抽身】(추신) 바쁜 중에 몸을 뺌
【抽籤】(추첨-チュウセン) 제비를 뽑음
【抽出】(추출-チュウシュツ) 뽑아냄。 빼냄

【拖】 타 タ、ひく draw 歌 ㄊㄨㄛ t'uo'
①끌 曳也 ②당길 引也
【施曳】(타예) 끌음

【拓】 탁 タク、ひらく cwltivate 藥 ㄊㄨㄛ t'uo'
①헤칠 斥開 ②밀칠 手推物 ③낙척할 不遇落ㅣ (척) 주울 拾也
【拓殖】(척식-タクショク) 어떤 곳에 이주하여 그 땅을 개척하는 것
【拓地】(척지-タクチ) 강토를 개척함
【拓本】(탁본-タクホン) 금석(金石)에 새긴 글씨나 그림을 그대로 박아낸 종이

【抱】 포 ホウ、だく embrace 號 ㄅㄠ pao'
①안을 품을 懷持 ②아람 圍也 ③낄 挾也 ④알안을 伏鷄
【抱病】(포병) 몸에 늘 지닌 병
【抱腹】(포복-ホウフク) 아주 우스워서 배를 안고 웃음
【抱負】(포부-ホウフ) ①물건을 안는 것과 지는 것 휴대함 ②마음에 품은 생각。 학식이 있는 자신。 꾀
【抱孫】(포손) 손자를 봄。 손주가 생김
【抱玉】(포옥-ホウギョク) 옥(玉)을 안고 있음。 즉 마음에 지덕을 품고 있음
【抱擁】(포옹-ホウヨウ) 품에 안음
【抱寃】(포원) 원한을 품음
【抱才】(포재) 재주가 있음。 품은 재주
【抱合】(포합-ホウゴウ) ①서로 껴안음 ②화합(化合)

【抛】 포 ホウ、なげうつ throw
①던질 擲也 ②버릴 棄也
【抛棄】(포기-ホウキ) 내던짐。 버림
【抛物線】(포물선-ホウブツセン) 중심을 가지지 않는 원추곡선(圓錐曲線)
【抛擲】(포척-ホウテキ) ①내던짐 ②돌아보지 않음
【抛置】(포치-ホウチ) 버려둠

【披】 피 ヒ、ひらく turn up 支 ㄆㄧ p'i
①헤칠 開也 ②나눌 分也 ③찢어질 裂也 ④쓸어질 震伏貌ㅡ靡 ⑤흩을 散也

【披見】(피견-ヒケン) 헤쳐 봄。열어 봄
【披襟】(피금-ヒキン) 본심을 털어 놓음。흉금을 털어 놓음
【披瀝】(피력-ヒレキ) 조금도 숨기지 않고 죄다 말함
【披露】(피로-ヒロ) 일반에게 알림。광「고
【披靡】(피미-ヒビ) ①초목이 바람에 불리어 쓰러져 흔들림 ②남의 위력에 눌리어 굴복함
【披髮】(피발-ヒハツ) 머리를 풀어 헤침
【披針】(피침)곪은 데를 째는 침。바소
【披針形】(피침형) 바소와 같은 형상

【六 畫】

【挌】격 カク、キャク、うつ beat 陌 ㄍㄜˊ kê²
①칠 擊也 ②들 擧也
【挌鬪】(격투-カクトウ) 서로 맞붙어서 싸움

【挈】계 ケイ、ケツ、ひっさく break 霽
①이지러질 缺也 ②거북점칠 燃火灼龜 (설) ①끌 提也 ②달아올릴 懸持

【拷】고 コウ、ゴウ、うつ whip 皓 ㄎㄠˇ k'ao³
매때릴 打也
【拷掠】(고략-コウリャク) 속여서 빼앗음
【拷問】(고문-コウモン) 죄인의 몸에 고통을 주어 가며 심문함
【拷訊】(고심-コウジン) 고문(拷問)

【拱】공 キョウ、ク、こまねく fold one's arms 腫 ㄍㄨㄥˇ
①팔짱낄 斂手 ②손길 맞잡을 兩手大指合桂 ③아람 兩手合把
【拱木】(공목-キョウボク) ①아람드리 나무 ②무덤 주위에 있는 나무
【拱手】(공수-キョウシュ) ①공경하는 뜻을 표하기 위하여 두손을 합함 ②팔짱낌。아무 일도 아니함
【拱辰】(공신) 모든 백성이 임금의 덕화(德化)에 북종함
【拱把】(공파-キョウハ) 한줌。또 그만큼 (拱은 두 손으로 쥔 것、把는 한 손으로 쥔 것)

【括】괄 カワツ、くくる wrap 曷 ㄍㄨㄚ kua¹
①쌀 包也 ②맺을 結也 ③이를 致也 ④궁구할 根刷 ⑤오늬 矢末 (활) ①닫을 閉也 ②모둘 會也
【括囊】(괄낭-カツノウ) ①주머니 아구리를 맴 ②입을 다물고 말을 않음
【括髮】(괄발) 상제가 성복(成服)전에 풀었던 머리를 묶어 맴
【括約】(괄약-カツヤク) ①모아서 한데 합함 ②벌어진 것을 오무러지게 함
【括約筋】(괄약근-カツヤクキン) 입·눈·요도·홍문 등의 구멍 끝을 벌렸다 오무렸다 하는 고리 형상의 근육
【括弧】(괄호-カッコ) 숫자 또는 문장의 일부분을 타부분과 분명하게 가르기 위하여 쓰는 부호 곧 ( ) 「 」 따위

【挂】괘 ケイ、カイ、かける hang 卦 ㄍㄨㄚˋ kua
①걸 懸也 ②그림족자 畫也 ③살촉 矢鏃剛—
【挂鏡】(괘경-ケイキョウ) 기둥·벽등에 걸어 두고 보는 거울
【挂冠】(괘관-ケイカン) 벼슬을 내놓음
【挂曆】(괘력-ケイレキ) 벽에 걸어 놓고 보는 일력
【挂榜】(괘방) 방을 써붙임
【挂錫】(괘석-カシャク·ケイシャク) 석장(錫杖)을 걸어둠。중이 한 곳에 머무름
【挂鍾】(괘종) 걸어두고 보는 시계

【挍】교 コウ、キョウ、はかる examine 效 ㄐㄧㄠˋ chiao⁴
①검사할 檢也 ②상고할 考也 ③교계할 計量

【拳】권 ケン、こぶし fist
①주먹 屈手 ②마음에 품을 奉持貌 ③부지런할 勤懇 ④근심할 憂也 —
【拳拳服膺】(권권복응-ケンケンフクヨウ) 마음에 두고 정성껏 지킴
【拳栢】(권백) 부처손
【拳匪】(권비) 청대(消代) 비밀결사의 하나。의화단(義和團)
【拳書】(권서-ケンショ) 붓을 쓰지 않고

주먹으로 먹을 찍어 글씨를 쓰는 것 또 그 글씨

【拳勇】(권용-ケンユウ) 완력(腕力)이 있음

【拳統】(권총-ケンジュウ) 피스톨。 단총(短統)

【拳鬪】(권투-ケントウ) 두사람이 주먹으로 서로 치고 막고 하는 서양식의 격투법

【拮】길 キツ、ケツ、もつ hard toil 屑 ㄐㄧㄝ chieh² 길거할 手口共作—据 (결) 義同

【拮据】(길거-キッキョ) ①손과 눈이 함께 동작함。 바쁘게 일함 ②물건 값을 줌

【挑】도 チョウ、トウ、はねる jump 豪 ㄊㄠ t'iao¹ 뛸 輕儇跳躍貌 (서) 절구 抒物器 (조) ①돋울 引調 ②희롱할 弄也 ③뽑을 揀選取也 ④멜 肩荷

【挑燈】(도등-チョウトウ) 등불을 돋움

【挑發】(조발-チョウハツ) 들추어 내어 일으킴

【挑戰】(조전-チョウセン) 싸움을 돋움。 부추김

【挑出】(도출) 시비를 끌어 내거나 돋아냄

【拾】습 シュウ、ジュウ、ひろう gather 緝 ㄕ shih² ①주울 掇也 ②거둘 收也 ③팔찌 射韝 (십) 十·什同 (겁) 다시 更也 (섭) 건널 涉也

【拾級】(습급-シュウキュウ) 계급이 한자리씩 차례로 오름

【拾得】(습득-シュウトク) 주움。 주워 가짐

【拾遺】(습유-シュウイ) ①잃어버린 물건을 주움。 빠진 글을 채움 ②벼슬이름

【拭】식 ショク、シキ、ぬぐう wipe ①닦을 씻을 揩也 ②다듬을 刷也

【拭目】(식목-ショクモク) 눈을 씻고 자세히 봄

【拭拂】(식불-ショクフツ) 떨고 씻음

【按】안 アン、おさえる press 翰 ㄢ an⁴ ①어루만질 撫也 ②안험할 驗也 ③누를 抑也 ④살필 察也 ⑤행실할 勠也 ⑥그칠 止也 ⑦당길 控也 (알) 막을 捺也

【按檢】(안검-アンケン) 조사함

【按劍】(안검-アンケン) 칼자루를 손에 댐

【按劍相視】(안검상시-アンケンあいみる) 서로 원수같이 봄

【按擔】(안담) 책임을 짐

【按堵】(안도-アンド) 있는 곳에 편안히 있음

【按摩】(안마-アンマ) 몸을 두드리고 누르고 주물러서 기계적 방법에 의하여 근육을 바로 잡고 혈액이 잘 순환하게 함

【按脈】(안맥-アンミャク) 의사가 병자의 맥을 진찰함

【按撫】(안무-アンブ) 민정을 살피어 위

【按問】(안문-アンモン) 법을 상고하여 섬문함

【按排】(안배-アンバイ) 정돈하여 배치함

【按殺】(안살-アンサツ) 죄를 조사하여 죽임

【按手】(안수) 기독교에서 기도할 때에 그 기도를 받는 사람의 머리 위에 손을 얹고 축복하는 의식

【按察】(안찰-アンサツ) 조사하여 바로잡음

【按驗】(안험-アンケン) 보살핌。 조사하여 증거를 세움

【拽】예 エイ、エツ、ひく braw 霽 ㄓㄨㄞ chuai⁴ 당길 引也 曳同 (열) 끌 拖也

【拯】증 ショウ、たすける help 迥 ㄓㄥ chêng³ ①도울 助也 ②구원할 救也 ③건질 援也

【持】지 ジ、チ、もつ hold 支 ㄔ ch'ih² ①가질 執也 ②보존할 保也

【持劍】(지검) 칼을 짐

【持戒】(지계-ジカイ) 불교의 다섯가지 계명을 지킴

【持久】(지구-ジキュウ) 오래 가짐。 오래 끌음。 오래 걸림

【持難】(지난) 일을 밀어가고 하지 아니함

【持論】(지론-ジロン) 결심하고 지키는

의견

【持斧伏闕】(지부복궐) 썩 곤란한 일에 대하여 상소할 때 결사의 각오로 도끼를 가지고 궐하에 나아가 엎드림

【持說】(지설-ジセツ) 자기의 의견을 굳게 지킴

【持續】(지속-ジゾク) 길게 계속함

【持重】(지중-ジチュウ) 가볍게 다루지 아니함

【持參】(지참-ジサン) 가지고 감。가지고 옴

【持平】(지평-ジヘイ) 공평하여 한쪽으로 치우치지 아니함

【指】지 シ、ゆび fingers 紙 chih³ ①손가락 手足端 ②가르칠 示也 ③뜻 歸趣

【指窠】(지과) 벼슬하는 사람이 빈 벼슬자리 중에서 자기가 희망하는 자리를 고름

【指南】(지남-シナン) ①가르침。지도 ②가리킴。지침 ③안내함

【指南石】(지남석) 자석

【指南針】(지남침) 지남철

【指導】(지도-シドウ) 가르쳐 인도함

【指東指西】(지동지서) 일을 의논하는데 이러쿵 저러쿵 함

【指頭】(지두-シトウ) 손가락의 끝

【指頭書】(지두서-シトウショ) 손가락 끝으로 쓴 글씨

【指令】(지령-シレイ) ①상급관리의 명령 ②백성의 청원에 대하여 내리는 관청의 통지。또는 명령 ③조합(組合)。또는 당(黨)의 중앙위원회에서 내리는 구체적 활동 방침에 관한 명령

【指路】(지로) 길을 가르쳐 줌。길을 인도함

【指名】(지명-シメイ) 이름을 지적함

【指鹿爲馬】(지록위마) 어른을 속이고 위세를 마음대로 하는 것을 가리키는 말。진(秦)나라 조고(趙高)가 二세 황제에게 말을 바치어 사슴이라 일컫고 군신 중에서 사슴이 아니고 말이라고 하는 자를 벌한 옛일에서 나온 말

【指目】(지목-シモク) 사물의 이름을 지정함

【指紋】(지문-シモン) 손가락의 안쪽에 있는 물결 같은 금。또 그것으로 눌러 찍은 형적(形跡)

【指紋法】(지문법-シモンホウ) 범죄인의 지문을 검사하여 그 전과의 유무를 알아보는 방법

【指腹爲婚】(지복위혼) 아이를 배고 낳기 전에 혼인을 정함

【指事】(지사-シジ) 한문글자의 육서(六書)의 하나。그 자형(字形)이 바로 그 뜻을 나타내는 것。곧 (一·二·上·下字) 따위

【指示】(지시-シジ) 지적하여 교시함。가리켜 보임

【指要】(지요-ショウ) 중요한 뜻

【指日可期】(지일가기) 다른 날 성공할 것을 꼭 믿음

【指章】(지장-シショウ) 손가락으로 도장 대신 찍는 인(印)

【指摘】(지적-シテキ) ①지목함 ②들추어 냄

【指點】(지점-シテン) 손가락으로 가리킴

【指定】(지정-シテイ) 가리켜 정함

【指定詞】(지정사) 사물이 무엇이라고 지정하는데 쓰는 말。이다、아니다 따위

【指嗾】(지주-シソウ) 교사하여 시킴

【指斥】(지척-シセキ) 웃어른의 언행을 지적함

【指天爲誓】(지천위서) 하늘에 맹세함

【指尖】(지첨) 손가락의 끝

【指針】(지침-シシン) ①자석(磁石)의 바늘。자석은 늘 북(北)을 가리켜 방향을 보이므로 남을 가르칠만한 요인

【指彈】(지탄-シダン) 손가락을 튀김。부정한 행실이 있는 사람을 배척함

【指標】(지표-シヒョウ) 방향을 가르키는 목표

【指向】(지향-シコウ) 일정한 방향

【指呼】(지호-シコ) 손가락질하여 부름

【指環】(지환-ゆびわ) 가락지

【指揮】(지휘-シキ) 지시하여 행하게 함

【拶】찰 サツ、せまる approach together 曷

맞닥칠 逼也排ー

【拿】 拏(手部五畫)俗字

【七 畫】

【捆】곤 コン、うつ knock 阮 ㄎㄨㄣˇ k'uen³
①두드릴 ②삼을 織也 (혼) ①취할 取也 ②짤 纂組

【捆縛】(곤박-コンパク) 비틀음。짬

【捃】군 クン、ひろう pick up 問 ㄐㄩㄣˋ chün⁴
주울 拾收ー摭

【捃採】(군채-クンサイ) ①주워서 가짐 ②책가운데서 요긴한 곳을 빼내어 써서 모음

【捏】날 デツ、ネチ、おす press down 屑 ㄋㄧㄝ nieh¹
①꽉누를 搦也 ②주워모을 捻聚 ③꼭찍을 捺也

【捏造】(날조-ネツゾウ) ①흙들을 이겨서 물건의 형상을 만듬 ②남을 모함하기 위하여 터무니 없는 사실을 꾸밈

【捋】랄 ラツ、つまみとる pull out
①쏙쏙 뽑을 以指歷取 ②만질 摩也

【挽】만 バン、ベン、ひく draw 阮 ㄨㄢˇ wan³
①당길 引也 ②상여군 노래ー歌

【挽歌】(만가-バンカ) ①상여군이 부르는 노래 ②애도의 뜻을 표하는노래

【挽引】(만인-バンイン) 끌음。잡아당김

【挽回】(만회-バンカイ) 바로 잡음。회복함

【挨】애 アイ、おす push away 蟹 ㄞ ai¹·²
①밀칠 推也 ②등칠 擊背

【捐】연 エン、すてる throw away 先 ㄐㄩㄢ chüan¹
①버릴 棄也 ②덜 除去 ③덜릴 損也 ④병들어죽을 病死

【捐軀】(연구-みをすつ) 몸을 버림

【捐金】(연금-エンキン) 의연금의 준말

【捐廩】(연름) 구휼하기 위하여 봉록의 일부분을 출연함

【捐補】(연보) 자기의 재산을 내어 남의 부족을 도와줌

【捐世】(연세-エンセイ) 사망의 높임말

【捐助】(연조-エンジョ) 불상한 사람을 도와줌

【捐助金】(연조금-エンジョキン) 연조하는 돈

【挹】읍 ユウ、くむ pull 緝 ㄧˋ i⁴
①잡아다닐 抒也 ②잔질할 酌也

【挹掬】(읍국) 손으로 움킴

【挹酌】(읍작-ユウシャク) 술을 따름

【挺】정 テイ、チョウ、ぬく pull out 迥 ㄊㄧㄥˇ t'ing³
①당길 引也 ②빼어날 拔出 ③너그울 寬也 ④꼿꼿할 直也 또 그 사람

【挺傑】(정걸-テイケツ) 남보다 뛰어남。

【挺立】(정립-テイリツ) ①비여지어 높이 솟음 ②남보다 뛰어남

【挺秀】(정수-テイシュウ) 뛰어남

【挺身】(정신-テイシン) ①남보다 앞서 자진해서 나감 ②솔선함 ③간신히 면함

【挺然】(정연-テイゼン) 뛰어난 모양

【挺戰】(정전-テイセン) 여러 사람보다 자기가 앞서서 싸움

【挺節】(정절-テイセツ) 절개를 굳게 지키고 굴하지 아니함

【挺出】(정출-テイシュツ) 여럿 가운데서 뛰어남

【振】진 シン、ふるう shake off 震 ㄓㄣˋ chen⁴
①진동할 震也 ②떨칠 奮也 ③움직일 動也 ④무던할 仁厚 ⑤정돈할 整也 ⑥거둘 收也 ⑦건질 極也 ⑧발할 發也 ⑨떼지어날 群飛貌

【振救】(진구-シンキュウ) 베풀어 구함

【振起】(진기-シンキ) 용기를 내어 일어남

【振動】(진동-シンドウ) 흔들림。흔듬

【振旅】(진려-シンリョ) 적국에 위엄을 뵈고 군사를 승전한 군대가 대열을 정비하여 돌아오는 것

【振武】(진무-シンブ) 무용(武勇)을 떨침

【振拔】(진발) 가난한 사람을 구제함
【振刷】(진쇄-シンサツ) 지금까지의 나쁜 점을 전부 고쳐서 새롭게 함
【振張】(진장-シンチョウ) 떨쳐-폄
【振作】(진작-シンサク) 떨쳐 일으킴
【振天】(진천-シンテン) 명성이 사방에 떨침
【振替】(대체-ふりかえ) 대체(對替)
【振替口座】(진체구좌-ふりかえコウザ) 진체저금의 예금장부에 사용하는번호
【振駭】(진해-シンガイ) ①놀라서 몸을 떨음 ②물결이 일어남
【振興】(진흥-シンコウ) 떨치어 일어남 떨쳐 일으킴

【捉】착 ソク、サク、とる catch 覺 ㄓㄨㄛ chuo¹
①잡을 握也 ②사로잡을 捕也 ③길 搤也
【捉去】(착거) 잡아감
【捉來】(착래) 잡아옴
【捉送】(착송-ソクソウ) 잡아 보냄 「가둠
【捉囚】(착수-ソクシュウ) 죄인을 잡아
【捉捕】(착포-ソクホ) 잡음

【挫】좌 ザ、くじく crush 箇 ㄘㄨㄛ ts'uo⁴
①꺾을 꺾일 摧折 ②바로잡을 搦也
【挫傷】(좌상-ザショウ) 꺾이어 상함
【挫辱】(좌욕-ザジョク) 굴욕
【挫折】(좌절-ザゼツ) 마음이 꺾임

【捌】팔 ハツ、ハチ、さばく arrange 點 ㄅㄚ pa¹
①나눌 分也 ②개뜨릴 破也 ③칠擊也

【捕】포 ホ、とらえる catch 遇 ㄅㄨ pu³·⁴
잡을 擒捉逮—
【捕擊】(포격-ホゲキ) 포박하게 옥속에 매어둠
【捕鯨】(포경-ホケイ) 고래를 잡음
【捕盜軍士】(포도군사) 포도청의 군졸
【捕盜大將】(포도대장) 포도청의 주장
【捕盜廳】(포도청) 도적 기타 범죄자를 잡는 사무를 맡아 보던 관청
【捕虜】(포로-ホリョ) 사로 잡힌 사람
【捕吏】(포리-ホリ) 죄인을 잡는 사람
【捕縛】(포박-ホバク) 잡아 묶음
【捕繩】(포승) 죄인을 포박하는 노끈
【捕手】(포수-ホシュ・とりて) 베이스볼의 캐처
【捕將】(포장) 포도 대장의 줄인말
【捕捉】(포착-ホソク) 잡음。잡아 부뜸
【捕風捉影】(포풍착영) 바람과 그림자를 잡는다는 뜻 (허망한 언행을 가리키는 말)
【捕獲】(포획-ホカク) 잡음。사로잡음

【捍】한 カン、ふせぐ defend 翰 ㄏㄢ han⁴
①막을 抵也 ②호위할 衛也 ③팔찌 射具— 扞同
【捍塞】(한색-カンソク) 막음

【挾】협 キョウ、はさむ insert 葉 ㄐㄧㄚ chia¹·²
①낄 掖也 ②감출 藏也 ③도울 補也 ④가질 持也 ⑤품을 懷也 ⑥띠 帶也
【挾感】(협감-キョウカン) 감기에 걸림
【挾憾】(협감-キョウカン) 원망을 품음
【挾擊】(협격-キョウゲキ) 양쪽에서 공격함 「침
【挾攻】(협공-キョウコウ) 양쪽에서 끼고
【挾路】(협로-キョウロ) 작은 길
【挾輔】(협보-キョウホ) 도와줌
【挾扶】(협부-キョウフ) 곁에서 부축함
【挾私】(협사) 사정(私情)을 품음
【挾詐】(협사-キョウサ) 간사한 마음을 품음
【挾書】(협서-キョウショ)과거장(科擧場) 안에 몰래 책을 가지고 가던 것
【挾勢】(협세-キョウセイ) 남의 위세를 빙자함
【挾食】(협식) 음식이 체함 「된 병
【挾食傷寒】(협식상한) 상한에 협식이
【挾雜】(협잡) 부정한 행위로 남을 속임
【挾持】(협지-キョウジ) ①양쪽에서 끼고 있음 ②마음에 품고 있음
【挾滯】(협체) 체증

【八 畫】

【据】거 キョ、よる hold 魚 ㄐㄩ chü¹

①가질 持也載搹 ②길거할 手足爲事拮― ③의지할 依也

【掐】겹 コウ、つまむ pinch 洽 ㄑㄧㄚ ch'ia1
꼬집을 瓜刺

【控】공 コウ、ひかえる pull 送 ㄎㄨㄥ k'ung4
①고할 告也 ②당길 引也 ③경마잡을 操制勒止 ④던질 投也 (강) 칠 打也
【控告】(공고-コウコク) 호소하여 고함
【控所】(공소-ひかえしょ) 쉬며 준비하고 있는 곳
【控訴】(공소-コウソ) 제일심(第一審)에 불복하고 다시 상급 재판소에 재심을 청구함
【控除】(공제-コウジョ) 빼 놓음。빼어 버림
【控弦】(공현-コウゲン) 활을 당김。또 환「을 잘 쏘는 병사

【掛】괘 ケイ、カイ、かける hang 卦 ㄍㄨㄚ kua4
걸 懸也
【掛冠】(괘관-ケイカン) 관(冠)을 쓰지 않고 걸어둠。관직을 그만둠。괘관(挂冠)
【掛念】(괘념) 마음에 걸려 잊혀 지지 「아니함
【掛曆】(괘력) 벽에 걸어 놓고 보는 일력
【掛書】(괘서) 익명의 게시문
【掛錫】(괘석-ケイシャク) 석장(錫杖)을 걸어둠。탁발승(托鉢僧)이 얼마동안 머물러 살음。괘석(挂錫)
【掛鍾】(괘종) 걸어 두고 보는 시계

【掬】국 キク、すくう grasp 屋 ㄐㄩ chü2
①움킬 兩手撮物 ②움큼 屈掌

【掘】굴 クツ、ほる dig 物 ㄐㄩㄝ chüeh2
①팔 搰也 ②굴팔 穿地 ③우뚝할 特起貌 (궐) 뚫을 穿地
【掘開】(굴개-クッカイ) 파 헤침
【掘檢】(굴검-クッケン) 시체를 파내어 검증함
【掘起】(굴기-クッキ) ①급히 일어섬。우뚝 솟음 ②기울어진 집안에서 큰 인물이 남
【掘移】(굴이) 무덤을 옮김
【掘塚】(굴총) 남의 무덤을 파냄

【捲】권 ケン、まく clench 先 ㄐㄩㄢ chüan
①거둘 斂也 ②주먹부르쥘 기세 ③힘 우쩍우쩍 쓸 用力貌――
【捲捲】(권권-チンケン) 힘을 우쩍우쩍 쓰는 모양
【捲手】(권수-ケンシュ) 주먹
【捲握】(권악-ケンアク) 손으로 꽉 쥠
【捲土重來】(권토중래-ケンドジュウライ) 한번 패하고 세력을 회복하여 다시 치러 옴

【捺】날 ナツ、ダツ、おす press down
①손가락누를 手按 ②삐친 書法有
【捺印】(날인-ナツイン) 도장을 찍음
【捺章】(날장) 날인(捺印)
【捺糊】(날호) 놀림。희롱

【捻】념 ネン、デン、ひねる twist 葉 ㄋㄧㄝ nieh1
①손가락으로 찍어 바를 捏也 ②비빌 兩指相搓
【捻出】(염출-ネンシュツ) ①생각하여 냄 ②애써서 비용 따위를 끌어 냄

【掏】도 トウ、えらぶ choose 豪 ㄊㄠ t'ao1
①가릴 擇也 ②당길 搯也
【掏摸】(도모-すり) ①뒤져 냄 ②소매치기

【掉】도 トウ、チョウ、ふる swing 嘯 ㄉㄧㄠ tiao4
①흔들 搖也 ②떨칠 振也
【掉尾】(도미-トウビ・チョウビ) ①꼬리를 흔듦 ②최후의 활동。문장의 끝

【掠】략 リャク、かすめる plunder 藥 ㄌㄩㄝ lüeh4
①노략질할 劫人財物抄― ②회채갈 拂過 (량) ①빼앗을 앗을 奪取鹵― ②볼기칠 榜笞拷―
【掠治】(약치-リャクチ) 채찍질하며 죄 「인을 다스림
【掠奪】(약탈-リャクダツ) 빼앗음
【掠笞】(약태-リャクチ) 볼기 침

【捩】렬 レイ、ねじる bend 屑 ㄌㄧㄝ lieh4

①휘어꺾을 拗也 ②끌 撕也 ③비틀 粉也

【捫】문 ボン、モン、なでる caress 元
①어루만질 撫持 ②잡을 摸也

【排】배 ハイ、おしのける reject 佳 ㄆㄞ p'ai²·³
①물리칠 斥也 ②밀칠 推也 ③벌여 놓을 列也安置
【排擊】(배격-ハイゲキ) 남의 의견을 물리침
【排球】(배구-ハイキュウ) 코트 중앙에 네트를 치고 양쪽 사람이 서로 공을 떨어뜨리지 않도록 하여 가며 승부를 다투는 유희 발레볼
【排氣】(배기-ハイキ) 속에 있는 공기를 뺌
【排闥】(배달-ハイタツ) 무단히 남의 집에 들어감
【排列】(배열-ハイレツ) 죽 늘어 놓음。 벌려 놓음
【排立】(배립-ハイリツ) 벌려 섬。 죽 늘어 섬
【排比】(배비-ハイヒ) 나누어 몫을지음
【排朔】(배삭-ハイサク) 달마다 얼마씩 분배함
【排泄】(배설-ハイセツ) ①안에서 밖으로 새어 나감 ②동물체가 그 영양을 마치고 나머지의 못쓸 물질을 몸 밖으로 몰아냄
【排水】(배수-ハイスイ) 안에 있는 물을 밖으로 내보냄 ②물곬을 좌우로 터 놓음
【排外思想】(배외사상-ハイガイシソウ) 외국을 배척하는 사상
【排日】(배일-ハイニチ) 일본인 또는 일본 세력을 배척함
【排定】(배정-ハイテイ) 갈라 놓음。 벌려 놓음
【排除】(배제-ハイジョ) 배척하여 없앰
【排次】(배차-ハイジ) 차례를 배정함
【排斥】(배척-ハイセキ) 밀어 내침
【排出】(배출-ハイシュツ) 밖으로 내보냄
【排置】(배치-ハイチ) 갈라서 따로따로 둠。 설비하여둠
【排他】(배타-ハイタ) 남을 배척함
【排布】(배포) 일을 이리저리 경륜함
【排陷】(배함-ハイカン) 배척하여 모함함
【排貨】(배화-ハイカ) 어떠한 사람 또는 어떠한 나라의 물화(物貨)를 배척하여 거래하지 않음

【捧】봉 ホウ、ささげる raise 腫 ㄆㄥˇ p'êng³
①받들 兩手承 ②움큼 掬也
【捧納】(봉납-ホウノウ) 물건을 바침。 봉상(捧上)
【捧讀】(봉독-ホウドク) 공경하여 두손을 들고 읽음
【捧留】(봉류) 바친 물건을 보관함
【捧上】(봉상-ホウジョウ) 봉납(捧納)
【捧受】(봉수-ホウジュ) 거두어서 받음
【捧持】(봉지-ホウジ) 공경하여 두 손으로 들고 있음
【捧招】(봉초-ホウショウ) 죄인이 공초(供招)를 받음

【掊】부 ホウ、あつめる gather 尤 ㄆㄡˇ p'ou²
①거둘 聚斂 ②헤칠 把也 ③덜 減也 ④칠 擊也
【掊克】(배극-ホウコク) ①조세를 가혹하게 받아 백성을 해롭게 함 ②권세를 믿고 마음대로 금품(金品)을 징수함

【捨】사 シャ、すてる throw away
①버릴 棄也 ②베풀 施也 ③놓을 釋也
【捨生取義】(사생취의) 목숨을 버리고 의리(義理)를 좇음

【掃】소 ソウ、はく sweep 皓 ㄙㄠˇ sao³·⁴
쓸 拚除灑—
【掃滅】(소멸-ソウメツ) 쓸어 없앰。 죄다 없앰
【掃灑】(소쇄) 비로 쓸고 물을 뿌림
【掃除】(소제-ソウジ) 깨끗이 쓸고 닦음
【掃地】(소지-ソウチ) ①땅을 쓸음 ②죄다 없어짐。 남음이 없음
【掃蕩】(소탕-ソウトウ) 죄다 쓸어 버림
【掃海】(소해-ソウカイ) 바다 속에 있는 위험물을 치워버리어 항해의 안전을 도모함

【授】수 ジュ、さずける give 宥 ㄕㄡˋ shou⁴
①줄 予也 ②붙일 付也
【授產】(수산-ジュサン) 생활의 길을 세

위 주기 위하여 산엄을 줌

【授賞】(수상-ジュショウ) 상을 줌

【授賞式】(수상식-ジュショウシキ) 상을 주는 의식

【授受】(수수-ジュジュ) 주는 것과 받는 것

【授業】(수업-ジュギョウ) 학문 기술을 가르쳐 줌

【授與】(수여-ジュヨ) 증서・상장・상품 또는 훈장 같은 것을 줌

【授乳】(수유-ジュニュウ) 어린 아이에게 젖꼭지를 물려 젖을 먹임

【授衣】(수의-ジュイ) 음력 九월의 딴이름

【掖】액 エキ、わきばさむ assist 陌 ㄧㄝˋ yeh4

①부액할 以手持人 ②궁곁채 宮傍舍—庭 ③큰 소매옷 大袂衣 ④겨드랑이 臂下 腋通

【掖門】(액문-エキモン) 대궐 정문(正門) 좌우에 있는 작은 문

【掖省】(액성-エキショウ) 대궐 안에 있는 마을。궁내부(宮內部)

【掖庭】(액정-エキテイ) 대궐 안

【掩】엄 エン、おおう cover 琰 ㄧㄢˇ yen3

①가릴 遮也隱翳 ②거둘 斂也 ③속여잡을 襲取 ①닫을 閉也

【掩擊】(엄격-エンゲキ) 적을 불의에 습격함

【掩卷輒忘】(엄권첩망) 책을 덮으면 곧 잊어버림

【掩埋】(엄매) 겨우 흙으로만 덮는 매장

【掩門】(엄문) 문짝을 닫음

【掩殺】(엄살-エンサツ) 뜻밖에 쳐서죽임

【掩襲】(엄습-エンシュウ) 뜻밖에 침

【掩身】(엄신-エンシン) 가난하여 허름한 옷으로 겨우 몸만 가림

【掩心甲】(엄심갑) 가슴을 가리는 갑옷

【掩翳】(엄예-エンエイ) 덮어 가림

【掩迹】(엄적-エンセキ) 과실의 형적을 가림

【掩置】(엄치-エンチ) 숨겨 둠。감추어둠

【掩蔽】(엄폐-エンペイ) 가림。감춤

【掩護】(엄호-エンゴ) 남의 허물을 덮어 줌

【掌】장 ショウ、てのひら palm 養 ㄓㄤˇ chang3

①손바닥 手心 ②맡을 主也職— ②고달플 失容鞅—

【掌甲】(장갑) 방한 또는 치레로 손을 가리기 위하여 끼는 물건

【掌大】(장대-ショウダイ) 손바닥만큼의 크기。물건이나 장소의 작은 것에 비유함

【掌理】(장리-ショウリ) 일을 맡아 처리함

【掌紋】(장문-ショウモン) 손바닥의 무늬

【掌狀】(장상) 손을 벌린 모양

【掌握】(장악-ショウアク) ①손에 쥠。내 것으로 만듦 ②줌 한 줌만한 분량

【掌財】(장재) 금전의 출납을 맡아 보는 사람

【掌跡】(장적-ショウセキ) 손바닥 자죽

【掌中】(장중-ショウチュウ) 자기의 세력 안

【掌中物】(장중물-ショウチュウブツ) ①자기의 관할 안에 있는 물건 ②수중에 있는 물건

【掌中寶玉】(장중보옥-ショウチュウたま) ①물건을 귀중하게 여기는 것을 가리키는 말 ②수중에 있는 보옥

【掌統】(장통-ショウトウ) 맡아 거느림

【接】접 セツ、ショウ、つぐ touch 葉 ㄐㄧㄝ chieh1

①이을 承也 ②연할 連也—續 ③사귈 交也 ④합할 合也 ⑤모을 會也 ⑥가까울 近也 ⑦받을 受也

【接客】(접객-セッキャク・セッカク) 손님을 대접함

【接見】(접견-セッケン) 맞아서 봄。대면함

【接境】(접경-セッキョウ) 경계(境界)를 접함

【接骨】(접골-セッコツ) 위골된 뼈을맞춤

【接口】(접구) 먹는 체함

【接近】(접근-セッキン) 가까이 접합

【接待】(접대-セッタイ) 대접함。대우

【接頭語】(접두어-セットウゴ) 어떠한 말의 머리에 씌어서 그 뜻을 강하게 하고 또는 어떠한 뜻을 더하게 하는 말。머리가지

【接隣】(접린-セツリン) 서로 닿은 이웃

【接面】(접면-セツメン) 접견

【接目】(접목) 눈을 붙임。곧 잠자는뜻

【接木】(접목-つぎき) 어떠한 산 나무

의 새 순을 베어다가 다른 산 나무 줄기에 접붙임

【接吻】(접문-セップン) 입 맞춤。키스

【接尾語】(접미어-セツビゴ) 어떠한 말의 끝에 붙이어 그 뜻을 강하게 하고 또는 어떠한 뜻을 더하게 하는 말。뒷가지

【接賓】(접빈) 손님을 대접함

【接邪】(접사) ①요사스러운 귀신이 붙었다는 뜻 ②시름시름 앓는 병에 걸림

【接續】(접속-セツゾク) 서로 맞대어 이음

【接續詞】(접속사-セツゾクシ) 품사(品詞)의 하나。말과 말 또는 귀절과 귀절을 잇는 구실을 하는 말

【接收】(접수-セツシュウ) 받아서 거둠

【接受】(접수-セツジュ) 서류를 받아들임

【接膝】(접슬-ひざをセッす) 가까이 마주 앉음

【接語】(접어-セツゴ) 서로 말을 응대함

【接戰】(접전-セツセン) 가까이 와서 싸움。서로접촉 하여 싸움

【接足】(접족-セツソク) 발을 들여 놓음

【接踵】(접종-セッシュウ) 남의 바로 뒤에 따라 감。전(轉)하여 사물이 뒤를 이어 일어남

【接觸】(접촉-セッショク) 가까이 닿음。가까이 닿게 함 「붙임

【接合】(접합-セツゴウ) 마주 닿음。마주

【措】조 ソ、おく put 遇 ㄘㄨㄛˋ ts'uo⁴

①둘 置也 ②들 擧也 ③정돈할 頓也 厝同 錯通 (책) 쫓아잡을 追捕

【措大】(조대-ソダイ) 청빈한 선비。큰일을 행하기에 족하다는 뜻

【措手不及】(조수불급) 일이 너무 초급하여 손을 댈 여가가 없음

【措手足】(조수족) 수족을 움직임

【措處】(조처) 일을 처리함

【措置】(조치-ソチ) 조처(措處)

【捽】졸 ソツ、つかむ grasp

①꺼두를 持頭髮 ②찔릴 觸也

【捽搏】(졸박-ソツハク) 머리를 꺼두르고 손으로 때림

【採】채 サイ、とる pick up 賄 ㄘㄞˇ ts'ai³

①캘 딸 摘也 ②취할 取也

【採決】(채결-サイケツ) 채택하여 결정함

【採光】(채광-サイコウ) 광선을 들임

【採鑛】(채광-サイコウ) 광물을 캐어내는 일

【採堀】(채굴-サイクツ) 땅 속에 있는 광석 따위를 파냄

【採根】(채근-サイコン) ①뿌리를 캠 ②일의 근본을 더듬음 ③남에게 받을 것을 독촉함

【採金】(채금-サイキン) 금을 캐냄

【採得】(채득) 수탐하여 사실을 찾아냄

【採鍊】(채련-サイレン) 광물을 채굴하여 정련(精鍊)함

【採問】(채문-サイモン) 더듬어 찾아서 물음。탐문

【採訪】(채방-サイホウ) 물어가며 찾음

【採伐】(채벌-サイバツ) 나무를 베어 냄

【採算】(채산-サイサン) 수지가 맞고 안 맞는 셈

【採蔘】(채삼) 인삼을 캠

【採薪之憂】(채신지우) 자기의 병을 낮추어 일컫는 말

【採藥】(채약-サイヤク) 약제를 캠

【採用】(채용-サイヨウ) 인재를 등용함

【採點】(채점-サイテン) 점수를 가림

【採種】(채종-サイシュ) 씨앗을 골라서 받음

【採集】(채집-サイシュウ) 캐어 모음。잡아 모음

【採清】(채청-サイセイ) 더러움을 없애고 깨끗하게 함

【採取】(채취-サイシュ) 땅에서 캐어냄

【採炭】(채탄-サイタン) 석탄을 캐어냄

【採擇】(채택-サイタク) 골라 뽑음。가려 냄

【掇】철 テツ、タツ、とる pick up 屬 ㄉㄨㄛ tuo⁴

①주울 捨取 ②캘 採也 ③말채찍 馬箠

【掇拾】(철습-テッシュウ) 주워 가짐。주워모음

【捷】첩 ショウ、かつ win 葉 ㄐㄧㄝˊ chieh²

①이길 剋也 ②빠를 敏疾 ③사냥질할 獵也

【捷徑】(첩경-ショウケイ) ①지름길 ②어떠한 사물에 통달할 수 있는 간편한 방법

【捷給】(첩급-ショウキュウ) 열쌤。 민첩함

【捷路】(첩로) 지름길

【捷利】(첩리-ショウリ) 열쌔고 날램

【捷步】(첩보-ショウホ) 빨리 걷는 걸음

【捷報】(첩보-ショウホウ) 싸움에 이긴 보고

【捷書】(첩서-ショウショ) 전승의 보고서

【捷成】(첩속-ショウセイ) 속히 이룸

【捷速】(첩속-ショウソク) 민첩하고 빠름。 민활하고 제빠름

【捷足】(첩족-ショウソク) 빠른 걸음

【掣】 체 セイ、セツ、ひく draw 霽

①끌 曳也 ②거리낄 滯隔不進 (철)

①들 揭也 ②당길 挽也

【掣曳】(체예-セイエイ) 끌어 멈춰서 방

【掣肘】(철주-セイチュウ) 간섭하여 자유로 못하게 함。 말림

【推】 추 スイ、タイ、おす choose ; push 灰

①가릴 擇也 ②도장할 奬也 ③파물을 窮詰 ④궁구할 尋繹 ⑤옮길 順遷

(퇴) 밀 排也

【推擧】(추거-スイキョ) 추천。 남을 천거하여 뒤를 돌봄

【推考】(추고-スイコウ) 관원의허물을따짐

【推敲】(추고-スイコウ) 시문(詩文)의 자구를 여러번 생각하여 고침

【推究】(추구-スイキュウ) 이치를 미루어 연구함

【推鞫】(추국-スイキク) 죄상을 취조함

【推窮】(추궁-スイキュウ) 사리를 미루어 연구함

【推及】(추급-スイキュウ) 미루어 미침

【推納】(추납-スイノウ) 추심하여 바침

【推斷】(추단-スイダン) ①죄장을 심문하여 처단함 ②추축하여 판단함

【推談】(추담-スイダン) 핑게하는 말

【推戴】(추대-スイタイ) 떠받듦

【推量】(추량-スイリョウ) 미루어 헤아림

【推論】(추론-スイロン) ①차례대로 논술함 ②어떠한 이론을 근거로 삼아 다시 다른 결론에 미침 「각함

【推理】(추리-スイリ) 이치를 미루어 생

【推問】(추문-スイモン) 죄상을 조사함

【推步】(추보-スイホ) 천체(天體)의 형상을 관측함

【推服】(추복-スイフク) 존경하여 진심으로 따름 「구합

【推本】(추본-スイホン) 근본을 캐어 추

【推算】(추산-スイサン) 미루어 계산함

【推想】(추상-スイソウ) 미루어 생각함

【推選】(추선-スイセン) 추천하여 뽑음

【推刷】(추쇄-スイジン) 빗을 죄다 받아들임

【推尋】(추심-スイジン) 찾아 옴 「합

【推仰】(추앙-スイキョウ) 추대하여 앙모

【推讓】(추양-スイジョウ) 남에게 사양함

【推閱】(추열-スイエツ) 죄인을 심문함

「推移】(추이-スイイ) 일이나 형편이 점점 변하여 옮아 감。 또는 차차변함

【推一事可知】(추일사가지) 한 가지 일을 미루어 모든 일을 알음 「함

【推奬】(추장-スイショウ) 추천하여 장려

【推定】(추정-スイテイ) 추측하여 정함

【推尊】(추존-スイソン) 추앙하고 존경함

【推重】(추중-スイチョウ) 추앙하여 존중히 여김

【推知】(추지-スイチ) 미루어 알음

【推進】(추진-スイシン) 밀어 나아감

【推進機】(추진기-スイシンキ) 원동기에 의하여 운동되어 선박·비행기등을 추진하는 장치

【推此可知】(추차가지) 이 일을 미루어 다른 일을 알음

【推捉】(추착-スイソク) 쪽인을 찾아잡음

【推察】(추찰-スイサツ) 미루어 살핌

【推窓】(추창·퇴창-スイソウ) 창짝을 밀어 여는 것

【推斥】(추척-スイセキ) 밀어 물리침

【推薦】(추천-スイセン) 인재를 천거함

【推測】(추측-スイソク) 미루어 헤아림

【推託】(추탁-スイタク) 다른 일로 핑계함

【推擇】(추택-スイタク) 인재를 등용함

【推覈】(추핵-スイカク) 죄인을 심리함

【推遷】(추환-スイカン) 물건을 찾아옴

【捶】추 スイ、タ、おちうつ lash 紙 ㄔㄨㄟˊ ch'uei²
①종아리 칠 以杖擊 ②짓찧을 擣也
(타) 揣同

【捶撻】(추달-スイタツ) 종아리를 침

【捶殺】(추살-スイサツ) 때려 죽임

【探】탐 タン、さぐる grope about 覃 ㄊㄢˋ t'an¹·⁴
①더듬을 遠取之 ②취할 取也 ③시험할 試也 ④염탐할 伺也

【探檢】(탐검-タンケン) 탐색하고 검사함

【探求】(탐구-タンキュウ) 찾아 구함

【探究】(탐구-タンキュウ) 더듬어 연구함

【探問】(탐문-タンモン) 더듬어 물음。캐어 물음

【探聞】(탐문-タンブン) 더듬어 들음。캐어들음

【探訪】(탐방-タンポウ) ①찾아 봄 ②신문기사의 재료를 찾아냄

【探報】(탐보) 탐사하여 보고함

【探査】(탐사-タンサ) 더듬어 조사함

【探賞】(탐상-タンショウ) 경치 좋은곳을 찾아가서 구경함

【探色】(탐색-タンショク) 호색(好色)

【探索】(탐색-タンサク) 실상을 더듬어서 찾음

【探勝】(탐승-タンショウ) 명승지의 경치를 구경함

【探偵】(탐정-タンテイ) ①몰래 남의 비밀이나 행동을 탐지함。또는 그 일을 하는 사람

【探情】(탐정-タンジョウ) 의향을 더듬음

【探照】(탐조-タンショウ) 찾으려고 더듬어 멀리 내 비춤

【探知】(탐지-タンチ) 탐사하여 알음

【探春】(탐춘-タンシュン) 봄의 경치를 구경함

【探險】(탐험-タンケン) 위험한 곳을 탐사함

【探花郞】(탐화랑) 이조(李朝)때 갑과(甲科)에서 세째로 급제한 사람을 일컬음

【掝】획 カク、コク、さく tear 陌
찢을 裂也 (혹) 흐릴 惛也

【掀】흔 キン、ケン、あげる lift 元 ㄒㄧㄢ hsien¹
①번쩍 들 以手高擧 ②불끈 내밀 高聳貌

【掀揭】(흔게-キンケイ) 번쩍 들어 올림

【掀動一世】(흔동일세-キンドウイッセイ) 떨치는 위세가 당당하여 한 세상을 진동함

【掀舞】(흔무-キンブ・ケンブ) 뛰며 춤춤

【九 畫】

【揀】간 カン、レン、えらぶ choose 潸 ㄐㄧㄢ chien³
①가릴 擇選 ②가릴 分別之 (련) 義同

【揀選】(간선-カンセン) ①인재를 가림

【揀擇】(간택-カンタク) ①분별하여 선택함 ②왕자 왕녀의 배우자를 고르는 일

【揭】게 ケイ、ケツ、かかげる hoist 霽 ㄑㄧˋ ch'i⁴
①높이 들 高擧 ②건을 褰衣涉水 (갈) 義同 (걸) 義同 ①세울 堅也 ②일어날 起也 ③길 長貌

【揭榜】(게방) 방문(榜文)을내어 붙임

【揭示】(게시-ケイジ) 여러 사람이 보도록 글을 써서 붙임

【揭示板】(게시판-ケイジバン) 게시 하는 글을 붙이는 나무로 만든 장치

【揭揚】(게양-ケイヨウ) 달아 올림

【揭載】(게재-ケイサイ) 널리 알리기 위하여 기록함

【揭板】(게판) 시문(詩文)을 널에 새겨 누각에 걸어둠

【揆】규 キ、はかる calculate 紙 ㄎㄨㄟˊ k'uei²·³
①헤아릴 度也 ②법 法則 ③벼슬이름 堯官名

【揆席】(규석-キセキ) 재상의 자리

【揆一】(규일) 그 길은 같음

【揆程】(규정-キテイ) 일정한 법칙

【揆度】(규탁-キタク) 헤아림

【描】묘 ビョウ、えがく picture 蕭 ㄇㄧㄠˊ miao²
그릴 摹畵

【描寫】(묘사-ビョウシャ) 본떠 그림

【插】삽 ソウ、さしはさむ insert 陷 ㄔㄚ ch'a¹
꽂을 刺入

【插抹】(삽말) 말뚝을 박음

【插匙】(삽시) 제사 때 숟가락을 밥그릇에 꽂음

【插秧】(삽앙-ソウオウ) 볏모를 꽂음

【插入】(삽입-ソウニュウ) 꽂아 들여보냄 끼어 넣음

【插紙】(삽지-さしがみ) 인쇄할 때 기계에 종이를 먹임

【插花】(삽화-ソウカ) 꽂을 머리에 꽂음

【插話】(삽화-ソウワ) 중간에 끼는 이야기

【插畫】(삽화-ソウガ・さしえ) 인쇄물속에 끼어 박은 그림

【握】악 アク、にぎる grasp 覺 ㄨㄛ wo⁴
①쥘 搤持

【握力】(악력-アクリョク) 물건을 쥐는힘

【握手】(악수-アクシュ) ①서로 손을 쥠 ②서양식 예식에서 서로 손을 잡음 ③서로 교제를 맺음

【揠】알 アツ、ぬく pull out 黠 ㄧㄚ ya⁴
고갱이뽑을 拔草心

【揜】암 エン、おおう screen 感
①손으로 가릴 手掩物 ②찾아가질 索取 ③곤박할 困迫

【揶】야 ヤ、あざける mockery 麻 ㄧㄝ yeh¹·²
조롱할—揄

【揶揄】(야유-ヤユ) 놀림。조롱함

【揚】양 ヨウ、あげる raise 陽 ㄧㄤ yang²
①날릴 飛擧 ②필 發也 ③들 擧也 ④칭찬할 稱說 ⑤나타날 顯也 ⑥까부를 ⑦도끼 鉞也

【揚氣】(양기-ヨウキ) 쾌활한 모양

【揚名】(양명) 명성을 날림

【揚揚】(양양-ヨウヨウ)만족해 하는모양

【揚言】(양언-ヨウゲン) 공공연하게 말함

【揚州之鶴】(양주지학-ヨウシュウのつる)모든 낙을 자기 일신에 모으려고하는 것을 비유

【掾】연 エン、したやく clerk 霰 ㄩㄢ yüan⁴
아전 官屬

【掾史】(연사-エンシ) 아전。하급관리

【援】원 エン、たすける help 元 ㄩㄢ yüan²
①구원할 救助 ②끌어잡을 牽持 ③당길 引也 ④접할 接也

【援軍】(원군-エングン) 도와주는 군대

【援攀】(원반-エンパン) 힘을 다하여 기어올라 감

【援例】(원례-エンレイ) 전례를 끌어씀

【援兵】(원병-エンペイ) 구원하는 군사

【援引】(원인-エンイン) ①끌음。잡아당김 ②증거를 끌음

【援助】(원조-エンジョ) 도와줌

【援護】(원호-エンゴ) 도와주고 보호에

【揉】유 ジュウ、もむ rub: bend 尤 ㄖㄡ jou²
①순할 順也 ②휠 以手挺 ③나무구부릴 屈木

【揖】읍 ユウ、シュウ、えしやく bow 緝 ㄧ i⁴
①읍할 手著胸 ②나아갈 進也 ③겸손할 遜也 (즙) 모일 聚也 깍지낄 拱也

【揖讓】(읍양-ユウジョウ) ①손을 가슴에 대고 겸손한 태도를 가짐 ②예(禮)로써 자리를 사양함

【揖揖】(읍읍-シュウシュウ) 많이 모여있는 모양

【揃】전 セン、きる sever 銑 ㄐㄧㄢ chien³
벨 갈길 分割

【揃剽】(전표-センピョウ) 찢어져 나눔 不足令震談

【提】제 テイ、チョウ、ひっさげる hold
①들 擧也 ②끌 挈也 ③가만가만걸을 行步安諦— ④젓가락 箸也挾— (시) 떼로 날 群飛貌

【提綱】(제강-テイコウ) 사물의 중요한 점을 제시합 「칩

【提供】(제공-テイキョウ) 이바지합。바

【提琴】(제금-テイキン) 바이얼린 「킴

【提起】(제기-テイキ) ①내 놓음 ②일으

【提督】(제독-テイトク) 함대의 사령관

【提燈】(제등-チョウチン) 불을 켜서 길로 가지고 다니는 등(燈)

【提燈行列】(제등행렬-チョウチンギョレツ) 축하하는 뜻으로 등을 들고 돌아다니는 행렬

【提挈】(제설-テイケイ・テイケツ) ①몸에 지니고 감。가지고 감。가지고 감 ②손을 끌어 도와줌 ③끌어냄

【提示】(제시-テイジ) 어떠한 뜻을 드러내어 보임

【提撕】(제시-テイセイ) ①기운을 냄 ② 후진을 교도함 「출함

【提案】(제안-テイアン) 의안(議案)을 제

【提要】(제요-テイヨウ) 요령을 제출함。요점을 들음

【提議】(제의-テイギ) 의론을 제출함

【提唱】(제창-テイショウ) 어떤 의견을 주장함

【提出】(제출-テイシュツ) 내놓음

【提携】(제휴-テイケイ) 서로 붙들어 도움

【揣】췌 シ、スイ、はかる measure

①잴 量也 ②시험할 試也 (타)헤아릴 忖度

【揣摩】(췌마-シマスイマ) 자기 마음으로 남의 마음을 헤아림

【揣知】(췌지-シチ) 헤아려 알음 「度)

【揣度】(췌탁-シタク) 헤아림。촌탁(揣

【換】환 カン、かえる exchange 翰 ㄏㄨㄢ huan⁴

①바꿀 易也 ②방자할 强恣貌畔

【換價】(환가) 바꾸는 데 값을 침

【換簡】(환간) 환표(換標)

【換穀】(환곡) 곡식을 서로 바꿈

【換骨奪胎】(환골탈태-カンコツダッタイ)얼굴이 전보다 아름다와짐。남의 글을 교묘히 본받아 꼭 그사람같이 됨

【換局】(환국) 시국(時局)이 바뀜

【換氣】(환기-カンキ) 공기를바꾸어넣음

【換算】(환산-カンサン) 단위가 다른 수량으로 고치어 계산함

【換色】(환색) 어떤 물건을 다른 물건과 서로 바꿈

【換歲】(환세) 해가 바뀜。새해가 됨

【換心腸】(환심장) 마음이 전보다 아주 달라짐

【換言】(환언-カンゲン) 고치어 말함

【換易】(환역) 바꿈。교환

【換腸】(환장) 창자가 바뀜。곧 마음이 달라짐 「꿈

【換錢】(환전-カンセン) 물건을 돈으로바

【換節】(환절-カンセツ) 시절이 바뀜。또 그 때

【換標】(환표) 돈을 거래할 때에 누구에게 돈을 내어주라고 표로 쓴편지 「짐

【換品】(환품) 환색(換色)

【換形】(환형-カンケイ) 모양이 전과달라

【揮】휘 キ、ふるう flourish 微 ㄏㄨㄟ huei¹

①휘두를 動也 ②지휘할 指— ③뽑낼 舊也 ④헤칠 散也

【揮却】(휘각-キキャク) 물리치고 돌아보지 아니함

【揮喝】(휘갈-キカツ) 큰 소리로 지휘함

【揮劍】(휘검) 칼을 휘두름

【揮淚】(휘루-なみだをふるう) 눈물을흘림

【揮發】(휘발-キハツ) 액체가 저절로 기체가 되어 공중으로 날아 헤어짐

【揮發油】(휘발유-キハツユ) 보통 온도의 휘발하여 기체가 되기 쉬운기름 의 총칭

【揮灑】(휘쇄-キサイ) ①흔들어 빨음 ② 글씨를 쓰고 그림을 그림

【揮帳】(휘장) 둘러 치는 장막

【揮帳壯元】(휘장장원) 과거에 첫째로 급제하여 그 답안이 시험장에 게시되는 영예를 받던 사람

【揮筆】(휘필) 붓을 휘둘러 글씨를 씀

【揮汗】휘한) 땀을 뿌림

【揮毫】(휘호-キゴウ) 글씨를 쓰고 또는 그림을 그림

【十 畫】

【搉】각 カク、うつ beat

①두드릴 敲擊 ②약간 들출 都擧揚

【搴】 건 ケン、とる take ㄑㄧㄢ ch'ien1
①걷어쥘 縮也 ②가질 取也 ③뺄 拔也

【搰】 골 コツ、ほる dig 月 ㄏㄨˊ hu2
①팔 掘也 ②힘쓸 用力貌

【搦】 낙 ジャク、ダク、おさえる pvess 〔集韻〕昵角切 覺
①누를 按也 ②가질 持也 (닉) 잡을 捉也

【搭】 탑 トウ、かける hang 合 ㄉㄚ ta1
①걸 桂也 ②칠 擊也 ③붙좇을 附也
(답) 모뜰 摸也模「름

【搭客】(탑객-トウキャク) 승객의 다른이름

【搭乘】(탑승-トウジョウ) 배 또는 수레를 탐

【搭載】(탑재-トウサイ) 배·수레들에 물건을 실음

【搗】 擣(手部 十四畫) 同字

【搏】 박 ハク、うる beat 藥 ㄅㄛˊ po2
①손바닥으로 칠 手擊 ②두드릴 拍也 ③어루만질 拊也 ④취할 取也

【搏擊】(박격-ハクゲキ) 손으로 후려침

【搏仆】(박부-ハクフ) 손으로 쳐서 엎침

【搏殺】(박살-ハクサツ) 손으로 쳐서 죽임

【搏戰】(박전-ハクセン) 서로 치며 싸움

【搬】 반 ハン、はこぶ remove ; transport 寒
①옮길 移也 ②운전할 運也

【搬入】(반입-ハンニュウ) 물건을실어들임

【搬出】(반출-ハンシュツ) 물건을 실어냄

【搔】 소 ソウ、かく scratch 豪 ㄙㄠ sao1
긁을 手爬

【搔擾】(소요-ソウジョウ) 여럿이 들고일어나 떠들음

【損】 손 ソン、そこなう injure 阮 ㄙㄨㄣˇ suen3
①상할 傷也 ②덜 減也 ③잃어버릴 失也 ④괘이름 卦名

【損金】(손금-ソンキン) 손해난 돈

【損料】(손료-ソンリョウ) 의복·기구를 빌리고 그대신 받는 돈

【損傷】(손상-ソンショウ) 덜어지고 상함

【損上剝下】(손상박하) 나라에 손해를 끼치고 국민의 재물을 빼앗음

【損失】(손실-ソンシツ) 덜어지고 없어짐。이익을 잃어버림

【損友】(손우-ソンユウ) 이롭지 않은벗

【損益】(손익-ソンエキ) ①주는 것과 느는것。줄이는 것과 늘리는 것 ②손해와 이익

【損下益上】(손하익상) 아랫 사람을 해롭게 하고 웃사람을 이롭게 함

【損害】(손해-ソンガイ) 덜어지고 해가됨 ②이익을 잃어 버림

【搜】 수 ソウ、シュウ、さがす research 尤 ㄙㄡ sou1
①찾을 索也 ②화살 빨리 가는소리 矢行勁疾

【搜檢】(수검-ソウケン) 금제품의 유무를 검사함

【搜査】(수사-ソウサ) 찾아서 조사함

【搜索】(수색-ソウサク) 찾아 잡아냄

【搜集】(수집-ソウシュウ) 찾아 모음

【搜探】(수탐-ソウタン) 찾음。더듬어 봄。수색함

【搤】 액 ヤク、にぎる take in the hand 陌 ㄜˋ e4
①잡을 捉也 ②가질 持也 ③움킬 握也

【搤腕】(액완-ヤクワン) 흥분하여 팔짓을함

【搖】 요 ヨウ、ゆれる swing 蕭 ㄧㄠˊ yao2
①흔들 動也 ②회리바람 暴君扶―

【搖動】(요동-ヨウドウ) 흔들림。흔듦

【搖頭顚目】(요두전목) 행동이 침착하지 아니함

【搖落】(요락-ヨウラク) ①늦은가을에 나무잎이 떨어짐 ②흔들어 떨어뜨림

【搖籃】(요람-ヨウラン) ①젖먹이를 담아 매다는 채롱 같은 것 ②사업의 발전하는 단서 ③어린 시절

【搖搖】(요요-ヨウヨウ) 배 따위가 흔들리는 모양

【搖尾乞憐】(요미걸린) 비굴한 사람에게 아첨하기 개같이 함을 이름

【搢】진 シン、はさむ stick into 震 ㄐㄧㄣˋ chin⁴
①꽂을 揷也 ②떨칠 振也 ⑤진신 一紳

【搢紳】(진신-シンシン) 조정을 섬기는 고관(高官)

【搓】차 サ、もむ 歌 ㄘㄨㄛˊ ts'uo¹ rud between the hands
①손비빌 手相磨 ②밀칠 推擊

【搶】창 ソウ、ショウ、つく ravish 養 ㄑㄧㄤˇ ch'iang³·⁴
①찌를 刺也 ②휙차갈 飛掠 ③모을 集也 ④될 突也 ⑤막을 拒也 ⑥어수선할 亂貌 ⑦부딪칠 著也 ⑧다투어가져갈 爭取

【搶攘】(창양-ソウジョウ) 어수선함。떠들어댐

【搨】탑 トウ、する print 合 ㄊㄚˋ t'a⁴
박을 用紙墨磨摸古碑帖

【搨本】(탑본-トウホン) 금석(金石)에 새긴 글씨나 그림을 그대로 박아 냄

【搨影】(탑영-トウエイ) 원형을 본떠 그림

【携】휴 ケイ、たずさえる hold in hand
가질 提也

【携帶】(휴대-ケイタイ) 몸에 가짐。지님

【携帶品】(휴대품-ケイタイヒン) 손에 돌거나 몸에 지니고 다니는 물건「감

【携手】(휴수-ケイシュ) 데리고 감。함께

【携引】(휴인-ケイイン) 끌고 감

【十一畫】

【摑】괵 カク、キャ、うつ slap 陌 ㄍㄨㄛˊ kuo²
①빰 때릴 掌耳批 ②칠 打也

【摶】단 タン、うつ strike the fist 寒 ㄊㄨㄢˊ t'uan
①후려칠 擊也 ②헤아릴 揣度控一 ③동글 圜也 ④흙장인 土工

【摶飯】(단반-タンパン) ①밥을 뭉침 ②주먹밥

【摶沙】(단사-タンシャ) 단결력이 적은것을 비유함

【摺】랍 シュウ、ショウ、たたむ fold 葉 ㄓㄜˊ chê²·³
①접을 疊也 ②패할 敗也 (접)

【摺扇】(접선-シュウセン) 접는 부채

【摺奏】(접주-シュウソウ) 임금에게 직접 바치는 상주문(上奏文)

【摺齒】(접치-シュウシ) 이빨을 부러뜨림

【摟】루 ロウ、ル、ひく draw 尤
①끌 牽也 ②품을 衺持

【摩】마 マ、なでる stroke 歌 ㄇㄛˊ mo²
①만질 撫也 ②헤아릴 揣一 ③갈 硏也 ④닦을 揩也

【摩尼敎】(마니교-マニキョウ) 서기 三세기경에 페르샤인「마니」가 페르샤의 배화교(拜火敎)를 바탕으로 하고 기독교·불교및 바빌로니아의원시신앙을 혼합하여 만든 종교

【摩滅】(마멸-マメツ) 닳아서 없어짐

【摩抄】(마사-マサ) 손으로 문지름

【摩崖】(마애-マガイ) 명산(名山)의 낭떠러지에 새긴 비문(碑文)

【摩擦】(마찰-マサツ) 문지름。문질러짐

【摩天】(마천-マテン) 하늘에 닿을 만큼 높음

【摩天樓】(마천루-マテンロウ) 여러 층으로 된 높은 집을 가리키는 말

【摸】모 モ、ボ、うつす model 虞 ㄇㄛˊ mo²
①모뜰 一寫 ②규모 規一 (막) 더듬을 手捉一揉

【摸倣】(모방-モホウ) 흉내 냄。본뜸

【模本】(모본) ①본보기 ②모방

【摸寫】(모사-モシャ) 본떠서 베낌

【摸索】(모색-モサク) 더듬어 찾음

【摸擬】(모의-モギ) 남의 흉내를 냄

【摸擬試驗】(모의시험-モギシケン) 실제의 시험처럼 보기를 본떠서 임시로 하는 시험

【摸造】(모조-モゾウ) 흉내 내어 만듬
【摸造品】(모조품-モゾウヒン) 모방 하여 만든 물건

【摹】모 ボ、モ、ならう pattern 虞 ㄇㄛˊ mo²
①모뜰 ―寫 ②규모 規也 摸同
【摹本】(모본-ボホン・モホン) 본 보기 모방
【摹寫】(모사-モシャ) 모사(摸寫)

【摘】적 テキ、つむ pick up 陌
①딸 手取 ②돋우어낼 挑發 ③움직일 動也
【摘奸】(적간) 범죄인을 조사함
【摘奸牌】(적간패) 밤에 대궐을 순시할 때 가지던 나무 패
【摘錄】(적록-テキロク) 뽑아 기록함
【摘發】(적발-テキハツ) 숨어 있는 것을 들쳐 냄
【摘要】(적요-テキヨウ) 요점을 뽑아 적음

【摯】지 シ、とる grasp 寘 ㄓˋ chih⁴
①지극할 至也 ②극진할 極也 ③잡을 握持 ④나아갈 進也 ⑤폐백 執物相見禮

【摭】척 セキ、ひろう pick up 陌 ㄓˊ chih²
주울 拾取

【摠】총 ソウ、すべる command 董 ㄗㄨㄥˇ tsung³
①거느릴 統也 ②다 皆也 ③모을 合也 ④무리 衆也 ⑤맺을 結也

【摧】최 サイ、くじく break down 灰 ㄘㄨㄟ ts'uei¹
①꺾을 折也 ②꺾어질 挫也 ③억제할 抑也
【摧北】(최배-サイホク) 패배하여 도망침
【摧謝】(최사-サイシャ) 굴북하여 사죄함
【摧折】(최절-サイセツ) 꺾음。꺾어짐
【摧破】(최파-サイハ) 꺾어 깨뜨림
【摧陷】(최함-サイカン) 꺾어서 파괴함

【摽】표 ヒョウ、うつ attack 蕭 ㄆㄧㄠ piao¹
①칠 擊也 ②두를 麾也 ③칼끝 刀末 ④떨어질 落也 ⑤찔러밀칠 ―擊 ⑥가슴 민질 拊心貌
【摽榜】(표방-ヒョウボウ) ①앞에 내세움 ②주의・주장을 드러내 보임
【摽幟】(표치-ヒョウシ) ①목표 ②표적

【十二畫】

【撚】년 ネン、デン、ひねる twist 銑 ㄋㄧㄢˇ nien³
①잡을 執也 ②닦을 以手拭物

【撓】뇨 ドウ、ギョウ、たわむ bend 肴 ㄋㄠˊ nao²
①굽할 屈也 ②긁을 抓搔 ③흔들 擾也 攪也
【撓曲】(요곡-ドウキョク) 휘어서 고침
【撓撓】(요뇨-ドウドウ) 흔들리는 모양
【撓敗】(요패-ドウハイ) 흔들려 패배 함

【撞】당 トウ、つく pound 江 ㄓㄨㄤˋ chuang⁴
①칠 擊也 ②짓찧을 手擣
【撞球】(당구-トウキュウ) 뻴리아드
【撞入】(당입-トウニュウ) 힘 있게 뛰어 들어감
【撞著】(당착-トウチャク) ①부딪힘 ②말의 뜻이 선후가 어그러짐

【撈】로 ロウ、とる scoopup 豪 ㄌㄠˊ lao¹·²
건져낼 沈取鉤―

【撩】료 リョウ、おさめる 蕭 ㄌㄧㄠˊ liao¹·²
①가릴 理也 ②움킬 取物 ③붙들 扶也 ④어를 挑弄 ⑤취할 取也

【撫】무 ブ、なでる stroke 麌 ㄈㄨˇ fu³
①어루만질 安存 ②위로할 慰勉 ③누를 按也 ④좇을 循也
【撫弄】(무롱-ブロウ) 어루만져 희롱함
【撫摩】(무마-ブマ) 어루만짐。위로함
【撫養】(무양-ブヨウ) 어루만져 기름
【撫御】(무어) 어루만져 통어함
【撫慰】(무위-ブイ) 어루만져 위로함
【撫育】(무육-ブイク) 어루만져 기름
【撫鎭】(무진-ブチン) 어루만져 진정함
【撫訓】(무훈-ブクン) 어루만져 가르침
【撫恤】(무휼-ブジュツ) 남을 불쌍히 여김

【撥】발 ハツ、バチ、をさめる govern 曷 ㄅㄛ po¹
①다스릴 治也 ②뒤집을 轉之 ③채 鼓絃物 ④상여줄 紼也 喪具
【撥去】(발거-ハッキョ) 없애 버림
【撥亂】(발란-ハツラン) 어지러운 세상을 다스려 평안하게 함
【撥剌】(발랄-ハツラツ) ①활을 당긴 모양 ②활발하게 약동하는 모양
【撥忙】(발망-ハツボウ) 바쁜 일을 덜어 버림

【撲】복 ボク、ハク、うつ beat 覺 ㄆㄨ p'u¹
두드릴 拂著擊 (박) ①맞 부딪칠 挨也相一 ②엎드러질 踣也
【撲滿】(박만) 벙어리
【撲滅】(박멸-ボクメツ) 아주 없애버림。씨를 없앰
【撲殺】(박살-ボクサツ) 때려 죽임
【撲破】(박파) 때려 부숨
【撲筆】(박필-ボクヒツ) 붓을 집어 던짐

【撒】살 サン、サツ、まく scatter 曷 ㄙㄚ sa¹·³
①헤쳐버릴 散放 擦同 ②흩어질 散也
【撒水】(살수-サンスイ) 물을 뿌림

【撕】시 セイ、ひつさぐ drag 支 ㄙ ssŭ¹
끌 提也

【撙】존 ソン、くじく weaken 阮 ㄗㄨㄣ tsuen³
①꺾어질 挫也 ②존절할 裁抑 ③엉클어질 聚貌
【撙節】(존절-ソンセツ) 비용을 절약함。겸손함

【撦】차 シャ、さく tear 馬 ㄔㄜ ch'ê³
①찢 裂開 ②뜯을 啓也一折
【撦裂】(차열-シャレツ) 손으로 뜯음

【撰】찬 セン、サン、そなえる compose 潸
지을 述也 (천) 義同 ①가질 持也 ②갖출 具也 ③모을 集也
【撰文】(찬문-センブン) 글을 갖추어서 지음
【撰述】(찬술-センジュツ) 글을 지음
【撰者】(찬자-センジャ) 책을 편찬한 사람
【撰定】(찬정-センテイ) 시문을 골라 정함
【撰集】(찬집-センシュウ) ①골라 모음。또 그 책 ②골라모아 적음

【撤】철 テツ、とりのける remove 屑 ㄔㄜ ch'ê⁴
①거둘 치울 除去 ②빼낼 抽也 ③긁을 剝也 ④필 發也
【撤去】(철거-テッキョ) 걷어 치움
【撤頭撤尾】(철두철미-テットウテツビ) 처음부터 끝까지 투철함。철저함
【撤歸】(철귀) 거두어 가지고 돌아옴
【撤兵】(철병-テッペイ) 주둔군(駐屯軍)을 걷어들임
【撤床】(철상) 음식상을 걷어 치움
【撤市】(철시-テッシ) 시장・상점을 죄다 닫음
【撤退】(철퇴-テッタイ) 걷어 가지고 물러남
【撤廢】(철폐-テッパイ) 폐지함

【撮】촬 サツ、つまむ gather 曷 ㄘㄨㄛ ts'uo⁴
①끄덩이잡을 摠取 ②당길 挽也 ③한잡음 三指取
【撮摩】(촬마-サツマ) 잡아 문지름
【撮影】(촬영-サツエイ) 사진을 박음

【撢】탐 タン、さぐる grope 勘 ㄊㄢ t'an⁴
더듬을 遠取

【撐】탱 タウ、ささえる support
①버틸 以柱一物 ②헤칠 撥也 ③취할 取也

【撑】前條 俗字

【播】파 ハ、まく sow 箇 ㄅㄛ po⁴
①뿌릴 種也 ②펼 布也 ③헤칠 散也 ④버릴 棄也 ⑤달아날 逋也 ⑥까불 揚也
【播棄】(파기-ハキ) 버림

【播植】(파식-ハショク) 씨를 뿌리고 싹을 심음
【播越】(파월-ハエツ) 달아나 유리함。 이리 저리 유랑함
【播種】(파종-ハシュ) 씨를 뿌림
【播遷】(파천-ハセン) 임금이 난을 피하여 서울을 떠남
【播蕩】(파탕-ハトウ) 방랑함

【十三畫】

【撼】감 カン、うごく move 感 ㄏㄢˋ han⁴
①움직일 動也 ②흔들 搖也

【據】거 キョ、よる depend on 御 ㄐㄩˋ chü⁴
①의지할 依也 ②웅거할 拒守 ③누를 按也 ④짚을 杖持
【據理責之】(거리책지-りによりてこれをせむ) 사리에 비추어 책망함。 이치를 말하여 꾸짖음
【據守】(거수-キョシュ) 웅거하여 지킴
【據實】(거실-キョジツ) 사실에 의지함

【撿】검 ケン、しらべる inspect 琰 ㄐㄧㄢˇ chien³
①검사할 巡察 ②끚을 拱也 ③비교할 較也 ④구속할 拘束
【撿束】(검속-ケンソク) 검사하고 단속함

【擊】격 ゲキ、ケキ、うつ strike
①칠 打也 ②두드릴 撲也 ③죽일 殺也 ④눈에 마주칠 觸也 目—
【擊劍】(격검-ゲッケン) 칼을 쓰는 법
【擊鼓】(격고-つづみをうつ) 북을 침
【擊滅】(격멸-ゲキメツ) 쳐서 멸함
【擊壤歌】(격양가-ゲキジョウカ) 태평한 세월을 읊은 노래
【擊刺】(격자-ゲキシ) 뭉둥이로 때리고 칼을 찌름。 칼로 찔러 죽임。 또 그 방법
【擊墜】(격추-ゲキツイ) 비행기를 쳐서 떨어뜨림
【擊沈】(격침-ゲキチン) 쳐서 가라앉힘
【擊退】(격퇴-ゲキタイ) 쳐서 물리침
【擊破】(격파-ゲキハ) 쳐서 깨뜨림

【擎】경 ケイ、ささげる lift up 庚 ㄑㄧㄥˊ ch'ing²
①받들 擧也 ②떠받들 特高

【撾】과 タ、うつ strike 歌
칠 擊也
【撾殺】(과살-タサツ) 쳐 죽임

【擐】관 カン、つらぬく penetrate 諫
꿸 貫也 (擖) 義同

【擒】금 キン、とりこ capture 侵 ㄑㄧㄣˊ ch'in²
①사로잡을 生捉 ②움킬 急特
【擒縱】(금종-キンショウ) 잡는 것과 놓아 주는 것
【擒捉】(금착-キンソク) 잡음
【擒斬】(금참-キンザン) 사로잡는 것과 목베어 죽이는 것。 잡아 죽임

【撻】달 タツ、うつ flog 曷 ㄊㄚˋ t'a⁴
①종아리칠 打也 ②빠를 疾也
【撻罰】(달벌-タツバツ) 종아리를 때리는 것。 또 그 형벌
【撻辱】(달욕-タツジョク) 종아리를 때려서 욕을 보임
【撻笞】(달태-ダッチ) 볼기를 침

【擔】담 タン、になう undertake 覃 ㄉㄢ tan¹
①멜 肩荷 ②맡을 任也 ③짐 所負
【擔架】(담가-タンカ) 들것
【擔軍】(담군-タングン) 물건을 메어서 옮기는 품팔이군
【擔當】(담당-タントウ) 맡아 봄。 안아 맡음
【擔保】(담보-タンポ) 맡아서 보증함
【擔任】(담임-タンニン) 책임을 지고 맡아 봄
【擔銃】(담총-タンジュウ) 총을 어깨에 멤
【擔荷】(담하-タンカ) ①짐을 짐。 짐 ②책임을 짐

【擋】당 トウ、あたる treat 漾 ㄉㄤˋ tang⁴
처리할 料理摒—

【擄】로 ロ、かすめる seize 麌 ㄌㄨˇ lu³
①노략질할 掠也 ②사로잡을 사로

잡힐 獲也 ③항복받을 服也

【擄掠】(노략-ロリャク) 사람 또는 재물을 빼앗아 감

【擂】뢰 ライ、する grind 因 ㄌㄟˊ lei²
①갈 研物 ②돌 내리굴릴 推石自高而下

【擘】벽 ハク、つんさく break 陌 ㄅㄛˋ po⁴
①나눌 撝也 ②엄지가락 大指

【擘指】(벽지-ハクシ) 엄지가락

【擗】벽 ヘキ、うつ beat the breast 陌 ㄆㄧˋ p'i⁴
①가슴 두드릴 拊心 ②쪼갤 擘開 ③손발 굽실거릴 屈折手足擿— 辟通

【擗踊】(벽용-ヘキヨウ) 가슴을 두드리며 뜀。죽은 사람의 불행을 슬퍼하여 울음。통곡함

【擗摽】(벽표-ヘキヒョウ) 매우 슬퍼함

【擁】옹 ヨウ、かかえる embrace 腫 ㄩㄥˇ yung³
①안을 품을 抱也 ②낄 가질 持也 ③가릴 遮也 ④옹위할 群從衛也

【擁立】(옹립-ヨウリツ) 옹호하여 임금의 자리에 나아가게 함

【擁衛】(옹위-ヨウエイ) 부축하고 호위함

【擁蔽】(옹폐-ヨウヘイ) 어른의 총명을 막아서 가림

【擁抱】(옹포-ヨウホウ) 품에 안음。포옹

【擁護】(옹호-ヨウゴ) 부축하여 보호함

【操】조 ソウ、みさお ftdelity 豪 ㄘㄠ ts'ao¹
①지조 졸 所守志行 ②잡을 把持 ③풍치 風調 ④가락 곡조 琴曲

【操觚】(조고-ソウコ) 문필(文筆)에 종사함

【操琴】(조금-ソウキン) 거문고를 탐

【操鍊】(조련-ソウレン) ①군사를 단련함 ②남을 강박함

【操束】(조속) 단속함

【操守】(조수-ソウシュ) 삼가 지킴。정도(正道)를 지키고 불변함

【操心】(조심) 삼가 주의함

【操業】(조업-ソウギョウ) 각각 맡은 일을 함

【操縱】(조종-ソウジュウ) 마음대로 보냄。자유로 부림

【操縱士】(조종사-ソウジュウシ) 비행기를 조정하여 가는 사람

【操飭】(조칙) 경계하여 삼감

【操行】(조행-ソウコウ) 행동의 실적。품행。행실

【擅】천 セン、ゼン、ほしいまま act without authority 霰
천단할 自專

【擅權】(천권-センケン) 권력을 마음대로 함

【擅斷】(천단-センダン) 단독으로 처분함

【擅殺】(천살-センサツ) 죽일만한 자를 마음대로 죽임

【擅恣】(천자-センシ) 마음대로 하고 기탄이 없음

【擅行】(천행-センコウ) 마음대로 행함

【擅許】(천허-センキョ) 제 마음대로 허가함

【擅橫】(천횡-センオウ) 제 멋대로 행동함

【擇】택 タク、ジャク、えらぶ choose 陌 ㄗㄜˊ tsê²
①가릴 고를 選也 ②뽑을 揀選

【擇交】(택교-タッコウ) ①사귈만한 나라를 고름。사귈만한 친구를 고름

【擇吉】(택길-タクキツ) 좋은 날을 가림

【擇善】(택선-タクゼン) 좋은 일을 택함

【擇偶】(택우-タクグウ) 짝을 고름。배필을 고름

【擇日】(택일-タクジツ) 좋은 날을 고름

【擇地】(택지-タクチ) 좋은 땅을 고름

【擇處】(택처-タクショ) 있을 곳을 고름

【擇出】(택출-タクシュツ) 골라냄

【擇婚】(택혼-タッコン) 혼처를 고름

【十四畫】

【擱】각 カク、おく put down ㄍㄜ kê
①멈출 止也 ②버릴 棄也

【擱筆】(각필-カクヒツ) 붓을 놓고 쓰던 것을 멈춤

【擧】거 キョ、コ、あげる lift 語 ㄐㄩˇ chü³
맞들 對— 擧(臼部十一畫)에 볼것

【擡】 대 タイ、もたげる raise 因 ㄊㄞˊ t'ai^{2}
①들 擧也 ②움직거릴 動也

【擡擧】(대거-タイキョ) ①들어 올림 ②사람을 올려 씀

【擡頭】(대두-タイトウ) ①머리를 들음 ②글 속에서 경의(敬意)를 표할 때에 줄을 올리되 다른 줄보다 몇 자를 더 올리어 씀

【擣】 도 トウ、つく pound 皓 ㄉㄠˇ tao^{3}
①두드릴 手推 ②짓찧을 舂也 ③다질

「한 곳을 공격함

【擣虛】(도거-トウキョ)적의 방비가 허술

【擣衣】(도의-トウイ) 다듬이질을 함

【擥】 람 ラン、とる hold
①잡을 手取 ②총찰할 攬也

【擥取】(남취-ランシュ) 손에 붙잡음

【擝】 前條 同字

【擯】 빈 ヒン、しりぞく reject 震 ㄅㄧㄣˋ pin^{4}
①물리칠 斥也 ②버릴 棄也 ③손님 맞는 사람 接賓者-使

【擯介】(빈개-ヒンカイ) 주객(主客)사이에 서서 주선하는 사람

【擯落】(빈락-ヒンラク) 물리침

【擯相】(빈상-ヒンツヨウ) 빈객(賓客)의 일을 맡은 벼슬

【擯斥】(빈척-ヒンセキ) 물리침。배척

【擬】 의 ギ、なぞらえる estimate 紙 ㄧˇ i^{3}
①비길 像也比- ②헤아릴 • 揣度準 ③의논할 議也

【擬經】(의경-ギケイ) 경서(經書)에 본떠서 만들음

【擬古】(의고-ギコ) 시문(詩文)을 옛적에 견주어 지음

【擬作】(의작-ギサク) 비기어 만듦

【擬制】(의제-ギセイ) 본질이 다른 것을 일정한 법률적으로 다룸에 있어 같은 것으로 보고 같은 효과를 줌

【擬態】(의태-ギタイ) ①짓이나 꼴을 흉내 냄 ②곤충이 자신의 위험을 방어하기 위하여 그 태도를 다른 물건에 비김。곧 자벌레가 나무가지와 비슷한 것 따위

【擠】 제 セイ、サイ、おす push 霽 ㄐㄧˇ chi^{3}
①밀칠 推也 ②물리칠 排也 ③떨어질 墜也

【擠陷】(제함-セイカン) 악의로 남을 못된 곳으로 밀어 넣어서 해침

【擠害】(제해-セイガイ) 남을 해롭게 함

【擦】 찰 サツ、こする rub 曷 ㄘㄚ ts'a^{1}
문지를 문댈 비빌 摩急

【擦傷】(찰상-サッショウ) 문대어 벗어진 상처

【擢】 탁 テキ、タク、ぬく pull out 覺 ㄓㄨㄛˊ chuo^{2}
①뺄 拔也 ②빼낼 抽出 ③솟을 聳也 ④이길 勝也

【擢秀】(탁수-テキシュウ) 추려서 빼어냄。또 그 사람

【擢昇】(탁승-テキシュウ) 골라 뽑혀서 벼슬자리에 올음

【擢用】(탁용-テキヨウ) 골라 뽑아 씀

【擢第】(탁제-テキダイ) 시험에 급제함

【擭】 확 ワク、カク、わな snare 藥 ㄏㄨㄛˋ huo^{4}
덫 捕獸機檻 (화) 義同 (획) 잡을 手取

【十五畫】

【擴】 광 カク、ひろめる enlarge 漾
찰 充也 (확) 넓힐 張小使大

【擴大】(확대-カクダイ) 넓힘。늘음

【擴聲器】(확성기-カクセイキ) 음성을 크게 하여 먼 곳까지 들리게 하는 기구

【擴張】(확장-カクチュウ) 널리 폄。넓힘

【擴充】(확충-カクジュウ) 확충하여 충실하게 함

【擽】 략 レキ、リヤク、うつ strike 藥
칠 擊也

【攀】 반 ハン、ひく drag 刪 ㄆㄢ p'an¹
①휘어잡을 自下援上 ②당길 引也

【攀登】(반등-ハントウ) 더위잡아 올라감

【攀戀】(반련-ハンレン) 관민이 어진 장관이 갈 때에 차를 끌어당기며 사모함

【攀龍附鳳】(반룡부봉-ハンリョウフホウ) 어진 사람을 좇아서 공명을 세움

【攀緣】(반연-ホウエン) ①인연을 구함

【擾】 요 ジョウ、みだれる disturb 篠 ㄖㄠ jao³
①어지러운 亂也 ②번거할 煩也 ③순할 順也 ④길들일 馴也

【擾亂】(요란-ジョウラン) 어지러움。떠들썩함

【擾擾】(요요-ジョウジョウ) 정신이 산란한 모양。뒤숭숭한 모양

【擲】 척 テキ、ジャク、なげうつ throw 陌 ㄓ· chih²
던질 投也

【擲殺】(척살-テキサツ) 쳐죽임。던져 죽임

【擿】 척 テキ、チャク、なげる throw 錫 ㄊㄧ t'i
①던질 投也 ②긁을 搔也 (적) 돈을 挑也

【擿抉】(적결-テッケツ) 숨겨진 약한 일을 들추어 냄

【擿發】(적발-テキハツ) 비밀 혹은 좋지 못한 사실을 들추어 냄

【攄】 터 チョ、のべる spread 魚 ㄕㄨ shu¹
①펼 布也 舒也 ②비길 擬也 ③날칠 騰也 ④헤칠 散也

【攄得】(터득) 생각하여 깨달음。알아냄

【擺】 파 ハイ、ひらく spread 蟹 ㄅㄞ pai³
①벌릴 開也 ②헤칠 撥也 ③나누어 줄 排而振之 ④손벽칠 兩手擊

【擺落】(파락-ハイラク) 털어 없앰

【擺脫】(파탈-ハイダツ) 예절이나 구속에서 벗어남

【攢】 攢 (手部 十九畫) 略字

【十六畫—十七畫】

【攏】 롱 ロウ、とる grasp 董 ㄌㄨㄥ lung
①가질 持也 ②차갈 掠也 ③다스릴 理也

【攉】 확 カク、でをかえす applaud 藥 ㄏㄨㄛ huo⁴
①손 뒤수럭거릴 手反覆 ②홱두를 奮迅揮— ③수벽칠 盤手弄

【攔】 란 ラン、さえぎる shut off 寒 ㄌㄢ lan²
①막을 遮也

【攘】 양 ジョウ、しりぞく vepwise 陽 ㄖㄤ jang²
①밀칠 推也 ②훔칠 竊也 ③물리칠 卻也 ④쫓을 逐也 ⑤그칠 止也 ⑥덜 除也

【攘伐】(양벌-ジョウバツ) 쳐서 물리침

【攘夷】(양이-ジョウイ) 외국인을 배척함。오랑캐를 쫓아냄

【攘除】(양제-ジョウジョ) 물리쳐 없앰

【攘斥】(양척-ジョウセキ) 물리쳐 버림

【攖】 영 エイ、からめる entangle 庚 ㄧㄥ ying¹
①얽힐 索也 ②찌를 觸也 ③집을 拈也 ④어지러울 亂也 ⑤가까이할 迫近 (녕)

【十八畫—十九畫】

【攝】 섭 ショウ、セツ、かねる hold in addition 葉 ㄕㄜ
①겸할 兼也 ②끄덩이잡을 摠持 ③끌 引持 ④걷을 收斂 ⑤꾸밀 假貸 ⑥기록할 錄也 ⑦좇아잡을 追捕 ⑧단정히 할 整飾 ⑨항복할 讋服 (녑) ⑩가질 持也 ⑪고요할 靜謐貌

【攝理】(섭리-セツリ) ①일을 대신 처리함 ②병을 조섭함 ③바로잡아 다스림

【攝生】(섭생-セッセイ) 병을 피하고 건강을 유지하도록 함

【攝息】(섭식-セッソク) 숨을 돌리고 마음을 진정함

【攝心】(섭심-セッシン) 마음을 거두어 흩어지지 않게 함

【攝政】(섭정-セッセイ) 임금 아닌 사람이 임금을 대신하여 정치를 행함

【攝取】(섭취-セッシュ) 양분을 빨아 들입
【攝行】(섭행-セッコウ) 임금의 일을 대신 행함

【攜】 携 (手部 十三畫) 本字

【攣】 련 レン、かかる bind 先 ㄌㄩㄢˊ lüan²
①맬 係也 ②손발병신 手足曲病

【攢】 찬 サン、あつまる gather 旱 ㄗㄢˇ tsan³
①중기중기모일 簇聚 ②초빙할 不葬而掩 其柩
【攢宮】(찬궁) 빈전(殯殿)안에 영구(靈柩)를 모시는곳
【攢峯】(찬봉-サンポウ) 거듭 모인 산봉우리
【攢鋒】(찬봉-サンポウ) 창 끝을 모음
【攢聚】(찬취-サンシュウ) 중귀중귀 모입
【攢賀】(찬하) 합장하고 경하(慶賀)함

【攤】 탄 タン、ひらく spread 寒 ㄊㄢ t'an¹
①펼 手布 ②열 開也 (난) 누를 按也
【攤飯】(탄반-タンパン) 밥 먹은 뒤에 자는 낮잠

【二十畫―二十一畫】

【攪】 교 カク、カウ、かきみだす stir up 巧 ㄐㄧㄠˇ chiao³
①흔들 撓也 ②손놀릴 手動 ③어지러울 亂也
【攪亂】(교란-カクラン) 흔들어 놓음。 흔들어 어지럽게 함

【攫】 확 カク、つかむ grasp 藥 ㄐㄩㄝˊ chüeh²
①움킬 以瓜攫取 ②후려칠 搏也
【攫搏】(확박-カクハク) 후려갈김
【攫取】(확취-カクシュ) 움켜 빼앗음

【攬】 람 ラン、とる seize 感 ㄌㄢˇ lan³
잡아다닐 手取
【攬要】(남요-ランヨウ) 요령을 잡음
【攬轡澄淸】(남비징청) 관리가 되어 천하의 폐해를 교정하려고 하는 큰 뜻

支部

【支】 지 シ、ささえる sepport 支 ㄓ chih¹
①지탱할 持也 ②내줄 出也 ③헤아릴 度也 ④뭇 庶也 ⑤흩어질 分散 ―離 ⑥문서 卷也 ⑦지지 十二辰名 ⑧팔다리 四―
【支結】(지결) 가슴이 막히는 열병
【支局】(지국-シキョク) 신문·잡지사의 본사에 붙어서 지방에 있으면서 그 사무를 맡아서 보는 곳
【支給】(지급-シキュウ) 물건을 내 줌
【支流】(지류-シリュウ) 본류에서 갈려 나온 물 줄기
【支離】(지리-シリ) ①여지없이 흩어짐 ②병신
【支離滅裂】(지리멸렬-シリメツレツ) 여지없이 흩어져서 갈피를 잡을수 없음
【支脈】(지맥) ①산맥의 갈라진 가닭 ②갈라져 나온 줄기
【支撥】(지발) 물건을 내 줌
【支放】(지방) 관아의 일군에게 품값을 주던 것
【支配】(지배-シハイ) ①부하를 감독하여 사무를 정리함 ②일을 각각 수배하여 처치함
【支配人】(지배인-シハイニン) 회사·상점 등의 사무를 전부 통괄하여 지배하는 사람
【支保】(지보) 지탱하고 보존함
【支部】(지부-シブ) 본부에서 갈라져 나간 곳
【支拂】(지불-シはらい) 금전상의 채무를 이행함。 돈을 내어 줌。 물건 값을 갚음
【支拂命令】(지불명령-シはらいメイレイ) 채권자가 독촉 수속의 신청에 의하여 재판소가 채무자에게 대하여 내리는 명령
【支拂猶豫】(지불유예-シはらいユウヨ) 상인이 상업상 채무에 대하여 부득이 지불을 중지할 때에 채권자 과반수의 승락을 얻어 재판소에 청구하고, 一年을 넘지 못하는 기한 안에

지붕의 연끼를 받는 것

【支拂停止】(지불정지-シはらいテイシ) 채무자가 지불이 불능한 사실을 채권자에게 발표함

【支庶】(지서-シショ) 지자(支子)와 서자(庶子)

【支線】(지선-シセン) 본선에서 갈라져 나간 선

【支孫】(지손-シソン)지자(支子)의 아들

【支吾】(지오-シゴ) 서로 어긋남。 겨우 버팀

【支子】(지자-シシ) ①첩의 소생 ②장자(長子)이외의 아들

【支障】(지장-シショウ) 거리낌。 거침

【支持】(지지-シジ) 붙들어서 버팀

【支出】(지출-シシュツ) 물건을 내줌

【支派】(지파-シハ) 지자(支子)의 갈래

【六畫—九畫】

【攲】기 キ、かたむく incline 쏠릴 不正傾低

【(多+支)】지 シ、おおい plenty of 支 많을 多也

【(赤+支)】시 シ、みそ spice 寘 ①간맞출 양념할 以調五味 ②저릴 配鹽

【(束+支)】기 キ、ひこばえ sprout 支 ①곁가지 橫首枝 ②움날 木別生

【敧】기 キ、かたむく incline 支 ㄑㄧ ch'i¹ 기울어질 不正

【敧器】(기기-キキ) 물을 가득 채우면 엎어지도록 만든 금속제의 그릇。 중용(中庸)의 훈계(訓戒)로 함

【鼓】鼓部 首部에 볼것

攴 部

【攴】복 ボク、うつ rap 屋 똑똑 두드릴 小擊

【二 畫】

【攷】고 コウ、かんがえる think 皓 ㄎㄠˇ k'ao³ ①이룰 成也 ②상고할 稽察 考(老部)古字

【收】수 シュウ、をさめる collect 尤 ㄕㄡ shou¹ ①거둘 斂也 ②모을 聚也 ③잡을 捕也 ④쉴 息也 ⑤떨칠 振也 ⑥수레바퀴 車軫 ⑦추수할 穫多 ⑧거두게 할 斂之

【收監】(수감-シュウカン) 옥에 넣어 감금함

【收金】(수금-シュウキン) 돈을 거둠

【收納】(수납-シュウノウ) 거두어 들임

【收錄】(수록-シュウロク) 모아서 기록함

【收稅】(수세-シュウゼイ) 조세(租稅)을 거둠。 세금을 받음

【收束】(수속-シュウソク) 모아 묶음

【收拾】(수습-シュウシュウ) ①흩어진 물건을 주워 거둠 ②어지러운 마음을 가라앉힘

【收養】(수양-シュウヨウ) 남의 자식을 거두어 기름。 수용하여 양육함

【收用】(수용-シュウヨウ) 거두어 씀

【收容】(수용-シュウヨウ) ①거두어 담음 ②거두어 말음

【收益】(수익-シュウエキ) 이익을 거둠。 수입이 되는 이익

【收入】(수입-シュウニュウ) ①금품이나 곡물 따위를 거두어 드림 ②생김

【收載】(수재-シュウサイ) 거두어 기재함

【收支】(수지-シュウシ) 수입과 지출

【收集】(수집-シュウシュウ) 거두어 모음

【收採】(수채-シュウサイ) 거두어 들임。 인재를 등용함

【收縮】(수축-シュウシュク) ①오그라짐 ②오그림

【收合】(수합-シュウゴウ) 거두어 합함

【收穫】(수확-シュウカク) 농작물을 거두어 들임

【三 畫】

【改】개 カイ、あらたむ reform 賄 ㄍㄞ kai³

①고칠 更也 ②바꿀 易也 ③지을 造也

【改嫁】(개가-カイカ) 두번째 시집감

【改刊】(개간-カイカン) 고쳐 새김。책의 판을 고침

【改過】(개과-カイカ) 허물을 고침

【改棺】(개관) 이장(移葬)할 때 관을 새로 만들음

【改頭換面】(개두환면-カイトウカンメン)어떤 일에 근본을 고치지 아니하고 사람만 갈아 일을 그대로 시킴

【改良】(개량-カイリョウ) 좋은 것으로 고침。잘되게 고침

【改量】(개량-カイリョウ) 다시 측량함

【改名】(개명-カイメイ) 이름을 고침

【改封築】(개봉축) 무덤의 봉분을 고치어 쌓음

【改書】(개서-カイショ) 글씨를 고쳐 씀

【改善】(개선-カイゼン) 악한 것을 착하게 함。좋은 것으로 고침

【改姓】(개성-カイセイ) 성을 고침

【改修】(개수-カイシュウ) 고치어 바로 잡음

【改新】(개신-カイシン) 고치어 새롭게함

【改心】(개심-カイシン) 마음을 고침

【改易】(개역-カイエキ) 먼저 있던 것을 만 것으로 바꿈 「고침

【改元】(개원-カイゲン) ①연호(年號)를

【改作】(개작-カイサク) 고쳐 지음 「침

【改悛】(개전-カイシュン) 잘못한 것을 고

【改正】(개정-カイセイ) 바르게 고침。옳게 고침

【改定】(개정-カイテイ) 고치어 작정함

【改造】(개조-カイゾウ) 고치어 만듦。고쳐 지음 「고침

【改宗】(개종-カイシュウ) 종지(宗旨)를

【改築】(개축-カイチク) 고치어 지음。고쳐 세음

【改稱】(개칭-カイショウ) 고치어 일컬음。「김 이름을 고침

【改版】(개판-カイハン) 판목을 고쳐 새

【改憲】(개헌-カイケン) 헌법을 고침

【攻】 공 コウ、せめる attack 東 ㄍㄨㄥ kung'

①칠 擊也 ②다스릴 治也 ③익힐 習也 ④지을 作也 ⑤남의 허물 말할 摘人過失 ⑥굳을 堅也

【攻擊】(공격-コウゲキ) ①적을 침 ②엄하게 논박함。몹시 꾸짖음

【攻苦】(공고-コウク) 학문・기술을 열심으로 연구함

【攻駁】(공박-コウバク) 남의 잘못한 것을 논난하고 공격함

【攻伐】(공벌-コウバツ) 공격

【攻城】(공성-コウジョウ) 성(城)을 침

【攻勢】(공세-コウセイ) 공격하는 형세

【攻守】(공수-コウシュ) 공격과 수비

【攻玉】(공옥-コウギョク) ①옥을 갈음 ②지덕(知德)을 닦음

【攻圍】(공위-コウイ) 공격하여 에워쌈

【攻入】(공입-コウニュウ) 적진에 쳐 들어감

【攻陷】(공함-コウカン) 쳐서 함락시킴

【攻獲】(공획-コウカク) 쳐서 물건을 빼앗음

【攸】 유 ユウ、のんびり far distant 尤 ㄧㄡˋ yu'

①아득할 遠貌— ②바 所也 ③대롱거릴 危貌—懸 ④휙 달아날 迅走—然

【攸然】(유연-ユウゼン) 침착하며 서둘지 않는 모양

【攸攸】(유유-ユウユウ) 먼 모양

【四 畫】

【放】 방 ホウ、はなす loosen 漾 ㄈㄤˋ fang'

①놓을 釋也 ②사놓을 縱也 ③내칠 逐也 ④버릴 棄也 ⑤방자할 肆也 ⑥놓아 먹을 逸也 ⑦본받을 效也 ⑧이를 至也 ⑨흩어질 散也

【放歌】(방가-ホウカ) 높은 소리로 노래를 부름

【放課】(방과-ホウカ) 일정한 시간의 공부가 끝남

【放曠】(방광-ホウコウ) 언행에 구속이 없음。마음이 넓음

【放棄】(방기-ホウキ) 버리고 돌아보지 아니함

【放尿】(방뇨-ホウニョウ) 오줌을 눔 「님

【放浪】(방랑-ホウロウ) 정처없이 돌아다

【放賣】(방매) 물건을 팔음
【放免】(방면-ホウメン) 죄수를 놓아줌
【放牧】(방목-ホウボク) 말소。등을 놓아 기름
【放辟】(방벽-ホウヘキ) 꺼림이 없이 마구 함
【放步】(방보) 마음놓고 되는 대로 걷는 걸음
【放糞】(방분) 똥을 눔
【放射】(방사-ホウシャ) ①활·총들을 쏨 ②수레바퀴 모양으로 한 곳에서 그 주위에 각각 직선으로 뻗침
【放肆】(방사-ホウシ) 기탄 없이 행동함
【放散】(방산-ホウサン) 각각 흩어짐
【放釋】(방석-ホウシャク) 석방
【放聲大哭】(방성대곡) 큰 목소리로 크게 울음
【放送】(방송-ホウソウ) 무선전화를 보내서 널리 듣게 함
【放囚】(방수-ホウシウ) 죄인을 놓아줌
【放心】(방심-ホウシン) ①마음을 놓음 ②될대로 돼라하고 안심함
【放洋】(방양-ホウヨウ) 배가 넓은 바다를 달림
【放言】(방언-ホウゲン) 거침 없이 말함。무책임한 말
【放逸】(방일-ホウイツ) 제 마음대로 함。방탕하게 놀음
【放任】(방임-ホウニン) 제대로 되어 가게 버려둠
【放恣】(방자-ホウシ) 기탄이 없음
【放電】(방전-ホウデン) 어떠한 거리를 사이에 두고 음전(陰電)·양전(陽電)이 서로 중화하여 없어짐 (대개 번갯불이 남)
【放縱】(방종-ホウジュウ·ホウショウ) 놓아 먹음。욕심대로 함
【放擲】(방척-ホウテキ) 내던짐
【放逐】(방축-ホウチク) 내쫓음。쫓아냄
【放逐鄕里】(방축향리) 유배보다 한등 가벼운 형。벼슬을 삭탈하고 제 시골로 내리 쫓음
【放出】(방출-ホウシュツ) 가지고 있던 것을 내 놓음
【放直】(방치-ホウチ) 그대로 내버려둠
【放蕩】(방탕-ホウトウ) 주색·잡기에 빠져서 난동을 부림
【放學】(방학-ホウガク) 여름·겨울에 일정한 기간으로 공부를 쉼
【放火】(방화-ホウカ) 일부러 불을 놓음

【政】정 セイ、ショウ、まつりごと administration 敬 ㄓㄥˋ chêng⁴
정사 以法正民
【政綱】(정강-セイコウ) 정치의 강령
【政客】(정객-セイキャク) 정계(政界)에 관계하는 사람。정치가
【政見】(정견-セイケン) 정치에 관한 의「견
【政界】(정계-セイカイ) 정치의 사회
【政敎】(정교-セイキョウ) ①정치와 교육 ②정치와 종교
【政局】(정국-セイキョク) 정치사회의 형세。정치의 국면
【政權】(정권-セイケン) ①정치를 행하는 권력 ②정치에 참여하는 권리
【政談】(정담-セイダン) 정치에 관한 이야기
【政黨】(정당-セイトウ) 정치상의 주의가 같은 사람들 끼리 단결한 당파
【政略】(정략-セイリャク) 정치상의 책략(策略)
【政令】(정령-セイレイ) ①정치상의 명령 ②정부의 명령
【政務】(정무-セイム) ①정치의 사무 ②정치상의 방책
【政法】(정법-セイホウ) ①정치와 법률 ②정치의 법도
【政變】(정변-セイヘン) 정계(政界)의 변동。정치상의 변화
【政府】(정부-セイフ) 한나라의 주권자(主權者)가 나라의 정무(政務)를 행사하는 최고 기관。내각(內閣)
【政事】(정사-セイジ) 정치상의 일
【政策】(정책-セイサク) 정치상의 방책
【政廳】(정청-セイチョウ) 정무(政務)를 행하는 관청
【政體】(정체-セイタイ) ①한나라의 주권 행동의 형식 및 상태 ②정치의 형편
【政治】(정치-セイジ) ①나라를 다스림 ②정사(政事)가 잘 행함 ③주권의

활동 또는 직권의 행사
【政海】(정해-セイカイ) 정계(政界)
【政刑】(정형-セイケイ) 정치와 형벌
【政況】(정황-セイキョウ) 정치의 상황

【五 畫】

【故】고 コ、ゆえ reason 遇 ㄍㄨˋ ku⁴ 固
①연고 事也 ②예 舊也 ③짐짓 爲之 ④죽을 死也物— ⑤초상날 喪事大故 ⑥글뜻 指義 ⑦고로 까닭 承上起下語
【故家】(고가-コカ) 예전부터 이어 오는 집
【故居】(고거-コキョ) 예전에 살던 집
【故舊】(고구-コキュウ) 친한지 오랜 친구
【故國】(고국-ココク) ①전부터 있던 나라 ②고향 ③본국
【故老】(고로-コロウ) 늙은이
【故事】(고사-コジ) 옛적부터 전하여 내려오는 일
【故殺】(고살-コサツ) 일부러 사람을 죽임
【故友】(고우-コユウ) 죽은 친구
【故意】(고의-コイ) ①일부러 하는 마음 짐짓하는 마음 ②옛부터 친구로서의 정분
【故誼】(고의-コギ) 대대로 사귀어 오는 정의(情意)
【故人】(고인-コジン) ①옛 친구 ②벗에게 대하여 자기를 이름 ③죽은사람
【故障】(고장-コショウ) ①거침。막힘 ②방해함 ③사고가 생김。탈이 남
【故地】(고지-コチ) 전에 살던 땅
【故土】(고토-コド) 출생지。옛날에 놀던곳
【故鄕】(고향-コキョウ) 자기가 나서 살던 시골
【故墟】(고허-コキョ) ①고토와 폐허 ②옛날의 성터

【敂】구 コウ、たたく rap 宥 ㄎㄡˋ k'ou⁴
두드릴 叩也

【㪅】更(曰部 三畫)本字

【六 畫】

【效】효 コウ、ききめ effect 效 ㄒㄧㄠˋ hsiao⁴
①효험 驗也 ②본받을 象也 ③닮을 倣也 ④배울 學也 ⑤공 功也 ⑥힘쓸 勉也 ⑦드릴 獻也 ⑧이를 致也 ⑨줄 授也
【效果】(효과-コウカ) 효험이 나타난 결과。성과(成果)
【效能】(효능-コウノウ) 효험의 능력
【效力】(효력-コウリョク) ①보람 ②효용(效用)。효과를 나타나는 힘 ③힘을 쓰다
【效勞】(효로-コウロウ) 힘들인 보람
【效顰】(효빈-ひそみにならう) ①남의 흉내를 냄 ②남의 결점을 장점인 줄로 알고 본뜸
【效誠】(효성-コウセイ) 정성을 다함
【效用】(효용-コウヨウ) ①소용됨。효력(效力) ②효험(效驗)
【效率】(효율-コウリツ) 효과의 비율
【效驗】(효험-コウケン) 보람。이로운 점。효력

【致】至部 四畫에 볼것

【七 畫】

【敎】교 キョウ、コウ、おしえる teach 看 ㄐㄧㄠˋ chiao⁴
①가르칠 訓也 ②교서 王命 ③법령 —令 ④종교 宗— ⑤본받을 效也 ⑥하여금 使爲
【敎科】(교과-キョウカ) 가르치는 과목
【敎官】(교관-キョウカン) 교화를 맡을 사람
【敎權】(교권-キョウケン) ①종교상의 권력 ②교수상의 권위
【敎具】(교구-キョウグ) 교수에 쓰는 기구
【敎區】(교구-キョウク) 종교의 포교에 있어서 편의상 구별을 지은 구역
【敎壇】(교단-キョウダン) 교실 안에서 선생의 강의하는 곳
【敎堂】(교당-キョウドウ) 각 종교단체의 신자가 모이는 집。교회당
【敎道】(교도-キョウドウ) 종교적 의미의 도
【敎徒】(교도-キョウト) 종교를 믿는 사람들

【敎導】(교도-キョウドウ) 가르쳐 인도함
【敎頭】(교두-キョウトウ) 학교 선생의 우두머리
【敎鍊】(교련-キョウレン) 군사를 훈련함
【敎令】(교령-キョウレイ) 임금의 명령
【敎理】(교리-キョウリ) 종교상의 이치。 교의(敎義)
【敎務】(교무-キョウム) ①학교에 관한 사무 ②종교에 관한 사무
【敎門】(교문-キョウモン) 교회의 문
【敎範】(교범-キョウハン) 교육의 방법
【敎師】(교사-キョウシ) ①선생。 교원 ②종교의 교리를 설명하여 전달하는 사람
【敎唆】(교사-キョウサ) 남을 선동하여 못된 일을 하게 함
【敎生】(교생-キョウセイ) 사범학교 생도로서 부속학교에서 교육의 실지 연습을 하고 있는 사람
【敎書】(교서-キョウショ) 제왕·대통령이 내는 유고서(諭告書)
【敎授】(교수-キョウジュ) ①가르쳐 줌 ②교관(敎官)。 학관(學官) ③대학에서 급수가 높은 교사
【敎習】(교습-キョウシュウ) 가르쳐 익히게 함
【敎示】(교시-キョウジ) 가르쳐 보임
【敎室】(교실-キョウシツ) 학생을 가르치는 학교의 방
【敎案】(교안-キョウアン) 교수상 필요한 여러 가지 사항을 적은 초안「교육
【敎養】(교양-キョウヨウ) 가르쳐 기름。
【敎擾】(교요-キョウジョウ) 짐승을 가르쳐 길들게 함 「사람
【敎友】(교우-キョウユウ) 같이 교를 믿는
【敎員】(교원-キョウイン) 교사
【敎諭】(교유-キョウユ) ①가르쳐 깨우침 ②일제시대의 사범학교·중학교의 교사 「침
【敎誘】(교유-キョウユウ) 잘 달래어 가르
【敎育】(교육-キョウイク) 가르쳐 기름
【敎義】(교의-キョウギ) ①교육의 본지(本旨) ②종교의 교리
【敎場】(교장-キョウジョウ) ①군사를 교련하는 곳 ②교실。 가르치는 곳
【敎材】(교재-キョウサイ) 교육에 쓰는 재료
【敎祖】(교조-キョウソ) 종교를 처음 세운 사람
【敎主】(교주-キョウシュ) ①종교를 창시한 사람 ②어떠한 종교의 우두머리
【敎旨】(교지-キョウシ) 종교의 취지
【敎職】(교직-キョウショク) ①학생을 가르치는 직무 ②교회에서 신도를 교도하는 직무
【敎治】(교치-キョウチ) 가르쳐 다스림
【敎則】(교칙-キョウソク) 교회의 규칙
【敎鞭】(교편-キョウベン) 아동에게 교수상황을 지시하기 위하여 선생이 가지는 회초리。 즉 교사가 됨을 이름
【敎學】(교학-キョウガク) 가르쳐 배우게 함
【敎化】(교화-キョウカ) 가르쳐 착한 사람이 되게 함。 교육하여 감화시킴
【敎皇】(교황-キョウオウ) 천주교의 최고 지배자。 교화황(敎化皇)
【敎會】(교회-キョウカイ) 종교 단체의 신도의 집회소
【敎誨】(교회-キョウカイ) 가르쳐 타이름 교훈(敎訓)
【敎訓】(교훈-キョウクン) 가르침

【救】구 キュウ、ク、すくふ save 宥 ㄐㄧㄡ chiu' ①구원할 拯也 ②두둔할 護也 ③도울 助也 ④그칠 止也
【救國】(구국-キュウコク) 나라를 위기에서 건지어 냄
【救急】(구급-キュウキュウ) ①위급을 구함 ②급한 병에 약을 씀
【救療】(구료-キュウリョウ) 병을 구하여 고쳐줌
【救命】(구명-キュウメイ) 목숨을 구함。 죽음을 구함
【救病】(구병-キュウビョウ) 병 구원을 함
【救世】(구세-キュウセイ) 세상을 구원함
【救援】(구원-キュウエン) 곤란 중에 있는 사람을 도와 줌
【救濟】(구제-キュウサイ) 구원해 건져 줌
【救助】(구조-キュウジョ) 구하여 도와 줌
【救出】(구출-キュウシュツ) 구하여 냄

【救護】(구호-キュウゴ) 구제하고 보호함

【救荒】(구황-キュウコウ) 흉년에 빈민을 구제함

【救恤】(구휼-キュウジュツ) 가난한 사람을 구제함

【敏】민 ビン、さとい clever ㄇㄧㄣˇ min3
①민첩할 亟也捷— ②총민할 聰也 ③통달할 達也 ④민망할 閔也 ⑤공손할 恭也 ⑥엄지발가락 足大指

【敏達】(민달-ビンタツ) 민첩하여 온갖 일에 통달함

【敏速】(민속-ビンソク) 날쌔고 재빠름

【敏腕】(민완-ビンワン) 민첩한 수완

【敏捷】(민첩-ビンショウ) 민활하고 빠름。 약사빠름。 재빠름

【敏慧】(민혜-ビンケイ) 민첩하고 슬기로움

【敏活】(민활-ビンカツ) 민첩하고 활발함。 재주있게 일을 잘 함

【敍】서 ジョ、のべる describe
①지을 述也 ②베풀 陳也 ③차례 次第

【敍事】(서사-ジョジ) 사실을 서술함

【敍說】(서설-ジョセツ) 차례를 따라서 설명함

【敍述】(서술-ジョジュツ) 차례를 좇아 말함

【敍情】(서정-ジョジョウ) 자기의 감정을 폄

【敍次】(서차-ジョジ) 차례

【敍戚】(서척-ジョセキ) 멀어진 딴 성의 겨레붙이가 그 척분 관계를 서로 말하는 일

【敍勳】(서훈-ジョクン) 훈등(勳等) 및 훈장(勳章)을 내림

【敔】어 ギョ、とめる forbid
①금할 禁也 ②풍류 그치는 악기 止樂器形如木虎

【敖】오 ゴウ、おごろ proud ㄠˊ ao2
①거만할 傲也 ②희롱할 戲也遊— ③헌걸찰 長貌—

【敖敖】(오오-ゴウゴウ) ①헌걸찬 모양 ②거만한 모양

【敖遊】(오유-ゴウユウ) 놀고 지냄

【敕】칙 チョク、いましめる warn ㄔˋ ch'ih4
①경계할 誡也 ②다스릴 理也 ③기릴 褒也 ④꾸지람 신칙할 貴讓辭 ⑤삼갈 謹也 ⑥바를 正也 ⑦칙서 制書。 勅同

【敗】패 ハイ、やぶれる defeat ㄅㄞˋ pai4
①깨어질 破也 ②무너질 壞也潰也 ③헐어질 毁也 ④엎드러질 覆也 ⑤덜릴 損也

【敗局】(패국-ハイキョク) 쇠폐한 정국(政局)이나 국면(局面)

【敗軍】(패군-ハイグン) 싸움에 진 군대

【敗德】(패덕-ハイトク) 덕의를 그르침

【敗亡】(패망-ハイボウ) 패하여 멸망함

【敗滅】(패멸-ハイメツ) 패망(敗亡)

【敗北】(패배-ハイホク) 싸움에 지고 달아남 (패비라고도 읽음)

【敗散】(패산-ハイサン) 패하여 흩어 짐

【敗勢】(패세-ハイセイ) 패하는 형세

【敗訴】(패소-ハイソ) 송사에 짐

【敗俗】(패속-ハイゾク) 쇠패한 풍속

【敗業】(패업-ハイギョウ) 사업에 실패함

【敗運】(패운-ハイウン) 패하여 가는운수

【敗衣】(패의-ハイイ) 헌옷。 찢어진 옷

【敗殘】(패잔-ハイザン) 싸움에 지고 남은것

【敗將】(패장-ハイショウ) 싸움에서 진 장군

【敗戰】(패전-ハイセン) 싸움에 짐

【敗走】(패주-ハイソウ) 싸움에 지고 도주함

【敗退】(패퇴-ハイタイ) 싸움에 지고 물러감

【赦】赤部 四畫에 볼것

【八畫—九畫】

【敢】감 カン、あえて dare ㄍㄢˇ kan3
①구태여 忍爲 ②감히 冒昧辭 ③용맹스러울 勇也 ④결단성 있을 進取果— ⑤범할 犯也

【敢言】(감언-カンゲン) 기탄없이 말함

【敢爲】(감위-カンイ) 결단성 있게 행함

【敢戰】(감전-カンセン) 필사의 각오로 싸움
【敢行】(감행-カンコウ) 어려움을 참고 행하여 목적을 달함

【敦】 돈 トン、あつい incere 元 tuen¹·⁴
①두터울 厚也 ②클 大也 ③힘쓸 勉也 ④핍박할 迫也 ⑤성낼 怒也 ⑥알소할 試也 ⑦세울 堅也 ⑧뒤섞일 (대) ①쟁반 槃類玉― ②서직담는 그릇 盛黍稷器 (단) ①오이 조롱조롱달릴 瓜繫蔓貌 ②모둘 聚也 (조) ①아로새길 雕也 ②그림 그린활 畫弓 (퇴) ①다스릴 治也 ②끊을 斷也 ③모둘 聚也 ④성낼 怒也 ⑤곱송거릴 獨宿貌―然 ⑥쪼을 琢也
【敦睦】(돈목-トンボク) 친족이 서로 화목함
【敦篤】(돈독-トントク) 돈후(敦厚)
【敦寧】(돈녕-トンネイ) 왕실의 친척
【敦喩】(돈유-トンユ) 간절히 타이름
【敦定】(돈정-トンテイ) 자리를 잡아서 확실하게 정함
【敦化】(돈화-トンカ) 두터운 교훈。또 인민을 덕화시킴
【敦厚】(돈후-トンコウ) 인정이 두터움

【散】 산 サン、ちる scatter 旱 ㄙㄢˇ san³
①헤어질 分離 ②헤칠 布也 ③가루약 藥石屑 ④허탄할 誕也 ⑤순준尊也 ⑥어슷댈 間― ⑦내칠 放也 ⑧절뚝거릴 跛行貌 「칩
【散落】(산락-サンラク) 여러 곳에 흩어
【散亂】(산란-サンラン) 흩어져 어지러움。어수선함
【散漫】(산만-サンマン) 흩어져 널리퍼짐
【散賣】(산매-サンブン) 조금씩 팔음。소매
【散賣】(산매) 운율(韻律)이나 절(節)의 제한을 받지 않는보통의 문장
【散髮】(산발-サンパツ) 머리털을 풀어헤침
【散兵】(산병-サンペイ) ①흩어져 있는 병정 ②병정을 일정한 거리를 두어 여기 저기 흩어 놓음
【散步】(산보-サンポ) 이리 저리 바람을 쏘이러 다님。슬슬 거님
【散史】(산사-サンシ) 민간에 있어 물필에 종사하는 사람
【散失】(산실-サンシツ) 흩어져 없어짐
【散藥】(산약-サンヤク) 가루약
【散人】(산인-サンジン) 벼슬하지 아니하고 민간에 있는 한가한 사람。세사를떠난 한가한 사람 「어짐
【散逸】(산일-サンイツ) 흩어져서 더러없
【散在】(산재-サンザイ) 흩어져 있음。여기저기 있음
【散財】(산재-サンギイ) ①재물을 나누어 줌 ②재물을 낭비함
【散卒】(산졸-サンソツ) 장기에서 각각 흩어져 있는 병졸
【散策】(산책-サンサク) 산보
【散布】(산포-サンプ) 흩어져 퍼짐
【散會】(산회-サンカイ) 사람들이 집회에서 흩어짐

【敞】 창 シャウ、ひらける open 養 ㄔㄤˇ ch'ang
①열 開也 ②드러날 露也 ③통창할 高曠爽地 ④넓을 豁也 ⑤눈멀거니 앉을 失容

【敝】 폐 ヘイ、やぶれる worn out 霽 ㄅㄧˋ pi⁴
①해질 敗衣 ②무너질 壞也 ③버릴 棄也 ④좀통 弓握處
【敝履】(페리-ヘイリ) 헌 신발
【敝衣】(페의-ヘイイ) 헤진 옷

【敬】 경 ケイ、キョウ、うやまう respect
①공경할 恭也 ②삼갈 謹愼 ③엄숙할 肅也 ④경동할 驚也
【敬虔】(경건-ケイケン) 삼가 공경함
【敬具】(경구-ケイグ) ①삼가 구비함 ②삼가 말씀한다는 뜻으로 편지 끝에 쓰는 말
【敬老】(경노-ケイロウ) 늙은이를 공경함
【敬待】(경대-ケイタイ) 공경하여 대접함
【敬禮】(경례-ケイレイ) 공경하는 뜻을표
【敬慕】(경모-ケイボ) 존경하고 그리워하는 뜻을 표하는 인사 「함
【敬拜】(경배-ケイハイ) 공경하여 절함
【敬白】(경백-ケイハク) 공경 하여 사뢴

다는 뜻으로 편지의 끝에 쓰는말
【敬服】(경복-ケイフク) 존경하여 복종함
【敬順】(경순-ケイジュン) 삼가 좇음
【敬視】(경시-ケイシ) 삼가 봄
【敬神】(경신-ケイシン) 귀신을 공경함
【敬愛】(경애-ケイアイ) 공경하고 사랑함
【敬語】(경어-ケイゴ) 공경하는 뜻을 나타내는 말
【敬意】(경의-ケイイ) 존경(尊敬)하는 뜻
【敬重】(경중-ケイチョウ) 공경하고 삼감
【敬聽】(경청-ケイチョウ) 삼가 들음
【敬稱】(경칭-ケイショウ) 공경하여 일컬음
【敬歎】(경탄-ケイタン) 존경하여 감탄하다

【敭】양 ヨウ、あきらか bright 陽 ㄧㄤˊ yang²
밝힐 明也

【数】數(支部 十一畫 略字)

【鼓】鼓部 首部에 볼것

【十畫—十一畫】

【敲】고 コウ、たたく beat 肴
①두드릴 叩也 ②칠 擊也 ③후려칠 橫擊 ④짧은매 短杖 ⑤곁매질 從傍擊
【敲門】(고문-コウモン) 문을 두드려 사람을 찾음

【敺】구 ク、かける drive 虞 ㄑㄩ ch'ü¹
몰 逐也 驅古字 종아리칠 捶擊

【敷】부 フ、しく spread
①펼 布也 ②베풀 陳也 ②헤칠 散也 ④너를 廣索
【敷設】(부설-フセツ) 깔아서 만들어 놓음
【敷衍】(부연-フエン) ①넓게 폄 ②쉽고 자세히 설명함
【敷地】(부지-フチ) 어떠한 용도에 당한 땅
【敷陳】(부진-フチン) 널리 폄

【數】수 スウ、サク、かぞえる count 麌 ㄕㄨˇ shu³
①셈 計也 ②수죄할 責也 ③운수 曆— ④팔자 命— ⑤이치 理— (삭) ①자주 頻也 ②빠를 疾也 (촉)빽빽할 細密
【數數】(삭삭-サクサク) 자주。여러번 (촉촉) 바쁜 모양。촉급한 모양
【數奇】(수기-スウキ) 운수가 불길함
【數多】(수다-スウタ·あまた) 수가 많음
【數量】(수량-スウリョウ) 수의 분량。부피
【數理】(수리-スウリ) 수학의 이론
【數字】(수자-スウジ) 수의 부호로 쓰는 문자
【數値】(수치-スウチ) ①계산하여 나온 수 ②숫자로서 나타낸 식중의 숫자 대신에 넣는 수
【數學】(수학-スウガク) 수량에 대하여 연구하는 학문

【敵】적 テキ、かたき enemy 錫 ㄉㄧˊ ti²
①원수 仇也 ②막을 拒抵 ③대할 對也 ④짝 匹也
【敵愾】(적개-テキガイ) 적을 대하는 의분(義憤)
【敵國】(적국-テキコク·テッコク) ①우리와 싸우는 나라 ②자기 나라와 대등한 힘을 가진 나라
【敵軍】(적군-テキグン) 적의 군대
【敵對】(적대-テキタイ) 마주 대함。대립
【敵兵】(적병-テキヘイ) 적국의 병사
【敵勢】(적세-テキセイ) 적군의 형세
【敵手】(적수-テキシュ) ①재력(才力)이 어금지금한 사람。수가 비슷한 사람 ②자기를 반대하는 사람。대항하는 사람
【敵意】(적의-テキイ) 적으로 삼는 의사。해를 끼치고저 하는 생각
【敵將】(적장-テキショウ) 적군의 장수
【敵前上陸】(적전상륙-テキゼンジョウリク) 적군의 면전에서 감행하는 상륙
【敵情】(적정-テキジョウ) 적군의 정세。적국의 형편
【敵陣】(적진-テキジン) 적국의 군진
【敵彈】(적탄-テキダン) 적이 쏜 총포의 탄환

【徵】彳部 十二畫에 볼것

【徹】彳部 十二畫에 볼것

【十二畫—十三畫】

【整】정 セイ、ととのえる arrange 梗 ㄓㄥˇ cheng³
①정돈할 齊也 ②신칙할 飭也
【整暇】(정가-セイカ) 정리를 마친 뒤에 나머지의 겨를
【整頓】(정돈-セイトン) 바로 잡아 치움。치워 놓음
【整列】(정렬-セイレツ) 가지런하게 섬
【整理】(정리-セイリ) 질서를 바로잡음。정돈함
【整備】(정비-セイビ) 정돈하여 준비함
【整數】(정수-セイスウ)하나 또는 하나를 차차 더한 수
【整肅】(정숙-セイジュウ) 몸가짐이 바르고 엄숙함
【整然】(정연) 한결같이 가지런한 모양
【整地】(정지-セイチ) 땅을 고르게 만듬
【斁】도 エキ、せぶれる defeat 遇 ㄉㄨˋ tu⁴
패할 敗也 (역) ①싫을 厭也 ②마칠 終也 ③풀 解也
【斂】렴 レン、をさめる withdraw 豔 ㄌㄧㄢˋ lien⁴
①거둘 收也 ②모을 聚也 ③취할 取也 ④감출 藏也
【斂髮】(염발-レンパツ) 머리를 쪽 지거나 틀어 올림
【斂錢】(염전-レンセン) 돈을 거둠

【十四畫—十九畫】

【斃】폐 ヘイ、たおれる dead 霽 ㄅㄧˋ pi⁴
①죽을 死也 ②엎드러질 踣也
【斃死】(폐사-ヘイシ) 엎드러져 죽음
【斃而後已】(폐이후이-たおれてのちやむ)일이 성공할 때까지 끝까지 실행함
【斅】효 コウ、おしえる teach 效 ㄒㄧㄠˋ hsiao⁴
①가르칠 敎也 ②깨우칠 悟也
【變】言部 十六畫에 볼것
【黴】彳部 十八畫에 볼것

文部

【文】문 ブン、モン、ふみ literature 文 ㄨㄣˊ wen²
①글월—籍 ②글 글자 書契 ③문채 斑也 ④빛날 華也 ⑤법 法也 ⑥아름다울 美也 ⑦착할 善也 ⑧결 理也 ⑨姓也 ⑩꾸밀 飾也
【文格】(문격-ブンカク) ①글을 짓는 격식 ②문장의 품격
【文庫】(문고-ブンコ) 책을 쌓아 두는곳
【文科】(문과-ブンカ) ①문관(文官)을시험하던 과거(科擧)。대학(大學)의한 분과(分科)。문학·철학·역사·지리학을 연구하는 곳
【文過遂非】(문과수비) 잘못된 허물을 어물 어물하고 뉘우치지 않음
【文官】(문관-ブンカン) 관리의 총칭
【文敎】(문교-ブンキョウ) 문학에 관한 교서(敎書)
【文句】(문구-モンク) 글귀
【文具】(문구-ブング) ①문방구 ③거죽만 꾸미는 것
【文壇】(문단-ブンダン) 문학인들의 사회
【文談】(문담-ブンダン) 글에 관한 말
【文理】(문리-ブンリ) 사물을 깨닫는 경로
【文莫】(문막-ブンバク) 노력함
【文脈】(문맥) 문장의 줄기
【文盲】(문맹-モモウ) 문자를 읽지 못하는 것。또 그사람
【文名】(문명-ブンメイ) 시문(詩文)으로써 이름이 남
【文明】(문명-ブンメイ) ①광채가 나고 똑똑함 ②덕이 높고 지혜가 밝음 ③학술·교화가 진보하고 풍속이 미화하여진 현상
【文廟】(문묘-ブンビョウ) 공자(孔子)를 모신 사당
【文武】(문무-ブンブ) ①문사(文士)의 길과 무사(武士)의 길 ②문식(文識)과 무략(武略) ③주(周)의 문왕(文王)과 무왕(武王)

【文墨】(문묵-ブンボク) 시문·서화(詩文·書畫)의 재주
【文物】(문물-ブンブツ)문명의 생산물 학문·예술·교육·제도 따위 문명의 발달에 의하여 만들어진 것
【文房具】(문방구-ブンボウグ) 학용품
【文範】(문범-ブンパン) 글의 모범
【文法】(문법-ブンポウ) ①글을짓는 법칙 ②문자의 음형(音形) 언어의 성립·변화·결합법을 연구하는 학문③법률 규칙
【文憑】(문빙-ブンビョウ) 증거가 될만한 「서류
【文士】(문사-ブンシ)①문학에 익은 사람。문인 ②문필에 종사하는 사람
【文思】(문사-ブンシ) 글에 나타난 사상
【文詞】(문사-ブンシ) 글에 나타난 말。문장과 사구(辭句)
【文書】(ブンショ) 문서
【文選】(문선-ブンセン) 활자를 고르는것
【文勢】(문세-ブンセイ) 글의 힘
【文飾】(문식-ブンショク) ①아름답게 꾸밈 ②표면을 꾸밈
【文臣】(문신-ブンシン) 문관
【文雅】(문아-ブンガ) 풍치가 있고 아담 「함
【文案】(문안-ブンアン) ①책상 ②글의될 근본 사상。문장의 초안
【文野】(문야-ブンヤ) 문명과 야만。개화와 미개
【文弱】(문약-ブンジャク) 문학만 숭상하여 용기가 없고 약해짐

【文語】(문어-ブンゴ) ①문자와 언어 ②시가(詩歌)문장등에 쓰고 담화에는 쓰지 아니하는 말
【文言】(문언-ブンゲン) ①문장이 되어 있는 말 ②편지의 사연
【文藝】(문예-ブンゲイ) ①문물과 학예② 학문과 기예。문학미술의 총칭
【文友】(문우-ブンユウ) 글벗
【文運】(문운-ブンウン) 문학의 기운
【文雄】(문웅-ブンユウ) 시문(詩文) 학식이 일세에 유명한 사람 「자
【文儒】(문유-ブンジュ) 문장에뛰어난 학
【文義】(문의-ブンギ) 글 뜻
【文人】(문인-ブンジン) ①학덕(學德)이 있는 사람 ②문학에 능한 사람
【文字】(문자-モンジ・モジ) ①글과 글자 ②예전 사람이 만들어 놓은 숙어③언어·사상 등을 나타내는 데 쓰는 기호 ④두가지 이상의 말을 합히여 한가지 뜻을 표하는 말
【文章】(문장-ブンショウ) 문자로 사상。감정을 적어 놓은 것。글 「주
【文才】(문재-ブンサイ) 글을 잘 쓰는 재
【文典】(문전-ブンテン) 문법·어법을 설명한 책
【文藻】(문조-ブンソウ) 글 짓는 재주
【文集】(문집-ブンシュウ) 시문 (詩文)을 모아 놓은 책
【文彩】(문채-ブンサイ) 아름다운 광채
【文體】(문체-ブンタイ) 글의 체재

【文治】(문치-ブンチ) 글로써 다스림
【文筆】(문필-ブンピツ) ①글과 글씨 ②글을 지음
【文學】(문학-ブンガク) ①학문의 총칭② 시가(詩歌)·소설(小說)·희곡 (戲曲)등을 연구하는 학문 ③이조때 세자 시강원(侍講院)의 벼슬이름
【文獻】(문헌-ブンケン) 문물제도를 기록한 책 「사람
【文豪】(문호-ブンゴウ) 문장이 매우능한
【文化】(문화-ブンカ) ①세상이 깨어감 ②위력과 형벌을 가하지 않고 남을 교도함 ③자연을 순화하여 인생의 이상을 실현하고저 하는 과정。그결과로 생긴것을 문화재(文化財)라함 곧 종교·법률·도덕·과학·문학 예술 따위
【文華】(문화-ブンカ) 문명의 빛

【七畫—十七畫】

【斌】 빈 ヒン、うるわしい refined 眞 ㄅㄧㄣ pin

①빛날 文質貌 ②아롱질 相離貌

【斑】 반 ハン、まだら spotted 删 ㄅㄢ pan'

아롱질 雜色
【斑鳩】(반구-ハンキュウ) 산 비둘기
【斑紋】(반문-ハンモン) 얼룩얼룩한 문채
【斑白】(반백-ハンパク) 머리털의 흑백(黑白)이 서로 반씩 섞임
【斑衣】(반의) 여러 가지 빛깔의 옷감

을 모아서 만든 어린애의 때때옷
【斑點】(반점-ハンテン) 얼룩거리게 박힌 점。얼룩점
【斑指】(반지) 한 짝으로 막된 가락지

【斐】비 ヒ、うるわしい refind 尾 ㄈㄟˇ fei³
①문채날 文章相錯 ②아롱질 分別文
【斐斐】(비비-ヒヒ) 문채나고 아름다운 모양
【斐然】(비연-ヒゼン) 아름다운 모양

【斕】란 ラン、あや beautiful colour 刪 ㄌㄢˊ lan²
아롱질 色雜

斗 部

【斗】두 ト、トウ、ます measure 宥 ㄉㄡˇ tou³
①말 量名十升 ②주기 酒器勺 ③별이름 星名 北—南—
【斗斛】(두곡-トコク) 말과 휘
【斗落】(두락) 씨 한 말을 뿌릴 수 있는 논이나 밭의 넓이。마지기
【斗量】(두량-トリョウ) ①말로 헤아림。말로됨 ②말로 될만큼 많음
【斗糧】(두량-トリョウ) 한 말쯤 되는 양식。적은 군량
【斗柄】(두병-トヘイ) 북두 칠성(北斗七星)중 자루쪽에 있는 별
【斗室】(두실-トシツ) 썩 작은 방
【斗入】(두입-トニュウ) 산세(山勢) 가유난하게 바다로 불쑥 내민 곳
【斗筲】(두초-トショウ) 변변하지 못한작은 사람
【斗出】(두출-トシュツ) 산세(山勢)가 험준하게 쑥 내민 곳

【六畫—七畫】

【料】료 リョウ、はかる estimate 蕭 ㄌㄧㄠˋ liao⁴
①헤아릴 度也 ②다스릴 理也 ③거리 人物材質 ④녹·요 祿也 ⑤마질할 量也 ⑥셀 數也 ⑦교제할 計也 ⑧잡아다릴 捋也 ⑨소고 樂器小鼓
【料金】(요금-リョウキン) 수수로료로 주는 돈
【料量】(요량-リョウリョウ) ①말로 됨。마질함 ②앞일에 대한 생각。추측
【料理】(요리-リョウリ) ①사업을 경영함 ②음식을 만듦 ③맛있는 음식 「밖
【料外】(요외-リョウガイ) 생각 밖。요량
【料亭】(요정) 요릿집
【料峭】(요초) 이른 봄에 조금 추운 추위。곧 봄바람이 살에 닿아 찬 것을 일컬음

【斛】곡 コク、ます measure 屋 ㄏㄨˊ hu²
휘 量名十斗

【斜】사 シャ、ななめ inclined 麻 ㄒㄧㄝˊ hsieh²
①비낄 不正橫也 ②잡아당길 抒也 ③흩어질 散也 (야) 골이름 谷也 陝西省終南山谷
【斜面】(사면-シャメン) 경사진 거죽。수평면과 어떠한 각을 이루는 평면
【斜邊】(사변-シャヘン) 기우러진 변。직각 삼각형의 직각의 맞은 편을 막는변 「②흘겨봄
【斜視】(사시-シャシ) ①사팔 눈으로 봄
【斜陽】(사양-シャヨウ) 저녁 때 가로 비낀 햇빛。몰락해가는 명문(名門)에 비유
【斜月】(사월-シャゲツ) 서쪽으로 비낀달
【斜日】(사일-シャジツ) 저녁 때

【⿰豆斗】斗 (斗部 部首) 俗字

【八畫—十畫】

【斝】가 カ、さかずき a small stone cup 馬 ㄐㄧㄚˇ chia³
옥잔 玉爵

【斟】짐 シン、くむ guess
①짐작할 計也—酌 ②말 머뭇거릴 遲疑—椹 ③구기 勺也
【斟酌】(짐작-シンシャク) 어림대고 헤아림。겉 가량으로 생각함

【斡】알 アツ、カン、めぐる turn round 旱 ㄍㄨㄢˇ kuan³
돌 旋也 (간) ①주장할 主也 ②구를 斡也 ③옮길 運也 ④자루 柄也

【斡旋】(알선-アッセン) 남의 일을 주선하여 줌

斤部

【斤】근 キン、おの axe 図 ㄐㄧㄣ chin¹
①열엿량중 十六兩重 ②도끼 斫木器斧— ③날 剞劂之總稱 ④밝게 살필 明察
【斤斤】(근근-キンキン) ①밝게 살피는 모양 ②삼가는 모양
【斤量】(근량-キンリョウ) 물건의 무게
【斤斧】(근부) 도끼
【斤重】(근중) 약간 무거움

【一畫—五畫】

【斥】척 セキ、しりぞける drive away 陌 ㄔ ch'ih⁴
①물리칠 擯也 ②개척할 開也 ③넓힐 廣也 ④가리칠 指也 ⑤쫓을 逐也 ⑥내칠 屛除 ⑦망군 望也—候 ⑧언덕 澤厓
【斥力】(척력-セキリョク) 같은 전기를 띤 두 전도체가 같은 극의 두 자석을 서로 가까이 할 때 서로 튀는 힘
【斥賣】(척매-セキバイ) 싼 값으로 마구 팔음
【斥言】(척언-セキゲン) 남을 쳐서 물리치는 말
【斥逐】(척축-セキチク) 쫓아냄。몰아냄
【斥黜】(척출-セキチュツ) 벼슬을 뗌。물리침
【斥退】(척퇴-セキタイ) 물리침。쫓아냄
【斥候】(척후-セッコウ) 전군의 형편을 엿봄

【匠】匚部 四畫에 볼것

【斧】부 フ、おの axe 麌 ㄈㄨˇ fu³
①도끼 斫木器 ②언월도 儀仗—鉞
【斧斤】(부근-フキン) 도끼
【斧鉞】(부월-フエツ) 도끼。무거운형벌

【斫】작 シャク、きる cut with a sword 藥 ㄓㄨㄛˊ chuo²
찍을 쪼갤 擊也刀—
【斫木】(작목-シャクボク) 벤나무

【所】戶部 四畫에 볼것

【欣】欠部 四畫에 볼것

【七畫—八畫】

【斬】참 ザン、サン、きる cut
①벨 斷首②죽일殺也③끊을 截也
【斬殺】(참살-ザンサツ) 목을 베어 죽임
【斬衰】(참최-ザンサイ) 五肢의 하나。굵은 베로 짓고 단을 꾸미지아니한것
【斬首】(참수) 목을 벰。단두(斷頭) 참두(斬頭)
【斬釘截鐵】(참정절철) 의심하지 않고 단행하는 것을 가리키는 말
【斬罪】(참죄-ザンサイ) 참형(斬刑)에 상당한 죄
【斬刑】(참형-ザンケイ) 목을 베는 형벌

【断】斷 (斤部 十四畫) 略字

【斯】사 シ、これ、この this
①이 此也 ②곧 即也 ③쪼갤 析也 ④말그칠 語已辭
【斯界】(사계-シカイ) 어떠한 일에 관계가 있는 그 사회
【斯道】(사도-シドウ・このみち) ①이길。성인(聖人)의 길 ②어떠한 일에 관계가 있는 그 길
【斯文】(사문-シブン) 이 글。유교(儒敎)
【斯民】(사민-シミン・このたみ) 이 백성
【斯學】(사학-シガク) 이 학문

【九 畫】

【新】신 シン、あたらしい new: fresh 眞 ㄒㄧㄣ hsin¹
①새 ②새롭게할 革其舊 ③고울 鮮也
【新刊】(신간-シンカン) 새로 박은 책
【新曲】(신곡-シンキョク) 새로 지은 노래 곡조
【新官】(신관-シンカン) ①새로 임명된 관리 ②새로 도임한 원
【新敎】(신교-シンキョウ) 도이치의 루테

르가 천주교의 법왕제도에 항의한 후 유럽 각처에서 일어난 기독교의 한 파

【新舊】(신구-シンキュウ) 새것과 묵은것

【新規】(신규-シンキ) 새로운 규모。 새 규정

【新奇】(신기-シンキ) 새롭고 기이함

【新記錄】(신기록-シンキロク) 종래에 없던 새로운 기록

【新記元】(신기원-シンキゲン) 새로 나아갈 방향

【新機軸】(신기축-シンキジク) 전에 있던 것과 다른 새로운 꾀

【新年】(신년-シンネン) 새 해

【新羅】(신라-シンラ・しらぎ) 우리나라 삼국시대(三國時代)의 한 나라。 경주에 도읍하였고 뒤에 삼국을 통일하여 세력을 떨쳤음

【新郎】(신랑-シンロウ) ①새로 장가 가는 사람。 새서방 ②당대(唐代)에 새로 과거에 급제한 사람을 이름

【新來】(신래-シンライ) 과거에 새로 급제한 사람

【新凉】(신량-シンリョウ) 첫 가을에 서늘한 기운

【新曆】(신력) ①새 책력 ②양력

【新綠】(신록-シンリョク) 새잎의 푸른 빛

【新聞】(신문-シンブン) ①새로운 소문。 새로운 이야기 ②뉴스나 여론을 빨리 보도하는 정기 간행물

【新物】(신물-シンブツ) 새로 난 물건

【新米】(신미-シンマイ) 햅쌀 「발명

【新發明】(신발명-シンハツメイ) 새로운

【新房】(신방) 신혼부부가 같이자는 방

【新兵】(신병-シンペイ) 새로 뽑은 군사

【新婦】(신부-シンプ) 처음으로 시집간 여자(女子)。 새 색씨 「면

【新生面】(신생면-シンセイメン) 새로운 방

【新生命】(신생명-シンセイメイ) 새로운 신앙으로 마음이 일변한 상태

【新生活】(신생활-シンセイカツ) 새로운 방법의 생활

【新書】(신서-シンショ) 새로 난 책

【新鮮】(신선-シンセン) 새롭고 깨끗함。 새롭고 성함

【新設】(신설-シンセツ) 새로 베풀어 둠

【新說】(신설-シンセツ) ①새로운 의견 ②새로 듣는 말

【新詩】(신시-シンシ) 신식으로 지은 시

【新式】(신식-シンシキ) 새로 작정한 격식。 새로운 형식

【新案】(신안-シンアン) 새로운 고안

【新藥】(신약-シンヤク) 새로 발명한 약제

【新語】(신어-シンゴ) 새로운 말。 새로 지은 말

【新女性】(신여성-シンジョセイ) 신식여자

【新譯】(신역-シンヤク) 새로운 번역

【新元】(신원) 정월 초하루

【新月】(신월-シンゲツ) ①초생달 ②빛이 신선한 달 막。 돋은 달

【新人】(신인-シンジン) ①새로 맞은 아내 또는 첩 ②신 생명을 얻은 사람 ③새로 들어온 사람。 새로 나타난 전도유망한 사람

【新任】(신임-シンニン) 새로 임명함

【新入】(신입-シンニュウ) 새로 들어옴

【新作】(신작-シンサク) 새로 지음

【新裝】(신장-シンソウ) 새로운 장치 또는 새로운 북장

【新正】(신정-シンセイ) 새해의 정월

【新政】(신정-シンセイ) 새로운 정치

【新訂】(신정-シンテイ) 새로 고친 것

【新製】(신제-シンセイ) 새로운 제도 또는 새로운 체제

【新造】(신조-シンゾウ) 새로 만듬 「식

【新知識】(신지식-シンチシキ) 새로운 지

【新進】(신진-シンジン) 새로 나옴

【新陳代謝】(신진대사-シンジンタイシャ) ①묵은 것은 가고 새것이 대신함 ②생활체에서 생활 물질을 섭취·배설하는 상태

【新撰】(신찬-シンセン) 새로 지음。 새로 편찬함。 새로운 저작

【新參】(신참-シンザン) 새로 벼슬한 사람이 처음으로 관청에 들어감

【新體】(신체-シンタイ) 새로운 체재

【新秋】(신추-シンシュウ) 첫가을。 새로 맞이한 가을

【新築】(신축-シンチク) 새로 쌓음。 새로운 건축

【新春】(신춘-シンシュン) 첫봄

【新派】(신파-シンパ) 새로 나온 갈래

【新版】(신판-シンパン) 새로운 출판
【新編】(신편-シンペン) 새로운 편집
【新品】(신품-シンピン) 새로운 물건
【新學期】(신학기-シンガッキ) 새로운 학기
【新婚】(신혼-シンコン) 새로 혼인함

【十畫—十四畫】

【斲】착 タク、けずる cut to pieces 覺 ㄓㄨㄛˊ chuo²
①깎을 削也 ②쪼갤 斫也

【斷】단 ダン、たつ cut off
①끊을 截也 ②끊어질 絕之 ③조각날 段也 ④결단할 決也 ⑤갈길 翦也 ⑥한결질 專一

【斷決】(단결-ダンケツ) 꼭 작정함。단연 결정함。단정
【斷交】(단교-ダンコウ) 교제를 끊음
【斷金】(단금-ダンキン・キンたつ) 사이가 가까움
【斷念】(단념-ダンネン) 생각을 끊어버림。다시 생각하지 아니함
【斷斷】(단단-ダンダン) 지키고 변하지 아니하는 모양
【斷頭】(단두-ダントウ) 목을 벰
【斷末魔】(단말마-ダンマツマ) 숨이 끊어질 때의 고통
【斷髮】(단발-ダンパツ) 머리털을 깎음
【斷產】(단산-ダンサン) 부녀가 생산이 그침
【斷線】(단선-ダンセン) ①실이나 줄이 끊어짐。또 끊어진 실 ②철 줄이 끊어져서 전기가 불통함
【斷續】(단속-ダンゾク) 끊어졌다 이어졌다 함
【斷水】(단수-ダンスイ) 대던 물을 끊음
【斷食】(단식-ダンショク) 식사를 끊음
【斷案】(단안-ダンアン) ①시비를 판단함 ②추리의 결과로 얻은 판단
【斷崖】(단애-ダンガイ) 깎아 지른 듯한 험준한 낭떠러지
【斷言】(단언-ダンゲン) 끊어 말함。딱 잘라서 말함
【斷然】(단연-ダンゼン) ①꼭 작정함 ②결단하여 하는 모양 ③조금도 용서하지 아니하는 모양
【斷煙】(단연) 피우던 담배를 끊고 피우지 않음
【斷獄】(단옥-ダンゴク) 중대한 범죄를 처단함
【斷飲】(단음-ダンイン) 먹던 술을 끊고 먹지 않음
【斷腸】(단장-ダンチョウ) ①창자가 끊어짐 ②창자가 끊어질 만큼 몹시 슬픔
【斷絕】(단절-ダンゼツ) ①끊어 버림 ②끊어짐
【斷定】(단정-ダンテイ) 판단하여 작정함
【斷情】(단정-ダンジョウ) 사랑을 끊음。정을 끊음
【斷罪】(단죄-ダンザイ) 죄를 처단함
【斷層】(단층-ダンソウ) 지층(地層)의 일부분이 터져서 그 양쪽이 분리하는 현상
【斷片】(단편-ダンペン) 여러 조각에 낸 한 조각。토막
【斷行】(단행-ダンコウ) ①결단하여 행함 ②뒤가 끊어져서 열(列)를 이루지못함
【斷乎】(단호-ダンコ) 굳고 움직이지 아니하는 모양。기어코。단연

方部

【方】방 ホウ、かた square 陽 ㄈㄤ fang¹
①모 矩也 ②방위 嚮也 ③이제 今也 ④견줄 比也 ⑤떳떳할 常也 ⑥배 아울러 맬 併舟 ⑦방법 術法 ⑧있을 有也 ⑨책 簡策 ⑩방서 醫書 ⑪바야흐로 且也 ⑫姓也 「함

【方可謂】(방가위) 과연。진실로 그러
【方酣】(방감-まさにたけなわ) 바야흐로 한창임
【方潔】(방결) 행실이 바르고 마음이 바름
【方今】(방금-ホウコン) 지금。바로 이제
【方途】(방도-ホウト) 그 일을 하여 갈 길。방법(方法)
【方略】(방략-ホウリャク) 꾀
【方面】(방면-ホウメン) ①한 방향의 땅 ②네모진 얼굴 ③방위 ④방향 ⑤편

짝

【方命】(방명-メイにさからう) 명령을 어김

【方文】(방문)약방문(藥方文)

【方物】(방물-ホウブツ) ①그 지방의 산물 ②사물을 식별함

【方伯】(방백-ホウハク) 관찰사의 옛스러운 말

【方法】(방법-ホウホウ) 그 일을 하는 법

【方士】(방사-ホウシ) 신선의 술법을 닦는 사람

【方席】(방석) 깔고 앉는 작은 자리

【方所】(방소) 방위(方位)

【方術】(방술-ホウジュツ) ①방법과 기술 ②방사(方士)의 술법

【方式】(방식-ホウシキ) 일정한 형식

【方案】(방안-ホウアン) 방법과 고안

【方言】(방언-ホウゲン) 사투리

【方枘圓鑿】(방예원조) 모가 긴 자루와 둥근 구멍은 서로 맞지 아니한다는 뜻으로 사물이 맞지 않음을 비유하는 말

【方外】(방외-ホウガイ) ①세상에서 불가(佛家)를 가리치는 말 ②나라 밖。외국 ③세상을 버린 사람

【方外學】(방외학-ホウガイガク) 유교 이외의 학문 곧 불교를 이름 「근 것

【方圓】(방원-ホウエン) 네모난 것과 둥

【方位】(방위-ホウイ) 동서남북의 위치

【方丈】(방장-ホウジョウ) ①사방일장(四方一丈) ②신선이 산다고 하는 바다속에 있는 산(山) ③고승(高僧)

【方長不折】(방장불절) ①앞길이 있는 사람의 일을 방해하지 않음 ②자라는 초목을 꺾지 않음

【方底而圓蓋】(방저이원개) 네모진 밑에 둥근 뚜껑이라는 뜻이니 맞지않음을 비유한 말

【方田】(방전-ホウテン) 네모진 논밭

【方正】(방정-ホウセイ) ①행동이 바르고 마음이 착함 ②물건이 곧고 바름

【方程式】(방정식-ホウテイシキ) 식 가운데의 문자에 특별한 값을 줄 때만 성립되는 등식

【方直】(방직-ホウチョク) 바르고 곧음

【方陣】(방진-ホウジン) 네모진 진

【方册】(방책-ホウサク) 책。기록문서

【方策】(방책-ホウサク) ①꾀 ②방책(方册)과 같음

【方寸】(방촌-ホウスン) 마음

【方針】(방침-ホウシン) ①앞으로 나아갈 일정한 방향 ②나침반에 방위를 가리키는 지남철로 만든 바늘

【方向】(방향-ホウコウ) ①방향 ②의향

【方形】(방형-ホウケイ) 네모진 형상。사각형

【四 畫】

【於】어 オ、おいで at:on 魚 ㄩˊ yü²
①어조사 語助辭 ②대신할 代也 ③갈 往也 ④살 居也 (오) 호흡다할 歎辭

【於相半】(어상반) ①서로 비슷함 ②웬만함

【於心】(어심) 마음 속 「에

【於焉閒】(어언간) 어느덧。어느 사이

【於音】(어음) 돈의 지불을 약속하던 표쪽

【於中間】(어중간) 거의 중간

【於此於彼】(어차어피) 이렇게 하든 저렇게 하든 어차피(於此彼)

【於戲】(어희) 감탄하며 내는 소리

【放】攴部 四畫에 볼것

【五 畫】

【施】시 シ、セ、ほどこす bestow 支 ㄕ shih¹
①베풀 設也 ②쓸 用也 ③더할 加也 ④벙글거릴 喜悅貌— ⑤줄 與也 ⑥펼 布也 ⑦공로 勞也 ⑧은혜 惠也 ⑨버릴 捨也 ⑩姓也(이) ①끝사등이 不能仰戚— ②잘난체할 自得貌 ③벗을 延也 ④옮길 移也 ⑤미칠 及也

【施賞】(시상-シショウ) 상품 또는 상금을 줌 「함

【施設】(시설-シセツ) 베풀어 놓음。설비

【施術】(시술-シジュツ) ①술법을 행함 ②수술을 함 「줌

【施與】(시여-ショ・セヨ) 남에게 물건을

【施恩】(시은) 은혜를 베품

【施政】(시정-シセイ) 정치를 베풀음。정치를 함

【施助】(시조) 부처에게 물건을 바침。「시주

【施主】(시주-セシュ) ①중이나 절에 물건을 바침 또는 바치는 사람 「풀음

【施策】(시책-シサク) 계책(計策)을 베풀어 행함

【施行】(시행-シコウ·セギョウ) 실지로 베

【斿】 유 ユウ、リュウ、はたあし tassel of a flag 尤

깃발 旌旗末垂

【旅】 려 リョ、たび travel 語 ㄌㄩˇ lü

①나그네 寄客羈— ②군사 軍也五百人爲— ③무리 衆也 ④베풀 陳也

【旅客】(여객-リョカク) 나그네

【旅苦】(여고) 여행할 때의 고생。나그네의 고생

【旅館】(여관-リョカン) 나그네가 묵는집

【旅團】(여단-リョダン) 두 개 내지 네개의 연대로 된 군대

【旅費】(여비-リョヒ) 여행에 쓰는 비용

【旅舍】(여사-リョシャ) 여관

【旅愁】(여수-リョシュウ) 나그네의 근심

【旅人】(여인-リョジン) ①여객(旅客) ②중국고대(中國古代)의 관명(官名)

【旅情】(여정-リョジョウ) 여행중에 느끼는 감상

【旅程】(여정-リョテイ) 여행하는 일수(日數)나 거리의 차례

【旅窓】(여창-リョソウ) 나그네가 거처하는 방

【旅行】(여행-リョコウ) 먼 길을 감

【旅魂】(여혼-リョコン) 나그네의 마음

【旄】 모 バウ、モウ、けかざり tail of an animal 豪

①쇠꼬리기 幢也旗懸牛尾 ②노루솜털 麕毛穠長

【旁】 방 ホウ、あまね widely 陽 ㄆㄤˊ p'ang^2

①넓을 廣也 ②클 大也 ③두갈래길 岐路 ④오락가락할 交横—午 (팽) 휘몰아갈 驅馳不息貌

【旁求】(방구-ボウキュウ) 널리 구함。널리 찾음

【旁岐曲經】(방기곡경) 정도(正道)를 밟지 않고 그릇된 방법으로 일을함

【旁唐】(방당-ボウトウ) 널리 퍼짐

【旁若無人】(방약무인-ボウジャクビジン)좌우에 사람이 없는 것같이 언행을 꺼리낌없이 함

【旁妻】(방처-ボウサイ) 첩。소실(小室)

【旃】 전 セン、はた silken banner 先 ㄓㄢ chan^1

①기 曲柄旗 ②말 그칠 語已辭之也

【旃毛】(전모-センモウ)모직물。의북의털

【旆】 패 ハイ、はた pennon 泰 ㄆㄟˋ p'ei^4

①기 旗也 ②깃발날릴 旗飛揚貌—

【旆旆】(패패-ハイハイ) ①기가 늘어진 모양。깃발이 날리는 모양 ②무성하게 자란 모양

【七 畫】

【旋】 선 セン、めぐる revolve 先 ㄒㄩㄢˊ hsüan$^{2\cdot4}$

①돌아다닐 廻也 ②돌이킬 反也 ③주선할 指麾周— ④쇠북꼭지 鐘懸 ⑤오줌 小便 ⑥구를 轉也 ⑦둘릴遶也

【旋毛】(선모-センモウ) 가마

【旋律】(선률-センリツ) 음악에서 단일한 소리가 어떠한 방향으로 진행할 때에 규칙 있게 연속하는 것。멜로디

【旋轉】(선전-センテン)빙빙 돌아감。회전

【旋風】(선풍-センプウ) 회오리 바람

【旌】 정 セイ、ショウ、しるし signal 庚 ㄐㄧㄥ ching^1

①표할 表也 ②장목기 旗名析羽置

【旌旗】(정기-セイキ) 기。정과 기

【旌門】(정문-セイモン) ①기로 만든 문 (제사·연회때에세움)②충신(忠臣)·효자(孝子)·열녀(烈女)등을 표창하기 위하여 그 집 앞에 세운 붉은 문

【旌節】(정절-セイセツ) 사자(使者)가 가지고 달리는 깃발

【旌表】(정표-セイヒョウ) 선행(善行)을 표창하여 여러 사람에게 알림

【族】 족 ゾク、やから family 屋 ㄗㄨˊ tsu^2

①거레 宗— ②동류 類也 ③무리衆也 (주) 품류가락 樂變節—

【族黨】(족당-ゾクトウ) 같은 문중의 겨레붙이

【族譜】(족보-ゾクフ) 한 족속의 계보를 적은 책

【族戚】(족척-ゾクセキ) 일가。친척

【九畫—十四畫】

【旒】류 リュウ、はたあし tassel of a flag ②깃술 旗旓 ②면류관술 冕前後垂

【旓】소 ソウ、はたあし edges of a flag 肴 깃술 旗旒

【旗】기 キ、はた flag 支 ㄑㄧˊ ch'i² 기 將軍所建

【旗竿】(기간-キカン) 깃대

【旗鼓】(기고-キコ) 전쟁에 쓰는 기와 북

【旗手】(기수-キシュ) 기를 드는 사람

【旗章】(기장-キショウ) 표지로 하는 기。국기·군기·교기등의 총칭

【旗幟】(기치-キシ) ①군중에 쓰는 온갖 기 ②처지。태도

【旗艦】(기함-キカン) 사령관이 타고 있는 군함

【旛】번 ヘン、はた flag 元 ㄈㄢ fan¹ 기 旌旗總名

无部

【无】無(火部 八畫)古字

【旡】기 キ、むせぶ stufty 未 ㄐㄧˋ chi⁴ 숨막힐 氣塞

【七畫—九畫】

【既】기 キ、すでに already 未 ㄐㄧˋ chi⁴ ①이미 已也 ②다할 盡也 ③적게먹을 小食

【既決】(기결-キケツ) 이미 결정됨

【既得權】(기득권-キトクケン) 정당한 수단으로 그전 법규에 의하여 특정한 사람이 얻은 권리

【既望】(기망-キボウ) 음력 十六일

【既設】(기설-キセツ) 벌써 차리어 놓음。이미 설치됨

【既成】(기성-キセイ) 벌써 다 됨

【既遂】(기수-キスイ) 이미 일을 끝냄

【既往】(기왕-キオウ) 그전。이왕。벌써。이미

【既定】(기정-キテイ) 그 전부터 알음

【既婚】(기혼-キコン) 벌써 혼례를 지냈음

【旤】禍 (示部 九畫)古字

日部

【日】일 ジツ、ニチ、ひ、び、か sun:day 質 ㄖˋ jih⁴ 날 해 太陽精人君象

【日間】(일간)) 며칠 되지 아니한 동안

【日刊】(일간-ニッカン) 날마다 박아내는 신문 따위

【日計】(일계-ニッケイ) 날마다 계산 함

【日雇】(일고-ひやとい) 날 품팔이。

【日高三丈】(일고삼장) 아침 해가 벌써 높이 오름

【日工】(일공) ①날 품팔이 ②하루의 공전

【日課】(일과-ニッカ) 날마다 하는 일

【日光】(일광-ニッコウ) 햇빛

【日光浴】(일광욕-ニッコウヨク) 햇빛에 몸을 쪼임

【日久月深】(일구월심) 날이 오래고 달이 깊어짐

【日勤】(일근-ニッキン) 날마다 출근함

【日給】(일급-ニッキュウ) ①하루의 급료 ②품삯을 날마다 줌

【日記】(일기-ニッキ) 날마다 일어난 사실을 기록 한것

【日氣】(일기-ニッキ) ①그 날의 공중의 모양。날씨 ②기후

【日煖風和】(일난풍화) 일기가 따뜻하고 바람이 화창함

【日南至】(일남지) 동짓날

【日落西山】(일락서산) 해가 짐

【日力】(일력-ジツリョク)해가 길고 짧음● 해가 떠서 질때까지。광음(光陰)

【日輪】(일륜-ニチリン) 해。태양

【日暮】(일모-ひぐれ) 해가 질 때

【日沒】(일몰-ニチボツ) 해가 짐。일입

【日文】(일문-ニチブン) 일본 글

【日邊】(일변) 하루하루를 셈치는 변리

【日報】(일보-ニッポウ) ①나날의 보도 ②신문

【日附印】(일부인-ひびづけイン) 서류 등에 그날 그날의 일자(日字)를 넣어 찍는 도장

【日射病】(일사병-ニッシャビョウ) 몹시 더울 때 태양의 직사하는 광선을 받아서 뇌충혈(腦充血)을 일으키는 인사불성(人事不省)에 빠지는 병

【日産】(일산-ニッサン) 매일의 생산고。일본산(日本産)

【日傘】(일산-ひがさ) ①볕을 가리기 위한 양산 ②자루가 긴 양산으로 왕·왕후·왕세자가 받던 의장(儀仗)

【日常】(일상-ニチジョウ) 늘。항상

【日數】(일수-ニッスウ) ①그날의 운수 ②날의 수효

【日收】(일수-ニッシュウ) 본전과 이자를 일정한 날자에 나누어 날마다 받아들이는 빚

【日時】(일시-ニチジ) 날과 때

【日食】(일식-ニッショク) 달이 태양과 지구 사이에 와서 해를 가리는 현상

【日新】(일신-ニッシン·ひにあらた) 날마다 새로워 짐

【日夜】(일야-ニチヤ) 밤낮

【日語】(일어-ニチゴ) 일본말

【日域】(일역-ニチイキ) 해가 뜨는 곳 (중국인이 우리나라를 일컫던 말)

【日曜日】(일요일-ニチヨウび)칠요(七曜)의 하나。토요일의 다음 날

【日用】(일용-ニチヨウ) 날마다 쓰는비용

【日月】(일월-ニチゲツ) ①해와달 ②一일 또는 一월 ③세월 ④해。태양

【日人】(일인) 일본 사람

【日字】(일자) ①날자 ②날수

【日長月就】(일장월취) 일취월장(日就月將)

【日前】(일전-ニチゼン) 지나간 날。며칠전

【日程】(일정) 그날에 한 일

【日照】(일조-ひでり) 해가 내리 쪼임

【日中】(일중-ニッチュウ) ①한낮。오정 때 ②춘분(春分) ③구차한 사람이 조석(朝夕)의 밥을 폐하고 낮에 한번만 먹음

【日誌】(일지-ニッシ) 일기

【日直】(일직-ニッチョク) 나날의 당직

【日出】(일출-ニッシュツ) 해가 나옴。해돋이

【日就月將】(일취월장-ひになりるにすすむ) 학문이 날로 늘어감

【日限】(일한-ニチゲン) 일정한 날의기한

【日後】(일후-ニチゴ) 뒷날。나중

【日暈】(일훈-ニチウン) 햇무리

【一 畫】

【旦】단 タン、あした morning 翰 ㄉㄢˋ tan
①아침 朝也 ②일찍 早也 ③밝을明也 ④밤새 盍—夜鳴求—之鳥 ⑤간측할 懇惻款誠——

【旦旦】(단단-タンタン) ①매일 아침 ②밝은 모양。또 간절한 모양

【旦夕】(단석-タンセキ) 아침과 저녁

【旦日】(단일-タンジツ) 이튿날

【旦晝】(단주-タンチュウ) 낮

【旧】舊(臼部十二畫)略字

【二 畫】

【旬】순 ジュン、シュン、とおか a period of ten days 眞
①열흘 十日 ②고를 均也 ③두루할。徧也

【旬刊】(순간-ジュンカン) 열흘만에 한번씩 발행함

【旬間】(순간-ジュンカン) 음력 十일 경

【旬年】(순년-ジュンネン) 十년

【旬朔】(순삭-ジュンサク) 열흘과 하루。

【旬餘】(순여-ジュンヨ)열흘 쯤 더되는날 열흘 동안

【旬月】(순월-ジュンゲツ) 열흘이나 달포 가량

【旬日】순일-ジュンジツ) 열흘

【旭】욱 キョク、あさひ rising sun 因 ㄒㄩˋ hsü⁴
①햇살치밀 日初出貌 ②교만할 小人僑蹇貌
【旭日】(욱일-キョクジツ) 아침해

【早】조 ソウ、はや early 皓 ㄗㄠˇ tsao³
①일찍 先也 ②이른 아침 晨也
【早計】(조계-ソウケイ) 실제와 맞지 않고 좀 이른 계획
【早急】(조급-ソウキュウ) 아주 이르고 빠름
【早起】(조기-はやおき) 일찍 일어남
【早年】(조년-ソウネン) 젊은 나이。 젊었을 때
【早達】(조달-ソウタツ) 나이가 젊어서 높은 지위에 이름。 일찍 출세함
【早到】(조도-ソウトウ) 일찍 옴。 일찍 도착함
【早稻】(조도-わせ) 올벼
【早漏】(조루-ソウロウ) 성교(性交)할 때 남자의 사정작용(射精作用)이 너무 빠른 것
【早晩】(조만-ソウバン) 이름과 늦음
【早晩間】(조만간) ①머지 않아 ②이르던 늦던
【早死】(조사-はやじに) 젊은 나이에 일찍 죽음
【早産】(조산-ソウサン) 달이 차기 전에 일찍 낳음
【早世】(조세-ソウセイ) 일찍 세상을 떠남。 일찍 죽음
【早速】(조속-サッソク) 매우 이르고 빠름
【早衰】(조쇠-ソウスイ) 나이에 비추어서 일찍 쇠약함
【早熟】(조숙-ソウジュク) ①일찍 익음 ②숙성하게 자람
【早食】(조식-ソウショク) 아침을 일찍 먹음
【早秧】(조앙) 일찍 낸 볏모
【早刈】(조애-はやかり) 곡식을 일찍 베는 일
【早朝】(조조-ソウチョウ) 이른 아침
【早卒】(조졸-ソウソツ) 일찍 죽음
【早秋】(조추-ソウシュウ) 이른 가을
【早春】(조춘-ソウシュン) 이른 봄
【早退】(조퇴-ソウタイ) 정한 시각 이전에 물러감
【早行】(조행-ソウコウ) 아침에 일찍 집을 떠남
【早婚】(조혼-ソウコン) 혼기를 기다리지 않고 어려서 혼인함

【旨】지 シ、むね meaning 紙 ㄓˇ chih³
①뜻 意向 ②맛 味也 ③조서 王言 詔― ④아름다울 美也
【旨甘】(지감-シカン) 맛 있는 음식。 자식이 부모를 봉양하는 음식
【旨意】(지의-シイ) 생각。 뜻。 까닭
【旨酒】(지주-シシュ) 맛 좋은 술
【旨趣】(지취-シシュ) ①어떠한 일에 대하여 마음먹고 있는 뜻 ②취지

【旦】一部 五畫에 볼것

【三 畫】

【旰】한 カン、くれる sunset; evning 翰 ㄍㄢˋ kan⁴
①늦을 晩也 ②번화할 盛貌 ――
【旰食】(한식-カンショク) 늦게 식사하는 뜻으로 천자(天子)가 정무(政務)에 골몰하여 늦게 식사함

【旱】한 カン、ひでり dry weather 翰 ㄏㄢˋ han⁴
가물 亢陽不雨
【旱乾】(한간-カンカン) 가물어서 물이 없음。 가물
【旱雷】(한뢰-カンライ) 가문 날에 나는 우뢰
【旱魃】(한발-カンバツ) 가물
【旱騷】(한소) 가물의 소동
【旱熱】(한열-カンネツ) 날이 가물고 더움
【旱災】(한재-カンサイ) 가물로 생기는 재앙
【旱則貧舟水則資車】(한즉자주수즉자거) 가물때에 배를 사두고 장마 때에 차를 사둔다는 뜻이니 값 오르기를 기다려 이익을 꾀하는 것을 말함
【旱天】(한천-カンテン) 여름 가물 때의 하늘

【四 畫】

【昆】곤 コン、あに elder brother 元 ㄎㄨㄣ k'uen
①맏 兄也 ②뒤 後也 ③손주 孫也 ④같을 同也 ⑤다 咸也 (혼) ①덩어리― 侖天形 ②오랑캐 西夷名

【昆季】(곤계-コンキ) 맏형과 끝의 아우
【昆孫】(곤손-コンソン) 내손(來孫)의 아들。현손(玄孫)의 손주。육대손(六代孫)
【昆弟】(곤제-コンテイ) 형제
【昆蟲】(곤충-コンチュウ) ①벌레의 총칭 ②곤충류에 딸린 동물
【昆布】(곤포-コンブ) 다시마

【明】

명 メイ、ミョウ、あきらか bright; clear 庚 [ㄇㄧㄥˊ míng]
①밝을 昭也 ②빛 光也 ③비칠 照也 ④나타날 著也 ⑤흴 白色 ⑥통할 通也 ⑦분별할 辨也 ⑧살필 察也 ⑨깨달을 曉也 ⑩갖출 備也 ⑪신령스러울 神靈 ⑫姓也

【明鑑】(명감-メイカン) ①흐리지 아니한 거울。명경(明鏡) ②밝은 식견
【明見】(명견-メイケン) ①밝은 의견 ②사물을 봄에 밝음
【明見萬里】(명견만리) 먼 곳이나 장래의 일을 환히 알고 있음
【明鏡】(명경-メイキョウ) ①흐리지 아니하는 거울 ②밝힘 ③사람의 밝은 본성
【明鏡止水】(명경지수-メイキョウジスイ) ①맑은 거울과 고요한 물 ②잡념·가식·허욕 등이 없는 맑고 깨끗한 마음
【明光】(명광-メイコウ) 밝은 빛
【明敎】(명교-メイキョウ) ①타인의 말을 높임 ②가르침을 밝게함
【明君】(명군-メイクン) 지혜가 밝은 임금
【明記】(명기-メイキ) 분명히 기록함。밝히어 적음
【明氣】(명기) ①상쾌한 얼굴 빛 ②수려한 산천의 경치
【明器】(명기-メイキ) 상사(葬事) 때 무덤 속에 시체와 함께 묻는 여러 가지 그릇
【明年】(명년-ミョウネン·メイネン) 이듬해。내년
【明斷】(명단-メイダン) 밝은 판단
【明達】(명달-メイタツ) 사리에 밝고 통달함
【明談】(명담-メイダン) 슬기롭게 잘한 격담
【明堂】(명당-メイドウ) ①임금의 정치에 대해서 묻고 혹은 나라의 제사를 지내던 곳 ②뫼 앞에 있는 평지
【明德】(명덕-メイトク) ①공명정대한 덕행(德行) ②더러워지지 아니한 자연의 본성
【明渡】(명도-あけわたし) 성이나 집을 비워서 남에게 넘겨줌
【明卵】(명란) 명태의 알
【明朗】(명랑-メイロウ) 환하게 밝음
【明亮】(명량-メイリョウ) ①똑똑함。분명함 ②맑음
【明瞭】(명료-メイリョウ) 분명하고 똑똑함
【明律】(명률-メイリツ) 예전의 형율(刑律)
【明滅】(명멸-メイメツ) 불이 켜졌다 꺼졌다 함 보였다 안보였다 함
【明命】(명명-メイメイ) 하늘 또는 임금의 명령
【明明】(명명-メイメイ) 매우 밝음
【明眸】(명모-メイボウ) 밝은 눈동자
【明眸皓齒】(명모호치-メイボウコウシ) 맑은 눈동자와 흰 이。곧 미인(美人)
【明目張膽】(명목장담) 두려움이 없이 용기를 내어 일을 함
【明文】(명문-メイブン) 법률에 명기한 조문
【明媚】(명미-メイビ) 아름답고 고움
【明敏】(명민-メイビン) 총명하고 민첩함
【明白】(명백-メイハク) 분명하고 의심이 없음
【明法】(명법-メイホウ) 밝은 법
【明夕】(명석-メイセキ) 내일 저녁
【明星】(명성-ミョウジョウ) 샛별
【明細】(명세-メイサイ) 분명하고 자세함
【明示】(명시-メイジ) 밝히 보임
【明暗】(명암-メイアン) 밝은 것과 어두운 것
【明夜】(명야-ミョウヤ) 내일 밤
【明若觀火】(명약관화) 불을 보는 듯이 환하게 사물을 살필 수 있음
【明言】(명언-メイゲン) 분명히 말함。분명히 단언함
【明王】(명왕-メイオウ) 명군(明君)
【明月】(명월-メイゲツ) ①흐리지 아니한 달 ②보름달
【明衣】(명의-メイイ·ミョウエ) 죽은 사람

을 염습할 때 맨 먼저 입히는 옷

【明耳酒】(명이주) 귀밝이 술

【明日】(명일-ミョウニチ・あす) 내일

【明再明間】(명재명간) 내일이나 모래 동안

【明正其罪】(명정기죄) 명백하게 죄명「(罪名)을 꼭 지적함

【明朝】(명조) ①내일 아침 ②명(明)나라 시대의 조정

【明主】(명주-メイシュ) 명군(明君)

【明紬】(명주) 명주실로 짠 피륙

【明證】(명증-メイショウ) 명백한 증거

【明智】(명지-メイチ) 밝은 슬기

【明智的見】(명지적견) ①밝은 지혜와 적실한 견해 ②사물을 밝게 알고 적실하게 봄

【明眞】(명진) 분명한 진리

【明徵】(명징-メイチョウ) 뚜렷이 증명함

【明澄】(명징-メイチョウ) 아주 맑음

【明察】(명찰-メイサツ) 분명히 살핌

【明窓】(명창-メイソウ) 볕이 잘 드는 창

【明窓淨几】(명창정궤) 밝은 창과 깨끗한 궤。곧 정결한 방

【明天】(명천-メイテン) ①내일 ②밝은 「하늘

【明哲】(명철-メイテツ) 사리에 밝음

【明秋】(명추-ミョウシュウ) 내년 가을

【明春】(명춘-ミョウシュン) 내년 봄 다음해 봄

【明快】(명쾌-メイカイ) 말이나 글의 조리가 명백하여 마음이 시원함

【明濁】(명탁-メイダク) 맑은 막걸리

【明太】(명태-メンタイ) 대구과에 속하는 바다 물고기

【明透】(명투-メイトウ) 분명히 알음

【明確】(명확-メイカク) 명백하고 확실함

【明後日】(명후일-ミョウゴニチ・あさって) 모래

【明訓】(명훈-メイクン) 사리에 밝은 교「훈

【旻】민 ビン、ミン、そら autumn sky

가을 하늘 秋天

【旻天】(민천-ビンテン) ①가을 하늘 ②널리 하늘을 이름

【旼】민 ビン、やわらぐ mild 眞

화할 和貌

【昉】방 ホウ、はじまる begin 養 ㄈㄤ fang

①비롯할 始也 ②마침 適也 ③밝을 明也

【昔】석 セキ、シャク、むかし ancient 陌 ㄒㄧ hsi²

①예 古也 ②오랠 久也 ③밤 夜也 ④엣적 前代往― ⑤어제 昨日疇― ⑥저즘께 曏日曩― ⑦비롯할 始也 ⑧姓也 腊同 (착)쇠뿔 비틀릴 牛角理錯

【昔年】(석년-セキネン) ①옛날 ②작년

【昔時】(석시-セキジ) 옛날。옛적。여러 해 전

【昔人】(석인-セキジン) 옛사람

【昔日】(석일-セキジツ) 옛날

【昔者】(석자-セキシャ) ①옛날 ②어제

【昇】승 ショウ、のぼる ascend 蒸 ㄕㄥ shêng¹

①해떠오를 日上 ②풍년들 ―平 ③姓也

【昇降】(승강-ショウコウ) ①오르는 것과 내리는 것 ②서로 옥신각신 함

【昇降機】(승강기-ショウコウキ) 사람이나 짐을 오르내리게 한 장치。엘레베이터 「까지 자격이 오름

【昇格】(승격-ショウカク) 어떠한 표준에

【昇階】(승계-ショウカイ) 벼슬이 오름

【昇給】(승급-ショウキュウ) 봉급이 오름

【昇級】(승급-ショウキュウ) 동급이 오름

【昇騰】(승등-ショウトウ) 값이 오름

【昇席】(승석-ショウセキ) 회합할 때 지도자의 자리에 오름 「오름

【昇進】(승진-ショウシン) 지위가 차례로

【昇天】(승천-ショウテン) 하늘로 올라감

【昇沈】(승침-ショウチン) 인생의 영고성쇠(榮枯盛衰)

【昇平】(승평-ショウヘイ) 나라가 태평함

【昇遐】(승하) 임금이 세상을 떠남

【昇華】(승화-ショウカ) 열을 가하면 고체에서 액체로 되지 않고 바로 기화하고 이것을 냉각시키면 바로 응결하며 고체로 되는 현상。드라이 아이스 따위

【昻】앙 コウ、たかい high 陽 ㄤ ang²

①높을 高也 ②밝을 明也 ③들 擧
也 ④말 건듯건듯 걸을 馬行貌

【昂貴】(앙귀-コウキ) 물건 값이 오름

【昂騰】(앙등-コウトウ) 물건 값이 오름

【昂奮】(앙분-コウフン) 몹시 흥분함

【昂昂】(앙앙-コウコウ) ①말이 건듯건듯 걸음 ②뜻이 높은 모양 ③밝은 모양

【昂揚】(앙양-コウヨウ) 높여서 드러냄

【昂然】(앙연-コウゼン) 거만한 모양

【易】역 エキ、イ、かえる

change 陌 ㄧˋ

①바꿀 變也 ②형상할 象也 (이) ①쉬울 不難 ②쉽게 여길 忍也 ③게으를 輕惰 ④다스릴 治也

【易書】(역서-エキショ) 점(占)에 관한 일을 기록한 책

【易理】(역리-エキリ) ①역학(易學)의 이치 ②다스리기 쉬움

【易象】(역상-エキショウ) 역수(易數)에 나타난 현상

【易姓】(역성-エキセイ) 나라를 개혁함

【易數】(역수-エキスウ) 운수、운명

【易易】(이이-イイ) 쉬운 모양

【易簀】(역책-エキサク) 신분이 높은 사람이 죽음。현인(賢人)의 죽음

【易學】(역학-エキガク) 음양(陰陽)에 의하여 만물의 변화를 설명하는 학문

【旺】왕 オウ、さかん

prosper 漾 ㄨㄤˋ wang⁴

①성할 物之始盛 ②고울 光美 ③햇무리 日暈

【旺氣】(왕기-オウキ) 왕성한 기운

【旺盛】(왕성-オウセイ) 만물이 번성함。사람의 기운이 좋음

【旺運】(왕운-オウウン) 한창 성한 운수

【昌】창 ショウ、さかん

prosper 陽 ㄔㄤ ch'ang¹

①창성 盛也 ②햇빛 日光 ③나타날 顯也 ④착할 善也 ⑤姓也

【昌盛】(창성-ショウセイ) 번성하고 잘 되어 감

【昌言正論】(창언정론-ショウゲンセイロン) 매우 옳고 바른 언론

【昌運】(창운-ショウウン) 탁 트인 좋은 「운수

【昌廛】(창전) 마르지 않은 쇠가죽을 팔던 가게

【昌平】(창평-ショウヘイ) 나라가 창성하고 세상이 태평함

【昌披】(창피) 부끄러움。모양이 사나 「움

【昃】측 ソク、ショク、かたむく

decline 職 ㄗㄜˋ tsê⁴

해기울어질 日斜

【昊】호 コウ、なつそら

clear summer sky 皓 ㄏㄠˋ hao⁴

여름하늘 夏天

【昊蒼】(호창-コウソウ) 하늘

【昊天】(호천-コウテン) ①여름 하늘 ②넓고 넓은 하늘 ③하늘의 신(神)

【昊昊】(호호-コウコウ) 왕성한 모양

【昏】혼 コン、くらい、たそがれ

dark 元 ㄏㄨㄣ huen¹

①저물 日冥 ②어두울 闇也 ③어지러울 亂也 ④어려서 죽을 夭死

【昏季】(혼계-コンキ) 나이가 어리고 어리석음 「북

【昏鼓】(혼고-コンコ) 황혼 머리에 치는

【昏困】(혼곤-コンコン) 정신이 혼미하고 기운이 나른함 「임금

【昏君】(혼군-コンクン) 사리에 어두운

【昏倒】(혼도-コントウ) 혼미하여 넘어짐

【昏亂】(혼란-コンラン) 어둡고 어지러움

【昏忘】(혼망-コンボウ) 어리석어서 잘 잊어버림 「은 것

【昏明】(혼명-コンメイ) 어두운 것과 밝

【昏耗】(혼모-コンモウ) 늙어서 쇠약함

【昏迷】(혼미-コンメイ) 마음이 미혹하고 어지러움

【昏睡】(혼수-コンスイ) ①앞뒤 일을 모르고 정신없이 잠이 들음 ②의식을 잃고 정신이 흐린 상태

【昏暗】(혼암-コンアン) 어두움。어리석어서 사리(事理)에 어두움

【昏夜】(혼야-コンヤ) 어둡고 깊은 밤

【昏愚】(혼우-コングウ) 위인이 어리석음

【昏絶】(혼절-コンゼツ) 정신이 혼혼하여 숨이 끊어짐

【昏定晨省】(혼정신성-コンテイシンセイ)아침 저녁으로 부모께 문안함

【昏鐘】(혼종-コンショウ) 황혼의 종소리

【昏醉】(혼취-コンスイ)정신 없이 술이 취함
【昏沈】(혼침) 정신이 폭 까불어짐
【昏昏】(혼혼-コンコン) 정신이 혼미한 모양。어리석은 모양
【昏黑】(혼흑-コンコク) 아주 캄캄함

【五 畫】

【昵】닐 ジツ、ちかずく intimate with 質 가깝게할 親近 (녜) 아버지사당 稱 「그 사람 嘲

【昵近】(일근-ジッキン) 가깝게 지냄。또
【昵狎】(일압-ジッコウ) 가까워서 버릇이 없음
【昵戲】(일희-ジツギ) 가까이 희롱함

【昧】매 マイ、バイ、くらい dark 隊 ㄇㄟˋ mei⁴ ①어두울 冥也 ②먼동틀 微明—爽 ③어두울 暗也 ④무릅쓸 貪冒

【昧旦】(매단) 동틀무렵
【昧茫】(매망-マイボウ) 어두움
【昧昧】(매매-マイマイ) ①지각이 없음。사물에 어두움 ②어두움 ③깊이 마음에 둠
【昧沒】(매몰-マイボツ) 의미가 어두워서 분명하지 못함
【昧事】(매사) 사리에 어두움
【昧死】(매사-マイシ) 죽음을 무릅쓴다는 뜻이니、말한 것이 사리에 맞지 아니하면 죽음으로써 사례하겠다는 뜻。편지에 씀
【昧爽】(매상-マイソウ) 밤이 막 밝으려 하고 아직 밝지 아니할 때。동틀 때
【昧者】(매자) 사리에 어두운 사람

【昴】묘 ボウ、すばる the pleiades 巧 ㄇㄠˇ mao³ 묘별 西陸宿名二十八宿의하나

【昴星】(묘성-すばるぼし) 二十八숙(宿)의하나。좀생이

【昞】병 ヘイ、あきらか bright 梗 밝을 明也 亮也

【星】성 セイ、ほし star 靑 ㄒㄧㄥ hsing ①별 列宿總名 ②희뜩 희뜩할 ——點點 ③姓也

【星光】(성광-セイコウ) 별이 비치는 빛
【星群】(성군-セイグン) 별떼
【星期】(성기-セイキ) ①혼인날 ②일요「일
【星團】(성단-セイダン) 별떼
【星圖】(성도-セイド) 별의 자리를 평면 위에 나타낸 그림
【星度】(성도-セイド) 별이 이동하여 돌아가는 돗수
【星斗】(성두-セイト) 북두(北斗)와 남두(南斗)
【星羅】(성라-セイラ) 별같이 벌려 있음
【星命學】(성명학-セイメイガク) 운명의 좋고 나쁨을 판단하는 학문
【星變】(성변-セイヘン) 별의 위치나 빛에 생긴 이상
【星槎】(성사-セイサ) 외국에 보내는 사신。멀리 떠나는 배
【星霜】(성상-セイソウ) 세월
【星星】(성성-セイセイ) ①二十八숙(宿)의 하나 ②백발이 듬성듬성 난 모양
【星數】(성수-セイスウ) 사람의 운수
【星宿】(성숙-セイシュク) 별
【星雲】(성운-セイウン) 은하(銀河)의 군데군데에 구름이나 안개같이 많이 모여 있는 별
【星座】(성좌-セイザ) 천구(天球)를 갈라 놓은 각구역。곧 十二궁(宮)·二十八숙(宿) 따위
【星馳】(성치-セイチ) 빨리 감
【星學】(성학-セイガク) 천문학
【星火】(성화-セイカ) ①유성(流星)의 빛。일이 몹시 급함을 이름 ②매우 작은 숯불

【昭】소 ショウ、あきらか bright; luominus 蕭 ①껠 대수차례 廟位—穆 佋同 (조) ①껠 曉也 ②빛날 光也 ③나타날 著也 ④밝을 明也——

【昭代】(소대-ショウダイ) ①밝게 다스리는 세상。태평한 세상。성대(聖代)。②당대(當代)를 칭송하는 말
【昭明】(소명-ショウメイ) 밝고 환함。분「명함
【昭穆】(소목-ショウボク) 조상의 신주를

모시는 차례。중앙에 제一세、좌측에 제二세、우측에 제三세、또 좌측에 제四세、우측에 제五세의 순서로 모시는데 좌열(左列)을 소(昭) 우열(右列)을 목(穆)이라함

【昭詳】(소상-ショウショウ) 분명하고 자세함

【昭雪】(소설-ショウセツ) 누명을 씻음。깨끗이 씻음

【昭昭】(소소-ショウショウ) 명백하게 보임

【昭示】(소시-ショウジ) 명백하게 보임

【昭陽】(소양-ショウヨウ) 궁전(宮殿)의 이름。한(漢)나라때 천자(天子)의 사랑을 받는 궁녀를 거느리던 궁전

【昭然】(소연-ショウゼン) 밝은 모양

【昭應】(소응-ショウオウ) 감응이 또렷이 들어남

【是】시 シ、ゼ、これ this 紙 ㄕ` shih`

①이 此也 ②옳을 非之對 ②바를 正也 ③곧을 直也

【是非】(시비-ゼヒ) ①옳은 것과 그른 것 ②다툼。싸움

【是非之心】(시비지심-ゼヒのこころ) 선을 좋다고 하고 악을 나쁘다고 하는 마음。선악(善惡)을 분별하는 본성

【是是非非】(시시비비-ゼゼヒヒ) ①여러 가지 잘잘못 ②여러 가지로 따지는 시비

【是甚磨】(시심마) 인생의 온갖 생활에 관한 근본적인 의문(불가의 말)

【是耶非耶】(시야비야-ぜかぜか) 시비를 의론함

【是認】(시인-ゼニン) 옳다고 인정함

【是正】(시정-ゼセイ) 잘 못된 것을 바로 잡음

【映】영 エイ、うつす reflect 敬 ㄧㄥ` ying`

비칠 明相照

【映寫】(영사-エイシャ) ①토지의 거죽을 평면으로 그림 ②영화를 상영함

【映射】(영사-エイシャ) 광선이 반사함

【映寫】(영사-エイシャ) 영화를 상연함

【映山白】(영산백) 진달래과에 속한 관목으로 꽃빛이 흼

【映山紫】(영산자) 진달래 과에 속한 관목

【映畫】(영화-エイガ) 활동 사진

【昨】작 サク、きのう yesterday 藥 ㄗㄨㄛˊ tsuo²

①어제 隔一宵 ②엇그제

【昨今】(작금-サッコン) 어저께와 오늘。요사이

【昨年】(작년-サクネン) 지나간 해

【昨非】(작비-サクヒ) 이전의 허물

【昨夕】(작석-サクセキ) 어저께 저녁

【昨宵】(작소-サクショウ) 어젯 저녁

【昨夜】(작야-サクヤ) 어저께 밤

【昨月】(작월-サクゲツ) 지난달

【昨日】(작일-きのう・サクジツ) 어저께

【昨朝】(작조-サクチョウ) 어저께 아침

【昨秋】(작추-サイシュウ) 지난 가을

【昨春】(작춘-サクシュン) 지난 봄

【昶】창 ショウ、ながい long day 養

①해길 日長 ②밝을 明也 ③통할 通也 ④펼 舒也

【春】춘 シュン、はる spring ㄔㄨㄣ ch'uen¹

봄 四時首

【春間】(춘간) 봄 사이

【春耕】(춘경-シュンコウ) 봄 갈이

【春景】(춘경-シュンケイ) 봄 경치

【春困】(춘곤-シュンコン) 봄에 몸이 고단함

【春光】(춘광-シュンコウ) ①봄빛 ②봄 경치

【春宮】(춘궁-シュンキュウ) 황태자의 궁전

【春窮】(춘궁-シュンキュウ) 농가에서 궁하게 지낼 때。즉 음력 三~四월경

【春窮期】(춘궁기-シュンキュウキ) 춘궁

【春氣】(춘기-シュンキ) ①봄의 기후 ②봄 경치

【春期】(춘기-シュンキ) 봄의 기간

【春機】(춘기-シュンキ) 춘정(春情)。성적 욕망

【春暖】(춘난-シュンタン) 봄의 따뜻함

【春堂】(춘당) 춘부장

【春蘭】(춘란-シュンラン) 봄에 꽃이 피는 난초

【春雷】(춘뢰-シュンライ) 봄날의 우뢰

【春滿】(춘만-シュマン) ①봄이 가득함 ②평화스러움

【春梅】(춘매-シュンバイ) 봄에 피는 매화

나무

【春麥】(춘맥-シュンバク) 봄 보리。봄에 가는 보리

【春眠】(춘면-シュンミン) 봄밤에 맛있게 자는 잠

【春夢】(춘몽-シュンム) ①봄 꿈 ②인생의 덧없음을 이름

【春坊】(춘방) 춘궁(春宮)

【春服】(춘복-シュンプク) 봄에 입는 옷。봄 옷

【春府丈】(춘부장) 남의 아버지의 높임말

【春分】(춘분-シュンブン) 二十四 절기의 하나。낮과 밤이 평균될 때。양력 三월 二十一일 경

【春氷】(춘빙-シュンピウ) 이른 봄철에 어는 얼음

【春思】(춘사-シュンシ) ①봄을 느끼는 어수선하고 산란한 생각 ②색정(色情)

【春三朔】(춘삼삭) 음력 一、二、三월

【春色】(춘색-シュンショク)봄 빛

【春宵】(춘소-シュンショウ)봄 저녁。봄 밤

【春水】(춘수-シュンスイ) 봄에 흐르는 물

【春愁】(춘수-シュンシュウ) 봄의 근심

【春樹】(춘수-シュンジュ) 봄철의 나무

【春信】(춘신-シュンシン) 봄 소식。곧 꽃이 피고 새가 우는 것을 이름

【春心】(춘심-シュンシン) ①봄에 느끼는 정서 ②춘정(春情)

【春雨】(춘우-はるさめ・シュンウ) 봄에 오는 비

【春遊】(춘유-シュンユウ) 봄 놀이

【春陰】(춘음-シュンイン) 봄에 흐린날

【春意】(춘의-シュンイ) 이른 봄에 만물이 발생하려고 하는 기분。춘정(春情

【春蚓秋蛇】(춘인추사) 봄의 지렁이와 가을의 뱀。즉 문장이 무력한 것을 말함

【春日】(춘일-シュンジツ) 봄 날

【春蠶】(춘잠-シュンサン) 봄에 치는 누에

【春節】(춘절-シュンセツ) 봄의 절기

【春情】(춘정-シュンジョウ) ①남녀의 정욕 ②색정。춘기

【春秋】(춘추-シュンジュウ) ①봄과 가을 ②어른의 나이의 존대

【春秋戰國】(춘추전국-シュンジュウセンゴク) 춘추시대(春秋時代)와 그 다음의 전국시대(戰國時代)

【春秋筆法】(춘추필법・シュンジュウヒッポウ) 꼭 바르고 편벽되지 아니한 논법

【春雉自鳴】(춘치자명) 시키거나 요구하지 아니하여도 제출물로 함을 이르는 말

【春風】(춘풍-シュンプウ) 봄의 온화한 바람

【春風秋雨】(춘풍추우-シュンプウシュウウ) 봄바람과 가을비。곧 지나가는 세월을 가리키는 말

【春夏秋冬】(춘하추동-シュンカシュウトウ) 봄、여름、가을、겨울

【春旱】(춘한-シュカン) 봄 가뭄

【春寒】(춘한-シュンカン) 봄 추위

【春恨】(춘한-シュンコン) 봄날의 광경에 끌리어 부지중 마음이 뒤숭숭함

【春香歌】(춘향가-シュンコウカ) 남원(南原)기생 성춘향(成春香)이가 이몽룡(李夢龍)을 사모하며 고절(苦節)을 지키던 소설적 사실을 노래하는 소리의 일종

【春畵】(춘화-シュンガ) 남녀의 교합하는 광경을 그린 그림

【春興】(춘흥-シュンキョウ) 봄의 흥미。봄의 즐거움

【者】 耂部 五畫에 볼것

【六 畫】

【晌】 상 ショウ、ひる noon 養 ㄕㄤˇ shang³ ①대낮 午也 ②반각 半刻

【時】 시 ジ、シ、とき time 支 ㄕˊ shih² ①때 辰也 ②기약 期也四一 ③이 是也 ④엿보고 伺也

【時價】(시가-ジカ) 그 때의 값

【時刻】(시각-ジゴク) 때。시간。시기

【時間】(시간-ジカン) ①때。시각 ②때와 때의 사이

【時間給】(시간급) 시간을 하나치로 하여 지급되는 임금 지급 방법

【時感】(시감) 돌림감기

【時客】(시객) 무궁화의 딴 이름

【時傑】(시걸-ジケツ) 그 시대에 뛰어난 사람

【時計】(시계-トケイ) 시각을 나타내거

나 또는 시간을 측정하는 기계

【時球】(시구-ジキュウ) 선창에 높이 달고 전기 작용으로 배가 다니는 시각을 알리는 공 모양의 장치

【時局】(시국-ジキョク) 시대의 되어가는 상태

【時急】(시급-ジキュウ) 때가 임박함

【時給】(시급-ジキュウ) 시간을 계산하여 주는 급료

【時期】(시기-ジキ) 때。일정한 때。시각

【時機】(시기-ジキ) 적당한 때

【時代】(시대-ジダイ) ①때。세상 ②당시。현시 ③동안

【時代病】(시대병-ジダイビョウ) 시대풍조에 자극되어 일어나는 건전하지 못한 폐해

【時令】(시령-ジレイ) ①연중행사(年中行事) ②절기

【時論】(시론-ジロン) ①그 시대의 여론 ②시사(時事)에 관한 평론

【時流】(시류-ジリュウ) 당시의 풍조

【時務】(시무-ジム) ①세상일。세속 일 ②급한 일

【時文】(시문-ジブン) ①현대 중국에서 유행하는 글 ②당시 일반이 널리 쓰는 글。그 당시에 쓰는 글

【時方】(시방) 금시。지금

【時輩】(시배) 때를 만나서 뜻을 이룬 사람들

【時報】(시보-ジホウ) 때때로 알리는 보도

【時不再來】(시불재래) 한 번 간 때는 다시 돌아오지 아니함

【時事】(시사-ジジ) ①그 시대에 생긴 사건 ②당시 세상의 일

【時祀】(시사-ジシ) 사시로 종묘(宗廟)에 지내는 제사

【時色】(시색-ジショク) 시대의 추세

【時序】(시서-ジジョ) 시절의 순서

【時世】(시세-ジセイ) 그 때 세상。당시의 세상。시대

【時勢】(시세-ジセイ) ①현시의 형세 ②그 때의 물가。시가

【時俗】(시속-ジゾク) 현시의 풍속

【時速】(시속-ジソク) 속도를 표시하는 방법의 하나

【時習】(시습-ジシュウ) 때때로 복습함

【時時】(시시-ジジ) 때때。가끔

【時食】(시식-ジショク) 시절에 맞는 음식

【時雨】(시우-ジウ・しぐれ) 철을 맞추어 오는 비

【時運】(시운-ジウン) 시대의 운수。때의 운수

【時宜】(시의-ジギ) ①시기에 맞음 ②시기에 적합함

【時議】(시의-ジギ) 그 때 사람들의 의론

【時移事往】(시이사황) 세월이 흐르고 사물이 변함

【時人】(시인-ジジン) 그 때 사람

【時日】(시일-ジジツ) ①때와 날 ②좋은 날。길일(吉日) ③세월 ④이날

【時宰】(시재) 그 시대의 재상(宰相)

【時節】(시절-ジセツ) ①기후 ②사시의 계절 ③좋은 때 알맞은 때

【時祭】(시제) 시사(時祀)

【時差】(시차-ジサ) ①태양시(太陽時)와 평균시(平均時)의 차 ②양쪽 땅의 시각(時刻)의 차

【時體】(시체-ジタイ) ①시대의 풍속 ②시대에 따라 돌아다니는 체재

【時態】(시태-ジタイ) 현대의 상태

【時評】(시평-ジヒョウ) 그 때의 비평。그 때의 평판

【時弊】(시폐-ジヘイ) 당시의 폐단

【時表】(시표-ジヒョウ) 시계

【時下】(시하-ジカ) 요새。이 때

【時限】(시한-ジゲン) 시간의 한계

【時享】(시향-ジキョウ) ①매년 十一월에 조상의 산소에 제사함 ②매년 음력 二월・五월・八월・十一월에 고조(高祖) 이하의 사당에 제사드림

【時和年豊】(시화연풍) 나라가 태평하고 곡식이 잘 됨

【時效】(시효-ジコウ) 법정기한의 경과에 의하여 권리의 취득 또는 그를 소멸시키는 기간

【時候】(시후-ジコウ) 춘하추동 사시의 절후

【時諱】(시휘-ジキ) 그 시대에 있어서 저촉되는 언행(言行)

【晏】

안 アン、やすらか peace 諫 ㄧㄢˋ yenˋ

①화할 和也 ②편안할 安也 ③늦을 晩也 ④선명할 鮮盛貌 ⑤하늘 맑을 天清

【晁】조 朝(月部 八畫)古字 篆

【晉】진 シン、すすむ advance 震 ㄐㄧㄣˋ chin⁴
①나아갈 進也 ②진나라 國名 ③꽂을 揷也 ④억제할 抑也 ⑤姓也

【晉鼓】(진고-シンコ) 악기의 하나。여섯자 여섯치로 된 말가죽으로 만든 긴 북

【晉書】(진서-シンショ) 진대(晉代)의 정사(正史) 一三○권

【晃】황 コウ、あきらか bright 養 ㄏㄨㄤˇ huang³·⁴
①밝을 明也 ②날빛 暉也 ③환히 빛날 光耀貌

【晃耀】(황요-コウヨウ) 환하게 빛남

【晒】 曬(日部 十九畫)俗字

【着】 老部 四畫에 볼것

【七 畫】

【晩】만 バン、マン、くれる evening 阮 ㄨㄢˇ wan³
①저물 暮也 ②뒤질 後也

【晩覺】(만각-バンカク) 늙어서 깨달음

【晩景】(만경-バンケイ) 저녁 경치

【晩境】(만경-バンキョウ) 늙바탕。만년

【晩計】(만계-バンケイ) 늙은 뒤의 일을 미리 꾀함

【晩交】(만교-バンコウ) ①늦게 사귄 친구 ②늙은 뒤에 사귐

【晩年】(만년-バンネン) 늙바탕

【晩達】(만달-バンタツ) ①늙바탕에 벼슬과 명망이 높아짐 ②늙어서 처음으로 벼슬함

【晩到】(만도-おそくいたる) 늦게 옴

【晩冬】(만동-バントウ) 늦은 겨울

【晩得】(만득-バントク) 늦게 낳은 자식

【晩來】(만래-バンライ) 늙은 이래

【晩福】(만복-バンフク) 늙바탕에 행복이 많음

【晩生】(만생-バンセイ) ①늦게 낳은 자녀(子女) ②선배에게 대하여 자기를 낮추는 말。소생(小生)

【晩成】(만성-バンセイ) 늦게 이룸。늙바탕에 성공함

【晩時】(만시) 작정한 시기보다 늦음。때에 빚지 못함

【晩食】(만식-バンショク) 때를 어겨 늦게 먹음

【晩食當肉】(만식당육)늦게 배가 고플 때 먹으면 맛이 있어 마치 고기를 먹는 것과 같음

【晩炎】(만염-バンエン) 늦 더위

【晩移】(만이) 늦게 모를 냄

【晩蠶】(만잠-バンサン) 늦게 치는 누에

【晩節】(만절-バッセツ) ①늦은 절기 ②나이가 늙은 시절 ③늦게까지 지키는 절개

【晩餐】(만찬-バンサン) 저녁 밥

【晩晴】(만청-バンセイ) 저녁 때 날이 갬。또 그날

【晩秋】(만추-バンシュウ) 늦은 가을。음력 九월

【晩翠】(만취-バンスイ) 겨울이 되어도 초목의 푸른 빛이 변함 없음

【晩夏】(만하-バンカ) 늦여름。곧 음력 六월

【晩學】(만학-バンガク) 나이가 많아서 공부함

【晩婚】(만혼-バンコン) 나이가 많아서 늦게 혼인함

【晩花】(만화-バンカ) 늦게 피는 꽃

【晟】성 セイ、あきらか bright 敬 ㄕㄥˋ shêng⁴
①밝을 明也 ②햇살 퍼질 日光充盛 ③성할 熾也

【晨】신 シン、あした dawn 眞
새벽 昧爽

【晨夕】(신석-シンセキ) 새벽과 저녁。아침 저녁

【晨省】(신성-シンセイ) 새벽에 부모께 문안함

【晨謁】(신알-シンエツ) 매일 아침 사당(祠堂)에 뵈옴

【晨夜】(신야-シンヤ) 이른 아침부터 늦은 밤까지 삼가 일을 함

【晨風】(신풍-シンプウ) ①새벽 바람 ②바람개비

【晤】오 ゴ、あう meet 遇 ㄨˋ wu⁴
①밝을 明也 ②깨우쳐줄 以言曉人

③만날 遇也

【晤對】(오대-ゴタイ) 서로 만나 봄。면회함

【晤言】(오언-ゴゲン) 마주보고 이야기함

【晝】주 チュウ、ひる daytime 宥 ㄓㄡˋ chou^4

①낮 與夜爲界 ②대낮 日中

【晝間】(주간-チュウカン) 낮 동안。낮에

【晝耕夜讀】(주경야독) 낮에는 농사짓고 밤에는 글 읽음

【晝盲】(주맹-チュウモウ) 밝은 곳에서의 시력(視力)이 조금 어두운。곳에 있어서의 시력보다 불량함

【晝思夜度】(주사야탁) 밤낮으로 생각함

【晝想夜夢】(주상야몽) 낮의 생각이 밤의 꿈이 됨

【晝宵】(주소-チュウショウ) 밤낮

【晝食】(주식-チュウショク) 점심

【晝夜】(주야-チュウヤ) 밤낮

【晝夜兼行】(주야겸행-チュウヤケンコウ) ①밤낮 이어서 길을 감 ②일을 밤을 도와서 함

【晝夜汨沒】(주야골몰) 밤낮으로 바쁨

【晝夜不息】(주야불식) 밤낮을 가리지 않고 쉬지 아니함

【晝夜長川】(주야장천) 밤낮으로 쉬지 않고 늘

【晝出魍魎】(주출망량) 낮에 나온 도깨비라는 뜻이니 이상한 북색을 하고 다니는 것을 가리키는 말

【晝寢】(주침-ひるね) 낮잠

【晡】포 ホ、フ、ひぐれ 3~5 o'clock p.m. ㄅㄨ pu^1

신시 申時

【晡夕】(포석-ホセキ) 저녁 때。땅거미

【晡時】(포시-ホジ) 신시(申時)。곧 오후 四시경

【晦】회 カイ、つごもり last day of a month 隊

①그믐 月終 ②어두울 冥也 ③늦을 安也 ④얼마 안될 亡幾

【晦盲】(회맹-カイモウ) 눈이 어두움。세상이 어지러워서 어두워 짐

【晦冥】(회명-カイメイ) 어두움

【晦朔】(회삭-カイサク) 그믐날과 초하룻날

【晦塞】(회색) 아주 막힘。완전히 막힘

【晦日】(회일-カイジツ) 그믐날

【晦初間】(회초간) 그믐 초생

【晦晦】(회회-カイカイ) 어두운 모양

【晞】희 キ、かわく dry 微 ㄒㄧ hsi^1

①마를 乾也 ②햇살 치밀 日之始升 ③말릴 燥也

【晞和】(희화-カイワ) 따뜻하고 화창함

【八 畫】

【景】경、ケイ、エイ、けしき view 梗 ㄐㄧㄥˇ ching^3

①빛 光也 ②경치 ―致 ③밝을 明也 ④클 大也 ⑤사모할 慕也 ―仰 ⑥형상할 像也 ⑦姓也 (영) ①그림자 物之陰影 ②옷 衣梗

【景觀】(경관-ケイカン) ①훌륭한 경치 ②어떤 지역의 특색있는 풍경

【景光】(경광-ケイコウ) 경치

【景敎】(경교-ケイキョウ) 당대(唐代)에 중국에 전해진 기독교의 명칭

【景命】(경명-ケイメイ) 대명(大命)

【景慕】(경모-ケイボ) 우러러 사모함

【景物】(경물-ケイブツ) 시절을 따라 달라지는 경치

【景福】(경복-ケイフク) 큰 행복

【景狀】(경상-ケイジョウ) 상태

【景色】(경색-ケイショク・ケシキ) 경치。풍경

【景勝】(경승-ケイショウ) 경치가 좋음。또 그 곳

【景仰】(경앙-ケイギョウ・ケイゴウ) 사모하고 우러러 봄

【景處】(경처-ケイショ) 경치가 좋은 곳

【景致】(경치-ケイチ) 산수(山水의) 보기 좋은 모양

【景品】(경품-ケイヒン) 파는 물건에 곁들어 주는 물건

【景風】(경풍-ケイフウ) 마바람。남풍(南風)

【景況】(경황-ケイキョウ) 모양。상태

【晷】구 キ、ひかげ shadow 紙 ㄍㄨㄟˇ kuei^3

①해 그림자 日景 ②시각 ―刻

【晷刻】(구각-キコク) 시각。잠간 동안

【晷景】(구경-キケイ) 해 그림자

【普】보 ホ、フ、あまねく general 麌 ㄆㄨˇ p'u^3

①두루 徧也 ②넓을 博也 ③클 大

也 ④침침할 日無色

【普及】(보급-フキュウ) 널리 퍼뜨림

【普通】(보통-フツウ) ①널리 일반에 통함 ②특별하지 아니함

【普遍】(보편-フヘン) 두루 미침。 널리 퍼짐

【普洽】(보흡-フコウ) 널리 퍼짐

【晳】 석 せき、あきらか bright

①밝을 昭明 ②분석할 明辨

【晰】 前條 同字

【晻】 암 アン、くらし dark

어두울 暗也 (엄)침침할 日無光

【晻昧】(암매-アンバイ) 사실을 분별하기 어려움。 어두움

【晻晻】(엄엄-アンアン) 햇빛이 점점 약해가는 모양

【晶】 정 ショウ、セイ、すいしょう crysalt 庚 ㄐㄧㄥ ching¹

①수정 美石水-②밝을 精也 ③빛날 光也

【晶光】(정광-ショウコウ) 밝은 빛。 투명한 빛

【晶晶】(정정-ショウショウ) 반짝반짝 빛나는 모양

【智】 지 チ、ちえ wisdom 寘 ㄓˋ chih⁴

①슬기 心有所知知有所合 ②姓也

【智見】(지견-チケン) 지혜와 견식

【智囊】(지낭-チノウ) 슬기가 많은 사람

【智能】(지능-チノウ) 지식과 재능

【智德】(지덕-チトク) 지육(智育)과 덕육(德育)과 체육(體育)

【智略】(지략-チリャク) 슬기로운 계략

【智慮】(지려-チリョ) 슬기롭고 민첩한 생각

【智力】 지력-チリョク) 지혜와 용기

【智勇】(지용-チユウ) 재지(才智)와 용기

【智愚】(지우-チグウ) 슬기로움과 어리석음

【智育】(지육-チイク) 지능의 계몽과 활발을 목적으로 하는 교육

【智者】(지자-チシャ) 슬기로운 사람

【智齒】(지치-チシ) 사랑니

【智慧】(지혜-チエ) 슬기

【晴】 청 セイ、はれる fair weather 庚 ㄑㄧㄥˊ ch'ing²

갤 雨止無雲

【晴空】(청공-セイクウ) 맑게 갠 하늘

【晴耕雨讀】(청경우독-セイコウウドク) 맑은 날은 밭갈고 비오는 날은 집안에서 책을 읽음

【晴嵐】(청람-セイフウ) 화창하게 갠 날。 아른거리는 아지랑이

【晴雨】(청우-セイウ) 갠 날과 비가 오는 날

【晴陰】(청음-セイイン) 갠날과 흐린날

【晴日】(청일-セイジツ) 개인 날씨

【晴曇】(청담-セイドン) 갠날과 흐린날。 일기의 맑음과 흐림

【晴天】(청천-セイテン) 말쑥하게 갠 하늘 또 그날

【晴和】(청화-セイワ) 하늘이 맑게 개어 날씨가 화창함

【量】 里部 五畫에 볼것

【九畫】

【暖】 난 タン、あたたかい warm 旱 ㄋㄨㄢˇ nuan³

따뜻할 温也 (훤)온공스러울 柔貌

【暖帶】(난대-ダンタイ) 열대와 온대의 중간에 있는 지대

【暖流】(난류-ダンリュウ) 온도가 높은 해류(海流)

【暖衣】(난의-ダンイ) 따뜻한 옷

【暖風】(난풍-ダンプウ) 따뜻한 바람

【暇】 가 カ、ひま leisure 禡 ㄒㄧㄚˊ hsia²·⁴

①한가할 閒也 ②겨를 休也

【暇日】(가일-カジツ) 쉴 때。 한가한 날

【暑】 서 ショ、あつい hot summer 語 ㄕㄨˇ shu³

더울 熱也

【暑氣】(서기-ショキ) 더운 기운。 여름 더위

【暑痢】(서리) 더위를 먹고 설사하는 병

【暑泄】(서설) 여름 더위에 하는 설사

【暑熱】(서열-ショネツ) 더위。 염열(炎熱)

【暑雨】(서우-ショウ)여름의 염천(炎天)
에 오는 비
【暑節】(서절-ショセツ) 여름의 더운철
【暑中】(서중-ショチュウ) 여름의 한창 무
더운 때
【暑症】(서증)더위로 일어나는 병
【暑退】(서퇴) 더위가 물러감。 더위를
물러가게함

【暗】암 アン、くらい dark 勘 ㄢ an'

①어두운 不明 ②침침할 深空貌
【暗渠】(염거-アンキョ) 땅속으로 낸 도랑
【暗計】(암계-アンケイ) 비밀한 꾀
【暗君】(암군-アンクン) 어리석은 임금
【暗記】(암기-アンキ) 마음 속에 기억하
여 잊지 아니함
【暗澹】(암담-アンタン) 어둑컴컴하고 쓸
쓸함 「함
【暗毒】(암독) 성질이 음험하고 흉악
【暗鍊】(암련) 모든 사물에 정통함
【暗淚】(암루-アンルイ) 소리 없이 울때
에 흐르는 눈물
【暗流】(암류-アンリュウ) ①거죽에 나타
나지 않고 흐르는 물 ②거죽에 나
타나지 아니하는 현상
【暗賣】(암매-アンバイ)물건을 몰래 팔음
【暗買】(암매-アンバイ) 물건을 몰래 삼
【暗昧】(암매-アンバイ) 어리석고 못나
서 생각이 어두움
【暗謀】(암모-アンボウ) 암계(暗計)

【暗默】(암묵-アンモク) ①보이지도 않고
들리지도 않음 ②자기 의사를 나타
내지 않음
【暗算】(암산-アンザン) 주판을 쓰지 않
고 마음 속으로 계산함
【暗殺】(암살-アンサツ) 사람을 몰래 죽임
【暗星】(암성) 빛이 없는 별
【暗笑】(암소) 마음속으로 비웃음
【暗誦】(암송-アンショウ) 책을 보지 않
고 외움
【暗數】(암수) 남을 속여 넘기는 꾀
【暗順應】(암순응) 밝은 곳에서 어두
운 곳에 들어갔을 때 처음에는 사
물이 보이지 않다가 차츰 보이기 시
작하는 현상
【暗示】(암시-アンジ) ①의사를 분명히
나타내지 않고 넌지시 깨닫게 함
②의지의 매개를 빌지 않고 직접으
로 활동을 개발하는 관념작용
【暗室】(암실-アンシツ) ①어둡고 사람이
없는방 ②사진술에서 광선이 들어
가지 않게 만든 방
【暗暗】(암암-アンアン) ① 어두운 모양
②깊고 빈 모양
【暗暗裏】(암암리-アンアンリ) 남이 모르
는 동안
【暗夜】(암야-アンヤ) 어두운 밤
【暗影】(암영-アンエイ) ①어두운 그림자
②불안 또는 불길한 기분이나 모양
【暗愚】(암우-アングウ) 사리에 어둡고

어리석음 「온 한 형제
【暗雲】(암운-アンウン) 검은 구름。 불
【暗葬】(암장) 남의 땅에 몰래 시체를
매장하는 것
【暗箭】(암전) 빗나가는 화살
【暗主】(암주-アンシュ) 암군(暗君) 「리
【暗中】(암중-アンチュウ)어두운 속。 암암
【暗中飛躍】(암중비약-アンチュウヒヤク)음
밀한 활동
【暗草】(암초-アンソウ) 시문(詩文)의 초
고를 몰래 지음 「는 바위
【暗礁】(암초-アンショウ) 물속에 숨어 있
【暗鬪】(암투-アントウ) 겉으로는 발표하
지 않고 서로 경의를 품고 있음
【暗標】(암표) 비밀한 표
【暗合】(암합-アンゴウ) 우연히 일치함
【暗海】(암해-アカイ) 광선이 이르지 못
하는 어두운 바닷 속
【暗行】(암행-アンコウ) 남이 모르게 감。
비밀이 다님
【暗號】(암호-アンゴウ) 비밀한 신호
【暗花】(암화) 잿물에 잠겨 있는 꽃
무늬
【暗黑】(암흑-アンコク) ①캄캄한 어두움
②사물이 밝지 아니한 방면 ③보이
지 아니함 ④세상이 어지러움
【暗黑面】(암흑면-アンコクメン) ①사물이
공명 정대하지 아니한 방면 ②비참
또 추악한 방면
【暗喜】(암희) 내심에 몰래 기뻐함

【暘】양 ヨウ、ひので rising sun 陽 ㄧㄤˊ yang^{2}
①해돋이 出處 ②햇발쏘일 日乾物 ③밝을 明也
【暘谷】(양곡-ヨウコク) 해가 돋는 곳

【暈】훈 ウン、かさ halo 問 ㄩㄣˋ yün^{4}
무리 日月傍氣
【暈圍】(훈위-ウンイ) 해나 달의 언저리에 생기는 무리。햇무리

【暄】훤 ケン、あたたかい warmt 元 ㄒㄩㄢ hsüan^{1}
①따뜻할 日暖 ②따스할 溫也
【暄煖】(훤난-ケンダン) 따뜻함
【暄天】(훤천-ケンテン) 따뜻한 하늘
【暄風】(훤풍-ケンプウ) 따뜻한 바람。봄바람

【暉】휘 キ、ひかり sun-beam 微 ㄏㄨㄟ huei^{1}
햇빛 日光——
【暉映】(휘영-キエイ) 빛남
【暉暉】(휘휘) ①햇빛이 비치는 모양 ②하늘이 개어 밝은 모양

【照】火部 九畫에 볼것

【十 畫】

【暝】명 メイ、ミョウ、くらい dark 青 ㄇㄧㄥˊ ming^{2}
①어두울 幽也晦 ②저물 夕也
【暝暝】(명명-メイメイ) 쓸쓸한 모양
【暝帆】(명범) 해가 저물어서 다는 돛
【暝投】(명투-メイトウ) 해가 저물어서 투숙(投宿)함

【暢】창 チョウ、とおる be understood 漾
①통할 通也 ②사무칠 達也 ③길 長也 ④거문고가락 琴曲和—
【暢達】(창달-チョウタツ) 구김살 없이 발달함
【暢茂】(창무-チョウモ) 초목이 길게 자라 무성함
【暢敍】(창서-チョウジョ) 창회(暢懷)
【暢快】(창쾌-チョウカイ) 마음이 시원하고 유쾌함
【暢懷】(창회) 마음속에 있는 것을 시원하게 폄。창서(暢敍)

【嘗】口部 十一畫에 볼것

【十一畫】

【暮】모 ボ、れる sunset 遇 ㄇㄨˋ mu^{4}
①저물 늦을 日晚 ②더딜 遲也
【暮景】(모경-ボケイ) ①저물 때의 경치 ②늙었을 때
【暮境】(모경-ボキョウ) 늙바탕
【暮年】(모년-ボネン) 노년(老年)
【暮冬】(모동) 늦은 겨울
【暮商】(모상-ボショウ) 음력 九월의 딴 이름
【暮色】(모색-ボショク) 저물어 가는 어스레한 빛
【暮雪】(모설-ボセツ) 날이 저물어 내리는 눈
【暮世】(모세-ボセイ) 근세
【暮歲】(모세-ボサイ) 한해가 마지막 저물어 가는 때
【暮夜】(모야-ボヤ) 깊은 밤
【暮煙】(모연-ボエン) 저녁 때의 연기
【暮天】(모천-ボテン) 저문 때의 하늘
【暮秋】(모추-ボシテウ) 늦은 가을。음력 九월
【暮春】(모춘-ボシュン) 늦은 봄。즉 음력 三월。만춘(晚春)

【暬】설 セツ、なれる insolence 屑 ㄒㄧㄝˋ hsieh^{4}
①설만한 日狎習相慢 ②캄캄할 晦暝 ③모실 侍御

【暫】잠 ザン、しばらく meanwhile 勘 ㄓㄢˋ chan^{4}
①잠간 不久須 ②마침 卒也
【暫間】(잠간) 오래지 아니한 동안。조금 동안。잠시(暫時)
【暫見】(잠견) 잠간 봄
【暫留】(잠류) 잠간 머물러 있음
【暫別】(잠별) 잠시 이별함
【暫逢】(잠봉) 잠간 만남
【暫時】(잠시-ザンジ) 잠간
【暫遊】(잠유) 잠시 놀음

【暫定】(잠정) 잠시 작정함
【暫借】(잠차) ①잠시 빌림 ②잠시 꿈
【暫許】(잠허) 잠시 허락함

【暴】포 ボウ、バク、あばれる riot 號 ㄅㄠˋ pao⁴
①사나울 猛也 ②가로찰 橫也 ③침로할 侵也 ④맨손으로 칠 徒搏 ⑤마를 晞也 ⑥불끈 일어날 卒起貌 ㅣ ⑦급할 急也 (폭) ①햇빛쪼일 日乾 ②드러날 露也 ③나타날 顯也
【暴慢】(포만-ボウマン) 난폭하고 방자함
【暴惡】(포악-ボウアク) 사납게 악함
【暴言】(포언-ボウゲン) 폭언의 원말
【暴橫】(포횡-ボウオウ) 거칠고 방자함
【暴擊】(폭격-ボウゲキ) 항공기가 폭탄·소이탄·독가스탄 따위를 투하하여 적의 전력이나 국토를 파괴함
【暴君】(폭군-ボウクン) 포학한 임금
【暴徒】(폭도-ボウト) 난폭한 행동을 하는 무리
【暴動】(폭동-ボウドウ) 강폭한 동란。불온한 거동 「기 오름
【暴騰】(폭등-ボウトウ) 물건 값이 갑자
【暴落】(폭락-ボウラク) 물건 값이 갑자기 떨어짐
【暴戾】(폭려-ボウレイ) 모질고 사나와서 그 행동이 인도에 벗어남
【暴力】(폭력-ボウリョク) 난폭한 완력。무법한 완력
【暴露】(폭로-バクロ) ①드러남。드러냄 비바람에 쐬임
【暴論】(폭론-ボウロン) 난폭한 언론
【暴利】(폭리-ボウリ) 법정 이외의 이익。부당한 이익
【暴白】(폭백) ①원통함을 하소연하는 것 ②설명하는 것
【暴富】(폭부) 벼락부자
【暴死】(폭사-ボウシ) 갑자기 죽음
【暴暑】(폭서-ボウショ) 몹시 더움。혹서(酷暑) 「설사
【暴泄】(폭설) 갑자기 일어나는 심한
【暴衰】(폭쇠) 정력이 빨리 쇠약함
【暴食】(폭식-ボウショク) 음식을 썩 많이 먹음
【暴壓】(폭압-ボウアツ) 폭력으로 억압함
【暴言】(폭언-ボウゲン) 난폭한 언사。함부로 하는 말
【暴雨】(폭우-ボウウ) 몹시 오는 비
【暴飮】(폭음-ボウイン) 술을 썩 많이 마심
【暴淫】(폭음-ボウイン) 방사(房事)를 과도하게 하는 것 「事)
【暴政】(폭정-ボウセイ) 난폭한 정사(政
【暴注】(폭주) 비가 몹시 쏟아지는 것
【暴醉】(폭취-ボウスイ) 술이 갑자기 취함
【暴風】(폭풍-ボウフウ) 몹시 심한 바람
【暴虐】(포학-ボウギャク) 횡포하고 사나움 「운 추위
【暴寒】(폭한-ボウカン) 갑자기 몹시 추

【影】彡部 十二畫에 볼것

【十二畫】

【暨】기 キ、いたる reach to
①미칠 及也 ②굳셀 果毅貌 ⑧다뭇 與也
【暨及】(기급-キキュウ) 미침
【暨暨】(기기-キキ) 굳센 모양

【曇】담 ドン、タン、くもる cloudy 覃 ㄊㄢˊ t'an²
구름낄 雲布
【曇曇】(담담-ドンウン) ①검은 구름의 모양 ②구름이 끼는 모양
【曇天】(담천-ドンテン) 흐린 날

【暾】돈 トン、あさひ rising sun 元
①해돋을 日始出 ②수더분할 性不爽利溫
【暾暾】(돈돈-トントン) ①일광이 원만한 모양 ②불빛이 성하는 모양

【曈】동 トウ the sun about to rise 東 ㄊㄨㄥˊ t'ung²
먼동틀 欲明

【曆】력 レキ、リャク、こよみ calendar 錫 ㄌㄧˋ li⁴
①책력 ㅣ象 ②셀 數也
【曆法】(역법-レキホウ) 책력을 만드는 법
【曆象】(역상-レキショウ) ①책력에 의

하여 천문(天文)을 봄 ②일월성신 (日月星辰)을 이름

【曆書】(역서-レキショ) 책력(冊曆)

【曆數】(역수-レキスウ) ①자연히 정해진 운명 운수책력(冊曆) ②절기의 차례

【曆學】(역학-レキガク) 책력에 관한 학「문

【暹】섬 セン、のぼる sun rising 鹽 ㄒㄧㄢ hsien¹
①햇살 치밀 日光昇 ②나아갈 進也 ③나라 이름-羅

【曄】엽 ヨウ、ひかる bright 葉 ㄧㄝ yeh⁴
①빛날 光也 ②밝을 明也 ③성할 盛貌— ④번개 번쩍거릴 震電貌

【曄然】(엽연-ヨウゼン) 성한 모양

【曄曄】(엽엽-ヨウヨウ) 밝고 윤기 있는 모양

【曃】태 タイ、うすくらい vague 隊
희미할 不明貌

【曉】효 ギョウ、キョウ、あかつき dawn 篠 ㄒㄧㄠ hsiao³
①새벽 曙也 ②밝을 明也 ③깨달을 知也 ④효유할 開喩 ⑤만날 遇也 ⑥달랠 說也 ⑦쾌할 快也 ⑧사뢸 白也

【曉起】(효기-ギョウキ) 새벽녘에 일어남

【曉頭】(효두-ギョウトウ) 꼭두새벽

【曉得】(효득-ギョウトク) 깨달아 알음

【曉霧】(효무-ギョウム) 새벽녘에 끼는 안개

【曉霜】(효상-ギョウソウ) 새벽에 내리는 「서리

【曉色】(효색-ギョウショク) 새벽 경치。새벽 빛

【曉夕】(효석-ギョウセキ) 아침과 저녁

【曉星】(효성-ギョウセイ) ①샛별 ②많지 않은 물건을 가리키는 말

【曉然】(효연-ギョウゼン) 똑똑함。분명함

【曉諭】(효유-ギョウユ) 깨우침。일러줌

【曉天】(효천-ギョウテン) 새벽 하늘。밝을녘

【曉解】(효해-ギョウカイ) 터득함。깨달음

【十三畫—十四畫】

【曖】애 アイ、うすくらし obscure 隊 ㄞ ai⁴
①해 희미할 日不明挺— ②침침할 昏昧貌

【曖昧】(애매-アイマイ) ①분명하지 아니함 ②아무 잘못한 일이 없이 책망을 받음

【曖然】(애연-アイゼン) 침침하고 희미함。분명하지 않음

【曚】몽 モウ、ボウ、くらい dark 東 ㄇㄥ mêng²
새벽 녘 日未明—朧

【曚朧】(몽롱-モウロウ) 흐리멍텅하여 아「듯함

【曚昧】(몽매-モウマイ) ①어두움。침침함 ②어리석고 어두움

【曙】서 ショ、あけぼの dawn 御
①새벽 曉也 ②동틀 東方明 ③밝을 明也

【曙光】(서광-ショコウ) ①새벽 빛。동틀 때 비치는 빛 ②캄캄한 속에서 처음 나타나는 밝은 빛

【曙星】(서성-ショセイ) 새벽 별

【曙野】(서야) 새벽 들

【曙鐘】(서종) 새벽 종

【曙天】(서천-ショテン) 새벽녘 하늘

【曜】요 ヨウ、かがやく glorious
①해비칠 日光照 ②빛날 光也 ③칠요 日月五星七—

【曜曜】(요요-ヨウヨウ) 빛이 비치는 모「양

【曛】훈 クン、くれ twilight 文 ㄒㄩㄣ hsün¹
어스레할 入餘光黃昏

【曛霧】(훈무-クンム) 저녁 안개

【曛日】(훈일-クンジツ) 저녁 때 해

【曛黑】(훈흑-クンコク) 황혼이 되어 어두어두함

【十五畫】

【曠】광 コウ、むなしい vacant 漾 ㄎㄨㄤ k'uang⁴
①빌 空也 ②멀 遠也 ③클 大也 ④오랠 久也 ⑤밝을 明也 ⑥넓을 豁也 ⑦홀아비 男壯無室

【曠古】(광고-コウコ) 세상에 널리 알림
【曠夫】(광부-コウフ) 홀아비
【曠世】(광세-コウセイ) 세상에 드물음
【曠野】(광야-コウヤ) 넓은 들
【曠日】(광일-コウジツ) 한갖 날을 보냄
【曠恩】(광은-コウオン) 매우 넓고 큰 은혜
【曠職】(광직-コウショク) ①직무에 게으름 ②오래 결근함。관직을 빈채로둠
【曠蕩】(광탕-コウトウ) ①넓고 넓은 모양 ②마음이 넓고 큼
【曠懷】(광회-コウカイ) 넓은 도량

【曝】포 バク、さらす expose [屋] ㄆㄨˋ p'u⁴
쪼일 曬也 (폭) 볕에 말릴 日乾
【曝露】(폭로-バクロ) 비바람에 쏘임
【曝書】(폭서-バクショ) 책을 햇빛에 쬐고 바람에 쏘임
【曝曬】(포쇄-バクレイ) 젖거나 축축한 것을 바람을 쐬고 볕에 바램

【十六畫—二十畫】

【曨】롱 ロウ、ほのぐらい obscure [東]
①먼동틀 日欽明 ②해돋을 日出曨—

【曦】희 ギ、ひかり sun light [支] ㄒㄧ hsi¹
햇빛 日光
【曦光】(희광-ギコウ) 아침 햇빛
【曦月】(희월-ギゲツ) 해와 달 또 일광과 달빛
【曦軒】(희헌-ギケン) 해。태양

【曩】낭 ドウ、ノウ、さきに former times [養] ㄋㄤˇ nang³
지난번 嚮也
【曩日】(낭일-ノウジツ) 접때。지난번
【曩者】(낭자-ノウシャ) 낭일(曩日)과 같음

【曬】쇄 サイ、シ、さらす dry in the sun [卦] ㄕㄞˋ shai⁴
①햇빛 쪼일 曝也 ②볕에 말릴 日乾物
【曬書】(쇄서-サイショ) 책을 볕에 쪼임

【曭】당 トウ、くらい obscure [養]
햇빛희미할 日不明

曰 部

【曰】왈 エツ、いう、いわく it is said [月] ㄩㄝ yüeh¹
①가로되 語也 ②일컬을 稱也 ③이를 謂也 ④말낼 發語辭 ⑤에 於也 ⑥의 之也
【曰可曰否】(왈가왈부) 어떤 일에 옳거니、옳지 않거니 하고 말함

【一 畫】

【甲】田部 部首에 볼것
【由】田部 部首에 볼것
【申】田部 部首에 볼것

【二 畫】

【曲】곡 キョク、まがる bent [沃] ㄑㄩ ch'ü¹
①굽을 下直屈— ②곡진할 委— ③곡조 歌詞調也 ④누에발 養蠶器簿—
【曲徑】(곡경-キョッケイ) ①구불 구불한 길 ②세력을 구하는 정부한 인연
【曲曲】(곡곡-キョクキョク) 굴곡이 많은 산천이나 도로의 굽이굽이
【曲論】(곡론-キョクロン) 바르지 아니한 의론
【曲流】(곡류-キョクリュウ) 꾸불꾸불 굽어지 흐르는 물
【曲馬】(곡마-キョクバ) 말을 타고 부리는 여러 가지 재주
【曲眉】(곡미-キョクビ) 초생달 모양의 「눈섭
【曲拜】(곡배-キョクハイ) 임금을 뵐 때 하는 절
【曲法】(곡법-キョクホウ) 법을 굽힘
【曲屛】(곡병-キョクビョウ) 가리개
【曲譜】(곡보-キョクフ) 음악 곡조를 그린 부호
【曲庇】(곡비-キョクヒ) 도리를 굽히어 남을 도와줌。힘껏 도와줌

【曲參】(곡삼) 꼬리를 구부려 말린 삼
【曲線】(곡선-キョクセン) 구부러진 선
【曲說】(곡설-キョクセツ) 편벽되어 바르
지 아니한 이론
【曲城】(곡성-キョクジョウ) 굽은 성
【曲水】(곡수-キョクスイ) 굽이 굽이 흐르
는 물
【曲宴】(곡연-キョクエン) 궁중(宮中)에
베픈 소연(小宴)
【曲藝】(곡예-キョクゲイ) 작은 재주
【曲墻】(곡장) 능묘 뒤에 두른 낮은 담
【曲折】(곡절-キョクセツ) ①자상하고 세
밀한 사정과 내용 ②구부러져 꺾
임 ③까닭。자세한 일
【曲在我】(곡재아) 잘못이 내게 있음
【曲調】(곡조-キョクチョウ) 음악의 가락
【曲直】(곡직-キョクチョク) ①굽은 것과
곧은 것 ②그른 것과 옳은 것
【曲盡】(곡진-キョクジン) ①마음과 힘을
다함 ②차근차근 이르다
【曲尺】(곡척-キョクシャク) ①자의 한가
지 ②직각으로 굽은 모양
【曲筆】(곡필-キョクヒツ) 사실을 일부러
굽히어 쓰는 글
【曲學】(곡학-キョクガク) 바른 길로 들지
못한 학문
【曲學阿世】(곡학아세-キョクガクアセイ) 옳
지 못한 학문으로 세인(世人)에게 아
【曲形】(곡형-キョクケイ) 굽은 형상「부함
【曲惠小仁】(곡혜소인) 작은 은혜。조
그마한 동정 「호함
【曲護】(곡호-キョクゴ) 힘을 다하여 보
【曲會】(곡회-キョッカイ) 여러 사람이 모
이어 술을 마심

【曳】예 エイ、ひく drag after 霽 ㄧˋ i'
①끌 牽也 ②당길 引也 ③천천히할
徐也— ①지칠 瘦也
【曳船】(예선-エイセン) 배에다 줄을 매
어 끌음。또는 그 끄는 배
【曳火彈】(예화탄-エイカダン) 발사하면
불을 끌면서 공중으로 진행하는 차
림의 대포알

【三畫—五畫】

【更】경 コウ、あらためる change 庚 ㄐㄥ ching'
①고칠 改也 ②대신할 代也 ③지날
歷也 ④경점 督夜行鼓 (갱) 다시
再也
【更起】(갱기-コウキ) 다시 일어남
【更代】(경대-コウタイ) 바뀜。바꿈
【更漏】(경루-コウロウ) 물시계(水時計)
【更無道理】(갱무도리) 조금도 꼼짝할
수 없음
【更逢】(갱봉-コウホウ) 갈라 졌다 다시 「만남
【更生】(갱생-コウセイ) 한때 죽었던 것
이 다시 살아남
【更少年】(갱소년) 다시 젊어짐
【更新】(갱신-コウシン) 새로 고침
【更衣】(갱의-コウイ・ころもあこう) 옷을
바꿔 입음
【更張】(경장-コウチョウ) ①거문고 줄을
고쳐 맴 ②고치어 새롭게 함 ③나
라의 기초에 관계되지 아니하는 정
치상・사회상의 변화
【更點】(경점-コウテン) 북과 징을 쳐서
알리던 경(更)과 점(點)
【更訂】(경정-コウテイ) 책 따위 내용을
고치어 바로 잡음 「듬
【更造】(경조-コウゾウ) 고치어 다시 만
【更進】(갱진-コウシン) 더 나아감
【更迭】(경질-コウテツ) 서로 바뀜。서로
바꿈
【更遞】(경체) 경질(更迭)과 같음
【更換】(경환-コウカン) 바뀜。바꿈。교
환(交換)

【曷】갈 カツ、いずくんぞ why 曷 ㄏㄜˊ he'
①어찌 何也 ②어찌아니하리오 할
盍也 ③그칠 止也

【冒】冒(冂部 七畫)에 볼것

【六 畫】

【書】서 ショ、かく write 魚 ㄕㄨ shu'
①글 文也 ②글씨 文藝之一 ③글지
을 著也 ④기록할 紀也 ⑤편지 牘
也 ⑥책 經籍總名
【書架】(서가-ショカ) 책을 쌓는 시렁

【書家】(서가-ショカ) 글씨를 잘 쓰는 사람

【書簡】(서간-ショカン) 편지

【書經】(서경-ショケイ) 삼경(三經)·오경(五經)의 하나

【書契】(서계-ショケイ) ①중국 고대(古代)의 문자 ②일본 정부와 왕래하던 서류

【書庫】(서고-ショコ) ①책을 쌓아두는 곳 집 ②학식이 넓은 사람을 이름

【書工】(서공-ショコウ) 서가(書家)

【書館】(서관-ショカン) 책을 파는 가게

【書卷】(서권-ショカン) 책

【書笈】(서급-ショキュウ) 책상자

【書記】(서기-ショキ) ①적어 기록함 또 그 기록 ②책 ③기록을 맡아 보는 사람

【書堂】(서당-ショドウ) ①글방。사숙(私塾) ②서재

【書道】(서도-ショドウ) 글씨 쓰는 법을 배우는술。붓으로 글씨를 잘쓰는술

【書牘】(서독) 편지

【書童】(서동-ショドウ) 학동(學童)

【書頭】(서두-ショトウ) 책의 윗 난에 있는 빈 자리。글의 첫머리

【書燈】(서등-ショトウ) 글을 읽으려고 켜놓은 불

【書例】(서례-ショレイ) 서식(書式)

【書簏】(서록) ①책상자 ②책을 읽기만 하고 그 뜻을 모르는 사람을 이름

【書樓】(서루-ショロウ) ①충집으로 지은 서재 ②기억력이 좋은 사람의 비유

【書類】(서류-ショルイ) 사실을 기록한 문서

【書林】(서림-ショリン) ①책을 많이 모아둔 곳 「아둔 곳

【書面】(서면-ショメン) ①글씨를 쓴 지면 ②서류 ③편지

【書目】(서목-ショモク) 보고서의 대강을 뽑아서 보고서에 덧붙인 지면

【書房】(서방-ショボウ) ①서재 ②벼슬이 없는 사람을 부르는말③남편의속어

【書法】(서법-ショホウ) 글씨를 쓰는법

【書癖】(서벽-ショヘキ) 글 읽기를 좋아하는 버릇

【書史】(서사-ショシ) 책

【書士】(서사-ショシ) 대서(代書)나 필사를 업으로 하는 사람

【書肆】(서사-ショシ) 책을 파는 집。서림(書林)。서점

【書寫】(서사-ショシ) 글자를 베끼어씀

【書生】(서생-ショセイ) ①공부하는 학생 ②남의 집에서 일을 하여주고 여가에 공부하는 청년

【書塾】(서숙-ショジュク) 글방 「식

【書式】(서식-ショシキ) 문서의 일정한 격

【書信】(서신-ショシン) 편지 「안

【書案】(서안-ショアン) ①책상 ②글의 초

【書役】(서역-ショヤク) 글씨를 쓰는 일

【書屋】(서옥) 글방

【書院】(서원-ショイン) ①당(唐) 이래의 학교 이름 ②선비들이 모이어 학문을 강론하는 곳 「사람

【書淫】(서음-ショイン) 독서에 골몰하는

【書字】(서자-ショジ) 편지

【書狀】(서장-ショジョウ) 편지

【書齋】(서재-ショサイ) 글을 읽는 방

【書籍】(서적-ショセキ) 종이에 글씨를 기록하여 꿰맨 것

【書傳】(서전-ショデン) 서경(書經)에 주해(註解)를 달아 편찬한 책

【書店】(서점-ショテン) 책을 파는 점포

【書證】(서증-ショショウ) 문서로써 하는 증거

【書誌】(서지-ショシ) 책

【書札】(서찰-ショサツ) 편지 「문서

【書册】(서책-ショサツ·ショサク)책으로맨

【書籤】(서첨-ショセン) 책의 제목

【書帖】(서첩-ショチョウ) 명필의 글씨를 모아 놓은 책

【書體】(서체-ショタイ) 글씨를 쓰는체제

【書取】(서취-かきとり) 받아쓰기

【書癡】(서치-ショチ) 글 읽기에만 골몰하여 세상일을 돌아볼 줄 모르는어리석음

【書通】(서통-ショツウ) 서면을 보내서 뜻을 서로 통함

【書板】(서판-ショハン) 글씨를 쓸 때 종이 밑에 까는 널판지

【書皮】(서피-ショビ) 책의 표지 「방식

【書學】(서학-ショガク) 문자(文字) 쓰는

의 학문。 서도(書道)의 학문

【書翰】(서한-ショカン) ①편지 ②필적

【書函】(서함-ショカン) 편지

【書畫】(서화-ショガ) 글씨와 그림

【七 畫】

【曼】만 マン、バン、うるわしい beautiful 寒

①아름다울 美也 ②당길 引也 ③부드러울 輕細 ④넓을 廣也 ⑤멀 脩長ㅡㅡ 漫同 ⑥퍼질 無極—衍 ⑦끝 末也

【曼麗】(만려-マンレイ) 아름답고 예쁨

【曼壽】(만수-マンジュ) 오래 살음

【曼衍】(만연-マンエン) ①나누어 폄 ②끝이 없음。 한이 없음

【曹】조 ソウ、つかさ government official 豪

①무리 輩也群也 ②마을 局也 ③나라이름 國名 ④姓也

【曹達】(조달-ソダ) 소다 (soda)

【曹輩】(조배-ソウハイ) 동무。 동아리

【曹司】(조사-ゾウシ・ソウシ) ①마을。 관서 (官署) ②벼슬・재주들이 남보다 말째가 되는 사람

【曹偶】(조우-ソウグウ) 동무。 동아리。동배(同輩)

【曹操】(조조-ソウソウ) 중국 삼국시대위 (魏)나라 사람。자(字)는 맹덕(孟德)

【八 畫】

【曾】증 ソウ、ゾウ、かつて before 蒸 ㄘㄥ ts'êng²

①일찍 嘗也 ②지난번 經也 ③곳 則也 ④이에 乃也 ⑤거듭 重也

【曾經】(증경-ソウケイ) 일찌기

【曾思】(증사-ソウシ) 깊이 생각함

【曾城】(증성-ケウジョウ) 二층 이상으로 거듭된 성(城)

【曾孫】(증손-ソウソン) 아들의 손주。 손주의 아들

【曾臣】(증신-ソウシン) 끝의 신하

【曾往】(증왕-ソウオウ) 일찌기。 전에。 지난적

【曾益】(증익-ソウエキ) 더 낫게 함。 더늘림

【曾前】(증전-ソウゼン) 증왕(曾往)

【曾祖】(증조-ソウソ) 증조부(曾祖父)

【曾祖母】(증조모-ソウワボ) 증조부의 아내

【曾祖父】(증조부-ソウソフ) 아버지의 할아버지

【替】체 タイ、テイ、かえる instead of

①갈아들일 ㅡ代 ②대신할 代也 ③바꿀 換也 ④이을 委靡 ⑤폐할 廢也

【替壞】(체괴-タイカイ) 폐하여 무너짐

【替當】(체당-タイトウ) 남의 일을 대신하여 담당함

【替代】(체대-タイダイ) 서로 갈아들임。 서로 바꿈

【替勞】(체로-タイロウ) 남의 대신으로 수고를 함

【替番】(체번-タイバン) 번(番)을 서로 갈아듦。 교번(交番)

【替送】(체송-タイソウ) 다른 것으로 대신 보냄。 대송(代送)

【替直】(체직-タイチョク) 체번(替番)

【替換】(체환-タイカン) 갈리어 바꿈

【最】최 サイ、もっとも most 泰 ㄗㄨㄟ tsuei⁴

①가장 第一 ②극진할 極也 ③나을 勝也 ④넉넉할 優也 ⑤우뚝할 尤也

【最敬禮】(최경례-サイケイレイ) 가장 정중한 경례

【最高】(최고-サイコウ) 가장 높음

【最古】(최고-サイコ) 가장 오램

【最貴】(최귀-サイキ) 가장 귀함

【最近】(최근-サイキン) 가장 가까움

【最急】(최급-サイキュウ) 썩 급함

【最嗜】(최기) 썩 좋아함

【最緊】(최긴-サイキン) 아주 긴요함

【最多】(최다-サイタ) 가장 많음

【最短】(최단-サイタン) 가장 짧음

【最大】(최대-サイダイ) 가장 큼

【最良】(최량-サイリョウ) 가장 좋음

【最晩】(최만) 가장 늦음

【最尾】(최미) 맨 꼬리

【最上】(최상-サイジョウ) 맨 위

【最先】(최선-サイセン) 맨 처음

【最善】(최선-サイゼン) 가장 좋음

【最小】(최소-サイショウ) 가장 작음

【最少】(최소-サイショウ) ①가장 적음 ②

가장 젊음

【最新】(최신-サイシン) 가장 새로움

【最惡】(최악-サイアク) 가장 못됨。가장 나쁨

【最愛】(최애-サイアイ) 가장 사랑함。제「일 소중히 여김

【最低】(최저-サイテイ) 가장 낮음

【最適】(최적-サイテキ) 가장 알맞음。가장 적합함

【最前】(최전-サイゼン) 훨씬 이전

【最終】(최종-サイシュウ) 맨 끝。맨 나중

【最初】(최초-サイショ) 애초。맨 처음

【最親】(최친-サイシン) 가장 친하여 가까움

【最下】(최하-サイカ) 맨 아래

【最惠國】(최혜국-サイケイコク) ①통상조약국(通商條約國)중 가장 유리한 조약을 맺은 나라 「제일 좋음

【最好】(최호-サイコウ) ①썩 좋아함 ②

【最後】(최후-サイゴ) 맨끝。맨뒤。맨나중

【九 畫】

【會】회 カイ、エ、あう meet 圏泰 ㄏㄨㄟˋ huei⁴ ①모을 聚衆 ②모임 合也 ③조회할 朝覲 ④맹세할 盟也 ⑤마침 適也 ⑥고깔 혼솔 弁中縫 (괴) 그림 畫也 繪通

【會見】(회견-カイケン) 서로 만나 봄

【會計】(회계-カイケイ) ①금품의 출납을 계산함 ②몰아서 계산함 ③월급。대금 등을 줌

【會稽之恥】(회계지치-カイケイのはじ) 전쟁에 진 부끄러움。월(越)나라 임금 구천(句踐)이 오(吳)나라 임금 부차(夫差)에게 회계산(會稽山)에서 패하여 그 치욕을 잊지 않기 위해 온갖 고생끝에 마침내 원수를 갚았다는 고사

【會館】(회관-カイカン) 일정한 목적 아래에 여러 사람이 모이는 집 「則)

【會規】(회규-カイキ) 회의 규칙회칙(會

【會期】(회기-カイキ) ①집회의 시기 ②개회(開會)하는 동안

【會談】(회담-カイダン) 한곳에 모이어 이야기 함。또 그 이야기

【會堂】(회당-カイドウ) ①많은 사람이 모이는 집 ②종교 단체의 집회소

【會讀】(회독-カイドク) 여러 사람이 모이어 책을 읽고 그 뜻을 연구하고 토론함

【會同】(회동-カイドウ) ① 제후(諸侯)가 임금께 알현(謁見)함 ②두갈래 물이 내려오다가 하나가 됨 ③일정한 목적 아래 여러사람이 모임

【會頭】(회두-カイトウ) 회장(會長)과 같은 뜻으로 쓰는 말 「달음

【會得】(회득-カイトク・エトク) 마음에 깨

【會錄】(회록-カイロク) ①모아서 기록함 ②개회(開會)부터 폐회(閉會)까지의 경과를 기록한 것

【會流】(회류-カイリュウ) 두 물줄기가 한데 합쳐서 흐름

【會盟】(회맹-カイメイ) 회합하여 맹세함

【會務】(회무-カイム) 회의 사무

【會報】(회보-カイホウ) 회에 관한 보고

【會費】(회비-カイヒ) 회의 경비에 쓰기 위하여 회원에게 걷는 돈

【會社】(회사-カイシャ) 여러 사람이 모여서 영리 사업을경영하는 법인단체

【會商】(회상-カイショウ) 모여서 의논함

【會席】(회석-カイセキ) 여러 사람이 모인 자리。집회의 자리

【會釋】(회석-カイヤク) 법문(法文)의 어려운 뜻을 통하도록 풀음

【會所】(회소-カイショ) 여러 사람이 모이는 처소

【會食】(회식-カイショク) 여러 사람이 모여 같이 음식을 먹음 「음

【會心】(회심) 마음에 맞음。뜻에 맞

【會審】(회심-カイシン) 법관(法官)이 모여서 사건을 심리함

【會案】(회안-カイアン) 회의 안건

【會宴】(회연-カイエ) 여러 사람이 모여서 여는 잔치

【會悟】(회오-カイゴ) 무엇을 알아 깨침

【會晤】(회오-カイゴ) 서로 만남

【會遇】(회우-カイグウ) 만남。우연히 만남。회합(會合)

【會陰】(회음-カイイン) 사람의 음문(陰門)과 항문(肛門)과의 사이 「람

【會員】(회원-カイイン) 회를 조직한 사

【會飮】(회음-カイイン) 여러 사람이 모여서 술을 마심
【會意】(회의-カイイ) ①회심(會心) ②한자 구조법(漢字構造法)의 이름。글자와 글자를 합하여 한개의 새로운 글자로 만드는 것 (人言을 信日、月을 明으로 하는것 따위)
【會議】(회의-カイギ) 여러 사람이 모여서 의논함 「에 베푸는 잔치
【會酌】(회작-カイシャク) 진연(進宴) 다음
【會長】(회장-カイチョウ) 회의 우두머리
【會葬】(회장-カイソウ) 장례식에 참여함
【會場】(회장-カイジョウ) 회의를 하는 곳
【會戰】(회전-カイセン) 어울려서 싸움
【會主】(회주-カイシュ) 회를 여는 주인
【會衆】(회중-カイシュウ) 많이 모인 사람들 「행하는 기관지
【會誌】(회지-カイユウ) 어느 회에서 발
【會集】(회집-カイシュウ) 한곳에 많이 모임
【會聚】(회취-カイシュウ) 회집(會集)
【會則】(회칙-カイソク) 회규(會規)
【會下】(회하-エゲ・エカ) 사승 밑에서 수행(修行)하는 문하생
【會合】(회합-カイゴウ) 여러 사람이 모임
【會話】(회화-カイワ) ①서로 만나서 이야기함 ②외국어로 하는 담화

月 部

【月】월 ゲツ、ガツ、つき moon 圓 ㄩㄝ yüeh·
①달 陰精太陰 ②한달 三十日
【月脚】(월각-ゲッキャク) 땅 위에 비치는 달빛 「행함
【月刊】(월간-ゲッカン) 매월 한번씩 간
【月經】(월경-ゲッケイ) 여자에게 다달이 나오는 경도(經度)
【月計】(월계-ゲッケイ) 一개월의 계산
【月桂】(월계-ゲッケイ) 월계수
【月桂冠】(월계관-ゲッケイカン) ①옛날그리스에서 경기의 우승자에게 주던 월계수(月桂樹)의 잎으로 만든 관 ②우승자의 명예의 표창 「는 일
【月課】(월과-ゲッカ) 다달이 정례로 하
【月光】(월광-ゲッコウ) 달빛
【月宮】(월궁-ゲッキュウ) 달속에 있다고 하는 궁전。월세계(月世界)
【月琴】(월금-ゲッキン) 모양이 비파(琵琶)와 같고 줄이 넷인 악기 「료
【月給】(월급-ゲッキュウ) 다달이 받는 급
【月旦】(월단-ゲッタン) 매달 첫날
【月歷】(월력-ゲツレキ) 달력
【月令】(월령-ゲツレイ) ①매월 정한 정령(政令)을 十二개월로 배당하여 규정한 것
【月齡】(월령-ゲツレイ) 새로 오는 달을 영(零)으로 하여 기산하는 달수
【月例】(월례-ゲツレイ) 다달이 행하는 정례(定例)
【月露】(월로-ゲツロ) 달과 이슬
【月輪】(월륜-ゲツリン) 고리같이 둥근달
【月利】(월리-ゲツリ) 달변
【月末】(월말-ゲツマツ) 그달의 마지막
【月面】(월면-ゲツメン) ①달의 거죽 ②달같이 잘 생긴 얼굴
【月明】(월명-ゲツメイ) 달 빛이 밝음
【月番】(월번-ゲツバン) 다달이 바뀌어 드는 번차례
【月報】(월보-ゲッポウ) 다달이 하는보고
【月俸】(월봉-ゲッポウ) 월급
【月賦】(월부-ゲップ) 다달이 갚아 감
【月費】(월비-ゲッピ) 다달이 쓰는비용
【月謝】(월사-ゲッシャ) 다달이 내는 수업료
【月朔】(월삭-ゲッサク) 그달의 초하룻날
【月色】(월색-ゲッショク) 달빛
【月夕】(월석-ゲッセキ) ①달밝은 저녁 ②음력 八월十五일 밤 ③월말
【月貰】(월세) 다달이 일정한 돈을 주고 남의것을 빌어 쓰는것。또는그돈
【月收】(월수-ゲッシュウ) 다달의 수입
【月蝕】(월식-ゲッショク) 지구가 해와달 사이에 와서 햇빛을 가리는 까닭으로 달의 거죽에 나타나는 현상인데 달의 한쪽 혹은 전체가 지구에서 보이지 아니함
【月額】(월액-ゲッガク) 매월 정한 금액
【月夜】(월야-ゲッヤ) 달밤
【月餘】(월여-ゲツヨ) 한달 남짓함
【月影】(월영-ゲツエイ) 달의 그림자
【月印千江之曲】(월인천강지곡) 이조

(李朝) 세종(世宗)이 석보상절(釋譜詳節)을 보고 석가모니의 공덕을 찬양하여 지은 노래를 실은 책

【月初】(월초-ゲッショ) 그 달의 초생

【月評】(월평-ゲッピョウ) 그달 그달 하는 비평

【月表】(월표-ゲッピョウ) 사실을 달마다 기록하여 보기 쉽게 만든 표

【月下】(월하-ゲッカ) 달빛이 비치는 곳

【月下氷人】(월하빙인-ゲッカヒョウジン) 중매(仲媒)의 딴이름

【月華】(월하-ゲッカ) 달의 광채

【月暈】(월훈-ゲツウン) 달무리

【二 畫】

【有】

유 ユウ、ウ、ある is;have 圉 ㄧㄡˇ yu ①있을 無之對 ②얻을 得也 ③질정할 質也 ④과연 果也 ⑤또 又也

【有故】(유고-ユウコ) 사고가 있음

【有功】(유공-ユウコウ) 공로가 있음

【有孔錢】(유공전-ユウコウセン) 구멍이 뚫린 엽전(葉錢)

【有口無言】(유구무언-ユウコウムゲン) 입은 있으되 말이 없다는 뜻으로 아무소리도 못함을 일컫는 말

【有給】(유급-ユウキュウ) 봉급이 있음

【有機】(유기-ユウキ) 동·식물같이 생활 기능(機能)이 있는 물건。곧 살고 죽고하는 변화가 있는 것 「된 해

【有年】(유년-ユウネン·としあり) 농사가 잘

【有能】(유능-ユウノウ) 재능이 있음

【有毒】(유독-ユウドク) 독기가 있음

【有力】(유력-ユウリ■ク) ①힘이 있음②세력이 있음 「음

【有理】(유리-ユウリ) 사물에 도리가 있

【有利】(유리-ユウリ) 이익이 있음

【有望】(유망-ユウボウ) 앞으로 잘 될듯함。희망이 있음 「문남

【有名】(유명-ユウメイ) 이름이 높음。소

【有名無實】(유명무실-ユウメイムジツ) 이름만 있고 실상은 없음

【有無】(유무-ユウム) 있는 것과 없는것

【有別】(유별-べつあり) 차별이 있음

【有病】(유병-ユウビョウ) 병이 있음

【有夫】(유부-ユウフ) 남편이 있음

【有夫姦】(유부간) 남편이 있는 여자가 다른 남자와 간통함

【有福】(유북-ユウフク) 북이 있음

【有司】(유사-ユウシ) ①관리 ②단체의 사무를 맡아보는 직무 ③예수교에서 그 교회의 모든 회계사무를 맡아보는 교직(敎職)

【有史】(유사-ユウシ) 역사가 시작됨

【有事】(유사-ユウジ·ことあり) ①일이 있음 ②평상시와 다른 사실이 있음。말썽이 일어남

【有史以來】(유사이래-ユウシイライ) 역사가 생긴 그 뒤

【有事之秋】(유사지추-ユウジのとき) 국가 사회나 개인에게 큰 일이 있을 때

【有產】(유산-ユウサン) 재산이 많음

【有象無象】(유상무상-ウゾウムゾウ) ①천지간에 있는 물체의 전부。만상(萬象) ②세상 물체를 이것 저것 구별치 않고 통털어 말함 ③어중이 떠중이

【有償取得】(유상취득-ユウショウシュトク) 값을 내고 물건 또는 권리를 얻는 일

【有生物】(유생물-ユウセイブ) 동물과 식물의 총칭 「적음

【有數】(유수-ユウスウ) 셀수 있을만큼

【有始無終】(유시무종-はじめありておわりなし) 처음은 있고 끝이 없음 곧 시작은 하고 결과를 맺지 못함

【有始乎】(유시호) 어떠한 때에는

【有識】(유식-ユウシキ) 학식이 있음

【有信】(유신-ユウシン) 믿음이 있음。믿음성이 있음

【有神論】(유신론-ユウシンロン) 우주밖에 인격적인 신이 존재하여 이 신에 의하여 우주가 만들어 졌다는 견해

【有心】(유심-ユウシン) 주의함

【有耶無耶】(유야무야) ①어물어물 ②흐리멍텅 「이 없음과 같음

【有若無】(유약무-ありてなきがごとし) 있음

【有餘】(유여-ユウヨ) 넉넉함。남음

【有用】(유용-ユウヨウ) 소용이 됨。이용할 수 있음 「음。쓸모가 있음

【有爲】(유위-ウイ·ユウイ) 능력이 있

【有意】(유의-ユウイ) 마음이 있음。생각이 있음

【有益】(유익-ユウエキ) 이익이 있음。 이
로움
【有情】(유정-ユウジョ) 동정이 있음。 인
정이 있음
【有助】(유조-ユウジョ) 도움이 있음
【有終】(유종-ユウシュウ) 끝이 있음
【有罪】(유죄-ユウザイ) 죄가 있음
【有衆】(유중-ユウシュウ) 백성
【有志】(유지-ユウシ) 뜻이 있음
【有土】(유토-ユウド) 나라를 보유함。 「음
또는 국왕(國王)
【有限】(유한-ユウゲン) 수량에 한정이 있
【有閑夫人】(유한부인-ユウカンフジン) 생
활에 여유가 있어 놀러다니는 것을
일삼는 유한계급에 속하는 부녀
【有害】(유해-ユウガイ)해가있음。 해가됨
【有形】(유형-ユウケイ) 형체가 있음
【有效】(유효-ユウコウ) 보람이 있음。 효
력이 있음

【三 畫】

【肝】 肉部 三畫에 볼것
【肚】 肉部 三畫에 볼것
【肓】 肉部 三畫에 볼것
【肖】 肉部 三畫에 볼것
【肘】 肉部 三畫에 볼것

【四 畫】

【服】 복 フク、つける wear 屋 ㄈㄨˊ fu²
①입을 衣也 ②복제-制 ③복종할
從也 ④섬길 事也 ⑤익힐 習也 ⑥
행할 行也 ⑦생각할 思也 ⑧쓸 用
也 ⑨직분 職也 ⑩동개 盛矢器 ⑪
갓 冠也 ⑫다스릴 治也 ⑬수레첫째
멍에 車右騎 ⑭제후나라 邦周九—
【服毒】(복독-フクドク) 독약을 마심
【服務】(복무-フクム) 직무에 복종함
【服事】(복사-フクジ) ①일에 복종함 ②
복종하여 섬김
【服色】(복색-フクショク) ①옷의 빛。 옛
날 중국에서는 왕조가 바꾸일때 마
다 의복이나 거마의 빛깔을 바꾸었
다 ②신분·직업에 상당한 옷음의
모양。 복장 「음
【服屬】(복속-フクゾク) 항복하고 와서붙
【服飾】(복식-フショク) 의복과 장식품
【服藥】(복약-フクヤク) 약을 먹음
【服役】(복역-フクエキ) ①공역(公役)에
복무함 ②죄수가 징역을 사는 일
【服用】(복용-フクヨウ) 복약(服藥)
【服膺】(복응-フクヨウ) 가슴속에 품어두
고 잘지킴
【服裝】(복장-フクリウ) 옷의 모양
【服制】(복제-フクセイ) ①오복(五服)의
제도 ②의복의 제도
【服從】(복종-フクジュウ) 명령한 대로
좇음 「복종함
【服罪】(복죄-フクザイ・つみにつくす) 죄에

【朋】 붕 ホウ、ボウ、とも friend 蒸 ㄆㄥˊ p'êng²
①벗—友 ②무리 羣也 ③두단지 兩
尊 ④패물 五貝
【朋黨】(붕당-ホウトウ) 주의·이해를 같
이한 사람이 하나로 결합하여 다른
사람을 배척하는 단체
【朋輩】(붕배-ホウハイ) 벗
【朋友】(붕우-ホウユウ) 벗
【朋執】(붕집) 벗。 붕우(朋友)
【肯】 肉部 四畫에 볼것
【肦】 肉部 四畫에 볼것
【肧】 肉部 四畫에 볼것
【育】 肉部 四畫에 볼것

【五 畫】

【朎】 령 レイ、うしくしいつき gleaming of the moon 靑 「light
달빛 어른거릴 朓彩
【朏】 비 ヒ、ハイ、みかづき light of a new moon 尾
①초사흘 달빛 月三日明 ②먼동 틀
向曙色 (볼) 義同

【胥】肉部 五畫에 볼것

【胃】肉部 五畫에 볼것

【前】刀部 七畫에 볼것

【冑】冂部 七畫에 볼것

【六 畫】

【朔】삭 サク、つくいたち new moon 國 ㄕㄨㄛˋ shuo⁴ 1)초하루 月一日 ②처음 初也 ③북방 北方

【朔禽】(삭금-サクキン) 기러기의 딴이름

【朔氣】(삭기-サッキ) 북쪽의 추운 기운

【朔望】(삭망-サクボウ) 초하루와 보름 ②상제 집에서 초하룻날과 보름날에 지내는 절

【朔方】(삭방-サクホウ) 북쪽

【朔數】(삭수-サクスウ) 벼슬 자리에 있는 달수를 일컫는 말

【朔月貰】(삭월세) 일정한 돈을 주고 남의 것을 빌어 씀。또는 그 돈

【朔日】(삭일-サクジツ) 초하룻 날

【朔地】(삭지-サクチ) 북쪽 땅

【朔風】(삭풍-サクフウ) 북풍

【朔晦】(삭회-サクカイ) 초하루와 그믐

【朕】짐 チン、われ I; emperor 國 ㄓㄣˋ chen⁴ ①나 我也 ②조짐 兆也

【能】肉部六畫에 볼것

【七 畫】

【朗】랑 ロウ、ほがらか bright 國 ㄌㄤˇ lang³ 밝을 明也

【朗讀】(낭독-ロウドク) 소리를 높이어 읽음

【朗報】(낭보-ロウホウ) 명랑한 보고

【朗誦】(낭송-ロウショウ) 소리를 높이여 글을 읊음

【朗月】(낭월-ロウゲツ) 밝은 달

【朗吟】(낭음-ロウギン) 소리를 높이어 읊음

【朗暢】(낭창) 명랑하고 화창함

【望】망 ボウ、モウ、のぞむ hope 國 ㄨㄤˋ wang⁴ ①바랄 瞻也 ②원망할 怨也 ③보름달 月滿弦― ④망제 祭名 ⑤명망 名也 ⑥우러러볼 爲人所仰 ⑦책망할 責也 ⑧돌아보지 않고 갈 去而不顧

【望見】(망견-ボウケン) 멀리 바라봄

【望哭】(망곡) ①먼 곳에서 임금・부모의 상(喪)을 당하고 그쪽을 향하여 슬프게 울음 ②국상을 당하여 대궐문앞에서 백성들이 모이어 우는 일

【望九】(망구-ボウキュウ) 사람의 八十一살

【望軍】(망군-ボウグン) 망보는 사람

【望臺】(망대-ボウダイ) 적군의 동정을 망보는 높은 대。망루(望樓)

【望頭石】(망두석-ボウトウセキ) 무덤앞에 세우는 한쌍의 돌기둥

【望樓】(망루-ボウロウ) 망대(望臺)와 같음

【望六】(망륙) 五十一살

【望床】(망상-ボウショウ) ①혼인 때 신랑의 몸상 뒤에 놓는 큰 상 ②볼품으로 과일・떡・어육 들을 높이 괴어 놓는 상

【望洋之歎】(망양지탄) 힘이 미치지 못하는 한탄

【望雲之情】(망운지정) 부모를 생각하는 마음

【望遠鏡】(망원경-ボウエンキョウ) 먼 곳에 있는 물건을 보는데 쓰는 안경의 하나

【望月】(망월-ボウゲツ・もちづき) 전체가 죄다 뵈는 달。곧 음력 보름달

【望祭】(망제) 음력 보름날 종묘에서 지내는 제사

【望潮魚】(망조어) 꼴뚜기

【望族】(망족-ボウゾク) 명망이 있는 집안

【望柱石】(망주석-ボウチュセキ) 무덤앞에 세우는 한 쌍의 돌기둥

【望七】(망칠-ボウシチ) 六十一살

【望八】(망팔-ボウハチ) 七十一살

【望風而靡】(망풍이미) 소문을 듣고 놀라서 싸우지도 않고 죄다 달아나는것

【望鄕】(망향-ボウキョウ) 고향으로 돌아가기를 생각함

【朙】明 (日部 四畫)에 볼것

【八 畫】

【期】 기 キ、ゴ、とき period 因くㅣ ch'i²
①때 時也 ②기약 會也 ③기다릴 待也 ④백살 百年 ⑤언약할 契約 ⑥한정할 限也 ⑦당할 當也 ⑧반드시 必也 ⑨믿을 信也 ⑩떠듬거릴 口吃 ⑪네거리 四道交出

【期間】(기간-キカン) 일정한시기의사이

【期年】(기년-キネン) ①만 일년。돐 ②기한이 되는 해 「라고 있음

【期待】(기대-キタイ) 장래의 성취를 바

【期圖】(기도-キト) 기약하여 꾀함

【期末】(기말-キマツ) 기한의 끝

【期望】(기망-キボウ) 기대 「약함

【期成】(기성-キセイ) 꼭 하려고 함。기

【期成原因】(기성원인-キセイゲンイン) 당연의 결과를 낳는 원인

【期約】(기약-キヤク) 때를 작정하여 약속함。계약

【期頤】(기이-キイ) 百살의 나이(백살이 되면 신체의 자유를 잃고 앉아서 턱으로 사람을 부린다는 뜻)

【期必】(기필) 확정하여 틀림이 없음 「작정한

【期限】(기한-キゲン) ①한을 기약함 ②한 꼭 되기로 작정함

【期會】(기회-キカイ) 정기의 집회

【朞】 기 キ、ひとまわり anniversary 因ㄐㅣ chi¹
①돐 復其時周年 ②두루할 匝也

【朞年】(기년-キネン) 만 일년。돐。기년

【朞月】(기월-キゲツ) 온 한달。기월期月

【朝】 조 チョウ、あさ morning
①아침 早也 ②뵈일 臣下覲君 ③조회받을 人君親政—會 ④조선 東方國名—鮮

【朝家】(조가-チョウカ・チョウケ) ①제왕(帝王)의 집。황실(皇室)

【朝歌夜絃】(조가야현) 아침 저녁의 구별없이 음악을 연주한다는 뜻

【朝刊】(조간-チョウカン) 아침에 돌리는 신문

【朝貢】(조공-チョウコウ) 제후(諸侯) 또는 속국의 사신이 와서 천자(天子)에게 재물을 진상하던 일

【朝得暮失】(조득모실) 얻은지 얼마 안되어 잃음을 뜻함

【朝令】(조령-チョウレイ) 조정(朝廷)의 명령 「는 사물을 이름

【朝露】(조로-あさつゆ) 아침 이슬。덧없

【朝暮】(조모-チョウボ) 아침과 저녁

【朝民】(조민-チョウミン) 조정의 치하(治下)에 있는 백성

【朝班】(조반-チョウハン) 조회(朝會)에 참여하는 관원(官員)의 차례

【朝飯】(조반-あさめし) 아침 밥

【朝發夕至】(조발석지) 아침에 출발하여 저녁에 도착함

【朝報】(조보-チョウホウ) 승정원(承政院)에서 처리한 사항을 매일 아침에 포고하던 통보

【朝服】(조복-チョウフク) 조회(朝會) 때에 입던 홍색(紅色)의 예복

【朝三暮四】(조삼모사-チョウサンボシ) 기만술을 써서 사람을 우롱함

【朝生】(조생) 목근(木槿)의 별칭

【朝夕】(조석-チョウセキ・あさゆう) ①아침과 저녁 ②평시。평상시 ③아침 일과 저녁 일 ④아침밥과 저녁밥 「이름

【朝鮮】(조선-チョウセン) 우리 나라의 옛

【朝市】(조시-チョウシ) ①조정과 시장(市場) ②아침에 서는 시장

【朝臣】(조신-チョウシン) 그 나라의 모든 관원을 통털어 일컬음

【朝野】(조야-チョウヤ) 조정과 민간

【朝陽】(조양-チョウヨウ) ①아침 볕 ②아침에 동하는 양기

【朝列】(조열-チョウレツ) 조반(朝班)

【朝議】(조의-チョウギ) 조정(朝廷)의 의론

【朝日】(조일-チョウジツ) 아침 해 ②천자가 조정에 출거하는 날 ③아침에 일찍 조정에 출사함

【朝廷】(조정-チョウテイ) 나라의 정치를 처리하는 곳

【朝早】(조조-チョウソウ) ①아침 일찍

【朝宗】(조정-チョウソウ) ①제후(諸侯)가 천자(天子)에게 조하(朝賀)함 ②하

수(河水)가 바다로 모여 들어감
【朝種暮穫】(조종모확) 아침에 심고 저녁에 거둔다는 뜻이니 시일이 없음을 비유한 말
【朝出暮入】(조출모입) ①아침 일찍 나오고 저녁 늦게 들어간다는 뜻이니 늘 집에 없다는 뜻 ②사물이 쉬지 않고 바뀌는 것을 가리키는 말
【朝哺】(조포) 아침 상
【朝賀】(조하-チョウガ) 신하가 조정에 드러가서 임금에게 하례(賀禮)함
【朝憲】(조헌-チョウケン) 조정의 규칙。「뵈옴 국가의 법률
【朝見】(조현-チョウケン) 신하가 임금께
【朝暉】(조휘-チョウキ) 아침 햇빛

【十畫—十六畫】

【朢】 망 (月部 七畫) 同字
【朣】 동·トウ、おぼろ moon rising 東 달빛 훤히 치밀 月欲貌
【朦】 몽 モウ、つきうすくらい dim 東 ㄇㄥˊ mêng² 지는 달빛 어른거릴 月將入
【朦朧】(몽롱-モウロウ) ①구름이나 연기가 끼어 흐릿함 ②어렴풋함 ③분명하지 않음
【朧】 롱 ロウ、おぼろ rising moon 東 ㄌㄨㄥˊ lung² 달빛 훤히 비칠 月欲明
【朧月】(농월-ロウゲツ) 으스름 달밤
【朧明】(농명-ロウメイ) 으슴푸레한 모양

木部

【木】 목 ボク、モク、き tree; wood 屋 ㄇㄨˋ mu⁴ ①나무 植物總名又東方位五行之一 ②뻣뻣할 不和柔貌 ③질박할 質樸
【木刻】(목각) 나무에 서화를 새김。또 그 물건
【木幹】(목간) 나무의 줄기
【木强】(목강-ボッキョウ) 어거지가 셈 목이 곧음。뻣뻣함
【木工】(목공) ①목수 ②나무로 물건을 만드는 장색(匠色)
【木棺】(목관-モッカン) 나무로 만든 관
【木橋】(목교) 나무 다리
【木弓】(목궁) 나무로 만든 활
【木屐】(목극-ボクゲキ) 나막신「단한뿌리
【木根】(목근) 목질(木質)이 많아서 단
【木槿】(목근-モッキン·モクゲ) 무궁화
【木器】(목기-モッキ) 나무로 만든 그릇
【木訥】(목눌-ボクトツ) 순직하고 말이 적음
【木刀】(목도) 나무로 만든 칼。목검(木劍)
【木頭】(목두-ボクトウ) ①나무 토막 ②어리석은 사람
【木理】(목리-モクリ) 나뭇결
【木磨】(목마) 벼를 갈아서 껍질을 벗기는 데 쓰이는 기구。매통
【木馬】(목마-モクバ) ①나무로 만든 말 ②기계체조에 쓰는 나무로 말같이 만든 기구
【木末】(목말) 메밀 가루
【木綿】(목면-モメン) ①목화 ②무명
【木紋】(목문) 나무의 무늬
【木物】(목물) 나무로 만든 물건
【木盤】(목반-モクバン) 목판(木板)「잔
【木杯】(목배-モクハイ) 나무로 만든 술
【木本】(목본-モクホン) 나무
【木棒】(목봉) 몽둥이
【木佛】(목불-モクビツ) 나무로 만든 부처
【木碑】(목비) 나무비
【木絲】(목사) 무명실
【木商】(목상-モクショウ) 재목상。뗏목이나 장작재·목등을 도매로 팔고 사는 장수「람의 형상
【木像】(목상-モクゾウ) 나무로 만든 사
【木犀】(목서-モクセイ) 물푸레나무
【木石】(목석-ボクセキ) ①나무와 돌 ②마음이 없는 것
【水屑】(목설-ボクセツ) 톱밥
【木姓】(목성) 오행(五行)의 목(木)에 붙는 성「에 있는 유성
【木星】(목성-モクセイ) 태양계의 아홉째
【木梳】(목소) 나무를 재료로 하여 만든 빗 「다루는 사람。대목(大木)
【木手】(목수) 집을 지을 때 재목을

【木食】(목식-モクショク) 나무 뿌리를 먹음

【木旺之節】(목왕지절) 봄

【木實】(목실-このみ) 나무 열매

【木王】(목왕) 개오동나무

【木偶】(목우-ボクグウ·モクグウ) 나무에 조각한 사람의 상

【木偶人】(목우인-ボクグウジン) 아무 능력도 없는 사람을 가리키는 말

【木人】(목인-ボクジン) 목상(木像)

【木印】(목인-モクイン) 나무 도장

【木材】(목재-モクザイ) ①여러 가지 물건을 만드는데 쓰는 나무 ②재목

【木製】(목제-モクセイ) 나무를 재료로 하여 만든 물건

【木造】(목조-モクゾウ) 나무로만듬。또 그 물건

【木柵】(목책-モクサク) 말뚝을 나란히 박아 만든 우리

【木枕】(목침) 나무로 만든 베개

【木鐸】(목탁-ボクタク) ①불경(佛經)을 외울 때 치는 기구 ②세상 사람을 가르쳐 인도할만한 사람

【木炭】(목탄-モクタン) ①숯 ②그림을 그리는데 쓰는 가늘고 연한 숯

【木板】(목판-モクハン) ①나무로 만든 음식을 담아 나르는 그릇 ②널조각

【一 畫】

【末】 말 マツ、バツ、すえ end 圛 ㄇㄛˋ mo˙

①끝 木端 ②마칠 終也 ③다할 盡也 ④덜 滅也 ⑤이마 顚也

【末勘】(말감) 제일 가까운 죄에 처함

【末境】(말경) 늙바탕。끝판

【末計】(말계) 마지막 끝판에 세운 계책

【末官】(말관-マッカン) 말단의 관직

【末卷】(말권-マッカン) 책의 끝권

【末枝】(말기-マッギ) 아무 소용이 없는 변변하지 못한 재주

【末期】(말기-マツゴ·マッキ) ①인생의 마지막 죽을 때 ②세상의 끝 시절 말년

【末年】(말년-マツネン) 늙바탕

【枝端】(말단-マッタン) 끝

【末代】(말대-マツダイ) 끝 세대 말세(末世)

【末路】(말로-マツロ·バツロ) ①늙바탕 ②일의 마지막 끝

【末流】(말류-マツリュウ·バツリュウ) 여러갈래로 나누인 중의 끝의 갈래

【末利】(말리-マツリ·バツリ) 당장 눈앞에 보이는 작은 이익

【末尾】(말미-マツビ) 끝。말단(末端)

【末伏】(말북) 삼북(三伏)의 하나

【末分】(말분) 늙바탕

【末寺】(말사-マツジ) 본산(本山)에서 갈려 나온 절

【末席】(말석-マッセキ) 끝의 자리

【末世】(말세-マッセイ) ①시대의 끝。말대(末代) ②망해가는 세상。쇠퇴한 세상

【末俗】(말속-マツゾク) 말세의 풍속

【末藥】(말약) 가루약

【末言】(말언) 아주 변변치 못한 말

【末葉】(말엽-マツヨウ) 끝 시대

【末藝】(말예-マツゲイ·バツゲイ) 말기(末枝)

【末裔】(말예-マツエイ) 자손

【末運】(말운-マツウン) 기울어진 운수

【末子】(말자-マッシ) 끝의 아들

【末作】(말작-マツサイ·バッサク) 상공업(商工業)을 일컫는 말

【末造】(말조) 말세(末世)

【末座】(말좌-マツザ·バッザ) 말석(末席)

【末職】(말직-マッショク) 낮은 끝자리의 벼슬

【末梢】(말초-マッショウ) ①나무가지의 끝 ②물건의 맨끝

【末學】(말학-マツガク·バツガク) ①미숙한 학문 ②후진의 학자 ③대소롭지 않은 학문

【末項】(말항-マッコウ) 끝으로 적힌 조항

【未】 미 ミ、ビ、いまだ yet 困 ㄨㄟˋ wei˙

①아닐 不也 ②여덟째지지 第八位 地支 ③姓也

【未嫁女】(미가녀) 시집가지 아니한 여자

【未可信】(미가신) 아직 믿을 수 없음

【未刊】(미간-ミカン) 아직 책을 박지 아니함

【未墾地】(미간지) 아직 개간하지 아니한 땅

【未勘】(미감) 아직 마감하지 아니함

【未開】(미개-ミカイ) ①아직 열리지 아니함 ②꽃이 아직 피지 아니함

【未見】(미견) 아직 보지 못함

【未決】(미결-ミケツ) ①아직 결정하지

아니함 ②아직 판결(判決)이 끝나
지 아니함
【未果】(미과) 아직 결과를 보지 못함
【未久】(미구) 동안이 얼마 안됨
【未及】(미급-いまだおよばず) ①아직 미
치지 못함 ②바빠서 아직 이르지
못함 「이 걸리지 아니함
【未幾】(미기-いまだいくもせず) 얼마 동안
【未納】(미납-ミノウ) 아직 바치지 아니
함 「아도 오직 한 부분만은 서투름
【未達一間】(미달일간) 모든 일에 밝
【未得】(미득-ミトク) 아직 얻지 못함
【未來】(미래-ミライ) 현재 뒤에 올 때
【未冷】(미랭) 아직 식지 아니함
【未練】(미련-ミレン) ①아직 익숙하지
아니함 ②단념할 수 없음 「않음
【未了】(미료-ミリョウ) 아직 끝이 나지
【未滿】(미만-ミマン) ①일정한 수에 차
지 아니함
【未忘】(미망-ミボウ) 잊을 수가 없음
【未亡人】(미망인-ミボウジン) 과부(寡婦)
의 자칭(自稱) (남편이 죽으면 자
기도 따라 죽어야 할터인데 아직
죽지 아니하였다는 뜻) 지금은 과
부의 존칭으로 씀
【未萠】(미맹-ミホウ) 변고가 아직 생기
기 전
【未明】(미명-ミメイ) 밝기 전。새벽 전
【未聞】(미문-ミモン) 아직 듣지 못함
【未發】(미발-ミハツ・いまだハッセず)아직 피
어 나지 아니함

【未分館人】(미분관인) 새로 문과(文
科) 급제한 사람으로서 승문원(承
文院)・성균관(成均館)・교서관(校
書館)의 박사(博士) 추천이 되지 못
하고 다음의 추천을 기다리는 사람
【未分奴婢】(미분노비) 어버이에게 딸
린 종으로서 생전에 아직 자녀에게
분배되지 아니한 종
【未分明】(미분명) 분명하지 아니함
【未備】(미비-ミヒ) 아직 다 갖추지 못함
【未詳】(미상-ミショウ) 아직 자세하지
못함 「니함
【未成】(미성-ミセイ) 아직 완성하지 아
【未收】(미수-ミシュウ) 아직 거두어 들
이지 못함
【未遂】(미수-ミスイ) 범죄에 착수하고
목적을 이루지 못함。실행하고 아
직 끝을 내지 못함 「一犯」
【未熟】(미숙-ミジュク) ①과실이 아직
익지 아니함 ②음식이 덜 익음 ③수
업(修業) 또는 일이 익숙하지 못함
【未時】(미시) 오후 一시부터 三시까
지의 시각
【未信】(미신) 아직 믿을 수 없음
【未審】(미심) 아직 확실하지 아니함
【未安】(미안) ①마음이 불안함 ②두
려움 ③낯이 없음
【未疫】(미역) 아직 질병을 치르지 아
니함
【未然】(미연-ミゼン) 아직 그렇지 아니
함。아직 앞 일을 정하지 아니함

【未穩】(미온) 아직 평온하지 아니함
【未完】(미완-ミカン) 미필(未畢) 「함
【未定】(미정-ミテイ) 아직 결정하지 못
【未定稿】(미정고-ミテイコウ) 아직 완전
하지 아니한 시문(詩文) 「은 원고
【未定草】(미정초) 아직 확실치 않
【未竣】(미준) 집이나 다리 따위의 역
사를 아직 끝내지 못함
【未曾有】(미증유-ミゾウユウ) 지금까지
아직 한번도 없었음
「함
【未知】(미지-ミチ・いまだしらず) 알지 못
【未知數】(미지수-ミチスウ) 장래 어떻게
되어 갈지 예상할 수 없는 앞일의
셈속 「저지가 있음
【未盡】(미진) 아직 다하지 못함。남
【未着】(미착-ミチャク) 아직 도착하지
못함
【未遑】(미황) 미처 겨를을 내지 못함
【未妥】(미타) 온당하지 아니함 「못함
【未畢】(미필) 아직 다 마쳐서 끝내지
【未協】(미협) 뜻에 맞지 못함
【未螢】(미형) 똑똑하지 못하고 아주
어리석음 「니함
【未婚】(미혼-ミコン) 아직 결혼하지 아
【未洽】(미흡) 넉넉하지 못함。흡족하
지 아니함

【本】 본 ホン、もと root 阮 ㄅㄣˇ pen^3
①밑 草木根柢 ②근본 ―源 ③비롯

을 始也 ④밑절미 豫爲後地 張本 ⑤아래 下也 ⑥옛 舊也

【本家】(본가-ホンケ) ①친정 ②자기의 집。본집

【本價】(본가) 본값

【本據】(본거-ホンキョ) 근본의 증거

【本格】(본격-ホンカク) 근본이되는 격식

【本絹】(본견-ホンケン) 명주실로 짠 비단

【本故鄕】(본고향) 자기가 나서 자란 「본디의 고향

【本科】(본과-ホンカ) 주장이 되는 학과

【本館】(본관-ホンカン) 분관에 대하여 그 근본이 되는 건물

【本官】(본관-ホンカン) ①제 고을의 수령(守令) ②감사(監司)나 병사(兵使)가 있는 곳의 목사(牧使) ③관직에 있는 사람이 자기를 일컫는 말

【本校】(본교-ホンコウ) ①분교에 대하여 그 근본이 되는 학교 ②자기 학교를 남에게 대하여 일컫는 말

【本國】(본국-ホンゴク) 자기의 국적이 있는 나라

【本根】(본근) 근본

【本能】(본능-ホンノウ) 교육 또는 경험에 의지하지 않고 원래부터 갖추고 있는 성능

【本能主義】(본능주의-ホンノウシュギ) 철학에서 본능을 만족시키는 것이 인생의 가장 높은 목적이라고 하는 주의

【本來】(본래-ホンライ) 본디

【本領】(본령-ホンリョウ) ①근본이 되는 요령 ②본디의 성질

【本論】(본론-ホンロン) 주장되는 의론

【本壘】(본루-ホンルイ) 야구에서 타자가 투수 공을 치는 곳 「원줄기

【本流】(본류-ホンリュウ) 하천(河川)의

【本利】(본리) 본전과 이자 「중

【本末】(본말-ホンマツ) 일의 처음과 나

【本望】(본망-ホンモウ) 본디부터의 지망

【本名】(본명-ホンメイ) ①개명하기 전의 본디 이름 ②본디부터의 이름

【本命】(본명-ホンメイ) ①태어난 햇머리의 간지(干支) ②자기의 정한 운명

【本務】(본무-ホンム) ①의무로 행하여야할 책임。본분(本分) ②근본되는 직무 ③자기가 맡은 직무

【本文】(본문-ホンブン) 근본이 되는 글

【本物】(본물-ホンもの) 본디 그대로의 물건

【本方】(본방-ホンポウ) 한서(漢書)에 있는 것을 그대로 적은 약방문

【本邦】(본방-ホンポウ) 본국(本國)

【本法】(본법-ホンポウ) 법문(法文)에 있어서 그 법률 자체를 가리키는 경우

【本邊】(본변-ホンペン) 본전과 변리

【本病】(본병-ホンビョウ) 완치가 안 되고 때때로 일어나는 병

【本俸】(본봉-ホンポウ) 수당이 붙지 않은 본디의 급료

【本夫】(본부-ホンプ) 본 남편

【本部】(본부-ホンプ) 중추가 되는 부분

【本分】(본분-ホンブン) ①도덕상 자기의 직분 ②신분에 적당한 분한(分限) 또는 지위 ③꼭 행하여야 할 직무 본무(本務)

【本非我物】(본비아물) 뜻밖에 얻었던 물건은 잃어버려도 서운함이 없다는 말

【本寺】(본사) ①본산(本山) ②자기가 있는 절 ③중이 처음 출가하여 삭발한 절

【本山】(본산-ホンザン) ①일종(一宗) 혹은 일파(一派)의 각 사찰을 통히는 절。본사(本寺) ②이 절

【本色】(본색-ホンショク) ①본바탕 특색 ②본바닥의 빛。특유한 빛

【本書房】(본서방) 사잇서방이 있는 계집의 본남편

【本線】(본선-ホンセン) 직통하는 선로

【本姓】본성-ホンセイ) ①자기가 본디 가졌던 성 ②본디의 성질

【本是】(본시) 본디

【本室】(본실-ホンシツ) 본처。정실(正室)

【本心】(본심-ホンシン) ①본디부터 있는 양심 「②근본이 되는 안건

【本案】(본안-ホンアン) ①이 안건(案件)

【本業】(본업-ホンギョウ) ①농업 ②근본되는 직업

【本然】(본연-ホンゼン) 본디부터。그렇게

【本營】(본영-ホンエイ) 본진(本陣)。총지휘자가 있는 본영(本營)
【本影】(본영-ホンエイ) 암체(暗體)에 가리어져서 광원(光源)으로부터 빛을 받지 못하는 부분
【本悟】(본오) 진정한 깨우침
【本源】(본원-ホンゲン) ①사물의 주장되는 근원 ②하천(河川)의 근원
【本位】(본위-ホンイ) 근본이 되는 표준
【本意】(본의-ホンイ) ①참마음 ②근본의 의지(意志) ③근본의 마음
【本義】(본의-ホンギ) ①근본의 의의 ②본지(本旨) 「사람。당자
【本人】(본인-ホンニン) ①자기。저 ②그
【本籍】(본적-ホンセキ) 그 사람의 신분을 등록하여 둔 토지의 호적。원적(原籍) 「본값 ③밑천
【本錢】(본전) ①빚의 근본되는 돈 ②
【本傳】(본전) 그 사람의 경력을 기록한 전기 「한 그 본부
【本店】(본점-ホンテン) 지점 분점에 대
【本情】(본정-ホンジョウ) 참마음。본디의 마음。본심(本心)。본의(本意)
【本第】(본제) 고향에 있는 자기의 집
【本第入納】(본제입납) 자기 집에 편지할 때에 겉봉 표면에 자기 이름을 쓰고 그 밑에 쓰는 말
【本朝】(본조-ホンチョウ) 자기 나라。자기 나라의 조정
【本尊】(본존-ホンゾン) 신앙·기도의 대상이 되는 부처 「명
【本罪】(본죄-ホンザイ) 법에 규정된 죄
【本地】(본지-ホンジ) 자기가 사는 그 땅
【本旨】(본지-ホンシ) 근본이 되는 취지 본의(本意) 「있는 잡지
【本誌】(본지-ホンシ) 자기가 관계하고
【本紙】(본지-ホンシ) ①신문사·잡지사에서 자기 네가 발행하는 신문·잡지를 일컫는 말 ②부록에 대하여 근본이 되는 신문지 또는 잡지
【本職】(본직ホンショク) ①겸직(兼職)·내직(內職)이 아닌 근본이 되는 직업。또는 직무 ②본관(本官)
【本疾】(본질) 본병(本病)
【本質】(본질-ホンシツ) 본바탕
【本妻】(본처-ホンサイ) 법적으로 적당하게 맺어진 처。정실(正室)
【本體】(본체-ホンタイ) ①참된 형체。그것의 정체 ②본바탕
【本草】(본초-ホンソウ) ①풀과 나무。식물 ②중국 고대의 식물
【本宅】(본택-ホンタク) 자기의 집。본댁
【本土】(본토-ホンド) ①본국 ②근본이 되는 국토 ③이 땅
【本鄕】(본향) 자기가 사는 시골
【本形】(본형-ホンケイ) 본디의 형상
【本刑】(본형) 그 범죄에 해당한 형벌
【本懷】(본회-ホンカイ) 속마음。본마음

【札】찰 サツ、ふだ、さね、ふみ letter 黠 ㄓㄚˊ cha^{2}
①편지 小簡 ②젊어죽을 夭死 ③갑옷미늘 甲葉 「는 일
【札記】(찰기-サッキ) 간략하게 기록하
【札翰】(찰한-サッカン) 편지

【朮】출 ジュツ、おけら nam of a plant 質 ㄓㄨˊ chu^{2}
삽주뿌리 藥名

【二 畫】

【机】궤 キ、つくえ desk 紙 ㄐㄧˇ chi^{3}
①책상 案屬 ②궤나무 木名如楡可燒以糞田 「지경에 빠짐
【机上肉】(궤상육-キジョウのニク) 죽을
【机上之論】(궤상지론-キジョウのロン) 실지에 맞지 아니하는 이론
【机下】(궤하-キカ) 편지를 받을 사람의 성명 아래에 쓰는 존대말

【朴】박 ボク、ハク、すなお sicnere 覺 ㄆㄛˋ p'o^{4}
①등걸 本也 ②진실할 質也 ③姓也
【朴鈍】(박둔-ボクドン) 꾸밈이 없고 단단하지 못한 인물
【朴素】(박소-ボクソ) 질박하고 검소함

【朱】주 シュ、あか、 red 虞 ㄓㄨ chu^{1}
①붉을 赤也 南方位 ②姓也 「角
【朱喇】(주라) 붉은 칠을 한 대각(大
【朱螺筒】(주라통) 소의 목구멍에서 밥통에 이르는 길

【朱欄】(주란-シュラン) 붉은 난간

【朱欄畫閣】(주란화각-シュランガカク) 단청(丹靑)을 곱게 한 누각

【朱蠟】(주랍-シュロウ) 편지 따위를 봉하는 데 쓰는 붉은빛깔의 밀

【朱樓】(주루-シュロウ) 붉은 누각

【朱樓畫閣】(주루화각-シュロウガカク) 화려한 누각

【朱墨】(주묵-シュボク) ①주홍빛이 나는 먹 ②주묵(朱墨)과 묵(墨)。 사물이 다름을 비유함 ③주묵과 묵으로 장부를 지음。 관무(官務)를 집행하는 뜻

【朱門】(주문-シュモン) ①붉은 칠을 한 문 ②지위가 높은 사람의 집

【朱砂】(주사-シュシャ) 단사(丹砂)

【朱書】(주서-シュショ) 주묵(朱墨)으로 글씨를 씀。 또 그 글씨

【朱硯】(주연) 주묵(朱墨)을 가는 벼루

【朱脣皓齒】(주순호치-シュシンコウシ) 붉은 입술과 흰 이라는 뜻이니 아름다운 여자를 형용하는 말

【朱子學】(주자학-シュシガク) 송(宋)의 주희(朱熹)가 주창한 학설

【朱雀】(주작-シュジャク・スザク) 남쪽에 있는 별의 이름

【朱點】(주점-シュテン) 주묵(朱墨)으로 찍은 점

【朱筆】(주필-シュヒツ) 주묵(朱墨)을 찍어 글씨를 쓰는 붓

【朱夏】(주하-シュカ) 무더운 여름

【朱紅】(주홍-シュコウ) 주홍 빛

【朱黃】(주황-シュコウ) 주홍색과 황색의 중간 빛

【朶】타 ダ、しだれる cluster of flowers

①나뭇가지 늘어질 樹木垂― ②떨기 花叢 ③꽃송이 花― ④움킬 以手捉物 ⑤턱 움직일 動也

【朶雲】(타운-ダウン) 오색(五色)의 구름이라는 뜻이니 남의 편지의 존대

【朶頤】(타이-ダイ) 턱을 움직인다는 뜻이니 음식(飮食)을 먹고자 하는 모양。 강국이 약국을 병탐하고저 하는모양

【朵】前條 同字

【朽】후 キュウ、くちる rotten

①썩을 木腐 ②냄새 臭也

【朽落】(후락-キュウラク) ①썩어서 떨어짐 ②오래되어 빛이 변함

【朽索】(후삭-キュウサク) 썩은 새끼

【朽敗】(후패-キュウハイ) 썩어서 못쓰게 됨

【三 畫】

【杆】간 カン、てこ pole

①몽둥이 木挺 ②박달 檀木 ③쓰러진나무 僵木 ④팔찌 臂衣 ⑤방패 盾也

【杠】강 コウ、はし foot-bridge

①외나무다리 獨木橋 ②깃대 旗竿 ③상앞가로막대 牀前橫木

【杞】기 キ、おうち medlar tree

①구기자 藥也枸― ②갯버들 柳屬 ③고리버들 可爲桮棬之屬 ④나라이름 國名

【杞柳】(기류-キリュウ) 고리버들

【杞憂】(기우-キユウ) 쓸데 없는 걱정。 기국(杞國) 사람이 하늘이 무너질까 걱정하였다는 고사에서 나옴

【杜】두 ト、ズ、ふさぐ shut out

①막을 塞也 ②아가위 甘棠 ③姓也

【杜鵑】(두견-トケン) 소쩍새

【杜鵑花】(두견화) 진달래 꽃

【杜門】(두문-トモン) 문을 막음

【杜絕】(두절-トゼツ) 막히어 끊어짐

【杜撰】(두찬-ズザン・スサン) 틀림이 많아서 신용하기 어려운 저작

【李】리 リ、すもも plum

①오얏 果名 ②행리 行裝行― ③선비천거할 薦士桃― ④姓也

【李杜】(이두-リト) 당(唐)나라의 위대한 시인(詩人) 이백(李白)과 두보(杜甫)를 두고 일컫는 말

【李下之冠】(이하지관-リカのかんむり) 의

심을 받기 쉬운 일。 오얏나무 밑에 서 손을 들어 관을 바로 잡으면 그 열매를 따는 것으로 의심을 받음

【李花】(이화) 오얏꽃

【呆】 매 ホウ、おろか fool

멍청이 癡也

【杉】 삼 サン、すぎ cryptomeria

으름나무 似松ㅡ木

【束】 속 ソク、たば bind

①묶을 縛也 ②뭇ㅡ薪 ③약속할 約也 ④비단 다섯필 錦五匹

【束縛】(속박ㅡソクバク) ①묶음 ②자유를 구속함

【束髮】(속발ㅡソクハツ) 머리털을 묶어 상투를 짬

【束手】(속수ㅡソクシュ) ①손을 묶음。 아무 일도 못하는 뜻 ②저항하지 않고 순종함

【束手無策】(속수무책ㅡソクシュムサク) 어찌할 방책이 없음

【束數】(속수ㅡソクスウ) 다발의 수요。 묶음의 수효

【束脩】(속수ㅡソクシュウ) ①다발로 묶은 포(脯)。 옛날 신하가 되고 제자가 될때는 선물로 보냄 ②마음을 가다듬어 수행(修行)함

【束裝】(속장ㅡソクソウ) 길가는 치장을 정돈 함

【杌】 올 ゴシ、きりかぶ stump

①위무지러진 나무 木無枝 ②수선할 不安貌

【杙】 익 ヨク、くい stake

①말뚝 橛也 ②실과이름 交趾果名

【杖】 장 ジョウ、テヨウ stick

①지팡이 所以扶行 ②몽둥이 大挺 ③가질 持也 ④의지할 憑倚 仗通

【杖鼓】(장고) 장구。 북의 한 종류。

【杖毒】(장독ㅡジョウドク) 곤장을 맞은 상처에 나는 독

【杖問】(장문ㅡジョウモン) 곤장을 치며 신문함

【杖棒】(장방) 지팡이

【杖殺】(장살ㅡジョウサツ) 곤장으로 때려 죽임 「맞은 상처

【杖傷】(장상ㅡジョウショウ) 곤장에

【杖罪】(장죄ㅡジョウサイ) 장형(杖刑)에 해당한 죄

【杖處】(장처) 곤장을 맞은 몸의 자리

【杖刑】(장형ㅡジョウケイ) 오형(五刑)의 하나。 곤장으로 볼기를 때리는 형벌

【材】 재 ザイ、サイ、まるた materials; stuff

①재목 木直堪用 ②자품 性質 ③재주 才也

【材器】(재기ㅡザイキ) 사람의 됨됨이나 기량(器量)

【材略】(재략ㅡザイリャク) 재주가 있는 꾀

【材料】(재료ㅡザイリョウ) ①물건을 만드는 재료 ②일을 하는 거리

【材木】(재목ㅡザイモク) 건축의 재료에 쓰이는 나무

【杈】 차 サ、また、 fork of a tree

①두 가장귀 나무 岐枝木 ②써레 農器

【村】 촌 ソン、むら village

①마을 聚落 ②밭집 野土也

【村家】(촌가) 촌에 있는 집

【村間】(촌간) 촌이 있는 사이

【村鷄官廳】(촌계관청) 경험이 없는 일을 당하여 어리둥절함을 비유한 말

【村童】(촌동ㅡソンドウ) 촌에 사는 사내아이

【村落】(촌락ㅡソンラク) 촌에 집이 모여 있는 곳

【村廬】(촌려) 시골집

【村里】(촌리) 마을

【村味】(촌미) ①시골에 사는 취미 ②

시골 음식의 맛
【村夫】(촌부-ソンプ) 촌에 사는 사내
【村婦】(촌부-ソンプ) 촌에 사는 부녀
【村俗】(촌속-ソンゾク) 시골의 풍속
【村叟】(촌수-ソンソウ) 시골 노인
【村市】(촌시) 시골의 저자
【村野】(촌야-ソンヤ) 촌과 들。시골
【村翁】(촌옹-ソンオウ) 시골 늙은이
【村儒】(촌유-ソンジュ) 시골에 사는 학자(學者)。촌학구(村學究)
【村莊】(촌장) 시골에 있는 별장
【村笛】(촌적-ソンテキ)시골 사람이 부는 피리소리
【村酒】(촌주) 시골에서 담근 술
【村濁】(촌탁) 시골에서 만든 막걸리
【村學究】(촌학구) 시골에 사는 학자(學者)。촌락의 글방 선생
【村漢】(촌한-ソンカン) 촌놈
【村巷】(촌항) 시골 먼 시골의 외따로 떨어진 길거리

【杓】

표 シャク、ひしやく handle ㄆㄧㄠ piao¹

북두자루 斗柄 (작) 구기 飲器栢

【杏】

행 キョウ、あんず apricot ㄒㄧㄥˋ hsing⁴

①살구 果名所梅而甘 ②은행 銀—

【杏林】(행림-キョウリン) ①의원(醫員) 미칭(美稱)。오(吳)나라때 동봉(董奉)이라는 명의(名醫)가 병을 고쳐주고 살구나무를 심게 한 것이 숲이 되었다는 옛 일에서 나옴 ②의술에 종사하는 동지(同志)
【杏仁】(행인-キョウニン) 살구씨의 알맹「이
【杏子板】(행자판) 은행나무로 만든넓은 널
【杏花】(행화) 살구꽃

【四 畫】

【杲】

고、コウ、あきらか bright ㄍㄠˇ kao³

①높을 高也 ②밝을 明也 (호)義同

【果】

과 カ、くだもの fruit ㄍㄨㄛˇ kuo³

①실과 木實 ②과연 驗也 ③감히할 敢也 ④날랠 勇也 ⑤배부를 飽腹— 然 ⑥맺힐 因— ⑦모실 女侍 ⑧짐승이름 獸名—然

【果敢】(과감-カカン) 결단하여 행함。결단성이 있고 민첩함。감행(敢行)
【果斷】(과단-カダン) 단연히 용기있게 결정함
【果木】(과목) 과실이 열리는 나무
【果柄】(과병-カヘイ) 열매의 꼭지
【果報】(과보-カホウ) 선행(善行)에 좋은 갚음이 생기고 악행(惡行)에 나쁜 갚음이 생김。앙갚음。인과응보(因果應報)
【果樹】(과수-カジュ) 과실나무
【果實】(과실-カジツ) 먹을 수 있는 나무의 열매
【果然】(과연-カゼン) ①말한 것과같이。참。정말。진실로 ②배부른 모양
【果園】(과원-カエン) 과실나무를 심은 동산
【果肉】(과육) 과실의 껍질 안쪽에 있「는 살
【果毅】(과의-カキ) 결단성이 있고 굳셈
【果汁】(과즙-カジャウ) 과실을 짜서 언는 즙
【果蔕】(과체) 과실의 꼭지
【果品】(과품) 여러 가지의 과실
【果皮】(과피) 과실의 씨를 제외한 전부
【果刑】(과형) 죄있는 자를 반드시 처「벌함

【東】

동 トウ、ひがし east ㄉㄨㄥ tung¹

동녘 日出方

【東家】(동가-トウカ) ①여관 주인 ②동쪽의 이웃집
【東國】(동국-トウゴク) 우리 나라의 딴「이름
【東君】(동군-トウクン) ①해의 딴 이름 ②봄을 맡은 동쪽의 신(神)
【東宮】(동궁-トウグウ) ①황태자의 궁전 ②황태자(皇太子)。춘궁(春宮)
【東南】(동남-トウナン) ①동쪽과 남쪽
【東端】(동단-トウタン) 동쪽 끝
【東塗西抹】(동도서말) 이리저리 간신히 꿰어 맴
【東道主】(동도주) 손님을 대접하는주「인
【東嶺】(동령-トウレイ) 동쪽의 재
東籬】(동리-トウリ) 국화의 딴 이름

【東問西答】(동문서답) 동쪽을 묻는데 서쪽을 대답한다는 뜻이니 곧 물음에 대하여 엉뚱한 대답을 하는 일
【東班】(동반) ①문관(文官)의 반열(班列)。조하(朝賀) 때 문관은 동쪽 무관은 서쪽에 서、있었으므로 일컫는 말
【東半球】(동반구-ひがしハンキュウ) 지구의 동쪽 부분 「나라
【東邦】(동방-トウホウ) 동쪽에 있는 동
【東方】(동방-トウホウ) 동쪽
【東北】(동북-トウホク) ①동쪽과 북쪽 ②동북간의 준말
【東奔西走】(동분서주-トウホンセイソウ)사방으로 바쁘게 다님
【東史】(동사) 우리 나라 역사
【東床】(동상) 사위의 딴 이름
【東床禮】(동상례) 혼례가 끝난 뒤에 신부집에서 신랑의 친구를 대접하는 일
【東西】(동서-トウザイ) ①동쪽과 서쪽 ②동서간(東西間)의 준말
【東西南北】(동서남북-トウザイナンボク)①사방(四方) ②방위(方位)
【東西不辨】(동서불변) 아무것도 모름
【東西洋】(동서양-トウザイヨウ) ①동양과 서양 ③온 세계
【東閃西忽】(동섬서홀) 여기서 얼씬거기서 번쩍함
【東亞】(동아-トウア) 동쪽 아시아

【東洋】(동양-トウヨウ) 서양 대하여 동쪽 아시아를 이름 「캐
【東夷】(동이-トウイ) 동쪽에 있는 오랑
【東人】(동인) 색목(色目)의 하나。이조 선조(宣祖) 때에 김효원(金孝元)의 파가 심의겸(沈義謙)의 파와 대립하였던 당파 또는 그 당에 딸린 사람
【東作】(동작-トウサク) 봄에 짓는 농사
【東漸】(동점-トウゼン) 점차로 동쪽으로 옮김
【東征西伐】(동정서벌-トウセイセイバツ)여러 나라를 이리 거리 정벌함
【東朝】(동조) 발을 늘이고 정사(政事)를 듣는 황태후(皇太后)
【東天】(동천-トウテン) 동쪽 하늘。새벽 하늘 「을 짐
【東椎西貸】(동추서대) 여러 곳에 빚
【東馳西走】(동치서주-トウチセイホン) 동분서주(東奔西走)
【東敗西喪】(동패서상) 가는 곳 마다 실패함
【東風】(동풍-トウフウ・こち) 동쪽에서 불어 오는 바람
【東學】(동학-トウガク) ①서울 동쪽에 있던 사학(四學)의 하나
【東海夫人】(동해부인) 홍합의 딴이름
【東軒】(동헌-トウケン) 고을 원이 공사(公事)를 처리하던 집
【東峽】(동협) 강원도 지방

【林】림 リン、はやし forest 侵 ㄌㄧㄣˊ lin²
①수풀 叢木 ②더부룩하게 날 叢生盛貌ㅣ ③姓也
【林間】(임간-リンカン) 수풀 사이
【林立】(임립-リンリツ) 죽 늘어섬
【林木】(임목-リンボク) 수풀을 이룬나무
【林產】(임산-リンサン) 산림의 산물
【林野】(임야-リンヤ) 나무가 무성한 들
【林業】(임업-リンギョウ) 산림을 경영하는 사업
【林政】(임정-リンセイ) 임업(林業)에 관한 행정

【枚】매 マイ、バイ、かぞえる sheet 灰 ㄇㄟˊ mei²
①낱 介也 ②줄기 幹也 ③말채찍 馬鞭 ④조밀할 鶻密 ⑤함오 正喧銜
【枚擧】(매거-マイキョ)낱낱이 들어 말함
【枚枚】(매매-バイバイ) 잔 모양

【杳】묘 ヨウ、はるか remote 篠 ㄧㄠˇ yao³
①아득할 冥也 ②깊을 深也 ③고요할 寂也ㅣ ④너그러울 寬也
【杳冥】(묘명-ヨウメイ) 아득하고 어두움
【杳杳】(묘묘-ヨウヨウ) 아득하고 멀음
【杳然】(묘연-ヨウゼン) 그윽하고 멀음 그윽함

【枋】방 ホウ、え handle 陽 ㄈㄤˊ fang¹ 「柄同
①박달 檀也事材 ②고기살 魚 (병)

【杯】비 ハイ、さかずき cup 灰 ㄅㄟ pei¹
①잔 飮酒器 ②국바리 羹盂
【杯盤】(배반-ハイバン) ①술상에 차려 놓은 그릇의 총칭
【杯酒】(배주-ハイシュ) 술잔에 따른 술

【枌】분 フン、むなぎ elm tree 文 ㄈㄣˊ fen²
흰느릅나무 白楡

【枇】비 ヒ、びわ loquat 支 ㄆㄧˊ p'i²
①비파 果名－杷 ②주걱 所載牲
③참빗 細櫛

【析】석 セキ、さく devide 錫 ㄒㄧ hsi¹
①나눌 分也 ②쪼갤 破木剖－
【析別】(석별-セキベツ) 서로 이별함
【析出】(석출-セキシュツ) 분석하여 냄

【松】송 ショウ、まつ pine-tree
①소나무 百木之長 ②향풀 香草甘
【松京】(송경) 이씨 조선 이후의 개성(開城)이름
【松菌】(송균) 송이
【松肌】(송기) 소나무 가지의 속 껍질
【松濤】(송도-ショウトウ) 바람에 흔들려 물결 소리처럼 나는 솔바람 소리
【松林】(송림-まつばやし) 솔숲
【松明】(송명-ショウメイ・たいまつ) 관솔
【松房】(송방) 개성 사람의 가게
【松柏】(송백-ショウハク) 소나무와 잣나무
【松餠】(송병) 송편
【松蔘】(송삼) 개성에서 나는 인삼
【松蕈】(송심-まつたけ) 송이
【松煙】(송연-まつけぶり) 소나무의 철매。먹을 만드는데 씀
【松葉】(송엽-まつば) 솔잎
【松栮】(송이) 버섯의 하나。솔밭에서 나고 향기가 좋은 먹는 버섯
【松子】(송자) ①솔방울 ②잣
【松節酒】(송절주) 소나무의 마디를 넣어서 담근 술 「낸 물
【松粥】(송죽) 날 솔잎을 짓찧어서 짜
【松脂】(송지-まつやに・ショウシ) 송진(松津)
【松津】(송진) 소나무에서 분비하는 끈끈한 물질
【松楸】(송추-ショウシュウ) 송(松)과 추(楸)는 무덤에 심그는 나무。무덤。묘지
【松蟲】(송충-まつむし) 송충이
【松花】(송화) 소나무의 꽃가루
【松黃】(송황) 송화(松花)

【枘】예 ゼイ、ほぞ handle of tools
자루 柄也

【枉】왕 ワウ、まがる curve 養 ㄨㄤˇ wang³
①굽을 曲也 ②굽힐－駕
【枉駕】(왕가-オウガ) 남의 방문의 존대
【枉顧】(왕고-オウコ) 귀인의 방문을 존대함
【枉曲】(왕곡-オウキョク) 휨。법을 휘어 죄를 줌
【枉臨】(왕림-オウリン) 다른 사람이 자기 있는 곳으로 오는 것을 높이어 하는 말
【枉法】(왕법-オウホウ) 법을 굽힘
【枉死】(왕사-オウシ) 원통한 죄에 죽음
【枉罪】(왕죄-オウサイ) 사실 아닌 죄

【杵】저 ショ、きね pestle 語 ㄔㄨˇ ch'u³
①방망이 槌衣具砧－ ②공이 擣穀舂－
【杵臼】(저구-ショキュウ) 공이와 절구
【杵臼之交】(저구지교-ショキュウのまじわり) 귀천을 가리지 않고 사귐
【杵聲】(저성-ショセイ) 다듬잇소리

【杼】저 チョ、ジョ、ひ spindle 語 ㄓㄨˋ chu⁴
①북 織具 ②도토리 栩也栗屬 ③길 長也
【杼栗】(저률-チョリツ) 도토리와 밤
【杼軸】(저축-チョジク) 베틀의 북

【枝】지 シ、えだ branch 支 ㄓ chih¹
①가지 木別生柯 ②손마디 手節 ③버틸 持也 ④흩어질 散也

【枝幹】(지간-シカン) ①가지와 줄기 ②주종(主從) ③손발과 몸
【枝莖】(지경-シケイ) 가지와 줄기
【枝根】(지근-シコン) 원뿌리에서 갈라난 작은 뿌리
【枝頭】(지두-シトウ) 가지 끝
【枝葉】(지엽-ショウ) ①가지와 잎 ②갈래 자손(子孫)을 가리키는 말 ③중요하지 아니한 부분
【枝梧】(지오-シゴ) 서로 어긋남。겨우 버팀
【枝節】(지절-シセツ) ①가지와 마디 ②곡절이 많음
【枝指】(지지-シシ) 육손이 「운 숯
【枝炭】(지탄-シタン) 나무의 가지로 구

【枕】침 シン、チン、まくら pillow [寢] ㄓㄣˇ chen3
①베개 臥薦首 ②수레뒤 가로나무 ③車後橫木 ④쇠말뚝 繫牛杙 ⑤벨 ㅡ之
【枕木】(침목-まくらぎ) 길고 큰 물건밑에 가로 깔아 놓는 목재。철도재료의 하나
【枕邊】(침변) 머리맡
【枕屛】(침병) 가리개
【枕上】(침상-チンジョウ) ①누워 있을 때 ②베개 위

【杷】파 ハ、さらい harrow [麻] ㄆㄚˊ p'a2
①세레 平田器銚也 ②비파 果名枇ㅡ似杏 ③칼자루 刀柄

【板】판 ハン、いた boards [潸] ㄅㄢˇ pan3
①널조각 木片 ②널기와 木瓦 ③부파 喪服背著負ㅡ ④홀 笏也手ㅡ ⑤뒤칠 反側
【板橋】(판교-いたばし) 널다리
【板壁】(판벽-ハンペキ) 널빤지를 대어 만든 집의 벽
【板本】(판본-ハンポン) 판에 새긴 책
【板屋】(판옥-いたや・ハンオク) 널 벽으로 된 집
【板子】(판자-いたご) 나무로 된 널조각
【板蕩】(판탕-ハントウ) ①정치가 문란함 ②재산을 탕진함

【杭】항 コウ、わたる across
①건널 渡也 ②거루 方舟 ③고을이름 州名ㅡ州

【杰】傑(人部十畫)同字

【五 畫】

【柯】가 カ、えだ branch [歌] ㄎㄜ k'ê1
①가지 枝也 ②도끼자루 斧柄
【柯葉】(가엽-カヨウ) 가지와 잎

【枷】가 カ、からざお flail
①도리깨채 打穀具連ㅡ ②칼 項械
【枷鎖】(가쇄-カサ) 죄인의 목에 칼씌움。또 목에 씌우는 칼과 쇠사슬
【枷囚】(가수-カシュウ) 죄인의 목에 칼을 씌우고 가둠

【架】가 カ、たな shelf [禡] ㄐㄧㄚˋ chia4
①시렁 棚也 ②틀가락 杙也所以擧物 ③횃대 衣ㅡ
【架空】(가공-カクウ) ①공중에 건너지름 ②터무니가 없음。근거가 없음
【架橋】(가교-カキョウ) 다리를 놓음
【架設】(가설-カセツ) ①건너지름 ②놓음 ③깔음

【柬】간 カン、えらぶ select [潸] ㄐㄧㄢˇ chien3
①가를 分別 ②가릴 擇也

【柑】감 カン、みかん orage [覃] ㄍㄢ kan1
감자 橘屬 (겸) 나무재갈 以木銜馬

【枯】고 コ、かれる wither [虞] ㄎㄨ k'u1
①마를 마른 나무 槀木 ②쇠잔할 衰也 「붙음
【枯渴】(고갈-コカツ) 물이 마름。말라
【枯骨】(고골-ココツ) 죽은 뒤에 살이썩은 뼈 「무
【枯木】(고목-コボク・かれき) 말라 죽은 나
【枯死】(고사-コシ) 초목이 말라 죽음
【枯松】(고송-コショウ) 말라 죽은 소나무

【枯瘦】(고수-コソウ) 마르고 파리함。여위고 쇠약함
【枯凋】(고조-コチョウ) ①말라 시듦
【枯池】(고지-コチ) 목이 마른 못

【枴】 괘 カイ、つえ stick 蟹 ㄍㄨㄞˇ kuai3
지팡이 杖也

【枸】 구 ク、まがる bend 麌 ㄐㄩˇ chü3
①굽을 曲也 ②구기자— 杞 ③구나무 似樝爲醬 ④탱자 枳名—橘
【枸杞】(구기-クコ) 괴좆나무
【枸木】(구목-コウボク) 굽은 나무

【柩】 구 キュウ、ひつぎ coffin 有 ㄐㄧㄡˋ chiu4
널 棺也

【柰】 내 ダイ、ナ、べにりんご crad-apple 泰 ㄋㄞˋ nai4
①사과 果名蘋婆 ②어찌 那也 (나) 義同

【柳】 류 リュウ、リュ、もなぎ willow tree 有 ㄌㄧㄡˇ liu3
①버들 楊也 ②姓也
【柳京】(유경-リュウキョウ) 평양의 딴 이름
【柳器匠】(유기장) 고리장이
【柳綠】(유록-リュウリョク) 남빛과 노랑의 중간 빛
【柳眉】(유미-リュウビ) 미인의 눈썹
【柳絲】(유사-リュウシ) 버들의 실 (가지를 실에 비유함)
【柳葉】(유엽-リュウヨウ) 버들잎
【柳腰】(유요-リュウヨウ・やなぎごし) 버들가지처럼 가늘은 미인(美人)의 허리
【柳陰】(유음-リュウイン) 버드나무 그늘
【柳條】(유조-リュウジョウ) 유지(柳枝)
【柳枝】(유지-リュウシ) ①버드나무의 가지。 유조(柳條)

【某】 모 ボウ、それがし so-and-so 有 ㄇㄡˇ mou3
아무 不知名者
【某國】(모국-ボウコク) 어떠한 나라。아무 나라
【某年】(모년-ボウネン) 어떠한 해。아무 해
【某某】(모모-ボウボウ) 아무아무
【某也某也】(모야모야) 아무 아무 누구 누구
【某月】(모월-ボウゲツ) 어느 달。아무 달
【某人】(모인-ボウジン) 어느 사람
【某日】(모일-ボウジツ) 어떤날。아무 날
【某種】(모종-ボウシュ) 어떠한 종류。어느 종류
【某處】(모처-ボウショ) 어떠한 곳。아무 곳

【柏】 백 ハク、かしわ arborvitae 陌 ㄅㄞˇ pai3
측백나무 椈也

【柄】 병 ヘイ、え、がら handle 敬 ㄅㄧㄥˇ ping3·4
①자루 柯也 ②잡을 持也 ③권세 權也
【柄授】(병수-ヘイジュ) 권력을 내려 줌
【柄臣】(병신-ヘイシン) 정권을 잡은 신하
【柄用】(병용-ヘイヨウ) 요직에 쓰임으로써 권력을 잡음

【枹】 부、フ、ばち drumstick 虞 ㄈㄨˊ fu2
북채 鼓槌 (포) ①굴싸리 叢生者—櫟 ②나무떨기로날 大叢生

【柎】 부 フ、うてな elm tree 虞 ㄈㄨˊ fu2
①느릅나무 楡也 ②꽃자리 花蕚足 ③난간발 闌也

【査】 사 サ、しらべる survey 麻 ㄔㄚˊ ch'a2
①조사할 考察 ②떼 水中浮木
【査家】(사가) 사돈집
【査頓】(사돈) ①혼가(婚家)의 부모가 서로 일컫는 말 ②혼인 관계로 척분이 있는 사람
【査得】(사득-サトク) 사실을 조사하여 알게 됨
【査問】(사문-サモン) 조사하여 심문함
【査收】(사수-サシュウ) 조사하여 받음
【査實】(사실-サジツ) 사실을 조사함
【査牙】(사아-サガ) 험한 모양
【査閱】(사열-サエツ) 조사하기 위하여 열람함

【査定】(사정-サテイ) 조사하여 결정함
【査照】(사조-サシヨウ) 사실하여 대조함
【査察】(사찰-ササツ) 여러 사람이 모인 자리가 어지럽지 않게 살피어 정돈함。또는 그 직책을 행하는 사람

【柴】시 サイ、シ、しば brushwood 佳 ㄔㄞˊ ch'ai²
①섶 火木 ②시제지낼 燔— ③姓也 (채) 울 薄落
【柴壇】(시단-サイダン) 천제(天祭) 때 섶을 태우는 뜰
【柴糧】(시량) 땔나무와 양식
【柴木】(시목-しばき) 땔나무
【柴門】)시문-サイモン) ①사리짝문 ②문을 닫음
【柴薪】(시신-サイシン) 땔나무
【柴草】(시초-サイソウ) 땔나무로 쓰는 마른 풀
【柴炭】(시탄-サイタン) 땔나무와 숯
【柴戶】(시호-しばど) 섶으로 만든 문
【柴毁】(시훼-サイキ) 초상(初喪)을 당하고 슬퍼하여 몸이 바짝마르고 여윔

【柹】시 シ、かき persimmon 紙 ㄕˋ shih⁴
감 赤實果

【柿】前條 同字

【染】염 セン、ゼン、そめる dye 琰 ㄖㄢˇ jan³
①물들일 以繒綵爲色 ②꼭두서니 茜屬 ③홀부드르한 柔貌荏染 ④물들 젖을 汚也 漬也
【染料】(염료-センリヨウ) 물감
【染色】(염색-センシヨク) 피륙에 물들임
【染俗】(염속-センゾク) 세속의 풍조의 물들음
【染跡】(염적-センセキ) 깨끗하지 못한 형「적
【染指】(염지-センシ) ①손가락을 솥 속에 넣어 국의 맛을 봄。사물의 취미를 맛봄 ②몰래 정당치 못한 물건을 가짐
【染織】(염직-センシヨク) ①물들이는 것과 천을 짜는것 ②피륙에 물을들임

【枻】예 エイ、かい、かじ rowing-sweep 霽 ㄧˋ i⁴
돛대 檝也 㯒通 (설) 도지개 正弓弩具檠—

【柔】유 ジユウ、ニユウ、やわらか soft 尤 ㄖㄡˊ jou²
①부드러울 剛之反 ②연약할 耎弱 ③매일매일할 草木新生貌 ④편안할 安也 ⑤순할 順也
【柔懦】(유나-ジユウダ) 성질이 부드럽고 약하며 겁이 많음
【柔道】(유도-ジユウドウ) 맨 손으로 상대자를 넘어뜨리거나 또는 메어치는 무술의 한 가지 유술(柔術)
【柔良】(유량-ジユウリヨウ) 유순하고 온량함
【柔順】(유순-ジユウジユン) 온화하고 공손함。온순(溫順)
【柔術】(유술-ジユウジユツ) 맨손으로 격투하여 상대자를 압도하는 무술。유도(柔道)
【柔弱】(유약-ニユウジヤク・ジユウジヤク) 부드럽고 약함
【柔軟】(유연-ジユウナン) 부드럽고 연함
【柔軟性】(유연성) 부드럽고 질긴성질
【柔質】(유질) 연약한 체질
【柔鐵】(유철) 시우쇠
【柔翰】(유한-ジユウカン) 붓의 딴 이름
【柔和】(유화-ニユウワ) 부드럽고 화평함

【柚】유 ユ、ジ、ゆず citron 宥 ㄧㄡˋ yu⁴
유자 似橙而酢橘— (축) 북 織具受緯杼—

【柘】자 シヤ、やまぐわ wild mulberry tree 禡 ㄓㄜˋ chê⁴
뫼뽕나무 山桑

【柞】작、사 サク、くぬぎ oak 陌 ㄗㄨㄛˋ tsuo⁴
갈참나무 櫟也 (책) 나무 벨 除木
【柞蠶】(작잠) 누에의 한종류。가랑잎을 먹고 고치를 만드는 벌레

【柢】저 テイ、ね、root 薺 ㄉㄧˇ ti³

뿌리 根也

【柊】종 シュウ、つち mallet
방망이 椎也

【柱】주 チユウ、チユ、はしら pillar 麌 ㄓㄨˋ chu⁴
①기둥 楹也 ②버팀 撐也 ③고일 支也

【柱石】(주석-チユウセキ) ①기둥과 주추 ②가장 중요한 사람의 비유

【柱聯】(주련-チユウレン) 기둥이나 바람벽 등에 장식으로 그림이나 글씨를 써 넣어 걸치는 물건。또는 그 연구(聯句)

【柱礎】(주초-チユウソ) 주춧돌

【枳】지 キ、からたち、 hedge thorn
탱자 似橘 (가)해할 害也

【枳殼】(지각-キコク) 탱자를 반으로 쪼개어 말린것。약재에 쓰임

【柵】책 サク、シャク、やらい palisade 陌 ㄓㄚˋ cha⁴
①우리 寨也編木圍立 ②사다리 棧也

【柵壘】(책루-サクルイ) 나무 울타리로 써 둘러친 보루

【柷】축 シュク、がつき instrument of wood
축풍류 樂器

【柷敔】(축어-シュクギョ) 악기의 이름。(축(柷)은 풍류를 시작할 때에 어(敔)는그칠 때에 침)

【柁】타 ダ、タ、かじ rudder 哿 ㄉㄨㄛˋ tuo⁴
키 正船木設於舟尾

【柝】탁 タク、ひょうしぎ watchman's rattle
①조두 목탁 夜警斗 ②쪼갤 判也

【枰】평 ヘイ、びょう、ばん chess-board
①바둑판 碁局 ②장기판 博局 ③회양목 木名檗也

【柙】합 コウ、オウ、おり pen for wild beasts
①어리 우리 藏獸檻 ②향나무 香木

【相】目部 四畫에 볼것

【六　畫】

【柒】①漆(水部十一畫)俗字 ②七(一部一畫)代用字

【栞】간 カン、しおり、きり cut 寒 ㄎㄢ k'an¹
깎을 斫木

【桀】걸 ケツ、とまりぎ hen-roost 屑 ㄐㄧㄝˊ chieh²
①홰 鷄棲杙 ②처들 擧也 ③찢을 磔也 ④하왕의 이름 夏王號

【桀步】(걸보-ケッポ) 제걸음

【桀惡】(걸악-ケツアク) 포악함

【桀俊】(걸준-ケッシュン) 재주가 뛰어난 사람

【格】격 カク、キャク、のり pattern 陌 ㄍㄜˊ ke²
①격식 法式—例 ②이를 至也 ③올 來也 ④오를 登也 ⑤바를 正也 ⑥고칠 變革 ⑦감동할 感通 ⑧대적할 敵也 ⑨궁구할 窮究 ⑩표준할 標準方— ⑪시렁—架也 ⑫자품 資— (락) 막힐 牴牾 不入扞— (각) ①막을 阻—廢— ②씨름할 角戲—五 ③그칠 止也 ④휘추리 樹枝

【格納庫】(격납고-カクノウコ) 항공기를 넣어두는 곳

【格談】(격담-カクダン) 격에 맞는 말

【格令】(격령-カクレイ) 규칙(規則) 법

【格例】(격례-カクレイ) 일정한 전례。해내려 오던 전례

【格率】(격률-カクリツ) 주관적으로 타당한 실천의 원리。 또는 준칙

【格物】(격물-カクブツ) 사물의 이치를 연구함

【格物致知】(격물치지-カクブツチチ) 사물의 이치를 연구하여 자기의 지식을 명확하게 함

【格式】(격식-カクシキ) ①일정한 규칙 ②신분에 맞는 체재

【格言】(격언-カクゲン) 사물의 이치에 꼭 맞아서 행위의 경계가 될만한 말。 금언(金言)

【格外】(격외-カクガイ) 보통일과 다른 것。 예외

【格子】(격자-コウシ) ①쇠오리·대오리·나무오리 같은 것으로 정간(井間)을 맞추어 짠 물건 ②갓끈에 꿰는 둥근 구슬

【格調】(격조-カクチョウ) ①시가(詩歌)의 체재와 곡조 ②사람의 품격

【格致】(격치-カクチ) 격물치지(格物致知)의 준말

【格鬪】(격투-カクトウ) 서로 때리며 싸움

【桂】계 [illegible] ケイ、かつら cassia 《ㄍㄨㄟˋ kuei》
①계수 江南木百藥之長 ②姓也

【桂樹】(계수-ケイジュ) 계수나무

【桂心】(계심-ケイシン) 계피의 겉 껍질을 벗긴 속껍질。 약재로 쓰임

【桂玉】(계옥-ケイギョク) 시량(柴糧)이 아주 귀한 것을 가리키는 말。땔나무는 계수나무와 같고, 쌀은 옥과 같다는 뜻

【桂月】(계월-ケイゲツ) ①달의 딴 이름 (달속에 계수나무가 있다는 전설에서) ②음력 八월의 딴 이름

【桂枝】(계지-ケイシ) 계수(桂樹)의 잔가지。 약재로 쓰임

【桂秋】(계추-ケイシュウ) 음력 팔월의 딴 이름

【桂皮】(계피-ケイヒ) 계수(桂樹)의 껍질。 약재로 쓰임

【枅】계 ケイ、ケン、ますがた beam
가로보 屋欂 (견) 義同

【栲】고 コウ、たえ mangrove
복나무 山樗

【栲栳】(고로-コウロウ) 고리짝

【栝】괄 カツ、テン、びゃくしん juniper [illegible] 《ㄍㄨㄚ kua》
젓나무 隱木也柏葉松身

【框】광 キョウ、かまち end of a coffin
①문얼굴 門— ②광판 棺門

【校】교 コウ、キョウ、くらべる correct; compare
①교정할 行書 ②학교 學— ③교계할 計也 ④장교 軍官 ⑤착고 械也 ⑥이를 報也 ⑦끊을 檢也考— ⑧사냥할 獵也 ⑨마구간 廐格 ⑩싸움어우러질 戰交 (효) 향교 學宮

【校歌】(교가-コウカ) 학교에서 그 학교의 기풍을 올리기 위하여 만들어 놓은 노래

【校監】(교감-コウカン) 학교장을 보좌하고 교무를 감독하는 직원

【校規】(교규-コウキ) 규칙

【校旗】(교기-コウキ) 학교를 표시하는 기

【校紀】(교기-コウキ) 학교의 풍기

【校了】(교료-コウリョウ) 인쇄물의 교정을 끝냄

【校務】(교무-コウム) 학교의 직무와 교무(教務)。 또는 그밖의 다른 사무

【校門】(교문-コウモン) 학교의 문

【校服】(교복-コウフク) 학교의 제복

【校本】(교본-コウホン) 완전히 교정을 하여 오락이 없이 된 책

【校舍】(교사-コウシャ) ①학교 집 ②배우는 집

【校序】(교서-コウジョ) 학교

【校書】(교서-コウショ) 문서나 책의 어귀나 글자의 잘못을 살피고 교정하여 검열함

【校試】(교시-コウシ) 시험(試驗)

【校閱】(교열-コウエツ) ①교정하여 검열함 ②문서를 조사함

【校外生】(교외생-コウガイセイ)통학을 하지 않고 통신 교수 또수 강의록 들로 그 학교의 교수를 받는 학생

【校友】(교우-コウユウ) ①같은 학교에서 공부하는 벗 ②한 학교 안의 직원과 졸업생과 재학생

【校醫】(교의-コウイ) 학교의 위생을 맡은 의사

【校長】(교장-コウチョウ) ①학교의 우두머리 ②졸오(卒伍)

【校正】(교정-コウセイ) 잘못된 것을 바로 잡음。 틀린 것을 고침

【校庭】(교정-コウテイ) 학교에 직접 딸린뜰

【校主】(교주-コウシュ) 「경영하는 임자

【校準】(교준-コウジュン) 학교를 세워서 교정(校正)

【校誌】(교지-コウシ) 아동、학생이 교내에서 편집 인쇄·배포하는 잡지

【校則】(교칙-コウソク) 학교의 규칙。교규(校規)

【校風】(교풍-コウフウ) 학교의 풍기

【根】근 コン、ね root 元 ㄍㄣ kên^1

①뿌리 柢也 ②밑뚱 本也 ③대 木株

【根幹】(근간-コンカン) ①뿌리와 줄기 ②어떤 사물의 바탕이나 중심이 되는 부분

【根據】(근거-コンキョ) ①근본이 되는 증거 ②사물의 토대

【根莖】(근경-コンケイ) 뿌리와 줄기

【根基】(근기-コンキ) 뿌리가 잡힌 터

【根氣】(근기-コンキ) 사물을 감당할만한 정력 「투리

【根脈】(근맥-コンミャク) 일 생겨난 꼬

【根滅】(근멸-コンメツ) 뿌리째 없애버림

【根毛】(근모-コンモウ) 식물의 뿌리 끝에 길게 나온 실처럼 생긴 가는 털

【根本】(근본-コンポン) ①사물이 발생하는 맨처음 ②뿌리

【根部】(근부-コンブ) 뿌리와 그 언저리

【根肥】(근비) 뿌리에 주는 거름

【根性】(근성-コンジョウ) ①근본이 되는 성질 ②뿌리가 깊이 박힌 성질

【根葉】(근엽-コンヨウ) ①뿌리와 잎 ②처음과 끝

【根源】(근원-コンゲン) ①강물 줄기가 흘러 내려오기 시작하는 곳 ②근본

【根由】(근유-コンユウ) 근본의 이유

【根因】(근인-コンイン) 사실의 근본되는 원인

【根柢】(근저-コンテイ) ①초목의 뿌리 밑뚱 ②사물의 근본

【根絶】(근절-コンゼツ) 뿌리를 끊어버림

【根種】(근종-コンシュ) ①밑뚱 본원(本源) ②그루갈이

【根腫】(근종-コンショウ) 근이 박힌 종기

【根着】(근착-コンチャク) ①뿌리가 박힘 ②확실한 내력·주소

【根菜】(근채-コンサイ) 뿌리 또논 지하경을 먹는 소채

【根治】(근치-コンジ·コンチ) ①극본적으로 고침 ②질환같은 것이 근본적으로 나옴

【桔】길 ケツ、ききょう well sweep 屑 ㄐㄧㄝ́ chieh^2

①도라지 藥名—梗 ②두레박틀 井上轆轤—桿 ③봉화틀 擧烽具

【桔梗】(길경-ケッコウ·キキョウ) 도라지

【桃】도 トウ、もも peach 豪 ㄊㄠ́ t'ao^2

복숭아 果也

【桃李】(도리-トウリ) ①복숭아와 오얏 ②자기가 천거한。인재 시험보고 뽑은 문하생

【桃色】(도색-ももいろ) ①복숭아 빛깔과 같은 빛 ②남녀 사이에 얽힌 애정

【桃園】(도원-トウエン) 복숭아나무 동산

【桃源】(도원-トウゲン) 무릉도원의 준말

【桃仁】(도인-トウジン) 복숭아씨의 알맹이

【桃紅】(도홍-トウコウ) 복숭아 꽃 같은 빛

【桃花】(도화-トウカ) 복숭아 꽃

【桃花酒】(도화주-トウカシュ) 복숭아 꽃으로 담근 술

【桐】동 トウ、きり panlowuia 東 ㄊㄨㄥ́ t'ung^2

머귀나무 梧—

【桐梓】(동자-トウシ) 오동나무와 가래나무。다같이 양재(良材)

【栳】로 ロウ、こうり basket 晧 ㄌㄠ̌ lao^3

고리짝 柳器栳—

【栗】률 リツ、くり chestnut tree 質 ㄌㄧ̀ li^4

①밤 果名 ②신주재목 主材 ③쭉정이 穀不秕 ④무서울 威嚴 ⑤공손할 謹愼 ⑥곱송거릴 竦縮 ⑦건널 越也 ⑧단단할 堅也

【栗栗】(율률-リツリツ) 많은 모양

【栗尾】(율미-リツビ) 붓
【栗鼠】(율서-リす) 다람쥐

【桑】 상 ソウ、くわ mulberry tree 陽 ㄙㄤ sang¹

뽕나무 蠶食葉
【桑稼】(상가-ソウカ) 누에를 치고 농사를 지음。양잠과 경작
【桑林】(상림-ソウリン) 구름을 일으키고 비를 내린다고 하는 수풀
【桑麻】(상마-ソウマ) ①뽕과 삼 ②상마를 심는 곳。곧 전원(田園)의 뜻
【桑麻之交】(상마지교-ソウこのまじわり) 전부야인(田夫野人)의 텁텁한 사귐
【桑白皮】(상백피) 뽕나무의 속껍질。약으로 쓰임
【桑婦】(상부-ソウフ) 뽕잎을 따는 여자
【桑實】(상실-ソウジツ) 오디。뽕나무 열매
【桑野】(상야-ソウヤ) ①뽕나무를 심은 들 ②동쪽
【桑榆】(상유-ソウユ) ①서쪽 ②해넘어갈 때의 그림자 ③늙은이의 임종이 가까와 옴
【桑梓之鄕】(상자지향) 여러 대의 조상의 무덤이 있는 고향
【桑田】(상전-ソウデン) 뽕나무를 심은밭
【桑田碧海】(상전벽해) 뽕나무 밭이 푸른 바다가 되고 푸른 바다가 뽕나무 밭이 되듯이 세상 일이 덧없이 변천함을 이름
【桑海】(상해-ソウカイ) 상전벽해(桑田碧海)의 준말 「문
【桑戶】(상호-ソウコ) 뽕나무로 된 지게
【桑灰水】(상회수-ソウカイスイ) 뽕나무 잿물。종기를 씻는 데와 찜하는 데에 쓰임

【桒】

前條 同字

【栖】 서 セイ、サイ、すむ dwell 齊 ㄑㄧ ch'i¹

①깃들일 鳥投樹 ②편치 않을 不安 ③어정버정할 遊息—遲 棲同 ④홰 鷄所止 ⑤새집 鳥所止
【栖栖】(서서-セイセイ) 급박한 모양
【栖息】(서식-セイソク) 쉬고 살음
【栖遲】(서지-セイチ) 벼슬을 하지 않고 놀고 있음

【栒】 순 ション、きのな name of a tree

①순나무 木名 ②경쇠걸이나무

【栻】 식 シキ、うらないのとうぐ table for fortuneteling

점판 推占木局

【案】 안 アン、つくえ table 翰 ㄢ an⁴

①안석 几屬 ②기안할 著書草稿 ③복안할 考也腹— ④등록할 管府登錄
【案件】(안건-アンケン) 문서에 기록한 사건
【案內】(안내-アンナイ) 인도하여 줌。지시하여 줌 「대함
【案對】(안대-アンタイ) 두 사람이 서로
【案堵】(안도-アンド) 마음을 놓음
【案頭】(안두-アントウ) 책상 머리
【案山】(안산-アンザン) 집 또는 무덤에서 앞으로 내다 보이는 산
【案上】(안상-アンジョウ) 책상 위
【案席】(안석) 앉을 때 몸을 기대는 방석
【案冊】(안책) 각 마을에서 전임관원(前任官員)의 성명·관명·생년월일·본적 등을 기록한 책
【案出】(안출-アンシュツ) 생각하여 냄
【案致】(안치-アンチ) 죄를 조사함
【案驗】(안험-アンケン) 증거를 들어 조사함

【桅】 의 キ、カイ、ほばしら mast of a vessel

돛대 檣也 (괴) 치자나무 染黃木

【栮】 이 ジ、きくらげ mushroom fungus

버섯 生枯木上形如耳

【栽】 재 サイ、うえる plant 灰 ㄗㄞ tsai¹

①심을 種也 ②담틀 築墻長板 「꿈
【栽培】(재배-サイバイ) 초목을 심어 가
【栽揷】(재삽-サイソウ) 초목을 심음
【栽植】(재식-サイショク) 초목을 심음

【栴】전 セン、せんだん Chinese juniper 先 ㄓㄢ chan¹
향나무 香木—檀
【栴檀】(전단-センダン) 향나무의 이름
【栓】전 セン、せん wooden psg 先 ㄕㄨㄢ shuan¹
말뚝 木釘
【株】주 シュ、かぶ trunk of a tree 虞 ㄓㄨˊ chu¹
①뿌리 根也 ②대 木身 ③줄기 幹
也
【株券】(주권-かぶケン) 주식의 증권
【株金】(주금-がぶキン) 주식에 의한 출
자금
【株守】(주수-シュシュ) 고집하고 변통하
지 아니함
【株式】(주식-かぶシキ) 주식회사의 자본「의 단위
【株主】(주주-かぶぬし) 주권(株券)을 가
지고 있는 사람
【桎】질 シツ、あしかせ fetters 質 ㄓ chih⁴
①착고 足械 ②구멍 窒也
【桎梏】(질곡-シッコク) ①차꼬와 수갑
②자유를 속박함
【桁】항 コウ、けた cross beam 陽 ㄏㄤˊ hang²
①차꼬 械也—楊 ②배다리 浮橋 ③
횃대 衣架 (형) ①시렁 屋橫也 ②
마개 葬具

【核】핵 カク、さね kernel 陌 ㄏㄨˊ hu²
①씨 果中實 ②각색할 覈— ③자세
할 綜—
【核果】(핵과) 알맹이를 두껍고 단단
한 껍질로 싼 씨가 들어 있는 살이
많은 열매。복숭아·살구 따위
【核膜】(핵막-カクマク) 세포의 핵의 겉
을 싸고 있는 막
【核物理學】(핵물리학-カクブツリガク) 원
자핵의 구조를 밝히어 그 안에서
행하는 법칙을 연구하는 학문
【核質】(핵질-カクシツ) 세포의 핵 속을
채우는 물질
【桓】환 カン、しるしのぎ sign-post 寒 ㄏㄨㄢˊ huan²
①표목 郵亭表 ②모감주나무 木名
③굳셀 武貌 ④어여머리 髻也 ⑤하
관틀 下棺木
【桓表】(환표-カンピョウ) 옛적에 역(驛)
입구에 세우던 표목
【桓桓】(환환-カンカン) 씩씩한 모양
【栩】허 ク、くぬぎ oak 麌 ㄒㄩˇ hsü³
①상수리나무 橡也 栗屬 ②반가울
喜貌—
【栢】柏(木部 五畫)俗字

【七 畫】

【桷】각 カク、たるき laftee 覺 ㄐㄩㄝˊ chüeh²
①가로 뻗은 가지 平桐 ②서까래
椽也
【梗】경 コウ、キョウ、やまにれ a thorny tree 梗 ㄍㄥˇ kêng³
①산느릅나무 山枌楡 ②대개 大略
—槪 ③곧을 直也 ④막힐 塞也 ⑤
흔들 撓也 ⑥병들 病也 ⑦해로울
害也
【梗槪】(경개-コウガイ) 소설·희곡따위
의 대강의 줄거리 「죽음
【梗死】(경사-コウシ) 목구멍이 막혀서
【梗塞】(경색-コウソク) 가리워져 막힘
【梗正】(경정-コウセイ) 굳세고 바름
【械】계 カイ、かせ、かし implement 卦 ㄒㄧㄝˋ hsieh⁴
①기계 器之總名 ②착고 桎梏
【械器】(계기-カイキ) 그릇。연장
【械用】(계용-カイヨウ) 그릇
【梏】곡 コク、てかせ handeuffs 沃 ㄍㄨˋ ku⁴
①수갑 手械桎— ②어지러울 亂也
【梱】곤 コン、しきみ door-sill 阮 ㄎㄨㄣˇ k'uen³
①문지방 門橛
【梱外之任】(곤외지임) 병마(兵馬)를
통솔함。장군(將軍)의 직무
【梁】량 リョウ、はり beam 陽 ㄌㄧㄤˊ liang²

①대들보 負樑木 ②징검다리 石絕水爲ㅡ ③나무다리 木橋 ④발담 堰水爲關空承之 以筍捕魚ㅡ ⑤펄펄 뛸 뛸ㅡ ⑥姓也

【梁材】(양재-リョウザイ) 들보가 될 수 있는 큰 재목

【梨】리 り、なし pear 因 ㄌㄧˊ lí²

배 快果山樆

【梨硼膏】(이붕고) 배의 속고갱이를 파 내고, 붕사(硼砂) 五푼중과 꿀을 넣고 봉한 뒤에 젖은 종이로 싸고 또 진흙을 발라 구워 익힌 약이며 주로 기침에 씀

【梨園】(이원-リエン) ①배나무를 심은 정원(延園) ②연극계(演劇界) ③옛날 당대(唐代) 현종(玄宗)이 아악을 가르치던 곳

【梨花】(이화-リカ) 배꽃

【梅】매 バイ、マイ、うめ plum 因 ㄇㄟˊ méi²

①매화나무 似杏實酢 ②갈매나무 雀ㅡ ③양매나무 楊ㅡ ④얼굴치치할 喪容ㅡ ⑤姓也 「가지

【梅毒】(매독-バイドク) 성병(性病)의 한

【梅林止渴】(매림지갈) 매화 숲이 있다는 말을 듣고 갈증을 고쳤다는 옛일

【梅雨】(매우-バイウ・つゆ) 매화나무의 열매가 누렇게 익을 때에 오는 장마

【梅花】(매화-バイカ) ①매화나무의 꽃 ②매화나무

【梶】미 ビ、こずえ sprig

나무끝 木杪

【桮】배 ハイ、さかずき goblre 因 ㄅㄟ pēi¹

술잔 飮器 杯・盃同

【桮棬】(배권-ハイケン) 나무를 휘어만든 술잔

【梵】범 ボン、ぼんご Brahman 陷 ㄈㄢˋ fan⁴

①중의글 西域釋書 ②웅얼거릴 吟聲

【梵書】(범서-ボンショ) ①범어로 기록한 책 ②불경 「언어

【梵語】(범어-ボンゴ) 인도(印度)고대의

【梵音】(범음-ボンオン) 불교에서 노래하는 소리

【梵字】(범자-ボンジ) 인도의 옛 글자

【梵刹】(범찰-ボンセツ・ボンサツ) 절。사찰

【梵天】(범천-ボンテン) 음욕(淫欲)을 벗어난 깨끗한 하늘。또 그 곳에 있는 주(主)。주의 본원 곧 만물창조의 신(神) 「소리

【梵唄】(범패-ボンバイ) 불교의 노래하는

【桴】부 フ、フウ、いかだ raft

①떼 筏也 ②대마루 屋脊 ③북채 擊鼓杖

【梭】사 サ、ひ a weaver's shuttle

북 織具所以行緯

【梭杼】(사저-サチョ) 베틀의 북

【梳】소 ソ、くしけずる comb 魚 ㄕㄨ shu¹

어레빗 理髮櫛 「씻음

【梳洗】(소세-ソセン) 머리를 빗고 낯을

【梳髮】(소발-ソハツ) 머리를 빗고 씻음

【梧】오 ゴ、あおぎり paulownia 虞 ㄨˊ wu²

①머귀나무 ㅡ桐 ②허울 좋을 奇偉貌魁ㅡ ③상지할 支持枝ㅡ

【梧桐】(오동-ゴドウ) 머귀나무

【梧右】(오우-ゴユウ) 책상 옆의 뜻으로 편지 받을 사람의 성명 아래 씀

【梧月】(오월-ゴゲツ) 음력 七월의 딴 이름 「이름

【梧秋】(오추-ゴシュウ) 음력 七월의 딴

【梧下】(오하-ゴカ) 편지 받을 사람의 성명 아래에 쓰는 말。오우(梧右)

【梓】자 シ、あずさ walnut

①가래나무 楸也 ②책판 鋟文書於板繡ㅡ ③고향 故鄕桑ㅡ ④지위 木工 ⑤우러러볼 父子之道橋ㅡ (재) 관 天子之棺ㅡ宮

【梓宮】(재궁-シキュウ) 임금의 관

【梓里】(자리-シリ) 고향의 있는 곳이란 뜻

【梓匠輪輿】(재장윤여-シショウリンヨ) 재인(梓人) 장인(匠人)은 목공(木工)·윤인(輪人)·여인(輿人)은 차공(車工)

【棁】절 セツ、タツ うだつ
King post 屑 ㄓㄨㄛˊ chuo²
동자기둥 梁上侏儒柱 (탈) 작대기 大杖

【梃】정 テイ、チョウ、つえ
stick 迥 ㄊㄧㄥˇ t'ing³
①막대 杖也 ②외줄기 一枝 ③꼿꼿할 勁直貌－然

【梯】제 テイ、タイ、はしご
ladder 齊 ㄊㄧ t'i¹
①사닥다리 木階 ②층 差等階－ ③휘추리 木稚 ④모름없을 無遇角突－
【梯磴】(제등-テイトウ) 산에 오르는 비탈길
【梯子】(제자-はしご) 사닥다리
【梯航】(제항-テイコウ) 사닥다리로 산을 오르고 배로 바다를 건넘。곧 먼곳으로 간다는 뜻
【梯形】(제형-テイケイ) 사다리꼴

【條】조 ジョウ、チョウ、えだ
branch 蕭 ㄊㄧㄠˊ t'iao²
①곁가지 小枝 ②노 繩也 ③조리－理 ④조목 枚擧－目 ⑤사무칠 達也 ⑥요란할 擾亂
【條件】(조건-ジョウケン) 사건의개조。또는 종류 ②일정한 약속의 사건
【條規】(조규-ジョウキ) 법률·명령의 조문에 표시된 규정
【條達】(조달-ジョウタツ) 나무 가지가 뻗어나듯 사방으로 통함
【條例】(조례-ジョウレイ) ①조목을 적은 규례(規例) ②낱낱이 조리를 세워 예를 들음 ③회사·조합의 규칙
【條理】(조리-ジョウリ) 일의 경로
【條目】(조목-ジョウモク) 일의 낱낱의 조건
【條文】(조문-ジョウブン) 조목을 기록한 글
【條約】(조약-ジョウヤク) ①조문(條文)으로써 약속함。또 그 약속 ②나라와 나라가 회의에 의하여 국제간의 그권리·의무를 설정한 계약
【條列】(조열-ジョウレツ) 낱낱이 조리를 밝히어 열거함
【條條】(조조-ジョウジョウ) ①어지러운모양 ②조목 조목
【條鐵】(조철) 가늘고 길게 생긴 철재
【條播】(조파) 고랑을 치고 줄이 지게 씨를 뿌리는 일
【條風】(조풍-ジョウフウ) 동북풍
【條項】(조항-ジョウコウ) 조목(條目)

【梢】소 ショウ、こずえ
tip of branch 肴 ㄕㄠ shao¹
①나무끝 木－ ②줄가리 木無枝桐 ③장기추리 農器 ④키꼬리 船尾
【梢梢】(소소-ショウショウ) ①나무 끝이 바람에 흔들리는 모양 ②꼬리가 늘어진 모양 ③조금。겨우 ④쑥내민 모양

【梔】치 シ、くちなし
Cape jasmine 支 ㄓ chih¹
치자 實可準黃－子
【梔子】(치자-シシ) 치자나무의 열매

【桶】통 トウ、おけ
tud 董 ㄊㄨㄥˇ t'ung³
동 木器 (용) 휘 斛也

【桿】한 カン、てこ
pole 翰 ㄍㄢˋ kan⁴
줄기 木梃

【梟】효 キョウ、ふくろう
owl 蕭 ㄒㄧㄠ hsiao¹
①올빼미 不孝鳥 ②머리베어 달 懸首木上 ③영웅 雄也 ④건장할 健也 ⑤주사위 采名樗蒱
【梟猛】(효맹-キョウモウ) 건강하고 날램
【梟名】(효명-キョウメイ) 굳세고 용감하다는 평판
【梟首】(효수-キョウシュ) 목을 베어나무에 달아 놓던 형벌의 하나
【梟首警衆】(효수경중) 효수(梟首)를 행하여 뭇사람을 경계함
【梟將】(효장-キョウショウ) 용맹한 장군

【栁】柳 (木部 五畫) 本字

【埜】野 (里部 四畫) 古字

【巢】巛部 八畫에 볼것

【婁】女部 八畫에 볼것

【彬】彡部 八畫에 볼것

【八 畫】

【棍】곤 コン、つかねる cudgel
곤장 刑具—杖 (혼) 나무 묶을 束木

【棍棒】(곤봉-コンボウ) ①몽둥이。방망이 작대기 ②체조에 쓰는 기구의 하나

【棍杖】(곤장) 형구(刑具)의 하나.

【棺】관 カン、ひつぎ coffin 寒 ㄍㄨㄢ kuan¹
①관 掩尸闕 ②염할 斂也

【棺柩】(관구-カンキュウ) 널。관(棺)

【棺材】(관재-カンザイ) 관을 만드는재목

【棺板】(관판) 관(棺)으로 쓰는널빤지

【椇】구 グ、けんぼなし trifoliate orange
①탱자나무 枳也 ②팥배 梨屬蔆—

【椐】굴 クツ、きりかぶ pieces of wood
토막 나무 斷木

【棬】권 ケン、まげもの small wooden bowl
①휘어만든 나무바리 屈木爲盂棬 ②쇠코뚜레 拘牛鼻

【棬樞】(권추-ケンスウ) 나무를 휘어서 집의 지도리를 만들음。집이 가난함을 뜻함

【棘】극 キョク、いばら thorny brambles
①가시나무 叢生小— ②가시성쌍을 執囚之處叢— ③큰활 大弓

【棘矢】(극시-キョクシ) 가시나무로 만든 화살(복사나무활과 함께 재화를 물리치는데 씀)

【棘人】(극인-キョクジン) 상제의 자칭

【棘皮動物】(극피동물-キョクヒドウブツ)등과 배와의 구별이 있을뿐으로 좌우 전후의 구별이 없는 동물의 총칭。해삼·갯고사리·섬게·따위

【棄】기 キ、すてる abandon 寘 ㄑㄧˋ ch'i⁴
①버릴 損也 ②잊어버릴 忘也 ③잃을 遺也

【棄却】(기각-キキャク) ①버려두어 쓰지 않음 ②상소(上訴)를 재판소에서 물리침

【棄去】(기거-キキョ) 버리고 감버림

【棄軀】(기구-キク) 목숨을 버림

【棄權】(기권-キケン) 자기의 권리를 버리고 쓰지 아니함

【棄物】(기물-キブツ) ①버릴 또는 버린 물건 ②버려 두고 쓰지 못할 물건

【棄世】(기세-キセイ) ①세속(世俗)을초탈하여 돌보지 않음②어른이 죽음。별세(別世)

【棄市】(기시-キシ) 옛적에 죄인의 시체를 길에 버리던 것

【棄兒】(기아-キジ・すてご) 부양의 의무가 있는 자가 남몰래 아이를 버림。또 그 아이

【棄捐】(기연-キエン) ①버림。또 버림을 당함 ②자기의 재물을 버리어 남을 도와 줌

【棄疑】(기의-キギ) 의심을 버림

【棄人】(기인-キジン) 병으로 몸을 버린 사람。폐인

【棄地】(기지-キチ) 버려둔 땅

【棄置】(기치-キチ) 버려 둠

【棄唾】(기타-キダ) 뱉은 침。버려도 아깝지 않음을 비유。타기(唾棄)

【棄骸】(기해-キガイ) 버려진 시체

【棊】기 キ、ご game of chess
바둑 奕子圍— 棋同

【棊局】(기국-キキョク) 바둑판

【棊子】(기자-キシ) 바둑돌

【棊戰】(기전-キセン) 바둑을 둠

【棊枰】(기평-キヒョウ) 바둑판

【棋】기 キ、ギ、ごいし game of chess
①前條 同字 ②뿌리 根柢

【棠】당 トウ、やまなし crab-apple 陽 ㄊㄤˊ t'ang²

①아가위 杜也 ②사당나무 如李無核沙―

【棟】동 トウ、むね ridge-pole 送 ㄉㄨㄥˋ tung⁴
마룻대 屋脊
【棟梁】(동량トウリョウ) 마룻대와 들보。한 집 또는 한 나라의 중임(重任)을 담당하는 사람

【棱】릉 リョウ、かど angle 蒸 ㄌㄥˊ lêng²
①네모질 柧也四方木 ②전각추녀 殿角柧― ③위엄 神靈之威 ④모내지 아니할 持兩端模― 楞同

【梨】리 リ、なし pear
배 快果山樆 梨同

【棉】면 メン、わた cotton-plant 先 ㄇㄧㄢˊ mien²
목화나무 木―

【棒】방 ボウ、ホウ、つえ staff
①몽둥이 杖也 ②칠 打也

【棼】분 フン、むね beams in the roof
①겹들보 複屋重棼 ②삼베 蕡麻 ③어지러울 亂也
【棼棼】(분분-フンプン) 어지러운 모양。분분(紛紛)

【棚】붕 ホウ、たな shelf 庚 ㄆㄥˊ p'êng²

①사다리 棧也 ②전동 矢藏 ③누각 閣也

【森】삼 シン、もり forest 侵 ㄙㄣ sen¹
①나무 빽들어설 木多貌 ②심을 植也
【森羅】(삼라-シンラ) 삼림처럼 많이 벌여서 있음
【森羅萬象】(삼라만상-シンラバンショウ) 우주간에 있는 모든물건과일체의현상
【森列】(삼렬-シンレツ) 배게 늘어서있음
【森林】(삼림-シンリン) 나무가 많이난 곳。나무 숲
【森林行政】(삼림행정) 삼림의 보호경영또는 감독·감찰 등에 관한 행정
【森森】(삼삼-シンシン) ①많이 벌려선모양 ②높이 솟아 있는 모양 「숙함
【森嚴】(삼엄-シンゲン) 으리으리함。엄
【森然】(삼연-シンゼン) ①수목이 무성한 모양 ②죽늘어선 모양
【森閑】(삼한-シンカン) 잠잠한 모양

【棲】서 セイ、サイ、すむ roost 齊 ㄒㄧ hsi¹
①깃들일 鳥棲 ②쉴 息也 ③서성거릴 往來貌―屑 ④평상 牀也
【棲伏】(서복-セイフク) 엎드리고 있다는 뜻이니 뜻을 얻지 못하는 모양
【棲屑】(서설-セイセツ) 거처가 작정되지 아니함 「잠。묵음
【棲宿】(서숙-セイシュク) 새가 나무에서
【棲息】(서식-セイソク) ①살음。생존함 ②새따위가 나무에 깃들임
【棲隱】(서은-セイイン) 숨어서 살다。세상을 피하다
【棲止】(서지-セイシ) 살음。묵음
【棲遲】(서지-セイチ) 놀며 쉼。천천이 놂

【植】식 ショク、うえる plant 職 ㄓˋ chih²
①심을 栽也 ②세울 樹立 ③둘 置也 ④초목 草木―物 (치) ①심을 種也 ②세울 立也 ③기댈 倚也 ④방망이 椎也 ⑤달곳대 枝幹築城楨 ⑥두목 將領事 帥監作者之稱 「숲을 기름
【植林】(식림-ショクリン) 나무를 심어서
【植木】(식목-ショクボク・うえき) 나무를 심음。또 그 나무
【植木日】(식목일) 녹화운동(綠化運動)을 전개하기 위하여 특별히 정한 나무를 심는 날
【植物】(식물-ショクブツ) 초목의 총칭
【植民】(식민-ショクミン) 국외의 미개지에 국내의 백성을 많이 이주시킴
【植樹】(식수-ショクジュ) 식목(植木)
【植字】(식자-ショクジ) 인쇄소에서 활자로 원고대로 판을 만드는 일

【椏】아 ア、また forking branch of a tree
두가장귀질 樹岐

【椀】완 ワン、こばち bowl 旱 ㄨㄢˇ wan³

주발 바리 食器小盂

【椅】의 イ、いす chair ①교의 座床ー子 ②가래나무 梓也

【椅子】(의자-イス) 걸터앉아 몸을 뒤로 기대는 기구

【棧】잔 サン、かけはし ladder 潸 ㄓㄢˋ chan⁴ ①사다리 柵也 ②장가들 柩車 ③마판 馬ー ④복도 閣也 ⑤작은 쇠북 小鍾

【棧橋】(잔교-サンばし) 배를 매 놓고 짐을 실거나 사람이 타고 내리기에 편하도록 만든 다리 선창

【棧道】(잔도-サンドウ) 산골짜기와 절벽 따위에 사다리 처럼 만든길

【棧雲】(잔운-サンウン) 구름을 헤치고 들어가는것 같이 높은 산길

【椄】접 セツ、ショウ、つぎき graft 葉 ㄐㄧㄝ chieh¹ ①나무 접붙일 續木 ②문설주 楔也 ③형벌틀 械也

【椄木】(접목-つぎき) 나무에 접을 붙임

【椄本】(접본) 접을 붙이는 데 그바탕이 되는 나무

【椄槢】(접습-ショウシュウ) ①쐐기 ②옛날의 형구(刑具)의 이름

【棗】조 サウ、なつめ jujube 皓 ㄗㄠˇ tsao³ 대추 棘實赤心果

【棗栗】(조율-ソウリツ) ①대추와 밤 ②부인이 사용하는 예물

【棹】도 トウ、さお oar 效 ㄓㄠˋ chao⁴ 노 楫也

【棹歌】(도가-トウカ) 뱃노래。도창(棹唱)

【棹聲】(도성-トウセイ) 상앗대의 소리

【棣】체 テイ、にわうめ plum 霽 ㄉㄧˋ ti⁴ 산매자 移也 (태) 익숙할 閑習貌ー

【棣棣】(태태-テイテイ) 예의에 밝은모양

【椒】초 ショウ、はじかみ pepper 蕭 ㄐㄧㄠ chiao¹ ①후추 樹似茱萸實味辛香烈 ②난디나무 山ー ③산이마 山巓ー丘

【椒房】(초방-ショウボウ) 후비(后妃)의 궁전

【椎】추 ツイ、つち mallet 支 ㄔㄨㄟˊ ch'uei² ①쇠몽둥이 鐵棒 ②짓찧을 擣也 ③칠 擊也 뻣뻣할 不曲撓ー鈍

【椎鑿】(추착-ツイサク) 방망이와 끝。목수의 연장

【棰】추 スイ、むち whipping stick 紙 ㄔㄨㄟˇ ch'uei³ 매 以杖擊ー楚

【棰楚】(추초-スイソ) 매。매질

【集】隹部 四畫에 볼것

【弑】弋部 九畫에 볼것

【九 畫】

【楗】건 ケン、かんぬき bar of a gate 빗장 限門木關ー

【[illegible]】梗(木部 七畫)本字

【極】극 キョク、ゴク、きわめる utmost 職 ㄐㄧˊ chi² ①지극할 至也 ②대마루 棟也 ③한끝 方隅ー八 ④다할 盡也 ⑤궁진할 窮也 ⑥멀 遠也 ⑦덩어리 天地未分前太極 ⑧한가운데 大中皇ー ⑨별 辰也 ⑩마칠 終也

【極諫】(극간-キョッカン) 강력히 간함

【極奸】(극간) 몹시 간악함

【極艱】(극간) 몹시 가난함

【極光】(극광-キョッコウ) 지구 남·북극에서 밤에 공중에 활 모양으로 나타나는 빛

【極口】(극구-くちをきわめる) 갖은 말을 다함

【極圈】(극권-キョッケン) 적도(赤道)에서 각 六十六도 반에 가른 둥근선。북쪽의 것을 북극권(北極圈)、남쪽의 것을 남극권(南極圈)이라함

【極貴】(극귀) ①지위가 매우 높음 ②몹시 드물음 ③몹시귀함

【極難】(극난) 몹시 어려운

【極南】(극남-キョクナン) 남쪽 끝

【極端】(극단-キョクタン)」①맨끝 ②한쪽으로 심히 치우침 ③이르는 곳까지 이르러 더 어찌할 여지가 없음
【極度】(극도-キョクド) 더할 나위없이 궁극한 정도
【極東】(극동-キョクトウ) ①동쪽 끝 ②아시아주의 동쪽에 있는 땅의 총칭
【極樂】(극락-ゴクラク) ①한껏즐김 ②부처가 있다는 나라로 가장 즐거운곳
【極量】(극량-キョクリョウ) 규정한 최대한도의 분량
【極力】(극력-キョクリョク) 있는힘을다함 조금도 힘을 아끼지 아니함
【極烈】(극렬-キョクレツ) 지극히 맹열함
【極律】(극률) 사형에 해당한 죄를 정한 법률
【極望】(극망) 멀리까지 바라다보다
【極妙】(극묘-キョクミョウ・ゴクミョウ) 매우 묘미가 있는 것
【極北】(극북-キョクホク) 북쪽의 맨끝
【極秘】(극비-ゴクヒ) 극히 비밀로 함
【極貧】(극빈-ゴクヒン) 몹시 빈약함。 써 가난함
【極上】(극상-ゴクジョウ) 제일 좋음。 최 「상(最上)
【極暑】(극서-ゴクショ) 몹시 더움。 지독한 더위
【極星】(극성-キョクセイ) 복극에 있는별 「북극성(北極星)
【極盛】(극성) ①몹시 왕성함 ②성질이 과격함。 마음이 지독함 「늠
【極細】(극세-ゴクサイ) 아주 잘가거나가
【極甚】(극심) 아주 심함
【極惡】(극악-ゴクアク) 몹시 악함
【極洋】(극양-キョクヨウ) 남극 북극에 가까운 해양(海洋)
【極逆大憝】(극역대대) 임금을 죽이려고 하는 역적
【極月】(극월-ゴクゲツ) 섣달
【極點】(극점-キョクテン)극도에 다달은점
【極尊】(극존-キョクソン) 가장 높음
【極地】(극지-キョクチ) 맨 끝의 땅
【極盡】(극진) 마음을 다함
【極處】(극처-キョクショ) 끝 닿은곳
【極侈】(극치-キョクシ) 몹시 사치함
【極致】(극치-キョクチ) 지극함。 취지
【極品】(극품) ①가장 높은 벼슬 ②극상품(極上品) 「수 없는한계
【極限】(극한-キクカン・ゴッカン) 더 이를
【極寒】(극한-キョクカン・ゴッカン) 대단한 추위。 매우추움
【極刑】(극형-キョッケイ) 가장 중한 형벌

【楠】남 ナン、くすのき cedar 覃 ㄋㄢˊ nan^2
남나무 美材似豫章

【椴】단 タン、きのな Tilia amurensis japonica
피나무 椤也

【楝】련 レン、あうち picrasma ailanthoides
고련나무 似槐苦

【楞】릉 リョウ、かど angle 蒸 ㄌㄥˊ lêng^2
①네모질 四方木柧也 ②불경-伽經 嚴經 稜同 棱通

【楣】미 ビ、ひさし lintel of a door
인중방 門上橫梁

【楂】사 サ、いかだ raft 麻 ㄔㄚˊ ch'a^2
①떼 桴也 ②아가위 果名 ③등걸 樹下體古― ⑤까치소리 鵲鳴

【楔】설 セツ、ケツ、くさび wedge 屑 ㄒㄧㄝˋ hsieh^4
①문설주 門兩傍柱 ②기둥 柱也 ③노가지나무 似松有刺

【楯】순 ジュン、たで shield 軫 ㄕㄨㄣˇ shuen^3
①방패 干也 ②난간 欄也 ③상여 喪車 盾通

【椰】야 ヤ、やし cocoa-nut palm
야자나무 木名
【椰杯】(야배) 야자나무의 열매로 만든 술잔

【楊】양 ヨウ、やなぎ willow 陽 ㄧㄤˊ yang^2
①버들 柳也 ②회양목 黃― ③姓也
【楊柳】(양류-ヨウリュウ) 버드나무
【楊枝】(양지-ヨウジ) ①이를 닦는 나무

원래 버드나무 가지로 만들었던 까닭) ②나무로 만든 이쑤시개 ③버드 나무 가지

【楊花】(양화) 버들개지

【業】업 ギョウ、ゴウ、わざ prefession 圏 一せ yeh⁴
①업 功ㅡ·事ㅡ·基ㅡ·學ㅡ·世ㅡ·産ㅡ·創ㅡ·職ㅡ ③일 事也 ③일 삼을 事之 ④씩씩할 莊也 ⑤이미 已然 ⑥위태할 危也ㅡㅡ ⑦종다는 널조각 懸鍾具大板

【業界】(업계-ギョウカイ) 동일한 산업(產業)이나 상업에 종사하고 있는 사람의 사회

【業苦】(업고-ゴウク) 악업(惡業)의 갚음으로 받는 고통

【業果】(업과-ゴウカ) 전생(前生)에서 한 일에 대하여 받는 고통

【業力】(업력-ギョウリョク) 사업을 경영하는 힘

【業命】(업명) 임금의 분부를 받은일

【業務】(업무-ギョウム) 직업으로 하는일

【業報】(업보-ゴウホウ) 선악(善惡)의 행위에 대한 고락의 앙갚음

【業習】(업습) 버릇。습관

【業厄】(업액-ゴウヤク) 악업(惡業)의 앙갚음으로서 받는 재난

【業業】(업업-ギョウギョウ) ①위태로운모양 ②왕성한 모양

【業寃】(업원) 전생의 죄로 이승에서 받는고통

【業因】(업인-ゴウイン) 과보(果報)를 이르키는 원인。현재 미래의 모든인연

【業績】(업적-ギョウセキ) 업적 일의성적

【業畜】(업축) 전생의 죄로 이승에서 하대를 받는 짐승

【業火】(업화-ゴウカ) ①불과같이 성난 마음 ②악업(惡業)의 갚음 으로서 의 지옥의 맹렬한 불

【楹】영 エイ、はしら pillar 庚 一ㄥ ying²
①기둥 柱也 ②하관틀 空棺具

【椳】외 ワイ、へるる pivots of a chinse door
문지도리 門樞

【楡】유 ユ、にれ elm
①느릅나무 白枌 ②서쪽 晩景桑

【椽】연 テン、たるき beam 先 ㄔㄨㄢ ch'uan²
서까래 尾角榱

【椽桷】(연각) 서까래

【椽大之筆】(연대지필-テンダイのふで) 서까래같은 붓이라는 뜻에서 훌륭한 문장、대논문(大論文)을일컬음

【楢】유 ユウ、なら oak 尤 一ㄡ yu²
①부드러운 나무 柔木

【楮】저 チョ、かぞ paper muberry
①닥나무 皮可爲紙卽穀桑 ②종이돈 鈔也

【楮墨】(저묵-チョボク) 종이와 먹

【楮先生】(저선생-チョセンセイ)종이와 딴이름

【楮實】(저실-チョジツ) 닥나무의 열매

【楮幣】(저폐-チョヘイ) 종이돈

【楨】정 テイ、ねずみもち 庚 ㄓㄣ chen¹
①쨍쨍한 나무 剛木 ②담틀마구리 대築墻具ㅡ幹

【椶】종 シユ、ソウ、しゅろ hemp palm
종려나무ㅡ棕一名蒲葵 棕同

【楫】즙 シュウ、かい oar 緝 ㄐㄧ chi⁴
노 短棹 (접) 義同

【楚】초 ソ、むち whipping stick
①종아리칠 朴撻犯禮 ②가시나무 荊也 ③휘추리 叢木 ④쓰라릴 辛痛 ⑤고울 鮮明貌ㅡㅡ ⑥姓也

【楚歌】(초가-ソカ) 초(楚)나라 사람의 노래。초 나라 곡조의 노래

【楚撻】(초달-ソタツ) 종아리를 때림 편달함(鞭撻)함

【楚腰】(초요-ソヨウ) 미인의 가느스름한 허리

【楚痛】(초통-ソツウ) 아프고 괴로움

【楸】추 シユウ、ひさぎ walnut 尤 ㄑㄧㄡ ch'iu¹

①가나무 梓也 ②산유자 苦— ③바둑 판棊局

【楸局】(추국-シュウキョク) 바둑판

【楸枰】(추평-シュウヘイ) 바둑판

【楸鄕】(추향-シュウキョウ) 조상의무덤이 있는 시골

【椿】춘 チン、チュン、たまつばき camellia 眞 ㄔㄨㄣ ch'uen

참죽나무 櫄也

【椿堂】(춘당-チンドウ) 어르신네

【椿府】(춘부-チンプ) 어르신네

【椿事】(춘사-チンジ) 뜻밖에 일어난 불행한 일

【椹】침 チン、あて、くわのみ mulberry fruit

①모탕 斫木器—櫍 ②토막 戮人櫍 (심) 오디 桑實

【楓】풍 フウ、かえで maple 東 ㄈㄥ fêng'

①단풍나무 欇也

【楓林】(풍림-フウリン) 단풍나무의 숲

【楷】해 カイ、でほん a style of writing

①해나무 孔子墓木 ②해자 書名 해법 法式 ③본 模也

【楷法】(해법-カイホウ) 해서의 서법

【楷書】(해서-カイショ) 서체의 하나。지금은 예서를 이르고、이전에는 팔분(八分)이라 하였음

【楷式】(해식-カイシキ) 법。본

【楷則】(해칙-カイソク) 법。본

【楛】호 コ、おどろ bush clover 虞 ㄏㄨ hu'

싸리나무 木名形似荊而赤莖似蓍 (고) 물건추악할 器物醜惡

【禁】示部 八畫에 볼것

【晳】日部 八畫에 볼것

【十 畫】

【榎】가 カ、えのき whipping stick

휘추리 楚也

【榦】간 カン、はしら trunk of a tree

①밑줄기 木本 ②자루 柄也 ③연촛대 築墻木 (한) 우물난간

【槁】고 コウ、かれき dry wood 皓 ㄍㄠ kao³

①마른나무 枯木 ②말린고기 乾魚 ③쌓일 積也

【槁壤】(고양-コウジョウ) 마른 땅

【槁暴】(고폭-コウバク) 햇볕에 쬐어서 말림

【槀】前條同字

【榾】골 コツ、ほた inferior coal 月 ㄍㄨ ku³

①마들가리 木頭—拙 ②살대나무枸骨木

【槓】공 コウ、でこ lever 江 ㄍㄤ kang'

지레 막대기—杆

【槓杆】(공간-コウカン) ①지레 ②한 정점을 축으로 하여 둘레를 자유로돌수 있는 튼튼한 막대

【構】구 コウ、かまえる build 宥 ㄍㄡ kou'

①집세울 架屋 ②이룰 成也 ③합할 合也 ④글미리지을 宿— ⑤닥나무 楮也

【構內】(구내-コウナイ) 주위를 둘러 싸인 그안

【構思】(구사-おもいをかまう) 여러가지로 생각함

【構想】(구상-コウソウ) ①생각을 얽어놓음②예술 작품을 창작할 때 그내용 표현 형식등의 구성을 생각하는 일

【構成】(구성-コウセイ) ①엮어만듬 ②짜서맞춤

【構外】(구외-コウイイ) 주위를 둘러 막은 데밖

【構造】(구조-コウゾウ) ①얽어만듬 ②만든 본새

【構築】(구축-コウチク) 쌓아 만듬

【構陷】(구함-コウカン) 터무니 없는사실을 꾸미어 남을 속임

【構禍】(구화-わざわいをかまう) 재앙의 근원을만듬

【榔】랑 ロウ、びんろう betel-nut palm-tree

빈랑나무 嶺外果檳

【榴】 榴 (木部 十二畫) 俗字

【槃】 반 ハン、たらい tray 寒 ㄆㄢˊ p'an^{2}
①쟁반 承盤 ②머뭇거릴 不進ㅡ停 ③즐거울 樂也 考ㅡ

【榜】 방 ボウ、ホウ、ふだ public notice
①방목 聖及選官之次序 ②방써붙일 標題 ③게시판 木片 ④불기칠 笞也 ⑤사공 舟人 ⑥배질 進船 (병)義同

【榜歌】(방가-ボウカ) 뱃사공의 노래

【榜目】(방목-ボウモク) 과거 시험의 급제자의 성명을 적은 책

【榜文】(방문-ボウブン) 여러 사람이 보도록 써서 붙이는 글

【榜上掛名】(방상괘명) 과방(科榜)에 「입성명이 적힌것

【榜示】(방시-ボウジ) 방문(榜文)을 붙임

【榜人】(방인-ボウジン) 뱃사공

【榜楚】(방초-ボウソ) 죄인의 볼기를 침

【榜花】(방화-ボウカ) 과거 급제자 속에서 제일 나이가 어리고 가문이 좋은사람

【榑】 부 フ、ふそう mulberry tree
해돋이 뽕나무 福木名ㅡ桑日所出

【榭】 사 シヤ、うでな arbour : kiosk
①정자 臺有屋 ②사정 講武屋 ③사당집 廟無室

【槎】 사 サ、いかだ raft 麻 ㄔㄚˊ ch'a^{2}
①떼 桴也 ②엇찍을 衺斫

【槊】 삭 サク、ほこ a long lance 覺 ㄕㄨㄛˋ shuo^{4}
①창 矛也 ②상륙 雙陸

【榮】 영 エイ、さかえる glory;honour 庚 ㄖㄨㄥˊ jung^{2}
①영화 辱之反 ②꽃다울 華也 ③성할 茂也 ④머귀나무 桐也 ⑤추녀 屋梠之兩頭起者

【榮枯】(영고-エイコ) ①무성한 것과 마르는 것 ②성하는 것과 쇠하는 것

【榮光】(영광-エイコウ) ①좋은 소문 ②빛나는 명예。서기(瑞氣)

【榮貴】(영귀-エイキ) ①벼슬이 높고귀함 ②영화와 복을 받음 「높아짐

【榮達】(영달-エイタツ) 귀하게됨。벼슬이

【榮落】(영락-エイラク) 사람이나 나라의 운명이 때로 성하고 쇠함이 있음을 이름

【榮樂】(영락-エイラク) 영화의 즐거움

【榮祿】(영록-エイロク) 영예로운 북록

【榮利】(영리-エイリ) 영예와 이익

【榮名】(영명-エイメイ) 뛰어난 좋은이름。광영있는 명예

【榮勢】(영세-エイセイ) 지위가 높고 세력이 있는 것

【榮養】(영양-エイヨウ) ①부모를 봉양함 ②생물의 양분을 섭취하여 체질의 소모를 보충하여 살아감

【榮譽】(영예-エイヨ) 영광스러운 명예

【榮辱】(영욕-エイジョク) 영화와 치욕

【榮位】(영위-エイイ) 영광스러운 자리

【榮轉】(영전-エイテン) 좋은 벼슬 자리로 옮김。영진(榮進)

【榮進】(영진-エイシン) 벼슬이 오름

【榮寵】(영총-エイチョウ) 임금의 은총

【榮親】(영친-エイシン) 부모를 영화롭게함

【榮華】(영화 エイガ) ①화려한 생활 ②부귀로 번성함。초목이 무성함

【榮孝】(영효-エイコウ) 부모를 영화롭게 하는 효도

【榧】 비 ヒ、かや name of tree
비자나무 似柏文水子可食療白蟲

【榅】 온 オツ、はしら pillar
팥배나무 果似樝ㅡ桲

【榕】 용 ヨウ、あこう bangan tree
용나무 南方樹名

【榛】 진 シン、はしばみ hazel nut tree
①가얌나무 木名實如小栗 ②덤거칠 燕也

【榛蕪】(진무-シンブ) ①초목이 거칠고 무성함 ②정의(正義)를 해하는 물건 ③신분이 낮음 「라난 모양
【榛榛】(진진-シンシン) 초목이 흩어져자
【榛草】(진초-シンソウ) 무성한 풀

【槍】창 ソウ、やり spear 陽 ㄑㄧㄤ ch'iang¹
①나무창 剡木傷盜稍 ②막을 距也 ③낮을 低也 (쟁) 별이름 彗星
【槍軍】(창군-ソウグン) 창을 쓰는 군사
【槍劍】(창검-ソウケン) 창과 칼
【槍旗】(창기-ソウキ) 차나무의 싹(차의 싹은 창같고 잎은 기와 같은 까닭)
【槍法】(창법-ソウホウ) 창을 쓰는 법
【槍手】(창수-ソウシュ) 창군(槍軍)
【槍號】(창호-ソウゴウ) 창에 붙이는 표。 창표(槍標)

【榱】최 スイ、たるき rafter 支 ㄘㄨㄟ ts'uei¹
서까래 椽也

【槌】추 ツイ、うつ mallet 支 ㄔㄨㄟˊ ch'uei²
칠 擊也 椎同 (퇴) 義同 몽둥이 棒也 ③너스레 蠶架簿木 ④딸 摘也

【榻】탑 トウ、こしかけ bench
①평상 牀也 ②가는 면포 布也
【榻前】(탑전-トウゼン) 임금의 자리 앞
【榻布】(탑포-トウフ) 발이 굵은 두꺼운 베

【槐】회 カイ、えんじゅ pagoda tree 佳 ㄏㄨㄞˊ huai²
홰나무 木名花可染黃色
【槐位】(회위-カイイ) 삼공(三公)의 벼
【槐木】(회목-カイボク) 홰나무
【槐府】(회부) 의정부의 딴 이름
【槐鼎】(회정-カイテイ) 삼공(三公)의 자리 대신(大臣)의 자리。솥발 세개가 솥을 버티고 있는 것을 삼공이 임금을 보좌하는 것에 비함
【槐花】(회화-カイカ) 홰나무 꽃
(槐黃】(회황-ガイオウ) 홰나무 열매로만든 누른 물감

【槀】槀 (木部 一二畫)俗字

【十一畫】

【概】개 ガイ、カイ、おおむね generally
①대개 大率梗ㅡ ②절개 意氣節ㅡ ③평미레 平斗斛 ④술준이름 ⑤거리낄 感觸經心
【概觀】(개관-ガイカン) 대충 살펴봄
【概括】(개괄-ガイカツ) 대강 묶음。대체의 묶음
【概念】(개념-ガイネン) 여러관념 중에서 공통된 요소를 종합한 하나의 관념
【概略】(개략-ガイリャク) 대강
【概論】(개론-ガイロン) 전체에 대한 대강의 논설
【概算】(개산-ガイサン) 대강 친 세음。 겉가량으로 잡은 수
【概尙】(개상-ガイショウ) 절개。 뜻
【概說】(개설-ガイセツ) 대강의 설명
【概數】(개수-ガイスウ) 짐작으로 잡는 수효 어림수
概述】(개술-ガイジュツ) 대강 설명함
【概言】(개언-ガイゲン) 대강을추려하는말
【概要】(개요-ガイヨウ) 대체의 요점
【概歎】(개탄-ガイタン) 분하게 여겨 탄식함
【概評】(개평-ガイヒョウ) 대개의 비평
【概形】(개형-ガイケイ) 대략으로 본형상

【槩】前條 同字

【槲】곡 コク、かしわ oak 屋 ㄏㄨˊ hu²
古音(혹) 떡갈나무 櫟類ㅡ樕

【槨】곽 カク、ひつぎ outer coffin 藥 ㄍㄨㄛˇ kuo³
덧관 葬具外棺
【槨柩】(곽구-カッキュウ) 관

【槻】규 キ、つき ash tree 支 ㄍㄨㄟ kuei¹
물푸레나무 木名堪作弓材

【槿】근 キン、むくげ rose of sharon
무궁화木 ㅡ

【權域】(근역) 우리나라의 딴 이름。무궁화가 아름답게 핀다는 뜻
【權花】(근화) 무궁화
【權花鄕】(근화향) 근역(權域)

【樂】락 ガク、ラク、たのしむ pleasure 國 ㄌㄜˋ lè 즐길 喜也 (악) 풍류 八音之總名 (요) ①좋을 好也 ②하고자 할 欲也
【樂歌】(악가-ガッカ) 악장 또는 악곡에 맞추어 부르는 노래
【樂曲】(악곡-ガッキョク) 음악의 곡조
【樂工】(악공-ガッコウ) 주악(樂樂) 하는 사람
【樂觀】(낙관-ラクカン) 즐겁게 봄。쉽게 봄。잘될줄암
【樂劇】(악극-ガクゲキ) 음악을 주장삼아 하는 극
【樂器】(악기-ガッキ) 음악에 쓰는 기구
【樂壇】(악단-ガクダン) 음악가의 사회
【樂隊】(악대-ガクタイ) 음악대
【樂理】(악리-ガクリ) 음악의 이치
【樂舞】(악무-ガクブ) 음악과 춤
【樂譜】(악보-ガクフ) 악곡을 일정한 기호를 써서 적은것
【樂師】(악사-ガクシ) ①주악(奏樂)에 종사하는 사람
【樂生】(악생-ガクセイ) 주악(奏樂)에 종사하던 장악원(掌樂院)의 잡직(雜職)
【樂手】(악수-ガクシュ) 음악을 종사하는 사람
【樂園】(낙원-ラクエン) 안락한 곳。즐거운 곳
【樂易】(낙이-ラクイ) 편안히 즐거워함。즐겁고 편안함
【樂調】(악조-ガクチョウ) 음악에 맞춰부르는 가락
【樂天】(낙천-ラクテン) 천명(天命)을 즐김
【樂天主義】(낙천주의-ラクテンシュギ) 현재의 세계로써 가장 유쾌하고 가장 선량한 것이다 하는 주의

【樓】루 ロウ、たかどの tower 國 ㄌㄡˊ lóu ①다락 重屋 ②문루 譙ㅡ 城ㅡ ③뫼봉오리 山之銳嶺 岑ㅡ ④어깨 兩肩 玉ㅡ ⑤모을 聚也
【樓閣】(누각-ロウカク) ①사방을 바라볼 수 있도록 높게 지은집
【樓居】(누거-ロウキョ) 누각에서 거처함
【樓館】(누관-ロウカン) 다락집 모양 높게 지은 관
【樓臺】(누대-ロウダイ) 누각
【樓頭】(누두-ロウトウ) 다락 위의 한 부분
【樓欄】(누란-ロウラン) 누각의 난간
【樓門】(누문-ロウモン) 다락집에 있어서 그 다락의 밑을 드나들게 된 문
【樓上】(누상-ロウジョウ) 누각 위。이층
【樓船】(누선-ロウセン) 二층으로 된 배
【樓下】(누하-ロウカ) 누각 아래

【樏】류 ルイ、わりご sledge ①찬합 盤中有隔榼 ②썰매山行所乘

【模】모 モ、ボ、かた style 國 ㄇㄛˊ mó ㄇㄨˊ mú ①법 法也 ②골 본 以木爲規 ③모나무 周公墓木
【模倣】(모방-モホウ) 남의 흉내를냄。남의 본을 뜸
【模範】(모범-モハン) 배워서 본받을 만한것。본때。모표(模表)
【模本】(모본-モホン) 본보기。견본
【模寫】(모사-モシャ) 본보기대로 그림
【模索】(모색-モサク) 더듬어 찾음
【模襲】(모습-モシュウ) 모방
【模樣】(모양-モヨウ) ①꼴。물건의 형상。사물의 형편 ②됨됨이 ③체면
【模擬】(모의-モギ) 남의 흉내를 냄。본떠서함
【模造】(모조-モゾウ) 모방하여 만듦
【模造石】(조모석-モゾウセキ) 인조석(人造石)
【模表】(모표-モヒョウ) 본보기。모범
【模楷】(모해-モカイ) 모범。모표
(模憲)(모헌-モケン) 따르고 좇아야 할 법
【模型】(모형-モケイ) 거푸집。골
【模糊】(모호-モコ) 분명하지 않음。흐리터분함

【榓】밀 ミツ、しきみ anise tree 침향나무 香木

【樊】번 ハン、ヘン、とり、かご cage 國 ㄈㄢˊ fán

①새장 鳥籠 ②산울 山藩 ③어수선
할 紛類貌
【樊籠】(번롱-ハンロウ) ①새장 ②자유
가 속박된 관리 생활 ③감옥
【樊籬】(번리-ハンリ) ①울 ②학술·문
장등의 문호(門戶)를 이름
【樊中】(번중-ハンチュウ) 새장 속

【樕】색 セキ、かえで maple tree 陌 ㄗㄨˋ tsu²
나무잎 떨어져 앙상할 葉落木枝空

【樣】양 ヨウ、さま style 漾 ㄧㄤˋ yang⁴
①모양 貌— ②본보기 式也 (상)
도토리 栩實
【樣式】(양식-ヨウセキ) 꼴。모양。격식
【樣子】(양자-ヨウス·ヨウス) 꼴。형식
【樣制】(양제-ヨウセイ) ①모양。생김
②형식

【槳】장 ショウ、かい oar
상앗대 橫楫

【樟】장 ショウ、くすのき camphor tree 陽 ㄓㄤ chang¹
예장나무 木名橡—
【樟腦】(장뇌-ショウノウ) 방향이 있는 흰
결정。향료 및 약재로 씀
【樟木】(장목-ショウボク) 녹나무
【樟木魚】(장목어) 귀상어

【樗】저 チョ、こんずい tree of heaven 魚 ㄕㄨ shu¹
가죽나무惡木木材(화)벗나무 樺也
【樗木】(저목-チョザイ) 가죽나무
【樗散】(저산-チョサン) 아무 소용이 없
다는 뜻으로 쓰는 지칭。대명사
【樗蒲】(저포-チョホ) 놀음

【槽】조 ソウ、かいばおけ trough
①말구유 溜器馬— ②주자틀 酒坊
酒 ③차절구 茶碓茶—
【槽櫪】(조력-ソウレキ) 말구유와 말판。
(고상한 인물이 비천한 자와 동일
한 대우를 함께 죽음)

【樅】종 ショウ、もみ fir
①전나무 노송나무 木名松葉柏身
②칠 撞也
【樅樅】(종종-ショウショウ) 나무잎이 무
성한 모양

【槧】참 ザン、セン、ふだ boardsf orwutting
①겉목칠 始削鹿𪋿樸 ②분판 削版
鉛 (첨) 편지 牘也
【槧本】(참본-ザンポン) 판(版)에 박은책
【槧人】(참인-ザンジン) 글을 읽는 사람

【樞】추 スウ、ス、とぼそ central point
①지두리 椳也 ②밑등 本也 ③중요
로울 要也 ④가운데 中也 ⑤북두첫
째별 北斗第一星 ⑥달 月也 (우)
느릅나무 木名
【樞機】(추기-スウキ) ①중추가 되는 기
관 ②매우 긴요한 정무
【樞密】(추밀-スウミツ) ①정치상의 비밀。
기밀(機密) ②비밀한 정무을 집행
하는 곳
【樞柄】(추병-スウヘイ) 정치상의 권력
【樞星】(추성-スウセイ) 북두성 (北斗星)
의 첫째별
【樞臣】(추신-スウシン) 재상(宰相) 「곳
【樞要】(추요-スウヨウ) 중요함 중요로운
【樞軸】(추축-スウジク) ①문지두리와 수
레굴대。②중요함을 이름

【標】표 ヒョウ、しるし signal 蕭 ㄅㄧㄠ piao¹
①표할 表識 ②기록할 表記 ③쓸書
也 ④나무끝 木末 ⑤상가지 高枝⑥
들 擧也 ⑥기 旌旗
【標揭】(표게-ヒョウケイ) 표로서 내걸다
【標季】(표계-ヒョウキ) 물건 또는 때의
끝 「호
【標記】(표기-ヒョウキ) 표로 기록한 부
【標旗】(표기-ヒョウキ) ①목표로 세운기
②병조(兵曹)의 주기(主旗)
【標燈】(표등-ヒョウトウ) 무엇을 표하기
위하여 켜놓은 등불
【標抹】(표말) 표말 「뚝
【標木】(표목-ヒョウボク) 표로서 세운말
【標榜】(표방-ヒョウボウ) ①앞에 내세움
②지적함 ③자기의 주의를 남에게
보임

【標譜】(표보) 五선의 악보가 아니고 문자나 부호로써 악기를 치는 장소를 표시한 악보

【標本】(표본-ヒョウフ) 하나를 보여 다른 한 종류의 물건의 표준을 삼는 물건 본보기

【標石】(표석-ヒョウホン) 표돌

【標示】(표시-ヒョウセキ) 표를 하여 외부에 드러내어 보임

【標信】(표신-ヒョウジ) 궁중에 급변을전할때나 궁궐문을 드나들 때에 표로 가지던 문표

【標語】(표어-ヒョウシン) 목표로 삼는 말

【標章】(표장-ヒョウゴ) 무슨 표로 보이는 부호・휘장 같은 것 「권

【標的】(표적-ヒョウテキ) 목표로 삼는 물

【標點】(표점-ヒョウテン) 표적

【標程】(표정-ヒョウテイ) 본보기。표준

【標題】(표제-ヒョウタイ) ①글에 표기한 명목 ②연설 담화 등의 제목

【標註】(표주-ヒョウチュウ) 표를 붙여 주해(註解)함

【標準】)표준-ヒョウジュン) ①사물의 정도의 목표 ②사물의 법칙。본보기

【標識】(표지-ヒョウシキ) 목표。어떤 사물을 표하기 위한 기록

【標紙】(표지-ヒョウシ) 증서로 적어둔 글발의 종이

【標徵】(표징-ヒョウチョウ) 어떤 것과 다른것을 드러내 보이는 뚜렷한 점

【標札】(표찰-ヒョウサツ) 표로 쓴 종이

【標軸】(표축-ヒョウジク) 결정의 중심으로 부터 한결 정면이 결정축을 자르는 점까지의 거리 「보이는것

【標致】(표치-ヒョウチ) 취지를 나타내어

【十二畫】

【橄】감 カン、かんらん olive 感 ㄍㄢˇ kan³

감람나무 交果木—欖

【橋】교 キョウ、はし bridge 蕭 ㄑㄧㄠˊ ch'iao²

①다리 水梁 ②교나무 木名—梓 ③업신 여길 嫚也—泄 ④두레박틀 桔槔上衡 ⑤줄띠어잴 懸繩以度纆

【橋架】(교가-キョウカ) 다리의 기둥과 기둥 위를 가로질러 놓아 집의 도리와 같은 구실을 하는것

【橋頭】(교두-キョウトウ)다리가있는근처

【橋梁】(교량-キョウリョウ) 다리

【橋泄】(교설-キョウセツ) 업신여김 「일

【橋松】(교송-キョウソウ) 높은 소나무。

설에는 말라서 가지가 없는 소나무

【橋津】(교진-キョウシン) 다리와 나루터

【橋塔】(교탑-キョウトウ) 교량의 입구나 교각의 위에 교량의 노면(路面)에 따라서 탑 또는 문같이 만든 축조물

【橘】귤 キツ、れちばな orange 質 ㄐㄩˊ chü²

귤 柚屬一名木奴

【橘餠】(귤병-キッペイ) 꿀이나 설탕물에 졸인 귤

【橘井】(귤정-キッセイ) 병을 고쳐 주는 사람。곧 의사

【橘中之樂】(귤중지락-キッチュウのたのしみ) 바둑을두는 즐거움。중국 파앙(巴印)사람이 뜰의 귤나무에서 귤을 따서 타본 즉 두 노인이 그 속에서 바둑을 두고 있었다는 옛 이야기가 있음

【橘皮】(귤피-キッピ) 귤의 껍질 보위・담증・해수등 여러가지 약재로 씀

【橘核】(귤핵-キッカク) 귤의 씨

【橘化爲枳】(귤화위지) 희남(淮南)의 귤을 회북(淮北)에 옮겨 심으면 탱자가 된다는 뜻이니 사람도 경우를 따라 그 기질이 변함을 이름

【機】기 キ、はた loom 微 ㄐㄧ chi¹

①베틀 織具 ②고동 樞會發動所由 ③기계 巧術—械 ④기틀 氣運之變化 ⑤별이름 星名握— ⑥천지 天眞天—

【機感】(기감-キカン) 중생이 불보살의 능력을 느끼는 일

【機警】(기경-キケイ) 예민함。민첩함

【機械】(기계-キカイ) ①틀 ②여러 가지 기관이 있어서 동력을 받아 자동적으로 일을 시키는 장치 ③남이 하

라는대로 동작하는 사람
【機工】(기공-キコウ) 기계 공업
【機關】(기관-キカン) ①물건을 운전 활동시킬 장치를 하여 놓은 것②어떠한 목적을 달하기 위하여 장치한 시설 ③다른 활동을 도와주는 물건 ④자기의 이익을 꾀하는 시설
【機關手】(기관수-キカンシュ) 기관의 운전사
【機巧】(기교-キコウ) 잔꾀와 솜씨가 매우 공교로움
【機構】(기구-キコウ) 기관의 구조
【機女】(기녀) 베짜는 여자
【機能】(기능-キノウ) 작용。활동
【機略】(기략-キリャク) 임기 웅변의계략
【機力】(기력-キリョク) 기계의 힘
【機務】(기무-キム) 근본이되는 일。기밀한 정무(政務)
【機微】(기미-キビ) 약간의 징후
【機敏】(기민-キビン) 민첩함。신속함
【機密】(기밀-キミツ) 중요하고 비밀함。비밀한 정무
【機房】(기방)) 길삼을 하는 방
【機變】(기변-キヘン) 때에 따라 변함
【機事】(기사-キジ) 기밀에 속하는 일
【機先】(기선-キセン) 남・하기전에 먼저 시작함。약삭 바르게 일을처리함
【機業】(기업-キギョウ) 직조하는 일
【機運】(기운) 돌아드는 기회와 운수
【機智】(기지-キチ) 얕은 슬기
【機軸】(기축-キジク) ①마룻대 ②긴요한 곳 ③활동의 중심 전하여 ④국정(國政)을 이름 ⑤새로 생각해낸 사물의 방법 ⑥시문(詩文)의 체재
【機會】(기회-キカイ) 경우。때 기다리던 그 때

【榴】류 リュウ、ざくろ pomegranate 尤 ㄌㄧㄡˊ liu²
서류 果名石—一名丹棠
【榴散彈】(유산탄-リュウサンダン) 탄환속에 무수한 작은탄알을 넣어서 발사한 탄환이 어디든지 맞으면 터져서 작은 탄알이 튀어 나가게된 포탄
【榴花】(유화-リュウカ) 석류나무의 꽃

【樸】박 ボク、ハク、すなお sincere 覺 ㄆㄨˇ p'u³
①순박할 朴也 ②바탕 質也 ③나무 등걸 木素 (복) ①땅갈 나무 小大叢生檏— ②나무 빽 들어설 木密
【樸馬】(박마-ボクバ) 아직 길들지 아니한 말
【樸素】(박소-ボクサク) 질박하고 검소함
【樸樕】(박속) 떠갈나무
【樸直】(박직-ボクチョク) 순박하고 정직함
【樸學】(박학-ボクガク) ①고대(古代)의 질박한 학문으로 당세에 부적당한 학문이라는 뜻。곧 명리(名利)를 목적으로 하지 않는 순박한 학문

【橡】상 ショウ、とちのき chestnut-oak 養 ㄒㄧㄤˋ hsiang⁴
상수리 栩實

【樹】수 ジュ、き tree 遇 ㄕㄨˋ shu⁴
①나무 生植之總名 ②막을 屛也 ③심을 植也扶— ④세울 立也
【樹幹】(수간-ジュカン) 나무의 줄기
【樹間】(수간-ジュカン) 수목의 사이
【樹鷄】(수계-ジュケイ) 들꿩
【樹根】(수근-ジュコン) 나무의 뿌리
【樹黨】(수당-ジュトウ・トウをたつ) 당파를 세움
【樹齡】(수령-ジュレイ) 나무의 나이
【樹林】(수림-ジュリン) 나무가 무성한 수풀
【樹立】(수립-ジュリツ) ①세움 ②도와서 서게함
【樹木】(수목-ジュモク) 살아있는 나무
【樹木農業】(수목농업-ジュモクノウギョウ) 주로 수목을 농사함
【樹木參天】(수목참천) 수목이울창함
【樹聖】(수성-ジュセイ) 버드나무의별명
【樹植】(수식-ジュショク) 초목 따위를심어 뿌리를 박게 함
【樹葉】(수엽-ジュヨウ) 나무 잎
【樹影】(수영-ジュエイ) 나무의 그림자
【樹藝】(수예-ジュイン) 곡식이나 초목을 심어 가꿈
【樹陰】(수음-ジュイン) 나무 그늘
【樹顚】(수전-ジュテン) 나무의 꼭대기
【樹種】)수종-ジュシュ) 수목의 종류
【樹枝】(수지-ジュシ) 나무가지

【樹脂】(수지-ジュシ)나무의 진

【樹皮】(수피-ジュヒ) 나무의 껍질

【蘂】예 ズイ、スイ、しべ flower-centre
①여의 꽃술방울 花鬚頭點 ②드릴 垂也

【橈】요 ドウ、かい oar 圖 ㄋㄠ nao² ㄖㄠ jao²
노 短櫂 (뇨) ①흔들릴 動亂貌 ③굽힐 枉也 ③구부렁나무 曲木 ④꺾을 摧折 ⑤부닐 骨體耎弱柔ー ⑤헤칠 散也

【橈敗】(요패-ドウハイ) 부서지고 패함

【橈凶】(요흉-ドウキョウ) 약해짐

【樾】월 エツ、こかげ shade of trees
두나무 그늘 兩樹交陰之下

【樲】이 ジ、なつめ jujube-plum 寘 ㄦ êrh⁴
산대추나무 酸棗

【樽】준 ソン、たる wine-jar 元 ㄗㄨㄣ tsuen¹
①술단지 酒器ー ②그칠 止也

【橙】증 トウ、だいだい bitter orange 庚 ㄔㄥ ch'êng²
껍질단 유자 橘屬甘皮柚 (등) 등상 几屬

【樴】직 ショク、シキ、くい stake 職 ㄓ chih²
①소말뚝 繫牛杙 ②문지방 橜也

【樵】초 ショウ、きこり wood cutter 蕭 ㄑㄧㄠ ch'iao²
①나무할 採薪 ②땔나무 散木 ③불사를 焚也

【樵歌】(초가-ショウカ) 나뭇군이 부르는 노래

【樵柯】(초가) 도끼자루

【樵徑】(초경-ショウケイ) 나뭇길

【樵軍】(초군) 나무꾼

【樵奴】(초노-ショウド) 나무하는 머슴

【樵童】(초동-ショウドウ) 땔나무하는 시골아이

【樵路】(초로-ショウロ) 나뭇길 초경(樵徑)

【樵夫】(초부-ショウフ) 나무꾼

【樵婦】(초부-ショウフ) 땔나무하는 시골계집。나무꾼의 아내

【樵笛】(초적-ショウテキ) 나무꾼이 부르는피리

【橇】취 セイ、キョウ、そり sledge
개펄썰매 泥行所乘 (교) 義同

【橢】타 ダ、こばんがた oval 哿 ㄊㄨㄛ t'uo³
①길게둥글 器之圓而長者 ②수레통속 그릇 車中容器

【橢圓形】(타원형-ダエンケイ) 둥글고 긴 형상

【槖】탁 タク、ふくろ sack 藥 ㄊㄨㄛ t'uo⁴
①전대 無底囊 ②풀무 冶器 ③공이소리 杵聲

【槖籥】(탁약) 대장쟁이가 쓰는 풀무

【槖駝】(탁타) 낙타의 별칭。한 귀중품

【樺】화 カ、かば a kind of birch
벗나무 木名皮可貼弓

【樺燭】(화촉-カショク) 벗나무 껍질로 납을 감아서 불을 켠 촛불

【橫】횡 オウ、よこ horizontal 庚 ㄏㄥ hêng²
①빗길 縱之對 ②거스릴 不順理ー逆 ③난간나무 闌木

【橫柯】(횡가-オウカ) 가로 퍼진 가지

【橫閣】(횡각-オウカク) 절의 큰 방에 대어 만들어 놓은 누각

【橫看】(횡간-オウカン) 글을 가로 보아서 읽음

【橫杠木】(횡강목-オウコウボク) 입관(入棺)할 때에 관위로 가로 걸쳐두는 세개의 가느다란 막대

【橫擊】(횡격-オウゲキ) 적군을 측면또는 한쪽 옆으로 침

【橫隔膜】(횡경막-オウカクマク) 포유동물의 허리와 배를 격한 근육막

【橫見】(횡견- オウケン) 바로 보지 못하고 비뚜로 봄

【橫貫】(횡관-オウカン) 가로 꿰뚫음

【橫斷】(횡단-オウダン) 가로 자름。가로 지나감

【橫談】(횡담-オウダン) 함부로 지꺼림

【橫隊】)횡대-オウタイ) 가로줄을 지은대오

【横刀】(횡도-オウトウ) 칼을 옆으로 참
【横道】(횡도-オウドウ) 그른 길。옳지못한 길
【横得】(횡득-オウトク) 의외에 이를언음
【横領】(횡령-オウリョウ)무법하게빼앗음
【横罹】(횡리) 뜻밖의 재앙에 걸림
【横聞】(횡문-オウブン) 꼭바로 듣지못하고 그릇 들음
【横步】(횡보-オウホ) 모로 걷는 걸음
【横濱】(횡빈-よこはま) 요꼬하마
【横斜】(횡사-オウシャ) 가로 비낌
【横死】(횡사-オウシ) 뜻밖의 재액에 걸리어 죽음
【横生】(횡생-オイセイ) 옆으로 자라남
【横產】(횡산-オウサン) 아이를 가로낳음
【横書】(횡서-オウショ・よこがき) 글씨를 잘 못씀 ②글씨를 가로 써감 ③서양의 글자
【横線】(횡선-オウセン) 가로 그은 줄「함
【横說竪說】(횡설수설) 조리가 없이말
【横厄】(횡액-オウヤク) 뜻밖의 재액
【横逆】(횡역-オウギャク) 상리(常理)에 어그러짐。 사리를 거스림
【横臥】(횡와-オウガ) 가로 누움 「음
【横財】(횡재-オウザイ) 뜻밖의 재물을언
【横笛】(횡적-オウテキ・よこぶえ) 저。 가로 불게된 피리
【横走】(횡주-オウソウ) 아무리 하여도 안될 짓을 함
【横徵】(횡징-オウチョウ) 세금따위를 억지로 물리어 받음 「게꾸민 족자
【横軸】(횡축-よこジク) 가로 달도록 길
【横奪】(횡탈-オウダツ) 억지로 탈취함
【横暴】(횡포-ツウボウ) 상리(常理)에 벗어나는 난폭한 행동
【横行】(횡행-オウコウ) ①옆으로 걸음② 마음대로 행동함 「향함
【横向】(횡향-よこむき) 얼굴을 모로돌려

【築】 竹部 九畫에 볼것

【十三畫】

【檟】 가 カ、ひさぎ walnut 馬 ㄐㄧㄚˇ chia³
가나무 楸也

【橿】 강 キョウ、かし oak 陽 ㄐㄧㄤ chiang¹
①참죽나무 穩也一名萬年木 ②사닥다리 棧木 ③호미자루 鋤柄 ④강성할 彊盛貌

【檢】 검 ケン、しらべる inspect 琰 ㄐㄧㄢˇ chien³
①교정할 校也 ②금제할 制也 ③법式也 ④봉할 書署 ⑤책메뚜기 書簽
【檢擧】(검거-ケンキョ) ①범죄의 증거를 걷어 모음②검속하기 위하여잡아감
【檢見】(검견-ケンみ・ケみ) 옛날 세율을정하기 위해 추수하기 전에 농작물의 잘되고 못됨을 살펴 보는 일。관평(看坪)
【檢納】(검납-ケンノウ) 검사하여 납입함
【檢斷】(검단-ケンダン) 비행을 검사하여 죄를 단정함
【檢德】(검덕-ケントク) 검소한 덕
【檢量】(검량-ケンリョウ) 공공 기관에서 행하는 적하(積荷)의 양。혹은 무게를 검사함
【檢問】(검문-ケンモン) 검속하고 심문함
【檢封】(검봉-ケンプウ) 편지들을 봉함
【檢分】(검분-ケンブン) 입회하여 취조함
【檢事】(검사-ケンジ) 형사의 공소를 제기하고 법률의 적용을 청구하는 사법 행정관의 하나 「조사함
【檢査】(검사-ケンサ)사실을 검분(檢分)
【檢算】(검산-ケンザン) 계산이 맞고 틀림을 검사함
【檢索】(검색-ケンサク) 검사하여 찾음
【檢束】(검속-ケンソク) ①억제하여 자유를 속박함 ②공중을 해롭게 하거나 불상사를 일으킬 우려가 있는 사람을 잠시 구금하는 일
【檢水】(검수-ケンスイ) 물의 좋고 나쁨을 검사함
【檢屍】(검시-ケンシ) 시체를 검증함
【檢視】(검시-ケンシ) ①조사하여 봄 ② 사실을 취조함
【檢視官】(검시관-ケンシカン) 검시(檢視)를 하는 관리
【檢視調書】(검시조서) 시체의 검사를 한 관리들이 그 전말을 적은 문서

【檢案】(검안-ケンアン)검시(檢屍)한기록
【檢眼】(검안-ケンガン) 시력을 검사함
【檢閱】(검열-ケンエツ) ①검사하여 봄 ②예문관(藝文館)의 한 벼슬
【檢温】(검온-ケンオン) ①체온을 재어봄 ②온도를 잼
【檢認】(검인-ケンニン) 검사하여 인정함
【檢印】(검인-ケンイン) 검사의 증거로 찍는 도장
【檢定】(검정-ケンテイ) 검사하여 확정함
【檢證】(검증-ケンショウ) 후일의 증거를 삼기 위하여 현장에 가서 조사함
【檢知】(검지-ケンチ) 검사하여 알아냄
【檢診】(검진-ケンシン) 검사하기 위하여 진찰함
【檢札】(검찰-ケンサツ) 기차표·배표·비행기표 같은 것을 담당 사무원이 검사하는 일
【檢察】(검찰-ケンサツ) 범죄를 조사하여 「증거를 모음
【檢討】(검토-ケントウ) 검사하여 토의함

【檄】격 ゲキ、ふれぶみ manifesto 錫 ㄒㄧˊ hsi²
격서 徵兵書羽—
【檄文】(격문-ゲキブン) ①군사를 징모하기 위하여 발송하는 서류 ②동의를 얻고저할 때에 각처에발송하는서류
【檄書】(격서-ゲキショ) 격문(檄文)

【檠】경 ケイ、ためぎ chinese lamp hanger
①등잔걸이 燈架 ②도지개 正弓器 ③발도마 有足几

【檓】 前條 同字

【檋】국 キョク、かんじき sledge
①썰매 直轅車 ②나무신 山行屐

【檎】금 キン、りんご apple 侵 ㄑㄧㄣˊ ch'in²
능금 果名林—似奈

【檀】단 ダン、タン、まゆみ sandal wood 寒 ㄊㄢˊ t'an²
①박달나무 善木神— ②향나무 香木紫—白—等
【檀家】(단가-ダンカ·ダンケ) 절에 시주하는 집안
【檀口】(단구) 발그스름한 입술。부인의 아름다움을 이름
【檀國】(단국-ダンゴク) 우리나라 최초의 이름。배달나라 「상조
【檀君】(단군-ダンクン) 우리 민족의
【檀紀】(단기-ダンキ) 단군 기원
【檀那】(단나-ダンナ) 재물을 시여하는 신자를 승직(僧職)에 있는 사람이 부르는 호칭
【檀木】(단목-ダンボク) 박달나무
【檀香】(단향-ダンコウ) ①단향목 ②단향목의 목재
【檀桓】(단환) 황백나무의 뿌리

【檗】벽 ハク、ヒヤク、きはだ Phellodendron amurenss
①황경나무 黃木可染 ②회양목 小—一名子—

【檍】억 ヨク、もちのき Cedrela sinensis
참죽나무 杻也

【檃】 櫽 (木部 十四畫)同字

【檥】의 ギ、ふなじたく bring a ship to the shore
①배댈 附船著岸 ②줄기 餘也 ③푯대 立木表物

【檣】장 ショウ、ほばしら mast 陽 ㄑㄧㄤˊ ch'iang²
돛대 帆柱

【檝】접 シュウ、かい oar
노 櫂也 楫同
【檝師】(접사-シュウシ) 뱃사공

【檉】정 テイ、チョウ willow 庚 ㄔㄥ ch'êng¹
능수버들 河柳

【檐】첨 エン、タン、ひさし eaves 鹽 ㄧㄢˋ yen⁴
처마 屋四垂

【檞】해 カイ、かしわ oak 蟹 ㄐㄧㄝˇ chieh³
솔고갱이 松構

【檜】회 カイ、ひのき chinese junipr 泰 ㄍㄨㄟˋ kuei⁴

젓나무 柏葉松身 (괄) 括ㅡ義同
【檜楫】(회즙-カイシュウ) 젓나무로 만든 노

【十四畫】

【櫃】궤 キ、ひつ wooden box 寘 ㄍㄨㄟˋ kuei⁴
①궤 櫝也 ②상자 篋也
【櫃櫝】(궤독-キトク) 궤。상자
【櫃封】(궤봉-キフウ) 물건을 궤속에 넣고 봉하여 둠

【檮】도 トウ、きりかぶ cut of wood 豪 ㄊㄠˊ t'ao²
토막나무 斷木 ②흐리멍덩할 不知貌

【櫂】도 トウ、かい oar 效 ㄓㄠˋ chao⁴
노 楫也所以進船 棹同
【櫂歌】(도가-トウカ) 뱃노래

【檳】빈 ヒン、ビン areca-nut 眞 ㄅㄧㄣ pin¹
빈랑나무 木名ㅡ榔

【檼】은 イン、ためき、たむ ridge 問 ㄧㄣˇ yin³
①대마루 屋脊 ②대공 複屋棟

【檻】함 カン、おり cage 豏 ㄎㄢˇ k'an³
①난간 欄也 ②죄인타는 수레ㅡ車 ③우리 圈也
【檻車】(함거-カンシャ) 죄인 혹은 맹수를 호송하는 수레
【檻送】(함송-カンソウ) 함치(檻致)
【檻羊】(함양-カンヨウ) 우리 안에 있는 양(羊)으로 곧자유롭지 못한 것을 비유함
【檻致】(함치-カンチ) 죄인을함거(檻車)로 보냄。함송(檻送)

【十五畫】

【櫜】고 カウ、ゆぶくろ bow case 豪 ㄍㄠ kao¹
①활집 韜也 ②활전대 弓衣 ③전동 受箭器 ④갑옷우비 甲衣

【櫝】독 トク、ひつ wooden box 屋 ㄉㄨˊ tu²
①함 函也 ②관 棺也

【櫚】려 リョ、ロ palm tree 魚 ㄌㄩˊ lü²
종려나무 木名棕ㅡ

【櫟】력 レキ、くぬぎ oak 錫 ㄌㄧˋ li⁴
①가죽나무 柞屬似樗木 ②노략질할 捎掠

【櫓】로 ロ、やぐら donjon 麌 ㄌㄨˇ lu³
①망대 城上望樓 ②방패 大盾 ③망보는 수레 戰陣巢車

【櫞】연 エン、ゆかん lemon 先 ㄩㄢˊ yüan²
연나무 似橘枸ㅡ

【櫛】즐 シツ、くし comb 質 ㄐㄧㄝˊ chien²
①빗 梳枇總名 ②빗질할 理髮
【櫛比】(즐비-シッピ) 빗살 같이 놓임。「유가지런하게 놓임
【櫛梳】(즐소-シツリュウ) 빗질함。머리빗
【櫛齒】(즐치-シッシ) 빗살
【櫛風沐雨】(즐풍목우-シップウモクウ)바람으로 머리빗고、비로 목욕한다는 뜻이니 비바람을 무릅쓰고 가난신고 함을 이름

【麓】鹿部 八畫에 볼것

【十六畫】

【櫪】력 レキ、リャク、くぬぎ tree of heavea
①가죽나무 木名櫟
【櫪馬】(역마-レキバ) ①마구간에 매인 말 ②억매여 자유롭지 못한 신세
【櫪皁】(역조) 마굿간

【櫨】로 ロ、ますがた name of a fruit
①주두 柱上柎欂ㅡ ②과실 이름 果名黃

【櫱】얼 ゲツ、ガツ、ひこばえ bud
싹 움 木肄生萌ㅡ (알) 싹 木生芽

【櫬】친 シン、ひつぎ coffin 震 ㄔㄣˋ ch'en⁴

①무궁화 나무木槿 ②관 棺也

【櫞】여 ヨ、くす camphor tree
여장나무 美材—樟

【十七畫】

【櫸】거 キョ、けやき a kind of elm
떡갈나무 木名柜柳

【欄】란 ラン、でずり railing
①난간 階除木 ②외양간 牛圈

【欄干】(난간-ランカン) 마루 끝·층계·다리들의 가장자리에 종횡으로 세워놓은 살 ②눈물이 떨어지는 모양

【欄內】(난내-ランナイ) 서적 등의 가장자리에 있는 줄안

【欄外】(난외-ランガイ) 서적 등의 가장자리에 있는 줄 밖

【欄檻】(난함-ランカン) 난간

【櫺】령 レイ、のき eave lattice 靑 ㄌㄧㄥ ling²
①난간 檻也 ②평고대 梠也擔—

【欂】박 ハク、たるき capital 藥 ㄅㄛ po²
①주두 柱上 方木—櫨 ②중깃 壁柱

【櫻】앵 オウ、さくら cherry
앵두—桃一名含桃

【櫻桃】(앵도-オウトウ) 앵두

【櫻脣】(앵순-オウシン) 앵두 같은 입술이라는 뜻이니 미인의 입술을 이름

【櫻花】(앵화-オウカ) ①앵두나무 꽃 ②벚꽃

【櫽】은 イン、たあぎ beve
도지개 揉曲之器

【十八畫—十九畫】

【權】권 ケン、ゴン、いきおい awthority 先 ㄑㄩㄢ ch'üan²
①권세—柄 ②권도 反經合道 ③저울질 할 稱錘 ④벼슬겸할 攝官 ⑤평할 平也 ⑥비롯할 始也—輿 ⑦姓也

【權家】(권가-ケンカ) 권세있는 집안

【權奸】(권간-ケンカン) 권세있는 간신(奸臣)

【權戒】(권계-ケンカイ) 타이르고 훈계함

【權告】(권고-ケンコク) 타일러 권함 「람

【權貴】(권귀-ケンキ) 권세있고 귀한사

【權奇】(권기-ケンキ) ①매우기묘한 계모 ②썩 뛰어남。썩 우수함

【權能】(권능-ケンノウ) 권력과 능력

【權道】(권도-ケンドウ) ①계교를 써서처사함 ②수단은 정당하지 아니하나 목적이 정도(正道)에 맞음。방편

【權略】(권략-ケンリャク) 권도(權道)와 모략

【權量】(권량-ケンリョウ) 저울과 말

【權力】(권력-ケンリョク) 남을 강제하여 북종 시키는 힘 「부리는 사람

【權力家】(권력 가-ケンリョクカ) 권세를

【權利】(권리-ケンリ) ①권세와 이익 ②자기의 이익을 주장할수 있는 능력

【權賣】(권매-ケンバイ) 샀다가 다시 무를수가 있도록 약속하고행하는흥정

【權謀】(권모-ケンボウ) 경우에 대응하여 변하는 모양

【權謀術數】(권모술수-ケンボウジュッスウ) 목적을 위해서 수단 방법을 가리지 않고 교묘하게 남을 속이는 술책

【權門】(권문-ケンモン) 권세있는 집안

【權變】(권변-ケンペン) 어떤 경우에 적합한 계책을 세우는일

【權柄】(권병-ケンペイ) 위에 서서 백성을 좌우하는 힘

【權攝】(권섭-ケンセツ) 임시로 대리함

【權勢】(권세-ケンセイ) 권력과 세력。남을 북종 시키는 힘 「수단

【權術】(권술-ケンジュッ) 사람을 속이는

【權臣】(권신-ケンシン) 권력있는 신하

【權輿】(권여-ケンヨ) 사물의 시초。권(權)은 저울대、여(輿)는 수레바탕이니、저울을 만들 때는 저울대 부터 만들고、수레는 만들 때는 수레바탕 부터 만든다는 뜻 「지위

【權要】(권요-ケンヨウ) 권세있고 중요한

【權威】(권위-ケンイ) ①권력과 위엄 ②그 일에 뛰어난 사람。대가(大家)

【權益】(권익-ケンエキ) 권세와 이익

【權爭】(권쟁-ケンソウ) 권모로써 다툼
【權定】(권정-ケンテイ) 임시로 작정함
【權察】(권찰-ケンサツ) 임시로 검찰함
【權寵】(권총-ケンチョウ) 권세와 임금의 총애
【權限】(권한-ケンゲン) ① 권리・권력의 범위 ②직권(職權)이 미치는 범위
【權衡】(권형-ケンコウ) ①사물의 경중을 고르게 함 ②저울 추와 저울대
【權凶】(권흉-ケンキョウ) 권위를 남용하는 흉한

【欒】 란 ラン、おうち bead tree 寒 ㄌㄨㄢˊ luan²
①난나무 木名似欄槿 ②파리할 瘠貌 ――③쇠북아귀 鐘口兩角

【欑】 찬 サン、あつめる pile up 寒 ㄘㄨㄢˊ ts'uan²
①휘추리나무 叢木 ②대로 빈소할 積竹杖

【欑宮】(찬궁) 빈전(殯殿)안에 임금의 관을 두던곳

【二十一畫―二十二畫】

【欖】 람 ラン、らんかん chinese olive 感 ㄌㄢˇ lan³
감람나무 交趾果名橄―

【欛】 파 ハ、つか handle of a sword
칼자루 刀柄

【欝】 울 ウツ、ふさがる melancholy
①속답답할 氣也―― ②그윽할 幽也 ③나무 더부룩날 木叢生 ④성할 盛也 ⑤길 長也 ⑥막힐 滯也 ⑦썩은 냄새 腐臭 ⑧울금 香草 「막힘
【欝結】(울결-ウッケツ) 가슴이 답답하게
【欝氣】(울기-ウッキ) 답답한 기분
【欝悶】(울민-ウツモン) 가슴이 답답하고 괴로움 「빽빽함
【欝密】(울밀-ウツミツ) 나무가 무성하여
【欝勃】(울발-ウツボツ) 기력이 왕성한 모양 「이쌓임。또그분기
【欝僨】(울분-ウップン) 울기가 가슴에 많
【欝欝】(울울-ウツウツ) ①마음이 상쾌하지 아니함 ②기운이 왕성한 모양 ③나무가 무성한 모양.
【欝欝蒼蒼】(울울창창-ウツウツソウソウ) 나무가 빽빽하고 푸르게 우거진 모양
【欝刄】(울인) 독약을 바른 칼
【欝積】(울적-ウッセキ) 마음이 적막함
【欝蒼】(울창-ウッソワ) 나무가 시퍼렇고 우거짐 「에있음
【欝蟄】(울칩) 마음이 울울하여 집속
【欝血】(울혈-ウッケツ) 충혈됨
【欝火】(울화) 속이 답답하여 화가남
【欝火病】(울화병) 울화로 난 병

欠部

【欠】 흠 ケン、あくび、かく yawn ; short of
①하품 張口氣解 ②기지개킬 疲乏貌―伸 ③이지러질 不足 (감) 義同
【欠事】(흠사-ケツジ) 결점이 있는일
【欠席】(흠석-ケッセキ) 출석하지 아니함
【欠身】(흠신-ケッシン) 경의를 표하기위하여 몸을 굽힘
【欠伸】(흠신-ケッシン) 기지개
【欠員】(흠원-ケツイン) 결원(缺員)
【欠字】(흠자-ケツジ) 문장 속에 부족된 글자
【欠節】(흠질-ケッセツ) 흠집
【欠縮】(흠축-ケッシュク) 일정한 수에 부족이 생김
【欠乏】(흠핍-ケツボウ) 한 부분이 이지러지거나 깨져서 모자람

【二畫―四畫】

【次】 차 ジ、シ、つき next; secondary
①버금 亞也 ②차례 第也 ③사처 舍也 ④군사머무를 師止 ⑤장막 幄也 ⑥가슴 가운데 中也骨― ⑦머리꾸밀 編髮 ⑧이를 至也 ⑨잠간 急遽貌造 「무침
【次骨】(차골-ジコツ) ①원한이 뼈에 사
【次官】(차관-ジカン) 궁내부(宮內府)및 각부의 버금 벼슬
【次期】(차기-ジキ) 다음의 시기
【次男】(차남-ジナン) 둘째아들

【次女】(차녀-ジジョ) 둘째딸
【次堂】(차당) 각 관아의 당상(堂上)
의 다음 자리의 관원을 일컬음
【次代】(차대-ジダイ) 다음 대
【次等】(차등) 둘째등급 「순서
【次例】(차례-ジレイ) 사물이 돌아가는
【次序】(차서-ジジョ) 차례의 순서
【次席】(차석-ジセキ) 다음 자리
【次兒】(차아-ジジ) 어버이가 둘째아들
을 일컫는 말
【次養】(차양) 차양자(次養子)의 준말
【次韻】(차운-ジイン) 남의 시운(詩韻)
을 써서 시를 지음
【次位】(차위-ジイ) 버금 가는 지위
【次子】(차자-ジシ) 차남(次男)
【次點】(차점-ジテン) 최고점의 다음 점
【次第】(차제-シダイ) 차례 「온종파
【次宗】(차종) 대종(大宗)에서 갈려나
【次職】(차직) 버금 벼슬

【欣】흔 キン、すろこぶ delight 文 ㄒㄧㄣ hsin¹
①기쁠 喜也 ②좋아할 笑喜 ③짐승
의 힘 셀獸有力
【欣慕】(흔모-キンボ) 기뻐 사모함
【欣服】(흔복-キンプク) 즐거이 좇음
【欣想】(흔상-キンソウ) 기뻐하며 생각하
는 것
【欣然】(흔연-キンゼン) 기뻐하는 모양
【欣快】(흔쾌-キンカイ) 기쁘고 통쾌함
【欣欣】(흔흔-キンキン) 마음에 아주 기
쁘게 여기는 모양
【欣喜】(흔희-キンキ) 기뻐함

【六畫—七畫】

【欬】해 ガイ、せき cough 隊 ㄎㄞ k'ai⁴
①기침할 因風逆氣—嗽 ②일깰 疾
言謦— ③크게부를 大呼 咳同 (애)
배불러 숨찰 飮食息
【欬逆】(해역-ガイギャク) 심한 기침
【欬唾】(해타-ガイダ) 기침하고 침을 뱉
음 또 그침

【欸】애 アイ、カイ、なげく sigh 灰 ㄞ ai¹ ㄟ ei⁴
①한숨쉴 歎聲 ②그렇다할 然也 ③
뱃노래 棹歌 「부르는 노래
【欸乃】(애내-アイダイ・アイアイ)뱃사공이
【欸欸】(애애-アイアイ) 남의 말을 그렇
다고 답례하는 소리

【欲】욕 ヨク、ほつする desire 沃 ㄩ yü⁴
①하고자할 期願之辭 ②욕심낼 貪
也 ③사랑할 愛也 ④장차 將然
【欲巧反拙】(욕교반졸) 잘하려고 하다
가 도리어 잡쳐 놓음
【欲求】(욕구-ヨッキュウ) 욕심껏 구함하
【欲念】(욕념-ヨクネン)가지고 싶어하는
마음 「것을 채우려 희망함
【欲望】(욕망-ヨクボウ) 부족을 느끼고그
【欲速不達】(욕속부달) 일을 너무급히
하여 도리어 그르침
【欲速之心】(욕속지심) 속히 됨을 바
라는 마음
【欲心】(욕심-ヨクシン) 자기만을 이롭게
하고자 힘쓰는 마음
【欲情】(욕정-ヨクジョウ) ①색욕 ②한때
의 충동으로 일어나는 욕심

【欷】희 キ、なく sob 微 ㄒㄧ hsi¹
①탄식할 歎也歔— ②한숨쉴 悲泣
氣咽而抽息 ③흑흑 느낄 泣飮聲
【欷歔】(희허-キキョ) 한숨을 쉼
【欷欷】(희희-キキ) 흑흑 느껴 울음

【八 畫】

【欿】감 カン、あきたらない discontented 感 ㄎㄢ k'an³
①서운할 不自滿足意 ②찌푸릴 愁
貌 ③구덩이 坎也
【欿憾】(감감-カンカン) 마음대로 되지않
는 원한
【欿陷】(감함-カンカン) 함정

【款】관 カン、まこと sincere 旱 ㄎㄨㄢ k'uan³
①정성 誠也衷曲 ②사랑할 敬愛 ③
조목 科也條列 ④기록 誌也 ⑤막힐
塞也 ⑥이를 至也 ⑦두드릴 叩也 ⑧
하고자 할 心所欲—— ⑨머무를 留
也 ⑩관곡할 「이많음
【款曲】(관곡-カンキョク) 간절하고 인정

【款談】(관담-カンタン) 터놓고 하는 이
야기
【款待】(관대-カンタン) 정성껏 대접함
【款誠】(관성-カイセイ) 간곡한 정성
【款案】(관안-カンアン) 재판소의 조서
【款額】(관액-カンガク) 일정한 액수
【款接】(관접-カンセツ) 정성껏 접대함
【款項】(관항-カンコウ) 일의 줄기를 뽑
아서 적은 것

【欺】기 ギ、あざむく cheat
①속일 謾也 ②속을 自昧其心 ③
거짓말할 詐也 ④업신여길 陵也 ⑤
망령된 妄也
【欺誑】(기광-ギキョウ) 열을 빼어 속임
【欺弄】(기롱-ギロウ) 속이거나 업신여
겨 농락함
【欺瞞】(기만-ギマン) 그럴듯 하게 속임
【欺罔】(기망-ギモウ) 남을 속임 기만(欺瞞)
【欺詐】(기사-ギサ) 남을 속임 「임
【欺心】(기심-ギシン) 자기의 마음을 속
【欺諂】(기첨) 속여 아첨함

【欹】의 イ、ああ adore 因 ㄧ i
①아름답다할 歎美辭—歟 ②기울 側
立
【欹危】(의위-キキ) 기울어져 위태함

【欽】흠 キン、つつしむ respbct 侵 ㄑㄧㄣ ch'in
①공경 敬也 ②공손할 恭也 ③물끄
러미 볼 思望意—— ④쇠북곡조 맞
춰칠 鐘聲有節 ⑤임금의말 皇敕
【欽求】(흠구-キンキュウ) 정성들여 구함
【欽命】(흠명-キンメイ) 임금의 명령
【欽慕】(흠모-キンボ) 기뻐 사모함
【欽服】(흠복-キンプク) 흠앙하여 복종함
【欽奉】(흠봉) 임금의 명령을 받듬
【欽尙】(흠상-キンショウ) 공경하여 숭상
함
【欽羨】(흠선-キンセン) 흠앙하여 부러워
함
【欽仰】(흠앙-キンギョウ) 공경하여 앙모 「함
【欽定】(흠정-キンテイ) 임금이 친히 만
드신 것
【欽遵】(흠준-キンジュン) 임금의 명령을
받들어 좇음
【欽差】(흠차-キンサ) 임금의 명령으로 「보냄
【欽敕】(흠칙) 임금의 말씀
【欽快】(흠쾌-キンカイ) 기쁘고 상쾌함
【欽歎】(흠탄-キンタン) 아름다운 점을
일컬음
【欽恤之典】(흠휼지전) 죄수에 대하여
신중히 심의하라는 뜻의 은전
【欽欽】(흠흠-キンキン) ①물끄러미 보
는 모양。일설에 근심하여 잊어버리
지않는 모양 ②쇠 북소리에 곡조가
있는 모양

【九 畫】

【歃】삽 ソウ、すする guzzle 洽 ㄕㄚ sha'
①마실 ②입에 피찍어 바를 以血
塗口

【歇】헐 ケツ、カツ、やすむ rest 月 ㄒㄧㄝ hsieh'
①쉴 休息 ②나른할 氣泄無餘 ③으
슥할 幽邃貌—歟 ④다할 竭也 ⑤늘
어질 消散 ⑥개이름 犬名
【歇價】(헐가-ケッカ) 싼값
【歇脚】(헐각-ケッキャク) 다리를 쉽
【歇看】(헐간-ケッカン) 정신없이 지나쳐
보는 일
【歇泊】(헐박-ケッパク) 어떤 곳에서 쉬
고 묵음
【歇息】(헐식-ケッソク) 쉼。휴식
【歇治】(헐치-ケッジ) ①병을 가볍게 보
고 치료를 행함
【歇后】(헐후-ケツゴ) ①대수롭지 않음
②귀할 것이 없고 우스움

【歆】흠 キン、コン、うける feed 侵 ㄒㄧㄣ hsin'
①먹일 饗也 ②흠향할 神食氣—享
③부러워할 貪也—羨 ④으쓱할動也
【歆嘗】(흠상-キンショウ) 신명(神明)에
게제 물을 바침
【歆羨】(흠선-キンセン) 부러워 사모함
【歆饗】(흠향-キンキョウ) 신명(神明)이
제물을 받음

【羨】羊部 七畫에 볼것

【飮】食部 四畫에 볼것

【十 畫】

【歌】가 カ、うた song 歌 ㄍㄜ kê
①노래 永言而聲 ②장단맞출曲合樂
【歌客】(가객) 노래를 잘 부르는 사람。가인(歌人)
【歌曲】(가곡-カキョク) ①노래의 곡조。음곡(音曲) ②노래 소리
【歌劇】(가극-カゲキ) 노래와 풍악을 합하여 연출하는 서양식 연극。오페라
【歌妓】(가기) 노래와 춤을 업으로 삼는 여자。기생(妓生)
【歌女】(가녀-カジョ) 가기·가희와같음
【歌舞】(가무-カブ) ①노래와 춤 ②노래하고 춤을 춤
【歌詞】(가사-カシ) 고아한 노래의 이름 또는 노래로 된 문구
【歌聲】(가성-カセイ) 노래부르는 소리
【歌手】(가수-カシュ) ①노래를 잘 하는 사람 ②노래부르는 것을 업으로 삼는 사람
【歌樂】(가악-カガク) 노래와 풍악
【歌謠】(가요-カヨウ) 악기와 맞추어 노래를 부름。또 그 노래
【歌人】(가인-カジン) 가객(歌客)
【歌吹】(가취-カスイ) 노래를 부르고 저를 불음
【歌呼】(가호) 큰 소리로 노래를 부름
【歌喉】(가후) 노래하는 목청 노래하는 소리
【歌姬】(가희-カキ·うたひめ) 노래 부르는 여자

【歉】겸 ケン、カン、あきたらない deficient 琰 ㄑㄧㄢ ch'ien
①흉년들 荒歲一穀不成 ②작을小也 ③나쁠 食不滿 (감) ①부리嗛也 ②탐할 貪也
【歉年】(겸년-ケンネン) 흉년
【歉歲】(겸세-ケンサイ) 흉년
【歉然】(겸연-ケンゼン) 미안 하여 면목이 없는 모양
【歉敝】(겸폐-ケンペイ) 흉년이 들어 백성이 괴롭게 지냄

【十一畫—十二畫】

【歐】구 オウ、はく vomit 有 ㄡˇ ou
①토할 吐也 ②쥐어박을 捶擊 ③노래할 謳也
【歐刀】(구도-オウトウ) ①형벌에 쓰이는 칼 ②목자르는 칼
【歐文】(구문-オウブン) 구미제국(歐米諸國)의 문자
【歐美】(구미-オウベイ) 유럽및 아메리카
【歐亞】(구아-オウア) 서양과 동양
【歐洲】(구주-オウシュウ) 유럽주

【歎】탄 タン、なげく lament 翰 ㄊㄢ t'an
①탄식할 太息 ②아름답다할 稱美 ③화답할 讚和
【歎美】(탄미-タンビ) 감탄하며 칭찬함
【歎服】(탄복-タンプク) 감탄하여 심복함
【歎辭】(탄사-タンジ) ①탄식하여 하는 말 ②감탄의 말
【歎賞】(탄상-タンショウ) 매우 칭찬함
【歎惜】(탄석-タンセキ) 한탄하여 애석히 여김
【歎聲】(탄성-タンセイ) ①감탄하는 소리 ②탄식하는 소리
【歎訴】(탄소-タンソ) 한탄하며하소연함
【歎息】(탄식-タンソク) ①한숨을 쉬며 한탄함 ②매우 감심함
【歎仰】(탄앙-タンギョウ) 감탄하여 우러러봄
【歎願】(탄원-タンプン) 간절히 원함。슬프게 원함。 애원
【歎痛】(탄통-タンツウ) 몹시 탄식하고 가슴아파 함

【歔】허 キョ、コ、むせびなく snort 魚 ㄒㄩ hsü
①한숨쉴 抽息—欷 ②코로숨내쉴鼻出氣 ③울 泣也
【歔泣】(허읍-キョキュウ) 흐느껴 울음
【歔欷】(허희-キョキ) ①흑흑 느껴울음。목이 메어 울음 ②두려워하는 모양

【歘】훌 クツ、クチ、たちまち suddenly
①훌연 忽也 ②기운피어 오를 氣翕

③빠를 疾也

【歙】흡 キュウ、すう breathe 緝 ㄒㄧˋ hsi⁴
①코오므릴 코막힐 縮鼻 ②숨들이 쉴 歛氣 (섭) 義同

【歙然】(흡연-キュウゼン) 인심이 합하여 한 곳으로 향하는 모양

【十四畫—十八畫】

【歟】여 ヨ、か、や doubt 魚 ㄩˊ yü²
①그런가할 疑辭 ②아름답다 할 歎美辭 —

【歠】철 セツ、すする guzzle 屑 ㄔㄨㄛˋ ch'uo⁴
훅들이마실 大飮

【歡】환 カン、よろこぶ pleased; joy
기뻐할 좋아할 喜樂

【歡樂】(환락-カンラク) 기뻐 즐김

【歡談】(환담-カンダン) 즐김으로써 서로 얘기함

【歡待】(환대-カンタイ) 반기어 대접함

【歡聲】(환성-カンセイ) 즐기어 기뻐하는 소리

【歡心】(환심-カンシン) 기쁘고 즐거운 「마음

【歡迎】(환영-カンゲイ) 호의를 표하여 기쁘게 맞음

【歡遊】(환유-カンユウ) 기쁘게 놀음

【歡情】(환정-カンジョウ) 환심

【歡天喜地】(환천희지-カンテンキケ) 썩 기뻐 즐김

【歡呼】(환호-カンコ) 기뻐서 부름

【歡洽】(환흡) 기쁘고 흡족함

【歡喜】(환희-カンキ) 기뻐함

【歡喜天】(환희천-カンキテン) 인도의 신(神)。부부가 끼어안고 있는 형태로서 사람에게 행복과 평화를 준다고 함

止部

【止】지 シ、とめる stop 紙 ㄓˇ chih³
①그칠 停也 ②쉴 息也 ③살 居也 ④머무를 留也 ⑤거동 行儀 ⑥예절 禮節 ⑦말 已也 ⑧어조사 語助辭

【止渴】(지갈-シアツ) 목마른 것을 그침

【止哭】(지곡) 울음을 그침

【止步】(지보) 걸음을 멈춤

【止水】(지수-シスイ) 흐르지 않고 괴어 있는 물

【止宿】(지숙-シシュク) 머물러서 잠

【止息】(지식-シソク) 쉼。휴식

【止酒】(지주-シシュ) 금주

【止痛】(지통-シツウ) 아픈 것이 그침

【一畫—二畫】

【正】정 セイ、ショウ、ただしい right 庚 ㄓㄥˋ chêng⁴
①바를 方直不曲 ②평할 平也 ③정할 定也 ④미리 작정할 預期 ⑤질정할 平質 ⑥어른 長也 ⑦떳떳할 常也 ⑧분별할 釐辨 ⑨첫 歲首 ⑩남쪽창 室向向明處 ⑪과녁 射侯畫布中

【正價】(정가-セイカ) 정당한 값

【正刻】(정각-セイコク) 작정한 바로 그 시각

【正覺】(정각-ショウガク) 올바른 깨달음

【正間】(정간) 건물의 중앙에 있는 간

【正客】(정객-ショウカク・ショウキャク)중요한 손님。주객(主客)

【正格】(정격-セイカク) 바른 격식

【正見】(정견-セイケン) 불교에 있어서의 올바른 각오

【正卿】(정경-セイケイ) 정이품(正二品) 이상의 벼슬인 판서(判書)

【正經】(정경-セイケイ) ①바른 유교(儒敎)의 책 ②정도(正道)

【正系】(정계-セイケイ) 바른 계통

【正鵠】(정곡-セイコク・セイコウ) ①과녁의 한복판②사물의 중요한 곳

【正敎】(정교-セイキョウ) ① 바른 종교 바른 교훈。정도

【正官】(정관) 으뜸가는 벼슬아치

【正宮】(정궁) 임금의 정실(正室)

【正權】(정권-セイケン) 정당한 권리

【正軌】(정궤-セイキ) 정규(正規)

【正規】(정규-セイキ) 바른 규정。정당한 법규

【正金】(정금-ショウキン) ①순금 ②현금

【正氣】(정기-セイキシヨウキ) 천지 인간을 통하여 있고 만물의 근원이 되는 기운 ②공명정대한 원기 ③ 정당한 원기

【正旦】(정단-セイタン) 설날 아침。원단

【正當】(정당-セイトウ) ①이치에 당연함 ②바로 맞음

【正大】(정대-セイダイ) 바르고 큼。의지나 언행이 올바르고 훌륭함

【正道】(정도-セイドウ) 바른 길

【正兩】(정량) 큰 활

【正路】(정로-セイロ・ショウロ) 바른 길

【正論】(정론-セイロン) 바른 의론

【正理】(정리-セイリ) 바른 도리

【正面】(정면-ショウメン) ①마주 보이는 곳。맞은 편 ②직접

【正命】(정명-ショウミョウ・セイメイ) 정당한 수명

【正帽】(정모-セボウ) 정복에 갖추어 쓰는 모자

【正文】(정문-セイブン) 문서의 본문

【正門】(정문-セイモン) 정면에 있는 문

【正房】(정방) 몸채

【正褙】(정배) 도배할 때에 좋은 종이로 마지막 바르는 일 「행자

【正犯】(정범-セイハン) 범죄 행위의 실

【正法】(정법-セイホウ) ①바른 법 ②죄인을 죽이는 형벌

【正服】(정복-セイフク) ① 의식에 입는 옷 ②관복

【正本】(정본-セイホン・ショウホン) 문서의 부본(副本)에 대하여 그 원본

【正否】(정부-セイヒ) 바른 것과 그른것

【正副】(정부-セイフク) 으뜸과 버금

【正比】(정비-セイヒ) 보통의 비

【比妃】(정비-セイヒ) 왕의 정실인 왕비

【正賓】(정빈-セイヒン) 주빈 「사

【正史】(정사-セイシ) 정확한 사실의 역

【正邪】(정사-セイジャ) ①바른 것과 비뚤은 것 ②간사한 마음을 바로잡음

【正使】(정사-セイシ) 사신(使臣)의 우두머리 「되는 말

【正史】(정사-セイシ) 정확한 역사。상대

【正朔】(정삭-セイサク) 정월 초하루

【正產】(정산-セイサン) 태아를 제대로 옳게 낳음

【正常】(정상-セイジョウ) 바르고 떳떳함

【正常的】(정상적-セイジョウテキ) 제대로 올바른 모양 「일이 바로 됨

【正常化】(정상화-セイジョウカ) 빗나갔던

【正色】(정색-セイショク・いろをただす) ①안색을 바르게함 ②섞임이 없는 빛 ③참 빛。본디의 빛

【正書】(정서-セイショ) 글씨를 흘리지 않고 바로 씀。해서(楷書)

【正善】(정선-セイゼン) 마음이 바르고 착함

【正視】(정시-セイシ) ①똑바로 봄 ②조절하지 않고 광선을 망막에 집합시키는 눈

【正式】(정식-セイシキ) ①정당한 방법

【正室】(정실-セイシツ) 첩이 있는 사람의 아내 ②맏아들

【正心】(정심) 바른 마음

【正樂】(정악-セイガク) 예전부터 전해오는 풍악

【正顏】(정안-セイガン) 정색(正色)

【正陽】(정양-セイヨウ) 한낮

【正業】(정업-セイギョウ) 정당한 직업

【正午】(정오-ショゴ) 오정 때。정낮

【正誤】(정오-セイゴ) 잘못된 것을 바로 고침

【正員】(정원-セイイン) ①그 일에 중요한 인수。또 그 사람 ②정당한 자격을 가진 사람

【正月】(정월-ショウガツ) 그해의 처음달

【正位】(정위-セイイ) 똑바른 자리

【正閏】(정윤-セイジュン) 평년과 윤년

【正音】(정음-セイオン) ①글자의 바른음。제소리 ②훈민정음의 준말

【正義】(정의-セイギ) ① 바른 뜻。바른 해석 ②바른 의리

【正人】(정인-セイジン) 마음이 바른사람

【正字】(정자-セイジ) 글자의 형상이 바른 자체(字體)

【正宗】(정종) 본집。종가(宗家)「앉음

【正座】(정좌-セイザ) 몸을 바르게 하고

【正中】(정중-セイチュ) 한가운데

【正直】(정직-ショウジキ) 마음이 바르고 곧음

【正貞】(정진-ショウシン・セイシン) 참된 것。거짓이 없음

【正察】(정찰) 바로 살핌。확실히 봄

【正札】(정찰-ショウふだ) 물품에 정당한 값을 적은 패

【正妻】(정처-セイサイ) 첩이 있는 사람의 아내

【正鐵】(정철) 시우쇠

【正體】(정체-セイタイ・ショウタイ) ①진정한 형체 ②본심의 모양 ③참된 몸

【正則】(정칙-セイソク) ①일정한 법칙 ②그 법칙을 바르게 고침

【正統】(정통-セイトウ) ①임금의 계통 ②바른 계통 ③정작

【正平】(정평-セイヒョウ) ①정직하고 공평함 ②되・저울 들이 바름

【正評】(정평-セイヒョウ) 바른 비평

【正布】(정포) 품질이 좋은 베

【正解】(정해-セイカイ) 바른 해석 「벌

【正刑】)정형セイケイ) 죄인을 죽이는 형

【正貨】(정화-セイカク) 금・은으로 만든 본위화폐(本位貨幣)

【三畫—四畫】

【此】차 シ、これ this 紙 ㄘˇ tz'ŭ³

①이 玆也 ②그칠 止也

【此君】(차군-シクン・このきみ) 대나무의 딴 이름

【步】보 ホ、ブ、あるく walk 遇 ㄅㄨˋ pu⁴

①걸음 從行 ②걸을 行也 ③두발자국 倍跬 ④나루 水際津頭 ⑤운수運也國—天— ⑥독보 人才特出 ⑦머리꾸미개 首飾

【步轎】(보교) 사람을 태워 앞 뒤에서 메고 가는 물건

【步軍】(보군) 보병

【步道】(보도-ホドウ) 길을 갈라서 사람이 걸어 다니도록 작정한 부분

【步武】(보무-ホブ) ①얼마 안되는 거리 ②걸음걸이 ③남의 뒤를 따라감

【步撥】(보발) 걸어서 급한 공문(公文)을 전하여 보내던 것

【步法】(보법) 걸음 걸이 걷는 법

【步兵】(보병-ホヘイ) 걸어서 전투에 종사하는 병졸。보군(步軍)보졸(步卒)

【步步】(보보-ホホ) 한걸음 한걸음

【步石】(보석-ホセキ) 마루 아래 놓은 신을 벗는 돌。댓돌

【步搖】(보요-ホヨウ) 부인 머리의 꾸미개 (걸어가는 대로 흔들리는 까닭)

【步調】(보조-ホチョウ) ①여러 사람이 걸어가는 걸음 걸이 ②여러 사람이 행동하는 태도

【步卒】(보졸-ホソツ) 보병

【步哨】(보초-ホショウ) 감시의 임무를 맡은 사병

【步驟】(보취-ホシュウ)①걸어가는 것과 달음질 하는 것 ②진보가 빠름

【步合】(보합-ぶあい) 백분의 얼마에 해당하는 비율

【步行】(보행-ホコウ) 걸어감。도보

【歧】기 キ、ギ、わかれみち crossroads 支 ㄑㄧˊ ch'i²

① 갈림길 路二達 ②둥둥떠다닐 飛行貌

【歧路】(기로-キロ) 갈림길。갈라진 길

【武】무 ブ、ム、たけし bravry 麌 ㄨˇ wu³

①호반 軍官虎班 ②건장할 健也 ③위엄 스러울 威也 ④강할 剛也 ⑤날랠 勇也 ⑥무단할 斷也 ⑦이을繼也接— ⑧자취迹也

【武家】(무가-ブケ) 대대로 호반(虎班) 벼슬을 하는 집

【武經】(무경-ブキョウ) 병서(兵書)。병법에 관한 책

【武庫】(무고-ブコ) ①무기를 넣어 두는 곳집 ②박학다식(博學多識)한 사람을 이름

【武功】(무공-ブコウ) 싸움의 공적

【武官】(무관-ブカン) 무과(武科)출신의 관원。병사에 종사하는 관리

【武魁】(무괴) 무과(武科)에서 첫째로 급제한 사람

【武具】(무구-ブグ) 무기와 같은 뜻

【武技】(무기-ブギ) 무도(武道)에 관한 기술。무예(武藝)

【武器】(무기-ブキ) 싸움에 쓰는 기구

【武氣】(무기-ブキ) 굳센 무인의 기상

【武器庫】(무기고-ブキコ) 무기를 간직하여 두는 창고
【武斷】(무단-ブダン) 무력으로써 강제 압박함
【武斷政治】(무단정치-ブダンセイジ) 무력으로써 강제로 다스림
【武德】(무덕-ブトク) 무인(武人)의 권위와 덕망
【武道】(무도-ブドウ) 무사가 닦는 길
【武略】(무략-ブリャク) 군사를 부리는 꾀。용병(用兵)의 모략
【武力】(무력-ブリョク) ①군사상의 힘 ②병력 ③군대의 위력 ④폭력
【武名】(무명-ブメイ) 무인(武人)으로써의 명성
【武邊】(무변-ブヘン) 무도(武道)에 관한 사항
【武弁】(무변-ブベン) 무관(武官)의 의관。무관·무사
【武備】(무비-ブビ) 군사에 관한 준비
【武士】(무사-ブシ) 무예(武藝)에 익숙한 사람
【武臣】(무신-ブシン) 무관인 신하
【武揚】(무양-ブヨウ) 무위(武威)를 떨치다
【武列】(무열-ブレツ) 호반(虎班)
【武烈】(무열-ブレツ) 무공(武功)
【武藝】(무예-ブゲイ) 무도(武道)에 관한 재주
【武勇】(무용-ブユウ) 무예에 익숙하고 용기가 많음
【武運】(무운-ブウン) 무사(武事)의 운명。전쟁의 운명
【武威】(무위-ブイ) 무력의 위엄 「사람
【武人】(무인-ブジン) 전쟁에 종사하는
【武將】(무장-ブショウ) ①무도(武道)에 능통한 장군 ②육해공군의 장수
【武裝】(무장-ブソウ) ①전쟁 때 차리는 몸치장 ②싸움을 할 준비 ③전시(戰時)와 같은 몸치장
【武宰】(무재) 무관으로써 일찌기 판서(判書)나 참판(參判)의 벼슬을 지낸 사람
【武火】(무화) 활활 세차게 타는 불
【武勳】(무훈-ブクン) 무공(武功)

【肯】
肉部 四畫에 볼것

【些】
二部 五畫에 볼것

【五畫—六畫】

【歪】
의 ワイ、ゆがむ aslant 佳 ㄨㄞ wai
비뚤어질 기울 不正
【歪曲】(의곡-ワイキョク) 비틀리어 구부러짐

【峙】
치 チ、ヂ、ためらう hesitate 紙 ㄓ chih
①머뭇거릴 不前—躇 ②갖출 備也

【耻】
耻 (心部 六畫) 俗字

【九畫—十四畫】

【歲】
세 サイ、セイ、とし year 霽 ㄙㄨㄟ suei
①해 年也 ②곡식익을 年穀之成 ③별이름 星名
【歲功】(세공-サイコウ) 해마다 계절을 따라 짓는 농사 「아침
【歲旦】(세단-サイタン) 정월 초하룻날의
【歲登】(세등-サイトウ) 그해 곡물이 풍작임
【歲晚】(세만-サイバン) 세모(歲暮)
【歲末】(세말-サイマツ) 일년의 마지막
【歲暮】(세모-サイボ) 세밑이 가까와 오는 때
【歲拜】(세배-サイハイ) 섣달 그믐이나 정초(正初)에 하는 예(禮)
【歷星】(세성-サイセイ) 목성(木星)
【歲歲】(세세-セイサイ) 해마다
【歲首】(세수-サイシュ) 세초(歲初)
【歷時】(세시-サイジ) 일년동안의 계절
【歷餘】(세여-サイヨ) 한해 남짓할 동안
【歲月】(세월-サイゲツ) ①해와 달 ②때 광음(光陰)
【歲肉】(세육) 정초에 먹는 고기
【歲入】(세입-サイニュウ) 일년간의 수입
【歲除】(세제-サイジョ) 섣달 그믐날 저녁
【歲終】(세종-サイシュウ) 세밑
【歲次】(세차-サイジ) 해의 차례。해
【歲饌】(세찬) ①세밑에 선사하는 물건 ②세배온 사람에게 대접하는 음

식

【歲初】(세초) 그 해의 처음。세수(歲首

【歲出】(세출-サイシュツ) 일년간의 지출

【歲寒】(세한-サイカン) 몹시 추운 계절

【歲寒三友】(세한삼우-サイカンサンユウ) 소나무와 대나무와 매화나무

【歲況】(세황-サイキョウ) 설을 맞은 정황(情悅)

【歲後】(세후-サイゴ) 설을 쇤 뒤

【齒】 齒部 部首에 볼것

【歷】 歷 (次條) 俗字

【歷】 력 レキ、リャク、へる pass 錫 ㄌㄧˋ li⁴

①지날 次也 ②지나칠 過也 ③겪을 經也 ④다닐 行也 ⑤전할 傳也 ⑥넘을 踰也 ⑦다할 盡也 ⑧고요할 靜也寂— ⑨줄로설 行列貌—— ⑩문채날 文章貌—錄 ⑪가마 釜鬲銅—

【歷年】(역년-レキネン) 해를 지냄

【歷代】(역대-レキダイ) 여러 대。대대(代代)

【歷覽】(역람-レキラン) 여러 곳을 유람함

【歷歷】(역력-レキレキ) ①분명한 모양 ②죽늘어선 모양。많이 늘어놓인 모양

【歷路】(역로-レキロ) 지나가는 길

【歷臨】(역림-レキリン) 지나가는 길에 다른 곳에 들림

【歷訪】(역방-レキホウ) 지나가는 길에 방문함。널리 찾음

【歷法】(역법-レキホウ)책력에 관한 법칙

【歷史】(역서-レキシ) ① 세상의 변천 흥망에 관한 기록 ②역대의 사기(史記) ③개인의 경력

【歷世】(역세-レキセイ) 지나간 세상

【歷數】(역수-レキスウ) 차례로 셈

【歷巡】(역순-レキジュン) 여러곳을 일일이 돌아다님

【歷然】(역연-レキゼン) 분명한 모양。현저한 모양

【歷遊】(역유-レキユウ) 여러곳을 유람하고 다님

【歷任】(역임-レキニン) 여러 벼슬을 차례로 지냄

【歷朝】(역조-レキチョウ) 대。대의 임금 대대의 왕조

【歷齒】(역치-レキシ) 잇속이 고르지 아「니함

【歸】 귀 キ、かえる return 微 ㄍㄨㄟ kuei¹

①돌아갈 돌아올 還也 ②돌려보낼 還所取之物 ③붙좇을 附也 ④시집갈 嫁也 ⑤던질 投也 ⑥허락할 許也 ⑦괘이름 卦名—妹 ⑧먹일 餉也

【歸家】(귀가-キカ) 집으로 돌아감

【歸去來】(귀거래-キキョライ) 돌아감

【歸結】(귀결-キケツ) 끝이 남

【歸咎】(귀구-キキュウ・とがめをきす)허물을 남에게 돌림

【歸國】(귀국-キコク) 제나라로 돌아옴

【歸期】(귀기-キキ) 돌아갈 기한

【歸寧】(귀녕-キネイ) 시집간 여자가 친정 부모께 뵈오러 감

【歸農】(귀농-キノウ) ①다른 직업을 버리고 다시 농사하러 돌아감 ②노는 사람을 권하여 농사를 짓게 함

【歸斷】(귀단) 벌어졌던 일이 끝이남

【歸途】(귀도-キト) 돌아 가는 길

【歸來】(귀래-キライ) ①돌아옴 ②돌아오너라

【歸老】(귀로-キロ) 관직(官職)을 그만두는 것

【歸路】(귀로-キロ) 돌아오거나 돌아가「는 길

【歸命】(귀명-キメイ) ①따르고 북종함 ②언제까지든지 부처에게 귀의함。부처의 명령에 좇음

【歸伏】(귀복-キフク) 귀순。항복함

【歸附】(귀부-キフ) 충심을돌아와 좇음

【歸省】(귀성-キセイ) 부모를 뵈오러 고향으로 돌아감

【歸城】(귀성-キジョウ) 성으로 돌아오거나 돌아감

【歸巢性】(귀소성-キソウセイ) 동물 특히 곤충류・조류・포유류 따위가 전에 살고 있던 곳으로 되 돌아오는 본능적인 성질

【歸屬】(귀속-キゾク) 돌아와 붙음

【歸順】(귀순-キジュン) 반항하던 마음을 버리고 순종함

【歸心】(귀심-キシン) 고향에 돌아가려

하는 마음。충심으로 사모하여 좇음
【歸雁】(귀안-キガン) 봄철이 되어 다시
북쪽으로 돌아가는 기러기
【歸養】(귀양-キヨウ) 고향에 돌아가 부
모를 봉양함
【歸臥】(귀와-キガ) 벼슬을 사양하고 고
향으로 돌아감 「곧 죽음
【歸元】(귀원) 본원(本元)으로 돌아감
【歸依】(귀의-キエ) 부처를 깊이 믿고
그 몸으로 의탁함
【歸一】(귀일-キイツイツにキす) 사물이 한
곳으로 돌아 감 「지로 돌아옴
【歸任】(귀임-キニン) 관원(官員)이 임
【歸正】(귀정-キセイ) 바른길로 돌아옴
【歸朝】(귀조-キチウ) 사신이 외국에서
본국으로 돌아옴。귀국(歸國)
【歸着】(귀착-キチャク) 돌아와 닿음
【歸天】(귀천) 사람의 죽음을 일컫는말
【歸航】(귀항キコウ) 출발지로 다시 돌
아오는 배의 항로
【歸鄕】(귀향-キキョウ) 고향에 돌아감
【歸化】(귀화-キカ) ①외국의 국적에 들
어가 그신민이 됨 ②교화(敎化)에
북종함
【歸還】(귀환-キカン) 돌아옴

歹 部

【歹】대、알 ガツ、もとる act contrary to
① 거스릴 逆也 ②뼈앙상할剔肉置骨

【一 畫】

【歺】前條 同字

【二畫—四畫】

【死】사 シ、しぬ die 紙 ㄙˇ ssŭ
①죽을 澌精氣窮殁也 ②끊어질絕也
【死角】(사각-シカク) 탄환이 이르지 아
니하는 범위
【死去】(사거-シキヨ) 사망
【死境】(사경-シキョウ) 죽게된 경우。살
아날길이 없을 때
【死骨】(사골-シコツ) 죽은 사람의 뼈
【死交】(사교-シコウ) 죽을때 까지 변하
지 아니하는 교분
【死句】(사구-シク) 의미가 얕아서 사람
을 감동시키기 어려운 귀절 「할 때
【死期】(사기-シキ・シゴ) 장차 죽으려고 할
【死亡】(사망-シホウ) 사람이 죽음。영면
(永眠) 「뛰는 맥의 현상
【死脈】(사맥-シミャク) 죽게 되었을 때
【死滅】(사멸-シメツ) 사망과 멸망
【死命】(사명-シメイ) 죽을 목숨
【死別】(사별-シベツ) 죽어 이별함
【死士】(사사-シシ) 죽기를 결단하고 나
서는 병사
【死狀】(사상-シジョウ) 죽게된 상태
【死傷】(사상-シショウ) 사망과 부상
【死生】(사생-シセイ) 죽는 것과 사는것
【死生關頭】(사생관두-シセイカントウ) 죽
느냐 사느냐의 위태한 고비
【死生同居】(사생동거-シセイドウキョ)죽고
삶을 같이 함
【死線】(사선-シセン) ①감옥의 주위에
그은 선。죄수가 이 곳을 넘으면 쏘
아 죽이는 규정이 있음 ②죽을 고비
【死水】(사수-シスイ) 괴어 있고 흐르지
않는 물 「킴
【死守】(사수-シシユ) 죽기를 한하여 지
【死臣】(사신-シシン) 임금과 함께 죽은
신하 「음
【死心】(사심-シシン) 죽기를 결심한 마
【死藥】(사약-シヤク) 먹으면 죽는 독약
【死語】(사어-シゴ) 현재 전혀 쓰지 않
는 죽은 옛말
【死友】(사우-シユウ) ①죽을 때까지 교
분을 불변하는 벗 ②죽은 친구
【死義】(사의-シギ・ギにシす) 정의를 위하
여 죽음
【死而後已】(사이후이-シしてのちやむ) 일
이성공될 때까지 끝까지 실행함
【死因】(사인シイン) 죽은 원인
【死者】(사자-シジャ) 죽은 사람
【死藏】(사장-シゾウ) 활용하지 않고 감
추워 둠 「움
【死戰】(사전-シセン) 죽기를 결하고 싸
【死節】(사절-シセツ) 목숨을 버리고 절
개를 지킴

【死絶】(사절-シゼツ) 죽어서 가계(家系)가 끊어짐

【死罪】(사죄-シザイ) ①죽어 마땅한 죄。 죽을 죄 ②군주(君主)에게 상주때 황송하다는 뜻을 표하는 말

【死地】(사지-シチ) 피할 길이 없는 위험한 곳。 죽을 땅

【死體】(사체-シタイ) 죽은 몸。 시체

【死鬪】(사투-シトウ) 죽도록 싸움

【死學】(사학-シガク) 아무 소용이 없는 학문。 죽은 글

【死骸】(사해-シガイ) 시체。 죽은사람

【死血】(시혈-シケツ) 뱃속에 모인 나쁜 피 못쓸 피

【死刑】(사형-シケイ) 죄인의 목숨을 끊「는 형벌

【死活】(사활-シカツ) 죽기와 살기

【死灰】(사회-シカイ) ①불기운이 없어진 재。 식은 재 ②욕심이 없고 명예나 재물에 어두움

【死後】(사후-シゴ) 죽은 뒤

【歿】몰 ボツ、しぬ expire 月 ㄇㄛˋ mo ①마칠 終也 ②천천히할 舒緩視 沒同

【殀】요 ヨウ、わかじに early death 篠 ㄧㄠˇ yao³ ①일찍죽을 短折壽之反 ②끊을 斷殺

【五 畫】

【殃】앙 オウ、わざはい misfortune 陽 ㄧㄤ yang ①재앙 禍也 ②허물 咎也 ③벌 내릴 罰也

【殃慶】(앙경-オウケイ) 재앙과 경사

【殃戮】(앙륙-オウリク) 재액에 걸려 죽음

【殃災】(앙재-オウサイ) 재앙。 재난

【殃禍】(앙화-オウカ) 죄악의 응보(應報) 죄를 받음

【殄】진 テン、つくす exhaust 銑 ㄊㄧㄢˇ t'ien³ ①끊어질 絶也 ②멸할 滅也 ③다할 盡也 ④착할 善也

【殄滅】(진멸-テンメツ) 죄다 없어짐。 죄「다 죽임

【殄殲】(진섬-テンセン) 무찔러 없애버림

【殄墜】(진추-テンツイ) 남김없이 멸망시킴

【殂】조 ソ、しぬ die 虞 ㄘㄨˊ ts'u² 죽을 死也

【殂落】(조락-ソラク) 임금의 죽음

【殆】태 タイ、ほとんど almost 賄 ㄉㄞˋ tai⁴ ①거의 幾也 ②장차 將也 ③위태할 危也 ④비롯할 始也 ⑤가까이할 近也

【殆半】(태반-タイハン) 거의 절반

【六畫—七畫】

【殊】수 シュ、ことに special 虞 ㄕㄨ shu¹ ①다를 異色 ②끊어질 絶也 ③벨 殊也 ④죽을 死也 ⑤어조사 語助辯

【殊功】(수공-シュコウ) 특별한 공훈

【殊怪】(수괴-シュカイ) 이상함

【殊邦】(수방-シュホウ) 다른나라。 타국(他國)

【殊死】(수사-シュシン) 목을 베는 형벌

【殊常】(수상-シュジョウ) ①뛰어남 ②보통과 다름

【殊賞】(수상-シュショウ) 특별한 상

【殊域】(수역-シュイキ) 다른 나라。 타국(他國)。 수방(殊邦)

【殊尤】(수우-シュユウ) 특별히 나음

【殊遇】(수우-シュグウ) 특별한 대우

【殊恩】(수은-シュオン) 특별한 은혜

【殊音】(수음-シュオン) ①다른 음곡(音曲) ②곡이 특수한 음

【殊異】(수이-シュイ) 다름。 또 달리함

【殊才】(수재-シュサイ) 뛰어난 재주

【殊族】(수족-シュゾウ) 형통이 다른 도당이 민족

【殊行】(수행-シュコウ) 뛰어난 행실

【殊刑】(수행-シュケイ) 특별히 중한 형벌

【殊效】(수효-シュコウ) ①뚜렷한 공 ②뛰어난 효험

【殊勳】(수훈-シュクン) 특별한 훈공

【殉】순 ジュン、おいじに die for 震 ㄒㄩㄣˋ hsün⁴ ①따라죽을 以人從葬 ②좇을 從也 ③구할 求也 ④경영할 營也

【殉敎】(순교-ジュンキョウ) 믿는 종교를 위하여 목숨을 버림
【殉國】(순국-ジュンコク) 나라를 위하여 목숨을 버림
【殉難】(순난-ジュンナン) 나라가 위기에 있을때 목숨을 바쳐 의로운 일을함
【殉道】(순도-ジュンドウ・みちジュンす) 도의(道義)나 종교를 위하여 목숨을 버림
【殉利】(순리-ジュンリ・りにしたがう) 한갓 이익만 내다보고 몸을 망침
【殉名】(순명-ジュンメイ、なにしたがう) 명예를 위하여 목숨을 버림
【殉死】(순사-ジュンシ) ①주군(主君)의 죽음을 좇아 죽음 ②충신이 나라를 위하여 자살함
【殉義】(순의-ジュンギ) 의(義)를 위하여 죽음
【殉節】(순절-ジュンセツ・セツにジュンす) 순사(殉死)
【殉職】(순직-ジュンショク・ショクにジュンす) 직무를 위하여 목숨을 버림

【殍】 표 ヒョウ、うえじに die of hunger 篠 ㄆㄧㄠˇ p'iao³
굶주려 죽을 餓死
【殍餓】(표아-ヒョウガ) 굶주려 죽음。아사(餓死)

【八 畫】

【殖】 식 ショク、ふやす prospor 職 ㄓˊ chih²
①불을 불릴 蕃也 ②날 生也 ③자랄 長也 ④심을 植也 ⑤세울 立也 ⑥반듯할 平正——
【殖利】(식리-ショクリ) 이익을 늘임
【殖民】(식민-ショクミン) 국외의 미개지에 국내의 백성을 이주시킴
【殖産】(식산-ショクサン) ①재산을 늘임 ②생산품을 늘임
【殖財】(식재-ショクザイ) 재화(財貨)를 늘임
【殖貨】(식화-ショクカ) 재물을 늘임

【殘】 잔 ザン、サン、のこり remainder 寒 ㄘㄢˊ ts'an²
①나머지 餘也 ②쇠잔할 凋傷 ③패할 賊也、害也
【殘缺】(잔결-ザンケツ) ①부족이 생김 ②헐어 없어짐
【殘高】(잔고-ザンダカ) 수지(收支) 또는 대차(代借)을 제한 나머지
【殘菊】(잔국-ザンギク) 늦가을까지 피어 남아있는 국화
【殘金】(잔금-ザンキン) 나머지 돈。잔액(殘額)
【殘期】(잔기-ザンキ) 일정한 기간중 어떤 부분을 경과하고 남은 기간
【殘年】(잔년-ザンネン) 남저지 해。노후(老後)의 수명
【殘黨】(잔당-ザントウ) 치고 남은 도적의 무리。남은 도적
【殘盜】(잔도-ザントウ) 잡히다 남은 도적
【殘毒】(잔독-ザンドク) 잔인하고 악독함
【殘凍】(잔동-ザントウ) 겨울의 얼음이 봄이 되어도 녹지않는 것
【殘燈】(잔등-ザントウ) 꺼지려고 하는 등
【殘留】(잔류-ザンリュウ) 남아서 처져 있음
【殘亡】(잔망-ザンボウ) 멸망하여 없어짐
【殘滅】(잔멸-ザンメツ) 침해 당하여 없어짐
【殘命】(잔명-ザンメイ) 죽게 된 목숨
【殘務】(잔무-ザンム)。남은 사무
【殘民】(잔민-ザンミン) 외롭고 가난한 백성
【殘暑】(잔서-ザンショ) 나머지의 더위
【殘蟬】(잔선-ザンゼン) 늦가을까지 살아 우는 매미
【殘雪】(잔설-ザンセツ) 녹다가 남은 눈
【殘星】(잔성-ザンセイ) 새벽별。지새는별
【殘惡】(잔악-ザンアク) 잔인하고 악독함
【殘額】(잔액-ザンガク) 잔금
【殘陽】(잔양-ザンヨウ) 넘어갈 무렵의 햇빛
【殘餘】(잔여-ザンヨ) 남어지
【殘月】(잔월-ザンゲツ) 지새는 달
【殘忍】(잔인-ザンニン) 사랑이 없음。인정이 없음
【殘滓】(잔재-ザンニン) 찌끼
【殘賊】(잔적-ザンゾク) ①패하고 남은 도적 ②사람과 물건을 해함
【殘敵】(잔적-ザンテキ) 패하고 남은 적군
【殘照】(잔조-ザンショウ) 노을 빛
【殘存】(잔존-ザンゾン) 남아 있음
【殘喘】(잔천-ザンゼン) 겨우 붙어 있는 숨
【殘燭】(잔촉-ザンショク) 타다 남은 쇠잔

한 촛불

【殘春】(잔춘-ザンシュン) 마지막 가는 봄

【殘敗】(잔패-ザンパイ) 기세가 다하여 패함

【殘暴】(잔포-ザンボウ) 잔혹하고 난포함

【殘品】(잔품-ザンピン) 남은 물건 「함

【殘虐】(잔학-ザンギャク) 잔인하고 포학

【殘恨】(잔한-ザンコン) 남은 원한 「함

【殘害】(잔해-ザンガイ) 사람과 물건을 해

【殘骸】(잔해-ザンガイ) 남아서 처진 시체나 물건의 뼈대。생활에 시달리고 지친 백성

【殘酷】(잔혹-ザンコク) 잔인하고 혹독함

【殘花】(잔화-ザンカ) 떨어지고 남은 꽃

【九畫—十一畫】

【殛】극 キョク、ころす condemn to exile 「責 ①귀양가 죽을 斥死 ②귀양보낼 洙

【殞】운 キン、しぬ fall down 軫 ㄩㄣˇ yün³ ①죽을 歿也 ②떨어질 落也 「죽음

【殞命】(운명-インメイ) 목숨이 끊어짐。

【殣】근 キン、うえじに die of hunge 震 ㄐㄧㄣˋ chin⁴ ①굶주려죽을 餓死 ②묻을 埋也

【殤】상 ショウ、わかじに die young 陽 ㄕㄤ shang¹ 어려서죽을 未成喪

【十二畫—十七畫】

【殪】에 エイ、たおれる bie ①죽을 死也 ②죽여없앨 殄絕

【殫】탄 タン、つきる entirely 寒 ㄉㄢ tan¹ 다할 盡也

【殫竭】(탄갈-タンケツ) 남김없이 다함

【殫誠】(탄성-タンセイ) 성심을 다함

【殫殘】(탄잔-タンザン) 멸망하여 없어짐

【殭】강 キョウ dead 陽 ㄐㄧㄤ chiang¹ ①죽어 썩지 않을 死不朽 ②말라죽은 누에 —蠶

【殮】렴 レン、おさめる shroud 豔 ㄌㄧㄢˋ lien⁴ ①염할 殮也衣死 ②빈소할 殯也

【殮布】(염포-レンプ) 염습때 시체를 묶는 베

【殯】빈 ヒン、かりもがり shrouding 震 ㄅㄧㄣˋ pin⁴ ①빈소 死在棺將遷葬賓賓遇之

【殯宮】(빈궁-ヒンキュウ) 발인 (發靷)때까지 임금의 영구(靈柩)를 모시는곳

【殯所】(빈소-ヒンショ) 발인(發靷)때 까지 관을 놓아두는 곳

【殲】섬 セン、つくす destroy ①다할 盡也 ②멸할 滅也

【殲滅】(섬멸-センメツ) 모두 죽여 없앰

【殲撲】(섬박-センボク) 죄다 쳐 없앰

殳 部

【殳】수 シュ、ジュ、ほこ spear 虞 ㄕㄨ shu¹ ①날 없는 창 無刃戟 ②칠 擊也

【五畫—六畫】

【段】단 ダン、タン、くぎり section 翰 ㄉㄨㄢˋ tuan⁴ ①가릴 고를 推物 ②조각 分片 ③姓也

【段階】(단계-ダンカイ) ①일의 차례를 따라 나아가는 과정 ②순서。차례등

【段落】(단락-ダンラク) ①일이 다 된 끝 ②글속의 그치는 곳

【殷】은 イン、アン、さかん abundant 文 ㄧㄣˇ yin³ ①많을 衆也 ②은나라 國名 ③가운데 中也 ④클 大也 ⑤천둥소리 雷發聲 ⑥웅게중게할 盛貌—— ⑦姓也 (안) 검붉을 赤黑色

【殷鑑】(은감-インカン) 남의 실패를 보고 자기의 경계를 삼음

【殷富】(은부-インプ) 넉넉함

【殷盛】(은성-インセイ) 번화하고 성함。은창(殷昌)

【殷殷】(은은-インイン) ①떨치는 모양 ②소리가 성한 모양
【殷足】(은족-インソク) 재물이 넉넉함
【殷賑】(은진-インシン) ①가멸음 ②흥정이 좋음
【殷昌】(은창-インショウ) 번창함。번성함
【殷紅】(은홍-アンコウ) 검붉음。또 그 빛

【㱿】 㱿 (殳部 八畫) 本字

【般】 舟部 四畫에 볼것

【殺】 殺 (殳部 七畫) 同字

【七畫—八畫】

【殺】 살 サツ、サイ、セツ、ころす kill ㄕㄚ sha¹ ①죽일 戮也 ②살촉 矢鏃 ③흩어질 散貌 (쇄) ①감할 減也 ②내릴 降也 ③빠를 疾也 ④옷에문댈 剪縫 (시) 弑同
【殺菌】(살균-サッキン) 세균을 죽임
【殺氣】(살기-サッキ) ①살벌의 성질。잔인한 마음 ②가을이나 겨울에 나무를 말라죽게 하는 차가운 기운
【殺氣膽盛】(살기담성-サッキタンセイ) 살기가 있어 아무것도 무서워 하지 않음
【殺氣衝天】(살기충천-サッキショウテン) 살기가 하늘을 찌를듯 함
【殺掠】(살략-サツリャク) 사람을 죽이고 재물을 빼앗음
【殺略】(살략-サツリャク) 살략(殺掠) 과 「같음
【殺伐】(살벌-サツバツ) ①죽이고 침 ②거동이 무시무시 함
【殺傷】(살상-サッショウ) 사람을 죽이고 상처를 냄
【殺生】(살생-サッセイ・セッショウ) 죽이는 「것과 살리는것
【殺身成仁】(살신성인-みをころしてジンをなす) 절개를 지키고 목숨을 버림
【殺戮】(살육-サツリク) 죽임
【殺意】(살의-サツリク) 사람을 죽이려고 하는 마음
【殺人】(살인-サツイ) 사람을 죽임
【殺風景】(살풍경-サップウケイ) ①풍치가 없어짐 ②무취미
【殺害】(살해-サツガイ) 죽임
【殺獲】(살획-サツカク) 죽이고 사로잡음
【殺到】(쇄도-サットウ) 한꺼번에 세차게 몰려들음。빨리 이름

【殼】 각 カク、から shell ㄎㄜˊ k'e² ①껍질 皮甲 ②바탕 素也 ③내려친 上擊下
【殼族】(각족-カクゾク) 자개가 있는 것。「패류(貝類)
【殼實】(각실-カクジツ) 진실하고 정직함

【殽】 효 コウ、まじる mixed ㄧㄠˊ yao² ①섞일 相雜錯混— ②어지러울 亂也 ③술안주 肴也
【殽亂】(효란-コウラン) 뒤죽 박죽이 되어 질서가 없음
【殽雜】(효잡-コウザツ) 이리저리 뒤섞임

【殿】 전 デン、テン、との palace ㄉㄧㄢˋ tien⁴ ①전각 宸居宮— ②뒤 後也 ③진정할 鎭定 ④끙끙거릴 呻也—屎 ⑤하등 上功日最下功日—
【殿閣】(전각-デンカク) 임금의 궁전
【殿堂】(전당-デンドウン) ①크고 화려한 「간 ②신불(神佛)을 모셔 놓은 집
【殿欄】(전란-デンラン) 전각(殿閣)의 난
【殿下】(전하-デンカ) 황족(皇族)의 높임
【殿後】(전후-デンゴ) 퇴각하는 군대의 맨 뒤에 남아서 적군을 가로막는 군대。전군(殿軍)

【毀】 훼 キ、そしる blame ①험담할 訾也 ②헐 壞也 ③파리할 瘠哀— ④이갈 小兒去齒 ⑤헐어질 隳也
【毀壞】(훼괴-キカイ) 무너뜨림
【毀棄】(훼기-キキ) 깨뜨려 버림
【毀短】(훼단-キタン) 남의 단점을 들어서 헐어 말함
【毀慕】(훼모-キボ) 몸이 상하도록 사모「함
【毀謗】(훼방-キホウ) 남을 비방함。남의 단점을 비웃음
【毀傷】(훼상-キショウ) 몸에 상처를 냄

【毁損】(훼손-キソン) ①체면을 손상함 ②헐어서 못쓰게 됨
【毁碎】(훼쇄-キスイ) 깨뜨리어 부숨
【毁惡】(훼악-キアク) ①헐뜯고 미워함 ②남을 나쁘게 욕함
【毁言】(훼언-キゲン) 훼방하는 말
【毁譽】(훼예-キヨ) 훼방하는것과 칭찬하는 것。남을 허는것과 기리는 것
【毁節】(훼절-キセツ) 절조를 깨뜨림
【毁瘠】(훼척-キセキ) 너무 슬퍼하여 몸이 파리해 짐
【毁撤】(훼철-キテツ) 깨뜨려 걷어 버림
【毁齒】(훼치-キシ) ①어린애가 이를 새로 갈음 ②七・八세의 어린이
【毁破】(훼파-キハ) 헐고 깨뜨림

【彀】弓部 十畫에 볼것

【十畫—十二畫】

【毃】각 カク、たたく strike the head
①머리 때릴 擊頭 ②곁매로칠 橫摘

【毆】구 オウ、なぐる beat
쥐어박을 捶擊
【毆擊】(구격-オウゲキ) 구타(毆打)
【毆縛】(구박-オウバク) 때리어 묶음
【毆打】(구타-オウダ) 때림。침

【毅】의 キ、つよい firm 困 ㄧ`
①굳셀 果敢 ②성 발끈낼 妄怒
【毅然】(의연-キゼン) 끄떡 없는 모양。굳센 모양
【毅勇】(의용-キユウ) 굳세고 용감함

【穀】米部 十畫에 볼것

【穀】禾部 十畫에 볼것

【轂】車部 十畫에 볼것

【觳】角部 十畫에 볼것

毋 部

【毌】관 カン penetrate 翰 ㄍㄨㄢˋ kuan⁴
꿸 穿物

【毋】무 ブ、ム、なかれ no ; not 虞 ㄨˊ wu²
①말 止之 ②없을 莫也 ③말게할 禁之 物爲辭

【一畫—三畫】

【母】모 ボ、モ、はは mother 有 ㄇㄨˇ mu³
어미 父之配
【母系】(모계-ボケイ) 어머니쪽의 계통
【母校】(모교-ボコウ) 출신 학교
【母敎】(모교-ボキョウ) 어머니의 교훈
【母國】(모국-ボコク) 외국에 있어서 자기의 본국을 이름
【母堂】(모당-ボドウ) 남의어머니의존대
【母黨】(모당-ボトウ) 어머니 편의 일가
【母道】(모도-ボドウ) 사람의 어미된 자가 마땅히 지켜야 할 도리
【母法】(모법-ボホウ) 선진국의 법률을 본떴을 때 그 기본이된 법률
【母喪】(모상) 어머니의 상사
【母性】(모성-ボセイ) 여성이 어머니로서 가지고 있는 감정
【母性愛】(모성애-ボセイアイ) 어머니의사「랑
【母乳】(모유-ボニュウ) 생모(生母)의 젖
【母音】(모음-ボオン) 홀소리
【母儀】(모의-ボギ) 어머니된 사람이 본받아야 할 일
【母子】(모자-ボシ) ①어머니와 아들②「원금과 이자
【母姉】(모자-ボシ) 어머니와 누나
【母錢】(모전-ボセン) 본전
【母親】(모친-ははおや) 어머니
【母型】(모형-ボケイ) 활자를 부어 만들어 내는 판
【母后】(모후-ボコウ) 황태후(皇太后)
【母訓】(모훈-ボクン) 어머니의 가르침

【每】매 マイ、バイ、ごとに each ; every 賄 ㄇㄟˇ mei³
①매양 常也 ②각각 各也 ③탐할貪也 ④무릇 凡也 ⑤비록 雖也 ⑥여러번 屢也 ⑦풀더부룩할 草盛貌 ⑧

좋은밭 美田

【每箇】(매개-マイコ) 한개 한개。낱낱

【每期】(매기-マイキ) 일정한 시기마다

【每年】(매년-マイネン) 해마다

【每度】(매도-マイド) 번번이 그때마다。매회(每回)

【每每】(매매-マイマイ) ①번번이。늘 ②풀이 더부룩하게 난 모양

【每番】(매번-マイバン) 번번이

【每封】(매봉) 한 봉지마다

【每事】(매사-マイジ) 일마다。여러가지

【每事不成】(매사불성-マイジならず) 일마다 실패함

【每時】(매시-マイジ) 시간마다

【每夜】(매야-よごと) 밤마다

【每月】(매월-マイゲツ) 달마다。매달

【每日】(매일-マイニチ) 날마다。연일

【每次】(매차-マイジ) 매회

【每戶】(매호-マイコ) 집마다

【每回】(매회-マイカイ) 번번이

【四畫—九畫】

【毒】 독 ドク、トク、どく poison 沃 ㄉㄨˊ ㄉㄨ²

①독할 苦也 ②악할 惡也 ③해할害也 ④아플 痛也 ⑤한할 恨也 ⑥기를 育也 ⑦미워할 憎也

【毒計】(독계-ドクケイ) 나쁜 계책

【毒氣】(독기-ドッキ・ドクキ) 독이 있는 기운。나쁜 병을 일으키는 기운

【毒物】(독물-ドクブツ) ①독성이 있는물질 ②성질이 악독한 사람의 별명

【毒婦】(독부-ドクフ) 악독한 여자

【毒蛇】(독사-ドクジャ) 물때에 독액을 주사하는 뱀

【毒殺】(독살-ドクサツ) 독약을 먹여 죽임

【毒舌】(독설-ドクゼツ) 독한 혀。남을 해「하는 말

【毒素】(독소-ドクソ) 유기 물질(有機物質)특히 고기・담백질등이 썩어서 생기는 독이 있는 화합물

【毒水】(독수-ドクスイ) 독기가 있는 성분이 섞인 물

【毒手】(독수-ドクシュ) ①남을 해하는자의 손 ②악독한 수단 「른 화살

【毒矢】(독시-ドクヤ) 살촉에 독약을 바

【毒心】(독심-ドクシン) 악독한 마음

【毒牙】(독아-ドクガ) 물 때에 독액을 내는 어금니

【毒惡】(독악-ドクアク) 매우 악독함

【毒液】(독액-ドクエキ) 독이 있는 물

【毒藥】(독약-ドクヤク) 독기가 있는 약

【毒焰】(독염-ドクエン) 독기가 있는불꽃

【毒刃】(독인-ドクジン) 흉한이 쓰는 칼

【毒種】(독종-ドクシュ) 독성이 있는물질

【毒酒】(독주-ドクシュ) ①독약을 탄 술 ②독한 술

【毒草】(독초-ドクソウ) 독기를 품은 풀

【毒蟲】(독충-ドクチュウ) 독기가 있는 벌레

【毒筆】(독필-ドクヒツ) 낚을 비방하여 글을 씀。또 그 글

【毒害】(독해-ドクガイ) 잔인하게 해침

【毓】 육 イク、そだつ breed

①기를 養也 ②어릴稚也 ③많을盛多

【貫】 貝部 四畫에 볼것

比部

【比】 비 ヒ、ビ、くらべる compare 寘 ㄅㄧˇ ㄅㄧ³

①견줄—例 ②비교할 較也 ③의방할 方也 ④가까울 近也 ⑤가지런할 齊也 ⑥미칠 及也 ⑦기다릴 待也 ⑧좇을 從也 ⑨편벽될 偏也 ⑩무리 黨也 ⑪빗 櫛具—餘 ⑫오늬 矢括 ⑬고를 和也 ⑭아우를 並也—鄰 ⑮혁대갈고리 革帶鉤 ⑯범의 가죽 虎皮皐— (필) 차례 次巾櫛—

【比肩】(비견-ヒケン) ①어깨를 나란히 함 ②나란히 걸어감 ③어깨를 견줌곧 같은 지위에 있음。서로 비슷함

【比境】(비경-ヒキョウ) 영지(領地)가 나란히 계속됨 「(比較)

【比較】(비교-ヒカク) 견주어 봄。대어봄

【比丘】(비구-ビク) 출가(出家)하여 불문(佛門)에 들어간 남자중

【比丘尼】(비구니-ビクニ) 불교에 귀의한 여자중

【比黨】(비당-ヒトウ) 도당을 맺음。또그 당파

【比等】(비등-ヒトウ) 서로 비슷함

【比來】(비래-ヒライ・このごろ) 가까운 요즈음

【比例】(비례-ヒレイ) ①비교하여 봄 ②수를 서로 견주어 같은 관계를 계산하는 셈법 「만한 물건

【比類】(비류-ヒルイ) 같은 종류。비교할

【比率】(비율-ヒリツ) 비례의 율

【比鄰】(비린-ヒリン) 이웃。접근한 땅

【比方】(비방-ヒホウ) 서로 비교함

【比色】(비색-ヒショク) 빛깔의 농도 를 비교함 「다

【比歲】(비세-ヒサイ) 비년(比年)。해마

【比餘】(비여-ヒヨ) 머리에 꽂는 빗

【比翼】(비익조-ヒヨクのとり) 암컷 숫컷이 눈과 날개가 하나씩이라서 두마리가 짝을 짓지 않으면 날지 못한다는 전설상의 새。곧 남녀의 지극한 정을 비유하는 말

【比準】(비준-ヒジュン) 대어 봄。대조함

【比重】(비중-ヒジュウ) 어떤 물질의 밀도와 표준물

【比行】(비행-ヒコウ) 나란히 걸어감

【五 畫】

【毖】비 ヒ、つつしむ take care 寘 ㄅㄧˋ pi⁴
①삼갈 愼也 ②수고로울 勞也 ③샘물 졸졸흐를 泉流貌

【毗】비 ヒ、ビ、あつい thick 支 ㄆㄧˊ p'i²
①밝을 明也 ②두터울 厚也 ③도울 助也 輔也 ④몸굽신거릴 體柔 ⑤혀대 갈고리 帶鉤

【毘】前條 同字

【皆】白部 四畫에 볼것

毛 部

【毛】모 モウ、ボウ、ナ hair 豪 ㄇㄠˊ mao²
①터럭 毫也 眉髮之屬 ②풀 草也 ③떼 莎草地ㅡ ④나이 차례 序齒燕ㅡ ⑤반쯤 셀 髮班白二ㅡ ⑥양 羊也 ⑦퇴할 去ㅡ ⑧姓也

【毛骨】(모골-モウコツ) 털과 뼈

【毛孔】(모공-モウコウ) 털 구멍

【毛管】(모관-モウカン) 모세관(毛細管)의 준말

【毛具】(모구-モウグ) 털로 만든방한(防寒)에 쓰이는 제구 「에 박힌 부분

【毛根】(모근-モウコン) 터럭이 털구멍속

【毛頭】(모두-モウトウ) 털 끝

【毛類】(모류-モウルイ) 털 가진 짐승

【毛鱗】(모린-モウリン) 짐승과 물고기

【毛髮】(모발-モウハツ) 머리 털

【毛紗】(모사-モウシャ) 털실로 짠 얇다란사(紗)

【毛絲】(모사-けいと) 털실

【毛穎】(모영-モウエイ) 붓의 다른 이름

【毛帳】(모장-モウチョウ) 모피로 만든 방에 치는 휘장

【毛氈】(모전-モウセン) 짐승의 털에 인공을 가하여 짠 자리

【毛族】(모족-モウゾク) 털 가진 짐승

【毛織物】(모직물-けおりもの) 짐승의 털로 짠 피륙이나 제품

【毛錐】(모추-モウスイ) 붓의 딴 이름

【毛皮】(모피-モウヒ) 털이 붙은 짐승의 가죽

【毛筆】(모필-モウヒツ) 붓

【毛血】(모혈-モウケツ) 예전의 제향에 쓰이던 희생(犧牲)

【六 畫】

【毧】융 ジュウ、けおりもの soft fur 東 ㄖㄨㄥˊ jung²
솜털 細毛

【尾】尸部 四畫에 볼것

【耄】老部 四畫에 볼것

【耗】耒部 四畫에 볼것

【七 畫】

【毬】구 キュウ、まり ball 尤 ㄑㄧㄡˊ ch'iu² ②제기 鞠丸 ②화문모직 毹布花— ③여지 紅毹枝星—

【毫】호 ゴウ、コウ、わずか long hair 豪 ㄏㄠˊ hao² ②긴털 長銳毛 ②붓 筆也揮- ③호數名 十絲

【毫端】(호단-ゴウタン) 붓끝。필단(筆端)

【毫末】(호말-ゴウマツ) 털끝。썩 작음

【毫髮】(호발-ゴウハツ) ①터럭。털 ②조금。겨우。아주 자디잔 털과 같다는 뜻에서 잔물건을 가리키는 말。추호(秋毫)

【毫楮】(호저-ゴウチョ) 붓과 종이。필지

【八畫—十畫】

【毯】담 タン、けむしろ carpets 感 ㄊㄢˇ t'an³ 담요 毛席

【毳】취 ゼイ、セイ、にこげ wool 霽 ㄘㄨㄟˋ ts'uei⁴ ①솜털 獸細毛 ②털장막 氈也—幕 ③맛날 柔美物甘—

【毳幕】(취막-ゼイバク) 털로 짠 장막

【毳毛】(취모-ゼイモウ) 새 배의 부드러운 털

【髦】髟部 四畫에 볼것

【十一畫—十三畫】

【毿】삼 サン、ながいけ long hair 覃 ㄙㄢ san¹ 털 너털거릴 毛長貌

【麾】麻部 四畫에 볼것

【氅】창 ショウ、はごろも feathers of crane 학창의 析羽爲裘衣

【氈】전 セン、けむしろ carpets 先 ㄓㄢ chan¹ 전 蹂毛成片

【氈裘】(전구-センボウ) 모직의 옷。흉노(匈奴)의 북장

【氈帽】(전모-センキュウ) 전으로 만든모자

氏部

【氏】씨 シ、うじ neme of family 紙 ㄕˋ shih⁴ ①성 姓之所分—族 ②씨 婦人例稱

【氏名】(씨명-シメイ) 성명

【氏族】(씨족-シゾク) 동성 동본의 친족

【一 畫】

【民】민 ミン、たみ people 眞 ㄇㄧㄣˊ min² 백성 衆庶黎首

【民家】(민가-ミンカ) 백성의 집

【民間】(민간-ミンカン) 일반 국민의 사이

【民困】(민곤-ミンコン) 백성의 빈곤

【民國】(민국-ミンゴク) ①백성과 나라 ②민족주의를 정체(政體)로 하는나라

【民窮】(민궁-ミンキュウ) 백성이 가난하여 구차함

【民權】(민권-ミンケン) 정치상의 인민의 권리

【民團】(민단-ミンダン) 외국의 일정한 곳에사는 본국인이 조직하는 법인단체

【民畓】(민답-ミントウ) 백성의 소유로 있는 논

【民德】(민덕-ミントク) 백성의 도덕

【民度】(민도-ミンド) 백성의 빈부 또는 문화의 정도

【民亂】(민란-ミンラン) ①백성의 소란 ②고을의 원이 학정을 할 때에 백성들이 불평을 품고 난을 일으키어 원을 내 쫓던 것

【民力】(민력-ミンリョク) 백성의 힘

【民曆】(민력-ミンレキ) 민간에서 보는 책력

【民瘼】(민막-ミンバク) 민폐(民弊)

【民望】(민망-ミンボウ) ①백성이 추앙함。인망(人望) ②백성의 모범 ③백성의 희망

【民兵】(민병-ミンペイ) 백성들이 자신의 이익을 위하여 모인 군사

【民福】(민복-ミンプク)국민의 복리(福利)

【民本主義】(민본주의-ミンポンシュギ) 국가의 주권이 일개인의 군주 또는 소

수의 귀족에 있지 않고 인민전체에 있다고 하는 정치상의 다수주의。민주주의와 거의 같음
【民事】(민사-ミンジ) ①백성의 일。농업 ②정치상의 일 ③부역(賦役) ④사법(私法)에 관한 재판사건
【民散】(민산-ミンサン) 백성이 학정에못이겨 뿔뿔이 흩어짐 「백성
【民生】(민생-シンセイ) ①백성의 생활②
【民庶】(민서-ミンショ) 백성
【民選】(민선-ミンセン) 국민의 선출
【民設】(민설-ミンセツ) 관설(官設)·공설(公設)에 대하여 백성의 경영으로 한 시설
【民聲】(민성-ミスセイ) 백성의 여론
【民性】(민성-ミンセイ) 백성의 성질
【民訴】(민소-ミンソ) 백성의 억울함을 관청에 호소함
【民俗】(민속-ミンゾク) 백성의 습속
【民需】(민수-ミンジュ) 민간의 수요(需要) 「영업
【民營】(민영-ミンエイ) 민간이 경영하는
【民謠】(민요-ミンヨウ) 민간에서 유행하는 가요
【民辱】(민욕-ミンジョク) 국민의 치욕
【民怨】(민원-ミンエン) 백성의 원망
【民有】(민유-ミンユウ) 백성의 소유
【民隱】(민은-ミンイン) 백성의 괴로움
【民意】(민의-ミンイ) 백성의 마음。백성의 뜻
【民人】(민인-ミンジン) 백성。민생(民生)
【民財】(민재-ミンザイ) 백성의 재산
【民籍】(민적-ミンセキ) 그 나라 백성으로서의 자격
【民政】(민정-ミンセイ) 인민의 안녕 행복을 꾀하는 정치
【民情】(민정-ミンジョウ) ①백성의 심정 ②민간의 실정
【民族】(민족-ミンゾク) 국민의 종족
【民主】(민주-ミンシュ) ①한 나라의 주권이 국민에게 있음 ②민주주의의 준말
【民主主義】(민주주의-ミンシュシュギ) 백성의 전체의 이익을 기초로하고 한 나라의 주권이 인민에 의하여 정치를 행함
【民衆】(민중-ミンシュウ) 세상의 모든 사람。많은 백성들
【民智】(민지-ミンチ) 백성의 지혜。인민의 지식의 정도
【民治】(민치-ミンジ) 국민을 다스림
【民弊】(민폐-ミンペイ) 백성에게 해가되는 일
【民戶】(민호-ミンコ) 민가(民家)

【氐】저 テイ、もと foundation 霽 ㄉㄧˇ ti^{3}
①근본 本也 ②이를 至也 ③별이름 星名 二十八宿의 하나 ④낮을 賤也 ⑤오랑캐 西羌名
【氐賤】(저천-テイセン) 낮음。값이 쌈

【四 畫】

【氓】맹 ボウ、ミョ、たみ people 庚 ㄇㄥˊ mêng^{2}
백성 民也 「(常民)
【氓隷】(맹례-ボウレイ) 천한 백성。상민

【昏】日部 四畫에 볼것

【邸】邑部 五畫에 볼것

气 部

【气】기 キ、コツ、こう beg 未 ㄑㄧˋ ch'i^{4}
기운 雲氣 氣同 (걸) ①구할 求也 ②가져갈 取也 乞同

【四 畫】

【氛】분 フン、き vapour 文 ㄈㄣ fen^{1}
①기운 氣也 ②해매 妖氣ㅡ
【氛氣】(분기-フンキ) 공중에 보이는 구름이나 안개같은 기운
【氛埃】(분애-フンアイ) 더러운 먼지
【氛圍氣】(분위기-フンイキ) 지구를 싸고 있는 공기

【六畫—十畫】

【氣】기 キ、ケ、いき 未 ㄑㄧˋ ch'i^{4} air ; breath; weather

①기운 숨 息也 ②기후 候也

【氣槩】(기개-キガイ) 기상이 뛰어나고 절개가 높음

【氣格】(기격-キカク) 마음과 뼈대。마음씨。기풍(氣風)

【氣骨】(기골-キコツ・きぼね) 기혈(氣血)과 뼈대。씩씩한 의기 「구멍

【氣孔】(기공-キコウ) 호흡 작용을 하는

【氣管】(기관-キカン) 숨통。호흡기의 일부

【氣圈】(기권-キケン) 대기(大氣)가 지구를 싸고있는 구역

【氣道】(기도-キドウ) 숨이 통하는 길

【氣量】(기량-キリョウ) 기체의 양

【氣力】(기력-キリョク) ①정신과 육체의 힘。근력 ②일을 담당할 힘 ③육욕의 힘 ④압착한 공기의 힘

【氣流】(기류-キリュウ) 대기의 유동

【氣脈】(기맥-キミャク) ①기혈(氣血)과 맥락(脈絡) ②의사를 서로통하는길

【氣味】(기미-キミ) ①냄새와 맛 ②심기(心氣)와 취미 ③모양

【氣魄】(기백-キハク) 씩씩한 기상과 진취성이 있는 정신

【氣癖】(기벽-キヘキ) 굴하지 않는 성질

【氣分】(기분-キブン) ①마음에 느끼는 상태。본성(本性) ②마음

【氣象】(기상-キショウ) ①타고난 성질。기질 ②대기 가운데서 일어나는 모든 물리적 현상

【氣色】(기색-キショク・ケシキ) ①감정의 작용으로 얼굴에 나타나는 기분과 얼굴빛 ②얼굴에 나타나는 감정의 변화

【氣勢】(기세-キセイ) 남을 두렵게 하는 힘。원기(元氣)

【氣數】(기수-キスウ) 스스로 돌아 가는 그 자신이 길흉화복(吉凶禍福)의 운수를 이름

【氣息】(기식-キソク) 숨。호흡

【氣壓】(기압-キアツ) 대기가 지구 거죽에 미치는 압력

【氣焰】(기염-キエン) 대단한 기세

【氣溫】(기온-キオン) 대기의 온도

【氣宇】(기우-キウ) 기개와 도량。견식(見識) 「형편

【氣運】(기운-キウン) 시세의 돌아가는

【氣韻】(기운-キイン) 문장이나 서화의 아담한 멋

【氣鬱】(기울-キウツ) 심기(心氣)가 울결하여 가슴이 아픈 병

【氣絕】(기절-キゼツ) ①한때 정신을 잃음。졸도(卒倒) ②병든 사람이 절명함 ③깜짝 놀람

【氣節】(기절-キセツ) ①기개(氣慨)가 높고 절조(節操)가 굳음 ②기절。시절

【氣盡】(기진-キつく) 기력이 다하여 없어짐

【氣盡脈盡】(기진맥진-キつきミャクつく) 기력이 나 없어짐

【氣體】(기체-キタイ) 유동하기 쉽고 일정한 형상이 없이 늘 헤어지자고하는 성질을 가진 물건。곧 공기・수증기 따위

【氣筒】(기통-キトウ) 증기기관이나 내연기관의 주체가 되는 원통형(圓筒形) 부분

【氣稟】(기품-キヒン) ①타고 난 기운과 성질 ②천성

【氣風】(기풍-キフウ) 마음과 풍채

【氣虛】(기허-キキョ) 기력이 허약함

【氣血】(기혈-キケツ) 원기와 혈액

【氣俠】(거협) 남자나운 기상。용맹한 마음

【氣候】(기후-キコウ) ①기(氣)는 十五일。후(候)는 五일。곧 一年에 二十四기、七十二후가 있으므로 이른지은 것 ②대기(大氣)의 변동。산(山)과 바다의 형세들을 따라 생기는 청우(晴雨)

【氤】인 イン、いきおい forces 眞 ㄧㄣ yin ①기운 氣也 ②기운어릴 天地合氣
｜氳

【氤氳】(인온-インウン) ①기운이 왕성한 모양 ②산에 안개가 가득 차있는 형용

【氳】온 ウン、さかん life-giving influences of nature 기운어릴 元氣交密

水部

【水】수 スイ、みず water 紙 ㄕㄨㄟˇ shuei³
①물 地之血氣 ②姓也
【水閣】(수각-スイカク) 물위에 지은 정자。곧 밑으로 물이 흐르는 정자
【水鷄】(수계-くいな) 뜸부기
【水郭】(수곽-スイカク) 물가에 있는 촌락
【水國】(수국-スイコク) ① 호수·늪·내가 많은 나라 ②비가 많이 와서 물이 창일한 땅
【水軍】(수군-スイグン)、바다를 방비하는 군사。수병·해군
【水禽】(수금-スイキン) 물에서 사는 새。물새
【水氣】(수기-スイキ) 물기운。물기
【水道】(수도-スイドウ) ① 뱃길。수로 ②물길。수맥(水脈) ③주민의 음료수。사용수로 공급하는 설비
【水稻】(수도-スイトウ) 수답에 심은 벼
【水痘】(수두-スイトウ) 작은 마마
【水落石出】(수락석출-みずおちいしいず)① 물이 말라서 돌이 드러남。겨울의 강의 경치 ②일이 나중에 나타남
【水量】(수량-スイリョウ) 물의 분량。물의 부피
【水力】(수력-スイリョク) 물의 힘

【水簾】(수렴-スイレン) ①폭포 ②부초(浮草)
【水路】(수로-スイロ) 뱃길
【水雷】(수뢰-スイライ) 적의 배를 파괴하는 폭발 장치
【水陸】(수륙-スイリク) ① 물과 땅。바다와 육지 ②수로와 육로
【水陸戰】(수륙전-スイリクセン) 바다와육지에서의 싸움
【水利】(수리-スイリ) 물의 편리。물의 이용
【水魔】(수마-スイマ) 수해(水害)를 마(魔)에 비유해서 이르는 말
【水面】(수면-スイメン) 물 위
【水母】(수모-くらげ·スイボ) 해파리
【水墨】(수묵-スイボク) 빛이 엷은 먹물
【水紋】(수문-スイモン) 수면의 파문
【水門】(수문-スイモン·みなと) ① 물이 통하는 문 ②물고
【水伯】(수백-スイハク) 물 귀신
【水邊】(수변-スイヘン) 물가
【水兵】(수병-スイヘイ) 수군(水軍)
【水夫】(수부-スイフ) 배타는 사람。해군의 병사 「기
【水分】(수분-スブン) ①물의 분량 ②물
【水死】(수사-スイシ) 물에 빠져 죽음
【水師】(수사-スイシ) 수군(水軍)
【水產】(수산-スイサン) 물 속에서 남。또 그 물건
【水上】(수상-スイジョウ) ①물 위 ②물의 상류 ③물가

【水色】(수색-スイショク) 물 빛。물의경치
【水棲】(수서-スイセイ) 물속에서 삶
【水石】(수석-スイセキ) 물과 돌
【水仙】(수선-スイセン) 물속에 산다는 신선
【水性】(수성-スイセイショウ) 물의 성진
【水星】(수성-スイセイ) 태양에 제일 가깝고 가장 작은 유성(遊星)
【水聲】(수성-スイセイ) 물의 흐르는 소리。물소리
【水城】(수성-スイジョウ)물가에 있는 성
【水洗】(수세-スイセン) 물로 씻음
【水勢】(수세-スイセイ) 물의 세력。물의 형세
【水素】(수소-スイソ) 무색·무미·무취의 가장 가벼운 원소(元素)。불이 붙기 쉽고 산소와 합하여 물이 됨
【水神】(수신-スイシン) 물을 맡아 다스리는 귀신
【水深】(수심-スイシン) 물의 깊이
【水壓】(수압-スイアツ) 물의 압력
【水涯】(수애-スイガイ) 물가
【水厄】(수액-スイヤク) 물의 재액
【水藥】(수약-スイヤク) 물약
【水泳】(수영-スイエイ·みずおよぎ) 헤엄 침
【水牛】(수우-スイギュウ) 물소
【水運】(수운-スイウン) 뱃길로 운반함
【水源】(수원-スイゲン) 물의 근원
【水銀】(수은-スイギン) 은백색(銀白色)

의 액체같은 금속
【水衣】(수의-スイイ) 수면(水綿)
【水葬】(수장-スイソウ) 시체를 수중에 장사함
【水災】(수재-スイサイ) 홍수의 재앙。수해(水害)
【水底】(수저-スイテイ) 물 밑
【水賊】(수적-スイゾク) 물 위로 출몰하며 재물을 빼앗아 가는 도적。해적
【水滴】(수적-スイテキ) 물 방울
【水積成川】(수적성천-みずつもりてかわをなす) 작은 것도 쌓이면 큰 것이 된다는 비유
【水田】(수전-スイテン) 논
【水戰】(수전-スイセン) 물 위에서 싸움
【水程】(수정-スイテイ) 뱃길
【水晶】(수정-スイショウ) 석영(石英)의 일종。투명한 결정체
【水精】(수정-スイセイ) ①달의 딴 이름 ②수정(水晶)의 딴 이름
【水際】(수제-みずきわ・みぎわ) 물 가
【水槽】(수조-スイソウ) 물을 담아 놓는 큰 통
【水藻】(수조-スイソウ) 물속에 나는 마름
【水族】(수족-スイゾク) 물 속에서 사는 동물
【水準】(수준-スイジュン) 사물의 표준
【水中】(수중-スイチュウ) 물 속
【水蒸氣】(수증기-スイジョウキ) 물이 증발하여 변한 김

【水草】(수초-スイソウ) 물과 풀
【水土】(수토-スイド) ①물과 흙。바다와 물 ②토지
【水桶】(수통-みずおけ) 물통
【水波】(수파-スイハ) 물결
【水平】(수평) ①물위와 같이 평편함 ②보통
【水泡】(수포-スイホウ・みなわ) 물거품
【水豹】(수표-スイヒョウ) 바다 표범
【水標】(수표-スイヒョウ) 물의 부피를 헤아리는 돌
【水害】(수해-スイガイ) 홍수의 재앙。수재(水災)
【水火】(수화-スイカ) ①물과 불 ②물과 불처럼 세력이 굉장한 모양 ③생활상 중요한 것 ④매우 위험함을 이름 ⑤성질이 상박하여 사이가 좋지 못함을 이름
【水化】(수화-スイカ) 물질이 물과 화합(化合) 또는 결합하는 일
【水患】(수환-スイカン) ①홍수의 근심 ②수해(水害)

【一 畫】

【氷】빙 ヒョウ、こおり ice

①얼음 水遇寒凝結 ②살통 뚜껑 失箙蓋 ③姓也
【氷潔】(빙결-ヒョウケツ) 얼음과 같이 맑음
【氷庫】(빙고-ヒョウコ) 얼음을 넣어두는 곳집
【氷山】(빙산-ヒョウザン) ①얼음 산 ②불을 때지 아니한 찬방을 이름 ③권세에 의뢰하지않음。또그러한 사람
【氷上】(빙상-ヒョウジョウ) 얼음 위
【氷釋】(빙석-ヒョウシャク) ①얼음이 녹듯이 자취 없이 사라져 없어짐 ②의혹이 풀림
【氷雪】빙설-ヒョウセツ) 얼음과 눈
【氷水】(빙수-こおりみず) 얼음 냉수
【氷心】(빙심-ヒョウシン) 결백한 마음
【氷玉】(빙옥-ヒョウギョク) ①얼음과 구슬 ②깨끗하고 아무 티 없는 것을 가리키는 말
【氷柱】(빙주-ヒョウチュウ) 고드름
【氷炭】(빙탄-ヒョウタン) ①얼음과 숯 ②서로 상반됨을 이름
【氷河】(빙하-ヒョウガ) 얼음이 깔린 강
【氷海】(빙해-ヒョウカイ) 한쪽이 언 바다
【氷解】(빙해-ヒョウカイ) 얼음이 녹듯이 의심이 풀어짐
【氷魂】(빙혼-ヒョウコン) 매화(梅花)의 딴 이름

【永】영 エイ、ながい eternal 梗 ㄩㄥˇ yung³

①길 長也 ②멀 遠也 ③姓也
【永劫】(영겁-エイゴウ) 영원한 세월
【永訣】(영결-エイケツ) 죽어 이별함
【永久】(영구-エイキュウ) 길고 오램。영원
【永年】(영년-エイネン・としながく) 긴 세월
【永眠】(영면-エイミン) 사람이 죽음

【永生】(영생-エイセイ) 영원 무궁한 생명
【永世】(영세-エイセイ) 영원한 세대
【永逝】(영서-エイセイ) 죽는 것
【永續】(영속-エイゾク) 오래 계속함
【永永】(영영-エイエイ) 매우 길고 오랜 모양
【永遠】(영원-エイエン) 길고 멂음。영구
【永葬】(영장-エイソウ) 편안하게 장사지냄。안장(安葬)
【永絕】(영절-エイゼツ) 영원히 끊어짐
【永存】(영존-エイソン) 영원히 존재함
【永住】(영주-エイジュウ) 일정한 곳에 오래살음
【永懷】(영회-エイカイ) 오래도록 생각함

【二 畫】

【求】구 キュウ、グ、もとめる seek after 尤 ㄑㄧㄡ ch'iu²
①구할 覓也 ②구경할 乞也 ③찾을 索也 ④짝 等也
【求得】(구득-キュウトク) 구하여 얻음
【求索】(구색-キュウサク) 구하여 찾아냄
【求心力】(구심력-キュウシンリョク) 곡선운동(曲線運動)을 하는 물체를 중심점으로 끌어 당기는 힘
【求職】(구직-キュウショク) 직업을 구함
【求刑】(구형-キュウケイ) 형벌에 처할 것을 청구함

【氾】범 ハン、ひろがる ovrflow 陷 ㄈㄢ fan⁴
①넘칠 水漫延 ②뜰 未定之辭—— ③물이름 陰濟水名
【氾濫】(범람-ハンラン) ①물이 넘쳐 흐름 ②제 분수에 넘침
【氾論】(범론-ハンロン) 전반에 걸쳐 개괄한 언론
【氾氾】(범범-ハンハン) 떠서 정처가 없는 모양
【氾然】(범연-ハンゼン) 차근한 맛이 없이 데면데면함

【汀】정 テイ、なぎさ beach 青 ㄊㄧㄥ t'ing¹
①물가 水際平地 ②수렁 泥渟—濘
【汀蘭】(정란-テイラン) 물가에 난 난초
【汀岸】(정안-テイガン) 물가

【汁】즙 ジュウ、シュウ、しる juice 緝 ㄓ chih¹
①진액 液也 ②진눈깨비 雨雪雜下
【汁醬】(집장) 밀기울과 콩을 불려서 찧은 뒤 누룩 가루와 물을 섞고 소금을 타서 만든 음식

【三 畫】

【江】강 コウ、え river 江 ㄐㄧㄤ chiang¹
①강 川之大者 ②姓也
【江郊】(강교-コウコウ) 강 근처
【江口】(강구-コウコウ) 강물이 바다로 흘러 들어가는 어귀
【江頭】(강두-コウトウ) 강가에 배타는 곳
【江畔】(강반-コウハン) 강가。강변
【江邊】(강변-コウヘン) 강 가。강반(江畔)
【江山】(강산-コウザン) ①강과 산 ②나「라 ③명
【江上】(강상-コウジョウ) ①강물이 흐르는 연안。양자강(楊子江)의 연안 ②강물 위
【江水】(강수-コウスイ) ①강물 ②양자강(楊子江)
【江亭】(강정-コウテイ) 강가에 있는 정「자
【江中】(강중-コウチュウ) 강 가운데
【江村】(강촌-コウソン) 강 가에 있는 마을
【江波】(강파-コウハ) 강의 물결
【江風】(강풍-コウフウ) 강 위의 바람
【江河】(강하-コウカ) ①양자강(楊子江)과 황하(黃河) ②큰 강 ③작은 강과 큰 강
【江港】(강항-コウコウ) 강을 끼고 있는 「항구
【江海】(강해-コウカイ) 강과 바다
【江湖】(강호-コウコ) ①강과 호수 ②세상。세간

【汎】범 ハン、うかぶ float 東 ㄈㄢ fan⁴
①둥둥뜰 漂也—— ②떠나갈 任風波自縱 ③가벼울 輕也—剽 (봉) 뜰 浮也
【汎論】(범론-ハンロン) 사물 전반에 걸쳐 설명하는 것
【汎理論】(범이론-ハンリロン) 이성(理性)을 우주의 모든 것의 본체로 보는

이론
【汎神論】(범신론-ハンシンロン) 만유(萬有)는 곧 신(神)이요, 신은 곧 만유라고 하는 철학설
【汎愛】(범애-ハンアイ) 차별없이 널리 사랑함
【汎愛主義】(범애주의-ハンアイシュギ) 박애를 주지(主旨)로 하고 이용후생(利用厚生)을 중요시하는 주의

【汜】사 シ、イ、えたがは branch of a stream
①물갈라졌다 도로 합할 水別復合 ②늪 窮瀆 ③몽사 日入處濛― ④물이름 河南水名―水

【汕】산 サン、すくう catching fish 諫 ㄕㄢ shan4
①반두 罺也 ②물고기 자맥질할 魚游水

【汐】석 セキ、しお night tides 陌 ㄒㄧ hsi4
썰물 海濤潮―

【汝】여 ジョ、たんじ you 語 ㄖㄨ ju
①너 爾也 ②물 이름 河南水名―水
【汝等】(여등-なんじら) 너희들
【汝輩】(여배-なんじがともがら) 너희들

【汚】次條 (汙) 同字

【汙】오 オ、ウ、けがす dirty 虞 ㄨ wu1
①더러울 穢染 ②빨 去垢 ③작은 못 小池 ④낮을 降殺隆― ⑤웅덩이 窊下 ⑥논 下地田―邪 (와) ①洿同 ②술구덩이 盤地爲―尊
【汙吏】(오리-オリ) 마음이 깨끗하지 아니한 관원(官員)
【汙衊】(오멸-オベツ) ①피를 흘려 더럽힘。더럽힘 ②남의 명예를 더럽힘
【汙名】(오명-オメイ) 더럽혀진 이름
【汙損】(오손-オソン) 더럽히고 손상함
【汙水】(오수-オスイ) 더러운 물
【汙染】(오염-オセン) 더럽게 물 듬
【汙穢】(오예-オアイ・オワイ) ①더러워짐。더러움 ②더럽힘
【汙辱】(오욕-オジョク) 더럽히어 욕되게함
【汙點】(오점-オテン) ①오염(汙染) ②결점。흠
【汙池】(오지-オチ) ①웅덩이 ②검버섯
【汙濁】(오탁-オドク) 더럽고 흐림
【汙陷】(오함-オカン) 지면이 움푹 패어 들어감

【池】지 チ、いけ pond
①못 穿池溜水 ②섞바꾸어날 飛不齊貌差池 ③姓也 (타) 물이름 幷州水名
【池閣】(지각-チカク) 못가에 있는 누각
【池塘】(지당-チトウ) 못。연못
【池畔】(지반-チハン) 못가
【池邊】(지변-チヘン) 못가
【池苑】(지원-チエン) 못과 동산

【汊】차 ショウ、えだがわ branching stream
①물갈래질 水岐流 ②물이름 遼東水名

【汗】한 カン、あせ sweat 翰 ㄏㄢ han4
①땀 人液 ②물질펀할 水長貌瀾― ③단청환할 符采映躍貌澔― ④추장이름 突厥酋長可― ⑤땅이름 地名番―
【汗馬】(한마-カンバ) 줄곧 달려서 등에 땀이 밴 말
【汗漫】(한만-カンマン) ①등한함。버려둠 ②멀고 넓은 모양
【汗衫】(한삼-カンサン) ①땀받기 ②손을 감추기 위하여 두루마기의 두소매에 특히 길게 댄 헝겊
【汗牛充棟】(한우충동-カンギュウジュウトウ) 책이 많음을 이름
【汗衣】(한의-カンイ) 땀이 내밴 옷
【汗疹】(한진-カンシン) 땀띠
【汗血】(한혈-カンケツ) 피와 땀

【四 畫】

【汞】홍 コウ、みずがね mercury 董 ㄍㄨㄥ kung3
수은 水銀丹砂所化

【決】 결 ケツ、きめる decide 屑 ㄐㄩㄝˊ chueh²
①결단할 斷也 ②판단할 判也 ③이별할 別也 ④물골 터놓을 行流 ⑤끊을 絕也 ⑥깨트릴 破也 ⑦물이름 北方水名 —水 ⑧활깍지 射具 —拾

【決價】(결가-ケッカ) 값을 결정함
【決去】(결거-ケッキョ) 헤어져 떠남
【決潰】(결궤-ケッカイ) 물결이 세어 방축둑이 무너짐。또 썩은 물건이 문드러짐
【決歸】(결귀-ケッキ) 마음을 결정하고 돌아감
【決斷】(결단-ケツダン) 단연히 결정함。작정함
【決裂】(결렬-ケツレツ) ①갈갈이 찢어짐 찢어발김 ②무너뜨림
【決死】(결사-ケッシ) 죽기를 결단함
【決算】(결산-ケッサン) 계산을 마감함
【決選】(결선-ケッセン) 마지막 당선자를 결정하기 위하여 하는 선거
【決勝】(결승-ケッショウ) 승부를 결정함
【決心】(결심-ケッシン) 마음을 결정함
【決獄】(결옥-ケツゴク) 살인 사건을 재판함。죄를 판결함
【決意】(결의-ケツイ) 결심
【決議】(결의-ケツギ) 평의(評議) 하여 결정함
【決戰】(결전-ケッセン) 죽기를 각오하고 싸우는 싸움
【決定】(결정-ケッテイ) 결단하여 정함。「작정함
【決策】(결책-ケッサク) 계책·채략을 결정함
【決鬪】(결투-ケットウ) 말 다툼이 있을 때에 싸움으로써 승부를 결정함
【決行】(결행-ケッコウ) 결단하여 실행함

【汩】 골 ベキ、コツ、みだれる confused
①어지러울 亂也 ②골몰할 浮沈沒— ③다스릴 治也 ④물결 솟을 涌波 ④물결 괄괄 흐를 波浪聲— ⑤통할 通也 (멱) ⑥물이름 長沙水名

【汩汩】(골골-コツコツ) ①물결이 괄괄 흐르는 소리 ②가라앉는 모양。파묻히는 모양
【汩沒】(골몰-コツボツ) ①잠겨 감춰짐 파묻힘。②쉴 사이 없이 일함
【汩陳】(골진-コッチン) 흩어 펴 놓음。진열이 흩어짐

【汲】 급 キュウ、くむ draw water
①물기를 引水於井 ②당길 引也 ③급할 遽也

【汲汲】(급급-キュウキュウ) 쉬지 않고 힘쓰는 모양
【汲路】(급로-キュウロ) 물 긷는 길
【汲水】(급수-キュウスイ) 물을 길음
【汲引】(급인-キュウイン) ①물을 길어올림 ②사람을 끌어올려 씀

【汽】 기 キ、ゆげ steam 未 ㄑㄧˋ ch'i⁴
물끓는 기운 湯水氣

【汽管】(기관-キカン) 증기를 보내는 철「관
【汽罐】(기관-キカン) 물을 끓여 증기를 일으키는 큰 가마
【汽船】(기선-キセン) 증기기관의 작용으로 다니는 배
【汽笛】(기적-キテキ) 기관(汽罐)에 붙여 증기의 힘으로 소리를 내게하는 신호 장치
【汽車】(기차-キシャ) ①자동차를 이름 ②증기기관의 작용으로 다니는 수레

【沓】 답 トウ、かさなる piled up 合 ㄊㄚˋ t'a⁴
①물 끓어 넘을 水沸溢 ②거듭 重也 ③합할 合也 ④말 줄줄할 語多若水流貌 ⑤탐할 貪也 ⑥느릴 弛緩貌 ⑦무릅쓸 冒也

【沓沓】(답답-トウトウ) ①말이 많은 모양 ②느린 모양 ③빨리 가는 모양
【沓雜】(답잡-トウザツ) 사람이 많이 모여 번잡함
【沓潮】(답조-トウチョウ) 썰물과 밀물이 서로 뒤섞임
【沓合】(답합-トウゴウ) 겹쳐 합함

【沌】 돈 トン、ふさがる meander 阮 ㄉㄨㄣˋ tuen⁴
①뭉킬 不開通貌 ②기운덩어리 元氣未判混—

【沔】면 メン、ベン、ながれる flood 銑 ㄇㄧㄢ mien³
①물 가득히 흐를 水流滿 ②물이름 漢水別名

【沐】목 モク、ボク、うるおう bathe 屋 ㄇㄨ mu⁴
①머리감을 濯髮 ②이슬비 密細之雨溟― ③축일 潤澤之意 ④다스릴 治也

【沐浴】(목욕-モクヨク) ①미역을 감음 ②은혜를 입음

【沐雨】(목우-モクウ・あめにモクす) 풍우(風雨)를 무릅쓰고 분주함

【沒】몰 ボツ、しずむ sink 月 ㄇㄛ mo⁴
①빠질 沈也 ②건으로 빼앗을 乾― ③다할 盡也 ④지날 過也

【沒却】(몰각-ボッキャク) 없애 버림

【沒喫】(몰격-ボッキツ) 남기지 않고 다 먹음

【沒年】(몰년-ボツネン) 죽는 해

【沒溺】(몰닉-ボッテキ) 물에 빠져 가라앉음

【沒頭】(몰두-ボットウ) ①목을 자름 ②어떤 한 가지 일에 열중함

【沒落】(몰락-ボツラク) ①아주 패함。망함 ②나라가 망함 ③아주 빠짐

【沒利】(몰리-ボツリ) 이익을 잃어 버림

【沒殺】(몰살-ボッセイ・よをボッす) 죄다 죽음

【沒世】(목세) ①한 평생 ②영원함。언제까지나 ③세상을 떠남。죽음

【沒數】(몰수) 깡그리。죄다

【沒收】(몰수-ボッシュウ) 백성의 물건을 관부(官府)에서 빼앗음

【沒人】(몰인-ボッジン) 물 속에 들어가서 고기를 잡는 사람。해녀(海女) 잠수부(潛水夫)

【沒入】(몰입-ボツニュ) ①물건을 관가에서 몰수함 ②옛적에 죄인을 정부의 노예로 삼던 것

【沒趣味】(몰취미-ボッシュミ) 취미가 없는 것。취미를 모르는 것

【汶】문 ブン、モン、はづかしめ shame
①더럽힐 玷辱 ②물이름 琅琊水名

【汶汶】(문문-ブンブン・モンモン) 불명예。더럽힘

【汴】변 ベン、ヘン、かわのな name of a river
①물이름 陳留水名―河 ②송나라 서울 宋京名

【汾】분 フン、かわのな name of a river 文 ㄈㄣ fen²
①물이름 太原水名 ②물콸콸 흐를 水轉貌

【沙】사 サ、シャ、すな sand
①모래 疎土水散石 ②고을이름 楚郡名長

【沙金】(사금-シャキン) ①모래에 섞여 나는 황금 ②모래 같은 황금

【沙器】(사기-シャキ) 백토(白土)로 구워 만든 그릇。사기 그릇

【沙羅雙樹】(사라쌍수-サラソウジュ・シャラソウジュ) 석가(釋迦)가 입멸할 때 백색으로 변하였다고 전하는 나무

【沙礫】(사력-サレキ) 돌자갈

【沙漠】(사막-サバク) 모래만 깔리고 아무것도 없는 넓은 들

【沙門】(사문-シャモン) 중

【沙彌】(사미-シャミ) 출가하여 수행이 미숙한 중。비구(比丘)가 될 때까지의 이름

【沙防】(사방-シャボウ) 흙・모래・돌로 쌓은 방축(防築)

【沙石】(사석-シャモキ) 모래와 돌

【沙壤】(사양-シャジョウ) 모래 땅。사토(沙土)

【沙場】(사장-シャジョウ) 사막

【沙田】(사전-シャデン) 모래가 많은 밭

【沙汀】(사정-シャジン) 물가의 모래톱

【沙塵】(사진-シャジン) 모래와 티끌

【沙川】(사천-シャセン) 모래가 많은 내

【沙汰】(사태-サタ) ①쌀을 일어 모래를 없앰 ②사물의 선악(善惡)을 가름 ③산비탈이나 언덕 따위가 빗물로 인하여 무너짐 ④사람이 많이 몰려 나옴

【沙土】(사토-シャド) 모래가 많은 흙

【沁】심 シン、しみる steep 沁 ㄑㄧㄣ ch'in⁴
①물이름 上黨水名 ②자아올릴 以物探水

【汭】예 ゼイ、みずあい junction of two streams
①물이름 雖州水名一水 ②물속 水內嬀 ③물북쪽 水北

【沃】옥 ヨク、こえる fertil 沃 ㄨㄛˋ wo⁴
①기름질 潤也 ②걸찰 土肥一壤 ③물댈 灌漑 ④부드러울 柔也 ⑤성할 盛也 ⑥아름다울 壯姣 ⑦손씻을 盥手
【沃沓】(옥답-ヨクトウ) 기름진 논
【沃度】(옥도-ヨード) 염소(塩素)와 같은 원소
【沃美】(옥미-ヨクビ) 땅이 기름져서 농사 짓기에 좋음
【沃壤】(옥양-ヨクジョウ) 옥토(沃土)
【沃衍】(옥연-ヨクエン) 땅이 기름지고 편편한 것
【沃土】(옥토-ヨクド) 기름진 땅

【汪】왕 オウ、ひろい deep and wide 陽 ㄨㄤ wang¹
①깊고 넓을 深廣 ②못 池也
【汪洋】(왕양-オウヨウ) ①넓고 큰 모양 ②느릿느릿한 모양 ③추측하기 어려운 모양
【汪然】(왕연-オウゼン) 눈물이 몹시 흐르는 모양
【汪汪】(왕왕-オウオウ) ①물이 깊고 넓은 모양 ②도량이 넓은 모양

【沅】원 ゲン、かわのな name of a river
물이름 長沙水名一水
【沅湘】(원상-ゲンショウ) 원수(沅水)와 상수(湘水)

【汩】율 イツ、ながれる flow fast 質 ㄩˋ yü⁴
①물 흐를 水流 ②빠를 疾貌
【汩遙】(율요-イツヨウ) 달음박질 함

【沚】지 シ、なぎさ islet in a stream 紙 ㄓˇ chih³
물가 小渚

【沖】충 チュウ、おき deep
①깊을 深也 ②어릴 幼小 ③빌 虛也 ④화할 和也 ⑤흔들릴 搖動 ⑥자부룩히 뜰 上飛 ⑦얼음 끄는 소리 鑿氷聲一一 ⑧드릴 垂飾貌
【沖氣】(충기-チュウキ) 천지간의 조화된 원기
【沖年】(충년-チュウネン) 아주 어린나이
【沖寞】(충막-チュウバク) 깊숙하고고요함
【沖人】(충인-チュウジン) ①어린이 ②옛날 천자(天子)의 자칭
【沖靜】(충정-チュウセイ) 마음이 맑고 편안하여 고요함
【沖天】(충천-チュウテン・テンにチュウす) 공중에 높이 떠오름
【沖沖】(충충-チュウチュウ) ①얼음 끄는 소리 ②늘어진 모양
【沖和】(충화-チュウワ) ①화평하고 부드러움 ②천지간의 조화된 원기

【沈】침 チン、シン、しずむ sink 侵 ㄔㄣˊ ch'en²
①잠길 沒也 ②장마물 陵上滴水 ③채색 采也綠一 (심) ①즙낼 汁也 ②姓也
【沈溺】(침닉-チンデキ) ①물에 빠져가라앉음 ②습기로 나는 병 ③사물에미쳐버림 ④곤란에 빠짐
【沈淪】(침륜-チンリン) ①물에 빠짐 ②불쌍한 지경에 빠짐。영락(零落)
【沈湎】(침면-チンメン) 술에 마음을 빼앗김。술에 미침
【沈沒】(침몰-チンボツ) 물속에 가라앉음。물속에 빠져들어감
【沈默】(침묵-チンモク) ①아무 말없이 가만이 있음。잠잠함 ②아주 소리를 내지 아니함
【沈思】(침사-チンシ) 침착하게 생각함
【沈水】(침수-チンスイ) 물에 잠김
【沈深】(침심-チンシン) 생각이 많음。침착하게 생각함
【沈勇】(침용-チンユウ) 침착하고 용기가 「있음
【沈鬱】(침울-チンウツ) 마음이 답답하고 속이 불안함
【沈吟】(침음-チンギン) 깊이 생각함

【沈毅】(침의-チンキ) 침착하고 굳셈

【沈潛】(침잠-チンセン) ①물밑에 가라앉아 숨음 ②마음이 침착하여 생각에 빠짐 ③침중하여 외모에 나타내지 아니함

【沈澱】(침전-チンデン) 물 또는 액체속에 섞인물건이 밑바닥에 가라앉음。 또 그 앙금

【沈正】(침정-チンセイ) 사람 됨됨이가 침착하고 바름

【沈靜】(침정-チンセイ) 마음이 가라앉아 고요함

【沈重】(침중-チンチュウ) ①성질이 침착하고 진득함 ②매우 중함

【沈着】(침착-チンチャク) 성질이 가라앉음。 태도를 조심함

【沈滯】(침체-チンタイ) ①가라앉아 걸려있음 ②사물이 진보하지 아니함 ③벼슬이 오르지 아니함

【沈醉】(침취-チンスイ) 술이 몹시 취함

【沈痛】(침통-チンツウ) 마음에 깊이 감동함

【沈惑】(침혹-チンワク) 편벽되게 좋아함

【沉】 침 (심) 前條 俗字

【汰】 태 タ、タイ、あらう rinse 泰 ㄊㄞ t'ai ①씻길 洗也淅 ②일 沙汰 ③넘칠 太過 ④미끄러울 滑也 ⑤사치할 奢侈

【汰金】(태금-タキン) 물에 일어 사금(砂金)을 채취함

【汰沙】(태사-タサ) 물에 일어서 좋고 나쁜것을 갈라 놓음

【汰侈】(태치-タシ) 지나치게 사치함

【沛】 패 ハイ、おおあめ cloud, burst 泰 ㄆㄟ p'ei ①비 쏟아질 雨盛貌 ―然 ②물이름 濟陰水名 ―水 ③둥둥뜰 舟行貌 ―― ④자빠질 偃仆顚― ⑤점잖을 容俊偉貌 ⑥넉넉할 有餘貌

【沛艾】(패애-ハイガイ) ①점잖은 모양 ②사나운 말

【沛焉】(패언-ハイエン) 많은 모양

【沛然】(패연-ハイゼン) ①비가 많이 오는 모양 ②은혜가 두터운 모양 ③큰모양

【沛乎】(패호-ハイコ) 성대한 모양

【沆】 항 コウ、ひろい flow widely 陽 ㄏㄤ hang ①물 벌창할 大水 ②진펄할 水草廣大貌 ③물 충충할 水深廣貌 ④이슬 露氣

【沍】 호 ゴ、こおる freeze 遇 ㄏㄨ hu 얼어붙을 閉塞寒凝

【沍陰】(호음-ゴイン) 음기(陰氣)가 엉김

【沍寒】(호한-ゴカン) 대단한 추위

【沢】 澤 (水部 十三畫) 略字

【五 畫】

【沽】 고 コ、うる sell 虞 ㄍㄨ ku ①물이름 漁陽水名―水 ②살 買也 ②팔 賣也

【沽名】(고명-コメイ・なをうる) 명예를 구함

【沽酒】(고주-コシュ) 술을 삼。 산 술

【沽販】(고판-コハン) 장사함

【泥】 니 デイ、どろ mud 齊 ㄋㄧ ni ①진흙 水和土 ③막힐 滯也 ③이슬 맺힐 露濃貌 ④아들할 柔澤貌

【泥濘】(이녕-デイネイ) 진창

【泥流】(이류-デイリュウ) 화산이 터지거나 산이 무너질때 산허리로 흘러내려오는 진흙의 분류

【泥醉】(이취-デイスイ) 술이 대취함

【泥土】(이토-デイド) 진흙

【泥孩】(이해-デイガイ) 흙으로 만든 인형

【泥行】(이행-デイコウ) 진창으로 걸어감

【沴】 려 レイ、そこなう harmful 霽 ㄌㄧ li ①물맛 그를 水不利 ②물가 水渚 ③해로울 害也 ④요기로울 妖氣 ⑤몹쓸기운 惡氣

【沴氣】(여기-レイキ) 요사하고 독한기운

【泠】 령 レイ、まよい cool ①서늘할 涼意 ②샘소리 泉聲

【泠渚】(영렬-レイレツ) 서늘하고 맑음
【泠洌】(영령-レイレイ) 음성이 똑똑함
【泠然】(영연-レイゼン) ①맑은 모양 ②가뜬한 모양
【泠人】(영인-レイゼン) 악인(樂人)。광대

【泐】륵 ロク、ふみ letter 職 ㄌㄜˋ le⁴
①편지 書簡手ㅣ ②물결일어날 水石解散

【沫】말 マツ、あわ froth 曷。ㄇㄛˋ mo⁴
①물방울 跳波濆沫 ②물 끓는 거품 湯華ㅣㅣ泡 ③땀 汗也 ④침 延也 ⑤말 已也

【泯】민 ビン、ミン、ほろびる perish 軫 ㄇㄧㄣˇ min³
①빠질 沒也 ②잦을 滅也 ③다할 盡也 ④물맑을 水清貌
【泯滅】(민멸-ビンメツ) 빠져 없어짐。아주 없어짐
【泯沒】(민몰-ビンボツ) 망함。민멸(泯滅)

【泊】박 ハク、とまる anchor a vessel 藥。ㄅㄛˊ po²
①배댈 船附 ②그칠 止也 ③떠돌아다닐 流靜漂ㅣ ④담박할 恬靜澹ㅣ
【泊懷】(박회-ハクカイ) 담백(淡白)하여 세상 일에 번민하지 않는 마음

【泮】반 ハン、とける melt 翰 ㄆㄢˋ p'an⁴
①반궁 諸侯學宮ㅣ水 ②얼음풀릴 氷解
【泮宮】(반궁-ハンキュウ) ①중국 고대 제후가 향사례(鄕射禮)를 익히던 곳으로 제후의 학교。동·서·남은 물로 둘러싸였고 북은 물이 없는 고로 반이라 함(泮은 半의 뜻)
【泮水】(반수-ハンスイ) 반궁(泮宮)의 옆을 흐르는 물
【泮汗】(반한-ハンカン) 물이 광대하여 끝이 없는 모양

【泛】범 ハン、ホン、うかぶ float 陷 ㄈㄢˋ fan⁴
뜰 浮也 汎同 (봉) 덮칠 覆也 (핍) 물소리 水聲
【泛看】(범간-ハンカン) 들띄워 놓고 데면데면하게 봄
【泛過】(범과-ハンカ) 데면 데면하게 정신을 차리지 않고 지나감
【泛讀】(범독-ハントク) 정신을 들이지않고 데면 데면하게 읽음
【泛論】(범론-ハンロン) 요령을 알 수 있는 의논。전체에 걸쳐 논설함
【泛溢】(범일-ハンイツ) 물이 넘쳐 흐름
【泛稱】(범칭-ハンショウ) 모두 종합한 명칭

【法】법 ホウ、のり law
①법 則也 制度憲章 ②본받을 效也 ③형벌 刑也 ④형상 象也 ⑤떳떳할 常也
【法家】(법가-ホウカ) ①법률학자 ②중국에서 도덕보다도 법률로써 국가 통치상 중요한 것으로 인정하던 학자
【法駕】(법가-ホウガ) 옛날 임금의 거둥 때 쓰던 수레의 한가지
【法綱】(법강-ホウコウ) 법률과 규율
【法講】(법강-ホウコウ) 영식을 갖추어 어전에서 행하던 진강(進講)
【法界】(법계-ホウカイ) ①절。사찰 ②불도의 세계
【法系】(법계-ホウケイ) 국민 또는 민족이 가지고 있는 법률 질서의 특이성을 통하여 또 법률의 발생 경향을 생각하여 갈른 계통
【法鼓】(법고-ホウコ) 부처의 앞에서 치는 쇠가죽으로 만든 북
【法供】(법공-ホウキョウ) 불공
【法科】(법과-ホウカ) ①법률의 학과 ②법률 규율
【法官】(법관-ホウカン) 법을 맡은 관원 「(官員)
【法權】(법권-ホウケン) ①법률의 권한
【法規】(법규-ホウキ) ①법률의 규정 ②인민의 권리 ③의무의 규정
【法禁】(법금-ホウキン) 법으로 금함
【法紀】(법기-ホウキ) 법강(法綱)
【法器】(법기-ホウキ) ①불상을 배울만한 인물 ②바리때 (佛具)
【法堂】(법당-ホウドウ) 불상을 모신 절

의 전각(殿閣)
【法度】(법도-ホウド・ハット) 법률과제도
【法燈】(법등-ホウトウ) 불전에 켜는등불
【法螺】(법라-ホウラ) 소라。 고동
【法力】(법력-ホウリョク) ①법률의 힘 ② 불법의 위력
【法令】(법령-ホウレイ) 법률과 명령
【法例】(법례-ホウレイ) 법률상의 관습 또는 관례 「법
【法輪】(법륜-ホウリン) 부처의 교화와설
【法律】(법률-ホウリツ) 그나라의 주권자가 제정 혹은 재가하여 일반국민에게 시행하도록 한 규칙
【法理】(법리-ホウリ) ①법률의 원리 ② 불교의 진리 「률의 제도
【法網】(법망-ホウモウ) 법률의 그물。 법
【法名】(법명-ホウミョウ) ①중이 된 뒤에 지은 이름 ②불가(佛家)에서 죽은 사람에게 붙이는 이름
【法務】(법무-ホウム) ①법률에 관한 사무 ②절의 일
【法文】(법문-ホウブン) ①법률의 명문。 불경(佛經)의 문장 ③프랑스의 글
【法門】(법문-ホウモン) ①절、 사찰 ③불문(佛門)
【法寶】(법보-ホウホウ) 불경(佛經)을 보배와 같이 귀중하다고 하여 일컫는 말
【法服】(법복-ホウフク) ①임금의정복(正服)。 제정된 정규의 옷 ②승려가 입는 옷 ③법관이재판소에서입는옷
【法司】(법사-ホウシ) 법을 맡은 마을
【法事】(불사-ホウジ) 불사(佛事)
【法師】(법사-ホウシ) ①도승(道僧) ② 심법(心法)을 받은 스님 ③설법(說法)하는 대사(大師)。 경학(經學)하는 중의 통칭
【法床】(법상-ホウショウ) 설법(說法)하는 중이 올라앉는 상(床)
【法相】(법상-ホウショウ・ホッソウ) ①법무대신②모든 법의 형상。 일정한 인상
【法席】(법석-ホウセキ) 법법(說法)할 때 모여 앉는 자리
【法性】(법성-ホウショウ) 만유(萬有)의 본성으로서 불지(佛智)의 내용을 이루는 것
【法手】(법수-ホウシュ) 방법과 수단
【法術】(법술-ホウジュツ) 방법。 술법
【法式】(법식-ホウシキ) 방법。 법도
【法身】(법신-ホウシン) 부처의 몸。 불법을 깨달은 몸
【法案】(법안-ホウアン) 법률의 초안
【法言】(법언-ホウゲン) 옳은 도리로 법도가 되게하는 말
【法域】(법역-ホウイキ) 법률의 효력이 미치는 구역
【法悅】(법열-ホウエツ) 불법을 하여 느끼는 희열
【法王】(법왕-ホウオウ) ①여래(如來)의 딴 칭호 ②천주교(天主敎)의 교황(敎皇)
【法外】(법외-ホウガイ) ①법률 또는 규칙에 어그러짐 ②조리에 어그러짐
【法要】(법요-ホウヨウ) 불교의 의식
【法友】(법우-ホウユウ) 법사(法師)
【法衣】(법의-ホウエ) 중이 입는 옷。 가사(袈裟)
【法意】(법의-ホウイ) 법률의 근본이 되는 취지
【法義】(법의-ホウギ) 불법의 교리
【法人】(법인-ホウジン) ①자연인이 아니고 법률상으로 인격을 준 권리·의무의 주체 ②프랑스 사람
【法典】(법전-ホウテン) ①법률。 헌장(憲章)같은 법규를 모아 놓은것
【法政】(법정-ホウセイ) 법률과 정치 「것
【法定】(법정-ホウテイ) 법령으로 규정한
【法廷】(법정-ホウテイ) 재판관이 소송사건을 심리하고 또 판결하는 일정한 곳
【法制】(법제-ホウセイ) 법률의 제도
【法條】(법조-ホウジョウ) 법률의 조문또는 조항 「가
【法曹】(법조-ホウソウ) ①법관 ②법률
【法主】(법주-ホウシュ) 불법을 하는 사람
【法帖】(법첩-ホウジョウ) 습자의 본이되는 서첩。 또는 법서(法書)
【法治】(법치-ホウチ) 제정한 법령대로 정치로 행함

【法則】(법칙-ホウソク) ①원인·결과의 규정 ②행위·동작의 통칙 ③수학상 운산의 방식

【法學】(법학-ホウガク) 법률의 원리 및 그 적용을 연구하는 학문

【法海】(법해-ホウカイ) 넓고 깊은 불법의 세계

【法貨】(법화-ホウカ) 국법으로 제정한 통용화폐

【法會】(법회-ホウエ) ①불법을 강설하기 위한 모임。대중을 모음 ②죽은 사람의 영혼을 위안하는 일

【沸】비 フツ、ヒ、わく boil 未 ㄈㄟˋ fei⁴
끓을 涫也鼎— (불) 물 용솟음할泉湧貌 成角

【沸騰】(비등-フットウ) ①음식·물들이 끓어 오름 ②여론이 얽히어 일어남。여러 사람이 법석함

【沸然】(불연-フツゼン) 물이 불끈 솟는 모양

【沸湯】(비탕-フットウ) 끓는 물

【泌】비 ヒツ、ヒ、いずみ gush forth 寘 ㄅㄧˋ pi⁴
샘물 졸졸 흐를 泉水涓流貌 (필) 돌창물 水狹貌

【泗】사 シ、かわのな name of a river 寘 ㄙˋ ssu⁴
①물이름 濟陰水名—水 ②콧물 鼻出涕—

【泗上】(사상-シジョウ) 사수(泗水)의 연안이라는 뜻이니、공자(孔子)가 —에서 도를 가르친 고로 공자의 학파를 이름

【泗上弟子】(사상제자-シジョウのデシ) 공자(孔子)의 문인(門人)

【沼】소 ショウ、ぬま pool 篠 ㄓㄠˇ chao³
굽은 못 曲池

【泝】소 ソ、さかのぼる flow upwards 遇 ㄙㄨˋ su⁴
①물 거슬릴 逆流上 ②흘러갈 順流下

【泝沿】(소연-ソエン) 물을 거슬러 올라가는 것과 물을 따라 내려가는 것

【泅】수 シュウ、およぐ swim 尤 ㄑㄧㄡˊ ch'iu²
헤엄칠 浮行水上

【泅泳】(수영-シュウエイ) 헤엄침。헤엄

【泱】앙 オウ、エイ、ひろい broad and deep 陽 ㄧㄤ yang¹
①물 충충할 水深廣貌 ②펀할 廣大貌—漭 ③물결빨리갈 水漂疾貌 泓— ④바람 소리 굉장할 風聲宏大

【泱泱】(앙앙-オウオウ) ①물이 충충한 모양 ②바람 소리가 굉장한 모양 ③물이 흐르는 모양 ④구름이 뭉게뭉게 피어오르는 모양

【沿】연 エン、そう along 先 ㄧㄢˊ yen²·⁴
①물 따라 내려갈 緣水而下 ②좇을 循也

【沿道】(연도-エンドウ) 길바닥。길의 양쪽

【沿邊】(연변-エンペン) ①국경에 연접하여 있는 곳 ②큰길에 따라 있는 곳

【沿線】(연선-エンセン) 철도 선로 옆에 있는 땅

【沿岸】(연안-エンガン) 강물이나 바다물이 흘러가는 가

【沿海】(연해-エンカイ) 바닷가에 있는곳

【沿革】(연혁-エンカク) 변천한 내력

【泳】영 エイ、およぐ dive 敬 ㄩㄥˇ yung³
물자맥질할 潛行水中

【泄】예、セツ、もれる leak 霽 ㄧˋ i⁴
①느릴 怠緩貌 ②날개 훨훨칠 鼓翼舒緩貌—— ③내칠 出也 ③발할 發也 (설) ①샐 漏也 ②피어날 發越 ③설사할 瀉病 ④업신여길 嫚也

【泄露】(설로-セツロ) 탄로남。누설이 되어 나타남

【泄雲】(설운-セツウン) 천천히 움직이는 「구름

【油】유 ユ、ユウ、あぶら oil 尤 ㄧㄡˊ yu²
①기름 膏也 ②공손할 和謹貌—③구름 피어 오를 雲盛貌

【油斷】(유단-ユダン) 정신을 늦춤。넋을 잃고 있는 것

【油物】(유물-あぶらもの) 기름에 결은물

【油粕】(유박-あぶらかす) 깻묵

【油然】(유연-ユウゼン) ①구름이 뭉게뭉게 일어나는 모양 ②머뭇거리는 모양 ③마음에 두지 아니하는 모양 태연한 모양

【油雲】(유운-ユウウン) 비를 품은 구름

【油衣】(유의-ユイ) 비·눈을 막기위하여 옷위에 껴입는 기름에 결은 옷

【油田】(유전-ユデン) 지하에서 석유가 나오는 곳

【油紙】(유지-あぶらがみ) ①기름에 결은 종이 ②기름과 종이

【油畫】(유화-あぶらえ) 기름기가 있는 채색으로 그린 서양식의 그림

【泣】읍 キュウ、なく weep 緝 くl ch'i ①울 無聲出涕 ②부글부글 끓을 沸「聲

【泣諫】(읍간-キュウカン) 울면서 간함

【泣禱】(읍도-キュウトウ) 눈물을 흘리며 하느님께 빌음

【泣請】(읍청-キュウセイ) 울면서 청함

【泣涕】(읍체-キュウテイ) 눈물을 흘리며 울음

【泣血】(읍혈-キュウケツ) 재상을 당하고 피눈물을 흘리며 슬피 울음

【泚】자 セイ、サイ、きよい cleat ①물 맑을 水淸 ②고울 鮮明 ③땀 축축히날 汗出貌 (체) 義同

【沮】저 ソ、ショ、はばむ stop 語 ㄐㄩ chü ①막을 遏也 ②물이름 扶風水名漆ㅣ ③그칠 止也 ④무너질 壞也 ⑤샐 漏也ㅣ泄 ⑥으를 恐怖之 ⑦번질 漸濕ㅣ洳

【沮氣】(저기-ソキ) 무서워서 기운이 줄어짐

【沮喪】(저상-ソソウ) 원기를 잃음

【沮洳】(저여-ソジョ) 진창。낮고 물기가 많은 땅

【沮止】(저지-ソシ) 막음

【注】주 チュウ、そそぐ water flowing 遇 ㄓㄨ chu ①물댈 灌也 ②물 쏟힐 水流射 ③뜻둘 意所嚮 ④주낼 釋經典 ⑤기록할 記也 ⑥조처할 措置

【注力】(주력-チュウリョク) 힘을 들임

【注目】(주목-チュウモク) 주의하여 봄

【注文】(주문-チュウモン) ①물건을 미리 맞춤 ②남에게 부탁하여 물건을 보내달라 함。의뢰 함「에

【注射】(주사-チュウシャ) ①약물을 몸속 들여보냄 ②주입(注入)

【注視】(주시-チュウシ) 뚫어지게 봄。노리어 봄

【注意】(주의-チュウイ) ①마음을 씀 ②마음에 둠 ③경계함。충고함

【注入】(주입-チュウニュウ) 쏟아 넣음。밖에서 안으로 들여 보냄

【注解】(주해-チュウカイ) 본문의 해석。문장등의 해석

【泉】천 セン、いずみ fountain ①샘 水源 ②폭포수 瀑布 ③칼이름 劍名龍ㅣ

【泉脈】(천맥-センミャク) 땅속에 있는 샘줄기

【泉石】(천석-センセキ) 샘과 돌。산과 물

【泉水】(천수-センスイ) 샘물。샘

【泉源】(천원-センゲン) ①샘물의 근원 ②도(道)의 근본을 이름

【泉布】(천포-センプ) 돈。금전

【泉華】(천화-センカ) 온천에서 볼수 있는 석회나 규산질(珪酸質)의 침전물

【沾】첨 テン、セン、うるおふ moisten 鹽 ㄓㄢ chan ①젖을 漬也 霑也 (접) 경망할 輕薄ㅣㅣ

【沾染】(접염-センセン・テンセン) 물들음。외부의 영향을 받아 성질이 바뀜

【沾沾】(점점-センセン・テンテン) 경망한 모양

【沾洽】(첨흡-センコウ) ①넓리 젖음。넓리 퍼짐 ②학문이 넓고 막힐 모가 없음

【治】치 チ、ジ、おさめる govern 支 ㄔ ch'ih ①다스릴 理也 ②다듬을 改也 ③다스림 理效 ④비교할 校也 ⑤익

을 簡習 ⑥고을 州郡所駐 ⑦도읍 所都處
【治家】(치가-チカ) 집안 일을 처리함
【治棺】(치관-チカン) 관(棺)을 짬
【治具】(치구-チグ) ①정치를 하는데 필요한 일。법령。②사물을 준비함。접대의 준비를 함
【治國】(치국-チコク) 나라를 다스림
【治道】(치도-チドウ) 길을 고침。길을 닦음
【治亂】(치란-チラン) ①세상이 잘 다스려지는 것과 혼란해 지는것 ②혼란에 빠진 세상을 다스림
【治鍊】(치련-チレン) 숙·돌·나무 따위를 잘 만져 다듬
【治療】(치료-チリョウ) 병을 고침
【治理】(치리-チリ) 다스리는 일
【治命】(치명-チメイ) 죽을 때에 정신을 잃지 않고 하는 유언
【治民】(치민-チミン) 백성을 다스림
【治兵】(지병-チヘイ) 군사를 훈련함
【治病】(치병-チビョウ) 병을 고침
【治產】(치산-チサン) ①살림살이를함 ②산업을 다스리어 수입을 늘임
【治生】(치생-チセイ·セイをおさむ) 살아날 방도를 세움
【治石】(치석-チセキ) 돌을 다듬어서 반드럽게함
【治世】(지세-チセイ) ①태평한 세상 ②세상을 다스림

【治所】(치소-チショ) 정부가 있는 곳
【治送】(치송-チソウ) 행장을 차려보냄
【治水】(치수-チスイ·みずをおさむ) 물을다스리어 그 해를 막음 「재주
【治術】(치술-チジュツ) 나라를 다스리는
【治安】(치안-チアン) 나라가 태평함。나라를 잘 다스림
【治熱】(치열-チネツ) 몸의열기를다스림
【治要】(치요-チヨウ) 나라를 다스리는 근본 「낫음
【治癒】(치유-チユ) 치료를 받고 병이
【治裝】(치장-チソウ·ソウをよそおむ) 행장을 정돈함
【治績】(치적-チセキ) 정치의 공적
【治定】(치정-チテイ) 다스리어 정함
【治罪】(치죄-チザイ) 죄를 징벌함
【治平】(치평-チヘイ) ①평안하게다스림 ②세상이 잘 다스려져서 태평함
【治下】(치하-チカ·ジゲ) 다스리는 범위안。그 지배밑
【治行】(치행-チコウ·コウをおさむ) ①백성을 다스리는 행적 ②행장을차림
【治化】(치화-チカ) 백성을 다스려 선도(善道)로 인도함

【沱】타 タ、ダ、おおあめ heavy rain 㲉 ㄊㄨㄛ t'uo
①비쏟아질 大雨貌滂 ②물갈라질 水別流 ③물이름 河名

【泰】태 タイ、おおきい extensive 㳒 ㄊㄞ t'ai
①클 大也 ②통할 通也 ③편안할 安也 ④너그러울 寬也 ⑤사치할 侈也 ⑥심할 甚也
【泰斗】(태두-タイト) ①태산 북두(泰山北頭)의 준말 ②학문·예술의 권위자를 이름
【泰山】(태산-タイザン) ①중국 산동성(山東省)에 있는 오악(五岳)의하나 명산 ②아내의 아버지 ③높고큰 산 ④끄떡없음
【泰山北頭】(태산북두-タイザンホクト) 태산과 북두칠성(北斗七星)은 모든사람들이 우러러 보는 까닭에 남에게 존경을 받는 사람을 이름
【泰西】(태서-タイセイ) 서양 제국
【泰然】(태연-タイゼン) 천연스럽게 있는 모양。기색을 조금도 변하지 아니하는 모양
【泰然無心】(태연무심-タイゼンムシン) 태연 자약하여 아무 생각이 없음
【泰運】(태운-タイウン) 태평한 운수
【泰日】(태일-タイジツ) 세상이 태평한 때
【泰平】(태평-タイヘイ) ①나라가 무사함 ②집안이 평안함 ③몸에 탈이없음

【波】파 ハ、なみ waves 㲉 ㄅㄛ po
①물결 浪也 ②물젖을 潤也 ③눈영채 目光 ④달빛 月光金一
【波光】(파광-ハコウ) 물결이번쩍이는빛
【波丘】(파구-ハキュウ) 물결의 제일높은

위치

【波及】(파급-ハキュウ) 영양이 차차 미침。여파가(餘波)가 일어남

【波濤】(파도-ハトウ) 큰 물결

【波動】(파동-ハトウ) ①물결이 움직임 ②물질의 한쪽을 진동시킬 때, 그 진동이 물질안의 각 부분에 퍼지는 현상

【波瀾】(파란-ハドウ) ①물결 ②서로다툼 ③사건의 기복과 변화가 있는것

【波浪】(파랑-ハラン) 물결

【波紋】(파문-ハロウ) 물결의 무늬

【波狀】(파상-ハジョウ) 물결과 같은 형상

【波線】(파선-ハセン) 물결같이 구불구불하게 된선

【波市】(파시) 고기가 한창 잡힐때 바다 위에서 열리는 생선 시장

【波臣】(파신-ハシン) 물결의 신하라는 뜻이니 물고기를 이름

【波長】(파장-ハチョウ) 파동의 최고점에서 이웃 물결의 최고 점까지의 길이

【泡】 포 ホウ、あわ foam 肴 ㄆㄠ p'ao⁴

물거품 水上浮漚

【泡沫】(포말-ホウマツ) 물거품。세상이 덧없음을 이름

【泡水】(포수-ホウスイ) 헝겊이나 종이에 무슨 액체를 바르는 일

【泡影】(포영-ホウエイ) 물의 거품과 물건의 그림자。세상이 덧 없음을 이름

【泡泡】(포포-ホウホウ) 물이 흐르는 모양

【河】 하 カ、ガ、かわ river 歌 ㄏㄜ ho²

①하수 四瀆之一 ②물이름 流通稱 ③은하 銀—

【河渠】(하거-カキョ) 강과 개천

【河介】(하계-カカイ) 강물의 본류

【河鼓】(하고-カコ) 견우성(牽牛星)

【河工】(하공-カコウ) 하천의 공사

【河口】(하구-カコウ) 강물이 바다로 들어가는 어귀

【河流】(하류-カリュウ) 강의 흐르는 물

【河水】(하수-カスイ) 냇물

【河伯】(하백-カハク) 물을 맡은 신(神)

【河魚】(하어-カギョ) 단물고기

【河舟】(하주-カシュウ) 하천을 오르 내리는 배

【河漢】(하한-カカン) ①은하(銀河) ②황하(黃河)와 한수(漢水)

【河海】(하해-カカイ) ①큰 강과 바다②황하(黃河)와 바다

【泫】 현 ゲン、ケン、ひかる glisten 先 ㄒㄩㄢ hsüan⁴

①이슬 맺힐 露重貌—— ②눈물줄줄 흘릴 流涕貌 ③물흐를 水流貌 ④물 충충할 水深廣貌困—

【泫然】(현연-ゲンウン) 눈물이 철철 흘러내리는 모양

【泓】 홍 オウ、ふかい deep

물속 깊을 水下深貌

【泓量】(홍량-オウリョウ) 물이 깊고 부피가 있는 것

【泓澄】(홍증-オウチョウ) 물이 깊고 맑음

【泓泓】(홍홍-オウオウ) 물이 깊은 모양。또 물이 맑은 모양

【況】 황 キョウ、いわんや muchmore

①하물며 矧也 ②비유할 譬也 ③찾아올 臨訪來— ④이 玆也 ⑤찬물 寒水 ⑥불을 滋也

【況然】(황연-キョウゼン) 종(鍾)소리의 형용

【況且】(황차) 하물며

【六 畫】

【洸】 광 コウ、みずわく sparkling water

①물 솟을 水涌貌 ②굳셀 果毅貌—— ③성낼 怒也

【洸洸】(광광-コウコウ) 굳센 모양

【洸汰】(광태-コウタ) 깨끗이 씻음

【洮】 도 トウ、あらう washing one's face

①세수할 盥也 ②빨 洗濯汰— ③물이름 隴西水名—水 淘通

【洞】 동 ドウ、トウ、ほら cave

①빌 空也 ②골 幽壑 ③깊을 深也 ④꿸 貫也 ⑤밝을 明徹 ⑥빨리 흐를 疾流 ⑦공경할 孝敬ㅡㅡ ⑧조심할 質懿貌ㅡㅡ ⑨덩어리질 相連貌 鴻ㅡ (통) 國音 通通

【洞開】(통개-ドウカイ) 문짝을 열어 놓음。 환하게 열어 저뜨림

【洞見】(통견-ドウケン) 죄다 봄。 속까지 봄

【洞口】(동구-ドウコウ) 동네로 들어가는 어귀

【洞窟】(동굴-ドウクツ) 속이 넓은 굴。 동혈(洞穴)

【洞里】(동리-ドウリ) ①자기가 사는 집 근처。 동네。 ②지방행정 구역의 한 부분

【洞民】(동민-ドウミン) 동리 안에서 사는 백성

【洞房】(동방-ドウボウ) ①속이 깊은 방 ②안방。 규방(閨房)

【洞簫】(통소-ドウショウ) 대로 만든 악기의 이름

【洞察】(동찰-ドウサツ) 온통 밝혀서 살핌。 전체를 환하게 내다봄

【洞燭】(통촉-ドウショク) 웃어른의 깊이 헤아리어 살핌

【洛】 락 ラク、かわのな name of a river

①물이름 弘農水名ㅡ水 ②도읍 이름 漢都名ㅡ陽

【洛書】(낙서-ラクショ) 옛날 중국 하(夏)나라의 우(禹)임금이 치수(治水)할 때 낙수(洛水)에서 나온 신귀(神龜)의 등에 있었다고 하는 마흔 다섯 점의 글씨。 하도(河圖)와 함께 팔괘(八卦)의 법이 여기서 나왔다 함

【洌】 렬 レツ、きよい clear 屑 ㄌㄧㄝˋ lieh^{4}

①맑을 清也 ②찰 寒也 ③물이름 朝鮮水名ㅡ水

【洌風】(열풍-レップウ) 추운 바람

【洑】 복 フク、ブク、ながれる flow 屋 ㄈㄨˊ fu^{2}

물스며흐를 伏流 澓同 (보) 國音 보막을 畜水漑田

【洗】 세 セン、あらう wash 霰 ㄒㄧㄢˇ hsien^{3}

①씻을 滌也 ②세수 그릇 承水器 (선) 조촐할 潔也

【洗腦】(세뇌-センノウ) 사상을 개조하기 위하여 새로운 사상을 주입함

【洗禮】(세례-センレイ) ①그리스도에 들어간 사람에게 죄악을 씻고 새사람이 된다는 표로 시행하는 의식(義式)의 하나 ②어떠한 일에 필요한 경험 또는 시련

【洗心】(세심-センシン) 마음을 깨끗이 씻음

【洗藥】(세약-センヤク) 병들거나 상한 데를 씻는데 쓰는 약

【洗滌】(세척-センテキ) 깨끗이 빨음。 또는 그 일

【洗濯】(세탁-センタク) 의류등의 더러움을 씻어 버림。 빨래

【洒】 세 サイ、シャ、すすぐ wash 薺 ㄒㄧˇ hsi^{3}

①씻을 洗也 ②설치할 設也 (쇄) 닦을 滌也 ㅡ掃 灑同 (선) ①물깊을 水深 ②엄숙할 肅貌ㅡ然 ③오슬오슬 떨릴 寒慄ㅡㅡ (치) 우뚝할 高峻貌

【洒落】(쇄락-シャラク・シャレ) 마음이 상쾌함。 정신이 깨끗함

【洒脫】(쇄탈-シャダツ) 속된 마음을 없애고 기분이 상쾌함

【洙】 수 シュ name of a river 虞 ㄓㄨ chu^{1}

물이름 泰山水名ㅡ泗

【洙泗】(수사-シュシ) ①수수(洙水)와 사수(泗水)。 두 강 사이에 공자(孔子)의 집이 있었다 ②공자(孔子)의 가르침

【洵】 순 ジュン、シュン、まこと truly 眞 ㄒㄩㄣˊ hsün^{2}

①믿을 信也 ②웅덩이물 渦中水 ③소리없이 눈물낼 無聲出涕 (현) 멀 遠也

【洵涕】(순체-シュンテイ) 소리 없이 울음

【洋】 양 ヨウ、ひろい ocean; wide 陽 ㄧㄤˊ yang^{2}

①큰 바다 大海 ②물불을 水盛貌

── ③물결 瀾也

【洋公主】(양공주) 양갈보를 점잖게 부르는 말

【洋菓子】(양과자-ヨウガシ) 서양풍의 과자。비스켓、캔디 따위

【洋館】(양관-ヨウカン) 구미(歐美) 각국의 공사관 또는 영사관

【洋琴】(양금-ヨウキン) ①악기의 하나。바탕은 나무로 만들고 그 위에 여러 줄의 가는 철사를 건 것 ②피아노

【洋燈】(양등-ヨウトウ) 남포등

【洋普】(양보) 두루 퍼짐

【洋服】(양복-ヨウフク) 서양식의 옷

【洋書】(양서-ヨウショ) ①서양의 책 ②시양 글씨

【洋食】(양식-ヨウショク) 서양 음식

【洋藥】(양약-ヨウヤク) 서양에서 수입한 약

【洋洋】(양양-ヨウヨウ) ①넓은 모양 ②물이 많은 모양 ③넓고 큰 모양 ④널리 퍼져 충만한 모양 ⑤느즈러진 모양 ⑥아름답고 착한 모양 ⑦한없이 넓은 모양 ⑧돌아갈 곳이 없는 모양

【洋屋】(양옥-ヨウオク) 서양식의 집

【洋絨】(양융) 서양에서 만든 융

【洋銀】(양은-ヨウギン) 니켈 합금(合金)의 한 가지

【洋醫】(양의-ヨウイ) ①서양인의 의사 ②서양의학을 배운 의사

【洋夷】(양이-ヨウイ) 서양인을 학대하는 말

【洋人】(양인-ヨウジン) 서양 사람

【洋溢】(양일-ヨウイツ) 바다물이 넘침

【洋裝】(양장-ヨウソウ) 서양식의 옷차림

【洋酒】(양주-ヨウシュ) 서양에서 만든「양술

【洋風】(양풍-ヨウフウ) 서양 사람의 모양

【洋行】(양행-ヨウコウ) ①중국에 있는 외국인의 대상점 ②서양에 감

【洋灰】(양회-ヨウカイ) 시멘트

【洳】여 ジョ、ニョ、ひたる damp 魚 ㄖㄨˋ juˋ

①변질 漸濕沮── ②물이름 水名──水

【洩】예 エイ、セツ、もれる leak 霽 ㄧˋ iˋ

①퍼질 舒散── ②날개 훨훨칠 飛翔貌 (설) ①샐 漏也 ②쉴 歇也 ③덜 減也 泄·渫同

【洩洩】(예예-エイエイ) ①퍼지는 모양 ②훨훨 나는 모양 ③바람을 좇는 모양

【洿】오 オ、たまりみず pond 虞 ㄨ wu¹

웅덩이 窊下地濁不流 (호) ①더러울 穢也 ②물들일 染也

【洿濘】(오녕-オネイ) 진창

【洿池】(오지-オチ) 웅덩이

【洼】와 ワ、くぼみ hollow 麻 ㄨㄚ wa¹

물이름 陝西水名渥─ (왜) 義同

【洟】이 イ、はなみず mucus from the nose

①콧물 鼻洟涕── ②눈물 涕也

【洲】주 シュウ、ス、しま island

섬가 水中可居地

【洲嶼】(주서-シュウショ) 섬

【洲渚】(주저-シュウショ) 파도가 밀려 닿는 곳。물가

【洲汀】(주정-シュウテイ) 토사(土砂)로 이룩된 섬

【津】진 シン、つ ferry 眞 ㄐㄧㄣ chin¹

①나루 水渡處 ②진액 洗也 ③넘칠 溢也

【津頭】(진두-シントウ) 나루

【津液】(진액-シンエキ) ①침 ②새어 나오는 즙

【津津】(진진-シンシン) ①많아서 넘치는 모양 ②흥미·재미·맛들이 깊고 흐뭇함

【洊】천 セン、しきりに repeatly

거듭 再至

【洊歲】(천세) 몇 년이든 계속함

【流】충 チュウ、いずみ spring

산밑샘 山下泉

【派】파 ハイ、ハ、わかれる branch
물갈래 水自分出流―
【派遣】(파견-ハケン) 사람을 보냄
【派系】(파계-ハケイ) 동종(同宗)에서 갈려나온 계통
【派別】(파별-ハイベツ) 여러 갈래로 갈림
【派生】(파생-ハセイ) 갈려나와 생김。
【派送】(파송-ハソウ) 파견(派遣)
【派出】(파출-ハシュツ) 출장시킴。 사무를 배당하여 사람을 보냄

【洫】혁 キョク、あふれる overflow
①넘칠 溢也 ②봇도랑 田間水道溝― ③빌 虛也

【洪】홍 コウ、おおきい vast
①넓을 클 大也 ②물벅차게 흐를 洚水 ③姓也 .鴻通
【洪基】(홍기-コウキ) 대업(大業)의 기초。 제왕(帝王)의 사업의 기초
【洪範】(홍범-コウハン) 중국 하(夏)의 우왕(禹王) 때 낙수(洛水)에서 난 신귀(神龜)의 등에서 나타났다는 글로서 천하(天下)를 다스리는 대법(大法)
【洪水】(홍수-コウズイ) 큰 물。 시위

【洚】홍 コウ、おほみず flood
①물벅차게 흐를 水不遵道 洪通 ②물넘칠 水無涯―洞 (강) 물이름 河內水名―水

【洽】흡 コウ、ゴウ、あまねし profound
①두루할 周徧 ②젖을 霑濡 ③합할 會也 ④화할 和也
【洽滿】(흡만-コウマン) 흡족함
【洽聞】(흡문-コウブン) 사물을 두루 알음。 견문이 넓음
【洽博】(흡박-コウハク) 두루 넓음。 학문이 넓고 모든 일에 잘 통함
【洽然】(흡연-コウゼン) 넉넉한 모양。 흡족한 모양
【洽意】(흡의-コウイ) 마음에 흡족함
【洽足】(흡족-コウソク) 두루 퍼져 넉넉함
【洽汗】(흡한-コウカン) 전신에 땀을 흘림

【活】활 カツ、いきる live
살 生也 (괄) 물 콸콸 흐를 水流聲
【活劇】(활극-カツゲキ) ①연근의 상태를 실지로 행함 ②활발한 연극 ③실제의 격투
【活氣】(활기-カッキ) 활발한 원기
【活動】(활동-カツドウ) 생기있게 몸을 씀。 움직여 일함
【活力】(활력-カツリョク) 살아 있는 힘。 생활력
【活路】(활로-カツロ) 살아날 길。 위험을 피할 길
【活物】(활물-カツブツ) 살아 있는 물건。 산 것。
【活潑】(활발-カッパツ) 생기가 있음。 원기가 좋음
【活法】(활법-カッポウ) 활용하는 방법
【活佛】(활불-カツブツ) 산 부처。 덕(德)이 높은 승려(僧侶)의 존대말。 또 자비심이 많은 사람
【活殺】(활살-カッサツ) 살리는 것과 죽이는 것
【活眼】(활안-カツガン) 사물을 밝게 보는 견식
【活躍】(활약-カツヤク) 기운차게 뜀。 용기있게 활동함
【活語】(활어-カツゴ) 현재 쓰이는 말
【活用】(활용-カツヨウ) ①살려 씀。 잘 응용함 ②움직여 씀 ③문법상 어미(語尾)의 변화
【活人】(활인-カツジン) ①인명(人命)을 구함 ②살아 있는 사람。 산 사람。
【活字】(활자-カツジ) 활판을 짜기 위하여 납・안티몬등의 원료로 낱낱이 주조한 글자
【活花】(활화-いけばな) 꽃꽂이
【活況】(활황-カッキョウ) 활기가 있는 정황
【活版】(활판-カッパン) 활자・그림판들로 짜는 인쇄판

【洄】회 カイ、さかのぼる go up (a stream)
물거스를 逆流溯―

【洄汩】(회율ーカイイツ)물이 돌아 흐르는 모양

【洄注】(회주ーカイチュウ)물이 돌아 흐름

【洶】흉 キョウ、ク、わく rush of water

①물소리 水聲ー涌 ②물결 꿈틀거릴 水勢

【洶動】(흉동ーキウドウ) 떠들석하여 진정되지 않음

【洶湧】(흉용ーキョウヨウ)물결이 몹시 일어남

【洶洶】(흉흉ーキョウキョウ)①여러 사람이 떠들고 야단하는 모양 ②물소리

〔七 畫〕

【涇】경 ケイ、とおる flow through

물이름 安定水名ー水

【涇渭】(경위ーケイイ)경수(涇水)·위수(渭水)는 다 중국의 물이름인데 경수는 흐리고 위수는 맑음으로 청탁의 구별이 분명하다는 의미에서 시비(是非)·선악(善惡)을 이르는 말

【涅】널 デツ、ネ、くろつち black mud

①해감 水中黑土 ②검정들일 染黑 ③달걀 안을 鷄伏卵始化(녈)

【涅槃】(열반ーネハン)①생사를 초월한 경계 ②불생불멸(不生不滅) 또는 안락(安樂) ③부처의 죽음 ④중이 죽음

【浪】랑 ロウ、なみ wave

①물결 波也 ②희롱 지거리할 不敬謔ー ③姓也 ④맹랑할 不精要孟ー ⑤물 철철 흐를 水流貌

【浪客】(낭객ーロウカク)일정한 주소·직업 없이 떠돌아 다니는 사람

【浪漫】(낭만ーロウマン)실현성이 적고 매우 정서적인 것

【浪費】(낭비ーロウヒ)함부로 금품을 소비함

【浪死】(낭사ーロウシ)쓸데 없는 죽음

【浪說】(낭설ーロウセツ)터무니 없는 소문

【浪遊】(낭유ーロウユウ)허랑하게 놀음。슬슬 다니며 놀음

【浪迹】(낭적ーロウセキ)정처없이 떠돌아 다님。또 그 발자취

【浪海】(낭해ーロウカイ)물결이 일어나는 바다

【流】류 リュウ、ル、ながれる flow

①흐를 水行 ②번져나갈 覃也 ③내릴 下也 ④내칠 放也 ⑤구할 求也 ⑥펼 布也 ⑦달아날 走也 ⑧무리 類也九ー

【流光】(유광ーリュウコウ)①흐르는 물에 비치는 달빛 ②조상때부터의 은덕 ③물결에 비치는 달빛

【流年】(유년ーリュウネン)흘러간 세월。

【流毒】(유독ーリュウドク)독이 세상에 널리 퍼짐

【流動】(유동ーリュウドウ)흘러 움직임。이리 저리 옮김

【流落】(유락ーリュウラク)고향을 떠나 타향에 삶

【流浪】(유랑ールロウ)어디라고 정한 곳이 없이 이리 저리 떠돌아다님

【流麗】(유려ーリュウレイ)문장·말들이 유창하고 아름다움

【流路】(유로ーリュウロ)흐르는 길

【流露】(유로ーリュウロ)나타남

【流離】(유리ーリュウリ)일정한 직업이 없이 이리 저리 돌아다님。유랑(流浪)

【流民】(유민ーリュウミン)고향을 떠나 일정한 거처가 없이 떠돌아다니는 사람

【流配】(유배ールハイ)죄인을 귀양 보냄

【流伐】(유벌ーリュウバツ)산에서 베어낸 나무를 강물에 띄워 보내는 뗏목

【流産】(유산ーリュウサン)태아가 달이 차기 전에 죽어 나옴。아이를 지움

【流說】(유세·リュウセツ·ルセイ) 터무니 없는 소문

【流俗】(유속-リュウゾク) ①세상에 돌아다니는 풍속 ②일반의 풍속
【流水】(유수-リュウスイ) ①흘러가는 물 ②세월이 빠름을 이름
【流矢】(유시-リュウシ) ①빗나가는 화살 ②어디선지 날라 온 화살
【流失】(유실-リュウシツ) 떠내려가거나 흘러가 없어짐
【流語】(유어-リュウゴ) 떠도는 소문。유언(流言)
【流言】(유언-リュウゲン) 근거가 없는 소문。풍설(風說)
【流域】(유역-リュウイキ) 강물을 따라 그 언저리에 있는 지역
【流泣】(유읍) 눈물을 흘리며 욺
【流儀】(유의-リュウギ) ①학문·예술 등의 특수한 형태 ②그 가문(家門)특유의 전통
【流入】(유입-リュウニュウ) 흘러서 들어옴
【流賊】(유적-リュウゾク) 떼지어 돌아다니는 도둑 「옮김
【流轉】(유전-ルテン) 인사의 끊임 없는
【流罪】(유죄-リュウザイ·ルザイ) 유형(流刑)에 해당하는 죄
【流暢】(유창-リュウチョウ) 하는 말이 거침 없음 「울음
【流涕】(유체-リュウテイ) 눈물을 흘리며
【流出】(유출-リュウシュツ) 흘러나옴
【流彈】(유탄-リュウダン) 빗나가는 탄환
【流通】(유통-リュウツウ) ①거침 없이 흘러 통함 ②세상에 통용함
【流汗】(유한-リュウカン) 땀을 흘림。또 그 땀。부끄러움
【流行】(유행-リュウコウ) ①세상에 널리 행함 ②돌아 다님•
【流血】(유혈-リュウケツ) 흘러나오는 피。피를 흘림

【涖】리 レイ、のぞむ overlook
①임할 臨也 ②여울물소리 下瀨水聲—

【浬】리 リ、かいり nautical mile 文 ㄌㄧˇ
해리 海里略號

【浼】매 バイ、マイ、けがす dirty
①물편히 흐를 水平流貌— ②더럽힐 더러울 狹也

【浡】발 ボツ、おこる rise 月 ㄅㄛˊ
①우쩍 일어날 興起貌—然 ②바다 海別名 勃通

【浮】부 フ、フウ、うかぶ fioat 尤 ㄈㄡˊ
①뜰 汎也 ②넘칠 溢也 ③지날過也 ④물창일할 水盛貌—— ⑤떠내려갈 順流 ⑥매인데없을 無定意—沉

【浮輕】(부경-フケイ) ①경솔함 ②부피는 크고 무게는 가벼움 「부도
【浮屠】(부도-フト) 부처。중。또는 탑。
【浮圖】(부도-フト) ①부도(浮屠)。 ②다같이 범어(梵語)의 음역(音譯) ③불교 절에 있는 둥근 석탑(石塔)
【浮動】(부동-フドウ) 떠서 움직임
【浮浪】(부랑-フロウ) 떠 돌아다님
【浮民】(부민-フミン) 떠돌아다니는 백성
【浮薄】(부박-フハク) 경솔함
【浮費】(부비-フヒ) ①함부로 쓰는 비용。낭비(浪費) ②모든 일에 드는 비용
【浮氷】(부빙-フヒョウ) 물에 떠있는 어름 덩이
【浮說】(부설-フセツ) 근거가 없는 말
【浮涉】(부섭-フショウ) 물을 건늠
【浮世】(부세-フセイ·うきよ) 덧없는 세상
【浮揚】(부양-フヨウ) 가라앉은 배。같은것을 띄워 올림
【浮言】(부언-フゲン) 근거없는 소문
【浮榮】(부영-フエイ) 덧없는 세상의 영화(榮華)
【浮雲】(부운-フウン·うきぐも) ①뜬 구름。믿을수 없음을 이름 ②덕이 없음
【浮遊】(부유-フユウ) ①뜸。떠돌아다니며 놂음 ②하루살이。부유(蜉蝣)
【浮遊機雷】(부유기뢰-フユウキライ) 물속에 띄워 두는 기뢰

【浮彫】(부조-うきぼり) 돋을 새김

【浮躁】(부조-フソウ) 성질이 아주 들뜨고 조급함

【浮腫】(부종-フシュ・はれ) 몸이 붊。부증(浮症)

【浮舟】(부주-フシュウ・うきぶね) 물 위에 뜬 배

【浮沈】(부침-フチン) ①물에 뜨는 것과 가라앉는 것 ②영고성쇠(榮枯盛衰)의 뜻으로 씀 ③세속(世俗)을 따라 행동함

【浮漂】(부표-フヒョウ) 물위에 떠 다님

【浮標】(부표-フヒョウ) ①강이나 바다에 일정한 곳을 표시하기 위하여 물위에 띄워 두는 표 ②낚시찌

【浮虛】(부허-フキョ) 마음이 들뜸。허황함

【浮華】(부화-フカ) ①속은 비고 거죽만 화려함 ②마음이 잡히지 못함

【涘】사

みぎわ shore

물가 水涯

【涉】섭

ショウ、わたる cross a stream ㄕㄜˋ shè

①물 걸어 건널 徒行厲水跋— ②거칠 經也

【涉禽類】(섭금류-ショウキンルイ) 조류의 일종

【涉歷】(섭력-ショウレキ) 여러 가지 일을 많이 경험함

【涉獵】(섭렵-ショウリョウ) ①물을 건너듯이 짐승을 사냥하듯이 이리저리 찾아다님 ②책을 널리 읽음

【涉世】(섭세-よをわかる) 세상을 지냄。살아감

【涉水】(섭수-ショウスイ) 물을 건넘

【涉外】(섭외-ショウガイ) 외부와 연락하고 교섭하는 일

【涉危】(섭위-ショウキ) 위험함을 무릅씀

【消】소

ショウ、きえる extinguish ㄒㄧㄠ hsiao

①꺼짐 사라짐 滅也 ②다할 盡也 ③풀릴 釋也 ④해질 敝也 —— 銷同

【消却】(소각-ショウキャク) 지워버림

【消渴】(소갈-ショウカツ) 당뇨병처럼 목이 말라서 물이 자꾸 먹히는 증세

【消遣】(소견-ショウケン) 마옴을 붙이어 세월을 보냄。무료하게 세월을 보냄。근심을 잊음

【消極】(소극-ショウキョク) 적극(積極)에 대하여 전진하지 아니하는 것、내부에만 힘을 쓰는 것、없는 것、현상만 지키는 것

【消極的】(소극적-ショウキョクテキ) 사물이 소극인 상태

【消極條件】(소극조건-ショウキョクジウケン) 어떤 사실이 발생하지 않으므로 해서 성취하는 조건

【消痰】(소담-ショウタン) 가래를 없앰

【消毒】(소독-ショウドク) 병의 원인이 되는 병균을 죽임。병독을 없앰

【消燈】(소등-ショウトウ) 켜진 불을 끔

【消磨】(소마-ショウマ) ①닳음。닳아 없어짐 ②세월을 보냄

【消滅】(소멸-ショウメツ) 사라져 없어짐

【消耗】(소모-ショウモウ) 줄어짐。써서 없앰

【消防】(소방-ショウボウ) 화재를 경계하고 방어함。불을 끔

【消費】(소비-ショウヒ) 써서 없어짐

【消釋】(소석-ショウシャク) 사라짐。풀림

【消散】(소산-ショウサン) 사라져 흩어짐

【消愁】(소수-ショウシュウ) 쓸쓸한 감회를 없애버림

【消息】(소식-ショウソク) ①사라짐과 생김。주는 것과 느는 것 ②편지 ③안부를 들음

【消失】(소실-ショウシツ) 사라져 없어짐

【消憂】(소우-ショウユウ) 근심을 없애버림

【消日】(소일-ショウジツ) 마음을 붙이어 세월을 보냄

【消殘】(소잔-ショウザン) 힘없이 사그러 집

【消長】(소장-ショウチョウ) 사라지는 것과 크게 자라는 것。쇠(衰)하는 것과 성(盛)하는 것。

【消盡】(소진-ショウジン) 사라져 없어짐。소실(消失)

【消暢】(소창-ショウチョウ) 가깝한 마옴을 풀음

【消滯】(소체-ショウタイ) 체한 음식을 소화시킴

【消沈】(소침-ショウチン) 삭아 없어지고 가라앉음
【消火】(소화-ショウカ) 붙는 불을 끔
【消化】(소화-ショウカ) ①물건이 소멸하여 변화함 ②먹은 음식이 삭음 ③보고 들은 학설·강의를 자기의 지식으로 만듦

【涓】연 ケン、しずく arop 先 ㄐㄩㄢ chüan^1 ①물방울 떨어질 滴也 ②졸졸 흐를 小流ㅡㅡ ③가릴 擇也 ④조촐할 潔也 ⑤내시 宦官中ㅡㅡ
【涓滴】(연적-ケンテキ) ①물방울 ②조금
【涓流】(연류-ケンリュウ) 작은 흐름。세류(細流)

【涎】연 セン、よだれ spittle 先 ㄒㄧㄢˊ hsien^2 ①침 口液 ②물 졸졸흐를 水流貌 ③연할 相連迪ㅡ
【涎篆】(연전-センテン) 달팽이의 침이 침 모양을 이룸

【浣】완 カン、あらう clean ①씻을 滌也 ②빨 濯衣垢
【浣雪】(간설-カンセツ) 씻어 버림
【浣染】(완염-カンセン) 빨고 물들임
【浣腸】(간장-カンチョウ) 배속을 깨끗이 씻는 일

【浴】욕 ヨク、あびる bath 沃 ㄩˋ yü^4 ①미역감을 灑身沐ㅡ ②깨끗이할 借爲潔治意
【浴佛】(욕불-ヨクブツ) 관불(灌佛)
【浴佛日】(욕불일-ヨクブツニチ) 四월 八일。석가(釋迦)의 탄생일
【浴室】(욕실-ヨクシツ) 목욕통의 설치가 있는 곳
【浴衣】(욕의-ヨクイ) 목욕할 때 입는옷
【浴殿】(욕전-ヨクデン) 목욕을 하는 곳
【浴湯】(욕탕-ヨクトウ) 목욕탕의 준말
【浴化】(욕화-ヨッカ) 덕행(德行)에 감화를 입음

【涌】용 ヨウ、わく bubble up 湧(水部 九畫)同字
【涌溢】(용일-ヨウイツ) 물이 넘침
【涌泉】(용천-ヨウセン) ①솟아 나오는 샘。②기운차게 일어나는 모양
【涌出】(용출-ヨウシュツ) 솟아나옴

【浥】읍 ユウ、うるおう wet 緝 ㄧˋ i^4 ①젖을 潤濕厭ㅡ ②흡치를할 潰潤 (업) 義同。(압) 물이 아래로흐를 水流下貌

【涔】잠 シン、ひたす dip ①적실 漬也 ②소발자국물 牛跡中水蹄ㅡ ③비죽죽올 雨多貌ㅡㅡ ④눈물 줄줄 흐를 淚下貌ㅡ淚
【涔淚】(잠루-シンルイ) 줄줄 흐르는눈물
【涔涔】(잠잠-シンシン) ①비가 죽죽오는 모양 ②눈물이 줄줄 흐르는 모양 ③괴로워 지친 모양 ④날이 흐려 어두운 모양
【涔蹄】(잠제-シンテイ) 조금 고인 물。쇠발자국에 고인 물이라는 뜻
【涔旱】(잠한-シンカン) 홍수(洪水)와 한발(旱魃)

【浙】절 セツ、よなぐ wash riee 屑 ㄓㄜˋ chê^4 ①쌀씻을 洗米 ②물이름 錢塘水名ㅡ水

【浚】준 シュン、さらう deep 震 ㄐㄩㄣˋ chün^4 ①깊을 深也 ②일 淘也 ③취할 取也 ④모름지기 須也 ⑤땅이름 衛邑名
【浚渫】(준설-シュンセツ) 흙을 퍼내어 깊「이함
【浚井】(준정-シュンセイ) 우물을 쳐내어 더 깊게 함

【浞】착 サク、ひたす dip ①잠글 漬也 ②적실 濡也 ③사람이름 人名 寒ㅡ

【涕】체 テイ、なみだ tears 눈물 淚也
【涕淚】(체루-テイルイ) 눈물
【涕泣】(체읍-テイキュウ) 눈물을 흘리고 울음

【涕泫】(체이-テイゲン) 눈물이 흘러내림

【浸】침 シン、ひたす soak 沁 ㄐㄧㄣ chin⁴
①잠길 沈也 ②젖을 涵也 ③적실 漬也 ④번질 漸也 ⑤불을 潤也 ⑥빠질 沒也 ⑦큰 못 池之總名

【浸灌】(침관-シンカン) 물을 뿌림
【浸禮】(침례) 예수교에서 신자(信者)의 전신을 맑은 물로 적시는 예식
【浸水】침수-シンスイ) 물에 잠김。물이 들어옴
【浸濕】(침습-シンシツ) 젖음
【浸染】(침염-シンセン) 차차 물듦。점점 감화(感化)함
【浸潤】(침윤-シンジュン) 차차 젖어옴
【浸潤瘡】(침윤창) 급성의 피부염과 습진
【浸淫】(침음-シンイン) 어떠한 풍습에 점점 젖어 들어감
【浸種】(침종-シンシュ) 씨를 물에 불림
【浸漬】(침지-シンシ) 물건을 물속에 담가 적심。차차 젖어옴
【浸沈】(침침-シンチン) 스며 들어감
【浸透】(침투-シントウ) 젖어 들어감。스며 들어감
【浸害】(침해-シンガイ) 수력에 의해서 물건의 효용이 멸실 감소됨

【浿】패 バイ、かわのな name of a river
물이름 水名ー水

【浦】포 ホ、うら creek 虞 ㄆㄨ p'u³
①물가 水濱 ②개 大小有小口別通曰ー

【浦口】(포구-ホコウ) 개의 어구。곧 작은 항구

【海】해 カイ、うみ sea 賄 ㄏㄞ hai³
①바다 百川朝宗滄ー ②姓也

【海國】(해국-カイコク) 사면이 바다에 둘러싸인 나라
【海軍】(해군-カイグン) 수군(水軍)
【海氣】(해기-カイキ) 바다 위의 몽몽한 기운。바닷가의 공기
【海內】(해내-カイナイ) 사해(四海)의 안。나라 안。천하(天下)
【海女】(해녀-あま) 바다 속에서 해삼·전복을 따는 것을 입으로 삼는 여자
【海棠】(해당-カイドウ) 때질레 꽃。장미과의 낙엽관목。줄기에는 가시가 돋고 담홍색의 아름다운 꽃이 됨。미인의 형용
【海島】(해도) 해중(海中)의 섬
【海濤】(해도-カイトウ) 바다의 물결
【海路】(해로-カイロ) 바다 위의 길
【海流】(해류-カイリュウ) 바닷물이 적도(赤道)에서 양극(兩極)으로 양극에서 적도로 일정한 방향으로 흐르는 것。바닷물의 흐름
【海陸】(해륙-カイリク) 바다와 물。수륙(水陸)
【海里】(해리-カイリ) 해상(海上)거리의 단위。노트
【海綿】(해면-カイメン) 해면동물로 부터 채취한 섬유상(纖維狀)의 솜과 같은것。물을 잘 빨아들임
【海面】(해면-カイメン) 해상
【海門】(해문-カイモン) 두 육지 사이에 끼어있는 바다의 통로
【海物】(해물-カイブツ) 바다에서 나는 물
【海味】(해미-カイミ) 해산물로 만든 반찬
【海拔】(해발-カイバツ) 해면보다 높은 정도
【海防】(해방-カイボウ) 해안의 방비
【海邊】(해변-カイヘン·うみべ) 바닷가
【海兵】(해병-カイヘイ) 해병대의 병졸
【海濱】(해빈-カイヒン) 해변
【海事】(해사-カイサン) 해상(海上)에서 하는 일
【海産】(해산-カイジョウ) 바다에서 남。바다에서 살음
【海上】(해상-カイジョウ) ①바다 위。해면(海面) ②바다위의 하늘 ③바닷길。해로(海路)
【海床】(해상-カイショウ) 바다 밑의 깊은 곳
【海商】(해상-カイセイ) ①해상(海上)에서 하는 장사 ②해운(海運)을 이용하는 상인
【海棲】(해서-カイセイ) 바닷속에서의 삶
【海恕】(해서-カイジョ) 널리 용서함
【海石】(해석-カイセキ) 속돌。다공질(多

孔質)의 가벼운 돌

【海星】(해성-カイセイ) 불가사리

【海嘯】(해소-カイスイ) ①빠지는조수(潮水)가 해수(海水)와 충돌하여 맹렬한 소리를 냄。 해저의 지진。해일 등으로 별안간 높은 파도가 해안을 덮치는 것

【海水】(해수-カイスイ) 바닷물

【海蝕】(해식-カイショク) 해수 (海水)에 의한 침식 작용

【海岳】(해악-カイガク) 바다와 산

【海岸】(해안-カイガン) 바닷가。 바다의 언덕

【海洋】(해양-カイヨウ) 바다。대해(大海)

【海魚】(해어-カイギョ) 바다의 물고기

【海域】(해역-カイイキ) 일정한 구역。안의 해면(海面)

【海鹽】(해염-カイエン) 해염。 바닷물로 만든 소금 「서함

【海容】(해용-カイヨウ) 허물을 널리 용

【海外】(해외-カイガイ) 바다 밖에 있는 나라

【海牛】(해우-カイギュウ) 해우류(海牛類)에 달린 바다짐승。 「송함

【海運】(해운-カイウン) 바다로 물건을 운

【海月】(해월-カイゲツ・くらげ) 바다 위에 뜬 달

【海衣】(해의-のり) 김

【海溢】(해일) 바닷물이 불시에 일어나서 맹렬한 물결이 육지로 넘쳐들어오는 것

【海葬】(해장-カイソウ) 바다에 장사함。 수장(水葬)

【海底】(해저-カイテイ) 바다 밑

【海賊】(해적-カイゾク) 해상(海上)의 선박을 습격하여 재물을 빼앗는 도적

【海戰】(해전-カイセン) 바다에서 하는 전쟁

【海程】(해정-カイテイ) 바다의 뱃길

【海藻】(해조-カイソウ) ①바다에서 사는 식물 ②불가사리。 미역

【海潮】(해조-カイチョウ) 조수(潮水)

【海志】(해지-カイシ) 이룰 수 없는소원。 부당한 소망

【海震】(해진-カイシン) 바다 밑에서 일어나는 지진(地震)

【海表】(해표-カイヒョウ) 바다 밖。 바다의 저쪽 「는 바람

【海風】(해풍-カイフウ) 바다에서 일어나

【海壑】(해학-カイガク) 바다와 구정렁이

【海航】(해항-カイコウ) 대양(大洋)을 항행함。

【海峽】(해협-カイキョウ) 육지 사이에 끼어서 외해(外海)로 통하는 좁은바다

【浹】협 ショウ、あまねし penetrate into

①사무칠 徹也 ②둘릴 周―猶周匝

【浹洽】(협흡-ショウコウ) 널리 전하여짐。 도리(道理)가 마음속에 깊이 스며들음

【浩】호 コウ、ひろい vast 「貌――

①넓을 廣大浩― ②물질펀할 大水

【浩氣】(호기-コウキ) 크고 넓은 모양

【浩大】(호대-コウタイ) 넓고 큼

【浩穰】(호양-コウジョウ) 백성의 수효가 많은 것

【浩然】(호연-コウゼン) ①물이 그침없이 흐르는 모양 ②마음이 넓고 뜻이 아주 큰 모양

【浩然之氣】(호연지기-コウゼンのキ) ①도의(道義)에 근거를 두고 자기가 반성하여 조금도 부끄럽지 아니한 굳센 용기 ②유쾌한 마음

【浩歎】(호탄-コウタン) 매우 탄식함

【浩汗】(호한-コウカン) 넓고 편함。 호한(浩澣)

【浩浩】(호호-コウコウ) 넓고 큰 모양

【浩浩漠漠】(호호막막-コウコウバクバク) 끝없이 넓고 멀어 아득함。

【浩浩蕩蕩】(호호탕탕-コウコウトウトウ) 썩 넓어 한이 없음

【酒】西部 三畫에 볼것

【八 畫】

【淦】감 カン、もれみず leak 勘 ㄍㄢˋ kan'

①배에 물 스며들어올 水入船中 ②물이름 豫章水名

【淈】굴 コツ、にごる gturbid
①흐릴 濁也 ②다할 盡也 ③물괄괄 흐를 決流汩ー (홀)다스릴 治也

【淇】기 キ、かわのな name of a river
물이름 河內水名ー水

【淖】뇨 シャク、どろ mud 效 ㄋㄠˋ nao⁴
①진흙 泥也 ②진수렁 泥濘 ③빠질 濡甚

【淖濘】(요녕-ドウネイ) 진수렁。진창

【淖溺】(요닉-ドウテキ) 녹음。용해(溶解)함

【淖約】(요약-シャクヤク) 부드러운것。유화하고 예쁜 것

【淡】담 タン、あわい insipid 勘 ㄉㄢˋ tan⁴
①맑을 濃之對 ②물맑을 水貌ーー ③싱거울 薄味 ④물질펀할 安流平滿貌ーー

【淡淡】(담담-タンタン) ①물이 맑은 모양 ②달빛이 엷은 모양 ③음식이 느끼하지 않은 모양 ④맛이 없는 모양 ⑤싱거운 모양 ⑥욕심이 없는 모양

【淡白】(담배-タンパク) 욕심이 없고 깨끗함

【淡碧】(담벽-タンペキ) 열은 푸른색

【淡色】(담색-タンショク) 진하지 아니한 빛

【淡水】(담수-タンスイ) 맑은 물。단물

【淡食】(담식-タンショク) 짜게 먹지 아니함

【淡雅】(담아-タンガ) 산뜻하고 고상함

【淡雲】(담운-タンウン) 엷은 구름

【淡月】(담월-タンゲツ) 어스름달

【淡粧】(담장-タンショウ) ①엷은 화장 ②담박한 단장

【淡蕩】(담탕-タントウ) ①맑고 넓음 ②맑고 화창함

【淡紅】(담홍-タンコウ) 연분홍

【淡黃】(담황-タンコウ) 엷은 황색

【淘】도 トウ、あらう scour 豪 ㄊㄠˊ t'ao²
①쌀일 淅米 ②물흐를 水流ーー

【淘汰】(도태-トウタ) ①쌀을 일음 ②가려서 고름。좋은 것 만을 골라 냄 ③쓸데없어서 버림 ④줄어짐。줄임

【涼】량 リョウ、すずしい cool 陽 ㄌㄧㄤˊ liang²
①서늘 薄寒 ②엷을 薄也 凉同 ③믿음 信也 ④도울 佐也

【涼氣】(양기-リョウキ) 서늘한 기후

【涼室】(양실-リョウシツ) 방 또는 마루 밖에 차양을 하여 볕을 가리게 한곳

【涼夜】(양야-リョウヤ) 서늘한 밤

【涼雨】(양우-リョウウ) 서늘한 비

【涼陰】(양음-リョウイン) ①서늘한 기운 ②서늘한 나무그늘

【涼天】(양천-リョウテン) 서늘한 일기

【涼秋】(양추-リョウシュウ) 서늘한 가을

【涼風】(양풍-リョウフウ) ①서늘한 바람

【涼夏】(양하-リョウカ) 서늘한 여름

【淥】록 リョク、ロク、こす filtrate
①샐 滲也 ②물이름 湘東水名 漉同 ③물맑을 水淸

【淚】루 ルイ、なみだ tears 寘 ㄌㄟˋ lei⁴
눈물 目夜

【淚誦】(누송-ルイショウ) 눈물을 흘리면서 시나 노래를 외음

【涼水】(누수-ルイスイ) 눈물

【淚眼】(누안-ルイガン) 눈물이 괸 눈

【淚液】(누액-ルイエキ) 눈물

【淚珠】(누주-ルイジュ) 눈물 방울。눈물

【淚汗】(누한-ルイカン) 눈물과

【淚痕】(누흔-ルイコン) 눈물의 흔적

【淪】륜 リン、しずむ sink 眞 ㄌㄨㄣˊ luen²
①빠질 沒也 ②물놀이칠 小波 ③거느릴 率也 (론)덩어리질 氣未分渾ー

【淪溺】(윤닉-リンデキ) 물에 가라 앉아 빠짐。침몰함

【淪落】(윤락-リンラク) 영락하여 타향에 유리함

【淪滅】(윤멸-リンメツ) 멸하여 없어짐

【淪陷】(윤함-リンカン) 가라앉아 빠짐。내려감

【淋】 림 リン、さびしい、そそぐ drip 侵 ㄌㄧㄣˊ lin²
①번지를할 湿貌ー淪 ②축일 以水沃 ③지적지적할 山下水貌ーー ④물줄 澆也 「양

【淋離】(임리-リンリ) ①긴 모양 ②큰모양

【淋灑】(임쇄-リンリ) 물이 흘러 드는 모양。 또는 끊이지 않는 모양

【淋巴腺】(임파선-リンパセン) 신체 조직 사이를 유동하는 무색투명의 영양액。 멍울

【淼】 묘 ビョウ、ひろい extensive 篠 ㄇㄧㄠˇ miao³
물칭일할 大水ー茫

【淼茫】(묘망-ビョウボウ) 물이 넓고 넓은 모양

【淼淼】(묘묘-ビョウビョウ) 물이 널리 창일하는 모양

【淝】 비 ヒ、かわのな name of a river 微 ㄈㄟˊ fei²
①물이름 九江水名ー水 ②고을 이름 縣名合ー

【淝泉】(비천-ヒセン) 근원은 같고 흘러 들어가는 데는 다른샘

【淅】 석 セキ、シャク、かしよね wash rice 錫 ㄒㄧ hsi¹
①쌀일 汰米 ②빗소리 雨聲ー瀝

【淅瀝】(석력-セキレキ) ①눈·비 또는 싸라눈이 오는 소리。 또는 바람 소리 ②쓸쓸한 모양

【淅淅】(석석-セキセキ) ①빗소리 ②바람 부는 모양

【淞】 송 ショウ、かわのな name of a river
강이름 吳郡江名ー江

【淑】 숙 シュク、よい good 屋 ㄕㄨˊ shu²
①착할 善也 ②맑을 淸湛 ③화할 和也

【淑景】(숙경-シュクゲイ) 봄의 경치

【淑女】(숙녀-シュクジョ) 덕행이 구비 여자。 착하고 어한진 부인

【淑德】)숙덕-シュクトク) 숙녀의 덕행

【淑性】(숙성-シュクセイ) 얌전하고 착한 성질

【淑人】(숙인-シュクジン) 착하고 덕행이 있는 사람

【淑姿】(숙자-シュクシ) 숙녀의 덕스러운 「자태

【淑行】(숙행-シュツコウ) 착한 행실

【淳】 순 ジュン、すなお pure ; genuine
①순박할 質樸 ②맑을 淸也 ③빙빙돌 流動貌 「함

【淳良】(순량-ジュンリョウ) 순하고 선량

【淳朴】(순박-ジュンボク) 온순하고 질박함

【淳俗】(순속-ジュンゾク) 순박한 풍속

【淳風】(순풍-ジュンプウ) 순박한 풍속

【淬】 쉬 サイ、にらぐ dip into water
①담글 燒劍入水 ②물들일 染也 ③범할 犯也

【淬礪】(쉬려-サイレイ) 칼 따위를 숫돌에 갈음。 곧 스스로 나아가 수양에 힘씀

【深】 심 シン、ふかい deep 侵 沁 ㄕㄣ shen¹
①깊을 淺之對 ②으슥할 邃也 ③멀 遠也 ④감출 藏也 ⑤잴 度淺 ⑥옷이름 衣名ー衣

【深刻】(심각-シンコク) ①깊이 새김 ②아주 지독함 ③속깊이 들어감

【深更】(심경-シンコウ) 깊은 밤。 심야 (深夜)

【深谷】(심곡-シンユク) 깊은 산골짜기

【深仇】(심구-シンキュウ) 깊은 원한이 있는 원수

【深究】(심구-シンキュウ) 깊이 연구함

【深閨】(심규-シンケイ) 여자가 거처하는 방

【深念】(심념-シンネン) 깊은 생각

【深冬】(심동-シントウ) 썩 추운 겨울。 깊은 겨울

【深量】(심량-シンリョウ) 깊은 생각

【深慮】(심려-シンリョ) 깊은 생각

【深林】(심림-シンリン) 초목이 무성한 깊은 수풀

【深謀】(심모-シンボウ) 깊은 꾀

【深目】(심목-シンモク) 움푹 들어간 눈

【深材】(심배-シンパイ) 큼직 하고 깊은

술잔
【深思】(심사-シンシ) ①깊은 마음 ②깊이 생각함
【深謝】(심사-シンシャ) ①성심으로 사례함。②성심으로 사죄함
【深邃】(심수-シンスイ) 깊숙하고 그윽함
【深山】(심산-シンザン・みやま) 깊은 산
【深信】(심신-シンシン) 깊이 믿음
【深深】(심심-シンシン) 깊은 모양
【深甚】(심심-シンジン) 깊고도 심함
【深愛】(심애-シンアイ) 깊은 사랑
【深夜】(심야-シンヤ) 깊은 밤
【深淵】(심연-シンエン) 깊은 못
【深奧】(심오-シンオウ) 깊고 오묘함。아늑하고 웅숭깊음
【深憂】(심우-シンユウ) 깊이 근심함
【深遠】(심원-シンエン) 깊고 멀음。그윽함。
【深衣】(심의-シンイ) 귀인의 평상복
【深長】(심장-シンチョウ) 깊고 길음。그윽함
【深重】(심중-シンチョウ) ①마음이 침착하여 무게가 있음。경망하지 아니함。깊이 포개짐
【深責】(심책-シンセキ) 깊이 꾸짖음
【深淺】(심천-シンセン) ①깊은것과 얕은것。②깊이
【深青】(심청-シンセイ) 진한 푸른 빛
【深海】(심해-シンカイ) 깊은 바다
【深險】(심험-シンケン) 깊고 매우 험함
【深玄】(심현-シンゲン) 심오(深奧)
【深峽】(심협-シンキョウ) 깊은 산협
【深呼吸】(심호흡-シンコキュウ) 부아 안에 공기를 될 수 있는대로 많이 드나들게 하는 호흡
【深紅】(심홍-シンコウ) 진한 다홍빛
【深黃】(심황-シンコウ) 진한 누른빛
【深厚】(심후-シンコウ) ①깊고 두터움 ②은덕(恩德)이 크고 두터움
【深黑】(심흑-シンコク) 진한 검은 빛

【涯】 애 ガイ、みぎわ shore 佳 ㄧㄚ ya^{2}
물가 水涯 厓同 (의) 義同 (아) ①가 水際 ②다할 窮盡意
【涯岸】(애안-カイカン) ①물가 ②끝。경계
【涯際】(애제-ガイサイ) ①물가 ②끝

【液】 액 エキ、しる liquid 陌 ㄧ i^{4}
①진액 汁也津ㅣ ②헤칠 解散
【液汁】(액즙-エキジュウ) 국물。물。장(漿)
【液體】(액체-エキタイ) 부피는 있으나 유동하는 물건。물。기름 따위
【液化】(액화-エッカ) 기체나 고체가 액체로 변함

【淤】 어 オ、ヨ、どろ mud 御 魚 ㄩ yü
①진흙 泥也 ②해감 澱滓濁泥
【淤泥】(어니-オディ) 진흙。진창

【淹】 엄 エン、ひたす dip; drown 鹽 ㄧㄢ yen^{1}
①담글 漬也 ②오래 머물 久也ㅣ留 ③물이름 擇餘田水名 ④물가水涯 ⑤빠질 沒也
【淹究】(엄구-エンキュウ) 널리 연구함
【淹留】(엄류-エンリュウ) ①오래 머물음 ②걸려서 나아가지 못함
【淹沒】(엄몰-エンボツ) 물속에 빠짐
【淹泊】(엄박-エンパク) 한 곳에 오래묵음
【淹博】(엄박-エンパク) 학식이 매우 심원함
【淹歲】(엄세-エンサイ) 길고 오랜 세월

【淵】 연 エン、ふち pond 先 ㄩㄢ yüan
①못 止水 ②깊은 深也 ③북소리 鼓聲ㅣㅣ
【淵博】(연박-エンパク) 학문・견문이 깊고 넓음
【淵水】(연수-エンスイ) 깊은 물
【淵深】(연심-エンシン) 깊음
【淵源】(연원-エンゲン) 근본으로 일어나는 곳。근원(根源)
【淵遠】(연원-エンエン) 깊고 멀음
【淵靜】(연정-エンセイ) ①못이 깊고 고요함 ②깊숙하고 고요한 것
【淵泉】(연천-エンセン) ①깊은 샘。또는 깊은 호수 ②생각이 못처럼 깊고 샘처럼 솟음
【淵叢】(연총-エンソウ) 사물이 많이 모

이는 곳
【淵海】(연해-エンカイ) ①깊은 못과 바다 ②깊고 큰 일

【淫】음 イン、みだら obscens 侵 ㄧㄣˊ yin²
①음란할 亂也 ②방탕할 放也 ③간음할 奸也 ④심할 甚也 ⑤과할 過也 ⑥넘칠 溢也 ⑦오랠 久也 ⑧적실 漬也浸—
【淫巧】(음교-インコウ) 매우 교묘함。「함 그럴듯한 거짓
【淫盜】(음도-イントウ) 음란하고 도둑질
【淫亂】(음란-インラン) 음탕하고 난잡함
【淫淚】(음루-インルイ) 쉬지 않고 흐르는 눈물
【淫靡】(음미-インビ) 풍채가 좋지 못함
【淫旅】(음방-インボウ) 음탕하고 제멋대로 하는 것
【淫婦】(음부-インプ) 음란한 여자
【淫奔】(음분-インポン) 부녀의 음란한 행동
【淫祠】(음사-インシ) 내력이 바르지 아니한 귀신을 섬기는 집
【淫辭】(음사-インジ) 음탕한 말。바르지 아니한 말 「은책。
【淫書】(음서-インショ) 음탕한 사실을 적
【淫聲】(음성-インセイ) 음탕한 소리
【淫習】(음습-インシュウ) 음탕한 버릇
【淫心】(음심-インシン) 음란한 마음
【淫樂】(음악-インラク) 음탕한 음악
【淫然】(음연-インゼン) 앞으로 나아가는 모양
【淫艶】(음염-インエン) 음탕하여 색정(色情)을 일으킴
【淫慾】(음욕-インヨク) 음탕한 욕심。호색하는 마음
【淫雨】(음우-インウ) 오래 오는 비。곡물에 해를 끼치는 비
【淫佚】(음일-インイツ) 마음껏 음란하게 놀음
【淫蕩】(음탕-イントウ) ①주색(酒色)에 빠짐 ②행동을 음탕하게 함
【淫風】(음풍-インプウ) 음란하고 더러운 풍속
【淫行】(음행-インコウ) 음란한 행실
【淫荒】(음황-インコウ) 주색(酒色)에 빠져 정신을 차리지 못함

【淀】전 テン、デン、よどむ shallow water
얕은 물 淺水

【淨】정 ジョウ、セイ clean 敬 ㄐㄧㄥˋ ching⁴
깨끗할 潔也無垢
【淨潔】(정결-ジョウケツ) 깨끗함。결백함
【淨書】(정서-ジョウショ) 글씨를 정하게 씀
【淨水】(정수-ジョウスイ) 정한 물。깨끗한 물
【淨財】(정재-ジョウザイ) 깨끗한 재물이라는 뜻이니、자선(慈善)을 위하여 내는 돈이나 또는 절에 시조(施助)하는 돈을 이름
【淨土】(정토-ジョウド) 더럽혀 지지 않은 나라。곧 극락세계(極樂世界)
【淨土之學】(정토지학-ジョウドのガク) 불교의 학문
【淨化】(정화-ジョウカ) 깨끗하게 됨

【淙】종 ソウ、そそぐ noise of water
물소리 水聲—— (장) 義同

【淺】천 セン、あさい shallow 銑 ㄑㄧㄢˇ ch'ien³
①얕을 水不深 ②고루할 少聞 ③범의 가죽 虎皮
【淺近】(천근-センキン) 깊지 않고 얕음
【淺短】(천단-センタン) 얕고 짧음
【淺慮】천려-センリョ) 얕은 생각
【淺謀】(천모-センボウ) 얕은 꾀
【淺薄】(천박-センパク) 얕고 엷음。아는 것이 적음
【淺酌】(천작-センシャク) 조용히 알맞게 술을 마심
【淺才】(천재-センサイ) 얕은 재주
【淺智】(천지-センチ) 얕은 지혜
【淺學】(천학-センガク) 학식이 넉넉하지 못함
【淺海】(천해-センカイ) 얕은 바다

【添】첨 テン、そえる attach 鹽 ㄊㄧㄢ t'ien¹
더할 益也

【添加】(첨가-テンカ) 덧붙임。더 넣음。첨부(添附)
【添杯】(첨배-テンパイ) 술잔에 술을따른 위에 더 따름
【添補】(첨보-テンポ) 첨가하여 보충함
【添附】(첨부-テンプ) 덧 붙임
【添削】(첨삭-テンサク) 시가(詩歌)·문장(文章)을 고침
【添算】(첨산-テンザン) 더 넣어서 계산함
【添入】(첨입-テンニュウ) 더 넣음
【添齒】(첨치-テンシ) 나이가 한살 더함

【淸】청 セイ、きよい clear 庚 ㄑㄧㄥ ch'ing¹
①맑을 澄也 去濁遠穢 ②고요할 靜也 ③청렴할 廉直

【淸潔】(청결-セイケツ) 깨끗함
【淸溪】(청계-セイケイ) 깨끗한 시내
【淸高】(청고-セイコウ) ①토지등이 맑고 높음 ②인격이 결백하고 기품이 높음
【淸曲】(청곡-セイキョク) 청아 한 노래 곡조
【淸淡】(청담-セイタン) ①빛 또는 맛이 담백함 ②욕심이 없음
【淸談】(청담-セイダン) 세속을 떠난 풍류적인 이야기
【淸道】(청도-セイドウ) ①깨끗한 길 ②임금이 행차할 때 길을 청소하는일
【淸朗】(청랑-セイロウ) 고맑 명랑함
【淸凉】(청량-セイリョウ) 맑고 서늘함
【淸漣】(청련-セイレン) 물이 맑고 잔잔함
【淸廉】(청렴-セイレン) 성정이 고결하고 욕심이 없음。청백(淸白)
【淸流】(청류-セイリュウ) ①맑게 흐르는 물 ②절개가 고결한 사람
【淸明】(청명-セイメイ) ①맑고 깨끗함 ②二十四절기의 하나。양력 四월五일 경
【淸眸】(청모-セイボウ) 맑은 눈동자。명모(明眸)
【淸白】(청백-セイハク) 맑고 깨끗함
【淸福】(청북-セイフク) 조촐한 북덕
【淸貧】(청빈-セイヒン) 마음이 청백하여 가난함
【淸爽】(청상-セイソウ) 맑고 시원함
【淸書】(청서-セイショ) 정서(淨書)
【淸雪】(청설-セイセツ) 깨끗하게 설치또는 분을 풀음。
【淸掃】(청소-セイソウ) 깨끗하게 쓸음
【淸水】(청수-セイスイ・しみず) 맑은 물
【淸秀】(청수-セイシュウ) ①깨끗하고 뛰어남 ②용모가 맑고 빼어남
【淸僧】(청승-セイソウ) 풍행이 방정한중
【淸晨】(청신-セイシン) 정신이 맑은이른 아침
【淸新】(청신-セイシン) 깨끗하고 신선함
【淸心】(청심-セイシン) 깨끗한 마음。마음을 깨끗하게 함
【淸雅】(청아-セイガ) 맑고 산뜻함。깨끗하고 속되지 아니함
【淸夜】(청야-セイヤ) 맑게 갠 밤
【淸遊】(청유-セイユウ) 조촐하게 놀음
【淸音】(청음-セイオン・セイイン) ①맑은 소리 ②목청을 떨지 않고 내는 낭소리。무성음(無聲音)
【淸議】(청의-セイギ) 고결한 언론(言論)
【淸逸】(청일-セイイツ) 맑고 속되지 아니함
【淸帳】(청장) 셈을 밝힘
【淸絶】(청절-セイゼツ) 더 할수 없이 깨끗함
【淸靜】(청정-セイジョウ) 맑고 깨끗함
【淸族】(청족-セイゾク) 대대로 명절(名節)을 숭상하여 온 집
【淸酒】(청주-セイシュ) 약주 술。맑은술
【淸直】(청직-セイチョク) 성질이 청렴하고 정직함
【淸泉】(청천-セイセン) 맑은 샘
【淸楚】(청초-セイソ) 됨됨이가 깨끗하고 고움
【淸濁】(청탁-セイダク) ①맑은 것과 흐린 것 ②선(善)과 악(惡) ③세상이 다스려지는 것과 문란한 것 ④현인(賢人)과 우인(愚人) ③청주와 탁주
【淸平】(청평-セイヘイ) ①깨끗하게 다스러짐 ②깨끗하게、다스림
【淸風】(청풍-セイフウ) 맑은 바람
【淸閑】(청한-セ カン) 청아하고 한가함
【淸香】(청향-セイコウ) 맑은 향기

【淸魂】(청혼-セイコン) 깨끗한 영혼

【淸和】(청화-セイワ) 하늘이 개고 날이 화창함

【淸興】(청흥-セイキョウ) 고상하고 풍류적인 흥취

【淄】치 シ、くろ black 支 ㄗ tzŭ¹
①검을 黑也 ②물이름 梁父水名—水 ③고을 이름 青州縣名

【涿】탁 タク、うつ beat
①칠 擊也 ②물방울 떨어질 水下滴 ③고을 이름 上谷郡名—鹿

【涵】함 カン、ひたす soak 覃 ㄏㄢ han²
①잠길 沉也 ②젖을 濡也 ③용납할 容也

【涵養】(함양-カンヨウ) ①적시어 기름 ②학문·기질을 차차 양성함

【涵濡】(함유-カンジュ) ①젖게 함。적시에 윤택하게 함 ②은혜를 베풂음

【涵蓄】(함축-カンチク) 물건을 넣어서 저장함

【涸】학 コ、カク、かれる dry 藥 ㄏㄜ hê²
마를 竭也 (학) 義同

【混】혼 コン、まぜる mix 阮 ㄏㄨㄣ huen²·³·⁴
①섞일 濁也—合 ②덩어리질 氣未分—沌 (곤) 오랑캐 西戎名—夷

【混堂】(혼당-コンドウ) 목욕탕

【混同】(혼동-コンドウ) 섞여서 하나로 합함

【混亂】(혼란-コンラン) 한데 뒤죽박죽이 됨

【混林】(혼림-コンリン) 여러가지 종류의 나무가 뒤섞여 있는 수풀

【混線】(혼선-コンセン) ①전선(電線)의 전류가 엉클어짐 ②말의 줄기가 없이 혼란함

【混成】(혼성-コンセイ) 서로 섞이어 됨。한데 섞어서 만듦

【混食】(혼식-コンショク) 섞어서 먹음

【混一】(혼일-コンイツ) 많은 것을 한묶음으로 함

【混入】(혼입-コンニュウ) 섞어서 넣음。넣어 섞음

【混雜】(혼잡-コンザツ) ①혼란 ②뒤섞이어서 법석 함。

【混戰】(혼전-コンセン) 양쪽 군사가 서로 뒤섞이어 싸움

【混濁】(혼탁-コンダク) 맑지 아니함

【混合】(혼합-コンゴウ) 뒤섞이어서 한데 합함

【混化】(혼화-コンカ) 섞이어 딴 물건이 됨

【混混】(혼혼-コンコン) ①물이 솟아나오는 모양 ②탁한 모양

【混化】(혼화-コンワ) 혼합 융화 함

【混淆】(혼효-コンコウ) 혼란

【淮】회 ワイ、エ、カイ、かわのな name of a river
물이름 揚州水名—水

【淆】효 コウ、ギョウ、みだれる confused 肴 ㄧㄠ yao²
①어지러울 亂也 ②잡될 雜也 ③흙탕물 濁水混—

【淆紊】(효문-コウブン) 뒤섞이어 어지러옴

【済】濟 (水部 十四畫) 略字

【梁】木部 七畫에 볼것

【九 畫】

【渴】갈 カツ、かわく thirsty 曷 ㄎㄜ k'ê³
①목마를 欲飮 ②급할 急也 (걸) 물잦을 水涸

【渴求】(갈구-カッキュウ) 몹시 애써 구함

【渴急】(갈급-カッキュウ) 목이 마른 듯이 급함

【渴望】(갈망-カツボウ) 쉬지 않고 바라고 기다림。간절히 바람。열망(熱望)

【渴愛】(갈애-カツアイ) 매우 사랑함

【渴盡】(갈진-カツジン) 죄다 없어짐

【減】감 ゲン、カン、へる decrease 豏 ㄐㄧㄢ chien³
①덜 덜릴 損也 ②무지러질 耗也

③가벼울 輕也
【減價】(감가·ゲンカ) 값을 줄임
【減軍】(감군·ゲングン) 군대를 감축함
【減給】(감급·ゲンキュウ) 봉급 또는 급료의 액을 줄임
【減等】(감등·ゲントウ) 등급 또는 등수를 낮춤
【減法】(감법·ゲンポウ) 어떠한 수에서 다른 수를 감하여 답을 구하는 법。 감산(減算) 「감함
【減俸】(감봉·ゲンポウ) 봉급의 정액을
【減削】(감삭·ゲンサク) 덜어서 삭제함
【減省】(감성·ゲンセイ) 덜어 줄임
【減膳】(감선·ゲンゼン) 음식물의 가지수를 줄임 「하는 것
【減稅】(감세·ゲンゼイ) 세금을 덜하게
【減勢】(감세·ゲンセイ) 병세 또는 세력이 줄어짐 「줄임
【減少】(감소·ゲンショウ)줄이어 적게함
【減速】(감속·ゲンソク) 속도가 줄어짐
【減損】(감손·ゲンソン) 줄어짐。 줄임
【減殺】(감살·ゲンサツ) 덜어서 없앰
【減水】(감수·ゲンスイ) 물의 부피가 줄음。
【減收】(감수·ゲンシュウ) 수확이나 수입이 줄어짐
【減食】(감식·ゲンショク) 음식의 분량을 줄이어 먹음
【減額】(감액·ゲンガク) 액수를 줄임
【減罪】(감죄·ゲンザイ) 죄를 가볍게함。 죄를 감함
【減差】(감차·ゲンサ) 병세가 감하여 차도가 있음
【減債】(감채·ゲンサイ) 부채를 갚아서 적게 하여감
【減縮】(감축·ゲンシュク) 줄어서 적어짐 덜어서 적게 함
【減下】(감하) ①현직에 있는 사람을 줄임 ②내리 깎음
【減刑】(감형·ゲンケイ) 형벌을 가볍게 함。 형벌의 등급을 감함。 減等。

【渠】거 キョ、みぞ drain
①도랑 溝也 ②클 大也 ③껄껄웃을 笑貌軒— ④휑뎅글할 深廣貌—— ⑤저 俗爲他人爲—儂
【渠魁】(거괴·キョカイ) 도적의 괴수
【渠帥】(거수·キョスイ)악한

【湍】단 タン、はやせ swift current ㄊㄨㄢ t'uan
여울 急瀨激—
【湍流】(단류·タンリュウ) 급한 물 흐름
【湍水】(단수·タンスイ) 소용돌이 치며 급하게 흐르는 물

【湛】담 タン、ふかい deep ㄉㄢ tan
즐거울 樂之久 (침) ①빠질 沒也 ②잠길 漬也 浸同 (잠) ① 맑을 澹也 ②편안할 安也 ③이슬 흠치르를 할 露盛貌——
【湛冥】(담명·タンメイ) 마음 속의 깊숙한 것
【湛然】(담연·タンゼン) ①물이 깊고 고요한 모양 ②침착하고 안존 함
【湛恩】(담은·タンオン) 깊은 은혜。 두터운 은혜

【渡】도 ト、わたる cross over ㄉㄨ tu
①건널 濟也 ②통할 通也
【渡頭】(도두·トトウ) 나루
【渡來】(도래·トライ) 물을 건너 옴
【渡涉】(도섭·トショウ) 물을 건넘
【渡津】(도진·トシン) 나루
【渡河】(도하·トカ) 강물을 건넘
【渡海】(도해·トカイ) 배로 바다를 건넘。 도항(渡航)

【湎】면 メン、ベン、おぼれる be clrowned ㄇㄧㄢ mien
①물젖을 流移—— ②술에젖을 溺酒沈— ③빠질 溺而不反皆謂之—

【渺】묘 ビョウ、はるか vast ㄇㄧㄠ miao
물 질펀히 흐를 水長貌——
【渺茫】(묘망) 넓고 끝이 없는 것
【渺渺】(묘묘) 멀고 넓음。 아득함

【湄】미 ビ、みぎわ margain of a lake
물가 水草之交

【湣】민 ビン、おくりな posthumous name

시호 諡也齊ー王（혼）정치 못할 未
定滑ー

【渤】발 ボツ、うみのな
name of a sea 月 ㄅㄛˊ po²
①바다이름 海名ー澥 ②나라이름
後高句麗國名ー海 ③안개 자욱할
霧出貌滃ー

【湃】배 ハイ、なみうち
sound of waves 卦 ㄆㄞˋ p'ai⁴
물소리 水聲澎ー

【湓】분 ボン、わく
spring out 願 ㄆㄣˊ p'en²
①물솟을 水涌 ②뿜을 噀也 ③적
실 潰也 ④물 넘칠 水溢 ⑤소나비
驟雨 ⑥물 이름 河陽水名

【渣】사 サ、かす
sediment 麻 ㄓㄚ cha¹
①찌꺼기 滓也 ②물 이름 義陽水名
【渣滓】(사재・サシ) 찌끼。앙금

【湘】상 ショウ、にる
boil; cook 陽 ㄒㄧㄤ hsiang¹
①삶을 烹也 ②물이름 零陵水名ー
水
【湘娥】(상아・ショウガ) ①상수(湘水)의
신(神) 순(舜)의 비(妃)인 아황(娥
皇)과 여영(女英) ②미인(美人)의
뜻으로 씀

【渲】선 セン、ぼかし
shading 霰 ㄒㄩㄢˋ hsüan⁴
①개칠할 畫家ー刷之法 ②물 지질
지질 水貌 ③적실 淋也

【渫】설 セツ、もらす
leak 屑 ㄒㄧㄝˋ hsieh⁴
①샐 漏也 ②우물칠 治井 ③헤칠
散也 ④쉴 歇也 ⑤더러울 汚也
⑥업신여길 慢也 ⑦씻어버릴 除去
洩同 (접) 물결 출렁거릴 波貌浹ー

수 シュウ、ゆばり
piss
①오줌 溺也 ②반죽할 水調粉麵
③거름할 浸沃

【湜】식 ショク、きよい
clear 職 ㄕˋ shih²
①물맑을 水清見底 ②엄숙할 持正
貌
【湜湜】(식식・ショクショク) 물이 맑아서
밑이 환하게 보이는 모양

【溫】온 オン、ウン、あたたかい
warm 元 ㄨㄣ wen¹
①따뜻할 다스할 暖也 ②델 燖也
③온순할 顏色和 ④부드러울 柔
也 ⑤익힐 習也 ⑥姓也 ⑦온자
할 自勝ー克
【溫故知新】(온고지신・オンコチシン) 옛것
을 익히고 새것을 알음。이미 아는
사실을 연구하여 새로운 지식을 깨
달음
【溫氣】(온기・オンキ) 다스한 기운
【溫暖】(온난・オンダン) 다스한 것과 따
뜻한 것 「것
【溫冷】(온랭・オンレイ) 따뜻한 것과 찬
【溫度】(온도・オンド) 덥고 찬 정도
【溫突】(온돌・オンドル) 구들
【溫涼】(온량・オンリョウ) 따뜻한 것과 서
늘한 것
【溫良】(온량・オンリョウ) 성질이 온화하
고 양순함
【溫床】(온상・オンショウ) 인공적으로 식
물을 재배하는 장치
【溫水】(온수・オンスイ) 다스한 물 「함
【溫順】(온순・オンジュン) 온화하고 공순
【溫純】(온순・オンジュン) 온화하고 단순
함
【溫室】(온실・オンシツ) 더운 방속을 덥
게 장치한 집
【溫雅】(온아・オンガ) 온순하고 아담함
【溫顏】(온안・オンガン) 온화한 안색
【溫言】(온언・オンゲン) 온화한 말
【溫熱】(온열・オンネツ) 다스한 것과 뜨
거운 것
【溫柔】(온유・オンジュウ) 온순하고 부드
러움
【溫井】(온정・オンセイ) 온천(溫泉)
【溫情】(온정・オンジョウ) 온화한 마을。
정다운 마을
【溫清】(온청・オンセイ) 부모를 섬기는도
리。(겨울은 따스하게 여름은서 늘
하게 한다는 뜻)

【温尊】(온존·オンゾン) 소중하게보존함

【温處】(온처·オンショ) 더운방에거처함

【温泉】(온천·オンセン) 땅 속에서 솟는 더운 물 또 그 곳。온정(温井)

【温湯】(온탕·オントウ) 온천의 뜨거운 물

【温飽】(온포·オンポウ) 의식(衣食)이 넉넉함

【温和】(온화·オンワ) ①날씨가 따뜻하고 잔풍함 ②성질이 온순하고 인자함。

【温厚】(온후·オンコウ) ①성질이 온화하고 두터움 ②따뜻하고 온전함

【渦】와 カ、ワ、うず vortex 歌 ㄨㄛ wo¹ 소용돌이 水回盤—

【渦狀】(와상·カジョウ) 소용돌이 모양으로 빙빙도는 모양

【渦水】(와수·カスイ) 소용돌이 하는 물

【渦中】(와중·カチュウ) 소용돌이 속

【渦形】(와형·カケイ) 소용돌이와 같이 빙빙 도는 형상

【湧】용 ヨウ、わく bubble up ①물솟을 水溢 ②날칠 騰也

【湧泉】(용천·ヨウセン) 솟아 오르는 샘

【湧出】(용출·ヨウシュツ) 샘솟아 나옴

【湲】원 エン、カン、みずおと sound of water 囲 ㄩㄢ yüan ①물 졸졸 흐를 水流貌潺— ②물소리 水聲 (환) 義同

【渭】위 イ、かわのな name of a river 囷 ㄨㄟ wei⁴ ①물이름 隴西水名—水 ②속 끓을 不安 貌沸—

【游】유 ユウ、およぐ swim 囨 ㄧㄡ yu² ①헤엄칠 浮行 ②떠내려갈 順流 ③노닐 玩物適情優— ④깃발 旗旃 遊同

【游客】(유객·ユウカク) ①유람하는 사람 ②노는 사람。

【游擊】(유격·ユウゲキ) 임기응변(臨機應變)으로 적을 공격함

【游金】(유금·ユウキン) 쓰지 않고 한갓 넣어 두기만 하는 돈

【游動】(유동·ユウドウ) 자유로 움직임

【游覽】(유람·ユウラン) 돌아다니며 구경함

【游歷】(유력·ユウレキ) 여러 곳으로 놀러 돌아 다님

【游獵】(유렵·ユウリョウ) 놀러다니며 하는 사냥

【游離】(유리·ユウリ) 따로떨어져 헤어짐

【游牧】(유목·ユウボク) 목축을 업으로 삼고、수초를 따라 집을 옮김

【游民】(유민·ユウミン) 놀고 사는 백성

【游絲】(유사·ユウシ) 아지랑이

【游星】(유성·ユウセイ) 태양의 주위로 각자의 궤도를 따라 돌아다니는 별

【游說】(유세·ユウゼイ) 각처로 돌아다니며 자기의 의견을 말함

【游手】(유수·ユウシュ) 일정한 직업이 없고 놀고 있는 사람

【游食】(유식·ユウショク) ①벌지 않고 놀고 먹음 ②신하의 직분을 다하지 않고 녹만 받음。도식(徒食)

【游魚】(유어·ユウギョ) 물 속에서 노는 고기

【游泳】(유영·ユウエイ) 물속에서 헤엄침

【泳園】(유원·ユウエン) 나무·화초를 심어 놓고 새·짐승들을 길러서 사람들에게 구경시키는 정원

【游弋】(유익) ①놀러 다니면서 하는 사냥 ②군함이 바다의 경비를 위하여 떠돌아다님

【游學】(유학·ユウカク) 타향에 가서 공부함

【游俠】(유협·ユウキョウ) 협기가 있는 남자

【游興】(유흥·ユウキョウ) 재미있게 놀음

【游戲】(유희·ユウギ) 즐겁게 놀음

【湮】인 イン、しずむ fall into ①빠질 沒也 ②막힐 塞也—鬱

【湮滅】(인멸·インメツ) 죄다 없어짐

【湮沒】(인몰·インボツ) 깊숙히 숨음。흔적도 없이 사라져 버림

【湮鬱】(인울·インウツ) 근심으로 마음이 답답함

【渚】저 ショ、なぎさ shore 語 ㄓㄨ chu³

①물가 小洲 ②물 갈라질 水岐

【渚畔】(저반-ショハン) 물가

【湔】전 セン、あらう wash 先 ㄐㄧㄢ chien¹

①씻을 灑也 ②빨 手澣 ③번질 傳沾 ④고을 이름 蜀郡名

【湔除】(전제-センジョ) 씻어 덜어냄。 깨끗이 덜어버림

【渟】정 テイ、とどまる stop 青 ㄊㄧㄥ t'ing²

①물고일 止水 ②도랑 溝也 ③물가 水際平也 停同 汀通

【渟渟】(정정-テイテイ) 물이 고인 모양

【渟蓄】(정축-テイチク) 물이 고여 있음。 학문이 깊고 넓음

【湊】주 ソウ、みなと water gathering

①물 모일 水會 ②나아갈 競進

【湊滿】(주만-ソウマン) 번민이 가끔 일어남

【湫】추 ショウ、シュウ、すずしい water-fall; cool

①폭포 瀑也 ─龍 ②늪 水池 ③서늘할 凉貌 ④찌푸릴 憂愁貌──

(초) 웅덩이 溢下

【湫隘】(추애-ショウアイ) 낮고 좁음

【湫湫】(추추-シュウシュウ) 근심하여 슬퍼함

【測】측 ソク、ショク、はかる measure 職 ㄘㄜ ts'ê⁴

①측량할 度也 ②날카로울 刀利意 ── ③맑을 淸也 ④깊을 深也

【測度】(측도-ソクド・ソクタク) ①잼。 조사함 ②마음으로 추측함

【測量】(측량-ソクリョウ) ①헤아림。 다른 사람의 마음을 추측함 ②기계를 써서 땅의 넓이 높이 바다나 강의 깊이를 조사하여 재는 것

【測定】(측정-ソクテイ) 헤아려 정함

【測地】(측지-ソクチ) 토지를 측량함

【測候】(측후-ソッコウ) 기상(氣象)의 변화를 보아서 헤아림

【湯】탕 トウ、ショウ、ゆ hot water 陽 ㄊㄤ t'ang¹

①끓을 熱水 ②상왕의 어휘 商王號 成─ (상) 물결칠 波動貌──

【湯器】(탕기-トウキ) 국・찌개들을 담는 작은 그릇

【湯湯】(상상-ショウショウ) 물이 한창 흐르는 모양。 또는 파도 치는 모양

【湯水】(탕수-ゆみず) 끓는 물

【湯液】(탕액-トウエキ)약을 다려서 짠물

【湯藥】(탕약-トウヤク) 달이어 먹는 약

【湯劑】(탕제-トウザイ) 탕약

【湯治】(탕치-トウジ) 온천에 목욕하여 병을 고침

【渝】투 ユ、かわる change 虞 ㄩ yü²

①변할 變也 ②더러울 汙也 ③고을 이름 蜀州名

【渝盟】(투맹-ユメイ) 맹세를 바꿈。 약속을 어김

【港】항 コウ、みなと port; harbour 講 ㄍㄤ kang³

①항구 海口貿易場 ②뱃길 水中行舟道 ③물 갈라져 흐를 水分流 ④땅이름 地名香─

【港口】(항구-コウコウ) 바다가 육지로 들어와서 배가 드나들고 또 배가 머무는 곳

【港燈】(항등-コウトウ) 선박의 출입이 편하게 하기 위하여 항구에 베푼등

【湖】호 コ、みずうみ lake 虞 ㄏㄨ hu²

큰 못 큰 늪 호수 大陂

【湖畔】(호반-コハン) 호수가

【湖上】(호상-コジョウ) 호수의 수면

【湖水】(호수-コスイ) 육지에 싸이고 물이 많이 고여 있는 곳

【湖心】(호심-コシン) 호수의 한가운데

【湖中】(호중-コチュウ) 호수의 한가운데 호심(湖心)

【湖池】(호지-コチ) 호수와 못

【渾】혼 コン、にごる dirty 元 ㄏㄨㄣ huen²

①흐릴 濁也 ─淪 ②오랑캐이름 戎名 吐谷─ ③섞일 雜也 ─淆 ④혼후할 厚貌──

【渾沌】(혼돈-コントン) ①하늘과 땅이 아

직 갈라지지 않은 상태 ②사물의구별이 확실치 않는 모양。혼돈(混沌

【渾身】(혼신·コンシン) 온몸

【渾然】(혼연·コンゼン) 조금도 딴 것이 섞이지 아니함。또는 차별이 없음

【渾圓】(혼원·コンエン) ①둥그란 것 ②모가 지지 아니함 원만(圓滿)

【渾天儀】(혼천의·コンテンギ) 옛적 천체 관측에 쓰던 기계

【渾和】(혼화·コンワ) 모나지 않고 부드러움、원만함

【渾厚】(혼후·コンコウ) ①정직하고 인정이 두터움。인물이 원만함 ②크고 넉넉함

【渙】환 カン、つややか brilliant 翰 ㄏㄨㄢˋ huan
①흘러 흩어질 流散 ②물 출렁거릴 水盛貌 ③찬란할 文章貌—爛 ④풀릴 散釋 ⑤괘이름 卦名

【渙發】(환발·カンパツ) 임금의 명령을 천하에 널리 알림

【渙然】(환연·カンゼン) 녹아서 풀리는 「모양

【渙渙】(환환·カンカン) 물이 한참 흐르는 모양

【湾】灣 (水部 二十二畫) 略字

【湿】濕 (水部 十四畫) 略字

【十 畫】

【溪】계 ケイ、たに stream-let
시내 山瀆

【溪流】(계류·ケイリュウ) 시냇물

【溪水】(계수·ケイスイ) 시냇물

【溪川】(계천·ケイセン) 시내와 내

【溪泉】(계천·ケンセン) 시내의 샘

【溝】구 コウ、みぞ ditch 尤 ㄍㄡ kou
①개천 水瀆 ②밭도랑 田間水—洫 ③성밑해자 城塹—池

【溝渠】(구거·コウキョ) 개골창

【溝池】(구지·コウチ) 적이 침범하지 못하도록 성(城)밑에 파 놓은 못

【溝瀆】(구독·コウトク) 개천

【溝洫】(구혁·コウキョク) 길가 논밭사이에 있는 작은 개천。도랑

【溺】뇨 デキ、ニョウ、おぼれる dorwn; sink 錫 ㄋㄧ ni
오줌 尿也 (닉) ①빠질 沒也 ②약할 弱也 ③헤어나지 못할 沈沒不反

【溺器】(요기·ニョウキ) 오줌그릇。요기 「(尿器)

【溺沒】(익몰·デキボツ) 물속에 빠짐。침몰(沈沒)

【溺死】(익사·デキシ) 물에 빠져 죽음

【溺愛】(익애·デキアイ) 사랑에 빠짐

【溏】당 トウ、いけ pool 陽 ㄊㄤ t'ang
①못 池也 ②진수렁 淖也

【滔】도 トウ、はびこる overflow 豪 ㄊㄠ t'ao
①물 창일할 水大貌—— ②물질펀히 흐를 流貌—— ③게으를 慢也

【滔滔】(도도·トウトウ) ①물이 창일하여 흐르는 모양 ②광대한 모양 ③흘러가는 모양 ④좇아가는 모양 ⑤가는 모양 ⑥거침 없이 말을 잘하는 모양

【滔天】(도천·トウテン) 큰 물이 하늘까지 뒤덮음

【溜】류 リュウ、しずく drip 宥 ㄌㄧㄡ liu
처마물 水下流檐—

【溜水】(유수) 고인 물

【溜飮】(유음·リュウスイ) 음식에 체하여 신물이 나오는 병

【溜滴】(유적·リュウテキ) 물 방울

【滅】멸 メツ、ベツ、ほろびる destroy
①멸할 盡也 ②끊을 絶也 ③불꺼질 火熄 ④빠질 沒也

【滅口】(멸구·メッコウ) 비밀을 아는 사람을 쫓아 내어 그 일의 발각을 미리 막음

【滅度】(멸도·メツド) 생사(生死)를 초월함 ②입멸(入滅)함。죽음

【滅亡】(멸망·メツボウ) 망하여 없어짐

【滅名】(멸명·メツメイ) 명예를 없앰

【滅殺】(멸살·メツモン) 죄다 죽임

【滅絕】(멸절-メッサツ) 망하여 끊어짐
【滅族】(멸족-メッゾク) 한 족속이 망하여 없어짐

【溟】 명 メイ、くらい dark 青 ㄇㄧㄥ ming² ①어두울 暗也 ②바다 海也 ③비 부슬부슬 올 小雨——冥通 ④기운덩이 自然氣—涬
【溟渤】(명발-メイボツ) 큰 바다
【溟池】(명지-メイチ) ①깊은 못 ②북쪽에 있다는 큰 바다。북해(北海)
【溟涬】(명행-メイコウ) ①만물 발생의 원기가 아직 나누어 지지 아니한 모양 ②끝이 없는 모양

【滂】 방 ボウ、ホウ、ながれる heavy rain 陽 ㄆㄤ p'ang ①비 퍼부을 大雨—沱 ②기름질 渥也
【滂渤】(방발-ボウボツ) ①물이 세차게 흐르는 모양 ②눈물이 쏟아지는 모양
【滂澤】(방택-ボウタク) ①장마 ②은혜가 미침

【溥】 부 フ、ひろい extensive 麌 ㄆㄨˇ p'u³ ①넓을 廣也 ②클 大也 ③두루할 徧也 ④펼 布也 (박) 물이름 水名
【溥長】(부장-フチョウ) 크고 길음
【溥被】(부피-フヒ) 두루 덮음
【溥洽】(부흡-フコウ) 두루 퍼짐

【滃】 옹 オウ、わきぐも rising of the clouds ①구름피어 오를 雲氣濃貌 ②안개 자욱할 霧出貌—渤

【溽】 욕 ジョク、むしあつい sultry 沃 ㄖㄨˋ ju⁴ ①무더울 濕暑 ②젖을 濕也 ③기름질 濃厚 ④물이름 水名
【溽暑】(욕서-ジョクショ) 무더움。음력 六월의 더위

【溶】 용 ヨウ、とける melt 冬 ㄖㄨㄥ jung² ①녹을 —解 ②물 질펀히 흐를 安流—— ③적적할 閒暇貌 ④곱 소그릴 疎踊貌鴻—
【溶媒】(용매-ヨウバイ) 물질을 녹이어 용액(溶液)으로 만드는 물질。물·수은(水銀)·주정(酒精)등
【溶液】(용액-ヨウエキ) 어떠한 물질을 녹인 액체
【溶溶】(용용-ヨウヨウ) 물이 길게 흐르는 모양
【溶質】(용질-ヨウシツ) 용액속에 녹아 풀리어 있는 물질

【源】 원 ゲン、みなもと source 元 ㄩㄢˊ yüan² ①물의 근원 ②근원 泉本
【源泉】(원천-ゲンセン) ①물의 근원 ②사물의 기원 ③글의 뜻이 넓음을 이름

【溢】 일 イツ、みつ、あふれる overflow 質 ㄧˋ i⁴ ①넘칠 器滿 ②찰 盈也 ③출렁출렁할 洋—
【溢譽】(일예-イツヨ) 사실과는 벗어난 칭찬
【溢喜】(일희-イッキ) 더이상 없는 기쁨

【滋】 자 ジ、シ、ます、おおい abundant 支 ㄗ tzŭ¹ ①많을 多也 ②맛 旨也—味 ③번성할 蕃也 ④잠길 浸也 ⑤불을 益也 ⑥진액 液也
【滋殖】(자식-ジショク) 불리어서 늘임
【滋甚】(자심-ジジン) 차차 더하여 감
【滋養】(자양-ジヨウ) ①기름 ②몸에 양분이 됨
【滋潤】(자윤-ジジュン) 젖음。적심
【滋弊】(자폐-ジヘイ) 폐해를 거듭함

【滓】 재 シ、かす sediment 紙 ㄗˇ tzŭ³ 찌끼 澱也 泥—

【滁】 저 ジョ、チョ、かわのな name of a river 물이름 山東水名—水

【滇】 전 テン、さかん overflow 先 ㄉㄧㄢ tien¹ ①성할 盛貌—— ②물창일할 大水貌—汚 ③못이름 益州池名

【準】 준 ジュン、たいらか flat ①평평할 平也 ②고를 均也 ③법

도 度也 則也 ④비길 擬也 ⑤보기 倣也 准通 (절) 콧마루 鼻也隆ㅡ

【準價】(준가-ジュンカ) 제 정도에 꽉 찬 값

【準據】(준거-ジュンキョ) 표준을 삼아 의거함

【準規】(준규-ジュンキ) 표준이 되는 규칙

【準頭】(준두-ジュントウ) 코의 끝

【準例】(준례-ジュンレイ) 표준이 될만한 사례

【準備】(준비-ジュンビ) ①미리 필요한 것을 마련함 ②불시의 예비 ③차림。④치장함

【準朔】(준삭-ジュンサク) 일정한 달수가 참

【準用】(준용-ジュンヨウ) 대중하여 씀

【準擬】(준의-ジュンギ) 견주어 흉내냄

【準的】(준적-ジュンテキ) 표준이 될만함

【準程】(준정-ジュンテイ) 본보기

【準則】(준칙-ジュンソク) 표준을 삼아서 말아야 할 규칙

【準許】(준허-ジュンキョ) 청원(請願)에 의하여 허가함

【溱】진 シン、おい abundant 眞 ㄓㄣˊ chen²

①많을 衆也ㅡㅡ ②성할 盛也 ③이를 至也 ④펼 舒也 ⑤물이름 鄭水名

【滄】창 ソウ、さむい cold 陽 ㄘㄤ ts'ang¹

①찰 寒也 ②물이름 東海均州水名 ㅡ浪

【滄溟】(창명-ソウメイ) ①큰 바다。창해(滄海) ②사방의 바다

【滄桑】(창상-ソウソウ) 창해(滄海)와 상전(桑田)의 뜻이니、세상이 변하여 감을 이름

【滄波】(창파-ソウハ) 푸른 물결。큰 바다의 물결

【滄海】(창해-ソウカイ) 큰 바다

【滄海一粟】(창해일속-ソウカイノイチゾク) 아주 큰 물건 속에 있는 아주 작은 물건을 가리키는 말

【滌】척 デキ、テキ、あらう wash 錫 ㄉㄧˊ ti²

①씻을 洗也 ②닦을 除也 ③바싹바싹마를 旱氣ㅡㅡ ④바람 훈훈할 熛風

【滌暑】(척서-デキショ) 더위의 기분을 씻어 버림

【滌濯】(척탁-デキタク) 깨끗하게 빨음。정하게 씻음

【滌蕩】(척탕-デキトウ) 더러워진 것을 정하게 빨음

【滍】치 チ、かわのな name of a river

물이름 南陽水名ㅡ水

【溘】합 コウ、たちまち suddenly 合 ㄎㄜˋ k'ê⁴

①별안간 奄忽 ②이를 至也 ③의지할 依也

【滊】헐 ケツ、いけ salt-lake

소금못 鹽池

【滎】형 ケイ、おがわ brook 靑 ㄧㄥˊ ying²

①실개천 細小水 ②물이름 河南水名

【溷】혼 コン、けがれる dirty 願 ㄏㄨㄣˋ huen⁴

①더러울 穢也 ②어지러울 亂也 ③흐릴 濁也 ④뒷간 厠也

【溷濁】(혼탁-コンダク) 맑지 아니함。흐림

【溷淆】(혼효-コンコウ) ①물이 흐림 ②뒤섞여서 어지러움

【滑】활 カツ、コツ、すべる slip 黠 ㄏㄨㄚˊ hua²

①미끄러울 澾也 ②이로울 利也 ③땅이름 鄭地名 (골) ①다스릴 治也 ②어지러울 亂也 ③익살스러울 俳諧ㅡ稽

【滑降】(활강-カッコウ) 비탈진 곳을 미끄러 내려옴

【滑氷】(활빙-カッピョウ) 얼음 지치기

【滑石】(활석-カッセキ) 몸이 무르고 빛이 흰 반질반질한 돌

【滑走】(활주-カッソウ) 미끄러져 달아남

【滑車】(활차-カッシャ) 수평축(水平軸)의 주위에 돌아갈 수 있는 바퀴에 홈을 파고 이에 줄을 걸어 물건을 달아 올리는 데 쓰는 물건。도르래

【滉】황 コウ、ふかくひるい deep and wide
물 충충할 水深廣—瀁

【溯】泝(水部 五畫)同字

【溲】浚(水部 九畫)俗字

【溼】濕(水部 十四畫)古字

【溫】温(水部 九畫)本字

【十一畫】

【漑】개 ガイ、そそぐ irrigate 隊 ㄍㄞ kai⁴
①물댈 灌也 ②물질펀히 흐를 徐流沆— ③씻을 滌也

【漑汲】(개급-ガイキュウ) 물을 대어 길음

【滾】곤 コン、ながれる water flowing rapildy
물 출렁거리며 흐를 水流貌——

【滾滾】(곤곤-コンコン) 물이 출렁거리며 흐르는 모양

【漚】구 オウ、ひたす soak 尤 ㄡ ou⁴
①물거품 水泡 ②담글 久漬

【漚鬱】(구울-オウウツ) 향기가 대단한 모양

【漣】련 レン、さざなみ ripple
①물놀이칠 水紋—漪 ②눈물 줄줄 흘릴 涕流——

【漣如】(연여-レンジョ) 눈물이 줄줄 흐르는 모양

【漉】록 ロク、こす filter 屋 ㄌㄨ lu⁴
①걸를 濾也 ②샐也 ③젖을 淋也 ④다할 竭也

【漏】루 ロウ、ル、もれる leak 宥 ㄌㄡ lou⁴
①샐 泄也 ②뚫을 穿也 ③구멍 竅也 ④잃어버릴 遺失忘— ⑤집서북 모퉁이 屋西北隅。 ⑥누수 知時刻玉—

【漏刻】(누각-ロウコク) 물시계

【漏鼓】(누고-ロウコ) 시각을 알리기 위하여 치는 큰 북

【漏氣】(누기-ロウキ) 축축하게 새어나오는 물기

【漏斗】(누두-ロウト) 깔때기

【漏落】(누락-ロウラク) 빠짐

【漏網】(누망-ロウモウ) 범죄인을 놓침

【漏聞】(누문-ロウブン) 비밀한 일을 몰래 들음

【漏泄】(누설-ロウゼツ) ①물이 샘 ②비밀한 일이 알려짐

【漏濕】(누습-ロウシツ) 축축한 물기가 스며나옴。

【漏失】(누실-ロウシツ) 잃어버림

【漏籍】(누적-ロウセキ) 호적에 빠짐

【漏電】(누전-ロウデン) 절연(絕緣)이 잘못되어 습기를 타고 전류가 새어나옴

【漏出】(누출-ロウシュツ) 새어나옴

【漏脫】(누탈-ロウゼイ) 빠짐

【漏戶】(누호-ロウコ) 호적에 빠진 집

【漓】리 リ、しみこむ water dripping
①물스밀 水滲入地 ②가을비 지정거릴 秋雨淋—

【漠】막 バク、マク、すなはら sandy desert 藥 ㄇㄛˋ mo
①사막 北方流沙 ②맑을 清也 ③아득할 廣大—— ④멀 漫也 ⑤베풀 施也 ⑥고요할 恬靜貌淡— ⑦벌릴 布列貌

【漠漠】(막막-バクバク) ①멀고 넓은 모양。 아득한 모양 ②벌려 놓인 모양 ③어두운 모양 ④소리가 없는 모양

【漠然】(막연-バクゼン) ①아득함。 몽롱하여 똑똑하지 아니함 ②주의하지 아니하는 모양。 관심하지 않는 모양

【滿】만 マン、みちる full
①가득할 充也 ②넘칠 盈溢

【滿腔】(만강-マンコウ) 가슴에 가득참

【滿開】(만개-マンカイ) 꽃이 활짝 핌

【滿期】(만기-マンキ) 꼭 그 기한이 참

【滿堂】(만당-マンドウ) 집에 가득함
【滿都】(만도-マント) 도시 전체
【滿了】(만료-マンリョウ) 일정한 일이 끝남。완료(完了)
【滿面】(만면-マンメン) 온 얼굴。얼굴의 온통。マンロク 「모두
【滿目】(만목-マンロク) 눈에 띄는 것은
【滿發】(만발-マンパツ) 꽃이 보기 좋게 활짝 핌
【滿腹】(만복-マンプク) 배가 가득함。배가 부름
【滿山】(만산-マンザン) 산에 가득참。온 산。전산(全山)
【滿身】(만신-マンシン) 온 몸。전신
【滿室】(만실-マンシツ) 방안에 가득함
【滿心】(만심-マンシン) 온 마음。전심
【滿悅】(만열-マンエツ) 만족하여 기뻐함
【滿員】(만원-マンイン) 정원(定員)에 참
【滿月】(만월-マンゲツ) ①보름달 ②아이를 낳은지 온 한달이 됨
【滿酌】(만작-マンシャク) 술잔이 넘도록 술을 침
【滿場】(만장-マンジョウ) 여러 사람이 모인 회장(會場)
【滿場一致】(만장일치-マンジョウイッチ) 회장에 모인 사람의 뜻이 다 일치함
【滿載】(만재-マンサイ) ①잔뜩 실음 ②가득하게 기록함
【滿點】(만점-マンテン) 규정한 점수의 가장 높은 점

【滿庭】(만정-マンテイ) 뜰에 가득함
【滿朝】(만조-マンチョウ) 온 조정
【滿潮】(만조-マンチョウ・みちしお) 바다의 밀물이 죄다 들어옴
【滿足】(만족-マンゾク) ①마음에 흡족함 ②소망을 이루어 불평이 없음
【滿座】(만좌-マンザ) ①그 자리에 늘어 앉은 사람。②여러 사람이 늘어 앉은 자리 「가득함
【滿天】(만천-マンテン) 온 하늘。하늘에
【滿天下】(만천하-マンテンカ) 온 세상。전세계(全世界)
【滿醉】(만취-マンスイ) 술에 가득 취함
【滿幅】(만폭-マンプク) ①전폭(全幅) ②정한 넓이에 꽉 참

【漫】 만 マン、バン、そぞろに diffused 寒 〔ㄇㄢˋ man4〕
①부질 없을 謾也 ②두루할 徧也 ③아득할 渺茫貌汗— ④흩어질 分散之形㵘— ⑤구름빛 雲色—— ⑥질펀할 長流貌—— ⑦물러터질 水浸淫敗物。
【漫談】(만담-マンダン) 재미있고 우습게 세상과 인정을 비판하고 풍자하는 이야기
【漫漫】(만만-マンマン) ①길이 길고 먼 모양 ②구름이 길게 낀 모양 ③구름빛이 아름다운 모양 ④물이 넓은 모양 ⑤밤이 긴 모양 ⑥끝이 없는 모양 ⑦한가히 노는 모양。

만유(漫遊)하는 모양
【漫罵】(만매-マンバ) 함부로 꾸짖음
【漫文】(만문-マンブン) 만필로 쓴 글
【漫步】(만보-マンポ) 슬슬 걷는 걸음걸이
【漫然】(만연-マンゼン) 일정한 목적이 없이 덮어 놓고 되는 대로
【漫遊】(만유-マンユウ) 각처로 놀아 다니면서 놀음
【漫醉】(만취-マンスイ) 술이 몹시 취함
【漫筆】(만필-マンピツ) 이렇다 하는 주의가 없이 생각나는 대로 글을 씀。또 그 글
【漫評】(만평-マンピョウ) 어떠한 주의나 체계가 없이 생각나는 대로 한 비평
【漫畫】(만화-マンガ) 아무 생각없이 붓이 돌아가는 대로 그린 그림。장난으로 그린 그림
【漫興】(만흥-マンキョウ) 이렇다 하는 생각 없이 저절로 일어나는 흥취

【滲】 삼 シン、しみる soak 侵 〔ㄕㄣˋ shen4〕
①물 스며 흐를 流貌—灕 ②샐 漏也下漉 ③거를 漉也 ④부둥깃 함치를할 毛羽始生貌淋—
【滲入】(삼입-シンニュウ) 스며 들어감

【潄】 수 ソウ、ス、すすぐ rinse the mouth
①양치질할 盪口 ②빨래할 澣也

【漱滌】(수척-ソウデキ) 빨음

【漾】양 ヨウ、ただよう waves; ripples
①물결 출렁거릴 水動搖貌蕩— ②긴 長也 ③물이름 隴西水名

【漾漾】(양양-ヨウヨウ) ①물이 고인 모양 ②물이 출렁거리는 모양

【漁】어 ギョ、りょう fishing 魚 ㄩˊ yü²
①고기 잡을 捕魚 ②낚아 빼앗을 侵取—奪

【漁歌】(어가-ギョカ) 뱃노래

【漁具】(어구-ギョグ) 고기잡이에 쓰는 여러 가지 기구

【漁區】(어구-ギョク) 물고기를 잡는 구역

【漁期】(어기-ギョキ) 고기잡는 시기

【漁農】(어농-ギョノウ) 어업과 농업

【漁獵】(어렵-ギョリョウ) ①고기잡이 ②고기잡이와 사냥

【漁撈】(어로-ギョロウ) 수산물을 잡음

【漁網】(어망-ギョモウ) 물고기를 잡는 그물

【漁民】(어민-ギョミン) 고기잡이를 업으로 삼는 사람

【漁夫】(어부-ギョフ) 고기잡이 하는 사람。어부(漁父)

【漁父】(어부-ギョフ) 고기잡이 하는 노인(老人)

【漁色】(어색-ギョショク) 여색(女色)을 탐함

【漁船】(어선-ギョセン) 고기잡잇배

【漁業】(어업-ギョギョウ) 물고기를 잡는 직업

【漁翁】(어옹-ギョオウ) 낚시질하는 노인。어부(漁父)

【漁場】(어장-ギョジョウ) 물고기를 잡는 곳

【漁舟】(어주-ギョシュウ) 낚싯 거루

【漁村】(어촌-ギョソン) 어부(漁夫)가 사는 촌락

【漁港】(어항-ギョコウ) 고기잡이에 관한 특별한 시설이 있는 항구

【演】연 エン、のべる perform
①넓힐 廣也 ②통할 通也 ③당길 引也 ④길게 흐를 長流 ⑤스며 흐를 水潛行 ⑥윤택한 潤也

【演劇】(연극-エンゲキ) 배우가 연출자(演出者)의 지도를 받아 여러 가지 치장을 하고 여러 가지로 행동하는 예술

【演技】(연기-エンギ) 여러 사람 앞에서 재주를 부림

【演武】(연무-エンブ) 무술(武術)을 연습함

【演士】(연사-エンシ) 연설하는 사람

【演算】(연산-エンザン) 운산(運算)

【演說】(연설-エンゼツ) ①도리(道理)와 의의(意義)를 설명함 ②여러 사람 앞에서 자기의 의견을 말함

【演習】(연습-エンシュウ) 사물을 익히게 하기 위하여 연습을 행하는 것

【演繹】(연역-エンエキ) ①한 가지 일로 다른 일을 추론함 ②일반적 원리를 전제로 하여 특수적 사실을 추론함

【演藝】(연예-エンゲイ) 재주를 부림。연극을 행함

【演義】(연의-エンギ) 도리와 사실을 자세히 설명함

【演題】(연제-エンダイ) 연설의 제목

【演奏】(연주-エンソウ) 공중 앞에서 풍류를 침。음악을 함

【演出】(연출-エンシュツ) 연극을 함

【漪】의 イ、さざなみ ripples on water 支 ㄧ i
물놀이칠 水波文

【漿】장 ショウ、しる thick fluid
①초장 酢也 ②쌀뜨물 米汁 ③꼬아리 蔵草寒— ④조개 蚌也含—

【漿果】(장과-ショウカ) 살과 물이 많은 열매。감·포도 따위

【滴】적 テキ、したたる drop of water 錫 ㄉㄧ ti
①물방울 水點涓— ②거를 歷下 ③물댈 水注

【漸】점 ゼン、ザン、ようやく gradually
①점점 稍也 ②차차 次也 ③나아갈 進也 ④흘러들어갈 流入 ⑤번질 侵入 ⑥젖을 濕也 ⑦흡족할 洽也 ⑧물들 染也 (참) 높을 高

也
【漸減】(점감-ゼンゲン) 차차 줄어들음
【漸近】(점근-ゼンキン) 점점 가까와 짐
【漸及】(점급-ゼンキュウ) 차차 이름。점
점 미침
【漸入佳境】(점입가경-ようやくカキョウにいる) 점점 재미있는 경지로 들어감
【漸漸】(점점-ゼンゼン・ザンザン) 자꾸。차
차 「나아감
【漸進】(점진-ゼンシン) 순서대로 차차
【漸次】(점차-ゼンジ) 점점 「감
【漸退】(점퇴-ゼンタイ) 차차 뒤로 물러

【漕】조 ソウ、こぐ row 號 ㄘㄠ ts'ao²
①배로 실어올 水運轉—②고을 이
름 衛邑名
【漕難】(조난-ソウナン) 재난을 당함
【漕運】(조운-ソウウン) 배로 물건을 운
반함

【漬】지 シ、つける soak 寘 ㄗ tzŭ⁴
①담글 浸潤 ②물들일 染也 ③짐
승죽을 獸死 ④물거품 漚也
【漬浸】(지침-シシン) 강물에 적시는 것

【漲】창 チョウ、みなぎる inundate 漾 ㄓㄤ chang³·⁴
①물불을 水大貌 ②넘칠 溢也
【漲滿】(창만-チョウマン) 물이 넘칠만큼
차 있음
【漲溢】(창일-チョウイツ) 물이 불어서 넘
침。시위가 남

【滯】체 タイ、テイ、とどこおる stagnate 霽 ㄓ chih⁴
①막힐 淹也 ②머무를 留也 ③쌓
일 積也 ④엉길 凝也 ⑤샐 漏也
⑥폐할 廢也 「체함
【滯納】(체납-タイノウ) 납세(納稅)를 지
【滯留】(체류-タイリュウ) ①머물러 있음。
타향에 오래 있음 ②막힘。막혀
있게 함
【滯想】(체상-タイソウ) 막혀서 통하지
않는 생각
【滯囚】(체수-タイシュウ) 죄가 결정되지
아니하여 오래 옥중에 있는 죄수
【滯在】(체재-タイザイ) 오래 그 땅에 머
물러 있음。체류(滯留)
【滯積】(체적-タイセキ) ①밀려 쌓여 있
음 ②먹은 음식이 소화가 안 되는
병
【滯貨】(체화-タイカ) 밀린 짐

【漆】칠 シツ、セツ、うるし lacpuer 質 ㄑㄧ ch'i¹
①옻나무 木名 ②옻칠할 髤物木汁
③물이름 岐周水名 榛同
【漆色】(칠색-シッショク) 옻칠의 광택
【漆室】(칠실-シッシツ) 아주 캄캄하게
어두운 방
【漆夜】(칠야-シツヤ) 깜깜한 밤
【漆汁】(칠즙-シツジュウ) 옻
【漆黑】(칠흑-シッコク) 캄캄함

【漯】탑 トウ、かわのな name of a river
물이름 東郡水名—水

【漂】표 ヒョウ、ただよう float 嘯 ㄆㄧㄠ p'iao¹
①뜰 浮也 ②빨래할 水中打絮 ③
흐를 流也 ④움직일 動也 ⑤까맣
게 날 高飛貌——⑥으스스할 寒
也
【漂浪】(표랑-ヒョウロウ) 떠돌아 헤맴
【漂流】(표류-ヒョウリュウ) 둥둥 물에 떠
서 흘러감
【漂泊】(표박-ヒョウハク) 정처없이 여기
저기 떠돌아 다님
【漂白】(표백-ヒョウハク) 빨아서 희게 함
【漂船】(표선-ヒョウセン) 물 위에 뜬 배
【漂說】(표설-ヒョウセツ) 터무니 없는 말。
무근지설(無根之說)
【漂失】(표실-ヒョウシツ) 물에 떠서 잃어
버림。유실(流失)
【漂然】(표연-ヒョウゼン) 높고 먼 모양
【漂鳥】(표조-ヒョウチョウ) 먹을 것을 얻
기 위하여 사는 곳을 옮기는 새
【漂着】(표착-ヒョウチャク) 떠내려와서 물
가에 닿음 「리 밥
【漂萍】(표평-ヒョウヒョウ) 물에 뜬 개구
【漂風】(표풍-ヒョウフウ) 바람에 뜸

【漢】한 カン、あまのがわ milky way 翰 ㄏㄢ han⁴
①한수 嶓冢水名—水 ②은하수 天

河雲ㅡ ③놈 丈夫賤稱 ④姓也

【漢家】(한가-カンカ) 한(漢)나라 왕실(王室)

【漢菓】(한과-カンカ) 과자의 한 가지

【漢文】(한문-カンブン) 중국의 글

【漢方】(한방-カンポウ) 중국에서 발달한 의학

【漢城】(한성-カンジョウ) 우리나라 서울의 별칭

【漢詩】(한시-カンシ) 한문으로 지은 시「(詩)

【漢語】(한어-カンゴ)중국인이 쓰는 말。중국어(中國語)

【漢醫】(한의-カンイ) 한방(漢方)의 의술(醫術)을 연구한 의생(醫生)

【漢子】(한자-カンシ) 사람을 천대하여 일컫는 말

【漢字】(한자-カンジ) 한문 글자

【漢學】(한학-カンガク) ①한어(漢語)에 관한 학문 ②한문학(漢文學)

【滸】호 コ、ほとり bank of a river
물가 水涯

【滬】호 コ、かわのな name of a river
①물 이름 玄ㅡ水名 ②통발 漁具

【滹】호 コ、かわのな name of a stream
물 이름 信都水名ㅡ沱

【十二畫】

【澗】간 カン、たにがわ mountain torrent
①산골 물 山夾水 ②물 이름 水名

【澗溪】(간계-カンケイ) 산골에 흐르는물

【澗畔】(간반-カンパン) 산골물의 가

【澗泉】(간천-カンセン) 산골의 샘물

【潔】결 ケツ、いさぎよい clean; pure
①깨끗할 맑을 清也 淨也 ②조촐할 厚志隱行

【潔白】(결백-ケッパク) ①맑고 흼 ②깨끗함。매우 정함

【潔癖】(결벽-ケッペキ) 남달리 정한 것을 좋아하는 버릇

【潔齋】(결재-ケッサイ) 제사가 있는지 신(神)에게 기도를 해야할 때에 며칠 전부터 주색(酒色)을 금하고 심신을 깨끗히 하는 것

【潰】궤 カイ、つぶれる destroy [隊] ㄏㄨㄟˋ huei^{4}
①무너뜨릴 旁決 ②흩어질 散也 ③어지러울 亂也 ④엇걸려 흐를 水相交過 ⑤성낼 怒也

【潰亂】(궤란-カイラン) 마음이 산란함

【潰滅】(궤멸-カイメツ) 무너져 망함

【潰散】(궤산-カイサン) 무너져 흩어짐

【潰裂】(궤열-カイレツ) 갈라짐。쪼개짐

【潰走】(궤주-カイソウ) 흩어져 달아남。패하여 달아남。패주(敗走)

【潙】규 ギ、かわのな name of a river
물 이름 河東水名ㅡ水 (위) 물 이름 益陽水名

【潭】담 タン、ふかい deep [覃] ㄊㄢˊ t'an^{2}
①깊을 深也 ②소 水深處 ③물 이름 武陵水名

【潭思】(담사-タンシ) 깊이 생각함。심「사(深思)

【潭上】(담상-タンジョウ) 못 가

【潭深】(담심-タンシン) ①물이 깊음 ②깊이 연구(硏究)함

【潭淵】(담연-タンエン) 깊은 못

【潦】로 ロウ、おほみず heevy rains
①장마 淫雨 ②장마 물 積水 ③헛 늙을 老也ㅡ倒 澇同 ④큰비 雨大貌 ⑤길바닥물 路上流水行ㅡ ⑥빗물 雨水

【潦倒】(노도-ロウトウ) ①노쇠(老衰)하여 아무것도 못하게 생긴 모양 ②사물에 거리낌이 없음

【潦水】(노수-ロウスイ) 길바닥에 고인「물

【澇】로 ロウ、おおなみ billow
①큰 물결 大波 ②물 이름 水名

【潞】로 ロ、かわのな name of a river
물 이름 歸德水名ㅡ水

【潑】발 ハツ、そそぐ sprinkle [曷] ㄆㄛ p'o^{1}
①물뿌릴 散水澆ㅡ ②물샐 水漏

【潑剌】(발랄-ハツラツ) 물고기가 힘차게 뜀。생기가 나서 활발함

【潘】번 ハン、しろみず
water in which rice has been washed 冠 ㄆㄢ p'an¹
쌀 뜨물 淅米汁 (반) ①義同 ② 물 이름 河南水名 ③姓也

【潸】산 サン、ながれる
weep
눈물 줄줄 흐를 涕淚流貌

【澁】삽 ジュウ、しぶい
astringent 緝 ㄙㄜ sê⁴
①떫을 酸苦 ②깔깔할 不滑 ③담 수문 놓아 쌓을 牆疊石作水文ㅡ浪

【澁味】(삽미-しぶみ) 떫은 맛

【澁澁】(삽삽-ジュウジュウ) 미끄럽지 않고 껄껄함 「말

【澁語】(삽어-ジュウゴ) 더듬거리며 하는

【澁滯】(삽체-ジュウタイ) 막힘。걸림

【澁體】(삽체-ジュウタイ) 신기하고 어려워서 읽기 거북한 문체(文體)

【澀】前條 同字

【潟】석 セキ、かた
salt-land 陌 ㄒㄧˋ hsi⁴
염밭 鹹土鹵地

【潟鹵】(석로-セキロ) 바닷가의 염밭

【澌】시 シ、つきる
drain 支 ㄙ ssŭ¹
①다할 盡也 ②물잦을 水索 ③목쉴 散聲

【澌盡】(시진-シジン) 기운이 없어짐

【潯】심 ジン、きし
beach 侵 ㄒㄩㄣˊ hsün²
①물가 水涯 ②물 이름 瑯琊水名

【澆】요 ギョウ、そそぐ
thin: pour
①엷을 薄也 ②걸찰 沃也 ③물뿌리 灑也

【澆競】(요경-ギョウギョウ) 인정(人情)이 경박하여 자기만 잘난척하고 남을 무시함

【澆季】(요계-ギョウキ) 인정(人情)이 경박하게 된 끝 세상。세상이 어지러워 지려고 하는 때

【澆淳】(요순-ギョウジュン) 얇은 것과 두꺼운 것。

【潤】윤 ジュン、うるおう
moisten; enrich
①윤택할 澤也 ②불을 滋也 ③더할 益也

【潤身】(윤신-ジュンシン) 덕을 쌓아서 자기 몸이 훌륭하게 되어 마치 광택을 입힌듯이 함

【潤益】(윤익-ジュンエキ) ①거듭 늘음 ②이가 남음。이익(利益)。이윤(利潤)

【潤澤】(윤택-ジュンタク) 아름답게 빛나는 빛

【潤筆】(윤필-ジュンピツ) 붓을 적신다는 뜻이니, 글씨를 쓰고 그림을 그림

【潤滑】(윤활-ジュンカツ) 습하고 부드러움 「짐

【潤洽】(윤흡-ジュンゴウ) 두루 젖음。번

【潺】잔 セン、サン
water flowing
①물 졸졸 흐를 水流貌ㅡ湲 ②눈물 줄줄 흘릴 流涕貌

【潺潺】(잔잔-センセン) ①물이 졸졸 흐르는 모양 ②물소리

【潛】잠 セン、もぐる
dive 鹽 ㄑㄧㄢˊ ch'ien²
①잠길 沉也 ②자맥질할 游也 ③감출 藏也 ④깊을 深也 ⑤너겁 魚所息 潜同

【潛龍】(잠룡-センリュウ・センリョウ) ①잠복한 용 ②즉위(即位)전의 임금 ③세상에 알려있지 않는 영웅・호걸

【潛伏】(잠복-センプク) 숨어 엎드림

【潛勢力】(잠세력-センセイリョク) 거죽에 나타나지 아니한 힘。숨은 세력

【潛水】(잠수-センスイ) 물 속에 돌어감

【潛身】(잠신-センシン) 몸을 숨김

【潛心】(잠심-センシン) 마음을가라 앉혀 생각함

【潛入】(잠입-センニュ) 가만히 들어옴

【潛在】(잠재-センザイ) 속에 숨어 있음

【潛跡】(잠적-センセキ) 종적을 감춤 「함

【潛寂】(잠적-センジャク) 고요하고 적적

【潛航】(잠항-センコウ) ①몰래 항해함 ②물속으로 잠복하여 다님

【潛行】(잠행-センコウ) 몰래 다님。 미행(微行)

【潮】 조 チョウ、しお tide 蕭 ㄔㄠˊ ch'ao²
①조수 地之血脈隨氣進退 ②끌뚜기 魚名望一

【潮流】(조류-チョウリュウ) ①바다물의 흐름 ②시세의 경향。 세태의 기울어져가는 형세

【潮風】(조풍-チョウフウ、しおかぜ) 바닷바람

【澍】 주 ジュ、うるおす good rain 遇 ㄕㄨˋ shu⁴
①단비 時雨 ②젖을 霔濡 ③물쏟을 水流射

【澂】 징 チョウ、すむ clear
①맑을 水靜而淸 ②고을 이름 雲南郡名 澄同

【澄】 징 チョウ、すむ clear 蒸 ㄔㄥˊ ch'êng²
맑을 淸也

【澄水】(징수-チョウスイ) 맑은 물

【澄淸】(징청-チョウセイ) 깨끗하고 맑음

【澄湖】(징호-チョウコ) 물이 맑은 호수

【澈】 철 テツ、すむ clear water 屑 ㄔㄜˋ ch'ê⁴
맑을 水澄

【潐】 초 ショウ、つまる frequent
①퍼낼 浚也 ②술거를 釂酒 ③잦을 盡也

【潨】 총 ソウ、ショウ、みずあい water gathering
물 모일 水會 (종) 義同

【澎】 팽 ボウ、ホウ sound of waves
물 소리 水聲一濞

【澎湃】(팽배-ホウハイ) 물결이 서로 부딪치는 모양

【潢】 황 コウ、オウ、ためいけ pond 陽 ㄏㄨㄤˊ huang²
①웅덩이 積水池 ②은하수 天河銀一 ③물충충할 水深廣貌 ④길바닥물 行潦一汙

【潢潦】(황로-コウリョウ) 괴어 있는 물

【潢池】(황지-コウチ) ①물이 고인 못 ②좁은 땅을 이름

【十三畫】

【激】 격 ゲキ、ケキ、はげしい violent 錫 ㄐㄧ chi¹
①물결 부딪칠 疾波 ②찌를 衝也 ③심할 甚也 ④말 과격히 할 言論過直一切 ⑤맑은 소리 淸聲一楚

【激減】(격감-ゲキゲン) 몹시 줄음

【激怒】(격노-ゲキド) 몹시 성냄

【激湍】(격단-ゲキタン) 사납게 빨리 흐르는 여울

【激動】(격동-ゲキドウ) ①몹시 움직임 ②마음 깊이 감동함

【激浪】(격랑-ゲキロウ) 센 물결

【激勵】(격려-ゲキレイ) 분기시킴。 마음이나 기운을 북돋우어 힘쓰도록 함

【激烈】(격렬-ゲキレツ) 매우 심함。 지독함

【激論】(격론-ゲキロン) 격렬한 언론

【激流】(격류-ゲキリュウ) 세차게 흐르는 물

【激發】(격발-ゲキハツ) ①심하게 일어남。 격려시킴。 ②몹시 소리를 냄 ③기교(奇矯)한 언행으로 세상을 놀램

【激變】(격변-ゲキヘン) 갑자기 변함

【激忿】(격분-ゲキフン) 분이 치받침

【激憤】(격분-ゲキフン) 매우 성냄

【激賞】(격상-ゲキショウ) 매우 칭찬함

【激昂】(격앙-ケッコウ) 사물에 느끼어 마음이 흥분됨

【激戰】(격전-ゲキセン) 몹시 싸움

【激鬪】(격투-ゲキトウ) 격렬하게 싸움

【濃】 농 ノウ、こい thick 冬 ㄋㄨㄥˊ nung²
①걸찍할 淡之對 ②두터울 厚也 ③무르녹을 爛熟 ④이슬 맺힐 露多貌 醲同

【濃淡】(농담-ノウタン) 진한 것과 묽은 것。 농후한 것과 담박한 것

【濃霧】(농무-ノウム) 자욱한 안개
【濃色】(농색-ノウショク) 짙은 빛깔
【濃熟】(농숙-ノウジュク) 무르녹게 익음
【濃液】(농액-ノウエキ) 걸찍한 액체
【濃艶】(농염-ノウエン) 화사하고 아름다움
【濃雲】(농운-ノウウン) 진한 구름
【濃恩】(농은-ノウオン) 두터운 은혜
【濃陰】(농음-ノウイン) 짙은 녹음 「함
【濃濁】(농탁-ノウタク) 매우 걸쭉하여 탁
【濃厚】(농후-ノウコウ) 걸찍함。 진함。 모양 짙음

【澹】담 タン、やすらか tranquil 勘 ㄉㄢˋ tan⁴
①맑을 水貌—淡 ②담박할 恬靜—泊 ③싱거울 薄味 ④엉길 凝也 ⑤움직일 動也
【澹泊】(담박-タンパク) ①고요하고 맑은 모양 ②욕심이 없고 깨끗함

【濂】렴 レン、かるい flippant 鹽 ㄌㄧㄢˊ lien²
①경박할 輕薄貌—潰 ②물 이름 道州溪名 ③姓也

【澪】령 レイ、かわのな name of a river
물 이름 水名—水

【澧】례 レイ、かわのな name of a river
①물 이름 衡山水名—水 ②고을이름 武陵州名

【澠】민 ジョウ、かわのな name of a lake
못 이름 秦縣池名—池 (면) 義同 (승)물이름 臨淄水名

【澳】오 オウ、イク、くま、ふかい deep 號 ㄩˋ yü⁴
①깊을 深也 ②물굽이 水濃(욱) 義同

【澱】전 デン、テン、よどむ sediment 霰 ㄉㄧㄢˋ tien⁴
앙금 滓也
【澱粉】(전분-デンプン) ①식물체에 많이 있는 흰 가루 ②앙금의 마른 가루

【澡】조 ソウ、あらう wash 皓 ㄗㄠˇ tsao³
씻을 洗也
【澡浴】(조욕-ソウヨク) 미역을 감음
【澡濯】(조탁-ソウタク) 씻어 깨끗이 함

【濁】탁 ダク、タク、にごる mudy
①흐릴 水不清混—②물 이름 蒲州水名
【濁客】(탁객-ダクカク) ①아무 분수를모르는 사람의 별명 ②막걸리를 좋아하는 사람
【濁亂】(탁란-ダクラン) 정치가 어지러움
【濁浪】(탁랑-ダクロウ) 몹시 흐린 물결
【濁流】(탁류-ダクリュウ) ①흐린 물。 혼탁한 강물 ②성질이 깨끗하지 못한 무리
【濁甫】(탁보) 아무 분수를모르는사람
【濁聲】(탁성-ダクセイ) 맑지 않고 흐린 음성
【濁世】(탁세-ダクセイ) ①더러워진 세상。 풍교(風敎)가 문란한 세상。 어지러운 세상。 난세(亂世) ③이 세상
【濁水】(탁수ダクスイ) 흐린 물
【濁音】(탁음-ダクオン) 흐린소리
【濁汚】(탁오-ダクオ) 흐려지고 더러워짐
【濁意】(탁의-ダクイ) 자기의 의사를 다른 일에 비기어 붙여 나타냄
【濁酒】(탁주-ダクシュ) 막걸리

【澤】택 タク、さわ lake ; pond 陌 ㄗㄜˊ tsê²
①못 늪 陂也 ②진펄 水草交旨 ③윤택할 潤也 ④덕택 德也 ⑤이액 液也 ⑥비 雨也 ⑦기름 油也 香—(탁) 별이름 星名格—
【澤雨】(택우-タクウ) 만물을 적시는 좋은 비

【澣】한 カン、あらう wash 旱 ㄏㄨㄢˇ huan³
①빨 濯衣垢 ②열흘 旬也
(澣衣)(한의-カンイ) 옷을 빨음
【澣濯】(한탁-カンタク) 때묻은 옷을빨음

【澮】회 カイ、みぞ drain
①밭고랑 井溝畝—②물 졸졸 흐를 小流涓— ③내 이름 川名

(쾌) 義同

【十四畫】

【濘】녕 ネイ、デイ、ぬかるみ mud 徑 ㄋㄥ nêng⁴
신창 淖也泥一
【濘溺】(영닉-ネイデキ) 진창에 빠짐
【濘滯】(영체-ネイタイ) 진수렁이 빠지지 않고 굄

【濤】도 トウ、なみ great waves 豪 ㄊㄠ t'ao¹·²
물결 大波
【濤聲】(도성-トウセイ) 큰 물결 소리

【濛】몽 モウ、ボウ、くらい drizzle 東 ㄇㄥ mêng²
①비 부슬부슬 올 微雨溕一 ②기운 덩어리 元氣未分貌鴻一
【濛雨】(몽우-モウウ) 보슬비

【濫】람 ラン、あふれる overflow 勘 ㄌㄢ lan⁴
①넘칠 溢也 ②참람할 叨也 ③실없을 失實 ④뜬말 浮辭 ⑤담글 漬也 ⑥번질 氾也水延漫 ⑦남형할 刑溢 ⑧풍류 소리 음란할 亂音濫 (함) ①목욕통 浴器 ②샘 용솟음할 泉湧
【濫發】(남발-ランパツ) 함부로 발포 또는 발행함
【濫伐】(남벌-ランバツ) 나무를 함부로 벰
【濫法】(남법-ランポウ) 법을 문란하게 함
【濫費】(남비-ランピ) 함부로 금품을 소비함。남용(濫用)
【濫殺】(남살-ランサツ) 죽일 죄가 있거나 없거나를 가리지 않고 사람을 함부로 죽임
【濫觴】(남상-ランショウ) 사물의 시초·기원(起源)。양자강(揚子江) 같은 큰 강도 근원을 따라 올라가면 술잔(觴)을 띄울 (濫)만한 세류(細流)라는 뜻에서 옴
【濫用】(남용-ランヨウ) 함부로 씀。남비「(濫費)
【濫徵】(남징-ランチョウ) 금전이나 곡식을 함부로 징수함

【濮】복 ボク、かわのな name of a river
물 이름 東郡水名一水

【濱】빈 ヒン、はま shore; beach 眞 ㄅㄧㄣ pin¹
①물가 水源 ②가까울 地近
【濱涯】(빈애-ヒンガイ) 물가
【濱海】(빈해-ヒンカイ) 해변

【濕】습 シツ、シュウ、しめる wet
①젖을 霑潤 ②쇠귀벌쭉거릴 牛呞動耳貌
【濕氣】(습기-シッシキ) 축축한 기운
【濕痰】(습담-シッタン) 습기로 생기는 가래
【濕冷】(습랭-シツレイ) 습기로 인하여 가슴아래가 차지는 병
【濕笑】(습소-シツショウ) 쓴 웃음
【濕濕】(습습-シュウシュウ) 쇠귀가 벌쭉거리는 모양
【濕地】(습지-シッチ) 습기가 많은 땅
【濕潤】(습윤-シツジュン) 젖어서 질척질척함

【濡】유 ジュ、うるおう moisten 虞 ㄖㄨ ju²
①적실 漬也 ②젖을 霑也 ③흠치르할 深澤 ④참을 含忍 ⑤막힐 滯也
【濡需】(유수-ジュジュ) 잠깐 동안의 편안하고 한가함을 좋아함
【濡忍】(유인-ジュニン) 참음。견딤

【濟】제 サイ、セイ、わたる cross a stream
①건널 渡也 ②건질 賙救 ③일이룰 事遂 ④정할 定也 ⑤그칠 止也 ⑥단정할 多威貌一一 ⑦물 이름 水名一源
【濟度】(제도-サイド) ①물을 건넘 ②모든 중생(衆生)을 고해(苦海)에서 건져 극락으로 인도하여 줌
【濟民】(제민-サイミン) 인민을 구제함
【濟貧】(제빈-サイヒン) 구차한 사람을 구제함
【濟生】(제생-サイセイ) 생명을 구제함
【濟世】(제세-サイセイ) 세상을 구제함
【濟濟】(제제-サイサイ) ①많고 성함 ②엄숙하게 삼감 ③아름다움

【濟衆】(제중-サイシュウ) 모든 사람을 구제함

【濬】준 シュン、ふかい deep 震 ㄐㄩㄣ chün ①깊을 幽深—哲 ②개천 칠 深通川

【濬川】(준천-シュンセン) 개천을 침

【濬哲】(준철-シュンテツ) 뛰어나게 슬기가 있음。또 그 사람

【濯】탁 タク、あらう wash 覺 ㄓㄨㄛ chuo² ①씻을 澣也 ②적실 漑也 ③빛날 光明 ④클 大也 ⑤살찔 肥澤——⑥놀릴 娛遊貌 ⑦산민둥민둥할 山無草木貌童—

【濯足】(탁족) ①발을 씻음 ②여름에 여러 사람이 산속으로놀러가는모임

【濯濯】(탁탁-タクタク) ①빛이 밝게 비치는 모양 ②즐겁게 노는 모양 ③태도가 아름다운 모양 ④살찐모양 ⑤산에 나목이 없이 훌떡 벗겨진 모양

【濠】호 ゴウ、コウ、ほり moat 豪 ㄏㄠ hao² ①해자 城下池 ②물 이름 鍾離水 ③고을 이름 州名—水

【盪】皿部 十二畫에 볼것

【鴻】鳥部 六畫에 볼것

【十五畫】

【瀆】독 トク、みぞ drain 屋 ㄉㄨ tu² ①개천 溝也 ②어지러울 慁也 ③거만할 慢也 ④흐릴 濁也

【瀆職】(독직-トクショク) 관리가 직무상 잘못 한 일로 그직을 더럽힘。오직(汚職)

【濾】려 ロ、こす filter 御 ㄌㄩ lü ①씻을 洗也 ②거를 濾水去滓 ③맑을 澄也

【濾過】(여과-ロカ) 액체를 거름

【瀏】류 リュウ、きよい clear 宥 ㄌㄧㄡ liu² ①말갈 水清貌 ②맑을 清明之稱—亮 ③바람소리 風聲颮—④나무 흔들리는 소리 林木鼓動聲—莅

【瀏濫】(유람 リュウラン) 물이 맑고펼쳐서 넓어지는 모양

【瀉】사 シャ、そそぐ pour out 禡 ㄒㄧㄝ hsieh⁴ ①쏟을 傾也 ②쏟아질 —水 ③설사할 泄也 ④토할 吐也

【瀉出】(사출-シャシュツ) 쏟아냄

【瀋】심 シン、しる juice 寢 ㄕㄣ shen³ ①물담을 置水于器 ②즙낼 汁也

【瀍】전 テン、かわのな name of a river 물 이름 河南水名—水

【濺】천 セン、そそぐ sprinkle ①쏟아져 흐를 疾流貌—— ②뿌릴 水激

【瀑】포 バク、ホウ、たき waterfall 號 ㄆㄠ pao⁴ ①소나비 疾雨 ②물거품 沫也(폭) 폭포 懸泉

【瀑布】(폭포-バクフ) 높은 절벽에서 많이 흘러 떨어지는 물

【瀅】형 エイ、すむ clear ①물 맑을 水澄 ②물 바자윌 小水汀—

【十六畫】

【瀝】력 レキ、したたる drip 錫 ㄌㄧ li⁴ ①물방울떨어질 水下滴 ②샐 滲也 ③물 졸졸 흐를 微流—液 ④눈 부슬부슬올 雨雪聲淅—⑤턱찌기 飲酒將盡餘

【瀝瀝】(역역-レキレキ) ①물소리 ②바람소리

【瀝滴】(역적-レキテキ) 물방울이 떨어짐。물 방울

【瀝青】(역청-レキセイ) 천연으로 산출되

는 고체·반고체·액체 또는 기체의 탄화수소(炭化水素)화합물에 대한 일컬음

【瀘】로 ㅁ name of a river 虞 ㄌㄨˊ lu²
물 이름 牂河水名—水

【瀧】롱 ロウ、たき water-fall 東 ㄌㄨㄥˊ lung²
①젖을 沾漬—涷 ②비 부슬부슬올 雨——貌 (랑) 물 이름 昭州水名
(상) 급한 여울 奔湍

【瀨】뢰 ライ、はやせ swift current
①여울 水流沙石上 ②물결 湍也

【瀕】빈 ヒン、はま shore 眞 ㄅㄧㄣ pin¹
물가 水涯

【瀕死】(빈사-ヒンシ) 거의 죽게 됨

【瀕海】(빈해-ヒンカイ) 바닷가

【瀟】소 ショウ、きよい sound of clear
①물 말갈 水清深 ②비바람칠 雨聲 ——③물 이름 永州水名—湘

【瀟洒】(소쇄-ショウシャ) ① 산뜻하고 깨끗함 ②깨끗하고 고상함

【瀛】영 エイ、うみ ocean 庚 ㄧㄥˊ ying²
①큰바다 大海 ②산이름 山神名 洲

【瀛洲】(영주-エイシュウ)삼신산(三神山)의 하나。동해(東海)안에 있으며 신선(神仙)이 산다고 함

【瀦】저 チョ、たまる stagnate 魚 ㄓㄨ chu¹
방축 水所停—澤

【瀞】정 セイ、ジョウ、とろ clean
맑을 無垢穢 淨同

【瀚】한 カン、ひろい vast 翰 ㄏㄢˋ han⁴
①질펀할 廣大貌浩— ②북해 이름 北海名

【十七畫】

【瀾】란 ラン、おおなみ billow 寒 ㄌㄢˊ lan²
①큰 물결 大波 ②눈물 흘릴 泣貌汍— ③쌀뜨물 米汁 ④질펀할 長貌—汗 ⑤흠치르르 할 淋漓貌—漫

【瀾瀾】(난란-ランラン) 눈물이 흘러 떨어지는 모양

【瀾汗】(난한-ランカン) 물결이 길고 질펀한 모양

【瀲】렴 レン、うかぶ overflow 琰 ㄌㄧㄢˋ lien⁴
물 벌창할 水溢貌—灩 ②넘칠 水滿沒

【瀲瀲】(염렴-レンレン) 바닷물이 넘치는 모양。또 물놀이치는 모양

【瀰】미 ビ、ミ、みちる ovarflow
물 질펀할 水曠遠貌渺—(니) 물치렁치렁할 水滿貌

【瀹】약 ヤク、あらう wash 藥 ㄩㄝˋ yueh⁴
①씻을 開滌疏— ②적실 漬也 ③데칠 薄熟 ④지질 煮也 ⑤출렁거릴 動搖貌潭—

【十八畫】

【灌】관 カン、そそぐ irrigate 翰 ㄍㄨㄢˋ kuan⁴
①물댈 漑也 ②물줄 澆也 ③물흘러들어갈 注也 ④정성껏이룰 懇誠相告—— ⑤휘추리나무 木叢生

【灌漑】(관개-カンガイ) 논에 물을 댐

【灌木】(관목-カンボク) 교목(喬木)보다 작고 줄기라고 일컬을 만한 것이 없고 땅 근처에서 가지 같은 줄기가 많이 나오는 키가 얕은 나무

【灌佛會】(관불회-カンブツエ) 음력 四월 八일에 석가상(釋迦像)에 향수(香水)를 뿌리는 행사

【灌浴】(관욕-カンヨク) 재를 올릴 때 영혼을 깨끗이 목욕시키는 일

【灌腸】(관장-カンチョウ)약을 항문(肛門)으로 부터 창자 속으로 넣음

【十九畫】

【灓】란 ラン、もれながれる drip ①물 비껴 건널 橫流渡 ②스며 흐를 漏流 ③적실 漬也

【灑】새 サイ、そそぐ sprinkle 蟹 ㄙㄚˇ sa³ ①물뿌릴 汎也 ②깜짝 놀랄 驚貌 —然 (쇄) ①義同。②깨끗할 —落 (사) 義同

【灑掃】(쇄소-サイソウ) 물을 뿌리고 먼지를 쓸음

【灑然】(쇄연-サイゼン) ① 놀라는 모양 ②깨끗하고 산뜻한 모양

【灘】탄 タン、はやせ swift current 여울 瀨也

【灘聲】(탄성-タンセイ) 여울의 물이 흐르는 소리

【二十一畫—二十八畫】

【灞】파 ハ、かわのな name of a river 禡 ㄅㄚˋ pa⁴ 물 이름 長安水名

【灝】호 コウ、ひろい boundless 晧 ㄏㄠˋ hao⁴ ①물줄기 멀 水勢遠貌 —溔 ②아득할 夷曠 —— ③팔 뜨물 豆汁

【灣】만 ワン、いりえ bay ; curved shore 물굽이 水曲

【灣碕】(만기-ワンキ) 만 안으로 굽어서 쑥 나온 육지

【灤】란 ラン、もれながれる drip 寒 ㄌㄨㄢˊ luan² ①새어 흐를 漏流 ②물 이름 遼西水名 —河 灓同

【灨】공 コウ、かわのな name of a river 물 이름 豫章水名 (감) 義同

【灧】次條 俗字

【灩】염 エン、ただよう water waving ①물결 출렁거릴 波動貌 ②물 그득할 水滿貌 瀲—

【灩碧】(염벽-エンペキ) 푸른 물이 출렁거림

火部

【火】화 カ、ひ fire; flame 哿 ㄏㄨㄛˇ huo³ ①불 炎上 又南方位五行一

【火角】(화각-カカク) 불에 구워서 무르게 만든 짐승의 뿔

【火鏡】(화경-カキョウ) 일광으로 불을 일으킬 수 있는 두꺼운 유리

【火光】(화광-カコウ) 불빛 「화구

【火口】(화구-カコウ) 화산(火山)의 분

【火急】(화급-カキュウ) 썩 급함

【火氣】(화기-カキ) ①격노한 기운 ②가슴이 답답하여지는 기운 ③불의 뜨거운 기운

【火器】(화기-カキ) ①불을 담는 그릇의 총칭 ②총・대포의 총칭

【火刀】(화도-カトウ) 부시

【火毒】(화독-カドク) 불의 독기(毒氣)

【火斗】(화두-カト) 다리미 「일

【火頭】(화두-カトウ) 절에서 불을 때는

【火力】(화력-カリョク) 불의 세력

【火木】(화목-カボク) 땔 나무

【火防】(화방-カボウ) 돌과 흙으로 땅에서부터 중앙 밑까지 쌓아 올린 벽

【火病】(화병-カビョウ) 속이 답답하여 화기가 일어나는 병

【火山】(화산-カサン) 불을 내뿜는 산

【火石】(화석-カセキ) 부싯돌

【火星】(화성-カセイ) 지구에 가장 가까운 유성(遊星)。六百八十七일에 태양을 일주함

【火勢】(화세-カセイ) 불이 타는 기세

【火束】(화속-カソク) 타는 불과 같이 썩 빠름

【火贖】(화속-カショク) 대장에 올리지않은 토지에 대하여 매기던 세금

【火繩】(화승-ひなわ)-불을 붙게 하는데 쓰는 노의 한가지。대의 속살을 부수어서 보드랍게 한것을 노같이 만든것 「을 먹음

【火食】(화식-カショク) 불에 익힌 음식

【火燼】(화신-カジン) 불에 탄 찌끼
【火藥】(화약-カヤク) 초석(硝石)·목탄(木炭)·황(黃)따위를 섞어서 만든 화약
【火焰】(화염-カエン) 불꽃
【火印】(화인-カイン) 불에 달구어 찍는 쇠로 만든 도장 낙인(烙印)
【火華】(화장-カソウ) 시체를 불에 살라 장사함。「당함
【火災】(화재-カザイ) 불이 나서 재변을
【火箸】(화저-カチョ) 화젓가락
【火田】(화전-カデン) ①초목을 불지르고 경작하는 산중턱에 있는 밭 ②논밭의 잡초를 불사름
【火箭】(화전-カセン) 불을 달아 쏘던 화살
【火正】(화정-カセイ) ①불을 맡은 신(神) ②여름을 맡은 신(神) ③남쪽 바다를 맡은 신(神)
【火主】(화주) 불을 낸 집
【火紙】(화지) 담배 불을 붙이는데 쓰는 종이
【火傷】(화상-カショウ·やけど) 불에 뎀
【火車】(화차-カシャ) 기차

【二 畫】

【灯】등 トウ、テイ flame 青 ㄉㄥ têng¹
맹렬한 불 烈火

【灰】회 カイ、はい ashes 灰 ㄏㄨㄟ huei¹
재 火餘爐
【灰滅】(회멸-カイメツ) 타서 없어짐
【灰壁】(회벽-カイヘキ) 회(灰)로 바른벽
【灰色】(회색-カイショク) 엷게 거무스름한 빛。잿빛
【灰燼】(회신-カイジン) 타다가 남은 찌끼
【灰心】(회심-カイシン) 꺼진 재와같이 욕심이 없고 고요하여 외부의 유혹을 받지않는 냉정한 마음
【灰塵】(회진-カイジン) 재와 티끌

【三 畫】

【灸】구 キュウ、やいと cautrize 有 ㄐㄧㄡˇ chiu³
①구울 灼也 ②사를 爇也 ③뜸뜰 灼體療病
【灸治】(구치-キョウチ) 뜸으로써 병을 고침

【災】재 サイ、わざわい calamity 灰 ㄗㄞ tsai¹
①재앙 天火 ②재액 禍害
【災難】(재난-サイナン) 뜻밖에 일어나는 불행한 일
【災民】(재민-サイミン) 재난을 당한 인민
【災變】(재변-サイヘン) 재앙으로 생기는 변고
【災傷】(재상-サイショウ)천재(天災)로인하여 농작물이 입는 해
【災殃】(재앙-サイオウ) 흉악한 변고
【災厄】(재액-サイヤク) 재앙의 액운
【災害】(재해-サイガイ) 재변(災變)으로 인하여 입는 해
【災禍】(재화-サイカ) 재앙과 우환

【灾】前條 同字

【灼】작 シャク、やく burn; cauterize
①사를 燒也 ②구울 炙也 ③잦을 煎盡 ④밝을 昭也 ⑤꽃할짝필 花盛貌
【灼然】(작연-シャクゼン) 빛나는 모양。밝은 모양
【灼熱】(작열-シャクネツ) 불에 새빨갛게 달음
【灼灼】(작작-シャクシャク) ①꽃이 찬란하게 핀 모양 ②빛이 빛나는 모양

【灵】靈(雨部 十六畫)俗字

【四 畫】

【炎】염 エン、ほのお flame 鹽 ㄧㄢˊ yen²
①불꽃 火元上 ②불 붙일 焚也 ③불꽃 성할 熾也 ④더울 熱也 ⑤훗훗할 熏也ーー
【炎涼】(염량-エンリョウ) ①더운 것과 서늘한 것 ②인정의 후한 것과 박한 것
【炎魃】(염발-エンバツ) 가물음
【炎上】(염상-エンジョウ) 불

【炎暑】(염서-エンショ) 뜨거운 더위。열(炎熱)
【炎陽】(염양-エンヨウ) 여름
【炎熱】(염열-エンネツ) 몹시 더움。대단한 더위
【炎威】(염위-エンイ) 중복(中伏)의 무서운 더위
【炎蒸】(염증-エンジョウ) 찌는 듯한 여름날의 더위
【炎天】(염천-エンテン) 몹시 더운 시절。더운 여름

【炙】적 シャ、セキ、あぶる toast 陌 ㄓ chih⁴
①義同 ②냄새 구이 燔肉 (자) ①親近而薰之 퍼질 膾ー ③김쏘일
【炙背】(적배-シャハイ) 등가죽을 햇빛에 쪼임

【炒】초 ショウ、ソウ、いる roast 巧 ㄔㄠˇ ch'ao³
볶을 熬也

【炊】취 スイ、かしぐ cook 支 ㄔㄨㄟ ch'uei
불땔 밥지을 也
【炊夫】(취부-スイフ) 부엌에서 일보는 남자
【炊煙】(취연-スイエン) 밥짓는 연기
【炊事】(취사-スイジ) 부엌 일
【炊火】(취화-スイカ) 밥짓는 불

【炕】항 コウ、かわく dry 漾 ㄎㄤˋ k'ang⁴
①마를 乾也 ②구울 炙也 ③끊을 絕也 ④캉 구들 北地煖床曰ー亢通
【炕暴】(항포-コウバク) 뽐냄。제멋대로 함

【炉】 爐(火部 十六畫)略字

【五 畫】

【炬】거 キョ、コ、かかりび torch light
홰 火束爲燎ー火
【炬火】(거화-キョカ) 횃불

【炳】병 ヘイ、あきらか bright 梗 ㄅㄧㄥˇ ping³
①빛날 光也 ②밝을 明也 ③나타날 著也
【炳燭】(병촉-ヘイショク) 밝게 비치는 촛불

【炤】소 ショウ、てらす brigh 嘯 ㄓㄠˋ chao⁴
①비칠 光也 照同 (조) 밝을 明也 昭同 (작) 밝을 明也 灼・通 ②반딧불 螢火
【炤炤】(소소-ショウショウ) 밝은 모양

【炷】주 シュ、とうしみん candle wick
심지 燈心

【炭】탄 タン、すみ charcoal 翰 ㄊㄢˋ t'an⁴
①숯 燒木末灰 ②볶일 泥火塗ー
【炭坑】(탄갱-タンコウ) 석탄을 파내는 광산굴
【炭鑛】(탄광-タンコウ) 탄광물 파내는 광산
【炭酸】(탄산-タンサン) 탄소와 산소가 화합한 물질
【炭素】(탄소-タンソ) 화학 원소의 하나。석탄・목탄 등에 많이 있음
【炭田】(탄전-タンデン) 석탄이 묻혀 있는 땅
【炭層】(탄층-タンソウ) 지중에 있는 석탄의 켜

【炮】포 ホウ、あぶる bake; roast
①싸서 구울 裹物燒 ②그슬릴 毛炙肉
【炮炰】(포오-ホウゴウ) 불에 구워서 말림
【炮煮】(포자-ホウシャ) 굽고 끓이는 일

【炫】현 ゲン、ケン、かがやく Bright 霰 ㄒㄩㄢˋ hsüan⁴
①밝을 明也 ②불빛 火光ー燿
【炫燿】(현요-ゲンヨウ) 밝게 비침。
【炫炫】(현현-ゲンゲン) 빛이 비치는 모양

【炯】형 ケイ、キョウ、あきらか bright 迥 ㄐㄩㄥˇ chiung³
①빛날 光也 ②불 환히 비칠 火明貌 ③밝게 살필 明察ーー
【炯心】(형심-ケイシン) 광명한 마음
【炯眼】(형안-ケイガン) 관찰력이 밝은 눈

【点】 點(黑部 五畫)略字

【六 畫】

【烙】락 ラク、やく brand
①지질 灼也 ②단근질할 火鍼 ③사를 燒也
【烙印】(낙인-ラクイン) 불에 달구어 찍는 쇠 도장
【烙刑】(낙형-ラッケイ) 단근질하는 형벌

【烈】렬 レツ、はげしい burning violently
①불 활활 붙을 火猛 ②뜨거울 熱也 ③빛날 光也 ④위엄스러울 威也 ⑤사나울 暴也 ⑥충직할 忠直 ⑦아름다울 美也 ⑧매울 寒氣ㅡㅡ ⑨독할 毒也 ⑩공 功也
【烈婦】(열부-レップ) 정절이 곧은 여자 (대개 기혼자에 대한 말)
【烈士】(열사-レッシ) 절의(節義)를 굳게 지키는 사람
【烈風】(열풍-レップウ) 몹시 부는 바람。맹풍(猛風)
【烈寒】(열한-レッカン) 맹열한 추위
【烈行】(열행-レッコウ) 여자의 정열(貞烈)한 행적

【烏】오 ウ、オ、からす crow 虞 ㄨ wu
①까마귀 孝烏 ②어찌 어디 何也 ③탄식할 歎辭
【烏雞】(오계-ウケイ) 빛깔이 온통 새까만 닭
【烏口】(오구-からすぐち) 까마귀의 주둥이 모양으로 되어 있는 제도(制圖)의 용구。줄을 긋는데 씀
【烏飛梨落】(오비이락-からすとびてなしおつ) 까마귀 날라가자 배 떨어진다는 뜻으로 남의 혐의를 받기 쉬운 것을 가리키는 말
【烏有】(오유-ウユウ) 사물이 죄다 없어짐。(어디 있으랴의 뜻) 개무(皆無)
【烏鵲】(오작-ウジャク) 까막까치
【烏合之卒】(오합지졸-ウゴウのソツ) 임시로 모은 훈련이 없는 병졸
【烏合之衆】(오합지중-ウゴウのシュウ) 임시로 모은 훈련이 없는 무리
【烏喙】(오훼-ウカイ) 까마귀의 부리라는 뜻이니, 까마귀는 욕심이 많은 새인 까닭에 욕심이 많은 사람을 이름

【烝】증 ジョワ、ショウ、むす steam 蒸 ㄓㄥ chêng
①찔 炊也 ②불김 火氣上行 ③김 오를 重也 ④무리 衆也 ⑤임금 君也 ⑥나아갈 進也ㅡㅡ ⑦치붙을 上淫 ⑧두터울 厚也
【烝徒】(증도-ジョウト) 많은 무리。많은 도당
【烝民】(증민-ジョウミン) 뭇 백성。창생(蒼生)
【烝散】(증산-ジョウサン) 증발하여 흩어져 없어짐
【烝烝】(증증-ジョウジョウ) ①성하게 일어나는 모양 ②따라가는 모양 ③불기운이 오르는 모양 ④나아가는 모양

【烘】홍 コウ、あぶる dry at a fire 東 ㄏㄨㄥ hung
①불에 말릴 火乾物 ②횃불 燎也

【烟】煙(火部 九畫)同字

【烖】災(火部 三畫)古字

【羔】羊部 四畫에 볼것

【七 畫】

【烱】경 ケイ、キョウ、あきらか bright 梗 ㄐㄩㄥ chiung
불김 炎烝

【烽】봉 ホウ、のろし beacon 冬 ㄈㄥ fêng
봉화 煙火警邊
【烽燧臺】(봉수대-ホウスイダイ) 봉화를 올리던 뚝
【烽火】(봉화-ホウカ) ①변란이 있을 때 변경에서부터 서울까지 경보를 알리는 불 ②경축이나 신호로 산봉에 놓는 불

【焉】언 エン、いずくんぞ how; why 先 ㄧㄢ yen

①어찌 何也 ②이에 於是 ③의심쩍을 疑也 ④어조사 語助辭

【焉敢】(언감-エンカン) 어찌 감히

【焉鳥】(언오-エンウ) 문자가 비슷하여 틀리기 쉬운 보기로 쓰는 말。언마(焉馬)

【烹】팽 ホウ、ヒョウ、にる boil; cook 庚 ㄆㄥ p'êng¹

삶을 煑也

【烹卵】(팽란-ホウラン) 삶은 달걀

【烹鮮】(팽선-ホウセン) ①잔 고기를 지짐 ②나라를 다스림。잔고기를 지질때 잘못하면 부스러지는 데서 정치의 까다로움을 비긴 말

【焄】훈 クン、すぶる fumigate 文 ㄒㄩㄣ hsün¹

①불김으로 火上出 ②향내날 香臭 ③김쏘일 熏炙之

【八 畫】

【無】무 ム、ブ、なし none 虞 ㄨˊ wu²

①없을 有之對 ②아닐 不也

【無價】(무가-ムカ・ムゲ) ①값이 없음。값어치가 없음 ②값을 정할 수 없을만큼 고귀함

【無價値】(무가치-ムカチ) 값이 없음。의론할 여지가 없음

【無感覺】(무감각-ムカンガク) 사물의 느낌이 둔함

【無據】(무거-ムキョ) 터무니가 없음

【無稽】(무계-ムケイ) 생각이 없음。터무니 없음

【無故】(무고-ことなし) ①아무 연고가 없음 ②아무 탈이 없음 ③평안함

【無辜】(무고-ムコ) 죄가 없음。무죄(無罪)

【無功】(무공-ムコウ) 공로가 없음

【無關心】(무관심-ムカンシン) 마음에 두지 아니함

【無垢】(무구-ムク) 더럽히지 않음。청정결백(淸淨潔白)의 뜻

【無窮】(무궁-ムキュウ) 한이 없음。끝이 없음

【無窮花】(무궁화-むくげ) ①무궁화과에 딸린 낙엽관목。근화(槿花) ②우리 나라의 국화(國花)。

【無窮無盡】(무궁무진-ムキウムジン) 한이 없고 끝이 없음

【無極】(무극-ムキョク) 끝이 없음。무한(無限)

【無根】(무근-ムコン) 근거가 없음。터무니 없음。

【無給】(무급-ムキュウ) 봉급이 없음

【無期】(무기-ムキ) 일정한 기한이 없음

【無機】(무기-ムキ) 생명이 없고 활력(活力)이 없음

【無記名】(무기명-ムキメイ) 이름을 기록하지 아니함

【無難】(무난-ムナン) 어렵지 아니함

【無念】(무념-ムネン) 무념 무상의 줄인 말

【無能】(무능-ムノウ) 아무 재주가 없음。능력이 없음。수완이 없음

【無斷】(무단-ムダン) ①결단성이 부족함 ②아무 연통이 없음。

【無代】(무대-ムダイ) 값을 치르지 않음。거저

【無德】(무덕-ムトク) 덕이 없음。덕망이 없음

【無道】(무도-ムドウ) 인도에 어그러진 좋지 못한 행실

【無道理】(무도리-ムドウリ) 어찌할 도리가 없음

【無毒】(무독-ムドク) 독기가 없음

【無量】(무량-ムリョウ) 한량이 없음

【無慮】(무려-ムリョ・ブリョ) ①염려할 것이 없음 ②어떤 숫자 위에 더하여 얼마나 되겠다고 추정하는 말

【無力】(무력-ムリョク) 활동할 힘이 없음

【無禮】(무례-ブレイ) 예의가 없음

【無論】(무론-ムロン) 말할 것도 없음

【無料】(무료-ムリョウ) ①돈이 들지 아니함 ②급료가 없음

【無聊】(무료-ムリョウ・ブリョウ) ①탐탁하게 어울리지 않음。②열쩍은 생각이 생김

【無類】(무류-ムルイ) 같은 종류가 없음

【無謬】(무류-ムビュウ) 오류가 없음

【無理】(무리-ムリ) ①이치에 맞지 아니함。도리가 아님 ②억지로 행함

③하기 어려운 일
【無妄】(무망-ムモウ・ムモウ) 뜻하지 않음
【無明】(무명-ムメイ・ムミョウ) ①눈이 보이지 않음 ②범뇌에 사로잡혀 진리에 어두움
【無名】(무명-ムメイ) ①세상에서 이름을 모름。②성명을 모름 ③정당한 이유가 없음 ④이름이 붙지 아니함 ⑤이름을 모름
【無名指】(무명지-ムメイシ) 장가락과 새끼손가락 사이에 있는 손가락
【無謀】(무모-ムボウ) 꾀가 없음。생각이 없음
【無紋】(무문-ムモン) 무늬가 없음
【無味】(무미-ムミ) ①맛이 없음 ②재미가 없음
【無妨】(무방-ムボウ) 막힘이 없음。거침이 없음
【無法】(무법-ムホウ) ①도리에 맞지 아니함 ②언행이 난폭함
【無邊】(무변-ムヘン) ①끝이 닿은 데가 없음 ②변리가 없음
【無病】(무병-ムビョウ) 병이 없음
【無比】(무비-ムヒ) 견줄만한 것이 없음
【無非】(무비-ムヒ) 모두
【無事】(무사-ブジ) ①일이 없음。 한가함。②아무 탈이 없음
【無嗣】(무사-ムシ) 후손이 없음
【無私】(무사-ムシ) 사정이 없이 공평함
【無邪氣】(무사기-ムジャキ) 마음이 순결하여 요망스럽지 않음
【無事奔走】(무사분주-ブジホンソウ) 쓸데없이 공연히 빠쁘게 돌아다님
【無上】(무상-ムジョウ) 그 위에 다시 없이 좋음
【無常】(무상-ムジョウ・つねなし) 나고 죽고 흥하고 망하는 것이 한결같지 아니함。떳떳하지 못함。세상만사가 항구성(恒久性)이 없다는 뜻으로 세월이 빠르고 목숨이 덧없다는 뜻으로 씀
【無償】(무상-ムショウ) 무엇이나 거저함
【無雙】(무쌍-ムソウ) 비교할만한 짜이 없음
【無色】(무색-ムショク) ①물건에 빛이 없음 ②면목이 없음
【無生物】(무생물-ムセイブツ) 생활력이 없는 물건
【無誠意】(무성의-ムセイイ) 성의가 없음
【無勢】(무세-ブゼイ) ①세력이 없음 ②장사에 시세가 없음。「어짐
【無消息】(무소식-ムショウソク)소식이 끊
【無數】(무수-ムスウ) ①썩 많음。②일정한 수가 없음 「이 다름
【無視】(무시-ムシ) 있어도 없는 것 같
【無時】(무시-ときなし) 일정한 때가 없음
【無識】(무식-ムシキ) 학식이 없음
【無信】(무신-ムシン) ①믿음성이 없음 ②소식이 없음
【無神論】(무신론-ムシンロン) 우주간에 신(神)의 존재를 인정하지 않고 물질적 설명만으로 만족을 느끼는 철학설
【無實】(무실-ムジツ) ①그러한 사실이 없음。실속이 없음 ②성실한 마음이 없음
【無心】(무심-ムシン・ムジン) ①마음이 없음。생각이 없음 ②마음을 쓰지 아니함。정신없이 지남
【無我】(무아-ムガ) ①자기를 잊음 ②사사(私事)의 마음을 품지 아니함。이기심(利己心)이 없음
【無顔】(무안-かおなし) 남을 대할 면목이 없음
【無涯】(무애-ムガイ) 끝이 없음
【無碍】(무애-ムガイ) 일에 막힘이 없음
【無恙】(무양-つつがなし) 무병
【無言】(무언-ムゲン) 말이 없음。
【無嚴】(무엄-ムゲン) 삼가고 꺼리는 마음이 없음
【無欲】(무욕-ムヨク) 욕심이 없음
【無用】(무용-ムヨウ) 쓸데가 없음
【無爲徒食】(무위도식-ムイドショク) 아무일도 하지 않고 한갓 먹기만 함
【無益】(무익-ムエキ) 이익이 없음 쓸데없음
【無才】(무재-ムサイ・ムザエ) 재주가 없음
【無敵】(무적-ムテキ) 대적할 사람이 없음

【無情】(무정-ムジョウ) ①동정하는 마음이 없음 ②마음이 없음。참마음이 없음。진실성이 없음 「없음
【無際】(무제-ムサイ) 넓고 멀어서 끝이
【無制限】(무제한-ムセイゲン) 제한이 없음
【無罪】(무죄-ムザイ) 죄가 없음
【無知】(무지-ムチ) 지식이 없음。지혜가 없음
【無地】(무지-ムチ) 모두가 흰빛으로 무늬가 없음
【無職】(무직-ムショク) 직업이 없음
【無盡藏】(무진장-ムジンゾウ) 물건이 없어지지 않고 자꾸 나옴。또 그곳
【無慘】(무참-ムザン) 더 할수 없이 참혹함
【無慚】(무참-ムザン) 매우 부끄러움
【無策】(무책-ムサク) 계획이 없음
【無責任】(무책임-ムセキニン) ①책임을 지지 아니함。②책임관념이 없음
【無恥】(무치-ムチ) 부끄러움이 없음
【無限】(무한-ムゲン) 한량이 없음
【無害】(무해-ムガイ) 손해가 없음
【無形】(무형-ムケイ) 형체가 없음。형상이 없음 「뿌리
【無灰】(무회-ムカイ) 오래 묵은 미역
【無效】(무효-ムコウ) 효력이 없음。보람이 없음
【無後】(무후-ムゴ・のちなし) 자손이 없음
【無休】(무휴-ムキュウ) 휴일이 없음

【焙】배 ホウ、ハイ、あぶる dry over at a fire
불에 쬐어 말릴 熇也
【焙茶】(배다-ホウチャ) 차잎을 불에 말림

【焚】분 フン、たく burn 文 ㄈㄣˊ fen²
불사를 燒也火灼物
【焚滅】(분멸-フンメツ) ①불에 태워 멸망케함 ②불에 타서 멸망함
【焚死】(분사-フンシ) 불에 타서 죽음
【焚香】(분향-フンコウ) 향을 피움。향을 불에 태움

【焠】쉬 サイ、にらぐ dye 隊 ㄘㄨㄟˋ ts'uei⁴
①담글 燒刀納水以堅刃 ②지질 灼也 ③물들일 染也

【然】연 ゼン、ネン、しかり certainly 先 ㄖㄢˊ jan²
①그러할 是也 ②허락할 許也 ③그러나 承上接語 ④듯 如也 ⑤불사를 燒也
【然故】(연고-しかるゆえ) 까닭。「니함
【然否】(연부-ゼンピ) 그렇고 그렇지 아
【然卽】(연즉-しからば・すなわち) 그러면。그런즉
【然後】(연후-しかるのち) 그러한 뒤

【焰】염 エン、ほのお flame
불빛 火光

【焦】초 ショウ、こがす scorch 蕭 ㄐㄧㄠ chiao¹
①볶을 火燒黑 ②구울 炙也 ③델 火所傷 ④불내날 火之臭味
【焦眉】(초미-ショウビ) 썩 위급한 경우
【焦悶】(초민-ショウモン) 애처럽고 민망하게 여김。초조하여 민망히 여김
【焦心】(초심-ショウシン) 애가 탐。마음을 쪼임
【焦點】(초점-ショウテン) ①사물의 집중하는 중심점 ②구면경(球面鏡) 혹은 렌즈에서 광선이 반사 또는 굴절하여 모이는 점。(촛점)
【焦燥】(초조-ショウソウ) 마음이 타도록 번민함
【焦土】(초토-ショウド) 불에 탄 흙

【焞】퇴 トン、さかん bright
성할 盛貌——(순) 밝을 明也(돈) 거북 등지지는 홰 灼龜炬

【焱】혁 エン、ほのお flame
불꽃 火華——(염) 義同
【焱焱】(혁혁-エンエン) 불꽃이 오르는 모양

【焜】혼 コン、かがやく bright
①밝을 明也 ②빛 환할 光也—煌
【焜燿】(혼요-コンヨウ) 빛남。빛냄

【勞】力部 十畫에 볼것
【爲】瓜部 八畫에 볼것
【黑】黑部 部首에 볼것

【九 畫】

【煢】경 ケイ、ひとり desolate 庚 ㄑㄩㄥˊ ch'iung^{2}
①외로울 獨也 單也 ②근심할 憂思
【煖】난 ダン、ナン、あたたか warm 旱 ㄋㄨㄢˇ nuan^{3}
①따뜻할 溫也 ②날씨 日氣 ③불김 火氣
【煖氣】(난기-ダンキ) 따뜻한 기운
【煖爐】(난로-ダンロ) 쇠·벽돌들로 만들어 방안에 놓고 불을 때어 방 속을 덥게 하는 기구
【煖房】(난방-ダンボウ) 더운 방
【煖衣】(난의-ダンイ) 따뜻한 옷
【煗】前條 同字
【煉】련 レン、ねる refine 霰 ㄌㄧㄢˋ lien^{4}
불릴 鑠治金
【煉丹】(연단-レンタン) ①불노불사의 선약(仙藥)을 만듦 ②체기(體氣)를 단전(丹田)에 집중시키는 수도(修道)의 방법
【煉瓦】(연화-レンガ) 벽돌
【煤】매 バイ、すす charcoal 灰 ㄇㄟˊ mei^{2}
①그을음 煙墨 ②석탄 石炭
【煤氣】(매기-バイキ) 탄광(炭鑛)。석탄 개스
【煤煙】(매연-バイエン) ①그을음과 연기 ②석탄 연기 「땅
【煤田】(매전-バイデン) 석탄층이 많은
【煩】번 ハン、ボン、わずらう annoy 元 ㄈㄢˊ fan^{2}
①번거로울 不簡 ②수고로울 勞也 ③민망할 悶也 ④번열증날 熱頭痛
【煩苛】(번가-ハンカ) 번거롭고 까다로움
【煩告】(번고-ハンコク) 번거롭게 아뢰
【煩劇】(번극-ハンゲキ) 몹시 바쁨
【煩急】(번급-ハンキュウ) 마음이 매우 괴로움 「함
【煩惱】(번뇌-ボンノウ) 마음을 괴롭게
【煩多】(번다-ハンタ) 썩 많음。번잡함
【煩亂】(번란-ハンラン) 마음이 괴롭고 산란함 「움
【煩勞】(번로-ハンロウ) 일이 많아 괴로
【煩論】(번론-ハンロン) 번다한 말
【煩累】(번루-ハンルイ) 번거로움。귀찮음
【煩懣】(번만-ハンモン) 가슴속이 답답함
【煩務】(번무-ハンム) 번잡한 일
【煩悶】(번민-ハンモン) 괴롭게 생각함
【煩說】(번설-ハンセツ) 번잡스러운 말
【煩褻】(번설-ハンセツ) 번잡스럽고 더러운 것
【煩瑣】(번쇄-ハンサ) ①자질구레함 ②번잡스러움
【煩熱】(번열-ハンネツ) 신열이 몹시 많고 번민함 「함
【煩擾】(번요-ハンジョウ) 번쇄하고 요란
【煩雜】(번잡-ハンザツ) 쓸데 없는 일이 괴로울 만치 많음。번잡스러움
【煩提】(번제-ハンテイ) 번거롭게 말을 꺼냄
【煩躁】(번조-ハンソウ) 신열이 몹시 나고 초조함
【煩造】(번조-ハンゾウ) 사기그릇·질그릇을 구워서 만들어 냄
【煩弊】(번폐-ハンペイ) 번거로운 폐단。
【煞】살 サツ、ころす kill 黠 ㄕㄚˋ sha$^{1·4}$
죽일 戮也 殺同 (쇄) ①감할 減也 ②나릴 降也
【煬】양 ヨウ、あぶる warm at the fire
①불쪼일 對火 ②녹을 融也 ③녹일 鑠也 ④구워말릴 炙燥 ⑤불 활활 붙을 火熾猛 「름
【煬和】(양화-ヨウワ) 화기가 넘쳐서 흐
【煙】연 エン、けむり smoke 先 ㄧㄢ yen^{1}

연기 火鬱氣 (인) 기운 氣也—熅

【煙價】(연가-エンカ) ①담뱃 값 ②주막 또는 여관의 밥값 「경치

【煙景】(연경-エンケイ) 아지랑이가 낀

【煙管】(연관-エンカン・きせる) 담뱃대

【煙軍】(연군-エングン) 광부(鑛夫)의 딴 이름

【煙臺】(연대-エンダイ) 담뱃대

【煙毒】(연독-エンドク) 연기 속에 있는 독기

【煙堗】(연돌-エントツ) 굴뚝

【煙幕】(연막-エンマク) 자기편의 행동이나 사격의 목표가 될 물건을 적으로부터 가리기 위해 내는 진한 연기

【煙煤】(연매-エンバイ) 철매。 거림

【煙滅】(연멸-エンメツ) 연기 같이 흔적도 없이 사라짐

【煙霧】(연무-エンム) 연기와 안개

【煙雨】(연우-エンウ) 이슬비

【煙雲】(연운-エンウン) 연기와 구름

【煙竹】(연죽-エンチク) 담뱃대

【煙槍】(연창-エンソウ) 아편을 피어 빠는 관

【煙草】(연초-エンソウ・たばこ) ①구름과 안개에 싸인 풀 ②담배

【煙筒】(연통-エントウ) 얇은 서로 만들고 자유로 옮길 수 있게 된 굴뚝

【煙波】(연파-エンパ) ①연기가 일어나서 물결같이 된 것 ②아지랑이가 낀 물 위

【煙霞】(연하-エンカ) 고요한 산림(山林)의 경치

【煙戶】(연호-エンコ) 연기가 나는 집。 사람이 사는 집

【煙花】(연화-エンカ) 봄 경치

【煙火】(연화-エンカ) ①밥을 짓는 연기 ②봉화(烽火)의 연기 ③불로 익힌 음식。 숙식(熟食) ④화포(花砲)

【煨】외 ワイ、うずめやく roast 灰 ㄨㄟ wei' ①구울 火中熱物 ②그슬릴 盆中火 熝

【煨燼】(외신-ワイジン) 불에 탄 찌끼。

【煜】욱 イク、ひかる blaze of fire ①비칠 耀也 ②불꽃 火焰 ③성할 火盛貌 (융) ①義同 ②불빛 환할 火貌

【煜煜】(욱욱-イクイク) 빛이 빛나는 모양

【煜灼】(욱작-イクシャク) 빛남

【煮】자 シャ、にる boil; cook 삶을 烹也

【煮沸】(자비-シャフツ) 끓어 오름。 펄펄 끓음

【煑】前條 同字

【煎】전 セン、いる fry in fat 霰 ㄐㄧㄢ chien' ①달일 熬也 ②불에 말릴 ③졸일 水煮

【煎茶】(전다-センチャ) 차를 달임

【煎餠】(전병-センベイ) 부꾸미

【煎藥】(전약-センヤク) 달인약。 달여 먹는 약

【煎油】(전유-センユ) 지짐 질하는 일

【煎調】(전조-センチョウ) 음식을 삶아 간을 맞춤

【照】조 ショウ、てらす illumine 嘯 ㄓㄠ chao' 비칠 明所燭

【照鑑】(조감-ショウカン) ①신불(神佛)이 밝게 보살핌 ②대조하여서 봄

【照考】(조고-ショウコウ) 율문(律文)을 대조하고 상고함

【照管】(조관-ショウカン) 관리함

【照例】(조례-ショウレイ) 전례를 참고함

【照騰】(조등-ショウトウ) 글을 베낌。 등사(騰寫)함 「앎

【照諒】(조량-ショウリョウ) 사정을 밝히어

【照臨】(조림-ショウリン) ①일월(日月)이 위에서 밝게 비침 ②군주가 뭇 백성을 다스림

【照明】(조명-ショウメイ) 비추어 밝힘

【照耀】(조요-ショウヨウ) 밝게 비침

【照應】(조응-ショウオウ) 앞뒤가 등이 닿도록 관계됨

【照準】(조준-ショウジュン) 겨냥하는 표준。 가늠

【照察】(조찰-ショウサツ) 보아 살핌。알아 살핌

【照合】(조합-ショウゴウ) 서로 맞추어 봄

【照會】(조회-ショウカイ) ①의론하고 또는 알리기 위하여 보내는 공문 ②서면으로 물어 봄

【煥】환 カン、あきらか flaming 翰 ㄏㄨㄢˋ huan⁴
①밝을 明也 ②빛날 文貌—爛 ③불빛 火光

【煥發】(환발-カンパツ) ①빛이 환하게 나타남 ②조칙(詔勅)을 내림。환발(渙發)

【煥彰】(환창-カンショウ) 밝게 나타남

【煥乎】(환호-カンコ) 빛나는 모양

【煌】황 コウ、オウ、かがやく luminous 陽 ㄏㄨㄤˊ huang²
①환히 밝을 光明 ②빛날 煇也 ③성할 盛也 ④고을이름 郡名敦

【煌煌】(황황-コウコウ) 반짝 반짝 빛남

【煦】후 ク、あたためる waimi hot 遇 ㄒㄩˋ hsü⁴
①뜨거울 熱也 ②찔 烝也 ③햇빛 따뜻할 日出温。 ④품을 覆育—嫗

【煦嫗】(후구-クク) 소중하게 기름

【煦育】(후육-クイク) 품어기름。몸으로 녹여 기름

【煇】휘 キ、ク、かがやく bright 微 ㄏㄨㄟ huei¹
빛날 光也 (운) 햇무리 日光氣 暈同 (혼) 지질 灼也 (혼) 불빛 火光—煋 ②벌걸 赤色 焜同

【煇煇】(휘휘-キキ) 빛나는 모양

【熙】희 キ、ひかる bribht 支 ㄒㄧ hsi¹
①빛날 光也 ②화할 和也 ③넓을 廣也 ④일어날 興也

【熙笑】희소-キショウ) 즐거워서 웃음

【熙朝】(희조-キチョウ) 잘 다스려진 시대。성세(盛世) 「②넓은 모양

【熙熙】(희희-キキ) ①화목하는 모양

【熙熙壤壤】(희희양양-キキヅョウヅョウ)많은 사람이 이리저리 왕래하는 모양

【十 畫】

【煽】선 セン、あおる blaze up 霰 ㄕㄢ shan¹
①불 부칠 使火熾 ②성할 熾盛

【煽動】(선동-センドウ) 남을 추기어 일을 일으킴 「양

【煽熾】(선치-センシ) 세력이 왕성한 모

【熄】식 ソク、ショク、きえる extingussh 職 ㄒㄧ hsi²,
①불꺼질 滅火 ②불담을 畜火 「짐

【熄滅】(식멸-ソクメツ) 없애버림。없어

【熊】웅 ユウ、くま bear 東 ㄒㄩㄥ hsiung²
①곰 獸名山居冬蟄 ②빛날 光也

【熊膽】(웅담-ユウタン・くまのい)곰의 쓸개 열병・등창 오래된 이질・안질등에 쓰임

【熊掌】(웅장-ユウショウ) 곰의 발바닥。맛이 좋음

【熊虎之將】(웅호지장-ユウコのショウ)곰과 범과 같은 용맹스러운 대장

【熒】형 ケイ、エイ、まどわす puzzle 青 ㄧㄥ ying²
①현란할 眩眼 ②밝을 明也 ③등불 반짝 거릴 燈燭之光—— ④별이름 星名一惑 ⑤의심냄 疑惑

【熒光】(형광-ケイコウ) 반딧불

【熒石】(형석-ケイセキ) 유리빛이 나는 무르고 약한 결정

【熒案】(형안-ケイアン) 공부하는 세상

【熒窓】(형창-ケイソウ) 고통을 겪어가며 학문을 닦는 곳 「불

【熒燭】(형촉-ケイショク) 반짝거리는 촟

【熒惑】(형혹-ケイワク・エイワク) ①재화・병란의 조짐을 보인다는 별。화성(火星) ②화신(火神)의 이름 ③현혹하게 함

【熏】훈 クン、ふすぶる tumigate 文 ㄒㄩㄣ hsün¹
①불길 火炎上出 ②지질 灼也 ③좋아할 和悅——爋同

【熏灼】(훈작-クンシャク) ①불탐 ②불이 타듯 세력이 왕성함

【熔】鎔(金部 十畫)俗字

【熔岩】(용암-ヨウガン) 화산에서 분출되는 바위
【熔融】(용융-ヨウユウ) 고체(固體)가 불의 열로 녹아서 액체로 되는 것
【熔解】(용해-ヨウカイ) 금속이 화열에 녹음 「아 풀어짐
【熔化】(용화-ヨウカ) 덩어리가 불에 녹

【犖】牛部 十畫에 볼것

【十一畫】

【熟】숙 ジュク、シュク、にえる ripe; cooked 屋 ㄕㄡˊ shu²
①익힐 生之反食飪 ②무르익을 爛也 ③이룰 成也稔歲 ④익히 頃久温
【熟考】(숙고-ジュクコウ) 충분히 생각함
【熟讀】(숙독-ジュクドク) 익숙하도록 읽음
【熟卵】(숙란-ジュクラン) 삶은 닭의 알
【熟覽】(숙람-ジュクラン) 자세히 봄。똑똑히 봄
【熟慮】(숙려-ジュクリョ) 깊이 생각함
【熟練】(숙련-ジュクレン) 익숙하게 익힘
【熟路】(숙로-ジュクロ) 익숙하게 아는 길。익은 길
【熟眠】(숙면-ジュクメン) 잠이 잘 듬
【熟蕃】(숙번-ジュクバン) 조금 문화에 복종하는 번족(蕃族)
【熟絲】(숙사-ジュクシ) 삶아 익힌 명주
【熟省】(숙성-ジュクセイ) 잘 반성함
【熟手】(숙수-ジュクシュ) 잔치 때에 음식을 만드는 것을 업으로 삼는 사람
【熟睡】(숙수-ジュクスイ) 잘 잠。달게 잠
【熟習】(숙습-ジュクシュウ) 익숙한 습관
【熟視】(숙시-ジュクシ) 자세히 봄
【熟語】(숙어-ジュクゴ) 두가지 이상의 말을 합하여 한뜻을 나타내는 말 또는 쓰는 데가 대개 일정한 말
【熟肉】(숙육-ジュクニク) 삶아 익힌 쇠고기。편육(片肉)
【熟議】(숙의-ジュクギ) 잘 의논함
【熟知】(숙지-ジュクチ) 잘 알음
【熟察】(숙찰-ジョクサツ) 잘 살핌。자세히 관찰함

【熱】열 ネツ、あつい hot; heat 屑 ㄖㄜˋ jê⁴
①더울 温也 ②뜨거울 如火所燒 ③불김 火氣
【熱狂】(열광-ネッキョウ) 너무 열심으로 함。곱살이 끼어 함 「기운
【熱氣】(열기-ネッキ) 몸에서 나는 더운
【熱帶】(열대-ネッタイ) 지구상 기후가 몹시 더운 땅
【熱度】(열도-ネツド) ①열의 도수 ②열심의 정도。 「분량
【熱量】(열량-ネツリョウ) 열의 많고 적은
【熱烈】(열렬-ネツレツ) ①감정의 정도가 대단함 ②권세가 성함
【熱辯】(열변-ネツベン) 열렬한 변론
【熱誠】(열성-ネッセイ) 열렬한 정성
【熱性】(열성-ネッセイ) 사물에 분격하기 쉬운 성질。걸핏하면 격분하는 성질
【熱水】(열수-ネッスイ) 뜨거운 물
【熱心】(열심-ネッシン) 열렬한 마음
【熱情】(열정-ネツジョウ) 매우 높아가는 감정
【熱中】(열중-ネッチュウ) 정신을 한곳으로 집중시킴
【熱學】(열학-ネツガク) 열의 본성에 대하여 연구하는 학문
【熱火】(열화-ネッカ) ①뜨거운 불 ②몹시 흥분된 마음

【熬】오 ガウ、いる roast
①볶을 乾煎 ②걱정할 愁苦聲—— ③팔진미 八珍之一淳—
【熬穀】(오곡-ゴウコク) 볶은 곡식
【熬熬】(오오-ゴウゴウ) 걱정하는 소리。애끓는 소리

【熠】습 シフ、かがやく bright 緝 ㄧˋ i⁴
①선명할 鮮明—— ②환할 盛光 ③반딧불 반짝거릴 螢火—
【熠熠】(습습-シュウシュウ) 빛이 선명한 모양 「는 모양
【熠燿】(습요-シュウヨウ) 빛이 반짝거리

【熨】울 의 イ、ウツ、ひのし iron
다릴 以火展帛 (의) 다리미 火斗
【熨斗】(울두-のし) 다리미

【熛】표 ヒョウ、ひのこ sparkle 蕭 ㄅㄧㄠ piao¹

불똥될 飛火

【熛怒】(표노-ヒョウド) 불길이 성한모양

【熛至】(표지-ヒョウシ) 불똥튀듯 빨리 이름

【熒】 玉部 十畫에 볼것

【十二畫】

【燉】 돈 トン、さかんなり flaming 元 ㄉㄨㄣˋ tuen$^{1\cdot4}$ ①불빛 火色 ②불 이글이글할 火盛貌 ③땅 이름 地名—煌

【燈】 등 トウ、ともしび lamp; lantern 蒸 ㄉㄥ têng^{1} 등 綻中置燭

【燈架】(등가-トウカ) 등경걸이

【燈光】(등광-トウコウ) 등불 빛

【燈臺】(등대-トウダイ) 항로의 표지로서 해중(海中)·해변등에 세운 탑위에 켜는 등

【燈心】(등심-トウシ) 심지

【燈影】(등영-トウエイ) 등불 그림자

【燈蛾】(등아-トウガ) 불나방

【燈油】(등유-トウユ) 등불에 쓰는 기름

【燈燭】(등촉-トウショク) 등불과 촛불

【燈皮】(등피-トウヒ) 남포의 불을 밝게 하기 위하여 쓰는 유리로 만든 기구

【燈下】(등하-トウカ) 등불 밑

【燈火】(등화-トウカ) 등불

【燈花】(등화-トウカ) 불을 켜놓은 심지 끝에 생기는 불 덩어리

【燎】 료 リョウ、にわび signal light ①횃불 放火照庭— ②불놓을 放火 ③비칠 照也 ④밝을 明也

【亂燎】(요란-リョウラン) 불이 붙어서 어지러움

【燎原】(요원-リョウゲン) 불이 난 벌판

【燐】 린 リン、おにび ghost's fire 震 ㄌㄧㄣˊ lin^{2} ①도깨비불 鬼火 ②반딧불 螢火

【燐光】(인광-リンコウ) 인(燐)이 내는불

【燐火】(인화-リンカ) ①도깨비불 ②반딧불

【燔】 번 ボン、ハン、やく roast 元 ㄈㄢˊ fan^{2} ①구울 炙也 ②지질 箭也 ③불사를 燒也

【燔劫】(번겁-ハンキョウ) 남의 집을 불태워 위협함

【燔肉】(번육-ハンニク) 구운고기

【燔灼】(번작-ハンシャク) 불에구움

【燔鐵】(번철-ハンテツ) 지짐질할 때에 쓰는 쏱뚜껑 같이 된 기구

【燔土】(번토-ハンド) 질그릇·사기그릇의 원료가 되는 흙

【燒】 소 ショウ、やく burn 蕭 ㄕㄠ shao^{1} ①불사를 燒也 ②불붙을 焚也 ③불땔 爇也 ④들불 野火

【燒棄】(소기-ショウキ) 불에 살라버림

【燒滅】(소멸-ショウメツ) 불에 타서 없어짐

【燒焚】(소분-ショウフン) 불 사름。탐。

【燒死】(소사-ショウシ) 불에 타서 죽음

【燒散】(소산-ショウサン) 태워서 흩어버림

【燒殺】(소살-ショウサツ) 불에 태워 죽임

【燒失】(소실-ショウシツ) 불에 타서 없어짐。 태워버림 태워버림

【燒夷】(소이-ショウイ) 불에 살라 버림

【燒夷彈】(소이탄-ショウイダン) 비행기위에서 떨어뜨려서 불을 일으키는 폭탄

【燒酒】(소주-ショウチュウ) 쌀이나 잡곡따위로 담가서 만든 알콜홀 성분이 강한 술。 화주(火酒) 「사름

【燒火】(소화-ショウカ) 불에 태움。 불

【燖】 심 ジン、シン、あたためる warm up food ①데칠 沈肉於湯 ②삶을 火熟物

【燃】 연 ネン、ゼン、もえる burn 先 ㄖㄢˊ jan^{2} 불사를 燒也

【燃料】(연료-ネンリョウ) 불을 때는 재료

【燃燒】(연소-ネンショウ) 불에 탐

【燕】 연 エン、つばめ swallow 先 ㄧㄢˋ yen^{1} ①연나라 國名召公所封 ②제비 玄鳥 ③쉴 息也 ④편할 安也 ⑤姓也

【燕居】(연거-エンキョ) 한가히 있음
【燕京】(연경-エンケイ) 중국 북경(北京)의 별칭
【燕樂】(연락-エンラク) 주연(酒宴)의 음악
【燕麥】(연맥-エンバク) 귀리
【燕巢】(연소-エンソウ) 제비의 집
【燕安】(연안-エンアン) 몸과 마음이 한가하고 편안함。
【燕翼】(연익-エンヨク) 조상이 자손을 편안히 도움。또 그 꾀
【燕雀】(연작-エンジャク) 제비와 참새
【燕朝】(연조-エンチョウ) 임금이 휴식하는 전각(殿閣)

【燄】염 エン、ほのお flame 琰 ㄧㄢ yen²·⁴
①불당길 火初著 ②불번쩍거릴 火行貌ーー

【爗】엽 ヨウ、かがやく flaming 葉 ㄧ i⁴
불성할 火盛ーー

【燋】조 ショウ、たいまつ torch-fire
①횃불 然持火炬 ②거슬릴 焦也 焦通 ③거북등 지지는 홰 灼龜炬

【熾】치 シ、さかんなり severe 寘 ㄔ ch'ih⁴
①불성할 火盛 ②불땔 炊也
【熾烈】(치열-シレツ) 불・열등이 맹렬함

【燙】탕 トウ、すすぐ scald 漾 ㄊㄤ t'ang⁴
①씻을 滌也 ②불에델 火傷

【熹】희 キ、さかん prosperous 支 ㄒㄧ hsi¹
①불성할 熾也 ②빛날 光也 ③희미할 微陽 ④넓을 博也 ⑤찔 烝也
【熹微】(희미-キビ) 햇빛이 어렴풋함

【十三畫】

【燮】섭 ショウ、やはらぐ harmonize 葉 ㄒㄧㄝ hsieh⁴
①화할 和也 ②불에 익힐 火熟

【燧】수 スイ、ひうち strike fire 寘 ㄙㄨㄟ suei⁴
①불 火也 ②봉화 烽也
【燧石】(수석-スイセキ) 부싯돌

【營】영 エイ、ヨウ、となむ manage 庚 ㄧㄥ ying²
①경영할 經ー ②영문 軍壘 ③지을 造也 ④다스릴 治也 ⑤헤아릴 度也 ⑥황송할 煌恐意屛ー ⑦오락가락할 往來貌ーー
【營救】(영구-エイキュウ) 남의 무죄를 변명하여 구호함
【營內】(영내-エイナイ) 변영(兵營)안
【營農】(영농-エイノウ) 농업을 영위함
【營力】(영력-エイリョク) 지구 표면을 변화 시키는 힘
【營利】(영리-エイリ) 재산의 이익을 꾀「합
【營門】(영문-エイモン) ①군문(軍門)。 감사(監司)가 직무를 행하던 관청
【營繕】(영선-エイゼン) 건축하고 수리함
【營養】(영양-エイヨウ) 생물이 양분을섭취하여 체질의 소모를 보충하여 살아감
【營業】(영업-エイギョウ) 일을 경영함。영리하는 사업
【營域】(영역-エイイキ) 울 안。지경 안
【營爲】(영위-エイイ) 일을 경영함
【營造】(영조-エイゾウ) 역사(役事)를 경영함
【營築】(영축-エイチク) 토목・건축 따위의 일을 경영함

【燠】욱 イク、オウ、あたたか warmth 屋 ㄩ yü⁴
더울 煖也 (오) ①속답답할 熱在中 ②끙끙거릴 咻痛聲ー忿
【燠休】(오휴-イクキュウ) 아프다고 하는 소리

【燥】조 ソウ、かわく dry 號 ㄗㄠ tsao⁴
①마를 乾也 ②녹일 爍也
【燥剛】(조강-ソウゴウ) 땅에 물기가 없어 메마르고 토질이 단단함
【燥澁】(조삽-ソウジュウ) 마르고 파슬파슬함
【燥濕】(조습-ソウシツ) 마른 것과 젖은 「것
【燥熱】(조열-ソウネツ) 마르고 더움
【燥葉】(조엽-ソウヨウ) 마른 잎

【燥涸】(조학-ソウコ) 물기가 건혀서 바짝 말라 붙음

【燦】찬 サン、あきらか brilliant 翰 ㄘㄢˋ ts'an⁴
빛날 밝을 찬란할 明滿—爛

【燦爛】(찬란-サンラン) 빛이 황홀함。광채가 영롱함

【燦然】(찬연-サンゼン) 찬란한 모양

【燭】촉 ショク、ソク、ともしび candle 沃 ㄓㄨˊ chu²
①촛불 蠟炬 ②비칠 照也 ③밝을 明也

【燭膿】(촉농-ショクノウ) 초가 탈때 녹아서 흘러 떨어지는 기름

【燭臺】(촉대-ショクダイ) 촛대

【燭燎】(촉료-ショクリョウ) 촛불과 횃불

【燭淚】(촉루-ショクルイ) 초가 탈때 녹아서 흘러 떨어지는 물건

【燭心】(촉심-ショクシン) 초의 심지

【燭影】(촉영-ショクエイ) 등불。그림자

【燭察】(촉찰-ショクサツ) 밝히 살핌

【燭火】(촉화-ショクカ) 촛불

【燬】훼 キ、やく burning 紙 ㄏㄨㄟˇ huei³
①불 이글이글할 火盛 ②불꺼질 火滅

【點】黑部 五畫에 볼것

【十四畫】

【燾】도 トウ、おおう cover 號 ㄉㄠˋ tao⁴
①덮을 覆也 ②비칠 照也

【燾育】(도육-トウイク) 덮어 기름

【燼】신 ジン、もえさし ashes
①깜부기불 餘火灰— ②촛불똥 燭餘燼— ③나머지 餘也

【燼餘】(신여-ジンヨ) ①타다남은불기운 ②없애버리고 난 뒤의 나머지 무리

【燿】요 ヨウ、かがやく glorious
①빛날 光貌炫— ②환할 明貌熠— ③갤 비칠 照也

【燿燿】(요요-ヨウヨウ) 환하게 빛나는 모양

【燻】훈 クン、ふすぶる fume
①불길치밀 火氣盛貌 ②연기치밀 煙上

【十五畫】

【爍】삭 シャク、かがやく bright
빛날 光貌灼—

【爍爍】(삭삭-シャクシャク) 빛나는 모양

【爇】설 ゼツ、やく burn 屑 ㄖㄜˋ jê⁴
불사를 燒也

【爆】폭 バク、ハク、やく burst 效 ㄅㄠˋ pao⁴
불터질 火裂 (박) ①불에 말릴 火乾 ②불사를 爇也 ③지질 灼也

【爆擊】(폭격-バクゲキ) 폭발탄으로 공격함

【爆發】(폭발-バクハツ) ①별안간 일어남 ②갑자기 터짐 ③불이 일어나며터짐

【爆笑】(폭소-バクショウ) 온통 터져나오는 웃음

【爆藥】(폭약-バクヤク) 화학적 변화로 별안간 높은 온도의 까쓰를 내어 폭발하는 물질

【爆音】(폭음-バクオン) 폭발되는 큰소리

【爆竹】(폭죽-バクチク) 대통속에서 폭발시키는 딱총

【爆沈】(폭침-バクチン) 폭발시키어 가라앉힘

【爆彈】(폭탄-バクダン) 폭발탄의 준말

【爆破】(폭파-バクハ) 폭발시키어 깨뜨림

【羆】网部 十四畫 볼것

【十六畫】

【爐】로 ロ、ひいれ、いろり fire-place 虞 ㄌㄨˊ lu²
①화로 火器 ②되약볕 洪— 鑪同

【爐邊】(노변-ロヘン) 화롯가

【爐火】(노화-ロカ) ①화로불 ②장생불노(長生不老)의 약을 고움

【爓】염 エン、ほのお flame 豔 ㄧㄢˋ yen⁴

①불빛 火光 ②불꽃 炎也 (섬)①아궁이 火門 ②데칠 沈肉于湯

【爗】엽 ヨウ、ひかる glistening [葉] ㄧㄝ yeh⁴
①번쩍거릴 閃光 ②불 이글 이글할 火盛貌

【十七畫—二十五畫】

【爛】란 ラン、あざやか brilliant [翰] ㄌㄢ lan⁴
①데어벗어질 熱也糜— ②밝을 明也 燦— ③난만할—漫 ④춧불빛 燭光——
【爛柯】(난가-ランカ) 바둑 두는 재미를 나타내는 말。나뭇군이 바둑구경하다가 도끼 자루 썩는 줄도 몰랐다는 이야기에서 온 말
【爛漫】(난만-ランマン) ①많이 흩어짐。물건이 넘치는 모양 ②광채가 흩어지는 모양 ③사라지는 모양 ④잘자는 모양 ⑤꽃이 한창 핀 모양
【爛發】(난발-ランパツ) ①한창 나타남。명백히 나타남 ②꽃이 한창 만발함
【爛熟】(난숙-ランジュク) ①과실이 무르익음 ②사물에 잘 익음 ③잘 이해함
【爛飮】(난음-ランイン) 만판 술을 마심
【爛嚼】(난작-ランシャク) 음식을 잘 씹음
【爛醉】(난취-ランスイ) 술이 몹시 취함

【爨】찬 サン、かまど cooking-stove
①부뚜막 ②불땔 炊也 ③불길 오를 火上
【爨室】(찬실-サンシツ) 부엌
【爨婢】(찬비-サンピ) 밥더기
【爨炊】(찬취-サンスイ) 밥을 지음

爪 部

【爪】조 ソウ、ショウ、つめ nail [巧] ㄓㄠ chao³
①손톱 手足甲 ②할퀼 抓也覆手取物
【爪牙】(조아-ソウガ) ①손톱과 어금니 ②사람에게 긴절한 물건 ③자기의 동아리
【爪痕】(조흔-ソウコン) 손톱이나 짐승의 발톱으로 할퀸 흔적

【二畫—三畫】

【瓜】瓜部 部首에 볼것
【孚】子部 四畫에 볼것
【妥】女部 四畫에 볼것

【四 畫】

【爭】쟁 ソウ、あらそう strive [庚] ㄓㄥ chêng¹
①다툴 競也 ②다스릴 理也 ③분별할 辨也 ④간할 諍也 ⑤옳다 그르다할 辨難
【爭功】(쟁공-ソウコウ) 공(功)을 다툼
【爭光】(쟁광-ソウコウ) 영광을 다툼
【爭權】(쟁권-ソウケン) 권리를 다툼
【爭端】(쟁단-ソウタン) 다투는 사실의 단서
【爭頭】(쟁두-ソウトウ) 일을 서로 먼저 하기를 다툼
【爭論】(쟁론-ソウロン) 서로 논박함
【爭先】(쟁선-ソウセン) 앞을 다툼
【爭訟】(쟁송-ソウショウ) 다투어 가며 송사(訟事)를 일으킴。
【爭友】(송우-ソウユウ) 친구의 잘못을 충고하는 벗
【爭議】(쟁의-ソウギ) 서로 다른 의견을 주장하며 다툼
【爭取】(쟁취-ソウシュ) 상대편과 겨루어 이겨 빼앗아 가짐
【爭奪】(쟁탈-ソウダツ) 빼앗기를 다툼
【爭鬪】(쟁투-ソウトウ) 서로 다투며 싸움。투쟁(鬪爭)
【爭霸】(쟁패-ソウハ) 패권(霸權)을 다툼
【爭詰】(쟁힐-ソウキツ) 서로 다투어서 힐난함

【爬】파 ハ、ひっかく scratch [麻] ㄆㄚ p'a²
긁을 搔也
【爬櫛】(파즐-ハシツ) 정리함

【爬蟲類】(파충류・ハチュウルイ) 척추동물(脊椎動物)의 한 부문。냉혈이며 폐로 호흡함。거북・악어・뱀 따위

【爰】又部 六畫에 볼것

【釆】釆部 一畫에 볼것

「五畫—九畫」

【爰】원 エン、ここに therefore 元 ㄩㄢˊ yüan²
①이에 於也 ②바꿀 換也 ③느지러질 緩也—— ④당길 引也 ⑤성낼 怒也

【爰爰】(원원・エンエン) 느지러진 모양

【爲】위 イ、なす do; act 支 ㄨㄟˊ wei²
①하 造也 ②다스릴 治也 ③하여금 使也 ④위할 助也 ⑤인연할 緣也 ⑥호위할 護也 ⑦더불 與也 ⑧써 所以 ⑨어조사 語助辭 ⑩어미원숭이 母猴 「함

【爲始】(위시・はじめとなす) 시작함。비롯

【爲我】(위아・イガ・わがためにす) 자기의 이익만을 꾀하고 남의 이익은 돌아보지 아니함

【爲業】(위업・ギョウとなす) 사업을 경영함。업을 삼음

【爲爾】(위이) 이와 같음

【爲人】(위인・ひととなり) 사람의 됨됨이

【爲政者】(위정자・イセイシャ) 정치를 하는 사람

【爲主】(위주) 주장이 됨

【爲替】(위체) 환。환전(換錢)

【奚】大部 七畫에 볼 것

【舜】舛部 六畫에 볼 것

【愛】心部 九畫에 볼 것

【十四畫】

【爵】작 シャク、くらい degree of nobility
①벼슬 位也 ②봉할 封也 ③잔 飮器受一升

【爵祿】(작록・シャクロク) 벼슬과 봉록

【爵位】(작위・シャクイ) 벼슬과 지위

【爵品】(작품・シャクヒン) 벼슬의 품계(品階)

父部

【父】부 フ、ブ、ちち father 麌 ㄈㄨˇ fu³·⁴
①아비 生己者 ②늙으신네 老叟之稱 (보) 男子美稱 尼—尙—亞—

【父敎】(부교・フキョウ) 아버지의 교훈

【父君】(부군・フクン・ちちぎみ) 자기아버지의 높임말

【父道】(부도・フドウ) 아버지가 행하여온 길

【父老】(부로・フロウ) ①한 마을에서 나이가 많은 어른 ②늙은이의 존칭

【父命】(부명・フメイ) 아버지의 명령

【父母】(부모・フボ) ①아버지와 어머니 ②부모같은 관계가 있는 이

【父母之邦】(부모지방・フボのくに) 고향。고국(故國)

【父事】(부사・フジ) 아버지로 섬김。아버지처럼 존경함

【父師】(부사・フシ) ①아비와 스승 ②태자(太子)의 선생

【父子】(부자・フシ) 아비와 아들

【父祖】(부조・フソ) 아버지와 할아버지

【父親】(부친・フシン・ちちおや) 아버지

【父兄】(부형・フケイ) ①아버지와 형 ②학생의 보호자

「四畫—九畫」

【爸】파 ハ、ちち father
아비 羌人呼父

【斧】斤部 四畫에 볼것

【爹】다 タ、ちち father 麻 ㄉㄧㄝ tieh¹
아비 父也

【釜】金部 二畫에 볼것

【爺】야 ヤ、ちち father 麻 ㄧㄝˊ yeh²
①아비 父也 ②늙은이 老—

爻 部

【爻】효 コウ、まじわる intercourse 肴 ㄧㄠˊ yao¹
①사귈 交也 ②바뀔 變也 ③형상할 衆也 ④본받을 效也 ⑤易卦六十四—

【五畫—十畫】

【爼】俎(人部 七畫)에 볼것

【爽】상 ソウ、さわやか bright
①밝은 明也 ②시원할 清快—塏 ③새벽 早旦昧— ④매울 烈也 ⑤어길 差也

【爽達】(상달·ソウタツ) 마음이 상쾌하고 사물의 이치에 통달함
【爽明】(상명·ソウメイ) 밝음。명랑함
【爽實】(상실·ソウジツ) 사실이 서로 틀림
【爽然】(상연·ソウゼン) 씩 시원한 모양
【爽快】(상쾌·ソウカイ) ①시원하고 기쁨 ②마음이 유쾌함

【爾】이 ジ、ニ、なんじ you; your 紙 ㄦˇ êrh³
①너 汝也 ②가까울 近也 ③어조사 語助辭

爿 部

【爿】장 ショウ、きぎれ slice 陽 ㄑㄧㄤˊ ch'iang²
조각널 判木

【三 畫】

【壯】士部 四畫에 볼것

【妝】女部 四畫에 볼것

【四 畫】

【牀】상 ショウ、ねだい couch 陽 ㄔㄨㄤˊ ch'uang²
①평상 人所坐臥 ②우물난간 井幹

【牀几】(상궤·ショウギ) ①침상과 안석 ②접을 수 있는 걸상의 일종

【狀】犬部 四畫에 볼것

【戕】戈部 四畫에 볼것

【六畫—十畫】

【牂】장 ショウ、めひつじ ewe 陽 ㄗㄤ tsang¹
①암양 牡羊 ②성할 盛貌

【將】寸部 八畫에 볼것

【臧】臣部 八畫에 볼것

【十三畫—十五畫】

【牆】장 ショウ、かき fence 陽 ㄑㄧㄤˊ ch'iang²
①담 垣蔽 ②차면담 門屏蕭— ③옥 獄也圜— ④사모할 追慕羹—

【牆內】(장내·ショウナイ) 담안
【牆壁】(장벽·ショウヘキ) 담과 벽
【牆垣】(장원·ショウエン) 담
【牆衣】(장의·ショウイ) 담위의 푸른이끼
【牆下】(장하·ショウカ) 담。울타리

【墻】前條 同字

片 部

【片】편 ヘン、かた slice 霰 ㄆㄧㄢˋ p'ien⁴
①조각 折開木半 ②화판 瓣也 ③쪼갤 判也 ④姓也

【片簡】(편간·ヘンカン) 글을 써 놓은 조각。편서(片書)
【片鱗】(편린·ヘンリン) ①한 조각의 비늘 ②사물의 일부분이 드러난 것
【片面】(편면·ヘンメン·かたメン) 한쪽면
【片時】(편시·ヘンジ·かたとき) 잠시

【片心】(편심) 작은 마음
【片言】(편언・ヘンゲン・かたこと) 한말。간단한 말
【片影】(편영・ヘンエイ) ①자그마한 그림자 ②잠깐 엿본 그림자
【片雲】(편운・ヘンウン) 한 조각의 구름。조각 구름
【片月】(편월・ヘンゲツ) 조각달
【片土】(편토・ヘンド) 작은 토지
【片片】(편편・ヘンペン) ①조각 조각 펄어지는 모양 ②가볍게 번득이는 모양。③작은 모양。

【四 畫】

【版】판 ハン、いた、ふだ
blocks for printing
①조각 判也 ②호적 戶籍—圖 ③홀 笏也 ④담틀 築墻— ⑤궁벽할 僻也—|
【版圖】(판도・ハント) ①호적(戶籍)과 지도(地圖) ②한 나라의 영토
【版木】(판목・ハンぎ) 인쇄하기 위하여 글자나 그림을 새기는데 쓰는 나무
【版本】(판본・ハンポン) 목판(木版)으로 박은 책
【版籍】(판적・ハンセキ) ①토지와 백성・호적부(戶籍簿)로 씀 ②책・서적
【版行】(판행・ハンコウ) 출판하여 발행함

【八畫—九畫】

【牋】전 セン、てがみ
letter 先 ㄐㄧㄢ chien¹
표전 表也 箋同
【牋奏】(전주・センソウ) 임금에게 올리는 상주문(上奏文)

【牌】패 ハイ、ふだ、たて
sign-board 佳 ㄆㄞ p'ai²
①호패 籍也簟— ②문패 門— ③방패 盾也 ④방붙일 牓也
【牌刀】(패도・ハイトウ) 방패와 칼
【牌牓】(패방・ハイボウ) 패。간판

【牒】첩 チョウ、かきもの
letter 葉 ㄉㄧㄝ tieh²
①편지 簡也 ②글씨판 書板 ③공문 官府移文 ④족보 譜也 ⑤장부 帳簿 ⑥문놓은베 疊布
【牒報】(첩보・チョウホウ) 서면으로 상관에 보고함 「(公文)
【牒案】(첩안・チョウアン) 마음의 공문
【牒狀】(첩장・チョウジョウ) ①화랑문。회장(回章) ②소장(訴狀)

【十畫—十五畫】

【牓】방 ホウ、ふだ
register 養 ㄅㄤ pang³
①표할 標也 ②패꼬슬 牌也 ③방붙일 題也 榜同

【牖】유 ユウ、まど
lattice window 有 ㄧㄡ yu³
①교창 交牕 ②인도할 導也 ③깨우칠 開明 ④향할 向也

【牕】창 ソウ、まど
window 江 ㄔㄨㄤ ch'uang¹
창 戶也 窓同

【牘】독 トク、ドク、ふみ
letter 屋 ㄉㄨ tu²
①편지 簡— ②공문 公案 ③그릇 이름 器名春

牙 部

【牙】아 ガ、ゲ、きば
molar
①어금니 牡齒 ②대장기 大將旗
【牙旗】(아기・ガキ) 대장군(大將軍)의 기。기 꼭대기에다 상아(象牙)로써 장식 함
【牙輪】(아륜・ガリン) 가장자리에 이가 달린 바퀴
【牙城】(아성・ガジョウ) 대장이 있는 성
【牙牙】(아아・ガガ) 어린애의 귀여운 목소리
【牙齒】(아치・ガシ) 어금니와 이
【牙儈】(아쾌・ガカイ) 물건의 매매를 거간하는 사람。

【三畫—八畫】

【邪】邑部 四畫에 볼것

【撐】탱 トウ、ささえる support 敬 ㄔㄥ ch'êng
버틸 支柱

【雅】佳部 四畫에 볼것

牛部

【牛】우 ギュウ、ゴ、うし OX; COW
①소 耕畜大牲 ②별이름 宿名牽ㅡ

【牛膽】(우담-ギュウタン) 소의 쓸개

【牛酪】(우락-ギュウラク) ①우유로 끓인 죽 ②빠터

【牛馬】(우마-ギュウバ) 소와 말

【牛毛】(우모-ギュウモウ) 쇠털

【牛蒡】(우방-ゴボウ) 우엉

【牛蠅】(우승-うしばえ) 쇠파리

【牛腎】(우신-ギュウジン) 소의 자지

【牛心】(우심-ギュウシン) 소의 염통

【牛羊】(우양-ギュウヨウ) 소와 양

【牛疫】(우역-ギュウエキ) 소의 전염병

【牛油】(우유-ギュウユ) 소기름

【牛肉】(우육-ギュウニク) 쇠고기

【牛飮馬食】(우음마식-ギュウインバショク) 마소처럼 많이 먹음

【牛衣】(우의-ギュウイ) ①누더기 ②덕석

【牛醫】(우의-ギュウイ) 소의 병을 고치는 의사

【牛耳】(우이-ギュウジ) ①소의 귀 ②동맹(同盟)의 주인공。우두머리

【牛漿】(우상-ギュウショウ) 소에게 천연두를 앓게한 뒤에 그 두창(痘瘡)에서 뽑아낸 물

【牛車】(우차-ギュウシャ) 소가 끄는 수레

【牛皮】(우피-ギュウヒ) 쇠가죽

【二畫—三畫】

【牟】모 ボウ、おさぼる couet 尤 ㄇㄡ mou²
①취할 取也 ②소울 牛鳴 ③침로할 侵也 ④빼앗을 奪也 ⑤클 大也 ⑥제기 黍稷器敦ㅡ ⑦복도 閣道ㅡ ⑧보리 麥也來ㅡ ⑨곱 倍也 ⑩姓也

【牟利】(모리-ボウリ) 도독과 의리는 생각지 않고 이익만을 꾀함

【牟然】(모연-ボウゼン) 소가 우는 소리

【牝】빈 ヒン、めす female of animals
①암컷 獸之雌 ②골 谿谷虛ㅡ

【牝鷄】(빈계-ヒンケイ) 암닭

【牝馬】(빈마-ヒンバ・あずうま) 암말

【牝牡】(빈모-ヒンボ) ①암컷과 숫컷 ②별의 위치

【牝瓦】(빈와-ヒンガ) 암키와

【牝牛】(빈우-めうし) 암소

【牝朝】(빈조-ヒンチョウ) 측천무후(則天武后)가 여자로서 천하에 군림한 까닭으로 이름

【牢】뢰 ロウ、おり prison 豪 ㄌㄠ lao²
①옥 ㅡ獄 ②우리 養獸圈 ③굳을 堅固 ④애오라지 聊也

【牢却】(뇌각-ロウキャク) 굳이 물리침

【牢拒】(뇌거-ロウキョ) 굳이 거절함

【牢固】(뇌고-ロウコ) 굳음

【牢約】(뇌약-ロウヤク) 굳은 약속

【牢獄】(뇌옥-ロウゴク) 죄인을 가두는 곳

【牢包】(뇌포-ロウホウ) 단단히 싸서 둠

【牡】모 ボ、ボウ、おす male of animals
①숫컷 雄畜 ②열쇠 鑰也 ③빗장 「목門關鍵

【牡丹】(모란-ボタン) 작약과의 낙엽 관목

【牡蠣】(모려-かき) 굴조개

【牡牝】(모빈-ボヒン) 숫컷과 암컷

【四 畫】

【牧】목 ボク、モク、まきば cattle-breding
①칠 畜養 ②맡을 司也 ③임할 臨也 ④다스릴 治也 ⑤살필 察也 ⑥권농 田官 ⑦장관 九州長 ⑧들밖 郊外

【牧歌】(목가-ボッカ) 목동들이 부르는 노래

【牧農】(목농-ボクノウ) 목축과 농업

【牧島】(목도-まきしま) 절영도(絶影島)

【牧童】(목동-ボクドウ) 마소를 치는 아

이

【牧馬】(목마-ボクバ) 나무로 말모양을 만들어 기계 체조에 쓰는 기구의 한가지

【牧民】(목민-ボクミン) 백성을 길러 다스림

【牧師】(목사-ボクシ) ①목장을 맡은 벼슬 ②예수교에서 신자를 가르치고 맡은 교회를 다스리는 직무를 가진 사람

【牧豎】(목수-ボクジュ) 목동(牧童)

【牧羊】(목양-ボクヨウ) 양을 기름

【牧牛】(목우-ボクギュウ) 소를 침

【牧者】(목자-ボクシャ) 양이나 소 따위를 치는 사람

【牧場】(목장-ボクジョウ) 마소를 놓아 기르는 곳

【牧笛】(목저-ボクテキ) 목동이 부는 피리

【牧草】(목초-ボクソウ) 말·소·양들을 먹이는 풀

【牧畜】(목축-ボクチク) 가축을 먹이어 기름。목양(牧養)

【物】물 ブツ、モツ、もの substance ; thing
①만물 萬— ②일 事也 ③재물 財也 ④헤아릴 相度 ⑤무리 類也

【物價】(물가-ブッカ) 물건 값

【物件】(물건-ブッケン) 우주간에서 각색 형상을 갖춘 것의 총칭 물품(物品)

【物界】(물계-ブッカイ) 물질의 세계

【物故】(물고-ブッコ・モッコ) ①사람이 죽음 ②명사(名士)가 죽음 ③죄인(罪人)을 죽임

【物權】(물권-ブッケン) 직접 물건에 행사하는 재산권

【物納】(물납-ブツノウ) 물품을 조세 따위로 바침

【物量】(물량-ブツリョウ) 물건의 분량

【物力】(물력-ブツリョク) ①물건이 나는 힘。생산력 ②물건의 세력

【物論】(물론-ブツロン) 여러 사람의 평판。물의(物議)

【物料】(물료-ブツリョウ) 물건을 만드는 재료

【物累】(물루-ブツルイ) 이 세상의 모든 괴로운 일

【物理】(물리-ブツリ) ①만물의 이치 ②물리학(物理學)의 준말

【物理學】(물리학-ブツリガク) 모든 물체의 성질·변화·작용등의 법칙을 연구하는 과학

【物望】(물망) 명성이 높음

【物名】(물명-ブツメイ) 물건의 이름

【物目】(물목-ブツモク) 물건의 목록

【物物】(물물-ブツブツ) 각각 물건

【物物交換】(물물교환-ブツブツコウカン) 옛적에 돈을 쓰지 않던 시대에 물건과 물건을 서로 바꾸던 것

【物產】(물산-ブッサン) 그 땅에서 나는 물품

【物色】(물색-ブッショク) ①물건의 빛 ②얼굴·복색에 의하여 사람을 찾아봄 ③그 일에 감당할 사람의 고름

【物性】(물성-ブッセイ) 물건의 성질

【物騷】(물소-ブッソウ) 세상이 안온하지 못하고 떠들썩함。

【物心】(물심-ブッシン) 물질과 정신。

【物我】(물아-ブツガ) ①남과 나 ②외부(外部)와 내부(內部) ③객관(客觀)과 주관(主觀)

【物外】(물외-ブツガイ) 세상 물정에서 벗어남。세상밖의 것과 자아(自我)

【物慾】(물욕-ブツヨク) 물건에 대한 욕심

【物議】(물의-ブツギ) 여러 사람의 편판

【物資】(물자-ブッシ) 여러가지 물건。

【物財】(물재-ブツザイ) 물건과 돈

【物材】(물재-ブツザイ) 물자(物資) 재료

【物情】(물정-ブツジョウ) ①세상의 인심 ②사물의 정세

【物質】(물질-ブッシツ) 물건의 형상을 이루는 재료

【物體】(물체-ブッタイ) ①물건의 형체 ②지각·정신이 없는 유형물(有形物)

【物稱】(물칭-ブッショウ) 물건에 대한 일컬음

【物標】(물표-ブッピョウ) 물건을 맡기거나 부탁하여 보내는 데 소용되는 쪽지 따위

【物品】(물품-ブッピン) 물건

【物活論】(물활론-ブッカツロン) 심론(心論)의 한 형태
【物形】(물형-ブッケイ) 물건의 형상
【物貨】(물화-ブッカ) 물건과 재화

【五 畫】

【牯】고 コ、めうし
cow 麌 ㄍㄨˇ
암소 牝牧

【牲】생 セイ、ショウ、いけにえ
sacrifice 庚 ㄕㄥ sheng
희생 將殺牛羊豕犧ㅡ
【牲犢】(생독-セイトク) 희생의 송아지
【牲牢】(생뢰-セイロウ) 제사에 바치는 희생
【牲酒】(생주-セイシュ) 희생과 술

【牴】저 テイ、あたる
gore 薺 ㄉㄧˇ ti
①찌를 觸也 ②씨름 雜技角ㅡ ③대강 略也大ㅡ
【牴牾】(저오-テイゴ) 이가 맞지 아니함。사물이 어긋남
【牴觸】(저촉-テイショク) 서로 닿아 범함

【六 畫】

【牸】자 ジ、シ、めうし
cow 寘 ㄗˋ tzŭ
①암소 牝牛 ②품어 기를 獸育子
【牸牛】(자우-ジギュウ) 암소

【特】특 トク、ドク、とりわけ
specially 職 ㄊㄜˋ tê
①특별한 挺立 ②수소 牡牛 ③수컷 雄也 ④세살 먹은 짐승 獸三歲 ⑤짝 匹也 ⑥다만 但也
【特功】(특공-トッコウ) 특별한 공로
【特權】(특권-トッケン) ①어떠한 사람에게 한하여 특별히 가지고 있는 권리 ②특별한 권능
【特勤】(특근-トッキン) 근무시간 외에 일을 더하는 임무
【特給】(특급-トッキュウ) 특별히 줌
【特級】(특급-トッキュウ) 특별한 계급이나 등급
【特待】(특대-トクタイ) 특별한 대우
【特等】(특등-トクトウ) 특별한 등급
【特免】(특면-トクメン) 특별히 죄를 면하여 줌
【特命】(특명-トクメイ) 특별한 명령。특별한 임명
【特務】(특무-トクム) 특별한 임무
【特配】(특배-トクハイ) ①특별 배급 ②특별 배당
【特發】(특발-トクハツ) 남에게 전염을 받지 않고 그 환자 자신이 전염병에 걸리는 일
【特別】(특별-トクベツ) 보통과 다름
【特報】(특보-トクホウ) 특별히 알림
【特使】(특사-トクシ) 특별히 보내는 사람
【特赦】(특사-トクシャ) 죄인을 특별히 놓아줌
【特産】(특산-トクサン) 특별한 산물
【特賞】(특상-トクショウ) 특별한 상
【特色】(특색-トクショク) 남보다 나은 곳。남과 다른 곳
【特牲】(특생-トクセイ) 소의 희생
【特選】(특선-トクセン) 특별히 골라 뽑음
【特設】(특설-トクセツ) 특별히 설치함
【特性】(특성-トクセイ) 그것에만 있는 특이한 성질
【特殊】(특수-トクシュ) 특별하게 뛰어남
【特約】(특약-トクヤク) 특별한 약속
【特有】(특유-トクユウ) 특별히 가지고 있음
【特恩】(특은-トクオン) 특별한 은혜
【特異】(특이-トクイ) 특별히 다름。 보통보다 다름
【特長】(특장-トクチョウ) 특별히 뛰어난 장점
【特典】(특전-トクテン) 특별한 은전(恩典)
【特點】(특점-トクテン) 남과 다른 점
【特定】(특정-トクテイ) 특별히 지정함
【特製】(특제-トクセイ) 특별한 제조
【特除】(특제-トクジョ) 특별한 왕명으로 벼슬을 시킴
【特種】(특종-トクシュ) ①특이한 종류 ②특별한 신문기사의 재료
【特旨】(특지-トクシ) 특별한 왕명
【特進】(특진-トクシン) 특별한 공으로써

되는 진급 「이는 표

【特徵】(특징-トクチョウ) 특별히 눈에 뜨

【特出】(특출-トクシュツ) 특별히 뛰어남

【特派】(특파-トクハ) 특별히 파견함

【特筆】(특필-トクヒツ) 두드러진 일을 특별히 적음。또는 그 글

【特許】(특허-トッキョ) 특별히 허가한

【特惠】(특혜-トッケイ) 특별한 은혜

【特效】(특효-トッコウ) 특별한 효험

【七 畫】

【牽】견 ケン、ひく pull; drag 先 ㄑㄧㄢ ch'ien¹

①당길 挽也 ②뱃줄 舟索 ③이끌 引也 ④연할 連也 ⑤거리낄 拘也 ⑥빠를 速也 ⑦희생 牲也 ⑧별이름 星名—牛

【牽强附會】(견강부회-ケンキョウフカイ) 도리에 맞지 아니하는 것을 억지로 도리에 닿도록 끌어다 붙임

【牽連】(견련-ケンレン) ①서로 관계됨 ②끌어 잡아 당김

【牽牛】(견우-ケンユウ) ①소를 끌음 ②견우성(牽牛星) 「켕김

【牽引】(견인-ケンイン) 끌음。잡아당김。

【牽制】(견제-ケンセイ) 끌어 당기어 자유롭지 못하게 함

【犀】서 サイ、セイ、さい rhinoceros 齊 ㄒㄧ hsi¹

①코에 뿔난소 南徼外牛似豕角在鼻 ②박속 瓠瓣 ③굳을 堅也

【犀角】(서각-サイカク) 무소의 뿔

【犀利】(서리-サイリ) ①단단하고 날카로움 ②문장이 힘차고 날카로움

【八畫—十畫】

【犁】리 レイ、リ、から plough

①보습 耕田具 ②밭갈 耕也 ③얼룩소 駁牛 (려) 義同

【犁老】(이로-リロウ) 늙은이。노인(老人)

【犁明】(이명-レイメイ) 밝을 녘。새벽

【犁牛】(이우-リギュウ) 얼룩소

【犇】분 ホン、はしる run away 元 ㄅㄣ pen¹

달아날 牛驚 奔同

【犇散】(분산-ホンサン) 달어나 흩어짐

【犍】건 ケン、きんきりうし bullock 元 ㄐㄧㄢ chien¹

불친소 犗牛 고을 이름 蜀郡名—爲

【犗】개 カイ、きんきりうし bullock 卦 ㄐㄧㄝ chieh⁴

①불친소 騬牛 ②불알 썩힐 宮刑

【犖】락 ラク、まだらうし brinded ox 覺 ㄌㄨㄛ luo⁴

①얼룩소 駁牛 ②분명할 分明— ③뛰어날 超絕卓—

【犖确】(낙각-ラクカク) 산에 큰 돌이 많은 모양

【犒】호 コウ、ねぎらう entertain 號 ㄎㄠ k'ao⁴

①호궤할 餉軍 ②군사먹이소— 師牛

【犒勞】(호로-コウロウ) 군사에게 음식을 베풀어 위로함

【十五畫—十六畫】

【犢】독 トク、ドク、こうし calf

송아지 牛子

【犢鼻褌】(독비곤-トクビコン・ふんどし) 쇠코잠방이

【犧】희 ギ、キ、いけにえ victims for sacrifice

①희생 宗廟之牲 ②포희씨 帝號庖— (사) 술그릇 酒器—尊

【犧牲】(희생-ギセイ) ①천지(天地)・종묘(宗廟)에 제물로 바치는 산 양이나 혹은 소 또는 돼지 ②남을 위하여 생명이나 재물 혹은 권리를 버림 ③어떠한 목적을 위하여 사용하는 사물

【犧牲者】(희생자-ギセイシャ) 희생을 당한 사람

【犧牲打】(희생타-ギセイタ) 야구에서 타자는 죽음을 예측하고 그대신 주자(走者)를 다음 베이스로 살아날 수 있게 하는 타격

【犠羊】(희양-ギヨウ) 회생으로 쓰는 양

犬部

【犬】견 ケン、いぬ dog [銑] ㄑㄩㄢˇ ch'üan³
개 大狗

【犬馬】(견마-ケンバ) 개와 말

【犬馬心】(견마심-ケンバのこころ) 신자(臣子)가 군부(君父)에게 충효(忠孝)를 다하여 몸을 바침

【犬馬之齒】(견마지치-ケンバのよわい) 자기의 나이를 낮추어 일컫는 말

【犬牙】(견아-ケンガ) 개 잇발 모양으로 서로 엇갈림

【二畫—四畫】

【犯】범 ハン、おかす invade [豏] ㄈㄢˋ fan⁴
①범할 干也 ②침로할 侵也 ③참람할 潛也 ④다닥칠 抵觸

【犯界】(범계-カイをおかす) 남의 경계선을 넘어 들어 감

【犯過】(범과-あやまちをおかす) 허물을 범함

【犯闕】(범궐-ケツをおかす) 대궐을 침범함

【犯禁】(범금-キンをおかす) 금하는 것을 범함

【犯令】(범령-レイをおかす) 법령을 범함

【犯法】(범법-さうをおかす) 법을 범함

【犯分】(범분-ブンをおかす) 제 주제를 생각지 않고 웃 어른을 범함

【犯分亂理】(범분난리-ハンブンランリ) 예의를 범하고 질서를 어지럽힘

【犯上】(범상-かみをおかす) 신하로서 임금을 범함

【犯人】(범인-ハンニン·ボンニン) 범죄한 사람

【犯罪】(범죄-ハンザイ) 죄를 범함

【犯則】(범칙-ハンソク) 법칙을 어김

【犯諱】(범휘-ハンキ) ①웃 어른의 이름을 범하는 것 ②남의 숨기는 일을 집어내는 것

【狂】광 キョウ、くるう mad [陽] ㄎㄨㄤˊ k'uang²
①미칠 心病 ②경망할 躁妄

【狂氣】(광기-キョウキ) ①미친 증세 ②마음이 산란하여 짐

【狂談】(광담-キョウダン) 미친말。상리(常理)에 벗어난 말

【狂亂】(광란-キョウラン) 미친듯이 어지러움

【狂瀾】(광란-キョウラン) 성낸 물결。세찬 물결

【狂奔】(광분-キョウホン) 미친듯이 분주함

【狂言】(광언-キョウゲン) 이치에 맞지 않고 도리에 어긋나는 말

【狂人】(광인-キョウジン) 미친 사람

【狂症】(광증-キョウショウ) 정신에 이상이 생기는 병。미친 병

【狂悖】(광패-キョウハイ) 미친듯이 난폭하고 예절에 어긋남

【狂暴】(광포-キョウボウ) 미친것 같이 날뜀

【狂風】(광풍-キョウフウ) 왜풍

【狂漢】(광한-キョウカン) 미친놈

【狃】뉴 ジュウ、なれる skill [有] ㄋㄧㄡˇ niu³
①개버릇 사나울 犬性驕 ②친압할 狎也 ③익을 慣也 ④익힐 習也 ⑤나아갈 就也

【狃習】(유습-ジュウシュウ) 익숙함

【狁】윤 イン、えびす savage tribe [軫] ㄩㄣˇ yün³
오랑캐 이름 匈奴別號玁—

【狄】적 テキ、えびす northaen barbarians
①북방오랑캐 北方曰— ②아래벼슬 下士 ③악공 樂吏之賤者—人 ④꿩 그린옷 畫雉人揄— ⑤멀 遠也

【狄成】(적성-テキセイ) 악곡(樂曲)의 속도가 빠른 모양

【狀】상 ジョウ、ソウ、さま form; shape
①형상 形也 ②형상할 形容之 ③같을 類也 (장) ①편지 札也 ②문서 牒也

【狀元】(장원-ジョウゲン) 과거의 갑과(甲科)에서 으뜸으로 급제한 사람

【狀態】(상태-ジョウタイ) 모양。형상

【狀況】(상황-ジョウキョウ) 형편。모양

【戾】戶部 四畫에 볼것

【五 畫】

【狗】 구 コウ、ク、いぬ dog 宥 ㄍㄡˇ kou3
①개 犬也 ②강아지 未成毫犬

【狗盜】(구도-クトウ) ①개도둑 ②좀도둑

【狗馬】(구마-クバ) ①개와 말 ②신하가 임금에 대하여 말하는 자칭(自稱)

【狗吠】(구폐-クバイ) 개가 짖음

【狒】 비 ヒ、ひひ baboon 未 ㄈㄟˋ fei4
비 獸名 — — 梟羊

【狒狒】(비비-ヒヒ) 원숭이의 일종으로 사람과 비슷하고 아프리카에서 남

【狎】 압 コウ、なれる be familiar weth
①친압할 親近 ②익힐 習也 ③가볍게 여길 輕也 ④홀하게 여길 忽也

【狎近】(압근-コウキン) 남에게 가깝게 「달겨듦

【狎妓】(압기-コウキ) 귀엽게 여기어 돌보아 주는 기생

【狎褻】(압설-コウセツ) ①너무 사이가 가까와서 예의가 없음 ②음란함

【狎獸】(압수-コウジュウ) 길들인 짐승

【狙】 저 ソ、ショ、さる monkey 魚 ㄐㄩ chü1 (처)
①원숭이 猿類 ②엿볼 伺也 ①어린 원숭이 玃也 ②간사할 詐也

【狙擊】(저격-ソゲキ) 엿보다가 침

【狙公】(저공-ソコウ) 원숭이를 기르는 사람 「이 엿봄

【狙伺】(저사-ソシ) 원숭이가 노려보듯

【狙害】(저해-ソガイ) 사람을 엿보아 해침

【狐】 호 コ、きつね fox 虞 ㄏㄨˊ hu2
①여우 妖獸 ②의심낼 疑詞

【狐媚】(호미-コビ) 아양을 부리고 아첨함 「못함

【狐疑】(호의-コギ) 의심하여 결정하지

【狐臭】(호취-コシュウ) 암내

【六 畫】

【狡】 교 コウ、わるがしこい sly
①교활할 猾也 ②미칠 狂也 ③빠를 疾也 ④하룻강아지 小狗

【狡智】(교지-コウチ) 교활한 재지(才智)

【狡猾】(교활-コウカツ) 교활하고 민첩함

【狩】 수 シュ、シウ、かり hunting in winter
①겨울 사냥 冬獵 ②순행할 巡也

【狩獵】(수렵-シュリョウ) 사냥

【狩人】(수인-かりうど) 사냥꾼

【狠】 한 コン、ガン、はなはだしい fierce 阮 ㄏㄣˇ hen3
①사나울 戾也 ②개 싸우는 소리 犬鬪聲

【狠毒】(한독-コンドク) 성질이 사납고 「독함

【狠戾】(한려-コンレク) 마음이 고약하고 사나움

【狠恣】(한자-コンシ) 성질이 고약하고 버릇이 없음

【狠愎】(한퍅-コンプク) 성질이 매우 까다롭고 고집이 셈

【独】 獨(犬部 十三畫)略字

【狢】 貉(豸部 六畫)同字

【七 畫】

【狷】 견 ケン、きみじか hasty temper
①편협할 褊急 ②고집할 有所不爲

【狷狂】(견광-ケンキョウ) 성질이 편협하여 상규를 벗어남

【狷急】(견급-ケンキュウ) 마음이 조급함

【狷戾】(견려-ケンレイ) 마음이 편협하여 상리에 어그러짐

【狼】 랑 ロウ、おおかみ wolf 陽 ㄌㄤˊ lang2
①이리 獸名似犬銳頭白頰 ②낭자할 —籍 ③땅 이름 地名博—

【狼顧】(낭고-ロウコ) ①겁을 먹고 뒤를

돌아 봄。이리는 뒤를 잘 돌아보는 성질이 있기 때문에 ②인상(人相)의 이름。이리처럼 똑바로 뒤를 돌아다볼 수 있는 목

【狼心】(낭심-ロウシン) 이리 같이 욱심이 많은 마음

【狼藉】(낭자-ロウゼキ) 흩어져 있음。소문이 파다함

【狼子野心】(낭자야심) 이리의 새끼는 아무리 길들여도 야수의 성질을 잃지 아니함。따라서 신의가 없는 마음

【狼狽】(낭패-ロウハイ) ①일이 실패됨 ②기다리던 것이 틀림

【狸】 리 り、たぬき raccoon 囡 ㄌㄧˊ li^{2}
삵 野猫狐—

【狴】 폐 ヘイ、のいぬ wild dog 圏 ㄅㄧˋ pi^{4}
①들개 獸名野居犬犴— ②옥 牢獄犴—

【狴牢】(폐뢰-ヘイロウ) 감옥

【狹】 협 キョウ、コウ、せまい narrow 洽 ㄒㄧㄚˊ hsia^{2}
좁을 陿也,濶—

【狹量】(협량-キョウリョウ) 도량이 좁음

【狹小】(협소-キョウショウ) 좁고 작음

【狹隘】(협애-キョウアイ) ①터전이 좁음 ②마음이 너그럽지 못함

【狹窄】(협착-キョウサク) 좁음

【狶】 희 キ、シ、いのこ wild pig
돼지 猪也

【八 畫】

【猛】 맹 モウ、たけしい fierce 梗 ㄇㄥˇ mêng^{3}
①날랠 勇也 ②사나울 惡也 ③엄할 嚴也 ④위엄스러울 威也

【猛烈】(맹렬-モウレツ) 사납고 지독함

【猛省】(맹성-モウセイ) ①힘있게 반성함 ②의외에 깨달음

【猛勢】(맹세-モウセイ) 맹렬한 세력

【猛獸】(맹수-モウジュウ) 성질이 흉악한 짐승

【猛襲】(맹습-モウシュウ) 맹렬한 습격

【猛惡】(맹악-モウアク) 사납고 모짐

【猛將】(맹장-モウショウ) 사납고 굳센 장수

【猛進】(맹진-モウシン) 세차게 나아감

【猛打】(맹타-モウダ) 심하게 때림

【猛爆】(맹폭-モウバク) 맹렬한 폭격

【猛風】(맹풍-モウフウ) 맹렬한 바람

【猛悍】(맹한-モウカン) 성질이 거칠고 사나움。

【猛虎】(맹호-モウコ) ①사나운 범 ②용맹한 것을 이름

【猛火】(맹화-モウカ) 맹렬한 불

【猊】 예 ゲイ、ガイ、しし lion 齊 ㄋㄧˊ ni^{2}
사자 獅子狻—

【猗】 의 イ、ア、ながい long 囡 ㄧ i^{1}
①길 長也 ②불친개 犗犬 ③야들야들할 始生柔弱而美盛—— ④의롭다할 歎辭 猗·倚通 ⑤의지할 依也 ⑥더할 加也 (아) 부드러울 柔順—儺

【猗靡】(의미-イビ) ①간들거리며 쏠어짐 ②여자의 갸날프고 아름다운 모양 ③서로 생각한 바가 잊혀지지 아니함

【猗蔚】(의울-イイ) 초목이 무성한 모양

【猗萎】(의위-イイ) 바람에 흔들리는 모양

【猗移】(의이-イイ) 무심히 옮김

【猝】 졸 ソツ、にわか suddenly 月 ㄘㄨˋ ts'u^{4}
①갑자기 暴疾倉— ②튀어나올 突出

【猝死】(졸사-ソッシ) 별안간 죽음

【猝然】(졸연-ソツゼン) 갑자기。별안간

【猖】 창 ショウ、くるう mad 陽 ㄔㄤ ch'ang^{1}
①너풀거릴 縱裂貌—披 ②놀랄 —也—狂

【猖獗】(창궐-ショウケツ) 세력이 굉장하여 제어(制御)하기 어려움

【猜】 시 サイ、そねむ jealousy 囡 ㄘㄞ ts'ai^{1}
①시기할 恨也 ②의심할 疑也 ③

사나울 狠也 ④두려울 懼也

【猜忌】(시기-サイキ) 미워함。 꺼림。 샘을 냄

【猜謗】(시방-サイボウ) 미워하여 비난함

【猋】표 ヒョウ、つむじかぜ whirlwind 蕭 ㄆㄧㄠ piao¹

①회오리 바람 回風從下上 ②개몰려달아 날 太走貌

【猋迅】(표신-ヒョウジン) 바람같이 빠름

【猋風】(표풍-ヒョウフウ) 회오리바람

【九 畫】

【猩】성 セイ、ショウ chimpanzee

성성이 似猿——(생) 義同

【猩猩】(성성-ショウジョウ) ①중국에서 상상하는 짐승의 이름。 원숭이의 한 가지。 가장 인류에 가깝고 사람의 말을 들을 줄 알고 술을 좋아한다고 함 ②보르네오 등지에 사는 유인원(類人猿) 의 한가지

【猩紅熱】(성홍열-シウコウネツ) 발열이 심하여 전신에 발갛게 반점이 생기는 열병

【猥】외 ワイ、みだら vulgar 賄 ㄨㄟˇ wei³

①외람할 温也 ②더러울 鄙也 ③성할 盛也 ④사곡할 曲也 ⑤쉬일 雜也 ⑥쌓을 積也 ⑦많을 多也 ⑧손발이 犬生三子

【猥褻】(외설-ワイセツ) 남녀간에 예의가 없고 보기에 추잡함

【猥雜】(외잡-ワイザツ) 뒤죽박죽이 되어 있음。 난잡(亂雜)

【猶】유 ユウ、さる、なお yet 尤 ㄧㄡˊ yu²

①같을 似也 ②오히려 尚也 ③가히 可也 ④천천할 舒遲夷— ⑤어미원숭이 玃屬 ⑥머뭇거릴 不決—豫

【猶父】(유부-ユウフ) 아버지처럼 섬김。

【猶豫】(유예-ユウヨ) ①의심이 많아서 멀어감 ②날짜를 끌음

【猶子】(유자-ユウシ) 조카

【猶太】(유태-ユダヤ) Judea의 음역。 나라이름。 또 그 민족의 이름

【猷】유 ユウ、はかりごと wisdom 尤 ㄧㄡˊ yu²

①꾀 謀也 ②그릴 圖也 ③같을 若也 ④가히 可也 猶通

【猷念】(유념-ユウネン) 꾀하여 생각함

【猪】저 チョ、いのしし boar

돼지 豕也 猪俗字

【猪突】(저돌-チョトツ) 앞뒤를 생각지 않고 용맹스럽게 돌진함

【猪勇】(저용-チョユウ) 힘부로 「용기 날뛰는

【猴】후 コウ、さる monkey 尤 ㄏㄡˊ hou²

원숭이 猿也

【猴猿】(후원-コウエン) 원숭이

【猫】묘 ビョウ、ミョウ、ねこ cat 蕭 ㄇㄠ mao¹

猿(豸部 九畫)俗字

【猫柔】(모유-ミョウジュウ) 고양이 같이 표면은 유순하고 내심은 교활함

【猨】원 エン、てながざる ape

猿(犬部 十畫)本字

【猨臂】(원비-エンビ) ①원숭이 팔 처럼 길고 힘있는 팔 ②팔을 내밀어 물건을 쥐는 모양

【十 畫】

【献】獻(犬部 十六畫)略字

【獅】사 シ、しし lion 支 ㄕ shi¹

사자 猛獸—子

【獅子】(사자-シシ) 묘과(貓科)에 속한 맹수

【獅子吼】(사자후-シシク) ①질투하는 아내가 그 남편에게 발악함 ②사자가 울면 온갖 짐승이 굴복하듯이 부처가 설법하면 모든 악마가 항복함 ③연설(演說)을 잘함

【獄】옥 ゴク、ギョク、ろうや prison 沃 ㄩˋ yu⁴

옥 牢也所以繫凶

【獄具】(옥구-ゴクグ) 옥에서 형벌을 주

는데 쓰는 제주。옥리(獄吏)

【獄吏】(옥리-ゴクリ) 옥에서 일보는 관리
【獄裡】(옥리-ゴクリ) 감옥의 안
【獄門】(옥문-ゴクモン) 감옥으로 드나드는 문
【獄死】(옥사-ゴクシ) 옥에 갇히어 있는 동안의 죽음
【獄舍】(옥사-ゴクシャ) 감옥。교도소。
【獄事】(옥사-ゴクジ) 반역·살인 등 중대한 범죄 사건
【獄訟】(옥송-ゴクショウ) 소송(訴訟)
【獄囚】(옥수-ゴクシュウ) 옥에 갇힌 죄수
【獄案】(옥안-ゴクアン) 옥사를 조사한 서류
【獄情】(옥정-ゴクジョウ) 옥사의 정상
【獄卒】(옥졸-ゴクソツ) 옥에서 죄수를 맡아보는 사람。옥정(獄丁)
【獄中】(옥중-ゴクチュウ) 옥 속
【獄窓】(옥창-ゴクソウ) ①옥의 창 ②옥중(獄中)

【猿】원 エン、さる ape 元 ㄩㄢˊ yüan²
원숭이 猴也
【猿臂】(원비-エンビ) 원숭이와 같이 긴 팔。활을 쏘기에 안성맞춤인 좋은 팔

【猾】활 カツ、わるがしこい slyi cunning
①교활할 狡也 ②꾀자기 黠也 ③어지러울 亂也
【猾吏】(활리-カツリ) 교활한 관리

【十一畫—十二畫】

【獏】모 バク、ミャク tapir
개 犬種

【獐】장 ショウ、のろ roebuck 陽 ㄓㄤ chang¹
노루 鹿屬

【獗】궐 ケツ、たけしい rampancy 月 ㄐㄩㄝ chüeh²
창궐할 賊勢猖—

【默】黑部 四畫에 볼것

【十三畫】

【獨】독 ドク、トク、ひとり solitary 屋 ㄉㄨˊ tu²
①홀로 單也 ②외로울 孤也
【獨居】(독거-ドッキョ) 혼자 살음。독처(獨處)
【獨斷】(독단-ドクダン) ①자기 혼자의 의견대로 결단함 ②생각 없는 판단
【獨擔】(독담-ドクタン) 자기 혼자서 담당함。
【獨樂】(독락-ドクラク) 혼자 즐김
【獨力】(독력-ドクリョク) 자기 혼자의 힘
【獨立】(독립-ドクリツ) ①남에게 의지하지 않고 자력으로 섬 ②자력으로 입신 출세함 ③나라가 완전히 독립권을 행사함 ④개인이 일가를 가지고 완전히 사권(私權)을 행사함
【獨房】(독방-ドクボウ) 혼자서 쓰는 방
【獨白】(독백-ドクハク) 홀로 말하여 사룀
【獨步】(독보-ドクホ) ①남이 따를 수 없이 뛰어남。②혼자 걸음
【獨夫】(독부-ドクフ) ①악정(惡政)을 행하여 국민에게 버림을 당한 군주 ②세인의 인심을 잃고 원조를 받을 곳이 없게 된 사람。③독신의 남자
【獨善】(독선-ドクゼン) ①자기만을 좋게 함 ②자기만이 옳다고 생각함
【獨修】(독수-ドクシュウ) ①자기 혼자 몸을 수양함에 힘씀。②혼자 학업을 닦음
【獨習】(독습-ドクシュウ) 자기 혼자서 익힘。자력으로 공부함
【獨食】(독식-ドクショク) 이익을 혼자 차지함
【獨身】(독신-ドクシン) ①형제·자매가 없는 사람 ②배우자가 없는 사람 ③자기 혼자。단신(單身)
【獨愼】(독신-ドクシン) 감옥에서 옥칙을 어긴 죄수를 다른 곳에 혼자 가두어 근신시키는 일
【獨子】(독자-ドクシ) 외아들
【獨裁】(독재-ドクサイ) ①군주(君主)가 친히 당신 마음대로 정무(政務)를 처단함 ②독단으로 일을 재결함
【獨占】(독점-ドクセン) 혼자 차지함
【獨奏】(독주-ドクソウ) 혼자 음악을 연

주합

【獨唱】(독창-ドクシヨウ) 한 사람이 가곡을 노래함

【獨創】(독창-ドクソヨウ) 자기가 비로서 생각하여 냄

【獨處】(독처-ドクシヨウ) 혼자 있는 일 홀로 거처함

【獨學】(독학-ドクガク) 스승이 없이 자기가 혼자 배움。독습(習獨)

【獨害】(독해-ドクガイ) 혼자서만 해를봄

【獨行】(독행-ドッコウ) ①혼자서 길을 걸어감 ②혼자 힘으로 일을 행함

【獨戶】(독호-ドッコ) 늙고 아들이 없는 가난한 집안

【獬】 해 カイ、ひつじ fabulous sheep

①해태 神羊—豸 ②해갓 冠名

【獬豸】(해태-カイチ) 소와 비슷하게 생긴 신수(神獸)의 하나

【獫】 험 ケン、レン、いぬ savage dog 琰 ㄒㄧㄢˇ hsien³

오랑캐 匈奴別名—狁 (렴)부리 긴 개 長喙犬

【獧】 현 ケン、はやい quick

①빠를 疾也 ②급할 急也 ③뛸 跳也 (견) 狷同

【獪】 회 ガイ、わるがしこい cunning 泰 ㄎㄨㄞˋ k'uai⁴

교활할 狡也 (쾌) 義同

【十四畫】

【獰】 령 ドウ、わるい fierce 庚 ㄋㄧㄥˊ ning²

①모질 惡也 ②삽살개 털 犬毛獰—

【獰猛】(영맹-ドウモウ) 모질고 사나움

【獱】 빈 ヒン、かわうそ otter

작은 수달 小獺

【獮】 선 セン、あきがり hunting in autumn

①가을사냥 秋獵 ②죽일 殺也

【獮田】(선전-センデン) 가을 사냥

【獲】 획 カク、える catch

①얻을 得也 ②종 奴婢藏— (확)실심할 困迫失志貌隕—

【獲得】(획득-カクトク) 얻음。손에 넣음

【獲麟】(획린-カクリン) ①절필(絶筆)。집필을 중지함 ②사물의 종말

【獯】 훈 クン、えびす savage 文 ㄒㄩㄣ hsün¹

오랑캐 北方匈奴

【十五畫】

【獷】 광 コウ、あらあらしい fierce 梗 ㄍㄨㄤˇ kuang³

①추악할 麤惡貌 ②개 犬也

【獷俗】(광속-コウゾク) 추악한 풍속

【獵】 렵 リョウ、かり hunt 葉 ㄌㄧㄝˋ lieh⁴

①사냥할 捷取禽獸 ②어긋날 相差次緁— ③진동할 震也 ④바람소리 風聲——

【獵官】(엽관-リョウカン) 관직을 얻으려고 운동하는 일

【獵具】(엽구-リョウグ) 새나 짐승을 잡는데 쓰는 기구

【獵奇】(엽기-リョウキ) 괴기한 것이나 이상한 사물을 남달리 좋아하여 흥미를 가지고 좇아 다님

【獵夫】(엽부-リョウフ) 사냥군

【獵師】(엽사-リョウシ) 사냥군

【獵友】(엽우-リョウユウ) 사냥 동무

【獵戶】(엽호-リョウコ) ①사냥군 ②사냥군의 집

【獸】 수 ジュウ、けもの wild beasts 有 ㄕㄡˋ shou⁴

짐승 四足而毛

【獸性】(수성-ジュウセイ) ①짐승의 성질 ②인류가 동물과 공통으로 가지고 있는 성질 ③잔인한 성질

【獸心】(수심-ジュウシン) 짐승같은 마음。인도(人道)에 어긋나는 마음

【獸慾】(수욕-ジュウヨク) 짐승의 욕심

【獸疫】(수역-ジュウエキ) 가축(家畜)의 전염병

【獸肉】(수육-ジュウニク) 짐승의 고기

【獸醫】(수의-ジュウイ) 가축의 의사

【獸皮】(수피-ジュウヒ) 짐승의 가죽

【獸行】(수행-ジュウコウ) 짐승같은 행실。수욕(獸慾)에서 일어나는 행위

【十六畫—二十畫】

【獺】달 ダツ、タツ、かわうそ otter [曷] ㄊㄚ $t'a^4$
수달 水狗 (찰) 義同

【獻】헌 ケン、コン、たてまつる offer; present
①드릴 進也 ②바칠 묵也 ③이진이 賢也黎ㅣ ④음식 羞也 (사)술준 酒樽

【獻芹】(헌근-ケンキン) 미나리를 바친다는 뜻이니、남에게 물건을 보내거나 또는 의견을 적어서 웃어른에게 드릴 때에 겸사로 쓰는 말

【獻金】(헌금-ケンキン) 돈을 바침

【獻納】(헌납-ケンノウ) ①물건을 바침 ②충언(忠言)을 웃어른에게 드림

【獻畓】(헌답-ケントウ) 절에 제사를 맡긴 대신 부처님 앞에 논을 바침

【獻杯】(헌배-ケンパイ) 술잔을 올림

【獻上】(헌상-ケンジョウ) 물건을 올림。

【獻牲】(헌생-ケンセイ) 신에게 회생을 바침

【獻壽】(헌수-ケンジュ) 하례(賀禮)하는 잔치 때 술잔을 바치어 장수를 축하함

【獻身】(헌신-ケンシン) 생명을 바치고 전력을 다함

【獻議】(헌의-ケンギ) 의견을 드림

【獻春】(헌춘-ケンシュン) 첫봄

【獼】미 ビ、おおざる monkey [支] ㄇㄧ mi^2
원숭이 猿屬ㅣ猴

【獼猴】(미후-ビコウ) 원숭이

【玁】험 ケン、いぬ dog
①부리긴개 長喙犬 獫同 ②오랑캐 北方匈奴別號ㅣ狁

【玃】확 カク、おさる big monkey [藥] ㄐㄩㄝ $chueh^2$
①어미 원숭이 母猴 ②큰 원숭이 大猿 ③움킬 攫也

【玃鳥】(확조-カクチョウ) 매와 같이 날샌 새

玉部

【玉】옥 ギョク、ゴク、たま jewel [沃] ㄩ $yü^4$
①옥 石之美者寶ㅣ ②사랑할 愛也 ③이룰 成也 ④姓也

【玉京】(옥경-ギョクキョウ) 하느님이 계신 곳。상계(上界)

【玉鏡】(옥경-ギョクキョウ) 달(月)

【玉階】(옥계-ギョクカイ) 대궐 안의 섬돌

【玉骨】(옥골-ギョクコツ) ①빛이 희고 고결함。②梅花을 형용함

【玉斗】(옥두-ヨョクト) 옥으로 만든 국자

【玉輦】(옥련-ギョクレン) 옥으로 장식한 천자의 수레

【玉簾】(옥렴-ギョクレン)옥으로장식한발

【玉輪】(옥륜-ギョクリン) 달의 딴 이름

【玉貌】(옥모-ギョクボウ) ①옥과 같은이쁜 얼굴 ②남의 용모(容貌)의 경칭(敬稱)

【玉盤】(옥반-ギョクバン) 옥으로 만든반

【玉杯】(옥배-ギョクハイ) 옥으로 만든 술잔

【玉帛】(옥백-ギョクハク) 옥과 비단。옛적에 제후(諸侯)의 회합(會合)이나 천자(天子)를 배알할때 선물로 진상했다

【玉步】(옥보-ギョクホ) 부인 또는 귀인의 걸음 걸이

【玉璽】(옥새-ギョクジ) 임금의 도장。어중(御重)

【玉石】(옥석-ギョクセキ) ①옥과 돌 ②옥 같은 돌

【玉碎】(옥쇄-ギョクサイ) 부서지어 옥이 된다는 뜻으로 적과 싸우다가 명예의 전사를 하는것

【玉手】(옥수-ギョクシュ) ①임금의 손 ②미인의 손

【玉水】(옥수-ギョクスイ) 맑은 샘물

(玉食】(옥식-ギョクショク) 맛있는 음식

【玉顏】(옥안-ギョクガン) ①임금의 얼굴 ②미인의 얼굴

【玉潤】(옥윤-ギョクジュン) 사위

【玉音】(옥음-ギョクオン) ①임금의 음성 ②미인의 목소리 ③거문고의 아름다운 소리

【玉人】(옥인-ギョクジン) ①옥같은 미인 ②옥으로 만든 인형 ③옥을 가는 사람 「장

【玉印】(옥인-ギョクイン) 옥으로 만든 도

【玉簪】(옥잠-ギョクシン) 옥으로 만든 비녀。옥비녀

【玉章】(옥장-ギョクショウ) 남의 시문(詩文)의 경칭(敬稱) 「장

【玉笛】(옥적-ギョクテキ) 옥으로 만든 저

【玉座】(옥좌-ギョクザ) 임금의 좌석

【玉體】(옥체-ギョクタイ) ①임금의 몸 ②귀한 몸

【玉佩】(옥패-ギョクハイ) 부녀가 차는 옥으로 만든 패물

【玉篇】(옥편-ギョクヘン) 한자(漢字)를 모아서 배열하고 그 글자의 음새김을 적은 책

【玉壺】(옥호-ギョクコ) ①옥으로 만든 작은 병 ②술의 이명(異名)

【玉皇】(옥황-ギョクコウ) 도교(道敎)에서 하느님을 이름。옥제(玉帝)

【王】 왕 オウ、きみ king 陽 ㄨㄤ wang²

①임금 君也 ②할아버지 祖也—父 ③왕노릇할 五霸身臨天下 ④어른 長也 ⑤갈 往也 ⑥왕성할 盛也 ⑦姓也

【王家】(왕가-オウカ・オウケ) 제왕의 집。군주(君主)의 일문(一門)

【王駕】(왕가-オウガ) 임금의 수레

【王卿】(왕경-オウキョウ) 왕(王)과 대신(大臣)

【王考】(왕고-オウコウ) 돌아간 할아버지

【王冠】(왕관-オウカン) 임금이 쓰던 관

【王國】(왕국-オウコク) ①제왕이 다스리는 나라。②군주를 왕이라고 하는 나라

【王宮】(왕궁-オウキュウ) 왕의 궁전

【王畿】(왕기-オウキ) 왕도(王都)의 근방。기내(畿內)

【王女】(왕녀-オウジョ) 임금의 딸

【王都】(왕도-オウト) 왕의 도성。왕성(王城)

【王道】(왕도-オウドウ) ①제왕이 행할 도 ②도덕으로써 인민을 다스리는 정치

【王旅】(왕려-オウリョ) 천자(天子)의 군대。왕사(王師)

【王命】(왕명-オウメイ) 임금의 명령

【王母】(왕모-オウボ) ①할머니 ②임금의 어머님

【王法】(왕법-オウホウ) 제왕의 법률

【王妃】(왕비-オウヒ) 왕의 아내。정궁(正宮)

【王事】(왕사-オウジ) ①임금에 관한 일 ②임금을 섬김

【王師】(왕사-オウシ) ①임금의 군사 ②관군(官軍) ②왕의 스승

【王城】(왕성-オウジョウ) 왕도(王都)

【王稅】(왕세-オウゼイ) 봉건시대의 국세(國稅)

【王孫】(왕손-オウソン) ①왕의 손주。왕의 자손 ②귀공자를 이름

【王臣】(왕신-オウシン) 임금의 신하

【王室】(왕실-オウシツ) 제왕의 집。왕가(王家)。제실(帝室)

【王言】(왕언-オウゲン) 임금의 말씀

【王業】(왕업-オウギョウ) 국왕의 국토통치의 대업(大業)

【王月】(왕월-オウゲツ) 음력 정월의 딴 이름

【王威】(왕위-オウイ) 임금의 위세

【王位】(왕위-オウイ) 임금의 자리

【王胤】(왕윤-オウイン) 임금의 자손

【王子】(왕자-オウジ・オウシ) 임금의 아들

【王者】(왕자-オウジャ) 왕도(王道)로 천하를 다스리는 사람

【王政】(왕정-オウセイ) 왕도(王道)의 정치 ②천자(天子)의 정치

【王制】(왕제-オウセイ) 왕국의 제도

【王朝】(왕조-オウチョウ) 임금이 직접 다스리는 조정

【王座】(왕좌-オウザ) 왕의 자리나 또는 좌위(座位)

【王旨】(왕지-オウシ) 임금의 명령

【王澤】(왕택-オウタク) 임금의 은혜。왕자(天子)의 덕택

【王土】(왕토-オウド) 왕의 영토

【王化】(왕화-オウカ) 임금의 덕화
【王后】(왕후-オウコウ) 임금의 아내 중궁(中宮)
【王侯將相】(왕후장상-オウコウショウソウ) 제왕(帝王)·제후(諸侯)·장수(將帥)·재상(宰相)의 총칭

【二畫—三畫】

【匡】匚部 四畫에 볼것
【全】入部 四畫에 볼것
【玕】간 カン、たましい precious stone 옥돌 美石次玉琅玕
【玖】구 キュウ、ク black gem 有 ㄐㄧㄡˇ chiu^{3} 검은 옥돌 黑石次玉瓊—
【玘】기 キ、たま ornamental jade 노리개 佩玉
【弄】廾部 四畫에 볼것
【宝】寶(宀部 十七畫)略字

【四 畫】

【玨】각 カク、コク、ついたま double gem 쌍옥 二玉相合 (곡) 義同
【玦】결 ケツ、ゆがけ jade ring 屑 ㄐㄩㄝˊ chüeh^{2} 옥결 玉佩半環
【玩】완 ガン、もてあそぶ toy 翰 ㄨㄢˊ wan^{2} ①구경할 弄也 ②보배 珍也 ③익힐 習也
【玩讀】(완독-ガンドク) 글뜻을 깊이 생각하여 읽는 것
【玩弄】(완롱-ガンロウ) 희롱。 놀림감으로 여김
【玩賞】(완상-ガンショウ) 좋아서 구경함
【玩索】(완색-ガンサク) 글의 깊은 뜻을 생각하여 찾음
【玩繹】(완역-ガンエキ) 글 뜻을 깊이 「구함
【玩月】(완월-ガンゲツ) 달을 구경함 연

【五 畫】

【珂】가 カ、しろめなう white agate 歌 ㄎㄜ k'ê^{1} ①가옥 玉名 ②굴레 장식자개 螺屬勒飾
【珈】가 カ、かみかざり hair ornament 비녀장식 笄飾六—
【玳】대 タイ、たいまい tortoise-shell 대모 龜屬—瑁
【玲】령 レイ、たまのおと winkling of gempnedants ①쟁그렁할 金玉聲—瓏 ②아롱아롱할 瓏鏤貌
【珉】민 ビン、ミン、たまいし precious stone 옥돌 美石次玉
【珀】박 ハク、こはく amber 호박 茯苓所化琥—
【珊】산 サン、さんご coral 寒 ㄕㄢ shan^{1} ①산호 海中樹—瑚 ②패옥소리 珮聲— — ③조잔할 彫散貌闌—
【玷】점 テン、かく a flaw in a jade ①옥티 玉病 ②이지러질 缺也
【珍】진 チン、たから treasures 眞 ㄓㄣ chen^{1} ①보배 寶也 ②귀중할 貴也 ③상서 瑞也
【珍客】(진객-チンキャク·チンカク) 귀중한 「손
【珍貴】(진귀-チンキ) 이상하고 귀중함
【珍聞】(진문-チンブン) ①진귀한 소문 ②새삼 스럽게 듣는 이상한 이야기
【珍味】(진미-チンミ) 음식의 맛이 좋음
【珍寶】(진보-チンポウ) 진귀한 보물
【珍本】(진본-チンポン) 진귀한 책。 진서(珍書)
【珍事】(진사-チンジ) 이상스러운 일
【珍書】(진서-チンショ) 보배스러운 책。

진귀한 채

【珍說】(진설-チンセツ) 진기하고도 재미 「있는 말

【珍羞】(진수-チンシュウ) 진귀한 음식。좋은 음식

【珍藏】(진장-チンゾウ) 잘 보관함

【珍重】(진중-チンチョウ) ①진귀하여 소중히 여김。②높히어 찬미함 ③삼가고 조심함

【珍品】(진품-チンピン) 진귀한 물품

【珎】 前條 同字

【玻】 파 ハ、がらす glass
파려 寶石ー讚

【六 畫】

【珞】 락 ラク、しびかざり ornament for the neck
구슬 목걸이 頸飾瓔ー

【班】 반 ハン、わける devide 删 ㄅㄢ pan¹
①나누어줄 頒與 ②반열 列也 ③차례 次也 ④이별할 別也 ⑤수레소리 車聲ーー ⑥姓也

【班脈】(반맥-ハンミャク) 양반의 계통

【班紋】(반문-ハンモン) 얼룩얼룩한 문채

【班白】(반백-ハンパク) ①백발이 섞임 ②五十세 쯤 된 노인

【班師】(반사-シをかえす) 군사를 거느리「고 돌아옴

【班列】(반열-ハンレツ) 신분·계급의 차례。반차(班次)

【班長】(반장-ハンチョウ) 한 반의 우두머「리

【班次】(반차-ハンジ) 지위의 순서。반열(班列)

【班鄕】(반향-ハンキョウ) 양반이 많이 사「는 시골

【珣】 순 シュン、たまうつわ pure jade 眞 ㄒㄩㄣˊ hsün²
①순옥 東方美玉 ②옥 그릇 玉器

【珥】 이 ジ、みみだま ear-ornaments
①귀막이 옥 瑱也 ②귀웟고리 耳璫 ③해귀웟고리 日彥氣

【珠】 주 シュ、たま pearl
구슬 진주 蚌胎所生

【珠簾】(주렴-シュレン) 구슬을 꿰어 만든 발

【珠算】(주산-シュザン・たまザン) 주판을 가지고 하는 계산

【珠玉】(주옥-シュギョク) ①구슬과 옥 ②귀중한 것。또 아름다운것을 이름

【珠殿】(주전-シュデン) 구슬로 꾸민 훌륭한 전각(殿閣)

【珮】 패 ハイ、へ、おびもの girdle oruaments
찰 玉之帶

【珮珂】(패가-ハイカ) 옥으로 만든 띠

(珮環】(패환-ハイカン) 옥으로 만든고리

【珝】 후 ク、たま name of a gem
후옥 玉名

【珪】 圭 (土部 三畫) 古字

【七 畫】

【球】 구 キュウ、グ、たま round gem; ball
①옥경쇠 玉磬 ②아름다운옥 美玉 ③지구 地ー

【球根】(구근-キュウコン) 뿌리가 살이 쪄서 구형(球形)으로 된 것

【球技】(구기-キュウギ) 공을 가지고 노는 유희

【球燈】(구등-キュウトウ) 둥글게 만든 등

【球琳】(구림-キュウリン) 아름다운 구슬

【球面】(구면-キュウメン) 공의 거죽

【球形】(구형-キュウケイ)공같이둥근형상

【琅】 랑 ロウ、ろうかん a kind of white cornelian
①낭간옥 似珠ー玕 ②옥소리 玉聲 琳ー ③문고리 宮門銅環倉ー ④잠글 長鏁ー璫

【琅玕】(낭간-ロウカン) 옥과 비슷한 아름다운 구슬

【琅璫】(낭당-ロウトウ) ①죄인을 매는 쇠사슬 ②방울 ③패옥(佩玉)소리

【琅琅】(낭랑-ロウロウ) 옥을 울리는 소리

【琉】 류 リュウ、るり a precious stone

유리 西域采石ー璃 瑠同

【理】 리 リ、おさめる rule 紙 ㄌㄧˇ li³
①다스릴 治也 ②이치 道也 ③바를 正也 ④무늬낼 治玉

【理科】(이과-リカ) 자연 과학에 속한 학과

【理國】(이국-リコク・くにをおさむ) 나라를 다스림。 치국(治國)

【理窮】(이궁) 사리에 궁박함

【理氣】(이기-リキ) ①태극(太極)과 음양(陰陽)。 ②성질과 기질 ③호흡을 바로 잡음

【理念】(이념-リネン) 이성(理性)에서 얻은 최고의 개념(概念)

【理論】(이론-リロン) 사물의 이치를 논함

【理論家】(이론가-リロンカ) 이론을 연구하는 사람

【理法】(이법-リホウ) 이치와 법칙

【理非】(이비-リヒ) 옳은 것과 그른 것

【理事】(이사-リジ) ①사물을 처리함。 또 그 사람 ②사단(社團)·재단(財團)·법인(法人)을 대표하여 그 사무를 집행하는 사람

【理想】(이상-リソウ) ①이성(理性)의 작용으로 심중에 이러한 것은 완전무결할 것이라고 깊이 믿는 관념 ②자기의 생각에 이렇게 되었으면 하고 바라는 목적

【理性】(이성-リセイ) ①사물의 이치를 생각하는 능력 ②사람의 본이 타고난 세가지 정신 능력。 곧 지(智)·정(情)·의(意)중의 지적 능력 ③양심

【理勢】(이세-リセイ) ①진리와 형세 ②자연의 운수

【理勝】(이승-リウショウ) 모두 사리에 맞음

【理外】(이외-リガイ) 이치밖。 도리밖

【理由】(이유-リユウ) 까닭

【理財】(이재-リザイ) 재화(財貨)를 유리하게 처리함。 경제(經濟)

【理財學】(이재학-リザイカク) 경제학(經濟學)의 옛 일컬음

【理智】(이지-リチ) 사물을 분별하고 이해하는 슬기

【理智的】(이지적-リチテキ) 이지(理智)를 기초로 한 그 것

【理直】(이직-リチョク) 이치가 바름

【理致】(이치-リチ) 사물의 정당한 조리。 도리(道理)

【理解】(이해-リカイ) ①사리를 분별하여 잘 앎음 ②남의 사정을 알음

【理會】(이회-リカイ) 사리를 깨달음

【琊】 야 ヤ、エ province 麻 ㄧㄝ yeh²
고을 이름 齊郡名琅ー

【現】 현 ゲン、ケン、あらわれる appear 霰 ㄒㄧㄢ hsien⁴
①나타날 顯也 ②옥빛 玉光

【現今】(현금-ゲンコン) 지금。 시방。 현시(現時)

【現金】(현금-ゲンキン) ①맞돈 ②지금 몸에 가지고 있는 돈 ③통용하는 화폐

【現代】(현대-ゲンダイ) 지금 시대

【現夢】(현몽-ゲンム) 죽은 사람 또는 신령이 꿈에 나타남

【現物】(현물-ゲンブツ) 눈 앞에 실제로 있는 물건

【現狀】(현상-ゲンジョウ) 현재의 상태。 지금 형편

【現象】(현상-ゲンショウ) ①눈앞에 보이는 사물의 형상。 ②경험할 수 있는 사물의 형상

【現想】(현상-ゲンソウ) 보고 듣는 데 관련하여 일어나는 생각

【現世】(현세-ゲンセイ・ゲンセ) 현재의 세상。 지금 세상

【現時】(현시-ゲンジ) 지금。 시방。

【現實】(현실-ゲンジツ) ①지금 나타나 있는 사물 ②실제의 사실 또는 형편

【現額】(현액-ゲンガク) 현재의 금액

【現業】(현업-ゲンギョウ) 실지로 하는 일

【現然】(현연-ゲンゼン) 분명히 나타남

【現場】(현장-ゲンジョウ) ①사물이 현존한 곳 ②사건이 발생한 곳 ③눈앞

【現在】(현재-ゲンザイ) ①눈 앞。 지금 ②이 세상 ③실지。 현장 ④과거와 미래의 사이의 경계 ⑤문법상

지금 행하고 있는 동작
【現存】(현존-ゲンソン) ①눈앞에 있는것 ②지금도 있는 것
【現住】(현주-ゲンジュウ) 현주소(現住所 ②지금사는 곳
【現職】(현직-ゲンショク) 현재의 벼슬
【現出】(현출-ゲンシュツ) 나타남
【現行】(현행-ゲンコウ) 현재 행함
【現形】(현형-ゲンケイ) ①형체를 나타냄 ②현재의 형상

【望】月部 七畫에 볼것

「八 畫」

【琨】곤 コン、うつくしいいし jade 园 ㄎㄨㄣ k'uen^1 아름다운 옥 美玉－
【琨瑤】(곤요-コンヨ) 아름다운 구슬

【琴】금 キン、ゴン、こと chinese harq ①거문고 七絃樂 ②姓也
【琴譜】(금보-キンプ) 거문고의 곡조를 적은 책
【琴線】(금선-キンセン) ①거문고 줄 ② 마음에 깊이 감동함
【琴瑟】(금실-キンシツ) ①거문고와 비파 ②부부 사이가 화락함

【琪】기 キ、たま a valuable stone 기옥 玉屬 珣－
【琪樹】(기수-キジュ) 옥(玉)같이 아름다운 나무

【琦】기 キ、たま a valuable stone ①기옥 玉名 ②클 大貌 －瑋

【琳】림 リン、たま gem 侵 ㄌㄧㄣ lin^2 아름다운 옥 美玉球－

【琺】법 ホウ、ほうろう enamel ware 법랑－瑯

【琵】비 ビ、ヒ、びわ lute 支 ㄆㄧ p'i^2 비파 胡琴馬上樂器－琶

【琰】염 エン、しるしだま gem 琰 ㄧㄢ yen^3 옥홀 圭也琬－

【琬】원 エン、しるしだま gem ①홀 圭也 ②아름다운 옥 美玉－琰

【琮】종 ソウ、しるしだま octagonal badge 옥홀 祭地瑞玉黃－

【琛】침 チン、シン、たから treasure 보배 寶也

【琢】탁 タク、みがく caring aod polishing ①쪼을 治玉雕－ ②가릴 選擇敦－
【琢磨】(탁마-タクマ) ①옥석(玉石)을갈음 ②학문・도덕을 닦음

【琶】파 ハ、びわ guatar 麻 ㄆㄚ p'a^1 비파 馬上樂器琵－

【琥】호 コ、こはく amber 麌 ㄏㄨ hu^3 ①호박 松脂所化－珀 ②옥병부 發兵瑞玉 爲虎文

【斑】文部 八畫에 볼것

【九 畫】

【瑙】노 ノウ、ドウ、めのう agate 皓 ㄋㄠ nao^3 옥돌 玉石瑪－ 碯同

【瑇】대 タイ、たいまい tortoise-shell 대모 龜屬－瑁 玳同

【瑁】모 ボウ、しるしたま tortoise-shell ①대모 瑇－ ②서옥두겁 圭冒 冒通 (매) 義同

【瑞】서 ズイ、めでたい auspicious 寘 ㄖㄨㄟ juei^4 ①상서 祥也 ②홀 信玉符－
【瑞光】(서광-ズイコウ) 상서로운 빛
【瑞氣】(서기-ズイキ) 성서로운 기운

【瑞西】(서서-スイス) 스위스(swiss)
【瑞雪】(서설-ズイセツ) 풍년들 징조의 눈
【瑞星】(서성-ズイセイ) 상사로운 별
【瑞雲】(서운-ズイウン) 경사스러운 구름
【瑞運】(서운-ズイウン) 상서로운 운수

【瑟】슬 シツ、おおごと Korean harp 質 ㄙㄜˋ sê⁴
①줄풍류 絃樂二十五絃 ②바람소리 風聲―― ③깨끗한체할 潔鮮莊莊貌

【瑛】영 エイ、すいしょう crystal 庚 ㄧㄥ ying¹
옥빛 玉光

【瑗】원 エン、たま large round jade
①구멍큰 둥근옥 大孔璧 ②사람이름 人名蘧―

【瑋】위 イ、めづらしいたま curious jade 尾 ㄨㄟˇ wei³
①위옥 玉名 ②노리개 奇妙瑰

【瑜】유 ユ、たま luster of gems 虞 ㄩˊ yü²
이름다운옥 美玉

【瑕】하 カ、きず blemish
①옥티 玉玷 ②허물 過也 疵― ③멀 遠也 「(過失)
【瑕瑜】(하유-カユ) 미덕(美德)과 과실
【瑕謫】(하적-カテキ) 흠。허물

【瑚】호 コ、もりものだい vessel 虞 ㄏㄨˊ hu²·³
①산호 海中樹珊― ②호련 宗廟祭器―璉

【頊】頁部 四畫에 볼것

【十 畫】

【瑰】괴 カイ、たま precious jade
①옥돌 石次玉― ②붉구슬 火齊珠玫― ③보배 珍奇―瑋
【瑰琦】(괴기-カイキ) 뛰어남
【瑰異】(괴이-カイイ) 이상함
【瑰才】(괴재-カイサイ) 뛰어난 재주

【瑯】琅(玉部 七畫)俗字

【瑬】류 リュウ、たまかざり beautiful jade
면류관드림 垂玉冕飾 ②깃술 旗下瑰

【瑪】마 メ、バ、めのう agate 馬 ㄇㄚˇ ma³
옥돌 美石―瑙

【瑣】쇄 サ、こまかい fragment 哿 ㄙㄨㄛˇ suo³
①옥가루 玉屑 ②잘 細小 ③좀스러울 繁猥貌―― ④대궐문아로새길 天子門上 鏤花紋―瑣
【瑣小】(쇄소-サショウ) 겨우。작음

【瑩】영 エイ、あきらか luster of gem 庚 ㄧㄥˊ ying²
①귀막이옥 瑱也 ②밝을 明也 ③풍류이름 樂名 (형) ①옥빛 조촐할 玉色 光潔 ②밝을 水鏡―然 ③의혹할 惑也 熒同

【瑤】요 エウ、たま precious jade 蕭 ㄧㄠˊ yao²
①아름다운옥 美玉―琨 ②북두자루 北斗杓―光
【瑤玉】(요옥-ヨウギョク) 아름다운 구슬
【瑤質】(요질-ヨウシツ) 아름다운 성질

【瑱】진 テン、チン、みみだま ornament of ear
①귀막이옥 以玉充耳 ②진옥 玉名 (년) 美同

【瑳】차 サ、あざやか lustrous
①옥빛깨끗할 玉色鮮白 ②상긋웃을 巧美貌

【琛】침 チン、たから treasure 侵 ㄔㄣ ch'en¹
보배 寶也

【十一畫】

【璆】구 キュウ、precious jade
①옥경쇠 玉磬 ②아름다운옥 美玉 球同
【璆然】(구연-キュウゼン) 옥소리

【瑾】근 キン、あかたま brilliancy of gems
①아름다운 美玉 ②붉은옥 赤玉

【璃】리 リ、るり glass 支 ㄌㄧˊ li²
유리 西國寶琉—玻—

【璋】장 シヤウ、しるしだま ancient stone ornament
홀 生男慶半圭

【璉】련 レン、もりものだい vessel 銑 ㄌㄧㄢˇ lien³
호련 瑚—

【十二畫】

【璟】경 エイ、ひかり luster of gem
옥광채날 玉光彩

【璣】기 キ、たま pearl 微 ㄐㄧ chi¹
①선기 渾天儀璿— ②잔구슬 小珠
③별 이름 星名

【瑠】류 リュウ、ル、たま glass
유리돌 西域采石—離 琉同

【璞】박 ハク、ボク、あらたま crust of gem 覺 ㄆㄨˋ p'u⁴
옥덩어리 玉之未琢者

【璜】황 コウ、おびだま ancient ornament of jade
반달옥 半璧—珩

【十三畫】

【璫】당 トウ、みみかざり ear-rings 陽 ㄉㄤ tang¹
①귀고리 華飾耳珠 ②내시갓 이름
宦者冠貂— ③패옥 소리 玉佩聲—
— ④방울 鈴鐸琅—

【璧】벽 ヘキ、しるしだま round jade 陌 ㄅㄧˋ pi⁴
①돌이옥 瑞玉圜以象天 ②별이름
星名
【璧帛】(벽백-ヘキハク) 구슬과 비단
【璧月】(벽월-ヘキゲツ) 구슬과 같이 둥
글고 아름다운 달
【璧人】(벽인-ヘキジン) 구슬과 같은 미
「인

【璲】수 スイ、しるしだま jade girdle
①노리개 佩也 ②서옥 瑞玉

【環】환 スイ、しるしだま ring 刪 ㄏㄨㄢˊ huan²
①옥고리 圜成無端 ②돌이옥 璧屬
③둘레 周廻
【環境】(환경-カンキョウ) ①둘러싼 구역
또는 경계 ②주위의 사물·사정·
관계등을 이름
【環刀】(환도-カントウ) 군복(軍服)에 차
는 군도(軍刀)
【環列】(환렬-カンレツ) 둥글게 벌려섬
【環流】(환류-カンリュウ) 돌아 흐르는 물
【環壁】(환벽-カンペキ) 에워싸고 있는벽
【環象】(환상-カンショウ) 둘레를 둘러싸
고 있는 일체의 현상
【環視】(환시-カンシ) 사방을 둘러봄
【環玉】(환옥-カンギョク) 돌이옥 「쌈
【環繞】(환요-カンジョウ) 사방으로 둘러
【環衛】(환위-カンエイ) 대궐을 둘러싸서
지킴 「러 앉음
【環坐】(환좌-カンザ) 여러 사람이 죽둘
【環拘】(환포-カンポウ) 둘러 앉음

【十四畫—十五畫】

【璽】새 ジ、シ、しるし imperial seal
옥새 王者印玉—
【璽符】(새부-ジフ) 임금의 옥새

【璿】선 セン、うつくしいたま precious jade
아름다운옥 美玉 璇同

【瓊】경·ケイ、あかたま reddish gem
붉은옥 赤玉—琚
【瓊樓】(경루-ケイロウ) 임금의 궁전
【瓊杯】(경배-ケイハイ) 옥으로 만든잔
【瓊玉】(경옥-ケイギョク) 아름다운 옥
【瓊章】(경장-ケイショウ) 남이 지은 글
의 높임말

【瓈】려 レイ、はり crystal 齊 ㄌㄧˊ li²
파려옥 寶玉玻—

【十六畫—十七畫】

【瓏】롱 ロウ、ル、たまおと
sound of gem
①옥소리 玉聲玲— ②환할 明貌

【瓔】영 ヨウ、エイ、くびかざり
necklace gem
①구슬목걸이 頸飾—珞 ②옥돌 美石似玉

【瓔琅】(영랑-ヨウロウ) 옥과 같은 아름다운 구슬

【瓔珠】(영주-ヨウジュ) 구슬

【瓚】찬 サン、ひしやく
ladel of jade
①옥잔 宗廟祭器玉— ②큰홀 大圭

玄 部

【玄】현 ゲン、ケン、くろ
black 囲 ㄒㄩㄢˊ hsüan²
①검을 黑也 ②검붉을 黑赤色 ③고요할 淸靜 ④아득할 幽遠 ⑤험묘할 理之妙 ⑥姓也

【玄間】(현간-ゲンカン) 하늘。 공중

【玄琴】(현금-ゲンキン) 거문고의 일종

【玄談】(현담-ゲンダン) 심오한 이치를말하는 이야기

【玄木】(현목-ゲンボク) 바래지 아니한무「명

【玄妙】(현묘-ゲンミョウ) 심원하고 미묘함

【玄武】(현무-ゲンブ)사신(四神)의하나。북방(北方)의 신

【玄門】(현문-ゲンモン) 노자(老子)의 학「문

【玄米】(현미-ゲンマイ) 벼의 껍질만 벗기고 아직 슬지 아니한 쌀 「칭

【玄石】(현석-ゲンセキ) 자석(磁石)의 별

【玄孫】(현손-ゲンソン) 손자의 손자

【玄魚】(현어-ゲンギョ) 올챙이

【玄月】(현월-ゲンゲツ) 음력 九월의 딴이름

【玄珠】(현주-ゲンジュ) 도가(道家)에서 도(道)의 본체로 이르는 말

【玄策】(현책-ゲンサク) 깊은 꾀

【玄學】(현학-ゲンガク) 현묘한 노자(老子)·장자(莊子)의 학문

【四畫—六畫】

【妙】묘 ミョウ、たえ
precision
정미할 精微玄— 妙通

【玆】자 シ、この
this 囡 ㄗ tzŭ¹
①이 此也 ②흐릴 濁也 (현)검을 黑也

【率】솔 ソツ、シュツ、ひきいる
lead 圓 ㄌㄩ lü⁴
①거느릴 領也 ②다 皆也 ③쓸用也 ④행할 行也 ⑤좇을 循也 ⑥소탈할 坦率 ⑦대강 大略—常 ⑧경솔할 輕遽貌—爾 (률) ①셈 이름 約數 ②과녁 表的 ③활한껏다릴 彎弓之限縠— ④띠공구를 帶粳藻— (수) ①장수 渠— ②새그물 鳥網

【率去】(솔거-ソッキョ) 여러 사람을 거느리고 감

【率眷】(솔권-ソッケン) 가족을 데리고감

【率伴】(솔반-ソッハン) 데리고 함께 감

【率服】(솔복-ソップク) 좇아서 복종함

【率先】(솔선-ソッセン) 여러 사람보다맨먼저 함。선두로 나섬

【率爾】(솔이-ソツジ) 경솔한 모양。급작스레

【率直】(솔직-ソッチョク) 거짓없이 바르게 행함。고지식함

【率土之濱】(솔토지빈-ソッドのはま) 바다에 연접하여 있는 땅의 끝。온 국토(國土)

瓜 部

【瓜】과 カ
melon 麻 ㄍㄨㄚ kua¹
①오이 蓏蔓生 ②모과 木—

【瓜葛】(과갈-カカツ) 외와 칡은 덩굴이 벋고 그 가지와 잎이 서로엉클어지는 점으로 보아 친척을 이름

【瓜期】(과기-カキ) ①기한이 참。벼슬의 기한 ②여자의 十五·六세 때

【瓜代】(과대-カダイ) 임기가 차서 남과

교대함

【六畫—十四畫】

【瓠】 호 コ、ひさご gourd 遇 ㄏㄨˋ hu⁴
①표주박 瓢也 ②질병 瓦器康— ③박 瓠瓜

【瓠壺】(호호-ココ) 표주박

【瓢】 표 ヒョウ、ふくべ gourd 蕭 ㄆㄧㄠˊ p'iao²
①표주박 瓠也 ②박 瓠瓜

【瓢勺】(표작-ヒョウシャク) 표주박

【瓣】 판 ベン、なかご pulp of melon 諫 ㄅㄢˋ pan⁴
외씨 瓜中實

瓦 部

【瓦】 와 ガ、かわら brick 馬 ㄨㄚˇ wa³
①기와 燒土蓋屋 ②질그릇陶器總名 ③길쌈벽돌 紡塼

【瓦家】(와가-かわらや) 기와집。 와옥(瓦屋)

【瓦器】(와기-カキ) 질그릇

【瓦礫】(와력-カレキ) ①기와의 깨어진 조각。 기와와 자갈 ②가치가 없는 물건

「의 총칭

【瓦斯】(와사-ガス) 가스(gas)。 기체

【瓦斯燈】(와사등-ガストウ) 석탄 까스에 불을 켜는 등불

【瓦石】(와석-ガセキ) ①기와돌 ②가치 가 없는 물건

【瓦屋】(와옥-ガオク) 기와집。 와가(瓦家)

【瓦匠】(와장-ガショウ) 기와집의 지붕을 이었는 것으로 업을 삼는 사람

【瓦全】(와전-ガゼン) 옥(玉)이 못되고 가치 없는 기와가 되어서 안전하게 남는다는 뜻

【瓦解】(와해-ガカイ) 기와가 깨어지듯 이 사물이 깨어져 산산히 흩어짐

【四畫—九畫】

【瓮】 옹 オウ、もたい jar 送 ㄨㄥˋ wêng⁴
독 罌也 甕同

【瓴】 령 レイ、かめ long necked jar
①귀달린 장군 似罌有耳—甋 ②암키와 牝瓦仰蓋者

【瓷】 자 ジ、シ、やきもの earthen ware 支 ㄘˊ tz'ŭ²
사기그릇 陶器堅緻者

【瓷器】(자기-ジキ) 사기(砂器)

【瓶】 甁 (瓦部 八畫)略字

【八畫—九畫】

【甁】 병 ヘイ、ビョウ、かめ bottle 青 ㄆㄧㄥˊ p'ing²
병 汲水器

【甄】 진 ケン、シン、すえもの earthen ware
질그릇 陶也 (견) 義同 ①밝을 明也 ②살필 察也 ③면할 免也 ④姓名

【甄明】(견명-ケンメイ) 밝음 「함

【甄別】(견별-ケンベツ) 밝게 가름。 구별

【甄復】(견복-ケンプク) 다시 벼슬을 함

【甃】 추 シュウ、しきかわら brick-work of a well
우물 벽돌 井甓

【十一畫—十六畫】

【甌】 구 オウ、はち bowl 尤 ㄡ ou¹
①사발 盌也 ②움집 土穴—脫 ③되야기발 小甌—窶

【甌脫】(구탈-オウダツ) 북방의 이민족이 국경에 만들어 정찰용으로 사용하던 토실(土室)

【甍】 맹 ボウ、いらか rafter
대마루 屋棟所以承瓦

【甍棟】(맹동-ボウトウ) 대마루와 들보

【甎】 전 セン、から brick 先 ㄓㄨㄢ chuan¹
벽돌 甓也

【甑】 증 ソウ、こしき caldron 徑 ㄗㄥˋ tsêng⁴
①시루 炊器釜— ②고리 器屬無底

【甓】벽 ヘキ、しきかわら glazed tile 錫 ㄆㄧˋ p'i4
벽돌 甎也

【甕】옹 ヨウ、オウ、もたい earthen jar 送 ㄨㄥˋ wêng4
①독 罌也 ②물장군 汲水器

【甕固執】(옹고집) 악지가 심한 고집

【甕器】(옹기) 질그릇

【甕裡醯雞】(옹리혜계) 독 속의 초파리라는 뜻이니, 세상 형편을 모르는 사람을 이름

【甕算】(옹산-ヨウサン) 쓸데없는 헛생각을 가리키는 말

【甕城】(옹성-ヨウジョウ) 독같이 굽은 성문(城門)의 벽

【甕天】(옹천-ヨウテン) 독 속의 천지(天地)라는 뜻이니 견식이 좁음을 이름

【甗】언 ゲン、こしきがま earthen ware vessel
①질고리 無底甑 ②땅이름 齊地名

甘部

【甘】감 カン、あまい sweet 覃 ㄍㄢ kan1
①달 萵也五味之一 ②달게여길 嗜也 ③맛 美味 ④쾌할 快也 ⑤싫을 猒也 ⑥姓也

【甘苦】(감고-カンク) ①단것과 쓴것 ②즐거움과 괴로움

【甘棠】(감당-カンドウ) 팥배

【甘露】(감로-カンロ) 옛날에 인정(仁政)이 있을 때에 천지(天地)의 상서(祥瑞)로 내린다는 이슬이니, 이것을 먹으면 밥을 먹지 아니하여도 산다고 하던 것

【甘榴】(감류-カンリュウ) 석류의 일종。단맛이 많고 신맛이 적은 것

【甘味】(감미-カンミ) 단맛。달콤한 맛

【甘死】(감사-シをあまんず) 달게 죽음。죽기를 싫어하지 아니함

【甘辭】(감사-カンジ) 달콤한 말

【甘酸】(감산(カンサン) ①단것과 신것 ②괴로움과 즐거움

【甘水】(감수-あまみず) 단물

【甘受】(감수-カンジュ) 달게 받음。즐겁게 받음 「음

【甘心】(감심-カンシン) 달게 여기는 마음

【甘言】(감언-カンゲン) 달콤한 말。마음에 드는 말

【甘雨】(감우-カンウ) 가물 끝에 오는비。기쁜 비。좋은 비

【甘蔗】(감자-カンシャ) 사탕수수

【甘諸】(감저-カンショ) 고구마

【甘酒】(감주-あまざけ) 단술

【甘草】(감초-カンソウ) 콩과에 속하는 다년생(多年生)약용 식물。감초 뿌리는 약에 씀 「칭

【甘蕉】(감초-カンショ) 파초(芭蕉)의 별

【甘湯】(감탕-カントウ) ①엿을 고아낸 솟을 가신 물 ②메주를 쑤어낸솟의물

【甘紅露】(감홍로-カンコウロ) 빛이 붉고 맛이 단 소주의 일종

【四畫—八畫】

【甚】심 ジン、シン、はなはだしい extemly 沁 ㄕㄣˊ shen2
①심할 劇也 ②더욱 尤也 ③무엇 何也

【甚口】(심구-ジンコウ) 큰 입。또 구변이 좋음

【甚急】(심급-ジンキュウ) 썩 급함。매우 급함

【甚難】(심난-ジンナン) 심히 어려움

【甚大】(심대-ジンダイ) 매우 큼

【甚暑】(심서-ジュショ) 매우 더움。혹서(酷暑)

【甚惡】(심악-ジンアク) ①순하지 않음 ②가혹함

【甚雨】(심우-ジンウ) 몹시 오는 비

【甛】첨 テン、あまい sweet 鹽 ㄊㄧㄢˊ t'ien2
①달 甘也 ②곤히 잘 臥睡黑—

【甛甘】(첨감-テンカン) 달고 맛있음

【甛瓜】(첨과-テンカ) 참외

【甛言密語】(첨언밀어-テンゲンミツゴ) 달콤한 말

【甜】前條 同字

【甞】嘗 (口部 十一畫)俗子

生部

【生】생 セイ、ショウ、いきる live 庚 ㄕㄥ sheng¹ ①살 死之對 ②낳을 産也 ③날 出也 ④날생될 不熟 ⑤접때 平生疇昔 ⑥무궁할 不窮—— ⑦어조사 語助辭 ⑧닭이 알낳을 鶴—卵

【生家】(생가-セイカ) 자기가 출생한 집

【生薑】(생강-ショウガ) 새양

【生訣】(생결-セイケツ) 생 이별。생별(生別)

【生計】(생계-セイケイ) 생활을 유지하는 방법。살아갈 꾀

【生計無策】(생계무책-セイケイムサク) 살아갈 도리가 없음

【生果】(생과-セイカ) 익지 않은 과실

【生金】(생금-なまがね) 아직 불리지 않은 캐어낸대로 있는 황금

【生擒】(생금-セイキン・いけどり) 산채로 잡음。사로 잡음

【生氣】(생기-セイキ) ①기운이 좋음 ②살아가는 기력 ③활발한 기분 ④정신이 남。기운을 냄

【生男】(생남-セイダン) 아들을 낳음

【生男禮】(생남례-セイダンチ) 아들을 낳은턱

【生女】(생녀-セイジョ) 딸을 낳음

【生年】(생년-セイネン) ①낳은 해 ②살아있을 동안。일생(一生)

【生徒】(생도-セイト) 학교에서 공부하는 학도

【生道】(생도-セイドウ) 앞으로 살아갈길

【生銅】(생동-セイドウ) 불리지 아니한 구리

【生得】(생득-セイトク) ①타고 남。나면서 가지고 있음 ②산채로 잡음

【生來】(생래-セイライ) 태어난 뒤。출생한 뒤

【生涼】(생량-セイリョウ) 가을에 서늘한 바람이 생김

【生靈】(생령-セイレイ) 생물의 영장이라는 뜻이니 생민(生民)을 이름。목숨

【生路】(생로-セイロ) ①생계(生計)의길 ②처음 다니는 길

【生老病死】(생로병사-セイロウビョウシ)인생의 네 가지 큰고통。곧 나고 늙고 병들고 죽고 하는 것

【生栗】(생률-なまぐり) 껍질을 벗긴날밤

【生利】(생리-セイリ) ①이익을 늘임 ②생계(生計)

【生梨】(생리-セイリ) 배

【生理】(생리-セイリ) ①생활하는 도리 ②생물이 살아가는 원리

【生離別】(생리별-いきわかれ) 산채로 멀리 이별함

【生理學】(생리학-セイリガク) 생물의 생활 현상의 원리를 연구하는 학문

【生痲】(생마-なまあさ) 삶지않은 삼

【生埋】(생매-いきうめ) 생물을 산채로 묻음

【生面】(생면-セイメン) ①새로운 방면。신기축(新機軸) ②처음하는 면회(面會)

【生面江山】(생면강산-セイメンコウザン) ①처음으로 보고 듣는 일 ②처음으로 보는 강산

【生面不知】(생면부지-セイメンをしらず) 한번도 본일이 없는 사람

【生命】(생명-セイメイ) ①목숨 ②살아가는 원동력 ③사물을 유지하는기한

【生命保險】(생명보험-セイメイホケン) 사람의 죽음을 조건으로 하여 일정한 금액을 내는 보험

【生命線】(생명선-セイメイセン) 삶과 죽음의 경계선

【生命水】(생명수-セイメイスイ) 생명을주는 물

【生命樹】(생명수-セイメイジュ) 기독교에서 선악과가 열렸다고 하는 나무

【生命體】(생명체-セイメイタイ) 생명이있는 물체

【生母】(생모-セイボ) 자기를 낳은 어머니

【生木】(생목-セイボク) ①생나무 ②누지 아니한 무명

【生物】(생물-セイブツ) ①생활을 하고있는 물건。곧 동・식물의 총칭 ②산 물건

【生物學】(생물학-セイブツガク) 생물의구조・기능・발달・분포 기타 모든 생활 상태를 연구하는 학문

【生民】(생민-セイミン) 백성

【生別】(생별-セイベツ) 살아서 이별함

【生父】(생부-セイフ) 자기를 낳은 아버지。친아버지

【生佛】(생불-いきぼとけ) 덕행(德行)이 높은 늙은 중

【生不如死】(생불여사-いきてッにしかず) 살아 있어도 죽은이만 같지 못하다는 뜻으로 극도로 곤란을 당하고있는것을 가리키는 말

【生師】(생사-セイシ) 생도와 교사

【生絲】(생사-いきと) 누지 아니한 실

【生死】(생사-セイシ) 사는 것과 죽는것

【生產】(생산-セイサン) ① 아이를 낳음 ②생계(生計)가 될만한 산업 ③재화(財貨)를 만들어 내내거나 증가시키는 일

【生殺】(생살-セイサツ) 살리는 것과 죽이는 것

【生色】(생색-セイショク)①생생한 기운。활기있는 안색。 ②얼굴에 나타남「남 ③생광스러움

【生生】(생생-セイセイ) 만물이 쉬지않고

【生石灰】(생석회-セイセッカイ) 피지아니한 석회

【生鮮】(생선-セイセン) 소금으로 절이지 아니한 물고기

【生成】(생성-セイセイ) 사물이 생겨남

【生疎】(생소-セイソ) ①친하지 못함 ②익숙하지 못함 ③서투른 것

【生水】(생수-なまみず) 샘에서 나오는 물。샘물

【生熟】생숙-セイジュク) ①생소한 것과 익숙한것 ②날것과 익은것

【生時】(생시-セイジ) ①난 때 ②살아 있을 때 ③깨어 있을 때

【生食】(생식-セイショク) 날것을 먹음

【生殖】(생식-セイショク) 생물이 새꺼를 낳아 늘림

【生殖器】(생식기-セイショッキ) 동·식물의 생식을 맡은 기관

【生殖慾】(생식욕-セイショクヨク) 생식을 하고자 하는 본능

【生辰】)생신-セイシン) 생일의 존칭

【生實果】(생실과) 생과

【生涯】(생애-ショウカイ) 세상에서 살아감。또 그 동안 「하는 직업

【生業】(생업-セイギョウ) 생활을 위하여

【生員】(생원-セイイン) 소과(小科)의 종장(終場)에 합격한 선비 「젓

【生乳】(생유-セイニュウ) 끓이지 아니한

【生肉】(생육-セイニク) 날고기

【生育】(생육-セイイク) 낳아 기름

【生意】(생의-セイイ) ①마음을 먹음 ②오래 살려고 하는 마음

【生日】(생일-セイジツ) 세상에 나온 날

【生長】(생장-セイチョウ) 자람。키가커짐

【生財】(생재-セイザイ) 재물을 늘임

【生前】(생전-セイゼン) 죽기 전。살아았을 동안

【生存】(생존-セイゾン) 목숨을 이어감。살아 나아감

【生存競爭】(생존경쟁-セイゾンキョウソウ) 생명을 보존하기 위하여서의 경쟁

【生地】(생지-セイチ·きジ) 천연 그대로의 지질 「운

【生彩】(생채-セイサイ) 생생한 빛이나 기

【生菜】(생채-セイサイ) 채소를 날로 양념을 하여 만든 반찬。무생채

【生鐵】(생철-なまテツ) 무쇠

【生體】(생체-セイタイ) 생물의 몸

【生漆】(생칠) 정제하지 아니한 옻나무의 진

【生布】(생포) 생베

【生血】(생혈-なまじ) 신선한 피

【生花】(생화-いけ) 화초의 꽃가지에서 꺾은 생생한 꽃

【生還】(생환-セイカン) 살아 돌아옴

【生活】(생활-セイカツ) ①살아 있음。살아나아감 ②직업을 잡고 활동함 ③생계(生計)를 유지함

【生活難】(생활난-セイカツナン) 구직(求職)은 쉽지 않고 물가는 비싸서 살아가기가 매우 어려운 것。

【六畫—九畫】

【產】 산 サン、セン、うむ bear; production

①낳을 生也 ②업 民業生—

【產科】(산과-サンカ) 의술(醫術)의한부

분。 부인의 출산에 관한 전문적인 의학

【産金】(산금-サンキン) 금을 캐어냄。

【産期】(산기-サンキ) 해산할 시기

【産卵】(산란-サラン) 알을 낳음

【産母】(산모-サンボ) 아이를 낳고 자리에 누운 부녀 「권。

【産物】(산물-サンブツ) 토지에서 나는물 물산(物産)

【産米】(산미-サンマイ) ①산모가 먹을밥을 짓는 쌀 ②생산하는 쌀

【産婦】(산부-サンプ) 산모(産母)

【産朔】(산삭-サンサク) 잉태한 부녀가 해산할 달。 아이를 낳은 달

【産室】(산실-サンシツ) 산모가 있는 해산한 방

【産兒】(산아-サンジ) 낳은 아이

【産兒制限】(산아제한-サンジセイゲン) 미국 상가 부인이 주장한 것으로 인위적 피임 방법을 연구하여 출산을 조절하는 것이니、 사회 개량 정책의 하나로서 인구문제・생활난・모성보호・우생학적 사회개량을 목적으로 한 것임

【産業】(산업-サンギョウ) ①생활에 관한 모든 물건을 만들어냄 ②생산(生産)의 사업

【産褥】(산욕-サンジョク) 해산 할때 산모가 까는 요。 산욕(産褥)과 같음

【産月】(산월-サンゲツ) 산삭

【産前】(산전-サンゼン) 해산 하기 전。

아이를 낳기전。

【産地】(산지-サンチ) ①출생(出生)한땅 ②물건이 나는 땅

【産出】(산출(サンシュツ) 물건이 남。 재물(財物)이 남

【産婆】)산파-サンバ) 해산할 때에 아이를 받고 산모(産母)를 구호하는 것을 업으로 삼는 여자

【産後】(산후-サンゴ) 아이를 낳은 뒤。 해산한 뒤

【甥】 생 ヤイ、ソウ、をい soninlaw 庚 ㄕㄥ shêng'

①생질 姉妹之子 ②외손주 外孫彌 ―③사위 女婿

【甥館】(생관-セイカン) 사위가 거처하는 「곳

【甦】 소 ソ、ス、よみがえる revival 虞 ㄙㄨ su'

①깨날 死而復生 ②쉴 息也 蘇通

【甦生】(소생-ソセイ) 죽었다가 다시 깨남。 소생(蘇生)

【甦】 前條 本字

用部

【用】 용 ヨウ、もちいる use 宋 ㄩㄥ yung'

①쓸 可施行 ②쓰일 使用 ③그릇 器用 ④재물 貨也 ⑤맡길 任也 ⑥써 以也

【用奸】(용간-ヨウカン) 간사한 꾀로 남을 속이는 것

【用具】(용구-ヨウグ) 용기(用器) 「함

【用權】(용권-ヨウケン) 권세를 마음대로

【用器】(용기-ヨウキ) 쓰는 그릇。 또 그기구

【用談】(용담-ヨウダン) 볼일에 관한 말。 필요한 이야기

【用途】(용도-ヨウト) 쓰는 길。 쓰는 곳

【用度】(용도-ヨウト) 드는비용。 씀씀이

【用慮】(용려-ヨウリョ) 염려 하여줌

【用力】(용력-ヨウリョク) ①심력을 씀 ②체력을 씀。 힘을 씀

【用法】(용법-ヨウホウ) ①쓰는 법 ②법을 쓸 「를 쓸

【用兵】(용병-ヨウヘイ) 군사를 씀。 무기

【用費】(용비-ヨウヒ) 쓰는 비용

【用私】(용사-ヨウシ) 사정을 둠

【用事】(용사-ヨウジ) ①필요한 사항 ②요로에 있어 권세를 잡음

【用捨】(용사-ヨウシャ) 쓰는 것과 버리는 것。

【用色】(용색-ヨウショク) 색을 씀。 남녀가 서로 교접함

【用心】(용심-ヨウジン) ①심력을 씀 ②마음을 씀

【用語】(용어-ヨウゴ) 쓰는 말

【用言】(용언-ヨウゲン) 어미가 변화하는 말。 동사・형용사 따위

【用意】(용의-ヨウイ) 마음을 씀

【用紙】(용지-ヨウシ) 어떠한 일에 쓰는 종이
【用筆】(용필-ヨウヒツ) 붓을 씀。그 붓 또 그 방법
【用嫌】(용혐-ヨウケン) 혐원을 품는 것

【二畫—七畫】

【甫】보 フ、ホ、ますらお
great; begin 麌 ㄈㄨˇ fu³
①아무씨 男子美稱某— ②나 我也 ③많을 衆也—— ④클 大也 ⑤또 且也 ⑥비로소 始也

【甬】용 ヨウ、みち
alley 腫 ㄩㄥˇ yung³
①용도 巷道 ②솟을 涌也 ③휘 量名斛也 ④쇠북 꼭지 鍾鼻 ⑤초목 빛날 草木華貌—— ⑥땅이름 地名 —東

【甯】녕 ネイ、デイ、やすし
peaceful 徑 ㄋㄧㄥˋ ning⁴
①편안할 安也康— ②차라리 願詞 ③고을 이름 邑名

田部

【田】전 デン、テン、た
field 先 ㄊㄧㄢˊ t'ien²
①밭 地已耕 ②사냥할 獵也 ③姓也。敏通

【田穀】(전곡-デンコク) 밭에서 나는곡식 곧 보리·조·모밀·콩 팥 따위의 총칭
【田器】(전기-デンキ) 경작에 쓰는 기구
【田里】(전리-デンリ) 고향
【田畝】(전묘-デンポ) 밭이랑
【田民】(전민-デンミン) 농민
【田舍】(전사-デンシャ·いなか) 시골집
【田鼠】(전서-デンソ) 두더지
【田稅】(전세-デンゼイ) 논 밭의 구실
【田野】(전야-デンヤ) 논밭과 들
【田園】(전원-デンエン) ①논밭과 동산 ②시골
【田主】(전주-デンシュ·たぬし) 땅 임자
【田地】(전지-デンチ) 논밭 「레
【田車】(전차-デンシャ) 사냥에 쓰는 수
【田宅】(전택-デンタク) 논밭과 집
【田土】(전토-デンド) 논밭

【一畫】

【甲】갑 コウ、カン、よろい
armour 洽 ㄐㄧㄚˇ chia³
①갑옷 介也 ②첫째 천간 十干之首 ③첫째 第一 ④비롯할 始也 ⑤싹틀 草木初生之莩 ⑥껍질 蟲介 ⑦법령 法令 ⑧대궐 殿也—帳

【甲殼】(갑각-コウガク) 절족동물(節足動物)의 피부가 석회질로 변하여 단단하게 된 것
【甲科】(갑과-コウカ) ①과거(科擧)에 첫째로 급제하는 일 ②가장 어려운 시험과목
【甲年】(갑년-コウネン) 六十一세 되는 해。환갑(還甲)
【甲班】(갑반-コウハン) 좋은 가문。세력 있는 문벌。갑족(甲族)
【甲邊】(갑변-コウヘン) 본전과 같은 액수의 변리。곧 곱으로 쳐서 받는 변리
【甲兵】(갑병-コウヘイ) ①무장한 병사 ②갑옷과 병기 ③전쟁
【甲士】(갑사-コウジ) 갑옷을 입은 군사。갑병(甲兵)
【甲狀腺】(갑상선-コウジョウセン) 인두의 앞 아래에 있어서 내분비의 기능이 있는 혈관선
【甲首】(갑수-コウシュ) ①갑옷을 입은 사람 ②갑옷 입은 군사의 모가지
【甲夜】(갑야-コウヤ) 초저녁
【甲宴】(갑연-コウエン) 환갑 잔치
【甲乙】(갑을-コウオツ) ①갑과 을 ②우열(優劣)을 표시하는 말 ③단지 차례만 표시하는 말。첫째와 둘째 가 ④성명이 분명하지 아니한 사람을 리키는 말。아무 아무
【甲衣】(갑의-コウイ) 갑옷
【甲日】(갑일-コウジツ) 환갑 날
【甲子】(갑자-コウシ) 십간(十干)과 십이지(十二支)
【甲仗】(갑장-コウジョウ) 갑옷과 검창(劍槍)등의 병기
【甲第】(갑제-コウダイ) 잘 지은 집

【甲族】(갑족-コウゾク) 좋은 가문。 귀족
【甲卒】(갑졸-コウソツ) 갑사(甲士)
【甲胄】(갑주-カッチュウ) 갑옷과 투구
【甲板】(갑판-カンパン・コウハン) 규모가
큰 배 위의 편편한 곳

【申】신 シン、のばす stretch 眞 ㄕㄣ shen¹
①펼 伸也 ②기지개켤 欠伸 ③거
듭 重也 ④밝힐 明也 ⑤낮잘펼
容舒—— ⑥아홉째 지지 地支之第
九位 ⑦姓也
【申告】(신고-シンコク) 마을에 이름
【申末】(신말-シンマツ) 신시의 마지막
시각。 곧 오후 五시 경
【申白】(신백) 사실을 자세히 사뢸
【申報】(신보-シンポウ) 알려 줌
【申時】(신시-シンジ) 오후 三시부터 동
五시 까지의 시각
【申申付託】(신신부탁-シンシンフタク) 여
러번 간절히 부탁함
【申諭】(신유-シンユ) 타이름
【申前】(신전-シンゼン) 신시 전。 곧 오
후 三시 전
【申正】(신정-シンセイ) 꼭 오후 四시
【申請】(신청-シンセイ) 마을에 대하여
어떠한 사건을 청원함
【申初】(신초-シンショ) 신시의 첫 시각。
곧 오후 三시 경
【申飭】(신칙-シンチョク) 거듭 타이름
【申託】(신탁-シンタク) 신신 부탁의 준
말

【由】유 ユウ、ユ、よる cause 尤 ㄧㄡ yu²
①말미암을 從也 ②쓸 用也 ③행
할 行也率— ④마음에 든든할 自
得貌——
【由來】(유래-ユライ) ①사물의 내력
②본디。 원래 「유
【由緖】(유서-ユイショ) 전하여 오는 이
【由緣】(유연-ユウエン) ①인연 ②일의
유래
【由由】(유유-ユユ) ①마음에 든든한 모
양。 스스로 만족하는 모양 ②기쁘
하는 모양 ③머뭇거리는 모양。 의
심이 많아서 밀어 가는 모양

【二畫—三畫】

【男】남 ダン、ナン、おとこ man; male 覃 ㄋㄢ nan²
사내 丈夫
【男工】(남공-ダンコウ) 남자 직공
【男女】(남녀-ダンジョ) 남자와 여자
【男女老少】(남녀노소-ダンジョロウショウ)
늙은 이와 젊은이。 곧 모든 사람
【男女同權】(남녀동권-ダンジョドウケン)남
자와 여자가 그 권리에 높낮이의
차별이 없음
【男女有別】(남녀유별-ダンジョべツあり)남
녀 사이에는 분별이 있고 질서가
있음
【男妹】(남매-ダンマイ) 오뉘
【男服】(남복-ダンプク) ①남자의 옷 ②
여자가 남자같이 꾸밀 때에 입는옷
【男負女戴】(남부여대) 남자는 등에지
고 여자는 머리에 인다는 뜻으로
가난한 사람이 유리하는 모양을 가
리키는 말
【男相】(남상-ダンソウ) 남자와 같은 얼
굴을 가진 여자
【男色】(남색-ダンショク) 사내들 끼리 행
하는 간음
【男聲】(남성-ダンセイ) 남자의 음성
【男性】(남성-ダンセイ) ①사내 남자 ②
남자의 성질 및 체질
【男性美】(남성미-ダンセイビ) 남성이 가
진 우수한 아름다운 점 「내
【男兒】(남아-ダンジ) ①사내아이 ②사
【男子】(남자-ダンシ) ①사내아이 ②사
내 ③대장부 「하나
【男爵】(남작-ダンシャク) 작위(爵位)의
【男裝】(남장-ダンソウ) 여자가 남복을
입고 남자 모양으로 꾸미는 것
【男丁】(남정-ダンテイ) 十五세 이상된
사내
【男情】(남정-ダンジョウ) 남자의 정
【男尊女卑】(남존여비-ダンソンジョヒ) 권리
지위가 남자는 높고 여자는 낮다는
말
【男左女右】(남좌여우) 남자는 왼쪽을
숭상하고 여자는 오른 쪽을 숭상하

는 것

【男唱】(남창-ダンショウ) 남자의 목소리로 노래를 부르는 것

【甸】전 デン、テン、さかい area 霰 ㄉㄧㄢˋ tien⁴ 경기 畿內區域—服 (승) ①다스릴 治也 ②수레 車乘衷—

【町】정 チョウ、テイ、まち raised path between fields ①밭지경 田區 ②밭두렁 田畝 ③距離의 單位 六十間爲— ④面積의 單位 三千坪爲—

【町人】(정인-チョウニン) 상점가에 사는 사람

【町畦】(정휴-テイケイ) ①밭두렁 ②경계 구획

【畀】비 ヒ、あたえる give 寘 ㄅㄧˋ pi⁴ 줄 賜也付與

【四 畫】

【畎】견 ケン、みぞ small drain between fields ①밭도랑 田中溝 ②산골 도랑 山谷水道

【畎畝】(견묘-ケンポ) ①밭의 고랑과 이랑 ②도시에서 떨어진 땅 ③농사를 지음 ④민간

【畎夷】(견이-ケンイ) 오랑캐의 이름

【界】계 カイ、さかい、へだつ boundary 卦 ㄐㄧㄝˋ chieh⁴ ①지경 境也 ②한정할 限也分畫 ③이간할 離間

【界面】(계면-カイメン) ①계면조 ②경계를 이루는 면

【界標】(계표-カイヒョウ) 토지 또는 수면등의 경계에 세우는 표지

【界限】(계한-カイゲン) 땅의 경계

【畏】외 イ、おそれる fear 未 ㄨㄟˋ wei⁴ ①두려울 懼也 ②겁낼 怯也 ③놀랄 驚也 ④꺼릴 忌也

【畏怯】(외겁-イキョウ) 두렵게 여기고 겁냄

【畏敬】(외경-イケイ) 두려워서 공경함

【畏懼】(외구-イク) 무서워하고 두려워함

【畏忌】(외기-イキ) 두려워서 꺼림

【畏服】(외복-イフク) 남이 두려워 복종함

【畏伏】(외복-イフク) 두려워 엎드림

【畏愼】(외신-イシン) 몹시 두려워하고 언행을 삼감

【畏友】(외우-イユウ) 공경할만한 벗

【畏縮】(외축-イシュク) 두려워서 몸을 움츠림

【畏憚】(외탄-イタン) 두려워하고 꺼림

【畏避】(외피-イヒ) 두려워서 피함

【畏寒】(외한-イカン) 추위를 두려워 함

【畏兄】(외형-イケイ) 친구끼리 상대편을 점잖게 대접하여 이르는 말

【畋】전 テン、デン、かり hunt 先 ㄊㄧㄢˊ t'ien² ①평밭 平田 ②사냥할 獵也

【思】心部 五畫에 볼것

【毗】比部 五畫에 볼것

【胃】肉部 五畫에 볼것

【五 畫】

【留】류 リュウ、ル、とどまる stay ①머무를 住也 ②그칠 止也 ③막힐 滯也 ④오랠 久也 ⑤더딜 遲留 ⑥횡사할 凶命賚— ⑦꾀꼬리 黃鳥栗— ⑧멈출 停待宿留

【留客】(유객-リュウカク) 손을 머물게 함

【留京】(유경-リュウキョウ) 시골 사람이 서울에서 묵음

【留級】(유급-リュウキュウ) 진급하지 못하고 그대로 남음

【留念】(유념-リュウネン) 기억해두고 생각하는 일

【留糧】(유량-リュウリョウ) 객지에서 먹을 양식

【留連】(유련-リュウレン) 객지에서 묵고 있음

【留守】(유수-リュウシュ・ルス) 이조때 개성・강화・광주・수원・춘천등 요긴한 곳을 맡아 다스리든 정이품의

관직
【留宿】(유숙-リュウシュク) 묵고 있음
【留約】(유약-リュウヤク) 뒷일을 미리 약속함
【留寓】(유우-リュウグウ) 타향에 묵고 있음
【留飮】(유음-リュウイン) 소화가 되지 않아 음식물이 위속에 정체하여 신물이 나오는 증상。위산 과다증
【留意】(유의-リュウイ) 마음에 둠。유심(留心)
【留在】(유재-リュウザイ) 머물러 있음
【留財】(유재-リュウザイ) 모아둔 재물
【留陣】(유진-リュウジン) 군사를 길에 머물러둠
【留質】(유질-リュウシツ) 볼모
【留置】(유치-リュウチ) 맡아 둠
【留學】(유학-リュウガク) 외국에 가서 공부함

【畝】무 ボウ、うね chinese ridge 有 ㄇㄨˇ mu³
①밭이랑 田壟 ②地積의 單位 四方六尺爲步百步爲一 秦以後二百四十步爲一

【畔】반 ハン、あぜ path diving fields
①밭두렁 田界 ②가 邊側皆曰一 ③갑절 倍也 ④도랑할 跋扈一援
【畔界】(반계-ハンカイ) 밭두렁

【畚】분 ホン、もっこ basket for earth
삼태 筥屬盛土器
【畚鍤】(분삽-ハンソウ) 흙을 나르는 삼태기와 흙을 파는 삽

【畛】진 シン、あぜ path between fields
밭지경 田界畦一
【畛域】(진역-シンイキ) 밭지경。밭갈피

【畜】축 チク、たくはえる feed 宥 ㄔㄨˋ ch'u⁴
①육축 六一 ②그칠 止也 ③쌓을 積也 蓄同 (휵) ①기를 養也 ②용납할 容也 (추) 집짐승 家養獸 (휴) 기를만할 獸可養
【畜類】(축류-チクルイ) 가축의 종류
【畜舍】(축사-チクシャ) 가축을 기르는 건물
【畜牧】(축목-チクボク) 가축을 들에서 기름
【畜生】(축생-チクショウ・チキショウ) ①새와 짐승 ②사람을 욕하는 말
【畜養】(축양-チクヨウ) 마소를 기름
【畜牛】(축우-チクギュウ) 집에서 기르는 소
【畜積】(축적-チクセキ) 모아 둠

【六 畫】

【略】략 リャク、はぶく summary 藥 ㄌㄩㄝˋ lüeh⁴
①간략할 簡也 ②꾀 謀也方一 ③대강 要也 ④노략질할 行取一定 ⑤다스릴 理也 ⑥날카로울 利也 ⑦홀할 忽也
【略記】(약기-リャッキ) 간략하게 적음。또는 그 기록
【略圖】(약도-リャクズ) 간략하게 대충 그린 도면
【略讀】(약독-リャクドク) 대충 읽음
【略歷】(약력-リャクレキ) 간단한 이력
【略法】(약법-リャクホウ) ①간략하게 꾸민 법률 ②간략한 방법
【略備】(약비-リャクビ) 대강 갖춤
【略史】(약사-リャクシ) 간단히 줄여서 기록한 역사
【略省】(약생-リャクセイ) 생략。간략하게 줄임
【略說】(약설-リャクセツ) 대강 설명함
【略述】(약술-リャクジュツ) 대강 논술함
【略少】(약소-リャクショウ) 간략하고 적음
【略式】(약식-リャクシキ) 정식의 절차를 생략한 의식
【略言】(약언-リャクゲン) 줄이어 대강말함
【略字】(약자-リャクジ) 자획(字畫)을 줄이어 쓴 글자
【略傳】(약전-リャクデン) 주요한 경력만을 적은 간단한 전기
【略請】(약청-リャクセイ) 간략하게 대강 청함
【略奪】(약탈-リャクダツ) 폭력을 써서 빼앗음。무리하게 빼앗음
【略表】(약표-リャクヒョウ) 간략한 표。대략을 나타낸 표

【略筆】(약필·リャクヒツ) ①중요한점 이외를 생략하여 쓰는 일。또는 그문장 ②문자의 획을 생략하여 쓰는일

【略解】(약해·リャッカイ) 뜻을 대강해석함。간단한 해석

【略號】(약호·リャクゴウ) 간략하게 만든 부호

【異】이 イ、ことなる different

①다를 殊也不同 ②기이할 奇也 ③괴이할 怪也 ④나눌 分也 ⑤姓也

【異見】(이견·イケン) 서로 다른 의견

【異敎】(이교·イキョウ) ①이단의 가르침 ②자기가 믿는 종교 이외의 종교

【異口】(이구·イク) 여러사람의 입。여러사람의 말

【異口同聲】(이구동성·イクドウセイ) 여러 사람의 말이 한결 같음

【異國】(이국·イコク) 다른 나라

【異端】(이단·イタン) 유교(儒敎)를 믿는 자가 다른 교를 이름。바른 교에 어긋나는 도(道)

【異動】(이동·イドウ) 전임。직책의 변동

【異同】(이동·イドウ) 다른 것과 같은것

【異論】(이론·イロン) 남과 다른 의견。남을 반대하는 말

【異類】(이류·イルイ) ①다른 종류。종족(種族)과 정교(政敎)가 다른 인종 ②귀신·금수 따위

【異聞】(이문·イブン) 별다른 소문。신기스러운 소문

【異邦】(이방·イホウ) 이국(異國)。외국

【異變】(이변·イヘン) 괴이한사변(事變)

【異腹】(이복·イフク) 어미가 다름。각배

【異腹同生】(이복동생·イフクドウセイ) 배다른 동생

【異常】(이상·イジョウ) 보통과 다름

【異相】(이상·イソウ) 보통과 다른 인상。모양

【異象】(이상·イショウ) ①특수한 현상 ②이상한 모양

【異色】(이색·イショク) ①다른 빛 ②다른 당파에 딸린 사람

【異說】(이설·イセツ) ①남과 다른 의견 또는 주의 ②이상한 말。진설(珍說) ③틀린 생각

【異姓】(이성·イセイ) 다른 성。타성(他姓)

【異姓愛】(이성애·イセイアイ) 이성 간의 사랑

【異俗】(이속·イゾク) 다른 풍속

【異心】(이심·イシン) 다른 마음

【異域】(이역·イイキ) 다른 나라의 땅

【異域之鬼】(이역지귀·イイキのおに) 이국에서 죽은 귀신

【異緣】(이연·イエン) 불가사의의 인연이란 뜻으로 남녀의 인연을 일컫는 말

【異義】(이의·イギ) 다른 뜻 「論」

【異議】(이의·イギ) 다른 주장。이론(異論)

【異意】(이의·イイ) 다른 의견。다른 의향(意向)

【異人】(이인·イジン) ①재주가 신통하고 기이한 사람 ②이상한 사람 ③다른 사람 「날

【異日】(이일·イジツ) 내일 이후의 어떤

【異裝】(이장·イソウ) 규정에 벗어난 복장

【異才】(이재·イサイ) 남다른 재주

【異績】(이적·イセキ) 기이한 행적。기적(奇績)

【異種】(이종·イシュ) 종류가 다름。다른 종류

【異族】(이족·イゾク) 다른 민족

【異志】(이지·イシ) 딴마음。배반할의사

【異體】(이체·イタイ) ①형체를 달리함 ②다른 형편

【異體同心】(이체동심·イタイドウシン) 몸은 다르나 마음은 한가지임。서로 의기 상투함을 말함 「칭호

【異稱】(이칭·イショウ) 다르게 부르는

【異學】(이학·イガク) 이단(異端)의학문

【異鄕】(이향·イキョウ) 다른 시골。타향(他鄕)

【異香】(이향·イコウ·イキョウ) 보통과 다른 좋은 향기

【異形】(이형) ①보통과 다른 모양 ②이상 야릇한 모양

【畤】치 ジ、シ、まつりのにわ place for festival

제터 祭地神所依止

【畢】필 ヒツ、おわる finish 圜 ㄅㄧ pi⁴
①다할 盡也 ②마칠 竟也 ③책 簡札 ④희생궤는 나무 貫牲體木 ⑤토끼 그물 兎網 ⑥별이름 星名
【畢竟】(필경·ヒッキョウ) 마침내。 결국
【畢納】(필납·ヒツノウ) 죄다 바침
【畢覽】(필람·ヒツラン) 끝까지 봄
【畢命】(필명·ヒツメイ) 생명이 끝나는 일。종신
【畢生】(필생·ヒッセイ) 일생。평생
【畢業】(필업·ヒツギョ) 업(業)을 마침。졸업

【畦】휴 ケイ、うね boundary 齊 ㄑㄧ ch'i²
①밭두렁 畔也 ②밭쉰이랑 隴也五十畝 ③갈피 區也
【畦徑】(휴경·ケイケイ) 일정한 법식

【累】糸部 五畫에 볼것

【七 畫】

【畱】留（田部 五畫）本字

【番】번 バン、ヘン、たびかず turn; time 元 ㄈㄢ fan¹
①번수 數也 ②번들 更也直宿 (반) ①갈릴 遞也 ②차례 次也 ③땅이름 南海地名—禺 (파) ①날랠 勇貌—— ②하얗게 늙을 老貌——
【番番】(번번·ハハ) ①늘。여러번。자주。항상 ②용감한 모양 ③백발(白髮)의 모양
【番上】(번상·バンジョウ) 지방의 군병(軍兵)을 뽑아서 차례로 서울 영문(營門)으로 보냄
【番數】(번수·バンスウ) 차례의 수
【番地】(번지·バンチ) 번호를 매기어 나눈 땅
【番次】(번차·バンジ) 돌아오는 차례
【番號】(번호·バンゴウ) 차례를 나타내는 기

【畬】여 ヨ、あらた third year of cultivation
세해된밭 三歲治田 (사) 따비밭 火種田

【畫】화 ガ、カイ、えがく picture; painting
그림 繪也 (획) ①그을 界也 ②나눌 分也 ③획 書也 ④꾀 計也 ⑤그칠 止也 ⑥지휘할 規—
【畫架】(화가·カカ) 그림을 그릴 때에 화포를 걸치어 놓는 대
【畫角】(화각·ガカク) 뿔에 그림을 그려 만든 악기의 하나
【畫閣】(화각·ガカク) 아름답게 색칠한 전각
【畫境】(화경·ガキョウ) 경치가 썩 좋은 것
【畫工】(화공·ガコウ) 그림을 그리는 것을 업으로 삼는 사람
【畫具】(화구·ガグ) 그림을 그리는데 쓰는 제구
【畫臺】(화대·ガダイ) 화판을 올려 놓은 받침
【畫道】(화도·ガドウ) 회화의 도리。회화의 도(道)
【畫圖】(화도·ガト) 그림
【畫力】(화력·ガリョク) 글씨나 그림의 필력
【畫論】(화론·ガロン) 회화에 관한 논평 또는 이론
【畫樓】(화루·ガロウ) 화각(畫閣)
【畫伯】(화백·ガハク) 화가의 높임 말
【畫法】(화법·ガホウ) 그림을 그리는 방법
【畫屛】(화병·ガヘイ) 그림을 그린 병풍
【畫報】(화보·ガホウ) 일의 형편을 그림으로 통지함。또 그 그림
【畫譜】(화보·ガフ) 여러가지의 그림을 모아 놓은 책
【畫本】(화본·ガホン・えほん) ①그림을 그리는데 쓰는 갑。또는 종이 ②화보(畫報)
【畫師】(화사·ガシ・エシ) 화공
【畫像】(화상·ガゾウ) ①그림으로 그린 형상 ②초상화(肖像畫)
【畫仙】(화선·ガセン) 솜씨가 뛰어난 화가의 높임 말
【畫聖】(화성·ガセイ) 아주 뛰어난 화가
【畫題】(화제·ガダイ) 그림 위에 쓰는 시문(詩文)
【畫中之餠】(화중지병·ガチュウのもち) 그림의 떡

【畫帖】(화첩·ガチョウ) 그림을 모은 책

【畫幅】(화폭·ガフク) 걸어 놓은 그림

【畫筆】(화필·ガヒツ) 그림을 그리는데 쓰는 붓

【異】 異 (田部 六畫) 本字

【八 畫】

【畸】 기 キ、わりのこり、odd pieces of land

①뙈기밭 殘田 ②셈남어지 數餘—零

【畸人】(기인·キジン) ①보통 사람과 다른 사람。 기인(奇人) ②병신 「신

【畸形】(기형·キケイ) 이상한 동물체。병

【當】 당 トウ、あたる suitable 陽 ㄉㄤ tang¹·³

①마땅할 適可 ②당할 値也 ③대적할 敵也 ④주장할 主也 ⑤짝할 對偶 ⑥번들 直也—夕 ⑦법 斷罪奏— ⑧이을 承也 ⑨다닥칠 抵也 ⑩마칠 中也 ⑪전당할 出物質當 ⑫底也

【當刻】(당각·トウコク) 바로 그시각

【當故】(당고·トウコ) 부모의 상사를 당함。 조난 「학교

【當校】(당교·トウコウ) 바로 이학교。그

【當國】(당국·トウコク) 나라 일을 맡아 봄 「보는곳

【當局】(당국·トウキョク) 그 일을 맡아

【當局者】(당국자·トウキョクシャ) 그 일을 맡아 보는 자리에 있는 사람

【當今】(당금·トウコン) 지금。이때。현금(現今)

【當年】(당년·トウネン) ①그해 ②이해

【當代】(당대·トウダイ) ①사람의 한평생。살이。 사람의 一대 ②그시대 ③지금의 세상。 현대

【當塗】(당도·トウトちにあたる) 당로

【當道】(당도·トウドウみちにあたる) 이길。자기가 학문을 닦는 길

【當路】(당로·トウロ・みちにあたる) ①요로(要路)에 있음 ②정권(政權)을잡음

【當壚】(당로·ロにあたる) 술청에 앉아 술을 팜

【當面】(당면·トウメン) ①얼굴을 마주댐 ②일 닥침

【當番】(당번·トウバン) 차례로 번(番)을 당함。 또 그 사람

【當否】(당부トウヒ・トウフ) ①맞고 아니 맞음。 정당과 부정당

【當分間】(당분간·トウブンカン) 잠시 동안。 앞으로 얼마 동안 「함

【當事】(당사·トウジ) 직접 그일에 관계

【當事者】(당사자·トウジシャ) 그일에 직접 관계가 있는 사람

【當朔】(당삭·トウサク) ①그 달 ②아이 밴 여자가 해산할 달을 당함

【當選】(당선·トウセン) 뽑힘

【當世】(당세·トウセイ) 그 세상。그 시대

【當時】(당시·トウジ) 그 때。이때

【當夜】(당야·トウヤ) 그날 밤

【當然】(당연·トウゼン) 이치로 보아 마땅히 그러 할 것임。 마땅함

【當午】(당오·トウコ) 정오(正午)

【當日】(당일·トウジツ) ①그날 ② 오늘。이 날

【當場】(당장) 무슨 일이 일어난 바로 그 곳。그 자리

【當店】(당점·トウテン) 이 점포。이상점

【當地】(당지·トウチ) 그 땅。 이땅

【當直】(당직·トウチョク) 차례를 당하여 숙직함

【當處】(당처·トウショ) ①그 곳。 그 땅 ② 그 일에 관계가 있는 곳

【當籤】(당첨·トウセン) 제비에 뽑힘

【當初】(당초·トウショ) 일의 맨 처음。 최초(最初)

【當春】(당춘·トウシュン) 봄에 당함

【當該】(당해·トウガイ) ①낱말 위에 붙여 꼭 그 사물에 관련됨을 나타내는 말 ②그것에 당한 것。 그 사연。 그것

【畷】 체 テツ、テイ、たんぼみち path dividing fields

밭두렁길 田間道 (철) 義同

【九畫—十三畫】

【畻】 승 ショウ、あぜ parcel of fields

논두렁 稻田畦

【畿】기 キ、しきい royal domains 微 ㄐㄧ chi¹
①경기 王國千里 ②문안 門內
【畿內】(기내-キナイ) 왕성(王城)을 중심으로 五백리 이내의 임금이 직할하는 땅。 기전(畿甸)
【疊】土部 十五畫에 볼것

【十四畫—十七畫】

【疆】강 キョウ、さかい boundary 陽 ㄐㄧㄤ chiang¹
①지경 界也 ②변방 邊陲 ③姓也
【疆界】(강계-キョウカイ) 나라의 경계
【疆理】(강리-キョウリ) 나라의 경계를 정하고 세상을 다스림
【疆域】(강역-キョウイキ)국경경역(境域)
【疆土】(강토-キョウド) 나라。나라에 붙은 땅。 영토
【疇】주 チュウ、たはた arable land 尤 ㄔㄡ ch'ou²
①밭 田也 ②무리 類也 ③짝 匹也 ④같을 等也 ⑤누구 誰也 ⑥접때 曩也
【疇輩】(주배-チュウハイ) 동아리 무리
【疇昔】(주석-チュウセキ) 지난날。어제
【疇日】(주일-チュウジツ) 접때。지난번
【疊】첩 ジョウ、チョウ、たたむ pile 葉 ㄉㄧㄝ tieh²
①거듭 重也 ②포갤 累也 ③쌓을 積也 ④두려울 震懼 ⑤굽힐 屈也
【疊鼓】(첩고-ジョウコ) 군사를 모으기 위하여 대궐 안에서 북을 치던 곳
【疊濤】(첩도-ジョウトウ) 중첩한 물결
【疊嶺】(첩령-ジョウレイ) 중첩된 재
【疊峰】(첩봉-ジョウホウ) 중첩한 산봉우리
【疊雲】(첩운-ジョウウン) 중첩한 구름
【疊載】(첩재-ジョウサイ) 한 사건을 거듭 기록함 「중첩
【疊重】(첩중-ジョウジョウ) 거듭 쌓인 것
【疊疊】(첩첩-ジョウジョウ) 겹겹이 쌓인 모양
【疊疊山中】(첩첩산중-ジョウジョウサンチュウ) 첩첩이 겹친 산중
【疉】前條 本字
【纍】糸部 十五畫에 볼것
【罍】缶部 十五畫에 볼것

疋部

【疋】소 ヒツ、ショ、ひき roll
필 布— (필) 발 足也
【疋練】(필련-ヒツレン) 한필의 바랜비단
【疋】아 ガ、ただしい right 馬 ㄧㄚˇ ya³
바를 正也

【四畫—九畫】

【胥】肉部 五畫에 볼것
【疎】소 ソ、ショ、うとい unfriendly
①드물 稀也 ②나무잎 우거질 葉盛貌 扶— ③성길 遠也
【疎隔】(소격-ソカク) 사이가 막히어 서로 소통이 안됨
【疎漏】(소루-ソロウ) 주의가 부족함
【疎薄】(소박-ソハク) 처나 첩을 박대함
【疎遠】(소원-ソエン) 정분이 성기어 사이가 탐탁하지 아니하고 멀어짐。 소적
【疎忽】(소홀-ソコツ) 대수롭지 아니함。「범연함
【疏】소 ソ、ショ、とおる drain 魚 ㄕㄨ shu¹
①뚫릴 通也 ②멀 遠也 ③주낼 記注 ④상소 條陳抗— ⑤나눌 分也 ⑥추할 麤也 ⑦드물 稀也
【疏隔】(소격-ソカク) 사귐이 서로 성기고 서로 멀어짐
【疏略】(소략-ソリャク) 무슨 일에 꼼꼼하지 못하고 간략함
【疏漏】(소루-ソロウ) 주의가 부족함
【疏密】(소밀-ソミツ) 성김과 빽빽함
【疏薄】(소박-ソハク) 소홀히 함。처·첩을 박대함

【疏散】(소산-ソサン) 의사가 맞지 않아 서 헤어짐
【疏遠】(소원-ソエン) 사이가 멀음。 탐탁하지 아니함。 가깝지 아니함
【疏狀】(소장-ソジョウ) 상소하는 글
【疏族】(소족-ソゾク) 먼촌 일가
【疏鑿】(소착-ソサク) 개천을 쳐서 물을 흘러 내려가게 함
【疏脫】(소탈-ソダツ) 까다로운 예절을 찾지아니하고 수수하고 활발함
【疏通】(소통-ソツウ) ①거침 없이 통함 ②조리가 밝음

【疑】의 ギ、うたがう
doubt
①의심 惑也不定 ②혐의할 嫌也 ③두려워할 恐也 ④그럴듯할 似也 (을) 바로설 正立 (응) 정할 定也 (억) 義同
【疑懼】(의구-ギク) 의심하고 두려워함
【疑忌】(의기-ギキ) 의심하고 끄림
【疑念】(의념-ギネン) 의심스러운 생각
【疑端】(의단-ギタン) 의심스러운 일의 실마리
【疑慮】(의려-ギリョ) 의심하는 생각
【疑問】(의문-ギモン) 의심하여 물음。 또 의심스러운 문제 「군사
【疑兵】(의병-ギヘイ) 적을 의혹시키는
【疑視】(의시-ギシ) 의심하여 봄
【疑心】(의심-ギシン) ①마음에 이상히 여김。 괴이 쩍게 여김 ②믿지 못하는 마음 「음
【疑訝】(의아-ギガ) 의심스러워 괴이쩍
【疑案】(의안-ギアン) 의심스러운 사건
【疑獄】(의옥-ギゴク) 범죄의 혐의로 심리를 받고 있는 사건
【疑雲】(의운-ギウン) 의심스러운 일
【疑點】(의점-ギテン) 의심나는 점
【疑塚】(의총-ギチョウ) 남이 파낼 염려가 있는 무덤을 보호할 목적으로 남의 눈을 현혹하게 하기 위하여 그와 똑같이 만들어 놓은 무덤
【疑惑】(의혹-ギワク) 의심하여 분별하기 어려움

【疐】치 チ、つまずく
fall down 寘 ㄓ chih⁴
①미끄러질 跆也 ②엎드러질 頓也 ③거리낄·礙不行 (체) 꼭지 去本

疒 部

【疒】녁 ダク、やまい
disease
①병 疾也 ②병들어 기댈 有疾倚

【二畫—三畫】

【疔】정 テイ、チョウ、はれもの
carbuncle 青 ㄉㄧㄥ ting¹
정 毒瘡

【疝】산 サン、セン、せんき
hernia 諫 ㄕㄢ shan⁴
산증 三陰急痛客於膀胱

【疚】구 キュウ、やまい
chronic disease
오랜병 久病

【四 畫】

【疥】개 カイ、ひぜん
itch 卦 ㄐㄧㄝ chien⁴
옴 疥疾甲—
【疥癘】(개려-カイレイ) 가려운 종기가 나는 병
【疥癬】(개선-カイセン) 옴

【疩】수 スイ、はれやまい
edena
습종 腫痛

【疫】역 エキ、ヤク、はやりやまい
epidemic 陌 ㄧ i⁴
염병 厲鬼爲災瘟—
【疫癘】(역려-エキレイ) 전염성의 열병
【疫痢】(역리-エキリ) 전염성의 설사병의 총칭 「신(神)
【疫神】(역신-エキがみ) 마마를 앓았다는

【疣】우 ユウ、いぼ
wen 尤 ㄧㄡ yu²
①혹 瘤也 ②사마귀 贅—
【疣贅】(우췌-ユウゼイ) ①혹 ②궂은 살

【疢】진 チン、やまい
fever
①열병 熱病 ②감질 美嗜爲病

【五 畫】

【痂】가 カ、かさぶた disease of children
헌데딱지 乾瘍

【疳】감 カン、ひかん ulcer 覃 ㄍㄢ kan¹
감질 小兒食病

【痀】구 ク、せむし humpback 虞 ㄐㄩ chü¹
꼽사등이 曲脊ㅡ僂

【痀瘻】(구루-クロウ) 꼽사등이

【疸】단 タン、おうたん jaumdice
황달 黃病 (달) 머리부스럼 頭瘡

【疼】동 トウ、いたみ pain 冬 ㄊㄥ t'êng²
아플 痛也

【疼腫】(동종-トウショウ) 아파서 부음

【疼痛】(동통-トウツウ) 아픔

【病】병 ビョウ、ヘイ、やまい disease 敬 ㄅㄧㄥ ping⁴
①병들 疾卅 ②병통 短也 ③괴로울 苦也 ④곤할 困也 ⑤근심할 憂也

【病假】(병가-ビョウカ) 병으로 인하여 휴가를 청함

【病苦】(병고-ビョウク) 병으로 인한 고통。질고

【病故】(병고-ビョウコ) 병에 걸린 사고

【病軀】(병구-ビョウク) 앓는 몸

【病菌】(병균-ビョウキン) 병이 들게 하는 미균

【病根】(병근-ビョウコン) ①병의 근본。병의 원인 ②못된 버릇

【病氣】(병기-ビョウキ) 몸에 고장이 생기는 것。앓은 것

【病期】(병기-ビョウキ) 질병의 경과를 그 특징에 따라서 구분한 시기。잠복기·발열기·초기·하열기·회복기 등

【病毒】(병독-ビョウドク) 병의 근본되는 독

【病錄】(병록-ビョウロク) 병의 경과를 적은 기록

【病理】(병리-ビョウク) 병의 원일·발생·결과및 병들 때의 기관과 조직의 변화에 관한 이치

【病理學】(병리학-ビョウリガク) 병리와 기형에 대하여 연구하는 의학의 한 부문

【病魔】(병마-ビョウマ) 병을 일으키는 마귀

【病名】(병명-ビョウメイ) 병의 이름

【病邪】(병사-ビョウジャ) 병자가 정신이 흥분되어 보는 사람마다 욕설을 하고 공연히 짜증을 냄

【病死】(병사ビョウシ) 병으로 죽음

【病床】(병상-ビョウショウ) 병자의 침상(寢床)。병자가 누워 있는 자리

【病色】(병색-ビョウショク) 병든 사람같은 얼굴빛

【病席】(병석-ビョウセキ) 병자가 누워 있는 자리

【病勢】(병세-ビョウセイ) 병의 형세

【病身】(병신-ビョウシン) ①병든 몸。늘 앓기만 하는 사람 ②몸의 일부분이 부족한 사람 ③고치지 못할 고질에 걸린 사람 ④물건이 완전한 형체를 갖추지 못한 것 ⑤보통 사람보다 지능이 떨어진 사람

【病心】(병심-ビョウシン) 병으로 인하여 본심을 잃고 들뜬 마음

【病室】(병실-ビョウシツ) 병자가 있는 방

【病弱】(병약-ビョウジャク) 병에 시달려서 쇠약함

【病臥】(병와-ビョウガ) 병으로 누워 있음

【病源】(병원-ビョウゲン) 병의 근원

【病因】(병인-ビョウイン) 병의 원인

【病人】(병인-ビョウニン) 병자

【病者】(병자-ビョウジャ) 병든 사람。병객(病客)。병인(病人)

【病的】(병적-ビョウテキ) 언론·동작에 상태를 벗어난 불건전한 상태

【病中】(병중-ビョウチュウ) 앓는 동안

【病症】(병증-ビョウショウ) 병의 증세

【病質】(병질-ビョウシツ) 병의 성질

【病體】(병체-ビョウタイ) 병든 몸。병골(病骨)

【病態】(병태-ビョウタイ) ①병상 ②병적 상태

【病痛】(병통-ビョウツウ) 사람의 단처。잘못된 점

【病患】(병환-ビョウカン) 병의 존태

【病後】(병후-ビョウゴ) 병이 나은 뒤

【疵】자 シ、きず blemish 〔魚〕 ㄐㄩ chu¹
①병 病也 ②주근깨 黑顆

【疽】저 ソ、ショ swell ulcer
①종기 瘡也②등창 癰－ 「음
【疽食】(저식-ソショク) 종기로 살이 썩

【症】증 ショウ、セイ disease
병증세 病－

【疹】진 シン、はしか small pox 〔軫〕 ㄓㄣˇ chen³
①마마 疹瘡 ②두드러기 皮外小起 癰－ ③열병 熱病

【疾】질 シツ、やまい disease 〔質〕 ㄐㄧˊ chi²
①병 病也 ②근심할 患也 ③급할 急也 ④빠를 速也 ⑤원망할 怨也 ⑥몹쓸 惡也 ⑦투기할 妬也
【疾苦】(질고-シック) 병의 고통
【疾病】(질병-シッペイ) ①모든 병 ②병세(病勢)가 중함 「것
【疾徐】(질서-シツジョ) 빠른 것과 느린
【疾視】(질시-シッシ) 밉게 봄
【疾疫】(질역-シツエキ) 유행하는 병
【疾足】(질족-シッソク) 빨리 걸음。빠른 걸음
【疾走】(질주-シッソウ) 빠른걸음 「아픔
【疾痛】(질통-シッツウ) 병으로 말미암은
【疾風】(질풍-シップウ) 빠르게 부는 바람 「부름
【疾呼】(질호-シッコ) 급히 소리를 질러
【疾行】(질행-シッコウ) 빨리감
【疾患】(질환-シッカン) 질병

【疱】포 ホウ、もがさ pustule of pimple
마마－瘡

【疲】피 ヒ、つかれる tired 〔支〕 ㄆㄧˊ p'i²
①피곤할 乏也 ②느른할 勞力倦也 罷通 「지침
【疲困】(피곤-ヒコン) 지치어 곤함。몸이
【疲勞】(피로-ヒロウ) 피곤함。느른함。또는 그러한 것
【疲癃】(피륭-ヒリュウ) 오래된 노인의 병。또 그 사람
【疲弊】(피폐-ヒヘイ) 쇠약하여짐
【疲乏】(피핍-ヒボウ) 피곤함。노곤함

【六 畫】

【痒】양 ヨウ、かゆい itch
①가려울 皮欲搔 ②옴 疥疾

【痍】이 イ、きず wound 〔支〕 ㄧˊ i²
상할 傷也 瘡－

【痊】전 セン、いえる cure
병나을 病除

【痔】치 ジ、チ、しもがさ piles 〔紙〕 ㄓˋ chih⁴
치질 後病隱瘡
【痔瘻】(치루-ジロウ) 치질이 오래 낫지 않고 거죽으로 부어 나온것
【痔漏】(치루-ジロウ) 치질의 한 가지 똥구멍가에 작은구멍이 생기고 고름 또는 붉은 똥물이 새어나오는병
【痔疾】(치질-ジシツ) 항문의 안팎에 나오는 병의 총칭。치창(痔瘡)

【痕】흔 コン、あと scar 〔元〕 ㄏㄣˊ hen²
헌데 자국 瘢也
【痕跡】(흔적-コンセキ) 뒤에 남은 자국

【七 畫】

【痙】경 ケイ、ひきつる convulsion 〔梗〕 ㄐㄧㄥˋ ching⁴
목 뻣뻣할 强急
【痙攣】(경련-ケイレン) 근육이 병으로 오그라짐

【痘】두 トウ、もがさ small pox 〔宥〕 ㄉㄡˋ tou⁴
마마－瘡
【痘面】(두면-トウメン) 얽은 얼굴
【痘疫】(두역-トウエキ) 마마를 함
【痘漿】(두장-トウショウ) 두창의 고름
【痘疹】(두진-トウシン) 마마와 홍역
【痘瘡】(두창-トウソウ) 마마。천연두(天然痘)

【痘痕】(두흔-トウコン) 마맛자국

【痢】 리 リ、はらくだり dysentery [寘] ㄌㄧˋ li⁴
이질 瀉也

【痡】 부 ホ、やむ disease [虞] ㄆㄨˊ p'u²
①병들 病也 ②비척거릴 疲不能行

【痞】 비 ヒ、つかえ stoppage [紙] ㄆㄧˇ p'i³
①속결릴 腹內結病 ②기질릴 氣隔不通

【痣】 지 シ、ほくろ mole [寘] ㄓˋ chih⁴
검은 사마귀 黑字

【痛】 통 ツウ、トウ、いたむ pain [送] ㄊㄨㄥˋ t'ung⁴
①아플 疼楚 ②다칠 傷也 ③몹시 凡事 盡力 ④심할 甚也。

【痛感】(통감-ツウカン) 마음에 사무치게 느낌

【痛哭】(통곡-ツウコク) 소리를 내어 슬피 울음

【痛論】(통론-ツウロン) 통절한 언론。통절하게 논함

【痛憤】(통분-ツウフン) 원통하고 분함

【痛傷】(통상-ツウショウ) 몹시 슬퍼함

【痛惜】(통석-ツウセキ) 썩 아까움

【痛聲】(통성-ツウセイ) ①병으로 앓는 소리 ②아픔을 못견디어 지르는소리

【痛勢】(통세-ツウセイ) 병의 아픈 형세

【痛心】(통심-ツウシン) 마음을 상함

【痛痒】(통양-ツウヨウ) ①아프고 가려움 ②자기에게 직접 이해관계가 있음

【痛飮】(통음-ツウイン) 술을 많이 마심

【痛切】(통절-ツウセツ) 매우 간절함。사정이 절박함

【痛責】(통책-ツウセキ) 엄중하게 꾸짖음 엄책(嚴責)

【痛處】(통처-ツウショ) 병으로 아픈 곳

【痛楚】(통초-ツウソ) 괴롭고 아픔。몹시 아픔

【痛治】(통치-ツウチ) 엄중하게 다스림。엄치(嚴治)

【痛快】(통쾌-ツウカイ)마음이 썩 상쾌함

【痛打】(통타-ツウ タ) ①강타。②통쾌하게 때림

【痛歎】(통탄-ツウタン) 몹시 탄식함

【痛恨】(통한-ツウコン) 매우 한탄

【痛悔】(통회-ツウカイ) 몹시 뉘우침。가슴 아프게 후회함

【八 畫】

【痼】 고 コ、ながやみ chronic disease
고질 久不癒疾

【痼瘼】(고막-コバク) 바로잡기 어려운 폐해

【痼癖】(고벽-コヘキ) 고치기 어려운 버릇

【痼疾】(고질-コシツ) 고치기 어려운 병

【痰】 담 タン、くたん phlegm sputum
담 胃內水病—癖

【痳】 림 リン、しばゆばり diseases of the bladder
①임질 小便難 ②산증 疝痛

【痲】 마 バ、マ、しびれる paralysis [麻] ㄇㄚˊ ma²
홍역 風熱病

【痲痺】(마비-マヒ) 국부의 신경이 감각이 없어짐

【痲疹】(마진-マシン) 홍역

【痲醉】(마취-マスイ) 약으로 인하여 감각을 잃음。몽혼

【痹】 비 ヒ、しびれ rheumatism [寘] ㄅㄧˋ pi⁴
습다리 風寒濕祟脚氣痿

【痺】 前條 俗子

【痾】 아 ア、ながやみ chronic disease
①병깊이들 妖孽及人病寢深 ②긴병 長病

【瘂】 아 ア、おし dumb [馬] ㄧㄚˇ ya³
벙어리 不能言痔—啞同

【痿】 위 イ、ズイ、しびる impotence [支] ㄨㄟˇ wei³
①잘름거릴 兩足不能相及 ②음위증 不能御婦人陰— ③습병 濕病痺

【瘁】취 スイ、つかれる become emaciated
①수고로울 勞也焦— ②병들 病也

【痴】치 チ、ばか foolish
①어리석을 愚也 ②탐할 不廉 ③주근깨 疵病

【痴鈍】(치둔-チドン) 어리석고 둔함
【痴呆】(치매-チホウ) 멍청이
【痴者】(치자-チシャ) 어리석은 사람。못난이
【痴情】(치정-チジョウ) 색욕(色慾)으로 인하여 정신이 어두워짐。또그마음
【痴態】(치태-チタイ) 못생긴 꼬락서니
【痴漢】(치한-チカン) 어리석은 사람。못난이
【痴行】(치행-チコウ) 어리석은 행동。못난 것

【九 畫】

【瘏】도 ト、やむ to be ill
①병들 病也 ②피곤할 困病 ③들피질 馬病。

【瘦】수 シュウ、ソウ、やせる haggard
파리할 臞瘠

【瘍】양 ヤウ、できもの ulcers 陽 ㄧㄤˊ yang2
①종기 瘡癰 ②머리헐 頭瘡

【瘉】유 ユ、ヨ、いえる cure
①병나을 病差 ②병들 病也

【瘐】유 ユ、やむ die in prison 庾 ㄩˇ yü2
죄인 병나 죽을 罪囚病死

【瘖】음 イン、オン、おし dumb 侵 ㄧㄣ yin1
벙어리 不能言—瘂

【瘖聾】(음롱-インロウ) 벙어리와귀머거리
【瘖默】(음묵-インモク) 말을 않음
【瘖瘂】(음아-インア) 벙어리

【瘋】풍 フウ、きちがい mental disease
변무풍 頭—病

【十 畫】

【瘢】반 ハン、あと scar on the skin
딱짓자리 瘡痕

【瘢痕】(반흔-ハンコン) 딱짓자리。헌데자국

【瘜】식 ソク、あまじし polypus
①군살 寄肉 ②스리 惡肉

【瘜肉】(식육-ソクニク) 궂은 살

【瘞】예 エイ、うづある pusy [illegible] ㄧˋ i
①묻을 埋也 ②제례 祭地—薶

【瘞埋】(예매-エイマイ) ①지신(地神)에게 제사를올린 제물을 땅속에 묻음 ②매장함

【瘡】창 ソウ、きず ulcer
①상할 傷也 ②부스럼 瘍也 ③연장에 다칠 金—痍 ④헌데자리 瘢也

【瘡口】(창구-ソウコウ) 부스럼이 부리가 잡혀서 터진 구멍
【瘡毒】(창독-ソウドク) 부스럼의 독기
【瘡病】(창병-ソウビョウ) 화류병의 일종
【瘡藥】(창약-ソウヤク) 부스럼에 쓰는약
【瘡痍】(창이-ソウイ) ①칼날에 다친 상처 ②전쟁에 인한손해。백성의고통
【瘡腫】(창종-ソウショウ) 부스럼
【瘡疾】(창질ソウシツ) 창병

【瘥】채 サ、いえろ cure
•병나을 病除 (차) 역질 小疫

【瘠】척 セキ、やせろ haggard 陌 ㄐㄧˊ chi2
파리할 瘦也

【瘠骨】(척골-セッコツ) 피골상련。살이 말라서 강파 르게 된 것
【瘠馬】(척마-セキバ) 파리한 말
【瘠薄】(척박-セキハク) 땅이 강파름
【瘠瘦】(척수-セキセキ) 몸이 파리함
【瘠髓】(척수-セキスイ) 등골
【瘠土】(척토-セキド) 강파른 땅

【瘧】학 ギャク、まらりや fevers 藥 ㄋㄩㄝˋ nüeh4

학질 寒熱病

【瘧疾】(학질ーギャクシツ) 일정한 시간이 되면 오한 발열이 심하게 일어나는병

【瘦】수 シュウ 也也る ①여윌、파리할 lean

【十一畫】

【瘰】라 ルイ、ひぜん scsofula 哿 ㄌㄨㄛˇ luo³ ①연주창 筋結病ー癧 ②옴 疥也

【瘰癧】(나력ールイレキ) 목의 힘줄과 살이 곰기어 좀처럼 낫지 않는 병。연주창

【瘻】루 ロウ、せむし humpback 宥 ㄌㄡˋ lou⁴ ①꼽사등이 曲脊病ー ②부스럼 瘡也 ③오랜종기 久瘡

【瘻癧】(누력ーロウライ) 연주창과 문둥병

【瘼】막 バク、マク、やむ sickness 藥 ㄇㄛˋ mo⁴ 병들 病也

【瘴】장 ショウ、ねつびょう pestilential vapours 장기 山川癘氣ー癘

【瘴氣】(장기ーショウキ) 산천(山川)에서 생기는 악한 기운。건강에 해로운 자연의 독기

【瘴嵐】(장람ーショウフウ) 독기를 품은산과 바다의 기운

【瘴霧】(장무ーショウム) 독기가 있는안개

【瘴瘧】(장학ーショウギャク) 장기로 인하여 나는학질

【瘵】채 サイ、やむ wasting disease 허로병 勞病

【瘳】추 チュウ、リョウ、いえる heal 尤 ㄔㄡ ch'ou¹ ①병나을 病癒 ②덜릴 損也

【瘭】표 ヒョウ、ひょうそ whitlow 솔 病名小痕

【十二畫】

【癆】로 ロウ、いたむ consumption ①아플 痛也 ②쑤실 辛螫 ③노점 積勞疲削ー瘵 ④약독날 藥毒

【療】료 リョウ、いやす cure 嘯 ㄌㄧㄠˊ liao² ①병고칠 治病 ②병나을 止病

【療養】(요양ーリョウヨウ) 병을 조섭함

【療治】(요치ーリョウチ) 병을 고침。치료(治療)

【瘤】류 リュウ、ル、こぶ tumour 혹 血流聚所生者

【癌】암 ガン、がん cancer 咸 ㄧㄢˊ yen² 암종 病名ー腫

【癌腫】(암종ーガンシュウ) 전신에 장해를 일으키는 종기

【癈】폐 ハイ、かたわ incurable disease 고질 痼疾

【癈病】(폐병ーハイヘイ) 부상하여 병신이된 병사

【癈疾】(폐질ーハイシツ) 고치기 어려운 병。또 그 병을 앓는 사람

【十三畫ー十五畫】

【癘】려 ライ、レイ、えやみ fever enteric 霽 ㄌㄧˋ li⁴ ①염병 熱病ー疫 ②장기 山川厲氣 瘴ー

【癘疫】(여역ーライエキ) 전염성 열병의총칭

【癖】벽 ヘキ、くせ habit ①적병 腹病積聚 ②즐길 嗜好 ③버릇 習性

【癖痼】(벽고ーヘキコ) 버릇이 되어 좀처럼 낫지 않는 병

【癖病】(벽병ーヘキビョウ) 못된 버릇

【癖性】(벽성ーヘキセイ)치우친 습성。버릇

【癒】유 ユ、いえる cure 麌 ㄩˋ yü⁴ 병나을 病瘳

【癮】은 イン、かさほろし hives 두드러기 皮外小起ー疹

【癜】전 テン、デン、なまず erythema 霰 ㄉㄧㄢˋ tien⁴
어루러기 斑片ー風
【癡】치 チ、おろか foolish 支 ㄔ ch'ih²
①어리석을 神思不足 ②어리보기 不慧 ③미치광이 狂ー
【癢】양 ヨウ、かゆい itch 養 ㄧㄤˇ yang³
①가려울 搔病 ②마음간지러울伎ー

【十六畫—十九畫】

【癨】곽 カク、はきくだし cholera 藥 ㄏㄨㄛˋ huo⁴
곽란 瀉病
【癩】라 ライ、らいびょう leprosy 泰 ㄌㄞˋ lai⁴
①문둥이 惡疾 ②옴 疥也
【癧】력 レキ、るいれき lump; swelling 錫 ㄌㄧˋ li⁴
연주창 筋病瘰ー
【癬】선 セン、たむし ringworm 銑 ㄒㄧㄢˇ hsien³
①버즘 乾瘍 ②마른옴 乾疥
【癭】영 エイ、こぶ swelling on the neck
목혹 頸瘤
【癯】구 ク、やせる emaciated 虞 ㄑㄩˊ ch'ü²
파리할 瘠也
【癯瘁】(구췌-クスイ) 파리해지고 지침。여위고 병들음
【癰】옹 ヨウ、ようそ swelling
등창 疽也 惡瘡
【癰疽】(옹저-ヨウソ) ①큰 종기의 총칭 ②헌데를 치료하는 의사
【癲】전 テン、くるう mad 先 ㄉㄧㄢ tien¹
지랄 狂病
【癲癇】(전간-テンカン) 지랄병

癶部

【癶】발 ハツ、ゆく walk
걸을 走足漸行

【四畫—七畫】

【癸】계 キ、みずのと the last of ten calendar signs
①열째천간 天干之終 ②물 癸水庚 ③경수 婦人經水天ー
【発】發 (癶部 七畫)略字
【登】등 トウ、ト、のぼる ascend 蒸 ㄉㄥ teng¹
①오를 昇也 ②익을 熟也 ③이룰成也 ④나아갈 進也 ⑤많을 衆也 ⑥높일 尊之 ⑦담쌓는 소리 築墻用力相應聲
【登降】(등강-トウコウ) 오르내림。「(昇降) 승강
【登科】(등과-トウカ) 과거(科擧)에 급제함。등제(登第)
【登校】(등교-トウコウ) 학교에 감
【登極】(등극-トウキョク) 임금의 자리에 오름。즉위(即位)
【登記】(등기-トウキ) 권리·신분등에관한 법률 관계를 등기부(登記簿)에 기록하여 그관계를 명백하게 함
【登年】(등년-トウネン) 여러 해가 걸림
【登壇】(등단-トウダン) ① 대장(大將)이 됨 ②연단(演壇)에 올라섬
【登途】(등도-トウト) 길을 떠남
【登頓】(등돈-トウトン) 높은 곳에 올라가서 잠간쉼
【登落】(등락-トウラク)등제(登第)와락제
【登錄】(등록-トウロク) ①장부에 적어놓음 ②특히 사실을 공증(公證)하기 위하여 관청의 장부에 적어놓음
【登龍門】(등룡문-トウリュウモン) ①출세 ②입신 「감
【登樓】(등루-トウロウ) 다락 위로 올라
【登臨】(등림-トウリン) 높은 데 올라가서 아래를 내려다 봄。산에 오르고 물가에 감
【登攀】(등반-トウハン) 높은 곳에 더위잡아 오름
【登簿】(등부-トウボ) 관공서의 소정의

장부에 등기등록 하는 일
【登山】(등산-トザン) 산에 오름
【登船】(등선-トウセン) 배에 오름。배를 타는것
【登仙】(등선-トウセン) 하늘에 올라가서 신선이 됨
【登庸】(등용-トウヨウ) 등용(登用) 「의 그자리
【登時】(등시-トウジ) 죄를 저지른 그때
【登用】(등용-トウヨウ) 인재를 뽑아씀
【登場】(등장-トウジョウ) ①장소로 나옴 ②배우가 무대에 오름 「김
【登梓】(등재-トウサイ) 출판물을 판에새
【登載】(서적-トウサイ) 서적에 올려적음
【登程】(등정-トウテイ) 여정(旅程)에 오름
【登第】(등제-トウダイ) 과거에 급제함
【登祚】(등조-トウソ) 임금의자리에오름

【發】 발 ハツ、ホツ、おこる OCCUR 月 LY fa
①필 開也 ②일어날 起也 ③일으칼 興也 ④발설할 洩也 ⑤발명할 明也 ⑥쏠 射也 ⑦들날릴 揚也 ⑧떠날 啓行－程 ⑨빠를 疾貌－－ 펼 舒也

【發刊】(발간-ハッカン) 서적 기타 출판물을 발행함
【發見】(발견-ハッケン) 본디 있는 것을 세인이 아직 모를적에 처음으로 알아냄
【發光】(발광-ハッコウ) 빛을 냄
【發狂】(발광-ハッキョウ) 미친짓을함
【發軍】(발군-ハツグン) 군사를 냄
【發掘】(발굴-ハックツ) 땅 속에 묻힌 것을 파냄
【發給】(발급-ハツキュウ) 발행하여 줌
【發起】(발기-ホッキ)경영을 시작함。헤아리기 시작함
【發端】(발단-ホッタン) 일의 시초。일의 실마리
【發達】(발달-ハッタツ) ①자람。커짐 ②학문·사업이 진보함
【發動】(발동-ハツドウ) ①움직이기 시작함。일어나 움직임 ②활동을 일으킴 ③동력──을 냄
【發動機】(발동기-ハツドウキ) 동력을 일으키는 기계
【發剌】(발랄-ハツラツ) ①활발하게 약동하는 모양 ②활을 당긴모양
【發令】(발령-ハツレイ) ①명령을 발포함 ②법령이나 사령을 발포하거나 공포함
【發露】(발로-ハツロ) 드러남。발각(發覺
【發論】(발론-ハツロン) 의론을 시작함
【發賣】(발매-ハツバイ) 팔기 시작함
【發明】(발명-ハツメイ) ①경사(經史)의 뜻을 깨달아 분석함。열어밝힘 ②지금까지 쓰지 않던 새로운 물건또는 방법을 생각하여 냄 ③무죄를변명함
【發明家】(발명가-ハツメイカ) 자연력이나 자연 법칙을 이용하여 인류 사회에 도움이 되는 어떠한 새로운 고안을 한 사람
【發明品】(발명품-ハツメイヒン) 새로 발명하여 낸 물품
【發兵】(발병-へイをハッす) 군사를 냄。군사를 보냄
【發病】(발병-ハツビョウ) 병이 남 「함
【發憤】(발분-ハップン) 기운을 냄。분발
【發憤忘食】(발분망식-ハップンレしてショクをわする) 발분하여 끼니까지 잊음
【發射】(발사-ハッシャ) 화살이나 총탄등을 씀
【發散】(발산-ハッサン) ①병이 흩어짐 ②밖으로 날아 흩어짐
【發喪】(발상-ハッソウ) 상제가 머리를풀고 울어서 초상난 것을 발표하는일
【發生】(발생-ハッセイ) ①처음 생김。태남 ②처음 일어남 ③봄 「남
【發夕】(발석-ハッセキ) 숙사(宿舍)를떠
【發船】(발선-ハッセン) 배를 띄워서나감
【發說】(발설-ハッセツ) 말을 내어 남이 알게함
【發聲】(발성-ハッセツ) 소리를 냄
【發送】(발송-ハッソウ) 물건을 보냄
【發身】(발신-ハッシン) ①몸을 일으킴 ②빈천한 곳에서 출신
【發信】(발신-ハッシン) 편지를 보냄
【發心】(발심-ホッシン) 마음을 냄
【發芽】(발아-ハツガ) 싹이 남

【發惡】(발악-ハツアク) 사리를 분간치아니하고 덮어놓고 모지락 스러운 소리나 짓을 함
【發案】(발안-ハツアン) 생각하여 냄
【發揚】(발양-ハツヨウ) ①기운을 냄 ②펴서 나타냄 ③등용(登用)
【發陽】(발양-ハツヨウ) 양기가 움직여서 일어남
【發言】(발언-ハツゲン) 말을 냄
【發言權】(발언권-ハツゲンケン) 어떠한회의 석상에서 발언할 수 있는 권리
【發熱】(발열-ハツネツ) 병으로 신열이생김
【發慾】(발욕-ハツヨク) 욕심을 냄
【發源】(발원-ハツゲン) 물의 근원이 시작되는 곳
【發育】(발육-ハツイク) ①기름 ②크게자람
【發音】(발음-ハツオン) ①소리를 냄 ②말의 소리를 내는 태도
【發意】(발의-ハツイ) ①의견이나 계획을 냄 ②무슨 일을 생각해 냄。발심(發心)
【發議】(발의-ハツギ・ホツギ) 회의 할때 어떤 의안을 냄
【發作】(발작-ホツサ) 급히 일어남
【發擿】(발적-ハツテキ) 죄를 폭로함
【發展】(발전-ハツテン) ①널리 퍼짐 ②잘되어 감
【發電】(발전-ハツデン) 전기를 일으킴。전보를 발송함

【發程】(발정-ハツテイ) 길을 떠남
【發情】(발정-ハツジョウ) 정욕이 일어남
【發疹】(발진-ハツシン) 열성 병으로 피부나 점막에 좁쌀만한 작은 종기가 생김
【發車】(발차-ハツシャ) 차가 떠남
【發着】(발착-ハッチャク) 출발과 도착 떠나고 닿음
【發兌】(발태-ハツダ) 책을 인쇄하여 발매함
【發通】(발통-ハツツウ) 통지서를 보냄。발문(發文)
【發破】(발파-ハッパ) 바위 따위를 파헤쳐서 깨뜨림
【發布】(발포-ハップ) 세상에 널리 폄
【發砲】(발포-ハッポウ) 대포를 놓음
【發表】(발표-ハッピョウ) ①여러 사람에게 표시함 ②거죽으로 나타남
【發汗】(발한-ハッカン) 병을 고치기 위하여 땀을 냄
【發港】(발항-ハッコウ) 배가 항구를떠남
【發行】(발행-ハッコウ) ①발정(發程) ②내보내어 세상에 행하게 함 ③세상에 널리 폄 ④출판하여 발표함
【發向】(발향-ハッコウ) 출발하여 목적지로 향함
【發現】(발현-ハツゲン) ①나타남 ②드러남 ③나타냄。표현(表現)
【發號】(발호-ハツゲン) 호령을 내림
【發效】(발효-ハツゴウ・コウをハッす) 효력을 발생함

【發火】(발화-ハッカ) ①불이 일어남 ②불을 냄
【發會】(발회-ハッカイ) 처음으로 회합을 가짐
【發揮】(발휘-ハッキ) 밝혀 나타냄。떨치어 드러냄

白部

【白】백 ハク、ビャク、しろ white 陌 ㄅㄞ pai
①흰 素也 ②깨끗할 潔也 ③사뢸 告也 ④姓也
【白間】(백간-ハクカン) 창(窓)
【白鷄】(백계-ハクケイ) 흰닭
【白骨】(백골-ハッコツ) 살은 다 썩고 뼈만 남은 것
【白骨難忘】(백골난망) 죽어 백골이되어도 은덕을 못잊음
【白果】(백과-ハクカ) 은행(銀杏)
【白鷗】(백구-ハクオウ) 갈매기
【白駒】(백구-ハック) 흰 망아지
【白金】(백금-ハッキン) ①은백색(銀白色)의 귀금속。속원소。②은(銀)은 프라티나
【白旗】(백기-ハッキ・しろはた・しらはた) ①흰 기 ②항복할 때에 세우는 기
【白毯】(백담-ハクタン) 흰 빛의 담
【白沓】(백답-ハクトウ) 너무 가물어서 아무것도 못심는 논
【白痰】(백담-ハクタン) 묽고 흰 가래

【白糖】(백당-ハクトウ) ① 흰빛의 설탕 ②흰엿
【白帶下】(백대하-ハクトウ) 대하증의 한 가지
【白道】(백도-ハクドウ) 달이 천구(天球)위를 도는 궤도
【白徒】(백도-ハクド) ①훈련이 없는 병졸 ②과거(科擧)를 보지 않고 관원(官員)이 됨
【白銅】(백동-ハクトウ) 백통。 동(銅) 아연・니켈의 합금(合金)
【白頭】(백두-ハクトウ) ①허옇게 센 머리 ②벼슬을 못한 사람
【白鑞】(백랍-ハクロウ) 땜납
【白粱米】(백량미-ハクリョウマイ) 조의한 품종。 알이 굵고 희며 맛이좋음
【白蓮】(백련-ビャクレン) 흰 연꽃
【白露】(백로-ハクロ) ①흰 이슬 ②二十四 절기(節氣)의 하나。 양력 九월 八일 경
【白鷺】(백로-ハクロ) 섭금류(涉禽類)에 속한 새。 부리 목 다리가 모두길고 눈가가 드러나고 빛이 흰새。 해오라기
【白鹿】(백록-ハクロク) 흰 사슴
【白痢】(백리-ハクリ) 흰 곱똥이 나오는 이질의 한가지
【白麻】(백마-ハクマ) 어저귀
【白馬】(백마-ハクバ) 흰말
【白梅】(백매-ハクバイ) 흰 매화
【白麵】(백면-ハクメン) 메밀 가루。 메밀 국수
【白面書生】(백면서생-ハクメンショセイ)글만 읽고 세상일에 경험이 없는사람
【白茅】(백모-ハクボウ) 포아풀과에 속하는 다년초
【白墨】(백묵-ハクボク) 분필(粉筆)
【白米】(백미-ハクマイ)현미를 찧은 흰쌀
【白眉】(백미-ハクビ) 여러 사람 속에서 제일 우수한 사람
【白飯】(백반-ハクハン) 흰밥
【白髮】(백발-ハクハツ) 흰 머리털
【白帆】(백범-しらほ) 흰돛
【白兵】(백병-ハクヘイ) 혼자 쓸수 있는 병기。 칼・창 따위
【白餠】(백병-しろもろ) 흰떡
【白粉】(백분-ハクフン・おしろい) ①흰 가루 ②여자의 얼굴에 바르는 흰분
【白沙】(백사-ハクサ・ハクシャ) 흰 모래
【白沙場】(백사장-ハクサジョウ)강이나 해변에 있는 흰모래가 깔린곳
【白晳】(백석-ハクセキ) 얼굴 빛이 희고 잘 생김
【白色】(백색-ハクショク) 흰 빛
【白雪】(백설-ハクセツ・しらき) 흰 눈
【白松】(백송-しるまつ) 줄기와 가지가 흰 소나무
【白首】(백수-ハクシュ) 센머리 백두(白頭)
【白鬚】(백수-しらひげ) 흰 수염
【白柹】(백시-しろがき) 곶감
【白堊】(백아・ハクア・ハクアク) ①백토(白土) ②탄산석회(炭酸石灰) ③분필의 딴 이름
【白堊館】(백아관-ハクアカン) 미국 대통령의 관저 White House의 역
【白眼】(백안・ハクガン) 노리고 보는 눈
【白業】(백업・착한 짓)
【白玉】(백옥・ハクギョク) 흰 구슬
【白雨】(백우・ハクウ) ①누리 ②소나기
【白羽扇】(백우선・ハクウセン) 새의 흰것으로 만든 부채
【白雲】(백운・ハクウン) 흰 구름
【白衣】(백의・ハクイ・ビャクエ) ①흰 옷 ②무위무관(無位無官)의 사람 ③의사・간호원의 옷 ④불가(佛家)에서 속인(俗人)을 이름
【白人】(백인・ハクジン) ①날 때부터 터럭과 살빛이 아주 하얀사람 ②백색 인종
【白刃】(백인・ハクジン・しらは) 칼집에서 빼어 놓은 칼
【白日】(백일・ハクジツ) ①흐리지 아니한날。 또 그 해 ②대낮
【白日昇天】(백일승천・ハクジツショウテン) 도를 극진히 닦아서 육신을 가진채 신선이 되어 대낮에 하늘로 올라감
【白藏】(백장・ハクゾウ) 가을의 별칭
【白戰】(백전・ハクセン) ①맨 손으로 싸움 ②시인(詩人) 끼리 서로 재주를 다툼
【白丁】(백정・ハクテイ) ①백장 ②무위무

관(無位無官)의 평민

【白帝】(백제·ハクテイ) 가을을 맡아보는 서쪽의 신(神)

【白鳥】(백조·ハクチョウ) 해오라기

【白晝】(백주·ハクチュウ) 대 낮

【白紙】(백지·ハクシ) ①흰 종이 ②아무 것도 쓰지 아니한 종이

【白紙曖昧】(백지애매·ハクシアイマイ) 까닭 없이 죄를 받아 재앙을 입음

【白菜】(백채·ハクサイ) 배추

【白鐵】(백철·ぶりき) 함석

【白淸】(백청·ハクセイ) 빛갈이 희고 품질이 좋은 꿀

「람。천치

【白癡】(백치·ハクチ) 어리석고 못난 사

【白炭】(백탄·ハクタン) 화력이 가장 센 참숯

【白土】(백토·ハクド) 빛이 희고 고운 흙

【白波】(백파·ハクハ·しらなみ) ①흰 물결 ②도적(盜賊)

【白袍】(백포) 집 도포

【白血球】(백혈구·ハッケッキュウ) 혈구의 일종。빛이 없고 핵이 있는 단일한 세포

【白虎】(백호·ハクコ·ビャッコ) ①흰 호랑이 ②서쪽에 있는 별의 이름 ③두부(豆腐)의 딴 이름

【一 畫】

【百】 백 ヒャク、ハク、もも hundred 陌 ㄅㄞ pai

일백 十十 (맥) ①힘쓸 勵也 ②길라잡이 行杖道驅人曰五—

【百家】(백가·ヒャッカ) 모든 학자

【百計】(백계·ヒャッケイ) 여러가지 꾀

【百計無策】(백계무책·ヒャッケイムサク)있는 꾀를 다 써 봐도 할 수 없음

【百穀】(백곡·ヒャッコク) 모든 곡식

【百工】(백공·ヒャッコウ)온갖 관원(官員)

【百孔千瘡】(백공천창·ヒャッコウセンソウ) 여러가지 폐단으로 억망 진창이 됨。억망진창이 된

【百科全書】(백과전서·ヒャッカゼンショ)①백과사전 ②모든 분야에 걸친 사항을 해설한 총서

【百官】(백관·ヒャッカン) 모든 관원

【百鬼夜行】(백귀야행·ヒャッキヤコウ) ①온갖 잡귀가 밤에 웅성댄다는 말

【百年佳約】(백년가약·ヒャクネンカヤク)젊은 남녀가 결혼하여 한평생을 아름답게 지내자는 언약

【百年偕老】(백년해로·ヒャクネンカイロウ) 부부가 화락하게 함께 늙음

【百德】(백덕·ヒャクトク)·온갖 덕행

【百萬長者】(백만장자·ヒャクマンチョウジャ) 재산이 썩 많은 사람。아주 큰 부자

【百無一失】(백무일실·ヒャクムイッシツ) 일마다 하나도 실패가 없음

【百聞不如一見】(백문불여일견·ヒャクブンはイッケンにしかず) 백번 듣는 것이 한번 보는 것만 못하다는 뜻으로 뭣이든지 실지로 경험해야 확실히 안다는 말

【百般】(백반·ヒャッパン) 여러 가지

【百方】(백방·ヒャッポウ) 여러 가지의 방법

【百拜】(백배·ヒャクハイ·ヒャッパイ) 여러번 절함

【百拜謝禮】(백배사례·ヒャッパイシャレイ) 수없이 절을 하며 치사함

【百事】(백사·ヒャクジ) 많은 일。여러가지 일

【百姓】(백성·ヒャクセイ·ヒャッショウ)①관직이 없는 여느 사람들。서민 ②백관(百官)。옛적에는 유덕(有德)한 사람에게 벼슬을 주고 성(姓)을 내렸기 때문임

【百世】(백세·ヒャクセイ) 뒷 세상。만세(萬世)

「짐승

【百獸】(백수·ヒャクジュウ)백가지나 되는

【百憂】(백우·ヒャクユウ) 여러가지 근심

【百忍】(백인·ヒャクニン) 아무리 어려운 일이 있어도 잘 참고 견딤

【百子千孫】(백자천손·ヒャクシセンソン)많은 자손

【百濟】(백제·ヒャクサイ·くだら) 조선(朝鮮) 삼국시대(三國時代)의 나라 이름 (B.C. 18~A.D660)

【百出】(백출·ヒャクシュツ) 의논의 여러가지로 나옴

【百態】(백태·ヒャクタイ) 여러가지 형태

【百骸】(백해·ヒャクガイ) 몸에 있는 모든

【百害無益】(배해무익-ヒャクガイムエキ) 해는 많아도 이는 없음

【百行】(백행-ヒャッコウ) 온갖 행실

【二畫—三畫】

【皁】 조 ソウ、くろ black 皓 ㄗㄠˋ tsao⁴

①검을 黑色 ②마판 馬櫪 ③도토리 橡實 ④하인 賤隸

【皁君】(조군-ソウクン) 황새

【皁櫪】(조력-ソウレキ) 마판

【皁隸】(조례-ソウレイ) 마을의 하인

【皁李】(조리) 갈매나무

【皁衣】(조의-ソウイ) 한대(漢代)의 관복(官服)이던 검은 옷

【皁莢】(조협-ソウキョウ・さいかち) 주엽나무의 꼬투리

【皃】 貌 (豸部 七畫) 同字

【的】 적 テキ、まと target 錫 ㄉㄧˋ ti⁴

①과녁 射質 ②적실할 實也 ③밝을 明也

【的當】(적당-キウトウ) 꼭 들어 맞음

【的歷】(적력-テキレキ) 똑똑함。 분명함

【的例】(적례-テキレイ) 꼭 맞는 선례(先例)

【的報】(적보-テキホウ) 적실한 보고

【的否】(적부-テキヒ) 꼭 그러함과 그렇지 아니함

【的實】(적실-テキジツ) 확실함

【的然】(적연-テキゼン) 적실한 모양

【的中】(적중-テキチュウ) 어김 없이 꼭 목표에 들어 맞음

【的證】(적증-テキショウ) 적확한 증거。 틀림 없는 증거

【的知】(적지-テキチ) 정확하게 앎

【的確】(적확-テキカク) 적실함。 확실함

【帛】 巾部 五畫에 볼것

【四 畫】

【皆】 개 カイ、みな all 佳 ㄐㄧㄝ chieh¹

①다 俱辭 ②한가지 同也 偕通

【皆勤】(개근-カイキン) 일정한 기한 내에 하루도 빠지지 않고 출근함

【皆旣】(개기-カイキ) 일식(日蝕) 또는 월식(月蝕)에 그 전부가 캄캄하도록 다 가려짐

【皆是】(개시-カイシ) 다。 모두

【皆學】(개학) 하나도 빠짐 없이 죄다 배움

【皇】 황 コウ、オウ きみ imperial 陽 ㄏㄨㄤˊ huang²

①임금 君也 ②바를 正也 ③클 大也 ④비로소 始也 ⑤아름 답다할 歎美辭 於— ⑥성할 美盛貌 — — ⑦빛날 光貌 — — (왕) 엄숙할 祭儀嚴肅貌 — —

【皇居】(황거-コウキョ) 황제가 거처하는 곳 황성(皇城)

【皇京】(황경-コウキョウ)황제의 도성。 서울

【皇系】(황계-コウケイ) 황제의 계통

【皇考】(황고-コウコウ) ①죽은 아버지의 제사 때에 쓰는 높임말 ②증조(曾祖)를 이름

【皇衢】(황구-コウク) 큰길。 네거리

【皇國】(황국-コウコク) 황제의 나라

【皇宮】(황궁-コウキュウ)황제의 궁궐。 황거(皇居)

【皇穹】(황궁-コウキュウ) 높은 하늘

【皇極】(황극-コウキョク) 편파(偏頗)가 없는 중정(中正)한 길

【皇基】(황기-コウキ) 황제의통치하는기초

【皇都】(황도-コウト) 도성(都城)。 황성(皇城)

【皇歷】(황력-コウレキ) 옛날 중국에서 보내 주던 책력

【皇陵】(황릉-コウリョウ) 황제의 능

【皇命】(황명-コウメイ) 황제의 명령

【皇妃】(황비-コウヒ) 황제의 비 (妃)

【皇嗣】(황사-コウシ) 황제의 뒤를 이을 자로 황태자를 이름。 황저(皇儲)

【皇上】(황상-コウジョウ) 현대의 황제

【皇城】(화 성-コウジョウ) 황도(皇都)

【皇孫】(황손-コウソン) 황제의 손

【皇壽】(황수-:ウジュ) 황제의 향수

【皇室】(황실-コウシツ) 황제의 족속。 황족(皇族)

【皇運】(황운-コウウン) 황제의 운수
【皇威】(황위-コウイ) 황제의 위엄。천자의 위광
【皇位】(황위-コウイ) 황제의 지위
【皇猶】(황유-コウユウ) 황제의 꾀。황제의 계획
【皇恩】(황은-コウオン) 황제의 은혜
【皇子】(황자-コウシ・オウジ) 황제의 아드님
【皇儲】(황저-コウチョ) 황태자(皇太子) 동궁(東宮)
【皇帝】(황제-コウテイ) ①천자(天子) ②삼황오제(三皇五帝)
【皇弟】(황제-コウテイ) 황제의 동생
【皇祚】(황조-コウソ) 황제의 재위 연간。황위
【皇朝】(황조-コウチョウ) 임금의 조정
【皇族】(황족-コウゾク) 임금의 족속
【皇天】(황천-コウテン) 하느님。상제(上帝)
【皇勅】(황칙-コウチョク) 황제의 소칙(詔勅)
【皇太子】(황태자-コウタイシ) 황위(皇位)를 이을 황자(皇子)
【皇太后】(황태후-コウタイコウ・コウタイゴウ) 황제의 어머님
【皇統】(황통-コウトウ) 황제의 계통。왕통
【皇風】(황풍-コウフウ) ①천자의 ②덕화 제국의 풍습
【皇化】(황화-コウカ) 황제의 덕화

【皇皇】(황황-コウコウ) ①아름답고 성한 모양
【皈】 歸(止部 十四畫) 略字
【泉】 水部 五畫에 볼것

【五畫—六畫】

【臯】 次條 同字
【皐】 고 コウ、さわ pond ①늪 澤也 ②언덕 崖也 ③고할 告也 ④느즈러질 緩也 ⑤호피 虎皮 —比 ⑥완만할 頑貌—— ⑦판 局也 ⑧혼 부를 復— (호) 부를 呼也
【皐門】(고문-コウモン) 궁성 밖에 있는 높은 문
【皐比】(고비-コウヒ) ①범의 가죽。호피(虎皮) ②장군(將軍)・유자(儒者 虎의 좌석의 뜻으로 씀。자리에 호피를 깔았기 때문에
【皎】 교 ケウ、キョウ、あきらか bright 篠 ㄐㄧㄠ chiao³ ①달 밝을 月之白 ②햇빛 日光 ③휠 白也
【皎潔】(교결-コウケツ・キョウケツ) 희고 깨끗함。맑고 맑음
【皎皎】(교교-コウコウ・キョウキョウ) ①흰 모양 ②밝은 모양。빛나는 모양

【皎月】(교월-コウゲツ・キョウゲツ) 밝게 비치는 달
【皓】 호 コウ、あきらか bright 皓 ㄏㄠ hao⁴ ①휠 白也 ②빛 光也 ③밝을 明也 ——
【皓白】(호백-コウハク) 순수한 흰빛
【皓雪】(호설-コウセツ) 흰눈。백설(白雪)
【皓首】(호수-コウシュ) 센 머리
【皓然】(호연-コウゼン) 썩 흰 모양
【皓月】(호월-コウゲツ) 밝게 비치는 달。교월(皎月)
【皓齒】(호치-コウシ) 흰 이 미인의 이를 형용함
【皓皓】(호호-コウコウ) ①흰 모양 ②환한 모양 ③한없이 넓은 모양
【皓皓白髮】(호호백발-コウコウハクハツ) 온통 하얗게 센 머리 또는 그러한 늙은이

【八畫—十五畫】

【晳】 석 セキ、しろい white face 錫 ㄒㄧ hsi¹ 얼굴 휠 人色白 白—
【皚】 애 ガイ、しろい white as snow 灰 ㄞ ai² 눈서리 허열 霜雪色——
【皤】 파 ハ、しろい white 歌 ㄆㄛ p'o² ①휠 白也 ②귀 밑 희끗희끗할 鬢

白貌ㅡㅡ ③배 불룩할 大腹
【皤然】(파연-ハゼン) 흰 모양
【皤皤】(파파-ハハ) ①머리털이 희끗희끗한 모양 ②넉넉하고 많은 모양
【皤皤老人】(파파노인-ハハロウジン) 백발이 된 늙은이

【皦】교 キョウ、しろい 篠 ㄐㄧㄠˇ chiao^{3} white
①흴 皎也 ②밝을 明也 ③옥돌 흴 玉石之白 皎同

【皪】력 レキ、あざやか 錫 ㄌㄧˋ li^{4} whitish
희끗희끗할 白貌的ㅡ

皮 部

【皮】피 ヒ、かわ 支 ㄆㄧˊ p'i^{2} leather
가죽 剝獸取革 ②껍질 肌表ㅡ膚 ③姓也
【皮穀】(피곡-ヒカク) 겉 곡식
【皮骨】(피골-ヒコツ) 가죽과 뼈
【皮帶】(피대-かわおび) 기계를 운전시키는 데 쓰는 가죽 띠
【皮籠】(피롱-ヒロウ) 짐승의 가죽으로 만드는 커다란 농
【皮膜】(피막-ヒマク) 겉껍질과 속껍질
【皮毛】(피모-ヒモウ) 털이 붙은 가죽
【皮膚】(피부-ヒフ) 살가죽
【皮相】(피상-ヒソウ) ①거죽 ②거죽만 보고 곧 판단함
【皮箱】(피상-かわばこ) 짐승의 가죽으로 만든 상자
【皮肉】(피육-ヒニク) 가죽과 살
【皮竹】(피죽-ヒチク) 대나무의 겉껍질
【皮風】(피풍-ヒフウ) 피부가 가려운 병
【皮下】(피하-ヒカ) 살가죽의 아래
【皮革】(피혁-ヒカク) 날가죽과 다룬 가죽

【五畫—十畫】

【皰】포 ホウ、にきび 效 ㄆㄠˋ p'ao^{4} pimple
여드름 面生氣起如水泡

【皴】준 シュン、しわ 眞 ㄘㄨㄣ ts'uen^{1} wrinkles
①가죽 주름질 皺也 ②손가죽 얼어터질 皮細起ㅡ裂
【皴裂】(준열-シュンレツ) 손가죽이 얼어서 터짐

【皸】군 クン、キン、ひび chapped skin
살가죽 얼어터질 凍裂ㅡ瘃

【皺】추 シュウ、しわ wrinkles
주름질 蹙摺
【皺面】(추면-シュウメン) 주름진 얼굴

皿 部

【皿】명 ベイ、さら dish 梗 ㄇㄧㄣˇ min^{3}
그릇 食器盤盂之屬

【三 畫】

【盂】우 ウ、はち basin
①바리 飯器 ②사냥하는 진 田獵陣
【盂蘭盆】(우란분-ウラボン) 음력 七월 十五일에 행하는 불사(佛事)。 우란(盂蘭)은 몸이 거꾸로 매달려서 고통을 받는 것이요 분(盆)은 밥그릇。 이 날 음식을 조상 영전에 바치고 중에게 시주하여 망령의 저승에서 받는 고통을 구함

【孟】子部 五畫에 볼것

【四 畫】

【盆】분 ボン、ホン、はち 元 ㄆㄣˊ p'en^{2} bowl
①동이 盎也瓦器 ②딸기 藥名覆ㅡ ③젖웃뼈 乳房上骨缺ㅡ
【盆栽】(분재-ボンサイ) 화초 따위를 화분에 심어 가꿈
【盆池】(분지-ボンチ) 동이 만한 못
【盆地】(분지-ボンチ) 빠져 들어간 땅

【盈】영 エイ、みちる 庚 ㄧㄥˊ ying^{2} full
①찰 充滿 ②남을 ㅡ縮
【盈滿】(영만-エイマン) ①가득하게 참

②부귀권세(富貴權勢)등이 가장 성
함
【盈羨】(영선-エイセン) 차고도 남음
【盈盛】(영성-エイセイ) 집안이 번성함
【盈盈】(영영-エイエイ) 물이 가득하게
괴어있음 「하게 참
【盈溢】(영일-エイイツ) 차서 넘침。가득
【盈縮】(영축-エイシュク) 남음과 모자람
【盈虛】(영허-エイキョ) 가득한 것과 빈
것。찬것과 이지러진 것

【盃】杯 (木部 四畫)俗字

【五畫—六畫】

【盎】앙 オウ、はち basin 漾 ㄤ àng
①동이 盆也瓦器 ②성할 盛貌——
③넘칠 溢也

【益】익 エキ、ヤク、ます increase 陌 ㄧ yì
①더할 增加 ②넉넉할 饒也 ③넘칠
盈溢 ④많을 多也 ⑤나아갈 進也
⑥괘이름 卦名
【益壽】(익수-エキジュ) 오래 살음
【益甚】(익심-エキジン) 점차로 심하여짐
【益友】(익우-エキユウ) 유익한 벗
【益者三樂】(익자삼락-エキシャサンラク) 사
람이 좋아하는 곳에 세 가지 유인
함
【益者三友】(익자삼우-エキシャサンユウ) 사
귀어 자기에게 유익한 세벗。곧 정
직한 사람。신의있는 사람。지식
있는 사람
【益鳥】(익조-エキチョウ) 인생에게 유익
을 주는 새의 총칭
【益蟲】(익충-エキチュウ) 인생에게 유익
을 주는 벌레의 총칭 (꿀벌·누에
따위)

【盍】합 コウ、おおう cover 合 ㄏㄜ hé
①덮을 覆也 ②합할 合也 ③어찌
아니할 何不
【盍簪】(합잠-コウシン) 벗이 와서 모임。
붕우(朋友)의 회합

【盒】합 ゴウ、はこ small box 合 ㄏㄜ hé
①합 器名 ②소반뚜껑 盤覆

【盖】蓋(艸部 十畫)略字

【盡】盡(皿部 九畫)略字

【七畫】

【盜】도 トウ、あすむ steal 號 ㄉㄠ tào
도적 賊也
【盜難】(도난-トウナン) 도둑을 맞음
【盜伐】(도벌-トウバツ) 남의 산의 나무
를 몰래 벰
【盜癖】(도벽-トウヘキ) 남의 물건을 훔
치는 버릇
【盜殺】(도살-トウサツ) 몰래 죽임。암살
【盜用】(도용-トウヨウ) 남의 물건을 훔
치어 몰래 사용함
【盜賊】(도적-トウゾク) 남의 물건을 빼
앗거나 훔치는 사람
【盜電】(도전-トウデン) 전등·전열 등의
전류를 훔쳐서 쓰는 일
【盜跖】(도척-トウセキ) 인륜에 벗어난
악한 사람을 일컫는 말。옛날 중국
의 큰 도적의 이름
【盜取】(도취-トウシュ) 훔쳐 가짐
【盜汗】(도한-トウカン) 잘 때에 저절로
나는 땀

【盛】성 セイ、ジョウ、さかん prosperous 庚 ㄔㄥ chéng
①성할 茂也 ②많을 多也 ③클 大
也 ④담을 容受薦穀粢—
【盛大】(성대-セイダイ) 굉장함。훌륭함
【盛德】(성덕-セイトク) ①성대한 덕 ②
천지(天地)의 성대한 원기
【盛冬】(성동-セイトウ) 한겨울 「번성함
【盛滿】(성만-セイマン) 가득함。집안이
【盛名】(성명-セイメイ) 굉장한 명예。훌
륭한 이름
【盛服】(성복-セイフク) 성대한 복장
【盛事】(성사-セイジ) 성대한 일
【盛暑】(성서-セイショ) 지독한 더위。심
한 더위 「차림
【盛設】(성설-セイセツ) 성대한 잔치를

【盛世】(성세-セイセイ) 태평한 세상

【盛衰】(성쇠-セイスイ) 성함과 쇠함

【盛時】(성시-セイジ) ①국세(國勢)가 성한 때 ②나이가 젊어 성한 때

【盛業】(성업-セイギョウ) 성대한 사업

【盛宴】(성연-セイエン) 성대히 차린 잔치

【盛筵】(성연-セイエン) 성대한 잔치

【盛熱】(성열-セイネツ) 성서

【盛炎】(성염-セイエン) 성서(盛暑)

【盛運】(성운-セイウン) 잘되어 가는 운수

【盛儀】(성의-セイギ) 성대한 의식

【盛裝】(성장-セイソウ) 훌륭하게 치레함

【盛典】(성전-セイテン) 성대한 의식

【盛族】(성족-セイゾク) 세력이 있는 족속

【盛饌】(성찬-セイセン) 잘 차린 음식

【盛夏】(성하-セイカ) 더위가 심할때。한여름

【盛行】(성행-セイコウ) 많이 유행함

【盛會】(성회-セイカイ) 성대한 회합

【八 畫】

【盟】맹 メイ、ちかう swear 庚 ㄇㄥˊ mêng²

①맹세할 誓約 ②믿을 信也 ③고을 이름 河內邑名

【盟邦】(맹방-メイホウ) 동맹한 나라。동맹국(同盟國)

【盟書】(맹서-メイショ) 맹세하는 서면

【盟誓】(맹서-メイセイ) 약속함。맹세。맹약(盟約)

【盟約】(맹약-メイヤク) 맹세

【盟言】(맹언-メイゲン) 맹세하는 말

【盟主】(맹주-メイシュ) 동맹한 우두머리

【盟兄】(맹형-メイケイ) 친구를 부르는 말

【盟休】(맹휴-メイキュウ) 동맹 휴업。동맹 휴교의 줄인 말

【盞】잔 サン、さかづき wine-cup 潸 ㄓㄢˇ chan³

술잔 最小杯酒盞

【塩】鹽(鹵部 十三畫)略字

【九 畫】

【監】감 カン、ケン、しらべる inspect; oversee

①살필 察也 ②볼 視也 ③벼슬 이름 官名 ④감독할 臨下 ⑤거느릴 領也

【監國】(감국-カンコク) ①국사(國事)를 감독한다는 뜻이니 태자(太子)의 임무를 이름 ②태자의 뜻으로 씀

【監禁】(감금-カンキン) 죄인을 가둠

【監農】(감농-カンノウ) 농사짓는 것을 감독함

【監督】(감독-カントク) ①살피어 거느림 ②보살핌

【監理】(감리-カンリ) 감독하여 관리함

【監撫】(감무-カンブ) 태자(太子)의 지위。감국무군(監國撫軍)의 준말

【監房】(감방-カンボウ) 죄수를 수용하는 방

【監司】(감사-カンシ) 주(州) 또는 군(郡)을 감찰하는 벼슬。관찰사(觀察使)

【監事】(감사-カンジ) ①공동단체의 서무를 관리하는 사람 ②법인(法人)의 재산·업무를 감독하는 사람

【監査】(감사-カンサ) 감독하고 검사함

【監守】(감수-カンシュ) 감독하여 지킴

【監視】(감시-カンシ) 주의하여 봄。감독하여 단속함

【監獄】(감옥-カンゴク) 죄수나 형사 피고인을 구금하는 곳。교도소

【監丁】(감정-カンテイ) 형무소에서 사환을 일컬음

【監製】(감제-カンセイ) 감독하여 제조함

【監察】(감찰-カンサツ) 남의 행동을 살펴 봄。또 그 벼슬

【盡】진 ジン、つくす exhaust 軫 ㄐㄧㄣˋ chin⁴

①다할 竭也 ②다 皆也 ③극진할 極也 ④마칠 終也 ⑤비록 縱令 ⑥다하게할 —之

【盡力】(진력-ジンリョク) 힘을 다함

【盡善盡美】(진선진미-ゼンをつくしびをつくす) 선과 미를 다함

【盡誠】(진성-まことをつくす) 정성을 다함

【盡心】(진심-こころをつくす) 마음을 다함

【盡心竭力】(진심갈력-こころをつくしちからをつくす) 마음과 힘을 다함

【盡日】(진일-ジンジツ) 하루 종일

【盡忠報國】(진충보국-ジンチュウホウコク) 충성을 다하여 국은(國恩)을 갚음

【盡瘁】(진취-ジンスイ) 애씀。수고를 다함

【十畫—十一畫】

【盤】반 バン、ハン、さら vessel 寒 ㄆㄢ p'an²
①소반 盛物器承槃 ②어정거릴 不進—桓 ③서릴—屈 ④편안할 安也 ⑤목욕탕 浴器

【盤踞】(반거-バンキョ) 넓고도 굳세게 뿌리가 박혀 서림

【盤結】(반결-バンケツ) 서리서리 얽혀짐

【盤雞】(반계-バンケイ) 몸이 작고 다리가 짧은 닭의 한 가지

【盤曲】(반곡-バンキョク) 얽혀 구부러짐

【盤根】(반근-バンコン) ①서리서리 얽힌 뿌리 ②처리하기 힘든뿌리

【盤根錯節】(반근착절-バンコンサクセツ) 서로 엉클어져서 처리하기가 어려운 사건

【盤樂】(반락-バンラク) 놀며 즐기는 일

【盤問】(반문-バンモン) 자세히 캐어서 물음

【盤費】(반비-バンピ) 길갈 때에 드는 돈。여행의 비용。노자

【盤石】(반석-バンジャク) 넓고 편편한 돌

【盤松】(반송-バンショウ) 가지가 사방으로 퍼져 자란 소나무

【盤柿】(반시) 감의 일종。둥굴 넓적한 납작감

【盤坐】(반좌-ハンザ) 책상다리하고 앉음

【盤覈】(반핵) 자세히 조사함

【盤詰】(반힐-バンキツ) 자세히 조사함

【盥】관 カン、あらう wash 翰 ㄍㄨㄢ kuan⁴
①낯 씻을 洗面 ②손 씻을 澡手

【盥漱】(관수-カンソウ) 손 씻고 양치질함

【盥浴】(관욕-カンヨク) 손씻고 목욕함

【盧】로 ロ、さかば wine-shop 虞 ㄌㄨ lu²
①술봉로 賣酒區 ②검을 黑也 ③사냥개 田犬 ④주사위 樗戲呼— ⑤둥글 規矩—牟 ⑥나나니벌 螺贏蒲— ⑦말머리 꾸미개 馬首飾當— ⑧창 矛屬勃— ⑨깔깔 웃을 笑也胡— ⑩姓也

【盧胡】(노호-ロコ) 깔깔 웃음

【十二畫—十九畫】

【盪】탕 トウ、あらう wash 漾 ㄊㄤ t'ang⁴
①씻을 滌也 ②움직일 動也 ③밀칠 推也 ④진동할 震也 ⑤그릇부실 滌器 ⑥물배질할 陸地行船

【盪擊】(탕격-トウゲキ) 문이 세차게 부딪침

【盪舟】(탕주-トウシュウ) 손으로 배를 움직임

【盬】고 コ、もろい spiritless 麌 ㄍㄨ ku³
①튼튼하지 않을 不堅固 ②소금밭 鹽池 ③빨 噓也

【盬鹽】(고염-コエン) 소금

【簠】竹部 十二畫에 볼것

【廬】广部 十六畫에 볼것

【蠱】虫部 十七畫에 볼것

【鹽】鹵部 十三畫에 볼것

目部

【目】목 ボク、モク、め eye
①눈 眼也 ②눈 여겨볼 注視 ③그물고 網— ④제목 品藻題— ⑤조목 條件

【目擊】(목격-モクゲキ) 눈으로 친히 봄

【目睹】(목도-モクト) 눈으로 봄。목격(目擊)

【目禮】(목례-モクレイ) 눈짓으로 인사함

【目錄】(목록-モクロク) 책의 내용의 조목을 순서있게 적은 것。목차(目次)

【目笑】(목소-モクショウ) 눈웃음
【目送】(목송-モクソウ) 작별한 사람이 멀리 사라질 때까지 바라보며 전송함
【目眥】(목자-モクシ) 눈초리
【目的】(목적-モクテキ) ①가고자 뜻하는 곳 ②어떠한 행위의 목표로 하는 곳 ③이루고자 마음 먹은 곳
【目前】(목전-モクゼン) 눈 앞。지금
【目次】(목차-モクジ) 조목의 순서。목록의 차례
【目睫】(목첩-モクショウ) 눈과 눈썹。매우 가까운 곳을 이름
【目測】(목측-モクソク) 눈대중
【目標】(목표-モクヒョウ) 눈으로 보아 알 수 있는 표。대중
【目下】(목하-モッカ) 지금

【三 畫】

【盰】간 カン、みはる strain
눈 부릅뜰 張目

【盲】맹 モウ、ボウ、めくら blind 庚 ㄇㄤ mang²
소경 目無瞳
【盲目】(맹목-モウモク) 눈을 감음。소경
【盲信】(맹신-モウシン) 까닭 모르고 덮어놓고 믿음
【盲啞】(맹아-モウア) 소경과 벙어리
【盲人】(맹인-モウジン) 소경
【盲從】(맹종-モウジュウ) 시비·곡직을 가리지 않고 좇음。아무 까닭도 모르고 따라감
【盲爆】(맹폭-モウバク) 맹렬한 폭격
【盲風】(맹풍-モウフウ) 가을에 몹시 부는 바람

【盱】우 ク、みはる strain 虞 ㄒㄩ hsü¹
①눈 부릅뜰 張目—— ②눈웃음칠 小人喜悅貌睢—
【盱衡】(우형-クコウ) 눈을 부릅뜨고 눈썹을 쳐듬

【直】직 チョク、ジキ、なおす correct 職 ㄓ chih²
①바를 正也 ②곧을 不曲 ③번들 侍也 ④당할 準當 ⑤펼 伸也 ⑥곧게할 理枉 ⑦다만 但也 (치) 값 物價 値通
【直角】(직각-チョッカク) 九十도의 각
【直諫】(직간-チョッカン) 생각하는 바를 기탄없이 말함
【直感】(직감-チョッカン) 설명이나 증명을 거치지 않고 곧 사물의 진상을 마음으로 느껴 앎
【直徑】(직경-チョッケイ) 물체의 중심을 통과하여 그 거죽에서 그치는 직선
【直系】(직계-チョッケイ) 직선적으로 이은 계통
【直觀】(직관-チョッカン) 추리·경험 등에 의하지 않고 직접으로 지각함
【直談】(직담-チョクダン) 직접 본인과 담판함
【直答】(직답-チョクトウ・ジキトウ) ①사람을 거치지 않고 직접 대답함 ②즉석에서 곧 대답함
【直路】(직로-チョクロ) 곧은 길
【直流】(직류-チョクリュウ) 곧게 흐르는 「흐름
【直立】(직립-チョクリツ) ①높이 솟아 오름 ②똑 바로 섬 「함
【直面】(직면-チョクメン) 직접으로 면대
【直射】(직사-チョクシャ) ①빛이 곧게 비침 ②활·총들을 곧게 쏨
【直上】(직상-チョクジョウ) ①바로 그 위 ②곧게 올라감
【直席】(직석-チョクセキ) 앉은 그 자리
【直線】(직선-チョクセン) 곧은 선
【直說】(직설-チョクセツ) 바로 말함
【直訴】(직소-チョクソ) 절차를 밟지 않고 웃사람에게 직접 호소함 「됨
【直屬】(직속-チョクゾク) 직접으로 예속
【直送】(직송-チョクソウ) 곧 보냄。직접 부침
【直視】(직시-チョクシ) 똑바로 봄
【直臣】(직신-チョクシン) 강직한 신하
【直實】(직실-チョクジジ) 고지식함。정직하고 독실함
【直言】(직언-チョクゲン) 기탄없이 있는 대로 바로 하여 충실히 옮김
【直譯】(직역-チョクヤク) 번역이나 통역을 할 때에 그 전체의 뜻보다도 그

자귀나 어법에 치중하는 말 「함

【直營】(직영-チョクエイ) 직접으로 경영

【直議】(직의-チョクギ) 솔직하게 의론함

【直裁】(직재-チョクサイ) ①직접으로 결재함 ②지체 않고 재단함

【直前】(직전-チョクゼン) 바로 앞。일이 생기기 바로 전

【直接】(직접-チョクセツ) 중간에 다른 것을 넣지 않고 마주 대함

【直情】(직정-チョクジョウ) 생각한 대로 발표하고 꾸밈이 없음

【直走】(직주-チョクソウ) 곧장 달려감

【直出】(직출-チョクシュツ) 곧 나감

【直通】(직통-チョクツウ) 어떠한 곳에서 다른 곳에 바로 이름

【直派】(직파-チョクハ) 곧은 계통으로 내려오는 겨레의 갈래

【直筆】(직필-チョクヒツ) 어떠한 사건을 사실대로 적음

【直下】(직하-チョッカ) ①바로 그 아래 ②막 내려감

【直轄】(직할-チョッカツ) 주무 관청에서 직접으로 관할함

【直航】(직항-チョッコウ) 배가 중간에 있는 항구에 들르지 않고 바로 목적지로 감

【直行】(직행-チョッコウ) ①생각대로 행함 ②정직한 행동 ③중간에 지체하지 않고 바로 목적지로 감 「곧 뒤

【直後】(직후-チョクゴ) 어떤 일이 있은

【四 畫】

【看】간 カン、みる watch 國 ㄎㄢ k'an⁴

볼 視也

【看看】(간간) ①자세히 보는 모양 ②얼마 안 되어。보는 동안에

【看過】(간과-カンカ) ①대충 보아 넘기다가 빠뜨림 ②보고도 본체 만체함 보기만 하고 내버려둠

【看病】(간병-カンビョウ) 병 구원을 함。간호(看護)

【看色】(간색-カンショク) ①물건이 좋고 나쁨을 알기 위해 견본삼아 일부분을 봄 ②구색으로 일부분씩 내놓는 누비움。감색

【看守】(간수-カンシュ) ①보고 지킴。또 그 사람 ②감옥에서 죄수를 지키고 또는 감독하는 직무

【看做】(간주-みなす) ①보고 그렇게 여김 ②보고 그대로 임시 정함

【看取】(간취-カンシュ) 내용을 보아서 알아서 차림

【看破】(간파-カンパ) 보아서 확실히 앎

【看板】(간판-カンパン) ①상점의 이름、상품의 목록을 기록하여 가게 머리에 달아 목표로 삼는 패 ②극장에서 그 예제(藝題)·연기자(演技者)의 이름을 적어 흥행하는 장소 앞에 다는 패 ③겉탈。외관(外觀)

【看品】(간품-カンピン) 품질의 어떠함을 간색함

【看護】(간호-カンゴ) 병자의 시중을 들어줌。병구원함

【看護婦】(간호부-カンゴフ) 여자 간호원

【看護學】(간호학-カンゴガク) 간호에 관한 이론과 응용을 연구하는 학문

【眄】면 ベン、メン、みる ogle

①곁눈질할 斜視 ②눈알 흘려 굴린 轉眼貌流ㅡ

【眊】모 ボウ、モウ、くらい dim-sighted 號 ㄇㄠ mao⁴

①눈 어두울 老ㅡ ②눈 흐릴 目少精

【眊眊】(모모-ボウボウ) 어두운 모양

【眇】묘 ビョウ、ミョウ、すがめ one-eyed 篠 ㄇㄧㄠ miao³

①애꾸 偏盲 ②눈 찡긋할 一目小 ③작을 微也 ④아득할 遠也 ⑤다할 盡也

【眇小】(묘소-ビョウショウ) 키가 작음

【眇然】(묘연-ビョウゼン) ①작은 모양 ②먼 모양

【眉】미 ビ、ミ、まゆげ eyebrow 支 ㄇㄟ mei²

눈썹 目上毛

【眉間】(미간-ミケン) 눈썹과 눈썹 사이。양미간

【眉目】(미목-ビモク) ①눈썹과 눈。얼굴 ②썩 가까운 곳

【眉宇】(미우-ビウ) 양미간

【眉月】(미월-ビゲツ) 눈썹같이 보이는 초생달

【眉睫】(미첩-ビショウ) 눈썹과 눈

【相】 상 ショウ、ソウ、あい mutual

①서로 共也 ②바탕 質也 ③도울 助也 ④손님 맞는 사신 ⑤정승 官名 ⑥붙들 扶也 ⑦인도할 導也 ⑧볼 視也

【相見】(상견-あいみ) 서로 봄

【相敬】(상경-ソウケイ) 서로 공격함

【相公】(상공-ショウコウ) 재상(宰相)의 높임 말

【相關】(상관-ソウカン) ①서로 관계함 ②남녀가 교합(交合)하는 일

【相國】(상국-ショウコク) 옛 중국에서 재상(宰相)을 일컫는 말。백관(百官)의 우두머리

【相剋】(상극-ソウコク) ①오행설(五行說)에서 목(木)은 토(土)를, 토(土)는 수(水)를, 수(水)는 화(火)를, 화(火)는 금(金)을, 금(金)은 목(木)을 이긴다는것 ②두 사람의 마음이 서로 화합하지 아니함 ③어떠한 동물이 서로 밉게 보는 것

【相當】(상당-ソウトウ) ①서로 맞음 ②서로 비슷함 ③대등됨

【相對】(상대-ソウタイ) ①서로 대하고 있음 ②서로 관계가 있음 ③마주 보고 있음 ④서로 대립함

【相得】(상득-トウトク) 두 사람의 마음이 서로 맞음

【相等】(상등-ソウトウ) 서로 비슷함

【相望】(상망-ショウボウ) 재상이 될만한 명망

【相面】(상면-ソウメン) 서로 만나봄

【相半】(상반-ソウハン) 서로 반씩 됨

【相逢】(상봉-ソウホウ) 서로 만남

【相似】(상사-ソウジ) 서로 비슷함

【相思】(상사-ソウシ) 서로 생각하여 사모함

【相續】(상속-ソウゾク) 민법상으로 전호주의 권리·의무를 이어 받음

【相殺】(상쇄-ソウサツ・ソウサイ) 서로 세음을 비김。셈을 애낌

【相術】(상술-ソウジュツ) 관상하는 방법

【相愛】(상애-ソウアイ) 서로 사랑함

【相約】(상약-ソウヤク) 서로 약속함

【相讓】(상양-ソウジョウ) 서로 예의를 지키어 사양함

【相違】(상위-ソウイ) 서로 맞지 아니함。서로 틀림

【相應】(상응-ソウオウ) 피차간 서로 맞음

【相議】(상의-ソウギ) 서로 의논함

【相者】(상자-ソウシャ) 관상장이

【相接】(상접-ソウセツ) ①서로 한데 닿음 ②서로 접함

【相從】(상종-ソウジュウ) 서로 친하게 지냄

【相値】(상치-ソウチ) 두가지 일이 교묘히 마주침

【相通】(상통-ソウツウ) 서로 통함

【相學】(상학-ソウガク) 인상을 연구하는 학문

【相合】(상합-ソウゴウ) 서로 맞음。서로 부합함

【相互】(상호-ソウゴ) 서로

【省】 성 セイ、ショウ、かえりみる watch; province

①살필 察也 ②볼 視也 (생) ①덜 簡少 ②아낄 嗇也 ③대궐안마을 禁署

【省減】(생감-ショウゲン) 덜어 줄임

【省略】(생략-ショウリャク) 덜음。줄임

【省墓】(성묘-セイボ) 조상의 산소를 살펴봄

【省察】(성찰-セイサツ・ショウサツ) 살핌

【盾】 순 ジュン、トン、たて shield

①방패 扞身蔽目 ②벼슬 이름 官名 (돈) 사람이름 人名晋趙—鉤—

【盾鼻】(순비-ジュンビ) ①방패의 손잡이 ②종군(從軍)하는 문사(文士)

【眈】 탐 タン、ねらいみる glare

①즐길 樂也 ②노려볼 視貌——

【盻】 혜 ケイ、にらむ stare

①눈 흘길 恨視貌 ②돌아볼 顧視 ③가쁠 勤苦——

【冒】 冂部 七畫에 볼것

【五 畫】

【眛】매 マイ、バイ、くらい blindnees 瞇 ㄇㄟ mei⁴
눈어두울 目不明

【眠】면 ミン、メン、ねむる sleep 㒐 ㄇㄧㄢ mien²
①졸 翁目寐 ②우거질 茂密貌芋―
【眠食】(면식-ミンショク) ①자고 먹음 ②사람의 일상 생활 침식(寢食)

【眚】생 セイ、ショウ、わざわい disease of the eyes
①재앙 災沴 ②백태낄 目病生翳 ③허물 過誤 ④조금 상할 微傷 ⑤어질병 妖病
【眚災】(생재-セイサイ) 과실이나 재난으로 범한 죄

【眙】이 チ、みつめる gaze
①눈 치뜰 擧目 ②고을 이름 楚州縣名盱 (치) 눈똑바로 뜨고 볼 直視

【眞】진 シン、まこと real 眞 ㄓㄣ chen¹
①참 僞之反 ②진실할 實也 ③정할 精也 ④바를 正也 ⑤형상박을 畫像寫― ⑥하늘 天也―宰 ⑦姓也
【眞空】(진공-シンクウ) 공기를 없애버린 공간 「한 법칙
【眞理】(진리-シンリ) 참된 도리。 진정
【眞面目】(진면목-まじめ) ①본채의 진상(眞相) ②참된것
【眞味】(진미-シンミ) 참맛。 진정한취미
【眞犯】(진범-シンパン) 진범인의 줄인말
【眞本】(진본-シンポン) 서화의 진필(眞筆)。 진짜의 책
【眞相】(진상-シンソウ) 진실한 형편。 실제의 형편
【眞善美】(진선미-シンゼンビ) 진과 선과 미。 이상에 합치된 상태
【眞性】(진성-シンセイ・シンショウ) ①인위적이 아닌 있는 그대로의 성질 ②순진한 성질 「정성
【眞誠】(진성-シンセイ) 거짓 없이 참된
【眞率】(진솔-シンソツ) 솔직하고 꾸밈이 없음
【眞術】(진술-シンジュツ) 참된 술법
【眞實】(진실-シンジツ) 성정이 정직함。 참됨
【眞心】(-진심-まごころ) 참 마음
【眞言】(진언-シンゴン) ①참된 말 ②거짓이 아닌 말
【眞影】(진영-シンエイ) 주로 얼굴을 그린 화상。 또는 사진
【眞玉】(진옥-シンキョウク) 참옥。 진짜의 옥
【眞鍮】(진유-シンチュウ) 놋쇠
【眞義】(진의-シンギ) 참된 의의
【眞意】(진의-シンイ) 거짓이 없는 마음 참뜻
【眞人】(진인-シンジン) ①참된 도(道)를 체득한 사람 ②신선(神仙)의 별칭 ③현인(賢人)
【眞荏】(진임) 참깨
【眞字】(진자-まな) ①한자(漢字) ②위조하지 아니한 물건。 진정한 물건。 진품
【眞宰】(진재-シンサイ) 우주의 주재자(主宰者)인 하늘(天)을 일컬음
【眞蹟】(진적-シンセキ) ①실제의 유적 ②자신이 직접 쓴 필적
【眞定】(진정-シンテイ) 참된것
【眞情】(진정-シンジョウ) ①진실한 마음 ②거짓이 없는 사정
【眞珠】(진주-シンジュ) 자개의 껍질。 혹은 살속에 있는 병적으로 생기는 「혜구슬
【眞智】(진지-シンチ) 진리를 터득한 지
【眞摯】(진지-シンシ) 진실하게 일에 당하며 흔들리지 아니함
【眞品】(진품-シンピン) 가짜가 아닌 물품。 진짜
【眞筆】(진필-シンピッ) 손수 쓴 글씨
【眞紅】(진홍-シンク) 진한 붉은 빛

【眕】진 シン、おもおもしい gentle and honest
①한껏볼 目有所恨 ②진중할 重厚

【眩】현 ゲン、ケン、くらむ get giddy 𥆧 ㄒㄩㄢ hsüan⁴
①눈현황할 目無常主 ②아찔할 視亂瞑 ③의혹할 惑也 ④독할 劇也 ⑤

어질병 風疾 (환) 幻同

【眩亂】(현란-ゲンラン) 정신이 헛갈려 어수선함

【眩然】(현연-ゲンゼン) 눈이 캄캄함

【眩耀】(현요-ゲンヨウ) 눈부시게 빛남。 찬란하게 빛남

【眩惑】(현혹-ゲンヨク) 정신이 어둡고 어지러움

【眩慌】(현황-ゲンコウ) ①빛이 밝음 ②정신이 어수선함

【眩暈】(현훈-ゲンウン) 눈이 캄캄하고 어지러움

【六 畫】

【眷】권 ケン、かえりみる look after 霰 ㄐㄩㄢˋ chüan⁴

①돌아볼 回視 ②돌보아줄 顧念 ③붙이 親屬

【眷顧】(권고-ケンコ) 돌보아줌

【眷顧之恩】(권고지은-ケンコのオン) 돌보아준 은혜

【眷眷】(권권-ケンケン) 돌봄。 간절이 생각함

【眷戀】(권련-ケンレン) 간절히 생각함

【眷屬】(권속-ケンゾク) 한집안 식구

【眷率】(권솔-ケンソツ) 한 집에서 생활을 같이 하는 식구

【眷愛】(권애-ケンアイ) 보살펴 사랑함。 정을 둠。 귀여워함

【眷然】(권연-ケンゼン) 사모하여 뒤돌아봄

【眷遇】(권우-ケングウ) 정중하게 대접함

【眸】모 ボウ、ひとみ pupil 尤 ㄇㄡˊ mou²

눈동자 目瞳—子

【眸子】(모자-ボウシ) 눈동자

【眴】순 ケン、ゲン、シュン、みる、またたく wink

눈짓할 以目使人 瞬同 (현) ①눈꿈적일 目動 ②현황할 眩也

【眼】안 ガン、ゲン、まなこ eye 潸 ㄧㄢˇ yen³

눈 目也

【眼瞼】(안검-ガンケン) 눈꺼풀

【眼鏡】(안경-めがね) 유리나 또는 돌알을 박아 눈위에 쓰고 물건을 똑똑하게 보는 기구

【眼界】(안계-ガンカイ) 눈으로 바라볼수 있는 범위

【眼孔】(안공-ガンコウ) 눈구멍

【眼光】(안광-ガンコウ) ①눈의 정기 ②보는 힘。 관찰력

【眼球】(안구-ガンキュウ) 눈망울

【眼力】(안력-ガンリョク) 눈으로 물건을 보는 힘。시력(視力)

【眼目】(안목-ガンモク) ①사물을 보고 분별하는 힘 ②요점

【眼藥】(안약-ガンヤク) 눈병을 고치는데 쓰는 약

【眼炎】(안염-ガンエン) 눈에 생기는염증

【眼前】(안전-ガンゼン) 눈 앞

【眼睛】(안청-ガンセイ) ①눈동자 ②눈망울。 안구(眼球)

【眼中釘】(안중정-ガンチュウのテイ) 눈에 가시

【眼疾】(안질-ガンシツ) 눈병

【眼下】(안하-ガンカ) 눈아래

【眺】조 チョウ、ながめる look:gaze at

①바라볼 望也 ②멀리 볼 遠視

【眺望】(조망-チョウボウ) 멀리 바라봄

【七 畫】

【睊】견 ケン、みる 先 ㄐㄩㄢˋ chuan⁴ look each other

서로 흘겨볼 側目相視貌——

【睇】제 テイ、みる stare:glance at

흘깃 볼 小視 (체) 볼 視也

【着】羊部 六畫에 볼것

【八 畫】

【督】독 トク、うながす oversee 沃 ㄉㄨ

①재촉할 催趨 ②감독할 董也 ③거느릴 率也 ④권할 勸也 ⑤살필 察也 ⑥꾸짖을 責也 ⑦신칙할 敕戒 ⑧대장 大將 ⑨만아들 長子家— ⑩가운데 中央

【督過】(독과-トッカ) 잘못을 시정하고 꾸짖음

【督納】(독납-トクノウ) 세금을 바치도록 독촉함

【督勵】(독려-トクレイ) 감독하여 장려함
【督迫】(독박-トクハク) 심하게 독촉함
【督稅】(독세-トクゼイ) 세금을 바치도록 독촉함。
【督視】(독시-トクシ) 조사하여 봄
【督戰】(독전-トクセン) 싸움을 독려함
【督責】(독책-トクセキ) ①몹시 독촉함 ②몹시 꾸짖음
【督促】(독촉-トクソク) 몹시 재촉함
【督飭】(독칙-トクチョク) 감독하고 계칙함
【督學】(독학-トクガク) 공부 하도록 감독함

【睦】목 ボク、むつましい friendly 屋 ㄇㄨˋ mu⁴ ①화목할 和也 ②친목할 親信 ③눈매고울 目順 ④姓也
【睦郞廳】(목낭청) 이래도 응하고 저래도 응하는 사람을 조롱하여 일컫는 말
【睦友】(목우-ボクユウ) 형제 사이가 화목함
【睦親】(목친-ボクシン) ①화목하여 즐거워함。②절친한 친척

【睥】비 ヘイ、にらむ stare sidelong 곁눈질할 斜視

【睡】수 スイ、ねむる sleep 寘 ㄕㄨㄟˋ shuei⁴ 졸 眠也坐寐
【睡魔】(수마-スイマ) 못견디게 오는졸음
【睡眠】(수면-スイミン) 잠
【睡熟】(수숙-スンジュク) 충분히 잠
【睡臥】(수와-スイカ) 누워서 잠

【睢】수 スイ、キ、みはる gaze 支 ㄙㄨㄟ suei¹ 물이름 浽儀水名 濉同 (휴) ①눈부릅뜨고 볼 瞋視—盱 ②성내어 볼 怒視恣—
【睢刺】(수랄-スイラシ) 어그러지는 모양

【睟】수 ズイ、つやつやしい glossy 寘 ㄕㄨㄟˋ shuei⁴ ①윤택할 潤澤 ②똑바로 볼 正視貌 ③눈밝을 目清明

【睚】애 ガイ、まなじり corner of the eye 卦 ㄧㄞˊ yai² ①눈가 目際 ②눈 흘길 恨貌—眦

【睨】예 ゲイ、にらむ glance ①흘겨볼 斜視 ②해 기울어질 日斜

【睛】정 セイ、ひとみ pupil of the eye 눈망울 目珠 庚 ㄐㄧㄥ ching¹

【睫】첩 ショウ、まつげ eyelashes 葉 ㄐㄧㄝˊ chieh² 속눈썹 目旁毛眉—
【睫毛】(첩모-マツゲ) 속눈썹

【睧】혼 コン、くらむ dull vision 눈 어두울 目暗

【九 畫】

【睾】고 コウ、きんたま testicles ①불알 알맹이 腎丸 ②질펀할 澤貌—如 豪 ㄍㄠ kao¹

【睽】규 ケイ、そむく depart from ①어그러질 乖也 ②눈흘길 反目 ③다를 異也
【睽孤】(규고) 배반을 당하고 고립됨

【睹】도 ト、みる look 麌 ㄉㄨˇ tu³ 볼 見也
【睹聞】(도문-トブン) 보고 들음

【瞀】무 ボウ、ボク、くらい dimeyed 宥 ㄇㄠˋ mao⁴ ①눈 희미할 目不明貌 ②무무할 無識—— ③어지러울 亂也
【瞀瞀】(무무) 눈이 어두워 잘 보이지 않는 모양

【睿】예 エイ、さとい wisdom 霽 ㄖㄨㄟˋ juei⁴ ①슬기 智也 ②밝을 深明 ③통할 通也
【睿達】(예달-エイタツ) 슬기롭고 사리에 통달함
【睿聖】(예성-エイセイ) 뛰어나고 현명함。임금의 덕을 찬양하는데 씀
【睿智】(예지-エイチ) 마음이 밝고 생각

이 뛰어나게 슬기로움

【睃】瞍 (目部 十畫)同字

【十 畫】

【瞑】명 メイ、ベイ、ミョウ、つぶる close the eyes
①눈감을 翕目 ②눈흐릴 目不明
(면) ①아찔할 憒亂—眩 ②심할 劇
也 ③눈감을 翕目

【瞑目】(명목-メイモク) ①눈을 감음 ② 조용히 죽음

【瞑想】(명상-メイソウ) 깊이 생각함。잘 「생각함

【瞑眩】(명현-メイゲン) 눈이 아찔함

【瞍】수 ソウ、めくら blind 有 ㄙㄡ sou^{3}
소경 目無眸子

【瞋】진 シン、いかる angry eyes 眞 ㄔㄣ ch'en^{1}
눈부릅뜰 而張目

【瞋眸】(진모-シンボウ) 눈을 부릅뜸。노기를 띤 눈치

【瞎】할 カツ、めっかち one eyed
애꾸눈 一目盲

【瞎虎】(할호-カッコ) 한눈 먼 호랑이란 뜻으로 잔인한 사람을 이르는 말

【十一畫】

【瞠】당 ドウ、みつめる gaze straight 庚 ㄔㄥ ch'êng^{1}
똑바로 볼 直視 (징) 義同

【瞞】만 マン、モン、あざむく beceive 寒 ㄇㄢ man^{2}
①속일 匿情相欺 ②눈거슴치레할目瞼低

【瞢】몽 ボウ、モウ、くらい obscured eyes 東 ㄇㄥ mêng^{2}
①눈어두울 目不明 ②못이름 澤名 雲— (맹) ①답답할 悶也 ②캄캄할 不光明——

【瞖】예 エイ、かすむ leucoma 霽 ㄧ i^{4}
눈에 백태 낄 眼疾

【十二畫】

【瞰】감 カン、みる look down
구부려볼 俯視

【瞰臨】(감림-カンリン) 아래를 내려다봄

【瞳】동 ドウ、トウ、ひとみ pupil of the eye
눈동자 目球—子腎之精 東 ㄊㄨㄥ t'ung^{2}

【瞳孔】(동공-ドウコウ) 눈동자

【瞭】료 リョウ、はるか 篠 ㄌㄧㄠ liao$^{3 \cdot 4}$ clear-sighted: disteant
①아득할 遠視 ②눈자위 말갈 目睛

【瞭然】(요연-リョウゼン) 똑똑한 모양。분명한 모양

【瞥】별 ベツ、ヘツ、みる glance at
눈깜짝할 暫見—然

【瞥見】(별견-ベッケン) 얼른 봄。잠간봄

【瞬】순 シュン、またたく wink
①눈깜짝할 目自動 ②잠간 須臾

【瞬間】(순간-シュンカン) 잠깐 동안

【瞧】초 ショウ、よこめ askance 蕭 ㄑㄧㄠ ch'iao^{2}
곁눈질할 偸視

【瞯】한 カン、うかがう peep 諫 ㄐㄧㄢ chien^{4}
엿볼 覘視 (간) 義同

【十三畫】

【瞼】검 ケン、まぶた eyelid 琰 ㄐㄧㄢ chien^{3}
눈시울 上下弦

【瞽】고 コ、ク、めくら blind 麌 ㄍㄨ ku^{3}
①소경 盲也 ②전악 樂官 ③사람이름 舜父名—瞍

【瞽女】(고녀-コジョ) 소경 여자

【瞽言】(고언-コゲン) 이치에 맞지 않는 어리석은 이론

【瞿】구 ク、にらむ stare 遇 ㄐㄩ chü^{4}
①눈휘둥그럴 驚視貌—— ②가슴두근거릴 心驚貌—然 ③두려울 恐也

【瞿麥】(구맥-なでしこ) 패랭이 꽃

【瞿然】(구연-クゼン) ①놀라서 보는모

양 ②두려워하는 모양

【曖】 애 アイ、くらい odscuved vision ①눈흐릿할 不明— 曖 ②가릴 隱也

【曌】 조 ショウ、てらす shine ①照(火部九畫)同字 ②唐則天武后自制爲名

【瞻】 첨 セン、みる look up 鹽 ㄓㄢ chan¹ 쳐다볼 仰視

【瞻望】(첨망-センボウ) ①바라봄。쳐다봄 ②사모함

【瞻想】(첨상-センソウ) 바라보거나 우러러보며 생각함

【瞻仰】(첨앙-センギョウ) 우러러 봄。쳐다봄

【十四畫】

【矇】 몽 モウ、ボウ、めしい blind 청맹관이 靑盲—瞍

【矇瞽】(몽고-モウ) 장님。소경

【矇眛】(몽매-モウマイ) 어리석고 어두운 것

【矇瞍】(몽수-モウソウ) 정맹관이

【矇昏】(몽혼-モウコン) 정신을 일시 잃어버리는 것。마취(痲醉)

【矉】 빈 ヒン、しかめる frown ①이맛살 찡그릴 額縮 ②눈부라릴 恨張目

【十五畫—二十一畫】

【矍】 확 カク、あわてる be coufused in alarm ①눈 두리번거릴 左右顧—— ②눈휘둥그릴—然失容 ③정정할 健貌—鑠

【矍鑠】(확삭-カクシャク) 늙어서도 오히려 건장한 모양

【矗】 촉 チョク、まっすぐ straight 屋 ㄔㄨˋ chu⁴ ①곧을 直也 ②우뚝 솟을 聳上貌—

【瞰】 감 カン、みる peep ①엿볼 窺也 ②볼 視也

【矚】 촉 ショク、ソク、みる gaze at steadily 沃 ㄓㄨˇ chu³ ①볼 視也眺—

【矚目】(촉목-ショクモク) 뚫어지게 자세히 봄

矛部

【矛】 모 ム、ボウ、ほこ spear 尤 ㄇㄠˊ mao² 세모진 창 鉤兵

【矛盾】(모순-ムジュン) ①창과 방패 ②서로 말의 앞뒤가 한결같지 아니함。서로 틀림

【四畫—六畫】

【矜】 긍 キョウ、キン、あわれむ pity; sympathetic ①민망할 愍也 ②창자루 戟識把 ③자랑할 自賢 ④아낄 惜也 ⑤공경敬也 ⑥높일 尙也 ⑦불쌍할 哀也 ⑧꾸밀 飾也 ⑨교만할 驕也 곱송거릴 竦也 兢同 (근) 창자루 矛柄 (환) 홀아비 老無妻

【矜憐】(긍련-キョウレン) 불쌍함

【矜伐】(긍벌-キョウバツ) 자랑함

【矜負】(긍부-キョウフ) 재능을 자랑하고 즐김

【矜式】(긍식-キョウショウ) 본보기를보임

【矜持】(긍지-キョウジ) 믿는 바가 있어서 스스로 자랑함

【柔】 木部 五畫에 볼것

【務】 力部 九畫에 볼것

矢部

【矢】 시 シ、や arrow 紙 ㄕ shih³ ①살 箭也 ②맹세할 誓也 ③소리살 嚮箭嚆矢 ④곧을 直也 ⑤베풀 施也 陳也 ⑥똥 糞也

【矢服】(시복-シフク) 화살을 넣어 두는 통

【矢言】(시언-シゲン) 맹세하는 말

【二畫—三畫】

【矣】의 イ simply 紙 i³ ①말그칠(語已辭) ②어조사 語已辭

【知】지 チ、しる know 支 ㄓ chih¹ ①알 識也 ②주장할 主也—府 ③이를 諭也 ④깨달을 覺也 ⑤하고저할 欲也

【知覺】(지각-チカク) ①알아 깨달음。사물을 알아 내는 힘 ②대상을 변별하는 감각의 인식작용

【知見】(지견-チケン) 식견

【知舊】(지구-チキュウ) 안지 오랜 친구

【知己】(지기-チキ・おのれをしる) 서로 마음을 허락하는 친한 벗 지우(知友)

【知得】(지득-チトク) 깨달아。얻음

【知力】(지력-チリョク) 지식에 관한능력

【知命】(지명-チメイ・メイをしる) ①천명(天命)을 앎 ②五十세

【知名】(지명-チメイ) 그 이름이 널리알려짐

【知分】(지분-ブンをしる) 자기의 분수를 앎。자기의 본분을 앎

【知性】(지성-チセイ) 지적작용 (知的作用)에 관한 성능

【知性的】(지성적-チセイテキ) 지성에 관한것。지성과 같은것

【知識】(지식-チシキ) 사리에 대한 분명한 의식

【知新】(지신-チシン・シンをしる) 새로운 것을 앎

【知友】(지우-チコウ) 서로 마음을 아는 친한 벗

【知遇】(지우-チグウ) 나의 인격。학식을 알아서 남이 후히 대우함

【知恩】(지은-チオン・おんをしる) 은혜를 앎

【知人】(지인-チジン) 잘아는 사람

【知仁勇】(지인용-チジンユウ) 지혜와 인자의 용기

【知者】(지자-チシャ) 사리를 잘 아는사람

【知者不惑】(지자불혹-チシャはまでわず)슬기로운 사람은 도리를 잘 알므로 어떤일에도 매혹하지 않음

【知情】(지정-チジョウジョウ・をしる) 남의 정상을 앎

【知照】(지조-チショウ) 통치하기 위하여 조회함

【知足】(지족-チソク・たるをしる) 분을 지키고 만족함。넉넉함을 앎

【知行】(지행-チコウ・チギョウ) 아는 것과 행하는 것。지식과 행위

【知慧】(지혜-チエ) 지식

【知曉】(지효-チギョウ) 알아 깨달음

【四畫—五畫】

【矧】신 シン、いわんや still more 軫 ㄕㄣˇ shên³ ①하물며 況也 ②이틀 齒本

【矦】侯(人部 七畫)古字

【矩】구 ク、さしがね carpenter's square ①곡척 正方器 ②법 法也 ③모질廉隅 ④거동 儀也

【矩形】(구형-クケイ) 각각의 각(角)이 직각을 이루는 네모 꼴

【七畫—十二畫】

【短】단 タン、みじかい short 旱 ㄉㄨㄢˇ tuan³ ①짜를 不長 ②남의 허물 지목할指人過矢

【短歌】(단가-タンア) ①짧은 노래 ②노래의 이름

【短距里】(단거리-タンキョリ) 짧은거리

【短期】(단기-タンキ) 짧은 기간

【短刀】(단도-タントウ) 짧은 칼

【短命】(단명-タンメイ) 명이 짜름。일찍 죽음

【短文】(단문-タンブン) ①글 아는 것이 넉넉하지 못함 ②짧은 글

【短髮】(단발-タンパツ) 머리털을 짧게깎음 또 그 머리 털

【短兵】(단병-タンペイ) 짧은 무기。곧 단검(短劍)을 말함

【短小】(단소-タンショウ) 짧고 작음

【短壽】(단수-タンジュ) 단명

【短音】(단음-タンオン) 짧게 나는소리

【短才】(단재-タンサイ) 재능이 없음

【短槍】(단창-タンソウ) 짧은 창

【短處】(단처-タンショ) ①부족한 점 ②잘

못 된 구석 나쁜점
【短尺】(단척-タンジャク) 정한 잣수에 차지 못하는 피륙 따위
【短促】(단촉-タンソク) 짧어짐。 임박함
【短銃】(단총-タンジュウ) 권총
【短縮】(단축-タンシュク) 짧게 줄어짐。 짧게 줄임
【短針】(단침-タンシン) 시계의 짧은바늘
【短篇】(단편-タンペン) 짧은시문(詩文)
【短評】(단평-タンピョウ) 짧고 간단한 비평

【雉】 隹部 五畫에 볼것

【矮】 왜 ワイ、こびと dwarfish 國 ㄞ ai
난장이 短人
【矮軀】(왜구-ワイク) 단신(短身)。 키가 작은사람
【矮小】(왜소-ワイショウ) 짧고 작음
【矮樹】(왜수-ワイジュ) 키가 작은 나무
【矮屋】(왜옥-ワイオク) 낮고 작은 집
【矮人】(왜인-ワイジン) 난장이。 따라지
【矮縮】(왜축-ワイシュク) 쪼그라짐

【矯】 교 キョウ、ためる reform 國 ㄐㄧㄠ chiao³
①바로잡을 正曲 ②처단할 擅也 ③거짓 詐也 ④핑계할 妄托 ⑤날랠 勇貌ㅡㅡ ⑥들 擧也
【矯飾】(교식-キョウショク) 거짓으로 거죽만을 꾸임
【矯正】(교정-キョウセイ) 바로 잡아 고침
【矯弊】(교폐-キョウヘイ) 나쁜 폐단을 교정함
「량함
【矯風】(교풍-キョウフウ) 나쁜 풍속을 개

【矰】 증 ソウ、いぐるみ arrow
①주살 弋矢ㅡ繳
【矰繳】(증작-ソウシャク) 주살
【矰弋】(증익-ソウヨク) 주살을 쏘는 활

石 部

【石】 석 セキ、いし stone 國 ㄕ shih² ㄉㄢ tan⁴
①돌 山骨 ②섬 量名十年 ③저울 衡君百二十斤 경쇠 樂器八音之一 姓名
【石澗】(석간-セッカン) 바위 새로 흘러 나오는 물
【石鹼】(석감-セッケン) 재비누
【石徑】(석경-セッケイ) 돌이 많은 좁은 「길
【石鏡】(석경-セッキョウ) ①유리로 만든 거울 ②면경
【石階】(석계-セッカイ) 돌로 만든 섬돌
【石膏】(석고-セッコ) 석회질 광물의 한 가지
【石棺】(석관-セッカン) 돌로 만든 관
【石橋】(석교-いしばし) 돌다리
【石窟】(석굴-セックツ) 바위의 굴 「금
【石金】(석금-セッキン) 돌에 박혀 있는
【石器】(석기-セッキ) 돌로 만든 여러 가지 기구
【石女】(석녀-セキジョ・うまずめ) 아이를 낳지 못하는 여자。 돌계집
【石砮】(석노-セキド) 석기 시대에 쓰든 돌로 만든 살촉
【石段】(석단-いしだん) 돌로 만든 지단
【石壇】(석단-セキダン) 돌로 만든 단
【石臺】(석대) 돌로 만든 밑받침
【石榴】(석류-ざくろ・セキリュウ) 석류 나무의 열매。 맛이 시고 달음
【石綿】(석면-いしわた・セキメン) 광물의 하나、 사문석 또는 각섬석이 섬유질로 변한 것
【石門】(석문-セキモン) ①돌로 만든 문。 돌문 ②문같이 솟은 바위
【石紋】(석문-セキモン) 돌의 무늬
【石壁】(석벽-セキヘキ) ①돌벽 ②산의 바위가 깎아지른 듯하게 된 곳
【石斧】(석부-セキフ) 돌로 만든 도끼。 석기시대에 쓰던 것 「돌부처
【石佛】(석불-セキブツ) 돌로 만든 부처。
【石碑】(석비-セキヒ) 돌로 만든 비。 돌비 「산
【石山】(석산-いわやま) 돌로 이루어진
【石像】(석상-セキゾウ) 돌을 조각하여 만든 사람이나 동물의 형상
【石獸】(석수-セキジュウ) 무덤 앞에 세우는 돌로 만든 짐승 「말
【石崇】(석숭-セキスウ) 부자를 가리키는

【石室】(석실-セキシツ) ①돌방 ②돌함

【石油】(석유-セキユ) 땅 속에서 솟아 나오는 탄소와 수소가 화합한 액체

【石印】(석인-セキイン) 돌로 만든 도장

【石人】(석인-セキジン) ①무덤 앞에 세우는 돌로 만든 사람의 형상 ②융통성이 없는 사람

【石材】(석재-セキザイ) 건축 기타 여러가지 물건을 만드는 데 쓰는 돌

【石田】(석전-セキデン) 돌이 많은 밭

【石戰】(석전-セキセン) 돌편 쌈

【石鼎】(석정-セキテイ) 돌로 만든 솥

【石造】(석조-セキゾウ) 돌로 만듦。또 그 물건

【石柱】(석주-セキチュウ) 돌로 만든 기둥。돌기둥

【石泉】(석천-セキセン) 바위 틈에서 나오는 샘물

【石鏃】(석촉-セキゾク) 돌로 만든 살촉。석기시대에 쓰던 것

【石築】(석축-セキチク) 돌로 쌓은 옹벽의 한 가지。흙이 무너지지 않도록 가장 자리에 돌을 쌓아 올린 벽

【石炭】(석탄-セキタン) 옛날의 식물이 땅 속에 묻혀서 공기에 저축하지 않고 자연적 분해에 의하여 숯으로 변한 연료광물

【石塔】(석탑-セキトウ) 돌로 만든 탑。「돌탑

【石版】(석판-セキハン) 평판(平版) 인쇄의 한 가지。석판석의 곁면에 글씨 또는 그림을 새겨서 인쇄하는 것

【石片】(석편-セキヘン) 돌의 깨어진 조각

【石函】(석함-セツカン) 돌로 만든 함。「돌합

【石火】(석화-セッカ) 돌이 마주쳐서 나는 불。징으로 돌을 쫄때 나는 불。그 불과 같이 빠름을 이름

【石灰】(석회-セッカイ) 횟돌을 불에 태워 만든 흰가루。산화(酸化) 칼슘

【石灰石】(석회석-セッカイセキ) 횟돌

【三畫—四畫】

【矻】굴 コツ toil 수고로울 勞也——

【砒】비 ヒ、ヘイ、ひそ arsenic 齊 ㄆㄧ p'i 비상 毒石—霜

【砒石】(비석-ヒセキ) 철광(鐵鑛) 또는 연광(鉛鑛)에서 나는 독한 광석

【砒素】(비소-ヒソ) 회백색의 금속성 광택이 있는 무른 비금속。열을 가하면 특유한 냄새를 내고 기화(氣化)함。매우 유독함

【砂】사 サ、シャ、すな sand 麻 ㄕㄚ sha 주사 丹—辰—

【砂金】(사금-サキン) ①황금이 섞인 모래 ②모래같은 황금

【砂糖】(사탕-サトウ) 여러가지 모양으로 뭉쳐 만든 설탕

【砌】체 セイ、みぎり stone step 霽 ㄑㄧ ch'i ①섬돌 潜秋瓦 ②문지방 門限

【砉】획 ケキ、カク、ばりばり tear to pieces 陌 ㄏㄨㄛ huo 백정의 칼쓰는 소리 皮骨相離聲—然 (혁) 義同

【研】硏(石部 六畫)略字

【斫】片部 五畫에 볼것

【五 畫】

【砯】빙 ヒョウ、みずのおと sownd of water 물 쏟혀 나가는 소리 水擊出巖聲

【砠】저 ショ、ソ、いしやま stong mountain 魚 ㄑㄩ ch'ü 흙산에 돌박일 土山戴石

【砥】지 シ、テイ、といし whestone ①숫돌 磨石 ②닦을 —礪節操 ③평평할 平也

【砥礪】(지려-シレイ) ①닦고 갈음。부지런히 힘씀 ②숫돌

【砥石】(지석-シセキ) 숫돌

【砥平】(지평-シヘイ) 평평함

【砦】채 サイ、とりで fortress 卦 ㄓㄞ chai

①진터 疊也 ②목책 울 藩落

【砧】침 チン、きぬた fulling block ㄓㄣ chen'
방춧돌 擣衣石

【破】파 ハ、やぶる break
①깨질 物壞 ②깨뜨릴 辟刀也

【破格】(파격-ハカク) ①격식을 깨뜨림 ②보통이 아닌 것
【破鏡】(파경-ハキョウ) ①깨진 거울 ②부부의 이별
【破戒】(파계-ハカイ) 불문(佛門)의 계율(戒律)을 지키지 아니함
【破骨】(파골-ハコツ) 뼈를 으스러뜨리거나 부러뜨림。또는 그리 된 뼈
【破瓜】(파과-ハカ) ①여자의 十六세。과(瓜)자를 二분하면 두 개의 八자가 되어 二八 十六이 되는 까닭 ②남자의 六十四세。八八 六十四가 되는 까닭
【破光】(파광-ハコウ) 물결이 번쩍이는 빛
【破壞】(파괴-ハカイ) ①깨뜨림。무너뜨림。무너짐 ②남의 입론(立論)·주장을 부인함
【破局】(파국-ハキョク) 판국이 결단남
【破棄】(파기-ハキ) 깨뜨리거나 찢어서 내어버림
【破器】(파기-ハキ) 깨어진 그릇
【破談】(파담-ハダン) 의논이 깨어짐。담화가 중단 됨
【破毒】(파독-ハドク) 독기를 없앰
【破落戶】(파락호-ハラクコ・ごろつき) 팔난봉
【破廉恥】(파렴치-ハレンチ) 수치를 수치로 알지 아니함。염치를 모름
【破滅】(파멸-ハメツ) 깨져 멸망함
【破門】(파문-ハモン) 문인(門人)으로부터 제척함
【破產】(파산-ハサン) 가산(家產)을 잃어버림
【破傷】(파상-ハショウ) 깨져 상함
【破石】(파석-ハセキ) 돌을 부숨。배가 풍파나 암초 따위에 걸려 깨어짐
【破船】(파선-ハセン) 풍파로 인하여 배가 깨져 엎어짐
【破損】(파손-ハソン) ①깨져서 못쓰게 됨 ②파가 남 ③헐어짐
【破碎】(파쇄-ハスイ) 부스러짐。깨뜨려 부숨
【破約】(파약-ハヤク) 약속을 깨뜨림
【破裂】(파열-ハレツ) 깨어지거나 터져서 갈라짐。깨어져서 찢어짐
【破屋】(파옥-ハオク) 무너진 집
【破獄】(파옥-ハゴク) 죄수가 옥을 깨뜨림
【破綻】(파탄-ハタン) ①찢어지고 터짐 ②단파이 해결되지 아니함 ③일이 이루어지지 못함
【破片】(파편-ハヘン) 깨진 조각
【破血】(터혈-ハケツ) 뭉친 피가 흩어짐
【破惑】(파혹-ハワク) 의심을 없앰
【破婚】(파혼-ハコン) 약정한 혼인을 깨뜨림

【砰】팽 ホウ、ヒョウ、おおおと crash of falling rodkes
①돌 떨어지는 소리 落石聲─磅 ②물경치는 소리 波聲─湃
【砰湃】(팽배-ホウハイ) 물결치는 소리

【砭】폄 ヘン、いしばり stone needle
돌침 以石刺病
【砭灸】(폄구-ヘンキュウ) 돌침과 뜸。병을 고치는 법。침구(鍼灸)
【砭劑】(폄제-ヘンザイ) 돌침과 약。전하여 질병의 치료

【砲】포 ホウ、つつ cannon
①대포 大─ ②돌쇠뇌 以機發石
【砲擊】(포격-ホウゲキ) 대포로 사격함
【砲臺】(포대-ホウダイ) 대포를 놓아 두는 높은 대
【砲兵】(포병-ホウヘイ) 대포를 운용하는 군대。또 그 군대에 딸린 병정
【砲殺】(포살-ホウサツ) 총포로 쏘아 죽임
【砲聲】(포성-ホウセイ) 대포를 놓는 소리
【砲身】(포신-ホウシン) 대포의 몸
【砲煙】(포연-ホウエン) 대포를 쏠 때 나오는 연기
【砲煙彈雨】(포연탄우-ホンエンダンウ) 총포의 연기가 비오듯 하는 탄환。곧 치열한 전투를 말함
【砲戰】(포전-ホウセン) 화포의 사격에

의한 전투
【砲彈】(포탄-ホウダン) 대포의 알
【砲火】(포화-ホウカ) 대포를 놓을 때 일어나는 불
【砲丸】(포환-ホウガン) 대포의 탄환

【六 畫】

【硅】계 ケイ、がらす
silicon
계소 化學元素—素
【硅素】(계소-ケイソ) 석영·수정 따위에 화합되어 있는 원소의 하나

【研】연 ケン、ゲン、みがく
grind 國ㄧㄢ yen³
①갈 礪也 ②연구할 窮究 ③硯(石部七畫)古字
【研究】(연구-ケンキュウ) 깊이 생각하며 조사하여 가면서 공부함
【研究所】(연구소-ケンキュウショ) 연구하기 위한 시설이 되어 있는 곳
【研究誌】(연구지-ケンキュウシ)연구한 결과를 발표한 잡지
【研磨】(연마-ケンマ) 닦고 갈음。 학문을 연구함
【研武】(연무-ケンブ) 무술을 연마함
【研北】(연북-ケンボク) 편지 받을 사람 이름 아래에 쓰는 말。 책상을 남향으로 놓고、 사람은 벼루 북쪽에 앉는 까닭。 연북(硯北)
【研修】(연수-ケンシュウ) 연구하여 닦음
【研鑽】(연찬-ケンサン) 깊이 연구함

【硃】주 シュ、しゅしゃ
vermillon 國ㄓㄨ chu¹
주사 丹砂

【硎】硎(石部 八畫)略字

【七 畫】

【硜】갱 コウ 國ㄎㄥ k'êng¹
sonnd of stones
①돌소리 石聲—— ②아릿 아릿할 小人貌——

【硬】경 コウ、ギョウ、かたい
hard
①억셀 强也 ②단단할 堅牢
【硬骨漢】(경골한-コウコツカン) 강직하며 남에게 굴하지 않는 사나이
【硬球】(경구-コウキュウ) 야구·탁구·정구 등에 쓰이는 단단하고 딱딱한 공
【硬度】(경도-コウド) 광물의 단단한 정도
【硬性】(경성-コウセイ) 단단한 성질
【硬水】(경수-コウスイ) 칼슘·마그네슘 따위 광물의 유기물을 많이 포함한 물
【硬式】(경식-コウシキ) 단단한 재료를 쓰는 방식
【硬音】(경음-コウオン) 된 소리
【硬化】(경화-コウカ) ①교화(敎化)에 복종하지 아니함。강경한 의견을 고집함 ②단단한 물건으로 변함
【硬貨】(경화-コウカ) 몸이 단단한 돈

【硫】류 リュウ、ゆおう
snlphnr 國ㄌㄧㄡ liu²
석유황 石藥—黃
【硫酸】(유산-リュウサン) 빛이 없고 기름 같은 액체。 산성이 강하고 물에 타면 열이 많이 일어남

【硯】연 ケン、すずり
ink-slab
벼루 石可研墨
【硯蓋】(연개-ケンカイ) 벼루 뚜껑
【硯屛】(연병-ケンペイ) 옥으로 꾸민 작은 평풍。 벼루 앞에 세우는 문방구
【硯石】(연석-ケンセキ) 벼룻돌
【硯水】(연수-ケンスイ) 벼루물
【硯滴】(연적-ケンテキ) ①벼룻 물을 넣어두는 그릇 ②벼룻물 방울
【硯池】(연지-ケンチ) 벼룻물이 고이는 곳

【硨】차 シャ、たま
precus stone 國ㄔㄜ ch'ê¹
옥돌 石似玉—磲

【硝】초 ショウ、しょうせき
nitre 國ㄒㄧㄠ hsiao¹
망초 石藥硭—
【硝酸】(초산-ショウサン) 질소와 산소의 화합물。 무색、 심한 냄새가 나는 액체
【硝煙】(초연-ショウエン) ①화약의 연기 ②총포의 연기

【确】학 カク、いしぢ
soil stony 國ㄑㄩㄝ ch'üeh

자갈땅 石地犖—

【八 畫】

【碁】기 キ、ゴ、ご oriental chess 支くㄧ ch'i²
바둑 圍— 棊同

【碕】기 キ、きし bank 支くㄧ ch'i²
①굽이 진 언덕 曲岸 ②벼랑 長邊

【碓】대 タイ、うす pestle 隊ㄉㄨㄟ tuei⁴
①물방아 水轄車 ②방아대 舂具水

【碓聲】(대성-タイセイ) 물방아 소리

【碌】록 ロク、あおいし green stone
①푸른돌 綠石 ②자갈땅 石地不平 —磟 ②녹록할 庸貌——

【碑】비 ヒ、たていし stone monament 支ㄅㄟ pei¹
비 刻石紀功德

【碑閣】(비각-ヒカク) 비를 세워 놓은집

【碑碣】(비갈-ヒケツ) 비와 갈。(비(碑)는네 모、갈(碣)은 원형임)

【碑面】(비면) 빗돌의 거죽

【碑銘】(비명-ヒメイ) 성명·본적·경력 등을 새겨서 묘 앞에 새운 것

【碑文】(비문-ヒブン) 비에 새긴 글

【碑石】(비석-ヒセキ) 빗돌

【碎】쇄 サイ、くだく beak
①부서질 부술 細破 ②잘 靡密煩—

【碎骨粉身】(쇄골분신-サイコツフンシン)몸이 부서지고 뼈가 가루가 됨。애쓰고 고생함

【碎金】(쇄금-サイキン) 금을 깨뜨리면 빛이 찬란하다는 뜻이니、아름다운 시문(詩文)을 이름

【碎氷】(쇄빙-サイヒョウ) 얼음을 깨뜨림

【碎石】(쇄석-サイセキ) 부스러진 돌

【碎身】(쇄신-サイシン) 몸이 부서지도록 남을 위하여 애를 씀。죽도록 힘을 다함

【碍】礙(石部 十四畫)俗字

【碏】작 サク、シャク、つつしむ respectfnll 藥くㄩㄝ ch'üeh⁴
①공경할 恭敬 ②얼룩돌 石雜色 ③사람 이름 人名 春秋時代衛國大夫石

【碇】정 テイ、いかり anchor 徑ㄉㄧㄥ ting⁴
닻돌 錘舟石

【碇泊】(정박-テイハク) 닻을 내려 배를「머무름

【硼】평 ホウ borax 庚ㄆㄥ p'êng²
돌 이름 石名 (붕) 붕사 藥名—砂

【硎】형 ケイ、ギョウ、といし whetstone
숫돌 砥石

【九 畫】

【碣】갈 ケツ、いしぶみ stone monament
①비 碑也 ②우뚝선돌 石特立 ③산 이름 東海山名—石 (게) 돌 세울 立石

【碯】노 ノウ、めのう agate
마노 文石碼— 瑙同

【碧】벽 ヘキ、あお blue 陌ㄅㄧˋ pi⁴
①푸를 深青色 ②청강석 石之青美似玉

【碧空】(벽공-ヘキクウ) 푸른 하늘

【碧水】(벽수-ヘキスイ) 푸른 빛이 나는 깊은 물

【碧眼】(벽안-ヘキガン) ①퍼런 눈 ②서양인의 눈

【碧玉】(벽옥-ヘキギョク) ①푸르고 아름다운 옥 ②하늘이나 물이 맑고 푸른 것을 형용함

【碧瓦】(벽와-ヘキガ) 푸른 기와

【碧雲】(벽운-ヘキウン) 푸른 구름

【碧天】(벽천-ヘキテン) 푸른 하늘

【碧波】(벽파-ヘキハ) 푸른 물결

【碧海】(벽해-ヘキカイ) 푸른 바다

【碩】석 セキ、おおきい great
①클 大也 ②충실할 充實

【碩大】(석대-セキダイ) 몸집이 굵고 큼
【碩老】(석로-セキロウ) 덕이 높고 나이가 많은 사람
【碩望】(석망-セキボウ) 높은 명성
【碩士】(석사-セキシ) ①덕이 높은 사람 ②관직(官職)이 없는 사람의 존칭
【碩儒】(석유-セキジュ) 학식이 많은 선비
【碩人】(석인-セキジン) 높고 큰 덕이 있는 사람
【碩學】(석학-セキガク) 훌륭한 학자

【十 畫】

【碾】년 テン、デン、うす stone roller
연 轢物器

【磊】뢰 ライ、いし 歌 ㄌㄨㄛ luo⁴ piles of stones
①돌무더기 衆石—— ②끼끗할 —落 ③헌걸찰 魁貌—砢
【磊落】(뇌락-ライラク) ①기상이 쾌활하여 사소한 일에 마음을 쓰지 아니하는 모양 ②과실이 많이 열린 모양
【磊磊】(뇌뢰-ライライ) 돌이 무더기로 있는 모양

【碼】마 バ、メ、めのう agate 馬 ㄇㄚ ma³
옥돌 美石次王—瑙 瑪同

【磐】반 バン、ハン、いわ orck 寒 ㄆㄢ p'an²
①너럭바위 大石 ②휑뎅그렁할 廣大貌—礴 ②연이을 連結—牙
【磐石】(반석-バンジャク) ①넓고 편편한 바위。너럭바위 ②매우 튼튼함을 이름
【磐牙】(반아-バンガ) 서로 연결됨

【磅】방 ホウ 陽 ㄆㄤ p'ang¹ noise of stones crashing
돌떨어지는 소리 隕石聲 (팽)땅 언틀먼틀할 地形—礴

【磑】애 ガイ、うす mill
맷돌 磨也

【磁】자 ジ、シ、じしゃく magnert 支 ㄘ tz'u²
지남석 可以引鍼—石
【磁氣】(자기-ジキ) 자석이 쇠를 끄는 작용
【磁力】(자력-ジリョク) 자석의 작용으로 쇠를 끌어당기는 힘
【磁石】(자석-ジシャク) ①자성(磁性)이 있는 산화철 ②쇠를 흡인하는 성질을 인공적으로 갖추게 한 강철 조각
【磁性】(자성-ジセイ) 쇠를 흡인하는 성질。 자석의 성질
【磁場】(자장-ジジョウ) 자기의 작용을 미치는 범위
【磁針】(자침-ジシン) 자석의 바늘

【磋】차 サ、みがく polish 歌 ㄘㄨㄛ ts'uo¹
갈 磨治

【確】확 カク、たしか certainly 覺 ㄑㄩㄝ ch'üeh⁴
①굳을 堅也 ②확실할 —實
【確固】(확고-カッコ) 확실하고 튼튼함
【確斷】(확단-カクダン) 확정하여 결단함
【確答】(확답-カクトウ) 확실한 대답
【確論】(확론-カクロン) 명확한 의론
【確立】(확립-カクリツ) 굳세게 섬。 꽉 정해져 있어 움직이지 아니함
【確保】(확보-カクホ) 확실히 보증함
【確報】(확보-カクホウ) 확실한 통지
【確信】(확신-カクシン) 확실히 믿음
【確實】(확실-カクジツ) 틀림이 없음。 똑똑함
【確約】(확약-カクヤク) 확실히 작정한 약속
【確言】(확언-カクゲン) 확실한 말
【確然】(확연-カクゼン) 확실한 모양
【確認】(확인-カクニン) 확실히 인정함
【確定】(확정-カクテイ) 틀림 없이 작정함
【確證】(확증-カクショウ) 확실한 증거
【確乎】(확호-カッコ) 튼튼히。 굳세게
【確乎不拔】(확호불발-カッコフバツ) 매우 든든하고 굳세어서 흔들리지 아니함

【十一畫】

【磬】경 ケイ、うちいし mnsical stone
①경쇠 樂器石—玉 ②말달릴 騁馬

③일층동일 激事掉ㅡ ④몸구부릴
僂身ㅡ折 ⑤목맬 縊也
【磬控】(경공-ケイコウ) 말을 부리는 법
【磬折】(경질-ケイセツ) 몸을 구부려 인
사함

【磨】마 マ、バ、みがく rnb 圖 ㄇㄛˊ mo²
①갈 治石琢ㅡ ②맷돌 石磑
【磨礪】(마려-マレイ) 문질러 갈음
【磨鍊】(마련-マレン) 일이나 물건을 이
리 저리 마름질하여 계획을 세움
【磨滅】(마멸-マメツ) 닳아 없어짐
【磨擦】(마찰-マサツ) 서로 닳아서 비빔

【磝】오 ゴウ、かたい stony soli
돌서덜 山多小石

【磧】적 セキ、かわら pile of stones 陌 ㄑㄧˋ chi⁴
①돌무더기 水渚有石磧ㅡ ②모래벌
沙漠
【磧礫】(적력-セキレイ) 물가의 자갈

【磚】전 甎(瓦部 十一畫)同字

【十二畫】

【磲】거 キョ、しゃこ precions stone 魚 ㄑㄩˊ ch'ü²
①옥돌 美石似玉磲ㅡ ②큰조개 大
蛤

【磺】광 コウ、あらがね mineral
쇳돌 銅鐵樸石 礦同

【磽】교 コウ、かたい stony soil 肴 ㄑㄧㄠ ch'iao¹
①자갈 땅 石地 ②경쇠돌 磬石 ③
단단할 堅硬 ④돌 울멍줄멍할 石不
平
【磽确】(교각-コウカク) 돌이 많고 갓파
른 땅

【磯】기 キ、いそ jetty 微 ㄐㄧ chi¹
①물속자갈 水中磧 ②여울돌 水激
石

【磴】등 トウ、いしばし stone bridge 徑 ㄉㄥˋ têng⁴
①돌다리 石橋懸ㅡ ②돌사닥다리 登
陟路 磴同

【磷】린 リン、うすいし thin stone 眞 ㄌㄧㄣˊ lin²
①얇은돌 薄石 ②문채 玉石符采

【磻】반 ハン、やのねいし arrow-head of stone (파)
시내이름 鳳翔溪名姜太公釣處
돌살촉 石鏃

【礁】초 ショウ、かくれいわ half-tide rocks 蕭 ㄐㄧㄠ chiao¹
물속돌 水中石暗ㅡ

【十三畫】

【礑】당 トウ、そこ bottom
밑 康也

【磏】렴 レン、といし whetstone
숫돌 礪石

【礌】뢰 ライ、つみいし heap of stones 隊 ㄌㄟˋ lei⁴
①돌내리굴릴 推石自高而下 ②돌무
더기 衆石

【礎】초 ソ、いしずえ foundation stone
주추 柱下石
【礎柱】(초주-ソチュウ) 주추와 기둥

【十四畫—十五畫】

【礙】애 ガイ、ゲ、さまたげる hinder; imjure
①막을 距也 ②거리낄 阻也 ③해롭
게할 害也 ④한정할 限也 ⑤그칠
止也
【礙眼】(애안-ガイガン) 눈에 거리낌。또
그 물건
【礙滯】(애체-ガイタイ) 걸리어 막히는 「것

【礦】광 コウ、カウ、あらがね brim stone
쇳돌 金銀銅鐵樸石 磺同

【礪】려 レイ、といし whet stone 霽 ㄌㄧˋ li⁴

①갈 磨也 ②숫돌 砥石

【礫】력 レキ、こいし small stones 國 ㄌㄧˋ lì
①조약돌 小石瓦― ②주사 丹砂丹―

【礧】뢰 ライ、おおいし piles of rocks
①바위너설 山貌磈― ②돌내려줄
일 推石白高而下

【礧礧】(뇌뢰-ライライ) 돌이 많은 모양

【礬】반 ハン、ボン、みょうばん alum
백반 涅石

【十六畫―十七畫】

【礱】롱 ロウ、みがく grind 國 ㄌㄨㄥˊ lung²
①갈 磨也 ②매 磑也

【礮】포 ホウ、いしはじき ancient cannon 國 ㄆㄠˋ p'ao⁴
돌쇠뇌 兵機石彈 砲同

【礴】박 ハク、みちる fill 國 ㄅㄛˊ po²
①가득할 充塞 ②땅형상 地形旁―
③널리 덮일 廣被磅― ④벌거벗을
裸體盤―

示 部

【示】시 シ、ジ、しめす show 國 ㄕˋ shih⁴
①보일 垂― ②바침 呈也 (기) 땅귀
신 地神神―

【示敎】(시교-ジキョウ・シキョウ) 보이어
가르침

【示談】(시담-ジダン) 싸움을 화해 붙임

【示例】(시례-シレイ) 예를 들어 보임

【示命】(시명-シメイ) 훈시와 명령

【示威】(시위-ジイ) 위력을 보임

【示威運動】(시위운동-ジイウンドウ) 많은
사람이 공공연하게 의사를 표시하
며 위력을 나타내는 일

【三 畫】

【祁】기 キ、ギ、さかんなり prosperons 國 ㄑㄧˊ ch'i²
①클 大也 ②많을 衆多―― ③성할
盛也

【祁寒】(기한-キカン) 매우 추움。 대단
한 추위

【社】사 シャ、やしろ shine 國 ㄕㄜˋ shê⁴
①땅귀신 主土神―稷 ②둘레 賓朋
聚會結― ③삭일―

【社交】(사교-シャコウ) 여러 사람이 사
귐。 사회생활에 있어서의 교제

【社交性】(사교성-シャコウセイ) ①사회를
이루려는 인간의 특성 ②사교를 좋
아하는 성질

【社說】(사설-シャセツ) 신문·잡지 등에 그
사의 주장으로 게재하는 논설

【社友】(사우-シャユウ) 한회사에서 함께
일하는 동료

【社運】(사운-シャウン) ①회사의 운수

【社員】(사원-シャイン) ①회사에 근무하
는 사람 ②사단을 조직하는 사람

【社長】(사장-シャチョウ) 회사의 대표자
회사의 우두머리

【社財】(사재-シャサイ) 회사에 딸린재산

【社稷】(사직-シャショク) ①사(社)는 토
신(土神) 직(稷)은 곡신(穀神)옛날
에 제후(諸侯)가 될때는 반드시 ―
―을 세우고 이에 제사하여 나라의
존망을 같이하였음 ②국가의 뜻으
로 씀

【社宅】(사택-シャタク) 회사에 딸린 집

【社會】(사회-シャカイ) ①공동생활을 하
는 집합단체 ②같은 종류의 범위

【祀】사 シ、まつる religious service 國 ㄙˋ ssu⁴
①제사 祭也 ②해 年也

【祀典】(사전-シテン) 제사의 의식。제전
(祭典)

【宗】宀部 五畫에 볼것

【四 畫】

【祈】기 キ、いのる pray 國 ㄑㄧˊ ch'i²
①빌 求福禱也 ②고할 告也 ③갚을
報也 ④천천할 徐也――

【祈禱】(기도-キトウ) 신불(神佛)에 복을 빌음

【祈雨】(기우-キウ) 날이 가물 때에 비가 오기를 빌음

【祈雨祭】(기우제-キウサイ) 하지가 지나도록 비가 아니올 때 비오기를 빌던 나라의 제사。가물 때 지내는 천제

【祈願】(기원-キガン) 빌고 바람

【祇】기 キ、ギ、かみ 支ㄓˊ chih¹·³ spirit of the earth
①땅맡은 귀신 地神 ②클 大也 ③편안할 安也 (지)①공경할 敬也 ②다만 但也

【祇園精舍】(기원정사) ①예적에 인도 마가다 국의 수달장자(須達長者)가 석가(釋迦)를 위하여 세운 절의 이름 ②일반으로 절의 뜻으로 씀

【祅】요 ヨウ、わざわい calamities 蕭ㄧㄠ yao¹
재앙 災也

【祅孼】(요얼-ヨウゲツ) 요약한 귀신의 재앙

【五 畫】

【祛】거 キョ、はらう drive off 魚ㄑㄩ ch'ü¹
①물리칠 卻也 ②굳셀 彊健一一 ③禳也

【祔】부 フ、まつる 遇ㄈㄨ fu⁴ burying together
①합장할 合葬 ②부제 祭名

【祓】불 バツ、フツ、はらう remove evil
①불제사 祭名除災求福 ②조출할 潔也 ③덜 除也

【祓飾】(불식-バッショク) 낡은 것을 털어버리고 새롭게 꾸밈

【祓除】(불제-バツジョ) 재앙을 덜고 복을 구함

【祕】비 ヒ、ひそか secret 寘ㄅㄧ pi⁴ ㄇㄧ mi⁴
①비밀할 密也 ②귀신 神也 ③숨길 隱也 秘同

【祕訣】(비결-ヒケツ) 숨겨두고 남에게 알리지 아니하는 비밀한 방법

【祕計】(비계-ヒケイ) 비밀한 꾀

【祕庫】(비고-ヒコ) 비밀한 곳집

【祕密】(비밀-ヒミツ) 남에 알리지 않고 몰래함

【祕方】(비방-ヒホウ) 비밀한 방법

【祕法】(비법-ヒホウ) 비방

【祕寶】(비보-ヒホウ) 비밀히 간직한 보배

【祕書】(비서-ヒショ) ①비밀히 간직해 둔 서적 ②기밀(機密)한 문서。또 그 사무를 맡아보는 사람

【祕術】(비술-ヒジュツ) 비밀의 술법

【祕藥】(비약-ヒヤク) ①비방으로 된 약 ②특효약

【祕奧】(비오-ヒオウ) 비밀하고 심오함

【祕藏】(비장-ヒゾウ) 비밀히 감춤

【祕傳】(비전-ヒデン) 비밀히 전함

【祕訓】(비훈-ヒクン) 비밀의 훈령

【祠】사 シ、やしろ shrine 支ㄘˊ tz'ŭ²
①사당 廟也 ②봄제사 春祭名

【祠堂】(사당-シドウ) 신주(神主)를 모시는 집

【祠祀】(사사-シシ) 신을 제사함

【祟】수 スイ、たたる curse 寘ㄙㄨㄟˋ suei⁴
빌미 神禍

【神】신 シン、ジン、かみ、かん god 寘ㄙㄨㄟˊ suei⁴
①천신 引出萬物者天一 ②귀신 鬼一 ③영검할 靈也 ④신명 一明

【神經】(신경-シンケイ) 동물의 지각·운동을 전달하는 기관

【神經過敏】(신경과민-シンケイカビン) 사소한 자극에 대하여서도 쉽사리 감동하는 신경 계통의 불안정한 상태

【神經質】(신경질-シンケイシツ) ①신경이 너무 예민한 성질 ②사물에 감동하기 쉽고 성질이 급하나 부드러운 기질

【神功】(신공-シンコウ) ①신의 공덕。신령의 공덕 ②영묘한 공적

【神怪】(신괴-シンカイ) 이상함。괴이함

【神交】(신교-シンコウ) 정신적으로 사귐
【神君】(신군-シンクン) ① 도가(道家)에서 말하는 신(神) ②현명한 지방장관을 칭찬하여 부르는 말
【神奇】(신기-シンキ) 신묘하고 기이함
【神技】(신기-シンキ) 신묘한 기술
【神氣】(신기-シンキ) ②정신과 기력 ②이상한 운기(雲氣)
【神堂】(신당-シンドウ) ①신령을 모신 집 ②부군당
【神道】(신도-シンドウ) 인지(人知)로서는 알 수 없는 신묘한 도리
【神童】(신동-シンドウ) 재주와 슬기가 많은 아이
【神力】(신력-シンリョク) ①신의 위력 ②신통한 도력
【神明】(신명-シンメイ) 천지(天地)의 신령。사람의 마음
【神謀】(신모-シンボウ) 신기스러운 꾀
【神妙】(신묘-シンミョウ) 신통하고 묘함
【神武】(신무-シンブ) 매우 뛰어난 무력
【神罰】(신벌-シンバツ) 신이 내리는 벌。신에게 받는 벌
【神父】(신부-シンプ) 천주교의 사교(司敎)。성직장
【神佛】(신불-シンブツ) 신도(神道)와 불도(佛道)
【神秘】(신비-シンピ) ①영묘하고 불가사의한 일 ②보통의 이론이나 인식을 초월한 일

【神仙】(신선-シンセン) 신통력이 있는 선인
【神聖】(신성-シンセイ) 거룩함。영묘하고 존엄함
【神速】(신속-シンソク) 매우 빠름
【神術】(신술-シンジュツ) 신기한 술법。불가사의한 재주
【神眼】(신안-シンガン) ①지술(地術) 또는 상술(相術)에 정통한 눈 ②귀신을 능히 보는 눈
【神藥】(신약-シンヤク) 효험이 현저한약
【神奧】(신오-シンオウ) 신비하고 오묘함
【神佑】(신우-シンユウ) 신의 도움。신조(神助)
【神醫】(신의-シンイ) 귀신같이 병을 잘 고치는 의사
【神人】(신인-シンジン) ①신과 사람 ②신과 같이 만능(萬能)한 사람。신과 같은 장수
【神將】(신장-シンショウ) 신병을 거느리는 장수 ②귀신과 같은 장수
【神殿】(신전-シンデン) 신령을 모신전각
【神前】(신전-シンゼン) 신령의 앞
【神造】(신조-シンゾウ) 신이 만든 것
【神助】(신조-シンジョ) 신령의 도움
【神策】(신책-シンサク) 신기한 계책。영묘한 책략
【神出鬼沒】(신출귀몰シンシュツキボツ) 귀신과 같이 홀연히 나타났다가 홀연히 사라짐。자유 자재로 출몰하여 그 변화를 헤아릴 수없는 일
【神通力】(신통력-シンツウリョク) 측량할 수없는 변화의 재주를 가진 힘
【神品】(신품-ミンピン) 훨씬 뛰어난 품위(品位)
【神學】(신학-シンガク) 예수교의 교리및 신앙 생활의 윤리를 조직적으로 연구하는 학문
【神魂】(신혼-シンコン) 정신과 영혼
【神話】(신화-シンワ) 신을 중심으로 한 역사가 있기전의 전설
【神効】(신효-シンコウ) 신기한 효험

【祐】우 ユウ、たすける god's help 宥 ㄧㄡ yu

도울 神助
【祐助】(우조-ユウジョ) 신령의 도움

【祖】조 ソ、とおつおや ancestor

①할아비 父之父大父 ②비롯을始也 ③근본 本也 ④길제사 道神祭
【祖考】(조고-ソコウ) 죽은 할아버지
【祖國】(조국-ソコク) ①가기의 조상적부터 사는 나라 ②그 국민이 갈려나온 본디의 나라
【祖母】(조모-ソボ) 할머니
【祖父】(조부-ソフ) 할아버지
【祖妣】(조비-ソヒ) 죽은 할머니
【祖先】(조선-ソセン) 아버지 이상의 대대。조상(祖上)
【祖孫】(조손-ソソン) 할아비지와 손자

【祖業】(조업-ソギョウ) 조상 때부터 내려오는 가업
【祖餞】(조전-ソセン) 전별함
【祖奠】(조존-ソテン) 발인 전에 영결을 고하는 제식
【祖訓】(조훈-ソクン) 조상이 내린 훈계

【祚】조 ソ、さいわい bless 遇 ㄗㄨˋ tsu^4 ①복조 福也 ②자리 位也 ③녹祿也 ④해 歲也
【祚命】(조명-ソメイ) 하늘에서 복을 내리어 도움
【祚胤】(조윤-ソイン) 자손

【祝】축 シュク、いはう celebrate 屋 ㄓㄨˋ chu^4 ①빌 贊主人饗神者巫— ②비롯을始 也 ③끊을 斷也 ④짤을 織也 추 ①축문 宗主贊詞 ②축원할 以言告神
【祝禱】(축도-シュクトウ) 축복 기도
【祝望】(축망-シュクボウ) 소망대로 되기를 빌고 바람
【祝髮】(축발-シュクハツ) 머리를 깎음
【祝杯】(축배-シュクハイ) 축하하는 뜻으로 드는 술잔
【祝福】(축복-シュクフク) ①복을빔 ②신의 은혜를 받고자 빌음
【祝辭】(축사-シュクジ) 축하하는 말。또는 글 「빌음
【祝壽】(축수-シュクジュ) 오래 살기를
【祝筵】(축연-シュクエン) 축하하는 자리
【祝宴】(축연-シュクエン) 축하연
【祝願】(축원-シュクガン) 빌음。기도
【祝融】(축융-シュクユウ) ①불을 맡은신 (神) ②화재 ③여름을 맡은 신
【祝意】(축의-シュクイ) 축복이나 축하를 하는 의사 「축전
【祝儀】(축의-シュウギ) 축하하는 의식。
【祝日】(축일-シュクジツ) 축하하는 날
【祝電】(축전-シュクデン) 축하하는 전보
【祝典】(축전-シュクテン) 축하하는 의식 (儀式)이나 식전(式典) 축의
【祝捷】(축첩-シュクショウ) 싸움에이긴것을 축하함
【祝砲】(축포-シュクホウ) 축하하는 뜻을 나타내기 위하여 쏘는 공포

【祜】호 コ、さいわひ happiness 麌 ㄏㄨˋ hu^4 복 福也

【六畫—七畫】

【祥】상 ショウ、さいはい good luck 陽 ㄒㄧㄤˊ hsiang^2 ①상서 吉也 ②복 福也 ③착할善也 ④재앙 災異 ⑤조짐 吉凶之兆 ⑥상제사 祭名 詳通
【祥瑞】(상서-ショウズイ) 좋은 일。경사스러운 일
【祥雲】(상운-ショウウン) 상서로운 구름
【祥月】(상월-ショウつき) 대상(大祥)을 지내는 달

【祭】제 サイ、まつり sacrifice service 霽 ㄐㄧˋ chi^4 제사 祀也 (채) 고을이름、邑名
【祭官】(제관-サイカン) ①제사를 맡은관원 ②제사에 참여하는 사람
【祭具】(제구-サイグ) 제사에 쓰는 여러가지 기구
【祭器】(제기-サイキ) 제사에 쓰는 그릇
【祭壇】(제단-サイダン) 제사를 지내는단
【祭禮】(제례-サイレイ) 제사의 예식。제전(祭典)
【祭文】(제문-サイブン) 제사 때 신령에게 고하는 글 「예복
【祭服】(제복-サイフク) 제사 때에 입는
【祭祀】(제사-サイシ) 죽은 혼령에게 의식을 갖추어 음식을 차려놓고 정성을 표함 ②신령을 숭배함
【祭位】(제위-サイイ) 제사를 받는 신위
【祭日】(제일-サイジツ) 제삿날
【祭典】(제전-サイテン) 제사의 의식
【祭政】(제정-サイセイ) 제사와 정치
【祭酒】(제주-サイシュ) ①제사에 쓰는술 ②학정(學政)을 맡은 장관
【祭天】(제천-サイテン) 하늘에게 제사를 지냄

【祧】조 テウ、みたまや ancestral hall 체천할 遷遠祖廟遞—

【票】표 ヒョウ、てがた bill 嘯 ㄆㄧㄠˋ p'iao^4

①홀쳐날 輕擧貌ㅡ然 ②불날릴 火飛 標同 ③날랠 勁疾ㅡ姚
【票決】(표결-ヒョウケツ) 투표로 결정함

【祫】협 コウ、まつり sacrifice to ancestors
협제사 合祭先祖

【視】見部 五畫에 볼것

【八 畫】

【祼】관 カン、いのり 國ㄍㄨㄢ kuan⁴ religous service
강신제 祭酹鬯以ㅡ地

【禁】금 キン、とどめる forbid 國ㄐㄧㄣ chin¹
①금지할 制止 ②대궐 天子所居宮禁 ③술잔대 承酒尊器 ④금할 扨持 ⑤이길 勝也
【禁戒】(금계-キンカイ) 말리어 경계함
【禁錮】(금고-キンコ) ①가두어 두는형벌 ②벼슬의 길을 막아 쓰지않는일 ③한 방에 가두고 외출하지 못하게 하는 일
【禁闕】(금궐-キンケツ) 궁궐
【禁忌】(금기-キンキ) 꺼림。싫어함
【禁斷】(금단-キンダン) 못하게 함。금지(禁止) 「을 금지함
【禁亂】(금란-キンラン) 법령의 어지럽힘
【禁令】(금령-キンレイ) 금하는 명령。법률(法律)
【禁物】(금물-キンモツ) ①법으로 매매나 사용을 못하게 하는 물건 ②해서는 안될것
【禁法】(금법-キンポウ) 금하는 법령
【禁城】(금성-キンジョウ) 궁성(宮城)
【禁壓】(금압-キンアツ) 위압하여 금함。압력을 가하여 금지함
【禁約】(금약-キンヤク) 금지하고 단속함
【禁煙】(금연-キンエン) ①한식(寒食)의 절기의 딴 이름 ②궁중에서 나오는 연기 ③담배를 먹지 못하게 함 ④자기가 담배를 끊음 「금함
【禁慾】(금욕-キンヨク) 육체상의 욕망을
【禁慾主義】(금욕주의-キンヨクシュギ) 육체상 욕망을 모두 금지하는 주의
【禁垣】(금원-キンエン) 궁성 안。대궐의 담안 「동산
【禁苑】(금원-キンエン) 대궐 안에 있는
【禁制】(금제-キンセイ) 말림。하지 못하게 함
【禁足】(금족-キンソク) 외출을 금함
【禁酒】(금주-キンシュ) ①술을 먹지 못하게 함 ②자기가 술을 끊음
【禁中】(금중-キンチュウ) 대궐 안。금내(禁內)
【禁止】(금지-キンシ) 말림。못하게 함
【禁治産】(금치산-キンチサン)풍전。백치 등의 정신 상실자를 보호하기 위하여 법원이 법률상 자기 스스로 가재산을 관리할 능력이 없음을 인정하고 재산을 처분하지 못하게 하는 제도 「금함
【禁婚】(금혼-キンコン) 결혼을 못하게
【禁火】(금화-キンカ) ①불을 때지 못하게 함 ②한식(寒食)때 부엌에 불을 때는 일을 금하는 풍속

【祺】기 キ、さいわい fortunate
①상서 祥也 ②길할 吉也
【祺祥】(기상-キショウ) 경사스러운 징조

【祿】록 ロク、ふちまい salary
①녹 俸也 ②복 福貌 ③착할 善也 ④죽을 卒也不ㅡ ⑤불귀신 火神回
【祿命】(녹명-ロクメイ) 사람의 운명
【祿米】(녹미-ロクマイ) 녹으로 주던 쌀
【祿俸】(녹봉-ロクホウ) 관원의 봉급
【祿仕】(녹사-ロクシ) 녹을 받기 위하여 벼슬을 함
【祿食】(녹식-ロクショク) 녹을 받아서 생활함
【祿位】(녹위-ロクイ) 녹과 지위

【禀】稟 (禾部 八畫)俗字

【九 畫】

【禊】계 ケイ、ガイ、みそぎ exorcism 國ㄒㄧ hsi⁴
계제사 除惡祭名禊ㅡ

【福】복 フク、さいわい good fortune 屋 ㄈㄨ fu²
①복 佑也 ②착할 善也 ③아름다울 休也 ④음복 祭祀胙肉 ⑤姓也
【福過災生】(복과재생) 복이 너무 지나치면 도리어 재앙이 생김
【福德】(복덕-フクトク) ①복이 좋음 ② 선행(善行)에 의하여 얻는 행복과 이익
【福德房】(복덕방) 가옥·토지 같은것의 매매나 임대차를 중개하는 곳
【福力】(복력-フクリョク) 행복한 운수。복을 누리는 힘
【福祿】(복록-フクロク) 행복과 녹봉
【福利】(복리-フクリ) 행복과 이익
【福壽】(복수-フクジュ) 복이 많고 장수함
【福音】(복음-フクオウ) ①기쁜 소식 ②예수교에서 구세주가 강림 한다는 소식 ③예수교 성경의 책이름
【福將】(복장-フクショウ) 지혜나 꾀보다도 운이 좋아 늘 이기는 장수
【福地】(복지-フクチ) ①안락한 땅 ②신선이 사는 곳

【禋】인 イン、まつる sacrifice
정결히 제사할 潔祀
【禋潔】(인결-インケツ) 정결함

【禎】정 テイ、チョウ、さいわい lucky 庚 ㄓㄣ chen¹
상서 祥也符瑞
【禎祥】(정상-テイショウ) 경사로운 징조

【禔】지 シ、テイ、さいはい happy 支 ㄊㄧ t'i²
복 福也 (시) 義同 (제) ①義同 ② 편안할 安也

【禘】체 テイ、おおまつり imperial sacrifice 霽 ㄉㄧ ti⁴
체제 王者大祭名天ー

【禍】화 カ、わざはい calamity 哿 ㄏㄨㄛ huo⁴
①재앙 災害 ②앙화 殃也
【禍根】(화근-カコン) 재화의 근원
【禍階】(화계-カカイ) 재난이 일어나는 계제
【禍機】(화기-カキ) 화변이 숨어있는곳
【禍難】(화난-カナン) 재화와 환난
【禍變】(화변-カヘン) 대단한 재변
【禍福】(화복-カフク) 재화와 행복
【禍心】(화심-カシン) 남을 해하려고 하는 마음
【禍源】(화원-カゲン) 화근
【禍泉】(화천-カセン) 술의 딴이름
【禍患】(화환-カカン) 화난

【十畫—十二畫】

【禡】마 バ、いくさまつり sacrifice to thegodot war
마제 師旅所止地祭名

【禦】어 ギョ、ふせぐ protect
①막을 扞拒 ②그칠 止也
【禦侮】(어모-ギョブ) ①업신여김을 막음 ②적의 침입을 막음。또 그사람 무관(武官)
【禦戰】(어전-ギョセン) 방어하여 싸움
【禦寒】(어한-ギョカン) 방한。추위를막음

【隷】隸(隶部 九畫) 俗字

【禪】선 ゼン、セン、ゆずる Buddhist monk 霰 ㄕㄢ shan⁴
①중 僧也 ②고요할 靜也 ③자리전할 傳位 ④터닦을 除地封ー
【禪堂】(선당-ゼンドウ) 절 안의 왼쪽에 있는 참선하는 집
【禪代】(선대-ゼンダイ) 시대가 바뀜
【禪道】(선도-ゼンドウ) 참선하는 도
【禪味】(선미-ゼンミ) 선학의 심오한 맛
【禪師】(선사) ①도승 ②중의 존칭
【禪讓】(선양-ゼンウヨジ) 선위
【禪悅】(선열-ゼンエツ) 선정(禪定)에 이르는 즐거움 「려줌
【禪位】(선위-ゼンイ) 임금의 자리를 물
【禪杖】(선장-ゼンジョウ) 중의 지팡이
【禪定】(선정-ゼンジョウ) 삼전하여 삼미경(三昧境)에 이름
【禪宗】(선종-ゼンショウ) 삼전을 공부하여 인간의 본성을 터득하는 불교의 한 파 「문
【禪學】(선학-ゼンガク) 선종(禪宗)의 학

【禧】희 キ、さいわい fortune 支 ㄒㄧ hsi³

① 복 福也 ② 길할 吉也

【禫】담 タン、まつり 感 ㄊㄢˇ t'an³ religious service
담제 除服祭名

【十三畫】

【禮】례 レイ、ライ、おじぎ good mannert 薺 ㄌㄧˇ li³
예도 節文仁義 「은관원
【禮官】(예관-レイカン) 예관에 식을 맡
【禮待】(예대-レイタイ) 예로써 대우함
【禮度】(예도-レイド) 예의와 법도。 예절
【禮帽】(예모-レイボウ) 예복을 입고 예식을 올릴때 쓰는 모자
【禮貌】(예모-レイボウ) 예절에 맞는태도
【禮文】(예문-レイブン) ①한 나라의 문화를 나타내는 제도 문물 ②예법
【禮物】(예물-レイブツ・レイモツ) ①예식을 행하기 위하여 쓰는 물건 ②사례를 표하기 위하여 주는 물건
【禮拜】(예배-レイハイ・ライハイ) 경례하고 절함
【禮法】(예법-イレイホウ) 예의의 법칙
【禮服】(예복-レイフク) 예식에 입는옷
【禮聘】(예빙-レイヘイ) ①예로써 인재를 초빙함。 예를 갖추어 아내를 맞음
【禮數】(예수-レイスウ) ①주객이 서로만나보는 예절。 신분에 알맞는 예의
【禮式】(예식-レイシキ) 예법에 따라 행하는 식
【禮樂】(예악-レイガク・ライガク) ① 예절과 풍악 ②행동을 바르게 하고 마음을 부드럽게 함
【禮讓】(예양-レイジョウ) 예의를 지키고 겸손함 「푼 연회
【禮宴】(예연-レイエン) 예를 갖추어 베
【禮遇】(예우-レイグウ) 예로써 신하를 대우함
【禮儀】(예의-レイギ) 사람이 행하고 지켜야 할 올바른 길。 예절(禮節)
【禮意】(예의-レイイ) ①예로써 나타나는 경의 ②예의 정신
【禮狀】(예장-レイジョウ) ①사례하는 편
【禮裝】(예장-レイソウ) 예복을 입고위의(威儀)를 갖춤 「르는장사
【禮葬】(예장-レイソウ) 예식을 갖추어치
【禮節】(예절-レイセツ) 예의의 절차
【禮讚】(예찬-レイサン) ①부처에 예배하고 그공적을 찬탄함 ②예로써 높이고 찬탄함 「포
【禮砲】(예포-レイホウ) 경의를 표하는공
【禮學】(예학-レイガク) 예법에 관한학문
【禮饗】(예향-レイキョウ) 예의를 갖추어 손을 대접함

【十四畫—十七畫】

【禰】니 デイ、ネ、おたまや ancestral temple 薺 ㄋㄧˇ ni³
아비사당 親廟 (녜) 義同

【禱】도 トウ、いのる pray 晧 ㄉㄠˇ tao³
빌 祈神求福
【禱祈】(도기-トウキ) 빌음。 기도(祈禱)
【禱祀】(도사-トウシ) 신불(神佛)에 빌어 제사함

【禴】약 ヤク、まつり 藥 ㄩㄝˋ yüeh⁴ spring sacrifice
봄제사 春祭名

【禳】양 ジョウ、はらう pray
빌 祈也

内 部

【内】유 ジュウ、あしあと 宥 jou² footprint of the beast
짐승의 발자취 獸足蹂地

【四畫】

【禺】옹 グウ、グ、わかち monkey
망이름 廣州地名番 (우) ①義同 ②사시 日在巳ㅁ一中 ③암원숭이母猴

【禹】우 ウ 麌 ㄩ yü³
①하후씨 夏后名 ②姓也

【六畫—八畫】

【离】리 リ チ、ちりさる leave

①고울 麗也 ②밝을 明也 ③헤질 散也 ④괘 이름 卦名

【离】 설 セツ Chinese ancestry 屑 ㄒㄧㄝ hsieh 은나라 조상 이름 殷祖名

【禽】 금 キン、とり birds 侵 ㄑㄧㄣˊ ch'in² ①새 鳥也飛ㅡ ②사로잡을 戰勝執獲

【禽獸】(금수-キンジュウ) 모든 짐승

【禽語】(금어-キンゴ) 새의 지저귀는 소리

【禽鳥】(금조-キンチョウ) 날 짐승

【禽獲】(금획-キンカク) 사로잡음

禾 部

【禾】 화 カ、いね rice-plant 歌 ㄏㄜˊ hé² 벼 稼之總名

【禾穀】(화곡-カコク) 벼

【禾苗】(화묘-カビョウ) 벼 싹

【禾本科】(화본과-カホンカ) 포아풀과(科)·대과를 통틀어 일컫는 말

【禾黍】(화서-カショ) 벼와 기장

【二 畫】

【禿】 독 トク、はげ bare 屋 ㄊㄨ t'u¹ 모지라질 無髮

【禿頭】(독두-はげあたま) 대머리

【禿山】(독산-はげやま) 민둥산 「이

【禿翁】(독옹-トクオウ) 민대머리의 늙은

【禿筆】(독필-トクヒツ) 몽당붓

【私】 사 シ、わたくし private 支 ㄙ ssŭ¹ ①사사 不公 ②간사할 自營姦雅

【私感】(사감-シカン) 사사로운 감정

【私見】(사견-シケン) 자기 개인의 의견

【私計】(사계-シケン) ①사리(私利)를 얻고자 하는 꾀 ②자기의 생각의 겸사말 「지 아니함

【私曲】(사곡-シキョク) 불공평하고 바르

【私權】(사권-シケン) 개인으로서 지닌 권리

【私德】(사덕-シトク) 제한몸에 대한 덕

【私道】(사도-シドウ) 사사로이 내어 쓰는길

【私覿】(사독-シテキ) 외국으로 사신(使臣)간 사람이 사사로이 그 나라의 주권자를 만나보는 일

【私論】(사론-シロン) 자기 혼자의 의논

【私利】(사리-シリ) 일개인의 이익

【私立】(사립-シリツ) ①자기 마음대로 정함 ②개인의 설립

【私法】(사법-シホウ) 개인간의 권리·의무를 규정한 법률

【私寶】(사보-シホウ) 개인의 보물

【私報】(사보-シホウ) 남모르게 넌지시 알림

【私腹】(사복-シフク) ①자기의 뱃속 ②자신의 재산이나 이익

【私費】(사비-シヒ) 사사로이 들이는 비용。개인의 비용 「운일

【私事】(사사-シジ) 개인의 일。사사로

【私産】(사산-シサン) 자기 개인의 재산

【私席】(사석-シセキ) 사사로 만난 자리。사사로운 좌석

【私設】(사설-シャツ) 개인의 설치

【私讎】(사수-シシュウ) 한 개인의 원수。사사의 원수

【私淑】(사숙-シシュク) 그 사람을, 사모하나 만나지 못하고 사사로이 그를 모범하여 배움

【私塾】(사숙-シジュク) 글방

【私習】(사습-シシュウ) 사사로이 자습함

【私食】(사식-シショク) 사사로이 마련하여 먹는 음식

【私信】(사신-シシン) 사사로 하는 편지

【私心】(사심-シシン) ①자기 개인의 생각 ②사리를 꾀하는 마음

【私案】(사안-シアン) 사사로운 안건

【私謁】(사알-シエツ) 사사로이 뵈옴

【私愛】(사애-シエツ) 공평하지못한사람

【私約】(사약-シヤク) 개인의 약속

【私語】(사어-シゴ) 속살거리는 말。드러내지 않는 말

【私營】(사영-シエイ) 일 개인의 경영。사인의 경영

【私欲】(사욕-ショク) 자기 일신의 이익만 탐하는 욕심

【私用】(사용-ショウ) 공용물(公用物)을 사사로이 사용함
【私傭】(사용-ショウ) 사사로이 고용함
【私怨】(사원-シエン) 사사로운 원한
【私有】(사유-シユウ) 백성의 소유。일개인의 소유
【私恩】(사은-シオン) 사사의 은혜
【私誼】(사의-シギ) 개인 사이에 사귀어온 정분
【私意】(사의-シイ) 한 개인의 마음
【私議】(사의-シギ) 사사로이 하는 의논
【私益】(사익-シエキ) 한 개인의 이익
【私人】(사인-シジン) 국가·사회를 조직하는 개인
【私印】(사인-シイン) 개인의 도장
【私財】(사재-シザイ) 가족이 각각 가진 재물。곧 자기 일 개인의 재산
【私邸】(사저-シテイ) 개인의 저택
【私情】(사정-シジョウ) 개인적인 감정
【私第】(사제-シダイ・シテイ) 자기의 집。자택
【私製】(사제-シセイ) 사삿 사람이 만듦
【私地】(사지-シチ) 개인의 토지。사유의 땅
【私娼】(사창-シショウ) 허가 없이 매음「하는창녀
【私債】(사채-シサイ) 개신 사이에 진빚
【私宅】(사택-シタク) 개인 소유의 집
【私通】(사통-シツウ) 남녀가 몰래 정을 통함。밀통(密通)
【私鬪】(사투-シトウ) 개인적 원한으로 「서로 싸움

【私學】(사학-シガク) ①자기의 학설減。②개인이 세운 학교。사립학교。학원
【私行】(사행-シコウ) ①개인의 사생활에 있어서의 행위 ②남 몰래 가만히 하는 행위 ③관리가 사사 일로 여행함
【私刑】(사형-シケイ) 국가 또는 공공의 권력이나 법률에 의하지 아니하고 개인이나 사적단체가 함부로 행하는 제재(制裁)·사형벌(私刑罰)

【秀】수 シュウ、ひきいる distinguish 宥 ㄒㄧㄡ hsiu⁴
①빼어날 榮茂 ②선비 —士 ③이삭 禾吐華
【秀傑】(수걸-シュウケツ) 재능이 범인(凡人)보다 뛰어남
【秀麗】(수려-シュウレイ) 뛰어나고 아름「다움
【秀眉】(수미-シュウビ) 빼어나게 아름다운 눈썹
【秀拔】(수발-ジュウバツ) 뛰어나게 훌륭함
【秀士】(수사-シュウシ) 학문이 뛰어난 선비
【秀色】(수색-シュショク) 산과 들의 뛰어「나게좋은 경치
【秀才】(수재-シュウサイ) ①재주가 뛰어난 남자 ②과거에 급제한 사람

【利】 刀部 五畫에 볼것

【三 畫】

【秉】병 ヘイ、とる hold 梗 ㄅㄧㄥˇ ping³
①잡을 把也 ②벼묶음 禾束 柄同
【秉權】(병권-ヘイケン・ケンをとる) 권리를 잡음
【秉彝】(병이-ヘイイ・イをとる) 하늘에서 정한 상도(常道)를 지킴

【季】 子部 五畫에 볼것

【秊】 年(干部 三畫)本字

【委】 女部 五畫에 볼것

【和】 口部 五畫에 볼것

【四 畫】

【科】과 カワ、しな class
①과정 程也 ②조목 條也 ③근본 本也 ④무리 等也 ⑤과거 取人條格 —第 ⑥웅덩이 坎也
【科擧】(과거-カキョ) 관리의 등용 시험
【科期】(과기-カキ) 과거를 보는 시기
【科斷】(과단-カダン) 법에 비추어 죄를 판정함
【科料】(과료-カリョウ) 가벼운 범죄에 과하는 벌금
【科目】(과목-カモク) ①과거의 시험 ②가짓수。조목

【科試】(과시-カシ) 과거
【科日】(과일-カジツ) 과거를 보는 날
【科場】(과장-カジョウ) 과거를 보던 시
험장 「급제함
【科第】(과제-カダイ) ①과거 ②과거에
【科罪】(과죄-カザイ) 죄인을 처단함。
죄를 처단함 「는 붓
【科筆】(과필-カヒツ) 과거를 볼때에 쓰
【科學】(과학-カガク) 어떠한 과정 위에
서 특수한 현상의 원리를 증명하는
계통적으로 조직된 학문

【秒】묘 ビョウ、ミョウ、のぎ
beard of grain 篠 ㄇㄧㄠ
벼가스랑이 禾芒 (초)초一分之六十
分之一 ③세미할 微妙一忽
【秒速】(초속-ビョウソク) 운동하는 것
의 一초동안의 속도

【粃】비 ヒ、しいな
chaff 紙 ㄅㄧ pi³
①쭉정이 不成粟 ②가리조 稗也 ③
더러울 穢也 「거기
【粃糠】(비강-ヒコウ) ①쌀겨 ②남은 찌
【粃政】(비정-ヒセイ) 못된 정치

【秖】지 シ、ただ、まさに
luckily
①벼익을 禾始熟 ②마침 適也

【秋】추 シュウ、シュ、あき
autumn 尤 ㄑㄧㄡ ch'iu¹
①가을 金行之時 ②말뛰놀 馬騰貌
一一 ③姓也
【秋耕】(추경-シュウコウ) 가을 갈이
【秋景】(추경-シュウケイ) 가을 경치
【秋官】(추관-シュウカン) 궁가(宮家)의
타작을 맡아 보던 사람。추수관(秋
收官)
【秋期】(추기-シュウキ) 가을의 시기
【秋氣】(추기-シュウキ) 가을 기후
【秋涼】(추량-シュウリョウ) 가을의 맑고
서늘한 기운
【秋露】(추로-シュウロ) 가을 이슬
【秋霖】(추림-シュウリン) 가을 장마
【秋分】(추분-シュウブン) 二十四절기의
하나。양력 九월 二十三일 경
【秋思】(추사-シュウシ) 가을의 생각。
쓸쓸한 생각
【秋山】(추산-シュウザン) 가을 철의 산
【秋霜】(추상-シュウソウ) ①가을의 서리
②가을 서리가 초목을 누렇게 만들
어 놓는 까닭으로 위험이 굉장하거
나 또는 절개가 굳은 것、또는 형
벌이 엄한 것을 이름
【秋色】(추색-シュウショク) 가을 빛。가
을 경치
【秋夕】(추석-シュウセキ) 한가위
【秋扇】(추선-シュウセン) 가을 철의 부채
라는 뜻으로、제철이 지나서 쓸모
없이된 물건의 비유
【秋聲】(추성-シュウセイ) 가을의 소리。
쓸쓸한 가을 바람의 소리
【秋宵】(추소-シュウショウ) 가을밤。추야
【秋收】(추수-シュウシュウ) 가을 건이
【秋夜】(추야-シュウヤ) 가을 밤
【秋陽】(추양-シュウヨウ) 가을 볕 「름
【秋雨】(추우-シュウウ) 가을비
【秋雲】(추운-シュウウン) 가을 하늘의 구
【秋月】(추월-シュウゲツ) 가을 밤의 달
【秋陰】(추음-シュウイン) 가을의 흐린 하
늘 「기운
【秋意】(추의-シュウイ) 가을다운 멋이나
【秋蠶】(추잠-シュウサン・あきご) 가을에
치는 누에
【秋節】(추절-シュウセツ) 가을 절기
【秋天】(추천-シュウテン) 가을 하늘
【秋章】(추초-ショウソウ) 가을철에 시들
어가는 풀
【秋波】(추파-シュウハ) ①가을의 아름다
운 물결 ②은근한 정을 나타내는
눈 모양
【秋風】(추풍-シュウフウ) 가을 바람
【秋毫】(추호-シュウゴウ) 털끝만함。썩
작음
【秋穫】(추확-シュウカク) 가을철의 수확

【五 畫】

【秣】말 マツ、バツ、まぐさ
hay 曷 ㄇㄛ mo⁴
①말먹이 食馬穀 ②말먹일 飼也

【秧】앙 オウ、なえ
young rice-plant 陽 ㄧㄤ yang¹
모 禾苗

【租】조 ソ、みつぎ tax 虞 ㄗㄨ tsu¹
①구실 田賦 ②쌓을 積也
【租界】(조계-ソカイ) 중국에서 세금을 받고 외국인에게 빌려주던 지역
【租稅】(조세-ソゼイ) 구실。세금
【租借】(조차-ソシャク) ①집이나 땅을 빌어씀 ②어떠한 나라가 다른 나라의 한 구역을 빌어가지고 자기 나라의 통치하에 두는 것

【秦】진 シン、はた 眞 ㄑㄧㄣ ch'in² name of a state
①진나라 國名 ②진벼 禾名 ③姓也

【秩】질 チツ、ついで 質 ㄓ chih⁴ order
①차례 次序 ②품수 品— ③밝을 清明 ②흘러갈 流行貌
【秩滿】(질만-チツマン) 관직에서 일정한 임기가 참
【秩序】(질서-チツジョ) 차례。순서

【秤】칭 ショウ、はかり 徑 ㄔㄥ ch'êng⁴ balance
저울 衡也
【秤心】(칭심-ショウシン) 공평한 마음

【称】稱(禾部 九畫)略字

【六 畫】

【移】이 イ、うつる 支 ㄧ i² remove
①옮길 遷也 ②모낼 禾相倚遷
【移健】(이건-イケン) 옮겨 지음
【移管】(이관-イカン) 옮기어 관할함
【移動】(이동-イドウ) 옮기어 움직임。위치를 변함
【移來】(이래-イライ) 다른 데서 옮겨옴
【移錄】(이록-イロク) 옮겨 적음
【移文】(이문-イブン) 관청 사이에 서로 조회함
【移民】(이민-イミン) 백성을 외국에 옮기어 살게함。또 그 백성 「옮김
【移舍】(이사-イシ) 집을 다른 곳으로
【移設】(이설-イセツ) 옮기어 설치함
【移送】(이송-イソウ) 재판하기 위하여 죄수를 다른 옥에 옮김
【移囚】(이수-イシュウ) 죄수를 다른 형무소로 옮김
【移乘】(이승-イジョウ) 바꾸어 탐
【移植】(이식-イショク) 옮겨 심음
【移秧】(이앙-イオウ) 모내기
【移作】(이작-イサク) 논이나 밭의 작인을 바꿈
【移葬】(이장-イソウ) 무덤을 옮김
【移籍】(이적-イセキ) 다른 곳으로 호적을 옮김
【移轉】(이전-イテン) 집을 옮김
【移住】(이주-イジュウ) 집을 옮아 살음
【移職】(이직-イショク) 벼슬을 옮김
【移處】(이처-イジョ) 처소를 옮김
【移行】(이행-イコウ) 옮기어 감

【七 畫】

【稈】간 カン、わら 旱 ㄍㄢ kan³ straw
벼줄기 禾葉

【稅】세 ゼイ、タイ、みつぎ tax 霽 ㄕㄨㄟ shuei⁴
①구실 租也 ②거둘 斂也 ③놓을 舍也 ④쉴 休息—駕 (탈) 풀 解也 (태) 추복 입을 追服
【稅駕】(세가-ゼイガ) 수레의 말을 풀어 놓고 쉼
【稅關】(세관-ゼイカン) 수출입의 세금의 징수에 관한 사무를 맡아보는 마을
【稅金】(세금-ゼイキン) 조세로 바치는 돈。세돈 「들임
【稅納】(세납-ゼイノウ) 납세
【稅斂】(세렴-ゼイレン) 세금을 거두어
【稅吏】(세리-ゼイリ) 세무에 종사하는 관리
【稅目】(세목-ゼイモク) 조세의 목록
【稅務】(세무-ゼイム) 조세의 부과・징수에 관한 사무
【稅額】(세액-ゼイガク) 조세의 액수 「례
【稅率】(세율-ゼイリツ) 조세를 받는 비
【稅制】(세제-ゼイセイ) 조세의 부과・징수의 제도

【程】정 テイ、ほど 庚 ㄔㄥ ch'êng² pattern
①법식 式也 ②한정 限也 ③길 道里 ④헤아릴 量也 ⑤준적할 準也

⑥姓也

【程度】(정도-テイド) ①알맞은 한도 ②힘에 적당함

【程色】(정색-テイショク) 황금의 품위

【程式】(정식-テイシキ) 일정한 법식

【稊】제 テイ、ひえ [齊] ㄊㄧ tʻi² panic grass
가라조 穢草—稗

【稍】초 ショウ、ソウ、やや [效] ㄕㄠ shao¹ slightly
①점점 漸也 ②작을 小也 ③요 廩食 ④고를 均也

【稍事】(초사-ショウジ) 작은 일

【稍實】(초실-ショウジツ) ①초요 ②열매가 겨우 좀 여무름 「넉넉함

【稍饒】(초요-ショウジョウ) 살림이 조금

【稍遠】(초원-ショウエン) 조금 멈。초간

【稍稍】(초초-ショウジョウ) 점점。조금씩

【稀】희 キ、ケ、まれ [微] ㄒㄧ hsi¹ rare
①드물 疏也 ②적을 少也

【稀年】(희년) 나이 일흔살을 일컬음

【稀代】(희대-キタイ・キダイ) 희세(稀世)

【稀微】(희미-キビ) 어렴풋함。아리숭함

【稀薄】(희박-キハク) 진하지 아니함。묽음

【稀世】(희세-キセイ) 세상에 드묾

【稀少】(희소-キショウ) 드물고 적음

【稀有】(희유-ケウ) 드물게 있음

【稀鍾】(희종-キジュ) 드문 종류

【稀闊】(희활-キカツ) 사이가 멀음。소식이 드묾

【黍】黍部 部首에 볼것

【八 畫】

【稜】릉 リョウ、ロウ、かど [蒸] ㄌㄥ lêng² corner; edge
①모 廉角觚— ②서슬 神靈之威 楞同 ③밭뙈야기 田片 ④밭두둑 畦也

【稜角】(능각-リョウカク) 뾰족한 모

【稜威】(능위-リョウイ) 임금의 위광(威光)

【稔】임 ネン、ジン、みのる [寢] ㄖㄣ jen³ ripe grain
①풍년들 穀熟 ②오랠 積久

【稠】조 チュウ、おおい [尤] ㄔㄡ chʻou² bense
①빽빽할 密也 ②많을 多也 ③될 濃也

【稠密】(조밀-チュウミツ) 빽빽함

【稚】치 チ、おさない [眞] ㄓ chih⁴ young
①어릴 小也幼穉 ②어린 벼 幼禾 ③늦을 晩也

【稚老】(치로-チロウ) 어린이와 늙은이

【稚松】(치송-チショウ) 어린 소나무

【稚兒】(치아-チジ) 어린애。어린이

【稗】패 ハイ、ベ、ひえ [卦] ㄅㄞ pai⁴ barnyard grass
①돌피 似禾而實細 ②잘 細小

【稗史】(패사-ハイシ) 소설채로 쓴 역사

【稟】품 ヒン、リン、ふち、もうす state
①여쭐 白事 ②줄 給也 ③받을 受命

【稟決】(품결-ヒンケツ) 아뢰어 처결함

【稟告】(품고-ヒンコク) 여쭘。아룀

【稟性】(품성-ヒンセイ) 천성으로 타고난 성품 「남

【稟受】(품수-ヒンジュ) 선천적으로 타고

【稟議】(품의-ヒンギ) 웃어른이나 또는 상사에게 글이나 말로 여쭈어 의논함 「대답함

【稟奏】(품주-ヒンソウ) 임금의 물음에

【九 畫】

【種】종 シュ、ショウ、たね [腫] ㄓㄨㄥ chung seed
①씨—子 ②가지 物物 ③종류 類也 ④머리털 모지라질 髮短—— ⑤심을 蓺植 「행함

【種德】(종덕-シュトウ) 은덕이 될 일을

【種痘】(종두-シュトウ) 우두를 인체에 접종하여 천연두를 예방하는 법

【種落】(종락-シュラク) 종내기

【種類】(종류-シュルイ) 물건의 갈래。같은 물건。가지

【種馬】(종마-たねうま) 씨받이 말 「목

【種目】(종목-シュモク) 종류의 명목。항

【種苗】(종묘-シュビョウ) ①식물의 싹을

기름 ②묘목이 될 씨를 심음

【種別】(종별-シュベツ) 종류를 따라 구별함

【種樹】(종수-シュジュ) 곡식의 씨앗과 나무를 심고 가꾸는 일

【種藝】(종예-シュゲイ) 식물을 심어 기름

【種牛】(종우-たねうし) 씨받이 소

【種子】(종자-シュシ) 씨。씨앗

【種族】(종족-シュゾク) ①같은 종류의 사람 ②일족(一族)의 죄 다 몰살당함

【種種】(종종-シュジュ) ①여러가지 ②머리털이 모지라진 모양 ③삼가는 모양

【種畜】(종축-シュチク) 씨를 받을 가축(家畜)

【稱】칭 ショウ、となえる call 蒸 ㄔㄥ ch'êng¹

①일컬음 言也 ②저울질할 銓也 ③들 擧也 ④날릴 揚也 ⑤이름할 名號 ⑥헤아릴 量度 ⑦저울 衡也 ⑧같을 相等參— ⑨뜻에 맞을 愜意 ⑩맞을 副也 ⑪벌 衣簞複具

【稱擧】(칭거-ショウキョ) 칭찬하여 천거함

【稱慶】(칭경-ショウケイ) 경사를 치름

【稱念】(칭념-ショウネン) 남을 의뢰함

【稱貸】(칭대-ショウタイ) 빌려 줌

【稱道】(칭도-ショウドウ) 마음에 그리워하여 입으로 늘 일컬어 줌

【稱量】(칭량-ショウリョウ) 저울질함。헤아림

【稱名】(칭명-ショウメイ) 거짓 이름을 일컬음

【稱辭】(칭사-ショウジ) 칭찬하여 일컫는 말

【稱首】(칭수-ショウシュ) 첫째로 그 이름을 일컬음。곧 뛰어난 사람

【稱述】(칭술-ショウジュツ) 칭찬하여 말함

【稱揚】(칭양-ショウヨウ) 칭찬함

【稱譽】(칭예-ショウヨ) 칭찬하여 기림

【稱讚】(칭찬-ショウサン) 잘한다고 추어 줌

【稱歎】(칭탄-ショウタン) 칭찬하여 탄식함

【稱呼】(칭호-ショウコ) 일컫는 이름

【稱號】(칭호-ショウゴウ) 어떠한 뜻으로 일컫는 이름

【十 畫】

【稼】가 カ、みのり、かせぎ sow grain 禡 ㄐㄧㄚ chia⁴

심을 種穀

【稼穡】(가색-カショク) 봄에 씨앗을 뿌려 가을에 거두어 들이는 것

【稽】계 ケイ、かんがえる examine 齊 ㄐㄧ chi¹

①상고할 考也 ②계교할 計也 ③이를 至也 ④저축할 留止貯滯 ⑤익살 多智滑— ⑥의논할 議也 ⑦머리조을 下首

【稽古】(계고-ケイコ) ①옛일을 생각하여 봄 ②학문

【稽覽】(계람-ケイラン) 생각하여 봄

【稽留】(계류-ケイリュウ) ①머무름。체류 ②머무르게 함

【稽顙】(계상-ケイソウ) 머리를 조음

【稽首】(계수-ケイシュ) 머리를 땅에 대고 절함

【稽滯】(계체-ケイタイ) 일이 밀려서 늦어짐。지체됨

【稿】고 コウ、わら straw 皓 ㄍㄠ kao³

①볏짚 禾稈 ②사초 文草

【稿本】(고본-コウホン) 책의 원고

【稾】前條 同字

【穀】곡 コク、たなつもの grain 屋 ㄍㄨ ku³

①곡식 禾稼總名 ②착할 善也 ③녹 祿也 ④살 生也 (누) 젖 乳也

【穀價】(곡가-コクカ) 곡식 값

【穀貴】(곡귀-コクキ) 시장에서 곡식의 공급이 모자라게 됨

【穀道】(곡도-コクドウ) ①장생법(長生法) 곧 곡식을 안먹는 법 ②대장(大腸)과 항문(肛門)

【穀類】(곡류-コクルイ) 곡식의 종류

【穀物】(곡물-コクブツ) 곡식

【穀商】(곡상-コクショウ) 곡식 장사

【穀食】(곡식-コクショク) 벼・보리・수수・조・콩들의 총칭

【穀神】(곡신-コクシン) 곡식을 맡아보는 신
【穀雨】(곡우-コクウ) 二十四절기의 하나。양력 四월二十一日 경
【穀人】(곡인-コクジン) 농부(農夫)
【穀酒】(곡주-コクシュ) 곡식으로 만든술
【穀倉】(곡창-コクソウ・コクぐら) ①곡식을 쌓아두는 곳 집 ②곡식이 많이 나는 지방
【穀鄕】(곡향-コクキョウ) 곡식이 많이 나는 시골

【稻】도 トウ、いね 皓 ㄉㄠ tao rice plant
벼 水田種穀杭
【稻雲】(도운-トウウン) 넓은 논의 벼를 구름에 비유하여 이름

【稷】직 ショク、きび 職 ㄐㄧ chi millet
피 黍屬五穀之長

【稺】稚(禾部 八畫) 同字

【十一畫】

【穅】강 コウ、ぬか husks
겨 穀皮 糠同

【穆】목 ボク、やわらぐ harmony 屋 ㄇㄨ mu
①화할 和也 ②아름다울 美也 ③공경할 敬也 ④사당차례 廟序昭ㅡ
【穆穆】(목목-ボクボク) ①언어・태도가 아름다운 모양。또 깊고 먼 모양 ②위의(威儀)가있는 모양

【穌】소 ソ、よみがえる 虞 ㄙㄨ su revive
①깨어날 死而復生 ②쉴 息也 ③기뻐할 舒悅 蘇・甦通

【穎】영 エイ、ほさき 梗 ㄧㄥ ying spike
①이삭 穗也 ②빼어날 才能拔類 ③송곳끝 錐鋩
【穎敏】(영민-エイビン) 영리하고 민첩함
【穎悟】(영오-エイゴ) 남보다 뛰어나게 총명함
【穎哲】(영철-エイテツ) 영명하고 현철함 또는 그러한 사람

【積】적 セキ、シャク、つむ pile up
①쌓을 堆疊 ②모을 聚也 ③포갤 累也 (자) 저축할 儲也 委ㅡ
【積穀】(적곡-セキコク) 곡식을 쌓아 둠
【積功】(적공-セッコウ) 공을 쌓음
【積久】(적구-セッキュウ) 아주 오래 걸림
【積極】(적극-セッキョク) 소극에 대하여 전진하는 것。고치는 것。움직이는 것。계속하는것。또는 사물에 대하여 긍정하고 최대한으로 활동함
【積年】(적년-セキネン) 여러해
【積德】(적덕-セキトク) 덕을 쌓음
【積量】(적량-セキリョウ) 적재한 화물의 중량
【積立】(적립-つみたて) 모아서 쌓아둠
【積病】(적병-セキビョウ) 적취
【積忿】(적분-セキフン) 여러 한된 원한
【積想】(적상-セキソウ) 쌓인 생각
【積傷】(적상-セキショウ) 오랜 근심으로 마음이 몹시 아픔
【積善】(적선-セキゼン) 착한 일을 여러번 함
【積雪】(적설-セキセツ) 쌓인 눈
【積誠】(적성-セキセイ) 오래 동안 정성을 쌓음
【積小成大】(적소성대-ショウつもりてタイをなす) ①작은 것도 쌓이면 크게 됨 ②적은 것도 모어 쌓이면 많아 짐
【積惡】(적악-セキアク) 악한 일을 거듭함
【積雨】(적우-セキウ) 두고 두고 오래오는 비。장마비
【積載】(적재-セキサイ) 물건을 쌓아실음
【積貯】(적저-セキチョ) 쌓아 모음
【積漸】(적점-セキゼン) 점점 쌓임
【積阻】(적조-セキソ) 떠난 지가 오래되어 소식이 막힘
【積滯】(적체-セキタイ) 쌓이어 잘 통하지 아니함
【積置】(적치-セキチ) 쌓아 둠
【積峙】(적치-セキジ) 높이 거듭 쌓음
【積弊】(적폐-セキヘイ) 여러해 된 폐단

【穉】稚(禾部 八畫 同字)

【十二畫—十三畫】

【穠】농 ジョウ、おおい [冬] ㄋㄨㄥˊ nung² thickly clustered
①번성할 繁— ②번화할 華多

【穡】색 ショク、とりいれ [職] ㄙㄜˋ sê⁴ gather in the harvest
①거둘 農也斂— ②아낄 吝惜

【穡夫】(장부-ショクフ) 농부

【穗】수 スイ、ほ [寘] ㄙㄨㄟˋ suei⁴ spike
이삭 禾成秀

【穢】예 アイ、エ、けがれ [隊] ㄏㄨㄟˋ huei⁴ dirty
①더러울 惡也 ②덧거칠 蕪也

【穢氣】(예기-アイキ) 더러운 냄새

【穢德】(예덕-アイトク) 임금의 더러운 행동。악덕(惡德)

【穢濕】(예습-アイシツ) 더럽고 습함

【穢心】(예심-アイシン) 더러운 마음

【穢語】(예어-アイゴ) 더러운 말

【穢慾】(예욕-アイヨク) 더러운 욕심

【十四畫—十七畫】

【穩】온 オン、おだやか [阮] ㄨㄣˇ wen³ quiet
①편안할 安也 ②곡식 거둬 모을 穀聚

【穩健】(온건-オンケン) 온당하고 건전함

【穩當】(온당-オントウ) 사리에 어그러지지 아니함。이치에 옳음

【穩宿】(온숙-オンシュク) 편안하게 잠을 잠

【穩穩】(온온-オンオン) 편안한 모양

【穩婆】(온파-オンパ) 산파

【穩便】(온편-オンビン) 온당하고 편리함

【穫】확 カク、をさめる harvest
①곡식거둘 刈穀 ②곤박할 困追阨— (호) 땅이름 扶風地名焦—

【穫稻】(확도-カクトウ) 벼를 거두어들임

【穰】양 ジョウ、わら stalk of grain
①볏줄기 禾莖 ②벼여물을 禾實豐 ③번성할 繁盛 ④많을 衆也 ⑤사람 많을 人多浩—

【穰歲】(양세-ジョウサイ) 풍년

【穰穰】(양양-ジョウジョウ) ①벼가 잘 여무는 모양 ②물건이 많은 모양

穴部

【穴】혈 ケツ、あな [屑] ㄒㄩㄝˊ hsüeh²·⁴ cave
①구멍 굴 窟也 ②움 土室 ③광중 壙也 ④틈 孔隙

【穴居】(혈거-ケッキョ) 굴 속에서 살음

【穴處】(혈처-ケッショ) 혈거(穴居)

【二 畫】

【究】구 キウ、ク、きわめる [宥] ㄐㄧㄡˋ chiu⁴ inquiry
①궁구할 推尋 ②꾀할 謀也 ③다할 極也 ④마칠 竟也 ⑤미워할 相憎惡 ——

【究極】(구극-キュウキョク) 궁극

【究理】(구리-キュウリ) 사물의 이치를 구명함

【究明】(구명-キュウメイ) 사리를 궁구하여 밝힘

【究問】(구문-キュウモン) 샅샅이 조사함

【三 畫】

【空】공 クウ、コウ、そら sky
1하늘 天也太— ②빌 虛也 ③다할 罄也 ④클 大也 ⑤궁할 窮也 ⑥없을 —乏 ⑦이지러질 缺也 ⑧구멍穴竅

【空家】(공가-あきや) 빈 집

【空間】(공간-クウカン) ①집안의 쓰지 않는 처소 ②빈 자리 ③상하·전후·좌우로 무한하게 퍼져있는 빈 곳

【空谷】(공곡-クウコク) 쓸쓸한 산중

【空闺】(공규-クウケイ) 혼자 사는 방

【空隙】(공극-クウゲキ) 빈틈。겨를

【空器】(공기) ①빈 그릇 ②위가 넓게 벌어지고 밑이 뾰죽한 작은 그릇

【空氣】(공기-クウキ) 지구를 둘러싸고 있는 기체

【空氣銃】(공기총-クウキジュウ) 압축공기를 이용하여 장전한 총알을 발사시키는 장치로 된 총。공기포

【空談】(공담-クウダン) 쓸데 없는 이야기
【空欄】(공란-クウラン) 일정한 지면에 글자 없이 비워둔 난
【空路】(공로-クウロ) 항공로
【空論】(공론-クウロン) 실행할 수 없는 언론。공담(空談)
【空淚】(공루-そらなみだ) 슬프지 않은데 거짓 흘리는 눈물
【空理】(공리-クウリ) 사실에 관계가 없는 이치
【空漠】(공막-クウバク) ①아득하게 넓음。또는 그러한 사막 ②막연하여 종잡을 수 없음
【空名】(공명-クウメイ) 실제에 맞지 않는 명예
【空文】(공문-クウブン) 실행성 없는 법률이나 규칙
【空房】(공방-クウボウ) 사람이 거처하지 않는 방。빈방
【空腹】(공복-クウフク) 배가 고픈 빈속
【空費】(공비-クウヒ) 쓸데 없는 비용
【空山】(공산-クウザン) 사람이 없는 산속
【空想】(공상-クウソウ) ①실행할 수 없는 생각 ②아무 거리낌 없는 생각
【空床】(공상) 뒤와 옆이 없는 걸상의 한 가지
【空手】(공수-からて・クウシュ) 맨손。빈 「손
【空襲】(공습-クウシュウ) 비행기로 공중에서 폭탄등으로 습격함
【空食】(공식) 힘을 안들이고 거저 돈을 얻거나 음식을 먹음
【空言】(공언-クウゲン) 빈말
【空位】(공위-クウイ) ①비어 있는 지위 ②실권이 없이 이름 뿐인 지위
【空日】(공일-クウジツ) 일을 하지 않고 쉬는 날。곧 일요일
【空前】(공전-クウゼン) 비할 만한 것이 전에는 없음
【空前絶後】(공전절후-クウゼンゼツゴ) 이것과 비교할 것이 이전에도 없고 이후에도 없음
【空中】(공중-クウチュウ) ①하늘과 땅 사이 ②허공
【空地】(공지-あきち) 빈 땅
【空處】(공처-クウショ) ①임자 없이 버려둔 빈터 ②공지(空地)
【空砲】(공포-クウホウ) 실탄을 재지 아니한 발포
【空行】(공행-クウコウ) 헛걸음
【空虛】(공허-クウキョ) ①속이 텅빔。아무것도 없음 ②박비가 없음
【空還】(공환-クウカン) 목적을 이루지 못하고 헛걸음으로 돌아옴
【空濶】(공활-クウカツ) 매우 넓음

【穹】궁 キュウ、たかい high 東 ㄑㄩㄥ ch'iung²
①높을 高也 ②하늘 天也—蒼 ③궁할 窮也 ④클 大也
【穹窿】(궁륭-キュウロ) ①높은 하늘 ②높고 큰것 ③활 모양
【穹蒼】(궁창-キュウソウ) 높은 하늘

【四 畫】

【突】돌 トツ、つく rush out 月 ㄊㄨˊ t'u²
①다닥칠 觸也衝— ②우뚝할 出貌 ③속일 欺也唐—
【突擊】(돌격-トツゲキ) 돌진하여 공격함
【突貫】(돌관-トッカン) ①꿰 뚫음 ②딴 생각 없이 나감 ③적진으로 돌격하여 나감
【突起】(돌기-トッキ) 높게 두드러짐。높「이 솟음。불쑥 나옴
【突發】(돌발-トッパツ) 일이 별안간 일어남
【突飛】(돌비-トッピ) 펄쩍 뛰어 날음
【突如】(돌여-トツジョ) 돌연(突然)
【突然】(돌연-トツゼン) 별안간 갑작스러움。뜻밖
【突入】(돌입-トツニュウ) 막 뛰어들어 감
【突進】(돌진-トッシン) 곧장 나감
【突出】(돌출-トッシュツ) 막 뛰어 나옴
【突破】(돌파-トッパ) ①찔러 깨뜨림 ②깨치고 나감

【穽】정 セイ、おとしあな pit 敬 ㄐㄧㄥˇ ching
함정 穿地陷獸坑

【穿】천 セン、うがつ go thorugh 先 ㄔㄨㄢ ch'uan¹
① 뚫을 鑽也 ②구멍 穴也 ③통할

通也 ④꿸 貫也

【穿耳】(천이-センジ) 중국 여자의 풍속。 귀에 구멍을 뚫어 귀고리를 다는 것

【穿鑿】(천착-センサク) ①구멍을 뚫음 ②속속들이 우벼 팜 ③깊이 연구함

【窃】 竊 (穴部 十七畫) 略字

【五 畫】

【窊】 와 ワ、くぼむ 麻 ㄨㄚˋ wa' hollow
웅덩이 汙下

【窈】 요 ヨウ、ふかい 篠 ㄧㄠˇ yao³ profound
①깊을 深也 ②안존할 幽閒—窕 ③고요할 靜也——

【窈窕】(요조-ヨウチョウ) ①부녀의 행동이 안존한 모양 ②남자의 행동이 안존함에도 씀 ③산수·궁전 등의 그윽한 모양

【窅】 요 ヨウ、くぼみめ sunken eyes 篠 ㄧㄠˇ yao³
①움펑눈 深目 ②까맘 深遠

【窄】 착 サク、せまい narrow 陌 ㄗㄜˊ tsê² ㄓㄞˇ chai³
①좁을 狹也 ②낄 迫也

【窄小】(착소-サクショウ) 좁고 작음

【窆】 폄 ヘン、ほうむる put a coffin in a greve
하관할 葬下棺

【六 畫】

【窕】 조 チョウ、ジョウ、しとやか peacegful 篠 ㄊㄧㄠˇ t'iao³
①안존할 幽閒窈— ②으슥할 深也 窈—

【窒】 질 チツ、ふさぐ stop up
막힐 막힐 塞也 (절) 義同

【窒素】(질소-チッソ) 무색·무미·무취의 기체원소

【窒息】(질식-チッソク) 숨이 막혀 통하지 아니함

【窒礙】(질애-チツガイ) 막히어 방해함

【窓】 창 ソウ、まど window
창 戶也

【窓門】(창문-ソウモン) 공기나 볕이 들어올 수 있도록 벽에 만들어 놓은 작은 문

【窓前】(창전-ソウゼン) 창 앞

【窓戶】(창호-ソウコ) 창과 문의 총칭

【七 畫】

【窖】 교 コウ、あなぐら cellar 效 ㄐㄧㄠˋ chiao⁴
지함 地藏大—

【窘】 군 キン、くるしむ distressed 軫 ㄐㄩㄥˇ chiung³
①군색할 困迫 ②급할 急也

【窘急】(군급-キンキュウ) 매우 군색함

【窘迫】(군박-キンパク) 곤란을 당함

【窘束】(군속-キンソク) 자유롭지 않음

【窘蹙】(군축-キンシュク) 군색하여 옴추려짐

【窘乏】(군핍-キンボウ) 매우 군색함

【窗】 窓 (穴部 六畫) 本字

【八 畫】

【窠】 과 カ、あな 歌 ㄎㄜ k'ê¹ hole
①구멍 穴也 ②둥우리 巢也 ③빌 空也

【窟】 굴 クツ、コツ、あな cave 月 ㄎㄨ k'u¹
①굴 孔穴 ②움 土室

【窟居】(굴거-クッキョ) 굴 속에서 거처함

【窣】 솔 ソツ、ゆるやか slowly
느직느직걸을 行緩貌勃—

【九畫—十畫】

【窩】 와 カ、ワ、あな cave 歌 ㄨㄛ wo¹
①굴 窟也 ②움집 穴居 ③감출 藏也

【窪】 와 ワ、くぼ hollow

①웅덩이 窊也 ②도랑 溝也 ③깊을 深也

【窯】요 ヨウ、かまど kiln
기와가마 燒瓦竈

【窯業】(요업-ヨウギョウ) 질그릇・사기들을 만드는 사업

【窳】유 ユ、ゆがみ be crooked 麌 ㄩ yü
①이지러질 器病缺苦— ②약할 弱也 ③게으를 惰也 窊同

【窮】궁 キュウ、きわめる exhausted 東 ㄑㄩㄥ ch'iung²
①궁구할 究也 ②곤궁할 困屈 ③다할 極也 ④마침 竟也

【窮境】(궁경-キュウキョウ) 곤궁한 경우

【窮計】(궁계-キュウケイ) 궁색한 끝에 나는 꾀

【窮谷】(궁곡-キュウコク) 산속의 깊은 골。 유곡(幽谷) 「함

【窮困】(궁곤-キュウコン) 곤란하고 궁박

【窮究】(궁구-キュウキュウ) 깊이 연구함

【窮極】(궁극-キュウキョク) ①극도에 달함 ②마지막

【窮達】(궁달-キュウタツ) 빙궁한 것과 영달(榮達)한 것

【窮理】(궁리-キュウリ) ①사리를 깊이 연구함 ②좋은 도리를 발견하려고 곰곰히 생각함

【窮民】(궁민-キュウミン) 곤궁한 백성

【窮迫】(궁박-キュウハク) 몹시 곤궁함。 처리하기 곤란함

【窮狀】(궁상-キュウジョウ) 곤궁한 상태。 궁핍한 상태

【窮愁】(궁수-キュウシュウ) 곤궁하여 근심함。 또 그 근심

【窮餘一策】(궁여일책-キュウヨのイッサク) 궁여지책 매우 궁박하여 어려운 끝에 짜낸 한 가지 꾀

【窮人】(궁인-キュウジン) 곤궁한 사람

【窮盡】(궁진-キュウジン)몹시 궁함。다함

【窮策】(궁책-キュウサク) 곤궁한 끝에 생각해 낸 마지막 계책

【窮村】(궁촌-キュウソン) 가난하여 살기 어려운 마을 「개

【窮春】(궁춘-キュウシュン) 춘궁。 보릿고

【窮乏】(궁핍-キュウボウ) 빈궁에 빠짐

【窮巷】(궁항-キュウコウ) ①좁고 으슥한 뒷골목 ②궁벽한 촌구석

【窮鄕】(궁향-キュウキョウ) 도시에서 멀리 떨어져 있는 시골

【窮峽】(궁협-キュウキョウ) 길이 험한 깊은 산골

【十一畫】

【窶】구 ク、まずしい 麌 ㄐㄩ chü
①가난할 貧無禮居 ②또아리 戴具 —數

【窺】규 キ、うかがう 支 ㄎㄨㄟ k'uei peep
엿볼 小視 「를 노림

【窺間】(규간-キカン) 엿봄。 좋은 기회

【窺伺】(규사-キシ) 몰래 엿봄

【窺測】(규측-キソク) 엿보아 헤아림

【窻】窓(穴部 六畫) 同字

【十二畫】

【窾】관 カワン、むなしい empty 旱 ㄎㄨㄢ k'uan³
빌 空也

【窾言】(관언-カンゲン) 빈말。 공언(空言)

【窿】륭 リュウ、 sky
하늘 天執穹—

【十三畫—十四畫】

【竅】규 キョウ、あな 嘯 ㄑㄧㄠ ch'iao⁴ hole
①구멍 穴也 ②빌 空也

【竄】찬 ザン、サン、かくれる sneak away
①귀양보낼 驅逐— 誅 ②숨길 匿也 ③숨을 隱也 ④도망할 逃也 ⑤고칠 易也 —改

【竄逃】(찬도-ザントウ) 숨어서 도망함

【竄定】(찬정-ザンテイ) 시문(詩文) 따위에서 잘못된 곳을 고침

【竄逐】(찬축-ザンチク) 죄인을 먼곳으로 귀양 보냄

【竆】窮 (穴部 十畫) 本字

【十五畫—十七畫】

【竇】두 トウ、あな ㄉㄡˋ tou⁴
hole
①구멍 穴也 ②뙤창문 壁戶 ③터질 決也

【竈】조 ソウ、かまど ㄗㄠˋ tsao⁴
kitchen range
부엌 부뚜막

【竊】절 セツ、ぬすむ ㄑㄧㄝˋ ch'ieh⁴
steal
①도적질할 盜也 ②좀도적 小盜 ③사사 私也 ④얕을 淺也

【竊盜】(절도-セットウ) 남의 물건을 몰래 훔쳐가는 도둑

【竊取】(절취-セッシュ) 몰래 훔쳐 가짐

立 部

【立】립 リツ、リュウ、たつ
stand up; establish
①설 住也 ②세울 建也 ③굳을 堅也 ④곧 速意

【立脚】(입각-リッキャク) 근거를 두어 그 입장에 섬

【立冬】(입동-リットウ) 二十四절기의 하나。양력 十一월 七일경

【立禮】(입례-リツレイ) 선채로 하는 인사。서서 하는 경례

【立法】(입법-リッポウ) 법률을 정함

【立身】(입신-リッシン) 세상에 나가 사람답게 활동함。출세함

【立身揚名】(입신양명-リッシンヨウメイ) 출세하여 자기의 이름이 세상에 들날리게 됨 「세움

【立心】(입심-リッシン) 장성하여 마음을

【立案】(입안-リツアン) 안을 세움 「지

【立場】(입장-たちば) 당면하고 있는 처

【立證】(입증-リッショウ) ①증거를 세움 ②논증(論證)

【立志】(입지-リッシ) 뜻을 세움

【立體】(입체-リッタイ) 공간에 제한이 있는 물건。곧 위치・넓이・길이・두께가 있는 물건

【立秋】(입추-リッシュウ) 二十四 절기의 하나。양력 八월 七일경

【立錐之地】(입추지지-リッスイのチ) 송곳 하나 세울 만할 땅이란 뜻으로 좁아서 여유가 없다는 뜻

【立春】(입춘-リッシュン) 二十四 절기의 하나。양력 二월 三일경

【立夏】(입하-リッカ) 二十四 절기의 하나。양력 五월 五일경

【立憲】(입헌-リッケン) 헌법을 세움

【立會】(입회-たちあい) 현장에 나가 참석함 「립함

【立后】(입후-リッコウ) 황후(皇后)를 책

【立候補】(입후보-リッコウホ) 후보자로 나서거나 또는 내세움

【四畫—六畫】

【竑】횡 コウ、ゴウ、ひろい ㄏㄨㄥˊ hung²
wide
①넓을 廣也 ②헤아릴 量度

【並】병 ヘイ、ならぶ ㄅㄧㄥˋ ping⁴
coexist
①아우를 倂也 ②견줄 比也 ③붙들 相扶 ④함께 偕也 (반)①짝할 與人同處 ②고을이름 牂柯郡名 (방)①연할 連也 ②가까울 近也 傍同

【並列】(병렬-ヘイレツ) 나란히 죽 잇달아 늘어섬

【並立】(병립-ヘイリツ) 같이 섬

【竚】저 チョ、たたずむ
still
우뚝 설 企也久立

【竚立】(저립-チョリツ) 우두커니 멈춰섬

【站】참 タン、たつ ㄓㄢˋ chan⁴
stage of a journey
①역마을 驛也 ②우뚝설 久立貌俗言獨立

【竜】龍部 部首 略字

【竟】경 キョウ、ケイ、おわる ㄐㄧㄥˋ ching⁴
end; at last
①마칠 終也 ②궁진할 窮也

【竟夕】(경석-キョウセキ) 밤샘。밤새도록

【章】 장 ショウ、あきらか clear 陽 ㄓㄤ chang¹
①밝을 明也—— ②글 文也 ③문채 釆也 ④표할 表也 ⑤장정 條也 ⑥큰 재목 大材木 ⑦姓也

【章句】(장귀-ショウク) ①글의 장(章)과 구(句) ②장(章)을 나누고 구(句)를 자르는 일 「이름

【章甫】(장보-ショウホ) 유생(儒生)의 딴

【章服】(장복-ショウフク) 다른 옷과 비하여 두르러지게 보이기 위하여 무늬와 기호로 베푼 옷

【章章】(장장-ショウショウ) 밝은 모양

【章程】(장정-シウテイ) ①조목으로 나누어 정한 규정 ②사무 집행의 규칙

【七 畫】

【童】 동 ドウ、わらべ children 東 ㄊㄨㄥ t'ung²
①아이 幼也—蒙 ②민둥산 山無草木 ③우뚝 우뚝할 盛貌——

【童男】(동남-ドウダン) 사내아이

【童女】(동녀-ドウジョ) 계집애

【童蒙】(동몽-ドウモウ) 아직 성년(成年)이 되지 아니한 남자 아이

【童心】(동심-ドウシン) 아이의 마음。어린 마음 「어림

【童牙】(동아-ドウカ) 나이가 아직 적음。

【童謠】(동요-ドウヨウ) 아이들이 부르는 노래

【童子】(동자-ドウジ) 나이가 어린남자

【童貞】(동정-ドウテイ) 남자 또는 여자가 어릴 때의 순결을 가지고 아직 이성과 교접하지 아니한 것

【童眞】(동진-ドウシン) 일생 동안 여색(女色)을 가까이 하지 않은 사람

【童濯】(동탁-ドウタク) ①씻은 것 같이 깨끗함 ②산에 초목이 없음

【童話】(동화-ドウワ) 어린이를 상대로 하여 취미의 한편에 교훈이 됨직하게 하는 짧은 이야기

【竢】 사 シ、ジ、まつ wait 紙 ㄙ ssŭ⁴
기다릴 待也

【竦】 송 ショウ、つつしむ respect 腫 ㄙㄨㄥ sung³
①두려울 懼也 ②공경할 敬也 ③높일 上也

【竦動】(송동-ショウドウ) ①움직임 ②너무 황송하여 떨림

【竦然】(송연-ショウゼン) 무서워서 몸을 소스라 뜨리는 모양

【竣】 준 シュン、おわる finish 眞 ㄐㄩㄣ chün⁴
①마칠 事畢 ②그칠 止也 (전) 義同

【竣工】(준공-シュコウ) 공사(工事)가 완성됨。낙성(落成)

【八 畫】

【竪】 수 ジュ、たてる vertical
①세울 立也 ②더벅머리 童僕之未冠者 豎同

【意】 心部 九畫에 볼것

【靖】 靑部 五畫에 볼것

【九畫—十一畫】

【竭】 갈 ケツ、つくす exhaust 屑 ㄐㄧㄝ chieh²
①다할 盡也 ②마를 涸也 (걸)義同

【端】 단 タン、はし end 寒 ㄉㄨㄢ tuan¹
①끝 物首 ②바를 正也 ③비롯할 始也 ④실머리 緖也 ⑤싹 萌也 ⑥살필 審也 ⑦오로지 專也 ⑧姓也

【端居】(단거-タンキョ) 일상 생활。평범한 생활

【端襟】(단금-タンキン) 깃을 단정히함。곧 옷모양을 단정히함 「리。끝

【端緖】(단서-タンショ) 일의 처음 실마

【端誠】(단성-タンセイ) 바르고 참됨

【端倪】(단예-タンゲイ) 산꼭대기와 물가

【端午】(단오-タンゴ) 음력 五월 五일

【端正】(단정-タンセイ) 얌전함。아담하고 바름 「앉음

【端坐】(단좌-タンザ) 몸을 바르게 하고

【端舟】(단주-タンシュウ) 조그마한 배

【端志】(단지-タンシ) 바른 뜻

【端直】(단직-タンチョク) 바르고 곧음

【端行】(단행-タンコウ) ①단정한 행실 ②단정한 걸음 걸이

【竵】風部 五畫에 볼것

【十五畫—十七畫】

【競】경 ケイ、キョウ、きそう quarrel 敬 ㄐㄧㄥ ching⁴ ①다툴 爭也 ②굳셀 彊也 ③성할 盛也 ④높을 高也 ⑤좇을 逐也

【競起】(경기-キョウキ) 서로 다투어 일어남

【競技】(경기-キョウギ) 서로 재주를 비교하여 낫고 못함을 경쟁함

【競馬】(경마-ケイバ) 말의 경주。 말달리는 내기

【競馬場】(경마장-ケイバジョウ) 경마하는 장소。 말이 달리는 둥그런 길과 관람석이 있음

【競望】(경망-キョウボウ) 다투어 희망함

【競賣】(경매-キョウバイ・セリウリ) 한 물건을 여러 사람이 사게 될때 그 중에서 값을 많이 본 사람에게 팜。 공매(公賣)

【競爭】(경쟁-キョウソウ) 다투어 싸움

【競漕】(경조-キョウソウ) 배 젓기를 경쟁함

【競走】(경주-キョウソウ) 서로 다름박질을 다툼

【競逐】(경축-キョウチク) 다투어 쫓음

【竸】前條 同字

竹 部

【竹】죽 チク、たけ 屋 ㄓㄨˊ chu² bamboo ①대 多生章 ②피리 笛之總稱絲— ③姓也

【竹刀】(죽도-チクトウ・しない) 대칼

【竹瀝】(죽력-チクレキ) 푸른 대쪽을 불에 구어서 받은 진액

【竹簾】(죽렴-たけすだれ) 대발

【竹籠】(죽롱-たけかご) 대오리를 결어서 만든 농짝

【竹籬】(죽리) 대울

【竹林】(죽림-チクリン) 대숲

【竹馬】(죽마-チクバ) 대로 만든 말

【竹馬之友】(죽마지우-チクバのとも) 죽마를 타고 놀던 벗。 곧 어릴 때 부터 같이 놀며 자란 벗

【竹帛】(죽백-チクハク) 역사를 기록한 책

【竹夫人】(죽부인-チクフジン) 대오리로 길게 만든 것。 여름에 더위를 덜기 위하여 끼고 잠

【竹筍】(죽순-たけのこ) 껍질에 싸인 처음 나는 대의 순

【竹實】(죽실-たけのみ) 대나무 열매 속에 든 씨

【竹葉】(죽엽-チクヨウ) ①대잎 ②술의 딴 이름 ③관(冠)의 이름

【竹杖】(죽장) 대지팡이

【竹杖芒鞋】(죽장망혜) 대지팡이와 짚신

【竹長槍】(죽장창-たけながやり) 대로 만든 긴 창

【竹田】(죽전-チクデン) 대밭

【竹釘】(죽정-たけくぎ) 대못

【竹槍】(죽창-たけやり・チクソウ) 대로 만든 창

【竹窓】(죽창-チクソウ) 창살을 대로 만든 창문

【竹柵】(죽책-チクサク) 대로 둘러 만든 울타리

【竹叢】(죽총-チクソウ) 자그맣고 아담한 대숲

【竹胎】(죽태-チクタイ) 죽순

【竹筒】(죽통-チクトウ) 대로 만든 통

【竹皮】(죽피-たけのかわ) 대의 껍질

【二畫—三畫】

【竺】축 ジク、チク、いんど name of a state 나라 이름 西域國名天—

【竿】간 カン、さお 寒 ㄍㄢ kan¹ pole 낚싯대 竹挺漁—

【竿牘】(간독-カントク) 편지

【竿頭】(간두-カントウ) 대끝

【竽】우 ウ、ふえ 虞 ㄩˊ yü² flute 생황 三十六簧樂

【竽笙】(우생-ウショウ) 생황

【四 畫】

【笄】계 ケイ、ゲイ、かんざし ornament hair-pin
비녀 簪也

【笈】급 キユウ、おい book-box
책상자 書箱 (겁) 길마 驢上負

【笑】소 ショウ、おらう laugh
웃을 喜而解顔啓齒

【笑納】(소납-ショウノウ) 보잘것 없는 것이나마 받아 달라는 뜻
【笑談】(소담-ショウダン) 우스운 이야기
【笑罵】(소매-ショウバ) 비웃으며 꾸짖음
【笑聲】(소성-ショウセイ) 웃음 소리
【笑顔】(소안-ショウガン・えがお) 웃는 얼굴
【笑話】(소화) 우수운 이야기

【笋】筍 (竹部 六畫) 俗子

【笊】조 サウ、ざる bamboo skimmer
조리 -籬

【笏】홀 コツ、しゃく 月 ㄏㄨˋ hu⁴ tablet
홀 手版

【五 畫】

【笳】가 カ、ふえ 麻 ㄐㄧㄚ chia¹ whistle
갈잎피리 吹笳蘆葉 「리

【笳管】(가관-カカン) 호인(胡人)의 피리

【笠】립 リユウ、かさ 緝 ㄌㄧˋ li⁴ rainhat of bamboo
①삿갓 簦也 ②우산-轂

【笠房】(입방-リユウボウ) 갓방
【笠帽】(입모) 갈모
【笠檐】(입첨-リユウエン) 갓의 밑 둘레 밖으로 넓게 바닥이된 부분

【笨】분 ホン、あらい 阮 ㄅㄣˋ pen⁴ dirty
①지저분할 麤率 ②대청 竹裏

【笨伯】(분백) 살찌고 큰 사람

【笥】사 シ、ス、はこ 寘 ㄙˋ ssu⁴ box
옷상자 竹方器衣篋

【笙】생 ショウ、ソウ、たかむしろ 庚 ㄕㄥ shêng¹ split bamboo
①대자리 竹席桃- ②생황 樂器-簧

【笛】적 テキ、ふえ 錫 ㄉㄧˊ ti² flute
①저 樂管十孔篇 ②날라리 羌-

【笛聲】(적성-テキセイ) 적소리

【第】제 ダイ、テイ、ついで 霽 ㄉㄧˋ ti⁴ grade
①차례 次也 ②집 宅也 ③과거 等-④또 且也 ⑤다만 但也

【第三者】(제삼자-ダイサンジャ) 당사자이외의 사람
【第六感】(제육감-ダイロッカン) 오관(五官) 이외의 감각
【第一義】(제일의-ダイイチギ) 근본이 되는뜻
【第宅】(제택-テイタク) 집

【笞】태 チ、むちうす 支 ㄔ ch'ih¹ spank
볼기칠 捶擊

【笞擊】(태격-チゲキ) 볼기 침
【笞殺】(태살-チサツ) 볼기쳐 죽임

【六 畫】

【筶】고 basket
대고리 屈竹木爲器-筶

【笻】공 キョウ、つえ 冬 ㄑㄩㄥ ch'iung² bamboo stick
대이름 蜀竹可爲杖

【筈】괄 カツ、はず 曷 ㄍㄨㄚ kua¹ notch
살오늬 箭末受弦處

【筐】광 キョウ、かご 陽 ㄎㄨㄤ k'uang¹ cpen basket
①광주리 筐屬-筥 ②평상 牀也 ③별 이름 星名戴-

【筋】근 キン、すじ 文 ㄐㄧㄣ chin¹ muscle
힘줄 骨絡肉力

【筋骨】(근골-キンコツ) ①힘줄과 뼈 ②몸
【筋力】(근력-キンリョク) 근육의 힘
【筋脈】(근맥-キンミャク) 힘줄과 맥
【筋肉】(근육-キンニク) 힘줄과 살。몸의

운동 관능의 요구

【答】답 トウ、こたえる 㕧ㄉㄚ ta'·²
answer
①대답 對也 ②갚을 報也 ③합당할 合當 ④그렇다할 然也 ⑤굵은베 麤布

【答禮】(답례-トウレイ) 남이 하는 인사에 대하여 하는 인사
【答拜】(답배-トウハイ) 남이 하는 절에 답례로 하는 절
【答盃】(답배-トウハイ) 받은 술잔을 마시고 그사람에게 잔을 돌려주는 일
【答辯】(답변-トウベン) 남이 묻는 대로 변명하여 대답함
【答報】(답보-トウホウ) 회보
【答辭】(답사) ①대답하는 말 ②식사(式辭)에 대하여 대답하는 말
【答謝】(답사-トウジ) 사례하는 뜻을 나타내는 대답
【答書】(답서トウショ) 회답하는 편지。답장(答狀)
【答信】(답신-トウシン) 회답의 통신
【答案】(답안-トウアン) 시험문제에 대하여 대답하는 글
【答言】(답언-トウゲン) 대답으로 하는말
【答電】(답전-トウデン) 회답의 전보。회전

【等】등 トウ、ひとしい
equal 迵ㄉㄥ têng³
①가지런할 齊也 ②무리 類也 輩也 ③등급 級也 ④기다릴 候待 ⑤헤아릴 稱量輕重

【等級】(등급-トウキュウ) 위와 아래를 가르는 계급。높낮이를 구분하는 계급
【等內】(등내-トウナイ) 벼슬아치가 그벼슬을 살고 있는 동안 「있음
【等待】(등대-トウタイ) 미리 기다리고
【等列】(등렬-トウレツ) ①같은 줄 ②같은 행렬 ③자리。지위
【等類】(등류-トウルイ) 같은 종류
【等分】(등분-トウブン) ①똑 같이 나눔 ②등급의 구분
【等比】(등비-トウヒ) 서로 똑 같은 두개의 비
【等屬】(등속-トウゾク) 딸린 것들
【等數】(등수-トウスウ) 등급의 차례
【等神】(등신-トウシン) 어리석은 사람。어림없는 사람
【等外】(등외-トウガイ) 등급 밖
【等狀】(등장-トウジョウ) 여러사람이 이름을 잇대어 써서 관청에 어떠한 요구를 하소연하는 일
【等差】(등차-トウサ) 사물의 차이
【等閑】(등한-トウカン・なおざり) ①소홀 ②서로 떨어져 있어서 사이가 멀어짐

【笔】로 willow basket
버들고리 柳品一笔

【筏】벌 バツ、ハツ、いかだ
bamboo raff 月ㄈㄚ fa²
떼 桴也編竹渡水

【筍】순 ジュン、シュン、たけのこ
bamboo shoot 㯏ㄙㄨㄣ suen³
죽순 竹萌

【筎】여 ジョ、まいはた
bamboo skin
대껍질 竹皮爲寨舟

【筌】전 セン、うえ
bamboo fish-trap
통발 取魚竹器

【策】책 サク、はかりごと
plan 陌ㄘㄜ ts'ê⁴
①꾀 謀也籌ㅡ ②채쭉 馬箠 ③책 簡冊 ④箸也龜ㅡ ⑤잎떨어지는 소리 落葉聲ㅡㅡ ⑥쇠지팡이 鎬杖金ㅡ ⑦별이름 星名天ㅡ

【策動】(책동-サクドウ) 계략을 꾸미어 행동함
【策略】(책략-サクリャク) 꾀
【策命】(책명-サクメイ) 임금이 신하에게 내려서 명령하는 말
【策謀】(책모-サクボウ) 책략
【策士】(책사-サクシ) 책략을 잘쓰는 사람
【策源地】(책원지-サクゲンチ) ①전시에 작전계획을 세워 명령을 내리는 곳 ②꾀를 세워서 활동을 명령하는 곳

【策應】(책응-サクオウ) 군대를 도와 줌

【策定】(책정-サクテイ) 계획하여 정함

【筑】축 チク、ひろう 屋 ㄓㄨˊ chu² lute
축 樂器似箏

【筒】통 トウ、つつ 東 ㄊㄨㄥ t'ung² pipe
①통 時—律— ②대이름 竹名射—

【筆】필 ヒツ、ふで 質 ㄅㄧˇ pi³ Chinese pen
붓 作字述書一名不律

【筆耕】(필경-ヒッコウ) 직업으로 글씨를 쓰는 일

【筆管】(필관-ヒッカン) 붓대

【筆記】(필기-ヒッキ) 글씨를 씀。말을 받아 씀

【筆囊】(필낭-ヒツノウ) 붓을 넣어 두는 「주머니

【筆談】(필담-ヒツダン) 말을 통하지 못하는 사람이 글자를 써서 사상을 문답함 「답함

【筆答】(필답-ヒットウ) 붓으로 써서 대

【筆頭】(필두-ヒットウ) ①붓 끝 ②붓끝 같이 뾰족한 머리 ③첫번에 적음

【筆力】(필력-ヒツリョク) 붓의 힘

【筆路】(필로-ヒツロ) ①글을 지을 때 나오는 사상 ②붓의 운치

【筆名】(필명-ヒツメイ) 글씨를 잘씀으로 인하여 떨치는 명예 「장

【筆墨】(필묵-ヒツボク) ①붓과 먹 ②문

【筆法】(필법-ヒッポウ) 문필의 법칙

【筆鋒】(필봉-ヒッポウ) ①붓 끝 ②붓의 위세。문장 또는 서화의 위세

【筆寫】(필사-ヒッシャ) 베끼어 씀

【筆削】(필삭-ヒッサク) 쓸 것은 쓰고 지울 것은 지움

【筆算】(필산-ヒッサン) 숫자를 써서 운산을 함

【筆舌】(필설-ヒツゼツ) 붓과 혀。곧 붓으로 쓰고 말로함

【筆洗】(필세-ヒッセン) 붓을 빠는 그릇

【筆勢】(필세-ヒッセイ) 필력。글씨의 획에 들어난 기세

【筆硯】(필연-ヒッケン) 붓과 벼루

【筆苑】(필원-ヒツエン) 문필가들의 사회

【筆蹟】(필적-ヒッセキ) 글씨의 형적이나 그 솜씨 「글로 다툼

【筆戰】(필전-ヒッセン) ①붓이 떨림 ②

【筆陣】(필진-ヒツジン) ①시(詩)와 문장이 웅건(雄健)함 ②정기간행물의 집필 진용

【筆帖】(필첩) 옛사람의 필적을 모아서 엮은 책

【筆致】(필치-ヒッチ) 필세의 됨됨이

【筆禍】(필화-ヒッカ) 붓끝을 잘 못 놀리어 받는 재앙

【筆痕】(필흔-ヒッコン) 글씨의 흔적

【筆興】(필흥-ヒッキョウ) 글씨를 쓰고 그림을 그리는 때에 일어나는 흥취

【筓】筓 (竹部 四畫) 本字

【七 畫】

【筥】거 キョ、めしかご basket for rice
①쌀 고리 盛米圓器 ②광주리 筐也 ③벼묶음 禾束

【筧】견 ケン、かけい 銑 ㄐㄧㄢˇ chien³ water-pipe
대홈통 以竹通水

【筠】균 イン、たけかわ skin of the bamboo
속빈대 竹膚堅實

【筮】서 ゼイ、セイ、うらない 霽 ㄕˋ shih⁴ fortunetelling
시초점 蓍占卜— 「가지

【筮竹】(서죽-ゼイチク) 점칠 때 쓰는 산

【筲】소 ソウ、ショウ、はこ 肴 ㄕㄠ shao¹ basket
두되들이 대그릇 竹器容斗二升

【筵】연 エン、むしろ 先 ㄧㄢˊ yen² bamboo mat
대자리 竹席鋪陳

【筯】저 チョ、はし chopstick
젓가락 匙—

【筦】管 (竹部 八畫) 俗字

【筭】算 (竹部 八畫) 同字

【八 畫】

【箇】개 カ、コ、かず 〔箇〕ㄍㄜ ke⁴ a piece
낱 枚也
【箇箇】(개개-ココ) 낱낱
【箇所】(개소-カショ) 지목하는 곳
【箇條】(개조-カジョウ) 낱낱이 조목

【箝】겸 ケン、はさむ 〔鹽〕ㄑㄧㄢ ch'ien² tweezers
①재갈 箝也鐵鑷 ②목잠글 鎖項
【箝口】(겸구-カンコウ・くちをはさむ) ①입을 다물음 ②언론의 자유를 속박함

【箍】고 コ、たが 〔虞〕ㄍㄨ ku¹ bamboo hoop
대테 멜 以竹束物

【箜】공 ク、コウ、だらこと 〔東〕ㄎㄨㄥ k'ung¹ ancient lute
공후 樂器瑟類—篌

【管】관 カン、くだ 〔旱〕ㄍㄨㄢ kuan³ tube
①대통 截竹 ②붓대 筆彄 ③쌍피리 樂器似篪六孔 ④주관할 主當 ⑤열쇠—鍵 ⑥고동 樞要
【管見】(관견-カンケン) 좁은 소견。보고 들은 것이 적음 「직이
【管庫】(관고-カンコ) 신분이 낮은 창고
【管區】(관구-カンク) 관할하는 구역
【管窺】(관규-カンキ) 견식이 썩 좁음
【管內】(관내-カンナイ) 관할구역의 안
【管領】(관령-カンリョウ) 도맡아 다스림。권한으로 감독함
【管理】(관리-カンリ) 맡아서 다스림。사물을 처리함 「모양
【管狀】(관상-カンジョウ) 대통 처럼 생긴
【管樂】(관악-カンガク) 관악기로 연주하는 음악 「의 악기 ②열쇠
【管籥】(관약-カンヤク) ①생황。단소들
【管音】(관음-カンオン) 피리 소리
【管下】(관하-カンカ) 관할하는 구역이나 범위안
【管翰】(관한-カンカン) 붓 「스림
【管轄】(관할-カンカツ) 직권으로 맡아 다
【管絃】(관현-カンゲン) 거문고·비파·피리·생황 따위

【箕】기 キ、み 〔支〕ㄐㄧ chi¹ ㄑㄧ ch'i¹ winnowing basket
①키 去糠之具 ②별이름 宿名南— ③姓也
【箕踞】(기거-キキョ) 두 다리를 뻗고 기대어 앉음
【箕斂】(기렴-キレン) ①키로 물건을 가려냄 ②세금을 가혹하게 받아 냄
【箕城】(기성-キジョウ) 평양의 옛이름
【箕坐】(기좌-キサ) 두 다리를 앞으로 뻗고 앉음 「②아내
【箕帚】(기추-キソウ) ①쓰레받기와 비

【箔】박 ハク、すだれ 〔藥〕ㄅㄛ po² bamboo-blind
발 簾也

【箙】복 フク、えびら 〔屋〕ㄈㄨ fu² quiver
전동 盛矢器

【箏】쟁 ソウ、ショウ、そうのこと a kind of harp
①쟁 瑟類會— ②풍경 簷前鐵馬風—

【箋】전 セン、はりふだ memorandum
①전문 文體名 ②주낼 註也 ③기록할 書也表識 「이함
【箋註】(전주-センチュウ) 본문의 뜻을 풀

【箐】정 ショウ、かご basket
바구니 小籠

【劄】차 サツ、トウ、しるす 〔洽〕ㄓㄚ cha² stationed at
①기록할 錄也 ②차자 用以奏事—子

【箒】추 ソウ、シュウ、ほうき broom
비 彗也 箕— 帚同

【箠】추 スイ、むち 〔紙〕ㄔㄨㄟ ch'uie² whip
①채찍 馬策 ②볼기채 笞刑
【箠策】(추책-スイサク) 말채쭉

【算】산 サン、かぞえる 〔旱〕ㄙㄨㄢ suan⁴ calculate
①셈 놓을 數也 ②줏가지 籌也

【算數】(산수-サンスウ) ①수학 ②수량 ③계산

【算術】(산술-サンジュツ) ① 산법(算法) ②초등수학

【算式】(산식-サンシキ) 계산의 순서를 글자 또는 표로 적어 놓은 것

【算入】(산입-サンニュウ) 수에 넣음

【算定】(산정-サンテイ) 셈하여 정함

【算出】(산출-サンシュツ) 계산하여 구하는 수치를 냄

【算筒】(산통) 산가지를 넣은 소경이 점치는데 쓰는 통

【算學】(산학-サンガク) 계산에 관한 학문

【九 畫】

【範】 범 ハン、のり 豏 ㄈㄢˋ fan⁴ pattern

①모범 模也 ②법 法也 ③떳떳할 常也

【範式】(범식-ハンシキ) 본보기로 삼을 만한 양식

【範圍】(범위-ハンイ) 제한한 구역의 언저리。테

【範疇】(범주-ハンチュウ) ①같은 성질의 것이 속하여야할 부류(部類)。카테고리이 ②종류에 따라서 나뉜구분。영역(領域)

【箱】 상 ソウ、ショウ、はこ 陽 ㄒㄧㄤ hsiang¹ box

①상자 篋也 ②곳집 廩也 ③수레곳간 車服

【箱筥】(상거) 상자

【箱房】(상방) 옛날 관청의 앞이나 좌우에 길게 지은 집。행각(行閣)

【箴】 잠 シン、はり 侵 ㄓㄣ chen¹ needle

①바늘 綴衣 ②경계 規戒諫誨辭 ③돌침 石刺病 鍼同

【箴言】(잠언-シンゲン) 훈계가 되는 말

【箭】 전 セン、や 霰 ㄐㄧㄢ chien⁴ arrow

살 矢也

【箭書】(전서-センショ) 글월을 화살에 매어 쏘아 소식을 통함

【箭鏃】(전족-センゾク) 화살 촉

【箭竹】(전죽-センチク) 살대

【箭筩】(전통-センヨウ) 화살을 담는 통

【篆】 전 テン、かきたか a form of Chinese writing

①전자 書也 ②하전수레 轂約夏—— ③쇠북띠 鐘帶

【篆刻】(전각-テンコク) ①전자(篆字)로 도장을 새김 ②꾸밈이 많고 실질이 없는 문장

【篆書】(전서-テンショ) 전체(篆體)로 쓴 글씨

【篆額】(전액-テンカク) 전자로 새긴 석비(石碑)의 제자(題字)

【篆烟】(전연-テンエン) 전자 같이 구불구불 오르는 향로(香爐)의 연기

【篆字】(전자-テンジ) 한문 글자의 서체(書體)의 하나

【節】 절 セツ、セチ、ふし 屑 ㄐㄧㄝ chieh² joint

①마디 竹— ②때 時— ③절개 操也 ④풍류가락 樂— ⑤기 —旄

【節減】(절감-セツゲン) 절약하여 줄임

【節槩】(절개-セツガイ) 뜻을 지키고 변하지 아니함。절조

【節儉】(절검-セッケン) 절약하고 검소하게 함

【節氣】(절기-セッキ) 一년 중 二十四의 기후

【節略】(절략-セツリャク) 절약(節約)

【節目】(조목-セツモク・ふしめ) 조목(條目)

【節文】(절문-セツブン) 예절에 관한글월

【節物】(절물-セツブツ) 절기에 따라 나는 물건

【節婦】(절부-セップ) 절조가 있는 부인

【節死】(절사-セッシ) 절개를 지키어 죽음

【節士】(절사-セツシ) 절개가 있는 사람

【節序】(질서-セツジョ) 절기의 차례

【節扇】(절선-セッセン) 단오절(端午節)에 선사하던 부채

【節食】(절식-セッショク) 음식을 절조 있게 먹음

【節約】(절약-セツヤク) 객적은 비용을 내지 않고 쓸데만 씀

【節慾】(절욕-セツヨク) 여색(女色)을 멀리함。 욕심을 억제함

【節用】(절용-セツヨウ) 절약하여 씀

【節飮】(절음-セツイン) 술을 알맞게 마심
【節義】(절의-セツギ) 의리와 절개
【節日】(절일-セツジツ) ①한철의 명절 ②임금의 탄생일
【節制】(절제-セッセイ) ①지휘 명령함 ②규율이 바름 ③자기의 욕망을 제어하여 방탕하지 아니함 ④알맞게 함
【節操】(절조-セッソウ) ①지조를 굳게 지켜 마음을 변하지 않음 ②부인이 정조를 굳게 지켜 불의의 행동을 하지 않음
【節酒】(절주-セッシュ) 술을 알맞게 먹음
【節奏】(절주-セッソウ) 음악의 꺾는 마디
【節次】(절차-セツジ) 일의 순서
【節次法】(절차법-セツジホウ) 권리의 실질적 내용을 실현하기 위하여 취하여야 할 방법을 규율하는 법

【篇】편 ヘン、ふみ 先 ㄆㄧㄢ p'ien^1 a editing ①책편 簡成章 ②편찬할 聯牘
【篇牘】(편독-ヘントク) 책
【篇法】(편법-ヘンポウ) 시문(詩文)을 편을 지어 만드는 방식
【篇首】(편수-ヘンシュ) 책편의 첫머리
【篇帙】(편질-ヘンチツ) 책의 편과 질
【篇次】(편차-ヘンジ) 책의 편의 순서
【篇篇】(편편) 가볍게 오르는 모양

【箯】편 ベン、たけごし bamboo sledge ①대남여 竹輿 ②들것 竹器—轝
【箯輿】(편여-ヘンヨ) 대로 만든 남여

【篋】협 キョウ、はこ 葉 ㄑㄧㄝ ch'ieh^4 box 상자 箱—

【篁】황 コウ たかむら clump of bamboos ①대밭 竹田 ②대수풀 竹叢
【篁竹】(황죽) 무더기로 난 대나무

【篌】후 ゴ、コウ、ごと 尤 ㄏㄡ hou^2 ancient lute 공후 絃樂 箜—

【築】 築 (次畫) 同字

【十 畫】

【篙】고 コウ、さお 豪 ㄍㄠ kao^1 bamboo pole 상앗대 進船竿
【篙人】(고인-コウジン) 뱃사공

【篝】구 コウ、かかりび 尤 ㄍㄡ kou^1 bonfire ①배롱 覆火籠 ②부담동 負物

【篤】독 トク、あつい 沃 ㄉㄨ tu^3 warm-hearted ①도타울 厚也 ②순전할 純也 ③굳을 固也 ④병위독할 疾甚 ⑤말걸음 뜰 馬行 頓遲
【篤敬】(독경-トッケイ) 언행을 두터이 하고도 삼가함
【篤老】(독로-トクロウ) 매우 나이가 많음
【篤性】(독성-トクセイ) 인정이 많음
【篤信】(독신-トクシン) 깊이 믿음
【篤實】(독실-トクジツ) 부지런함。극진함。 진실함
【篤志】(독지-トクシ) 두텁고 친절한 뜻이나 마음
【篤疾】(독질-トクシツ) 위독한 병。고치기 어려운 병
【篤學】(독학-トクガク) 독실하게 공부함
【篤行】(독행-トッコウ) 부지런하고 친절한 행실
【篤孝】(독효-トッコウ) 효성이 두터움
【篤厚】(독후-トッコウ) 인정이 많음。정이 두터움

【篦】비 ヘイ、へら 齊 ㄅㄧ pi^4 fine-toothed comb ①빗치개 釵 ②대그릇 竹器

【篩】사 シ、ふるい 支 ㄕㄞ shai^1 sieve ①체 去麤取細器 ②왕대 大竹
【篩簾】(사렴-シレン) 발 틈으로 새어 나옴

【篪】지 チ、ふえ 支 ㄔ ch'ih^2 a kind of flute 저 橫吹管樂

【簒】찬 サン、うばう 諫 ㄘㄨㄢ ts'uan^4 usurp the throne 빼앗을 逆奪
【簒立】(찬립-サンリツ) 신하가 왕위를 빼앗아 대신 섭
【簒弑】(찬시-サンシイ) 임금을 죽이고

그 자리를 빼앗음

【簒逆】(찬역-サンギャク) 신하가 왕위를 빼앗는 대악(大惡)

【簒位】(찬위-サンイ) 신하가 왕위를 빼앗음

【簒奪】(찬탈-サンダツ) 왕위 또는 대권(大權)을 빼앗음

【篘】추 シユウ、さけこし barrel 尤 ㄔㄡ ch'ou¹ 용수 籠漉取酒

【築】축 チク、つくる build 屋 ㄓㄨˊ chu² 쌓을 다질 擣也

【築臺】(축대-チクダイ) 높이 쌓아올린 터

【築城】(축성-チクジョウ) 성을 쌓음

【築造】(축조-チクゾウ) 쌓아 만드름

【築港】(축항-チッコウ) 인공으로 항구를 쌓음

【十一畫】

【簋】궤 キ、たけかご sqnare basket of bamboo 보궤 盛黍稷器簠—

【篷】봉 ホウ、とま cataill-mat 東 ㄆㄥˊ p'eng² 뜸 織竹覆舟

【篷窓】(봉창-ホウソウ) 뜸을 친 배의 창

【篹】산 セン、サン、たけかご brmboo basket 旱 ㄙㄨㄢˇ suan³ ①소코리 竹雕笥— (전) 지을 述也 ②반찬 具食

【簇】족 ソウ、ソク、むらがる gather 屋 ㄘㄨˋ ts'u⁴ ①모을 聚也 ②가는대 小竹

【簇生】(족생-ソウセイ) 무더기로 남

【簀】책 サク、すのこ bed-mat 陌 ㄗㄜˊ tse² ①살평상 牀棧 ②삿자리 簟也 ③쌓을 積聚

【篳】필 ヒツ、ヒチ、まがき bamboo gate 質 ㄅㄧˋ pi⁴ ①대사립짝 藩落柴門 ②섶실은수레 柴車—路

【十二畫】

【簡】간 カン、ふみ letter 潸 ㄐㄧㄢˇ chien³ ①편지 札也 ②간략할 略也 ③쉬울 易也 ④구할 求也 ⑤가릴 選也 ⑥분별할 分別 ⑦중요로울 要也 ⑧점고할 閱也 ⑨클 大也 ⑩姓也

【簡潔】(간결-カンケツ) 간단하고 깨끗함

【簡單】(간단-カンタン) 복잡하지 않음。홀홀함。홀가분함

【簡牘】(간독-カントク) ①글을 쓰는 댓조각과 나무조각 ②편지틀

【簡略】(간략-カンリャク) 간단(簡單)

【簡默】(간묵-カンモク) 말이 적고 매우 잠잠함

【簡儀】(간의-カンギ) 옛날에 천체의 현상을 관측하던 기계

【簡易】(간이-カンイ) 손쉬움。간단하고 쉬움

【簡定】(간정-カンテイ) 가리어 정함

【簡直】(간직-カンチョク) 간단하고 바름

【簡策】(간책-カンサク) 옛날에 종이 대신에 대쪽각에 글자를 써서 엮어 맨책

【簡捷】(간첩-カンショウ) 간단하고 민첩함

【簡便】(간편-カンベン) 간단하고 편리함

【簡筆】(간필-カンヒツ) 대필과 소필의 중간되는 붓

【簣】궤 キ、もっこ a kind of basket 寘 ㄎㄨㄟˋ k'uei⁴ 삼태기 盛土器

【簞】단 タン、はこ small basket 寒 ㄉㄢ tan¹ 소코리 笥也小筐

【簞笥】(단사-タンシ・タンス) ①밥을 담는 상자。둥근 것이 단(簞)·모진 것이 사(笥) ②의복을 넣는 가구

【簞食壺漿】(단식호장-タンシコショウ) 적은 음식。길 갈때에 가지고 가는 음식。기꺼하여 의병(義兵)을 맞는 형용

【簠】보 ホ、フ、たけかご square basket of bamboo 麌 ㄈㄨˇ fu³ 보궤 盛黍稷器—簋

【簫】소 ショウ、ふえ flute of bamboo 蕭 ㄒㄧㄠ hsiao¹ ①통소 管樂 ②활꽂이 弓末

【簫鼓】(소고-ショウコ) 통소와 북

【簫管】(소관-ショウカン) 퉁소

【簪】잠 シン、サン、かんざし hair-pin 侵 ㄗㄢ tsan¹
①비녀 首笄 ②모을 聚也盍—
【簪纓】(잠영-シンエイ) 관원(官員)이 쓰던 비녀와 갓끈。곧 고관(高官)을 이름

【簟】점 テン、むしろ bamboo mats 琰 ㄉㄧㄢ tien⁴
①삿자리 竹席 ②대 이름 竹名
【簟牀】(점상) 대로 엮어 만든 자리

【簧】황 コウ、した reed
①생황 女媧樂笙— ②공교히 하는 말 巧言—鼓
【簧鼓】(황고-コウコ) 피리의 혀를 고동하여 소리를 내는 것처럼 망년된 말을 하여 여러 사람을 현혹하게 함

【十三畫】

【簴】거 キョ、かねかけ
북틀 鍾鼓柎筍—

【簾】렴 レン、すだれ window-screens 鹽 ㄌㄧㄢ lien²
발 箔也
【簾幕】(염막-レンマク) 발과 장막
【簾帷】(염유-レンイ) 발과 휘장

【簿】부 ボ、ブ、ちょうめん book; register 麌 ㄅㄨ pu⁴
①문서 籍也 ②홀 手版 ③의장 車駕法從次第鹵— ④거느릴 領也 (박) 누에발 蠶具
【簿記】(부기-ボキ) ①날마다 출납의 기입·정리를 하는 회계의 방법 ②장부에 기입함
【簿書】(부서-ボショ) 마을의 장부 또는 서류
【簿責】(부책-ボセキ) 장부를 보이고 문「책함

【簷】첨 エン、のき eaves 鹽 ㄧㄢ yen²
처마 屋檐
【簷馬】(첨마-エンバ) 풍경

【簽】첨 セン、ふだ title
①제목 文字以爲表識—書 ②이름둘 押署 ③농 籠也—贏
【簽記】(첨기-エンキ) 적어 표함

【十四畫】

【簸】파 ハ、ひる winnow 哿 ㄅㄛ po³
까부를 揚米去糠

【籃】람 ラン、かご basket 覃 ㄌㄢ lan²
큰등롱 大篝籠
【籃輿】(남여-ランヨ) 위를 덮지 아니한 의자 같은 승교(乘轎)

【籋】섭 ジョウ、ふむ step on pincers
①밟을 蹈也 ②족집개 鉗也

【籍】적 セキ、ジャク、ふみ list; register 陌 ㄐㄧ chi²
①호적 戶口圖— ②문서 簿書典— ③낭자할 狼— ④재재거릴 語聲— —藉通
【籍沒】(적몰-セキボツ) 죄인의 재산을 몰수 함

【籌】주 チュウ、かずとり calculate 尤 ㄔㄡ ch'ou²
①산가지 算也 ②투호살 壺矢
【籌決】(주결-チュウケツ) 선악(善惡)을 헤아려 정함
【籌策】(주책-チュウサク) 이해 관계를 헤아려 생각한 꾀

【纂】糸部 十四畫에 볼것

【十五畫】

【籐】등 トウ、とう rattan 蒸 ㄊㄥ t'êng²
등 蔓生似竹

【籓】번 ハン、かき large box 元 ㄈㄢ fan¹
①울 바자 籬也 ②큰 키 大箕

【籔】수 ス、ざる bamboo ladle 麌 ㄙㄡ sou³
①휘 量名受十六斗 ②또아리 薦盆 寠— ③조리 漉米器

【籀】주 チュウ、かきかた seal character
①전자 大篆—文 ②주나라 태사 이름 周太史名

【十六畫】

【籙】록 ロク、ふみばこ 沃 ㄌㄨˋ lu⁴ list; chart
①비기 未來記圖— ②호적 籍也

【籠】롱 ロウ、かご 東 ㄌㄨㄥˊ lung² cage
①새장 鳥檻 ②농 笭也 ③전동 矢箙 ④얽을 包擧—物 ⑤대상자 竹器箱—

【籠絡】(농락-ロウラク) 남을 교묘하게 속임。남을 자기 수중에 넣고 조종함
【籠城】(농성-ロウジョウ) 성문을 굳게 닫고 성을 지킴

【籟】뢰 ライ、ふえ 泰 ㄌㄞˋ lai⁴ musical pipe
①세구멍통소 籥名三孔籥 ②소리 凡孔竅機括皆曰—

【籞】어 ギョ、いけす 語 ㄩˋ yü⁴ garen
나라 동산 禁苑池—

【十七畫—十九畫】

【籥】약 ヤク、ふえ 支 ㄌㄧˊ li² flute
피리 樂器似笛管—

【籤】첨 セン、くじ 鹽 ㄑㄧㄢ ch'ien¹ lot
①서산대 書— ②찌붙일 幟識 ③점대 用以卜者竹— ④징험할 驗也

【籩】변 ヘン、たかつき 先 ㄅㄧㄢ pien¹ splint-basket
변두 祭祀燕享器—豆

【籩豆】(변두-ヘントウ) 제사·향연때 쓰는 식기이름。변은 대(竹)로, 두는 나무(木)로 만듦

【籬】리 リ、まがき bamboo fence
①울타리 籓— ②조리 竹杓笊—

【籬菊】(이국-リキク) 울타리 밑에 핀 국화
【籬落】(이락-リラク) 울타리
【籬垣】(이원) 울타리
【籬楓】(이풍-リフウ) 울타리에 있는 단「풍

米部

【米】미 ベイ、マイ、こめ 薺 ㄇㄧˇ mi³ rice
①쌀 穀實精鑿 ②姓也

【米泔】(미감-ベイカン) 쌀 뜨물
【米穀】(미곡) ①쌀 ②쌀 및 기타 곡식
【米豆】(미두) 곡물을 실제로 현물의 거래는 없이 투기적 약속으로만 팔고 사는 일
【米粒】(미립-こめつぶ) 쌀알
【米飯】(미반-ベイハン) 쌀밥
【米粉】(미분-ベイフン) 쌀가루
【米產】(미산-ベイサン) 쌀의 생산
【米商】(미상-ベイショウ) 쌀장사。쌀을 파는 영업
【米飮】(미음-ベイイン) 환자가 먹는 묽은 쌀죽

【二畫—三畫】

【籴】잡 mix 合 ㄉㄧˊ ti²
섞일 不一 (석) 糴(米部 十六畫)略字

【籹】여 ジョ、おこし 語 ㄖㄨˇ ju³ a kind of cake
중배끼 蜜餌即環餅粔—

【[米+工]】홍 コウ、あかごめ old year's year
묵은쌀 陳臭米 紅通

【四畫】

【粉】분 フン、こな 吻 ㄈㄣˇ fen³ powder
①가루 研米 ②분바를—飾 ③회사벽할 白灰塗

【粉骨碎身】(분골쇄신-フンコツサイシン) 힘껏 애를 씀。힘을 다하여 고생함
【粉散】(분산-フンサン) 가루가 되어 흩어짐
【粉黛】(분대-フンタイ) 얼굴에 바르는 분과 눈썹을 그리는 먹。또 얼굴을 단장한 미인
【粉末】(분말-フンマツ) 가루
【粉面】(분면-フンメン) 얼굴에 분을 바름

【粉壁】(분벽-フンペキ) 흰벽
【粉碎】(분쇄-フンスイ) 가루 같이 부스러뜨림
【粉飾】(분식-フンショク) ①치장하여 꾸밈 ②사람을 칭찬함 ③거죽을 꾸밈
【粉乳】(분유-フンニュウ) 가루 우유
【粉餈】(분자) 인절미
【粉脂】(분지) 분과 연지
【粉堞】(분첩-フンチョウ) 회를 바른 성가「퀴
【粉板】(분판) 분을 기름에 개어 바른 나무판。글씨를 연습하는데 씀
【粉筆】(분필) 칠판에 글씨를 쓰는 물건。백묵
【粉盒】(분합) 분을 담는 그릇

【粃】비 ヒ、しいな 紙 ㄅㄧˇ pi³ chaff
쭉정이 不成粟—糠
【粃糠】(비강-ヒコウ) ①쭉정이와 겨 ②작은 물건

【氣】气部 六畫에 볼것

【料】斗部 六畫에 볼것

【五 畫】

【粔】거 キョ、おこし 語 ㄐㄩˋ chü⁴ a kind of cake
중배끼 蜜餌—籹

【粒】립 リュウ、つぶ 緝 ㄌㄧˋ li⁴ grain
①낟알 米顆 ②쌀밥 —食
【粒雪】(입설-リュウセツ) 싸라기 눈
【粒食】(입식-リュウショク) 쌀밥을 먹음

【粕】박 ハク、かす grains in distilled liquor
지게미 酒滓糟—

【粘】점 ネン、デン、ねばる paste up
붙을 相著
【粘液】(점액-ネンエキ)끈기가 있는 물。끈끈한 액체
【粘綴】(점철-ネンテツ) 풀칠을 하여 붙「임
【粘體】(점체-ネンタイ) 고체와 액체의 중간적인 성질을 띤 물체。엿풀따위

【粗】추 ソ、あらい 虞 ㄘㄨ ts'u¹ rough; rude
①거칠 物不精 ②추할 疏也 ③클大也 麤同 (조) 간략할 略也
【粗猛】(추맹-ソモウ) 거칠고 사나움
【粗惡】(조악-ソアク) 거칠고 나쁨
【粗野】(조야-ソヤ) 사람 됨됨이가 촌「듦스럽고 천함
【粗製】(조제-ソセイ) 물건을 거칠게 만

【六 畫】

【粟】속 ゾク、ショク、あわ millet 沃 ㄙㄨˋ su⁴
①조 黍屬 ②겉곡식 米有穀稱
【粟粒】(속립-ゾクリュウ) 좁쌀알。낟알
【粟散】(속산-ゾクサン) 조 알을 헤친 것 같이 산산히 헤어짐

【粤】월 エツ、ここに 月 ㄩㄝˋ yüeh⁴ hear
①말내킬 發語辭于也於也 ②곰곰생각할 審愼之辭

【粢】자 セイ、シ、きび 支 ㄗ tzŭ¹ millet
①젯메 祭飯—盛 ②피 稷也明—
【粢盛】(자성-シセイ) 피를 그릇에 담아 신전(神前)에 바치는 것。젯메

【粧】장 ショウ、ソウ、よそほい make up 陽 ㄓㄨㄤ chuang¹
단장할 粉飾
【粧鏡】(장경-ショウキョウ) 단장할 때 보는 거울
【粧面】(장면-ショウメン) 단장한 얼굴
【粧痕】(장흔-ショウコン) 단장한 흔적

【粥】죽 ジュク、シュク、イク、かゆ gruel 屋 ㄓㄨˋ chu⁴
①죽 糜也 ②어리석은체할 卑謙貌 — — (육) 팔 賣也
【粥藥】(죽약-イクヤク) 죽과 약

【七 畫】

【粳】갱 コウ、うるち 庚 ㄍㄥ kêng¹ non-glutinous rice
메벼 稻不黏者
【粳米】(갱미-コウベイ) 멥쌀

【粱】량 リョウ、おほあわ spiked millet 陽 ㄌㄧㄤˊ liang²

①기장 稻穀名 ②좋은 곡식 良穀
【粱米】(양미-リョウマイ) 좋은 쌀。중국에서는 기장을 귀중히 여김으로 좋은 쌀의 뜻으로 씀
【粱飯】(양반-リョウハン) 쌀밥

【粲】찬 サン、あざやか bright 翰 ㄘㄢˋ ts'an4
①쓿은 쌀 精米食 ②선명할 解明貌 ——③껄껄웃을 盛笑貌—然
【粲爛】(찬란-サンラン) 영롱하고 현란함
【粲然】(찬연-サンゼン) ①선명한 모양 ②껄껄 웃는 모양

【粮】糧(米部 十二畫) 同字

【八 畫】

【粹】수 スイ、まじりけない pure 寘 ㄘㄨㄟˋ ts'uei4
①순전할 純也 ②정할 精也
【粹美】(수미-スイビ)잡된 것이 없이 아주 아름다움
【粹白】(수백-スイハク) 아주 하얀 빛。순백(純白)
【粹學】(수학-スイガク) 순수한 학문

【精】정 セイ、ショウ、くわしい fine and delicate
①세밀할 細也 ②정기 眞氣 ③정할 專一 ④밝을 明也 ⑤익숙할 熟也 ⑥신령 靈也
【精强】(정강-セイキョウ) 뛰어나게 굳셈
【精巧】(정교-セイコウ) 세밀하고 교묘함
【精勤】(정근-セイキン) 부지런히 힘씀。지 않고 일을 봄
【精記】(정기-セイキ) 정하게 적은 기록
【精氣】(정기-セイキ) ①마음。정신 ②만물의 원기
【精緊】(정긴-セイキン) 정밀하고 긴요함
【精良】(정량-セイリョウ) 매우 정묘하고 훌륭함
【精慮】(정려-セイリョ) 자세한 생각
【精勵】(정려-セイレイ) 부지런히 힘씀
【精力】(정력-セイリョク) 심신의 활동력
【精鍊】(정련-セイレン) 잘 연습함
【精靈】(정령-セイレイ) ①영혼 ②정신
【精麥】(정맥-セイバク) 깨끗이 쓿은 보리쌀
【精明】(정명-セイメイ) 아주 깨끗하고 밝음
【精妙】(정묘-セイミョウ) 우주 만물의 본체
【精美】(정미-セイビ) 깨끗하고아름다움
【精米】(정미-セイマイ) 현미를 찧어서 회게함。또 그 쌀
【精微】(정미-セイビ) 썩 작음
【精敏】(정민-セイビン) 사물에 정밀하고 민첩함
【精密】(정밀-セイミツ) ①썩 세밀함 ⑤꼼꼼하게 잘 됨
【精白】(정백-セイハク) 아주 하얀 빛。순백(純白)
【精魄】(정백-セイコン) 정령(精靈)
【精兵】(정병-セイヘイ) 날래고 강한 군사
【精査】(정사-セイサ) 자세히 조사함
【精選】(정선-セイセン) 정밀하게 잘 골라 뽑음
【精誠】(정성-セイセイ) 참된 마음
【精細】(정세-セイサイ) 세밀하고 자세함
【精髓】(정수-セイズイ) ①속에 있는 골 ②중심 되는 요점
【精熟】(정숙-セイジュク) 사물에 정통하고 능숙함
【精神】(정신-セイシン) ①마음 ②정령(精靈) ③근본의 뜻 ④물질을 초월한 영묘한 작용이 있는 주체
【精實】(정실-セイジツ) 참된 마음
【精深】(정심-セイシン) 자세하고 깊이가 있음
【精液】(정액-セイエキ) 남성 생식기에서 분비하는 액체。정수
【精銳】(정예-セイエイ) 군사가 썩 날랜 것
【精子】(정자-セイシ) 정충
【精粗】(정조-セイソ) 정밀한 것과 거친
【精進】(정진-ショウジン) 정력을 다하여 나아감。열심히 노력함
【精察】(정찰-セイサツ) 정세하게 관찰함
【精彩】(정채-セイサイ) ①정묘한 광채 ②활발한 기상
【精緻】(정치-セイチ) 썩 치밀함
【精擇】(정택-セイタク) 극택
【精通】(정통-セイツウ) 사물에 자세히 통함
【精悍】(정한-セイカン) 날쌔고 사나움
【精解】(정해-セイカイ) 정밀하고 자세한 풀이

【精竅】(정핵-セイカク) 써 자세히 조사함
【精血】(정혈-セイケツ) 생생한 피
【精華】(정화-セイカ) ①조금도 섞인 것이 없음. 뛰어나고 아름다움. 좋은명예 ②밝은 빛
【精確】(정확-セイカク) 자세하고 확실함

【粽】 糉 (米部 九畫) 同字

【九 畫】

【糂】삼 ジン、サン 感 ㄙㄢˇ san³
rice powder
①쌀가루 米屑 ②국죽 米粒和羹 ③섞일 雜也

【糅】유 ジュウ、ニュウ、まじる
mix 宥 ㄖㄡˋ jou⁴
①얽힐 亂也 粉- ②섞일 色混雜- (뉴) 잡곡밥 雜飯

【糉】종 ソウ、ちまき 送 ㄗㄨㄥˋ tsung⁴
dumpling
주악 蘆葉裹米角黍

【糊】호 コ、のり 虞 ㄏㄨˊ hu²
paste
①풀 黏也 ②모호할 漫貌 㮄-
【糊口】(호구-ココウ) 입에 풀함. 곧 가난하게 살아감
【糊塗】(호도-コットツ) 성정이 분명하지 못하고 흐리터분함

【糇】후 コウ、ほしいい 尤 ㄏㄡˊ hou²
dry provision
말린밥 乾食
【糇糧】(후량-コウリョウ) 양식

【糆】麪 (麥部 四畫) 俗字

【十 畫】

【穀】곡 コク、もみ
corn
①곡식 禾稼總名 ②녹 祿也 ③날 生也 ④착할 善也

【糗】구 キュウ、いりごめ
parched rice
①볶은쌀 熬米麥 ②미싯가루 乾飯屑
【糗糧】(구량-キュウリョウ) 말린밥

【糖】당 トウ、あめ 陽 ㄊㄤˊ t'ang²
candy
①엿 飴也 ②사탕 -砂
【糖分】(당분-トウブン) 사탕질의 성분

【糒】비 ビ、ハイ、ほしいい
dry prvision
말린밥 乾飯糗- (배) 義同

【糕】餻 (食部 十畫) 同字

【十一畫】

【糠】강 コウ、ぬか 陽 ㄎㄤ k'ang¹
chaffs
①겨 穀皮 ②번쇄할 煩碎秕-
【糠秕】(강비-コウヒ) 겨와 쭉정이. 변변치 못한 사물을 이름

【糜】미 ビ、かゆ 支 ㄇㄧˊ mi²
rice-gruel
①죽 饘也 ②뭉그러질 爛也 ③싸라기 舂餘米麥破
【糜爛】(미란-ビラン) ① 뭉그러짐 ②피로가 대단함
【糜散】(미산-ビサン) 문드러져 없어짐
【糜粥】(미죽-ビジュク) 죽. 미음

【糞】분 フン、くそ
dung
①똥 穢也 ②걸음줄 培也治也 ③쓸 掃除
【糞尿】(분뇨-フンニョウ) 똥과 오줌
【糞壤】(분양-フンジョウ) 더러워진 흙
【糞土】(분토-フンド) 썩은 흙. 값 없는 물건을 이름

【糟】조 ソウ、かす 豪 ㄗㄠ tsao¹
lees
재강 지게미 酒滓-粕
【糟糠】(조강-ソウコウ) 지게미와 겨. 재강과 겨
【糟糠之妻】(조강지처-ソウコウのつま) 가난할때 고생을 같이 하던 아내
【糟丘】(조구-ソウキュウ) 지게미가 언덕같이 쌓임. 주식(酒食)에 빠진 형용
【糟粕】(조박-ソウハク) ①재강 ②무슨 학문이나 서화나 음악에 있어서 옛사람이 다 밝혀 낸 지끼의 비유

【糝】糕(米部 九畫) 古字

【十二畫—十九畫】

【糧】량 リョウ、かて 國ㄌㄧㄤ liang² povision; food
양식 穀食
【糧道】(양도-リョウドウ) ①양식의 용도 ②군대의 군량을 보내는 길
【糧米】(양미-リョウマイ) 양식으로 쓰는 쌀
【糧食】(양식-リョウショク) 먹고 사는 곡식

【糪】벽 ヘキ、めし half-steamed cake
선밥 飯腥 (팔) 선떡 餠半熟

【糯】나 ダ、もちごめ 國ㄋㄨㄛ nuo⁴ glutinous rice
찰벼 稻之黏者

【糲】려 レイ、ライ、くろごめ 國ㄌㄧ li⁴ unpolished rice
궂은 쌀 米不精 糲— (랄) 애벌찧은 조 脫粟
【糲飯】(날반-レイハン) 애벌찧은 쌀로 지은 밥。 맥조미 밥

【糴】적 テキ、かいよね buy grain
①쌀사들일 買穀入米 ②빠를 疾貌 儌—
【糴價】(적가-テキカ) 사들이는 쌀 값
【糴買】(적매-テキバイ) 곡식을 사들임

【糵】얼 ケツ、こうぢ 國ㄋㄧㄝ nieh⁴ yeast
누룩 酒媒麴—

【糶】조 チョウ、うりよね 國ㄊㄧㄠ t'iao⁴ sell grain
쌀팔 賣米出穀

糸 部

【糸】멱 シ、ベキ、いと thread
①가는실 細絲 (사) ②絲略字

【一畫—二畫】

【系】계 ケイ、つながる connection
①맬 繫也 ②이을 繼也 ③실끝 緒也 ④맏아들 胤也
【系譜】(계보-ケイフ) 조상 때부터 내려오는 혈통을 적은 책
【系列】(계열-ケイレツ) 조직이 선 차례
【系統】(계통-ケイトウ) ①순서를 따라 차례로 잇대어 통일함 ②한 원리 또는 한 법측 밑에 낱낱의 사물 사이에 있는 관계를 순서 있게 벌려 놓은 것 ③혈통(血統)

【糺】규 キュウ、おさめる collect
①걷을 收也 ②糾同字

【糾】규 キュウ、ただす investigate
①살필 察也 ②동독한 督也 ③들 擧也 ④삼겹노 繩三合 ⑤어그러질 戾也 ⑧살핏할 繚戾寒涼意—— ⑦탄핵할 彈也 ⑧모은 —合 (교) ①종용할 舒遲窈— ②삿갓가든할 笠輕擧 ③맺힐 愁結
【糾明】(규명-キュウメイ) 자세히 따져서 사실을 바로 밝힘
【糾問】(규문-キュウモン) 죄를 보살피어 물음
【糾罪】(규죄-キュウザイ) 죄상을 규탄함
【糾察】(규찰-キュウサツ) 적발하여 자세히 살핌
【糾彈】(규탄-キュウタン) 죄상을 조사하여 탄핵함
【糾合】(규합-キュウゴウ) 걷어 모음。 모아서 한데 합함

【三 畫】

【紀】기 キ、しるす 國ㄐㄧ chi⁴ record
①벼리 維也 ②기록할 記也 ③열두해 十二年 ④터 基也
【紀綱】(기강-キコウ) ①기율과 법강 ②나라를 다스리는 법강(法綱)
【紀念】(기념-キネン) 영구히 사적을 전하여 잊지 아니함
【紀元】(기원-キゲン) 개국(開國)의 첫해
【紀律】(기율-キリツ) 일정한 질서。규측
【紀行文】(기행문-キコウブン) 여행에 관

한 기사

【約】 약 ヤク、ちぎる agree with 藥 ㄩㄝ yüeh⁴
①기약할 期也 ②맹서할 誓也 ③묶을 縛也 ④검소할 儉也 ⑤간략할 簡也 ⑥단속할 檢也 ⑦대개 大率 ⑧나긋나긋할 柔弱淖—(요)이쁠 佳也

【約款】(약관-ヤッカン) 약정한 관항(款項)。맹약한 조건

【約文】(약문-ヤクブン) 긴글을 간단하게 줄인 글

【約束】(약속-ヤクソク) ①서로 맹세함 ②법령으로 단속함

【約數】(약수-ヤクスウ) 어떤 수나 어떤 식을 정제(整除)할 수 있는 수식

【約音】(약음-ヤクゲン) 두 소리가 한 소리로 나는 소리

【約章】(약장-ヤクショウ) 국제간에 맺은 약속의 법문

【約定】(약정-ヤクジョウ) 약속하여 정함

【約條】(약조-ヤクジョウ) ①조건을 정하여 약속함 ②약속하여 정한 조항

【約婚】(약혼-ヤッコン) 혼인을 약속함

【紆】 우 ウ、かがむ twine round 虞 ㄩ yü¹
①굽을 曲也 ②얽을 縈也 ③얽힐 縈也

【紆曲】(우곡-ウキョク) 마구 엉켜 구부러짐

【紆回】(우회-ウカイ) 멀리 돌음

【紂】 주 チウ、しりがい crupper of a saddle 有 ㄓㄡ chou⁴
①말고삐 馬緧 ②상왕 이름 商王號

【紅】 홍 コウ、グ、くれない red 東 ㄏㄨㄥ hung²
붉을 絳也南方色 (공) 길쌈 女—

【紅裙】(홍군-コウクン) ①붉은 치마 ②기생。창기 ③아름다운 여자

【紅白】(홍백-コウハク) 붉은 것과 흰 것

【紅衫】(홍삼) 붉은 바탕에 검은 가를 꾸민 한복의 웃옷

【紅蔘】(홍삼) 수삼(水蔘)을 쪄서 말린 붉은 빛이 나는 인삼

【紅裳】(홍상-コウショウ) ①붉은 바탕에 검은 가를 꾸민 한복의 아랫마기 ②부녀가 입는 붉은 치마

【紅色】(홍색-コウショク) 붉은 색

【紅樹】(홍수-コウジュ) ①봄에 붉은 꽃이 피는 나무 ②가을의 단풍

【紅脣】(홍순-コウシン) ①여자의 붉은 입술 ②미인의 입 ③반 쯤핀 꽃잎

【紅顏】(홍안-コウガン) ①소년의 얼굴 ③미인의 얼굴

【紅疫】(홍역) 전염병의 일종。열이 심하고 좁쌀같은 종기가 돋고、기침이 남。대개 아이에게 많음

【紅葉】(홍엽-コウヨウ・もみじ) 붉은 잎。단풍나무의 잎

【紅衣將軍】(홍의장군-コウイショウグン) 임진왜란 때의 의병

【紅潮】(홍조-コウチョウ) ①미인이 부끄러워서 얼굴이 붉어짐 ②술이 취하여 얼굴이 붉어짐 ③아침 해가 바다에 비취는 경치

【紅牌】(홍패) 과거에 급제한 자에게 그 성적의 등급 및 성명을 기록하여 주던 붉은 종이

【紅袍】(홍포) 조가(朝賀)때에 임금께서 입으시던 예복 「른 빰

【紅頰】(홍협) ①붉은 빰 ②연지를 바

【紈】 환 ガン、カン、しろぎぬ white silk 寒 ㄨㄢ wan²
①흰깁 素也氷—

【紈扇】(환선-ガンセン) 흰깁을 바른부채

【紈素】(환소-ガンソ) 흰깁

【紇】 흘 コツ、ひてのな name of a man 月 ㄏㄜ he²
①사람 이름 人名孔子父叔 梁— ②실끝 絲下

【四 畫】

【紘】 굉 フウ、ひろい vast 庚 ㄏㄨㄥ hung²
①클 宏也 ②끈 組也冕飾 ③벼리 維也八—

【級】 급 キュウ、わかち class 緝 ㄐㄧ chi²
①등급 等— ②갈피 絲次第 ③두름 編魚二十日—

【級長】(급장-キュウチョウ) 그 학급의 장

이 되는 학생

【納】납 ノウ、トウ、ナ、おさめる pay; offer 合ㄋㄚˋ na^{4}
①들일 入也 ②바칠 献也 ③받을受也 ④너그러울 包容——
【納金】(납금-ノウキン) 돈을 바침 「간
【納期】(납기-ノウキ) 조세를 바치는 기
【納吉】(납길-ノウキツ) 혼인 때 신랑집에서 신부 집에길일(吉日)을통지함
【納得】(납득-ナットク) 잘 알아 이해함
【納凉】(납량-ノウリョウ) 더울때에 서늘하게 바람을 쏘임
【納本】(납본-ノウホン) 출판물을 발행전에 관청에 바침
【納税】(납세-ノウゼイ) 조세를 바침
【納采】(납채-ノウサイ) 신랑집에서 신부집으로 혼인을 청할 때에 보내는 예물
【納幣】(납폐-ノウヘイ) 혼인때 신랑집에서 신부집으로 청단·홍단을 보냄
【納品】(납품-ノウヒン) 물품을 바침

【紐】뉴 チュウ、ジュウ、ひも knot
단추 結也

【紋】문 モン、ブン、あや streak 文ㄨㄣˊ wen^{2}
무늬 織—

【紊】문 ブン、ビン、みだる involved 問ㄨㄣˋ wen^{4}
얽힐 亂也
【紊亂】(문란-ビンラン) ①규칙이 무너짐 ②질서가 없어짐 ③나라가어지러움

【紡】방 ボウ、ホウ、つむぐ spin 養ㄈㄤˇ $fang^{3}$
길쌈 網絲治麻—績
【紡績】(방적-ボウセキ) 길쌈。방직(紡織)

【紛】분 フン、みだれる confused 文ㄈㄣ fen^{1}
①분잡할 雜也 ②어지러울 亂也 ③많을 衆也
【紛競】(분경-フンキョウ) 분쟁(紛爭)
【紛糾】(분규-フンキュウ) ①얽히어 복잡하게 됨 ②어지럽고 뒤숭숭하여 말썽이 생김 「생김
【紛起】(분기-フンキ) 말썽이 어지럽게
【紛沓】(분답-フントウ) 사람이 많이 휩쓸려 분잡함
【紛亂】(분란-フンラン) ①엉클어져 어지러움 ②일이 뒤얽힘
【紛紛】(분분-フンプン) ①꽃따위가 흩어져 어지러운 모양 ②일이 뒤얽혀갈피를 잡을 수 없음 「버림
【紛失】(분실-フンシツ) 얼떨 결에 잃어
【紛擾】(분요-フンジョウ) 어지러워 짐。혼란(混亂)
【紛雜】(분잡-フンザツ) 여러사람이 모여서 북적거림
【紛爭】(분쟁-フンソウ) 당파를 나누어 다툼

【紕】비 ヒ、あやまる contrary to 支ㄆㄧ $p'i^{1}$
①어그러질 舛戾—繆 ②삭은 비단 繒欲壞 ③선두를 緣也 ④짧을 織組 ⑤꾸밀 飾也

【紗】사 シャ、サ、うすぎぬ thin silk 麻ㄕㄚ sha^{1}
깁 穀也絹屬
【紗巾】(사건-シャキン) 사로 만든 두건
【紗燈籠】(사등롱-シャトウロウ) 사로 겉을 바른등
【紗籠】(사롱-シャロウ) 사로 바른 등롱
【紗帽】(사모-シャボウ) 사로 만든 모자
【紗窓】(사창-シャソウ) 사로 바른 창

【索】삭 サク、つな rope 藥ㄙㄨㄛˇ $suo^{1\cdot 2\cdot 3}$
①새끼 繩也 ②소삭할 蕭— ③헤질 散也 ④다할 盡也 ⑤두려울 懼貌— — ⑥얽힐 縈紆 (색) ①찾을 求也 ②더듬을 捜也 ③법 法也
【索莫】(삭막-サクバク) 잊어버려 생각이 잘 나지 아니함。쓸쓸한 모양
【索然】(삭연-サクゼン) 쓸쓸한 모양
【索引】(삭인-サクイン) ①찾아냄 ②책의 글자 찾아 보기

【素】소 ソ、ス、もと source 遇ㄙㄨˋ su^{4}
①본디 本也 ②깁 白也 ③깁 生帛 ④질박할 物朴 ⑤빌 空也

【素望】(소망-ソボウ) 전부터 바라던 것

【素麵】) 소면-ソウメン) 고기를 안 넣고 말거나 비빈 국수

【素朴】(소박-ソボク) 꾸밈이 없이 그대로임

【素服】(소복-ソフク) 하얗게 차려입은 옷。흰옷

【素扇】(소선) 깁부채

【素性】(소성-スジョウ) 본디 타고난 성품

【素燒】(소소-スやき) 설구이

【素食】(소식-ソショク・ソシ) ①고기·생선들을 섞지 아니한 음식 ②소찬

【素養】(소양-ソョク) 본디부터 교양이 있음

【素願】(소원-ソガン) 본디부터 바라던 바 본래의 소원

【素意】(소의-ソイ) 본디의 뜻。근본되는 취지

【素因】(소인-ソイン) 결과가 생기는 원인중 가장 근본되는 원인

【素人】(소인-しろうと) 전문가가 아닌 사람。풋나기

【素材】(소재-ソザイ) 근원이 되는 재료

【素志】(소지-ソシ) 본디의 뜻。원래 품고 있는 희망

【素地】(소지-ソジ) 가공하지 않은 본바탕

【素質】(소질-ソシツ) 본바탕。본질(本質)

【素餐】(소찬-ソサン) 공이 없이 관록만 먹음

【素秋】(소추-ソシュウ) 가을의 딴 이름

【素行】(소행-ソコウ) ①현재의 신분에 맞추어 바르게 행함

【純】 순 ジュン、もっぱら pure; simple 眞ㄕㄨㄣˊ shuen²

①옥전할 全也 ②순전할 粹也 ③도타울 篤也 ④실순 絲也 (준) 선두를 衣緣 (돈) 꾸릴 包束

【純潔】(순결-ジュンケツ) 섞임이 없이 아주 깨끗함

【純金】(순금-ジュンキン) 다른 물질이 섞이지 아니한 황금

【純利】(순리-ジュンリ) 순 이익

【純理】(본질-ジュンリ) 순수한 어론

【純文學】(순문학-ジュンブンガク) 순수한 문학。대중 소설에 대응하여 순수하게 예술성을 존중하는 소설

【純白】(순백-ジュンパク) 순수한 흰 빛

【純粹】(순수-ジュンスイ) 조금도 섞인것이 없음

【純陽】(순양-ジュンヨウ) 여자와 교접이 없는 순수한 총각

【純利益】(순이익) 비용을 빼고 난 순전한 이익

【純一】(순일-ジュンイツ) 다른 것이 섞이지 아니함 ②성품이 꾸밈이 없음

【純全】(순전-ジュンゼン) 아무것도 섞이지 아니함

【純正】(순정-ジュンセイ) 잡것이 없이 깨끗하고 올바름

【純情】(순정-ジュンジョウ) 순수한 감정。순수한 애정

【純直】(순직-ジュンチョク) 성질이 단순하고 정직함

【純眞】(순진-ジュンシン) 마음이 순박하고 진실함

【紜】 운 ウン、みだれる confused 文ㄩㄣˊ yün²

어지러울 엉클어질。數亂物多紛ー

【紝】 임 ジン、おる spin 沁ㄖㄣˋ jên⁴

길쌈할 織也

【紙】 지 シ、かみ paper 紙ㄓˇ chih³

종이 楮皮所成

【紙價】(지가-シカ) 종이 값

【紙匣】(지갑) ①종이로 만든 갑 ②돈을 넣는 물건

【紙面】(지면-シメン) 종이의 거죽

【紙墨】(지묵-シボク) 종이와 먹

【紙物】(지물) 온갖 종이

【紙上】(지상-ンジョウ) 신문 기사 가운데。지면(紙面)

【紙屑】(지설-かみくず) 종이 부스러기

【紙鳶】(지연-シエン) 연

【紙錢】(지전-シセン) ① 관중(棺中)에 넣는 돈 모양의 종이

【紙製】(지제-シセイ) 종이로 만듦

【紙質】(지질-シシツ) 종이의 성질。종이의 바람

【紙草】(지초) 종이와 담배。부의에 흔히 씀

【紙燭】(지촉-シショク) ①종이와 초 ②종

이를 꼬아기름을 묻혀 불을 켜는것
【紙弊】(지폐-シヘイ) ①법률의 강제에 의하여 여러사람이 돈같이 쓰는 신용증권(信用證券)
【紙筆】(지필-シヒツ) 종이와 붓
【紙型】(지형-シケイ) 종이로 만든 인쇄판의 골

【五 畫】

【紺】감 コン、カン、こんいろ violet 勘 ㄍㄢ kan⁴
아청 青而含赤色
【紺碧】(감벽-コンペキ) 검푸른 색
【紺園】(감원-コンエン) 절。감우(紺宇)

【絅】경 ケイ、ひとえもの dust coat 迥 ㄐㄩㄥ chiung³
①홑옷 禪衣 ②채칠 急引 ③낚을 捕魚

【累】루 ルイ、かさなる repeat 支 ㄌㄟ lei³
①여러 疊也 ②더할 增也 ③갤 繫也係ㅣ ④얽힐 縈也 ⑤연좌될 緣坐 ⑥옥더 玷也 ⑦폐로울 煩弊
【累計】(누계-ルイケイ) 그것까지의 합계
【累卵】(누란-ルイラン) 포개 놓은 새의 알이라는 뜻이니 위태함을 이름
【累萬】(누만-ルイマン) 여러만
【累善】(누선-ルイゼン) 착한 일을 거듭함
【累積】(누적-ルイセキ) 포개어 쌓음

【絆】반 ハン、きずな bridle 翰 ㄅㄢ pan⁴
옭아맬 馬縶羈ㅣ
【絆拘】(반구-ハンコウ) 매어 묶
【絆瘡膏】(반창고-バンソウコウ) 약제를 헝겊위에 발라 만든 고약의 일종

【紱】불 フツ、いんのひも ribbon for a seal 物 ㄈㄨˊ fu²
인끈 印組

【紲】설 セツ、つなぐ fasten 屑 ㄒㄧㄝ hsieh⁴
①맬 繫也縲ㅣ ②말고삐 馬韁 ③궁창 弓韔

【細】세 サイ、セイ、ほそい thin 霽 ㄒㄧ hsi⁴
①가늘 微也 ②세밀한 密也 ③잘 小也 ④좀놈 奸ㅣ
【細徑】(세경-サイケイ) 좁은 길
【細故】(세고-サイコ) 작은 일
【細工】(세공-サイク) ①작은 물건을 만듦 ②잔손이 들어가는 일
【細覽】(세람-サイラン) 자세히 봄
【細流】(세류-サイリュウ) 가늘게 흐르는 「물
【細柳】(세류-サイリュウ) 실버들
【細鱗】(세린-サイリン) 물고기의 잔비늘
【細粒】(세립-サイリュウ) 자디잔 알맹이
【細末】(세말-サイマツ) 잔것。고운 가루
【細目】(세목-サイモク) 잔 조목
【細務】(세무-サイム) 중대하지 아니한 잡무
【細民】(세민-サイミン) 가난한 백성
【細密】(세밀-サイミツ) 잘고 자세한 것
【細別】(세별-サイベツ) 종류를 따라서 자세히 구별함
【細事】(세사-サイジ) 작은 일
【細書】(세서-サイショ) 글씨를 잘게 씀。또 그 글씨
【細線】(세선-サイセン) 잔금
【細小】(세소-サイショウ) 가늘고 작음
【細心】(세심-サイミン) 자세히 조심함
【細弱】(세약-サイジャク) ①가늘고 약함 ②처자(妻子)
【細雨】(세우-サイウ) 가는 비
【細人】(세인-サイジン) 비굴한 사람。마음이 옹졸한 사람
【細作】(세작-サイサク) 발쇳군。간첩
【細註】(세주-サイチュウ) 자세히 설명한 주석(註釋)
【細草】(세초-サイソウ) 아기풀
【細則】(세칙-サイソク) 자세한 규칙
【細評】(세평-サイヒョウ) 엄하고 자세히 비평함
【細胞】(세포-サイホウ) ①생물체를 조직하는 중요한 단위。곧 원형질(原形質)로 된 썩 작은 생활체。한 단체를 조직하는 단위。곧 四、五인 혹은 十여인으로 조직된 작은 단체

【紹】소 ショウ、つぐ connect
①이을 繼也 ②소개한 相佐助ㅣ介

③얽을 緊糾
【紹介】(소개-ショウカイ) 두 사람 사이에 서서 어떠한 일을 주선함。새듬
【紹述】(소술-ショウジュツ) 앞 사람의 일을 이어 받아 행함

【紳】신 シン、おおおび 眞 ㄕㄣ shen¹ girdle
①큰띠 大帶 ②벼슬아치 仕宦縉ー
【紳士】(신사-シンシ) 교육이 있고 예의가 바른 남자。점잖은 사람

【紫】자 シ、むらさき 紙 ㄗ tzu³ purple
자주빛 靑赤色
【紫騮馬】(자류마) 털빛이 밤 빛깔과 같은 말
【紫李】(자리-シリ) 자두
【紫陌】(자백-シハク) 도시(都市)의 거리
【紫薇】(자미-シビ) 백일홍
【紫微星】(자미성) 북두칠성의 동북쪽에 있는 十五개의 별 「방
【紫房】(자방) 태후(太后)가 거처하는
【紫氛】(자분) 자주빛깔의 운기(雲氣)
【紫色】(자색-シショク) 자주빛
【紫石英】(자석영-シセキ) 자색의 수정(水晶)
【紫宸】(자신-シシン) 임금의 궁전
【紫外線】(자외선-シガイセン) 스펙트럼을 통해 볼 때 자색(紫色) 밖에 있는 복사선(輻射線)의 일컬음
【紫電】(자전-シデン) ①자색의 전광(電光) ②일이 썩 급한 것을 가리키는 말
【紫翠】(자취-シスイ) 자주빛과 녹색
【紫蝦】(자하) 곤쟁이

【組】조 ソ、くむ 麌 ㄗㄨ tsu³ constitute
①인끈 綬也 ②실띠 條也 ③짤 織也
【組閣】(조각-ソカク) 내각(內閣)을 조직함
【組成】(조성-ソセイ) 엉구어 만듦
【組織】(조직-ソシキ) ①얽어 만듦 ②짜서 만듦 ③낱낱의 것을 서로 관련시켜 한덩어리로 만듦 ④같은 관능(官能)과 같은 구성을 가진 세포의 단결

【終】종 シュウ、シュ、おわる 東 ㄓㄨㄥ chung¹ end; at last
①마침내 竟也 ②마지막 窮極 ③죽을 卒也
【終結】(종결-シュウケツ) 끝을 막음
【終竟】(종경-シュキョウ) 끝남。끝
【終局】(종국-シュウキョク) 끝 판
【終極】(종극-シュキョク) 끝。마지막
【終了】(종료-シュウリョウ) 일을 마쳐서 끝냄
【終幕】(종막-シュウマク) 마지막
【終末】(종말-シュウマツ) 나중。끝판
【終歲】(종세-シュウサイ) 一년을 마침
【終宵】(종소-シュウショウ) 온밤。밤새도록
【終始】(종시-シュウシ) ①나중과 처음 ②처음 터부 끝까지
【終熄】(종식-シュウソク) 끝이 나서 쉼
【終身】(종신-シュウシン) ①일생을 마침 ②부모의 임종시 옆에 모시고 있음
【終審】(종심-シュウシン) 마지막 신판
【終夜】(종야-シュウヤ) 밤새도록
【終焉】(종언-シュエン) ①마지막 ②목숨의 끝 ③몸을 안정하는 곳
【終業】(종업-シュウギョウ) 일을 다 끝냄
【終業式】(종업식-シュウギョウシキ) 어떤 업무를 마치는 의식
【終日】(종일-シュウジツ) 하룻동안 아침부터 밤까지
【終章】(종장-シュウショウ) ②찾아 낼 글자가 맨 나중에 있는 시구(詩句) ②음악 이나 가곡등의 세째장(章)
【終點】(종점-シュウテン) 맨끝이 되는곳
【終止】(종지-シュウシ) 끝。마지막
【終着】(종착-シュウチャク) 최종으로 도착함
【終風】(종풍-シュウフウ) 종일 부는 바람
【終畢】(종필-シュウヒツ) 끝남。끝

【紬】주 チュウ、つむぎ silk
①명주 大紬繒 ②실뽑을 引其端緒 繹ー ③모을 集綴
【紬繹】(주역-シチュウエキ) 단서를 뽑아 내어 찾음
【紬次】(주차-チュウジ) 뽑아 내어 순서

를 세움

【紮】 찰 サツ、からめる bind 黠 ㄓㄚ cha² ㄗㄚ tsa¹ ①묶을 纏束 ①활좀통싸개纏弓弛

【絀】 출 チュツ、ぬう stitch 質 ㄔㄨ ch'u⁴ ①꿰맬 縫也 ②물리칠 退也 (굴)굽힐 曲也 굴신 屈伸

【紿】 태 タイ、あざむく pretend ①속일 欺詒 ②실엉킬 絲勞難里

【絃】 현 ゲン、いと string of instrument 先 ㄒㄧㄢ hsien² 줄풍류 八音之絲管ㅡ

【絃歌】(현가-ゲンカ) 거문고에 맞추어 노래함

【絃誦】(현송-ゲンショウ) 거문고에 맞추어 시를 읊음

【絃樂】(현악-ゲンガク) 현악기를 탄주하는 음악

【経】 經 (糸部 七畫) 略字

【六 畫】

【絳】 강 コウ、あか deep red color 絳 ㄐㄧㄤ chiang⁴ ①짙게붉을 大赤色 ②땅이름 地名 晉國都

【絳羅】(강라-コウラ) 붉은 집

【絳雲】(강운-コウウン) 붉은 구름

【結】 결 ケツ、むすぶ tie 屑 ㄐㄧㄝ chieh¹·² 맺을 締也

【結果】(결과-ケッカ) ①초목(草木)이 열매를 맺음 ②어떠한 원인에 의하여 일어난 사실의 상태。하고난 끝。원인의 결말

【結交】(결교-ケツゴウ) 서로 교분을맺음

【結構】(결구-ケッコウ) 얽어 만듦。엮어 만듦

【結局】(결국-ケッキョク) ①결과 ②형체가 구비한 것 ③과연 ④그예。기어이

【結黨】(결당-ケットウ) ①동아리를 맺음 ②어떠한 주의(主義)의 단체를 만듦。정당을 조직함

【結連】(결련-ケツレン) 엇갈림。서로 잡아맴

【結論】(결론-ケツロン) ①말이나 글의 끝맺는 부분 ②삼단론법의 결말의 명제(命題)

【結膜】(결막-ケツマク) 눈껍질의 안과 눈망울의 거죽을 덮은 얇은 가죽

【結末】(결말-ケツマツ) 끝을 맺음。끝

【結盟】(결맹-ケツメイ) 맹세를 맺음

【結尾】(결미-ケツビ)

【結髮夫婦】(결발부부-ケッハツフウフ)숫총각과 숫처녀로서 혼인한 부부

【結氷】(결빙-ケッピョウ) 물이 얼음

【結社】(결사-ケッシャ) 일정한 목적을 위하여 여러 사람이 합동하여 단체를 꾸밈

【結成】(결성-ケッセイ) 조직을 형성함

【結束】(결속-ケッソク) ①단을 지음。한테 묶음 ②옷・갑옷을 입음

【結實】)결실-ケツジツ) ①열매가 맺힘 ②일이 성공 됨 「함

【結審】(결심-ケッシン) 마지막으로 심리

【結緣】(결연-ケツエン) 인연을 맺음

【結義】(결의-ケツギ) 의리로써 남남끼리 친족과 같은 관계를 맺음

【結者解之】(결자해지) ①자기의 잘못으로 생긴 일은 자기가 처리해야 한다는 말 ②어려운 일을 당한 때 처음에 그 일에 참견하던 사람은 그 일의 해결을 지어야 한다는 말

【結集】(결집-ケッシュウ) 석가가 돌아간 뒤 제자들이 석가의 언행을 경전으로 만든 일

【結體】(결체-ケッタイ) 결합한 형체

【結草】(결초-くさむすぶ) 죽은 영혼이라도 은혜를 갚겠다는 말。중국 춘추시대에 위무자(魏武子)라는 사람이 병이 깊었을 때에 그아들 과(顆)에게 명하기를 첩으로 하여금 순사(殉死)하게 하라 하였는데 무자가 죽은 뒤에 과가 아비의 명령을 어기고 그 서모를 살려주어 타처로 시집을 가게 하였었다。그뒤에 과

의 적이 오는 길에 그 서모의 아비의 영혼이 풀을 잡아 맺아 적을 넘어뜨려 붙잡히게 하여 과의 은혜를 갚았다는 고사(故事)에서 나옴

【結托】(결탁-ケッタク) 마음을 주어 서로 의탁함

【結合】(결합-ケツゴウ) 한데 맺아 짐。한데 맺음

【結核】(결핵-ケッカク) ①결핵균이 기생하여 딴딴하게 맺힌 멍울 ②결핵병의 줄인 말

【結婚】(결혼-ケッコン) 혼인 관계를맺음

【絖】광 コウ、わた 〔漾〕ㄎㄨㄤˋ k'uang4 cotton
빤솜 細綿

【絓】괘 カ、カイ、かかる 〔卦〕ㄍㄨㄚˋ kua4 hanyg
①달 懸也 ②맺을 結也

【絛】조 トウ、ひらひも 〔肴〕 t'ao1 braid string
①땋은 실 編絲繩 ②끈 纓飾

【絞】교 コウ、くびる 〔巧〕ㄐㄧㄠˇ chiao3 hang to death
①목맬 縊也死刑 ②염매 斂布 ③급할 急也

【絞殺】(교살-コウサツ) 목을 매어 죽임

【絞首】(교수-コウシュ) ①목을 졸라맴 ②무거운 죄에 과하는 사형의 하나

【絞刑】(교형-コウケイ) 교살(絞殺)하는 형벌

【給】급 キュウ、そなふ、たまう 〔緝〕ㄐㄧˇ chi3 ㄍㄟˇ k'ei3 give
①줄 供— ②넉넉할 足也 ③말 민첩할 口捷

【給料】(급료-キュウリョウ) 고용주가 지불하는 보수

【給費】(급비-キュウヒ) 비용을 줌

【給士】(급사-キュウジ) 사동

【給水】(급수-キュウスイ) 물을 공급함

【給與】(급여-キュウヨ) 물품을 줌

【給油】(급유-キュウユ) 기름을 공급함

【給足】(급족-キュウソク) 넉넉함

【絡】락 ラク、からむ 〔藥〕ㄌㄠˋ lao4 ㄌㄨㄛˋ luo4 bind
①둘릴 繞也 ②맥 脈也經— ③이을 聯— ④쌀 包也

【絡繹】(낙역-ラクエキ) 왕래가 끊치지 아니함

【絣】붕 ホウ、つぐ connect
①이을 續也 ②무늬없는 비단 無文綺 ③먹줄 振墨繩

【絲】사 シ、いと 〔支〕ㄙ ssu1 thread
①실 蠶所吐 ②수이름 數名十忽

【絲桐】(사동-シトウ) 거문고의 딴 이름

【絲笠】(사립) 명주실로 싸개를 한 것

【絲麻】(사마-シマ) 명주실과 삼실

【絲緒】(사서-シショ) 실머리

【絲雨】(사우-シウ) 실같이 가는 비

【絲竹】(사죽-シチク・いとたけ) 타는 악기와 부는 악기。거문고・비파・피리・생황따위

【絲毫】(사호-シゴウ) 작은 수량

【絏】설 セツ、つなぐ 〔屑〕ㄒㄧㄝˋ hsieh4 bind
맬 繫也緤—

【絮】서 ジョ、わた 〔御〕ㄒㄩˋ hsü4 refuse cotton
헌솜 絮綿(처)국간 맞출 調羹 (어) 성 姓也

【絮煩】(어번-ジョハン) 끈덕짐。번거로움

【絨】융 ジュウ、けおりもの 〔東〕ㄖㄨㄥˊ jung2 flannel
①삶은실 練熟絲 ②가는 베 細布

【絪】인 イン、しとね 〔眞〕 yin1 ped
①자리 茵也 ②수삼 麻枲 ③기운덩이 元氣—縕

【絶】절 ゼツ、セツ、たつ 〔屑〕ㄐㄩㄝˊ chüeh2 cut
①끊을 繼絲 ②멸할 滅也 ③으뜸 冠也 ④기이할 奇也 ⑤지날 過也 ⑥뛸 超也 ⑦아득할 相去遼遠 ⑧그칠 止也

【絶家】(절가-ゼッカ) 혈통이 단절되어 상속자가 없는 일

【絶景】(절경-ゼッケイ) 더할 나위 없이 훌륭한 경치

【絶境】(절경-ゼッキョウ) 멀리 떨어져

있는 땅

【絶交】(절교-ゼッコウ) 교제를 끊음。상종을 아니함

【絶句】(절귀-ゼック) 기(起)・승(承)・전(轉)・결(結)의 네귀로 되는 한시(漢詩)의 한 체(體)

【絶叫】(절규-ゼッキョウ) 부르 짖음

【絶奇】(절기-ゼッキ) 매우 신기함

【絶念】(절념-ゼツネン) 단념(斷念)

【絶代】(절대-ゼツダイ) ①당대에 견줄만한 것이 없음 ②오래된 시대가 끊어진 시대

【絶對】(절대-ゼッタイ) ①대립할 물건이 없음 ②아무 제한을 받지 아니함 ③아무 조건을 붙일 수 없음 ④모든 현상을 초월함 ⑤상대가 아님

【絶大】(절대-ゼッタイ) 아주 큼

【絶島】(절도-ゼットウ) 육지에서 멀리 떨어져 있는 섬

【絶倒】(절도-ゼットウ) ①크게 웃음 ②기절하여 넘어짐

【絶落】(절락-ゼツラク) 끊어져 떨어짐

【絶糧】(절량-ゼツリョウ) 양식이 끊어짐

【絶路】(절로-ゼツロ) 길이 막히어 끊어짐

【絶倫】(절륜-ゼツリン) 투철하게 뛰어남

【絶望】(절망-ゼツボウ) 희망이 끊어짐

【絶滅】(절멸-ゼツメツ) 아주 멸망함

【絶命】(절명-ゼツメイ) 목숨이 끊어짐。죽음

【絶妙】(절묘-ゼツミョウ) 썩 기묘함

【絶無】(절무-ゼツム) 끊어져 없음。아주 없음

【絶美】(절미-ゼツビ) 더 없이 아름다움

【絶壁】(절벽-ゼッペキ) 바위가 바람벽같이 깎아 지른 듯이 솟아있는 곳。「우리 썩 험한 땅

【絶峰】(절봉-ゼツボウ) 몹시 험한 산봉

【絶塞】(절새-ゼッサイ) 아주 먼 국경에 가까운 땅

【絶色】(절색-ゼッショク) 뛰어난 미인

【絶世】(절세-ゼッセイ) 세상에 견줄만한 것이 없을 만큼 뛰어남

【絶俗】(절속-ゼツゾク) 자질구레한 세상일을 관계하지 아니함

【絶秀】(절수-ゼッシュウ) 더할 나위 없이 뛰어남

【絶勝】(절승-ゼッショウ) 경치가 썩 좋음

【絶食】(절식-ゼッショク) 식사를 끊음。단식(斷食)

【絶息】(절식-ゼッソク) 숨이 끊어짐

【絶域】(절역-ゼツイキ) 먼 땅。외국

【絶緣】(절연-ゼツエン) ① 인연을 끊음 ②전기 또는 열이 통하지 않음

【絶影】(절영-ゼツエイ) 그림자 조차 끊어짐

【絶人】(절인-ゼツジン) 남보다 뛰어남

【絶長補短】(절장보단-ゼッチョウホタン) 긴 것은 자르고 짧은 것은 채움。좋고 나쁜 것을 각각 기워서 채움

【絶才】(절재-ゼッサイ) 썩 나은 재주

【絶迹】(절적-ゼッセキ) 왕래하지 아니함

【絶頂】(절정-ゼッチョウ) ①산의 꼭대기。맨 꼭대기 ②사물의 정점

【絶種】(절종-ゼッシュ) 종류가 끊어짐

【絶讚】(절찬-ゼッサン) 절대적인 칭찬

【絶處逢生】(절처봉생-) 궁박한 끝에는 살길이 생기는 것을 가리키는 말

【絶版】(절판-ゼッパン) ①출판한 책이 다없어짐 ② 원판을 없애서 다시 박지 못하게 됨

【絶品】(절품-ゼッピン) 썩 좋은 물건

【絶筆】(절필-ゼッピツ) ①쓰던 것을 그침 ②썩 잘쓴 글씨 ③그 사람의 마지막으로 쓴글

【絶乏】(절핍-ゼツボウ) 아주 없어짐

【絶海】(절해-ゼッカイ) ① 바다를 건늠 ② 물에서 멀리 떨어져 있는바다끝

【絶險】(절험-ゼッケン) 썩 험난함

【絶好】(절호-ゼッコウ) 더 할 수 없이 좋음 「지 못함

【絶火】(절화-ゼッカ) 가난하여 밥을 짓

【經】 질 テツ、あさ hemp belt 수질 요질 喪服首腰ー

【統】 통 トウ、すべる 中 ㄊㄨㄥˇ t'ung³ control ①거느릴 總也 ②근본 本也 ③벼리 紀也 ④실마리 緖也

【統監】(통감-トウカン) 정치 군사를 통

할하고 감독함

【統計】(통계-トウケイ) ①온통 모아 계산함 ②같은 범위의 상태。형세를 숫자로 계산하여 표시함

【統管】(통관-トウカン) 통일하여 관할함

【統括】(통괄-トウカツ) 낱낱의 일을 한데 몰아서 몽땅 그림

【統領】(통령-トウリョウ) 죄다 거느림。통솔(統率)。또 그 사람

【統率】(통솔-トウソツ) 거느림

【統帥】(통수-トウスイ) 온통 맡아거느림

【統御】(통어-トウギョ) 거느려서 제어함

【統營】(통영-トウエイ) 통제사(統制使)의 군영(軍營)。지금의 충무시에 두었음

【統一】(통일-トウイツ) 여럿을 하나로 합함. ③전체를 거느림

【統制】(통제-トウセイ) 일정한 계획에 따라 제한 하는 것

【統治】(통치-トウチ) 도맡아 다스림

【統稱】(통칭-トウショウ) 도거리로 부르는 이름

【統轄】(통할-トウカツ) 통틀어 관할함

【統合】(통합-トウゴウ) 통일(統一)

【絢】현 ケン、あや ㄒㄩㄢˋ hsüan⁴ stylish
채색무늬 采成文

【絜】혈 ケツ、はかる ㄐㄧㄝˊ chieh² meaure
①잴 度也ㅡ矩 ②묶을 約束(결) ①삼한 오리 麻一耑 ②조출할 淸也 ③고요할 靜也

【紝】紝 (糸部四畫) 同字

【七 畫】

【綌】격 ゲキ、くずぬの ㄒㄧˋ hsi⁴ coarse hempen fabric
굵은 갈포 麤葛布

【絹】견 ケン、きぬ ㄐㄩㄢˋ chüan⁴ silk
깁 繒如麥稍

【絹本】(견본-ケンポン) 깁 바탕

【絹扇】(견선-ケンセン) 깁부채

【經】경 ケイ、キョウ、へる ㄐㄧㄥ ching¹ pass by
①지날 過也 ②날 織ㅡ緯 ③글 書也 ④떳떳할 常也 ⑤법 法也 ⑥경영할 營也 ⑦곧을 直也 ⑧지경 界也 ⑨씨 織綜絲 ⑩목맬 縊也

【經界】(경계-ケイカイ) 지경

【經過】(경과-ケイカ) 지나감。겪음

【經國】(경국-ケイコク) 나라를 다스림

【經紀】(경기-ケイキ) 경륜하여 처리함

【經難】(경난-ケイナン) 어려운 일을 겪음。여러가지 일을 경험함

【經農】(경농-ケイノウ) 농업을 경영함

【經堂】(경당-キョウドウ) 경전(經典)을 두는 집

【經絡】(경락-ケイラク) 혈액이 돌아다니는 맥관

【經略】(경략-ケイリャク) 천하를 깅영하여 사방을 쳐서 차지함

【經歷】(경력-ケイレキ) ①세월이 지나감 ②겪어 지내온 일들。이력(履歷) ③이곳 저곳 두루다님

【經路】(경로-ケイロ) ①길 ②연줄 ③내력(來歷)

【經論】(경론-ケイロン) 경(經)과 논(論)의 두가지를 합하여 일컬음。부처의 말을 적은 것은 경이요 이를 해석한 것을 논이라함

【經綸】(경륜-ケイリン) 천하를 다스림。경영하고 처리함

【經理】(경리-ケイリ) ①일을 정리함 ②재정(財政)에 관한 것을 처리함

【經文】(경문-ケイブン・キョウモン) 불교와 도교(道敎)의 경전(經典)에 실은 글

【經費】(경비-ケイヒ) ①사업을 경영하는데 필요한 비용。드는 돈 ②경상비 「서(史書)

【經史】(경사-ケイシ) 경서(經書)와 사

【經師】(경사-ケイシ) 경(經)의 스승

【經常】(경상-ケイジョウ) 계속하여 변함이 없음

【經常費】(경상비-ケイジョウヒ) 해마다 계속하여 지출하는 비용

【經書】(경서-ケイショ) 유교(儒敎)의 교리를 서술한 옛날 성현(聖賢)의 저서

【經說】(경설-ケイセツ) 경서(經書) 속의 말

【經世】(경세-ケイセイ) 세상을 다스림

【經宿】(경숙-ケイシュク) 하룻밤을 지냄

【經始】(경시-ケイシ) ①집을 짓기 시작함 ②일을 시작함

【經眼】(경안-ケイガン) 불경(佛經)을 보고 이해 할만한 안식(眼識)

【經筵】(경연-ケイエン) 임금 앞에서 경서를 강론하는 자리

【經營】(경영-ケイエイ) 일을 다스려감。일을 하여 나감

【經緯】(경위-ケイイ) ①피륙의 날과 씨 ②지구의 경선(經線)과 위선(緯線) ③사건의 전말

【經由】(경유-ケイユ) ①거침 ②지나감

【經典】(경전-ケイテン) ①경서(經書) ②불교의 교리를 설명한 책

【經傳】(경전-ケイテン) 성인(聖人)의 글과 현인(賢人)의 저술

【經濟】(경제-ケイザイ) ①나라를 다스리고 백성을 구제함 ②재물을 얻고 쓰고 하는 각종 행위나 상태 ③재물을 절약함

【經天緯地】(경천위지-ケイテンイチ) 천하를 경륜하여 다스릴만함。또 그재주

【經學】(경학-ケイガク) 경서의 뜻을 연구하는 학문

【經驗】(경험-ケイケン) ①실제로 보고 듣고 겪음 ②실제로 겪어 얻은 지식이나 기술

【綆】경 コウ、つるべなわ well-rope 綆 ㄍㄥˇ kêng³ 드레박 줄 汲井索

【綉】수 トウ、きぬぎれ a piece of silk 宥 ㄒㄧㄡˋ hsiu⁴ 비단 조각 錦一片爲―

【綏】유 スイ、やすんずる peace 기드림 旗旄下垂(수) ①편안할 安也 ②수레고삐 車轡 ③물러갈 退軍交―

【綏定】(수정-スイテイ) 편안하게 정함。안정(安定)

【綈】제 テイ、つむぎ coarse and thick silk 齊 ㄊㄧˊ t'i² 두꺼운 비단 厚繒弋―

【綃】초 ショウ、きぎぬ raw silk 蕭 ㄒㄧㄠ hsiao¹ 생초 生絲綺屬

【絺】치 チ、くずぬの linen 支 ㄔ ch'ih¹ 가는 갈포 細葛布

【絺纊】(치광-チコウ) 갈포와 솜의 뜻으로 여름과 겨울을 일컬음

【継】斷(糸部 十四畫) 略字

【八 畫】

【綱】강 コウ、つな rope 陽 ㄍㄤ kang¹ 벼리 總網大繩

【綱紀】(강기-コウキ) ①큰 줄과 작은줄 ②국가를 통치함 ③사물의 강령

【綱領】(강령-コウリョウ) 근본되는 줄기。대머리

【綱目】(강목-コウモク) 사물을 분류정리하는 큰 단위

【綱常】(강상-コウジョウ) 사람이 행하여야할 도덕。즉 삼강(三綱)과 오상(五常)

【綱要】(강요-コウヨウ) 일의 중요한요점

【綱維】(강유-コウイ) ①근본 되는 줄기 ②국가의 법도(法度)

【綮】계 ケイ、ほこさや sheath 薺 ㄑㄧˇ ch'i³ ①창집 戟衣 ②톡톡할 緻繒 ③표기 徽幟 (경) 힘줄얽힐 筋肉結處肯―

【綰】관 ワン、つなぐ bind up 潸 ㄨㄢˇ wan³ ①얽을 繫也 ②꿸 貫也

【綺】기 キ、あやぎぬ of thin silk 紙 ㄑㄧˇ ch'i³ 무늬 놓은 비단 文繒

【綺羅】(기라-キラ) 무늬 놓은 비단과 얇은 깁。아름다운 옷

【綺語】(기어-キゴ) ①교묘히 꾸며 대는 말 ②아름다운 말

【綺艶】(기염-キエン) 아름답고 고움

【綺藻】(기조-キリウ) 아름다운 풀모양。아름다운 시문(詩文)

【綺紈】(기환-キンツ) 무늬 좋은 비단과 흰깁。아름다운 비단。또 그 옷

【綦】기 キ、もえぎ 支 ㄑㄧˊ ch'i² dark green silk

①쑥빛 비단 綺采蒼艾色 ②들메 끈 履飾

【緊】긴 キン、しめる bind tightly 軫 ㄐㄧㄣˇ chin³

①착착 얽을 糾也 ②긴할 急也

【緊急】(긴급-キンキュウ) ①거문고 줄을 세게 걸음 ②일이 중대하고 또 썩 급함

【緊談】(긴담-キンダン) 긴한 이야기

【緊務】(긴무-キンム) 긴요한 볼일

【緊密】(긴밀-キンミツ) ①굳고 빽빽함 ②아주 엄밀함

【緊迫】(긴박-キンパク) 아주 요긴하고도 「급함

【緊要】(긴요-キンヨウ) 매우 필요함。대단히 중요함

【緊切】(긴절-キンセツ) 몹시 급함。대단히 필요함

【綯】도 トウ、なわ 豪 ㄊㄠˊ t'ao² straw rope

새끼 繩索

【綟】려 レイ、いと 霽 ㄌㄧˋ li⁴ thread

①실 線也 ②초록빛 綠色

【綠】록 リョク、ロク、みどり 沃 ㄌㄨˋ lu⁴ ㄌㄩˋ lü⁴ green

초록빛 靑黃間色

【綠林】(녹림-リョクリン) 불한당·화적 따위를 일컬음。옛날 중국의 녹림산(綠林山)에 도적의 소굴이 있었기 때문임

【綠末】(녹말) 물에 불린 녹두를 매에 갈아 앙금 앉힌 것을 말린 가루

【綠門】(녹문-リョクモン) 축전(祝典) 같은 것을 할 때에 대나 또는 나무로 기둥을 하고 소나무의 잎으로 싸서 만든 문

【綠俸】(녹봉-ロクホウ) 관리에게 연봉으로 주는 곡식。필육의 통칭

【綠不疊受】(녹불첩수) 두 가지 벼슬을 겸한 사람이 한 가지 벼슬의 녹만 받음

【綠肥】(녹비-リョクヒ) 풋거름

【綠水】(녹수-リョクスイ) 푸른 물

【綠樹】(녹수-リョクジュ) 잎이푸른 나무

【綠野】(녹야-リョクヤ) 푸른 풀이 가득히 난 들

【綠楊】(녹양-リョクヨウ) 잎이 녹색을 띠어 우거진 버들

【綠葉】(녹엽-リョクヨウ) 무성한 푸른잎

【綠雨】(녹우-リョクウ) 우거진 나무잎에 오는 비

【綠位】(녹위-リョクイ) 녹봉과 작위

【綠陰】(녹음-リョクイン) 푸른 잎이 난 나무의 그늘

【綠衣紅裳】(녹의홍상-リョクイコウショウ) 연두 저고리에 다홍치마。젊은아가씨의 고운 옷을 일컬음

【綠竹】(녹죽-リョクチク) 푸른 대

【綠紙】(녹지-リョクシ) 남에게 보이려고 일의 요령만 적은 종이

【綠草】(녹초-リョクソウ) 푸른 풀

【綠態】(녹태-リョクタイ) 초록색의 모습。초목의 아름다운 형용

【綠苔】(녹태-リョクタイ) 푸른 이끼

【綠化】(녹화-リョッカ) 나무를 심어 산과 들을 푸르게 만드름

【綸】륜 リン、カン、いと greeen thread

①푸른 실끈 靑絲綬 ②벼리 綱也 ③낚싯줄 釣繳 ④사륜 王言絲ㅡ ⑤분잡할 雜揉紛ㅡ ⑥휩쌀 纏裏彌ㅡ

(관) 관건 巾名靑絲綬

【綸言】(윤언-リンゲン) 임금의 말씀

【綸言如汗】(윤언여한-リンゲンあせのごとし) 땀이 한번 나면 도로 들어가지 않는 것처럼 임금의 말씀이 한번 내리면 고칠 수 없다는 뜻

【綾】릉 リョウ、あやぎぬ a kind of thin silk

무늬 좋은 비단 紋繒

【綾羅】(능라-リョウラ) 두꺼운 비단과 얇은 비단

【網】망 モウ、ボウ、あみ 養 ㄨㄤˇ wang³ net

그물 佃漁ㅡ罟

【網巾】(망건) 상투 있는 사람의 머리가 흩어지지 않도록 이마 위에 둘러쓰는 말총으로 만든 것
【網羅】(망라-モウラ) ①큰 그물과 작은 그물。 고기잡는 그물과 새잡는 그물 ②남기지 않고 죄다 모음。 휘몰이함
【網目】(망목-モウモク·あみめ) 그물 눈。 법망(法網)을 이름
【網紗】(망사-モウシャ) 그물과 같이 성기게 짠 사(紗)
【網太】(망태) 그물로 잡은 명태

【綿】 면 メン、ベン、わた cotton
①솜 纊也
【綿力】(면력-メンリョク) 집력이 없음
【綿綿】(면면-メンメン) 죽 잇달아 있음
【綿密】(면밀-メンミツ) 소홀하지 않음。 성기지 않음
【綿絲】(면사-メンシ) 무명실
【綿羊】(면양-メンヨウ) 털이 긴 양 털은 모직물의 원료가 됨 「피륙
【綿紬】(면주) 면주실로 무늬 없이 짠
【綿布】(면포-メンプ) ①솜과 베 ②무명
【綿花】(면화-メンカ) ①솜이 나오는 풀 ②솜

【緋】 비 ヒ、あか 㵊 ㄈㄟ fei¹ red
①붉은 빛 絳色 ②붉은 깁 赤練

【綫】 선 セン、いと 霰 ㄒㄧㄢ hsien⁴ sewing thread
가는실 細絲可以縫衣

【綬】 수 ジュ、シュウ、ひも ribbon on a seal
인끈 佩組韍維

【維】 유 イ、ユイ、つなぐ tie; hold
①벼리 綱也 ②맬 係也 ③맺을 連結 ④모퉁이 方隅 ⑤오직 獨也。惟·唯通
【維新】(유신-イシン) 모든 구폐(舊弊)를 일신하게 고침
【維持】(유지-イジ) 지탱하여 감。 버티어감

【緌】 유 ズイ、かんむりひも strings of a cap
갓끈 늘일 冠纓下垂

【綽】 작 シャク、ゆるやか、 generous 藥 ㄔㄨㄛ ch'uo⁴
너그러울 寬也——
【綽名】(작명-シャクメイ) 별명 「운 모양
【綽態】(작태-シャクタイ) 마음이 너그러

【綜】 종 ソウ、ス、すべる threads for weaving
①씨 機縷以絲交錯 ②자세할—核 ③모을 總聚
【綜理】(종리-ソウリ) 빈틈없이 조리있게 처사함 「함
【綜詳】(종상-ソウショウ) 치밀하고 자세
【綜合】(종합-ソウゴウ) 한데 합함
【綜覈】(종핵-ソウカク) 일의 본말을 자세히 밝힘

【綢】 주 チュウ、こまかい close and dense
빽빽할 密也—繆 (도) ①동일 纏也 ②쌀 韜也
【綢直】(주직-チュウチョク) 성정(性情)이 치밀하고 품행이 정직함

【綵】 채 サイ、あやぎぬ colored silk 賄 ㄘㄞ ts'ai³
오색비단 繒綵五釆
【綵綺】(채기-サイキ) 고운 무늬가 있는 견직물
【綵衣】(채의-サイイ) 오색 비단으로 지은 옷

【綴】 철 テイ、つづる baste together
①맺을 結也 ②잇다을 聯也 ③그칠 止也 ④춤느런히출 舞列 (체) ①연폭할 連也 ②가꾸밀 緝也
【綴文】(철문-テイブン) 글을 엮음 엮은 글。 著述(저술)
【綴音】(철음-テイオン) 자모와 자모를 서로 맞추어 글자를 만드름。 또 그 소리
【綴字】(철자-テイジ) 자모를 서로 맞추어 글자를 만듦。 또는 글자를 서로 맞추어 글을 만듦
【綴宅】(철택-テイタク) 몸。 신체

【緇】 치 シ、くろ 支 ㄗ tzū¹ black
검을 黑色
【緇徒】(치도-シト)중
【緇塵】(치진-シジン) 지저분한 티끌。속사(俗事)에분주하여 옷을 검게함

【綻】 탄 タン、ほころびる 諫 ㄓㄢ chan⁴ rip
옷터질 衣縫解 (전) 義同
【綻裂】(탄렬-タンレシ) 터져 찢어짐
【綻露】(탄로-タンロ) 비밀한 일이 드러남

〔九 畫〕

【練】 련 レン、ねる 霰 ㄌㄧㄢ lien⁴ drill
①익힐 凡技能之求其熟、如訓—敎——習 ②눌 練縉 ③연복 小祥服 ④겪을 閱歷
【練究】(연구-レンキュウ) 상세하게 연구함
【練達】(연달-レンタツ) 숙련하여 통달함
【練士】(연사-レンシ) 병사를 훈련함
【練習】(연습-レンシュウ) 단련하여 익힘
【練悉】(연실-レンシツ) 익히어 죄다 알음
【練日】(연일-レンジツ) 날을 택함

【緬】 면 メン、ベン、はるか 銑 ㄇㄧㄢ mien³ distant
①아득할 遠也—藐 ②면례할 改葬禮 ③우두커니 바라볼 思貌—然
【緬想】(면상-メンソウ) 아득하게 생각하는 모양
【緬羊】(면양-メンヨウ) 털이 긴 양。털은 모직에 씀
【緬憶】(면억-メンオク) 지난 일을 생각함
【緬然】(면연-メンゼン) ①아득한 모양 우두커니 바라보는 모양

【緡】 민 ビン、ミン、つりいと a string of cash
①낚싯줄 釣繳 ②돈 꿰미 錢貫 ③입힐 被也
【緡綸】(민윤-ビンリン) 낚싯줄

【緥】 보 ホウ、むつき 皓 ㄅㄠ pao³ baby's quilt
포대기 小兒被褓—

【緗】 상 ショウ、あさぎ light-yellow
엷게 누를 淡黃
【緗素】(상소-ショウソ) 담황색(淡黃色)과 흰 색。옛날 책을 이름
【緗帙】(상질-ショウチツ) 누른 겉장을 한 책

【緖】 서 ショ、いとぐち 語 ㄒㄩ hsü⁴ clue
①실머리 絲耑 ②남저지 殘餘
【緖論】(서론-ショロン) 본론에 들어가기 전에 설명하는 논설
【緖言】(서언-ショゲン) ①논설의 실머리 ②책의 머리말
【緖餘】(서여-ショヨ) 쓰고 남은 것。남저지
【緖戰】(서전-ショセン) 전쟁의 발단에 하는 싸움

【線】 선 セン、いと wire
①줄 絲索 ②실 縷也縫— ③줄칠 畫— ④발 有—想如先—視—
【線纊】(선광-センコウ) 실과 솜
【線路】(선로-センロ) ②좁고 긴 길 ②기차·전차 등이 다니는 길

【緦】 시 シ、あさぬの 支 ㄙ ssu¹ cotton cloth
①가는베 十五升布 ②시마 三月服—麻
【緦麻】(시마-シマ) 오복(五服)의 하나。가는 베로 지어 석달동안 입는의복

【緣】 연 エン、ゆかり 先 ㄩㄢ yüan² destiny
①인연 因也 ②인연할 連絡貪— ③선두를 —飾 (단) 단옷 后服
【緣故】(연고-エンコ) ①까닭 ②사고
【緣木求魚】(연목구어-きによりてうおをもとむり) 나무에 올라가서 고기를 구한다는 뜻으로 도저히 될수 없음을 가리키는말
【緣邊】(연변-エンペン) 인연있는 사람이나 집
【緣分】(연분) ①서로 걸리게 되는 인연 ②부부가 될 수 있는 인연
【緣由】(연유-エンユウ) 까닭
【緣坐】(연좌-エンザ) 일가 또는 남의 범죄에 관련하여 심문을 받게 됨
【緣海】(연해-エンカイ) 대륙의 연변에 있어서 대륙과 섬으로 불완전하게

둘러 싸여 있는 바다

【縕】 온 ウン、オン、あさ ravelled silk 図 ㄩㄣˋ yun⁴
①모시 枲麻 ②헌솜 舊糸―袍 ③성할 盛貌紛― ④기운덩이 元氣絪― ⑤얽힌 삼 亂麻

【緩】 완 カン、ゆるやか slow 旱 ㄏㄨㄢˇ huan³
느지러질 遲―
【緩球】(완구-カンキュウ) 야구에서 투수가 느리게 던지는 공
【緩急】(완급-カンキュウ) ①느러지는것과 급한 것 ②위급·급격한 사변의 뜻
【緩帶】(완대-カンタイ) 띠를 늦추고 안심함
【緩流】(완류-カンリュウ) 느리게 흐름
【緩慢】(완만-カンマン) 엄격하지 않음
【緩步】(완보-カンポ) 천천히 걸음。느럭느럭 걷는 걸음
【緩緩】(완완-カンカン) 동작이 느린모양
【緩衝】(완충-カンショウ) 둘사이의 불화나 충돌을 완화시킴
【緩衝地帶】(완충지대-カンショウチタイ)중립지대라는 말이니、접속되어 있는 각국간에 늘 분쟁의 씨가 되는 지대의 충돌을 완화시키기 위하여 설치한 지역
【緩治】(완치-カンチ) 병이나 죄를 느즈러지게 다스림
【緩限】(완한-カンゲン) 작정한 기한을 느즈러 뜨림
【緩行】(완행-カンコウ) 느리게 감
【緩刑】(완형-カンケイ) 그 형벌을 완화시킴
【緩和】(완화-カンワ) 느슨하게 됨

【緯】 위 イ、よこ latitude 困 ㄨㄟˇ wei³
①씨 織橫絲經― ②별 오른편으로 돌 星右旋 ③점서 圖―
【緯度】(위도-イド) 적도(赤道)에서 남북 양극에 일정한 도수로 적도와 평행하여 그린 좌표。남위(南緯) 북위(北緯)로 나뉘고 각각 九十도가 있음

【緹】 제 テイ、あかぎぬ red silk 齊 ㄊㄧˊ t'i²
붉은 비단 赤帛 (제) 褆同

【緝】 즙 シュウ、あつめる twist a cord; continue
①길쌈 績也 ②이을 繼續 ③옷가선 두를 橫縫―下 ④빛날 光也
【緝穆】(즙목-シュウボク) 모아서 화목하게 함
【緝捕】(즙포-シュウホ) 죄인을 체포함
【緝綴】(즙철-シュウテツ) 모아서 엮음
【緝熙】(즙희-シュウキ) 빛난 인격이 오래 이름

【締】 체 テイ、しめる fasten 霽 ㄉㄧˋ ti⁴
①꼭 맺을 結不解 ②닫을 閉也
【締結】(체결-テイケツ) 계약이나 조약을 맺음
【締盟】(체맹-テイメイ) 동맹을 맺음
【締約】(체약-テイヤク) 약속을 맺음

【編】 편 ヘン、あむ weave
①엮을 織也 ②책편 次簡 ③적을 錄也 ④첩지 婦人假紒 ⑤벌릴 列也 ⑥땋을 ―髮 辮同
【編隊】(편대-ヘンタイ) 대오를 편성함
【編物】(편물-あみもの) 실로 엮어서 여러가지 물건을 만들음。또 그 물건
【編髮】(편발-ヘンパツ) 머리를 땋아 늘어뜨림。또 그 머리
【編成】(편성-ヘンセイ) ①엮어 만듦 ②원고를 편집하여 책을 만듦 ③조직함
【編修】(편수-ヘンシュウ) ①편집하고 수정함 ②예의가 바르게 정돈됨
【編述】(편술-ヘンジュツ) 엮어서 지음
【編入】(편입-ヘンニュウ) 엮어 넣음。짜아 넣음。동아리에 끼게 함 「사람
【編者】(편자-ヘンシャ) 책을 편집하는
【編著】(편저-ヘンチョ) 편집하여 저술함
【編制】(편제-ヘンセイ) 대오를 짜음
【編輯】(편집-ヘンシュウ) 세상에 있는모든 글의 재료를 모아벌려서 책으로 만듦
【編次】(편차-ヘンジ) 순서를 정하여 편집함。편집하는 순차(順次)

【編纂】(편찬-ヘンサン) 편집

【編戶】(편호-ヘンコ) 호적을 편성함

【緞】하 タン、ドン、どんす satin
신뒤축실 履跟帖 (단) 義同

【緘】함 カン、とじる close
①봉할 封也 ②궤맬 縢也 ③묶을 束篋

【緘口】(함구-カンコウ) 입을 다물음

【緘封】(함봉-カンプウ) 봉함。편지 겉봉을 봉함

【緘札】(함찰-カンサツ) 겉봉을 봉한 편지

【緜】綿 (糸部 八畫) 同字

【緍】緡 (糸部 八畫) 同字

【縷】縷 (糸部 十一畫) 略字

【縄】繩 (糸部 十三畫) 略字

【十 畫】

【縑】겸 ケン、かとり、ふたこ a kind of silk 鹽 ㄐㄧㄢ chien¹
합사통견 幷絲絹

【縠】곡 コク、ちりめん fine silk gauze 屋 ㄏㄨ hu²
①저사 縐紗 ②고운집 細縳霧ー

【縢】등 トウ、はばき bind 蒸 ㄊㄥ t'êng²
①묶을 約也 ②궤맬 緘也 ③노繩也 ④행전 纏脛行ー

【縛】박 バク、ハク、しばる tie 藥 ㄈㄨ fu² ㄈㄛ fo⁴
①묶을 束也 ②얽을 繫也

【縛紲】(박설-バクセツ) 묶는 끈。포승

【縈】영 エイ、ヤウ、からむ wind around 庚 ㄧㄥ ying²
①얽힐 繞也 ②맬 繫也

【縟】욕 ジョク、いろどり floral design 沃 ㄖㄨ ju⁴
①화문놓을 繁采飾 ②가늘 細也

【縊】의 イ、エイ、くびくる strangle oneself 寘 ㄧ i⁴
목맬 自經縣繩阨頸

【縊死】(의사-イシウ) 목을 매어 죽음

【縡】재 サイ、こと thing
일 事也 戴同

【縉】진 シン、うすあか pink
①분홍빛 淺絳色 ②홀꽂을 ー紳

【縉紳】(진신-シンシン) 관위(官位)。신분(身分)이 높은 사람을 이름

【縝】진 シン、こまか clossness
①실마리 縷也 ②맺힐 結也 ③톡톡할 密緻 ④검을 黑色

【縝密】(진밀-シンミツ) ①톡톡한 모양。치밀(緻密) ②자세하고 조심성이 있음

【縝紛】(진분-シンプン) 많고 성한 모양

【縒】착 サ、よる wind around 藥 ㄘㄨㄛ ts'uo⁴
실엉킬 亂也ー綜

【縋】추 ツイ、すがる be suspended
줄에달릴 繩懸

【緻】치 チ、ジ、こまかい delicate
①톡톡할 密也 ②헌옷 기울 縫補敝衣

【緻密】(치밀-チミツ) ①곱고 빽빽함。톡톡함 ②세밀함 ③자세함 ④빈틈이 없음

【縣】현 ケン、あがた district 先 ㄒㄩㄢ hsüan²
고을 五鄙州ー ①달릴 繫也 ②끊어질 絕也

【縣官】(현관-ケンカン) ①임금의 별칭 ②조정(朝廷) ③고을의 아전

【縣令】(현령-ケンレイ) ①중국 현(縣)의 장관 ②이조 때 현의 으뜸벼슬

【縞】호 コウ、しま plain white silk 皓 ㄍㄠ kao³
흰깁 素也 白繒

【縞服】(호복-コウフク) 흰 깁옷

【縞素】(호소-コウソ) 흰 빛의 상복

【縕】縕 (糸部 九畫) 本字

【十一畫】

【繦】강 キョウ、ぜにざし a string of coppers 돈꿰미 錢貫

【縺】련 レン、もつれる coil 실얽힐 絲結不解

【縷】루 ル、いと silken thread 麌 ㄌㄩ lü ①실 綫也 ②남루할 衣敝藍— ③곡진한 委曲覼—

【縷續】(누속-ルゾク) 실같이 이어짐

【縷述】(누술-ルジュツ) 자세히 진술함

【縲】류 ルイ、くろなわ black rope 支 ㄌㄟ lei² 검은새끼 黑索—絏

【縲紲】(유설-ルイセツ) ①검은 새끼로 죄인을 묶음 ②구속된 몸。결박을 당하는 수치

【縵】만 マン、バン、ひらぎぬ plain silk 翰 ㄇㄢ man⁴ ①무늬없는 비단 無文繒 ②수레이름 車名夏— ③줄고를 調絃 ⑤너그러울 寬也 ⑥늘어질 緩也——

【縵樂】(만악-マンガク) 서로 뒤 섞여 연주하는 음악。잡악(雜樂)

【縵繒】(만증-マンソウ) 무늬 없는 비단

【繆】무 ビウ、からむ wind round 宥 ㄇㄧㄡ miu⁴ ①얽을 纏綿綢— ②천을 絲千縷(규) 수질 요질 絞也—絰 (류) 어그러질 戾也紕— (목) 몹쓸시호 惡謚

【縻】미 ビ、つなぐ tie up 支 ㄇㄧ mi² ①얽어맬 繫也羈— ②소고삐 牛轡

【繁】번 ハン、しげる prosper 元 ㄈㄢ fan² ①성할 盛也 ②많을 多也 ③번잡할 雜也 (반) 말배때끈 馬腹帶

【繁忙】(번망-ハンボウ) 매우 바쁨

【繁文】(번문-ハンブン) ①번화하게 꾸밈 ②규칙이 많아서 성가심

【繁文縟禮】(번문욕례-ハンブンジョクレイ) 규칙·예절·절차 따위가 너무 형식적이고 번거로와 까다로운 것

【繁盛】(번성-ハンセイ) 번화하고 창성함

【繁殖】(번식-ハンショク) 늘어서 많이 퍼짐

【繁榮】(번영-ハンエイ) 일이 성하게 잘 되어 영화로움

【繁纓】(번영-ハンエイ) 말안장의 양편에 늘어뜨리는 장식

【繁昌】(번창-ハンジョウ) ①번성

【繁華】(번화-ハンカ) ①번성하고 화려함 ②초목이 무성하고 꽃이핌。사람의 젊은 시절을 이름

【縫】봉 ホウ、ぬう sew 宋 ㄈㄥ feng ①꿰맬 以鍼紩衣 ②아무를 補合彌— ③큰옷 大衣—掖 ④혼솔 —會

【縫合】(봉합-ホウゴウ) ①기워 합침 ②외과(外科) 수술에서 절개한 자리를 꿰맴

【繃】붕 ホウ、まく bind 庚 ㄅㄥ peng¹ ①묶을 束也 ②감을 卷也 ③쌀 包也

【繃帶】(붕대-ホウタイ) 소독한 무명을 좁고 길게 만든 것。종기·상처 등을 감는 데 씀

【繅】소 ソウ、くる reel silk 豪 ㄙㄠ sao¹ 고치켤 繹繭出絲 繰通 (조) 옥받힘 薦玉藻藉皓

【繅車】(소거-ソウシャ) 고치에서 실을 켜는 물레

【縯】연 エン、たがい long 銑 ㄧㄢ yen³ ①길 長也 ②당길 引也

【繄】예 エイ、くろぎぬ black silk ①검푸른 비단 靑黑繒 ②어조사 語助辭 ③탄식소리 歎聲

【繇】요 ヨウ、ユウ、しげる dense 蕭 ㄧㄠ yao

①성할 盛也 ②따를 隨也 ③역사役也 徭·謠同 (유) ①다닐 行貌 ——②좇을 從也 ③부드러울 和柔優— 由同·猷通 (주) 점괘 占辭爻—

【繇戍】(요술-ヨウジュ) 국경을 수비함。또는 그 병사

【繇役】(요역-ヨウエキ) 나라에서 구실로 시키는 노동

【績】적 セキ、つむぐ spin thread 錫 ㄐㄧ chi'

①길쌈 緝麻 ②공 功業 ③일 事也 ④이룰 成也 ⑤이을 繼也

【績女】(적녀-セキジョ) 길쌈하는 여자

【縱】종 ジュウ、ショウ、たて vertical 宋 ㄗㄨㄥ tsung'

①서로 直也橫之對 ②세울 竪也 從通 ③놓을 放也 ④늘어질 緩也 ⑤어지러울 亂也 ⑥비록 雖也 (총)바쁠 急遽——

【縱歌】(종가-ショウカ) 마음껏 노래함

【縱貫】(종관-ジュウカン) 세로 꿰뚫음

【縱斷】(종단-ジュウダン)세로 가름。남북의 방향으로 끊음

【縱覽】(종람-ジュウラン·ショウラン) 마음대로 봄

【縱線】(종선-ジュウセン) 세로 그은 선

【縱軸】(종축-ジュウジク) 세로대

【縱橫】(종횡-ジュウオウ·ショウオウ) 세로와 가로 ②마음대로。마음껏 ③합종연횡 (合縱連橫)의 준말 ④구불구불 굽은 모양 ⑤십자형(十字形)

【縱橫無盡】(종횡무진-ジュウオウムジン)거침없이 자유 자재로함

【總】총 ソウ、すべて all; general 送 ㄗㄨㄥˇ tsung³

①다 皆也 ②합할 合也 ③거느릴 統也 ④꿰맬 縫也 ⑤끄덩이 잡을 括也 ⑥상투짤 束髮—角 ⑦모울 聚也 —— ③볏짚 禾藁

【總角】(총각-ソウカク·あげまき) ①어린애의 쌍상투 ②어린애

【總監】(총감-ソウカン) 전체를 감독하는 일。또는 그 벼슬

【總攻擊】(총공격-ソウコウゲキ) 전군을 들여서 하는 공격

【總計】(총계-ソウケイ)전체를 묶은 계산

【總觀】(총관-ソウカン), 총체적으로 관찰하여 봄

【總括】(총괄-ソウカツ) 한데 뭉침。한데 「묶음

【總代】(총대-ソウダイ) 전체를 대표하는 사람

【總督】(총독-ソウトク) 죄다 거느려 감독함。또 그 벼슬

【總動員】(총동원-ソウドウイン) 모두 동 「원함

【總攬】(총람-ソウラン) ①정무를 통할함 ②인심을 끌어자기에게 심복하게함

【總力】(총력-ソウリョク) 모든 힘

【總領】(총령-ソウリョウ) 모든 것을 다 거느림

【總論】(총론-ソウロン) 문장。의론의 전체에 공통되는 론

【總理】(총리-ソウリ) 온통 다스림 「록

【總目】(총목-ソウモク) 책의 전편의 목

【總務】(총무-ソウム) 전체의 사무。또 그 일을 통할하는 사람 「직함

【總辭職】(총사직-ソウジショク)전원이 사

【總說】(총설-ソウセツ) 전체를 묶어서하는 설명。모두 풀이

【總選擧】(총선거-ソウセンキョ) 의원 전체의 선거 「수

【總數】(총수-ソウスウ) 모든 수。전체의

【總身】(총신-ソウシン·ソウみ) 온몸。전신(全身)

【總額】(총액-ソウガク) 전체의 금액

【總御】(총어-ソウギョ) 전부를 다스림

【總員】(총원-ソウイン) 총수의 인원

【總意】(총의-ソウイ) 공통되는 의견

【總長】(총장-ソウチョウ) ①전체를 통할하는 우두머리 ②종합대학의 우두머리

【總裁】(총재-ソウサイ) 총리 「규칙

【總則】(총칙-ソウソク) 전부를 총괄한

【總稱】(총칭-ソウショウ) 전체를 총괄한 이름

【總統】(총통-ソウトウ) 전체를 통할함

【總合】(총합-ソウゴウ) 전부를 합함

【總和】(총화-ソウワ) 많은 수나 양의 전체를 모아서 합한 것

【總會】(총회-ソウカイ) ①죄다 모임 ②모든 사원 또는 회원의 회합

【縮】축 シュク、ちぢまる shrink
①움츠러질 斂也 ②건을 收也 ③물러날 退也 ④줄 贏之對 ⑤쭈그릴 局— ⑥모자랄 不及 ⑦곧을 直也
【縮減】(축감-シュクゲン) 어떠한 수효에서 우구러져 덜림
【縮圖】(축도-シュクズ) 원형을 줄여서그린 그림
【縮小】(축소-シュクショウ) 줄어 작아짐。줄이어 작게 만듬
【縮刷】(축쇄-ショクサツ) 원형을 축소시켜서 박음
【縮尺】(축척-シュクシャク) ①피륙이 정척(定尺)에 차지 아니함 ②축도를 그릴때 그 축소시킬 비례
【縮退】(축퇴-シュクタイ) 움츠리고 물러남

【縶】칩 チュウ、つらねる bind 紐 ㄓ chih
①얽을 絆也 ②잡을 拘也

【縹】표 ヒョウ、はなだいろ light blue 篠 ㄆㄧㄠˇ p'iao³
옥색빛 帛青白色—紬
【縹眇】(표묘-ヒョウビョウ) 넓어서 있고 없는 것이 분명하지 아니한 모양
【縹瓦】(표와-ヒョウガ) 옥색기와

【十二畫】

【繚】료 リョウ、まとう、めぐる bind; wrap 蕭 ㄌㄧㄠˊ liao²
①동일 纏也 ②돌릴 繞也 ③다듬을 理也
【繚繞】(요요-リョウジョウ) ①둘러 있음 ②소매가 긴 모양

【繙】번 ホン、ハン、ひもとく translate 元 ㄈㄢ fan¹
①번역한 繹也—書 ④기 펄렁거릴 風吹旗—繙
【繙繹】(번역-ホンエキ) 책을 읽고 그 뜻을 찾음

【繖】산 サン、かさ umbrella
우산 일산 笠類

【繕】선 ゼン、セン、つくろう repair 霰 ㄕㄢˋ shan⁴
①기울 補也 ②글씨쓸 寫也 ③다슬릴 治也 ④선두를 緝也 (경) 勁(力部七畫)同

【繡】수 シュウ、ぬいとり embroider 宥 ㄒㄧㄡˋ hsiu⁴
수놓을 五采刺文
【繡囊】(수낭-シュウノウ) 수주머니
【繡簾】(수렴-シュウレン) 수놓은 아름다운 발
【繡履】(수리-シュウリ) 수놓은 신
【繡佛】(수불-シュウブツ) 수놓아서 만든 불상
【繡扇】(수선-シュウセン) 수놓은 부채
【繡虎】(수호-シュウコ) 수놓은 범의 뜻이니 아름다운 글을 이름

【繞】요 ジョウ、ニョウ、めぐる surround
①둘릴 圍也 ②동일 纏也 遶同
【遶帶】(요대-ギョウタイ) 두름。둘러 감음

【繒】증 ソウ、ジョウ、きぬ silk 蒸 ㄗㄥ tsêng¹
비단 帛總名
【繒纊】(증광-ソウコウ) 비단과 솜。거친 비단과 고운 솜
【繒綵】(증채-ソウサイ) 다섯가지 빛깔의 비단

【織】직 ショク、シキ、おる weave 職 ㄓ chih¹
짤 經緯相成 (지) 실다듬을 治絲 (치)기 旗也 幟同
【織女】(직녀-ショクジョ) ①길쌈하는 계집 ②직녀성(織女星)의 준말
【織物】(직물-おりもの) 온갖 피륙을 통털어 일컬음
【織縫】(직봉-ショクホウ) 길쌈과 바누질
【織婦】(직부-ショクフ) 피륙을 짜는 여자
【織匠】(직장-ショクショウ) 피륙을 짜는 장인(匠人)
【織造】(직조-ショクゾウ) 피륙을 짬

【繟】천 セン、ゆるい lengthen
①늘어질 緩也—— ②넉넉할 寬綽

【繢】회 カイ、エ、いろどり embroider
①수놓을 繪也 ②토끝 織餘 ③그림 畫也 繪同 (궤) 義同

【十三畫】

【繭】견 ケン、まゆ cocoon
①고치 蠶房 ②목실 聲氣微細ㅡㅡ ③발부르틀 足病
【繭館】(견관-ケンカン) 누에를 기르는방
【繭栗】(견률-ケンリツ)송아지의 뿔이 처음 난 형용(뿔이 고치같고 또 밤같이 작다는 뜻)
【繭絲】(견사-ケンシ) ①누에 고치에서 뽑은 실 ②고치에서 실을 뽑아내듯이 백성에게서 세금을 걷어 들임

【繫】계 ケイ、つなぐ bind
①맬 維也 ②얽을 縛也 ③묶을約束 ④맺을 結也 ⑤머무를 留滯 ⑥이을 續也 係・系同
【繫累】(계루-ケイルイ) 몸이 累에얽매임
【繫留】(계류-ケイリュウ) ①붙잡아 매어놓음 ②포박함
【繫泊】(계박-ケイハク) 배를 매어둠
【繫縛】(계박-ケイバク) 결박 하여 맴
【繫辭】(계사-ケイジ) 본문에 딸려 그말을 설명하는 말
【繫屬】(계속-ケイゾク)매여 딸림
【繫獄】(계옥-ケイゴク)옥에 가둠

【繳】교 シャク、からまる wind round; bind
동일 纏也 (격) ①돌려보낼ㅡ還 ②주살 箭繒ㅡ
【繳網】(격망-シャクモウ) 주살과 그물사냥함
「②법 조문에 얽매임
【繳繞】(교요-キョウジョウ) ①감김。얽힘

【繩】승 ジョウ、なわ rope 蒸 ㄕㄥ shēng²
①노 索也 ②먹줄 直也 ③ 다스릴 彈治 ④법 法也 ⑤많을 衆多ㅡㅡ
【繩糾】(승규-ジョウキュウ) 과실을 책망함
【繩度】(승도-ジョウド) 법도。규칙
【繩墨】(승묵-ジョウボク) ①먹 줄 ②법규칙。표준
【繩削】(승삭-ジョウサク)먹줄을 치고 깎음。나쁜 것을 깎아 바로잡음
【繩索】(승삭-ジョウサク) 새끼
【繩繩】(승승-ジョウジョウ) ①많은 모양 ②끊이지 아니함 ③경계함
【繩祖】(승조-ジョウソ) 조상이 남긴 위훈을 이어 받음
【繩尺】(승척-ジョウシャク) 측량할 때 쓰는 노끈으로 만든 긴 자
【繩戱】(승희-ジョウギ) 줄 타는 재주。또는 그 사람

【繹】역 エキ、ヤク、たずねる inquire
①실끝찾을 尋究紬ㅡ ②잇다을 不絶絡ㅡ ③다스릴 理也 ④베풀 陳也 ⑤빛날 光釆ㅡㅡ
【繹味】(역미-エキミ) 의미를 찾아 구함
【繹如】역여-エキジョ) 잇닿는 모양
【繹繹】(역역-エキエキ) ①잘 달아나는 모양 ②자라나는 모양 ③다스려 바로잡는 모양 ④높고 큰 모양 ⑤오래 잇는 모양

【繰】조 ソウ、くる reel silk
아청통견 紺也繅 (소) 고치켤 繹繭

【繪】회 カイ、エ、え piturec
①그림 畫也 ②수 놓을 繡也會五采
【繪具】(회구-エのぐ) 그림을 그리는데 쓰이는 물감
【繪像】(회상-エゾウ) 사람 얼굴을 그림으로 그린 형상

【十四畫】

【繾】견 ケン、つきまとう attached to; loving
금진할 다정할 不相離ㅡ綣
【繾綣】(견권-ケンケン) 서로 얽히어 떨어지지 아니함。정이 깊어서 잊을수 없음

【繼】계 ケイ、つぐ connect 霽 ㄐㄧˋ chì
이을 續也
【繼繼】(계계-ケイケイ) 대대로 이어나감
【繼母】(계모-ケイボ・ままはは) 아버지의 후취。의붓 어머니 「입말
【繼配】(계배-ケイハイ) 죽은 후실의 높
【繼父】(계부-ケイフ) ①아버지를 이음 ②의붓 아버지

【繼續】(계속-ケイゾク) 서로 잇댐。이어서 늘 그대로 함

【繼述】(계술-ケイジュツ) 계승하여 저술함

【繼承】(계승-ケイショウ) 이어 받음。잇댐

【繼任】(계임-ケイニン) 임무를 계승함

【繼葬】(계장-ケイソウ) 조상의 무덤이 있는 아래에 자손을 잇대어 장사함

【繼娶】(계취-ケイシュ) 아내와 이별하고 두번째 장가를 감

【繼統】(계통-ケイトウ) 임금의 계통을 이음

【辮】변 ベン、ヘン、あむ plait ㄅㄧㄢ pien'
①땋을 交也 ②엮을 繆也 ③단추 紐也

【辮髮】(변발-ベンパツ) 땋은 머리

【繽】빈 ヒン、おおい abundant
①많을 衆也——②성할 盛貌—紛③어지러울 亂世

【繽紛】(빈분-ヒンプン) 성한 모양

【繻】수 ジュ、シュ、うすぎぬ fine gauza
①고운깁 細密羅。②비당통부 帛符

【纂】찬 サン、あつめる collect
①모을 集也 ②이을 繼也

【纂輯】(찬집-サンシュウ) 책을 편찬함

【纂次】(찬차-サンジ) 모아서 순시를 정함

【纁】훈 クン、うすあか pink
①분홍빛 淺絳色 ②세 번 물들일 三染成

【纁黃】(훈황-クンコウ) 어스름할 때

【纏】纏 (次畫) 同字

【十五畫】

【纊】광 コウ、わた good cotton ㄎㄨㄤ k'uang
고운 솜 細綿

【纍】류 ルイ、まつわる be entangled
①맬 係也 ②죄 罪也 ③노 索也 ④갇힐 囚繫 ⑤어릿 어릿할 失志貌——⑥엉클어질 聯絡

【續】속 ゾク、ショク、つつく continue
이을 繼也

【續刊】(속간-ゾッカン) 잡지・신문등을 간행함

【續開】(속개-ゾッカイ) 계속하여 열음

【續稿】(속고-ゾッコウ) 먼저 원고에 계속하는 원고

【續落】(속락-ゾクラク) 계속하여 자꾸 떨어짐

【續論】(속론-ゾクロン) 계속해서 하는 언론

【續報】(속보-ゾクホウ) 계속해서 알림

【續成】(속성-ゾクセイ) 계속하여 이룸

【續續】(속속-ゾクゾク) 계속하고 끊기지 아니함

【續集】(속집-ゾクシュウ) 본디 있던 서책에 계속하여 모은 문집

【續出】(속출-ゾクシュツ) 계속하여 나옴

【續編】(속편-ゾクヘン) 전편에 잇달아 지은 책

【續行】(속행-ゾッコウ) 계속하여 행함

【續會】(속회-ゾッカイ) 회의를 계속하여 진행함

【纏】전 テン、まとう bind up; wrap up
①묶을 束也 ②둘릴 繞也 ③얽을 繳纏也 ④동일 約也

【纏綿】(전면-テンメン) 칭칭 감김

【纏帶】(전대-テンタイ) ①옛날 군복에 띠던 띠 ②양쪽 끝이 터지고 중간이 막힌 좁은 자루

【纏足】(전족-テンソク) 피륙으로 감아서 발을 작게 줄임

【纏纂】(전찬-テンサン) 묶어 모음

【纈】힐 ケツ、しぼり tie a knot
①무늬 있는 비단 文繒 ②맺을 結也

【十六畫—十七畫】

【轡】車部 十畫에 볼것

【纖】섬 セン、かよわい delicate ㄒㄧㄢ hsien'

①가늘 細也 ②아낄 儉嗇

【纖芥】(섬개-センカイ) 잔 검불。잔 먼지

【纖纖】(섬섬-センセン) ①잘고 성가신 모양 ②가늘고 끝이 날카로운 모양 ③가냘픈 모양

【纖細】(섬세-センサイ) 가냘픈 모양

【纖維】(섬유-センイ) 생문체를 조직하는 가늘고 실 같은 물질

【纖手】(섬수-センシュ) 가냘프고 아름다운 여자의 손

【纖弱】(섬약-センジャク) 가냘프고 약함

【纖腰】(섬요-センヨウ) 가냘프고 약한 미인의 허리。곧 미인을 형용함

【纖塵】(섬진-センジン) 잔먼지。잔검불

【纓】영 エイ、かんりのひも chin-strap

①갓끈 冠系 ②가슴걸이 馬鞅般軍

【纓冠】(영관-エイカン)갓끈을맴。갓을씀

【纓紳】(영신-エイシン) ①갓끈과 큰 띠 ②고위 고관을 이름

【纔】재 ザン、サン、わずかに barely

①겨우 僅也 ②잠간 暫也 ③비롯할 始也 (삼) 회색사단 帛雀頭色

【十九畫—二十一畫】

【纛】도 トウ、はた banner

독기 羽葆幢大皀旗 (독) 義同

【纘】찬 サン、つぐ continue

①이을 繼也 ②올 모을 綜集

【纘緖】(찬서-サンショ) 먼저 시작한 사람의 사업을 이어 받음

【纘承】(찬승-サンショウ) 이어 받음

【纜】람 ラン、ともづな hawser

닻줄 維舟索

缶 部

【缶】부 フ、フウ、ほとぎ pottery

①장군 盎也大腹斂口 ②질장구 鼓以節歌

【缶】缶 (前條) 俗字

【三畫—十畫】

【缸】항 コウ、かめ jar 江 ㄍㄤ kang'

항아리 長頸甖 瓨同

【缺】결 ケツ、かける broken 屑 ch'üeh'

①이지러질 虧也器破 ②이빠질 깨질 毀也 ③번개 번쩍거릴 電光裂—

【缺勤】(결근-ケッキン) 출근하지 아니함

【缺禮】(결례-ケツレイ) 예의를 결함

【缺席】(결석-ケッセキ) 출석하지 아니함

【缺損】(결손-ケッソン) 계산상의 손실

【缺脣】(결순-ケッシン) 언청이

【缺如】(결여-ケツジョ) 모자라는 것

【缺員】(결원-ケツイン) 정한 인원에서 모자람

【缺點】(결점-ケッテン) ①부족한 곳。흠점 ②잘못하는 것。허물 ③들쳐낼만한 것 ④흉

【缺乏】(결핍-ケツボウ) 모자람

【缺陷】(결함-ケッカン)어지러짐 부족함。갖추지 못함。흠

【缻】항 缸(缶部三畫)同字

질동이 瓦盌 缶同 (부)

【缾】병 イ、つるべ well backet 青 ㄆㄧㄥ p'ing

물장구 汲水器 瓶同

【罃】앵 オウ、みずかめ pitcher 庚 ㄧㄥ ying'

약병 備火長頸瓶

【十一畫—十八畫】

【罄】경 ケイ、つきる exhausted 徑 ㄑㄧㄥ ˋch'ing'

다할 盡也器空

【罄竭】(경갈-ケイカツ) 다하여 없어짐

【罅】하 カ、ケ、われめ crack in earthen ware

①틈 孔隙 ②태갈 裂也

【罅隙】(하극-カゲキ) 금간 틈。틈

【罇】준 ソン、さけだる wine pot 元 ㄗㄨㄣ tsuen'

질술준 瓦尊酒器 樽同

【罌】앵 オウ、ヨウ、かめ pot; pitcher 庚 ㄧㄥ ying¹
양병 甁總名 罃・罌同

【罍】뢰 ライ、さけだる wine pot 灰 ㄌㄟˊ lei²
①뇌문 놓은 술잔 畫雲雷形酒器 ②세숫그릇 盥器

【罐】관 カン、つるべ well backet 翰 ㄍㄨㄢˋ kuan⁴
물동이 汲器

网部

【网】망 ボウ、あみ net 養 ㄨㄤˇ wang³
그물 羅罟總名

〔三 畫〕

【罔】망 モウ、バウ、あみ net 養 ㄨㄤˇ wang³
①그물 羅致 ②없을 無也 ③속일 誣也 ④맺을 結也 ⑤흐릴 無知ㅡㅡ 網通

【罔罟】(망고-モウコ) 그물 새그물과 물고기 그물

【罔極】(망극-ムキョク・きわまりなし) 한 없이 큼。한 없이 슬픔

【罔民】(망민-たみをあみす) 백성을 속임

【罕】한 カン、まれ rare; few 旱 ㄏㄢˇ han³
드물 稀寡鮮ㅡ

【罕見】(한견-カンケン) 드물게 봄

【罕古】(한고-カンコ) 옛적부터 드뭄

【罕例】(한례-カンレイ) 드문 전례(前例)

【罕有】(한유-カンユウ) 드물게 있는 일

【四畫—七畫】

【罘】부 フウ、フ、こあみ small net to catch rabbits
①토끼 그물 兎罟 ②면장 屛也ㅡ罳 ③복도 連闕曲閣ㅡ罳

【罟】고 コ、ク、あみ net to catch fish
물고기 그물 魚網

【罟網】(고망-コモウ) 그물

【罟師】(고사-コシ) 어부 (漁夫)

【罠】민 ビン、ミン、わな net for beasf
①고라니 그물 麋網罟 ②낚시 釣也

【罝】저 シャ、ショ、うさぎあみ ned for hares
짐승 그물 獸罟

【罝罘】(저부-シャフ) 짐승 (특히 토끼) 그물

【罣】괘 ケイ、カイ、ひっかける fall into a snare
①걸릴 罥也 ②그물 罟也 ③거리낄 礙也

【罣誤】(괘오-ケイゴ) 관리가 잘못을 저지르고 문책을 받음

【罥】견 ケン、かける be caught
①걸릴 挂也 ②얽힐 絹也

【詈】言部 五畫에 볼것

【買】貝部 五畫에 볼것

【八 畫】

【罨】엄 アン、エン、あみ fihsing net 琰 㕣 ㄧㄢˇ yen³
그물 網也 (압) 義同

【罩】조 トウ、かご basket used to catch fish
가리 捕魚器罾類

【罪】죄 ザイ、サイ、つみ crime 賄 ㄗㄨㄟˋ tsuei⁴
①허물 罰惡 ②고기그물 魚罔

【罪過】(죄과-ザイカ) 허물。과실

【罪根】(죄근-ザイコン) 죄를 범하는 원인
「그러진 죄

【罪戾】(죄려-ザイレイ) 몹시 사리에 어

【罪名】(죄명-ザイメイ) 죄의 이름 「목

【罪目】(죄목-ザイモク) 범죄 행위의 명

【罪罰】(죄벌-ザイベツ) 죄 「보

【罪報】(죄보-ザイホウ) 죄악에 대한 응

【罪狀】(죄상-ザイジョウ) 범죄의 정황

【罪悚】(죄송) 허물이 있어서 매우 두려움

【罪囚】(죄수-ザイシュウ) 옥에 가친 죄인

【罪惡】(죄악-ザイアク) 죄
【罪案】(죄안-ザイアン) 범죄 사건의 기록
【罪人】(죄인-ザイニン) ①죄를 범한 사람 ② 어버이의 상중에 있는 사람의 자칭 대명사
【罪迹】(죄적-ザイセキ) 범죄의 형적
【罪證】(죄증-ザイショウ) 범죄의 증거
【罪責】(죄책-ザイセキ) ①범죄상의 책임 ②죄
【罪禍】(죄화-ザイカ) 범죄로 인하여 받는 재화

【置】 치 チ、おく put 寘 ㄓ` chih⁴
①둘 安止 ②베풀 設也 ③버릴 棄也廢— ④역말 關驛郵— 「벌임
【置家】(치가) 첩을 얻어 딴 살림을
【置毒】(치독-チドク) 독약을 음식에 섞음 「적음
【置簿】(치부) 금전·물품의 출납을
【置身】(치신-みをおく) 몸을 둠。 몸가짐
【置身無地】(치신무지) 두려워 움츠러저서 몸 둘 바를 알지 못함
【置酒高會】(치주고회-チシュウコウカイ) 술을베풀고 성대하게 잔치함
【置中】(치중) 바둑판의 복판이나 에워싸인 중앙에 한 점을 놓음
【置重】(치중) 어떠한 곳에 중점을 둠
【置之】(치지) 그냥 내버려 둠
【置之忘域】(치지망역) 잊어 버리고 생각하지 않음
【置之勿問】(치지물문) 내버려 두고 묻지도 않음
【置標】(치표-チヒョウ) 묏자리를 미리 잡고 무슨 표적을 묻어서 무덤모양 만들어 두는 일
【置換】(치환-チカン) 바꾸어 놓음

【罫】 괘 ケイ、カイ、すじ line; hinde 卦 ㄏㄨㄚ` hua⁴
①바둑판 정간 棋局線間 ②거리낄 礙也 (本音 홰)

【蜀】 虫部 七畫에 볼것

【九 畫】

【罰】 벌 バツ、バチ、しおき punishment
벌 줄 小辜賞之對
【罰金】(벌금-バッキン) 범죄자에게 내게 하는 돈
【罰杯】(벌배-バッパイ) 벌로 먹이는 술。 벌주(罰酒)
【罰俸】(벌봉-バッポウ)벌로 봉급을 줄임
【罰責】(벌책-バッセキ) 죄를 책하여 가볍게 벌함
【罰則】(벌칙-バッソク) 범죄자를 처벌하기 위하여 마련한 규칙。 벌을 주는 규칙

【署】 서 ショ、ジョ、しるす sign
①쓸 書也 ②마을 官舍 ③그물 칠 羅絡部—
【署理】(서리-ショリ) 직무를 대리함
【署名】(서명-ショメイ) 자기의 성명을 씀
【署員】(서원-ショイン) 어떠한 서에서 구실하는 사람
【署長】(서장-ショチョウ) 관서(官署)의 우두머리

【睪】 目部 九畫에 볼것

【十畫—十一畫】

【罵】 매 バ、ののしる scold
꾸짖을 詈也言
【罵倒】(매도-バトウ) 몹시 꾸짖음

【罷】 파 ヒ、ハイ、やめる stop
①파할 休也 ②마칠 了也 ③내칠 廢黜 (패) ①귀양 보낼 遣囚 ②그칠 止也 ③아비 閩人呼父郞— (피) ①느른할 困極—弊 ②잔병—癃 疲同
【罷工】(파공-ヒコウ) 주일과 대축일(大祝日)에 육체 노동을 폐지함
【罷軍】(파군-ヒグン) 군진을 풀어 헤침
【罷漏】(파루) 오경(五更) 삼점(三點)에 큰 쇠북을 三十三번 치던 일。 통행금지의 해제

【罷免】(파면-ヒメン) 직무를 면제함

【罷民】(파민-ヒミン) 피곤한 백성

【罷榜】(파방) 과거에 급제한 사람의 발표를 취소함

【罷仕】(파사-ヒシ) ①그날의 일을 마침 ②사퇴(仕退)

【罷散】(파산-ヒサン) 벼슬을 그만 두고 한산하게 됨

【罷市】(파시-ハイシ・シをやむ) 시장(市場)이 서지 않음。철시(撤市)

【罷亞】(파아-ヒア) 벼가 바람에 흔리는 모양 「끊음

【罷養】(파양-ヒヨウ) 양아들의 인연을

【罷意】(파의-ハイイ) 단념함

【罷議】(파의-ヒギ) 의논을 그만 둠

【罷戰】(파전-ヒセン) 싸움을 그만 둠

【罷職】(파직-ヒショク) 관직을 파면시킴

【罷黜】(파출-ヒチュツ) 직무를 면제하는 것 파면

【罷退】(파퇴-ヒタイ) 물리침

【罷斃】(파폐-ヒヘイ) ①피곤하고 쇠약함 ②비용이 많이 들어 공궁함

【罹】리 リ、かかる incur 支 ㄌㄧˊ

①걸릴 罥也 ②만날 遭也 ③근심 憂也

【罹病】(이병-リビョウ) 병에 걸림。앓음

【罹災】(이재-リサイ) 재난을 만남

【十三畫—十四畫】

【罥】견 ケン、あみ net

①그물 網也 ②걸 挂也

【羅】라 ラ、うすぎぬ net

①새그물 鳥罟 ②벌릴 列也 ③깁 綺縠 ④姓也 「교

【羅馬敎】(나마교-ロマキョウ)로마(Roma)

【羅拜】(나배-ラハイ) 여럿이 늘어서서 절함

【羅紗】(나사-ラシャ) 감이 두껍고 짠자리가 분명히 보이지 않는 모직물

【羅列】(나열-ラレツ) 죽 벌려 놓음 「어

【羅甸語】(나틴어-ラテンゴ)나틴(Latin)

【羅織】(나직-ラショク) 간사한 꾀를 써서 남을 나쁜 지경에 떨어지게 함

【羅刹】(나찰-ラセツ) 사람을 먹는다고 하는 악귀

【羅針盤】(나침판-ラシンバン) 둥근 판에 지남철 바늘을 장치하여 방향을 보는 기계

【羅漢】(나한-ラカン) ①아라한(阿羅漢)의 준말 ②완전히 깨달은 최상의 불교의 수행자

【羆】비 ヒ、ひぐま bear

큰 곰 猛獸熊屬

【羃】冪(冖 部 十四畫)同字

【十七畫—十九畫】

【羇】기 キ、たび wayfarer 支 ㄐㄧ chi¹

나그네 旅寓

【羇旅】(기여-キリョ) 나그네 「묵음

【羇寓】(기우-キグウ) 나그네의 몸으로

【羈】기 キ、きずな halter; restrain 支 ㄐㄧ chi¹

①굴레 勒也馬絆 ②북상투 髻也

【羈縻】(기미-キビ) 굴레와 고삐

【羈絆】(기반-キハン) ①말굴레 ②자유를 구속하는 사물

【羈束】(기속-キソク) 얽매어 묶음

【羈臣】(기신-キシン) 본국을 떠나 타국의 임금을 섬기는 신하

【羈鳥戀舊林】(기조연구림-キチョウキュウリンをこう) 새장에 가친 새가 전에 살던 수풀을 그리워함。나그네가 고향을 생각함을 이름

【羈魂】(기혼-キコン) 나그네의 마음

羊 部

【羊】양 ヨウ、ひつじ sheep 陽 ㄒㄧㄤˊ hsiang²

①양 柔毛畜 ②새 이름 一足鳥商— ③노닐 遊也相—

【羊角】(양각-ヨウカク) ①양의 뿔 ②회오리 바람 ③대추의 딴 이름

【羊頭狗肉】(양두구육-ヨウトウクニク) 거

죽은 훌륭하고 속은 음험함을 이름

【羊酪】(양락-ヨウラク) 양의 젖의 지방질을 굳혀서 만든 식료품

【羊馬石】(양마석) 무덤 옆에 세우는 돌로 만든 양과 말

【羊膜】(양막-ヨウマク) 젖먹이 동물의 태아를 싸고 있는 막

【羊水】(양수-ヨウスイ) 양막 속의 태아를 싸고 있는 물

【羊乳】(양유-ヨウニュウ) 양젖

【羊肉】(양육-ヨウニク) 양의 고기

【羊腸】(양장-ヨウチョウ) ①양의 창자 ②산길이 굽고 험함을 이름

【羊齒】(양치-ヨウシ) 줄기는 지하경(地下莖)、잎은 우상복엽(羽狀複葉)、잎 뒤에 자낭(子囊)이 있고 그 속에 포자(胞子)가 들었음。 고사리 따위

【芊】 羊(前條)本字

【一畫—三畫】

【芈】 미 ビ、ミ、なく sheep crying 紙 ㄇㄧˇ mi³
①양 울 羊鳴 ②楚姓

【羌】 강 キョウ、えびす tribes in west China
①오랑캐 되 西戎名 ②말 끝낼 語端辭

【美】 미 ビ、ミ、うつくしい beauty; good 紙 ㄇㄟˇ mei³
①아름다울 嘉也 ②어여쁠 好也

【美感】(미감-ビカン) 사물의 아름다움에 대한 쾌감이나 그 감각 「리

【美觀】(미관-ビカン) 아름다운 구경거리

【美擧】(미거-ビキョ) 칭찬할 만한 아름다운 행실

【美男子】(미남자-ビダンシ) 얼굴이 아름다운 남자 「인

【美女】(미녀-ビジョ) 아름다운 여자。미인

【美談】(미담-ビダン) 후세에 전할 만한 아름다운 이야기

【美德】(미덕-ビトク) 아름다운 덕행

【美童】(미동-ビドウ) 예쁘게 생긴 사내아이

【美麗】(미려-ビレイ) 아름답고 고움

【美名】(미명-ビメイ) 아름다운 이름

【美貌】(미모-ビボウ) 아름답고 고운 얼굴 모양

【美妙】(미묘-ビミョウ) 아름답고 교묘함

【美聞】(미문-ビブン) 갸륵한 소문 「글

【美文】(미문-ビブン) 말귀를 꾸며 지은

【美味】(미미-ビミ) 맛이 좋음

【美事】(미사-ビジ) 사회에 이바지하는 아름다운 일

【美辭】(미사-ビジ) 아름다운 말 「얼굴

【美色】(미색-ビショク) 여자의 아름다운

【美俗】(미속-ビゾク) 미풍(美風)

【美術】(미술-ビジュツ) 미를 표현하는 예술。건축・조각・회화・음악・문학 등의 총칭。보통 회화・조각을 말함

【美食】(미식-ビショク) 아주 맛있는 음식을 먹음 「꾸밈

【美飾】(미식-ビショク) 아름답게 매만져

【美顏】(미안-ビガン) 아름답고 고운 얼굴

【美顏水】(미안수-ビガンスイ) 얼굴을 곱게 하기 위하여 바르는 액체로 된 화장품

【美容】(미용-ビヨウ) 아름다운 얼굴

【美音】(미음-ビオン) 아름다운 음성

【美人】(미인-ビジン) ①얼굴이 이쁜 여자。미녀(美女) ②늘 사모하는 군주 또는 현인(賢人)

【美粧】(미장-ビショウ) 얼굴이나 머리를 아름답게 다듬어 화장함

【美的】(미적-ビテキ) 아름다운 그 것

【美績】(미적-ビセキ) 훌륭한 공적

【美酒】(미주-ビシュ) 맛이 좋은 술

【美妾】(미첩-ビショウ) 얼굴이 이쁜 첩

【美風】(미풍-ビフウ) 아름다운 풍속

【美學】(미학-ビガク) 자연・인생에 나타나는 미에 대하여 연구하는 학문

【美行】(미행-ビコウ) 아름다운 행동

【美化】(미화-ビカ) 아름답게 만들음

【美姬】(미희-ビキ) 아름다운 계집

【四 畫】

【姜】 女部 六畫에 볼것

【羔】고 コウ、こひつじ lamb 豪 ㄍㄠˊ kao'
새끼양 羊子

【羖】고 コ、めひつじ ewe
암양 牝羊—䍽

【牂】장 シヤウ、めひつじ ewe
①암양 牝羊 ②고을 이름 郡名—牁

【五畫—六畫】

【羚】령 レイ、かもしか antelope
영양 似羊而大角

【羚羊】(영양-レイヨウ) 양의 일종。암수 가 다 뿔이 있음

【羞】수 シュウ、はじる shame 尤 ㄒㄧㄡˊ hsiu'
①부끄러울 恥也—惡 ②음식 滋味 庶—

【羞愧】(수괴-シュウカイ) 부끄러움

【羞惡】(수오-シュウオ) 불의(不義)를 부끄러워하고 불선(不善)을 미워함

【羞辱】(수욕-シュウジョク) 부끄럽고 욕됨

【羞恥】(수치-シュウチ) 부끄러움

【羝】저 テイ、おひつじ ram 齊 ㄉㄧ ti'
수양 牡羊性善抵觸

【羝乳】(저유-テイニュウ) 수양이 새끼를 낳음。결코 있을 수 없는 일

【盖】蓋(艸部 十畫)俗字

【着】착 다다를 붙을直也 著(艸部 九畫)俗字

【翔】羽部 六畫에 볼것

【善】口部 九畫에 볼것

【七 畫】

【群】군 グン、むれ flock 文 ㄑㄩㄣˊ ch'ün²
①무리 輩也 ②벗 朋也 ③떼 隊也 ④모을 聚也 ⑤많을 衆也

【群起】(군기-グンキ) 떼를 지어 일어남

【群盜】(군도-グントウ) 많은 도적의 떼

【群島】(군도-グントウ) 불규칙하게 모여 있는 크고 작은 섬들

【群民】(군민-グンミン) 많은 백성 「상

【群像】(군상-グンゾウ) 여러 가지의 형

【群生】(군생-グンセイ) ①많은 사람 ②모든 동물 ③떼로 남

【群書】(군서-グンショ) 많은 책

【群棲】(군서-グンセイ) 한 곳에 떼를 지어 삶음 「人

【群小】(군소-グンショウ) 수많은 소인(小

【群臣】(군신-グンシン) 많은 신하 제신(諸臣)

【群神】(군신-グンシン) 많은 신(神)

【群心】(군심-グンシン) 여러 사람의 마음

【群雄】(군웅-ダンユウ) 많은 영웅 「데

【群中】(군중-グンチュウ) 많은 사람 가운

【群衆】(군중-グンシュウ) 많이 모인 사람

【群花】(군화-グンカ) 많은 꽃

【群凶】(군흉-グンキョウ) 많은 악인

【羣】群(前條)同字

【羨】선 セン、エン、うらやむ envy 霰 ㄒㄧㄢˋ hsien'
①부러워할 貪慕韻— ②넘칠 溢也 ③넉넉할 餘衍奇— ④길 長也 (연) ①義同 ②광중길 埏也墓道

【羨望】(선망-センボウ) 부러워함 「함

【羨慕】(선모-センボ) 부러워하고 사모

【羨財】(선재-センザイ) 남은 재물

【義】의 ギ、きりもり、よし righteous
옳을 由仁得宜 誼同

【義擧】(의거-ギキョ) 정도(正道)를 위하여 일으키는 일

【義旗】(의기-ギキ) 의병(義兵의) 군기

【義氣】(의기-ギキ) 의로운 마음。의로 인하여 일어나는 기개

【義女】(의녀-ギジョ) 어봇딸。양녀 「리

【義徒】(의도-ギト) 정의를 주창하는 무

【義理】(의리-ギリ) ①사람으로서 이행하여야 할 정당한 도리 ②서로 사귀는 도리 ③혈족의 관계를 맺음

④뜻 ⑤까닭

【義妹】(의매-ギマイ) 의로써 맺은 누이동생

【義母】(의모-ギボ) 어붓어미

【義務】(의무-ギム) 아니하지 못할것。곧 맡은 직분

【義務費】(의무비-ギムヒ) 법률상 그 지불이 정부의 의무로 되어 있는 세출

【義民】(의민-ギミン) 의로운 백성

【義兵】(의병-ギヘイ) 정의를 위하여 일어난 군사

【義父】(의부-ギフ) 어붓아비

【義婦】(의부-ギフ) 의기가 장한 여자。의협심이 많은 여자

【義憤】(의분-ギフン) 의를 위하여 일어나는 분노

【義士】(의사-ギシ) 의협심이 있는 사람

【義手】(의수-ギシュ) 나무 또는 고무로 만든 손

【義心】(의심-ギシン) 의로운 마음

【義眼】(의안-ギガン) 만들어 박은 사람의 눈

【義捐】(의연-ギエン) 자선과 공익을 위하여 금품을 기부함

【義烈】(의열-ギレツ) 의기(意氣)가 장렬함

【義勇】(의용-ギユウ) 정의를 위하여 용기를 냄

【義人】(의인-ギジン) 정의를 지키는 사람

【義子】(의자-ギシ) 이붓아들

【義賊】(의적-ギゾク) 의롭지 못한 재물을 훔쳐다가 어려운 사람을 구제하는 도적

【義戰】(의전-ギセン) 의를 위하여 하는 전쟁

【義絶】(의절-ギゼツ) 군신·부모·형제 등의 인연을 끊음

【義足】(의족-ギソク) 나무나 고무로 만들어 붙인 다리

【義齒】(의치-ギシ) 사람이 해 박은 이

【義行】(의행-ギコウ) 의로운 행동

【義俠】(의협-ギキョウ) 정의를 위하여 강자를 누르고 약자를 도와 주는것

【義兄】(의형-ギケイ) 結義한 형

【九畫—十一畫】

【羯】갈 カツ、ケツ、きんきりひつじ castratea ram ①불친양 犗羊 ②上黨地名匈奴別部

【羯鼓】(갈고-カッコ) 아악기의 한 가지。장구 같이 생긴 것인데 받침 위에 올려 놓고 침

【羮】羹(羊部 十三畫)略字

【養】食部 六畫에 볼것

【羱】완 ガン、のひつじ wild sheep 寒 ㄩㄢˊ yüan² 들양 野羊角大者可爲器

【羲】희 ギ、いき tendency ①기운 氣也 ②복희 古聖伏—

【羲農】(희농-ギノウ) 복희씨(伏羲氏)와 신농씨(神農氏) 중국 고대의 성인(聖人)

【十三畫】

【羹】갱 コウ、あつもの soup 국 臛也上味和肉

【羸】리 ルイ、やせる emaciated 支 ㄌㄟˊ lei² 파리할 瘦也

【羸老】(이노-ルイロウ) 늙어 파리함。또 파리한 늙은이

【羸兵】(이병-ルイヘイ) 약한 병정

【羸弱】(이약-ルイジャク) 파리함。잔약함

【羶】전 セン、なまぐさい rank odour of sheep 노린 羊臭

【羶血】(전혈-センケツ) 노린내 나는 피

羽 部

【羽】우 ウ、はね feather 麌 ㄩˇ yü³ ①깃 鳥翅 ②펼 舒也 ③모을 聚也 ④우성 五音之一

【羽檄】(우격-ウゲキ) 군사상 급하게 전하는 문서

【羽旗】(우기-ウキ) 머리에 깃을 단 깃

【羽隊】(우대-ウタイ)궁시(弓矢)를진군사

【羽毛】(우모-ウモウ) ①깃과 털 ②새의 깃 ②새의 껍질

【羽書】(우서-ウショ) 화급한 명령서

【羽衣】(우의-ウイ·はごろも) ①새의 깃으로 엮어 만든 옷 ②선인이 입고 공중으로 날아 다닌다는 뜻

【羽翼】(우익-ウヨク) ①새의 날개 ②보좌하는 사람을 이름

【羽族】(우족-ウゾク) 새

【羽化】(우화-ウカ) ①번데기가 날개있는 벌레로 화함 ②신선이되어 하늘을 날음

【三畫—四畫】

【羿】예 ゲイ、いて name of a famousarcher
후예 古射師名后—

【翅】시 シ、はね wing 寘 ㄔ ch'ih
①날개 鳥翼 ②뿐 啻同

【翅翼】(시익-ショク) 날개

【翁】옹 オウ、ウ、おきな old man 東 ㄨㄥ weng¹
①아비 父也 ②늙은이 老稱 ③새목아래 털 鳥頸下毛 ④훨훨 날 飛貌

【翁姑】(옹고-オウコ) 시아버지와 시어머니

【翁主】(옹주-オウシユ) 서출(庶出)의 왕녀

【扇】戶部 六畫에 볼것

【五 畫】

【習】습 シュウ、ならう study 緝 ㄒㄧˊ hsi²
①익힐 學也 ②익을 慣也風慣 ③새자주날 鳥數飛 ④거듭 重也 ⑤가까이할 狎也近— ⑥슬슬불 和舒貌—「행습—

【習慣】(습관-シュウカン) 버릇。익어 온

【習得】(습득-シュウトク) 배워 알음

【習禮】(습례-シュレイ) 예식을 미리 습득함

【習射】(습사-シュウシャ) 활 쏘는 것을 배움

【習性】(습성-シュウセイ) 습관과 성질。버릇

【習俗】(습속-シュウゾク) 습관과 풍속

【習熟】(습숙-シュウジュク) 배워 익힘

【習業】(습업-シュウギョウ) 사업을 배움

【習染】(습염-シュウセン) 배워서 물듦 버릇이 됨

【習儀】(습의-シュウギ) 나라의 길흉의 의식에 관해서 미리 배워 익힘

【習字】(습자-シュウジ) 글씨를 익힘

【習作】(습작-シュウサク) 예술가가 아직 세상에 발표하지 아니한 작품

【翌】익 ヨク、あくるひ tomorrow 職 ㄧˋ i⁴

【翌日】(익일-ヨクジツ) 이튿날。밝은 날 이튿날 明日

【翊】익 ヨク、たすける assist
①도울 輔也 ②날 飛貌 ③공경할 敬也——

【翊戴】(익대-ヨクタイ) 정성과 공경하는 마음으로써 추대함「게 함

【翊成】(익성-ヨクセイ) 도와 주어 이루

【翊贊】(익찬-ヨクサン) 정치를 도와 줌

【六畫—七畫】

【翔】상 ショウ、かける soar 陽 ㄒㄧㄤˊ
①빙돌아날 回飛翔— ②엄숙할 莊敬貌——

【翔貴】(상귀-ショウキ) 물가가 오름

【翔集】(상집-ショウシュウ) ①날아와서 모임 ②널리 모음

【翕】흡 キュウ、あわせる unite 緝 ㄒㄧ
①합할 合也 ②성할 盛也 ③모을 聚也 ④거둘 斂也

【翕然】(흡연-キュウゼン) 인심이 합하여 한 곳으로 향하는 모양

【翕忽】(흡홀-キュウコツ) 민첩한 모양。빠른 모양

【翛】소 ユウ、シュク、はやい rapid flight
①모지라질 羽敝—— ②날개치는 소리 飛羽聲 ③빠를 速也

【翛然】(소연-ユウゼン) 사물에 얽매이지 않는 모양

【八 畫】

【翡】비 ヒ、かわせみ kingfisher 囷 ㄈㄟˋ fei⁴
①비취 雄赤雌青鳥 ②비취옥 玉名 —翠

【翟】적 テキ、きじ pheasant
꿩 雉也 (책) 고을이름 縣名陽—

【翠】취 スイ、みどり green 寘 ㄘㄨㄟˋ ts'uei⁴
①푸를 綠色 ②비취 雌青雄赤鳥 ③남기 山氣—微 「만든 발
【翠簾】(취렴-スイレン) 푸른 대오리로
【翠柳】(취류-スイリュウ) 푸른 버들
【翠微】(취미-スイビ) 멀리 푸른 산의 아롱아롱한 빛 「간색
【翠色】(취색-スイショク) 남과 파랑의 중

【九 畫】

【翫】완 ガン、もてあそぶ play with
①구경 遊觀 ②탐할 貪悅 ③싫을 厭也 ④익숙할 狎也習忸

【翦】전 セン、きる cut 銑 ㄐㄧㄢˇ chien³
갈길 齊斷削滅

【翩】편 ヘン、ひるがえる flutter
①훌쩍 날 輕擧貌—— ②오락가락할 往來貌聯—
【翩翩】(편편-ヘンペン) ①새가 훌쩍 나는 모양 ②오락가락하는 모양 ③재능과 지혜가 훌륭한 모양 ④뚝뚝떨어지는 모양

【十 畫】

【翯】학 カク、コク、つややか lustrous wing 沃覺 ㄏㄜˋ hê⁴
깃 함치르르할 鳥羽肥澤貌(혹)義同

【翰】한 カン、ふみ letter 翰 ㄏㄢˋ han⁴
①글 書詞 ②붓 筆也 ③흰말 白馬 ④하늘닭 天鷄赤羽 ⑤날 飛也 ⑥벼슬 이름 官名—林 ⑦날개 羽也 ⑧줄기 幹也
【翰林】(한림-カンリン) ①붓 수풀。곧 학장·문인의 모임 ②당대(唐代)이후 임금의 측근에 봉행(奉行)하는 관명
【翰毛】(한모-カンモウ) 붓의 털
【翰墨】(한묵-カンボク) ①붓과 먹 ②문필에 종사함을 이름。학자·문인
【翰札】(한찰-カンサツ) 편지

【翮】핵 カク、はね root a feather
①죽지 羽本 ②칼깃 勁羽 (력)鬲同

【十一畫—十四畫】

【翳】예 エイ、かげ shade 霽 —
①가릴 掩也 ②깃일산 羽葆 ③어조사 語助辭
【翳桑】(예상-エイソウ) 뽕나무가 우거진 곳

【翲】표 ヒョウ、とぶ fly highly
높이 날 高飛——

【翶】고 コウ、かける soar
노닐 遨遊—翔
【翶翔】(고상-コウショウ) ①새가 높이 나는 모양 ②놀러 다님

【翹】교 ギョウ、キョウ、あがる raise
①들 擧也 ②우뚝할 高貌—— ③빼어날 秀起貌

【翻】번 ホン、ハン、ひるがえる flutter 元 ㄈㄢ fan¹
①번득일 飛也 ②뒤집힐 反覆
【翻刻】(번각-ホンコク) 한번 새긴 것을 본새대로 꼭 같게 다시 새김
【翻覆】(반복-ハンプク) 뒤집힘。뒤집어 고침
【翻案】(번안-ホンアン) 먼젓 사람이 만든 안건을 뒤엎음
【翻譯】(번역-ホンヤク) 한 나라의 말로 표현된 문장을 다른 나라 말로 옮김。글로 옮기어 풀음
【翻譯文學】(번역문학-ホンヤクブンガク)외국어 문학 작품을 번역하는 문학
【翻雲覆雨】(번운복우-ホンウンフクウ) 손

바닥을 뒤집듯이 인정이 변하기 쉬움을 이름

【翼】익 ヨク、つばさ wings of bird 職 ㄧˋ
①날개 翅也 ②도울 補— ③부뜰 扶也 ④호위할 衛也 ⑤공경할 敬也 ⑥공손할 恭也—— ⑦별이름 星名 二十八宿의 하나 翠翊通

【翼戴】(익대-ヨクタイ)군주를 도와 받음

【翼輔】(익보-ヨクホ) 도움

【翼日】(익일-ヨクジツ) 이튿날

【翼贊】(익찬-ヨクサン) 도와 줌

【耀】요 ヨウ、かがやく bright
빛날 光也照—

老部

【老】로 ロウ、おいる old 皓 ㄌㄠˇ
①늙을 年高 ②늙은이 늙으신네 존칭

【老境】(노경-ロウキョウ) 늙바탕

【老嫗】(노구-ロウク) 할멈

【老年】(노년-ロウネン) 늙은나이。늙은이

【老大家】(노대가-ロウタイカ) 나이가 많고 경험이 많아 그 방면에 권위가 있는 사람

【老大國】(노대국-ロウダイゴク) 번성한시기가 지나고 형세가 떨치지 못하는 큰 나라

【老鈍】(노둔-ロウトン) 늙어서 재빠르지 못함

【老鍊】(노련-ロウレン) 경험을 쌓아 익숙함

【老論】(노론-ロウロン)사색당파의 하나。숙종때 송시열(宋時烈)을 중심으로 소장파를 공격하는 서인(西人)중에서 갈려 나온 당파。또 그 당파에 속한 사람

【老妄】(노망-ロウモウ) 늙어서 망녕을 부림

【老母】(노모-ロウボ) 늙은 어머니

【老木】(노목-ロウボク) 여러해 묵은나무

【老物】(노물-ロウブツ) 늙어서 소용 없는 사람

【老病】(노병-ロウビョウ) 늙어서 기운이 쇠약하여 나는 병。노환(老患)

【老僕】(노복-ロウボク) 늙은 종

【老父】(노부-ロウフ) ①늙은 아버지 ②늙은 이

【老夫】(노부-ロウフ) 늙은 남자가 자기를 일컫는 말

【老婢】(노비-ロウヒ) 나이가 많은 계집종

【老師】(노사-ロウシ) 나이가 많은 선생

【老死】(노사-ロウシ) 늙어서 죽음

【老生】(노생-ロウセイ) 노인이 자기를 낮추어 일컫는 말

【老少】(노소-ロウショウ) 늙은이와 젊은이

【老松】(노송-ロウショウ) 늙은 소나무

【老衰】(노쇠-ロウスイ) 늙어서 몸이 쇠함

【老手】(노수-ロウシュ) 익숙한 솜씨

【老熟】(노숙-ロウジュク) 오래 경험을 쌓아 익숙함

【老僧】(노승-ロウソウ) 늙은 중

【老臣】(노신-ロウシン) 늙은 신하。신분이 중한 신하。중신(重臣)

【老眼】(노안-ロウガン) 늙어서 눈의 조절력이 감퇴하여 가까운 거리의 물건이 보기 어렵게 된 것

【老若】(노약-ロウニャク・ロウジャク) 늙은이와 젊은이

【老弱】(노약-ロウジャク)노소(老少)

【老屋】(노옥-ロウオク) 오래되어 낡은 집

【老翁】(노옹-ロウオウ) 늙은이。할아범

【老幼】(노유-ロウヨウ) 늙은이와 어린아이

【老儒】(노유-ロウジュ) 늙은 선비

【老人】(노인-ロウジン) 늙은이

【老人長】(노인장) 노인을 맞대고 부르는 존칭

【老壯】(노장-ロウソウ) 노인과 젊은이

【老將】(노장-ロウショウ) ①늙은 장수 ②군사에 숙련한 장수

【老蒼】(노창-ロウソウ) 얼굴이 늙어보이는 모양

【老親】(노친-ロウシン) 늙으신 부모

【老婆】(노파-ロウバ) 할멈

【老婆心】(노파심-ロウバシン) 남의 걱정을 너무하는 마음。지나치게 친절한 마음

【老兄】(노형-ロウケイ) 열살 이상 더 먹

은 사람을 높이어 부르는 말 ②그
다지 가깝지 않은 사이에 대접하여
부르는 말 「흐림
【老昏】(노혼-ロウコン) 늙어서 정신이
【老患】(노환-ロウカン) 노병(老病)의 높
인말
【老朽】(노후-ロウキュウ) 늙어서 소용
이 없음。또 그 사람

【考】고 コウ、かんがえる think 晧 ㄎㄠ k'ao³
①상고할 稽也 ②이룰 成也 ③칠 擊
也 ④오래 살 老也壽— ⑤죽은아비
父死稱
【考據】(고거-コウキョ) 참고하여 증거를
삼음
【考古】(고고-コウコ) 옛적 유물을 따라
서 고대(古代)의 사물을 연구함
【考古學】(고고학-コウコガク) 유적。고물
을 상고하여 옛적 인류문화를 연구
하는 학문
【考究】(고구-コウキュウ) 궁구함。연구함
【考慮】(고려-コウリョ) 생각함。생각하
여 봄
【考妣】(고비-コウヒ)돌아간 부모
【考査】(고사-コウサ) 상고하여 조사함
【考試】(고시-コウシ) ①시험 ②시험의
성적을 고사(考査)함 「생각
【考案】(고안-コウアン)생각함。연구하는
【考證】(고증-コウショウ) 사물을 상고하
여 증거를 찾아 냄
【考察】(고찰-コウサツ) 생각하여 살핌
【考推】(고추-コウスイ) 사실에 맞고 아
니 맞는 것을 비교하여 생각함

【三畫—四畫】

【孝】子部 四畫에 볼것

【耆】기 キ、としより old man 支 紙 ㄑㄧ ch'i²
①늙은이 老也 ②스승 師傅—艾 ③
어른 長也 ④말을 달 長脊創鬣鬣—
(지) 이를 致也
【耆老】(기로-キロウ) 늙은이 기는 六十
세 노는 (七十세)
【耆宿】(기숙-キシュク)학덕이 있는 노인

【耄】모 モウ、ボウ、おいぼれ old man of eighty
늙은이 九十세 —期
【耄耋】(모질-モウテツ) ①늙은이 以壽終
②백발이 된 모양

【五畫—六畫】

【者】자 シャ、もの person 馬 ㄓㄜ chê³
①놈 것 即物之辭如彼—此— ②이
此也 ③어조사 語助辭

【耇】구 コウ、ク、としより old man
늙은이 老壽黃—
【耈老】(구로-コウロウ) 늙은이

【耋】질 テツ、としより 屑 ㄉㄧㄝ tieh²
old man of eighty
늙은이 八十歲大—
【耋艾】(질애-テツガイ) 늙은이와 젊은
이

而部

【而】이 ジ、しかして and
①말이을 承上起下辭因是辭抑又辭
②어조사 語助辭 ③너 汝也
【而今】(이금-ジコン) 지금。이제 와서
야
【而立】(이립-ジリツ・ジリュウ) 三十세
【而已】(이이-のみ) 그 뿐。그것만

【三 畫】

【耐】내 タイ、ダイ、たえる bear
견딜 忍也
【耐久】(내구-タイキュウ) 오래 견딤。오
래 가질 수 있음
【耐熱】(내열-タイネツ) 열에 견딤
【耐寒】(내한-タイカン) 추위를 견딤

【耑】단 タン、セン、はし edge
끝 物首—緒 端通

【耍】사 サイ、たわむれる play; gamble 馬 ㄕㄨㄚ shua³

희롱할 戲也

【耎】 연 ゼン、ナン、よわい weak 가냘플 罷弱

【四畫—八畫】

【耎】 난 ダン、ちぢむ shrink 쭈그릴 縮也

【恧】 心部 六畫에 볼것

【需】 雨部 六畫에 볼것

耒 部

【耒】 뢰 ライ、すき plough 賄 따비 牛耕曲木

【来】 來 (人部 六畫)略字

【三畫—四畫】

【耔】 자 シ、つちかう hoe up the earth ①북돋을 培苗木 ②김맬 耘也

【耕】 경 コウ、たがやす cultivate 庚 ㄍㄥ kêng¹ ㄐㄧㄥ ching¹ 밭갈 犂田

【耕農】(경농-コウノウ) 논밭을 갈아 농사를 지음

【耕讀】(경독-コウドク) 밭갈이와 글 읽기

【耕馬】(경마-コウバ) 경작에 쓰는말

【耕食】(경식-コウショク) 농사를 지어 살아감

【耕牛】(경우-コウギュウ) 농사짓는데 쓰는소

【耕作】(경작-コウサク) 밭갈고 심어서 키움。 농사지음

【耕織】(경직-コウショク) 농사짓는 것과 길쌈 하는 것

【耗】 모 モウ、コウ、ボウ、へらす consume 號 ㄏㄠˋ hao⁴ ①감할 減也 ②어지러울 亂也 ③빌 虛也

【耗損】(모손-コウソン) 줄어 없어 짐

【五畫—七畫】

【耘】 운 ウン、くさぎる weed out 文 ㄩㄣˊ yün² 김맬 除苗間草

【耘耔】(운자-ウンシ) 김매고 북돋움

【耜】 사 シ、すき plough 紙 ㄙˋ ssŭ⁴ 보습 來末刄也

【耡】 서 ジョ、ショ、すき weeding hoe 魚 ㄔㄨˊ ch'u² ①호미 田器助耕 鉏同 ②조세 殷稅

【九畫—十五畫】

【耦】 우 グウ、ゴウ、たぐい pendant 有 ㄡˇ ou³ ①짝 配也 ②따비 耒也 ③겨리질할 竝耕 ④활띠 射ー

【耦耕】(우경-グウコウ) 두 사람이 나란히 밭을 갈음

【耦語】(우어-グウゴ) 마주 보고 소곤소곤 이야기함

【耨】 우 ドウ、くわ hoe 有 ㄋㄡˋ nou⁴ 호미 耘田器 鎒同

【耰】 우 ユウ、つちならし rake 尤 고무래 布種磨田器

耳 部

【耳】 이 ジ、ニ、みみ ear 紙 ㄦˇ êrh³ ①귀 主聽 ②조자리 凡附於兩旁如人ー者亦曰ー ③훌부들할 柔從ーー ④말그칠 語決辭

【耳鏡】(이경-) 귀안의 병을 조사하는 거울

【耳科】(이과-ジカ) 귀의 병을 고치는 의술

【耳垢】(이구-ジコウ) 귀지

【耳聾】(이롱-ジロウ) 귀가 들리지 아니함

【耳輪】(이륜-みみわ) 귓바퀴

【耳鳴】(이명-みみなり) 귀에서 저절로 소리가 남

【耳目】(이목-ジモク) ①귀와 눈 ②남의 앞잡이가 되는 사람 ③여러 사람의

지도자。 여러 사람

【耳痒】(이양-ジョウ) 귓속이 가려운 병

【耳語】(이어-ジゴ) 귀엣말

【耳朶】(이타-ジダ) 귀뿔

【耳痛】(이통-ジツウ) 귀앓이

【二畫—三畫】

【耵】정 テイ、みみあか ear-wax
귀에지 耳垢—聹

【取】又部 (六畫)에 볼것

【耶】야 ヤ、か、や particip 麻 ㄧㄝ yeh1·2
①그런가 疑辭 ②어조사(語助辭)

【耶蘇敎】(야소교-ヤソキョウ) 예수교

【四 畫】

【耿】경 コウ、キョウ、あきらか bright 梗 ㄍㄥ kêng3
①빛날 光也②반짝거릴 小明——③근심할 憂也 ④깨끗할 介也

【耿介】(경개-コウカイ) 굳이 절개를 지키는 모양 ② 덕이 빛나고 큰 모양

【耿耿】(경경-コウコウ) ①마음에 근심이 있는 모양 ②반짝거리는 모양

【耿光】(경광-コウコウ) 밝은 빛

【耼】담 タン、みみたぶがない ears without rim
귓바퀴 없을 耳曼無輪 聃同

【耽】탐 タン、ふける 覃 ㄉㄢ tan1 addicted to pleasures
①즐길 過樂 ②으르렁 거리고볼 虎視貌—— ④귀축처질 耳太而垂

【耽溺】(탐닉-タンデキ) 주색(酒色)에 빠짐

【耽讀】(탐독-タンドク) 글만 읽음。책만 「봄

【耽羅】(탐라-タンラ) 제주도(濟州島)의 옛 이름

【耽樂】(탐락-タンラク) 주색(酒色)에 빠져 마음껏 즐김

【耽耽】(탐탐-タンタン) 즐겨서 좋아하는 「모양

【耽好】(탐호-タンコウ) 즐겨 좋아함

【耽惑】(탐혹-タンワク) 즐겨서 정신이 혼미함

【耻】恥 (心部 六畫) 俗字

【五畫—六畫】

【聊】료 リョウ、いささか merely 蕭 ㄌㄧㄠ liao2
①에오라지 賴也 ②귀울 耳鳴 ③어조사 語助辭 ④방탕할 旅曠—浪 ⑤원할 願也

【聊啾】(요추-リョウシュウ) 근심으로 귀에서 소리가 남

【聃】耼 (前畫) 同字

【聒】괄 カツ、かまびすしい clamour; din 曷 ㄍㄨㄚ kua
①떠지껄할 聲擾讙語 ②덤덤할 無知貌——

【七畫—八畫】

【聘】빙 ヘイ、めす invite 敬 ㄆㄧㄥ p'ing4 ㄆㄧㄣ p'in4
①부를 徵召 ②사신 보낼 諸侯相問 ③장가들 娶也

【聘禮】(빙례-ヘイレイ) 물품을 선사하는 의례

【聘母】(빙모-ヘイボ) 아내의 친정 어머니。장모(丈母)

【聘問】(빙문-ヘイモン) 예를 갖추어 찾음

【聘物】(빙물-ヘイモツ) 빙문(聘問)할 때에 가지고 가는 예물

【聘父】(빙부-ヘイフ) 장인(丈人)

【聘召】(빙소-ヘイショウ) 예를 갖추어 「부름

【聘用】(빙용-ヘイヨウ) 예로써 사람을 맞아 씀

【聘宅】(빙택-ヘイタク) 남의 처가를 높여 부르는 이름

【聘幣】(빙폐-ヘイヘイ) ①경의를 나타내기 위하여 보내는 폐백(幣帛) ②일반 예물을 이름

【聖】성 セイ、ショウ、ひじり saint 敬 ㄕㄥ shêng4
①성인 大而化之 ②착할 睿也 ③통할 通也

【聖駕】(성가-セイガ) 임금의 수레

【聖潔】(성결-セイケツ) 거룩하고 깨끗함

【聖經】(성경-セイケイ) ①성인이 지은책 ②예수교의 교리를 적은 구약전서·신약전서의 총칭

【聖功】(성공-セイコウ) 거룩한 공적

【聖敎】(성교-セイキョウ) ①천주교의 별명 ②성인의 가르침

【聖君】(성군-セイクン) 도덕이 높은 임금。성왕(聖王)

【聖躬】(성궁-セイキュウ) 임금의 몸

【聖壇】(성단-セイダン) 신을 모신 단

【聖代】(성대-セイダイ) 훌륭한 임금이 다스리는 세상

【聖德】(성덕-セイトク) ①임금의 덕행(德行) ②거룩한 덕

【聖道】(성도-セイドウ) 성인의 도

【聖都】(성도-セイト) 성스러운 도시

【聖覽】(성람-セイラン) 천람(天覽)

【聖慮】(성려-セイリョ) 임금의 마음

【聖禮】(성례-セイレイ) ① 거룩한 예식 ②성찬식(聖餐式)의 별칭

【聖林】(성림-セイリン) 미국 켈리포니아 주(州) 서부에 있는 영화도시 헐리우드 (Hollywood)

【聖明】(성명-セイメイ) 임금이 현명함

【聖母】(성모-セイボ) ①성인의 어머니 ②임금의 어머니 ③후비(后妃)의존칭 ④예수의 생모(生母) 마리아

【聖門】(성문-セイモン) 성인의 도에 들어가는 문

【聖法】(성법-セイホウ) 성인이 갖춘 법

【聖父】(성부-セイフ) ①거룩한 아버지。아버지의 존대말 ②예수교의 삼위(三位)의 하나。곧 하느님

【聖像】(성상-セイゾウ) 거룩한 사람의 화상이나 초상

【聖上】(성상-セイジョウ) 제왕(帝王)의 「존칭」

【聖書】(성서-セイショ) ①성경(聖經) ②성전(聖典)

【聖善】(성선-セイゼン) 어머니의 존칭

【聖世】(성세-セイセイ) 성군(聖君)이 다스리는 세상。성대(聖代)

【聖壽】(성수-セイジュ) 임금의 나이

【聖屍】(성시-セイシ) 임금의 시체

【聖神】(성신-セイシン) ①거룩한신 ②유교에서 상고(上古)의 성인을 이름

【聖藥】(성약-セイヤク) 효험이 썩좋은약

【聖業】(성업-セイギョウ)거룩한 사업。임금의 사업

【聖域】(성역-セイイキ) 거룩한 곳의 구역。성인의 지위

【聖運】(성운-セイウン) 임금의 운명

【聖雄】(성웅-セイユウ) 거룩한 영웅

【聖諭】(성유-セイユ) 임금의 칙유(勅諭)

【聖育】(성육-セイイク) 종교교육

【聖恩】(성은-セイオン) 임금의 은혜

【聖意】(성의-セイイ) ①임금의 마음 ②성인의 마음

【聖人】(성인-セイジン) 지덕(智德)이 뛰어나고 사리에 정통하여 만세의 사표(師表)가 될만한 사람

【聖日】(성일-セイジツ) 기독교에서 일요일을 일컫는 말。안식일(安息日)

【聖子】(성자-セイシ) ①제왕의 자손 ②예수 그리스도

【聖者】(성자-セイジャ)①덕이 높고 정리(正理)를 깨달은 사람 ②신성하고 순결한 신도

【聖姿】(성자-セイシ) 임금의 용모

【聖典】(성전-セイテン) 성경

【聖殿】(성전-セイデン) 기독교 예배당의 별칭

【聖戰】(성전-セイセン) 거룩한 싸움。정의의 싸움

【聖節】(성절-セイセツ) 임금의 탄생일

【聖帝】(성제-セイテイ) 성군(聖君)

【聖主】(성주-セイシュ) 성군(聖君)

【聖旨】(성지-セイシ) 임금의 마음

【聖地】(성지-セイチ) 신성한 땅

【聖職】(성직-セイショク) 거룩한 직분

【聖餐】(성찬-セイサン) ①기독교에서 교인들의 성찬식에 기념으로 먹는 떡과 포도주。떡은 예수의 살을 포도주는 예수의 피를 기념함 ②성찬예식(聖餐禮式)의 줄인 말

【聖哲】(성철-セイテツ) 만사에 통탈하여 가장 명철한 사람

【聖衷】(성충-セイチュウ) 임금의 마음

【聖誕】(성탄-セイタン) ①임금의 탄생일 ②성인의 탄생일 ③크리스마스

【聖學】(성학-セイガク) 성인이 가르친

학문
【聖澤】(성택-セイタク) 임금의 은혜
【聖賢】(성현-セイケン) 성인과 현인
【聖血】(성혈-セイケツ) 예수의 피
【聖訓】(성훈-セイクン) ①성인의 교훈 ② 임금의 교훈

【聞】문 ブン、モン、きく hear 文 ㄨㄣˊ wên² 問 ㄨㄣˋ wên⁴
①들을 耳受聲聽聞 ②이름날 名達 令 ③들릴 聲徹
【聞見】(문견-ブンケン) 듣고 본 것。곧 지식(知識)
【聞達】(문달-ブンタツ) 이름이 세상에드 러나게 됨
【聞法】(문법-ホウをきく) 설법(說法)을 들음
【聞道】(문도-みちをきく) 올바른 도를 깨 「달음
【聞望】(문망-ブンボウ) 명예와 인망
【聞知】(문지-ブンチ) 들어 알음

【聚】취 シュウ、シユ、あつまる meet together; collect
①모을 會也 ②거둘 斂也 ③많을 衆 也 ④마을 居也村落
【聚軍】(취군-シュウグン) 병졸·인부 등을 불러 모음
【聚黨】(취당-シュウトウ) 동아리를 불러 「모움
【聚落】(취락-シュウラク) 마을
【聚斂】(취렴-シュウレン) ①백성의 재물 을 거둠질함 ②거두어 모음
【聚立】(취립-シュウリツ) 여러사람이 한 테 모여 섬
【聚散】(취산-シュウサン) 모임과 흩어짐
【聚色】(취색-シュウショク) 헙한 세간을 닦고 매만져서 빛을 냄
【聚首】(취수-シュウシュ) 머리를 가까이 대고 앉음
【聚收】(취수-シュウシュ) 모아 거두어들 「임
【聚雲】(취운-シュウウン) 모여드는 구름
【聚集】(취집-シュウシュウ) 모음。모임
【聚土】(취토-シュウド) 흩어진 흙을 거두어 모음

【聟】壻 (土部 九畫)俗字

【十一畫】

【聯】련 レン、つらねる unite; joined 先 ㄌㄧㄢˊ lien²
①연할 이을—綿蟬—相繼不絕 ② 관계할 關也 ③짝 쌍 對也—句
【聯隊】(연대-レンタイ) 두개 또는 세개 의 대대(大隊)로 된 군대
【聯立】(연립-レンリツ) 이어 섬
【聯盟】(연맹-レンメイ) 여러 세포 단체 가 어울러 맹약(盟約)한 결과로 생 긴 단체
【聯邦】(연방-レンポウ) 여러 나라가 합 하여 대국(大國)을 이룬 나라
【聯想】(연상-レンソウ) 관념이 서로 연 합되는 심리 작용
【聯詩】(연시-レンシ) 여러 사람이 한귀 또는 두 귀씩 지은 것을 모아서 한 편으로 만든 한시(漢詩)
【聯珠】(연주-レンジュ) 구슬을 궨다는 뜻이니 시문(詩文)의 아름다움을 이름
【聯合】(연합-レンゴウ) 두 가지 이상의 사물을 서로 합함。연합(連合)

【聲】성 セイ、ショウ、こえ voice 庚 ㄕㄥ shêng¹
①소리 音也 ②소리들릴 —敎 ③기 릴 名譽 ④풍류 樂也
【聲價】(성가-セイカ) 세상의 좋은 평판
【聲曲】(성곡-セイキョク) 노래의 곡조
【聲敎】(성교-セイキョウ) ①임금이 백성 을 교화하는 덕 ②풍습상의 교훈
【聲帶】(성대-セイタイ) 목청
【聲淚】(성루-セイルイ) 우는 소리와 흐 르는 눈문
【聲望】(성망-セイボウ) 명성과 덕망
【聲名】(성명-セイメイ) 좋은 평판。성문 (聲聞)
【聲明】(성명-セイメイ) 공공연하게 말함。 밝혀서 말함
【聲貌】(성모-セイボウ) 음성과 얼굴 모 「습
【聲聞】(성문-セイブン) ①성명(聲名) ② 부처의 설법(說法)을 듣고 도를 깨 달음
【聲色】(성색-セイショク) ①말과 안색 ② 음악과 여색(女色)
【聲樂】(성악-セイガク) ①음악 ②목청으

로 내는 음악

【聲言】(성언-セイオン・セイイン) 성명

【聲域】(성역-セイイキ) 사람이 노래할 수 있는 구역

【聲譽】(성예-セイヨ) 훌륭한 명망

【聲援】(성원-セイエン) 옆에서 말을 보태어 도와줌

【聲音】(성음-セイオン) ①목소리 음성 ②음악

【聲績】(성적-セイセキ) 성스러운 사적이나 고적

【聲調】(성조-セイチョウ) 목소리의 가락

【聲討】(성토-セイトウ) 여러 사람이 모여서 어떤 문제를 걸고 옳고 그름을 의논함

【聲學】(성학-セイガク) 성악에 관한 지식을 연구하는 학문

【聲響】(성향-セイキョウ) 울려 들리는 소리

【聲華】(성화-セイカ) ①뚜렷한 명성 ②번화함

【聳】용 ショウ、そびえる raise up

①솟을 高也 ②귀막힐 聾也

【聳懼】(용구-ショウク) 갑자기 두려워함

【聳動】(용동-ショウドウ) 어깨춤을 춤

【聳立】(용립-ショウリツ) 우뚝 솟아 있음

【聳然】(용연-ショウゼン) 우뚝 솟은 모양

【聳聽】(용청-ショウチョウ) 귀를 솟구쳐 자세히 들음

【聳出】(용출-ショウシュツ) 우뚝하게 뚜렷이 솟음

【聱】오 ゴウ、がんこ faltering

①못듣는체 할 不聲ー牙 ②말꺼꺼할 辭不平易

【聱牙】(오아-ゴウガ) 말이 유창하지 못함

【聰】총 ソウ、ス、さとい clever 東 ㄘㄨㄥ ts'ung¹

귀밝을 耳明通察

【聰氣】(총기-ソウキ) ①총명한 기질 ②기억력

【聰明】(총명-ソウメイ) ①귀가 밝고 눈이 밝음 ②영리함 ③기억력이 좋음

【聰明睿知】(총명예지-ソウメイエイチ) 임금의 슬기를 칭송하는 말

【聰敏】(총민-ソウビン) 총명하고 영민함

【聚俊】(총준-ソウシュン) 총명하고 슬기로움

【聚智】(총지-ソウチ) 총명하고 슬기가 있음

【聚慧】(총혜-ソウケイ) 총명하고 슬기 있음

【十二畫】

【聶】섭 ジョウ、ニョウ、ささやく whisper

소곤거릴 附耳私小語 (접) (肉部九畫)同字

【聵】외 ガイ、つんぼ deaf

천생귀머거리 生而聾 (회) 義同

【聵眊】(외모-カイボウ) 귀머거리로서 눈이 어두움

【聵聵】(외외-カイカイ) 사리에 어두운 모양

【職】직 ショク、シキ、つかさどる employment 職 ㄓˊ chih²

①벼슬 品秩 ②직분 執掌 ③주장할 主也 ④공바칠 貢也 ⑤많을 多也 ⑥나눌 分也 ⑦떳떳할 常也

【職工】(직공-ショッコウ) 공장 등에서 일하는 노동자

【職權】(직권-ショクケン) 직무상의 권리

【職能】(직능-ショクノウ) 직무상의 능력

【職名】(직명-ショクメイ) 직업의 이름

【職務】(직무-ショクム) ①직업으로 하는 일。맡아서 하는 일 ②벼슬의 사무

【職分】(직분-ショクブン) 직무상의 본분。자기가 마땅히 할 본분

【職司】(작사-ショクシ) 맡은 일 책임지고 할일。또 마음

【職事】(직사-ショクジ・シキジ) 직무에 관계되는 온갖 일

【職業】(직업-ショクギョウ) ①날마다하고 있는일。벼슬의 일 ②생계(生計)를 세워가기 위하여 하는 업무

【職域】(직역-ショクイキ) 직업의 구역이나 범위

【職員】(직원-ショクイン) 관청・학교 등의 사무를 맡아보는 사람

【職位】(직위-ショクイ) 직책상의 지위

【職印】(직인-ショクイン) 직무상의 자격으로 쓰는 도장

【職場】(직장-ショクば) 알터
【職制】(직제-ショクセイ) 직무상에 관한 제도
【職次】(직차-ショクジ) 직책의 차례
【職責】(직책-ショクセキ) 직무상의 책임

【十四畫—十六畫】

【聹】녕 ネイ、デイ、みみあか dust in the ear
귀에지 耳后耵—

【聾】롱 ロウ、つんぼ deaf 東 ㄌㄨㄥ lung²
귀먹을 耳聾無聞
【聾俗】(농속-ロウゾク) 귀가 먹어서 사물을 들어 분별하지 못하는 속인(俗人)
【聾啞】(농아-ロウア) 귀머거리와 벙어리

【聽】청 チョウ、テイ、きく listen 徑 ㄊㄧㄥ t'ing¹·⁴
①들을 聆也 ②받을 受也 ③좇을 從也 ④꾀할 謀也 ⑤기다릴 待也 ⑥수소문할 偵候之 ⑦맡길 任也 ⑧결단할 斷也
【聽覺】(청각-チョウカク) 귀로 소리를 듣는 감각
【聽講】(청강-チョウコウ) 강의를 들음
【聽納】(청납-チョウノウ) 남의 말을 들어줌
【聽斷】(청단-チョウダン) 송사(訟事)를 심리 재판함
【聽力】(청력-チョウリョク) 귀로 소리를 듣는 힘
【聽令】(청령-チョウレイ) 명령을 들음
【聽聞】(청문-チョウブン・チョウモン) 널리 퍼진 소문
【聽訟】(청송-チョウソウ) 송사(訟事)를 심리함
【聽從】(청종-チョウジュウ) 잘 순종함
【聽衆】(청중-チョウシュウ) 강의・연설을 듣는 무리
【聽診】(청진-チョウシン) 환자의 몸 속에서 일어나는 소리를 들어서 진단함
【聽取】(청취-チョウシュ) 자세히 들음
【聽許】(청허-チョウキョ) 듣고 허락함

聿部

【聿】율 イツ、ついに at last 質 ㄩ yü⁴
①드디어 遂也 ②오직 惟也 ③스스로 自也 ④붓 筆也 ⑤지을 述也
【聿修】(율수-イッシュウ) 조상을 생각하고 그 덕을 이어 닦음

【五畫—八畫】

【晝】日部 七畫에 볼것

【畫】田部 七畫에 볼것

【肆】사 シ、みせ shop 寘 ㄙ ssŭ⁴
①저자 市也 ②베풀 陳也 ③방자할 放恣 ④늦추어줄 緩也 ⑤말끝 고칠 更端辭
【肆放】(사방-シホウ) 방자함。꺼리낌 없이 제멋대로 행동함
【肆廛】(사전-シテン) 가게

【肅】숙 シュク、つつしむ respect 屋 ㄙㄨ su⁴
①엄숙할 嚴貌—— ②공손할 恭也 ③공경할 敬也 ④경계할 戒也 ⑤화한소리 聲也—雝 ⑥나아갈 進也
【肅啓】(숙계-シュクケイ) 공경히 아룀。편지의 첫머리에 씀
【肅拜】(숙배-シュクハイ) 공손히 절함
【肅肅】(숙숙-シュクシュク) ①엄숙한 모양 ②삼가는 모양 ③고요한 모양 ④새의 날개치는 소리 ⑤빠른 모양
【肅然】(숙연-シュクゼン) ①삼가고 두려워하는 모양 ②고요한 모양
【肅恩】(숙은-シュクオン) 은혜를 사례함
【肅靜】(숙정-シュクセイ) 깨끗하고 고요함
【肅淸】(숙청-シュクセイ) 삼가 깨끗하게 함。내부의 반대파를 평정하고 세상을 깨끗하게 함

【肄】이 イ、ならう practice
①익힐 習也 ②수고할 勞也 ③취추리 嫩條

【肇】조 チョウ、はじめる found 篠 ㄓㄠ chao⁴
①비로소 始也 ②민첩할 敏也

【肇國】(조국-チョウコク) 나라를 처음으로 세움 건국(建國)
【肇基】(조기-チョウキ) 토태를 쌓음
【肇業】(조업-チウギョウ) 사업을 시작함
【肇始】(조시-チョウシ) 무슨 일이 비롯됨
【肇造】(조조-チョウゾウ) 처음으로 지음 「(創造)
【肇秋】(조추-チョウシュウ) 첫가을

肉 部

【肉】육 ニク、ジク、にく meet 屋 ㄖㄡˋ jou⁴
고기 肌也 (유)①둘기옥 璧邊 ②저울추 錘體
【肉感】(육감-ニクカン) 육체의 감각。성욕의 충동을 받는 실감 「(交接)
【肉交】(육교-リクコウ) 남녀간의 교접
【肉薄】(육박-ニクハク) 썩 가까이 덤빔
【肉山脯林】(육산포림-ニクザンホリン) 고기로 만든 술안주가 많음을 이름
【肉色】(육색-ニクショク) 살빛 「목소리
【肉聲】(육성-ニクセイ) 사람의 실제의
【肉食】(육식-ニクショク) 고기를 먹음
【肉身】(육신-ニクシン) 사람의 몸。육체
【肉眼】(육안-ニクガン) ①안경을 쓰지 아니한 눈 ②식견이 없는 안목。속인의 눈
【肉慾】(육욕-ニクヨク) ①육체상으로 오는 모든 욕심 ②남녀간의 육체의 정욕
【肉重】(육중) 살이 많아서 몸이 매우 「무거움
【肉體】(육체-ニクタイ) 물질적 신체
【肉親】(육친-ニクシン) 혈족의 관계가 있는 사람
【肉彈】(육탄-ニクダン) 몸으로써 탄환을 삼아 적진을 공격하는 일
【肉膾】(육회) 살고기나 또는 간·천엽·양등을 잘게 썰어서 갖은 양념을 한 음식

【二 畫】

【肌】기 キ、はだ skin 支 ㄐㄧ chi¹
살 膚肉
【肌骨】(기골-キコツ) 살과 뼈
【肌膚】(기부-キフ) 살
【肋】륵 ロク、あばら rid costa 職 ㄌㄜˋ lê⁴
갈빗대 脅骨檢勒五藏
【肋骨】(늑골-ロッコツ) 갈빗대
【肋膜】(늑막-ロクマク) 갈빗대 안에 있어서 폐(肺)를 덮는 막 「계
【肋木】(늑목-ロクボク) 체조에 쓰는 기

【三 畫】

【肝】간 カン、きも liver 寒 ㄍㄢ kan¹
간 木藏—藏
【肝氣】(간기) 어린 아이가 소화불량으로 얼굴이 창백하고 똥이 푸르고, 악취가 나며 쉬지않고 우는 병
【肝腦塗地】(간뇌도지-カンノウチにまみる) 나라 일을 위하여 돌아보지 아니함
【肝膽】(간담-カンタン) ①간과 쓸개. ②마음
【肝油】(간유-カンユ) 대구 따위의 간장에서 뽑은 기름
【肝臟】(간장-カンゾウ) ①오장(五臟)의 하나。밥통 위에 있어서 소화에 필요한 물을 만드는 기관 ②요긴한 곳을 이름
【肝腸】(간장-カンチョウ) ①간과 창자 ②몹시 애타는 마음
【肝懷】(간회-カンカイ) 마음
【肚】두 ト、はら belly
①배 腹也 ②밥통 胃也腸—
【肜】륭 ユウ、またのまつり a kind of sacrifice
상나라 제사 이름 商祭名
【肘】주 チュウ、ひじ elbow
①팔목 手腕脈動處 ②팔굼치 臂節
【肘腋】(주액-チュウエキ) 사물이 접근함。자기에게 가장 가까운 곳
【肘臂】(주비-チュウヒ) 팔목、팔굼치의 관절(關節)
【肖】초 ショウ、にる similar
①같을 似也 ②작을 小也 ③같지

않을 子不似父謂之不ㅣ不賢亦曰不
(소) ①쇠약할 衰微 ②흩어질 失散

【肖似】(초사-ショウジ) 같음

【肖像】(초상-ショウゾウ) 어떠한 사람의 모습을 본떠서 그린 화상 또는 새긴 조각

【肛】항 コウ、しりのあな retctum
①똥구멍 大腸端ㅣ門 ②배뚱뚱할 脹大膖ㅣ

【肛門】(항문-コウモン) 똥구멍

【肓】황 コウ、むなもと vitals
명치끝 心上鬲下

【四 畫】

【肩】견 ケン、かた shoulder
①어깨 膊上 ②맡길 任也 ③이길 克也

【肩胛骨】(견갑골-ケンコウコツ) 어깨뼈

【肩隨】(견수-ケンズイ) 어깨를 나란히 하고 조금 뒤떨어져감。어른을 따라감

【肩輿】(견여-ケンヨ) ①행상(行喪) 때에 쓰는 보교(步轎)의 하나 ②두사람이 메는 가마

【肩章】(견장-ケンショウ) 예복·제복 등의 어깨에 붙이는 구미개

【股】고 コ、もも thigh ㄍㄨˇ ku³
다리 脛本髀幹

【股肱】(고굉-ココウ) ①다리와 팔 ②가장 믿을만한 신하

【股本】(고본-コホン) 여러 사람이 공동하여 상업을 경영할 때에 각각 내는 밑천

【股肱之臣】(고굉지신-ココウのシン) 임금이 가장 믿을만한 중요한 신하

【肱】굉 コウ、うで forearm ㄍㄨㄥ kung¹
팔뚝 肘下腕上

【肱膂】(굉려-コウリョ) ①팔뚝과 등성마루 뼈 ②가장 믿을만한 것을 이름

【肯】긍 コウ、がへんじる consent ㄎㄣˇ k'en³
①뼈름살 著骨肉ㅣ綮 ②즐길 可也

【肯綮】(긍경-コウケイ) ①긍(肯)은 뼈에 붙은 살。(綮)은 힘줄과 살이 이어진 곳 ②긴요한 곳

【肯謝】(긍사-コウシャ) 머리를 끄떡여 감사의 뜻을 나타냄

【肯定】(긍정-コウテイ) 그렇다고 함。승낙함

【肭】눌 ドツ、おつとせい fur-seal
①해구 海狗膃肭 ②살찔 肥也

【肪】방 ボウ、あぶら animal fat ㄈㄤˊ fang²
①기름 脂也 ②살찔 肥也

【肧】胚(次畫)同字

【肥】비 ヒ、こえる fat
①살찔 多肉 ②땅이름 地名合ㅣ

【肥大】(비대-ヒダイ) 살이 쪄서 몸이 큼

【肥料】(비료-ヒリョウ) 거름

【肥馬】(비마-ヒバ) 살찐 말

【肥滿】(비만-ヒマン) 살이 쪄서 뚱뚱함

【肥沃】(비옥-ヒヨク) 땅이 살찌고 기름짐

【肥土】(비토-ヒド) 기름져 농작물이 잘되는 땅。찐땅

【肬】우 ユウ、いぼ swelling ㄧㄡˊ yu²
①혹 瘤也 ②군살 贅肉

【育】육 イク、そだてる bring up; feed
기를 養也覆ㅣ 生也發ㅣ

【育成】(육성-イクセイ) 길러서 성장하게 함

【育養】(육양-イクヨウ) 기름

【育兒】(육아-イクジ) 어린애를 기름

【育英】(육영-イクエイ) 인재를 가르침。교육함

【育育】(육육-イクイク) 활발한 모양

【肢】지 シ、てあし arms and legs ㄓ chih²
팔다리 體也四ㅣ

【肢骨】(지골-シコツ) 수족의 뼈

【肢體】(지체-シタイ) 몸。신체

【肺】폐 ハイ、こころ lungs ㄈㄟˋ fei⁴

부아 金藏主魂 (패) 성할 盛貌—

【肺結核】(폐결핵-ハイケッカク) 폐병。결핵균에 의한 폐의 질환

【肺氣】(폐기-ハイキ) 딸꾹질

【肺病】(폐병-ハイビョウ) 폐결핵의 총칭

【肺腑】(폐부-ハイフ) ①부아 ②마음의 깊은 속

【肺炎】(폐염-ハイエン) 폐장의 염증

【肺臟】(폐장-ハイゾウ) 부아

【肺肺】(폐폐-ハイハイ) 무성한 모양

【肴】효 コウ、さかな savoury food ㄒㄧㄠˊ hsiao² ㄧㄠˊ yao²
안주 殂實啖肉

【五 畫】

【朋】日部 四畫에 볼것

【胛】갑 コウ、かいがらぼね shoulder bone
어깨죽지 背上兩膊閒肩甲

【胠】거 キョ、わきのした flank of an animal
①갈비 脅也 ②열 發也彥開(겁) ①義同 ②오른편군대 軍右翼(협) ①갈비 脅也 ②열 開也

【胖】반 ハン、ゆたか fat ㄆㄢˋ p'an²·
①살찔 大也肥— ②반짝 半體肉

【背】배 ハイ、せ back ㄅㄟˋ p'ei⁴·
①등 脊也 ②집 북편 堂北 ③등에 태문 생길 壽黴台— ④해무리 日旁氣 (패) ①저버릴 孤負 ②어길 違也 ③얼굴 도리킬 反面 ④버릴 棄也

【背景】(배경-ハイケイ) ①무대뒤에 그린 경치 ②소설 따위에서 인물을 둘러싼 주위의 정경(情景) ③배후의 세력

【背敎】(배교-ハイキョウ) 믿던 종교를 배반함

【背囊】(배낭-ハイノウ) 짐승의 가죽으로 만들어 물건을 넣어 등에지는 상자

【背道】(배도-ハイドウ) 도리에 어그러짐

【背戾】(배려-ハイレイ) 어김。어기댐

【背叛】(배반-ハイハン) 등짐。어김

【背書】(배서-ハイショ) 책장 뒤에 글씨를 씀

【背誦】(배송-ハイショウ) 책을 보지 않고 돌아앉아 글을 외음

【背水之陣】(배수지진-ハイスイのジン) 강물을 뒤로 하고 진지를 침。필사(心死)의 각오로 일에 임함

【背信】(배신-ハイシン) 신의를 저버림

【背心】(배심-ハイシン) 배반하는 마음

【背約】(배약-ハイヤク) 약속을 배반함

【背逆】(배역-ハイギャク) 은혜를 배반함

【背恩】(배은-ハイオン) 은혜를 배반함

【背馳】(배치-ハイチ) 반대됨。어긋남

【背風】(배풍-ハイフウ) 등뒤에서 불어오는 바람

【背後】(배후-ハイゴ) 등 뒤。뒤편

【胚】배 ハイ、はらむ conceive ㄆㄟ p'ei¹
애밸 婦孕一月曰—胎

【胚孔】(배공-ハイニュウ) 알이 될 때에 생기는 구멍。나중에 입 또는 항문이 됨

【胚芽】(배아-ハイガ) 속에 들어 있는 나무나 풀의 싹

【胚孕】(배잉-ハイヨウ) 아이 또는 새끼를 뱀

【胚胎】(배태-ハイタイ) ①아이 밴지 한 달됨 ②사물의 원인이 됨

【胥】서 ショ、あい together 魚語 ㄒㄩ hsü¹
①서로 相也 ②기다릴 待也 ③끌릴 相牽引論— ④도울 助也 ⑤쌓을 蓄積儲— ⑥다 皆也 ⑦도둑잡을 捕盜追— ⑧나비 蝴蝶 ⑨게짓 蟹醢 ⑩어조사 語助辭 ②연좌될 相隨坐輕刑之名—徒—靡 ③땅이름 地名蒲—

【胥吏】(서리-ショリ) 아전

【胥宇】(서우-ショウ) 함께 살음

【胃】위 イ、いぶくろ stomach
①밥통 穀腑腸—脾— ②별이름 二十八宿

【胃經】(위경-イケイ) 밥통

【胃管】(위관-イカン) 목구멍을 통하여 위의 속에 넣어 그 내용물을 꺼내어 검사하는 데 쓰는 관

【胃潰瘍】(위궤양-イカイヨウ) 밥통의 안

쪽이 허는 병

【胃壁】(위벽-イヘキ) 위를 형성하는 벽

【胃病】(위병-イビョウ) 밥통에서 나는병

【胃腑】(위부-イフ) 내장의 하나로 소화기의 주요한 부분。밥통

【胃酸】(위산-イサン) 밥통 속에 들어있는 산

【胃癌】(위암-イガン) 밥통에 나는 암종

【胃液】(위액-イエキ) 위선(胃腺)에 분비하는 소화액

【胃腸】(위장-イチョウ) 밥통과 창자

【胃出血】(위출혈-イシュツケツ) 위궤양위암(胃癌) 따위의 병증으로 말미암아 위에서 출혈이 일어나는 증상

【胃痛】(위통-イツウ) 위가 아픈 증상

【胃擴張】(위확장-イカクチョウ) 밥통의근육의 수축력이 약해져서 느즈러지는 병

【胤】윤 イン、たね descendant 震 ㄧㄣˋ yin⁴

①맏아들 繼也子孫相承 ②익힐 習也

【胙】조 ソ、さいわい happiness

①복 福也 ②제지낸포 祭餘肉 ③갚을報也

【胄】주 チュウ、よつぎ descendants 宥 ㄓㄡˋ chou⁴

①맏아들 長也ㅣ子 ②자손 裔也

【胄孫】(주손-チュウソン) 만 손자

【胄裔】(주예-チュウエイ) 자손

【胝】지 チ、たこ callosity 支 ㄓ chih¹

①못박힐 皮堅聯ㅣ ②부르틀 繭也

【胎】태 タイ、はらむ conceive 灰 ㄊㄞ t'ai¹

삼 孕三月

【胎教】(태교-タイキョウ) 임신중에 언행을 삼가서 태아에게 좋은 감화를 줌

【胎禽】(태금-タイキン) 두루미

【胎氣】(태기-タイキ) 임신한 기미

【胎毒】(태독-タイドク) 어린 아이의 머리 얼굴 따위에 생기는 여러 가지 피부병

【胎漏】(태루-タイロウ) 잉태중 자궁에서 피가 나는 병

【胎膜】(태막-タイマク) 태아를 싸서 보호하고 호흡이나 영양 따위를 맡은 막 모양의 기관

【胎夢】(태몽-タイモウ) 아기를 밸 조짐의 꿈

【胎生】(태생-タイセイ) ①어미 뱃속에 있는 삼 안에서 적당한 발육을 마치고 남 ②난 땅

【胎兒】(태아-タイジ) 뱃속에 있는 아이

【胎中】(태중-タイチュウ) 임신하였을 때

【胞】포 ホウ、はらから placenta 肴 ㄅㄠ pao¹

삼 胎衣

【胞衣】(포의-ホウイ) 삼。태의(胎衣)

【胞子】(포자-ホウシ) 모체를 떠나서 번식을 영위하는 세포

【胞胎】(포태-ホウタイ) 아이를 밴

【胡】호 コウ、ウ、えびす Mongol 虞 ㄏㄨˊ hu²

①오랑캐 中國東北蠻人 ②어찌 何也 ③오래 살 壽也 ④멀 遐遠也 ⑤항가장귀 戈頸 ⑥멱미레 牛頷垂 ⑦깔깔 웃을 笑貌盧ㅣ ⑧고미 菰米彫ㅣ ⑨姓也

【胡笳】(호가-コカ) 날라리

【胡弓】(호궁-コキュウ) 현악기의 한 가지

【胡桃】(호도-コトウ) 호두

【胡亂】(호란-コラン) 어수선함。착잡분요함

【胡馬】(호마-コバ) 만주에서 나는 말

【胡服】(호복-コフク) 호인(胡人)의 옷

【胡福】(호복-コフク) 큰 행복

【胡粉】(호분-コフン) 자개껍질을 태워 만든 흰가루

【胡算】(호산-コサン) 수효를 기록하는 중국 특유의 부호

【胡瓜】(호와-コカ) 오이

【胡越】(호월-コエツ) 중국 북쪽의 호(胡)와 남쪽의 월(越)이라는 뜻이니 거리가 멀리 떨어져 있음을 비유

【胡爲】(호위-なんすれぞ) 왜。어찌하여

【胡人】(호인-コジン) ①북방 또는 서역(西域)의 이민족(異民族) ②만주(滿洲)사람

【胡笛】(호적-コテキ) 새납。날라리
【胡蝶】(호첩-コチョウ) 나비
【胡椒】(호초-コショウ) 후추

【脉】脈(次畫)俗字

【六 畫】

【能】능 ノウ、ドウ、あたう able to; ability 蒸 ㄋㄥˊ nêng²
①능할 勝任 ②착할 善也 ③곰 熊屬足似鹿(내)세발자라 三足鼈(태)台同
【能幹】(능간-ノウカン) 일을 감당할 만「한 재주
【能動】(능동-ノウドウ) ①무엇이든지 다른 상태로 발전하고자 하는 의식의 한쪽 ②문법상 남에게 동작을 미치는 동사(動詞)의 성질
【能力】(능력-ノウリョク) ①일을 할 수 있는 재주 ②완전히 사권(私權)을 행사할수 있는 자격
【能力者】(능력자-ノウリョクシャ) 일을 잘 할 힘이 있는 사람
【能率】(능률-ノウリツ) 일정한 시각에 할수 있는 일의 성적
【能文】(능문-ノウブン) 글을 잘함
【能辯】(능변-ノウベン) 말을 잘함
【能士】(능사-ノウシ) 재능이 많은 사람
【能事】(능사-ノウジ) 잘할 수 있는 일
【能書】(능서-ノウショ) 글씨를 잘씀。능필(能筆)
【能小能大】(능소능대) 모든일을 마음대로 두루 잘 함
【能熟】(능숙-ノウジュク) 능란하게 잘함
【能言鳥】(능언조) 앵무새의 딴이름
【能通】(능통) 사물에 잘 통달함
【能筆】(능필-ノウヒツ) 글씨를 매우 잘 씀
【能猾】(능활-ノウカツ) 능갈스럽고 교활「합

【胴】동 ドウ、トウ、ふとわた large intestine
큰창자 大腸

【脈】맥 ミャク、バク、すじ pulse 陌 ㄇㄛˋ mo⁴ ㄇㄞˋ mai⁴
맥 血理臟腑之氣分流四支
【脈管】(맥관-ミャッカン) 동물의 몸속에 있는 피가 돌아다니는 길
【脈度】(맥도-ミャクド) 맥이 뛰는 정도
【脈絡】(맥락-ミャクラク) 맥줄。혈관(血管)。조리(條理)
【脈理】(맥리-ミャクリ) 살결

【胰】이 イ、せにく tenderloin omentum 支 ㄧ i²
등심 脊脊

【胭】연 エン、のど throat
①목구멍 嗌也 ②연지 —脂 咽嚥通

【脂】지 シ、あぶら fat of animal 支 ㄓ chih¹
①기름 膏也 ②연지 臙—
【脂膏】(지고-シコウ) 몸에서 박으로 배어 나오는 기름
【脂肪】(지방-シボウ) 상온(常溫)에 휘발되지 않고 늘 고체(固體)로 있는 기름
【脂粉】(지분-シフン) 연지와 분

【脊】척 セキ、シャク、せなか spine 陌 ㄐㄧˇ chi²·³
①등성마루 背呂 ②결 理也倫—
【脊骨】(척골-セッコツ) 등골뼈
【脊梁】(척량-セキリョウ) 등성 마루
【脊髓】(척수-セキズイ) 등골
【脊柱】(척주-セキチュウ) 등마루
【脊椎】(척추-セキツイ) 등마루
【脊椎動物】(척추동물-セキツイドウブツ)등골뼈를 몸의 중추로 하여 몸을 지지하는 동물

【脆】취 ゼイ、もろい fragile
연할 小耎物易斷
【脆斷】(취단-ゼイダン) 연하여 끊어짐
【脆弱】(취약-ゼイジャク) 무르고 약함。또 가냘픔

【脃】脆(前條)本字

【脅】협 キョウ、おびやかす threar 葉 ㄒㄧㄝ hsieh²
①갈빗대 腋下 ②으를 威力恐人迫—
【脅迫】(협박-キョウハク) 으르고 놀램
【脅約】(협약-キョウヤク) 위협으로써 이루어진 약속 이나 조약

【脅威】(협위-キョウイ) 으르고 협박함
【脅制】(협제-キョウセイ) 협박하여 억누름 「합
【脅奪】(협탈-キョウダツ) 협박하여 강탈

【胸】흉 キョウ、むね breast 图 ㄒㄩㄥ hsiung¹
가슴 膺也
【胸間】(흉간-キョウカン) 가슴 사이
【胸腔】(흉강-キョウコウ) 가슴의 속 부분
【胸膈】(흉격-キョウカク) ①가슴과 배의 사이 ②가슴 마음
【胸曲】(흉곡-キョウキョク) 마음 속
【胸骨】(흉골-キョウコツ) 늑골(肋骨)을 연접하여 흉곽의 앞벽을 구성하는 「육 뼈
【胸筋】(흉근-キョウキン) 흉부에 있는 근
【胸襟】(흉금-キョウキン) ①가슴과 옷깃 ②마음 속
【胸腹】(흉복-キョウフク) ①가슴과 배
【胸像】(흉상-キョウゾウ) 가슴으로 부터 윗부분을 나타낸 조각의 상
【胸臆】(흉억-キョウオク) 가슴의 생각
【胸中】(흉중-キョウチュウ) 가슴속 「증세
【胸痛】(흉통-キョウツウ) 가슴의 아픈

【胷】胸(前條) 同字

【朔】月部 六畫에 볼것

【七 畫】

【脚】각 キャク、カク、あし leg 藥 ㄐㄩㄝ chüeh²
종아리 脛也
【脚氣】(각기-カッケ・キャッキ) 다리가 마비되고 부어 걸음거리가 곤란한 병
【脚骨】(각골) 다리 뼈
【脚光】(각광-キャッコウ) 무대 앞쪽 아래로부터 등장한 배우의 몸을 비추어 주는 조명
【脚力】(각력-キャクリョク) 다리의 힘
【脚爐】(각로-キャクロ) 겨울 철에 이불 안에 넣어 몸을 덥게 하는 화로
【脚絆】(각반-キャクハン) 걸음 걷기에 거뜬하게 하기 위하여 나리에 감는 긴 헝겊
【脚本】(각본-キャクホン) 연극의 무대장치 및 배우의 대사 따위를 적은 글
【脚色】(각색-キャクショク) ①벼슬할때 내는 이력서 ②소설이나 사건 따위를 극영화의 각본이 되게 고쳐쓰는 것
【脚注】(각주-キャクチュウ) 책 페이지 아래에 붙이는 주석

【脛】경 ケイ、すね shinbone 徑 ㄐㄧㄥ ching⁴
①정강이 膝下骨 ②꼿꼿할 直貌—

【脰】두 トウ、くび neck 宥 ㄉㄡ tou⁴
목 項也

【脩】수 シュウ、なじし dried meet 尤 ㄒㄧㄡ hsiu¹
①포 脯也束— ②마를 乾也 ③공경할 敬也 ④닦을 治也 ⑤길 長也
【脩路】(수로-シュウロ) 먼길。원로(遠路)
【脩睦】(수목-シュウボク) 사이가 좋음
【脩遠】(수원-シュエン) 길이 멀음
【脩竹】(수죽-シュウチク) 긴대

【脣】순 シン、くちびる lip 眞 ㄔㄨㄣ ch'un²
입술 口山而齒垣
【脣亡齒寒】(순망치한-くちびるほろびてはさおし) 서로 이웃하고있는 한 나라가 멸망하면 다른 한나라도 위태함
【脣舌】(순설-シンゼツ) 말이 많음。수다스러움
【脣齒】(순치-シンシ) ①입술과 이 ②서로 이해관계가 매우 밀접한 것

【脞】좌 ザ、サ、わずらう bother minced meet 哿 ㄘㄨㄛ ts'o³
좀스러울 細碎叢—

【脫】탈 ダツ、タツ、ぬぐ undress; slip off 曷
①벗을 免也 ②풀어질 物自解 ③끼칠 遺也 ④그르칠 誤也 ⑤간략할 略也 ⑥혹 그럴듯할 或然之辭 (태) 천천할 舒遲貌——
【脫却】(탈각-ダッキャク) ①벗어남 ②벗기어버림
【脫去】(탈거-ダッキョ) ①벗어 버림 ②빠져 달아 남 ③벗어남
【脫巾】(탈건-ダッキン) 건을 벗음

【脫稿】(탈고-ダッコウ) 원고를 죄다 씀
【脫穀】(탈곡-ダッコク) 나락이 이삭에서 떨어짐
【脫空】(탈공-ダックウ) 무근한 사실 또는 사실이 없는 죄명을 벗음
【脫臼】(탈구-ダッキュウ) 뼈의 관절이 물러남
【脫黨】(탈당-ダットウ) 당파에서 탈퇴함
【脫落】(탈락-ダツラク) 빠지어 나아감
【脫路】(탈로-ダツロ) 빠지는 길
【脫漏】(탈루-ダツロウ) 빠져샘
【脫毛】(탈모-ダツモウ) 털이 빠짐
【脫帽】(탈모-ダツボウ) 모자를 벗음
【脫髮】(탈발-ダツパツ) 머리털이 빠짐
【脫色】(탈색-ダッショク) 들인 물색을 뺌
【脫船】(탈선-ダッセン) 선원이 선장의 허가 없이 그 배에서 빠져 달아나서 돌아오지 않음
【脫線】(탈선-ダッセン) ①기차 전차 등이 선로에서 벗어남 ②행동이 상규(常規)를 벗어 다른 길로 빗놓음 ③논문·연설·이야기들에서 본문제를 벗어나 다른 방면으로 빗나감
【脫稅】(탈세-ダツゼイ) 납세에 빠짐
【脫俗】(탈속-ダツゾク) 속태를 벗어남
【脫獄】(탈옥-ダツゴク) 옥에서 빠져 달아남
【탈衣】(탈의-ダツイ) 옷을 벗음
【脫字】(탈자-ダツジ) 빠진 글자
【脫走】(탈주-ダッソウ) 빠져 달아남
【脫脂綿】(탈지면-ダッシメン) 약품으로 쩌서 그속에 있는 기름을뺀 소독한 솜 「아 남
【脫出】(탈출-ダッシュツ) 몸을 빼쳐 달아남
【脫胎】(탈태-ダッタイ) 남의 작품의 형식을 바꾸어 자기의 것으로 하는일
【脫兎之勢】(탈토지세-ダットのいきおい) 그물을 벗어난 토기이니 신속한 것을 말함
【脫退】(탈퇴-ダッカイ) 벗어남。빠져 나옴

【脯】 포 ホ、ほじし dried meet 麌 ㄈㄨˇ fu³

포 腊也乾肉
【脯脩】(포수-ホシュウ) 포
【脯資】(포자-ホシ) 포와 양식 (후세에는 여비의 뜻으로 씀)
【脯燭】(포촉-ホショク) 제사올릴 때 쓰는 포육과 초

【豚】 豕部 四畫에 볼것

【朗】 月部 七畫에 볼것

【八 畫】

【腔】 강 コウ、から a hollow place in the body

①창자 內空 ②뼈대 骨體 ③말허구리 馬腰 ④노래곡조 歌曲調
【腔綫】(강선-コウセン) 총포의 탄환이 돌아 나가는 나사 모양의 홈
【腔子】(강자-コウシ) 몸속。마음이 있는 곳을 이름
【腔腸】(강장-コウチョウ) 해파리 산호 따위와 같은 강장 동물의 체강

【腐】 부 フ、くさる decay 麌 ㄈㄨˇ fu³

①썩을 朽也 ②물들 爛也 ③불알썩힐 宮刑 ④두부 豆—
【腐談】(부담-フダン) 하나도 쓸모 없이 케케 묵은 말
【腐爛】(부란-フラン) 썩어 문드러짐
【腐史】(부사-フシ) 사기(史記)의 딴이름
【腐蝕】(부식-フショク) ①썩이서 벌레가 먹음 ②썩어서 형체의 한 쪽이 없어짐
【腐心】(부심-フシン) 속을 썩힘。고심함
【腐儒】(부유-フジュ) 사상이 썩은 유생(儒生) 완고한 학자
【腐腸之藥】(부장지약) 창자를 썩히는 약 즉 음식과 술을 일컫는 말
【腐敗】(부패-フハイ) 썩음。문드러짐
【腐刑】(부형-フケイ) 남자를 거세하던 형벌。궁형(宮刑)

【腑】 부 フ、はらわた visceras 麌 ㄈㄨˇ fu³

강부 臟—

【腓】 비 ヒ、ふくらはぎ calf of the leg 微 ㄈㄟˊ fei²

①장딴지 腔腨—腸 ②피할 避也 ③

병들 病也
【腓骨】(비골-ヒコツ) 장딴지뼈

【脾】비 ヒ、ひぞう spleen [支] ㄆㄧˊ p'i^2
지라 土臟—胃
【脾家】(비가-ヒカ)비장이 있는곳。뱃속
【脾髓】(비수-ヒズイ) 비장을 이루는 붉은 빛갈의 부드럽고 연한 물질
【脾胃】(비위-ヒイ) ①지라와 밥통 ②싫은 것을 잘 참아 내는 힘
【脾臟】(비장-ヒゾウ) 지라

【腊】석 セキ、ほじし dried meet [陌] ㄒㄧˋ hsi^4
포 乾肉腊—
【腊毒】(석독-セキドク) 대단한 독
【腊肉】(석육-セキニク) 포

【腎】신 ジン、むらと kidney [軫] ㄕㄣˋ shen^4
①콩팥 水臟藏精 ②자지 陰莖
【腎經】(신경-ジンケイ) 콩팥
【腎囊】(신낭-ジンノウ) 부자지。불알
【腎臟】(신장-ジンゾウ) 콩팥

【腋】액 エキ、わき arm-pits [陌] ㄧˋ i^4
겨드랑이 左右脅間
【腋毛】(액모-エキモウ) 겨드랑에 난털
【腋芽】(액아-エキガ) 식물이 줄기 또는 가지의 겨드랑이에서 나는 싹
【腋臭】(액취-エキシュウ) 겨드랑이 에서 나는 냄새。암내
【腋汗】(액한-エキカン) 곁땀

【腕】완 ワン、うで wrist ㄊㄨㄛˇ t'o^3
팔뚝 臂也手—
【腕骨】(완골-ワンコツ) 손목 밑동에 있는 열가지의 잔 뼈
【腕力】(완력-ワンリョク) 팔의 힘。뚝심。힘꼴
【腕章】(완장-ワンショウ) 자기 신분이나 소임 따위를 남에게 알리기 위하여 팔에 두르는 포장

【腆】전 テン、あつい heartful [銑] ㄊㄧㄢˇ t'ien^3
①두터울 厚也 ②지극할 至也 ③착할 善也 ④많이 차려놓을 設膳多—
【腆贈】(전증-テンゾウ) 두터운 선물

【脹】창 チョウ、ふくれる swelled belly [漾] ㄓㄤˋ chang^4
창증날 腹滿皷—

【朞】月部 八畫에 볼것

【勝】力部 十畫에 볼것

【九 畫】

【腱】건 ケン、すじ tendon [元] ㄐㄧㄢˋ chien^4
힘줄 筋之本

【腦】뇌 ノウ、ダウ、あたま brain [皓] ㄋㄠˇ nao^3
머릿골 頭髓
【腦力】(뇌력-ノウリョク) 사물을 생각하는 힘
【腦裡】(뇌리-ノウリ) 생각하는 머릿속
【腦膜】(뇌막-ノウマク) 뇌를 싸고 있는 막
【腦貧血】(뇌빈혈-ノウヒンケツ) 뇌의 피가 부족하여 나는 병
【腦髓】(뇌수-ノウズイ) 머릿 골
【腦神經】(뇌신경-ノウシンケイ) 대뇌(大腦)밑 및 연수(延髓)에서 나와서 머리 얼굴에 퍼져 있는 운동신경및 지각 신경
【腦炎】(뇌염-ノウエン) 뇌수에 염증이 일어남으로써 생기는 병의 총칭
【腦溢血】(뇌일혈-ノウイッケツ) 뇌속에서 혈관이 터져 피가 딴데로 도는병
【腦漿】(뇌장-ノウショウ) ①뇌수속의 액체 ②슬기 「스럼
【腦瘡】(뇌창-ノウノウ) 머리에 나는 부
【腦天】(뇌천-ノウテン) 정수리
【腦充血】(뇌충혈-ノウジュウケツ) 뇌속으로 피가 많이 흘러들어가는 병

【腹】복 フク、はら belly [屋] ㄈㄨˋ fu^4
①배 五臟之總 ②두터울 厚也
【腹稿】(복고-フクコウ) 글 지을 것을 속으로 생각하여 둠
【腹筋】(복근-フクキン) 복벽(腹壁)을 구성하고 있는 힘줄의 총칭

【腹膜】(복막-フクマク) 복벽의 속 전체를 덮는 얇은 막
【腹背】(복배-フクハイ) ①배와 등 ②앞과 뒤 ③서로 친근한 사이
【腹壁】(복벽-フクヘキ) 뱃가죽의 안쪽
【腹上屍】(복상시) 동침하다가 별안간 남자가 죽는 것。또 그 죽음
【腹心之疾】(복심지질-フクシンのやまい) ①고치기 어려운 병 ②잊어버릴 수 없는 근심과 걱정
【腹案】(복안-フクアン) 속 배포
【腹中】(복중-フクチュウ) 뱃속
【腹痛】(복통-フクツウ) 배가 아픔

【腺】선 セン、せん gland
멍울 頸腺核

【腥】성 セイ、なまぐさい smell of fish 靑 ㄒㄧㄥ hsing¹
①비릴 臭也 ②날고기 生肉 ③더러울 穢也
【腥聞】(성문-セイブン) 좋지 못한 소문
【腥魚】(성어-セイギョ) 비린 물고기 비린생선 「새
【腥臭】(성취-セイシュウ) 비린내。비린냄
【腥血】(성혈-セイケツ) 비린 피

【腰】요 ヨウ、こし waist
허리 身體中
【腰鼓】(요고-ヨウコ) 장구
【腰骨】(요골-ヨウコツ) 허리에 있는 뼈
【腰帶】(요대-ヨウタイ) 허리띠
【腰刀】(요도-ヨウトウ) 허리에 차는 칼
【腰部】(요부-ヨウブ) 허리 부분
【腰圍】(요위-ヨウイ) 허리통
【腰絶】(요절-ヨウゼツ) 몹시 웃음
【腰痛】(요통-ヨウツウ) 허리가 아픔

【腴】유 ユ、こえる fat on the belly 虞 ㄩˊ yü²
①아랫배살찔 腹下肥 ②걸肥田膏—
【腴膏】(유고-ユコウ) 살찌고 기름짐。가멸고 넉넉함

【腸】장 チョウ、はらわた intestine 陽 ㄔㄤˊ ch'ang²
창자 水穀道大小—
【腸斷】(장단-チョウダン) 창자가 끊어짐 ③매우 슬퍼함
【腸肚】(장두-チョウト) 배。마음 속
【腸胃】(장위-チョウイ) 창자와 밥통
【腸窒扶斯】(장질부사-チョウチブス) 염병
【腸痔】(장치-チョウジ) 항문 속에 있는 근육이 밖으로 나오는 치질。밑이 빠지는 병

【腫】종 ショウ、シュ、はれもの swell 腫 ㄓㄨㄥˇ chung³
①부스럼 癰也 ②부을 膚肉浮滿
【腫毒】(종독-ショウトク) 부스럼의 독한 기운
【腫瘍】(종양-ショウヨウ) 부스럼
【腫醫】(종의-ショウイ) 종기를 고치는 의원
【腫脹】(종창-ショウチョウ) 염증·종기 따위로 인하여 부어 오름

【腷】픽 ヒョク、ビキ、ふさがる blockad
뜻막힐 意不泄—臆
【腷臆】(픽억-ヒョクオク) 가슴이 막히어 숨이 답답한 모양

【腳】脚 (肉部 七畫) 本字

【十 畫】

【膈】격 カク、むねのうち diaphragm
①명치 心脾間胸— ②쇠북틀 懸鍾格
【膈痰】(격담-カクタン) 가슴에 막힌 가래
【膈膜】(격막-カクマク) 흉강(胸膣)과 복강(腹膣)사이에 있어서 양자를 구별하는 막

【膏】고 コウ、あぶら fat
①기름 脂也 ②기름질 肥也 梁 ③명치끝 心下曰— ④기름지게 할 以—潤物
【膏粱】(고량-コウリョウ) 기름지고 맛있는 음식
【膏粱子勢】(고량자세) 부귀한 집에서 자라나서 고생을 모르는 젊은이
【膏粱珍味】(고량진미) 살찐 고기와 좋은 곡식으로 만든 맛있는 음식
【膏藥】(고약-コウヤク) 기름에 고아 만

든 약

【膏雨】(고우-コウウ) 농작물이 잘 자라게 하는 비

【膏澤】(고택-コウタク) ①몸의 기름 ②남의 은혜 ③이슬과 비의 은혜

【膏土】(고토-コウド) 기름진 땅

【膏血】(고혈-コウケツ) ①사람의 기름과 피 ③백성의 노력과 재산

【膏火】(고화-コウカ) 기름 불。등불

【膂】려 リョ、せぼね backbone 語 ㄌㄩˇ lü ①등성마루뼈 脊骨心— ②힘셀力也

【膂力】(여력-リョリョク) 근육의 힘

【膊】박 ハク、ほじし dried meat 藥 ㄆㄛˋ po ①포 脯也 ②능지할 磔也 ③어깨肩也 ④닭날개치는 소리 擊聲膊—

【膀】방 ボウ、ホウ bladder 養 ㄆㄤˊ pang 오줌통 水脬膀—

【膀胱】(방광-ボウコウ) 오줌통

【膃】올 オツ、オチ、おっとせい fur-seal 月 ㄨㄚˋ wa ①해구 海狗—肭 ②살찔 肥也

【膌】적 セキ、やせる emaciated ①파리할 瘦也 ②뼈 死骨

【膇】추 ツイ、はれる swelling leg 寘 ㄓㄨㄟˋ chuei 수중다리 足腫重—

【腿】퇴 タイ、もも thigh 賄 ㄊㄨㄟˇ t'uei 넓적다리 股也

【十一畫】

【膠】교 コウ、にかわ glue 肴 ㄐㄧㄠ chiao ①아교 膏 ②옹색할 不通 ③굳불 固也 ④닭울 鷄鳴 ⑤사곡할 邪曲— 戾 ⑥물이름 萊州水名 ⑦화할和也 ⑧흔들릴 擾也

【膠固】(교고-コウコ) ①아교로 붙인 것처럼 단단함 ②변통성이 없음

【膠柱】(교주-コウチュウ) 고지식하여 변통성이 없음

【膠質】(교질) 콜로이드(colloid)

【膠着】(교착-コウチャク) 아주 굳게 달라 붙음

【膠漆】(교칠-コウシツ)아교와 칠。두가지가 다 물건을 붙이는 것이므로 교제가 친밀함을 이름

【膜】막 マク、ボ、うすかわ thin membrane 흩떼기 肉間脈—(모)절 南人拜南—

【膜拜】(막배-ボハイ) 두 손을 들고 땅에 엎드려 절함

【膚】부 フ、はだ skin 虞 ㄈㄨ fu ①살 革外薄皮 ②클 大也 ③아름다울 美也

【膚敏】(부민-フビン) 인물이 뒤어나고 큼。또 재주가 뛰어나고 재빠름

【膚寸】(부촌-フスン) 얼마 안되는 길이

【膚學】(부학-フガク) 천박한 학문

【膝】슬 シツ、ひざ knee 質 ㄒㄧ hsi ①무릎 脛骨節 ②치슬말 良馬齒—

【膝蓋骨】(슬개골-シツガイコツ) 무릎 앞 한가운데에 있는 작은 접시 같은뼈

【膝下】(슬하-シッカ) ①무릎의 아래 곧 몸 앞 ②부모의 옆

【膝寒症】(슬한증-シッカンショウ) 무릎이 아프고 시린 병。노인에게 많음

【膝行】(슬행) 무릎으로 걸음 (죄송하게 여기는 형용)

【縢】糸部 十畫에 볼것

【腸】腸 (肉部 九畫) 俗字

【十二畫】

【膩】니 ニチ、ニ、あぶらきる grease 寘 ㄋㄧˋ ni ①살찔 肥也 ②미끄러울 滑也 ③때 垢也

【膰】번 ハン、ひもろぎ boild meat 제사지낸 고기 祭餘肉(파)배불룩할 大腹

【膰俎】(번조-ハンソ) 제사에 냈던 고기

【膳】선 ゼン、セン、そなえもの side-dishes 銑 ㄕㄢˋ shan^4
①반찬 具食美羞 ②먹을 食也 饍同

【膳物】(선물) 남에게 선사하는 물건

【膳服】(선복-ゼンプク) 음식과 옷

【膳羞】(선수-ゼンシュウ) 맛있는 음식

【膵】취 スイ、すいぞう pancreas
지라 一臟

【膨】팽 ボウ、ふくれる swell
배불룩할 大腹

【膨大】(팽대-ボウダイ) 부풀어서 커짐

【膨脹】(팽창-ボウチョウ) ①배가 부르고 땡땡함 ②발전하여 늘음

【十三畫】

【臉】검 ケン、ほほ cheek 琰 ㄌㄧㄢˇ lien^3
뺨 頰也目下頰上

【臉波】(검파-ケンパ) 여자가 아양부리는 눈매

【膿】농 ノウ、ドウ、うみ pus 冬 ㄋㄨㄥˊ nung^2
고름 腫血

【膿液】(농액-ノウエキ) 고름

【膿汁】(농즙-ノウジュウ) 고름

【膿血】(농혈-ノウケツ) 고름이 섞인 피。피고름

【膽】담 タン、きも gall-bradder 感 ㄉㄢˇ tan^3
①쓸개 肝之腑 ②담클 勇甚張一 ③씻을 拭治

【膽囊】(담낭-タンノウ) 담즙을 저장 농축하는 가지 모양으로 된 주머니 모양의 기관

【膽略】(담략-タンリャク) 담이 코고 꾀가 「많음

【膽力】(담력-タンリョク) 대담한 기력。용감함

【膽液】(담액-タンエキ) 간장에서 분비하는 소화액

【膽智】(담지-タンチ) 담력과 슬기

【臀】둔 デン、トン、しり hip 元 ㄊㄨㄣˊ t'uen^2
볼기 髀也腿髖

【臀部】(둔부-デンブ) 엉덩이。궁둥이의 언저리

【臂】비 ヒ、うで arm 寘 ㄅㄧˋ pi^4
팔 肱也

【臂使】(비사-ヒシ) 팔이 손을부리듯이 남을 자유로 부림

【臊】조 ソウ、なまぐさい smell of meat 豪 ㄙㄠ sao^{1,4}
비린내 犬豕膏臭

【臊腥】(조성-ソウセイ) 비림。비린내가남

【臊惡】(조악-ソウアク) 버리고 흉악함

【臆】억 オク、むね breast
가슴 胸也

【臆見】(억견-オッケン) 억측하는 의견。사견(私見)

【臆斷】(억단-オクダン) 억측으로 판단함

【臆說】(억설-オクセツ) ①이렇다할 근거가 없이 억지로 고집하는 말 ②억측하는 말

【臆測】(억측-オクソク) 제 생각대로 추측함。어림치고 생각함

【臆判】(억판-オクハン) 억측으로 판단함

【膺】응 ヨウ、むね breast
①가슴 胸也 ②받을 受也 ③당할 當也 ④친할 親也 ⑤칠 擊也 ⑥복두 馬帶

【膺懲】(응징-ヨウチョウ) ①과실을 회개하도록 징계함 ②적국을 정벌함

【膾】회 カイ、なます minced meet 泰 ㄎㄨㄞˋ k'uai^4
①회 魚肉腥細切 ②냄새날 一炙

【膾炙】(회자-カイシャ) ①회와 구이 ②널리 사람의 입에 오르내림

【縢】 糸部 十畫에 볼것

【謄】 言部 十畫에 볼것

【十四畫】

【臑】노 ドウ、ジ、すね elbow 號 ㄋㄠˋ nao^4

팔굼치 臂節

【朦】몽 ボウ、モウ、ふとる fat
①뚱뚱할 大貌 ②풍후할 豊也

【臏】빈 ヒン、ひざさら knee pan
①종지뼈 膝蓋骨 ②발끊을 則刑斷足

【臍】제 セイ、ザイ、へそ navel 齊 ㄑㄧˊ ch'i²
배꼽 子初生所繫包斷之爲一
【臍帶】(제대-セイタイ) 탯줄

【十五畫—十九畫】

【臘】랍 ロウ、くれ winter sacrifice 合 ㄌㄚˋ la⁴
납향제 歲終合祭諸神
【臘雪】(납설-ロウセツ) 납일에 오는 눈
【臘月】(납월-ロウゲツ) 섣달
【臘日】(납일-ロウジツ) 동지 뒤의 세째 술일(戌日)。 이날에는 묘사(廟祠)에 제사함「제사
【臘祭】(납제-ロウサイ) 음력 十二월의

【臚】려 ロ、リョ、はらさき belly 魚 ㄌㄨˊ lu²
①아랫배 腹前 ②배불룩할 腹膨脹一 ③베풀 陳也 ④전할 傳也上語下傳
【臚言】(여언-ロゲン) 세상에 전달하는「말
【臚列】(여열-ロレツ) 기록하여 벌림

【臙】연 エン、べに rouge
①연지 紅藍汁一脂 ②목구멍 喉也 ③조개분 蚌紛
【臙脂】(연지-エンジ) 분에 잇물을 들인 것。 여자가 단장할 때에 양쪽 뺨에 바름

【騰】馬部 十畫에 볼것

【朧】月部 十八畫에 볼것

【臝】라 ラ、はだか naked 哿 ㄌㄨㄛˇ luo³
①벌거벗을 袒也赤體 ②나나니벌 細腰蜂蜾一 ③과라나무 栝樓果一 裸・臝通
【臝葬】(나장-ラソウ) 관을 쓰지 않고 시체를 염한채 그대로 묻음

【臟】장 ゾウ、ソウ、はらわた entrail 漾 ㄗㄤˋ tsang⁴
오장 腑也五一
【臟器】(장기-ゾウキ) 내장의 기관
【臟腑】(장부-ゾウフ) ①오장(五臟)과 육부(六腑) ②마음
【臟覽】(장오-ゾウオ) 부정한 물건을 받는 더러운 행위

【臠】련 レン、きりにく sliced meet 銑 ㄌㄩㄢˇ lüan³
①고깃점 切肉 ②파리할 瘠也
【臠殺】(연살-レンサツ) 난도질하여 죽임

臣部

【臣】신 シン、ジン、けらい subject 眞 ㄔㄣˊ ch'en²
①신하 事君之稱 ②두려울 惶恐之辭主一
【臣道】(신도-シンドウ) 신하로서 마땅히 지켜야 할 도리
【臣僚】(신료-シンリョウ) 신하의 총칭
【臣隣】(신린-シンクン) 임금을 모시고 보필의 임무에 있음
【臣民】(신민-シンミン) ①관원과 백성 ②군주국(君主國)의 국민
【臣僕】(신복-シンボク) 남을 섬기는 사람。 신하와 종
【臣分】(신분-シンブン) 신하된 한계
【臣子】(신자-シンシ) 신하
【臣節】(신절-シンセツ) 신하가 지킬 절조
【臣妾】(신첩-シンショウ) ①신하와 첩 ②굴복하는 자「람
【臣下】(신하-シンカ) 임금을 섬기는 사

【二畫—八畫】

【臥】와 ガ、ふす lie down 箇 ㄨㄛˋ wo⁴
①누울 偃也 ②쉴 休息
【臥箜篌】(와공후) 나무로 배모양으로 만들고 소의 힘줄이나 양의 힘줄로 된 줄을 단현악기의 한 가지

【臥具】(와구-ガグ) 누울때에 쓰는기구
【臥起】(와기-ガキ) 누웠다 일어났다 함
【臥料】(와료-ガリョウ) 일을 하지 아니하고 받는 품삯
【臥龍】(와룡-ガリュウ) ①누운 용(龍) ②누운 용은 때를 만나면 구름과 비를 얻어 하늘로 올라가는 것인고로 앞날의 무서운 호걸을 이름
【臥病】(와병-ガビョウ) 병들어 누어있음
【臥床】(와상-ガショウ) 사람이 누워 자는 상
【臥席】(와석-ガセキ) 병석에 누음
【臥食】(와식-ガショク) 일을 하지 않고 거저 먹음
【臥薪嘗膽】(와신상담-ガシンショウタン) 섶에 눕고 쓸개를 맛본다는 뜻으로 원수를 갚고자 고생을 참고 견딘다는 뜻。 월왕(越王)·구천(句踐)이 오왕(吳王)·부차(夫差)에게 나라를 잃고 매우 고생하여 나라를 회복한 일에서 나온 말
【臥瘡】(와창) 병석에 오래 누워서 생긴 부스럼
【臥榻】(와탑-ガトウ) 침대
【臥虎】(와호-ガコ) ①엎드린 호랑이 ②임격한 사람 ③간혹한 관리

【臧】장 ゾウ、しもべ male slave 陽 ㄗㄤ tsang'
①사내종 奴婢—獲 ②착할 善也 ③두터울 厚也
【臧否】(장부-ゾウヒ) 좋은 것과 나쁜것
【臧獲】(장획-ゾウカク) 머슴과 하녀

【堅】土部 八畫에 볼것
【竪】立部 八畫에 볼것
【豎】豆部 八畫에 볼것
【緊】糸部 八畫에 볼것
【賢】貝部 八畫에 볼것

【十一畫】

【臨】림 リン、のぞむ look down 侵 ㄌㄧㄣ lin²
①볼 監也 ②임할 蒞也 ③클 大也 ④굽힐 偏向以尊適卑 ⑤여럿이 울 衆哭
【臨瞰】(임감-リンカン) 높은 데서 내려다 봄 「사함
【臨檢】(임검-リンケン) 현장에 가서 검
【臨機】(임기-リンキ) 시기에 다달음
【臨機應變】(임기응변-リンキオウヘン) 시기에 임하여 일을 당하는대로 적당하게 처치함 「이 됨
【臨農】(임농-リンノウ) 농사 지을 계절
【臨迫】(임박-リンパク) 시기가 닥쳐옴
【臨死】(임사-リンシ) 죽게 될 때를 당함。 임종(臨終) 「당함
【臨朔】(임삭-リンサク) 임부가 해산달을
【臨産】(임산-リンサン) 해산 할 때가 다달음
【臨床】(임상-リンショウ) 병자 앞에 감
【臨席】(임석-リンセキ) 자리에 나아감
【臨歲】(임세-リンサイ) 세말이 가까와옴
【臨時】(임시-リンジ) ①일정하지 아니한 시간 ②잠시 아쉬운 것을 면함 ③시기에 임하여 행함
【臨御】(임어-リンギョ) ①임금의 출어(出御) ②임금이 자리에 올라 천하를 다스림
【臨月】(임월-リンゲツ) 산월(産月)
【臨場】(임장-リンジョウ) 그 곳에 감
【臨戰】(임전-リンセン) 전쟁에 나아감
【臨終】(임종-リンジュウ) 임사(臨死)
【臨陣對敵】(임진대전) 적군과 대적함
【臨海】(임해-リンカイ·うみにのぞむ) 바다에 임함 「가심
【臨幸】(임행-リンコウ) 임금이 그 곳에

自部

【自】자 ジ、シ、みずから oneself 寘 ㄗ tzu'
①스스로 躬親 ②몸소 己也 ③붙을 從也 ④저절로 無勉强—然
【自家】(자가-ジカ) 자기의 집
【自家撞着】(자가당착-ジカドウチャク) 언

행의 앞뒤가 서로 모순됨

【自覺】(자각-ジカク) ①자기의 지위・가치를 스스로 깨달음 ②자기가 자기를 의식함 ③증명을 기다리지 않고 직접으로 이해함

【自彊不息】(자강불식-ジキョウやまず) 스스로 힘쓰고 쉬지 아니함

【自怯】(자겁-みずからおびえる) 제풀에 겁을 냄

【自激之心】(자격지심) 어떠한 일을하여 놓고 자기 스스로 생각하는마음 「②자살

【自決】(자결-ジケツ) ①진퇴를 결정함

【自謙】(자겸-みずからあきたる) 스스로 제마음으로 겸양함

【自警】(자경-ジケイ) 스스로의 마음이나 언동을 경계하여 조심함 「죽음

【自剄】(자경-ジケイ) 스스로 목을 잘라

【自古】(자고-ジコ) 예전부터

【自曲】(자곡-ジキョク) 단점이 있는 사람이 스스로 고깝게 여김 「라

【自國】(자국-ジコク) 자기의 나라 제나

【自屈】(자굴-ジクツ) 스스로 굴함

【自潰】(자궤-ジカイ) ①저절로 터짐 ②저절로 뭉그러짐

【自今】(자금-ジコン) 이제부터

【自己】(자기-ジコ) 제몸。저

【自欺】(자기-ジギ) 자기가 자기의 마음을 속임

【自己觀察】(자기관찰-ジコカンサツ) 스스로 반성하여 자기의 마음의 현상을 관찰함

【自農】(자농-ジノウ) 자기의 논밭을 자기 스스로 농사 지음

【自斷】(자단-ジダン) 스스로 결단함

【自擔】(자담-ジタン) 자기가 부담함

【自動】(자동-ジドウ) ①스스로 움직임 ②문법상 다른 사물에 관계가 없이 어떠한 사물에 나타나는 동작

【自動車】(자동차-ジドウシャ) 가스 발동기 또는 전기 발동기를 장치하여 그 동력으로 회전 진행하는 수레

【自得】(자득-ジトク) ①자기가 저절로 터득함 ②마음에 만족하게 여김

【自力】(자력-ジリョク) 자기의 힘

【自立】(자립-ジリツ) 남에게 의지하지 않고 제힘으로 섬

【自慢】(자만-ジマン) 스스로 자랑함

【自滿】(자만-ジマン) 스스로 만족함

【自滅】(자멸-ジメツ) 자기 자신을 망침

【自明】(자명-ジメイ) 증명하지 아니하여도 저절로 분명함 「는 시계

【自鳴鍾】(자명종) 시각을 쳐서 알리

【自刎】(자문-ジフン) 자기의 목을 찌름

【自問自答】(자문자답-ジモンジトウ) 자기가 묻고 자기가 대답함。의심나는 것을 자기의 마음으로 판단함 「음

【自縛】(자박-ジバク) 스스로 자기를 묶

【自白】(자백-ジハク) 자기가 지은 죄를 고백함

【自奉】(자봉-みずからホウず) 자기의 몸을 보양함

【自負】(자부-ジフ) 자기가 자기의 가치・능력을 믿음

【自備】(자비) 자기가 준비함

【自殺】(자살-ジサツ) 자기가 자기의 목숨을 끊음 「절로 남

【自生】(자생-ジセイ) 저절로 생김。저

【自首】(자수-ジシュ) 범죄인이 자기의 범죄사실을 고백하고 그 처지를 바람

【自修】(자수-ジシュウ) 스스로 학문을 닦고 덕행을 쌓음

【自手】(자수) 자기의 손으로 일을 함

【自手削髮】(자수삭발) ①자기가 자기머리털을 깎음 ②자기의 독력으로 어려운 일을 감당함

【自手成家】(자수성가) 물려 받은 재산이 없이 자기의 힘으로 집을 이룩함

【自肅】(자숙-ジシュク) 몸소 삼감

【自肅自戒】(자숙자계-ジシュクジカイ) 몸소 삼가 경계함

【自繩自縛】(자승자박-ジジョウジバク) ①자기의 번뇌로 인하여 자기를 괴롭게 함 ②자기의 언동으로 자기를 괴롭게 함

【自身】(자신-ジシン) 제몸

【自信】(신자-ジシン) 자기가 자기의 재주를 믿음

【自失】(자실-ジシツ) 혼이 나가서 마음에 무엇을 잃은 것처럼 됨

【自我】(자아-ジガ) ①자기 ②철학상 개인이 스스로 의식하는 나 라는 관념 ③윤리상(倫理上) 의식(意識)의 주체

【自按】(자안-ジアン) 스스로 안찰함

【自愛】(자애-ジアイ) 제몸을 사랑함

【自若】(자약-ジジャク) 큰 일을 당해도 침착하여 태도가 보통 때와 조금도 다르지 않음

【自業自得】(자업자득-ジギョウジトク) 자기의 지은 재앙이 자기의 몸에 닥침

【自如】(자여-ジジョ) 사물에 놀라지 않고 보통처럼 침착하여 있음

【自然】(자연-シゼン) ①인공(人工)을가하지 아니한 것 ②조화(造化)의 작용 ③인력으로 좌우할 수 없는 상태 ④물질계(物質界) ⑤저절로

【自然淘汰】(자연도태-シゼントウタ) 생물의 외계의 상태에 맞는 자는 경쟁에 이기어 생활하고 그렇지 못한 것은 멸망하는 것

【自然美】(자연미-シゼンビ) 천연의 미

【自營】(자영-ジエイ) 자기 혼자 힘으로 사업을 경영함

【自願】(자원-ジガン) 자기가 원함 「함

【自慰】(자위-ジイ) 스스로 마음을 위로

【自衛】(자위-ジエイ) 자기가 자기의 몸을 보호함

【自由】(자유-ジユウ) ①제 마음대로 함 ②몸에 어무것도 걸림이 없음 ③법률의 범위 내에서 마음대로 하는 행동

【自意】(자의-ジイ) 자기의 의견

【自益】(자익-ジエキ) 자기의 이익

【自認】(자인-ジニン) 저혼자서 시인함

【自任】(자임-ジニン) 스스로 어떤 일을 자기의 임무로 함

【自作】(자작-ジサク) ①손수 만듦 ②자기가 부름

【自裁】(자재-ジサイ) 자결(自決)

【自適】(자적-ジテキ) 아무 것에도 속박되지 않고 마음대로 마음껏 즐기는 일

【自轉】(자전-ジテン) ①저절로 돌아감 ②또는 다른 유성이 그 축의 언저리를 돌음

【自制】(자제-ジセイ) 자기의 욕심과 감정을 스스로 억제함

【自製】(자제-ジセイ) 물건을 손수 만듦 또 그 물건 「찰함

【自照】(자조-ジショウ) 자기 자신을 관

【自嘲】(자조-ジチョウ) 자기 자신을 비웃음 「느낌

【自足】(자족-ジソク) 스스로 넉넉함을

【自尊】(자존-ジソン) ①자기가 제몸을 높임 ②자기의 품위를 지킴

【自主】(자주-ジシュ) 독립하여 남의 간섭을 받지 아니함

【自重】(자중-ジチョウ) ①자신을 소중하게 알음 ②말과 행동을 조심함

【自進】(자진-ジシン) 남의 절제를 받지 않고 제마음대로 함

【自盡】(자진-ジジン) ①있는 정성을 다함 ②자처(自處)

【自責】(자책-ジセキ) 제마음을 꾸짖음

【自處】(자처-みずからショす) ①제일을제가 처리함 ②자살함。자해(自害)

【自薦】(자천-ジセン) 자기가 자기를 천거함

【自請】(자청-ジセイ) 자기가 청함

【自體】(자체-ジタイ) 제몸

【自炊】(자취-ジスイ) 자기가 손수 밥을 지어 먹음

【自治】(자치-ジチ) ①자기의 일을 제 힘으로 다스림 ②저절로 다스려짐 ③지방단체 또는 공공조합이 그 공천(公薦)한 사람으로 그 사무를 처리하게 함

【自沈】(자침-ジチン) 제손으로 침몰함

【自稱】(자칭-ジショウ) 자기가 자기를 이름。스스로 이름 지음

【自他】(자타-ジタ) ①자기와 타인 ②문법상 자동과 타동

【自彈】(자탄-ジタン) 풍금 등의 악기를 손수 탄주(彈奏)함

【自歎】(자탄-ジタン) 스스로 탄식함

【自通】(자통-みずからツウず) 자기 혼자

서 사리를 통하여 함

【自退】(자퇴-ジタイ) 스스로 물러감

【自辨】(자판-ジベン) 자기의 일을 스스로 처리함

【自便】(자편-ジベン) 자기 한몸의 편안을 꾀함

【自暴自棄】(자포자기-ジボウジキ) 불평을 품고 강짜를 냄。자신을 버리고 돌아보지 아니함

【自筆】(자필-ジヒツ) 자기가 쓴 글씨

【自害】(자해-ジガイ) 자처(自處)

【自行】(자행) 자기의 수행

【自行自止】(자행자지) 마음대로 행동함

【自號】(자호-ジゴウ) 자기가 자기의 호를 스스로 지음

【自活】(자활-ジカツ) 제힘으로 살아남

【四畫—六畫】

【臬】얼 ゲツ、もんくい threshold 屑 ㄋㄧㄝ nieh'
①문지방 門橛 ②과녁 射的 ③법 法也 ④극진할 極也

【臭】취 シュウ、におい smell
①냄새 氣通於鼻 ②향기 香也 ③썩을 敗也

【臭氣】(취기-シュウキ) 냄새。악취

【臭味】(취미-シュウミ) ①냄새와 맛。냄새 ②동아리

【臭素】(취소-シュウソ) 자극성의 냄새가 있는 적갈색(赤褐色)의 액체인 할로겐 따위의 원소

【臭蝨】(취슬) 빈대

【臭敗】(취패-シュウハイ) 썩어 문들어짐

【臯】호 コウ、ゆるし call
부를 呼也(고) 못언덕 澤岸 皐俗字

【十 畫】

【臲】얼 ゲツ、ゲチ、あやうい unsteady
위태할 不安貌—卼 屑 ㄋㄧㄝ nieh'

【臭曷】할 カツ、くさい rak smell of the dog
개비린내 犬身氣

至 部

【至】지 シ、いたる reach; arrive 寘 ㄓˋ chih'
①이를 到也 ②지극할 極也

【至諫】(지간-シカン) 지극히 간함

【至感】(지감-シカン) 지성이 다른 것에 감동한다는 뜻

【至潔】(지결-シケツ) 대단히 결백함

【至竟】(지경-シキョウ) 결국

【至高】(지고-シコウ) 가장 높음。으뜸가는 것

【至公】(지공-シコウ) 아주 공평함

【至恭】(지공-シキョウ) 아주 공순함

【至驩】(지관-シカン) 더없는 기쁨

【至姣】(지교-シコウ) 지극히 아름다움

또 그 사람

【至教】(지교-シキョウ) 더없이 훌륭한 가르침

【至貴】(지귀-シキ) 지극히 귀함

【至交】(지교-シコウ) 깊은 교분

【至極】(지극-シキョク) 극도에 이름

【至近】(지근-シキン) 매우 가까움

【至近之地】(지근지지-シキンのチ) 썩 가까운 곳

【至急】(지급-シキュウ) 썩 급함

【至緊至要】(지긴지요) 지극히 중요함

【至難】(지난-シナン) 몹시 어려움

【至當】(지당-シトウ) 아주 적당함。사리에 꼭 맞음

【至大】(지대-シダイ) 매우 큼

【至道】(지도-シドウ) 사람이 지키고 실천해야 할 가장 참된 길

【至樂】(지락-シラク) 지극한 즐거움

【至論】(지론-シロン) 당연하고도 지당한 의론

【至理】(지리-シリ) 지극한 도리。당연한 사리

【至妙】(지묘-シミョウ) 지극히 이상하고 기묘함

【至眇】(지묘-シビョウ) 지극히 심원(深遠)함

【至味】(지미-シミ) 대단히 맛좋은 음식

【至美】(지미-シビ) 더없이 아름다움

【至微】(지미-シビ) 지극히 세미(細微)함

【至密】(지밀-シミツ) ①임금이 평시에 계시던 곳。각 관방(官房)의 침실 ②매우 꼼꼼함

【至寶】(지보-シホウ) ①매우 중요한 보물 ②재능을 칭찬하는 말
【至福】(지복-シフク) 가장 행복함
【至死不屈】(지사불굴) 죽기까지 이르도록 뻗대고 굽히지 아니함
【至想】(지상) 뛰어난 생각
【至上】(지상-シジョウ) 더할 수 없이 제일 높은 위
【至善】(지선-シゼン) 이 위에 없이 착함。매우 착함
【至纖】(지섬-シセン) 지극히 섬세함
【至性】(지성-シセイ) 매우 착한 성질
【至誠】(지성-シセイ) 지극한 정성
【至聖】(지성-シセイ) 지극히 지덕(知德)이 뛰어남。또 그 사람
【至誠如神】(지성여신-シセイかみのごとし) 지극한 성심은 신명(神明)과 같이 모든 것에 감통(感通)함을 이름
【至誠透石】(지성투석-シセイいしをとおす) 지성의 힘은 암석을 뚫음
【至小】(지소-シショウ) 매우 작음
【至識】(지식) 지극히 도리에 밝음
【至神】(지신-シシン) 지극히 영묘함。말할 수 없이 신통함 「신
【至愼】(지신-シシン) 더할 수 없는 근
【至心】(지심-シシン) 매우 간절한 마음
【至惡】(지악-シアク) 가장 나쁨。극악(極惡)
【至闇】(지암-シアン) 매우 어두움
【至言】(지언-シゲン) 지극히 옳은 말

【至嚴】(지엄-シゲン) 매우 엄함
【至要】(지요-ショウ) 대단히 중요함
【至愚】(지우-シグ) 매우 어리석음。또 그 사람
【至怨】(지원-シエン) 써 원통함
【至願】(지원-シガン) 간절히 바람
【至恩】(지은-シオン) 더할 나위 없는 은혜 「한 생각
【至意】(지의-シイ) 지극한 마음。지극
【至義】(지의-シギ) 더없이 바른 길
【至矣盡矣】(지의진의) ①이를 데 없이 잘 되어 있음 ②나무랄 데 없이 완비되어 있음
【至易】(지이-シイ) 지극히 쉬움
【至人】(지인-シジン) 도덕이 높은 사람
【至仁】(지인-シジン) 지극히 인자함
【至仁至慈】(지인지자-シジンシジ) 매우 인자함 「자함
【至慈】(지자-シジ) 더 할 수 없이 인
【至才】(지재-シサイ) 재주가 더 없이 뛰어남
【至情】(지정-シジョウ) 써 친밀한 정분
【至精】(지정-シセイ) 더 할 수 없이 세밀함 「음
【至尊】(지존-シソン) 이 위에 없이 높
【至重】(지중-シチュウ) ①매우 귀중함 ②써 중함
【至知】(지지-シチ) 가장 뛰어난 슬기 또 그 사람
【至次】(지차-シジ) 다음 차례에 이름

【至賤】(지천-シセン) ①매우 친함 ②수효가 많아서 조금도 귀할 것이 없음
【至治】(지치-シチ) 탓할 나위 없이 잘 다스려진 정치 「함
【至親】(지친-シシン) 이 위에 없이 친
【至行】(지행-シコウ) 더할 나위 없이 착한 행실
【至幸】(지행-シコウ) 지극히 행복함。지복(至福)
【至險】(지험-シケン) 지극히 험준함。또 그 곳
【至賢】(지현-シケン) 아주 어질고 착함
【至化】(지화-シカ) 교화가 충분히 골고루 미치어 천하가 잘 다스려짐
【至歡】(지환-シカン) 더할 나위 없는 즐거움
【至孝】(지효-シコウ) 지극한 효행
【至厚】(지후-シコウ) 매우 두꺼움

【二畫—六畫】

【到】 刀部 六畫에 볼것

【室】 宀部 六畫에 볼것

【致】 치 チ、いたす reach 寘 ㄓˋ chih⁴
①이를 至也 ②극진할 極也 ③불러 올 使之招— ④드릴 納也—仕 ⑤버릴 委也 ⑥지취 趣也風—

【致告】(치고-チコク) ①전하여 알림 ②성의를 다하여 알림
【致命】(치명-チメイ・メイをいたす) ①목숨을 바침 ②천명(天命)이 있을 때까지 힘을 다함 ③어떠한 일 때문에 죽음
【致福】(치복-フクをいたす) ①행운(幸運)을 불러들임 ②옛날 신하가 제사를 지내고 그 고기를 왕에게 진상하는 것
【致富】(치부-とみをいたす) 부자가 됨
【致仕】(치사-チシ・チジシをいたす) 나이가 많아서 벼슬을 사양함
【致師】(치사-チスイ) 전쟁을 걸음。도전
【致死】(치사-チシ・シにいたる) 죽기에 이름。죽임
【致詞】(치사-チシ) 나라에 경사가 있을 때에 임금께 올리는 송덕(頌德)의 글
【致謝】(치사-チシャ) 고맙다고 인사함。감사한 뜻을 표함
【致誠】(치성-チセイ) 신이나 부처에게 정성을 드림
【致役】(치역) 남에게 쓰임。남에게 사역(使役)을 당함
【致遠】(치원-チエン・とおきをいたす) ①멀리 함 ②먼곳의 백성을 따르게하여 복종시킴
【致位】(치위-チイ) 높은 관직에 오름
【致敗】(치패-チハイ) 실패를 당함
【致賀】(치하) 남의 경사를 축하함 기쁜 뜻을 나타냄

【臶】 천 セン、しきりに repeatedly
거듭 再也

【七畫—十畫】

【䑓】 臺(次條)同字

【臺】 대 ダイ、タイ、どだい foundation 灰 ㄊㄞˊ t'ai²
①돈대 築上觀四方而高者—榭 ②하인 輿—賤稱 ③잔디 莎草 ④코골 鼾息聲哈—
【臺閣】(대각-ダイカク) ①높은 집 ②상서(尙書)의 벼슬 ③한나라의 정치의 중심이 되는 마을
【臺觀】(대관-ダイカン) 망대(望臺)
【臺本】(대본-ダイホン) 연극・영화의 토대가 되는 책
【臺榭】(대사-ダイシャ) 누각 또는 정자
【臺詞】(대사-ダイシ・せりふ) 각본에 따라 배우가 무대에서 하는 말
【臺紙】(대지-タイシ) 바탕이 되는 종이

【臻】 진 シン、いたる extend to 眞 ㄓㄣ chen¹
①이를 至也 ②미칠 及也 ③모일 聚也 ④많을 衆也

臼 部

【臼】 구 キュウ、うす morter 有 ㄐㄧㄡˋ chiu⁴
절구 舂也杵—
【臼頭深目】(구두심목) 추악한 여자의 형용
【臼杵】(구저-キュウショ) 절구와 절굿공이
【臼齒】(구치-キュウシ) 어금니
【臼砲】(구포-キュウホウ) 구부러진 탄도(彈道)로써 탄환을 발사하는 대포。몸이 짧고 형상이 절구와 비슷하며 둥근 탄환을 씀

【二畫—六畫】

【臾】 유 ユ、しばらく for a while 虞 ㄩˊ yü²
①잠간 俄頃須— ②착할 善也 ③꺼두를 捽抴 ④활 뒤저쳐질 弓反張 夾— 夾 (궤) 삼태기 草器 (용) 꼬일 勸也縱—

【兒】 儿部 六畫에 볼것

【臿】 잡 ソウ、すき spade 洽 ㄔㄚ ch'a¹
①가래 鍫也築墻 ②보리 닦일 舂去麥皮

【舁】 여 ヨ、かご palanquin 魚 ㄩˊ yü²
①들것 轝— ②마주 들 對擴

【舂】 용 ショウ、うすづく mill 冬 ㄔㄨㄥ ch'ung¹

①방아찧을 擣米 ②쇠북소리 鍾聲 ㅡ容

【舂容】(용용-ショウヨウ) 서둘지 않고 천천히 하는 모양

【舂精】(용정-ショウセイ) 방아에 벼를 찧어서 쌀을 만듦。곡식을 찧음

【舂炊】(용취-ショウスイ) 방아질과 밥짓는 일

【舄】석 セキ、くつ fotwear

①신 舃服明履赤ㅡ ②아람찰 大貌 潟通

【舄奕】(석혁-セキエキ) ①빛나는 모양 ②연이어 그치지 않는 모양

【七畫—九畫】

【舅】구 キュウ、しゅうと one's wife's father

①시아비 夫父 ②장인 妻父外ㅡ ③외삼촌 母之兄弟

【舅姑】(구고-キュウコ) 시아비와 시어미

【舅母】(구모-キュウボ) 외숙모

【舅氏】(구씨-キュウシ) 외삼촌

【與】여 ヨ、あたえる together; give 魚 ㄩ yü

①줄 施予 ②더불 以也 ③좋아할 善也 ④허락할 許也從也 ⑤미칠 及也 ⑥같을 如也 ⑦기다릴 待也 ⑧셀 數也 ⑨화할 和也 ⑩한적할 閒適容ㅡ ⑪참여할 干也參ㅡ ⑫무리 黨ㅡ ⑬너울 너울할 翼翼蕃廡貌ㅡ ⑭어조사 語助辭

【與國】(여국-ヨコク) 동맹을 맺은 나라

【與黨】(여당-ヨトウ) 정부에 편드는 정당

【與受】(여수-ヨジュ) 주는 것과 받는것

【與者受者】(여자수자) 주는 사람과 받는 사람

【與奪】(여탈-ヨダツ) 주는 것과 빼앗는 「것

【興】흥 コウ、キョウ、おこる rise 蒸 ㄒㄧㄥ hsing

①일 起也 ②지을 作也 ③성할 盛也 ④일으킬 擧也 ⑤거두어 모을 徵聚軍ㅡ ⑥감동할 感物而發 ⑦흥취 意思ㅡ況 ⑧기쁠 悅也 ⑨형상할 象也

【興起】(흥기-コウキ) 일어남。일으킴

【興利】(흥리-りをおこす) 이 남을 일을 꾀하여 일으킴

【興亡】(흥망-コウボウ) 일어나는 것과 망하는 것。흥기와 멸망

【興舞】(흥무) 춤을 춤

【興味】(흥미-キョウミ) 재미있음。흥취(興趣)

【興復】(흥복-コウフク) 쇠하여진 것을 중간에 다시 일으킴

【興奮】(흥분-コウフン) ①마음이 일어나 동함 ②흥이 나서 뽐냄 ③마음이 불안한 상태 ④자극을 받아 신경의 동작을 일으킴 「일어남

【興盛】(흥성-コウセイ) 세력이 성하게

【興業】(흥업-コウギョウ) ①사업을 일으킴 ②경제상의 사업을 일으킴

【興旺】(흥왕-コウオウ) 매우 번창함

【興盡悲來】(흥진비래-キョウつきてかなしみきたる) 즐거운 일이 다하면 슬픈 일이 오는 것。흥망·성쇠가 순환하는 것을 가리키는 말

【興趣】(흥취-キョウシュ) 흥미

【興敗】(흥패-コウハイ) 흥하는 것과 패하는 것

【興廢】(흥폐-コウハイ) 흥하는 것과 폐하는 것。흥망(興亡)

【興行】(흥행-コウギョウ) ①일으켜 행함 ②연극 등을 하여 구경시킴

【十畫—十二畫】

【擧】거 キョ、コ、あく lift

①들 扛也 ②일으킬 起也 ③움직일 動也 ④받들 擎也 ⑤행할 行也 ⑥말할 言也 ⑦합할 合也 ⑧뺄 拔也 ⑨일컬을 稱也 ⑩날 鳥飛 ⑪다 皆也

【擧家】(거가-キョカ·いえをあげて) 온 집안

【擧皆】(거개) 모두。거의 다

【擧國】(거국-キョコク·くにをあげて)온 나라

【擧動】(거동-キョドウ)몸을움직이는태도

【擧白】(거백-キョハク) 술잔을 듦。또 술을 권함

【擧兵】(거병-キョヘイ) 난리를 일으킴。군사를 일으킴

【擧事】(거사-ことをあぐ) 일을 일으킴
【擧世】(거세-よをあげて) 온 세상
【擧手】(거수-キョシュ) 손을 들음「으킴
【擧義】(거의-キョギ・ギをあぐ) 의병을 일
【擧子】(거자-キョシ・こをあぐ) ①과거를 보던 선비 ②낳은 자식을 기름
【擧族】(거족-キョゾク) ①한 집안。일족 一(族) ②온 민족 「상주함
【擧奏】(거주-キョソウ) 일일이 세어서
【擧止】(거지-キョシ) 가는 것과 머무는 곳
【擧行】(거행-キョコウ) ①명령대로 행함 ②예정한 대로 실행함
【擧火】(거화-キョカ・ひをあぐ) ①횃불을 켬 ②산마루에 불을놓음

【舊】구 キュウ、ふるい antiquity 宥 ㄐㄧㄡ chiu'
①예 昔也對新之稱 ②오랠 久也 ③늙은이 老宿 ④친구 交誼故—
【舊稿】(구고-キュウコウ) 전에 써 두었던 원고
【舊交】(구교-キュウコウ) 오랜 친구
【舊規】(구규-キュウキ) 전부터 있는규칙
【舊都】(구도-キュウト) 옛도읍
【舊基】(구기-キュウキ) 예전 집터
【舊來】(구래-キュウライ) 오래전부터 내려옴
【舊例】(구례-キュウレイ) 예전부터 해내려오는 사례 「예식
【舊禮】(구례-キュウレイ) 예전부터 있던

【舊物】(구물-キュウブツ) 대대로 전하여 오는 물건
【舊法】(구법-キュウホウ) 옛날의 법률
【舊式】(구식-キュウシキ) 예전의 격식
【舊約】(구약-キュウヤク) 예전 약속
【舊約全書】(구약전서-キュウヤクゼンショ) 기독교 성경중 부분으로 기독 탄생 전에 있던 책、전 三十九권 「구
【舊友】(구우-キュウユウ) 사귄지 오랜 친
【舊恩】(구은-キュウオン) 예전에 입은 은혜 「전 자취
【舊蹟】(구적-キュウセキ) 오랜 사적。에
【舊典】(구전-キュウテン) 예전의 법전
【舊情】(구정-キュウジョウ) 전부터 사귄 정
【舊債】(구채-キュウサイ) 묵은 빚
【舊宅】(구택-キュウタク) 본디 살던 집
【舊弊】(구폐-キュウヘイ) 오래된 폐해
【舊風】(구풍-キュウフウ) 옛 풍습
【舊鄕】(구향-キュウキョウ) ①고향 ②여러 대를 한 고을에 사는향족(鄕族)
【舊懷】(구회-キュウカイ) 옛일을 생각함

舌 部

【舌】설 ゼツ、した tongue 屑 ㄕㄜˊ shê
혀 在口所以言語辨味
【舌耕】(설경-ゼッコウ) 말을 팔아 생활함。글로 생계를 삼음
【舌根】(설근-ゼッコン) 혀뿌리
【舌端】(설단-ゼッタン) 혀끝
【舌鋒】(설봉-ゼッポウ) 말씨가 날카로움。또 그 말
【舌戰】(설전-ゼッセン) 말다툼
【舌禍】(설화-ゼッカ) 말을 잘 못하여 받는 재앙

【一畫—四畫】

【乱】亂(乙部 十二畫)略字

【舍】사 シャ、セキ、いえ house 馬 ㄕㄜˋ shê
①집 屋也 ②둘 置也 ③놓을 釋也 ④베풀 施也 ⑤쉴 止息 ⑥폐할 廢也 ⑦삼십리 三十里—— ⑧姓也
【舍監】(사감-シャカン) ①관방의 전답을 관리하던 사람 ②학교 기타 ③기숙사에 사생을 감독하는 사람
【舍館】(사관-シャカン) 여관
【舍利】(사리-シャリ) ①부처・보살 또는 도승(道僧)의 유골에서 나온 구슬 ②화장하고 남은 뼈
【舍伯】(사백-シャハク) 남에게 대하여 자기의 만형을 일컫는 말
【舍弟】(사제-シャテイ) 자기의 아우
【舍採】(사채-セキサイ) 학교에서 행하는 공자(孔子)의 제사 「(家兄)
【舍兄】(사형-シャケイ) 자기의 형。가형

【刮】刀部 六畫에 볼것

【舑】 舐(次條)同字

【舐】 지 シ、なめる lick 紙 ㄕ shih⁴
핥을 以舌物 舓同

【舐犢之愛】(지독지애-シトクのアイ) 어미가 자식을 사랑함을 이름 (어미소가 송아지를 핥아 준다는 뜻)

【五畫—十畫】

【甜】 甛(甘部 六畫)同字

【舒】 서 ジョ、ショ、のばす unfld 魚 ㄕㄨ shu¹
①펼 伸也展也 ②천천할 徐也 ③늑을 緩也 ④자세할 詳也 ⑤한가할 底遲—閑也—遲

【舒舒】(서서-ジョジョ) 느린 모양。천천히 하는 모양

【舒遲】(서지-ジョチ) 여유가 있고 침착「한 모양

【辞】 辭(辛部 十二畫)略字

【舖】 鋪(金部 九畫)俗字

【舘】 館(食部 八畫)俗字

【憩】 心部 十二畫에 볼 것

舛 部

【舛】 천 セン、たがえる be contrary to
①어수선할 錯亂乘違 ②어기여질 相背差午

【舛錯】(천착-セシサク) 어기고 어지러움

【舛互】(천호-センゴ) 서로 뒤섞임

【四畫—八畫】

【舜】 순 シュン、むくげ rose of Sharon
①순임금 有虞氏號 ②무궁화 木槿

【舜濱】(순빈-シュンヒン) 순임금이 옹기를 굽던 물가

【舜華】(순화-シュンカ) 무궁화

【舞】 무 ブ、ム、まう dancing 麌 ㄨ wu³
①춤출 所以節音樂手—足蹈 ②환롱할 變弄—文

【舞曲】(무곡-ブキョク) 춤의 곡소

【舞妓】(무기-ブギ) 춤을 추는 기생

【舞臺】(무대-ブタイ) 노래·춤·연극등을 할 때에 정면에 한층 높게 만들어 놓은 곳

【舞蹈】(무도-ブトウ) ①뛰며 춤을 춤 ②조정의 배하(拜賀)에 손을 들고 발을 구루던 의식 ③서양식의 춤

【舞詠】(무영-ブエイ) 춤추는 것과 노래

【舞踊】(무용-ブヨウ) 춤

【舞筆】(무필-ふでをまわす) 사실을 일부러 굽히어 쓰는 글。곡필(曲筆)

【舞姬】(무희-ブキ) 춤을 잘 추는 계집

舟 部

【舟】 주 シュウ、ふね ship
①배 船也 띠 帶也 잔대 尊下臺

【舟筏】(주벌-シュウバツ) ①배와 뗏목 ②배

【舟師】(주사-シュウシ) 배를 타고 싸우는 군사。수군(水軍)

【舟子】(주자-シュウシ・ふなこ) 뱃사공

【舟中敵國】(주중적국-シュウチュウテッコク) 자기 편 속에도 적이 있음을 이름

【四 畫】

【般】 반 ハン、めぐる remove 寒 刪 ㄅㄢ pan¹
①돌아올 還也 ②펼 布也 ③돌이킬 旋也 ④옮길 移也 ⑤즐길 樂也 ⑥셈 數別名 ⑦많을 多也

【般樂】(반락-ハンラク) 놀며 즐김

【般若】(반야-ハンニャ) Prajna의 음역。온갖 혼미를 버리고 진리를 깨닫는 지혜。제불(諸佛)의 어머니

【舫】 방 ホウ、ボウ、もやいぶね boats 漾 ㄈㄤ fang²
①쌍배 竝兩船方舟 ②사공 舟子—人

【舫人】(방인-ホウジン) 뱃사공

【舫艇】(방정-ホウテイ) 배

【航】항 コウ、わたる sail 陽 ㄏㄤ hang²
①건늠 渡也 ②쌍배 方舟

【航空】(항공-コウクウ) 비행기나 비행선으로 공중을 항행함

【航路】(항로-コウロ) 배가 다니는 길

【航海】(항해-コウカイ) 배를 타고 바다를 건늠

【航行】(항행-コウコウ) 배를 타고 물을 건늠

【舩】船 (次畫) 同字

【五 畫】

【舸】가 カ、おおぶね ship 哿 ㄍㄜ kə³
큰배 大船

【舸纜】(가람-カラン) 배의 닻줄

【舸船】(가선-カセン) 배

【舶】박 ハク、ふね ship 陌 ㄅㄛ po²
당두리 海中大船市—

【舶賈】(박고-ハクコ) 외국에서 배로 온 상품

【舶來】(박래-ハクライ) 외국에서 배에 실어 옴。또 그 물건

【舶物】(박물-ハクブツ) 외국에서 배로온 물건

【船】선 セン、ふね ship 先 ㄔㄨㄢ ch'uan²
①배 舟也 ②옷깃 衣領

【船歌】(선가-ふなうた) 사공의 노래

【船價】(선가-センカ) 배를 탈때에 사공에게 주는 돈。배 삯

【船客】(선객-センキャク) 배를 탄 손

【船旗】(선기-センキ) 배에 세우는 기

【船頭】(선두-センドウ) ①이물 ②뱃머리 ③도선의 감독자

【船燈】(선등-セントウ) 배에 켠 등불

【船路】(선로-センロ・ふなじ) 뱃길。항로

【船尾】(선미-センビ) 고물

【船舶】(선박-センパク) 배

【船卜】(선복-センボク) 배에 실은 짐

【船室】(선실-センシツ) 뱃속에 승객을 수용하는 곳

【船運】(선운-センウン) 배로 운반함

【船員】(선원-センイン) 배에서 일을 보는 사람의 총칭。뱃사람

【船遊】(선유-センユウ) 배를타고 놀음

【船長】(선장-センチョウ) 선원의 우두머리

【船主】(선주-センシュ・ふなぬし) 배의 임자

【船中】(선중-センチュウ) 뱃 속

【船艙】(선창-センソウ) ①배가 와서닿는 곳 ②배다리 ③뱃속 아래의 짐을넣는 곳

【船體】(선체-センタイ) 배의 몸

【船便】(선편-センビン) 배가 오고가는편

【船艦】(선함-センカン) ①싸움배。군함 ②보통배와 싸움배。상선과。군함

【船暈】(선훈-センウン・ふなよい) 뱃멀미

【舳】축 ジク、チク、へさき stern 屋 ㄓㄡ chou²
고물 船後持柁處—艫

【舳艫】(축로-ジクロ) 고물과 이물。많은 배가 이어 있는 모양

【舵】타 タ、かじ helm 哿 ㄉㄨㄛ tuo⁴
키 正船木 柁同

【舷】현 ゲン、ケン、ふなべり sides of aboat
뱃전 船邊

【舷舷相摩】(현현상마-ゲンゲン あいます) 뱃전과 뱃전이 서로 스침。(바다싸움이 격렬한 형용)

【七畫—十畫】

【艇】정 テイ、こぶね boat 迥 ㄊㄧㄥ t'ing³
거루 小船

【艇身】(정신-テイシン) 거루의 길이

【艐】艘 (次條) 本字

【艘】소 ソウ、ふね ship 蕭 ㄙㄠ sao¹
배 船總名

【十二畫—十六畫】

【艟】동 トウ、いくさぶね warship

몽둥배 戰船艨—（충）義同

【艤】의 ギ、ふなよそおい 紙 ㄧˇ i

배댈 整舟向岸

【艤裝】（의장-ギソウ）배 떠날 준비를 함

【艨】몽 ボウ、モウ warship 東 ㄇㄥˊ meng²

몽둥배 戰艦—艟

【艦】함 カン、いくさぶね warship 豏 ㄐㄧㄢˋ chien⁴

싸움배 戰船

【艦橋】（함교-カンキョウ）군함 갑판에 만들어 놓은 장교가 지휘 호령하는 높은 곳

【艦隊】（함대-カンタイ）군함 두척 이상으로 조직한 해군군대

【艦艇】（함정-カンテイ）군함。수뢰정 등의 총칭

【艦砲】（함포-カンポウ）군함에 장치한 「대포

【艫】로 ロ、へさき bow 虞 ㄌㄨˊ lu²

①이물 船頭 ②배 잇닿을 船相屬舳—

【艪】로 ロ、ろ oar

노 槳也

艮 部

【艮】간 コン、ゴン、うしとら limitation

①한정할 限也 ②그칠 止也 ③괘이름 卦名

【一 畫】

【良】량 リョウ、よい good 陽 漾 ㄌㄧㄤˊ liang²

①어질 善也 ②남편 夫稱—人 ③장색 器工 ④머리 首也 ⑤깊을 深也 ⑥자못 頗也 ⑦때문 有以 ⑧姓也

【良家】（양가-リョウカ・リョウケ）좋은 집안

【良工】（양공-リョウコウ）①재주가 좋은 장색 ②시문(詩文)의 재주가 좋은 사람

【良吏】（양리-リョウリ）백성을 잘 다스리는 관리

【良民】（양민-リョウミン）①착한 백성 ②천한 일을 아니하는 백성

【良方】（양방-リョウホウ）①약효가 있는 약방문 ②좋은 방법

【良法】（양법-リョウホウ）좋은 법규

【良兵】（양병-リョウヘイ）좋은 병사。좋은 병기

【良否】（양부-リョウヒ）좋고 좋지 아니한것。착하고 착하지 아니한 것

【良朋】（양붕-リョウホウ）좋은 친구

【良師】（양사-リョウシ）좋은 스승

【良相】（양상-リョウショウ）좋은 재상

【良書】（양서-リョウショ）좋은 책

【良順】（양순-リョウジュン）어질고 순함

【良心】（양심-リョウシン）도덕적 가치를 자각하는 착한 마음

【良案】（양안-リョウアン）좋은 생각

【良夜】（양야-リョウヤ）①깊은 밤 ②날이 개고 바람이 없는 좋은 밤

【良藥】（양약-リョウヤク）효험이 좋은 약

【良玉美金】（양옥미금-リョウギョクビキン）좋은 구슬과 아름다운 금이라는 뜻이니 뛰어난 문장을 비유

【良友】（양우-リョウユウ）좋은 벗。좋은 「친구

【良月】（양월-リョウゲツ）음력 十월의 별칭

【良醫】（양의-リョウイ）병을 잘 고치는 의사。명의(名醫)

【良人】（양인-リョウジン・リョウニン）①남편 ②아름답고 착한아내 ③한대(漢代) 여관(女官)의 이름

【良將】（양장-リョウショウ）재주가 비상한 장수

【良才】（양재-リョウサイ）좋은 재주

【良丁】（양정）양민의 장정

【良知】（양지-リョウチ）배우지 않고 알 수 있는 지능

【良妻】（양처-リョウサイ）착한 아내

【良風】（양풍-リョウフウ）좋은 풍속

【良匹】（양필-リョウヒツ）좋은 배필

【良好】（양호-リョウコウ）매우 좋음

【十一畫】

【艱】간 カン、むずかしい hard 刪 ㄐㄧㄢ chien¹

①어려울 難也 ②근심할 憂也

【艱苦】(간고-カンク) ①가난함 ②괴롭고 고생스러운 것

【艱困】(간곤-カンコン) 구차하고 곤궁함

【艱窘】(간군-カンキン) 군색함

【艱難】(간난-カンナン) 가난하고 고생스러운 것。간고(艱苦) 「움

【艱辛】(간신-カンシン) 힘들고 신고스러

【艱貞】(간정-カンテイ) 고난을 참고 견디어 굳게 절개를 지킴

色 部

【色】 색 ショク、いろ colour 職 ㄕㄞˇ shai³

①빛 五采貌 ②낯 顏氣 ③어여쁜계집 美女

【色界】(색계-シキカイ) ①삼계(三界)의 하나。아직 색욕을 벗어나지 못한 경계 ②화류계

【色骨】(색골) 색을 좋아하는 골격(骨格)。또 그 사람

【色魔】(색마-シキマ) 색정을 위하여 온갖 그릇 행동을 하는 사람

【色盲】(색맹-シキモウ) 빛을 구별하지 못하는 시각(視覺)

【色貌】(색모) 얼굴 빛과 생긴 모양

【色目】(색목-シキモク) 사물의 종류와 이름

【色相】(색상-シキソウ) 육안으로 볼수 있는 형상

【色色】(색색-いろいろ) 여러 가지 각색

【色素】(색소-シキソ) 생물의 가죽 밑에 있어서 그 빛을 나타내는 근본이 되는 썩 작은 구체(球體)

【色心】(색심-シキシン) 색욕을 일으키는 마음

【色眼鏡】(색안경-いろめがね) ①비뚤어진 선입관념(先入觀念) ②빛 깔이 있는 안경

【色慾】(색욕-シキヨク) 색정(色情)

【色情】(색정-シキジョウ)남녀간의 정욕。색욕(色慾)

【色酒家】(색주가) 술과 색을 겸하여 파는 집。또 그 계집

【色彩】(색채-シキサイ)빛갈

【色澤】(색택-シキタク・ショクタク) 아름답고 곱게 빛나는 빛。광택

【色鄕】(색향) 미인이 많이 나는시골。기생이 많이 나는 시골

【色荒】(색황-ショクコウ) 여색에 빠짐

【五 畫】

【艴】 발 フツ、いかる be angry 用 ㄈㄨˊ fu²

성 발끈낼 怒色ー如勃通(불) 義同

【⿰孛色】 艴 (前條) 同字

【⿰冥色】 명 メイ、あおぐろい dark blue 徑 ㄇㄧㄥˊ ming²

①검푸를 靑黑色 ②놓감을 閉目

【艶】 염 エン、あでやか beautiful

①고울 美麗 ②광채날 光彩 ③얼굴 탐스러울 容色豊滿

【艶麗】(염려-エンレイ) 화려하고 아름다움

【艶聞】(염문-エンブン) 남녀간 정사에 관한 소문 「워함

【艶美】(염미-エンビ) 남의 장점를 부러

【艶書】(염서-エンショ) 남녀간 정사에 관한 편지。연애 편지 「러워함

【艶羨】(염선-エンセン) 남의 장점을 부

【艶艶】(염염-エンエン) ①윤이 흐르는 모양 ②비치는 모양

【艶態】(염태-エンタイ) 이쁜 태도

艸 部

【艸】 초 ソウ、くさ grass 皓 ㄘㄠˇ ts'ao³

풀 百卉總名 草古字

【二畫—三畫】

【艾】 애 ガイ、よもぎ mugwort

①쑥 灸草 ②늙은이 老也 ③어여쁠 美好少ー ④기를 養也頤ー ⑤그칠 止也 ⑥편안할 安也保ー(예)다스릴 治也ー安

【艾年】(애년-ガイネン) 五十세。(머리의 털이 쑥빛 같이 희어지는 까닭)
【艾老】(애로-ガイロウ) 五十세 이상의 노인
【艾安】(애안-ガイアン) 세상이 편안하게 다스려짐
【艾蒿】(애호-ガイコウ) 사재발쑥

【芒】 망 ボウ、のぎ awn 陽 ㄇㄤ mang²
①가스랭이 草端 ②꽁지별 光— ③편할 大貌—— 茫·鋩通
【芒刺】(망자-ボウシ) 가시
【芒種】(망종-ボウシュ) 二十四절기의 하나。소만(小滿)과 하지(夏至) 사이에 있는 절기。약력 六월 五일경

【芃】 봉 ホウ、ブ、しげる thick
①풀 더부룩할 草盛—— ②꼬리 치렁치렁할 尾長貌

【芋】 우 ウ、さといも taro 虞 遇 ㄩ yü⁴
토란 土芝 (후) 클 大也

【芍】 작 シャク peony 藥 ㄕㄠ shao²
함박꽃—藥 (적) 연밥 蓮實
【芍藥】(작약-シャクヤク) 미나리 아재비과에 속하는 다년생 풀。뿌리는 약재로 씀

【芊】 천 セン、あおい blue 先 ㄑㄧㄢ ch'ien¹
①퍼런 碧貌 ②풀 더부룩할 草盛貌 ——

【芐】 하 カ、じおう Rehmannia glutinosa
지황 地黃 (변) 숙지황 熟——

【四 畫】

【芥】 개 カイ、からし mustard
①겨자 辛菜 ②검불纖— ③지푸러기 草—
【芥子】(개자-カイシ) ①갓 ②겨자
【芥舟】(개주-カイシュウ) 작은 배

【芡】 검 ケン、おにばす water-caltrop
마름 거시연밥 水果鷄頭

【芹】 근 キン、せり parsley 文 ㄑㄧㄣ ch'in²
미나리 水菜楚葵

【芳】 방 ホウ、かんばしい flowery 陽 ㄈㄤ fang¹
①꽃다울 香氣芬— ②이름 빛날 聲譽芝美
【芳年】(방년-ホウネン) 꽃다운 나이。젊은 나이。묘령
【芳名】(방명-ホウメイ) ①꽃다운 이름 ②남의 이름의 존대말
【芳草】(방초-ホウソウ) 꽃다운 풀。향기가 좋은 풀
【芳翰】(방한-ホウカン) 남의 편지의 존칭「
【芳香】(방향-ホウコウ) 좋은 향기。꽃다운 향기
【芳華】(방화-ホウカ) ①향기로운 꽃 ②꽃답고 빛남

【芙】 부 フ、はす lotus flower 虞 ㄈㄨˊ fu²
①연꽃 蓮花—蓉 ②목부용 拒霜花 木—蓉
【芙蓉】(부용-フヨウ) 연꽃

【芬】 분 フン、かおり fragnant 文 ㄈㄣ fen¹
①향기 花草香氣 ②어지러울 亂也 ——
【芬芳】(분방-フンポウ) 꽃다운 향기
【芬芬】(부분-フンプン) ①향기로운 모양 ②어지러운 모양

【芾】 비 フツ、ヒ、しげる dense
나무 더부룩할 木盛蔽—(패) 義同 (불) ①초목 우거질 草木盛 ②슬갑 蔽膝服亦

【芟】 삼 サン、セン、かる mow 咸 ㄕㄢ shan¹
풀벨 刈草
【芟正】(삼정-サンセイ) 깎아 고침
【芟除】(삼제-サンジョ) 베어 버림。무찔러 없앰

【芧】 서 チョ、くぬぎ acorn 語 ㄒㄩ hsü⁴

도토리나무 栩也(저)②義同 ②苧同

【芽】아 ガ、ゲ、め sprout 麻 ㄧㄚˊ ya²
①싹 萌也 ②비롯을 始也

【芽甲】(아갑-ガコウ) 떡잎

【芮】예 ゼイ、みずぎは shore 霽 ㄖㄨㄟˋ juei⁴
①물가 水涯 ②풀 뾰죽뾰죽날 草生貌—— ③방패끈 繫楯綬 ④姓也

【芸】운 ウン、くさのかおり fragnant grass
①궁궁이 香草 ②촘촘할 多貌—— ③풀 벨 刈也

【芸窓】(운창-ウンソウ) 글 읽는 방의 창

【芸編】(운편-ウンペン) 책

【芝】지 シ、しば turf 支 ㄓ chih¹
지초 端草靈——

【芝蘭】(지란-シラン) ①지초와 난초 ②선인(善人)·군자(君子)의 뜻으로 씀

【芝蘭之交】(지란지교-シランのまじわり) 친구 사이의 청아하고 고상한 교제

【芷】지 シ、よろいぐさ Angelica davurica
구리때 藥名白—

【芻】추 スウ、ス、まぐさ fodder 虞 ㄔㄨˊ ch'u²
①꼴 刈草—蕘 ②짐승먹이 獸食—豢

【芻蕘】(추요-スウジョウ) ①꼴과 땔나무 ②자기의 문장이나 시의 겸칭

【芭】파 ハ、バ、ばしょう plantain 麻 ㄅㄚ pa¹
파초 焦甘—苴

【花】화 カ、ケ、はな flower 麻 ㄏㄨㄚ hua¹
①꽃 草木之葩 ②姓也

【花甲】(화갑-カコウ) 환갑의 딴 이름

【花崗岩】(화강암-カコウガン) 석영(石英)·운모(雲母)·장석(長石)의 세 광물로 된 돌

【花界】(화계-カカイ) 꽃이 많은 곳

【花冠】(화관-カカン) ①예복을 입을 때 부녀의 머리에 쓰는 칠보(七寶)로 꾸민 물건 ②꽃부리

【花期】(화기-カキ) 꽃이 필 시기

【花壇】(화단-カダン) 화초를 심그기 위하여 뜰 한쪽에 흙을 한층 높게 쌓아 놓은 곳

【花郞】(화랑) 신라시대에 비롯한 사회적, 정치적인 단체。문벌과 학식이 있고 외모가 단정한 사람으로 조직되고 정치와 사회의 선도(善導)를 이념으로 하였음

【花柳】(화류-カリュウ) ①꽃과 버들 ②찬란함 ③노는 계집의 집 「樹)

【花木】(화목-カボク) ①화초 ②화수(花

【花紋】(화문-カモン) 꽃의 모양의 나는 무늬 「병

【花甁】(화병-カビン·カヘイ) 꽃을 꽂는

【花盆】(화분-カボン) 화초를 심그는 분

【花粉】(화분-カフン) 꽃의 수술 위에 붙은 가루

【花樹】(화수-カジュ) 꽃이 피는 나무。화목(花木)

【花時】(화시-はなどき) 꽃이 필 때

【花信】(화신-カシン) 꽃이 핀 소식

【花心】(화심-カシン) ①꽃의 중심。꽃의 수술 및 암술 ②아름다운 여자의 마음 「것

【花言】(화언-カゲン) 말에 진실이 없는

【花宴】(화연-カエン) 환갑 잔치

【花葉】(화엽-カヨウ) ①꽃잎 ②꽃과 잎

【花蕊】(화예-カズイ) 꽃술

【花容月態】(화용월태) 미인의 얼굴과 태도를 가리키는 말 「근 동산

【花園】(화원-カエン·はなぞの) 화초를 심

【花苑】(화원-カエン) 꽃동산。화원

【花月】(화월-カゲツ) ①꽃과 달 ②꽃에 비치는 달

【花田衝火】(화전충화) 꽃밭에 불을 지른다는 뜻으로 행복이 있을 때에 재앙이 일어나는 것을 가리키는 말

【花朝】(화조-カチョウ) 꽃이 피는 아침 음력 二월十五일 「름

【花中君子】(화중군자) 연꽃의 딴 이

【花中神仙】(화중신선) 해당화의 딴 이름

【花中王】(화중왕) 모란꽃의 딴 이름

【花菜】(화채) 오미자 국에 과실을 썰어 넣고 꿀 또는 설탕을 타고 실백을 띄운 것

【花草】(화초) 꽃을 보기 위하여 심그는 식물의 총칭

【花燭】(화촉-カショク) 결혼의 예식。화촉

【花瓣】(화판-カベン) 꽃잎

【花香】(화향-カコウ) 꽃의 향기

【花環】(화환-カカン) 가화(假花) 또는 생화(生花)를 고리같이 만들고 환영 또는 조상의 뜻을 표하는데 보내는 물건

【花卉】(화훼-カキ) 꽃이 피는 풀

【五 畫】

【茄】가 カ、なすび egg-plant 國 ㄑㄧㄝ ch'ieh² ①가지 茱名-子 ②연줄기 芙蕖莖 ③오가피 藥名五-

【苛】가 カ、おごい severe 國 ㄎㄜ k'ê ①까다로울 煩細 ②꾸짖을 譴也 ③흔들 擾也 ④살필 察也 ⑤잔 풀 小草 ⑥옴 疥也

【苛急】(가급-カキュウ) 가혹하고 매움

【苛令】(가령-カレイ) 가혹한 명령

【苛法】(가법-カホウ) 가혹한 법령

【苛稅】(가세-カゼイ) 가혹한 조세

【苛政】(가정-カセイ) 가혹한 정치

【苛察】(가찰-カサツ) 가혹하게 살핌。똑똑히 봄。자세히 봄

【苛責】(가책-カセキ) 간혹한 꾸지람

【苛評】(가평-カヒョウ) 가혹한 비평

【苛酷】(가혹-カコク) 잔인하고 각박함

【苘】경 Indian mallow 어저귀 枲屬似苧

【苦】고 ク、コ、くるしい painful bitter ①괴로울 困悴卒梵 ②씀바귀 荼也 大- ③쓸 味也 ④모질 濫惡 ⑤부지런할 動勞

【苦諫】(고간-クカン) 간절히 간함

【苦境】(고경-クキョウ) 괴로운 지경

【苦界】(고계-クガイ) 괴로운 세계。인간세계

【苦難】(고난-クナン) 괴로움。고생스러움

【苦樂】(고락-クラク) 괴로움과 즐거움

【苦楝根】(고련근) 소태나무의 뿌리

【苦悶】(고민-クモン) 마음이 괴로움

【苦杯】(고배-クハイ) ①쓴 술잔 ②시틋한 경험

【苦生】(고생) ①어렵게 지냄 ②구차한 생활 ③괴롭게 애씀

【苦笑】(고소-クショウ) 시뻐하여 웃음

【苦辛】(고신-クシン) 괴로워함

【苦心】(고심-クシン) 애씀。마음과 품을 다함

【苦心血誠】(고심혈성) 마음과 힘을 다하는 정성

【苦言】(고언-クゲン) 지독한 말。듣기 싫은 말

【苦役】(고역-クエキ) ①곤란한 임무 ②형벌로 시키는 노역

【苦鹽】(고염) 간수

【苦雨】(고우-クウ) 궂은 비 (비가 오래 내리면 질식할 것만같은 까닭)

【苦戰】(고전-クセン) 죽기를 한하고 싸움

【苦節】(고절-クセツ) 한번 마음 먹은 바를 변하지 않고 끝까지 지키는 굳은 절개

【苦楚】(고초-クソ) 고생됨

【苦痛】(고통-クツウ) 괴롭고 아픔。마음의 불만족으로 생기는 감정

【苦學】(고학-クガク) 고생하면서 공부함

【苦寒】(고한-クカン) ①추위에 고생함 ②지독한 추위

【苦海】(고해-クカイ) ①우환·질고가 한정이 없는 이 세상 ②괴로움이 많은 곳

【苦行】(고행-クコウ)가장 괴로운 수행。곧 단식(斷食) 따위

【苦歇】(고헐-クカツ) 병이 더했다 덜했다 하는 것

【苟】구 コウ、いやしくも truly 國 ㄍㄡ kou³ ①진실로 誠也 ②풀 草也 ③다만 但也 ⑤만일 茶也 ⑥구차할 草率-且

【苟安】(구안-コウアン) 한때 편안함을 꾀함

【苟且】(구차-コウショ) 가까스로。겨우

【茶】날 デツ、つかれる tired out 屑。ㄋㄧㄝˊ nieh^2 고달플 疲貌

【茶然】(날연-デツゼン) 고단한 모양。고달픈 모양

【苓】령 レイ、リョウ、かんざう Lactuca dentata ①복령 藥名茯— ②저령 菌類猪— ③도꼬마리 卷耳 ④씀바귀 大苦

【茆】류 ボウ、じゅんさい water-shield 有 ㄇㄠˇ mao^3 ①순채 蓴菜鳧葵 ②띠 茅也

【茆檐】(유첨-ボウエイ) 띠로 이은 처마

【苙】립 リュウ、おり cage 緝。ㄌㄧˋ li^4 ①짐승우리 蓄欄 ②구리때 藥名白芷

【茉】말 マツ、バツ、じやすみん white jasmine 曷。ㄇㄛˋ mo^4 벗꽃 菁花—莉

【茅】모 ボウ、かや miscanthus 肴。ㄇㄠˊ mao^2 ①띠 菅也 ②표 旌識前—

【茅舍】(모사-ボウシャ) 따로 지붕을 이은 보잘것 없는 집

【茅屋】(모옥-ボウオク) 띳집。또는 자기 집의 겸칭 「짚

【茅茨】(모자-ボウシ) 띠。지붕을 잇는

【苜】목 ボク、モク、うまごやし clover 屋 ㄇㄨˋ mu^4 거여목 大宛草—蓿

【苗】묘 ビョウ、なえ rice-sprouts 蕭 ㄇㄧㄠˊ miao^2 ①싹 穀草初生 ②이을 胤也—裔 ③무리 衆也 ④여름사냥 夏獵

【苗木】(묘목-なえぎ) 어린 나무

【苗床】(묘상-なえどこ) 못자리

【苗裔】(묘예-ビョウエイ) 먼 자손

【茂】무 モ、ボウ、しげる dense ①무성할 草木盛 ②힘쓸 勉也 ③아름다울 美也 「풀

【茂林】(무림-モリン) 나무가 무성한 수

【茂士】(무사-モシ) 재덕이 뛰어난 선비

【茂盛】(무성-モセイ) 나무가 잘 자람。초목이 우거짐

【茇】발 バツ、やどる roots of herbs 曷 ㄅㄚˊ pa^2 ①풀 뿌리 草根 ②필발 藥名蓽— ③발괄풀 草名—括 ④풀집草舍(불) 뱃줄 維舟索

【茇舍】(발사-バッシャ) 산이나 들에서 자는 일

【范】범 ハン、はち bee 豏 ㄈㄢˋ fan^4 ①벌 蜂也 ②범풀 草名 ③姓也

【苻】부 フ、さや zelkova wood 虞 ㄈㄨˊ fu^2 ①귀목 풀 草名鬼目 ②껍질 草之莩甲

【苻甲】(부갑-フコウ) 껍질。씨의 껍질

【若】약 ジャク、ニャク、ごとし sarne 藥 ㄧㄠˋ yao^4 ①같을 如也 ②더부룩할 盛多—— ③두약풀 香草杜— ④너 汝也 ⑤순할 順也 ⑥및 豫及辭(야)①반야 梵語般— ②단야 僧居蘭— ③인끈술 늘어진 綬貌——

【若干】(약간-ジャッカン) 얼마 되지 아니함。적음

【若是】(약시) 이와 같이

【若是若是】(약시약시) 이러이러 함

【若此若此】(약차약차) 이러이러 함

【茶何】(약하-いかん) 어떠함

【苒】염 ゼン、しげる luxuiant 琰 ㄖㄢˇ jan^3 ①풀 우거질 草盛貌 ②덧없을 그렁저렁할 展轉荏—

【英】영 エイ、ひいでる distinguished 庚 ㄧㄥ ying^1 ①영웅 智出萬人 ②꽃부리 華也 ③구름 뭉게뭉게 일 雲貌——

【英傑】(영걸-エイケツ) 뛰어난 사람

【英斷】(영단-エイダン)영매한결단。과단

【英邁】(영매-エイマイ) 성질이 영민하고 뛰어남

【英明】(영명-エイメイ) 영민하고 총명함

【英名】(영명-エイメイ) 뛰어난 좋은 이름

【英敏】(영민-エイビン) 영리하고 민첩함

【英書】(영서-エイショ) ①서양에서 쓰는 글자 ②영국에서 쓰는 글자
【英語】(영어-エイゴ) 영국말
【英銳】(영예-エイエイ) 영민한 예기(銳氣)
【英雄】(영웅-エイユウ) 재주、성격이 비범한 인물
【英姿】(영자-エイシ) 고상한 자세。뛰어난 풍채
【英資】(영자-エイシ) 뛰어난 천성(天性)
【英才】(영재-エイサイ) 영민한 재주、또 그 사람
【英主】(영주-エイシュ) 뛰어난 임금。영명한 임금
【英俊】(영준-エイシュン) 영특하고 슬기로움
【英俊豪傑】(영준호걸-エイシュンゴウケツ) 여러 사람보다 뛰어난 인물
【英哲】(영철-エイテツ) 뛰어난 사람

【苑】원 エン、その garden ①나라동산 囿也禁— ②왜풍 大風 —風
【苑沼】(원소-エンショウ) 동산과 늪
【苑囿】(원유-エンユウ) 대궐 안에 있는 동산

【苡】이 イ、はとむぎ pearl-barley 紙 ㄧˇ i³ 율무 薏—實如珠辟瘴氣

【苴】저 ショ、ソ、あさ hemp 魚 ㄐㄩ chü¹ ①암삼 有子麻 ②꾸러미 賂遺苞苴 ③대지팡이 竹喪杖 ④신바닥 履藉 (자) 두엄풀 和糞草土— (차) 마름풀 水中浮草
【苴杖】(저장-ショジョウ) 검은 대지팡이

【苧】저 チョ、からむし rame clothcoarse 모시 —麻可爲布縷 茅・紵通

【苫】점 セン、とま rush-mat 鹽 ㄕㄢ shan¹ ①거적자리 喪席 ②이영 編茅覆屋名白蓋 ③글씨 흘려쓸 書貌廉—

【茁】줄 サツ、シュツ、めばえ sprut 質 ㄓㄨㄛˊ chuo² 풀싹 草芽 (절) 풀 처음 날 草初生 (촬) ①살찔 肥也—壯 ②풀 뾰죽뾰죽날 草出貌

【苕】초 チョウ、のえんどう field-pea 蕭 ㄊㄧㄠˊ t'iao² ①능초풀 草名陵— ②우뚝할 高貌 ——
【苕苕】(초초-チョウチョウ) 높은 모양

【苔】태 タイ、こけ moss 灰 ㄊㄞˊ t'ai² 이끼 蘇也
【苔石】(태석-タイセキ) 이끼가 난 돌
【苔泉】(태천-タイセン) 이끼가 난 샘
【苔花】(태화-タイカ) 이끼 꽃

【苹】평 ヘイ、ヒョウ、よもぎ wormwood 庚 ㄆㄧㄥˊ p'ing², 더북쑥 藾蕭可食

【苞】포 ホウ、つつみ package 肴 ㄅㄠ pao¹ ①꾸러미 包也 ②딸기 藨也 ③밑둥 本也 ④모도록날 草木叢生
【苞裹】(포과-ホウカ) 쌈。얽어묶음
【苞天】(포천-ホウテン) 하늘을 싼다는 뜻이니、도량이 큼을 이름

【六 畫】

【茭】교 コウ、ほしぐさ hay 肴 ㄐㄧㄠ chiao¹ 마른꼴 乾芻
【茭牧】(교목-コウボク) 가축을 먹여 기름

【茶】다 チャ、タ、サ、ちゃ tea 麻 ㄔㄚˊ ch'a² 차 茗也
【茶褐色】(단갈색-チャカッショク) 조금 검은 빛이 나는 적황색(赤黃色)
【茶器】(다기-チャキ・サキ) ①차 먹는데 쓰는 그릇 ②부처 앞에 맑은 물을 떠놓는 그릇
【茶禮】(다례) 죽은 사람에게 명일(名日)에 지내는 제사
【茶博士】(다박사-チョはかせ) 차를 파는 사람。전하여 다도에 통달한 사람
【茶盤】(다반) 찻반
【茶飯事】(다반사-サハンジ) 쉬운 일의 비유
【茶房】(다방-チャボウ・サボウ) 찻집 tea room.
【茶食】(다식) 녹말・송홧가루・신검촛가루・쌀가루 등을 꿀에 반죽하

여 다식판에 박아낸 과자

【茶店】(다점-チャみせ) 차를 파는 가게

【茶話會】(다화회-チャワカイ) 차를 먹어 가면서 이야기 하는 모임

【茘】려 レイ、リ、おおにら balsam-pear 霽 ㄌㄧˋ li⁴

①여지 果名-枝 ②향풀 香草薜-

【茫】망 ボウ、モウ、ひろい far distant 陽 ㄇㄤˊ mang²

①아득할 廣大-- ②물 질펀할 水貌滄-

【茫茫】(망망-ボウボウ) 넓고 먼 모양

【茫昧】(망매-ボウマイ) 의식이 없어서 세상일에 어두움

【茫無頭緖】(망무두서) 정신이 아득하여 사리를 분간할 수 없음

【茫無涯畔】(망무애반) 아득하게 넓고 멀어 끝이 없음

【茫然】(망연-ボウゼン) ①멀고 넓은 모양 ②아득한 모양 ③멀거니 있는 모양

【茗】명 メイ、ミョウ、ちゃ tea

【茗芽】(명아-ミョウガ) 차싹 차싹 茶芽 酩通

【茗汁】(명즙-メイジュウ) 차를 끓인 물

【茱】수 シュ、かわはじかみ Evodia danielii 虞 ㄓㄨ chu¹

수유 藥名-萸

【荀】순 ジュン、くさ sprout 眞 ㄒㄩㄣˊ hsün²

①풀이름 草名 ②姓也

【茹】여 ジョ、ニョ、くらう sip 魚 ㄖㄨˊ ju²

①마실 啜也 ②뿌리 茅根 ③꼭두서니 染草-蘆 ④부드러울 柔也 ⑤헤아릴 度也 ⑥받을 受也 ⑦먹을 食也

【茹哀】(여애-ジョアイ) 슬픔을 가슴에 안고 있음

【茹魚】(여어-ジョギョ) 썩은 생선

【茸】용 ジョウ、しげる overgrow 腫 ㄖㄨㄥˇ jung³

①풀 뾰죽뾰죽날 草生貌-又蓊- ②어여쁠 美貌丰- ③너풀거릴 亂貌尨- ④못생길 不肖

【荑】이 テイ、イ、つばな resp 支 ㄊㄧˊ t'i²

①흰 비름 草名莁-一名白蕢 ②벨 芟刈 (제) 띠싹 茅始生

【茵】인 イン、しとね mattress 眞 ㄧㄣ yin¹

①더위지기 蒿也-蔯 ②요 褥也

【茵席】(인석-インセキ) 요 자리에 까는 방석

【茵褥】(인욕-インジョク) 왕골이나 부들 따위로 짠 자리

【荏】임 ジン、ニン、えごま seed of perilla 寢 ㄖㄣˇ jen³

①들깨 白蘇可油 ②왕콩 大豆-菽 ③부드러울 柔也-染

【荏苒】(임염-ジンゼン) 세월이 천연함

【荏染】(임염-ジンセン) 부드러움

【茨】자 シ、いばら thorn 支 ㄘˊ tz'u²

①납가새 草名 疾藜 ②가시 棘也 ③이영 蓋屋茅- ④집 이을 以茅蓋屋 ⑤쌓을 積也

【茨牆】(자장-シショウ) 가시 울타리

【茲】자 シ、むしろ mat 支 ㄗ tzŭ¹

①돗자리 蓐席 ②이 此也 ③초목 우거질 草木盛多 ④거듭 重也

【荃】전 セン、かおりぐさ fragrant grass

향풀 香草

【茜】천 セン、あかね madder

꼭두서니 草名 茅蒐花可染絳

【荐】천 セン、ふたたび again

①거듭 再也 ②풀 草也 ③자리깔 薦席

【荐居】(천거-センキョ) 야망인이 수초(水草)를 따라 이주함

【荐食】(천식-センショク) 차차 조금씩 토지를 침략함

【草】초 ソウ、くさ grass 皓 ㄘㄠˇ ts'ao³

①풀 百卉總名 ②초초할 苟簡—— ③추할 粗也—率 ④글씨쓸 文稿

【草家】(초가) 이영으로 지붕을 이은 집

【草間】(초간-ソウカン) ①풀이 우거진 땅 ②시골 ③민간(民間)

【草芥】(초개) 찌푸라기

【草稿】(초고-ソウコウ) 시문의 원고。초본(草本)

【草琴】(초금-ソウキン) 풀잎으로 만든 피리。호드기。초김

【草堂】(초당-ソウドウ) ① 안채에 따로 떨어져 있는 이영。또는 풀로 이은 집 ② 자기집의 겸칭

【草略】(초략-ソウリャク) 매우 거칠고 간략함

【草露】(초로-ソウロ) 풀잎의 이슬。풀끝의 이슬

【草幕】(초막) ①절의 근처에 있는 중의 집 ②조그마한 초가의 별장

【草莽】(초망-ソウモウ) ①풀숲 ②민간(民間)。재야(在野)

【草昧】(초매·ソウマイ) ①천지간 개벽하던 처음。세상이 통일되기 전의 시기②사물이 정돈되지 아니한 모양

【草茅】(초모-ソウボウ) 잔디

【草木】(초목-ソウボク·くさき) 풀과 나무 식물

【草本】(초본-ソウホン) 초고

【草書】(초서-ソウショ) 한자 서체의 하나。흘려 쓰는 글씨

【草食】(초식-ソウショク) 생선이나 고기를 먹지 않고 식물만 먹음 ②채소로 만든 음식

【草芽】(초아-ソウガ) 풀의 싹

【草案】(초안-ソウアン) 초잡은 서류

【草野】(초야-ソウヤ) 시골 궁벽한 곳

【草賊】(초적-ソウゾク) 좀도둑

【草卒】(초졸-ソウソツ) 매우 다급한 모양

【草創】(초창-ソウソウ) 시작함。사업의 시초

【草草】(초초-ソウソウ) 분주함。애쓰는 모양

【草鞋】(초혜-わらじ) 짚신

【草花】(초화-くさばな) 풀꽃。화초의 꽃

【茺】 충 ジュウ、 motherwort 東 ㄔㄨㄥˊ ch'ung 익모초 藥名—蔚

【荇】 행 カウ、あさざ aquatic plant 梗 ㄒㄧㄥˋ hsing' 조아기 水菜蘋類接余

【荊】 형 ケイ、いばら thorn 庚 ㄐㄧㄥ ching' 광대싸리 楚也

【荊軻】(형가-ケイカ) 전국시대의 용사(勇士)의 이름。연(燕) 나라 태자 단(太子丹)을 위하여 진왕(秦王)을 살해하려 하였으나 뜻을 이루지 못하고 피살됨

【荊棘】(형극-ケイキョク) 가시

【荊妻】(형처-ケイサイ) 자기 아내의 겸칭

【荒】 황 ユウ、あれる coarse 陽 ㄏㄨㄤ huang' ①거칠 蕪也 ②폐할 廢也 ③흉년들 饑也 五穀不升 ④클 大也 ⑤되땅 蠻夷—服

【荒年】(황년-コウネン) 흉년

【荒唐】(황당-コウトウ) 언행이 거칠고 주책 없음

【荒凉】(황량-コウリョウ) 거칠어져서 쓸쓸함

【荒路】(황로-コウロ) 거칠어진 길

【荒漠】(황막-コウバク) 거칠고 한 없이 넓음

【荒蕪】(황무-コウブ) 땅이 거침

【荒服】(황복-コウフク) 중국 구주(九州)의 가장 멀리 떨어져 있는 땅

【荒說】(황설-コウセツ) 허황한 말。엉터리 없는 말

【荒野】(황야-コウヤ) ①거친들 ②먼시골。두메

【荒淫】(황음-コウイン) 주색에 빠짐

【荒淫無道】(황음무도-コウインムドウ) 주색에 빠지어 인도(人道)를 돌아보지 아니함

【荒地】(황지-コウチ·あれち) 거친 땅

【荒廢】(황폐-コウハイ) 거칠어져서 없어짐

【荒貨】(황화-コウカ) 재래의 잡화。곧 끈목·담배 쌈지。갓모·바늘·실·부채 따위의 물건

【茴】 회 カイ、ウイ、 ういきょう Siler divaricatum ①회향 藝名—香 ②병풍 나물잎 防

風葉

【茰】 萸(艸部 九畫) 略字

【七 畫】

【莒】 거 キョ、からむし ramie 語 ㄐㄩˇ chü³ ①풀이름 草名可以繩 ②나라이름 周代國名今山東省內

【莖】 경 ケイ、くき trunk 庚 ㄐㄧㄥ ching¹ ①줄기 草幹 ②버팀기둥 枝柱

【荼】 도 ト、チャ、けしあざみ Lactuca dentata ①씀바귀 苦菜 ②씀 惡物—毒

【荼毒】(도독-トドク) 해롭게 함。악독을 피움

【荼䕷】(도제-トセイ) ①씀바귀와 냉이 ②악인과 선인

【荳】 두 トウ、ズ、まめ soy-bean 宥 ㄉㄡˋ tou⁴ ①콩 菽也 ②두구 藥名—蔻

【莨】 랑 ロウ、ちからぐさ henbane 초우엉 毒草—菪

【莅】 리 リ、のぞむ attend 寘 ㄌㄧˋ li⁴ ①임할 臨也 ②자리 位也

【莅臨】(이림-リリン) 그 곳。또는 그 일에 임함

【莉】 리 リ、まつり white jasmine 말리 꽃 南越花名茉—

【莫】 막 バク、マク、ない、なかれ lack 藥 ㄇㄛˋ mo⁴ ①없을 無也 ②말 勿也 ③무성할 茂也 ④정할 定也 ⑤클 大也 ⑥엷을 薄也 ⑦꾀 謀也 (맥) 고요할 靜也 (모) ①푸성귀 菜也 ②저물 日具冥

【莫强】(막강) 매우 강함

【莫大】(막대-バクダイ) 썩 큼。최대(最大)

【莫論】(막론-ロンずるなかれ) 논할 것이 없음

【莫莫】(막막-バクバク) ①무성한 모양 ②고요한 모양 ③깨끗한 모양 ④티끌이 일어나는 모양

【莫上莫下】(막상막하) 우열(優劣)의 차가 없음

【莫逆】(막역-バクギャク・さからうなし) 지위가 서로 비슷하고 마음이 맞는 친구

【莫重】(막중) ①매우 귀중함 ②매우 무거움

【莓】 매 バイ、マイ、いちご strawberry 灰 ㄇㄟˊ méi² ①나무 딸기 草實山— ②이끼 苔也 ③걸찬밭 美田——

【莓苔】(매태-バイタイ) 이끼

【莎】 사 サ、はますげ nut grass 麻 ㄕㄚ sha¹ ①향부자 藥草 香附子 ②부빌 煩撋挼— ③베짱이 —鷄 (수) 떼 —草

【莎鷄】(사계-サケイ) 베짱이

【莘】 신 シン、ながい slender 眞 ㄕㄣ shen¹ ①기름할 長貌 ②세신 藥名細— ③많을 衆多貌—— ④나라이름 周代國名今河南省內

【莘莘】(신신-シンシン) 많은 모양

【莚】 연 エン、はびこる creep over 先 ㄧㄢˊ yen² 넌출 질 不斷蔓—

【莞】 완 カン、ほほえむ beamingly 潸 ㄨㄢˇ wan³ 빙그레할 笑貌—爾 (관) 왕굴 草可爲席

【莞爾】(완이-カンジ) 빙그레 웃음

【莠】 유 イウ、ねこじやらし foxtail 有 ㄧㄡˇ yu³ ①가라지 害穀草稂— ②추할 醜也

【莠言】(유언-ユウゲン) 추잡한 말

【莊】 장 ソウ、ショウ、おごそか manly 陽 ㄓㄨㄤ chuang¹ ①씩씩할 嚴也 ②공경할 敬也 ③단정할 端也 ④밭집 田舍 ⑤여섯갈래 거리 六達街 ⑥姓也

【莊語】(장어-ソウゴ) 바른 말

【莊嚴】(장엄-ソウゴン) 엄숙함

【莊士】(장사-ソウシ) 뜻과 행실이 훌륭한 인물

【荻】적 テキ、おぎ reed 갈대 萑也蘆屬

【莝】좌 ザ、きりわら proveoder 箇 ㄘㄨㄛˋ ts'uo4 여물 斬芻

【荷】하 カ、になう bear 歌 ㄏㄜˊ he2 ①멜 擔也 ②연꽃 蓮花 ③원망할怨 怒聲—— ④질 負也

【荷擔】(하담-カタン) 짐을 짐

【荷露】(하로-カロ) 연잎에 떨어진 이슬

【荷葉】(하엽-カヨウ) 연잎

【荷恩】(하은-カオン) 은혜를 입음

【菡】함 ガン、ゴン、つぼみ flower-bud ①꽃필 花開—萏 ②꽃봉오리 花蕾 ③꽃술 蘂也

【莢】협 キョウ、さや pod 葉 ㄐㄧㄚˊ chia2 ①콩꼬투리 豆角 ②책력풀瑞草蓂— 조협 皁—

【八 畫】

【菰】고 コ、まこも water-oat 虞 ㄍㄨ ku1 고미 蔣也茭米

【菓】과 カ、くだもの fruit 哿 ㄍㄨㄛˇ kuo3 실과 木實 果同

【菓子】(과자-カシ) 밀가루나 쌀가루에 설탕・팥 또는 계란을 넣어 익히어 끼니 밖에 먹는 것의 총칭

【菅】관 カン、すげ ruch 寒 ㄐㄧㄢ chien1 왕골 小蒲 莞同 (간) 띠 茅也

【菅葦】(관위-カンイ) 왕골과 갈대

【菊】국 キク、きく chrysanthemum 屋 ㄐㄩˊ chü2 국화 秋華

【菊月】(국월-キクゲツ・キクづき) 음력 九월의 딴 이름

【菊花水】(국화수-キッカスイ) 국화 포기 밑에서 나오는 물

【菌】균 キン、たけ mushroom 軫 ㄐㄩㄣˋ chün4 ①버섯 地蕈 ②곰팡 黴—

【菌毒】(균독-キントク) 병균의 독

【菌蕈】(균심-キンシン) 버섯

【菫】근 キン、すみれ violet 震 ㄐㄧㄣˇ chin3 ①오랑캐 꽃—菜 ②오두—藥名烏頭

【萁】기 キ、まめがら 支 ㄑㄧˊ ch'i2 ①콩대 豆莖豆— ②기나물 菜名似蕨 ③풀 草也

【萁稈】(기간-キカン) 콩대

【萏】담 タン、はちす lotus-bud 연봉오리 芙蓉華貌菡—

【萄】도 トウ、ドウ、ぶどう grape 豪 ㄊㄠˊ t'ao2 포도 蔓果葡—

【萊】래 ライ、あかざ mugwort 灰 ㄌㄞˊ lai2 ①쑥 田廢生草蒿—草— ②발묵길田 休不耕 ③벨 刈也

【萊菔】(내복) 무우

【菉】록 リョク、ロク、かりやす green-bean 沃 ㄌㄨˋ lu4 녹두 —豆

【菱】릉 リョウ、ひし water-caltrop 마름 芰也 蔆同

【萌】맹 ホウ、ミョウ、ボウ、きざす shoot of grass ①풀싹 草芽 ②밭갈 耕也 ③비롯을 始也

【萌動】(맹동-ホウドウ) ①싹트기 시작함 ②사물이 일어나기 시작함

【萌芽】(맹아-ホウガ) ①초목의 싹이 나오게함 ②싹이 나옴。또 그 싹 ③일어남。시작함

【莽】모 モウ、ボウ、くさ 뭉게 풀 宿草(망)①망초 毒魚草 ②

②주솔 粗率鹵 ③풀우거질 草深貌
——(우) 義同
【莽莽】(망망-ボウボウ・モウモウ) ①풀이
우거진 모양 ②넓고 넓은 모양

【菩】보 ボ、ほとけぐさ pipal tree
①보리수 摩伽陀國樹名—提 ②보살
佛號——薩
【菩提】(보리-ボダイ) 범어 Bodhi의 음
역。불지(佛智)・불도(佛道)・정각
(正覺)으로 번역함
【菩提心】(보리심-ボダイシン)불도(佛道)
를 구하는 마음
【菩薩】(보살-ボサツ) ①부처의 다음가
는성인(聖人)의 이름 ②보살할미의
존대말

【菔】복 フク、だいこん radish 屋 ㄈㄨˊ fu²
무우 萊—

【萆】비 ヒ、みの straw raincoat 支 ㄅㄧˋ pi⁴
흰머래 藥草—薢 (벽) 도롱이 蓑衣

【菲】비 ヒ、うすい thin 尾 ㄈㄟ fei¹·³
①순무 菜名葑類 ②풀 우거질 草茂
貌芳— ③향기 香也芳— ④엷을 薄
也
【菲薄】(비박-ヒハク) ①엷음 ②엷게 함
③가볍고 적음

【菲菲】(비비-ヒヒ)①풀이 무성한 모양。
또 꽃이 아름다운 모양 ②향기로운
모양 ③뒤섞인 모양 「음식
【菲食】(비식-ヒショク) 변변하지 못한
【菲才】(비재-ヒサイ) ①변변하지 못한
재주 ②자기 재능의 겸칭

【菽】숙 シュク、まめ soy-bean 屋 ㄕㄨ shu²
콩 衆豆總名
【菽麥】(숙맥-シュクバク) ①콩과 보리。
②어리석은 사람의 별명(콩과 보리
는 모양이 매우 다른데 그것 조차
분별하지 못하는 사람이라는 뜻)
【菽水】(숙수-シュクスイ) 변변하지 못한
음식
【菽水之供】(숙수지공) 가난한 중에도
부모를 잘 섬기는 것

【菴】암 アン、いおり hermitage 覃 ㄢ an¹
①암자 草舍 ②진주뽕 蒿草—蕳 ③
가리 豎菴—藹
【菴蕳】(암려) 진주뽕
【菴藹】(암애) 우거져서 가려짐

【萎】위 イ、しおれる wither 支 ㄨㄟ wei¹
①이울 枯也 ②위유풀 草名—蕤
【萎落】(위락-イラク) 이울어 떨어짐
【萎靡】(위미-イビ) 쇠하여 느른해짐。시
들어 빠짐 「쇠해짐
【萎縮】(위축-イシュク)이울어 졸아들음。

【萇】장 チョウ、いらぐさ herb 陽 ㄔㄤ ch'ang²
①풀이름 草名—楚 ②나라 이름 國
名鳥—

【菹】저 ソ、つけもの pickled vegetables
①김치 酢菜 ②푸서리 澤生草
【菹醢】(저혜-ソカイ) ①김치와 식혜 ②
한대(漢代)의 형벌의 하나 목을 베
고 소금에 절인다 뜻으로도 씀

【菖】창 ショウ、ソウ、しょうぶ root of an iris
창포—蒲似蓀

【菜】채 サイ、あおもの greens 隊 ㄘㄞ ts'ai⁴
나물 蔬也
【菜根】(채근-サイコン) 푸성귀의 뿌리。
변변하지 못한 음식
【菜麻】(채마-サイマ) 밭에 심은 채소・
삼 따위
【菜色】(채색-サイショク) 푸성귀의 빛。
굶주린 얼굴 빛
【菜蔬】(채소-サイソ) 푸성귀 「음
【菜食】(채식-サイショク) 푸성귀를 늘 먹
【菜種】(채종-なたね) 채소의 씨
【菜圃】(채포-サイホ) 푸성귀 밭

【萋】처 セイ、サイ、しげる thick 齊 ㄑㄧ ch'i¹
①풀 더부룩할 草盛貌—— ②구름
뭉게 뭉게 갈 雲行貌 ③무늬놓을

文章相錯—斐

【萋斐】(처비-セイヒ)아름다운 무늬모양

【萋萋】(처처-セイサイ) ①초목이 무성한 모양 ②구름이 뭉게뭉게 가는 모양 ③힘을 다하는 모양

【菁】청 セイ、かぶ radish 青 ㄐㄧㄥ ching¹
①휘늘어질 茂貌—— ②땅이름 地名 (정)①무우 菜名蕪— ②부추꽃 韮華 ③세골진띠 三脊茅 ④빛날 精英—華

【菁莪】(청아-セイガ) 인재를 교육함

【菁菁】(청청-セイセイ) 초목이 무성한 모양

【菁華】(청화-セイカ) 아름다운 꽃。순수한 것

【萃】췌 スイ、ズイ、あつまる gather 寘 ㄘㄨㄟˋ ts'uei⁴
①모을 聚也 ②괘이름 卦名

【萃蔡】(췌채-スイサイ) 비단 옷이 서로 닿는 소리

【萃聚】(췌취-スイシュウ) 모음。모임

【菟】토 ト、うさぎ dodder 遇 ㄊㄨˋ t'u⁴
새삼 藥名—絲(토)①범 虎也於—②고을이름 郡名玄—

【菠】파 ハ、ほうれんそう spinach 歌 ㄅㄛ po¹·²
시금치 菜名—薐

【萍】평 ヘイ、ヒョウ、うきくさ great duckweed
①개구리밥 楊花所化浮— ②마름 蘋也

【華】화 カ、ゲ、はな brilliant 禡 ㄏㄨㄚˊ hua¹·²
①빛날 榮也 ②꽃 花也 ③쪼갤 破也 ④중화—夏 ⑤산이름 西嶽名太—

【華僑】(화교-カキョウ) 외국에 사는 중국인

【華麗】(화려-カレイ) 빛나고 고움

【華美】(화미-カビ) 빛나고 아름다움

【華商】(화상-カショウ) 중국 상인

【華胥】(화서-カショ) 황제(黃帝)가 낮잠을 잘 때 꿈속에서 놀았다는 태평한 나라。편안한 마음으로 낮잠을 잔다는 뜻

【華氏寒暖計】(화씨한란계-カシカンダンケイ) 독일의 파렌하이트가 만든 한란계。빙점을 三二도、비점을 二一二도로 하였음

【華屋】(화옥-カオク) 화려한 집。금전옥루(金殿玉樓)

【華燭】(화촉-カショク) ①그림을 그린초 ②결혼의 예식

【華蟲】(화충-カチュウ) 꿩

【華侈】(화치-カシャ) 썩 화려하고 사치스러움

【華翰】(화한-カカン) 남의 편지의 존대

【九 畫】

【葭】가 カ、あし reed 麻 ㄐㄧㄚ chia¹
갈대 蘆也蒹—

【葭孚】(가부-カフ) 갈대의 껍질。아주 엷은 물건을 이름

【葛】갈 カツ、カチ、くず arrowroot 曷 ㄍㄜˊ kê²·³
칡 蔓生絺綌草

【葛巾】(갈건-カッキン) 갈포로 만든두건

【葛裘】(갈구-カッキュウ) ①여름에 입는 갈의와 겨울에 있는 갖옷 ②여름과 겨울내。일년간

【葛根】(갈근-カツコン) 칡뿌리

【葛藤】(갈등-カットウ) ①칡과 등나무 ②서로 다툼 ③얽히어 풀어지지 아니함。분쟁(紛爭)

【葛粉】(갈분-カップン) 칡뿌리로 만든 가루

【葛衣】(갈의-カツイ) 갈포로 지은 옷

【葛布】(갈포-カップ) 칡의 섬유로 짠 베

【葛花】(갈화-カッカ) 칡의 꽃

【葵】규 キ、ひまわり sunflowet 支 ㄎㄨㄟˊ k'uei²
①해바라기 向日— ②아욱 百菜之主 ③촉규 蜀—

【葵傾】(규경-キケイ) ①해바라기가 햇빛을 향하여 기울어 짐 ②군주(君主) 또는 윗사람의 덕을 앙모함을 이름

【葵花】(규화-キカ) 해바라기

【董】 동 トウ、ツ、ただす superindence ㄉㄨㄥˇ tung
①돈독할 督也 ②바를 正也 ③부빔 雜膳骨— ④연뿌리 藕根 ⑤姓也

【董督】(동독-トウトク) 맡아서 감독함

【董正】(동정-トウセイ) 바로 잡음

【董孤】(동호-トウコ) 춘추시대 진(晋)나라의 사관(史官)。 사실대로 직필(直筆)하여 이름이 높음

【落】 락 ラク、おちる fall ㄌㄚˋ la
①떨어질 零也 ②마을 聚也村— ③기절할— 魅櫑磊 ④하늘 天也碧— ⑤낙척할 不遇拓— ⑥헤질 難合— ⑦낙성제 지낼 始成祭—成 ⑧술잔 飮器盤— ⑨쇠북에 피바를 釁鐘 ⑩쓸쓸할 蕭索冷—

【落款】(낙관-ラッカン) 서화에자필자의 성명 혹은 호를 쓰고 도장을 찍음

【落膽】(낙담-ラクタン) 놀람

【落落】(낙락-ラクラク) ①서로 용납할 수 없는 모양 ②서로 합하지 않는 모양 ③마음이 큰 모양 ④쓸쓸한모양 ⑤아래로 늘어진 모양

【落雷】(낙뢰-ラクライ) 벼락 침

【落淚】(낙루-ラクルイ) 눈물을 떨어뜨림

【落馬】(낙마-ラクバ) 말에서 떨어짐

【落莫·落寞】(락막-ラクバク) 쓸쓸함

【落望】(낙망-ラクボウ) 실망함

【落命】(낙명-ラクメイ)생명을 잃음。죽음

【落名】(낙명-ラクメイ) 명예가 떨어짐

【落眉之厄】(락미지액-ラクビのヤク) 눈앞에 닥친 재앙(災殃)

【落選】(낙선-ラクセン) 선거에서 떨어짐

【落城】(낙성-ラクジョウ) 성이 함락됨

【落成】(낙성-ラクセイ) 역사가 끝남

【落心】(낙심-ラクシン) 될 소망이 없어서 실망함

【落雁】(락안-ラクガン) 공중에서 내려오는 기러기 「양(夕陽)

【落陽】(낙양-ラクヨウ) 저녁 때의해。석

【落葉】(낙엽-ラクヨウ) 나무잎이 저절로 떨어짐。 또 그 잎

【落伍】(낙오-ラクゴ) ①병사가 그 대오에서 벗어남 ②사람이 못나서 사회에 떨어져 나감

【落月】(낙월-ラクゲツ) 서쪽 하늘로 지려고 하는 달

【落日】(낙일-ラクジツ) 저녁 때의 해。석양(夕陽)

【落字】(낙자-ラクジ) 글자가 빠짐

【落張】(낙장-ラクチョウ)책의장수가빠짐

【落第】(낙제-ラクダイ) 시험에 뽑히지 못함

【落籍】(낙적-ラクセキ) ①호적에서 빠짐 ②돈을 내고 기생을 그 업에서 그만 두게 함

【落照】(낙조-ラクショウ) 저녁의 해

【落着】(낙착-ラクチャク) 일이 끝남

【落札】(낙찰-ラクサツ) 일찰에 뽑힘

【落拓】(낙척-ラクタク) 역경에 빠짐

【落魄】(낙탁-ラクタク・ラクハク) 가난하여짐。운수가 글러짐

【落胎】(낙태-ラクタイ) 태아가 만삭 전에 죽어나옴

【落下傘】(낙화산-ラッカサン) 날으는 비행기에서 뛰어 내릴 수 있게 만들은 양산 「이사함

【落鄕】(낙향-ラッキョウ) 서울서 시골로

【落花】(낙화-ラッカ) 꽃이 떨어짐。또 그 꽃

【落花生】(낙화생-ラッカセイ) 땅콩

【落花流水】(낙화유수-ラッカリュウスイ)①떨어지는 꽃과 흐르는 물 ②남녀가 서로 부고싶어함을 이름

【葎】 률 リツ、むぐら goose grass ㄌㄩˋ lü
너삼 似葛有刺—草

【萬】 만 バン、マン、よろず ten thousand ㄨㄢˋ wan
①만 數名十千 ②벌 蜂名 ③춤이름 舞名

【萬感】(만감-バンカン) 여러가지 느낌。만가지 생각

【萬康】(만강-バンコウ) 매우 평안함

【萬頃滄波】(만경-バンケイソウハ) 한 없이 넓고 넓은 바다

【萬古】(만고-バンコ) ①먼 옛날。태고(太古) ②한 없는 세월。언제 까지든지

【萬古不變】(만고불변-バンコフヘン) 영원히 변하지 아니함

【萬古不易】(만고불역-バンコフエキ) 영원이

【萬古不朽】(만고불후-バンコフキュウ) 영원히 썩지 아니함

【萬古絕色】(만고절색-バンコゼッショク)이 세상에서 비길수 없는 뛰어난 미인

【萬古絕唱】(만고절창-バンコゼッショウ)이 세상에서 비길 수 없는 유명한 시가(詩歌)。또 그 시가를 부르는사람

【萬古風霜】(만고풍상-バンコフウセツ) 이 세상에서 지내온 많은 고생

【萬口】(만구-バンコウ) ①많은 사람의 입 ②여러 사람

【萬口傳播】(만구전파-バンコウデンパ) 온 세상에 널리 전파됨

【萬國】(만국-バンコク) 세계의 여러 나라。만방(萬邦)

【萬國旗】(만국기-バンコッキ) 여러 나라의 국기

【萬卷】(만권-マンガン) 많은 책

【萬金】(만금-バンキン・マンキン) 많은 돈

【萬機】(만기-バンキ) ①임금의 정치 ②많은 비밀

【萬難】(만난-バンナン) 여러가지의 곤란

【萬年】(만년-マンネン) ①만대(萬代)。만세(萬世) ②일평생

【萬年筆】(만년필-マンネンピツ) 철필대속에 잉크를 넣어 쓸 때마다 적당히 잉크가 나오도록 장치한 붓

【萬能】(만능-バンノウ) ①모든 사물에 능통함 ②모든 사물을 처리하는 능력

【萬端】(만단-バンタン) ①여러 가지 일 ②모든。여러 가지 ③여러 가지의 수단방법 ④여러 곳

【萬端開諭】(만단개유) 친절하게 가르침。자세히 타이름

【萬端說話】(만단설화) 여러 가지 이야기

【萬端愁心】(만단수심) 여러 가지 근심

【萬端哀乞】(만단애걸) 여러 가지로 애걸함

【萬端疑惑】(만단의혹) 여러 가지 의심

【萬代】(만대-バンダイ) 썩 멀고 오랜 세대(世代)

【萬綠叢中紅一點】(만록총중홍일점-バンロクソウチュウコウイッテン) ①많은 푸른 잎 중에 단 한개의 붉은 꽃이 있는 것 ②많은 남자 가운데 단 한 사람의 여자가 있는 것

【萬籟】(만뢰-バンライ) 만물의 소리

【萬里】(만리-バンリ) ①一里의 만배 ②거리가 썩 먼 것

【萬里同風】(만리동풍-バンリドウフウ) 천하를 통일하여 만리의 먼 곳까지 풍속을 같게함

【萬里長城】(만리장성-バンリのチョウジョウ) 고대 중국의 진시황(秦始皇)이 천하를 통일한 뒤에 흉노(匈奴)의 침입을 막기 위하여 고쳐 쌓은 성

【萬里長天】(만리장천-バンリチョウテン) 높고 넓은 하늘

【萬萬】(만만-バンバン) 꼭。기어이

【萬萬不當】(만만부당) 아주 옳지 아니함

【萬目】(만목-バンモク・マンモク) 많은 눈。많은 사람이 봄

【萬無一失】(만무일실) 실패할 우려가 조금도 없음

【萬物】(만물-バンブツ) 모든 물건。온갖 것

【萬物相】(만물상-バンブツソウ) ①금강산에 있는바위를 형용하여 일컫는 말 ②곰보의 딴 이름

【萬物之靈】(만물지령-バンブツのレイ) 만물 중에서 가장 신령(神靈)한 것。곧 사람

【萬民】(만민-バンミン) 모든 백성

【萬般】(만반-バンパン) 모든。여러가지

【萬邦】(만방-バンポウ) 여러 나라。모든 나라

【萬病】(만병-マンビョウ) 여러 가지 병

【萬福】(만복-バンプク) 많은 행복

【萬夫】(만부-バンプ) 많은 사내。여러 남자

【萬死】(만사-バンシ) 암만해도 구할 수 없음。썩 위험한 경우

【萬事】(만사-バンジ) 모든 일。여러 가지 일

【萬死無惜】(만사무석-バンシおしまず) 죄가 중하여 조금도 용서할 여지가

없음

【萬事瓦解】(만사와해-バンジガカイ) 모든 일이 다 실패로 돌아감

【萬事泰平】(만사태평-バンジタイ(ヘイ)) ①모든 일이 뜻과 같이 되어 마음이 태평함 ②어리석어서 모든 일에 근심이 없음

【萬事亨通】(만사형통-バンジキョウツウ)모든 일이 뜻과 같이 잘됨

【萬象】(만상-バンショウ) 온갖 물건

【萬狀】(만상-バンジョウ) 온갖 형상

【萬善】(만선-バンゼン) 온갖 옳은 일

【萬姓】(만성-バンセイ) ①모든 관원。백관(百官) ②모든 백성。만민(萬民)

【萬世】(만세-バンセイ) 한없는 세월。영원한 대수(代數)

【萬歲】(만세-バンサイ) ①영원히 살음 ②임금의 장수(長壽)를 비는 말 ③앞일을 축하하는 말

【萬世不忘】(만세불망) 은덕을 영구히 잊지 아니함

【萬世之功】(만세지공-バンセイのコウ) 후세까지 남는 큰 공

【萬歲後】(만세후-バンサイののち) 「죽은 뒤

【萬壽】(만수-バンジュ) 장수(長壽)를 비는 말

【萬壽無疆】(만수무강-バンジュムキュウ)①목숨이 한이 없이 길음 ②사람의 장수를 축하하는 말

【萬乘】(만승-バンジョウ) 임금의 자리

【萬乘之國】(만승지국-バンジョウのくに)임금이 다스리는 나라

【萬乘之尊】(만승지존-バンジョウのソン)임금의 지위

【萬乘天子】(만승천자-バンジョウのテンシ) 임금 황제

【萬約】(만약) 만일

【萬有】(만유-バンユウ) 만물(萬物)

【萬有引力】(만유인력-バンユウインリョク) 우주 사이에 있는 모든 물체가 서로 잡아당기는 힘

【萬人】(만인-マンニン・バンジン) 모든 사「람

【萬仭】(만인-バンジン) 매우 높음。또 매우 깊음

【萬一】(만일-マンイチ) ①뜻밖에 일어나는 심상하지 아니한 일 ②만에 하나。만분의 一

【萬紫千紅】(만자천홍-バンシセンコウ) 여러 가지 화초가 만발한것

【萬丈】(만장-バンジョウ) 매우 높음

【萬全】(만전-バンゼン) 아주 안전함

【萬折必東】(만절필동) 강물은 아무리 곡절이 많아도 마침내 동해(東海)로 흘러간다는 뜻으로 충신의 절개는꺾을 수 없다는 것을 가리키는말

【萬鍾祿】(만종록-バンショウのロク) 매우 두터운 봉록

【萬壑千峯】(만학천봉-バンガクセンポウ)첩첩이 겹쳐진 깊고 큰 골짜기와 많은 봉우리

【萬幸】(만행-バンコウ) 매우 행복함

【萬戶】(만호-バンコ) ①많은 집 ②원(元)나라 때의 관명

【萬化】(만화-バンカ) ①만물을 기름 ②여러 가지로 변함

【葆】보 ホウ、ホ、しげる overgrow 皓 ㄅㄠ pao³
①풀 더부룩할 草盛 ②일산 蓋也羽ㅣ ③감출 韜藏

【葆光】(보광-ホウコウ) 빛을 감춤。재주를 감춤

【葆葆】(보보-ホウホウ) 풀이 더부룩한 「모양

【葑】봉 ホウ、かぶら turnip 图 困 ㄈㄥ fêng¹
①방기 뿌리 菰根盤結 ②순무 蔓菁 (풍) 배추 蕪菁

【葑田】(봉전-ホウデン) 방기 뿌리가 여러해 묵어 밭이 된 것

【萼】악 ガク、はなぶさ ealyx 爨 ㄜ è
꽃받침대 花跗

【葯】약 ヤク、よろいぐさ Angelice davurica
①구리때뿌리 香草白芷 藥通 (악) 義同

【葉】엽 ヨウ、ショウ、は leaf 葉 ㄧㄝ yeh⁴
①잎사귀 花之對枝ㅣ ②대 世也(섭) 고을 이름 南陽縣名 ③姓也

【葉綠素】(엽록소-ヨウリョクソ) 엽육(葉肉)속에 있는 녹색의 색소
【葉脈】(엽맥-ヨウミャク) 엽육(葉肉)을 꿰뚫은 작고 큰 섬유질의 조직
【葉柄】(엽병-ヨウヘイ) 잎사귀를 받치는 둥글고 가는 자루
【葉書】(엽서-はがき) 우편엽서
【葉肉】(엽육-ヨウニク) 잎에서 엽맥(葉脈)을 제한 부분
【葉錢】(엽전) 둥글고 가운데에 구멍이 뚫린 쇠로 만든 옛날 돈
【葉菜】(엽채-ヨウサイ) 잎을 식용으로 하는 채소
【葉片】(엽편-ヨウヘン) 잎의 넓은 부분。흔히 잎사귀라고 하는 것

【萵】와 ワ、ちしゃ lettuce
상치 藥名一苣

【葳】위 イ、しげる grow thick and wild
①초목 무성할 草木盛貌一 蕤 ②위유풀 草名一蕤

【葦】위 イ、あし reed ㄨㄟˇ wei³
굵은 갈대 大葭
【葦汀】(위정-イテイ) 갈대가 난 물가

【萸】유 ユ、ぐみ Evodia Danielle ㄩˊ yü²
수유 藥名茱一

【葬】장 ソウ、ほうむる hold a funeral ㄗㄤˋ tsang⁴
장사할 理也藏也
【葬具】(장구-ソウグ) 장사에 쓰는 도구
【葬禮】(장례-ソウレイ) 장사의 예식
【葬事】(장사-ソウジ) 시체를 매장 혹은 화장하는 일 「葬」
【葬送】(장송-ソウソウ) 연반감。회장(會
【葬式】(장식-ソウシキ) 장례
【葬儀】(장의-ソウギ) 장례
【葬地】(장지-ソウチ) 매장할 땅。장사하여 묻은 땅

【著】저 チョ、チャク、あらわす write ㄓㄨˋ chu⁴
①글지을 逆也 ②나타날 顯也 ③밝을 明也 ④품계 位次朝一 ⑤면장사이 門屛間 (착)①입을 被服 ②둘 置也 ③붙을 附也 ④붙일 黏也 ⑤술준 殷樽名
【著名】(저명-チョメイ) 이름이 높음。유명함
【著書】(저서-チョショ) 책을 지음。또 그 「책
【著述】(저술-チョジュツ) 책을 지음。서적을 저작함
【著者】(저자-チョシャ) 저술한 사람。작가(作家)
【著作】(저작-チョサク) 책을 만듦。문예 학술의 제작
【著枷】(착가) 옛날 죄인의 목에 칼을 씌우던 형벌
【著到】(착도-チャクトウ) 목적한 장소에 이름。도착(到着)
【著想】(착상-チャクソウ) 예술품을 만들고자 할 때에 그 작품의 내용을 미리 머리 속에 그리는 일 「함
【著色】(착색-チャクショク) 채색함。색칠
【著席】(착석-チャクセキ) 자리에 앉음
【著手】(착수-チャクシュ) 손을 댐。일을 시작함 「함
【著實】(착실-チャクジツ) 침착하고 성실
【著衣】(착의-チャクイ) 옷을 입음
【著著】(착착-チャクチャク) 사물이 차례로 진행됨

【葺】즙 シュウ、つくろう repair ㄑㄧˋ ch'i⁴
보수할 覆蓋修補
【葺繕】(즙선-シュウゼン) 수보하여 고침
【葺屋】(즙옥-シュウオク) 초가집

【葱】총 ソウ、ねぎ onion
①파 葷菜 ②푸를 青也 ③좋은 기운어릴 佳氣一
【葱白】(총백-ソウハク) 파 밑둥
【葱青】(총청-ソウセイ) ①빛이 푸른 모양 ②파 잎사귀 「모양
【葱葱】(총총-ソウソウ) 초목이 무성한
【葱翠】(총취-ソウスイ) 푸른 빛
【葱湯】(총탕-ソウトウ) 파국

【萩】추 シュウ、はぎ mugwort ㄑㄧㄡ ch'iu¹

①다북쑥 蓄也 ②가래나무 木名

【菑】 치 シ、わざわい disaster
따비밭 田一歲 (재) 재앙 災也

【葩】 파 ハ、はな flower [麻] ㄆㄚ p'a¹
꽃송이 花也
【葩卉】(파훼-ハキ) 풀 꽃

【葡】 포 ホ、ブ、ぶどう grape [虞] ㄆㄨˊ p'u²
포도 蔓果一名草龍

【葫】 호 コ、にんにく garlic [虞] ㄏㄨˊ hu²
①마늘 大蒜—荾 ②물외 草名瓜也

【葷】 훈 クン、からしい acrid vegetable
냄새나는 채소 臭菜
【葷辛】(훈신-クンシン) 푸성귀의 냄새나는 것과 매운 것。불가(佛家)에서는 먹지 아니함
【葷肉】(훈육-クンニク) 썩은 채소와 날「고기
【葷酒】(훈주-クンシュ) 매운 음식과 술。불가에서는 먹지 아니함
【葷菜】(훈채-クンサイ) 파·마늘·부추 같은 냄새 나는 채소

【萱】 훤 ケン、カン、わすれぐさ day lily [元] ㄒㄩㄢ hsüan¹
원추리 忘憂草一名宜男草
【萱堂】(훤당-ケンドウ) 남의 어머니의 존칭 (옛적에 중국에서 북당(北堂)을 하고 그 뜰에 원추리를 심었던 고사에서 나옴)

【募】 力部 十一畫에 볼것

【十 畫】

【蓋】 개 ガイ、コウ、おおう cover [泰] ㄍㄞ kai⁴
①덮을 覆也 ②이엉 苫也 白茅 ③우산 傘也 ④가릴 掩也 ⑤대개 大凡 省作盖(갑) 고을이름 齊下邑名 (합) ①의엉덮을 苫覆 ②부들자리 蒲席盍通
【蓋笠】(개립-ガイリュウ) 머리에 쓰는 갓
【蓋世】(개세-ガイセイ·よをおおう) 한세상을 덮는다는 뜻이니、기상이 장하여 세상을 누를 만 함을 이름
【蓋壤】(개양-ガイジョウ) 만물을 덮는 하늘과 만물을 싣는 땅
【蓋然性】(개연성-ガイゼンセイ) 꼭 단정하지는 못해도 그러하리라고 생각되는 성질
【蓋瓦】(개와-ガイガ) 기와
【蓋瓦匠】(개와장-ガイガショウ) 기와집의 지붕을 잇는 것을 업으로 삼는 사람
【葢草】(개초-ガイソウ) ①이엉 ②이엉으로 집을 이음
【葢板】(개판) ①서까래·부연·목반자 따위의 위에까는 널빤지 ②농장이나 책장 따위의 판 위에 모양 내기 위해서 댄 나무판
【蓋皮】(개피-ガイヒ) 도자기를 구울 때 가마 문앞에 놓아 그릇을 덮는 물건。개비

【蒹】 겸 ケン、あし reed [鹽] ㄐㄧㄢ chien¹
갈대 葦屬—葭
【蒹葭】(겸가-ケンカ) 갈대

【蒯】 괴 カイ、あぶらがや [卦] ㄎㄨㄞ k'uai³·⁴
기령 茅類菅—

【蒟】 구 コン、こんにゃく devil's tongue
구장 蒟茇—醬

【蒙】 몽 モウ、ボウ、こうむる undergone [東] ㄇㄥ meng²·³
①입을 被也 ②어릴 穉也 ③덮을 覆也 ④속일 欺也 ⑤무릅쓸 冒也 ⑥새삼덩굴 女蘿草名 ⑦날릴 飛揚 蔑— ⑧패이름 封名
【蒙古】(몽고-モウコ) 중국의 북쪽과 시베리아 남쪽의 사이에 있는 나라이름
【蒙茸】(몽용-モウジョウ·ボウジョウ) 풀이 어지러이 난 모양
【蒙恩】(몽은-オンをこうむる) 은혜를 입음
【蒙耳】(몽이-モウジ) 귀를 막고 듣지

아니함
【蒙塵】(몽진-モウジン) 임금이 난리를 만나 피신하는 일
【蒙蔽】(몽폐-モウヘイ) 덮어 감춤
【蒙學】(몽학-モウガク) 어린 아이들의 공부
【蒙惠】(몽혜-モウケイ) 은혜를 입음

【蒡】방 ボウ、ホウ、ごぼう seed of burdock
우방자 藥名牛一子一名惡實

【蓖】비 ヒ、ヘイ、とうごま castor-oil plant
피마주 一麻

【蓑】사 サ、みの raincoat 歌 ㄙㄨㄛ suo¹
도롱이 備雨草衣
【蓑笠】(사립-サリュウ) 도롱이와 삿갓
【蓑唱】(사창-サショウ) 도롱이를 입은 사람이 부르는 노래

【蒜】산 サン、にんにく garlic 翰 ㄙㄨㄢ suan⁴
마늘 葷菜胡荽

【蓆】석 セキ、むしろ straw-mat 陌 ㄒㄧˊ hsi²
①석구풀 草名一具 ②클 大也

【蒐】수 シュウ、あつめる collect 尤 ㄙㄡ sou¹
①모을 聚也 ②모수풀 草名茅一 ③찾을 求索 ④숨을 陰也
【蒐羅】(수라-シュウラ) 널리 모우는 일
【蒐獵】(수렵-シュウリョウ) 봄에 하는 사냥
【蒐田】(수전-シュウデン) 사냥함。 사냥
【蒐集】(수집-シュウシュウ) 많이 모음。 수즙(蒐輯)

【蒔】시 ジ、シ、まく sow 支 寘 ㄕˊ shih²
①소회향 小茴香一蘿 ②모종낼 植也更種

【蓍】시 シ、めどぎ 支 ㄕ shih¹
시초 蒿屬筮草一本百莖下有神龜守之用之以筮

【蒻】약 ジャク、ニャク devil's tongue
①구약나물 菜名蒟一 ②부들속 蒲心白者

【蓊】옹 オウ、とう grow thick and wild
①초목 우거질 草木盛貌一鬱 ②옹풀 染黃草
【蓊鬱】(옹울-オウウツ) ①초목이 우거진 모양 ②구름이 뭉게 뭉게 움직이는 모양

【蓐】욕 ジョク、ニョク、ととね hay for seat 沃 ㄖㄨˋ ju⁴
①자리 薦也 ②새싹 陳草復生
【蓐食】(욕식-ジョクショク) 새벽에 자리 위에서 식사함
【蓐寢】(욕침-ジョクシン) 자리 위에서 잠

【蓉】용 ヨウ、はす lotus 冬 ㄖㄨㄥˊ jung²
연꽃 蓮花芙一

【蒸】증 ジョウ、むす steam 蒸 ㄓㄥ chêng¹
①찔 熏一 ②겨릅대 麻中幹 ③홰 炬也 ④섶 薪也 ⑤무리 衆也
【蒸氣】(증기-ジョウキ) 증발하는 기체。김
【蒸溜】(증류-ジョウリュウ) 액체를 증발시키고 그 김을 식히어 다시 물을 만듦
【蒸民】(증민-ジョウミン) 일반 백성
【蒸發】(증발-ジョウハツ) 액체 또는 고체의 거죽에서 기체가 발산함
【蒸鬱】(증울-ジョウウツ) 찌는 것같이 덥고 가슴이 답답함

【蓁】진 シン、くさむら bush 眞 ㄓㄣ chên¹ ㄑㄧㄣˊ ch'in²
①초목 무성할 盛貌一一 ②망초 藥名一芁
【蓁蓁】(진진-シンシン) 초목이 무성한 모양

【蒼】창 ソウ、あおい blue 陽 養 ㄘㄤ ts'ang¹
①푸를 深青色 ②편할 草野色莽一 ③창황할 怱萃貌一黃 ④백성 百姓一生 ⑤센털 萃髮一浪
【蒼古】(창고-ソウコ) ①썩 먼 시대 ②

시세에 맞지 아니함
【蒼空】(창공-ソウクウ) 푸른 하늘 「름
【蒼官】(창관-ソウカン) 소나무의 딴 이
【蒼狗】(창구-ソウク) 구름을 형용함
【蒼穹】(창궁-ソウキュウ) 푸른 하늘。 창
천(蒼天)
【蒼頭】(창두-ソウトウ) ①종。 노예 ②푸
른 머리 쓰개를 쓴 병졸 「센털
【蒼浪】(창랑-ソウロウ) ①푸른 물결 ②
【蒼茫】(창망-ソウボウ) 넓고 큼 「흰 빛
【蒼白】(창백-ソウハク) 푸른기가 있는
【蒼生】(창생-ソウセイ) 백성 「오래됨
【蒼遠】(창원-ソウエン) 아주 아득하고
【蒼卒】(창졸-ソウソツ) 썩 급한 것
【蒼蒼】(창창-ソウソウ) ①빛이 푸른 모
양 ②머리털이 세기 시작하는 모양
【蒼天】(창천-ソウテン) 푸른 하늘 (蒼空)

【蓄】축 チク、たくわえる gathering 屋 ㄒㄩ hsü⁴
①쌓을 積也 ②모을 聚也 ③감출
藏也
【蓄髮】(축발-チクハツ) 깎았던 머리털을
길게 기름
【蓄藏】(축장-チクゾウ) 모아 둠 「음
【蓄財】(축재-チクザイ) 재물을 모아 쌓
【蓄積】(축적-チクセキ) 쌓아 모음。 모아
둠
【蓄妾】(축첩-チクショウ) 첩을 둠

【蒲】포 ホ、ブ、がま cattail 虞 ㄆㄨˊ p'u²
①부들 水草可作席 ②창포 菖— ③
갯버들 楊也—柳
【蒲公英】(포공영-たんぽぽ) 민들레
【蒲蘆】(포로-ホロ) 호리병박
【蒲柳】(포류-ホリュウ) 갯 버들
【蒲席】(포석-チセキ) 부들자리
【蒲節】(포절-ホセツ) 음력 五월 五일

【蒱】포 ホ、ばくち gambling 虞 ㄆㄨˊ p'u²
저포 戲具樗—

【蒿】호 コウ、よもぎ mugwort 豪 ㄏㄠ hao¹
①다북쑥 蓬屬 ②김오를 烝出貌—
氣 ③눈에 티들 眯塵—目 「봄
【蒿目】(호목-コウモク) 티가든 눈으로
【蒿矢】(호시-コウシ) 쑥으로 만든 화살。
마귀를 쫓는 것

【幕】巾部 十一畫에 본것
【募】力部 十一畫에 본것
【墓】土部 十一畫에 본것
【夢】夕部 十一畫에 본것

【十一畫】

【蓮】련 レン、はす lotus 先 ㄌㄧㄢˊ lien²
밥 荷實
【蓮根】(연근-レンコン) 연의 뿌리
【蓮葉】(연엽-レンヨウ) 연잎
【蓮子】(연자-レンシ) 연밥
【蓮座】(연좌-レンザ) 불상(佛像)을 모
시는 자리를 연꽃 모양으로 만든것
【蓮荷】(연하-レンカ) 연
【蓮花】(연화-レンカ) 연꽃
【蓮花臺】(연화대-レンカダイ) 부처가 있
다는 나라로 가장 즐거운 곳。 불가
에서 말하는 극락세계

【蓼】료 リョウ、たで smartweed 篠 ㄌㄧㄠˇ liao³
①여뀌 辛菜 ②나라이름 國名(𨙸)
풀잎 뻗어날 菜長貌——
【蓼糾】(요규-リョウキュウ) 얽히는 모양
【蓼蟲】(요충-リョウチュウ) 여뀌풀의 잎
을 갉아 먹는 벌레
【蓼花】(요화-リョウカ) 여뀌 꽃
【蓼蓼】(육륙-リョウリョウ) 길고 큰 모양

【蔞】루 ロウ、しろよもぎ artemisia
물쑥—蒿似艾
【蔞蒿】(누호-リョウコウ) 물쑥

【蔓】만 マン、バン、つる vine 願 ㄇㄢˋ man⁴
①덩굴 延也葛屬 ②순무 蕪也 「남
【蔓生】(만생-マンセイ) 덩굴이 뻗어가며
【蔓延】(만연-マンエイ) 널리 퍼짐
【蔓菁】(만청-マンセイ) 순무

【蔓草】(만초-マンソウ) 덩굴이 뻗는 풀

【蔑】멸 ベツ、なにがしろにする despise
①업신여길 輕易 ②없을 無也 ③깎을 削也 ④작을 微也 「봄

【蔑視】(멸시-ベッシ) 업신여김。가볍게

【蔑如】(멸여-ベツジョ) ①업신여기는 모양 ②없어짐。망함

【蔔】복 フク、だいこん cape jasmine ㄅㄛˊ po²
치자꽃 梔子花 薝—

【蓬】봉 ホウ、よもぎ mugwort ㄆㄥˊ p'êng²
①쑥 蒿也 ②더부룩할 盛貌—— ③흐트러질 亂也 —頭

【蓬丘】(봉구-ホウキュウ) 선인이 살고 있다는 봉래산(蓬萊山)

【蓬頭】(봉두-ホウトウ) 쑥대강이

【蓬頭亂髮】(봉두난발-ホウトウランパツ) 쑥대강이처럼 흩어진 머리

【蓬艾】(봉애-ホウガイ) 쑥 「집

【蓬蓽】(봉필-ホウヒツ) 가난한 사람의

【蓬蒿】(봉호-ホウコウ) 다북쑥

【蔀】부 ホウ、しとみ foldng shutter ㄅㄨˇ pu³
①떼 우적 障明小席 ②풀이름 草名 蔀 ③부수 古代曆法 七十二年爲一—二十—爲一紀

【蓰】사 シ、ごばい fivefold ㄒㄧˇ hsi³
다섯곱 物數五倍

【蔘】삼 シン、サン、にんじん ginseng
①인삼 神草人— ②더덕 沙蔘

【蔘附】(삼부) 인삼과 부자(附子)

【蔘茸】(삼용) 인삼과 녹용(鹿茸)

【蔬】소 ショ、ソ、な vegetable ㄙㄨ su¹
나물 草菜通名

【蔬果】(소과-ソカ) 푸성귀와 과실

【蔬食】(소식-ソショク) 채소 반찬의 음식

【蔬菜】(소채-ソサイ) 푸성귀 채소

【蓿】숙 シュク、うまごやし clover ㄙㄨˋ su⁴
거여목 連枝草苜—

【蓴】순 ジュン、ぬなわ water-shield ㄔㄨㄣˊ ch'uen²
순채 水葵絲—

【蓺】예 ゲイ、うえる plant 一ˋ i⁴
심을 種也 藝通

【蔚】위 イ、ウツ、くさむら grow thick ㄩˋ yü⁴
①초목 우거질 草木盛貌蓊— ②제비쑥 牧蒿 ③잔무늬 文密貌(울) 고을이름 州名

【蔚然】(위연・울연-ウツゼン) 초목이 무성하여 우거진 모양

【蔭】음 イン、かげ shade ㄧㄣˋ yin⁴
①그늘 陰景 ②덮을 庇也

【蔭官】(음관-インカン) 부모의 공덕으로 얻은 벼슬

【蔭德】(음덕-イントク) ①조상의 덕 ②「수풀 도와줌

【蔭林】(음림-インリン) 나무가 무성한

【蔭室】(음실-インシツ) 그릇에 칠을 바를 때、일광 또는 바람을 쏘이지 않도록 넣어 두는 방

【蔭映】(음영-インエイ) 덮어 감춤

【蔗】자 ショ、シャ、さとうきび sugar cane ㄓㄜˋ chê⁴
사탕감자 砂糖草甘—

【蔗糖】(자당-ショトウ) 사탕수수를 고아서 만든 설탕

【蔣】장 ショウ、まこも
①과장풀 水草菰— ②姓也

【蔦】조 チョウ、つた ivy ㄋㄧㄠˇ niao³
담장이덩굴 寄生草

【蓧】조 チョウ、ジョウ、あじか bamboo basket
①삼태기 竹器 ②싹 苗也

【蓯】종 ソウ、ショウ、しげる grow wildly ㄘㄨㄥˊ ts'ung²
약이름 藥名肉—蓉 (총)풀더부룩할

草貌蓁—

【蔟】주 ソウ、ゾク、あつまる gather 宥 ㄘㄨˋ ts'u⁴ ①태주 正月律太— ②정월 正月(족) ①모둘 聚也 ②누에발 蠶—

【蔡】채 サイ、サツ、おおかめ big tortoise ①큰거북 大龜 ②나라이름 國名—仲所封 ③법받을 法也 ④姓也(살) 내칠 放也

【蔕】체 デイ、テイ、へた calyx 霽 ㄉㄧˋ ti⁴ ①꼭지 果蓏綴實根— ②잔가시 小鯁

【蔕芥】(체개-タイカイ) ①잔 가시 ②작은 장해물

【蓽】필 ヒツ、いばら whip 質 ㄅㄧˋ pi⁴ ①회초리 荊也 ②필발 藥名—茇

【蔥】葱(艸部 八畫)本字

【慕】心部 十一畫에 볼것

【摹】手部 十一畫에 볼것

【暮】日部 十一畫에 볼것

【十二畫】

【蕎】교 キョウ、そば buck wheat 蕭 ㄑㄧㄠˊ ch'iao² ①메밀 白花穀—麥 ②버들옷 藥名 大戟

【蕎麥】(교맥-そば) 메밀

【蕢】궤 キ、あじか carrier's basket ①삼태기 草器 ②담비름 赤莧

【蕗】로 ロ、ふき liquorice ①물감나무 草名蘗— ②감초 甘草

【蔾】리 リ、レイ、はまびし altrop 支 ㄌㄧˊ li² 납가새 旱草蒺—(려) 義同

【蕪】무 ブ、ム、あれる desert 虞 ㄨˊ wu² 거칠 荒也—穢

【蕪穢】(무예-ブワイ) 거칠고 더러움。풀이 거칠고 무성함

【蕪淺】(무천-ブセン) 난잡하고 천박함

【蕪菁】(무청-ブセイ) 순무

【蕪荒】(무황-ブコウ) 땅이 거칠

【蕃】번 バン、ハン、しげる grow wildly 元 ㄈㄢˊ fan² ①풀 더부룩할 草茂 ②많을 多也 ③불을 滋也

【蕃國】(번국-バンコウ) 오랑캐 나라

【蕃茂】(번무-ハンモ) 초목이 무성함

【蕃殖】(번식-バンショク) 성하여 퍼짐

【蕃衍】(번연-ハンエイ) ①초목이 무성함 ②자손이 늘어서 많이 퍼짐

【蕃育】(번육-ハンイク) 번식하고 생육함

【蕃人】(번인-バンジン) 오랑캐

【蕃族】(번족-バンゾク) 일가가 많음

【蕃椒】(번초-バンショウ) 고추

【蕭】소 ショウ、さびしい lonely 蕭 ㄒㄧㄠ hsiao¹ ①쓸쓸할 寂寥貌—條 ②쑥 蒿也 ③바람 소리 風聲 ④말우는 소리 馬鳴聲 ⑤차면담 門屏—墻

【蕭蕭】(소소-ショウショウ) ①말이 우는 소리 ②바람 부는 소리 ③나무잎이 떨어지는 소리 ④바쁜 모양 ⑤쓸쓸한 모양

【蕭瑟】(소슬-ショウシツ) 쓸쓸함

【蕭然】(소연-ショウゼン) ①쓸쓸한 모양 ②떠들썩한 모양

【蕣】순 シュン、むくげ the rose of sharon 무궁화 木槿 舜通

【蕈】심 ジン、きのこ mushroom 버섯 菌也

【蕊】예 ズイ、しべ stamen 紙 ㄖㄨㄟˇ juei³ ①꽃술 花內植物傳種之器官 ②약 이름 藥名石—

【蕊宮】(예궁-ズイキュウ) 도교(道敎)의

사당(祠堂)

【蕘】요 ジョウ、きこり wood cutter 蕭 ㄖㄠˊ jao²
나무할 刈草採薪芻—

【蕘歌牧嘯】(요가목소-ジョウカボクショウ) 나뭇군과 소치는 사람의 노래

【蕘童】(요동-ジョウドウ) 나무하는 아이

【蕓】운 ウン、なたね rape
평지 菜名—薹

【蕤】유 ズイ、スイ、しげる thick 支 ㄖㄨㄟˊ juei²
더부룩한 盛貌葳—

【蕤賓】(유빈-ズイヒン) 십이율(十二律)의 하나。음력五월에 벼름。따라서 五월의 딴 이름

【蕕】유 ユウ、くさみ offensive smell 尤 ㄧㄡˊ yu²
①썩은 나무 냄새 朽木臭 ②풀이름 水草名

【蕕薰】(유훈-ユウクン) 고약한 냄새와 좋은 향기。선악(善惡)의 뜻으로 씀

【蕞】체 サイ、しるし mark
띠묶어 표할 表位綿—(최)①조그마할 小貌 ②모일 集合 (절) 義同

【蕞爾】(최이-サイジ) 조그마한 모양

【蕉】초 ショウ、ばしょう plantain 蕭 ㄐㄧㄠ chiao¹
①파초 草名芭— ②섶 薪也

【蕉葉】(초엽-ショウヨウ) ①파초의 잎 ②밑이 얕은 작은 술잔의 이름

【蕩】탕 トウ、ひろやか vast 漾 ㄉㄤˋ tang⁴
①클 大也—— ②방탕할 無檢束放— ③법없어질 法廢板— ④편할 廣遠貌

【蕩竭】(탕갈-トウカツ) 죄다 써버림

【蕩減】(탕감-トウゲン) 소비한 공금。또는 빚을 죄다 면제하여 줌

【蕩婦】(탕부-トウフ) ①노는 계집 ②방탕한 부녀

【蕩散】(탕산-トウサン) 죄다 흩어짐

【蕩産】(탕산-トウサン) 가산을 탕진함

【蕩子】(탕자-トウシ) 방탕한 소년

【蕩志】(탕지-トウシ) ①크고 넓은 뜻 ②마음을 방탕하게 가짐

【蕩盡】(탕진-トウジン) 죄다 써버림

【蕩滌】(탕척-トウデキ) 죄명을 씻어버림

【蕩蕩】(탕탕-トウトウ) ①크고 넓은 모양 ②평온한 모양 ③물이 편한 모양 ④법도가 문란해진 모양 ⑤마음이 정하지 아니한 모양

【蕩敗】(탕패-トウハイ) 살림을 없애서 결딴남

【蕩平】(탕평-トウヘイ) 어느쪽에든지 치우치지 아니함

【蔽】폐 ヘイ、ベイ、おおう cover 霽 ㄅㄧˋ pi⁴
가릴 掩也 弊通

【蔽掩】(폐엄-ヘイエン) 덮어 가림

【蔽隱】(폐은-ヘイイン) 가려 감춤

【蔽遮】(폐차-ヘイシャ) 덮어 가림。막음

【蕙】혜 ケイ、かおりぐさ orchid 霽 ㄏㄨㄟˋ huei⁴
난초 蘭屬香草

【蕙氣】(혜기-ケイキ) 난초의 향기

【蕙蘭】(혜란-ケイラン) 난초

【蕙心】(혜심-ケイシン) 미인의 아름다운 「마음

【蕙質】(혜질-ケイシツ) 아름다운 성질

【曹】目部 十一畫에 볼것

【十三畫】

【薑】강 キョウ、はじかみ ginger 陽 ㄐㄧㄤ chiang¹
새앙 禦濕草

【薑桂】(강계-キョウケイ) 늙을수록 기력이 정정하고 강직함。새앙과 육계(肉桂)는 오래될수록 매워지기 때문에 일컫는 말

【薑汁】(강즙-キョウジュウ) 생강을 강판에 갈아서 짜낸 물

【薑板】(강판-キョウハン) 강즙을 낼 때에 생강을 가는 기구

【薊】계 ケイ、あざみ Tractylis ovata
①삽주 朮也 ②나라이름 周代國名

【蕾】뢰 ライ、つぼみ flower bud
①꽃봉오리 始華蓓— ②꽃잎 방긋할 花綻貌

【薐】릉 ロウ、ほうれんそう spinach 𠂉 ㄌㄥˊ lêng²
시금치 菠—草

【薇】미 ビ、ぜんまい flowering fern
①고비 蕨也 ②장미 薔— ③백일홍 花名紫—

【薄】박 ハク、バク、うすい thin 藥 ㄅㄠˊ pao²
①엷을 不厚 ②가벼울 輕也 ③적을 少也 ④핍박할 迫也 ⑤모둘 集也 ⑥입힐 被也 ⑦풀떨기 草叢林— ⑧발 簾也帷— ⑨혐오할 嫌也 ⑩빨리 달릴 疾驅—— ⑪땅거미 晩也—暮 ⑫애오라지 聊也
【薄勘】(박감) 죄인을 가볍게 처분함
【薄待】(박대-ハクタイ) 몹시 굶。소홀히 대접함 「행
【薄德】(박덕-ハクトク) 두텁지 못한 덕
【薄利】(박리-ハクリ) ①박한 이익 ②적은 이자(利子)
【薄命】(박명-ハクメイ) 명도가 기박함
【薄暮】(박모-ハクボ) 땅거미。황혼(黃昏)
【薄霧】(박무-ハクム) 엷은 안개 「사물
【薄物細故】(박물세고) 변변하지 못한
【薄福】(박복-ハクフク) 복이 적음
【薄俸】(박봉-ハクホウ) 적은 봉급
【薄夫】(박부-ハクフ) 인정이 엷은남자。경박한 사람 「얼음
【薄氷】(박빙-ハクヒョウ) 엷은 얼음。살
【薄謝】(박사-ハクシャ) 약소한 사례
【薄色】(박색) ①얼굴이 못생긴 사람 ②못생긴 얼굴
【薄暑】(박서-ハクショ) 초여름의 대단치 않은 더위
【薄俗】(박속-ハクゾク) 경박한 풍속
【薄弱】(박약-ハクジャク) ①엷고약함。매우 여림 ②확실하지 아니함。불충분함
【薄雲】(박운-ハクウン) 엷은 구름
【薄才】(박재-ハクサイ) 천박한 재주
【薄田】(박전-ハクデン) 지기(地氣)가 메마른 밭
【薄情】(박정-ハクジョウ) 인정이 없음。쌀쌀한 것 「한술
【薄酒】(박주-ハクシュ) 맛이 변변치 못
【薄志】(박지-ハクシ) 뜻이 약함。마음이 경박함 「박함
【薄之又薄】(박지우박) 더 할 수 없이
【薄荷】(박하-ハッカ) 영생이
【薄學】(박학-ハクガク) 넉넉하지 못한 학문
【薄行】(박행-ハッコウ) 경박한 행위

【薜】벽 ヘイ、まさきのかずら ivy 𠮷 ㄅㄧˋ pi⁴
①담장이 牡蘱—茘 ②돌삼 山麻 ③승검초 當歸 (폐) 義同

【薩】살 サツ、ぼさつ Buddhist saint
보살 普濟佛號菩—

【薛】설 セツ、よもぎ mugwort
풀이름 草名藾蒿 ②나라이름 周代國名 ③姓也
【薛濤】(설도-セットウ) 당(唐)나라의 여류 시인。명문출신의 기생。당시의 문인(文人)들과 교제하였다
【薛卞】(설변-セッペン) 옛적에 도검(刀劍)의 감정을 잘하던 설촉(薛燭)과 보옥(寶玉)을 발견한 변화(卞和)。따라서 감정의 재주가 깊은 사람을 이름

【薪】신 シン たきぎ fire-wood 眞 ㄒㄧㄣ hsin¹
섶 柴也
【薪水】(신수-シンスイ) ①땔나무와 물。생활상 필요한 것 ②월급·식비의 뜻으로 씀 「사람。땔나무
【薪採】(신채-シンサイ) 땔나무를 하는
【薪炭】(신탄-シンタン) 땔나무와 숯

【蕷】여 ヨ、いも taro 御 ㄩˋ yü⁴
마 山藥薯—

【薀】온 ウン、みずくさ water nut 問 ㄩㄣˋ yün⁴

①마름 藻屬 ②익힐 習也 ③쌓일積也 蘊同

【薏】 의 ヨク、はすのみ seed of lotus 寘 ㄧˋ
①연밥 蓮子 ②율무 草珠—苡 (억) 연밥알 蓮心

【薔】 장 ショウ、ソウ、ショク、みづたで rose
장미 花名—薇(색)물여뀌 薔生澤者

【薔薇】(장미-ショウビ・ばら) 장미과에 속한 관목으로 관상용으로 재배함。 종류가 많으며 유우럽 사람은 꽃의 대표로 삼음。 영국의 국화

【薦】 천 セン、すすめる recommend 霰 ㄐㄧㄢˋ chien⁴
①천거할 —擧 ②쑥 蒿也 獸之所食草 ③짚자리 藁席 ④풀모도록할 草稠貌 ⑤천신할 祭也—新 ⑤드릴 進也

【薦擧】(천거-センキョ) 사람을 추천함

【薦骨】(천골)척추의 아래 끝부분。 엉덩이뼈

【薦達】(천달-センタツ) 사람을 천거하여 벼슬하게 함

【薦度】(천도-センド) 죽은 사람이 극락세계로 감

【薦靈】(천령-センレイ) 불공이나 재를 올려 죽은 이의 영혼을 건져주는 일

【薦望】(천망-センボウ) 벼슬아치를 이끌어 천거함

【薦拔】(천발-センバツ) 인재를 뽑아 냄

【薦新】(천신-センシン) 새로나는 물건을 신주(神主)또는신명(神命)에게바침

【薦紳】(천신-センシン) 신분이 높은 사람。 신사(紳士)

【薦魂文】(천혼문-センコンブン) 죽은 사람의 영혼을 천국으로 천도하는 글

【薙】 치 テイ、なぐ cutting grass
①풀 깎을 芟草 (체) 義同

【薤】 해 カイ、らっきょう scallion
①부추 似韭葷菜 一名鴻薈 ②상둣군소리 挽歌—露

【薤露】(해로-カイロ) 시체를 운반할 때 부르는 노래。(사람의 목숨이 덧없음을 부추 위의 이슬에 견준 것)

【薈】 회 ワイ、エ、しげる grow thick 泰 ㄏㄨㄟˋ huei⁴
①염교 薤菜鴻— ②풀 많을 草多貌 —蔚 ③가릴 障也翳—

【薈蔚】(회위-カイウツ) ① 초목이 무성한 모양 ②구름이 일어나는 모양

【薨】 훙 コウ、みまかる demise 蒸 ㄏㄨㄥ hung¹
죽을 奄也 天子死曰崩 諸侯死曰— (횡) 떼로 나는 소리 群飛聲——

【薨去】(훙거-コウキョ) 왕공(王公)・귀인의 사망

【薨薨】(훙훙) ①불러 퍼지는 모양 ②빠른 모양

【十四畫】

【藁】 고 コウ、わら straw
①짚 禾稈 ②거적 席也 ③글 초잡을 文草

【藁人】(고인-コウジン) 짚으로 만든 사람

【薹】 대 タイ、かさすげ rape 灰 ㄊㄞˊ t'ai²
①평지 菜名蕓— ②띠 夫須草

【藍】 람 ラン、あるい indigo-plant 覃 ㄌㄢˊ lan²
①쪽 染青草 ②절 僧居伽— ③누더기 敝衣—縷

【藍縷】(남루-ランル) 누더기

【藍本】(남본-ランポン) ①회화의 초벌그림。 바탕으로 삼는 원본

【藍綬】(남수-ランジュ) 남빛의 인끈

【藐】 막 ビョウ、バク かろんずる despise 覺 ㄇㄧㄠˇ miao³
①지초 染紫草 ②약간 忽略—— ③아름다울 美也 (묘)①멀 遠也 ②작을 小也 ③약할 弱也 ④쉽게볼 輕視貌

【藐藐】(막막-バクバク) ① 아름다운 모양 ②큰모양 ③남의 교훈을 마음에 두지 않는 모양

【藐視】(묘시-ビョウシ) 나지리 여김。 가볍게 봄

【薯】 서 ショ、いも Chinese yam 御 ㄕㄨˇ shu³

마 藥名—蘋 諸同

【藎】신 ジン、のこり remain 震 ㄐㄧㄣ chin⁴
①남을 餘也 ②염황초 染黃草 ③나
아갈 進也 忠—

【藉】자 シャ、セキ、しく spread 禡 ㄐㄧㄝ chieh⁴
①깔 薦也 ②빙자할 憑— ③빌 借也
④온자할 含容意醞—(적) ①어수선
할 雜亂狠— ②왁자할 名稱—— ③
성할 盛也 —甚
【藉口】(자구-シャコウ) 핑계댐
【藉甚】(자심-セキジン) 평판이 높음。명
성이 널리 퍼져 성함
【藉藉】(자자-セキセキ) ①어수선한 모양
②여러 사람입에 오르내림 「받
【藉田】(적전-セキデン) 임금의 친히 갈던

【藏】장 ゾウ、おさめる storage 陽 ㄘㄤ ts'ang²
①풀이름 草名似薍 ②감출 隱也蓄
也 ③곳집 物所蓄 臟通 「감춰짐
【藏匿】(장닉-ゾウトク) 감추어 숨김。또
【藏書】(장서-ゾウショ) 가지고 있는 책
【藏守】(장수-ゾウシュ) 감추어 지킴
【藏收】(장수-ゾウシュウ) 감추어 모음。
감추어 둠 「감춤
【藏拙】(장졸-ゾウセツ) 자기의 단점을
【藏置】(장치-ゾウチ) 넣어둠。감추어 둠
【藏板】(장판-ゾウハン) 출판한 서적의
판목을 간직하여 둠

【薺】제 セイ、ザイ、なずな shepherd's purse
①냉이 甘菜 ②게로기 —苨似蔘(자)
①납가새 蒺藜 ②풍류이름 樂名采

【藋】조 チョウ、あかざ goose-foot 嘯 ㄉㄧㄠ tiao⁴
명아주 藜類

【薰】훈 クン、かおりぐさ fragrant grass
①향풀 香草似蘼蕪 ②훈할 灼也
【薰陶】(훈도-クントウ) 덕으로 사람을
교화함 「(家門)
【薰門】(훈문-クンモン) 권세 있는 가문
【薰熱】(훈열-クンネツ) 찌는 듯이 무더
운 더위 「쁜 냄새
【薰蕕】(훈유-クンユウ) 좋은 냄새와 나
【薰育】(훈육-クンイク) 덕(德)으로서 사
람을 이끌어 가르침
【薰炙】(훈자-クンセキ・クンシャ) 남의 교
화(敎化)를 받음
【薰蒸】(훈증-クンジョウ) 찌는 듯이 무더
운 더위
【薰風】(훈풍-クンプウ) 후덥지근한 바람

【舊】臼部 十二畫에 볼것

【十五畫】

【藭】궁 キュウ、おんなかづら Angelica Polymorpha
궁궁이 香草芎—

【藤】등 トウ、ふじ rattan 蒸 ㄊㄥ t'eng²
등나무 蔓生木藟也
【藤牀】(등상-トウショウ) 등나무의 줄기
로 만든 의자의 하나
【藤纏】(등전-トウテン) 등나무 줄기가
감김

【藜】려 レイ、あかざ goose-foot 齊 ㄌㄧ li²
명아주 羹菜蒿類
【藜羹】(여갱-レイコウ) 명아주국
【藜藿】(여곽-レイカク) 명아주의 잎과
콩잎
【藜杖】(여장-レイジョウ) 명아주 지팡이

【藟】류 ルイ、かずら vines of arrowroots
칡덩굴 葛蔓藤屬

【藩】번 ハン、まがき fence
①울 籬也 ②제후나라 —屛 「라
【藩國】(번국-ハンコク) 제후(諸侯)의 나
【藩籬】(번리-ハンリ) 울타리。수레의 덮
개。입구。문호
【藩屛】(번병-ハンペイ) ①울타리와 대문
의 앞가림。또 수레의 덮개 ②임금
의 수호가 될만한 것。곧제후(諸侯)
【藩臣】(번신-ハンシン) ①번국(藩國)
의 임금。곧 제후(諸侯) ②관찰사
(觀察使)를 이름

【藩人】(번인·ハンジン) ①야만인 ②대만의 토인

【藩翰】(번한·ハンカン) ①울타리와 기둥 ②번병(藩屏)

【藪】수 ソウ、スや、ぶ thicket 囿 ㄙㄡˇ sou³
①숲 林藪 ②큰늪 大澤 ③또아리 戴品婁—

【藪澤】(수택·ソウタク) 늪。초목의 무성한 곳

【藥】약 ヤク、くすり medicine 藥 ㄧㄠˋ yao⁴
약 金石草木劑皆曰—

【藥價】(약가) 약값

【藥匣】(약갑) 약을 넣는 갑

【藥果】(약과) 과줄

【藥局】(약국·ヤッキョク) 약을 파는 집

【藥籠】(약농·ヤクロウ) 약을 두는 농

【藥袋】(약대) 약을 넣는 봉지 효험으
로 병이 나음 「병이 나음

【藥德】(약덕·ヤクトク) 약의 효험 으로

【藥毒】(약독·ヤクドク) 약의 독기

【藥力】(약력·ヤクリョク) 약의 효력。약의 힘

【藥路】(약로) 여러가지 약을 먹여 보아서 맞는 약을 시험하는 길

【藥料】(약료·ヤクリョウ) ①약의 대금 ②약의 재료 「기는 생리 변화

【藥理】(약리·ヤクリ) 약품에 의해서 생

【藥務】(약무·ヤクム) 약사에 관한 사무

【藥物】(약물·ヤクブツ) 약재(藥材)가 되는물건

【藥方】(약방·ヤクホウ) 약방문

【藥房】(약방·ヤクボウ) 약국

【藥瓶】(약병·くすりびん) 약을 넣는 병

【藥補】(약보) 약을 먹어서 기혈을 보합

【藥褓】(약보) 약을 너무 많이 먹어서 여간한 약으로서는 그 효험이 보이지 않는 일

【藥石】(약석·ヤクセキ) ①약과 침。(옛적에는 돌로 침을 만들어 썼었음) ②사람에게 경계가 되는 말

【藥性】(약성·ヤクセイ) 약의 성질

【藥室】(약실·ヤクシツ) ①총포의 일부로서 화약을 장진하는 부분 ②약을조합 처방하는 방

【藥食】(약식) 약밥 「체

【藥液】(약액·ヤクエキ) 약으로 쓰는 액

【藥言】(약언·ヤクゲン) 도움이 되는 말

【藥研】(약연·ヤクゲン) 약의 재료를갈아서 가루로 만드는데 사용하는 기구

【藥用】(약용·ヤクヨウ) 약으로 씀

【藥餌】(약이·ヤクジ) 약이 되는 음식。또는 약

【藥材】(약재·ヤクザイ) 약의 재료

【藥箋】(약전·ヤクセン) 처방전

【藥劑】(약제·ヤクザイ) 여러가지 약재를 섞은 약

【藥種】(약종·ヤクシュ) 약의·재료

【藥酒】(약주·ヤクシュ) 약으로 쓰는 술。약을 탄 술。또 독주

【藥借】(약차) 약을 먹어 힘을 빌음

【藥脯】(약포) 쇠고기를 얇게 저미어 양념을 하여 말린 것

【藥圃】(약포·ヤクホ) 약을 심그는 밭

【藥品】(약품·ヤクヒン) ①약의 품질 ②약제(藥劑) ③여러가지의 약

【藥學】(약학·ヤクガク) 약재의 화학적 성질과 치료 위생과의 관계에 대하여 연구하는 학문

【藥莢】(약협·ヤッキョウ) 화약을 넣어 놋쇠로 만든 작은 통

【藥效】(약효·ヤッコウ) 약의 효험

【藝】예 ゲイ、わざ talent 霽 ㄧˋ i⁴
①재주 才能 ②글 文也 ③법 法也 ⑤대중할 準也 ④심을 種也 ⑥극진할 極也

【藝妓】(예기·ゲイギ) 기생

【藝能】(예능·ゲイノウ) 예술과 기능

【藝道】(예도·ゲイドウ) 예술을 연마하는 길

【藝林】(예림·ゲイリン) ①책이 많이 모여 있는 곳 ②예술가의 사회。예원(藝苑)

【藝文】(예문·ゲイブン) 기술과 학문

【藝術】(예술·ゲイジュツ) ①학예와 기술 ②형상(形象)을 따라 아름다움을 나타내는 수단

【藝苑】(예원-ゲイエン) ①예술의 사회 ②기예(技藝)의 사회 「藝林
【藝園】(예원-ゲイエン)예원(藝苑)。예림
【藝人】(예인-ゲイニン) 기예(技藝)를 닦아 이를 발표하는 것으로서 업을 삼는 사람

【藕】우 グウ ゴウ、はすのね
lotus root 有 ㄡˇ ouˇ
①연근 芙蓉根 ②연 連也
【藕根】(우근-グウコン) 연근
【藕花】(우화-グウカ) 연꽃

【繭】糸部 十三畫에 볼것

【十六畫】

【藿】곽 カク、まめのは
leaves of soybean
①콩잎 豆葉 ②곽향 藥草—香
【藿羹】(곽갱-カッコウ) 콩잎으로 끓인국

【蘄】근 キ、せり
parsley 支 ㄑㄧˊ chʻi²
승검초 當歸山— (기) ①미나리 芹也②말재갈 馬銜 ③구할 求也 ④빌 祈也

【蘆】로 ロ、あし
reed 虞 ㄌㄨˊ lu²
갈대 葦也 (려) 절국대 藥名漏—
【蘆芽】(노아-ロガ) 갈대의 싹
【蘆岸】(노안-ロガン) 갈대가 난 언덕
【蘆笠】(노립-ロリュウ) 갈대로 만든 갓
【蘆花】(노화-ロカ) 갈꽃
【蘆灰】(노회-ロカイ) 갈대의 재

【藺】린 リン、いぐさ
rush 震 ㄌㄧㄣˋ linˋ
외양이 似莞而細可爲席

【蘋】빈 ヒン、うきくさ
water-nut 眞 ㄆㄧㄣˊ pʻin²
마름 大萍
【蘋菓】(빈과-ヒンカ) 능금
【蘋萍】(빈평-ヒンピョウ・ヒンペイ) 마름
【蘋風】(빈풍-ヒンプウ) 마름 위로부는 바람

【蘇】소 ソ、ス、よみがえる
beefsteak plant 虞 ㄙㄨ suˉ
①차조기 草名紫— ②부소나무 木名扶— ③깨날 死而復生 ④기운까부러질 氣索貌— ⑤실드림 盤線流— ⑥姓也 甦通 「복됨
【蘇復】(소복-ソフク) 병후에 원기가 회
【蘇生】(소생-ソセイ) 거의 죽어 가다가 다시 살아남
【蘇葉】(소엽-ソヨウ) 차조기의 잎사귀
【蘇鐵】(소철-ソテツ) 소철과에 속한 상록수(常綠樹)

【藹】애 アイ、しげる
grow thick 泰 ㄞˇ aiˇ
①초목 우거질 草木叢雜貌 ②많은 盛多貌—
【藹藹】(애애-アイアイ) ①많은 모양 ②초목이 우거진 모양 ③향기가 나는 모양 ④달빛이 희미한 모양 ⑤힘을 쓰는 모양 ⑥평화로운 모양
【藹然】(애연-アイゼン) 초목이 우거져 무성한 모양
【藹彩】(애채-アイサイ) 신선한 모양

【蘊】온 ウン、オン、つむ
pile up 吻 ㄩㄣˋ yunˋ
①쌓을 積也 ②불끄러미 聚草蘊火束— 「오합
【蘊奧】(온오-ウンノウ) 학문, 기예가 심
【蘊藉】(온자-ウンシャ) 완전하고 결점이 없음
【蘊蓄】(온축-ウンチク) 깊이 쌓아 둠
【蘊合】(온합-ウンゴウ) 쌓아 합함。쌓아 모음

【藷】저 ショ、いも
white potato 魚 ㄕㄨˇ shuˇ
①감저 番薯甘— ②마 —蕷

【藻】조 ソウ、も
water-caltrop
①마름 水草有文 ②글 文也 ③좋아할 喜悅也 鼂—
【藻鑑】(조감-ソウカン) 사람을 보아 선악을 알아내는 견식
【藻思】(조사-ソウシ) 시문(詩文)을 잘 짓는 재주。문재(文才)

【蘅】형 カウ、おおかんあおい

곰취 香草杜一

【蘂】 蕊(艸部 十二畫)同字

【蘠】 薔(艸部 十三畫)本字

【十七—十八畫】

【蘧】 거 キョ、なでしこ China pink 魚 ㄑㄩˊ ch'ü²
①패랭이 꽃 瞿麥 ②마음에 든든할 自得貌一

【蘭】 란 ラン、あららぎ orchid 寒 ㄌㄢˊ lan²
①난초 香草一幹一花 ②목란꽃 花名木一

【蘭交】(난교-ランコウ) 마음이 통하는 사람끼리 친하게 된 교분

【蘭若】(난야-ランニャク) 절·사찰의 딴 이름

【蘭漿】(난장-ランショウ) 목란으로 만든 노

【蘭香】(난향-ランコウ) 난초의 향기

【蘗】 벽 ハク、ヒャク、きはだ Phellodendron amurense
황경나무 黃木

【蘚】 선 セン、こけ moss 銑 ㄒㄧㄢˇ hsien³
이끼 苔也瓦一

【蘚岸】(선안-センガン) 이끼가 난 언덕

【蘚崖】(선애-センガイ) 이끼 낀 절벽

【䕺】 총 ソウ、くさむら cluster
①떨기 草一生 ②줄기 株也

【十九畫—二十一畫】

【蘿】 라 ラ、かずら dodder-vines 歌 ㄌㄨㄛˊ luo²
①무우 菜也一蔔 ②새삼덩굴 托松而生女一 ③댕댕이 덩굴 薜一 ⑤시라향 香也蒔一 ④담장이 덩굴 藤一

【蘿逕】(나경-ラケイ) 담장이의 무성한 작은 길

【蘿蔔】(나복-ラフク) 무우

【蘿月】(나월-ラゲツ) 담장이 덩굴 사이로 보이는 달

【蘺】 리 リ、かき fence 支 ㄌㄧˊ li²
궁궁이싹 芎藭苗江一 籬通

【蘸】 잠 サン、ひたす soak
물에 담글 以物淬水

【虆】 류 ルイ、つる wild vines 寘 ㄌㄟˊ lei²
머루덩굴 蘡一

虍部

【虍】 호 コ、ク、とらふ figure of tiger skin
범의 문채 虎文

【二 畫】

【虎】 호 コ、とら tiger 麌 ㄏㄨˇ hu³
범 猛獸山獸之君

【虎口】(호구-ココウ) ①썩 위험한 곳。또는 그 경우를 이름 ②바둑 둘때 상대자의 바둑이 이미 단수로 싸여 있는 그 속

【虎窟】(호굴-コクツ) ①범이 사는 굴 ②가장 위태한 곳을 비유한 말

【虎騎】(호기-コキ) 용맹한 기병대의 일컬음

【虎狼】(호랑-コロウ) ①범과 이리 ②욕심이 많고 잔인한 사람을 이름

【虎網】(호망-コモウ) 호환(虎患)을 막기 위하여 집 근처에 쳐놓은 새끼 그물

【虎班】(호반-コハン) 범의 무늬

【虎兵】(호병-コヘイ) 용맹한 병사

【虎嘯】(호소-コショウ) ①범이 울음 ②입신(立身)하여 세력이 있는 모양

【虎視】(호시-コシ) 범의 예리한 눈초리로 사방을 둘러봄

【虎視耽耽】(호시탐탐-コシタンタン) 날카로운 눈빛으로 고요히 형세를 노려봄

【虎列剌】(호열자-コレラ) 토사가 심한 급성 전염병의 하나

【虎威】(호위-コイ) 권세 있는 사람의 위력을 범의 위력에 비한 말

【虎將】(호장-コショウ) 용맹한 장수

【虎豹】(호표-コヒョウ) 범과 표범

【虎皮】(호피-コヒ) 범의 껍질

【虎穴】(호혈-コケツ) ①범이 사는 구멍 ②썩 위험한 곳。무서운 곳

【三畫—五畫】

【虐】학 ギャク、しいたげる cruel 藥 ㄋㄩㄝ nüeh4 ①해롭게 할 殘也 ②사나울 酷也

【虐待】(학대-ギャクタイ) 몹시 굴음。가혹한 대우

【虐殺】(학살-ギャクサツ) 잔혹한 방법으로 죽임

【虐政】(학정-ギャクセイ) 잔혹한 정치

【虔】건 ケン、つつしむ sincerity 先 ㄑㄧㄢ ch'ien2 ①정성 恭敬 ②빼앗을 强取 ③죽일 殺也 —劉

【虔劉】(건류-ケンリュウ) 죽임。살해함

【虔誠】(건성-ケンセイ) 지극한 정성。지성(至誠)

【虙】복 フク、とらのさま dangerous 屋 ㄈㄨˊ fu2 ①위엄스러울 虎貌 ②복희씨 ——帝號

【處】처 ショ、ところ plaec ①곳 —所 ②살 居也 ③그칠 止也 ④처치할 分別 —置 ⑤처사 士未仕 ⑥처녀 女未嫁

【處決】(처결-ショケツ) 결단하여 처분함。처단(處斷)

【處女】(처녀-ショジョ) 시집갈 나이가 되고 아직 시집가지 아니한 여자

【處女林】(처녀림-ショジョリン) 아직 사람의 발이 미치지 아니한 숲

【處斷】(처단-ショダン) 처치하여 결단함

【處理】(처리-ショリ) 일을 다스림。일을끝냄

【處務】(처무-ショム) 사무의 처리。처리해야 할 사무

【處民】(처민-ショミン) 백성을 분주(分住) 시킴

【處方】(처방-ショホウ) 병의 증세에 따라 처리하는 약제를 배합하는 방법

【處方箋】(처방전-ショホウセン) 처방을적은 종이

【處罰】(처벌-ショバツ) 형벌에 처함

【處辨】(처변-ショベン) 자기가 당하고 있는 경우

【處分】(처분-ショブン) ①처리하여 마감함 ②지휘하여 명령함 ③법규를 적용함

【處士】(처사-ショシ) ①벼슬을 아니하고 편안히 있는 선비 ②절에서 수도하는 도사(道士)

【處事】(처사-ことをショす) 일을 처리함

【處暑】(처서-ショショ) 二十四절기의 하나。양력 八월 二十三일 경

【處世】(처세-ショセイ) 세상에서 살아감

【處所】(처소-ショショ) 장소。있는 곳

【處守】(처수) 집을 지킴。집을 봄

【處身】(처신-みをショす) 몸을 가짐。행동함

【處約】(처약-ヤクにおる) 곤궁한 환경에 처함

【處遇】(처우-ショグウ) 잘 조처하여 대우함

【處義】(처의-ギにしょす) 의를 지켜 올바르게 살아감

【處子】(처자-ショシ) ①처녀 ②처사(處士)

【處靜】(처정-ショセイ) 마음을 안정한 경지에 둠

【處地】(처지-ショチ) ①자기가 당하고 있는 경우 ②있는 곳 ③지위。신분

【處處】(처처-ショショ) ①여기나 저기나 여러곳 ②처소 ③곳곳

【處置】(처치-ショチ) ①다툼。처리하여 마감함 ②각각 그 위치를 정함

【處刑】(처형-ショケイ) 형벌에 처함

【六 畫】

【䖏】前條 俗字

【虖】호 コ、か、ああ oh! ah! 虞 ㄏㄨ hu1 오홉나할 歎辭嗚— 呼·嘑通

【虚】虛(虍部 六畫)俗字

【彪】彡部 八畫에 볼 것

【虜】로 リョ、ロ、とりこ catch alive 國 ㄌㄨˇ lu
사로잡을 掠也 擄同
【虜掠】(노략-リョリャク) 사람 또는 재
물을 빼앗아 감
【虜獲】(노획-リョカク) 사로잡음
【虛】허 キョ コ、むなしい
empty 國 ㄒㄩ hsü
①빌 空也 ②버금자리 次也 ③터
故城 ④다할 罄也 ⑤별 이름 宿名
二十八宿之一
【虛喝】(허갈-キョカツ) 거짓 공갈함
【虛廓】(허곽-キョカク) 가까운 사람과
이별하여 마음이 섭섭함
【虛空】(허공-キョクウ) 아무것도 없는곳
【虛構】(허구-キョコウ) 사실이 없는 일
을 사실인 것처럼 얽어 만듬
【虛氣】(허기) 기운을 가라앉힘
【虛器】(허기-キョキ) 실제에 소용이 없
는 기구
【虛飢】(허기) 굶어서 배가 고픔
【虛談】(허담-キョダン) 진실하지 못한
담화。빈 말
【虛洞】(허동) 구멍 「머리
【虛頭】(허두-キョトウ) 글이나 말의 첫
【虛浪】(허랑-キョロウ) 언행이 허황하고
착실하지 못함 「예의
【虛禮】(허례-キョレイ) 겉으로 꾸미는
【虛論】(허론-キョロン) 허망한 의논
【虛冷】(허랭-キョレイ) 양기가 부족하고
몸이 냉함
【虛靈】(허령-キョレイ) 잡념이 없이 마
음이 신령함
【虛禮】(허례-キョレイ) 실속이 없이 겉
으로만 꾸미는 번거로움
【虛錄】(허록-キョロク) 거짓의 기록
【虛論】(허론-キョロン) 허망한 의론
【虛妄】(허망-キョモウ) 거짓이 많아서
믿을 수 없음
【虛名】(허명-キョメイ) 헛된 명예
【虛無】(허무-キョム・コム) ①아무것도
없음 ②마음 속이 비고 아무것도
없음 ③노자(老子)가 주창한 학설。
마음에 사념(邪念)이 없이 자연에
맡김
【虛文】(허문-キョブン) 외양만 꾸미는
쓸데없는 예의나 법문
【虛聞】(허문-キョブン)터무니 없는소문
【虛拜】(허배) 신위에 절함
【虛病】(허병-キョビョウ) 꾀병
【虛費】(허비-キョヒ) ①헛되게 없앰 ②
쓸데 없는 비용
【虛事】(허사) 헛된 일 「생각
【虛想】(허상-キョソウ) 쓸데없는 헛된
【虛說】(허설-キョセツ) 헛된 말 「하나
【虛星】(허성-キョセイ) 二十八숙(宿)의
【虛聲】(허성-キョセイ) ①헛소리 ②너무
니 없는 소문
【虛勢】(허세-キョセイ) 실상이 없는 세
력。헛된 위세
【虛泄】(허설-キョセツ) 기력이 쇠약하여
음식을 먹으면 북통없이 바로 설사
가 나는 병
【虛送】(허송-キョソウ) 헛되게 보냄
【虛飾】(허식-キョショク) 실지가 없이 외
면치레함
【虛實】(허실-キョジツ) ①헛된 것과 참
된 것 ②상대자의 방어 준비의유무
【虛心】(허심-キョシン) ①마음 속에 아
무 생각이 없음 ②공평 무사한 마
음 「②기력이 약함
【虛弱】(허약-キョジャク) ①세력이 적음
【虛言】(허언-キョゲン・キョゴン) 거짓말
【虛熱】(허열-キョネツ) 식욕이나 기력
이 없고 몸이 쇠약해져서 열과 땀
이 나는 병
【虛榮】(허영-キョエイ) ①외양의 미를
자랑함。무가치한 외관상의 영화 ②
외양치레함 「명예
【虛譽】(허예-キョヨ) 실상이 없는 빈
【虛慾】(허욕-キョヨク) 공연한 욕심。헛
된 욕심 「리 ②빈 자리
【虛位】(허위-キョイ) ①실권이 없는 자
【虛威】(허위-キョイ) 허세
【虛僞】(허위-キョギ) 거짓 「날
【虛日】(허일-キョジツ) 아무 일도 없는
【虛傳】(허전-キョデン) 거짓말로 전함
【虛誕】(허탄-キョタン) 거짓 허망(虛妄)
【虛脫】(허탈-キョダツ) 심장이 쇠약하여
체력이 없어지고 빈사 상태로 되는

일 「없음
【虛乏】(허핍-キョボウ) 굶주려서 기운이
【虛虛實實】(허허실실-キョキョジツジツ) 온
갖 수단을 써서 상대방의 약점을
비난하여 싸움
【虛荒】(허황) 사람됨이 덜데서 믿음
성이 없음

【虞】우 グ、おもんぱかる anxiety
①염려할 慮也艱― ②즐거울 樂也
驩― ③갖출 備也 ④편안할 安也
⑤그르칠 誤也 ⑥우제지낼 葬後祭
禮 ⑦짐승 이름 仁獸騶― ⑧벼슬
이름 山澤官名 ⑨우나라 帝舜國號
【虞淵】(우연-グエン) ①해가 들어가는
곳 ②땅거미。황혼(黃昏)
【虞人】(우인-グジン) 산림소택(山林沼
澤)을 맡은 벼슬

【號】호 ゴウ、さけぶ shout
①부르짖을 大呼 ②이름 名稱 ③부
를 召也 ④호령할 ―令 ⑤크게 울
大哭 ⑥닭울 鷄鳴 ⑦오호활 弓名烏
― 「피 울음
【號哭】(호곡-ゴウコク) 소리를 내어 슬
【號叫】(호규-ゴウキュウ) 부르짖음
【號令】(호령-ゴウレイ) ①지휘하는 명령
②큰 목소리로 명령함 ③큰 목소리
로 꾸짖음 「음
【號泣】(호읍-ゴウキュウ) 소리를 높여 울

【號笛】(호적-ゴウテキ) 군호로 부는 피
리 「포
【號砲】(호포-ゴウホウ) 군호로 놓는 대
【號呼】(호호-コウコ) 큰목소리로 부름。
부르짖음

【八畫―十四畫】

【虡】거 キョ、ゴ、かねかけだい bar for hanging a bell
쇠북틀설주 栒衣枸―

【虢】괵 カク、くに state
괵나라 國名

【虧】휴 キ、かける break
①이지러질 缺也 ②덜릴 少也氣損
【虧月】(휴월-キゲツ) 이지러진 달
【虧欠】(휴흠-キケツ) 일정한 수에 부족
이 생김

【慮】心部 十一畫에 볼것

【盧】皿部 十一畫에 볼것

【膚】肉部 十一畫에 볼것

【戱】戈部 十二畫에 볼것

【戲】戈部 十三畫에 볼것

【獻】犬部 十六畫에 볼것

虫部

【虫】훼 キ、まむし viper ㄏㄨㄟ huei³
버러지 鱗介總名

【一畫―二畫】

【虬】虯(次條)俗字

【虯】규 キュウ、みずち dragon ㄑㄧㄡ ch'iu²
①뿔 있는 용 龍者有角者 ②굼틀거
릴 蟉形蛇―
【虯龍】(규룡-キュウリュウ・キュウリョウ) 용
의 한 가지。빛이 붉고 뿔이 있음

【虱】蝨(虫部 九畫)略字

【三 畫】

【⿱屮虫】천 テン、むしがのびゆく wriggle
버러지 굼틀거릴 蟲曳行

【虸】자 シ、いなむし cicadula viridis
며루 害穀蟲―蚄

【虹】홍 コウ、にじ larva oi a striped mosquito

무지개 螮蝀(항)어지러울 潰也(공)
고을 이름 四州縣名 (강) 義同 、

【虹霓】(홍예-コウゲイ) 무지개

【虹彩】(홍채-コウサイ) 눈동자의 주위에
고리 모양으로 된 막

【虺】훼 キ、カイ、まむし big serpent ㄏㄨㄟˇ huei³
①이무기 蛇— ②작은 뱀소리 小蛇
聲—— ③우뢰소리 雷聲——(희)비
루먹을 馬病——潰

【虺蛇】(훼사-キダ) 이무기와 뱀

【虺虺】(훼훼-キキ) 우뢰소리

【独】獨(犬部 十三畫)略字

【虫】蟲(虫部 九畫)同字

【虽】雖(隹部 九畫)略字

【風】風部 部首에 볼것

【四 畫】

【蚣】공 コウ、ク、むかで centipede 東:ㄍㄨㄥ kung
①지네 毒螫蟲蟆— ②메뚜기 蝗也
—蝑

【蚑】기 キ、ギ、はう wriggle ㄑㄧˊ ch'i²
①굼실거릴 蟲行貌—— ②장기벌레
蠨蛸別名長—

【蚑行】(기행-キコウ) 벌레가 기어가는 모양

【蚪】두 トウ、ト、おたまじゃくし tadpole 㕦ㄉㄡˇ tou³
올챙이 聒千蚪—

【蚊】문 ブン、か mosquito
모기 蚋也蟲人飛蟲

【蚊脚】(문각-ブンキャク) 모기다리。세자
(細字)의 형용

【蚊蚋】(문예-ブンゼイ) 모기

【蚊帳】(문장-かや) 모기장

【蚌】방 ボウ、ホウ、はまぐり fresh water mussel ㄅㄤˋ pang⁴
조개 蛤屬含蠙

【蚌珠】(방주-ボウシュ) 조개에서 나온 진주

【蚌蛤】(방합-ボウコウ) 조개

【蚌鷸之勢】(방휼지세-ボウイツのいきおい)
조개와 황새가 싸운다는 뜻이니、
둘이 서로 마주 버티고 지지 아니
하려는 형세를 이름

【蚍】비 ヒ、おおあり Hercules ant ㄆㄧˊ p'i²
왕개미 蟻之大者—蜉

【蚋】예 ゼイ、か mospuito
모기 蠅—

【蚓】인 イン、みみず earthworm ㄧㄣˇ yin³
지렁이 蚯—名曲蟺 一名土龍

【蚤】조 ソウ、のみ flea 皓 ㄗㄠˇ tsao³
①벼룩 齧人跳蟲 ②일찍 早也

【蚤甲】(조갑-ソウコウ) 손톱 또는 발톱

【蚤起】(조기-ソウキ) 일찍 일어남

【蚤夭】(조요-ソウヨウ) 일찍 죽음

【蚇】척 セキ、シャク、しゃくとりむし loop-worm
자벌레 屈伸蟲—蠖

【蚕】천 テン、みみず earthworm ㄘㄢˊ ts'an²
지렁이 寒蚓 (잠) 蠶 略字

【蚩】치 シ、わらう scorn 支 ㄔ ch'ih
①비웃을 侮也 ②어리석을 愚貌—
③별이름 星名—尤旗 ④사람 이름
人名—尤

【蚩笑】(치소-シショウ) 비웃음

【蚩尤】(치우-シユウ) 중국 전설에 있는
제후 병란(兵亂)을 좋아했기 때문
에 황제(黃帝)에게 멸망함

【蚩蚩】(치치-シシ) ①어리석은 모양 ②
어지러운 모양

【虵】虵(前畫)本字

【五 畫】

【蛄】고 コ、なつぜみ Tanna japonensis

①도로래 穴蟲螻— ②쓰르라미 蟬屬蠬—

【蚯】 구 キュウ、みみず earthworm 尤 ㄑㄧㄡˊ ch'iu²
지렁이 土龍—蚓

【蚯蚓書】(구인서-キュウインショ) 지렁이가 지나간 것처럼 서투르게 쓴 글자

【蛋】 단 タン、たまご sparrow egg ㄉㄢˋ tan⁴
새알 鳥卵

【白蛋】(단백-タンパク) 닭의 알。새알등의 흰자

【蛋黃】(단황-タンオウ) 닭의 알。새알들의 노른자

【蛉】 령 レイ、とんぼ red dragonfly 靑 ㄌㄧㄥˊ ling²
①고추 잠자리 赤卒蜻— ②뽕나무벌레 桑蟲螟—

【蛇】 사 ジャ、ダ、へび snake
①뱀 毒蟲②북쪽별 玄武宿騰—(이) 든든할 自得貌委—(타)①義同 ②이무기 虵屬

【蛇蝎】(사갈-ダカツ) ①뱀과 전갈 ②가장 두렵고 싫은 것 「는 독

【蛇毒】(사독-ジャドク) 뱀의 몸속에 있

【蛇龍】(사룡-ダリュウ) 이무기가 환퇴하여 된 용

【蛇苺】(사매-へびいちご) 땅딸기

【蛇身】(사신-ジャシン) 뱀의 몸뚱이

【蛇心】(사심-ジャシン) 간악하고 질투가 심한 마음

【蛇足】(사족-ダソク) 쓸데 없는 일을하다가 도리어 실패함을 이름

【蛇含石】(사함석-ダガンセキ) 뱀이 월동할 때 입에 물었다가 봄에 토한흙。모양은 탄알같고 단단하며 거죽은 황색

【蛇含草】(사함초-ダガンソウ) ①땅딸기의 일종 ②뱀의 혀

【蛇行】(사행-ダコウ) ①뱀 같이 기어감 ②구불구불 구부러진 모양

【蛇虺】(사훼-ダキ) 뱀과 이무기

【蚰】 유 ユウ、けじけじ flat millipede 尤 ㄧㄡˊ yu²
지차리 —蜒

【蛆】 저 ショ、ソ、うじ maggot 魚 ㄐㄩ chü¹
①구더기 蠅乳肉中蟲 ②지네 蝍蛆蝍—

【蛆蠅糞穢】(저승분예) 구더기와 파리와 똥이 다 더러운 물건이니 남을 낮추어 이르는 말

【六 畫】

【蛩】 공 キョウ、こおろぎ cricket 冬 ㄑㄩㄥˊ ch'iung²
공공이 獸名——

【蛩蛩】(공공-キョウキョウ) ①북쪽 바다에 있다고 하는 말과 같은 짐승 ②근심하는 모양

【蛩聲】(공성-キョウセイ) 귀뚜라미의 우는 소리

【蛟】 교 コウ、みづち dragon 肴 ㄐㄧㄠ chiao¹
교룡 龍屬—龍

【蛟龍】(교룡-コウリュウ・コウリョウ) ①이무기와 용。또는 비늘이 있는 용。모두 상상의 동물 ②때를 만나지 못하여 뜻을 이루지 못하는 영웅호걸

【蛟龍得雲雨】(교룡득운우-コウリュウウンウをう) 영웅이 일단 때를 만나면 홀연히 패업(覇業)을 이룸을 비유

【蛟蛇】(교사-コウダ) 이무기

【蛙】 와 ア、ワ、かえる frog ㄨㄚ wa¹
①개구리 蝦蟇 ②음란한 소리 淫聲(왜) 義同

【蛙鼓】(와고-アコ) 개구리의 떼지어우는 소리

【蛙聲】(와성-アセイ) 개구리 소리

【蛛】 주 チュ、くも spider 虞 ㄓㄨ chu¹
거미 網蟲—蜘

【蛛網】(주망-チュモウ) 거미줄 거미집

【蛛絲】(주사-チュシ) 거미줄

【蛭】 질 シツ、ひる leech 質 ㄓˋ chih⁴

①거미줄 血食蟲馬蜞 ②서캐 蟣也

【蛭蟥】(질인·シツイン) 거머리와 지렁이

【蛤】합 コウ、はまぐり shellfish [合] ㄏㄚˊ ha²
조개 蚪屬

【蛤柱】(합주·コウチュウ) 조개의 관자 살

【蛤灰】(합회·コウカイ) 조개껍데기를 태운 재

【蛞】활 カツ、なめくじ slug; tadpole [曷] ㄎㄨㄛˋ k'uo⁴
①집없는 갈팽이 蝸叉牛無殼—蝓 ②올챙이 蝌蚪—東

【蛔】회 カイ、はらのむし round worm [灰] ㄏㄨㄟˊ hue,i²
거위 腹中蟲—蟲

【蛔蟲】(회충·カイチュウ) 거위

【七 畫】

【蜑】단 タン、えびす southern savage [旱] ㄉㄢˋ tan⁴
남녘 오랑캐 南方夷 蜒通

【蜑舍】(단사) 단호(蜑戶)와 같음

【蜑人】(단인·タンジン) 중국 남해에 사는 야만인

【蜑戶】(단호) 야만인의 집。 또는 그 가족

【蜊】리 リ、はまぐり shellfish [支] ㄌㄧˊ li²
참조개 海蚌蛤—

【蜂】봉 ホウ、はち bee [冬] ㄈㄥ fêng¹
벌 螫人飛蟲

【蜂起】(봉기·ホウキ) 벌떼 같이 일어남。 병란(兵亂) 등의 형편을 이름

【蜂蜜】(봉밀·ホウミツ) 꿀

【蜂房】(봉방·ホウボウ) 벌의 집

【蜂巢】(봉소·ホウカ) 벌의 집

【蜂王】(봉왕·ホウオウ) 장수벌

【蜂腰】(봉요·ホウヨウ) 벌과 같이 잘록한 허리의 비

【蜂聚】(봉취·ホウシュウ) 벌떼처럼 모여드림

【蜉】부 フ、かげろう dayfly [尤] ㄈㄨˊ fu²
①하루살이 渠略—蝣 ②왕개미 大蟻蚍—

【蜉蝣】(부유·フユウ・かげろう) 하루살이

【蛻】세 ゼイ、ぬけがら cast off the tkin
허물 벗을 蛇蟬解 (태) 義同

【蜃】신 シン、おおはまぐり big shellfish; big serpent
①큰 조개 大蛤 ②이무기 蛟之屬

【蜃氣樓】(신기루·シンキロウ) 바람이 없고 온화한 날 먼곳의 물건의 형상이 바다 위에서는 공중에 사막에서는 지평선 아래에서 혹은 곧게 서고、혹은 거꾸로 서서 나타나 보이는 현상

【蜃炭】(신탄·シンカイ) 조개 껍데기를 구워 만든 숯

【蛾】아 ガ、ギ、ひむし silkworm moth [歌] ㄜˊ e²
①누에나비 蠶蛹所化—羅 ②나비눈썹 —眉 ③개미 蟻也

【蛾眉】(아미·ガビ) ①누에 나비의 눈썹처럼 생긴 미인의 눈썹 ②미인을 이름 ③음력 초三日의 달을 이름

【蛾伏】(아복·ガフク) 개미처럼 엎드림

【蛾術】(아술·ギジュツ) 개미 새끼가 어미 개미의 하는 것을 배워서 쉬지 않고 흙을 날려 차차 큰 개미 둑을 이루는 것처럼 사람도 늘 성현(聖賢)의 교훈을 배워서 그의 지견(知見)을 향상시켜 대성(大成)함을 이름

【蜍】여 ジョ、ショ、ひきがえる toad
두꺼비 蝦蟇蟾—

【蜒】연 エン、やもり gecko [先] ㄧㄢˊ yen²
①지차리 蚰— ②굼틀거림 龍貌蜿—

【蜒蜒】(연연·エンエン) 용이나 뱀 등이 굼틀거리는 모양

【蜈】오 ゴ、むかで centipede ㄨˊ wu²⁻
지네 毒蟲—蚣

【蛹】용 ヨウ、さなぎ pupa [腫] ㄩㄥˇ yung³

번데기 繭蟲化爲蛾

【蛹臥】(용와·ヨウガ) 번데기가 고치 속에서 잔다는 뜻이니 은자(隱者)가 세상에 나오지 아니함을 이름

【蜓】정 テイ、テン、とんぼ dragon-fly 靑 ㄊㄧㄥˊ t'ing² 잠자리 赤卒蜻― (건) 도마뱀 蛇屬 蝘―

【蛸】초 ショウ、ソウ、あしたかぐも longicorn beetle 뽕나무벌레 桑蟲蝶―(소)갈거미 喜子蠨―

【蜀】촉 ショク、いもむし green caterpillar ①촉규화벌레 葵中蟲 ②댓닭 大鷄曰―鷄 ③촉나라 國名 今四川省地方

【蜀犬吠日】(촉견폐일·ショッケンひにほゆ) 중국 촉나라는 산이 높고 안개가 짙은 위에 비오는 날이 많아서 해를 보기 드문 고로 해가 뜨면 개들이 이상히 여겨 짖는다는 뜻이니、식견이 좁아서 보통의 일을 보고 놀람을 이름

【蜀葵】(촉규·ショクシヨ) 금규과 (錦葵科)에 붙은 월년초(越年草)

【蜀錦】(촉금·ショッキン) 촉의 금강(錦江)의물로 실을 빨아 말려서 짠비단。고운 비단을 말함

【蜀道】(촉도·ショクドウ) 옛날 촉(蜀)나라에 통하는 험난한 도로。인정세로(人情世路)의 통하는 험난한도로

【蜀黍】(촉서·ショクショ) 수수

【蜀漆】(촉칠·ショクシツ) 조팝나무

【蜀漢】(촉한·ショッカン) 촉군 (蜀郡)과 한중(漢中)

【蜀魂】(촉혼·) 두견이 촉나라의 망제(望帝)의 혼백이 이 새로 변했다는 전설에서 유래

【八 畫】

【蜆】현 ケン、しじみ corbicula 銑 ㄒㄧㄢˇ hsien³ 가막조개 小蛤

【蜷】권 ケン、まがる shrink 先 ㄑㄩㄢˊ ch'üan² 움츠릴 蟲形屈曲不行貌

【蜷局】(권국·ケンキョク) 벌레가 몸을움츠리는 모양

【蜞】기 キ、こがに kind of small crab 방게 小蟹蟛―

【蝀】동 トウ、にじ rainbow 무지개 蝃也蝦―

【蜜】밀 ミツ、ビツ、はちみつ honey 質 ㄇㄧˋ mi 꿀 蜂甘飴

【蜜柑】(밀감·ミカン) 운향과에 속하는 상록교목。과실은 식용。껍질은 향료나 약제로 씀

【蜜蠟】(밀랍·ミツロウ)꿀벌의 집에서 꿀을 짜내고 남은 찌꺼기를 굳힌것

【蜜房】(밀방·ミツボウ) 꿀벌의 둥지

【蜜蜂】(밀봉·ミツばち) 꿀벌

【蜜月】(밀월·ミツゲツ) 서양 풍속에서 결혼초의 즐겁고 달콤한 한달 동안。허니무운

【蜜人】(밀인·ミツジン) 미이라(木乃伊)의 딴 이름

【蜜酒】(밀주·ミッジュ)꿀과 메밀가루를 섞어서 담근 술

【蜜丸】(밀환) 약가루를 꿀에 반죽하여 환약을 만듦

【蜚】비 ヒ、あぶらむし May-beetle 尾 ㄈㄟˇ fei³ ①메뚜기 旱螽 ②풍뎅이 惡臭蟲 ③날 飛古字

【蜚禽】(비금·ヒキン) 날짐승

【蜚語】(비어·ヒゴ) 터무니 없는 말

【蜡】사 サ、ジャ、くれのまつり sacrifice of year end 납향제사 年終祭名

【蜥】석 セキ、とかげ lizard 도마뱀 蛇醫―蜴

【蜹】예 ゼイ、ゼツ、ぶと rice-weevil ①모기 草蚊 ②초파리 醯鷄 ③하루

살이 蜉蝣

【蜺】예 ゲイ、ひぐらし cicada 齊
①말매미 寒蜩 ②암무지개 虹—

【蜿】완 エン、オン writhe 元 阮 願 ㄨㄢ wan
①굼틀거릴 龍動蟋— ②설렁설렁 걸을 虎行貌(원) 굼틀거릴 龍貌——

【蜿蜒】(완연·エンエン) ①용 또는 뱀등이 굼틀거리며 나아가는 모양 ②산맥따위가 길게 뻗쳐있는 모양

【蜩】조 チョウ、せみ of cicada 蕭 ㄊㄧㄠ t'iao
말매미 蟬也螗—

【蜩甲】(조갑·チョウコウ) 환퇴한 매미 껍질

【蜩沸】(조비·チョウフツ) 외치는 소리가 몹시 시끄러운 모양

【蜘】지 チ、くも spider 支 ㄓ chih
거미 網蟲—蛛

【蜴】척 エキ、とかげ ilzurd 陌 ㄧ i
도마뱀 蝎虎蜥—

【蜻】청 セイ、とんぼ dragon-fly 庚
①잠자리 —蛉 ②귀뚜라미 蟋蟑—蛚

【蜻蛉】(청령·セイレイ) 잠자리

【蝃】체 テイ、にじ rainbow 霽 ㄉㄧ ti
무지개 虹也—蝀

【蝃蝀】(체동·テトウ) 무지개

【九 畫】

【蝎】갈 カツ、すくもむし scorpion 曷 ㄒㄧㄝ hsieh
전갈 螫蟲 蠍同(할)뽕나무 좀 桑蠹

【蝌】과 カ、おたまじやくし tadpole 歌 ㄎㄜ k'o
올챙이 蛙子—蚪

【蝌蚪】(과두) 올챙이

【䖟】맹 ボウ、あぶ horsefly ㄇㄥ meng
등에 齧人飛蟲

【蝥】모 ボウ、ム、ねきりむし bliser-beetle
가뢰 毒蟲盤—

【蝮】복 フク、まむし viper ㄈㄨ fu
독사 毒蛇

【蝮蛇】(복사·フクダ) 독사의 일종。살모사

【蝠】복 フク、こうもり bat ㄈㄨ fu
박쥐 伏翼飛鼠蝙—

【蝨】슬 シツ、しらみ louse ㄕ shih
이 齧人蟲

【蝨處頭而黑】(슬처두이흑) 흰 이도 머리에 있으면 검어짐。사람도 사귀는 곳을 따라 변화함을 이름

【蝕】식 ショク、かく erosion 職 ㄕ shih
먹을 日月食

【蝘】언 エン、やもり lizard 銑
도마뱀 守宮—蜓

【蝸】와 カ、かたつむり snail
달팽이 陵螺—牛(왜)義同

【蝸廬】(와려·カロ) 달팽이 껍질같이 작은 집

【蝸牛】(와우·カギュウ) 달팽이

【蝸牛角上爭】(와우각상쟁·カギュウカクジョウのあらそい) 보잘 것 없는 싸움

【蝸跡】(와적·カセキ) 달팽이가 기어간 자국

【蝺】우 グ、むし butterfly
물나비 靑蚨蝶—

【蝟】위 イ、はりねずみ hedgehcg 未 ㄨㄟ wei
고슴도치 似鼠毛刺如栗房

【蝤】유 シュウ、イウ、かざみ crab
큰게 大蟹

【蝓】유 ユ、なめくじ
slug
집없는 달팽이 蝸牛無殼蛞—

【蝡】윤 ゼン、ジュン、うごめく
fawningly
굼실거릴 動貌(연)굼틀거릴 蟲行—

【蝶】접 チョウ、ちょうちょう
butterfly ㄉㄧㄝˊ tieh²
나비 野蛾蝴—

【蝶夢】(접몽-チョウム) 장자(莊子)가 꿈에 나비가 되었다는 고사(故事)에서 널리 꿈의 뜻으로 씀

【蝍】즉 ショク、むかで
centipede 職
지네 蝍蛆—蛆

【蝙】편 ヘン、こうもり
bat 先 ㄅㄧㄢ pien¹·³
박쥐 仙鼠—蝠

【蝙蝠】(편복-ヘンプク) 박쥐

【蝦】하 カ、ゲ、えび
toad 麻 ㄏㄚˊ ha²
두꺼비 蟾蜍—蟆

【蝦蟆】(하마-カバ・ガマ) 두꺼비

【蝦鬚】(하수-カシュ) 발

【蝴】호 コ、ちょう
butterfly ㄏㄨˊ hu²·⁴
나비 野蛾—蝶 胡通

【蝗】황 コウ、いなご
locus
황충 食苗蟲

【十 畫】

【螂】랑 ロウ、かまきり
mantis
범아자비 臂有斧螳——

【螟】명 メイ、ベイ、ずいむし
rice-borer 青 ㄇㄧㄥˊ ming²
①며루 食禾蟲 ②뽕나무 벌레 桑蟲—蛉

【螟蛉】(명령-メイレイ) ①빛이 푸른 나방과 나비의 새끼 벌레 ②양자。곧 나나니 벌이 이 벌레의 새끼를 길러서 자기의 새끼로 만든 데서 온 말

【螟蟲】(명충-メイチュウ) 며루

【螟蝗】(명황-メイコウ) 며루와 황충

【螃】방 ホウ、どろがに
kind of small crad 陽
방게 蟹螃—蜞

【螈】원 ゲン、ガン、いもり
lizard 元 ㄩㄢˊ yüan²
①도마뱀 守宮 ②도롱뇽 蠑— ③여름누에 夏蠶

【螈蠶】(원잠-ゲンサン) 여름누에

【融】융 ユウ、ユ、とける
melt 東 ㄖㄨㄥˊ jung²
①화할 和也②밝을 明也昭—

【融釋】(융석-ユウシャク) ①녹음 ②의문이 풀림

【融液】(융액-ユウエキ) 녹아 액체가 됨

【融然】(융연-ユウゼン) 기분이 화평한 모양

【融融】(융융-ユウユウ) 화평한 기운이 있음

【融資】(융자-ユウシ) 자본을 융통함

【融通】(융통-ユウツウ) ①거침 없이 통함②금전이나 물품을 서로 돌려씀

【融合】(융합-ユウゴウ) 녹아서 한 가지가 됨。녹여서 한가지로 만듦

【融解】(융해-ユウカイ) ①녹아서 풀어짐 ②고체가 열을 만나 물이 됨

【融解點】(융해점-ユウカイテン) 물질이 녹을 때의 온도。고체가 액체로 될때의 온도

【融化】(융화-ユウカ) 녹아서 아주 다른 물건이 됨

【融和】(융화-ユウワ)갈등이 안남。화합「(和合) 함

【融會】(융회-ユウカイ) 자세히 이해함

【螢】형 ケイ、ほたる
firefly 青
반딧불 腐草所化一名丹鳥一名宵燭

【螢光】(형광-ケイコウ) 반딧불 빛

【螢光燈】(형광등-ケイコウトウ) 우란(Uran)가스 구(球)에 소와 아르곤과의 혼합 가스를 봉입하여 사용하는 방전등(放電燈)

【螢石】(형석-ケイセキ) 투명 혹은 반투명의 유리 빛이 나고 불을 만나면 인광(燐光)이 나는 광물

【螢雪】(형설·ケイセツ) 애써서 공부함。 진(晋)나라의 차윤(車胤)과 손강(孫康)은 가난해서 기름을 사지 못하고 여름에는 반딧불로 겨울에는 눈의 흰 빛 밑에서 책을 읽었다함
【螢案】(형안·ケイアン) 공부하는 책상
【螢窓】(형창·ケイソウ) 고통을 겪어가며 학문을 닦는 곳
【螢澈】(형철·ケイテツ) 맑고 밝음
【螢燭】(형촉·ケイショク) 반짝거리는 촛불
【螢火】(형화·ケイカ) 반딧불

【十一畫】

【蟈】국 カク、あおがえる frog
미꾸리 蛙屬螻—
【螳】당 トウ、かまきり mantis 陽 ㄊㄤˊ t'ang²
범아자비 臂有斧—螂
【螳螂】(당랑·トウロウ) 범아자비
【螳螂之斧】(당랑지부·トウロウのおの) 약한 사람이 자기 힘을 생각하지 않고 강적에 반항하는 짓。 제(齊)나라의 장공(莊公)이 사냥에 나가자 범아자비가 앞다리를 치들고 그의 수레에 덤벼다 함
【螺】라 ラ、にし top-shell 歌 ㄌㄨㄛˊ luo²
소라 蚌屬
【螺旋】(나선·ラセン) 우렁이 껍질 모양으로 된 형상
【螺鈿】(나전·ラテン) 소라의 자개로 갖은 형상으로 그릇 거죽에 박아서 장식한 것
【螻】루 ロウ、けら mole-cricket 尤 ㄌㄡˊ lou²
①하늘 밥도둑 土蟲—蛄 ②청머구리 蛙也—蟈
【螻蟈】(누국·ロウカク) 청머구니
【螻蚓】(누인·ロウイン) 하늘 밥도둑과 지렁이
【螭】리 チ、みずち big serpentt 支 ㄔ ch'ih¹
이무기 似龍無角
【蟊】모 ボウ、ム、ねきりむし Chinese migratory locust
느리 食苗根蟲
【螫】석 セキ、さす sting 陌 ㄕˋ shih⁴
쏠 蟲行毒
【蟀】솔 シュツ、きりぎりす cricket 質 ㄕㄨㄛˋ shuo⁴
귀뚜라미 促織蟋—
【蟋】실 シツ、こおろぎ cricket
귀뚜라미 促織—蟀
【螯】오 ゴウ、はさみ crawfish 豪 ㄠˊ ao²
가재 蟹屬倒行
【螽】종 シュウ、いなご locust 東 ㄓㄨㄥ chung¹
메뚜기 蝗類
【螽斯】(종사·シュウシ) 메뚜기。 한번에 새끼를 아흔 아홉마리를 낳는 고로 부부가 화합하여 자손이 많음을 이름
【蟄】칩 チツ、チュウ、かくれる hibernate 緝 ㄓˊ chih²
①벌레움츠릴 蟲藏 ②우물거릴 和集貌
【蟄居】(칩거·チッキョ) 집 속에만 죽치고 있음
【蟄龍】(칩룡·チツリュウ) 숨어 있는 용
【蟄伏】(칩복·チップク) 칩거하여 몸을 숨김
【蟄獸】(칩수·チッジュウ) 겨울에 칩복하고 있는 짐승
【蟄蟲】(칩충·チッチュウ) 겨울에 칩복하고 있는 벌레

【十二畫】

【蟣】기 キ、こしらみ nits 尾 ㄐㄧˇ chi³
서캐 蝨子
【蟣蝨】(기슬·キシツ) 이
【蟒】망 ボウ、モウ、おろち big snake
구렁이 大蛇

【蟠】반 バン、ハン、かがむ coil itself 寒 ㄆㄢˊ p'an²
서릴 伏也屈曲
【蟠桃】(반도·ハントウ) 선경(仙境)에 있나는 큰 복숭아라는 뜻으로 장수를 비는데 쓰는 말
【蟠蜿】(반완·ハンエン) 서리서리 굼틀거림

【蟬】선 ゼン、セン、せみ cicada 銑
①매미 蜩也飲露蟲 ②굼실거릴 舞盤曲貌蜿—
【蟬羽】(선우·ゼンウ) 매미의 날개
【蟬吟】(선음·ゼンギン) 매미가 울음
【蟬脫】(선탈·ゼンダツ) ①매미가 허물을 벗음 ②낡은 형식을 비리고 새로와 짐

【蟲】충 チュウ、むし insect
①벌레 毛羽鱗介總名 ②김오를 氣熏人——
【蟲類】(충류·チュウルイ) ①벌레의 종류 ②벌레들
【蟲媒花】(충매화·チュウバイカ)곤충의 매개로 다른 꽃의 화분을 받아 생식하는 식물
【蟲臂鼠肝】(충비서간·チュウヒソカン) ①작은 물건을 이름 ②만물의 온갖변화를 이름
【蟲聲】(충성·チュウセイ) 벌레소리
【蟲魚】(충어·チュウギョ) 벌레와 물고기
【蟲災】(충재·チュウサイ) 해충으로 생기는 재앙
【蟲蟲】(충충·チュウチュウ)후덥지근한 모양 더운 모양
【蟲齒】(충치·チュウシ・むしば) 벌레가 파먹어 상한 이
【蟲害】(충해·チュウガイ) 벌레로 인하여 입은 손해

【蟪】혜 ケイ、むぎわらぜみ Tanna japonensis ㄏㄨㄟˋ huei⁴
쓰르라미 蟬屬—蛄
【蟪蛄】(혜고·ケイコ) 쓰르라미 (생명이 아주 짧음)

【蟢】희 キ、くも spider 紙 ㄒㄧˇ hsi³
납거미 蜘蛛類
【蟢子】(희자·キシ) 납거미

【十三畫】

【蠃】라 ラ、にし trnmpt-shell 歌 ㄌㄨㄛˊ lo²
①소라 蚌屬 ②나나니벌細腰蜂螺—

【蟾】섬 セン、ひきがえる toad ㄔㄢˊ ch'an²
①두꺼비 蛙屬—蜍 ②달그림자 月影—光
【蟾桂】(섬계·センケイ) 두꺼비와 계수나무、다 달 속에 있다함
【蟾宮】(섬궁·センキュウ) ①달의 딴 이름 ②진사(進士) 시험에 급제함
【蟾蛇酒】(섬사주) 두꺼비를 갖먹은 뱀으로 담근 술。 허약증·빈혈증 등에 씀
【蟾蜍】(섬여·センジョ) ①두꺼비 ②달의 딴이름

【蠅】승 ヨウ、はえ fly 蒸 ㄧㄥˊ ying²
파리 逐臭蟲
【蠅拂】(승불·ヨウフツ) 파리채
【蠅市】(승시·ヨウシ) 파리가 아침에 떼를 지어 모임

【蟻】의 ギ、あり Hercules ant 紙 ㄧˇ i³
①왕개미 蚍蜉螘— ②술구더기 醪汁滓酒浮— ③검을 黑色—裳
【蟻徑】(의경·ギケイ) 개미가 다니는 좁은 길
【蟻慕】(의모·ギボ) ①개미가 비린 물건을 사모함 ②편지에서 앙모의 뜻으로 씀
【蟻封】(의봉·ギフウ) 개미둑
【蟻蜂】(의봉·ギホウ) 개미와 벌
【蟻援】(의원·ギエン) 구원하는 군사를 가리키는 말
【蟻垤】(의질·ギテツ) 개미둑

【蠆】채 タイ、さそり scorpion 卦 ㄔㄞˋ ch'ai⁴
벌 螫蟲

【蟹】해 カイ、ゲ、かに crad 蟹 ㄒㄧㄝˋ hsieh⁴

게 介蟲旁行

【蟹行】(해행-カイコウ) ①게가 기어감。 게걸음 ②게처럼 옆으로 감

【蟹戶】(해호-カイコ) 게를 잡는 어부。 또 그 집

【蠒】 糸部 十三畫에 볼것

【十四畫】

【蠑】 영 エイ、いもり gecko [庚] ㄖㄨㄥˊ $jung^2$
도마뱀 水宮ㅡ螈

【蠕】 연 ゼン、うごめく crawl [銑] ㄖㄨㄢˇ $juan^3$
벌레길 蟲行ㅡㅡ(윤)굼실거릴 微動貌

【蠕形動物】(연형동물-ゼンケイドウブツ) 체질이 무르고 척추가 없으며 몸 모양은 양쪽이 같은 동물。 지렁이 따위

【蠐】 제 セイ、すくもむし maggot ㄑㄧˊ $ch'i^2$
굼벵이 糞土蟲ㅡ螬

【蠓】 몽 ボウ、ぬかが dayfly [illegible] ㄇㄥˊ $mêng^2$
하루살이 蠛ㅡ似蟻

【蠖】 확 カク、ワク、しやくとりむし loop-worm ㄏㄨㄛˋ huo^4
①자벌레 屈伸蟲尺ㅡ ②뽕나무벌레 桑上蟲

【蠖屈】(확굴-カックツ) 자벌레가 몸을 굽힘。 사람이 잠시 굴복함을 이름

【十五畫—十六畫】

【蠟】 랍 ロウ、みつろう wax [合] ㄌㄚˋ la^4
밀 蜜滓

【蠟梅】(납매-ロウバイ) 새양나무

【蠟石】(납석-ロウセキ) 바탕이 무른 규산질(硅酸質)의 광물

【蠟燭】(납촉-ロウソク) 밀초

【蠣】 려 レイ、かき oyster ㄌㄧˋ li^4
굴 蚌屬牡ㅡ

【蠡】 라 レイ、ライ、ほらがい top-shell
①소라 蚌屬 ②옴 疥病 (려)①좀먹을 蟲齧木中 ②사람 이름 人名范ㅡ ③못 이름 澤名彭ㅡ ④표주박 瓠瓢 (리) 달팽이 蚌屬

【蠢】 준 シュン、うごめく crawl [軫] ㄔㄨㄣˇ $ch'uen^3$
①꿈질거릴 蟲動 ②어리석을 愚也 ㅡㅡ

【蠢動】(준동-シュンドウ) ①벌레가 꿈질거림 ②무지하여 법석하고 있음

【蠢愚】(준우-シュングウ) 아주 어리석음

【蠢蠢】(준준-シュンシュン) ①굼틀거리는 모양 ②예절이 없는 모양 ③물건이 많은 모양

【蠢蠢無識】(준준무식-シュンシュンムシキ) 굼뜨고 어리석어서 아무것도 알지 못함

【蠧】 두 ト、しみ moth
좀 木蟲白魚

【蠧毒】(두독-トドク) 좀 벌레의 해

【蠧蝕】(두식-トショク) 좀이 먹음

【蠧魚】(두어-トギョ) ①반대좀 ②글을 읽고 활용할줄 모르는 사람을 이름

【蠧政】(두정-トセイ) 백성을 해롭게 하는 정치

【十七畫】

【蠲】 견 ケン、のぞく deduct [先] ㄐㄩㄢ $chüan^1$
①덜 除也 ②반딧불 蟲名馬ㅡ ③조촐할 潔也 「면제함

【蠲減】(견감-ケンゲン) 세금의 일부분을

【蠲潔】(견결-ケンケツ) 오물을 제거해서 깨끗함

【蠲救】(견구-ケンキュウ) 세금을 면제하여 백성을 구제함

【蠱】 고 コ、はらのむし round worm ㄍㄨˇ ku^3
①놀 害人之腹蟲 ②바구미 穀蟲 ③고혹할 亂也ㅡ惑 ④일 事也 ⑤괘이름 卦名

【蠱毒】(고독-コドク) ①뱀・지네・개구리들의 독기가 음식물에 섞여서 복통・토혈・하혈을 일으킴 ②독약으

로 사람을 해침 ③해독(害毒)

【蠱媚】(고미-コビ) 아첨하여 매혹함

【蠱石】(고석-コセキ) 화산(火山)에서 뿜어내는 용암이 식어서 된 돌。잔구멍이 많고 가볍고 무름。속돌

【蠱脹】(고창-コチョウ) 뱃속이 더뿌룩하고 헛배가 부름

【蠱惑】(고혹-コワク) 남의 마음을 매혹하게 함。남을 속임

【蠭】 봉 ホウ、はち bee

①벌 螸人飛蟲 ②창끝 鋒也

【蠭窠】(봉과-ホウカ) ①벌의 집 ②오두막

【蠭生】(봉생-ホウセイ) 벌떼처럼 여기저기서 일어남

【十八畫—十九畫】

【蠶】 잠 サン、かいこ silkworm 覃 ㄘㄢ tsʻan²

누에 吐絲蟲

【蠶具】(잠구-サング) 누에를 치는데 쓰는 기구(器具)

【蠶頭】(잠두-サントウ) 누에 머리

【蠶卵】(잠란-サンラン) 누에의 알

【蠶箔】(잠박-サンパク) 누에를 기르는상자

【蠶婦】(잠부-サンプ) 누에를 치는 여자

【蠶砂】(잠사-サンシャ) 누에의 똥。약재로 씀

【蠶桑】(잠상-サンソウ) 누에를 기르고 뽕나무를 심음

【蠶食】(잠식-サンショク) 차차 조금씩 먹어 들어감。차차 조금씩 침략함

【蠶蛾】(잠아-サンガ) 누에 나방

【蠶業】(잠업-サンギョウ) 누에를 기르는 것으로 업을 삼음

【蠶蛻】(잠예-サンゼイ) 누에가 알을 깐 껍질

【蠶種】(잠종-サンシュ) 누에의 알의 씨

【蠹】 蠧(虫部 十六畫)本字

【蠻】 만 バン、えびす savage 刪 ㄇㄢ man²

①오랑캐 鴂舌人南— ②새소리 鳥聲綿—

【蠻貊】(만백-バンパク) 오랑캐

【蠻性】(만성-バンセイ) 야만의 성질

【蠻俗】(만속-バンソク) 야만인의 풍속·풍습

【蠻勇】(만용-バンユウ) 사리를 분간하지 않고 함

【蠻夷】(만이-バンイ) 오랑캐

【蠻人】(만인-バンジン) 야만인

【蠻族】(만족-バンゾク) 야만의 종족

【蠻地】(만지-バンチ) 야만인이 사는 땅

【蠻風】(만풍-バンプウ) ①야만인의 풍속 ②천한 풍습

【蠻行】(만행-バンコウ) 야만의 행동

血 部

【血】 혈 ケツ、ち blood

水穀精氣—脈

【血管】(혈관-ケッカン) 핏줄

【血塊】(혈괴-ケッカイ) 체내에서 혈관 밖으로 나와 뭉친 핏덩어리

【血球】(혈구-ケッキュウ) 피의 일부분。백혈구·적혈구의 총칭

【血氣】(혈기-ケッキ) ①혈액과 기력。생존을 유지하는 체력 ②격동하기 쉬운 의기。객기(客氣)

【血氣之勇】(혈기지용-ケッキのユウ) 혈기로 일어나는 한 때의 용맹

【血尿】(혈뇨-ケッニョウ) 오줌에 피가 섞이어 나오는 병

【血痰】(혈담-ケッタン) 가래에 섞이어 나오는 피

【血黨】(혈당-ケットウ) 생사를 같이 하는 무리

【血路】(혈로-ケツロ) ①포위를 혜치고 벗어나는 길。구사일생(九死一生)을 얻는 길。②곤난한 경우를 견디어 살아가는 길

【血涙】(혈루-ケツルイ) 애통하는 눈물。피눈물

【血漏】(혈루-ケツロウ) 부녀의 음부에서 때 없이 나오는 피

【血脈】(혈맥-ケツミャク) ①혈액이 통하는 맥관。혈관(血管) ②혈통(血統)

【血便】(혈변-ケツベン) 대변에 피가 섞이어 나오는 병。피똥

【血分】(혈분-ケツブン) 피의 분량

【血色】(혈색-ケッショク) ①피빛 ②얼굴

빛。 안색(顏色) ③붉은 빛

【血書】(혈서-ケッショ) 손가락에서 나온 피로 쓴 글씨

【血誠】(혈성-ケッセイ) 진심에서 나오는 정성。 혈심(血心)

【血屬】(혈속-ケツゾク) 혈통을 이은 사람

【血孫】(혈손-ケッソン) 혈통을 잇는 살붙이

【血讐】(혈수-ケッシュウ) 죽기를 결단하고 갚고자 하는 깊은 원한

【血食】(혈식-ケッショク) 피묻은 산짐승을 제물로 지냄

【血眼】(혈안-ちまなこ) 기를 써서 핏대가 오른 눈

【血壓】(혈압-ケツアツ) 혈관 속의 피의 압력

【血液】(혈액-ケツエキ) 피

【血液循環】(혈액순환-ケツエキジュンカン) 동물의 몸 안에서의 피의 순환

【血肉】(혈육-ケツニク) ①피와 살 ②자기가 낳은 자녀

【血漿】(혈장-ケッショウ) 진하고 투명한 물 같은 액체。 혈액의 성분을 이룸

【血爭】(혈쟁-ケッソウ) 생사를 돌보지 아니하고 다툼

【血戰】(혈전-ケッセン) 생사를 돌보지 않고 싸움

【血點】(혈점) 피묻은 자욱

【血族】(혈족-ケツゾク) 같은 조상에서 갈려나온 친족

【血淸】(혈청-ケッセイ) 엉긴 피에서 나오는 누르스럼하고 맑은 물

【血淸素】(혈청소-ケッセイソ) 헤모아신 (haemocyanin)

【血淸療法】(혈청요법-ケッセイリョウホウ) 전염병자의 몸에 그 병의 면역된 혈청(血淸)을 주사하여 병독을 중화시키는 치료법

【血忠】(혈충) 성심을 다하는 충성

【血痔】(혈치) 피가 나오는 치질

【血炭】(혈탄) 혈액으로 만든 다공질(多孔質)의 활성탄(活性炭)

【血統】(혈통-ケットウ) ①혈액이 통하는 핏줄 ②골육(骨肉)의 관계 ③같은 성바지의 계통

【血汗】(혈한-ケッカン) 피와 땀

【血行】(혈행-ケッコウ) 체내의 피의 순환

【血虛】(혈허-ケッキョ) 원기가 쇠약함

【血痕】(혈흔-ケッコン) 피가 묻은 흔적

【三畫—四畫】

【卹】 술 シュツ、うれえる anxiety 근심할 憂也 (솔)①적을 鮮少 ②먼지떨이 掃塵—勿

【衄】 뉵 ジク、はなぢ nosebleed 코피 鼻血

【衂】 前條 俗字

【六畫—十八畫】

【衆】 중 シュウ、シュ、もろもろ public 図 ㄓㄨㄥ chung ①무리 多也 ②고비뿌리 藥名貫—

【衆寡】(중과-シュウカ) 수효의 많음과 적음

【衆寡不敵】(중과부적-シュウカテキせず) 적은 수로는 많은 수를 대적할 수 없음

【衆口】(중구-シュウコウ) 뭇입。 여러 사람의 말

【衆口鑠金】(중구삭금-シュウコウキンをとかす) 여러 사람이 이러니 저러니 할 때는 쇠와 같이 굳은 물건도 녹일 수가 있다는 뜻으로 뭇사람의 하는 말은 무서운 힘이 있다는 것을 가리키는 말

【衆徒】(중도-シュウト) ①많은 승려 ②대중

【衆論】(중론-シュウロン) 여러 사람의 의논

【衆望】(중망-シュウボウ) 여러 사람의 촉망

【衆目】(중목-シュウモク) 여러 사람의 눈

【衆目所視】(중목소시-シュウモクのみるところ) 여러 사람이 다같이 보고 있는 터

【衆妙】(중묘-シュウミョウ) 여러 자연의 뛰어난 이치

【衆芳】(중방-シュウホウ) 많은 꽃

【衆生】(중생-シュジョウ・シュウセイ) ①감정이 있는 모든 물건 ②뭇사람

【衆庶】(중서-シュウショ) 뭇사람

【衆星】(중성-シュウセイ) 뭇별

【衆小】(중소-シュウショウ) 여러 보잘것 없은 사람들

【衆小成多】(중소성다) 적은 것도 여럿이 모이면 많이 됨

【衆臣】(중신-シュウシン) 여러 신하。뭇 신하

【衆心】(중심-シュウシン) 여러 사람의 마음

【衆心成城】(중심성성-シュウシンしろをなす) 여러 사람의 마음이 일치하면 성(城)과 같이 견고함

【衆愚】(중우-シュウグ) 많은 어리석은 사람들

【衆怨】(중원-シュウエン) 뭇사람에게 받는 원망

【衆意】(중의-シュウイ) 여러 사람의 의향

【衆議】(중의-シュウギ) 여러 사람의 의논

【衆人】(중인-シュウジン) ①뭇사람。여러 사람 ②보통사람。범인(凡人)

【衆智】(중지-シュウチ) 많은 사람의 지혜

【衆評】(중평-シュウヒョウ) 여러 사람의 비평

【衆喙】(중훼-シュウエン) 뭇입

【𧗝】网部 九畫에 볼것

【衊】멸 ベツ、けがす blood-stained 屑 더럽힐 汙血

行 部

【行】항 コウ、ギョウ、アン、おこなう、ゆく perform; go

①항렬 等輩 ②항오 列也 ③장감관 市長 ④군셀 剛强——(행) ①다닐 步也 ②갈 往也 ③길 귀신 路神 ④길 道路 ⑤오행 運也 五— ⑥행서 書體—書 ⑦쓸 用也 ⑧그릇 일굿거릴 器石牢窳 ⑨행실 身之所— ⑩순행할 巡視 ⑪은행 銀—

【行歌】(행가-コウカ) 걸으면서 노래함。가면서 읊음

【行脚】(행각-アンギャ) ①도보로 여러 곳을 돌아다님 ②중이 여러 나라를 걸어다니면서 불도를 수행함

【行間】(행간-ギョウカン) 글자의 행과 행 사이

【行客】(행객-コウカク) 나그네。행자(行子)

【行巾】(행건-コウキン) 복인 또는 상제들이 쓰는 건

【行檢】(행검-コウケン) 품행이 방정함

【行啓】(행계-ギョウケイ) 왕세자가 대궐 밖에 나감

【行賈】(행고-コウコ) 도부치 장사

【行鼓】(행고-コウコ) 행진할 때 치는 북

【行具】(행구-コウグ) 행장(行裝)

【行軍】(행군-コウグン) ①군대가 한 곳에서 다른 곳으로 옮겨가는 운동 ②학생이 줄을 지어 먼 거리를 행진함

【行宮】(행궁-アングウ) 거동 때 임금이 묵는 별궁(別宮)

【行殣】(행근-コウキン) 길가다가 굶어 죽은 송장

【行年】(행년-ギョウネン・コウネン) 나이

【行擔】(행담-コウタン) 길 갈때에 가지고 다니는 작은 상자

【行動】(행동-コウトウ) ①짓。동작 ②태도 ③목적한 일을 행함

【行動擧止】(행동거지-コウドウギシュ) 몸을 움직이는 모든 짓

【行樂】(행락-コウラク) 즐겁게 지냄

【行廊】(행랑-コウロウ) 대문의 양쪽 또는 문간에 있는 방

【行旅】(행려-コウリョ) 나그네。행객(行客)

【行歷】(행력-ギョウレキ) 지내감

【行列】(항렬-コウレツ・ギョウレツ) ①친족의 등급의 차례 ②열을 지어 가는 떼

【行令】(행령-コウレイ) 명령을 시행함

【行路】(행로-コウロ) ①행길 ②세상에서 살아가는 과정

【行露】(행로-コウロ) 길 위의 이슬

【行路難】(행로난-コウロナン) 세상에서 살아가는 길이 험하고도 어려움

【行錄】(행록-コウラク) 사람의 언행을 기록한 글

【行賂】(행뢰-コウワイ) 뇌물을 보냄

【行李】(행리-コウリ) ①사자(使者) ②행인(行人) ③여행용의 짐。또는 여행의 준비

【行暮】(행모-コウボ) 길을 가다가 해가 저물음

【行賣】(행매-コウバイ) 팔기 시작함

【行媒】(행매-コウバイ) 중매함

【行方】(행방-ゆくえ) 가는 방향

【行方不明】(행방불명-ゆくえフメイ) 간 방향이 분명치 못함

【行杯】(행배-コウハイ) 술을 권함

【行步】(행보-コウホ) 걸음

【行費】(행비-コウヒ) 노자(路資)

【行使】(행사-コウシ) 어떠한 일에 마음을 씀

【行事】(행사-ギョウジ) ①행동함 행한 일 ②사명을 받들고 가는 일에 관계한 일 ③일을 행함

【行事人】(행사인-ギョウジニン) 일을 취급하는 사람。당사자 「보냄

【行喪】(행상-ギョウソウ) 시체를 산소로

【行賞】(행상-コウショウ) 상을 줌 「수

【行商】(행상-ギョウショウ) 도부치는 장

【行色】(행색-コウショク) 길을 떠나려고 히는 모양

【行書】(행서-ギョウショ) 해서와 초서의 중간되는 한자의 한체

【行先】(행선-ゆくさき) 가는 곳

【行世】(행세-コウセイ) 세상을 지냄。또 그 태도

【行訴】(행소-コウソ) 행정소송(行政訴「訟)

【行水】(행수-コウスイ・ギョウスイ) ①흘러 가는 물 ②물을 잘 흐르게 함。치수 (治水) ③수세(水勢)를 순시함 ④신불(神佛)에 빌때 목욕하여 몸을 깨끗하게 함 「리

【行首妓生】(행수기생) 기생의 우두머

【行巡】(행순-ギョウジュン) 순을 돌음

【行詩】(행시-キョウシ) 과거에 시험하던 十八 구(句)이상의 근체시(近體詩)

【行實】(행실-ギョウジツ) 품행(品行)

【行惡】(행악-コウアク) 못된 행실을 함

【行業】(행업-コウギョウ) 불도를 닦음

【行役】(행역-コウエキ) ①여행의 고생。여행 ②정부의 명령으로 토목사업에 종사함 「오。군대

【行伍】(항오-コウゴ) 군대를 편성한 대

【行用】(행용-コウヨウ) ①늘 씀 ②두루 행하여 씀

【行雲流水】(행운유수-コウウンリュウスイ) 나는 구름과 흐르는 물。사물이 일정한 형태를 보전하지 못하고 늘 변화함을 이름

【行員】(행원-コウイン) 은행원의 준말

【行爲】(행위-コウイ) 몸가짐

【行爲能力】(행위능력-コウイノウリョク) 민법상 법률 행위를 독립하여 완전하게 행할 수 있는 능력

【行爲不正】(행위부정- コウイただしからず) 행위가 바르지 못함

【行有餘力】(행유여력-コウユウヨリョク) 일을 하고도 오히려 힘이 남음

【行義】(행의-ギョウギ) 의를 행함

【行衣】(행의-コウイ) 소매가 넓고 검정으로 가를 꾸민 선비의 두루마기

【行移】(행이-コウイ) 관청에서 문서로써 조회함

【行人】(행인-コウジン) ①행길로 다니는 사람 ②빈객을 접대하는 벼슬 「客

【行子】(행자-コウシ) 나그네。행객(行

【行者】(행자-ギョウジャ・アンジャ) ①행상(行喪) 때 부리는 종 ②중이 되지 않고 불도(佛道)를 공부하는 사람

【行資】(행자-コウシ) 노자(路資)・여비

【行作】(행작-コウサク) 행동(行動)

【行障】(행장-コウショウ) 장지 또는 병풍

【行狀】(행장-ギョウジョウ) 사람이 죽은 뒤에 그 평생의 행적을 기록한 것

【行裝】(행장-コウソウ) ①여행할 때에 쓰는 도구 ②군복(軍服)

【行藏】(행장-ゴウゾウ) 나아가서 도(道)를 행함과 물러나서 은거(隱居)하는 것

【行績】(행적-ギョウセキ) 행위의 실적

【行政】(행정-ギョウセイ) ①정치를 행함 ②입법・사법 이외의 국가의 작용을 포함한 정무

【行政權】(행정권-ギョウセイケン) 국가 통치권의 작용의 한 형식

【行政法】(행정법-ギョウセイホウ) 행정기관의 조직 및 그 권한의 향유(享有)・행사(行使)에 관한 법규

【行政學】(행정학-ギョウセイガク) 국가 작

용의 실질을 연구하는 학문
【行止】(행지-コウシ) ①가는 것과 머무
르는 것。동작(動作) ②출처진퇴(出
處進退) ③몸가짐。 품행(品行)
【行陣】(행진-コウジン) ①행군(行軍) ②
학생들이 대오를 정돈하여 일정한
곳으로 감
【行進】(행진-コウシン) 걸어 나아감
【行進曲】(행진곡-コウシンキョク) 행진할
때에 알리는 악곡
【行次】(행차) 어른의 여행의 존칭
【行次所】(행차소) 어른이 여행할 때
에 묵고 있는 곳
【行娼】(행창-コウショウ) 드러내 놓고 창
기(娼妓) 노릇을 함
【行版】(행판-コウハン) 행상(行商)
【行悖】(행패) 체면에 어그러지도록
벗어나는 일
【行幸】(행행-ギョウコウ) 임금이 대궐 밖
으로 나가심
【行刑】(행형-コウケイ) ①사형을 집행함
②형벌을 줌
【行兇】(행흉-コウキョウ) 사람을 죽임

【三 畫】

【衍】연 エン、あふれる overflow 銑 ㄧㄢˇ yen³
①물넘칠 水溢 ②넓을 廣也 ③뻗을
無極蔓— ④성할 茂盛蕃— ⑤놀 自
恣游— ⑥걸찬땅 美也—沃 ⑦상자
笥也篋— ⑧수 이름 數名大—
【衍蔓】(연만-エンマン) 넓게 뻗음
【衍文】(연문-エンブン) 글 속에 쓸데 없
는 글자
【衍義】(연의-エンギ) 뜻을 넓혀서 설명 「함
【衍溢】(연일-エンイツ) 물이 넘침

【五 畫】

【術】술 ジュツ、わざ talent 質 ㄕㄨˋ shu⁴
①재주 꾀 技也 ②업 業也 ③심술
부릴 心之所由 ④길 邑中道
【術客】(술객-ジュッカク) 풍수(風水)·
점술(占術)에 능통한 사람。술사(術
士)。술가(術家)
【術法】(술법-ジュッポウ) 음양과 목술 따
위에 관한 실현방법
【術士】(술사-ジュッシ) ①유술(儒術)에
정통한 사람。유사(儒士) ②술가(術
家) 「관하여 쓴 책
【術書】(술서-ジュッショ) 술법(術法)에
【術數】(술수-ジュッスウ) ①꾀。술책(術
策) ②음양 목술의 모든 점술(占術)
③법제로서 나라를 다스리는 법
【術語】(술어-ジュツゴ) 학술상에 전용하
는 말 (專門語·學術語)
【術業】(술업-ジュツギョウ) 학술(學術)·
기예(技藝)
【術藝】(술예-ジュツゲイ) 기술(技術)과
문예(文藝)。예술(藝術)
【術策】(술책-ジュッサク) 일을 도모하는
꾀
【術學】(술학-ジュツガク) 예술과 학문

【衒】현 ゲン、ケン、てらう pride
자랑할 自矜 眩通 「여자
【衒女】(현녀-ゲンジョ) 재주를 자랑하는
【衒士】(현사-ゲンシ) 스스로 재학(才
學)이 있다고 자랑함
【衒學】(현학-ゲンガク) 박학(博學)을 자
랑함。학자인 체 함

【六 畫】

【街】가 ガイ、カイ、まち street 佳 ㄐㄧㄝ chieh¹
네거리 四通道
【街道】(가도-カイドウ) 중요도시를 통하
는 큰 길
【街童走卒】(가동주졸-カイドウソウソツ) ①
길거리에서 노는 철없는 아이 ②상
식이 없는 사람
【街頭】(가두-ガイトウ) 길거리
【街頭進出】(가두진출-ガイトウシンシュツ)
가두로 진출함
【街燈】(가등-ガイトウ) 가로등의 준말
【街路】(가로-ガイロ) 길 거리 「는 등
【街路燈】(가로등-ガイロトウ) 길가에 켜
【街路樹】(가로수-ガイロジュ) 길가 좌우
(左右)에 심은 나무
【街上】(가상-ガイジョウ) 길거리
【街卒】(가졸-ガイソツ) 시가지의 소제부

【街巷】(가항-ガイコウ) 길거리

【七畫—八畫】

【衙】아 ガ、ゴ、やくしょ government office ㄧㄚˊ ya²
①마을 官府 ②벌의집 蜂房 迓同

【衙門】(아문-ガモン) ①마을의 총칭 ②병영의 문

【衙兵】(아병-ガヘイ) 궁성을 지키는 군대。금군(禁軍)

【衙婢】(아비-ガヒ) 수령(守令)이 사사로이 부리던 계집 종

【衙前】(아전) 지방 관아에 딸린 낮은 구실아치。곧 서리(書吏)·어리(御吏)·가리(假吏)·서원(書員) 따위

【衜】金部 六畫에 볼것

【九畫】

【衛】위 エイ、イ、まもり guard
①호위할 護也宿—侍— ②막을 防也 ③핏기운 血氣榮— ④위나라 國名 康叔所封

【衛氣】(위기-エイキ) 음식이 윗속에 들어가서 탁하게 된 것。혈맥 밖에서 늘 돌아다님

【衛兵】(위병-エイヘイ) 호위하는 병졸 「(兵卒)

【衛生】(위생-エイセイ) 몸을 튼튼 하게 하고 병이 나지 않도록 의、식、주(衣·食·住)기타 사물에 주의함

【衛星】(위성-エイセイ) 혹성(惑星)의 주위를 운행하는 별

【衛守】(위수-エイジュ) 군대가 그 땅에 오래 주둔하여 지킴

【衝】충 ショウ、シュ、つく collision
①충돌할 突也 ②충동할 動也 ③거리 通道 ④수레이름 車名—車

【衝激】(충격-ショウゲキ) 서로 부딪쳐 심히 다질림 「서로 다툼

【衝突】(충돌-ショウトツ) ①다닥드림 ②

【衝動】(충동-ショウドウ) ①찔러 움직임 ②꼬드김。시킴 ③목적을 의식하지 않고 일어나는 강박적 활동

【衝動生活】(충동 생활-ショウドウセイカツ) 어떠한 일에 목적을 의식하지 않고 선악(善惡)을 가림없이 다만 외계(外界)의 자극에 따라서 하는생활

【衝然】(충연-ショウゼン) 높이 솟는모양

【衝入】(충입-ショウニュウ) 다질러서 뚫고 들어감

【衝天】(충천-ショウテン) 하늘을 찌를듯이 공중에 높이 솟음

【衝火】(충화-ショウカ) 일부러 불을 놓음

【衝火賊】(충화적-ショウカゾク) 남의 집에 불을 놓고 재물을 빼앗아가는 도적

【十畫—十八畫】

【衡】형 コウ、はかり balance 衡 ㄏㄥˊ héng²
①저울 枰也權— ②멍에 車軛 ③난간 樓殿欄楯 ④옥형 渾天儀也— ⑤눈두덩 眉目之間 (횡) 가로 從之對 橫同

【衡山】(형산-コウザン) 중국 오악(五嶽)의 하나

【衡石】(형석-コウセキ) ①저울 (石은 저울 추) ②인물 재능을 헤아려 조사함。또 그 벼슬

【衡平】(형평-コウヘイ) 어느 편이든지 기울지 않는 균형(均衡)

【衡平運動】(형평운동-コウヘイウンドウ) 옛날 우리 나라에서 천민계급(賤民階級)의 차별철폐와 해방을 부르짖던 사회운동

【衡宇】(형우-コウウ) ①나무를 가로댄 처마 ②보잘것 없는 집

【衞】衛(前畫) 本字

【衢】구 ク、ちまた crossroads
①네거리 四達街通— ②별이름 星名天—

【衢街】(구가-クガイ) 큰 길거리

【衢國】(구국-ククク) 사방으로 적의 공격을 받을 지세의 곳

【衢路】(구로-クロ) 네 거리。갈랫 길

【衢巷】(구항-クコウ) 길거리

衣 部

【衣】의 イ、エ、ころも clothes 囷微

①옷 庇身上下—裳 ②입을 服之

【衣架】(의가-イカ) 옷걸이

【衣冠】(의관-イカン) ①옷과 갓。옷과 관(冠) ②의관을 갖춘 관원을 이름 ③의관을 하는 가문

【衣冠文物】(의관문물-イカンブンブツ) 그 나라의 모든 문화

【衣冠之人】(의관지인-イカンのひと) 의관한 사람。곧 중류 이상의 사람

【衾衾】(의금-イキン) 옷과 이부자리

【衣襟】(의금-イキン) 옷깃

【衣帶】(의대-イタイ) ①옷과 띠 ②띠를 띰

【衣糧】(의량-イリョウ) 옷과 양식

【衣紋】(의문-イモン・エモン) 옷의 무늬

【衣鉢】(의발-イハツ・エハツ) ①가사(袈裟)와 바릿대。곧 전법(傳法)의 표가 되는 물건 ②스승으로 부터 전하는 불교의 오의(奧義)

【衣服】(의복-イフク) 옷。의상

【衣裳】(의상-イショウ) ①옷과 치마。또 아래옷마기 ②옷

【衣食】(의식-イショク) ①의복과 음식。옷과 밥 ②생활 생계

【衣食住】(의식주-イショクジュウ) 의복과 음식과 집

【衣食之方】(의식지방-イショクのホウ) 생활에 필요한 의복과 밥을 얻는 방법

【衣食之憂】(의식지우-イショクのうれい)옷과 밥을 얻기위한 모든 걱정

【衣食之資】(의식지자-イショクのシ) 생활에 필요한 의복과 음식을 얻는 재물

【衣食之鄕】(의식지향-イショクのキョウ)의 생활이 넉넉한 지방

【衣樣】(의양-イヨウ) 의복의 칫수

【衣魚】(의어-イギョ・しみ) 반대좀

【衣欌】(의장) 옷을 넣는 장

【衣廛】(의전-イジ) 넝마전

【衣次】(의차-イジ) 옷감

【衣着】(의착-イチャク) 옷을 입음

【二畫—三畫】

【初】 刀部 五畫에 볼것

【衫】삼 サン、ころも clothes 咸 ㄕㄢ shan'

①적삼 小襦 ②옷 衣之通稱

【表】표 ヒョウ、おもて surface 篠 ㄅㄧㄠ biao

①겉 外也 ②웃옷 上衣 ③거드름 威儀 ④표 꽂을 識也 ⑤전문 箋也 ⑥표표할 衆出—— ⑦밝을 明貌 ⑧姓也

【表決】(표결-ヒョウケツ) 의안(議案)의 가부를 밝힘

【表慶】(표경-ヒョウケイ) 기쁨을 나타냄

【表具】(표구-ヒョウグ) 병풍・화첩 등에 종이나 비단을 발라 꾸밈

【表記】(표기-ヒョウキ) 겉에 표시하여 기록함

【表露】(표로-ヒョウロ) 거죽에 나타남

【表裏】(표리-ヒョウリ) ①거죽과 속 ②안과 밖

【表面】(표면-ヒョウメン) 거죽

【表面摩擦】(표면마찰-ヒョウメンマサツ)고체에 접해서 유체(流體)가 흐를때에 서로의 간섭에 의해서 생기는 마찰력

【表面積】(표면적-ヒョウメンセキ) 물체의 겉면의 넓이

【表面化】(표면화-ヒョウメンカ) 표면에 나타남

【表明】(표명-ヒョウメイ) 표시하여 명백히함

【表文】(표문-ヒョウブン) 임금에게 표로 올리는 글

【表象】(표상-ヒョウショウ) ①현실에 있어서 감관(感官)을 통하여 지각되는 물건 ②상징(象徵)

【表象說】(표상설-ヒョウショウセツ) ①우리의 의식에 표상하는 것은 실재(實在)라고 하는 학설 ②우리의 심리작용은 표상을 기초로 하여 생긴다고 하는 학설

【表白】(표백-ヒョウハク) 나타내 말함

【表石】(표석-ヒョウセキ) 무덤앞에 세우는 표돌

【表示】(표시-ヒョウジ) ①나타내 보임

②거죽에 발표함 ③남에게 알림

【表裝】(표장-ヒョウソウ) 표구(表具)

【表迹】(표적-ヒョウセキ) 겉으로 나타낸 형적

【表情】(표정-ヒョウジョウ) 정의(情誼)를 표함 ②감정을 의모에 나타냄

【表旌】(표정-ヒョウセイ) 충신·효자·열녀등의 정절(貞節)을 표창하여 세상에 나타냄

【表題】(표제-ヒョウダイ) ①책의 겉에 쓰는 책명 ②연설(演說)예술 작품의 제목

【表紙】(표지-ヒョウシ) 책의 뚜껑

【表徵】(표징-ヒョウチョウ) 겉으로 드러나는 상징

【表彰】(표창-ヒョウショウ) 남의 미덕을 세상에 나타냄

【表現】(표현-ヒョウゲン) ①보임 ②나타냄

【哀】口部 六畫에 볼것

〔四 畫〕

【衮】곤 コン rod 阮 ㄍㄨㄣˇ kuen³
곤룡포 龍衣

【衮龍】(곤룡) ①용문(龍紋)을 수놓은 임금의 정복(正服) ②천자(天子)

【衾】금 キン、ふとん coverlet 侵 ㄑㄧㄣˊ ch'in²
이불 被也 衣衾

【衾影無慚】(금영무참) 남이 보지않는 곳에서도 품행이 방정함。심중에부끄러움이 없음

【衾枕】(금침-キンシン) 이부자리와 베개 침구(寢具)

【衿】금 キン、えり lapel of a grament
①옷깃 衣領 襟同 ②옷고름 結也 衣系

【衿帶】(금대-キンタイ) ①옷깃과 띠 ②산이 솟아서 옷깃 같고 내가 둘러서 띠같은 요새지(要塞地)

【衿纓】(금영) 끈을 맴

【衲】납 ドウ、ノウ、ころも black coat worn by Buddhist monks 合 ㄋㄚˋ na⁴
①장삼 僧衣 ②기울 補也

【衲衣】(납의-ドウイ) 가사。장삼

【袂】몌 ベイ、メイ、たもと sleeve
소매 袖也

【衰】쇠 スイ、おとろえる decrease 支 ㄕㄨㄞ shuai¹
①쇠할 殘也侵微 ②약할 弱也 ③소모할 耗也 (최) ①같을 等也 ②상옷 喪服

【衰境】(쇠경-スイキョウ) 늙바탕

【衰困】(쇠곤-スイコン) 쇠약하고 피곤함

【衰骨】(쇠골-スイコツ) 약하게 생긴골격

【衰年】(쇠년-スイネン) 늙어서 쇠한나이。노년(老年)

【衰老】(쇠로-スイロウ) 늙어서 쇠약하여짐

【衰亡】(쇠망-スイボウ) 쇠하여 망함

【衰耗】(쇠모-スイモウ) 쇠하여 줄어짐

【衰門】(쇠문-スイモン) 쇠하고 퇴폐하여 가는 집안

【衰微】(쇠미-スイビ) 쇠약

【衰病】(쇠병-スイビョウ) 쇠약한 병

【衰顏】(쇠안-スイガン) 야위어서 쇠하여진 얼굴

【衰弱】(쇠약-スイジャク) 쇠하고 약함

【衰運】(쇠운-スイウン) 쇠하는 운수

【衰殘】(쇠잔-スイザン) 쇠하여 없어짐。여지없이 약하여짐

【衰盡】(쇠진-スイジン) 쇠하여 다함

【衰態】(쇠태-スイタイ) 쇠약한 꼴

【衰退】(쇠퇴-スイタイ) 쇠하여 퇴폐함

【衰頹】(쇠퇴-スイタイ) 퇴폐하고 쇠약함

【衰敗】(쇠패-スイハイ) 노쇠하여 기력이 약하여 짐

【衰弊】(쇠폐-スイヘイ) 쇠하고 약해져서 피폐함

【衰廢】(쇠폐-スイハイ) 쇠하고 폐함

【袁】원 エン、ながいころも a robe 元 ㄩㄢˊ yüan²
①옷치렁 치렁 할-衣長貌 ②姓也

【衽】임 ジン、ニン、えり lapels 沁 ㄖㄣˋ jen
①옷섶 衣襟 ②요 臥席

【衽席】(임석-ジンセキ) ①요。자리 ②침실

【衷】충 チュウ、まこと sincerity
①정성 誠也 ②가운데 中也 ③마음 方寸所蘊 ④속옷 裏也褻衣 ⑤바를 正也 ⑥착할 善也 ⑦알맞을 斷其ー折ー

【衷懇】(충간-チュウコン) 참된 뜻으로 간청함
【衷曲】(충곡-チュウキョク) 간절한 마음
【衷心】(충심-チュウシン) 속마음。 실속의 마음
【衷情】(충정-チュウジョウ) 마음에서 우러나오는 참된 정
【衷懷】(충회-チュウカイ) 진심에서 우러나는 참다운 회포

【五 畫】

【袈】가 カ、ケ、かさ kasaya 麻 ㄐㄧㄚ chia¹
가사 僧衣ー裟

【袒】단 タン、はだぬく undress 旱 ㄊㄢˇ t'an³
웃벗어멜 偏脫衣ー裼 (탄)衣縫解 흔솔터질 綻同
【袒肩】(단견-タンケン) 어깨를 드러냄
【袒免】(단문-タンメン・タンブン) 두루마기의 오른편 소매를 빼놓고 머리에 베두건을 쓰는 상복
【袒裼】(단석-タンセキ) 웃도리를 벗음

【袋】대 タイ、ふくろ bag 隊 ㄉㄞ tai
부대 자루 囊屬
【袋鼠】(대서-タイソ) 캥거루우(kangaroo)

【袤】무 ボウ、ながさ lengthen 宥 ㄇㄠ mao⁴
뻗칠 延更南北

【袖】수 シュウ、そで sleeve 宥 ㄒㄧㄡ hsiu⁴
소매 衣袂
【袖口】(수구-シュウコウ) 소매 부리
【袖手】(수수-シュウシュ) ①팔짱낌 ②아무것도 하지 않음

【袗】진 シン、ひとえ plain clothes
①홑옷 單衣 ②고운 옷 好衣
【袗衣】(진의-シンイ) 고운 옷

【袍】포 ホウ、うえのころも long gown 豪 ㄆㄠ p'ao²
①도포 襦長 ③앞섶 衣前襟 ②관디 朝服靑ーー
【袍仗】(포장-ホウジョウ) 싸움할 치장。 군장(軍裝)
【袍笏】(포홀-ホウコツ) 관디와 홀。 조복(朝服)

【被】피 ヒ、よぎ、こうむる suffer
①입을 蒙也 ②이불 寢也 ③덮을 覆也 ④미칠 及也 ⑤창피 不蒙褐ー⑥하나타날 著也 ⑦딴머리 首飾
【被檢】(피검-ヒケン) ①검거됨 ②검사를 받음
【被擊】(피격-ヒゲキ) 습격을 받음
【被告】(피고-ヒコク) 소송사건에서 소송을 당한 사람
【被動】(피동-ヒドウ) 남에게 동작을 받음
【被命】(피명-ヒメイ) 명령을 받는 일
【被毛】(피모-ヒモウ) 몸을 덮는 털
【被髮】(피발-ヒハツ) 머리를 풀어 헤침
【被服】(피복-ヒフク) ①옷 ②몸을 떠나지 않는다는 뜻이니 행함。 실천함
【被殺】(피살-ヒサツ) 살해를 당함
【被選】(피선-ヒセン) 뽑힘
【被訴】(피소-ヒソ) 소송을 당함
【被襲】(피습-ヒシュウ) 습격을 당함
【被疑】(피의-ヒギ) 혐의를 받음
【被任】(피임-ヒニン) 벼슬에 임명됨
【被酒】(피주-ヒシュ・さけをこうむる) 심하게 술을 마심
【被捉】(피착-ヒソク) 붙잡힘
【被逮】(피체-ヒタイ) 체포당함
【被侵】(피침-ヒシン) ①침범을 당함 ②저촉됨
【被奪】(피탈-ヒダツ) 빼앗김
【被害】(피해-ヒガイ) 손해를 당함
【被劾】(피핵-ヒガイ) 논박을 당함
【被禍】(피화-ヒカ) 재화를 입음

【六 畫】

【袷】겹 コウ、あわせ lined clothes 洽 ㄐㄧㄚ chia²

겹옷 複衣 (겹) 근동깃 曲領

【袴】고 コ、はかま trousers
바지 脛衣 (과) 사타구니 兩股間
胯同

【袴下】(과하-コウカ) 사타구니 아래

【袱】복 フク、ふろしき cloth wrapper 屋 ㄈㄨˊ fu²
보 帊也包—

【袱商】(보상-フクショウ) 봇짐장수

【裁】재 サイ、たつ cutting 因 ㄘㄞˊ ts'ai²
①바누질할 製也—縫 ②헤아릴 度也 ③결단할 斷決 ④가릴 鑑別品—

【裁可】(재가-サイカ) ①임금의 허가 ② 헤아려 결정함

【裁減】(재감-サイゲン) 짐작하여 경감함

【裁決】(재결-サイケツ) 옳고 그른것을 결단함

【裁斷】(재단-サイダン) 옷감 따위를 본에 맞추어 마름

【裁量】(재량-サイリョウ) 짐작하여 헤아림

【裁縫】(재봉-サイホウ) 바누질

【裁詩】(재시-サイシ) 시를 지음

【裁處】(재처-サイショ) 짐작하여 처리함

【裁度】(재탁-サイド) 재량(裁量)

【裁判】(재판-サイバン) 소송을 판단함

【裁許】(재허-サイキョ) 재결하여 허가함

【七 畫】

【裘】구 キュウ、かわごろも fur garments 尤 ㄑㄧㄡˊ ch'iu²
①갖옷 皮衣羊—狐 ②대물림 父業箕—

【裘葛】(구갈-キュウカツ) ①갖옷과 베옷 ②겨울옷과 여름옷。 一년의 뜻으로 씀

【裘馬】(구마-キュウバ) ①갑옷과 말 ② 부유한 생활

【裙】군 クン、すそ skirt 文 ㄑㄩㄣˊ ch'ün²
치마 下裳 裠同

【裙帶】(군대-クンタイ) 치마와 띠

【裙釵】(군차-クンサイ) ①치마와 비녀 ②부인의 뜻

【裠】前條 同字

【裏】리 リ、うら inside
①속 表— ②옷안 衣內

【裏急】(이급-リキュウ) 설사를몹시심하게하고 창자가 꼬이면서 아픈증세

【裏面】(이면-リメン) ①속 ②안 ③거죽에 나타나지 아니한 일

【裏書】(이서-うらがき) ①종이 위에다 씀 ②어음 기타 아권의 양도를 밝히기 위하여 일정한 방식을 쫓아 그 뜻을 기록함

【補】보 ホ、フ、おぎなう fill up 麌 ㄅㄨˇ pu³
①기울 綴也 ②도울 裨也

【補缺】(보결-ホケツ) ①모자라는 곳을 채움 ②결난곳을 채움

【補空】(보공-ホクウ) 빈 자리를 메움

【補闕】(보궐-ホケツ) 보결(補缺)

【補給】(보급-ホキュウ) 보태어 줌。 채워줌

【補氣】(보기-ホキ) 약 또는 영양분을 먹어서 원기를 도움

【補償】(보상-ホショウ) 남이 입은 손해를 갚아 줌

【補習】(보습-ホシュウ) 일정한 과정을마친 자에게 더 적당한 교과를 보충하여 가르침

【補腎】(보신-ホジン) 보약을 먹어서 정력을 보충함

【補陽】(보양-ホヨウ) 약을 먹어서 양기를 도움

【補遺】(보유-ホイ・イをおぎなう) 빠진것을채움

【補陰】(보음-ホイン) 약을 먹어서 몸의 음기(陰氣)를 도움

【補益】(보익-ホエキ) 보충하여 늘임

【補助】(보조-ホジョ) 보충하여 조력함。 도와줌

【補足】(보족-ホソク) 보태어 넉넉하게함

【補佐】(보좌-ホサ) 자기보다 신분이 높은 사람을 도와줌

【補註】(보주-ホチュウ) 주석(註釋)을 채움

【補天】(보천-ホテン・テンをおぎなう) 하늘의 이지러진 데를 보충함。 세운(世運)을 만회함을 이름

【補添】(보첨-ホテン) 더 기워서 채움
【補充】(보충-ホジュウ) 모자라는 것을 보탬。결점을 채움
【補胎】(보태-ホタイ) 임부(妊婦)의 원기를 보하여 줌
【補土】(보토-ホド) ①군 곳을 흙으로 메움 ②보태어 줌
【補弼】(보필-ホヒツ) 임금을 보좌함
【補弼之臣】(보필지신-ホヒツのシン) 임금을 보필 할만한 신하
【補弼之才】(보필지재-ホヒツのサイ) 임금을 보필할만한 재주
【補血】(보혈-ホケツ) 몸의 피를 보충함

【裒】부 ホウ、あつめる collect
①모을 聚也 ②덜 減也 褎通
【裒次】(부차-ホウジ) 모아서 순서(順序)를 세움
【裒會】(부회-ホウカイ) 조세를 많이 거두어 들임

【裟】사 サ、けさ bupdhist cassock ㄕㄚ sha¹
가사 僧衣裟—

【裔】예 エイ、すえ descendant ㄧˋ i⁴
①옷뒷자락 衣裾 ②씨 種類苗— ③변방 邊也 ④방자할 縱肆貌容—
【裔民】(예민-エイミン) 변방에 사는백성
【裔孫】(예손-エイソン) 대수가 먼 자손
【裔夷】(예이-エイイ) 변방의 오랑캐
【裔土】(예토-エイド) 변방。벽지(僻地)

【裕】유 ユ、ユウ、ゆたか Wealthy 遇 ㄩˋ yü⁴
①넉넉할 饒也 ②늘어질 緩也 ③너그러울 寬也
【裕寬】(유관-ユウカン) 너그럽고 넓음。옹졸하지 아니함
【裕福】(유복-ユウフク) 살림이 넉넉함
【裕裕】(유유-ユウユウ) 마음이 너그러운 모양

【裝】장 ソウ、ショウ、よそほう pretend
①꾸밀 飾也 ②묶을 동일束 ③쌀 齎也 ④행장 裏也行—
【裝甲】(장갑-ソウコウ) ①갑옷을 입고 투구를 씀 ②배 또는 수레를 강철로 쌈
【裝甲車】(장갑차-ソウコウシャ) 강철로 싸서 만든 전지(戰地)에서 쓰는 차
【裝具】(장구-ソウグ) 화장도구
【裝束】(장속-ショウゾク・ソウゾク) ①몸에 복장을 갖춤 ②길떠나는 차림 ③비단옷을 입음
【裝送】(장송-ソウソウ) 시집갈 준비
【裝飾】(장식-ソウショク) 꾸밈。치장함
【裝幀】(장정-ソウテイ) 책 뚜껑의 모양
【裝置】(장치-ソウチ) ①차리어 둠 ②만들어 둠 ③기계의 설비

【八 畫】

【裾】거 キョ、すそ skirt
옷뒤 衣後

【裹】과 カ、つつむ wrap
①쌀 包也 ②얽을 纏也
【裹頭】(과두-カトウ) ①염할 때 시체의 머리를 싸는 베 ②머리를 쌈
【裹糧】(과량-カリョウ) ①양식을 쌈 ②먼 길을 떠날때 양식을 가지고 감

【褂】괘 カイ、うちかけ outer jacket 卦 ㄍㄨㄚˋ kua⁴
마고자 馬—

【裸】라 ラ、はだか naked 哿 ㄌㄨㄛˇ luo³
①벌거벗을 赤體 ②털없는 벌레—蟲 「몸
【裸體】(나체-ラタイ) 벌거벗은 몸。알
【裸體畫】(나체화-ラタイガ) 벌거벗은 사람을 그린 그림
【裸出】(나출-ラシュツ) ①밖으로 드러남 ②살이 드러남
【裸蟲】(나충-ラチュウ・はだかむし) 벌거벗은 벌레。인류(人類)를 이름
【裸寢】(나침) 벌거벗고 누워 잠

【裴】배 ハイ、ながころも long robes 灰 ㄆㄟˊ p'ei²
①옷치렁거릴 衣長貌 ②姓也 裵同

【裵】前條 同字

【裨】비 ヒ、たすける aid 㓒 ㄆㄧ p'i²
①도울 補也 ②더할 益也 ③줄 與也 ④관복 朝服 |冕 ⑤작을 小也 비장 偏將

【裨益】(비익-ヒエキ) 도움이 됨

【裨補】(비보-ヒホ) 도와서 모자람을 채움

【裳】상 ショウ、はかま skirt 陽 ㄕㄤ shang²
①치마 裙也 ②성할 盛貌 ||

【裳裳】(상상-ショウショウ) 훌륭한 모양。성한 모양

【製】제 セイ、つくる make 霽 ㄓ chih⁴
①지을 造也 ②마름질 裁也 ③우장옷 雨衣 ④본새 式也

【製菓】(제과-セイカ) 과자를 만듦

【製糖】(제당-セイトウ) 설탕을 만듦

【製綿】(제면-セイメン) 목화로써 솜을 만들음

【製氷】(제빙-セイヒョウ) 얼음을 만듦

【製本】(제본-セイホン) ①책을 맴 ②만든 물건의 본보기

【製絲】(제사-セイシ) ①실을 만듦 ②특히 고치로 명주실을 만듦

【製產】(제산-セイサン) 물품을 제조하여 산출함

【製藥】(제약-セイヤク) 약재를 조합하여 만듦

【製鹽】(제염-セイエン) 소금을 만듦

【製作】(제작-セイサク) ①글을 지음 ②물건을 만듦

【製造】(제조-セイゾウ) 물건을 만듦

【製紙】(제지-セイシ) 종이를 만듦

【製版】(제판-セイハン) 글자・사진・그림 따위를 인쇄판으로 만들음

【製材】(제재-セイザイ) 재목을 만듦

【裮】창 chane
창피할 衣不帶

【九 畫】

【褐】갈 カツ、けおり furs 曷 ㄏㄜ he²
①털베 毛布 ②굵은 베 麤布 ③갈옷 賤者所服

【褐寬博】(갈관박-カツカンパク) 비천한 사람을 이름。갈(褐)은 털로 짠 베。관박(寬博)은 넓은 옷이니 다 구차한 자가 입는 옷

【褐色】(갈색-カッショク) 거무스름한 주황빛

【褐炭】(갈탄-カッタン) 석탄의 일종

【褌】곤 コン、ふんどし shorts
잠방이 褻衣人襠

【褌衣】(곤의-コンイ) 잠방이와 옷

【褌中】(곤중-コンチュウ) 잠방이 속

【褙】배 ハイ、からぬき waist-coat
배자 襦也

【褓】보 ホウ、ホ、むつき wadding cloth 皓 ㄅㄠ pao⁴
포대기 小兒被襁|

【複】복 フク、あはせ double 屋 ㄈㄨ fu⁴
①겹옷 重衣 ②복도 上下道 (부)거듭 重也 復同

【複科】(복과-フッカ) 과거에 낙제를 시켰던 것을 다시 합격시킴

【複光】(복광-フッコウ) 여러 가지 단광(單光)이 섞여서 이룬 빛

【複軌】(복궤-フッキ) 복선의 궤도

【複道】(복도-フクドウ) ①집 가장자리에 잇달아 만든 좁은 마루 (아래 위에 길이 있으므로) ②집과 집사이에 놓은 다리

【複利】(복리-フクリ) 일정한 기한 안의 이자。본전에 가하여 그 합계금에 다시 이자를 붙이는 방법

【腹本】(복본-フクホン) 원본과 똑 같은 것을 여러벌 만들 때에 그 각 벌을 이름

【腹寫】(복사-フクシャ) ①베낀 것을 또 베낌 ②두장 이상을 포개어 한번에 써냄

【腹線】(복선-フクセン) 단선에 대하여 두줄로 놓은 선로

【腹數】(복수-フクスウ) 어떠한 단위의 二배 이상의 수。둘 이상의 수

【腹式】(복식-フクシキ) 이중 또는 그 이상으로 된 방식

【腹眼】(복안-フクガン) 여러 개의 단안(單眼)이 모여서 된눈。새우·게 껴·곤충 따위의 눈

【腹衣】(복의-フクイ) ①겹옷 ②옷을 껴입음

【腹雜】(복잡-フクザツ) 사물의 갈피가 뒤섞이어 어수선 함

【腹製】(복제-フクセイ) 예술 작품 따위를 그대로 본떠서 만드는 일。사람이외의 사람이 만듬

【腹稱】(복칭-フクショウ) 둘 이상의 사물을 종합하여 나타내는 명칭

【腹合】(복합-フクゴウ) 두 가지 이상을 한가지로 합함

【腹合體】(복합체-フクゴウタイ) 두가지이상의 물건이 합하여 한몸이된 물체

【腹穴】(복혈-フッケツ) 흙을 쌓아올려만든 구멍

【褒】포 ホウ、ほめる praise 皓 ㄅㄠ pao³
①포장할 揚美獎飾 ②도포 長襦—明 ③옷뒷길 大裾

【褒美】(포미-ホウビ) ①미행(美行)을칭찬함 ②칭찬하고 권하여주는 물품

【褒賞】(포상-ホウショウ) 칭찬하여 상을 줌。포상(褒美)

【褒奬】(포장-ホウショウ) 칭찬하여 장려함。포양(褒揚)

【褒貶】(포폄-ホウヘン) 칭찬하는 것과 나무람하는 것

【十 畫】

【褰】건 ケン、はかま trousers 先 ㄑㄧㄢ ch'ien¹
①바지 袴也 ②옷걷을 扱衣

【褦】내 タイ、ひがさ bamboo-hat 隊 ㄋㄞ nai⁴
①패랭이 凉笠— ②분수없을不曉事—襶

【褭】뇨 ジョウ、かざる decorate a horse 篠 ㄋㄧㄠ niao³
말배때 끈 以組帶馬

【褥】욕 ジョク、しとね mattress 沃 ㄖㄨ ju⁴
요 藉也 裀—

【十一畫】

【襁】강 キョウ、せおいおび swaddling cloth 養 ㄑㄧㄤ chiang³
포대기 負兒衣 —褓

【襁褓】(강보-キョウホ·むつき) 포대기

【襁負】(강부-キョウフ) 포대기로 아이를 업음

【褸】루 ル、ロウ、ぼろ ragged ㄌㄩ lü³
옷해질 衣敝襤— 縷通

【褻】설 セツ、ふだんぎ ordinary dress 屑 ㄒㄧㄝ hsieh⁴
①상옷 常服 ②살닿는 옷 衷衣 ③무람없을 狎也。媟同

【褻服】(설복-セップク) 평상복

【褶】습 シュウ、ジョウ、あわせ lined coat
슬갑 騎服袴— (첩) ①덧옷 襲也② 겹옷 袷衣

【襄】양 ジョウ、のぼる rise 陽 ㄒㄧㄤ hsiang¹
①오를 上也 ②뽑아버릴 除也 ③이룰 成也 ④도울 贊也 ⑤멍에할 駕也 ⑥평할 平也

【襄陵】(양릉-おかにのぼる) 고개를 넘어 「감

【襀】적 セキ、シャク、ひだ plait 陌 ㄐㄧ chi²
주름잡을 衣間蹙襞—

【襃】褒(衣部九畫)本字

【十二畫】

【襟】금 キン、えり collar
옷섶 交衽

【襟度】(금도-キンド) 가슴 속。도량(度 「量)

【襟袂】(금메-キンケツ) 옷섶과 소매

【襟要】(금요-キンヨウ) 옷섶과 허리。요해지(要害地)에 비유

【襟韻】(금운-キンイン) 마음과 인품

【襟情】(금정-キンジョウ) 마음。심정(心情)

【襞】벽 ヘキ、ひだ folds 陌 ㄅㄧˋ pi⁴
①주름 裙褶—積 ②옷접을 疊衣

【襞積】(벽적-ヘキセキ) 옷의 주름

【襚】수 スイ、はなむけ greve clothes 寘 ㄙㄨㄟˋ suei⁴
수의 死者衣服

【襖】오 オウ、うわぎ rode 皓 ㄠˇ ao³
도포 袍屬

【十四畫】

【襤】람 ラン、ぼろ rag 覃 ㄌㄢˊ lan²
옷해질 敝衣—褸

【襤褸】(남루-ランル) 누더기

【襦】유 ジュ、はだぎ short coat 虞 ㄖㄨˊ ju²
저고리 短衣

【襦衣】(유의-ジュイ) 저고리

【十五畫—十六畫】

【襪】말 ベツ、バツ、たび socks 月 ㄨㄚˋ wa⁴
비선 足衣

【襲】습 シュウ、おそう attack 緝 ㄒㄧˊ hsi²
①엄습할 掩其不備 ②옷 덧입을 重衣 ③염습할 斂尸 ④벼슬 대물릴 嗣爵承— ⑤합할 合也 ⑥인할 因也

【襲擊】(습격-シュウゲキ) 엄습하여 침。 뜻밖에 침

【襲踏】(습답-シュウトウ) 남의 뒤를 받아 그대로 함

【襲來】(습래-シュウライ) 덥치어 옴。 쳐들어 옴

【襲席】(습석-シュウセキ) 염습할때 펴는 「돗자리

【襲用】(습용-シュウヨウ) 앞에 있던 것 대로 씀

【襲衣】(습의 -シュウイ) 장례 때 시체에 입히는 옷

【襲爵】(습작-シュウシャク) 선대(先代)의 작위(爵位)를 이음

【襲逮】(습체-シュウタイ) 거듭 이름。 가「끔옴

【襲取】(습취-シュウシュ) 엄습하여 가짐

【襲奪】(습탈-シュウダツ) 뜻밖에 쳐서 빼앗음

【十七畫—十八畫】

【襴】란 ラン、ひとえ gown
난삼 裳與衣—連衫

【襶】대 タイ、おろか ignorant 隊 ㄉㄞˋ tai⁴
①분별모르기 不曉事殢— ②패랭이 涼笠襶—

襾 部

【襾】아 ア、おおう cover
덮을 覆也

【西】서 セイ、サイ、にし weat 齊 ㄒㄧ hsi¹
서녘 日入方

【西瓜】(서과-セイカ・サイカ) 수박

【西敎】(서교-セイキョウ) 기독교의 별칭

【西紀】(서기-セイキ) 서력 기원의 준말

【西南】(서남-セイナン) ①서쪽과 남쪽 ②서남간(西南間)의 준말

【西南風】(서남풍-セイナンプウ) 서남에서 불어오는 바람

【西南向】(서남향-セイナンむき) 동북쪽에서 서남으로 향함

【西大門】(서대문-セイダイモン) 돈의문(敦義門)의 별칭

【西曆】(서력-セイレキ) 그리스도가 탄생한 해를 기원(紀元)으로하는 서양의 책력。 사실상의 예수 탄생은 기원전 四년임

【西路】(서로-セイロ) 서쪽길

【西半球】(서반구-にしハンキュウ) 지구의 한쪽 반

【西方】(서방-セイホウ) 서쪽

【西方淨土】(서방정토-サイホウジョウド) 서쪽 십만억토(十萬億土)의 저쪽에 있다는 극락세계

【西邊】(서변-セイヘン) 서쪽

【西部】(서부-セイブ) 서쪽 부분

【西北】(서북-セイホク) 서쪽과 북쪽

【西北間】(서북간-セイホクカン) 서쪽과 북

쪽의 사이되는 방향

【西山】(서산-セイザン) 서쪽에 있는 산

【西成】(서성-セイセイ) 가을에 성숙함을 이름。(五行說에서 가을은 西에 해당하기 때문)

【西洋】(서양-セイヨウ) 유럽과 아메리카

【西洋人】(서양인-セイヨウジン) 서양에국적을 둔 사람。서양사람

【西王母】(서왕모-セイオウボ) ① 고대의 나라이름 ②신선(神仙)의 이름

【西諺】(서언-セイゲン) 서양의 속담

【西戎】(서융-セイジュウ) 서쪽 오랑캐

【西人】(서인-セイジン) ①색목(色目)의 하나。선조(宣祖)때에 심의겸(沈義謙)일파가 김효원(金孝元)일파와 대립하였던 당파。또 그 당파에 속한 사람 ②서양인의 준말

【西窓】(서창-セイソウ) 서쪽으로향한창

【西天】(서천-セイテン) 서쪽 하늘

【西天西域】(서천서역-セイテンセイイキ)예전에 인도(印度)를 일컫던 이름

【西便】(서편) 서쪽

【西風】(서풍-セイフウ) 서쪽에서 불어오는 바람

【西學】(서학-セイガク) 서양의 학문

【西向】(서향-にしむき) 서쪽으로 향하고 있음

【三 畫】

【要】 요 ヨウ、もとめる request ㄧㄠ yao⁴

①구할 求也 ②중요로울 樞也 ③하고자할 欲也 ④언약할 約也久ㅣ ⑤살필 察也 ⑥기다릴 待也 ⑦억지로할 勸也 ⑧모일 會也 ⑨겁박할 劫也 ⑩부를 招也 ⑩시골 圻外ㅣ服

【要綱】(요강-ヨウコウ) 중요한 강령

【要件】(요건-ヨウケン) ①중요한 일 ②긴급한 일

【要訣】(요결-ヨウケツ) 중요로운 비결

【要結】(요결-ヨウケツ) 약속함。긴요한 결과

【要功】(요공-ヨウコウ) 공을 자랑함

【要求】(요구-ヨウキュウ) ①쓸데가 있어서 달라고 청함 ②가지고자 구함 ③어떠한 행위의 청구

【要具】(요구-ヨウグ) 필요한 도구

【要劇】(요극-ヨウゲキ) 중요하고 바쁜 벼슬

【要緊】(요긴-ヨウキン) 썩 필요함

【要談】(요담-ヨウダン) 필요한 말

【要覽】(요람-ヨウラン) 중요한 점을 들어서 보게함

【要領】(요령-ヨウリョウ) ①허리와 목 ②요긴한 강령

【要路】(요로-ヨウロ) ①긴요한 길 ②중요한 지위

【要論】(요론-ヨウロン) 한요긴 논설

【要賴】(요뢰-ヨウライ) 남에게 의뢰하여 살아감

【要利】(요리-ヨウリ) 이익을 늘임

【要望】(요망-ヨウボウ) 요긴하게 바람

【要名】(요명-ヨウメイ)명예를 언으려함。중요한 조목。요긴한 곳

【要務】(요무-ヨウモク) 중요한 업무。필요한 용무

【要密】(요밀-ヨウミツ) 빈틈없이 썩 자세하고 세밀함

【要部】(요부-ヨウブ) 가장 중요한 부분

【要事】(요사-ヨウジ) 매우 긴요한 일

【要償】(요상-ヨウショウ) 손해배상을 청구함

【要塞】(요새-ヨウサイ) 국방상 필요한 곳에 쌓은 성

【要塞地帶】(요새지대-ヨウサイチタイ) 국방상 필요한 시설을 한 요새부근 일대의 지역

【要所】(요소-ヨウショ) 긴요한 장소

【要素】(요소-ヨウソ) 어떠한 사물의 성립 효력등에 대하여 필요 불가결한 원소

【要式】(요식-ヨウシキ) 일정한 방식에 좇음을 필요로 함

【要約】(요약-ヨウヤク) 약속함

【要言】(요언-ヨウゲン) ①약속함 ②요점을 잡은 말。잘 맞는 말

【要用】(요용-ヨウヨウ) ①중요함。간요(肝要) ②중대한 용건

【要義】(요의-ヨウギ) 중요한 뜻

【要人】(요인-ヨウジン) 요로에 있는사람

【要任】(요임-ヨウニン) 중요한 임무

【要節】(요절-ヨウセツ) 글 가운데의 요긴한 마디
【要點】(요점-ヨウテン) 중요한 점
【要旨】(요지-ヨウシ) 중요한 뜻
【要地】(요지-ヨウチ) ①중요한 곳 ②중요한 지위
【要職】(요직-ヨウショク) 가장 중요로운 직
【要津】(요진-ヨウシン) 배로 건느는 중요한 나루
【要鎭】(요진-ヨウチン) 요새지에 있는 병영
【要請】(요청-ヨウセイ) 요긴하게 청함
【要諦】(여체-ヨウテイ) 긴요한 깨달음
【要衝】(요충-ヨウショウ) 긴요한 곳。 지세가 험준하여 적을 방비하기에 편리한 곳
【要衝地】(요충지-ヨウショウチ) ①긴요한 곳 ②지세가 험준하여 적을 방비하기에 편리한 곳
【要港】(요항-ヨウコウ) 중요한 항구
【要項】(요항-ヨウコウ) 중요한 사항
【要害】(요해-ヨウガイ) ①지세가 험준하여 적에게 해가 되는 이쪽에 중요한 토지 ②신체중 중요한 부분。 생명에 관한 곳
【要害處】(요해처-ヨウガイショ) ①지세가 험준하여 적을 방비하기에 편리한 곳 ②신체의 중요한 부분
【要會】(요회-ヨウカイ) ①계산(計算)의 뜻 ②중요한 모임

【四畫—七畫】

【栗】木部 六畫에 볼것

【票】示部 六畫에 볼것

【覃】담 タン、ふかい vast and deep 圍 ㄊㄢˊ t'an²
①웅숭깊을 深廣貌 ②길 長也 ③펼 布也 ④미칠 及也 ⑤뻗을 延也
【覃及】(담급-タンキュウ) 미침。 이름
【覃思】(담사-タンシ) 깊이 생각함

【賈】貝部 六畫에 볼 것

【十二畫—十三畫】

【覆】복 フク、フウ、くつがえる overturn 圍 ㄈㄨˋ fu⁴
①엎지를 倒也 ②엎칠 敗也 ③도리어 反— ④살필 審也檢— (부)①덮을 蓋也 ②엎드릴 伏兵
【覆檢】(복검-フクケン) 두번째 검사함
【覆啓】(복계-フクケイ) ①임금께 복명함 ②편지 겉장의 머리에 쓰는 말
【覆考】(복고-フクコウ) 복계(覆啓)
【覆面】(복면-フクメン・フウメン) 얼굴을 가림
【覆面强盜】(복면강도-フクメンゴウトウ)얼굴을 가린 강도
【覆沒】(복몰-フクボツ) ①배가 뒤집히어 가라앉음 ②한 집안이 전부 망함
【覆盆子】(복분자-フウボンシ) ①고무 딸기 ②고무 딸기의 열매
【覆船】(복선-フクセン) 배가 뒤집힘
【覆誦】(복송-フクショウ・フウショウ) 되풀이 하여 욈
【覆試】(복시-フクシ) 초시(初試)에 급제한 사람이 보던 과거。 다시 시험함
【覆審】(복심-フクシン) ①한번 조사가 끝난 것을 다시 고치어 조사함 ②상소(上訴)에 대한 심리
【覆轍】(복철-フクテツ) 엎어진 수레바퀴。 곧 실패한 자취

【覈】핵 カク、しらべる examine 陌 ㄏㄜˊ he²
①확실할 考事得實 ②겨무거리 穀種不破 ③액색할 慘刻 ④씨 果中實核同
【覈得】(핵득-カイトク) 실상을 조사하여 사실을 알아냄
【覈論】(핵론-カクロン) 허물을 들어 논박함
【覈辯】(핵변-カクベン) 사실을 따져 밝힘
【覈實】(핵실-カクジツ) 일의 실상을 조사함

【覇】霸(雨部 十三畫)俗字

見部

【見】견 ケン、みる see 霰 ㄐㄧㄢˋ chien⁴

볼 視也—識 (현) ①뵈일 朝—②나타날 顯也 ③드러날 露也 ④있을 在也 現同

【見機】(견기-キをみる) 낌새를 알아챔

【見利忘義】(견리망의-りをみてぎをわする) 취리를 의하여 의리를 돌아보지 아니함

【見侮】(견모) 업신 여김을 당함

【見聞】(견문-ケンブン) 보고 듣는 것。그것에 의한 지식

【見蚊拔劍】(견문발검-かをみてケンをぬく) 모기를 보고 칼을 뺀다는 뜻으로、작은 일에 어찌할 줄 모르고 허둥지둥 하는 것을 가리키는 말

【見物生心】(견물생심) 무슨 물건이든지 눈에 뜨이면 가지고 싶은 욕심이 난다는 말

【見本】(견본-みホン) 본보기

【見習】(견습-みならい) ①옆에서 보고 익힘 ②공장등에서 유급직공(有給職工)이 되기 전에 임시로 채용하는 직공

【見識】(견식-ケンシキ) ①생각。의견(意見) ②견문과 지식

【見積】(견적-みつもり) 대강계산하는일

【見學】(견학-ケンガク) 실물을 보고 지식을 넓힘

【見解】(견해-ケンカイ) ①사리를 보고 깨달음 ②가지고 있는 의견

【見謁】(현알-ケンエツ) 웃어른께 뵈임

【四 畫】

【規】규 キ、のり regulation 支 ㄍㄨㄟ kuei¹

①법있을 有法度 ②그림쇠 正圓器 ③바를 正也 ④꾀할 謀也—度 ⑤동그라미 圓也—矩 ⑥구할 求也 ⑦간할 —諫 ⑧발릴 以法正人箴— ⑨법 어길 違法—避

【規諫】(규간-キカン) 사리를 말하여 간함

【規格】(규격-キカク) 규정한 격식。일정한 표준

【規戒】(규계-キカイ) 바르게 경계함

【規矩】(규구-キク) ①그림쇠 ②본보기 ③행위의 표준。일상생활에 지켜야 할 법도

【規例】(규례-キレイ) 규칙과 정례(正例)

【規模】(규모-キボ) ①법을 세워 본보기로 보임 ②일정한 예산 한도 ③만드는 방법 ④물건의 구조 ⑤언저리。범위

【規範】(규범-キハン) 본보기

【規式】(규식-キシキ) 법규와 격식

【規約】(규약-キヤク) 규칙에 작정된 것 규정(規定)

【規律】(규율-キリツ) ①본보기 ②일정한 차례

【規定】(규정-キテイ) 작정하여 놓은 마련。법칙(法則)

【規則】(규칙-キソク) ①규정한 법칙 ②모범이 될 바른 행실

【覓】멱 ベキ、ミヤク、もとめる search for 錫 ㄇㄧˋ mi⁴

①찾을 尋也 ②구할 求也

【覓去】(멱거-ベキキョ) 찾아 감

【覓得】(멱득-ベキトク) 구하여 얻음

【覓索】(멱색-ベキサク) 찾아 다님

【覔】覓(前條)俗字

【五 畫】

【覗】사 シ、うかがう peep 支 ㄙˋ ssu⁴

①엿볼 窺也 ②기다릴 伺也

【視】시 シ、みる loog at 寘 ㄕˋ shih⁴

①볼 瞻也 ②견줄 比也 ③대접할 看待 ④본받을 效也

【視覺】(시각-シカク) 물건을 볼 수 있는 눈의 감각

【視界】(시계-シカイ) ①눈에 비치는 외계 ②시력이 미치는 범위。

【視力】(시력-シリョク) 눈으로 볼 수 있는 힘。안력(眼力)

【視線】(시선-シセン) 눈이 가는 방향

【視野】(시야-シヤ) 사물을 관찰하여 판단할 수 있는 범위

【視若楚越】(시약초월) 서로 멀리하고 돌아보지 아니함

【視察】(시찰-シサツ) 실지 사정을 돌아다니며 살펴 봄

【視聽】(시청-シチョウ) ①보는 것과 듣는 것 ②이목(耳目)

【視學】(시학-シガク) ①왕이 국학(國學)에 행행(幸行)하여 석전양노(釋奠養老)의 예를 행함 ②학사(學事)를 시찰 함

【覘】 점 テン、うかがう spy 鹽 ㄓㄢ chan
①엿볼 闚覘 ②기다릴 候也

【覘視】(점시-テンシ) 엿봄

【覘覽】(점람-テンラン) 엿봄

【覘望】(점망-テンボウ) 살피면서 바라봄

【覘候】(점후-テンコウ) ①더듬어 봄 ②적정(敵情)을 엿봄

【硯】 石部 七畫에 볼것

【七畫—九畫】

【覡】 격 ゲキ、ケキ、かんなぎ wizard 錫
古音(혁) 박수 男巫

【覩】 도 ト、みる gaze; observe 奕 ㄉㄨˇ tu
볼 見也

【覦】 유 ユ、こいねがう aspire 虞 ㄩ yü
넘겨다 볼 欲得覬—

【親】 친 シン、おや parents 眞 ㄑㄧㄣ ch'in
①어버이 父母 ②친할 近也 ③몸소 躬也 ④손수 自也 ⑤사랑할 愛也 ⑥사돈 婚家

【親鑑】(친감-シンカン) 임금이 몸소 봄

【親客】(친객-シンカク) 친한 손님 「擊」

【親見】(친견-シンケン)친히 봄。목격(目

【親耕】(친경-シンコウ) 농업을 장려할 목적으로 임금이 친히 경작하는 의식 「침

【親告】(친고-シンコク) 몸소 알리어 바

【親故】(친고-シンコ) 친척과 옛친구

【親告罪】(친고죄-シンコクザイ) 검사가 공소(公訴)를 제기함에 있어서 피해자 또는 그 밖의 법률이 정한자의 고소나 청구가 있음을 필요로 하는 범죄。강간죄 따위

【親交】(친교-シンコウ) 가까운 교제

【親敎】(친교-シンキョウ) 부모의 가르침

【親舊】(친구-シンキュウ) ①서로 가까이 사귀는 사람。벗 ②친구로서 사귐

【親眷】(친권-シンケン) ①친족 ②자기와 가까운 사람

【親權】(친권-シンケン) 부모가 자식을 감독、교육하고 그 재산을 관리하는 권리

【親近】(친근-シンキン) ①정의가 가까움。친밀(親密) ②정의가 가까운 사람

【親忌】(친기-シンキ) 부모의 제사

【親同氣】(친동기) 친형제

【親等】(친등-シントウ) 친족 관계의 친소(親疎)의 등급

【親臨】(친림-シンリン) 임금이 임어(臨御)하심

【親命】(친명-シンメイ) 부모의 명령

【親母】(친모-シンボ) 자기를 낳은 어머니 「목함

【親睦】(친목-シンボク) 서로 가깝고 화

【親聞】(친문) 친히 들음

【親密】(친밀-シンミツ) 썩 친하여 사이가 버성기지 않음

【親兵】(친병-シンペイ) 임금이 친히 거느린 군사 「버지

【親父】(친부-シンプ・おやじ) 자기의 아

【親父母】(친부모-シンフボ) 자기의 부모

【親査】(친사-シンサ) 부부의 양친 사이에 서로 일컫는 말

【親山】(친산-シンザン) 부모의 산소

【親喪】(친상-シンソウ) 부모의 상

【親書】(친서-シンショ) ①손수 글씨를 씀 ②손수 쓴 편지 「명을 씀

【親署】(친서-シンショ) 임금이 친히 어

【親善】(친선-シンゼン) 서로 친하여 사이가 좋음

【親疎】(친소-シンソ) 가까운 것과 탐탁하지 아니한 것

【親屬】(친속-シンゾク) 친족(親族)

【親率】(친솔) 한 집안의 권졸(眷卒)

【親手】(친수) 몸소 함

【親受】(친수-シンジュ) 몸소 받음

【親授】(친수-シンジュ) 몸소 줌
【親熟】(친숙-シンジュク) 친하여 익숙함。친밀함
【親臣】(친신-シンシン) 가까이 부리는 신하
【親信】(친신-シンシン) 친근하고 신용함。또 그 사람
【親審】(친심-シンシン) 친히 살펴서 사실함
【親押】(친압-シンオウ) 임금의 수결(手決)
【親狎】(친압-シンコウ) 사이가 가까워짐
【親愛】(친애-シンアイ) 가까이 사랑함
【親閱】(친열-シンエツ) 임금이 친히 군대를 시찰함
【親迎】(친영-シンゲイ) ①친히 나아가 맞음 ②신랑이 신부를 맞음
【親往】(친왕-シンオウ) 친히 감
【親用】(친용-シンヨウ) 친히 씀
【親友】(친우-シンユウ) 친한 벗。친지(親知)
【親倚】(친의-シンイ) 가까이 의지함
【親誼】(친의-シンギ) 친분(親分)
【親任】(친임-シンニン) 가까이 하고 신임함
【親炙】(친자-シンキュウ) 그 사람에게 가까이 하여 가르침을 받음
【親蠶】(친잠-シンサン) 잠업을 장려할 목적이로 후비(后妃)가 누에를 기름
【親裁】(친재-シンサイ) 임금이 친히 재결함
【親傳】(친전-シンデン) 직접으로 전하여 줌

【親展】(친전-シンテン) ①친히 만나서 마음을 터 놓음 ②친히 열어 봄。또 수신인(受信人)의 성명 옆에 쓸 때는 저쪽 사람에게 친히 보아 달라는 뜻이 됨
【親切】(친절-シンセツ) 정답고 고맙게함
【親接】(친접-シンセツ) 친히 접대함
【親征】(친정-シンセイ) 임금이 친히 정벌함
【親政】(친정-シンセイ) 임금이 친히 정치를 행함
【親庭】(친정) 시집간 여자의 생가(生家)。친가(親家)
【親祭】(친제-シンサイ) 임금이 친히 제사를 지냄
【親族】(친족-シンゾク) 친척(親戚)
【親知】(친지-シンチ) 써 가깝게 지내는 사람
【親知間】(친지간) 친구의 사이
【親執】(친집-シンシツ) 일을 몸소 잡아 함
【親札】(친찰-シンサツ) 손수 쓴 편지
【親戚】(친척-シンセキ) 촌수가 가까운 겨레붙이
【親筆】(친필-シンピツ) 친히 쓴 글씨
【親好】(친호-シンコウ) 사이가 좋음
【親和】(친화-シンワ) ①사이 좋게 지냄 ②종류가 다른 물질이 서로 화합함
【親和力】(친화력-シンワリョク) 물질이 화학적 변화를 하는 작용
【親患】(친환-シンカン) 부모의 병환

【親厚】(친후-シンコウ) 사이가 친함

【覧】 覽(見部 十五畫)略字

【十畫—十二畫】

【覬】 기 キ、のぞむ aspire 㑭 ㄐㄧˋ chi⁴
넘겨다 볼 希望—覦
【覬望】(기망-キボウ) 넘겨다 봄。바람
【覬覦】(기유-キユ) 몰래 틈을 엿봄。넘겨다 봄

【覯】 구 コウ、あう meet
①만나볼 遇見 ②이룰 成也

【覲】 근 キン、まみえる visit a superior 㬋 ㄐㄧㄣˇ chin³·⁴
뵈일 諸侯秋見天子
【覲禮】(근례-キンレイ) 제후(諸侯)가 임금께 알현(謁見)하는 의식
【覲親】(근친-キンシン) 부모께 뵈임

【観】 觀(見部 十八畫)略字

【覵】 한 カン、ケン、うかがう spy
엿볼 覘也 (간) ①義同 ②섞일 雜也

【十三畫—十五畫】

【覺】 각 カク、さとる perceive 覺 ㄐㄩㄝˊ chüeh²
①깨달을 曉也 ②깰 寤也 ③개우칠

知也 ④밝힐 明也 ⑤발각할 發也 ⑥곧곧할 直也 ⑦클 大也 (교) 꿈깰 夢醒

【覺道】(각도-カクドウ) 깨닫는 도(道)。불설(佛說)

【覺得】(각득-カクトク) 깨달아 알음

【覺書】(각서-おぼえがき) 양국간에 어떠한 사건에 대하여 이쪽 정부 또는 그 사신이 저쪽 정부 또는 그 사신에게 자기의 태도·주장을 적어서 보내는 외교문서

【覺醒】(각성-カクセイ) 깸。깨달음。잘못을 깨달아 정신을 차림

【覺悟】(각오-カクゴ) ①미혹에서 벗어나 진리를 깨달음 ②결심하고 준비함

【覺知】(각지-カクチ) 깨달아 알음

【覺他】(각타) 스스로 깨달음과 함께 남을 개오(開悟)시켜、생사의 괴로움을 떠나게 함

【覽】 람 ラン、みる See together 感 ㄌㄢˇ lan³

①볼 視也 ②두루볼 周觀

【覽古】(남고-ランコ) 고적(古蹟)을 찾아보고 옛날을 회상함

【覽觀】(남관-ランカン) 바라봄。구경함

【覿】 적 テキ、みる see 錫。ㄉㄧˊ ti²

볼 見也

【覿面】(적면-テキイン) ①눈앞。눈밑 ②눈앞에 나타나는 모양

【十八畫】

【觀】 관 カン、みる observe

①볼 視也 ②뵈일 示也 ③집 道宮樓— ④대궐 闕也 ⑤태자궁 春宮甲— ⑥무덤 積屍封土京— ⑦놀 遊也 ⑧구경 狀—奇— ⑨모양 容貌儀— ⑩괘이름 卦名坤下巽上

【觀感】(관감-カンカン) ①눈으로 보고 마음으로 느낌 ②움직이는 곳을 눈으로 봄

【觀客】(관객-カンキャク·カンカク) 구경군

【觀光】(관광-カンコウ) ①광경을 봄 ②자기의 고향이외의 경차·상황·풍속·문물·제도등을 관찰함

【觀光團】(관광단-カンコウダン) 자기의 고향 이외의 토지·인정·풍습등을 시찰하는 단체

【觀念】(관념-カンネン) ①생각 ②눈을 감고 마음을 가라앉혀 깊이 생각하는 일 ③실제의 경험이 자기를 떠난 뒤에 그 현상이 다시 심리상에 나타나서 마음에 남아 있는 현상

【觀念論】(관념론-カンネンロン) 외계(外界)는 실재(實在)가 아니라 다만 우리의 정신작용 곧 관념에 의지하여 발견되는 것에 불과하다고 보는 인식론(認識論)

【觀覽】(관람-カンラン) 구경함

【觀覽客】(관람객-カンランキャク) 구경하는 사람

【觀覽席】(관람석-カンランセキ) 구경하는「자리

【觀望】(관망-カンボウ) 형세를 바라봄

【觀兵】(관병-カンペイ) 군대의 위세를 보임

【觀相】(관상-カンソウ) ①사람의 상(相)을 보고 운명을 판단함 ②남의 얼굴을 봄

【觀賞】(관상-カンショウ) 보고 칭찬함

【觀象臺】(관상대-カンショウダイ) ①천체(天體)를 관측하던 곳 ②기상을 관측하고 알려주는 곳。천문대(天文臺)

【觀世音】(관세음-カンゼオン) 보살(菩薩)의 이름。대자대비(大慈大悲)한 덕이 있다하여 중생(衆生)의 숭배를 받는 극락세계에 있는 보살

【觀世音菩薩】(관세음보살-カンゼオンボサツ) 대자비(大慈悲)한 덕이 있다 하여 중생의 숭배를 받는 극락세계에 있는 보살。이것을 많이 외우면 고민이 해탈한다고 함

【觀音】(관음-カンノン) 관세음보살(觀世音菩薩)의 준말

【觀音菩薩】(관음보살-カンノンボサツ) 관세음보살(觀世音菩薩)의 준말

【觀戰】(관전-カンセン) 싸움을 구경함

【觀止】(관지-カンシ) 보는 것은 이로서 그침。다른 것은 볼 필요가 없다는 뜻

【觀察】(관찰-カンサツ) 자세히 살펴 봄。 사물의 현상을 주의하여 봄
【觀察力】(관찰력-カンサツリョク) 사물을 관찰하는 능력
【觀測】(관측-カンソク) 사물의 현상을 관찰하고 그 변화·운행을 추측함
【觀海】(관해-カンカイ) 보는 바가 큼을 이름
【觀測所】(관측소-カンソクショ) 기상(氣象)에 관한 사무를 맡아 보던 마을
【觀艦式】(관함식-カンカンシキ) 그 나라의 주권자가 자기 나라의 군함을 검열하는 의식
【觀形】(관형-カンケイ) 모습을 살펴 봄

角 部

【角】각 カク、つの horn; corner; angle
①뿔 獸所戴芒ㅣ ②받을 觸也 ③다툴 競也 ④모퉁이 隅也 ⑤쌍상투 頭髻總ㅣ ⑥대평소 吹器 ⑦휘 量器 ⑧비교할 校也 ⑨별이름 二十八宿一 (록) 사람 이름 人名商山小四皓之一人ㅣ里
【角弓】(각궁-カッキュウ) 쇠뿔·양의 뿔들로 꾸민 활
【角帶】(각대-カクタイ) 각띠
【角度】(각도-カクド) 두 직선이 일점에 모여서 되는 형상。 또는 그 형상의 중간의 도수 원의 중심에서 그 주위를 三백六十에 등분한 것을 단위로 하여 측정함
【角燈】(각등-カクトウ) 유리를 껜 네모진 등。 손으로 들고 다니는 것
【角立】(각립-カクリツ) 서로 버티고 굴복하지 않음
【角膜】(각막-カクマク) 눈알의 외벽의 전면에 있는 둥근 접시 모양의 투명한 막
【角膜炎】(각막염-カクマクエン) 각막(覺膜)이 붓고 흰점 또는 붉은 피가 돌고 쑤시는 것 같이 아픈 안질의 일종。 삼눈
【角觝】(각저-カクテイ·すもう) 씨름
【角笛】(각적-カクデキ) 쇠뿔로 만든 저
【角逐】(각축-カクチク) 서로 다툼。 덤벼듬
【角戱】(각희-カクギ) 씨름

【四畫—五畫】

【觖】결 ケツ、ケチ、キ、うらむ regretable 㕯 ㄐㄩㄝ chüeh²
①서운할 不滿ㅣ望 ②바랄 望也 ③들추어 낼 挑發摘ㅣ
【觖望】(결망-ケツボウ·キボウ) ①서운하게 생각함。 불만하게 여김 ②바람。 희망함
【觖如】(결여-ケツジョ) 서운하게 생각하는 모양。 불만족하게 여기는 모양

【斛】斗部 七畫에 볼것
【觚】고 コ、ク、さかずき wine-cup 㕯 ㄍㄨ ku
①술잔 酒爵 ②뿔 角也 ③대쪽 竹簡 ④모 稜也 ⑤모질 方也
【觚牘】(고독-コトク) 글자를 쓰는 대쪽
【觚稜】(고릉-コリョウ) 전각(戰閣)의 맨 꼭대기가 뾰족하게 내민 모서리
【觜】자 シ、くちばし bill
별이름 二十八宿之一 西方宿名ㅣ觿 (취) 부리 喙也
【觝】저 テイ、ふれる gore 㕯 ㄉㄧ ti
①받을 觸也 ②씨름 角ㅣ

【六畫】

【觥】굉 コウ、つのさかずき a cup made of hoan
①뿔술잔 酒器兕ㅣ ②클 大也 ③꼿꼿할 剛直ㅣㅣ
【觥飯】(굉반-コウハン) 잘 차린 음식
【觥籌交錯】(굉주교착-コウチュウコウサク) 자주 술잔을 들어 대접함
【解】해 カイ、ゲ、とく release 㕯 ㄐㄧㄝ chieh³·⁴
①해득할 曉也 ②풀릴 緩也 ③쪼갤 判也 ④괘이름 卦名 (개) ①풀 釋也 ②헤칠 散也 ③벗을 脫也 ④발신할

發也—額 ⑤흩어질 物自散
【解渴】(해갈-カイカツ・カツをとく) ①목마른 것을 물이나 약을 써서 고침 ②금전의 융통이 생김 「말을 냄
【解決】(해결-カイケツ) 일을 처리함。결
【解雇】(해고-カイコ) 일군을 내 보냄
【解骨】(해골-カイコツ) 사람들이 흩어짐。해체(解體) 「풀어줌
【解禁】(해금-カイキン) 금지하던 것을
【解答】(해답-カイトウ) 풀어 대답함。또 그 글 「을 들음
【解道】(해도-カイドウ) 남의 말하는 것
【解毒】(해독-ゲドク・ドクをとく) 독기를 없앰
【解得】(해득-カイトク) 풀어 알음。깨달아 알음 「음
【解纜】(해람-カイラン) 배에 맨 줄을 풀
【解放】(해방-カイホウ) 꼼짝 못하게 얽어 매였거나 가두었던 것을 풀어놓음
【解配】(해배) 귀양간 사람을 놓아줌
【解罰】(해벌-カイバツ) 벌을 풀어줌
【解剖】(해부-カイボウ) ①생물의 몸을 쪼개어 내부를 조사함 ②조리를 잘라서 연구함
【解氷】(해빙-カイヒョウ) 얼음이 풀림
【解散】(해산-カイサン) 군중이 흩어짐
【解產】(해산-カイサン) 아이를 낳음
【解釋】(해석-カイシャク) ①풀음 ②뜻을 알기 쉽게 설명함

【解析】(해석-カイセキ) 쪽쪽이 나누어 가름。분석(分析) 「취소함
【解消】(해소-カイショウ) 풀어서 관계를
【解說】(해설-カイセツ) 뜻을 설명함。또 그 설명
【解顏】(해안-カイガン) 기뻐서 웃음
【解約】(해약-カイヤク) 약속을 깨뜨림。파약(破約) 「게함
【解熱】(해열-ゲネツ) 몸의 열기를 내리
【解熱劑】(해열제-ゲネツザイ) 몸의 열기를 풀기 위하여 먹는 약
【解悟】(해오-カイゴ) 깨달음
【解弛】(해이-カイシ) 풀어짐 「함
【解任】(해임-カイニン) 임무를 내어놓게
【解酲】(해정) 술이 취한 그 이튿날 아침에、잠이 깨면서 다른 음식을 먹기 전에 술을 마시는 일
【解酲酒】(해정주) 해장술
【解除】(해제-カイジョ) ①풀어서 치움 ②어떤 관계나 책임을 지워 없애고 그 전의 상태로 되돌임
【解題】(해제-カイダイ) ①문제의 출처와 그 뜻 ②서적의 저자・권수・내용 등의 대개 ③글의 제목을 해석함
【解制】(해제-カイセイ) 풀어 없앰。그만 두게 함
【解職】(해직-カイショク) 직장을 해임함
【解體】(해체-カイタイ) ①이탈하여 배반함 ②단체를 해산시킴 「음
【解脫】(해탈-カイダツ・ゲダツ) 구속을 벗

【解土】(해토-カイド) 언 땅이 풀림
【解版】(해판-カイハン) 식자(植字)한 활자판을 풀어 해침
【解惑】(해혹-カイワク) 의혹을 풀음

【觧】前條 俗字

【触】觸(角部 十三畫)略字

【七畫—十三畫】

【觫】속 ソク、おそれる 屋 tremble with fear ㄙㄨˋ su^{4}
곱송거릴 懼貌觳—

【觭】기 キ、ひとつ not a pair 支 ㄐㄧ chi^{1}
①천지각 角一俯一仰 ②외쪽 隻也 ③얻을 得也 「의 수레
【觭輪】(기륜-キリン) 외쪽 바퀴。한채

【觳】곡 コク、うすい thin 屋 ㄏㄨˊ hu^{2}
①곱송거릴 懼貌—觫 ②다할 盡也 ③엷을 薄也 斛通 (각) ①다툴 競也 ②파리할 無潤 ③비교할 校也
【觳薄】(곡박-コクハク) 생계를 절약해서 꾸려나감
【觳觫】(곡속-コクソク) 죽기가 두려워서 곱송 그리는 모양 「름
【觳抵】(각저-コクテイ) 힘을 비교함。씨
【觳土】(각토-コクド) 강파른 땅

【觴】상 ショウ、さかずき wine-cup 陽 ㄕㄤ shang¹
①잔 酒巵總名 ②잔질할 濫ー
【觴杯】(상배-ショウハイ) 술잔
【觴詠】(상영-ショウエイ) 술을 마시며시가를 읊음
【觴酒】(상주-ショウシュ) 술잔의 술

【觸】촉 ショク、ソク、ふれる touch 沃 ㄔㄨㄛ chʻuo⁴
①받을 牴也 ②범할 犯也
【觸角】(촉각-ショッカク) 하등동물의 머리위에 있는 뿔같은 기관(器官)。 달팽이의 뿔 따위
【觸覺】(촉각-ショッカク) 피부에 느끼는 감각
【觸感】(촉감-ショッカン) ①닿아서 느낌 ②촉각 ③추운 기운이 몸에 닿아서 병이생김
【觸官】(촉관-ショッカン) 동물의 촉각을 맡은 기관。 곧 사람의 피부、곤충의 촉각 따위
【觸怒】(촉노-ショクド・いかりにふれる) 웃어른의 마음을 거슬러서 성을 벌컥내게함
【觸羅】(촉라-ショクラ) 그물에 걸림「음
【觸冷】(촉랭-ショクレイ) 냉기가 몸에닿
【觸網】(촉망-ショクモウ) ①범망에 걸림 ②그물에 걸림
【觸目】(촉목-ショクモクめにふれる)눈에 띔。 눈에 보이어 느낌
【觸目傷心】(촉목상심-ショクモクショウシン) 사물을보고 당장에 슬픈생각이남
【觸發】(촉발-ショクハツ) 사물에 접촉하여 감회가 일어남
【觸犯】(촉범-ショクハン) 두려워서 피할일을 저지름
【觸鼻】(촉비-ショクビ) 냄새가 코를찌름
【觸傷】(촉상-ショクショウ) 한기(寒氣)가 몸에 닿아 병이남
【觸手】(촉수-ショクシュ) ①하등 동물의 촉각을 맡은 기관。해파리 입둘레에 있는 손 따위 ②물건을 쥐는 손。 곧 오른손
【觸風】(촉풍-ショクフウ) 찬바람을 쐼
【觸寒】(촉한-ショッカン) 추운 기운이몸에 닿음

言部

【言】언 ゲン、ゴン、ことば word 元 ㄧㄢ yen²
①말씀 辭章 ②말할 語也 ③우뚝할 高大貌ーー ④어조사 語辭
【言去言來】(언거언래-ゲンキョゲンライ)말다툼
【言輕】(언경-ゲンケイ) 말씨가 경솔함
【言官】(언관-ゲンカン) 사간원(司諫院)。 사헌부(司憲府) 관원(官員)의 총칭。 간관(諫官)
【言權】(언권-ゲンケン) 말할 권리
【言句】(언귀-ゲンク) 말。 말귀
【言端】(언단-ゲンタン) 말다툼을 일으키는 시초(始初)
【言渡】(언도-いいわたし) 재판의 결과를 말로 내리는 선언
【言動】(언동-ゲンドウ) 말과 행동。 언행(言行)
【言路】(언로-ゲンロ) 백성으로서 임금께 말씀을 올릴수 있는 길
【言論】(언론-ゲンロン) 평론함。 논란함
【言論戰】(언론전-ゲンロンセン) 공개문서(公開文書)또는 연설들로 서로의견을 주장하여 다투는 일
【言明】(언명-ゲンメイ) 말로 의사를 표시함
【言貌】(언모-ゲンボウ) 말과 용모
【言文】(언문-ゲンブン) 말과 글
【言文一致】(언문일치-ゲンブンイッチ) 글자로 표하는 글과 입으로 나타내는「입담말이같음
【言辯】(언변-ゲンベン) 말솜씨가 좋음。
【言辭】(언사-ゲンジ) 말。 말씨
【言說】(언설-ゲンセツ・ゴンセツ) 말。 설명하는 말
【言聲】(언성-ゲンセイ) 말의 소리
【言笑】(언소-ゲンショウ) 말하며 웃음
【言笑自若】(언소자약-ゲンショウジャク)근심되는 일이나 놀라운 일을 만나도 평시와 같은태도를 가짐。 태연히웃고 있음

【言約】(언약-ゲンヤク) 말로 약속함

【言語】(언어-ゲンゴ) ①말 ②사람의 음성으로써 사상감정을 나타내어 전달하는 활동

【言語道斷】(언어도단-ゴンゴドウタン) 너무나 어이가 없어서 말할려야 할수 없음

【言語不通】(언어불통-ゲンゴフツウ) 말이 달라 서로 통하지 못함

【言語相通】(언어상통-ゲンゴあいツウず)말이 서로 통함

【言語酬酌】(언어 수작-ゲンゴシュウシャク) 말로 서로 문답함

【言語學】(언어학-ゲンゴガク) 언어의 원리를 과학적으로 연구하는 학문

【言語行動】(언어행동-ゲンゴコウドウ) 언어와 행동 「말과 일

【言言事事】(언언사사-ゲンゲンジジ) 모든 주 「이 사리에 정당함

【言才】(언재-ゲンザイ) 말을 잘하는 재

【言正理順】(언정리순-ゲンセイリジュン)말

【言重】(언중-ゲンジュウ) 말새가 가볍지 아니함。 입이 무거움

【言中有言】(언중유언-ゲンチュウユウゲン) 말속에 깊은 뜻이 있음

【言質】(언질-ゲンシツ) 남의 말을 뒤에 증거로 삼음 「실과 꼭 맞음

【言讖】(언참-ゲンシキ) 말이 미래의 사

【言責】(언책-ゲンセキ) 언어상의 책망。 말을 할책임。 간관(諫官)등의 책임

【言下】(언하-ゲンカ) 말하자 곧 그자리

【言行】(언행-ゲンコウ) 말과 행실。 언론과 품행

【言行相反】(언행상반-ゲンコウあいハンす) 말하는 것과 행하는것이 같지아니함

【言行一致】(언행일치-ゲンコウイッチ) 말하는 것과 행하는 것이 꼭같음

【言詰】(언힐-ゲンキッ) 말다툼

【二 畫】

【計】계 ケイ、はかる plan 厲 ㄐㄧˋ chi4

①계교 謀也 ②셈 數也 ③셈맞출會

【計巧】(계교-ケイコウ) 꾀

【計較】(계교-ケイカク・ケイコウ) 서로 대봄。 비교함

【計略】(계략-ケイリャク) 꾀

【計量】(계량-ケイリョウ) 물건을 헤아림

【計料】(계료-ケイリョウ) 헤아려 봄

【計理士】(계리사-ケイリシ) 회계에 관한 사항을 맡아서 정리하는 것을 업으로 삼는 사람

【計謀】(계모-ケイボウ) 꾀 「부

【計簿】(계부-ケイボ) 회계를 기재한 장

【計算】(계산-ケイサン) 수량을 헤아림。 셈침

【計數】(계수-ケイスウ) 수효를 헤아림

【計月】(계월-ケイゲツ) 달수를 계산함

【計策】(계책-ケイサク) 꾀

【計畫】(계획-ケイカク) 꾀

【訃】부 フ、つげる notice

①통부 告喪 ②이를 至也 赴通

【訃告】(부고-フコク) 죽음을 알리는 통지

【訃聞】(부문-フブン) 부음(訃音)과같음

【訃音】(부음-フイン) 사람의 죽음을 통지함

【訂】정 テイ、ただす arrange

끊을 評議

【訂正】(정정-テイセイ) 잘못을 고쳐서 바로 잡음

【三 畫】

【記】기 キ、しるす record [illegible] ㄐㄧˋ chi4

①기록할 錄也 ②글 書也秦ㅣ

【記念】(기념-キネン) 오래도록 기억하여 잊지 않음

【記念物】(기념물-キネンブツ) 기념물

【記錄】(기록-キロク) 적음。 또 그 글

【記錄文學】(기록문학-キロクブンガク) 사실의 기록적 요소가 아주 강한 문학작품

【記名】(기명-キメイ) 성명을 적음

【記名公債】(기명공채-キメイコウサイ) 권리자가 성명을 공채원부 및 증권면(證券面)에 기입한것

【記名調印】(기명조인-キメイチョウイン)서명하고 날인하는 일

【記事】(기사-キジ) 사실을 적음。또 기록한 사실

【記性】(기성-キセイ) 잊지 아니하는 힘

【記述】(기술-キジュツ) 기록하여 말함。설명함

【記憶】(기억-キオク) 한번 경험한 것을 마음 속에 넣어둠

【記入】(기입-キニュウ) 글씨를 써 넣음

【記者】(기자-キシャ) ①서류를 기초하는 사람 ②신문·잡지등에 글을 쓰는 사람。또 편집하는 사람

【記章】(기장-キショウ) 어떤 기념할만한 일에 관계한 사람에게 주는 표장

【記載】(기재-キサイ) 기록하여 올림。적어 놓음

【記號】(기호-キゴウ) 일정한 사상내용을 나타내거나 적어 보이는 수단으로서의 문자·부호·표장 따위의 총칭

【訕】산 セン、サン、そしる abuse 諫 ㄕㄢˋ shan⁴

비방할 謗也

【訕謗】(산방-センボウ) 비방함

【訕笑】(산소-センショウ) 비방하는 웃음

【訊】신 ジン、シン、たづねる inquire

①물을 問也 ②죄물을 鞫罪 ③다스릴 治也

【訊鞫】(신국-ジンキク) ①엄격히 캐어물어 살핌 ②죄인을 취조함

【訊問】(신문-ジンモン) ①물어서 캠 ②죄를 물음。물음。질문함

【訐】알 ケツ、あばく accuse 月 ㄐㄧㄝˊ chieh²

들추어낼 發人陰私

【訐揚】(알양-ケツヨウ) 남의 비밀을 들추어 냄

【訑】이 イ、タ、タン ひとりよがり arrogant 支 ㄧˊ i²

든든할 自得貌又淺意—— 詑同

(탄) 방탕할 旅也慢—

【訒】인 ジン、にぶい dull 震 ㄖㄣˋ jen⁴

①무딜 鈍也 ②말더듬거릴 言難出 ③엎드러질 頓也

【託】탁 タク、よせる entrust 藥 ㄊㄨㄛ t'uo¹

①부칠 寄也憑依 ②맡길 委也信任

【託辭】(탁사-タクジ) 꾸며서 핑계하는 말

【託送】(탁송-タクソウ) 남에게 부탁하여 「보냄

【託食】(탁식-タクショク) 남의 집에 부치어 생활함

【託身】(탁신-タクシン) 몸을 붙여 의탁「함

【託兒所】(탁아소-タクジショ) 부부가 다같이 노동에 종사하는 자의 자녀를 맡아서 기르는 곳

【託意】(탁의-タクイ) 마음에 있는 뜻을 다른데 비기어 붙여서 나타냄

【託子】(탁자-タクシ) 자식을 남에게 당부하여 맡김

【託迹】(탁적-タクセキ) 몸을 의탁함

【討】토 トウ、うつ attack 皓 ㄊㄠˇ t'ao³

①칠 治也 ②벨 誅也 ③꾸짖을 訶也 ④찾을 尋也 ⑤구할 求也 ⑥더듬을 探也

【討究】(토구-トウキュウ) 사리를 따져서 「연구함

【討論】(토론-トウロン) ①서로 의논을 다툼 ②여러 가지로 의논하여 정당한 처치를 함

【討論會】(토론회-トウロンカイ) 어떠한 문제에 대하여 여러사람이 토론하는 모임

【討滅】(토멸-トウメツ) 쳐서 없앰

【討伐】(토벌-トウバツ) 도적을 침

【討索】(토색-トウサク) 금전을 강청하는 「것

【討議】(토의-トウギ) 토론하여 의논함

【討罪】(토죄-トウザイ) 죄목을 지어냄

【討逐】(토축-トウチク) 쳐서 쫓음

【討破】(토파-トウハ) 남의 말을 공격하고 논박하는 것

【討捕】(토포-トウホ) 도적을 쳐서 잡음

【訌】홍 コウ、こだつく be confused 東 ㄏㄨㄥˊ hung²

①어지러울 亂也 ②무너뜨릴 潰也

【訓】훈 クン、キン、おしえ instruct 問 ㄒㄩㄣˋ hsün⁴

①가르칠 誨也 ②인도할 導也 ③경

계할 誡也 ④주낼 註解―誥 ⑤뜻알려줄 說敎

【訓戒】(훈계-クンカイ) 가르쳐 경계함。타이름

【訓告】(훈고-クンコク) 훈계하여 타이름

【訓詁】(훈고-クンコ) 고문(古文)의 자구를 해석하는 것

【訓導】(훈도-クンドウ) 가르쳐 인도함

【訓練】(훈련-クンレン) ①무술을 연습함 ②가르쳐 익숙하게 함

【訓令】(훈령-クンレイ) 상급관청이 하급관청에 대하여 법령의 해석 또는 사무의 방침 따위를 지시하는 명령

【訓蒙】(훈몽-クンモウ) 어린 아이 또는 처음으로 배우는 사람을 가르침

【訓民正音】(훈민정음) 이조 세종(世宗)이 지은 우리글。세종 二五년 十二월에 완성하고 二八년 九월에 반포함

【訓辭】(훈사-クンジ) 가르치어 경경하는말

【訓手】(훈수-クンジ) 바둑·장기 따위에서 수를 뚱기어 가르쳐 줌

【訓示】(훈시-クンジ) ①가르쳐 보임 ②관아(官衙)의 명령을 백성에게 알리는 게시 ③하관(下官)에게 대해하는 집무상 주의에 관한 상관(上官)의 고시(告示)

【訓諭】(훈유-クンユ) 가르쳐 깨우침

【訓育】(훈육-クンイク) ①가르쳐 기름 ②학생의 도덕적 품성을 도야하기 위한 교육

【訓長】(훈장-クンチョウ) 글방의 선생

【訓奬】(훈장-クンショウ) 교훈하여 장려함

【訓話】(훈화-クンワ) 교훈하는 말。훈시하는 말

【訓誨】(훈회-クンカイ) 가르치고 이끌어 「줌

【訖】 흘 キツ、つくす reach to; finish
이를 至也 (글) 마칠 終也 迄同

【四 畫】

【訣】 결 ケツ、わかれる part 㕯 ㄐㄩㄝ chüeh²
①이별할 別也 ②영결할 死別 ③비결 方術要法 ④사례할 辭也

【訣別】(결별-ケツベツ) 작별함。오래 이별함

【訣要】(결요-ケツヨウ) 종요로운 비결。요긴한 뜻

【訥】 눌 トツ、ドツ、どもる stammer 㕯 ㄋㄚ na⁴
말떠듬거릴 遲鈍言難

【訥辯】(눌변-トツベン) 떠듬거리며 하는 말

【訥澁】(눌삽-トツジュウ) 말이 떠듬거리어 잘 나지 아니함

【訥言】(눌언-トツゲン) 말을 떠듬 거림。또 그 말

【訪】 방 ホウ、おとずれる visit 㕯 ㄈㄤ fang³
①물을 問也 ②의론할 議也 ③뵈일 謁見 ④꾀할 謀也

【訪古】(방고-ホウコ) 고적을 찾아다님

【訪求】(방구-ホウキュウ) 사람을 구함

【訪問】(방문-ホウモン) ①물어봄 ②남을 찾아 봄 「찾음

【訪尋】(방심-ホウジン) 찾아 물음。물어

【訪慰】(방위-ホウイ) 찾아서 위로함

【設】 설 セツ、もうける establish 㕯 ㄕㄜ shê⁴
①베풀 陳也 ②설령 假借辭

【設計】(설계-セッケイ) 계획(計劃)을 세움。또그 계획

【設頭】(설두-セットウ) 먼저 앞장을 서서 주선함

【設令】(설령-セツレイ) ①문제를 베풀음 ②그렇다손치고 가령

【設立】(설립-セツリツ) 베풀어 세움

【設問】(설문-セツモン) 문제를 베풀어 음

【設備】(설비-セツビ) 베풀어 갖춤

【設使】(설사) 설령(說令)

【設施】(설시-セッシ) 베풀음。시작함

【設宴】(설연-セツエン) 잔치를 벌임

【設定】(설정-セッテイ) 만들어 작정함

【設置】(설치-セッチ) 베풀어 둠

【訟】 송 ショウ、うったえる demand justise ㄙㄨㄥ sung⁴

①송사할 爭辯 ②시비할 衆論異同 聚— ③꾸짖을 責也 ④패이름 卦名

【訟民】(송민-ショウミン) 송사(訟事)하는 백성

【訟事】(송사-ショウジ) 재판을 걸음

【訟庭】(송정-ショウテイ) 송사를 듣고 처리하는 곳

【訝】아 ガ、ゲ、いぶかる suspicious 禡 ㄧㄚˋ ya⁴

①의심할 疑怪 ②맞을 迎也

【訛】와 カ、ガ、いつわる false 歌 ㄜˊ é²

①거짓말 僞也 ②어긋날 舛也 ③화할 化也 ④움직일 動也

【訛言】(와언-カゲン) 그릇 전하는 말。거짓말

【訛音】(와음-カオン) 그릇 전하는 글자

【訛傳】(와전-カデン) 그릇 전함

【許】허 キョ、コ、ゆるす allow 語 ㄒㄩˇ hsü³

①허락할 與也 ②기약할 期也 ③나갈 進也 ④어조사 語辭 ⑤姓也 (호) 여럿이 힘쓰는소리 衆力聲——

【許可】(허가-キョカ) ①소청을 들어줌 ②법률상 일반에게 금지하는 행위를 특정한 경우에 할수있게하는 행정 처분

【許交】(허교-キョコウ) 마음을 허하고 사귐。벗함

【許國】(허국-くにゆるす) 몸을 버리고 나라를 위하여 힘을 다함

【許給】(허급-キョキュウ) 달라는 대로줌。청구를 허함

【許多】(허다-キョタ) 매우 많음

【許諾】(허락-キョダク) 소청을 들어줌。승낙함

【許身】(허신-みをゆるす) 몸을 남에게맡김

【許心】(허심-こころをゆるす) 마음을 허함

【許約】(허약-キョヤク) 용납하여 약속함

【許與】(허여-キョヨ) 허락하여 줌

【許容】(허용-キョヨウ) 용서함。용납함

【許由】(허유-キョユウ) 말미를 허함

【許入】(허입-キョニュウ) 들어 오는것을 허락함

【許婚】(허혼-キョコン) 신부집에서 혼인을 응낙함

【許許】(호호-ココ) 여러 사람이 합력하여 무거운 물건을 움직일때 내는 소리。이어차

【訢】흔 キン、ギン、よろこぶ glad

기꺼울 喜也 欣同 (은) 공손할 和敬貌——

【訢然】(흔연-キンゼン) 기뻐하는 모양

【訢合】(흔합-キンゴウ) ①천지의 기운이 하나로 합함 ②기뻐 모임

【訳】譯(言部 十三畫) 略字

【五 畫】

【訶】가 カ、しかる blame 歌 ㄏㄜ hê¹

①성내어 꾸짖을 大言而怒責 ②꾸지람 譴也 呵同 何通

【訶詰】(가힐) 꾸짖어 힐문함

【詁】고 コ、よみ explain

주낼 通古今明其故訓—

【詘】굴 クツ、まげる crouch 物 ㄑㄩ ch'ü

①굽을 曲也 ②굳할 喜失節貌充— ③말막힐 辭塞 屈通

【詘伸】(굴신-クッシン) 굽히는 것과 펴는것

【詈】리 リ、ののしる scold 寘 ㄌㄧˋ li⁴

꾸짖을 罵—

【詈罵】(이매-リバ) 꾸짖음

【詈辱】(이욕-リジョク) 꾸짖고 욕함

【詐】사 サ、いつわる flase

①간사할 詭譎 ②거짓 僞也③속일 欺也

【詐巧】(사교-サコウ) 교묘하게 속이는 일。또 그 수단

【詐欺】(사기-サギ) 남을 속임

【詐謀】(사모-サボウ) 속이는 꾀

【詐僞】(사위-サギ) 거짓

【詐忠】(사충-サチュウ)거짓꾸미는 충성
【詐取】(사취-サシュ) 속이어 가짐
【詐稱】(사칭-サショウ) 거짓 일컬음
【詐騙】(사편-サヘン) 속임

【詞】사 シ、ことば words 圀ち tz'ŭ²
①말 言也 ②글 文也

【詞客】(사객-シカク) 시가·문장을 짓는 사람
【詞林】(사림-シリン) ① 시문(詩文)을 모은 책 ②시인·문인들의 세계
【詞訟】(사송-シショウ)민사에 관한 소송
【詞藝】(사예-シゲイ) 문예(文藝) 「장
【詞章】(사장-シショウ) 시가(歌詩)와 문장
【詞藻】(사조-シソウ) 뛰어난 시가·문장

【訴】소 ソ、うったえる appeal 圀ムㄨ su⁴
①송사할 訟也 ②하소연할 告也

【訴訟】(소송-ソショウ) 재판을 걸음
【訴訟法】(소송법-ソショウホウ) 민사또는 형사 소송상의 절차를 규정한 법률
【訴人】(소인-ソニン) 재판을 거는 사람
【訴狀】(소장-ソジョウ) 소송을 제기하는 서류
【訴追】(소추-ソツイ) 검사가 공소(公訴)를 제기하여 추소(追訴)하는 일

【詠】영 エイ、うたう recite 圀ㄩㄥˇ yung⁴
읊을 歌也長言

【歌歐】(영가-エイカ) 노래를 읊음
【詠物】(영물-エイブツ) 물건을 제목으로 시를 지음
【詠雪之才】(영설지재-エイセツのサイ) 여자의 글재주 있는 것
【詠懷】(영회-エイカイ) 회포를 시가로 「읊음

【詒】이 タイ、イ、おくる present 圀ㄧˊ i²
①줄 遺也贈言 ②느른할 懈倦貌 胎同 (태) 속일 欺也 紿同

【訾】자 シ、そしる slander
①헐어말할 毁也 ②보배 財寶 ③병통 病也 ④생각할 思也 ⑤어림할 量也 ⑥한정할 限也訿同

【訾毁】(자훼-シキ) 비방함。욕설함

【訿】자 シ、そしる slander
헐어말할 謗毁ㅡㅡ

【詛】저 ソ、ショ、のろう curse
방자할 精神加殃ㅡ呪 阻通

【詛盟】(저맹-ソメイ) 맹세함
【詛呪】(저주-ソジュ) 방자함

【詆】저 テイ、そしる slander 圀ㄉㄧˇ ti³
①꾸짖을 訶也 ②알소할 訐也

【詆毁】(저훼-テイキ) 흠구함。비방함

【証】증 ショウ、セイ、いさめる remonstrate 圀ㄓㄥˋ chêng⁴
①간할 諫也 ②證(言部 十二畫) 代用字

【詔】조 ショウ、みことのり imperial mandate
①조서 上命 ②가르칠 敎也

【詔令】(조령-ショウレイ) 임금의 명령
【詔命】(조명-ショウメイ) 조령 (詔令)과 같음
【詔書】(조서-ショウショ) 임금의 명령을 쓴 문서
【詔勅】(조칙-ショウチョク) 조서(詔書)

【註】주 チュウ、シュ、しるし annotations 圀ㄓㄨˋ chu⁴
①주낼 解也訓釋 ②기록할 記物

【註釋】(주석-チュウシャク) 낱 말이나 문장의 뜻을 알기 쉽게 풀이함。또는 그 글
【註解】(주해-チュウカイ) 글의 뜻을 해석함。또 그 글

【診】진 シン、みる examine 圀ㄓㄣˇ chen³
①맥볼 候脈 ②볼 視也 ③증험할 驗也

【診斷】(진단-シンダン) 진찰하여 병의 상태를 단정함
【診斷書】(진단서-シンダンショ) 진단한경과를 기록한 서류
【診療】(진료-シンリョウ) 진찰하고 치료「함
【診脈】(진맥-シンミャク) 병자의 손의 맥박을 짚어 봄

【診察】(진찰-シンサツ) 의사가 병자의 증세를 살펴 봄

【評】평 ヒョウ、はかる criticize 庚 ㄆㄧㄥˊ p'ing²
① 평론할 品論 ②품을 訂也 ③헤아릴 量也 ④기롱할 平言
【評價】(평가-ヒョウカ) ①물가를 평정함 ②물건의 좋고 나쁨을 결정함
【評論】(평론-ヒョウロン) 사물의 좋고 나쁨을 비평하여 논하는 것。또는 그 논문
【評林】(평림-ヒョウリン) 비평을 모아서 기재함
【評釋】(평석-ヒョウシャク) 시문을 비평하고 또 뜻을 주석함
【評議】(평의-ヒョウギ) ① 서로 의견을 교환하여 의론함 ②공평하게 시비 「함 를 논함
【評定】(평정-ヒョウテイ) 의논하여 작정
【評判】(평판-ヒョウバン) 세상의 비평

【詖】피 ヒ、わるがしこい wicked
①알소할 不正險― ②간사할 佞也 ③말잘할 辯也
【詖辭】(피사-ヒジ) 한쪽으로 치우쳐 올바르지 못한 말

【詗】형 ケイ、キョウ、うかがう spy
①염탐할 刺探候伺 ②고발할 知處告言
【詗察】(형찰-ケイサツ) 염탐함

【六 畫】

【誇】과 コ、カウ、ほこる praise ㄎㄨㄚ k'ua¹
자랑할 大言矜―
【誇大】(과대-コダイ) 사실 이상으로 풍을침。과장(誇張)
【誇示】(과시-コジ) 자랑함
【誇張】(과장-コチョウ) 자랑함。떠벌임。과대(誇大)

【詿】괘 カイ、ケ、あざむく deceive
①속일 欺也 ②그릇할 誤也
【詿亂】(괘란-ケイラン) 백성을 속이어 어지럽게 함
【詿誤】(괘오-ケイゴ) 그릇된 것。잘못된것

【詭】궤 キ、いつわる deceive 紙 ㄍㄨㄟˇ kuei³
①교사할 詐也 ②괴이할 至怪弔― ③다를 異也 ④꾸짖을 責也
【詭計】(궤계-キケイ) 간사하게 남을 속이는 꾀
【詭辯】(궤변-キベン) 교묘하게 사람을 미혹하는 말
【詭辯家】(궤변가-キベンカ) 궤변을 하기 좋아하는 사람
【詭詐】(궤사-キサ) 교묘히 속임
【詭言】(궤언-キゲン) 간사하게 속이어 꾸미는 말
【詭遇】(궤우-キグウ) ① 올바른 방법에 의하지 않고 세상에서 부귀를 얻음 ②옳지 아니한 방법 「속임
【詭譎】(궤휼-キケツ) 야릇하고 간사한

【誄】뢰 ルイ、とむらいぶみ eulogize the dead
①제문 哀死而述其行 ②시호 謚也

【詳】상 ショウ、くわしい detail 陽 ㄒㄧㄤˊ hsiang²
①자세할 審也 ②다 悉也 (양)거짓 詐也
【詳考】(상고-ショウコウ) 자세히 참고함
【詳記】(상기-ショウキ) 자세히 기록함
【詳覽】(상람-ショウラン) 상세히 봄
【詳略】(상략-ショウリャク) 자세한 것과 간략한 것
【詳論】(상론-ショウロン) 자세히 의논함。상세히 평론함 「함
【詳明】(상명-ショウメイ) 상세하고 명백
【詳密】(상밀-ショウミツ) 찬찬하고 세밀함
【詳報】(상보-ショウホウ) 자세히 설명함
【詳說】(상설-ショウセツ) 자세히 설명함
【詳細】(상세-ショウサイ) 자세함 「함
【詳述】(상술-ショウジュツ) 자세히 진술
【詳悉】(상실-ショウシツ) 자세히 앎
【詳審】(상심-ショウシン) 자세함
【詳雅】(상아-ショウガ) 자세하고 단아함
【詳傳】(상전-ショウデン) 상세한 전기

【詳察】(상찰-ショウサツ) 자세히 살핌
【詳解】(상해-ショウカイ) 자세히 해석함
【詳確】(상확-ショウカク) 상세하고 명확함

【詢】순 ジュン、シュン、はかる inquire about 眞 ㄒㄩㄣˊ hsün²
①물을 咨也 ②꾀할 謀也 ③미들信也 洵通
【詢謀】(순모-ジュンボウ) 물어 꾀함。또 꾀를 물음
【詢問】(순문-ジュンモン) 물음。찾아감
【詢按】(순안-ジュンアン) 찾아가서 조사함

【試】시 シ、こころみる test; try 寘 ㄕˋ shih⁴
①시험할 用也―驗 ②비교할 較也 明― ③더듬을 探也嘗―
【試掘】(시굴-シクツ) 시험적으로 파봄
【試卷】(시권-シカン) 과거(科擧)의 답안。글장
【試金】(시금-シキン) 금의 품질을 시험하여 알아냄
【試金石】(시금석-シキンセキ) ①충돌 ②사물의 능력 가치 등을 시험하는 재료가 되는 것 「시험함
【試鍊】(시련-シレン) 믿음 또는 결심을
【試問】(시문-シモン) 물어봄。시험으로 물음
【試寫】(시사-シシャ) 활동사진을 시험적으로 영사함
【試射】(시사-シシャ) ①활·총 따위를 시험적으로 쏨 ②활·총 따위를 잘 쏘는 사람을 시취(試取)함 「발함
【試選】(시선-シセン) 시험을 행하여 선
【試食】(시식-シショク) 맛이나 요리솜씨를 보기 위하여 시험적으로 먹음
【試藥】(시약-シヤク) 여러 가지 섞인 물질 속에 어떠한 물질의 유무를 찾아내기 위하여 사용하는 약품
【試用】(시용-ショウ) 써서 봄。시험으로 씀
【試運轉】(시운전-シウンテン) 기차·기선·전차·자동차 기타 기계 따위를 운전하여 보는 것 「봄
【試作】(시작-シサク) 시험적으로 지어
【試才】(시재-シサイ) 재주있는 사람을 시취(試取)함 「를 뽑음
【試取】(시취-シシュ) 시험을 보아 인재
【試筆】(시필-シヒツ) 글씨를 처음 씀
【試驗】(시험-シケン) ①사물의 성질을 실지로 따져 알아보는 일 ②문제를 내어 답안을 만들게 하고 또는 어떠한 조건을 정하여 실지로 행하게 하여 그 결과로 급락(及落)을 판정함
【試毫】(시호-シゴウ) 신년 초에 처음으로 글씨를 써보는 것

【詩】시 シ、からうた poetry 支 ㄕ shih¹
①귀글 言志 ②받들 承也持也 ③풍류가락 樂章
【詩家】(시가-シカ) 시인
【詩歌】(시가-シイカ) 시와 노래
【詩客】(시객-シカク) 시를 짓는 사람
【詩格】(시격-シカク) ①시의 격식 ②시의 품격 「나
【詩經】(시경-シキョウ) 오경(五經)의 하
【詩劇】(시극-シゲキ) 시로 각본을 써서 꾸민 연극
【詩壇】(시단-シダン) 시인들의 사회
【詩令】(시령-シレイ) 시를 짓자는 약속
【詩論】(시론-シロン) 시에 대한 이론을 연구한 글 「(詩材)
【詩料】(시료-シリョウ) 시의 재료。시재
【詩名】(시명-シメイ) 시를 잘 지어서 얻는 명예 「사람
【詩文】(시문-シブン) 시와 글
【詩伯】(시백-シハク) 시로서 일류되는
【詩癖】(시벽-シヘキ) 시를 좋아하는 버릇。작시의 성벽
【詩史】(시사-シシ) ①시의 역사 ②사실(史實)을 시의 형식을 빌어서 쓴 것
【詩思】(시사-シシ) 시를 짓는 생각
【詩想】(시상-シソウ) 시에 나타난 사상·감정
【詩選】(시선-シセン) 시를 뽑아 모은것
【詩聖】(시성-シセイ) 고금에 뛰어난 시인。두보(杜甫)를 이름
【詩語】(시어-シゴ) 서에서 나오는 말

【詩友】(시우-シユウ) 서로 시를 읊는 벗
【詩律】(시율-シリツ) ①작시의 규칙 ②시의 리듬
【詩人】(시인-シジン) 시를 전문으로 짓는 사람
【詩才】(시재-シサイ) 시를 짓는 재주
【詩材】(시재-シザイ) 시를 읊거나 짓는 재료
【詩的】(시적-シテキ) 시취(詩趣)를 띤 모양
【詩敵】(시적-シテキ) 시를 짓는 상대자
【詩情】(시정-シジョウ) 마음에 느낀 생각을 시로 나타내고자 하는 마음
【詩題】(시제-シダイ) 시의 제목
【詩酒】(시주-シシュ) 시와 술。시를 짓고 술을 마심
【詩體】(시체-シタイ) 시의 체재
【詩趣】(시취-シシュ) 시의 취미
【詩牌】(시패-シハイ) 시를 지을때 여러 사람이 나누어 가지고 이에 새긴 글자를 따라 시를 짓는 글자를 새긴 나무 패
【詩風】(시풍-シフウ) 한 시인의 그 작품에 나타내는 독특한 기풍
【詩學】(시학-シガク) 시에 관한 학문
【詩形】(시형-シケイ) 시의 형식
【詩會】(시회-シカイ) 시를 짓기 위하여 모이는 모임
【詩興】(시흥-シキョウ) 시정(詩情)을 일으키는 흥미

【詣】예 ケイ、いたる reach
①이를 至也 ②나아갈 往也 ③글 정통할 學業深入造—

【詮】전 セン、のり、みち explain 先 ㄑㄩㄢ ch'üan²
①평론할 評論事理 ②갖출 具也
【詮索】(전색-センサク) 조사하여 구함。물어서 찾음
【詮議】(전의-センギ) 상세히 설명하여 뜻을 밝힘
【詮衡】(전형-センコウ) ①인물을 시험하여 뽑음 ②조사하여 헤아림

【誂】조 チョウ、いどむ induce each other
①서로 꾀일 相呼誘 ②조롱할 弄言 —戲

【誅】주 チュウ、チュ、ころす kill 虞 ㄓㄨ chu¹
①벨 戮也 ②갈길 剪除 ③꾸짖을 責也
【誅求】(주구-チュウキュウ) 물건을 강제로 청구함
【誅戮】(주륙-チュウリク) 법에 의하여 죽임
【誅罰】(주벌-チュウバツ) 꾸짖어 벌함
【誅賞】(주상-チュウショウ) 악(惡)을 벌주고 선(善)을 상 줌
【誅夷】(주이-チュウイ) 쳐서 평정함
【誅剪】(주선-チュウセン) 죄있는 자를 죽임
【誅責】(주책-チュウセキ) 깊이 책망함

【詹】첨 セン、いたる reach 鹽 ㄓㄢ chan
①이를 至也 ②소곤거릴 小言—— ③볼 瞻
【詹詹】(첨첨-センセン) 소곤거리는 모양

【詫】타 タ、ほこる boast 禡 ㄔㄚ ch'a⁴
①속일 欺也 ②자랑할 誇也

【該】해 ガイ、あてはまる suitable 灰 ㄍㄞ kai¹
①마땅할 宜也 ②다 皆也 ③갖출 備也 ④겸할 兼也 ⑤군호 軍中約
【該究】(해구-ガイキュウ) 겸하어연구함。널리 연구함
【該當】(해당-ガイトウ) 바로 맞음。꼭 맞음
【該博】(해박-ガイハク) 학문이 넓음。해흡(該洽)
【該富】(해부-ガイフ) 속이 옹골참。내용이 충실함
【該社】(해사-ガイシャ) 그 마을
【該悉】(해실-ガイシツ) 널리 다 알음
【該員】(해원-ガイイン) 그 관원
【該地】(해지-ガイチ) 그 땅
【該處】(해처-ガイショ) 그 곳
【該掌】(해장-ガイショウ) 그 일을 맡은 사람
【該洽】(해흡-ガイコウ) 널리 퍼짐

【詡】허 ク、ほこる pride ㄒㄩ hsü³
①화할 和也 ②장담할 大言 ③열셀 斂而有更 ④넓을 普也

【詡詡】(허허-クク) 장담하는 모양 (一說에는 아첨하는 모양)

【話】화 ワ、カ、はなす speak 禡 ㄏㄨㄚˋ hua⁴
①이야기 語也 ②착한말 善言
【話頭】(화두-ワトウ) 말의 시초
【話柄】(화병-ワヘイ) 이야깃거리
【話題】(화제-ワダイ) 이야기의 제목

【詼】회 カイ、おどける make jokes 灰 ㄏㄨㄟ huei¹
①회학할 嘲也戲 ②고를 調也 「림
【詼嘲】(회조-カイチョウ) 조롱함。빈정거
【詼謔】(설학-カイギャク) 회롱으로 말하는 것
【詼諧】(회해-カイカイ) 실없이 하는 농담。익살

【詬】후 コウ、はずかしめる abuse
①후욕할 恥辱 ②꾸짖을 罵也 ③분개없을 無志節貌—(구) 義同
【詬怒】(후노-コウド) 노여워 꾸짖음
【詬罵】(후매-コウバ) 방비하고 꾸짖음
【詬病】(구병-コウヘイ) 비방하고 욕되게 함
【詬辱】(후욕-コウジョク) 욕설을 함

【詰】힐 キツ、なじる censure 質 ㄐㄧㄝˊ chieh²
①꾸짖을 責讓 ②물을 問也 ③삼갈 謹也 ④다스릴 治也 ⑤밝는 아침 明旦
【詰屈】(힐굴-キックツ) 구부러져서 펴지 「지 않음
【詰窮】(힐궁-キッキュウ) 파물음
【詰難】(힐난-キツナン) 힐문하여 비난함
【詰問】(힐문-キツモン) 꾸짖어 물음
【詰朝】(힐조-キッチョウ) 이른 아침。밝는 아침
【詰誅】(힐주-キッチュウ) 죄상을 힐문함
【詰責】(힐책-キッセキ) 꾸짖고 책망함
【詰斥】(힐척-キッセキ) 꾸짖어 물리침

【七 畫】

【誡】계 カイ、いましめる warn 卦 ㄐㄧㄝˋ chieh
경계할 言警 「함
【誡勉】(계면-カイベン) 경계하여 힘쓰게
【誡命】(계명-カイメイ) 도덕상·종교상 지킬 규정

【誥】고 コウ、おしえる teach 號 ㄍㄠˋ kao⁴
①가르칠 敎也 ②글로효유할 文言告曉 「계함
【誥誡】(고계-コウカイ) 깨우쳐 주어 경

【誑】광 キョウ、たぶらかす deceive 漾 ㄎㄨㄤˊ k'uang²
속일 欺也
【誑誘】(광유-キョウユウ) 속여 꾀임
【誑誕】(광탄-キョウタン) 거짓말。실속이 없는 큰 소리 「어 호림
【誑惑】(광혹-キョウワク) 속이고 얼을 빼

【誣】무 フ、ブ、しいる slander 虞 ㄨˋ wu⁴
①속일 欺罔 ②간사할 詐也
【誣告】(무고-ブコク) ①거짓으로고함。사실이 없는 것을 거짓 고함 ②사실이 없는 것을 꾸며서 관청에 고발 또는 고소함 「거짓 속임
【誣罔】(무망-フモウ・ブモウ) 없는 것을
【誣報】(무보-ブホウ) 거짓의 보고
【誣殺】(무살-フサツ・ブサツ) 무죄한 것을 유죄로 죽임
【誣訴】(무소-フソ) 없는 사실을 꾸며서 송사(訟事)를 일으킴
【誣言】(무언-フゲン・ブゲン) 없는 일을 꾸며서 남을 해치는 말
【誣獄】(무옥-ブゴク) 죄없는 사람을 무고하여 일으킨 옥사
【誣陷】(무함-ブカン) 무죄한 자를 죄에 빠지게 함

【誓】서 セイ、ちかう oath ㄕˋ shih⁴
맹세 約信
【誓告】(서고-セイコク) 임금이 나라의 대사를 종묘(宗廟)에 고함
【誓命】(서명-セイメイ) 임금이 신하에 하는 맹세 「문서
【誓文】(서문-セイブン・セイモン) 맹세한
【誓詞】(서사-セイシ)맹세하는 말。서언(誓言)
【誓約】(서약-セイヤク) 맹세함。약조함

맹약(盟約)
【誓言】(서언-セイゲン) 맹서하는 말

【說】설 セツ、ゼイ、とく
speak; talk 匯ㄕㄨㄛ shuo'
①말씀 辭也 ②고할 告也 ③글 序述 (열) 기꺼울 喜樂 悅同 (세) ①달랠 誘也 ②쉴 舍也
【說客】(세객-セッカク・ゼイカク) ①말솜씨가 좋은 사람 ②유세(遊說)하러 다니는 사람
【說經】(설경-セッケイ・セッキョウ) 경서(經書)를 설명함 「설명함
【說敎】(설교-セッキョウ) 종교의 교의를
【說道】(설도-セツドウ) 도리를 설명함
【說令】(설령) 그렇다 하고。그렇다 하더라도
【說明】(설명-セツメイ) 풀어 밝힘。밝히어 말함
【說明書】(설명서-セツメイショ) 어떠한 사실을 설명한 기록
【說法】(설법-セッポウ) 불법을 설명함
【說伏】(설복-セップク) 설파하여 복종시킴
【說往說來】(설왕설래-セツオウセツライ) 서로 변론하느라고 옥신각신함
【說諭】(설유-セツユ) 타이름
【說破】(설파-セッパ) ①일의 내용을 드러내어 말함 ②남의 주장하는 의론을 깨뜨림
【說話】(설화-セツワ) 이야기。말

【誠】성 セイ、まこと
sincere 庚ㄔㄥˊ ch'êng²
①정성 無僞純 ②공경할 敬也 ③믿을 信也 ④살필 審也 「함
【誠敬】(성경-セイケイ) 정성스럽게 공경
【誠勤】(성근-セイキン) 성실하고 부지런함
【誠金】)성금-セイキン) 정성으로 낸 돈
【誠力】(성력-セイリョク) 성실한 힘
【誠米】(성미-セイマイ) 정성껏 신불에게 바치는 쌀
【誠實】(성실-セイジツ) ①참되고 거짓이 없음 ②참。진실로
【誠心】(성심-セイシン) 참된 마음。정성이 있는 마음 「짐
【誠意】(성의-セイイ) 마음을 참되게 가
【誠忠】(성충-セイチュウ) 진심으로 부터의 충성

【誦】송 ショウ、ジュ、そらんずる
learn by heart ㄙㄨㄥˋ sung'
①외울 讀也 ②말할 言也 ③원망할 怨謗
【誦經】(송경 ショウケイ・ズキョウ) 경서(經書)를 읽음
【誦讀】(송독-ショウドク) 목소리를 높여 글을 읽음
【誦說】(송설-ショウセツ) 경서(經書)를 읽고 해설함 「읽힘
【誦習】(송습-ショウシュウ) 글을 외우며
【誦詠】(송영-ショウエイ) 시가(詩歌)를 외워 읊음
【誦奏】(송주-ショウソウ) 상주문(上奏文)을 읽어 올림

【語】어 ゴ、ことば
words 語ㄩˇ yü³
①말씀 論難 ②말할 告人
【語幹】(어간-ゴカン) 어미(語尾)가 변화하는 말이 변하지아니하는 부분。곧 말의 줄기
【語感】(어감-ゴカン) 어음(語音)의 차이의 감각
【語格】(어격-ゴカク) 말이 법식에 맞고 아니 맞음
【語句】(어귀-ゴク) 말의 귀절
【語根】(어근-ゴコン) 말을 분해하여 더 나눌 수 없는데까지 이른 부분
【語訥】(어눌-ゴドツ) 말을 떠듬거림
【語脈】(어맥-ゴミャク) 말의 경로
【語孟】(어맹-ゴモウ) 논어(論語)와 맹자(孟子)
【語尾】(어미-ゴビ) ①말의 끝 부분 ②용언의 어간 밑에 붙어서 경우에 따라 여러 가지로 활용되는 부분
【語法】(어법-ゴホウ) 말을 쓰는 법。말하는 법
【語辭】(어사-ゴジ) 말 「아니함
【語澁】(어삽-ゴジュウ) 말이 잘 나오지
【語聲】(어성-ゴセイ) 말의 소리
【語勢】(어세-ゴセイ) 말의 형세
【語源】(어원-ゴゲン) 말의 기원

【語音】(어음-ゴオン)말소리。어성(語聲)
【語義】(어의-ゴギ) 말의 뜻
【語調】(어조-ゴチョウ) 말의 조사
【語趣】(어취-ゴシュ) 말의 취지
【語套】(어투-ゴトウ) 말 버릇
【語弊】(어폐-ゴヘイ) ①말의 폐단。말의 결점 ②남의 오해를 받기 쉬운 말씨
【語學】(어학-ゴガク) ①말의 발달·변화·성질 및 용법을 연구하는 학문。언어학(言語學) ②외국어의 학문
【語訓】(어훈-ゴクン) 말하는 투

【誤】오 ゴ、あやまる mistake 國ㄨˋ wu` 그릇할 謬失 悞同
【誤見】(오견-ゴケン) 틀린 소리
【誤計】(오계-ゴケイ) 잘못된 꾀
【誤錄】(오록-ゴロク) 잘못 기록함
【誤謬】(오류-ゴビュウ) 그릇되어 이치에 틀림
【誤聞】(오문-ゴブン) 그릇 들음。잘못 「들음
【誤報】(오보-ゴホウ) 그릇된 보도
【誤算】(오산-ゴサン) 잘못 계산함。또 그 계산
【誤殺】(오살-ゴサツ) 잘못하여 사람을 「죽임
【誤想】(오상-ゴソウ) 착각으로 말미암은 그릇된 생각
【誤書】(오서-ゴショ) ①글씨를 잘못 씀 ②오자가 있는 책
【誤植】(오식-ゴショク) 식자할때에 활자를 잘못 맞춤
【誤信】(오신-ゴシン) 그릇 믿음
【誤譯】(오역-ゴヤク) 그릇 번역함
【誤用】(오용-ゴヨウ) 그릇 씀
【誤認】(오인-ゴニン) 그릇 인정함。잘못 알음
【誤入】(오입-ゴニュウ) 노는 계집과 상「종함
【誤字】(오자-ゴジ) 잘못된 글자
【誤傳】(오전-ゴデン) 사실을 잘못전함。또 사실이 없이 전하는 소문
【誤診】(오진-ゴシン) 병을 잘못 봄。잘못 진찰함
【誤捉】(오착-ゴソク) 잘못 알고 잡음
【誤判】(오판-ゴハン) 잘못 판정함
【誤評】(오평-ゴヒョウ) 그릇된 평론
【誤解】(오해-ゴカイ) 해석을 그릇함。의미를 잘못 알음

【誘】유 ユウ、さそう induce 國ㄧㄡˋ yu` ①꾀일 導也相勸 ②당길 引也 ③가르칠 敎也 ④나아갈 進也
【誘拐】(유괴-ユウカイ) 꾀어냄。유인함
【誘導】(유도-ユウドウ) 꾀여서 인도함
【誘發】(유발-ユウハツ) 꾀어 일으킴
【誘說】(유설-ユウセツ) 감언이설(甘言利說)로 달래가며 말함
【誘掖】(유액-ユウエキ) 이끌어 도와줌
【誘喩】(유유-ユウユ) 꾀여서 타이름
【誘益】(유익-ユウエキ) 인도하여 도와줌
【誘引】(유인-ユウイン) 남을 꾀임
【誘因】(유인-ユウイン) 사물이 이루어지는 근인(近因)
【誘入】(유입-ユウニュウ) 꼬여 들임
【誘出】(유출-ユウシュツ) 꾀여냄。또는 속여 꾐
【誘致】(유치-ユウチ) 꾀어냄
【誘惑】(유혹-ユウワク) 남을 꾀여 정신을 현혹(眩惑)하게 함

【認】인 ニン、ジン、みとめる recognize 國ㄖㄣˋ jen` 알 辨識
【認可】(인가-ニンカ) 인정하여 허가함
【認諾】(인낙-ニンダク) 인정하여 승낙함
【認識】(인식-ニンシキ) ①알음。인정함 ②사물을 감지(感知)하여 그 뜻을 분별하고 판단하는 마음의 작용
【認容】(인용-ニンヨウ) 인정하여 용납함
【認印】(인인-みとめイン) 성자(姓字)나 이름자만을 새겨 그리 중요하지 않은 일에 쓰는 도장
【認定】(인정-ニンテイ) ①보고 작정함 ②실지로 봄 ③허락함 ④옳다고 정함
【認證】(인증-ニンショウ) 인정하여 증명함
【認許】(인허-ニンキョ) 인정하여 허락함

【誌】지 シ、しるす record 國ㄓˋ chih` ①기록할 記也 ②사기 史傳史記事文

【誚】초 ショウ、せめる blame 嘯 ㄑㄧㄠˋ ch'iao
꾸짖을 以辭相責 譙同
【誚讓】(초양-ショウジョウ) 꾸짖음

【誕】탄 タン、うまれる be born ㄉㄢˋ tan⁴
①탄생할 降— ②허탄할 妄也 ③속일 欺也 ④기를 育也 ⑤클 大也 ⑥넓을 濶也 ⑦이에 乃也發語辭 ⑧방탕할 放也
【誕降】(탄강-タンコウ) 임금이나 성인이 출생하는 것
【誕妄】(탄망-タンモウ) 허망한 것。거짓「말함
【誕辭】(탄사-タンジ) 터무니 없는 말
【誕生】(탄생-タンジョウ) 출생함。태어남
【誕辰】(탄신-タンシン) 세상에 난 날
【誕育】(탄육-タンイク) 낳아서 길음
【誕日】(탄일-タンジツ) 탄신。생일
【誕節】(탄절-タンセツ) 작은 일에 거리끼지 아니함
【誕譎】(탄휼-タンケツ) 거짓。거짓말

【誨】회 カワイ、ケ、おしえる instuct 隊 ㄏㄨㄟˋ huei³·⁴
가르칠 敎訓
【誨示】(회시-カイジ) 가르쳐 보임
【誨誘】(회유-カイユウ) 가르쳐 인도함
【誨諭】(회유-カイユ) 가르쳐 타이름
【誨育】(회육-カイイク) 가르쳐 기름

【誼】誼(次畫)本字

【八 畫】

【課】과 カ、わりあて task
①공부 工— ②구실 稅也 ③시험할 試也 ④법식 程也 ⑤차례 第也
【課年】(과년) 해마다 꼭꼭함
【課稅】(과세-カゼイ) 세금을 부과함
【課試】(과시-カシ) 일정한 시기에 거행하는 시험
【課業】(과업-カギョウ) 빌려준 일
【課外】(과외-カガイ) 정해진 학과 밖에 따로 하는 공부
【課月】(과월) 달마다
【課日】(과일) 날마다
【課入】(과입-カニュウ) 세금의 수입
【課長】(과장-カチョウ) 관청·은행·회사 등의 안에 있는 한 과의 우두머리
【課程】(과정-カテイ) 할당한 일이나 학「과
【課題】(과제-カダイ) 내어주고 만들게 하는 문제

【談】담 ダン、タン、はなし converse; chat 覃 ㄊㄢˊ t'an²
①말씀 言論 ②바둑둘 圍棊手—
【談論】(담론-ダンロン) 담화와 의논
【談笑】(담소-ダンショウ) 웃으면서 이야기함
【談笑自若】(담소자약-ダンショウジジャク) 걱정 근심이 있을 때라도 평상시와 같은 태도를 가짐。태연히 웃고 있음
【談判】(담판-ダンパン) 쌍방이 서로 의논하여 시비를 판단함
【談話】(담화-ダンワ) 이야기
【談戲】(담희-ダンギ) 말로 희롱함。실없는 말을 함

【誻】답 トウ、べらべら voluble 合 ㄊㄚˋ t'a⁴
①잔말할 多言—— ②망령되이 말할 妄語

【諒】량 リョウ、まこと sincere 漾
믿을 信也 亮同
【諒陰】(양음) 임금이 부모상에 거상(居喪)할 때 있는 방。또 그 기간
【諒察】(양찰-リョウサツ) 자세히 살핌。동정함
【諒解】(양해-リョウカイ) 참뜻을 살피어 너그러운 마음을 씀

【論】론 ロン、あげつらう discuss 元 ㄌㄨㄣˋ luen²·⁴
①의논 說也 ②글뜻풀 紬繹對— ③의논할 議也 ④변론할 辯也 (륜)차례 倫也言有理 「사람
【論客】(논객-ロンカク) 의론을 잘하는
【論據】(논거-ロンキョ) 의론의 근거
【論決】(논결-ロンケツ) 의논하여 결정함
【論結】(논결-ロンケツ) 의논하여 결말을 지음

【論告】(논고-ロンコク) 자기의 생각을 진술하여 다툼。검사가 피고의 죄를 논정하여 구형함 「작정함
【論功】(논공-ロンコウ) 공을 의논하여
【論究】(논구-ロンキュウ) 시비로 논난하여 사리를 밝힘
【論及】(논급-ロンキュウ) 어떤 데까지 논이며 미침 「비난함
【論法】(논난-ロンナン) 잘못을 논하여
【論辨】(논단-ロンダン) 논객(論客)이 모이는 사회
【論斷】(논단-ロンダン) 평론하여 단정함
【論談】(논담-ロンダン) 설명하여 말함
【論理】(논리-ロンリ) ①사리를 논술함 ②논설 또는 변론의 이치
【論理學】(논리학-ロンリガク) 공리(公理)에 의하여 사리를 정확하게 논술할 방법을 연구하는 과학
【論孟】(논맹-ロンモウ) 논어(論語)와 맹자(孟子)
【論文】(논문-ロンブン) ①글을 평론함 ②의견을 논술한 글
【論駁】(논박-ロンバク) 잘못된 것을 의논하여 말함
【論法】(논법-ロンポウ) 의논의 방법
【論辨】(논변-ロンベン) 사리에 옳고 그름을 밝혀 말함
【論鋒】(논봉-ロンポウ) 언론의 칼날
【論說】(논설-ロンセツ) 사물의 이치를 들어 의견을 설명함
【論述】(논술-ロンジュツ) 의견을 진술함
【論式】(논식-ロンシキ) 삼단 논법을 조직하는 판단의 종류 「함
【論議】(논의-ロンギ) 서로 의논함。논평
【論爭】(논쟁-ロンソウ) 말다툼
【論戰】(논전-ロンセン) 말이나 글로써 하는 다툼질 「요점
【論點】(논점-ロンテン) 의견을 세우는
【論定】(논정-ロンテイ) 논의하여 결정함
【論題】(논제-ロンダイ) 의론이나 토론의 제목
【論罪】(논죄-ロンザイ) 죄를 물어서 형벌을 결정함
【論證】(논증-ロンショウ) 사리를 구별하여 증명함
【論旨】(논지-ロンシ) 논설의 주되는 뜻
【論陣】(논진-ロンジン) 논쟁하기 위한 진용
【論責】(논책-ロンセキ) 논란하여 책망함
【論破】(논파-ロンパ) 일의 내용을 드러내어 말함。남을 논쟁으로 지게함
【論評】(논평-ロンピョウ) 논의하여 비평함
【論劾】(논핵-ロンガイ) 과실을 탄핵함
【論詰】(논힐-ロンキツ) 죄과를 들어 논난함

【誹】비 ヒ、そしる slander
①비방할 謗也 ②중얼거릴 謗言怨— ③그르다 할 非議
【誹謗】(비방-ヒボウ) 비웃으며 욕함。남을 헐어 말함 「음
【誹訕】(비산-ヒセン) 비망(誹謗)과 같
【誹譽】(비예-ヒヨ) 비방과 칭찬
【誹毁】(비훼-ヒキ) 비웃고 훼방함

【誰】수 スイ、たれ who 支 ㄕㄨㄟˊ shuei²
①누구 孰也 ②무엇 何也 ③누구요 詰問—何 ③저 發語辭—昔
【誰某】(수모-スイボウ) 아무개
【誰昔】(수석) 어제。접때
【誰知烏之雌雄】(수지오지자웅) 까마귀의 자웅(雌雄)은 서로 비슷하여 누구든지 알기가 어렵다는 뜻이니 시비(是非)를 분별하기 어려움을 이름
【誰何】(수하-スイカ) ①누구요 하고 그 성명을 묻는 말 ②누구

【諄】순 ジュン、シュン、ねんごろ intimate 眞 ㄓㄨㄣ chuen¹
①지극할 誠懇貌 ②거듭이를 誨言重複——
【諄諄】(순순-ジュンジュン) ①친절하게 이르는 모양 ②간절한 모양

【諗】심 シン、いさめる consult carefully
①고할 告也 ②꾀할 謀也 ③생각할 相思念

【諉】위 イ、スイ、かこつける excuse oneself 寘 ㄨㄟˋ wei³

原（뇌）핑계할 托言推ー

【誾】은 ギン、ゴン、やわらぐ agreeable
화할 和悅貌ーー

【誼】의 ギ、よしみ friendship 寘 i、 1²⁴
①다스릴 理也 ②옳을 人所宜 義同

【誼士】(의사-ギシ) 의협심이 없는 사람

【諍】쟁 ソウ、いさめる remonstrate 敬
간할 諫也救正

【諍臣】(쟁신-ソウシン) 임금의 잘못에 대하여 그 가부를 직언하여 간하는 신하

【調】조 チョウ、ととのえる harmonize
①고를 和也 ②부드러울 柔也 ③곡조 樂律 ④가릴 選也 ⑤부세 賦也 ⑥재주 韻致才ー ⑦계교할 計也ー度 (주) 아침 朝也ー飢

【調達】(조달-チョウタツ・チョウダツ) ①정돈되어 통함 ②갖추어 보냄

【調度】(조도-チョウド) ①사물을 알맞게 조리함 ②조세를 거두어 들임 ③경비를 씀

【調理】(조리-チョウリ) ①사물을 정돈하여 정함 ②몸을 조섭함 ③음식을 요리함

【調馬】(조마-チョウバ) ①말을 타서 길들임 ②말을 징발함

【調味】(조미-チョウミ)음식의 맛을 맞춤

【調服】(조복-チョウフク) 약을 조합하여 먹음

【調査】(조사-チョウサ) ①자세히 알아봄 ②더듬어 봄 ③찾아 봄 ④연구함

【調査委員】(조사위원-チョウサイイン) 어떠한 사실을 조사하고 그 내용을 연구하기 위하여 두는 위원

【調書】(조서-チョウショ) 조사 또는 취조한 서류

【調攝】(조섭-チョウセツ) 음식이나 동작을 적당히 몸에 맞게 하여 쇠약한 몸을 회복시킴

【調聲】(조성-チョウセイ) 소리나 음성을 고르게함

【調習】(조습-チョウシュウ) 착실하고 엄숙하게 배워 익힘

【調藥】(조약-チョウヤク) 약재를 혼합하여 만듬。약을 지음 「쓴

【調用】(조용-チョウヨウ) 관리를 골라서

【調律】(조율-チョウリツ) 악기의 음을 각각 표준음에 맞추어 고르는 일

【調律師】(조율사-チョウリツシ) 악기의 조율을 업으로 하는 사람

【調音】(조음-チョウオン) 소리를 맞게 고름 또는 고른 소리

【調義】(조의-チョウギ) 계획을 세움

【調印】(조인-チョウイン)약정서 (約定書)에 도장을 찍음

【調印式】(조인식) 조인하는 의식

【調節】(조절-チョウセツ) 정돈하여 알맞게함 「화해 붙임

【調停】(조정-チョウテイ) 싸움을 말림。

【調整】(조정-チョウセイ) 골라서 알맞도록 정돈함

【調劑】(조제) 여러가지 약을 적절히 합하여 한가지 약을 만듬

【調調】(조조-チョウチョウ) 나무 가지가 움직이는 모양

【調進】(조진-チョウシン) 주문 받은 물건을 만들어서 바침 「함

【調辦】(조판-チョウベン) 정리하여 조처

【調合】(조합-チョウゴウ) 약제 또는 물감 등을 불량에 따라 서로 섞음

【調和】(조화-チョウワ) ①이것 저것이 서로 잘 어울림 ②음악의 가락이 잘 어울리는것 ③맛을 고르게맞추는 것

【諂】첨 テン、へつらう flatter 琰 ㄔㄢˇ ch'an³
아첨한 佞言曰ー

【諂巧】(첨교-テンコウ) 재주 있게 아첨함

【諂詐】(첨사-テンサ) 거짓 아첨함

【諂笑】(첨소-テンショウ) 아첨하여 웃음

【諂譽】(첨예-テンヨ) 아첨하여 칭찬함

【請】청 セイ、ショウ、シン、こう request 敬
①청할 乞也 ②뵈일 謁也 ③물을 扣

也 ④가을에 조회할 秋朝見
【請暇】(청가-セイカ・カをこう) 말미를 청
함 「지
【請簡】(청간-セイカン) 사람을 청하는 편
【請客】(청객-セイカク) 손을 청함。손을
초대함
【請求】(청구-セイキュウ) 청하여 구함
【請求書】(청구서-セイキュウシ■) 청구하
기 위하여 제출하는 서류 「접함
【請待】(청대-セイタイ) 객을 청하여 대
【請來】(청래-セイライ) 사람을 청하여
오게함
【請負】(청부-うけおい) 토목건축의 공사
를 도급으로 맡아 오는 업무
【請賓】(청빈-セイヒン) 손을 청함
【請謁】(청알-セイエツ) 귀인에게 면회를
청함
【請援】(청원-セイエン) 구원을 청함
【請願】(청원-セイガン) ①백성이 관부
(官府)에 바라고 원함②바라고 원함
【請助】(청조-セイジョ) 도움을 청함
【請遞】(청체-セイテイ) 관직을 내어 놓
으려고 청함
【請招】(청초-セイショウ) 청하여 부름
【請囑】(청촉-セイショク) 일을 부탁함。
일을 청함
【請託】(청탁-セイタク) 청원하여부탁함。
권력있는 사람에게 부탁함
【請婚】(청혼-セイコン) 혼인을 청함
【請訓】(청훈-セイクン) 훈령을 청함

【諏】추 シュ、ス、はかる
consult 虞
①물을 咨事 ②별이름 星名—訾 娵
通 ③꾀할 聚謀・
【諏謀】(추모-シュボウ) 일을 물어 꾀함

【九 畫】

【諫】간 カン、ケン、いさめる
remonstrate 諫
①간할 諍也 直言以悟人 ②풍간할
諷也
【諫戒】(간계-カンカイ) 간하여 경계함
【諫官】(간관-カンカン) 임금을 간하는
벼슬
【諫勸】(간권-カンキャン) 간하여 착한 일
을 하도록 권함
【諫臣】(간신-カンシン) 간관(諫官)
【諫言】(간언-カンゲン) 간하는 말
【諫諍】(간쟁-カンソウ) 간절히 간함
【諫止】(간지-カンシ) 못하게 하도록 간
함。 꾀하여 말림

【諾】낙 ダク、うなずく
allow 藥 ㄋㄨㄛˋ nuo⁴
①허락할 許也 ②대답할 答也
【諾諾】(낙낙-ダクダク) 예 예하고 남의
말을 좇음

【謀】모 ボウ、ム、はかる
plot 尤 ㄇㄡˊ mou²
①꾀 計也 ②도모할 圖也 ③의논할
議也
【謀計】(모계-ボウケイ) 꾀함
【謀略】(모략-ボウリャク) 남을 해하려고
쓰는 꾀
【謀叛】(모반-ボウハン・ムホン) 제나라를 배
반하고 남의 나라를 좇고자 꾀함。
왕실을 뒤엎고 국토를 차지하려고함
【謀士】(모사-ボウシ) ①약은 꾀가 있는
사람 ②옆에서 일을 꾀하여 도와주
는 사람
【謀殺】(모살-ボウサツ) 미리 꾀하여 사
람을 죽임
【謀殺犯】(모살범-ボウサツハン) 미리 모
의하여 사람을 죽인 사람
【謀書】(모서-ボウショ) 위조해서 꾸민
문서
【謀臣】(모신-ボウシン) 꾀가 있는 신하
【謀逆】(모역-ボウギャク) 역적을 도모함
【謀議】(모의-ボウギ) 꾀를 의논함
【謀將】(모장) 꾀하는 일에 뛰어난 무
장(武將)
【謀策】(모책-ボウサク) 꾀
【謀陷】(모함-ボウカン) 꾀로써 남을 못
된 구렁에 빠지게함 「함
【謀害】(모해-ボウガイ) 꾀로써 남을 해

【諟】시 シ、この
this 紙 ㄕˋ shih⁴
①이 是也 ②다스릴 理也 살필審也

【謚】시 シ、イ、おくりな
posthumous title 寘
①시호 立號以易名 ②행장 誅行

【謚望】(시망-シボウ) 미리 의정(議定)하여 상주하던 세가지 시호
【謚法】(시법-シホウ) 죽은 사람에게 시호를 붙이는 법
【謚寶】(시보-シホウ) 임금의 시호를 새긴 도장
【謚號】(시호-シゴウ) 생전의 행적을 사정하여 임금이 내려주는 칭호

【諶】심 シン、ジン、まこと
trust 侵 ㄔㄣˊ ch'en²
①믿을 信也 ②헤아릴 測也
【諶訓】(심훈-シンクン) 믿을만한 교훈

【諤】악 ガク、いう
honest speech 藥 ㄜˋ ê⁴
곧은말 直言謇—
【諤諤】(악악-ガクガク) 직언(直言)하는 모양

【謁】알 エツ、もうす
visit a superior 月 ㄧㄝˋ yeh⁴
①뵈일 請見 ②아뢸 白也請—
【謁告】(알고-エッコク) 휴가(休暇)를 청하여 고하고 돌아감
【謁舍】(알사-エッシャ) 손을 접대하는곳
【謁聖】(알성-エッセイ) 임금이 문묘(文廟)에 참배하던 일
【謁者】(알자-エッシャ) 알현을 청하는 사람
【謁刺】(알자-エッサツ) 알현을 청하기 위하여 내는 명함
【謁見】(알현-エッケン) 지위가 높은 사람에게 뵈임

【諳】암 アン、オン、そらんずる
memorize 覃 ㄢ an¹
①알 悉也 ②기억할 記憶 ③익히알 練歷熟聞
【諳記】(암기-アンキ) 마음속에 기억하여 잊지 아니함。암기(暗記)
【諳練】(암련-アンレン) 익달함。익숙함
【諳笑】(암소-アンショウ) 마음속에서 비웃음
【諳誦】(암송-アンショウ) 책을 보지 않고 외움
【諳數】(암수-アンスウ) 속임수
【諳示】(암시-アンジ) 넌지시 깨우쳐 줌
【諳室】(암실-アンシツ) 어두운 방
【諳悉】(암실-アンシツ) 죄다 기억함
【諳夜】(암야-アンヤ) 어두운 밤
【諳語】(암어-アンゴ) 특정인 만이 알도록 꾸민 암호로서의 말
【諳雲】(암운-アンウン) 검은 구름
【諳葬】(암장-アンソウ) 비밀히 지내는 상사
【諳中】(암중-アンチュウ) ①은밀한 가운데 ②어두운 속
【諳礁】(암초-アンショウ) 물속에 숨어 있는 바윗돌
【諳鬪】(암투-アントウ) 드러내지 않고 서로 적의를 품고 싸움
【諳號】(암호-アンゴウ)저이끼리만 아는 비밀한 신호

【諺】언 ゲン、ことわざ
proverb 霰 ㄧㄢˋ yen⁴
속담 俗言 (안) ①용맹스러울 剛猛 ②빼득빼득할 不恭叛—
【諺單】(언단-ゲンタン) 한글로 쓴 소장(訴狀)
【諺文】(언문-オンモン) 한글의 딴 이름

【諭】유 ユ、さとす
proclaim 遇 ㄩˋ yü⁴
①고할 告也 ②비유할 譬也
【諭告】(유고-ユコク) ①타이름 ②법령으로 공포
【諭旨】(유지-ユシ) 뜻을 들려줌

【諛】유 ユ、へつらう
flatter 虞 ㄩˊ yü²
아첨할 諂也
【諛媚】(유미-ユビ) 아양부림
【諛辭】(유사-ユジ) 아첨하는 말。유언(諛言)
【諛言】(유언-ユゲン) 아첨하는 말
【諛悅】(유열-ユエツ) 아첨하여 기쁘게 함

【諢】원 コン、ゴン、たわむれ
joke
①농담 弄言 ②별명 別名
【諢名】(원명-コンメイ) 별명

【謂】위 イ、いう
speak 未 ㄨㄟˋ wei⁴
①이를 與之言 ②고할 告也

【諮】자 シ、はかる consult ㄗ tzu¹

①물을 問也 ②꾀 謀也

【諮問】(자문-シモン) 물어 꾀함

【諮詢】(자순-シジュン) 신하의 의견을 듣고 상의함

【諸】제 ショ、もろもろ all 魚 ㄓㄨ chu¹

①모든 衆也 ②말잘할 辯給-- ③어조사 語助辭 ④姓也

【諸家】(제가-ショカ) ①많은 집 ②유파(流派)

【諸公】(제공-ショコウ) 여러분

【諸具】(제구-ショグ) 여러 가지 기구

【諸國】(제국-ショゴク) 모든 나라

【諸君】(제군-ショクン) 여러분。그대들

【諸道】(제도-ショドウ) ①많은 길・장소 방향 ②여러 가지 예능의 길

【諸禮】(제례-ショレイ) 모든 예식

【諸般】(제반-ショハン) 모든。여러가지

【諸邦】(제방-ショホウ) 여러 나라

【諸父】(제부-ショフ) 아버지의 형제들

【諸僧】(제승-ショソウ) 모든 중

【諸氏】(제씨-ショシ) 여러분

【諸彦】(제언-ショゲン) ①여러분 ②많은 뛰어난 사람

【諸友】(제우-ショユウ) 모든 벗

【諸員】(제원-ショイン) 모든 인원

【諸位】(제위-ショイ) 여러분

【諸人】(제인-ショジン・ショニン) 모든 사람

【諸子】(제자-ショシ) ①그대들。제군(諸君) ②주대(周代)의 관명。제후(諸侯)의 세자(世子)의 일을 맡은 벼슬。제자백가(諸子百家)의 준말

【諸子百家】(제자백가-ショシヒャッカ) 많은 학자와 그의 저서(著書)

【諸將】(제장-ショショウ) 모든 장수。여러 장군

【諸節】(제절-ショセツ) 모든 절차

【諸族】(제족-ショゾク) 한 가문의 여러 겨레 붙이

【諸宗】(제종-ショシュウ) 한 친척의 본종(本宗)。본종과 지파(支派)

【諸種】(제종-ショシュ) 여러 종류

【諸職】 제직-ショショク) 모든 직원

【諸賢】(제현-ショケン) ①여러분 ②여러 현인(賢人)

【諸兄】(제형-ショケイ) ①집안 간의 여러 형들 ②여러분。많은 남자들에게 향해서 부르는 존칭

【諸侯】(제후-ショコウ) 중국 봉건시대에 권력을 가지고 그 백성을 지배하던 사람

【諜】첩 チョウ、うかがう spy

반간할 軍中反間

【諜報】(첩보-チョウホウ) 적의 형편을 염탐하여 자기편에 알림。또 그 통지

【諜賊】(첩적-チョウゾク) 적국의 간첩

【諦】체 テイ、タイ、つまびらか examine 霽 ㄉㄧˋ ti⁴

살필 審也

【諦思】(체사-テイシ) 자세히 생각함。잘 생각함

【諦視】(체시-テイシ) 똑똑히 봄。뚫어지게 봄

【諦聽】(체청-テイチョウ) 똑똑히 들음。자세히 들음

【諷】풍 フウ、ほのめかす chant ㄈㄥˋ fêng⁴

①비유로 간할 微刺-諫 ②외울 誦也

【諷諫】(풍간-フウカン) 완곡하게 간함

【諷讀】(풍독-フウドク) 책을 보지 않고 글을 읽음

【諷誦】(풍송-フウショウ) 글을 외움

【諷詠】(풍영-フウエイ) 한 지방 풍속을 읊은 노래

【諷諭】(풍유-フウユ) 슬며시 나무라는 뜻을 붙여 훈유함

【諷刺】(풍자-フウシ) 변죽을 울림。빗대고 욕함

【諧】해 カイ、ガイ、やわらぐ harmonize 佳 ㄒㄧㄝˊ hsieh²

①화할 和也 ②글 書名齊- ③농지거리할 笑謔詼-

【諧謔】(해학-カイギャク) 익살스럽고 품위있는 조롱

【諠】훤 ケン、かまびすしい clamour 元 ㄒㄩㄢ hsüan¹

①지꺼일 譁也 ②잊을 忘也

【諠言】(훤언-ケンゲン) 수다스럽게 말함

【諠譁】(훤화-ケンカ) 귀아프게 떠들음

【諼】훤 ケン、いつわる deceive 阮
①잊을 忘也 ②거짓 詐也
【諼草】(훤초-ケンソウ) 원추리。망우초(忘憂草)

【諱】휘 イ、いむ taboo 困 ㄏㄨㄟˋ huei⁴
①꺼릴 忌也 ②피할 避也 ③숨길 隱— ④휘 生名死—
【諱忌】(휘기-イキ) 꺼림
【諱談】(휘담-イダン) 세상을 꺼리어 공언할 수 없는 말
【諱病】(휘병-イビョウ) 병을 숨김。휘질(諱疾)
【諱音】(휘음-イオン) 부음(訃音)
【諱日】(휘일-イジツ) 조상의 제일(祭日)
【諱字】(휘자-イジ) 돌아간 조상이나 높은 어른의 이름자

【十畫】

【講】강 コウ、とく lecture 講 ㄐㄧㄤˇ chiang³
①강론할 論也 ②강구할 究也 ③강화할 和解 ④익힐 習也
【講經】(강경-コウケイ) 경서(經書)의 뜻을 강의함
講究】(강구-コウキュウ) 사리를 연구함。궁리함
【講壇】(강단-コウダン) 강의나 연설을하는 높은 자리
【講堂】(강당-コウドウ) ①학술을 강의하는 교실 ②불경을 강의설교하는 절안에 있는 집
【講道】(강도-コウドウ) 도(道)를 풀이하여 밝힘
【講讀】(강독-コウドク) 글을 배우고읽음
【講論】(강론-コウロン) 뜻을 설명하여 논술함
【講武】(강무-コウブ) 무예(武藝)를배움
【講伯】(강박-コウハク) 강사(講師)의존칭
【講士】(강사-コウシ) 강연회의 연사(演士)
【講師】(강사-コウシ) ①학술을 강론하는사람 ②불법(佛法)을 강설하는 대사(大師)
【講書】(강서-コウショ) 책의 글뜻을 설명함
【講席】(강석-コウセキ) 강의·설교하는 자리
【講釋】(강석-コウシャク) 강의(講義)
【講說】(강설-コウセツ) 뜻을 강론함
【講聲】(강성-コウセイ) 글을 외는 소리
【講誦】(강송-コウショウ) 읽고 외움
【講述】(강술-コウジュツ) 학술을 강의하여 설명함
【講習】(강습-コウシュウ) 학예를 배우고 익힘
【講習會】(강습회-コウシュウカイ) 어떠한 학예(學藝)를 강습하기 위하여 단기간 설치하는 모임
【講筵】(강연-コウエン) 강의하는 자리
【講演】(강연-コウエン) ①사물의 뜻을부연하여 논술함 ② 공중앞에서 연설함
【講義】(강의-コウギ) 학예(學藝)의 뜻을 설명함
【講義錄】(강의록-コウギロク) 강의 내용을 기록한 책
【講定】(강정-コウテイ) 강론하여 결정함
【講座】(강좌-コウザ) ①학문 따위를 강의하는 장소 ②대학교수가 담당하는 교수내용
【講評】(강평-コウヒョウ) 줄거리를 말하여 비평함
【講學】(강학-コウガク) 학문을 연구함
【講解】(강해) 강의(講義)
【講和】(강화-コウワ) 서로 전쟁을 그치고 평화를 회복함
【講話】(강화-コウワ) 강의하는 것。또는 그 이야기
【講和談判】(강화담판-コウワタンパン) 강화 조약을 맺기 위하여 교전국사이에 하는 담판
【講和條約】(강화조약-コウワチョウヤク) 교전주체(交戰主體)가 강화하기 위하여 협정한 조약

【謇】건 ケン、まこと speak out boldly 阮
①곧은말 直言 —諤 ②말 떠듬거릴 말 吃也 難言
【謇謇】(건건-ケンケン) ①직언하는 말 ②몹시 고생하는 모양
【謇諤】(건악-ケンガク) 곧은 말을 하고

아첨하지 아니함。말을 꾸미지 않고
바른대로 말함

【謙】겸 ケン、へりくだる
humility 鹽
①겸손할 致恭不自滿 ②사양할 讓
也 ③괘이름 卦名
【謙德】(겸덕-ケントク) 겸손한 덕
【謙卑】(겸비-ケンビ) 자기의 몸을 겸손
하여 낮춤
【謙辭】(겸사-ケンジ) ①겸손한 말 ②겸
손하고 사양함
【謙遜】(겸손-ケンソン) 남을 높이고 저
를 낮춤 「함
【謙順】(겸순-ケンジュン) 겸손하고 순종
【謙讓】(겸양-ケンジョウ) 자기를 낮추고
사양함 「음
【謙稱】(겸칭-ケンショウ) 겸사하여 일컬
【謙憚】(겸탄-ケンタン) 겸손한 태도로어
려워함
【謙退】(겸퇴-ケンタイ) 겸손하여 물러침
【謙虛】(겸허-ケンキョ) 겸손하고 자기를
낮춤

【謟】도 トウ、うたがう
susdicion·豪 ㄊㄠ t'ao¹
의심할 疑也

【謄】등 トウ、うつす
copy ㄊㄥ t'êng²
베낄 移寫
【謄錄】(등록-トウロク) 베껴서 기록함
【謄本】(등본-トウホン) 원본을 베낀서류
【謄寫】(등사-トウシャ) 베껴씀 「음
【謄書】(등서-トウショ) 등사(謄寫)와 같
【謄出】(등출-トウシュツ) 원본에서 베껴
씀

【謎】미 メイ、ベイ、なぞ
puzzle 齊 ㄇㄧˊ mi²
수수께끼 隱語

【謗】방 ボウ、ホウ、そしる
speak ill of 漾 ㄅㄤˋ pang⁴
①헐어말할 毁也 ②나무람할 訕也
【謗排】(방배-ボウハイ) 비방하여 물리침
【謗訕】(방산) 헐어말함。꾸지람함
【謗書】(방서-ボウショ) 남을 비방하는
편지
【謗怨】(방원-ボウエン) 헐어 원망함
【謗議】(방의-ボウギ) 남을 악평함
【謗嘲】(방조-ボウチョウ) 헐어 말하고 비
웃음
【謗毁】(방훼-ボウキ) 헐어 말함

【謝】사 シャ、むくいる
thanks 禡 ㄒㄧㄝ hsieh⁴
①사례할 拜謝 ②고할 告也 ③물러
갈 退也 ④끊을 絕也 ⑸말씀 辭也
⑥이울 衰也 ⑦姓也 「절함
【謝客】(사객-シャカク) 찾아온 손을 사
【謝過】(사과-あやまちをシャす) 자기의 허
물을 잘못하였다고 사례함
【謝金】(사금-シャキン) 사례하는 뜻을표
하기 위하여 주는 돈
【謝禮】(사례-シャレイ) 고마운 뜻을 표
하는 말。인사 「함
【謝辭】(사사-シャジ) 예를 갖추어 사양
【謝暑】(사서-シャショ) 기운이 꺾인더위
【謝恩】(사은-シャオン) 은혜를 사례함
【謝恩會】(사은회-シャオンカイ) 졸업하는
학생이 스승에게 사례하는 뜻으로
베푸는 모임
【謝意】)사의-シャイ) 사례하는 뜻과 사
하는 마음
【謝儀】(사의-シャギ) 사례를 표하는 물
품
【謝絕】(사절-シャゼツ) 요구를 거절함。
【謝罪】(사죄-シャザイ) 잘못을 사과함
【謝表】(사표-シャヒョウ) 임금의 은혜를
감사하는 뜻으로 올리는 글

【謖】속 ショク、シュク、たつ
raise 屋 ㄙㄨˋ su⁴
①일어날 起也 ②꼿꼿할 峻挺——
【謖謖】(속속-ショクショク) 물건이 꼿꼿
하게 솟은 모양

【謚】시 イ、シ、おくりな
posthumous title 寘
謚(前畫)俗字 (익) 빙그레 웃을 笑
貌

【謠】요 ヨウ、うたう
sing 蕭 ㄧㄠˊ yao²
노래 徒歌無章曲
【謠歌】(요가-ヨウカ) 대중가요
【謠俗】(요속-ヨウゾク) 세상의 풍속
【謠言】(요언-ヨウゲン) 세상의 소문

유언(流言)。풍설(風說)
【謠詠】(요영-ヨウエイ) 노래함。노래

【謐】밀 ヒツ、ビツ、やすらか
peaceful 質 ㄇㄧˋ mi⁴
①편안할 安也 寧— ②고요할 靜也
【謐謐】(밀밀-ヒツヒツ) 고요한 모양

【謔】학 ギャク、キャク、おどけ
jest 藥 ㄋㄩㄝˋ nüeh⁴
농지거리할 調戲—浪
【謔浪】(학랑-ギャクロウ) 익살맞은 말을 함。농지거리함
【謔笑】(학소-ギャクショウ) 익살을 부리며 웃음
【謔謔】(학학-ギャクギャク) 기뻐 즐거워 「하는 모양

【謋】획 カク、すみやか
fast 陌 ㄏㄨㄛˋ huo⁴
빠를 速也 — 然

【十一畫】

【謦】경 ケイ、せきばらい
cough 徑 ㄑㄧㄥˇ ch'ing³
기침 欬聲

【謳】구 オウ、うたう
recite 尤 ㄡ ou¹
노래 吟也
【謳歌】(구가-オウカ) 은덕을 칭송하여 노래함。노래를 부름
【謳誦】(구송-オウショウ) 노래를 부름
【謳詠】(구영-オウエイ) 노래를 부름

【謹】근 キン、つつしむ
respectful 吻 ㄐㄧㄣˇ chin³
①삼갈 愼也 ②공경할 敬也 ③오로지 專也
【謹敬】(근경-キンケイ) 삼가 공경함
【謹篤】(근독-キントク) 삼가고 독실함
【謹拜】(근배-キンパイ) 삼가 절하나이다의 뜻으로 편지끝에 쓰는 말
【謹封】(근봉-キンプウ) ①물건을 삼가 봉함 ②혼인때 사주을 싼 봉투위에 「謹封」이라는 두자를 쓴 종이
【謹肅】(근숙-キンシュク) 삼가 공경함
【謹身】(근신-キンシン) 몸가짐을 삼감
【謹嚴】(근엄-キンゲン) 삼가고 엄숙함
【謹奏】(근주-キンソウ) 임금에게 아룀
【謹直】(근직) 근실하고 정직함
【謹請】(근청) 공손하게 삼가 청함
【謹聽】(근청-キンチョウ) 삼가 들음
【謹飭】(근칙-キンチョク) 삼가 경계함。삼가 신칙함
【謹賀】(근하-キンガ) 삼가서 성심으로 축하함
【謹緘】(근함-キンカン) 삼가 글월을 올리옵니다의 뜻으로 편지 겉봉의 뒤쪽 봉한 자리에 쓰는 말
【謹話】(근화-キンワ) 삼가 말씀함

【謾】만 マン、バン、あざむく
deceive 翰
①속일 欺也 ②설만할 媟汙 ③느릴 緩也 嫚— ④또 具也 ⑤속일 欺— ⑥속여말할 誑言
【謾欺】(만기-マンギ) 속임
【謾易】(만이-マンイ) 업신여김

【謨】모 ボ、モ、はかる
plan 虞 ㄇㄛˊ mo²
꾀 汎議將定其謀
【謨訓】(모훈-ボクン)국가의 대계(大計) 또 후왕(後王)의 모범이 될 교훈

【謬】류 ビュウ、あやまる
mistake 宥 ㄇㄧㄡˋ miu⁴
①그릇 誤也 ②어지러울 亂也 ③어긋날 差也 ④속일 欺也
【謬見】(유견-ビュウケン) 그릇된 생각。잘못된 의견
【謬計】(유계-ビュウケイ) 그릇된 꾀
【謬論】(유론-ビュウロン) 그릇된 의논
【謬說】(유설-ビュウセツ) 그른 말。잘못된말
【謬習】(유습-ビュウシュウ) 그른 습관。못된 버릇
【謬傳】(유전-ビュウデン) 그릇 전함。전하는 소문

【謷】오 ゴウ、そしる
slander 號 ㄠˋ ao⁴
①비방할 誹謗 ②훌적거릴 悲泣—— ③오오할 衆口愁聲—— ④클 大也 ⑤거만할 倨也 ⑥희학질할 謔也 傲通
【謷謷】(오오-ゴウゴウ) ①슬피우는 모양。또 비방하는 소리가 많은 모양

②남의 말을 듣지 않고 함부로 말하는 모양

【謷乎】(오호-ゴウコ) 큰 모양

【謫】적 タク、とがめる exile 陌 ㄓㄜˊ chê²

①꾸짖을 譴責 ②귀양갈 罪也 ③흉볼 瑕也 ④기운변할 變氣

【謫居】(적거-タッキョ) 죄로말미암아 먼 곳에서 귀양살이 함

【謫咎】(적구-タッキュウ) 꾸지람。재앙

【謫所】(적소-タクショ) 귀양가는 곳

【謫戍】(적수-タクジュ) 죄를 짓고 먼 곳으로 수자리 살러감。또 그 병졸

【十二畫】

【譏】기 キ、そしる scold 微

①비방할 誹也 ②꾸짖을 誚也 ③기찰할 伺察

【譏笑】(기소-キショウ) 비방하고 웃음

【譏刺】(기자-キシ) 비방함。욕함

【譏察】(기찰-キサツ) 비밀을 염탐함。몰래 찾음

【譏評】(기평-キヒョウ) 욕하고 평함

【譚】담 ダン、はなし tale 覃 ㄊㄢˊ t'an²

①편안할 定縱 ②클 大也 ③뻗을 誕也

【識】식 シキ、ショク、しる acknowledge 職 shih²·⁴

알 知也見ㅡ (지) 기록할 記也

【識見】(식견-シキケン) 학식과 의견

【識量】(식량-シキリョウ) 식견과 도량

【識別】(식별-シキベツ) 분별하여 알음

【識認】(식인-シキニン) 알고 인정함

【證】증 ショウ、あかし evidence ㄓㄥˋ chêng⁴

①증험할 驗也 ②진정할 質也

【證據】(증거-ショウコ) 사실을 증명하는 근거

【證據物】(증거물-ショウコブツ) 어떠한 사실의 증거가 될만한 물건

【證據人】(증거인-ショウコニン) 어떠한 사실을 증거하는 사람

【證明】(증명-ショウメイ) 증거로써 사물의 진위(眞僞)를 밝힘

【證明書】(증명서-ショウメイショ) 어떠한 사실을 증명하는 문서

【證憑】(증빙-ショウヒョウ) 증거가 될만「한 것

【證書】(증서-ショウショ) 증거가 될만한 서류

【證言】(증언-ショウゲン) ①말로써 사실을 증명함 ②증인이 진술하는 말

【證悟】(증오-ショウゴ) 불도를 행하여 도를 깨달음

【證人】(증인-ショウニン) ①어떠한 사실을 증거하는 사람。재판소에 호출되어 선서상(宣誓上)신문을 받는 당사자 이외의 사람

【證印】(증인-ショウイン) 증거로 삼는 도장。증거로 찍는 도장

【證迹】(증적-ショウセキ) 증거가 될 형적

【證左】(증좌-ショウサ) ①증인(證人) ②참고가 될만한 증거

【證票】(증표-ショウヒョウ) 증거가 될 만한 표

【證驗】(증험-ショウケン) 사실을 실험함

【譖】참 シン、セン、そしる slander 沁 ㄗㄣˋ tsen⁴

①참소할 讒也 ②거짓말 不信

【譖言】(참언-シンゲン) 참소하는 말

【譙】초 ショウ、そしる scold

①꾸짖을 呵責 ②문루 門樓麗ㅡ ③깃모지라질 羽殺ㅡㅡ

【譙呵】(초가-ショウカ) 꾸짖음 (一說에는 誰何)

【譙門】(초문-ショウモン) 성루(城樓)아래에 있는 문

【譙讓】(초양-ショウジョウ) 말로 꾸짖음

【譙譙】(초초-ショウショウ) 새깃이 모지라진 모양

【譁】화 カ、さわがしい chatter 麻 ㄏㄨㄚˊ hua²

지껄일 讙也喧ㅡ

【譁吟】(화음-カギン) 여러 사람이 떠들며 부름

【譁譟】(화조-カソウ) 지껄이고 떠들음

【譎】휼 ケツ、いつわる deceive 屑 ㄐㄩㄝˊ chüeh

①속일 詭也 ②간사할 詐也
【譎諫】(휼간-ケツレン) 둘러 말하여 간함
【譎謀】(휼모-ケツボウ) 남을 속이는 꾀
【譎詐】(휼사-ケッサ) 남을 속임
【譎誕】(휼탄-ケッタン) 정체를 알수 없음

【譆】희 キ、ああ cry 因 Tㄧ hsi
①소리지를 痛呼 ②떼구할 懼聲

【譛】譖(次畫) 略字

【十三畫】

【警】경 ケイ、キョウ、いましめる warn; caution 梗 ㄐㄧㄥˇ ching
①경계할 戒也 ②계엄할 戒行ㅡ蹕 ③깨달을 寤也 ④경동할 起也
【警覺】(경각-ケイカク) 경계하여 깨우침
【警戒】(경계-ケイカイ) 타일러주의시킴 방심하지 않고 조심함
【警戒色】(경계색-ケイカイショク) 어떠한 동물이 다른 동물에게 잡히어 먹히지 아니하려고 가지고 있는 특수한 몸집
【警告】(경고-ケイコク) 경계하여 이름。 타이름。 주의시킴
【警官】(경관-ケイカン) 경찰관의 준말
【警句】(경구-ケイク) ①짧고도 의미 심장한 문구 ②실용적이고 기발한 문구
【警動】(경동-ケイドウ) 경계하게 움직이게함 ②몹시 놀람
【警務】(경무-ケイム) 경찰의 사무
【警報】(경보-ケイホウ) 경계하는 급보
【警備】(경비-ケイビ) 만일을 염려하여 미리 방비함
【警査】(경사-ケイサ) 경찰관 계급의 하나
【警醒】(경성-ケイセイ) 타일러 깨우침
【警世】(경세-ケイセイ) 세상을 경계함
【警衛】(경위-ケイエイ) 만일을 경계하고 보호함
【警笛】(경적-ケイデキ)조심하자고 울리는 고동
【警鍾】(경종-ケイショウ) 경계하기 위하여 치는 종
【警察】(경찰-ケイサツ) 개인을 강제하여 공공의 안녕질서를 유지하는 행정
【警察官】(경찰관-ケイサツカン) 경찰의 직무에 종사하는 관리
【警察署】(경찰서-ケイサツショ) 일정한 구역 안의 경찰사무를 맡아보는 마을
【警蹕】(경필-ケイヒツ) 임금이 거동할 때에 통행을 금지함
【警護】(경호-ケイゴ) 경계하고 보호함

【譜】보 フ、ホ、しるす register
①족보 籍錄世系 ②무서 牒也 ③붙이 屬也
【譜系】(보계-フケイ) 조상때부터 내려오는 역사·혈통을 적은 책。 계보(系譜)
【譜牒】(보첩-フチョウ) 사실의 순서를 바르게 적은 기록。 또 족보(族譜)
【譜學】(보학-フガク) 계보에 관한 학문

【譬】비 ヒ、たとえる compare 寘 ㄆㄧˋ pi
①비유할 喩也 ②짝 匹也 ③깨우칠 曉也
【譬喩】(비유-ヒユ) 어떠한 사물의 의미를 다른 사물을 가지고 설명함
【譬解】(비해-ヒカイ) 비유로 깨우침

【譫】섬 セン、うわごと incoherent talk 鹽
①헛소리할 病者妄言ㅡ語 ②말많이 할 多言
【譫語】(섬어-センゴ) 헛소리

【譯】역 ヤク、エキ、わけ translate 陌
①번역할 話解經義 ②통변할 傳ㅡ夷之言者
【譯書】(역서-ヤクショ) 번역한 책
【譯語】(역어-ヤクゴ) 번역한 말
【譯解】(역해-ヤッカイ) 번역하여 해석함

【議】의 ギ、はかる consult 寘 ㄧˋ i
①의논 語也 ②의논할 定事之宜 ③꾀할 謀也
【議決】(의결-ギケツ) 의논하여 결정함。 「의정(議定)」
【議功】(의공-ギコウ) 나라의 공로가 큰 사람이나 그 자손을 처벌할 때 형의 경감을 의정(議定)하던 일

【議論】(의논-ギロン) 서로 의견을 문의함。서로 이를 꾀함 「일
【議事】(의사-ギジ) 일을 의논함。또 그
【議席】(의석-ギセキ) 회의하는 자리
【議案】(의안-ギアン) 회의로 넘긴 안건
【議員】(의원-ギイン) 의회를 조직하는 개인의 이름
【議場】(의장-ギジョウ) 회의의 장소
【議長】(의장-ギチョウ) 회의를 통솔하고 의사를 정리하는 사람。또는 그 회의를 대표하는 사람 「결정함
【議定】(의정-ギテイ・ギジョウ) 협의하여
【議定書】(의정서-ギジョウショ) ①나라를 대표하는 전권의원 사이에 결정된 국제간의 각서 ②협의하여 결정함
【議題】(의제-ギダイ) ①협의할 문제 ②시문의 문제를 의논함
【議處】(의처-ギショ) 의논하여처리함。처벌을 의논함
【議會】(의회-ギカイ) 법률에 의하여 조직한 합의제(合議制)의 기관

【譟】조 ソウ、さわがしい
clamour 號 ㄗㄠˋ tsao⁴
지꺼릴 聒也 群呼 噪同

【讞】讞(言部 二十畫)略字

【十四畫】

【譴】견 ケン、とがめる
censure 霰 ㄑㄧㄢˇ ch'ien³
①꾸짖을 責也 ②성낼 怒也 ③귀양갈 謫問
【譴責】(견책-ケンセキ) ①잘못한 것을 꾸짖고 나무람 함②과실이 있는 관원을 처리하는 징계 처분의 하나
【譴奪】(견탈-ケンダツ) 과실을 꾸짖고 녹위(祿位)를 빼앗음

【譽】예 ヨ、ほまれ
honour 御 ㄩˋ yü²·⁴
①기릴 稱也聲美 ②즐길 樂也
【譽言】(예언-ヨゲン) 칭찬하는 말

【護】호 コ、ゴ、まもる
guard 遇 ㄏㄨˋ hu⁴
①호위할 擁全保— ②구조할 救助
【護國】(호국-ゴコク) 나라를 옹호함
【護念】(호념-ゴネン) 부처나 보살을 마음에 잊지 않고 염송하는 일
【護謨】(호모-ゴム) 고무(gum)
【護符】(호부-ゴフ) 신불의 가호가 깃들어 있다는 부적표
【護喪】(호상-ゴソウ) 장사(葬事)에 관한 일을 주선함
【護送】(호송-ゴソウ) 따라가며 지키어 보냄。압송(押送)
【護身】(호신-ゴシン) 몸을 보호함
【護衛】(호위-ゴエイ) 보호하여 지킴
【護葬】(호장-ゴソウ) 행상(行喪)을 호위함
【護照】(호조-ゴショウ) 외국인이 중국땅을 여행할 때 중국 정부에서 그 사람에게 주는 여행 증명서
【護行】(호행-ゴコウ) 따르며 보호함
【護憲】(호헌-ゴケン) 헌법의 정신。또는 입헌정치를 옹호함

【辯】辛部 十四畫에 볼것

【十五畫】

【讀】독 ドク、トク、よむ
read 屋 ㄉㄨˊ tu²
읽을 誦書 (두) 귀절 토文語絶處句—
【讀經】(독경-ドクキョウ・ドッキョウ)경서(經書)를 읽음 「방법
【讀法】(독법-ドクホウ) 글 따위를 읽는
【讀本】(독본-ドクホン) 글을 배우기 위하여 읽는 책
【讀書】(독서-ドクショ) 글을 읽음
【讀誦】(독송-ドクショウ) 읽고외움。읽음
【讀習】(독습-ドクシュウ) 읽고 읽힘
【讀者】(독자-ドクシャ) 서적 기타 출판물을 읽는 사람
【讀破】(독파-ドクハ) 글을 서슴지 않고 죽 읽음。글을 죄다 읽음
【讀畫】(독화-トクガ) 그림의 깊은 맛을 느껴가며 봄
【讀會】(독회-ドッカイ) 의안(議案)을 토의하는 모임
【讀後】(독후-ドクゴ) 책 따위를 읽은 뒤

【謫】적 タク、チャク、せめる
blame 陌

꾸짖을 責也 謫同

【譾】전 セン、あさはか shallow 統 ㄐㄧㄢˇ chien³
얕을 淺也

【譾劣】(전열-センレツ) 재주가 얕아서 떨어짐

【彎】弓部 十九畫에 볼것

【讚】讚(言部 十九畫)略字

【十六畫】

【變】변 ヘン、かわる change
①변할 化也 ②고칠 改也更也 ③재앙 災異 ④죽을 死喪

【變改】(변개-ヘンカイ) 다르게 고침。변경(變更)

【變格】(변격-ヘンカク) ①일정한 격식에 벗어남 ②문법상 설명어의 어미(語尾)의 변화가 불규칙한 것

【變更】(변경-ヘンコウ) 바꾸어서 고침

【變故】(변고-ヘンコ) 이상한 사고

【變怪】(변괴-ヘンカイ) ①이상한 재앙 ②도리에 벗어난 악한 짓

【變德】(변덕) 이랬다 저랬다 하여 잘 부리는 사람

【變動】(변동-ヘンドウ) 변하여 움직임

【變亂】(변란-ヘンラン) 사변이 생기어 떠들석 함

【變名】(변명-ヘンメイ・ヘンミョウ) 이름을 변함

【變法】(변법-ヘンポウ) 법률을 고침。또 그 고친 법률

【變報】(변보-ヘンポウ) 변사를 알림。또 그 보고

【變服】(변복-ヘンプク) 옷을 변하여 입음

【變死】(변사-ヘンシ) 재앙에 걸리어 죽음。비명에 죽음

【變辭】(변사-ヘンジ) 먼저 한말을 고침

【變事】(변사-ヘンジ) 예사일이 아닌 변스러운 일

【變色】(변색-ヘンショク) ①빛깔이 변함 ②얼굴빛을 변함。노함

【變說】(변설-ヘンセツ) 자기의 하던 말을 중간에 고침

【變成】(변성-ヘンセイ) 모양이 다르게 됨

【變性】(변성-ヘンセイ) 성질을 고침

【變聲】(변성-ヘンセイ) 목소리를 고침

【變身】(변신-ヘンシン) 몸의 모양을 바꿈

【變心】(변심-ヘンシン) 첫번의 마음을 고침

【變容】(변용-ヘンヨウ) 바뀐 용모

【變位】(변위-ヘンイ) 물체의 자리를 바꾸는 일

【變音】(변음-ヘンオン) 원음이 변하여 이루어진 음

【變移】(변이-ヘンイ) 달라져 감

【變異】(변이-ヘンイ) 이상한 일

【變作】(변작-ヘンサク) 고치어 만듬。고처지음

【變裝】(변장-ヘンソウ) 고쳐서 달리꾸밈

【變轉】(변전-ヘンテン) 이리저리 변함

【變節】(변절-ヘンセツ) ①절개를 고침 ②지금까지의 주의(主義)를 고침 ③시절이 바뀜。절기의 변화

【變造】(변조-ヘンゾウ) 딴 모양이나 딴 물건으로 바꾸어 만들음

【變調】(변조-ヘンチョウ) 가락을 달리 고침

【變種】(변종-ヘンシュ) 동식물의 자연도태 또는 인위 도태로 인하여 같은 종자로서 특이한 점을 가지게 된것

【變症】(변증-ヘンショウ) 이랬다 저랬다 하며 달라지는 병의 증세

【變質】(변질-ヘンシツ) 성질이나 물질이 달리 변함

【變遷】(변천-ヘンセン) 바뀌고 변함。옮겨 달라짐

【變體】(변체-ヘンタイ) 보통 형체와 다름。또 그 형체

【變則】(변칙-ヘンソク) 법칙에 벗어남

【變稱】(변칭-ヘンショウ) 고치어 일컬음

【變態】(변태-ヘンタイ) 상태를 바꿈。또 그 상태

【變態性慾】(변태성욕-ヘンタイセイヨク) 성욕상에 나타나는 변태심리

【變態心理】(변태심리-ヘンタイシンリ) 보통 사람의 심리와 다른 병적으로 일어나는 심리

【變通】(변통-ヘンツウ) 일을 따라 이리저리 처리함

【變通性】(변통성-ヘンツウセイ) 변통하는 재주
【變革】(변혁-ヘンカク) 고침
【變形】(변형-ヘンケイ) 형상이 변함
【變化】(변화-ヘンカ・ヘンゲ) 성질・형체가 달라 짐。변함
【變幻】(변환-ヘンゲン)갑자기 나타났다가 또 갑자기 없어짐
【變換】(변환-ヘンカン) 고침。바꿈

【讎】수 シュウ、あだ rival 尤 ㄔㄡˊ ch'ou²
①원수 仇也 ②대거리할 言相一對 ③짝 匹也 ④비교할 校也 ⑤갚을 償也
【讎家】(수가-シュウカ)원수가 되는 상대
【讎校】(수교-シュウコウ) 다른 것과 대조하여 잘못을 고침 「임
【讎殺】(수살-シュウサツ) 원수로 삼고 죽
【讎視】(수시-シュウシ) 원수처럼 생각함
【讎敵】(수적-シュウテキ) 원수

【讐】前條 同字

【讌】연 エン、さかもり banquet
①잔치 會飮 ②모여말할 一坐會語
【讌語】(연어-エンゴ) 흉금을 펴고 말함
【讌飮】(연음-エンイン) 잔치하고 술을 마심 「음
【讌坐】(연좌-エンザ) 파탈하고 모여 앉
【讌戲】(연희-エンギ) 잔치하고 희롱함

【攣】手部 十九畫에 볼것

【十七畫】

【讕】란 ラン、でたらめ slander 寒 ㄌㄢˊ lan²
①미덜 逸言 ②속여 말할 誣毁詆一
【讕言】(난언-ランゲン) 주착없는 말

【讓】양 ジョウ、ゆずる transfer 漾 ㄖㄤˋ jang⁴
①사양할 謙也 ②꾸짖을 責也
【讓渡】(양도-ジョウト) 넘겨줌
【讓頭】(양두-ジョウトウ) 지위를 남에게 넘겨줌
【讓步】(양보-ジョウホ) ①길을 남에게 사양하여 먼저 가게 함 ②두 편이 서로 사양함 「음
【讓受】(양수-ジョウジュ) 남에게 넘겨받
【讓與】(양여-ジョウヨ) 넘겨줌
【讓位】(양위-ジョウイ) 임금의 자리를 물려줌
【讓誚】(양초-ジョウショウ) 꾸짖음。힐책(詰責)

【讔】은 イン、なぞ riddle 吻 ㄧㄣˇ yin³
숨겨말할 遯辭以隱意

【讒】참 ザン、サン、そしる slander 陷 ㄔㄢˊ ch'an²
①참소할 潛也 ②참람할 僭也 ③간악할 佞也
【讒間】(참간-ザンカン) 참소하여 이간붙임 「함
【讒口】(참구-ザンコウ) 남의 나쁜 말을
【讒邪】(참사-ザンジャ) 마음이 간악하여 남을 참소함
【讒訴】(참소-ザンソ) 터무니 없는 사실로 남을 헐어말함。거짓 말을 꾸며서 웃 어른에게 이름
【讒臣】(참신-ザンシン) 참소하는 신하
【讒言】(참언-ザンゲン) 남을 참소하는말
【讒陷】(참함-ザンカン)남을 참소하여 죄에 빠지게 함
【讒毁】(참훼-ザンキ) 남을 참소하여 헐어 말함

【讖】참 シン、しるし veryfy; prophecy 沁 ㄔㄣˋ ch'en⁴
참서 前定徵兆之言
【讖記】(참기-シンキ) 참언(讖言)을 기록한 책。참서(讖書)
【讖書】(참서-シンショ) 예언서(豫言書)。미래기(未來記)
【讖言】(참언-シンゲン) 앞에 올 일을 예언하는 말

【十八畫—二十二畫】

【讙】환 カン、かまびすしい clamour 翰
①지꺼릴 譁也 ②기뻐할 喜也 (훤) 義同
【讙謠】(환요-カンヨウ) 기뻐서 노래함

【讚】찬 サン、ほめる
praise 讓 ㄗㄢˋ tsan⁴
①기릴 稱美 ②도울 佐也 ③밝을 明也 贊通

【讚美】(찬미-サンビ) 기리어 칭송함。찬송(讚頌)

【讚辭】(찬사-サンジ) 칭찬하는 말

【讚賞】(찬상-サンショウ) 칭찬하여 아름답게 생각함

【讚頌】(찬송-サンショウ) 미덕을 칭송함

【讚揚】(찬양-サンヨウ) 아름다운 것을 칭찬하고 착한 것을 표창함

【讚嘆】(찬탄-サンタン) 칭찬하고 탄식함。매우 칭찬함

【讚評】(찬평-サンピョウ) 칭찬과 비평

【讜】당 トウ、よいことば
advice 漾
①곧은말 直言忠— ②유리하게 말할「론」言中理

【讜論】(당론-トウロン) 사리에 바른 의론

【讜言】(당언-トウゲン) 곧은 말。이치에 맞는 말

【讜議】(당의-トウギ) 바른 의론

【讜直】(당직-トウチョク) 마음이 곧고 바름。정직(正直)

【讞】언 ゲツ、ゲン、はかる
accuse of a crime
옥 발미 議罪評獄 (얼) 義同

【讞牘】(언독-ゲントク) 송사(訟事)를 심리한 기록

【讞讞】(언언-ゲンゲン) 정직한 모양

【讟】독 トク、ドク、うらむ
slander 屋 ㄉㄨˊ tu²
①비방할 誹也謗— ②원망할 痛怨而謗

谷 部

【谷】곡 コク、たに
valley 屋 ㄍㄨˇ ku³
①골 山間水道谿— ②궁신할 窮也 ③기를 養也 (욕) 나라이름 國名 吐—渾 今青海地方

【谷澗】(곡간-コッカン) 시내

【谷口】(곡구-コッコウ) 골짜기의 어구

【谷水】(곡수-コクスイ) 골짜기에서 흐르는 물

【谷神】(곡신-コクシン) 골짜기의 빈곳。곧 현묘(玄妙)한 도(道)를 비유함

【谷王】(곡왕-コクオウ) 바다의 딴이름

【谷底】(곡저-コクテイ) 골짜기의 밑

【谷泉】(곡천-コクセン) 골짜기에서 나오는 샘

【谷風】(곡풍-コクフウ) ①골짜기에서 내부는 바람 ②만물을 자라게 하는 바람

【二畫—十畫】

【卻】卩部 七畫에 볼것

【郤】邑部 七畫에 볼것

【容】宀部 七畫에 볼것

【谺】하 カ、うつろ
mouth of a valley
골속 휑할 谷空貌谽—

【欲】欠部 七畫에 볼것

【谽】함 カン、むなしい
hollow 覃 ㄏㄢˊ han²
골속 휑할 谷空貌—谺

【谽谺】(함하-カンカ) 골 속이 넓고 휑한 모양

【谿】계 ケイ、たに
valley 齊 ㄑㄧ ch'i¹
시내 川澗水

【谿澗】(계간-ケイカン) 시냇물

【谿谷】(계곡-ケイコク) 골짜기

【谿子】(계자-ケイシ) 옛날 쇠뇌의 이름

【谿壑】(계학-ケイガク) 계곡(谿谷)

【谿壑之慾】(계학지욕-ケイガクのヨク) 한이 없는 큰 욕심

【豁】활 カツ、ひろい
vast
①내뚫린골 通谷 ②시원할 疏也 ③도량 넓을 大度—達

【豁達】(활달-カッタツ) ①도량이 넓은 모양 ②사방이 환하게 터진 모양

【豁達大度】(활달대도-カッタツダイド) 도량이 관대하여 작은 일에는 마음을 두지 아니함

【豁如】(활여-カツジョ)마음이 넓은 모양

【豁然】(활연-カツゼン) ①환하게 터진 모양 ②대번에 깨닫는 모양

【豁悟】(활오-カツゴ) 대번에 깨달음。깨달아 알음

【豁蕩】(확탕-カットウ) 마음이 넓어서 사물에 얽매지 아니함

豆部

【豆】두 トウ、ズ、まめ beans 宥 ㄉㄡˋ tou⁴
①콩 菽也②나무제기 木祭器籩ー③예그릇 禮器粃豆 ④말 量名十六黍爲一ー六ー爲一銖 「위

【豆類】(두류-トウルイ) 콩·팥·녹두 따위

【豆腐】(두부-トウフ) 콩으로 만든 일종의 음식

【豆豉】(두시-トウシ) 콩을 삶아 소금·생강등을 섞어서 띈 약제。두통의 약재로 씀

【豆人】(두인-トウジン) 콩알만한사람。(높은 곳에서 본 사람의 형용)

【豆滓】(두재-トウサイ)콩찌끼。비료로 씀

【豆粥】(두죽) 콩죽

【豆泡】(두포-トウホウ) 두부의 딴이름

【豆花水】(두화수-トウカスイ) 음력 七월에 나는 물

【三畫—六畫】

【豇】강 コウ、ささげ small kindey bean 江 ㄐㄧㄤ chiang¹
광저기 豆名

【豈】기 キ、あに how 尾 ㄑㄧˇ ch'i³
①어찌 非然辭焉也 ②일쭉 曾也
(개) 凱 愷 逌

【豈樂】(개악-ガイラク) 싸움에 이겼을때의 음악

【豈弟】(개제-ガイテイ) 편안하게 즐기는 「것

【豉】시 シ、みそ ball of bean paste 寘 ㄔˇ ch'ih³
메주 配塩而幽菽豆ー

【短】矢部 七畫에 볼것

【登】癶部 七畫에 볼것

【壹】士部 九畫에 볼것

【豊】禮(示部十三畫)古字
今俗作豐字

【八畫—九畫】

【豎】수 ジュ、シュ、たて vertical 麌 ㄕㄨˋ shu⁴
①세로 立也 ②더벅머리 童僕未冠者 ③내시 內廷小臣

【豎童】(수동 ジュドウ) 심부름하는 더벅머리 아이

【豎立】(수립-ジュリツ) 내리 세움。길이로 세움。꼿꼿하게 세움

【豎臣】(수신-ジュシン) 구실아치

【豎子】(수자-ジュシ) ①나이가 어린 남자 아이 ②저놈。(남을 천대하여 부르는 말)

【豌】완 ワン、エン、えんどう pea 寒
동부 豆名西胡

【頭】頁部 七畫에 볼것

【十一畫—二十一畫】

【豐】풍 ホウ、ブ、ゆたか abundant
①풍년 有年 ②콩여물 豆之ー滿者 ③두터울 厚也 ④더부룩할 盛也 ⑤클 大也 ⑥괘이름 封名離下震上

【豐歉】(풍겸-ホウケン) 풍년과 흉년

【豐功】(풍공-ホウコウ) 위대한 공。대공(大功)

【豐年】(풍년-ホウネン) 곡식이 잘익은해。농사가 잘 된 해

【豐登】(풍등-ホウトウ) 오곡이 많이 익음。풍작

【豐滿】(풍만-ホウマン) ①넉넉하게 가득

참。 많이 있음 ②몸에 살이 많음。 살찜

【豐樂】(풍악-ホウラク) 물자가 풍부하여 백성이 안락함

【豐富】(풍부-ホウフ) 넉넉하고 많음

【豐備】)풍비-ホウビ) 풍부하게 갖춤

【豐產】(풍산-ホウサン) 풍부하게 생산됨

【豐羡】(풍선-ホウセン) 넉넉하고 여유가 있음

【豐盛】(풍성-ホウセイ) 넉넉하고 많음

【豐歲】(풍세-ホウサイ) 풍년

【豐熟】(풍숙-ホウジュク) 곡물이 잘 익음

【豐穰】(풍양-ホウジョウ) 곡식이 익음

【豐漁】(풍어-ホウギョ) 물고기가 많이 잡힘

【豐艷】(풍염-ホウエン) 얼굴의 생김새가 두툼하고 고움

【豐饒】(풍요-ホウジョウ) 매우 넉넉함

【豐潤】(풍윤-ホウジュン) 풍족하고 윤택함

【豐作】(풍작-ホウサク) 모든 물건이 잘 되어 많이 남

【豐足】(풍족-ホウショク) 모자라지 않고 넉넉함

【豐頰】(풍협-ホウキョウ) 살이 두둑한 빰

【豐厚】(풍후-ホウコウ) ①넉넉하고 많음。 번창함 ②얼굴이 탐스러움

【豐凶】(풍흉-ホウキョウ) 풍년과 흉년

豕 部

【豕】시 シ、いのこ hog 紙 ㄕˇ shih³

돼지 也彘

【豕膏】(시고-シコウ) 돼지 기름

【豕突】(시돌-シトッ) 아무 생각없이 막 나아감 (돼지의 성미는 뚫고 나가기를 좋아하는 때문)

【豕牢】(시뢰-シロウ) 돼지 우리

【豕喙】(시훼-シカイ) 돼지와 같이 길고 뾰족한 입。 욕심이 많은 사람의 인상을 일컬음

【三畫—四畫】

【豗】회 カイ、やかましい noisy 灰 ㄏㄨㄟ hueï

①와자지껄할 閧聲喧— ②맞부딪칠 相擊 ③돼지흙뒤질 豕握也

【豚】돈 トン、ドン、ぶた pig 願

①새끼돼지 小豕 ②복 魚名河— ③지척거릴 行木擴足圈—

【豚犬】(돈견-トンケン) ①돼지와 개 ②미련한 사람을 이름 ③남에게 대하여 자기의 자식을 일컫는 말。 돈아(豚兒)

【豚犢】(돈독-トントク) 돼지와 송아지

【豚兒】(돈아-トンジ) 돼지와 같은 어리석은 자식

【豚油】(돈유-トンユ) 라드 (iard)

【豚肉】(돈육-トンニク) 돼지고기

【豚脂】(돈지-トンシ) 돼지기름

【豚柵】(돈책-トンサク) 돼지 우리

【豚行】(돈행-トンコウ) 시척거림

【象】

크部 六畫에 볼것

【五畫—七畫】

【象】상 ゾウ、ショウ、かたどる elephant 養 ㄒㄧㄤˋ hsiang⁴

①코끼리 南方大獸長鼻牙 ②형상 形也 ③법받들 法也 ④빛날 光輝 ⑤춤이름 舞名 ⑥역관 通言官

【象敎】(상교-ショウキョウ) 불교의 딴이름。 (나무로 불상을 새기어 예배하는 고로)

【象管】(상관-ゾウカン) 붓

【象棋】(상기) 장기(將棋)

【象膽】)(상담-ゾウタン) 코끼리의 쓸개。 장질。 감질약으로 씀

【象毛】(상모-ゾウモウ) 기·창따위의 머리에 술이나 이삭모양으로 만들어 다는 붉은 빛갈의 가는 털

【象胥】(상서-ショウショ) 통역관의 별칭

【象牙】(상아-ジウゲ) 코끼리의 어금 이

【象牙塔】(상아탑-ゾウゲのトウ) 물욕을떠나 오로지 연구생활에 전념하는 경우

【象譯】(상역-ショウヤク) 통역관

【象箸】(상저-ゾウチョ) 상아로 만든 젓가락

【象徵】(상징-ショウチョウ) 그 자신이 설

명하지 않고 직접으로 어떠한 의의를 발휘함。 표상(表象)

【象徵主義】(상징주의-シヨウチヨウシュギ) 문예상의 언어 문자는 사상의 대표가 아니고 직접으로 사상 그것이라고 하여 이것을 음악적으로 배열하여 감정을 움직이는 주의

【象皮】(상피-ゾウヒ) 코끼리의 가죽

【象刑】(상형-シヨウケイ) 옛날 전설에 의하면 죄인의 옷을 특별히 만들어입히고 치욕을 주었다함。 그 형벌

【象形】(상형-シヨウケイ) 물건의 형상을 본뜸

【象形文字】(상형문자-シヨウケイモジ) 물건의 형상을 본떠만든 글자。 한자(漢字)·에집트 문자 따위

【豢】환 カン、ケン、やしなう to feed pigs 諫 ㄏㄨㄢ huan⁴ 기를 養畜餵—

【豢養】(환양-ケンヨウ) 기름。 길림

【豢圉】(환어-ケンギヨ) 소나 말을 기르는 곳

【豢擾】(환요-ケンジヨウ) 길러서 길들임

【豪】호 ゴウ、コウ、まさる mighty 豪 ①호걸 俊也②호협할 俠也 ③돼지 갈기 豕鬣·毫通

【豪强】(호강-ゴウキヨウ) 뛰어나게 굳셈

【豪客】(호객-ゴウカク) ①세력이 좋은사람 ②도둑

【豪健】(호건-ゴウケン) 뛰어나게 건장함

【豪傑】(호걸-ゴウケツ) ①재능이 뛰어난 사람 ②무용(武勇)이 뛰어난 사람

【豪氣】(호기-ゴウキ) 장한 의기。 호방(豪放)한 기상

【豪農】(호농-ゴウノウ) 재산이 많고 세력이 있는 농가

【豪膽】(호담-ゴウタン) 매우 담대함。대담「(大膽)

【豪勒】(호륵) 몹시 세차고 사나움

【豪邁】(호매-ゴウマイ) 뛰어나고 장함

【豪民】(호민-ゴウミン) 재물이 많고 세력이 있는 백성

【豪放】(호방-ゴウホウ) 의기가 장하여 작은 일에는 마음을 두지 아니함

【豪富】(호부-ゴウフ) 세도가 있는 부자

【豪奢】(호사-ゴウシャ) 대단한 사치

【豪語】(호어-ゴウゴ) 호기로운 말

【豪言】(호언-ゴウゲン) 호기로운 말

【豪雨】(호우-ゴウウ) 즐기차게 많이 오는 비

【豪豬】(호저-ゴウチヨ) 산돼지。 가시같은 갈기가 있음

【豪縱】(호종-ゴウジュウ) 호방(豪放)

【豪侈】(호치-ゴウシ) 호화(豪華)

【豪宕】(호탕-ゴウトウ) 원기가 굉장함

【豪悍】(호한-ゴウカン) 매우 사나움

【豪俠】(호협-ゴウキヨウ) 호방하고 원기가 있음

【豪華版】(호화판-ゴウカバン) 장정(裝幀)·용지(用紙)등 어느것이나 아름답게 꾸민 출판물

【豨】희 キ、いのこ swine 尾 ①큰돼지 大豕 ②봉시짐승 神獸封— ③별이름 星名封—

【豨勇】(희용-キユウ) 돼지같이 날뛰는 용기。 또 그러한 용기 있는 병사

【九 畫】

【豫】예 ヨ、あらかじめ beforehand 御 ㄩ yu⁴ ①미리 先也 早也 ②참례할 參與 ③기뻘 悅也 ④편안할 安也 逸也 ⑤머뭇거리 猶— ⑥괘이름 封名坤下震上 預通

【豫感】(예감-ヨカン) 사물을 당하기 전에 미리 느낌

【豫見】(예견-ヨケン) 미리 보임。 미리 봄。 먼저 알음

【豫告】(예고-ヨコク) 미리 알려줌

【豫期】(예기-ヨキ) 미리 기약함。 미리 기다림

【豫納】(예납-ヨノウ) 미리 바침

【豫斷】(예단-ヨダン) 미리 판단함

【豫賣】(예매-ヨバイ) 미리 값을 쳐서 팔음「는 일

【豫買】(예매-ヨバイ) 미리 값을 쳐서 사음

【豫防】(예방-ヨボウ) 일이 생기기 전에 미리 막음

【豫報】(예보-ヨホウ) 미리 알림

【豫備】(예비-ヨビ) 미리 준비함
【豫算】(예산-ヨサン) ①미리 계산함 ② 국가 또는 공공단체가 다음 회계년도의 수입과 지출을 미리 계산한것
【豫算修正權】(예산 수정권-ヨサンシュウセイケン) 국회가 예산안을 심의 결정함에 있어 정부가 제출한 예산안을 수정할 수 있는 권리
【豫算案】(예산안-ヨサンアン) 예산의초안
【豫算超過】(예산초과-ヨサンチョウカ) 세입 또는 세출이 예상액 이상에 이르는 것
【豫想】(예상-ヨソウ) 미리 생각함
【豫想外】(예상외-ヨソウガイ) 예상과 틀림
【豫先】(예선-ヨセン) 미리。먼저
【豫選】(예선-ヨセン) 미리 뽑음
【豫設】(예설-ヨセツ) 미리 베품
【豫修】(예수-ヨシュウ) 미리 배워익혀둠
【豫習】(예습-ヨシュウ) 준비로 미리익힘
【豫審】(예심-ヨシン) 재판소에서 형사사건의 취조를 하는 공판의 준비수속
【豫約】(예약-ヨヤク) 미리 약조함
【豫言】(예언-ヨゲン) ①사전에 추측하여 하는 말 ②신비한 영감에 의하여 미래를 예칙하는 말
【豫程】(예정-ヨテイ) 미리 정한 갈길
【豫定】(예정-ヨテイ) 미리 작정함
【豫知】(예지-ヨチ) 미리 알음
【豫診】(예진-ヨシン) 미리 진찰함。또는 그 일
【豫測】(예측-ヨソク) 미리 헤아림
【豫探】(예탐-ヨタン) 미리 더듬음。미리 탐문함
【豫行】(예행-ヨコウ) 미리 행함
【豫後】(예후-ヨゴ) 의사가 병자를 진찰하고 미리 판정하는 금후의 증세

【豬】저 チョ、いのしし wild pig 魚 ㄓㄨ chu¹ ①돼지豕也 ②물괴일 水所停 豬·潴同
【豬突】(저돌-チョトツ) 돼지와 같은 용맹이 있는 것。또 군대의 명칭으로 씀 「용기
【豬勇】(저용-チョユウ) 합부로 날 뛰는
【豬肉】(저육-チョニク) 돼지고기
【豬八戒】(저팔계) 성질이 흉악한 사람의 별명。(예전의 가상적 인물의 이름)

【十畫—十一畫】

【豳】빈 ヒン、name of a country 眞 나라이름 國名國姓封國陝西州名
【䝏】루 ロウ、ル 암내낸 돼지 求子牝豕 尤 ㄌㄡˊ lou²
【豵】종 ソウ、ス、こぶた little pig 東 ㄗㄨㄥ tsung¹ ①애돋 一歲豚 ②세새끼 돼지 豕生三子
【燹】火部 十四畫에 볼것

豸 部

【豸】치 チ、ながむし reptiles without feet 紙 ①발없는 벌레 無足蟲 ②풀 解也 (채) ①義同 (태)①義同②신수이름 神獸獬—

【三 畫】

【豺】시 サイ、やまいぬ jackal 佳 ㄔㄞˊ ch'ai² 승냥이 狼屬
【豺狼】(시랑-サイロウ) 승냥이와 이리。사혹·탐욕 또는 맹악한 사람을 이름
【豺虎】(시호-サイコ) 승냥이와 범。맹악(猛惡)한 사람을 이름
【豹】표 ヒョウ、ひょう leopard 效 ㄅㄠˋ pao⁴ 표범 猛獸 似虎圜文
【豹文】(표문-ヒョウブン・ヒョウモン) 표범의 모피(毛皮)에 있는 무늬。또 그와 같은 아름다운 무늬
【豹變】(표변-ヒョウヘン) 사람의 태도·행동이 돌변함。표범의 무늬가 분명한 것처럼 군자(君子)는 잘못을 고

처 선으로 옮김。지금 악의(惡意)로 씀은 본뜻이 아님

【豹死留皮】(표사 유피-ヒョウシしてかわをとどむ) 표범도 죽은 후에 아름다운 가죽을 남기고 사람은 죽은 후에 명예를 남길것이라 함을 이름

【豹皮】(표피-ヒョウヒ) 표범의 가죽

【五畫—六畫】

【貂】초 チョウ、てん marten 蕭 ㄉㄧㄠ tiao¹
①담비 鼠屬黃黑色②초미 冠飾—尾

【貂蟬】(초선-チョウセン) ①담비의 꼬리와 매미의 날개。다같이 지위가 높은 관리의 관의 장식품②고관(高官)

【貊】맥 バク、えびす wild tribes of the north
①오랑캐 蠻— ②고요할 靜也 ③맥이 食鐵似熊夷

【貈】학 カク、むじな marten
담비 似狐善睡狐—

【貉】前條 同字

【貅】휴 キュウ fierce animal 尤 ㄒㄧㄡ hsiu¹
비휴짐승 摯獸貔—

【七畫—八畫】

【貍】리 リ、たぬき badger 支 ㄌㄧˊ li²
삵 野貓狐—

【貍奴】(이노) 고양이의 딴 이름

【貍製】(이제) 삵의 가죽으로 지은 옷

【貌】모 ボウ、かたち appearance 效
①모양 容儀 (막) ②모뜰 描畫 ③멀 遠也 邈同

【貌襲】(모습-ボウシュウ) ①사람의 생긴 모양 ②형용과 형상。③됨됨이

【貌樣】(모양-ボウヨウ) ①꼴。모습 ②됨됨이 ③물건의 형상。사물의 형편

【貌言】(모언-ボウゲン) 거죽을꾸미는말。실상이 없는 말

【貌執】(모집-ボウシツ)친절한 태도로 남을 지지함。예모로써 대우함

【貎】예 ゲイ、ガイ、しし lion 齊
사자 獅子狻—②사슴새끼 鹿子

【九畫—十一畫】

【貓】묘 ビョウ、ミョウ、ねこ cat 蕭 ㄇㄠ mao¹
고양이 捕鼠獸

【貓頭】(묘두ビョウトウ) ①대나무의 일종 ②죽순(竹筍)의 딴 이름

【貓頭懸鈴】(묘두 현령-ビョウトウケンレイ) 남이 모르는 일을 먼저 알게함을 이름

【貔】비 ヒ a kind of leopard 支
비휴짐승—貅

【貔虎】(비호) ①맹수의 이름 ②용맹한 장졸을 이름

【貔貅】(비휴-ヒキュウ) ①길을 들여 전쟁에 사용했다는 맹수의 이름 ②용맹한 군대를 이름

【䝡】만 マン、おおかみ a kind of wild cat 翰
시라소니 貙—

【貘】맥 バク、ばく tapir 陌 ㄇㄛˋ mo⁴
맥짐승 似熊食鐵一名齧鐵

【貙】추 チュ、おおかみ a kind of wild cat 虞
시라소니 似貍而大—䝡

【貙虎】(추호-チュコ) ①맹수의 이름 ②용맹한 군대에 비유

貝部

【貝】패 バイ、かい shells 泰 ㄅㄟˋ pei⁴
①자개 海介蟲 ②재물 貨也 ③패비단 錦名

【貝殼】(패각) 조가비

【貝闕】(패궐-バイケツ) 용궁(龍宮)을 이름

【貝錦】(패금-バイキン) ①자개의 모양이 있는 아름다운 비단 ②남을 교묘하게 중상하여 죄를 씌움(남의 죄를 비단 짜듯이 짜 낸다는 뜻)

【貝母】(패모-バイボ) 백합과의 다년생
진。정약재에 씀
【貝石】(패석-バイセキ) ①조가비의 화석
(化石)②조가비가 많이 붙어있는돌
【貝貨】(패화-バイカ) 자개의 화폐

【二 畫】

【負】부 フ、フウ、おう carry on the back 有

①짐질 背荷物 ②빚질 受貸不償 ③
질 敗也 ④저버릴 背恩 ⑤믿을 有
所特
【負角】(부각-フカク) 도는쪽의 변이 시
계 바늘과 같은방향으로 돌아서 짓
는 각
【負金】(부금) 황새
【負笈】(부급-フキュウ・キュウをおう) 급
(笈)은 책을 담는 상자。급을 짊어
진다는 뜻이니 유학을 말함
【負擔】(부담-フタン) ①짐을 짐 ②일을
맡음。어떠한 의무・책임을 짐
【負擔籠】(부담롱) 의복・책 등을 넣
어서 말등에 지우는 농짝
【負袋】(부대) ①피륙 또는 가죽들로
만든 중간이 막히지 아니한 큰전대
②식량(食量)이 큰 사람의 별명
【負戴】(부대-フタイ) 짐을 등에 지는것
과 머리에 이는 것。곧 고역(苦役)
의 뜻
【負商】(부상-フショウ) 등짐 장수
【負傷】(부상-フショウ) 몸을 다침
【負約】(부약-フヤク) 약속을 어김
【負進】(부진) 놀음 빚
【負債】(부채-フサイ) 남에게 진 빚
【負責】(부책-フサイ) 부채(負債)와같음
【負販】(부판-フハン) 물건을 등에 지고
팔러다님
【負敗】(부패-フハイ) 져서 패배함
【負荷】(부하-フカ) 짐을 짐

【貞】정 テイ、チョウ、ただしい virtuous 庚 ㄓㄣ chen¹

①곧을 正也 ②굳을 固也
【貞潔】(정결-テイケツ)부녀의 정조가 깨
끗하고 곧음
【貞女】(정녀-テイジョ) 정조가있는 여자
【貞烈】(정렬-テイレツ) 부녀의 정조가 곧
고 매움
【貞烈夫人】(정렬부인-テイレツフジン) 정
조가 있는 부인
【貞婦】(정부-テイフ) 정조가 곧은여자。
절부(節婦)
【貞淑】(정숙-テイシュク) 부녀의 정조가
곧 고마음이 착함
【貞節】(정절-テイセツ) 굳은 마음과 변
하지 않는 절개
【貞靜】(정정-テイセイ) 부녀의 정조가바
르고 마음이 얌전함
【貞操】(정조-テイソウ) 부녀의 절개。
이성 관계의 순결을 지키는 일
【貞直】(정직-テイチョク) 마음이 곧고 바
름
【貞眞】(정진-テイシン) 바르고 참됨
【貞忠】(정충-テイチュウ) 절개가 곧고 충
성스러움
【貞和】(정화-テイワ) 정조가 바르고 온
「화함

【三 畫】

【貢】공 コウ、クみつぎ offer as tridute 送

①마칠 献也 ②세바칠 稅也 ③천거
할 薦也
【貢擧】(공거-コウキョ) 공사(貢士)로 선
거하여 추천함
【貢納】(공납-コウノウ) 공물을 상납함
【貢糧】(공량-コウリョウ) 글방 선생에게
공물로 바치는 곡식
【貢物】(공물-コウブツ) 궁중・정부에 바
치는 물건
【貢賦】(공부-コウフ) 공물(貢物)과세금
【貢士】(공사-コウシ) 재학(才學)이있어
서 지방에서 정부에 추천된 사람
【貢上】(공상-コウジョウ) 공물로 물건을
상납함
【貢生】(공생-コウセイ) ①천거된 학자
②향교(鄕校)의 심부름군 「서
【貢案】(공안-コウアン) 공물을 적어둔문
【貢院】(공원-コウイン) 공사를 시험하는
곳
【貢布】(공포-コウフ) 세금으로 바치던베
【貢獻】(공헌-コウケン) ①공물을 상납함
②정성을 다함。마음을 씀

【財】재 ザイ、サイ、たから finanee 灰 ㄘㄞˊ ts'ai²
①재물 貨也 ②보배 人所寶 ②뇌물 賄也 材·栽通

【財界】(재계-ザイカイ) 금전 거래가 행하는 사회。 경제계(經濟界)

【財團】(재단-ザイダン) 어떤 목적을 달성하기 위하여 결합된 재산의 집단체

【財團法人】(재단법인-ザクダンホウジン) 일정한 목적에 제공된 재산으로 성립한 법인(法人)

【財力】(재력-ザイリョク) 재산의 힘

【財利】(재리-ザイリ) 재물과 이익。 금전상의 이익

【財務】(재무-ザイム) 재정에 관한 사무

【財物】(재물-ザイブツ) 돈이나 또는 값나가는 물건

【財閥】(재벌-ザイバツ) 경제계에 세력을 뻗친 자본가의 파벌

【財寶】(재보-ザイホウ) 보배로운 재물

【財産】(재산-ザイサン) 개인·가정·단체가 소유하는 재물

【財産家】(재산가-ザイサンカ) 재산이 많은 사람。 부자(富者)

【財色】(재색-ザイショク) 재물과 여색

【財數】(재수-ザイスウ) 재물을 얻는운수

【財慾】(재욕-ザイヨク) 재물의 욕심

【財源】(재원-ザイゲン) 재력의 근원

【財政】(재정-ザイセイ) ①국가 또는 공공단체등에 필요한 수지에 관한 경제적 행위。개인의 금용 사정

【財政學】(재정학-ザイセイガク) 재정학 원리 및그 운용을 연구하는 학문

【財貨】(재화-ザイカ) 돈 또는 보배

【貣】특 トク、かる borrow 職 ㄊㄜˋ t'ê⁴
빌 假借從人求物 貸通

【四 畫】

【貫】관 カン、つらぬく go through 翰 ㄍㄨㄢˋ kuan⁴
①꿸 穿也 ②돈꿰미 緡錢③본 鄕籍本— ④벼리 規繩條— ⑤맞힐中也

【貫首】(관수-カンシュ) 두목되는 사람。 통령(統領)

【貫子】(관자) 망건에 달아 망건 줄을 꿰는 작은 고리

【貫籍】(관적-カンセキ) 본적지

【貫的】(관적-カンテキ) 관혁

【貫珠】(관주-カンジュ) ①끈에 구슬을 꿸 ②염주(念珠)를 이름 ③글·글자들 오른쪽 옆에 그리는 둥근 점

【貫徹】(관철-カンテツ) 꿰뚫음。 끝까지 행함

【貫通】(관통-カンツウ) ①꿰뚫음 ②조리가 끝까지 이름

【貫通傷】(관통상-カンツウショウ) 꿰뚫어진 상처

【貫行】(관행-カンコウ) 일을 이어서 행함

【貫鄕】(관향-カンキョウ) 시조(始祖)가 난 땅。 본관

【貫革】(관혁) 활·총을 쏠때에 화살 총알을 맞추는 목표로 세워놓는 것

【貧】빈 ヒン、まずしい poor 眞 ㄆㄧㄣˊ p'in²
가난할 乏也 無財

【貧家】(빈가-ヒンカ) 가난한 집

【貧居】(빈거-ヒンキョ) 가난하게 살음

【貧苦】(빈고-ヒンク) 가난한 고생·

【貧困】(빈곤-ヒンコン) 재물이 없음。 살림이 가난함

【貧鑛】(빈광-ヒンコウ) 유용한 금속의분량이 적게들어 있는 광석

【貧局】(빈국-ヒンキョク) ①빈상(貧相)② 빈곤한 사회

【貧國】(빈국-ヒンコク) 가난한 나라

【貧窮】(빈궁-ヒンキュウ) 빈곤(貧困)

【貧農】(빈농-ヒンノウ) 구차한 농민

【貧道】(빈도-ヒンドウ) 중 또는 도사(道士)의 자칭

【貧窶】(빈루-ヒンク) 가난하여 파리해짐

【貧民】(빈민-ヒンミン) 가난한 백성

【貧民窟】(빈민굴-ヒンミンクツ) 가난한 사람만 사는 부락

【貧富】(빈부-ヒンプ) 가난한 것과 넉넉한 것。 빈자와 부자

【貧相】(빈상-ヒンソウ) 빈궁한 얼굴。 궁상(窮相)

【貧弱】(빈약-ヒンジャク) ①가난하고 약

함 ②내용이 충실하지 못함 ③푼더분하지 않음

【貧者】(빈자-ヒンジヤ) 가난한 사람

【貧賤】(빈천-ヒンセン) 가난하고 천함

【貧村】(빈촌-ヒンソン) 가난한 사람들이 많이 사는 마을

【貧乏】(빈핍-ビンボウ) 가난하여 「도 없음 아무것

【貧血】(빈혈-ヒンケツ) 체내의 혈액이 모자라는 증상

【貧戶】(빈호-ヒンコ) 구차한 백성의 집

【責】책 セキ、せめる condemn 陌 ㄗㄜˊ tsê

①꾸짖을 誚也 ②나무람할 誅也 ③제탓할 自訟 ④조를 求也 ⑤맡을任也 ⑥재촉할 追取 (채) 빚 負傷 債同

【責躬】(책궁-みずからをせむ) 자기가 자기를 책망함

【責望】(책망-セキボウ) 허물을 꾸짖음。나무람함

【責罵】(책매-セキバ) 꾸짖고 욕함

【責務】(책무-セキム) 책임진 의무

【責問】(책문-セキモン) 꾸짖어 물음

【責罰】(책벌-セキバツ) 견책과 형벌

【責善】(책선-セキゼン) 착한 행실을 하도록 서로 권함

【責言】(책언-セキゲン) 책망하는 말

【責應】(책응-セキオウ) 책임을 지고 물건을 내어 줌

【責任】(책임-セキニン) 맡아서해야할 임무 또는 의무

【責任內閣】(책임내각-セキニンナイカク) 책임을중하게 알아 시정의 성적 혹은 여론의 찬부 여하에 의하여 진퇴를 결정하는 내각

【責任者】(책임자-セキニンシヤ) 어떠한물건에 대하여 그 책임 혹은 의무를 지는 사람

【貪】탐 タン、ドン、むさぼる covet; desire 覃 ㄊㄢ t'an

탐할 欲物愛財

【貪官】(탐관-タンカン) 탐욕이 많은관원

【貪婪】(탐람-タンラン・ドンラン) 욕심이 많음。탐람

【貪吏】(탐리-タンリ) 탐관

【貪利】(탐리-タンリ) 이익을 탐함

【貪墨】(탐묵-タンボク) 매우 욕심이 많음

【貪食】(탐식-タンショク・ドンショク) 음식을 탐함

【貪心】(탐심-タンシン) 시물을 탐하는마음。탐욕의 마음

【貪愛】(탐애-タンアイ) 재물건을 몹시아끼면서 남의 물건을 탐냄

【貪汚】(탐오-タンオ) 욕심이 많고 마음이 더러움

【貪慾】(탐욕-ドンヨク) 욕심이 많음。사물을 탐하는 마음

【貪財】(탐재-タンザイ) 재물을 탐함

【貪政】(탐정-タンセイ) 탐욕。폭악한정치

【貪虐】(탐학-タンギヤク) 탐욕이 많고 포악함

【貪好】(탐호-タンコウ) 즐겨서 좋아함

【販】판 ハン、ひさぐ sell 願 ㄈㄢˋ fan

팔 賤買貴賣

【販路】(판로-ハンロ) 상품이 팔리는 방면

【販賣】(판매-ハンバイ) 상품을 팔음

【販貿】(판무) 장사함

【販夫】(판부-ハンプ) 도부하는 장수。행상(行商)

【販婦】(판부-ハンプ) 행상하는 여인

【貨】화 カ、たから goods; cargo 箇 ㄏㄨㄛˋ huo

①재물 財也 ②선사할 賂也 ③팔 以物售人

【貨物】(화물-カモツ・カブツ) ①형체가있는 재물 ②짐

【貨色】(화색-カショク) 재물과 여색(女色)

【貨視】(화시-カシ) 돈과 같이 봄

【貨殖】(화식-カショク) 재물을 늘움

【貨財】(화재-カザイ) 돈 또는 보배。재화(財貨)

【貨主】(화주-カシュ) 재산의 임자

【貨車】(화차-カシヤ) 기차의 짐수레

【貨幣】(화폐-カヘイ) 교환의 매개、지불의 방편、가격의 표준에 쓰는유통하는 물건。통화(通貨)

【貨賄】(화회-カワイ) 돈과 포백(布帛)。다 백성의 필수품임

【敗】支部 七畫에 볼것

【五 畫】

【貸】대 タイ、かす lend 隊 ㄉㄞ tai⁴
①꾸일 借施 ②갚을 假也以物假人更還其主 (특) 꾸다 借也從人求物

【貸減】(대감-タイゲン) 보통법률보다 가볍게 함

【貸假】(대가-タイカ) 빌려줌。빌림

【貸給】(대급-タイキュウ) 빌려 줌

【貸來】(대래-タイライ) 꾸어 줌

【貸費生】(대비생-タイヒセイ) 관청 이나 학교에서 학비를 꾸어 주고 공부시키는 학생

【貸與】(대여-タイヨ) 빌려 줌。빌림

【貸用】(대용-ウイヨウ) 꾸어 씀。빌어씀

【貸宥】(대유-タイユウ) 용서함

【貸地】(대지-タイチ) 남에게 주는 땅

【貸借】(대차-タイシャク) 빌려 줌과 빌 「줌
어옴

【貸出】(대출-タイシュツ) 빌리거나 꾸어

【貴】귀 キ、とうとい honorable 困 《ㄨㄟ kuei⁴
①귀할 位高尊也 ②귀히 여길 物不賤

【貴客】(귀객-キカク) ①귀빈 ②목단(牧丹)의 딴 이름

【貴庚】(귀경-キコウ) 남의 나이의 존대

【貴骨】(귀골-キコツ) ①귀히 자란 사람 ②뼈대가 잔약한 사람의 별명

【貴公者】(귀공자-キコウシ) 지위가 높은 집에 태어난 젊은이 「대

【貴國】(귀구-キコク) 남의 나라의 존

【貴金屬】(귀금속-キキンゾク) 생산이 적고 화학 변화가 적은 금속。백금·황금 따위

【貴女】(귀녀-キジョ) ①지위가 높은 집에 태난 여자 ②특별한 사랑을받는 딸。여자에게 대하는 존대

【貴童】(귀동-キドウ) 특별히 사랑을 받는 아이

【貴門】(귀문-キモン) ①존귀한가문。권문(權門) ②남의 가문의 존대

【貴物】(귀물-キブツ) ①귀중한 물건 ②흔하지 아니한 물건 「人」

【貴夫人】(귀부인-キフジン) 영부인(令夫

【貴妃】(귀비-キヒ) 당대(唐代)에 비서로 두었던 여관(女官)의 계급。지위는 상국(相國)과 같고 귀빈(貴嬪)·귀인(貴人)과 아울러 삼부인(三夫人)이라함

【貴賓】(귀빈-キヒン) 존귀한손귀객(貴客)

【貴社】(귀사-キシャ) 상대편 회사의 높인말

【貴相】(귀상-キソウ) 귀인이 될상

【貴書】(귀서-キショ) 당신의 편지。귀한(貴翰)

【貴意】(귀의-キイ) 당신의 뜻

【貴人】(귀인-キジン) ①존귀한 사람 ②한대(漢代) 여관(女官)의 이름。황후(皇后)의 다음 지위

【貴子】(귀자-キシ) 특별한 귀여움을 받는 아이

【貴族】(귀족-キゾク) 존귀한 가족

【貴體】(귀체-キタイ) 남의 몸의 존대

【貴態】(귀태-キタイ) 존귀한 자태。편지에 씀

【貴宅】(귀택-キタク) 상대자 집의 존칭 「칭

【貴下】(귀하-キカ) 존경하는 뜻을 나타내는 대칭 대명사

【貴翰】(귀한-キカン) 상대방 편지의 존

【買】매 バイ、メ、かう buy; purchase 蟹 ㄇㄞ mai³
살 售人之物

【買價】(매가-バイカ) 물건을 사는 값

【買官】(매관-バイカン) 재물을 바치고 벼슬을 구함 「분

【買氣】(매기-バイキ) 물건을 사려는 기

【買得】(매득-バイトク) ①물건을 사들임 ②물건을 싸게 삼

【買賣】(매매-バイバイ) 사고 파는 것。매매(賣買)

【買名】(매명-バイメイ) 명예를 구함

【買笑】(매소-バイショウ) 남에게 웃음을 당함

【買收】(매수-バイシュウ) ①물건을 사들임 ②남을 자기편을 만듦

【買食】(매식-バイショク) 음식을 사서 먹음 ②여관 음식점 등에서 하는식사

【買譽】(매예-バイヨ) 명예를 구함
【買入】(매입-バイニュウ) 물건을 사들임
【買占】(매점-バイセン) 한번에 많이 사서 모음
【買主】(매주-バイシュ) 물건을 사는사람
【買土】(매토-バイド) 땅을 사는일

【貿】무 ボウ、かえる exchange
①무역할 交易 ②어릿어릿할 無識貌——
【貿名】(무명-ボウメイ) 명예를 구함
【貿貿】(무무-ボウボウ) 어릿어릿하는 모양。눈이 거슴츠레한 모양
【貿市】(무시-ボウシ) 서로 물건을 바꾸어 장사함
【貿易】(무역-ボウエキ) ①한번에 상품을 많이 사들임 ②다른 지방과 연락하여 물건을 사고 팖음 ③내나라의물건과 남의 나라의 물건과 서로 바꿈
【貿易商】(무역상-ボウエキショウ) 외국무역의 영업과 또 그 사람
【貿易風】(무역풍-ボウエキフウ) 적도(赤道)의 남북 二十도이내의 바다위에서 부는 바람。바람은 일정한 시기에 불어서 상선(商船)에 유리함
【貿販】(무판-ボウハン) ①쇠고기나 돼지고기를 파는 푸주를 냄 ②상품을 교환하여 장사함

【費】비 ヒ、ついやす waste 寘
①허비할 散財用耗損 ②고을 이름 魯邑名
【費耗】(비모-ヒモウ) 써서 없샘
【費用】(비용-ヒヨウ) 드는 돈。쓰는 돈

【賁】비 ヒ、ホン、フン、かざる adorn 寘
①꾸밀 飾也 ②괘이름 封名離下艮上 (분) ①날랠 勇也虎— ②클 大也
【賁臨】(비림-ヒリン) 남의 방문을 존대하는 말

【貰】세 セン、もらう let on hire; borrow 霽
①세낼 賒也 ②꾸일 貸也 (사) 죄놓을 寬罪
【貰家】(세가-セイカ) 셋집
【貰器】(세기-セイキ) 세를 받고 빌려주는 그릇
【貰貸】(세대-セイタイ) 비는 것과 빌리는 것
【貰赦】(세사-セイシャ) 죄를 놓아 줌
【貰錢】(세전-セイセン) 셋돈

【貽】이 イ、おくる give 支 一 i²
①끼칠 遺也 ②검은 자개 黑貝
【貽謀】(이모-イボウ)조상이 끼친 꾀
【貽範】(이범-イハン) 모범을 후세에 남김
【貽訓】(이훈-イクン) 조상이 교훈을 자손에게 끼침。또 그 교훈。

【貲】자 シ、たから property
재물 財也 訾同
【貲郎】(자랑-シロウ) 보물을 내어서 낭관(郎官)이 됨。또 그 사람
【貲簿】(자부-シボ) 금전을 출납하는 장부
【貲産】(자산-シサン) 재물。재산

【貯】저 チョ、たくわえる save 語 ㄓㄨˇ chu³
①저축할 藏也 ②쌓을 積也
【貯穀】(저곡-チョコク) 곡식을 쌓아둠
【貯金】(저금-チョキン) 돈을 모아둠。또 그 돈
【貯滿】(저만-チョマン) 모아서 가득하게 됨。넉넉히 모아 둠
【貯米】(저미-チョマイ) 쌀을 모아둠。또 그 쌀
【貯水】(저수-チョスイ) 물을 잡아 둠
【貯水池】(저수지-チョスイチ) 물을 모아 두는 못
【貯柴】(저시-チョシ) 땔나무를 예비로 모아서 쌓아 둠
【貯藏】(저장-チョゾウ) 쌓아서 간직하여 둠
【貯積】(저적-チョセキ) 모아 쌓음
【貯蓄】(저축-チョチク) ①절약하여 모아 둠 ②감추어 쌓아 둠

【貼】첩 チョウ、はる paste 葉 ㄊㄧㄝ t'ieh

①붙일 依附 ②접어둘 黏置 ③전당 잡힐 以物爲質

【貼藥】(첩약-チョウヤク) 약방문에 따라 여러가지 약재를 배합하여 싼 한방약

【貼用】(첩용-チョウヨウ) 붙여 씀

【貶】폄 へん、おとす dismiss 琰 ㄅㄧㄢˇ pien³

①덜 損也 ②꾸짖을 謫也 ③떨어질 墮也 ④꺾을 抑也 ⑤감할 減也

【貶降】(폄강-ヘンコウ) 벼슬의 등급(等級)을 떨어뜨림

【貶論】(폄론-ヘンロン) ①폄하는 말 ②폄척(貶斥)하여 말함

【貶辭】(폄사-ヘンジ) 사람을폄척(貶斥)합

【貶謫】(폄적-ヘンタク) 벼슬의 등급을 떨어뜨려 먼곳으로 옮김

【貶職】(폄직-ヘンショク) 벼슬이 떨어짐。면직을 당함

【貶責】(폄책-ヘンセキ) 벼슬을 떨어뜨려 꾸짖음

【貶斥】(폄척-ヘンセキ) 떨어뜨려 물리침

【貶遷】(폄천-ヘンセン) 벼슬의 등급을 떨어뜨리어 다른 곳으로 옮김

【賀】하 ガ、カ、よろこぶ congratulation 箇 ㄏㄜˋ hê⁴

①하례 稱慶朝— ②하례할 慶也 ③위로할 勞也 ④더할 加也

【賀客】(하객-ガカク) 축하하는 손

【賀禮】(하례-ガレイ) 축하하는 예식

【賀壽】(하수-ガジュ) 장수를 축하함

【賀宴】(하연-ガエン) 축하의 뜻으로 베푼 잔치

【賀狀】(하장-ガジョウ) 경사를 축하하는 편지

【賀章】(하장-ガショウ) 경사를 축하하는 시문(詩文)

【賀正】(하정-ガセイ) 새해를 축하함

【賀表】(하표-ガヒョウ) 나라 또는 조정에 경사가 있을 때에 신하가 바치는 축하하는 문서

【貺】황 キョウ、あたう give 漾 ㄎㄨㄤˋ k'uang⁴

줄 賜也

【六 畫】

【賈】고 コ、かう resident-trader; price 麌

(가) ①값 售直 ②姓也 앉은 장수 坐賣

【賈船】(고선-コセン) 장삿배

【賈儈】(고괴-コカイ) 거간。중도위

【賃】임 チン、ジン、かりる rent 沁 ㄌㄧㄣˋ lin⁴

①빌 借也 ②세낼 以財雇物 ③품팔이 傭也

【賃金】(임금-チンギン) 삯전。사용에 대한 보수。임은(賃銀)

【賃貸】(임대-チンタイ・チンがし) 임금을 받고 빌림

【賃貸物】(임대물-チンタイブツ) 임대채)賃貸借)의 목적물

【賃書】(임서-チンショ) 임금을 받고 글씨를 씀。필경(筆耕)

【賃銀】(임은-チンギン) 임금

【賃作】(임작-チンサク) 임금을 받고일함

【賂】뢰 ロ、まいない bribe 遇 ㄌㄨˋ lu⁴

①선물 以財與人賄— ②줄 遺也

【賂物】(뇌물) 자기의 목적을 이루기 위하여 권력기관에게 몰래 주는 재물

【賂遺】(뇌유-ロイ) 뇌물을 보냄。또 그 물건。뇌사(賂謝)

【資】자 シ、もとで capital 支 ㄗ tzŭ¹

①재물 貨也 ②자뢰 賴也 ③자품 禀也 ④도울 助也 ⑤쓸 用也 ⑥취할 取也

【資格】(자격-シカク) ①신분과 지위 ②신분의 조건

【資金】(자금-シキン) 자본금

【資給】(자급-シキュウ) 도와서 줌

【資力】(자력-シリョク) 근본 되는 힘

【資歷】(자력-シレキ) 자격과 경력

【資料】(자료-シリョウ) 밑천이 될 재료。원료(原料)

【資望】(자망-シバウ) 자질과 인망(人望)

【資本】(자본-シホン) 사업의 성립。존속에 필요한 기본금。밑천。자금(資金)

【資本金】(자본금-シホンキン) 영리의 밑천이 되는 돈
【資本主】(자본주-シホンぬし) 밑천을 대는 사람
【資産】(자산-シサン) 천량。재산
【資生】(자생-シセイ) 어떠한 업무에 의하여 생활함
【資性】(자성-シセイ) 자질(資質)
【資源】(자원-シゲン) 자본의 근원
【資材】(자재-シザイ) 물건을 만드는데 필요한 재료
【資財】(자재-シザイ) ①재물。재산 ②타고난 바탕 「질
【資質】(자질-シシツ) 타고난 바탕과 성
【資蓄】(자축-シチク) 금전。곡식 따위

【賊】적 ゾク、ソク、ぬすむ thief 職 ㄗㄟˊ tsé²
①도적 盜也寇— ②해칠 傷害殘—
【賊魁】(적괴-ゾクカイ) 도적의 괴수
【賊軍】(적군-ゾクグン) 도적의 군대
【賊黨】(적당-ゾクトウ) 도적의 무리
【賊徒】(적도-ゾクト) 적당(賊黨)
【賊反荷杖】(적반하장) 도둑이 매를 든다는 뜻으로 굴복하여야 할 사람이 도리어 남을 억누르려고 하는 것을 가리키는 말
【賊船】(적선-ゾクセン) 해적의 배
【賊巢】(적소-ゾクソウ) 도둑의 소굴
【賊首】(적수-ゾクシュ) 도둑의 우두머리
【賊心】(적심-ゾクシン) 남의 물건을 훔치는 마음
【賊義】(적의-ゾクギ) 바른 길을 해침
【賊子】(적자-ゾクシ) ①불효자 ②반역한 무리
【賊漢】(적한-ゾクカン) 모진 도둑놈
【賊害】(적해-ゾクガイ) ①해함 ②도적에게 받는 피해
【賊患】(적환-ゾクカン) 도둑에대한근심

【賄】회 ワイ、カイ、まいない bribe
①선물 贈送 ②재물 財帛總名
【賄賂】(회뢰-ワイロ) 특별한 혜택을 받기 위하여 관공리에게 보내는 뇌물
【賄贈】(회증-ワイゾウ) 재물을 보내줌

【賉】휼 シュツ、へたばる grve alms 質
기민먹일 分賑 卹同

【七 畫】

【賕】구 キュウ、まいない bribe 尤 ㄑㄧㄡˊ ch'iu²
장전 贓也以財枉法
【賕賂】(구뢰-キュウロ) 뇌물

【賓】빈 ヒン、まらうど visitor; guest 眞 ㄅㄧㄣ pin¹
①손 客也 ②복종할 懷德—服 ③인도할 導也寅—
【賓客】(빈객-ヒンカク・ヒンキャク) 손。손님
【賓旅】(빈려-ヒンリョ) 외국에서 온 나그네
【賓朋】(빈붕-ヒンホウ) 손으로 대접하는 점잖은 벗
【賓辭】(빈사-ヒンジ) 판단 내지 명제의 주사(主辭)에 대하여 설명하는 술어
【賓從】(빈종-ヒンジュウ) 와서 복종함
【賓主】(빈주-ヒンシュ) 손과 주인
【賓次】(빈차-ヒンジ) 손을 접대하는 곳
【賓天】(빈천-ヒンテン) 임금의 죽음
【賓興】(빈흥-ヒンコウ) 주대(周代)에 선비를 채용하는 법。향음주(鄕飮酒)로써 빈객(賓客)으로 등용

【賖】사 シャ、はるか far distant 麻 ㄕㄜ shē¹
①세낼 貰也 ②살 貿也 ③멀 遠也
【賖遙】(사요-シャヨウ) 멀음

【賑】진 シン、にぎわす abundant 震 ㄓㄣˋ chen⁴
①가멸 富也 ②기민먹일 救也—賉 ③넉넉할 贍給
【賑給】(진급-シンキュウ) 흉년에 곤궁한 백성에게 재물을 줌
【賑恤·賑賉】(진휼-シンジュツ) 흉년에 빈민을 구제함

【實】宀部 十一畫에 볼것

【八 畫】

【賡】갱 コウ、つぐ connect 庚 ㄍㄥ kêng¹

이을 結也—載
【賡歌】(갱가-コウカ)남과 함께 시가(詩歌)를 노래함
【賡酬】(갱수-コウシュウ) 남과 시를 주고 받음
【賡韻】(갱운-コウイン) 남의 시에 그 운으로 시를 지어 화답함
【賡進】(갱진-コウシン) 임금이 지은 글에 화답하여 글을 지어 드림

【賚】뢰 ライ、たまわる bestow 隊 ㄌㄞ lai⁴
줄 賜也
【賚錫】(뇌석-ライセキ) 줌。또 그 물건
【賚予】(뇌예-ライヨ) 줌。내림

【賣】매 バイ、マイ、うる sell 卦 ㄇㄞ mai⁴
팔 出貨鬻物
【賣家】(매가-バイカ) 파는 집
【賣却】(매각-バイキャク)물건을 팔아 버림
【賣官】(매관-バイカン) 돈을 받고 벼슬을 팔음
【賣官賣職】(매관매직-バイカンバイショク) 돈을 받고 벼슬을 시킴
【賣國】(매국-バイコク) 적국 과정을 통하여 제나라의 비밀한 사정을 보수를 받고 적국에 알려줌
【賣國奴】(매국노-バイコクド) 매국 하는 행동을 하는자
【賣買】(매매-バイバイ) 물건을 팔고 사는 홍정
【賣名】(매명バイメイ) 이름을 팜
【賣文】(매문-バイブン) 글을 지어주고 돈을 받음。글을 팔음
【賣卜】(매복-バイボク) 남의 길흉을 점쳐 주고 돈을 받음
【賣勢】(매세-バイセイ) 남의 세력을 빌어서 젠체함
【賣笑婦】(매소부-バイショウフ)웃음을 파는 계집。곧 매음(賣淫)하는 여자
【賣藥】(매약-バイヤク) 약을 팔음 또 파는 약
【賣約】(매약-バイヤク) 팔 약속
【賣淫】(매음-バイイン) 여자가 돈을 받고 남자의 색욕을 채워줌
【賣店】(매점-バイテン) 물건을 파는가개
【賣主】(매주-うりぬし) 사는 사람
【賣酒】(매주) 술을 파는 사람
【賣盡】(매진-バイジン) 남지 아니하고 죄다 팔음
【賣草】(매초) 가개서 파는 담배
【賣春】(매춘-バイシュン) 여자가 아무 남자에게나 돈을 받고 몸을 팔음
【賣筆】(매필-バイヒツ) 글씨를 써 주고 돈을 받음

【賠】배 パイ、ハイ、つぐなう compensate 灰 ㄆㄟ p'ei²
물어줄 補償
【賠償】(배상-バイショウ) 남의 손해를 물어줌

【賦】부 フ、とりたて taxation 遇 ㄈㄨ fu⁴
①구실 稅也 ②걷을 欲也 ③줄 給與 ④받을 禀受 ⑤헤아릴 量也 ⑥글 詩之流
【賦課】(부과-フカ) 세금을 물리기 위하여 금액을 정함
【賦命】(부명-フメイ) 타고난 운명
【賦性】(부성-フゼイ) 타고난 성질
【賦與】(부여-フヨ) 별러줌
【賦役】(부역-フエキ) 나라에서 백성에게 거저 시키는 일
【賦詠】(부영-フエイ)시가를 지음。또 그 시가(詩歌)

【賜】사 シ、たまう bestow 寘 ㄘ tz'ŭ⁴
①줄 錫也上予下 ②고마울 惠也
【賜暇】(사가-シカ) 휴가를 내림。말미를 줌
【賜金】(사금-シキン) 돈을 내림。또 그 「돈
【賜給】(사급-シキュウ) 물건을 줌
【賜復】(사복-シフク) 특별히 조세·부역의 면세를 받음
【賜書】(사서-シショ) 조정에서 내린 책
【賜送】(사송-シソウ) 임금께서 주심
【賜顔】(사안-シガン) 얼굴 빛을 화하여 아랫 사람을 대함
【賜藥】(사약-シヤク) 독약을 하사함
【賜宴】(사연-シエン) 잔치를 베품
【賜號】(사호-シゴウ) 호를 내림。또 그 호

【賞】 상 ショウ、ほめる prize ㄕㄤˇ shang³
①상줄 賜有功 ②구경할 玩也 ③아름다울 嘉也
【賞格】(상격-ショウカク) ①공로의 대소를 따라 상을 주는 격식 ②과거 급제자에게 사송하는 책 따위
【賞功】(상공-ショウコウ) 공을 치하함
【賞金】(상금-ショウキン) 상으로 주는돈
【賞給】(상급-ショウキュウ) ①상으로 줌 ②상으로 주는 물건
【賞募】(상모-ショウボ) 현상을걸고 모집하는 일 「잔
【賞杯】(상배-ショウハイ) 상으로 주는술
【賞罰】(상벌-ショウバツ) 상과 벌
【賞賜】(상사-ショウシ) 상을 줌
【賞心】(상심-ショウシン) 경치를 감상하는 마음 「함
【賞玩】(상완-ショウガン) 좋아하여 구경
【賞用】(상용-ショウヨウ) 좋아서 씀
【賞狀】(상장-ショウジョウ) 상으로 주는 증서 「품
【賞典】(상전-ショウテン) 상으로 주는금
【賞讚】(상찬-ショウサン) 칭찬함
【賞歎】(상탄-ショウタン) 매우 칭찬하여 감。탄함 「건
【賞品】(상품-ショウヒン) 상으로 주는물

【質】 질 シツ、シチ、たち character ㄓˋ chih²
①바탕 體也 ②질박할 朴也 ③바를 正也 ④믿을 信也 ⑤이룰 成也 ⑥증험할 驗也 ⑦문서 券也―劑 (지) ①폐백 以物相贄交― ②전당할 典
【質明】(질명-シツメイ) 밤이 밝으려고 할 때
【質問】(질문-シツモン) 물어 밝힘
【質樸】(질박-シツボク) 수수함。사치하지 아니함 「명함
【質辯】(질변-シツベン) 서로 면대하여변
【質素】(질소-シッソ) 모양을 내지 아니함。질박하고 검소함
【質實】(질실-シッソ) 질박하고 순실함
【質言】(질언-シツゲン) 잘라 말함。단언(斷言)함 「문함
【質疑】(질의-シツギ) 의심나는 곳을 질
【質議】(질의-シツギ) 질문하여 의론함
【質子】(질자-シッシ) 볼모
【質定】(질정-シッテキ) 과역
【質正】(질정シッセイ-) 시비를 바로잡음
【質定】(질정-シッテイ) 생각하여 정함
【質直】(질직-シッチョク) 질박하고 정직함
【質責】(질책-シッセキ) 책망하고 바로잡음

【賤】 천 セン、いやしい humble ㄐㄧㄢˋ chien⁴
천할 不貴卑下
【賤價】(천가-センカ) 값을 싸게 함
【賤格】(천격-センカク) 비천한 골격
【賤見】(천견-センケン) 얕은 견문
【賤骨】(천골-センコツ) 비천한 골격
【賤軀】(천구-センク) 자기 몸을 천한몸뚱이라는 뜻으로 낮추어 일컫는 말
【賤技】(천기-センギ) ①천한 재주 ②자기의 기예(技藝)를 겸사하는 말
【賤女】(천녀-センジョ) 身分이 낮은여자
【賤待】(천대-センタイ) 없신 여기어 푸대접함。낮게 보아 예로써 대우하지 아니함
【賤陋】(천루-センロウ) ①비천하고 누추함 ②재덕이 남만 못함
【賤民】(천민-センミン) 천한 백성
【賤夫】(천부-センプ) 신분이 낮은 남자
【賤息】(천식-センソク) 자기 자식의 낮춤말
【賤臣】(천신-センシン) 임금께 대하여 자기를 낮추어 말하는 대명사
【賤業】(천업-センギョウ) 낮은 직업이나 천한 영업
【賤役】(천역-センエキ) 천한 일
【賤劣】(천열-センレツ) 됨됨이가 낮고용렬함
【賤人】(천인-センジン) 천한 사람。신분이 낮은 사람
【賤職】(천직-センショク) 낮은 관직
【賤質】(천질-センシツ) ①천한 바탕 ②자기를 낮추어 일컫는 말
【賤妾】(천첩-センショウ) ①기생 또는종으로 남의 첩이된 계집 ②아내가 남편에게 대하여 자기를 낮추어 일컫

는말
【賤出】(천출-センシュツ) 첩의 소생
【賤稱】(천칭-センショウ) 천대하여 일컬
음 「시골
【賤鄕】(천향-センキョウ) 풍속이 비루한

【賢】현 ケン、かしこい
wise 音 ㄒㄧㄢˊ hsien^{2}
①어질 有德行 ②좋을 善也 ③나을
勝也
【賢君】(현군-ケンクン) 덕행이 있는 어
진 임금
【賢女】(현녀-ケンジョ) 현명한 여자
【賢能】(현능-ケンノウ) 현명하고 능력이
있음
【賢德】(현덕-ケントク) 어진 덕행
【賢良】(현량-ケンリョウ) 어지고 착함。
현명하고 선량함
【賢勞】(현로-ケンロウ) 여러 사람 중에
서 유독 많은 수고를 함
【賢明】(현명-ケンメイ) 마음이 인자하고
사리에 밝음
【賢母】(현모-ケンボ) 어진 어머니
【賢問】(현문-ケンモン) 어진 질문。현명
한 질문
【賢輔】(현보-ケンポ) 현명한 보좌
【賢婦】(현부-ケンプ) ①현처 ②어진 며
누리 ③어진 부녀 「인
【賢夫人】(현부인-ケンプジン) 현숙한 부
【賢士】(현사-ケンシ) 어진 선비
【賢師】(현사-ケンシ) 어진 스승
【賢相】(현상-ケンショウ)) 어진 재상
【賢聖】(현성-ケンセイ) 현인과 성인
【賢淑】(현숙-ケンシュク) 여자가 현명하
고 덕이 있음
【賢臣】(현신-ケンシン) 어진 신하
【賢愚】(현우-ケング) 현명한 것과 우매
한 것。현인과 우인
【賢異】(현이-ケンイ) 성품이 어지고 재
주가 빼어남
【賢人】(현인-ケンジン) 어진 사람。현명
한 사람
【賢者】(현자-ケンジャ)어진사람「그사람
【賢才】(현재-ケンサイ) 현명한 재능。또
【賢宰】(현재-ケンサイ) 뛰어난 재상。현
상(賢相)
【賢弟】(현제-ケンテイ) ①어진 아우 ②
남의 아우의 존칭 「사람
【賢俊】(현준-ケンシュン) 재주가 뛰어난
【賢妻】(현처-ケンサイ) 어진 아내。현명
한 아내
【賢哲】(현철-ケンテツ) 지혜가 깊고 사
리에 밝음。또 그 사람
【賢閤】(현합-ケンコウ) 남의 아내의 높
인말

【賛】賛 (貝部 十二畫) 略字

【九 畫】

【賭】도 ト、かける
gamble 音 ㄉㄨˇ tu^{3}
내기 博奕取財
【賭博】(도박-トバク) 놀음
【賭射】(도사-トシャ) 내기 활
【賭場】(도장-トば) 놀음 판

【賴】뢰 ライ、たのむ
vely 音 ㄌㄞˋ lai^{4}
①힘입을 蒙也 ②믿을 恃也 ③자리
할 藉也 「입음
【賴力】(뇌력-すからをたのむ) 남의 힘을

【頼】前條 俗字

【賵】봉 ボウ、おくる
contribute to the dead
부의 贈死者 音 ㄈㄥˋ fêng^{4} 「냄
【賵賻】(봉부-ボウフ) 상가에 부의를 보
【賵弔】(봉조-ボウチョウ) 상가에 물건을
보내어 그 친족에게 조상함

【十 畫】

【購】구 コウ、あがなう
buy 音 ㄍㄡˋ kou^{4}
살 以財求設賞募
【購客】(구객-コウカク) 물건을 사는사람
【購告】(구고-コウコク) 상을 걸고 고발
하게 함
【購求】(구구-コウキュウ) ①사서구함 ②
상을 걸고 찾아 구함
【購讀】(구독-コウドク) 책을 사서 읽음
【購得】(구득-コウトク) 사서 손에 넣음
【購覽】(구람-コウラン) 책·신문·잡지
등을 사 읽음

【購買】(구매-コウバイ) 물건을 삼
【購入】(구입-コウニュウ) 물건을 사들임
【賻】부 フ、おくる condolatory present 遇 ㄈㄨˋ fu⁴
부의以貨助喪
【賻儀】(부의-フギ) 상가에 돈이나 물건을 보냄
【賻賵】(부봉-フボウフ) 부의(賻儀) 「돈
【賻儀金】(부의금-ギキン) 부의로 주는
【賻祭】(부제-フサイ) 제물을 보내어 사자(死者)를 제사함
【賻助】(부조-フジョ) 초상난 집에 물건이나 돈을 보냄
【賽】새 サイ、かけごと emulate 隊 ㄙㄞˋ sai⁴
①내기할 相誇勝 ②굿할 報祭—神 塞通
【賽馬】(새마-サイバ) 돈을 걸고 하는 경마(競馬)
【賽錢】(새전-サイセン) 신령 앞에 돈을 바침
【賺】잠 タン、ダン、すかす double sell 陷 ㄓㄨㄢˋ chuan⁴
서듭팔 重賣
【嬰】女部 十四畫에 볼것

【十一畫】

【贄】지 シ、にえ gift 寘 ㄓˋ chih⁴
폐백 帛也執—
【贄見】(지견-シケン) 예물을 가지고 가서 뵘
【贅】췌 ゼイ、セイ、こぶ 霽
①군살 橫生肉屬體 ②붙일 屬也 ③데릴 사위 壻也 ④모을 會也
【贅談】(췌담-ゼイダン) 너저분한 이야기
【贅論】(췌론-ゼイロン) 필요없는 말
【贅壻】(췌서-ゼイセイ) 데릴사위
【贅言】(췌언-ゼイゲン) 쓸데없는 말
【贅肉】(췌육-ゼイニク) 군은 살
【贅聚】(췌취-ゼイシュウ) 모여들음。한데 모임

【十二畫】

【贋】안 ガン、にせ counterfeit 諫
거짓것 僞物眞—
【贋物】(안물-ガンブツ) 위조한 물건
【贋本】(안본-ガンポン) ①위조한 물건。가짜 ②위조한 책
【贋造】(안조-ガンゾウ) 거짓 지음
【贋天子】(안천자-ガンテンシ) 거짓 임금
【贈】증 ゾウ、ソウ、おくる present 徑 ㄗㄥˋ tsêng⁴
①줄 送遺 ②더할 增也
【贈答】(증답-ゾウトウ) 예물을 주고 받음。선사함
【贈詩】(증시-ゾウシ) 시를 보냄
【贈與】(증여-ゾウヨ) 물건을 보냄
【贈益】(증익-ゾウエキ) 더하여 늘임
【贈呈】(증정-ゾウテイ) 남에게 물건을줌
【贈賄】(증회-ゾウワイ) ①남에게 선사하는 물건 ②뇌물을 줌
【贊】찬 サン、たすける assist 翰 ㄗㄢˋ tsan⁴
①도울 佐也 ②밝힐 明也 ③기릴 頌也 ④참례할 參也
【贊決】(찬결-サンケツ) 도와서 결정함
【贊同】(찬동-サンドウ) 동의하여 찬성함
【贊否】(찬부-サンピ) 찬성함과 불찬성
【贊辭】(찬사-サンジ) 칭찬하는말。찬사(讚辭) 「꾀함
【贊成】(찬성-サンセイ) 찬조하여 성립을
【贊頌】(찬송-サンショウ) 찬성하여 칭찬함
【贊意】(찬의-サンイ) 찬성하는 뜻
【贊助】(찬조-サンジョ) 찬성하여 도와줌
【贊嘆】(찬탄-サンタン) 깊이 감탄하여 칭찬함

【十三畫】

【贍】섬 セン、たりる sufficient 豔 ㄕㄢˋ shan⁴
①넉넉할 足也富— ②도울 給也
【贍給】(섬급-センキュウ) 도와줌
【贍富】(섬부-センプ) 넉넉함。많음
【贍足】(섬족-センソク) 넉넉함。충족(充足)

【贍護】(섬호-センゴ) 도와서 보호함

【贏】영 エイ、あまる profit 庚 ㄧㄥˊ yíng
①이남을 有餘 ②멜 擔負

【贏得】(영득-あましえたり) 이익을 봄

【贏利】(영리-エイリ) 이가 남음。이익

【贏羨】(영선-エイセン) 부유하여 넉넉함

【贏財】(영재-イザイ) 재물을 남김。또 그 재물

【贏縮】(영축-エイシュク) 남는 것과 모자라는 것。펴는것과 우그리는 것。나아가는 것과 물러나는 것

【寶】宀部 十七畫에 볼것

〔十四畫〕

【贔】비 ヒ、ちからをだす make efforts 寘 ㄅㄧˋ bì
①힘 우쩍우쩍쓸 作力貌贔屭— ②암자라 雌鼈

【贔屭】(비희-ヒイキ) ①힘을 우쩍우쩍 쓰는 모양 ②큰 거북

【贐】신 ジン、はなむけ farewell present 震
신행할 送行贈賄

【贐儀】(신의-ジンギ) 먼 길을 떠나는사람에게 보내는 금품(金品)

【贐行】(신행-ジンコウ) 먼길 가는 사람에게 시문(詩文)또는 금품을 보냄。또 그 물건

【贓】장 ゾウ、ソウ、まいないもの stolen goods 陽
①장물 非理所得財 ②탐장할 吏受略

【贓吏】(장리-ゾウリ) 부정한 뇌물을 탐내는 관리

【贓物】(장물-ゾウブツ) 범죄에 의하여얻은 물건

【贓罪】(장죄-ジウザイ) 관원이 부정한 재물을 받은 죄

〔十五畫—十七畫〕

【贖】속 ショク、あがなう redeem 沃 ㄕㄨˊ shú
①속바칠 納金免罪 ②살 貿也

【贖良】(속량-ショクリョウ) ①종을 풀어주어서 한 양민이 되게함 ②남의 환난을 대신하여 받음

【贖身】(속신-ショクシン・みをあかなう)재물을 바침으로서 죽을 죄를 면하는 일

【贖罪】(속죄-ショクザイ) 금전을 내고 죄를 면함

【贖刑】(속형-ショクケイ) 형벌을 벗기위여 금전을 바치게 함。그 형벌

【贗】贗 (貝部 十二畫)本字

【贛】공 コウ、カン、たまう bestow 送
줄 賜也

赤部

【赤】적 セキ、シャク、あか red 陌 ㄔˋ chì
①붉을 南方色 ②빨갈 空盡無物

【赤脚】(적각-セッキャク) ①신선(神仙)의 이름 ②정갱이를 드러냄。또 그 정갱이

【赤經】(적경-セッケイ) 춘분점(春分點)에서 적도 위를 헤아리는 거리

【赤軍】(적군-セキグン) 쏘련의 정규 군(正規軍)。공산군(共產軍)

【赤金】(적금-あかがね) ①빛이 붉은 활금 ②구리

【赤旗】(적기-セッキ・あかはた) 붉은 기。공산주의를 상징하는 기

【赤道】(적도-セキドウ) ①지구상 지추에 직각하여 양극에서 같은 거리 九十二도에 있는 지구의 거죽의 대권(大圈) ③양극을 꿰뚫은추에 직각하여 양극에서 같은거리에 있는대권

【赤道祭】(적도제-セキドウサイ) 배가적도 직하를 지날때 올리는 제사

【赤銅】(적동-シャクドウ) 구리

【赤裸裸】(적라라-セキララ) ①아무것도 몸에 걸치지 않고 발가벗음 ②진상을 숨기지 않고 죄다 드러내는 것

【赤露】(적로-セキロ) 적화한 러시아

【赤痢】(적리-セキリ) 대변에 피가 섞이어 나오는 이질

【赤芒】(적망-セキボウ) 빨갛게 반짝이는 빛
【赤面】(적면-セキメン) 부끄러워 얼굴을 붉힘
【赤貧】(적빈-セキヒン) 몹시 구차함。 써 가난함。 극빈
【赤色】(적색-セキショク) ①붉은빛 ②사람의 빛을 상징하고 파괴를의미함。 사회운동에서 좌익급진파(左翼急進派)
【赤誠】(적성-セキセイ) 진심에서 나오는 정성(誠心)
【赤小豆】(적소두) 붉은 팥
【赤松】(적송-あかまつ) 소나무의 일종。껍질이 붉고 잎이 가는 것
【赤松子】(적송자-セキショウシ) 신선이름
【赤手】(적수-セキシュ) 맨손
【赤手空拳】(적수공권-セキシュクウケン) 맨손과 맨주먹
【赤屍在牀】(적시재상) 집안이 가난하여 장사(葬事)를 지낼수가 없는 것을 가리키는 말
【赤身】(적신-セキシン) 벌거벗은 알몸
【赤心】(적심-セキシン) ①참마음 ②참마음으로써 남과 사귐 ③과실 또는 목재의 붉은 속살
【赤十字社】(적십자사-セキジュウジシャ) 박애동인(博愛同仁)의 취지에 의하여 자기나라의 군사와 적군과를 불문하고 부상자·병자를 구호할 것을 약정한 적십자 조약의 규정에 기인하여 설치된 세계적 조직。 흰바탕에 빨간十자를 그리어 표로 삼음
【赤外線】(적외선-セキガイセン) 스펙트룸(Spectrum)의 적외부(赤外部)에 이르는 복사선(輻射線)。곧 햇빛의 칠색(七色)의 적색(赤色)밖 쪽에 있고 육안으로 보이지 아니하는 광선
【赤衣使者】(적의사자) 고추 잠자리의 별칭
【赤子】(적자-セキシ) ①갓난 아기(갓난아기는 빛깔이 붉기 때문)②임금이 백성을 일컫는말
【赤字】(적자-あかじ) 결손。수입보다 지출이 많음
【赤帝】(적제-セキテイ) 남방(南方)의신(神)。여름을 맡은 신
【赤帝子】(적제자-セキテイシ) 한(漢)나라 고조(高祖)를 일컬음
【赤地】(적지-セキチ·あかじ) 농사가아주 안되는 땅
【赤蟲】(적충-セキチュウ) 장구아비
【赤土】(적토-セキド) 빛이 붉은 흙。 또 초목이 안난 땅。불모지(不毛地)
【赤兎馬】(적토마-セキトバ) 중국 고대의 준마의 이름。관우(關羽)가 탔었다는 말
【赤血】(적혈-セッケツ) 빛이 붉은 피。 성한 피
【赤血球】(적혈구-セッケッキュウ) 혈액의 주성분。곧 피를 불투명으로 또 붉게 하는 세포
【赤化】(적화-セッカ) ①붉게 됨。붉게 만듦 ②공산주의로 바뀜
【赤凶】(적흉-セッキュウ) 매우 심한 흉년

【四畫—九畫】

【赦】사 シャ、ゆるす forgive 禡 ㄕㄜˋ shè
죄 놓을 釋罪
【赦例】(사례-シャレイ) 죄인을 용서하는 전례
【赦免】(사면-シャメン) 죄를 용서하여놓아줌
【赦典】(사전-シャテン) 나라에 경사가 있을때에 죄인을 석방하는 은전(恩典)
【赦罪】(사죄-シャザイ) 사전(赦典)으로 놓아 줌

【赧】난 タン、あからめる turn red 潸
면괴할 面慚赤—然
【赧愧】(난괴-タンキ) 부끄러워서 얼굴을 붉히는 것
【赧赧】(난난-タンタン) 무안하게 생각하는 모양
【赧然】(난연-タンゼン) 얼굴이 붉어지는 모양

【赩】혁 キョク、あかい deep red 職
시뻘걸 大赤
【赩赫】(혁혁-キョクカク) 빛이 붉은모양
【赩紅】(혁홍-キョッコウ) 시뻘건 모양

【赫】혁 カク、セキ、かがやく bright 錫

①빛날 發也烜ㅡ ②환할 光明ㅡ戲 ③불이 이글이글할 火赤貌 ④성할 盛也ㅡㅡ

【赫然】(혁연-カクゼン) ①벌컥 성내는모양 ②빛나는 모양

【赫赫】(혁혁-カッカク・セキセキ) ①빛나는 모양 ②환하게 나타나는 모양 ③가물이 대단한 모양

【赫火】(혁화-カッカ) 이글이글한 불

【赭】자 シャ、あかい reddish brown 馬 ㄓㄜˇ chě

①붉은 흙 赤土 ②죄인옷 罪人服

【赭面】(자면-シャメン) 붉은 얼굴

【赭山】(자산-シャザン) 민둥산

【赭衣】(자의-シャイ) ①죄인이 입는 붉은 옷 ②죄수의 뜻으로 씀

【赭汗】(자한-シャカン) 피같은 땀。 명마(名馬)의 땀

【赬】정 テイ、あか deep red 庚 ㄔㄥ ch'êng

붉을 赤色

【赬尾】(정미-テイビ) 생선의 붉은 꽁지

【赬霞】(정하-テイカ) 아침놀。 또는 저녁놀

走 部

【走】주 ソウ、はしる run 有 ㄗㄡˇ tsou

①달아날 奔也 ②몰 驅也 ③종 僕也

【走狗】(주구-ソウク) 줄 닫는 사냥개。 전하여 남의 앞잡이가 되어 활동하는 자

【走禽】(주금-ソウキン) 주금류(走禽類)에 속한 새 다리가 길고 강하여 빠르게 닫는 새

【走技】(주기-ソウギ) 라닝・릴레이허들 등 경주의 총칭

【走馬】(주마-ソウバ) ①말을 달림 ②잘 닫는 말

【走馬加鞭】(주마가편) ①닫는 말에채를칠 ②부지런하고 착실한 사람이라도 더욱 더 편달함을 가리키는 말

【走馬看山】(주마간산) 말을 달리면서 산수를 구경함 ②바빠서 볼것도 못보고 그냥 지나침

【走馬看花】(주마간화) 사물의 겉만을 훌쩍 보고 그 밑바닥을 구명하지 않음을 비유

【走馬燈】(주마등-ソウバトウ) ① 돌아가는 대로 그림이 따라 돌아 보이는 등 ②사물이 빨리 변하는 것을 가리키는 말

【走散】(주산-ソウサン) 뿔뿔이 달아남

【走獸】(주수-ソウジュウ) 길 짐승

【走肉】(주육-ソウニク) 살아서 달아나는 고기。 살 보람이 없는 사람

【走者】(주자-ソウシャ) 뛰는 사람

【走卒】(주졸-ソウソツ) 심부름꾼

【走集】(주집-ソウシュウ) 국경의 요색 (병졸이 모인다는 뜻)

【走竄】(주찬-ソウザン) 달아나 숨음

【走破】(주파-ソウハ) 줄곧 달림。 곤란을 타넘고 계속해서 달려 나아감

【走筆】(주필-ソウヒツ) 글씨를 흘려서 빨리씀

【二 畫】

【赳】규 キュウ、つよい strong 尤

헌걸찰 武貌ㅡㅡ

【赴】부 フ、おもむく arrive 遇 ㄈㄨˋ fu

①다달을 趨而至 ②달릴 奔也

【赴救】(부구-フキュウ) 가서 도와줌

【赴任】(부임-フニン) 관원이 임지에 이름

【三 畫】

【赶】간 カン、おいかける follow 旱

①쫓을 逐也 ②꼬리 뻗히고 달아날 擧尾走趕同

【起】기 キ、おきる rise 紙 ㄑㄧˇ ch'i

①일어날 興也 ②기동할 擧事動作ㅡ居 ③설 立也 ④姓也

【起墾】(기간-キコン) 거친 땅을 일구어 논밭을 만듬

【起居】(기거-キキョ) 사람의 날마다 사는 형편

【起居動靜】(기거동정-キキョドウセイ) 사람의 일상 생활의 행동
【起見】(기견-キケン) 처음의 생각 「합
【起稿】(기고-キコウ) 원고를 쓰기 시작
【起工】(기공-キコウ) 공사를 시작함
【起句】(기구-キク) ①한시의 첫구 ②문장의 첫구
【起動】(기동-キドウ) ①사람의 모든 행동 ②움직임
【起頭】(기두-キトウ) ①글의 맨 처음 ②일의 맨 처음
【起立】(기립-キリツ) ①일어섬 ②일어남
【起兵】(기병-キヘイ・へいをおこす) 군병을 일으킴
【起伏】(기복-キフク) ①일어났다 누웠다함 ②산세가 높고 낮은것 ③세력이 더했다 덜했다 함
【起復】(기복-キフク) 상중에 있는 관원이 출사(出仕)함
【起峯】(기봉-キホウ) 잇달아 있는 산가운데서 가장 높은 봉우리
【起死回生】(기사회생-キシカイセイ) 중병이 회복됨
【起算】(기산-キサン) 계산을 시작함
【起床】(기상-キショウ) 잠자리에서 일어남 「킴
【起訴】(기소-キソ) 송사(訟事)를 일으
【起首】(기수-キシュ) 사물의 시초
【起承轉結】(기승전결-キショウテンケツ)시문을 짓는 격식。처음을 기라하고 처음의 뜻을 이어받는 것을 승(承)이라하고 중간에서 뜻을 바꾸는 것을 전(轉)이라하고 마지막에서 전편을 묶는 것을 결(結)이라 함
【起身】(기신-みをおこす) ①출발함 ②몸을 기동함 ③몸을 벗어남。관계를 끊음
【起案】(기안-キアン) 문안을 기초함
【起業】(기업-キギョウ) 사업을 일으킴
【起業家】(기업가-キギョウカ) 사업을 계획하여 그 발기인이 되어 회사를 설립하는 것을 업으로 삼는 사람
【起臥】(기와-キガ) 일어나는 것과 눕는 것
【起用】(기용-キヨウ) 큰 인물을 높은자리에 뽑아 올려 씀
【起原】(기원-キゲン) 사물의 처음 「인
【起因】(기인-キイン) 일이 일어나는 원
【起坐】(기좌-キザ) 공경하는 뜻으로 사람을 맞을 때에 일어났다가 앉음
【起草】(기초-キソウ) 초잡음。글을 짓기 시작함
【起寢】(기침-キシン) 절에서 한 밤중에 종을 울려 대중을 부처에게 절하게 하는 일 「사람을 다시 씀
【起廢】(기폐-キハイ) 벼슬을 내놓았던
【起爆】(기폭-キバク) 화약이 압력이나 또는 열 따위의 충동을 받아서 폭발반응을 일으키는 현상

【五 畫】

【越】월 エツ、こえる overpass 月 ㄩㄝ yueh⁴

①넘을 踰也 ②건늘 渡也 ③뛸 超也 ④멀 遠也 ⑤날릴 揚也 ⑥떨어질 墜也 ⑦이에 於也 ⑧월나라 南蠻總名 (활) ①부들자리 蒲席 ②실구멍 瑟孔
【越價】(월가) 값을 치룸
【越江】(월강) ①강을 건늠 ②압록강・두만강을 건너서 중국에 감
【越階】(월계-エッカイ・カイをこゆ) 차례를 넘어서 웃자리에 오르는 것
【越境】(월경-エッキョウ) ①국경을 넘음 ②관할하는 구역을 넘음
【越權】(월권-エッケン・オッケン) 남의 직권을 범함 「남
【越度】(월도-エツド) 도를 넘음。도가지
【越等】(월등) 사물의 정도의 차이가 대단함
【越房】(월방) 건너 방
【越城】(월성-エツジョウ) 성을 넘음
【越訴】(월소-エッソ・オッソ) 순서를 밟지 않고 바로 상관에게 제소함
【越獄】(월옥-エツゴク) 옥을 넘어 도망함。탈옥(脫獄)
【越墻】(월장) 담을 넘음 「있음
【越在】(월재-エツザイ) 유랑하여 멀리
【越川】(월천) 내를 건넘
【越便】(월편) 건너 편
【越限】(월한) 정도를 넘음

【越海】(월해) 바다를 건너 타국에감

【趄】저
ショ、ソ、たちもとる stroll about [魚] ㄑㄧㄝ ch'ieh4
머뭇거릴 不進趑ㅡ 且通

【趁】진
チン、おう expel [軫]
①머뭇거릴 行不進貌ㅡ邅 ②쫓을逐也 (전) 밟을 踐也

【超】조
チョウ、こえる leap over [篠]
①뛰어넘을 越也躍過 ②높을 卓也 ㅡ然

【超過】(초과-チョウカ) ①보통 보다 넘음 ②일정한 수를, 넘음。 예정에 지나감

【超群】(초군-チョウグン) 여럿 가운데서 「뛰어남

【超邁】(초매-チョウマイ) 보통보다 훨씬 뛰어남

【超凡】(초범-チョウボン) 예사스러운 것보다 뛰어남

【超世】(초세-チョウセイ) 세속에 구속되지 않고 뛰어남

【超歲】(초세-チョウサイ) 해를 넘김。 새해를 맞이함

【超速度輪轉機】(초속도윤 전기-チョウソクドリンテンキ) 한시간에 三十만장 이상을 박을수 있는 속도로 인쇄하는 윤전기

【超然】(초연-チョウゼン) ①범위 밖으로 나가는 모양。 높이뛰어 넘는 모양 ②세속을 떠나는 모양 ③실심하는 모양

【超然主義】(초연주의-チョウゼンシュギ) 어떠한 범위 밖에 지위를 차지하고 일을 행하는 주의

【超越】(초월-チョウエツ) ①넘어감。 뛰어남 ②뛰어넘음 ③세속을 떠남

【超越意識】(초월의식-チョウエツイシキ) 육체의 속박을 떠나 시간과 공간을 초월하여 신비경에 들어가는 의식

【超人】(초인-チョウジン) 범인을 초월한 성격이 위대한 사람。 가장 완전한 인간

【超人主義】(초인주의-チョウジンシュギ) 자아(自我)의 탁월한 능력으로써 일반범인을 정복한 강자를 이상으로 하는 주의

【超逸】(초일-チョウイツ) 뛰어남。 나음

【超自然】(초자연-チョウシゼン) 자연을 초월하여 있음

【超絶】(초절-チョウゼツ) ①뛰어「남 ②경힘・인식 이외에 있음

【超卓】(초탁-チョウタク) 월등하게 뛰어남

【六畫—七畫】

【趑】자
シ、たちもとる hesitate [支] ㄗ tzŭ1
머뭇거릴 難行ㅡ趄

【趙】조
チョウ、さす pierce [篠] ㄓㄠ chao4
①조나라 國名造父所封 ②추창할 趨也 ③찌를 刺也 ④오랠 久也 ⑤姓也

【趕】
赶(走部三畫) 同字

【八畫—十二畫】

【趣】취
シュ、おもむき meaning [遇] ㄑㄩ ch'ü4
①뜻 指意 ②주창할 疾也ㅡ向(추) 벼슬이름 掌馬官ㅡ馬 (촉) 재촉할 催也 促同

【趣味】(취미-シュミ) ①재미있는 맛 ②홍취가 있음。 마음에 좋아함

【趣意】(취의-シュイ) 취지(趣旨)와같음

【趣旨】(취지-シュシ) 근본의 뜻

【趣向】(취향-シュコウ) ①마음이 향함。 목적을 정하고 그리로 향함 ②마음。 의향(意向)

【趨】추
スウ、シュ、はしる run [虞] ㄑㄩ ch'ü1
①달아날 走也行也 ②추창할 捷步 ㅡ蹌

【趨光性】(추광성-スウコウセイ) 빛이 자극이 되어 일어나는 생물의 이동운동

【趨拜】(추배-スウハイ) 빠른 걸음으로 나아가서 절함

【趨性】(추성-スウセイ) 생물이 외계에서 어떤 자극을 받았을 때 그 자극의 방향에 대하여 어떤 위치를 취하는

성질
【趨勢】(추세-スウセイ) ①세력이 있는사람을 따름 ②형세를 좇음
【趨時】(추시-スウジ) 시속(時俗)에따름
【趨迎】(추영-スウゲイ) 빠르게 뛰어나가서 맞아들임
【趨移】(추이-スウイ) 옮겨 변함
【趨走】(추주-スウソウ) 어른 앞을 지나갈때에 몸을 굽히고 빨리감
【趨進】(추진-スウシン) 달려 나아감
【趨下】(추하-スウカ) 달려 내려옴。물이 흐름
【趨向】(추향-スウコウ) ①어느 방향으로 기울음 ②경향(傾向)

【趫】교 キョウ、すばしこい active 蕭 ㄑㄧㄠˊ ch'iao²
①건장할 健也 ②약삭 바를 敏捷 ③들 擧也 ④나무에 잘오를 緣木善走 輕 「장함
【趫健】(교건-キョウケン) 약삭빠르고 건
【趫才】(교재-キョウサイ) ①약삭빠른 재주 ②경박하고 약삭빠른 소년
【趫悍】(교한-キョウカン) 약삭빠르고 사나움

足 部

【足】족 ソク、ショク、スウ、あし foot 沃 ㄗㄨˊ tsu²
①발 趾也 ②넉넉할 無欠 ③흡족할 滿也 ④그칠 止也 (주) ①더할 益也 添物 ②아첨할 便僻 —恭
【足恭】(족공-スウキョウ) 분에 지나치게 공경함
【足蹈】(족도) 흥이 나서 발로뛰는 것
【足反居上】(족반거상) 사물이 거꾸로 됨 「사슬
【足鎖】(족쇄) 죄인의 목에 씌우는 쇠
【足心】(족심-ソクシン)발바닥의 중심되는 곳
【足腕】(족완-ソクワン) 발회목
【足掌】(족장-ソクショウ) 발바닥
【足跡】(족적-ソクセキ) ①발자국 ②경험하여 온 자취
【足指】(족지-あしゆび) 발가락
【足趾】(족지- ソクシ) 발 뒤꿈치
【足疾】(족질-ソクシツ) 발의 질병
【足足有餘】(족족유여-ソクソクユウヨ) 넉넉하여 남음이 있음
【足債】(족채-ソクサイ) 먼 곳에 보내는 사람에게 주는 삯
【足尖】(족첨-ソクセン) 발부리
【足下】(족하-ソッカ) ①발 아래 ②같은 연배에 대한 존칭 ③편지를 받을사람의 성명 아래에 쓰는 존대

【四 畫】

【趹】기 キ、むつゆび a foot with six toes 支
①육발이 足多指 ②벌레 길 蟲行 ③발저겨디딜 擧足望 ④걸터 앉을 垂足坐 企同 「양
【趹趹】(기기-キキ) 벌레가 기어가는 모
【趹望】(기망-キボウ) 발을 저겨디디고 먼 데를 바라봄
【趹想】(기상-キソウ) 바라보고 생각함

【趺】부 フ、あぐら sit cross-legged 虞
도사리고 앉을 佛坐跏— 跗同
【趺坐】(부좌-フザ) 도사리고 앉음

【趾】지 あし foot 紙 ㄓˇ chih³
①발 足也 ②그칠 止也

【趻】참 チン、かたあしではねる hop 寢
앙감질 一足行—踔

【五 畫】

【跏】가 カ、あぐら sit cross-legged 麻
도사리고 앉을 屈曲坐—趺
【跏趺】(가부-カフ) 도사리고 앉음。불교의 좌법(坐法)

【距】거 キョ、へだたり distance 語 ㄐㄩˋ chü⁴
①이를 至也 ②며누리발톱 鷄— ③뛸 躍也 ④어길 違也 ⑤겨울 抗也 ⑥미늘 刀倒倒刺
【距骨】(거골-キョコツ) 복사 뼈
【距今】(거금-いまをへたる) 이제부터

【距離】(거리-キョリ) 서로 떨어진 사이
【距躍】(거약-キョヤク) 뛰어 오름。뛰어 넘음
【距戰】(거전-キョセン) 막아서 싸움
【距破】(거파-キョハ) 막아서 깨뜨림

【跋】발 バツ、ハツ、ふむ step on
①밟을 踐也 ②글이름 書名 ③심지 밑둥 本也燭— ④발섭할 水草行—涉 ⑤될 强梁—扈 ⑥발뒤꿈치 足後
【跋剌】(발랄-ハツラツ) ①물고기가 팔딱팔딱 뛰는 모양 ②새가 나는 소리
【跋文】(발문-バツブン) 책 끝에 따로 기록한 글
【跋尾】(발미-バツビ) 법관이 살인의 원인 정황등을 조사하여 그 조사서에 기록한 의견
【跋涉】(발섭-バッショウ) 산과 물을 밟아 넘어서 길을 감
【跋胡】(발호-バッホ) 이리가 앞으로 나아가려면 호(胡)를 밟게 되고 물러나면 꼬리에 걸린다는 뜻。호(胡)는 턱밑의 처진 살。즉 진퇴하기 어렵다는 뜻
【跋扈】(발호-バッコ) 뛰어나옴。마음대로 날뜀。세력이 강하여 제어하기 어려움。신하가 권력을 잡고 군주를 범함。호(扈)는 물고기를 잡는 대광주리로서 큰 고기는 그것을 뛰어 넘어 도망하므로 쓰이게 된 말

【跗】부 フ、あしのこう instep 虞 ㄈㄨˇ fu¹
발등 足背

【跚】산 サン、よろめく limp 寒 ㄕㄢ shan¹
절뚝거릴 跛行蹣— 散通

【跐】자 シ、ふむ step 紙 ㄘˇ tz'ŭ³
밟을 蹈也

【跌】질 テツ、つまずく fall down 屑 ㄉㄧㄝˊ tieh²
거꾸러질 蹶也差—
【跌倒】(질도-テットウ) 발을 헛디디어 넘어짐
【跌失】(질실-テッシツ) 발을 헛디디어 넘어짐
【跌宕】(질탕-テットウ) 방자한 모양。방탕한 모양
【跌蕩】(질탕-テットウ) 마음껏 놀음

【跖】척 セキ、あしうら sole of the foot 陌
①발바닥 足下 ②밟을 履踐 ③사람이름 人名盜— 蹠同
【跖蹻】(척교-セキキャク) 옛날 중국의 대도둑인 진(秦)나라의 도척(盜跖)과 장교(莊蹻)

【跎】타 タ、ダ、つまずく slip 歌 ㄊㄨㄛˊ t'uo²
미끄러질 不遇蹉—

【䟲】前條 同字

【跑】포 ホウ、もがく galellop 肴 ㄆㄠˇ p'ao³
허비적거릴 蹴也足—地

【跛】파 ハ、ヒ、びっこ lame 哿 ㄅㄛˇ po³
절뚝발이 足傷廢 (피) 기울여설 仄立
【跛蹇】(파건-ハケン) 절뚝발이
【跛倚】(피의-ヒイ) 한발로 서서 물건에 의지함

【六 畫】

【跲】겁 コウ、つまずく stumble 洽
엎드러질 躓也

【跫】공 キョウ、あしおと foot-step
발자취 소리 足音 (강) 義同
【跫跫】(공공-キョウキョウ) 땅을 밟는 소리
【跫音】(공음-キョウオン) 발자취 소리

【跨】과 カ、コ、またがる strabble 麻
①걸터앉을 騎也 ②넘을 越也 ③머뭇거릴 不進踦—
【跨年】(과년-コネン) 두 해에 걸침
【跨越】(과월-コエツ) 넘어감
【跨下】(과하-コカ) 가랭이 아래

【跪】궤 キ、ひざまずく kneel ㄎㄨㄟˋ kuei⁴
꿇어 앉을 兩膝隱地─拜
【跪拜】(궤배-キハイ) 꿇어 절함
【跪伏】(궤복-キフク) 꿇어 엎드림
【跪捧】(궤봉-キホウ) 꿇어 앉아서 바침
【跪謝】(궤사-キシャ) 꿇어 앉아서 사죄함
【跪授】(궤수-キジュ) 꿇어 앉아서 줌
【跪坐】(궤좌-キザ) 꿇어 앉음

【跬】규 キ、ひとあし step 紙 ㄎㄨㄟˇ k'uei³
한발자국 擧一足半步
【跬步】(규보-ケイホ) 한 발자국。
【跬譽】(규예-ケイヨ) 일시의 명예

【跟】근 コン、かかと heel 元 ㄍㄣ ken¹
발꿈치 足踵
【跟肘】(근주-コンチュウ) 발꿈치와 팔꿈치

【路】로 ロ、じ、みち road; path 遇 ㄌㄨˋ lu⁴
①길 道也 ②클 大也 ③수레이름 車名 ④姓也 輅道
【路鼓】(노고-ロコ) 북 이름。옛날 종묘(宗廟)에 제사를 지낼 때에 썼음
【路毒】(노독) 먼길을 걸어서 심신이 피곤 하여 앓음
【路柳墻花】(노류장화) 노는계집을 가리키는 말
【路傍】(노방-ロボウ) 길 가。길 옆
【路邊】(노변-ロヘン) 길 가
【路費】(노비) 길갈 때에 드는 돈。여비(旅費)
【路上】(노상-ロジョウ) 길위
【路線】(노선-ロセン) ①가는 길 ②주의(主義)。주장(主張)
【路資】(노자) 길 갈때에 드는 돈。여행(旅行)의 비용
【路程】(노정-ロテイ) ①길의 이수(里數) ②여행(旅行)의 경로(經路)
【路中】(노중) 길 가운데
【路次】(노차-ロジ) ①길의 경로 ②길을 가는 도중

【跳】도 チョウ はねる jump 嘯
①뛸 躍也 ②건널 越也
【跳梁】(도량-チョウリョウ) ①뛰어 일어나 돌아다님。함부로 날뜀
【跳躍】(도약-チョウヤク) 뛰어 오름

【跣】선 セン、すあし barefooted 銑 ㄒㄧㄢˇ hsien³
①발벗을 徒足履地 ②돌아 다닐 旅行貌蹁─ 躚通
【跣足】(선족-センソク) 맨발
【跣走】(선주-センソウ) 맨발로 달아남
【跣行】(선행-センコウ) 맨발로 걸어감

【跡】적 セキ、シャク、あと footsteps
자취 步處前人所留 迹・蹟同
【跡捕】(적포-セキホ) 뒤를 따라가서 잡음

【七 畫】

【跼】국 キョク、せぐまる bent down 沃 ㄐㄩˊ chü²
①곱송거릴 不伸跼─ ②굽을 曲也 ③구부릴 俛也 局通
【跼步】(국보-キョクホ) 몸을 구부리고 걸음
【跼蹐】(국척-キョクセキ) 마음에 황송하여 몸을 굽힘

【跽】기 キ、ひざまずく kneel fora long time 紙
꿇어 앉을 長跪

【踉】랑 リョウ、ロウ、おどる jump 陽
(량) ①뛸 勇躍跳─ ②천천히 걸을 行不迅 급히 걸을 急行─蹡
【踉蹡】(양장-ロウショウ) ①천천히 걷는 모양 ②비척 거리는 모양

【踊】용 ヨウ、ユ、おどる dance 腫 ㄐㄧˋ chi⁴
①뛸 跳也哀至辟─ ②뒤축없는 신 刖足履─貴 踴通
【踊貴】(용귀-ヨウキ) 물건 값이 비싸짐
【踊躍】(용약-ヨウヤク) 뛰어 오름。뛰며 좋아함
【踊塔】(용탑-ヨウトウ) 높이 솟은 탑
【踊現】(용현-ヨウゲン) 높이 나타남

【踆】준 シュン、しりぞく retreat 眞 ㄐㄩㄣ chün¹ ①물리칠 退也 ②마칠 止也 ③엎드릴 伏也 ④걸터 앉을 踞也 竣·蹲通

【踆鳥】(준조-シュンチョウ) 태양 속에 엎드리고 있다고 하는 세발딸린 새

【踆踆】(준준-シュンシュン) ①뛰어가는 모양 ②뒤로 물러나는 모양

【八 畫】

【踞】거 キョ、コ、うずまる crouch 御 ㄐㄩ chü⁴ 걸터앉을 蹲也 ―坐

【踝】과 カ、グ、くるぶし stoop 馬 ㄏㄨㄚ hua⁴ 原(화) 복사뼈 跟也足骨

【踡】권 ケン、かがお stoop 先 ㄑㄩㄢ ch'üan² 곱송거릴 不伸―跼

【踡跼】(권국-ケンキョク) 곱송거리는 모양

【踏】답 トウ、ふむ trcad 合 ㄊㄚ t'a⁴ 밟을 踐也 蹋同

【踏橋】(답교-はしをふむ) 음력 정월 十五일 밤 서울 안에 있던 열두다리를 밟던 풍속

【踏步】(답보-トウホ) 발로 땅을 밟고 있음

【踏査】(답사-トウサ) 산이나 들 또는 전답을 실지로 조사함。밟아가며봄

【踏襲】(답습-トウシュウ) 선인이 남긴 일을 그대로 밟아 있는 것

【踏月】(답월) 달밤에 산보함

【踏青】(답청-トウセイ) ①봄 날 교외를 걷는 것 ②정월 八일에 남녀가 모여서 노는 행사 ③三월三일에 여는 곡수(曲水)의 연(宴)

【踏破】(답파-トウハ) 먼길을 걸어서 돌파함

【踣】부 ホク、ブ、ホウ、たおれる stumble and fall 有 ①쓰러질 偃也 ②엎드러질 僵也 ③仆同 (북) 義同

【踠】원 エン、オン、かがむ bend 阮 ①굴할 屈也 ②말발지칠·馬跌

【踖】적 セキ、ふむ tread upon 陌 ㄐㄧ chi² 조심해 걸을 敬貌踧―

【踪】종 ショウ、ソウ、あしあと trace 자취 跡也

【踪跡】(종적) ①뒤에 남은 형적 ②가는 곳。있을 곳

【踟】지 チ、たちもとる stroll about 支 ㄔ ch'ih² 머뭇거릴 不進―蹰

【踐】천 セン、ふむ tread upon 銑 밟을 履也

【踐踏】(천답-セントウ) 짓밟음

【踐履】(천리-センリ) ①걸음 ②밟음 ③실지로 몸소 행함

【踐約】(천약-センヤク) 약속을 이행함

【踐言】(천언-センゲン) 말을 한대로 어기지 않고 실행함

【踐祚】(천작-センソ) 임금의 자리를 이음

【踐行】(천행-センコウ) 밟아 행함

【踧】축 シュク、テキ、たいらか walk carefuly 屋 조심해 걸을 行敬謹―踖 蹙通 (척) 편편할 行平易――

【踧踖】(축적-シュクセキ) 조심해 걷는 모양

【踧踧】(척척-テキテキ) 길이 편편한모양

【踔】탁 タク、トウ、すぐれる get ahead ①우뚝 설 卓立高遠 ②앙감질 足行趻― (초) ①밟을 踶也 ②넘을 踰也

【踔遠】(탁원-タクエン) 썩 멀음

【踔絕】(탁절-タクゼツ) 남이 따를 수 없이 뛰어남。훨씬 나음。탁절(卓絕)

【九 畫】

【踽】우 ク、ひとりゆく walk alone 虞 ㄐㄩ chü³ ①타달거릴 獨行貌―― ②꼽사등이

―僂

【踽踽】(우우-クク) 타달거리고 가는 모양。친한자가 없는 모양

【踰】유 ユ、こえる overpass 虞 ㄩˊ yü²
넘을 越也 逾同

【踰年】(유년-ユネン) 해를 넘김

【踰歷】(유력-ユレキ) 넘음。지남

【踰嶺】(유령-ユレイ) 고개를 넘음。재를 넘음

【踰言】(유언-ユゲン) 상대자와 멀리 떨어져서 이야기함

【踰月】(유월-ユゲツ・つきをこえる) 그 달을 넘음。다음이 됨

【踰越】(유월-ユエツ) ①한도를 넘음 분에 지남 ②넘어감

【踰侈】(유치-ユシ) 너무 사치함

【踰限】(유한-ユゲン) 일정한 기한을 넘김

【蹂】유 ジュウ、ふむ tread 有
①밟을 踐也 ②기장부빌―黍

【蹂躪】(유린-ジュウラン) 짓밟음

【蹀】접 チョウ、ふむ tread 葉 ㄉㄧㄝˊ tieh²
①밟을 履也 ②저벅저벅 걸을 行貌 ――「모양

【蹀蹀】(접접-チョウチョ) 저벅저벅 걷는

【蹄】제 テイ、ひづめ hoof 齊 ㄊㄧˊ t'i²
①굽 獸足 ②토끼올무 取魚兎器筌

【蹄鐵】(제철-テイテツ) 편자

【踵】종 ショウ、かかと heel 腫 ㄓㄨㄥˇ chung³
①발뒤꿈치 足跟 ②접할 接也 ③이을 繼也 ④인할 因也 ⑤밟을 躡也

【踵武】(종무-ショウブ) 뒤를 이음

【踵接】(종접-ショウセツ) 남의 바로 뒤에 서 따라감

【踵踐】(종천-ショウセン) 짓밟음

【蹁】편 ヘン、ちどりあし walk with a limp 先
①절름걸이 足不正 ②돌아서 갈 旋行―躚

【蹁躚】(편선-ヘンセン) 돌아서서 가는 모양

【踴】踊 (足部 七畫) 同字

【十 畫】

【蹇】건 ケン、ちんば lame 阮 ㄐㄧㄢˇ chien³
①절 跛也 ②험할 險難―― ③교만할 驕傲偃―

【蹇脚】(건각-ケンキャク) 절뚝발이

【蹇蹇】(건건-ケンケン) ①괴로워 하는 모양 ②충성을 다하는 모양

【蹇步】(건보-ケンポ) ①절뚝 발이 걸음 ②걷는 것을 머뭇거리며 괴로와 함

【蹇兎】(건토-ケント) 절뚝발이 토끼

【蹋】답 トウ、ふむ tread 合 ㄊㄚˋ t'a⁴
①밟을 踐也 ②제기찰 兵勢―鞠

【蹋鞠】(답국-トウキク) 제기 참。옛적에 무술을 연마하기 위하여 차던것。후세는 유희의 일종이 됨

【蹈】도 トウ、ふむ tread 號 ㄉㄠˋ tao⁴
밟을 踐也

【蹈履】(도리-トウリ) 밟음。밟아。행함

【蹈舞】(도무-トウブ) 몹시 좋아서 날뜀

【蹈襲】(도습-トウシュウ) 전에 하던 대로 따라함

【蹈海】(도해-トウカイ) 바다 가운데 몸을 잠긴다는 뜻으로 고결한 절조를 가리키는 말

【蹉】차 サ、つまずく slip 歌 ㄘㄨㄛ ts'uo¹
①미끄러질 失時―跎 ②지날 過也

【蹉跌】(차질-サテツ) ①발을 헛디디어 넘어짐 ②일을 실패함

【蹉跎】(차타-サタ) ①발을 헛디디어 넘어짐 ②시기를 잃어 영락함 ③불행히 뜻을 언지 못함

【蹌】창 ソウ、はしる walk rapidly 陽 ㄑㄧㄤ
①주창할 趨也 ②춤너풀거려 출 舞貌――

【蹌踉】(창랑-ソウロウ) 지척지척 걷는 모양

【蹌蹌】(창창-ソウソウ) ①춤을 너풀거리며 추는 모양 ②위세가 있는 모양 ③추창하는 모양

【蹐】척 セキ、ぬきあし walk on tiptoe 陌 ㄐㄧˊ chi² 발끝 맞춰 디딜 小步累足

【蹊】혜 ケイ、こみち footpath 齊 ㄒㄧ hsi¹ 지름길 徑路

【蹊路】(혜로-ケイロ) 지름길

【十一畫】

【蹣】만 マン、ハン、ちどりあし jump over 寒 ㄆㄢˊ p'an² ①넘을 踰也 ②절뚝거릴 跛行貌—跚

【蹣跚】(만산-マンサ) 절뚝거리는 모양

【蹟】적 セキ、シャク。あと traces 陌 ㄐㄧ chi¹ 사적 前事行—

【蹤】종 ショウ、あと traces 冬 ㄗㄨㄥ tsung¹ 자취 跡也

【蹤迹】(종적-ショウセキ) 뒤에 남은 형적

【蹢】척 テキ、ひずめ hoof 깡충뛸 跳貌—躅 躑同 (적) 굽 蹄也

【蹠】척 セキ、あしうら sole of a foot 陌 ①발바닥 足下 ②밟을 履也 跖同

【蹠骨】(척골-セキコツ) 발뼈

【蹙】축 シュク、しかめる frown 屋 ㄘㄨˋ ts'u⁴ ①찡그릴 愁也顰 ②쭈그러질 迫也

【蹙頞】(축알-シュクアツ) 눈살을 찡그림

【蹕】필 ヒツ、さきばらい heralding the approach 길치울 淸道止行警—

【蹕路】(필로-ヒツロ) 길을 정하게 치움

【蹕御】(필어-ヒツギョ) 거동 때 앞길을 치움

【十二畫】

【蹻】교 キャク、あぐ、わらくつ raise the feet 藥 ①발치켜디딜 擧足 ②각직할 剛直 ③날쌜 武貌 —— (갸) ①짚신 草履 ②교만할 驕貌 ③바랄 企也

【蹻健】(교건-キョウケン) 빨리 다님

【蹻勇】(교용-キョウユウ) 날쌔고 용맹함

【蹺】교 ギョウ、キョウ、あしをあげる raise het feel 蕭 발치켜디딜 企也 擧足 蹻同

【蹶】궐 ケツ、つまずく stumble;leap 月 ㄐㄩㄝˊ chüeh² ①미끄러질 跌也 ②뛸 跳也 ③뺄 拔也 ④쓰러질 僵也 (궤) ①급히걸을 行遽 ②움직일 動也

【蹶起】(궐기-ケッキ) 뛰어 일어남

【蹶然】(궐연-ケツゼン) 뛰어 일어나는 모양

【蹷】궐 ケツ、はねおきる spring up 月 ㄐㄩㄝˊ chüeh 기운치밀 氣從下起

【蹳】발 ハツ、ける kick 曷 찰 足蹳物

【蹩】별 ヘツ、ちんば limp ①절뚝발이 跛也 ②밟을 蹕也

【蹼】복 ボク、みずかき webbed feet of water-fowl 屋 오리발 鳧雁跰跖

【蹲】준 ソン、シュン、うずくまる squat 阮 ①걸터앉을 踞也 ②춤 움죽거려 춤 舞貌 —— ③모을 聚也

【蹲踞】(준거-ソンキョ) 꾸부리고 앉음。웅크리고 앉음

【蹲循】(준준-シュンジュン) 뒷걸음질 하는 모양。주춤거리는 모양。중지함

【蹲蹲】(준준-シュンシュン) ①춤추는 모양 ②얌전하게 걷는 걸음 걸이「러짐

【蹲縮】(준축) 땅이 주저앉아서 우묘

【蹴】축 シュウ、シュク、ける kick 屋 ㄘㄨˋ ts'u⁴

①찰 —踘 ②밟을 踏也
【蹴球】(축구-シュウキュウ) 두 패에 나누어 한개의 공을 차서 적의 문속으로 넣는 경기
【蹴踘】(축구-シュクキク・シュツキク) 공을 참。또 그 유희
【蹴踏】(축답-シュクトウ) 발로 차고 짓밟음
【蹴然】(축연-シュクゼン) 삼가는 모양。또 불안한 모양
【蹴爾】(축이-シュクジ) 발로 물건을 참

【十三畫】

【躄】벽 ヘキ、ヒャク、いざり lame
절뚝거릴 跛也
【躇】저 チョ、チャク、ためらう hesitate 魚 ㄔㄨˊ ch'u²
머뭇거릴 住足踟— (착) 건너뛸 超也不次
【躁】조 ソウ、さわがしい hasty 號
①조급할 疾也急進 ②바시댈 不安靜 ③움직일 動也
【躁狂】(조광-ソウキョウ) 미쳐 날뛰는것
【躁急】(조급-ソウキュウ) 마음이 급함
【躁動】(조동-ソウドウ) 조급하게 움직임
【躁悶】(조민-ソウモン) 마음이 조급하여 괴로움
【躁忿】(조분-ソウフン) 마음을 초조하게 굴며 성냄
【躁人】(조인-ソウジン) 성질이 조급한 사람
【進躁】(조진-ソウシン) ①빨리 나아감。급진(急進) ②벼슬이 오르기를 조급히 굴음

【十四畫】

【躅】촉 チョク、タク、あしぶみ trace 沃 ㄓㄨˊ chu²
①자취 跡也 ②강동강동뛸 行貌蹢—
【躍】약 ヤク、テキ、おどる leap and bound
뛸 跳也
【躍起】(약기-ヤッキ) 뛰어 일어남
【躍動】(약동-ヤクドウ) ①뛰어 일어남 ②눈앞에 완연히 나타남
【躍躍】(약약-ヤクヤク・テキテキ) ①마음이 움직여 안정되지 아니한 모양 ②기뻐하는 모양 ③팔딱팔딱 뛰는 모양
【躍進】(약진-ヤクシン) 앞으로 뛰어나아감。기세좋게 나아감
【躋】제 セイ、のぼる ascend 齊 ㄐㄧ chi¹
오를 升也 登也
【躋覽】(제람-セイラン) 높은 곳에 올라가 두루 바라 봄
【躋升】(제승-セイショウ) 오름
【躊】주 チュウ hesitate 尤 ㄔㄡˊ ch'ou²
머뭇거릴 進退—躇
【躊躇】(주저-チュウチョ) 머뭇거림

【十五畫】

【躐】렵 ロウ、リョウ、こえる stride over 葉 ㄌㄧㄝˋ lieh⁴
①넘을 踰也—等 ②밟을 踐也
【躐登】(엽등-ロウトウ) 등급을 걸러 뛰어 오름
【躕】주 チュウ、チュ、くずくずす undecided 虞 ㄔㄨˊ ch'u²
머뭇거릴 不進踟—
【躓】지 チ、シツ、つまずく stumble 寘 ㄓˋ chih⁴
쓰러질 頓也
【躑】척 テキ、たちもとる leap 陌
강동강동뛸 跳貌—躅
【躑躅】(척촉-テキチョク) ①강동강동 뛰는 모양 ②철쭉꽃

【十六畫—二十畫】

【躪】린 リン、ふみにじる trample down 震
수레에칠 車踐
【躚】선 セン、よろめく walk round and round
춤너풀거려 출 舞貌蹁— 先
【躚躚】(선선-センセン) 춤추는 모양
【躠】설 セツ、セチ、めぐりゆく go around

돌아서갈 旋行躠—

【躡】섭 ジョウ、ニョウ、ふむ
step 葉 ㄋㄧㄝ nieh⁴
①밟을 蹈也 ②신 신을 著履 ③오를 登也

【躪】린 リン、ふみにじる
step over 震 ㄌㄧㄣ lin⁴
짓밟을 蹂—

身 部

【身】신 シン、エン、み
body;oneself 眞 ㄕㄣ shen¹
①몸신 躬也 ②아이밸 懷孕有— ③몸소 親也 ④축지 給符告— 娠通

【身命】(신명-シンメイ・シンミョウ) 몸과목숨
【身邊】(신변-シンペン) 몸과 주위
【身病】(신병) 몸의 병
【身分】(신분-シンブン) 개인의 사회적 지위와 계급
【身上】(신상-シンジョウ) ①몸 ②내한몸
【身世】(신세-シンセイ) ①한몸의 경우 ②자기의 사정 ③남에게 도움을 받을 사람 ④사람의 한평생
【身數】(신수) 한 몸의 운수
【身手】(신수) 용모와 풍채
【身弱】(신약) 몸이 허약함
【身業】(신업-シンゴウ)몸으로 지은 죄업(罪業)
【身役】(신역-シンエキ) ①노동에 종사함 ②고역을 몸으로 치름
【身熱】(신열) ①도수가 높은 체온 ②몸이 더움
【身運】(신운) 운수
【身元】(신원-みもと) 신분과 평소의 행실
【身長】(신장-シンチョウ) 몸의길이。곧키
【身丈】(신장-みたけ) 키。신장(身長)
【身重】(신중-みおも・シンジュウ) 아이를 뱀 임신(妊娠)
【身體】(신체-シンタイ) 사람의 몸。체구(體軀)
【身火】(신화-シンカ) 몸을 태우는 불。곧 사람의 욕심(불가의 말)
【身後】(신후-シンゴ) 죽은 뒤
【身後計】(신후계) 죽은 뒤의 계획
【身後名】(신후명) 죽은의 명예

【三畫—七畫】

【躬】궁 キュウ、みずから
for oneself 東 ㄍㄨㄥ kung¹
①몸 身也 ②몸소 親也

【躬耕】(궁경-キュウコウ) ①임금이 친히 적전(籍田)을 갈음 ②몸소 나아가 밭을 갈음
【躬桑】(궁상-キュウソウ) 황후가 몸소뽕잎을 따고 누에를 기름
【躬進】(궁진-キュウシン) 몸소 나아감
【躬行】(궁행-キュウコウ) 몸소 행함。실행함

【射】寸部 七畫에 볼것

【躰】體 (身部十三畫) 略字

【躱】타 タ、のがれる
avoid 哿 ㄉㄨㄛ tuo³
피할 避也

【躱熱】(타열-タネツ) 더위를 피함
【躱避】(타피-タヒ) 몸을 비켜서 피함

【躳】躬 (身部 三畫)同字

【十一畫—十三畫】

【軀】구 ク、からだ
human body 虞 ㄑㄩ ch'ü¹
몸 體也

【軀幹】(구간-クカン) 몸
【軀命】(구명-クメイ) 몸과 목숨
【軀體】(구체-クタイ) 몸。신체。체구(體軀)

【軆】體(骨部 十三畫)俗字

車 部

【車】거 シャ、キョ、くるま
vehicle 魚
①수레 輅也與輪總名 ②그물 綱名 西復— (차) ①義同 ②姓也

【車駕】(거가-シャガ) 임금의수레。임금
【車馬】(거마-シャバ) ①수레와 말。또 수레에맨 말 ②사람의 왕래
【車塵】(거진-シャジン) 수레의 티끌

【車航】(거항-シャコウ) 수레와 배

【車庫】(차고-シャコ) 기차·전차·자동차 등을 넣어두는 곳집

【車道】(차도-シャドウ) 차가다니게 마련한 길

【車輛】(차량-シャリョウ) ①수레 ②수레「바퀴

【車輪】(차륜-シャリン) 수레바퀴

【車夫】(차부-シャフ) 차를 부리는 사람

【車費】(차비-シャヒ) 차를 타는비용

【車掌】(차장-シャショウ) 차속의 사무를 맡아보는 사람

【車載斗量】(거재두량) 차에 싣고말로 됨。수가 많아서 귀할것이없다는뜻。또 평범함을 이름

【車前草】(차전초) 길경이

【車便】(차편-シャビン) 차가 내왕하는편

【車票】(차표) 차를 타기 위하여 일정한 돈을 주고 산 표

【一畫—二畫】

【軋】알 アツ、エチ、きしる crush 黠 ㄧㄚˋ ya`

①수레삐걱거릴 車輾 ②앗을 勢相傾 ③펀할 無涯際軼—

【軋轢】(알력-アツレキ) ①수레가 삐걱거림 ②서로어그러짐。사이가 좋지않게됨

【軋刑】(알형-アッケイ) 수레바퀴 밑에 깔아 뼈를 부스던 형벌

【軋忽】(알홀-アッコツ) 먼데서 바람이 불어오는 모양

【軍】군 グン、いくさ army 図 ㄐㄩㄣ chün'

①군사 衆旅 ②진칠 師所駐

【軍歌】(군가-グンカ) 군대의 사기를 고취하기 위하여 또는 군사사상(軍事·思想)을 왕성하게 하기 위하여 부르는 노래

【軍警】(군경-グンケイ) ①군대와 경찰 ②전쟁 때의 경계

【軍鼓】(군고-グンコ) 군대에서 쓰는 북

【軍功】(군공-グンコウ) 전쟁의 공로。무공(武功)。전공(戰功)

【軍國】(군국-グンコク) ①현재 전쟁하고 있는 나라 ②군사가 정치의 중심으로 된 나라

【軍國主義】(군국주의-グンコクシュギ) 나라안에 군비를 충실하게 하여 무력에 의하여 국민적 또는 경제적 발전을 도모하려는 주의

【軍規】(군규-グンキ) 군대의 규율

【軍紀】(군기-グンキ) 군대의 기율

【軍記】(군기-グンキ) 싸움을 하는 것을 적은 책

【軍器】(군기-グンキ) 전쟁에 쓰는기구。병기(兵器)

【軍旗】(군기-グンキ) ①싸움에 쓰는 기 ②부대 단위로 포장이 되는 기

【軍機】(군기-グンキ) 군사상의 기밀

【軍談】(군담-グンダン) 전쟁 이야기

【軍隊】(군대-グンタイ) 일정한 규율아래 조직 편성된 장병의 집단

【軍刀】(군도-グントウ) 군인이 차는 칼。전쟁에 쓰는 칼

【軍亂】(군란-グンラン) 군병이 단결하여 일으킨 반란

【軍略】(군략-グンリャク) 군사상의 꾀

【軍糧】(군량-グンリョウ) 군대의 양식

【軍旅】(군려-グンリョ) 군대의 수。군대

【軍令】(군령-グンレイ) 군사상에 관한 명령

【軍禮】(군례-グンレイ) 군대의 예절 및 「의례

【軍吏】(군리-グンリ) ①군대에 딸린문관 ②군의 대장

【軍馬】(군마-グンバ) 군사상에 쓰는말

【軍帽】(군모-グンボウ) 군인의 모자

【軍務】(군무-グンム) 군사상에 관한 사무。또는 근무

【軍門】(군문-グンモン) ①진영(陣營)의 문 ②영내(營內)

【軍民】(군민-グンミン) 군인과 백성

【軍配】(군배-グンパイ) 군대의 배치

【軍閥】(군벌-グンバツ) 군인의 파벌

【軍法】(군법-グンポウ) ①군대내의규칙。군대의 형법 ②전술 곧 전쟁의방법

【軍法會議】(군법회의-グンポウカイギ) 군법을 적용할 범죄자를 심판하는 특별한 재판소

【軍兵】(군병-グンペイ) 국사

【軍服】(군복-グンプク) 군인의 제복

【軍部】(군부-グンブ) 육·해·공군의부내

【軍備】(군비-グンビ) 군사상에 관한모든설비

【軍費】(군비-グンピ) 군사상에 관한 비용

【軍使】(군사-グンシ) 교전 중에 적의진영에 파견되는 사자

【軍事】(군사-グンジ) 군비 또는 전쟁에 관한 일。(軍士 참조)

【軍師】(군사-グンシ) 군의 참모

【軍賞】(군상-グンショウ) 전쟁의 보상

【軍船】(군선-グンセン) 해전(海戰)에 쓰는 배

【軍勢】(군세-グンゼイ) 군대의 형세。전쟁의 형세

【軍需】(군수-グンジュ) 군사상에 관한 수요(需要)。또 그 물건。군용품

【軍需米】(군수미-グンジュマイ) 군량에 쓰이는 쌀

【軍神】(군신-グンシン) 군인의 무운을 수호하는 신

【軍衙】(군아-グンガ) 군사를 맡아보던 관아

【軍樂】(군악-グンガク) 군대에서 쓰는 음악

【軍樂隊】(군악대-グンガクタイ) 군악을 맡아서 주악하는 음악대

【軍役】(군역-グンエキ) ①싸움。전쟁 ②병역(兵役) ③군대에 관한 부역

【軍營】(군영-グンエイ) 군문

【軍用】(군용-グンヨウ) 군사 또는 군용에 필요한 것

【軍用犬】(군용견-グンヨウケン) 군사에 쓰려고 기르는 개

【軍用列車】(군용열차-グンヨウレッシャ)군사상 필요에 제공하는 열차

【軍用地】(군용지-グンヨウチ) 군사에 쓰려고 정한 땅

【軍用品】(군용품-グンヨウヒン) 군대에서 쓰는 물건

【軍援】(군원-グンエン) 군사 원조

【軍威】(군위-グンイ) 군대의 위엄

【軍醫】(군의-グンイ) 군대에 붙어서 의무에 종사하는 의관(醫官)

【軍人】(군인-グンジン) 군사에 종사하는 사람。군사(軍士)

【軍資】(군자-グンシ) 군사에 필요한 비용

【軍政】(군정-グンセイ) 군사상의 정무

【軍制】(군제-グンセイ) 군사상에 관한 제도

【軍卒】(군졸-グンソツ) 군병

【軍中】(군중-グンチュウ) 군사가 진을 치고 있는 곳

【軍港】(군항-グンコウ) 국방상해군의 근거지로서 특별한 설비가 있는 항만

【軌】궤 キ、わだち track 紙 ㄍㄨㄟˇ kuei³

①굴대 車輪兩轍間 ②좇을 循也

【軌道】(궤도-キドウ) ①수레가 지나가는길 ②일정한 길을 지나감。또 그 길 ③기차 전차등의 길로 지상에 부설한 쇠줄 ④천체가 돌아가는 길

【軌範】(궤범-キハン) 본 보기。법도(法度)。궤모(軌模)

【軌轍】(궤철-キテツ) ①수레바퀴 자국。차가 지나간 자국 ②법칙

【三畫—四畫】

【軏】월 ゲツ、よこがみ cross-bar of a carriage

멍에막이 車轅耑持衡木

【軔】인 ジン、とめぎ stopping wood of wheel

바퀴고임나무 礙車止輪木

【軒】헌 ケン、のき eaves 元 ㄒㄩㄢ hsüan¹

①추녀끝 檐宇 ②초헌 大夫車 ③주적거릴 自得貌—— ④껄껄 웃을 笑貌—渠 ⑤풍류틀 樂設—縣 ⑥고기 굵게 저밀 肉繪麤功

【軒渠】(헌거-ケンキョ) 웃는 모양

【軒擧】(헌거-ケンキョ) 의기가 당당함

【軒燈】(헌등-ケントウ) 처마 끝에 다는 등

【軒冕】(헌면-ケンベン) ①고관이 타는 수레와 의관 ②높은 벼슬

【軒昂】(헌앙-ケンコウ) ①정력이 왕성한 모양。높이 오르는 모양 ②사물의 세력이 성한 모양

【軒然】(헌연-ケンゼン) ①의기가 당당한 모양 ②껄껄 웃는 모양

【軒軒】(헌헌-ケンケン) ①춤추는 모양 ②만족하는 모양

【軒號】(헌호-ケンゴウ) 남의 당호를 높여 일컫는 말
【軒豁】(헌활-ケンカツ) 조망이 넓찍하게 툭 터져 있음

【軛】액 ヤク、アク、くびき yoke 陌 ㄜ̀ è
멍에 轅耑横木駕馬領者

【軟】연 ナン、ゼン、やわらか soft 銑
연할 柔也
【軟鷄】(연계) 병아리 보다 조금 큰닭
【軟膏】(연고-ナンコウ) 고약의 일종。기름을 넣어 부드럽게 만든 고약
【軟骨】(연골-ナンコツ) ①연한 뼈 ②나이 어린 사람
【軟文學】(연문학-ナンブンガク) 부드러운 감정을 나타낸 소설。주로 연정(戀情)을 주제로 함
【軟水】(연수-ナンスイ) 석회질이 없는물
【軟弱】(연약-ナンジャク) 연하고 약함。신체·의지가 굳세지 아니함
【軟痒】(연양-ナンヨウ) 조금 가려움
【軟玉】(연옥-ナンギョク) 두부의 딴이름
【軟玉色】(연옥색) 썩 엷은 옥색
【軟地揷抹】(연지삽말) 무른 땅에 말뚝을 꽂는다는 뜻으로 쉽다는 것을 가리키는 말
【軟派】(연파-ナンパ) 강경하지 아니한 「당파
【軟風】(연풍-ナンプウ) ①솔솔 부는 바람 ②해변에서 밤과 낮에 온도의 차가 높을 때에 부는 바람
【軟紅】(연홍-ナンコウ) 부드러운 꽃잎
【軟化】(연화-ナンカ) ①연하게 됨 ②강경한 의견을 주장하지 않게됨
【軟滑】(연활-ナンカツ) 연하고 부드러움

【斬】斤部 七畫에 볼것

【軻】가 カ、じく a pair of wheels 歌
①굴대 車軸 ②때 못만날 不遇轗─ ③맹자 이름 孟子名
【軻峨】(가아-カガ) 높은 모양

【軼】일 イツ、イチ、すぎる rush forth 質 ㄧ̀ yì
지나칠 過突 (절) 마주칠 車相過侵突
【軼事】(일사-イツジ) 세상에 모르는 일。세상에 알려지지 아니한 일
【軼詩】(일시-イッシ) 시경(詩經) 속에 수록하지 아니한 시

【軺】초 ショウ、ジョウ、おぐるま small cab 蕭
①동차 小車②초헌 四向遠望車
【軺車】(초거-ショウシャ) 말 한필에 멍에하는 수레
【軺傳】(초전-ショウデン) 경쾌한 역마차(驛馬車)

【軹】지 シ、ふたまた end of an axle 紙 ㄓˇ chih³
①굴대끝 轄頭轂末 ②고을이름 縣名陝西省內

【軫】진 シン、いたむ painful 軫 ㄓㄣˇ chen³
①수레뒤턱나무 車後横木 ②구를動轉 ③길 구불퉁구불퉁할 地形盤曲貌 ④별이름 二十八宿之一
【軫念】(진념-シンネン) 천자의 마음。귀인이 하정을 생각함
【軫悼】(진도-シントウ) 임금의 심한 슬「픔
【軫慕】(진모-シンボ) 슬퍼 사모함
【軒憂】(진우-シンユウ) 근심함
【軫軫】(진진-シンシン) 사물의 성한모양
【軫轉】(진전-シンデン) 굴러감。구름
【軫懷】(진회-シンカイ) 애통해 함
【軫恤】(진휼-シンジュツ) 불쌍히 여김

【軸】축 ジク、よこまき axle 屋 ㄓㄡˊ chu²
①굴대 持輪 ②속바퀴 車輪所湊 ③바디집 織具杼─ ④질책 書帙卷─

【軽】輕(車部 七畫)略字

【六 畫】

【較】교 カク、コウ、くらべる compare 效
비교할 相角不等比─ 校同(각)①수레귀 車耳車上曲銅 ②밝을 明也─然 ③다툴 競也獵─ ④대강 略也大
【較計】(교계-コウケイ) 계교

【較覆】(교복-カクフク・コウフク) 비교하여 조사함

【較然】(각연-カクゼン) 밝은 모양

【較著】(교저-コウチョ) 명백하고 뚜렷이 나타남

【輅】로 ロ、みくるま
Imperial carriage 遇
옥로차 天子車玉― 路通 (핵) 수레앞턱나무 車前横木

【軾】식 ショク、シキ、しきみ
stretcher in a sedanc hair 職 ㄕ shih・
수레앞턱나무 車前横木

【載】재 サイ、のせる
load 隊 ㄗㄞ tsai・
①실을 乘也 ②운전할 運也 ③이길 勝也 ④비롯을 始也 ⑤가득할 滿也 ⑥일 事也 ⑦어조사 語助辭 ⑧해 年也 縡同

【載書】(재서-サイショ) 열국(列國)이 맹약(盟約)을 한 사실을 기록한 문서

【載陽】(재양-サイヨウ) ① 명주・모시・비단 따위의 풀을 먹여서 반반하게 말리거나 다리다 ②추위가 가시고 비로서 따뜻해 짐

【載積】(재적-サイセキ) 실어서 쌓음

【載籍】(재적-サイセキ) 책。서적

【輊】지 チ、くるま
a kind of carriage 寘
앞낮은 수레 車前低也

【暈】日部 九畫에 볼것

【七 畫】

【輕】경 ケイ、キョウ、かろい
light 庚
①가벼울 不重 ②빠를 疾也

【輕減】(경감-ケイゲン) 덜어 가볍게 함

【輕擧】(경거-ケイキョ) ① 가볍게 오름 ②높은 자리에 오름 ③경솔한 행동。경솔하게 일함

【輕擧妄動】(경거망동-ケイキョモウドウ)경솔하고 망녕된 행위。경솔하고 분수없는 행동

【輕輕】(경경-キョウキョウ・ケイケイ) 경솔한 모양

【輕軀】(경구-ケイク)-가벼운 몸

【輕騎】(경기-ケイキ) 날쌔고 용맹한 말 탄 군사

【輕氣球】(경기구-ケイキキュウ) 둥근부대에 가스를 넣어 공중에 뜨게하고 사람이 그 위에 타는 것

【輕煖】(경난-ケイダン) 가볍고따뜻한옷

【輕單】(경단-ゲイタン) 홑가분함

【輕動】(경동-ケイドウ) 행동이 가벼움

【輕論】(경론-ケイロン) 경솔하게 말함。그 말

【輕妄】(경망-ケイボウ) 행동이 경솔한 모양

【輕蔑】(경멸-ケイベツ) 업신여김。진중하지 못함

【輕微】(경미-ケイビ) 가볍고 작음

【輕薄】(경박-ケイハク) ①가볍고 얇음 ②언어・행동이 독실하지아니함。경망하고 덕행이 없음 ③가볍게 여김

【輕輩】(경배-ケイハイ) 신분이 낮은사람

【輕犯】(경범-ケイハン) 경범죄(輕犯罪)의 준말

【輕寶】(경보-ケイホウ) 몸에 지니기 편한 보배。가볍고 값나가는 재물

【輕服】(경복-ケイフク) 가벼운 의복

【輕傷】(경상-ケイショウ) 조금 다친것

【輕石】(경석-ケイセキ) 속돌

【輕率】(경솔-ケイソツ) 행동이 진중하지 아니함

【輕囚】(경수-ケイシュウ) 가벼운 죄를 지은 죄수

【輕視】(경시-ケイシ) 가볍게 봄

【輕易】(경이-ケイイ) 가볍고 쉬움

【輕裝】(경장-ケイソウ) 몸을 가볍게 차린 복장

【輕敵】(경적-ケイテキ) ①적을 업신여김 ②무섭지 않은 대적

【輕佻】(경조-ケイチョウ) 언행이 경박함

【輕燥】(경조-ケイソウ) 가볍고 건조함

【輕躁】(경조-ケイソウ) 경솔하여 수선함

【輕卒】(경졸-ケイソツ) 몸가짐이 가벼운 병졸

【輕罪】(경죄-ケイザイ) 가벼운 죄

【輕重】(경중-ケイジュウ) ①가벼운 것과 무거운 것 ②큰 일과 작은 일

【輕捷】(경첩-ケイショウ) 경쾌하고 편리함。홀가분함。
【輕土】(경토-ケイド) 차진 기운이 적어서 갈기가 운 흙
【輕快】(경쾌-ケイカイ) ①마음이 썩 유쾌함 ②정신이 매우 상쾌함 ③가볍고 빠름
【輕便】(경편-ケイベン)①몸이 가볍고 빠름。홀가분함 ②손쉽고 편리함 ③가볍고 편함
【輕砲】(경포-ケイホウ) 구경(口徑)이 十二센치 이하되는 대포
【輕剽】(경표-ケイヒョウ) ①경솔함 ②일정한 직업이 없이 남을 협박하여 재물을 빼앗음。또 그 사람
【輕風】(경풍-ケイフウ)조금씩 부는바람。솔솔 부는 바람。가벼운 바람
【輕汗】(경한-ケイカン) 조금 나는 땀
【輕寒】(경한-ケイカン) 조금 추움

【輓】만 バン、ベン、ひく pull a wheel-chair 願
수레끌 引車
【輓歌】(만가-バンカ) ①상여를 메고 갈 때에 하는 노래 ②죽은 사람을 애도하는 노래
【輓近】(만근-バンキン) 요사이。근래
【輓送】(만송-バンソウ) 수레를 끝어보냄
【輓輸】(만수-バンユ) 수레로 나름
【輓章】(만장-バンショウ) 죽은 사람을 애도하는 시문

【輓舟】(만주-バンシュウ) 배에 줄을 매어 끌음。또 그 배
【輓推】(만추-バンスイ) ①앞에서 끌고 뒤에서 밀음 ②사람을 천함을 이름

【輔】보 フ、ホ、たすける support 麌 ㄈㄨˇ fu
①도울 弼也 ②수레덧방나무 兩傍夾車木 ③광대뼈 頰骨
【輔車】(보거-ホシャ) 수레의 덧방 나무 ②덧방 나무가 없으면 수레가 움직이지 못하도록 서로 도와서 의지함
【輔導】(보도-ホドウ) 보좌하고 인도함
【輔相】(보상-ホショウ) ①도와줌 ②대신(大臣)。재상(宰相)
【輔翼】(보익-ホヨク) 도움。보필(輔弼)
【輔仁】(보인-ホジン) 벗이 서로 도와서 덕을 닦음
【輔助】(보조-ホジョ) 도와줌。도움
【輔佐】(보좌-ホサ) 도와줌。특히 자기보다 신분이 높은 사람을 도와줌
【輔弼】(보필-ホヒツ) ①임금을 보좌함 ②대신(大臣)・재상(宰相)
【輔行】(보행-ホコウ) 도와서 일을행함。또는 그 사람

【輒】첩 チョウ、すなわち at once; abruptly
①문득 忽然 ②번번이 每事即然 ③수레에 병장기 꽂는틀 車兩騎 ④발병들 足疾 ⑤오로지 專也
【輒然】(첩연-チョウゼン) 곧게 서서 움직이지 아니하는 모양

【輙】土部 十一畫에 볼것

【八 畫】

【輬】량 リョウ、ねぐるま berth carriage 陽 ㄌㄧㄤˊ liang²
온량거 臥車輼—

【輛】량 リョウ、くるまのかず number of wheels 漾
수레한채 車數一乘旦— 兩通

【輦】련 レン、てぐるま Royal carriage 銑
①연 駕人以行玉— ②끝 輓連
【輦道】(연도-レンドウ) 임금의 수레만이 왕래하는길。궁중의 길
【輦路】(연로-レンロ) 거둥길
【輦下】(연하-レンカ) 임금의 수레밑 곧 임금앞

【輪】륜 リン、わ wheel 眞 ㄌㄨㄣˊ luen¹·²
①바퀴 車所以轉 ②서릴 委曲—囷 ③땅길이 九州地域縱橫廣— ④우렁찰 高大—焉 ⑤돌 廻旋—轉
【輪姦】(윤간-リンカン) 한 계집을 여러 남자가 돌려 가면서 강간함
【輪感】(윤감-リンカン) 돌림감기
【輪講】(윤강-リンコウ) 순번으로 강의함
【輪郭】(윤곽-リンカク)테두리。주위의선

【輪納】(윤납) 서로 돌려가면 바침

【輪臺】(윤대-リンダイ) 물레

【輪對】(윤대-リンタイ) 백관(百官)이 차례로 정사(政事)의 득실(得失)을 임금에게 아룀

【輪讀】(윤독-リンドク) 여러 사람이 돌려가며 글을 읽음 「춤

【輪舞】(윤무-リンブ) 빙빙 돌면서 춤을

【輪番】(윤번-リンバン) 차례로 번 들음

【輪伐】(윤벌-リンバツ) 해마다 산림의 일부씩을 차례로 벌채하는 것

【輪生】(윤생-リンセイ) 줄기의 한마디에 세잎 이상의 잎이 고리 모양으로 붙어 있음

【輪船】(윤선-リンセン) 수레바퀴 같은것을 달은 배

【輪示】(윤시-リンジ) 돌려 가며 봄

【輪與】(윤여-リンヨ) 수레바퀴를 만드는 사람과 수레바탕을 만드는 사람

【輪轉】(윤전-リンテン) 둥글게 돌음

【輪轉機】(윤전기-リンテンキ) 일시에 양면의 인쇄 또는 두가지 색 이상의 인쇄를 할수 있는 고속 인쇄기

【輪症】(윤증-リンショウ) 돌림병

【輪直】(윤직-リンチョク) 돌아가면서 차례로 하는 숙직

【輪次】(윤차-リンジ) 돌아가는 차례

【輪彩】(윤채-リンサイ) 태양의 딴이름

【輪牒】(윤첩-リンチョウ) 돌림 편지

【輪形】(윤형-リンケイ) 수레바퀴와 같은 둥근 형상

【輪刑】(윤형-リンケイ) 죄인을 여러 곳으로 끌고 다니는 형벌의 한가지

【輪奐】(윤환-リンカン) 집이 크고 아름다움

【輪廻】(윤회-リンカイ) ①차례로 돌아감 ②나고 죽고 하여 각처로 돌아다님

【輞】망 モウ、ボウ、そとわ felloe of a wheel 養 ①덧바퀴 車輪外圍 ②내이름 陝西省鑑田懸川名

【輩】배 ハイ、ともがら fellows 隊 ㄅㄟˋ pei⁴ ①무리 類也 ②견줄 比也

【輩流】(배류-ハイリュウ) 동아리。동배(同輩)

【輩出】(배출-ハイシュツ) 인재가 이어서 나옴

【輩行】(배행-ハイコウ) ①선배·후배의 순서 ②나이가 서로 비슷한 친구

【輗】예 ゲイ、カイ、たがえのはし a side of shaft 齊 ㄋㄧˊ ni² 수레채마구리 轅端持衡者

【輗軏】(예월-ゲイゲツ) 사물의 대소를 이름

【輟】철 テツ、やむ rest; stop 屑 ㄔㄨㄛˋ ch'uo⁴ 걷을 止也

【輟朝】(철조-テッチョウ·チョをやむ) 임금이 정무를 보지 아니함

【輜】치 シ、にぐるま baggage wagons 支 ①짐수레 載衣物車 ②덮개있는 수레 有蓋車

【輜車】(치거-シシャ) ①전시 또는 평시에 쓰는 짐 수레 ②덮개가 있는 수레

【輜重】(치중-シチョウ) ①나그네의 짐。치(輜)는 의복을 싣는 수레。중(重)은 무거운 물건을 싣는 수레 ②군대의 짐 ③말에 실은 짐 ④식량·피복·무기·탄약 따위。군수품

【輜重兵】(치중병-シチョウヘイ) 군수품을 실어 나르는 군

【輝】휘 キ、かがやく bright 微 ㄏㄨㄟ huei¹ 빛날 光也

【輝光】(휘광-キコウ) 빛남。빛나는 빛

【輝線】(휘선-キセン) 물질의 스펙트르중의 밝은 빛의 선

【輝巖】(휘암-キガン) 휘석(輝石)의 작은 것으로 된 바위

【輝映】(휘영-キエイ) 밝게

【輝燭】(휘촉-キショク) 빛나게 비침

【輝煌】(휘황-キコウ) 빛이 찬란하여 눈에 어림

【九 畫】

【輻】복 フク、や spokes of a wheel 屋 바퀴살 輪轑 (부) 다루어 모여들競

聚ㅡ輳 (䓵) 國音 義同

【輻射】(복사-フクシャ) 발광체(發光體) 또는 발열체(發熱體)가 에멜 밖에는 중간에 다른 물질에 의지하지 않고 능히 그 빛 또 그열을 주의에 전달히는 현상。방사(放射)

【輻射等級】(복사등급-フクシャトウキュウ) 항성(恒星)에서 나오는 복사 에네르기의 대소를 정하는 척도

【輻射相稱】(복사상칭-フクシャソウショウ) 극피동물(棘皮動物)의 몸과 같이 중축을 통하여 많은 상칭면(相稱面)이 있는 체제

【輻輳】(폭주-フクソウ) 한 곳으로 많이 모임

【輸】수 ユ、シュ、おくる send; transport ①보낼 送也 ②질 勝負ㅡ贏 ③쏟을 寫也 ④떨어트릴 墮也 ⑤수운할 委ㅡ ⑥짐바리 所送物

【輸膽管】(수담관-ユタンカン) 담즙(膽汁)을 간장(肝臟)과 담낭에서 십이지장(十二脂腸)으로 보내는 관을 통털어 말함

【輸卵管】(수란관-ユランカン) 나팔관(喇叭管)

【輸寫】(수사-ユシャ) 마음을 쏟아 놓고 남에게 보임

【輸送】(수송-ユソウ) 물건을 실어 보냄

【輸贏】(수영-ユエイ・シュエイ) 이기는 것과 지는 것

【輸運】(수운-ユウン) 물건을 운반함

【輸入】(수입-ユニュウ) ①운반하여 들임 ②외국에서 물건을 사들임

【輸精管】(수정관-ユセイカン) 웅성(雄性)의 생식기의 하나

【輸卒】(수졸-ユソツ) 군대의 짐을 나르는 병졸

【輸出】(수출-シュスイ ユシュツ) 외국으로 물건을 내 보냄

【輮】유 ジュウ、ニュ、ふみにじる trample down 宥 ①짓밟을 踐也 ②덧바퀴 車輞 ③바퀴 고임 車軔

【輮轢】(유력-ジュウレキ) 수레로 짓밟음

【輶】유 ユウ、かろい light 尤 ①가벼울 輕也 ②가벼운 수레 輕車

【輶車】(유거-ユウシャ) 가벼운 수레

【輶軒】(유헌-ユウケン) 임금의 사신이 타는 가벼운 수레

【輳】주 ソウ、あつまる gather into 宥 ㄘㄡˋ ts'ou⁴ 다투어 모여들 競聚輻ㅡ

【輯】즙 シュウ、あつまる gather ①모을 聚也 ②걷을 斂也 ③화할 和也

【輯錄】(즙록・집록-シュウロク) 모아서 기록함

【輯睦】(즙목・집목-シュウボク) 떠앗이 좋음。화목함

【輯柔】(즙유-シュウジュウ) 부드럽고 화평함

【十 畫】

【轂】곡 コク、こしき hub 屋 ①속바퀴 車輻所湊 ②천거할 薦人 推轂ㅡ

【轂擊】(곡격-コクゲキ) 수레의 속바퀴와 속바퀴가서로 스쳐 지나감。번화하여 수레가 많고 사람이 떼를 지어 모여드는 곳의 형용

【輿】여 ヨ、こし sedan chair 魚 ㄩˊ yü² ①수레바탕 車底 ②수레 車也乘ㅡ ③남여 昇車 ④무리 衆也 ⑤비롯을 始也權ㅡ ⑥하인 卑隷屬 ⑦질 負也 ⑧기운어릴 佳氣扶ㅡ ⑨천지 天地總名堪ㅡ

【輿臺】(여대-ヨダイ) 하인。종

【輿圖】(여도-ヨズ) 세계지도

【輿論】(여론-ヨロン) 어떠한 현실 문제에 대하여 사회 일반의 의식。뭇사람의 의론。천하의 공론 「(馬

【輿馬】(여마-ヨバ) 수레와 말。거마(車

【輿望】(여망-ヨボウ) 여러사람의 명망。세상의 인망 「臣

【輿臣】(여신-ヨシン) 뭇 신하。군신(群

【輿議】(여의-ヨギ) 여론

【輿人】(여인-ヨジン) ①뭇사람 ②수레를 만드는 사람 ③비천한 사람

【輿情】(여정-ヨジョウ) 여론의 형편

【輿地】(여지-ヨチ) 대지・지구・땅은 만물을 싣기때문에 수레에 비유함

【轀】온 オ、ねぐるま berth carrage 元 ㄨㄣ wen¹ 온량거마 車－輬

【轀輬】(온량-オンリョウ) ①누워서 탈수 있는 수레。이 수레는 창이 있어서 닫으면 따뜻하고 열으면 서늘함 ②상여

【轅】원 エン、ながえ yoke 元 ㄩㄢˊ yüan² ①진문 仰車相向－門 ②멍에 軍前駕馬木 ③별이름 星名軒－

【轅門】(원문-エンモン) ①군문(軍門) ②진영(陣營)의 문 ③후세에는 관아(官衙)의 외문(外門)을 이름

【輾】전 デン、テン、めぐる roll about 銑 ㄓㄨㄢˇ chuan³ ①누워서 굴 臥不周－轉 ②모로누울 轉之半 (연) 연자매 輾輪治穀

【輾轉】(전전-テンテン) 누워서 굴음。누워도 잠을 이루지 못함

【輾轉不寐】(전전불매-テンテンねむらず) 업치락 뒤치락하며 잠을 이루지 못함

【轄】할 カツ、ケチ、とりしまる control 黠 ㄒㄧㄚˊ hsia² 굴대장 鍵也車軸頭鐵 鎋同

【十一畫】

【轆】록 ロク、いとぐるま windlass 屋 ㄌㄨˋ lu⁴ ①두레박 汲水器－轤 ②바퀴 사잇길 車軌道－

【轆轤】(녹로-ロクロ) 목이 긴 사람。거위목 ①고패。오지 그릇을 만들 때 발로 돌려서 모형과 균형등을 잡는데 쓰는 물레

【轉】전 テン、ころぶ revolve ①구를 運也 ②돌아누울 旋也輾－ ③굴릴 運之 ④옮길 遷也

【轉嫁】(전가-テンカ) ①두번째 시집감 ②자기의 허물을 남에게 뒤집어씌움

【轉居】(전거-テンキョ) 집을 옮김

【轉勤】(전근-テンキン) 근무하는 곳을 바꿈

【轉貸】(전대-テンタイ) 꾸어온 것을 다시 다른 사람에게 꾸어줌

【轉對】(전대-テンタイ) 백관(百官)이 순차로 정치의 득실(得失)을 상주함

【轉倒】(전도-テントウ) 거꾸로 됨

【轉動】(전동-テンドウ) 굴러 움직임

【轉落】(전락-テンラク) 굴러 떨어짐

【轉賣】(전매-テンバイ) 산 물건을 도로 다른곳에 팔음

【轉眄】(전면-テンペン) 눈알을 굴려서 봄

【轉聞】(전문-テンブン) 간접으로 들음

【轉變】(전변-テンペン) 만물이 섬멸・변화하는 일

【轉報】(전보-テンポウ) 인편에 부탁하여 알림

【轉蓬】(전봉-テンポウ) 가을에 뽑힌마른 쑥뿌리가 바람이 부는대로 굴러다니는 것같이 정처없이 떠 돌아다님의 비유

【轉寫】(전사-テンシャ) 다른 곳으로 부터 옮겨서 베끼어 씀

【轉送】(전송-テンソウ) 손을 거쳐 보냄

【轉屍】(전시-テンシ) 거리의 송장

【轉業】(전업-テンギョウ) 직업을 옮김

【轉運】(전운-テンウン) ①쉬지 않고 돌아감 ②운전하여 보냄

【轉位】(전위-テンイ) 자리를 옮김

【轉音】(전음-テンオン) 음이 좀 변하여 달리 나는 음

【轉移】(전이-テンイ) 옮김

【轉任】(전임-テンニン) ①벼슬을 옮김 ②임지(任地)가 바뀜

【轉入】(전입-テンニュウ) ①다른 곳에서 현재의 곳으로 거주를 옮겼음 ②학교를 옮겨서 입학함

【轉載】(전재-テンサイ) 다른 신문 잡지에서 옮겨 기재함

【轉傳】(전전-テンデン) 굴러 전함

【轉戰】(전전-テンセン) 장소를 바꾸어가며 싸움

【轉轉】(전전-テンテン) ①점점。차차 ②이리 저리 옮김。또 굴러감

【轉照】(전조-テンショウ) 돌려가며 봄
【轉注】(전주-テンチュウ) ①물이 돌아서 쏟아짐 ②한자 육서(六書)의 한가지。글씨의 뜻이 바뀌어 딴 뜻으로 쓰이는 것
【轉地】(전지-テンチ) 있는 곳을 바꿈
【轉職】(전직-テンショク) 직업을 바꿈
【轉借】(전차-テンシャク) 빌려 온것을또 남에게 빌림
【轉請】(전청-テンセイ) 사람을 중간에 넣어 간접으로 청함
【轉遞】(전체) 차례로 전하여 보냄
【轉置】(전치-テンチ) 놓은 장소를 바꿈
【轉向】(전향-テンコウ) 처음의 길을 고쳐서 방향을 돌림
【轉化】(전화-テンカ) 바뀌어서 달라 짐
【轉禍爲福】(전화위복-わざわいをテンじてフクとなす) 화가 바뀌어 복이됨
【轉換】(전환-テンカン) 바꿈。바뀜
【轉換期】(전환기-テンカンキ) 변하여 바뀌는 시기

【十二畫】

【轎】교 キョウ、ギョウ、かご sedan-chair 嘯 ㄐㄧㄠˋ chiao⁴
①가마 竹— ②남여 小車籃—
【轎軍】(교군-キョウグン) 사람을 태워서 앞뒤에 메고 가는 물건。가마
【轎夫】(교부-キョウフ) 교군군
【轎子】(교자-キョウシ) 가마。보교

【轔】린 リン、きしる yumbling of vehicles 眞
①수레소리 車聲 ②문지방 戶限 ③짓찧을 轢也 躪同
【轔轔】(인린-リンリン) 수레가 삐걱거리는 소리。수레가 구르는 소리
【轍】철 テツ、わだち track of a wheel 屑 ㄔㄜˋ ch'ê⁴
바퀴자국 車迹
【轍迹】(철적-テッセキ) ①수레바퀴의 자국 ②수레바퀴의 자국과 말。발굽 자국 ③뒤에 남은 형적
【轍環天下】(철환천하-テッカンテンカ) 수레를 타고 천하를 두루 돌아다님

【十三畫—十四畫】

【轗】감 カン、ふしあわせ unluecky 感 ㄎㄢˇ k'an³
때못만날 坎壈—軻 轁同 坎通
【轗軻】(감가-カンカ) 때를 만나지못함。뜻을 이루지 못함
【轟】굉 ゴウ、コウ、とどろく rumbling of carts 庚
수레모는소리 車聲
【轟轟】(굉굉-ゴウゴウ) ①울리는 소리가 굉장한 모 양②귀아프게 떠드는 소리 ③성대한 모양
【轞】함 カン、おりぐるま vehicles for prisoner 豏
①죄인 태우는 수레 囚車 ②수레구르는 소리 車聲— 檻通
【轞車】(함거-カンシャ) 죄인을 호송하는 수레

【十五畫—十六畫】

【轢】력 レキ、リャク、ふみにじる creak 錫 ㄌㄧˋ li⁴
수레바퀴에 치일 車陵踐
【轢死】(역사-レキアツ) 수레바퀴에 치어 죽음
【轡】비 ヒ、たづな reins 寘 ㄆㄟˋ p'ei⁴
고삐 靶也馬韁
【轡銜】(비함-ヒガン) 고삐와 재갈
【轣】력 レキ、リャク、わだちのみち track of a wheel 錫
①수레바퀴길 軌道—轆 ②수레소리 車聲—
【轣轆】(역록-レキロク)수레바퀴의 자국。또는 수레바퀴의 삐드럭거리는소리
【轣死】(역사-レキシ) 수레바퀴에 치어 죽음
【轤】로 ロ、くるまぎ windlass 虞
두레박 汲水器轆—

辛部

【辛】신 シン、からい bitter

①매울 金味艱苦悲酸 ②여덟째 천간 天干第八位 ③姓也

【辛苦】(신고-シンク) ①심신을 수고롭게함 ②매운것과 쓴 것

【辛勤】(신근-シンキン) 심히 애써서일함

【辛辣】(신랄-シンラツ) 맛이 몹시 쓰고 매움

【辛味】(신미) 매운 맛

【辛方】(신방)二十四방위(方位)의하나 북쪽에서 조금 서쪽에 가까운 방위

【辛酸】(신산-シンサン) ①쓰고 심 ②세상살이의 고됨

【辛夷】(신이) 목란과에 속한 낙엽교목잎과 꽃이 목란과 비슷한 나무

【五畫—六畫】

【辜】고 コ、つみ crime 虞 ㄍㄨ ku

①허물 罪也 ②각뜰 磔也 ③막을 障也

【辜權】(고각-コカク) 남의 영업을 방해하고 이익을 독점함

【辜負】(고부-コフ) 어김。 위반함

【辟】벽 ヘキ、きみ emperor 錫

①임금 君也 ②법 法也 ③형벌 刑也 ④물리칠 除也 ⑤부를 徵也 ⑥간사할 邪也 ⑦밝을 明也 ⑧무르춤할 驚退—易 ⑨남편제사 妻祭夫 (피) 避(辵部十三)畫同字

【辟穀】(벽곡-ヘキコク・コクをさく) 화식(火食)은 아니하고 생식(生食)만하는 일

【辟公】(벽공-ヘキコウ) 제후(諸侯)

【辟邪】(벽사-ヘキジャ) ①사귀(邪鬼)를 몰아내는 짐승。 한대(漢代)에 많이 조각됨

【辟召】(벽소-ヘキショウ) 벼슬을 주기위하여 부름

【辟易】(벽역-ヘキエキ) ①무르춤하여 물러남 ②물러나 피함

【辟雍】(벽옹-ヘキョウ) 천자가 세운 대학(大學)의 이름。 벽(辟)은 명(明) 옹(雍)은 화(和)을 뜻함

【辟王】(벽왕-ヘキオウ) 군주(君主)

【辟踊】(벽용トキョウ) 매우 슬퍼서 가슴을 치고 뜀

【辟除】(벽제-ヘキジョ) ①불러내어 벼슬을 시킴 ②귀인이 외출할때에 뭇사람의 통행을 금함

【辟寒丸】(벽한환) 추위를 막는 환약

【七畫—八畫】

【辣】랄 ラツ、からい bitter 曷 ㄌㄚ la

몹시 매울 味辛甚 辢同

【辣腕】(날완-ラツワン) 매서운 솜씨

【辢】前條 同字

【辤】辭(辛部 十二畫)略字

【九 畫】

【辨】변 ベン、わかつ distinguish between 諫

①분별할 別也 ②판단할 判也 ③아홉갈피 井地九夫爲辨 徧通

【辨難】(변난-ベンナン) 옳고 그름을가림

【辨論】(변론-ベンロン) 시비를 분별하여 논난함

【辨理】(변리-ベンリ) 일을 맡아 처리함

【辨明】(변명-ベンメイ) 사리를 분별하여 명백하게 함

【辨駁】(변박-ベンバク) 시비(是非)를 분별하여 논박함

【辨白】(변백-ベンパク) 변명(辨明)

【辨別】(변별-ベンベツ) 시비·선악을 분별함

【辨釋】(변석-ベンシャク) 사리를 분명하게 해석함

【辨正】(변정-ベンセイ) 변명하여 바로잡「음

【辨證】(변증-ベンショウ) 분별하여 증명함

【辨解】(변해-ベンカイ) 말로 풀어 밝힘

【辦】판 ベン、そなわる provide 諫 ㄅㄢ pan

①갖출 具也 ②힘들일 致力

【辦納】(판납-ベンノウ) 금품을 이리저리 주선하여서 바침

【辦償】(판상-ベンショウ) 변상(辨償)

【辦釋】(판석-ベンシャク) 사리를 분명하게 해석함

【辨嚴】(판엄-ベンゲン) 길떠날 치장을함
【辨正】(판정-ベンセイ) 변명 하여 바로
잡음
【辨出】(판출-ベンシュツ) 준비하여 냄

【十二畫—十四畫】

【辭】 사 ジ、ことば words 支 ㄘˊ tz'u2 ①말씀 言也 ②사양할 却不受 ③사
례할 別去
【辭決】(사결-ジケツ) 결별의 말을 함
【辭氣】(사기-ジキ) 말과 얼굴빛
【辭令】(사령-ジレイ) ①말씨。언사(言辭)
②시가문장(詩歌文章) ③ 벼슬의
임명한 것을 기록하여 본인에게 주
는 문서。사령장 「놓음
【辭免】(사면-ジメン) 말아보던 일을 내
【辭色】(사색-ジショク) 언어와 안색
【辭書】(사서-ジショ) 사전(辭典)
【辭說】(사설-ジセツ) 말。이야기
【辭世】(사세-ジセイ) 이세상을 떠남。별
세(別世)
【辭受】(사수-ジジュ) 사양하는 것과 반
는 것
【辭讓】(사양-ジジョウ) 자기가 받을 것
을 받지않고 남에게 줌。겸사하여남
을 먼저하게 함。물러나서 남을 대
신하게 함
【辭緣】(사연-ジエン) 편지나 말의 내용
【辭意】(사의-ジイ) ①말의 뜻 ②사직
할 마음 ③사퇴하는 마음

【辭任】(사임-ジニン) 사직
【辭典】(사전-ジテン) 말을 모아서 벌려
놓고 낱낱의 그 뜻을 해석한 책
【辭絕】(사절-ジゼツ) 사양하여 거절함
【辭宗】(사종-ジソウ) 시문의종사(宗師)
【辭職】(사직-ジショク) 직무를사양함。
사임(辭任)
【辭趣】(사취-ジシュ) 문장의 뜻
【辭退】(사퇴-ジタイ) 겸손하여 물러남
사양하여 물리침。웃어른에게 고
별함
【辭陛】(사폐-ジヘイ)먼 길을 떠나는 사
신이 임금에게 하직을 여쭘
【辭表】(사표-ジヒョウ) 사직을 청원하
는 글
【辭彙】(사휘-ジイ) 사전

【辮】 糸部 十四畫에 볼것

【辯】 변 ベン、わかつ explain 銑 ㄅㄧㄢˋ pien4
①말잘할 善言 ②풍유할 諷諭
【辯口】(변구-ベンコウ) 말을잘하는재주。
말솜씨
【辯明】(변명-ベンメイ)시비를 가려 밝힘
【辯士】(변사-ベンシ) ①말 솜씨가 좋은
사람 ②연설 또는 강연하는 사람
【辯舌】(변설-ベンゼツ) 변구(辯口)와같
음
【辯說】(변설-ベンゼツ) 말솜씨 「주
【辯才】(변재-ベンサイ) 말을 잘하는 재
【辯證】(변증-ベンショウ) 분석하여 종합
적으로 논증합
【辯難】(변난-ベンナン) 다투어 논란함
【辯解】(변해-ベンカイ) 말로서 해석함
【辯護】(변호-ベンゴ) 남의 이익을 위하
여 변명함
【辯詰】(변힐-ベンキツ) 일의 잘못을 밝
게 가려 꾸짖음

辰 部

【辰】 진 シン、たつ star 眞 ㄔㄣˊ ch'en2
①별 月日合宿謂之— ②북두칠성 天
樞北 ③때 時也 ④다섯째지지 地支
第五位 ⑤ 나라이름 古朝鮮國名 今
慶尙南北道東北部地方
【辰方】(진방) 二十四 방위의 하나。동
쪽에서 조금 남쪽으로 가까운 방위
【辰時】(진시-シンジ) 오전 七시부터 九
시까지의 시각
【辰韓】(진한-シンカン)옛날 조선(朝鮮)
의 남쪽。지금 경상북도 및 경상남
도의 동북부에 있던 나라이름。곧
삼한(三韓)의 하나

【三畫—四畫】

【辱】 욕 ジョク、ニク、はづかし める disgrace;defile 沃
①욕될 恥也 ②욕할 僇也 ③더럽힐

汗也 ④굽힐 屈也

【辱說】(욕설-ジョセツ) ①남을 저주하는 말 ②남의 명예를 더럽히는 말。남을 미워하는 말

【辱知】(욕지-ジョクチ) 아는 것을 고맙게 여긴다는 뜻이니 그 사람에게 교제하는 영광을 얻어서 고맙다는 겸사의 말。아는 사이

【唇】 次條同字

【脣】 肉部 七畫에 볼것

【六 畫】

【農】 농 ノウ、ドウ agriculture 冬 ㄋㄨㄥ nung²

농사 耕墾闢土植穀

【農家】(농가-ノウカ) ①농부의 집。또 농사짓는 사람 ②옛적 학파(學派)의 하나

【農稼】(농가-ノウカ) 논밭을 갈아 곡식을 심음

【農車】(농거) 농사짓는데 쓰이는 수레

【農耕】(농경-ノウコウ) 농사지음

【農工】(농공-ノウコウ) 농사와 공업

【農功】(농공-ノウコウ) 농사의 일

【農科】(농과-ノウカ) 대학(大學)의 한 분과(分科)。농업에 관한 학문을 연구하는 곳

【農具】(농구-ノウグ) 농사에 쓰는 기구

【農軍】(농군-ノウグン) 농사짓는 사람

【農隙】(농극-ノウゲキ) 농사의 여가

【農期】(농기-ノウキ) 농사로 바쁜 때

【農器】(농기-ノウキ) 농사에 쓰는 기구 농구(農具)

【農奴】(농노-ノウド) 봉건사회에서 영주(領主)에게 종처럼 매여 농사하던 노예

【農糧】(농량-ノウリョウ) 농사때의 양식

【農林】(농림-ノウリン) 농업과 임업

【農牧】(농목-ノウボク) 농업과 목축업

【農務】(농무-ノウム) ①농사짓는 일 ②농업에 관한 사업

【農民】(농민-ノウミン) 농업에 종사하는 백성

【農繁期】(농번기-ノウハンキ) 농업에 바쁜 시기

【農本】(농본-ノウホン) 농업을 산업의 기본으로 삼는 일

【農本主義】(농본주의-ノウホンシュギ) 농업을 건국(建國)의 근원으로 삼는 주의

【農夫】(농부-ノウフ) 농민·농군

【農事】(농사-ノウジ) 밭갈고 씨뿌리고 김매고 거두는 일

【農產】(농산-ノウサン) 농산물의 준말

【農商】(농상-ノウショウ) 농업과 상업

【農桑】(농상-ノウソウ) 경작(耕作)과 양잠(養蠶)

【農書】(농서-ノウショ) 농사에 관한여러가지 사항을 적은 책

【農時】(농시-ノウジ) 농사지을 때

【農業】(농업-ノウギョウ) 토지를 사용하여 유용한 동식물을 기르고 심는 것을 경영하는 생업。농사짓는 일

【農藝】(농예-ノウゲイ) 농업과 원예

【農謠】(농요-ノウヨウ) 농부들 사이에서 불리는 노래

【農牛】(농우-ノウギュウ) 농사에 쓰는 소

【農資】(농자-ノウシ) 농사에 드는 밑천。농업자본

【農作】(농작-ノウサク)·농사 지음

【農場】(농장-ノウジョウ) 농사짓는데 필요한 모든 설비를 갖춘 일정한 곳

【農政】(농정-ノウセイ) ①농사에 관한일 ②농업에 관한 행정

【農村】(농촌-ノウソン) 농민들이 사는마을

【農土】(농토-ノウド) 농사짓는 땅。논밭。전답(田畓)

【農學】(농학-ノウガク) 농업상의 원리와 기술을 연구하는 학문

【農閑】(농한-ノウカン) 농사의 겨를

【農形】(농형-ノウケイ) 농작물의 형편

【農況】(농황-ノウキョウ) 농작물이 되어가는 상황

【農會】(농회-ノウカイ) 농사의 개량·발달을 확보하는 공공단체

【蜃】 虫部 七畫에 볼것

辵 部

【辵】착 チャク、ただずむ walking up and down ①쉬엄쉬엄갈 乍行乍止 ②뛸 踸也

【三 畫】

【迅】신 ジン、シン、はやい quick;swift 震 ㄒㄩㄣˋ hsün⁴ ①빠를 疾也 ②억셀 狼子有力

【迅雷】(신뢰-ジンライ) 맹렬한 무리

【迅馬】(신마-ジンバ) 빨리 닫는 말

【迅速】(신속-ジンソク) 빠름。속함

【迅逸】(신일-ジンイツ) 빨리 달림

【迅傳】(신전-ジンデン) 빨리 전함

【迅疾】(신질-ジンシツ) 빠르고 날쌤

【迅風】(신풍-ジンプウ) 빠르게 부는 바람

【迂】우 ウ、まがる pervert;distant ①굽을 曲也 ②멀 遠也 ③피할避也

【迂路】(우로-ウロ) 멀리 도는 길

【迂遠】(우원-ウエン) ①실용에 맞지아니함 ②길이 돌아 멀음

【迂儒】(우유-ウジュ) 세상에 통하지 못하는 학자。실제에 소용이 없는학자

【迂濶】(우활-ウカツ) ①탐탁하지 않음 ②바르지 않고 멀음 ③이치에 가깝지 않음

【迂回】(우회-ウカイ) 멀리 돌음

【迆】이 イ、ゆく walk diagonally ①잇달을 連接—邐 ②가만가만걸을 邪行

【辿】천 テン、たどる walk slowly 느럭느럭 걸을 緩步

【迄】흘 キツ、いたる reach 物 ㄑㄧˋ ch'i⁴ ①이를 至也 ②마침 竟也

【巡】《部 四畫에 볼것

【四 畫】

【迋】광 オウ、ゆく deceive go 속일 欺也 (왕) ①갈 往也 ②두려울 恐懼

【迋迋】(왕왕-オウオウ) 두려워서 허둥지둥 하는 모양

【近】근 キン、コン、ちかい near ①가까울 不遠 ②거의 庶幾 ③가까이할 親也

【近刊】(근간-キンカン) 근래 출판한 것

【近頃】(근경-ちかごろ) 이 사이。요새

【近古】(근고-キンコ) 연대가 과히 멀지 아니한 옛적

【近郊】(근교-キンコウ) 도회에 가까운벌

【近畿】(근기-キンキ) 서울이 가까운 곳

【近年】(근년-キンネン) 가까운 해。요새

【近代】(근대-キンダイ) 가까운 시대

【近代劇】(근대극-キンダイゲキ) 인생문제에 밀접하고 사색적(思索的)임을특징으로 하는 연극

【近代思想】(근대사상-キンダイシソウ) 개성을 본위로하고 자유를 추구하는 근대의 사상

【近代的】(근대적-キンダイテキ) 새롭다는 뜻으로 현대에 적응하는 모든 현상을 형용하는 말

【近洞】(근동-キンドウ) 가까운 동네

【近來】(근래-キンライ) 요사이

【近鄰】(근린-キンリン) 가까운 이웃

【近邊】(근변-キンペン) ①국경。곧 변방에 가까이 옴 ②가까운 곳

【近思】(근사-キンシ) 가까이 제몸에 대하여 생각함。반성함

【近似】(근사-キンジ) 비슷함。거의같음。유사(類似)

【近事】(근사-キンジ) 근래에 일어난 일

【近狀】(근상-キンジョウ) 요사이의 형편

【近世】(근세-キンセイ) 요새세상

【近侍】(근시-キンジ) 임금이나 웃어른옆에서 가까이 모심。근신(近臣)

【近時】(근시-キンジ) 요사이。이사이

【近視】(근시-キンシ) 눈동자가 도두록하여 가까운곳에 있는것만 잘 보고 먼곳에 있는 것은 흐릿하게 보이는 눈 선천적으로 되는 것과 여러해잔

물건을 많이 보아서 되는 것도있음

【近視鏡】(근시경-キンシキョウ) 근시의사람이 쓰는 안경

【近視眼】(근시안-キンシガン)근시하는눈

【近臣】(근신-キンシン) 임금에게 가까이 하는 신하

【近信】(근신-キンシン) ①요사이 온 편지 ②가까운 소식。가까이 하여 신용함

【近業】(근업-キンギョウ) 최근에 지은글

【近邑】(근읍-キンユウ) 가까운 고을

【近因】(근인-キンイン) 가까운 원인。직접적 원인

【近姻】(근인-キンコン) 핏줄이 가까운친척

【近日】(근일-キンジツ) 요사이。이사이

【近者】(근자-ちかごろ・キンシャ) ①요사이。이 사이。근래 ②가까이 있는자

【近作】(근작-キンサク) 최근에 지은 시문(詩文)。최근의 저작

【近著】(근저-キンチョ) 최근에 저작한책

【近點】(근점-キンテン) 눈으로 자세히 볼수 있는 제일 가까운 점

【近接】(근접-キンセツ) 가까이 닿음。접근(接近)

【近族】(근족-キンゾク) 혈통이 가까운일가。근친(近親)

【近地】(근지-キンチ) 가까운 땅

【近地點】(근지점-キンチテン) 달이 지구에 제일 가까운 위치

【近著】(근착-キンチョ) 근래에 도착함

【近淺】(근천-キンセン) 가깝고 얕음

【近處】(근처-キンショ) 가까운 곳。근방(近方)

【近戚】(근척-キンセキ) 가까운 친척

【近體】(근체-キンタイ) 고시(古詩)에 대하여 한시(漢詩)의 율법(律法)을 이름。근래 유행하는 시체(詩體)

【近村】(근촌-キンソン) 가까운 마을。이웃마을

【近親】(근친-キンシン) 가까운 친족

【近稱】(근칭-キンショウ) 문법상 자기에게 가까이 있는 사물・방향・처소에 쓰는 대명사

【近海】(근해-キンカイ) 육지에 가까운 바다

【近海魚】(근해어-キンカイギョ) 근해에사는 물고기의 총칭

【近況】(근황-キンキョウ) 요즈음의 형편

【迍】둔 チュン、トン、たちもとおる、stay 眞 ㄓㄨㄣ chuen¹

머뭇거릴 難行─邅 屯同

【返】반 ヘン、ハン、かえす return 阮 ㄈㄢˇ fan³

돌아올 還也

【返柩】(반구-ヘンキュウ) 객지에서 죽은 사람의 시체를 고향으로 돌려옴

【返納】(반납-ヘンノウ) 돌려드림

【返禮】(반례-ヘンレイ) 예를 받고 다시 갚는 예

【返路】(반로-ヘンロ) 돌아가는 길

【返送】(반송-ヘンソウ) 반환

【返信】(반신-ヘンシン) 회답하는 편지

【返照】(반조-ヘンショウ) 저녁 때의 볕을 가리키는 말

【返還】(반환-ヘンカン) 물건을 돌려보냄

【迓】아 ガ、むかえる receive 禡 ㄧㄚˋ ya⁴

맞을 迎也

【迎】영 ゲイ、ギョウ、むかえる welcome 庚 ㄧㄥˊ ying²

①맞을 接也 ②장가 들러올 壻迓婦親 ③만날 逢也

【迎擊】(영격-ゲイゲキ) ①적군을 나아가 맞아 침 ②찾아오는 사람을 중로에서 만남

【迎立】(영립-ゲイリツ) 딴데 있는 사람을 맞아 임금의 자리에 세움

【迎拜】(영배-ゲイハイ) 맞아 절함

【迎送】(영송-ゲイソウ) 마중과 전송

【迎新】(영신-ゲイシン) 새로운 것을 맞이함

【迎月】(영월-ゲイゲツ) 달 맞이

【迎引】(영인-ゲイイン) 손을 맞이하여 대접함

【迎戰】(영전-ゲイセン) 쳐들어 오는 적군과 마주 나아가서 싸움

【迎接】(영접-ゲイセツ) 손을 맞아대접함

【迎春】(영춘-ゲイシュン) 봄을 맞음

【迎合】(영합-ゲイゴウ) ①남의 마음에 맞도록 힘씀。아첨하여 좇음 ②미리 시기를 정하고 만나봄

【迎侯】(영후-ゲイコウ) 나아가 맞음。마중함

【迕】오 ゴ、あう meet 遇 wu⁴
①만날 遇也 ②섞일 交雜錯— ③어길 違也 ④거스릴 逆也

【五 畫】

【迦】가 カ Buddha's name
부처이름 佛號釋—
【迦藍】(가람-カラン) 절。사찰(寺刹)

【迫】박 ハク、せまる approach
①핍박할 逼也 ②박애할 窘也 —隘
【迫劫】(박겁) 덤비어 위협함
【迫擊】(박격-ハクゲキ) 덤비어 몰아침
【迫擊砲】(박격포-ハクゲキホウ) 구조가 간단한 대포의 일종
【迫近】(박근) 시기가 닥쳐옴
【迫急】(박급-ハッキュウ) 바싹 다가서 매우 급함
【迫頭】(박두-ハクトウ) 가까이 닥쳐 옴
【迫力】(박력-ハクリョク) 압박하는 힘
【迫歲】(박세-ハクサイ) 세말이 임박함
【迫阨】(박액-ハクヤク) 자기의 이익만 생각하고 남의 일은 돌아보지 아니함
【迫害】(박해-ハクガイ) 몹시 굴음
【迫脅】(박협-ハッキョウ) ①으르고 대어들음 ②지세(地勢)가 좁음

【述】술 ジュツ、のべる write 質 ㄕㄨˋ shu⁴
①지을 譔也著— ②이을 續也 ③좇을 循也
【述語】(술어-ジュツゴ) 설명어。풀이 말
【述者之能】(술자지능-ジュッシャのノウ) ①글의 우열은 저술자의 재주에 달렸다는 것 ②일의 성 불성(成不成)은 그 수단에 있다는 것을 가리키는 말
【述作】(술작-ジュッサク) ①선인의 가르침을 저술함 ②책을 지음。저술(著述)
【述製】(술제-ジュッセイ) 시문을 지음
【述奏】(술주-ジュツソウ) 임금께 상주함
【述職】(술직-ジュッショク) 제후(諸侯)가 입궐하여 자기의 직무상의 일을 임금에게 상주함
【述懷】(술회-ジュッカイ) 마음 먹은 회포를 말함

【迤】이 イ、つづく follow
든든할 自得貌透— 迪同 (타) 어정버정할 行貌逶—
【迤邐】(이리-イリ) 잇달음

【迪】적 テキ、すすむ advance 錫 ㄉㄧˊ ti²
①나아갈 進也 ②순할 順也 ③열어질 開發導—

【迭】질 テツ、かわる take turns 屑 ㄉㄧㄝˊ tieh²
①갈마들일 更遞 ②침노할 侵突 軼通

【迢】초 チョウ、はるか distant 蕭 ㄊㄧㄠˊ t'iao²
멀 遠也 —遞
【迢遙】(초요-チョウヨウ) 썩 멀음
【迢迢】(초초-チョウチョウ) ①먼 모양 ②높은 모양

【迨】태 タイ、およぶ reach 賄 ㄉㄞˋ tai⁴
미칠 及也

【迥】형 ケイ、とおい diostant 迥 ㄐㄩㄥˇ chiung³
①멀 寥遠 ②빛날 光牒輝
【迥空】(형공) 높은 하늘
【迥遠】(형원-ケイエン) 썩 멀음
【迥迥】(형형-ケイケイ) 먼 모양

【六 畫】

【适】괄 カツ、はやい fast 曷 ㄍㄨㄚ kua¹
빠를 疾也

【迺】내 ダイ、ナイ、すなわち hereupon 賄 ㄋㄞˇ nai³
①이에 承上起下辭 ②어조사 語助辭 ③너 汝也 乃同
【迺公】(내공) 군주가 신하에게 아비가 자식에게 대하는 자칭。나

【逃】도 トウ、にげる escape 豪 ㄊㄠˊ t'ao²

①도망할 逸去 ②도망군 亡也 ③달아날 避也
【逃遁】(도둔-トウトン) 달아남
【逃亡】(도망-トウボウ) ①달아남 ②행방을 감춤
【逃散】(도산-トウサン) 제가끔 달아남
【逃身】(도신-トウシン) 몸을 피하여 도망함 「감
【逃走】(도주-トウソウ) ①달아남 ②쫓겨
【逃竄】(도찬-トウザン) 도피
【逃脫】(도탈-トウダツ) 달아나 벗어남
【逃避】(도피-トウヒ) 달아나 몸을 피함

【迷】미 メイ、ベイ、まよう wander 齊 ㄇㄧˊ mi²
①미혹할 惑也 ②희미할 亂也
【迷見】(미견-メイケン) 헛갈리어 어지러운 견해
【迷宮】(미궁-メイキュウ) ①한번 들어가면 나올 구멍을 못 찾도록 지은 궁전 ②사건이 복잡하여 쉽게 판단하기 어려움을 이름
【迷豚】(미돈-メイトン) 자기의 아들을 겸사하여 일컫는 말
【迷亂】(미란-メイラン) 정신이 혼미하여 어지러움
【迷路】(미로-メイロ) 방향을 모르는 길
【迷樓】(미루-メイロウ) 미궁(迷宮) 「양
【迷離】(미리-メイリ) 환하지 아니한 모
【迷夢】(미몽-メイム) 흐릿하여 똑똑치 못한 정신
【迷想】(미상-メイソウ) 미욱한 생각
【迷息】(미식-メイソク) 자기의 자녀를겸사하여 일컫는 말
【迷信】(미신-メイシン) 옳지 못한 일을 믿음。 부정당한 믿음
【迷兒】(미아-まいご) ①자기의 아들을 겸사하여 일컫는 말 ②집을 잊어버리고 길에서 방황하는 어린애
【迷眩】(미현-メイゲン) 정신이 헛갈리고 어수선함
【迷惑】(미혹メイワク) ①정신이 혼미하여 의심함 ②길을 잃음

【送】송 ソウ、ス、おくる send 送 ㄙㄨㄥˋ sung⁴
①보낼 遣也 ②전송할 餞也 ③활잘쏠 善射縱— ④가질 將也
【送客】(송객-ソウカク) 손을 전송함
【送故迎新】(송고영신-コをおくりシンをむこう) 묵은 것을 보내고 새것을 맞음
【送金】(송금-ソウキン) 돈을 보냄
【送年】(송년-ソウネン) 한해를 보냄
【送達】(송달-ソウタツ) 보내줌
【送料】(송료-ソウリョウ) 물건을 보내는데 드는 요금
【送別】(송별-ソウベツ) 작별하여 보냄
【送死】(송사-ソウシ) ①부모를 송장(送葬)함 ②스스로 몸을 죽이는 길을 택함을 비유 「음
【送迎】(송영-ソウゲイ) 사람을 보내고 맞
【送籍】(송적-ソウセキ) 혼인 등으로 인하여 어떠한 사람의 호적을 다른집 호적으로 넘김
【送電】(송전-ソウデン) 전류를 보냄
【送呈】(송정-ソウテイ) 보내어 드림
【送綵】(송채) 혼인 때에 신랑 집에서 신부집으로 청색과 홍색의 채단을 보내는 일
【送致】(송치-ソウチ) 보내어 그곳에 이르게함
【送話器】(송화기-ソウワキ) 담화를 전송하는 전화기의 일부
【送還】(송환-ソウカン) 돌려 보냄

【逆】역 ギャク、ゲキ、さからう oppose 陌 ㄋㄧˋ ni⁴
①거스릴 不順 ②맞을 迎也
【逆擊】(역격-ギャクゲキ) 쳐들어 오는 적군을 나아가 거슬러 침
【逆境】(역경-ギャッキョウ) 모든 일이 뜻대로 되어가지 아니하는 불행한 경우
【逆黨】(역당-ギャクトウ) 역적의 무리
【逆徒】(역도-ギャクト) 역당
【逆睹】(역도-ゲキト) 사물의 앞일을 미리 내다봄
【逆旅】(역려-ゲキリョ) 나그네를 맞는다는 뜻이니 여관。 주막
【逆流】(역류-ギャクリュウ) ①물을 거슬러 올라감 ②거슬려 흐름。또 그 물
【逆律】(역률-ギャクリツ) 역적을 처벌하는 법령의 규정
【逆理】(역리-りにそむく) 도리를 어김

【逆鱗】(역린-ゲキリン) 임금의 분노

【逆名】(역명-ギャクメイ) 생전에 지어 놓은 사후의 계명

【逆命】(역명-ギャクメイ・メイにさからう) 임금의 명령을 어김

【逆謀】(역모-ギャクボウ) 반역을 꾀함

【逆產】(역산-ギャクサン) ①해산할 때에 다리부터 먼저 나오는 것。도산(倒產) ②역적의 재산

【逆說】(역설-ギャクセツ) ①주의 의견에 반대하는 의론 ②반대하는 것같으나 필경은 일치되는 말。paradox

【逆水】(역수) 역류(逆流)

【逆襲】(역습-ギャクシュウ) 반대의 방향으로 습격함。거슬러 침

【逆臣】(역신-ギャクシン) 역족

【逆耳】(역이-ギャクジ・みみにさからう) 귀에 거슬림。간하는 말을 이름

【逆賊】(역적-ギャクゾク) 반역을 꾀한 사람

【逆轉】(역전-ギャクテン) 형세가 뒤집힘

【逆戰】(역전-ギャクセン) 적군을 중간에 나아가 침。역습하여 싸움

【逆情】(역정-ギャクジョウ) 노여운 감정의 존칭

【逆風】(역풍-ギャクフウ) 바람을안고감。또 그 바람

【逆行】(역행-ギャッコウ) 거슬러 올라감

【逆婚】(역혼-ギャッコン) 형제 자매 중 나이 적은 자가 먼저 혼인을 함

【迹】적 セキ、あと traces 陌 ㄐㄧ chi'

①자취 凡有形可見者曰— ②발자국 足— 跡・蹟同

【追】추 ツイ、おう chase 支 ㄓㄨㄟ chuei'

①쫓을 逐也 ②따를 隨也 ③밀을 上溯已往 (퇴) ①옥다듬을 治玉—琢 ②쇠북꼭지 鍾紐

【追加】(추가-ツイカ) ①나중에더 넣음。추후에 보냄 ②추증(追贈)

【追擊】(추격-ツイゲキ) 쫓아가서 침

【追考】(추고-ツイコウ) 나중에 생각함

【追究】(추구-ツイキュウ) 이치를 미루어 생각함

【追求】(추구-ツイキュウ) 쫓아 구함

【追咎】(추구-ツイキュウ) 뒤에 나무람함

【追窮】(추궁-ツイキュウ) 어디까지나 캐어 따짐

【追及】(추급-ツイキュウ) 따라 이름

【追給】(추급-ツイキュウ) 나중에 더줌

【追記】(추기-ツイキ) 나중에 기록함

【追納】(추납-ツイノウ) 부족한 것을 추후에 바침

【追念】(추념-ツイネン) 지나간 일을 돌이켜 생각함

【追悼】(추도-ツイトウ) 죽은 이를 추상(追相)하여 슬퍼함 「글

【追悼文】(추도문-ツイトウブン) 추도하는

【追論】(추론-ツイロン) 추구하여 논란함

【追慕】(추모-ツイボ) 죽은 사람을 사모함

【追放】(추방-ツイホウ) 쫓아 냄

【追兵】(추병-ツイヘイ) 적군을 추격함。또 그 군병

【追思】(추사-ツイシ) 나중에 생각함

【追削】(추삭-ツイサク) 죽은 사람의 죄를 의논하여 생전의 벼슬、이름을 삭제하던 것

【追賞】(추상-ツイショウ) 나중에 갚음

【追想】(추상-ツイソウ) 지난일을 되살려 생각함

【追隨】(추수-ツイズイ) 뒤쫓아 따라다님

【追施】(추시-ツイシ) 나중에 시행함

【追憶】(추억-ツイオク) 지난간 일이나 가버린 사람을 돌이켜 생각함

【追榮】(추영) 추증(追贈)

【追友江南】(추우강남) 벗을 따라서 멀리 가버리는 것을 가리키는 말

【追尊】(추존-ツイソン) 돌아간 뒤에 왕호(王號)를 올림

【追跡】(추적-ツイセキ) 뒤를 밟아 쫓음

【追從】(추종-ツイジュウ) ①뒤를 좇음 ②아첨하여 좇음

【追贈】(추증-ツイゾウ) 죽은 사람에게 관위(官位)를 보냄

【追徵】(추징-ツイチョウ) 뒷날에 다시 거두어 들임

【追薦】(추천-ツイセン) 죽은 사람을 위하여 공덕을 베품

【追逐】(추축-ツイチク) ①남의 뒤를 따라감 ②친구 사이에 서로 왕래하며 교제함 ③다툼
【追討】(추토-ツイトウ) 도적의 무리를 쫓아가서 침
【追捕】(추포-ツイホ) 쫓아가서 잡음
【追行】(추행-ツイコウ) 뒤를 쫓아서 따라감
【追還】(추환-ツイカン) 보내어 놓고 도로 불러 봄
【追還】(추환-イウカン) 나중에 도로갚음
【追悔】(추회-ツイカイ) 지난일을 뉘우침
【追懷】(추회-ツイカイ) 지난일을 생각하여 그리워함
【追後】(추후-ツイゴ) 나중。뒤。다음

【退】퇴 タイ、しりぞく retreat 隊 ㄊㄨㄟˋ t'uei⁴
①물러갈 却也 ②물리칠 —之 ③갈 去也 ④겸양할 遜讓謙—
【退却】(퇴각-タイキャク) 물러남。물리침
【退去】(퇴거-タイキョ) 물러감。도로감
【退京】(퇴경-タイキョウ) 서울에 묵다가 물러감
【退耕】(퇴경-タイコウ) 벼슬을 사양하고 시골로 내려가서 농사함
【退供】(퇴공-タイキョウ) 불전에 공양드린 물건을 물림
【退官】(퇴관-タイカン) 벼슬을 내 놓음
【退軍】(퇴군-タイグン) 군사를 퇴거시킴
【退期】(퇴기-タイキ) 기한을 물림
【退待】(퇴대) 물러가서 기다림
【退老】(퇴로-タイロウ) 늙어서 퇴관(退官)함
【退步】(퇴보-タイホ) ①뒤로 물러섬 ②재주。힘이 점점 줄어짐
【退物】(퇴물-タイブツ) 퇴박 맞은 물건。퇴물림
【退仕】(퇴사-タイシ) 하급 관원이 직분을 그만둠
【退社】(퇴사-タイシャ) ①사원이 규정한 시간에 떠남 ②사원이 회사에서 탈퇴함
【退散】(퇴산-タイサン) ①모였던 것이 흩어짐 ②벗어남
【退色】(퇴색-タイショク) 빛이 바램
【退暑】(퇴서-タイショ) 물러가는 더위
【退席】(퇴석-タイセキ) 자리에서 물러남
【退膳】(퇴선-タイゼン) 임금이 먹다 남긴 밥
【退懾】(퇴섭) 무서워서 뒤로 물러감
【退省】(퇴성-タイセイ・タイショウ) 물러나 자기를 반성함
【退俗】(퇴속-タイゾク) 중이 도로 속인(俗人)이 됨
【退送】(퇴송-タイソウ) 물리쳐 보냄
【退訟】(퇴송-タイソウ) 소송을 받지 않고 물리침
【退守】(퇴수-タイシュ) 물러나 지킴
【退息】(퇴식-タイソク) 물러나 쉼
【退食】(퇴식-タイショク) ①조정(朝廷)에서 제집에 나와 식사함 ②관원(官員)이 집에 돌아와서 쉬는 뜻에서 물러남
【退身】(퇴신-みをしりぞく) 관계하는 일에서 물러남
【退闇】(퇴암-タイアン) 사물에 어두운 사람을 물리침
【退讓】(퇴양-タイジョウ) 딴 사람에게 사양하고 물러남
【退然】(퇴연-タイゼン) 용기가 없는 모양。유화한 모양
【退染】(퇴염-タイセン) 염색된 물건의 빛갈을 빨아냄
【退嬰】(퇴영-タイエイ) 뒤떨어짐
【退院】(퇴원-タイイン) ①중이 은거함 ②입원 환자가 병이 나아서 병원을 나옴
【退位】(퇴위-タイイ) 임금의 자리에서 물러남
【退隱】(퇴은-タイイン) 은퇴
【退任】(퇴임-タイユン) 퇴직 「남
【退場】(퇴장-タイジョウ) 회장에서 물러남
【退藏】(퇴장-タイゾウ) 물러나서 자취를 감춤
【退廷】(퇴정-タイテイ) 법정에서 물러남
【退朝】(퇴조-タイチョウ) 조정에서 물러남
【退潮】(퇴조-タイチョウ) 썰물
【退座】(퇴좌-タイザ) 좌석을 물리침
【退職】(퇴직-タイショク) 퇴관。직무를 사퇴함

【退陣】(퇴진-タイジン) 진을 물림
【退斥】(퇴척-タイセキ) 물리침
【退縮】(퇴축-タイシュク) 머뭇거리고 뒤로 물러남
【退出】(퇴출-タイシュツ) 물러나옴 「앰
【退治】(퇴치-タイチ) 도적들을 쳐서 없
【退枕】(퇴침-タイハイ) 나무로써 궤모양으로 만든 빗집이 있는 목침
【退敗】(퇴패-タイハイ) 패하여 물러감
【退避】(퇴피-タイヒ) 벼슬이나 직책 따위에서 물러나와 피함
【退筆】(퇴필-タイヒツ) 끝이 모지라진 붓
【退學】(퇴학-タイガク) 학생이 학교에서 「기합 나옴
【退限】(퇴한-タイゲン) 기한을 물림。연
【退行】(퇴행-タイコウ) ①물러감 ②다음날로 밀음
【退婚】(퇴혼-タイコン) 약정한 혼인을 어느 한편에서 물림
【退紅】(퇴홍-タイコウ) 연분홍
【退化】(퇴화-タイカ) 진화(進化)에 반대하여 역행함。곧 생물이 가지고 있는 어떠한 기관이 작용을 하지아니하므로 차차 간단하게 되고 또는 아주 없어짐
【退換】(퇴환-タイカン) 환간의 지불을 거절함
【退會】(퇴회-ケイカイ) 회에서 탈퇴함

【迨】합 コウ、おいつく fllow at oneis heels
뒤미처갈 行相—及遝

【逅】후 コウ、ク、めぐりあう chance meet in
우연히만날 不期而會邂—

【迸】迸 (辵部 八畫) 略字

【七 畫】

【逕】경 ケイ、こみち path 㷖 ㄐㄧㄥ ching⁴
①길 步道 ②이를 致也 ③가까울 近也 ④동안뜰 相去遠—庭 ⑤곧을 直也 徑同
【逕庭】(경정-ケイテイ) 서로 멀리 떨어져 있음。큰차이

【逛】광 ramble
달아날 走貌

【逑】구 キュウ、グ、あつめる gather 㐅 ㄑㄧㄡ ch'iu²
①모을 聚斂 ②짝 匹也

【途】도 ト、ズ、みち roab; path ㄊㄨ t'u
길 路也
【途中】(도중-トチュウ) ①길 가운데 ②저쪽에 도착할 동안。중도(中途) ③사물의 중간

【逗】두 トウ、ズ、とまる stay ㄉㄡ tou
머무를 止也—留
【逗留】(두류-トウリュウ) 머무름。묵음
【逗撓】(두요-トウドウ) 적을 보고 무서워서 머무르고 나가지 아니함

【連】련 レン、つらなる connect
①연할 接也 ②잇닿을 續也 ③붙이 屬緣 ④끌릴 牽也 ⑤머무를 遲久 ⑥어려울 難也—蹇 ⑦姓也
【連蹇】(연건-レンケン) 불행하게 지냄
【連結】(연결-レンケツ) ① 이어 맺음 ②사귐을 맺음
【連境】(연경-レンキョウ) 지경이 잇닿음
【連繫】(연계-レンケイ) 남의 죄에 관계하여 옥에 매임
【連貫】(연관-レンカン) 잇달아 파녀을 맞춤
【連翹】(연교-レンギョウ) 어아리 나무의 열매。옴 기타 모든 부스럼에 내복약(內服藥)으로 씀
【連記】(연기-レンキ) 죽 적음
【連年】(연년-レンネン) 해마다
【連帶】(연대-レンタイ) ①서로 연결함 ②공동으로 책임을 짐
【連帶證書】(연대증서-レンタイショウショ) 「함 연대로 하는 증서
【連絡】(연락-レンラク) 서로 이음。관련
【連絡網】(연락망-レンラクモウ) 연락을유지하기 위하여 쓰이는 무전국 체계
【連累】(연루-レンルイ) 남의 범죄에 연

좌합

【連類】(연류-レンルイ) 동무。동아리

【連陸】(연륙-レンリク) 육지에 잇달음

【連理】(연리-レンリ) ①어떠한 나무의 가지가 다른 나무의 가지와 서로 연하여 나뭇 결이 서로 통함 ② 화목한 부부 또는 남녀의 관계를 이름

【連霖】(연림) 장마

【連馬】(연마) 바둑에서 각각 떨어져 있는 말 들을 이어 놓음

【連盟】(연맹-レンメイ) 일동이 같이 맹「세함

【連綿】(연면-レンメン) 연속하여 끊지 지 아니함

【連名】(연명-レンメイ) 두사람 이상의 지명을 죽 적음。연서(連署)

【連袂】(연결-レンペイ) 길을 같이감。동행。행동을 같이함

【連發】(연발-レンパツ) ①이어서 일어남 ②계속하여 쏨

【連房】(연방) 줄 행랑

【連峯】(연봉-レンポウ) 죽 연결된 산봉우리

【連査】(연사-レンサ) 혼인으로 생긴 사「돈

【連山】(연산-レンザン) ①하대(夏代)의 역명(易名) ②잇달아 이어져 있는산

【連喪】(연상--レンソウ) 연속하여 상을 당함

【連署】(연서-レンショ) 같은 문서에 여러사람이 잇달아 서명함

【連續】(연속-レンゾク) 죽 이음。잇닿음

【連誦】(연송-レンショウ) 책을 죽 외움

【連鎖】(연쇄-レンサ) ①죽 이음 ②서로 연락함

【連乘】(연승-レンジョウ) 연속하여 곱함

【連勝】(연승-レンショウ) 연이어 이김

【連信】(연신-レンシン) 소식이 끊이지 아니함。늘 왕래함

【連夜】(연야-レンヤ) 밤마다

【連延】(연연-レンエン) 연하여 뻗침

【連雨】(연우-レンウ) 연일 계속하여 오는 비

【連引】(연인-レンイン) 관계 있는 것을 죽 끌어 냄

【連日】(연일-レンジツ) 날마다

【連載】(연재-レンサイ) 이어 계재함

【連戰】(연전-レンセン) 자주 싸움

【連戰連勝】(연전연승-レンセンレンショウ) 싸움할때 마다 늘 연달아 이김

【連接】(연접-レンセツ) 서로 접함

【連坐】(연좌-レンザ) 남의 범죄에 관련하여 심문을 받게 됨

【連珠】(연주-レンジュ) ①죽 꿴 구슬 ②한사(漢詞)의 일종

【連珠瘡】(연주창) 목에 힘줄과 살이 곰기어 좀처럼 낫지 아니히는 병

【連中】(연중-レンチュウ) 연속히여 꼭맞춤

【連枝】(연지-レンシ) ①죽 연한 가지 ②형제·자매

【連次】(연차-レンジ) 차례로 계속함

【連判】(연판-レンパン) 연명으로 도장을 찍음

【連敗】(연패-レンパイ) 싸울 때마다 패「함

【連抱】(연포)아름 드리

【連幅】(연폭) 피륙·종이 조각을 마주 이어 붙임

【連豊】(연풍-レンホウ) 풍년이 계속함

【連合】(연합-レンゴウ) 두가지 이상을 서로 합함。서로 한통참

【連呼】(연호-レンコ) 이어서 부름。자꾸 부름

【連婚】(연혼-レンコン) 혼인의 관계가 생「김

【連環】(연환-レンカン) 두개의 고리가 이어져서 풀어지지 아니하는 것

【連凶】(연흉-レンキョウ) 흉년이 계속함

【逞】 령 テイ、たくましい relaa; please oneself ①쾌할 快也 ②구속받지 아니할 不檢不― ③풀 解也 ④통할 通也

【逢】 봉 ホウ、あう meet with 图 ㄈㄥˊ fêng^{2} ①만날 遇也 ②맞을 迎也 ③북소리 鼓聲――

【逢年】(봉년-ホウネン) 풍년을 만남

【逢變】(봉변-ホウヘン) 남에게 모욕을 당함

【逢別】(봉별-ホウベツ) 만남과 이별

【逢福】(봉복-ホウフク) 복된 운수를 만「남

【逢逢】(봉봉-ホウホウ) 북소리。구름이

나 연기가 일어나는 모양

【逢迎】(봉영-ホウゲイ) ①마중하여 접대함 ②남의 마음에 들도록 힘씀。남의 뜻을 맞춤

【逢辱】(봉욕-ホウジョク) 욕되는 일을 당함

【逢遇】(봉우-ホウグウ) 만남

【逢賊】(봉적-ホウゾク) 도적을 맞음

【逢占】(봉점-ホウセン) 생각이 맞음。맞춰냄

【逢敗】(봉패-ホウハイ) 실패를 당함

【逢豊】(봉풍-ホウフウ) 봉년(逢年)

【逢禍】(봉화-ホウカ) 화를 만남

【逝】서 セイ、ゆく die 圖 ㄕ shih⁴

①죽을 死也 ②갈 往也 ③이에 發語辭

【逝去】(서거-セイキョ) 죽음。돌아감

【逝世】(서세-セイセイ) 별세(別世)의 존대말

【逝止】(서지-セイシ) 떠나는 것과 멈추는 것

【逝川】(서천-セイセン) ①흘러가는 냇물 ②한번 가고 다시 오지 아니 함을 이름

【逍】소 ショウ、ぶらつく ramble 圖 ㄒㄧㄠ hsiao¹

노닐 自適—遙

【逍遙】(소요-ショウヨウ) ①슬슬 돌아다님 ②사물에 구애받지 않고 자적(自適)함

【速】속 ソク、はやい quickly 圖 ㄙㄨ su⁴

①빠를 疾也 ②부를 召也 ③더러울 陋也 ④사슴 발자국 鹿跡曰—

【速決】(속결-ソッケツ) 빨리 결정 함

【速記】(속기-ソッキ) 글씨를 속히 씀 (간단한 부호를 이용하여 말하는 것을 속하게 받아쓰는 기술로 씀)

【速記錄】(속기록-ソッキロク) 속기 술로 적은 기록

【速斷】(속단-ソクダン) 속하게 결단함。속결(速決)

【速達】(속달-ソクタツ) 속하게 이름

【速度】(속도-ソクド) ①빨리 가는 정도 ②운동하는 물건의 단위시간의 위치의 변화

【速力】(속력-ソクリョク) 속도를 이루는 「힘

【速發】(속발-ソクハツ) 길을 빨리 떠남

【速寫】(속사-ソクシャ) 글씨를 속히 씀

【速射】(속사-ソクシャ) 속하게 발사함

【速射砲】(속사포-ソクシャホウ) 발사속도를 빠르게할 수 있는 대포

【速成】(속성-ソクセイ) 속하게 됨。빨리 이룸

【速速】(속속-ソクソク) 친근하게 굴지 아니하는 모양

【速修】(속수-ソクシュウ) 속하게 배움

【速戰】(속전-ソクセン) 빨리 싸움

【速筆】(속필-ソクヒツ) 글씨를 빨리 씀

【速行】(속행-ソッコウ) 빨리 감

【速禍】(속화-ソッカ) ①갑작스러운 재앙 ②재앙을 초래함

【速效】(속효-ソッコウ) 빠르게 나타나는 보람

【這】저 シャ、ゲン、この、はう this; creep

①이 此也 ②맞을 迎也

【這箇】(저개-シャコ) 이것

【這般】(저반-シャハン) 이것。이것들

【這回】(저회-シャカイ) 이번

【逖】적 テキ、はるか distant 錫 ㄊㄧ t'i

멀 遠也疏—

【逖逖】(적적-テキテキ) 이익을 보고저 하는 모양

【造】조 ゾウ、ソウ、つくる creaste

①지을 作也 ②나아갈 就也 ③이를 至也 ④잠간 急遽—次

【造金】(조금-ゾウキン) 인공으로 만든 황금

【造林】(조림-ゾウリン) 나무를 심거 수풀을 만듦

【造物】(조물-ゾウブツ) 천지 간의만물。자연(自然)

【造物主】(조물주-ゾウブツシュ)하늘과 땅의 모든 자연을 주재 섭리하는 신

【造船】(조선-ゾウセン) 배를 지음

【造成】(조성-ゾウセイ) 물건을 만드는일

【造言】(조언-ゾウゲン) 꾸며 낸 말。 허언(虛言)
【造詣】(조예-ゾウケイ) ①학문·기술들을 깊이 알음 ②남을 찾아감。 방문함
【造作】(조작-ソウサク・ソウザ) 물건을 만듦
【造次】(조차-ゾウジ) 얼마 안되는동안。 잠간(暫間)
【造創】(조창-ゾウソウ) 처음 만듦。 창조
【造清】(조청) 사람이 만든 꿀
【造就】(조취-ゾウシュ) ①가서 뵈옴 ②그 재주를 따라서 인물을 양성함
【造幣】(조폐-ゾウヘイ) 화폐를 만듦
【造布】(조포) 넓이가 좁고 감이 두껍고 촘촘하게 짠 함경북도에서 나는 베
【造形】(조형-ゾウケイ) 형체를 만듦
【造化】(조화-ソウカ) ①온 세상 만물을 낳고 죽이고 하는 자연의 힘과 재주 ②천지。 우주 ③인공으로 어찌 할수 없는 신통한 사물

【逡】 준 シュン、しりごみする retire 眞 ㄐㄩㄣ chün¹ 물러날 退也—巡
【逡巡】(준순-シュンジュン) 뒤로 문칫문칫 물러감

【逐】 축 チク、ジク、おう expel 屋 ㄓㄨˊ chu² ①쫓을 追也 ②물리칠 斥也 (적)달릴 馳貌——
【逐客】(축객-チッカク・しかをおう) 손을쫓음。 외국에 객으로 와서 섬기는 신하를 쫓아냄
【逐年】(축년-チクネン) 해마다
【逐鹿】(축록-チクロク・しかをおう) ①사슴을 쫓음。 이욕에 팔리어 도리를잊음 ②영웅이 서로 다투어 천하를 얻고자함을 사냥군이 사슴을 쫓아 다니는 것에 견주어 이름。 널리목적물을 다투어 얻고자 함을 이름。 (지금은 주로 선거에 관하여 씀)
【逐北】(축배-チクホク) 도망가는 군사를 쫓아감
【逐朔】(축삭-チクサク) 다달이。 달마다
【逐殺】(축살-チクサツ) 쫓아가서 죽임
【逐送】(축송-チクソウ) 쫓아보냄
【逐臣】(축신-チクシン) 임금에게 쫓겨난 신하
【逐夜】(축야-チクヤ) 밤마다。 매일밤
【逐一】(축일-チクイチ) 하나씩 하나씩
【逐日】(축일-チクジツ・ひをおう) ①날마다 ②해를 쫓아감。 발이 빠른모양
【逐電】(축전-チクデン) 전광(電光)을 쫓는 것처럼 매우 빠름
【逐條】(축조-チクジョウ)한 조목도 빼지않고 쫓아감
【逐條審議】(축조심의-チクジョウシンギ)한 조목도 빼지않고 전부 토의함
【逐斥】(축척-チクセキ) 배척하여 쫓음
【逐追】(축추-チクツイ) 쫓음
【逐逐】(축축-チクチク) ①반드시 얻고자하는 모양 ②독실(篤實)한 모양
【逐出】(축출-チクシュツ) 쫓아냄
【逐戶】(축호-チクコ) 한 집도 거르지않고。 집집마다

【通】 통 ツウ、トウ、とおる through 東 ㄊㄨㄥ t'ung ①통할 達也 ②사귈 交好 ③통창할 暢也 ④형통할 亨也
【通家】(통가-ツウカ) ①대대로 친히 교제하는 집안 ②일가 친척
【通姦】(통간-ツウカン) 남녀가 간음함。 간통(姦通)함
【通鑑】(통감-ツウカン) 자치통감(資治通鑑)의 준말
【通經】(통경-ツウケイ) 여자가 나이가들어 처음으로 월경이 나오기 시작함
【通告】(통고-ツウコク) 서면으로 알려줌
【通功】(통공-ツウコウ) 분업적으로 어떤 일을 이룸
【通過】(통과-ツウカ) ①길을 지나감 ②회의의 의안이 가결됨 ③관청에제출한 원서가 허가됨
【通款】(통관-ツウカン) 이 편의 형편을 적이나 상대방에게 내통함
【通衢】(통구-ツウク) 사방으로 통하는 길거리
【通國】(통국-ツウコク) 온 나라 사람들。 거국(擧國)
【通規】(통규-ツウキ) 일반에 공통하는 「규측

【通勤】(통근-ツウキン) 출근하러 다님

【通內外】(통내외) 사돈·친구 사이의 남녀가 내외없이 드나드는 일

【通念】(통념-ツウネン) 일반이 공통되는 판념

【通達】(통달-ツウタツ) ①거침없이 통함 ②사리를 환히 깨달음 ③통지

【通道】(통도-ツウドウ) ①통로 ②도로를 열어 통함 ③일반이 밟아 행할도리

【通讀】(통독-ツウドク) 처음부터 끝까지 죄다 읽음

【通覽】(통람-ツウラン) 처음부터 끝까지 죄다 봄

【通列】(통례-ツウレイ) 일반에 공통하는 예

【通禮】(통례-ツウレイ) 널리 세상에 통행하는 예절

【通路】(통로-ツウロ) 일반이 통행하는 길

【通論】(통론-ツウロン) ①모두 통하는의론 ②사리에 통하는 의론。도리에맞는 의론

【通理】(통리-ツウリ) ①사리에 밝음 ②사리를 통함 ②일반에공통되는도리

【通名】(통명-ツウメイ) 일반에 통하는이름

【通明】(통명-ツウメイ) 막힘없이 지혜가 밝음

【通謀】(통모-ツウボウ) 비밀히 통하여공모함

【通門】(통문-ツウモン) 가사의 폭에 구멍지게 하는 바느질

【通文】(통문-ツウブン) 받아 볼 사람의 성명을 열기하여 차례로 돌려보는 통지문

【通法】(통법-ツウホウ) ①일반에 공통되는 법칙 ②여러 단위로된 수를 한 단위로 고침

【通辯】(통변-ツウベン) 쌍방의 말이다른 때 그 사이에서서 피차에게 알아듣도록 말로써 의사를 통하게하여줌。또 그 사람。통역(通譯)

【通報】(통보-ツウホウ) 통지하며 보고함

【通比】(통비-ツウヒ) 전체적으로 모두 통하는 비례

【通士】(통사-ツウシ) 사리에 통한 사람

【通事】(통사-ツウジ) 통역하는 사람。두 나라의 교제。왕래하는 길

【通算】(통산-ツウサン) 전부를 통하여 계산함

【通常】(통상-ツウジョウ) 평범한 것

【通商】(통상-ツウショウ) ①장사함。장사 ②외국인과 서로 무역함

【通商條約】(통상조약-ツウショウジョウヤク) 통상에 관하여 맺은 국제조약

【通性】(통성-ツウセイ) 일반에 공통하여 가지고 있는 성질。통유성(通有性)

【通姓】(통성) 통성명(通姓名)의 준말

【通姓名】(통성명) 서로 성명을알려줌

【通宵】(통소-ツウショウ) 밤을 새움。철야(徹夜)

【通俗】(통속-ツウゾク) ①일반 세상의 풍속 ②모든 세상에 널리 통함

【通俗的】(통속적-ツウゾクテキ) 일반에게 널리 통하는 그것

【通信】(통신-ツウシン) ①소식·통신② 기관을 이용하여 의사를 서로 통함

【通信社】(통신사-ツウシンシャ) 통신사업을 경영 하는 회사

【通信員】(통신원-ツウシンイン) 신문 잡지 들에 그 지방에서 생기는 일을 통지하는 사람

【通雅】(통아-ツウガ) 사리에 통달하여 바름

【通夜】(통야-ツウヤ·ツヤ) 철야(徹夜)

【通語】(통어-ツウゴ) 일반이 통용하는 말。통용어(通用語)

【通譯】(통역-ツウヤク) 통변(通辯)

【通用】(통용-ツウヨウ) 일반이 널리씀

【通有】(통유-ツウユウ) 일반으로 다같이 있음

【通有性】(통유성-ツウユウセイ) 공통적인 성질

【通義】(통의-ツウギ) 일반에 공통되는 의리

【通帳】(통장-ツウチョウ) 금전 또는 물품을 주고 받고할 때 그 액수를기록하여 주는 책

【通才】(통재-ツウサイ) 사물에 통달한 재주

【通典】(통전-ツウテン) 고금에 통하는 법전(法典)。일반에 행하는 법칙

【通情】(통정-ツウジョウ) ①서로 정의는 통함 ②일반의 사정 ③일반의 인정

【通準】(통준-ツウジュン) 어느 쪽에나 통용되는 기준

【通知】(통지-ツウチ) 알림。알게 함
【通天下】(통천하-テンカにツウず) 널리 천하에 통함
【通徹】(통철-ツウテツ) 꿰뚫음。명백하게 깨달음
【通牒】(통첩-ツウチョウ) 관청의 통지문
【通則】(통측-ツウソク) 모든 곳에 통하여 적용되는 규칙
【通治】(통치-ツウチ) 한가지 약으로 여러 병을 고침
【通稱】(통칭-ツウショウ) ①일반에 통하는 이름 ②널리 통행하는 말 ③보통 부르는 이름
【通態】(통태-ツウタイ) 일반에 통하는 상태
【通判】(통판-シウハン) 온갖 일을 판정함
【通版】(통판-ツウハン) 신문의 두 면을 한 텟줄 안에 몰아넣고 짠 판
【通弊】(통폐-ツウヘイ) 일반에 공통되는 폐해
【通風】(통풍-ツウフウ) 문을 열어 바람을 소통 시킴
【通學】(통학-ツウガク) 학교에 다님
【通航】(통항-ツウコウ) 배가 통행함
【通行】(통행-ツウコウ) 지나다니는 길로 왔다 갔다 함。일반에 행하여 쓰임
【通玄】(통현-ツウゲン) 사물의 깊은 도리를 통하는 것
【通婚】(통혼-ツウコン) 혼인을 의논함
【通話】(통화-ツウワ) 서로 말을 통함
【通貨】(통화-ツウカ) 국내에서 통용하는 화폐 「격정
【通患】(통환-ツウカン) 일반이 공통 되는
【通曉】(통효-ツウギョウ) ①잘 깨달음。밝히 알음 ③밤샘。철야(徹夜)

【透】투 トウ、とおる、すかす pass through
①사모칠 徹也 ②통할 通也
【透光】(투광-トウコウ) 빛이 물체를 통하여 보임
【透得】(투득-トウトク) 환히 깨달음
【透明】(투명-トウメイ) ①속까지 환하게 보임 ②물체가 광선을 통하게 함
【透明體】(투명체-トウメイタイ) 공기·유리와 같이 빛을 잘 통하는 물체
【透寫】(투사-トウシャ) 그림 이나 글씨를 다른 얇은 종이 밑에 받쳐놓고 그대로 그리거나 씀
【透水】(투수-トウスイ) 물이 스며듬
【透水層】(투수층-トウスイソウ) 모래땅과 같이 물을 잘 통하는 지층(地層)
【透視】(투시-トウシ) ①속에 있는 물건을 비추어 봄 ②어떤 장벽을 통하여 내부에 있는 일을 특수한 감각에 의하여 깨닫는 현상。또는 그 능력
【透映】(투영-トウエイ) 말갛게 비침
【透察】(투찰-トウサツ) 꿰뚫어 짐작함
【透徹】(투철-トウテツ) ①내비침 ②사리가 명확함 ③뛰어남

【逋】포 ホ、のがれる flee 虞 ㄅㄨ pu^{1}
①포흠질 欠負官物 ②도망갈 亡也
【逋徒】(포도-ホト) 형벌을 피하여 숨은 무리
【逋逃】(포도-ホトウ) 죄를 범하고 도망감
【逋亡】(포망-ホボウ) 세금을 바치지 않고 도망함
【逋脫】(포탈-ホダツ) 도망하며 피함

【八 畫】

【逵】규 キ、ギ、ちみ cross-road 支 ㄎㄨㄟ k'uei^{2}
길거리 九達道
【逵路】(규로-キロ) 아홉 군데로 통한 길。구달지로(九達之路)

【迸】병 ホウ、ヘイ、にげる run away 敬 ㄅㄥ pêng^{4}
흩어져 달아날 散走
【迸溜】(병류-ホウリュウ) 흩어져 떨어지는 물방울
【迸沫】(병말-ホウマツ) 흩어지는 물거품

【逶】위 イ、よろめく totter 支 ㄨㄟ wei^{1}
비틀거릴 行貌——迤
【逶迤】(위이-イイ) ①비틀거리며 걷는 모양 ②구불구불 에워 두르는 모양

【逸】일 イツ、イチ、のがれる escape 質 ㄧ i^{4}
①놓일 縱也 ②놓을 放也 ③편안한

安也 ④숨을 遁也 ⑤허물 失也 佚同

【逸暇】(일가-イツカ) 편안하고 여가가 있음

【逸歌】(일가-イツカ) 뛰어난 좋은 노래

【逸居】(일거-イツキョ) 편안히 살음

【逸樂】(일락-イツラク) 편안히 즐김

【逸文】(일문-イツブン) 세상에 드러나알려지지 아니한 글

【逸聞】(일문-イツブン) 세상에 드러나지 아니한 소문

【逸史】(일사-イッシ) 정사(正史)에 빠진것을 기록한 역사

【逸事】(일사-イツジ) 세상에서 모르는 일。 세상에 알려지지 아니한 일

【逸書】(일서-イッショ) ①지금 서경(書經)에 빠진 글。 흩어져 잃어버린 책 ②세상에 나오지 아니한 책

【逸出】(일출-イッシュツ) ①빠져나옴 ②뛰어남

【逸彈】(일탄) 빗나간 탄알

【逸脫】(일탈-イツダツ) 잘못해서 빠뜨림

【逸品】(일품-イッピン) 뛰어난 물품

【逸話】(일화-イツワ) 아직 세상에 나타나지 아니한 이야기

【週】 주 シュウ、めぐり circuit; week 尤 ㄓㄡ chou

①둘레 匝也 ②두루 偏也 周同

【週刊】(주간-シュウカン) 일주일마다 간행함

【週間】(주간-シュウカン) 한 주일 동안

【週給】(주급-シュウキュウ) 한 주일을 단위로 한 급료

【週期】(주기-シュウキ) ①한번 도는 시기 ②운동체(運動體)가 한번 진동하는 시간 ③공전체(公轉體)가 한번 공전하는 동안

【週年】(주년-シュウネン) 돐이 돌아온 「한해

【週報】(주보-シュウホウ) 주간(週刊)을 발행하는 신문。 또는 잡지 따위

【週日】(주일-シュウジツ) 이렛 동안

【週休】(주휴-シュウキュウ) 일주일에 한번 휴가가 있는 일

【進】 진 シン、すすむ go forward; advance

①나아갈 前也 ②오를 登也 ③천거할 薦也 ④힘쓸 勉强也 ⑤본받을 效也

【進甲】(진갑) 환갑 다음해의 생일。 곧 六十二세 되는 해의 생일

【進講】(진강-シンコウ) 임금 앞에서 강의함

【進去】(진거-シンキョ) 앞으로 나아감

【進擊】(진격-シンゲキ) 나아가서 침

【進功】(진공-シンコウ) 앞으로 나아가서 침

【進軍】(진군-シングン) 군대를 내보냄

【進權】(진권-シンケン) 사람을 천거함。 소개함

【進級】(진급-シンキュウ) 등급이 진보함。 학급이 오름

【進納】(진납-シンノウ) 나아가 받침

【進達】(진달-シンタツ) 말이나 편지를 받아올림

【進度】(진도-シンド) 앞으로 할일。 나아가는 정도

【進略】(진략-シンリャク) 쳐들어 가서 토지를 약탈함

【進路】(진로-シンロ) 앞으로 나아갈 길

【進步】(진보-シンポ) 앞으로 나아감。 차차 발달함

【進士】(진사-シンジ シンシ) 소과(小科) 초장(初場)에 급제한 사람

【進上】(진상-シンジョウ) 임금께 물건을 바침

【進水式】(진수식 シンスイシキ) 새로 만든 배를 처음 물에 띄우는 의식

【進食】(진식-シンショク) 입맛이 나서 식욕이 더하여 짐

【進謁】(진알-シンエツ) 귀인에게 뵈옴

【進御】(진어-シンギョ) ①임금옆에 나아가 모심 ②임금의 출어(出御)

【進言】(진언-シンゲン) 의견을 말함

【進宴】(진연-シンエン) 나라에 경사가 있을때 궁전에서 여는 잔치

【進詣】(진예) 대궐에 들어감

【進運】(진운-シンウン) 진보할 운명

【進入】(진입-シンニュウ) 나아가 들어감

【進呈】(진정-シンテイ) 남에게 물건을드림

【進陟】(진척ーシンチョク) ①벼슬이

올라감 ② 일이 진행됨

【進出】(진출—シンシュツ) 앞으로 나아감

【進取】(진취—シンシュ) 고난을 무릅쓰고 힘껏 나아감

【進就】(진취—シンシュウ) 차차 성취되어감

【進退】(진퇴—シンタイ) ① 나아가는 것과 물러나는 것 ② 거동 ③ 직무상의 거취(去就)

【進退兩難】(진퇴양난—シンタイリョウナン) ① 나아가지도 못하고 물러나지도 못함 ② 이러지도 저러지도 못함

【進退維谷】(진퇴유곡—シンタイこれきわまる) 나아갈 길과 물러갈 길이 끊어져 어찌할 수가 없음

【進行】(진행—シンコウ) ① 나아감 ② 일을함

【進見】(진현—シンケン) 임금님께 뵈옴

【進化】(진화—シンカ) 물건이 발달을 따라 점점 변화 함

【進化論】(진화론—シンカロン) 모든 생물은 그의 형태와 습성이 다르나 그 근원은 하나로 극히 간단한 원시 생물에서 일어나서 여러가지로 진화 되었다는 영국 사람 「따윈」이 주창한 학설

【逮】 체 タイ、つかまえる arrest

① 잡힐 繫囚 ② 단아할 安和貌 ③ 미칠 及也 (태) ① 쫓을 追也 ② 미칠 及也 追同

【逮繫】(체계-タイケイ) 붙잡아서 옥에가둠

【逮夜】(체야-タイヤ) 밤이 되어

【逮坐】(체좌-タイザ) 잡아다가 문초 함

【逮捕】(체포-タイホ) 쫓아가서 잡음

【逭】 환 カン、のがれる escape from

① 갈마들일 佚也 ② 도망할 逃也

【遊】 遊(次畫) 俗字

【九 畫】

【過】 과 カ、すぎる Pass by

① 지날 經也 ② 넘을 越也 ③ 허물 罪愆 ④ 그릇할 誤失

【過客】(과객-カカク) 우연히 지나가는 손。 과객질 하는 사람

【過去】(과거-カコ) ① 지나간 때 현재의 이전 ② 지나간 일

【過激】(과격-カゲキ) 몹시 지독함。 과도하게 격렬함

【過計】(과계-カケイ) ① 그릇된 꾀 ② 꾀를 그릇함

【過恭】(과공-カキョウ) 너무나 공손함

【過期】(과기-カキ) 기한이 지나감

【過年】(과년-カネン) 여자의 나이가 혼인할 시기가 지남

【過念】(과념-カネン) 너무 걱정함

【過多】(과다-カタ) 너무 많음

【過當】(과당-カトウ) 보통보다 지나침。 정도가 지나감。 이쪽보다 저쪽의 사상자가 많음

【過大】(과대-カダイ) 너무 큼

【過度】(과도-カド) ① 나루터。 도선장(渡船場) ② 문맥이 옮기어 가는곳 ③ 정도를 지남。 도수가 지남

【過渡】(과도-カト) ① 나루터 ② 구태(舊態)를 벗고 아직 신태(新態)에 이르지 아니한 중간의 상태

【過渡期】(과도기-カトキ) 한 계단에서 다른 계단으로 넘어가는 도중의동안

【過冬】(과동-カトウ) 겨울을 지남

【過量】(과량-カリョウ) 분량이 과함

【過慮】(과려-カリョ) 너무 근심함。 지나치게 염려함

【過勞】(과로-カロウ) 너무 수고함。 일을 지나치게 함

【過敏】(과민-カビン) 감수성이 지나치게 예민함

【過般】(과반-カハン) 지난 번

【過半】(과반-カハン) 반이 넘음。 반수 이상

【過半數】(과반수-カハンスウ) 반이 넘는 수。 반수 이상

【過分】(과분-カブン) 본분에 지남。 분수에 넘음

【過不及】(과불급-カフキュウ) 지나가는것과 미치지 못하는것。 똑 알맞지 아니한 것

【過生】(과생-カセイ) 세상을 지냄
【過歲】(과세-カサイ) 묵은 해를 보냄
【過小】(과소-カショウ) 지나치게 작음
【過少】(과소-カショウ) 너무 적음
【過數】(과수-カスウ) 일정한 수에 넘음
【過時】(과시-カジ) 시기가 지냄
【過食】(과식-カショク) 양에 겹게 먹음。폭식(暴食)
【過信】(과신-カシン) 지나치게 믿음
【過失】(과실-カシツ) 실수하여 그릇함。잘못 함
【過愛】(과애-カカイ) 지나치게 사랑함
【過言】(과언-カゲン・カゴン) 잘못하는 말。과도한 말
【過熱】(과열-カネツ) 액체를 비등시키지 않고 비점 이상으로 열함
【過誤】(과오-カゴ) 그릇함。잘못함。허물
【過用】(과용-カヨウ) 과도한 비용
【過雨】(과우-カウ) 지나가는 비
【過飮】(과음-カイン) 술을 양에 지나게 마심
【過淫】(과음-カイン) 방사(房事)를과하게함
【過日】(과일-カジツ) 지나간 일
【過程】(과정-カテイ) 지나가는 길
【過存】(과존-カソン) 찾아 봄。위문함
【過罪】(과죄-カザイ) 과실과 죄
【過重】(과중-カジュウ・カチョウ) 너무 무거움
【過贊】(과찬-カサン) 지나친 칭찬
【過聽】(과청-カチョウ) 잘못 들음
【過醉】(과취-カスイ) 술에 몹시 취함
【過限】(과한-カゲン) 기한이 넘음

【達】 달 タツ、ダチ、とおる reach

①사모칠 通也 ②타날 顯也 ③천거할 薦也 ④결단할 決也 ⑤날 生也 ⑥방자할 旅恣挑達

【達見】(달견-タッケン) 사리에 정통한 견식。뛰어난 의견
【達觀】(달관-タッカン) ①사물을 널리 사찰함。공평하게 봄 ②세속을 벗어난 생각
【達道】(달도-タツドウ) 인류 일반에 공통으로 행할 길
【達文】(달문-タツブン) 익숙한솜씨의글
【達成】(달성-タッセイ) 목적한바를이름
【達宵】(달소-タッショウ) 밤을 새움
【達識】(달식-タッシキ) 사리를 잘 앎음
【達意】(달의-タツイ) 의사가 충분히 이름
【達人】(달인-タツジン) 그 방면에 통달하는 사람。명인(名人)
【達者】(달자-タッシャ) ①달인(達人)과 같음 ②몸이 건강함
【達才】(달재-タッサイ) 사물에통한재주。또 그 사람
【達材】(달재-タッサイ) 남보다 뛰어난인재
【達尊】(달존-タッソン) 세상사람이 모두 존경할만한 사람
【達通】(달통-タッツウ) 사리에 정통함。사물을 알음
【達筆】(달필-タッピツ) 힘있게글씨를씀。또 그 글씨、또 그 사람

【道】 도 ドウ、トウ、みち road;way;truth

①길 路也 ②나아갈 進也 ③마칠 竟也 ④이룰 성취 從志 ⑤인할 因也 ⑥姓也

【道家】(도가-ドウカ) 도교(道敎)를체득한 사람
【道觀】(도관-ドウカン) 도사(道士)가 수도 하는 곳
【道光】(도광-ドウコウ) 도덕의 빛。불교의 빛
【道敎】(도교-ドウキョウ) 황제(皇帝)・노자(老子)를 교조로 하는 중국의 다신적 종교(多神的宗敎)。무위(無爲)・자연을 주지(主旨)로 함
【道具】(도구-ドウグ) ①살림살이에 쓰는 기구 ②불도를 닦는데 쓰는 모든 기구
【道念】(도념-ドウネン) 도를구하는생각。도심(道心)
【道德】(도덕-ドウトク) 인간으로서 마땅히 지켜야 할 도리。또는 그에 준한 행위
【道德心】(도덕심-ドウトクシン) 도덕을잘 지키는 마음
【道德的】(도덕적-ドウトクテキ) 도덕에관한 그것
【道令】(도령) 관례(冠禮)를 행하지

아니한 남자
【道路】(도로-ドウロ) 사람이 통행하는 「길
【道里】(도리-ドウリ) 이정(里程)
【道理】(도리-ドウリ) ①사물의 정당한 이치 ②도덕·의리 ②방법 ④길
【道民】(도민-ドウミン) 그 도 안에서 사는 사람
【道傍】(도방-ドウボウ) 길의 가
【道服】(도복-ドウフク) 도사(道士)의 옷
【道士】(도사-ドウシ) ①도교(道敎)를닦는사람 ②신선의 술법을 닦는 사람。도덕을 존중히 여기는 사람。군자(君子) 「上
【道上】(도상-ドウジョウ) 길위。노상(路
【道術】(도술-ドウジュツ) ①도가의 방술(方術)。선술(仙術) ②도덕과 학술
【道心】(도심-ドウシン) ①도덕의 마음 ②불도를 믿는 마음
【道義】(도의-ドウギ) 바른 도리。도리와 의리
【道人】(도인-ドウジン) ①도술(道術)을 얻은 사람 ②신선(神仙) ③도사(道士) ④속세를 버린 사람
【道場】(도장-ドウジョウ) 검도·유도 따위를 연습하는 곳
【道程】(도정-ドウテイ) 이정(里程)
【道通】(도통-ドウツウ) 사물에 도리를철저히 깨달음
【道統】(도통-ドウトウ) 도학(道學)을 전하는 계통。성인(聖人)의 도를 전한 사람의 계통。유교를 이어 받은 학자의 계통
【道袍】(도포) 옛날 보통때에 입던 예복의 한 가지
【道學】(도학-ドウガク) ①도덕에 관한 학문 ②유학(儒學)·특히 송대(宋代)의 정주학파(程朱學派) ③도덕에관한 학문

【遁】둔 トン、のがれる escape
①달아날 逃也 ②숨을 隱也 ③피할 回避 (돈) 義同
【遁甲】(둔갑-トンコウ) 귀신을 부리는술법의 하나
【遁辭】(둔사-トンジ) 어떠한 일에 대하여 책임 또는 관계를 피하려고 하는 말
【遁迹】(둔적-トンセキ) 종적을 감춤
【遁走】(둔주-トンソウ) 피하여 달아남
【遁避】(둔피-トンヒ) 숨어 피함

【遂】수 スイ、ついに at last 寘 ㄙㄨㄟˋ $suei^{4}$
①드디어 因也 ②마침내 竟也 ③사모칠 達也 ④나아갈 進也 ⑤이룰 從志成就
【遂古】(수고-スイコ) 옛날。옛적
【遂事】(수사-スイジ) ①다된 일 ②일을 오로지 함
【遂遂】(수수-スイスイ) ①서로 따라감 ②성하게 일어나는 모양
【遂初】(수초-スイショ) 처음일을 해냄。벼슬을 물리치고 그 초지(初志)를 이룸
【遂行】(수행-スイコウ) 해냄

【遏】알 アツ、とどめる stop 曷 ㄜˋ e^{4}
①그칠 止也 ②막을 絕也

【遇】우 グウ、グ、あう meet
①만날 道路相逢 ②대접할待也接也
【遇待】(우대-グウタイ) 신분에 상당한 대접
【遇合】(우합-グウゴウ) 현명한 임금을만나 등용이 됨
【遇害】(우해-グウガイ) 살해 당함

【運】운 ウン、はこぶ convey 問 ㄩㄣˋ $y\ddot{u}n^{4}$
①옮길 徙也 ②움직일 動也 ③운전할 轉也 ④운수 曆數—祚
【運柩】(운구-ウンキュウ) 관을 움직임
【運氣】(운기-ウンキ) ①돌아다니는 병 ②운명 ③행복
【運到時來】(운도시래) 운수와 시기가 한 때에 오는 것
【運動】(운동-ウンドウ) ①물건을 옮기어 나름 ②위생을 원하여 몸을 움직임 ③일함 ④돌아다님 ⑤분주히 노력함 ⑥주선함 ⑦여러가지의 경기 ⑧물체가 동력에 의하여 움직임
【運動選手】(운동 선수-ウンドウセンシュ)

어떠한 경기에 특수한 재주가 있는 선수
【運動場】(운동장-ウンドウジョウ) 운동・경기・유희들을 위하여 만들어놓은 넓은 마당
【運動會】(운동회-ウンドウカイ) 여러 사람이 모이어 여러가지 경기를 행하는 모임
【運糧】(운량) 양식을 운반함
【運路】(운로-ウンロ) 물건을 운송하는 「길
【運命】(운명-ウンメイ) ①사람에게 닥쳐오는 모든 화복과 길흉 ②사람의 행동을 지배하는 큰 힘
【運搬】(운반-ウンパン) 물건 또는 사람을 옮겨 나름
【運算】(운산-ウンサン) 계산하여 답을 냄
【運送】(운송-ウンソウ) 물건을 운반하여 보냄
【運數】(운수) 사람의 몸에 돌아오는 길흉・화복에 관한 일
【運輸】(운수-ウンユ) 짐을 옮김。 운송(運送)
【運身】(운신-みをはこぶ) 몸을 움직임
【運營】(운영-ウンエイ) 일을 경영하여 나아감
【運用】(운용-ウンヨウ) 움직여 씀
【運意】(운의-ウンイ) 이리저리 생각함
【運賃】(운임-ウンチン) 물건을 운반하는 삯
【運材】(운재-ウンザイ) 재목을 운반함
【運轉】(운전-ウンテン) ①돌아감。 돌림②수레 따위를 움직여 돌아가게 함③다른 곳으로 옮김 ④이용함
【運漕】(운조-ウンソウ) 배로 짐을 나름。 수운(水運)
【運筆】(운필-ウンピツ) 붓을 놀리는 법
【運荷】(운하-ウンカ) 짐을 운반함
【運河】(운하-ウンガ) 육지를 파서 뚫어 만든배가 다니는 길 「너감
【運航】(운항-ウンコウ) 배가 바다를 건
【運行】(운행-ウンコウ) 돌아다님
【運貨】(운화-ウンカ) 화물을 운반함
【運會】(운회-ウンカイ) 운수와 기회
【運休】(운휴-ウンキュウ) 교통기관의 운전이나 운영을 멈추고 쉼

【違】 위 イ、ちがう violate 微 ㄨㄟˊ wei²
①어길 背也 ②미적미적할 不決依
【違角】(위각-イカク) 정상적인 상태에 어긋남
【違格】(위격-イカク) 격식에 틀림
【違骨】(위골-イコツ) 뼈가 어그러짐
【違期】(위기-イキ) 기한을 어김
【違令】(위령-イレイ) 명령을 어김
【違例】(위례-イレイ) 종래의 규칙을 어김
【違反】(위반-イハン) 법률・규약・약속 등을 어김
【違背】(위배-イハイ) 위반(違反)
【違犯】(위범-イハン) 법을 위반하여 죄를 범함
【違法】(위법-イホウ) 법률 또는 규칙을 어김
【違覆】(위복-イフク) 반복(反覆)의 뜻。 사리의 의심되는 점을 캐어 밝힘
【違算】(위산-イサン) 틀린 계산 「格)
【違式】(위식-イシキ・シキにたがう)위격(違
【違失】(위실-イシツ) 틀리어 잘못됨
【違約】(위약-イヤク) 약속을 어김
【違言】(위언-イゲン) 자기가 말한대로 하지 않고 어김
【違限】(위한-イゲン) 기한을 어김

【遊】 유 ユウ、ユ、あそぶ play
①놀 敖也 ②벗사귈 友也交 遊同
【遊客】(유객-ユウカク) ①일을 하지않고 놀고 있는 사람 ②유람하는 사람
【遊擊】(유격-ユウゲキ) 임기응변으로 적을 침
【遊擊隊】(유격대-ユウゲキタイ) 일정한부대에 속하지 않고 임기응변하여 제편을 도와서 적을 치는 부대
【遊憩】(유게-ユウケイ) 편안히 쉼
【遊廓】(유곽-ユウカク) 창기(娼妓)가 모인 일정한 구역
【遊觀】(유관-ユウカン) ①유람 ②놀기위하여 세운 궁전
【遊冬】(유동-ユウトウ) 씀바귀
【遊動】(유동-ユウドウ) 자유로 움직임
【遊樂】(유락-ユウラク) 놀고 즐김
【遊覽】(유람-ユウラン) 돌아다니며 구

경합
【遊歷】(유력-ユウレキ) 여러 곳으로 놀러다님
【遊獵】(유렵-ユウリョウ) 놀러 다니면서 하는 사냥
【遊離】(유리-ユウリ) ①따로 떨어져 있음 ②어떠한 개체(個體)가 다른것과 화합하지 않고 있음 ③화합물에서 분리됨
【遊牧】(유목-ユウボク) 일정한 주거가없이 풀과 물을 따라 목축을 업으로 삼는 것
【遊民】(유민-ユウミン) 놀고 사는 백성
【遊絲】(유사-ユウシ) 아지랑이
【遊山】(유산-ユサン) 산으로 놀러다님
【遊星】(유성-ユウセイ) 태양의 주위로 명자의 궤도를 따라 돌아다니는 별
【遊說】(유세-ユウゼイ)각처로 다니며 자기의 의견을 말함
【遊手】(유수-ユウシュ) ①일정한 직업이 없이 놀고 있음。또 그 사람 ②손을 놀리고 있음。 손을 듬
【遊食】(유식-ユウショク) 벌지 않고 놀고 먹음
【遊息】(유식-ユウソク) 마음 편안히 쉼
【遊園地】(유원지-ユウエンチ) 나무 화초를 심거나 또는 새·짐승 따위를 길러서 사람들에게 구경시키는 곳
【遊衣遊食】(유의유식-ユウイユウショク)아무 하는 일없이 놀면서 입고 먹음
【遊弋】(유익-ユウヨク) ①유렵(遊獵) ②군함이 해상으로 돌아다님
【遊人】(유인-ユウジン) 놀러다니는 사람
【遊蕩】(유탕-ユウトウ)만판놂。음탕하게 놂
【遊學】(유학-ユウガク) ①타국에 가서 공부함。유학(留學) ②타향에 가서 유학 임관(任官)하는 사람
【遊行】(유행-ユウコウ) 유람하기 위하여 각처로 돌아다님
【遊魂】(유혼-ユウコン)넋이 본체에서 떠나 흩어짐
【遊興】(유흥-ユウキョウ) 재미있게 놂
【遊戲】(유희-ユウギ)①즐겁게 놂。작난으로 놂음 ②일정한 방법으로 재미있게 하는 운동

【逾】유 ユ、こえる
pass over;exceed
①넘을 越也 ②지나갈 邁也
【逾邁】(유매-ユマイ) 지나감。경과함
【逾月】(유월-ユゲツ・つきをこゆ) 달이 지나감
【逾越節】(유월절-ユエツセツ) 유태인의 축일。여호와가 애굽 사람의 맏아들을 모두 죽일 때 이스라엘 사람들의 집에는 어린양(羊)의 피를 문기둥에 발라서 표를 하여 놓은 까닭에 그대로 지나가 그 재난을 면한데서 유래함
【逾日】(유일-ユジツ・ひをこゆ)날이 넘음。타일(他日)에 걸침

【遒】주 シュウ、つよい
strong 尤 ㄐㄧㄡ chiu¹
①굳셀 勁也 ②굳을 固也 ③다할盡也 ④모을 聚也
【遒勁】(주경-シュウケイ) 굳셈。서화·문장·의 필력 「재임
【遒放】(주방-シュウホウ) 필력이 자유자
【遒整】(주정-シュウセイ) 필력이 세차고 정돈됨
【遒盤】(주진-シュウバン) 다함。 없어짐

【遄】천 セン、ゼン、すみやかに
hurry 先 ㄔㄨㄢ ch'uan²
빠를 疾也

【遍】편 ヘン、あまねし
widely 霰 ㄅㄧㄢ pien⁴
두루 周也
【遍歷】(편력-ヘンレキ) 널리 돌아다님
【遍滿】(편만-ヘンマン) 널리 참。꽉참
【遍散】(편산-ヘンサン) 널리 헤져 있음
【遍身】(편신-ヘンシン) 온몸에 퍼짐。온몸
【遍在】(편재-ヘンザイ) 널리 퍼져 있음

【逼】핍 ヒツ、ヒョク、ヒキ、せまる
annoy press 職 ㄅㄧ pi¹
①핍박할 迫也 ②가까울 近也
【逼近】(핍근-ヒッキン) ①썩 가까움 ②가까이 몰아옴
【逼迫】(핍박-ヒッパク) ①닥쳐옴 ②몹시

좇음

【逼塞】(핍색-ヒッソク) 꽉 막힘

【逼眞】(핍진-ヒッシン) 실물과 퍽비슷함

【逼奪】(핍탈-ヒッダツ) ①위협하여 빼앗음 ②임금을 협박하여 그 자리를 빼앗음

【遐】하 カ、はるか distant 麻 ㄒㄧㄚˊ hsia^{2}

멀 遠也

【遐齡】(하령-カレイ) ①나이가 많음 ②오래 살음

【遐方】(하방-カホウ) 서울을 중심하여 먼 시골

【遐逝】(하서-カセイ) 멀리 감

【遐壽】(하수-カジュ) 나이가 많음。오래 살음

【遐陬】(하추-カスウ) 두메

【遐裔】(하예-カエイ) 먼 시골

【遐遠】(하원-カエン) 떨어져서 썩 멈

【遐邇】(하이-カジ) 먼 것과 가까운 것

【遐通】(하통-カツウ) 멀리 통함。먼데까지 퍼짐

【遐鄉】(하향-カキョウ) 외 시골。먼 시골

【遑】황 コウ、あわてる hurried 陽 ㄏㄨㄤˊ huang^{2}

①급할 急也 ②겨를 暇也

【遑遑】(황황-コウコウ) 써 급한모양。쩔쩔매는 모양

【十 畫】

【遣】견 ケン、つかわす send 銑 ㄑㄧㄢˇ ch'ien^{3}

①보낼 送也 ②좇을 逐也 ③견전 祖奠

【遣歸】(견귀-ケンキ) 고향으로 돌려보냄。놓아보냄 「보냄

【遣外】(견외-ケンガイ) 사람을 외국에

【遣奠】(견전-ケンテン) 발인(發靷)때문전에서 지내는 제식(祭式)

【遘】구 コウ、あう meet with 宥 ㄍㄡˋ kou^{4}

만날 遇也

【遝】답 トウ、こみあう crowd 合 ㄊㄚˋ t'a^{4}

①뒤 섞일 雜— ②뒤미쳐따를 行相及迨

【遝至】(답지-トウシ) 복잡하게 모여 듦

【遛】류 リュウ、とどまる stay 尤 ㄌㄧㄡˋ

머물를 止也逗—

【遡】소 ソ、さかのぼる go back to 遇 ㄙㄨˋ su^{4}

①거스를 逆也 ②향할 嚮也 ③맞을 迎也 하소연할 訴也 愬通

【遡源】(소원-ソゲン) ①물의 근원을 찾아 거슬러 올라감 ②학문의 근원을 찾아 연구함

【遡風】(소풍-ソフウ) 안고 가는 바람

【遡洄】(소회-ソカイ) 물을 거슬려 올라감

【遜】손 ソン、へりくだる modest 願 ㄙㄨㄣˋ suen^{4}

①겸손할 謙恭 ②순할 順也 ③사양할 辭避 ④도망할 遁也

【遜辭】(손사-ソンジ) 겸손한 말

【遜色】(손색-ソンショク) 못한 편。부족한 모양

【遜讓】(손양-ソンジョウ) 사양함

【遜位】(손위-ソンイ) 임금의 자리를 남에게 물려줌

【遜志】(손지-ソンシ) 교만하지 않고 제몸을 낮추는 마음

【遙】요 ヨウ、はるか distant 蕭 ㄧㄠˊ yao^{2}

①멀 遠也 ②노닐 徜徉逍—

【遙望】(요망-ヨウボウ) 먼 곳을 바라봄。원망(遠望)

【遙拜】(요배-ヨウハイ) 먼 곳에서 멀리 바라봄。바라보고 절함

【遙然】(요연-ヨウハイ) 먼 모양

【遙遙】(요요-ヨウヨウ) ①멀고도 아득한 모양 ②마음이 불안한 모양 ③가는 모양 「멂

【遙遠】(요원-ヨウエン) 멀고도 멂。몹시

【遙祭】(요제-ヨウサイ)먼 곳에서 제사함

【遙度】(요탁-ヨウタク) 먼곳에서 남의마음을 헤아림

【遠】원 エン、オン、とおい far;distant 阮 ㄩㄢˇ yüan^{3}

①멀 遙也 ②멀리할 離也 ㅣ之

【遠客】(원객-エンカク) 먼곳에서 온 손

【遠距離】(원거리-エンキョリ) 먼 거리

【遠隔】(원격-エンカク) ①멀리 떨어져있음 ②기한이 가깝지 아니함

【遠景】(원경-エンケイ) 먼 경치

【遠境】(원경-エンキョウ) 먼 국경

【遠空】(원공-エンクウ) 먼 하늘

【遠光】(원광-エンコウ) 먼 곳에서 본 경치

【遠郊】(원교-エンコウ) 도회에서 먼 벌

【遠求】(원구-エンキュウ) 먼 데까지 찾아 구함

【遠近】(원근-エンキン) 먼 것과 가까운 것。여기저기

【遠代】(원대-エンダイ) 먼 시대

【遠大】(원대-エンダイ) 규모가 시원하고 광대함

【遠來】(원래-エンライ) 먼 곳에서 옴

【遠慮】(원려-エンリョ) 앞일을 헤아리는 멀고 깊은 생각

【遠路】(원로-エンロ) 먼 길

【遠望】(원망-エンボウ) ①먼데를 바라봄 ②먼희망

【遠謀】(원모-エンボウ) 앞일의 꾀。장래를 생각함

【遠方】(원방-エンポウ) 먼 지방

【遠邦】(원방-エンポウ) 먼 나라

【遠射】(원사-エンシャ) 활이나 총같은것을 멀리 쏨

【遠算】(원산-エンサン) 원대한 계획

【遠色】(원색-いろにとおざかる) 여색을 멀리함

【遠歲】(원세-エンサイ) 오랜 세월

【遠孫】(원손-エンソン) 세대가 먼 자손

【遠視】(원시-エンシ) ①먼 곳을 봄 ②먼데것은 보이고 가까운 것은 도리어 똑똑히 보이지 않는 눈

【遠視鏡】(원시경-エンシキョウ) 원시안의 사람이 쓰는 안경

【遠視眼】(원시안-エンシガン) 조절근(調節筋)의 신축이 불충분 하거나 수정체(水晶體)가 평평하여서 가까운 것을 잘못보는 눈

【遠心力】(원심력-エンシンリョク) 운동하는 물체의 구심력(求心力)에 반대하는 힘

【遠洋】(원양-エンヨウ) 멀리 있는 바다

【遠遊】(원유-エンユウ) ①멀리 가서 놀음 ②공부하기 위해 먼곳에 감

【遠音】(원음-エンオン) 먼데서 나는소리

【遠因】(원인-エンイン) 간접의 원인

【遠日點】(원일점-エンジツテン) 지구가태양의 주위를 도는 궤도 위에서 태양이 가장 멀어진점

【遠戰】(원전-エンセン) 멀리서 싸움

【遠征】(원정-エンセイ) ①먼곳을 침 ②먼곳에 감

【遠程】(원정-エンテイ) 원로(遠路)

【遠足】(원족-エンソク) ①운동으로 먼 길을 걸어감。②소풍(逍風)

【遠旨】(원지-エンシ) 깊은 뜻

【遠戚】(원척-エンセキ) 먼 척분

【遠天】(원천-エンテン) 먼 하늘

【遠村】(원촌-エンソン) 먼 마을

【遠出】(원출-とおで) 먼 곳으로 나감

【遠竄】(원찬-エンザン) ①먼곳으로 귀양보냄 ②멀리 달아나 숨음

【遠航】(원항-エンコウ) 뭍에서 멀리 떨어진 바다를 배로 다님

【遠海】(원해-エンカイ) 먼 바다

【遠行】(원행-エンコウ) 먼 길을 감。원정(遠征)

【遞】체 テイ、かわる transmit

①갈마들일 更迭ㅣ代 ②역말 驛也 傳ㅣ ③멀 遠也迢ㅣ

【遞加】(체가-テイカ) 차례로 더함

【遞減】(체감-テイゲン) 차례로 덞음

【遞改】(체개-テイカイ) 사람을 갈아들임

【遞去】(체거-テイキョ) 벼슬 자리를 내놓고 감

【遞歸】(체귀-テイキ) 벼슬을 내놓고 고향으로 감

【遞代】(체대-テイダイ) 서로 바꾸어 교대함

【遞夫】(체부-テイフ) 우편물을 배달하는 사람

【遞送】(체송-テイソウ) 차례로 전하여 보냄

【遞戰】(체전-テイセン) 갈아들어 싸움。번갈아 싸움

【遞職】(체직-テイショク) 벼슬을 갈아냄
【遞次】(체차-テイジ) 차례。순차로
【遞差】(체차-テイサ) 관리를 갈아 바꿈

【十一畫】

【遯】둔 トン、のがれる escape 願 ㄉㄨㄣˋ tuen⁴

①숨을 隱也 ②달아날 逃也 ③속일 瞞也 ④괘이름 卦名艮下乾上
【遯世】(둔세-トンセイ) 세상을 피함
【遯心】(둔심-トンシン) 달아날 마음。배반하는 마음
【遯逸】(둔일-トンイツ) 세상을 피하여 편안히 살음
【遯竄】(둔찬-トンザン) 달아나 숨음

【遨】오 ゴウ、あそぶ play 豪 ㄠˊ ao²

노닐 遊也—嬉 敖同
【遨遊】(오유-ゴウユウ) 즐겁게 놀음

【適】적 テキ、チャク、かなう fit; suitable 陌 ㄕˋ shih⁴

①맞갖을 自得安便 ②갈 往也 ③마침 偶爾—然 ④시집갈 稼也 ⑤깨달을 悟也。⑥주장할 專主 ⑦친히 할 親也 ⑧좇을 從也
【適格】(적격-テキカク) 격식 또는 자격이 맞음
【適口】(적구-くちにかなう) 맛이 좋아 입에 맞음
【適歸】(적귀-テキキ) 따라감。향하여 감
【適當】(적당-テキトウ) 사리에 알맞음
【適度】(적도-テキド) 알맞은 정도
【適量】(적량-テキリョウ) 알맞은 분량
【適例】(적례-テキレイ) 적당한 전례
【適齡】(적령-テキレイ) 어떠한 표준이나 규정에 알맞은 나이
【適莫】(적막-テキバク・チャクマク) 몹시 좋아하고 싫어함。적(適)은 어떠한 사물에 열심인 것。막(莫)은 그와 반대로 싫어지는 것
【適法】(적법-テキホウ) 법률 또는 규칙에 맞음
【適否】(적부-テキヒ) 맞는 것과 안맞는 것
【適性】(적성-テキセイ) 어떤 사물에 적합한 성질
【適業】(적업-テキギョウ) 적당한 직업
【適然】(적연-テキゼン) ①마침내。우연(偶然) ②마땅하다。당연(當然)
【適用】(적용-テキヨウ) 맞추어 씀
【適應】(적응-テキオウ) 걸맞아서 서로 응함
【適宜】(적의-テキギ) 맞추기에 마땅함。자기편의 대로
【適意】(적의-テキイ) 뜻에 맞음。마음에 듬
【適任】(적임-テキニン) 적당한 임무
【適子】(적자-テキシ) 만아들
【適者生存】(적자생존-テキシャセイゾン) 외계의 상태에 맞는 성질이 있는 자는 살고 그렇지 못한 자는 멸망하는 자연 도태의 규정
【適材】(적재-テキザイ) 적당한 인재
【適材適所】(적재적소-テキザイテキショ) 적당한 인재를 적당한 자리에 씀
【適切】(적절-テキセツ) 꼭 맞음。잘맞음
【適正】(적정-テキセイ) 알맞고 바름
【適中】(적중-テキチュウ) 알맞음
【適評】(적평-テキヒョウ) 적당한 비평。꼭 맞는 비평
【適合】(적합-テキゴウ) 꼭 합당함

【遭】조 ソウ、あう meet 豪 ㄗㄠ tsao¹

①만날 逢也—遇 ②마주칠 匝也 ③뺑돌릴 巡也周—
【遭難】(조난-ソウナン) 재앙과 곤란을 당함
【遭難船】(조난선-ソウナンセン) 조난을 당한 배
【遭難地】(조난지-ソウナンチ) 재액을 당한 땅。조난을 당한 곳
【遭逢】(조봉-ソウホウ) ①우연히 서로 만남 ②임금의 신임을 받음
【遭遇】(조우-ソウグウ) ①만남。임금의 신임을 받음 ②우연히 서로 만남
【遭際】(조제-ソウサイ) 좋은 때에 만남

【遲】지 チ、おそい late; delay 支 ㄔˊ ch'ih²

①더딜 緩也 ②오랠 久也 ③천천할 徐行 ④쉴 息也棲— ⑤기다릴 待也 ⑥이에 乃也
【遲刻】(지각-チコク) 정한 시각에 늦음

【遲鈍】(지둔-チドン) 언행(言行)이 둔함。영리하지 못함

【遲留】(지류-チリュウ) 오래 머무름

【遲慢】(지만-チマン) 더딤。느림

【遲暮】(지모-チボ) ①점점 나이가 많아감 ②해가 저무름

【遲速】(지속-チソク) 더딘 것과 빠른것

【遲速針】(지속침-チソクシン) 시계의 더디고 빠름을 바로잡는 바늘대

【遲延】(지연-チエン) 더디게 끌어감

【遲緩】(지완-チカン) 더디고 느림

【遲遲】(지지-チチ) ①동작이 느린모양 ②진보가 더딘 모양。서행(徐行) ③해가긴 모양

【遲參】(지참-チサン) 정각 보다 늦게참석함

【遲滯】(지체-チタイ) 동작을 느리게함。기한에 늦음

【遲回】(지회-チカイ) ①선뜻 결단을 내리지 못하고 머뭇거림 ②슬슬 거님

【遮】차 シャ、さえぎる intercept 麻 ㄓㄜ chê·
①가릴 蔽也 ②막을 遏也 ③잔말할 語多周—

【遮擊】(차격-シャゲキ) 기다리다가 침

【遮斷】(차단-シャダン) 막아서 끊음

【遮燈】(차등-シャトウ) 등불이 밖으로비치지 못하도록 가림

【遮路】(차로-シャロ) 길을 막음

【遮面】(차면-シャメン) 얼굴을 가림

【遮抑】(차억-シャヨク) 막아 누름

【遮日】(차일-シャジツ) 볕을 가림

【遮止】(차지-シャシ) 막아 머무르게함。말림

【十二畫】

【遼】료 リョウ、はるか distant 蕭 ㄌㄧㄠ liao²
①멀 遠也 ②물이름 水名—河 ③나라이름 關名契丹建國

【遼隔】(요격-リョウカク) 아득히 떨어져있음

【遼廓】(요곽-リョウカク) 멀고 넓음

【遼東豕】(요동시-リョウトウのシ・リョウトウのいのこ) 자기는 이상하게 여기나 남이 보기에는 이상할 것이 없다는것을 이름。또 자기공을 자랑하나 남이 보기에는 그다지 신통할 것이 없음을 이름。옛날 요동(遼東)에서 머리가 흰 돼지를 낳았으므로 이상히 여겨 임금께 바치려고 하동(河東)을 갔더니 그곳 돼지는 모두 흰것을 보고 부끄러워 돌아왔다는 이야기

【遼史】(요사-リョウシ) 중국 이십사사의 하나

【遼遠】(요원-リョウエン) 멀고 멀음。썩 멀음

【遴】린 リン、はばかる hesitate 震 ㄌㄧㄣ lin⁴
①머뭇거릴 行難 ②가릴 選也掄才 ③게염낼 貧也

【遴選】(인선-リンセン) ①고름 ②가림。아끼어 작게 함

【遴集】(인집-リンシュウ) 무데기로 많이 모임

【選】선 セン、えらぶ select 銑 ㄒㄩㄢ hsüan³
①고를 擇也 ②도래춤 環舞 ③가릴 擇也 ④셀 數也 ⑤재물 貨貝白— ⑥조금 있다가 須臾少—

【選擧】(선거-センキョ) 여러 사람 속에서 어떠한 일에 적당한 사람을 뽑아서 천거함

【選良】(선량-センリョウ) ①좋은 사람을 선출함 ②국회의원

【選募】(선모-センボ) 골라 모음

【選拔】(선발-センバツ) 많은 속에서 골라냄

【選兵】(선병-センペイ) 골라 뽑은 병사。정병(精兵)

【選手】(선수-センシュ) 각종 경기에 뽑힌 그 경기에 익숙한 사람

【選任】(선임-センニン) 뽑아서 직무를 맡김

【選入】(선입-センニュウ) 뽑아 넣음

【選者】(선자-センシャ) 골라서뽑는사람。선택하는 이

【選定】(선정-センテイ) 골라 정함 「냄

【選出】(선출-センシュツ) 여럿에서 골라

【選擇】(선택-センタク) 골라서 뽑음

【邎】요 ジョウ、ニョウ、めぐる go around 㠯 ㄖㄠˋ jao⁴
두를 圍也

【遺】유 イ、ユイ、のこす leave behind 㠯 ㄧˊ i²
①남을 餘也 ②끼칠 贈也 ③먹일 餽也 ④잃을 失也 ⑤자취 蹤迹 ⑥더할 加也

【遺憾】(유감-イカン) ①마음에 섭섭함 ②불만스럽게 여김
【遺戒】(유계-イカイ・ユイカイ) 예전 사람이 남긴 교훈
【遺孤】(유고-イコ) 아버지 어머니가 죽은 뒤에 남아있는 외로운 고아
【遺骨】(유골-イコツ) 죽은 사람의 해골
【遺稿】(유고-イコウ) 죽은 사람이 남긴 시문의 원고
【遺棄】(유기-イキ) 버림
【遺德】(유덕-イトク) ①죽은이의 끼친 덕 ②죽은 후에 남아 있는 혜택
【遺毒】(유독-イドク) 백성에게 끼친 해독
【遺落】(유락-イラク) ①잊어버림。내던짐 ②빠짐。탈락(脫落)
【遺漏】(유루-イロウ) 빠짐。샘
【遺留】(유류-イリュウ) 끼치어 둠。남겨 놓음 「과실
【遺謬】(유류-イビュウ) 죽은이가 남긴
【遺忘】(유망-イボウ) 잊어버림

【遺命】(유명-イメイ) 임금이 임종 때에 하는 명령
【遺墨】(유묵-イボク) 살았을때쓴필적
【遺文】(유문-イブン) 죽은이의 생전에 남긴 글
【遺物】(유물-イブツ・ユイモツ) ①후세에 남긴 물건 ②잃어버린 물건。유실물(遺失物)
【遺民】(유민-イミン) ①남아 있는 백성 ②망국의 백성 ③전조(前朝)의 백성으로 절의(節義)를 지키고 신조(新朝)에 섬기지 아니한 자
【遺芳】(유방-イホウ) 뒤에 남는 명예
【遺事】(유사-イジ) 누락된 사건 「산
【遺産】(유산-イサン) 죽은이가 남긴 재
【遺書】(유서-イショ) 유언하는 글。흩어져 없어진 책
【遺俗】(유속-イゾク) 후세에 끼친 풍속
【遺習】(유습-イシュウ) 그릇된 습관
【遺臣】(유신-イシン) 전조의 신하。망국의 신하
【遺失】(유실-イシツ) ①가진 물건을 잃어버림 ②잊어버림。잊음 ③허물。결점(缺點)
【遺兒】(유아-イジ) ①어버이가 죽고 남아 있는 아이 ②내버린 아이
【遺言】(유언-ユイゴン) 죽을 임시에 자손들에게 부탁하는 말
【遺孼】(유얼-イゲツ) 죽은 뒤에 남은 천한 서족(庶族)

【遺業】(유업-イギョウ) 선대(先代)로부터 내려오는 사업
【遺在】(유재-イザイ) 남아 있음
【遺著】(유저-イチョ) 살아 있을때 지어 놓은 책 「취
【遺蹟】(유적-イセキ) 끼친 자취。남은자
【遺傳】(유전-イデン) ①끼쳐 내려옴 ②조상의 체질이 그 자손에게 전함
【遺制】(유제-イセイ) ①옛부터 전래하는 제도 ②옛 사람이 남긴 물건
【遺詔】(유조-イショ) 임금의 유언
【遺族】(유족-イゾク) 사후에 남아있는 가족
【遺珠】(유주-イジュ) ①빠뜨린 구슬 ②세상에 나오지 않는 인물。또 아직 세상에 알려지지 아니한 시문의 걸작
【遺贈】(유증-イゾウ) 유언으로써 재산을 물려주는 일
【遺志】(유지-イシ) 죽은 이가 이루지 못하고 남겨둔 뜻
【遺址】(유지-イシ) 전하여 오는 터
【遺體】(유체-イタイ) 부모가 끼친 몸。곧 이몸
【遺草】(유초-イソウ) 죽은 사람이 남겨 놓은 초고
【遺勅】(유칙-イチョク) 임금의 생전에 남긴 명령
【遺脫】(유탈-イダツ) 빠짐
【遺澤】(유택-イタク) 죽은 뒤까지 남아 있는 은혜

【遺風】(유풍-イフウ) ①남아있는 풍습。옛 모습 ②빠른 바람 ③천리마(千里馬)
【遺恨】(유한-イコン) 생전에 끼친원한
【遺骸】(유해-イガイ) 유골(遺骨)
【遺香】(유향-イコウ・イキョウ) 남아 있는 냄새
【遺訓】(유훈-イクン) 예전 사람의 남긴 훈계

【遵】준 ジュン、シュン、したがう
obey;follow 眞 ㄗㄨㄣ tsuen'
①좇을 循也 ②행할 行也
【遵據】(준거-ジュンキョ) 구례(舊例)・명령 등에 의거함
【遵法】(준법-ジュンポウ) 법령을 지킴
【遵奉】(준봉-ジュンポウ) 구례・명령등을 받듦
【遵守】(준수-ジュンシュ) 구례・명령등을 좇아 지킴
【遵施】(준시-ジュンシ) 준봉하여 실행함
【遵用】(준용-ジュンヨウ) 좇아 씀
【遵行】(준행-ジュンコウ) 규정을 지키어 행함

【遷】천 セン、うつす
remove 先 ㄑㄧㄢ ch'ien'
①옮길 移也 ②바뀔 變易 ③벼슬거칠 徒官曰ㅡ ④귀양보낼 謫也
【遷改】(천개-センカイ) 옮겨 바꿈
【遷客】(천객-センカク) 죄를 지어 멀리 유배된 사람
【遷都】(천도-セント) 도읍을 옮김
【遷動】(천동-センドウ) 옮김
【遷徙】(천사-センシ) 천동(遷動)과같음
【遷延】(천연-センエン) ①밀어감。지체함 ②물러남。물러섬
【遷移】(천이-センイ) 천동(遷動)
【遷轉】(천전-センテン) 벼슬을 옮김
【遷職】(천직-センショク) 벼슬을 옮김

【遹】휼 イツ、したがう
follow 質 ㄩ yü'
①좇을 循也 ②간사할 回邪 ③이에 發語辭
【遹追】(휼추-イッツイ) 뒤를 이어 받음

【暹】日部 十二畫을 볼것

【十三畫】

【遽】거 キョ、にわか
suddenly 御 ㄐㄩ chü'
①급할 急也 ②바쁠 卒也 ③두려울 懼也 ④역말수레 驛車傳ㅡ
【遽步】(거보-キョホ) 바쁘게 걸음
【遽色】(거색-キョショク) 당황한 얼굴의 기색
【遽然】(거연-キョゼン) ①별안간。갑자기 ②허둥지둥하는 모양
【遽人】(거인-キョジン) ①역졸(驛卒) ②명령을 전하는 사자(使者)

【邁】매 マイ、バイ、すぎる
pass by 卦 ㄇㄞ mai
①먼길 갈 遠行 ②돌아보지않을 不顧ㅡ ③지나갈 過也 ④늙을 老也
【邁達】(매달-マイタツ) 남보다 뛰어남
【邁德】(매덕-マイトク) 뛰어난 덕
【邁邁】(매매-マイマイ) 돌아보지 않는 모양
【邁往】(매왕-マイオウ) 힘써 감
【邁進】(매진-マイシン) 힘써 나아감

【邀】요 ヨウ、むかえる
dash forward
①부를 招也 ②맞을 迎也 ③구할 求也 要・徼通
【邀喝】(요갈-ヨウカツ) 귀인의 앞을 서서 행인을 경계하는 사람
【邀擊】(요격-ヨウゲキ) 적을 맞아 침
【邀招】(요초-ヨウショウ) 불러 맞음

【邅】전 テン、たちもとる
hesitate
①머뭇거릴 難行貌速ㅡ ②굴릴 轉也 ③좇을 逐也
【邅回】(전회-テンカイ) 머뭇 거리는모양

【避】피 ヒ、さける
avoid 寘 ㄅㄟ pei'
①피할 逃也 ②숨을 隱遁 ③어길 違也
【避難】(피난-ヒナン) 재난을 피하여 있는 곳을 옮김
【避難民】(피난민-ヒナンミン) 재난의 위험에서 벗어난 이재민
【避匿】(피닉-ヒトク) 피하여 숨음

【避亂】(피란-ヒラン・ランをさく) 난리를 피함
【避雷】(피뢰-ヒライ) 벼락을 피함
【避暑】(피서-ヒショ) 있는 곳을 옮기어 더위를 피함
【避身】(피신 ヒシン) 몸을 피함
【避姙】(피임-ヒニン) 어떠한 방법을 베풀어 아이를 배지 않도록 함。수태(受胎)를 피함
【避接】(피접-ヒセツ) 있을 곳을 옮기어 병을 고침
【避脫】(피탈-ヒダツ) 피하여 벗어남
【避寒】(피한-ヒカン) 있는 곳을 옮기어 추위를 피함
【避禍】(피화-ヒカ) 재화를 피함
【避廻】(피회-ヒカイ) 달아나서 피함

【邂】해 カイ、めぐりあう
meet unexpectedly
우연히 만날 不期而遇ー逅
【邂逅】(해후-カイコウ) 우연히 서로만남

【還】환 カン、ゲン、かえる
restore ; repay
①돌아올 反也 ②돌아볼 顧也 ③돌려보낼 償也 ④둘릴 繞也 環同(선) ①돌 轉也周ー ②빠를 速也 ③가벼울 便捷
【還甲】(환갑) 六十一세
【還去】(환거-カンキョ) 돌아감
【還國】(환국-カンコク) 제나라로 돌아옴
【還軍】(환군-カングン) 군사를 돌려옴

【還宮】(환궁-カンキュウ) 임금이 대궐로 돌아옴
【還給】(환급-カンキュウ) 물건을 도로줌
【還納】(환납-カンノウ) 도로 바침
【還來】(환래-カンライ) 돌아옴
【還路】(환로-カンロ) 돌아가는 길。귀로(歸路)
【還本】(환본-カンポン) 근본으로 돌아감
【還封】(환봉-カンプウ) 옮기기 위하여 파헤쳤던 무덤을 다시 봉분함
【還生】(환생-カンセイ) 되 살아남
【還俗】(환속-カンゾク) 중이 도로 속인(俗人)으로 돌아옴
【還收】(환수-カンシュウ)명령을 도로 거둬 들임
【還安】(환안-カンアン) 딴 곳에서 옮겼던 신주(神主)를 도로제자리로모심
【還御】(환어-カンギョ) 환궁(還宮)
【還繞】(환요-カンギョウ) 사방으로 둘러쌈
【還元】(환원-カンゲン) ①근원으로 돌아감 ②화합물을 분신하여 원소(元素)로 돌려 보냄
【還住】(환주-カンジュウ) 되돌아 삶
【還贈】(환증-カンゾウ) 보내온 물건을되돌려 보냄
【還紙】(환지-カンチ) 휴지로 재생한 종이
【還宅】(환택) 귀가의 높임말
【還退】(환퇴-カンタイ) 샀던 것을 도로 무름

【還翰】(환한-カンカン) 답장(答狀)
【還幸】(환행-カンコウ) 환궁(還宮)
【還鄕】(환향-カンキョウ) 고향에 돌아감。귀향(歸鄕)
【還魂】(환혼-カンコン) 죽은 사람이 도로 살아남

【邉】邊 (辵部 十五畫)俗字

【十四畫】

【邈】막 バク、マク、とおい
far off remote
①멀 遠也 ②민망할 悶也ーー ③업신여길 輕視
【邈邈】(막막-バクバク) ①먼 모양 ②근심하는 모양
【邈志】(막지-バクシ) 원대한 뜻
【邈乎】(막호-バクコ) ①남을 업신여기는 모양 ②먼 모양

【邃】수 スイ、ふかい
deep 寘 ㄙㄨㄟˋ suei⁴
깊숙할 深遠
【邃古】(수고-スイコ)태고(太古)의 시대
【邃宇】(수우-スイウ) 깊숙한 집
【邃曉】(수효-スイギョウ) 깊이 깨달음

【邇】이 ジ、ニ、ちかい
near 紙 ㄦˇ erh³
가까울 近也密ー孔ー
【邇言】(이언-ジゲン) 통속적으로 알기 쉬운 말

【十五畫—十九畫】

【邊】 변 ヘン、ほとり edge;border 先 ㄅㄧㄢ pien¹
①가 側也 ②곁할 旁近 ③모퉁이 陲也 ④변방—邑 ⑤姓也

【邊境】(변경-ヘンキョウ) 나라의 경계가 되는 땅
【邊戒】(변계-ヘンカイ) 변경(邊境)
【邊界】(변계-ヘンカイ) 변경
【邊寇】(변구-ヘンコウ) 변경에 침입하는 외적(外敵)
【邊利】(변리) 변돈에서 느는 이자
【邊民】(변민-ヘンミン) 변경에 사는사람
【邊方】(변방-ヘンボウ) 변경(邊境)
【邊防】(변방-ヘンボウ) 변경의 방비
【邊報】(변보-ヘンポウ) 변경에서 들어오는 경보
【邊備】(변비-ヘンビ) 국경의 방비
【邊鄙】(변비-ヘンピ) 변방의 땅。두메
【邊塞】(변새-ヘンサイ) 변경에 있는 요새
【邊戍】(변수) 국경의 수비
【邊陲】(변수-ヘンスイ) 변방의 땅 변두리에 붙은 땅
【邊邑】(변읍-ヘンユウ) 변경에서 가까운 땅 두메
【邊族】(변족-ヘンゾク) 문벌이 좋은집안중에서 쇠퇴하게 된 겨레붙이
【邊地】(변지-ヘンチ) 변경
【邊鎭】(변진-ヘンチン) 국경을 지키는 군영(軍營)
【邊患】(변환-ヘンカン) 이웃나라가 침범하는 나라의 근심

【邏】 라 ラ、めぐる patrol 歌 ㄌㄨㄛˋ luo⁴
①순라 巡也游偵 ②둘러막을 遮也 環繞

【邏騎】(나기-ラキ) 말 탄 병졸
【邏卒】(나졸-ラソツ) ①순행(巡行)하는 병졸 ②순경의 옛말

【邐】 리 リ、つらなる connect 紙 ㄌㄧˇ li³
①잇닿을 連接 ②미적거릴 因循 ③비틀거릴 行貌貌— 「양

【邐倚】(이기-リイ) 길이 울퉁불퉁한모양
【邐迤】(이이-リイ) 비스듬하게 잇닿은 모양

邑 部

【邑】 읍 ユウ、オウ、むら district city 緝 ㄧˋ i⁴
①고을 都—四縣爲都四井爲— ②흑흑 느낄 氣結於— ③답답할 憂鬱— — 悒通

【邑居】(읍거-ユウキョ) 마을。촌락(村落)
【邑里】(읍리-ユウリ) 읍내에 있는 이(里)
【邑俗】(읍속-ユウゾク) 읍내의 풍속
【邑邑】(읍읍-ユウユウ) ①마음이 답답하여 편하지 않음 ②미약(微弱)한 모양 ③마을이 잇달아 있는 모양
【邑入】(읍입-ユウニュウ) 영지(領地)에서 받아드리는 조세

【三 畫】

【邛】 공 キョウ、つかれる tired out 冬 ㄑㄩㄥˊ ch'iung²
①지칠 勞也 ②병될 病也 ③어지러울 亂也 ③땅이름 蜀地名臨—

【邙】 망 ボウ、モウ、やまのな name of a mountain
북망산 洛陽山名地—

【邕】 옹 ヨウ、やわらぐ mild 冬 ㄩㄥ yung¹
①화할 和也 ②막을 塞也 雍同

【邕邕】(옹옹-ヨウヨウ) 온화한 모양。조화된 모양

【邘】 우 ウ、くにのな name of an ancient state
우나라 鄭地名周武王子所封

【邗】 한 カン、かわのな name of a river
물이름 吳水名—溝

【四 畫】

【那】 나 ナ、ダ、なんぞ how;what 歌 ㄋㄚˇ na³
①어찌 何也 ②편안할 安也 ③클 大也 ④다할 盡也 ⑤많을 多也 ⑥도

읍 都也 ⑦어찌 何也 ⑧저 彼也 ⑨어조사 語助辭

【那落】(나락-ナラク) 범어 Naraka의음역。지옥(地獄)을 이름

【那邊】(나변-ナヘン) ①거기 그 곳 ②어디 어느 곳

【那何】(나하-いかん) 어떠하냐。어떻게

【邦】방 ホウ、くに state;nation

①나라 國也 ②봉할 封也 ③姓也

【邦家】(방가-ホウカ) 나라。국가

【邦慶】(방경-ホウケイ) 나라의 경사

【邦國】(방국-ホウコク) ①나라。국가 ②우리나라

【邦禁】(방금-ホウキン) 나라에서 금함。국가의 금령(禁令)

【邦禮】(방례-ホウレイ) 나라의 길흉(吉凶)의 예식

【邦語】(방어-ホウゴ) 자기나라의 말

【邦威】(방위-ホウイ) 국위(國威)

【邦中】(방중-ホウチュウ) 나라안

【邦人】(방인-ホウジン) 자기 나라의사람

【邦土】(방토-ホウド) 나라 땅。국토

【邦憲】(방헌-ホウケン) 나라의 법률

【邦刑】(방형-ホウケイ) 나라의 형벌

【邦貨】(방화-ホウカ) 제나라 안에서 쓰이는 화폐

【邠】빈 ヒン、 name of a province

①빈나라 周太王國 ②고을이름 陜西省州名

【邪】사 ジャ、よこしま evil 麻 ㄒㄧㄝ hsieh²

간사할 不正ㅡ佞 衺同 (야) ①그런가 語助疑辭 ②축축한 땅 下地汚ㅡ 耶同

【邪見】(사견-ジャケン) 부정한 견해。간사한 생각

【邪曲】(사곡-ジャキョク) 마음이 교활하고 간사함

【邪敎】(사교-ジャキョウ) 옳지 아니한 요사스러운 종교

【邪氣】(사기-ジャキ) ①몸에 병이 되는 나쁜 기운 ②사악한 마음。부정한 기운

【邪念】(사념-ジャネン) ① 간악한 생각 ②망령된 걱정

【邪黨】(사당-ジャトウ) 간악한 무리

【邪道】(사도-ジャドウ) 올바르지 않은길

【邪戀】(사련-ジャレン) 옳지 아니한 연애

【邪路】(사로-ジャロ) 부정한 길。옳지 못한 방향

【邪僻】(사벽-ジャヘキ) 도리에 벗어나 편벽함。부정(不正)

【邪說】(사설-ジャセツ) ① 정도(正道)에 맞지 아니하는 말 ②진실하지 아니한 소문

【邪術】(사술-ジャジュツ) 간사한 재주

【邪神】(사신-ジャシン) 요사한 귀신

【邪心】(사심-ジャシン) 부정한 마음。간사한 마음

【邪惡】(사악-ジャアク) 간사하고 악독함

【邪慾】(사욕-ジャヨク) 간사스러운 욕심

【邪淫】(사음-ジャイン) 간사하고 음탕함

【邪智】(사지-ジャチ) 나쁜 지혜

【邪慝】(사특-ジャトク) 도리에 어긋나고 악독함

【邪風】(사풍-ジャフウ) 경솔한 언행

【邪學】(사학-ジャガク) 국교(國敎) 이외의 종교

【邪揄】(야유) 남을 빈정거려 놀림。희롱함

【邢】형 ケイ name of a state

①형나라 周公子所封國 ②姓也

【邨】村 (木部 三畫) 本字

【五 畫】

【邱】구 キュウ、ク、おか name of a district

①언덕 丘也 ②땅이름 地名 丘通

【邱壻】(구서-キュウセイ) 죽은 딸의 사위 (邱는 空)

【邳】비 ヒ、ビ name of a district

땅이름 泗州縣衣下ㅡ

【邸】저 テイ、やしき lodging -house 薺 ㄉㄧˇ ti³

①사처 郡國京舍 ②병풍 屛也皇ㅡ

③흘바탕 主本
【邸閣】(저각-テイカク) 저택。또는 창고
【邸舍】(저사-テイシャ) ① 저택 ②여관 ③가게·상점
【邸店】(저점-テイテン) 가겟방
【邸第】(저제-テイダイ) 귀인의 저택
【邸宅】(저택-テイタク) 규무가 큰 주택

【邰】태 テイ、タイ name of a small feudal state
태나라 后稷所封

【邶】패 ハイ name of a feudal state
패나라 故商邑朝歌地

【邲】필 ヒツ、みめよい pretty
①어여쁠 美貌 ②땅이름 鄭地名

【邯】한 カン name of a state
땅 이름 趙都—鄲 (함) 義同(감)
【邯鄲之夢】(한단지몽-カンタンのゆめ) 사람의 일생의 부귀란 헛되고 덧없다는 뜻。노생(盧生)이 한단(邯鄲)에서 도사(道士) 여옹(呂翁)의 베개를 빌어서 조는 동안에 부귀영화의 꿈을 꾸었다 함

【六 畫】

【郊】교 コウ、キョウ、まちはずれ waste land 肴 ㄐㄧㄠ chiao¹
들 邑外曰—
【郊祀】(교사-コウシ) 하늘과 땅에 지내는 제사。옛날 임금이 동지(冬至)에는 남쪽 교외에서 하늘에 제사를 지내고, 하지(夏至) 때는 북쪽 교외에서 땅에 제사를 올렸음
【郊野】(교야-コウヤ) 교외의 들
【郊外】(교외-コウガイ) 시가밖。들밖
【郊祭】(교제-コウサイ) 교사(郊祀)와 같음
【郊兆】(교조-コウチョウ) 교제(郊祭)를 지내는 곳
【郊墟】(교허-コウキョ) 들

【郁】욱 イク、かんばしい elegant 屋 ㄩ yü⁴
①문채날 文盛貌 ②자욱할 氣厚醲—
【郁光】(욱광-イクコウ) 솟아오르는 햇빛
【郁氣】(욱기-イクキ) 향기가 썩 좋은 기운
【郁李】(욱리-イクリ) 산이스랏나무
【郁文】(욱문-イクブン) 문물(文物)이 성한 모양
【郁馥】(욱복-イクフク) 꽃다운 향기가 나는 모양
【郁氛】(욱분-イクフン) 향기가 좋은 기운
【郁郁】(욱욱-イクイク) ①무늬가 찬란한 모양 ②문물(文物)이 성한 모양 ③향기가 좋은 모양

【邾】주 チュ、くにのな name of a state
주나라 魯附庸國

【郅】질 シツ、シチ、いたる reach 質 ㄓ chih⁴
①이를 至也 ②이름 縣名郁— ③오를 登也
【郅隆】(질륭-シツリュウ) 왕화(王化)가 고루 미친 태평한 세상
【郅治】(질치-シッチ) 썩 잘 다스림

【郃】합 コウ name of a state
땅이름 馮翊縣名

【郈】후 コウ name of a state
땅 이름 魯邑名

【耶】耳部 三畫에 볼것

【七 畫】

【郡】군 グン、こおり county 問 ㄐㄩㄣ chün⁴
고을 縣所屬
【郡界】(군계-グンカイ) 한 군과 딴 군과의 경계
【郡民】(군민-グンミン) 행정구역인 군안에 사는 사람
【郡守】(군수-グンシュ) 군의 우두머리
【郡王】(군왕-グンノウ) 임금 다음에 가는 작명(爵名)。수(隋)에서 청(淸)에 이름
【郡邑】(군읍-グンユウ) 옛날의 지방제도이던 주(州)

【郡政】(군정-グンセイ) 군의 행정
【郡主】(군주-グンシュ) 구제(舊制)에는 제왕(諸王)의 딸。 당제(唐制)에는 태자(太子)의 딸。 명(明)・청(淸)에서는 친왕(親王)의 딸

【郤】극 ゲキ、すきま crevice 陌 ㄒㄧˋ hsi⁴
①隙(阜部 十畫)同 ②姓也
【郤地】(극지-ゲキチ) 빈 땅。공지(空地)

【郎】랑 ロウ、おのこ young gentleman
①사내 男子稱 ②남편 婦稱夫 ③벼슬 이름 官名
【郎官】(낭관-ロウカン) 낭중(郎中)과 같음
【郎君】(낭군-ロウクン) ①아내가 자기남편을 일컫는 말 ②귀공자(貴公子) ③새로 진사(進士)에 급제한 사람
【郎當】(낭당-ロウトウ) ①피곤한 모양 ②처리하기 어려운 모양 ③옷이 넓어서 몸에 맞지 아니함
【郎子】(낭자-ロウシ) 남의 아들의 높임말
【郎材】(낭재-ロウザイ) 신랑이 될만한 「감
【郎中】(낭중-ロウチュウ) 벼슬 이름。상서(尙書)를 보좌하여 정무에 참여하였음

【郛】부 フ、くるわ suburbs 虞 ㄈㄨˊ fu²
성가퀴 城外大郭

【郛郭】(부곽-フカク) ①성가퀴 ②막아 지켜서 보전함

【郢】영 エイ、ヨウ name of an ancient district
땅이름 楚地名
【郢曲】(영곡-エイキョク) 비속한 음악。유행가
【郢人】(영인-エイジン) 속가(俗歌)를 잘 부르는 사람。소릿군

【八 畫】

【郭】곽 カク、くるわ castle-wall 藥 ㄍㄨㄛ kuo¹
①바깥성 外城 ②姓也
【郭公】(곽공-カッコウ) ①꼭뚜각시・괴뢰(傀儡) ②뻐꾸기
【郭索】(곽색-カクサク) ①게가 기어가는 모양 ②말이 많은 모양 ③마음이 안정을 잃고 한결같지 않은 모양

【郯】담 タン、くにのな name of an ancient district
담나라 省天後所封

【部】부 ブ、つかさ class; section 麌 ㄅㄨˋ pu⁴
①마을 署也 ②지경 界也 ③떼 行伍—曲 ④나눌分也
【部曲】(부곡-ブキョク) 여러 사람。또는 군대의 떼

【部內】(부내-ブナイ) 어떤 소속된 범위안
【部隊】(부대-ブタイ) 한 부분의 군대
【部落】(부락-ブラク) ①도회 밖에 민가가 모여 있는 곳 ②미개인(未開人)의 떼
【部令】(부령-ブレイ) 행정(行政) 각부 장관(各部長官)이 맡은 직무에 관하여 또는 특별한 위임에 의하여 내는 명령
【部類】(부류-ブルイ) 종류의구별。갈래
【部門】(부문-ブモン) 분류한 부분
【部分】(부분-ブブン) 사물의 내부의 구분 속의 갈래
【部索】(부색-ブサク) 분담하여 찾음
【部署】(부서-ブショ) 사물의 방면을 갈라서 각기 부분을 맡김。분담 시킴
【部伍】(부오-ブゴ) 군중(軍中)의 대오
【部外】(부외-ブガイ) 관련하여 소속된 범위 밖의 것
【部長】(부장-ブチョウ) 한 부분의 우두머리
【部族】(부족-ブゾク) 공통한 언어・종교 따위를 가진 지역적인 공동체(共同體)로서 원시적 민주의 단위를 이루는 것
【部族社會】(부족사회-ブゾクシャカイ) 씨족이 모여서 부족을 형성했던 원시 사회
【部下】(부하-ブカ) 남의 밑에 있는 사

람。 아랫 벼슬을 하는 사람

【郵】우 ユウ、しゅくば post-town 尤 ㄧㄡˊ yu²
①역말 驛也 ②지난 過也
【郵館】(우관-ユウカン) 역말의 여관。 객사(客舍)
【郵料】(우료-ユウリョウ) 우편요금(郵便料金)의 준말
【郵書】(우서) 우편으로 보내는 글
【郵稅】(우세-ユウゼイ) 우편물에 관한 여라가지 세금
【郵送】(우송-ユウソウ) 우편으로 물건을 보냄
【郵信】(우신-ユウシン) 우편을 이용하는 편지
【郵政】(우정-ユウセイ) 우편에 관한 정무(政務)
【郵遞局】(우체국-ユウテイキョク) 체신부 장관의 관할에 딸리며 전신·전화·우편·소포·우편저금·간이생명보험·우편환 따위 현업(現業)사무를 맡아보는 지방관서
【郵便】(우편-ユウビン) 공공(公共)의 통신을 맡아보는 업무
【郵票】(우표-ユウヒョウ) 우편요금을 내었다는 표시로 우편물에 붙이는 증표

【郰】추 スウ、シュウ name of a district
땅이름 魯下邑孔子之鄕

【九 畫】

【都】도 ト、ツ、みやこ capital city 虞 ㄉㄨ tu¹
①도읍 天子所居 ②거할 居也 ③성할 盛也 ④도무지 總也 ⑤도흡할 歎美辭 ⑥姓也
【都家】(도가-トカ) ①주대(周代) 임금의 자제 및 공경대부(公卿大夫)의 영지(領地) ②같은 장사를 하는 상인들이 모이는 집。 도갓집
【都監】(도감-トカン) 국혼(國婚)·국장(國葬)및 궁궐(宮闕)을 지을때 임시로 두던 곳
【都講】(도강-トコウ) 글 방에서 여러날 배운 글을 다 선생 앞에서 외는 일
【都給】(도급) 어떠한 일을 맡아서 하는 일
【都大體】(도대체) 대관절。 대체。 도무지
【都錄】(도록-トロク) 물건이나 사람의 이름을 한곳에 적은 목록
【都賣】(도매) 도거리로 팔음
【都買】(도매) 도거리로 한 번에 많이 사들임
【都府】(도부-トフ) ①도시 ②서울
【都城】(도성-トジョウ) ①임금의도읍 ②주대(周代) 제후의 자제 또는 경대부(卿大夫)의 영지에 있던 성 「수
【都數】(도수-トスウ)도거리의 수。 모든
【都市】(도시-トシ) 도회(都會)
【都元帥】(도원수) 육해군의 우두머리
【都邑】(도읍-トユウ) 서울
【都中】(도중-トチュウ) 그일에 관계가있는 모든 사람。 단체의 모든 사람
【都次知】(도차지) 사물을 전부 맡음。 혼자 차지함
【都請】(도청) 여러가지를 한번에청함
【都統】(도통-トトウ) 모든 것을 통치함 또 그 관명(官名)。 당(唐) 이후는 주로 제도(諸道)의 병마(兵馬)를총괄하는 관명으로 됨
【都砲手】(도포수) 사냥할 때에 자우 포수·몰이 포수·목포수들을 총지휘하는포수의 두목
【都下】(도하-トカ) 서울 안
【都合】(도합-トゴウ·ツゴウ)전부를 합친 계산
【都會】(도회-トカイ) 인가가 많고 번화한 곳。 도시(都市)

【鄂】악 ガク、かぎり boundary 藥 ㄜˋ è
①땅이름 楚地名 ②가 垠也 ③놀랄 驚ㅣ ④나타날 外見貌ㅣ然 ⑤이마 額也 ⑥말꼿꼿하게할 辨厲ㅣㅣ諤通
【鄂博】(악박-ガクハク) 몽고 유목지(遊牧地)의 경계를 명백히 쌓아 놓은 표식。 그곳에는 천지 신령이 있다고 생각하였다

【鄆】운 ウン name of a district

땅이름 魯地名

【十 畫】

【鄒】추 シュウ、スウ name of a state
추나라 魯縣古邾婁國 騶通

【鄉】향 キョウ、ゴウ、ふるさと country 陽 ㄒㄧㄤ hsiang¹
시골 五州百家之內 向·嚮通

【鄉歌】(향가-キョウカ) 시골서 유행하는 노래
【鄉曲】(향곡-キョウキョク) 시골 구석
【鄉關】(향관-キョウカン) 고향。향리(鄉里)
【鄉校】(향교-キョウコウ) 시골에 있던 문묘(文廟)와 거기 딸린 학교
【鄉國】(향국-キョウコク) 고국(故國)。고향
【鄉禁】(향금-キョウキン) 그지방에서 금하는 일
【鄉黨】(향당-キョウトウ) 한시골의 여러 사람。또 자기(自己)의 출생지(出生地)
【鄉論】(향론-キョウロン) 시골의 여론
【鄉吏】(향리キョウリ) 한고을에 대를 이어 내려오는 아전
【鄉里】(향리-キョウリ) ①시골。향관(鄉關) ②고향(故鄉) ③시골사람 ④부부가 서로 부르는 이름。남편을 이름。아내를 이름
【鄉侲】(향맹-キョウボウ) 시골에서 사는 백성
【鄉夢】(향몽-キョウム) 타향에서 꾸는 고향 꿈
【鄉味】(향미-キョウミ) ①시골에 사는취미 ②시골 음식
【鄉民】(향민-キョウミン) 시골에 사는백성
【鄉書】(향서-キョウショ) 고향에서 온 글월
【鄉先生】(향선생-キョウセンセイ) 시골에 사는 글방 선생。시골 학자
【鄉俗】(향속-キョウゾク) 시골풍속。향풍(鄉風)
【鄉愁】(향수-キョウシュウ) 고향을 그리워 하는 마음。타향에서 고향을 그리는 슬픔
【鄉試】(향시-キョウシ) 지방에서 그 도(道)안의 유생에게 보이던 과거
【鄉信】(향신-キョウシン) 고향의 소식
【鄉樂】(향악-キョウガク) 우리나라의 고유한 풍류
【鄉闇】(향암-キョウアン) 시골 구석에있으므로 모든 사리에 어둡고 아무것도 모름
【鄉語】(향어-キョウゴ) 제 고향 말
【鄉儒】(향유-キョウジュ) 시골에 사는유학의 선비
【鄉弊】(향폐-キョウヘイ) 시골의 폐풍(弊風)
【鄉風】(향풍-キョウフウ) 향속(鄉俗)
【鄉學】(향학-キョウガク) 학문에 마음을 향함

【十一畫】

【鄙】비 ヒ、いやしい vulgar;mean
①비천할 卑賤 ②시골 都之對 ③변방 邊邑邊— ④더러울 陋也 ⑤인색할 嗇財—吝

【鄙見】(비견-ヒケン) 자기의 의견을 겸손하게 일컫는 말
【鄙陋】(비루-ヒロウ) 고상하지 않고 더러움
【鄙吝】(비린-ヒリン) 더럽고 인색함
【鄙夫】(비부-ヒフ) ①마음이 비루한사람。소인 ②마음이 좁은사람
【鄙心】(비심-ヒシン) 천하고 인색한 마음
【鄙語】(비어-ヒゴ) 낮은 말。잡스러운 말
【鄙諺】(비언-ヒゲン) 품이 낮은 시속말
【鄙劣】(비열-ヒレツ) 더럽고 낮음
【鄙愚】(비우-ヒグウ) 못나고 어리석음
【鄙人】(비인-ヒジン) ①시골사람 ②천한 사람。자기의 겸사말
【鄙第】(비제-ヒダイ) 제집
【鄙族】(비족-ヒゾク) 자기 겨레붙이의 낮춤말
【鄙地】(비지-ヒチ) 자기 사는 곳의 낮춤말
【鄙懷】(비회-ヒカイ) ①야비한 생각 ②자기의 뜻하는 생각을 낮추어 하는말

【鄢】언 エン name of a district
땅이름 鄭地名

【十二畫】

【鄲】단 タン name of a place
조나라서울 趙都邯—

【鄧】등 トウ、ドウ name of a state
①등나라 國名 ②고을이름 州名

【鄰】린 リン、となり neighbour 眞 ㄌㄧㄣˊ lin²
①이웃 近也 ②이웃할 親比 ③도울 輔弼臣
【鄰家】(인가-リンカ) 이웃집
【鄰境】(인경-リンキョウ) ①인접된 경계 이웃나라
【鄰交】(인교-リンコウ) 이웃 또는 이웃 ②나라와의 교제
【鄰郡】(인군-リングン) 이웃한 고을
【鄰國】(인국-リンコク) 이웃나라
【鄰近】(인근-リンキン) 이웃
【鄰邦】(인방-リンポウ) 이웃나라。인국(外國)
【鄰保】(인보-リンポ) 가까운 이웃집
【鄰比】(인비-リンピ) 이웃
【鄰接】(인접-リンセツ) 가까이 닿아있음
【鄰村】(인촌-リンソン) 이웃 동네

【鄯】선 セン、ゼン name of a state
선나라 西域國名—善

【鄭】정 テイ、ジョウ name of a feudal state
①정나라 周叔友所封國 ②고을이름 縣名 ③姓也
【鄭聲】(정성-テイセイ) 음탕한 음악。야비한 소리
【鄭重】(정중-テイチョウ) ①태도가 엄숙함 ②대우가 친절함 ③자주·빈번

【鄱】파 ハ、バ name of a district
땅이름 趙地名

【十三畫—二十畫】

【鄴】업 ギョウ、ゴウ name of a district
땅이름 魏郡縣名
【鄴架】(업가-ギョウカ) 책이 많음을 이름。당(唐)의 이필(李泌)이 업현후(鄴縣侯)에 봉했을 때 그의 집에 장서가 많았으므로 일컫는 말

【鄹】鄒 (邑部 八畫)同字

【酇】찬 サン、むら settlement
①마을 聚也 ②義同 ③땅이름 南陽縣名 (차) ①땅이름 蒲邑 ②흰술 白酒

【酈】력 レキ、リャク name of a district
땅이름 南陽縣名

【嚮】口部 十六畫에 볼것

酉部

【酉】유 ユウ、ユ、とり star;ripe 有 ㄧㄡˇ yu³
①열째지지 地支第十位 ②별 西方宿 ③익을 萬物成熟 ④나아갈 就也

【二 畫】

【酊】정 テイ、よう intoxicated 迥 ㄉㄧㄥˇ ting³
잔뜩 취할 醉貌酩—

【酋】추 シュウ、かしら headman 尤 ㄑㄧㄡˊ ch'iu²
①괴수 魁首——長 ②마칠 終也 ③술익을 酒熟
【酋領】(추령-シュウリョウ) 추장(酋長)과 같음
【酋長】(추장-シュウチョウ) ①야만인의 우두머리 ②도적의 괴수(魁首)

【三 畫】

【配】배 ハイ、くばる distribution 隊 ㄆㄟˋ p'ei⁴
①나눌 分割 ②짝 匹也
【配軍】(배군-ハイグン) 귀양가서 국경을 지키는 병정
【配給】(배급-ハイキュウ) 벌려서 공급함
【配達】(배달-ハイタツ) 다니며 물건을 나누어 줌

【配當】(배당-ハイトウ) 나누어줌。 벼름
【配島】(배도-ハイトウ) 섬으로 귀양보냄
【配流】(배류-ハイリュウ) 섬으로 귀양보냄
【配兵】(배병-ハイヘイ) 병정을 각각 요소에 배치함
【配本】(배본-ハイホン) 책을 배달함
【配付】(배부-ハイフ) 나누어 줌
【配賦】(배부-ハイフ) 나누어서 돌라줌
【配分】(배분-ハイブン) 몫몫이 나누어줌
【配備】(배비-ハイビ) 배치하여 설비함
【配線】(배선-ハイセン) 전선(電線)을 배치함
【配船】(배선-ハイセン) 선박을 적당히 별려 나누어 줌
【配所】(배소-ハイショ) 죄인을 귀양보내는 곳
【配屬】(배속-ハイゾク) 어떠한 곳에 별려 붙어서 일하게 함
【配囚】(배수-ハイシュウ) 귀양간 죄수
【配偶】(배우-ハイグウ) 짝。 부부 지간。 배필(配匹)
【配位】(배위-ハイイ) 부부가 다 죽었을 때의 그 아내에 대한 경칭
【配謫】(배적-ハイタク) 귀양 보냄
【配電】(배전-ハイデン) 전류를 여러곳으로 보냄
【配電所】(배전소-ハイデンショ) 발전소또는 변전 소에 보내는 전류를 받아 배전하는 곳
【配劑】(배제-ハイザイ) 약재를 배합함
【配車】(배차-ハイシャ) 기차나 전차 들을 여러 곳으로 별려서 보냄
【配置】(배치-ハイチ) 갈라서 따로따로 둠。 설비하여 둠
【配合】(배합-ハイゴウ) ①한데 합함 ②알맞게 벼름 ③부부가 됨
【配享】(배향-ハイキョウ) ①종묘에 공신을 부제(祔祭) 함 ②문묘(文廟)에 학덕이 있는 사람을 부제함

【酌】작 シャク、くむ pour out liquor
①잔질할 斟也行觴 ②짐작할 審擇 參——
【酌交】(작교-シャクコウ) 술을 딸아 서로서로 권함
【酌量】(작량-シャクリョウ) 짐작하여 헤아림
【酌婦】(작부-シャクフ) 술집에서 손에게 술을 따라주는 계집
【酌定】(작정-シャクテイ) 일을 짐작하여 결정함
【酌酒】(작주-シャクシュ・さけをくむ) 술을 따름

【酒】주 シュ、シュウ、さけ wine 有 ㄐㄧㄡ chiu
①술 系麴所釀 ②무술 明水玄—
【酒家】(주가-シュカ) ①술집 ②술군
【酒渴】(주갈-シュカツ) ①술에 취하여목이 마름 ②몹시 술을 마시고자 함
【酒客】(주객-シュカク) 술을 잘먹는 사람。 술군
【酒困】(주곤-シュコン) 술에 취하여 마음이 어지러워 짐
【酒果脯醯】(주과포혜) 술과 과실과 육포와 식혜 곧 간략한 제물
【酒光】(주광-シュコウ) 술빛
【酒狂】(주광-シュキョウ) 술이 취하면주정을 몹시 함。 또 그 사람
【酒禁】(주금-シュキン) 술을 담그지 못하게 함。 금주령(禁酒令)
【酒氣】(주기-シュキ) ①술먹은 기분 ②술냄새。 술의 향기
【酒旗】(주기-シュキ) 술집 문전에 표시로 세운 깃발
【酒器】(주기-シュキ) 술을 마시는데 쓰는 기구。 술잔
【酒談】(주담-シュダン) 술김에 하는 객적은 말
【酒德】(주덕-シュトク) ①술의 공덕 ②술의 악덕 ③술이 취한 뒤에도 심신을 바르게 가지는 습성
【酒徒】(주도-シュト) 술을 즐기거나 자주 마시는 무리
【酒毒】(주독-シュドク) ①술의 독。 음주의 해독 ②술의 중독으로 얼굴에생기는 붉은 점
【酒燈】(주등-シュトウ) 술집에 다는등
【酒量】(주량-シュリョウ) 술을 먹는분량
【酒力】(주력-シュリョク) ①술이 사람을 취하게 하는 힘 ②술김에 나는기운
【酒令】(주령-シュレイ) 음주(飮酒)의 약조。 어긴자는 벌주를 먹음
【酒樓】(주루-シュロウ) 요릿집。 술집

【酒類】(주류-シュルイ) 술의 종류
【酒幕】(주막) 시골 길거리에서 술과 밥을 팔고 나그네를 치는 집
【酒媒】(주매-シュバイ) 누룩
【酒母】(주모-シュボ) ①술밑 ②술을파는 여자
【酒味】(주미-シュミ) 술맛
【酒盤】(주반-シュバン) 주로 술상으로 쓰는 둥근상
【酒榜】(주방) 술집의 간판
【酒杯】(주배-シュハイ)술잔。주기(酒器)
【酒癖】(주벽-シュヘキ・さけぐせ) ①술을 좋아하는 버릇 ②술을 마시면 흔히 나타나는 버릇
【酒餅】(주병-シュベイ) 술과 떡
【酒保】(주보-シュホ) 술을 파는 집
【酒朋】(주붕-シュホウ) 같이 술을 마시는 친구
【酒肆】(주사-シュシ) 술집
【酒商】(주상-シュショウ) 술 장사
【酒傷】(주상-シュショウ) 음주로 인하여 일어나는 위의 고장
【酒色】(주색-シュショク) ①술과 계집。음주(飲酒)와 여색(女色) ②술기운이 얼굴에 나타남
【酒席】(주석-シュセキ) 술을 마시는자리
【酒性】(주성-シュセイ) 술이 취한 뒤에 하는 행동
【酒聖】(주성-シュセイ) ①주성(酒性)이 고운 사람 2)주량(酒量)이 큰 사람

【酒醒】(주성-シュセイ) 술 취한 것이 깸
【酒洗】(주세-シュセン) 약재를 술에씻음
【酒稅】(주세-シュゼイ) 술을 담그는 세
【酒巡】(주순-シュジュン) 술잔을 돌리는 일
【酒失】(주실-シュシツ) 술에 취하여 저지른 실수。취중에 잘못함
【酒案】(주안-シュアン) 술상
【酒宴】(주연-シュエン) 술잔치
【酒筵】(주연-シュエン) 술자리
【酒肉】(주육-シュニク) 술과 고기
【酒盞】(주잔-シュサン) 술잔
【酒場】(주장-さかば) 술자리
【酒錢】(주전-シュセン) 술을사서 먹을돈
【酒戰】(주전-シュセン) 술먹기 내기
【酒政】(주정-シュセイ) 술을 마시는절차
【酒精】(주정-シュセイ)。알콜。술의 주성분(主成分)이 되는 무색의 액체
【酒槽】(주조-シュソウ) 술주자
【酒滯】(주체-シュタイ) 음주로 인하여생기는 체증
【酒炒】(주초-シュシャ) 약재(藥材)를 술에 담갔다가 불에 볶는 것
【酒草】(주초-シュソウ) 술과 담배
【酒臭】(주취-シュシュウ) 취한 사람의술냄새
【酒浸】(주침-シュシン) 약재를 술에 담가두는 것
【酒限】(주한-シュゲン) 음주의 정량(定量)을 말함

【酒荒】(주황-シュコウ) 술에 거침
【酒肴】(주효-シュコウ) 술안주
【酒痕】(주흔-シュコン) 술이 묻은 흔적
【酒興】(주흥-シュキョウ) 술을 마신뒤의 홍취

【酎】주 チュウ、こいさけ . strong wine 宥 ㄓㄡˋ chou⁴
①세번위 덮은 술 三重酒 ②위덮은 술 醇也 ③전국술 重釀酒
【酎金】(주금-チュウキン) 한대(漢代)의 제도로 임금이 처음익은 술을 종묘에 바칠때 제후(諸侯)가 다 헌금하며 제를 돕고 이 술을 마심。만일 헌금의 분량이 적거나 혹은 질이 나쁠 때는 그 영토를 빼앗기던 것

【四 畫】

【酖】짐 タン、チン、たのしむ be fond of wine
짐새술 鴆酒 (탐) 술즐길 嗜酒樂飲
【酖毒】(짐독-チンドク) ①짐(酖)은 짐(鴆)이라는 독조(毒鳥) 그깃을 술에 담가 저어서 먹여 사람을 죽임 ②해독의 뜻으로 씀

【酗】후 ク、くるう crazy with drunk
주정할 醉怒迷亂酒德
【酗訟】(후송-クショウ)술김에 싸워서 소송을 일으킴
【酗酒】(후주-クシュ) 주정함

【酔】 酔(酉部 八畫) 略字

【五 畫】

【酣】 감 カン、たけなわ merry with wine
①술즐길 樂酒不醉 ②술취할 酒樂 飲治
【酣歌】(감가-カンカ) 술이 취하여 노래함。 술을 즐겨 마시며 노래하고춤춤
【酣睡】(감수-カンスイ) 달게 잠。 잘 잠
【酣飲】(감음-カンイン) 한창 흥이 있게 술을 마심
【酣戰】(감전-カンセン) ①한창 싸움 ②몹시 싸움
【酣醉】(감취-カンスイ) 술이 몹시 취함
【酣興】(감흥-カンキョウ) 술을 마시고매우 즐거워 함

【酤】 고 コ、さけをかう buy wine 虞 ㄍㄨ ku¹
①술살 買酒 ②술팔 賣酒 ③단술一宿酒
【酤權】(고각-コカク) 정부에서 술을 전매(專賣)하여 이익을 독점함
【酤酒】(고주-コシュ) ①술을 팜 ②술을 삼

【酥】 수 ソ、ちちしる cows' milk
타락 酪屬牛羊乳

【酢】 초 サク、ソ、す vinegar 遇 ㄘㄨˋ ts'u⁴
초 醶也酢漿 (작) 술 권할 酬一
【酢敗】(초패-ソハイ) 술맛이 시어짐

【六 畫】

【酪】 락 ラク、ちちしる milk 藥ー ㄌㄨㄛˋ luo⁴
타락 乳漿
【酪農】(낙농-ラクノウ) 소·염소 등의 젖을 짜서 이것을 원료로 하여 버터·치즈·밀크등을 제조 가공하는 농업

【酩】 명 メイ、よう be drunk 迥 ㄇㄧㄥˊ ming
잔뜩 취할 醉貌一酊
【酩酊】(명정-メイテイ) 술이 잔뜩 취함

【酬】 수 シュウ、むくいる repay
①술권할 勸酒 ②갚을 報也
【酬答】(수답-シュウトウ) 말로 대답함。 응답(應答)
【酬應】(수응-シュウオウ) ①남의 요구에 응함 ②술잔을 바꿈
【酬酢】(수작-シュウサク) 주객(主客)이서로 술잔을 바꿈。 손님을 대접함
【酬唱】(수창-シュウショウ) 시문을 지어 서로 주고 받고 함
【酬和】(수화-シュウワ) 시문을 지어 응답함

【七 畫】

【酹】 뢰 ライ、ラツ、そそぐ sprinkle wine on the earth
강신 술 綴祭酒沃地

【酸】 산 サン、すっぱい sour 寒 ㄙㄨㄢ suan¹
①실 酢味 ②슬플 悲痛
【酸甘】(산감-サンカン) 신것과 단것
【酸類】(산류-サンルイ) 산성이 있는 화합물
【酸鼻】(산비-サンビ) 콧등이 새근새근하다는 뜻이니 매우 비통함을 이름
【酸性】(산성-サンセイ) 산의 기운을 가진 성질
【酸素】(산소-サンソ) 무색·무미·무취(無臭)의 기체로 비금속 원소(非金屬元素)。 물·고기·등을 구성함
【酸漿】(산장-サンショウ) 꼬아리
【酸切】(산절-サンセツ) 통절히 슬퍼함
【酸棗】(산조) 산대추
【酸敗液】(산패액-サンパイエキ) 먹은 음식이 잘 삭지 않고 신 트림이 날때 목에서 넘어오는 신물
【酸寒】(산한-サンカン) 가난하고 괴로움。 한산(寒酸)
【酸化】(산화-サンカ) 어떠한 물질이 산소와 화합하는 것
【酸懷】(산회-サンカイ) 마음을 상함

【酺】 포 ホ、たのしむ drink in company
①진치술 飲酒作樂大一 ②고사 지낼 除栽祭 ③여럿이 마실 食飲
【酺宴】(포연-ホエン) 임금이 신하에게

주식을 하사함

【酷】혹 コク、むごい cruel 因 ㄎㄨˋ k'u⁴
①혹독할 虐也 ②참혹할 慘也 ③심할 甚也 ④술맛 텁텁할 酒厚味 ⑤궤란할 潰也

【酷毒】(혹독-コクドク) 가혹함。 지독함

【酷烈】(혹열-コクレツ) 일이 혹독하여 매우 심함

【酷吏】(혹리-コクリ) 가혹한 관리。무자비한 관리

【酷法】(혹법-コクホウ) 몹시 혹독한법칙

【酷似】(혹사-コクジ) 똑 같음

【酷暑】(혹서-コクショ) 지독한 더위

【酷愛】(혹애-コクアイ) 매우 사랑함

【酷熱】(혹열-コクネツ) 혹서(酷暑)

【酷肖】(혹초-コクショウ) 자손이 부모의 용모・성질과 똑 같음

【酷評】(혹평-コクヒョウ) 가혹한 비평

【酷寒】(혹한-コッカン) 지독한 추위

【酷害】(혹해-コクガイ) 몹시 심한 재해

【酷刑】(혹형-コッケイ) 가옥한 형벌

【酵】효 コウ、さけのもと yeast 図 ㄐㄧㄠˋ chiao⁴
술 괼 酒母起麴醱—

【酵母】(효모-コウボ) 술밑。주모(酒母)

【八 畫】

【醅】배 バイ、ハイ、とぶろく unstrained spirits
술 괼 酒來灑醱—

【醇】순 ジュン、きざけ pure wine
①전국 不澆酒 ②삼갈 重也—謹 ③두터울 厚也 純通

【醇醪】(순료-ジュンロウ) 다른 물건을섞지 아니한 전국술

【醇酒】(순주-ジュンシュ) 전국술

【醇化】(순화-ジュンカ) 섞인 것・쓸데없는 것을 덜어버리고 그것에 대한 감상과 지식을 순수하게 함

【醇厚】(순후-ジュンコウ) 성품이 온순하고 인정이 두터움

【醃】엄 エン、アン、しおづけ pickle 鹽 ㄧㄢ yen¹
①절일 鹽漬魚物 ②김치 葅也

【醋】작 サク、す vinegar
술권할 主客相酌酬— (초) 초 酸漿

【醋酸】(초산-サクサン) 질소와 산소의 화합물。자극성의 향기가 있는 무색의 액체

【醉】취 スイ、よう drunk 寘 ㄗㄨㄟˋ tsuei⁴
①술취할 爲酒所酣 ②친혹할 心— ③궤란할 潰也

【醉歌】(취가-スイカ) 술에 취하여 노래를 부름

【醉脚】(취각-スイキャク) 술에 취하여비틀 거리는 다리

【醉客】(취객-スイカク) ①술에 취한사람 ②술에 취한 손

【醉狂】(취광-スイキョウ) 술에 취하여미치는 것

【醉氣】(취기-スイキ) 술에 취한 것

【醉談】(취담-スイダン) 술김에 하는 말

【醉倒】(취도-スイトウ) 술에 취하여 넘어짐

【醉罵】(취매-スイバ) 술에 취하여 욕함

【醉眠】(취면-スイミン) 술에 취하여 잠「꿈을 잠

【醉夢】(취몽-スイム) 술에 취하여 꾸는

【醉舞】(취무-スイブ) 술에 취하여 춤을 춤

【醉生夢死】(취생몽사-スイセイムシ) 일생을 의미없이 보내는 것을 가리키는말

【醉眼】(취안-スイガン) 술에 취한 눈

【醉顔】(취안-スイガン) 술에 취한 얼굴

【醉翁】(취옹-スイオウ) 술에 취한 노인

【醉臥】(취와-スイカ) 술에 취하여 누워있음

【醉中】(취중-スイチュウ) 술에 취하였을동안

【醉態】(취태-スイタイ) 술에 취한 꼴

【醉漢】(취한-スイカン) 술취한 사람을하대하는 말

【醉後】(취후-スイゴ) 술에 취한 뒤

【醉興】(취흥-スイキョウ) 취중의 흥취

【九 畫】

【醒】성 セイ、ショウ、さめる wake up 迥 ㄒㄧㄥˇ hsing²
①술 깰 醉解 ②꿈 깰 夢覺
【醒目】(성목-セイモク) 자지 않음
【醒然】(성연-セイゼン) 술이 깬 모양。잠이 깬 모양
【醒悟】(성오-セイゴ) 깨달음

【醍】제 ダイ、テイ、あかいろ dark and red wine
①빛붉은 술 紅色酒 ②제호 酥之精液—醐
【醍醐】(제호-ダイゴ) ①맛것이 섞이지 않은 우락(牛酪—버터) ②불법(佛法)의 묘리(妙理) ③뛰어난 인품(人品)

【醓】혜 ケイ、あまもの vinegar 齊 ㄒㄧ hsi¹
초 酸漿 醯同

【醐】호 ゴ、コ、す oily scum 虞 ㄏㄨˊ hu²
제호 酥之精液醍—

【十 畫】

【醟】영 エイ、ケイ、よいくるう crazy with drink
주정할 酗酒

【醞】온 ウン、かもす brew liquor 吻 ㄩㄣˋ yun⁴
①술빚을 釀酒 ②온자할 含蓄—藉
【醞釀】(온양-ウンジョウ) ①술을 담금 ②심중에 비밀을 품음。백방으로 손을 대어 무실(無實)한 죄를 만듦 ③점점 양성함 ④사물이 잘 조화함
【醞藉】(온자-ウンシャ) 속이 너그럽고 편안함

【醜】추 シュウ、みにくい ugly 有 ㄔㄡˇ ch'ou³
①추할 惡也 ②더러울 穢也 ③같을 類也 ④무리 衆也 ⑤자라똥구멍 鼈竅
【醜怪】(추괴-シュウカイ) 얼굴이 추하고 괴상함
【醜女】(추녀-シュウジョ) 얼굴이 추악한 부녀자
【醜談】(추담-シュウダン) 음란하고 더러운 말
【醜陋】(추루-シュウロウ) 얼굴이 추하고 천함
【醜名】(추명-シュウメイ) 더러운 평판
【醜聞】(추문-シュウブン) 좋지 못한 소문
【醜夫】(추부-シュウフ) 얼굴이 추악한 남자
【醜婦】(추부-シュウフ) 추녀(醜女)
【醜相】(추상-シュウソウ) 더럽고 지저분한 모양
【醜說】(추설-シュウセツ) 추담(醜談)
【醜聲】(추성-シュウセイ) 추잡한 소문
【醜習】(추습-シュウシュウ) 추루(醜陋)한 습관
【醜惡】(추악-シュウアク) 더럽고 흉악함
【醜業】(추업-シュウギョウ) 더러운 생업
【醜穢】(추예-シュウカイ・シュウワイ) 추악하고 더러움
【醜辱】(추욕-シュウジョク) 더럽고 잡스러운 욕
【醜雜】(추잡) 언행이 깨끗하지 아니함。모양이 지저분함
【醜態】(추태-シュウタイ) 추악한 꼴
【醜漢】(추한-シュウカン) 막되고 더럽게 생긴 사내
【醜行】(추행-シュウコウ) 음란하고 추루한 행실

【醢】해 カイ、しおから pickled meat 賄 ㄏㄞˇ hai³
젓 肉醬

【十一畫】

【醨】리 リ、うすざけ untasty liquor
묽은 술 薄酒

【醫】의 イ、いやす cure 支 ㄧ
①병 고칠 療也 ②의원 治病者
【醫科】(의과-イカ) 대학(大學)의 한 분과。의술(醫術)을 연구하는 곳
【醫官】(의관-イカン) ①의원(醫員)의술에 종사하고 있는 관원
【醫療】(의료-イリョウ) 병을 고침
【醫方】(의방) 의술과 같음

【醫師】(의사-イシ) 병을 고쳐 주는 것을 업으로 하는 사람
【醫生】(의생-イセイ) 한약으로 병을 고치어 주는 것을 업으로 삼는 사람
【醫書】(의서-イショ) 의학에 관한 책
【醫術】(의술-イジュツ) 병을 고치는 재주。의학에 관한 기술
【醫藥】(의약-イヤク) 병을 고치는데 쓰는 약
【醫業】(의업-イギョウ) 의사 혹은 의생(醫生)의 직업
【醫院】(의원-イイン) 병자를치료하는곳
【醫學】(의학-イガク) 의술에 관한 학문

【醬】장 ショウ、みそ bean sauce 漾 ㄐㄧㄤ chiang⁴
장 鼓醢

【十二畫—十三畫】

【醯】혜 ケイ、キ、す vinegar
①실 酸也 ②식혜 以食爲醢多汁 醯同

【醱】발 ハツ、かもす ferment
술 괼 重釀—醅
【醱酵】(효모-ハッコウ) 효모(酵母)의 작용으로 술이 굄

【醵】거 キョ、キャク、さかもり contribute to a feast
술 추렴 歛錢共飮酒 (갹) 義同

【醵金】(갹금-キョキン) 돈을 출렴함
【醵飮】(갹음-キョイン) 술 추렴함

【醴】례 レイ、あまざけ sweet wine 薺 ㄌㄧˇ li³
단술 甘酒一宿熟
【醴酪】(예락-レイラク) 단술과 유락(乳酪)
【醴漿】(예장-レイショウ) 단술
【醴酒】(예주-レイシュ) 단술
【醴泉】(예천-レイセン) 맛이 좋은 물이 솟는 샘。감천(甘泉)

【十四畫—二十畫】

【醺】훈 クン、よう intoxicated 文 ㄒㄩㄣ hsün¹
술 취할 醉也和悅貌 熏通
【醺醺】(훈훈-クンクン) 술이 취하여 기분이 좋은 모양

【釀】양 ジョウ、かもす brew 漾 ㄋㄧㄤ niang⁴
술 빚을 醞酒
【釀造】(양조-ジョウゾウ) 술·간장 따위를 담금
【釀造場】(양조장-ジョウゾウジョウ) 술·간장들을 담그는 곳。양조하는 집。술을 만드는 집
【釀酒】(양주-ジョウシュ) 술을 담금

【釁】흔 キン、すきま alienation 震 ㄒㄧㄣ hsin⁴
①틈날 爭端 ②틈 罅隙 ③죄 罪累 ④조짐 兆也 ⑤피로그릇틈바를 牲血塗器
【釁隙】(흔극-キンゲキ) 사이가 불화하게 됨。틈이 남
【釁端】(흔단-キンタン) 사이가 불화하게 되는 단서。틈이 나는 실마리
【釁累】(흔루-キンルイ) 제 스스로 빚어낸 잘못
【釁浴】(흔욕-キンヨク) 향(香)을 몸에바르고 더운 물로 목욕함

【釃】시 シ、こす put wine in filter
술 거를 下酒 (소) 義同

【釅】엄 ゲン、こい thick wine 豔 ㄧㄢ yen⁴
맛 텁텁할 酒醋味厚

采部

【采】변 ベン、ハン、わける distinguish 諫 ㄅㄧㄢ pien⁴
분별할 辨別 辨本字

【一畫—十三畫】

【采】채 サイ、いろどり colouring 隊 ㄘㄞ ts'ai⁴
①채색 —色 ②일 事也 ③캘 取也 ④가릴 擇也 ⑤풍채 風— ⑥채읍 食邑 ⑦姓也 採·彩·埰通
【采女】(채녀-サイジョ) 한대(漢代)의 여관(女官)

【采緞】(채단) 혼인 때 신랑집에서 신부집으로 보내는 청색·홍색의 비단 치마감
【采色】(채색-サイショク) ① 여러 가지의 고운 빛깔 ② 얼굴 빛
【采衣】(채의-サイイ) 색스러운 옷
【采地】(채지-サイチ) 나라에서 떼어준 땅。식읍(食邑)
【采眞】(채진-サイシン) 참 생명을 얻음

【釈】釋(釆部十三畫) 略字

【釉】유 ユウ、つや lustre 宥 ㄧㄡˋ yu
광택 光澤

【番】田部 七畫에 볼것

【釋】석 シャク、セキ、とく unloose; explain
①풀릴 消散 ②내놓을 放也 ③놓을 捨也 ④둘 置也 ⑤주낼 註解 ⑥부처이름 佛號 —迦
【釋迦】(석가-シャカ) ①인도의 일 종족의 이름。범어 sakya의 음역 ②불교의 개조(開祖)。석가모니의 준말
【釋迦如來】(석가여래-シャカニョライ) 석가모니(釋迦牟尼)와 같음
【釋敎】(석교-シャクキョウ) 석가의 교。곧 불교
【釋慮】(석려-シャクリョ) 걱정을 아니하는 것
【釋放】(석방-シャクホウ) 가두어 두었던 사람을 놓아 내 보냄
【釋氏】(석씨-シャクシ) ①석가여래(釋迦如來) ②불가(佛家)
【釋義】(석의-シャクギ) 글의 뜻을 해석
【釋奠】(석전-セキテン) 공자(孔子)를 제사지내는 큰 의식(儀式)。음력 二월 八일 상정일(上丁日)에 행함
【釋尊】(석존-シャクソン) 석가모니(釋迦牟尼)의 존칭

里 部

【里】리 リ、さと village 紙 ㄌㄧˇ li
①마을 五鄕爲— ②이수 路程 三百六十步爲一— ③근심할 憂也
【里居】(이거-リキョ) 벼슬을 그만 두고 시골에 살음
【里門】(이문-リモン) 동리의 어구에 세운 문
【里數】(이수-リスウ) 길의 거리의 수
【里人】(이인-リジン·さとびと) 마을 사람。촌사람
【里程】(이정-リテイ) 도정(道程)。로정(路程)

【二畫—四畫】

【里巷】(이항-リコウ) 마을과 거리

【重】중 ジュウ、チョウ、おもい heavy 腫 ㄓㄨㄥˋ chung
①무거울 輕之對 ②두터울 厚也 ③두번 再也 ④삼갈 愼也 ⑤무겁게 여길 —之 ⑥높일 尊也 ⑦짐바리 輜也 ⑧기듭 疊也 ⑨겹 複也 ⑩늦곡식 後熟穀
【重客】(중객-チョウカク·ジュウカク) 귀중한 손。점잖은 손
【重工業】(중공업-ジュウコウギョウ) 부피에 비하여 무게가 무거운 물건을 만드는 공업
【重光】(중광-チョウコウ) ①어진 임금이 이어 나옴 ②십간(十干) 속의 신(辛)
【重九】(중구-チョウキュウ) 음력 九월 九일 중양(重陽)
【重禁】(중금-ジュウキン) 엄중한 계율。엄중한 법도
【重金屬】(중금속-ジュウキンゾク) 비중 五 이상 되는 금속。곧 동·철·수은·배금 따위
【重難】(중난-ジュウナン) 중대하고도 곤란함
【重大】(중대-ジュウダイ) ①무겁고 큼 ②중요하고 큼 ③경솔히 볼 수 없음
【重來】(중래-チョウライ·ジュウライ) 한번 지낸 벼슬에 다시 임명됨
【重量】(중량-ジュウリョウ) 무게
【重力】(중력-ジュウリョク) ①물체의 무게

②지구가 지구 위에 있는 물체를 끄는 힘
【重祿】(중록-ジュウロク・チョウロク) 많은 녹봉
【重利】(중리-ジュウリ・チョウリ) ①썩 큰 이익 ②일정한 기한의 변리를 본전에 넣어서 그 다음 기간의 본전으로 하는 방법
【重望】(중망-ジュウボウ) 중대한 명망
【重名】(중명-チョウメイ) 갸륵한 명예
【重罰】(중벌-ジュウバツ) 중한 벌
【重犯】(중범-ジュウハン) 죄를 저지른 사람이 거듭 저지름
【重病】(중병-ジュウビョウ) 중한 병
【重寶】(중보-ジュホウ・チョウホウ) 귀중한 보배
【重複】(중복-チョウフク・ジュウフク) ①거듭함。 한것을 도로 함 ②포개짐
【重削】(중삭-ジュウサク) ①되깎이 ②처음의 삭발시킨 사승과 인연을 끊고 다른 사승에게 귀의하는 일
【重喪】(중상-ジュウソウ) 아버지 어머니가 三년 안에 다 돌아가는 것。三년 안에 거듭 상을 당하는 것
【重賞】(중상-ジュウショウ) 후하게 상을줌
【重傷】(중상-ジュウショウ) 몹시 심하게 다침
【重生】(중생-ジュウセイ) 거듭 나는 것。 곧 회개하고 새사람이 되는 것
【重石】(중석-ジュウセキ) 강철 빛이 나고 몸이 굳은 결정체로 된 희유금속(稀有金屬)。 텅스텐
【重說】(중설-ジュウセツ) 거듭 말하는 것
【重稅】(중세-ジュウゼイ) 부담이 매우 중한 조세
【重囚】(중수-ジュウシュウ) 중죄(重罪)를 지은 죄수 「침
【重修】(중수-ジュウシュウ) 고침。집을 고
【重視】(중시-ジュウシ) 중요하게 봄。 중요시(重要視)
【重侍下】(중시하) 조부모 부모를 다 모시고 있는 터
【重臣】(중신-ジュウシン) 중직(重職)에 있는 관원
【重心】(중심-ジュウシン) 물체 각부에 작용하는 중력의합력(合力)이 통과하는점。 중력(重力)의 중심
【重陽】(중양-チョウヨウ) 중구(重九)
【重言】(중언-チョウゴン・ジュウゲン) ①거듭 말함 ②같은 글자를 거듭하여뜻을 이루는 말。양양(洋洋)、자자(孜孜) 따위
【重役】(중역-ジュウヤク) ①중요한 역할 ②은행 회사 등의 사장·취체역 등
【重譯】(중역-ジュウヤク) 한번 번역된 것을 다시 다른 나라말로 번역함
【重要】(중요-ジュウヨウ・チョウヨウ) 소중함。 썩 요긴함
【重用】(중용-ジュウヨウ・チョウヨウ) 중요하게 쓰는 것
【重圍】(중위-チョウイ・ジュウイ) 몇겹으로 에워 쌈
【重油】(중유-ジュウユ) 석유를 증류한 뒤에 남은 걸찍한 기름
【重恩】(중은-チョウオン・ジュウオン) 중대한 은혜。 대은(大恩)
【重音】(중음-ジュウオン) 거듭 소리
【重因】(중인-ジュウイン) 중요한 원인
【重任】(중임-ジュウニン) ①중대한 임무 ②거듭 그 임무를 맡음
【重制】(중제-ジュウセイ) 중복(重服)
【重曹】(중조-ジュウソウ) 소다
【重罪】(중죄-ジュウザイ) 중대한 죄
【重症】(중증-ジュウショウ) 중병(重病)
【重職】(중직-ジュウショク) 중요한 벼슬
【重鎭】(중진-ジュウチン) ①무거운 문진(文鎭) ②병권(兵權)을 잡고 요지에 있는 이
【重責】(중책-ジュウセキ) ①엄중하게 책망함 ②무거운 책임
【重疊】(중첩-チョウジョウ) ①여러 겹으로 됨 ②거듭 쌓임
【重聽】(중청-ジュウチョウ) 귀가 어두워 잘 듣지 못함
【重出】(중출-チョウシュツ・ジュウシュツ) 거듭 나옴
【重炭酸曹達】(중탄산조달-ジュウタンサンソウダ) 중조(重曹)소다 「태
【重態】(중태-ジュウタイ) 병이 위중한상

【重版】(중판-ジュウハン) 출판물의 판수를 거듭함
【重荷】(중하-おもに・ジュウカ) 무거운 짐이나 부담
【重恨】(중한-ジュウコン) 무거운 원한
【重刑】(중형-ジュウケイ) 엄중한 형벌
【重婚】(중혼-ジュウコン) 일정한 배우자가 있으면서 다른 배우자를 구함
【重患】(중환-ジュウカン) 무거운 병

【野】 야 ヤ の field 馬 ㄝˇ yeh³
①들 郊外 ②야비할 卑也
【野客】(야객-ヤカク) 산야에 사는사람。벼슬하지 않는 사람
【野犬】(야견-ヤケン) 주인없이 돌아다니는 개
【野徑】(야경-ヤケイ) 들의 길。 시골길
【野景】(야경-ヤケイ) 들의 경치
【野雞】(야계-ヤケイ) 꿩
【野球】(야구-ヤキュウ) 베이스볼
【野菊】(야국-のぎく) 들국화
【野壇法席】(야단법석) 많은사람이 한곳에서 서로 다투어 시끄러운 판
【野談】(야담) 민간에 널리 알려지지 아니한 야사(野史)의 구수한 이야기
【野老】(야로-ヤロウ) ①시골 사는 늙은이 ②노인이 자기를 낮추어 하는말
【野馬】(야마-ヤバ) 아지랑이
【野蠻】(야만-ヤバン) ①인지(人智)가 미개하여 문화가 유치한 종족 ②덕의심(德義心)이 없는 사람
【野望】(야망-ヤボウ) 바라서는 안될 욕심을 이루려는 희망
【野梅】(야매-ヤバイ) 들에 난 매화나무
【野無靑草】(야무청초) 가물로 인하여 땅에 푸른 빛이 없음
【野薄】(야박) 야멸치고 박정함
【野夫】(야부-ヤフ)시골에 사는 사람
【野卑】(야비-ヤヒ)고상하지 아니함。성격이 비루함 「역사
【野史】(야사-ヤシ) 야사 민간에서 만든
【野山】(야산-のやま) 들에 있는 나지막한 산
【野色】(야색-ヤショク) 들의 경치
【野生】(야생-ヤセイ) ①동식물이 저절로 들에서 남 ②자기를 겸사하여 하는 말
【野蒜】(야선) 달래
【野性】(야성-ヤセイ) 거친 성질
【野俗】(야속-ヤゾク) 박정하여 섭섭함
【野水】(야수-ヤスイ) 들 가운데로 흐르는 물
【野獸】(야수-ヤジュウ) 들에서 사는짐승
【野乘】(야승-ヤジョウ) 민간의 학자가 쓴 역사。주로 풍속・전설・역사따위 야사(野史)
【野心】(야심-ヤシン) ①남을 해하려고 하는 마음②욕심에서 나오는 마음。본분을 지키지 않고 출세를 바라는 마음 ③전원생활을 즐기는 마음
【野業】(야업-ヤギョウ) 들에서 하는 일
【野營】(야영-ヤエイ) 들에 친 진영
【野外】(야외-ヤガイ) 들 밖。바깥 들
【野慾】(야욕-ヤヨク) 무리한 욕망을 이루려는 생각
【野牛】(야우-ヤギュウ) 들소
【野遊】(야유-ヤユウ) 들에서 놂
【野人】(야인-ヤジン) ①시골에사는사람 ②꾸밈이 없는 성실한 사람 ③일반사람。평민(平民)。미개한 사람 ④옛날 두만강・압록강이 북에살던종족
【野茨菰】(야자고) 무릇
【野豬】(야저-ヤチョ) 산돼지
【野戰】(야전-ヤセン) 들에서 싸움
【野地】(야지) 편편한 들
【野菜】(야채-ヤサイ) 푸성귀
【野天】(야천-のテン) 암눈비앗
【野草】(야초-ヤソウ) 들에서 나는 풀
【野風】(야풍-ヤフウ)속된 풍속。야비한 풍속
【野合】(야합-ヤゴウ) 정식 혼례를 하기 않고 부부가 됨
【野火】(야화-ヤカ) 들에서 타는 불
【野花】(야화-ヤカ) 들에 피는 꽃

【五畫―十一畫】

【量】 량 リョウ、ます、はかる measure 陽 ㄌㄧㄤˊ liang²
①헤아릴 度也商― ②국량 度― ③

한정할 限也 ④휘 斗斛名
【量檢】(양검-リョウケン) 헤아려 검사함
【量決】(양결-リョウケツ) 헤아려 결정함
【量案】(양안-リョウアン) 논과 밭의 소재지
【量移】(양이-リョウイ) 먼 곳에 귀양간 관원이 놓여서 가까운 곳으로 옴
【量田】(양전-リョウデン) 논과 밭의 면적을 잼
【量度】(양탁-リョウタク) 헤아림
【量狹】(양협-リョウキョウ) 도량이 매우 좁음

【童】立部 七畫에 볼것

【裏】衣部 七畫에 볼것

【墅】土部 一畫에 볼것

【釐】리 リ、リン、おさめる rule 因 ㄌㄧˊ li
①다스릴 保― ②털끝 毫― ③주 予也 ④의리 理也 (희) 복 福也 僖·禧同
【釐降】(이강-リコウ・おさめくだす) 공주를 신하에게 시집 보냄
【釐金稅】(이금세-リキンゼイ)청대(清代) 국내에서의 화물 통과세
【釐正】(이정-リセイ) 바로 잡아 고침
【釐定】(이정-リテイ)고쳐 결정함。개정(改定)
【釐革】(이혁-リカク) 개혁(改革)

金 部

【金】금 キン、コン、かね gold:money 侵 ㄐㄧㄣ chin
①쇠 金銀銅錢鉛五― ②병기 兵也 ③징 鉦也 ④한근 斤也 ⑤한량 一兩 ⑥금나라 國名 ⑦姓也 (김)
【金甲】(금갑-キンコウ) 쇠붙이로 만든갑옷。황금으로 만든 갑옷
【金剛力】(금강력-コンゴウリキ)금강신(金剛神)과 같이 굳세고 날랜힘。몹시 강력한 힘
【金剛石】(금강석-コンゴウセキ) 보석의이름。광체가 아름다운 순수한 탄소의 결정체
【金剛神】(금강신-コンゴウシン) 신장(神將)중에서 가장 위엄이 있는 용맹한 신장
【金庫】(금고-キンコ) ①화폐 기타 중요한 서류를넣어 두어 화재 도난을 방비하는 쇠로만든 창고 ②정부의 돈을 두는곳。금은보화를 넣어 두는 곳집
【金鼓】(금고-キンコ) ①진중에서 호령하는데 쓰는 징과 북
【金穀】(금곡-キンコク) 돈과 곡식
【金科玉條】(금과 옥조-キンカギョクジョウ) 금옥(金玉)과 같이 귀중한 법령。혹은 규정
【金冠】(금관-キンカン) ①황금으로 만든 관 ②조복(朝服)을 입을때 쓰는 관
【金鑛】(금광-キンコウ) 금을 파내는광산
【金塊】(금괴-キンカイ) 황금의 덩어리
【金甌】(금구-キンオウ) ①금으로 만든 거북 ②온나라
【金甌無缺】(금구무결-キンオウムケツ) 나라의 기초가 공고하여 한번도 외국의 침입을 받은 일이 없음
【金券】(금권-キンケン) 중국에서 옛적에 임금이 주던 황금으로 만든 패
【金權】(금권-キンケン) 금전상의 권위
【金櫃】(금궤-キンキ・かねびつ) 돈을 넣어두는 궤
【金蘭】(금란-キンラン) 다정하고 굳은 친구의 교제
【金丹】(금단-キンタン)신선이 금과 돌로 조제하여 만들었다는 장수의 묘약。선약(仙藥)
【金力】(금력-キンリョク) 돈의 힘
【金利】(금리-キンリ) 돈의 이자
【金物】(금물-かなもの) 쇠붙이로 만든 물건
【金箔】(금박-キンパク) 금을 종이같이 얇게 만든 것
【金髮】(금발-キンパツ) 금빛같이 누른 「머리털
【金髮美人】(금발미인-キンパツビジン) 머리털이 노란 서양 미인

【金杯】(금배-キンパイ) 황금으로 만든 술잔。 금잔(金盞)

【金碧】(금벽-キンペキ・コンペキ) ①황금색과 푸른색 ②아름다운 채색

【金鮒魚】(금부어) 금붕어 「(花粉)

【金粉】(금분-キンプン) ①금가루 ②화분

【金佛】(금불-かなブツ) ①황금으로 만든 불상 ②냉담한 사람을 비꼬아서 일컬음

【金肥】(금비-キンピ) 돈을 주고 사서 쓰는 인조비료

【金莎】(금사-キンサ) 금잔디 「금

【金絲】(금사-キンシ) 실같이 만든 가는

【金色】(금색-コンジキ・キンシヨク) 황금빛

【金石】(금석-キンセキ) ①쇠와 돌 ②쇳돌。광석(鑛石) ③단단한 물건 ④명문(銘文)을 조각하는 재료 ⑤병기(兵器) ⑥금기(金器)와 석기(石器) ⑦장생불사(長生不死)하는 약

【金石文字】(금석문자-キンセキモジ) 옛날의 비석・종따위에 새겨둔 글자

【金石之交】(금석 지교-キンセキのまじわり) 금석과 같이 굳은 교분

【金石之約】(금석지약-キンセキのヤク) 금석과 같이 굳은 어약

【金石學】(금석학-キンセキガク) ①금석문자(金石文字)를 연구하는 학문②광물학(鑛物學)의 별칭 「금줄

【金線】(금선-キンセン) 금빛이 나는 줄。

【金屑】(금설-かなくず) 금가루

【金星】(금성-キンセイ) 태양계중 제二위에 있는유성(遊星)。태백성(太白星)

【金城】(금성-キンジョウ) 건고한 성(城)。아성(牙城)

【金屬】(금속-キンゾク) 금속원소 및 그 화합물。 쇠붙이

【金蠅】(금승-キンバエ) 쉬파리

【金時計】(금 시계-キンドケイ) 금딱지로 된 몸시계

【金額】(금액-キンガク) 돈의 수효

【金言】(금언-キンゲン) 귀중한 말。격언(格言)

【金吾】(금오-キンゴ) ①한대(漢代)태입금의 호위병 ②의금부의 딴이름

【金烏】(금오-キンウ) 해。태양(太陽) ②태양에 세발의 까마귀가 있다고 하는 전설

【金烏玉兎】(금오옥토) 해와 달의별칭

【金玉】(금옥-キンギョク) ①금과 옥 ②귀중한 물건。또는 칭찬할만한 것 ③금관자(金冠子)와옥관자(玉冠子)

【金員】(금원-キンイン) 돈의 수효。금액(金額)

【金融】(금융-キンユウ) ①금전의 융통② 영리를 위하여 행하는 경제사회의 자금의 대차 및 수요공급의 관계

【金銀】(금은-キンギン) 금과 은

【金銀寶貨】(금은보화-キンギンホウカ) 금은보배

【金刃】(금인) 칼

【金印】(금인-キンイン) ①황금으로 만든 도장 ②제상(宰相)의 도장

【金字塔】(금자탑-キンジトウ) ①에집트의 피라미드。그 형상이 금자(金字)와 비슷한 까닭 ②후세에 남는 위대한 업적

【金盞】(금잔-キンセン) 금으로 만든술잔

【金盞花】(금잔화-キンセンカ) 국화과에 딸린 일년생 관상용 화초로서 꽃은 늘 술잔 모양으로 활짝 피지 않음

【金簪】(금잠-キンシン) 금비녀

【金粧飾】(금장식) 금으로 장식된꾸밈

【金錢】(금전-キンセン) ①금돈 ②돈

【金殿玉樓】(금전 옥루-キンデンギョクロウ) 화려한 집。 규모가 크고 아름다운 집

【金枝玉葉】(금지옥엽-キンシギョクヨウ) ①천자(天子)의집안 ②아름다운 구름

【金指環】(금지환) 황금으로 만든 가락지

【金瘡】(금창-キンソウ) 칼・창・화살로 받은 상처

【金波】(금파-キンパ) ①달빛 ②달빛에 비치어 금색으로 보이는 물결

【金牌】(금패-キンパイ) 금으로 만든 상패。 금매달

【金品】(금품-キンピン) 금은과 물품

【金風】(금풍-キンプウ) 가을 바람。추풍(秋風)

【金革】(금혁-キンカク) ①금속으로 만든

공격용 무기 ②전쟁의 뜻으로 쓰는

【金婚式】(금혼식-キンコンシキ) 같이 사는 내외가 결혼한 뒤 五十년 되는 해에 행하는 축하식

【金貨】(금화-キンカ) 황금으로 만든 통용화폐。금돈

【金貨本位】(금화본위-キンカホンイ) 금화를 기본화폐로 하는 제도

【金環蝕】(금환식-キンカンショク) 일식(日蝕)때 해 혹은 달의 가장자리가 보이지않게 되는 현상

【二 畫】

【釜】부 フ、かま large pan ㄈㄨˇ fu^{3}

①가마 無足鼎 ②휘 量名

【釜中魚】(부중어-フチュウのうお) 가마 속에서 노는 물고기。얼마 안되어서 삶아질 것인고로 생명이 조석에 있음을 이름

【釜甑】(부증-フソウ) 가마와 시루。취사도구

【釘】정 テイ、くぎ nail ㄉㄧㄥ ting^{1}

①못 鐵尖 ②창 矛名 ③불린금 —鈑

【釘頭】(정두-テイトウ) 못대가리

【針】침 シン、はり needle ㄓㄣ chen^{1}

①바늘 縫具 ②침 刺病 鍼同 ③바느질할 縫也 ④찌를 刺也

【針灸】(침구-シンキュウ) 침질과 뜸질로 병을 고치는 요법

【針路】(침로-シンロ) ①지남철이 가리켜 주는 방향。곧 배나 비행기 따위가 나아가는 길 ②방향을 일컬음

【針母】(침모) 남의 바느질을 하여 주고 일정한 삯을 받는 여자

【針線】(침선-シンセン) 바느질

【針小棒大】(침소 봉대-シンショウボウダイ) 조그마한 일을 크게 불리어서 말함

【三 畫】

【釦】구 コウ、ぼたん button

①그릇에 금테두를 —飾器口 ②떠들석할 諾動

【釦器】(구기-コウキ) 금은으로 테를 두른 그릇

【釣】조 チョウ、つり fishing ㄉㄧㄠˋ tiao^{4}

①낚시 鉤魚 ②낚을 取也

【釣鉤】(조구-チョウコウ) 낚시

【釣磯】(조기-チョウキ) 낚시 터

【釣臺】(조대-チョウダイ) 낚시질 하는자리

【釣童】(조동-チョウドウ) 고기잡는 아이

낚시질 하는 아이

【釣名】(조명-チョウメイ・なをつる) 명예를 구함

【釣船】(조선-チョウセン) 낚시질할때 타는 배

【釣叟】(조수-チョウソウ) 고기 잡는 늙은이。 낚시질하는 늙은이

【釣魚】(조어-チョウギョ) 물고기를 낚음

【釣遊】(조유-チョウユウ) 낚시질도 하고 혹은 놀기도 함

【釣舟】(조주-チョウシュウ) 낚시질 할때 타는 배

【釣太】(조태) 주낙으로 잡은 명태

【釵】채 サイ、かんざし women's hair-pin

비녀 歸人岐笄 (차) 義同

【釵梳】(채소-サイソ) 비녀와 빗

【釵釧】(채천-サイセン) 비녀와 팔찌

【釧】천 セン、うでわ armlet ㄔㄨㄢˋ ch'uan^{4}

팔찌 女飾臂—

【四 畫】

【鈐】검 ケン、くさび linch-pin ㄑㄧㄢˊ ch'ien^{2}

①굴대 비나강 車轄 ②자물쇠 鑠也 ③보습 大犂

【鈐鍵】(검건-ケンケン) ①자물쇠와 열쇠 ②중요한 점

【鈐璽】(검새-ケンジ) 옥새(玉璽)를찍음

【鈞】균 キン、ろくろ、ひとしい equal ㄐㄩㄣ chün^{1}

①고를 均也 ②설흔근 三十斤 ③질그릇골 陶具 ④천지 天地大—洪— ④풍류이름 樂名—天

【鈞石】(균석-キンセキ) 저울 추

【鈞天】(균천-キンテン) 하늘 중앙。상제(上帝)의 도읍。또 거기서 연주하는 음악

【鈞軸】(균축-キンジク) 균(鈞)은 물건을 저울질 하고 축(軸)은 수레를 굴리는 뜻으로 요로(要路)의 대신(大臣)을 이름

【鈞衡】(균형-キンコウ) ①정치를 공정하게 행함 ②인재를 헤아려 뽑음

【鈍】 둔 ドン、にぶい dull 願 ㄉㄨㄣˋ tuen⁴
①노둔할 頑ㅡ ②무딜 不利

【鈍角】(둔각-ドンカク) 九○도 이상 一八○도 이하의 각도

【鈍感】(둔감-ドンカン) 무딘 감각

【鈍根】(둔근-ドンコン) 우둔한 천성

【鈍刀】(둔도-ドントウ) 무딘 칼。잘들지 아니하는 칼

【鈍兵】(둔병-ドンペイ) 영리하지 못한병기。민활하지 못한 병사

【鈍步】(둔보-ドンポ) 굼뜬 걸음。더딘 걸음 걸이

【鈍才】(둔재-ドンサイ) 우둔한 재주。또 그 사람

【鈍賊】(둔적-ドンゾク) 남의 어구를 훔쳐쓰는 시인(詩人)을 하대하는 말

【鈍質】)둔질-ドンシツ) 아둔한 성질

【鈍濁】(둔탁-ドンダク) 성질이 둔하고 흐리터분 함

【鈍筆】(둔필-ドンピツ) ①재치 없는 글씨 ②필적이 둔한 사람

【鈍漢】(둔한-ドンカン) 둔한 사람을 하대하는 말

【鈇】 부 フ、おの axe
①도끼 斧也ㅡ鉞 ②작로 坐斫刀

【鈇鉞】(부월-フエツ) 작은 도끼와 큰도끼。옛날에 임금이 제후(諸侯)나대장(大將)에게 생살권(生殺權)을 맡기는 뜻으로 손수 주었음

【鈇鑕】(부질-フシツ) ①작도 ②작도로 허리를 자르는 형벌 또 그 형구

【鈔】 초 シヨウ、ソウ、かきうつす receipt;paper money
①베낄 謄寫 ②노략질할 取也 抄同 ③지폐 楮幣

【鈔略】(초략-シヨウリヤクシ) 빼앗음

【鈔本】(초본-シヨウホン) 내용의 필요한 부분만 뽑아서 베낀 문서

【鈔奪】(초탈-シヨウダツ) 빼앗음

【鈜】 횡 コウ、かねのおと sound of iron bell
쇠북소리 鐘鼓聲鏗ㅡ

【欽】 欠部 八畫에 볼것

【五 畫】

【鉀】 갑 コウ、よろい armor 洽 ㄐㄧㄚˇ chia³
갑옷 鎧也 甲同

【鉅】 거 キヨ、おおきい great 語 ㄐㄩˋ chü⁴
①클 大也 ②강한 쇠 大剛鐵 ③갈고리 鉤也 巨·詎通

【鉅公】(거공-キヨコウ) ①임금을 일컬음 ②존귀한 사람

【鉅萬】(거만-キヨマン) 수가 매우 많음

【鉅魚】(거어-キヨギヨ) 큰 고기

【鉅儒】(거유-キヨジユ) 뛰어난 유자(儒者)。대학자(大學者)

【鉅鐵】(거철-キヨテツ) 굳은 강철

【鉗】 겸 カン、ケン、くびがね shackles 鹽 ㄑㄧㄢˊ ch'ien²
목사슬 以鐵束頸髡 拑通

【鈷】 고 コ、ひのし lat-iron 麌 ㄍㄨˇ ku³
대리미 温器ㅡ鏻

【鉤】 구 コウ、かぎ hook 尤 ㄍㄡ kou¹
①갈고리 懸勿者 ②그림쇠 規也ㅡ矩 ③굽은 칼 曲劍 ④끌 牽也 ⑤갉아다릴ㅡ索

【鉤黨】(구당-コウトウ) 서로 끌어서 동아리를 만듬

【鉤餌】(구이-コウジ) 낚시에 꿴 미끼

【鉤玄】(구현-コウゲン) 깊숙한 도리를찾아 내어 깨달음

【鈴】 령 レイ、リン、すず small round bell
방울 鐸也

【鈴鈴】(영령-レイレイ) 방울소리
【鈴語】(영어-レイゴ) 풍경소리

【鉧】무 ボ、ひのし flat-iron
대리미 熨斗鈷―

【鉢】발 ハチ、ハツ、はち brass bowl 圓 ㄅㄛ po¹
바리때 食器盂屬

【鉏】서 ソ、ショ、すき weeding hoe
①호미 治田器 鋤同 ②어긋날 ―鋙相距
【鉏鋙】(서어-ソゴ) 어긋남。의견이 맞지않음
【鉏耘】(서운-ソウン) ①김을 맴 ②악인을 물리쳐 없앰

【鉛】연 エン なまり lead 囝 ㄑㄧㄢ ch'ien¹
납 青金錫類
【鉛鑛】(연광-エンコウ) 납을 파내는 광산
【鉛丹】(연단-エンタン) 산화연(酸化鉛)
【鉛刀】(연도-エントウ) 무딘 칼 (鉛은 鈍)
【鉛毒】(연독-エンドク) 배분의 독。납독
【鉛銅】(연동-エンドウ) 납과 구리
【鉛白】(연백-エンパク) 분。백분(白粉)
【鉛粉】(연분-エンプン) ①자개껍질을 태워 만든 흰가루 ②백분(白粉)
【鉛素】(연소-エンソ) 연필과 깁。지필(紙筆)
【鉛室】(연실-エンシツ) 연판(鉛板)으로 둘러싼 큰 상자
【鉛錘】(연추-エンスイ) 납으로 만든 저울추
【鉛板】(연판-エンパン) 활자로 식자하여 지형을 뜨고 이에 녹인납을 부어만든 인쇄판
【鉛筆】(연필-エンピツ) ①연분을 찍어 쓰는 붓 ②가는 나무의 속에 흑연(黑鉛)을 넣어 만든 붓

【鈺】옥 ギョク、たから treasure 沃 ㄩ yü⁴
①보배 寶也 ②단단한 금 堅金

【鉞】월 エツ、まさかり battle-axe
도끼 斧也鉄

【鈿】전 デン、テン、かんざし hair-pin 囝 ㄊㄧㄢ t'ien²
①비녀 首飾金― ②보배로 꾸민그릇 寶飾器
【鈿帶】(전대-デンタイ) 금으로 꾸민그릇
【鈿針】(전침-デンシン) 금비녀

【鉦】정 ショウ、セイ、どら gong 庚 ㄓㄥ chêng¹
징 鐲也

【鉊】초 ショウ、かま bin sickle
큰낫 大鎌

【鉋】포 ホウ、ビョウ、かんな plane 效 ㄅㄠ pao⁴
대패 平木器鏟屬
【鉋屑】(포설-ホウセツ) 대팻밥

【鉄】鐵 (金部 十三畫) 略字

【六 畫】

【銅】동 ドウ、トウ、あかがね copper 東 ㄊㄨㄥ t'ung²
①구리 赤金 ②산골 石髓鉛自然―
【銅鏡】(동경-ドウキョウ) 구리를 잘 갈아서 만든 거울
【銅鼓】(동고-ドウコ) 꽹가리
【銅鑛】(동광-ドウコウ) ①구리 성분이 있는 광석 ②구리를 캐는 광산。동산(銅山)
【銅器】(동기-ドウキ) 구리 그릇
【銅頭鐵身】(동두철신-ドウトウテッシン) 완고한 사람을 가리키는 말
【銅鑼】(동라-ドラ) 바라
【銅盤】(동반-ドウバン) 구리로 만든쟁반
【銅鈸】(동발-ドウハチ) 제금
【銅山】(동산-ドウザン) 구리를 파내는산
【銅像】(동상-ドウゾウ) 구리로 만든초상
【銅色】(동색-ドウショク) 구리빛
【銅線】(동선-ドウセン) 구리철
【銅屑】(동설-ドウセツ) 구릿가루
【銅錢】(동전-ドウセン) 구리돈。동화(銅貨)
【銅臭】(동취-ドウシュウ) 구리돈에서 나는 나쁜 냄새
【銅版】(동판-ドウバン) 구릿 조각에 글

자와 무늬등을 새긴 인쇄판

【銅牌】(동패-ドウハイ) 구리로만든 상패 따위

【銅貨】(동화-ドウカ) 동전(銅錢)

【銘】명 メイ、ベイ、ミョウ、しるし engrave;carve ①새길 刻以識事 ②기록할 志也記誦

【銘肝】(명간-メイカン・きもにメイす) 마음에 새겨 있지 아니함

【銘戒】(명계-メイカイ) 마음에 깊이 새겨 경계함 「자함

【銘念】(명념-メイネン) 마음속에 깊이 생

【銘心】(명심-メイシン・こころにメイす) 마음에 깊이 새김

【銘心不忘】(명심불망-こころにメイじてわすれず) 마음속에 깊이 새기어 잊지아니함 「글

【銘誌】(명지-メイシ) 묘석(墓石)에새긴

【銑】선 セン、つやがね lustrous gold ①윤택한금 金之澤設 ②활곶이에 금올릴 飾弓以金 ③쇠북귀 鍾兩角

【銑鐵】(선철-センテツ) 시우쇠

【銛】섬 セン、もり harpoon 鹽 ㄒㄧㄢ hsien¹ ①날카로울 利也 ②가래 鍤屬

【銛戈】(섬과-センカ) 날카로운 창

【銛刀】(섬도-セントウ) 날카로운칼

【銛利】(섬리-センリ) 날칼로움。칼날이 잘 듬

【銛銳】(섬예-センエイ) 날카로움

【銖】수 シュ、はかりめ a unit of weight 저울눈 百黎錙一

【銖兩】(수량-シュリョウ) 조그마한 무게

【銖兩之姦】(수량지간) 조그마한 악사(惡事)

【銖分】(수분-シュブン) 자세히 알아서 분별함

【銖積寸累】(주적촌루) 작은 것도 쌓이면 크게 됨。티끌 모아 태산과 같은 뜻

【銀】은 ギン、しろがね silver 眞 ㄧㄣˊ yin² 은 白金

【銀鑛】(은광-ギンコウ)은을 파내는 광산

【銀塊】(은괴-ギンカイ) 은덩어리。은화(銀貨)의 지금(地金)

【銀口魚】(은구어) 도루묵

【銀嶺】(은령-ギンレイ) 눈이 새하얗게 덮인 재나 산

【銀露】(은로-ギンロ) 달빛에 비치는 흰 이슬 「거

【銀輪】(은륜-ギンリン) 은의 바퀴。자전

【銀幕】(은막-ギンマク) 활동 사진을 비추는 막。곧 영화계

【銀箔】(은박-ギンパク) 은을 종이 같이 얇게 만든 것

【銀盤】(은반-ギンバン) 은으로 만든 쟁반。달의 딴 이름

【銀髮】(은발-ギンパツ) 노인의 흰 털을 일컬음

【銀房】(은방) 금이나 은 따위로 물건을 만들어 파는 가게

【銀杯】(은배-ギンパイ) 은으로 만든 술잔。은잔(銀盞)

【銀甁】(은병-キンペイ)①은으로 만든 술병 ②물을 긷는 아름다운 두레박

【銀粉】(은분-ギンプン) 은가루

【銀絲】(은사-ギンシ) 은으로 가늘게 만든 실

【銀沙】(은사-ギンサ) 흰 모래

【銀色】(은색-ギンイロ) 은빛

【銀屑】(은설-ギンセツ) 은의 부수러기

【銀世界】(은세계-ギンセカイ) 눈이 와서 사방이 은빛 같이 희게된 천지

【銀匙箸】(은시저) 은으로 만든 숟가락과 젓가락

【銀魚】(은어-ギンギョ) ①은어과에 딸린 물고기。담백색으로 가늘고 길음。②은으로 만든 물고기 모양의 주머니로 四、五품(品) 관리가 몸에 차던 장식품

【銀子】(은자-ギンス) 은돈

【銀盞】(은잔-ギンサン)은으로 만든술잔。은배(銀杯)

【銀錢】(은전-ギンセン) 은돈。은자(銀子)

【銀釵】(은채-ギンサイ) 은비녀

【銀燭】(은촉-ギンショク) 밝게 비치는

촛불

【銀秤】(은칭) 은저울

【銀兎】(은토-ギント) ①달의 딴 이름 ②달속에 토끼가 있다고 하는 때문

【銀波】(은파-ギンパ) 희게 번쩍 거리는 물결

【銀表】(은표) 은시계(銀時計)

【銀河】(은하-ギンガ) ①청명한 날 밤에 공중에 흰 구름 같이 남북으로 길게 보이는 별의 무리 ②도가(道家)에서 눈(眼)을 이름 「음

【銀漢】(은한-ギンカン) 은하(銀河)와 같

【銀杏】(은행-ギンナン) 은행나무의 열매

【銀行】(은행-ギンコウ) 신용을 이용하여 자가의 자본 및 여러사람의 예금을 가지고 수요와 공급의 매개를 하는 금융 기관

【銀婚式】(은혼식-ギンコンシキ) 같이 사는 부부가 결혼한지 二十五년 되는 해에 행하는 축하식

【銀花】(은화-ギンカ) ①등불을 형용함 ②눈(雪)을 형용함

【銀貨】(은화-ギンカ) 은전(銀錢)

【銀環】(은환-ギンカン) 은으로 만든 고리나 반지

【銓】전 セン、はかる estimate the quantity

①저울질할 量輕重 ②사람가릴選法

【銓考】(전고-センコウ) 인물을 전형하고 고찰함

【銓敍】(전서-センジョ) 사람의 재능을 전형하여 우열에 따라 벼슬을 시킴

【銓選】(전선-センセン) 재능·기량 등을 전형하여 선발함

【銓註】(전주-センチュウ) 인품을 상고하여 적당한 벼슬자리를 작정함

【銓次】(전차-センジ) 사람을 전형하여 그 우열을 정함

【銓衡】(전형-センコウ) ①저울。전(銓)은 저울추。형(衡)은 저울대 ②사람의 됨됨이나 재능을 시험하여 뽑음

【銚】조 チョウ、ヨウ、なべ pan

가래 器—耨 (요) ①대리미 温器 ②쟁가비 燒器今釜之小而有柄者

【銍】질 チツ、いねかりがま short sickle 質 ㄓˋ chih⁴

짜른낫 刈木石鎌

【銃】총 ジュウ、つつ gun 送 ㄔㄨㄥˋ ch'ung⁴

도끼구멍 斧孔 총 兵器

【銃架】(총가-ジュウカ) 총을 걸어 놓는 받침

【銃劍】(총검-ジュウケン) ①총과 칼 ②총 열 끝에 꽂는 칼

【銃擊】(총격-ジュウゲキ) 총을 놓아 침

【銃口】(총구-ジュウコウ) 총부리

【銃軍】(총군-ジュウグン) 총을 쓰는 군사

【銃器】(총기-ジュウキ) 소총 또는 권총

【銃獵】(총렵-ジュウリョウ) 소총으로 새를 사냥함

【銃殺】(총살-ジュウサツ) 총을 놓아 죽임

【銃聲】(총성-ジュウセイ) 총을 놓는 소리

【銃身】(총신-ジュウシン) 총열 「처

【銃創】(총창-ジュウソウ) 총탄에 맞은 상

【銃彈】(총탄-ジュウダン) 총알

【銃砲】(총포-ジュウホウ) 총과 대포

【銃火】(총화-ジュウカ) 총을 쏠 때 총부리에서 번쩍이는 불빛

【銃丸】(총환-ジュウガン) 총알

【銃後】(총후-ジュウゴ) 출정(出征)한 병사에 대하여 뒤에 남아 있음。또그 사람。출정하지 아니한 사람

【銜】함 ガン、カン、くつわ gag 咸 ㄒㄧㄢˊ hsien²

①재갈 馬口勒 ②관함 官階 ③원망할 恨也 ④느낄 感也

【銜勒】(함륵-ガンロク) 말에 물리는 재갈

【銜泣】(함읍-ガンキュウ) 소리를 내지 않고 울음

【銜字】(함자) 남의 이름의 존칭

【銕】鐵 (金部 十三畫) 古字

【七 畫】

【鋒】봉 ホウ、フ、ほこさき tip of a lance

①칼날 刀劍芒 ②앞잡이 軍之前列

【鋒戈】(봉과-ホウカ) 창

【鋒起】(봉기-ホウキ) 벌떼같이 일어남

【鋒利】(봉리-ホウリ) 날카로움
【鋒銳】(봉예-ホウエイ) 성질이 날카롭고 민첩함
【鋒刄】(봉인-ホウジン) 칼 창들의 날
【鋒鏑】(봉적-ホウテキ) 창끝과 살촉

【鋤】서 ジョ、ショ、すき hoe 魚 ㄔㄨˊ ch'u² 호미 用器去穢
【鋤犂】(서리-ジョレイ) 호미

【銷】소 ショウ、とく、とける melt 蕭 ㄒㄧㄠ hsiao¹ ①녹을 鑠也 ②녹일 鑠金
【銷金】(소금-ショウキン) ①녹인 쇠 ②쇠를 녹임 ③금박(金箔)으로 물건을 구밈 ④돈을 물쓰듯 함
【銷沈】(소침-ショウチン) 삭아 없어짐。기운이 없어짐
【銷夏】(소하-ショウカ) 여름의 더위를 견디는 것

【銹】수 シュウ、さび rust 宥 ㄒㄧㄡˋ hsiu⁴ 녹날 鐵生衣

【鋣】야 ヤ、つるぎ famous sword 막야칼 吳神劍鏌—

【鋙】어 ギョ、ゴ、くいちがい crossing 麻 ㄧㄝˊ yeh² 어긋날 不相當鉏—

【銳】예 エイ、するどい sharp 霽 ㄖㄨㄟˋ juei⁴ ①날카로울 凡物鐵利者 ②날쎌 利也 ③가시랑이 芒也 ④창 矛屬
【銳角】(예각-エイカク) 직각보다 작은 각
【銳氣】(예기-エイキ) 성질이 굳세어 남에게 지지 아니하는 마음
【銳刀】(예도-エイトウ) 날카로운 칼
【銳鈍】(예둔-エイドン) 날카로운 것과 무딘 것
【銳利】(예리-エイリ) 날카로움
【銳敏】(예민-エイビン) ①날쌔고 민첩함 ②날카로움。재빠름 ③날카로운 병기
【銳鋒】(예봉-エイホウ) 날카로운 창끝
【銳意】(예의-エイイ) 정신차려 열중함
【銳刄】(예인-エイジン) 날카로운 칼날
【銳將】(예장-エイショウ) 마음과 몸이 날카로운 장수
【銳志】(예지-エイシ) 일에 대하여 굳은 결심을 가짐。마음을 한군데로 모음
【銳智】(예지-エイチ) 날카로운 지혜
【銳進】(예진-エイシン) 용감하게 나아감

【鋌】정 テイ、あらがね iron ore 迥 ㄉㄧㄥˋ ting⁴ 쇠덩이 銅鐵樸 ②살촉 箭足箭— ③달음박질할 疾足貌

【鋟】침 シン、セン、きざむ carve 寢 ㄑㄧㄣˇ ch'in³ 새길 鏤版瓜刻

【鋪】포 ホ、しく pave 虞 ㄆㄨ p'u¹ ①펼 陳也 ②전방 賈肆 ③베풀 設也 鋪同 ④문고리 門首銜環
【鋪道】(포도-ホドウ) 포장한 길
【鋪石】(포석-ホセキ) 도로 포장등에 까는 돌
【鋪設】(포설-ホセツ) 펴서 베품
【鋪裝】(포장-ホソウ) 겉에 돌 나무를 깔고 다짐
【鋪陳】(포진-ホチン) ①죽 깔음 ②가는 자리

【鋏】협 キョウ、はさみ a pair of pincers ①집게 持治器鑄鎔者 ②칼 劍也
【鋏刀】(협도) ①약제를 써는칼②가위

【八 畫】

【鋼】강 コウ、はがね steel 陽 ㄍㄤ kang¹ 강철 鍊鐵
【鋼玉】(강옥-コウギョク) 옥돌의 한가지。대리석(大理石)。화강석(花崗石) 속에서 산출되는 루비・사파이어등임
【鋼鐵索】(강철색-コウテツサク) 강철로 만든 밧줄

【鋸】거 キョ、のこぎり saw 御 ㄐㄩˋ chü⁴ 톱 解截具刀—
【鋸刀】(거도-キョトウ) 자루를 한쪽에만 박아 혼자 잡아당기어 켜는 큰 톱
【鋸屑】(거설-キョセツ) 톱밥

【鋸匠】(거장-キョショウ) 톱장이
【鋸齒】(거치-キョシ) 톱니

【錮】고 コ、ふさぐ close
①금고할 祟(禁)繫禁— ②땜질할 鑄塞
【錮疾】(고치-コシツ) 고치기 어려운 병

【錕】곤 コン つるぎのな name of a sword
①곤어칼 錕铻—鋙 ②붉은금 赤金
③수레 굴통쇠 車釭

【錦】금 キン、にしき silk fabric [寢] ㄐㄧㄣ chin^{3}
비단 襄色織文
【錦囊】(금낭-キンノウ) ①비단 주머니 ②시의 원고를 넣는 주머니。남의 시집(詩集)의 높인 말
【錦囊花】(금낭-キンノウカ) 화초의 일종。꽃의 모양이 주머니와 줄기에 달려 늘어지는데 빛이 붉고 매우 아름다운 풀
【錦鱗】(금린-キンリン) ①아름다운 비늘 ②눈아름다운 물고기
【錦上添花】(금상첨화-キンジョウにはなをそう) 좋은 위에 또 좋은 것을 더함
【錦繡】(금수-キンシュウ) 비단과 수
【錦繡江山】(금수강산) 경치가 썩 좋은 곳
【錦心繡口】(금심수구-キンシンシュウコウ) 시문(詩文)의 재주가 있음을 이름
【錦衣】(금의-キンイ) 비단 옷。아름다운 옷
【錦衣玉食】(금의옥식-キンイギョクショク) 비단 옷과 옥과 같은 밥이란 뜻으로 곧 의식(衣食)을 사치하는 것을 가리키는 말
【錦衣還鄕】(금의환향-キンイキョウにかえる) 좋은 지위를 얻어 가지고 고향으로 돌아옴
【錦殿】(금전-キンデン) 비단으로 꾸민 궁전。훌륭한 궁전
【錦被】(금피-キンピ) 비단으로 지은 이부자리

【錡】기 キ、かま cauldron [支] ㄑㄧ ch'i^{2}
①세발가마 三足釜 (의) ①義同 ②쇠뇌틀 弩架 ③휘뚝거릴 不安貌崎

【錄】록 ロク、リョク、しるし record
①기록할 記也 ②녹지 籍也 ③취할 取也 ④목록 總也 ⑤변번치 않을 循常—— 磟通 (려) ①사실할 寬當—囚 ②죄인 무휼할 恤囚
【錄名】(녹명-ロクメイ) 이름을 기록함
【錄問】(녹문-ロクモン) 죄상을 장부에 기록하면서 조사하여 감
【錄用】(녹용-ロクヨウ) 인재(人材)를 취하여 씀
【錄音】(녹음-ロクオン) 레코오드와 테이프에 소리를 기록하는 것
【錄藏】(녹장-ロクゾウ) 기록하여 모아둠
【錄奏】(녹주-ロクソウ) 조사하여 임금께 상주함
【錄紙】(녹지-ロクシ) 남에게 보이기 위하여 사실을 대강 적은 종이

【錫】석 シャク、セキ、すず tin [錫] ㄒㄧ hsi^{2}
①백철 鉛類金— ②줄 賜也
【錫奴】(석노) 발을 녹이는 기구
【錫命】(석명-シャクメイ・メイをたまう) 임금이 명령을 내림
【錫福】(석복-シャクフク) 행복을 줌
【錫錫】(석석-シャクシャク) 석장(錫杖)을 두드리는 소리
【錫杖】(석장-シャクジョウ) 중・도사(道士)들이 짚는 지팡이

【錚】쟁 ソウ、どら small gong [庚] ㄓㄥ chêng^{1}
①징 鉦也 ②쇳소리 쟁그렁할 金聲——
【錚盤】(쟁반-ソウバン) 운두가 얕고 둥글 납작한 그릇
【錚錚】(쟁쟁-ソウソウ) ①쟁그렁 울리는 쇳소리 ②가을 바람이 부는 소리 ③약간 인물이 뛰어난 모양

【錢】전 セン、ぜに coin [先] ㄑㄧㄢ ch'ien^{2}
①돈 鑄幣貨泉 ②가래 四器—鎛 ③姓也
【錢渴】(전갈-センカツ) 돈이 잘돌지 않음

【錢穀】(전곡-センコク) 돈과 곡식
【錢糧】(전량-センリョウ) 전곡(錢穀) 과 같음
【錢路】(전로) 금전이 융통되는 길
【錢文】(전문-センブン) ①돈 거죽에 새긴 문자 ②돈
【錢癖】(전벽-センペキ) 돈을 아끼는버릇
【錢財】(전재-センザイ) 돈
【錢主】(전주) ①밑천을 대는 사람 ②빚을 준 사람
【錢幣】(전폐-センペイ) 돈。금전과 지폐
【錢票】(전표-センピョウ) 가지고 오는사람에게 액면대로의 현금을 치러주게된 표
【錢貨】(전화-センカ) 돈。통화(通貨)
【錢荒】(전황-センコウ) 돈의 융통이 잘되지 아니하여 돈이 귀해짐

【錠】 정 ジョウ、テイ、たかつき candle stick
①촛대 鐙也 ②열구자틀 薦熟物器 ③덩어리 鈍金銀貨定率 如十兩五兩各皆謂之ㅡ ④노랑쇠 錫屬

【錯】 착 サク、あやまり mistake 藥 ㄘㄨㄛˋ ts'uo⁴
①그릇할 誤也 ②섞일 雜也 ③갈마들일 交也 ④줄 鑢也 ⑤맷돌 磨也 (조) 조도돈 王莽錢名ㅡ刀措同
【錯覺】(착각-サッカク) 착오된 지각
【錯亂】(착란-サクラン) 뒤섞임。함부로 섞임
【錯謬】(착류-サクビュウ) 착오(錯誤)
【錯鹽】(착염-サクエン) 두가지 이상의 염이 결합하여 생성된 염의 용액중에 각 성분。염에서는 볼수 없는 새로 운 이온이 존재하여 있는 염
【錯誤】(착오-サクゴ) 그릇됨。잘 못됨
【錯雜】(착잡-サクザツ) 섞이어 순서가 없음
【錯綜】(착종-サクソウ) 서로 한데 섞여 엉클어짐

【錣】 철 テツ、テイ、しころ 屑 ㄓㄨㄟˋ chuei⁴
채쭉고달 策馬箠端有針

【錐】 추 スイ、きり awl 支 ㄓㄨㄟ chuei¹
송곳 鍼也
【錐矢】(추시-スイシ) 쇠살촉을 박은 화살

【錘】 추 スイ、ツイ、おもり weight 支 ㄔㄨㄟˊ ch'uei²
①저울추 稱ㅡ ②저울눈 八銖稱ㅡ ③마치 鍛器爐ㅡ

【九 畫】

【鍵】 건 ケン、かぎ lock 阮 ㄐㄧㄢˋ chien⁴
①자물쇠 鑰也關ㅡ ②수레굴대 車轄
【鍵盤】(건반-ケンバン) 풍금·피아노등의 앞에 배열한 흑백의 작은 판。손가락으로 두들겨 소리를 냄
【鍵閉】(건폐-ケンペイ) 쇠와 자물쇠

【鍥】 결 ケツ、ケイ、かま sickle 屑 ㄑㄧㄝˋ ch'ieh⁴
낫 鎌也 (계) 새길 刻也

【鍋】 과 カ、なべ cooking-pot
①노구 温器釜屬 ②기름통 盛膏器 ③수레굴통쇠 車釭
【鍋戶】(과호) 소금을 고는백성

【鍠】 굉 コウ、まさかり
쇠북소리 鐘鼓聲ㅡㅡ

【鍛】 단 タン、きたえる refine 翰 ㄉㄨㄢˋ tuan⁴
쇠불릴 打鐵冶金ㅡ鍊
【鍛工】(단공-タンコウ) 대장장이
【鍛鍊】(단련-タンレン) ①쇠를 불리어 두들김 ②사물을 연구함。 학문을 닦음
【鍛矢】(단시-タンシ) 예리한 화살
【鍛冶】(단야-タンヤ·かじ)금속을 단련함
【鍛鐵】(단철-タンテツ) ①쇠를 단련함 ②두들겨 만든 쇠

【鍍】 도 ト、ズ、めつき gild 遇 ㄉㄨˋ tu⁴
도금할 以金飾物
【鍍金】(도금-トキン) ①은 구리등의 거죽에 황금을 얇게 올림。쇠붙이의 금속막을 다른 물건의 거죽에 붙인

【鍊】 련 レン、ねる refine 霰 ㄌㄧㄢˋ lien⁴

①쇠불릴 煎冶銅鐵使精熟 ②단련할 治也 ③불린쇠 精金

【鍊金】(연금) 쇠붙이를 불에 달구어 두드림

【鍊磨】(언마-レンマ) 단련하고 갈음。

【鍊達】(연달-レンタツ) 숙련하고 통달함 깊이 학문을 연구함

【鍊武】(연무-レンブ) 무예를 단련함

【鍊成】(연성-レンセイ) 단련하여 이룸

【鍊熟】(연숙-レンジュク) 단련하여서 익숙함

【鍊習】(연습-レンシュウ) 단련하여 익힘。연습

【鍊鐵】(연철-レンテツ) 단련한 쇠

【錨】묘 ビョウ、ミョウ、いかり anchor 蕭 ㄇㄠˊ mao²

닻 繫舟具

【鍪】무 ボウ、ム、かぶと metal cap 尤 ㄇㄡˊ mou²

투구 首鎧兜—

【鍤】삽 ソウ、すき spade 洽 ㄔㄚˊ ch'a²

가래 鍫也 臿同

【鍉】시 テキ、チャク、シ、さじ spoon

숟가락 錯—(저) 鋒也

【鍔】악 ガク、やいば edge of sword 藥 ㄜˋ è⁴

칼날 劒刃鋒—

【鍔鍔】(악악-ガクガク) 높은 모양

【鍮】유 チュウ、トウ bronze 尤 ㄊㄡˊ t'ou²

놋쇠 右銅似金

【鍾】종 ショウ、シュ、あつめる bring together

①뭉치다 聚也 ②병 酒器 ③휘 量名 十釜 ④체종거문고 遞— ④눈물 흘릴 垂涙貌點— 鐘通

【鍾閣】(종각-ショウカク) 큰 종을 달아 놓은 집

【鍾鼓】(종고-ショウコ) 쇠북과 북

【鍾念】(종념-ショウネン) 소중하게 생각함

【鍾美】(종미-ショウビ) 아름다움을 모음

【鍾愛】(종애-ショウアイ) 사랑을 한 쪽으로 모음。매우 사랑함

【鍫】초 ショウ、すき spade

가래 臿也

【鍬】前條 同字

【錙】치 シ、めかた weighing unit

저울눈 六銖曰— 錙의 本字

【鍼】침 カン、はり needle 侵 ㄓㄣ chen¹

①침 刺病—石 ②바늘 縫布帛錐 針同

【鍼孔】(침공-カンコウ) 침을 맞는 구멍

【鍼灸】(침구-カンキュウ) 침주는 것과 뜸 뜨는 것

【鍼術】(침술-カンジュツ) 침을 놓아 병을 고치는 의술

【鍼治】(침치-カンチ) 침을 놓아 병을 고침

【鍜】하 カ、しころ armour for neck

목투구 頸鎧

【鑒】鑑 (金部 十四畫) 略字

【十 畫】

【鎧】개 ガイ、カイ、よろい armour; mail 賄 ㄎㄞˇ k'ai³

①갑옷 甲也 ②투구 兜鍪首—

【鎧甲】(개갑-ガイコウ) 갑옷

【鎧馬】(개마-ガイバ) 무장한 말

【鎧仗】(개장-ガイジョウ) 갑옷과 병기

【鎧冑】(개주-ガイチュウ) 갑옷과 투구

【鎌】겸 レン、かま sicklc 鹽 ㄌㄧㄢˊ lien²

낫 鍥也刈草鉤

【鎌利】(겸리-レンリ) 낫같이 날카로움

【鎌刃】(겸인-レンジン) 낫의 날

【鎏】류 リュウ、かざりたま pure gold 尤 ㄌㄧㄡˊ liu²

①순금 美金 ②면류관 드림 冕飾垂

玉

【鎊】방 ボウ、けずる slice off 陽 ㄅㄤ pang⁴
깎을 削也

【鎖】쇄 サ、くさり chains 哿 ㄙㄨㄛ suo³
자물쇠 門鏈鐵— 鏁同

【鎖骨】(쇄골-サコツ) 가슴과 어깨를 연결하는 뼈 이름

【鎖國】(쇄국-サコク) 외국과 통산·교통을 아니함

【鎖金】(쇄금-サキン) 자물쇠

【鎖門】(쇄문-サモン) 문을 걸어 채움

【鎖鑰】(쇄약-サヤク) ①자물쇠。문신칙 ②중요한 곳

【鎖窓】(쇄창-サソウ) 쇠사슬 모양을 새긴 창

【鎻】前條 俗字

【鎔】용 ヨウ、ユ、とかす melt 冬 ㄖㄨㄥ jung²
①녹일 銷也 ②불릴 —鑄 ③부어만들 鑄也 ④거푸집 鑄器

【鎔鑛爐】(용광로-ヨウコウロ) 광석 또는 금속등에 가열하여 녹여내는 화로

【鎔石】(용석-ヨウセキ) 화산에서 뿜어나오는 바위

【鎔鑄】(용주-ヨウチュウ) 쇠를불러녹임。전하여 사물을 만듦

【鎔解】(용해-ヨウカイ) 쇠를녹임。또녹음

【鎔和】(용화-ヨウワ) 녹여 섞음

【鎰】일 イツ、 a unit of weight
스물넉량중 量名二十四兩 溢通

【鎡】자 ジ、シ、くわ weeding hoe 支 ㄗ tzu¹
호미 鋤之別名—基

【鎡基】(자기-ジキ) 호미의 별명

【鎗】쟁 ソウ、やり spear 庚 ㄑㄧㄤ ch'iang¹
①창 槍也 ②세발노구 鼎類三足鬴 ③금석소리 金石聲鏗— 鏘通 (창)
총 俗火器

【鎗鎗】(쟁쟁-ソウソウ) 종 소리

【鎭】진 チン、しずめる repress 震 ㄓㄣ chen⁴
①진정 安也 ②누를 壓也 ③번방 藩— ④수자리 戍也 ⑤무거울 重— ⑥홀 寶器玉—

【鎭撫】(진무-チンブ) 진정하여 편안하게 함

【鎭山】(진산-チンザン) 도읍의 배경으로 자리잡고 있는 산

【鎭守】(진수-チンジュ) 진압하여 지킴

【鎭壓】(진압-チンアツ) ①진정하여 위압함 ②눌러 찌부러짐

【鎭占】(진점-チンセン) 어떤 곳을 진압하여 차지함

【鎭定】(진정-チンテイ) 진압하여 평정함

【鎭靜】(진정-チンセイ) 시끄럽고 요란하던 것이 가라 앉아 고요하게 됨

【鎭座】(진좌-チンザ) 신령이 그 곳에 임함

【鎭痛】(진통-チンツウ) 아픈 것을 진정시킴

【鎭護】(진호-チンゴ) 난리가 나지 못하게 지킴

【鎭火】(진화-チンカ) 화재를 꺼서 잡음

【鎚】추 ツイ、つち iron hammer
①쇠망치 金— ②저울추 權也 (퇴)
옥다듬을 治玉

【鎬】호 コウ、ゴウ、かがやく bright 皓 ㄏㄠ hao⁴
①빛날 耀也—— ②호경 武王所都—京 ③쟁가비 溫器

【鎬鎬】(호호-コウコウ) 빛나는 모양

【十一畫】

【鏗】갱 コウ、つく strike 庚 ㄎㄥ k'êng¹ 「—鏘
①칠 打也—鐘 ②금석소리 金石聲

【鏗然】(갱연-コウゼン) 쇠붙이나 돌로 만든 악기의 소리

【鏗鐘】(갱종-コウショウ) 종을 침

【鏡】경 キョウ、ケイ、かがみ mirror 敬 ㄐㄧㄥ ching⁴
거울 鑑也取景器水—

【鏡架】(경가-キョウカ) 경대
【鏡臺】(경대-キョウダイ) 거울을 버티어 놓는 기구
【鏡面】(경면-キョウメン) 거울 거죽 「물
【鏡水】(경수-キョウスイ) 거울같이 맑은
【鏡淨】(경정-キョウジョウ) 거울같이 맑음
【鏡彩】(경채-キョウサイ) 거울 같은 광채

【鏈】련 レン、くさり chain 先 ㄌㄧㄢˋ lien⁴
①쇠사슬 連環 ②안불린납 鉛未鍊者
【鏈繫】(연계-レンケイ) 쇠사슬로 맴
【鏈鎖】(연쇄-レンサ) 쇠사슬

【鏤】루 ル、ロウ、はがね hard steel
①강철 剛鐵 ②새길 刻也 ③속루칼 釵名屬—
【鏤刻】(누각-ルコク・ロウコク) ①새김。팜 ②금속에 새김을 루(鏤) 나무에 새김을 각(刻)이라 함。 문장을 꾸밈
【鏤板】(누판-ルハン・ロウハン) 판목(版木)에 문자를 새김

【鏌】막 バク、マク、つるぎのな name of a sword
칼이름 吳神劍—鋣

【鏝】만 マン、バン、こて trowel
흙손 塗具泥—

【鏖】오 オウ、みなごろし desperate fighting
①무찌를 多殺 ②떠들석할 騷也 ③구리동이 銅盆
【鏖殺】(오살-オウサツ) 무찔러 죽임
【鏖戰】(오전-オウセン) 적을 무찔러 죽일듯이 싸움

【鏞】용 ヨウ、おおがね big bell 冬 ㄩㄥˊ yung²
큰쇠북 大鐘

【鏘】장 ショウ、ソウ、たまのおと tinkling of pendants
①옥소리 玉聲 ②높을 高貌——
【鏘鏘】(장장-ショウショウ・ソウソウ) ①방울 소리 ②높은 모양 ③걸어 가는 모양

【鏑】적 テキ、チャク、やじり barb of an arrow
살촉 箭鏃

【鏃】족 ゾク、ソク、やじり barb of an arrow
살촉 矢末金
【鏃矢】(족시-ゾクシ) 살촉이 있는 화살

【鏚】척 セキ、おの axe 錫 ㄑㄧ ch'i¹
도끼 斧也

【鏦】종 ショウ、ス、ほこ spear 冬 ㄘㄨㄥ ts'ung¹
창 矛也 (창) 義同
【鏦殺】(창살-ショウサツ) 창으로 찔러 죽임
【鏦鏦】(종종-ショウショウ) 쇳소리

【十二畫】

【鐃】뇨 ドウ、ニョウ、どら hand gong 肴 ㄋㄠˊ nao²
작은징 小鉦
【鐃歌】(요가-ドウカ) ①군악(軍樂) ②징을 치고 노래함

【鐓】대 タイ、いしづき butt-end of a spear
창고대 牙下銅鐏

【鐙】등 トウ、あぶみ stirrup 蒸 ㄉㄥ têng¹
①등자 馬鞍足所踏 ②足下跗 登同 ③燈(火部十二畫)古字

【鏽】수 シュウ、シュ、さび rust
동록 鐵生衣

【鐔】심 タン、シン、つば sword-guard
①칼등 劍鼻握處下 ②작은칼 似劍而小

【鐘】종 ショウ、かね bell 冬 ㄓㄨㄥ chung¹
쇠북 懸樂金音 鍾通
【鐘閣】(종각-ショウカク) 종을 달아 놓은 집
【鐘磬】(종경-ショウケイ) 쇠북과 경쇠。악기(樂器)의 이름
【鐘鼓】(종고-ショウコ) 종과 북

【鐘路】(종로-ショウロ) ①서울의 종각이 있는 큰 거리 ②대도시에 종각이 있는 길거리

【鐘漏】(종루-ショウロウ) 때를 알리는 종과 물시계

【鐘樓】(종루-ショウロウ) 쇠북을 달아놓은 다락

【鐘銘】(종명-ショウメイ) 종에새긴 명문(銘文)

【鐘笙】(종생-ショウショウ) 종소리와 생황소리

【鐘聲】(종성-ショウセイ) 쇠북소리。종소「리

【鐘愛】(종애-ショウアイ) 사랑을 한쪽으로 모음

【鐘情】(종정-ショウジョウ) 따뜻한 정을 한 쪽으로 모음

【鐘鼎】(종정-ショウテイ) 쇠북과 솥

【鐏】준 ソン、いしづき butt-end of a spear 창고달 矛下銳銅

【鏵】화 カ、すき spade 錵 ㄏㄨㄚˊ hua² 가래 鍫也

【十三畫】

【鐻】거 キョ、かねかけ holder of ivon drum ①북받힘 鐘鼓跗 ②금은 그릇 金銀器 ③ 북 鐘—

【鐺】당 トウ、ソウ、なべ small kettle 목없을 쇠사슬 鎖也琅— (쟁) 노구 鼎屬有耳

【鐫】전 セン、えぐる engrave;carve 새길 刻也

【鐫喩】(전유-センユ) 권하여 깨우쳐 줌

【鐫黜】(전출-センチュツ) 관원이 죄를입고 쫓겨남

【鐫琢】(전탁-センタク) ①새기고 가는 것 ②글귀를 꾸미는것

【鐫汰】(전태-センタ) 쓸데없는 관원을 골라서 쫓아냄

【鐵】철 テツ、くろがね iron 屑 ㄊㄧㄝˇ t'ieh³ 검은 쇠 黑金

【鐵脚】(철각-テッキャク) 쇠같이 튼튼한 다리

【鐵甲】(철갑-テッコウ) 쇠로 만든 갑옷

【鐵甲船】(철갑선-テッコウセン) 쇠로 거죽을 싼 병선(兵船)

【鐵坑】(철갱-テッコウ) 철광을 파내는구덩이

【鐵骨】(철골-テッコツ) ①굳센 골격 ②건축에 쓰는 철재

【鐵工】(철공-テッコウ) 쇠를 다루어서 온갖 기구를 만드는 사람

【鐵管】(철관-テッカン) 쇠로 만든 관

【鐵鑛】(철광-テッコウ) 쇠를 파내는광산

【鐵橋】(철교-テッキョウ) 쇠로 만든다리

【鐵拳】(철권-テッケン) 굳센 주먹

【鐵櫃】(철궤-テッケン) 귀중품을 넣어두는 쇠로 만든 궤

【鐵筋】(철근-テッキン) 콘크리트 속에 박는 철재

【鐵器】(철기-テッキ) 쇠로 만든 그릇

【鐵騎】(철기-テツキ) 철갑을 입은 말탄 군사

【鐵道】(철도-テツドウ) 땅 위에 궤도를 걸고 그위로 기차가 다니게 하는 설비

【鐵毒】(철독-テツドク) 창·칼들에 상한 쇠의 독기

【鐵路】(철로-テツロ) 철도(鐵道)

【鐵面】(철면-テツメン) ①쇠로 만든 탈 ②강직하여 권세도 두려워하지아니하는 사람을 칭찬하는 말 ③검붉은 얼굴빛 ④철면피(鐵面皮)의준말

【鐵面皮】(철면피-テツメンピ) 뻔뻔스럽고 염치를 모르는 사람

【鐵帽】(철모-テツボウ) 전투 할때 쓰는 쇠로 만든 모자

【鐵錨】(철묘-テツビョウ) 쇠로 만든 닻

【鐵門】(철문-テツモン) 쇠로 만든 문

【鐵物】(철물-テツもの) 쇠로 만든 물건

【鐵鉢】(철발-テッパツ) 쇠로 만든 바리때

【鐵壁】(철벽-テッペキ) 쇠로 만든 벽。견고한 성(城)

【鐵棒】(철봉-テツボウ) ①쇠뭉둥이 ②좌우쪽에 나무나 또는 쇠기둥을 세우

고 그 위에 쇠뭉둥이를 건너질러 만든 기계로 체조에 쓰는 기구

【鐵扉】(철비-テッピ) 쇠로 만든 문짝

【鐵絲】(철사) 쇠로 가늘고 길게 만든 줄

【鐵像】(철상-テツゾウ) 쇠로 만든초상

【鐵色】(철색-テッショク) 검붉은 빛

【鐵索】(철색-テッサク) 철사로 꼰 줄

【鐵石】(철석-テッセキ) ①쇠와 돌 ②매우 굳은 물건을 이름

【鐵屑】(철설-テツくず・テッセツ) 쇳가루

【鐵聲】(철성-テッセイ) ①쇳소리 ②강한 음성

【鐵城】(철성-テツジョウ) 경고한 성

【鐵鎖】(철쇄-テッサ) 쇠사슬로 만든 자물쇠

【鐵心】(철심-テッシン) ①쉽게 변하지아니하는 굳은 마음 ②쇠로 만든물건

【鐵案】(철안-テツアン) 변하지 않는단안

【鐵衣】(철의-テツイ) ①갑옷 ②철쇠의 녹

【鐵杖】(철장-テッジョウ) 쇠지팡이

【鐵材】(철재-テツザイ) 공업의 재료로쓰는 쇠

【鐵笛】(철적-テッデキ) 쇠로 만든 저

【鐵箭】(철전-テッセン) 정량대

【鐵製】(철제-テッセイ) 쇠로 만들음。그 물건

【鐵蹄】(철제-テッテイ) ①힘이 굳센 말을 일컫는 말 ②마소의 발바닥에대는 쇠

【鐵條】(철조-テツジョウ) 굵은 철사

【鐵條網】(철조망-テツジョウモウ) 적군의 돌격을 막는 물건。군데군데 말뚝을 박고 철망을 건너 지른뒤에 전류를 통하게 한것

【鐵窓】(철창-テッソウ) 쇠로 만든 창살을 낀 창。감옥(監獄)

【鐵窓生活】(철창생활-テッソウセイカツ) 감옥살이

【鐵柵】(철책-テッサク) 쇠로 만든 울장

【鐵則】(철칙-テッソク) 변경 또는 어길 수 없는 규칙

【鐵塔】(철탑-テットウ) 쇠스랑

【鐵椎】(철퇴-テッツイ) 쇠뭉치

【鐵片】(철편-テッペン) 쇠의 조각。쇠의 부스러기

【鐵鞭】(철편-テッベン) ①쇠의 채찍 ②옛날 포교(捕校)가 가지고 다니던 쇠로 만든 무기

【鐵筆】(철필-テッピツ) 대는 나무로 촉은 쇠로 만든 서양식의 붓

【鐵漢】(철한-テッカン) 뜻이 굳은 사람

【鐵血】(철혈-テッケツ) ①쇠와 피。곧 병기와 사람의 피 ②병력과 군비

【鐵火】(철화-テッカ) ①빨갛게 단 쇠 ②칼과 총 ③총화(銃火)

【鐵丸】(철환-テツガン) 총에 재어 발사하는 작고 동그란 쇠뭉치

【鐵畫】(철획-テツガ) 필력(筆力)이 강한 글씨의 획

【鐸】탁 タク、すず hand-bell 藥 ㄉㄨㄛˊ tuo²

①목탁 文用木― ②요령 武用大銓金―

【鐶】환 カン、たまき metal ring 刪 ㄏㄨㄢˊ huan²

고리 圜郭有孔

【十四畫】

【鑑】감 カン、かがみ mirror of metal

①거울 鏡也 ②밝을 明也 ③비칠 照也

【鑑戒】(감계-カンカイ) 거울을 삼아 경계함

【鑑別】(감별-カンベツ) 감정하여 분별하여 냄

【鑑賞】(감상-カンショウ) 예술품을 감식하고 칭찬함

【鑑識】(감식-カンシキ) ①사물을 감정하는 능력 ②사물의 취미를 이해하는 지력(知力)

【鑑定】(감정-カンテイ) 사물의 진위(眞僞)·선악(善惡)을 분별함

【鑑札】(감찰-カンサツ) 어떠한 영업 면허의 증거로 관청에서 내리는 표

【鑒】前條同字

【鑄】주 チュウ、シュ、いる cast metal 遇 ㄓㄨˋ chu⁴
쇠부을 容金入範

【鑄造】(주조-チュウゾウ) 쇠를 불려서 물건을 만듬

【鑄型】(주형-いがた) 물건을 주조하는데 쓰는 골

【鑊】획 カク、かなえ boiler 藥 ㄏㄨㄛˋ huo⁴
가마 釜屬鼎―

【鑊烹】(획팽-カクホウ) 가마에 넣어 삶는 형벌

【十五畫】

【鑛】광 コウ、あらがね ore of metal;mine
①쇳돌―朴 ②쇳덩이 銅鐵樸

【鑛區】(광구-コウク) 관청의 허가를 얻어 광물을 파낼 특정한 구역

【鑛毒】(광독-コウドク) 광물을 파낼때나 제련할 때에 생기는 독소

【鑛脈】(광맥-コウミャク) 광물이 바위틈에 백힌 줄

【鑛夫】(광부-コウフ) 광물을파내는인부

【鑛山】(광산-コウザン) 광물을 파내는산

【鑛産】(광산-コウサン) 광물의 산출

【鑛山學】(광산학-コウザンガク) 광물의탐굴·채굴 채취에 관한 학리를 연구하는 학문

【鑛石】(광석-コウセキ) 쇳돌

【鑛泉】(광천-コウセン) 광물질(鑛物質)을 많이 포함한 샘물

【鑛穴】(광혈-コウケツ) ①광물을 파내기 위하여 뚫은 구덩이 ②광맥(鑛脈)

【鑞】랍 ロウ、すず hard tin 合 ㄌㄚˋ la⁴
백철 錫也

【鑢】려 リョ、やすり file 御 ㄌㄩˋ lu⁴
줄 摩錯銅鐵

【鑠】삭 シャク、とかす melt 藥 ㄕㄨㄛˋ shuo⁴
①쇠녹일 銷金 ②아름다울 美盛於-

【鑠金】(삭금-シャクキン) ①금을 녹임 ②아름다운 황금

【鑠鑠】(삭삭-シャクシャク) 빛나는 모양

【鑠石流金】(삭석유금-シャクセキリュウキン) 더위가 심함

【鑕】질 シツ、かなとこ chopping block
①머루 鐵椹 ②모탕 斧―

【鑣】표 ヒョウ、くつわ bit for a horse
①말재갈 馬銜 ②성할 盛貌――

【十六畫―十七畫】

【鑪】로 ロ、いろり brazier 虞 ㄌㄨˊ lu²
①화로 火函 ②주전자 酒器 ③살 箭名鉀― 爐同

【鑪炭】(노탄-ロタン) 화로에 핀 숯불

【鑰】약 ヤク、かぎ key 藥 ㄩㄝˋ yueh⁴
열쇠 門關下牡

【鑰匙】(약시-ヤクシ) 열쇠

【鑱】참 ザン、サン、すき plough 咸 ㄔㄢˊ ch'an²
①가래 土具 ②보습 犂鉄 ③찌를 刺也 ④뾰족할 銳也

【十八畫―十九畫】

【鑷】섭 ジョウ、けぬき hair-tweezers
족집게 攝取物―子

【鑼】라 ラ、どら gong 歌 ㄌㄨㄛˊ luo²
징과리 軍樂銅―

【鑾】란 ラン、すず bell 寒 ㄌㄨㄢˊ luan²
방울 人君乘車罵鑣八―鈴 鸞通

【鑾鈴】(난령-ランレイ) 임금이 타는 수레의 방울

【鑾輿】(난여-ランヨ) 임금의 마차

【鑾和】(난화-ランワ) 임금의 수레에 단 방울

【鑿】착 サク、のみ chisel
①끌 所以穿木 ②뚫을 穿也 ③얼음뜰 取氷 ④깎을 刳不爲舟 ⑤깨끗할

鮮明—— ⑥쓿은 쌀 精米 (조) 구
멍 穿空
【鑿開】(착개-サクカイ) 파서 헤침
【鑿空】(착공-サククウ) ①구멍을 뚫음。
새로 길을 냄 ②터무니 없는말을함
【鑿井】(착정-サクセイ) 우물을 팜
【鑿鑿】(착착-サクサク) ①깨끗한 모양。
신명(鮮明) ②말이 조리에 맞음

【鑽】찬 サン、きり drill 寒 ㄗㄨㄢ tsuan1·4
①송곳 穿物錐 ②뚫을 穿也
【鑽石】(찬석-サンセキ) 품질이 낮은 금
강석。 조각 및 유리를 베는데 씀。
금강찬(金剛鑽)
【鑽研】(찬연-サンケン) 깊이 연구함
【鑽灼】(찬작-サンシャク) 거북 껍질을불
에 태워 길흉(吉凶)을 정함。연구의
뜻으로 씀

【二十畫—二十六畫】

【钁】곽 カク、くわ hoe 藥 ㄐㄩㄝ chüeh2
①호미 大鋤 ②깎을 斫也

【钀】알 ゲツ、くつわ bit for a horse
①재갈 鑣也馬勒旁鐵

【钃】촉 チョク、トク、のぞく mattock
①호미 鋤也 ②깎을 斫也 ③칼이름
劍名—钃

長 部

【長】장 チョウ、ジョウ、ながい long 陽 ㄔㄤ ch'ang2
①긴 短之對 ②늘 常也 ③길 永也
④오랠 久也 ⑤착할 善也 ⑥넉넉할
優也 ⑦맏 孟也 ⑧클 大也 ⑨기를
養也 ⑨높을 尊也 ⑩나아갈 進也 ⑪
남저지 餘也 ⑫많을 多也 ⑬잴 度也
⑭멀쑥할 冗也 ⑮좋을—物 ⑯어른
統率者
【長竿】(장간-チョウカン) 장대
【長江】(장강-チョウコウ) ①양자강(揚子
江)의 딴이름 ②물줄기가 긴 강
【長距離】(장거리-チョウキョリ) 긴 거리。
먼 거리
【長劍】(장검-チョウケン) 긴 칼
【長庚】(장경-チョウコウ) 저녁에 서쪽하
늘에 보이는 큰 별
【長計】(장계-チョウケイ) ①영원한 꾀 ②
좋은 꾀
【長谷】(장곡-チョウコク) 깊고 긴 산골
짜기
【長骨】(장골-チョウコツ) 뼈의 형태에의
한 분류의 하나
【長空】(장공-チョウクウ) 멀고 긴 하늘
【長公主】(장공주-チョウコウシュ) 임금의
자매(姊妹)
【長廣】(장광-チョウコウ) 길이와 넓이
【長句】(장구-チョウク) 자수(字數)가 많
은 글귀
【長久】(장구-チョウキュウ) 길고 오램。
영구(永久)
【長驅】(장구-チョウク) ①멀리 달려감
②먼 곳까지 쫓아감
【長軀】(장구-チョウク) 키가 큼
【長弓】(장궁-チョウキュウ) 각궁(角弓)의
한가지
【長技】(장기-チョウギ) 나은 재주
【長期】(장기-チョウキ) 오랜 시기
【長男】(장남-チョウナン) 맏아들。장자
(長子)
【長女】(장녀-チョウジョ) 맏딸
【長短】(장단-チョウタン) ①긴 것과 짧
은것。길이 ②장점과 단점 ③노래。
음악의 곡조
【長談】(장담-チョウダン) 장시간에 걸쳐
이야기 함
【長大】(장대-チョウダイ) ①키가 큼 ②
재능이 나음 ③어른이 됨
【長燈】(장등-チョウトウ) 밤새도록 등을
켜 둠
【長老】(장로-チョウロウ) ①나이가 많고
덕이 높은 사람 ②기독교회의 명예
직 ③지덕이 높은 중
【長流】(장류-チョウリュウ) ①길게 흐름
②길게 흐르는 강
【長流水】(장류수-チョウリュウスイ) 쉬지
않고 늘 흐르는 강물
【長文】(장문-チョウブン) ①글자의 수가

많은 긴 글 ②줄 글 「수풀
【長林】(장림-チョウリン) 길게 이어있는
【長髮】(장발-チョウハツ) 머리털을 길게
기름。또 그 머리。또 그사람
【長方形】(장방형-チョウホウケイ) 내각이
각각 직각인 네모꼴。구형(矩形)
【長壁】(장벽-チョウヘキ) 길게 쌓은 벽
【長病】(장병-チョウビョウ) 오래된 병
【長服】(장복-チョウフク) 같은 약 또는
음식을 늘 먹음
【長本人】(장본인-チョウホンニン) ①일의
근본이 되는 사람 ②요인(要人)의
괴수
【長蛇】(장사-チョウダ) 긴 뱀
【長蛇陣】(장사진-チョウダジン) 긴 뱀이
서리고 있는 것 같은 군진(軍陣)
【長上】(장상-チョウジョウ) 어른。웃어른
【長生】(장생-チョウセイ) 오래 살음
【長生不死】(장생불사-チョウセイフシ) 오
래살고 죽지 아니함
【長逝】(장서-チョウセイ) ①멀리감 ②죽
음。사방(死亡)
【長成】(장성-チョウセイ) 자람。커짐
【長城】(장성-チョウジョウ) ①길게 이어
진 성 ②한 나라의 중진이 되는 인
물
【長星】(장성-チョウセイ) 혜성(彗星)
【長嘯】(장소-チョウショウ) 길게 수파람
을 불음
【長孫】(장손-チョウソン) 맏손자

【長松】(장송-チョウショウ) 큰 소나무
【長壽】)장수-チョウジュ) 목숨이 김。오
래살음。장생(長生)
【長袖善舞】(장수선무-チョウシュウよくま
う) 소매가 길면 춤을 잘 춘다는 뜻
으로 재물이 많은 자는 일을 하기
가 쉽다는 것을 가리키는 말
【長時間】(장시간-チョウジカン) 오래고 긴
시간 「시일
【長時日】(장시일-チョウジジツ) 오래고 긴
【長安】(장안-チョウアン) 서울의 딴이름
【長夜】(장야-チョウヤ) ①긴 밤 ②장사
(葬事)를 이름。긴 밤은 언제까지
든지 밝지 아니함。사람이 한번죽으
면 다시 돌아오지 아니하는 고로
【長髯】(장염-チョウゼン) 긴 구렛나루
【長遠】(장원-チョウエン) 길고 멀음
【長幼】(장유-チョウヨウ) 어른과 아이
【長衣】(장의-チョウイ) 점장이가 입는
옷
【長子】(장자-チョウシ) ①맏아들。장남
(長男) ②맏딸(長女)
【長者】(장자-チョウジャ) ①어른。연장자
②웃사람 ③덕망이 높은 사람 ④신
분이 높은 사람 ⑤부자。부호
【長姉】(장자-チョウシ) 맏누이
【長斫】(장작-チョウシャク) 통나무를 쪼갠
땔나무 「아들
【長嫡】(장적-チョウチャク) 본처가 낳은 맏
【長箭】(장전-チョウセン) 긴 화살

【長程】(장정-チョウテイ) 먼 길。장로(長
路)
【長堤】(장제-チョウテイ) 긴 방죽
【長足】(장족-チョウソク) 빨리 나아가는
걸음
【長足進步】(장족 진보-チョウソクのシンポ)
썩 빠르게 되어가는 진보
【長竹】(장죽) 기름한 담뱃대
【長指】(장지-チョウシ) 장가락
【長札】(장찰-チョウサツ) 사연이 긴편지
【長槍】(장창-チョウソウ) 자루가 긴 창
【長策】(장책-チョウサク) ①긴 채쭉 ②
좋은 꾀
【長蟲】(장충-ながむし) 뱀의 딴이름
【長處】(장처-チョウショ) ①가장 잘하는
점 ②그 중에 나은 점
【長醉】(장취-ながよい) 술이 늘 취함
【長篇】(장편-チョウヘン) ①긴 시문(詩
文) ②긴 소설
【長歎息】(장탄식-チョウタンソク) 소리를
길게 내어 하는 탄식
【長兄】(장형-チョウケイ) 맏형
【長靴】(장화-ながぐつ) 목이 긴 구두

【二畫—四畫】

【镸几】 곤 コン、うし ugly ox
귀달이 소 醜牛貌—也

【镺】 오 オウ、のびる long
길 長也

【套】大部 七畫에 볼것

【六畫—十五畫】

【䯵】뇨 ニョウ、かわぐつ leather shoes 가죽신 皮封帛鞋

【𩬾】髮 (髟部 五畫) 古字

【肆】聿部 七畫에 볼것

【髣】髟部 四畫에 볼것

【髮】髟部 五畫에 볼것

【髴】髟部 五畫에 볼것

【髻】髟部 六畫에 볼것

【鬚】髟部 十二畫에 볼것

門 部

【門】문 モン、ボン、かど door;gate 兩戶象形人所出入 在堂曰戶在區城曰—

【門間】(문간-モンカン) 대문이 있는 곳

【門鑑】(문감-モンカン) 문표

【門客】(문객-モンカク) 식객(食客) 또는 매일 문안오는 손

【門禁】(문금-モンキン) 문에출입을금함

【門基】(문기-モンキ) 한집안의 기초

【門內】(문내-モンナイ) ①대문 안 ②문중(門中)

【門徒】(문도-モント) ①제자。문인(門人) ②불교의 신도 ③문직이

【門隷】(문예-モンレイ) 문직이

【門路】(문로-モンロ) ①임금의 수레가 드나드는 대궐 ②정문의 길

【門樓】(문루-モンロウ) 문위의 다락

【門楣】(문미-モンビ) ①문위에 가로댄 나무 ②가문(家門)

【門閥】(문벌-モンバツ) 대대로 내려오는 그 집안의 신분·지위·가문

【門屛】(문병) 대문 안의 앞가림

【門裨】(문비) 악귀(惡鬼)를 쫓는 뜻으로 대문에 붙이는 신장(神將)의 화상

【門扉】(문비-モンピ) 문짝。문선(門扇)

【門生】(문생-モンセイ) ①제자(弟子)문인(門人) ②주대(周代) 진사(進士)시험을 맡은 관원을 생이라하고 급제자 자신이 문생이라 함

【門扇】(문선-モンセン) 문짝(門扉)

【門外漢】(문외한-モンガイカン) ①전문지식이 없는 사람 ②직접으로 그일에 관계하지 아니하는 사람

【門運】(문운-モンウン) 한 가문의 운수

【門人】(문인-モンジン) ①제자(弟子) ②문생(門生) ③문객(門客)。문직이

【門帳】(문장) 문에나 창에 쳐서 눌어뜨리는 휘장

【門前沃土】(문전옥토-モンゼンヨクド) 대문앞에 있는 기름진 논 밭

【門前乞食】(문전걸식-モンゼンコジキ) 집집이 돌아다니며 먹을것을 구걸함

【門庭】(문정-モンテイ) 대문이나 중문안에 있는 뜰

【門弟】(문제-モンテイ) 제자(弟子)

【門中】(문중-モンチュウ) 동성동본의 가까운 친척

【門地】(문지-モンチ) 문벌(門閥)

【門疾】(문질-モンシツ) 그 집안에 여러대째 내려오면서 있는 어떤 좋지않은 비롯。또는 어떤 병

【門齒】(문치-モンシ) 앞니

【門牌】(문패-モンパイ) 문에 다는 성명을 적은 패

【門下】(문하-モンカ) ①스승의 문에 들어가서 가르침을 받음。또는 그 사람。문인(門人) ②식객(食客)。문객(門客) ③제자(弟子)

【門下生】(문하생-モンカセイ) 제자。문하(門下)

【門戶】(문호-モンコ) ①집안에 드나드는 곳 ②집。일가(一家) ③문벌(門閥) ④입구。중요한 지위

【門戶開放】(문호개방-モンコカイホウ) 출입에 제한이 없게 함
【門會】(문회-モンカイ) 문중의 일을 의논하기 위하여 그 일가만 모인모임

【一畫—三畫】

【門】산 サン、かんぬき bolt 刪 ㄕㄨㄢ shuan¹ 빗장 門橫關
【閃】섬 セン、ひらめく flash 琰 ㄕㄢ shan³ ①번쩍거릴 動貌——②언뜻볼 暫見 ③갸웃이 볼 闚頭門中 ④피할 譬避
【閃光】(섬광-センコウ) 번쩍이는 빛
【閃閃】(섬섬-センセン) ①빛이 번쩍거리는 모양 ②번쩍거리며 움직이는 모양
【閃搖】(섬요-センヨウ) 광도(光度)가 다른 광선이 번갈아 눈을 자극할 때에 일어나는 아롱거리는 현상
【閃電】(섬전-センデン) 번쩍거리는 번갯불。신속함을 이름
【閃忽】(섬홀-センコツ) 별안간 나타났다가 별안간 없어짐 「거림
【閃紅】(섬홍-センコウ) 붉은 빛을 번쩍
【閃火】(섬화-センカ) 번쩍이는 화광
【閃花】(섬화-センカ) 눈에 병이 있을때에 불빛을 대하면 나타내는 현상
【閉】폐 ヘイ、とじる close 霽 ㄅㄧ pi⁴ ①닫을 闔門 ②가릴 掩也 (閇) ① 감출 藏也 ②막을 塞也
【閉講】(폐강-ヘイコウ) 하던 강의 과목을 폐지함
【閉關】(폐관-ヘイカン) ①관문(關門)을 닫음 ②문을 닫고 손을 보지아니함。두문(杜門)
【閉校】(폐교-ヘイコウ) 학교 수업을 그만두고 쉼
【閉口】(폐구-ヘイコウ) 입을 다물음。침묵(沈默)
【閉幕】(폐막-ヘイマク) 연극을 마치고 막을 닫음
【閉門】(폐문-ヘイモン) 문을 닫음。두문(杜門)
【閉塞】(폐색-ヘイソク) 닫아 막음。겨울에 천지가 얼어서 생기가 막힘
【閉鎖】(폐쇄-ヘイサ) 문을 닫고 자물쇠로 채움
【閉囚】(폐수-ヘイシュウ) 간혀 있음。또 그 사람 「음
【閉市】(폐시-ヘイシ) 시장의 가게를 닫
【閉息】(폐식-ヘイソク) 숨을 죽임
【閉藏】(폐장-ヘイゾウ) 닫아 감춤。모르게 함
【閉店】(폐점-ヘイテン) 가게를 닫음
【閉會】(폐회-ヘイカイ) 모임을 끝냄
【閑】한 カン、かきね fence 刪 ㄏㄢ han² ①담 垣也—闌 ②이문 閭也里門
【閑庭】(한정-カンテイ) 담과 울。집안
【閒】口部 八畫에 볼것

【四 畫】

【間】간 カン、ケン、あいだ while;among ①사이 中也隙也 ②사이할 隔也 ③가까울 厠也 ④이간할 反ㅣ ⑤갈아들일 迭也 ⑥나무랄할 皆也 ⑦병나을 瘳也
【間間】(간간-カンカン) ①사물을 구별함 ②틈틈이 ③드문드문
【間隔】(간격-カンカク) 사이。틈
【間隙】(간극-カンゲキ) 틈。겨를
【間氣】(간기) 여러 세대를 통하여 드문 기질
【間年】(간년) 중간에 한해를 거름
【間斷】(간단-カンダン) 중간이 끊김。쉴사이
【間道】(간도-カンドウ) 사잇길。지름길。간로(間路)
【間路】(간로-カンロ) 간도(間道)와 같음
【間夫】(간부-カンプ) 사잇 서방
【間色】(간색-カンショク) 두가지 이상의 원색이 섞여되는 빛
【間細】(간세-カンサイ) 간자(間者)
【間食】(간식-カンショク) 끼니 밖에 음식을 먹음
【間言】(간언-カンゲン) 남을 이간하는말

【間日】(간일-カンジツ) ①하루걸러。격일(隔日) ②틈이 있는 말

【間者】(간자-カンジャ) ①발쇳군。염탐군。간첩(間諜) ②그 사이

【間作】(간작-カンサク) 주요작물 사이에 다른 작물을 심음

【間接】(간접-カンセツ) 중간에 다른 물건을 격하고 서로 대함。직접이 아님

【間諜】(간첩-カンチョウ) 간자(間者)

【間歇】(간헐-カンケツ) 일정한 시간을 두고 일어났다 말다함

【間或】(간혹) ①이따금 ②드물게 ③어쩌다가

【間婚】(간혼-カンコン) 남의 혼인을 중간에서 방해함

【開】

개 カイ、ひらく open 灰 ㄎㄞ k'ai
①열 闢也 ②통할 通也 ③발할 發也 ④베풀 張也 ⑤풀 解也

【開刊】(개간-カイカン) 처음으로 책·신문 따위를 간행함

【開墾】(개간-カイコン) 거친 땅을 개척하여 처음으로 논밭을 만드는 일

【開墾地】(개간지-カイコンチ) 개간 하는 땅。새로 개척한 토지

【開講】(개강-カイコウ) 강의를 시작함

【開坑】(개갱-カイコウ) 광물을 파기 위해 갱도를 뚫음

【開館】(개관-カイカン) 회관·공관따위의 사무를 개시함

【開鑛】(개광-カイコウ) 광산의 채굴을 시작함

【開校】(개교-カイコウ) 학교에서 공부를 시작함

【開口】(개구-カイコウ) 입을 열어말을함

【開國】(개국-カイコク) 새로 나라를 세움。건국(建國)

【開掘】(개굴-カイクツ) 파서 헤치어 냄

【開卷】(개권-カイカン) ①펴는것과 마는것 ②책을 폄 ③편 책의 첫 대군

【開襟】(개금-カイキン) 마음 속을 열어 놓음

【開基】(개기-カイキ・もとをひらく) ①기초를 만듦。터를 열음。또 그사람 ②처음으로 지음。또 그사람

【開導】(개도-カイドウ) 열어 인도하여 가르침

【開東】(개동-カイトウ) 먼 동이 틈

【開幕】(개막-カイマク) 연극할 때에 막을 열음

【開明】(개명-カイメイ) 인지(人智)가 열리고 문물이 진보하는 것

【開門】(개문-カイモン) 문을 열음

【開眉】(개미-カイビ) 눈썹을 폄。근심을 펌

【開發】(개발-カイハツ) ①개척(開拓) ②지식을 열어줌 ③열음。봉을뜯음

【開放】(개방-カイホウ) ①열어 놓음。터놓음 ②죄인을 놓아줌

【開伐】(개벌-カイバツ) 벌채하기 시작함

【開闢】(개벽-カイビャク) 천지가 처음으로 열림

【開腹】(개복-カイフク) 수술하기 위하여 배를 쨈

【開封】(개봉-カイフウ) 봉한 것을 열음。봉지를 뗌

【開氷】(개빙-カイヒョウ) 빙고(氷庫)를 처음 열음

【開山】(개산-カイザン) 처음으로 절을 지음

【開設】(개설-カイセツ) 새로 설치함。처음으로 열음

【開城】(개성-カイジョウ) ①성문을 열음 ②항복함

【開素】(개소-カイソ) 채식하던 것을 풀어 고기 먹기를 시작함

【開始】(개시-カイシ) 시작한。처음으로 함

【開市】(개시-カイシ) 장이나 가게를 열음

【開示】(개시-カイジ) 열어 보임。설명하여 나타냄

【開式】(개식-カイシキ) 의식을 시작함

【開眼】(개안-カイガン) 불상을 만든 뒤에 처음으로 불공을 드리는 의식

【開業】(개업-カイギョウ) ①사업을 시작함 ②영업을 시작함

【開演】(개연-カイエン) 연설·연주·연극 따위를 시작함

【開悟】(개오-カイゴ) 진리를 깨달음

【開運】(개운-カイウン) 운수가 터짐

【開胃】(개위) 구미에 당김。입맛이 남。먹고 싶어 함

【開諭】(개유-カイユ) 타이름。 알아 듣도록 말함
【開張】(개장-カイチョウ) ①열어 폄。 늘음。 ②시장을 열어 무역함
【開場】(개장-カイジョウ) ①과장(科場)을 열음 ②공중의 입장을 행함
【開戰】(개전-カイセン) 싸움을 시작함
【開店】(개점-カイテン) 가게를 열어 영업을함
【開廷】(개정-カイテイ) 소송 사건을 재판하기 위하여 법정을 열음
【開祖】(개조-カイソ) 교를 처음으로 시작한 사람
【開陳】(개진-カイチン) 의견 따위를 진술함
【開拓】(개척-カイタク) 토지를 개간함
【開天節】(개천절-カイテンセツ) 우리 나라 건국을 기념하는 국경일로 十월 三일
【開秋】(개추-カイシュウ) 가을이 됨。 첫 가을
【開春】(개춘-カイシュン) 봄이 됨。 첫봄
【開坼】(개탁-カイタク) ①편지 겉봉을 열음 ②터짐
【開土】(개토-カイド) 뫼로 쓸때 땅을 파기 시작함
【開通】(개통-カイツウ) 길을 열음。 열어 지나가게 함
【開版】(개판-カイハン) 책 따위의 출판물의 발간을 개시함

【開閉】(개폐-カイヘイ) 열고 닫음。 여닫음
【開票】(개표-カイヒョウ) 투표함을 열고 투표의 결과를 조사함
【開學】(개학-カイガク) 학교의 수업을 시작함
【開闔】(개합-カイコウ) 여는 것과 닫는 것。 개폐(開閉)
【開港】(개항-カイコウ) 항구를 개방하여 외국선박의 출입과 무역을 허하여 통상을 하게함
【開婚】(개혼-カイコン) 자녀중에서 처음으로 성례(成禮)시키는 혼인
【開化】(개화-カイカ) ①사물이 진보하고 인지(人智)가 발달함 ②위에서 교도하여 세운(世運)의 진보를 꾀함

【閎】굉 コウ、もん gate of a village
①이문 衖門 ②클 大也 ③공할 虛廓宏通
【閎廓】(굉곽-コウカク) 넓고 큼
【閎閎】(굉굉-コウコウ) ①큰 소리의 형용 ②두텁고 아름다움
【閎達】(굉달-コウタツ) 널리 통함。 편히 하지 아니함
【閎覽】(굉람-コウラン) 널리 봄。 사물을 보아 널리 앎

【閔】민 ビン、ミン、うれえる mourn 軫 ㄇㄧㄣ min
①민망할 傷也 ②병 病也 ③姓也 愍同
【閔惜】(민석-ビンセキ) 민망하여 아낌
【閔然】(민연-ビンゼン) 민망한 모양
【閔慰】(민위-ビンイ) 민망하여 위로함
【閔凶】(민흉-ビンキョウ) 부모의 상사(喪事)

【閏】윤 ジュン、うるう intercalary 震 ㄖㄨㄣ juen
윤달 氣盈朔虛積餘附月
【閏年】(윤년-ジュンネン) 윤 날이 든 해
【閏月】(윤월-ジュンゲツ) 윤달
【閏位】(윤위-ジュンイ) 정통(正統)이 아닌 임금의 자리
【閏集】(윤집-ジュンシュウ) 원본에 빠진 것을 편집한 문집(文集)

【閑】한 カン、ひま leisure 刪 ㄒㄧㄢ hsien
①막을 防也 ②법 法也 ③문지방 門闌 ④호위할 衛也 ⑤마구간 馬廐。 閒同 嫺通
【閑却】(한각-カンキャク) 버려둠。 등한히 함
【閑客】(한객-カンカク) 한가한 손님
【閑談】(한담-カンダン) 심심풀이로 하는 이야기
【閑良】(한량-カンリョウ) 무과를 아직 못한 호반의 사람
【閑忙】(한망-カンボウ) 한가한 일과 바쁜 일
【閑散】(한산-カンサン) 일이 없이 놀고

있음 「월

【閑日月】(한일월-カンジツゲツ) 한가한세 월

【閑靜】(한정-カンセイ) 한가하고 고요함

【閑坐】(한좌-カンザ) 조용히 앉음

【閑閑】(한한-カンカン) ①수레가 움직이는 모양 ②남녀의 구별이 없이 왕래함 ③넓고 큰 모양

【閒】 한 カン、ゲン、ひま leisure

①한가 安也 ②겨를 暇也 間本字

【閒暇】(한가-カンカ) ①볼일이 없음 ②겨를이 있음 ③마음이 조용함

【閒却】(한각-カンキャク) 무심히 내버려둠

【閒居】(한거-カンキョ) ①일이 없어서 한가이 있음 ②한적한 곳에 있음

【閒窠】(한과) 한가한 벼슬 자리

【閒官】(한관-カンカン) 한가한 벼슬

【閒隙】(한극-カンゲキ) 한가한 틈

【閒談】(한담-カンダン) 쓸데 없는이야기

【閒步】(한보-カンポ) 한가히 걸음

【閒散】(한산-カンサン) 직업이 없음。일이 없음

【閒雅】(한아-カンガ) 고요하고 경치가 뛰어나게 아름다움

【閒雲】(한운-カンウン) 높다란 하늘에 한가히 오락가락 하는 구름

【閒遊】(한유-カンユウ) 한가히 노름

【閒人】(한인-カンジン) 한가한 사람

【閒寂】(한적-カンセキ) 한가하고 고요함

【閒靜】(한정-カンセイ) 고요함

【閒筆】(한필-カンピツ) 한가한 마음으로 쓴 글이나 글씨

【悶】 心部 八畫에 볼것

【五 畫】

【閟】 비 ヒ、おくぶかい retired and quiet

①으슥할 幽深 ②닫을 閉也 ③신기로울 神也

【閘】 갑 コウ、ひのくち bolt 闸 ㄓㄚˊ cha²

①빗장 閉門具 ②물문 通舟水門

【閙】 鬧 (鬥部 五畫)에 볼것

【六 畫】

【閣】 각 カク、たかどの pavilion 阁 ㄍㄜˊ kê²

①층집 樓也 ②사다리 棧道 ③꼿꼿할 端直貌——④개구리 소리 蛙聲

【閣道】(각도-カクドウ) ①복도 ②별이름

【閣老】(각로-カクロウ) ①명대(明代) 재상(宰相)을 이름 ②내각의 원로(元老)

【閣僚】(각료-カクリョウ) 내각을 조직하는 장관 또는 대신들

【閣臣】(각신-カクシン) 내각의 각 대신

【閣員】(각원-カクイン) 내각의 장관(대신)

【閣議】(각의-カクギ) 내각 곧 국무위원의 회의

【閣筆】(각필-カクヒツ) 붓을 놓고 쓰던 것을 멈추는 것

【閣下】(각하-カッカ) ①층집 아래 ②귀인에게 대하는 존칭

【閨】 규 ケイ、ねや inner room 闺 ㄍㄨㄟ kuei¹

①도장 女子所居 ②색시 女稱—秀 ③협문 宮中小門 ④홍예지겟문 上圓下方小戶

【閨門】(규문-ケイモン) ①안방 문 ②또 부녀가 거처하는 곳

【閨房】(규방-ケイボウ) 도장。내실(內室)

【閨範】(규범-ケイハン) 여자의 교훈。여자에게 가르칠만한 책

【閨秀】(규수-ケイシュウ) ①어진 부인。문학과 서화에 뛰어난 부인 ②색시。처녀

【閨愛】(규애-ケイアイ) 딸

【閨養】(규양-ケイヨウ) 색시。처녀

【閨怨】(규원-ケイエン) 아내가 남편과 이별하는 원한。또 그 원한을 읊은 시

【閨中】(규중-ケイチュウ) 부녀가 거처하는 곳

【閨閤】(규합-ケイコウ) ①궁중 또는 집 안의 적은 문 ②안방。침실 ③여자

【閩】 민 ビン、ミン、くにのな name of a state

①땅이름 東越今神建省 ②나라이름 國名五代十國之一王審知所建

【閥】벌 バツ、いえがら classification according to rank
①문벌 功狀ー閥 ②왼편문 門在左曰ー在右曰閱
【閥閱】(벌열-バツエツ) ①옛날 공적을 적어서 문에 걸어 둔 표 ②나라에 공로(功勞)가 많고 벼슬을 많이 한 집안
【閥族】(벌족-バツゾク) ①대대로 내려오는 그 집안의 신분·지위·지체。문벌(門閥) ②문벌이 좋은 족속

【閤】합 コウ、くぐりど small side-door
①협문 內中小門 ②침방 小室ー子 ③개구리 소리 蛙聲 閤通
【閤內】(합내-コウナイ) 남의 가족의 존칭
【閤門】(합문-コウモン) 편전(便殿)의 앞문
【閤外】(합외-コウガイ) 편전의 문밖
【閤下】(합하-コウカ) 신분이 높은 사람에 대한 존칭。각하(閣下)
【閤閤】(합합-コウコウ) 개구리의 우는 소리
【閤患】(합환-コウカン) 남의 아내의 병의 존칭

【関】關 (門部 十一畫) 略字

【閧】門部 (六畫)에 볼것

【聞】耳部 八畫에 볼것

【七 畫】

【閫】곤 コン、しきみ threshold 阮 ㄎㄨㄣˇ k'uen³
문지방 門限
【閫內】(곤내-コンナイ) ①문지방 안 ②도성(都城)
【閫席】(곤석-コンセキ) ①문지방파자리。전하여 ②남녀의 별
【閫外】(곤외-コンガイ) ①문지방바깥。경계의 바깥 ②국경 밖으로 진군(進軍)함
【閫則】곤칙-コンソク) 부인이 지켜야할 본보기

【閭】려 リョ、さとのもん gate of a village
①이문 里門 ②마을 五比 ③미려할 海泄水石尾ー
【閭里】(여리-リョリ) 백성의 집이 많이 있는 곳
【閭門】(여문-リョモン) 마을 입구의 문
【閭閻】(여염-リョエン) 마을
【閭巷】(여항-リョコウ) 여리(閭里)

【閱】열 エツ、けみする examine 屑 ㄩㄝˋ yüeh⁴
①볼 觀也 ②겪을 歷也 ③군사적고할 簡軍實大ー ④용납할 容也 ⑤벌열 閥ー
【閱年】(열년-エツネン) 一년 이상이 걸림
【閱覽】(열람-エツラン) 전체를 조사하여 봄
【閱歷】(열력-エツレキ) ①지금까지 해온 일 ②지나는 것。경과하는 것 「봄
【閱兵】(열병-エッペイ) 군사를 검열하여
【閱月】(열월-エツゲツ) 한달이 지남
【閱人】(열인-エツジン) 널리 교제함

【誾】言部 八畫에 볼것

【八 畫】

【閼】알 アツ、ふさぐ shut
①막을 塞也 ②그칠 止也 ③일찍죽을 夭折 ④막힐 塞也 (연) 성 單于妻ー氏
【閼塞】(알색-アツソク) 막힘

【閹】엄 エン、こもの eunuch 鹽 ㄧㄢ yen
고자 男無勢精閉
【閹人】(엄인-エンジン) ① 궁형(宮刑)에 걸린 사람。남자로서 거세 당한 사람 ②내시(內侍)
【閹宦】(엄환-エンカン) 내시(內侍)

【閾】역 イキ、ヨク、しきみ door-sill 職 ㄩˋ yü⁴
문지방 門下橫木內外之限

【閻】염 エン、さとのもん
gate of a village
①이문 里中門 ②마을 閭— ③거리 巷也里中道

【閻羅】(염라-エンラ) 저승의 임금。사람의 생전의 죄를 판정하여 상벌을준다고 함

【閽】혼 コン、もんばん
door-keeper 元 ㄏㄨㄣ huen'
문지기 守門人

【閽人】(혼인-コンジン) ① 궁문(宮門)의 문지기 ②수위

【九 畫】

【闃】격 ゲキ、キャク、しずか
quiet
고요할 靜也

【闃然】(격연-ゲキゼン) 고요한 모양

【闃寂】(격적-ゲキセキ) 고요함。쓸쓸 함

【闋】결 ケツ、おわる
finish 屑 ㄑㄩㄝ ch'üeh'
①쉴 息也 ②다할 盡也 ③마칠 終也 ④문닫을 閉門 ⑤풍류끝날 樂終 ⑥빌 空也

【闋服】(결복-ケップク) 삼년상을 마침。탈상(脫喪)

【闍】도 ト、ジャ、ものみ
tower of a castle-gate
①성문층대 城門臺闍 -- (사) ①義同 ②화장할 梵言—維即茶毗

【闌】란 ラン、てすり
hand-rail 寒 ㄌㄢˊ lan²
①난간 階除木—干 ②늦을 晩也 ③다할 盡也 ④드물 希也 ⑤어슷비슷할 縱橫—干

【闌干】(난간-ランカン) ①마루 끝·다리·층계 등의 손잡이 ②눈껍질 ③눈물이 많이 나오는 모양 ④어슷비슷하게 놓인 모양 ⑤별 빛이 반짝거리는 모양

【闌暑】(난서-ランショ) 다해가는 더위

【闌入】(난입-ランニュウ) 허가 없이 마구 뛰어 들어감

【闌出】(난출-ランシュツ) ①함부로 나옴 ②함부로 냄

【闇】암 アン、オン、くらい
dark
①어막 喪廬諒— ②숨을 隱也 ③어두울 冥也 暗同

【闇鈍】(암둔-アンドン) 어리석고 둔함

【闇弱】(암약-アンジャク) 어리석고 빙충맞음

【闇然】(암연-アンゼン) 어두운 모양。거죽에 나타나지 아니하는 모양

【闈】위 イ、こもん
gate of the palace
대궐중문 宮中之門

【闉】인 イン、ふさぐ
gate of the castle
①겹성문 城內重門 ②굽은성 曲城

【闊】활 カツ、ひろい
broad
①넓을 廣也 ②오활할 迂— ③근고할 勤苦契— ④어기어질 乖—

【闊達】(활달-カッタツ) 도량이 관대함

【闊步】(활보-カッポ) 활발하게 걸음。또 그걸음

【闊然】(활연-カツゼン) 넓은 모양

【闊狹】(활협-カッキョウ) 넓은 것과 좁은 것 마음이 너그러움

【十 畫】

【闓】개 ガイ、カイ、ひらく
open 賄 ㄎㄞ k'ai³
①열 開也 ②풀 解也 ③활깍지 決拾

【闕】궐 ケツ、カツ、かける
imperial city
①대궐 宮— ②궐할 缺也 ③빌 空也 ④허물 過也 ⑤뚫을 穿也

【闕內】(궐내-ケツナイ) 대궐안。궁중(宮中)

【闕門】(궐문-ケツモン) 대궐문

【闕本】(궐본-ケッポン) 권수가 빠진 책

【闕席】(궐석-ケッセキ) 출석하지 아니함

【闕食】(궐식-ケッショク) 끼니를 거름

【闕中】(궐중-ケッチュウ) 궐내

【闕下】(궐하-ケッカ) ①대궐신각(殿閣) 아래 ②임금(天子)을 일컬음

【闑】얼 ケツ、しきみ
threshlod 屑 ㄋㄧㄝ nieh'
문지방 門橛

【闐】전 テン、みちる be full [先] ㄊㄧㄢˊ t'ien²
①찰 滿也 ②거마 소리 車馬聲ㅣ ㅣ ③북소리 鼓聲ㅣ ㅣ ④성할 盛也 ⑤나라이름 西域國名于ㅣ

【闐闐】(전전-テンテン) ①거마(車馬)의 소리 ②북 소리 ③우는 소리 ④떼를 지어가는 소리 ⑤성한 모양

【闖】츰 チン、うかがう peep [沁] ㄔㄣˋ ch'en⁴
①엿볼 窺覘 ②머리내밀 出頭貌

【闖肆】(츰사-チンシ) 기회를 타서 마음대로 함

【闖然】(츰연-チンゼン) 머리를 내미는 모양

【闖入】(츰입-チンニュウ) 엿보고 들어감

【闔】합 コウ、とびら door flap [合] ㄏㄜˊ he²
①문짝 門扇 ②하늘문 天上門閭ㅣ ③닫을 閉也

【闔門】(합문-コウモン) ①문을 닫음 ②모든 가족

【闔發】(합발-コウハツ) 기회를 타서 일어남

【闔闢】(합벽-コウビャク) 닫는 것과 여는 것

【闘】 闘 (鬥部 十畫)에 볼것

【十一畫】

【關】관 カン、かかわる relate to [刪] ㄍㄨㄢ kuan¹
①관계할 涉也 ②빗장 扃也 ③닫을 閉也 ④지경문 界上之門 ⑤말미암을 由也 ⑥사뢸 白也 ⑦굴대소리 車牽開ㅣ ⑧새우는 소리 鳥鳴聲ㅣ ㅣ (완) ①화살 먹일 持弓ㅣ矢 ②문지방 門橛 ③수돌저귀 門牡 ④관계될 要會處 彎通

【關鍵】(관건-カンケン) ①문빗장。문신칙 ②사물의 중요한 곳

【關格】(관격) 음식이 급하게 체하여 먹지도 못하고 대소변도 못보고 정신을 잃는 병

【關係】(관계-カンケイ) ①둘 이상이 서로 걸림 ②남녀의 정교 ③어떠한 사물에 상관함

【關連】(관련-カンレン) 서로 관계가 됨

【關門】(관문-カンモン) ①문을 닫음 ②국경 또는 요로(要路)로 들어가는 곳

【關塞】(관새-カンサイ) 나라의 국경지방에 있는 관문과 요새

【關涉】(관섭-カンショウ) 사물에 관계하고 참섭함。간섭(干涉)

【關稅】(관세-カンゼイ) 세관에서 수출일품에 부과하는 세금

【關心】(관심-カンシン) 마음에 꺼리어 잊지 못함

【關節】(관절-カンセツ) ①뼈와 뼈가 맞닿은 곳。마디 ②물건이 서로 합하는 곳 ③비밀을 통하는 기관 ④요로에 있는 사람에게 뇌물을 보내어 부탁함

【闚】규 キ、うかがう peep [支] ㄎㄨㄟ k'uei¹
①엿볼 竊視 ②갸웃이 볼 傾頭門中視

【闚伺】(규사-キシ) 살작 틈을 엿봄

【十二畫—十三畫】

【闠】궤 カ、キ、いちのもん gate of market
저자문 市門闤ㅣ

【闡】천 セン、ひらく open [銑] ㄔㄢˇ ch'an³
①열 開也 ②밝힐 明也 ③클 大也

【闡明】(천명-センメイ) 열어 밝힘。밝히어 표방함

【闡幽】(천유-センユウ) 숨은 것을 밝힘

【闞】함 カン、のぞむ hope [豏] ㄏㄢˇ han³
①소리 우렁찰 聲大 ②범의 성낸소리 虎怒聲 (감) ①바랄 望也 ②고을 이름 魯邑名

【闞闞】(함함-カンカン) ①사나운 모양 ②범이 성이 나서 고함지르는 소리

【闥】달 タツ、もん palace gate [曷] ㄊㄚˋ t'a⁴
①대궐문 禁門紫ㅣ ②문차면 門屛

【闢】벽 ヘキ、ビャク、ひらく open [陌] ㄆㄧˋ p'i⁴

①열 開也 ②피할 避也

【闢墾】(벽간-ヘキコン) 논밭을 개간함

【闢闔】(벽합-ヘキコウ) 여는 것과 닫는 것

【闤】환 カン、もちのもん wall of a city 저자담 市垣

阜部

【阜】부 フ、フウ、おか abundant 有 ㄈㄨˋ fu^4 ①언덕 大陸土山無石 ②두둑할 高厚 ③살찔 肥也 ④클 大也 ⑤많을 盛多 ⑥매뚜기 蠜也—螽 ⑦땅이름 地名曲—

【阜盛】(부성-フセイ) 성하게 함。성하여짐

【阜垤】(부질-フテツ) 높직한 언덕

【阜通】(부통-フツウ) 널리 통하게 함

【三 畫】

【阡】천 セン、みち path in the field ①밭두길 田間道—陌 ②무덤길 墓道

【阡陌】(천맥-センパク) 밭과 밭 사잇길。동서를 맥(陌)、남북을 천(阡)이라 함

【阡阡】(천천-センセン) 초목이 무성한 「모양

【阤】치 チ、おつ、くずれる destroy 紙 ㄔˇ ch'ih^3 ①헐릴 毁也 ②사태날 小崩山頹 ③떨어질 落也 ④언덕 崖際 (타) 무너질 壞也

【阤靡】(치미-チビ) 산세(山勢)가 경사진 모양

【四 畫】

【阬】갱 コウ、あな cavity 庚 ㄎㄥ k'êng^1 ①터 墟也 ②구덩이 塹也 ③파묻을 陷也 坑通

【阬儒】(갱유-コウジュ) 유자(儒者)를 모함하여 죽임

【阬穽】(갱정-コウセイ) 함정(陷穽)

【防】방 ボウ、ホウ、ふせぐ protect 陽 ㄈㄤˊ fang^2 ①방비할 備也 ②언덕 隄也 ③둔덕 崖如墮大— ④병풍 屛風淸— ⑤막을 守禦 ⑥방축 止水

【防奸】(방간-ボウカン) 간사함을 막음

【防拒】(방거-ボウキョ) 막음

【防穀】(방곡-ボウコク) 곡식의 수출을 막음

【防共】(방공-ボウキョウ) 공산당을 방어「함

【防空】(방공-ボウクウ) 공중을 방비함

【防毒】(방독-ボウドク) 독기를 막음

【防犯】(방범-ボウハン) 범죄를 방지함

【防腐】(방부-ボウフ) 썩지 못하게함

【防腐劑】(방부제-ボウフザイ) 썩지 못하게하는 약제

【防備】(방비-ボウビ) 방어하며 설비를 갖춤

【防塞】(방색-ボウサイ) 막는 것

【防水】(방수-ボウスイ) 수해를 막음

【防守】(방수-ボウシュ) 막고 지킴

【防遏】(방알-ボウアツ) 막음

【防禦】(방어-ボウギョ) 막아냄

【防疫】(방역-ボウエキ) 전염병의 유행을 예방함

【防衛】(방위-ボウエイ) 방어하여 호위함

【防止】(방지-ボウシ) 막아 그치게함

【附遮】(방차-ボウシャ) 막아서 가리움

【防諜】(방첩-ボウチョウ) 간첩을 방어함

【防築】(방축-ボウチク) 방죽의 원말。물을 막기 위하여 쌓은 둑

【防臭】(방취-ボウシュウ) 악취가 못나게「함

【防彈】(방탄-ボウダン) 탄알을 막음

【防寒】(방한-ボウカン) 추위를 막음

【防害】(방해-ボウガイ) 남의 일에 헤살을 놓아 못하게 함

【防護】(방호-ボウゴ) 막아 보호함

【防火】(방화-ボウカ) 화재를 막음

【阨】애 ヤク、アク、ふさぐ distress 卦 ㄞˋ ai^4 좁은 목 險阻 隘同 (액) ①막힐 限塞 ②거리낄 礙也 ③매매할 迫也 厄通

【阨窮】(액궁-ヤクキュウ) 운수가 비색하여 괴롭게 지냄

【阨塞】(애색-ヤクサイ) ①운수가 막힘
②통로(通路)가 막힘

【阮】원 ゲン、くにのな name of a state
①원나라 周代國名 ②姓也

【阱】정 セイ、おとしあな pitfall 穽 ㄐㄧㄥ ching
함정 陷也—擭 穽同

【阯】지 シ、もとい foundation
①터 基也 址同 趾通 ②고을이름
漢郡交—

【阪】판 ハン、バン、さか bank:slope
①못둑언덕 澤障 ②긴등 山脊

【阪路】(판로-ハンロ) 산비탈 길

【阪田】(판전-ハンデン) 돌이 많은 밭

【五 畫】

【附】부 ブ、つく add to ㄈㄨˋ fu
①붙을—着 ②붙일 寄托—麗 ③부
딪힐 著也 ④의지할 依也 ⑤가까울
近也

【附加】(부가-フカ) 더 붙임。더 넣음

【附近】(부근-フキン) 가까운 언저리

【附記】(부기-フキ) 원문에서 뜻이 다
하지 아니할 때 거기에 붙이어 적
음

【附帶】(부대-フタイ) 붙 따름

【附錄】(부록-フロク) ①본문 끝에 덧붙
인기록 ②신문·잡지 등의 본지(本
紙) 외에 덧붙여서 따로 내는 지면
이나 책자

【附屬】(부속-フゾク) 딸림。붙음

【附屬品】(부속품-フゾクヒン) 어떤 물건
에 딸린 물건

【附隨】(부수-フズイ) 붙좇음。붙어서
따름

【附言】(부언-フゲン) 붙이어 말함

【附庸】(부용-フヨウ) ①큰 나라에 딸린
작은 나라 ②남을 의지하고 독립하
지 못함

【附箋】(부전-フセン) 찌지 「음

【附接】(부접-フセツ) 남에게 붙이어 있

【附族】(부족-フゾク) 붙이기 일가

【附着】(부착-フチャク) 들러 붙음。어우
리짐

【附合】(부합-フゴウ) ①서로 마주 대어
보임 ②떨어지지 아니함

【附和】(부화-フワ) 남의 의견을 찬성함

【附會】(부회-フカイ) ①관련되지 않는
일을 합하여 하나로 만듦 ②억지로
이치에 맞게 함

【阿】아 ア、くま hill
①언덕 大陵水岸曲 ②아첨할 曲也
③기둥 棟也 ④가지죽죽 뻗을 美貌
—然 ⑤건성으로 대답할 慢應聲 ⑥
가는 비단 細繒 ⑦향아 月御日纖—
⑧姓也 (옥) 누구 孰也—誰

【阿嬌】(아교-アキョウ) ①고대 미녀(美
女)의 이름 ②미녀 ③딸

【阿膠】(아교-アキョウ) 쇠가죽을 고아서
그 물을 말린 물건。갖풀

【阿丘】(아구) 한쪽이 높은 언덕

【阿蒙】(아몽) 어린이라는 뜻

【阿彌陀】(아미타-アミダ) Amitabha의
음역。서방(西方) 정토(淨土)에 있
다고 하는 매우 자비심이 깊은 부
처의 이름

【阿房宮】(아방궁-アホウキュウ) 화려하게
꾸민 집을 일컫는 말。옛날 중국 진
시황제(秦始皇帝)의 궁전의 이름

【阿附】(아부-アフ) 아첨하고 좇음。영
합(迎合)

【阿父】(아부-アフ) 아비

【阿鼻地獄】(아비지옥-アビヂゴク) 팔대
지옥(八代地獄)의 하나。죄 있는 중
생(衆生)이 쉬지 않고 고통을 받는
세계 (佛家의 말)

【阿世】(아세-アセイ) 세상에 붙 좇음
세인(世人)에게 아첨함

【阿修羅】(아수라-アシュラ) 범어 Asura
의 음역。싸움을 일삼는 귀신

【阿翁】(아옹-アオウ) ①할아버지。조부
(祖父) ②시아버지

【阿諛】(아유-アユ) 아첨(阿諂)과 같음

【阿諂】(아첨-アテン) 남의 비위를 맞춤。

간살 부림

【阻】조 ソ、ショ、はばむ interrupt 語 ㄗㄨˇ tsu
①막힐 隔也 ②근심할 憂也 ③어려울 艱難

【阻隔】(조격-ソカク) 거리가 멀어져 있음。막힘

【阻徑】(조경-ソケイ) 험한 길

【阻面】(조면-ソメン) 오랫동안 서로 만나보지 못함

【阻止】(조지-ソシ) 막음。못하게함

【阻害】(조해-ソガイ) 막아서 못하게 해침

【陀】타 ダ、タ、さか slope
비탈 長坂不平陂— 陁同 (다) 羅尼

【陀羅尼】(타라니-ダラニ) ①dharani의 음역。범문(梵文)의 긴글귀를 번역하지 않고 그대로 외는 일 ②진언(眞言)。주문(呪文)

【陁】前條 同字

【陂】피 ヒ、ハ、さか slope
①치우칠 偏陂 ②기울어질 傾也 (파) ①비탈 長阪不平—陀 坡同 ②산언덕 澤障 ③방축 池也 蓄水

【陂池】(파지-ヒチ) 물이 고인 땅

【陂陀】(피타-ヒダ·ヒタ·ハタ) 기울어진 모양

【六 畫】

【降】강 コウ、くだる descend
①내릴 下也 ②떨어질 落也 ③떨어뜨릴 貶也 ④돌아갈 歸也 (항) 항복할 服也

【降嫁】(강가-コウカ) 황족(皇族)으로 신하에게 시집감

【降龍】(강룡-コウリュウ) 내려오는 용(龍)

【降臨】(강림-コウリン) ①신·불(神佛)이 하계(下界)에 내려오는 것 ②고귀한 사람이 왕림함

【降服】(강복-コウフク) ①상복(喪服)의 등급을 내림。곧 시집간 여자가 친정 부모의 재상을 당하였을 때와 같은것 ②웃옷을 벗고 사죄함

【降生】(강생-コウセイ) 성현(聖賢)·영웅(英雄)들이 탄생함

【降雪】(강설-コウセツ) 눈이 옴

【降世】(강세-コウセイ) 신(神)이 사람으로 태어나 세상에 내려옴

【降殺】(강쇄-コウサツ) 등급을 따라 내리 깎음

【降衰】(강쇠-コウスイ) 차차 쇠약하여짐

【降神】(강신-コウシン) ①신(神)이 내려옴 ②신(神)의 강림(降臨)을 비는 것

【降雨】(강우-コウウ) 비가 옴

【降黜】(강출-コウチュツ) 벼슬을 떨어뜨려 내침

【降誕】(강탄-コウタン) 성인·귀인 등이 탄생하는 것

【降下】(강하-コウカ) 내림

【降兵】(항병-コウヘイ) 항복한 군사

【降服】(항복-コウフク) 힘이 다하여 적에게 굴복함

【降書】(항서-コウショ) 항복하는 뜻을 기록하여 적에게 보내는 글

【降將】(항장-コウショウ) 항복한 장수

【降卒】(항졸-コウソツ) 항병(降兵)

【陋】루 ロウ、ル、いやしい dirty 宥 ㄌㄡˋ lou
①더러울 陋惡側— ②고루할 獨學固— ③추할 醜猥 ④좁을 狹也

【陋俗】(누속-ロウゾク) 더러운 풍속

【陋習】(누습-ロウシュウ) 더러운 풍습

【陋室】(누실-ロウシツ) 더러운 방。곧 자기의 거처하는 곳

【陋屋】(누옥-ロウオク) 더러운 집。곧 자기의 거처하는 집

【陋地】(누지-ロウチ) 더러운 땅。자기의 사는 곳

【陋族】(누족-ロウゾク) 비천한 족속

【陋巷】(누항-ロウコウ) 더럽고 좁은 길거리。곧 자기의 사는 동리

【陌】맥 ハク、ミャク、みち raised path in the field
①밭둑길 田間道阡— ②저잣거리 市中街

【陌頭】(맥두-ハクトウ) ①길가。노변(路邊) ②머리동이

【陌阡】(맥천-ハクセン) 밭과 밭 사이에 있는 길。천맥(阡陌)

【限】한 ゲン、カン、かぎる limit ㄒㄧㄢˋ hsien⁴
①한정 度也 ②지경 界也 ③막힐 限也 ④문지방 門閾 ⑤검정할 檢也 ⑥가지런할 齊也

【限界】(한계-ゲンカイ) 땅의 경계(境界)

【限局】(한국-ゲンキョク) 범위를한정함。또 그 범위(範圍)

【限期】(한기) 한정한 기관

【限內】(한내-ゲンナイ) 기한안。한정한 안

【限度】(한도-ゲンド) 일정한 정도

【限量】(한량-ゲンリョウ) ①일정한 분량 ②그것으로 그 침 ③끝

【限命】(한명-ゲンメイ) 하늘이 정한 목숨

【限外】(한외-ゲンガイ) 기한 밖。한정밖

【限日】(한일-ゲンジツ) 기한이 되는 날

【限定】(한정-ゲンテイ) 한하여 정함

【限定版】(한정판-ゲンテイバン) 서적을 몇부 제한하여 내는 출판

【限制】(제한-ゲンセイ) 한도를 지음。제한(制限)

【陔】해 ガイ、きざはし step ㄍㄞ kai¹
①언덕 隴也 ②섬돌층계 重也 階次 ③변방 八極

【七 畫】

【陡】두 トウ、けわしい precipice ㄉㄡˇ tou³
①절벽 崖壁 ②엎드러질 頓也 斗通

【陜】섬 セン name of a province
고을이름 弘農縣名古虢國

【陞】승 ショウ、のぼる ascend; rise ㄕㄥ shêng¹
①오를 登也 ②올릴 進也 升同

【陞級】(승급-ショウキュウ) 등급이 오름

【陞敍】(승서-ショウジョ) 벼슬이 오름

【陞進】(승진-ショウシン) 지위가 오름

【陞品】(승품-ショウヒン) 품계가 오름

【院】원 イン、エン、やしき public building
① 원집 宅也舘有垣 ②마을 官署法—

【院落】(원락-インラク) 굉장히 큰 집。울타리에 둘러싸인 집

【院本】(원본-インポン) 연극의 각본

【除】제 ジョ、チョ、のぞく remove ㄔㄨˊ ch'u²
原(저) ①버릴 去也 ②섬돌 階也 ③문안뜰 門屛間 ④제법 籌法乘— ⑤벼슬줄 拜宮 ⑥다스릴 治也修— ⑦바뀔 易也歲— ⑧갈 去也

【除却】(제각-ジョキャク) 없애 버림

【除減】(제감-ジョゲン) 줄임。수를감함

【除去】(제거-ジョキョ) 덜어 버림

【除幕式】(제막식-ジョマクシキ) 동상을 세울 때 사방을 둘러 막았던 막을 동상을 다 세운 뒤에 그 막을 걷어 버리는 의식

【除名】(제명-ジョメイ) 명부에서 성명을 빼어 버림

【除拜】(제배-ジョハイ) ①관위(官位)를 주는 것 ②임금이 바로 벼슬을 시키는것

【除百事】(제백사) 다른 일은 다 젖혀 놓고 한가지 일만함

【除煩】(제번-わずらいをのぞく) 편지의 첫머리에 쓰는 말。여러가지 번거로운 것을 덜어버리고 한 말만 적음

【除法】(제법-ジョホウ) 어떠한 수가 다른 수의 몇 배나 되는 것을 계산하는 법

【除夕】(제석-ジョセキ) 섣달 그믐날 밤

【除授】(제수-ジョジュ) 추천하지 않고 친히 관원을 임명함。제배(除拜)

【除夜】(제야-ジョヤ) ①제석(除夕) ②동지(冬至)의 전야(前夜)

【除外】(제외-ジョガイ) 그 범위 밖에 둠

【除日】(제일-ジョジツ・ジョニチ) 섣달 그믐날

【除籍】(제적-ジョセキ) 장부에서 이름을 지워버림

【除草】(제초-ジョソウ) 잡초를 뽑아버림

【除蟲】(제충-ジョチュウ) 해충을 없애

버림

【除害】(제해-ジョガイ) 해가 되는 사물을 덜어버림

【陣】진 ジン、チン、たむろ encampment 震 ㄓㄣˋ chen⁴
진칠 師旅行列

【陣頭】(진두-ジントウ)진머리。진의맨앞

【陣壘】(진루-ジンルイ) 진을 친 곳

【陣亡】(진망-ジンボウ) 싸우다가 죽음。전사(戰死)

【陣門】(진문-ジンモン) 진으로 들어가는 문

【陣法】(진법-ジンポウ) 진을 치는 법

【陣勢】(진세-ジンセイ) 진의형세(形勢)

【陣營】(진영-ジンエイ) 군사가 주둔한 영문

【陣中】(진중-ジンチュウ) 진 가운데

【陣地】(진지-ジンチ) 진 터

【陣哨】(진초-ジンショウ) 진영의 보초

【陟】척 チョク、のぼる ascend 職 ㄓˋ chih⁴
①오를 登也 ②올릴 進也

【陟降】(척강-チョッコウ) ①오르는 것과 내리는 것 ②하늘에 오르고 혹은 인계(人界)로 내려옴 ③해의 장단(長短)

【陟方】(척방-チョクホウ) 하늘에 오른다는 뜻으로 임금의 죽음。승하(升遐

【陟罰】(척벌-チョクバツ) 벼슬을 올려서 상주는 것과 내려서 벌하는 것

【陟升】(척승-チョクショウ)높은 곳에오름

【陛】폐 ヘイ、きざはし steps to the throne
대궐섬돌 天子階殿—

【陛下】(폐하-ヘイカ) 임금의 높임 말

【陛見】(폐현-ヘイケン) 임금께 뵈옴。배알(拜謁)

【八 畫】

【陜】협 キョウ、コウ、せまい narrow
좁을 不廣隘— 狹同

【陭】기 イ、キ、けわしい rough
언틀먼틀할 不安—嶇

【陭嶇】(기구-キク) 언틀먼틀한 모양。기구(崎嶇)

【陶】도 トウ、ドウ、ヨウ、せともの earthenware 豪 ㄊㄠˊ t'ao²
①질그릇 瓦器 ②불쌍히 여길 哀思杳— ③화할 化也 ④통할 暢也 ⑤달릴 馳貌—— ⑥姓也 (요) 화락할 和樂——

【陶工】(도공-トウコウ) 옹기장이

【陶器】(도기-トウキ) 질그릇。오지

【陶陶】(도도-トウトウ・ヨウヨウ) ①말을 달리는 모양 ②화락한모양。(요요라고도 읽음) ③열을 지어 가는 모양 ④긴모양

【陶冶】(도야-トウヤ) 인격을 잘 성취시킴

【陶然】(도연-トウゼン) 즐겁게 취하는 모양

【陶醉】(도취-トウスイ) ①즐겁게 취함 ②마음을 씀。마음을 들임

【陶汰】(도태-トウタ) 많은것 가운데 필요하지 않은 부분을 줄여 버리는일

【陶土】(도토-トウド) 질그릇을 만들 원료로 쓰는 찰흙

【陸】륙 リク、ロク、おか continent 屋 ㄌㄨˋ lu⁴
①뭍 高平曰— ②길 路也 ③두터울 厚也 ④녹록할 碌碌—— ⑤뛸 跳也 —梁 ⑥어긋날 參差—離 ⑦姓也 六通

【陸軍】(육군-リクグン) 육상의 방비 또는 전투에 종사하는 군대

【陸路】(육로-リクロ) 육상의 길

【陸離】(육리-リクリ) ①빛나는 모양 ②어긋나는 모양

【陸産】(육산-リクサン) 육지의 산물

【陸上】(육상-リクジョウ) 물 위

【陸上競技】(육상경기-リクジョウギョウギ) 육지에서 하는 운동경기

【陸續】(육속-リクゾク) 이어서 끊이지 아니하는 모양

【陸戰】(육전-リクセン) 육지에서 싸우는 전쟁

【陸地】(육지-リクチ) 뭍

【陸沈】(육침-リクチン) ①나라가 망함을 이름 ②현인(賢人)이 세상에 파묻힘을 이름 ③시대의 추세를 모름을

이름
【陸風】(육풍-リクフウ) 밤에 육지에서 바다로 향하여 부는 바람
【陸行】(육행-リッコウ) 육로로 감。 육지의 여행

【陵】릉 リョウ、みささぎ imperial tombs
①능 帝王葬ㅣ寫 ②큰 언덕 大阜 ③짓밟을 轢也 ④탈 乘也 ⑤높을 峻也 ⑥업신여길 犯侮侵ㅣ ⑦강파를 頹靡ㅣ夷
【陵京】(능경-リョウキョウ) 높은 언덕
【陵官】(능관-リョウカン) 능을 지키는 관원의 총칭
【陵丘】(능구-リョウキュウ) 언덕。 큰언덕은 능(陵)、작은 언덕은 구(丘)
【陵域】(능역-リョウイキ) 능의 구역
【陵辱】(능욕-リョウジョク) ①업신여기어 욕을 보임 ②여자를 억지로 범함
【陵夷】(능이-リョウイ) 사물이 점점 쇠퇴하여감
【陵遲】(능지-リョウチ) ①언덕이 차차 평평하여짐 ②사물이 점점 쇠퇴하여짐 ③팔·다리·목·몸을 잘라죽이는 형벌
【陵遲處斬】(능지처참) 팔·다리·목·몸을 잘라 갖은 고통을 주어서 죽이던 극형
【陵寢】(능침-リュウシン) 능묘(陵墓)
【陵幸】(능행-リュウコウ) 임금이 능에

참배함

【陪】배 バイ、ハイ、したがう accompany [灰] ㄆㄟˊ p'ei²
①모실 側也 ②따를 隨也 ③도울 助也 ④버금 貳也 ⑤거듭 重也 ⑥배신 ㅣ臣
【陪客】(배객-バイカク) 높은 사람을 모시고 한 자리에 참여하는 손
【陪觀】(배관-バイカン) 귀인을 모시고 한 자리에서 구경함
【陪都】(배도-バイト) 국도(國都) 외에 따로 설치한 서울。 명(明)의 금릉(金陵) 청(淸)의 봉천(奉天) 따위
【陪賓】(배빈-バイヒン) 높은 이를 모시고 같이 참례하는 손
【陪席】(배석-バイセキ) 어른과 자리를 같이함
【陪隨】(배수-バイズイ) 귀인을 모시고 따름
【陪乘】(배승-バイジョウ) 귀인의 수레에 모시고 탐
【陪侍】(배시-バイジ) 귀인을 모심
【陪食】(배식-バイショク) 귀인과 한자리에서 식사함
【陪審】(배심-バイシン) 소송을 심리할 때에 열석함
【陪從】(배종-バイジュウ) 높은 이를 모시고 감
【陪行】(배행-バイコウ) 모시거나 데리고 따라감

【陴】비 ヒ、ひめがき parapet [支] ㄆㄧˊ p'i²
성위담 城上女牆

【陲】수 スイ、さかい frontier [支] ㄔㄨㄟˊ ch'uei²
①변방 邊也 ②위태할 危也 垂通

【陰】음 イン、オン、かげ shady [侵] ㄧㄣ yin¹
①음기 陽之對地道妻臣道 ②음지 水南山北 ③그늘 蔭也 ④음침할 闇也 ⑤가만할 默也 ⑥비등 碑背 ⑦姓也
【陰刻】(음각-インコク) 그림이나 글씨를 옴폭하게 파내어 새김
【陰乾】(음건-インカン) 응달에서 말림
【陰界】(음계-インカイ) 귀신의 세상
【陰計】(음계-インケイ) 음모(陰謀)
【陰谷】(음곡-インコク) 그늘진 골짜기
【陰功】(음공-インコウ) 뒤에서 돕는 공
【陰氣】(음기-インキ) 음침한 기운
【陰囊】(음낭-インノウ) 불알을 싸고 있는 주머니
【陰德】(음덕-イントク) ①남이 모르는덕행(德行) ②땅이 만물을 길러내는 덕 ③부녀(婦女)의 덕
【陰冷】(음냉-インレイ) ①응달이 지고 찹 ②음산함
【陰曆】(음력-インレキ) 달이 지구를 일주하는 시간을 기본으로 하여 만든 달력
【陰謀】(음모-インボウ) ①남이 모르게

일을 꾸민 꾀 ②죄의행위를의논합
【陰文】(음문-インブン) 인장(印章)이나 종(鍾)의 명(銘) 따위를 옴폭하게 파서 새긴 글씨
【陰門】(음문-インモン) 여자의 생식기
【陰伏】(음복-インプク) 엎드려 숨음
【陰府】(음부-インプ) 저승
【陰部】(음부-インプ) 남녀의 생식기가 있는 곳
【陰事】(음사-インジ) ①비밀한일。비사(秘事) ②잠자리함。방사(房事)
【陰酸】(음산-インサン) 날이 흐르고 조금 추운 것
【陰濕】(음습-インシツ) 응달의 습기
【陰崖】(음애-インガイ) 햇빛이 비치지 아니하는 언덕
【陰液】(음액-インエキ) 수컷 동물의 생식기에서 나오는 분비액
【陰約】(음약-インヤク) 몰래 약속함
【陰陽】(음양-インヨウ) ①음과 양 ②역학(易學)에 있어 만물을 만들어 내는 상반된 두개의 성질의 기(氣) ③남자와 여자 ④거죽과 속 ⑤전기또는 자기의 양극(兩極)
【陰陽家】(음양가-インヨウカ) 천문 (天文)·역수(曆數)·지상(地相)을 예언하는 사람
【陰陽配合】(음양배합-インヨウハイゴウ) 남녀가 서로 뜻이 잘 맞음
【陰影】(음영-インエイ) ①그림자 ②그늘
【陰翳】(음예-インエイ) ①구름이 가리어 어두움 ②초목의 그늘
【陰慾】(음욕-インヨク) 음탕한 욕심。호색(好色)
【陰雨】(음우-インウ) 몹시 흐리고 비가 「옴
【陰羽】(음우-インウ) 학(鶴)의 딴 이름
【陰月】(음월-インゲツ) 음력 四월의 별칭
【陰陰】(음음-インイン) ①날이 흐리어 어두움 ②초목이 무성하여 어두운 모양 ③넓게 덮는 모양
【陰助】(음조-インジョ) 뒤에서 도와줌
【陰中】(음중-インチュウ) ①가을의 딴이름 ②은밀히 사람을 모함에 빠뜨려 해침
【陰症】(음증-インショウ) ①병세가 오후면 더하여지는 병 ②성질이 냉숭스러움。또는 그 사람
【陰地】(음지-インチ) 응달
【陰晴】(음청-インセイ) 흐린날과 갠날
【陰測】(음측-インソク) 넌지시 측량함。남모르게 해아려 봄
【陰沈】(음침-インチン) 흐리고 밝지않음
【陰通】(음통-インツウ) 남녀가 처음으로 색정을 알게 됨
【陰風】(음풍-インプウ) ①겨울 바람 ②음랭한 바람
【陰害】(음해-インガイ) 넌지시 해함
【陰險】(음험-インケン) 내숭함
【陰戶】(음호-インコ) 여자의 음부。보지
【陰黃】(음황-インコウ) 피부가 누렇게 되고 몸이 느른 하며 오슬오슬 춥고 먹는 것이 소화가 되지 않고 땀과 오줌이 많이 나오는 병
【陰凶】(음흉-インキョウ) 마음이 흉악함
【陰黑】(음흑-インコク) 흐릿함

【陳】 진 チン、ジン、ならべる arrange
①벌릴 列也 ②묵을 故也 ③오랜 久也 ④베풀 張也 ⑤고할 告也 ⑥섬돌 堂途 ⑦진 行伍之列 ⑧姓也 陣同

【陳告】(진고-チンコク) 진술하여 고함
【陳穀】(진곡-チンコク) 묵은 곡식
【陳供】(진공-チンキョウ) 범죄자가 죄상을 진술함
【陳米】(진미-チンマイ) 묵은 쌀
【陳腐】(진부-チンプ) ①오래되어 썩옴 ②케케 묵음
【陳謝】(진사-チンシャ) 잘 못 하였다고 사례함
【陳設】(진설-チンセツ) 음식을 상에 차리어 놓음
【陳述】(진술-チンジュツ) ①자세히 말함 ②구두로 의사를 발표함
【陳言】(진언-チンゲン) ①진부 (陳腐)한 말 ②말함
【陳列】(진열-チンレツ) 물건을 죽 벌리어 놓음
【陳葉】(진엽-チンヨウ) 낡고 썩은 잎
【陳外家】(진외가) 친할머니의 친정

【陳外祖母】(진외조모) 친할머니의 어머니

【陳外祖父】(진외조부) 친할머니의 아버지

【陳雲】(진운-チンウン) 겹쳐서 늘여진 구름

【陳情】(진정-チンジョウ) 사정을 진술함

【陳酒】(진주-チンシュ) 술을 벌여 놓고 손을 대접함

【陳陳相因】(진진상인-チンチンあいよる) ①오래 된 쌀이 겹겹이 쌓이는 모양 ②세상이 잘 다스려져 물건이 풍부한 것

【陳賀】(진하-チンガ) 나라에 경사가 있을 때 백관(百官)이 조하(朝賀)함

【陬】추 シュウ、スウ、ス、すみ corner 尤 ㄗㄡ tsou¹ ①벼룻길 阪隅 ②마을 聚居 ③부끄러울 愧恥卑— ④정월 正月孟— ⑤고을이름 鄉名魯邑

【陬月】(추월-スウゲツ) 정월의 딴 이름

【陬邑】(추읍-スウユウ) ①두메 ②공자(孔子)가 난 마을 이름

【陷】함 カン、おちいる involve 陷 ㄒㄧㄢ hsien⁴ 빠질 地隤沒也 掐同

【陷落】(함락-カンラク) ①무너져 떨어짐 ②쳐서 떨어뜨림

【陷沒】(함몰-カンボツ) ①재난을 당하여 멸망함 ②죄다 죽음 ③죄다 빠짐

【陷城】(함성-カンジョウ) 성(城)의 함락함。성을 함락시킴

【陷溺】(함닉-カンデキ) ①물속으로 빠져 들어감 ②주색(酒色)에 빠짐 ③몹시 굶음

【陷入】(함입-カンニュウ) 빠져들어감

【陷穽】(함정-カンセイ) 짐승 또는 적군을 잡기 위하여 파놓은 구덩이

【陷地】(함지-カンチ) 빠지어 들어가는 땅

【陷害】(함해-カンガイ) 남을 재해에 빠뜨림

【隆】隆 (次畫 俗字)

【九畫】

【階】계 カイ、きざはし stairs 佳 ㄐㄧㄝ chieh¹ ①섬돌 陛也 ②벼슬 차례 級也官— ③층 差等— 梯

【階級】(계급-カイキュウ) ①올라가는 층층대 ②사회의 지위

【階段】(계단-カイダン) 층층대

【階節】(계절-カイセツ) 무덤 앞에 있는 평평한 땅

【階梯】(계제-カイテイ) ①사닥다리 ②서로 교제할 기회 ③앞잡이。실마리

【階次】(계차-カイジ) 계급의 차례

【階下】(계하-カイカ) 층계 아래。섬돌 아래

【隊】대 タイ、くみ company of soldiers 떼 部也—伍

【隊商】(대상-タイショウ) 왕래가 위험하여 여러 사람이 떼를 지어 다니는 장사치

【隊列】(대열-タイレツ) 줄을 지어 죽늘어섬

【隊伍】(대오-タイゴ) 군대의 행오(行伍)。군대의 조직

【隊長】(대장-タイチョウ) 군대의 두목

【隊主】(대주-タイシュ) 대장(隊長)

【隊形】(대형-タイケイ) 대열의 형태

【隆】륭 リュウ、さかん prosperous 東 ㄌㄨㄥ lung² ①성할 盛也 ②높을 尊也 ③큰 大也 ④두둑할 豐也 ⑤가운데 우뚝할 物之中高

【隆起】(융기-リュウキ) 높이 일어남

【隆冬】(융동-リュウトウ) 추위가 지독한 겨울。엄동(嚴冬)

【隆鼻】(융비-リュウビ) 큰 코。우뚝한 코

【隆鼻術】(융비술-リュウビジュツ) 납작코를 인공적으로 콧날이 서게 하는 수술

【隆盛】(융성-リュウセイ) 매우 성함。기운차게 일어남

【隆崇】(융숭-リュウスウ) ①높음。매우 높임 ②두텁게 존숭함

【隆恩】(융은-リュウオン) 임금의 높은 은혜。천은(天恩)

【隆準】(융준-リュウジュン) 높은 콧마루。

우뚝한 코
【隆昌】(융창-リュウショウ) 거센 기운으로 널리 흥성함
【隆替】(융체-リュウタイ) 성하는 것과 쇠하는 것。성쇠(盛衰)
【隆興】(융흥-リュウコウ) 쇠약하여졌던 것이 다시 일어남

【隋】수 ズイ、スイ、ダおつ、おとす
name of a dynasty
수나라 楊堅受封國號
【隋室】(수실-ズイシツ) 수(隋)의 왕실(王室)

【陽】양 ヨウ、ひなた
sunlight 𨺅 ㄧㄤˊ yang²
①볕 日也 ②양지 山南水北 ③양기 陰之對總是一氣分爲陰— ④밝을 明也 ⑤환할 文章貌 ⑥봄 春也 ⑦양양할 自得——
【陽乾】(양건-ヨウカン) 볕에 말림
【陽狂】(양광-ヨウキョウ) 미친 흉내를 냄
【陽極】(양극-ヨウキョク) 전지 또는 발전기에서 전류가 나오는 곳
【陽氣】(양기-ヨウキ) 볕에서 나오는 기운。따뜻하여 만물의 발생을 돕는 기운。사람의 몸속에 있는 정기。남자의 생식력
【陽德】(양덕-ヨウトク) 만물을 생성 발달시키는 덕(德)。양(陽)의 덕(德)
【陽道】(양도-ヨウドウ) ①굳세고 사내다운 길 ②군자 또는 남자의 길 ③태양이 도는 궤도 ④남자의 생식기능
【陽曆】(양력-ヨウレキ) 지구가 태양의 주위를 공전하는 시간을 약 三백六十일로 정한 달력
【陽明】(양명-ヨウメイ) 햇빛이 밝음
【陽明學】(양명학-ヨウメイガク) 중국 명(明)나라의 왕양명(王陽明)이 주창한 지행합일(知行合一)을 주로하는 유학(儒學)
【陽死】(양사-ヨウシ) 죽은체 함。거짓 죽음
【陽性】(양성-ヨウセイ) 적극적으로 나아가는 성질
【陽陽】(양양-ヨウヨウ) ①선명한 모습。만족한 모양 ②문채가 찬란한 모양
【陽炎】(양염-かげろう) 아지랑이
【陽月】(양월-ヨウゲツ) 음력 十월의 별칭
【陽鳥】(양조-ヨウチョウ) 기러기
【陽尊】(양존-ヨウソン) 속으로는 해할마음을 품고 겉으로는 존경함
【陽地】(양지-ヨウチ) 남쪽으로 향한땅。볕이 바로 드는 땅
【陽春】(양춘-ヨウシュン) ①봄 ②정월의 딴 이름
【陽春佳節】(양춘가절-ヨウシュンカセツ) 따뜻하고 좋은 봄철
【陽宅】(양택-ヨウタク) 이 세상에서 사는 집

【隈】외 ワイ、くま
corner 灰 ㄨㄟ wei¹
모퉁이 水曲深隩處
【隈曲】(외곡-ワイキョク) 구석

【隅】우 グ、グウ、すみ
corner 虞 ㄩˊ yü²
①모퉁이 方也 ②모 廉稜
【隅谷】(우곡-グウコク) 옛적에 태양이 들어가는 곳이라고 상상하던 곳
【隅奧】(우오-グウオウ) 방 구석
【隅坐】(우좌-グウザ) 남을 대하여 모로 앉음

【隄】제 テイ、つつみ
bank 齊 ㄊㄧˊ t'i²
①언덕 岸也 ②방축 防也 ③못 塘也 ④돌다리 梁也
【隄塘】(제당-テイトウ) 방축。둑
【隄防】(제방-テイボウ) ①홍수를 막기위하여 흙으로 쌓는 둑 ②사물의 가로새는 것을 막는 것을 가리키는 말

【陿】협 キョウ、コウ、せまい
narrow 洽 ㄒㄧㄚˊ hsia²
좁을 隘也褊狹 陜同
【陿隘】(협애-キョウアイ) 좁음

【隍】황 コウ、ほり
moat 陽 ㄏㄨㄤˊ huang²
해자 城下池無水

【隂】陰 (前畫) 俗字

【十 畫】

【隔】격 カク、へだてる separate 陌 ㄍㄜˊ kê²
①막을 障也 ②막힐 塞也
【隔年】(격년-カクネン・としをへだつ) 一년 이상이 걸림。해를 사이함
【隔離】(격리-カクリ) 따로 떼어 놓음
【隔鄰】(격린) 가까운 이웃
【隔壁】(격벽-カクヘキ) 벽하나를 사이하고 있음
【隔歲】(격세-カクサイ) 해가 바뀌지도록 서로 통하지 못함
【隔世之感】(격세지감-カクセイのカン) 딴 세대와 같이 달라진 느낌
【隔心】(격심-カクシン) 서로 터놓지 아니한 마음
【隔夜】(격야-カクヤ) 하룻밤이 걸림
【隔遠】(격원-カクエン) 멀어져 멀음
【隔月】(격월-カクゲツ・つきをへだつ) 한달 이상이 걸림。달을 사이함
【隔越】(격월-カクエツ) 멀어짐。멀음
【隔意】(격의-カクイ・キャクイ) 서로 터놓지 아니하는 속 마음
【隔日】(격일-カクジツ・ひをへだつ) 하루 이상이 걸림。하루를 사이함
【隔絶】(격절-カクゼツ) 썩 멀음。멀리 떨어져 있음
【隔阻】(격조-カクソ) ①멀리 떨어져 있음 ②오래 보지 못함

【隙】극 ゲキ、ケキ、すき crack 陌 ㄒㄧˋ hsi⁴
①틈 壁際孔 ②틈 날 釁也怨ㅡ ③틈탈 暇也
【隙孔】(극공-ゲキコウ) 틈
【隙駒】(극구-ゲキク) 세월의 가는 것이 빠름(奔馬를 틈으로 훠보는 것과 같다는 뜻)
【隙地】(극지-ゲキチ) 빈땅。공지(空地)

【隘】애 アイ、せまい narrow 卦 ㄞˋ ai⁴
①좁을 陜也 ②좁은 목장이 險塞 ③더러울 陋也
【隘路】(애로-アイロ) 좁은 길。좁고 험난한 길
【隘陋】(애루-アイロウ) 좁고 더러움
【隘巷】(애항-アイコウ) 좁고 더러운거리
【隘險】(애험-アイケン) 좁고 험함
【隘狹】(애협-アイキョウ) 좁음

【隗】외 カイ、けわしい、たかい lofty 賄 ㄨㄟˇ wei³
①높을 高貌 ②사람이름 人名燕人 部ㅡㅡ

【隕】운 イン、おちる fall into
①떨어질 墜也 ②곤란할 困也ㅡ穫 (원) 폭원 均也幅ㅡ
【隕石】(운석-インセキ) 땅위에 떨어진 「별 별똥
【隕星】(운성-インセイ) 땅위로 떨어지는
【隕鐵】(운철-インテツ) 별똥의 한 가지

【隱】隱（阜部 十四畫）略字

【十一畫—十二畫】

【障】장 ショウ、さえぎる obstruct 漾 ㄓㄤˋ chang⁴
①막힐 隔也 ②가릴 保ㅡㅡ ③장지 屛ㅡㅡ ④간막을 界也隔塞
【障泥】(장니-ショウデイ) 말다래
【障壁】(장벽-ショウヘキ) 간막이로된 벽
【障礙】(장애-ショウガイ) 거리껴서 거침
【障礙物】(장애물-ショウガイブツ) 장애가 되는 물건
【障子】(장자-ショウジ) 장지
【障蔽】(장폐-ショウヘイ) 덮음。가림
【障害】(장해-ショウガイ) 장애(障礙)

【際】제 サイ、セイ、きわ border; limit 霽 ㄐㄧˋ chi⁴
原(제) ①즈음 邊也 ②끝 極也 ③댈 接也 ④어우를 會也
【際涯】(제애-サイガイ) 끝。가
【際遇】(제우-サイグウ) 군주(君主)의 신임을 얻어 중용됨
【際限】(제한-サイゲン) 가에로 끝이 되는 부분
【際會】(제회-サイカイ) 마침 서로 만남。군신(君臣)이 서로 만남

【隟】隙（前畫）古字

【隤】 퇴 タイ、くずれる fall in ruins
①무너질 摧也下墜 ②미끄러질 蹉蛇崔— ③부드러울 柔貌—然
【隤舍】(퇴사-タイシャ) 무너진 집
【隤然】(퇴연-タイゼン) 부드러운 모양。유순한 모양
【隤牆】(퇴장-タイショウ) 담을 헐음。또 무너진 담
【隤陷】(퇴함-タイカン) 구멍에 빠짐

【隣】 鄰 (邑部 十二畫)俗字

【墜】 土部 十二畫에 볼것

【墮】 土部 十二畫에 볼것

【十三畫】

【隨】 수 ズイ、スイ、したがう follow 囡 ㄙㄨㄟˊ suei2
①따를 從也 ②괘이름 封名震下兌上
【隨感】(수감-ズイカン) 마음에 느낀 그대로
【隨感錄】(수감록-ズイカンロク) 마음에 느낀 대로 적는 기록
【隨機應變】(수기응변-ズイキオウヘン) 그때 그때의 기회를 따라 적당히 이를 처리함
【隨勢】(수세-ズイセイ) 시세를 따름
【隨俗】(수속-ズイゾク) 세상의 풍속을 따름
【隨順】(수순) 남의 뜻을 맞춤
【隨時】(수시-ズイジ) 때를 따름
【隨員】(수원-ズイイン) 외국에 가는 사신을 따라 가는 관원
【隨意】(수의-ズイイ) ①마음대로 함。뜻대로함 ②속박과 제한이 없음
【隨從】(수종-ズイジュウ) 따라감。수행(隨行)
【隨筆】(수필-ズイヒツ) 붓이 돌아가는 대로 쓴것
【隨行】(수행-ズイコウ) 따라감
【隨喜】(수희-ズイキ) 남이 하는 대로따라 좋아함

【隧】 수 スイ、ズイ、あなみち tunnel 寘 ㄙㄨㄟˋ suei4
①무덤길 墓道 ②길 道也門—亭— ③구멍 大穴神—
【隧道】(수도-スイドウ・とんねる) ①무덤길。묘도(墓道) ②산 허리를 파서 통하게 한 길

【隩】 오 オウ、イク、くま cove 號 ㄠˋ ao4
①물가언덕 水隈 ②감출 藏也 (욱) ①네모퉁이 四— ②아랫목 室也 墺同

【險】 험 ケン、けわしい danger 琰 ㄒㄧㄢˇ hsien3
①험할 危也 ②간악할 惡也 嶮同
【險客】(험객-ケンカク) 성질이 험상스러운 사람
【險句】(험구-ケンク) 어려운 문구。난구(難句)
【險難】(험난-ケンナン) 위험함。고생이 됨
【險談】(험담-ケンダン) 험구덕
【險道】(험도-ケンドウ) 험난한 길
【險路】(험로-ケンロ) 험한 길。나쁜길
【險峰】(험봉-ケンポウ) 위험한 산봉우리
【險山】(험산-ケンザン) 험악한 산
【險狀】(험상-ケンジョウ) 험악한 상태
【險惡】(험악-ケンアク) ①일이 험하고 흉함 ②사물의 형편이 매우 사나움
【險隘】(험애-ケンアイ) 험준하고 좁음
【險語】(험어-ケンゴ) 어려운 말
【險言】(험언-ケンゲン) 험구덕。험담(險談)
【險遠】(험원-ケンエン) 험하고 멀음
【險夷】(험이-ケンイ) 위험한 것과 평탄한것
【險阻】(험조-ケンソ) 험준하고 막힘
【險峻】(험준-ケンシュン) 매우 험함
【險詖】(험피-ケンピ) 성질이 험악하고 부정함
【險行】(험행-ケンコウ) 위험한 행동

【十四畫】

【隰】 습 シツ、シュウ、さわ marshy land 緝 ㄒㄧˊ hsi2
진펄 濕也阪下

【隱】은 イン、オン、かくれる hidden
①숨을 藏也 ②숨길 蔽匿—諱 ③은미할 微也 ④아낄 私也 ⑤속건정할 痛也—憂 ⑥불쌍히 여길 仁心惻— ⑦점칠 占也—度 殷通 ⑧쌓을 築也 ⑨의지할 依也—几

【隱居】(은거-インキョ) 세상을 피하여 살음。숨어서 세월을 보냄

【隱君子】(은군자-インクンシ) 명예를 구하지 아니하는 군자(君子)

【隱德】(은덕-イントク) 남이 알지 못하는 숨은 덕행

【隱匿】(은닉-イントク) 감춤。숨김

【隱遁】(은둔-イントン) 세상을 피해숨음

【隱謀】(은모-インボウ) 남이 모르게 숨어서 못된 일을 꾀함

【隱微】(은미-インビ) 작아서 알기가 어려움

【隱密】(은밀-インミツ) 형적이 나타나지 아니함

【隱伏】(은복-インプク) 숨어 엎드림。사람이 안에 숨어 있음

【隱士】(은사-インシ) 벼슬을 하지 않고 도덕이 높은 숨은 선비 「음

【隱栖】(은서-インセイ) 은서(隱棲)와 같

【隱棲】(은서-インセイ) 세상을 피하여숨어살음

【隱身】(은신-インシン) 몸을 감춤

【隱語】(은어-インゴ) 곁말

【隱然】(은연-インゼン) 무게가 있는 모양。성한 모양。은은(隱隱)

【隱映】(은영-インエイ) 은은하게 보임

【隱憂】(은우-インユウ) 남에게 말하기 어려운 숨은 근심

【隱隱】(은은-インイン) ①근심하는 모양 ②소리가 큰 모양 ③속에 숨어있고 거죽에 나타나지 아니함 ④성한 모양

【隱忍】(은인-インニン) 마음에 감추고견디며 참음

【隱逸】(은일-インイツ) 세상을 피하여숨음。또 그 사람

【隱才】(은재-インサイ) 밖에 나타나지 않고 속에 숨어있는 재주

【隱退】(은퇴-インタイ) 은거(隱居)

【隱蔽】(은폐-インペイ) 덮어 감춤。가리어 숨김

【隱避】(은피-インピ) 숨어서 피함

【隱穴】(은혈-インケツ) ①거죽에서 보이지 아니하는 숨은 구멍 ②비밀히 서로 통함。남이 모르게 일을 처리함

【隱虹】(은홍-インコウ) 큰 무지개

【隱諱】(은휘-インキ) 숨김。끄리어 피함

【隮】제 セイ、ザイ、のぼる climb
①오를 登也 ②구름 피어오를 升雲 ③무지개 虹也

【隮墜】(제추-セイスイ) 떨어짐。떨어뜨림

【十五畫】

【隳】휴 キ、やぶれる destroy
무너질 壞也 墮同 毁通

【十六畫】

【隴】롱 リョウ、ロウ、おか dike;bank
①큰 긴둑 大坂 ②둔덕 丘— ③밭두렁—畝 ④땅이름 天水縣名 壟通

【隴畝】(농묘-ロウホ) ①밭 ②시골。민간(民間)

【隴樹】(농수-ロウジュ) ①언덕위의 나무 ②무덤의 나무

隶部

【隶】이 タイ、ダイ、およぶ reach to
①미칠 及也 ②밑 本也 ③더불 與也

【八畫—九畫】

【隸】례 レイ、しもべ slave
①종 賤稱僕— ②붙이 附屬配— ③검열할 閱也 ④예서 書名篆之捷者

【隸僕】(예복-レイボク) 종

【隸書】(예서-レイショ) 한문 서체(書體)

의 하나

【隷屬】(예속-レイゾク) 딸림。 부속됨

【隷圉】(예어-レイギョ) 종과 마부。 천한 사람

【隷役】(예역-レイエキ) 부림군

【隷人】(예인-レイジン) 죄인

【隸】 前條同字

隹 部

【隹】추 スイ、とり short-tailed bird 새 鳥之短尾總名

【二 畫】

【隼】순 ジュン、シュン、はやぶさ hawk 軫 ㄓㄨㄣˇ chuen^3 ①새매 鶻屬貪殘之鳥鷹—

【隻】척 セキ、シャク、かたわれ single 陌 ㄓ chih^1 ①외새 鳥一枚 ②외짝 物單稱

【隻手】(척수-セキシュ) ① 한쪽 손 ②외로움

【隻身】(척신-セキシン) 홑몸

【隻眼】(척안-セキガン) ①애꾸눈 ②보통 사람과 다른 견해

【隻愛】(척애-セキアイ) 짝사랑

【隻影】(척영-セキエイ) 하나의 그림자。 고영(孤影)

【三 畫】

【雀】작 ジャク、シャク、すずめ sparrow 藥 ㄑㄧㄠˇ ch'iao^3 ①참새 依人小鳥 ②귀리 燕麥—麥 爵通

【雀躍】(작약-ジャクヤク) 뛰며 좋아함。 작립(雀立)

【售】口部 八畫에 볼것

【唯】口部 八畫에 볼것

【堆】土部 八畫에 볼것

【帷】巾部 八畫에 볼것

【惟】心部 八畫에 볼것

【推】手部 八畫에 볼것

【四 畫】

【雇】고 コ、やとう、やとい employ 麌 ㄍㄨˋ ku^4 품팔 傭也—賃 顧通 (호)버꾹새 農桑候鳥九—

【雇工】(고공-ココウ) ①머슴을 살음 ②고용살이함 ③품팔이함

【雇兵】(고병-コヘイ) 품값을 주고 부리는 병졸。 용병(傭兵)

【雇聘】(고빙-コヘイ) 예(禮)를 두텁게 사람을 맞음

【雇用】(고용-コヨウ) 품값을 주고 부림

【雇傭】(고용-コヨウ) 품값을 받고 힘드는 일에 종사함

【雇員】(고원-コイン) 관청·회사 등에서 임시로 부리는 직원

【雅】아 ガ、みやびやか refined, polited 馬 ㄧㄚˇ ya^3 ①맑을 素也儒— ②바를 正也 ③멋멋할 常也 ④거동 儀也閒雅

【雅客】(아객-ガカク) ①풍류를 좋아하는 사람 ②수선(水仙)의 딴 이름

【雅量】(아량-ガリョウ) 마음이 바르고 넓음。 좁지 아니한 도량

【雅士】(아사-ガシ) 바르고 점잖은 사람。 아담한 선비 「것

【雅俗】(아속-ガゾク) 아담한 것과 속된 것

【雅頌】(아송-ガショウ) 시경(詩經) 중의 아(雅)와 송(頌)의 시(詩)。 아(雅)는 정악(正樂)의 노래。 송(頌)은 조상의 공덕을 기리는 노래임

【雅樂】(아악-ガガク) ①바른 음악 ②궁중에서 쓰던 구악(舊樂)。 송(宋)나라에서 들여왔으나 음률이 맞지 아니하여 뒤에 다 없어졌으며, 이조(李朝) 세종대왕(世宗大王)께서 박연(朴堧)으로 더불어 고심 연구하시어 비로소 완성한 것

【雅言】(아언-ガゲン) ①아담한 말。 좋

은 말 ②바른 말 ③늘 쓰는 말
【雅友】(아우-ガユウ) 아담한 벗
【雅遊】(아유-ガユウ) ①아담한 놀음。시문·서화·음악 등의 놀음 ②늘 상종하여 놀음
【雅正】(아정-ガセイ) 아담하고 정직함
【雅青】(아청) 야청。검푸른 빛
【雅趣】(아취-ガシュ) 아담한 취미
【雅致】(아치-ガチ) 청아한 풍치。아담한 운치
【雅兄】(아형-ガケイ) 남자 친구끼리 존대하는 칭호
【雅號】(아호-ガゴウ) 문인·서화가 등이 본명 이외에 갖는 이름
【雅會】(아회-ガカイ) 풍아스로운 모임
【雅懷】(아회-ガカイ) 고상하고 품위 있는 생각。아취가 있는 회포

【雄】 웅 ユウ、おす male 東 ㄒㄩㄥˊ hsiung²
①수컷 羽屬之牡雌— ②영웅 英— ③웅장할 武稱
【雄據】(웅거-ユウキョ) 땅을 차지하고 지킴
【雄健】(웅건-ユウケン) ①웅대하고 건전함 ②시문·서화등의 필력이 뛰어나게 강함
【雄傑】(웅걸-ユウケツ) 뛰어난 사람。여러 사람보다 나은 호걸
【雄大】(웅대-ユウダイ) 굉장히 큼。웅장(雄壯)
【雄圖】(웅도-ユウト) 뛰어난 꾀。큰뜻
【雄文】(웅문-ユウブン) 힘이 있는 글
【雄辯】(웅변-ユウベン) 조리가 있고 거침 없이 잘 하는 말
【雄辯家】(웅변가-ユウベンカ) 말의 조리가 있고 거침 없이 잘 하는 사람
【雄步】(웅보-ユウホ) 웅장한 도량
【雄飛】(웅비-ユウヒ) 용기 있게 활동함
【雄性】(웅성-ユウセイ) 수의 성질
【雄視】(웅시-ユウシ) 세력이 있어서 남을 어리봄
【雄深】(웅심-ユウシン) 글의 구조가 뜻이 깊음
【雄蕊】(웅예-ユウズイ) 수꽃술、수술
【雄恣】(웅자-ユウシ) 웅대한 자세
【雄壯】(웅장-ユウソウ) 굉장히 큼。웅대(雄大)
【雄才】(웅재-ユウサイ) 뛰어난 재주
【雄材大略】(웅재대략-ユウサイタイリャク) 뛰어난 활동과 큰 꾀
【雄州巨牧】(웅주거목) 땅이 넓고 산물(產物)이 많은 도읍을 가리키는 말
【雄志】(웅지-ユウシ) 웅장한 큰 뜻
【雄唱雌和】(웅창자화) 서로 뜻이 맞아서 일을 하는 것을 가리키는 말
【雄篇】(웅편-ユウヘン) 뛰어나고 좋은글이나 작품
【雄筆】(웅필-ユウヒツ) 뛰어나고 잘 쓴 글씨
【雄花】(웅화-おばな) 꽃술이 있고 암술이 없는 꽃

【集】 집 シュウ、ジュウ、あつまる gather 緝 ㄐㄧˊ chi²
①모을 聚也 ②문집 經史子— 諸書總要 ③나아갈 就也 ④이룰 成也 ⑤편안할 安也 ⑥가지런할 齊也 輯通
【集計】(집계-シュウケイ) 한데 모아서 계산함
【集塊】(집괴-シュウカイ) 덩어리。뭉치
【集權】(집권-シュウケン) 정권을 한곳에 모음
【集金】(집금-シュウキン) 돈을 거두어 모「음
【集團】(집단-シュウダン) 떼를 모인것。단체(團體)
【集大成】(집대성-シュウタイセイ) 많은 장점을 모아 크게 이룸
【集散】(집산-シュウサン) 모이는 것과 흩어지는 것
【集成】(집성-シュウセイ) 모아서 이룸
【集注】(집주-シュウチュウ) ①한데모음。집중(集中) ②여러사람이 만든 주해(註解)를 한데 모은 것
【集中】(집중-シュウチュウ) 어떠한 물건을 중심으로 하여 그곳으로 모임
【集合】(집합-シュウゴウ) 서로 모임。또 한데 모음
【集會】(집회-シュウカイ) 여러사람의 모임

【焦】火部 八畫에 볼것

【五 畫】

【雊】구 コウ、ク、なく crowing of a pheasant 장끼 울음 雄雉鳴

【雍】옹 ヨウ、やわらぐ harmony 冬 ㄩㄥ yung¹ ①화할 和也 ②벽옹 學名辟— ③가릴 蔽也 ④고을 이름 州名 ⑤姓也

【雍雍】(옹옹-ヨウヨウ)음악이 고른 모양

【雍容】(옹용-ヨウヨウ) 마음이 화려한 모양。온화한 용모

【雍和】(옹화-ヨウワ) 화목함

【雌】자 シ、めす female 支 ㄘ tz'ŭ² 암붙 牝也

【雌伏】(자복-シフク) ①남에게 굴복함 ②물러나 세상에서 숨음

【雌性】(자성-シセイ) 암컷의 성질

【雌蕊】(자예-めしべ) 암술。꽃의 가운데 있으며 다음에 열매로 됨

【雌雄】(자웅-シユウ) ①암컷과 수컷 ②강약(强弱)·우열(優劣)·승부(勝負) 등을 이름

【雌黃】(자황-シユウ) ①비소(砒素)와 유황(硫黃)과의 화합물인 황색의 결정체。몸이 매우 무름 ②옛적에 황지(黃紙)에 글씨를 썼는데 잘못 쓰면 자황을 발라서 고쳤으므로 시문의 첨삭(添削)을 이름

【雎】저 ショ、みさご a kind of fish-hawk 저구새 匹鳥—鳩

【雋】준 セン、こえる fat 銑 ㄐㄩㄢ chüan⁴ ①새 살찔 鳥肥肉 ②글 이름 書號 —永

【雉】치 チ、ジ、もじ pheasant 眞 ㄓ chih⁴ ①꿩 野雞 ②폐백—性耿介士所摯 ③성가퀴 城之堵—堞 ④목맬 縊也—經

【雉經】(치경-チケイ) 목매어 죽음。목맴

【雉門】(치문-チモン) 왕성(王城)의 남문(南門)

【雉堞】(치첩-チチョウ) 성가퀴

【雉雉】(치치-チチ) 뒤섞인 모양

【睢】目部 八畫에 볼것

【碓】石部 八畫에 볼것

【稚】禾部 八畫에 볼것

【六 畫】

【雒】락 ラク、かわらげ name of a horse ①가리온 馬名 ②새이름 鳥名 洛同

【雑】雜 (隹部 十畫) 略字

【維】糸部 八畫에 볼것

【截】戈部 十畫에 볼것

【奪】大部 十一畫에 볼것

【七畫—九畫】

【誰】言部 八畫에 볼것

【雕】조 チョウ、わし eagle 蕭 ㄉㄧㄠ ①수리 鷲也 ②옥 다듬을 治玉皁— ③환할 章明貌—— 鵰同彫·琱通

【雕刻】(조각-チョウコク) 글씨·그림 또는 물건의 형상을 새김。조각(彫刻)

【雕雕】(조조-チョウチョウ) 밝은 모양。환한 모양

【雕板】(조판-チョウハン) 문자를 판목(版木)에 조각하여 부침。또는 그판목

【雖】수 スイ、いえども even if 支 ㄙㄨㄟ suei¹ ①비록 設兩辭假令 ②밀 推也

【十 畫】

【雞】계 ケイ、にわとり hen;cock

①닭 司晨鳥 ②베짱이 蟲名莎ㅡ

【雞姦】(계간-ケイカン) 비역 남색(男色)

【雞犬相聞】(계견상문-ケイケンあいきこゆ) 닭이 울고 개 짖는 소리가 들인다는 뜻으로 인가(人家)가 잇대어 있음을 가리키는 말

【雞膏】(계고-ケイコウ) 닭고기를 삶아서 고음。 닭고음

【雞冠】(계관-ケイカン) ①닭의 볏 ②닭의 깃으로 꾸민 관

【雞冠石】(계관석-ゲイカンセキ) 비소(砒素)와 유황(硫黃)과의 화합물로 된 광석。 그림의 물감、폭죽(爆竹)의 원료로 씀

【雞卵】(계란-ケイラン) 닭의 알。 달걀

【雞卵有骨】(계란유골) 달걀에도 뼈가 있다는 뜻으로 공교롭게 일이 방해됨을 이르는 말

【雞肋】(계륵-ケイロク) ① 닭의 갈비는 먹을 만한 살도 붙어 있지 않지만 버리기가 아깝다는 뜻으로、그다지 가치는 없으나 버리기가 아까운 사물을 일컫는 말 ②닭의 갈비처럼 몸이 몹시 연약함을 비유

【雞林】(계림-ケイリン) ①신라(新羅) 탈해왕(脫解王) 때부터 한때 부르든 그 나라 이름。 동왕 九년에 시림(始林)에서 이상한 닭의 울음 소리가 들려 사람을 보내어 보니 나무가지에 금빛의 궤가 있고 그 속에 아이가 들어 있었는데 이이가 김알지(金閼智)로서 뒤에 신라의 임금이 되었다고 함 ②우리 나라의 딴 이름

【雞子】(계자-ケイシ) ①계란 ② 병아리

【雞窓】(계창-ケイソウ) 독서하는 방。 서재(書齋)。 송(宋)나라 처종(處宗)의 서재의 창밑에서 기른 닭이 사람의 말을 이해하고 처종과 이야기하여 그 학식을 도왔다고 함

【雙】쌍 ソウ、そろい pair; couple 囯ㄕㄨㄤ shuang¹

①쌍 馬二枚 ②짝 偶也 ③한쌍 兩集

【雙駕馬】(쌍가마) 말 두필이 끌던 가마。 공무(公務)를 띤 고관(高官) 또는 수령(守令)의 아내가 타던 것

【雙脚】(쌍각-ソウキャク) 좌우의 다리

【雙殼類】(쌍각류-ソウカクルイ) 조개들과 같이 껍데기가 좌우의 두 쪽으로된 동물

【雙紒】(쌍개) 쌍상투

【雙劍】(쌍검-ソウケン) 두 손으로 쓰는 큰 칼

【雙肩】(쌍견-ソウケン) ①두 어깨 ②자기의 부담。 또는 책임 ③두 마리의 짐승

【雙鷄】(쌍계-ソウケイ) 알 한개에서 두 마리의 병아리를 깐 것

【雙轎】(쌍교) 쌍가마(雙駕馬)

【雙鉤】(쌍구-ソウコウ) 운필법(運筆法)의 한 가지

【雙童】(쌍동-ソウドウ) ① 한번 임신에 낳는 두 아이 ②쌍동이

【雙頭】(쌍두-ソウトウ) 두 마리

【雙淚】(쌍루-ソウルイ) 두 눈에서 나오는 눈물

【雙鯉】(쌍리-ソウリ) 편지。 옛날 먼곳에서 보내온 두 마리의 잉어 뱃 속에서 편지가 나왔다는 고사(故事)에서 이름

【雙眸】(쌍모-ソウボウ) 좌우의 눈동자

【雙眉】(쌍미-ソウビ) 좌우의 눈썹

【雙方】(쌍방-ソウホウ) 두 편。 두 쪽

【雙璧】(쌍벽-ソウヘキ) ①두개의 구슬 ②둘이 우열이 없이 다 아름다움

【雙墳】(쌍분-ソウフン) 같은 묘소에 합장하지 않고 나란히 매장한 부부의 무덤

【雙雙】(쌍쌍-ソウソウ) 한쌍。 수와 암이 각각 한 마리씩

【雙手】(쌍수-ソウシュ・もろて) 두손。 양수(兩手)

【雙柿】(쌍시) 속에 작은 감을 품고 있는 감

【雙翅類】(쌍시류-ソウシルイ) 곤충의 일종。 가슴 근처에 한 쌍의 얇은 날개가 있고 입은 물건을 빨기에 적당하고 또 찌르는 것도 있음。 파리・모기 따위

【雙眼】(쌍안-ソウガン) 좌우쪽 눈
【雙眼鏡】(쌍안경-ソウガンキョウ) 망원경
【雙魚】(쌍어-ソウギョ) ①편지 ②쌍리(雙鯉)
【雙全】(쌍전-ソウゼン) 두 가지가 다 완전함
【雙窓】(쌍창-ソウソウ) 두 짝으로 된 창
【雙親】(쌍친-ソウシン・ふたおや) 아버지와 어머니。양친(兩親)
【雙胎】(쌍태-ソウタイ) 한번 임신에 두 아이를 뱀

【雝】옹 ヨウ、ユ、やわらぐ harmonious ①화할 和也――②벽옹 學名辟―雍同
【雝雝】(옹옹-ヨウヨウ) ① 화락한 모양 ②기러기의 소리

【雜】잡 ザツ、ゾウ、ソウ、まじる mixed;confused 섞을 섞일 參錯五彩相合
【雜居】(잡거-ザッキョ) ①각종의 사람이 섞여 살음 ②서로 섞임
【雜穀】(잡곡-ザッコク) 쌀 이외의 모든 곡식
【雜技】(잡기-ザツギ) ①여러 가지 재주 ②바둑・장기・기타 모든 놀음
【雜記】(잡기-ザッキ) 여러가지 일을 기록함。또 그 기록
【雜念】(잡념-ザツネン) 여러가지 옳지못한 생각
【雜談】(잡담-ザツダン) ①쓸데 없는 말 ②잡된 말。잡 말
【雜沓】(잡답-ザットウ) 매우 번잡함
【雜錄】(잡록-ザツロク) 여러가지 일을기록함
【雜類】(잡류-ザツルイ) ①정업(正業)이 없는 백성。잡것들 ②여러가지 섞인 물건
【雜木】(잡목-ザツボク・ゾウき) ①여러가지가 섞인 수목 ②재목이 되지 못할 여러가지 나무
【雜務】(잡무-ザツム) 여러가지 잔일
【雜物】(잡물-ザツブツ) 중요하지 아니한 여러가지 물건
【雜輩】(잡배-ザッパイ) 잡것들
【雜報】(잡보-ザッポウ) 신문・잡지 등에 세상에서 일어난 여러가지 사실을 모은 보도
【雜費】(잡비-ザッピ) 여러가지 사소한 비용。잡용(雜用)
【雜色】(잡색-ゾウシキ・ザツシキ・ザッショク) ①여러가지 빛 ②종。노예(奴隸)③각종의 사람이 섞인 것
【雜書】(잡서-ザッショ) ①여러가지 사실을 기록한 책 ②함부로 모은 책
【雜石】(잡석-ザッセキ) 토목 건축에 쓰는 크고 작은 돌
【雜說】(잡설-ザッセツ) 잡말
【雜收入】(잡수입-ザツシュウニュウ)일정한 수입 밖에 때 없이 들어 오는 수입
【雜心】(잡심) 여러가지 잡된 마음
【雜役】(잡역-ザツエキ) 여러가지 일
【雜用】(잡용-ザツヨウ) ①여러가지 자자분한 작은 일 ②여러 가지 비용。잡비(雜費)
【雜音】(잡음-ザツオン) 뒤섞인 여러가지 소리
【雜人】(잡인-ゾウニン) 그곳에 관계가 없는 사람
【雜題】(잡제-ザツダイ) 여러 가지 문제
【雜種】(잡종-ザッシュ) ①여러가지 종류 ②종족을 욕하는 말 ③다른 종족사이에서 난 아이。트기
【雜誌】(잡지-ザッシ) 여러가지 일을 모아서 기재한 정기 간행물
【雜錯】(잡착-ザッサク) 뒤섞이어 순서가 없는 것
【雜菜】(잡채) 도라지를 잘게 째고 쇠고기를 잘게 썰어서 갖은 양념을하여 섞어 만든 음식
【雜草】(잡초-ザッソウ) 잡풀
【雜學】(잡학-ザツガク) 다방면으로 걸치어 체계가 서지 않은 학문
【雜行】(잡행) ①잡상스러운 행실 ②중이 계율을 범하는 행위
【雜婚】(잡혼-ザッコン) 원시 시대에 남녀가 규율 없이 교합하던 것
【雜貨】(잡화-ザッカ) 여러가지 상품
【雜貨商】(잡화상-ザッカショウ) 일상 필수품 따위 잡화를 파는 장사。또는

그 장사나 상점

【雛】추 ス、スウ、ひな chick 𡨭 ㄔㄨˊ ch'u²
새새끼 鳥子

【雛孫】(추손-スウソン) 어린 손주

【十一畫—十五畫】

【難】난 ナン、タン、かたい difficult
①어려울 不易艱— ②힐난할 詰辨 ③근심할 患也 ④막을 阻也 ⑤꾸짖을 責也 (나) ①성할 盛貌—然 ②탈 國—大— 儺同

【難堪】(난감-たえかたし) 견디기 어려움

【難攻】(난공-ナンコウ) 치기 어려움

【難關】(난관-ナンカン) 어려운 고비

【難局】(난국-ナンキョク) 어려운 처지

【難忘】(난망-わすれかたし) 잊기 어려움

【難問】(난문-ナンモン) ①의심하여 물음。「의문(疑問) ②어려운 문제

【難物】(난물-ナンブツ) 다루기 어려운물「건

【難事】(난사-ナンジ) 어려운 일

【難産】(난산-ナンサン) ①해산할 때에 아이가 잘 나오지 않아 고생 함 ②일이 잘 안됨

【難船】(난선-ナンセン) 배가 해상에서 풍파를 만나 위험하게 됨。또 그 배

【難易】(난이-ナンイ) 어려운 것과 쉬운 것

【難題】(난제-ナンダイ) 어려운 문제

【難處】(난처-ナンショ) 처리하기 어려움

【難測】(난측-はかりかたし) 헤아리기 어려움

【難治】(난치-ナンチ) ①병을 고치기 어려움 ②병이 낫기 어려움

【難航】(난항-ナンコウ) 항해하기 어려움

【難解】(난해-ナンカイ) 해득하기 어려움

【離】리 リ、はなれる leave 支 ㄌㄧˊ li²
①떠날 別也 ②떠돌아 다닐 散也 流— ③지날 歷也 ④베풀 陳也 ⑤걸릴 麗也 ⑥둘 兩也 ⑦아름다울 美貌陸— ⑧반벙어리 語不分明侏— ⑨자리뜰 去也

【離間】(이간-リカン) 두 사람 사이를멀어지게 함。추격 붙임

【離居】(이거-リキョ) 따로 떨어져있음。별거(別居)

【離叛】(이반-リハン) 인심이 떠나서 배반함「짐

【離別】(이별-リベツ) 서로 따로이 떨어

【離散】(이산-リサン) 뿔뿔이 헤어짐

【離城】(이성-リジョウ) 서울을 떠남

【離宴】(이연-リエン) 이별의주연(酒宴)

【離緣】(이연-リエン) 부부의 인연을 끊음。이혼(離婚)

【離乳】(이유-リニュウ) 젖먹이의 젖을뗌

【離籍】(이적-リセキ) 호주가 가족의 어떠한 사람을 그 호적에서 떼어냄

【離脫】(이탈-リダツ) 떨어져 나감

【離合】(이합-リゴウ) 헤어짐과 모임

【離鄕】(이향-リキョウ) 고향을 떠남

【離婚】(이혼-リコン) 부부가 인연을 끊음

【讎】言部 十六畫에 볼것

雨 部

【雨】우 ウ、あめ rain 𡨭 ㄩˇ yü³
①비 水蒸爲雲降爲— ②비올 自上而下

【雨脚】(우각-あまあし・ウキャク) 빗발

【雨具】(우구-あまグ・ウグ) 비오는날 쓰는 우산・삿갓・도롱이・장화(長靴)따위

【雨期】(우기-ウキ) 비가 많이 오는 계절

【雨量】(우량-ウリョウ) 비가 온 분량

【雨露】(우로-ウロ) ①비와 이슬 ②비와 이슬이 만물을 적시듯이 널리퍼지는 임금의 큰 은덕

【雨雹】(우박-ウハク) 봄 또는 여름에공중에서 오는 싸라기 눈 보다 굵고 딴딴한 덩이눈

【雨備】(우비) 우구(雨具)

【雨師】(우사-ウシ) 비를 맡은 신(神)

【雨傘】(우산-あまがさ) 비올 때에 손에 들어 머리 위를 가리는 우구(雨具)

【雨雪】(우설-ウセツ) ①눈을 내림 ②오

는눈。강설 ②비와 눈

【雨聲】(우성-ウセイ) 빗소리

【雨水】(우수-ウスイ・あまみず) ①二十四 절기의하나。양력 二월 十八일 경 ②빗물

【雨順風調】(우순풍조) 풍우(風雨)가 때를 어기지 아니함

【雨濕】(우습-ウシツ) 비의 습기

【雨矢】(우시-ウシ・やをふらす) 빗발같이 내리는 화살

【雨暘】(우양-ウヨウ) 비가 옴과 날이갬

【雨月】(우월-ウゲツ) 음력 五월의 딴 이름

【雨泣】(우읍-ウキュウ) 눈물이 비오듯하는 모양

【雨衣】(우의-ウイ) 비오는날 입는 옷。우구(雨具)

【雨意】(우의-ウイ)비가 올것같은 모양

【雨滴】(우적-ウテキ) 빗방울

【雨中】(우중-ウチュウ) 비가 올때。우리(雨裏)

【雨集】(우집-ウシュウ) ①빗물이 모임 ②비처럼 많이 모임

【雨天】(우천-ウテン) 비가 오는 하늘

【雨晴】(우청-ウセイ) 비가옴과 날이 갬

【雨後】(우후-ウゴ) 비가 온 뒤

【三 畫】

【雪】설 セツ、ゆき snow 國 ㄒㄩㄝˇ hsüeh³·⁴ ①눈 陰凝爲—之出花 ②씻을 洗也 —恥

【雪客】(설객-セッカク) 해오라기

【雪徑】(설경-セッケイ)눈이 쌓인 좁은길

【雪景】(설경-セッケイ) 눈이 온 경치

【雪光】(설광-セッコウ) 눈의 빛

【雪嶺】(설령-セツレイ) 눈으로 덮이어있는 산봉우리

【雪糖】(설당·설탕) 가루 사탕

【雪眉】(설미-セツビ) 흰 눈썹

【雪白】(설백-セツパク) ①눈같이 힘。순백(純白) ②성행(性行)이 결백함

【雪膚】(설부-セップ) 눈빛같은 살

【雪膚花容】(설부화용-セップカヨウ) 살결이 희고 얼굴이 아름다운 것을 가리키는 말

【雪憤】(설분-セップン) 분풀이 함 「음

【雪氷】(설빙-セッピョウ)눈에서 생긴 얼

【雪山】(설산-セツザン) ①눈이 쌓인 산 ②일년 중 눈이 녹지 않고 덮여 있는 산 ③높이 일어나는 흰 물결

【雪上】(설상-セツジョウ) 눈이 쌓인 곳。눈 위

【雪霜】(설상-セッソウ) 눈과 서리

【雪色】(설색-セッショク) ①눈의빛。흰빛 ②눈의 경치。설경(雪景)

【雪水】(설수-セッスイ・ゆきみず) 눈이 녹은 물

【雪夜】(설야-セツヤ) 눈이 온 밤

【雪辱】(설욕-セツジョク・はじをすすぐ)욕됨을 씻음

【雪冤】(설원-セツエン・エンをすすぐ) 원통함을 풀음。청천백일(靑天白日)의몸이됨

【雪月】(설월-セツゲツ) 눈과 달

【雪意】(설의-セツイ)눈이 내릴듯한모양

【雪異】(설이-セツイ)사람이 다닐 수 없을 만큼 아주 많이 내리는 눈이나 때아닌 때에 내리는 눈

【雪戰】(설전-セッセン) 눈싸움

【雪程】(설정-セッテイ) 눈이 내린길

【雪中】(설중-セッチュウ)눈이 올 때。설리(雪裏)

【雪滌】(설척-セツジョウ) 깨끗하게 씻음

【雪恥】(설치-セッチ・はじをすすぐ) 부끄러움을 씻음

【雪片】(설편-セッペン) 눈송이

【雪寒】(설한-セッカン) 눈올 때의 추위

【雪花】(설화-セッカ) ①눈。눈송이를 꽃에 비유한 말②눈같이 흰꽃

【雪後】(설후-セツゴ) 눈이 온 뒤

【雩】우 ウ、あまごい summer sacrifice for rain ①기우제 祭名祈雨

【雩祭】(우제-ウサイ) 비오기를 비는제(祭)

【四 畫】

【雰】분 フン、きり snowing 図 ㄈㄣ fen¹

눈 펄펄 날릴 雪貌——

【雰圍氣】(분위기—フンイキ) ① 지구를 싸고 있는 대기(大氣) ② 주위에 떠도는 일반적인 기분

【雰虹】(분홍—フンコウ) 무지개

【雲】 운 ウン、くも cloud 区 ㄩㄣˊ yün² ① 구름 山川氣陰陽聚 ② 은하수—漢 ③ 姓也

【雲刻】(운각—ウンコク) 기구의 가장자리에 장식으로 구름형상을 새긴 새김

【雲客】(운객—ウンカク) 구름속의 사람。 곧 신선을 이름

【雲鏡】(운경—ウンキョウ) 거울을 사용하여 구름의 진행 방향, 속도를 재는 기계

【雲氣】(운기—ウンキ) ① 구름이 움직이는 모양 ② 구름같이 공중으로 떠오르는 기운

【雲泥】(운니—ウンデイ) 구름과 진흙。 차이가 심함을 이름

【雲母】(운모—ウンモ) 돌비늘

【雲霧】(운무—ウンム) 구름과 안개

【雲紋】(운문—ウンモン) 구름 같은 무늬

【雲峯】(운봉—ウンボウ) 여름날 산봉우리 같이 피어오르는 구름

【雲山】(운산—ウンザン) 구름이 낀 산。 구름 같이 보이는 먼산

【雲霄】(운소—ウンショウ) ① 높은 하늘 ② 높은 지위

【雲孫】(운손—ウンソン) 먼촌의 손주。 八대의 후손을 일컬음

【雲水】(운수—ウンスイ) 구름과 물。 공부하러 다니는 중

【雲烟過眼】(운인과안—ウンエンカガン) 구름과 연기가 잠시 눈앞을 지나가듯이 오래 마음에 지니지 않음

【雲煙】(운연—ウンエン) 구름과 연기

【雲影】(운영—ウンエイ) 구름의 해그림자

【雲翳】(운예—ウンエイ) 구름이 해를 「개 가린 것

【雲雨之情】(운우지정—ウンウのジョウ) 남녀가 같이 즐기는정。 남녀간의 사랑

【雲遊】(운유—ウンユウ) ① 구름 속에서 놀음 ② 뜬 구름 같이 자유로 이다니며 놀음 ③ 구름이 놀음

【雲烟】(운인—ウンエン) ① 구름과 연기。 운연(雲煙) ② 볼만한 필적(筆蹟) 곧 산수(山水)의 명화(名畵)

【雲雀】(운작—ひばり) 종달새

【雲箋】(운전—ウンセン) 남의 편지의 경칭

【雲際】(운제—ウンサイ) 구름이 있는 근처。 먼하늘 높은 산(山)

【雲梯】(운제—ウンテイ) 높은 사닥다리。 옛날에 적의 성을 공격하는데 쓴 긴 사닥다리

【雲集】(운집—ウンシュウ) 구름 같이 많이 모임

【雲雨】(운우—ウンウ・ウンヌ) ① 구름과 비 ② 남녀가 맺음

【雲霞】(운하—ウンカ) 구름과 놀

【雲漢】(운한—ウンカン) ① 은하(銀河)。 천한(天漢) ② 높은 하늘

【雲海】(운해—ウンカイ) ① 구름에 덮인 바다 ② 산이 구름에 덮이고 그 꼭대기만 솟아서 섬같이 보이는 형용 ③ 물이 구름에 닿아 보이는 먼 곳

【雲鬟】(운환—ウンカン) ① 부인의 쪽진 머리의 형용 ② 먼 산의 형용

【五 畫】

【零】 령 レイ、リョウ、おちる fall as rain 青 ㄌㄧㄥˊ ling² ① 비 뚝뚝 떨어질 雨餘落 ② 셈 나머지 數餘畸— ③ 떨어질 落也 ④ 부서질 碎也 (련) 오랑캐 西羌先—

【零落】(영락—レイラク) ① 초목(草木) 이 시들어 떨어짐 ② 가난하여짐 ③ 죽음

【零星】(영성) 수효가 적어서 보잘것없는 모양

【零碎】(영쇄—レイサイ) ① 떨어져 부서짐 ② 자질구레함。 잔돈

【零餘】(영여—レイヨ) 조금 남은 것

【零在】(영제—レイザイ) 조금 처진 나머지

【零點】(영점—レイテン) 점수가 아주없음

【零細】(영세―レイサイ) 지극히 잘음

【零條】(영조―レイジョウ) 셈할때 조금 모자란 액수

【零替】(영체―レイタイ) 가난하게 됨。 구차하여 짐

【零縮】(영축―レイシュク) 줄어짐。 부족함

【雷】뢰 ライ、かみなり thunder 灰 ㄌㄟˊ lei^2

①우뢰 陰陽薄 動聲 ②姓也

【雷鼓】(뇌고―ライコ) ①검은 칠을 바른 북。 천제(天祭)를 지낼 때에 쓰는 악기 ②우뢰 소리 ③북을 침

【雷公】(뇌공―ライコウ) 우뢰를 맡은 신(神)

【雷管】(뇌관―ライカン) 총·대포에 장치된 화약에 불을 대는 발화구(發火具)

【雷同】(뇌동―ライドウ) 아무 생각 없이 남의 의견을 찬성함。 덩달아함

【雷動】(뇌동―ライドウ) 우뢰 같이소리가 울림

【雷鳴】(뇌명―ライメイ) ①뇌성(雷聲)이 남 ②굉장한 소리

【雷逢電別】(뇌봉전별―ライホウデンベツ)우뢰와같이 만나고 번개 처럼 작별한다는 뜻으로 홀연 상봉하였다가 홀연이 이별하는 일

【雷聲】(뇌성―ライセイ) 우뢰 소리

【雷聲霹靂】(뇌성벽력―ライセイヘキレキ)격렬한 우뢰

【雷神】(뇌신―ライシン) 우뢰를 맡은 신(神)。 뇌공(雷公)

【雷雨】(뇌우―ライウ) 우뢰가 치고 비가 「옴

【雷電】(뇌전―ライデン) 우뢰소리와 번갯불

【雷霆】(뇌정―ライライ) 우뢰

【雷風】(뇌풍―ライフウ) 우뢰와 바람

【雷火】(뇌화―ライカ) ①우뢰 소리와 번갯불 ②낙뢰(落雷)로 인하여 일어난 불

【雹】박 ハク、バク、ひょう hail 覺 ㄅㄛˊ po^2

우박 雨氷

【雹凍】(박동―ハクトウ) 우박과 얼음

【雹災】(박재―ハクサイ) 우박이 와서 농작물이 해를 입음

【電】전 デン、いなびかり lightning;electricity

번개 陰陽激耀震―

【電光】(전광―デンコウ) ①번개가 번쩍이는 빛 ②전등의 불빛

【電光石火】(전광석화―デンコウセッカ) 일이 매우 빠름을 이름

【電極】(전극―デンキョク) 전지(話池)에 전류가 드나드는 음극과 양극

【電氣】(전기―デンキ) 우주에 존재하는 음양(陰陽)。 二종의 세력

【電機】(전기―デンキ) 전력을 사용하는 기계

【電氣銅版】(전기동판―デンキドウバン) 전기를 응용하여 원판 위에 구리의 도금을 하고 그것으로 똑 같은 형상을 옮겨 만든 동판

【電氣燈】(전기등) 전등(電燈)

【電氣學】(전기학―デンキガク) 전기의 물리적 현상을 연구하는 학문

【電燈】(전등―デントウ) 전기의 힘으로 켜는 등

【電力】(전력―デンリョク) 전기의 힘

【電鈴】(전령―デンレイ) 전류로 인하여 소리가 나는 초인종

【電流】(전류―デンリュウ) 전기가 도체(導體)안을 흐름。 단위는 암페어(ampere)

【電文】(전문―デンブン) 전보의 글귀

【電報】(전보―デンポウ) 전신기에 의하여 먼 거리 사이에 송달하는 통보

【電線】(전선―デンセン) 전류가 통하는 철줄

【電信】(전신―デンシン) 전보

【電壓】(전압―デンアツ) 二개 도치의 단위의 차

【電柱】(전주―デンチュウ) 전선을 가설하기 위하여 세운 기둥

【電子說】(전자설―デンシセツ) 물질의 원자(原子)는 음양의 두 전자(電子)로 구성하는 것이라고 가상하는 물리학(物理學)의 학설

【電池】(전지―デンチ) 화학작용으로 전류를 일으키는 장치

의 물건
【電車】(전차-デンシャ) 전력을 운용하여 궤도 위로 운전하는 수레
【電波】(전파-デンパ) 전기의 파동
【電話】(전화-デンワ) 전기 설비로 떨어져 있는 사람과 말을 통함
【電話機】(전화기-デンワキ) 감응(感應) 전류의 작용으로 먼 거리에 음향을 보내는 기계。송화기와 수화기와 이것을 연락하는 전선으로 조직된 것
【電訓】(전훈-デンクン) 전보로 발송하는 훈령

【六畫—七畫】

【需】수 ジュ、シュ、もとめる demand 虞 ㄒㄩ hsü¹
①음식 食也 ②기다릴 須也 ③머뭇거릴 遲疑一待 ④찾을 索也 ⑤괘이름 封名乾下坎上
【需給】(수급-ジュキュウ) 수요(需要)와 공급(供給)
【需要】(수요-ジュヨウ) ①필요해서 얻고자함 ②재화(財貨)에 대하여 가지는 욕망
【需用】(수용-ジュヨウ) 꼭 써야함。쓰임 또 그 물건

【霅】삽 チョウ、ジョウ、コウ、シヨウ、あめふる sound of rain 洽 ㄓㄚ cha²
빗소리 雨聲一一 (잡) ①천동 번개할 震雷一一 ②떠들 衆言

【霄】소 ショウ、そら sky 蕭 ㄒㄧㄠ hsiao¹
①하늘 天氣雲一 ②싸라기눈 雨霓
【霄雪】(소설-ショウセツ) 싸라기
【霄壤】(소양-ショウジョウ) ①하늘과 땅。천지(天地)。②차이가 대단함을 이름
【霄漢】(소한-ショウカン) 창공(蒼空)

【霆】정 テイ、いかずち thunder;lightning
벼락 疾雷 (전) 번개 陰陽相薄激而爲一

【震】진 シン、ふるう shake 震 ㄓㄣ chen⁴
①진동할 動也 ②벼락칠 雷也 ③두려울 懼也 ④위엄 威也 ⑤괘이름 封名震下震上
【震撼】(진감-シンカン) 흔듦。흔들림。진동(震動)
【震怒】(진노-シンド) 존엄한 사람의 분노
【震檀】(진단-シンダン) 우리 나라의 딴 이름
【震怛】(진달-シンダツ) 떨쳐 놀라게함
【震動】(진동-シンドウ) 떨쳐 움직임
【震慄】(진률-シンリツ) 무서워 몸을떨음
【震服】(진복-シンプク) 무서워서 떨면서 복종함
【震央】(진앙-シンオウ) 지진의 진원(震源)되는 곳의 바로 위의 지점
【震域】(진역-シンイキ) 우리 나라의 딴 이름
【震源】(진원-シンゲン) 지진(地震)이 일어나는 근본 지점
【震災】(진재-シンサイ) 지진(地震)의 재앙

【霈】패 ハイ、おおあめ heavy rain 泰 ㄆㄟ p'ei⁴
①비쏟아질 大雨霶一 ②일어날 興也一一
【霈霈】(패패-ハイハイ) 사물이 일어나는 모양

【八 畫】

【霖】림 リン、ながあめ long rain 侵 ㄌㄧㄣ lin²
①장마 久雨不止 ②단비 時雨甘一
【霖濕】(임습-リンシツ) 장마 때의 습기
【霖雨】(임우-リンウ) ①장마비 ②가물에 三일 이상 오는 비 ③은택(恩澤)을 이름
【霖霖】(임림) 비가 그치지 않는 모양

【霏】비 ヒ、ふる fall of snow
눈 펄펄 내릴 雨雪霏貌
【霏霏】(비비-ヒヒ) ①눈·비들이 오는 모양 ②구름이 떠가는 모양 ③죽잇대는 모양 ④서리가 많이 온 모양 ⑤푼이 풍성한 모양 ⑥번개가 번쩍이는 모양
【霏霰】(비산-ヒセン) 몹시 내리는 싸라기

【霎】 삽 ソウ、ショウ、こさめ drizzle 洽 ㄕㄚˋ shaˋ
가랑비 小雨
【霎時】(삽시-ショウジ) 잠간 동안。잠시
【霎時間】(삽시간-ショウジカン) 잠간동안
【霎雨】(삽우-ショウウ) 한바탕 오는 비

【霓】 예 ゲイ、ガイ、にじ rainbow
암무지개 雌虹霓— (역) 義同
【霓裳羽衣】(예상우의-ゲイショウウイ) 월궁(月宮)의 음악에 모방하여 만든 곡조 이름

【霑】 점 テン、うるおす get wet
①젖을 濡也 ②비지점거릴 雨淋
【霑濕】(점습-テンシツ) 물기에 젖음
【霑潤】(점윤-テンジュン) 젖음
【霑醉】(점취-テンスイ) 몹시 취함
【霑汗】(점한-テンカン) 땀이 뱀。또는 젖음

【霍】 곽 カク、にわかに quickly; suddenly
①빠를 疾貌揮— ②나라 이름 武王弟所封國名 ③衡山別名
【霍亂】(곽란-カクラン) ①여름 철에 급격한 토사를 일으키는 급성병 ②여름철 햇빛에 오래 쬐었거나 무더운 날에 갑자기 현기증을 일으켜 실신 발병함
【霍奕】(곽혁-カクエキ) 빨리 달아남

【九 畫】

【霜】 상 ソウ、しも、としつき frost 陽 ㄕㄨㄤ shuang
①서리 露凝 ①해지날 歷年星—
【霜降】(상강-ソウコウ) 二十四절기의 하나。약력 十二월 二十三일경
【霜蹊】(상계-ソウケイ) 서리가 내린산길
【霜菊】(상국-ソウキク) 서리 맞은 국화
【霜刀】(상도-ソウトウ) 서릿발 같이 서슬이 푸른 칼
【霜露】(상로-ソウロ) 서리와 이슬
【霜林】(상림-ソウリン) 서리가 덮인수풀
【霜雹】(상박-ソウハク) 서리와 우박
【霜髮】(상발-ソウハツ) 흰 머리털
【霜鬢】(상빈-ソウビン) 희게 센 귀밑 털
【霜雪】(상설-ソウセツ) ①서리와 눈 ②마음이 결백하고 엄함
【霜夜】(상야-ソウヤ) 서리가 내린 밤
【霜葉】(상엽-ソウヨウ) 서리맞은 잎。단풍 든잎
【霜月】(상월-しもつき) 음력 十一月의 딴 이름
【霜仗】(상장-ソウジョウ) 무기(武器) 또는 호위병(護衛兵)을 이름
【霜災】(상재-ソウサイ) 서리가 와서 곡식이 해를 입음
【霜天】(상천-ソウテン) 서릿발이 가득한 쌀쌀한 하늘
【霜草】(상초-しもくさ) 서리를 맞아서 하얗게 된 풀

【霙】 영 エイ、みぞれ rain and snow falling together 庚 ㄧㄥˊ yingˊ
①눈꽃 雪華 ②진눈까비 雨雪交降 ③구름피어오를 雲貌

【霞】 하 カ、かすみ、かすむ rosy clouds; vapour
놀 日旁彫雲
【霞徑】(하경-カケイ) 놀이 비치는 산길
【霞光】(하광-カコウ) 놀빛

【十畫—十一畫】

【霤】 류 リュウ、あまだれ dropping of rain from the eaves 宥 ㄌㄧㄡˋ liuˋ
①낙숫고랑 屋水流處 ②회춤 室神祭處中—
【霤槽】(유조-リュウソウ) 낙수받이에 놓은 통

【霧】 무 ム、ブ、きり fog 遇 ㄨˋ wuˋ
①안개 地氣發天不應而成 ②안개자욱할 氣—
【霧氣】(무기-ムキ) 안개
【霧露】(무로-ムロ) 안개와 이슬
【霧散】(무산-ムサン) 안개가 걷히듯이 흩어짐
【霧淞】(무송-ムショウ) 상고대
【霧堤】(무제-ムテイ) 배위에서 보면 마치 육지처럼 보이는 먼 바다의안개

【霧朝】(무조-ムチョウ) 안개가 낀 아침
【霧集】(무집-ムシュウ) 안개가 많이 모임
【霧合】(무합-ムゴウ) 안개같이 많이 모임

【霪】음 イン、ながあめ heavy rain 侵 ㄧㄣ yin²
장마 大雨ㅡ霖
【霪雨】(음우-インウ) 장마

【十二畫】

【露】로 ロ、つゆ dew 遇 ㄌㄡ lou⁴
①이슬 陰之液霜之始 ②이슬줄 膏澤雨ㅡ ③드러날 羸也 ④드러낼 彰也暴ㅡ ⑤노포 捷書ㅡ布
【露骨】(노골-ロコツ) ①있는 대로 숨기지 아니함. 드러남 ②뼈를 드러냄
【露臺】(노대-ロダイ) ①지붕이 없는 높다란 집 ②지붕 위에 만든 운동장
【露臀】(노둔-ロデン) 관형(管刑)할 때 바지를 내리키어 볼기짝을 드러 냄
【露盤】(노반-ロバン) 불탑(佛塔) 위에 있는 상륜(相輪)의 한 부분. 모양이 네모난 기와집의 지붕 같음
【露宿】(노숙-ロシュク) 한둔함. 집 밖에서 삶. 노차(露次) 「진(陣)
【露營】(노영-ロエイ) 군사가 한둔하는
【露臥】(노와) 노숙(露宿)
【露積】(노적-ロセキ) 집밖에 쌓아둔 곡식. 노적가리
【露店】(노점-ロテン) 한데에 내는 가게
【露井】(노정-ロセイ) 지붕이 없는 우물
【露蹤】(노종) 어사(御史)출또의 딴말
【露珠】(노주) 이슬 방울
【露次】(노차-ロジ) 노숙(露宿)
【露天】(노천-ロテン) 한데
【露體】(노체-ロタイ) 몸을 드러 냄
【露出】(노출-ロシュツ) ①거죽으로 드러남 ②드러 냄
【露出症】(노출증-ロシュツショウ) 정신이상에 걸려 치부의 노출을 즐기는 병증
【露版】(노판-ロハン) 노포(露布)와 같음
【露布】(노포-ロフ) ①봉하지 아니한 글월 ②문체(文體)의 이름. 승전(勝戰을 통지하는데 씀
【露華】(노화-ロカ) 이슬의 빛. 이슬이 빛남

【霰】산 セン、あられ hail 霰 ㄒㄧㄢ hsien⁴
①싸라기눈 粒雪 선별 星也

【靁】霤 (雨部 十畫) 本字

【十三畫】

【霹】벽 ヘキ、ヒャク、いかずち crash of thunder
벼락 迅雷ㅡ靂
【霹靂】(벽력-ヘキレキ) ①벼락 ②호통하는 소리
【霹靂手】(벽력수) 민첩하고 재능이 뛰어난 사람

【霸】패 ハ、はたがしら tyrant; usurper
으뜸 把持諸侯之權ㅡ業 (백) 달 처음 날 月始生
【霸權】(패권-ハケン) 패자가 가진 권력
【霸氣】(패기-ハキ) ①패자가 되는 의기 ②모험을 행하고 또는 투기를 좋아하는 마음
【霸道】(패도-ハドウ) 패자의 길. 무력에 의해서 천하를 통일하는 길.
【霸略】(패략) 패자(霸者)의 꾀
【霸業】(패업-ハギョウ) 패자로서의 공업(功業)
【霸王樹】(패왕수-ハオウジュ) 선인장(仙人掌)
【霸者】(패자-ハシャ) ①제후(諸侯)의 두목 ②패도로 천하를 다스리는 사람

【十四畫—十五畫】

【霾】매 バイ、つちふる dust-storm 佳 ㄇㄞ mai²
흙비 土雨
【霾風】(매풍-バイフウ) 흙비를 내리는 바람
【霾晦】(매회-バイカイ)흙비가 와서 흐림

【霽】제 セイ、はる sky clearing up 霽 ㄐㄧ chi⁴
갤 雨止

【霽月】(제월-セイゲツ) 비가 그치고 개인 하늘에 뜬 달

【霽月光風】(제월광풍-セイゲツコウフウ)도량이 넓고 시원한 것

【霽朝】(제조-セイチョウ) 비가 갠 아침

【霽後】(제후-セイゴ) 비가 갠 뒤

【靁】雷 (雨部 五畫) 古字

【十六畫—十七畫】

【靂】력 レキ、かみなり clap of thunder 雳 ㄌㄧˋ li⁴ 벼락 迅雷霹—

【靈】령 レイ、リョウ、たましい spirit; divine 灵 ㄌㄧㄥˊ ling² ①신령 神也 ②신통할 神之精明 ③좋을 善也 ④괴일 寵也

【靈駕】(영가-レイカ) 죽은 사람의 존칭

【靈感】(영감-レイカン) ①신불(神佛)의 영묘한 감응 ②심령(心靈)의 미묘한 작용으로 얻어지는 감정

【靈柩】(영구-レイキュウ) 시체를 담은관

【靈氣】(영기-レイキ) 영묘한 기운。또는 효험

【靈臺】(영대-レイダイ) ①마음。정신 ②천문·기상을 살피던 누대(樓臺)

【靈德】(영덕-レイトク) 영묘한 덕

【靈妙】(영묘-レイミョウ) 신령(神靈)하고 기묘한 사람의 지혜로 알수 없는 현묘한 일

【靈武】(영무-レイブ) 놀랍고 이상할 정도의 무용。사람으로는 능히 할 수 없는 무용

【靈物】(영물-レイブツ) 신기한 물건

【靈府】(영부-レイフ) 혼이 있는 곳。즉 마음

【靈山】(영산-レイザン) 신령한 산

【靈神】(영신-レイシン) 죽은 혼령

【靈液】(영액-レイエキ) 영묘한 물

【靈藥】(영약-レイヤク) 효험이 썩 좋은 약제。신약(神藥)

【靈域】(영역-レイイキ) 신령한 땅의 구역。영지(靈地)

【靈肉】(영육-レイニク) 영혼과 육체

【靈應】(영응-レイオウ) 불보살의 영묘한 감응(感應)

【靈異】(영이-レイイ) 영묘하고 이상함

【靈長】(영장-レイチョウ) 가장 뛰어난 지능이 있어서 만물의 으뜸이되는것。곧 인간을 이름

【靈的】(영적-レイテキ) 신령스러움

【靈前】(영전-レイゼン) ①신령의 앞 ②영혼의 앞

【靈座】(영좌-レイザ) 죽은이의 혼령을 모시는 곳

【靈智】(영지-レイチ) 영묘한 지혜

【靈體】(영체-レイタイ) 영묘한 존재

【靈草】(영초-レイソウ) 영묘한 풀。불사약(不死藥)

【靈驗】(영험-レイケン・レイゲン) 사람의 기원에 대한 신불의 슬기

【靈魂】(영혼-レイコン) ①넋。마음 ②육체를 지배하는 신령한 것

【靄】애 アイ、もや gossamer 霭 ㄞˇ ai³ ①아지랑이 氛也 ②구름 피어오를 雲貌 (알) 義同

【靄靄】(애애-アイアイ) ①구름이 피어오르는 모양。애연(靄然) ②봄에 초목의 싹이 많이 나옴

【靄然】(애연-アイゼン) 구름이 피어오르는 모양。또는 아침 안개가 낀구름

【靆】체 タイ、くもる cloudy sky 叇 ㄉㄞˋ tai⁴ 구름낄 雲狀靉—

【靉】애 アイ、くもる cloudy sky 叆 ㄞˋ ai⁴ 구름낄 雲狀—靆

靑 部

【靑】청 セイ、ショウ、あお blue 青 ㄑㄧㄥ ch'ing¹ ①푸를 東方木色 ②무성할 茂也—③대껍질 竹皮

【靑剛石】(청강석) 단단하고 빛이 푸른 옥(玉)

【靑空】(청공-あおぞら) 푸른 하늘

【靑瓜】(청과-あおうり) 빛이 푸른 오이

【青丘】(청구-セイキュウ) 중국에서 우리 나라를 일컫는 말

【青衿】(청금-セイキン) ①깃이 푸른옷。 옛적에 학생(學生)이 입던 것 ②유생(儒生)。 학생(學生)

【青氣】(청기-セイキ) 푸른 기운

【青女】(청녀-セイジョ) ① 서리를 맡은 신(神) ②서리의 딴 이름

【青年】(청년-セイネン) 나이가 젊은사람

【青年會】(청년회-センネンカイ) 청년 동지가 모인 단체

【青潭】(청담-センタン) 푸른 빛깔의 깊은 못

【青黛】(청대-セイタイ) 쪽으로 만든 검푸른 물감

【青桐】(청동-あおぎり) 벽오동(碧梧桐)

【青銅】(청동-セイドウ) 구리와 주석을 주성분으로 한 구리

【青嵐】(청람-セイゲン) 푸릇푸릇한 산의 기운

【青娘子】(청랑자) 잠자리

【青龍】(청룡-セイリュウ) ①푸른 용 ②동방(東方)을 맡은 별 ③산에서 갈려 나는 왼쪽 산맥

【青龍刀】(청룡도-セイリョウトウ) 칼 자루에 청룡을 새기어 꾸민 칼

【青樓】(청루-セイロウ) ①푸른 칠을 한 누각 ②미인이 있는 아름다운 집。 ③노는 계집의 집。 기생집

【青盲】(청맹-セイモウ) 당달 봉사。 청맹과니

【青蕪】(청무-セイブ) 푸르게 무성한 풀

【青甓】(청벽-セイヘキ) 푸른빛깔의 벽돌

【青史】(청사-セイシ) 역사를 적은 책。 옛날 종이가 없었던 시대에 대나무에 역사를 기록했기 때문

【青絲】(청사-セイシ) 빛이 푸른 실

【青蛇】(청사-あおへび) 빛이 푸르고 머리가 큰 뱀

【青紗燈籠】(청사등롱-セイシャトウロウ)정삼품(正三品)에서 정이품(正二品)에 이르는 관원이 밤에 출입할 때 쓰던 푸른 비단으로 만든 등롱

【青山】(청산-セイザン) 수목이 무성한 푸른 산

【青山流水】(청산유수-セイザンリュウスイ) 말을 잘 하는 것을 가리키는 말

【青孀寡婦】(청상과부) 나이가 젊은 과부

【青色】(청색-セイショク) 푸른 빛。 퍼렁

【青石】(청석-セイセキ) 빛이 푸른 돌

【青少年】(청소년-セイショウネン) 청년과 소년

【青松】(청송-セイショウ) 푸른 소나무

【青娥】(청아-セイガ) 젊은 미인

【青玉】(청옥-セイギョク) 빛이 푸른옥。 대(竹)의 딴 이름

【青蛙】(청와-セイア・あおがえる) ①참 개구리 ②청개구리

【青要】(청요-セイヨウ) 가을의 신(神)으로 눈과 서리를 관장함

【青雨】(청우-セイウ) 대나무 잎에 뿌려진 비

【青雲】(청운-セイウン) ①푸른 구름 ②높은 벼슬

【青雲志】(청운지-セイウンのこころざし) ①훌륭한 사람이 되고자 하는 마음 ②속세를 초월하여 은자(隱者)가 되고자 하는 마음

【青衣】(청의-セイイ) ①푸른 빛깔의 옷 ②옛날 천한 사람들이 입은 옷

【青磁・青瓷】(청자-セイジ)고려 시대에 만든 푸른 빛깔의 자기

【青菹】(청저) 풋김치

【青田】(청전-セイデン・あおた) 푸르디 푸른 밭

【青帝】(청제-セイテイ) 봄을 맡은신(神)

【青鳥】(청조-セイチョウ) 푸른빛깔의새。 사자(使者) 또는 편지의 뜻으로 씀

【青州】(청주-セイシュウ) 옛날의 구주(九州)의 하나。 지금의 산동(山東)·봉천(奉天)지방

【青竹】(청죽-あおだけ) 푸른 대 「이

【青紙】(청지-あおがみ) 푸른 빛깔의 종

【青天】(청천-セイテン) 푸른하늘

【青天白日】(청천백일-セイテンハクジツ)① 청명하고 해가 밝은 날。 마음씨가 음침하지 않고 명백함

【青天霹靂】(청천벽력-セイテンヘキレキ)① 맑게 갠 하늘에 벼락 치는 것。 뜻

밖에 일어난 일

【靑靑】(청청-セイシュン) 푸른 모양

【靑塚】(청총-セイチョウ) ①푸른 이끼가 낀 고분 ②왕소군(王昭君)의 무덤。흉노(匈奴)의 나라에서 죽고 한(漢)을 그리워 하며 사막에서도 푸른물이 돋았다고 함

【靑春】(청춘-セイシュン) ①봄의 절기。봄 ②젊은 나이。청년(靑年)

【靑苔】(청태-セイタイ・あおこけ) ①김 ②푸른이끼

【靑萍】(청평-セイヒョウ) 푸른 빛깔의 부초(浮草)。옛날의 명검(名劍)의이름

【靑布】(청포-セイフ) 빛이 푸른 배

【靑翰】(청한-セイカン) 새모양을 새겨서 푸른 색을 칠한 배

【靑海】(청해-セイカイ) 푸른 바다。창창한 대양(大洋)

【靑血】(청혈-セイケツ) 푸른 피。곧 새피。선혈(鮮血)

【靑紅】(청홍-セイコウ) 푸른빛과 붉은빛

【靑黃】(청황-セイコウ) ①푸른 빛깔과 누른 빛깔 ②검(劍)의 이름 ③장식 새채 ④봄의 푸른 나무의 잎과 가을의 노란 꽃。즉 四시절의 즐거움

【靑黑】(청흑-あおぐろ) ①퍼렁과 검정 ②검푸른 빛

【青】 靑 (前條) 俗字

【三畫—八畫】

【啨】 영 セン、ジョウ、ささやく twaddle
잔발할 小語—吟也 情通

【靖】 정 セイ、やすい pacify
①꾀할 謀也 ②다스릴 理也 ③편안할 安也 ④화할 和也 ⑤생각할思也

【靖嘉】(정가-セイカ) 편안하고 즐거움

【靖共】(정공-セイキョウ) 직무에 삼가하고 힘씀

【靖匡】(정광-セイキョウ) 천하를 편안하게 바로 잡음

【靖國】(정국-セイコク・くにをやすんず) 나라를 태평하게 다스림

【靖難】(정난-セイナン・ナンをやすんず) 나라의 위난을 평정함

【靖邊】(정변-セイヘン・ヘンをやすんず) 변두리의 먼 땅을 다스려 편안하게함

【靖綏】(정수-セイスイ) 편안함。편안하여 근심이 없음

【靖獻】(정헌-セイケン) 신하가 임금에대하여 충성을 다함

【靜】 정 セイ、ジョウ、しずか quiet 𢕫 ㄑㄧㄥ ch'ing
①고요할 動之對 ②편안할 安也 ③쉴 息也 ④깨끗할 潔也 ⑤꾀할謀也 ⑥쓸쓸할 寂也

【靜嘉】(정가-セイカ) 맑고 아름다움

【靜居】(정거-セイキョ) 속된 세상일에 아랑곳 하지 않고 한가히 있음

【靜境】(정경-セイキョウ) 조용한 곳

【靜觀】(정관-セイカン) 고요히 사물의 이치를 생각 함

【靜寧】(정녕-セイネイ) 고요하고 편안함

【靜慮】(정려-セイリョ) 고요하게 생각함

【靜聆】(정령-セイレイ) 조용히 들음

【靜脈】(정맥-セイミャク) 정맥혈을 심장으로 보내는 혈관

【靜默】(정묵-セイモク) 아무말이 없이 조용히 있음

【靜物】(정물-セイブツ) 위치가 고정하고 움직이지 아니하는 물건

【靜謐】(정밀-セイヒツ) 고요하고 편안함

【靜僻】(정벽-セイヘキ) 고요하고 외딴곳。시골。벽지

【靜步】(정보-セイホ) 조용히 걸음

【靜舍】(정사-セイシャ) 절사。사원(寺院)

【靜思】(정사-セイシ) ①고요한 생각 ②고요히 생각함

【靜想】(정상-セイソウ) 조용히 생각함。정사(靜思)

【靜水】(정수-セイスイ) 정지하여 움직이지 않는 물

【靜修】(정수-セイシュウ) 심신을 조용히 하여 학덕을 닦음

【靜淑】(정숙-セイシュク) 거동이 안존하「합 고 마음이 착함

【靜肅】(정숙-セイシュク) 고요하고 엄숙

【靜息】(정식-セイソク) 잠잠하게 그침

【靜審】(정심-セイシン) 조용히 살핌

【靜夜】(정야-セイヤ) 고요한 밤
【靜養】(정양-セイヨウ) 심신을 침착하게 하여 병을 요양함
【靜嚴】(정엄-セイゲン) 조용하고 엄숙함
【靜域】(정역-セイイキ) 정경(靜境)과 같음
【靜淵】(정연-セイエン) 마음이 고요하고 깊음
【靜影】(정영-セイエイ) 조용한 물위에 비친 달빛
【靜穩】(정온-セイオン) 세상이 무사 태평함
【靜溫】(정온-セイオン) 고요하고 잠잠함
【靜意】(정의-セイイ) 마음을진정시킴。 마음을 가라 앉힘
【靜逸】(정일-セイイツ) 조용하고 심신이 편안함
【靜寂】(정적-セイジャク) 고요하고 괴괴함
【靜的】(정적-セイテキ) 정지하고 있는 모양
【靜專】(정전-セイセン) 조용하고 마음이 한결같음
【靜電氣】(정전기-セイデンキ) 대전체(帶電體)에 고착하여 그 곳에 정지하고 있는 전기
【靜調】(정조-セイチョウ) 조용한 가락
【靜躁】(정조-セイソウ) 조용한 것과 소란한 것。 침착한 것과 초조한 것
【靜坐】(정좌-セイザ) 단정하게 앉아서 마음을 가라 앉힘
【靜晝】(정주-セイチュウ) 고요한 낮
【靜聽】(정청-セイチョウ) 조용히 귀를기울여 들음
【靜治】(정치-セイチ) 조용히 다스림
【靜泰】(정태-セイタイ) 고요하고 태평함
【靜閑】(정한-セイカン) 고요하고 한산함
【靜話】(정화-セイワ) 조용히 말함。 또 조용한 말

非 部

【非】 비 ヒ、あらず not 微 ㄈㄟ fei
①아닐 不是 ②어긴 違也 ③나무랄 할 訾也

【非公式】(비공식-ヒコウシキ) 공식(公式)이 아님
【非金屬】(비금속-ヒキンゾク) 금속이 아닌 물질
【非難】(비난-ヒナン) 남의 잘못을 시비함。 남의 결점을 비웃음
【非禮】(비례-ヒレイ) 예의에 어긋남
【非類】(비류-ヒルイ) 동류(同類)가아님
【非理】(비리-ヒリ) 이치가 아님。 도리가 아님
【非望】(비망-ヒボウ) 신분에 넘치는 소망
【非賣】(비매-ヒバイ) 팔지 아니함
【非賣品】(비매품-ヒバイヒン) 돈을 받고 팔지 않는 물건
【非命】(비명-ヒメイ) 천명(天命)이아님。 횡사(橫死)
【非命橫死】(비명횡사) 제명대로 살지 못하고 뜻밖의 재앙으로 죽음
【非夢似間】(비몽사간) 잠이 들락 말락할 때。 깰락 말락할 때
【非凡】(비범-ヒボン) 평범하지 아니함
【非法】(비법-ヒホウ) 법에 어그러짐。 법이 아님
【非分】(비분-ヒブン) 신분에 지님
【非非】(비비-ヒヒ・ヒをヒとす) 비(非)를 비(非)라고 함
【非事】(비사-ヒジ) 일이 아님
【非常】(비상-ヒジョウ) ①범상하지 아니함 ②보통이 아님 ③돌연히 생긴 재앙
【非常線】(비상선-ヒジョウセン) 화재 또는 범죄 등 사건이 있을 때에 경찰관이 어떤 범위를 한정하여 펴는 경계선
【非常時】(비상시-ヒジョウジ) 심상하지 아니한 사변이 발생하였을 때
【非時】(비시-ヒジ) ①때가 아님 ②오후의 식사 때。 불가의 말
【非業】(비업-ヒゴウ・ヒギョウ) ①하지 않아도 되는 일 ②비명(非命)
【非人】(비인-ヒジン) 병신。 불구자
【非朝則夕】(비조즉석) 아침이 아니면 저녁이라는 뜻으로 기한이 임박한 것을 가리키는 말
【非行】(비행-ヒコウ) ①그릇된 행실 ②좋지 못한 행동

【一畫—六畫】

【韭】韭部 部首에 볼것

【荆】刀部 八畫에 볼것

【斐】文部 八畫에 볼것

【罪】网部 八畫에 볼것

【翡】羽部 八畫에 볼것

【蜚】虫部 八畫에 볼것

【裴】衣部 八畫에 볼것

【七畫—十一畫】

【靠】고 コウ、もたれる lean on 號 ㄎㄠ k'ao⁴
①기댈 凭倚 ②이길 相違

【輩】車部 八畫에 볼것

【靡】미 ビ、ヒ、なびく sweep over 紙 ㄇㄧ mi³
①없을 竪也 ②어쁠 美色—曼 ③사치할 奢麗侈— ④뻗을 連延貌—— ⑤붙좇을 順隨—— ⑥쓰러질 偃也 ⑦흩어질 散也 ⑧뭉크러질 爛也 ⑨허비할 損也——費 ⑩얽을 繫也

【靡寧】(미녕-ビネイ) 우환이 있음

【靡爛】(미란-ビラン) 썩어서 문드러짐

【靡曼】(미만-ビマン) 살결이 곱고 아름다움

【靡薄】(미박-ビハク) 박하고 독실하지 아니함

【靡費】(미비-ビヒ) 남김없이 다써버림

【靡然】(미연-ビゼン) 초목이 바람에 나부끼어 쓰러지듯 쏠리는 모양

【靡盡】(미진-ビジン) 완전히 망해버리는 것

面部

【面】면 メン、ベン、おも face 霰 ㄇㄧㄢ mien⁴
①낯 顔也 ②앞 前也 ③향할 向也 ④방위 當四方之一方— ⑤뵈일 面見之

【面見】(면견-メンケン) 눈앞에 봄

【面鏡】(면경-メンキョウ) 작은 거울

【面界】(면계-メンカイ) 행정 구획으로서의 면과 면의 경계

【面具】(면구-メング) 탈。가면(假面)

【面欺】(면기-メンギ) 눈앞에서 속임

【面赧】(면난-メンタン) 남을 대할 때에 부끄러워서 얼굴 빛이 붉어짐

【面談】(면담-メンダン) 서로 만나서 이야기함

【面對】(면대-メンタイ) 서로 얼굴을 대함。면접(面接)

【面刀】(면도-かみそり) 얼굴의 털이나 수염을 깎는 일

【面痲】(면마) 얼굴에 남아있는 마맛자국

【面面】(면면-メンメン) ①모든 면 ②제가끔。각자

【面貌】(면모-メンボウ·メンミョウ) 얼굴의 모양

【面毛】(면모-メンモウ) 얼굴에 나는 털

【面目】(면목-メンモク) ①얼굴의 생긴 모양。얼굴 ②남을 대하는 체면 ③모양

【面駁】(면박-メンパク) 대면하여 논박함

【面白】(면백-メンパク) 얼굴이 흼

【面壁】(면벽-メンペキ) 벽쪽을 보고 좌선(坐禪)하는 일

【面部】(면부-メンブ) 얼굴이 되는 부분

【面分】(면분) 얼굴만 알고 사이는 가깝지 아니함

【面朋】(면붕-メンポウ) 겉으로 사귀는 벗。면우(面友)

【面謝】(면사-メンシャ) 만나 보고 사례함

【面紗布】(면사포) 신부가 처음으로 신랑집에 갈 때에 쓰던 검은 빛갈의 사(紗)

【面上】(면상-メンジョウ) 얼굴 바닥。얼굴 위 「굴

【面相】(면상-メンソウ) 사람의 용모。얼

【面色】(면색-メンショク) 얼굴 빛。안색(顏色)
【面勢】(면세) 거죽에 나타나는 모양
【面訴】(면소-メンソ) 마주 대하여 호소함
【面熟】(면숙-メンジュク) 낯이 익음「함
【面述】(면술-メンジュツ) 면대하여 진술
【面試】(면시-メンシ) 면전에서 시험하여 봄
【面識】(면식-メンシキ) 서로 알음。면분이 있음
【面語】(면어-メンゴ) 면회하여 말함
【面晤】(면오-メンゴ) 서로 만나 봄
【面辱】(면욕-メンジョク) 면전에서 욕함
【面友】(면우-メンユウ) 겉으로 사귀는 벗
【面諛】(면유-メンユ) 면전에서 아첨함。
【面諭】(면유-メンユ) 면전에서 타이름
【面長】(면장-メンチョウ) 하 면의 우두머리
【面墻】(면장-メンショウ・かきにメンす) ①대문 맞은 쪽에 있는 담 ②무식한 것을 일컫는 말
【面積】(면적-メンセキ) 물건의 넓이。지면의 넓이
【面前】(면전-メンゼン) 보는 앞。그 사람 앞。눈앞。목전
【面接】(면접-メンセツ) 직접 대함
【面從】(면종-メンジュウ) 그 사람이 보는 데서만 복종함
【面奏】(면주-メンソウ) 임금을 뵙고 상주함
【面叱】(면질-メンシツ) 마주 대하여 꾸짖음
【面質】(면질-メンシツ) 무릎맞춤
【面責】(면책-メンセキ) 면전에서꾸짖음。핀잔을줌
【面請】(면청-メンセイ) 몸소 마주대하여 청함
【面託】(면탁-メンタク) 면대하여 당부함
【面皮】(면피-メンピ) 낯가죽
【面汗】(면한-メンカン) ①얼굴 땀 ②부끄러워 함을 이름
【面話】(면화-メンワ) 면담(面談)
【面會】(면회-メンカイ) 면대(面對)
【面詰】(면힐-メンキツ) 면전에서 상대방의 잘못을 꾸짖음

〔七畫—十四畫〕

【靦】전 テン、はじる ashamed 銑 ㄇㄧㄢˇ mien³
①무안할 漸貌ㅣ然 ②물끄러미 볼 面見
【靦愧】(전괴-テンキ) 무안하여 얼굴을 붉힘 「모양
【靦然】(전연-テンゼン) 물끄러미 보는
【靦汗】(전한-テンカン) 부끄러워서 땀을 흘림

【靨】염 ヨウ、えくぼ dimple 葉 ㄧㄝ yeh⁴
①보조개 頰渦 ②얼굴 사마귀 面黑子 ③태도 姿也
【靨輔】(염보-ヨウホ) 보조개
【靨笑】(염소-ヨウショウ) 보조개를 지어 웃음

革部

【革】혁 カク、かわ、あらためる leather; revolution
①가죽 去毛生皮 ②고칠 改也 ③갑옷 甲冑金ㅣ ④가죽바 鞹首 ⑤날개벌일 翼也 (극) 병급할 急也病ㅣ 兩通
【革甲】(혁갑) 갑옷
【革改】(혁개-カクカイ) 개혁(改革)
【革囊】(혁낭-カクノウ) 가죽으로 만든 주머니
【革帶】(혁대-カクタイ) 가죽으로 만든띠
【革命】(혁명-カクメイ・メイをあらたむ) ①이전의 왕통(王統)을 뒤집고 다른 왕통을 대신하여 통치자가 됨 ②종래의 사회제도 및 조직을 근본적으로 개혁하고 다시 새 국가를 건설함。묵은 것을 깨뜨리고 새것을 세움
【革命家】(혁명가-カクメイカ) 국가 사회의 제도를 고치려고 운동하는 사람
【革船】(혁선-カクセン) 가죽으로 짜서만든 배
【革世】(혁세-カクセイ) ①세상이 바뀜 ②혁명 된 세상

【革新】(혁신-カクシン) 묵은 것을 고쳐 서 새것을 만듬
【革音】(혁음-カクオン) 북소리
【革正】(혁정-カクセイ) 바르게 고침
【革職】(혁직-カクショク) 관직을 면함
【革進】(혁진-カクシン) 폐해를 고치고 진보함。 혁신(革新)
【革鞭】(혁편-カクベン) 가죽으로 만든 채찍
【革弊】(혁폐カクヘイ・ヘイをあらたむ) 폐해를 고침

【二畫—四畫】

【勒】 力部 九畫에 볼것

【靭】 인 ジン、しなやか durable [震] ㄖㄣˋ jen4
질김 堅柔難斷 韌同

【靳】 근 キン、けち stingy [問] ㄐㄧㄣˋ chin4
①아낄 吝也 ②가슴걸이 當胸之皮 當膺

【靳固】(근고-キンコ) 아끼어 감춤

【靷】 인 イン、チン、ひきづな cinch [軫] ㄧㄣˇ yin3
말가슴걸이 皮約馬胸

【靴】 화 カ、くつ shoes [歌] ㄒㄩㄝ hsüeh1
목화 履也

【靫】 채 サイ、サ、セ、うつぼ quiver

【靼】 달 タン、なめしがわ dressed leather
가죽다룸 柔革 (탄) 義同
전동 箭室 (차) 義同

【靺】 말 マチ、バツ、あかひも red ribbon [曷] ㄇㄛˋ mo4
①붉은 끈 絳─ ②나라 이름 國名─ 泣

【靽】 반 ハン、きずな bridle [翰] ㄆㄢˋ pan4
소밀치 駕牛馬

【鞅】 앙 オウ、むながい halter [養] ㄧㄤˇ yang3
①말배띠 馬駕具 ②가쁠 煩劳─掌 ③소굴레 牛羈

【鞅掌】(앙장-オウショウ) ①바쁘게 일을 하여 여가가 없는 것 ②스스로 만족하는 모양 ③일이 많은 모양

【鞄】 포 ホウ、ハク、かばん bag
가죽 다루는 장인 柔革工

【六 畫】

【鞏】 공 キョウ、かたい firm [腫] ㄍㄨㄥˇ kung3
①굳을 固也 ②가죽 테 以皮束物

【鞏固】(공고-キョウコ) 굳음。 튼튼함

【鞍】 안 アン、くら saddle [寒] ㄢ an1
안장 馬鞍具

【鞍具】(안구-アング) 안장에 딸린 기구
【鞍馬】(안마-アンバ) ①안장을 지운말 ②말에 안장을 지움
【鞍轡】(안비-アンピ) 안장과 고삐
【鞍傷】(안상-アンショウ) 안장에 마찰되어 생긴 상처
【鞍裝】(안장-アンソウ) 말・나귀들의 등에 얹고、사람이 타게 된 제구

【鞋】 혜 アイ、カイ、くつ shoes
가죽신 革履

【七畫—八畫】

【鞘】 초 ソウ、ショウ、さや sheath [嘯] ㄑㄧㄠˋ ch'iao4
①칼집 刀室 ②채쭉 鞭也

【鞚】 공 コウ、くつわ bridle [送] ㄎㄨㄥˋ k'ung4
말굴레 馬勒

【鞠】 국 キク、やしなう breed [屋] ㄐㄩˊ chü2
①칠 養也 ②고할 告也 ③구부릴曲也─躬 ④제기 毬子踢─ ⑤궁할 窮也 ⑥어린 아이 稚也─子 ⑦찰 盈也 ⑧姓也 鞠 菊通

【鞠躬】(국궁-キッキュウ) 공경하는 뜻을 표하여 몸을 굽힘
【鞠問】(국문-キクモン) 죄인을 심문함
【鞠育】(국육-キクイク) 사랑하여 기름
【鞠治】(국치-キクチ) 죄상을 조사함

【鞠戲】(국희-キクギ) 제기 차는 장난

【鞞】비 ヘイ、ベイ、さや scabbard
말에맨북 騎鼓 (병) 칼집 刀室

【鞞琫】(비봉-ヘイホウ) 칼집

【鞜】탑 トウ、かわぐつ shoes
가죽신 革履

【九 畫】

【鞨】갈 カツ、バツ、くにのな name of a nation
①나라이름 國名靺― ②보석이름 寶名紅靺―

【鞬】건 ケン、やぶくろ quiver
①동개 弓矢器櫜― ②칼집 韜也

【鞫】국 キク、きわめる through investigation
①초사 받을 窮理罪人訊― ②다할 盡也 ③언덕 水之外 鞫通

【鞫問】(국문-キクモン) 중대한 죄인을 신문함。 국문(鞠問)

【鞫正】(국정-キクセイ) 문초하여 바로 잡음

【鞣】유 ジュウ、なめしがわ tanned leather
①다룬 가죽 熟皮 ②마른가죽 乾革

【鞦】추 シュウ、しりがい swing
①그네 北方戲―韆 ②말고들개馬緧

【鞦韆】(추천-シュウセン) 그네。 한(漢)의 무제(武帝)때 시작 되었다고 함

【鞭】편 ベン、ヘン、むち whip
①채찍 馬重―策 ②볼기채 笞也―朴

【鞭撻】(편달-ベンタツ) ①채찍으로 때림 ②종아리 침 ③정신 차리게함 ④엄하게 굴음

【鞭扑】(편복-ベンボク) ①채직 ②채직질 하는 형벌

【鞭殺】(편살-ベンサツ) 채찍으로 쳐죽임

【鞭聲】(편성-ベンセイ) 채찍을 휘두르는 소리

【鞭策】(편책-ベンサク) 채찍 (路馬는 君主乘用의 말)

【鞭打】(편타-ベンダ) 채찍으로 때림

【鞭笞】(편태-ベンチ) ①채찍。 회초리 ②채찍질 함

【十畫—十一畫】

【鞳】탑 トウ、つづみのね sound of the iron drum
쇠북소리 鏜鞈聲鞺―

【鞹】곽 カク、つくりかわ leather
다룬가죽 皮去毛

【鞴】비 ホ、ふいご bellows
말뱃대끈 馬裝束 (보) 풀무 袋風出器

【十二畫—十五畫】

【鞾】화 カ、くつ wooden shoes
목화 鞋― 靴同

【韃】달 ダツ、タツ a nomadic tribe
달달 靺鞨之女眞 別種有熟生二部―靼

【韈】말 ベツ、くつした socks
버선 足衣 襪・韤同

【韆】천 セン、ぶらんこ swing
그네 繩戲鞦――

韋 部

【韋】위 イ、なめしがわ tanned leather 㐅ㄟˊ wei
①다룬 가죽 柔皮 ②홀부들할 柔軟脂― ③화할 諧和依― ④군복 武服靺― ⑤姓也

【韋柔】(위유-イジュウ) 홀부들함。 연약한 사람에게 거슬리지 아니함

【韋編】(위편-イヘン) 책을 잡아맨 가죽끈

【八畫—九畫】

【韓】한 カン Korea 寒 ㄏㄢˊ han²
①한나라 國名—萬所封 ②나라이름 東方國名三— ③한국 朝鮮改稱國名 大— ④姓也

【韓國】(한국-カンコク) 우리나라의 이름

【韓盧】(한로-カンロ) 전국시대 한(韓)나라에서 난 명견(名犬)의 이름

【韓滿】(한만-カンマン) 한국과 만주

【韓服】(한복-カンプク) 우리나라 옷

【韙】위 イ、よし right 尾 ㄨㄟˇ wei³
옳을 美之是也

【十畫—十五畫】

【韜】도 トウ、つつみかくす treasure 豪 ㄊㄠ t'ao¹
①도략 兵法—略 ②칼전대 劍衣 ③감출 藏也—匱 ④너그러울 寬也

【韜略】(도략-トウリャク) ①육도(六韜)와 삼략(三略)。병서(兵書)의 이름 ②병법(兵法)

【韜隱】(도은-トウイン) 싸서 감춤

【韜藏】(도장-トウゾウ) ①싸서 감춤 ②재덕(才德)을 감추어 둠

【韜晦】(도회-トウカイ) ①재주·학문들을 감추어 남이 모르게 함

【韛】배 ハイ、ふいご bellows 卦 ㄅㄟˋ pei⁴
허풍선 口牛嘗吹火令熾爐—

【韞】온 ウン、オン、おさめる contain
①싸서감출 包藏匱 ②붉은 빛 赤色

【韞匵】(온독-ウントク・ひつにおさむ) ①함속에 감추어 둠 ②재능이 있어도 등용되지 않음

【韞玉】(온옥-ウンギョク・ギョクをつつむ)구슬을 싸서 감춤

【韡】위 イ、はなやか in full bloom 尾 ㄨㄟˇ wei³
활짝필 華盛貌——

【韤】말 ベツ、くつした socks 月 ㄨㄚˋ wa⁴
버선 足衣 襪韈同

韭 部

【韭】구 キュウ、にら scallion 有 ㄐㄧㄡˇ chiu³
부추 葷菜

【韭黃】(구왕-キュウコウ) 부추 뿌리의 누른 부분

【八畫—十畫】

【韱】섬 セン、ほそい slender wild onion
①가늘 細也 ②산부추 山韭 纖同

【韲】제 セイ、やさいづけ relish 齊 ㄐㄧ chi¹
양념 擣辛物爲之

音 部

【音】음 オン、イン、おと、ね sound;tone 侵 ㄧㄣ yin¹
소리 聲也

【音感】(음감-オンカン) 음에 대한 감각。음의 고저·음색 등을 듣고 분별하는 능력

【音曲】(음곡-オンキョク・オンギョク) ①음악의 곡조 ②음악(音樂)

【音讀】(음독-オンドク) 한자의 음으로 읽음

【音量】(음량-オンリョウ) 악기 또는 목소리의 음의 분량

【音律】(음률-オンリツ) 소리·음악의 가락

【音色】(음색-オンショク・ねいろ) 발음체(發音體)의 종류를 구별할만한 소리의 성질

【音聲】(음성-オンセイ・オンジョウ) 목소리

【音聲學】(음성학-オンセイガク) 언어의 성음(聲音)에 대하여 조직적으로 연구하는 학문。소리갈

【音信】(음신-オンシン・インシン) 소식。편지

【音樂】(음악-オンガク) 악기를 사용하여 음향을 조화 결합시켜서 사람을 즐겁게 하여 줌

【音容】(음용-オンヨウ) 음성과 용모

【音義】(음의-オンギ) 글자의 음과 뜻

【音字】(음자-オンジ) 글자의 음과 뜻
【音節】(음절-オンセツ) ①음률의 곡조 ②말의 꺾이는 마디
【音程】(음정-オンテイ) 두 소리의 진동수의 비
【音調】(음조-オンチョウ) ①소리의 고저 장단의 가락 ②음악의 곡조 ③시나 문장의 가락
【音旨】(음지-オンシ) 말의 취지
【音塵】(음진-オンジン) 음신(音信)
【音叉】(음차-オンサ) 음절을 계산하는 데 쓰는 기구
【音波】(음파-オンパ) 발음체에 접속한 공기가 진동을 받아서 그 음향이 물결처럼 전하는 상태
【音響】(음향-オンキョウ) 울려 들리는 소리
【音響信號】(음향신호-オンキョウシンゴウ) 해상의 충돌을 방지하기 위하여 배와 배가 음향으로 신호하는 일
【音訓】(음훈-オンクン) 한자의 음과 그 뜻

【二畫—五畫】

【章】 立部 六畫에 볼것
【韵】 韻 (音部 十畫)同字
【歆】 欠部 九畫에 볼것

【韶】 소 ショウ、ジョウ、つぐ、うららか、beautiful
①아름다울 美也— 光—華 ②순의 풍류 舜樂簫— ③이을 紹也—護 ④봄 春色
【韶光】(소광-ショウコウ) 봄 경치
【韶顔】(소안-ショウガン) 젊어 보이는 노인의 얼굴
【韶容】(소용-ショウヨウ) 소안(韶顔)
【韶運】(소운-ショウウン) 태평한 세상의 운수
【韶絶】(소절-ショウゼツ) 끊어진 대를 이어줌
【韶華】(소화-ショウカ) ①화창한 봄 날씨 ②청년 시절

【八畫—十四畫】

【闇】 門部 九畫에 볼것
【韺】 영 エイ、がくのね ancient music 國 ㄩㄣ yün⁴
풍류 帝嚳樂名五— 英通
【韻】 운 イン、ひびき rhyme
①울림 同聲相應 ②운 音員爲— ③운치 風度 ④화할 和也 ⑤고를 均也
【韻脚】(운각-インキャク) 글귀의 끝에 운(韻)을 다는 곳
【韻考】(운고-インコウ) 한자(漢字)의 상(上)·평(平)·거(去)·입성(入聲)의 운자(韻字)를 분류하여 모아 놓은 책
【韻府】(운부-インプ) 운목(韻目)을 모아 놓은 책
【韻士】(운사-インシ) 운치가 있는 사람
【韻事】(운사-インジ) 풍류가 뛰어난 모양
【韻宇】(운우-インウ) 뛰어난 모양。인품(人品)
【韻人】(운인-インジン) 운사(韻士)
【韻致】(운치-インチ) 고아(高雅)한 품위가 있는 기상
【韻學】(운학-インガク) 음운(音韻)을 연구하는 학문
【韻響】(운향-インキョウ) 음성 끝이 올라가는 소리
【響】 향 キョウ、ひびき echo 國 ㄒㄧㄤ hsiang³
①소리 울릴 聲之外曰— 即影— ②풍류 그릇 樂器方— 鄕同 嚮·饗通
【響應】(향응-キョウオウ) 울림이 소리를 따라 일어나는 것처럼 그 사람의 동작에 따라 곧 붙좇음
【響箭】(향전-キョウセン) 살촉의 하나。속이 비고 구멍 셋이 있어서 쏘면 소리가 나는 것
【護】 호 コ、ゴ、がくのね ancient music
탕의 풍류 湯·樂大— 濩同

頁 部

【頁】혈 ケツ、こうべ head 屑 ㄧㄝ yeh⁴
①머리 頭也 ②페이지 書册片面 又其數詞

【二 畫】

【頃】경 ケイ、キョウ、キ、ころ a moment 梗 ㄑㄧㄥ ch'ing³
①백 이랑 田百畝 ②아까 俄也 ③머리비뚤이 頭不正

【頃刻】(경각-ケイコク) 눈 깜짝하는 사이。극히 짧은 사이

【頃步】(경보-キホ) 반 걸음。 반보(半步)。 규보(跬步)

【頃日】(경일-ケイジツ) 지난 번

【頃者】(경자-ケイシャ・このごろ) 요즈음。지난 번

【頂】정 チョウ、テイ、いただき top 迥 ㄉㄧㄥ ting³
이마 顚也

【頂角】(정각-チョウカク) 삼각형의 밑변에 대하는 각 「고 절함

【頂禮】(정례-チョウレイ) 이마를 땅에대

【頂門一針】(정문일침-チョウモンのイッシン) 정수리에 침 한 대를 놓는 뜻이니 「기 적절한 충언을 이름

【頂上】(정상-チョウジョウ) 산의 맨 꼭대기

【頂點】(정점-チョウテン) ①꼭대기。맨위 ②각을 이룬 두 직선의 끝점

【三 畫】

【須】수 シュ、ス、すべからく necessary 虞 ㄒㄩ hsü¹
原(슈) ①모름지기 必也 ②수염 頤毛同鬚 ③잠간 斯― ④기다릴 待也 ⑤거리 資也 同需 ⑥종첩 婢妾餘― ⑦생선 아가미 벌떡거릴 魚動鰓 ⑧풀이름 草名夫― ⑨별이름星名女―

【須彌山】(수미산-シュミセン) 범어 Sumeru의 음역。고대 인도(印度)의 우주설(宇宙說)에 있어서 세계의 중심이 된다고 일컫는 높은 산

【須臾】(수유-スユ・シュユ) ①잠간 동안 ②느리 느리한 모양

【須知】(수지-スチ・シュチ) 마당히 알아야 할 일

【順】순 ジュン、シュン、したがう obey
①좇을 從也 ②순할 循理不逆 ③화할 和也 ④姓也

【順境】(순경-ジュンキョウ) 만사가 뜻대로 되어가는 경우

【順氣】(순기-ジュンキ・キにしたがう) ①순조로운 기후 ②기후에 순응함 ③기후에 상응함 ④순한 기운

【順道】(순도-ジュンドウ) ①마땅한 도리 ②바른 도로 평탄한 길

【順良】(순량-ジュンリョウ) 성질이 온순하고 선량함

【順列】(순렬-ジュンレツ) 차례의 줄

【順路】(순로-ジュンロ) 일의 순서가 좋음

【順流】(순류-ジュンリュウ-ながれにしたごう) ①물이 순하게 흐름 ②물이 흐르는 대로 좇음

【順理】(순리-シュンリ・りにしたがう) 순한 도리

【順民】(순민-ジュンミン・たみにしたごう) ①천명(天命)을 좇는 백성 ②항복한 백성 ③백성의 마음에 좇음

【順番】(순번-ジュンバン) 차례 대로 갈아드는 번

【順服】(순복-ジュンプク) 순순히 복종함

【順產】(순산) 아무 탈 없이 아이를 낳음

【順序】(순서-ジュンジョ) 차례

【順成】(순성-ジュンセイ) 아무 거침없이 「셈 잘 이룸

【順數】(순수-ジュンスウ) 차례로 수효를

【順逆】(순역-ジュンギャク) 좇는 것과 거스리는 것

【順延】(순연-ジュンエン) 순차로 연기함

【順應】(순응-ジュンオウ・ジュンノウ) ①거침 없이 따름 ②외계에 적응하여 변화함

【順正】(순정-ジュンセイ) 차례가 바름。도리에 좇아 바름

【順調】(순조-ジュンチョウ) ①고르게 정돈됨 ②아무 탈 없이 잘 되어감

【順從】(순종-ジュンジュウ) 잘 좇아서 거슬리지 아니함
【順次】(순차-ジュンジ) 차례。순서
【順天】(순천-ジュンテン) 천명에 따름
【順風】(순풍-ジュンプウ) ①뒤에서 불어오는 바람 ②배를 불어 보내는바람
【順行】(순행-ジュンコウ) ①차례 대로감 ②따라감 ③유성(遊星)이 서쪽에서 동쪽으로 도는 운동

【項】항 コウ、うなじ nape of the neck

①목덜미 頭後頸也 ②클 大也 조목 箇條
【項目】(항목-コウモク) 조목
【項羽】(항우-コウウ) 기운이 썩 강한사람을 가리키는 말。진(秦)을 멸망시킨 무장(武將)。한(漢)의 고조(高祖)와 세력을 다투어 패사(敗死)함
【項腫】(항종-コウショウ) 목에 나는종기

【四 畫】

【頓】돈 トン、ぬかずく bow the head

①머리조을 下首至也 ②그칠 止也 ③놓을 舍也 ④모아쌓을 預也 ⑤무너질 壞也委— ⑥배부를 食一次 ⑦급할 遽也— ⑧姓也 (둔) 무딜 固鈍 (돌) 오랑캐이름 單于太子冒—
【頓喫】(돈끽-トンキツ) 한 번에 많이 먹음
【頓服】(돈복-トンプク) 한 번에 먹음
【頓首】(돈수-トンシュ) ①머리를 땅에닿도록 굽힘 ②편지 끝에 써서 경의를 표하는 말
【頓然】(돈연-トンゼン) 별안간。갑자기。아주
【頓悟】(돈오-トンゴ) 별안간에 깨달음
【頓絕】(돈절-トンゼツ) 별안간 끊어짐
【頓挫】(돈좌-トンザ) 갑자기 세력이 꺾임
【頓智】(돈지-トンチ) 약은 슬기。기지(機智)

【頒】반 フン、わかつ make known 圓 ㄅㄢ pan¹

①반포할 布也 ②머리털 반쯤 셀 頭半白 ③관잣노리 頒兩彥 (분) 물고기 머리 클 魚大首貌
【頒給】(반급-ハンキュウ) 임금이 봉록(俸祿)。물건들을 나누어줌
【頒白】(반백-ハンパク) 머리털의 흑백이 서로 반씩 섞임
【頒賜】(반사-ハンシ) 임금이 물건을 내림
【頒首】(반수-ハンシュ) 머리가 큰 모양
【頒布】(반포-ハンプ) 널리 펴서 알게함
【頒行】(반행-ハンコウ) 나눔。널리 펴서 행함

【頌】송 ショウ、ジュ、たたえる praise 困 ㄙㄨㄥ sung⁴

기릴 歌誦稱述 (용) 얼굴貌也 容同
【頌歌】(송가-ショウカ) ①칭송하여 노래함 ②칭송한 노래
【頌德】(송덕-ショウトク) 공덕을 칭송함
【頌德碑】(송덕비-ショウトクヒ) 공덕을칭송하여 세운 비
【頌辭】(송사-ショウジ) 칭송하는 말
【頌聲】(송성-ショウセイ) 공덕을 찬양하는 말
【頌祝】(송축-ショウシュク) 경사를 축하함

【預】예 ヨ、あずける deposit 御 ㄩ yü⁴

①미리 先也 ②참여할 干也參與 ③미칠 及也豫同 與通
【預金】(예금-ヨキン) 이익을 늘일 목적으로 돈을 맡겨둠。또 그 돈
【預度】(예도-ヨタク) 미리 헤아림
【預備】(예비-ヨビ) 미리 준비함。예비(豫備)
【預想】(예상-ヨソウ) 미리 생각함。예상(豫想)
【預壻】(예서) 데릴 사위
【預言】(예언-ヨゲン) 미래를 미리 헤아리는 말

【頑】완 ガン、かたくな obstinate 删 ㄨㄢ wan²

①완악할 心不良—惡 ②미련할 愚也
【頑強】(완강-ガンキョウ) 완고하고 굳셈
【頑固】(완고-ガンコ) 성질이 검질기게 굳고 고집이 셈
【頑童】(완동-ガンドウ) 고집이 세고 우

둔한 아이

【頑慢】(완만-ガンマン) 완고하고 거만함

【頑冥】(완명-ガンメイ) 어리석고 분별이 없음

【頑惡】(완악-ガンアク) 성질이 완고하고 불량함。성질이 흉악함

【頑習】(완습-ガンシュウ) 완만한 습관

【頑愚】(완우-ガングウ) 완만하고 어리석음

【頑敵】(완적-ガンテキ) 완강한 적

【頊】욱 キョク、つつしむ cringe 沃 ㄒㄩ hsü⁴ ①머리 굽실거릴 謹貌ㅣㅣ ②전욱 高陽氏 號顓ㅣ

【頏】항 コウ、のど neck 陽 ㄏㄤ hang² ①목 頸也 ②소리 聲也 ③오르락내리락할 鳥飛上下頡ㅣ

【傾】人部 十一畫에 볼것

【煩】火部 九畫에 볼것

【五畫—六畫】

【領】령 リョウ、レイ、すべる lead 梗 ㄌㄧㄥ ling³ ①거느릴 統理 ②옷깃 衣體 ③고개 項也 ④받을 受也

【領去】(영거-リョウキョ) 거느리고 감。데리고 감

【領官】(영관-リョウカン) 대령 중령 소령을 통틀어 일컬음

【領導】(영도-リョウドウ) 앞에서서 가르쳐 이끌음

【領略】(영략-リョウリャク) 대강을 알음。뜻을 깨달음

【領事】(영사-リョウジ) 본국 정부의 명령을 받아 외국에 주재하여 거류의 보호및 항해 통상등에 관한 사무를 감독하는 벼슬

【領相】(영상) 영의정(領議政)의 별칭

【領所】(영소-リョウショ) 절안 사무소

【領袖】(영수-リョウシュウ) ①옷깃과소매 「임 ②여러 사람의 두목

【領收】(영수-リョウシュウ) 받음。받아들

【領悟】(영오-リョウゴ) 깨달음。깨달아 「함 알음

【領有】(영유-リョウユウ) 점령하여 소유

【領議政】(영의정) 의정부(議政府)의 우두머리

【領座】(영좌-リョウザ) 한부락 또는 단체의 두목되는 사람

【領地】(영지-リョウチ) 차지한 땅。영토(領土)

【領土】(영토-リョウド) 한 나라의 통치권이 미치는 지역

【領海】(영해-リョウカイ) 한 나라의 주권이 미치는 해역(海域)

【領解】(영해-リョウカイ) ①깨달음 ②당대(唐代)에 향시(鄕試)에 급제하던 일

【頗】파 ハ、すこぶる very 歌 ㄆㄛ p'o¹ ①자못 僅可 ②비뚤어질 不正偏ㅣ

【頗多】(파다) 사뭇 많음。패 많음

【頗僻】(파벽-ハヘキ) 한쪽으로 치우침。불공평함

【碩】石部 九畫에 볼것

【頡】갈 キツ、ケツ、あがる、へらす soar; rob 黠 ㄒㄧㄝ hsieh² ①노략할 掠除 ②밟힐 轢也 (힐)①곧은 목 直項 ②오르락내리락할 飛上下ㅣ頏 ③사람 이름 古史官蒼ㅣ

【頡頏】(힐항-キッコウ·ケッコウ) ①새가 날아 올라 가다가 날아 내려 오는 모양 ②우열을 다툼 ③곧은 목、즉 남에게 굴복하지 아니함

【頞】알 アツ、はなすじ septum of the nose 콧줄기 鼻莖

【頤】이 イ、おとがい chin; jaw 支 ㄧ i² ①턱 頷也 ②턱끄떡거릴 指ㅣ ③턱까불거릴 嚼也 ④기를 養也 ⑤많다고 느낄 助語夥ㅣ ⑥늙은이 老也期ㅣ

【頤神】(이신-イシン·シンをやしのう) 정신을 기름

【頤神養性】(이신양성-イシンヨウセイ) 조용히 정신을 수양함
【頤養】(이양-イヨウ) 정신을 수양함
【頤指】(이지-イシ) 턱으로 가리킴。사람을 자유로 부림

【七 畫】

【頴】水部 十一畫에 볼것

【頸】경 ケイ、くび neck 梗 ㄐㄧㄥ ching
목 項也
【頸領】(경령-ケイリョウ) 목。목줄기
【頸血】(경혈-ケイケツ) 목에서 흐르는 피

【頭】두 トウ、ズ、あたま head 尤 ㄊㄡ t'ou
①머리 首也 ②위 上也
【頭角】(두각-トウカク) ①머리끝 ②처음。실머리。단서(端緒)
【頭蓋骨】(두개골-ズガイコツ) 뇌를 싸고 머리를 이루는 뼈
【頭巾】(두건-ズキン・トキン) ①머리에 쓰는 물건。모자 따위 ②상체 목새기 둘이 머리에 쓰는 베로 만든 건
【頭頸】(두경-トウケイ) 목
【頭骨】(두골-ズコツ) 두개골(頭蓋骨)의 준말
【頭腦】(두뇌-ズノウ) ①머리 골 ②마음。생각 ③조리(條理) ④사물을 판단하는 힘 ⑤우두머리 ⑥사물의 중요한 부분
【頭領】(두령-トウリョウ) 여러 사람을 거느리는 사람。두목(頭目)
【頭面】(두면-トウメン) 머리와 얼굴
【頭毛】(두모-トウモウ) 두발(頭髮)과 같음
【頭目】(두목-トウモク) ①머리와 눈 ②여러사람의 우두머리
【頭尾】(두미-トウビ) ①머리와 꼬리 ②처음과 끝。전말(顚末)
【頭髮】(두발-トウハツ) 머리털
【頭部】(두부-トウブ) 동물에 있어서의 머리의 부분
【頭上】(두상-ズジョウ) ①머리 위 ②신관
【頭狀】(두상-トウジョウ) 사람의 머리와 비슷하게 생긴 형상
【頭狀花】(두상화-トウジョウカ) 꽃 줄기 위에 많은 꽃이 달라 붙어서 마치 머리와 같이 피는 꽃
【頭緒】(두서-トウショ) ①일의 단서 ②여러 가지 감상。여러 가지 생각
【頭韻】(두운-トウイン) 아무 글자든지 한자씩 글자의 웃머리에 넣어 짓는 글자
【頭註】(두주-トウチュウ) 책의 상란에 기록한 주석
【頭質】(두질-トウシツ) 무릎 맞춤。대질(對質)
【頭陀】(두타-ズダ) 행각승。dhuta
【頭痛】(두통-ズツウ) 머리가 아픔
【頭風】(두풍-トウフウ) 바람머리。두통(頭痛)

【頻】빈 ヒン、ビン、しきりに frequent 眞 ㄆㄧㄣ p'in
①자주 數也 ②급할 急也 ③늘어설 比也 ④찡그릴 急蹙貌 顰通
【頻發】(빈발-ヒンパツ) 자주 생겨남
【頻煩】(빈번-ヒンパン) 도수가 잦아 복잡함
【頻頻】(빈빈-ヒンピン) 잇달아 잦음
【頻數】(빈삭-ヒンスウ) 매우 잦음。빈번(頻繁)
【頻顣】(빈축-ヒンシュク) 얼굴을 찡그림。마음에 흡족하지 않는 모양
【頻行】(빈행-ヒンコウ) 죽 늘어서 감

【頳】정 テイ、あかい red 迥 ㄔㄥ ch'ing
原(경) 붉을 赤也

【頹】퇴 タイ、くずれる fall; descend 灰 ㄊㄨㄟ t'uei
①기울어질 傾也 ②왜풍 暴風
【頹落】(퇴락-タイラク) 무너져 떨어짐
【頹漏】(퇴루-タイロウ) 무너져서 비가샘
【頹勢】(퇴세-タイセイ) 쇠퇴하는 형세
【頹俗】(퇴속-タイゾク) 쇠퇴한 풍속
【頹運】(퇴운-タイウン) 운이 쇠함
【頹敗】(퇴패-タイハイ) ①무너짐 ②풍속이 나빠짐

【頹廢】(퇴폐-タイハイ) 쇠약하여짐。 무너짐

【頹風】(퇴풍-タイフウ) ①폭풍 ②왜풍 ③쇠퇴한 풍속

【頷】함 ガン、カン、あご chin; jaw 感 ㄏㄢ han⁴
①턱 頤也 ②주릴 不飽顑—(암) 머리 끄덕거릴 點頭—之

【頷可】(함가-ガンカ) 머리로 끄덕거려 허가함

【頷首】(함수-ガンシュ) 머리를 끄덕거려 승낙하는 뜻을 표함

【頰】협 キョウ、ほほ cheek 葉 ㄐㄧㄚ chia²
①뺨 兩面旁 ②천천히 말할 徐言譬說緩—

【頰筋】(협근-キョウキン) 위아래의 두 악골에서 위아래의 두 입술에 이르는 근육

【頰輔】(협보-キョウホ) 뺨

【頰適】(협적-キョウテキ) 남의 마음에 들도록 힘씀。 영합)迎合)

【潁】 禾部 十一畫에 볼것

【頴】 穎(前條) 俗字

【八畫—九畫】

【顆】과 か、つぶ kernel 哿 ㄎㄜ k'ê³
①덩어리 土塊 ②알갱이 —粒 ③무덤 蓬—

【顆粒】(과립-カリュウ) 알。 알갱이

【顋】시 サイ、あご cheek 灰 ㄙㄞ sai¹
①뺨 頰也 ②볼 頰也

【顎】악 ガク、あご、あぎと high cheek-bone 藥 ㄜ ê⁴
턱 顎骨上下—骨

【顏】안 ガン、かお face 刪 ㄧㄢ yen²
①얼굴 容也 ②산우뚝할 山高厓—

【顏甲】(안갑-ガンコウ) 얼굴 껍데기가 두껍다는뜻이니 곧 철면피(鐵面皮)함을 이름

【顏面】(안면-ガンメン) 얼굴。안모(顏貌)

【顏貌】(안모-ガンボウ) 얼굴 모양

【顏色】(안색-ガンショク) 얼굴 빛

【顏厚】(안후-ガンコウ) 낯가죽이두꺼움。 염치가 없음

【額】액 ガク、ひたい forehead 陌 ㄜ ê²
①이마 顙也 ②현판 題也 ③수효分量—數

【額內】(액내-ガクナイ) ①정원(庭園) 또는 정수(庭樹) ②한 집안 사람 ③한 동리에 사는 사람

【額面】(액면-ガクメン) 유가증권(有價證券)에 적힌 일정한 돈의 액수

【額手】(액수-ガクシュ・てをひたいにす)손을 이마에 댐。 경의를 표하는 모양

【額數】(액수-ガクスウ) 일정한 수

【額外】(액외-ガクガイ) 정원(定員)밖

【額字】(액자-ガクジ) 현판에 쓴 글자

【顒】옹 ギョウ、グ、あおぐ look upwards
①우러러볼 仰也 ②온공할 溫貌—— ③클 大也

【顓】전 セン、もっぱら only 先 ㄓㄨㄢ chuan¹
原(전) ①오로지 獨專 ②어리석을 蒙也 ③전욱 高陽氏號—頊 ④나라 이름 國名—臾 專通

【顓蒙】(전몽-センモウ) 어리석음

【顓民】(전민-センミン) 어진 백성。 양민(良民)

【顓辭】(전사-センジ) 오로지。자기 일신을 칭송하는 말。 제칭찬하는 말

【顓制】(전제-センセイ) 제마음대로 일을 처리함

【題】제 ダイ、テイ、みだし subject 齊 ㄊㄧ t'i²
①제목 —目 ②이마 額也 ③글제 書— ④쓸 署也 ⑤평론할 品— ⑥훑겨볼 小視

【題給】(제급-ダイキュウ) 제사(題辭)를 매기어 줌

【題名】(제명-ダイメイ) 명승지에 자기 이

름을 기록하는 일

【題目】(제목-ダイモク) ①겉장에 쓴 책의 이름 ②글제 ③작품을 비평함 ④이름。 명목(名目)。 문제(問題)

【題跋】(제발-ダイバツ) 책의 서문이나 발문(跋文)에 씀

【題壁】(제벽-ダイヘキ) 시문을 지어 벽

【題詞】(제사-ダイシ) 책 머리에 그 책에 관계되는 시나 글을 적은 글

【題辭】(제사-ダイジ) ①책이나 비석의 맨 첫머리에 적어 둔 글 ②관청에서 백성의 소장(訴狀)또는 원서에 쓰는 관청의 판결이나 지령

【題額】(제액-ゼイガク) 글자를 이마가 되는 곳에 씀

【題詠】(제영-ダイエイ) 제(題)를 설정하여 시가를 지음

【題字】(제자-ダイジ) 책머리 또는 비석 상부에 쓰는 글자

【題材】(제재-ダイザイ) 문예작품의 제목과 재료

【題品】(제품-ダイヒン) 작품을 비평함

【十畫—十一畫】

【顑】함 カン、うえる starve

①주릴 不飽—飽 ②파리할 瘦也

【顑頷】(함함-カンガン) 주린 모양

【類】류 ルイ、たぐい kind 寘 ㄌㄟˋ lei⁴

①같을 肖似 ②무리 等也 ③견줄 比也 ④착할 善也 ⑤법 法也

【類規】(유규-ルイキ) 종류가 같은 법규

【類例】(유례-ルイレイ) 같거나 비슷한 사례

【類別】(유별-ルイベツ) 종류에 따라나눔

【類似】(유사-ルイジ) 서로 비슷함

【類書】(유서-ルイショ) 같은 종류의 책

【類燒】(유소-ルイショウ) 남의 집 화재로 말미암아 자기 집이 타는 일

【類語】(유어-ルイゴ) 같은 종류의 말

【類類相從】(유유상종-ルイルイあいしたごう) 같은 무리끼리 서로 왕래하여 상종함

【類聚】(유취-ルイジュウ·ルイジュ) 같은 종류의 물건을 모음

【顙】상 ソウ、ひたい forehead 養 ㄙㄤˇ sang³

이마 額也

【顙汗】(상한-ソウカン) 이마의 땀

【願】원 ガン、ねがう desire; want 願 ㄩㄢˋ yüan⁴

①원할 欲也 ②생각할 思也 ③부러워할 羨慕 ④바랄 欲望

【願納】(원납-ガンノウ) 자원(自願)하여 재물을 바침

【願望】(원망-ガンボウ) 원하고 바람

【願書】(원서-カンショ) 청원하는 취지로 기록한 서류

【願意】(원의-ガンイ) 바라는의사(意思)

【顗】의 ギ、ガイ、たのしい pleasure

①즐길 樂也 ②점잖을 謹莊貌

【顚】전 テン、くつがえる turn over 先 ㄉㄧㄢ tien¹

①엎드러질 仆倒 ②정수리 頭上 ③비뚜름할 傾斜 ④오로지 專一 —— ⑤미칠 狂也 癲通

【顚倒】(전도-テントウ) ①너머짐 ②거꾸로함 ③거꾸로 됨

【顚連】(전련-テンレン) 가난하고 의지할 곳이 없음

【顚末】(전말-テンマツ) 처음과 끝

【顚毛】(전모-テンモウ) 정수리의머리털。 가마

【顚覆】(전복-テンプク) ①뒤집힘。 뒤집음 ②망함。 망해 놓음

【顚顚】(전전-テンテン) ①오로지 ②근심하는 모양 ③어리석은 모양

【顚躓】(전질-テンシツ) 부딪쳐 너머짐。 일을 그르침

【顚錯】(전착-テンサク) 선후를 뒤바꿔서 이그러지게 함

【顚沛】(전패-テンパイ) 엎드러지고 자빠짐

【十二畫—十三畫】

【顣】축 シュク、セキ、しかめる frown 屋 ㄘㄨˋ ts'u⁴

찡그릴 不悅貌—頻 蹙同

【顧】고 コ、かえりみる look after 遇 ㄍㄨˋ ku⁴
①돌아볼 回首旋視 ②돌보아줄眷也 ③도리어 反也發語辭
【顧客】(고객-コカク) 단골 손님
【顧見】(고견-コケン) 뒤를 돌아봄
【顧忌】(고기-コキ) 돌아보고 꺼림
【顧念】(고념-コネン) ①돌아보고 생각함 ②돌아보아줌 ③남의 허물을 덮어줌
【顧慮】(고려-コリョ) 앞일을 생각함。장래의 염려
【顧戀】(고련-コレン) 마음에 걸려 잊지 못함
【顧眄】(고면-コベン) 마음에 잊을 수가 없어서 돌아봄
【顧命】(고명-コメイ) 임금이 유언으로 뒷일을 부탁함
【顧問】(고문-コモン) ①의견을 물어봄。또 물음을 받는 사람 ②찾아가서 물음 ③돌아 보고 물음
【顧助】(고조-コジョ) 돌보아 도와줌
【顧瞻】(고첨-コセン) 사방을 돌아 봄
【顧護】(고호-コゴ) 마음에 두고 돌보아줌
【顧懷】(고회-コカイ) 마음에 두고 생각함
【顧恤】(고휼-コジュツ) 돌보아 도와줌
【顥】호 コウ、おおきい great; wite 皓 ㄏㄠˋ hao⁴
①클 大也 ②허열 白貌
【顥氣】(호기-コウキ) 천상(天上)의 흰 기운
【顥蒼】(호창-コウソウ) 높고 푸른 하늘
【顥天】(호천-コウテン) 서쪽 하늘。서천(西天)
【顥顥】(호호-コウコウ) ①하늘이 허옇게 빛나는 모양
【顫】전 セン、ふるえる shiver 霰 ㄓㄢˋ chan⁴
①떨릴 四支寒掉 ②머리 삐뚜를 頭不正
【顫動】(전동-センドウ) 벌벌 떨음
【顫筆】(전필-センピツ) 떨어가며 쓰는 필법(筆法)

【十四畫】

【顬】유 ジュ、ニュ、こめかみ temporal bone 虞 ㄖㄨˊ ju²
귀밑 뼈 鬢骨顳—
【顯】현 ケン、あらわれる appear 銑 ㄒㄧㄢˇ hsien³
①나타날 著也 ②밝을 明也 ③통달할 達也
【顯考】(현고-ケンコウ) 돌아간 아버지의 존칭
【顯官】(현관-ケンカン) 높은 벼슬 또 그 벼슬에 있는 사람。고관(高官)
【顯貴】(현귀-ケンキ) 지위가 높음
【顯達】(현달-ケンタツ) 벼슬과 명망이 높음
【顯靈】(현령-ケンレイ) 신령이 나타남
【顯名】(현명-ケンメイ) 이름을 세상에 나타냄
【顯微鏡】(현미경-ケンビキョウ) 썩 작은 물체를 확대하여 보는 장치가 있는 기계
【顯妣】(현비-ケンピ) 돌아간 어머니의 존칭
【顯示】(현시-ケンジ) 나타나 보임
【顯揚】(현양-ケンヨウ) 명예가 세상에 나타남
【顯然】(현연-ケンゼン) 분명히 나타난 모양
【顯榮】(현영-ケンエイ) 지체나 명망이 높아 영화로움
【顯要】(현요-ケンヨウ)높은 자리에 앉아 나라의 중요한 일을 맡아봄
【顯在】(현재-ケンザイ) 뚜렷이 나타나 있음
【顯著】(현저-ケンチョ) 분명히 드러남。투철하게 나타남
【顯祖】(현조-ケンソ) 명성이 높은 조상
【顯職】(현직-ケンショク) 높은 벼슬
【顯赫】(현혁-ケンカク) 아주 현저함。조금도 숨김이 없음
【顯化植物】(현화식물-ケンカショクブツ)꽃이 피어서 열매가 열리고 씨가 생기는 식물
【顯效】(현효-ケンコウ) 현저한 효험

【十五畫—十八畫】

【顰】빈 ヒン、ひそめる frown 真 ㄆㄧㄣˊ p'in²
①눈살 찌푸릴 眉蹙 ②흉내낼 強學

效—

【顰蹙】(빈축-ヒンシュク) 얼굴을 찡그림

【顱】로 ロ、こうべ skull 虞 ㄌㄨˊ lu²
노정골 首骨頭— 一名 天靈蓋

【顱頂骨】(노정골-ロチョウコツ) 두개골위에 있는 좌우 한쌍으로 된 뼈

【顴】관 カン、ケン、ほほぼね cheek-bone 先 ㄑㄩㄢˊ ch'üan²
광대뼈 頰骨

【顴骨】(관골-カンコツ) 광대뼈

【顳】섭 ショウ、ニョウ、こめかみ temporal bone 葉 ㄋㄧㄝˋ nieh⁴
귀밑 뼈 鬢骨—顬

飛部

【飛】비 ヒ、とぶ fly
①날 鳥者羽 ②여섯 말 六馬六—

【飛禽】(비금-ヒキン) 날짐승

【飛禽走獸】(비금주수-ヒキンソウジュウ) 나는 새와 달리는 짐승

【飛騰】(비등-ヒトウ) 날아 올라감

【飛來】(비래-ヒライ) 날아서 옴

【飛廉】(비렴-ヒレン) 풍신의 이름

【飛樓】(비루-ヒロウ) ①높은 누각 ②적성(敵城)을 내려다 보고 공격하는 수레 ③신기루(蜃氣樓)

【飛沫】(비말-ヒマツ) 날아 흩어지거나 뛰어 오르는 물방울

【飛白】(비백-ヒハク) 필적이 살살한 서체(書體)의 하나

【飛報】(비보-ヒホウ) 급한 통지

【飛沙走石】(비사주석-ヒサソウセキ) 바람이 몹시불어 모래와 돌이 날림

【飛散】(비산-ヒサン) 날아 흩어짐

【飛翔】(비상-ヒショウ) 날아다님

【飛船】(비선) 나는 것 같이 빠른 배

【飛躍】(비약-ヒヤク) ①높이 뛰어 오름 ②지위가 갑자기 높아짐

【飛鳥】(비조-ヒチョウ) 나는 새

【飛鳥不入】(비조불입) 포위가 견고하여 조금도 빈틈이 없는 것。나는새도 들어갈 수가 없다는 말

【飛走】(비주-ヒソウ) 비금주수(飛禽走獸)의 약어 「음

【飛蟲】(비충-ヒチュウ) 비조(飛鳥)와 같

【飛筆】(비필-ヒヒツ) 붓을 날려서 글씨를 씀

【飛行】(비행-ヒコウ) 공중으로날아다님

【飛行家】(비행가-ヒコウカ) 비행기를 조종할줄 아는 사람

【飛虎】(비호-ヒコ) ①나는 듯이 날랜 범 ②동작이 용맹스럽고 날쎈 것

【飛火】(비화-ヒカ) ①뛰는 불똥 ②남의 일에 까닭 없이 걸려들음

【十二畫】

【飜】번 ホン、ハン、ひるがえる translate 元 ㄈㄢ fan¹
①뒤집을 反覆 ②날 飛也 翻同

風部

【風】풍 フウ、かぜ wind 東 ㄈㄥ fêng¹
①바람 大塊噓氣 ②풍속— 俗 ③울림 王者聲教 ④흘레할 牝牡相誘 諷同

【風客】(풍객-フウカク) 바람둥이

【風景】(풍경-フウケイ) ①경치 ②풍채(風采) ③좋은 경치

【風磬】(풍경) 처마끝에 달아 바람에 흔들려서 소리가 나게 하는 경쇠

【風鷄】(풍계) 두꺼비

【風骨】(풍골-フウコツ) 풍채와 골격

【風光】(풍광-フウコウ) ①경치。풍경(風景) ②됨됨이。품격(品格) ③용모(容貌)

【風敎】(풍교-フウキョウ) ①도덕(道德)으로 인도하는 교훈 ②사회의 규칙 ③교육

【風琴】(풍금-フウキン) ①서양 악기의 하나。오르간 ②거문고의 일종

【風氣】(풍기-フウキ) ①풍속 ②기후 ③바람 ④풍병(風病)

【風紀】(풍기-フウキ) 풍속상의 규율

【風丹】(풍단) 단독(丹毒)

【風痰】(풍담-フウタン) 풍증(風症)을 일으키는 담。 중풍으로 인하여 생기는 담

【風度】(풍도-フウド) 풍채와 태도

【風濤】(풍도-フウトウ) ①바람과 큰 물결 ②세상에 살아 가기 어려움을 이름

【風毒】(풍독-フウドク) 중풍의 병독

【風頭旋】(풍두선) 체머리

【風浪】(풍랑-フウロウ) 바람과 물결

【風厲】(풍려-フウレイ)부지런히 힘 쓰고 게으르지 아니함

【風力】(풍력-フウリョク) ①바람의 힘。 국세(國勢) ②사람의 위력

【風露】(풍로-フウロ) 바람과 이슬

【風淚】(풍루-フウルイ) 바람을 쐬어 흐르는 눈물

【風流】(풍류-フウリュウ) ①선인(先人)의 유풍(遺風)·여택(餘澤) ②풍치가 있고 멋지게 노는 일 ③음악 ④말쑥하고 멋스러움

【風流雲散】(풍류운산-フウリュウウンサン) ①바람이 불어서 구름을 흩어버림 ②자취도 없이 분산함

【風流人】(풍류인-フウリュウジン) 풍류가 있는 사람

【風貌】(풍모-フウボウ) 풍채와 외모

【風聞】(풍문-フウブン) 소문을 들음。 소문

【風物】(풍물-フウブツ) 경치(景致)

【風味】(풍미-フウミ) ①음식의 맛 ②치미(趣味)。 풍치(風致)

【風靡】(풍미-フウビ) 한쪽으로 쏠림

【風伯】(풍백-フウハク) 바람을 맡은 신(神)。 풍신(風神)

【風帆船】(풍범선-フウハンセン)돛을 달고 가는 배

【風病】(풍병-フウビョウ) 신경에서 나는 병의 총칭

【風師】(풍사-フウシ) 풍백(風伯)

【風尙】(풍상-フウショウ) ①거룩한 모습 ②높고 곧은 지조 ③각개인의 취미

【風霜】(풍상-フウソウ) 바람과 서리。 세월。 많이 겪은 세상의 고난

【風色】(풍색-フウショク) 마음에 불만족한 기색

【風船】(풍선-フウセン) 기구(氣球)

【風扇】(풍선-フウセン) 바람을 일으키는 선풍기

【風雪】(풍설-フウセツ)바람과눈。눈보라

【風說】(풍설-フウセツ) 세상에 돌아다니는 소문

【風聲鶴唳】(풍성학려-フウセイカクレイ)겁을 먹은 사람이 당치 아니한 사물에도 놀라는 것을 가리키는 말。 중국 동진(東晋) 때 진왕부견(秦王符堅)이 비수(淝水)에서 대패하고 바람의 소리와 학의 소리를 듣고도 진나라의 추병(追兵)이 아닌가하고 놀랐다는 옛 일에서 나온 말

【風勢】(풍세-フウセイ) 바람의 세력

【風俗】(풍속-フウゾク) 옛적부터 사회에 행하여 내려온 의·식·주 등의 습관。 풍습(風習)

【風損】(풍손-フウソン) 바람으로 입은 손해

【風水】(풍수-フウスイ) ①바람과 물 ②음양오행설(陰陽五行說)에 근거를 두고 집·묘 등의 위치를 정하는 술법

【風習】(풍습-フウシュウ) 풍속

【風濕】(풍습-フウシツ) 습한 곳에 살아서 뼈마디가 저리고 아픈병

【風神】(풍신-フウシン) ①사람의 겉 모양 ②바람을 맡은 신

【風雅】(풍아-フウガ) ①속된 기분이 없음 ②시문의 뜻

【風樂】(풍악-フウガク) 음악

【風謠】(풍요-フウヨウ) 풍속을 재료로한 노래

【風鳶】(풍연-フウエン) 연

【風雨】(풍우-フウウ) ①바람과 비 ②바람과 함께 내리는 비

【風雲】(풍운-フウウン) ①바람과 구름 ②영웅·호걸이 뜻을 펼만한 형세 ③변화를 헤아릴수 없음을 이름 ④지세(地勢)가 험하고 높음

【風雲兒】(풍운아-フウウンジ) 풍운을 타서 활동하는 남자

【風月】(풍월-フウゲツ) 청풍(淸風)과 명

월(明月) ②풍류를 즐기는 것。바람과 달에 부쳐 시가를 지음

【風儀】(풍의-フウギ) 멋진 풍채

【風議】(풍의-フウギ) 간접적으로 돌려서 훈계하고 설득함

【風日】(풍일-フウジツ) 바람과 해

【風刺】(풍자-フウシ) 변죽을 울림。빗대고 욕함

【風災】(풍재-フウサイ) 농작물이 받은 바람의 재해

【風箏】(풍쟁-フウソウ) 연

【風前燈火】(풍전등화-フウゼンのともしび) 위급한 일이 임박한 것을 가리키는 말

【風情】(풍정-フウジョウ・フゼイ) ①풍치가 있는정회(情懷) ②취미。풍치(風致)

【風潮】(풍조-フウチョウ) ①바람과 조수。바람에 따라 흐르는 조수 ②세상의 추세。시세(時勢)

【風旨】(풍지-フウシ) ①뜻。생각 ②간접적으로 타 이름

【風塵】(풍진-フウジン) ①바람과 티끌 ②세상의 소동。병란(兵亂) ③속된 세상。속세(俗世) ④벼슬 길。관도(官途) ⑤지방장관(地方長官)

【風塵世界】(풍진세계-フウジンセカイ) 난리가 난 세상

【風疾】(풍질-フウシツ) ①풍병(風病) ②바람과 같이 빠름

【風車】(풍차-フウシャ・かざぐるま) 풍력을 이용하여 회전시키는 원동기

【風采】(풍채-フウサイ) 드러나 보이는 사람의 겉 모양

【風致】(풍치-フウチ) 사물의 맛。취미

【風枕】(풍침-かぜまくら) 속에 공기를 불어 넣어서 베는 베개

【風土】(풍토-フウド) 기후와 토질。기후와 지리

【風波】(풍파-フウハ) ①바람과 물결。풍랑(風浪) ②다툼。싸움

【風寒暑濕】(풍한서습-フウカンショシツ) 바람과 추위와 더위와 습기

【風害】(풍해-フウガイ) 풍재(風災)

【風化】(풍화-フウカ) ①백성들을 풍습에 맞추어 교육하는 가르침 ②배워서 선(善)으로 옮김 ③바위가 공기중의 산소・탄산가스・수증기 또는 온도의 변화로 부숴지는 현상 ④결정체가 공기중에서 그 결정체를 잃고 마침내 가루가 되는 현상

【五畫—八畫】

【颯】삽 サツ、ソウ、かぜのね sound of wind 㕎 ㄙㄚˋ sa⁴ 바람 소리 風聲

【颯沓】(삽답-サットウ) ①많고 성한 모양 ②떼를 지어 나는 모양

【颯颯】(삽삽-サッサツ) ①바람 소리 ②빗소리에도 씀

【颯然】(삽연-サツゼン) 가볍고 시원스럽게 부는 바람소리

【颯爾】(삽이-サツジ) 삽삽(颯颯)과 같음

【颱】태 タイ、たいふう typhoon 㙜 ㄊㄞˊ t'ai² 태풍 一種暴風颶風緩化者

【颶】구 グ、ク、つむじかぜ typhoon 遇 ㄐㄩˋ chü⁴ 회오리바람 海中大風一名 風癡

【颶風】(구풍-グフウ) 바다에서 일어나는 회오리바람

【九畫—十二畫】

【颺】양 ヨウ、あがる fly; soar 날릴 風飛 揚通

【颺去】(양거-ヨウキョ) 날라감

【颺颺】(양양-ヨウヨウ) 바람에 날리는 모양

【颻】요 ヨウ、あがる floating in the air 나부낄 風動物飄—

【颻颺】(요양-ヨウヨウ) 바람에 물건이 나부낌

【飄】표 ヒョウ、つむじかぜ whirl wind 蕭 ㄆㄧㄠ p'iao¹ ①회오리바람 旋風 ②나부낄 風貌 飃 飆同

【飄泊】(표박-ヒョウハク) 정처없이 떠돌아다님

【飄然】(표연-ヒョウゼン) ①바람이 가볍게 날리는 모양 ②모든 것을 떨치

어버리고 훌쩍 가는 모양
【飄飄】(표표-ヒョウヒョウ) 바람에 가볍게 날림。 표요(飄颻)
【颷】로 りョウ、かぜおと sounds of the wind 바람소리 風聲
【飆】표 ヒョウ、つむじかぜ whirl wind 蕭 ㄅㄧㄠ piao¹ 회오리바람 從下而上扶搖風 飄同
【飆塵】(표진-ヒョウジン) 바람에 날리는 티끌
【飆風】(표풍-ヒョウフウ) 회오리바람

食 部

【食】식 ショク、ジキ、くう eat 職 ㄕ shih² ①먹을 啗也 ②밥 饌飮-(사) 먹일 以-與人飯也 (이) 사람이름 人名酈-其·審-其
【食客】(식객-ショッカク) 남의 집에 기숙하는 사람。 문객(門客)
【食頃】(식경-ショッケイ) 조금 긴 시간
【食困症】(식곤증) 식후에 정신이 혼몽하고 기운이 느른하여 자꾸 잠이 오는 병
【食口】(식구) 한 집안에서 함께 사는 사람
【食器】(식기-ショッキ) 음식을 담는 그릇
【食念】(식념-ショクネン) 음식을 먹고 싶은 생각
【食單】(식단-ショクタン・シタン) 여러 가지 음식의 명세서
【食堂】(식당-ショクドウ) ①음식을 먹는 곳 ②주식(酒食)을 파는 서양식의 음식점
【食刀】(식도-ショクトウ) 식칼
【食道】(식도-ショクドウ) ①목구멍에서 밥통에 이르는 소화기 계통의 처음 부분。 곧 음식이 통하는 길 ②군량(軍糧)을 나르는 길
【食量】(식량-ショクリョウ) 먹성
【食糧】(식량-ショクリョウ) 먹을 양식
【食祿】(식록-ショクロク) ①먹는 녹(祿) ②녹을 받음。 식봉(食俸)
【食料】(식료-ショクリョウ) 음식 또는 그 재료
【食料品】(식료품-ショクリョウヒン) 식료가 되는 물품
【食母】(식모) 부엌데기。 남의 집에서 음식을 해주는 여자
【食物】(식물-ショクモツ・たべもの) 음식、먹을 것
【食福】(식복) 먹을 복
【食費】(식비-ショクヒ) 식사의 비용
【食事】(식사-ショクジ) 음식을 먹음。 먹음새
【食床】(식상) 밥상
【食傷】(식상-ショクショウ) 먹은 음식이 소화가 되지 않고 복통 토사가 나는 병
【食色】(식색-ショクショク・ショクシキ) 음식과 여색(女色)
【食性】(식성-ショクセイ) 음식에 대하여 좋아하고 싫어하는 성질
【食言】(식언-ショクゲン・ゲンをはむ) 남과 약속한 것을 지키지 아니함。 거짓말 함
【食熱】(식열-ショクネツ) 어린 아이의 과식으로 나는 신열
【食慾】(식욕-ショクヨク) 음식을 먹고 싶은 욕정
【食用】(식용-ショクヨウ) 먹을것에 씀
【食肉類】(식육류-ショクニクルイ) 전혀 육식(肉食)만 하고 사는 짐승
【食飮】(식음-ショクイン) 먹는 것과 마시는 것
【食邑】(식읍-ショクユウ) 옛날 공신(功臣)의 봉지(封地)
【食前】(식전-ショクゼン) 아침 밥을 먹기 전
【食指】(식지-ショクシ) 둘째 손가락
【食蟲類】(식충류-ショクチュウルイ) 벌레를 잡아먹고 사는 동물。 몸은 작고 땅속에 살며 다리는 짧고 발가락은 다섯 입이 길고 눈이 작은 것。 두더지 따위
【食卓】(식탁-ショクタク) 음식을 차려 놓는 탁자
【食土】(식토-ショクド) ①토지에서 나는 것을 먹고 삶 ②영지(領地)를 받음
【食品】(식품-ショクヒン) 먹을 물건。 식

료품(食料品)

【食後】(식후-ショクゴ) 밥을 먹은 뒤

【二畫—三畫】

【飢】기 キ、うえる starve
①주릴 餓也 ②흉년들 五穀不成饑通

【飢渴】(기갈-キカツ) 배가 고프고 목이 마름。굶주림

【飢色】(기색-キショク) 굶주린 얼굴 빛

【飢歲】(기세-キサイ) 흉년의 해

【飢餓】(기아-キガ) 굶주림

【飢火】(기화-キカ) 매우 배가 고파서 몸이 불 속에 타듯이 견디기 어려운 것

【飧】손 ソン、ゆうめし supper 阮 ㄙㄨㄣ suen¹
①저녁밥 餔也夕食 ②물만밥 水澆飯

【四 畫】

【飩】돈 トン、ドン、むしもち dumplings 元 ㄊㄨㄣ t'uen²
①경단 圞餌餛— ②줄 賜也

【飯】반 ハン、めし boiled rice 阮 ㄈㄢ fan⁴
①밥 炊穀 ②먹을 食也

【飯工】(반공-ハンコウ) 대궐 안에서 음식을 만드는 사람

【飯器】(반기-ハンキ) 밥을 담는 그릇

【飯顆】(반과-ハンカ) 밥알

【飯囊】(반낭-ハンノウ) 밥주머니라는 뜻이니 아무 소용이 없는 사람을이름

【飯粒】(반립-ハンリュウ・あしつぶ) 밥알。반과(飯顆)

【飯米】(반미-ハンマイ) 밥쌀

【飯食】(반사-ハンショク) 밥

【飯床】(반상) 밥상에 놓는 한벌로 된 식기

【飯酒】(반주) 밥을 먹을 때에 마시는 「술

【飯饌】(반찬) 밥에 곁들여 먹는 온갖 음식

【飫】어 ヨ、あきる eat too much 御 ㄩ yü
①배부를 飽也 ②먹기 싫을 饜也燕食

【飫聞】(어문-ヨブン) 싫도록 들음

【飫賜】(어사-ヨシ) 먹기 싫도록 주식(酒食)을 하사함

【飫宴】(어연-ヨエン) 술잔치

【飮】음 イン、オン、のむ drink 寢 ㄧㄣ yin³
①마실 歠也咽水 ②마시게할 予人以歠

【飮徒】(음도-イント) 술친구。주붕(酒朋)

【飮毒】(음독-インドク) 독약을 먹음

【飮料】(음료-インリョウ) 마실 만한 물건

【飮料水】(음료수-インリョウスイ) 마시어 해가 안되는 물。먹는 물

【飮暑】(음서) 더위를 먹음

【飮食】(음식-インショク) 먹고 마심。또 그 물건

【飮用】(음용-インヨウ) 마시는데 씀

【飮酒】(음주-インシュ) 술을 마심

【飮醉】(음취-インスイ) 술을 마심

【飮恨】(음한-インコン・うらみをのむ) 「원한을 참고 견딤

【飪】임 ジン、ニン、にる cook food 寢 ㄖㄣ ien³
①익힐 熟也。②떡국 羹—

【飭】칙 チョク、ととのえる make ready 職 ㄔ ch'ih⁴
①신칙할 致堅 ②부지런할 勤也 ③닦을 修治 ④갖출 整備修— 刺同

【五 畫】

【飼】사 シ、ジ、かう feed 寘 ㄙ ssu⁴
먹일 以食食人

【飼料】(사료-シリョウ) 가축의 먹이

【飼養】(사양-シヨウ) 동물을 기름

【飼育】(사육-シイク) 먹여 기름

【飾】식 ショク、シキ、かざる ornament 職 ㄕ shih⁴
①꾸밀 裝也修— ②가선두를 緣— ③분바를 粉— ④정제할 整— ⑥문채날 文—

【飾巧】(식교-ショクコウ) 교묘하게 거짓 꾸밈

【飾詐】(식사-ショクサ) 거짓 꾸밈

【飾辭】(식사-ショクジ) 거짓을 꾸미어 하는 말

【飾緖】(식서-ショクショ) 피륙의 가장자리를 올이 풀리지 않도록 짠 부분

【飾繕】(식선-ショクゼン) 꾸며 고침。거죽을 꾸밈

【飾知】(식지-ショクチ・チをかざる) 재지(才智)가 있는 것처럼 꾸며 보임

【飴】이 イ、あめ wheat gluten 支 ㄧˊ i²

엿 餳也以米蘖煎秫

【飴蜜】(이밀-イミツ) 엿과 꿀

【飴鹽】(이염-イエン) 서쪽 오랑캐 땅에서 나는 맛이 단 소금

【飴漿】(이장-イショウ) 엿 물

【飽】포 ホウ、あきる be satisfied 巧 ㄅㄠˇ pao³

①배부를 食充滿 ②먹기 싫을 飫也

【飽喫】(포끽-ホウキツ) 포식(飽食)

【飽煖】(포난-ホウダン) 배부르게 먹고 따뜻하게 옷을 입음。곧 의식이 넉넉함

【飽德】(포덕-ホウトク) 은덕을 충분히 몸에 입는 것

【飽滿】(포만-ホウマン) 싫도록 먹어서 배가 가득참

【飽聞】(포문-ホウブン) 싫도록 들음

【飽食】(포식-ホウショク) 배부르게 먹음。설체함。

【飽學】(포학-ホウガク) 학문이 배에 참

【飽享】(포향-ホウキョウ) 마음껏 누림

【飽和】(포화-ホウワ) 극도의 양에 이르도록 섞임

【六 畫】

【養】양 ヨウ、やしなう bring up;nourish 養 ㄧㄤˇ yang³

①기를 育也 ②마음 수란할 憂貌— — ③취할 取也 ④하인 賤役厠— ⑤봉양할 下奉上

【養家】(양가-ヨウカ) 양자로 들어간 집

【養犬】(양견-ヨウケン) 집에서 기르는 개

【養鷄】(양계-ヨウケイ) 닭을 기름

【養氣】(양기-ヨウキ・キをやしなう) ①몸과 마음의 원기를 기름 ②호연지기(浩然之氣)를 기름

【養女】(양녀-ヨウジョ) 수양딸

【養豚】(양돈-ヨウトン) 돼지를 기름

【養老】(양로-ヨウロウ) ①노인을 받들어 봉양함 ②늙은 뒤에 아락하게 지냄

【養母】(양모-ヨウボ) 양어머니。어머니를 봉양함

【養苗】(양묘-ヨウビョウ) 묘목(苗木)을 기름

【養兵】(양병-ヨウヘイ) 군사를 양성함

【養病】(양병-ヨウビョウ) 병을 조심하여 다스림

【養蜂】(양봉-ヨウホウ) 꿀벌을 기름

【養父】(양부-ヨウフ) ①양아버지 ②아버지를 봉양함

【養父母】(양부모-ヨウフボ) 양가의 부모

【養分】(양분-ヨウブン) 영양이 되는 성분。자양분(滋養分)

【養嗣】(양사) 양자(養子)함

【養生】(양생-ヨウジョウ) ①병을 피하고 심신을 건전하게 하여 오래살기를 꾀함 ②생명을 기름。장생(長生)。

【養成】(양성-ヨウセイ) 길러서 이루게함

【養性】(양성-ヨウセイ・セイをやしなう) 자기의 본성을 길러서 완전하게 함。심신(心身)을 보전함

【養成所】(양성소-ヨウセイショ) 양성하는 곳

【養視】(양시-ヨウシ) 길러서 돌보아 줌

【養殖】(양식-ヨウショク) 길러서 늘임

【養心】(양심-ヨウシン・こころをやしなう) 본심을 수양 함

【養痾】(양아-ヨウア・アをやしなう) 병을 고침

【養惡】(양악-ヨウアク・アクをやしなう) 못된 버릇을 기름

【養養】(양양-ヨウヨウ) 근심하는 모양

【養魚】(양어-ヨウギョ) 물고기를 기름

【養育】(양육-ヨウイク) 길러서 자라게함

【養子】(양자-ヨウシ) 양아들

【養蠶】(양잠-ヨウサン) 누에를 기름

【養志】(양지-ヨウシ・こころざしをやしなう) ①부모의 뜻대로 좇거이 해줌 ②뜻을 고상(高尙)하게함

【養親】(양친-ヨウシン・おやをやしなう) 부모

를 봉양함

【養兎】(양토-ヨウト) 토끼를 기름

【養虎】(양호-ヨウコ) 범을 기른다는 뜻이니 후환이 될 적을 놓아 둠을 이름

【養護】(양호-ヨウゴ)길러서 거둠。양육하고 보호함

【養虎遺患】(양호유환-とらをやしないてうれいをのこす) 화근(禍根)을 길러 근심을 사는 것을 가리키는 말

【餌】이 ジ、ニ、えさ bait 紙 ㄦ êrh³

①먹일 食也 ②흰떡 粉餅 ③미끼 啗魚具鉤—

【餌口】(이구-ジコウ) 먹이감。생계를 세움

【餌食】(이식-えジキ) 미끼。모이

【餂】첨 テン、とる lap in 琰 ㄊㄧㄢ t'ien³

핥아들일 鉤取

【餉】향 ショウ、かれいい rations for troops 陽

①점심 饁也 ②군량軍糧 ③먹일 饋也

【餉官】(향관-ショウカン) 조선조 말엽에 육군의 회계 사무를 맡아보던 관원

【餉饋】(향궤-ショウキ) 군사 먹이。군량(軍糧)

【餉給】(향급-ショウキュウ) 군량(軍糧)을 보내줌

【餉億】(향억-ショウオク) 보내주는 물건

【餅】餠 (食部 八畫) 略字

【蝕】虫部 九畫에 볼것

【七 畫】

【餒】뇌 ダイ、うえる hungry 賄 ㄋㄟ nei³

①주릴 餓也 ②생선뭉그러질 魚爛 餧同

【餒饉】(뇌근-ダイキン) 굶주림

【餒棄】(뇌기-ダイキ) 주려서 몸을 던져 버림

【餒士】(뇌사-ダイシ) 굶주린 선비

【餓】아 ガ、うえる starve

굶을 甚于飢

【餓鬼】(아귀-ガキ) ①六道의 하나。늘 기아의 고통을 받는다 함 ②염치를 불고하고 음식을 탐하는 사람을 이름 ③싸움을 잘하는 사람을 이름

【餓死】(아사-ガシ) 굶어 죽음

【餓殺】(아살-ガサツ) 굶기어 죽임

【餓莩】(아표-ガヒョウ) 굶어 죽은 송장

【餘】여 ヨ、あまり remainder 魚 ㄩ yü²

①남을 饒也 ②나머지 殘也

【餘暇】(여가-ヨカ) 겨를。틈

【餘皆倣此】(여개방차) 나머지는 죄다 이와 같다는 말

【餘件】(여건-ヨケン) 여벌

【餘慶】(여경-ヨケイ) 적선(積善)의 갚음으로 앞에 받을 경사

【餘光】(여광-ヨコウ) 남은 빛

【餘敎】(여교-ヨキョウ) 옛날부터의 가르침

【餘年】(여년-ヨネン) ①살아 있을 동안 ②이 짧은 나머지의 해。남은 해

【餘念】(여념-ヨネン) 다른 생각。딴 생각。타의(他意)

【餘談】(여담-ヨダン)나머지 말。남은말

【餘黨】(여당-ヨトウ) 나머지 무리。잔당(殘黨)

【餘德】(여덕-ヨトク) 나중까지 남아 있는 은덕。여택(餘澤)

【餘毒】(여독-ヨドク) 나머지의 독기。남은 해독

【餘力】(여력-ヨリョク) 남은 힘

【餘齡】(여령-ヨレイ) 여명(餘命)

【餘錄】(여록-ヨロク) 남은 말을 기록함

【餘論】(여론-ヨロン) 나머지의 말

【餘望】(여망-ヨボウ) 남은 희망。장래의 희망

【餘命】(여명-ヨメイ) 앞으로 살아갈 목숨。여생(餘生)

【餘物】(여물-ヨブツ) 나머지 물건

【餘白】(여백-ヨハク) 글을 쓰고 남은 자리

【餘病】(여병-ヨビョウ) 다른 병。딴병
【餘事】(여사-ヨジ) 여력으로 할 일
【餘生】(여생-ヨセイ) ①여년(餘年) ②겨우 살아난 목숨
【餘勢】(여세-ヨセイ) 어떤 일을 겪은 다음의 그 나머지 세력
【餘燼】(여신-ヨジン) 타다 남은 불길
【餘殃】(여앙-ヨエイ) 나쁜 일을 몹시 한 선조들 때문에 그 갚음으로 자손들이 받는 재앙
【餘額】(여액-ヨガク) 남아 있는 액수
【餘業】(여업-ヨギョウ) 선조의 남긴 업
【餘榮】(여영-ヨエイ) 죽은 뒤의 영화
【餘運】(여운-ヨウン) 나머지의 운수
【餘韻】(여운-ヨイン) ①남은울림。여음(餘音) ②남은 운치
【餘裕】(여유-ヨユウ) ①넉넉함 ②나머지。여지(餘地)
【餘意】(여의-ヨイ) 말끝에 함축 되어 있는 속 뜻
【餘日】(여일-ヨジツ) 남은 날
【餘在】(여재-ヨザイ) 남아 있음
【餘財】(여재-ヨザイ) 나머지의 재물
【餘滴】(여적-ヨテキ) 글을 쓰거나 그림을 그리고 아직 남은 먹물
【餘錢】(여전) 쓰고 남은 돈
【餘情】(여정-ヨジョウ) 여간해서 잊을 수 없을 만큼 남은 정
【餘存】(여존-ヨゾン) 남아 있음
【餘罪】(여죄-ヨザイ) 남은 죄。다른 죄。그 밖의 죄
【餘症】(여증-ヨショウ) 어떠한 병에 따라 나는 다른 병。객병(客病)
【餘地】(여지-ヨチ) 남은 땅。나머지。유망한 앞길
【餘塵】(여진-ヨジン) 옛사람이 남겨 놓은 발자취
【餘震】(여진-ヨシン) 큰 지진이 있은뒤에 잇달아 일어나는 작은 진동
【餘蓄】(여축-ヨチク) 쓰고 남은것을 쌓아 둠
【餘他】(여타-ヨタ) 남은 다른 것
【餘澤】(여택-ヨタク) 끼친 은덕。여덕(餘德)
【餘波】(여파-ヨハ) ①나머지 물결 ②남은 영향
【餘弊】(여폐-ヨヘイ) 뒤에 까지 미치는 폐단。남은 폐단
【餘風】(여풍-ヨフウ) 남아 있는 풍습
【餘恨】(여한-ヨコン) 나머지의 원한。남은 원한
【餘寒】(여한-ヨカン) 겨울이 간 뒤에도 오히려 남은 추위
【餘香】(여향-ヨコウ) 남아 있는 향기
【餘血】(여혈-ヨケツ) 해산 뒤에 하문에서 나오는 악혈(惡血)
【餘醺】(여훈-ヨクン) 아직 깨끗이 깨지 못한 취기
【餘興】(여흥-ヨキョウ) ①남아 있는 흥미 ②좌석의 흥미를 더하는 연예

【餕】준 シュン、くいのこし remains of a meal 震
①대궁 食之餘 ②제사 퇴물 祭餘 (산) 떡소―餡 ③익힌 음식 熟食
【餕餘】(준여-シュンヨ) 대궁。턱찌끼

【餐】찬 サン、たべる eat; meal 寒 ㄘㄢ ts'an
①삼킬 呑食 ②안주 飲饌 (손) ①먹을 餔也 ②물만밥 水澆飯 飧同
【餐飯】(찬반-サンパン) 밥을 먹음
【餐食】(찬식-サンショク) 먹음
【餐錢】(찬전-サンセン) 임금이 신하에게 내리는 음식 값

【餔】포 ホ、フ、ゆうげ supper time 虞 ㄅㄨ pu
①저녁 곁두리 申時食 ②먹을 食也 ③먹일 與食
【餔時】(포시-ホジ) 저녁곁두리。오후五시경
【餔啜】(포철-ホセツ) ①음식을 먹음 ②하는 일 없이 국록만 타 먹음

【八 畫】

【館】관 カン、やかた hotel 旱 ㄍㄨㄢˇ kuan
①객사 客舍候― ②묵을 宿也
【館宇】(관우-カンウ) 객사(客舍)
【館人】(관인-カンジン) 객사를 지키고 빈객의 접대를 맡은 사람
【館長】(관장-カンチョウ) 학관이나 도서

관 따위와 같이 관자가 붙는 기관의 우두머리

【餠】병 ヘイ、ヒョウ、もち rice cake 梗 ㄅㄧㄥˇ ping³
①밀가루떡 麪餈 ②국수 水引ㅡ

【餠金】(병금-ヘイキン) 떡같이 둥근 금덩어리

【餠銀】(병은-ヘイギン) 떡같이 둥근 은덩어리

【餠餌】(병이-ヘイジ) 떡。경단

【餧】위 イ、くらわす feed children 寘 ㄨㄟˋ wei⁴
먹일 飼也 (뇌) 주릴 飢也

【餞】전 セン、はなむけ entert ain a departing friend 霰
①전별할 進行宴 ②보낼 送也

【餞別】(전별-センベツ) 잔치를 베풀어 송별함

【餞送】(전송-センソウ) 길 떠나는 사람을 보냄

【餞春】(전춘-センシュン) 봄을 보냄

【餡】함 アン、カン、あんこ put in pastry as stuffing
떡소 餠中實味 陷 ㄒㄧㄢˋ hsien⁴

【九 畫】

【餳】당 トウ、あめ malt-sugar 陽
엿 飴也 餹同 (성) 義同

【餳簫】(당소-トウショウ) 엿장수가 부는 피리

【餮】철 テツ、テン、むさぼる gluttonous 屑 ㄊㄧㄝˋ t'ieh⁴
탐할 貪食

【餬】호 コ、かゆ gruel 虞 ㄏㄨˊ hu²
①미음 糜也ㅡ饘 ②칠쳐먹을 寄食

【餬口】(호구-ココウ)입에 풀칠함。곧 가난하게 살아감

【餬饘】(호전-コセン) 미음

【餱】후 コウ、ほしめし dried food 尤 ㄏㄡˊ hou²
마른밥 乾食ㅡ糧 糇同

【餱糧】(후량-コウリョウ) 말린 밥

【十 畫】

【餽】궤 キ、おくる make a present of food
①먹일 貽也 ②보낼 贈也 饋同 寘

【餽遺】(궤견-キイ) 음식이나 물건을보냄

【餽餉】(궤향-キショウ) 음식을 보냄。또 그 음식

【饁】엽 エツ、かれいい carry food to laborers in the field 葉 ㄧㄝˋ yen⁴
들점심먹일 餉畟

【餼】희 キ、こめ rice in store 未 ㄒㄧˋ hsi⁴
①곳집쌀 廩也餼ㅡ ②먹일 饋餉 ③희생 宗廟之牲

【餼牽】(희견-キケン) 날고기。견(牽)은 살아 있는 것으로 소·돼지·양을 이름

【餼羊】(희양-キヨウ) 희생으로 쓰는 양(羊)

【十一畫—十二畫】

【饉】근 キン、うえる dearth 震 ㄐㄧㄣˇ chin³
푸성귀 흉년들 無穀曰飢無菜曰ㅡ飢ㅡ

【饅】만 マン、バン、まんじゅう steamed bread 寒
①만두 餠也ㅡ頭 ②밀것 麪食

【饋】궤 キ、おくる offer food to a superior
진지올릴 餉也 進食於尊 餽同 未

【饋糧】(궤량-キリョウ) 양식을 보냄。또 그 양식

【饋路】(궤로-キロ) 양식을 보내는 길

【饑】기 キ、うえる hunger 微 ㄐㄧ chi¹
①굶을 餓也 ②흉년들 穀不熟

【饑饉】(기근-キキン) 흉년으로 인하여 곡식이 부족함

【饑民】(기민-キミン) 주리는 백성

【饑死】(기사-キシ) 굶어 죽음

【饑色】(기색-キショク) 굶주린 얼굴 빛

【饑歲】(기세-キサイ) 흉년

【饑餓】(기아-キガ) 굶주림
【饑腸】(기장-キチョウ) 굶주린 창자
【饑寒】(기한-キカン) 배고프고 추위에 떨음
【饑戶】(기호-キコ) 흉년의 가난한 집。굶은 집

【饒】요 ジョウ、ニョウ、ゆたか plentiful 蕭 ㄖㄠˊ jao²
①배부를 飽也 ②넉넉할 豊也 ③남을 餘也 ④가멸 贍也富— ⑤더할 益也 ⑥용서할 寬恕—貸
【饒居】(요거-ジョウキョ) 넉넉하게 잘삶
【饒多】(요다-ジョウタ) 넉넉하고 많음
【饒貸】(요대-ジョウタイ) 용서함
【饒民】(요민-ジョウミン) 생활이 넉넉한 백성
【饒富】(요부-ジョウフ) 살림이 넉넉함
【饒舌】(요설-ジョウゼツ) 말이 많음。수다스러움
【饒優】(요우-ジョウユウ) 넉넉하고 많음
【饒足】(요족-ジョウソク) 넉넉하여 모자람이 없음
【饒幸】(요행-ジョウコウ) 뜻밖에 얻은 행복。요행(僥倖)
【饒戶】(요호-ジョウコ) 살림이 넉넉한 백성의 집

【饐】의 イ、エイ、すえる cooked food which has become mouldy 寘 ㄧˋ
밥쉴 飯傷溫臭味變 (애) 義同

【饌】찬 セン、おぜんだて side-dish 霰 ㄓㄨㄢˋ chuan⁴
반찬 具食 (전) 義同
【饌饋】(찬궤-センキ) 음식을 차려 올림
【饌母】(찬모) 남의 집에서 반찬을 맡아 만드는 여자
【饌物】(찬물-センブツ) 반찬감
【饌房】(찬방-センボウ) 반찬 거리 같은 것을 넣어 두는 방
【饌需】(찬수-センジュ) 반찬감
【饌用】(찬용-センヨウ)반찬에 드는 비용
【饌肉】(찬육-センニク) 반찬을 만드는데 쓰는 쇠고기
【饌珍】(찬진-センチン) 진귀한 음식。진찬(珍饌)
【饌品】(찬품-センピン) 반찬감
【饌盒】(찬합-センゴウ) 반찬을 담아 포개어 놓은 그릇。나무로 만든 것도 있고 사기나 양자기들로 된것도 있음

【十三畫—十四畫】

【饕】도 トウ、むさぼる gluttonous 豪 ㄊㄠ t'ao¹
탐할 貪財嗜食—餮
【饕據】(도거-トウキョ) 지위를 탐하여 차지하고 있음
【饕餮】(도철-トウテツ) ①돈이나 음식을 탐함 ②사람을 먹는다는 악수(惡獸) ③흉악한 사람

【饔】옹 ヨウ、あさめし breakfast 冬 ㄩㄥ yung¹
①아침밥 朝— ②밥 熟食 ③죽인 희생 犧牲死者
【饔膳】(옹선-ヨウゼン) 잘 차린 맛있는 음식물
【饔飧】(옹손-ヨウソン) 아침 밥과 저녁 「밥
【饔餼】(옹희-ヨウキ) 죽인 희생과 산 희생

【饘】전 セン、かゆ well-boiled gruel 先 ㄓㄢ chan¹
된죽 糜也厚粥
【饘粥】(전죽-センジュク) 된 죽과 묽은죽

【饗】향 キョウ、もてなす entertainment
①잔치할 大飮賓 ②흠향할 祭而神歆 享同
【饗告】(향고-キョウコク) 조상의 영혼에 공양물(供養物)을 바쳐 제사함
【饗報】(향보-キョウホウ) 잔치하여 그 공덕을 갚음
【饗膳】(향선-キョウゼン) 향연때 쓰는 상
【饗宴】(향연-キョウエン) 주식(酒食)을 베풀어서 대접하는 잔치
【饗應】(향응-キョウオウ・キョウヨウ) 술과 음식을 차려놓고 사람을 대접함

【饜】염 エン、あきる eat to repletion 鹽
싫을 물릴 飽也 足也 厭同
【饜飫】(염어-エンヨ) 싫도록 먹음。포식

(飽食)

【饜足】(염족-エンソク) 주식(酒食)에 물림。 배부르게 먹음

首部

【首】수 シュ、シュウ、くび head 有 ㄕㄡˇ shou³
①머리 頭也 ②임금 君也元ㅡ ③우두머리 要領 ④괴수 魁帥戎ㅡ ⑤먼저 先也 ⑥비롯할 始也 ⑦향할 嚮也 ⑧자현할 有咎自陳

【首功】(수공-シュコウ) 적의 머리를 얻은 공훈

【首魁】(수괴-シュカイ) 두목。 장본인

【首卷】(수권-シュカン) 첫째 권 「별칭

【首揆】(수규-シュキ) 영의정(領議政)의

【首級】(수급-シュキュウ) 싸움터에서 벤 적군의 머리。진(秦)나라 법은 적의 목을 하나 베면 一급의 관위(官位)를 승진시켰다

【首肯】(수긍-シュコウ) 그렇다고 함。 승낙함

【首腦】(수뇌-シュノウ) 중요한 사람。 우두머리

【首都】(수도-シュト) 첫째가는 도회지。 중앙정부가 있는 도시。 서울

【首領】(수령-シュリョウ) ①머리 ②두목。 우두머리

【首謀】(수모-シュボウ) 주장이 되어 일을 꾀함。 또 그 사람

【首謀者】(수모자-シュボウシャ) 주장이되어 일을 꾀하는 사람

【首尾】(수미-シュビ) ①머리와 꼬리 ②처음과 끝 ③경과(經過)

【首尾相接】(수미상접-シュビあいせつす) 서로 이어서 끊어지지 아니함

【首班】(수반-シュハン) ①첫째의 석차。 수석(首席) ②행정부의 우두머리

【首犯】(수범-シュハン) 범죄자 중의 괴수

【首府】(수부-シュフ) 수도(首都) 「리

【首相】(수상-シュショウ) 내각의 우두머

【首席】(수석-シュセキ) 첫째 자리。 수반(首班)

【首歲】(수세-シュサイ) 정월(正月)

【首飾】(수식-シュショク・くびかざり) 부녀의 머리에 꽂는 장식품

【首惡】(수악-シュアク) 악인의 괴수

【首位】(수위-シュイ) 첫째 자리

【首足】(수족-シュソク) 목과 다리。 두족(頭足)

【首座】(수좌-シュザ) ①첫째의자리。 수석(首席) ②중 또는 승의 존칭

【首罪】(수죄-シュザイ) ①많은 범죄 중에서 제일 중한 죄 ②수범(首犯)

【首職】(수직-シュショク) 우두머리 벼슬

【首創】(수창-シュソウ) 맨 먼저 창설함

【首唱】(수창-シュショウ) ①두목이 되어 주창함 ②여러사람 가운데서 먼저 시(詩)를 지은 사람

【首勳】(수훈-シュクン) 첫째 가는 큰 공훈

【二畫—八畫】

【馗】규 キ、ギウ、ほおぼね cheek bone 支 ㄎㄨㄟˊ k'uei²
①아홉거리 九達道 ②귀신이름 鬼名鍾ㅡ 逵通 (구) 義同

【導】寸部 十三畫에 볼것

【馘】괵 カク、キョク、みみきる cut off the ears 職
①귀 베어 바칠 軍法獲而不服則殺而獻其左耳 ②미리 벨 軍前斷首

【馘首】(괵수-カクシュ) 목을 벰

【馘耳】(괵이-カクジ) 귀를 벰。 또 그벤 귀

香部

【香】향 コウ、キョウ、かおり、におい fragrance 陽 ㄒㄧㄤ hsiang
향기 氣芬芳

【香氣】(향기-コウキ) 향내

【香囊】(향낭-コウノウ) 향을 넣어 차는 주머니

【香茶】(향다-コウチャ) 향기가 있는 차

【香徒】(향도-コウト) 상여군(喪輿軍)

【香爐】(향로-コウロ) 향을 피우는 작은

화로

【香料】(향료-コウリョウ) 향의 원료

【香夢】(향몽-コウム) 봄철의 꽃필 때에 꾸는 꿈

【香山居士】(향산거사-コウザンキョシ) 당(唐)나라 백락천(白樂天)의 별칭

【香雪】(향설-コウセツ) ①흰 꽃을 눈에 견주는 말 ②차의 딴 이름

【香水】(향수-コウスイ) ①향나무를 끓여 만든물 ②향내가 좋은 물

【香煙】(향연-コウエン) 향이 타는 연기。향기로운 연기

【香雲】(향운-コウウン) 향기 있는 구름이라는 뜻으로 매화를 가리키는 말

【香油】(향유-コウユ) ①향내가 좋은 기름 ②참기름

【香蟻】(향의-コウギ) 술의 딴 이름

【香草】(향초-コウソウ) 향내가 좋은 풀

【香燭】(향촉-コウショク) 제사에 쓰는 향과 초

【香魂】(향혼-コウコン) 꽃의 정(精)。미인의 얼

【香花】(향화-コウカ) 부처에 올리는 향과 꽃

【香火】(향화-コウカ・コウケ) ①향불 ②제사 또는 불공을 이름

【九畫—十一畫】

【馥】복 フク、かおり fragrance 屋 ㄈㄨˋ fu⁴ 향내 香氣芬—

【馥馥】(복복-フクフク) 복욱(馥郁)과 같음

【馥郁】(복욱-フクイク)향내가 좋은 모양

【馨】형 ケイ、キョウ、かおる fragrant 靑 ①향내 멀리 날 香遠聞 ②꽃다울芬芳 ③이러한 語辭寧—

【馨氣】(형기-ケイキ) 좋은 향내

【馨德】(형덕-ケイトク) 뛰어난 덕(德)

【馨香】(형향-ケイコウ) 꽃다운 향내。좋은 향기

馬部

【馬】마 バ、メ、うま horse 馬 ㄇㄚˇ ma³ ①말 乘畜 ②姓也

【馬脚】(마각-バキャク) ①말다리 ②걸치레 하였던 본성

【馬具】(마구-バグ) 말을 타는데 쓰는 기구

【馬廐】(마구-うまや) 마구간

【馬券】(마권-バケン) 경마 할때에 파는 승마투표권(勝馬投票券)

【馬伎】(마기-バギ) 말을 부리는 재주。마기(馬技)

【馬頭】(마두-バトウ) ①말의 머리 ②말의 위 ③부두(埠頭) ④몸은 사람같고 머리는 말과 같이 생겼다는 지옥의 옥졸 ⑤역마(驛馬)를 맡아 보던 사람

【馬糧】(마량-バリョウ) 말을 먹이는양식

【馬力】(마력-バリキ) 동력의 단위。약한 필의 말의 힘에 상당하며 一초동안에 七六 킬로그램의 중량을 一미터 움직이는 힘

【馬鈴薯】(마령서-バレイショ) 감자

【馬面】(마면-バメン) 말상

【馬毛】(마모-バモウ) 말의 털

【馬尾】(마미-バビ) 말의 꼬리 털。말총

【馬勃】(마발-バボツ) 말불버섯

【馬夫】(마부-バフ) 말구종

【馬糞】(마분-バフン) 말의 똥

【馬上客】(마상객-バジョウのカク) 말을 탄 사람

【馬術】(마술-バジュツ) 말을 타는 재주

【馬矢】(마시-バシ) 말똥。마분(馬糞)

【馬醫】(마의-バイ) 말의 병을 고치는 의원(醫員)

【馬耳東風】(마이동풍-バジトウフウ) 남의 비평이나 의견을 조금도 마음에 담아 두지 아니하고 곧 흘러버리는것

【馬場】(마장-バジョウ・ばば) 말을 놓아 먹이는 곳

【馬賊】(마적-バゾク) 만주 지방에 출몰하는 말을 탄 도적떼

【馬前】(마전-バゼン) 임금 또는 귀인의 승마의 앞

【馬政】(마정-バセイ) 말에 관한 정령(政令)

【馬蹄】(마제-バテイ) 말굽 「레
【馬車】(마차-バシャ) 말에게 끌리는 수
【馬鐵】(마철-バテツ) 편자
【馬蹄銀】(마제은-バテイギン) 말굽 모양의 은
【馬蹄鐵】(마제철-バテイテツ) ①대접 쇠 ②말편자
【馬蹄草】(마제초-バテイソウ) 참취
【馬蜩】(마조) 말 매미
【馬蛭】(마질) 말거머리
【馬草】(마초-まぐさ) 말을 먹이는 풀
【馬皮】(마피-バヒ) 말가죽
【馬匹】(마필-バヒツ) 말
【馬馱】(마태) 말에 짐을 싣는 짐바리
【馬牌】(마패) 대소관원(大小官員)이 출장할 때 역마를 내는 표로 쓰던 둥근 구리패。한 쪽에는 말을 새기고 다른 한 쪽에는 자호(字號)·연·월·일을 새겼는데、새긴 말의 수에 따라 열가지가 있으니 한 마리에서 열마리까지 있음

【二 畫】

【馮】빙 ヒョウ、ビョウ、フウ、のる mount 蒸 ㄆㄧㄥˊ p'ing^2
①탈 乘也 ②비길 依也 ③업신여길 陵也 ④걸어 건늘 徒涉 ⑤말빨리걸을 馬行疾 ⑥마주볼 相視 ⑦담 다지는 소리 墻堅聲ーー (풍) ①고을이름 郡名ー翊 ②벼슬이름 官名ー相 ③물 맡은 신이름 水神ー夷 ④姓也
【馮據】(빙거-ヒョウキョ) 사실의 증명이 될 만한 증거
【馮怒】(빙노-ヒョウド) 크게 성냄
【馮陵】(빙릉-ヒョウリョウ) 업신여김。세력을 믿고 침범함
【馮馮】(빙빙-ヒョウヒョウ) ①말이 빨리 가는 모양 ②담을 다지는 소리 ③한창 성한 모양
【馮信】(빙신-ヒョウシン) 남을 믿고 의지함
【馮夷】(빙이-ヒョウイ) ①물의 신(神) ②음양(陰陽)을 맡아 보는 신
【馮河】(빙하-ヒョウガ) 황하(黃河)를 걸어서 건늠。무모한 용기
【馮虛】(빙허-ヒョウキョ·キョによる) 허공을 의지함

【馭】어 ギョ、あしらう control a horse 御 ㄩˋ yü^4
말 어거할 使馬駕ー 御同
【馭邊】(어변-ギョヘン) 국경을 눌러 지킴
【馭風之客】(어풍지객-ギョフウのカク) 신선(神仙)

【三 畫】

【馴】순 ジュン、シュン、なれる tame; well-bred 眞
①말순할 馬順 ②길들일 擾也 ③좇을 從也 ④길들 漸致 ⑤착할 善也 (훈) 순할 順也 訓古字
【馴良】(순량-ジュンリョウ) 짐승이 길이 들어서 양순함
【馴鹿】(순록-となかい·ジュンロク) 사슴의 일종。고라니
【馴服】(순복-ジュンプク) 길들어서 잘복종함
【馴養】(순양-ジュンヨウ) 길들여 기름
【馴制】(순제-ジュンセイ) 길들여 따르게 함
【馴致】(순치-ジュンチ) 차차 변함。자연히 그렇게 됨
【馴行】(순행-ジュンコウ) 착한 행실。선행(善行)
【馴化】(순화-ジュンカ) 기후가 다른 토지에 옮겨 된 생물이 차츰 그 환경에 적응하여 그 곳에 살 수 있을 만한 성질로 변하는 것

【馳】치 チ、ジ、はせる scuttle 支 ㄔˊ ch'ih^2
①달릴 疾驅ー騖 ②거둥길 御路ー道
【馳驅】(치구-チク) ①말을 타고 달림 ②분주하게 돌아다님
【馳到】(치도-チトウ) 달려 이름
【馳道】(치도-チドウ) 거둥하는 길 「함
【馳獵】(치렵-チリョウ) 말을 달려 사냥
【馳馬】(치마-チバ) 말을 달림 「림
【馳騖】(치무-チブ) 이곳 저곳 말을 달

【馳辯】(치변-チベン) 말솜씨가 좋음
【馳報】(치보-チホウ) 기별。급보(急報)
【馳騁】(치빙-チテイ) ①말을 몰아 달림 ②사냥
【馳迎】(치영-チゲイ) 달려가서 맞음
【馳詣】(치예-チケイ) 어른 앞으로 달려옴 치진(馳進)
【馳走】(치주-チソウ) 달려감
【馳逐】(치축-チチク) ①뛰어가서 쫓음 ②경마
【馳驟】(치취-チシュウ) 말들을 빨리 달림。빠른 걸음으로 뛰어감

【駄】 駄(次畫) 本字

【四 畫】

【駁】 박 バク、ハク、まだら piebald horse 覺 ㄅㄛˊ po²
위랏말 馬雜色 駮通
【駁擊】(박격-バクゲキ) 남의 언론·의견을 논박함
【駁論】(박론-バクロン) 시비를 논박함
【駁文】(박문-バクブン) 옳고 그름을 따져 논박하는 글
【駁辭】(박사-バクジ) 바르지 못한 말
【駁羽】(박우-バクウ) 얼룩얼룩한 깃
【駁雜】(박잡-バクザツ) 뒤섞임。순수하지 아니함
【駁正】(박정-バクセイ) 시비를 가려서 그릇된 것을 바로 잡음

【馺】 삽 ソウ、おいつく horse running quickly
①말 빨리 걸을 馬行疾―駱 ②궁전 이름 漢宮殿―娑
【馺沓】(삽답-ソウトウ) 널리 퍼짐。또 성함
【馺娑】(삽사-ソウシャ) ①말의 빨리 달리는 모양 ②한(漢)의 궁전(宮殿)의 이름

【馹】 일 ジツ、つぎうま horse for carrying despatches 質 ㄖˋ jih⁴
역말 驛傳遞馬

【馱】 태 ダ、タ、せおう carry on the back 歌
①짐 실을 負荷畜載物 ②탈 騎也
【馱馬】(태마-ダバ) ①짐을 싣는 말 ②승마에 부적당한 하등의 말

【駆】 驅(馬部十一畫) 略字

【駅】 驛(馬部十三畫) 略字

【五 畫】

【駕】 가 カ、ガ、のりもの carriage 禡 ㄐㄧㄚˋ chia⁴
①멍에 馬在軛中 ②멍에멜 馭也 ③임금 탄 수레 車―
【駕跨】(가과-ガコ) 말을 탐
【駕轎】(가교-ガキョウ) 두 마리의 말이 끄는 임금의 수레
【駕說】(가설-ガセツ) ①수레를 타고 천하를 유세 함 ②선왕(先王)의 밟은 길 ③상고(上古)
【駕御】(가어-ガギョ) ①말을 자유 자재로 다루어 부림 ②사람을 생각대로 부림

【駏】 거 キョ、きょきょ a cross between an ass and a cow 語 ㄐㄩˋ chü⁴
①트기 馬名似驢 ②거공벌레 負蛩獸―蛩

【駒】 구 ク、こま foal 遇
①망아지 二歲馬 ②애말 少壯馬千里― ③등걸 枯樹本株―
【駒光】(구광-クコウ) 신간。광음(光陰)
【駒隙】(구극-クゲキ)광음(光陰)은 가기 쉽고 인생은 덧없음
【駒影】(구영-クエイ) 해 그림자。일광(日光)

【駑】 노 ド、のろい stupid;dull 虞 ㄋㄨˊ nu²
노둔할 말 最下乘―駘
【駑犬】(노견-ドケン) 아둔한 개
【駑鈍】(노둔-ドドン) ①어리석고 둔하여 쓸모가 없음 ②자기 재능의 없음을 겸손한 말
【駑良】(노량-ドリョウ) 아둔한 말과 영리한 말

【駑馬】(노마-ドバ) 아둔한 말
【駑駘】(노태-ドタイ) ①아둔한 말 ②멀어짐을 이름

【駙】부 フ、そえうま
extra horse 遇 ㄈㄨˋ fu⁴

①곁말 副馬 ②빠를 疾也 ③가까울 近也 ④부마 尙公主官—馬
【駙馬】(부마-フバ) ①부마도위(駙馬都尉)의 약。임금의 부마(副馬)를 광장하던 벼슬 이름。공주(公主)의 남편된 자 반드시 이 벼슬에 임명되었음 ②임금의 사위를 이름

【駓】비 ヒ、しらかげ
chestnut horse 支 ㄆㄧ p'i¹

①공골말 馬 黃白雜毛 ②훨훨달릴 走貌 — —

【駛】사 シ、はやい
horse running quickly

말 빨리 걸을 馬行疾
【駛力】(사력-シリョク) 배가 빨리 가는 힘。속력(速力)
【駛雨】(사우-シウ) 소나기
【駛足】(사족-シソク) 빠른 걸음
【駛走】(사주-シソウ) 빨리 달아남

【駟】사 シ、よつうま 寘 ㄙ ssŭ⁴
a team of four horses

사마 一乘四馬夏 駕兩謂麗 殷益謂一驂周益一謂—
【駟馬】(사마-シバ) 수레 한채에 맨 네 마리 말。또 사두마차(四頭馬車)

【駐】주 チュウ、チュ、とどまる
halt 遇 ㄓㄨˋ chu⁴

말머물 馬止
【駐京】(주경-チュウキョウ) 공무를 띠고 서울에 머물러 있음 「둠
【駐屯】(주둔-チュウトン) 군사를 머물러
【駐輦】(주련-チュウレン・レンをとどむ) 길 가운데에서 잠시 연(輦)을 머무름
【駐留】(주류-チュウリュウ) 군대 따위가 한 때 어떤 곳에 머무름
【駐泊】(주박-チュウハク) 배가 항구에 머물러 있음
【駐兵】(주병-チュウヘイ) 군사를 어떠한 곳에 머물러 둠。머물러 있는 군사
【駐在】(주재-チュウザイ) 머물러 있음
【駐劄】(주차-チュウサツ) 주둔(駐屯)
【駐蹕】(주필-チュウヒツ) 임금이 수레를 머물게 함。일시 그 땅에 채재함

【駝】타 ダ、タ、らくだ
camel 歌 ㄊㄨㄛˊ t'o²

약대 封牛駱—
【駝騾】(타라-ダラ) 약대와 노새
【駝鳥】(타조-ダチョウ) 새 이름。열대지방에 사는 큰 새

【駘】태 タイ、ダイ、にぶい
stupid;dull 灰 ㄊㄞˊ t'ai²

①노둔한 말 駑馬 ②재갈벗을 脫銜 ③들피질 疲也 ④편할 廣大—蕩
【駘蕩】(태탕-タイトウ) ①광대한 모양。편한 모양 ②봄의 경치가 화창한 모양

【駈】驅 (馬部 十一畫) 俗字

【罵】网部 十畫에 볼것

【六 畫】

【駱】락 ラク、らくだ
camel 藥 ㄌㄨㄛˋ luo⁴

가리온 白馬黑鬣
【駱馬】(낙마-ラクバ) 털은 희고 갈기는 검은 말。가리온
【駱駝】(낙타-ラクダ) 약대

【駮】박 ハク、まだら
piebald horse 覺 ㄅㄛˊ po²

박짐승 猛獸名似馬能食虎豹 駁同
【駮騾】(박라-ハクラ) 얼룩 노새
【駮正】(박정-ハクセイ) 잘못을 바르게 함。비판하여 바름

【駭】해 ガイ、カイ、おどろく
astonished 蟹

①놀랄 驚起 ②북울릴 —鼓
【駭擧】(해거-ガイキョ) 해괴한 것
【駭怪】(해괴-ガイカイ) 매우 기괴함
【駭突】(해돌-ガイトツ) 놀라서 뛰어나옴
【駭俗】(해속-ガイゾク) 세상사람이 놀랄 만한 해괴한 풍속
【駭愕】(해악-ガイガク) 놀람
【駭然】(해연-ガイゼン) 몹시 이상스러워

서 놀라는 모양 「김

【駭異】(해이-ガイイ) 놀라 수상하게 여김

【駭人耳目】(해인이목) 남의 이목을 놀라는 일

【駭歎】(해탄-ガイタン) 놀라서 탄식함

【駭汗】(해한-ガイカン) 놀라서 식은 땀을 흘림

【駭惶】(해황-ガイコウ) 놀라서 무서워함

【七 畫】

【騈】 騈 (馬部 八畫) 俗字

【騂】 성 セイ、ショウ、あかうま red horse; red ox 庚 ①적다마 馬赤黃 ②붉은 소 赤色牲 ③낯 붉힐 愧面貌汗—— ④활 물렁물렁할 角弓調和貌

【騂剛】(성강-セイコウ) ①붉고 단단한 토질(土質) ②털빛이 붉은 소

【騂馬】(성마-セイバ) 털빛이 붉은 말

【騂駟】(성사-セイシ) 사두마차(四頭馬車)의 붉은 말

【騂騂】(성성-セイセイ) 활이 물렁물렁하여 쓰기 좋은 모양

【騁】 빙 テイ、チョウ、はせる gallop a horse 梗 ㄔㄥˇ ch'êng³ 달릴 直馳走也

【騃】 애 ガイ、ジ、おろか stupid 蟹 ㄞˊ ai³ 어리석을 癡也 無知貌

【騃女】(애녀-ガイジョ) 어리석은 계집

【騃態】(애태-ガイタイ) 어리석은 모양

【駿】 준 シュン、すぐれる fine horse 震 ①준마 馬之美稱 ②클 大也 (순)빠를 疾速

【駿馬】(준마-シュンメ)잘 달리는 말。좋은 말

【駿奔】(준분-シュンポウ) 빨리 뜀

【駿足】(준족-シュンソク) ①걸음이 매우 빠름。또 그 말 ②재주가 뛰어난 사람

【駿惠】(준혜-シュンケイ) 큰 은혜

【駸】 침 シン、はせゆく run fastly 侵 말몰아 달릴 驟貌——

【駻】 한 カン、あらうま wild horse 翰 ㄏㄢˋ han⁴ 사나운말 惡馬—突

【駻突】(한돌-カントツ) 사나운 말。잘차는 말

【駻馬】(한마-カンバ) 사나운 말

【八 畫】

【騎】 기 キ、ギ、うまのり mount; stride 寘 ㄐㄧˋ chi⁴ ①말탈 跨馬 ②마군 馬軍車—

【騎鼓】(기고-キコ) 전진(戰陣)에서 쓰는 북

【騎隊】(기대-キタイ)기병(騎兵)의 군대 마대(馬隊)

【騎馬】(기마-キバ) 말을 탐。또 그 사람

【騎兵】(기병-キヘイ) 말을 탄 병사

【騎士】(기사-キシ) ①기병(騎兵) ②유럽 중세기에 귀족에게 충성을 다할 조건하에 귀족의 녹을 먹던 무사(武士)

【騎射】(기사-キシャ) 말을 타고 활을쏨

【騎省】(기성) 병조(兵曺)의 별칭

【騎馭】(기어-キギョ) 말을 어거함

【騎將】(기장-キショウ) 기병의 대장

【騎卒】(기졸-キソツ) 기병

【騎從】(기종-キジュウ) 기마(騎馬)의 시종(侍從)。말을 타고 따라감

【騎槍】(기창-キソウ) 기병이 쓰는 창

【騎銃】(기총-キジュウ) 기병이 쓰게 만든 자그마한 총

【騎芻】(기추) 말을 타고 그위에서 활을 쏨

【騎判】(기판) 병조 판서(兵曺判書)의 별칭

【騎虎之勢】(기호지세-キコのいきおい) 범을 타고 달아나는 형세。중간에 내릴 수가 없는 고로 한번 시작하면 중간에 그칠수 없음을 이름。것잡을 수 없는 세력

【騏】 기 キ、くろみどり spotted horse 支 ㄑㄧˊ ch'i² 철총이 馬靑黑文如博棊

【騏驥】(기기-キキ) 좋은말。명마(名馬)

【騏驎】(기린-キリン) ①뛰어나게 좋은 말 ②성인(聖人)이 이 세상에 나타날 때 함께 나타난다고 하는 상상상의 동물

【騈】병 ベン、ヘン、ならべる stand side by side
①두 말 한 멍에 멜 馬竝駕 ②육손이 增贅旁出者 (병) 고을 이름 齊邑名

【騈肩】(병견-かたをならぶ) 어깨를 나란히 함。사람이 복잡하게 모임

【騈頸】(병경-くびをならぶ) 목을 나란히 감

【騈儷】(병려-ベンレイ) 四자 씩 혹은 六자씩 맞추어 짓는 한시(漢詩)

【騈列】(병렬-ベンレツ) 벌려 놓음

【騈馬】(병마-ベンバ) 한 멍에에 말 두 필을 맴。또 그 말

【騈文】(병문-ベンブン) 병려문(騈儷文)의 준말

【騈死】(병사-ベンシ) 머리를 나란히 하고 죽음。송장이 많음

【騈齒】(병치-ベンシ) 전치가 한개로 되어 난 것

【騅】추 スイ、あしげうま piebald horse
①청부루말 馬蒼白雜毛 ②오추마項羽之名馬

【九 畫】

【騖】무 ブ、はせる run fastly 遇 ㄨˋ wu⁴
①말 네굽놓을 馳也 直騁曰馳亂曰— ②달릴 奔也 ③빠를 疾也

【騖馳】(무치-ブチ) 거마(車馬)를 빨리 달림

【騙】편 ヘン、とびのる mount a horse 霰 ㄆㄧㄢˋ p'ien⁴
말에 뛰어 오를 躍上馬

【騗】前條 本字

【十 畫】

【騫】건 ケン、かける wane 先 ㄑㄧㄢ ch'ien¹
①이지러질 虧也 ②말 배앓을 馬腹病 ③훽 뛰어나갈 輕儇躁進貌——

【騫擧】(건거-ケンキョ) 힘차게 날아 움직임

【騫騫】(건건-ケンケン) ①경망한 모양 ②뛰어 오르는 모양

【騫馬】(건마-ケンバ) 둔한 말

【騫崩】(건붕-ケンホウ) 이지러져 무너짐

【騰】등 トウ、あがる rise 蒸 ㄊㄥˊ t'êng²
①오를 升也 ②뛸 踊躍 ③달릴 馳也

【騰空】(등공-トウクウ) 하늘로 오름

【騰貴】(등귀-トウキ) 물건값이 많이 오름

【騰馬】(등마-トウバ) 날치고 뛰어 오름

【騰本】(등본-トウホン) 원본을 베껴 낸 서류

【騰書】(등서-トウショ) 등사(謄寫)

【騰驤】(등양-トウジョウ) 뛰어 넘음

【騰踐】(등천-トウセン) 뛰어 넘어감。송장 위로 걸어감

【騰蹀】(등첩-トウチョウ) 뛰어 올라 감。올라감

【騰抄】(등초-トウショウ) 원본에서 베껴 「씀

【騮】류 リュウ、くりげ bay horse
검은 갈기적다마 赤馬黑鬣騂—

【騷】소 ソウ、さわぐ noisy 豪 ㄙㄠ sao¹
①흔들릴 擾也 動也 ②근심스러울 愁也 遭憂曰離— ③처량스러울 凄涼蕭 ④급할 急——

【騷客】(소객-ソウカク) 시인이나 서화를 그리는 사람

【騷國】(소국-ソウコク) 문학이 융성한 지방

【騷氣】(소기-ソウキ) 풍치가 있는 기상

【騷壇】(소단-ソウダン) 운치 있고 아담한 문필가들의 사회。문단(文壇)

【騷動】(소동-ソウドウ) ①소란하게 움직임 ②마음이 흔들려서 가라앉지 아니함 ③여러 사람이 법석함

【騷亂】(소란-ソウラン) 떠들석 함。법석함

【騷殺】(소살-ソウサツ) 바람에 불리어 늘어지는 모양

【騷說】(소설-ソウセツ) 시끄럽게 떠도는 소문

【騷騷】(소소-ソウソウ) ①급한 모양 ②바람이 부는 모양

【騷然】(소연-ソウゼン) 떠들석한 모양。

【騷擾】(소요-ソウジョウ) 떠들고 야단함。질서를 문란하게 함

【騷人】(소인-ソウジン) ①시인 또는 그림을 그리는 사람 ②근심을 품은 사람

【騷人墨客】(소인묵객-ソウジンボッカク) 시문서화(詩文書畫)를 일삼는 사람

【騭】즐 シツ、チョク、おうま stallion 質 ㄓ chih⁴ ①수말 牡馬 ②이룰 成也 ③정할 定也 ④오를 升也

【騶】추 スウ、シュウ、ともまわり driver of pack horse 尤 ①마부 廐御—徒 ②추우 𩦷獸 ——虞

【騶僮】(추동-スウドウ) 하인。종

【騶御】(추어-スウギョ) 말이나 마차를 부리는 사람。마부

【騶虞】(추우-スウグ) 흰 바탕에 검은 얼룩이 있는 짐승。성인(聖人)의 덕에 감동하여 나타난다고 함

【騶卒】(추졸-スウソツ) 신분이 낮은 사람

【騶從】(추종-スウジュウ) 상전을 따라가는 마부

【騶走】(추주-スウソウ) 뛰어 감

【騱】혜 ケイ、a cross between an ass and a cow 齊 트기 駏驉類驒—

【十一畫】

【驅】구 ク、かける drive away 虞 ㄑㄩ ch'ü¹ ①몰 驟也奔馳 ②쫓아보낼 逐遣 ③앞잡이 軍先鋒先—

【驅遣】(구견-クケン) 쫓아 보냄。내보냄

【驅掠】(구략-クリャク) 쫓아가서 재물을 노략함

【驅迫】(구박-クハク) 몹시 굴음

【驅步】(구보-クホ) 달음질로 걸음

【驅騁】(구빙-クテイ) 말을 달림

【驅使】(구사-クシ) ①사람을 몰아내어 부림 ②자유 자재로 다루어 씀

【驅煽】(구선-クセン) 부추김。선동(煽動)

【驅愁】(구수-クシュウ) 근심을 몰아냄

【驅入】(구입) 몰아 들어감

【驅除】(구제-クジョ) 없애 버림。몰아냄

【驅從】(구종-クジュウ) 관원(官員)을 모시고 다니는 하인

【驅逐】(구축-クチク) 쫓아 버림。쫓아냄

【驅逐艦】(구축함-クチクカン) 어뢰(魚雷)를 주요 무기로 하여 적의 함선을 격침하는 것을 임무로 하는 속력이 빠른 소형의 군함

【驅出】(구출-クシュツ) 쫓아 내어 보냄

【驅蟲藥】(구충약-クチュウヤク) 해되는 벌레를 없애 버리는 약

【驅馳】(구치-クチ) ①말을 몰아 빨리 달림 ②남의 일을 위하여 분주히 돌아다님

【騾】라 ラ、ろば mule 歌 ㄌㄨㄛˊ luo² 노새 騎畜驢馬交生

【騾驢】(나로-ラロ) 노새와 당나귀

【騾子軍】(나자군-ラシグン) 노새를 탄 군대

【驀】맥 バク、のりこえる leap over ①뛰어넘을 超越 ②말탈 上馬

【驁】오 ゴウ、よいうま vicious horse 豪 ㄠˊ ao² 준마 驕馬

【驂】참 サン、そえうま three horses of a team ①세말멍에 멜 駕三馬 ②멍에밧결 말 車衡外兩馬 ③안탈 —乘 參通

【驂乘】(참승-サンジョウ) 귀인을 모시고 탐。배승(陪乘) (옛적에는 승차 때에 어자는 수레 중앙에 임금은 왼

쪽、호위자는 오른쪽에 앉아서 수레가 기울어 지지 않게 하였음)

【驄】총 ソウ、あしげ piebald horse 東 ㄘㄨㄥ ts'ung¹ 총이말 馬青白色

【驄馬】(총마-ソウバ) 총이말

【驃】표 ヒョウ、しらかげ yellow horse 嘯 ㄆㄧㄠ p'iao⁴ ①누른말 黃馬 ②날쌜 勁疾

【驉】허 half-blood horse 트기 牡馬交騾而生駏—

【十二畫】

【驕】교 キョウ、おごる proud 蕭 ㄐㄧㄠ chiao¹ ①교만할 自矜 ②방자할 縱貌逸敖 ③키여섯자되는 말 馬高六尺 (효) 부리 짧은 사냥개 短喙田犬

【驕客】(교객-キョウカク) 사위의 딴이름

【驕矜】(교긍-キョウキョウ) 제 칭찬함。자랑함

【驕氣】(교기-キョウキ) 교만한 태도。남을 업신여기고 저만 잘난체 하는 마음

【驕童】(교동-キョウドウ) 교만한 아이

【驕慢】(교만-キョウマン) 방자하고 거만함

【驕兵】(교병-キョウヘイ) 싸움에 이기고 교만을 부리는 병졸

【驕奢】(교사-キョウシャ) 교만하고 사치함

【驕肆】(교사-キョウシ) 교만하고 방자함

【驕兒】(교아-キョウジ) 교만한 아이

【驕傲】(교오-キョウゴウ) 교만하고 오만함

【驕恣】(교자-キョウシ) 교만하고 방자함

【驕侈】(교치-キョウシ) 교만하고 사치스러움

【驕暴】(교폭-キョウボウ) 교만하고 난폭함

【驔】담 テン、タン、くろくりげ yellow-backed horse 覃 ①등마루 누른 검은말 驪馬黃脊 ②정갱이 흰말 毫在骭白 (점) 義同

【驒】탄 ダ、タ、タン、テイ、あしげ piebald horse 寒 ㄊㄨㄛ t'uo² 돈짜무늬총이말 連錢驄 (타) ①義同 ②앞발흰말 野馬—騱

【驊】화 カ、よいうま fine horse 麻 ㄏㄨㄚ hua² 준마 駿馬—騮

【驍】효 ギョウ、キョウ、つよい good horse 蕭 ①좋은말 良馬 ②날낼 勇捷 ③건장할 健也武勇

【驍健】(효건-ギョウケン) 사납고 강건함

【驍騎】(효기-ギョウキ) 용맹스러운 기병

【驍勇】(효용-ギョウユウ) 사납고 용맹스러움。또 그 사람

【驍將】(효장-ギョウショウ) 효용한 장수

【驍悍】(효한-ギョウカン) 사납고 굳셈

【十三畫】

【驚】경 キョウ、ケイ、おどろく astonish 庚 ㄐㄧㄥ ching¹ ①놀랄 駭也 ②말놀랄 馬駭也 ③두려울 惕也

【驚恐】(경공-キョウキョウ・ケイキョウ) 놀라 무서워함

【驚悸】(경계-キョウキ・ケイキ) 마음이 동하여 사물에 놀라기 쉽고 가슴이 두근 두근 하여 되는 병

【驚怯】(경겁) 놀라서 겁냄

【驚起】(경기-ケイキ) 놀라서 일어남

【驚倒】(경도-キョウトウ・ケイトウ) 매우놀람

【驚濤】(경도-キョウトウ) 거친 물결。경랑(驚浪)

【驚動】(경동-ケイドウ・キョドウ) ①몹시 놀람 ②놀래어 움직이게 함

【驚遁】(경둔-キョウトン・ケイトン) 놀라 달아남

【驚浪】(경랑-キョウロウ) 거친 물결

【驚翔】(경상-キョウショウ) 놀라서 날아 돌아 다닌다

【驚訝】(경아) 놀라고 의아함

【驚愕】(경악-キョウガク) 깜짝 놀람。경해(驚駭)

【驚異】(경이-キョウイ) 놀라 기이하게 여김

【驚天動地】(경천동지-キョウテンドウチ) 하늘을 놀래고 땅을 움직인다는 뜻으로 곧 세상 사람을 놀라게 하는 것

을 가리키는 말

【驚歎】(경탄-キョウタン・ケイタン) ①놀라 탄식함 ②몹시 칭찬함

【驚破】(경파-キョウハ・ケイハ) 놀라게함 (破는 조사)

【驚駭】(경해-ケイガイ) 몹시 놀람

【驛】 역 エキ、うまや station 陌 ①역마 置騎 ②역말집 傳舍 ③잇닿을連屬駱— ④싹 뾰족뾰족할 苗貌—

【驛券】(역권-エキケン) 옛날 여인숙에서 인마(人馬)를 징발하는데 쓰이던패

【驛奴】(역노-エキド) 역에 딸렸던 사내 종

【驛畓】(역답-エキトウ) 역에 딸린 논

【驛頭】(역두-エキトウ) 역전(驛前)

【驛路】(역로-エキロ) 역으로 통하는 길

【驛吏】(역리-エキリ) 역에 배치된 관원

【驛馬】(역마-エキバ) 역에 비치한 말

【驛夫】(역부-エキフ) 정거장에서 부리는 사람

【驛院】(역원) 역로(驛路)에 지어 두었던 집

【驛前】(역전-エキゼン) 역두(驛頭)

【驛傳】(역전-エキデン) ①옛날 역과 역 사이를 달리던 말 ②역체(驛遞)

【驛卒】(역졸-エキソツ) 역참(驛站)에서 부리는 사람。역부

【驛站】(역참-エキタン) ①역마를 교대하는 곳 ②정거장

【驛遞】(역체-エキテイ) 역에서 역으로 공문(公文)을 전달함

【驛村】(역촌-エキソン) 역마을

【驗】 험 ケン、ゲン、しるし evidence 豔 ㄧㄢˋ yen⁴ ①시험할 考視 ②증험할 證也

【驗問】(험문-ケンモン) 조사하여 물음

【驗覆】(험복-ケンプク) 거듭 조사하여 밝힘

【驗算】(험산-ケンサン) 운산(運算)한 결과가 맞나 틀리나를 검사하기 위하여 따로 하는 계산

【驗左】(험좌-ケンサ) 증거・증좌

【驗治】(험치-ケンチ) 조사하여 다스림

【驘】 騾 (馬部 十一畫) 本字

【十四畫—十六畫】

【驟】 취 シュウ、ソウ、はす、にわか drive a horse; run 宥 ①몰아갈 馬疾走 ②달릴 奔也

【驟暑】(취서-シュウショ) 갑자기 더운더위

【驟雨】(취우-シュウウ) 소나기

【驟進】(취진-シュウシン) 갑자기 벼슬계급이 오름

【驟集】(취집-シュウシュウ) 모아 들임

【驢】 로 ロ、リョ、うさぎうま donkey 魚 ㄌㄩˊ lü² 나귀 似馬長耳 以午及五更初而鳴

【驢肩】(노견-ロケン) 나귀의 어깨

【驢馬】(노마-ロバ) ①나귀 ②나귀와 말

【驢背】(노배-ロハイ) 나귀의 등

【十七畫—十九畫】

【驥】 기 キ、せんりうま through-bread horse 寘 ㄐㄧˋ chi⁴ 천리마 名馬 一日一千里騏—

【驥尾】(기미-キビ) ①천리마의 꼬리 ②뛰어난 사람의 뒤를 이름

【驥足】(기족-キソク) 천리마의 다리。뛰어난 재능이 있는 위인(偉人)을 이름

【驩】 환 カン、よろこぶ a tractable horse 寒 ㄏㄨㄢ huan¹ 기뻐할 歡也

【驩附】(환부-カンプ) 기뻐서 붙좇음

【驩然】(환연-カンゼン) 기뻐하는 모양

【驪】 리 リ、くろうま black horse 支 ㄌㄧˊ li² 가라말 馬純黑盜— (려) 義同 麗通

【驪歌】(이가-リカ) 송별(送別)하는 노래

【驪駕】(이가-リガ) 수레 한 채를 말두필이 끌게 함

【驪駒】(이구-リク) ①가라말。검은 망아지 ②송별하는 노래

【驪珠】(이주-リジュ) 얻기 힘든 귀한 구슬

骨 部

【骨】골 コツ、ほね bone 月 ㄍㄨˇ ku^{3}

뼈 肉之覆

【骨格】(골격-コッカク) 뼈대

【骨鯁】(골경-コッコウ) ①짐승의 뼈와 생선의 뼈 ②임금의 허물을 직간하는 사람

【骨鯁之臣】(골경지신-コッコウのシン) 강직한 신하

【骨氣】(골기-コッキ) 뼈대와 기질

【骨董】(골동-コットウ) ①여러가지 쓰던 세간 ②물건이 물에 떨어지는 소리 ③서화·조각 기타 옛날 미술 공예품

【骨膜】(골막-コツマク) 뼈를 싸고 있는 「막

【骨盤】(골반-コツバン) 허리뼈와 등골뼈。끝에 붙어 있는 큰 뼈대

【骨法】(골법-コツポウ) 골격(骨格)。체격(體格)。필력(筆力)

【骨相】(골상-コツソウ) 사람의 얼굴。또 얼굴·머리뼈의 모양

【骨相學】(골상학-コツソウガク) 골상을 보고 그 사람의 운명·성격을 알아내는 학문

【骨生員】(골생원) ①성질이 옹졸한 사람 ②늘 앓기만 하는 사람의 별명

【骨髓】(골수-コツズイ) ②골 ②마음속。충심(衷心) ③일의 요점

【骨濕】(골습-コツシツ) 습기로 인하여 정갱이 뼈가 저리고 아픈 것

【骨肉】(골육-コツニク) ①뼈와 살 ②부모 형제

【骨肉相食】(골육상식-コツニクあいはむ)아주 친한 사이에 서로 해를 끼침

【骨肉之親】(골육지친-コツニクのシン) ①부모 형제의 사이 ②가까운 혈족

【骨子】(골자-コッシ) ①뼈 ②중요한 곳。요긴한 부분。요점(要點)

【骨節】(골절-コッセツ) 뼈의 마디

【骨炭】(골탄-コッタン) 동물의 뼈를 태워서 만든 숯。설탕의 탈색 또는 비료로 씀

【骨牌】(골패-コッパイ) 뼈로 만든 놀음에 쓰는 패

【骨筆】(골필-コッピツ) 복사할 때에 쓰는 뼈로 만든 붓

【三畫—六畫】

【骭】한 カン、すね shin-bone

①정갱이 뼈 脛骨 ②갈빗대 脅也

【骰】투 トウ、さいころ dice

주사위 博陸采具—子

【骰子】(투자-さいころ) 주사위

【骼】격 カク、されぼね dried bone 陌 ㄍㄜˊ ke^{2}

①마른 뼈 枯骨 ②드러난 뼈 露骨 ③짐승의 뼈 禽獸骨

【骸】해 ガイ、カイ、ほね skeleton 佳 ㄏㄞˊ hai^{2}

뼈 骨也百—

【骸骨】(해골-ガイコツ) ①온 몸을 구성한 뼈 ②벼슬을 사양함 (벼슬할 동안의 몸은 임금의 소유물인 고로)

【骸筋】(해근-ガイキン) 온 몸의 뼈와 힘줄

【骸炭】(해탄-ガイタン) 골탄(骨炭)。코크스 (Cokes)

【八畫—十一畫】

【髀】비 ヒ、ヘイ、もも thigh 紙 ㄅㄧˋ pi^{4}

넓적다리 뼈 股骨 (폐) ①넓적다리 股也 ②붙기 臀也

【髀肉之歎】(비육지탄-ヒニクのタン) 영웅이 오래 말을 타고 전장에 나가지 못한 까닭으로 넓적다리 살만 살찌고 무훈을 이루지 못함을 탄식함을 이름

【十三畫—十五畫】

【髏】루 ル、ロウ、されこうべ skull 尤 ㄌㄡˊ lou^{2}

해골 首骨髑—

【髓】수 ズイ、スイ、しん essence of a thing

뼛속기름 骨中脂

【體】 체 タイ、テイ、からだ body 國 ㄊㄧˇ t'i³
①몸 身也— ②몸받을—之 俗作 軆

【體腔】(체강-タイコウ) 동물의 몸 속에 빈 것

【體格】(체격-タイカク) 몸의 골격

【體鏡】(체경-タイキョウ) 전신을 비추는 큰 거울

【體系】(체계-タイケイ) 낱낱을 통일한 조직

【體軀】(체구-タイク) 몸

【體念】(체념-タイネン) 깊이 생각함

【體道】(체도-タイドウ) 도의를 본뜸

【體諒】(체량-タイリョウ) 깊이 헤아림

【體量】(체량-タイリョウ) 몸의 무게

【體力】(체력-タイリョク) 몸의 힘

【體面】(체면-タイメン) ①모양 ②남을 대하는 면목 ③언행의 체재

【體貌】(체모-タイボウ) ①모양 형체와 용모 ②예의를 바로 하며 경의를 표함

【體木】(체목-タイボク) 집을 짓는데 중요한 도리·보 따위의 재목

【體罰】(체벌-タイバツ) 신체에 직접으로 고통을 주는 벌

【體法】(체법-タイホウ) ①자체(字體)와 필법(筆法) ②법규대로 좇음

【體膚】(체부-タイフ) 몸과 살갗

【體狀】(체상-タイジョウ) 몸의 형상

【體小】(체소-タイショウ) 몸이 작음

【體習】(체습-タイシュウ) 남의 행위를 본뜸

【體式】(체식-タイシキ) 형식·체재

【體樣】(체양-タイヨウ) 몸의 형상

【體言】(체언-タイゲン) 어떤 문장에 있어 그 문장의 주어(主語)가 될수 있는 낱말

【體溫】(체온-タイオン) 동물체가 가지고 있는 온도

【體容】(체용-タイヨウ) 몸의 모양

【體用】(체용-タイヨウ) 사물의 본체와 그 작용。곧 나타나지 않고 근본이 되는 것과 나타나서 활동하는 것

【體位】(체위-タイイ) 체력의 본위

【體育】(체육-タイイク) 신체의 발달과 단련을 꾀하는 교육

【體認】(체인-タイニン) 말뿐이 아니라 마음에 깊이 인정하고 실천함

【體長】(체장-タイチョウ) 몸의 길이

【體裁】(체재-テイサイ) ①이루어진 본새나 됨됨이 ②시문(詩文)의 형식

【體積】(체적-タイセキ) 입방체(立方體)가 가지고 있는 공간의 분량

【體制】(체제-タイセイ) 일정한 형식

【體操】(체조-タイソウ) 몸의 모든 기관의 발육을 돕고 또 신체의 운동을 민첩하게 하기 의하여 행하는 체육의 기술

【體重】(체중-タイジュウ) 몸의 무게

【體質】(체질-タイシツ) ①몸의 바탕 ②몸 신체(身體) ③성질

【體臭】(체취-タイシュウ) 몸에서 풍기는 「면 냄새

【體統】(체통-タイトウ) 관원(官員)의 체

【體憲】(체헌-タイケン) 모범 또는 법규

【體驗】(체험-タイケン) 자기의 실제의 경험

【體刑】(체형-タイケイ) 직접 사람의 몸에 주는 형벌

【體形】(체형-タイケイ) 몸의 형상。체벌(體罰)의 형

【髑】 촉 ドク、トク、されこうべ skull 國 ㄉㄨˊ tu²
해골 頂骨—髏

【髑髏】(촉루-ドクロ) 해골

【髖】 관 カン、もものほね knee-cap 國 ㄎㄨㄢ k'uan¹
엉치뼈 髀上兩股間

高部

【高】 고 コウ、たかい high; tall; noble
①높을 崇也 ②높일 敬也 ③멀 遠也 ④위 上也 ⑤姓也

【高架】(고가-コウカ) 높이 건너 지름

【高價】(고가-コウカ) ①비싼 값 ②좋은 평판。높은 성가

【高歌】(고가-コウカ) 높은 소리로 노래함
【高架橋】(고가교-コウカキョウ) 땅에서 많이 떨어진 높은데에 가로 질러놓은 다리
【高閣】(고각-コウカク) ①높은 누각 ②별의 이름
【高見】(고견-コウケン) ①뛰어난 생각。투철한 의견 ②남의 의견의 높임말
【高潔】(고결-コウケツ) 고상하고 깨끗함
【高空】(고공-コウクウ) 높은。하늘
【高官】(고관-コウカン) 높은 벼슬。대관(大官)
【高句麗】(고구려-コウクリ) 조선 삼국시대의 한 나라
【高貴】(고귀-コウキ) 지위가 높고 귀함
【高級】(고급-コウキュウ) 높은 등급。또는 계급
【高氣壓】(고기압-コウキアツ) 공기중의 평균의 무게 보다 돗수가 높은기압
【高年】(고년-コウネン) ①늙은 나이 ②늙은이 ③오래 살음
【高談】(고담-コウダン) ①고상한 이야기 ②거리낌 없이 말하는 소리 ③마음껏 이야기함 ④남의 이야기에 대한 경칭
【高臺】(고대-たかだい) 높이 쌓은 대
【高度】(고도-コウド) 높은 돗수
【高等】(고등-コウトウ) ①높은 등급 ②정도가 높음。뛰어남
【高粱】(고량-コウリョウ・コウリャン) ①수수 ②옥수수
【高麗】(고려-コウライ) 신라(新羅)·후백제(後百濟)·태봉(泰封)을 통일한 이조 이전의 나라
【高齡】(고령-コウレイ) 늙은 나이
【高論】(고론-コウロン) ①고상한 언론 ②남의 말의 경칭
【高樓】(고루-コウロウ) 높게 지은 건물
【高樓巨閣】(고루거각-コウロウキョカク) 높고 큰 누각
【高利】(고리-コウリ) ①큰 이익 ②비싼 이자
【高名】(고명-コウメイ) ①소문난 이름。유명한 이름 ②이름이 높음
【高明】(고명-コウメイ) 고상하고 현명함
【高妙】(고묘-コウミョウ) 고상하고 미묘함
【高峯】(고봉-コウホウ) 높은 산봉우리
【高峯絶頂】(고봉절정-コウホウゼッチョウ) 높은 산의 맨 꼭대기
【高峯峻嶺】(고봉준령-コウホウシュンレイ) 높이 솟은 산 봉우리의 험한 산마루
【高飛】(고비-コウヒ・たかとび) ①높이 날음 ②범인이 멀리 달아나 종적을 감춤
【高士】(고사-コウシ) ①고결한 사람。덕이 높은 사람 ②뜻이 높고 세속에 물들지 아니한 사람
【高射砲】(고사포-コウシャホウ) 항공기사격에 쓰는 대포
【高山】(고산-コウザン) 높은 산
【高山流水】(고산유수-コウザンリュウスイ) 음악의 미묘한 모양
【高尙】(고상-コウショウ) ①정도가 높음。남보다 나음 ②점잖음 ③지조(志操)가 투철함
【高聲】(고성-コウセイ) 목소리가 높음
【高壽】(고수-コウジュ) 높은 나이。오래 살음
【高僧】(고승-コウソウ) 도덕·학식·지위가 높은 중
【高深】(고심-コウシン) 높은 것과 깊은 것。높고 깊음
【高原】(고원-コウゲン) 사방의 낮은 땅보다 비교적 솟아 있는 넓은 들
【高遠】(고원-コウエン) ①높고 멀음 ②뜻이 높고 뛰어남
【高圓】(고원-コウエン) 높은 하늘
【高位】(고위-コウイ) 높고 귀한 지위。높은 자리
【高音】(고음-コウオン) 높은 음절
【高意】(고의-コウイ) 높은 마음。뛰어난 마음
【高義】(고의-コウギ) 높이 뛰어난 덕행
【高誼】(고의-コウギ) 특별한 정의
【高才】(고재-コウサイ) 뛰어난 재주
【高低】(고저-コウテイ) 높낮이。고하

(高下)

【高節】(고절-コウセツ) 뛰어난 절개

【高祖】(고조-コウソ) ①조부(祖父)의 조부 ②천명을 받아 임금이 된 사람 ③창업(創業)한 임금

【高調】(고조-コウチョウ) 높은 곡조

【高潮】(고조-コウチョウ) ①밀물의 극도 ②세력이 가장 높아졌을 때 「름

【高躁】(고조-コウソウ) 땅이 높고 메마

【高祖考】(고조고-コウソコウ) 돌아간 고조부

【高祖母】(고조모-コウソボ) 할아버지의 할머니

【高祖父】(고조부-コウソフ) 할아버지의 할아버지

【高足】(고족-コウソク) ①빠른 걸음 ②뛰어난 제자(弟子)

【高柱】(고주-コウチュウ) 대청의 한가운데에 선 기둥。곧 다른 기둥 보다 특별히 높은 기둥

【高地】(고지-コウチ) 높은 땅

【高敞】(고창-コウショウ) 지세가 높고 시원함 「칭

【高評】(고평-コウヒョウ) 남의 비평의 경

【高下】(고하-コウゲ) ①상하(上下) ②고저(高低) ③귀천(貴賤) ④우열(優劣)

【高喊】(고함-コウカン) 큰 목소리로 부르짖음

【高歇】(고헐-コウカツ) 값의 비쌈과 쌈

【高訓】(고훈-コウクン) 고상한 교훈

【髙】前條 俗字

【二 畫】

【高】경 ケイ、うりごや watching hut 원두막 瓜屋

髟 部

【髟】표 ヒョウ、フウ、たれさがる tassled hair 터럭 長髮

【二畫—三畫】

【髠】곤 コン、そる hair cutting 冠 ㄎㄨㄣ ku'en¹ ①머리 깎을 去髮 ②나뭇가지칠 樹禿

【髠者】(곤자-コンシャ) ①중대강이 ②머리를 깎인 죄인

【髢】체 テイ、セキ、かもじ wig 霽 ㄊㄧˋ t'i⁴ 땋은 머리 髮也益髮

【四 畫】

【髦】모 ボウ、モウ、たれがみ long hair 豪 ㄇㄠˊ mao² ①더벅머리·兒生三月翦髮爲鬌及長猶爲事父母之飾 ②어린애 童子髻— ③준수할 俊也—士 ④가벼이·여길 輕也拜—

【髦士】(모사-ボウシ) 뛰어난 인물

【髦俊】(모준-ボウシュン) 뛰어난인물。준사(俊士)

【髣】방 ホウ、にる resemble closely 비슷할 相似—髴

【髥】염 ゼン、ほおひげ whiskers 鹽 ㄖㄢˊ jan² 구레나룻 右頤曰髭頰曰—

【五 畫】

【髮】발 ハツ、かみ hair 月 ㄈㄚˇ fa³·⁴ ①터럭 頭上毛 ②모래땅 不毛之地 窮—

【髮末】(발말-ハツマツ) 머리털 끝

【髮膚】(발부-ハップ) 머리털과 살

【髮匪】(발비-ハッピ) 청조(清朝) 홍수전(洪秀全)의 난。장발족(長髮族)

【髮際】(발제) 목 뒤 머리털이 난 근처에 나는 급한 종기

【髮指】(발지-ハッシ) 아주 심하게 성냄

【髴】불 フツ、による resemble closely 物 ㄈㄨˊ fu² ①비슷할 若似髣— ②털더부룩할 髮亂貌 ③부인 머리치장할 婦人首飾

【髭】자 シ、くちひげ
moustache 㓨 ㄗ tzū
웃수염 口上鬚
【髭眉】(자미-シビ) 웃수염과 눈썹
【髭髮】(자발-シハツ) 웃수염과 머리털
【髭鬚】(자수-シシュ) 수염

【髫】초 チョウ、うない
unkempt hair
더벅머리 童子垂髮—髫
【髫髮】(초발-チョウハツ) ①어린 아이의 늘어진 머리털 ②어린애
【髫歲】(초세-チョウサイ) 어린 나이
【髫齔】(초츤-チョウシン) 어린애。七、八세의 소아
【髫齒】(초치-チョウシ) 다박머리의 어린 아이

【髲】피 ヒ、かもじ
wig
머리쓰개 婦人首飾被

【六畫—八畫】

【髻】계 ケイ、カイ、もとどり
a topknot 霽 ㄐㄧ chi
상투 總髮髗結 (결)부엌귀신 竈神
【髻根】(계근-ケイコン) 상투 밑
【髻子】(계자-ケイシ) 상투

【髷】곡 キョク、まげ
curly hair
고수머리 卷髮貌

【髼】봉 ホウ、みだれがみ
loose; relax
털더부룩할 髮亂貌—鬆

【鬈】권 ケン、うるわしい
handsome beard
수염좋을 鬈鬈美貌

【鬆】송 ソウ、みだれる
loose; relax 图 ㄙㄨㄥ sung
털더부룩할 髮亂髼—

【十二畫—十六畫】

【鬣】렵 リョウ、たてがみ
horse's mane 葉 ㄌㄧㄝ lieh
①말갈기 馬領毛 ②수염 長鬚 ③지느러미 魚肢 ④비끝 帚端

【鬚】수 シュ、あごひげ
beard and whisker
턱수염 頤毛 須同
【鬚根】(수근-シュコン) 사람의 수염처럼 잔뿌리가 많은 초목의 뿌리
【鬚面】(수면-シュメン) 수염이 많은 얼굴
【鬚目】(수목-シュモク) 수염과 눈
【鬚眉】(수미-シュビ) 수염과 눈썹
【鬚髮】(수발-シュハツ) 수염과 머리털
【鬚髯】(수염-シュゼン)턱수염과 뺨수염。수염

【鬟】환 カン、まげ
hair in a chignon
쪽진머리 屈髮爲髻雲—

【鬢】빈 ヒン、ビン、びんづら
whiskers 震 ㄅㄧㄣ pin
살쩍 頰髮
【鬢脚】(빈각-ビンキャク) 양쪽 살쩍 아래。귀밑 털이 늘어진 곳
【鬢毛】(빈모-ビンモウ) 살쩍。귀밑털
【鬢雪】(빈설-ビンセツ) 살쩍이 흼。흰살쩍

【鬛】鬣 (髟部 十二畫) 本字

門部

【門】각 トウ、ズ、たたかう
quarrel; fight 宥 ㄉㄡ tou
싸울 鬪也

【五畫—八畫】

【鬧】뇨 トウ、ドウ、さわぐ
noise; bustle
들렐 擾也喧闘
【鬧歌】(요가-トウカ) 떠들석하게 노래함。또 그노래
【鬧熱】(요열-トウネツ) 떠들석 함

【鬨】홍 コウ、グ、かちどき
noise of fighting
싸움소리 鬪聲 (항) 義同

【鬩】혁 ケキ、ゲキ、せめぐ
quarrel 錫 ㄒㄧ hsi
①싸울 鬪也 ②송사할 訟也
【鬩牆】(혁장-ゲキショウ・かきにせめぐ) 집안 싸움。형제의 다툼

【十 畫】

【鬪】 투 トウ、たたかう fight; quarrel
싸울 競也 —爭

【鬪鷄】(투계-トウケイ) 닭 싸움

【鬪蛩】(투공-トウキョウ) 귀뚜라미를 싸우게 하는 유희(蛩은 귀뚜라미)

【鬪具】(투구-トウグ) 전쟁에 쓰는기구。 병기(兵器)

【鬪技】(투기-トウギ) 재주를 다툼

【鬪士】(투사-トウシ) 싸움 터에서나 경기장에서 싸우려고 나선 사람

【鬪詩】(투시-トウシ) 시(詩)를 지어 그 우열을 다루게 함

【鬪牛】(투우-トウギュウ) 소싸움을 붙임。 또 그 소

【鬪爭】(투쟁-トウソウ) 다툼。 싸움

【鬪志】(투지-トウシ) 싸우는 마음。 싸울 마음

【鬪狠】(투한) 싸움。 다툼

【鬪很】(투흔-トウコン) 남과 싸움。 말다툼

鬯 部

【鬯】 창 チョウ、ゆみぶくろ bow case 𥫗 ch'ang⁴
①활집 韔弓 ②향풀 香草鬱— ③제주이름 祭用香酒鬱—

【鬯茂】(창무-チョウモ) 초목이 쭉쭉 자라서 무성함

【十九畫】

【鬱】 鬱 (木部 二十二畫) 本字

鬲 部

【鬲】 력 レキ、カク、かなえ porcelain 錫 ㄌㄧˋ li⁴
다리굽은 솥 曲脚鼎 (격) 오지병 瓦瓶 隔同

【鬲閉】(격폐-カクヘイ) 문을 닫음

【六畫—十二畫】

【融】 虫部 十畫에 볼것

【翮】 羽部 十畫에 볼것

【鬻】 육 イク、シュク、ひさぐ sell 屋 ㄩˋ yü⁴
팔 賣也 (죽) 糜也 (국) ①어릴 稚也 ②기를 養也 鞠通

【鬻技】(육기-イクギ) 기예(技藝)로써 생활 함

鬼 部

【鬼】 귀 キ、おに ghost 尾 ㄍㄨㄟˇ kuei³
귀신 精魂所歸 人死 骨肉歸土 血歸水 魂氣歸天 其陰氣薄然 獨存無所依 故爲—

【鬼哭】(귀곡-キコク) 귀신의 우는 소리

【鬼燐】(귀린-キリン) 도깨비 불

【鬼魅】(귀매-キミ) 도깨비。 두억시니

【鬼門】(귀문-キモン) ①귀성(鬼星)이 있다는 방위。 점술가(占術家)들이 귀신이 드나든다고 매사에 꺼리는 방위로서 동북방을 가리킴 ②동해(東海) 중에 있다고 하는 귀신들이 모이는 곳

【鬼星】(귀성-キセイ) 二十八숙(宿)의 하나。 동북(東北) 모퉁이에 있는 별

【鬼神】(귀신-キシン) ①눈에 보이지 않는 무서운 신령(神靈) ②죽은 사람의 영혼 ③모양이 흉악하고 변화가 무쌍하다는 상상적 생물 ④재주가 많은 사람 ⑤얼굴이 흉악한 사람 ⑥인정이 없는 사람

【鬼卒】(귀졸-シソツ) 여러가지 잡귀

【鬼畜】(귀축-キチク) 귀신과 짐승。 곧 인정이 없는 사람을 이름

【鬼形】(귀형-キケイ) 형용이 귀신 같다는말

【鬼火】(귀화-キカ) 도깨비 불。 귀린(鬼燐)

【鬼話】(귀화-キワ) ①도깨비 이야기。 괴담(怪談) ②꾸며낸 거짓말

【三畫—四畫】

【塊】 土部 十畫에 볼것

【愧】 心部 十畫에 볼것

【魁】 괴 カイ、かしら
boss
①괴수 帥也—渠 ②으뜸 首也 ③클 大也—然 ④별이름 星名 北斗首星 ⑤헌걸칠 壯貌—壘

【魁健】(괴건-カイケン) 헌걸차고 힘이 굳셈

【魁壘】(괴루-カイルイ) 신체가 헌걸함

【魁榜】(괴방-カイボウ) 갑과(甲科)에 첫째로 급제한 사람

【魁選】(괴선-カイセン) 과거때 갑과에 첫째로 뽑힘

【魁星】(괴성-カイセイ) ①북두칠성의 첫째별 ②장원(壯元)의 뜻으로 씀

【魁偉】(괴위-カイイ)몸이 크고 훌륭함。

【魁蛤】(괴합) 살조개

당당한 체격

【魂】 혼 コン、たましい
spirit 冠 ㄏㄨㄣˊ huen²
혼 附氣之神—魄

【魂氣】(혼기-コンキ) 얼。넋。정신

【魂靈】(혼령-コンレイ) 영혼

【魂魄】(혼백-コンパク) 넋。얼。혼(魂)은 정신을、백(魄)은 육체를 이름

【魂飛魄散】(혼비백산)혼백이 흩어짐。곧 몹시 놀라서 어쩔 줄을 모름을 나타내는 말

【魂升魄降】(혼승백강) 죽은 사람의 영혼은 하늘로 올라가고 시체는 땅으로 내려감

【槐】 木部 十畫에 볼것

【蒐】 艸部 十畫에 볼것

【五 畫】

【魅】 매 ミ、ビ、まどわす
demon with a man's face
도깨비 牲物魑—

【魅力】(매력-ミリョク) 남을 홀리는 힘

【魅惑】(매혹-ミワク) 남의 마음을 끌어 홀리게 함

【魃】 발 バツ、ハツ、ひでり
drought demon 曷 ㄅㄚˊ pa²
가물귀신 旱鬼一名旱母

【魄】 백 ハク、ヒャク、たましい
soul; spirit 陌 ㄆㄛˋ p'o⁴
넋 附形之靈人生始化心之精爽 (박) 넋잃을 志行衰惡落— (탁) 넋잃을 失業落—

【七畫—九畫】

【醜】 酉部 十畫에 볼것

【魎】 량 リョウ、ロウ、すだま
ghost of a mountain
산도깨비 木石鬼魍—

【魍】 망 ボウ、モウ、すだま
sprite 養 ㄨㄤˇ wa.
산도깨비 木石鬼脚—魎

【魍魎】(망량-モウリョウ) 산도깨비。산수(山水)의 요정(妖精)。모양은 서너 살난 어린이 같고、몸은 적흑색이고 귀가 긴데 사람의 말을 흉내하여 곧잘 홀린다고함

【魏】 위 ギ、たかい
lofty
①클 高大貌—— ②위나라 舜禹所都 ③대궐 闕也象— ④姓也

【魏闕】(위궐-ギケツ) ①높고 큰문의 뜻이니、궁성(宮城)의 정문(正門)으로서 법령을 거는 곳②조정(朝廷)。왕실(王室)

【魏魏】(위위-ギギ) 높고 큰 모양

【魋】 추 ツイ、タイ、しゃぐま
fabulous bear
북삼투 椎頭髻 (퇴)①붉은곰 赤熊。神獸 ②사람이름 人名宋桓—

【魋結】(퇴결-ツイケイ) 북상투

【十一畫—十四畫】

【魑】 리 チ、すだま
ghost of a mountain
도깨비 鬼屬—魅

【魑魅】(이매-チミ) 산림(山林)에 있는 도깨비。인면수신(人面獸身) 능히 사람을 홀린다고 함

【魔】마 マ、バ、まもの
마귀 狂鬼迷人 demon 歌 ㄇㄛˊ mo²
【魔界】(마계-マカイ) 마귀의 세계。악마가 사는 곳
【魔窟】(마굴-マクツ) ①마귀가 있는 곳 ②악한이 모인 곳
【魔鬼】(마귀-マキ) 요사스럽고 못된잡귀의 총칭 「할수 없는 힘
【魔力】(마력-マリョク) 이상한 힘。생각
【魔法】(마법-マホウ) 요술
【魔手】(마수-マシュ) 악마의 손
【魔術】(마술-マジュツ) 요술
【魔媼】(마온-マオウ) 이상한 요술을 부리는 노파
【魔戲】(마희-マギ) 귀신의 장난이라는 뜻이니 일에 마(魔)가 드는 것을 이름
【魘】염 エン、ヨウ、うなされる nightmare; bad dreams
잠꼬대할 驚夢ー魅 (압) 가위 눌릴 睡中氣塞

魚 部

【魚】어 ギョ、ゴ、うお fish
①물고기 鱗蟲總名 ②좀 蠹名衣ー ③姓也
【魚介】(어개-ギョカイ) 물고기와 조개
【魚客】(어객-ギョカク) 생선 요리로 대접하는 식객(食客)
【魚狗】(어구-かわせみ) 쇠새。물총새과에 속하는 새。물고기・개구리・새우등을 교묘하게 잡아 먹음
【魚群】(어군-ギョグン) 물고기의 떼
【魚頭肉尾】(어두육미-ギョトウニクビ) 생선은 대가리、짐승은 꼬리가 맛있다는 말
【魚魯不辨】(어로불변-ギョロをわきまえず) 어자(魚字)와 노자(魯字)를 분별하지 못한다는 뜻으로 곧 무식한 것을 가리키는 말
【魚籠】(어롱-びく) 물고기를 잡아서 담는 종다래끼
【魚類】(어류-ギョルイ) 물고기의 종류
【魚鱗】(어린-ギョリン) ①물고기의 비늘 ②물고기의 비늘 처럼 죽 늘어 놓음 ③진형(陣形)의 하나
【魚網鴻利】(어망홍리) 뜻밖에 횡재하는 것을 가리키는 말
【魚物】(어물) 생선을 말린 것
【魚米】(어미-ギョマイ) ①생선과 쌀 ②생선을 쌀 대신 먹음
【魚白】(어백) 생선 뱃속에 있는 이리
【魚變成龍】(어변성룡-うおかわりてりュウとなる) 곤궁하던 사람이 부귀(富貴)하게 된 것을 가리키는 말
【魚鼈】(어별-ギョベツ) 물고기와 자라
【魚肥】(어비-ギョヒ) 물고기로 만든 비료
【魚肆】(어사-ギョシ) 생선 가게
【魚鹽柴水】(어염시수-ギョエンシスイ) 생활에 필요한 물건의 총칭。곧 생선・소금・땔나무・물
【魚油】(어유-ギョユ) 물고기로 짠 기름
【魚肉】(어육-ギョニク) 생선의 고기와 짐승의 고기
【魚衣】(어의-ギョイ) 마름。바늘꽃과에 속하는 一년초
【魚鳥】(어조-ギョチョウ) 물고기와 새
【魚饌】(어찬-ギョセン) 생선으로 만든 음식
【魚脯】(어포) 생선의 살을 얇게 저미어 갖은 양념을 하여 말린 것
【魚缸】(어항) 물고기를 기르는 데 쓰는 유리로 만든 항아리
【魚戶】(어호-ギョコ) 어부의 집
【漁】水部 十一畫에 볼것
【魯】로 ロ、にぶい、おろか stupid; vulgar 麌 ㄌㄨˇ lu³
①노나라 伯禽所封 ②노둔할 鈍也 ③姓也
【魯鈍】(노둔-ロドン) 어리석고 둔함。
【魯朴】(노박-ロボク) 노둔하고 순박함 못생김
【魴】방 ホウ、ボウ、をしきうお yellow-tail 陽 ㄈㄤˊ fang²
방어 鯿魚 小頭縮項闊腹細鱗

【鮒】부 フ、ブ、ふな fish like a perch
붕어 鯽也

【鮓】자 サ、つけうお pickled fish 㴬 ㄓㄚˇ cha³
①물고기젓 魚葅 ②해파리 水母

【鮎】점 デン、ネン、なまず sheat-fish 鹽 ㄋㄧㄢˊ nien²
메기 鯷魚

【鮐】태 タイ、ふぐ globe-fish
①복 河豚 ②늙은이 등에 복무늬날 老人－背

【鮐背】(태배-タイハイ) 늙은이

【鮑】포 ホウ、しおづけ pickled of salted fish
①저린 생선 以鹽漬魚 ②姓也

【鮑肆】(포사-ホウシ) ①어물을 파는 가게 ②냄새가 흉한곳

【鮑魚之肆】(포어지사-ホウギョのシ) ①어물을 파는 가게 ②소인들이 많이모이는 곳

【六 畫】

【鮫】교 コウ、さめ shark 肴 ㄐㄧㄠ chiao¹
①상어 海鯊 ②교인 鮫人居水織綃淚成珠

【鮫人】(교인-コウジン) 물속에 산다고 하는 사람

【鮫函】(교함-コウカン) 상어 껍질로 만든 갑옷

【鮦】동 トウ、やつめうなぎ snake-fish 東 ㄊㄨㄥˊ t'ung²
가물치 鱧也 (중) 義同

【鮮】선 セン、あざやか bright 先 ㄒㄧㄢ hsien¹
①밝을 明也 ②조선 나라 國號朝－ ③조촐할 潔也 ④좋을 鮮也 ⑤생선 生魚 ⑥적을 少也 尠同

【鮮明】(선명-センメイ) ①조촐 하고 깨끗함 ②번화하고 아름다움

【鮮妙】(선묘-センミョウ) 조촐하고 아름다움

【鮮文】(선문)선명한 무늬

【鮮美】(선미-センビ) 선명하고 아름 다움

【鮮色】(선색-センショク) 선명한 빛

【鮮少】(선소-センショウ) 적음

【鮮雲】(선운-センウン) 아름다운 구름

【鮮血】(선혈-センケツ) 신선한 피。선지피

【鮮華】(선화-センカ) 선명하고 화려함

【鮪】유 イ、ユウ、まぐろ tunny 尾 ㄨㄟˇ wei³
상어 似鱣而少青黑

【鮞】이 ジ、ニ、はらご hard roe 因 ㄦˊ êrh²
①고니알 鯤鮞魚子在腹

【鮭】해 ケイ、さけ swell-fish
①어채 魚菜總名 ②복 河豚 (규)규어 魚名

【鮭菜】(해채-ケイサイ) 어채

【七 畫】

【鯁】경 コウ、ほね bones of fish 梗 ㄍㄥˇ kêng³
①생선 뼈 魚骨 ②가시셀 蹇諤臣骨－

【鯁骨】(경골-コウコツ) 가시가 셈。강직함。또 그 사람

【鯁言】(경언-コウゲン) ①바른말 ②입바르게 말함。또 그 말。직언(直言)

【鯁直】(경직-コウチョク) 굳세고 바름

【鯀】곤 コン、おおきいうお great fish 阮 ㄍㄨㄣˇ kuen³
①곤어 大魚 ②사람이름 禹父名

【鯉】리 リ、こい carp
잉어 三十六鱗魚有赤白黃三種

【鯉背】(이배) 잉어의 등

【鯉素】(이소-リソ) 편지。이어인소(鯉魚人素)의 준말。옛날 두 마리의 잉어가 보내 왔는데 그 배속에서 흰 비단에 쓴 편지가 나왔다고 함

【鯉庭】(이정-リテイ) 아들이 아버지의 교훈을 받는 곳。이(鯉)는 공자(孔子)의 아들

【鯊】사 サ、はぜ goby
①모래무지 小沙魚體圓而有點 魦同
②상어 鮫也皮可飾刀劍靶

【魦】前條 同字

【鮹】소 ショウ、ソウ、たこ octopus
①낙지 小八梢魚 ②문어 入梢魚

【鯈】조 ユウ、チュウ、チョウ、はえ small fish
피라미 游魚 (수) 송사리 ㅣ魚

【八畫ㅡ九畫】

【鯨】경 ゲイ、ケイ、くじら whale 庚 ㄐㄧㄥ ching¹
고래 海獸名

【鯨背】(경배-ゲイハイ) 고래 등

【鯨銛】(경섬-ゲイセン) 고래 작살

【鯨魚】(경어-ゲイギョ) 고래。고래과에 속하는 동물의 하나

【鯨鯢】(경예-ゲイゲイ) ①경(鯨)은 수고래、예(鯢)는 암고래。다 작은 고기을 잡아 먹는 고로 약국(弱國)을 병합하는 불의의 나라。또는 악인의 괴수를 이름 ②죽음을 당하는 뜻으로도 씀

【鯨油】(경유-ゲイユ) 고래 기름

【鯨音】(경음-ゲイオン) 종소리。쇠북소리

【鯨飲】(경음-ゲイイン) 고래가 물을 먹듯이 술을 많이 먹음

【鯨呑】(경탄-ゲイドン) ①고래가 작은 물고기를 통채로 삼킴 ②강자가 약자를 병합하여 자기 마음대로 함

【鯨波】(경파-ゲイハ) ①큰 물결 ②함성(喊聲)

【鯤】곤 コン、はららご fish-egg
①물고기 알 魚子ㅡ鮞 ②곤어 北海大魚

【鯤鵬】(곤붕-コンホウ) ①곤어(鯤魚)와 붕조(鵬鳥)。큰 물고기와 큰 새 ②더 할 수 없이 큰 것 ③썩 큰 물건을 이름

【鯤鮞】(곤이-コンジ) 물고기의 뱃속에 든 알

【鯥】륙 リク、ロク、むつ dace
능륙어 鯪ㅡ魚

【鯢】예 ゲイ、めくじら female whale 齊 ㄋㄧˊ ni²
암고래 雌鯨

【鯢齒】(예치-ゲイシ) ①어린애의 이 ②유아(幼兒)

【鯛】조 チョウ、たい general name for perch
뼈 연할 骨脆

【鯖】청 セイ、さば mackerel; mullet
비웃 魚名靑魚 (정) 연구자 煮魚煎肉

【鯫】추 ソウ、シュウ、こざかな small fish 尤 ㄗㄡ tsou¹
①송사리 雜小魚 ②소인 小人ㅡ生

【鯫生】(추생) ①보잘것 없는 사나이 ②자기를 낮추어 일컬음

【鯔】치 シ、ぼら name of a fish like carp
숭어 似鯉身圓頭扁骨軟

【鰒】복 フク、ハク、あわび ear-shell
전복 似蛤有殼偏著石

【鰒魚】(북어-フクギョ) 전복

【鰓】새 サイ、シ、えら gills of a fish 灰 ㄙㄞ sai¹
아가미뼈 魚頰中骨

【鰓鰓】(새새-シシ) 두려워하는 모양

【鰐】악 ガク、わに crocodile
악어 似鼉呑人

【鰈】접 チョウ、ジョウ、かれい flat-fish
가자미 比目魚 (탑) 義同

【鰈域】(접역-チョウイキ) 우리나라의 딴이름。근해에서 가자미가 많이 잡히는 고로 이런 명칭이 있음

【鰌】추 シュウ、どじょう loach 尤 ㄑㄧㄡ ch'iu¹

①次條同 ②해추 海ㅡ長數千里 穴居海底 入穴則海水爲潮 出穴則潮退 ③빙자할 藉也 ④찰 蹴也

【鰍】추 シュウ、どじょう loach 尤 ㄑㄧㄡ ch'iu1
미꾸리 魚名生淺淖中似鱓 鰌同

【鯿】편 おしきうお yellow tail 先 ㄅㄧㄢ pien1
병어 魴類

【鰕】하 カ、えび lobster 麻 ㄒㄧㄚ hsia1
①새우 水蟲長鬚 ②암고래 大鯢別名 蝦同

【十 畫】

【鰭】기 キ、ひれ fin 支 ㄑㄧˊ ch'i2
①물고기 등성이뼈 魚脊骨 ②지느러미 背上鬣

【鰣】시 ジ、ひらこのしろ Ilisha elongata 支 ㄕˊ shih2
준치 義魚似魴味香多鯁

【鰥】환 カン、やまお widower 刪 ㄍㄨㄢ kuan1
①홀아비 老無妻者 ②환어 大魚名 ③눈반반할 目恒 然如魚愁悒不寐

【鰥居】(환거-カンキョ) 늙어서 홀아비로 살음

【鰥寡孤獨】(환과고독-カンカコドク) 늙어서 아내가 없는 자(鰥)와 늙어서 남편이 없는 자(寡)와 어려서 부모가 없는 자(孤)와 늙어서 자식이 없는 자(獨)

【鰥民】(환민-カンミン) 늙어서 아내가 없는 사람

【鰥夫】(환부-カンプ) 아내가 없이 혼자 사는 홀아비

【鰥魚】(환어-カンギョ) 일종의 대어(大魚)의 이름(밤에 자지 않는다는 물고기)

【鰥處】(환처-カンショ) 아내가 없이 혼자 있음

【鰥鰥】(환환-カンカン) 잠이 아니와서 눈이 반반한 모양

【十一畫】

【鰹】견 ケン、かつお bonito 先 ㄐㄧㄢ chien1
①강고도리 海魚背蒼黑腹鉛白 ②큰 가물치 鱧也其大者

【鰱】련 レン、いわし anchovy 先 ㄌㄧㄢ lien2
연어 鱮也

【鰻】만 マン、バン、うなぎ eel 寒 ㄇㄢ man2
뱀장어 ㅡ鱺

【鰲】오 ゴウ、おおすっぽん huge sea-turtle 豪 ㄠ ao2
큰 자라 大鼇 鼇同

【鰾】표 ヒョウ、ビョウ、ふえ、うきぶくろ air-bladder 篠 ㄅㄧㄠ piao4
부레 魚胞可作膠

【十二畫—十三畫】

【鱖】궐 ケツ、ケイ、たなご mandrine fish
쏘가리 鯚魚巨口細鱗斑彩一名水豚
(궤) 義同

【鱗】린 リン、うろこ scales 眞 ㄌㄧㄣ lin2
비늘 魚甲

【鱗甲】(인갑-リンコウ) ①비늘과 껍데기。물고기 종류와 조개 종류 ②비늘모양의 굳은 껍데기 ③마음 속에 뭉친 것이 있는 모양

【鱗介】(인개-リンカイ) 물고기와 조개 종류

【鱗鱗】(인린-リンリン) ①비늘 같은 파문의 형용 ②비늘같이 아름다움

【鱗毛】(인모-リンモウ) 물고기와 산짐승

【鱗比】(인비-リンピ) 고기 비늘처럼 줄지어 잇달아 있음

【鱗次】(인차-リンジ) 연달아 있음。인비(鱗比)

【鱗蟲】(인충-リンチュウ) 비늘이 있는 동물의 총칭

【鱓】선 セン、ゼン、うみへび eel 銑 ㄕㄢ shan4

두렁허리 似蛇黃質黑文蛇ㅣ (타)자라 皮可冒鼓之晅 鼉同

【鱒】준 ソン、セン、ます trout 阮 ㄗㄨㄣˋ tsuen⁴
독너울 似鯶赤眼

【鱧】례 レイ、ハモ やつめうなぎ snake-fish 薺 ㄌㄧˇ li³
가물치 鮦也

【鱣】전 テン、タン、うなぎ dace
전어 鯉類

【鱠】회 カイ、さしみ slices of raw fish
회 肉腥細切 膾同

【十四畫—十九畫】

【鱮】서 ショ、たなご salmon 語 ㄒㄩˋ hsü⁴
연어 似魴

【鱸】로 ロ、すずき sea-perch 虞 ㄌㄨˊ lu²
농어 大魚巨口細鱗

【十九畫—二十一畫】

【鱺】려 レイ、うなぎ a kind of eel 齊 ㄌㄧˊ li²
뱀장어 似蛇無鱗甲

【鱻】선 せん、あたらしい fresh fish 先 ㄒㄧㄢ hsien¹
①생선 新魚 ②날고기 生肉 鮮通

鳥 部

【鳥】조 チョウ、とり bird 篠 ㄋㄧㄠˇ niao³
새 羽族總名

【鳥瞰】(조감-チョウカン) 높은 곳에서 아래로 내려다 봄
【鳥羅】(조라-チョウラ) 새그물
【鳥籠】(조롱-とりかご) 새장
【鳥類】(조류-チョウルイ) 각질(角質)의 부리가 있고 전신에 깃이 나고 다리가 둘이 있어서 대개 공중으로 날아 다니는 온혈난생(溫血卵生)의 척추동물。이 날개는 앞다리가 변화한 것이라 함
【鳥網】(조망-チョウモウ)새를 잡는 그물
【鳥聲】(조성-チョウセイ) 새의 우는 소리
【鳥獸】(조수-チョウジュウ) 새와 짐승
【鳥語】(조어-チョウゴ) ①새우는 소리 ②오랑캐의 말。(새의 지저귐과 같으므로)
【鳥銃】(조총-チョウジュウ) 새총
【鳥喙】(조훼-チョウカイ) 새부리

【二 畫】

【鳩】구 キュウ、ク、はと pigeon; dove
①비둘기 鳥名鶻鵃鷹所化 ②모을 聚也 ③편안히할 安也 ④벼슬이름 少皡官名五

【鳩尾】(구미-キュウビ) 명치。사람의 몸에 있어서 급소의 하나
【鳩婦】(구부-キュウフ) 암 비둘기
【鳩首】(구수-キュウシュ) 머리를 모은다는 뜻이니 모여서 의논함을 이름
【鳩首會議】(구수회의-キュウシュカイギ)서로 머리를 맞대고 의논함
【鳩杖】(구장-キュウジョウ・はとづえ) 지팡이 머리에 비둘기를 새긴 지팡이。임금이 공로가 많은 노신에게 하사함
【鳩聚】(구취-キュウシュウ) 한곳에 모음。구합(鳩合)
【鳩合】(구합-キュウゴウ) 모음。모임

【鳧】부 フ、かも wild duck 虞 ㄈㄨˊ fu²
물오리 水鳥鷺屬

【鳧鷗】(부구-フオウ) 물오리와 갈매기
【鳧雁】(부안-フガン) 물오리와 기러기
【鳧舟】(부주-フシュウ) 물오리 형상의 배

【三 畫】

【鳴】명 メイ、ミョウ、なく cry of a bird 庚 ㄇㄧㄥˊ ming²
새울 鳥聲

【鳴鼓】(명고-メイコ・つづみをならす) ①북을 칠 ②성균관(成均館)의 유생(儒生)이 죄를 범하였을 때 북에 그 성명을 써서 붙인 뒤 관 안으로 치고다니며 널리 알리던 것

【鳴琴】(명금-メイキン・ことをならす) ①거문고를 탐 ②폭포의 소리 「새
【鳴禽】(명금-メイキン) 듣기 좋게 우는
【鳴禽類】(명금류-メイキンルイ) 대개 몸은 작고 다리는 걷기에 적당하고 아름다운 소리를 내어 우는 새들
【鳴動】(명동-メイドウ) 울리어서 진동함
【鳴鑾】(명란-メイラン) 임금의 수레에 다는 방울
【鳴絲】(명사-メイシ) 거문고 소리
【鳴謝】(명사-メイシャ) 마음을 다하여 사례함
【鳴鍾】(명종-メイショウ) 종을 침。또 그 소리
【鳴鏑】(명적-メイテキ) 우는 살촉
【鳴響】(명향-メイキョウ) 소리가 메아리처럼 울리어 퍼짐
【鳴絃】(명현-メイゲン) 거문고를 탐

【鳳】 봉 ホウ、おおとり male phoenix
① 봉새 神鳥雄—雌凰 ②姓也
【鳳駕】(봉가-ホウガ) 임금이 타는 수레
【鳳帶】(봉대-ホウタイ) 공주가 항가(降嫁)할 때에 예장(禮裝)에 띠는 금박으로 무늬를 박은 큰 비단 띠
【鳳德】(봉덕-ホウトク) 성인(聖人)의덕。훌륭한 덕
【鳳輦】(봉련-ホウレン) 임금이 타는 가마。지붕 꼭대기에 황금으로 봉황의 장식을 함

【鳳扇】(봉선-ホウセン) 긴자루 끝에 부채 모양을 만들고 봉황을 수놓거나 그려 넣은 궁궐。의장(儀仗)의 하나
【鳳城】(봉성-ホウジョウ) ① 궁궐(宮闕) ②서울。도성(都城)
【鳳聲】(봉성-ホウセイ) 전언(傳言) 또는 편지의 높임말
【鳳簫】(봉소-ホウショウ) 봉황의 날개모양을 한대로 만든 악기
【鳳字】(봉자-ホウジ) 평범한 사람을 비웃는 말
【鳳簪】(봉잠-ホウシン) 봉의의 모양을 새긴 비녀
【鳳蝶】(봉접-ホウチョウ) 호랑 나비
【鳳雛】(봉추-ホウスウ) ①봉황의 병아리 ②뛰어난 소년을 이름 ③아직 세상에 알려지지 아니한 영웅
【鳳枕】(봉침-ホウチン) 봉황의 모양을 수놓은 베개
【鳳凰】(봉황-ホウオウ) 상상의 신령(神靈)한 새。성군(聖君)이 나서 왕도가 행하면 나타난다는데 키는 五六척 닭의 머리 뱀의 목 제비의 턱。거북의 등 물고기의 꼬리를 갖추었다 함

【鳲】 시 シ、ふふどり common cuckoo 支 ㄕ shih¹
버꾸기 布穀—鳩
【鳲鳩】(시구-シキュウ) 버꾸기

【鳶】 연 エン、とび kite 先 ㄩㄢ yüan¹
①솔개 鷙鳥鴟類 ②연 紙—
【鳶肩】(연견-エンケン) 성이 나서 두 어깨가 솟음 (모양이 솔개와 비슷한 고로)
【鳶飛魚躍】(연비어약-とびとびうおおどる) 도(道)는 천지간 도처에 있음을 이름

【四 畫】

【鴂】 결 ケツ、ケチ、もず tailor-bird 屑 ㄐㄩ chü²
①접동새 杜鵑鶗— ②뱁새 巧婦鳥

【鴃】 前條 同字
(격) 왜가리 蠻語伯勞—生
【鴃舌】(격설-ゲッゼツ) 왜가리

【鴇】 보 ホウ、のがん bustard 皓 ㄅㄠ pao³
너새 似雁無趾
【鴇母】(보모-ホウボ・やりて) 유곽에서 창녀의 시중을 드는 여자。포주

【鴉】 아 ア、からす crow 麻 ㄧㄚ ya¹
갈가마귀 까마귀 鳥別名
【鴉群】(아군-アグン) 까마귀 떼
【鴉鬢】(아빈-アビン) 새까만 살쩍
【鴉青】(아청-アセイ) 검정에 푸른 빛이 나는 빛。야청
【鴉片】(아편-アヘン) 신경을 마취시키

는 약품

【鴈】안 ガン、かり wild goose 諫 ㄧㄢ yen⁴
기러기 隨陽鳥 雁同

【鳷】지 シ、かささぎ magpie
까치 鵲也

【鴆】짐 チン、どくちょう poisonous bird
짐새 毒鳥食蛇其羽畫酒飮之即死 酖通

【鴆毒】(짐독-チンドク) 짐새의 깃을 술에 담근 독

【鴆殺】(짐살-チンサツ) 짐주(鴆酒)를 먹여 죽임

【鴆酒】(짐주-チンシュ) 짐독을 섞은 독주

【五 畫】

【鴣】고 コ、しゃこ partridge 虞 ㄍㄨ ku¹
자고새 越鳥鷓ㅣ

【鴒】령 レイ、せきれい wagtail
할미새 鶺渠鴒ㅣ

【鴨】압 オウ、あひる duck 洽 ㄧㄚ ya¹
집오리 家鳧

【鴨頭】(압두-オウトウ) 물빛의 푸름을 오리 목의 푸른 빛에 견주어 이름

【鴦】앙 アウ、おしどり female mandarin duck
암원앙 匹鳥鴛ㅣ

【鴛】원 エン、おしどり drake of the mandarin duck 元 ㄩㄢ yüan¹
수원앙 匹鳥雄ㅣ雌鴦

【鴛列】(원렬-エンレツ) 조정(朝廷)의 백관(百官)의 석차(席次)

【鴛鴦】(원앙-エンオウ・エンノウ) ①물오리과에 속하는 물새。암수가 서로 떠러지지 아니하며 사이가 좋음 ②부부가 서로 화목하게 지냄을 이름

【鴟】치 シ、ふくろう、owl 支 ㄔ ch'ih¹
①부엉이 鵂鶹 ②솔개 鳶也 ③수알치 角ㅣ ④말똥굴이 茅ㅣ ⑤올빼미 梟ㅣ ⑥토란 芋也蹲ㅣ ⑦도랑할 跋扈ㅣ張 ⑧술병 酒瓶

【鴟張】(치장-シチョウ) 부엉이가 날개를 편듯이 세력이 강하고 방자함

【鴟梟】(치효-シキョウ) 올빼미。간악한 사람을 이름

【鴞】효 キョウ、ふくろう owl 蕭 ㄒㄧㄠ hsiao¹
①올빼미 鵩鴟可爲羹 ②솔개 惡聲鳥鴟ㅣ

【鴞炙】(효자-キョウシャ) 올빼미 고기를 구운 것。맛이 좋다 함

【六 畫】

【鴿】합 コウ、いえばと dove;pigeon 合 ㄍㄜ kê¹
집비둘기 鳩屬鵓ㅣ

【鴰】괄 カツ、まなづる heron 曷 ㄍㄨㄚ kua¹
왜가리 鳥名鶬ㅣ毛逆九尾

【鵃】주 シュウ、やまばと wild pigeon 尤 ㄓㄡ chou¹
멧비둘기 斑鳩鶻尤ㅣ

【鴻】홍 コウ おおきい vast;profound 東 ㄏㄨㄥ hung²
①클 大也 ②기러기 隨陽鳥鴈之大者 ③곤게달릴 直馳ㅣ濛 ④기운덩이 ㅣ濛 鴻同

【鴻大】(홍대-コウダイ) 보통 이상으로 큼。썩 큼

【鴻圖】(홍도-コウト) ①큰 계획。큰 꾀 ②큰 판도(版圖)。큰 영토(領土)

【鴻毛】(홍모-コウモウ) 기러기 털。아주 가벼운 사물의 비유

【鴻範】(홍범-コウハン) ①서경(書經)의 홍범(洪範)을 이름 ②큰 규모。홍모(鴻模)

【鴻寶】(홍보-コウホウ) ①큰 보물 ②비장된 서적(書籍)을 일컬음

【鴻緖】(홍서-コウショ) 국가를 통치하는 대업。또 제왕(帝王)의 혈통

【鴻雁】(홍안-コウガン) 큰 기러기와 작

온 기러기
【鴻業】(홍업-コウギョウ) 나라를 세우는 사업
【鴻儒】(홍유-コウジュ) 대학자(大學者)
【鴻恩】(홍은-コウオン) 넓고 큰 은덕
【鴻益】(홍익-コウエキ) 매우 큰 이익
【鴻爪】(홍조-コウソウ) 돌아가는 기러기가 다시 올 때의 목표로 눈(雪)이나 진흙 뒤에 남겨둔 발자국도 어언간 형적이 없어졌다는 뜻이니 행적(行蹟)이 묘연하거나 경로(經路)가 분명치 않음을 이름
【鴻志】(홍지-コウシ) 큰 뜻。대지(大志)
【鴻鵠】(홍혹-コウコク) 기러기와 곤이。제비나 참새에 비하여 큰새라는 뜻으로 큰 인물을 이름

【鵂】휴 キュウ、みみずく owl 尤 ㄒㄧㄡ hsiu¹ 부엉이ㅣ鶹角鴟 怪鳥

〔七 畫〕

【鵙】격 ケキ、もず shrike 錫 ㄐㄩ chü² 왜가리 伯勞

【鵑】견 ケン、ほととぎす cuckoo 先 ㄐㄩㄢ chuan¹ ①버꾸기 子規杜ㅣ ②진달래 花名 杜ㅣ

【鵡】무 ム、ブ、おうむ cockatoo 麌 ㄨ wu³ 앵무 能言鳥鸚ㅣ

【鵝】아 ガ、がちょう domestic goose 歌 ㄜ ê² 거위 家所畜舒雁善鳴首辟蛇蜮
【鵝毛】(아모-ガモウ) ①거위의 털 ②희고 가벼운 눈을 이름 ③경소(輕小)한 뜻으로 씀
【鵝黃】(아황-ガコウ) ①거위의 병아리는 누르스럼 하고 아름다운고로 고운 황색(黃色)을 이름 ②버들 ③국화(菊花) ④벼싹 ⑤술

【鵞】鵝(前條) 同字

【鵠】혹 コク、くぐひ、はくちょう snow-goose 沃 ㄏㄨ hu² ①곤이 天鵝黃ㅣ ②따오기 水鳥朱鷺 (곡) 과녁 侯的

〔八 畫〕

【⿰明鳥】명 メイ、とりのな name of bird 조명새 神鳥似鳳鵉ㅣ

【鵬】붕 ホウ、おおとり roc 붕새 鯤魚所化大ㅣㅣ
【鵬圖】(붕도-ホウト) 붕새가 북쪽에서 남쪽으로 九만리나 되는 길을 단번에 날으려고 하는 속셈。대계획(大計畫)
【鵬翼】(붕익-ホウヨク) 붕새의 날개
【鵬程】(붕정-ホウテイ) 붕새가 날라가는 길。먼 길
【鵬際】(붕제-ホウサイ) 붕새가 날으는 공중。먼 끝

【鶉】순 ジュン、シュン、うずら quail 眞 ㄔㄨㄣ ch'ue ①메추라기 鴽ㅣ ②옷해질 衣敝懸 (단) 수리 鵰也
【鶉居】(순거-ジュンキョ) 메추리가 거처가 일정하지 않은 것처럼 주소가 정해져 있지 않음
【鶉服】(순복-ジュンプク) 해어진 옷
【鶉衣】(순의-ジュンイ) 해진 옷。순복(鶉服)

【鵷】원 エン、えんすう a kind of phoenix 봉황새 鳳屬ㅣ雛
【鵷鷺】(원로-エンロ) 원추새와 백로。조정에 참열하는 백관(百官)의 비유
【鵷行】(원행-エンコウ) 조정에 참열하는 백관(百官)의 행렬

【鵲】작 ジャク、シャク、かささぎ magpie 藥 ㄑㄩㄝ ch'üeh⁴ ①까치 鳥名喜ㅣ ②대까치 白毛如練練ㅣ ③개이름 犬名宋ㅣ
【鵲橋】(작교-ジャクキョウ) 까치로 놓은 다리。칠월칠석에 까치가 은하수에 다리를 놓아 견우(牽牛)와 직녀(織女)를 만나게 한다는 다리

【鵲起】(작기-ジャクキ) 재빨리 먼 곳으로 떠나는 비유

【鵲語】(작어-ジャクゴ) 까치의 우는 소리. 기쁜 징조라 함

【鵲喜】(작희-ジャクキ) 까치는 기쁜 소식을 알려줌

【鵰】조 チョウ、わし eagle 蕭 ㄉㄧㄠ tiao¹
①수리 鷲也 ②보라매 靑-最後者謂之海東靑

【鵰鶚】(조악-チョウガク) ①수리와 독수리 ②사람의 재력(才力)이 웅건함을 이름

【鵰悍】(조한-チョウカン) 수리같이 굳세고 사나움

【鵻】추 スイ、じゅず、かけばと a kind of pigeon
아롱비둘기 孝順祝鳩

【九 畫】

【鶡】갈 カツ、やまどり long-tailed pheasant
할단새 似雞善鬭-旦 (분) 파랑새 靑雀

【鶩】목 ボク、ブ、あひる duck 屋 ㄇㄨ mu⁴
①따오기 舒鳧 ②집오리 野鳧

【鶩列】(목렬-ボクレツ) 집오리처럼 죽 백관(百官)이 벌려섬

【鶩舲】(목령-ボクレイ) 작은 배 (물새를 그려 꾸민 고로)

【鶚】악 ガク、みさご fish-eagle 藥 ㄜ e⁴
독수리 鷙擊之鳥鷹鸇之屬性好峙立

【鶚書】(악서-ガクショ) 사람을 추천하는 글

【鶚薦】(악천-ガクセン) 남이 벼슬한 것을 마음 속으로 축하하는 말

【鶚眙】(악치-ガクチ) 놀라서 무서워함

【十 畫】

【鶻】골 コツ、コチ、はやぶさ falcon; hawk 月 ㄍㄨ ku³
①매 鷹屬 ②뫼비둘기 斑鳩-鵃

【鷇】구 コウ、ク、ひな chicken 宥 ㄎㄡ k'ou⁴
①새 새끼 鳥子 ②병아리 雞雛 ③먹일 鳥子生哺曰-

【鶯】앵 オウ、うぐいす nightingale 庚 ㄧㄥ ying¹
꾀꼬리 黃鳥一名金公子

【鶯歌】(앵가-オウカ) 꾀꼬리 소리로 노래에 견준 말

【鶯谷】(앵곡-オウコク) 꾀꼬리가 골짜기에 있음. 곧 유망한 인재가 세상에 알려 지지 않음

【鶯衣】(앵의-オウイ) 꾀꼬리의 깃

【鶯花】(앵화-オウカ) 꾀꼬리와 꽃. 봄의 아름다운 풍물(風物)

【鷁】익 ゲキ、みずとり water-fowl 錫 ㄧ i⁴
①익새 水鳥似鷺而大 ②돛대끝 바람개비 文-書其象於船頭

【鶿】자 シ、ジ、う fishing cormorant
가마우지 鳥鬼鸕-

【鶬】창 ソウ、ショウ、まなづる a kind of crane
①왜가리 水鳥-鴰 ②꾀꼬리 黃鳥-鶊 倉同

【鶬鶊】(창경-ソウコウ) 꾀꼬리

【鶬鷄】(창계-ソウケイ) ①왜가리 ②재두루미

【鶺】척 セキ、せきれい wagtail
할미새 鳥名-鴒

【鶺鴒】(척령-セキレイ) 물가에서 살고 꼬리를 자주 흔드는 버릇이 있음

【鶴】학 カク、つる crane 藥 ㄏㄠ hao²
①두루미 仙禽似鵠 ②새털 함치를할 鳥肥澤--

【鶴駕】(학가-カクガ) ①황태자(皇太子)의 수레 ②신선이 타는 물건

【鶴企】(학기-カクキ) 학이 목을 길게 늘이고 발돋음 하여 섰는 것처럼 기다리는 마음이 절실함을 이름

【鶴望】(학망-カクボウ) 고개를 늘이고 발돋음하여 봄. 간절히 바람

【鶴舞】(학무-カクブ) 학의 춤

【鶴髮】(학발-カクハツ) 두루미 털 같이 흰 머리털。노인의 백발
【鶴壽】(학수-カクジュ) 두루미 같이 오래 살음。장수(長壽)
【鶴膝】(학슬-カクシツ) ①한시 평측법(平仄法)의 한 가지。칠언(七言)에서 다섯째 자、오언(五言)에서 세째 자에 측성(仄聲)을 쓰는 일 ②둘로 접었다 폈다 할 수 있는 안경다리
【鶴膝風】(학슬풍) 무릎이 부으며 아프고 정갱이가 마르는 병
【鶴翼】(학익-カクヨク) 학의 날개
【鶴氅】(학창-カクショウ) 학의 날개를 만든 옷
【鶴鶴】(학학-カクカク) 새의 깃이 흰 모「양
【鶴項草】(학항초) 명아주

【鷄】 雞(隹部 十畫) 同字

【十一畫】

【鷗】 구 オウ、かもめ seagull 尤 ㄡ ou¹ 갈매기 鷖也 似鴿而白群飛
【鷗鷺】(구로-オウロ) 갈매기와 백로
【鷗盟】(구맹-オウメイ) ①은거하여 갈매기와 벗이 됨 ②속세를 떠나 풍류의 사귐
【鷗汀】(구정-オウテイ) 갈매기가 있는 물가
【鷗鶴】(구학-オウカク) 갈매기와 두루미

【鷖】 예 エイ、アイ、かもめ sea-gull 齊 ㄧ i¹ ①갈매기 鷗也 ②수악새 水鷗好浮 ③봉새 鳳凰別名

【鷓】 자 シャ、しゃこ partridge 자고새 隨陽鳥越雉ㅣ鴣

【鷙】 지 シ、あらどり hawk 寘 ㄓ chih⁴ ①새매 鷹鸇之類 ②새짐승 용맹할 鳥獸勇猛
【鷙强】(지강-シキョウ) 날쌔고 억셈。완강함
【鷙戾】(지려-シレイ) 몹시 거칠고 사나와 도에 어긋남
【鷙勇】(지용-シユウ) 용맹스러움
【鷙鳥】(지조-シチョウ) 억세고 사나운 새。매·독수리 따위
【鷙蟲】(지충-シチュウ) 억세고 사나운 짐승이나 새
【鷙悍】(지한) 날쌔고 사나움

【十二畫】

【鷘】 칙 チョク、くいな ruddy crake 비오리 水鳥鸂ㅣ

【鷺】 로 ロ、さぎ egret 遇 ㄌㄨ lu⁴ ①해오라기 水鳥ㅣ 鷥頭毛如絲一名春鉏 ②따오기 朱ㅣ
【鷺鷗】(노구-ロオウ) 해오라기와 갈매기
【鷺序】(노서-ロジョ) 조정에서의 백관의 석차(席次)
【鷺羽】(노우-ロウ) 옛적에 해오라기의 깃으로 만들어서 춤추는 자가 가지고 지휘하는데 쓰던 것
【鷺吟】(노음-ロギン) 해오라기의 우는 소리
【鷺汀】(노정-ロテイ) 해오라기가 있는 물가

【鷯】 료 リョウ、みそさざい crow tit 蕭 ㄌㄧㄠ liao² ①뱁새 桃蟲在葦小鳥鷦ㅣ

【鷥】 사 シ、さぎ egret 支 ㄙ ssŭ¹ ①해오라기 鳥名鷺ㅣ ②떳술 帶絲

【鷦】 초 ショウ、みそさざい crow tit 蕭 ㄐㄧㄠ chiao¹ ①뱁새 桃蟲ㅣ鷯 ②초명새 南方神鳥ㅣ鵬

【鷲】 추 シュ、わし condor 宥 ㄐㄧㄡ chiu⁴ 독수리 鵰類黑色多力

【鷸】 휼 イツ、しぎ stork 質 ㄩ yü⁴ ①도요새 知雨翠鳥翠ㅣ ②훌쩍 날 疾飛貌ㅣ始 ③맞버틸 相持勢ㅣ蚌

【十三畫】

【鷿】벽 ヘキ、ハク、 かいつぶり goosander
되강오리 似鳧ㅣ鷈

【鷹】응 ヨウ、オウ、たか eagle 蒸 ㄧㄥ ying¹
매 征鳥

【鷹犬】(응견-ヨウケン) 사냥하는데 쓰는 매와 개

【鷹師】(응사-ヨウシ・たかし) 매사냥군

【鷹視】(응시-ヨウシ) 같이 눈을 번득이며 노려 보는 것

【鷹眼】(응안-ヨウガン) 매의 눈

【鷹瓜】(응조-ヨウソウ) 매발톱

【鸇】전 セン、はやぶさ sparrow-hawk
새매 鸇鳥一名晨風

【鷽】학、カク、ガク、うそ bullfinch
①산까치 山鵲 ②작은 비둘기 小鳩

【十六畫—十九畫】

【鸕】로 ロ、ら、しまつどり cormorant 虞 ㄌㄨˊ lu²

【鸕鷀】(노자-ロシ) 가마우지 水鳥ㅣ鷀 가마우지과에 속하는 새의 이름

【鸚】앵 オウ、おうむ parrot 庚 ㄧㄥ ying¹
앵무새 能言鳥ㅣ鵡

【鸚哥】(앵가-オウカ) 앵무새

【鸚鵡】(앵무-オウム) 앵무새

【鸚猩】(앵성-オウショウ) 앵무새와 성성이。다 사람의 말을 흉내 내는 동물

【鸛】관 ガン、こうづる stork 翰 ㄍㄨㄢˋ kuan⁴
황새 水鳥似鵠

【鸛鳥】(관조-カンチョウ) 황새

【鸞】란 ラン、ほうおう phoenix 寒 ㄌㄨㄢˊ luan²
①난새 神鳥名鳳凰之佐鷄身赤毛色備之彩鳴中之音 ②수레에단 방울ㅣ鈴 ③칼방울 ㅣ刀 鑾同

【鸞駕】(난가-ランガ) 임금(天子)의 수레

【鸞車】(난거-ランシャ) ①순(舜)나라 임금의 수레 ②널리 임금의 수레

【鸞鏡】(난경-ランキョウ) 등에

【鸞旗】(난기-ランキ) 임금의 어기(御旗)에 난(鸞)방울을 달아꿈임

【鸞刀】(난도-ラントウ) 자루 끝에 난새의 형상을 한 방울을단 칼。희생을 베는 데 씀

【鸞鈴】(난령-ランレイ) 천자의 수레에 다는 방울

【鸞鳳】(난봉-ランポウ) ①영조(靈鳥)의 이름 ②뜻이 같은 벗 ③부부의 관계를 이름

【鸞輿】(난여-ランヨ) 임금의 수레

【鸞殿】(난전-ランデン) 임금의 궁전

【鸞鳥】(난조-ランチョウ) 모양이 봉황(鳳凰)같다는 신조(神鳥)

【鸞鶴】(난학-ランカク) 난조와 두루미。난은 신조(神鳥)、학은 선금(仙禽) 다 신선(神仙)이 타는 것

【鸞和】(난화-ランワ) 임금의 수레에 다는 방울

【鸝】리 リ、レイ、うぐいす oriole
꾀꼬리 黃鳥 (려) 義同

鹵部

【鹵】로 ロ、しおつち salt field 麌 ㄌㄨˇ lu³
①염밭 西方鹹地 ②개펄 地不生物 斥ㅣ ③짤 鹹也 ④거칠 ㅣ莽輕脫苟且 ⑤의장 天子儀衛ㅣ簿

【鹵鈍】(노둔-ロドン) 재주가 없고 미련함

【鹵掠】(노략-ロリョウ) 남의 재물을 약탈하는 것

【鹵莽】(노망-ロモウ) 경솔하여 마음을 쓰지 아니함。일을 거칠게 함

【鹵味】(노미-ロミ) 짠맛

【鹵簿】(노부-ロボ) 임금의행렬이 거동할 때 노(鹵)로 전도(前導)라고 그 행렬의 순서를 장부에 기록하는 고로 이름

【鹵田】(노전-ロデン) 염기(鹽氣)가 있는 메마른 땅

【鹵獲】(노획-ロカク) 싸워서 적의 군용품 등을 뺏아 얻음

【八 畫―十三畫】

【塩】 鹽 (鹵部 十三畫) 略字

【鹹】 함 カン、しおけ salty 咸 ㄒㄧㄢˊ hsien²
짠 鹽味

【鹹苦】(함고-カンク) 짜고 씀

【鹹水】(함수-カンスイ) 소금기가 많이 들어 있는 물

【鹹水魚】(함수어-カンスイギョ) 염분이 많은 물속에 사는 물고기

【鹹泉】(함천-カンセン) 짠 맛이 있는 샘물

【鹹土】(함토-カンド) 염분이 있는 땅。짠 땅

【鹹湖】(함호-カンコ) 염수를 품은 호수

【鹻】 감 カン、こりしお coagulation of water
소금 버케 鹽之凝著者

【鹼】 감 ケン、ゲン、しおみず salt water 鹻 ㄐㄧㄢˇ chien³
①소금물 鹼水 ②잿물 灰溜水汚垢洗料 (첨) 義同

【鹽】 염 エン、しお salt
①소금 鹹也海煮爲ㅣ ②후렴 歌曲名稱

【鹽價】(염가-エンカ) 소금 값

【鹽干】(염간-エンカン) 소금을 굽는 사람

【鹽基】(염기-エンキ) 산(酸)을 중화하여 염이 생기게 하는 수산 화물(水酸化物)

【鹽難水】(염난수) 압록강(鴨綠江)의 옛 이름

【鹽米】(염미-エンマイ) 소금과 쌀

【鹽分】(염분-エンブン) 소금의 기운

【鹽酸】(염산-エンサン) 염화수소(鹽化水素)가 물에 녹은 것

【鹽商】(염상-エンショウ) 소금 장수

【鹽素】(염소-エンソ) 공기보다 무겁고 특이한 강렬한 냄새가 나는 녹황색(綠黃色)의 기체

【鹽水】(염수-エンスイ) 소금을 타서 녹인 물

【鹽冶】(염야-エンヤ) 바닷 물로 소금을 만들고 광물을 캐어 쇠붙이를 만듬

【鹽醬】(염장-エンショウ) 소금과간장 곧 조미료의 총칭

【鹽田】(염전-エンデン) 염밭

【鹽井】(염정-エンセイ) 소금을 만들 바닷물을 모아두는 염전의 웅덩이

【鹽汁】(염즙-エンジュウ) 소금이 녹은 물

【鹽池】(염지-エンチ) 소금을 만들기 위하여 만들어 놓은 못

【鹽鐵論】(염철론-エンテツロン) 책 이름。중국 전한(前漢) 무제(武帝)가 재정난을 타개하기 위하여 행한 소금에 대한 정부의 전매 사업을 환관(桓寬)이 그 잘못을 지적한 논문을 모음。전十二권

【鹽戶】(염호-エンコ) 소금을 만드는 것으로 업을 삼는 집

【鹽化】(염화-エンカ) 어느 물질이 염소(鹽素)와 화합하는 일

【鹽化水素】(염화수소-エンカスイソ) 염소와 수소가 직접 화합하여 생기는 무색의 기체

鹿 部

【鹿】 록 ロク、しか deer
①사슴 麤屬牡有角 ②모진 곳집 方形米倉 ③술 그릇 酒器 ④작은 수레 小車ㅣ車 ⑤녹록할 錄碌通 ⑥칼 이름 劍名獨ㅣ 麓通

【鹿羹】(녹갱) 사슴 고기를 넣고 끓인 죽

【鹿角】(녹각-ロッカク) 수사슴의 뿔

【鹿車】(녹거-ロクシャ) 작은 수레

【鹿骨】(녹골-ロッコツ) 사슴의 뼈

【鹿囊】(녹낭-ロクノウ) 사슴의 불알

【鹿頭酒】(녹두주-ロクトウシュ) 사슴의 대가리를 삶아 익히어서 짓찧어 즙을낸 물에 담근 술

【鹿獵】(녹렵-ロクリョウ) 사슴 사냥

【鹿鹿】(녹록-ロクロク) 심상한 모양

【鹿梨】(녹리) 배나무의 변종

【鹿柴】(녹시-ロクサイ) ①가시 울타리 ②사슴을 먹이는 곳 ③대(竹)나 나

무가지를 사슴 뿔 처럼 세워서 적군의 침입을 막는 것

【鹿茸】(녹용-ロクジョウ) 사슴의 뿔이 새로 나서 아직 가지가 돋지 아니한 것。보약으로 씀

【鹿苑】(녹원-ロクエン)사슴을 기르는 곳

【鹿場】(녹장-ロクジョウ) 사슴의 노는곳

【鹿砦】(녹채-ロクサイ) 적군의 침입을막기 위하여 만든 울

【鹿皮】(녹피-ロクヒ) 사슴의 가죽。녹비

【鹿血】(녹혈-ロッケツ) 사슴의 피

【二畫—三畫】

【麀】우 ユウ、めじか female deer 因 ㄧㄡ yu¹ 암사슴 牡鹿

【麁】麤 (鹿部 二十二畫) 俗字

【塵】土部 十一畫에 볼것

【五 畫】

【麇】균 キン、クン、のろ roe deer ①노루 麞也 ②땅이름 地名 (군)① 義同 ②무리 群也 ③묶을 束也

【麇至】(군지-キンシ) 무리를 지어 다 다름

【麈】주 シュ、ス、おおしか large deer 麌 ㄓㄨˇ chu³ 큰 사슴 麋屬尾能辟塵

【麈談】(주담-シュダン) 주미(麈尾)를 가지고 이야기함

【麈尾】(주미-シュビ)총채。주(麈)의 꼬리는 능히 먼지를 턴다고 하여 도가(道家)나 불가(佛家)에서는 세속의 번뇌를 털어 없애기 위하여 이야기 할 때는 흔든다

【六畫—十畫】

【麋】미 ビ、ミ、となかい elk 因 ㄇㄧˊ mi² ①고라니 麞屬似水牛 ②물가 水草之交

【麋角】(미각-ビカク) 고라니의 뿔

【麋骨】(미골-ビコツ) 고라니의 뼈

【麋鹿】(미록-ビロク) ①고라니와 사슴 ②고상하지 아니함

【麋沸】(미비-ビフツ) 소란하고 흩어지는 것

【麋散】(미산-ビサン) 흩어져 없어짐。소멸함

【麕】균 キン、のろ roe deer 眞 ㄐㄩㄣ chün¹ 고라니 麞也 麇同

【麕至】(균지-キンシ) 떼를 지어 모임。군지(麇至)

【麒】기 キ、きりん giraffe 因 ㄑㄧˊ ch'i² 기린 仁獸ㅣ麟麕身牛尾一角牝曰ㅣ

【麒麟】(기린-キリン) 상상적의 영수(靈獸)。성군(聖君)이 나서 왕도(王道)가 행하게 될 징조로 나타나서 산 풀을 밟지 않고 생물을 먹지 아니하며 모양은 사슴 같고 꼬리는 소 굽은 말 같고 머리 위에 뿔 한 개가 있다는 데 암것을 기(麒)。수 것을 인(麟)이라 함 ②우제목(偶蹄目)에 딸린 동물。모양은 사슴같고 목이 길고 키가 큼

【麒麟閣】(기린각-キリンカク)전한(前漢)의 무제(武帝)가 기린을 잡았을 때 지은 누각。선제(宣帝)가 공신 十一명의 상을 그려 각 위에 걸은 것

【麒麟兒】(기린아-キリンジ) 재주가 비상한 소년

【麗】려 レイ、ライ、うるわしい beautiful ①고울 美也 ②빛날 華也 ③걸릴 附也 ④베풀 施也 ⑤문루 高樓ㅣ譙 ⑥짝 偶數 (리) 붙을 附也

【麗女】(여녀-レイジョ) 아름다운 여인。여인(麗人)

【麗都】(여도-レイト) 아름답고 화려한 것

【麗文】(여문-レイブン) 아름다운 무늬

【麗色】(여색-レイショク) ①곱고 아름다운 빛 ②아름다운 얼굴 빛

【麗飾】(여식-レイショク)아름답게 꾸밈。아름다운 장식

【麗艶】(여염-レイエン) 곱고 예쁨

【麗容】(여용-レイヨウ) 어여쁜 얼굴
【麗人】(여인-レイジン) 얼굴이 예쁜 사람。미인(美人)
【麗日】(여일-レイジツ) 화창한 날씨
【麗姿】(여자-レイシ) 어여쁜 자태
【麗藻】(여조-レイソウ) 아름답게 지은 시나 문장
【麗采】(여채-レイサイ) 고운 채색
【麗譙】(여초-レイショウ) 적을 망보고 또 먼데를 바라보기 위하여 문 위에 지은 다락
【麗澤】(여택-レイタク) 벗끼리 서로 도와 학문을 닦고 수양에 힘쓰는 것

【麝】사 ジヤ、シヤ、じやこう musk-deer 禡 ㄕㄜˋ shê^4
국노루 臍香似麞
【麝香】(사향-ジヤコウ) 국노루의 배꼽을 말려서 만든 향료。홍분제로 씀

【鏖】金部 十一畫에 볼것

【十一畫—二十二畫】

【麞】장 シヨウ、ソウ、くじか hornless deer 陽 ㄓㄤ chang^1
노루 鹿屬無角 獐同
【麞牙】(장아-シヨウガ) ①노루의 어금니 ②벼의 딴 이름

【麟】린 リン、きりん giraffe 眞 ㄌㄧㄣˊ lin^2
기린 仁獸毛蟲長
【麟角】(인각-リンカク) 희귀한 것을이름
【麟閣】(인각-リンカク) 전한(前漢)의 무제(武帝)때 쌓은 높은 누각(樓閣)
【麟經】(인경-リンケイ) 공자(孔子)가 지은 춘추(春秋)의 딴 이름
【麟鳳】(인봉-リンポウ) 기린과 봉황。진귀한 것을 이름
【麟孫】(인손-リンソン) 남의 자손을 칭찬하는 말

【麤】추 ソ、あらい wild 虞 ㄘㄨ ts'u^1
①추할 物不精 ②성길 疎也 ③굵을 大也 粗通
【麤功】(추공-ソコウ)큰 공。대공(大功)
【麤鑛】(추광-ソコウ) 굵고 거친 광물
【麤談】(추담-ソダン) 어리석고 못생긴 말
【麤鹵】(추로-ソロ) 거칠고도 유치함
【麤末】(추말-ソマツ) 굵은 가루 「쌀
【麤米】(추미-ソマイ) 쓿지 아니한 궂은
【麤飯】(추반-ソハン) 거친 곡식으로 지은 밥 「음
【麤鄙】(추비-ソヒ) 거칠고 더럽고 낮
【麤疎】(추소-ソソ) 소홀함
【麤率】(추솔-ソソツ) 거칠고 까불어사차근 차근하지 못함
【麤習】(추습-ソシュウ) 거칠고 경솔한 버릇
【麤惡】(추악-ソアク) 품행이 추잡하고 낮음
【麤雜】(추잡-ソザツ) 거칠고 정밀하지 못함。또 그 사람
【麤醜】(추추-ソシュウ) 얼굴이 못생김
【麤布】(추포-ソフ) 발이 굵고 거칠게 짠 베

麥 部

【麥】맥 バク、ミヤク、むぎ wheat 陌 ㄇㄞˋ mai^4
①보리 芒穀來麰秋種夏熟 ②귀리 瞿麥 ③모밀 蕎—
【麥稈】(맥간-バッカン・むぎわら) 밀집이나 보리집의 줄기
【麥藁】(맥고-むぎわら) 밀짚 모자
【麥農】(맥농-バクノウ) 보리 농사
【麥邱人】(맥구인) 노인。늙은이
【麥浪】(맥랑-バクロウ) 보리가 바람에 불리어 물결처럼 되는 것
【麥凉】(맥량-バクリョウ) 보리가 익을 때에 날씨가 추운 것
【麥嶺】(맥령) 보릿 고개
【麥飯】(백반-バクハン・むぎめし) 보리밥
【麥粉】(맥분-むぎこ) 밀가루
【麥芽】(맥아-バクガ) 엿기름
【麥酒】(맥주-バクシュ) ①보리를 원료로 하여 담근술 ②양주의 한가지。비어
【麥茶】(맥차-むぎちや) 보리차
【麥秋】(맥추-バクシュウ) 보리가 익을시절。음력 四월의 딴 이름

【麥濁】(맥탁-バクダク) 보리로 만든 탁주

【麥皮】(맥피-バクヒ) 밀기울

【四畫—九畫】

【麪】면 メン、ベン、むぎこ wheat flour 霰 ㄇㄧㄢ mien⁴ 밀가루 麥末

【麪麴】(면국-メンキク) 밀가루로 만 눌러서 만든 누룩

【麪類】(면류-メンルイ) 밀가루·모밀가루 따위

【麪餅】(면병-メンペイ) 예수의 죽음을기념하여 그 피와 살을 대신해서 포도주와 더불어 먹는 빵

【麪麭】(면보-メンポウ) 밀가루를 물에 반죽하여 일게 한 것을 불에 구워서 해면(海綿) 모양으로 만든 떡。빵

【麪腹】(면복-メンプク) 쉽사리 내리는 국수 먹은 배란 뜻으로 갑자기 들어온 복은 오래 가지 못함을 비유하는 말

【麪牲】(면생-メンセイ) 불가(佛家)에서는 비린 것을 먹지 아니하므로 면류를 희생 대신으로 씀을 이름

【麪子】(면자-メンシ) 국수

【麪杖】(면장-メンジョウ) 면류를 반죽하는데 쓰는 방망이

【麪形】(면형-メンケイ) 면병이 성체(聖體)로 변체된 뒤에도 그 모양을 그대로 가지고 있는 겉모양을 일컬음

【麩】부 フ、ふすま wheat bran 虞 ㄈㄨ fu¹ 밀기울 小麥屑

【麰】모 ボウ、おおむぎ barley 尤 ㄇㄡ mou² 갈보리 大麥五穀之長 牟通

【麴】국 キク、コク、こうじ leaven; yeast 屋 ㄑㄩ ch'ü² ①누룩 酒母ㅣ蘖 ②국진꽃 花名ㅣ塵黃色

【麴母】(국모-キクボ) 누룩밑

【麴生】(국생-キクセイ) 술의 딴 이름

【麴蘖】(국얼-キクゲツ) ①누룩 ②술

【麴子】(국자-キクシ) 누룩

【麴錢】(국전-キクセン) 술집에서 바치는 세금。주세(酒稅)

【麴塵】(국진-キクジン) ①화초의 이름。꽃은 담황색(淡黃色) 임금의 옷은 이 꽃의 색으로 물들였는데 그 옷을 국의(麴衣)라고 함 ②누룩에서 생기는 곰팡이。또 그 빛깔

【麵】麪(麥部 四畫) 俗字

麻部

【麻】마 バ、マ、あさ hemp 麻 ㄇㄚˊ ma² ①삼 枲屬 ②임금의 말씀 綸音 ③姓也

【麻莖】(마경-マケイ) 삼대

【麻姑】(마고-マコ) ①손톱이 긴 선녀(仙女)의 이름。마고할미 ②마고할미의 긴 손톱으로 가려운 곳을 긁으면 매우 시원하다 하여 일이 뜻대로 됨을 비유함

【麻袋】(마대-あさぶくろ) 거친 삼실로 만든 자루

【麻痺】(마비-マヒ) 신경이나 심줄이 그 구실을 못하거나 없어져서 생기는 병

【麻絲】(마사-マシ・あさいと) 베실。삼실

【麻線】(마선-マセン) 삼실

【麻繩】(마승-あさなわ) 삼으로 꼬아 만든 바。삼노

【麻藥】(마약-マヤク) ①몽혼약 ②모르핀。아편

【麻油】(마유-あさあぶら) 삼씨로 짠 기름

【麻疹】(마진-マシン) 홍역(紅疫)

【麻醉】(마취-マスイ) 독이나 약물로 말미암아 몸의 일부나 전부의 감각을 잃음

【麻醉藥】(마취약-マスイヤク) 마취 작용을 하는 약。마취제(麻醉劑)

【麻布】(마포-マフ) 베

【麻皮】(마피-マヒ) 삼껍질

【麻鞋】(마혜-マアイ) 메투리

【麻黃】(마황-マコウ) 마황과(麻黃科)에

말린 약초。 모양은 속새 같은데 가늘고 줄기에 마디가 있으며 꽃은 황색의 단성화(單性花)

【三畫—十畫】

【麽】 마 バ、マ、モ、こまかい small 圖ㄇㄜ mé
①잘 微也 細小公ㅣ ②俗語疑問助字付ㅣ

【麽蟲】(마충) 작은 벌레

【麾】 휘 キ、さしずばた signal flag 因ㄏㄨㄟ huei¹
①대장기 大將旗ㅣ下 ②가리킬指ㅣ

【麾動】(휘동-キドウ) 지휘 선동함

【麾旌】(휘정-キセイ) 지휘하는데 쓰는 기

【麾下】(휘하-キカ) 주장의 통솔하에 있는 모든 병졸

【摩】 手部 十一畫에 볼것

【磨】 石部 十一畫에 볼것

【糜】 米部 十一畫에 볼것

【縻】 糸部 十一畫에 볼것

【靡】 非部 十一畫에 볼것

【魔】 鬼部 十一畫에 볼것

黃 部

【黃】 황 コウ、オウ、きいろ yellow 陽ㄏㄨㄤ huang²
①누르황 中央一色 ②姓也

【黃閣】(황각-コウカク) 재상(宰相)의 관서(官署)

【黃褐色】(황갈색-コウカッショク) 검은 색과 누른 색을 섞은 색

【黃鷄】(황계-コウケイ) 털빛이 누른 닭

【黃口】(황구-コウコウ) ①누런 입。새새끼 ②어린아이를 이름

【黃狗】(황구-コウク) 노랑개

【黃耇】(황구-コウコウ) 늙은이

【黃菊】(황국-コウギク) 빛이 누른 국화

【黃卷】(황권-コウカン) 책。옛날에는 책을 필사하는데 황지(黃紙)를 썼기 때문에

【黃金】(황금-オウゴン) ①금 ②돈

【黃金時代】(황금시대-オウゴンジダイ) 일생동안 가장 영화롭게 지내던 시기

【黃糯】(황나) 차좁쌀

【黃道】(황도-コウドウ) 지구에서 보아 태양이 천구상(天球上)을 한 바퀴 도는 사이를 그린 큰 원。적도(赤道)에 대하여 二十三도 반의 경사가 졌음

【黃銅】(황동-コウドウ) 빛이 누른 구리

【黃落】(황락-コウラク) 나무잎이나 과실이 누렇게 되어 떨어짐

【黃粱米】(황량미) 메조

【黃爐】(황로-コウロ) 저승。황천(黃泉)

【黃龍】(황룡-コウリュウ) ①누른빛의 용 ②당대(唐代)에 있던 병함(兵艦)의 이름

【黃梨】(황리) 황술레

【黃梅】(황매-オウバイ·コウバイ) 새앙나무

【黃毛】(황모-コウモウ) 족제비 털

【黃吻】(황문-コウフン) ①황구 ②분(粉)을 바른 입

【黃門】(황문-コウモン) ①궁성의 문。금문(禁門) ②내시(內侍)。후한(後漢)때 내시로 금문을 감시하게 하였음 ③결혼하여도 아이를 낳지 못하는 남자

【黃榜】(황방-コウボウ) 칙령(勅令)을 쓴 방(榜)。옛날 조칙은 황지(黃紙)에 기록한 데서 나옴

【黃白】(황백-コウハク) ①노랑과 흰 빛 ②금(金)과 은(銀) ③금전。돈

【黃絲】(황사) 빛이 누른 실

【黃色】(황색-コウショク) 누른 빛

【黃熟】(황숙-コウジュク) 곡식이나 과실 따위가 누렇게 익는 것

【黃楊木】(황양목) 화양목

【黃玉】(황옥-コウギョク) 빛이 누른 옥

【黃牛】(황우-コウギュウ) 누른 빛깔의 소

【黃肉】(황육) 쇠고기

【黃衣】(황의-コウイ) 빛이 누른 옷

【黃雀】(황작-コウジャク) ①꾀꼬리 ②참새

【黃鳥】(황조-コウチョウ) 꾀꼬리

【黃酒】(황주-コウシュ) 누룩과 차조 또는 차수수 등을 원료로 만든 담갈색 내지 흑갈색의 중국 술

【黃泉】(황천-コウセン) ①저승。황로(黃壚) ②저 세상。래세(來世) ③땅 속의 샘

【黃貂】(황초-コウチョウ) 노랑담비

【黃燭】(황촉-コウショク) 밀초

【黃土】(황토-コウド・オウド) ①빛이 누른 흙 ②대지(大地) ③황천(黃泉)

【黃袍】(황포-コウホウ) 임금의 예복

【黃蛤】(황합) 모시조개

【黃荊】(황형) 망대싸리

【黃昏】(황혼-コウコン・たそがれ) 해가지고 어둑어둑할 때

【黃花・黃華】(황화-コウカ) 국화 꽃

【黃禍】(황화-コウカ) 황색인종(黃色人種)이 성하여서 다른 인종 특히 백색인종 (白色人種)에 미치는 화해(禍害) 구라파 사람의 공포심에서 생긴 생각

【十三畫】

【黌】횡 コウ、まなびや school 글방 學舍

【黌堂】(횡당) 공부하는 집

【黌舍】(횡사-コウシャ) 공부하는 집

【黌宇】(횡우-コウウ) 글을 가르치는 것

黍部

【黍】서 ショ、きび panicled millet 國 ㄕㄨˇ shu³ 禾屬粘爲秫不粘爲一 메기장

【黍稻】(서도-ショトウ) 기장과 벼

【黍麵】(서면-ショメン) 기장으로 만든 국수

【黍醅】(서배-ショバイ) 기장으로 담근 「술

【黍粟】(서속-ショリツ) 기장과 조

【黍離之難】(서리지란-ショリのタン) 나라가 멸망하여 궁전의 자리가 수수밭이나 밀밭으로 변한것을 보고 탄식하는 일

【三畫—十畫】

【黎】려 リ、レイ、くろい black 國 ㄌㄧˊ li² ①검을 黑也 ②밝을 녘 天欲曙一明 ③무리 衆也一民 ④배피붙일 作履黏以黎米

【黎旦】(여단-レイタン) 동이트는 이른 아침

【黎明】(여명-レイメイ) 밝은 녘。어둑새벽

【黎明期】(여명기-レイメイキ) 국가나 사회에서 새로운 문화에로 나아가려는 기미가 있을 그 때

【黎民】(여민-レイミン) 서민은 관을 쓰지 않으므로 검은 머리칼이 보인다는 뜻으로 서민을 일컬음

【黎首】(여수-レイシュ) 여민(黎民)과 같「음

【黎元】(여원-レイゲン) 일반 백성

【黎獻】(여헌-レイケン) 현명한 천성。헌(獻)은 현(賢)

【黎黑】(여흑-レイコク) 빛이 검음

【黏】점 ネン、デン、ねばる past; sticky 國 ㄋㄧㄢˊ nien² ①풀 糊也 ②붙일 相著 粘同

【黏力】(점력-ネンリョク) 두가지 물건의 표면의 작은 부분이 서로 끌어당기는 힘

【黏着】(점착-ネンチャク) 드러붙음

【黏土】(점토-ネンド) 찰흙

【黏板巖】(점판암-ネンバンガン) 찰흙이 석영(石英)돌과 섞이어 굳어진 바윗돌。벼루。석반(石盤) 등의 원료로 씀

【䵚】도 トウ、とうもろこし Indian corn 옥수수 玉蜀黍

【黐】리 チ、とりもち name of a grass 새잡는 풀 所以黏鳥一膠

【黐粘】(이점-チネン) 새를 잡는 풀

黑部

【黑】흑 コク、くろ
black 職 ㄏㄜ hê⁴

①검을 北方陰色 ②검은 사마귀 一子

【黑角】(흑각-コッカク) 물소의 뿔

【黑鬼子】(흑귀자) 살빛이 검은 사람

【黑疸】(흑달) 이마가 검숭하여지고 발한(發汗)·발열(發熱)이 심하며 오줌이 잦은 황달(黃疸)의 일종

【黑糖】(흑당-コクトウ) 검은 설탕

【黑道】(흑도-コクドウ) 태양(太陽)의 궤도。황도(黃道)에서 四十三도四분、남북극에서 二十三도 三八도에있음

【黑豆】(흑두-くろまめ) 검은 콩 (고혈압에 약으로도 쓰임)

【黑頭公】(흑두공-コクトウコウ) 장년으로 삼공(三公)의 지위에 오른 사람

【黑笠】(흑립-くろかさ) 칠립(漆笠)

【黑幕】(흑막-くろマク) 사건 이면의 인물。또는 그 내용

【黑髮】(흑발-くろかみ) 검은 머리털

【黑白】(흑백-コクビャク) ①검은 빛과 흰 빛 ②옳은 것과 그른 것

【黑死病】(흑사병-コクシビョウ) 페스트라는 병균의 침입으로 일어나는 맹렬한 전염병의 한가지

【黑色】(흑색-くろいろ) ①검은 빛 ②무정부 주의(無政府主義)를 상징하는 빛

【黑線】(흑선-コクセン) ①검은 선 ②스펙트럼에 나타나는 일광의 무수한 빈곳

【黑松】(흑송-くろまつ) 소나무의 일종

【黑手】(흑수-コクシュ) 음흉한 짓을 하는 수단

【黑心】(흑심-コクシン) ①검측스러운 마음 ②질투하는 마음

【黑暗】(흑암-コクアン) 깜깜함。몹시 어두움

【黑夜】(흑야-くろよ) 깜깜한 밤。몹시 어두운 밤

【黑鉛】(흑연-コクエン) 납과 같은 광택이 있는 검고 부드러운 순수한 탄소(炭素)로 된 광물

【黑烟】(흑연-コクエン) 검은 연기

【黑牛】(흑우-コクギュウ) 털이 검은 소

【黑雲】(흑운-コクウン・くろくも) 검은 구름

【黑月】(흑월-コクゲツ) 한 달을 둘로 나누어 계명(戒命)을 설득하는 기간인 十五일 이후의 보름을 가리키는 말

【黑油魔】(흑유마) 검은 옷

【黑衣】(흑의-コクイ・コクエ) ①검은 옷 ②왕궁의 호위병 ③먹물을 들인 옷

【黑人】(흑인-コクジン) 검둥이。흑인종(黑人種)

【黑人種】(흑인종-コクジンシュ) 피부는 흑색 흑은 흑갈색 머리털은 흑색 코는 넓적하고 털은 쑥 나온 특징이 있는 인종

【黑子】(흑자-コクシ・ほくろ) ①사마귀 ②썩 작은것을 이름

【黑睛】(흑정-コクセイ) 검은 자위

【黑鳥】(흑조-コクチョウ) 금은 빛갈의 새 짐승。까마귀의 딴이름

【黑淸】(흑청) 빛이 검어서 조청(造淸)과 비슷한 꿀

【黑貂】(흑초) 검은 담비

【黑齒】(흑치-コクシ) 까만 이。또는 만족(蠻族)의 이름

【黑雉】(흑치) 멧닭

【黑漆】(흑칠-コクシツ) 빛이 검은 옻

【黑風】(흑풍-コクフウ) 몹시 부는 바람。폭풍(暴風) (白雨는 소나기)

【黑陷】(흑함) 이마가 곪을 때 농도속에 출혈이 되어 빛갈이 검어지는 증세

【三畫—四畫】

【黓】익 ヨク、くろい
black 職 ㄧˋ yi⁴

①검을 黑也 ②太歲在壬曰玄一戈通

【墨】土部 十二畫에 볼것

【黔】검 ケン、キン、くろい
black 鹽 ㄑㄧㄢˊ ch'ien²

검을 黎也一首 (금) ①땅 이름地名 貴州省別名 ②귀신이름 神名一嬴雷

【黔突】(검돌-ケントツ) 검게 끝은 굴뚝

【黔首】(검수-ケンシュ)백성。일반백성은 관을 쓰지 않고 거믄 머리 그대로 이기 때문임

【黔沈】(검침-ケンチン) 마음이 음흉함。검측스러움

【黔炭】(검탄-ケンタン) 품질이 나쁘고 화력이 약한 참숯

【默】
묵 モク、ボク、だまる silent 職 [ㄇㄛˋ mò] ①잠잠할 不語 ②고요할 靜也 ③침착할 淵ㅣ

【默契】(묵계-モッケイ) 의사가 우연히 서로 맞음

【默考】(묵고-モッコウ) 아무 말이 없이 생각함

【默過】(묵과-モッカ) 말없이 그대로 지나침

【默諾】(묵낙-モクダク) 말없이 은연중에 승낙의 뜻을 나타냄

【默念】(묵념-モクネン) 묵고(默考)와 같음

【默禱】(묵도-モクトウ) 말없이 기도함

【默讀】(묵독-モクドク) 소리를 내지않고 글을 읽음

【默禮】(묵례-モクレイ) 말없이 머리를 숙이고 절함

【默默】(묵묵-モクモク) 말없이 조용한 모양。허무한 모양。뜻을 언지 못한 모양。불만족 한 모양

【默默不答】(묵묵부답-モクモクとしてこたえず) 입을 다문 채 대답하지 아니함

【默秘】(묵비-モクヒ) 비밀로 하여 말하지 아니함

【默思】(묵사-モクシ) 묵묵히 생각함

【默殺】(묵살-モクサツ) 알고도 모르는척 하고 내버려둠

【默想】(묵상-モクソウ) 잠잠히 마음속으로 생각함

【默示】(묵시-モクジ) ①직접으로 밝히어 말은 아니하나 간접으로 의사를 표시함 ②하느님이 성신(聖神)으로 알려줌

【默視】(묵시-モクシ) 잠잠히 바라 보고 있음

【默約】(묵약-モクヤク) 묵계(默契)

【默語】(묵어-モクゴ) 침묵 지키는 것과 말하는 것

【默言】(묵언-モクゲン) 말하지 아니함

【默然】(묵연-モクゼン) 잠잠하고 말이없는 모양

【默諭】(묵유-モクユ) 하나님이 말없이 가르침

【默認】(묵인-モクニン) 말은 아니하나 속으로 허락함

【默存】(묵존-モクソン) 말없이 잠잠히 생각함

【默從】(묵종-モクジュウ) 잠자코 복종함

【默坐】(묵좌-モクザ) 아무 말없이 앉아 있음

【默鑄】(묵주-モクチュウ) 묵인을 받고 비공식적으로 만든 사수전

【默重】(묵중-モクジュウ) 말이 적고 태도가 무거움

【默許】(묵허-モッキョ) 말하지 않고 슬그머니 허락함

「五畫—六畫」

【黛】
대 タイ、まゆずみ blacken the eyebrow ①눈썹 그릴 畵眉 ②검푸를 似空靑而色深靑ㅣ

【黛綠】(대록-タイリョク) 눈썹 그린 빛이 푸름。미인의 형용

【黛眉】(대미-タイビ) 그린 눈썹

【黛樹】(대수-タイジュ) 멀리 보이는 나무를 그린 눈썹에 견주어 이름

【黛靑】(대청-タイセイ) 쪽으로 만든 검푸른 물감

【黝】
유 ユウ、あおぐろ dark green 有 [ㄧㄡˇ yǔ] ①검푸를 靑黑色 ②검은 칠할 用黑飾地 ③우뚝할 將出貌ㅣ糾

【黝糾】(유규-ユウキュウ)우뚝한 모양。특출한 모양。또 수목이 둘러싸여 있는 모양

【黝綠】(유록-ユウリョク) 검은 빛을 띤 녹색

【黝牲】(유생-ユウセイ) 털빛이 검푸른 희생。제사에 쓰는 것

【黝牛】(유우-ユウギュウ)털빛이 검푸른소

【黝黝】(유유-ユウユウ) 어둑한 모양。수목이 무성하여 어둠 침침한 모양

【黝斥】(유척-ユウセキ) 물리침

【點】점 テン、ちょぼ dot; spot; point
①점 小黑點 ②점찍을 畫— ③가리킬 指點 ④상고할 檢— ⑤흐릴 以筆滅字 ⑥더러울 汚也

【點檢】(점검-テンケン) ①낱낱이 조사함。자세히 검사함 ②벼슬이름。임금의 친병(親兵)의 일을 맡음

【點景】(점경-テンケイ) 풍경화에 인물 동물 등을 그려 넣고 또는 소나무에 돌을 그려 넣어서 취미를 더하게함

【點計】(점계-テンケイ) 일일이 조사하여 헤아리는 일

【點考】(점고-テンコウ) 점을 찍어가며 사람의 수효를 조사함

【點茶】(점다-テンチャ・テンサ) 끓는 물에 차를 넣음

【點頭】(점두-テントウ) 머리를 끄덕 끄덕 거림

【點燈】(점등-テントウ) 등불을 켬。점화(點火)

【點滅】(점멸-テンメツ) 등불을 켰다 껐다 함

【點名】(점명-テンメイ) 점을 찍어가며 이름을 부름

【點狀】(점상-テンジョウ) 점과 같은 모양

【點線】(점선-テンセン) 점이 죽 찍힌 선

【點數】(점수-テンスウ) ①점의 수효。득점수(得點數) ②물건의 수효

【點授】(점수-テンジュ) 점지

【點示】(점시-テンジ) 하나 하나 지적하여 표시함

【點雲】(점운-テンウン) 점점히 흩어진 구름 모양의 무늬

【點滴】(점적-テンテキ) 물방울

【點點】(점점-テンテン) ①물방울이 똑똑 떨어지는 모양 ②점을 찍은 것처럼 여기 저기 늘어 놓은 모양

【點火】(점화-テンカ) ①장마 때 축축한 방에 불을 땜 ②불을 붙임

【黈】주 チュ、ぼち speck
점 點也

【黜】출 チュツ、しりぞける repulse 質 ㄔㄨˋ ch'u^{4}
내칠 退也貶下擯斥 出同

【黜免】(출면-チュツメン) 관직을 그만 두게함

【黜放】(출방-チュッポウ) 물리쳐 놓아줌

【黜否】(출부-チュッピ) 무능자나 소인(小人)을 내침

【黜斥】(출척-チュッセキ) 물리쳐 쓰지 아니함

【黜陟】(출척-チュッチョク) 벼슬의 등급을 내리는 것과 올리는 것。못된 사람을 내쫓고 좋은 사람을 씀

【黜學】(출학-チュツガク) 학생을 학교에서 내쫓음

【黜會】(출회-チュッカイ) 단체 또는 회합에서 내어 쫓음

【黠】힐 カツ、わるがしこい cunning
①약을 慧也 ②간사할 姦也

【黠鼠】(힐서-カッソ) 약은쥐。교활한쥐

【黠兒】(힐아-カツジ) 약은 아이

【黠智】(힐지-カッチ) 약은 꾀。교활한 꾀

【黠獪】(힐회-カッカイ) 간사한 꾀가 많음

〔八畫—十五畫〕

【黥】경 ゲイ、ケイ、いれずみ brand criminals on the face 庚 ㄑㄧㄥˊ ch'ing^{2}
자자할 墨刑在面

【黥徒】(경도-ゲイト) 경죄(黥罪)를 받은 죄인

【黥面】(경면-ゲイメン) 얼굴에 자자함。또 그 얼굴

【黥首】(경수-ゲイシュ) 자자한 이마。형벌의 하나

【黥罪】(경죄-ゲイザイ) 옛날에 자자하던 형벌

【黨】당 トウ、なかま party 養 ㄉㄤˇ tang^{3}
①무리 朋也 ②견줄 比也 ③편백할 偏也 ④자주 頻也 ⑤동리 五百家 ⑥곳 所也 ⑦알 知也 儻通

【黨魁】(당괴-トウカイ) 당의 우두머리。

당수(黨首)
【黨規】(당규-トウキ) 정당의 규칙
【黨同伐異】(당동벌이-トウドウバツイ) 의견이 같은 사람은 서로 의지하고 같지 않은 사람은 서로 배척함
【黨略】(당략-トウリャク) 당파에서 쓰는 계략
【黨論】(당론-トウロン) ①바른 의론(議論)。정론(正論) ②그 당파의 주창하는 의론
【黨類】(당류-トウルイ) 한 무리。한 동아리。끼리끼리
【黨倫】(당륜-トウリン) 당의 윤리
【黨利】(당리-トウリ) 당의 이익
【黨務】(당무-トウム) 당의 사무
【黨輩】(당배-トウハイ) 함께 어울리는 무리
【黨閥】(당벌-トウバツ) 같은 당파의 사람들이 단결하여 자기파의 이익을 논의하며 다른 당을 배척하는 일
【黨費】(당비-トウヒ) 당의 비용
【黨勢】(당세-トウセイ) 당파의 세력
【黨首】(당수-トウシュ) 당파의 두목。당괴(黨魁)
【黨友】(당우-トウユウ) 같은 당파에 속하는 사람
【黨人】(당인-トウジン) ①그 당파에 딸린 사람 ②같은 당의 사람
【黨爭】(당쟁-トウソウ) 당파의 싸움
【黨籍】(당적-トウセキ) 당원으로서의 명적(名籍)
【黨正】(당정-トウセイ) 바르고 착함
【黨派】(당파-トウハ) 정당의 분파
【黨弊】(당폐-トウヘイ) 당파에서 생기는 폐해
【黨禍】(당화-トウカ) 당파에서 생기는 화란(禍亂)

【黧】리 リ、レイ、ライ、くろい black
검을 黑也 (려) 義同
【黧牛】(이우-リギュウ) 검고 누른 빛이 나는 소
【黧顏】(이안-リガン) ①검은 얼굴 ②얼굴이 검도록 일을 함
【黧黑】(이흑-リコク) 검고 누른 빛이남 (파리한 얼굴 빛을 이름)

【黯】암 アン、どすくろい very dark and black
①검을 黑也 ②어두울 暗也 ③아득할 傷別貌—然
【黯淡】(암담-アンタン) 어둑함
【黯然】(암연-アンゼン) ①어두운 모양 ②아득한 모양。슬픈 모양
【黯慘】(암참-アンサン) 어둡고 무시무시함

【黴】미 バイ、ビ、かび mould 因 ㄇㄟˊ mei²
①곰팡 物中久雨青黑 ②검을 黑也 ③기미낄 面垢黑
【黴菌】(미균-バイキン) 유기물(有期物)에 기생하는 동물。박테리아

【黷】독 トク、けがす blacken; dirty 屋 ㄉㄨˊ tu²
①더러울 汚也 ②설만할 媟也 ③자주 數也頻— ④무릅쓸 蒙也 ⑤때낄 垢也 ⑥검을 黑也 ⑦가무잡잡할 黝貌 瀆通
【黷亂】(독란-トクラン) 정치나 인륜을 더럽히고 어지럽게 함
【黷武】(독무-トクブ・ブをけがす) 함부로 전쟁하여 무덕(武德)을 더럽히는일
【黷煩】(독번-トクハン) 자주 귀찮게 굴음
【黷然】(독연-トクゼン) 어두운 모양
【黷職】(독직-トクショク)관리 등이 그 직무를 손상시키는 따위의 부정한 행위를 함

黹部

【黹】치 チ、ぬう sew 紙 ㄓˇ chih³
바느질할 縫紩衣

【五畫—九畫】

【黻】불 フツ、ひざかけ damask 物 ㄈㄨˊ fu²
①보불 裳繡黑青相次文狀如兩己相背 ②슬갑 韋韠以蔽膝
【黻冕】(불면-フツベン) 치불(黹黻)과 면류관。둘 다 제복(祭服)
【黻衣】(불의) 제복(祭服)

【黼】보 フ、ホ、あや embroidered garments
보불 裳黼斧形黑白爲文ㅣ黻
【黼衣】(보의-フイ) 도끼 모양의 수를 놓아 꾸민 예복(禮服)
【黼座】(보좌-フザ) 임금이 앉는 자리

黽 部

【黽】민 ビン、ミン、つとめる put forth an effort
힘씀 蛙屬其行勉强自力故曰ㅣ勉
(면) 고을 이름 弘農郡名ㅣ池河南省內 (맹)맹꽁이 似靑蛙而腹大
【黽勉】(민면-ビンベン) 부지런히 힘씀

【四畫—十二畫】

【黿】원 ゲン、ガン、おおすっぽん sea turtle 元 ㄩㄢ yüan²
큰자라 介蟲之元似鼈而大以鼈爲雌
【黿鼉】(원타-ゲンダ) 큰 자라와 악어

【鼂】조 チョウ、ショウ、あさ morning 蕭 ㄔㄠ ch'ao²
①아침 朝也 ②조채옥 義玉ㅣ采 ③사람 이름 人名ㅣ錯漢潁川人 晁同

【鼃】왜 ア、かえる frog 佳 ㄨㄚ wa¹
①맹꽁이 蝦蟇 (와) 義同 䵷同

【䵷】와 ア、かえる frog
①前條와 같음 ②蛙(虫部六畫)古字 ③음란할 淫聲
【䵷聲】(와성-アセイ) 음란한 음악소리。또 그 음악

【鼇】오 ゴウ、おおすっぽん large turtle 豪 ㄠ ao²
큰 자라 大鼈背負三神山 鰲同
【鼇峰】(오봉-ゴウホウ) ①오산(鼇山)의 봉우리。신선이 산다는 곳 ②한림원(翰林院)

【鼈】별 ヘツ、すっぽん turtle 屑 ㄅㄧㄝ pieh¹
자라 介蟲龜屬眼聽 鱉同
【鼈甲】(별갑-ベッコウ) 자라의 껍질。여자의 혈병(血病)및 학질・한열(寒熱)따위에 약제로 씀

鼎 部

【鼎】정 テイ、かなえ iron pot 迥 ㄉㄧㄥ ting³
①솥 烹飪器三足兩耳 ②늘어질 大舒貌ㅣㅣ ③새로울 新也 ④바야흐로 方也ㅣ盛 ⑤마땅할 當也ㅣ來
【鼎爐】(정로-テイロ) 솥 모양으로 된 화로
【鼎立】(정립-テイリツ) 솥같이 벌려 섬
【鼎沸】(정비-テイフツ) 소란하고 혼잡함
【鼎士】(정사-テイシ) 정(鼎)을 들어 올리는 힘이 있는 장사
【鼎盛】(정성-テイセイ) 한창
【鼎食】(정식-テイショク) 귀인의 음식으로 진수성찬을 이름
【鼎臣】(정신-テイシン) ①대신(大臣)을 이름 ②정사(鼎士)
【鼎運】(정운-テイウン) 제왕의 운명
【鼎鼎】(정정-テイテイ) ①늘어진모양。몸이 느즈러진 모양 ②성대한 뜻으로 씀 ③세월이 빨리 감을 이름
【鼎足】(정족-テイソク) ①솥발 같이 세쪽에 할거(割據)함을 이름 ②솥발 같이 三인이 서로 돕는 것을 이름
【鼎坐】(정좌-テイザ) 솥발 같이 세곳에 벌려 앉음
【鼎峙】(정치-テイジ) 세 곳에 서로 버티어 섬
【鼎鑊】(정확-テイカク) 죄인을 삶아 죽이던 솥。확(鑊)은 큰 솥으로 발이 없는 것。옛적에는 고기를 삶는 데 썼고 후세에는 사람을 형벌하는 형구(刑具)로 썼음

【二畫—三畫】

【鼐】내 ダイ、ナイ、おおかなえ incense tripod 賄 ㄋㄞ nai⁴
가마솥 大ㅣ

【鼏】멱 ベキ、ミヤク、ふた lid of a kettle 錫 ㄇㄧ mi⁴
솥뚜껑 鼎蓋 冪同

【鼒】자 シ、サイ、かなえ small kettle 支 ㄗ tzŭ¹

옹솥 小鼎 (재) 義同

鼓 部

【鼓】고 コ、つづみ drum 㝗 ㄍㄨˇ ku³ ①북 樂器革音 ②휘 量器斛別名 ③별이름 河ー牽牛星

【鼓角】(고각-コカク) 군중의 호령으로 쓰는 북과 피리

【鼓角喊聲】(고각함성-コカクカンセイ) 고각(鼓角)의 소리와 아우성 소리

【鼓動】(고동-コドウ) ①북소리 ②인심을 격동함 ③심장의 혈액순환으로 인하여 가슴에 울리는 소리

【鼓樓】(고루-コロウ) 북을 단 다락집

【鼓膜】(고막-コマク) 귀청

【鼓面】(고면) 북편

【鼓舞】(고무-コブ) ①북을 쳐서 춤을 추게 함 ②부추김。인심을 격동시킴

【鼓腹】(고복-コフク) 배를 두드림。배불리 먹음。태평(太平)을 즐기는 형용

【鼓詞】(고사-コシ) 산문(散文)의 말과 운문(韻文)의 창(唱)을 번갈아 쓰면서 조직한 중국의 창극의 총칭

【鼓聲】(고성-コセイ) 북 소리

【鼓樂】(고악-コガク) 북을 쳐서 음악을 연주함

【鼓笛】(고적-コテキ) 북과 피리

【鼓唱】(고창-コショウ) 어떤 설(說)을 처음 부르짖음

【鼓】고 コ、うつ beat 㝗 ㄍㄨˇ ku³ ①두드릴 擊也 ②고동할 動盪之 振作之 ③풀무 扇火動橐ー鑄

【一畫—八畫】

【鼓】前條 俗字

【鼕】동 トウ、つづみのおと rattle of drum 북소리 鼓聲ーー

【鼕鼕】(동동-トウトウ) 북소리의 형용

【瞽】目部 十三畫에 볼것

【鼙】비 ヘイ、せめたいこ war-drum used on horse-back 마상북 騎鼓

【鼙鼓】(비고-ヘイコ) 기병(騎兵)이 말위에서 치는 북

鼠 部

【鼠】서 ソ、ショ、ねずみ rat; mouse 語 ㄕㄨˇ shu³ ①쥐 小獸善盜 ②근심할 愁也 ③풀무드림할 持兩瑞首ー ④좀도적 賊也
賊

【鼠肝蟲臂】(서간충비-ソカンチュウヒ) ①사물이 아주 천한 것을 가리키는 말 ②쥐며누리

【鼠遁】(서둔-ソトン) 쥐가 도망하듯 도망하는 것

【鼠狼】(서랑-ソロウ) 족제비의 딴 이름

【鼠糞】(서분-ソフン) 쥐똥

【鼠思】(서사-ソシ) 근심함。걱정으로 생각함

【鼠齧】(서설) 쥐가 쏠어 놓는 것

【鼠矢】(서시-ソシ) 쥐 똥。서분(鼠糞)

【鼠疫】(서역-ソエキ) 흑사병의 딴 이름

【鼠賊】(서적-ソゾク) 좀도둑

【鼠竄】(서찬-ソザン) 쥐 숨듯 숨음

【五畫—九畫】

【鼪】생 セイ、ショウ、いたち weasel 庚 ㄕㄥ shêng¹ 족제비 鼬飛鼠能啖鼠呼鼠狼

【鼫】석 セキ、ジャク、おかつぎ long-tailed marmot 오기서 鼯也 碩通

【鼬】유 ユウ、いたち Siberian weasel 有 ㄧㄡˋ yu⁴ 칩서 野鼠善登水鼯ー

【鼯】오 ゴ、むささび a kind of marmot 虞 ㄨˊ wu² 오기서 似蝙蝠肉翅五技鼠ー

【鼯鼠之技】(오서지기-ゴソのギ) 오기서의 재주라는 뜻이니 재주는 많으나

한가지도 잘하는 것이 없음을 이름

【鼯嘯】(오소-ゴショウ) 오기서가 울음

【鼱】정 セイ、ショウ、はつかねずみ、mouse 생쥐 小鼠

【鼴】언 エン、もぐらもち mole 阮 ㄧㄢˇ yen³ ①언쥐 大鼠形如牛好偃河而飮水 ②두더지 地中鼠

【鼴鼠】(언서-エンソ) 두더지

鼻部

【鼻】비 ビ、ヒ、はな nose ①코 肺之竅脾之發 ②비롯할 始也 一祖

【鼻腔】(비강-ビコウ) 콧속。코안

【鼻鏡】(비경-ビキョウ) 비강의 속을 진찰하는데 쓰는 긴자루 끝에 작은 반사경을 붙인 기구

【鼻骨】(비골-ビコツ) 코뼈

【鼻孔】(비공-ビコウ) 콧구멍

【鼻梁】(비량-ビリョウ) 콧마루

【鼻門】(비문-ビモン) 콧구멍

【鼻塞症】(비색증-ヒソクショウ) 콧속이 빽빽하며 숨을 쉬기가 어렵고 냄새를 맡지 못하게 되는 병

【鼻笑】(비소-ビショウ) 코우슴

【鼻水】(비수-はなみず) 콧물

【鼻息】(비식-ビソク) ①콧숨 ②남의 기분。남의 의향 ③남의 눈치를 살핌

【鼻藥】(비약-ビヤク・はなぐすり) 콧병에 쓰이는 약

【鼻淵】(비연-ビエン) 된 콧물이 나오고 때때로 피고름이 나기도 하는 콧병

【鼻炎】(비염-ビエン) 콧속에서 나는 염증

【鼻子】(비자) 처음 난 자식

【鼻祖】(비조-ビソ) 시조(始祖)。원조(元祖)

【鼻瘡】(비창-ビソウ) 콧구멍속에 나는 부스럼

【鼻涕】(비체-ビテイ) 콧물

【鼻下】(비하-ビガ) 코아래

【鼻鼾】(비한-ビカン) 코를 골음

【三畫—十畫】

【鼾】한 カン、いびき snore 코골 臥息一睡

【鼾雷】(한뢰-カンライ) 코고는 소리가 우뢰 같다는 형용

【鼾睡】(한수-カンスイ) 코를 골고 잠

【鼾息】(한식-カンソク) 코를 골음

【齅】후 キュウ、かぐ smell 宥 ㄒㄧㄡˋ hsiu⁴ ①냄새맡을 鼻取氣 ②코내불 就臭 嗅同

齊部

【齊】제 セイ、サイ、ととのえる arrange;regular ①정제할 整也 ②가지런할 等也 ③엄숙할 肅也 ④빠를 疾速徇一 ⑤제나라 國名大公所封 ⑥공손할 恭慤貌一一 ⑦고를 和也 (자) 삼옷아랫단한 衣下縫一衰 (재) 재계할 潔也 致一齋同

【齊家】(제가-セイカ・いえをととのう) 집을 바로 다스림。살림살이를 잘함

【齊戒】(제계-サイカイ) 신을 제사할 때에 심신을 깨끗히 하고 음식을 가려 먹어 부정을 물리는 것。또는 그러한 행위

【齊民】(제민-セイミン・たみをひとしくす) 백성。서민(庶民)

【齊聲】(제성-セイセイ・こえをひとしくす) 여러 사람이 일제히 소리를 지름

【齊一】(제일-セイイツ) 고름。가즈런함

【齊齊】(제제-セイセイ) 공손히 삼가는 모양

【齊奏】(제주-セイソウ) 많은 악기 등이 동시에 같은 가락을 연주함

【齊進】(제진-セイシン) 일제히 나아감

【齊唱】(제창-セイショウ) 일제히 부름

【齊割】(제할-セイカツ) 똑 같이 가름

【齊喊】(제함-セイカン) 일제히 고함 지름

【三畫—九畫】

【齋】재 サイ、シ、ものいみ purify; refined
재계할 潔也—戒
【齋戒】(재계-サイカイ) 부정을 피하고 몸을 깨끗이 함
【齋宮】(재궁-サイキュウ) ①임금이 대묘제(大廟祭)에 재계(齋戒)하는 궁전 ②지방의 문묘(文廟) ③무덤을 지키기 위하여 그 옆에 지은 집
【齋郞】(재랑-サイロウ) 제향(祭享) 때 향로를 받드는 제관(祭官)
【齋糧】(재량-サイリョウ) 양식을 지니고 다님
【齋米】(재미-サイマイ) 중에게 주는 쌀
【齋所】(재소-サイショ) 재계(齋戒)를 하는 곳。제를 올리는 곳
【齋舍】(재사-サイシャ) ①재옥(齋屋) ②독서하는 방
【齋室】(재실-サイシツ) 능(陵) 묘(廟)등이 있는 전각(殿閣)
【齋屋】(재옥-サイオク) 재계(齋戒)하는 집。재사(齋舍)
【齋日】(재일-サイニチ) 재계하는 날
【齋場】(재장-サイジョウ) 신불에 제사를 올리기 위하여 몸을 재계하는 깨끗한 뜰
【齋殿】(재전-サイデン) 재실(齋室)
【齋錢】(재전-サイセン) 잿돈
【齋醮】(재초) 병이 낫기를 기도 함

【齎】재 セイ、サイ、もたらす offer; send 図ㄐㄧ chi¹
①쌀 裝也 ②가질 持也 ③줄 遺也 ④탄식할 咨歎辭 資同 (제) 義同
【齎糧】(재량-セイリョウ) 양식을 가지고 감
【齎捧】(재봉-セイホウ) 가지고 가서 바침
【齎送】(재송-セイソウ) 가져다가 줌。또 그 물건
【齎咨】(자용-セイシ) ①아아 하는 탄식 소리 ②탄식함

【齏】제 セイ、あえもの flavour with spice
①양념 膾酢醯醬所和 ②양념다질 擣辛物爲之 ③부실 碎也 ④섞일 混也

齒 部

【齒】치 シ、は teeth 紙 ㄔ ch'ih³
①이 口斷骨上—下牙 ②나이 年也 ③같을 類也 ④벌 列也
【齒決】(치결-シケツ) 이로 물건을 깸
【齒根】(치근-シコン) 이촉
【齒序】(치서-シジョ) 나이의 차례
【齒宿】(치숙-シシュク) 늙음
【齒牙】(치아-シガ) 사람의 이(議論할 餘地가 없음)
【齒次】(치차-シジ) 나이의 차례로 벌려 놓음。또 같은 줄에 벌려 놓음
【齒齒】(치치-シシ) 돌들이 희게 벌려 놓인 모양
【齒痛】(치통-シツウ) 이앓이

【二畫—五畫】

【齔】츤 シン、かけば second dentition
①이갈 毁齒 ②어릴 齠—
【齔童】(츤동) 이를 갈게 된 나이의 아이。七、八세의 어린 아이

【齗】은 ギン、はぐき gum 図ㄧㄣ yin²
①잇몸 齒根肉 ②말다툼할 辯爭— —③미워할 忿疾意
【齗齗】(은은-ギンギン) 서로 말다툼 하는 모양

【齡】령 レイ、よわい age
나이 年也

【齟】주 ソ、ショ unevenly-fiting teeth
이 어긋날 齒不相值—齬
【齟齬】(주어-ソゴ) ①아래 윗니가 바르지 아니하여 맞지 않음 ②사물이 어긋남

【齠】초 チョウ、みそっぱ shed the milk teeth
이 갈 始毁齒
【齠歲】(초세-チョウサイ) 이를 갈게 되는 나이。어린 나이。또 그 아이

【齠耋】(초질-チョウテツ) 어린애와 늙은 이。 질(耋)은 八十대 노인

【齠齔】(초츤-チョウシン) 七、八세의 어린아이

【六畫—九畫】

【齦】간 ギン、ゴン、はぐき gum ①잇몸 齒根肉 ②널 齧也

【齧】설 ゲツ、ケチ、かむ bite 國ㄋㄧㄝ nieh. 깨물 噬屑

【齧殺】(설살-ゲッサツ) 물어 죽임

【齧破】(설파-ゲッハ) 깨물어 깨뜨림

【齬】어 ギョ、ゴ、くいちがう be discrepant 이 어긋날 齒不相値齟—

【齪】착 サク、ソク、こせつく worry 國ㄔㄨㄛ ch'o. ①악착할 急促局陋貌齷— ②이 맞히는 소리 齒相近聲

【齷】악 アク narrow minded 國ㄨㄛ wo. 악착할 促也—齪

【齷齪】(악착-アクサク) ①도량이 써 좁음 ②사소한 일에 끈기있고 모짐

【齲】우 ウ、ク、むしば decayed tooth 國ㄑㄩ ch'ü. 너리먹을 齒病

【齲齒】(우치-ウシ) 너리먹은 이。 충치(蟲齒)

龍 部

【龍】룡 リュウ、リョウ、たつ dragon 國ㄌㄨㄥ lung. ①용 鱗蟲之長想像上動物 ②나라님 天子物之用語—顔—駕 ③별이름 星名蒼— ④여덟자 되는 말 馬高八尺曰— ⑤姓也 (롱) 둔덕 田中高處。 壟(土部 十六畫)同 (총) 寵(宀部十六畫)同

【龍駕】(용가-リョウガ) 임금의 수레

【龍骨】(용골-リュウコツ) ①용의 뼈 ②선박(船舶)。바닥에 있는 배。 골이 되는 양재(梁材)

【龍光】(용광-リュウコウ) ① 군주(君主)의 덕을 기리는 말 ②남의 풍채의 경칭

【龍宮】(용궁-リュウグウ) 바다 속에 있다고 하는 용왕의 궁전

【龍忌】(용기-リョウキ) 불을 때는것이 금지되어 있는 날

【龍女】(용여-リュウジョ・リュウニョ) 용왕의 딸

【龍頭蛇尾】(용두사미-リュウトウダビ) 머리는 용이요 꼬리는 뱀。 처음은 좋고 나중은 언짢음을 이름。 또 처음은 성하고 나중은 쇠함을 이름

【龍淚】(용루-リュウルイ) 임금의 눈물

【龍鱗】(용린-リュウリン) ①용의 비늘 ②소나무의 줄기를 이름 ③임금·영웅에 비유함

【龍馬】(용마-リュウバ・リョウメ) ①걸음의 빠른 말 ②늙고 정정한 사람을 이름

【龍文】(용문-リョウブン・リュウモン) ①용을 그린 오색(五色)의 그림 ②재주가 비상한 아이。 신동(神童)

【龍飛】(용비-リュウヒ) 임금의 자리에 나아감

【龍蛇】(용사-リョウダ) ①용과 뱀 ②비상한 인물을 이름 ③초서의 필력의 형용 ④불가에서 용을 성인(聖人)、뱀을 범인(凡人)에 견줌

【龍象】(용상-リウゾウ) 용이나 코끼리나 다 뛰어난 동물。 곧 학덕이 뛰어난 중。 중의 종칭

【龍沼】(용소-リュウショウ) 폭포가 떨어지는 바로 밑에 있는 웅덩이

【龍神】(용신-リュウシン) 용왕(龍王)

【龍眼】(용안-リュウガン) 임금의 얼굴

【龍驤虎視】(용양호시-リョウジョウコシ)용처럼 날치고 범같이 본다는 뜻으로 영웅이 한 쪽의 세력을 얻어가지고 천하를 정복하고자 태도를 일컫는 말

【龍王】(용왕-リュウオウ)용궁의 임금。용신(龍神)

【龍子】(용자-リュウシ) 용의 아들
【龍種】(용종-リュウシュ) ①뛰어난 좋은 말。용마(龍馬)의 씨 ②임금의 자손을 이름 ③약은 아이
【龍舟】(용주-リュウシュウ) 임금이 타는 배
【龍鐏】(용준) 용을 그린 술 그릇
【龍虎】(용호-リュウコ・リョウコ) ①용과 범 ②문장의 뛰어남을 이름 ③뛰어난 풍채 ④두 사람의 영웅。또는 강자(强者)를 이름

【三畫—六畫】

【龐】방 ホウ、ボウ、ロウ、みだれる high house ; confused ①어수선할 雜亂貌 ②클 高大貌 ③높은 집 高屋 ④姓也 (롱) 충실할 充實——
【龐錯】(방착-ホウサク) 뒤섞여 어지러움
【龕】감 ガン、カン、とう tower 覃 ㄎㄢ k'an¹ ①감실 塔下室 ②이길 勝也—暴 ③취할 取也
【龔】공 キョウ、ク、つつしむ give; present to ①이바지할 奉也 ②공손할 愨也 ③줄 給也
【礱】石部 十六畫에 볼것

龜 部

【龜】귀 キ、かめ tortoise 支 ㄍㄨㄟ kuei¹ 거북 甲蟲之長 (구) 나라이름 西域屬國—玆 (균) 손 얼어터질 手凍圻
【龜殼】(귀각) 거북의 등 껍질
【龜脚】(귀각) 선인장의 딴 이름
【龜鑑】(귀감-キカン) 사물의 거울。법도。본보기
【龜甲】(귀갑-キコウ)거북의 등껍질。약제로 씀
【龜鏡】(귀경-キキョウ) 귀감(龜鑑)
【龜齡】(귀령-キレイ) 거북의 나이。곧 장수(長壽)
【龜頭】(귀두-キトウ)①귀질(龜趺) ②자지 대가리 (형상이 자라와 비슷함에서 이름)
【龜毛】(귀모-キモウ) 거북의 털。물건이 아주 없음을 이름
【龜背】(귀배-キハイ) 꼽추。등이 구부는 병
【龜鼈】(귀별-キベツ) ①거북과 자라 ②남을 업신여기고 천하게 여기는 말
【龜卜】(귀복-キボク) 거북의 등껍질을 태워서 거기에 나타나는 모양으로 길흉을 판단하는 점
【龜趺】(귀부-キフ) 석비(石碑)의 받침을 거북 모양으로 새긴 것
【龜玉】(귀옥-キギョク) 거북의 등껍질과 구슬。귀중한 물건을 비유
【龜貝】(귀패-キバイ) 거북 껍질과자개。고대(古代) 화폐로 쓰던 것
【龜胸龜背】(귀흉귀배-キキョウキハイ) 안팎 꼽사등이
【龜裂】(균열-キレツ) 거북의 껍질 모양으로 갈라져 터짐
【龜縮】(균축) 정치를 실행하는 권력
【龜坼】(균탁-キタク) 옛날 점복(占卜)의 이름。갈라져 터짐。균열(龜裂)

龠 部

【龠】약 ヤク、ふえ flute 藥 ㄩㄝ yüeh⁴ ①피리 三孔樂名管— ②홉사 量名容千二百黍 籥通

【四畫—五畫】

【龡】취 スイ、ふく exhale 支 ㄔㄨㄟ ch'uei 불 以氣探發其聲 吹本字
【龢】화 カ、ワ、やわらぐ 歌 ㄏㄜ ho² ①화할 和也 ②작은 생황 小笙 和古字
【龥】유 ヤク、ユ、よぶ shout 遇 ㄩ yü⁴ ①부르짖을 疾首號呼 ②화할 和也

한글 字彙

【가】

加 더할 九七
伽 절 四二
架 시렁 三八四
珈 구슬 五〇八
枷 도리깨 三八四
哿 옳을 一三三
痂 헌데 五二九
迦 부처이름 七八七
笳 갈잎피리 五八二
跏 꿇어앉을 七六五
袈 가사 七〇三
嘉 아름다울 一四〇
耞 도리깨 三八四
駕 멍에 九〇六
可 옳을 一一九
珂 가옥 五〇八
呵 꾸짖을 一二九
柯 가지 三八四
哥 형 一三三
歌 노래 四一四
苛 까다로울 六五八
訶 꾸짖을 七二一
軻 바퀴 七七五
坷 길험할 一六一
舸 큰배 六五三
假 거짓 五六
暇 한가할 三五九
家 집 二一〇
嫁 시집갈 一九七
稼 곡식심을 五七三
價 값 六三
檟 가나무 四〇七
佳 아름다울 四六
街 거리 六九九
榎 싸리나무 三九九
斝 옥잔 三四一
呿 입벌릴 一二九

【각】

各 각각 一二一
恪 정성 二七一
格 가지 三八七
閣 집 八四八
擱 버릴 三二七
却 물리칠 一一一
脚 다리 六三七
角 뿔 七一五
桷 서까래 三九一
埆 험할 一六二
覺 깨다를 七一三
殼 껍질 四二四
愨 정성 二八七
觳 비교할 七一六
毃 머리때릴 四二五
搉 두드릴 三二一
較 대강 七七五
珏 쌍옥 五〇八
刻 새길 九二
鬥 싸울 九一七

【간】

菅 띠 六六四
艮 그칠 六五四
艱 어려울 六五四
齦 씹을 九四五
干 방패 二四一
奸 통간할 一八九
肝 간 六三二
竿 낚싯대 五八一
杆 방패 三七九
刊 새길 八九
秆 볏집 五七一
栞 나무쪼갤 三八七
頡 노략질할 八八八
玕 예쁜돌 五〇八
盰 눈부릅뜰 五四五
斡 구를 三四一
乾 마를 二六
榦 줄기 三九九
間 사이 八四五
簡 편지 五八八
澗 산골물 四七一
幹 줄기 二四二
瞯 엿볼 五五一
柬 편지 三八四
揀 가릴 三一九
諫 간할 七三二
看 볼 五四六
姦 간사할 一九四
侃 굳셀 四六
墾 개간할 一七〇
懇 정성 二八八
慳 아낄 二八四

【갈】

曷 어찌 三六五
喝 꾸짖을 一三六
渴 목마를 四五九
揭 높이들 三一九
褐 베옷 七〇六
碣 비석 五五八
葛 칡 六六六
竭 다할 五八〇
鞨 나라이름 八八三
鶡 새이름 九二八
蝎 전갈 六九〇
介 특별 三六

【감】

甘 달 五一六
柑 감귤 三八四
嵌 깊은골 二三二
疳 감질 五二九
紺 연보라 五九八
酣 취할 八一九
坩 도가니 一六〇
勘 마감할 一〇〇
堪 견딜 一六五
戡 이길 二九四
嵁 산험할 二三二
鹻 짤 九三一
凵 입벌릴 八五
感 느낄 二七九
憾 섭섭할 二八九
撼 흔들 三二六
轗 때못만날 七八一
減 감할 四五九
坎 구덩이 一五九
欠 굽힐 四一一
埳 구덩이 一六三

楗 문지방三九六　犍 불깐소四九九
鞬 동개 八八三　鍵 자물쇠八三五
巾 수건 二三七　謇 곧은말七三五
褰 바지 七〇七　搴 뺄 三二二
蹇 절 七六九　騫 이즈러질 九〇九
虔 공경할六八三　件 물건 四〇
愆 허물 二八〇　乾 하늘 二六

【걸】
乞 구걸할 二六
桀 사나울三八七　杰 호걸 五九
傑 호걸 五九　渴 물잦을四五九
揭 높이 三一九　偈 빨을 五六
担 번쩍들三〇五　气 구할 四二九

【검】
儉 검소할六三
劍 칼 九六　劒 칼 九七
撿 살필 三二六　檢 교정할四〇七
瞼 눈시울五五一　臉 뺨 六四二
鈐 보습 八二八　黔 검을 九三七

【겁】
刼 겁탈할 九八
刦 겁탈할 九〇　怯 겁낼 二六八
拾 다시 三一〇　跲 엎드러질 七六六
袷 동근깃七〇四

【게】
憩 쉴 二八七
揭 높이들三一九　偈 쉴 五六

【격】
挌 칠 三〇九
格 이를 三八七　骼 마른뼈 九一三
隔 막힐 八六一　膈 명치 六四〇
鵙 왜가리九二七　檄 격서 四〇八
繳 돌려보낼 六一三　激 격동할四七三
擊 칠 三二六　綌 굵은갈포 六〇三
覡 박수 七一二　鴃 왜가리九二五

【견】
見 볼 七一〇
筧 홈통 五八四　犬 개 五〇〇
畎 밭도랑五二三　罥 걸릴 六一六
狷 편협할五〇一　絹 비단 六〇三
甄 질그릇五一五　眀 서로흘겨볼 五四九
羂 그물 六一八　鵑 두견새九二七
肩 어깨 六三三　堅 굳을 一六四
牽 이끌 四九九　蠲 밝을 六九四
遣 보낼 八〇三　繾 다정스러울 六一三
譴 꾸짖을七四〇　繭 누에고치 六一三

【결】
決 결단할四三五
决 결단할四三五　缺 이그러질 六一五
訣 비결 七二〇　髻 부엌귀신 九一七
玦 노리개五〇八　⿰弓夬 깍지손뗄 二五二
抉 당길 三〇一　觖 원망할七一五
契 근고할一八六　潔 맑을 四七一
鍥 낫 八三五　結 맺을 六〇〇
拮 깍지낄三一〇　闋 쉴 八五〇

【겸】
柑 재갈 三八四
拑 얽어맬三〇四　箝 재갈 五八五
歉 흉년들四一四　慊 양심먹을 二八三
嗛 겸 一三九　謙 겸손할七三六
鎌 낫 八三六　兼 겸할 七九

【겹】
袷 겹옷 七〇三
俠 결 五二　掐 손톱제길 三一四

【경】
庚 별 二四四
梗 도라지三九一　硬 굳을 五五七
叓 고칠 三六五　綆 두레박줄 六〇四
鯁 가시 九二一　京 서울 三三
勍 굳셀 九九　黥 자자할九三九
鯨 고래 九二二　景 별 三五八
憬 멀 二八七　璟 옥빛 五一三
勁 굳셀 九九　剄 목찌를 九三
徑 지름길二六〇　逕 동안뜰七九一
莖 줄기 六六三　涇 통할 四四八
脛 정강이六三七　輕 가벼울七七六
經 글 六〇三　頸 목 八八九
痙 목뻣뻣할 五三〇　竟 마침 五七九

垢 때 一六一 姤 만날 一九四
詬 꾸짖을 七二六 久 오랠 二四
灸 뜸질할 四七九 玖 검은돌 五〇八
疚 오랜병 五二八 柩 관 三八五
九 아홉 二五 仇 원수 三六
究 궁리할 五七五 馗 아홉거리 九〇三
求 구할 四三三 救 구원할 三三五
裘 갖옷 七〇四 賕 장전 七五五
球 옥경쇠 五〇九 矩 법 五五三
拒 진이름 三〇四 丘 언덕 一七
蚯 지렁이 六八七 邱 언덕 八一一
窶 가난할 五七八 廐 마구 二四六
韭 부추 八八四 臼 절구 六四九
舊 옛 六五一 舅 외삼촌 六五〇
璆 옥소리 五一二 糗 볶은쌀 五九三
龜 나라이름 九四六

【국】
局 판 二二五
楇 썰매 四〇八 跼 굽을 七六七
掬 두손으로움킬 三一四 菊 국화 六六四
鞠 구부릴 八八二 麴 누룩 九三四
鞫 문초할 八八三 國 나라 一五一
蟈 머구리 六九二 鬻 어릴 九一八

【군】
軍 군사 七七三
皸 얼어터질 五四一 君 임금 一二六
群 무리 六二〇 窘 군색할 五七七
捃 주울 三一二 郡 고을 八一二
裙 치마 七〇四

【굴】
厥 나라이름 一一三
劂 새길칼 九六 屈 굽을 二二六
堀 굴뚝 一六四 淈 흐릴 四五四
倔 굳셀 五三 崛 산우뚝할 二三一
[木屈] 토막나무 三九四 窟 굴 五七七
掘 팔 三一四 [糸屈] 맺을 六〇〇
詘 굽을 七二一 矻 수고로울 五五五

【궁】
弓 활 二五〇
穹 높을 五七六 躬 몸 七七二
藭 궁궁이 六七九 窮 곤궁할 五七八
宮 집 二一一

【권】
權 권세 四一〇
勸 권할 一〇二 卷 책 一一一
倦 게으를 五三 捲 거둘 三一四
拳 주먹 三〇九 棬 동구리 三九四
踡 허리굽힐 七六八 蜷 움추릴 六八九
鬈 수염좋을 九一七 眷 돌아볼 五四九
圈 짐승우리 一五一

【궐】
厥 그 一一三
獗 칠 五〇四 蹶 미끄러질 七七〇
闕 대궐 八五〇 鱖 쏘가리 九二三
蹷 기운치밀 七七〇 亅 갈구리 二七
掘 뚫을 三一四

【궤】
匱 궤 一〇五
潰 흩어질 四七一 憒 심란할 二八七
蕢 삼태기 六七五 簣 삼태기 五八八
[土匱] 삼태기 一七一 櫃 궤 四〇八
饋 먹일 九〇一 闠 저자문 八五一
几 기댈상 八四 机 책상 三七八
跪 꿇어앉을 七六七 詭 속일 七二三
垝 무너진담 一六一 軌 굴대 七七四
簋 보 五八八 蹶 움직일 七七〇
餽 먹일 九〇一

【귀】
貴 귀할 七五二
歸 돌아갈 四一九 鬼 귀신 九一八
龜 거북 九四六 句 글 一二〇

【규】
圭 홀 一五六
刲 찌를 九二 奎 별 一八六
跬 발걸음 七六七 閨 색시 八四八
揆 헤아릴 三一九 葵 아욱 六六六
睽 다를 五五〇 規 법 七一一

淇 물이름 四五四　棋 뿌리 三九四
琪 구슬 五一一　朞 돐 三七三
欺 속일 四一三　期 기약할 三七三
蜞 방게 六八九　碁 바둑 五五八
騏 천리마 九〇八　旗 기 三四七
綦 쑥빛비단 六〇五　麒 기린 九三二
示 귀신 五六一　汽 물끓는 김 四三五
氣 기운 四二九　祈 빌 五六一
肌 살 六三二　飢 주릴 八九七
箕 키 五八五　幾 거의 二四三
畿 서울 五二七　機 베틀 四〇四
饑 주릴 九〇一　譏 나무랄 七三八
璣 선기 五一三　蟣 서캐 六九二
磯 물속자갈 五六〇　棄 버릴 三九四
驥 천리마 九一二　耆 늙은이 六二五
嗜 즐길 一四〇　鰭 지느러미 九二三
企 바랄 四〇　羇 나그네 六一八

羈 말굴레 六一八　祇 클 五六一
祁 클 五六一　豈 어찌 七四四
旣 이미 三四七　墍 쉴 一六八
曁 굳셀 三六二　旡 숨막힐 三四七
居 어조사 二二六　气 기운 四二九
器 그릇 一四二

【끽】
喫 먹을 一三六

【긴】
緊 긴할 六〇五

【길】
吉 길할 一二二
拮 깍지낄 三一〇　佶 바를 四六
桔 도라지 三八九

【김】
金 성 八二六

【나】
奈 어찌 一八六
拏 잡을 二〇三　挐 맞당길 三〇五
拿 잡을 三七二　那 어찌 八一〇
娜 아리따울 一九五　糯 찰벼 五九四
柰 사과 三八五　難 성할 八六九
儺 푸닥거리 六六

【낙】
諾 허락할 七九二

【난】
赧 쭈그릴 六二六
煖 더울 四八五　暖 따뜻할 三五九
赧 무안할 七六一　難 어려울 八六九
攤 누를 三三〇

【날】
涅 앙금흙 四四八
捏 주어모을 三一二　埒 같을 一六二
捺 손으로누를 三一四　苶 고달플 六五九

【남】
男 사내 五二一
南 남녘 一〇八　喃 말분명치못할 一三七
楠 남나무 三九七

【납】
內 들일 七一
納 들일 五九六　衲 기울 七〇二

【낭】
娘 아씨 一九五
曩 지난번 三六四　囊 주머니 一四五

【내】
乃 이에 二三
鼐 큰솥 九四一　內 안 七一
嬭 유모 一九九　奈 어찌 一八六
柰 벗 三八五　耐 견딜 六二五
迺 어조사 七九七　能 세발자라 六三六
褦 패랭이 七〇七

【냑】
搦 가질 三三二

【냥】
娘 계집 一九五
孃 아가씨 二〇〇

【녀】
女 계집 一八九
拏 맞당길 三〇五

【녁】
疒 병 五二八

【년】
年 해 二四二

徒 무리 二六〇 櫂 노 四〇九
饕 탐할 九〇二 綢 동일 六〇六
度 법 二四四 渡 건널 四六〇
鍍 도금할八三五 島 섬 二三〇
弢 활집 二五二 棹 노 三九六
掉 흔들 三一四 悼 슬퍼할二七六
菟 범 六六六 盜 도둑 五四二
圖 그림 一五四 纛 둑기 六一五

【독】

讀 읽을 七四〇
瀆 도랑 四七六 櫝 함 四〇九
牘 편지 四九五 犢 송아지四九九
黷 더럽힐九四〇 讟 원망할七四三
毒 독할 四二六 纛 독 六一五
禿 털빠질五六八 督 독촉할五四九
獨 홀로 五〇四 篤 도타울五八七

【돈】

敦 도타울三三七
墩 돈대 一六九 燉 불빛 四八九
暾 날첨돋을 三六二 惇 두터울二七六
焞 거북등지질 四八四 沌 달빛 四三五
飩 줄 八九七 純 꾸릴 五九七
頓 졸 八八七 豚 돼지 七四五
遁 달아날八〇〇

【돌】

咄 꾸짖을 一二九
突 우뚝할五七六

【동】

同 한가지 一二三
恫 열날 二七二 洞 고을 四四四
峒 산굴 二三〇 桐 오동 三八九
銅 구리 八三〇 鮦 가물치九二一
胴 큰창자六三六 冬 겨울 八二
疼 아플 五二九 鼕 북소리九四二
童 아이 五八〇 董 동독할六六七
憧 뜻정하지못할二八七 僮 아이종六二
曈 먼동틀三六二 朣 볼기뼈三七四
瞳 눈동자五五一 艟 싸움배六五三
東 동녘 三八一 凍 얼을 八三
棟 대들보三九五 蝀 무지개六八九
動 움직일一〇〇 彤 붉은칠할 二五五
仝 한가지동一二三

【두】

土 뿌리 一五四
杜 뿌리 三七九 肚 밥통 六三二
豆 콩 七四四 荳 팥 六六三
脰 목 六三七 逗 머무를七九一
痘 역질 五三〇 頭 머리 八八九
斗 말 三四一 蚪 올챙이六八六
兜 투구 七〇 陡 절벽 八五五
讀 귀절 七四〇 竇 구멍 五七九
蠹 좀 六九四

【둔】

盾 이름 五四七
遁 피할 八〇〇 屯 모일 二二八
迍 머뭇거릴 七八六 鈍 둔할 八二九
遯 피할 八〇五 臀 볼기 六四二

【득】

得 얻을 二六〇

【등】

登 오를 五三四
藤 덩굴 六七九 燈 등불 四八九
磴 돌다리五六〇 墱 비계 一六九
鄧 등나라八一六 橙 등상 四〇六
等 무리 五八三 灯 맹렬한불등 四七九
縢 봉할 六〇九 謄 베낄 七三六
騰 오를 九〇九 籐 등 五八九

鑪 줄 八四一 臚 아랫배 六四三
呂 성 一二七 侶 짝 四九
閭 마을 八四九 櫚 종려 四〇九
黎 무리 九三六 蔾 납가새 六七五
藜 명아주 六七九 犁 밭갈 四九九
瓈 유리 五一三 旅 나그네 三四六
膂 힘 六四一 沴 해로울 四三八
荔 향풀 六六一 蠡 좀먹을 六九四
錄 사실할 八三四 黧 검을 九四〇

【력】
歷 지날 四一九
瀝 스밀 四七六 櫪 누에발 四〇九
癧 연주창 五三四 靂 벼락 八七六
曆 책력 三六二 轣 수렛바퀴 七八一
櫟 도토리나무 四〇九 皪 회끗 五四一
礫 자갈 五六一 轢 수레바퀴 七八一
酈 땅 八一六 鬲 솥 九一八
力 힘 九七

【련】
煉 쇠불릴 四八五
練 미련할 六〇七 楝 고련나무 三九七
鍊 단련할 八三五 聯 연할 六二九
連 연할 七九一 漣 물놀이 四六七
璉 호련 五一三 蓮 연밥 六七三
鰱 고기 九二三 輦 연 七七七
縺 휘실얽을 六一〇 鏈 쇠사슬 八三八
孌 사모할 二〇〇 攣 맬 三三〇
臠 고기점 六四三 憐 불쌍히여길 二八七
怜 영리할 二六九 戀 생각할 二九一

【렬】
劣 용렬할 九八
列 베풀 八九 冽 맵게추울 八三
洌 맑을 四四五 烈 매울 四八一
戾 그칠 二九六 捩 비틀 三一四

【렴】
斂 거둘 三三九
殮 염할 四二三 瀲 물가득할 四七七
獫 입긴개 五〇五 廉 청렴할 二四六
濂 경박할 四七四 磏 센숫돌 五六〇
簾 발 五八九 奩 향합 一八八

【렵】
獵 사냥할 五〇五
躐 밟을 七七一 鬣 비끝 九一七

【령】
令 하여금 三八
伶 영리할 四二 怜 영리할 二六九
泠 서늘할 四三八 玲 옥소리 五〇八
蛉 고추잠자리 六八六 朎 달빛영롱할 三七一
羚 큰양 六二〇 瓴 암기와 五一五
苓 풋냉이 六五九 領 거느릴 八八八
鈴 종 八二九 零 떨어질 八七一
囹 진나라옥 一五〇 澪 물이름 四七四
鴒 할미새 九二六 齡 나이 九四四
嶺 재 二三三 靈 신령 八七六
欞 난간 四一〇 另 다를 一二〇

【례】
例 견줄 四七
隷 종 八六三 禮 예도 五六七
澧 물이름 四七四 醴 단술 八二二
鱧 가물치 九二四

【로】
勞 수고로울 一〇〇
澇 큰물결 四七一 撈 건져낼 三二四
嘮 지껄일 一二九 癆 노점병 五三三
魯 노둔할 九二〇 櫓 노 四〇九
艪 노 六五四 盧 성 五四四
瀘 물이름 四七七 壚 검은흙 一七一
櫨 주두 四〇九 蘆 갈대 六八一
爐 화로 四九一 艫 뱃머리 六五四
轤 갈이 七八一 鑪 화로 八四一
顱 머리 八九三 鱸 농어 九二四
攎 걷울 三二六 驢 나귀 九一二
老 늙을 六二四 栳 버들고리 三八九
䇭 버들고리 五八三 虜 사로잡을 六八四
鹵 염전 九三〇 路 길 七六七
潞 물이름 四七一 鷺 백로 九二九

露 이슬 八七五
蕗 감초 六七五
輅 수레 七七六
潦 장마 四七一

【록】

鹿 사슴 九三一
漉 걸을 四六七
錄 기록할 八三四
轆 두레박 七八〇
菉 녹두 六六四
淥 물맑을 四五九
籙 호적 五九〇
祿 복록 五六五
碌 푸른돌 五五八
綠 초록빛 六〇五

【론】

淪 기운순전할 四五四
論 의논할 七二九

【롱】

弄 희롱할 二四九
哢 새지저귈 一三三
嚨 해돋을 三六四
瀧 적실 四七七
隴 큰기둥 八六三
壟 무덤 一七一
龐 충실할 九四六
攏 가질 三二九
朧 달밝을 三七四
礱 매 五六一
龔 캄캄할 六三一
籠 농 五九〇
瓏 환할 五一四

【뢰】

賴 힘입을 七五八
瀨 여울 四七七
籟 피리 五九〇
擂 연마할 三二七
雷 우뢰 八七二
蕾 꽃방울 六七七
礌 돌구를 五六〇
儡 꼭두각시 六五
壘 깨끗할 一七一
礧 돌굴릴 五六一
磊 돌첩첩쌓일 五五九
賚 줄 七五六
耒 따비 六二六
誄 시호 七二三
酹 강신술 八一九
賂 선물 七五四
牢 옥 四九六

【료】

了 마칠 二七
料 헤아릴 三四一
寥 빌 二一六
蓼 여뀌 六七三
僚 동관 六二
撩 움킬 三二四
寮 작은창 二一七
遼 멀 八〇六
嘹 새울 一四一
燎 비칠 四八九
療 병고칠 五三三
繚 얽을 六一二
鷯 뱁새 九二九
瞭 눈밝을 五五一
聊 힘입을 六二七

【룡】

龍 용 九四五

【루】

漏 샐 四六七
婁 어리석을 一九六
蔞 물쑥 六七三
壘 진 一七一
塿 두둑할 一六七
屢 여러 二二七
僂 구부릴 六〇
摟 끌을 三二三
樓 다락 四〇二
瘻 꼽사등이 五三三
褸 옷헤칠 七〇七
縷 실 六一〇
螻 도로래 六九二
貗 돼지 七四七
鏤 새길 八三八
髏 해골 九一三
累 얽힐 五九八
淚 눈물 四五四
陋 더러울 八五四

【류】

柳 버들 三八五
茆 갯버들 六五九
流 흐를 四四八
琉 유리돌 五〇九
硫 유황 五五七
旒 깃발 三四七
瑬 깃발 五一二
累 얽힐 五九八
縲 검은새끼 六一〇
樏 썰매 四〇二
藟 칡덩굴 六七九
纍 죄 六一四
壘 진터토성 一七一
蘽 산머루 六八二
謬 어긋날 七三七
留 머무를 五二二
溜 물흘러내릴 四六四
遛 머무를 八〇三
騮 검은갈기적마 九〇九
霤 낙수물 八七四
瑠 유리 五一三
榴 석류 四〇五
鎏 순금 八三六
瘤 혹 五三三
劉 묘금도 九七
瀏 물맑을 四七六
嚠 소리맑을 一四三
類 같을 八九一

【륙】

陸 뭍 八五六
鯥 능륙어 九二二
僇 욕될 六〇
戮 죽일 二九五
勠 협력할 一〇一
蓼 풀잎뻗어날 六七三
六 여섯 七六

【륜】

侖 뭉치 一五一
倫 인륜 五三
輪 바퀴 七七七
崙 산이름 二三一
淪 빠질 四五四
綸 벼리 六〇五
論 차례 七二九

懣 번거할 二九〇
曼 길멀 三六七
漫 흩어질 四六八
墁 흙손 一六八
幔 휘장 二四〇
慢 거만할 二八五
蔓 덩쿨 六七三
縵 줄고를 六一〇
獌 이리 七四八
鰻 뱀장어 九二三
謾 속일 七三七
鏝 흙손 八三八
饅 만두 九〇一
巒 산봉우리 二三三
彎 당길 二五四
灣 물굽이 四七八
萬 일만 六六七
蠻 오랑캐 六九五

【말】

末 끝 三七五
妺 계집의 이름 一九二
茉 벗꽃 六五九
秣 말먹일 五七〇
抹 바를 三〇五
沫 물방울 四三九
靺 붉은끈 八八二
襪 버선 七〇八
韤 버선 八八三
韈 버선 八八四

【망】

亡 망할 三一
芒 가스랭이 六五六
忘 잊을 二六六
妄 망녕될 一九〇
忙 바쁠 二六六
邙 북망산 八一〇
茫 아득할 六六一
罔 없을 六一六
惘 실심할 二七八
網 그물 六〇五
輞 바퀴 七七八
魍 산도깨비 九一九
莽 풀우거질 六六四
蟒 구렁이 六九二
望 바랄 三七二
网 그물 六一六

【매】

每 매양 四二五
梅 매화 三九二
莓 이끼 六六三
買 살 七五二
賣 팔 七五六
埋 묻을 一六二
霾 흙비 八七五
妹 아래누이 一九二
昧 어둘 三五三
眛 눈어둘 五四八
寐 살 一二四
魅 도깨비 九一九
呆 멍청이 三八〇
媒 중매 一九七
煤 그을림 四八五
枚 낱 三八二
浼 더러울 四四九
瑁 대모 五一一
罵 꾸짖을 六一七
邁 멀리갈 八〇八

【맥】

陌 밭둑길 八五四
貊 오랑캐 七四八
脈 맥 六三六
莫 고요할 六六三
貘 짐승이름 七四八
驀 말탈 九一〇
麥 보리 九三三
百 힘쓸 五三八

【맹】

孟 맏 二〇三
猛 날랠 五〇二
盲 소경 五四五
蝱 등에 六九〇
萌 싹 六六四
黽 맹꽁이 九四一
盟 맹세할 五四三
瞢 답답할 五五一
甍 지붕대마루 五一五
氓 백성 四二九
懞 번민할 二九〇

【멱】

冖 덮을 八〇
幎 덮을 二四〇
冪 덮을 八一
鼏 솥뚜껑 九四一
覓 찾을 九一一
糸 실 五九四

【면】

免 면할 六九
俛 급할 四九
勉 힘쓸 九九
冕 면류관 八〇
面 낯 八八〇
湎 흘러갈 四六〇
緬 멀 六〇七
宀 움 二〇四
眄 곁눈질해볼 五四六
沔 흘러가득할 四三六
麪 밀가루 九三四
棉 솜 三九五
綿 솜 六〇六
眠 졸 五四八
瞑 아찔할 五五一
澠 고을이름 四七四

【멸】

滅 멸할 四六四
蔑 없을 六七四
蠛 피칠할 六九七

【명】

明 밝을 三五〇
鳴 초명새 九二七
名 이름 一二三
茗 차싹 六六一
銘 새길 八三一
酩 술취할 八一九
命 목숨 一二九
冥 어둘 八一
瞑 눈감을 五五一
溟 바다 四六五
螟 며루 六九一
暝 어두울 三六一
䒌 검푸를 六五五

【미】
眉 눈섭 五四六
湄 물가 四六〇 媚 아첨할 一九七
嵋 산이름 二三二 楣 인중방 三九七
未 아닐 三七五 味 맛 一二九
米 쌀 五九〇 迷 미혹할 七八八
謎 수수께끼 七三六 糜 죽 五九三
麋 물가 九三二 美 아름다울 六一九
尾 꼬리 二二五 娓 아름다울 一九五
梶 나무끝 三九二 微 작을 二六三
薇 고비 六七七 黴 곰팡이 九四〇
縻 맬 六一〇 靡 읽을 八八〇
芉 양울 六一九 弭 활고자 二五二
瀰 많을 二五四 瀰 가득할 四七七
獼 원숭이 五〇六

【민】
民 백성 四二八
泯 빠질 四三九 珉 옥돌 五〇八
岷 산이름 二三〇 罠 낚을 六一六

湣 시호 四六〇 愍 슬플 二八〇
緡 돈꿰미 六〇七 旻 가을하늘 三五一
旼 화할 三五一 閔 민망할 八四七
憫 민망할 二八七 悶 민망할 二七六
敏 민첩할 三三六 閩 땅이름 八四八
澠 물이름 四七四 僶 억지로할 六三
黽 힘쓸 九四一

【밀】
密 빽빽할 二一三
蜜 꿀 六八九 樒 침향나무 四〇二
謐 고요할 七三七

【박】
彴 흐르는 별 二五七
博 넓을 一〇九 搏 얽을 三二二
膊 어깨 六四一 專 얽을 六〇九
溥 물이름 四六五 薄 엷을 六七七
欂 중깃 四一〇 礴 섞일 五六一
爆 불사를 四九一 璞 옥덩어리 五一三
撲 부딪칠 三二五 樸 순박할 四〇二
朴 성 三七八 拍 칠 三〇五
珀 호박 五〇八 泊 쉴 四三九
粕 재강 五九一 迫 핍박할 七八六
箔 발 五八五 魄 넋잃을 九一九
剝 벗길 九五 雹 우박 八七二
駁 박짐승 九〇七 駮 얼룩말 九〇六
舶 당두리 六五三

【반】
半 절반 一〇七
泮 반궁 四三九 伴 짝 四二
冸 얼음녹을 八三 拌 버릴 三〇五

胖 살찔 六三四 絆 옭아맬 五九八
靽 소밀치 八八二 反 돌아올 一一六
返 돌아올 七八六 叛 배반할 一一八
飯 밥 八九七 般 돌아올 六五二
搬 운반할 三二二 槃 쟁반 四〇〇
盤 소반 五四四 磐 반석 五五九
瘢 딱지자리 五三二 縏 작은주머니 六一〇
番 땅이름 五二五 磻 시내 五六〇
蟠 서릴 六九三 礬 백반 五六一
攀 휘여잡을 三二九 頒 나눌 八八七
班 반렬 五〇九 斑 아롱질 三四〇
竝 영접할 五七九

【발】
勃 변색할 九九
孛 요기있을 二〇一 浡 우쩍일어날 四四九
悖 거스릴 二七五 渤 안개자욱할 四六一
拔 뺄 三〇五 茇 물뿌리 六五九
髮 터럭 九一六 魃 가물 九一九

篦 참빗 五八七 貔 짐승이름 七四八
蓖 피마자 六七二 卑 낮을 一〇七
俾 하여금 五四 陴 성위담 八五七
婢 여종 一九六 埤 더할 一六三
庳 낮을 二四五 脾 지라 六三九
痺 새이름 五三一 碑 비석 五五八
睥 결눈질할 六五〇 庇 가릴 二四四
羆 큰곰 六一八 裨 기울 七〇六
韠 말메인북 八八三 鼙 마상북 九四二
萆 며래 六六五 丕 클 一七
否 더러울 一二七 痞 더부룩할 五三一
邳 고을이름 八一一 駓 말달릴 九〇七
嚭 클 一四三 備 갖출 五九
糒 말린밥 五九三 鞴 말뱃대기 八八三
憊 고달플 二八八 費 비용 七五三
怫 발끈할 二六九 飛 날 八九三
沸 끓을 四四一 狒 원숭이 五〇一

匕 비수 一〇三 泌 샘물흐를 四四一
祕 비밀할 五六二 閟 닫을 八四八
臂 팔 六四二 譬 비유할 七三九
肥 살찔 六三三 淝 강이름 四五五
畀 줄 五二二 鄙 더러울 八一五
圮 무너질 一五六 妃 왕비 一九〇
賁 꾸밀 七五三 轡 고삐 七八一
贔 기운낼 七六〇 芾 나무성할 六五六

【빈】 賓 손 七五五
儐 인도할 六四 濱 물가 四七五
獱 작은수달 五〇五 嬪 계집벼슬이름 一九九
殯 염할 四二三 檳 빈랑 四〇九
繽 성할 六一四 擯 물리칠 三二八
臏 종주뼈 六四三 鬢 살짝 九一七
彬 빈날 二五六 豳 나라이름 七四七
頻 자주할 八八九 嚬 찡그릴 一四三
瀕 물가 四七七 蘋 마름 六八一

顰 흉내낼 八九二 邠 나라이름 八一一
斌 빛날 三四〇 牝 암컷 四九六
貧 가난할 七五〇 矉 찡그릴 五五二

【빙】 冫 얼음 八二
冰 얼음 八二 氷 얼음 四三二
砯 부딪치는소리 五五五 凴 탈 九〇五
凭 의지할 八四 騁 달릴 九〇八
聘 청할 六二七 娉 장가들 一九五

【사】 士 선비 一七一
社 모일 五六一 巳 뱀 二三六
汜 늪 四三四 祀 제사 五六一
飼 먹일 八九七 伺 살필 四三
司 맡을 一二〇 覗 엿볼 七二
笥 상자 五八二 祠 사당 五六二
嗣 이을 一四〇 詞 말씀 七二二
史 사기 一二〇 駛 말빨리걸을 九〇七
四 넉 一四五 泗 콧물 四四一
駟 사마 九〇七 沙 모래 四三六
紗 깁 五九六 砂 모래 五五五
娑 옷너풀거릴 一九五 莎 향부자싹 六六三
裟 가사 七〇五 魦 상어 九二二
鯊 상어 九二三 思 생각 二七〇
乍 잠간 二四 咋 잠간 一三〇
詐 거짓 七二一 射 쏠 二一九
榭 정자 四〇〇 謝 사례 七三六

速 빠를 七九三 觫 두려울 七一六
粟 조 五九一 續 이을 六一四
贖 살 七六〇 俗 풍속 五〇
屬 붙일 二一八 謏 일어날 七三六

【손】

遜 겸손할 八〇三
巽 낮을 二三七 飧 저녁밥 八九七
餐 물만밥 九〇〇 損 덜 三二二
孫 손자 二〇三

【솔】

率 거느릴 五一四
蟀 귀뚜라미 六九二 帥 먼지채 二一

【송】

松 솔 三八三
訟 송사할 七二〇 淞 강이름 四五五
頌 칭송할 八八七 鬆 텁더부룩할 九一七
宋 송나라 二〇六 悚 두려울 二七四
竦 두려울 五八〇 誦 외울 七二七
送 보낼 七八八

【쇠】

衰 쇠약할 七〇二
夊 편안히 걸을 一七三

【솨】

惢 의심낼
鎖 자물쇠 八三七

【쇄】

刷 솔질할 九二
碎 부서질 五五八 鎖 사슬 八三七
鎖 자물쇠 八三七 殺 감할 四二四
晒 볕쪼일 三五七 洒 씻을 四四五
曬 볕쪼일 三六四 灑 물뿌릴 四七八
煞 감할 四八五

【수】

首 머리 九〇三
受 받을 一一七 授 줄 三一五
綬 인끈 六〇六 數 셈 三三八
藪 숲 六八〇 籔 조리 五八九
修 닦을 五四 遂 드릴 八〇〇
隧 무덤길 八六二 璲 서옥 五一三
燧 봉화 四九〇 邃 깊을 八〇九
襚 수의 七〇八 隋 나라 八六〇
隨 좇을 八六二 髓 골 九一三
須 잠간 八八六 嬃 윗누이 一九九
鬚 수염 九一七 垂 드릴 一六一
陲 변방 八五七 睡 졸 五五〇
秀 빼낼 五六九 銹 구리녹 八三三
綉 비단조각 六〇四 水 물 四三一
痳 습종 五二八 洙 물가 四四五
茱 수유 六六一 殊 다를 四二一
銖 푼 八三一 叟 늙은이 二八
廋 숨길 二四六 搜 찾을 三二二
瞍 판수 五五一 輸 보낼 七七八
守 지킬 二〇五 狩 겨울사냥할 五〇一
需 음식 八七三 繻 고운깁 六一四
誰 누구 七三〇 睢 물이름 五五〇
雖 비록 八六六 讎 원수 七四二
收 거둘 三三一 漱 양치질할 四六八
嗽 기침할 一四一 睟 눈밝을 五五〇
粹 순전할 五九二 帥 주장할 二三八
囚 가둘 一四七 泅 헤엄칠 四四一
壽 목숨 一七二 繡 수놓을 六一二
鏽 동녹 八三八 嗾 개부르는소리 一四一
獸 짐승 五〇五 樹 나무 四〇五
殳 날없는창 四二三 脩 공경할 六三七
祟 빌미 五六二 穗 벼이삭 五七五
岫 산구멍 二三〇 袖 소매 七〇三
莎 떼 六六三 酬 갚을 八一九
酥 타락죽 八一九 羞 부끄러울 六二〇
豎 세울 七四四 手 손 二九八
戍 막을 二九二 綏 편안할 六〇四
蒐 모을 六七二 率 새그물 五一四
宿 떼 二一三 竪 세울 五八〇

【숙】

宿 잘 二一三
蓿 게여목 六七四 尗 콩 六六五
叔 아제비 一一七 俶 지을 五四

戞 창 二九四
蘖 싹 四〇九
訐 발각할六一九
遏 막을 八〇〇
謁 보일 七三三
靄 아지랑이 八七六
斡 돌이킬三四一
閼 막을 八四九
揠 풀뽑을三二〇
按 막을 三一〇
钀 말재갈八四二

【암】

厭 검붉을一一三
揜 손으로가릴三二〇
暗 어둘 三六〇
俺 클 五四
闇 여막 八五〇
庵 암자 二四六
諳 알 七三三
晻 어둘 三五九
黯 아득할九四〇
菴 쑥 六六五
癌 암종 五三三
唵 움켜먹을 一三五
巖 바위 二三四

【압】

壓 누를 一七〇
押 눌러놓三〇六
罨 그물 六一六
狎 친압할五〇一
魘 가위눌릴 九二〇
鴨 집오리九二六
浥 물아래흐를 四五一

【앙】

坱 티끌 一六一
卬 나 一一〇
泱 물충충할 四四一
昂 밝을 三五一
秧 모 五七〇
仰 우러러 四〇
鞅 말배띠 八八二
央 가운데 三九
盎 동이 五四二
殃 양화 四二一
鴦 원앙새九二六
怏 앙심먹을 二七〇

【애】

艾 쑥 六五五
愛 사랑 二八一
唉 탄식할一三三
噯 더운기운 一四三
埃 티끌 一六二
曖 눈흐릴五五二
挨 밀 三一二
僾 비슷할 六四
欸 탄식할四一二
靉 구름낄八七六
騃 어리석을九〇八
厓 언덕 一一二
皚 하얀 五四〇
睚 눈가 五五〇
硋 맷돌 五五九
崖 낭떠러지 二三二
壒 티끌 一七〇
涯 물가 四五六
哀 슬플 一三一
嗄 목쉴 一四〇
隘 막을 八六一
喝 목쉴 一三六
礙 그칠 五六〇
靄 아지랑이 八七六
餲 밥쉴 九〇二
藹 수두룩할 六八一
噫 게트림할 一四三
阨 좁을 八五二
欬 숨찰 四一二
呃 재채기할 一二七

【액】

嗌 목구멍一四〇
夜 고을이름 一七六
搤 쥘 三二二
液 진액 四五六
呃 막힐 八五二
掖 곁들일三一六
鶯 앵두 四一〇
腋 겨드랑六三九
罌 꾀꼬리九二八
厄 재앙 一一二
鸎 큰독 六一五
扼 잡을 三〇二
扼 잡을 三〇七
戹 좁을 二九六
軶 멍에 七七五
啞 깔깔웃을 一三五
額 이마 八九〇

【앵】

䁝 눈밝을
櫻 앵두 四一〇
鶯 꾀꼬리九二八
鸚 앵무새九三〇
罌 큰독 六一六
嚶 새소리一四四

【야】

梛 야자나무 三九七
也 이끼 二六
琊 고을이름 五一〇
夜 밤 一七六
鎁 칼이름八三三
冶 쇠불릴 八三
耶 어조사六二七
若 절 六五九
爺 아비 四九四
惹 이끌 二八一
野 들 八二五
揶 손짓농할 三二〇
射 벼슬이름 二一九

【약】

瀹 씻을 四七七
約 맺을 五九五
籥 피리 五九〇
弱 약할 二五二
禴 봄제사五六七
嫋 연약할一九八
鑰 자물쇠八四一
箹 작은피리 六六九
若 같을 六五九
搦 가질 六七二
躍 뛸 七七一
龠 피리 九四六
藥 약 六八〇

【양】

羊 양 六一八

延 맞을 二四八 掾 아전 三二〇
涎 침 四五一 櫞 연나무 四〇九
筵 대자리 五八四 耎 가냘픈 六二六
埏 광중 一六二 蝡 벌레길 六九一
蜒 지차리 六八八 煙 연기 四八五
莚 만연할 六六三 涓 물방울 四五一
沿 좇을 四四一 娟 예쁠 一九五
鉛 납 八三〇 捐 버릴 三一二
然 그럴 四八四 悁 근심할 二七四
燃 불탈 四八九 縯 당길 六一〇
燕 연나라 四八九 演 넓을 四六九
嚥 삼킬 一四四 吮 빨 一二七
臙 연지 六四三 衍 넓을 六九九
讌 잔치 七四二 姸 고울 一九四
淵 못 四五六 硏 갈 五五七
緣 인연 六〇七 宴 잔치 二一二
椽 서까래 三九八 懦 약할 二九〇

壖 빈땅 一七〇 軟 연할 七七五
蠕 벌레길 六九四 鳶 연 九二五
咽 목구멍 一三一 閼 성 八四九
胭 목구멍 六三六 羨 넘칠 六二〇
硯 벼루돌 五五七 輾 연자매 七八〇

【열】

熱 더울 四八八
說 기쁠 七二七 噎 목쉴 一四二
閱 읽을 八四九 咽 목멜 一三一

【염】

閻 이문 八五〇
炎 불꽃 四七九 爓 불빛 四九一
琰 비치옥 五一一 冉 타달거릴 七九
燄 불꽃 四九〇 苒 덧없을 六五九
染 물들 三八六 髥 수염 九一六
厭 싫을 一一三 鹽 소금 九三一
饜 싫을 九〇二 灩 물가득찰 四七八
魘 잠꼬대할 九二〇 艶 탐스러울 六五五
靨 보조개 八八一 焰 불빛 四八四

焱 불꽃 四八四

【엽】

燁 불성할 四九〇
葉 잎사귀 六六九 饁 들점심먹을 九〇一
曄 빛날 三六三 厭 젖을 一一三

【영】

縈 얽힐 六〇九
永 길 四三二 醟 주정할 八二一
泳 헤엄칠 四四一 嶸 산높을 二三三
咏 읊을 一三〇 營 지을 四九〇
詠 읊을 七二二 蠑 도마뱀 六九四
映 비칠 三五四 嬰 어릴 二〇〇
英 꽃뿌리 六五九 攖 부딪칠 三二九
瑛 옥광채 五一二 纓 갓끈 六一五
韺 풍류 八八五 瓔 옥돌 五一四
霙 눈꽃 八七四 癭 목혹 五三四
榮 영화 四〇〇 啨 잔말할 八七八
瑩 밝을 五一二 景 그림자 三五八
塋 무덤 一六六 影 그림자 二五六

郢 땅이름 八一二 迎 맞을 七八六
嬴 가득할 一九九 穎 이삭 五七四
贏 남을 七六〇 盈 찰 五四一
瀛 큰바다 四七七 楹 기둥 三九八
瑛 옥광채 五一二

【예】

輗 수레채마구리 七七八
枘 자루 三八三 霓 무지개 八七四
芮 풀뾰죽할 六五七 鯢 암고래 九二二
汭 물이름 四三七 曳 끌을 三六五
蚋 모기 六八六 拽 당길 三一〇
蜹 모기 六八九 洩 나르는모양 四四六
兒 성 七〇 栧 상앗대 三八六
堄 성위옛담 一六四 泄 내칠 四四一
猊 사자 五〇二 穢 더러울 五七五
睨 흘겨볼 五五〇 蕊 꽃술 六七五
倪 어릴 五五 蓺 심을 六七四
蜺 암무지개 六九〇 豫 먼저 七四八

藝 재주 六八〇
羿 평탄할 六二二
囈 잠꼬대 一四五
預 미리 八八七
瞖 안질 五五一
譽 기를 七四〇
翳 가릴 六二三
睿 성인 五五〇
鷖 갈매기 九二九
叡 밝을 一一八
緊 검푸른비단 六一〇
瘞 묻을 五三二
裔 옷뒷자락 七〇五
刈 베일 八八
詣 이를 七二五
艾 다스릴 六五五
銳 날쌜 八三三
乂 어질 二三
猊 사자 七四八
恚 성낼 二七三

【오】

吾 나 一二七
午 낮 一〇六
晤 밝을 三五七
仵 짝 四一
梧 오동 三九二
迕 만날 七八七
悟 깨달을 二七四
忤 거스릴 二六七
寤 잠깰 二一七
五 다섯 二九
鼯 박쥐 九四二
伍 다섯사람 四一
烏 까마귀 四八一
汙 더러울 四三四
謷 농담할 七三七
嗚 탄식할 一四〇
嗷 새지저귈 一四一
熬 볶을 四八八
螯 가제 六九二
塢 마을 一六七
傲 거만할 二八五
奧 깊을 一八八
遨 놀 八〇五
懊 한할 二八九
聱 못들은체할 六三〇
燠 더울 四九〇
鰲 큰자라 九二二
澳 깊을 四七四
驁 준마 九一〇
墺 물가 一六九
鼇 큰자라 九四一
隩 감출 八六二
傲 거만할 六〇
襖 포도 七〇八
惡 슬플 二七七
吳 오나라 一二七
鏖 무찌를 八三八
悞 그릇할 二七五
夭 끓어죽일 一八一
娛 기쁠 一九五
跃 긴 八四三
誤 그릇할 七二八
洿 웅덩이 四四六
蜈 지네 六八八
媼 할미 一九八
敖 희롱할 三三六
於 탄식할 三四五
奡 거만할 一八七

【옥】

頊 사람이름 八八八
屋 집 二二七
沃 기름질 四三七
玉 구슬 五〇六
獄 우리 五〇三
鈺 보배 八三〇
阿 누구 八五三

【온】

韞 감출 八八四
溫 따뜻할 四六一
醞 술빚을 八二一
縕 성할 六〇八
慍 성낼 二八三
榅 기둥 四〇〇
氳 기운성할 四三〇
轀 온량거마 七八〇
穩 편안할 五七五
蘊 쌓을 六八一
宛 쌓을 二〇八
薀 마름 六七七

【올】

屼 민둥산 二二九
兀 우뚝할 六六
膃 살찔 六四一
杌 위태할 三八〇
嗢 목멜 一四〇
榲 돌배

【옴】

唵 진언 一三五

【옹】

雍 화할 八六六
邕 막힐 八一〇
壅 막을 一七〇
雝 화할 八六八
擁 안을 三二七
癰 종기 五三四
饔 아침밥 九〇二
廱 화할 二四八
甕 독 五一六
翁 늙은이 九二二
喁 고기입쳐들 一三八
蓊 옹풀 六七二
顒 우러러볼 八九〇
滃 구름일어날 四六五
甕 독 五一五
塕 바람소리 一六六
禺 땅이름 五六七

【외】

煨 구울 四八六
外 바깥 一七三
嵬 산높을 二三二
畏 두려울 五二二
隗 높을높 八六一
椳 문지두리 三九八
巍 산웅장할 二三三
猥 망녕될 五〇三
聵 천생귀머거리 六三〇
隈 모퉁이 八六〇

【와】

訛 거짓말 七二一
瓦 기와 五一五
囮 화할 一四九

臾 꼬일 六四九

【우】

偶 우연 五七
又 또 一一五
愚 어리석을 二八一
友 벗 一一七
遇 만날 八〇〇
于 어조사 二八
嵎 산굽이 二三二
吁 탄식할 一二六
喁 서로부를 一三八
宇 집 二〇六
蝺 청부 六九〇
盱 눈부릅뜰 五四五
隅 모퉁이 八六〇
邘 우나라 八一〇
耦 쟁기 六二六
迂 굽을 七八五
寓 부칠 二一四
圩 방축 一五六
藕 연뿌리 六八一
芋 토란 六五六
禹 펼 五六七
紆 얽힐 五九五
踽 혼자갈 七六八
竽 큰생황 五八一
齲 너리먹을 九四五
盂 밥그릇 五四一
右 오른쪽 一二一
禺 사시 五六七
佑 도울 四四
肬 혹 六三三
祐 도울 五六三
疣 혹 五二八
雨 비 八六九
羽 깃 六二一
雩 기우제 八七〇
區 숨길 一〇五
憂 근심 二八五
郵 우편 八一四
優 광대 六五
牛 소 四九六
耰 써레 六二六
麀 암사슴 九三二
虞 염려할 六八五
耨 호미 六二六
尤 더욱 二二四
莽 추솔 六六四

【욱】

頊 머리 八八八
旭 빛날 三四九
澳 물굽이 四七四
煜 빛날 四八六
燠 따스할 四九〇
勖 힘쓸 一〇〇
郁 문채날 八一二
隩 네모퉁이 八六二
彧 빛날 二五六

【운】

隕 떨어질 八六一
員 더할 一三三
殞 죽을 四二三
耘 김맬 六二六
愪 근심할 二八三
雲 구름 八七一
韻 운 八八五
蕓 평지 六七六
云 이를 三〇
鄆 땅이름 八一五
芸 향풀 六五七
運 운수 八〇〇
紜 어지러울 五九七
煇 햇무리 四八九

【울】

蔚 고을이름 六七四
尉 성 二二〇
鬱 답답할 四一一
熨 다림질할 四八八

【웅】

熊 곰 四八七
雄 수컷 八六五

【위】

喟 한숨쉴 一三六
尉 벼슬이름 二二〇
渭 속끓일 三六二
蔚 익모초 六七四
蝟 고슴도치 六九〇
慰 위로할 二八六
謂 이를 七三三
胃 밥통 六三四
韋 다룬가죽 八八三
諉 핑계할 七三〇
倭 빙돌 五五
威 위엄 一九四
痿 각기병 五三一
偉 클 五七
餧 먹일 九〇一
葦 굵은갈 六七〇
魏 위나라 九一九
圍 에워쌀 一五三
逶 비틀거릴 七九六
違 어길 八〇一
葳 초목성할 六七〇
幃 홑휘장 二四〇
爲 할· 四九三
緯 씨 六〇八
僞 거짓 六二
瑋 보배스러울 五一二
爲 물이름 四七一
韙 옳을 八八四
萎 이울 六六五
闈 대궐중문 八五〇
危 위태할 一一〇
衛 모실 七〇〇
位 자리 四四
委 맡길 一九三
韡 활짝필 八八四

【원】

愿 삼갈 二八三
原 근본 一一三
嫄 계집이름 一九八
源 근원 四六五
願 원할 八九一

蠕 꿈틀거릴 六九四
匀 적을 一〇二
蝡 굽실거릴 六九一
濡 물깊고넓을 一八八
胤 맏아들 六三五

【율】

汩 물흐를 四三七
聿 드디어 六三一

【융】

毧 솜털 四二七
融 화할 六九一
絨 삶은실 六〇一
戎 군사 二九二
烿 불빛환할 四八六

【은】

讔 숨겨말할 七四二
殷 은나라 四二三
齗 잇몸 九四四
慇 은근할 二八三
憖 힘쓸 二八八
恩 은혜 二七二
癮 두드러기 五三三
垠 언덕 一六一
嚚 말다툼할 一四三
銀 은 八三一
檼 대공 四〇九
誾 화평할 七三一
隱 숨을 八六三
訢 공손할 七二一
檃 도지개 四一〇

【을】

乙 새 二五
疑 바로설 五二八

【음】

淫 음란할 四五七
音 소리 八八四
霪 장마 八七五
喑 소리지를 一三八
婬 간통할 一九六
吟 탄식할 一二七
陰 그늘 八五七
崟 멧부리 二三二
廕 덮을 二四七
飮 마실 八九七
蔭 덮을 六七四

【읍】

浥 젖을 四五一
邑 고을 八一〇
揖 읍할 三二〇
悒 근심할 二七五
泣 소리없이울 四四二
挹 간직할 三一二

【응】

鷹 매 九三〇
應 응할 二八九
凝 엉길 八四
膺 가슴 六四二
疑 정할 五二八

【의】

義 옳을 六二〇
衣 옷 七〇一
蟻 왕개미 六九三
依 의지할 四八
儀 거동 六四
議 의논할 七三九
椅 벼무성할 三九六
檥 줄기 四〇八
猗 불깐개 五〇二
艤 배댈 六五四
漪 물놀이칠 四六九
意 뜻 二八二
醫 의원 八二一
薏 율무 六七八
熨 다리미 四八八
劓 코벨 九七
顗 즐길 八九一
宜 마땅 二〇八
涯 물가 四五六
誼 옳을 七三一
矣 어조사 五五三
疑 의심할 五二八
椸 옷대 三九〇
嶷 산이름 二三三
扆 병풍 二九八
擬 비길 三二八
縊 목맬 六〇九
懿 클 二九一
毅 굳셀 四二五
饐 밥쉴 九〇二
欹 거룩하다할 四一三
倚 노나무 五五

【이】

栮 버섯 三九〇
耳 귀 六二六
餌 먹이 八九九
珥 귀고리 五〇九
而 말이을 六二五
鮞 고니알 九二一
圯 흙다리 一五六
夷 오랑캐 一八五
伊 저 四一
洟 콧물 四四六
咿 선웃음칠 一三二
姨 이모 一九四
怡 화할 二七一
荑 흰비듬 六六一
眙 눈치뜰 五四八
胰 등심 六三六
詒 줄 七二二
痍 다칠 五三〇
貽 끼칠 七五三
隶 밑 八六三
飴 엿 八九八
肄 익힐 六三一
異 다를 五二四
易 쉬울 三五二
頤 기를 八八八
匜 대야 一〇四
移 옮길 五七一
遈 든든할 七八七
以 써 三九
迆 잇달아 七八五
苡 율무 六六〇
弛 놓을 二五一
蛇 든든할 六八七
訑 든든할 七一九
樲 산대추 四〇六
扡 벌을 三四五
爾 너 四九四
已 이미 二三六
邇 가까울 八〇九

二 두 二八
彲 이무기 二五七
彝 떳떳할 二五五
食 사람이름 八九六

【익】

杙 말뚝 三八○
益 더할 五四二
默 검을 九三七
謚 빙그레웃을 七三六
翌 명일 六二二
膉 목덜미살 一四○
翊 도울 六二二
鷁 새이름 九二八
翼 날개 六二四
弋 줄살 二五○
溺 빠질 四六四

【인】

人 사람 三四
寅 동방 二一四
仁 어질 三七
刃 칼날 八七
因 인할 一四九
仞 가득할 三九
咽 목구멍 一三一
訒 둔할 七一九
茵 자리풀 六六一
韌 바퀴고임나무 七七四
姻 혼인할 一九四
靭 질길 八八二
絪 수삼 六○一
忍 참을 二六六
氤 천지기운합할 四三○
認 알 七二八
引 이끌 二五一
靷 가슴걸이 八八二
印 도장 一一○
蚓 지렁이 六八六
湮 빠질 四六二
儿 어진사람 六六六
煙 기운 四八五
扔 꺾을 三○○
겹성문 八五○
廴 당길 二四八
堙 막을 一六五
鄰 이웃 八一六
禋 정결히제지낼 五六六

【일】

軼 지나칠 七七五
日 날 三四七
溢 넘칠 四六五
駰 역말 九○六
鎰 스물넉냥중 八三七
壹 한 一七二
逸 허물 七九六
佚 허물 四五
佾 춤추는줄수효 四八

【임】

飪 떡국 八九七
壬 북방 一七一
紝 길쌈할 五九七
任 맡길 四一
荏 들깨 六六一
恁 믿을 二七三
衽 요 七○二
妊 아이밸 一九二
賃 빌 七五四
姙 아이밸 一九五
稔 풍년들 五七二

【입】

圦 수문 一五六
廿 스물 二四九
卄 스물 一○六
入 들 七○

【잉】

媵 물건부칠 一九八
仍 인할 三七
剩 남을 九五
扔 이끌 三○○

【자】

訿 해방할 七二二
子 아들 二○○
觜 별이름 七一五
仔 이길 三九
訾 해방할 七二二
字 글자 二○一
泚 물맑을 四四二
孜 부지런할 二○一
疵 험집 五三○
秄 김맬 六二六
紫 자주빛 五九九
虸 머루 六八五
跐 밟을 七六六
牸 암소 四九八
髭 윗수염 九一七
玆 이 六六一
雌 암컷 八六六
孳 새끼칠 二○三
咨 탄식할 一三二
磁 지남철 五五九
姿 맵시 一九五
慈 사랑 二八三
恣 방자할 二七三
茲 돋자리 五一四
茨 집이을 六六一
滋 불을 四六五
瓷 질그릇 五一五
鎡 호미 八三七
粢 젯밥 五九一
鷀 더펄새 九二八
趑 머뭇거릴 七六四
貲 재물 七五三
資 재물 七五四

齋 집 九四四
災 재앙 四七九
賫 가질 九四四
菑 재앙 六七一
纔 겨우 六一五
齊 재계할 九四三

【쟁】

錚 징 八三四
爭 다툴 四九二
噌 장꾼지껄일 一四二
崢 산높을 二三二
槍 혜성 四〇一
箏 풍경 五八五
鎗 노구 八三七
諍 간할 七三一

【저】

砠 흙산에돌덮일 五五五
且 파초 一八
疽 종기 五三〇
岨 흙산에돌덮힐 二三〇
蛆 구더기 六八七
姐 교만할 一九三
菹 김치 六六五
詛 방자할 七二二
雎 저구새 八六六
狙 손긴원숭이 五〇一
佇 오래섰을 四四
咀 씹을 一三〇
竚 오래섰을 五七九
苴 암삼 六六〇
苧 모시 六六〇
罝 짐승그물 六一六
貯 쌓을 七五三
氐 근본 四二九
猪 돼지 五〇三
邸 집 八一一
楮 닥나무 三九八
抵 다달를 三〇七
著 지을 六七〇
坻 언덕 一六一
諸 모두 七三四
低 굽힐 四四
豬 돝 七四七
底 밑 二四四
儲 저축할 六六
羝 수양 六二〇
瀦 방축 四七七
柢 뿌리 三八六
躇 머뭇거릴 七七一
牴 받을 四九八
藷 마 六八一
杼 가늘 三八三
滁 물이름 四六五
詆 꾸짖을 七二二
杵 절구공이 三八三
觝 받을 七一五
樗 개똥나무 四〇三
屠 흉노왕의이름 二二七
筯 젓가락 五八四
渚 물가 四六二
趄 머뭇거릴 七六四
沮 축축할 四四二

【적】

迹 발자국 七八九
赤 붉을 七六〇
跡 발자국 七六七
啇 나무뿌리 一三五
踖 뛸 七六八
滴 물방울 四六九
藉 와자할 六七九
嫡 큰마누라 一九九
籍 호적 五八九
謫 귀양갈 七三八
賊 도둑 七五五
讁 꾸짖을 七四〇
廸 나아갈 七八七
摘 딸 三二四
笛 피리 五八二
擿 돋울 三二九
的 밝을 五三九
適 마침 八〇五
妬 자식없는계집 一九三
敵 대적할 三三八
覿 보일 七一四
鏑 살촉 八三八
寂 고요 二一四
翟 꿩 六二三
炙 고기구울 四八〇
糴 곡식살 五九四
狄 북녘오랑캐 五〇〇
積 쌓을 五七四
荻 갈대 六六四
磧 모래벌 五六〇
逖 멀 七九三
襀 옷주름 七〇七
借 빌릴 五五
蹟 사석 七七〇
膌 파리할 六四一
績 길쌈 六一一
弔 이를 二五一

【전】

錢 돈 八三四
全 온전 七二
典 법 七八
筌 통발 五八三
腆 두터울 六三九
荃 향풀 六六一
霆 번개 八九七
痊 통발 五三〇
前 앞 九三
詮 갖출 七二五
湔 씻을 四六三
栓 말뚝 三九一
揃 자를 三二〇
銓 저울질할 八三二
煎 달일 四八六
趁 쫓을 七六四
箭 살 五八六
田 밭 五二〇
翦 감길 六二三
甸 경기 五二二
譾 얕을 七四一
鈿 비녀 八三〇
展 펼 二二七
畋 평발 五二二
輾 모로눌 七八〇
箋 쪽지 五八五
專 오로지 二二〇
戔 버려쌓을 二九三
傳 전할 六一
牋 표지 四九五
甎 벽돌 五一五
餞 보낼 九〇一
磚 벽돌 五六〇

旌 기장목 三四六
鼎 솥 九四·
鄭 성나라 八一六
檉 능수버들 四〇八
頳 붉을 八八九
晶 수정 三五九

【제】

濟 건널 四七五
帝 임금 二三八
隮 오를 八六三
啼 울 一三八
擠 밀 三二八
蹄 굽 七六九
薺 냉이 六七九
禔 편안할 五六六
臍 배꼽 六四三
隄 막을 八六〇
賷 빨을 九四四
提 들 三二〇
齏 양념할 九四四
堤 막을 一六五
蠐 굼벵이 六九四
緹 붉은비단 六〇八
躋 오를 七七一
題 글제 八九〇
霽 갤 八七五
醍 약주술 八二一
弟 아우 二五二
齊 모두 九四三
娣 제수 一九六
劑 약지을 九七
悌 공손할 二七五
儕 무리 六五
稊 돌피 五七二

梯 사다리 三九三
制 제도 九三
第 차례 五八二
製 지을 七〇六
綈 두터운비단 六〇四
折 천천할 三〇三
睇 흘깃볼 五四九
除 제할 八五五
祭 제사 五六四
諸 모두 七三四
際 즈음 八六一
盩 양념 八八四
傺 실심할 六一
荑 띠싹 六六一

【조】

殂 죽을 四二一
助 도울 九八
兆 억조 六九
阻 막힐 八五四
佻 도둑할 四九
徂 갈 二五七
挑 돋을 三一〇
岨 산울퉁불퉁할 二三〇
眺 볼 五四九
粗 약간 五九一
祧 체천할 五六四
組 인끈 五九九
窕 안존할 五七七
詛 저주할 七二二
誂 꾀일 七二五
俎 제기 五一
銚 가래 八三二
祖 할아비 五六三
曹 무리 三六七

漕 배질할 四七〇
早 이를 三四九
嘈 지꺼릴 一四一
澡 씻을 四七四
槽 말규통 四〇三
噪 뭇새울 一四三
遭 만날 八〇五
懆 근심할 二九〇
凋 여윌 八三
操 잡을 三二七
彫 새길 二五六
燥 불에말릴 四九〇
雕 수리 八六六
臊 비린내 六四二
蜩 매미 六九〇
繰 야청통견 六一三
稠 빽빽할 五七二
躁 조급할 七七一
啁 소리 一三五
譟 지껄일 七四〇
調 고루 七三一
藻 마름 六八一
鵰 독수리 九二八
造 지을 七九三
奝 클 一八七
慥 독실할 二八六
鯛 도미 九二二
昭 밝힐 三五三
朝 아침 三七三
詔 조서 七二二
潮 밀물 四七三
照 비칠 四八六
嘲 조롱할 一四二
炤 밝을 四八〇

胙 복 六三五
皁 검을 五三九
祚 복조 五六四
釣 낚시 八二八
罩 가리 六一六
藋 명아주 六七九
措 둘 三一七
糶 곡식팔 五九四
吊 조상 一二六
爪 손톱 四九二
弔 조상 二五一
抓 긁을 三〇三
趙 나라이름 七六四
笊 조리 五八二
瞾 눈고울 五五二
條 곁가지 三九三
蚤 벼룩 六八六
蓧 싹 六七四
棗 대추 三九六
鰷 피라미 九二二
肇 비로소 六三一
鳥 새 九二四
敦 아로새길 三三七
蔦 겨우살이 六七四
慘 근심 二八六
鼂 고운옥 九四一
繅 옥받침비단 六一〇
竈 부뚜막 五七九
刁 조우 八七

【족】

族 겨레 三四七
足 발 七六五
簇 가는대 五八八

秦 진나라 五七一
診 볼 七二三
湊 성할 四六六
袗 고운옷 七○三
榛 가얌나무 四○○
疹 역질 五三○
塡 오랠 一六七
畛 밭지경 五二三
臻 이를 六四九
眕 한껏볼 五四八
陣 진칠 八五六
殄 끊을 四二一
陳 베풀 八五八
軫 수레구를 七七五
津 나루 四四六
辰 별 七八三
疢 열병 五二八
振 떨칠 三一二
盡 다할 五四三
賑 풍부할 七五五
進 나아갈 七九七
震 진동할 八七三
塵 티끌 一六七
蓁 풍성할 六七二
甄 질그릇 五一五

【질】

姪 조카 一九五
質 바탕 七五七
桎 막힐 三九一
鑕 머루 八四一
窒 막힐 五七七
垤 개미두둑 一六二
絰 삼띠 六○二
蛭 거머리 六八七
秩 차례 五七一
耋 팔십세노인 六二五
疾 병 五三○
佚 방탕할 四五
嫉 투기할 一九八
迭 침노할 七八七
跌 거꾸러질 七六六
帙 책갑 二三八
叱 꾸짖을 一二一

【짐】

斟 짐작할 三四一
朕 나 三七二
鴆 짐새 九二六
酖 짐새술 八一八

【집】

執 잡을 一六三
集 모을 八六五

【징】

瞪 곧게볼 五五一
徵 부를 二六四
懲 징계할 二九○
澂 맑을 四七三
澄 맑을 四七三

【차】

差 어긋날 二三六
此 이 四一七
嗟 슬플 一四○
且 또 一八
嵯 산높을 二三二
苴 마름풀 六六○
瑳 옥빛깨끗할 五一二
嗟 탄식할 一三六
瘥 작은역질 五三二
磋 갈 五五九
蹉 미끄러질 六六九
車 성 七七二
次 버금 四一一
硨 옥돌 五五七
佽 이할 四九
遮 막을 八○六
叉 깍지낄 一一五
箚 차자 五八五
汊 물갈래질 四三四

【착】

齪 악치할 九四五
踖 건너뛸 七七一
着 입을 六二○
鑿 끌 八四一
杈 작살 三八○
窄 좁을 五七七
釵 비녀 八二八
辵 뛸 七八五
扠 잡을 三○○
縒 실얽힐 六○九
借 빌어올 五五
著 입을 六七○
昔 쇠뿔뒤틀릴 三五一
錯 섞일 三五
捉 잡을 三一三
泥 젖을 四五一

【찬】

讚 도울 七四三
贊 도울 七五九
鑽 뚫을 八四二
爨 불땔 四九二
簒 빼앗을 五八七
瓚 옥잔 五一四
纂 모을 六一四
欑 회추리나무 四一一
攢 모일 三三○
纘 이을 六一五
酇 모을 八一六
粲 선명할 五九二
竄 도망할 五七八
燦 빛날 四九一
撰 갖출 三二五
餐 삼킬 九○○
饌 반찬 九○二

【찰】

紮 묶을 六○○
察 살필 二一七
刹 절 九三
擦 문지를 三二八
咱 나 一三二
擦 만질 三二八
拶 맞닥칠 三一一
札 편지 三七八
獺 수달 五○六
哳 새울

倩 예쁘고 얌전할 五五
踐 밟을 七六八
遷 옮길 八〇八
韆 그네 八八三
荐 자리깔 六六一
薦 천거할 六七八
[illegible] 거듭 六四九
喘 숨쉴 一三九
茜 꼭두서니 六六一
[illegible] 자주 八〇二
蚩 벌레꿈틀거릴 六八五
嘽 분복발할 一四二
穿 통할 五七六
繟 띠늘어질 六一二
辿 느럭느럭걸을 七八五
擅 천단할 三二七
闡 열 八五一
泉 샘 四四二
串 꿰미 二一
洊 거듭 四四六

【철】

輟 그칠 七七八
撤 걷을 三二五
綴 맺을 六〇六
轍 바퀴자국 七八一
畷 밭사이길 五二六
澈 물맑을 四七三
錣 채찍고달 八三五
徹 관철할 二六四
歠 훅들이마실 四一五
掇 주을 三一七
喆 밝을 一三九
啜 수다스러울 一三六
哲 밝을 一三三

鐵 쇠 八三九
屮 움날 二二八
凸 뾰족할 八五
餮 탐할 九〇一

【첨】

簷 처마 五八九
尖 뾰족할 二二三
檐 처마 四〇八
忝 욕될 二六七
幨 옷깃 二四〇
添 더할 四五七
籤 서상대 五九〇
簽 제목 五八九
沾 적실 四四二
詹 이를 七二五
甛 달 五一六
瞻 우러러볼 五五二
餂 핥아들일 八九九
槧 서판 四〇三
諂 아첨할 七三一

【첩】

堞 성위옛담 一六五
妾 첩 一九三
諜 이간할 七三四
捷 이길 三一七
牒 편지 四九五
婕 예쁠 一九六
帖 문서 二三八
睫 속눈섭 五五〇
貼 붙일 七五三
輒 문득 七七七
褶 껴입을 七〇七
喋 말잘할 一三九
疊 거듭 五二七

【청】

睛 눈망울 五五〇
青 푸를 八七六
晴 날개일 三五九
清 맑을 四五八
凊 서늘 八三
倩 대신 五五
蜻 잠자리 六九〇
圊 뒷간 一五一
鯖 비웃 九二二
聽 들을 六三一
請 청할 七三一
廳 관청 二四八
菁 휘늘어질 六六六

【체】

疐 꼭지 五二八
砌 섬돌 五五五
嚔 재채기할 一四三
締 맺을 六〇八
替 대신할 三六七
諦 살필 七三四
逮 미칠 七九八
禘 체제 五六六
棣 산매자 三九六
滯 막힐 四七〇
靆 구름낄 八七六
蔕 꼭지 六七五
蝃 무지개 六九〇
墆 높을 一六八
綴 연결할 六〇六
涕 눈물 四五一
畷 밭사이 五二六
剃 털깎을 九四
體 몸 九一四

遞 갈아들일 八〇四
蕞 떠묶어표할 六七六
髢 땋은머리 九一六
薙 풀깎을 六七八
泚 물맑을 四四二
緹 붉은비단 六〇八
掣 막힐 三一八

【초】

譙 꾸짖을 七三八
肖 같을 六三二
燋 불당길 四九〇
悄 근심할 二七五
礁 암초 五六〇
峭 산높을 二三一
瞧 엿볼 五五一
哨 말많을 一三三
潐 숨결를 四七三
蛸 뽕나무 **六八九**
鷦 뱁새 九二九
硝 망초 五五七
苕 능초풀 六六〇
綃 생초 六〇四
迢 멀 七八七
稍 점점 五七二
貂 돈피 七四八
誚 꾸짖을 七二九
招 불을 三〇七
鞘 칼집 八八二
岧 산높을 二三〇
焦 볶을 四八四
軺 유람차 七七五
蕉 파초 六七六
鉊 큰낫 八三〇

踧 조심하여걸을 七六八 蹴 찰 七七〇
縮 쭈그러질 六一二 蹙 찡그릴 七七〇
竺 두터울 五八一 顣 쭈구러질 八九一
筑 주을 五八四 逐 쫓을 七九四
築 쌓을 五八八

【춘】

椿 참죽나무 三九九
春 봄 三五四

【출】

怵 두려워할 二七一
出 날 八五 黜 내리칠
絀 꿰맬 六〇〇

【충】

充 채울 六七
忠 충성 二六七 茺 익모초 六六二
沖 화할 八二 沇 산밑샘 四四六
忡 근심할 二六八 蟲 벌레 六九二
冲 화할 四三七 衝 충동할 七〇〇

【취】

娶 장가갈 一九六
取 가질 一一七 聚 모을 六二九
翠 비취 六二三 趣 뜻 七六四
醉 술취할 八二〇 驟 별안간 九一二
膵 지라 六四二 瘁 병들 五三二
脆 연할 六三六 臭 냄새 六四七
吹 불 一二八 就 나갈 二二四
炊 불땔 四八〇 毳 솜털 四二八
龡 불 九四六 橇 거듭찔 四〇六
嘴 부리 一四二

【췌】

萃 모을 六六六
悴 근심할 二七九 惴 마를 二八二
贅 군살 七五九 瘁 병들

【측】

惻 불쌍할 二八二
側 곁 五八 仄 기울 三七
測 측량할 四六三 昃 해기울어질 三五二
廁 기울 二四六 稄 벼빽빽할

【츰】

闖 엿볼 八五一

【층】

耛 따비자루
層 층층대 二二八

【치】

侈 사치할 四九
淄 검을 四五九 蚩 어리석을 一九八
輜 짐수레 七七八 滍 물이름 四六六
緇 검은빛 六〇七 疐 굽힐 五二八
錙 저울눈 八三六 懥 성낼 二九〇
鯔 숭어 九二二 稚 어릴 五七二
痔 갖출 二四五 雉 꿩 八六六
歭 주저할 四一八 薙 풀깎을 六七八
峙 산우뚝할 二三〇 巵 술잔 二三六
畤 제터 五二四 梔 치자 三九三
痔 치질 五三〇 廁 뒷간 二四六
致 이를 六四六 幟 기 二四〇
緻 톡톡할 六〇九 織 기 六一二
差 어긋날 二三六 熾 불땔 四九〇
嵯 산울퉁불퉁할 二三二 阤 사태날 八五二
癡 어리석을 五三四 馳 달릴 九〇五
鴟 솔개 九二六 齒 이 九四四
恥 부끄러울 二七三 治 다스릴 四四二
痴 어리석을 五三二 値 만날 五五
眙 눈바로뜨고볼 五四八 埴 진흙 一六三
黹 바느질할 九四〇 植 심을 三九五
洒 우뚝할 四四五 置 값 六一七
夊 뒤저올 一七二 豸 발없는벌레 七四七

【칙】

敕 경계할 三三六
則 법 九四 鶒 뜸부기 九二九
勅 경계할 九九 飭 신칙할 八九七

【친】

櫬 무궁화 四〇九
親 친할 七一二

【칠】

漆 옻 四七〇
七 일곱 六

【침】

浸 젖을 四五二
侵 침노할 五一 寢 잠길 二一五

棣 익숙할 三九六
兌 곧을 七○
埭 방축할 一六三
稅 추복입을 五七一
曃 어둘 三六三
脫 천천히할 六三七
態 태도 二八四
蛻 허물벗을 六八八
豸 신수이름 七四七

【택】

擇 가릴 三二七
澤 못 四七四
宅 집 二○六

【탱】

撐 버틸 三二五
撑 버릴 三二五

【터】

攄 펼 三二九

【토】

兎 토끼 七○
土 흙 一五四
菟 새삼 六六六
吐 토할 一二五
討 다스릴 七一九
夲 나아갈 一八五
套 장대할 一八七

【톤】

畽 염우없을
噋 입기운 一三六

【퇴】

隤 무너질 八六二
退 물러갈 七九○
頹 쇠할 八八九
腿 다리 六四一
敦 성낼 三三七
追 옥다듬을 七八九
焞 성할 四八四
槌 방망이 四○一

【통】

痛 아플 五三一
桶 통 三九三
統 거느릴 六○二
通 통할 七九四
恫 아플 二七二
洞 밝고통달할 四四四
慟 애통할 二八六

【투】

渝 변할 四六三
投 던질 三○三
透 통할 七九六
骰 주사위 九一三
鬪 싸움 九一八
偸 구차할 五八
套 전례

【특】

貸 빌 七五二
特 특별할 四九八
忒 변할 二六七
貣 빌 七五○
慝 간특할 二八七
忒 어그러질

【파】

破 깨칠 五五六
把 잡을 三○四
婆 할미 一九六
芭 파초 八五七
頗 자못 八八八
杷 비파 三八四
跛 절뚝발이 七六六
爬 긁을 四九二
簸 까불을 五八九
爸 아비 四九三
播 심을 三二五
葩 꽃송이 六七一
鄱 땅이름 八一六
琶 비파 五一一
派 나눠나갈 四四七
怕 두려워할 二七一
罷 마칠 六一七
帕 머리동일 二三八
擺 벌릴 三二九
坡 언덕 一六○
灞 물가 四七八
玻 유리 五○九
欛 칼자루 四二
陂 비탈 八五四
壩 방축 一七一
波 물결 四四三
伯 으뜸 四二

【판】

板 널 三八四
判 쪼갤 九一
版 조각 四九五
阪 언덕 八五三
販 팔 七五一
辦 힘쓸 七八二
瓣 외씨 五一五

【팔】

糪 선떡 五九四
八 여덟 七四
捌 깨칠 三一三

【패】

珮 패옥 五○九
貝 자개 七四八
孛 혜성 二○一
唄 염불소리 一三四
悖 거스릴 二七五
浿 물가 四五二
牌 문패 四九五
敗 패할 三三六
稗 피 五七二
芾 나무더부룩할 六五六
罷 귀양보낼 六一七
沛 넉넉할 四三八
霸 으뜸 八七五
旆 기 三四六
倍 배반 五三
霈 비쏟아질 八七三
邶 땅이름 八一二
佩 찰 四九

【팽】

伻 사람부릴 四五
彭 성 二五六
砰 돌구르는소리 五五六
膨 배부를 六四二
亨 삶을 三三
澎 물소리 四七三
烹 삶을 四八二

旁 휘몰아갈 三四六
軿 수레가는소리
蟛 방게

【퍅】

愎 강할 二八二

【편】

翩 빨리나를 六二三
便 편할 五二
蹁 돌처갈 七六九
徧 대나무 五八七
蝙 박쥐 六九一
鞭 채찍 八八三
篇 책 五八七
平 편편할 二四一
編 엮을 六〇八
片 조각 四九四
遍 두루 八〇二
扁 작을 二九八
騙 말에오를 九〇九
偏 치우칠 五八
鯿 병어 九二三

【폄】

窆 하관할 五七七
砭 돌침 五五六
貶 덜 七五四

【평】

枰 바둑판 三八七
平 평할 二四一
評 평론할 七二三
坪 들 一六〇
硑 평돌 五五八
苹 다북쑥 六六〇

【폐】

廢 폐할 二四七
陛 대궐섬돌 八五六
癈 고칠 五三三
狴 옥 五〇二
肺 허파 六三三
敝 옷헤질 三三七
吠 개짖을 一二八
幣 돈 二四〇
薜 돌삼 六七七
弊 해질 二五〇
嬖 사랑할 一九九
蔽 가릴 六七六
髀 볼기 九一三
閉 닫을 八四五

【포】

脯 포육 六三八
布 베 二三七
逋 포흠질 七九六
怖 두려워할 二七一
葡 포도 六七一
浦 물가 四五二
蒱 저포 六七三
捕 잡을 三一三
蒲 부들 六七三
哺 먹힐 一三四
舖 펼 六五二
圃 채마밭 一五一
鋪 펼 八三三
晡 신시 三五八
餔 먹을 九〇〇
匍 길 一〇三
勹 쌀 一〇二
皰 여드름 五四一
包 꾸릴 一〇二
袍 도포 七〇三
泡 물거품 四四四
鞄 가방 八八二
庖 푸주간 二四四
匏 바가지 一〇三
咆 범의소리 一三〇
鉋 대패 八三〇
抱 안을 三〇八
鮑 절인생선 九二一
疱 마마 五三〇
暴 사나울 三六二
跑 허비적거릴 七六六
瀑 폭포 四七六
炮 털그슬릴 四八〇
曝 볕쬐일 三六四
苞 딸기 六六〇
抛 던질 三〇八
胞 태 六三五
褒 포장할 七〇七
砲 대포 五五六
飽 배부를 八九八

【폭】

曝 볕에말릴 三六四
幅 폭 二三九
爆 불터질 四九一
暴 나타날 三六二
瀑 폭포 四七六

【표】

俵 나눌 五六
表 겉 七〇一
票 불날 五六四
鰾 부레 九二三
僄 신중치못할 六二
驃 날쌜 九一一
剽 찌를 九六
飄 나부낄 八九五
摽 칠 三二四
鑣 성할 八四一
漂 뜰 四七〇
猋 개달아날 五〇三
嫖 날랠 一九九
飆 회오리바람 八九六
慓 급할 二八七
杓 북두자루 三八一
標 표할 四〇三
豹 표범 七四七
瓢 표주박 五一五
髟 터럭 九一六
縹 옥색빛 六一二
彪 칙범 二五六
熛 불티 四八九
殍 굶어죽을 四二二
翲 높이날을 六二三

【품】

稟 품할 五七二
品 품수 一三二

【풍】

瘋 두풍 五三二
風 바람 八九三
豐 풍년 七四四
諷 외울 七三四

【피】

皮 가죽 五四一

被 입을 七〇三　披 헤칠 三〇八
疲 피곤할 五三〇　陂 기울어질 八五四
罷 느른할 六一七　彼 저 二五八
避 피할 八〇八　䟆 말잘할 七二三

【픽】

愊 지성스러울 二八二
腷 뜻막힐 六四〇

【필】

蹕 길치울 七七〇
必 반드시 二六五　筆 붓 五八四
邲 땅이름 八一二　匹 짝 一〇五
畢 마칠 五二五　疋 짝 五二七
蓽 필발 六七五　佛 도울 四三
篳 대사립문 五八八　拂 도울 三〇六
弼 도울 二五三　比 차례 四二六

【핍】

逼 가까울 八〇二
乏 다할 一四　偪 핍박할 五八
泛 물소리 四三九　愊 답답할 二八二
幅 행전 二三九

【하】

芐 지황 六五六
下 아래 一二　何 어찌 四五
谺 골속휑할 七四三　河 물 四四四
嚇 으를 一四三　荷 연꽃 六六四
夏 여름 一七三　賀 하례할 七五四
厦 큰집 二四六　遐 멀 八〇三
呀 입딱벌릴 一二八　蝦 두꺼비 六九一
緞 신뒤축 六〇九　瑕 옥티 五一二
鰕 암고래 九二三　霞 놀 八七四
罅 틈 六一五　鍜 투구 八三六

【학】

舄 갯흙치를할 六二三
學 배울 二〇三　确 자갈땅 五五七
鷽 작은비둘기 九三〇　涸 마를 四五九
虐 사나울 六八三　貉 담비 七四八
謔 농지꺼릴 七三五　鶴 학 九二八
瘧 학질 五三二　壑 구렁 一七〇

【한】

限 한정 八五五
恨 한할 二七三　閑 한가할 八四七
狠 사나울 五〇一　澣 빨 四七四
汗 땀 四三四　閒 겨를 八四八
旱 가물 三四九　嫺 익힐 一九九
旰 늦을 三四九　僩 위험스러울 六三
悍 사나울 二七五　瞯 엿볼 五五一
捍 호위할 三一三　覵 엿볼 七一三
扞 막을 三〇〇　寒 찰 二一五
邗 물이름 八一〇　漢 한나라 四七〇
罕 드물 六一六　邯 땅이름 八一二
桿 줄기 三九三　韓 한나라 八八四
骭 갈빗대 九一三　榦 누이름 三九九
駻 사나운말 九〇八　翰 글 六二三
鼾 코골 九四三　瀚 질펀할 四七七
閈 이문 八四五

【할】

瞎 애꾸눈 五五一
割 벨 九六　齃 퀴퀴할 六四七

【함】

函 함 八六
含 머금을 一二八　涵 젖을 四五九
谽 골속휑할 七四三　陷 빠질 八五九
菡 꽃필 六六四　餡 떡소 九〇一
頷 턱 八九〇　銜 말재갈 八三二
咸 다 一三二　檻 난간 四〇九
喊 고함지를 一三九　濫 샘솟을 四七五
緘 봉할 六〇九　轞 수렛소리 七八一
鹹 짤 九三一　艦 싸움배 六五四
顑 주릴 八九一　闞 소리우렁찰 八五一

【합】

郃 고을이름 八一二
合 합할 一二五　鴿 집비둘기 九二六
蛤 조개 六八八　盍 합할 五四二
閤 도장 八四九　溘 문득할 四六六
迨 뒤미쳐갈 七九一　闔 문짝 八五一
盒 합 五四二　柙 짐승우리 三八七
哈 크게마실 一三二　閘 빗장 八四八

泓 물깊을 四四四　紅 붉을 五九五
洪 넓을 四四七　虹 무지개 六八五
哄 공갈할 一三二　訌 모함할 七一九
烘 횃불 四八一　鴻 기러기 九二六
鬨 싸움소리 九一七　汞 수은 四三四
粠 묵은쌀 五九〇　浲 물넘을 四四七
肛 항문 六三三

【화】

禍 재화 五六六
禾 벼 五六八　話 이야기 七二六
和 화할 一三一　華 빛날 六六六
龢 새피리 九四六　崋 빛날 二三一
火 불 四七八　樺 벚나무 四〇六
伙 세간 四一　譁 시끄러울 七三八
化 될 一〇三　韡 양화 八八三
貨 재물 七五一　鏵 쌍날가래 八三九
靴 양화 八八二　驊 준마 九一一
花 꽃 六五七　畫 그림 五二五

攫 잡을 三二八

【확】

擭 덫 三二八
矍 놀라볼 五五二　獲 실심할 五〇五
戄 놀라두려워할 二九一　蠖 자벌레 六九四
玃 큰원숭이 五〇六　確 확실할 五五九
攫 후려칠 三三〇　擴 넓힐 三二八
穫 곡식거둘 五七五　擢 손뼉칠 三二九

【환】

還 돌아올 八〇九
桓 씩씩할 三九一　寰 궁장 二一八
奐 클 一八六　闤 저자담 八五二
喚 부를 一三九　鐶 고리 八四〇
煥 빛날 四八七　鬟 쪽질 九一七
換 바꿀 三二一　圜 돌릴 一五四
丸 둥굴 一二　湲 물졸졸흐를 四六二
紈 흰깁 五九五　歡 기쁠 四一五
患 근심할 二七五　渙 물부를 四六四
環 둘릴 五一三　懽 기쁠 二九一

宦 대관 二一〇　讙 부를 七四二
幻 변화할 二四三　驩 말이름 九一二
豢 칠 七四六　逭 도망할 七九八
鰥 홀아비 九二三

【활】

滑 미끄러질 四六六
活 살 四四七　猾 교활할 五〇四
蛞 집달팽이 六八八　豁 넓을 七四三
闊 넓을 八五〇　轄 굴대장 七八〇

【황】

隍 해자 八六〇
黃 누를 九三五　凰 암봉 八四
潢 은하수 四七三　篁 대밭 五八七
璜 반달 五一三　遑 급할 八〇三
簧 생황 五八九　晃 밝을 三五七
皇 임금 五三九　滉 물깊고넓을 四六七
徨 방황할 二六三　愰 마음들뜰 二八四
煌 빛날 四八七　幌 방장 二四〇
惶 두려울 二八二　恍 황홀할 二七三

兄 클 六七　貺 줄 七五四
怳 당황할 二七一　荒 거칠 六六二
况 하물며 三一　慌 황홀할 二八四
況 하물며 四四四　肓 흉격 六三三

【회】

洄 물거슬러흐를 四四七
會 모을 三六八　茴 회양 六六二
膾 회 六四二　徊 배회할 二五八
檜 젓나무 四〇八　廻 돌아올 二四九
獪 간교할 五〇五　蛔 회충 六六八
繪 그림 六一三　懷 품을 二九一
薈 염교 六七八　繢 수놓을 六一二
澮 밭도랑 四七四　悔 뉘우칠 二七六
鱠 회 九二四　晦 그믐 三五八
灰 재 四七九　誨 가르칠 七二九
恢 클 二七四　淮 물이름 四五九
詼 조롱할 七二六　匯 물돌아모일 一〇五
回 돌아올 一四七　槐 느티나무 四〇一

賄 뇌물 七五五

【획】
劃 새길 九六
獲 얻을 五〇五
砉 백정의칼소리 五五五
擭 잡을 三二八
諜 빠를 七三七
嚄 잔말할 一四三
摑 찢을 三一九
畫 그을 五二五
鑊 가마 八四一

【횡】
竑 헤아릴 五七九
橫 비낄 四〇六
鋐 쇠북소리 八二九
黌 글방 九三六

【효】
效 본받을 三三四
爻 형상 四九四
恔 쾌할 二七四
肴 안주 六三四
傚 본받을 六〇
崤 산이름 二三一
孝 효도 二〇二
哮 성낼 一三四
酵 술괴일 八二〇
囂 시끄러울 一四五
嚆 부르짖을 一四三
淆 요란할 四五九
曉 새벽 三六三
殽 어지러울 四二四
驍 날랠 九一一
梟 올빼미 三九三
鴞 솔개 九二六
斅 가르칠 三三九

【후】
篌 공후 五八七
侯 제후 五二
糇 마른밥 五九三
候 기후 五六
詬 꾸짖을 七二六
喉 목구멍 一三九
餱 마른밥 九〇一
堠 장승 一六五
后 황후 一二六
猴 원숭이 五〇三
郈 고을이름 八一二
厚 두터울 一一二
逅 우연히만날 七九一
芋 클 六五六
佝 추루할 四五
酗 주정할 八一八
煦 찔 四八七
後 뒤 二五八
朽 냄새 三七九
嘔 기뻐서말할 一四一
吼 소우는소리 一二八
珝 옥이름 五〇九
嗅 냄새 一四〇
涸 물자를 四五九

【훈】
勛 공 一〇一
訓 가르칠 七一九
熏 불살을 四八七
纁 분홍빛 六一四
勳 공 一〇一
醺 술취할 八二二
壎 흙풍류 一七〇
獯 오랑캐 五〇五
薰 향풀 六七九
暈 무리 三六一
曛 어둑어둑할 三六三
葷 고명풀 六七一
燻 불기운 四九一
焄 향내 四八二

【훙】
薨 죽을 六七八

【훤】
諠 지껄일 七三四
喧 지껄일 一三九
暖 은공스러울 三五九
暄 날따뜻할 三六一
諼 잊을 七三五
萱 원추리 六七一
讙 지껄일 七三九

【훼】
燬 불이글거릴 四九一
卉 많을 一〇七
喙 부리 一三九
毁 헐 四二四
虫 버러지 六八五

【휘】
揮 흩을 三二一
暉 햇빛 三六一
輝 빛날 七七八
煇 빛날 四八七
徽 아름다울 二六四
麾 대장기 九三五
戲 희롱할 二九六
諱 꺼릴 七三五

【휴】
携 끌 三二三
休 쉴 四二
虧 이지러질 六八五
咻 지껄일 一三三
眭 깊은눈 五二五
貅 표범 七四八
隳 무너질 八六三
鵂 부엉이 九二七
畜 기름한짐승 五二三

【휵】
畜 기를 五二三

【휼】
遹 좇을 八〇八
恤 근심할 二七四
鷸 비취새 九二九
譎 간사할 七三九
欻 빠를 四一四

【흉】
洶 물소리 四四八
凶 흉할 八五
恟 두려울 二七四
兇 악할 六九
胸 가슴 六三七
匈 요란할 一〇三

【흑】
黑 검을 九三七

類유 似사 漢한 字자

※ 비슷한 한자

午 낮오	牛 소우	不 아니불	丕 클비	暗 어둘암	喑 소리지를음
占 점칠점	古 예고	且 또차	旦 아침단	鳴 울명	嗚 탄식할오
假 빌가	段 조각단	丞 도울승	亟 빠를극	暵 마를한	嘆 탄식할탄
口 입구	囗 에울위	井 우물정	丼 퐁당정	曉 새벽효	嘵 두려워할효
叨 탐할도	叩 두드릴구	乂 어질예	又 또우	囷 둥근곳집균	困 곤할곤
吊 조상조	弔 조상조	乎 어조사호	平 평할평	士 선비사	土 흙토
吝 인색할인	呑 삼킬탄	予 나여	矛 창모	圯 흙다리이	圮 무너질비
哀 슬플애	衰 쇠할쇠	于 어조사우	干 방패간	場 마당장	埸 지경역
哲 밝을철	晢 밝을철	況 하물며황	况 하물며황	推 밀추	堆 흙무데기퇴
商 장사상	啇 나무뿌리적	亦 또역	赤 붉을적	琢 먼지날봉	塜 무덤총
售 팔수	唯 오직유	亨 형통할형	享 드릴향	璧 구슬벽	壁 벽벽
啻 뿐시	啼 울제	仝 한가지동	全 온전전	夭 일찍죽을요	天 하늘천
冲 화할충	沖 화할충	休 쉬일휴	体 상엿군분	矢 화살시	失 잃을실
冰 얼음빙	泳 헤엄칠영	伺 사필사	何 어찌하	宇 집우	字 글자자
凊 서늘할청	清 맑을청	住 머무를주	往 갈왕	盂 바리우	孟 맏맹
凍 얼동	涷 소낙비동	侯 제후후	候 기후후	弧 나무활호	孤 외로울고
凔 찰창	滄 서늘할창	偏 치우칠편	徧 두루변	宣 베풀선	宜 마땅의
刀 칼도	刁 조두조	傅 스승부	傳 전할전	蜜 꿀밀	密 빽빽할밀
切 끊을절	功 공공	僧 중승	儈 거간군괴	屆 구멍건	届 이를계
刺 찌를자	剌 어그러질랄	免 면할면	兎 토끼토	祟 빌미수	崇 높을숭

師 스승사	帥 장수수
幼 어릴유	幻 변화할환
疆 지장강	彊 강할강
徙 옮길사	徒 무리도
徵 징험할징	微 작을미
怱 바쁠총	忽 문득홀
怛 슬퍼할달	怚 교만할저
怙 믿을호	怗 고요할첩
感 느낄감	惑 미혹할혹
竟 마침경	意 뜻의
臆 가슴억	憶 생각할억
懶 싫어할뢰	嬾 게으를란
朴 성박	扑 작게칠복
枝 가지지	技 재주기
柳 버들류	抑 누를억
杯 술잔배	抔 중부
杭 거룻배항	抗 항거할항
析 나눌석	折 꺾을절
柱 기둥주	拄 버틸주
柚 유자유	抽 뺄추
拆 찍을탁	柝 쪼갤탁
拍 칠박	柏 측나무백
拫 끌어당길흔	根 뿌리근
拷 때릴고	栲 복나무고

挂 걸괘 桂 계수나무계
挌 칠격 格 격식격
挍 상고할교 校 학교교
挑 돋울조 桃 복숭아도
捂 어긋칠오 梧 오동오
捁 흔들고 梏 수갑곡
捍 팔찌한 桿 줄기한
捎 덜소 梢 나무끝소
推 밀추 椎 철장대추
捧 받들봉 棒 몽둥이봉
捥 팔뚝완 椀 주발완
掉 흔들도 棹 노도
揮 떨칠휘 楎 여옷거리휘
掾 아전연 椽 서까래연
揚 드날릴양 楊 버들양
揶 야유할야 椰 야자나무야
搏 칠박 摶 칠단
搰 팔골 榾 삭정이골
摩 만질마 麾 대장기휘
摸 본뜰모 模 법모
撚 잡을연 橪 산대추연
撲 씨름할복 樸 질박할박

攬 잡을람 欖 감람람
支 지탱할지 攴 칠복
敝 옷해질폐 敞 드러날창
敺 물구 歐 성구
斂 거둘렴 歛 탐할검
斑 아롱질반 班 반렬반
料 헤아릴료 科 과정과
日 날일 曰 가로왈
旰 날늦을간 旴 해돋을우
旻 가을하늘민 昊 여름하늘호
易 쉬울이 昜 빛날양
昆 맏곤 毘 도울비
明 밝을명 朋 벗붕
春 봄춘 舂 절구질할용
晨 새벽신 農 농사농
晴 날갤청 睛 눈망울정
暝 어울명 瞑 눈감을명
曆 책력력 歷 지낼력
曾 일찍증 會 모을회
未 아닐미 末 끝말
朮 삽주추 求 구할구
杲 높을고 果 실과과

競 다툴경 兢 조심할긍
冦 도둑구 冠 갓관
冢 클총 冡 입을몽
爪 손톱조 瓜 오이과
獲 얻을획 穫 이삭거둘확
玟 옥돌민 玫 불구슬매
甲 갑옷갑 申 펼신
疸 황달단 疽 종기저
眼 눈안 眠 졸면
眈 노려볼탐 耽 즐겨할탐
矩 법구 短 짧을단
祐 도울우 祜 복호
祖 할아비조 袒 옷벗을단
竽 큰생황우 竿 대줄기간
笞 볼기칠태 苔 이끼태
管 대통관 菅 띠간
簿 문서부 薄 엷을박
籍 호적적 藉 빙자할자
籃 들바구니람 藍 쪽람
綱 벼리강 網 그물망
若 같을약 苦 쓸고
衝 마주칠충 衡 저울형

杭 거룻배항 抗 항거할항
裁 옷마를재 栽 심을재
粟 조속 栗 밤률
粱 기장량 梁 들보량
楝 고련나무련 棟 들보동
淼 큰물묘 森 수풀삼
稿 볏집고 槁 마를고
穀 곡식곡 榖 닥나무곡
滎 실개천형 榮 영화영
漿 초장 槳 상앗대장
氐 근본저 氏 성씨씨
氷 얼음빙 永 길영
汍 눈물흘릴환 汎 떠울범
汰 미끄러질태 汏 사태날대
汙 웅덩이오 汗 땀한
注 대일주 汪 못왕
沆 큰물항 沅 물이름원
沬 희미할미 沫 침말
沾 적실첨 沽 살고
穎 이삭영 潁 물이름영
鳥 새조 烏 까마귀오
燂 불당길담 燀 불땔천

同동字자異이音음 (다르게 사용되는 한자)

【ㄱ】

- 乾 (건·강) 乾淨(간정) 乾魚(건어)
- 降 (항·강) 降雨(강우) 降伏(항복)
- 見 (현·견) 見學(견학) 謁見(알현)
- 契 (계·결) 契活(결활) 契約(계약)
- 廓 (확·곽) 廓然(곽연) 廓清(확청)
- 句 (귀·구) 句讀(구두) 句節(귀절)
- 龜 (균·귀) 龜鑑(귀감) 龜裂(균렬)
- 金 (김·금) 金玉(금옥) 金堤(김제)

【ㄴ】

- 喇 (라·나) 喇叭(나팔) 喝喇(갈라)
- 裸 (라·나) 裸體(나체) 赤裸(적라)
- 螺 (라·나) 螺形(나형) 鳴螺(명라)
- 羅 (라·나) 羅列(나열) 網羅(망라)
- 洛 (락·낙) 洛陽(낙양) 駕洛(가락)
- 落 (락·낙) 落榜(낙방) 墮落(타락)
- 絡 (락·낙) 絡繹(낙역) 連絡(연락)
- 樂 (악·락·낙) 樂天(낙천) 和樂(화락) 樂譜(악보)
- 卵 (란·난) 卵類(난류) 鷄卵(계란)
- 亂 (란·난) 亂世(난세) 擾亂(요란)
- 爛 (란·난) 爛發(난발) 絢爛(현란)
- 蘭 (란·난) 蘭草(난초) 眞蘭(진란)
- 藍 (람·남) 藍輿(남여) 青藍(청람)
- 臘 (랍·납) 臘月(납월) 舊臘(구랍)
- 蠟 (랍·납) 蠟燭(납촉) 白蠟(백랍)
- 郎 (랑·낭) 郎君(낭군) 花郎(화랑)
- 來 (래·내) 來往(내왕) 去來(거래)
- 冷 (랭·냉) 冷水(냉수) 寒冷(한랭)
- 勞 (로·노) 勞力(노력) 勤勞(근로)
- 魯 (로·노) 魯鈍(노둔) 愚魯(우로)
- 綠 (록·녹) 綠蔭(녹음) 草綠(초록)
- 錄 (록·녹) 錄音(녹음) 記錄(기록)
- 論 (론·논) 論理(논리) 理論(이론)
- 弄 (롱·농) 弄談(농담) 嘲弄(조롱)
- 賂 (뢰·뇌) 賂物(뇌물) 賄賂(회뢰)
- 雷 (뢰·뇌) 雷聲(뇌성) 雨雷(우뢰)
- 樓 (루·누) 樓臺(누대) 下樓(하루)
- 屢 (루·누) 屢次(누차) 屢屢(누루)
- 縷 (루·누) 縷言(누언) 一縷(일루)
- 肋 (륵·늑) 肋骨(늑골) 鷄肋(계륵)
- 凜 (름·늠) 凜寒(늠한) 凜凜(늠름)
- 凌 (릉·능) 凌駕(능가) 侮凌(모릉)
- 陵 (릉·능) 陵遲(능지) 王陵(왕릉)
- 菱 (릉·능) 菱角(능각) 鐵菱(철릉)

【ㄷ】

- 茶 (차·다) 茶房(다방) 茶盤(차반)
- 丹 (란·단) 丹青(단청) 牡丹(모란)
- 宅 (택·댁) 宅內(댁내) 家宅(가택)
- 度 (탁·도) 度量(도량) 村度(촌탁)
- 讀 (두·독) 讀書(독서) 句讀(구두)
- 洞 (통·동) 洞里(동리) 洞燭(통촉)

【ㅂ】

- 繁 (번·반) 繁纓(반영) 繁華(번화)
- 牌 (패·배) 牌旨(배지) 曰牌(왈패)
- 便 (편·변) 便秘(변비) 方便(방편)
- 復 (부·복) 復舊(복구) 復活(부활)
- 輻 (폭·복) 輪輻(윤복) 輻輳(폭주)
- 反 (번·반) 反對(반대) 反覆(번복)
- 不 (불·부) 不知(부지) 不可(불가)
- 否 (비·부) 否決(부결) 否運(비운)
- 北 (배·북) 南北(남북) 敗北(패배)
- 分 (푼·분) 分福(분복) 分錢(푼전)
- 皮 (피·비) 鹿皮(녹비) 皮膚(피부)

【ㅅ】

食 (식·사) 簞食(단사) 食少(식소)
索 (색·삭) 索漠(삭막) 搜索(수색)
數 (수·삭) 數遞(삭체) 數學(수학)
殺 (쇄·살) 殺菌(살균) 殺到(쇄도)
參 (참·삼) 參南(삼남) 參與(참여)
狀 (장·상) 狀態(상태) 賞狀(상장)
省 (성·생) 省略(생략) 反省(반성)
說 (세·설) 說論(설유) 遊說(유세)
率 (율·솔) 率先(솔선) 比率(비율)
衰 (최·쇠) 衰弱(쇠약) 衰服(최복)
馴 (훈·순) 馴良(순량) 馴育(훈육)
什 (집·십·습) 什襲(습습) 什長(십장) 什器(집기)
識 (지·식) 知識(지식) 標識(표지)
沈 (침·심) 沈清(심청) 沈滯(침체)

【ㅇ】

惡 (오·악) 惡意(악의) 惡寒(오한)
略 (략·약) 略式(약식) 大略(대략)
兩 (량·양) 兩便(양편) 一兩(일량)
糧 (량·양) 糧食(잉식) 柴糧(시량)
隘 (액·애) 險隘(험애) 隘路(액로)
女 (녀·여) 女子(여자) 子女(자녀)
戾 (려·여) 戾蟲(여충) 反戾(반려)
旅 (려·여) 旅行(여행) 行旅(행려)
歷 (력·역) 歷史(역사) 履歷(이력)
年 (년·연) 年少(연소) 少年(소년)
練 (련·연) 練習(연습) 未練(미련)
列 (렬·열) 列席(열석) 班列(반렬)
念 (념·염) 念拂(염불) 紀念(기념)
廉 (렴·염) 廉恥(염치) 清廉(청렴)
簾 (렴·염) 簾政(염정) 珠簾(주렴)
葉 (섭·엽) 葉草(엽초) 葉國(섭국)
令 (령·영) 令名(영명) 命令(명령)
禮 (례·예) 禮拜(예배) 拜禮(배례)
了 (료·요) 了解(요해) 完了(완료)
遼 (료·요) 遼遠(요원) 廣遼(광료)
龍 (룡·용) 龍頭(용두) 畫龍(화룡)
柳 (류·유) 柳綠(유록) 路柳(노류)
倫 (륜·윤) 倫理(윤리) 悖倫(패륜)
吏 (리·이) 吏讀(이두) 官吏(관리)
易 (역·이) 簡易(간이) 貿易(무역)
離 (리·이) 離別(이별) 分離(분리)
匿 (닉·익) 匿名(익명) 隱匿(은닉)
吝 (린·인) 吝嗇(인색) 惜吝(석린)
咽 (열·인) 咽喉(인후) 嗚咽(오열)
隣 (린·인) 隣接(인접) 接隣(접린)
燐 (린·인) 燐火(인화) 赤燐(적린)
林 (림·임) 林業(임업) 森林(삼림)
臨 (림·임) 臨席(임석) 賁臨(비림)
立 (립·입) 立身(입신) 坐立(좌립)
笠 (립·입) 笠子(입자) 草笠(초립)
粒 (립·입) 粒粒(입립) 種粒(종립)

【ㅈ】

刺 (척·자) 刺戟(자극) 刺殺(척살)
佐 (좌·자) 佐飯(자반) 補佐(보좌)
著 (착·저) 著述(저술) 著實(착실)
斟 (침·짐) 斟酌(짐작) 斟量(침량)

【ㅊ】

差 (치·차) 差別(차별) 相差(상치)
切 (체·절) 切實(절실) 一切(일체)
掣 (체·철) 掣肘(철주) 掣履(체리)
帖 (체·첩) 手帖(수첩) 帖文(체문)
推 (퇴·추) 推敲(추고) 推窓(퇴창)
秤 (평·칭) 秤錘(칭추) 天秤(천평)

【ㅍ】

暴 (폭·포) 暴慢(포만) 暴風(폭풍)
曝 (폭·포) 曝白(포백) 曝陽(폭양)

【ㅎ】

行 (행·항) 行列(항렬) 行習(행습)
鵠 (곡·혹) 鴻鵠(홍혹) 正鵠(정곡)
畫 (획·화) 畫像(화상) 畫數(획수)

同동 音음 異이 意의
(발음은 같으나 뜻이 다른 단어)

가설
加設:더 설치
架設:건너 지름
假設:임시로 베풀음

감상
感想:느끼는 생각
感傷:느끼어 슬픔
鑑賞:예술작품을 음미

개간
改刊:책의 판을 고침
開刊:처음으로 책을 냄
開墾:거칠은 땅을 논밭으로 만듬

개선
改善:좋게 고침
改選:다시 뽑음
凱旋:이기고 돌아옴

관대
寬待:너그럽게 대접
冠帶:예전의 관복(官服)
寬大:너그럽고 큼
款待:친절한 대우

고문
叩門:문을 두드림
高文:웅장한 문장
拷問:고통을 주며 물음
顧問:의견을 물음

고사
古事:옛 일
考査:시험
古祠:옛 사당
古史:옛 역사
告辭:깨우쳐 주는 말

군기
軍氣:군대의 사기
軍紀:군대의 기율
軍機:군사상의 기밀
軍旗:군대의 기치
郡起:떼를 지어 일어남

기우
杞憂:쓸데 없는 걱정
奇遇:우연히 서로 만남
祈雨:비가 오도록 빌음
寄寓:남에게 의지하여 지냄

【ㄴ】

내정
內定:속으로 작정
內情:형편, 속
內政:집안 살림, 국내 정치

노장
老壯:늙은이와 젊은이
老將:나이 많은 장수
蘆場:갈대를 심는 땅
老長:노승, 노장중

농담
弄談:실 없는 말
濃淡:짙음과 묽음

농상
農商:농업과 상업
農桑:농사일과 누에치기

【ㄷ】

답사
答辭:축사에의 대답
踏査:실지로 조사
答謝:사례하는 뜻의 대답

대전
大戰:큰 싸움
對戰:맞서 싸움
垈田:텃밭
代錢:대신 주는 돈

도시
都市:도회지, 번화한 곳
都是:도무지
圖示:그림으로 그려서 보임

독창

獨唱 : 혼자 노래부름
獨創 : 혼자 생각해 냄

동서
同棲 : 한 집에서 같이 삶
同婿 : 자매의 남편
東西 : 동쪽과 서쪽

동심
童心 : 아이의 마음
同心 : 같은 마음
動心 : 마음의 움직임

동천
冬天 : 겨울 하늘
東天 : 동쪽 하늘

동향
同鄕 : 한 고향
動向 : 움직임
東向 : 동쪽 방향

동화
同化 : 닮아서 같아짐
銅貨 : 동전
童話 : 어린이 이야기

【ㅁ】

만세
萬歲 : 영원히 삶(만세 삼창)
萬世 : 오랜 세월

무기
無期 : 기한 없음
武器 : 싸움 기구
舞妓 : 춤을 추는 기생

무도
無道 : 무뚝뚝, 인도에 어그러짐
舞蹈 : 뛰며 춤을 춤

무사
武士 : 무예에 익숙한 사람
無事 : 아무일 없음
無私 : 사사로움이 없음

【ㅂ】

반기
半期 : 반년, 한해의 반
反旗 : 반란을 일으켜 드는 기
叛起 : 배반하고 일어 남

부정
不正 : 바르지 않음
不定 : 일정하지 않음
不淨 : 깨끗하지 않음
不貞 : 정조를 지키지 않음

부호
扶護 : 붙들어 보호
符號 : 표
富豪 : 돈 많은 사람
富戶 : 부잣집

【ㅅ】

사감
私感 : 사사의 감정
舍監 : 기숙사의 감독

사의
私意 : 개인의 의견
謝意 : 사례하려는 뜻
辭意 : 그만 두는 뜻
私誼 : 개인의 정분

수색
愁色 : 근심의 기색
水色 : 물 빛
秀色 : 강산의 좋은 경치
羞色 : 부끄러워 하는 기색
搜色 : 찾아 밝힘

수용
收用 : 거둬 들여 씀
收容 : 데려다 넣어 둠
需用 : 구하여 씀
受用 : 받아 씀

【ㅇ】

안면
安眠 : 편안하게 잘 잠
顔面 : 얼굴

연소
年少 : 나이가 젊음
燃燒 : 불에 탐
延燒 : 연이어 탐

영사
映射 : 광선이 반사
映寫 : 영화를 돌림

일기 :
一技 : 한가지의 재주
一期 : 일생, 한 평생

日記 : 날마다의 일을 적음
日氣 : 날씨

임사

臨事 : 일에 다달음
臨死 : 죽을 때에 다달음

【ㅈ】

자색

姿色 : 예쁜 얼굴
紫色 : 자주 빛

전공

專攻 : 전문으로 연구
前功 : 이전의 공로
戰功 : 싸움의 공로

전수

傳受 : 전하여 받음
傳授 : 전하여 줌
專修 : 그 일에만 닦음

정사

政事 : 정치 일
情事 : 남녀의 사랑 관계
情死 : 남녀가 같이 죽음
正邪 : 바른 것과 삐뚜러짐

주지

周知 : 모두 알림
主旨 : 중요한 취지
酒池 : 호사한 술자리
住持 : 절간의 우두머리

진취

進取 : 자진하여 일함
進就 : 점점 일을 이룸

【ㅊ】

차견

差遣 : 사람을 보냄
借見 : 빌려 봄

추구

追求 : 쫓아 구함
追究 : 쫓아 생각
推究 : 미루어 생각

출가

出家 : 집을 나감, 중이 됨
出嫁 : 시집 감

【ㅌ】

타살

他殺 : 남이 죽임
打殺 : 때려서 죽임

특사

特使 : 특별히 보냄
特赦 : 특별히 놓아 줌

특수

特殊 : 보통과 다름
特秀 : 뛰어 남

【ㅍ】

파의

罷意 : 뜻을 버림
罷議 : 의논을 그만 둠

편집

偏執 : 편견을 고집
編輯 : 신문·책을 엮음

포장

包裝 : 싸서 꾸밈
布帳 : 휘장

표기

表記 : 거죽에 적음
標記 : 표로 표시함
標旗 : 목표로 세운 기

【ㅎ】

하복

夏服 : 여름 옷
下服 : 아래 옷
下腹 : 아랫배

해산

解散 : 흩어짐, 헤어짐
解産 : 아이를 낳음
海産 : 바다에서 남

호상

互相 : 서로
好喪 : 많은 나이의 죽음
護喪 : 장사 일을 주선

회장

會場 : 회의하는 곳
回章 : 돌림 글
回裝 : 끝동, 깃
會葬 : 장사에 나감

후원

後援 : 뒤에서 도와 줌
後園 : 집 뒤에 동산
後苑 : 대궐 안의 동산

잘못 읽기 쉬운 한자

※ (　) 안의 발음은 틀린 것임

【ㄱ】

概括 개괄(개활)
改悛 개전(개준)
開拓 개척(개탁)
缺乏 결핍(결지)
更張 경장(갱장)
驚蟄 경칩(경집)
高踏 고답(고도)
高蹈 고도(고답)
骨骼 골격(골각)
汨沒 골몰(일몰)
鞏固 공고(혁고)
誇示 과시(고시)
款待 관대(환대)
刮目 괄목(활목)
魁首 괴수(귀수)
攪亂 교란(각란)
狡獪 교쾌(교회)
構內 구내(강내)
句讀 구두(구독)
媾和 구화(강화)
龜裂 균렬(구열)
糾明 규명(구명)
矜持 긍지(금지)
羈絆 기반(마반)
喫緊 긱긴(계긴)

【ㄴ】

癩病 나병(뢰병)
烙印 낙인(각인)
難澁 난삽(난지)
捺印 날인(나인)
濫觴 남상(남장)
訥辯 눌변(내변)
肋膜 늑막(능망)

【ㄷ】

撞球 당구(동구)
踏襲 도습(답습)
挑戰 도전(조전)
杜絶 두절(투절)

【ㅁ】

滿腔 만강(만공)
罵倒 매도(마도)
驀進 맥진(마진)
盟誓 맹서(맹세)
母論 무론(모론)
拇印 무인(모인)

【ㅂ】

撲殺 박살(복살)
頒布 반포(번포)
勃發 발발(볼발)
拔萃 발췌(발졸)
幇助 방조(봉조)
白魚 뱅어(백어)
法則 법칙(법측)
兵站 병참(병탐)
倂呑 병탐(병탄)
封緘 봉함(봉감)
堡壘 부루(보류)
分娩 분만(분면)
不尠 불선(불심)
朋友 붕우(봉우)
嚬蹙 빈축(빈척)

【ㅅ】

使嗾 사주(사촉)
撒水 살수(산수)
森嚴 삼엄(심엄)
相殺 상쇄(상살)
省略 생략(성략)
說客 세객(설객)
洗滌 세척(세조)
遡及 소급(삭급)
睡眠 수면(수민)
袖手 수수(추수)
蒐集 수집(귀집)
孰卞 숙변(숙하)
示唆 시사(시준)
屍體 시체(사체)
迅速 신속(진속)

【ㅇ】

軋轢 알력(알력)
哀悼 애도(애탁)
惹起 야기(약기)
語彙 어휘(어과)
軟弱 연약(난약)
廉恥 염치(염체)
囹圄 영어(영오)
五六 오뉴(오륙)
猥褻 외설(외집)
嗚咽 오열(오인)
惡寒 오한(악한)
要塞 요새(요색)
容喙 용훼(용탁)
衛戍 위수(위술)
衛戍 위수(위술)
元帥 원수(원사)
游說 유세(유설)
六月 유월(육월)
吟味 음미(금미)
凝結 응결(의결)
歪曲 왜곡(부곡)
縊死 의사(익사)
義損 의연(의손)
罹災 이재(나재)
弛緩 이완(치완)
溺死 익사(약사)
湮滅 인멸(연멸)
印刷 인쇄(인쇠)
一切 일체(일절)
仍用 잉용(내용)

【ㅈ】

轉車 전거(전차)
綽綽 작작(탁탁)
箴言 잠언(함언)
礙物 애물(의물)
靜謐 정밀(정필)
粗雜 조잡(소잡)
造詣 조예(조지)
左右 좌우(자우)
駐屯 주둔(주돈)
鑄物 주물(수물)
蠢動 준동(춘동)
浚渫 준설(준첩)
中樞 중추(중구)
即時 즉시(직시)
支撑 지탱(지탕)
眞摯 진지(진집)
執拗 집요(집유)
懲役 징역(증역)

【ㅊ】

剔抉 척결(역결)
刺殺 척살(자살)
擅斷 천단(단단)
喘息 천식(단식)
捷徑 첩경(처경)
貼付 첩부(첨부)
憔悴 초췌(조취)
衰服 최복(쇠복)
催促 최촉(재촉)
撮影 촬영(최영)
贅言 췌언(취언)

【ㅌ】

綻露 탄로(정로)
彈劾 탄핵(탄해)
攄得 터득(여득)
偸安 투안(유안)
投降 투항(투강)

【ㅍ】

罷業 파업(능업)
辨務 판무(변무)
敗北 패배(패북)
沛然 패연(시연)
編輯 편집(편즙)
捕虜 포로(포료)
褒賞 포상(보상)
標識 표지(표식)
逼迫 핍박(복박)

【ㅎ】

陜川 합천(협천)
肛門 항문(홍문)
享樂 향락(형락)
絢爛 현란(순란)
眩暈 현훈(현운)
嚆雪 형설(영설)
嚆矢 효시(고시)
擴張 확장(곽장)
滑走 활주(골주)
恍惚 황홀(광홀)
賄賂 회뢰(회로)
獲得 획득(확득)
嗅覺 후각(취각)
恤兵 휼병(혈병)
麾下 휘하(마하)

경·조연축의 봉투서식

결혼식	회갑연	축하	장의
祝華婚 (축화혼)	壽儀 (수의)	祝合格 (축합격)	弔儀 (조의)
祝聖婚 (축성혼)	祝禧筵 (축희연)	祝發展 (축발전)	賻儀 (부의)
祝盛典 (축성전)	祝儀 (축의)	祝卒業 (축졸업)	謹弔 (근조)

◈ 이름 아래 붙는 稱號

座下〈마땅이 공경해야할 어른에게〉(조父母·父母·선배·先生)

先生〈은사나 사회적으로 이름난 분에게〉

女史〈一般婦人에게〉

大兄 仁兄〈친하고 정다운 사이에〉

氏〈나이와 지위가 비슷한 사람에게〉

貴中〈단체에〉

님께〈순한글식으로 쓸때〉

貴下〈일반적으로 널리 쓰임〉

君·兄〈친한 친구에게〉

孃〈處女로서 同年배, 아랫사람에게〉

展·即見〈손아래 사람에게〉

畵伯·雅兄〈화가나 문학상의 친구에게〉

◈ 이름 옆에 붙는 脇書

平信〈보통때〉

親展 親披〈타인에게 보이지 않도록 할때〉

直披〈손아래 사람의 경우·남이 보이지 않도록 할때〉

至急 大至急〈시급할 때〉

原稿在中〈안에 원고가 들어있을 때〉

願書在中〈안에 願書가 들어 있을 때〉

生活書式用語

행정서식용어

一金 壹貳參四五六七
일금 일이삼사오육칠

八九拾百千萬億兆 整
팔구십백천만억조 정

貴下 本籍 住所 姓
귀하 본적 주소 성

名 道市郡區邑面洞里
명 도시군구읍면동리

番地 番號 年月日 住
번지 번호 년월일 주

民登錄 申告書 日時
민등록 신고서 일시

場所 本人盜難申告
장소 본인도난신고

거래계약서식용어

金錢 借用證書 元金
금전 차용증서 원금

殘額 利子 返濟 債權
잔액 이자 반제 채권

者 債務者、金額、傳貰
자 채무자 금액 전세

契約書 所有者 損害 家
계약서 소유자 손해 가

屋支給明渡 違約 領
옥지급명도 위약 영

收 讓渡 買收 不動産
수 양도 매수 부동산

支給 期限 移轉 登記
지급 기한 이전 등기

취직서류용어

身元 履歷書 經歷證
신원 이력서 경력증

明書 學歷 入學 卒業
명서 학력 입학 졸업

賞罰 職業 勤務 職位
상벌 직업 근무 직위

在職中 品行 缺勤 思
재직중 품행 결근 사

想 健全街 辭職 今般
상 건전가 사직 금반

一身上 不得 診斷 許
일신상 부득 진단 허

諾 財政 保證書
락 재정 보증서

고소재판서식용어

正式裁判 原告 被告
정식재판 원고 피고

刑事地方法院 法廷
형사지방법원 법정

代理 法律行爲 親權
대리 법률행위 친권

辯護士 訴訟代理人
변호사 소송대리인

高等法院 大法院
고등법원 대법원

原因 無効 抗訴 上告
원인 무효 항소 상고

期日申請 再審 棄却
기일신청 재심 기각

附・漢字俗字一覽

※上段의 字는 正字이고 下段의 字는 俗字임

【ㄱ】

家(가)傢 假(가)仮 慤(각)慤 卻(각)却 杆(간)桿 看(간)看 趕(간)赶 減(감)减 岡(강)崗 蓋(개)盖 秔(갱)粳 羹(갱)羹 厺(거)去 據(거)拠 擧(거)挙

儉(검)倹 刦(겁)刼 笄(계)筓 鵙(격)鴃 鵑(견)鵑 決(결)决 洯(결)潔 㪅(경)更 徑(경)径 經(경)経 輕(경)軽 枅(계)枅 憩(계)憇 繼(계)継 敲(고)敲 鼓(고)皷

顧(고)頋 穀(곡)穀 髡(곤)髠 恭(공)恭 筇(공)笻 果(과)菓 款(관)欵 寬(관)寛 館(관)舘 關(관)関 灌(관)潅 灮(광)光 廣(광)広 挂(괘)掛 怪(괴)恠 觵(굉)觥

龜(구)亀 舊(구)旧 區(구)區 軀(구)躯 懼(구)惧 驅(구)駆 拘(구)抅 枸(구)构 寇(구)宼 國(국)国 羣(군)群 躳(궁)躬 竆(궁)窮 勸(권)勧 權(권)権 規(규)規 叫(규)呌 隙(극)隟 巹(근)卺 汽(기)滊 寄(기)寄

崎(기)﨑 旣(기)既 碁(기)棋 器(기)噐 騎(기)騎 羈(기)覊

【ㄴ】

拏(나)拿 捏(날)揑 埒(날)埓 枏(남)楠 內(내)内 迺(내)廼 柰(내)奈

【ㄷ】

多(다)夛 斷(단)断 聃(담)聃 擔(담)担 戇(당)戅 當(당)当

餳(당)餳 黨(당)党 對(대)対 玳(대)瑇 臺(대)䑓 逃(도)迯 滔(도)滔 稻(도)稲 徒(도)徒 圖(도)啚 圖(도)図 獨(독)独 讀(독)読 蠹(두)蠧

【ㄹ】

覶(라)覼 亂(란)乱 欒(란)栾 覽(람)覧 欖(람)欖 纜(람)纜

蠟(랍)蝋 鑞(랍)鑞 郞(랑)郎 琅(랑)瑯 來(래)来 來(래)耒 兩(량)両 涼(량)凉 勵(려)励 蠣(려)蛎 戀(련)恋 獵(렵)猟 躐(렵)蹹 靈(령)灵 隸(례)隷 牢(로)窂 勞(로)労 蘆(로)芦 爐(로)炉 驢(로)馿 鱸(로)魲

弄(롱)挵	瀧(롱)滝	賴(뢰)頼	料(료)斵	樓(루)楼	桺(류)柳	畱(류)留	旒(류)旈	橊(류)榴	餾(류)餾	騮(류)騮	鶹(류)鶹	璢(류)瑠	類(류)類	隆(륭)隆	凛(름)凛	棃(리)梨	悋(린)悋	鄰(린)隣	【ㅁ】	麼(마)麽	
邈(막)邈	蠻(만)蛮	萬(만)万	滿(만)満	漫(만)漫	灣(만)湾	亾(망)亡	麥(맥)麦	脈(맥)脉	霢(맥)霡	覓(멱)覔	麪(면)麵	冒(모)冐	帽(모)帽	夢(몽)梦	懞(몽)懞	貓(묘)猫	畮(무)畝	莽(무)莽	默(묵)嘿	文(문)文	
彌(미)弥	美(미)羙	獼(미)猕	獮(미)狝	【ㅂ】	般(반)搬	飯(반)飰	發(발)発	發(발)癹	拔(발)抜	跋(발)跋	坏(배)坯	拜(배)拝	輩(배)軰	柏(백)栢	繁(번)緐	罰(벌)罸	凡(범)凢	琺(법)珐	輧(변)輧	胼(변)胼	
騈(변)駢	餅(변)餅	邊(변)邉	便(변)便	辨(변)弁	邊(변)辺	辯(변)弁	別(별)別	鼈(별)鼈	迸(병)迸	并(병)幷	併(병)倂	竝(병)並	洴(병)洴	瓶(병)甁	屛(병)屏	鉼(병)鉼	餅(병)餠	報(보)報	寶(보)寳	寶(보)宝	
譜(보)譜	缶(부)缶	富(부)冨	拂(불)払	佛(불)仏	卑(비)卑	祕(비)秘	脾(비)脾	痹(비)痺	鼻(비)鼻	篦(비)篦	賓(빈)賔	濱(빈)浜	鬢(빈)鬂	氷(빙)冰	憑(빙)凴	【ㅅ】	蓑(사)簑	絲(사)糸	辭(사)辞	辭(사)辤	
舍(사)舎	寫(사)冩	寫(사)写	蛇(사)虵	傘(산)仐	參(삼)叅	參(삼)参	摻(삼)掺	槮(삼)椮	插(삽)揷	桑(상)桒	象(상)象	牀(상)床	狀(상)状	雙(쌍)双	敍(서)叙	壻(서)婿	釋(석)釈	席(석)蓆	旋(선)旋	璿(선)璇	
躚(선)蹮	纖(섬)纎	摻(섬)掺	聲(성)声	勢(세)势	世(세)丗	甦(소)甦	匙(소)匙	屬(속)属	續(속)続	飧(손)飡	飧(손)飱	松(송)枀	灑(쇄)洒	曬(쇄)晒	收(수)収	酬(수)酧	壽(수)寿	豎(수)竪	數(수)数	垂(수)埀	

雖(수)虽 隨(수)随 挍(수)搜 瞍(수)瞍 叔(숙)尗 肅(숙)粛 儵(숙)倏 儵(숙)倐 徇(순)狥 脣(순)唇 倅(쉬)伜 溼(습)濕 乘(승)乗 繩(승)縄 題(시)腮 柹(시)柿 諡(시)謚 實(실)実 尋(심)尋 澁(십)渋 卄(십)廿

【ㅇ】

亞(아)亜 兒(아)児 惡(악)悪 鱷(악)鰐 雁(안)厂 庵(암)盦 嵒(암)岩 巖(암)巖 戞(알)戛 昂(앙)昻 礙(애)碍 椰(야)梛 樣(양)様 羊(양)羊 御(어)御 於(어)扵 彥(언)彦 孼(얼)孽 嚴(엄)厳 與(여)与

舁(여)舁 驛(역)駅 譯(역)訳 沿(연)沿 捐(연)捐 姸(연)妍 娟(연)姢 硏(연)研 瑌(연)碝 輭(연)軟 悅(열)悦 鹽(염)塩 豔(염)艶 灩(염)灔 蚺(염)蚦 髥(염)髯 穎(영)頴 佞(영)侫 蕊(예)蘂 奧(오)奥 鼇(오)鰲

媼(온)媪 慍(온)愠 榲(온)榅 褞(온)褞 甕(옹)瓮 臥(와)卧 往(왕)徃 幺(요)么 窯(요)窰 宂(용)冗 勖(욱)勗 韻(운)韵 鬱(울)欝 園(원)薗 冤(원)寃 圓(원)円 圓(원)圎 遠(원)逺 圍(위)囲 衞(위)衛 游(유)㳺

遊(유)遊 幼(유)幼 臾(유)臾 兪(유)俞 腴(유)腴 諛(유)諛 衄(육)衂 隱(은)隠 陰(음)陰 應(응)応 醫(의)医 懿(의)懿 攲(의)敧 毅(의)毅 宜(의)宜 宜(의)冝 頤(이)頥 尒(이)尔 爾(이)你 爾(이)你 禰(이)祢

輀(이)轜 因(인)囙 刃(인)刄 壹(일)壱

【ㅈ】

觜(자)嘴 殘(잔)残 潛(잠)潜 蠶(잠)蚕 雜(잡)雑 帀(잡)匝 壯(장)壮 葬(장)塟 妝(장)粧 莊(장)庄 牆(장)墻 腸(장)膓 丈(장)丈 齋(재)斎 豬(저)猪 底(저)弖

迪(적)廸 翦(전)剪 廛(전)㙻 鄽(전)廛 顚(전)顛 纏(전)緾 躔(전)躔 竊(절)窃 黏(점)粘 點(점)点 瀞(정)淨 鼎(정)鼑 濟(제)済 齊(제)斉 操(조)撡 皁(조)皂 酢(조)醋 弔(조)吊 椶(종)棕 從(종)従 从(종)從

騣(종)騌 左(좌)左 作(주)做 州(주)刕 晝(주)昼 籒(주)籀 廚(주)厨 廚(주)廚 躕(주)蹰 準(준)凖 衆(중)眾 卽(즉)即 櫛(즐)楖 證(증)証 旨(지)㫖 職(직)軄 直(직)直 晉(진)晋 眞(진)真 盡(진)尽 盡(진)盡

珍(진)珎 鎭(진)鎮 質(질)貭

【ㅊ】

撦(차)扯 箚(차)劄 著(착)着 贊(찬)賛 巑(찬)巑 瓚(찬)瓉 纘(찬)纉 讚(찬)讃 鑽(찬)鑚 憯(참)憯 讖(참)讖 搶(창)搶 窗(창)窓 倡(창)娼 彩(채)彩 冊(책)册 處(처)処

巛(천)川 遷(천)迁 鐵(철)鉄 籤(첨)籖 輒(첩)輙 靑(청)青 體(체)体 體(체)躰 體(체)骵 遞(체)逓 觸(촉)触 邨(촌)村 傯(총)偬 悤(총)怱 摠(총)揔 驄(총)騘 叢(총)藂 冢(총)塜 穐(추)龝 芻(추)蒭 趨(추)趍

麤(추)麁 筑(축)筑 衝(충)衝 悴(췌)悴 醉(취)酔 脆(취)脆 巵(치)卮 菑(치)甾 齒(치)歯 恥(치)耻 癡(치)痴 厠(치)廁 漆(칠)柒 偁(칭)稱 稱(칭)称 稱(칭)穪

【ㅌ】

陀(타)陁 鞾(타)鞾 朶(타)朵 馱(타)駄

橢(타)楕 耽(탐)躭 塔(탑)荅 擇(택)択 澤(택)沢 撐(탱)撑 兎(토)兔 統(통)統 鬪(투)鬪

【ㅍ】

罵(파)駡 霸(패)覇 廢(폐)廃 褒(포)襃 鋪(포)舖 稟(품)禀 豐(풍)豊 筆(필)筆 筆(필)笔

【ㅎ】

廈(하)厦

鶴(학)隺 學(학)斈 學(학)學 閒(한)閑 鷳(한)鷴 函(함)凾 鹹(함)醎 蓋(합)葢 恆(항)恒 解(해)觧 蠏(해)蟹 虛(허)虚 獻(헌)献 驗(험)騐 脇(협)脅 衡(형)衡 刑(형)刑 形(형)形 邢(형)邢 皐(호)臯 号(호)号

冱(호)冴 昏(혼)昬 花(화)芲 畫(화)畵 闊(활)濶 況(황)况 謊(황)謊 回(회)囘 回(회)囬 匯(회)滙 會(회)会 畫(획)畫 獲(획)獲 效(효)効 喉(후)喉

附·部首名稱一覽

【一 畫】

- 一 한일
- 丨 뚫을곤변
- 丶 점변
- 丿 삐침변
- 乙 새을
- 亅 갈구리궐변

【二 畫】

- 二 두이변
- 亠 돼지해밑
- 人(亻) 사람인
- 儿 어진사람받침
- 入 들입
- 八 여덟팔
- 冂 멀경몸
- 冖 민갓머리
- 冫 이수변
- 几 안석궤
- 凵 위튼입구
- 刀(刂) 칼도방
- 力 힘력변
- 勹 쌀포몸
- 匕 비수비변
- 匸 터진에운담
- 匚 터진입구몸
- 十 열십
- 卜 점복
- 卩(㔾) 병부절변
- 厂 민음호밑
- 厶 마늘모
- 又 또우

【三 畫】

- 口 입구변
- 囗 에운담몸 큰입구몸
- 土 흙토변
- 士 선비사변
- 夂 뒤져올치방
- 夊 천천히걸을쇠받침
- 夕 저녁석변
- 大 큰대
- 女 계집녀변
- 子 아들자변
- 宀 갓머리
- 寸 마디촌
- 小 작을소
- 尢 절름발이왕방
- 尸 주검시밑
- 屮 왼손좌
- 山 메산변
- 巛 개미허리
- 工 장인공
- 己 몸기
- 巾 수건건변
- 干 방패간변
- 幺 작을요변
- 广 음호밑
- 廴 민책받침
- 廾 밑스물입
- 弋 주살익
- 弓 활궁변
- 彑(彑 彐) 터진가로왈
- 彡 터럭삼 삐친석삼
- 彳 두인변 중인변

【四 畫】

- 心(忄) 마음심
- 戈 창과
- 戶 지게호
- 手(扌) 손수변
- 支 지탱할지
- 攴(攵) 등글월문방
- 文 글월문방
- 斗 말두
- 斤 날근변
- 方 모방변
- 无(旡) 이미기방
- 日 날일변
- 曰 가로왈
- 月 달월변
- 木 나무목변
- 欠 하품흠방
- 止 그칠지변
- 歹(歺) 죽을사변
- 殳 갖은등글월문
- 毋 말무
- 比 견줄비
- 毛 터럭모
- 氏 각시씨
- 气 기운기밑
- 水(氵) 물수
- 火(灬) 불화변
- 爪(爫) 손톱조밑
- 父 아비부밑
- 爻 점괘효
- 爿 장수장변
- 片 조각편변
- 牙 어금니아변
- 牛(牜) 소우변
- 犬(犭) 개사슴록변

【五 畫】

- 玄 검을현
- 玉(王) 구슬옥변
- 瓜 오이과
- 瓦 기와와
- 甘 달감
- 生 날생
- 用 쓸용
- 田 밭전
- 疋 필필변
- 疒 병질밑
- 癶 필발밑
- 白 흰백변
- 皮 가죽피변
- 皿 그릇명받침
- 目 눈목변
- 矛 창모변

部首索引